T0166171

ZÜRCHER BIBEL

Zürcher Bibel

2007

THEOLOGISCHER VERLAG ZÜRICH

Die Zürcher Bibel geht auf die Reformation Huldrych Zwinglis zurück. Die vorliegende Ausgabe wurde 1987–2007 im Auftrag der Kirchensynode der Evangelisch-reformierten Landeskirche des Kantons Zürich nach dem Grundtext aufs Neue übersetzt. Ihr Herausgeber ist der Kirchenrat der Evangelisch-reformierten Landeskirche des Kantons Zürich.

Text 4. Auflage 2012

Schrift: Christoph Noordzij, Collage, Aldeboarn NL
Gestaltung: Christoph Noordzij, Collage, Aldeboarn NL; Marianne Elbers, Amsterdam NL
Satz: pagina GmbH, Tübingen
Druck und Bindung: C. H. Beck, Nördlingen

Bibliografische Informationen der Deutschen Nationalbibliothek
Die Deutsche Bibliothek verzeichnet diese Publikation in der Deutschen Nationalbibliografie; detaillierte bibliografische Daten sind im Internet über http://dnb.d-nb.de abrufbar.
ISBN 978-3-85995-248-5

Zum Geleit

Die Herausgabe der Zürcher Bibel gehört zu den vornehmsten Aufgaben der Evangelisch-reformierten Landeskirche des Kantons Zürich. Die Zürcher Reformation verstand sich im Besonderen als ‹Übersetzungsbewegung›. Der Glaube an Jesus Christus sollte in Wort und Tat neu in die Herzen der Menschen und die Gesellschaft übersetzt werden. Darum war den Zürcher Reformatoren auch die Übersetzung der Bibel aus dem Hebräischen und Griechischen in die Volkssprache ein zentrales Anliegen. Die erste vollständige deutsche Bibelübersetzung der Reformationszeit erschien daher 1531 in Zürich.

Schon damals wurde darauf hingewiesen, dass Bibelübersetzung kein einmaliger Akt sei, sondern dass eine ‹klarere Interpretation› immer neu gefunden werden müsse. So erschienen durch alle Jahrhunderte hindurch immer wieder neue Ausgaben der Zürcher Bibel, zuletzt 1931.

Der Kirchenrat der Evangelisch-reformierten Landeskirche des Kantons Zürich freut sich, die neue Zürcher Bibel vorzulegen. Die Leserinnen und Leser mögen mancherorts vertraute Formulierungen vermissen. Dies zeigt aber, dass intensiv anhand der heute verfügbaren Grundtexte übersetzt wurde. Möglichst nahe bei diesen will die neue Zürcher Bibel sein, zugleich aber ist sie einer deutschen Sprache verpflichtet, die dem 21. Jahrhundert angemessen ist. So bleibt Fremdes fremd, kommt aber über die Jahrhunderte hinweg als ermutigendes und tröstendes Wort auf uns zu.

Kirchensynode und Kirchenrat als Herausgeber der neuen Zürcher Bibel danken allen, die sich durch grosses wissenschaftliches Engagement und immense Arbeit für das nun vollendete Werk eingesetzt haben. Es ist unsere Bitte und Hoffnung, dass die neue Zürcher Bibel für viele Menschen zu einem Buch des Lebens wird.

Kirchenrat der Evangelisch-reformierten Landeskirche des Kantons Zürich

Im Herbst 2006

Einleitung

Seit der Erarbeitung der letzten, 1931 erschienenen Zürcher Bibel sind fast hundert Jahre vergangen. In dieser Zeit haben die Bibelwissenschaften, die Geschichtswissenschaften und die Sprachwissenschaften neue Erkenntnisse gewonnen und Fortschritte erzielt.

Erheblich verändert hat sich in den zurückliegenden Jahrzehnten aber auch die deutsche Sprache. Manches von dem, was in der ersten Hälfte des 20. Jahrhunderts problemlos verständlich war, wirkt heute veraltet oder führt zu Missverständnissen. Die neue Zürcher Bibel will eine zeitgemässe Übersetzung sein; das heisst allerdings nicht, dass sie sich unmittelbar an der heutigen Alltagssprache orientiert. Die Sprache der biblischen Bücher war auch zur Zeit ihrer Niederschrift alles andere als alltäglich, sondern hatte einen religiösen und literarischen Anspruch.

Wie es der Tradition der auf die Zürcher Reformation zurückgehenden Bibel entspricht, bemüht sich auch die neue Übersetzung um grösstmögliche Nähe zu den jeweiligen Sprachen der Ausgangstexte: Die Eigenheiten des Hebräischen und Aramäischen im Alten Testament und des Griechischen im Neuen Testament bleiben erkennbar, und die kulturelle Differenz zwischen der damaligen Welt und der heutigen wird nicht eingeebnet. Das heisst auch, dass Mehrdeutiges nicht vereindeutigt, Fremdes nicht dem bekannten Eigenen angeglichen, Schwieriges nicht banalisiert und Erschreckendes nicht gemildert oder beschönigt wird.

Die neue Zürcher Bibel möchte einen möglichst unverstellten Zugang zu den biblischen Texten eröffnen. Es gehört zu ihrer Tradition, dass die Übersetzung so wenig wie möglich interpretiert und in Bezug auf Erläuterungen und Kommentare zurückhaltend ist. Die Auslegung ist Sache derer, die sich mit der Bibel befassen, sei es im kirchlichen Rahmen in Gottesdienst, Bildungsarbeit und Seelsorge, sei es im persönlichen Studium oder in privater Lektüre. Die eingefügten Überschriften, die Anmerkungen und die Hinweise auf Verweisstellen sollen Leserinnen und Lesern helfen, sich die biblischen Texte selbständig zu erschliessen.

Die Bücher des Alten Testaments

Genesis. Das Erste Buch Mose (Gen)   1
Exodus. Das Zweite Buch Mose (Ex)   63
Leviticus. Das Dritte Buch Mose (Lev)   115
Numeri. Das Vierte Buch Mose (Num)   153
Deuteronomium. Das Fünfte Buch Mose (Dtn)   203
Das Buch Josua (Jos)   248
Das Buch der Richter (Ri)   278
Das Buch Rut (Rut)   309
Das Erste Buch Samuel (1Sam)   314
Das Zweite Buch Samuel (2Sam)   355
Das Erste Buch der Könige (1Kön)   390
Das Zweite Buch der Könige (2Kön)   431
Das Erste Buch der Chronik (1Chr)   471
Das Zweite Buch der Chronik (2Chr)   506
Das Buch Esra (Esra)   548
Das Buch Nehemia (Neh)   561
Das Buch Ester (Est)   579
Das Buch Hiob (Hiob)   589
Die Psalmen (Ps)   629
Das Buch der Sprüche (Spr)   728
Das Buch Kohelet. Der Prediger (Koh)   766
Das Hohelied (Hld)   776
Das Buch Jesaja (Jes)   782
Das Buch Jeremia (Jer)   865
Die Klagelieder (Klgl)   948
Das Buch Ezechiel (Ez)   957
Das Buch Daniel (Dan)   1026
Das Buch Hosea (Hos)   1046
Das Buch Joel (Joel)   1059
Das Buch Amos (Am)   1064
Das Buch Obadja (Obd)   1073
Das Buch Jona (Jona)   1075
Das Buch Micha (Mi)   1077
Das Buch Nahum (Nah)   1085
Das Buch Habakuk (Hab)   1088
Das Buch Zefanja (Zef)   1092
Das Buch Haggai (Hag)   1096
Das Buch Sacharja (Sach)   1098
Das Buch Maleachi (Mal)   1110

Die Bücher des Neuen Testaments

Das Evangelium nach Matthäus (Mt)   1
Das Evangelium nach Markus (Mk)   43
Das Evangelium nach Lukas (Lk)   70
Das Evangelium nach Johannes (Joh)   117
Die Apostelgeschichte (Apg)   149
Der Brief an die Römer (Röm)   193
Der Erste Brief an die Korinther (1Kor)   212
Der Zweite Brief an die Korinther (2Kor)   230
Der Brief an die Galater (Gal)   243
Der Brief an die Epheser (Eph)   249
Der Brief an die Philipper (Phil)   256
Der Brief an die Kolosser (Kol)   260
Der Erste Brief an die Thessalonicher (1Thess)   265
Der Zweite Brief an die Thessalonicher (2Thess)   269
Der Erste Brief an Timotheus (1Tim)   271
Der Zweite Brief an Timotheus (2Tim)   276
Der Brief an Titus (Tit)   280
Der Brief an Philemon (Phlm)   283
Der Brief an die Hebräer (Hebr)   284
Der Brief des Jakobus (Jak)   297
Der Erste Brief des Petrus (1Petr)   302
Der Zweite Brief des Petrus (2Petr)   308
Der Erste Brief des Johannes (1Joh)   311
Der Zweite Brief des Johannes (2Joh)   316
Der Dritte Brief des Johannes (3Joh)   317
Der Brief des Judas (Jud)   318
Die Offenbarung des Johannes (Offb)   319

Masse, Gewichte und Münzen
Zeittafel
Zum Gebrauch dieser Bibelausgabe

Karten

Das Alte Testament

Genesis

(DAS ERSTE BUCH MOSE)

Die Erschaffung der Welt

1 1 Im Anfang schuf Gott Himmel und Erde.

2 Und die Erde war wüst und öde, und Finsternis lag auf der Urflut, und der Geist Gottes bewegte sich über dem Wasser. 3 Da sprach Gott: Es werde Licht! Und es wurde Licht. 4 Und Gott sah, dass das Licht gut war. Und Gott schied das Licht von der Finsternis. 5 Und Gott nannte das Licht Tag, und die Finsternis nannte er Nacht. Und es wurde Abend, und es wurde Morgen: ein Tag.

6 Und Gott sprach: Es werde eine Feste inmitten des Wassers, und sie scheide Wasser von Wasser. 7 Und Gott machte die Feste und schied das Wasser unter der Feste vom Wasser über der Feste. Und so geschah es. 8 Und Gott nannte die Feste Himmel. Und es wurde Abend, und es wurde Morgen: ein zweiter Tag.

9 Und Gott sprach: Es sammle sich das Wasser unter dem Himmel an einen Ort, dass das Trockene sichtbar werde. Und so geschah es. 10 Und Gott nannte das Trockene Erde, und die Ansammlung des Wassers nannte er Meer. Und Gott sah, dass es gut war. 11 Und Gott sprach: Die Erde lasse junges Grün sprossen: Kraut, das Samen trägt, und Fruchtbäume, die Früchte tragen auf der Erde nach ihrer Art, in denen ihr Same ist. Und so geschah es. 12 Und die Erde brachte junges Grün hervor: Kraut, das Samen trägt nach seiner Art, und Bäume, die Früchte tragen, in denen ihr Same ist, je nach ihrer Art. Und Gott sah, dass es gut war. 13 Und es wurde Abend, und es wurde Morgen: ein dritter Tag.

14 Und Gott sprach: Es sollen Lichter werden an der Feste des Himmels, um den Tag von der Nacht zu scheiden, und sie sollen Zeichen sein für Festzeiten, für Tage und Jahre, 15 und sie sollen Lichter sein an der Feste des Himmels, um auf die Erde zu leuchten. Und so geschah es. 16 Und Gott machte die zwei grossen Lichter, das grössere Licht zur Herrschaft über den Tag und das kleinere Licht zur Herrschaft über die Nacht, und auch die Sterne. 17 Und Gott setzte sie an die Feste des Himmels, damit sie auf die Erde leuchten, 18 über den Tag und die Nacht herrschen und das Licht von der Finsternis scheiden. Und Gott sah, dass es gut war. 19 Und es wurde Abend, und es wurde Morgen: ein vierter Tag.

20 Und Gott sprach: Es wimmle das Wasser von lebendigen Wesen, und Vögel sollen fliegen über der Erde an der Feste des Himmels. 21 Und Gott schuf die grossen Seetiere und alle Lebewesen, die sich regen, von denen das Wasser wimmelt, nach ihren Arten und alle geflügelten Tiere nach ihren Arten. Und Gott sah, dass es gut war. 22 Und Gott segnete sie und sprach: Seid fruchtbar und mehrt euch und füllt das Wasser im Meer, und die Vögel sollen sich mehren auf der Erde. 23 Und es wurde Abend, und es wurde Morgen: ein fünfter Tag.

24 Und Gott sprach: Die Erde bringe Lebewesen hervor nach ihren Arten: Vieh, Kriechtiere und Wildtiere, je nach ihren Arten. Und so geschah es. 25 Und Gott machte die Wildtiere nach ihren Arten, das Vieh nach seinen Arten und alle Kriechtiere auf dem Erdboden, nach ihren Arten. Und Gott sah, dass es gut war. 26 Und Gott sprach: Lasst uns Menschen machen als unser Bild, uns ähnlich. Und sie sollen herrschen über die Fische des Meers und über die Vögel des

Himmels, über das Vieh und über die ganze Erde und über alle Kriechtiere, die sich auf der Erde regen. 27 Und Gott schuf den Menschen als sein Bild, als Bild Gottes schuf er ihn; als Mann und Frau schuf er sie. 28 Und Gott segnete sie, und Gott sprach zu ihnen: Seid fruchtbar und mehrt euch und füllt die Erde und macht sie untertan, und herrscht über die Fische des Meers und über die Vögel des Himmels und über alle Tiere, die sich auf der Erde regen. 29 Und Gott sprach: Seht, ich gebe euch alles Kraut auf der ganzen Erde, das Samen trägt, und alle Bäume, an denen samentragende Früchte sind. Das wird eure Nahrung sein. 30 Und allen Wildtieren und allen Vögeln des Himmels und allen Kriechtieren auf der Erde, allem, was Lebensatem in sich hat, gebe ich alles grüne Kraut zur Nahrung. Und so geschah es. 31 Und Gott sah alles an, was er gemacht hatte, und sieh, es war sehr gut. Und es wurde Abend, und es wurde Morgen: der sechste Tag.

2 1 Und so wurden vollendet Himmel und Erde und ihr ganzes Heer. 2 Und Gott vollendete am siebten Tag sein Werk, das er gemacht hatte, und er ruhte am siebten Tag von all seinem Werk, das er gemacht hatte. 3 Und Gott segnete den siebten Tag und heilige ihn, denn an ihm ruhte Gott von all seinem Werk, das er durch sein Tun geschaffen hatte.

4 Dies ist die Geschichte der Entstehung von Himmel und Erde, als sie geschaffen wurden.

|1: 2Kön 19,15; 2Chr 2,11 · Joh 1,1 |2: Jer 4,23 · Ps 104,6; 2Petr 3,5 |3: Ps 33,9; Hebr 11,3 · Jes 45,7; 2Kor 4,6 |4: Hiob 26,10! |7: Ps 19,2; Ps 148,4 |8: Ps 136,5 |9: Hiob 38,8–11!; Ps 24,2 |10: Joel 1,9 |11: Jes 61,11 |12: Ps 104,14 |14: Jes 40,26 · Ps 104,19 |16: Ps 74,16 · Ps 136,9; Jer 31,35 |20: Ps 104,25 |21: Ps 74,13; Ps 148,7 · 2,19 |22: 8,17 |26: 11,7 · 9,2; Ps 8,7 |27: 2,7 · 5,1–2; 9,6; 1Kor 11,7 · Mt 19,4 |28: 6,1; 9,1.7; 47,27; Ex 1,7 · Ps 8,7–9 |29–30: 6,21 |29: 2,16; 9,3; Ps 104,14 · 9,4 |31: 1Tim 4,4 · 2,3! |1: Neh 9,6 |2: Hebr 4,4 |3: 1,31; Ex 20,11 |4: 1,1

Der Mensch im Garten Eden

Zur Zeit, als der HERR, Gott, Erde und Himmel machte 5 und es noch kein Gesträuch des Feldes gab auf der Erde und noch kein Feldkraut wuchs, weil der HERR, Gott, noch nicht hatte regnen lassen auf die Erde und noch kein Mensch da war, um den Erdboden zu bebauen, 6 als noch ein Wasserschwall hervorbrach aus der Erde und den ganzen Erdboden tränkte, – 7 da bildete der HERR, Gott, den Menschen aus Staub vom Erdboden und blies Lebensatem in seine Nase. So wurde der Mensch ein lebendiges Wesen.

8 Dann pflanzte der HERR, Gott, einen Garten in Eden im Osten, und dort hinein setzte er den Menschen, den er gebildet hatte. 9 Und der HERR, Gott, liess aus dem Erdboden allerlei Bäume wachsen, begehrenswert anzusehen und gut zu essen, und den Baum des Lebens mitten im Garten und den Baum der Erkenntnis von Gut und Böse. 10 Und in Eden entspringt ein Strom, um den Garten zu bewässern, und von da aus teilt er sich in vier Arme. 11 Der eine heisst Pischon. Das ist jener, der das ganze Land Chawila umfliesst, wo es Gold gibt, 12 und das Gold jenes Landes ist kostbar. Dort gibt es Bdellionharz und Karneolstein. 13 Und der zweite Fluss heisst Gichon. Das ist jener, der das ganze Land Kusch umfliesst. 14 Und der dritte Fluss heisst Chiddekel. Das ist jener, der östlich von Assur fliesst. Und der vierte Fluss, das ist der Eufrat.

15 Und der HERR, Gott, nahm den Menschen und setzte ihn in den Garten Eden, damit er ihn bebaute und bewahrte. 16 Und der HERR, Gott, gebot dem Menschen und sprach: Von allen Bäumen des Gartens darfst du essen. 17 Vom Baum der Erkenntnis von Gut und Böse aber, von dem darfst du nicht essen, denn sobald du davon isst, musst du sterben.

18 Und der HERR, Gott, sprach: Es ist nicht gut, dass der Mensch allein ist. Ich will ihm eine Hilfe machen, ihm ge-

mäss. 19 Da bildete der HERR, Gott, aus dem Erdboden alle Tiere des Feldes und alle Vögel des Himmels und brachte sie zum Menschen, um zu sehen, wie er sie nennen würde, und ganz wie der Mensch als lebendiges Wesen sie nennen würde, so sollten sie heissen. 20 Und der Mensch gab allem Vieh und den Vögeln des Himmels und allen Tieren des Feldes Namen. Für den Menschen aber fand er keine Hilfe, die ihm gemäss war. 21 Da liess der HERR, Gott, einen Tiefschlaf auf den Menschen fallen, und dieser schlief ein. Und er nahm eine von seinen Rippen heraus und schloss die Stelle mit Fleisch. 22 Und der HERR, Gott, machte aus der Rippe, die er vom Menschen genommen hatte, eine Frau und führte sie dem Menschen zu. 23 Da sprach der Mensch: Diese endlich ist Gebein von meinem Gebein und Fleisch von meinem Fleisch. Diese soll Frau heissen, denn vom Mann ist sie genommen. 24 Darum verlässt ein Mann seinen Vater und seine Mutter und hängt an seiner Frau, und sie werden ein Fleisch. 25 Und die beiden, der Mensch und seine Frau, waren nackt, und sie schämten sich nicht voreinander.

| 6: 7,11! · Ps 135,7 | 7: 1,27 · 3,19! · 7,22; Ez 37,5 · 1Kor 15,45 | 8: 13,10 · 3,23; Ez 28,13!; Joel 2,3 | 9: 3,22; Offb 2,7 · 3,5 | 12: Ex 25,7! | 13: 10,6–8 | 14: Dan 10,4 · 15,18 | 15: 4,2! | 16: 1,29! | 17: 3,3; Röm 5,12 | 18: Koh 4,9 | 22: 1Tim 2,13 | 23: 29,14! · 1Kor 11,8 | 24: 1Kor 6,16 · Mt 19,5; Eph 5,31 | 25: 3,7

2,7: Im Hebräischen klingen die Worte für Mensch (‹adam›) und für Erdboden (‹adama›) sehr ähnlich.

2,23: Im hebräischen Text liegt ein Wortspiel vor: Die Worte für Frau (‹ischscha›) und für Mann (‹isch›) klingen sehr ähnlich.

Der Sündenfall

3 1 Die Schlange aber war listiger als alle Tiere des Feldes, die der HERR, Gott, gemacht hatte, und sie sprach zur Frau: Hat Gott wirklich gesagt: Ihr dürft von keinem Baum des Gartens essen? 2 Und die Frau sprach zur Schlange: Von den Früchten der Bäume im Garten dürfen wir essen. 3 Nur von den Früchten des Baumes in der Mitte des Gartens hat Gott gesagt: Ihr dürft nicht davon essen, und ihr dürft sie nicht anrühren, damit ihr nicht sterbt. 4 Da sprach die Schlange zur Frau: Mitnichten werdet ihr sterben. 5 Sondern Gott weiss, dass euch die Augen aufgehen werden und dass ihr wie Gott sein und Gut und Böse erkennen werdet, sobald ihr davon esst. 6 Da sah die Frau, dass es gut wäre, von dem Baum zu essen, und dass er eine Lust für die Augen war und dass der Baum begehrenswert war, weil er wissend machte, und sie nahm von seiner Frucht und ass. Und sie gab auch ihrem Mann, der mit ihr war, und er ass. 7 Da gingen den beiden die Augen auf, und sie erkannten, dass sie nackt waren. Und sie flochten Feigenblätter und machten sich Schurze.

8 Und sie hörten die Schritte des HERRN, Gottes, wie er beim Abendwind im Garten wandelte. Da versteckten sich der Mensch und seine Frau vor dem HERRN, Gott, unter den Bäumen des Gartens. 9 Aber der HERR, Gott, rief den Menschen und sprach zu ihm: Wo bist du? 10 Da sprach er: Ich habe deine Schritte im Garten gehört. Da fürchtete ich mich, weil ich nackt bin, und verbarg mich. 11 Und er sprach: Wer hat dir gesagt, dass du nackt bist? Hast du von dem Baum gegessen, von dem zu essen ich dir verboten habe? 12 Und der Mensch sprach: Die Frau, die du mir zugesellt hast, sie hat mir von dem Baum gegeben. Da habe ich gegessen. 13 Da sprach der HERR, Gott, zur Frau: Was hast du da getan! Und die Frau sprach: Die Schlange hat mich getäuscht. Da habe ich gegessen. 14 Da sprach der HERR, Gott, zur Schlange: Weil du das getan hast:

Verflucht bist du vor allem Vieh
und vor allen Tieren des Feldes.
Auf deinem Bauch wirst du kriechen,
und Staub wirst du fressen dein
Leben lang.

15 Und Feindschaft setze ich zwischen dir und der Frau,

zwischen deinem Nachwuchs und ihrem Nachwuchs:
Er wird dir den Kopf zertreten,
und du wirst ihm nach der Ferse schnappen.

16 Zur Frau sprach er:
Ich mache dir viel Beschwerden und lasse deine Schwangerschaften zahlreich sein,
mit Schmerzen wirst du Kinder gebären.
Nach deinem Mann wirst du verlangen,
und er wird über dich herrschen.

17 Und zum Menschen sprach er:
Weil du auf die Stimme deiner Frau gehört und von dem Baum gegessen hast, von dem ich dir geboten hatte: Du sollst nicht davon essen!:
Verflucht ist der Erdboden um deinetwillen,
mit Mühsal wirst du dich von ihm nähren dein Leben lang.
18 Dornen und Disteln wird er dir tragen,
und das Kraut des Feldes wirst du essen.
19 Im Schweiss deines Angesichts wirst du dein Brot essen,
bis du zum Erdboden zurückkehrst,
denn von ihm bist du genommen.
Denn Staub bist du,
und zum Staub kehrst du zurück.

20 Und der Mensch nannte seine Frau Eva, denn sie wurde die Mutter allen Lebens. 21 Und der HERR, Gott, machte dem Menschen und seiner Frau Röcke aus Fell und legte sie ihnen um.

22 Und der HERR, Gott, sprach: Sieh, der Mensch ist geworden wie unsereiner, dass er Gut und Böse erkennt. Dass er nun aber nicht seine Hand ausstrecke und auch noch vom Baum des Lebens nehme und esse und ewig lebe! 23 So schickte ihn der HERR, Gott, aus dem Garten Eden fort, dass er den Erdboden bebaue, von dem er genommen war. 24 Und er vertrieb den Menschen und liess östlich vom Garten Eden die Kerubim sich lagern und die Flamme des zu-

ckenden Schwerts, damit sie den Weg zum Baum des Lebens bewachten.

| 1: Offb 12,9 | 3: 2,17! | 4: Joh 8,44 · 2Kor 11,3 | 5: Jes 14,14; Ez 28,2 · 2,9 | 6: Jos 7,21 · 1Tim 2,14 | 7: 2,25 | 8: Hiob 31,33 · Jer 23,24 | 9: 4,9 | 13: 4,10; 1Sam 13,11; Joel 1,10 | 14: Jes 65,25; Mi 7,17 | 15: Offb 12,17 | 16: 35,16; 1Chr 4,9 · 1Tim 2,12 | 17: 5,29 · Hiob 5,7 | 18: Hiob 31,40; Jes 7,23–24 | 19: 23; 2,7; Koh 3,20; Ps 90,3! · 5,5 | 22: 2,9! | 23: 4,2! · 19!

3,1: Möglich ist auch die Übersetzung: «…: Ihr dürft nicht von allen Bäumen des Gartens essen!»
3,20: Die hebräische Namensform für Eva lautet ‹Chawwa›, worin man im hebräischen Text wohl einen Anklang an ‹leben› hörte.

Kain und Abel

4 1 Und der Mensch erkannte Eva, seine Frau, und sie wurde schwanger und gebar Kain, und sie sprach: Ich habe einen Sohn bekommen mit Hilfe des HERRN. 2 Und sie gebar wieder, Abel, seinen Bruder. Abel wurde Schafhirt, und Kain wurde Ackerbauer. 3 Nach geraumer Zeit aber brachte Kain dem HERRN von den Früchten des Ackers ein Opfer dar. 4 Und auch Abel brachte ein Opfer dar von den Erstlingen seiner Schafe und von ihrem Fett. Und der HERR sah auf Abel und sein Opfer, 5 aber auf Kain und sein Opfer sah er nicht. Da wurde Kain sehr zornig, und sein Blick senkte sich. 6 Der HERR aber sprach zu Kain: Warum bist du zornig, und warum ist dein Blick gesenkt? 7 Ist es nicht so: Wenn du gut handelst, kannst du frei aufblicken. Wenn du aber nicht gut handelst, lauert die Sünde an der Tür, und nach dir steht ihre Begier, du aber sollst Herr werden über sie. 8 Darauf redete Kain mit seinem Bruder Abel. Und als sie auf dem Feld waren, erhob sich Kain gegen seinen Bruder Abel und schlug ihn tot. 9 Da sprach der HERR zu Kain: Wo ist dein Bruder Abel? Er sprach: Ich weiss es nicht. Bin ich denn der Hüter meines Bruders? 10 Er aber sprach: Was hast du getan! Horch, das Blut deines Bruders schreit zu mir vom Ackerboden. 11 Und nun – verflucht bist du, verbannt vom Ackerboden, der seinen Mund aufgesperrt hat, um aus deiner Hand das Blut deines Bru-

ders aufzunehmen. 12 Wenn du den Ackerboden bebaust, soll er dir fortan keinen Ertrag mehr geben. Rastlos und heimatlos sollst du auf Erden sein. 13 Da sprach Kain zum HERRN: Meine Strafe ist zu gross, als dass ich sie tragen könnte. 14 Sieh, du hast mich heute vom Ackerboden vertrieben, und vor dir muss ich mich verbergen. Rastlos und heimatlos muss ich sein auf Erden, und jeder, der mich trifft, kann mich erschlagen. 15 Der HERR aber sprach zu ihm: Fürwahr, wer immer Kain erschlägt, soll siebenfach der Rache verfallen. Und der HERR versah Kain mit einem Zeichen, damit ihn nicht erschlage, wer auf ihn träfe. 16 So ging Kain weg vom HERRN, und er liess sich nieder im Lande Nod, östlich von Eden.

|2: 2,15; 3,23; 9,20 |3: Ex 23,19 |4–5: Hebr 11,4 |4: Ex 34,19 · Lev 3,16 |5: Ex 33,19 |6: Joel 4,4 |7: Röm 6,12 |8: 27,41 · 37,26 · Mt 23,35; 1Joh 3,12; Jud 11 |9: 3,9 · 37,30 |10: 3,13! · Lk 11,51; Hebr 12,24 |11: Num 35,33 |12: Lev 26,20 · Dtn 19,11–12; Spr 28,17 |15: 24! · Ez 9,6

4,1: Wörtlich: «…: Ich habe einen Mann erworben …» Im Namen Kain soll ein Anklang an das hebräische Wort für ‹erwerben› gehört werden.
4,8: In vielen hebräischen Handschriften und in den antiken Übersetzungen lautet der Text: «… redete Kain mit seinem Bruder Abel: Lass uns aufs Feld gehen. Und als sie auf dem Feld waren, …»

Die Nachkommen Kains

17 Und Kain erkannte seine Frau, und sie wurde schwanger und gebar Henoch. Und er wurde Erbauer einer Stadt, und er benannte die Stadt nach seinem Sohn Henoch. 18 Henoch wurde Irad geboren, und Irad zeugte Mechujael. Und Mechijael zeugte Metuschael, und Metuschael zeugte Lamech. 19 Und Lamech nahm sich zwei Frauen; die eine hiess Ada, die andere Zilla. 20 Und Ada gebar Jabal; der wurde der Stammvater von denen, die in Zelten und bei den Herden wohnen. 21 Sein Bruder hiess Jubal; der wurde der Stammvater aller Leier- und Flötenspieler. 22 Und Zilla, sie gebar Tubal-Kajin, den Stammvater aller Kupfer- und Eisenschmiede. Die Schwester Tubal-Kajins war Naama. 23 Und Lamech sprach zu seinen Frauen:
Ada und Zilla, hört meine Rede,
    ihr Frauen Lamechs, vernehmt
    meinen Spruch.
Einen Mann erschlage ich für
meine Wunde,
    einen Knaben für meine Strieme.
24 Siebenfach wird Kain gerächt,
    Lamech aber siebenundsiebzigfach.

25 Und Adam erkannte seine Frau noch einmal, und sie gebar einen Sohn und nannte ihn Set. Denn, sprach sie, Gott hat mir einen anderen Nachkommen gegeben für Abel, da Kain ihn erschlagen hat. 26 Und auch Set wurde ein Sohn geboren, und er nannte ihn Enosch. Damals fing man an, den Namen des HERRN anzurufen.

|23: Ex 21,23–25 |24: 15; Lev 19,18 |25: 5,3! |26: 12,8; 13,4; 21,33

4,22: «den Stammvater» wurde den vorangehenden Versen entsprechend in der Übersetzung ergänzt.
4,26: Der Eigenname des Gottes Israels mit den vier Buchstaben, dem Tetragramm JHWH, wurde ursprünglich als Jahwe ausgesprochen. Aus Scheu vor Missbrauch des Namens hat man dessen Aussprechen in späterer Zeit vermieden und dafür, unter anderem, ‹Herr› (hebräisch: ‹adonai›) verwendet. Dieser Tradition, der die meisten Übersetzungen folgten, schliesst sich in der Regel auch die Zürcher Bibel an (im Druck gekennzeichnet als HERR).

Von Adam bis Noah

5 1 Dies ist das Verzeichnis der Nachkommen Adams: Am Tag, da Gott den Menschen schuf, machte er ihn Gott ähnlich. 2 Als Mann und Frau schuf er sie, und er segnete sie und nannte sie Mensch, am Tag, da sie geschaffen wurden.

3 Und als Adam hundertdreissig Jahre alt war, zeugte er einen Sohn, ihm ähnlich, der wie sein Bild war, und er nannte ihn Set. 4 Und nachdem Adam Set gezeugt hatte, lebte er noch achthundert Jahre und zeugte Söhne und Töchter. 5 So betrug die ganze Zeit, die Adam durchlebte, neunhundertdreissig Jahre, dann starb er.

6 Und als Set hundertfünf Jahre alt war, zeugte er Enosch. 7 Und nachdem Set Enosch gezeugt hatte, lebte er noch achthundertsieben Jahre und zeugte Söhne und Töchter. 8 So betrug Sets ganze Lebenszeit neunhundertzwölf Jahre, dann starb er. 9 Und als Enosch neunzig Jahre alt war, zeugte er Kenan. 10 Und nachdem Enosch Kenan gezeugt hatte, lebte er noch achthundertfünfzehn Jahre und zeugte Söhne und Töchter. 11 So betrug Enoschs ganze Lebenszeit neunhundertfünf Jahre, dann starb er.

12 Und als Kenan siebzig Jahre alt war, zeugte er Mahalalel. 13 Und nachdem Kenan Mahalalel gezeugt hatte, lebte er noch achthundertvierzig Jahre und zeugte Söhne und Töchter. 14 So betrug Kenans ganze Lebenszeit neunhundertzehn Jahre, dann starb er.

15 Und als Mahalalel fünfundsechzig Jahre alt war, zeugte er Jered. 16 Und nachdem Mahalalel Jered gezeugt hatte, lebte er noch achthundertdreissig Jahre und zeugte Söhne und Töchter. 17 So betrug Mahalalels ganze Lebenszeit achthundertfünfundneunzig Jahre, dann starb er.

18 Und als Jered hundertzweiundsechzig Jahre alt war, zeugte er Henoch. 19 Und nachdem Jered Henoch gezeugt hatte, lebte er noch achthundert Jahre und zeugte Söhne und Töchter. 20 So betrug Jereds ganze Lebenszeit neunhundertzweiundsechzig Jahre, dann starb er.

21 Und als Henoch fünfundsechzig Jahre alt war, zeugte er Metuschelach. 22 Und nachdem er Metuschelach gezeugt hatte, ging Henoch noch dreihundert Jahre mit Gott, und er zeugte Söhne und Töchter. 23 So betrug Henochs ganze Lebenszeit dreihundertfünfundsechzig Jahre. 24 Und Henoch lebte mit Gott. Dann war er nicht mehr da, denn Gott hatte ihn hinweggenommen.

25 Und als Metuschelach hundertsiebenundachtzig Jahre alt war, zeugte er Lamech. 26 Und nachdem Metuschelach Lamech gezeugt hatte, lebte er noch siebenhundertzweiundachtzig Jahre und zeugte Söhne und Töchter. 27 So betrug Metuschelachs ganze Lebenszeit neunhundertneunundsechzig Jahre, dann starb er.

28 Und als Lamech hundertzweiundachtzig Jahre alt war, zeugte er einen Sohn; 29 und er nannte ihn Noah, indem er sprach: Dieser wird uns Trost bringen in unserer Arbeit und in der Mühsal unserer Hände durch den Ackerboden, den der HERR verflucht hat. 30 Und nachdem Lamech Noah gezeugt hatte, lebte er noch fünfhundertfünfundneunzig Jahre und zeugte Söhne und Töchter. 31 So betrug Lamechs ganze Lebenszeit siebenhundertsiebenundsiebzig Jahre, dann starb er.

32 Und als Noah fünfhundert Jahre alt war, zeugte er Sem, Ham und Jafet.

|1–32: 1Chr 1,1–4 |1–2: 1,27! |3: 6; 4,25; Lk 3,38 |5: 3,19 |6: 3! |18: Jud 14 |22: 6,9 |24: Hebr 11,5 · 2Kön 2,12! |29: 3,17 |32: 6,10; 7,13; 9,18; 10,1

Die Gottessöhne und die Riesen

6 1 Als sich aber die Menschen auf der Erde zu mehren begannen und ihnen Töchter geboren wurden, 2 sahen die Gottessöhne, wie schön die Töchter der Menschen waren, und sie nahmen sich alle, die ihnen gefielen, zu Frauen. 3 Da sprach der HERR: Mein Geist soll nicht auf immer im Menschen bleiben, weil auch er Fleisch ist. Seine Lebenszeit soll hundertzwanzig Jahre sein. 4 Zu jener Zeit – und auch später noch –, als die Gottessöhne mit den Töchtern der Menschen verkehrten und diese ihnen Kinder gebaren, waren die Riesen auf Erden. Das sind die Helden, die es vor Zeiten gab, die hochberühmten.

|1: 1,28! |2: Hiob 1,6 · 12,11 |3: Ps 78,39 |4: Num 13,33; Dtn 2,11 · Jud 6 · Ez 32,27

Noah und die Sintflut

5 Der HERR aber sah, dass die Bosheit des Menschen gross war auf Erden und dass alles Sinnen und Trachten seines Herzens allezeit nur böse war. 6 Da

reute es den HERRN, dass er den Menschen gemacht hatte auf Erden, und es bekümmerte ihn in seinem Herzen. 7 Und der HERR sprach: Ich will den Menschen, den ich geschaffen habe, vom Erdboden vertilgen, den Menschen samt dem Vieh, den Kriechtieren und den Vögeln des Himmels, denn es reut mich, dass ich sie gemacht habe. 8 Noah aber hatte Gnade gefunden in den Augen des HERRN.

9 Dies ist die Geschichte Noahs: Noah war ein gerechter Mann und vollkommen unter seinen Zeitgenossen; Noah lebte mit Gott. 10 Und Noah zeugte drei Söhne: Sem, Ham und Jafet. 11 Und die Erde verdarb vor Gott, und die Erde wurde voll von Gewalttat. 12 Und Gott sah die Erde, und sieh, sie war verdorben, denn der Weg allen Fleisches war verdorben auf Erden.

13 Da sprach Gott zu Noah: Das Ende allen Fleisches ist bei mir beschlossen, denn durch sie ist die Erde voller Gewalttat. So verderbe ich sie zusammen mit der Erde. 14 Mache dir eine Arche aus Goferholz; statte die Arche mit Kammern aus, und dichte sie innen und aussen ab mit Pech. 15 Und so sollst du sie machen: dreihundert Ellen soll die Länge der Arche sein, fünfzig Ellen ihre Breite und dreissig Ellen ihre Höhe. 16 Ein Giebeldach sollst du der Arche machen und es oben um eine Elle anheben, und die Tür der Arche sollst du an der Seite anbringen. Ein unteres, ein zweites und ein drittes Stockwerk sollst du machen. 17 Ich aber, ich will die Sintflut – das Wasser – über die Erde kommen lassen, um alles Fleisch unter dem Himmel, das Lebensatem in sich hat, zu verderben. Alles, was auf der Erde ist, soll umkommen. 18 Mit dir aber will ich meinen Bund aufrichten. So geh in die Arche, du und mit dir deine Söhne, deine Frau und die Frauen deiner Söhne. 19 Und von allem, was lebt, von allem Fleisch, bringe je zwei in die Arche, um sie mit dir am Leben zu erhalten. Je ein Männchen und ein Weibchen soll es

sein. 20 Von den Vögeln nach ihren Arten, vom Vieh nach seinen Arten, von allen Kriechtieren auf dem Erdboden nach ihren Arten sollen je zwei zu dir kommen, damit du sie am Leben erhältst. 21 Du aber, nimm dir von allem, was man essen kann, mit und lege es dir als Vorrat an, damit es dir und ihnen zur Nahrung diene. 22 Und Noah tat es. Ganz wie Gott es ihm geboten hatte, so machte er es.

7 1 Und der HERR sprach zu Noah: Geh in die Arche, du und dein ganzes Haus, denn dich allein habe ich für gerecht vor mir befunden unter dieser Generation. 2 Von allen reinen Tieren nimm dir je sieben, Männchen und Weibchen, von den Tieren aber, die nicht rein sind, je zwei, ein Männchen und ein Weibchen, 3 auch von den Vögeln des Himmels je sieben, Männchen und Weibchen, um auf der ganzen Erde Nachwuchs am Leben zu erhalten. 4 Denn noch sieben Tage, dann will ich regnen lassen auf die Erde, vierzig Tage und vierzig Nächte lang, und will alle Wesen, die ich gemacht habe, vom Erdboden vertilgen. 5 Und Noah machte es, ganz wie der HERR es ihm geboten hatte. 6 Und Noah war sechshundert Jahre alt, als die Sintflut – das Wasser – über die Erde kam. 7 Und Noah ging mit seinen Söhnen, seiner Frau und den Frauen seiner Söhne vor dem Wasser der Sintflut in die Arche. 8 Von den reinen Tieren und von den Tieren, die nicht rein sind, von den Vögeln und von allem, was auf dem Erdboden kriecht, 9 gingen je zwei, ein Männchen und ein Weibchen, zu Noah in die Arche, wie Gott es Noah geboten hatte.

10 Als die sieben Tage um waren, kam das Wasser der Sintflut über die Erde. 11 Im sechshundertsten Lebensjahr Noahs, im zweiten Monat, am siebzehnten Tag des Monats, an diesem Tag brachen alle Quellen der grossen Urflut auf, und die Fenster des Himmels öffneten sich. 12 Und der Regen strömte auf die Erde, vierzig Tage und vierzig

Nächte lang. 13 An eben diesem Tag gingen Noah, die Söhne Noahs Sem, Ham und Jafet, die Frau Noahs und mit ihnen die drei Frauen seiner Söhne in die Arche. 14 Sie und alle Wildtiere nach ihren Arten, alles Vieh nach seinen Arten und alle Kriechtiere, die sich auf der Erde regen, nach ihren Arten und alle Vögel nach ihren Arten, alles, was fliegt, was Flügel hat: 15 die gingen zu Noah in die Arche, je zwei von allem Fleisch, das Lebensatem in sich hat. 16 Und die hineingingen, waren je ein Männchen und ein Weibchen von allem Fleisch, wie Gott es ihm geboten hatte. Und der HERR schloss hinter ihm zu.

17 Da kam die Sintflut vierzig Tage lang über die Erde. Und das Wasser stieg und hob die Arche, so dass sie hoch über der Erde schwamm. 18 Und das Wasser schwoll an und stieg gewaltig auf der Erde, und die Arche trieb auf dem Wasser dahin. 19 Das Wasser aber schwoll immer mächtiger an auf der Erde, so dass alle hohen Berge, die unter dem ganzen Himmel sind, bedeckt wurden. 20 Fünfzehn Ellen darüber hinaus schwoll das Wasser an, so dass die Berge bedeckt wurden. 21 Da kam alles Fleisch um, das sich auf der Erde regte, Vögel, Vieh, Wildtiere und alles, was auf der Erde wimmelte, auch alle Menschen. 22 Alles, was Leben atmete, was auf dem Trockenen lebte, starb. 23 So vertilgte er alle Wesen, die auf dem Erdboden waren, Menschen, Vieh, Kriechtiere und die Vögel des Himmels, sie wurden vertilgt, von der Erde weg. Übrig blieb nur Noah und was mit ihm in der Arche war. 24 Das Wasser aber schwoll an auf der Erde, hundertfünfzig Tage lang.

8 1 Da dachte Gott an Noah und an alles Wild und alles Vieh, das bei ihm in der Arche war. Und Gott liess einen Wind über die Erde wehen, und das Wasser sank. 2 Die Quellen der Urflut und die Fenster des Himmels schlossen sich, und der Regen wurde vom Himmel zurückgehalten. 3 Da verlief sich das Wasser immer mehr von der Erde, und

das Wasser nahm ab nach hundertfünfzig Tagen. 4 Im siebten Monat, am siebzehnten Tag des Monats, setzte die Arche auf den Bergen von Ararat auf. 5 Und das Wasser nahm weiter ab bis zum zehnten Monat. Im zehnten Monat, am ersten des Monats, wurden die Spitzen der Berge sichtbar.

6 Und nach vierzig Tagen öffnete Noah das Fenster der Arche, das er gemacht hatte, 7 und liess einen Raben hinaus. Der flog hin und her, bis das Wasser auf der Erde weggetrocknet war. 8 Dann liess er eine Taube hinaus, um zu sehen, ob sich das Wasser vom Erdboden verlaufen hätte. 9 Aber die Taube fand keinen Ort, wo ihre Füsse ruhen konnten, so kehrte sie zu ihm in die Arche zurück, denn noch war Wasser überall auf der Erde. Da streckte er seine Hand aus, fasste sie und nahm sie zu sich in die Arche. 10 Hierauf wartete er noch weitere sieben Tage, dann liess er die Taube wieder aus der Arche. 11 Und die Taube kam um die Abendzeit zu ihm zurück, und sieh da, sie hatte ein frisches Ölblatt in ihrem Schnabel. Da wusste Noah, dass sich das Wasser von der Erde verlaufen hatte. 12 Hierauf wartete er noch weitere sieben Tage, dann liess er die Taube hinaus, und sie kehrte nicht mehr zu ihm zurück.

13 Im sechshundertsten Jahr, im ersten Monat am ersten Tag des Monats, war das Wasser von der Erde weggetrocknet. Da hob Noah das Dach der Arche ab und schaute hinaus, und sieh, der Erdboden war trocken geworden. 14 Und im zweiten Monat, am siebenundzwanzigsten Tag des Monats, war die Erde ganz trocken.

15 Da redete Gott zu Noah und sprach: 16 Geh aus der Arche, du und mit dir deine Frau, deine Söhne und die Frauen deiner Söhne. 17 Und alle Tiere, die bei dir sind, alles Fleisch: die Vögel, das Vieh und alle Kriechtiere, die auf der Erde sich regen, die lass mit dir heraus, dass sie wimmeln auf der Erde und fruchtbar seien und sich mehren auf der

Erde. 18 Da ging Noah hinaus, und mit ihm seine Söhne, seine Frau und die Frauen seiner Söhne. 19 Auch alle Tiere, alle Kriechtiere und alle Vögel, alles, was auf der Erde sich regt, Art um Art gingen sie aus der Arche.

20 Und Noah baute dem HERRN einen Altar. Dann nahm er von allen reinen Tieren und von allen reinen Vögeln und brachte Brandopfer dar auf dem Altar. 21 Und der HERR roch den beschwichtigenden Duft, und der HERR sprach bei sich selbst: Nie werde ich wieder die Erde verachten um des Menschen willen. Denn das Trachten des Menschenherzens ist böse von Jugend an. Und nie werde ich wieder schlagen, was da lebt, wie ich getan habe.

22 Solange die Erde währt,
sollen nicht aufhören
Saat und Ernte, Frost und Hitze,
Sommer und Winter, Tag und Nacht.

|5: 8,21; Koh 9,3; Jer 17,9 |6: Ex 32,14; 1Sam 15,11.35; Jer 18,10 · Num 23,19 |7: Zef 1,3 |8: 19,19 |9: 17,1; Hiob 1,1 · 7,1 · 5,22 |10: 5,32! |11–12: Mt 24,37 |12: 18,21; Ps 14,2–3 · Röm 3,12 |13: Am 8,2 |14: Ex 2,3 |16: 8,6 |17: 7,21–23 |18: 9,9 · 7,7 |19–20: 7,9.16 |21: 1,29–30 |22: 7,5! |1: Ez 14,14 · 6,9 |2–3: 8,20; Lev 11,1–47 |5: 9.16; 6,22; Ex 40,16; Hebr 11,7 |6: 8,13 |7: 6,18 |9: 5! · 6,19–20! |11: 8,13 · 2,6; 8,2; 49,25 · Jes 24,18 |12: 17; 8,6 |13: 5,32! |16: 5! · 6,19–20! · Hiob 12,1 |17: 12! · Am 9,6 |19–20: Ps 104,6 |21–23: 6,17 |22: 2,7! |23: Mt 24,39; Lk 17,27; 2Petr 3,6 · 2Petr 2,5 |24: 8,3 |1: 19,29 · Ex 14,21 |2: 7,11! |3: 7,24 |4: 2Kön 19,37; Jer 51,27 |6: 7,12! · 6,16 |13: 7,11 · 7,6 |17: 1,22 |18: 2Petr 2,5 |19: 9,10! |20–21: Ex 29,18 |20: 12,7; 13,18; 26,25; 33,20; 35,7 · 7,2–3! |21: Lev 1,9! · 6,5! · 9,11! |22: Jer 33,20.25

6,13: Mit «durch sie» ist alles Fleisch, Mensch und Tier, gemeint.
6,14: Die wörtliche Übersetzung des mit ‹Arche› wiedergegebenen Worts ist ‹Kasten› (vgl. Ex 2,3).
6,16: Möglicherweise ist das mit ‹Giebeldach› wiedergegebene Wort als ‹Luke› oder ‹Fenster› zu übersetzen (vgl. Gen 8,6).
7,22: Wörtlich: «Alles, was Lebensatem in seiner Nase hatte, ...» (vgl. Gen 2,7).
8,13: Der Text der griechischen Überlieferung lautet: «Im sechshundertsten Jahr Noahs, im ...» (vgl. Gen 7,11).

Gottes Bund mit Noah

9 1 Und Gott segnete Noah und seine Söhne und sprach zu ihnen: Seid fruchtbar und mehrt euch und füllt die Erde. 2 Furcht und Schrecken vor euch komme über alle Tiere der Erde und über alle Vögel des Himmels. Mit allem, was auf dem Erdboden kriecht, und mit allen Fischen des Meeres sind sie in eure Hand gegeben. 3 Alles, was sich regt und lebt, soll eure Nahrung sein. Wie das grüne Kraut übergebe ich euch alles. 4 Nur das Fleisch, in dem noch Blut und Leben ist, dürft ihr nicht essen. 5 Euer eigenes Blut aber will ich einfordern. Von allen Tieren will ich es einfordern, und von den Menschen untereinander will ich es einfordern.

6 Wer das Blut eines Menschen vergiesst,
dessen Blut soll für den Wert des getöteten Menschen vergossen werden.
Denn als Bild Gottes
hat er den Menschen gemacht.

7 Ihr aber, seid fruchtbar und mehrt euch, wimmelt auf der Erde und mehrt euch auf ihr.

8 Dann sprach Gott zu Noah und zu seinen Söhnen, die bei ihm waren: 9 Ich aber, ich richte meinen Bund auf mit euch und mit euren Nachkommen 10 und mit allen Lebewesen, die bei euch sind, mit den Vögeln, dem Vieh und allen Wildtieren bei euch, mit allem, was aus der Arche gekommen ist, mit allen Tieren der Erde. 11 Ich will meinen Bund mit euch aufrichten: Nie wieder soll alles Fleisch vom Wasser der Sintflut ausgerottet werden, und nie wieder soll eine Sintflut kommen, um die Erde zu verderben. 12 Und Gott sprach: Dies ist das Zeichen des Bundes, den ich stifte zwischen mir und euch und allen Lebewesen, die bei euch sind, für alle kommenden Generationen: 13 Meinen Bogen stelle ich in die Wolken. Der soll ein Zeichen des Bundes zwischen mir und der Erde sein. 14 Wenn ich nun Wolken heraufziehen lasse über der Erde und der Bogen in den Wolken erscheint, 15 dann will ich mich meines Bundes erinnern, der zwischen mir und euch besteht und allen Lebewesen, allen Wesen aus Fleisch, und nie

wieder wird das Wasser zur Sintflut werden, um alles Fleisch zu verderben. 16 Und wenn der Bogen in den Wolken steht, will ich ihn ansehen, um mich des ewigen Bundes zu erinnern zwischen Gott und allen Lebewesen, allen Wesen aus Fleisch, die auf Erden sind. 17 Und Gott sprach zu Noah: Dies ist das Zeichen des Bundes, den ich aufrichte zwischen mir und allem Fleisch, das auf Erden ist.

|1: 1,28! |2: 1,26 |3: 1,29! |4: Lev 3,17; Dtn 12,23; 1Sam 14,33 |5: Ex 21,28 · 42,22; 2Sam 4,11 |6: Ex 21,12 · 1,27! |7: 1,28! |9: 6,18 |10: 8,19; Hos 2,20 |11: 15; 8,21; Jes 54,9 |13: Ez 1,28 |15: 11! |16: 17,7!

Noahs Fluch und Segen

18 Die Söhne Noahs, die aus der Arche gingen, waren Sem, Ham und Jafet. Ham, das ist der Vater Kanaans. 19 Diese drei waren die Söhne Noahs, und von ihnen aus wurde die ganze Erde bevölkert.

20 Und Noah, der Ackerbauer, war der Erste, der einen Weinberg pflanzte. 21 Und er trank von dem Wein und wurde betrunken, und er entblösste sich im Innern seines Zelts. 22 Da sah Ham, der Vater Kanaans, die Blösse seines Vaters, und er sagte es seinen beiden Brüdern draussen. 23 Sem und Jafet aber nahmen einen Überwurf, legten ihn auf ihre Schultern und deckten, rückwärts gehend, die Blösse ihres Vaters zu. Ihr Gesicht hielten sie abgewandt, so dass sie die Blösse ihres Vaters nicht sahen. 24 Und Noah erwachte aus seinem Rausch und erfuhr, was ihm sein jüngster Sohn angetan hatte. 25 Da sprach er: Verflucht sei Kanaan.

Diener der Diener
sei er seinen Brüdern.

26 Und weiter sprach er:
Gepriesen sei der HERR, der Gott Sems,
Kanaan aber sei ihm Diener.

27 Weiten Raum schaffe Gott für Jafet,
er wohne in den Zelten Sems,
Kanaan aber sei ihm Diener.

28 Und Noah lebte nach der Sintflut noch dreihundertfünfzig Jahre. 29 So betrug Noahs ganze Lebenszeit neunhundertfünfzig Jahre, dann starb er.

|18: 5,32! · 10,6 |19: 10,32; Apg 17,26 |20: 4,2! |21: Spr 20,1 |22: 19,32! |26: Ri 1,28

Die Nachkommen Noahs

10 1 Und dies sind die Nachkommen der Söhne Noahs, Sem, Ham und Jafet. Diesen wurden Söhne geboren nach der Sintflut.

2 Die Söhne Jafets: Gomer und Magog und Madai und Jawan und Tubal und Meschech und Tiras. 3 Und die Söhne Gomers: Aschkenas und Rifat und Togarma. 4 Und die Söhne Jawans: Elischa und Tarschisch, die Kittäer und die Dodaniter. 5 Von ihnen zweigten sich die Inseln der Nationen ab, das sind die Söhne Jafets in ihren Ländern, je nach ihrer Sprache, nach ihren Sippen, in ihren Völkerschaften.

6 Und die Söhne Hams: Kusch und Mizrajim und Put und Kanaan. 7 Und die Söhne Kuschs: Seba und Chawila und Sabta und Rama und Sabtecha. Und die Söhne Ramas: Scheba und Dedan. 8 Und Kusch zeugte Nimrod. Der war der erste Held auf Erden. 9 Er war ein gewaltiger Jäger vor dem HERRN. Daher sagt man: Ein gewaltiger Jäger vor dem HERRN wie Nimrod. 10 Und der Anfang seines Reichs war Babel und Erech und Akkad und Kalne im Land Schinar. 11 Von jenem Land zog er aus nach Assur und erbaute Ninive und Rechobot-Ir und Kelach, 12 und Resen zwischen Ninive und Kelach, das ist die grosse Stadt. 13 Und Mizrajim zeugte die Luditer und die Anamiter und die Lehabiter und die Naftuchiter 14 und die Patrusiter und die Kasluchiter, von denen die Philister abstammen, und die Kaftoriter. 15 Und Kanaan zeugte Sidon, seinen Erstgeborenen, und Chet 16 und die Jebusiter und die Amoriter und die Girgaschiter 17 und die Chiwwiter und die Arkiter und die Siniter 18 und die Arwaditer und die Zemariter und die Chamatiter. Später aber zerstreuten sich die Sippen der Kanaaniter. 19 So reichte das Gebiet der Kanaaniter von Sidon nach Gerar hin bis Gaza, nach Sodom und Gomorra

und Adma und Zebojim hin bis Lescha. 20 Das sind die Söhne Hams nach ihren Sippen, nach ihren Sprachen, in ihren Ländern, ihren Völkerschaften.

21 Und auch Sem, dem Vater aller Söhne Ebers, dem älteren Bruder Jafets, wurden Söhne geboren. 22 Die Söhne Sems sind Elam und Assur und Arpachschad und Lud und Aram. 23 Und die Söhne Arams sind Uz und Chul und Geter und Masch. 24 Und Arpachschad zeugte Schelach, und Schelach zeugte Eber. 25 Und Eber wurden zwei Söhne geboren. Der Name des einen war Peleg, denn zu seiner Zeit verteilte sich die Bevölkerung der Erde, und der Name seines Bruder war Joktan. 26 Und Joktan zeugte Almodad und Schelef und Chazarmawet und Jerach 27 und Hadoram und Usal und Dikla 28 und Obal und Abimael und Scheba 29 und Ofir und Chawila und Jobab. Diese alle sind die Söhne Joktans. 30 Und ihr Wohngebiet reichte von Mescha nach Sefar hin bis an das Ostgebirge. 31 Das sind die Söhne Sems nach ihren Sippen, ihren Sprachen, in ihren Ländern, nach ihren Völkerschaften.

32 Das sind die Sippen der Söhne Noahs nach ihrer Abstammung in ihren Völkerschaften, und von ihnen aus verzweigten sich die Völker auf der Erde nach der Sintflut.

|1: 5,32! |2–4: 1Chr 1,5–7 |2: Ez 38,2; Offb 20,8 · Jes 66,19; Ez 27,13 |3: Jer 51,27 · Ez 27,14; 38,6 |4: Jes 23,1! |5: 32 |6–8: 2,13 · 1Chr 1,8–16 |6: Jer 46,9 · 9,18 |7: Ez 27,22 · 25,3! |9: Mi 5,5 |10: Jes 10,9! · 11,2; 14,1; Jes 11,11; Dan 1,2 |11: 2Kön 19,36; Joel 1,2; Nah 1,1 |13–18: 1Chr 1,5–7 |14: Dtn 2,23; Jer 47,4; Am 9,7 |15: 18; Ez 27,8 · 23,3 |16: 15,16 |17: Jos 9,7; 2Sam 24,7 |18: 15! |19: 2Chr 14,12 · 1Sam 13,18 |21: 11,10 |22–29: 1Chr 1,17–23 |22: Jes 21,2 |23: 22,21; Hiob 1,1 |25: Dtn 32,8 |28: Ez 27,23 |29: 1Kön 9,28 |32: 5 · 9,19!

10,5: «das sind die Söhne Jafets» wurde in der Übersetzung nach V. 20 und 31 ergänzt.
10,6: Mizrajim ist der hebräische Name für Ägypten.
10,8: Möglich ist auch die Übersetzung: «... Der war der erste Gewaltherrscher auf Erden.»
10,25: Im Namen Peleg klingt hebräisch ‹sich zerteilen› an.

Der Turmbau zu Babel

11 1 Alle Bewohner der Erde aber hatten eine Sprache und ein und dieselben Worte. 2 Als sie nun von Osten aufbrachen, fanden sie eine Ebene im Land Schinar und liessen sich dort nieder. 3 Und sie sagten zueinander: Auf, wir wollen Ziegel formen und sie hart brennen. So diente ihnen der Ziegel als Baustein, und der Asphalt diente ihnen als Mörtel. 4 Und sie sagten: Auf, wir wollen eine Stadt bauen und einen Turm, dessen Spitze bis an den Himmel reicht, und uns so einen Namen machen, damit wir uns nicht über die ganze Erde zerstreuen. 5 Da stieg der HERR herab, um die Stadt zu besehen und den Turm, die die Menschen bauten. 6 Und der HERR sprach: Sieh, alle sind ein Volk und haben eine Sprache. Und dies ist erst der Anfang ihres Tuns. Nun wird ihnen nichts mehr unmöglich sein, was immer sie sich zu tun vornehmen. 7 Auf, lasst uns hinabsteigen und dort ihre Sprache verwirren, dass keiner mehr die Sprache des andern versteht. 8 Und der HERR zerstreute sie von dort über die ganze Erde, und sie liessen davon ab, die Stadt zu bauen. 9 Darum nannte man sie Babel, denn dort hat der Herr die Sprache aller Bewohner der Erde verwirrt, und von dort hat der HERR sie über die ganze Erde zerstreut.

|2: 10,10! |3: 14,10 |4: Dan 4,27! |5: 18,21 |7: 1,26

11,9: Der Name Babel klingt ähnlich wie hebräisch ‹verwirren›.

Von Sem bis Abram

10 Dies sind die Nachkommen Sems: Als Sem hundert Jahre alt war, zeugte er, zwei Jahre nach der Sintflut, Arpachschad. 11 Und nachdem Sem Arpachschad gezeugt hatte, lebte er noch fünfhundert Jahre und zeugte Söhne und Töchter. 12 Und als Arpachschad fünfunddreissig Jahre alt war, zeugte er Schelach. 13 Und nachdem Arpachschad Schelach gezeugt hatte, lebte er noch vierhundertdrei Jahre und zeugte Söhne und Töchter. 14 Und als Schelach dreis-

sig Jahre alt war, zeugte er Eber. 15 Und nachdem Schelach Eber gezeugt hatte, lebte er noch vierhundertdrei Jahre und zeugte Söhne und Töchter. 16 Und als Eber vierunddreissig Jahre alt war, zeugte er Peleg. 17 Und nachdem Eber Peleg gezeugt hatte, lebte er noch vierhundertdreissig Jahre und zeugte Söhne und Töchter. 18 Und als Peleg dreissig Jahre alt war, zeugte er Regu. 19 Und nachdem Peleg Regu gezeugt hatte, lebte er noch zweihundertneun Jahre und zeugte Söhne und Töchter. 20 Und als Regu zweiunddreissig Jahre alt war, zeugte er Serug. 21 Und nachdem Regu Serug gezeugt hatte, lebte er noch zweihundertsieben Jahre und zeugte Söhne und Töchter. 22 Und als Serug dreissig Jahre alt war, zeugte er Nachor. 23 Und nachdem Serug Nachor gezeugt hatte, lebte er noch zweihundert Jahre und zeugte Söhne und Töchter. 24 Und als Nachor neunundzwanzig Jahre alt war, zeugte er Terach. 25 Und nachdem Nachor Terach gezeugt hatte, lebte er noch hundertneunzehn Jahre und zeugte Söhne und Töchter. 26 Und als Terach siebzig Jahre alt war, zeugte er Abram, Nachor und Haran.

27 Und dies sind die Nachkommen Terachs: Terach zeugte Abram, Nachor und Haran. Und Haran zeugte Lot. 28 Haran aber starb zu Lebzeiten seines Vaters Terach in seiner Heimat, in Ur in Kasdäa. 29 Da nahmen sich Abram und Nachor Frauen. Der Name der Frau Abrams war Sarai, und der Name der Frau Nachors war Milka, die Tochter Harans, des Vaters der Milka und der Jiska. 30 Sarai aber war unfruchtbar, sie hatte keine Kinder. 31 Da nahm Terach Abram, seinen Sohn, und Lot, seinen Enkel, den Sohn Harans, und Sarai, seine Schwiegertochter, die Frau Abrams, seines Sohns, und sie zogen mit ihnen aus Ur in Kasdäa hinaus, um ins Land Kanaan zu ziehen. Und sie kamen bis Charan und liessen sich dort nieder. 32 Und Terachs Lebenszeit betrug zwei-

hundertfünf Jahre, dann starb Terach in Charan.

| 10–26: 1Chr 1,24–27 | 10: 10,21 | 26–27: Jos 24,2 | 27: 31; 12,5; 14,12 | 28: 15,7 | 29: 22,20–23; 24,15 | 30: 16,1; 25,21; 29,31; Ri 13,2 | 31: 27! · 27,43; 28,10; 29,4; Apg 7,4

Der Segen Abrams

12 1 Und der HERR sprach zu Abram: Geh aus deinem Land und aus deiner Verwandtschaft und aus dem Haus deines Vaters in das Land, das ich dir zeigen werde. 2 Ich will dich zu einem grossen Volk machen und will dich segnen und deinen Namen gross machen, und du wirst ein Segen sein. 3 Segnen will ich, die dich segnen, wer dich aber schmäht, den will ich verfluchen, und Segen sollen durch dich erlangen alle Sippen der Erde. 4 Da ging Abram, wie der HERR es ihm gesagt hatte, und Lot ging mit ihm. Abram aber war fünfundsiebzig Jahre alt, als er von Charan auszog. 5 Und Abram nahm Sarai, seine Frau, und Lot, den Sohn seines Bruders, und all ihre Habe, die sie besassen, und die Leute, die sie in Charan erworben hatten, und sie zogen aus, um ins Land Kanaan zu gelangen, und sie kamen ins Land Kanaan. 6 Und Abram zog durch das Land bis zur Stätte von Schechem, bis zur Orakel-Terebinthe. Damals waren die Kanaaniter im Land. 7 Da erschien der HERR dem Abram und sprach: Deinen Nachkommen will ich dieses Land geben. Und dort baute er dem HERRN, der ihm erschienen war, einen Altar. 8 Von dort zog er weiter ins Gebirge östlich von Bet-El und schlug sein Zelt auf, Bet-El im Westen und Ai im Osten, und dort baute er dem HERRN einen Altar und rief den Namen des HERRN an. 9 Dann zog Abram weiter und weiter nach dem Südland.

| 1: 24,7 · Apg 7,3; Hebr 11,8 | 2: 46,3! · 24,1 · 2Sam 7,9 · Sach 8,13 | 3: 27,29; Num 24,9 · 18,18! | 4: 13,5 · Hebr 11,8 | 5: 11,31! · 11,27! | 6: 33,18; Hos 6,9 · 35,4; Dtn 11,30 · 13,7 | 7–8: 13,4 | 7: 17,1; 18,1 · 8,20! | 8: 4,26! | 9: 13,1; 20,1; 24,62

Abram in Ägypten

10 Es kam aber eine Hungersnot über das Land. Da zog Abram nach Ägypten hinab, um dort als Fremder zu weilen, denn die Hungersnot lastete schwer auf dem Land. 11 Als er nahe an Ägypten war, sprach er zu Sarai, seiner Frau: Sieh, ich weiss, dass du eine schöne Frau bist. 12 Wenn dich die Ägypter sehen und sagen: Das ist seine Frau, so werden sie mich umbringen und dich am Leben lassen. 13 Sage doch, du seist meine Schwester, damit es mir um deinetwillen gut geht und ich deinetwegen am Leben bleibe. 14 Als nun Abram nach Ägypten kam, sahen die Ägypter, dass die Frau sehr schön war. 15 Auch die Hofbeamten des Pharao sahen sie und rühmten sie vor dem Pharao, und die Frau wurde in den Palast des Pharao geholt. 16 Und Abram behandelte er um ihretwillen gut: Er bekam Schafe, Rinder und Esel, Knechte und Mägde, Eselinnen und Kamele. 17 Doch der HERR schlug den Pharao und sein Haus mit schweren Plagen um Sarais willen, der Frau Abrams. 18 Da liess der Pharao Abram rufen und sprach: Was hast du mir angetan! Warum hast du mich nicht wissen lassen, dass sie deine Frau ist? 19 Warum hast du gesagt: Sie ist meine Schwester, so dass ich sie mir zur Frau nahm? Da hast du deine Frau, nimm sie und geh! 20 Und der Pharao bot Männer für ihn auf, die gaben ihm und seiner Frau und allem, was er hatte, das Geleit.

|10–20: 20,1–18; 26,1–11 |10: 26,1; 41,56–57; 43,1; Rut 1,1 |11: 26,7 · 6,2 |12: 20,11 |13: 20,2; 26,7 |15: 20,2 |16: 20,14; 30,43; 32,6 |17: 20,18 |18: 20,9; 26,10; 29,25; 31,26

Abram und Lot

13 1 So zog Abram aus Ägypten hinauf ins Südland, er mit seiner Frau und mit allem, was er hatte, und mit ihm auch Lot. 2 Abram aber war sehr reich an Vieh, an Silber und an Gold. 3 Und er zog weiter von Lagerplatz zu Lagerplatz, aus dem Südland bis nach Bet-El, bis zu der Stätte, an der zu Anfang sein Zelt gestanden hatte, zwischen Bet-El und Ai, 4 an die Stätte des Altars, den er früher dort errichtet hatte. Und dort rief Abram den Namen des HERRN an.

5 Auch Lot, der mit Abram zog, hatte Schafe, Rinder und Zelte. 6 Das Land aber ertrug es nicht, dass sie beieinander blieben, denn ihre Habe war so gross geworden, dass sie nicht beieinander bleiben konnten. 7 So kam es zum Streit zwischen den Hirten der Herde Abrams und den Hirten der Herde Lots. Damals wohnten die Kanaaniter und Perissiter im Land. 8 Da sprach Abram zu Lot: Es soll kein Streit sein zwischen mir und dir, zwischen meinen Hirten und deinen Hirten, denn wir sind Brüder. 9 Steht dir nicht das ganze Land offen? So trenne dich von mir! Gehst du nach links, so will ich nach rechts gehen; gehst du nach rechts, so will ich nach links gehen. 10 Da blickte Lot auf und sah, dass die ganze Jordanebene ein wasserreiches Land war. Bevor der HERR Sodom und Gomorra verdarb, war sie bis nach Zoar hin wie der Garten des HERRN, wie das Land Ägypten. 11 Da wählte sich Lot die ganze Jordanebene, und Lot brach nach Osten auf. So trennten sie sich: 12 Abram liess sich im Land Kanaan nieder, und Lot liess sich in den Städten der Ebene nieder und zog mit seinen Zelten bis nach Sodom. 13 Aber die Leute von Sodom waren böse und sündigten schwer gegen den HERRN.

14 Der HERR aber sprach zu Abram, nachdem sich Lot von ihm getrennt hatte: Blicke auf und schau von dem Ort, an dem du bist, nach Norden und nach Süden, nach Osten und nach Westen: 15 Fürwahr, das ganze Land, das du siehst, dir will ich es geben und deinen Nachkommen für immer. 16 Und deine Nachkommen will ich machen wie den Staub der Erde. Nur wenn man den Staub der Erde zählen kann, können auch deine Nachkommen gezählt werden. 17 Mach dich auf, zieh durch das Land in seiner Länge und seiner Breite, denn dir will ich es geben. 18 Da brach Abram mit seinen Zelten auf, zog weiter

und liess sich nieder bei den Terebinthen von Mamre, die bei Chebron sind, und dort baute er dem Herrn einen Altar.

|1:12,9! |2:24,35; Hiob 1,3 |4:12,7–8 · 4,26! |5: 12,4 |6:36,7 |7:12,6 |9:20,15 |10:2,8 · 19,24 |12: 14,12; 19,1 |13:18,20; 19,13; Jes 3,9 · 1Sam 2,17 |16: 28,14; Num 23,10; 2Chr 1,9 |18: Hebr 11,9 · 14,13; 18,1 · 8,20!

Abrams Kampf für Lot

14 1 In den Tagen Amrafels, des Königs von Schinar, Arjochs, des Königs von Ellasar, Kedorlaomers, des Königs von Elam, und Tidals, des Königs von Gojim, 2 führten diese Könige Krieg mit Bera, dem König von Sodom, und mit Birscha, dem König von Gomorra, Schinab, dem König von Adma, und Schemeber, dem König von Zebojim, und dem König von Bela, das ist Zoar. 3 Alle diese zogen vereint ins Tal von Siddim, das ist das Salzmeer. 4 Zwölf Jahre waren sie Kedorlaomer untertan gewesen, und im dreizehnten Jahr waren sie abgefallen. 5 Im vierzehnten Jahr aber kamen Kedorlaomer und die Könige, die mit ihm verbündet waren, und schlugen die Refaiter in Aschterot-Karnajim, die Susiter in Ham, die Emiter in der Ebene von Kirjatajim 6 und die Choriter in ihrem Gebirge Seir bis nach El-Paran, das am Rand der Wüste liegt. 7 Dann kehrten sie um und kamen nach En-Mischpat, das ist Kadesch, und schlugen das ganze Gebiet der Amalekiter sowie die Amoriter, die in Chazezon-Tamar wohnten. 8 Da zogen aus der König von Sodom und der König von Gomorra und der König von Adma und der König von Zebojim und der König von Bela, das ist Zoar, und stellten sich auf im Tal von Siddim zum Kampf gegen sie; 9 gegen Kedorlaomer, den König von Elam, und Tidal, den König von Gojim, und Amrafel, den König von Schinar, und Arjoch, den König von Ellasar – vier Könige gegen die fünf. 10 Das Tal von Siddim aber war voller Asphaltgruben. Und der König von Sodom und der König von Gomorra flohen, und sie stürzten hinein, die Übrigen flohen ins Gebirge. 11 Und sie nahmen die gesamte Habe von Sodom und Gomorra und ihren gesamten Vorrat und zogen ab. 12 Sie nahmen auch Lot, den Sohn von Abrams Bruder, und seine Habe und zogen ab. Der wohnte in Sodom.

13 Da kam einer, der entronnen war, und gab dem Hebräer Abram Bericht. Der wohnte bei den Terebinthen des Amoriters Mamre, des Bruders von Eschkol und von Aner, die mit Abram verbündet waren. 14 Und Abram hörte, dass sein Verwandter gefangen worden war, und er zog seine Gefolgschaft zusammen, die in seinem Haus geborenen Sklaven, dreihundertachtzehn Mann, und nahm die Verfolgung auf bis Dan. 15 In der Nacht teilten sie sich, er und seine Diener, und er schlug sie und verfolgte sie bis Choba, das nördlich von Damaskus liegt. 16 Er brachte die gesamte Habe zurück. Auch seinen Verwandten Lot und dessen Habe brachte er zurück, und auch die Frauen und das Volk.

|1:10,10! · Jos 12,23 |2: Hos 11,8 |5:15,20; Jos 17,15 · Dtn 2,10 · Num 32,37 |6:36,20! |7: Num 20,1! · Ex 17,8! · 2Chr 20,2 |10:11,3 |12:11,27! · 13,12! |13:40,15 · 13,18! |14: Ri 18,29 |16:1Sam 30,19

14,1: Möglich ist auch die Übersetzung: «<...>, und Tidals, des Königs der Nationen,»

Der Segen Melchisedeks

17 Als er nach dem Sieg über Kedorlaomer und die mit diesem verbündeten Könige zurückkam, zog der König von Sodom hinaus, ihm entgegen in das Tal Schawe, das ist das Königstal. 18 Und Melchisedek, der König von Salem, brachte Brot und Wein heraus. Er war Priester des Höchsten Gottes. 19 Und er segnete ihn und sprach:
Gesegnet sei Abram
    vom Höchsten Gott,
    dem Schöpfer des Himmels und der
    Erde,
20 und gepriesen sei der Höchste Gott,
    der deine Feinde
    in deine Hand gegeben hat.

Und er, Abram, gab ihm den Zehnten von allem. 21 Da sprach der König von Sodom zu Abram: Gib mir die Leute; die Habe nimm für dich. 22 Und Abram sprach zum König von Sodom: Ich erhebe meine Hand zum HERRN, dem Höchsten Gott, dem Schöpfer des Himmels und der Erde: 23 Nicht einen Faden noch einen Schuhriemen, nichts von allem, was du hast, nehme ich an. Du sollst nicht sagen können: Ich war es, der Abram reich gemacht hat. 24 Nichts will ich. Nur was die Leute gegessen haben und den Anteil der Männer, die mit mir gezogen sind; Aner, Eschkol und Mamre, die mögen ihren Anteil erhalten.

|17–19: Hebr 7,1-4 |17: 2Sam 18,18 |18: Ps 76,3 · Ps 110,4! |19: 47,7! · 22 |20: 28,22; Lev 27,30 · 2Sam 18,28 |22: 19 |23: 2Kön 5,16

Gottes Bund mit Abram

15 1 Nach diesen Begebenheiten erging das Wort des HERRN an Abram in einer Schauung: Fürchte dich nicht, Abram, ich bin dein Schild. Dein Lohn wird sehr gross sein. 2 Abram aber sprach: Herr, HERR, was willst du mir geben, da ich kinderlos dahingehe und Elieser aus Damaskus Erbe meines Hauses wird? 3 Und Abram sprach: Du hast mir keinen Nachkommen gegeben; so wird mein Haussklave mich beerben. 4 Aber sieh, es erging an ihn das Wort des HERRN: Nicht dieser wird dich beerben, sondern dein leiblicher Sohn, er wird dein Erbe sein. 5 Und er führte ihn nach draussen und sprach: Blicke auf zum Himmel und zähle die Sterne, wenn du sie zählen kannst. Und er sprach zu ihm: So werden deine Nachkommen sein. 6 Und er glaubte dem HERRN, und das rechnete er ihm als Gerechtigkeit an.

7 Und er sprach zu ihm: Ich bin der HERR, der dich aus Ur in Kasdäa herausgeführt hat, um dir dieses Land zum Besitz zu geben. 8 Er aber sprach: Herr, HERR, woran soll ich erkennen, dass ich es besitzen werde? 9 Und er sprach zu

ihm: Bring mir eine dreijährige Kuh, eine dreijährige Ziege, einen dreijährigen Widder, eine Turteltaube und eine junge Taube. 10 Und er brachte ihm alle diese, schnitt sie mitten entzwei und legte je einen Teil dem andern gegenüber, die Vögel aber zerschnitt er nicht. 11 Da stiessen die Raubvögel auf die toten Tiere herab, doch Abram verscheuchte sie. 12 Als aber die Sonne sank, fiel ein Tiefschlaf auf Abram, und sieh, Schrecken, grosse Finsternis, fiel auf ihn. 13 Da sprach er zu Abram: Du sollst wissen, dass deine Nachkommen Fremde sein werden in einem Land, das nicht das ihre ist; und sie werden ihnen dienen, und man wird sie unterdrücken, vierhundert Jahre lang. 14 Doch auch das Volk, dem sie dienen müssen, ziehe ich zur Rechenschaft, und danach werden sie mit reicher Habe ausziehen. 15 Du aber wirst in Frieden zu deinen Vorfahren eingehen, in schönem Alter wirst du begraben werden. 16 Erst in der vierten Generation werden sie hierher zurückkehren, denn noch ist das Mass der Schuld der Amoriter nicht voll.

17 Als die Sonne untergegangen und es finster geworden war, sieh, da waren da ein rauchender Ofen und eine brennende Fackel, die zwischen diesen Stücken hindurchfuhren. 18 An jenem Tag schloss der HERR mit Abram einen Bund, er sprach: Deinen Nachkommen gebe ich dieses Land, vom Strom Ägyptens bis zum grossen Strom, dem Eufrat, 19 die Keniter und die Kenissiter und die Kadmoniter 20 und die Hetiter und die Perissiter und die Refaiter 21 und die Amoriter und die Kanaaniter und die Girgaschiter und die Jebusiter.

|1: 22,1.20 · Num 24,4.16 · 26,24 · Ps 3,4 |5: Jer 33,22 · 22,17; 26,4; 32,13; Hebr 11,12 · Röm 4,18 |6: Ps 106,31; Röm 4,3 |7: 11,28 |8: Ri 6,17!; 2Kön 20,8 |10: Lev 1,17 |12: 2,21 · Hiob 4,13 |13-14: Apg 7,6-7 |13: Ex 1,11 · Ex 12,40 |14: Ex 3,21-22 |15: 25,8; Ri 8,32 |16: 48,21; 50,24 · 10,16 |17: Ex 19,18 · Ex 20,18! · Jer 34,18-19 |18: 17,2; Ex 6,4-5!; Lev 26,42 · 2,14 · 1Kön 5,1 |19: 1Sam 15,6 |20-21: Ex 3,8 |20: 14,5!

15,2: Die Übersetzung des Versendes ist unsicher.

Hagar und Ismael

16 1 Und Sarai, Abrams Frau, hatte ihm keine Kinder geboren; sie hatte aber eine ägyptische Magd, die hiess Hagar. 2 Und Sarai sprach zu Abram: Sieh, der HERR hat mich verschlossen, so dass ich nicht gebären kann. So geh zu meiner Magd, vielleicht bekomme ich durch sie einen Sohn. Und Abram hörte auf Sarai. 3 Da nahm Sarai, Abrams Frau, nachdem Abram zehn Jahre im Land Kanaan gewohnt hatte, die Ägypterin Hagar, ihre Magd, und gab sie Abram, ihrem Mann, zur Frau. 4 Und er ging zu Hagar, und sie wurde schwanger. Und sie sah, dass sie schwanger war; da wurde ihre Herrin gering in ihren Augen. 5 Sarai aber sprach zu Abram: Das Unrecht, das mir geschieht, komme über dich. Ich selbst habe meine Magd in deinen Schoss gelegt. Und kaum hat sie gesehen, dass sie schwanger ist, da bin ich gering in ihren Augen. Der HERR sei Richter zwischen mir und dir. 6 Und Abram sprach zu Sarai: Sieh, deine Magd ist in deiner Hand. Mach mit ihr, was gut ist in deinen Augen. Da behandelte Sarai sie so hart, dass sie ihr entfloh. 7 Der Bote des HERRN aber fand sie an einer Wasserquelle in der Wüste, an der Quelle auf dem Weg nach Schur. 8 Und er sprach: Hagar, Magd Sarais, wo kommst du her, und wo gehst du hin? Und sie sagte: Vor Sarai, meiner Herrin, bin ich auf der Flucht. 9 Da sprach der Bote des HERRN zu ihr: Kehr zurück zu deiner Herrin und ertrage ihre Härte. 10 Und der Bote des HERRN sprach zu ihr: Ich werde deine Nachkommen reichlich mehren, dass man sie nicht zählen kann in ihrer Menge. 11 Dann sprach der Bote des HERRN zu ihr:
Sieh, du bist schwanger und wirst einen Sohn gebären,
und du sollst ihn Ismael nennen,
denn der HERR hat auf deine Not gehört.
12 Er wird ein Wildesel von einem Menschen sein,
seine Hand gegen alle und aller Hand gegen ihn,
und allen seinen Brüdern setzt er sich vor die Nase.
13 Da nannte sie den Namen des HERRN, der zu ihr geredet hatte: Du bist El-Roi. Denn sie sprach: Wahrlich, hier habe ich dem nachgesehen, der auf mich sieht. 14 Darum nennt man den Brunnen Beer-Lachai-Roi. Er liegt zwischen Kadesch und Bered. 15 Und Hagar gebar Abram einen Sohn, und Abram nannte den Sohn, den Hagar geboren hatte, Ismael. 16 Und Abram war sechsundachtzig Jahre alt, als Hagar dem Abram Ismael gebar.

|1: 11,30! |2: 30,3 |3: 21,21 · 30,4! |4: Spr 30,23 |5: 31,53; Ri 11,27; 1Sam 24,13 |7: 20,1; 25,18; 1Sam 15,7 |8: Ri 19,17 · 21,17 |10: 17,20; 21,13 |11: 17,19; 21,3 · 21,17 |12: 25,18 |13: 22,14 · 32,31 |14: 24,62; 25,11 |15: 21,9; Gal 4,22 · 25,12; 1Chr 1,28 |16: 17,1.24; 21,5

16,11: Der Name Ismael bedeutet ‹Gott hört›.
16,13: Der Name El-Roi bedeutet wohl ‹Gott des Sehens›.
16,14: Der Name Beer-Lachai-Roi bedeutet wohl ‹Brunnen des Lebendigen, der mich sieht›.

Das Bundeszeichen der Beschneidung. Neue Namen

17 1 Als Abram neunundneunzig Jahre alt war, erschien der HERR dem Abram und sprach zu ihm: Ich bin El-Schaddai. Wandle vor mir und sei vollkommen. 2 Ich will meinen Bund stiften zwischen mir und dir und dich über alle Massen mehren. 3 Da fiel Abram nieder auf sein Angesicht. Und Gott redete mit ihm und sprach: 4 Sieh, das ist mein Bund mit dir: Du wirst zum Vater einer Vielzahl von Völkern werden. 5 Man wird dich nicht mehr Abram nennen, sondern Abraham wird dein Name sein, denn zum Vater einer Vielzahl von Völkern habe ich dich bestimmt. 6 Ich mache dich über alle Massen fruchtbar und lasse dich zu Völkern werden, und Könige werden von dir abstammen. 7 Ich richte meinen Bund auf zwischen mir und dir und deinen Nachkommen, von Generation zu Generation, als einen ewigen Bund, dass ich dir und deinen Nachkommen Gott sei. 8 Und ich gebe dir und deinen Nachkommen das Land, in dem du als Fremder weilst, das ganze Land Kanaan, zu ewigem Besitz, und ich will ihnen Gott sein. 9 Und Gott sprach zu Abraham: Du aber, halte meinen Bund, du und deine Nachkommen, von Generation zu Generation. 10 Dies ist mein Bund zwischen mir und euch und deinen Nachkommen, den ihr halten sollt: Es soll sich bei euch beschneiden lassen alles, was männlich ist. 11 Am Fleisch eurer Vorhaut sollt ihr euch beschneiden lassen. Das soll das Zeichen sein des Bundes zwischen mir und euch. 12 Im Alter von acht Tagen soll alles bei euch, was männlich ist, beschnitten werden, von Generation zu Generation, der im Haus geborene und der von irgendeinem Fremden um Silber gekaufte Sklave, der nicht zu deinen Nachkommen gehört. 13 Es soll auch der in deinem Haus geborene und der von dir um Silber gekaufte Sklave sich beschneiden lassen. So soll mein Bund an eurem Fleisch ein ewiger Bund sein. 14 Ein männlicher Unbeschnittener aber, der sich nicht am Fleisch seiner Vorhaut beschneiden lässt, der soll aus seiner Sippe getilgt werden; meinen Bund hat er gebrochen.

15 Und Gott sprach zu Abraham: Sarai, deine Frau, sollst du nicht mehr Sarai nennen, sondern Sara soll ihr Name sein. 16 Ich will sie segnen, und auch von ihr will ich dir einen Sohn geben. Ich will sie segnen, und sie soll zu Völkern werden. Könige von Völkern werden von ihr abstammen. 17 Da fiel Abraham nieder auf sein Angesicht und lachte. Er sagte sich: Können einem Hundertjährigen noch Kinder geboren werden, und kann Sara, eine Neunzigjährige, noch gebären? 18 Und Abraham sprach zu Gott: Wenn nur Ismael vor dir am Leben bleibt. 19 Gott aber sprach: Nein, Sara, deine Frau, wird dir einen Sohn gebären, und du sollst ihn Isaak nennen. Und ich werde meinen Bund mit ihm aufrichten als einen ewigen

Bund für seine Nachkommen. 20 Aber auch wegen Ismael erhöre ich dich: Sieh, ich segne ihn und mache ihn fruchtbar und mehre ihn über alle Massen. Zwölf Fürsten wird er zeugen, und ich werde ihn zu einem grossen Volk machen. 21 Meinen Bund aber richte ich auf mit Isaak, den Sara dir gebären wird um diese Zeit im nächsten Jahr. 22 Und als er aufgehört hatte, zu ihm zu reden, fuhr Gott auf, weg von Abraham.

23 Da nahm Abraham seinen Sohn Ismael und alle Sklaven, die in seinem Haus geboren und die von ihm um Silber gekauft waren, alles, was männlich war unter den Leuten vom Haus Abrahams, und beschnitt das Fleisch ihrer Vorhaut noch am selben Tag, wie Gott ihm gesagt hatte. 24 Abraham war neunundneunzig Jahre alt, als er sich am Fleisch seiner Vorhaut beschneiden liess. 25 Sein Sohn Ismael aber war dreizehn Jahre alt, als er sich am Fleisch seiner Vorhaut beschneiden liess. 26 Am selben Tag liessen sich Abraham und sein Sohn Ismael beschneiden. 27 Und alle Männer seines Hauses, die im Haus geborenen und die von Fremden um Silber gekauften Sklaven, liessen sich mit ihm beschneiden.

|1: 16,16! · 12,7! · 24,40! · 6,9! |2: 15,18! · 28,3 · 20 |5: 32,29 · Neh 9,7 · Röm 4,17 |6: 16; 35,11 |7: 13.19; 9,16; 2Sam 23,5 |8: 28,4; 37,1; Ex 6,4–5! · 48,4; Ex 32,13 |10: 23.27 |11: Ez 20,12 |12: 21,4; Lev 12,3; Lk 1,59 · Ex 12,44 |13: 7! |16: 6! |17: 18,12; 21,6; Lk 1,18; Röm 4,19 · 21,6! |18: 21,11 |19: 18,10 · 16,11! · 7! |20: 2 · 46,3! · 25,13–16; Num 1,44 · 16,10! · 21,18 |21: 18,10! · 21,2 |22: 35,13 |23: 10! |24: 16,16! |27: 10!

17,1: Die traditionelle Übersetzung von El-Schaddai ist «Gott der Allmächtige» oder «der allmächtige Gott».

Die drei Männer bei Abraham

18 1 Und der HERR erschien ihm bei den Terebinthen von Mamre, während er am Eingang des Zelts sass, als der Tag am heissesten war. 2 Er blickte auf und schaute sich um, sieh, da standen drei Männer vor ihm. Und er sah sie und lief ihnen vom Eingang des Zelts entgegen und warf sich nieder zur

Erde. 3 Und er sprach: Herr, wenn ich Gnade gefunden habe in deinen Augen, so geh nicht vorüber an deinem Diener. 4 Es soll etwas Wasser geholt werden, dann wascht eure Füsse und ruht euch aus unter dem Baum. 5 Ich will einen Bissen Brot holen, dass ihr euch stärken könnt, danach mögt ihr weiterziehen. Denn deswegen seid ihr bei eurem Diener vorbeigekommen. Sie sprachen: Mach es so, wie du es gesagt hast. 6 Da eilte Abraham ins Zelt zu Sara und sprach: Nimm schnell drei Sea Mehl, Feinmehl, knete es und backe Brote. 7 Auch zu den Rindern lief Abraham, nahm ein zartes, schönes Kalb und gab es dem Knecht, und der bereitete es eilends zu. 8 Dann nahm er Butter und Milch und das Kalb, das er zubereitet hatte, und setzte es ihnen vor. Er selbst wartete ihnen auf unter dem Baum, und sie assen.

9 Da sprachen sie zu ihm: Wo ist Sara, deine Frau? Er sprach: Da drinnen im Zelt. 10 Da sprach er: Fürwahr, übers Jahr werde ich wieder zu dir kommen. Dann hat Sara, deine Frau, einen Sohn. Sara aber horchte hinter seinem Rücken am Eingang des Zelts. 11 Abraham und Sara aber waren alt und hochbetagt; Sara ging es nicht mehr, wie es den Frauen zu gehen pflegt. 12 Und Sara lachte bei sich: Nun da ich verbraucht bin, soll ich noch Liebeslust empfinden, und auch mein Herr ist alt. 13 Da sprach der HERR zu Abraham: Warum lacht Sara und sagt: Sollte ich wirklich noch gebären können, da ich doch schon alt bin? 14 Ist denn irgendetwas unmöglich für den HERRN? Übers Jahr um diese Zeit werde ich wieder zu dir kommen. Dann hat Sara einen Sohn. 15 Sara aber leugnete: Ich habe nicht gelacht. Denn sie fürchtete sich. Er aber sprach: Doch, du hast gelacht.

|1: 12,7! · 13,18! |2: Jos 5,13 |4: 19,2; 24,32; 43,24; Ri 19,21; 2Sam 11,8 |5: Ri 19,5 |6: 19,3; Ri 6,19; 1Sam 28,24 |8: Hebr 13,2 |10: 14; 17,21; 2Kön 4,16; Röm 9,9 · 17,19 |11: 24,1 |12: 17,17! · 21,6! · 1Petr 3,6 |14: 21,2 · Sach 8,6 · 10!

Abrahams Fürsprache für Sodom

16 Und die Männer machten sich auf, und sie schauten auf Sodom hinab, und Abraham ging mit ihnen, um ihnen das Geleit zu geben. 17 Der HERR aber dachte: Soll ich vor Abraham geheim halten, was ich tun will? 18 Abraham soll zu einem grossen und mächtigen Volk werden, und durch ihn sollen alle Völker der Erde Segen erlangen. 19 Denn ich habe ihn erkoren, dass er seinen Söhnen und seinem Haus nach ihm gebiete, den Weg des HERRN einzuhalten und Gerechtigkeit und Recht zu üben, damit der HERR über Abraham kommen lasse, was er ihm gesagt hat. 20 Und der HERR sprach: Das Klagegeschrei über Sodom und Gomorra, es ist gross geworden, und ihre Sünde, sie wiegt schwer. 21 Ich will hinabsteigen und sehen, ob all ihr Tun dem Geschrei über sie entspricht, das zu mir gedrungen ist; wenn nicht, will ich es wissen. 22 Da wandten sich die Männer weg von dort und gingen auf Sodom zu. Abraham aber blieb vor dem HERRN stehen. 23 Und Abraham trat herzu und sprach: Willst du wirklich den Gerechten zusammen mit dem Frevler wegraffen? 24 Vielleicht sind fünfzig Gerechte in der Stadt. Willst du sie wirklich wegraffen und dem Ort nicht vergeben um der fünfzig Gerechten willen, die in seiner Mitte sind? 25 Das sei ferne von dir, so zu tun, den Gerechten zusammen mit dem Frevler zu töten, so dass es dem Gerechten wie dem Frevler erginge. Das sei ferne von dir! Der Richter der ganzen Erde, sollte der nicht Recht üben? 26 Der HERR sprach: Wenn ich in Sodom fünfzig Gerechte in der Stadt finde, werde ich dem ganzen Ort um ihretwillen vergeben. 27 Abraham antwortete und sprach: Sieh, ich habe es gewagt, zu meinem Herrn zu reden, obwohl ich Staub und Asche bin. 28 Vielleicht fehlen von den fünfzig Gerechten fünf. Willst du wegen der fünf die ganze Stadt verderben? Er sprach: Ich werde sie nicht verderben, wenn ich dort fünfundvierzig finde.

29 Und er fuhr fort, zu ihm zu reden, und sprach: Vielleicht finden sich dort vierzig. Er sprach: Ich werde es nicht tun um der vierzig willen. 30 Da sprach er: Mein Herr zürne nicht, wenn ich rede. Vielleicht finden sich dort dreissig. Er sprach: Ich werde es nicht tun, wenn ich dort dreissig finde. 31 Da sprach er: Sieh, ich habe es gewagt, zu meinem Herrn zu reden. Vielleicht finden sich dort zwanzig. Er sprach: Ich werde sie nicht verderben um der zwanzig willen. 32 Da sprach er: Mein Herr zürne nicht, wenn ich dies eine Mal noch rede. Vielleicht finden sich dort zehn. Er sprach: Ich werde sie nicht verderben um der zehn willen. 33 Als er aufgehört hatte, zu Abraham zu reden, ging der Herr. Abraham aber kehrte an seinen Ort zurück.

|17: Ps 25,14; Am 3,7 |18: 12,3; 22,18; 28,14; Gal 3,8 |19: Dtn 32,46 |20: 13,13! |21: 11,5 · 6,12! · Joel 1,2 |22: 19,1 · 19,27 |23: Num 16,22; 2Sam 24,17; Mt 13,29 |25: Hiob 8,3!; Röm 3,5 |26: Jes 65,8; Jer 5,1 |30: 32; 44,18; Ri 6,39 |32: 30!

Sodom und Gomorra. Lots Rettung

19 1 Und die zwei Boten kamen am Abend nach Sodom, als Lot gerade im Tor von Sodom sass. Lot sah sie, stand auf, ging ihnen entgegen und warf sich mit dem Gesicht zur Erde nieder. 2 Und er sprach: Ihr meine Herren, kehrt doch ein im Haus eures Dieners, bleibt über Nacht, und wascht eure Füsse. Morgen früh mögt ihr eures Weges ziehen. Sie aber sprachen: Nein, wir wollen auf dem Platz übernachten. 3 Da er aber in sie drang, kehrten sie bei ihm ein und kamen in sein Haus. Und er bereitete ihnen ein Mahl und backte ungesäuerte Brote, und sie assen. 4 Sie hatten sich noch nicht schlafen gelegt, da umstellten die Männer der Stadt, die Männer von Sodom, das Haus, Jung und Alt, das ganze Volk bis zum letzten Mann. 5 Sie riefen nach Lot und sprachen zu ihm: Wo sind die Männer, die heute Abend zu dir gekommen sind? Gib sie uns heraus, wir wollen mit ihnen verkehren. 6 Da ging Lot zu ihnen hinaus an den Eingang – die Tür aber verschloss er hinter sich – 7 und sprach: Nicht doch, meine Brüder, tut nichts Böses! 8 Seht, ich habe zwei Töchter, die noch von keinem Mann wissen. Die will ich euch herausgeben, und dann macht mit ihnen, was gut ist in euren Augen. Diesen Männern aber tut nichts, sind sie doch unter den Schatten meines Daches getreten. 9 Sie aber sagten: Weg mit dir!, und sie sagten: Da ist einer als Fremder hergekommen und will den Richter spielen. Schlimmeres noch als ihnen wollen wir jetzt dir antun. Und sie drangen mit Gewalt auf den Mann ein, auf Lot, und machten sich daran, die Tür aufzubrechen. 10 Da streckten die Männer ihre Hand aus und zogen Lot zu sich ins Haus herein, und die Tür verschlossen sie. 11 Die Männer am Eingang des Hauses, Klein und Gross, schlugen sie mit Blindheit, so dass sie sich vergeblich mühten, den Eingang zu finden.

12 Dann sprachen die Männer zu Lot: Hast du noch jemand hier, einen Schwiegersohn, deine Söhne und Töchter und wer sonst in der Stadt zu dir gehört, führe sie hinaus aus diesem Ort. 13 Denn wir werden diesen Ort verderben, weil das Klagegeschrei über sie gross geworden ist vor dem Herrn. So hat uns der Herr gesandt, die Stadt zu verderben. 14 Da ging Lot hinaus und redete mit seinen Schwiegersöhnen, die seine Töchter nehmen sollten, und sprach: Auf, zieht weg aus diesem Ort, denn der Herr will die Stadt verderben. Aber seine Schwiegersöhne glaubten, er scherze.

15 Als nun die Morgenröte aufstieg, drängten die Boten Lot zur Eile und sprachen: Auf, nimm deine Frau und deine beiden Töchter, die hier sind, damit du nicht im Strafgericht über die Stadt weggerafft wirst. 16 Er aber zögerte. Da packten die Männer ihn und seine Frau und seine beiden Töchter bei der Hand, weil der Herr ihn verschonen wollte, und sie führten ihn hinaus und liessen ihn draussen vor der Stadt wie-

der los. 17 Als diese sie hinausgeführt hatten, sprach er: Rette dich, es geht um dein Leben. Blick nicht zurück und bleib in der ganzen Ebene nirgends stehen. Rette dich ins Gebirge, damit nicht auch du weggerafft wirst. 18 Lot aber sprach zu ihnen: Nicht doch, Herr! 19 Sieh, dein Diener hat Gnade gefunden in deinen Augen, und du hast mir grosse Gunst erwiesen, dass du mich am Leben erhalten hast. Aber ins Gebirge kann ich mich nicht retten, das Verderben würde mich ereilen, und ich müsste sterben. 20 Sieh, diese Stadt da ist nahe, dahin kann ich fliehen, sie ist klein. Dorthin will ich mich retten. Ist sie nicht klein? So kann ich am Leben bleiben. 21 Da sprach er zu ihm: Sieh, auch dies will ich dir gewähren: Die Stadt, von der du gesprochen hast, zerstöre ich nicht. 22 Schnell, rette dich dorthin, denn ich kann nichts tun, bis du dort angekommen bist. Darum nennt man die Stadt Zoar.

23 Als die Sonne über dem Land aufgegangen und Lot nach Zoar gekommen war, 24 liess der HERR Schwefel und Feuer auf Sodom und Gomorra regnen, vom HERRN vom Himmel herab. 25 Und er zerstörte diese Städte und die ganze Ebene, alle Bewohner der Städte und was auf der Erde wuchs. 26 Lots Frau aber, hinter ihm, blickte zurück und wurde zu einer Salzsäule.

27 Früh am Morgen machte sich Abraham auf, an den Ort, wo er vor dem HERRN gestanden hatte. 28 Und er blickte hinab auf Sodom und Gomorra und auf das ganze Gebiet der Ebene. Er sah hin, sieh, da stieg Qualm von dem Land auf wie der Qualm von einem Schmelzofen.

29 Und als Gott die Städte der Ebene verdarb, da dachte Gott an Abraham, und er geleitete Lot mitten aus der Zerstörung fort, als er die Städte zerstörte, in denen Lot gewohnt hatte.

|1: 18,22 · 13,12! |2: 18,4! · Hiob 31,32 |3: 18,6! |5: Ri 19,22 · Lev 18,22! |8: Ri 19,23–24 |9: Ex 2,14! |11: 2Kön 6,18! |13: 13,13! · Num 16,21 |14: Num 16,21!

|15: Num 16,26; Offb 18,4 |17: Lk 17,31 · Mt 24,16 |19: 6,8 |21: Ex 33,17 |22: Dtn 34,3; Jes 15,5 |24: 13,10 · Ps 11,6; Lk 17,29 |25: Dtn 29,22; Jer 20,16 |26: Lk 17,32 |27: 18,22 |28: Ex 19,18; Mal 3,2; Offb 9,2 |29: 8,1 · 2Petr 2,7

19,22: Im Namen Zoar klingt hebräisch ‹klein› an, wie es in 19,20 begegnet.

Lots Töchter

30 Lot aber zog von Zoar hinauf und liess sich mit seinen beiden Töchtern im Gebirge nieder, denn er fürchtete sich, in Zoar zu bleiben. Und er wohnte mit seinen beiden Töchtern in einer Höhle. 31 Da sprach die Ältere zur Jüngeren: Unser Vater ist alt, und es ist kein Mann mehr im Land, der zu uns kommen könnte, wie es in aller Welt Brauch ist. 32 Komm, wir wollen unserem Vater Wein zu trinken geben und uns zu ihm legen, damit wir von unserem Vater Nachkommen erhalten. 33 So gaben sie ihrem Vater in jener Nacht Wein zu trinken. Dann ging die Ältere hinein und legte sich zu ihrem Vater, und er merkte weder, wie sie sich hinlegte, noch, wie sie aufstand. 34 Am anderen Tag sprach die Ältere zur Jüngeren: Sieh, ich habe gestern Abend bei meinem Vater gelegen. Wir wollen ihm auch heute Nacht Wein zu trinken geben. Dann geh du hinein und lege dich zu ihm, damit wir von unserem Vater Nachkommen erhalten. 35 So gaben sie ihrem Vater auch in jener Nacht Wein zu trinken. Dann stand die Jüngere auf und legte sich zu ihm, und er merkte weder, wie sie sich hinlegte, noch, wie sie aufstand. 36 So wurden die beiden Töchter Lots schwanger von ihrem Vater. 37 Und die Ältere gebar einen Sohn und nannte ihn Moab. Er ist der Stammvater von Moab bis auf den heutigen Tag. 38 Und auch die Jüngere gebar einen Sohn und nannte ihn Ben-Ammi. Er ist der Stammvater der Ammoniter bis auf den heutigen Tag.

|32: 9,22; Lev 18,7 |37–38: Dtn 23,4; 1Sam 14,47!

Abraham und Abimelech

20 1 Abraham aber zog von dort weiter in das Gebiet des Südlands und liess sich zwischen Kadesch und Schur nieder, und er weilte als Fremder in Gerar. 2 Abraham sagte von Sara, seiner Frau: Sie ist meine Schwester. Da sandte Abimelech, der König von Gerar, hin und liess Sara holen. 3 Aber Gott kam des Nachts im Traum zu Abimelech und sprach zu ihm: Sieh, du bist des Todes um der Frau willen, die du genommen hast. Sie ist eine verheiratete Frau. 4 Abimelech aber hatte sich ihr noch nicht genaht, und so sprach er: Herr, willst du auch Unschuldige töten? 5 Hat er nicht selbst zu mir gesagt: Sie ist meine Schwester? Und auch sie selbst hat gesagt: Er ist mein Bruder. In gutem Glauben und mit reinen Händen habe ich dies getan. 6 Da sprach Gott zu ihm im Traum: Auch ich weiss, dass du dies in gutem Glauben getan hast, und ich selbst habe dich davor bewahrt, dich gegen mich zu versündigen. Darum habe ich nicht zugelassen, dass du sie berührst. 7 Jetzt aber gib die Frau dem Mann zurück, denn er ist ein Prophet, und er soll Fürbitte tun für dich, dass du am Leben bleibst. Gibst du sie aber nicht zurück, so wisse, dass du sterben musst, du und all die Deinen.

8 Am andern Morgen rief Abimelech alle seine Diener und erzählte ihnen alle diese Begebenheiten, und die Männer fürchteten sich sehr. 9 Dann liess Abimelech Abraham rufen und sprach zu ihm: Was hast du uns angetan, und womit habe ich mich gegen dich versündigt, dass du über mich und mein Reich so grosse Schuld gebracht hast? Was nicht getan werden darf, hast du mir getan. 10 Und Abimelech sprach zu Abraham: Was hast du gedacht, dass du dies getan hast? 11 Abraham sprach: Ich habe mir gesagt: Sicher gibt es keine Gottesfurcht an diesem Ort, und so werden sie mich um meiner Frau willen umbringen. 12 Auch ist sie wirklich meine Schwester, die Tochter meines Vaters,

nur nicht die Tochter meiner Mutter. So konnte sie meine Frau werden. 13 Als mich aber Gott aus dem Haus meines Vaters weg ins Ungewisse ziehen hiess, sprach ich zu ihr: Tu mir dies zulieb: Wo immer wir hinkommen, sage von mir: Er ist mein Bruder.

14 Da nahm Abimelech Schafe und Rinder, Knechte und Mägde und gab sie Abraham. Auch gab er ihm Sara, seine Frau, zurück. 15 Und Abimelech sprach: Sieh, mein Land steht dir offen. Wo es dir gefällt, da lass dich nieder. 16 Zu Sara aber sprach er: Sieh, ich gebe deinem Bruder tausend Silberstücke. Das soll deine Ehre bezeugen vor allen, die bei dir sind, so bist du in allem ins Recht gesetzt. 17 Da tat Abraham Fürbitte bei Gott, und Gott heilte Abimelech, seine Frau und seine Mägde, so dass sie Kinder bekamen. 18 Der HERR hatte nämlich jeden Mutterschoss im Haus Abimelechs verschlossen, um Saras willen, der Frau Abrahams.

|1–18: 12,10–20! |1: 12,9! · 16,7! · 26,1! |2: 12,13! · 12,15 |3: 31,24 |5: Ps 7,9 |6: 1Sam 25,26 · 31,7 |7: 1Kön 13,6 |9: 12,18! |11: 12,12 |14: 12,16! |15: 13,9 · 34,10 |18: 12,17

20,16: «Das soll deine Ehre bezeugen» ist wörtlich: «das soll für dich eine Augendecke sein».

Isaaks Geburt. Vertreibung Hagars und Ismaels

21 1 Der HERR aber nahm sich Saras an, wie er gesagt hatte, und der HERR tat an Sara, wie er geredet hatte: 2 Sara wurde schwanger und gebar Abraham in seinem Alter einen Sohn, zu der Zeit, die Gott angekündigt hatte. 3 Und Abraham nannte seinen neugeborenen Sohn, den Sara ihm geboren hatte, Isaak. 4 Und Abraham beschnitt seinen Sohn Isaak, als er acht Tage alt war, wie Gott es ihm geboten hatte. 5 Und Abraham war hundert Jahre alt, als ihm sein Sohn Isaak geboren wurde. 6 Da sprach Sara: Ein Lachen hat mir Gott bereitet. Jeder, der davon hört, wird meinetwegen lachen. 7 Und sie sprach: Wer hätte je zu Abraham gesagt: Sara stillt Kinder. Und doch habe ich in seinem Alter einen Sohn geboren. 8 Und das Kind wuchs heran und wurde entwöhnt. Und Abraham gab ein grosses Festmahl an dem Tag, da Isaak entwöhnt wurde.

9 Sara aber sah, wie der Sohn der Ägypterin Hagar, den diese Abraham geboren hatte, spielte. 10 Da sagte sie zu Abraham: Vertreibe diese Magd und ihren Sohn, denn der Sohn dieser Magd soll nicht zusammen mit meinem Sohn Isaak Erbe werden. 11 Dieses Wort bekümmerte Abraham sehr, um seines Sohnes willen. 12 Aber Gott sprach zu Abraham: Sei nicht bekümmert wegen des Knaben und wegen deiner Magd. In allem, was Sara dir sagt, höre auf sie. Denn nach Isaak sollen deine Nachkommen benannt werden. 13 Doch auch den Sohn der Magd will ich zu einem Volk machen, weil er dein Nachkomme ist. 14 Am andern Morgen nahm Abraham Brot und einen Schlauch mit Wasser, gab es Hagar und legte es ihr auf die Schulter, übergab ihr das Kind und schickte sie fort. Und sie ging und irrte in der Wüste von Beer-Scheba umher. 15 Das Wasser im Schlauch aber ging aus, da warf sie das Kind unter einen der Sträucher. 16 Und sie ging weg und setzte sich abseits, etwa einen Bogenschuss weit entfernt, denn sie dachte: Ich kann den Tod des Kindes nicht mit ansehen. So setzte sie sich abseits und begann laut zu weinen. 17 Gott aber hörte die Stimme des Knaben, und der Bote Gottes rief Hagar vom Himmel her zu und sprach zu ihr: Was hast du, Hagar? Fürchte dich nicht, denn Gott hat die Stimme des Knaben gehört dort, wo er liegt. 18 Steh auf, nimm den Knaben und halte ihn fest an deiner Hand, denn zu einem grossen Volk will ich ihn machen. 19 Und Gott öffnete ihr die Augen, und sie sah einen Wasserbrunnen. Da ging sie hin, füllte den Schlauch mit Wasser und gab dem Knaben zu trinken. 20 Gott aber war mit dem Knaben, und er wuchs heran. Und er liess sich in der Wüste nieder und wurde ein Bogenschütze. 21 Er liess sich in der Wüste Paran nieder, und seine Mutter nahm ihm eine Frau aus dem Land Ägypten.

| 1: 1Sam 2,21 · 2Kön 4,17 | 2: Gal 4,22 · Hebr 11,11 · 17,21 · 18,14 | 3: 16,11! | 4: 17,12! | 5: 16,16! | 6: 17,17; 18,12 | 8: 1Sam 1,24; 1Kön 11,20 | 9: 16,15! | 10: Ri 11,2 · Gal 4,30 | 11: 17,18 | 12: Röm 9,7; Hebr 11,18 | 13: 16,10! | 14: 22,3; 28,18 | 17: 16,8 · 16,11 | 18: 17,20 | 19: 2Kön 6,17 | 21: Num 10,12! · 16,3

Abrahams Vertrag mit Abimelech

22 Zu jener Zeit sprachen Abimelech und sein Feldhauptmann Pichol zu Abraham: Gott ist mit dir in allem, was du tust. 23 So schwöre mir nun hier bei Gott, dass du nicht treulos handelst an mir und meinen Kindern und Kindeskindern. Die Freundschaft, die ich dir erwiesen habe, sollst du auch mir erweisen und dem Land, in dem du als Fremder weilst. 24 Da sprach Abraham: Ich schwöre es. 25 Abraham aber stellte Abimelech zur Rede wegen eines Wasserbrunnens, den Abimelechs Diener an sich gerissen hatten. 26 Abimelech sprach: Ich weiss nicht, wer das getan hat. Du hast mir nichts davon gesagt, und ich habe bis heute nichts davon gehört. 27 Da nahm Abraham Schafe und Rinder und gab sie Abimelech, und die beiden schlossen miteinander einen Vertrag. 28 Abraham aber stellte sieben Lämmer von der Herde beiseite. 29 Da sprach Abimelech zu Abraham: Was sollen diese sieben Lämmer hier, die du beiseite gestellt hast? 30 Er sprach: Die sieben Lämmer musst du von mir annehmen. Das soll für mich das Zeugnis sein, dass ich diesen Brunnen gegraben habe. 31 Darum nennt man jenen Ort Beer-Scheba, denn dort haben die beiden einander geschworen. 32 So schlossen sie einen Vertrag in Beer-Scheba. Dann machte sich Abimelech mit seinem Feldhauptmann Pichol auf, und sie kehrten in das Land der Philister zurück. 33 Abraham aber pflanzte eine Tamariske in Beer-Scheba, und dort rief er den Namen des HERRN an, des ewigen Gottes. 34 Und Abraham blieb noch

lange Zeit als Fremder im Land der Philister.

|22: 26,26 · 26,28; 39,3; Ps 1,3 |23: 1Sam 24,22 |25:
26,20–21 |27: 26,31 |30: 26,18 |31: 26,33! |33: 4,26! ·
Jes 40,28 |34: 26,1!

21,31: Der Name Beer-Scheba (‹Siebenbrunnen›
oder ‹Brunnen der Fülle›) wird an dieser Stelle als
‹Schwurbrunnen› gedeutet, da Scheba ähnlich wie
hebräisch ‹Schwur› klingt.
21,33: Wörtlich: «Er aber pflanzte …»

Das Opfer Abrahams

22 1 Nach diesen Begebenheiten
stellte Gott Abraham auf die
Probe. Er sprach zu ihm: Abraham! Er
sprach: Hier bin ich. 2 Und er sprach:
Nimm deinen Sohn, deinen Einzigen,
den du lieb hast, Isaak, und geh in das
Land Morija und bring ihn dort als
Brandopfer dar auf einem der Berge, den
ich dir nennen werde. 3 Am andern
Morgen früh sattelte Abraham seinen
Esel und nahm mit sich seine beiden
Knechte und seinen Sohn Isaak. Er spaltete Holz für das Brandopfer, machte
sich auf und ging an die Stätte, die Gott
ihm genannt hatte. 4 Am dritten Tag
blickte Abraham auf und sah die Stätte
von ferne. 5 Da sprach Abraham zu seinen Knechten: Bleibt ihr hier mit dem
Esel, ich aber und der Knabe, wir wollen
dorthin gehen, und wenn wir angebetet
haben, wollen wir zu euch zurückkommen. 6 Dann nahm Abraham das Holz
für das Brandopfer und lud es seinem
Sohn Isaak auf. Er selbst nahm das Feuer
und das Messer in die Hand. So gingen
die beiden miteinander. 7 Da sprach
Isaak zu seinem Vater Abraham: Vater!
Er sprach: Hier bin ich, mein Sohn. Er
sprach: Sieh, hier ist das Feuer und das
Holz. Wo aber ist das Lamm für das
Brandopfer? 8 Abraham sprach: Gott
selbst wird sich das Lamm für das
Brandopfer ausersehen, mein Sohn. So
gingen die beiden miteinander. 9 Und
sie kamen an die Stätte, die Gott ihm genannt hatte, und Abraham baute dort
den Altar und schichtete das Holz auf.
Dann fesselte er seinen Sohn Isaak und
legte ihn auf den Altar, oben auf das

Holz. 10 Und Abraham streckte seine
Hand aus und ergriff das Messer, um
seinen Sohn zu schlachten. 11 Da rief
ihm der Bote des HERRN vom Himmel
her zu und sprach: Abraham, Abraham!
Er sprach: Hier bin ich. 12 Er sprach:
Strecke deine Hand nicht aus gegen den
Knaben und tu ihm nichts, denn nun
weiss ich, dass du gottesfürchtig bist, da
du mir deinen Sohn, deinen Einzigen,
nicht vorenthalten hast. 13 Und Abraham blickte auf und sah hin, sieh, ein
Widder hatte sich hinter ihm mit seinen
Hörnern im Gestrüpp verfangen. Da
ging Abraham hin, nahm den Widder
und brachte ihn als Brandopfer dar an
Stelle seines Sohns. 14 Und Abraham
nannte jene Stätte: Der-HERR-sieht, wie
man noch heute sagt: Auf dem Berg, wo
der HERR sich sehen lässt.

15 Und der Bote des HERRN rief
Abraham ein zweites Mal vom Himmel
her 16 und sprach: Ich schwöre bei mir
selbst, Spruch des HERRN: Weil du das
getan und deinen Sohn, deinen Einzigen, mir nicht vorenthalten hast, 17 sei
gewiss: Ich will dich segnen und deine
Nachkommen mehren wie die Sterne
des Himmels und wie den Sand am Ufer
des Meeres, und deine Nachkommen
werden das Tor ihrer Feinde in Besitz
nehmen. 18 Mit deinen Nachkommen
werden sich Segen wünschen alle Völker der Erde, weil du auf meine Stimme
gehört hast. 19 Hierauf kehrte Abraham
zu seinen Knechten zurück, und sie brachen auf und gingen miteinander nach
Beer-Scheba, und Abraham blieb in
Beer-Scheba wohnen.

|1: 15,1! · 11; 46,2; Ex 3,4; 1Sam 3,4 |2: 2Chr 3,1 ·
2Kön 3,27 |3: 21,14! |10: Hebr 11,17; Jak 2,21 |11: 1! |12:
Röm 8,32 |14: 16,13 |16: Ex 32,13; Jes 45,23; Jer 22,5;
Hebr 6,13 |17: Hebr 6,14 · 15,5! · 32,13 · 24,60 |18:
18,18! · 26,5 · 48,20

Die Nachkommen Nachors

20 Und nach diesen Begebenheiten
wurde Abraham berichtet: Auch Milka
hat deinem Bruder Nachor Söhne geboren: 21 Uz, seinen Erstgeborenen, und
dessen Bruder Bus und Kemuel, den Va-

ter Arams, 22 und Kesed und Chaso und Pildasch und Jidlaf und Betuel. 23 Und Betuel zeugte Rebekka. Diese acht gebar Milka dem Nachor, dem Bruder Abrahams. 24 Und seine Nebenfrau mit Namen Reuma gebar auch, nämlich Tebach und Gacham, Tachasch und Maacha.

|20–23: 11,29! |20: 15,1! |21: Jer 25,20; Hiob 1,1 · Jer 25,23 |23: 24,15.24; 25,20

Saras Tod. Kauf der Grabstätte

23 1 Die Lebenszeit Saras betrug hundertsiebenundzwanzig Jahre. So lange lebte Sara. 2 Und Sara starb in Kirjat-Arba, das ist Chebron, im Land Kanaan. Da ging Abraham hinein, die Totenklage um Sara zu halten und sie zu beweinen. 3 Dann schied Abraham von seiner Toten und sprach zu den Hetitern: 4 Als Fremder bin ich ansässig bei euch. Gebt mir einen Grabbesitz bei euch, dass ich meine Tote hinausbringen und begraben kann. 5 Die Hetiter antworteten Abraham: 6 Höre uns an, Herr! Du bist ein Gottesfürst in unserer Mitte. Im vornehmsten unserer Gräber begrabe deine Tote. Keiner von uns wird dir sein Grab verweigern, deine Tote zu begraben. 7 Da stand Abraham auf und warf sich nieder vor den Bürgern des Landes, den Hetitern. 8 Und er redete mit ihnen und sprach: Wenn es euer Wille ist, dass ich meine Tote hinausbringe und begrabe, dann hört mich an und tretet für mich ein bei Efron, dem Sohn Zochars. 9 Er möge mir die Höhle Machpela geben, die ihm gehört, die am Ende seines Feldes liegt. Zum vollen Wert in Silber möge er sie mir mitten unter euch als Grabbesitz geben. 10 Efron aber sass mitten unter den Hetitern. Und der Hetiter Efron antwortete Abraham, so dass die Hetiter es hörten, alle, die in das Tor seiner Stadt gekommen waren, und sprach: 11 Nein, mein Herr, höre mich an! Das Feld schenke ich dir, auch die Höhle, die darauf liegt, schenke ich dir. Vor den Augen meiner Landsleute schenke ich sie dir. Begrabe deine Tote. 12 Da warf sich Abraham nie-

der vor den Bürgern des Landes, 13 und er sprach zu Efron, dass die Bürger des Landes es hörten: Doch nur, wenn du – höre mich an! Ich gebe das Silber für das Feld, nimm es von mir an, dass ich meine Tote dort begraben kann. 14 Efron aber antwortete Abraham: 15 Mein Herr, höre mich an! Ein Stück Land, vierhundert Schekel Silber wert, was bedeutet das schon zwischen mir und dir? Begrabe nur deine Tote. 16 Und Abraham hörte auf Efron, und Abraham wog das Silber ab für Efron, das er vor den Hetitern genannt hatte: vierhundert Schekel Silber nach dem handelsüblichen Gewicht. 17 So ging das Feld Efrons in Machpela, das gegenüber Mamre liegt, das Feld samt der Höhle darauf und allen Bäumen, die auf dem Feld standen, in seinem ganzen Umfang, 18 in den Besitz Abrahams über, vor den Augen der Hetiter, aller, die in das Tor seiner Stadt gekommen waren. 19 Danach begrub Abraham Sara, seine Frau, in der Höhle des Feldes Machpela gegenüber Mamre, das ist Chebron, im Land Kanaan. 20 So ging das Feld samt der Höhle, die darauf lag, als Grabbesitz von den Hetitern auf Abraham über.

|2: 13,18 |3: 10,15 |4: 47,9; 1Chr 29,15; Ps 39,13; Hebr 11,13 |7: 12 |9: 1Chr 21,22 |10: 34,24 |11: Rut 4,4 |12: 7 |15: 33,19 |16: 2Sam 24,24; Jer 32,9–10 |17: 25,10; 47,30; 49,29–32; 50,13; Apg 7,16 |19: 25,9

Brautwerbung für Isaak

24 1 Abraham war alt geworden und hochbetagt, und der HERR hatte Abraham in allem gesegnet. 2 Da sprach Abraham zum ältesten Diener seines Hauses, der über alles gebot, was er hatte: Lege deine Hand unter meine Hüfte. 3 Ich will dich beim HERRN, dem Gott des Himmels und dem Gott der Erde, schwören lassen, dass du für meinen Sohn keine Frau von den Töchtern der Kanaaniter nimmst, unter denen ich wohne. 4 Sondern in mein Land und zu meiner Verwandtschaft sollst du gehen, um eine Frau für meinen Sohn Isaak zu nehmen. 5 Da sprach der Diener zu ihm: Vielleicht will mir die Frau nicht in dieses Land folgen. Soll ich dann deinen Sohn in das Land zurückbringen, aus dem du ausgezogen bist? 6 Abraham sprach zu ihm: Hüte dich, meinen Sohn dorthin zurückzubringen. 7 Der HERR, der Gott des Himmels, der mich aus dem Haus meines Vaters und aus dem Land meiner Verwandtschaft geholt hat, der zu mir geredet und der mir geschworen hat: Deinen Nachkommen werde ich dieses Land geben, er wird seinen Boten vor dir her senden, dass du eine Frau für meinen Sohn von dort nehmen kannst. 8 Wenn aber die Frau dir nicht folgen will, dann bist du von diesem Schwur entbunden. Meinen Sohn aber darfst du nicht dorthin zurückbringen. 9 Da legte der Diener seine Hand unter die Hüfte Abrahams, seines Herrn, und schwor es ihm.

10 Dann nahm der Diener zehn Kamele von den Kamelen seines Herrn und machte sich mit vielerlei Kostbarkeiten seines Herrn auf den Weg. Er brach auf und ging nach Aram-Naharajim zur Stadt Nachors. 11 Dort liess er die Kamele draussen vor der Stadt am Wasserbrunnen lagern, zur Abendzeit, zu der Zeit, da die Frauen zum Schöpfen herauskommen. 12 Und er sprach: HERR, du Gott meines Herrn Abraham, lass es mir doch heute glücken und erweise meinem Herrn Abraham deine Güte. 13 Sieh, ich stehe hier an der Wasserquelle, während die Töchter der Stadtbewohner herauskommen, um Wasser zu schöpfen. 14 Das Mädchen nun, zu dem ich sage: Neige doch deinen Krug, damit ich trinken kann, und das dann sagt: Trinke, und auch deine Kamele will ich tränken, sie soll es sein, die du für deinen Diener Isaak bestimmt hast, und daran werde ich erkennen, dass du meinem Herrn Gunst erwiesen hast. 15 Er hatte noch nicht ausgeredet, sieh, da kam Rebekka heraus, die Betuel geboren worden war, dem Sohn der Milka, der Frau von Abrahams Bruder Nachor. Die trug ihren Krug auf der Schulter. 16 Das Mädchen war von sehr schönem Aussehen, eine Jungfrau, noch kein Mann hatte sie erkannt. Sie stieg zur Quelle hinab, füllte ihren Krug und kam wieder herauf. 17 Da lief ihr der Diener entgegen und sprach: Lass mich doch ein wenig Wasser aus deinem Krug trinken. 18 Sie sprach: Trinke, mein Herr!, und sogleich nahm sie ihren Krug auf die Hand herab und gab ihm zu trinken. 19 Als sie ihm genug zu trinken gegeben hatte, sprach sie: Auch für deine Kamele will ich schöpfen, bis sie genug getrunken haben. 20 Und eilends leerte sie ihren Krug in die Tränkrinne, lief wieder zum Brunnen, um zu schöpfen, und schöpfte für alle seine Kamele. 21 Der Mann aber schaute ihr schweigend zu, um zu erkennen, ob der HERR seine Reise habe gelingen lassen oder nicht.

22 Als nun die Kamele genug getrunken hatten, nahm der Mann einen goldenen Nasenring, einen halben Schekel schwer, und zwei Spangen für ihre Arme, zehn Schekel Gold schwer. 23 Und er sprach: Wessen Tochter bist du? Sage es mir! Ist im Haus deines Vaters Platz für uns zum Übernachten? 24 Sie sprach zu ihm: Ich bin die Tochter Betuels, des Sohns der Milka, den sie dem Nachor geboren hat. 25 Und weiter sagte sie zu ihm: Stroh und Futter haben wir reichlich, auch Platz zum Übernachten. 26 Da verneigte sich der Mann, warf sich vor dem HERRN nieder 27 und sprach: Gepriesen sei der HERR, der Gott meines Herrn Abraham, der seine Güte und Treue meinem Herrn nicht entzogen hat. Geradewegs zum Haus der Brüder meines Herrn hat mich der HERR geführt.

28 Das Mädchen aber lief hin und erzählte im Haus ihrer Mutter, was sich zugetragen hatte. 29 Nun hatte Rebekka einen Bruder, der hiess Laban. Und Laban lief zu dem Mann hinaus an die Quelle. 30 Als er nämlich den Nasenring und die Spangen an den Armen seiner Schwester sah und die Worte seiner Schwester Rebekka hörte, wie sie

sprach: So hat der Mann zu mir geredet, da begab er sich zu dem Mann, der bei den Kamelen an der Quelle stand. 31 Und er sprach: Komm herein, Gesegneter des HERRN! Warum willst du draussen bleiben, da ich doch schon das Haus aufgeräumt und Platz für die Kamele gemacht habe? 32 Da kam der Mann in das Haus und schirrte die Kamele ab. Man brachte Stroh und Futter für die Kamele und Wasser, dass er und die Männer, die bei ihm waren, sich die Füsse waschen konnten. 33 Dann setzte man ihm zu essen vor. Er aber sprach: Ich esse nicht, bis ich meinen Auftrag ausgerichtet habe. Und er, Laban, sprach: So rede! 34 Da sprach er: Ich bin der Diener Abrahams. 35 Der HERR hat meinen Herrn reich gesegnet, so dass er zu grossem Wohlstand gelangt ist. Er hat ihm Schafe und Rinder, Silber und Gold, Knechte und Mägde, Kamele und Esel gegeben. 36 Und Sara, die Frau meines Herrn, hat meinem Herrn noch in ihrem Alter einen Sohn geboren, und er hat diesem alles übergeben, was er hat. 37 Nun hat mein Herr mich schwören lassen und gesagt: Du darfst für meinen Sohn keine Frau von den Töchtern der Kanaaniter nehmen, in deren Land ich wohne, 38 sondern zum Haus meines Vaters sollst du gehen und zu meiner Sippe, um für meinen Sohn eine Frau zu nehmen. 39 Ich aber sprach zu meinem Herrn: Vielleicht wird mir die Frau nicht folgen. 40 Da sprach er zu mir: Der HERR, vor dem ich gewandelt bin, wird seinen Boten mit dir senden und deine Reise gelingen lassen, so dass du eine Frau für meinen Sohn aus meiner Sippe und aus dem Haus meines Vaters nehmen kannst. 41 Dann nur wirst du von deinem Eid entbunden sein: Wenn du zu meiner Sippe kommst und man sie dir nicht gibt, so bist du von deinem Eid entbunden. 42 So kam ich heute zur Quelle und sprach: HERR, du Gott meines Herrn Abraham, wenn du wirklich meine Reise, auf der ich bin, gelingen lassen willst: 43 Sieh, ich stehe hier an der Wasserquelle. Das Mädchen nun, das zum Schöpfen herauskommt und zu dem ich sage: Gib mir doch aus deinem Krug ein wenig Wasser zu trinken, 44 und das dann zu mir sagt: Trinke nur, und auch für deine Kamele will ich schöpfen, das soll die Frau sein, die der HERR für den Sohn meines Herrn bestimmt hat. 45 Noch hatte ich nicht aufgehört, so bei mir zu reden, sieh, da kam Rebekka heraus, ihren Krug auf die Schulter, stieg zur Quelle hinab und schöpfte. Da sprach ich zu ihr: Gib mir doch zu trinken! 46 Sogleich nahm sie ihren Krug herab und sprach: Trinke, und auch deine Kamele will ich tränken. So trank ich, und auch die Kamele tränkte sie. 47 Und ich fragte sie und sagte: Wessen Tochter bist du? Sie sagte: Die Tochter Betuels, des Sohns des Nachor, den ihm Milka geboren hat. Da legte ich ihr den Ring an die Nase und die Spangen an die Arme. 48 Und ich verneigte mich, warf mich vor dem HERRN nieder und pries den HERRN, den Gott meines Herrn Abraham, der mich den rechten Weg geführt hat, um die Tochter des Bruders meines Herrn für seinen Sohn zu nehmen. 49 Und nun, wenn ihr meinem Herrn Güte und Treue erweisen wollt, so sagt es mir. Wenn nicht, so sagt es mir auch, dann werde ich mich anderswohin wenden.

50 Da antworteten Laban und Betuel und sprachen: Das ist vom HERRN gefügt. Wir können dir weder Böses noch Gutes dazu sagen. 51 Da hast du Rebekka, nimm sie und geh! Sie soll die Frau des Sohns deines Herrn werden, wie der HERR es gesagt hat. 52 Und als der Diener Abrahams ihre Worte hörte, warf er sich vor dem HERRN zur Erde nieder. 53 Und der Diener holte silbernes und goldenes Geschmeide und Gewänder hervor und gab sie Rebekka; auch ihrem Bruder und ihrer Mutter machte er kostbare Geschenke. 54 Dann assen und tranken sie, er und die Männer, die bei ihm waren, und sie blieben über Nacht. Am Morgen aber standen

sie auf, und er sprach: Lasst mich ziehen, zu meinem Herrn. 55 Aber ihr Bruder und ihre Mutter sprachen: Eine Zeit lang noch soll das Mädchen bei uns bleiben, zehn Tage wenigstens. Danach mag sie gehen. 56 Aber er sprach zu ihnen: Haltet mich nicht auf, da doch der HERR meine Reise hat gelingen lassen. Lasst mich ziehen, ich will zu meinem Herrn gehen. 57 Sie sprachen: Wir wollen das Mädchen rufen und sie selbst fragen. 58 So riefen sie Rebekka und sprachen zu ihr: Willst du mit diesem Mann gehen? Sie sprach: Ja, ich will. 59 Da liessen sie ihre Schwester Rebekka mit ihrer Amme und den Diener Abrahams mit seinen Männern ziehen. 60 Und sie segneten Rebekka und sprachen zu ihr:

Unsere Schwester, werde du
    zu tausendmal Zehntausenden,
und deine Nachkommen mögen
    das Tor ihrer Feinde in Besitz
    nehmen.

61 Da machten sich Rebekka und ihre Mägde auf, bestiegen die Kamele und folgten dem Mann. Und der Diener nahm Rebekka und ging. 62 Isaak aber war von dort, wo es nach Beer-Lachai-Roi geht, er wohnte nämlich im Gebiet des Südlands. 63 Eines Abends ging Isaak hinaus, um sich auf dem Feld umzusehen. Und er blickte auf und schaute hin, und sieh, da kamen Kamele daher. 64 Rebekka aber blickte auf und sah Isaak. Da liess sie sich schnell vom Kamel herunter 65 und sprach zum Diener: Wer ist der Mann dort, der auf dem Feld uns entgegenkommt? Der Diener sprach: Das ist mein Herr. Da nahm sie den Schleier und verhüllte sich. 66 Der Diener aber erzählte Isaak alles, was er getan hatte. 67 Da führte Isaak sie in das Zelt seiner Mutter Sara. Und er nahm Rebekka, und sie wurde seine Frau, und er gewann sie lieb. So tröstete sich Isaak nach dem Tod seiner Mutter.

|1: 18,11 · 35; 12,2 |2–26: 37–48 |2: 47,29 |3: 34,9; 35,2; 38,3 · Esra 5,11 · 28,1–2; Dtn 7,3! |7: 2Chr 36,23; Neh 1,4–5; 2,20; Joel 1,9 · 12,1 |8: Jos 2,17 |11: 29,2 · 29,10; Ex 2,16; 1Sam 9,11 |12: 28,13! |14: 1Sam 14,10

|15: Jes 65,24 · 22,23! · 11,29! |22: Jes 3,21 · Ez 16,11 |24: 22,23! |26: 52; Ri 7,15 |27: 32,11 |29: 27,43; 28,2; 29,5 |31: 26,29 |32: 29,13 · 18,4! |35: 1! · 13,2! |36: 25,5 |37–48: 2–26 |40: 17,1; 48,15 |50: Ri 14,4! · 31,24! |52: 26! |59: 35,8 |60: 32,1 · 22,17 |62: 16,14! · 12,9! |65: 38,14 |67: 25,20

24,55: Möglich ist auch die Übersetzung: «... Danach magst du gehen.»
24,60: «ihrer Feinde» ist wörtlich: «ihrer Hasser».
24,62: Die Übersetzung ist unsicher.

Die Nachkommen von Abraham und Ketura

25 1 Abraham nahm nochmals eine Frau, die hiess Ketura. 2 Und sie gebar ihm Simran und Jokschan und Medan und Midian und Jischbak und Schuach. 3 Und Jokschan zeugte Scheba und Dedan. Und die Söhne Dedans waren Aschuriter und Letuschiter und die Leummiter. 4 Und die Söhne Midians waren Efa und Efer und Henoch und Abida und Eldaa. Alle diese sind Söhne der Ketura. 5 Und Abraham gab alles, was er hatte, dem Isaak. 6 Aber den Söhnen der Nebenfrauen, die Abraham hatte, gab Abraham Geschenke, und noch zu seinen Lebzeiten wies er sie von seinem Sohn Isaak weg nach Osten, ins Ostland.

|1–4: 1Chr 1,32–33 |2: 37,28 · Hiob 2,11 |3: 10,7; Jes 21,13 |4: Jes 60,6 |5: 24,36 |6: 29,1

Abrahams Tod und Begräbnis

7 Und dies ist die Zeit der Lebensjahre Abrahams, die er gelebt hat: hundertfünfundsiebzig Jahre. 8 Und Abraham verschied und starb in schönem Alter, alt und lebenssatt, und wurde mit seinen Vorfahren vereint. 9 Seine Söhne Isaak und Ismael begruben ihn in der Höhle Machpela auf dem Feld des Hetiters Efron, des Sohns Zochars, das gegenüber Mamre liegt, 10 auf dem Feld, das Abraham von den Hetitern gekauft hatte. Dort wurden Abraham und seine Frau Sara begraben. 11 Und nach dem Tod Abrahams segnete Gott seinen Sohn Isaak, und Isaak liess sich bei Beer-Lachai-Roi nieder.

|7: 35,28; 47,28; 50,26 |8–9: 35,29; Hiob 42,17 |8: 15,15! · 17 |9: 23,19 · 49,31 |10: 23,17! |11: 26,12! · 16,14!

Die Nachkommen Ismaels

12 Und dies sind die Nachkommen Ismaels, des Sohns Abrahams, den die Ägypterin Hagar, die Magd Saras, Abraham geboren hatte. 13 Und dies sind die Namen der Söhne Ismaels, nach ihren Namen und nach ihrer Geschlechterfolge: Nebajot, der Erstgeborene Ismaels, dann Kedar und Adbeel und Mibsam 14 und Mischma und Duma und Massa, 15 Chadad und Tema, Jetur, Nafisch und Kedma. 16 Dies sind die Söhne Ismaels, und dies sind ihre Namen in ihren Gehöften und ihren Zelten, zwölf Fürsten nach ihren Stämmen. 17 Und dies sind die Lebensjahre Ismaels: hundertsiebenunddreissig Jahre. Dann verschied er und starb und wurde mit seinen Vorfahren vereint. 18 Sie wohnten von Chawila bis Schur, das östlich von Ägypten liegt, nach Assur hin. Allen seinen Brüdern setzte er sich vors Gesicht.

|12: 16,15! |13–16: 17,20! · 1Chr 1,29–31 |13: 28,9; 36,3; Jes 60,7 |15: Hiob 6,19; Jes 21,14; Jer 25,23 |17: 8; 49,33; Num 20,24; Dtn 32,50 |18: 16,7! · 16,12

Esau und Jakob. Verkauf des Erstgeburtsrechts

19 Und dies ist die Geschichte Isaaks, des Sohns Abrahams. Abraham zeugte Isaak. 20 Und Isaak war vierzig Jahre alt, als er sich Rebekka, die Tochter des Aramäers Betuel aus Paddan-Aram, die Schwester des Aramäers Laban, zur Frau nahm. 21 Isaak aber betete zum HERRN für seine Frau, denn sie war unfruchtbar. Und der HERR liess sich von ihm erbitten, und seine Frau Rebekka wurde schwanger. 22 Aber die Kinder stiessen einander in ihrem Leib, und sie sagte: Wenn es so steht, wozu lebe ich noch? Und sie ging, um den HERRN zu befragen. 23 Und der HERR sprach zu ihr:
Zwei Völker sind in deinem Leib,
  und zwei Nationen werden sich aus
  deinem Schosse scheiden.
Eine Nation wird der andern überlegen sein,

und die ältere wird der jüngeren dienen.

24 Und es kam die Zeit, da sie gebären sollte, und sieh, da waren Zwillinge in ihrem Leib. 25 Der Erste, der hervorkam, war rötlich, über und über mit Haaren bedeckt wie mit einem Fell, und man nannte ihn Esau. 26 Danach kam sein Bruder hervor, und seine Hand hielt die Ferse Esaus fest, und man nannte ihn Jakob. Isaak aber war sechzig Jahre alt, als sie geboren wurden. 27 Und die Knaben wuchsen heran. Esau wurde ein Mann, der sich auf die Jagd verstand, ein Mann des freien Feldes. Jakob aber war ein gesitteter Mann, der bei den Zelten blieb. 28 Isaak liebte Esau, weil er gern Wildbret ass. Rebekka aber liebte Jakob.

29 Einst kochte Jakob ein Gericht. Esau aber kam erschöpft vom Feld. 30 Und Esau sprach zu Jakob: Lass mich doch schnell von dem Roten essen, von dem Roten da, denn ich bin ganz erschöpft. Darum nennt man ihn Edom. 31 Jakob aber sprach: Verkaufe mir zuvor dein Erstgeburtsrecht. 32 Esau sprach: Ach, ich sterbe fast vor Hunger. Was soll mir da die Erstgeburt? 33 Jakob sprach: Zuerst schwörst du mir! Und er schwor ihm und verkaufte Jakob sein Erstgeburtsrecht. 34 Da gab Jakob dem Esau Brot und Linsen. Der ass und trank, stand auf und ging davon. So gering achtete Esau das Erstgeburtsrecht.

|19–26: 1Chr 1,34 |20: 24,67 · 22,23! |21: 11,30! · 30,22–23; Röm 9,10 |23: 48,19 · Röm 9,12 · 27,37! |24: 38,27 |25: 27,11! · 1Chr 1,34 |26: Hos 12,4 · 27,36! |28: 27,3–4 |30: 36,1! |31: Dtn 21,17 |33: 27,36! · Hebr 12,16

25,24: Wörtlich: «Und ihre Tage erfüllten sich, ...»

25,27: Möglich ist auch die Übersetzung: «..., der in Zelten wohnte.»

25,30: Im Namen Edom klingt hebräisch ‹rot› an.

Isaak und Abimelech

26 1 Es kam eine Hungersnot über das Land, eine andere als die frühere Hungersnot, die zur Zeit Abrahams gewesen war. Da ging Isaak nach Gerar

zu Abimelech, dem König der Philister.
2 Und der HERR erschien ihm und
sprach: Zieh nicht hinab nach Ägypten.
Bleibe wohnen in dem Land, das ich dir
nennen werde. 3 Bleibe als Fremder in
diesem Land, ich will mit dir sein und
dich segnen. Denn dir und deinen Nachkommen werde ich alle diese Länder geben, und so werde ich den Schwur halten, den ich deinem Vater Abraham geschworen habe. 4 Und ich werde deine
Nachkommen so zahlreich machen wie
die Sterne des Himmels, und deinen
Nachkommen werde ich alle diese Länder geben, und mit deinen Nachkommen werden sich Segen wünschen alle
Völker der Erde, 5 weil Abraham auf
meine Stimme gehört und gehalten hat,
was ich ihn halten hiess, meine Gebote,
Satzungen und Weisungen. 6 Und so
blieb Isaak in Gerar.

7 Die Männer des Ortes aber fragten
nach seiner Frau, und er sprach: Sie ist
meine Schwester. Denn er fürchtete
sich zu sagen: Sie ist meine Frau. Die
Männer des Ortes, dachte er, könnten
mich sonst Rebekkas wegen umbringen, denn sie ist schön. 8 Er war aber
schon längere Zeit dort, da blickte Abimelech, der König der Philister, einst
aus dem Fenster und sah, wie Isaak Rebekka, seine Frau, liebkoste. 9 Und Abimelech liess Isaak rufen und sprach: Sie
ist ja deine Frau. Wie konntest du sagen:
Sie ist meine Schwester? Isaak sprach zu
ihm: Ich dachte, ich müsste ihretwegen
sterben. 10 Abimelech sprach: Was hast
du uns angetan! Wie leicht hätte einer
aus dem Volk mit deiner Frau schlafen
können, und du hättest Schuld über uns
gebracht. 11 Und Abimelech gebot dem
ganzen Volk: Wer diesen Mann oder
seine Frau anrührt, muss sterben.

12 Isaak aber säte in jenem Land, und
er erntete im gleichen Jahr hundertfäl-
tig. So segnete ihn der HERR. 13 Und er
wurde ein reicher Mann, er wurde immer reicher, bis er über die Massen
reich war. 14 Er hatte Herden von Schafen und Herden von Rindern und viel
Gesinde. Die Philister aber wurden neidisch auf ihn. 15 Alle Brunnen, die die
Diener seines Vaters noch zu Lebzeiten
seines Vaters Abraham gegraben hatten,
schütteten die Philister zu und füllten
sie mit Erde. 16 Und Abimelech sprach
zu Isaak: Geh fort von uns, du bist uns
viel zu mächtig geworden. 17 Da ging
Isaak weg, schlug im Tal von Gerar sein
Lager auf und liess sich dort nieder.

18 Und Isaak grub die Wasserbrunnen
wieder auf, die man zu Lebzeiten seines
Vaters Abraham gegraben hatte und die
die Philister nach dem Tod Abrahams
zugeschüttet hatten, und er gab ihnen
dieselben Namen, die ihnen sein Vater
gegeben hatte. 19 Die Diener Isaaks aber
gruben im Tal und fanden dort einen
Brunnen mit Quellwasser. 20 Da fingen
die Hirten von Gerar mit den Hirten
Isaaks Streit an und sagten: Uns gehört
das Wasser! Und er nannte den Brunnen Esek, weil sie sich mit ihm gezankt
hatten. 21 Dann gruben sie einen anderen Brunnen, und sie gerieten auch über
diesen in Streit. Und er nannte ihn
Sitna. 22 Da zog er weiter und grub
einen anderen Brunnen. Über diesen gerieten sie nicht mehr in Streit. Und er
nannte ihn Rechobot und sprach: Nun
hat uns der HERR weiten Raum geschaffen, und wir werden fruchtbar im
Land.

23 Von dort zog er hinauf nach Beer-
Scheba. 24 Und der HERR erschien ihm
in jener Nacht und sprach: Ich bin der
Gott deines Vaters Abraham. Fürchte
dich nicht, denn ich bin mit dir. Ich will
dich segnen und deine Nachkommen
mehren um meines Dieners Abraham
willen. 25 Und dort baute er einen Altar
und rief den Namen des HERRN an; und
dort schlug er sein Zelt auf, und dort hoben die Diener Isaaks einen Brunnen
aus. 26 Abimelech aber kam zu ihm von
Gerar mit Achusat, seinem Vertrauten,
und Pichol, seinem Heerführer. 27 Da
sagte Isaak zu ihnen: Warum kommt ihr
zu mir, da ihr mich doch hasst und mich
von euch weggeschickt habt? 28 Sie sag-

ten: Wir haben mit eigenen Augen gesehen, dass der HERR mit dir war, und so dachten wir: Es soll ein Vertrag zwischen uns beschworen werden, zwischen uns und dir. Wir wollen einen Vertrag mit dir schliessen, 29 dass du uns nichts Böses tust, wie auch wir dich nicht angerührt und dir nur Gutes getan haben und dich in Frieden haben ziehen lassen, bist du doch der Gesegnete des HERRN. 30 Da bereitete er ihnen ein Mahl, und sie assen und tranken. 31 Und am andern Morgen früh schworen sie einander den Eid. Dann liess Isaak sie ziehen, und sie schieden von ihm in Frieden. 32 Am selben Tag kamen die Diener Isaaks und berichteten ihm von dem Brunnen, den sie gegraben hatten, und sprachen zu ihm: Wir haben Wasser gefunden. 33 Da nannte er ihn Schiba. Darum heisst die Stadt Beer-Scheba, bis auf den heutigen Tag.

34 Als Esau vierzig Jahre alt war, nahm er Jehudit, die Tochter des Hetiters Beeri zur Frau, ferner Basemat, die Tochter des Hetiters Elon; 35 sie waren für Isaak und Rebekka ein schwerer Kummer.

|1–11: 12,10–20! |1: 12,10! · 6; 20,1; 21,34 |2: Dtn 28,68! |3: 24,28 |4: 15,5! |5: 22,18 |6: 1! |7: 12,11 · 12,13! |10: 12,18! |12: 24; 25,11; Spr 10,22 |18: 21,30 |20–21: 21,25 |24: 12! · 15,1 · 3! |25: 8,20! |26: 21,22 |27: Ri 11,7 |28: 3! · 21,22 · 31,44 |29: 24,31 |30: 31,54; Ex 18,12 |31: 21,27 |33: 21,31; 46,1 |34: 36,2–3 |35: 27,46; 28,8

26,20: Im Namen Esek klingt hebräisch ‹zanken› an.

26,21: Im Namen Sitna hörte man einen Anklang an hebräisch ‹Anklage› oder ‹Streit›.

26,22: Im Namen Rechobot klingt hebräisch ‹Weite› an.

26,33: «Beer» bedeutet ‹Brunnen›, und der Name Schiba klingt ähnlich wie der zweite Teil des Namens Beer-Scheba.

Jakob erlistet den Segen Isaaks

27 1 Als Isaak alt geworden war und seine Augen erloschen waren, so dass er nicht mehr sehen konnte, rief er seinen älteren Sohn Esau und sprach zu ihm: Mein Sohn! Und dieser sagte zu ihm: Hier bin ich. 2 Da sprach er: Sieh, ich bin alt geworden und weiss nicht, wann ich sterben werde. 3 So nimm nun dein Jagdgerät, deinen Köcher und deinen Bogen, geh hinaus aufs Feld und erjage mir ein Wild. 4 Dann bereite mir mein Leibgericht zu, wie ich es liebe, und bring es mir, und ich will essen, damit ich dich segnen kann, bevor ich sterbe. 5 Rebekka aber hörte, wie Isaak mit seinem Sohn Esau redete. Und Esau ging aufs Feld, um ein Wild zu erjagen und heimzubringen. 6 Da sprach Rebekka zu ihrem Sohn Jakob: Sieh, ich habe gehört, wie dein Vater zu deinem Bruder Esau sagte: 7 Bringe mir ein Wild und bereite mir mein Leibgericht, dass ich es esse. Dann werde ich dich vor dem HERRN segnen, bevor ich sterbe. 8 Nun, mein Sohn, höre auf mich, auf das, was ich dir sage: 9 Geh zur Herde und bring mir zwei schöne Zicklein. Ich will deinem Vater davon das Leibgericht zubereiten, wie er es liebt. 10 Das bringst du deinem Vater zum Essen, damit er dich segne, bevor er stirbt.

11 Jakob aber sprach zu seiner Mutter Rebekka: Sieh, mein Bruder Esau ist behaart, ich aber bin unbehaart. 12 Vielleicht betastet mich mein Vater. Dann stehe ich vor ihm da als einer, der Spott mit ihm treibt, und ich bringe Fluch über mich und nicht Segen. 13 Da sprach seine Mutter zu ihm: Auf mich komme dein Fluch, mein Sohn. Höre nur auf mich und geh und hol mir die Zicklein! 14 Da ging er, holte sie und brachte sie seiner Mutter. Und seine Mutter bereitete das Leibgericht zu, wie sein Vater es liebte. 15 Dann nahm Rebekka das Festgewand ihres älteren Sohns Esau, das sie bei sich im Haus hatte, und zog es ihrem jüngeren Sohn Jakob an. 16 Die Felle von den Zicklein aber legte sie um seine Hände und um seinen glatten Hals. 17 Dann gab sie das Leibgericht und das Brot, das sie bereitet hatte, ihrem Sohn Jakob in die Hand.

18 So ging er zu seinem Vater hinein und sprach: Mein Vater! Er sprach: Hier bin ich. Wer bist du, mein Sohn? 19 Jakob sprach zu seinem Vater: Ich bin

Esau, dein Erstgeborener. Ich habe getan, was du mir gesagt hast. Setz dich auf und iss von meinem Wildbret, damit du mich segnest. 20 Isaak aber sprach zu seinem Sohn: Wie hast du so schnell etwas gefunden, mein Sohn? Er sprach: Der HERR, dein Gott, hat es günstig für mich gefügt. 21 Da sprach Isaak zu Jakob: Tritt herzu, ich will dich betasten, mein Sohn, ob du mein Sohn Esau bist oder nicht. 22 Da trat Jakob zu seinem Vater Isaak heran, und dieser betastete ihn und sprach: Die Stimme ist Jakobs Stimme, aber die Hände sind Esaus Hände. 23 Und er erkannte ihn nicht, denn seine Hände waren behaart wie die Hände seines Bruders Esau. Und so segnete er ihn. 24 Und er sprach zu ihm: Du also bist mein Sohn Esau? Er sprach: Ja, das bin ich. 25 Da sprach er: Trag mir auf, und ich will von dem Wildbret meines Sohns essen, damit ich dich segnen kann. Da trug er ihm auf, und er ass. Und er brachte ihm auch Wein, und er trank. 26 Dann sprach sein Vater Isaak zu ihm: Tritt herzu und küss mich, mein Sohn. 27 Und er trat herzu und küsste ihn. Da roch er den Geruch seiner Kleider, und er segnete ihn und sprach:

Sieh, der Geruch meines Sohns
    ist wie der Geruch des Feldes,
    das der HERR gesegnet hat.
28 Gott gebe dir
    vom Tau des Himmels
    und vom Fett der Erde,
    Korn und Wein in Fülle.
29 Völker sollen dir dienen,
    und Nationen sollen sich vor dir
    niederwerfen.
Sei Herr über deine Brüder,
    und vor dir sollen sich niederwerfen
    die Söhne deiner Mutter.
Gesegnet ist, wer dich segnet,
    und verflucht, wer dich verflucht.

30 Kaum hatte Isaak Jakob gesegnet und Jakob seinen Vater Isaak verlassen, kam sein Bruder Esau von der Jagd. 31 Auch er bereitete das Leibgericht und brachte es seinem Vater. Und er sprach zu seinem Vater: Mein Vater möge sich aufrichten und vom Wildbret seines Sohns essen, damit du mich segnest. 32 Sein Vater Isaak aber sprach zu ihm: Wer bist du? Er sprach: Ich bin dein erstgeborener Sohn Esau. 33 Da begann Isaak vor Schrecken heftig zu beben und sprach: Wer war es denn, der Wild gejagt und es mir gebracht hat, so dass ich von allem ass, bevor du hereinkamst, und den ich gesegnet habe? Er wird auch gesegnet bleiben. 34 Als Esau die Worte seines Vaters hörte, schrie er laut auf, klagte bitter und sprach zu seinem Vater: Segne doch auch mich, mein Vater. 35 Er aber sprach: Hinterlistig ist dein Bruder gekommen und hat dir den Segen geraubt. 36 Da sprach er: Ja, mit Recht hat man ihn Jakob genannt, schon zweimal hat er mich betrogen. Mein Erstgeburtsrecht hat er mir geraubt, und nun raubt er mir auch meinen Segen. Und er sprach: Hast du keinen Segen mehr für mich? 37 Isaak antwortete und sprach zu Esau: Sieh, ich habe ihn zum Herrn über dich gesetzt, und alle seine Brüder habe ich ihm als Diener gegeben, mit Korn und Wein habe ich ihn versorgt. Was kann ich für dich noch tun, mein Sohn? 38 Esau sprach zu seinem Vater: Hast du denn nur einen Segen, mein Vater? Segne doch auch mich, mein Vater. Und Esau begann laut zu weinen. 39 Da antwortete sein Vater Isaak und sprach zu ihm:

Sieh, fern vom Fett der Erde
    wird deine Wohnung sein
    und fern vom Tau des Himmels
    droben.
40 Von deinem Schwert wirst du leben,
    und deinem Bruder wirst du dienen.
Doch, wenn du dich losreisst,
    wirst du sein Joch
    von deinem Nacken schütteln.

41 Esau aber war Jakob feind um des Segens willen, mit dem sein Vater ihn gesegnet hatte, und Esau sprach bei sich: Es nahen die Tage der Trauer um meinen Vater. Dann will ich meinen Bruder Jakob umbringen. 42 Da hinterbrachte man Rebekka die Worte ihres älteren

Sohns Esau, und sie sandte hin und liess ihren jüngeren Sohn Jakob rufen und sprach zu ihm: Sieh, dein Bruder Esau will Rache an dir nehmen und dich umbringen. 43 So höre nun auf mich, mein Sohn. Mach dich auf und flieh zu meinem Bruder Laban nach Charan. 44 Bleib einige Zeit bei ihm, bis sich der Grimm deines Bruders legt. 45 Sobald der Zorn deines Bruders ablässt von dir und er vergisst, was du ihm angetan hast, will ich nach dir senden und dich holen lassen. Warum sollte ich euch beide an einem Tag verlieren?

| 1: 48,10; 1Sam 3,2; 1Kön 14,4 | 3–4: 25,28 | 4: 48,9 | 11: 23; 25,25 | 12: Lev 19,14; Dtn 27,18 | 13: 2Chr 22,3 | 20: Ex 20,7 | 23: 11! | 24: 1Kön 13,18 | 27–29: 39–40; Hebr 11,20 | 28: Dtn 33,13.28 · 45,18 | 29: 12,3! | 33: 28,1 | 34: Est 4,1 | 35: 29,25 | 36: 25,26.33 | 37: 40; 25,23; 2Sam 8,14; 1Kön 22,48 | 38: Hebr 12,17 | 39–40: 27–29! | 40: 37! · 2Kön 8,20 | 41: 4,8 · 37,18; Spr 18,19; Am 1,11 | 43: 11,31! · 24,29!

27,36: Im Namen Jakob klingt hebräisch ‹betrügen› an.

Jakobs Aufbruch

46 Rebekka aber sprach zu Isaak: Mein Leben ist mir zuwider wegen der Hetiterinnen. Wenn auch Jakob eine Frau nimmt von den Hetiterinnen wie diese, eine von den Töchtern des Landes, was soll mir dann das Leben?

28 1 Isaak aber rief Jakob zu sich und segnete ihn. Er gebot ihm und sprach: Du sollst dir keine Frau von den Kanaaniterinnen nehmen. 2 Mach dich auf, geh nach Paddan-Aram, zum Haus Betuels, des Vaters deiner Mutter, und nimm dir eine Frau von dort, von den Töchtern Labans, des Bruders deiner Mutter. 3 El-Schaddai wird dich segnen und dich fruchtbar machen und mehren, und du wirst zu einer Grosszahl von Völkern werden. 4 Und er wird dir und mit dir auch deinen Nachkommen den Segen Abrahams geben, dass du in den Besitz des Landes kommst, in dem du als Fremder weilst und das Gott Abraham gegeben hat. 5 Und Isaak entliess Jakob, und er ging nach Paddan-Aram, zu Laban, dem Sohn des Aramäers Betuel,

dem Bruder Rebekkas, der Mutter Jakobs und Esaus.

6 Und Esau sah, dass Isaak Jakob segnete und ihn nach Paddan-Aram sandte, damit er sich von dort eine Frau nehme, indem er ihn segnete und ihm gebot: Du sollst dir keine Frau von den Kanaaniterinnen nehmen. 7 Jakob aber hörte auf seinen Vater und seine Mutter und ging nach Paddan-Aram. 8 Da sah Esau, dass die Kanaaniterinnen seinem Vater Isaak missfielen. 9 So ging Esau zu Ismael und nahm zu den Frauen, die er schon hatte, Machalat, die Tochter Ismaels, des Sohns Abrahams, die Schwester Nebajots, zur Frau.

| 46: 26,35! | 1–2: 24,3! | 1: 27,33 | 2: Hos 12,13 · 24,29! | 3: 16,2 | 4: 17,8! | 5: Dtn 26,5 | 8: 26,35! | 9: 26,34 · 25,13!

Jakobs Traum

10 Jakob aber zog weg von Beer-Scheba und ging nach Charan. 11 Und er gelangte an einen Ort und blieb dort über Nacht, denn die Sonne war untergegangen. Und er nahm einen von den Steinen des Ortes, legte ihn unter seinen Kopf, und an jener Stelle legte er sich schlafen. 12 Da hatte er einen Traum: Sieh, da stand eine Treppe auf der Erde, und ihre Spitze reichte bis an den Himmel. Und sieh, Boten Gottes stiegen auf ihr hinan und herab. 13 Und sieh, der HERR stand vor ihm und sprach: Ich bin der HERR, der Gott deines Vaters Abraham und der Gott Isaaks. Das Land, auf dem du liegst, dir und deinen Nachkommen will ich es geben. 14 Und deine Nachkommen werden sein wie der Staub der Erde, und du wirst dich ausbreiten nach Westen und Osten, nach Norden und Süden, und durch dich und deine Nachkommen werden Segen erlangen alle Sippen der Erde. 15 Und sieh, ich bin mit dir und behüte dich, wohin du auch gehst, und ich werde dich in dieses Land zurückbringen. Denn ich verlasse dich nicht, bis ich getan, was ich dir gesagt habe. 16 Da erwachte Jakob aus seinem Schlaf

und sprach: Fürwahr, der HERR ist an dieser Stätte, und ich wusste es nicht. 17 Und er fürchtete sich und sprach: Wie furchtbar ist diese Stätte! Sie ist nichts Geringeres als das Haus Gottes, und dies ist das Tor des Himmels. 18 Am andern Morgen früh nahm Jakob den Stein, den er unter seinen Kopf gelegt hatte, richtete ihn als Mazzebe auf und goss Öl darauf. 19 Und er nannte jenen Ort Bet-El; früher aber hiess die Stadt Lus. 20 Dann tat Jakob ein Gelübde und sprach: Wenn Gott mit mir ist und mich auf diesem Weg, den ich jetzt gehe, behütet, wenn er mir Brot zu essen und Kleider anzuziehen gibt 21 und wenn ich wohlbehalten in das Haus meines Vaters zurückkehre, so soll der HERR mein Gott sein. 22 Und dieser Stein, den ich als Mazzebe aufgerichtet habe, soll ein Gotteshaus werden, und alles, was du mir geben wirst, will ich dir getreulich verzehnten.

|10: 11,31! |12: 32,2 · Num 12,6 · Joh 1,51 |13: 35,1; 48,3 · 24,12; 32,10; Ex 3,6.15 |14: 13,16! · 18,18! |15: 35,3 · 46,4; Jer 16,15 · 31,3 · Dtn 31,6! |17: Ex 3,5 · 35,7 |18: 21,14! · 31,45! · 31,13; 35,14 |19: 35,6; 48,3; Jos 16,2 |20: 31,13 |21: 2Sam 15,8 |22: 35,15 · 14,20!

28,19: Bet-El bedeutet ‹Haus Gottes›.

Jakob dient um Lea und Rachel

29 1 Dann machte sich Jakob auf den Weg und ging in das Land der Söhne des Ostens. 2 Und er schaute sich um, und sieh, da war ein Brunnen auf dem Feld. Und sieh, drei Schafherden lagerten daneben, denn aus jenem Brunnen pflegte man die Herden zu tränken. Der Stein über der Öffnung des Brunnens aber war gross. 3 Wenn alle Herden dort zusammengetrieben waren, wälzte man den Stein von der Öffnung des Brunnens und tränkte die Schafe. Dann schob man den Stein wieder zurück über die Öffnung des Brunnens an seinen Platz. 4 Jakob sagte zu ihnen: Meine Brüder, woher seid ihr? Sie sagten: Wir sind von Charan. 5 Er sagte zu ihnen: Kennt ihr Laban, den Sohn Nachors? Sie sagten: Wir kennen ihn. 6 Er sagte zu ihnen: Geht es ihm gut? Sie sagten: Ja, es geht ihm gut. Da kommt eben seine Tochter Rachel mit den Schafen. 7 Er sagte: Es ist ja noch mitten am Tag, noch nicht die Zeit, das Vieh einzutreiben. Tränkt die Schafe und lasst sie wieder weiden. 8 Sie sagten: Das können wir nicht, bis alle Herden zusammengetrieben sind und man den Stein von der Öffnung des Brunnens wälzt. Dann erst tränken wir die Schafe.

9 Während er noch mit ihnen redete, war Rachel mit den Schafen, die ihrem Vater gehörten, herangekommen, denn sie war eine Hirtin. 10 Als Jakob aber Rachel, die Tochter Labans, des Bruders seiner Mutter, und die Schafe Labans, des Bruders seiner Mutter, sah, trat Jakob herzu, wälzte den Stein von der Öffnung des Brunnens und tränkte die Schafe Labans, des Bruders seiner Mutter. 11 Dann küsste Jakob Rachel und begann laut zu weinen. 12 Und Jakob berichtete Rachel, dass er der Verwandte ihres Vaters, der Sohn Rebekkas, sei. Da lief sie weg und berichtete es ihrem Vater. 13 Als Laban von Jakob, dem Sohn seiner Schwester, hörte, lief er ihm entgegen, umarmte und küsste ihn und führte ihn in sein Haus. Und er erzählte Laban alle diese Begebenheiten. 14 Da sprach Laban zu ihm: Ja, du bist mein Gebein und mein Fleisch. Und er blieb einen Monat lang bei ihm.

15 Und Laban sprach zu Jakob: Du bist doch mein Bruder. Solltest du mir umsonst dienen? Sag mir: Was soll dein Lohn sein? 16 Nun hatte Laban zwei Töchter; die ältere hiess Lea, die jüngere Rachel. 17 Die Augen Leas waren matt, Rachel aber war von schöner Gestalt und von schönem Aussehen. 18 Und Jakob liebte Rachel. So sprach er: Ich will dir sieben Jahre um Rachel, deine jüngere Tochter, dienen. 19 Laban sagte: Es ist besser, ich gebe sie dir, als dass ich sie einem fremden Mann gebe. Bleibe bei mir! 20 Also diente Jakob um Rachel sieben Jahre, und sie kamen ihm wie ein paar Tage vor, so sehr liebte er sie.

21 Dann sprach Jakob zu Laban: Gib mir meine Frau, denn meine Zeit ist um, und ich will nun zu ihr gehen. 22 Da lud Laban alle Leute des Ortes ein und veranstaltete ein Festmahl. 23 Am Abend aber nahm er seine Tochter Lea und führte sie zu ihm hinein, und er ging zu ihr. 24 Und Laban gab seiner Tochter Lea seine Magd Silpa zur Magd. 25 Am Morgen aber, sieh, da war es Lea. Da sprach Jakob zu Laban: Was hast du mir angetan! Habe ich dir nicht um Rachel gedient? Warum hast du mich betrogen? 26 Laban sprach: Es ist hierzulande nicht Sitte, die Jüngere vor der Älteren wegzugeben. 27 Feire die Hochzeitswoche mit dieser zu Ende, dann wollen wir dir auch die andere geben für den Dienst, den du bei mir noch weitere sieben Jahre tun sollst. 28 Jakob machte es so, und er feierte die Woche mit ihr zu Ende. Dann gab ihm jener seine Tochter Rachel zur Frau. 29 Und Laban gab seiner Tochter Rachel seine Magd Bilha zur Magd. 30 Da ging er auch zu Rachel, und er liebte Rachel mehr als Lea. Und er diente bei ihm noch weitere sieben Jahre.

|1: 25,6 |2: 24,11 |4: 11,31! |5: 24,29! |10: Ex 2,17 · 24,11! |13: 24,32 |14: 2,23;37,27; Ri 9,2; 2Sam 5,1 |15: 30,28 |16: Rut 4,11 |20: 27.30;30,26;31,15.41; Hos 12,13 |22: Ri 14,10; Est 2,18 |24: 30,9;35,26;46,18 |25: 12,18! · 27,35 |27: Ri 14,12 · 20! |29: 30,4;35,25; 46,25 |30: Lev 18,18; Dtn 21,15 · 20!

Jakobs Kinder

31 Der HERR aber sah, dass Lea zurückgesetzt war, und er öffnete ihren Schoss, während Rachel unfruchtbar blieb. 32 Und Lea wurde schwanger und gebar einen Sohn, und sie nannte ihn Ruben, denn sie sprach: Fürwahr, der HERR hat mein Elend angesehen; nun wird mein Mann mich lieben. 33 Und sie wurde wieder schwanger und gebar einen Sohn, und sie sprach: Fürwahr, der HERR hat gehört, dass ich zurückgesetzt bin, und hat mir auch noch diesen gegeben. Und sie nannte ihn Simeon. 34 Und sie wurde wieder schwanger und gebar einen Sohn, und sie sprach:

Nun endlich wird mein Mann mir anhänglich sein, denn ich habe ihm drei Söhne geboren. Darum nannte sie ihn Levi. 35 Und sie wurde wieder schwanger und gebar einen Sohn, und sie sprach: Nun will ich den HERRN preisen. Darum nannte sie ihn Juda. Dann hörte sie auf zu gebären.

30 1 Rachel aber sah, dass sie Jakob keine Kinder gebar, und Rachel wurde eifersüchtig auf ihre Schwester, und sie sprach zu Jakob: Schaffe mir Söhne, sonst sterbe ich. 2 Da entbrannte der Zorn Jakobs über Rachel, und er sprach: Bin ich denn an Gottes Statt, der dir Leibesfrucht versagt hat? 3 Darauf sprach sie: Da hast du meine Magd Bilha. Geh zu ihr! Sie soll auf meinen Knien gebären, und durch sie komme auch ich zu Kindern. 4 Und sie gab ihm ihre Magd Bilha zur Frau, und Jakob ging zu ihr. 5 Und Bilha wurde schwanger und gebar Jakob einen Sohn. 6 Da sprach Rachel: Gott hat mir Recht verschafft, und er hat auch mich erhört und mir einen Sohn gegeben. Darum nannte sie ihn Dan. 7 Und Bilha, Rachels Magd, wurde wieder schwanger und gebar Jakob einen zweiten Sohn. 8 Da sprach Rachel: Gotteskämpfe habe ich mit meiner Schwester gekämpft, und ich habe auch gesiegt. Und sie nannte ihn Naftali.

9 Lea aber sah, dass sie aufgehört hatte zu gebären. Da nahm sie ihre Magd Silpa und gab sie Jakob zur Frau. 10 Und Silpa, Leas Magd, gebar Jakob einen Sohn. 11 Da sprach Lea: Welch ein Glück! Und sie nannte ihn Gad. 12 Und Silpa, Leas Magd, gebar Jakob einen zweiten Sohn. 13 Da sprach Lea: Ich Glückliche! Ja, die Töchter werden mich glücklich preisen. Und sie nannte ihn Asser.

14 Ruben aber ging einst zur Zeit der Weizenernte weg und fand auf dem Feld Liebesäpfel, und er brachte sie seiner Mutter Lea. Da sagte Rachel zu Lea: Gib mir doch ein paar von den Liebesäpfeln deines Sohns. 15 Sie aber sagte zu ihr: Ist es dir nicht genug, mir meinen Mann zu

nehmen, dass du auch noch die Liebesäpfel meines Sohns nehmen willst? Da sagte Rachel: Nun, so mag er für die Liebesäpfel deines Sohns heute nacht bei dir schlafen. 16 Und am Abend kam Jakob vom Feld, und Lea ging ihm entgegen und sprach: Zu mir musst du kommen, denn ich habe dich erworben um den Preis der Liebesäpfel meines Sohns. Also schlief er jene Nacht bei ihr. 17 Und Gott erhörte Lea, und sie wurde schwanger und gebar Jakob einen fünften Sohn. 18 Da sprach Lea: Gott hat es mir gelohnt, dass ich meinem Mann meine Magd gegeben habe. Und sie nannte ihn Issaschar. 19 Und Lea wurde wieder schwanger und gebar Jakob einen sechsten Sohn. 20 Da sprach Lea: Gott hat mich mit einem schönen Geschenk bedacht; nunmehr wird mein Mann mich als seine Frau ehren, denn ich habe ihm sechs Söhne geboren. Und sie nannte ihn Sebulon. 21 Danach gebar sie eine Tochter und nannte sie Dina.

22 Gott aber dachte an Rachel. Gott erhörte sie und öffnete ihren Schoss. 23 Und sie wurde schwanger und gebar einen Sohn, und sie sprach: Gott hat meine Schmach von mir genommen. 24 Und sie nannte ihn Josef und sprach: Der HERR möge mir noch einen Sohn dazu geben.

|31: 11,30! |32–35: 35,23 |34: Num 18,2 · 30,20 |35: Mt 1,2 · 30,9 |1: 1Sam 1,10; Spr 30,16 |2: 50,19; 2Kön 5,7 |3: 50,23 · 16,2 |4: 9; 16,3 · 29,29! |5–8: 46,25 |6: 35,25! |8: 35,25! |9: 29,24! · 29,35 · 4! |10–13: 46,18 |11: 35,26! |13: 35,26! · Lk 1,48 |14: Hld 7,14 |18: 35,23! |20: 35,23! · 29,34 |21: 34,1; 46,15 |22–23: 25,21! |22: 1Sam 1,19 |23: Jes 4,1; Lk 1,25 |24: 35,24 · 35,17–19!

29,31: «zurückgesetzt» ist wörtlich: «gehasst».
30,34: Im Namen Levi klingt hebräisch ‹anhänglich› an.
30,35: Der Name Juda klingt ähnlich wie hebräisch ‹preisen›.
30,6: Im Namen Dan klingt hebräisch ‹Recht schaffen› an.
30,8: Im Namen Naftali hörte man einen Anklang an hebräisch ‹kämpfen›.

Jakobs Reichtum

25 Als Rachel Josef geboren hatte, sprach Jakob zu Laban: Lass mich ziehen, ich will an meinen Ort und in mein Land gehen. 26 Gib mir meine Frauen und meine Kinder, um die ich dir gedient habe, damit ich gehen kann. Du weisst ja selbst, welchen Dienst ich bei dir geleistet habe. 27 Laban sprach zu ihm: Lass mich Gnade finden in deinen Augen. Ich habe unter guten Vorzeichen gestanden, und um deinetwillen hat mich der HERR gesegnet. 28 Und er sprach: Bestimme den Lohn, den du von mir haben willst. Ich will ihn dir geben. 29 Er sprach zu ihm: Du weisst selbst, wie ich dir gedient habe und was aus deinem Vieh unter meiner Obhut geworden ist. 30 Das wenige, das du vor meiner Zeit hattest, hat sich gewaltig vermehrt, und der HERR hat dich gesegnet, wo immer ich meinen Fuss hinsetzte. Wann werde nun auch ich für mein Haus etwas tun können? 31 Da sagte er: Was soll ich dir geben? Jakob sagte: Du sollst mir gar nichts geben. Wenn du mir dies eine gewährst, so will ich wieder deine Schafe weiden und hüten: 32 Ich will heute durch deine ganze Herde gehen und aus ihr alle gesprenkelten und gefleckten und alle schwarzen Lämmer aussondern, ebenso was unter den Ziegen gefleckt und gesprenkelt ist. Das soll mein Lohn sein. 33 Und meine Redlichkeit wird dann für mich sprechen, wenn du kommst, um meinen Lohn nachzuprüfen: Alles, was unter den Ziegen nicht gesprenkelt oder gefleckt und unter den Lämmern nicht schwarz ist, das soll als von mir gestohlen gelten. 34 Da sprach Laban: Gut, es soll geschehen, wie du gesagt hast. 35 Und er sonderte noch am selben Tag die gestreiften und gefleckten Ziegenböcke und alle gesprenkelten und gefleckten Ziegen aus, alles, an dem etwas weiss war, und alles, was schwarz war unter den Lämmern, und übergab sie seinen Söhnen. 36 Und er legte einen Abstand von drei Tagereisen zwischen sich und Jakob, während Jakob die übrige Herde Labans weidete. 37 Nun nahm Jakob frische Ruten von Weiss-

pappeln, Mandelbäumen und Platanen und schälte daran weisse Streifen heraus, so dass das Weisse an den Ruten blossgelegt wurde. 38 Dann stellte er die Ruten, die er geschält hatte, in die Tröge, in die Wasserrinnen, zu denen die Herden zum Trinken kamen, gerade vor die Tiere hin. Und sie paarten sich, wenn sie zum Trinken kamen. 39 So paarten sich die Tiere vor den Ruten, und die Tiere warfen Gestreifte, Gesprenkelte und Gefleckte. 40 Die Lämmer aber schied Jakob aus, und er richtete den Blick der Tiere auf das Gestreifte und alles Schwarze in der Herde Labans. So legte er sich eigene Herden zu, die er nicht zu den Tieren Labans tat. 41 Und sooft die kräftigen Tiere sich paarten, stellte Jakob die Ruten vor die Tiere in die Tränkrinnen, damit sie sich vor den Ruten paarten. 42 Wenn aber die Tiere schwächlich waren, stellte er sie nicht hin. Daher fielen die schwächlichen Tiere Laban zu, die kräftigen aber Jakob. 43 So breitete sich der Mann über die Massen aus, und er kam zu vielen Schafen und Ziegen, Mägden und Knechten, Kamelen und Eseln.

|26:29,20! |27:39,5 |28:29,15 |29:31,6 · 31,38–39 |31:46,34! |32:31,8 |39:31,10 |43:12,16!

Jakob und Laban

31 1 Er hörte aber, was die Söhne Labans sagten: Jakob hat alles, was unserem Vater gehört, an sich gebracht, und von dem, was unserem Vater gehört, hat er all diesen Reichtum erworben. 2 Und Jakob sah an Labans Miene, dass er nicht mehr so zu ihm stand wie früher. 3 Der HERR aber sprach zu Jakob: Kehre zurück in das Land deiner Vorfahren und zu deiner Verwandtschaft. Ich will mit dir sein. 4 Da sandte Jakob hin und liess Rachel und Lea aufs Feld zu seiner Herde rufen. 5 Und er sprach zu ihnen: Ich sehe an der Miene eures Vaters, dass er nicht mehr so zu mir steht wie früher. Aber der Gott meines Vaters ist mit mir gewesen. 6 Ihr wisst selbst, dass ich eurem Vater mit meiner ganzen Kraft gedient habe. 7 Euer Vater aber hat mich betrogen und meinen Lohn zehnmal geändert, doch Gott hat ihm nicht gestattet, mir Schaden zuzufügen. 8 Wenn er sprach: Die Gesprenkelten sollen dein Lohn sein, dann warf die ganze Herde Gesprenkelte. Und wenn er sprach: Die Gestreiften sollen dein Lohn sein, dann warf die ganze Herde Gestreifte. 9 So hat Gott eurem Vater das Vieh weggenommen und es mir gegeben. 10 Zur Zeit aber, da die Schafe sich paarten, blickte ich auf und sah im Traum, und sieh, die Böcke, die die Schafe besprangen, waren gestreift, gesprenkelt und scheckig. 11 Und der Bote Gottes sprach zu mir im Traum: Jakob! Ich sprach: Hier bin ich. 12 Und er sprach: Blicke auf und sieh: Alle Böcke, die die Schafe bespringen, sind gestreift, gesprenkelt und scheckig. Denn ich habe alles gesehen, was Laban dir antut. 13 Ich bin der Gott von Bet-El, wo du eine Mazzebe gesalbt und wo du mir ein Gelübde getan hast. Nun mach dich auf, zieh weg aus diesem Land und kehr in das Land deiner Verwandtschaft zurück. 14 Da antworteten Rachel und Lea, und sie sprachen zu ihm: Haben wir noch Erbe und Anteil am Haus unseres Vaters? 15 Gelten wir ihm nicht als Fremde? Er hat uns ja verkauft und sogar unser Silber verbraucht. 16 Ja, der ganze Reichtum, den Gott unserem Vater weggenommen hat, gehört uns und unseren Söhnen, Und nun, tu alles, was Gott dir gesagt hat. 17 Da machte sich Jakob auf und hob seine Söhne und seine Frauen auf die Kamele. 18 Und all sein Vieh und seine ganze Habe, die er erworben hatte, seinen eigenen Viehbesitz, den er in Paddan-Aram erworben hatte, führte er fort, um zu seinem Vater Isaak ins Land Kanaan zu ziehen.

19 Als aber Laban hingegangen war, um seine Schafe zu scheren, stahl Rachel die Terafim, die ihrem Vater gehörten. 20 So überlistete Jakob Laban, den Aramäer, indem er ihn nicht merken liess, dass er fliehen wollte. 21 Und er floh mit

allem, was er hatte, machte sich auf und setzte über den Strom und schlug die Richtung nach dem Gebirge Gilead ein. 22 Am dritten Tag wurde Laban gemeldet, dass Jakob geflohen sei. 23 Da nahm er seine Brüder mit sich und jagte ihm nach, sieben Tagereisen weit, und im Gebirge Gilead holte er ihn ein. 24 Aber Gott kam des Nachts im Traum zu Laban, dem Aramäer, und sprach zu ihm: Hüte dich, Jakob im Guten oder im Bösen anzusprechen.

25 Und Laban erreichte Jakob. Jakob aber hatte sein Zelt im Gebirge aufgeschlagen, und auch Laban schlug es mit seinen Brüdern im Gebirge Gilead auf. 26 Da sprach Laban zu Jakob: Was hast du getan, dass du mich überlistet und meine Töchter wie Kriegsgefangene weggeführt hast? 27 Warum bist du heimlich geflohen und hast mich überlistet und mir nichts gesagt, dass ich dich mit Jubel und Liedern, mit Trommel und Leier hätte geleiten können? 28 Du hast mich nicht einmal meine Enkel und Töchter küssen lassen. Töricht hast du gehandelt. 29 Ich hätte wohl die Macht, euch Übles anzutun, aber der Gott eures Vaters hat vergangene Nacht zu mir gesprochen: Hüte dich, Jakob im Guten oder im Bösen anzusprechen. 30 Nun, du bist gegangen, weil du dich so sehr nach dem Haus deines Vaters gesehnt hast. Aber warum hast du meine Götter gestohlen? 31 Jakob antwortete und sprach zu Laban: Ich fürchtete mich, denn ich dachte, du würdest mir deine Töchter entreissen. 32 Bei wem du aber deine Götter findest, der soll nicht am Leben bleiben. Vor unseren Brüdern durchsuche, was ich bei mir habe, und nimm sie. Jakob aber wusste nicht, dass Rachel sie gestohlen hatte. 33 Da ging Laban in das Zelt Jakobs und in das Zelt Leas und in das Zelt der beiden Mägde, fand aber nichts. Dann verliess er das Zelt Leas und ging in das Zelt Rachels. 34 Rachel aber hatte die Hausgötter genommen, sie in die Kamelsatteltasche gelegt und sich darauf gesetzt. Und La-

ban durchsuchte das ganze Zelt, fand aber nichts. 35 Da sprach sie zu ihrem Vater: Mein Herr, zürne nicht, dass ich mich vor dir nicht erheben kann, denn es geht mir, wie es Frauen eben geht. So suchte und suchte er, aber die Hausgötter fand er nicht.

36 Jakob aber wurde zornig und stellte Laban zur Rede. Jakob begann und sprach zu Laban: Was ist mein Verbrechen, was meine Verfehlung, dass du mich so hitzig verfolgt hast? 37 Du hast nun alle meine Sachen durchsucht. Was hast du von all den Sachen deines Hauses gefunden? Leg es hierher vor meine Brüder und vor deine Brüder, sie sollen zwischen uns beiden entscheiden. 38 Zwanzig Jahre bin ich jetzt bei dir. Deine Schafe und Ziegen haben nicht fehlgeworfen, und die Widder deiner Herde habe ich nicht gegessen. 39 Was von Raubtieren gerissen war, durfte ich dir nicht bringen. Ich selbst musste es ersetzen, von mir hast du es gefordert, ob es mir am Tag geraubt wurde oder in der Nacht. 40 Am Tag verzehrte mich die Hitze und in der Nacht der Frost, und der Schlaf floh meine Augen. 41 Zwanzig Jahre habe ich dir jetzt in deinem Haus gedient, vierzehn Jahre um deine beiden Töchter und sechs Jahre um deine Herde, und du hast meinen Lohn zehnmal geändert. 42 Wenn nicht der Gott meines Vaters, der Gott Abrahams und der Schrecken Isaaks, für mich gewesen wäre, du hättest mich jetzt mit leeren Händen ziehen lassen. Mein Elend und die Arbeit meiner Hände hat Gott gesehen, und letzte Nacht hat er Recht gesprochen.

43 Laban antwortete und sprach zu Jakob: Die Töchter sind meine Töchter, die Söhne sind meine Söhne, und die Tiere sind meine Tiere; alles, was du siehst, gehört mir. Aber was kann ich heute für diese meine Töchter tun oder für ihre Söhne, die sie geboren haben? 44 So komm nun, wir wollen einen Vertrag schliessen, ich und du. Dieser soll Zeuge sein zwischen mir und dir. 45 Da

nahm Jakob einen Stein und richtete ihn auf als Mazzebe. 46 Und Jakob sprach zu seinen Brüdern: Lest Steine auf! Und sie nahmen Steine und errichteten einen Steinhaufen und hielten dort auf dem Steinhaufen ein Mahl. 47 Und Laban nannte ihn Jegar-Sahaduta, Jakob aber nannte ihn Gal-Ed. 48 Und Laban sprach: Dieser Steinhaufen ist heute Zeuge zwischen mir und dir. Darum nennt man ihn Gal-Ed 49 und Mizpa, denn er sprach: Der HERR möge wachen zwischen mir und dir, wenn wir einander nicht mehr sehen. 50 Wenn du je meine Töchter schlecht behandelst oder andere Frauen zu meinen Töchtern hinzunimmst – auch wenn kein Mensch bei uns ist: Sieh, Gott ist Zeuge zwischen mir und dir. 51 Dann sprach Laban zu Jakob: Sieh, dieser Steinhaufen, und sieh, die Mazzebe, die ich aufgerichtet habe zwischen mir und dir, 52 dieser Steinhaufen ist Zeuge, und Zeuge ist die Mazzebe: Nie will ich zu dir hin diesen Steinhaufen überschreiten, und nie darfst du zu mir hin diesen Steinhaufen und diese Mazzebe in böser Absicht überschreiten. 53 Der Gott Abrahams und der Gott Nachors, sie mögen zwischen uns richten – der Gott ihres Vaters. Und Jakob schwor beim Schrecken seines Vaters Isaak. 54 Dann brachte Jakob ein Schlachtopfer dar im Gebirge und lud seine Brüder ein, das Mahl zu halten. Und sie assen und blieben über Nacht im Gebirge.

32 1 Am anderen Morgen früh aber küsste Laban seine Enkel und seine Töchter und segnete sie. Dann ging Laban und kehrte an seinen Ort zurück. 2 Auch Jakob ging seines Wegs. Da begegneten ihm Boten Gottes. 3 Als Jakob sie sah, sprach er: Dies ist das Heerlager Gottes. Und er nannte jenen Ort Machanajim.

|3: 13;32,10 · 28,15 |6: 30,29 |7: 41 · 20,6 |8: 30,32 |10: 30,39 |12: Ex 3,7 |13: 3¹ · 28,18! · 28,20 |15: 29,20! |19: 38,13! · 1Sam 19,13 · 32 |24: 20,3 · 29;24,50 |26: 12,18! |28: 32,1; Rut 1,9.14; 1Kön 19,20 |29: 24! |30: Ri 18,24 · 44,9 · 19 |35: Lev 15,19–20 |38–39: 30,29 |39: Ex 22,12 |41: 7 · 29,20! |42: 54 |43:

Ex 21,4–5 |44: 26,28 |45: 28,18; Jos 24,26; 1Sam 7,12 |48: 52; Jos 22,27! |49: Ri 10,17! |50: Ri 11,10; 1Sam 12,5; Jer 42,5; Mal 2,14 |52: 48! |53: 16,5! |54: 42 · 26,30! |1: 31,28! · 24,60 |2: 28,12 |3: 1Chr 12,23 · 2Sam 2,8; 17,24.27; Hld 7,1

31,19: Terafim sind hier Hausgötter-Figuren.
31,42: «Schrecken Isaaks» (möglicherweise auch als «Verwandter Isaaks» oder «Zuflucht Isaaks» zu übersetzen) ist ein Gottesname; vgl. V. 53.
31,48: Der Name Gal-Ed bedeutet ‹Steinhaufen des Zeugen›.
32,3: Der Name Machanajim bedeutet ‹Doppellager›, was die Grösse des Lagers beschreiben soll.

Jakobs Furcht vor Esau

4 Jakob aber sandte Boten vor sich her zu Esau, seinem Bruder, in das Land Seir, in das Gebiet von Edom. 5 Und er befahl ihnen: So sollt ihr zu meinem Herrn Esau sprechen: So spricht dein Diener Jakob: Bei Laban habe ich als Fremder geweilt, und bis jetzt habe ich mich dort aufgehalten. 6 Ich bin zu Rindern und Eseln, zu Schafen und zu Knechten und Mägden gekommen, und nun sende ich meinem Herrn Nachricht, um Gnade in deinen Augen zu finden. 7 Und die Boten kehrten zu Jakob zurück und berichteten: Wir sind zu deinem Bruder Esau gekommen. Er zieht dir schon entgegen, und bei ihm sind vierhundert Mann. 8 Da fürchtete sich Jakob sehr, und es wurde ihm bange. Und er teilte die Leute, die bei ihm waren, die Schafe, die Rinder und Kamele in zwei Lager. 9 Er dachte nämlich: Wenn Esau das eine Lager überfällt und es niederschlägt, so kann doch das andere Lager entrinnen. 10 Und Jakob sprach: Gott meines Vaters Abraham und Gott meines Vaters Isaak, HERR, der du mir gesagt hast: Kehr zurück in dein Land und zu deiner Verwandtschaft, ich will dir Gutes tun. 11 Ich bin zu gering für alle Gnade und alle Treue, die du deinem Diener erwiesen hast. Ich hatte nur meinen Stab, als ich den Jordan da überschritt, und nun gebiete ich über zwei Lager. 12 Rette mich doch aus der Hand meines Bruders, aus der Hand Esaus, denn ich fürchte, dass er kommt und mich erschlägt, mich und die Mutter

samt den Kindern. 13 Du selbst hast gesagt: Ich werde dir Gutes tun, und deine Nachkommen will ich machen wie den Sand des Meeres, den man vor Menge nicht zählen kann. 14 Und jene Nacht blieb er dort. Er nahm aber von dem, was in seinen Besitz gelangt war, ein Geschenk für Esau, seinen Bruder: 15 zweihundert Ziegen und zwanzig Böcke, zweihundert Mutterschafe und zwanzig Widder, 16 dreissig säugende Kamele mit ihren Füllen, vierzig Kühe und zehn Stiere, zwanzig Eselinnen und zehn Eselhengste. 17 Und er übergab sie seinen Knechten, jede Herde gesondert, und sprach zu seinen Knechten: Zieht vor mir her und lasst einen Abstand zwischen den einzelnen Herden. 18 Und dem Ersten gebot er: Wenn mein Bruder Esau dir begegnet und dich fragt: Zu wem gehörst du, wohin gehst du, und wem gehören diese da vor dir?, 19 dann sage: Deinem Diener Jakob. Es ist ein Geschenk, an meinen Herrn Esau gesandt. Und sieh, er selbst kommt hinter uns her. 20 Ebenso gebot er auch dem Zweiten und dem Dritten, allen, die hinter den Herden hergingen: So sollt ihr zu Esau sprechen, wenn ihr auf ihn trefft. 21 Und ihr sollt sagen: Sieh, auch kommt dein Diener Jakob hinter uns her. Denn er dachte: Ich will ihn mit dem Geschenk, das vor mir herzieht, versöhnen und dann erst sein Angesicht sehen, vielleicht nimmt er mich gnädig auf. 22 So zog das Geschenk ihm voraus, er selbst aber blieb jene Nacht im Lager.

|4: 36,1! · 33,14; 36,8–9 |6: 12,16! · 33,8! |7: 33,1 |10: 28,13! · 31,3! |11: 24,27 |13: 15,5! · 22,17; 2Sam 17,11; Hebr 11,12 |14: 33,11 · 1Sam 25,27 |19: 1Sam 25,19

Jakobs Kampf am Jabbok

23 Noch in jener Nacht aber stand er auf, nahm seine beiden Frauen, seine beiden Mägde und seine elf Kinder und ging durch die Furt des Jabbok. 24 Er nahm sie und brachte sie über den Fluss. Dann brachte er hinüber, was er sonst noch hatte. 25 Jakob aber blieb allein zurück. Da rang einer mit ihm, bis die Morgenröte heraufzog. 26 Und er sah, dass er ihn nicht bezwingen konnte, und berührte sein Hüftgelenk, so dass sich das Hüftgelenk Jakobs ausrenkte, als er mit ihm rang. 27 Und er sprach: Lass mich los, denn die Morgenröte ist heraufgezogen. Er aber sprach: Ich lasse dich nicht, es sei denn, du segnest mich. 28 Da sprach er zu ihm: Wie heisst du? Und er sprach: Jakob. 29 Da sprach er: Du sollst nicht mehr Jakob heissen, sondern Israel, denn du hast mit Gott und mit Menschen gestritten und hast gesiegt. 30 Und Jakob fragte und sprach: Bitte nenne mir deinen Namen. Er aber sprach: Was fragst du nach meinem Namen? Und dort segnete er ihn. 31 Und Jakob nannte die Stätte Peniel. Denn, sagte er, ich habe Gott von Angesicht zu Angesicht gesehen und bin mit dem Leben davongekommen. 32 Und als er an Penuel vorüber war, ging ihm die Sonne auf. Er hinkte aber wegen seiner Hüfte. 33 Darum essen die Israeliten bis auf den heutigen Tag den Muskelstrang nicht, der über dem Hüftgelenk liegt, denn er hat Jakobs Hüftgelenk, den Muskelstrang, angerührt.

|25: Hos 12,4 |27: 1Chr 4,10 |29: 17,5 · 35,10; 1Kön 18,31; 2Kön 17,34 |30: Ex 3,13–14; Ri 13,17–18 · 35,9! |31: 16,13 · Ex 33,20 |32: Ri 8,8; 1Kön 12,25 · 33,10

32,29: Der Name Israel bedeutet ‹Gott streitet›.
32,31: Der Name Peniel/Penuel bedeutet ‹Angesicht Gottes›. «sagte er» wurde in der Übersetzung ergänzt.

Jakobs Begegnung mit Esau

33 1 Und Jakob blickte auf und schaute sich um, und sieh, da kam Esau heran und mit ihm vierhundert Mann. Da verteilte er die Kinder auf Lea und Rachel und auf die beiden Mägde. 2 Die Mägde und ihre Kinder stellte er an die Spitze, Lea und ihre Kinder dahinter, Rachel und Josef aber an den Schluss. 3 Und er selbst ging vor ihnen her und warf sich siebenmal zur Erde nieder, bis er zu seinem Bruder kam. 4 Esau aber lief ihm entgegen und umarmte ihn, fiel ihm um den Hals und küsste ihn, und sie weinten. 5 Dann blickte er auf und sah die Frauen und die Kinder, und er sagte: Wer sind diese da bei dir? Da sprach er: Es sind die Kinder, die Gott deinem Diener aus Gnade beschert hat. 6 Und die Mägde und ihre Kinder traten herzu und warfen sich nieder. 7 Dann traten auch Lea und ihre Kinder herzu und warfen sich nieder. Und zuletzt traten Josef und Rachel herzu und warfen sich nieder. 8 Und er sagte: Was willst du denn mit diesem ganzen Heer, dem ich begegnet bin? Da sagte er: Dass ich Gnade finde in den Augen meines Herrn. 9 Esau aber sagte: Ich habe genug, mein Bruder, behalte, was du hast. 10 Da sprach Jakob: Nicht doch! Wenn ich Gnade in deinen Augen gefunden habe, so nimm mein Geschenk von mir an. Denn ich habe dein Angesicht gesehen, wie man das Angesicht Gottes sieht, und du hast mich freundlich aufgenommen. 11 Nimm doch mein Geschenk an, das dir überbracht worden ist, denn Gott hat es mir in Gnaden beschert, und mir fehlt es an nichts. So drängte er ihn, und er nahm es an. 12 Da sagte Esau: Lass uns aufbrechen und gehen; ich will vor dir herziehen. 13 Er aber sagte zu ihm: Mein Herr weiss, dass die Kinder noch zart sind, und unter den Schafen und Rindern sind säugende Tiere, für die ich zu sorgen habe. Treibt man sie auch nur einen Tag zu schnell an, so stirbt die ganze Herde. 14 Mein Herr ziehe doch seinem Diener voraus. Ich aber will gemächlich weiterziehen, so schnell das Vieh vor mir und die Kinder es zulassen, bis ich zu meinem Herrn nach Seir komme. 15 Da sagte Esau: So will ich wenigstens von den Leuten, die ich bei mir habe, einige bei dir lassen. Er aber sprach: Wozu das? Wenn ich nur Gnade finde in den Augen meines Herrn. 16 So machte sich Esau an jenem Tag wieder auf den Weg zurück nach Seir. 17 Jakob aber zog weiter nach Sukkot und baute sich ein Haus; für sein Vieh aber machte er Hütten. Darum nennt man den Ort Sukkot.

18 So gelangte Jakob, als er von Paddan-Aram kam, nach Salem, der Stadt Schechems, die im Land Kanaan liegt, und er lagerte vor der Stadt. 19 Und er kaufte das Grundstück, auf dem er sein Zelt aufgeschlagen hatte, von den Söhnen Chamors, des Vaters von Schechem, für hundert Kesita. 20 Und er errichtete dort einen Altar und nannte ihn El, Gott Israels.

|1: 32,7 |4: 45,14–15; 46,29; 1Sam 20,41 |5: 48,9 |8: 15; 32,6 |10: 32,31 |11: 32,14! · 2Kön 5,23 |13: Spr 12,10 |14: 32,4! |15: 8! |17: Ri 8,5; 1Kön 7,46 |18: 12,6! |19: Ri 9,?8 · 23,15 · Jos 24,32; Joh 4,5 |20: 8,20! · 1Chr 29,10

33,17: Das hebräische Wort Sukkot bedeutet ‹Hütten›.

33,18: Möglich ist auch die Übersetzung: «So gelangte Jakob, ..., wohlbehalten zur Stadt Schechem, ...»

Die Rache an Schechem

34 1 Einst ging Dina, die Tochter, die Lea Jakob geboren hatte, hinaus, um sich die Töchter des Landes anzusehen. 2 Und Schechem, der Sohn Chamors, des Chiwwiters, des Landesfürsten, sah sie. Er entführte sie, schlief mit ihr und tat ihr Gewalt an. 3 Sein Herz aber hing an Dina, der Tochter Jakobs; er liebte das Mädchen und redete dem Mädchen zu Herzen. 4 Und Schechem sprach zu Chamor, seinem Vater: Wirb für mich um dieses Mädchen! 5 Und Jakob hörte, dass man seine Tochter Dina entehrt hatte. Da aber seine Söhne bei seinem Vieh auf dem Feld waren, unternahm Jakob nichts, bis sie zurückkamen. 6 Inzwischen ging Chamor, der Vater Schechems, zu Jakob hinaus, um mit ihm zu reden. 7 Die Söhne Jakobs aber kamen vom Feld zurück, als sie davon hörten. Die Männer waren gekränkt und wurden sehr zornig, denn er hatte eine Schandtat in Israel begangen, indem er mit der Tochter Jakobs geschlafen hatte. Das darf man nicht! 8 Chamor aber redete mit ihnen und sprach: Schechem, mein Sohn, hängt mit ganzem Herzen an eurer Tochter. Gebt sie ihm zur Frau! 9 Verschwägert euch mit uns. Ihr gebt uns eure Töchter und nehmt euch unsere Töchter. 10 Bleibt bei uns wohnen. Das Land steht euch offen. Bleibt, tut euch darin um und lasst euch hier nieder. 11 Und Schechem sprach zu ihrem Vater und zu ihren Brüdern: Wenn ich nur Gnade in euren Augen finde. Ich gebe, was ihr mir sagt. 12 Mögt ihr noch so viel an Brautgeld und Brautgabe von mir fordern, ich will geben, was ihr mir sagt. Nur gebt mir das Mädchen zur Frau!

13 Da antworteten die Söhne Jakobs Schechem und Chamor, seinem Vater, mit hinterhältiger Rede, weil er ihre Schwester Dina entehrt hatte. 14 Sie sprachen zu ihnen: Wir können nicht zulassen, unsere Schwester einem Mann zu geben, der unbeschnitten ist, denn das gilt bei uns als Schande. 15 Nur dann willigen wir ein, wenn ihr werdet wie wir und sich alles bei euch, was männlich ist, beschneiden lässt. 16 Dann wollen wir euch unsere Töchter geben und uns eure Töchter nehmen, wir wollen bei euch wohnen und ein einziges Volk werden. 17 Wenn ihr aber nicht bereit seid, euch beschneiden zu lassen, nehmen wir unsere Tochter und ziehen fort. 18 Und ihre Worte waren gut in den Augen Chamors und in den Augen Schechems, des Sohns von Chamor. 19 Der junge Mann zögerte nicht, es so zu machen, denn er hatte Gefallen gefunden an der Tochter Jakobs, und er war der Angesehenste von allen im Haus seines Vaters.

20 So gingen Chamor und sein Sohn Schechem an das Tor ihrer Stadt und sprachen zu den Männern ihrer Stadt: 21 Diese Männer sind uns friedlich gesinnt. Sie können sich im Land ansiedeln und sich darin umtun. Das Land hat ja nach allen Seiten Raum genug für sie. Ihre Töchter können wir uns zu Frauen nehmen, und unsere Töchter können wir ihnen geben. 22 Doch nur dann willigen die Männer ein, bei uns zu wohnen und ein einziges Volk zu werden, wenn sich alles bei uns, was

männlich ist, beschneiden lässt, so wie sie beschnitten sind. 23 Ihre Herden, ihr Besitz und all ihr Vieh, könnte das nicht uns gehören? Ja, lasst uns einwilligen, und sie bleiben bei uns wohnen. 24 Da stimmten alle Chamor und seinem Sohn Schechem zu, alle, die im Tor seiner Stadt ein- und ausgingen. Und alles, was männlich war, liess sich beschneiden, alle, die im Tor seiner Stadt ein- und ausgingen. 25 Am dritten Tag aber, als sie im Wundfieber lagen, nahmen die beiden Söhne Jakobs Simeon und Levi, die Brüder Dinas, jeder sein Schwert, drangen ungefährdet in die Stadt ein und töteten alles, was männlich war. 26 Auch Chamor und seinen Sohn Schechem töteten sie mit dem Schwert. Dann holten sie Dina aus dem Haus Schechems und gingen davon. 27 Die Söhne Jakobs fielen über die Erschlagenen her und plünderten die Stadt, weil man ihre Schwester entehrt hatte. 28 Ihre Schafe und Rinder, ihre Esel und was in der Stadt und auf dem Feld war, nahmen sie mit. 29 Ihre ganze Habe, all ihre Kinder und Frauen führten sie als Gefangene fort, und sie plünderten alles, was in den Häusern war.

30 Da sagte Jakob zu Simeon und Levi: Ihr habt mich ins Unglück gestürzt, habt mich bei den Bewohnern des Landes, den Kanaanitern und Perissitern, verhasst gemacht. Ich habe doch nur wenig Leute. Wenn sie sich gegen mich zusammentun, werden sie mich schlagen, und ich werde mit meinem Haus vernichtet. 31 Sie aber sagten: Soll man unsere Schwester wie eine Hure behandeln dürfen?

|1: 30,21! |2: 2Sam 11,4! |3: Ri 19,3 |4: Ri 14,2 |5: 46,34! |7: Dtn 22,21; Ri 20,6; 2Sam 13,12 |9: 24,3! |10: 20,15 |12: Ex 22,15; 1Sam 18,25 |14: Jos 5,7–9; Ri 14,3! |15: 22; 17,10 |20: Rut 4,1; Hiob 29,7; Spr 31,23 |22: 15! |24: 23,10 |25: Jos 5,8 · 49,5–6 |29: Num 31,9 |30: Ex 5,21; 1Sam 13,4; 27,12; 2Sam 10,6; 16,21

34,24: Wörtlich: «..., alle, die durch das Tor der Stadt ausziehen.»

*Jakobs Rückkehr. Der Tod Rachels
und Isaaks*

35 1 Und Gott sprach zu Jakob: Mach dich auf, zieh hinauf nach Bet-El, lass dich dort nieder, und errichte dort einen Altar dem Gott, der dir erschien, als du vor deinem Bruder Esau flohst. 2 Da sprach Jakob zu seinem Haus und zu allen, die bei ihm waren: Schafft die fremden Götter weg, die unter euch sind, reinigt euch und wechselt eure Kleider. 3 Dann wollen wir uns aufmachen und nach Bet-El hinaufziehen, und dort will ich für den Gott, der mich am Tag meiner Bedrängnis erhört hat und der mit mir war auf dem Weg, den ich gegangen bin, einen Altar errichten. 4 Da gaben sie Jakob alle fremden Götter, die sie bei sich hatten, und die Ringe, die sie an ihren Ohren trugen, und Jakob vergrub sie unter der Terebinthe, die bei Schechem steht. 5 Dann brachen sie auf. Ein Gottesschrecken aber kam über die Städte ringsumher, und sie verfolgten die Söhne Jakobs nicht. 6 So kam Jakob nach Lus, das im Land Kanaan liegt – das ist Bet-El –, er und alle Leute, die bei ihm waren. 7 Und dort baute er einen Altar und nannte den Ort El-Bet-El, denn dort hatte Gott sich ihm offenbart, als er vor seinem Bruder floh. 8 Da starb Debora, die Amme Rebekkas, und sie wurde unterhalb von Bet-El unter einer Eiche begraben. Und er nannte sie Klage-Eiche.

9 Und Gott erschien Jakob noch einmal, als er von Paddan-Aram kam, und er segnete ihn. 10 Gott sprach zu ihm: Dein Name ist Jakob. Aber du sollst nicht mehr Jakob heissen, sondern Israel soll dein Name sein. Und er nannte ihn Israel. 11 Und Gott sprach zu ihm: Ich bin El-Schaddai. Sei fruchtbar und mehre dich. Ein Volk, ja eine Grosszahl von Völkern soll von dir abstammen, und Könige sollen aus deinen Lenden hervorgehen. 12 Und das Land, das ich Abraham und Isaak gegeben habe, dir will ich es geben, und auch deinen Nachkommen will ich das Land geben.

13 Dann fuhr Gott auf von ihm, an der Stätte, wo er mit ihm geredet hatte. 14 Jakob aber errichtete eine Mazzebe an der Stätte, wo er mit ihm geredet hatte, ein steinernes Mal, und er brachte auf ihm ein Trankopfer dar und goss Öl darüber. 15 Und Jakob nannte die Stätte, wo Gott mit ihm geredet hatte, Bet-El.

16 Dann brachen sie auf von Bet-El, und als es nur noch ein kleines Wegstück bis Efrat war, gebar Rachel, und sie hatte es schwer bei der Geburt. 17 Und da sie eine so schwere Geburt hatte, sprach die Hebamme zu ihr: Fürchte dich nicht, auch diesmal hast du einen Sohn. 18 Als aber das Leben von ihr wich – denn sie musste sterben –, nannte sie ihn Ben-Oni, sein Vater aber nannte ihn Benjamin. 19 Und Rachel starb, und sie wurde begraben am Weg nach Efrat, das ist Betlehem. 20 Und Jakob errichtete eine Mazzebe über ihrem Grab. Das ist die Mazzebe des Rachel-Grabes bis auf den heutigen Tag. 21 Dann zog Israel weiter und schlug sein Zelt jenseits von Migdal-Eder auf. 22 Als aber Israel in jener Gegend wohnte, da ging Ruben hin und schlief bei Bilha, der Nebenfrau seines Vaters, und Israel erfuhr es.

Die Söhne Jakobs waren zwölf: 23 Die Söhne Leas waren: Ruben, der Erstgeborene Jakobs, und Simeon und Levi und Juda und Issaschar und Sebulon. 24 Die Söhne Rachels waren: Josef und Benjamin. 25 Und die Söhne Bilhas, der Magd Rachels, waren: Dan und Naftali. 26 Die Söhne Silpas, der Magd Leas, waren: Gad und Asser. Dies sind die Söhne Jakobs, die ihm in Paddan-Aram geboren wurden.

27 Und Jakob kam zu seinem Vater Isaak nach Mamre, nach Kirjat-Arba, das ist Chebron, wo Abraham und Isaak als Fremde geweilt hatten. 28 Die Lebenszeit Isaaks betrug hundertachtzig Jahre. 29 Dann verschied Isaak und starb und wurde mit seinen Vorfahren vereint, alt und lebenssatt. Und seine Söhne Esau und Jakob begruben ihn.

|1: 15 · 28,13! |2: Jos 24,14.23; 1Sam 7,3 · Ex 19,10
|3: 28,15 |4: 12,6! · Jos 24,26; Ri 9,6 |5: Ex 23,27;
1Sam 14,15; 2Chr 14,13! |6: 28,19! |7: 8,20! · 28,17 |8:
24,59 |9: 32,30; 48,3; Hos 12,5 |10: 32,29! |11: 17,6!
|13: 17,22 |14: 28,18! |15: 1 · 28,22 |16: 3,16! |17–19:
30,24; 1Sam 4,20 |18: 24 · 49,27 |19: 48,7 |20:
1Sam 10,2 |22–26: 1Chr 2,1–2 |22: 49,4 · Dtn 27,20!
|23–24: Rut 4,11 |23: 29,32–35 · 30,18.20 |24: 30,24 ·
18; 43,29 |25–26: 27,2 |25: 30,6.8 · 29,29! |27:
Jos 14,15 |28: 25,7! |29: 49,31 · 25,8–9!

Die Nachkommen Esaus

36 1 Dies sind die Nachkommen Esaus, das ist Edom. 2 Esau hatte sich seine Frauen von den Kanaaniterinnen genommen: Ada, die Tochter von Elon, dem Hetiter, und Oholibama, die Tochter Anas, der Tochter Zibons, des Chiwiters, 3 und Basemat, die Tochter Ismaels, die Schwester Nebajots. 4 Und Ada gebar dem Esau Elifas, und Basemat gebar Reuel, 5 und Oholibama gebar Jeusch und Jalam und Korach. Dies sind die Söhne Esaus, die ihm im Land Kanaan geboren wurden. 6 Und Esau nahm seine Frauen, seine Söhne und Töchter und alle Leute seines Hauses, seine Herden und all seine Lasttiere und seinen ganzen Besitz, den er im Land Kanaan erworben hatte, und zog von seinem Bruder Jakob weg in ein anderes Land. 7 Denn ihre Habe war zu gross, um beieinander zu bleiben. Und das Land, in dem sie als Fremde weilten, konnte sie ihrer Viehherden wegen nicht ertragen. 8 So liess sich Esau auf dem Gebirge Seir nieder; Esau, das ist Edom.

9 Dies sind die Nachkommen Esaus, des Stammvaters von Edom auf dem Gebirge Seir. 10 Dies sind die Namen der Söhne Esaus: Elifas, der Sohn Adas, der Frau Esaus; Reuel, der Sohn Basemats, der Frau Esaus. 11 Die Söhne des Elifas waren: Teman, Omar, Zefo und Gatam und Kenas. 12 Und Timna war eine Nebenfrau des Elifas, des Sohns von Esau. Sie gebar dem Elifas Amalek. Dies sind die Söhne Adas, der Frau Esaus. 13 Und dies sind die Söhne Reuels: Nachat und Serach, Schamma und Misa. Dies waren die Söhne Basemats, der Frau Esaus.

14 Und dies waren die Söhne Oholibamas, der Tochter Anas, der Tochter von Zibon, der Frau Esaus, und sie gebar dem Esau Jeusch und Jalam und Korach.

15 Dies sind die Stammesfürsten der Söhne Esaus: die Söhne des Elifas, des Erstgeborenen Esaus: der Stammesfürst Teman, der Stammesfürst Omar, der Stammesfürst Zefo, der Stammesfürst Kenas, 16 der Stammesfürst Korach, der Stammesfürst Gatam und der Stammesfürst Amalek. Dies sind die Stammesfürsten des Elifas im Land Edom; dies sind die Söhne der Ada. 17 Und dies sind die Söhne Reuels, des Sohns von Esau: der Stammesfürst Nachat, der Stammesfürst Serach, der Stammesfürst Schamma, der Stammesfürst Missa. Dies sind die Stammesfürsten Reuels im Land Edom; dies sind die Söhne Basemats, der Frau Esaus. 18 Und dies sind die Söhne Oholibamas, der Frau Esaus: der Stammesfürst Jeusch, der Stammesfürst Jalam, der Stammesfürst Korach. Dies sind die Stammesfürsten der Oholibama, der Tochter Anas, der Frau Esaus. 19 Dies sind die Söhne Esaus, und dies sind ihre Stammesfürsten – das ist Edom.

20 Dies sind die Söhne Seirs, des Choriters, die Einwohner des Landes: Lotan und Schobal und Zibon und Ana 21 und Dischon und Ezer und Dischan. Dies sind die Stammesfürsten der Choriter, die Söhne Seirs im Land Edom. 22 Und die Söhne Lotans waren Chori und Hemam; und die Schwester Lotans war Timna. 23 Und dies sind die Söhne Schobals: Alwan und Manachat und Ebal, Schefo und Onam. 24 Und dies sind die Söhne Zibons: Ajja und Ana. Das ist jener Ana, der die heissen Quellen in der Wüste fand, als er die Esel seines Vaters Zibon hütete. 25 Und dies sind die Söhne Anas: Dischon; und Oholibama ist die Tochter Anas. 26 Und dies sind die Söhne Dischans: Chemdan und Eschban und Jitran und Keran. 27 Dies sind die Söhne Ezers: Bilhan und Saawan und Akan. 28 Dies sind die Söhne

Dischans: Uz und Aran. 29 Dies sind die Stammesfürsten der Choriter: Stammesfürst Lotan, der Stammesfürst Schobal, Stammesfürst Zibon, Stammesfürst Ana, 30 Stammesfürst Dischon, Stammesfürst Ezer, Stammesfürst Dischan. Dies sind die Stammesfürsten der Choriter nach ihren Sippen im Land Seir.

31 Und dies sind die Könige, die im Land Edom regierten, bevor ein König der Israeliten regierte: 32 In Edom regierte Bela, der Sohn Beors; und der Name seiner Stadt war Dinhaba. 33 Und Bela starb, und König an seiner Statt wurde Jobab, der Sohn Serachs aus Bozra. 34 Und Jobab starb, und König an seiner Statt wurde Chuscham aus dem Land der Temaniter. 35 Und Chuscham starb, und König an seiner Statt wurde Hadad, der Sohn Bedads, der Midian im Gebiet von Moab schlug; und der Name seiner Stadt war Awit. 36 Und Hadad starb, und König an seiner Statt wurde Samla aus Masreka. 37 Und Samla starb, und König an seiner Statt wurde Schaul aus Rechobot am Fluss. 38 Und Schaul starb, und König an seiner Statt wurde Baal-Chanan, der Sohn Achbors. 39 Und Baal-Chanan, der Sohn Achbors, starb, und König an seiner Statt wurde Hadar; und der Name seiner Stadt war Pau, und der Name seiner Frau war Mehetabel, die Tochter der Matred, der Tochter Me-Sahabs.

40 Und dies sind die Namen der Stammesfürsten Esaus nach ihren Sippen, nach ihren Orten, nach ihren Namen: Stammesfürst Timna, Stammesfürst Alwa, Stammesfürst Jetet, 41 Stammesfürst Oholibama, Stammesfürst Ela, Stammesfürst Pinon, 42 Stammesfürst Kenas, Stammesfürst Teman, Stammesfürst Mibzar, 43 Stammesfürst Magdiel, Stammesfürst Iram. Dies sind die Stammesfürsten von Edom nach ihren Wohnsitzen im Land, das sie in Besitz genommen hatten. Das ist Esau, der Stammvater Edoms.

|1: 8.19.43; 25,30; 32,4 |2–3: 26,34 |2: 24,3! |3: 25,13! |4–5: 1Chr 1,35–37 |7: 13,6 |8–9: 32,4! |8: 1!

|9–14: 1Chr 1,35–37 |16: Ex 15,15 |19: 1! |20–28: 1Chr 1,38–42 |20: 14,6; Dtn 2,12 |31–39: 1Chr 1,43–51 |31: Num 20,14 |33: Jes 63,1; Jer 48,24; Am 1,12 |34: Hiob 2,11! |40–43: 1Chr 1,51–54 |43: 1!

Josef und seine Brüder

37 1 Jakob aber liess sich im Land nieder, in dem sein Vater als Fremder geweilt hatte, im Land Kanaan. 2 Dies ist die Geschichte Jakobs: Als Josef siebzehn Jahre alt war, hütete er mit seinen Brüdern die Schafe, er war als junger Mann zusammen mit den Söhnen Bilhas und Silpas, der Frauen seines Vaters. Und Josef hinterbrachte ihrem Vater, was man ihnen Schlimmes nachsagte. 3 Israel aber liebte Josef mehr als alle seine anderen Söhne, weil er ihm erst im Alter geboren war, und er machte ihm einen Ärmelrock. 4 Seine Söhne aber sahen, dass ihr Vater ihn mehr liebte als alle seine anderen Söhne, und sie hassten ihn und mochten kein freundliches Wort mehr mit ihm reden.

5 Einst hatte Josef einen Traum, und er erzählte ihn seinen Brüdern. Daraufhin hassten sie ihn noch mehr. 6 Er sprach zu ihnen: Hört diesen Traum, den ich geträumt habe. 7 Seht, wir waren beim Garbenbinden mitten auf dem Feld. Da richtete sich meine Garbe auf und blieb stehen, eure Garben aber stellten sich ringsherum und warfen sich vor meiner Garbe nieder. 8 Da sprachen seine Brüder zu ihm: Willst du gar König über uns werden oder über uns herrschen? Und sie hassten ihn noch mehr seiner Träume und seiner Worte wegen. 9 Und er hatte noch einen anderen Traum und erzählte ihn seinen Brüdern. Er sprach: Seht, ich habe noch einen Traum gehabt: Seht, die Sonne und der Mond und elf Sterne warfen sich vor mir nieder. 10 Und er erzählte das seinem Vater und seinen Brüdern. Sein Vater aber schalt ihn und sprach zu ihm: Was soll dieser Traum, den du geträumt hast? Sollen etwa ich und deine Mutter und deine Brüder kommen und uns vor dir zur Erde niederwerfen? 11 Und seine Brüder wurden neidisch auf ihn. Sein

Vater aber behielt dies alles in Erinnerung.

12 Seine Brüder aber gingen, um die Schafe ihres Vaters bei Schechem zu weiden. 13 Da sagte Israel zu Josef: Du weisst, deine Brüder weiden bei Schechem. Komm, ich will dich zu ihnen senden. Er sagte zu ihm: Hier bin ich. 14 Und er sagte zu ihm: Geh und sieh nach, wie es deinen Brüdern und den Schafen geht, und gib mir Bescheid. So sandte er ihn fort aus dem Tal von Chebron, und er kam nach Schechem. 15 Als er aber auf dem Feld umherirrte, traf ihn ein Mann, und der Mann fragte ihn: Was suchst du? 16 Er sagte: Meine Brüder suche ich. Sage mir: Wo weiden sie? 17 Der Mann sagte: Sie sind weitergezogen. Denn ich habe gehört, wie sie sagten: Wir wollen nach Dotan gehen. Da ging Josef seinen Brüdern nach und fand sie bei Dotan. 18 Sie sahen ihn schon von weitem, und bevor er zu ihnen herankam, fassten sie den heimtückischen Plan gegen ihn, ihn zu töten. 19 Sie sagten zueinander: Seht, da kommt ja dieser Träumer. 20 Jetzt kommt, wir wollen ihn töten und ihn in eine der Zisternen werfen, und wir werden sagen: Ein wildes Tier hat ihn gefressen. Wir werden ja sehen, was aus seinen Träumen wird. 21 Das hörte Ruben, und er wollte ihn aus ihrer Hand retten. Er sagte: Wir dürfen ihm nicht das Leben nehmen. 22 Und Ruben sagte zu ihnen: Vergiesst kein Blut! Werft ihn in diese Zisterne da in der Wüste, aber legt nicht Hand an ihn! Er wollte ihn nämlich aus ihrer Hand retten, um ihn zu seinem Vater zurückzubringen. 23 Als nun Josef zu seinen Brüdern kam, zogen sie ihm seinen Rock aus, den Ärmelrock, den er anhatte. 24 Und sie ergriffen ihn und warfen ihn in die Zisterne; die Zisterne aber war leer, es war kein Wasser darin.

25 Dann setzten sie sich hin, um zu essen, und sie blickten auf und schauten sich um, und sieh, da war eine Karawane von Ismaelitern, die aus Gilead herüber-

kam. Ihre Kamele waren mit Tragakant, Mastix und Ladanum beladen, damit waren sie unterwegs nach Ägypten hinab. 26 Da sprach Juda zu seinen Brüdern: Was haben wir davon, wenn wir unseren Bruder umbringen und sein Blut zudecken? 27 Kommt, wir wollen ihn an die Ismaeliter verkaufen, aber uns nicht an ihm vergreifen, er ist doch unser Bruder, unser Fleisch. Und seine Brüder waren einverstanden. 28 Es kamen aber midianitische Männer vorbei, Händler, die zogen Josef aus der Zisterne herauf, und sie verkauften Josef für zwanzig Silberstücke an die Ismaeliter. Diese brachten Josef nach Ägypten. 29 Und Ruben kam wieder zu der Zisterne, und sieh, da war Josef nicht mehr in der Zisterne. Da zerriss er seine Kleider, 30 kehrte zu seinen Brüdern zurück und sprach: Der Knabe ist nicht mehr da! Und ich, wo soll ich nun hin?

31 Sie aber nahmen den Rock Josefs, schlachteten einen Ziegenbock und tauchten den Rock in das Blut. 32 Dann schickten sie den Ärmelrock hin, sie brachten ihn ihrem Vater und sagten: Das haben wir gefunden. Sieh doch, ob es nicht der Rock deines Sohns ist. 33 Er sah ihn sich genau an und sprach: Es ist der Rock meines Sohns. Ein wildes Tier hat ihn gefressen. Zerfleischt, zerfleischt ist Josef! 34 Und Jakob zerriss seine Kleider und legte einen Sack um seine Hüften. Und er trauerte um seinen Sohn lange Zeit. 35 Da machten sich alle seine Söhne und Töchter auf, um ihn zu trösten. Aber er wollte sich nicht trösten lassen und sprach: Nein, trauernd werde ich zu meinem Sohn ins Totenreich hinabsteigen. So beweinte ihn sein Vater. 36 Die Medaniter aber verkauften Josef nach Ägypten an Potifar, den Kämmerer des Pharao, den Obersten der Leibwache.

|1: 17,8! |2: 41,46 · 35,25–26 |3: 23 · 44,20 |5: 9 · Num 12,6 |7: 9; 42,6–9; 43,26.28; 44,14; 50,18 |9: 5 · 7! |11: Apg 7,9 · Dan 7,28; Lk 2,19.51 |12: 46,34! |14: 43,27; 1Sam 17,18 |17: 2Kön 6,13 · 27,41 |18: 50,20 |20: 33 |21: 42,22 |23: 3 |24: 42,21 · Jer 38,6 |25: 43,11 |26: 4,8 |27: 29,14! |28: 25,2 · Jer 38,13 · Ex 21,16;

Lev 27,5 · 45,4! |29: 44,13 |30: 4,9 · 42,13! |32: 38,25
|33: 20; 44,28 |35: Hiob 2,11 · Ps 77,3 · 42,38! |36:
39,1

37,3: Die genaue Bedeutung des mit ‹Ärmelrock›
wiedergegebenen Worts ist unsicher.

Juda und Tamar

38 1 Zu jener Zeit zog Juda hinab, weg von seinen Brüdern, und schloss sich einem Mann an aus Adullam, der hiess Chira. 2 Dort sah Juda die Tochter eines Kanaaniters, der hiess Schua. Er nahm sie zur Frau und ging zu ihr. 3 Und sie wurde schwanger und gebar einen Sohn, und er nannte ihn Ehr. 4 Und sie wurde wieder schwanger und gebar einen Sohn, und sie nannte ihn Onan. 5 Und sie gebar noch einmal einen Sohn, und sie nannte ihn Schela; Juda aber befand sich in Kesib, als sie ihn gebar. 6 Und Juda nahm für Ehr, seinen Erstgeborenen, eine Frau, und deren Name war Tamar. 7 Aber Ehr, der Erstgeborene Judas, war böse in den Augen des HERRN, und der HERR liess ihn sterben. 8 Da sprach Juda zu Onan: Geh zur Frau deines Bruders, vollzieh mit ihr die Schwagerehe und schaffe deinem Bruder Nachkommen. 9 Onan aber wusste, dass die Nachkommen nicht ihm gehören würden. So liess er, wenn er zur Frau seines Bruders ging, den Samen auf die Erde fallen und verderben, um seinem Bruder keine Nachkommen zu schaffen. 10 Aber was er tat, war böse in den Augen des HERRN, und er liess auch ihn sterben. 11 Da sprach Juda zu Tamar, seiner Schwiegertochter: Bleibe als Witwe im Haus deines Vaters, bis mein Sohn Schela herangewachsen ist. Denn er dachte: Auch er könnte sterben wie seine Brüder. So ging Tamar und blieb im Haus ihres Vaters.

12 Die Jahre vergingen. Da starb die Tochter Schuas, die Frau Judas. Und Juda hielt die Trauerzeit ein, dann ging er mit Chira, seinem Freund aus Adullam, zu seinen Schafscherern hinauf nach Timna. 13 Und Tamar wurde gemeldet: Sieh, dein Schwiegervater geht hinauf nach Timna, um seine Schafe zu scheren. 14 Da legte sie ihre Witwenkleider ab, bedeckte sich mit dem Schleier und verhüllte sich. Dann setzte sie sich an den Eingang von Enajim, das am Weg nach Timna liegt. Denn sie hatte gesehen, dass Schela herangewachsen war, dass sie ihm aber nicht zur Frau gegeben worden war. 15 Juda sah sie und hielt sie für eine Hure, denn sie hatte ihr Gesicht verhüllt. 16 Und er wandte sich zu ihr am Wegrand und sprach: Lass mich zu dir kommen! Denn er wusste nicht, dass es seine Schwiegertochter war. Sie sprach: Was gibst du mir, wenn du zu mir kommen darfst? 17 Er sprach: Ich werde dir ein Zicklein von der Herde schicken. Sie sprach: Wenn du ein Pfand gibst, bis du es schickst? 18 Er sprach: Was für ein Pfand soll ich dir geben? Sie sprach: Dein Siegel und deine Schnur und deinen Stab, den du in der Hand hast. Er gab es ihr und ging zu ihr, und sie wurde schwanger von ihm. 19 Dann stand sie auf und ging weg, legte ihren Schleier ab und zog wieder ihre Witwenkleider an.

20 Juda aber schickte das Zicklein durch seinen Freund aus Adullam, um das Pfand von der Frau wieder zu bekommen, der aber fand sie nicht. 21 Da fragte er die Leute aus ihrem Ort: Wo ist jene Geweihte, die hier in Enajim jeweils am Weg sitzt? Sie sprachen: Hier gibt es keine Geweihte. 22 Da kehrte er zu Juda zurück und sprach: Ich habe sie nicht gefunden. Auch haben die Leute aus dem Ort gesagt: Hier gibt es keine Geweihte. 23 Juda sprach: So mag sie es behalten. Wenn wir nur nicht zum Gespött werden. Sieh, ich habe dieses Böcklein geschickt, du aber hast sie nicht gefunden. 24 Etwa drei Monate später wurde Juda gemeldet: Deine Schwiegertochter Tamar hat sich mit einem anderen Mann eingelassen, und nun ist sie von ihrer Hurerei auch noch schwanger. Da sprach Juda: Führt sie hinaus, sie soll verbrannt werden. 25 Schon war sie hinausgeführt, da liess

sie ihrem Schwiegervater sagen: Von dem Mann, dem dies hier gehört, bin ich schwanger. Und sie liess weiter sagen: Sieh doch nach, wem der Siegelring, die Schnur und der Stab da gehören. 26 Juda sah es sich genau an und sprach: Sie ist im Recht gegen mich, denn ich habe sie ja meinem Sohn Schela nicht gegeben. Aber er verkehrte nicht mehr mit ihr.

27 Als nun die Zeit kam, dass sie gebären sollte, sieh, da waren Zwillinge in ihrem Leib. 28 Und als sie gebar, da streckte einer die Hand hervor. Und die Hebamme griff zu, band einen roten Faden um seine Hand und sagte: Dieser ist zuerst hervorgekommen. 29 Als er aber seine Hand zurückzog, sieh, da kam sein Bruder hervor. Und sie sprach: Wie hast du dir doch den Durchbruch erzwungen. Und man nannte ihn Perez. 30 Danach kam sein Bruder hervor, an dessen Hand der rote Faden war; den nannte man Serach.

|1: 1Sam 22,1; Mi 1,15 |2–7: 1Chr 2,3–4 |2: 24,3 |3–5: 46,12; Num 26,19; 1Chr 2,3 |7: 1Chr 2,3 |8: Dtn 25,5; Rut 4,5; Mt 22,24 |9: Dtn 25,6 |11: Lev 22,13 |12: Ri 14,1 |13: 31,19; Jos 15,57; 1Sam 25,2; 2Sam 13,23 |14: 24,65 |15: Spr 7,10 |16: Ez 16,33 · Lev 18,15 |18: Hld 8,6! |19: 2Sam 14,2 |24: Lev 21,9 |25: 37,32 |27–30: 1Chr 2,3–4 |27: 25,24 |29: Rut 4,12.18; Lk 3,33; Mt 1,3 |30: 46,12; 1Chr 2,4

38,5: Wörtlich: «…; er aber befand sich …»

Josef bei Potifar

39 1 Josef aber wurde nach Ägypten hinabgeführt, und Potifar, der Kämmerer des Pharao, der Oberste der Leibwache, ein Ägypter, kaufte ihn von den Ismaelitern, die ihn dorthin gebracht hatten. 2 Der HERR aber war mit Josef, es gelang ihm alles wohl, und er blieb im Haus seines Gebieters, des Ägypters. 3 Und sein Gebieter sah, dass der HERR mit ihm war und dass der HERR alles, was er tat, in seiner Hand gelingen liess. 4 So fand Josef Gnade in seinen Augen, und er diente ihm. Er setzte ihn über sein Haus, und alles, was er besass, gab er in seine Hand. 5 Und da er ihn über sein Haus und alles, was er besass, gesetzt hatte, segnete der HERR das Haus des Ägypters um Josefs willen, und der Segen des HERRN ruhte auf allem, was er besass, im Haus und auf dem Feld. 6 Und er legte alles, was er besass, in die Hand Josefs und kümmerte sich selbst um nichts als um die Speise, die er ass. Josef aber war von schöner Gestalt und von schöner Erscheinung.

7 Und nach diesen Begebenheiten warf die Frau seines Herrn ein Auge auf Josef und sagte: Lege dich zu mir! 8 Er aber weigerte sich und sagte zur Frau seines Herrn: Sieh, mein Herr kümmert sich selbst um nichts im Haus; alles, was er besitzt, hat er in meine Hand gegeben. 9 Er selbst ist in diesem Haus nicht grösser als ich, und er hat mir nichts vorenthalten als dich allein, weil du seine Frau bist. Wie könnte ich da ein so grosses Unrecht begehen und gegen Gott sündigen? 10 Und obwohl sie Tag für Tag auf Josef einredete, hörte er nicht auf sie, dass er sich zu ihr gelegt hätte, um mit ihr zusammenzusein.

11 Eines Tages aber kam er in das Haus, um seine Arbeit zu tun, und es war niemand vom Gesinde im Haus. 12 Da fasste sie ihn beim Kleid und sagte: Lege dich zu mir! Er aber liess sein Kleid in ihrer Hand, ergriff die Flucht und lief hinaus. 13 Als sie sah, dass er sein Kleid in ihrer Hand gelassen hatte und nach draussen geflohen war, 14 rief sie nach ihrem Gesinde und sprach zu ihnen: Seht, da hat er uns einen Hebräer gebracht, dass er seinen Mutwillen mit uns treibe. Er ist zu mir hereingekommen, um sich zu mir zu legen, aber ich habe laut geschrien. 15 Und als er hörte, dass ich laut schrie und rief, liess er sein Kleid bei mir, ergriff die Flucht und lief hinaus. 16 Und sie liess sein Kleid neben sich liegen, bis sein Herr nach Hause kam. 17 Ihm erzählte sie dieselbe Geschichte: Der hebräische Sklave, den du uns gebracht hast, dass er seinen Mutwillen mit mir treibe, ist zu mir hereingekommen. 18 Als ich aber laut schrie und rief, liess er sein Kleid bei

mir und floh hinaus. 19 Als sein Herr die Geschichte hörte, die ihm seine Frau erzählte: Solches hat dein Sklave mir angetan!, da entbrannte sein Zorn. 20 Und der Herr Josefs liess ihn greifen und ins Gefängnis werfen, dahin, wo die Gefangenen des Königs gefangen lagen. Und er blieb dort im Gefängnis. 21 Aber der HERR war mit Josef. Er machte ihn beliebt und verschaffte ihm die Gunst des Gefängnisaufsehers. 22 So gab der Gefängnisaufseher alle Gefangenen, die im Gefängnis waren, in Josefs Hand; alles, was es dort zu tun gab, das tat er. 23 Der Gefängnisaufseher kümmerte sich selbst um nichts mehr, was in seiner Hand war, weil der HERR mit ihm war. Und was er auch tat, der HERR liess es gelingen.

|1: 37,36 |2: 21.23; Apg 7,9 |3: 21,22! |4: 21 · 41,40; Ps 105,21 |5: 30,27 |6: 1Sam 16,12! · 43,32! |7: Spr 2,16; 6,26 |9: Ex 20,14; Lev 18,20 |12: 2Sam 13,11 |19: Spr 6,34 |20: 40,3! |21: 2! · 4 |22: 40,4 |23: 2!

Die Träume der ägyptischen Kämmerer

40 1 Nach diesen Begebenheiten vergingen sich der Mundschenk und der Bäcker des Königs von Ägypten gegen ihren Herrn, den König von Ägypten. 2 Da wurde der Pharao zornig über seine beiden Kämmerer, den Obermundschenk und den Oberbäcker, 3 und er gab sie in Gewahrsam in das Haus des Obersten der Leibwache, in das Gefängnis, dahin, wo auch Josef gefangen lag. 4 Und der Oberste der Leibwache betraute Josef mit ihrer Bedienung. So waren sie einige Zeit in Gewahrsam. 5 Da hatten sie beide in derselben Nacht einen Traum, jeder einen Traum von besonderer Bedeutung, der Mundschenk und der Bäcker des Königs von Ägypten, die im Gefängnis lagen. 6 Am Morgen kam Josef zu ihnen hinein und sah, dass sie missmutig waren. 7 Da fragte er die Kämmerer des Pharao, die mit ihm im Haus seines Herrn in Gewahrsam waren: Warum macht ihr heute ein so verdriessliches Gesicht? 8 Sie sprachen zu ihm: Wir hatten einen Traum, aber niemand ist da, der ihn deuten könnte. Josef sprach zu ihnen: Steht es nicht bei Gott, Träume zu deuten? Erzählt mir!

9 Da erzählte der Obermundschenk Josef seinen Traum. Er sprach zu ihm: In meinem Traum, sieh, da war ein Weinstock vor mir. 10 Am Weinstock waren drei Ranken. Und als er zu treiben begann, brachen auch schon seine Blüten hervor, und seine Trauben trugen reife Beeren. 11 Ich hielt den Becher des Pharao in meiner Hand, und ich nahm die Beeren, presste sie aus in den Becher des Pharao und gab dem Pharao den Becher in die Hand. 12 Da sprach Josef zu ihm: Dies ist seine Deutung: Die drei Ranken sind drei Tage. 13 In drei Tagen wird der Pharao dein Haupt erhöhen und dich wieder in dein Amt einsetzen. Du wirst dem Pharao seinen Becher in die Hand geben, genauso wie früher, als du sein Mundschenk warst. 14 Aber denke an mich, wenn es dir gut geht, und erweise mir die Gunst: Nenne meinen Namen beim Pharao und bringe mich aus diesem Haus. 15 Denn ich bin aus dem Land der Hebräer gestohlen worden, und auch hier habe ich nichts getan, dass man mich hätte in den Kerker werfen dürfen.

16 Und der Oberbäcker sah, dass er eine günstige Deutung gegeben hatte, und er sprach zu Josef: Ich aber in meinem Traum, sieh, drei Körbe mit Feingebäck waren auf meinem Kopf. 17 Im obersten Korb war allerlei Speise, Backwerk, für den Pharao, aber die Vögel frassen es aus dem Korb auf meinem Kopf. 18 Josef antwortete und sprach: Dies ist seine Deutung: Die drei Körbe sind drei Tage. 19 In drei Tagen wird der Pharao dein Haupt erhöhen, weg von dir, und dich an den Pfahl hängen lassen, und die Vögel werden das Fleisch von dir abfressen.

20 Und am dritten Tag, dem Geburtstag des Pharao, da gab dieser ein Gastmahl für alle seine Diener, und er erhöhte das Haupt des Obermundschenks und das Haupt des Oberbäckers

inmitten seiner Diener. 21 Den Obermundschenk setzte er wieder in sein Schenkamt ein, so dass er dem Pharao den Becher in die Hand geben durfte, 22 den Oberbäcker aber liess er hängen, wie Josef es ihnen gedeutet hatte. 23 Der Obermundschenk aber dachte nicht mehr an Josef, sondern vergass ihn.

|1: 41,10 |3: 15; 39,20 |4: 39,22 |5: 41,1! · 41,11 |6: 41,8; Dan 2,1 |8: 41,16; Dan 2,28 |12: 18; 41,12; 44,15; Dan 2,36 |15: 3! · 45,4! · 14,13 |18: 12! |19: Dtn 21,22 · 1Sam 17,46; Offb 19,21 |20: 1Kön 3,15; Est 1,3! |22: 41,13 |23: Est 6,3

Die Träume des Pharao. Josefs Erhöhung

41 1 Nach zwei Jahren hatte der Pharao einen Traum: Sieh, er stand am Nil. 2 Da stiegen sieben Kühe aus dem Nil herauf, von schönem Aussehen und fett im Fleisch, und sie weideten im Riedgras. 3 Nach ihnen stiegen sieben andere Kühe aus dem Nil herauf, von hässlichem Aussehen und mager im Fleisch, und sie stellten sich neben die Kühe am Ufer des Nil. 4 Und die Kühe von hässlichem Aussehen und mager im Fleisch frassen die sieben Kühe, die von schönem Aussehen und fett waren. Da erwachte der Pharao. 5 Und er schlief wieder ein und träumte ein zweites Mal: Sieh, sieben Ähren wuchsen auf einem Halm, fett und schön. 6 Nach ihnen sprossten sieben Ähren, dünn und vom Ostwind versengt. 7 Und die dünnen Ähren verschlangen die sieben fetten, vollen Ähren. Da erwachte der Pharao, und sieh, es war ein Traum.

8 Am Morgen aber war er beunruhigt in seinem Geist, und er sandte hin und liess alle Wahrsager und alle Weisen von Ägypten rufen. Und der Pharao erzählte ihnen seine Träume, aber keiner war da, der sie dem Pharao deuten konnte. 9 Da sprach der Obermundschenk zum Pharao: Ich muss heute mein Versäumnis gestehen: 10 Der Pharao war über seine Diener zornig, und er gab mich und den Oberbäcker in das Haus des Obersten der Leibwache in Gewahrsam. 11 Da hatten wir in derselben Nacht einen Traum, ich und er; jeder

hatte einen Traum von besonderer Bedeutung. 12 Nun war dort bei uns ein hebräischer junger Mann, ein Diener des Obersten der Leibwache. Dem erzählten wir es, und er deutete unsere Träume, jedem deutete er seinen Traum. 13 Und wie er sie uns gedeutet hat, so ist es gekommen: Mich hat man wieder in mein Amt eingesetzt, und ihn hat man gehängt.

14 Da sandte der Pharao hin und liess Josef rufen, und man holte ihn eilends aus dem Kerker. Er schnitt die Haare und wechselte seine Kleider, dann erschien er vor dem Pharao. 15 Und der Pharao sprach zu Josef: Ich habe einen Traum gehabt, aber niemand ist da, der ihn deuten könnte. Von dir aber habe ich gehört, du brauchst einen Traum nur zu hören, und schon kannst du ihn deuten. 16 Josef antwortete dem Pharao: Ich vermag nichts. Gott allein kann zum Wohl des Pharao eine Antwort geben. 17 Da sprach der Pharao zu Josef: In meinem Traum, sieh, da stand ich am Ufer des Nil. 18 Da stiegen sieben Kühe aus dem Nil herauf, fett im Fleisch und von schöner Gestalt, und sie weideten im Riedgras. 19 Nach ihnen stiegen sieben andere Kühe herauf, dürr und von überaus hässlicher Gestalt und mager im Fleisch; ich habe im ganzen Land Ägypten nie etwas so Hässliches wie sie gesehen. 20 Und die mageren, hässlichen Kühe frassen die sieben ersten, fetten Kühe auf. 21 Und sie gelangten in ihren Bauch, aber man merkte nicht, dass sie in ihren Bauch gelangt waren; und ihr Aussehen blieb hässlich wie zuvor. Da erwachte ich. 22 Dann sah ich in meinem Traum, und sieh, sieben Ähren wuchsen auf einem Halm, voll und schön. 23 Nach ihnen sprossten sieben Ähren, hart, dünn und vom Ostwind versengt. 24 Und die dünnen Ähren verschlangen die sieben schönen Ähren. Das habe ich den Wahrsagern erzählt, aber keiner kann es mir erklären.

25 Da sprach Josef zum Pharao: Beide Träume des Pharao bedeuten dasselbe.

Gott hat dem Pharao kundgetan, was er tun will. 26 Die sieben schönen Kühe sind sieben Jahre, und die sieben schönen Ähren sind sieben Jahre; es ist ein und derselbe Traum. 27 Die sieben mageren, hässlichen Kühe, die nach ihnen heraufstiegen, sind sieben Jahre. Und die sieben leeren, vom Ostwind versengten Ähren werden sieben Hungerjahre sein. 28 Das meinte ich, als ich zum Pharao sagte: Gott hat den Pharao sehen lassen, was er tun will. 29 Sieh, es kommen sieben Jahre, da wird grosser Überfluss im ganzen Land Ägypten sein. 30 Nach ihnen aber werden sieben Hungerjahre kommen, und der ganze Überfluss im Land Ägypten wird vergessen sein. Der Hunger wird das Land auszehren. 31 Man wird nichts mehr wissen vom Überfluss im Land wegen der Hungersnot, die danach kommt, denn sie wird sehr schwer sein. 32 Dass sich aber der Traum des Pharao wiederholt hat, bedeutet: Es ist bei Gott fest beschlossen, und bald wird Gott es tun. 33 Nun sehe sich der Pharao nach einem klugen und weisen Mann um und setze ihn über das Land Ägypten. 34 Der Pharao möge handeln und Aufseher über das Land einsetzen, um in den sieben Jahren des Überflusses vom Land Ägypten den Fünften zu erheben. 35 Sie sollen alles Getreide dieser guten Jahre, die nun kommen werden, sammeln und im Auftrag des Pharao Korn in den Städten speichern und aufbewahren. 36 Das Getreide soll dem Land als Vorrat dienen für die sieben Hungerjahre, die über das Land Ägypten kommen werden. So wird das Land nicht vor Hunger zugrunde gehen.

37 Und diese Rede war gut in den Augen des Pharao und in den Augen aller seiner Diener. 38 Und der Pharao sprach zu seinen Dienern: Können wir einen Mann wie diesen hier finden, in dem der Geist Gottes ist? 39 Dann sprach der Pharao zu Josef: Nachdem dir Gott dies alles kundgetan hat, gibt es niemanden, der so klug und weise wäre wie du.

40 Du bist es, der über mein Haus gesetzt sein soll, und deinem Befehl soll mein ganzes Volk gehorchen; nur um den Thron will ich höher sein als du. 41 Und der Pharao sprach zu Josef: Sieh, hiermit setze ich dich über das ganze Land Ägypten. 42 Und der Pharao zog seinen Siegelring von seiner Hand und steckte ihn Josef an die Hand, er kleidete ihn in Gewänder von feinstem Leinen und legte ihm die goldene Kette um den Hals. 43 Dann liess er ihn seinen zweiten Wagen besteigen, und man rief vor ihm her: Abrek! So setzte er ihn über das ganze Land Ägypten. 44 Und der Pharao sprach zu Josef: Ich bin der Pharao, aber ohne deinen Willen darf niemand im ganzen Land Ägypten seine Hand oder seinen Fuss regen. 45 Und der Pharao nannte Josef Zafenat-Paneach und gab ihm Asenat, die Tochter Poti-Feras, des Priesters von On, zur Frau. Und Josef bereiste das Land Ägypten.

46 Josef war dreissig Jahre alt, als er vor dem Pharao, dem König von Ägypten, stand. Und Josef ging weg vom Pharao und zog durch das ganze Land Ägypten. 47 Das Land aber brachte in den sieben Jahren des Überflusses reichen Ertrag. 48 Und er sammelte alles Getreide dieser sieben Jahre, die über das Land Ägypten gekommen waren, und brachte das Getreide in die Städte; in jede Stadt brachte er das Getreide der Felder, die sie umgaben. 49 So speicherte Josef Korn wie Sand am Meer, in sehr grossen Mengen, bis er aufhören musste, es zu messen, weil es nicht mehr zu messen war. 50 Und Josef wurden zwei Söhne geboren, bevor das Hungerjahr kam; Asenat, die Tochter Poti-Feras, des Priesters von On, gebar sie ihm. 51 Josef nannte den Erstgeborenen Manasse. Denn, sprach er, Gott hat mich all meine Mühsal und das ganze Haus meines Vaters vergessen lassen. 52 Den Zweiten nannte er Efraim. Denn, sprach er, Gott hat mich fruchtbar gemacht im Land meines Elends.

53 Die sieben Jahre des Überflusses

aber, der im Land Ägypten herrschte, gingen zu Ende, 54 und es brachen die sieben Hungerjahre an, wie Josef gesagt hatte. Eine Hungersnot kam über alle Länder, im ganzen Land Ägypten jedoch gab es Brot. 55 Das ganze Land Ägypten aber begann zu hungern, und das Volk schrie zum Pharao nach Brot. Da sprach der Pharao zu allen Ägyptern: Geht zu Josef, was er euch sagt, das sollt ihr tun. 56 Als nun die Hungersnot über das ganze Land hin herrschte, öffnete Josef die Speicher und verkaufte den Ägyptern Getreide. Die Hungersnot aber wurde drückend im Land Ägypten. 57 Und alle Welt kam nach Ägypten, um bei Josef Getreide zu kaufen, denn die Hungersnot war drückend auf der ganzen Erde.

|1–4: 17–21 |1: 5; 40,5 |5–7: 22–24 |5: 1! |6: Ez 17,10!; Hos 13,15; Joel 4,8 |7: 1Kön 3,15 |8: 40,6! · 1Sam 6,2; Dan 2,2! · 24! |10: 40,1 |11: 40,5 |12: 40,12! |13: 40,22 |14: 2Kön 25,29 · Ps 105,20 |15: Dan 5,14–15 |16: 40,8! |17–21: 1–4 |22–24: 5–7 |24: 8; Dan 2,11 |27: 2Kön 8,1 |28: Dan 2,45 |30: 47,13 |33: Dtn 1,13 |34: 47,24! |36: 47,17.23 |37: 45,16 |38: Ex 31,3; Num 27,18; Dan 6,4 |40: 39,4! · Est 10,3 |41: 45,8! |42: Est 3,10; 8,2 · Dan 5,7.29 |43: Est 3,2 · 45,8! |45: Dan 1,7! · Ez 30,17 · 50! |46: 37,2 · 2Sam 5,4; Lk 3,23 |49: 15,5 |50: 45,20 |51–52: 48,1.5; Num 26,28; Jos 14,4 |52: 49,22 |54: Ps 105,16 |55: 2Kön 6,26 |56–57: 12,10! |56: 42,6; 43,2; 47,14 · Apg 7,11 |57: 42,5–6

41,40: Wörtlich: «..., und auf deinen Mund soll mein ganzes Volk dich küssen; ...»

41,43: ‹Abrek!› ist ein Aufruf zur Huldigung, etwa: ‹Achtung!›, ‹Der Palastvorsteher!› oder ‹Fallt nieder!›

41,51: Der Name Manasse kann als ‹Der vergessen lässt› verstanden werden.

41,52: Im Namen Efraim klingt hebräisch ‹fruchtbar sein› an.

41,56: Die Übersetzung «öffnete Josef die Speicher» beruht auf antiken Übersetzungen; der Massoretische Text lautet übersetzt: «öffnete Josef alles, was in ihnen war».

Die erste Reise der Brüder Josefs nach Ägypten

42 1 Und Jakob erfuhr, dass es in Ägypten Getreide zu kaufen gab. Da sprach Jakob zu seinen Söhnen: Was schaut ihr einander an? 2 Und er sprach: Seht, ich habe gehört, dass es in Ägypten Getreide zu kaufen gibt. Zieht dort hinab und kauft für uns Getreide, damit wir am Leben bleiben und nicht sterben. 3 Da zogen zehn von den Brüdern Josefs hinab, um in Ägypten Korn zu kaufen. 4 Aber Benjamin, den Bruder Josefs, liess Jakob nicht mit seinen Brüdern ziehen, denn er dachte, es könnte ihm etwas zustossen. 5 So kamen mit denen, die hinzogen, auch die Söhne Israels, um Getreide zu kaufen, denn es herrschte Hungersnot im Land Kanaan. 6 Josef aber war der Regent über das ganze Land; er war es, der an das ganze Volk des Landes Getreide verkaufte. Und die Brüder Josefs kamen und warfen sich vor ihm nieder mit dem Gesicht zur Erde. 7 Und Josef sah seine Brüder und erkannte sie, aber er gab sich ihnen nicht zu erkennen, fuhr sie hart an und sagte zu ihnen: Woher kommt ihr? Sie sagten: Aus dem Land Kanaan, um Getreide zu kaufen. 8 Und Josef erkannte seine Brüder, sie aber erkannten ihn nicht. 9 Da erinnerte sich Josef an die Träume, die er von ihnen geträumt hatte. Und er sagte zu ihnen: Ihr seid Kundschafter! Um die Blösse des Landes auszuspähen, seid ihr gekommen. 10 Sie sagten zu ihm: Nein, Herr! Deine Diener sind gekommen, um Getreide zu kaufen. 11 Wir alle, wir sind Söhne desselben Mannes. Wir sind ehrliche Leute, deine Diener sind keine Kundschafter. 12 Aber er sagte zu ihnen: Nein, ihr seid gekommen, um die Blösse des Landes auszuspähen. 13 Sie sagten: Deine Diener sind ihrer zwölf, wir sind Brüder, Söhne desselben Mannes im Land Kanaan. Der Jüngste ist zurzeit bei unserem Vater, und einer ist nicht mehr. 14 Josef aber sprach zu ihnen: Es ist so, wie ich gesagt habe: Kundschafter seid ihr! 15 Damit sollt ihr auf die Probe gestellt werden: So wahr der Pharao lebt, ihr werdet von hier nicht wegkommen, es sei denn, euer jüngster Bruder komme hierher. 16 Sendet einen von euch hin, dass er euren Bruder hole. Ihr aber werdet gefangen gesetzt. So sollen eure Aussagen geprüft werden, ob ihr die Wahrheit gesagt habt. Wenn nicht, dann seid ihr Kundschafter, beim Leben des Pharao! 17 Und er liess sie drei Tage in Gewahrsam legen.

18 Am dritten Tag sagte Josef zu ihnen: Dies tut, und ihr sollt am Leben bleiben, denn ich fürchte Gott: 19 Wenn ihr ehrliche Leute seid, dann soll einer von euch Brüdern gefangen bleiben im Haus, wo ihr in Gewahrsam seid. Ihr aber geht und bringt das gekaufte Getreide heim, um den Hunger eurer Familien zu stillen. 20 Euren jüngsten Bruder aber müsst ihr zu mir bringen. So werden sich eure Aussagen als wahr erweisen, und ihr werdet nicht sterben. Und so machten sie es. 21 Sie sprachen aber untereinander: Ja, wir müssen büssen, was wir an unserem Bruder verschuldet haben. Wir haben ihn in seiner ganzen Not gesehen, als er uns um Erbarmen anflehte, aber wir haben nicht darauf gehört. Darum ist nun diese Not über uns gekommen. 22 Ruben antwortete ihnen: Habe ich euch nicht gesagt: Versündigt euch nicht an dem Knaben! Ihr aber habt nicht hören wollen. Nun wird sein Blut eingefordert. 23 Sie wussten aber nicht, dass Josef es verstand, denn ein Dolmetscher vermittelte zwischen ihnen. 24 Und er wandte sich von ihnen ab und weinte. Dann wandte er sich ihnen wieder zu und redete mit ihnen, und er liess Simeon aus ihrer Mitte ergreifen und vor ihren Augen fesseln. 25 Und Josef befahl, ihre Behälter mit Korn zu füllen, einem jeden von ihnen das Silber wieder in seinen Sack zu legen und ihnen Verpflegung auf den Weg mitzugeben. Das tat man für sie. 26 Und sie luden ihr Getreide auf ihre Esel und zogen davon. 27 Da öffnete einer seinen Sack, um in der Herberge seinem Esel Futter zu geben, und sah sein Silber, es lag im Kornsack obenauf. 28 Und er sagte zu seinen Brüdern: Man hat mir mein Silber zurückgegeben. Seht, es ist in meinem Kornsack. Da verliess sie der Mut. Zitternd sahen sie einander an und sagten: Was hat Gott uns angetan?

29 Und sie kamen zu ihrem Vater Jakob in das Land Kanaan und berichteten ihm alles, was ihnen widerfahren war, und sagten: 30 Der Mann, der Herr des Landes, hat uns hart angefahren und behandelt, als wollten wir das Land auskundschaften. 31 Wir aber sagten zu ihm: Wir sind ehrliche Leute, wir sind keine Kundschafter! 32 Wir sind unser zwölf Brüder, Söhne unseres Vaters; der eine ist nicht mehr da, und der jüngste ist zurzeit bei unserem Vater im Land Kanaan. 33 Da sagte der Mann, der Herr des Landes, zu uns: Daran werde ich erkennen, dass ihr ehrliche Leute seid: Lasst einen von euch Brüdern bei mir zurück, nehmt das Getreide, um den Hunger eurer Familien zu stillen, und geht. 34 Bringt mir aber euren jüngsten Bruder her, damit ich erkenne, dass ihr keine Kundschafter, sondern ehrliche Leute seid. Dann gebe ich euch euren Bruder wieder, und ihr dürft frei im Land umherziehen. 35 Als sie nun ihre Säcke leerten, sieh, da war der Geldbeutel eines jeden in seinem Sack. Und sie sahen ihre Geldbeutel, sie und ihr Vater, und sie fürchteten sich. 36 Und ihr Vater Jakob sagte zu ihnen: Ihr bringt mich um meine Kinder. Josef ist nicht mehr, Simeon ist nicht mehr, und nun wollt ihr mir auch noch Benjamin nehmen. Alles das kommt über mich. 37 Da sprach Ruben zu seinem Vater: Meine beiden Söhne magst du töten, wenn ich ihn dir nicht wieder zurückbringe. Vertrau ihn mir an, ich werde ihn dir zurückbringen. 38 Er aber sprach: Mein Sohn wird nicht mit euch hinabziehen, denn sein Bruder ist tot, und er allein ist noch übrig. Wenn ihm etwas zustiesse auf dem Weg, den ihr geht, brächtet ihr mein graues Haar vor Kummer hinab ins Totenreich.

| 2: 43,2; Apg 7,12 | 4: 38; 44,29 | 5–6: 41,57 | 6–9: 37,7! | 6: 41,56! | 9: 16.30; Jos 2,1; 1Sam 26,4 | 11–13: 43,7 | 13: 43,29 · 36; 37,30 | 15: 20.34; 43,3–5; 44,21.23.26 | 16: 9! | 18: Ex 1,17 | 20: 15! | 21: 44,16 · 37,24 | 22: 37,21 · 9,5! | 23: 45,12 · 44: 33 · 43,30; 45,2 · 43,23 | 25: 43,12; 44,1–2 | 27: 35; 43,21; 44,8 | 29: 45,26

|30: 9! |33: 24 |34: 15! |35: 27! |36: 43,14 · 13! |37: 43,9! |38: 4; 37,35; 44,29.31

Die zweite Reise der Brüder Josefs nach Ägypten

43 1 Die Hungersnot aber lastete schwer auf dem Land. 2 Als sie das Getreide, das sie aus Ägypten gebracht hatten, ganz aufgezehrt hatten, sagte ihr Vater zu ihnen: Zieht wieder hin und kauft uns etwas Getreide. 3 Da sagte Juda zu ihm: Der Mann hat uns eingeschärft: Tretet mir nicht mehr unter die Augen, wenn nicht euer Bruder bei euch ist. 4 Wenn du bereit bist, unseren Bruder mit uns ziehen zu lassen, so wollen wir hinabziehen und für dich Getreide kaufen. 5 Willst du ihn aber nicht mitziehen lassen, so ziehen wir nicht hinab, denn der Mann hat zu uns gesagt: Tretet mir nicht mehr unter die Augen, wenn nicht euer Bruder bei euch ist. 6 Da sprach Israel: Warum habt ihr mir das zuleide getan und dem Mann gesagt, dass ihr noch einen Bruder habt? 7 Sie sprachen: Der Mann hat sich genau nach uns und unserer Verwandtschaft erkundigt und gefragt: Lebt euer Vater noch? Habt ihr noch einen Bruder? Da haben wir ihm berichtet, wie die Dinge stehen. Konnten wir denn wissen, dass er sagen würde: Bringt euren Bruder her? 8 Juda aber sprach zu seinem Vater Israel: Lass den Knaben mit mir ziehen, dann wollen wir uns aufmachen und gehen, damit wir am Leben bleiben und nicht sterben, wir und du und unsere Kinder. 9 Ich selbst will Bürge sein für ihn, von meiner Hand kannst du ihn fordern. Wenn ich ihn dir nicht wieder zurückbringe und vor dich hinstelle, so will ich mein Leben lang vor dir die Schuld tragen. 10 Fürwahr, wenn wir nicht gezögert hätten, wären wir jetzt schon zweimal wieder zurück.

11 Da sprach ihr Vater Israel zu ihnen: Wenn es denn sein muss, so tut dies: Nehmt in eurem Gepäck vom Besten des Landes mit und bringt es dem Mann als Geschenk: etwas Mastix und etwas Honig, Tragakant und Ladanum, Pistazien und Mandeln. 12 Und nehmt den doppelten Betrag an Silber mit euch, denn auch das Silber, das oben in eure Kornsäcke gelegt worden ist, müsst ihr zurückbringen, vielleicht war es ein Versehen. 13 Nehmt auch euren Bruder mit und macht euch auf und kehrt zu dem Mann zurück. 14 El-Schaddai erweise euch Erbarmen vor dem Mann, dass er euren Bruder und auch Benjamin wieder mit euch ziehen lässt. Und wenn ich denn kinderlos sein soll, so bin ich kinderlos.

15 Da nahmen die Männer das Geschenk, auch den doppelten Betrag in Silber nahmen sie mit sich, dazu Benjamin, machten sich auf, zogen nach Ägypten hinab und traten vor Josef. 16 Und Josef sah Benjamin bei ihnen, und er sprach zu seinem Hausverwalter: Führe die Männer ins Haus, schlachte ein Tier und richte es zu, denn die Männer werden mit mir zu Mittag essen. 17 Der Mann tat, wie Josef gesagt hatte, und der Mann führte die Männer in Josefs Haus. 18 Die Männer aber fürchteten sich, weil sie in Josefs Haus geführt wurden, und sprachen: Des Silbers wegen, das beim ersten Mal wieder in unsere Kornsäcke gekommen ist, werden wir hierher gebracht. Man will sich auf uns stürzen und über uns herfallen und uns samt unseren Eseln zu Sklaven nehmen. 19 So traten sie an den Mann heran, der über das Haus Josefs gesetzt war, und sprachen ihn am Eingang des Hauses an. 20 Sie sagten: Bitte, Herr, wir sind schon einmal herabgekommen, um Getreide zu kaufen. 21 Als wir aber in die Herberge kamen und unsere Kornsäcke öffneten, sieh, da lag das Silber eines jeden oben in seinem Kornsack, unser Silber nach seinem vollen Gewicht; das haben wir nun wieder zurückgebracht. 22 Aber auch noch anderes Silber haben wir mit uns gebracht, um Getreide zu kaufen. Wir wissen nicht, wer unser Silber in unsere Kornsäcke gelegt hat. 23 Er sprach: Seid ohne

Sorge, fürchtet euch nicht! Euer Gott und der Gott eures Vaters hat euch einen Schatz in eure Kornsäcke gelegt; euer Silber ist mir zugekommen. Und er führte Simeon zu ihnen heraus.

24 Dann führte der Mann die Männer in Josefs Haus. Er reichte ihnen Wasser, dass sie sich die Füsse waschen konnten, und gab ihren Eseln Futter. 25 Sie aber machten das Geschenk bereit, bis Josef am Mittag kam, denn sie hatten gehört, dass sie dort essen sollten. 26 Und Josef kam ins Haus, und sie brachten ihm das Geschenk, das sie bei sich hatten, ins Haus und warfen sich vor ihm zur Erde nieder. 27 Er fragte sie nach ihrem Befinden und sprach: Geht es eurem alten Vater gut, von dem ihr erzählt habt? Ist er noch am Leben? 28 Sie sprachen: Es geht deinem Diener, unserem Vater, gut. Er ist noch am Leben. Und sie verneigten sich und warfen sich nieder. 29 Und er blickte auf und sah seinen Bruder Benjamin, den Sohn seiner Mutter, und sprach: Ist das euer jüngster Bruder, von dem ihr mir erzählt habt? Und er sprach: Gott sei dir gnädig, mein Sohn. 30 Dann aber eilte Josef weg, denn sein Herz war tief bewegt beim Anblick seines Bruders, und er war dem Weinen nahe. Und er ging in die Kammer und weinte dort. 31 Dann wusch er sein Gesicht und kam wieder heraus, nahm sich zusammen und sprach: Tragt das Essen auf! 32 Da trug man auf, gesondert für ihn, für sie und für die Ägypter, die mit ihm assen. Denn Ägypter dürfen nicht mit Hebräern essen, für Ägypten ist dies ein Greuel. 33 Und sie setzten sich ihm gegenüber, vom Erstgeborenen bis zum Jüngsten, genau nach ihrem Alter, und verwundert sahen die Männer einander an. 34 Dann liess er ihnen von den Gerichten auftragen, die vor ihm standen. Und was man Benjamin auftrug, war fünfmal mehr als das, was man allen anderen auftrug. Und sie tranken mit ihm und waren guter Dinge.

|1: 12,10! |2: 42,2! · 41,56! · 44,25 |3–5: 42,15! |7: 44,19 · 42,11–13 |9: 42,37; 44,32 |11: Spr 18,16 · 37,25 |12: 42,25! |14: 42,36 |21: 42,27! |23: 42,24 |24: 18,4! |26: 37,7! |27: 37,14! |28: 37,7! |29: 35,24! · 42,13 |30: 42,24! |31: 45,1 |32: 39,6; 46,34; Ex 8,22 |33: 44,12 |34: 45,22

Die letzte Prüfung der Brüder Josefs

44 1 Dann gebot Josef seinem Hausverwalter: Fülle die Kornsäcke der Männer mit Getreide, so viel sie mitnehmen können, und lege das Silber eines jeden oben in dessen Sack. 2 Meinen Becher aber, den Silberbecher, legst du oben in den Sack des Jüngsten samt dem Silber für sein Getreide. Und er machte es, wie Josef es ihm gesagt hatte. 3 Am Morgen, als es hell wurde, liess man die Männer mit ihren Eseln ziehen. 4 Sie hatten kaum die Stadt verlassen und waren noch nicht weit gekommen, da sprach Josef zu seinem Hausverwalter: Auf, jage den Männern nach! Und wenn du sie eingeholt hast, dann sprich zu ihnen: Warum habt ihr Gutes mit Bösem vergolten? 5 Das ist doch der Becher, aus dem mein Herr trinkt und aus dem er wahrsagt. Ihr habt eine böse Tat begangen. 6 Und er holte sie ein und redete zu ihnen diese Worte. 7 Und sie sprachen zu ihm: Wie kann mein Herr so etwas sagen? Fern liegt es deinen Dienern, solches zu tun. 8 Sieh, das Silber, das wir oben in unseren Kornsäcken fanden, haben wir dir aus dem Land Kanaan zurückgebracht. Wie sollten wir da aus dem Haus deines Herrn Silber oder Gold stehlen? 9 Der von deinen Dienern, bei dem es gefunden wird, der soll sterben. Wir aber wollen meinem Herrn Sklaven sein. 10 Er sprach: Wie ihr gesagt habt, so sei es: Bei wem es gefunden wird, der wird mein Sklave sein, ihr aber geht straffrei aus. 11 Da liess jeder eilends seinen Kornsack auf den Boden herab, und jeder öffnete seinen Kornsack. 12 Er aber fing an zu suchen: beim Ältesten begann er, und beim Jüngsten hörte er auf. Und der Becher fand sich in Benjamins Kornsack.

13 Da zerrissen sie ihre Kleider. Jeder

belud seinen Esel, und sie kehrten in die Stadt zurück. 14 Und Juda und seine Brüder kamen in das Haus Josefs, der noch da war, und sie fielen vor ihm zur Erde nieder. 15 Josef sprach zu ihnen: Was habt ihr getan! Wusstet ihr nicht, dass ein Mann wie ich wahrsagen kann? 16 Juda sprach: Was sollen wir meinem Herrn sagen, was sollen wir reden und wie uns rechtfertigen? Gott hat die Schuld deiner Diener an den Tag gebracht. So sind wir nun Sklaven meines Herrn, wir und der, in dessen Besitz sich der Becher gefunden hat. 17 Er aber sprach: Es sei mir ferne, so zu handeln. Nur der soll mir Sklave sein, in dessen Besitz sich der Becher gefunden hat, ihr aber zieht in Frieden hinauf zu eurem Vater!

18 Da trat Juda zu ihm heran und sprach: Bitte, mein Herr, dein Diener möchte ein Wort an meinen Herrn richten dürfen, ohne dass dein Zorn über deinen Diener entbrennt, denn du bist wie der Pharao. 19 Mein Herr hat seine Diener gefragt: Habt ihr noch einen Vater oder einen Bruder? 20 Wir sprachen zu meinem Herrn: Wir haben noch einen alten Vater und einen kleinen Knaben, der ihm im Alter geboren wurde. Sein Bruder ist tot, und so ist er allein von seiner Mutter übrig geblieben, und sein Vater hat ihn lieb. 21 Da sprachst du zu deinen Dienern: Bringt ihn zu mir herab, ich will ihn mit eigenen Augen sehen. 22 Wir aber sprachen zu meinem Herrn: Der Knabe kann seinen Vater nicht verlassen; verliesse er seinen Vater, so würde dieser sterben. 23 Da sprachst du zu deinen Dienern: Wenn euer jüngster Bruder nicht mit euch herabkommt, dürft ihr mir nicht mehr unter die Augen treten. 24 Als wir nun zu deinem Diener, meinem Vater, hinaufgekommen waren, taten wir ihm die Worte meines Herrn kund. 25 Und unser Vater sprach: Zieht wieder hin, kauft uns etwas Getreide! 26 Da sagten wir: Wir können nicht hinabziehen. Nur wenn unser jüngster Bruder bei uns ist,

ziehen wir hinab, denn wir dürfen dem Mann nicht unter die Augen treten, wenn unser jüngster Bruder nicht bei uns ist. 27 Da sprach dein Diener, mein Vater, zu uns: Ihr wisst selbst, dass mir meine Frau zwei Söhne geboren hat. 28 Der eine ist von mir gegangen, und ich musste mir sagen: Gewiss ist er zerfleischt worden. Ich habe ihn bis heute nicht wiedergesehen. 29 Nehmt ihr mir auch noch diesen und stösst ihm etwas zu, dann bringt ihr mein graues Haar vor Leid ins Totenreich hinab. 30 Und wenn ich nun zu deinem Diener, meinem Vater, komme und der Knabe nicht bei uns ist, da doch sein Herz so an ihm hängt, 31 und wenn er sieht, dass der Knabe nicht dabei ist, so wird er sterben, und deine Diener bringen das graue Haar deines Dieners, unseres Vaters, vor Kummer ins Totenreich hinab. 32 Dein Diener hat sich ja für den Knaben bei meinem Vater verbürgt mit den Worten: Wenn ich ihn dir nicht wieder bringe, so will ich mein Leben lang vor meinem Vater die Schuld tragen. 33 Darum möge jetzt dein Diener an Stelle des Knaben als Sklave meines Herrn hier bleiben, der Knabe aber möge mit seinen Brüdern hinaufziehen. 34 Denn wie könnte ich zu meinem Vater hinaufziehen, ohne dass der Knabe bei mir wäre? Ich könnte das Leid nicht mit ansehen, das meinen Vater träfe.

|1–2: 42,25! |8: 42,27! |9: 31,32 |12: 43,33 |13: 37,29 |14: 37,7! |15: 40,12! |16: 42,21 |18: 18,30! |19: 43,7 |20: 37,3 |21: 42,15! |23: 42,15! |25: 43,2 |26: 42,15! |27: 46,19 |28: 37,33! |29: 42,4! · 42,38! |30: 1Sam 18,1 |31: 42,38! |32: 43,9!

Josef gibt sich seinen Brüdern zu erkennen

45 1 Da konnte sich Josef nicht länger beherrschen vor allen, die bei ihm standen, und rief: Führt alle hinaus und weg von mir! So war niemand bei ihm, als Josef sich seinen Brüdern zu erkennen gab. 2 Und er weinte so laut, dass es die Ägypter hörten und auch das Haus des Pharao es hörte. 3 Und Josef sprach zu seinen Brüdern: Ich bin Josef. Lebt mein Vater noch? Aber seine Brüder konnten ihm nicht antworten, so bestürzt standen sie vor ihm. 4 Da sprach Josef zu seinen Brüdern: Kommt doch näher zu mir her! Und sie traten näher herzu. Und er sprach: Ich bin Josef, euer Bruder, den ihr nach Ägypten verkauft habt. 5 Doch nun grämt euch nicht und lasst es euch nicht leid sein, dass ihr mich hierher verkauft habt, denn um Leben zu erhalten, hat mich Gott vor euch her gesandt. 6 Schon zwei Jahre herrscht die Hungersnot im Land, und fünf Jahre stehen noch bevor, in denen es kein Pflügen und kein Ernten gibt. 7 Gott aber hat mich vor euch her gesandt, um von euch einen Rest im Land zu bewahren und ihn für euch am Leben zu erhalten als grosse Rettung für euch. 8 So habt nicht ihr mich hierher gesandt, sondern Gott. Er hat mich zum Vater für den Pharao gemacht und zum Herrn über sein ganzes Haus und zum Herrscher über das ganze Land Ägypten. 9 Zieht eilends hinauf zu meinem Vater und sagt zu ihm: So spricht dein Sohn Josef: Gott hat mich zum Herrn über ganz Ägypten gemacht. Komm herab zu mir, säume nicht! 10 Du kannst dich im Land Goschen niederlassen und nahe bei mir sein, du und deine Söhne und deine Enkel, deine Schafe und deine Rinder und alles, was du hast. 11 Ich will dort für dich sorgen – denn noch fünf Jahre dauert die Hungersnot –, damit du nicht verarmst, du mit deinem Haus und allem, was du hast. 12 Ihr und mein Bruder Benjamin, ihr seht es ja mit eigenen Augen, dass ich selbst es bin, der zu euch redet. 13 Erzählt meinem Vater von meinen Ehren in Ägypten und von allem, was ihr gesehen habt, und bringt eilends meinen Vater hierher. 14 Und er fiel seinem Bruder Benjamin um den Hals und weinte, und auch Benjamin weinte an seinem Hals. 15 Dann küsste er alle seine Brüder, weinte und umarmte sie. Danach erst redeten seine Brüder mit ihm.

16 Die Nachricht verbreitete sich auch im Haus des Pharao: Die Brüder Josefs sind gekommen. Und das war gut in den Augen des Pharao und in den Augen seiner Diener. 17 Und der Pharao sprach zu Josef: Sage zu deinen Brüdern: Tut dies: Beladet eure Tiere und geht heim in das Land Kanaan. 18 Holt euren Vater und eure Familien und kommt zu mir. Ich will euch das Beste geben, was das Land Ägypten bietet, und ihr sollt vom Besten des Landes essen. 19 Du kennst die Weisung: Tut dies: Nehmt euch aus dem Land Ägypten Wagen mit für eure Kinder und eure Frauen, und bringt euren Vater mit und kommt her. 20 Lasst es euch um euren Hausrat nicht leid sein, denn das Beste, was das ganze Land Ägypten bietet, das soll euch gehören. 21 Die Söhne Israels machten es so, und Josef gab ihnen auf Befehl des Pharao Wagen mit; auch gab er ihnen Verpflegung mit auf den Weg. 22 Jedem von ihnen schenkte er ein Festgewand, Benjamin aber schenkte er dreihundert Silberstücke und fünf Festgewänder. 23 Zugleich sandte er seinem Vater zehn Esel, beladen mit dem Besten, was Ägypten bietet, und zehn Eselinnen, beladen mit Korn, Brot und anderen Speisen für seinen Vater auf den Weg. 24 Dann entliess er seine Brüder, und sie gingen. Und er sprach zu ihnen: Ereifert euch nicht unterwegs! 25 So zogen sie von Ägypten hinauf und kamen in das Land Kanaan zu ihrem Vater Jakob. 26 Und sie berichteten ihm: Josef ist noch am Leben. Ja, er ist Herrscher über das ganze Land Ägypten. Aber sein Herz blieb kalt, denn er glaubte ihnen nicht. 27 Da berichteten sie ihm alles, was Josef zu ihnen geredet hatte, und er sah die Wagen, die Josef gesandt hatte, um ihn hinzubringen, und der Geist ihres Vaters Jakob lebte wieder auf. 28 Und Israel sprach: Genug! Mein Sohn Josef lebt noch. Ich will hingehen und ihn sehen, bevor ich sterbe.

|1: 43,31 |2: 42,24! |3:Apg 7,13 |4: 37,28; 40,15; Ps 105,17; Apg 7,9 |5: 50,20 · Ps 105,17 |7: 11; 47,12; 50,21 |8: 26; 41,41.43; Dan 2,48; Apg 7,10 |10: 46,28–29.34; 47,1–6.27; 50,8; Ex 8,18; 9,26 |11: 7! |12: 42,23 |14–15: 33,4! |16: Apg 7,13 · 41,37 |18: 20; 47,6 ·

Apg 7,14 · 27,28 | 19: 46,5 | 20: 18! | 22: 43,34 ·
Ri 14,12! | 26: 42,29 · 8! · 48,11 | 28: 46,30

Jakobs Übersiedlung nach Ägypten

46 1 Und Israel brach auf mit allem, was er hatte, und kam nach Beer-Scheba. Und er brachte dem Gott seines Vaters Isaak Schlachtopfer dar. 2 Da redete Gott zu Israel des Nachts in einer Erscheinung und sprach: Jakob, Jakob! Er sprach: Hier bin ich. 3 Und er sprach: Ich bin Gott, der Gott deines Vaters. Fürchte dich nicht, nach Ägypten hinabzuziehen, denn ich will dich dort zu einem grossen Volk machen. 4 Ich selbst ziehe mit dir nach Ägypten hinab, und ich selbst werde dich auch wieder heraufführen, und Josef wird dir die Augen zudrücken. 5 Da machte sich Jakob auf von Beer-Scheba; und die Söhne Israels hoben ihren Vater Jakob, ihre Kinder und ihre Frauen auf die Wagen, die der Pharao gesandt hatte, um ihn hinzubringen. 6 Und sie nahmen ihre Herden und ihre Habe, die sie im Land Kanaan erworben hatten, und kamen nach Ägypten, Jakob und alle seine Nachkommen mit ihm: 7 Seine Söhne und seine Enkel mit ihm, seine Töchter und seine Enkelinnen und alle seine Nachkommen brachte er mit sich nach Ägypten.

8 Und dies sind die Namen der Söhne Israels, die nach Ägypten kamen, Jakob und seine Söhne: Ruben, der Erstgeborene Jakobs, 9 und die Söhne Rubens: Henoch und Pallu und Chezron und Karmi. 10 Und die Söhne Simeons: Jemuel und Jamin und Ohad und Jachin und Zochar und Schaul, der Sohn der Kanaaniterin. 11 Und die Söhne Levis: Gerschon, Kehat und Merari. 12 Und die Söhne Judas: Ehr und Onan und Schela und Perez und Serach – Ehr und Onan aber starben im Land Kanaan –, und die Söhne des Perez waren Chezron und Chamul. 13 Und die Söhne Issaschars: Tola und Puwwa und Job und Schimron. 14 Und die Söhne Sebulons: Sered und Elon und Jachleel. 15 Dies sind die Söhne Leas, die sie Jakob in Paddan-Aram geboren hatte, dazu Dina, seine Tochter, insgesamt, an Söhnen und Töchtern: dreiunddreissig. 16 Und die Söhne Gads: Zifjon und Chaggi, Schuni und Ezbon, Eri und Arodi und Areli. 17 Und die Söhne Assers: Jimna und Jischwa und Jischwi und Beria; dazu Serach, ihre Schwester. Und die Söhne Berias: Cheber und Malkiel. 18 Dies sind die Söhne Silpas, die Laban Lea, seiner Tochter, gegeben hatte. Und diese gebar sie Jakob: sechzehn. 19 Die Söhne Rachels, der Frau Jakobs: Josef und Benjamin. 20 Und Josef wurden im Land Ägypten Manasse und Efraim geboren, die ihm Asenat gebar, die Tochter Poti-Feras, des Priesters von On. 21 Und die Söhne Benjamins: Bela und Becher und Aschbel, Gera und Naaman, Echi und Rosch, Muppim und Chuppim und Ard. 22 Dies sind die Söhne Rachels, die Jakob geboren worden waren, insgesamt vierzehn. 23 Die Söhne Dans: Chuschim. 24 Die Söhne Naftalis: Jachzeel und Guni und Jezer und Schillem. 25 Dies sind die Söhne Bilhas, die Laban Rachel, seiner Tochter, gegeben hatte; und diese gebar sie Jakob, insgesamt sieben. 26 Alle zusammen, die von Jakob nach Ägypten kamen, alle seine leiblichen Nachkommen, nicht gerechnet die Frauen der Söhne Jakobs, waren insgesamt sechsundsechzig. 27 Und die Söhne Josefs, die ihm in Ägypten geboren wurden: zwei. Alle zusammen vom Haus Jakob, die nach Ägypten kamen: siebzig.

28 Juda aber sandte er vor sich her zu Josef, damit dieser vor seiner Ankunft nach Goschen Weisung gebe. So kamen sie in das Land Goschen 29 Da liess Josef seinen Wagen anspannen und zog hinauf nach Goschen, seinem Vater Israel entgegen. Und dieser erschien vor ihm, und er fiel ihm um den Hals und weinte lange an seinem Hals. 30 Dann sprach Israel zu Josef: Jetzt will ich gern sterben, nachdem ich dein Angesicht geschaut und gesehen habe, dass du noch am Leben bist. 31 Josef aber sprach zu

seinen Brüdern und zum ganzen Haus seines Vaters: Ich will hinaufgehen und es dem Pharao berichten und will zu ihm sprechen: Meine Brüder und das Haus meines Vaters, die im Land Kanaan waren, sind zu mir gekommen. 32 Die Männer sind Schafhirten – denn sie waren Viehzüchter –, und ihre Schafe, ihre Rinder und alles, was ihnen gehört, haben sie mitgebracht. 33 Wenn euch der Pharao rufen lässt und fragt: Was ist euer Beruf?, 34 so sagt: Deine Diener sind Viehzüchter gewesen von Jugend an bis jetzt, wir wie schon unsere Vorfahren – damit ihr im Land Goschen bleiben dürft. Denn ein Greuel für Ägypten ist jeder Schafhirt.

|1: 26,33! |2: 22,1! |3: 12,2; 17,20; Ex 32,10 |4: 28,15! |5: 45,19 |6–7: Num 20,15; Jos 24,4; Ps 105,23 |6: 50,13 |8–15: Ex 1,1–5 |8–11: Ex 6,14–16 |9: 1Chr 5,3 |10: 1Chr 4,24! |11: 1Chr 5,27! |12: 1Chr 4,1; 1Chr 2,3–4 · 38,30! · Num 26,21; 1Chr 2,5 |13: 1Chr 7,1 |15: 30,21! |16: 1Chr 5,11–12! |17: 1Chr 7,30–31 |18: 29,24! · 30,10–13 |19: 44,27 |20: 41,50! |21: 1Chr 7,6! |24: 1Chr 7,13 |25: 29,29! · 30,5–8 |26–27: Ex 1,5; Dtn 10,22; Apg 7,14 |28–29: 45,10! |29: 33,4! |30: 45,28 |31: 47,1 |33: 47,3 |34: 30,31; 34,5; 37,12 · 45,10! · 43,32!

Jakob vor dem Pharao

47 1 Und Josef ging hinein, berichtete dem Pharao und sprach: Mein Vater und meine Brüder sind mit ihren Schafen und ihren Rindern und mit allem, was ihnen gehört, aus dem Land Kanaan gekommen, und sie sind jetzt im Land Goschen. 2 Aus dem Kreis seiner Brüder hatte er fünf Männer mitgenommen und stellte sie dem Pharao vor. 3 Da sprach der Pharao zu seinen Brüdern: Was ist euer Beruf? Sie sprachen zum Pharao: Schafhirten sind deine Diener, wir wie schon unsere Vorfahren. 4 Und sie sprachen zum Pharao: Wir sind gekommen, um als Fremde im Land zu wohnen, denn es gibt keine Weide mehr für die Schafe, die deinen Dienern gehören, da die Hungersnot schwer auf dem Land Kanaan lastet. Und nun möchten sich deine Diener im Land Goschen niederlassen. 5 Da sprach der Pharao zu Josef: Dein Vater und deine

Brüder sind also zu dir gekommen. 6 Das Land Ägypten steht dir offen. Im besten Teil des Landes lass deinen Vater und deine Brüder wohnen. Sie mögen sich im Land Goschen niederlassen. Und wenn du weisst, dass unter ihnen tüchtige Leute sind, so setze sie als Aufseher über meine eigenen Herden ein. 7 Darauf brachte Josef seinen Vater Jakob hinein und stellte ihn dem Pharao vor, und Jakob segnete den Pharao. 8 Und der Pharao sprach zu Jakob: Wie alt bist du? 9 Jakob sprach zum Pharao: Die Zeit meiner Fremdlingschaft beträgt hundertdreissig Jahre. Kurz und voll Leid war die Zeit meiner Lebensjahre, und sie reicht nicht an die Zeit der Lebensjahre, die meinen Vorfahren in den Tagen ihrer Fremdlingschaft beschieden war. 10 Und Jakob segnete den Pharao, und er ging hinaus und verliess den Pharao. 11 Josef aber siedelte seinen Vater und seine Brüder an und gab ihnen Grundbesitz im Land Ägypten, im besten Teil des Landes, im Gebiet von Ramses, wie der Pharao es geboten hatte. 12 Und Josef sorgte für seinen Vater und seine Brüder und das ganze Haus seines Vaters mit Brot gemäss dem Bedarf der Kinder.

|1–6: 45,10! |1: 46,31 |3: 46,33 |6: 45,18! |7: 10; 14,19 |9: 28 · Hiob 14,1 · 23,4! |10: 7! |11: Num 33,3! |12: 45,7

Josef als Verwalter Ägyptens

13 Es gab aber kein Brot im ganzen Land, denn die Hungersnot war sehr schwer, und das Land Ägypten und das Land Kanaan darbten vor Hunger. 14 Und Josef brachte durch den Verkauf des Getreides, das die Leute kauften, alles Silber zusammen, das sich im Land Ägypten und im Land Kanaan fand. Und Josef lieferte das Silber in das Haus des Pharao ab. 15 Aber das Silber ging aus im Land Ägypten und im Land Kanaan, und alle Ägypter kamen zu Josef und sprachen: Gib uns Brot! Warum sollten wir vor deinen Augen sterben? Denn das Silber ist zu Ende. 16 Josef sprach: Gebt

euer Vieh her, so will ich euch etwas geben für euer Vieh, wenn das Silber zu Ende ist. 17 Da brachten sie ihr Vieh zu Josef, und Josef gab ihnen Brot für die Pferde, die Schaf- und Rinderherden und die Esel. So versorgte er sie in jenem Jahr mit Brot um den Preis ihres gesamten Viehs. 18 Das Jahr ging zu Ende, und im zweiten Jahr kamen sie wieder zu ihm und sprachen zu ihm: Wir können es unserem Herrn nicht verschweigen: Das Silber ist zu Ende, und die Viehherden sind an unseren Herrn übergegangen. Es steht nichts mehr zur Verfügung unseres Herrn als unser Leib und unser Ackerland. 19 Warum sollten wir vor deinen Augen sterben, wir und unser Ackerland? Kaufe uns und unser Ackerland um Brot, so wollen wir mit unserem Ackerland dem Pharao dienstbar sein. Aber gib Saatgut heraus, damit wir am Leben bleiben und nicht sterben und das Ackerland nicht verödet. 20 Da kaufte Josef das ganze Ackerland in Ägypten für den Pharao auf, denn die Ägypter verkauften alle ihr Feld, weil die Hungersnot sie hart drückte. So ging das Land an den Pharao über. 21 Das Volk aber machte er ihm dienstbar, vom einen Ende Ägyptens bis zum anderen. 22 Nur das Ackerland der Priester kaufte er nicht auf, denn die Priester erhielten vom Pharao ein festes Einkommen, und sie nährten sich von ihrem Einkommen, das der Pharao ihnen gab. Darum brauchten sie ihr Ackerland nicht zu verkaufen. 23 Und Josef sprach zum Volk: Heute habe ich euch und euer Ackerland für den Pharao gekauft. Da habt ihr Saatgut, nun besät das Ackerland. 24 Von den Erträgen liefert ihr ein Fünftel dem Pharao ab. Die andern vier Teile aber gehören euch, als Saatgut für das Feld und als Nahrung für euch, eure Hausgenossen und eure Kinder. 25 Sie sprachen: Du hast uns das Leben erhalten. Wenn wir nur Gnade finden in den Augen unseres Herrn, so wollen wir dem Pharao dienstbar sein. 26 So machte es Josef zum Gesetz bis auf den heutigen Tag für das Ackerland in Ägypten, dass dem Pharao der Fünfte gehöre. Nur das Ackerland der Priester ging nicht an den Pharao über.

|13: 41,30 |14: 41,56! |17: 41,36! |19: Neh 5,2 |22: 26; Esra 7,24 |23: 41,36! |24: 26; 41,34 |26: 24! · 22!

47,21: Die Übersetzung «Das Volk aber machte er ihm dienstbar» beruht auf mehreren Textzeugen; der Massoretische Text lautet übersetzt: «Das Volk aber führte er in die Städte über».

Jakobs letzter Wille

27 Israel aber liess sich nieder im Land Ägypten, im Land Goschen. Sie wurden dort ansässig, waren fruchtbar und mehrten sich sehr. 28 Und Jakob lebte im Land Ägypten noch siebzehn Jahre, so dass die Tage Jakobs, seine Lebensjahre, hundertsiebenundvierzig Jahre betrugen. 29 Es nahte aber die Zeit, dass Israel sterben sollte. Da liess er seinen Sohn Josef rufen und sprach zu ihm: Wenn ich Gnade in deinen Augen gefunden habe, so lege deine Hand unter meine Hüfte, dass du mir die Liebe und Treue erweisen wirst: Begrabe mich nicht in Ägypten. 30 Wenn ich mich zu meinen Vorfahren gelegt habe, dann bringe mich aus Ägypten weg und begrabe mich in ihrer Grabstätte. Er sprach: Ja, ich werde tun, was du gesagt hast. 31 Er aber sprach: So schwöre mir! Und er schwor ihm. Da warf sich Israel zum Kopfende des Bettes hin nieder.

48 1 Nach diesen Begebenheiten sagte man zu Josef: Sieh, dein Vater ist krank. Da nahm er seine beiden Söhne Manasse und Efraim mit sich. 2 Und man meldete es Jakob und sagte: Sieh, dein Sohn Josef ist zu dir gekommen. Da nahm Israel seine Kräfte zusammen und setzte sich auf im Bett. 3 Und Jakob sprach zu Josef: El-Schaddai ist mir in Lus im Land Kanaan erschienen und hat mich gesegnet. 4 Er sprach zu mir: Sieh, ich will dich fruchtbar machen und dich mehren, und ich will dich zu einer Grosszahl von Völkern machen. Und dieses Land will ich deinen Nachkommen zu ewigem Besitz geben!

5 Nun aber sollen deine beiden Söhne, die dir im Land Ägypten geboren wurden, bevor ich zu dir nach Ägypten kam, die meinen sein; Efraim und Manasse sollen die meinen sein wie Ruben und Simeon. 6 Die Kinder aber, die du nach ihnen gezeugt hast, sollen die deinen sein; nach dem Namen ihrer Brüder sollen sie in ihrem Erbteil genannt werden. 7 Als ich aus Paddan kam, starb mir Rachel unterwegs im Land Kanaan, als es nur noch ein kleines Stück bis Efrat war, und ich begrub sie dort am Weg nach Efrat – das ist Betlehem.

8 Und Israel sah die Söhne Josefs und sprach: Wer sind diese? 9 Josef sprach zu seinem Vater: Es sind meine Söhne, die mir Gott hier gegeben hat. Da sprach er: Bring sie her zu mir, ich will sie segnen. 10 Israels Augen aber waren vor Alter schwach geworden, er konnte nicht mehr sehen. Und er führte sie zu ihm heran, und er küsste und umarmte sie. 11 Und Israel sprach zu Josef: Ich dachte nicht, dass ich dein Angesicht je wiedersehen würde, und nun hat Gott mich sogar deine Nachkommen sehen lassen. 12 Da nahm sie Josef von seinen Knien und warf sich mit dem Gesicht zur Erde nieder. 13 Dann nahm Josef die beiden, Efraim an seine rechte Hand zur Linken Israels und Manasse an seine linke Hand zur Rechten Israels, und führte sie zu ihm heran. 14 Und Israel streckte seine Rechte aus und legte sie auf den Kopf Efraims, und der war der Jüngere, und seine Linke auf den Kopf Manasses, indem er seine Hände kreuzte, und Manasse war der Erstgeborene. 15 Und er segnete Josef und sprach:
Der Gott, mit dem meine Vorfahren
    Abraham und Isaak gelebt haben,
der Gott, der mein Hirt war
    mein Leben lang bis auf diesen Tag,
16 der Bote, der mich erlöst hat aus aller Not,
    er segne die Knaben,
dass in ihnen mein Name fortlebe

und der Name meiner Vorfahren
    Abraham und Isaak,
dass sie zahlreich werden
    mitten im Land.

17 Josef aber sah, dass sein Vater seine rechte Hand auf den Kopf Efraims gelegt hatte, und dies missfiel ihm. Und er fasste die Hand seines Vaters, um sie vom Kopf Efraims auf Manasses Kopf hinüberzulegen. 18 Und Josef sprach zu seinem Vater: Nicht so, mein Vater; dieser ist der Erstgeborene, leg deine Rechte auf seinen Kopf. 19 Aber sein Vater weigerte sich und sprach: Ich weiss, mein Sohn, ich weiss. Auch dieser wird zu einem Volk werden, und auch er wird gross sein. Aber sein jüngerer Bruder wird grösser sein als er, und seine Nachkommen werden zu einer Menge von Völkern werden. 20 So segnete er sie an jenem Tag, indem er sprach:
Durch dich wird Israel
    segnen und sprechen:
Gott mache dich
    wie Efraim und Manasse.

Und so gab er Efraim den Vorrang vor Manasse. 21 Dann sprach Israel zu Josef: Sieh, ich sterbe nun. Gott aber wird mit euch sein und wird euch in das Land eurer Vorfahren zurückbringen. 22 Und als Vorzug vor deinen Brüdern gebe ich dir einen Bergrücken, den ich den Amoritern mit meinem Schwert und mit meinem Bogen abgenommen habe.

|27: 45,10! · 1,28! |28: 9 · 25,7! |29: Dtn 31,14; 1Kön 2,1 · 24,2 · Jos 2,14 |30: 23,17! |31: 50,5! · 1Kön 1,47; Hebr 11,21 |1: 41,51–52! |3: 35,9! · 28,13! · 28,19! |4: 17,8! |5: 41,51–52! |7: 35,19 |9: 33,5 · 27,4 |10: 27,1! |11: 45,26 |15: 49,22–26 · 24,40! · Ps 23,1 |16: 32,30 · Num 26,34.37 |19: 25,23 · Dtn 33,17 |20: 22,18 · Hebr 11,21 |21: 15,16!|

Jakobs Segen und Tod

49 1 Und Jakob rief seine Söhne und sprach: Versammelt euch, ich will euch verkünden, was euch am Ende der Tage begegnen wird.
2 Kommt zusammen und hört, ihr Söhne Jakobs,
    hört auf euren Vater Israel!

3 Ruben, mein Erstgeborener bist du,
   meine Stärke, der Erstling meiner
Manneskraft,
   Erster an Hoheit und Erster an
Macht.
4 Überschäumend wie Wasser: Du
sollst nicht der Erste bleiben,
   denn bestiegen hast du das Bett
   deines Vaters,
   damals hast du mein Lager entweiht,
   das du bestiegen hast.
5 Simeon und Levi sind Brüder,
   Werkzeuge der Gewalt sind ihre
   Pläne.
6 In ihren Kreis will ich nicht eintreten,
   mit ihrer Versammlung soll sich
   mein Herz nicht vereinen,
denn in ihrem Zorn haben sie Männer
gemordet
   und in ihrem Mutwillen Stiere
   gelähmt.
7 Verflucht sei ihr Zorn, dass er so
mächtig,
   und ihr Grimm, dass er so
   grausam ist.
Verteilen will ich sie unter Jakob,
   zerstreuen will ich sie in Israel.
8 Juda du, dich preisen deine Brüder.
   Deine Hand liegt auf dem Nacken
   deiner Feinde.
Vor dir werfen sich nieder die Söhne
deines Vaters.
9 Ein junger Löwe ist Juda.
   Vom Raub, mein Sohn, wurdest du
   gross.
Er hat sich gekauert, gelagert wie ein
Löwe,
   wie eine Löwin – wer will ihn
   aufstören?
10 Nie weicht das Zepter von Juda,
   der Führerstab von seinen Füssen,
bis sein Herrscher kommt
   und ihm gebührt der Gehorsam der
   Völker.
11 Er bindet an den Weinstock
seinen Esel,
   an die Rebe das Füllen seiner Eselin.
Er wäscht im Wein sein Kleid,
   in Traubenblut sein Gewand.

12 Seine Augen sind dunkler als Wein,
   seine Zähne weisser als Milch.
13 Sebulon wohnt nahe am Ufer
des Meeres,
   am Ufer, wo die Schiffe liegen,
und lehnt seinen Rücken an Sidon.
14 Issaschar ist ein knochiger Esel,
   der zwischen den Viehhürden lagert.
15 Er sah, dass die Ruhe so schön
   und das Land so lieblich war.
Da beugte er seinen Rücken zum
Lastentragen
   und wurde zum Fronknecht.
16 Dan schafft Recht seinem Volk,
   wie nur einer der Stämme Israels.
17 Dan wird zur Schlange auf dem Weg,
   zur Viper auf dem Pfad,
die das Pferd in die Fesseln beisst,
   dass rücklings sein Reiter stürzt.
18 Auf deine Hilfe harre ich, HERR.
19 Gad – Räuberbanden bedrängen ihn,
   er aber drängt ihnen nach auf der
   Ferse.
20 Asser – üppig ist seine Speise,
   ja, er liefert Leckerbissen für den
   König.
21 Naftali ist eine flüchtige Hindin,
   versteht sich auf schöne Reden.
22 Ein junger Fruchtbaum ist Josef,
   ein junger Fruchtbaum am Quell,
   dessen Zweige über die Mauer
   ranken.
23 Es reizten ihn und schossen,
   es befehdeten ihn Pfeilschützen.
24 Doch fest blieb sein Bogen,
   flink waren seine Arme und Hände
durch die Hände des Starken Jakobs,
   durch den Namen des Hirten, des
   Steins Israels,
25 durch den Gott deines Vaters, der
dir helfe,
   durch El-Schaddai, der dich segne
mit Segensfülle des Himmels droben,
   mit Segensfülle der Flut, die tief
   unten lagert,
   mit Segensfülle aus Brüsten und
   Mutterschoss.
26 Die Segnungen deines Vaters sind
reicher
   als die Segensfülle der ewigen Berge,

als die köstlichen Gaben der uralten
Hügel.
Sie mögen kommen auf Josefs Haupt,
auf den Scheitel des Geweihten
unter seinen Brüdern.
27 Benjamin ist ein reissender Wolf.
Am Morgen verschlingt er den Raub,
am Abend verteilt er die Beute.
28 Alle diese sind die zwölf Stämme
Israels, und das ist es, was ihr Vater zu
ihnen redete, als er sie segnete; einem
jeden von ihnen gab er den Segen, der
ihm zukam. 29 Und er gebot ihnen und
sprach zu ihnen: Ich werde nun mit
meinen Vorfahren vereint. Begrabt
mich bei meinen Vorfahren in der
Höhle, die auf dem Feld des Hetiters
Efron liegt, 30 in der Höhle auf dem Feld
Machpela, das gegenüber Mamre im
Land Kanaan liegt, dem Feld, das
Abraham von Efron, dem Hetiter, als
Grabbesitz gekauft hat. 31 Dort hat man
Abraham und Sara, seine Frau, begraben, dort hat man Isaak und Rebekka,
seine Frau, begraben, und dort habe ich
Lea begraben, 32 auf dem Feld mit der
Höhle darauf, das von den Hetitern ge-
kauft wurde. 33 Als Jakob seinen Söhnen
alle diese Anweisungen gegeben hatte,
zog er seine Füsse auf das Bett zurück.
Dann verschied er und wurde mit sei-
nen Vorfahren vereint.

| 1: Num 24,14; Dan 2,28; 10,14 | 2: Ps 34,12;
Spr 4,1; 7,24 | 3: Dtn 21,17 | 4: 35,22 | 5–6: 34,25 | 7:
Spr 29,22 · Jos 19,1.9; 21,1–42 | 8: 1Chr 5,2! | 9:
Num 24,9!; Offb 5,5 | 10: 1Chr 5,2! · Num 24,17;
Ps 60,9 | 11: Jes 63,3! | 13: Jos 19,10–16 | 18: Ps 119,166
| 19: 1Chr 12,9 | 22–26: 48,15 | 22: 41,52 | 24:
Hiob 29,20 · Ps 132,2 | 25: 7,11! · Dtn 33,13 | 27: 35,18 ·
Ri 20,21.25 | 28: Dtn 33,1 | 29–32: 23,17! | 29: 50,12–13
| 31: 25,9 · 35,29 | 33: 25,8 · Apg 7,15

49,10: Andere übersetzen «bis sein Herrscher
kommt»: «bis der kommt, dem es (das Zepter) gehört» oder «bis er nach Schilo kommt».
49,12: Möglich ist auch die Übersetzung: «Seine
Augen funkeln von Wein, seine Zähne sind weiss von
Milch.»
49,22: Möglich ist auch die Übersetzung: «Ein
fruchtbarer Weinstock ist Josef, …»
49,24: Die Übersetzung von «durch den Namen
des Hirten, des Steins Israels» beruht auf einer Korrektur des Massoretischen Texts; dieser lautet übersetzt: «von dort kommt der Hirt».

Jakobs Begräbnis

50 1 Da warf sich Josef über seinen
Vater und weinte über ihm und
küsste ihn. 2 Und Josef befahl den Ärzten, die in seinem Dienst standen, seinen Vater einzubalsamieren, und die
Ärzte balsamierten Israel ein. 3 Darüber
vergingen volle vierzig Tage, denn so
lange dauert die Einbalsamierung. Und
Ägypten beweinte ihn siebzig Tage lang.
4 Und die Tage der Trauer gingen vorüber, und Josef sprach zum Hof des Pharao: Wenn ich Gnade in euren Augen gefunden habe, sagt dem Pharao dies:
5 Mein Vater hat mich schwören lassen
und gesagt: Sieh, ich muss sterben. In
meinem Grab, das ich mir im Land Kanaan angelegt habe, dort sollst du mich
begraben. So will ich denn hinaufziehen
und meinen Vater begraben. Danach
komme ich wieder zurück. 6 Der Pharao
sprach: Zieh hinauf und begrabe deinen
Vater, wie er dich hat schwören lassen.
7 Da zog Josef hinauf, um seinen Vater
zu begraben, und mit ihm zogen alle
Diener des Pharao, die Ältesten seines
Hauses und alle Ältesten des Landes
Ägypten, 8 dazu das ganze Haus Josefs,
seine Brüder und das Haus seines Vaters; nur ihre Kinder und ihre Schafe
und Rinder liessen sie im Land Goschen
zurück. 9 Sogar Wagen und Reiter zogen mit ihm hinauf, und der Zug war gewaltig. 10 Und sie kamen nach Goren-
Atad, das jenseits des Jordan liegt, und
hielten dort eine grosse und feierliche
Totenklage, und er veranstaltete für seinen Vater eine Trauerfeier von sieben
Tagen. 11 Die Bewohner des Landes aber,
die Kanaaniter, beobachteten die
Trauerfeier in Goren-Atad und sprachen: Da hält Ägypten eine grosse
Trauerfeier. Darum nennt man den Ort
Abel-Mizrajim; er liegt jenseits des Jordan. 12 Und seine Söhne verfuhren mit
ihm so, wie er es ihnen geboten hatte:
13 Seine Söhne brachten ihn in das Land
Kanaan und begruben ihn in der Höhle
des Felds Machpela, des Feldes, das
Abraham als Grabbesitz von Efron, dem

Hetiter, gegenüber Mamre gekauft hatte. 14 Nachdem Josef seinen Vater begraben hatte, kehrte er nach Ägypten zurück, er und seine Brüder und alle, die mit ihm hinaufgegangen waren, um seinen Vater zu begraben.

|1: 2Kön 13,14 |2: 26; 2Chr 16,14 |3: Num 20,29; Dtn 34,8 |5: 25; 47,31 |8: 45,10! |10: 1Sam 31,13; Hiob 2,13 |12–13: 49,29 |13: 46,4 · 23,17!

50,11: Der Name Abel-Mizrajim bedeutet ‹Die Trauer Ägyptens›.

Josefs Grossmut. Sein Tod

15 Und die Brüder Josefs sahen, dass ihr Vater gestorben war, und sie sprachen: Wenn nun Josef uns feind ist und uns all das Böse vergilt, das wir ihm angetan haben? 16 So liessen sie Josef sagen: Dein Vater hat vor seinem Tod geboten: 17 Dies sollt ihr zu Josef sagen: Ach, vergib deinen Brüdern ihr Verbrechen und ihre Verfehlung, denn Böses haben sie dir angetan. Nun vergib den Dienern des Gottes deines Vaters ihr Verbrechen. Josef aber weinte, als sie zu ihm redeten. 18 Dann gingen seine Brüder selbst hin, fielen vor ihm nieder und sprachen: Sieh, wir sind deine Sklaven. 19 Josef aber sprach zu ihnen: Fürchtet euch nicht! Bin ich denn an Gottes Statt?

20 Ihr zwar habt Böses gegen mich geplant, Gott aber hat es zum Guten gewendet, um zu tun, was jetzt zutage liegt: ein so zahlreiches Volk am Leben zu erhalten. 21 So fürchtet euch nicht! Ich will für euch und eure Kinder sorgen. Und er tröstete sie und redete ihnen zu Herzen.

22 Josef aber blieb in Ägypten, er und das Haus seines Vaters. Und Josef lebte hundertzehn Jahre. 23 Und Josef sah von Efraim Söhne in der dritten Generation; auch die Söhne des Machir, des Sohns von Manasse, wurden auf den Knien Josefs geboren. 24 Dann sprach Josef zu seinen Brüdern: Ich sterbe nun. Gott aber wird sich euer annehmen, und er wird euch aus diesem Land hinaufführen in das Land, das er Abraham, Isaak und Jakob zugeschworen hat. 25 Und Josef liess die Söhne Israels schwören und sprach: Wenn Gott sich euer annehmen wird, dann führt meine Gebeine von hier mit hinauf. 26 Und Josef starb, hundertzehn Jahre alt. Und sie balsamierten ihn ein, und er wurde in Ägypten in einen Sarg gelegt.

|18: 37,7! |19: 30,2! |20: 37,18 · 45,5 |21: 45,7! |22: Ex 1,5 |23: Hiob 42,16 · Jos 17,1; 1Chr 7,14–15 · 30,3 |24–25: Ex 4,31; Rut 1,6 |24: 15,16! · Ex 33,1 |25: 5! · Ex 13,19; Jos 24,32; Hebr 11,22 |26: Ex 1,6 · 25,7! · Jos 24,29 · 2!

Exodus

(DAS ZWEITE BUCH MOSE)

Israel in Ägypten

1 1 Und dies sind die Namen der Söhne Israels, die nach Ägypten gekommen waren; mit Jakob waren sie gekommen, jeder mit seinem Haus: 2 Ruben, Simeon, Levi und Juda, 3 Issaschar, Sebulon und Benjamin, 4 Dan und Naftali, Gad und Asser. 5 Und es waren insgesamt siebzig, die von Jakob abstammten. Josef aber war schon in Ägypten.

6 Und Josef starb und alle seine Brüder und jene ganze Generation. 7 Die Israeliten aber waren fruchtbar, und es wimmelte von ihnen, sie mehrten sich und wurden übermächtig, und das Land wurde von ihnen voll.

8 Da stand ein neuer König über Ägypten auf, der nichts von Josef wusste. 9 Und er sagte zu seinem Volk: Seht, das Volk der Israeliten ist uns zu gross und

zu mächtig. 10 Auf, wir wollen klug mit ihm umgehen, damit es sich nicht noch weiter mehrt und in einem Krieg nicht auf die Seite unserer Feinde tritt, gegen uns kämpft und hinaufzieht aus dem Land. 11 So setzten sie Fronaufseher über das Volk, um es mit Fronlasten zu unterdrücken, und es musste für den Pharao Vorratsstädte bauen, Pitom und Ramses. 12 Je mehr sie es aber unterdrückten, desto stärker mehrte es sich und breitete es sich aus. Da graute ihnen vor den Israeliten. 13 Und die Ägypter zwangen die Israeliten mit Gewalt zur Arbeit 14 und machten ihnen das Leben schwer mit harter Lehm- und Ziegelarbeit und mit aller Feldarbeit, all der Arbeit, die sie mit Gewalt von ihnen erzwangen.

15 Und der König von Ägypten sprach zu den Hebammen der Hebräerinnen – die eine hiess Schifra, die andere Pua – 16 und sagte: Wenn ihr die Hebräerinnen entbindet, gebt acht bei der Geburt: Ist es ein Sohn, so tötet ihn, ist es aber eine Tochter, so kann sie am Leben bleiben. 17 Die Hebammen aber fürchteten Gott und handelten nicht, wie der König von Ägypten es ihnen gesagt hatte, sondern liessen die Knaben am Leben. 18 Da rief der König von Ägypten die Hebammen und sagte zu ihnen: Warum habt ihr das getan und die Knaben am Leben gelassen? 19 Und die Hebammen sagten zum Pharao: Die Hebräerinnen sind nicht wie die ägyptischen Frauen. Sie gebären wie die Tiere, noch bevor die Hebamme zu ihnen kommt, haben sie geboren. 20 Und Gott liess es den Hebammen gut gehen, und das Volk mehrte sich und wurde sehr mächtig. 21 Und weil die Hebammen Gott fürchteten, gab er auch ihnen Nachkommen. 22 Da gebot der Pharao seinem ganzen Volk: Alle Söhne, die geboren werden, sollt ihr in den Nil werfen, alle Töchter aber dürft ihr am Leben lassen.

|1–5: Gen 46,8–27 · 1Chr 2,1–2 |5: Gen 46,27 · Gen 50,22 |6: Gen 50,26 · Ri 2,10; Apg 7,15 |7:

Gen 1,28! · 12; Apg 7,17 |8: Ri 2,10; Apg 7,18 |10: 1Sam 29,4 · Ps 105,25; Apg 7,18 |11: 5,9! · 1Kön 9,15 · Gen 47,11! |12: 7! · Num 22,3 |14: 5,14 · Jes 10,24 |17: Gen 42,18 |22: Apg 7,19

Geburt und Rettung von Mose

2 1 Und ein Mann aus dem Hause Levi ging und nahm die Tochter Levis zur Frau. 2 Und die Frau wurde schwanger und gebar einen Sohn, und sie sah, dass er schön war. Da versteckte sie ihn drei Monate lang. 3 Länger aber konnte sie ihn nicht versteckt halten. Und sie nahm für ihn einen Korb aus Papyrus und verklebte ihn mit Asphalt und Pech. Und sie legte das Kind hinein und legte ihn ins Schilf am Ufer des Nil. 4 Seine Schwester aber blieb in einiger Entfernung stehen, um zu erfahren, was mit ihm geschehen würde. 5 Da kam die Tochter des Pharao herab, um sich am Nil zu waschen, während ihre Dienerinnen am Ufer des Nil auf und ab gingen. Und sie sah den Korb mitten im Schilf und schickte ihre Sklavin hin und liess ihn holen. 6 Und sie öffnete ihn und erblickte das Kind, und sieh, es war ein weinender Knabe. Da hatte sie Mitleid mit ihm und sagte: Das ist eines von den Kindern der Hebräer. 7 Seine Schwester aber sagte zur Tochter des Pharao: Soll ich gehen und dir eine hebräische Amme rufen, damit sie das Kind für dich stillt? 8 Und die Tochter des Pharao sprach zu ihr: Geh! Da ging die junge Frau und rief die Mutter des Kindes. 9 Und die Tochter des Pharao sprach zu ihr: Nimm dieses Kind mit dir und stille es für mich, und ich werde dir deinen Lohn geben. Da nahm die Frau das Kind und stillte es. 10 Und das Kind wuchs heran, und sie brachte es der Tochter des Pharao, und es wurde ihr Sohn. Und sie nannte es Mose und sprach: Ich habe ihn ja aus dem Wasser gezogen.

|1–2: 6,20; Num 26,59 |2: Apg 7,20; Hebr 11,23

2,10: Im Namen Mose sollte ein Anklang an das hebräische Wort für ‹herausziehen› gehört werden.

Mose in Midian

11 Zu jener Zeit, als Mose heranwuchs, ging er hinaus zu seinen Brüdern und sah, wie sie ihre Fronarbeit verrichteten. Und er sah, wie ein Ägypter einen Hebräer, einen seiner Brüder, erschlug. 12 Da schaute er sich nach allen Seiten um und sah, dass niemand da war. Und er erschlug den Ägypter und verscharrte ihn im Sand. 13 Am nächsten Tag aber ging er wieder hinaus, und sieh, zwei Hebräer stritten miteinander. Da sagte er zu dem, der im Unrecht war: Warum schlägst du einen, der zu dir gehört? 14 Der aber sagte: Wer hat dich zum Aufseher und Richter über uns gesetzt? Willst du mich umbringen, wie du den Ägypter umgebracht hast? Da fürchtete sich Mose und dachte: Es ist also doch bemerkt worden.

15 Der Pharao aber hörte davon und trachtete danach, Mose umzubringen. Mose aber floh vor dem Pharao, und im Land Midian liess er sich am Brunnen nieder. 16 Der Priester von Midian aber hatte sieben Töchter. Und sie kamen und schöpften Wasser und füllten die Tränkrinnen, um die Schafe ihres Vaters zu tränken. 17 Es kamen aber die Hirten und vertrieben sie. Da erhob sich Mose und half ihnen und tränkte ihre Schafe. 18 Sie aber gingen heim zu Reguel, ihrem Vater. Und er sagte: Warum seid ihr heute so früh zurück? 19 Und sie sagten: Ein Ägypter hat uns aus der Hand der Hirten gerettet und hat uns sogar Wasser geschöpft und die Schafe getränkt. 20 Da sagte er zu seinen Töchtern: Und wo ist er? Warum habt ihr den Mann zurückgelassen? Ladet ihn ein, mit uns zu essen. 21 Und Mose entschloss sich, bei dem Mann zu bleiben. Dieser aber gab Mose seine Tochter Zippora zur Frau. 22 Und sie gebar einen Sohn, und er nannte ihn Gerschom, denn er sprach: Als Fremder wurde ich aufgenommen in einem fremden Land.

23 Während jener langen Zeit starb der König von Ägypten. Die Israeliten aber stöhnten unter der Arbeit und schrien, und von der Arbeit stieg ihr Hilferuf auf zu Gott. 24 Und Gott hörte ihr Seufzen, und Gott gedachte seines Bundes mit Abraham, Isaak und Jakob. 25 Und Gott sah auf die Israeliten, und Gott nahm sich ihrer an.

|11–13: Hebr 11,24 |14: Gen 19,9; Num 16,13; Apg 7,35 |15: 18,4! · Apg 7,29; Hebr 11,27 |16: 3,1; 4,18; 18,1 · Gen 24,11! |21: 4,25; 18,2; Num 12,1 |22: 18,3; Apg 7,6 |23: Num 20,16; 1Sam 12,8 · 3,7! · Ri 4,3 |24: 6,4–5! · 2Kön 13,23; Ps 105,8–10 |25: 3,7!

2,22: Im Namen Gerschom klingt das hebräische Wort für ‹Fremder› an.

Berufung des Mose

3 1 Und Mose weidete die Schafe seines Schwiegervaters Jitro, des Priesters von Midian. Und er trieb die Schafe über die Wüste hinaus und kam an den Gottesberg, den Choreb. 2 Da erschien ihm der Bote des HERRN in einer Feuerflamme mitten aus dem Dornbusch. Und er sah hin, und sieh, der Dornbusch stand in Flammen, aber der Dornbusch wurde nicht verzehrt. 3 Da dachte Mose: Ich will hingehen und diese grosse Erscheinung ansehen. Warum verbrennt der Dornbusch nicht? 4 Und der HERR sah, dass er kam, um zu schauen. Und Gott rief ihn aus dem Dornbusch und sprach: Mose, Mose! Und er sprach: Hier bin ich. 5 Und er sprach: Komm nicht näher. Nimm deine Sandalen von den Füssen, denn der Ort, wo du stehst, ist heiliger Boden. 6 Dann sprach er: Ich bin der Gott deines Vaters, der Gott Abrahams, der Gott Isaaks und der Gott Jakobs. Da verhüllte Mose sein Angesicht, denn er fürchtete sich, zu Gott hin zu blicken. 7 Und der HERR sprach: Ich habe das Elend meines Volks in Ägypten gesehen, und ihr Schreien über ihre Antreiber habe ich gehört, ich kenne seine Schmerzen. 8 So bin ich herabgestiegen, um es aus der Hand Ägyptens zu erretten und aus jenem Land hinaufzuführen in ein schönes und weites Land, in ein Land, wo Milch und Honig fliessen, in das Gebiet der Kanaaniter und der Hetiter und der Amoriter und der Perissiter und der Chiwwiter und der Je-

busiter. 9 Sieh, das Schreien der Israeliten ist zu mir gedrungen, und ich habe auch gesehen, wie die Ägypter sie quälen. 10 Und nun geh, ich sende dich zum Pharao. Führe mein Volk, die Israeliten, heraus aus Ägypten. 11 Mose aber sagte zu Gott: Wer bin ich, dass ich zum Pharao gehen und die Israeliten aus Ägypten herausführen könnte? 12 Da sprach er: Ich werde mit dir sein, und dies sei dir das Zeichen, dass ich dich gesandt habe: Wenn du das Volk aus Ägypten herausgeführt hast, werdet ihr an diesem Berg Gott dienen.

13 Mose aber sagte zu Gott: Wenn ich zu den Israeliten komme und ihnen sage: Der Gott eurer Vorfahren hat mich zu euch gesandt, und sie sagen zu mir: Was ist sein Name?, was soll ich ihnen dann sagen? 14 Da sprach Gott zu Mose: Ich werde sein, der ich sein werde. Und er sprach: So sollst du zu den Israeliten sprechen: Ich-werde-sein hat mich zu euch gesandt.

15 Und weiter sprach Gott zu Mose: So sollst du zu den Israeliten sprechen: Der HERR, der Gott eurer Vorfahren, der Gott Abrahams, der Gott Isaaks und der Gott Jakobs, hat mich zu euch gesandt. Das ist mein Name für immer, und so soll man mich anrufen von Generation zu Generation. 16 Geh und versammle die Ältesten Israels und sprich zu ihnen: Der HERR, der Gott eurer Vorfahren, ist mir erschienen, der Gott Abrahams, Isaaks und Jakobs, und hat gesagt: Ich habe auf euch geachtet und auf das, was euch angetan wird in Ägypten. 17 Und ich habe beschlossen: Ich will euch aus dem Elend Ägyptens hinaufführen in das Land der Kanaaniter und der Hetiter und der Amoriter und der Perissiter und der Chiwwiter und der Jebusiter, in ein Land, wo Milch und Honig fliessen. 18 Und sie werden auf deine Stimme hören. Du aber sollst mit den Ältesten Israels zum König von Ägypten gehen, und ihr sollt zu ihm sagen: Der HERR, der Gott der Hebräer, ist uns begegnet. Und nun wollen wir drei Tagereisen weit in die Wüste gehen und dem HERRN, unserem Gott, Opfer darbringen. 19 Ich weiss aber, dass der König von Ägypten euch nicht gehen lassen wird, doch seine Hand ist nicht stark. 20 Ich aber werde meine Hand ausstrecken und Ägypten schlagen mit allen meinen Wundern, die ich in seiner Mitte tun werde, und danach wird er euch ziehen lassen. 21 Und ich werde diesem Volk bei den Ägyptern Gunst verschaffen, und wenn ihr geht, werdet ihr nicht mit leeren Händen gehen. 22 Jede Frau soll sich von ihrer Nachbarin und ihrer Hausgenossin silberne und goldene Sachen und Kleider erbitten, die sollt ihr euren Söhnen und Töchtern mitgeben, und so werdet ihr Ägypten plündern.

4 1 Daraufhin sagte Mose: Sieh, sie werden mir nicht glauben und auf meine Stimme nicht hören, sondern sagen: Der HERR ist dir nicht erschienen. 2 Der HERR aber sprach zu ihm: Was hast du da in deiner Hand? Und er sagte: Einen Stab. 3 Und er sprach: Wirf ihn auf die Erde! Da warf er ihn auf die Erde, und er wurde zu einer Schlange, und Mose floh vor ihr. 4 Der HERR aber sprach zu Mose: Strecke deine Hand aus und fasse sie beim Schwanz! Da streckte er seine Hand aus und ergriff sie, und in seiner Hand wurde sie wieder zu einem Stab. 5 Damit sie glauben, dass dir der HERR erschienen ist, der Gott ihrer Vorfahren, der Gott Abrahams, der Gott Isaaks und der Gott Jakobs. 6 Und der HERR sprach weiter zu ihm: Stecke deine Hand in die Falten deines Gewandes. Und er steckte seine Hand in sein Gewand, zog sie heraus, und sieh, seine Hand war von Aussatz überschneit. 7 Und er sprach: Stecke deine Hand noch einmal in dein Gewand. Und er steckte seine Hand wieder in sein Gewand und zog sie aus seinem Gewand, und sieh, sie war wieder gesund. 8 Wenn sie dir aber nicht glauben und auf das erste Zeichen nicht hören, werden sie dem zweiten Zeichen glauben. 9 Wenn sie aber diesen beiden Zeichen

nicht glauben und auf deine Stimme nicht hören, so nimm vom Wasser des Nil und giesse es auf trockenes Land, und das Wasser, das du aus dem Nil nimmst, wird auf dem trockenen Land zu Blut werden. 10 Mose aber sagte zum HERRN: Herr, ich bin kein Mann von Worten. Ich war es früher nicht und bin es auch nicht, seit du zu deinem Diener redest; schwerfällig sind mein Mund und meine Zunge. 11 Da sprach der HERR zu ihm: Wer hat dem Menschen einen Mund gemacht, wer macht stumm oder taub oder sehend oder blind? Bin nicht ich es, der HERR? 12 Und nun geh, ich selbst werde mit deinem Mund sein und dich lehren, was du reden sollst. 13 Er aber sagte: Herr, sende, wen immer du senden willst! 14 Da entbrannte der Zorn des HERRN über Mose, und er sprach: Ist da nicht dein Bruder Aaron, der Levit? Ich weiss, dass er zu reden versteht. Sieh, schon kommt er dir entgegen, und wenn er dich sieht, wird er sich von Herzen freuen. 15 Rede mit ihm und lege ihm die Worte in den Mund; ich selbst werde mit deinem und mit seinem Mund sein und euch lehren, was ihr tun sollt. 16 Er wird für dich zum Volk reden, und er wird dein Mund und du wirst sein Gott sein. 17 Diesen Stab aber nimm in deine Hand, mit ihm wirst du die Zeichen tun.

|3,1–4,17: 6,2–13 |1–12: Apg 7,30–34 |1: 1Sam 16,11! · 2,16! · 17,6 · 4,27! |2: Dtn 33,16; Mk 12,26 |4: 19,3 · Lev 1,1 · 33,12; Gen 22,1! |5: Gen 28,17 · Jos 5,15 |6: 15; 4,5; Gen 28,13! · 1Kön 19,13 · 33,20 |7: 9.16; 2,23.25; Neh 9,9 |8: Dtn 1,25! · 17; 13,5; 33,3 · Gen 15,20–21 |9,7! |10: 7,16; Ps 105,26 |11: 1Sam 18,18; 2Sam 7,18; 1Chr 29,14 · 4,10! |12: 1Sam 14,10 · Apg 7,7 |14: 6,2; Jes 42,8!; 52,6; Jer 33,2 |15: 6! · 6,3; 15,3 |16: 4,29 · 7! |17: 8! |18: 4,1! · 5,3; 8,23 |19: 6,1 |20: 7,3 · Dtn 6,22; Neh 9,10; Jer 32,20 |21: 11,2–3; 12,35–36; Esra 1,6; Ps 105,37 |22: 12,35; Gen 15,14 |1: 31; 3,18; 6,12 |3: 7,9–10 |5: 3,6! |6: Num 12,10; 2Kön 5,27 |9: 7,19–20! |10: 13; 3,11; Ri 6,15; Jer 1,6 |11: Ps 94,9; Spr 20,12 |12: 15! |13: 10! |15: 12; Dtn 18,18; Jes 51,16; Jer 1,9 |16: 7,1–2

3,14: «Ich-werde-sein» soll den Gottesnamen Jahwe (in dieser Übersetzung: HERR) erklären, bei dem ein Anklang an hebräisch ‹er wird sein› gehört werden sollte.

Rückkehr nach Ägypten

18 Da ging Mose zurück zu seinem Schwiegervater Jitro und sagte zu ihm: Ich will zu meinen Brüdern in Ägypten zurückgehen und sehen, ob sie noch am Leben sind. Und Jitro sprach zu Mose: Geh in Frieden. 19 Und der HERR sprach zu Mose in Midian: Geh zurück nach Ägypten, denn alle, die dir nach dem Leben trachteten, sind gestorben. 20 Da nahm Mose seine Frau und seine Söhne und setzte sie auf den Esel und kehrte zurück in das Land Ägypten. Und Mose nahm den Gottesstab in seine Hand. 21 Und der HERR sprach zu Mose: Wenn du nun gehst und nach Ägypten zurückkehrst, denke an alle Wunderzeichen, die ich dir in die Hand gegeben habe, und tue sie vor dem Pharao. Ich aber werde sein Herz verhärten, und er wird das Volk nicht ziehen lassen. 22 Dann sollst du zum Pharao sagen: So spricht der HERR: Israel ist mein erstgeborener Sohn. 23 Und ich habe dir gesagt: Lass meinen Sohn ziehen, damit er mir diene. Du aber hast dich geweigert, ihn ziehen zu lassen; sieh, jetzt töte ich deinen erstgeborenen Sohn.

24 Unterwegs aber, im Nachtlager, trat ihm der HERR entgegen und wollte ihn töten. 25 Da nahm Zippora einen scharfen Stein und schnitt die Vorhaut ihres Sohns ab und berührte damit seine Füsse und sprach: Ein Blutbräutigam bist du mir. 26 Da liess er von ihm ab. Der Beschneidung wegen sagte sie damals: Blutbräutigam.

27 Und der HERR sprach zu Aaron: Geh in die Wüste, um Mose zu treffen. Und er ging und traf ihn am Gottesberg und küsste ihn. 28 Und Mose sagte Aaron alle Worte des HERRN, der ihn gesandt, und alle Zeichen, die er ihm aufgetragen hatte. 29 Dann ging Mose mit Aaron, und sie versammelten alle Ältesten der Israeliten. 30 Und Aaron sprach alle Worte, die der HERR zu Mose gesagt hatte, und er tat die Zeichen vor den Augen des Volks. 31 Und das Volk glaubte. Und sie hörten, dass der HERR sich der

Israeliten angenommen und ihr Elend
gesehen hatte, und sie verneigten sich
und warfen sich nieder.

| 18: 2,16! | 19: Mt 2,20 | 20: 18,3–6 · 17,9; 24,13;
33,11 | 22: Dtn 1,31; 32,6; Jer 31,9; Hos 11,1 | 23: 5,1 ·
7,16! · 8,17! · 11,5! | 24: Gen 17,14 · Gen 32,25–33 | 25:
2,21! · Jos 5,2 | 27: 3,1; 18,5; 24,13 | 28: 19,7; Num 30,1
| 29: 3,16 | 31: 1! · 14,31! · Gen 50,24–25! · 12,27

4,25: ‹Füsse› ist an dieser Stelle eine Umschreibung für die Geschlechtsteile.

Mose und Aaron vor dem Pharao

5 1 Danach gingen Mose und Aaron
hinein und sprachen zum Pharao: So
spricht der HERR, der Gott Israels: Lass
mein Volk ziehen, damit sie mir in der
Wüste ein Fest feiern. 2 Der Pharao aber
sagte: Wer ist der HERR, dass ich auf
seine Stimme hören und Israel ziehen
lassen sollte? Ich kenne den HERRN
nicht und werde auch Israel nicht ziehen lassen. 3 Da sprachen sie: Der Gott
der Hebräer ist uns begegnet. Drei Tagereisen weit wollen wir in die Wüste gehen und dem HERRN, unserem Gott, opfern, damit er uns nicht schlägt mit Pest
oder Schwert. 4 Der König von Ägypten
aber sprach zu ihnen: Mose und Aaron,
warum wollt ihr das Volk von seinen Arbeiten abhalten? Geht an eure Fronar-
beiten! 5 Und der Pharao sagte: Seht, so
zahlreich ist jetzt das Volk des Landes,
und ihr wollt sie ruhen lassen von ihrer
Fron. 6 Und am selben Tag befahl der
Pharao den Antreibern des Volks und
seinen Aufsehern: 7 Ihr dürft dem Volk
zum Ziegelmachen keinen Häcksel
mehr geben wie bisher. Sie sollen selbst
gehen und Häcksel sammeln. 8 Die Zahl
an Ziegeln aber, die sie bisher gemacht
haben, sollt ihr weiterhin von ihnen
verlangen und nichts davon erlassen.
Denn sie sind faul, darum schreien sie:
Wir wollen gehen und unserem Gott opfern. 9 Schwer muss die Arbeit auf den
Leuten lasten, so dass sie beschäftigt
sind und nicht auf verführerische Reden
hören. 10 Da gingen die Antreiber des
Volks und seine Aufseher hinaus und
sprachen zum Volk: So spricht der Pharao: Ich gebe euch keinen Häcksel mehr.

11 Geht selbst, holt euch Häcksel, wo ihr
ihn findet, von eurer Arbeit aber wird
euch nichts erlassen. 12 Da zerstreute
sich das Volk im ganzen Land Ägypten,
um Stroh für Häcksel zu sammeln.
13 Die Antreiber aber drängten und sagten: Erfüllt eure tägliche Arbeit wie zuvor, als es noch Häcksel gab. 14 Und die
Aufseher der Israeliten, die die Antreiber des Pharao über sie eingesetzt hatten, wurden geschlagen: Warum habt
ihr gestern und heute nicht euer volles
Mass an Ziegeln abgeliefert wie bisher?
15 Da kamen die Aufseher der Israeliten
und klagten vor dem Pharao: Warum behandelst du deine Knechte so? 16 Deinen Knechten gibt man keinen Häcksel,
und doch sagt man uns: Stellt Ziegel her!
Und sieh, deine Knechte werden geschlagen, und dein Volk trägt die Schuld.
17 Er aber sagte: Faul seid ihr, faul!
Darum sagt ihr: Wir wollen gehen und
dem HERRN opfern. 18 Und nun geht
und tut eure Arbeit! Häcksel wird euch
nicht gegeben, doch die vorgeschriebene Zahl an Ziegeln müsst ihr abliefern. 19 Da sahen die Aufseher der Israeliten diese böse an und sagten: Eure
tägliche Menge an Ziegeln dürft ihr
nicht verkleinern. 20 Und als sie vom
Pharao kamen, trafen sie Mose und
Aaron, die dastanden und sie erwarteten. 21 Und sie sprachen zu ihnen: Der
HERR sehe auf euch und richte darüber,
dass ihr uns beim Pharao und seinen
Dienern in Verruf gebracht habt. Ihr
habt ihnen ein Schwert in die Hand gegeben, uns zu töten. 22 Da wandte sich
Mose zum HERRN und sprach: Herr,
warum hast du diesem Volk Böses angetan, warum hast du mich gesandt?
23 Seitdem ich zum Pharao gekommen
bin, um in deinem Namen zu reden, hat
er diesem Volk nur Böses angetan; du
aber hast dein Volk nicht gerettet.

6 1 Da sprach der HERR zu Mose: Jetzt
wirst du sehen, was ich dem Pharao
tun werde. Er wird sie ziehen lassen, mit
starker Hand, und mit starker Hand
wird er sie aus seinem Land vertreiben.

|1: 4,23 · 10,9 |2: Spr 30,9!; Dan 3,15 |3: 3,18! ·
Lev 26,25 |9: 1,11; Gen 15,13; Dtn 26,6 |14: 1,14 |18:
1Kön 12,11 |21: Gen 34,30! |22: Num 11,11; Jos 7,7 |1:
Num 11,23; 2Chr 20,17 · 3,19 · 11,1!

5,19: Möglich ist auch die Übersetzung: «Da sahen die Aufseher der Israeliten, dass sie in einer üb-
len Lage waren, weil man sagte: …»

Der HERR gibt sich Mose zu erkennen

2 Da redete Gott mit Mose und
sprach zu ihm: Ich bin der HERR. 3 Abraham, Isaak und Jakob bin ich als El-
Schaddai erschienen, mit meinem Namen ‹HERR› aber habe ich mich ihnen
nicht kundgetan. 4 Auch habe ich meinen Bund mit ihnen aufgerichtet, ihnen
das Land Kanaan zu geben, das Land, in
dem sie sich als Fremde aufhielten.
5 Und ich habe auch das Seufzen der Israeliten gehört, die Ägypten zur Arbeit
zwingt. Da habe ich mich meines Bundes erinnert. 6 Darum sprich zu den Israeliten: Ich bin der HERR. Ich werde
euch aus der Fron Ägyptens herausführen und euch aus ihrem Dienst erretten
und euch erlösen mit ausgestrecktem
Arm und durch gewaltige Gerichte.
7 Ich werde euch annehmen als mein
Volk und euer Gott sein, und ihr sollt erkennen, dass ich der HERR bin, euer
Gott, der euch herausführt aus der Fron
Ägyptens. 8 Und ich werde euch in das
Land bringen, das ich Abraham, Isaak
und Jakob zu geben geschworen habe,
und werde es euch zum Besitz geben,
ich, der HERR. 9 So redete Mose zu den
Israeliten, sie aber hörten nicht auf
Mose, aus Kleinmut und der harten
Arbeit wegen.
10 Da sprach der HERR zu Mose:
11 Geh hinein, sage dem Pharao, dem
König von Ägypten, dass er die Israeliten aus seinem Land ziehen lassen soll.
12 Mose aber sagte vor dem HERRN:
Sieh, die Israeliten haben nicht auf mich
gehört, wie sollte da der Pharao auf mich
hören, bin ich doch ungeschickt im Reden.
13 Da sprach der HERR zu Mose und
Aaron und gebot ihnen, zu den Israeliten und zum Pharao, dem König von

Ägypten, zu gehen und die Israeliten aus
dem Land Ägypten herauszuführen.

|2–13: 3,1–4,17 |2: 3,14! |3: Gen 17,1 · 3,15! |4–5:
Gen 15,18; 17,8! |6: Dtn 4,34; 26,8 · 7,4 |7: 15,16;
19,5 · 16,12; Dtn 29,5 |8: Gen 22,16; Ez 20,5 |12: 4,1! ·
30; Jes 6,5

6,3: Siehe die Anm. zu Gen 17,1.
6,12: Wörtlich: «…, bin ich doch unbeschnitten an
den Lippen.»

Die Vorfahren von Mose und Aaron

14 Dies waren die Häupter ihrer Familien: Die Söhne Rubens, des Erstgeborenen Israels, waren Henoch, Pallu,
Chezron und Karmi. Das waren die Sippen Rubens. 15 Und die Söhne Simeons
waren Jemuel, Jamin, Ohad, Jachin, Zochar und Schaul, der Sohn der Kanaaniterin. Das waren die Sippen Simeons.
16 Und dies waren die Namen der
Söhne Levis nach ihren Geschlechtern:
Gerschon, Kehat und Merari. Und die
Lebenszeit Levis betrug hundertsiebenunddreissig Jahre. 17 Die Söhne Gerschons waren Libni und Schimi, je eine
Sippe. 18 Und die Söhne Kehats waren
Amram, Jizhar, Chebron und Ussiel.
Und die Lebenszeit Kehats betrug hun-
dertdreiunddreissig Jahre. 19 Und die
Söhne Meraris waren Machli und
Muschi. Das waren die Sippen der Levi-
ten nach ihren Geschlechtern. 20 Und
Amram nahm sich Jochebed, die
Schwester seines Vaters, zur Frau, und
sie gebar ihm Aaron und Mose. Und die
Lebenszeit Amrams betrug hundertsie-
benunddreissig Jahre. 21 Und die Söhne
Jizhars waren Korach, Nefeg und Sichri.
22 Und die Söhne Ussiels waren Mi-
schael, Elzafan und Sitri. 23 Aaron aber
nahm sich Elischeba, die Tochter Ammi-
nadabs, die Schwester Nachschons, zur
Frau, und sie gebar ihm Nadab und
Abihu, Elasar und Itamar. 24 Und die
Söhne Korachs waren Assir, Elkana und
Abiasaf. Das waren die Sippen der Ko-
rachiter. 25 Elasar aber, der Sohn
Aarons, nahm sich eine von den Töch-
tern Putiels zur Frau, und sie gebar ihm
Pinechas. Das waren die Familienhäup-

ter der Leviten, Sippe um Sippe.
26 Aaron und Mose waren es, zu denen
der HERR sprach: Führt die Israeliten,
Heerschar um Heerschar, aus dem Land
Ägypten. 27 Sie waren es, die mit dem
Pharao, dem König von Ägypten, redeten, um die Israeliten aus Ägypten hinauszuführen. Das waren Mose und
Aaron.

|14: Num 1,18 · Num 26,5–9; 1Chr 5,3 |15:
1Chr 4,24! |16–25: Num 26,57–60 |16: 1Chr 5,27!
|17–19: Num 3,20; 1Chr 23,21; 24,26 |18: 1Chr 23,12 ·
1Chr 15,10 |20: 2,1–2! · Lev 18,12 · Num 26,59;
1Chr 23,13 |21: Num 16,1 |22: Lev 10,4; Num 3,30 |23:
Num 1,7 · 24,1! · 28,1! |24: Num 26,11 |25: Num 25,7;
Jos 22,13; Ri 20,28 |26: 12,41!

Mose und Aaron vor dem Pharao
28 Als der HERR im Land Ägypten
mit Mose redete, 29 sprach der HERR zu
Mose: Ich bin der HERR. Sage dem Pharao, dem König von Ägypten, alles, was
ich dir sage. 30 Mose aber sagte vor dem
HERRN: Sieh, ich bin im Reden ungeschickt, wie sollte da der Pharao auf
mich hören?

7 1 Da sprach der HERR zu Mose: Sieh,
ich mache dich zum Gott für den
Pharao, und Aaron, dein Bruder, wird
dein Prophet sein. 2 Du sollst alles sagen, was ich dir gebiete, und dein Bruder Aaron soll es dem Pharao sagen, damit er die Israeliten aus seinem Land
ziehen lässt. 3 Ich aber werde das Herz
des Pharao hart machen und werde viele
Zeichen und Wunder tun im Land Ägypten. 4 Der Pharao aber wird nicht auf
euch hören. So werde ich meine Hand
gegen Ägypten erheben, und durch gewaltige Gerichte werde ich meine Heerscharen, mein Volk, die Israeliten, aus
dem Land Ägypten herausführen.
5 Dann werden die Ägypter erkennen,
dass ich der HERR bin, wenn ich meine
Hand gegen Ägypten ausstrecke und die
Israeliten aus ihrer Mitte herausführe.
6 Und Mose und Aaron machten es; wie
der HERR es ihnen geboten hatte, so
machten sie es. 7 Und Mose war achtzig
Jahre und Aaron dreiundachtzig Jahre
alt, als sie mit dem Pharao redeten.

8 Und der HERR sprach zu Mose und
Aaron: 9 Wenn der Pharao mit euch redet und sagt: Tut ein Wunder, dann
sollst du zu Aaron sagen: Nimm deinen
Stab und wirf ihn vor den Pharao, er soll
zu einer Schlange werden. 10 Da gingen
Mose und Aaron zum Pharao und handelten so, wie der HERR es geboten
hatte. Aaron warf seinen Stab vor den
Pharao und seine Diener, und er wurde
zu einer Schlange. 11 Da rief auch der
Pharao die Weisen und Zauberer, und
auch sie, die Wahrsager Ägyptens, taten
dasselbe mit ihren Zauberkräften. 12 Sie
alle warfen ihre Stäbe hin, und sie wurden zu Schlangen, Aarons Stab aber verschlang ihre Stäbe. 13 Aber das Herz des
Pharao blieb hart, und er hörte nicht auf
sie, wie es der HERR gesagt hatte.

|29: 7,2; Jer 1,7.17; Ez 2,7 |30: 12! |1–2: 4,16 |2:
6,29! |3: 3,20 · Ps 105,27; Apg 7,36 |4: 6,6 |5: 17! |6:
9.20!; 12,28.50; 14,4 |7: Dtn 31,2 · Num 33,39 |9–10:
4,3 |9: 6 |11: Gen 41,8! · 8,3!

Erste Plage: Wasser wird zu Blut
14 Da sprach der HERR zu Mose: Verstockt ist das Herz des Pharao; er weigert
sich, das Volk ziehen zu lassen. 15 Geh
zum Pharao in der Frühe, denn da geht
er ans Wasser hinaus, und tritt vor ihn
hin am Ufer des Nil, und den Stab, der
sich in eine Schlange verwandelt hat,
nimm in deine Hand. 16 Sprich zu ihm:
Der HERR, der Gott der Hebräer, hat
mich zu dir gesandt, dir zu sagen: Lass
mein Volk ziehen, damit sie mir in der
Wüste dienen. Du aber hast bis jetzt
nicht hören wollen. 17 So spricht der
HERR: Daran sollst du erkennen, dass
ich der HERR bin: Sieh, ich will mit dem
Stab in meiner Hand auf das Wasser des
Nil schlagen, und es wird sich in Blut
verwandeln. 18 Die Fische im Nil werden sterben, und der Nil wird stinken,
und die Ägypter werden das Wasser des
Nil nicht mehr trinken können.

19 Und der HERR sprach zu Mose:
Sage zu Aaron: Nimm deinen Stab und
strecke deine Hand aus über die Gewässer Ägyptens, über ihre Flüsse, Kanäle
und Teiche und über alle ihre Wasser-

stellen, damit sie zu Blut werden. Und Blut soll sein im ganzen Land Ägypten, selbst in den Bäumen und in den Steinen. 20 Da handelten Mose und Aaron so, wie der HERR es geboten hatte. Er erhob den Stab und schlug das Wasser des Nil vor den Augen des Pharao und seiner Diener, und alles Wasser des Nil verwandelte sich in Blut. 21 Und die Fische im Nil starben, und der Nil stank, und die Ägypter konnten das Wasser des Nil nicht trinken. Und das Blut war im ganzen Land Ägypten. 22 Die Wahrsager Ägyptens aber taten dasselbe mit ihren Zauberkräften. Und so blieb das Herz des Pharao hart, und er hörte nicht auf sie, wie es der HERR gesagt hatte. 23 Und der Pharao wandte sich ab und ging in sein Haus; und er nahm sich auch dies nicht zu Herzen. 24 Alle Ägypter aber gruben in der Umgebung des Nil nach Trinkwasser, denn das Wasser des Nil konnten sie nicht trinken. 25 So vergingen volle sieben Tage, nachdem der HERR den Nil geschlagen hatte.

|16: 3,10! · 26; 3,18; 5,3; 4,23; 8,16; 9,1.13; 10,3 |17: 5; 8,18; 9,29 |19–20: 4,9; Ps 78,44; 105,29; Offb 8,8! |20: 6! · 17,5; Num 20,8 |21: Ps 105,29; Jes 19,8 |22: 8,3! |23: 9,21

Zweite Plage: Frösche

26 Dann sprach der HERR zu Mose: Geh hinein zum Pharao und sage zu ihm: So spricht der HERR: Lass mein Volk ziehen, damit sie mir dienen. 27 Wenn du dich aber weigerst, es ziehen zu lassen, sieh, dann will ich dein ganzes Gebiet mit Fröschen plagen. 28 Und der Nil wird von Fröschen wimmeln, und sie werden heraufkommen und in dein Haus eindringen, in dein Schlafgemach und bis auf dein Bett, in das Haus deiner Diener und zu deinem Volk, in deine Backöfen und Backtröge. 29 Und über dich und dein Volk und über deine Diener werden die Frösche kommen.

8 1 Und der HERR sprach zu Mose: Sage zu Aaron: Strecke deine Hand mit deinem Stab aus über die Flüsse, über die Kanäle und über die Teiche,

und lass die Frösche über das Land Ägypten kommen. 2 Da streckte Aaron seine Hand aus über die Gewässer Ägyptens, und die Frösche kamen herauf und bedeckten das Land Ägypten. 3 Die Wahrsager mit ihren Zauberkräften aber taten dasselbe und liessen die Frösche über das Land Ägypten kommen. 4 Da rief der Pharao Mose und Aaron und sprach: Betet zum HERRN, dass er mich und mein Volk von den Fröschen befreit. Dann will ich das Volk ziehen lassen, damit sie dem HERRN opfern. 5 Und Mose sprach zum Pharao: Bestimme über mich, auf wann ich für dich, für deine Diener und für dein Volk erbitten soll, dass die Frösche von dir genommen und aus deinen Häusern ausgerottet werden. Nur im Nil sollen sie übrig bleiben. 6 Und er sprach: Auf morgen. Da sprach er: Es geschehe nach deinem Wort, damit du erkennst, dass es keinen gibt wie den HERRN, unseren Gott. 7 Die Frösche werden von dir und aus deinen Häusern weichen, von deinen Dienern und von deinem Volk. Nur im Nil werden sie übrig bleiben. 8 Da verliessen Mose und Aaron den Pharao, und Mose schrie zum HERRN der Froschplage wegen, die er über den Pharao gebracht hatte. 9 Und der HERR handelte nach dem Wort des Mose, und die Frösche starben weg in den Häusern, in den Höfen und auf den Feldern. 10 Und man häufte sie scheffelweise zusammen, und das Land stank davon. 11 Der Pharao aber sah, dass es eine Erleichterung gab. Da verhärtete er sein Herz und hörte nicht auf sie, wie es der HERR gesagt hatte.

|26: 16! |27: 8,17! · 8,1; Ps 78,45; 105,30; Offb 16,13 |1: Jos 8,18 · 7,27! |3: 14; 7,11.22; 9,11 |4: 24; 9,28; 10,17; 1Kön 13,6 |6: 9,14; 15,11 |8: 26; 9,33; 10,18; 32,11

Dritte Plage: Mücken

12 Da sprach der HERR zu Mose: Sage zu Aaron: Strecke deinen Stab aus und schlage den Staub der Erde, dann wird er zu Mücken werden im ganzen Land Ägypten. 13 Und so machten sie es.

Aaron streckte seine Hand mit seinem Stab aus und schlug den Staub der Erde, und die Mücken kamen über Mensch und Vieh. Aller Staub der Erde war zu Mücken geworden im ganzen Land Ägypten. 14 Und die Wahrsager mit ihren Zauberkräften taten dasselbe, um Mücken hervorzubringen, aber sie konnten es nicht. So kamen die Mücken über Mensch und Vieh. 15 Da sprachen die Wahrsager zum Pharao: Das ist der Finger eines Gottes. Aber das Herz des Pharao blieb hart, und er hörte nicht auf sie, wie es der HERR gesagt hatte.

|13: Ps 78,45; 105,31 |14: 3! |15: Lk 11,20

Vierte Plage: Stechfliegen

16 Da sprach der HERR zu Mose: Tritt vor den Pharao früh am Morgen, denn da geht er hinaus ans Wasser, und sage zu ihm: So spricht der HERR: Lass mein Volk ziehen, damit sie mir dienen. 17 Wenn du aber mein Volk nicht ziehen lässt, sieh, dann lasse ich gegen dich und deine Diener, gegen dein Volk und deine Häuser die Stechfliegen los, und die Häuser Ägyptens werden voll von Stechfliegen sein, und auch der Boden, auf dem sie stehen. 18 Das Land Goschen aber, wo sich mein Volk aufhält, will ich an jenem Tag anders behandeln, so dass es dort keine Stechfliegen gibt, damit du erkennst, dass ich, der HERR, mitten im Land bin. 19 Ich werde einen Unterschied machen zwischen meinem Volk und deinem Volk. Dieses Zeichen wird morgen geschehen. 20 Und so machte es der HERR. Stechfliegen kamen in Schwärmen in das Haus des Pharao und in das Haus seiner Diener und in das ganze Land Ägypten. Das Land wurde von den Stechfliegen heimgesucht. 21 Da rief der Pharao Mose und Aaron und sprach: Geht, opfert eurem Gott hier in diesem Land. 22 Mose aber sprach: Das können wir nicht tun, denn für Ägypten ist es ein Greuel, was wir dem HERRN, unserem Gott, opfern. Wenn wir opfern, was in den Augen der Ägypter ein Greuel ist,

werden sie uns dann nicht steinigen? 23 Drei Tagereisen weit wollen wir in die Wüste gehen und dem HERRN, unserem Gott, opfern, was er uns befehlen wird. 24 Da sprach der Pharao: Ich will euch ziehen lassen, und ihr dürft dem HERRN, eurem Gott, in der Wüste opfern, doch dürft ihr euch nicht zu weit entfernen. Betet für mich! 25 Und Mose sprach: Sieh, ich gehe hinaus und verlasse dich und bitte zum HERRN beten, und morgen werden die Stechfliegen vom Pharao, von seinen Dienern und von seinem Volk weichen. Der Pharao aber soll nicht wieder sein Wort brechen und das Volk doch nicht ziehen lassen, um dem HERRN zu opfern. 26 Da verliess Mose den Pharao und betete zum HERRN. 27 Und der HERR handelte nach dem Wort des Mose und liess die Stechfliegen vom Pharao, von seinen Dienern und von seinem Volk weichen. Nicht eine blieb übrig. 28 Aber auch diesmal verhärtete der Pharao sein Herz und liess das Volk nicht ziehen.

|16: 7,16! |17: 4,23; 7,27; 9,2–3; 10,4 |18: 7,17! |19: 9,4! |20: Ps 78,45; 105,31 |22: Gen 43,32! · Lev 24,14; Dtn 17,6; 21,20 |23: 3,18! |24: 4! |26: 8!

8,19: Die Übersetzung «Ich werde einen Unterschied machen …» beruht auf antiken Übersetzungen; der Massoretische Text lautet übersetzt: «Ich werde eine Erlösung machen …»

Fünfte Plage: Viehpest

9 1 Da sprach der HERR zu Mose: Geh zum Pharao und sage ihm: So spricht der HERR, der Gott der Hebräer: Lass mein Volk ziehen, damit sie mir dienen. 2 Wenn du dich aber weigerst, sie ziehen zu lassen, und sie weiter festhältst, 3 sieh, dann kommt die Hand des HERRN über dein Vieh auf dem Feld, über die Pferde, Esel, Kamele, Rinder und Schafe, eine sehr schwere Pest. 4 Der HERR aber wird einen Unterschied machen zwischen dem Vieh Israels und dem Vieh Ägyptens, so dass von allem, was den Israeliten gehört, kein einziges Tier sterben wird. 5 Und der HERR setzte einen Zeitpunkt fest und sprach: Morgen wird der HERR dies

tun im Land. 6 Und der HERR tat es am
folgenden Tag, und alles Vieh Ägyptens
starb. Den Israeliten aber starb nicht ein
einziges Tier. 7 Da sandte der Pharao
hin, und sieh, vom Vieh Israels war
nicht ein einziges Tier gestorben. Aber
das Herz des Pharao blieb verstockt, und
er liess das Volk nicht ziehen.

| 1: 7,16! | 2–3: 8,17! | 4: 6.26; 8,19; 10,23; 11,7
| 6: 4!

Sechste Plage: Geschwüre

8 Da sprach der HERR zu Mose und
Aaron: Füllt eure Hände mit Ofenruss,
und Mose soll ihn vor den Augen des
Pharao gegen den Himmel werfen.
9 Und er soll zu Staub werden über dem
ganzen Land Ägypten, und es sollen daraus im ganzen Land Ägypten an Menschen und Vieh Geschwüre mit aufplatz-
enden Blasen entstehen. 10 Und sie
nahmen Ofenruss und traten vor den
Pharao, und Mose warf ihn gegen den
Himmel, und an Menschen und Vieh
entstanden Geschwüre mit aufplatzen-
den Blasen. 11 Die Wahrsager aber
konnten vor lauter Geschwüren Mose
nicht gegenübertreten; denn die Geschwüre befielen die Wahrsager wie
ganz Ägypten. 12 Aber der HERR machte
das Herz des Pharao hart, und dieser
hörte nicht auf sie, wie der HERR es
Mose gesagt hatte.

| 10: Dtn 28,27; Offb 16,2 | 11: 8,3!

Siebte Plage: Hagel

13 Da sprach der HERR zu Mose: Tritt
morgen früh vor den Pharao und sage zu
ihm: So spricht der HERR, der Gott der
Hebräer: Lass mein Volk ziehen, damit
sie mir dienen. 14 Denn diesmal will ich
alle meine Plagen gegen dich senden,
gegen deine Diener und gegen dein
Volk, damit du erkennst, dass es im ganzen Land keinen gibt wie mich. 15 Denn
schon jetzt hätte ich meine Hand ausstrecken und dich und dein Volk mit der
Pest schlagen können, und du wärst aus
dem Land verschwunden. 16 Aber ich
habe dich bestehen lassen, um dir

meine Macht zu zeigen und um meinen
Namen zu verkünden im ganzen Land.
17 Du bist noch immer hochmütig gegen mein Volk und willst es nicht ziehen
lassen. 18 Sieh, ich lasse morgen um
diese Zeit einen schweren Hagel niedergehen, wie es in Ägypten vom Tag seiner
Gründung bis heute keinen gegeben
hat. 19 So sende nun hin, bring dein
Vieh und deinen ganzen Besitz auf dem
Feld in Sicherheit. Auf alle Menschen
und alles Vieh, die auf dem Feld sind und
sich nicht ins Haus zurückziehen, wird
der Hagel niedergehen, und sie werden
sterben. 20 Wer von den Dienern des
Pharao das Wort des HERRN fürchtete,
liess seine Knechte und sein Vieh in die
Häuser flüchten. 21 Wer aber das Wort
des HERRN nicht zu Herzen nahm, liess
seine Knechte und sein Vieh auf dem
Feld.

22 Und der HERR sprach zu Mose:
Strecke deine Hand aus gegen den Himmel, und es soll Hagel fallen im ganzen
Land Ägypten, auf Mensch und Vieh und
auf alles Kraut des Feldes im Land Ägypten. 23 Da streckte Mose seinen Stab aus
gegen den Himmel, der HERR aber liess
es donnern und hageln, und Feuer fiel
auf das Land nieder. Und der HERR liess
Hagel niedergehen auf das Land Ägypten. 24 Und es fiel Hagel, und mitten im
Hagel flackerte ein Feuer. Er war so
schwer, wie es noch keinen gegeben
hatte im ganzen Land Ägypten, seit es zu
einem Volk geworden war. 25 Und im
ganzen Land Ägypten erschlug der Hagel alles, was auf dem Feld war, Mensch
und Vieh; auch alles Kraut des Feldes
zerschlug der Hagel, und alle Bäume des
Feldes zerbrach er. 26 Nur im Land Goschen, wo die Israeliten waren, fiel kein
Hagel. 27 Da sandte der Pharao hin und
liess Mose und Aaron rufen und sprach
zu ihnen: Diesmal habe ich gesündigt;
der HERR ist im Recht, ich aber und
mein Volk, wir sind im Unrecht. 28 Betet zum HERRN, dass der gewaltige Donner und der Hagel ein Ende nehme! Ich
will euch ziehen lassen, nicht länger

sollt ihr bleiben. 29 Und Mose sprach zu ihm: Sobald ich zur Stadt hinausgehe, werde ich meine Hände ausbreiten zum HERRN. Dann wird der Donner aufhören, und es wird kein Hagel mehr fallen, damit du erkennst, dass das Land dem HERRN gehört. 30 Von dir und deinen Dienern aber weiss ich: Ihr fürchtet euch noch nicht vor Gott dem HERRN.

31 Der Flachs und die Gerste wurden zerschlagen, denn die Gerste stand gerade in Ähren und der Flachs in Blüte. 32 Der Weizen aber und der Emmer wurden nicht zerschlagen, denn sie reifen später.

33 Und Mose verliess den Pharao und ging aus der Stadt hinaus und breitete seine Hände aus zum HERRN. Da hörten der Donner und der Hagel auf, und es fiel kein Regen mehr auf das Land. 34 Und der Pharao sah, dass Regen, Hagel und Donner aufgehört hatten, aber er sündigte weiter, und er verhärtete sein Herz, er und seine Diener. 35 Und das Herz des Pharao blieb hart, und er liess die Israeliten nicht ziehen, wie es der HERR durch Mose gesagt hatte.

|13: 7,16! |14: 8,6! |16: Röm 9,17 |18: Offb 8,7! · 10,6! |21: 7,23 |24: Ps 18,13; 105,32; Jes 30,30 · Ez 1,4 |25: Jos 10,11; Ps 78,47–48 |26: 4! |27: 10,16; Num 21,7; 2Sam 24,10 |28: 8,4! |29: 7,17! · 1Kön 8,22; Esra 9,5; Hiob 11,13; Ps 143,6 |30: 35 |32: 10,5 |33: 8,8! |35: 30

Achte Plage: Heuschrecken

10 1 Da sprach der HERR zu Mose: Geh hinein zum Pharao. Denn ich selbst habe sein Herz und das Herz seiner Diener verhärtet, um in ihrer Mitte diese meine Zeichen zu setzen 2 und damit du deinem Sohn und deinem Enkel erzählen kannst, was ich mit den Ägyptern getan und welche Zeichen ich bei ihnen vollbracht habe. Dann werdet ihr erkennen, dass ich der HERR bin. 3 Da gingen Mose und Aaron hinein zum Pharao und sagten zu ihm: So spricht der HERR, der Gott der Hebräer: Wie lange weigerst du dich schon, dich vor mir zu beugen! Lass mein Volk ziehen, damit sie mir dienen. 4 Denn wenn du dich weigerst, mein Volk ziehen zu lassen, sieh, dann werde ich morgen Heuschrecken in dein Gebiet bringen. 5 Und sie werden den Boden des Landes bedecken, und man wird das Land nicht mehr sehen können, und sie werden den Rest, der verschont und vom Hagel übrig geblieben ist, auffressen und alle Bäume kahlfressen, die euch auf dem Feld wachsen. 6 Und sie werden deine Häuser, die Häuser aller deiner Diener und die Häuser ganz Ägyptens füllen, wie es deine Vorfahren und die Vorfahren deiner Vorfahren nie gesehen haben seit der Zeit, da sie auf dem Erdboden gewesen sind, bis zum heutigen Tag. Dann wandte er sich um und verliess den Pharao. 7 Da sprachen die Diener des Pharao zu ihm: Wie lange noch soll uns dieser Mensch zum Verhängnis werden? Lass die Männer ziehen, damit sie dem HERRN, ihrem Gott, dienen. Erkennst du noch immer nicht, dass Ägypten verloren ist? 8 Darauf wurden Mose und Aaron zum Pharao zurückgeholt, und er sprach zu ihnen: Geht, dient dem HERRN, eurem Gott! Wer alles soll denn gehen? 9 Mose sprach: Mit unseren Jungen und Alten wollen wir gehen; mit unseren Söhnen und Töchtern, mit unseren Schafen und Rindern wollen wir gehen, denn es ist für uns das Fest des HERRN. 10 Er aber sprach zu ihnen: Der HERR möge mit euch sein, wenn ich euch mit Frau und Kind ziehen lasse. Doch seht, Böses habt ihr im Sinn. 11 So nicht! Ihr Männer mögt gehen und dem HERRN dienen, das verlangt ihr doch. Und man jagte sie weg vom Pharao.

12 Da sprach der HERR zu Mose: Strecke deine Hand aus über das Land Ägypten nach den Heuschrecken, damit sie über das Land Ägypten kommen und alles Kraut des Landes auffressen, alles, was der Hagel übrig gelassen hat. 13 Und Mose streckte seinen Stab aus über das Land Ägypten. Der HERR aber trieb einen Ostwind in das Land, jenen ganzen Tag und die ganze Nacht. Als es

Morgen war, hatte der Ostwind die Heuschrecken gebracht. 14 Und die Heuschrecken kamen herauf über das ganze Land Ägypten und liessen sich nieder im ganzen Gebiet von Ägypten in Schwärmen, wie es sie nie zuvor gegeben hatte und auch danach nie mehr geben wird. 15 Und sie bedeckten den Boden des ganzen Landes, und das Land wurde finster, und sie frassen alles Kraut des Landes und alle Baumfrüchte, die der Hagel übrig gelassen hatte. Nichts Grünes blieb übrig an den Bäumen und vom Kraut des Feldes im ganzen Land Ägypten. 16 Da rief der Pharao eilends nach Mose und Aaron und sprach: Ich habe gesündigt gegen den Herrn, euren Gott, und gegen euch. 17 Nun aber vergib doch meine Sünde nur noch dies eine Mal, und betet zum Herrn, eurem Gott, er möge nur diese tödliche Plage von mir abwenden. 18 Und er ging hinaus und verliess den Pharao und betete zum Herrn. 19 Da liess der Herr einen überaus starken Westwind wehen, der trug die Heuschrecken fort und blies sie ins Schilfmeer. Nicht eine Heuschrecke blieb übrig im ganzen Gebiet von Ägypten. 20 Aber der Herr machte das Herz des Pharao hart, und dieser liess die Israeliten nicht ziehen.

|2: Dtn 4,9; 6,20–22; Ps 78,3–7; Joel 1,3 |3: 7,16! |4: 8,17! |5: 12! |6: 14; 9,18; 11,6 |7: 1Sam 5,11 |9: 5,1 |10: 24 |12: 5! |14: Ps 78,46; 105,34–35; Joel 1,4; Offb 9,3 · 6! |16: 9,27! |17: 8,4! |18: 8,8!

10,1: Die Übersetzung «in ihrer Mitte» beruht auf antiken Übersetzungen; der Massoretische Text lautet übersetzt: «in seiner Mitte».

Neunte Plage: Finsternis

21 Da sprach der Herr zu Mose: Strecke deine Hand aus gegen den Himmel, und es soll Finsternis kommen über das Land Ägypten, dass man die Finsternis greifen kann. 22 Und Mose streckte seine Hand aus gegen den Himmel, und es herrschte tiefste Finsternis im ganzen Land Ägypten, drei Tage lang. 23 Keiner konnte den anderen sehen und keiner von seinem Platz aufstehen,

drei Tage lang; für alle Israeliten aber gab es Licht bei ihren Wohnstätten. 24 Da rief der Pharao Mose und sprach: Geht, dient dem Herrn; nur eure Schafe und Rinder sollen hier bleiben. Auch eure Frauen und Kinder dürfen mit euch gehen. 25 Mose aber sprach: Du selbst musst uns Schlacht- und Brandopfer mitgeben, damit wir sie dem Herrn, unserem Gott, darbringen. 26 Und auch unser Vieh muss mit uns ziehen, keine Klaue darf zurückbleiben. Davon wollen wir opfern, um dem Herrn, unserem Gott, zu dienen. Wir selbst wissen ja nicht, womit wir dem Herrn dienen sollen, bis wir dorthin gekommen sind. 27 Aber der Herr machte das Herz des Pharao hart, und dieser wollte sie nicht ziehen lassen. 28 Und der Pharao sprach zu ihm: Geh weg von mir! Hüte dich, mir je wieder unter die Augen zu treten, denn sobald du mir unter die Augen trittst, musst du sterben. 29 Und Mose sprach: Das hast du richtig gesagt. Nie mehr werde ich dir unter die Augen treten.

|21: Hiob 5,14!; Ps 105,28; Offb 8,12 |23: 9,4! |24: 10 |26: 12,32 |28: 18,4! |29: 12,31 · Hebr 11,27

Ankündigung der zehnten Plage

11 1 Und der Herr sprach zu Mose: Noch eine Plage will ich über den Pharao und über Ägypten bringen, danach wird er euch von hier wegziehen lassen. Und wenn er euch ziehen lässt, wird er euch sogar von hier vertreiben. 2 Sage dem Volk, es solle sich jeder von seinem Nachbarn und jede von ihrer Nachbarin silberne und goldene Sachen erbitten. 3 Der Herr aber verschaffte dem Volk Gunst bei den Ägyptern; auch stand der Mann Mose im Land Ägypten bei den Dienern des Pharao und beim Volk in hohem Ansehen.

4 Und Mose sprach: So spricht der Herr: Um Mitternacht ziehe ich aus, mitten durch Ägypten. 5 Dann wird alle Erstgeburt im Land Ägypten sterben, vom Erstgeborenen des Pharao, der auf seinem Thron sitzt, bis zum Erstgebore-

nen der Magd hinter der Handmühle, und alle Erstgeburt des Viehs. 6 Und es wird ein grosses Geschrei sein im ganzen Land Ägypten, wie es noch keines gegeben hat und keines mehr geben wird. 7 Gegen die Israeliten aber, Menschen und Vieh, wird auch nicht ein Hund sein Maul aufreissen, damit ihr erkennt, dass der HERR einen Unterschied macht zwischen Ägypten und Israel. 8 Dann werden alle deine Diener zu mir herabkommen und sich vor mir niederwerfen und sagen: Zieh aus, du und das ganze Volk, das hinter dir steht, und danach werde ich ausziehen. Und er verliess den Pharao in glühendem Zorn.

9 Der HERR aber sprach zu Mose: Der Pharao wird nicht auf euch hören, damit ich noch mehr Wunder tun kann im Land Ägypten. 10 Und Mose und Aaron taten alle diese Wunder vor dem Pharao. Aber der HERR machte das Herz des Pharao hart, und dieser liess die Israeliten nicht aus seinem Land ziehen.

|1–8: 12,29–39 |1: 6,1; 12,31.33 |2–3: 3,21! |4: 12,12 |5: 4,23; 12,29; 13,15 |6: 12,30 · 10,6! |7: 9,4!

Passa und Fest der ungesäuerten Brote

12 1 Und der HERR sprach zu Mose und Aaron im Land Ägypten: 2 Dieser Monat soll für euch der Anfang der Monate sein. Der erste von den Monaten des Jahres soll er für euch sein. 3 Sprecht zu der ganzen Gemeinde Israels: Am Zehnten dieses Monats soll jeder ein Tier für eine Familie nehmen, ein Tier für jedes Haus. 4 Wenn aber das Haus zu klein ist für ein Tier, soll man es zusammen mit seinem Nachbarn nehmen, der dem eigenen Haus am nächsten ist, nach der Anzahl der Personen. Ihr sollt bei dem Tier in Rechnung stellen, wie viel ein jeder isst. 5 Ein makelloses, männliches, einjähriges Tier soll es sein. Von den Schafen oder Ziegen sollt ihr es nehmen. 6 Und ihr sollt es bis zum vierzehnten Tag dieses Monats aufbewahren. Dann soll es die ganze Versammlung der Gemeinde Israels in der Abenddämmerung schlachten.

7 Und sie sollen von dem Blut nehmen und damit die beiden Türpfosten und den Türsturz an den Häusern bestreichen, in denen sie es essen. 8 Das Fleisch aber sollen sie noch in dieser Nacht essen. Am Feuer gebraten, zu ungesäuerten Broten, mit bitteren Kräutern sollen sie es essen. 9 Nichts davon dürft ihr roh essen oder im Wasser gekocht, sondern am Feuer gebraten, den Kopf mitsamt den Schenkeln und den inneren Teilen. 10 Und nichts davon dürft ihr bis zum Morgen übrig lassen. Was aber übrig bleibt bis zum Morgen, sollt ihr im Feuer verbrennen. 11 Und so sollt ihr es essen: die Hüften gegürtet, die Schuhe an den Füssen und den Stab in der Hand; und ihr sollt es in Eile essen, ein Passa ist es für den HERRN. 12 Ich werde aber in dieser Nacht durch das Land Ägypten schreiten und alle Erstgeburt im Land Ägypten erschlagen, Mensch und Vieh, und an allen Göttern Ägyptens werde ich Strafgerichte vollstrecken, ich, der HERR. 13 Und das Blut soll euch ein Schutzzeichen sein an den Häusern, in denen ihr seid. Ich werde das Blut sehen und an euch vorübergehen, und der Schlag des Verderbers wird euch nicht treffen, wenn ich das Land Ägypten schlage. 14 Und dieser Tag soll für euch ein Gedenktag werden, und ihr sollt ihn feiern als ein Fest für den HERRN. Von Generation zu Generation sollt ihr ihn feiern, als ewige Ordnung.

15 Sieben Tage sollt ihr ungesäuerte Brote essen. Gleich am ersten Tag sollt ihr den Sauerteig aus euren Häusern entfernen. Wer aber Gesäuertes isst zwischen dem ersten und dem siebten Tag, soll aus Israel getilgt werden. 16 Am ersten Tag sollt ihr eine heilige Versammlung halten und am siebten Tag eine heilige Versammlung. An diesen Tagen darf keinerlei Arbeit getan werden; nur was jeder zum Essen braucht, das allein darf von euch zubereitet werden. 17 Haltet den Tag der ungesäuerten Brote, denn an diesem Tag habe ich eure Heerscharen aus dem Land Ägypten her-

ausgeführt. Haltet diesen Tag, von Generation zu Generation, als ewige Ordnung. 18 Im ersten Monat, vom Abend des vierzehnten Tags des Monats bis zum Abend des einundzwanzigsten Tags des Monats, sollt ihr ungesäuerte Brote essen. 19 Sieben Tage darf kein Sauerteig in euren Häusern sein. Wer aber Gesäuertes isst, soll aus der Gemeinde Israels getilgt werden, er sei Fremder oder einheimisch im Land. 20 Nichts Gesäuertes dürft ihr essen. In allen euren Wohnstätten sollt ihr ungesäuerte Brote essen.

21 Da rief Mose alle Ältesten Israels und sprach zu ihnen: Geht und nehmt euch Schafe für eure Sippen und schlachtet das Passa. 22 Und nehmt ein Büschel Ysop, taucht es in das Blut, das in der Schale ist, und bringt etwas von dem Blut, das in der Schale ist, an den Türsturz und an die beiden Türpfosten. Und bis zum Morgen darf niemand von euch durch die Tür seines Hauses gehen. 23 Der HERR aber wird durch Ägypten ziehen, um es zu schlagen. Dann wird er das Blut am Türsturz und an den Türpfosten sehen. Und der HERR wird an der Tür vorübergehen und dem Verderber nicht gestatten, in eure Häuser einzudringen, um euch zu schlagen. 24 Diese Anordnung sollt ihr beachten als ewige Ordnung für dich und deine Söhne. 25 Und wenn ihr in das Land kommt, das der HERR euch geben wird, wie er gesagt hat, sollt ihr festhalten an diesem Brauch. 26 Und wenn eure Söhne zu euch sagen: Warum habt ihr diesen Brauch? – 27 dann sollt ihr sagen: Es ist ein Passaopfer für den HERRN. Er ist an den Häusern der Israeliten in Ägypten vorübergegangen, als er Ägypten schlug, unsere Häuser aber hat er verschont. Da verneigte sich das Volk und warf sich nieder. 28 Und die Israeliten gingen und handelten so. Wie der HERR es Mose und Aaron geboten hatte, so handelten sie.

|2: 13,4 |5: Lev 1,3; 1Petr 1,19 |6: 2Chr 35,1 |7: 13.22; Hebr 11,28 |8: 13,3 · Num 9,11 |9: Dtn 16,7;

2Chr 35,13 |10: 16,19! · 29,34; Lev 19,6 |11: Lk 12,35 · Dtn 16,3; Jes 52,12 |12: 11,4 · Num 33,4 |13: 7! · Jos 2,18; Ez 9,4.6 |14: 27,21; 28,43; Lev 3,17; Num 15,15 |15: 13,7; 23,15 · 1Kor 5,7–8 · 19 |16: Lk 23,56 |19: 15 |21: 2Chr 30,15; 35,6 |22: 7! · Jes 26,20 |26: 13,14; Dtn 6,20!; Jos 4,6! |27: 13,8 · 4,31 |28: 7,6!

Zehnte Plage: Tod der Erstgeburt

29 Um Mitternacht aber schlug der HERR alle Erstgeburt im Land Ägypten, vom Erstgeborenen des Pharao, der auf seinem Thron sass, bis zum Erstgeborenen des Gefangenen, der im Kerker lag, und alle Erstgeburt des Viehs. 30 Da stand der Pharao auf in der Nacht, er mit allen seinen Dienern und ganz Ägypten. Und es erhob sich ein grosses Geschrei in Ägypten, denn es gab kein Haus, in dem nicht ein Toter war. 31 Und in der Nacht rief er Mose und Aaron und sprach: Macht euch auf, zieht weg aus meinem Volk, ihr und die Israeliten, und geht, dient dem HERRN, wie ihr gesagt habt. 32 Nehmt auch eure Schafe und Rinder, wie ihr gesagt habt, und geht! Und bittet auch für mich um Segen. 33 Und die Ägypter drängten das Volk, um es rasch aus dem Land zu schaffen. Denn sie dachten: Wir müssen sonst alle sterben. 34 Da nahm das Volk seinen Brotteig, noch ehe er durchsäuert war. Sie trugen ihre Backtröge in ihre Mäntel gewickelt auf der Schulter. 35 Und die Israeliten hatten nach dem Wort des Mose gehandelt und sich von den Ägyptern silberne und goldene Gegenstände und Kleider erbeten. 36 Und der HERR hatte dem Volk bei den Ägyptern Gunst verschafft, so dass sie auf ihre Bitten eingingen. So plünderten sie Ägypten.

|29: 11,5! · Num 3,13; 8,17; Ps 78,51; 105,36 |30: 11,6 |31: 10,29 · 11,1! |32: 10,26 · Esra 6,10 |33: 11,1! |35–36: 3,21! |35: 3,22!

Aufbruch der Israeliten

37 Und die Israeliten brachen auf von Ramses nach Sukkot, etwa sechshunderttausend Mann zu Fuss, Frauen und Kinder nicht mitgezählt. 38 Auch viel fremdes Volk zog mit ihnen hinauf,

dazu Schafe und Rinder, eine gewaltige Menge Vieh. 39 Und sie backten aus dem Teig, den sie aus Ägypten mitgenommen hatten, ungesäuerte Brote, denn er war nicht durchsäuert. Sie waren ja aus Ägypten vertrieben worden und hatten nicht länger warten können und sich auch keine Wegzehrung bereitet. 40 Die Zeit aber, die die Israeliten in Ägypten zugebracht hatten, betrug vierhundertdreissig Jahre. 41 Und nach Ablauf von vierhundertdreissig Jahren, an diesem Tag, zogen alle Heerscharen des HERRN aus dem Land Ägypten aus. 42 Eine Nacht des Wachens war es für den HERRN, als er sie aus dem Land Ägypten herausführte. Diese Nacht gehört dem HERRN, ein Wachen aller Israeliten, von Generation zu Generation.

|37: Gen 47,11! · Num 33,5 · 38,26! |38: Lev 24,10; Num 11,4; Neh 9,2; 13,3 | 40: Gen 15,13; Gal 3,17 | 41: 51; 6,26; Num 33,1

Anweisung für das Passa

43 Und der HERR sprach zu Mose und Aaron: Dies ist die Ordnung für das Passa: Kein Fremder darf davon essen. 44 Jeden mit Geld gekauften Sklaven aber sollst du beschneiden. Dann darf er davon essen. 45 Ein Beisasse und ein Tagelöhner darf nicht davon essen. 46 In ein und demselben Haus soll es gegessen werden. Du darfst nichts von dem Fleisch aus dem Haus tragen, und ihr dürft keinen Knochen davon zerbrechen. 47 Die ganze Gemeinde Israels soll es so halten. 48 Wenn aber ein Fremder bei dir weilt und dem HERRN ein Passa halten will, so soll sich bei ihm jeder beschneiden lassen, der männlich ist. Dann darf er herzutreten, um es zu halten, und er soll als ein Einheimischer des Landes gelten. Kein Unbeschnittener aber darf davon essen. 49 Ein und dieselbe Weisung gilt für den Einheimischen und für den Fremden, der in eurer Mitte weilt. 50 Und alle Israeliten handelten so. Wie der HERR es Mose und Aaron geboten hatte, so machten sie es. 51 An eben diesem Tag führte der HERR die Israeliten aus dem Land Ägypten, Heerschar um Heerschar.

|43: Lev 22,10 |44–45: 48; Gen 17,12; Ez 44,9 |46: Num 9,12; Ps 34,21; Joh 19,36 |48: 44–45! |49: Lev 24,22; Num 9,14 |50: 7,6! |51: 41!

Weihe der Erstgeburt – Fest der ungesäuerten Brote

13 1 Und der HERR redete zu Mose und sprach: 2 Weihe mir alle Erstgeburt, alles, was bei den Israeliten den Mutterschoss durchbricht, bei Menschen und Vieh; es ist mein.

3 Und Mose sprach zum Volk: Gedenkt dieses Tages, an dem ihr aus Ägypten, aus einem Sklavenhaus, ausgezogen seid, denn der HERR hat euch von dort herausgeführt mit starker Hand. So darf nichts Gesäuertes gegessen werden. 4 Heute zieht ihr aus, im Ährenmonat. 5 Wenn dich der HERR in das Land der Kanaaniter und der Hetiter und der Amoriter und der Chiwwiter und der Jebusiter bringen wird, das dir zu geben er deinen Vorfahren geschworen hat, ein Land, wo Milch und Honig fliessen, so sollst du in diesem Monat diesen Brauch üben: 6 Sieben Tage sollst du ungesäuerte Brote essen, und am siebten Tag ist ein Fest für den HERRN. 7 Ungesäuerte Brote soll man während der sieben Tage essen, und es darf nichts Gesäuertes bei dir zu sehen sein, und kein Sauerteig darf in deinem ganzen Gebiet zu sehen sein. 8 Deinem Sohn aber sollst du es an jenem Tag erklären: Um dessen willen, was der HERR für mich getan hat, als ich auszog aus Ägypten. 9 Es soll dir ein Zeichen sein auf deiner Hand und ein Erinnerungszeichen zwischen deinen Augen, damit die Weisung des HERRN in deinem Mund sei, denn der HERR hat dich aus Ägypten geführt mit starker Hand. 10 So sollst du diese Ordnung halten, Jahr für Jahr, zur festgesetzten Zeit.

11 Und wenn dich der HERR in das Land der Kanaaniter bringen wird, wie er es dir und deinen Vorfahren geschworen hat, und wenn er es dir gibt,

12 sollst du alles, was den Mutterschoss durchbricht, dem HERRN darbringen. Von jedem ersten Wurf des Viehs, der dir zuteil wird, gehören die männlichen Tiere dem HERRN. 13 Jeden Erstling vom Esel aber sollst du mit einem Schaf auslösen. Willst du ihn jedoch nicht auslösen, brich ihm das Genick. Jede menschliche Erstgeburt unter deinen Söhnen musst du auslösen. 14 Und wenn dein Sohn dich künftig fragt: Warum das?, dann sollst du zu ihm sagen: Mit starker Hand hat uns der HERR aus Ägypten, aus einem Sklavenhaus, herausgeführt.

15 Und als der Pharao sich hartnäckig weigerte, uns ziehen zu lassen, tötete der HERR alle Erstgeburt im Land Ägypten, die Erstgeburt der Menschen wie die Erstgeburt des Viehs. Darum opfere ich dem HERRN alles, was an männlichen Tieren den Mutterschoss durchbricht, alle Erstgeborenen meiner Söhne aber löse ich aus. 16 Das soll dir ein Zeichen sein auf deiner Hand und ein Merkzeichen zwischen deinen Augen, denn der HERR hat uns aus Ägypten geführt mit starker Hand.

|2: 22,28–29; 34,19; Lev 27,26; Num 3,13; Dtn 15,19 |3: 14; 20,2; Dtn 5,6 · 12,8 |4: 23,15! · 12,2 |5: 3,8! |7: 12,15! · Dtn 16,4 |8–9: 16; Dtn 6,8! |8: 12,27 |13: 34,20! |14: 12,26! · 3! |15: 11,5! · 34,20! |16: 9!

Durchzug durch das Schilfmeer

17 Als der Pharao das Volk ziehen liess, führte Gott sie nicht den Weg zum Land der Philister, obwohl es der nächste gewesen wäre. Denn Gott dachte: Das Volk könnte es bereuen und nach Ägypten zurückkehren wollen, wenn es in einen Krieg verwickelt wird. 18 So liess Gott das Volk einen Umweg nehmen, den Wüstenweg zum Schilfmeer, und in Kampfordnung zogen die Israeliten aus dem Land Ägypten hinauf. 19 Mose aber nahm die Gebeine Josefs mit sich, denn dieser hatte die Israeliten schwören lassen und gesprochen: Gott wird sich euer annehmen. Dann nehmt meine Gebeine mit euch von hier hinauf. 20 Und sie brachen von Sukkot auf und lagerten in Etam am Rand der Wüste. 21 Der HERR aber ging vor ihnen her, am Tag in einer Wolkensäule, um sie den Weg zu führen, und bei Nacht in einer Feuersäule, um ihnen zu leuchten, so dass sie Tag und Nacht gehen konnten. 22 Nie wich am Tag die Wolkensäule noch bei Nacht die Feuersäule von der Spitze des Volks.

14 1 Und der HERR redete zu Mose: 2 Sage den Israeliten, sie sollen umkehren und vor Pi-Hachirot lagern, zwischen Migdol und dem Meer; vor Baal-Zefon, diesem gegenüber, sollt ihr am Meer lagern. 3 Der Pharao aber wird von den Israeliten denken: Sie irren im Land umher, die Wüste hat sie eingeschlossen. 4 Und ich werde das Herz des Pharao verhärten, und er wird ihnen nachjagen. Dann will ich am Pharao und an seinem ganzen Heer meine Herrlichkeit zeigen, und die Ägypter sollen erkennen, dass ich der HERR bin. Und sie machten es so. 5 Dem König von Ägypten aber wurde gemeldet, dass das Volk geflohen sei. Da wandte sich das Herz des Pharao und seiner Diener gegen das Volk, und sie sprachen: Was haben wir getan, dass wir Israel aus unserem Dienst entlassen haben? 6 Und er spannte seinen Streitwagen an und nahm sein Volk mit sich. 7 Und er nahm sechshundert auserlesene Streitwagen und alle anderen Streitwagen Ägyptens, und auf jedem waren hervorragende Kämpfer. 8 Und der HERR verhärtete das Herz des Pharao, des Königs von Ägypten, und er jagte den Israeliten nach. Die Israeliten aber zogen aus mit erhobener Hand. 9 Und die Ägypter jagten ihnen nach, alle Streitwagenrosse des Pharao, seine Reiter und seine Streitmacht, und holten sie ein, als sie am Meer lagerten, bei Pi-Hachirot vor Baal-Zefon. 10 Als aber der Pharao nahe herangekommen war, blickten die Israeliten auf, und sieh, Ägypten rückte hinter ihnen heran. Da fürchteten sie sich sehr, und die Israeliten schrien zum HERRN. 11 Und sie sprachen zu

Mose: Gab es denn keine Gräber in Ägypten, dass du uns herausgeholt hast, damit wir in der Wüste sterben? Was hast du uns angetan, indem du uns aus Ägypten herausgeführt hast! 12 Haben wir dir nicht schon in Ägypten gesagt: Lass uns unsere Ruhe, wir wollen Ägypten dienen, denn es ist besser für uns, Ägypten zu dienen, als in der Wüste zu sterben. 13 Mose aber sprach zum Volk: Fürchtet euch nicht! Bleibt stehen und seht, welche Hilfe der HERR euch heute erweisen wird. Denn wie ihr die Ägypter heute gesehen habt, werdet ihr sie niemals wieder sehen. 14 Der HERR wird für euch kämpfen, ihr aber sollt euch still verhalten.

15 Und der HERR sprach zu Mose: Was schreist du zu mir? Sage den Israeliten, sie sollen aufbrechen. 16 Du aber hebe deinen Stab empor und strecke deine Hand aus über das Meer und spalte es, und auf trockenem Boden werden die Israeliten mitten in das Meer hineingehen können. 17 Ich aber, ich werde das Herz der Ägypter verhärten, so dass sie hinter ihnen herkommen, und ich werde meine Herrlichkeit zeigen am Pharao und an seiner ganzen Streitmacht, an seinen Streitwagen und seinen Reitern. 18 Und die Ägypter sollen erkennen, dass ich der HERR bin, wenn ich meine Herrlichkeit zeige am Pharao, an seinen Streitwagen und seinen Reitern. 19 Da brach der Bote Gottes auf, der vor dem Heer Israels ging, und begab sich hinter sie, und die Wolkensäule brach auf von ihrer Spitze und stellte sich hinter sie 20 und kam zwischen das Heer Ägyptens und das Heer Israels. Und mit der Wolke kam die Finsternis, dann aber erleuchtete sie die Nacht. So kamen sie einander nicht näher, die ganze Nacht. 21 Mose aber streckte seine Hand aus über das Meer, und der HERR trieb das Meer während der ganzen Nacht durch einen starken Ostwind zurück und legte das Meer trocken, und das Wasser spaltete sich. 22 Und auf trockenem Boden gingen die Israeliten mitten ins Meer hinein, während das Wasser ihnen zur Rechten und zur Linken eine Mauer bildete. 23 Die Ägypter aber verfolgten sie und kamen hinter ihnen her, alle Rosse des Pharao, seine Streitwagen und Reiter, mitten ins Meer hinein. 24 Und um die Zeit der Morgenwache blickte der HERR in einer Feuer- und Wolkensäule auf das Heer Ägyptens, und er brachte das Heer Ägyptens in Verwirrung. 25 Und er lenkte die Räder ihrer Wagen vom Weg ab und liess sie nur mühsam vorankommen. Da sprach Ägypten: Ich will vor Israel fliehen, denn der HERR kämpft für sie gegen Ägypten.

26 Der HERR aber sprach zu Mose: Strecke deine Hand aus über das Meer, und das Wasser soll zurückkehren über Ägypten, über seine Streitwagen und seine Reiter. 27 Da streckte Mose seine Hand aus über das Meer, und beim Anbruch des Morgens kehrte das Meer in sein Bett zurück, die Ägypter aber flohen ihm entgegen. So warf der HERR die Ägypter mitten ins Meer. 28 Und das Wasser kehrte zurück und bedeckte die Streitwagen und die Reiter des ganzen Heers des Pharao, die hinter ihnen her in das Meer hineingegangen waren. Kein Einziger von ihnen blieb übrig. 29 Die Israeliten aber waren auf trockenem Boden mitten durch das Meer gegangen, während das Wasser ihnen zur Rechten und zur Linken eine Mauer bildete. 30 So rettete der HERR an jenem Tag Israel aus der Hand Ägyptens, und Israel sah Ägypten tot am Ufer des Meers. 31 Und Israel sah, wie der HERR mit mächtiger Hand an Ägypten gehandelt hatte, und das Volk fürchtete den HERRN; und sie glaubten an den HERRN und an Mose, seinen Diener.

|17: Dtn 17,16; 28,68; Jes 31,1; Hos 8,13 |18: 14,2 |19: Gen 50,25! |20: Num 33,6 |21: 32,1 · Num 9,15; Dtn 1,33; Ps 78,14 |22: 40,38 |2: 13,18 · Jos 24,6 · Jer 46,14 · Num 33,7 |4: 7,6! · 17; Ez 28,22; 39,13 · 18 |7: 15,4 |8: Num 33,3 |9–10: Num 24,6–7; Neh 9,9; Ps 106,7 |9: 2 |11: 16,3; 17,3; Num 14,2 |13: Num 14,9; Dtn 20,3 |14: 25; Dtn 1,30!; Jos 10,14; Neh 4,14 |17: 4! |18: 4 |19: 13,21 · 23,20! |20: Jos 24,7; Ps 105,39 |21: Jos 2,10; Jes 44,27 |22: 15,19; 2Kön 2,8! · 15,8;

Jos 3,16–17 |25: 14! |27: 15,21! · Ps 78,53 |29: 22 |31:
Jos 24,7 · 4,31; 19,9

Israels Lobgesang

15 1 Damals sang Mose mit den Israeliten dem HERRN dieses Lied;
sie sprachen:
Singen will ich dem HERRN, denn hoch
hat er sich erhoben,
> Ross und Reiter hat er ins Meer
> geschleudert.
2 Meine Kraft und meine Stärke ist
der HERR,
> und er wurde mir zur Rettung.
Er ist mein Gott, ich will ihn preisen,
> der Gott meines Vaters, ich will ihn
> erheben.
3 Der HERR ist ein Krieger,
> HERR ist sein Name.
4 Die Wagen des Pharao und seine
Streitmacht schleuderte er ins Meer,
> seine besten Kämpfer wurden im
> Schilfmeer versenkt.
5 Fluten bedecken sie,
> in die Tiefe sanken sie wie ein Stein.
6 Deine Rechte, HERR, herrlich in Kraft,
> deine Rechte, HERR, zerschmettert
> den Feind.
7 In deiner erhabenen Grösse reisst du
nieder, die gegen dich sich erheben,
> du lässt deinen Grimm los, er
> verzehrt sie wie Stroh.
8 Beim Schnauben deines Zorns staute
das Wasser sich,
> stellten die Wogen sich auf wie ein
> Damm,
> erstarrten die Fluten im Herzen des
> Meers.
9 Der Feind sprach: Ich will nachjagen,
will einholen,
> ich will Beute verteilen, sättigen soll
> sich an ihnen meine Gier,
> mein Schwert will ich zücken,
> vertreiben soll sie meine Hand.
10 Du hast mit deinem Atem geblasen,
das Meer hat sie bedeckt,
> sie versanken in mächtigem Wasser
> wie Blei.
11 Wer ist wie du unter den Göttern,
HERR,

> wer ist wie du, herrlich in Heiligkeit,
> furchtbar an Ruhmestaten, Wunder
> vollbringend?
12 Du hast deine Rechte ausgestreckt,
> die Erde verschlingt sie.
13 In deiner Güte hast du das Volk
geleitet, das du losgekauft hast,
> in deiner Macht hast du es geführt
> zu deiner heiligen Stätte.
14 Die Völker haben es gehört, sie
erzittern,
> Wehen haben die Bewohner
> Philistäas ergriffen.
15 Da erschraken die Fürsten
von Edom,
> die Gewalthaber von Moab packt das
> Zittern,
> verzagt sind alle Bewohner Kanaans.
16 Furcht und Schrecken fällt über sie,
> vor der Macht deines Arms werden
> sie starr wie Stein,
während dein Volk vorüberzieht, HERR,
> während das Volk vorüberzieht, das
> du erworben hast.
17 Du bringst sie hin zum Berg deines
Erbes und pflanzst sie ein,
> eine Wohnstätte hast du dir
> gemacht, HERR,
> ein Heiligtum, Herr, haben deine
> Hände gegründet.
18 Der HERR ist König für immer
und ewig.

19 Als die Pferde des Pharao, seine
Streitwagen und Reiter ins Meer
gezogen waren, liess der HERR das
Wasser des Meers über sie
zurückkommen. Die Israeliten aber
waren auf trockenem Boden mitten
durch das Meer gegangen.

20 Da nahm die Prophetin Mirjam,
die Schwester Aarons, die Trommel in
ihre Hand, und alle Frauen zogen hinter
ihr hinaus mit Trommeln und in
Reigentänzen. 21 Und Mirjam sang
ihnen vor:
Singt dem HERRN, denn hoch hat er
sich erhoben,
> Pferd und Reiter hat er ins Meer
> geschleudert.

|1: Ps 106,12; Offb 15,3 · Num 21,17 · 21! |2: Ps 118,14; Jes 12,2 |3: Ps 24,8 · 3,15! |4: 14,7 |5: 10; Neh 9,11 |6: Ps 89,14; Jes 63,12 |7: Jes 5,24; 47,14; Nah 1,10 |8: 2Sam 22,16 · 14,22! |10: 5! |11: Ps 86,8 · 1Chr 16,25 · 8,6! |13: Jes 43,1 |14: Dtn 2,25 · 1Sam 4,7–8 |15: Gen 36,16 · Num 22,3 |16: 6,7! |17: Ps 78,54 · Lev 26,11; Ez 37,26 |18: Ps 10,16 |19: 14,22! |20: Num 26,59 · Ri 11,34; 1Sam 18,6 |21: 1; 14,27; Ps 76,7

In der Wüste Schur: Wasser

22 Und Mose liess Israel vom Schilf-meer aufbrechen, und sie zogen hinaus in die Wüste Schur. Und drei Tage gin-gen sie durch die Wüste und fanden kein Wasser. 23 Da kamen sie nach Mara, aber sie konnten das Wasser von Mara nicht trinken, denn es war bitter. Darum nennt man den Ort Mara. 24 Und das Volk murrte gegen Mose und sprach: Was sollen wir trinken? 25 Da schrie er zum HERRN, und der HERR zeigte ihm ein Holz. Und das warf er ins Wasser, und das Wasser wurde süss.

Dort gab er ihm Satzung und Recht, und dort stellte er es auf die Probe. 26 Und er sprach: Wenn du auf die Stimme des HERRN, deines Gottes, hörst und tust, was in seinen Augen recht ist, wenn du auf seine Gebote hörst und alle seine Satzungen hältst, dann werde ich all die Krankheiten, die ich nach Ägyp-ten gebracht habe, nicht über dich brin-gen. Ich, der HERR, bin dein Arzt.

27 Dann kamen sie nach Elim, dort aber gab es zwölf Wasserquellen und siebzig Palmen, und dort lagerten sie am Wasser.

|22: Gen 20,1 · 17,1 |23: Num 33,8 · Rut 1,20 |24: 16,2; 17,3; Ps 106,25 |25: 17,4; 20,20 · 2Kön 2,21 · Jos 24,25 · 16,4! |26: 19,5; Jer 11,7 · Dtn 7,15 · 23,25! |27: Num 33,9

15,23: Im Namen Mara klingt hebräisch ‹bitter› an.

In der Wüste Sin: Manna und Wachteln

16 1 Und sie brachen von Elim auf, und die ganze Gemeinde der Is-raeliten kam in die Wüste Sin, die zwi-schen Elim und dem Sinai liegt, am fünf-zehnten Tag des zweiten Monats nach ihrem Auszug aus dem Land Ägypten. 2 Da murrte die ganze Gemeinde der Is-raeliten gegen Mose und Aaron in der Wüste. 3 Und die Israeliten sprachen zu ihnen: Wären wir doch durch die Hand des HERRN im Land Ägypten gestorben, als wir an den Fleischtöpfen sassen, als wir uns satt essen konnten an Brot. Ihr aber habt uns in diese Wüste herausge-führt, um diese ganze Gemeinde den Hungertod sterben zu lassen.

4 Da sprach der HERR zu Mose: Sieh, ich lasse euch Brot vom Himmel regnen, und das Volk soll hinausgehen und sam-meln, was es für den Tag braucht, damit ich es auf die Probe stellen kann, ob es nach meiner Weisung lebt oder nicht. 5 Wenn sie aber am sechsten Tag zubereiten, was sie einbringen, wird es doppelt so viel sein, wie sie sonst an einem Tag gesammelt haben.

6 Da sprachen Mose und Aaron zu allen Israeliten: Am Abend werdet ihr erkennen, dass es der HERR war, der euch aus dem Land Ägypten herausge-führt hat, 7 und am Morgen werdet ihr die Herrlichkeit des HERRN sehen, denn er hat euer Murren gegen den HERRN gehört. Was aber sind wir, dass ihr ge-gen uns murrt? 8 Und Mose sprach: Wenn euch der HERR am Abend Fleisch zu essen gibt und am Morgen Brot zum Sattwerden, wenn der HERR euer Mur-ren hört, das ihr gegen ihn richtet: Was sind wir? Nicht gegen uns richtet sich euer Murren, sondern gegen den HERRN. 9 Dann sprach Mose zu Aaron: Sage der ganzen Gemeinde der Israeli-ten: Tretet vor den HERRN, denn er hat euer Murren gehört. 10 Als aber Aaron zur ganzen Gemeinde der Israeliten re-dete, wandten sie sich zur Wüste hin, und sieh, in der Wolke erschien die Herrlichkeit des HERRN.

11 Und der HERR redete zu Mose und sprach: 12 Ich habe das Murren der Is-raeliten gehört. Sprich zu ihnen: In der Abenddämmerung werdet ihr Fleisch zu essen haben, und am Morgen werdet ihr satt werden von Brot, und ihr werdet er-

kennen, dass ich der HERR bin, euer Gott. 13 Und am Abend zogen die Wachteln herauf und bedeckten das Lager, am Morgen aber lag Tau rings um das Lager. 14 Und als der Taunebel aufgestiegen war, sieh, da lag auf dem Boden der Wüste etwas Feines, Körniges, fein wie der Reif auf der Erde. 15 Und die Israeliten sahen es und sprachen zueinander: Was ist das? Denn sie wussten nicht, was es war. Da sprach Mose zu ihnen: Das ist das Brot, das der HERR euch zu essen gegeben hat. 16 Das ist es, was der HERR geboten hat: Sammelt davon so viel, wie jeder zum Essen braucht. Ein Gomer je Kopf sollt ihr nehmen, nach der Anzahl der Personen, ein jeder für die, die zu seinem Zelt gehören. 17 Und so machten es die Israeliten: Sie sammelten ein, der eine viel, der andere wenig. 18 Als sie es aber mit dem Gomer massen, hatte der, der viel gesammelt hatte, keinen Überschuss, und der, der wenig gesammelt hatte, keinen Mangel. Jeder hatte so viel gesammelt, wie er zum Essen brauchte. 19 Dann sprach Mose zu ihnen: Niemand hebe etwas davon bis zum Morgen auf. 20 Sie aber hörten nicht auf Mose, und einige hoben davon bis zum Morgen auf, aber es wurde voller Würmer und stank. Da wurde Mose zornig über sie. 21 So sammelten sie es Morgen für Morgen, jeder so viel, wie er zum Essen brauchte. Sobald aber die Sonne heiss schien, zerschmolz es. 22 Am sechsten Tag aber sammelten sie doppelt so viel Brot, zwei Gomer für jeden Einzelnen. Da kamen alle Vorsteher der Gemeinde und berichteten es Mose. 23 Er sprach zu ihnen: Das ist es, was der HERR gesagt hat: Morgen ist ein Feiertag, ein heiliger Sabbat für den HERRN. Was ihr backen wollt, das backt, und was ihr kochen wollt, das kocht. Alles aber, was übrig bleibt, legt euch zurück, um es bis zum Morgen aufzubewahren. 24 Und sie legten es bis zum Morgen zurück, wie Mose geboten hatte, und es begann nicht zu stinken, und es waren keine

Maden darin. 25 Da sprach Mose: Esst es heute, denn heute ist ein Sabbat für den HERRN. Heute werdet ihr auf dem Feld nichts finden. 26 Sechs Tage sollt ihr es sammeln, aber am siebten Tag ist Sabbat, da wird nichts da sein. 27 Am siebten Tag aber gingen einige aus dem Volk hinaus, um zu sammeln, doch fanden sie nichts.

28 Da sprach der HERR zu Mose: Wie lange weigert ihr euch nun schon, meine Gebote und Weisungen zu halten? 29 Seht, der HERR hat euch den Sabbat gegeben. Darum gibt er euch am sechsten Tag Brot für zwei Tage. Jeder bleibe, wo er ist, am siebten Tag verlasse niemand seinen Platz. 30 So ruhte das Volk am siebten Tag. 31 Das Haus Israel aber nannte es Manna. Und es war weiss wie Koriandersamen und hatte einen Geschmack wie Honigkuchen. 32 Und Mose sprach: Das ist es, was der HERR geboten hat: Ein Gomer voll davon soll aufbewahrt werden für eure künftigen Generationen, damit sie das Brot sehen, mit dem ich euch in der Wüste gespeist habe, als ich euch aus dem Land Ägypten herausführte. 33 Dann sprach Mose zu Aaron: Nimm einen Krug, gib ein volles Gomer Manna hinein und stell ihn vor den HERRN zur Aufbewahrung für eure künftigen Generationen. 34 Wie der HERR es Mose geboten hatte, stellte Aaron es vor das Zeugnis zur Aufbewahrung. 35 Die Israeliten aber assen das Manna vierzig Jahre lang, bis sie in bewohntes Land kamen. Das Manna assen sie, bis sie an die Grenze des Landes Kanaan kamen. 36 Das Gomer aber ist der zehnte Teil eines Efa.

|1: 17,1; Num 33,11 |2: 15,24! |3: 14,11! · 8 · Num 11,5 |4: 15,25; Gen 21,1; Dtn 8,2; Ri 2,22 |5: 29; Lev 25,21–22 |7: Num 16,11 |8: 3 · Num 11,18–20 · 1Sam 8,7 |9: Num 14,27 |10: 24,16; Lev 9,23; Num 12,5 |12: 6,7! |13: Num 11,31; Ps 78,27–29 |15: Num 11,9; Dtn 8,3.16; Ps 105,40; Neh 9,15 |18: 2Kor 8,15 |19: 12,10; 23,18; 34,25; Lev 7,15 |28: Num 14,11 |29: 5! · 20,10 |31: Num 11,7–8 |33: Hebr 9,4 |34: Num 17,25 |35: Num 32,13; Dtn 2,7; Apg 13,18 · Jos 5,12 |36: Ez 45,11

Israel in Refidim: Wasser aus dem Felsen

17 1 Und die ganze Gemeinde der Israeliten zog aus der Wüste Sin weiter, von Lagerplatz zu Lagerplatz, nach dem Befehl des HERRN, und sie lagerten in Refidim. Es gab aber kein Wasser zum Trinken für das Volk. 2 Da haderte das Volk mit Mose, und sie sprachen: Gebt uns Wasser, damit wir zu trinken haben! Mose aber sprach zu ihnen: Was hadert ihr mit mir? Warum stellt ihr den HERRN auf die Probe? 3 Und dort dürstete das Volk nach Wasser, und das Volk murrte gegen Mose und sprach: Warum hast du uns aus Ägypten heraufgeführt, um mich, meine Söhne und mein Vieh sterben zu lassen vor Durst? 4 Da schrie Mose zum HERRN und sprach: Was soll ich machen mit diesem Volk? Nur wenig fehlt, und sie steinigen mich. 5 Der HERR aber sprach zu Mose: Zieh vor dem Volk her und nimm einige von den Ältesten Israels mit dir. Auch deinen Stab, mit dem du den Nil geschlagen hast, nimm in deine Hand, und geh! 6 Sieh, ich will dort auf dem Felsen am Choreb vor dir stehen. Dann schlage an den Felsen, und es wird Wasser aus ihm hervorquellen, und das Volk kann trinken. Und so machte es Mose vor den Augen der Ältesten Israels. 7 Und er nannte den Ort Massa und Meriba, weil die Israeliten gehadert und weil sie den HERRN auf die Probe gestellt hatten, indem sie sprachen: Ist der HERR in unserer Mitte oder nicht?

|1: 16,1! · 19,2; Num 33,14 · 15,22 |2: Num 20,3 · 7; Dtn 6,16; Ps 78,18; Hebr 3,9 |3: 15,24! · 14,11! |4: 15,25! · Num 14,10; 1Sam 30,6 |5: 7,20! |6: Num 20,11; Dtn 8,15; Ps 78,15 · 3,1 |7: Num 20,13; Ps 95,8; 106,32 · 2!

17,7: Im Namen Meriba klingt hebräisch ‹hadern› an, im Namen Massa klingt hebräisch ‹auf die Probe stellen› an.

Kampf gegen Amalek

8 Da kam Amalek und kämpfte gegen Israel in Refidim. 9 Und Mose sprach zu Josua: Wähle Männer aus für uns und zieh hinaus in den Kampf gegen Amalek. Morgen will ich mich mit dem Gottesstab in der Hand auf die Höhe des Hügels stellen. 10 Und Josua machte es, wie Mose es ihm gesagt hatte, und kämpfte gegen Amalek. Mose, Aaron und Hur aber stiegen auf die Höhe des Hügels. 11 Solange nun Mose seine Hand hochhielt, hatte Israel die Oberhand, sooft er aber seine Hand sinken liess, hatte Amalek die Oberhand. 12 Und als Moses Hände schwer wurden, nahmen sie einen Stein und legten diesen unter ihn, und er setzte sich darauf. Aaron und Hur aber stützten seine Hände, der eine auf dieser, der andere auf jener Seite. So blieben seine Hände fest, bis die Sonne unterging. 13 Und Josua besiegte Amalek und sein Kriegsvolk mit der Schärfe des Schwertes.

14 Da sprach der HERR zu Mose: Schreibe dies zum Gedächtnis in ein Buch und lass es Josua hören. Denn ich will das Andenken Amaleks unter dem Himmel tilgen. 15 Und Mose baute einen Altar und nannte ihn Der-HERR-ist-mein-Feldzeichen. 16 Und er sprach:
Die Hand an das Feldzeichen des HERRN!
Krieg hat der HERR mit Amalek von Generation zu Generation.

|8: Dtn 25,17; 1Sam 15,2 · Num 13,29 |9: 4,20! · Jos 8,3 |10: 24,14; 1Chr 2,19 |13: Jos 8,26 |14: Jer 30,2 · Dtn 25,19 |15: 20,25; 24,4; 32,5; Gen 8,20! |16: Jer 3,17

17,16: Der Text wurde nach V. 15 korrigiert.

Besuch des Jitro

18 1 Jitro aber, der Priester von Midian, der Schwiegervater des Mose, hörte alles, was Gott an Mose und seinem Volk Israel getan hatte, dass der HERR Israel aus Ägypten herausgeführt hatte. 2 Da nahm Jitro, der Schwiegervater des Mose, Zippora, die Frau von Mose, die er zurückgeschickt hatte, 3 und ihre beiden Söhne. Der eine hiess Gerschom, denn er hatte gesagt: Als Fremder bin ich aufgenommen in fremdem Land. 4 Der andere aber hiess Elieser, denn er hatte gesagt: Der Gott meines Vaters ist meine Hilfe, er hat mich vor dem Schwert des Pharao gerettet. 5 So kamen Jitro, der Schwiegervater des Mose, seine Söhne und seine Frau zu Mose in die Wüste, wo er am Gottesberg lagerte. 6 Und er liess Mose sagen: Ich, dein Schwiegervater Jitro, komme zu dir mit deiner Frau und ihren beiden Söhnen, die bei ihr sind. 7 Da ging Mose hinaus, seinem Schwiegervater entgegen, und warf sich nieder und küsste ihn, und sie fragten einander nach ihrem Wohlergehen, dann gingen sie ins Zelt. 8 Und Mose erzählte seinem Schwiegervater alles, was der HERR dem Pharao und Ägypten um Israels willen angetan, von all der Mühsal, die sie unterwegs getroffen hatte, und wie der HERR sie gerettet hatte. 9 Da freute sich Jitro über all das Gute, das der HERR für Israel getan hatte, dass er es aus der Hand Ägyptens gerettet hatte. 10 Und Jitro sprach: Gepriesen sei der HERR, der euch aus der Hand Ägyptens und aus der Hand des Pharao gerettet hat, der das Volk aus der Hand Ägyptens gerettet hat. 11 Nun weiss ich, dass der HERR grösser ist als alle Götter, denn worin sie vermessen gehandelt haben, das ist über sie gekommen. 12 Dann nahm Jitro, der Schwiegervater des Mose, ein Brandopfer und Schlachtopfer für Gott, und Aaron und alle Ältesten Israels kamen, um mit dem Schwiegervater des Mose vor Gott das Mahl zu halten.

|1: 2,16! |2: 2,21! |3–6: 4,20 |3: 2,22! |4: 2,15; 10,28 · 1Chr 23,15 |5: 4,27! |7: Gen 43,27; 1Sam 17,22; 2Sam 11,7 |11: Ps 95,3 · Neh 9,10; Jer 50,29 |12: Gen 31,54

Einsetzung von Richtern

13 Und am folgenden Tag setzte sich Mose, um für das Volk Recht zu sprechen, und das Volk trat vor Mose vom Morgen bis zum Abend. 14 Der Schwiegervater des Mose aber sah, was er alles für das Volk zu tun hatte, und sprach: Was tust du da für das Volk? Warum sitzt du allein da, während das ganze Volk vor dir steht, vom Morgen bis zum Abend? 15 Und Mose sprach zu seinem Schwiegervater: Das Volk kommt zu mir, um Gott zu befragen. 16 Wenn sie eine Rechtssache haben, dann kommt sie vor mich, und ich entscheide zwischen den Parteien und verkünde die Satzungen Gottes und seine Weisungen. 17 Da sprach der Schwiegervater des Mose zu ihm: Es ist nicht gut, was du da tust. 18 Du bist völlig erschöpft, du und auch das Volk, das bei dir ist, denn die Aufgabe ist zu schwer für dich, du kannst sie nicht allein erfüllen. 19 Höre auf mich, ich will dir einen Rat geben, und Gott möge mit dir sein. Vertritt du das Volk vor Gott, und bringe du die Rechtssachen vor Gott. 20 Und schärfe ihnen die Satzungen und Weisungen ein, und zeige ihnen den Weg, auf dem sie gehen, und die Werke, die sie tun sollen. 21 Du aber suche dir aus dem ganzen Volk tüchtige, gottesfürchtige Männer aus, zuverlässige Männer, die unlauteren Gewinn hassen. Und setze diese über sie als Vorgesetzte von je tausend, hundert, fünfzig und zehn. 22 Und sie sollen dem Volk jederzeit Recht sprechen; und jede grosse Sache sollen sie vor dich bringen, jede kleine aber selbst entscheiden. So verschaffe dir Entlastung, und sie sollen mit dir tragen. 23 Wenn du das tust und Gott es dir gebietet, kannst du bestehen, und dieses ganze Volk wird in Frieden heimkehren. 24 Und Mose hörte auf seinen Schwiegervater und tat alles, was er gesagt hatte. 25 Und Mose wählte tüchtige Männer aus ganz Israel aus und machte sie zu Häuptern über das Volk, zu Vorgesetzten von je tausend, hundert, fünfzig und zehn. 26 Und sie sprachen dem Volk jederzeit Recht; die schwierigen Sachen brachten sie vor Mose, alle kleinen aber entschieden sie selbst. 27 Darauf liess Mose seinen Schwiegervater ziehen, und dieser ging zurück in sein Land.

|16: Dtn 17,9 |18: Num 11,14–16; Dtn 1,9–13 |20: Dtn 5,27 |21: Neh 7,2 · Dtn 16,18 · Dtn 1,15;

2Sam 18,1! |22: Esra 7,25 · Dtn 1,17 |23: Num 11,17 |27: Num 10,29–30

Offenbarung Gottes am Sinai

19 1 Am dritten Neumondtag nach dem Auszug der Israeliten aus dem Land Ägypten, an diesem Tag, kamen sie in die Wüste Sinai. 2 Und sie brachen auf von Refidim und kamen in die Wüste Sinai, und sie lagerten in der Wüste. Und dort lagerte Israel dem Berg gegenüber. 3 Mose aber stieg hinauf zu Gott. Und der HERR rief ihm vom Berg her zu: So sollst du zum Haus Jakob sprechen und den Israeliten verkünden: 4 Ihr habt selbst gesehen, was ich Ägypten getan und wie ich euch auf Adlerflügeln getragen und hierher zu mir gebracht habe. 5 Wenn ihr nun auf meine Stimme hört und meinen Bund haltet, werdet ihr aus allen Völkern ihr mein Eigentum sein, denn mein ist die ganze Erde, 6 ihr aber sollt mir ein Königreich von Priestern sein und ein heiliges Volk. Das sind die Worte, die du den Israeliten sagen sollst. 7 Und Mose kam und rief die Ältesten des Volks und legte ihnen alle diese Worte vor, die der HERR ihm aufgetragen hatte. 8 Da antwortete das ganze Volk einmütig und sprach: Alles, was der HERR gesagt hat, wollen wir tun. Und Mose überbrachte dem HERRN die Worte des Volks. 9 Und der HERR sprach zu Mose: Sieh, ich komme in einer dichten Wolke zu dir, damit das Volk es hört, wenn ich mit dir spreche, und damit sie auch an dich glauben für immer. Und Mose berichtete dem HERRN die Worte des Volks. 10 Da sprach der HERR zu Mose: Geh zum Volk und sorge dafür, dass sie sich heilig halten heute und morgen: Sie sollen ihre Kleider waschen 11 und bereit sein für den dritten Tag, denn am dritten Tag wird der HERR vor den Augen des ganzen Volks auf den Berg Sinai herabkommen. 12 Zieh aber eine Grenze rings um das Volk, und sprich: Hütet euch, auf den Berg hinaufzusteigen oder auch nur seinen Saum zu berühren. Jeder, der den Berg berührt,

muss getötet werden. 13 Keine Hand darf ihn berühren, er soll gesteinigt oder erschossen werden. Weder Tier noch Mensch darf am Leben bleiben. Erst wenn das Widderhorn geblasen wird, dürfen sie hinaufsteigen auf den Berg. 14 Und Mose stieg vom Berg hinab zum Volk und heiligte das Volk, und sie wuschen ihre Kleider. 15 Und er sprach zum Volk: Haltet euch bereit für den dritten Tag; naht euch keiner Frau! 16 Am dritten Tag aber, als es Morgen wurde, begann es zu donnern und zu blitzen, und eine schwere Wolke lag auf dem Berg, und es ertönte mächtiger Hörnerschall. Und das ganze Volk, das im Lager war, erzitterte. 17 Da führte Mose das Volk aus dem Lager hinaus, Gott entgegen, und sie stellten sich auf am Fuss des Berges. 18 Der Berg Sinai aber war ganz in Rauch gehüllt, weil der HERR im Feuer auf ihn herabgestiegen war. Und sein Rauch stieg auf wie der Rauch des Schmelzofens, und der ganze Berg erzitterte heftig. 19 Und der Hörnerschall wurde immer stärker. Mose redete, und Gott antwortete ihm im Donner. 20 Und der HERR stieg herab auf den Berg Sinai, auf den Gipfel des Berges. Und der HERR rief Mose auf den Gipfel des Berges, und Mose stieg hinauf. 21 Da sprach der HERR zu Mose: Steig hinab, warne das Volk, dass sie nicht vordringen zum HERRN, um ihn zu sehen; dann würden viele von ihnen umkommen. 22 Und auch die Priester, die sich dem HERRN nähern dürfen, sollen sich heiligen, damit der HERR keine Lücke reisst in ihre Reihen. 23 Mose aber sprach zum HERRN: Das Volk kann nicht auf den Berg Sinai hinaufsteigen, denn du selbst hast uns gewarnt und gesagt: Zieh eine Grenze um den Berg und erkläre ihn für heilig. 24 Da sprach der HERR zu ihm: Geh, steig hinab und komm wieder herauf, du und Aaron mit dir. Die Priester aber und das Volk sollen nicht vordringen, um hinaufzusteigen zum HERRN, damit er keine Lücke reisst in ihre Reihen. 25 Und Mose stieg hinab zum Volk und sprach zu ihnen.

|1: Num 1,1; 33,15 |2: 17,1! |3: 20; 24,13.18; 34,4 · 3,4 |4: Dtn 29,1; Jos 23,3 · Dtn 32,11 |5: 15,26! · 6,7! · Dtn 10,14; Hiob 41,3 |6: Jes 61,6; 1Petr 2,9 · Dtn 26,19 |7: 4,28! |8: 24,3! |9: Dtn 4,11; Ps 18,12 · 14,31! |10: Gen 35,2; Num 31,23–24 |12: 24,2 |13: 34,3; Hebr 12,20 |15: Lev 15,18; 1Sam 21,6 |16: Hebr 12,19 · 20,18; Dtn 5,5 |17: Dtn 4,11 |18: Dtn 4,36; Ps 18,9 · Gen 19,28 · Ps 68,9! |19: 33,11; Num 12,8; Apg 7,38 · Dtn 5,22; Ps 81,8 |20: 3! |21–22: 24,11! |21: Num 4,20; 1Sam 6,19

Die Zehn Gebote

20 1 Und Gott redete alle diese Worte und sprach:

2 Ich bin der HERR, dein Gott, der dich herausgeführt hat aus dem Land Ägypten, aus einem Sklavenhaus. 3 Du sollst keine anderen Götter haben neben mir. 4 Du sollst dir kein Gottesbild machen noch irgendein Abbild von etwas, was oben im Himmel, was unten auf der Erde oder was im Wasser unter der Erde ist. 5 Du sollst dich nicht niederwerfen vor ihnen und ihnen nicht dienen, denn ich, der HERR, dein Gott, bin ein eifersüchtiger Gott, der die Schuld der Vorfahren heimsucht an den Nachkommen bis in die dritte und vierte Generation, bei denen, die mich hassen, 6 der aber Gnade erweist Tausenden, bei denen, die mich lieben und meine Gebote halten. 7 Du sollst den Namen des HERRN, deines Gottes, nicht missbrauchen, denn der HERR wird den nicht ungestraft lassen, der seinen Namen missbraucht. 8 Denke an den Sabbattag und halte ihn heilig. 9 Sechs Tage sollst du arbeiten und all deine Arbeit tun; 10 der siebte Tag aber ist ein Sabbat für den HERRN, deinen Gott. Da darfst du keinerlei Arbeit tun, weder du selbst noch dein Sohn oder deine Tochter, dein Knecht oder deine Magd noch dein Vieh oder der Fremde bei dir in deinen Toren. 11 Denn in sechs Tagen hat der HERR den Himmel und die Erde gemacht, das Meer und alles, was in ihnen ist, dann aber ruhte er am siebten Tag. Darum hat der HERR den Sabbattag gesegnet und ihn geheiligt. 12 Ehre deinen Vater und deine Mutter, damit du lange lebst auf dem Boden, den der HERR, dein Gott, dir gibt. 13 Du sollst nicht töten. 14 Du sollst nicht ehebrechen. 15 Du sollst nicht stehlen. 16 Du sollst nicht als falscher Zeuge aussagen gegen deinen Nächsten. 17 Du sollst nicht das Haus deines Nächsten begehren; du sollst nicht die Frau deines Nächsten begehren oder seinen Knecht oder seine Magd oder sein Rind oder seinen Esel oder irgendetwas, das deinem Nächsten gehört.

18 Das ganze Volk aber nahm den Donner und die Blitze wahr, den Hörnerschall und den rauchenden Berg: Das Volk nahm es wahr, und sie zitterten und blieben in der Ferne stehen. 19 Und sie sprachen zu Mose: Rede du mit uns, und wir wollen hören. Gott aber soll nicht mit uns reden, damit wir nicht sterben. 20 Da sprach Mose zum Volk: Fürchtet euch nicht; denn um euch auf die Probe zu stellen, ist Gott gekommen, und damit die Furcht vor ihm euch vor Augen stehe, damit ihr nicht sündigt. 21 So blieb das Volk in der Ferne stehen, Mose aber nahte sich dem Wolkendunkel, in dem Gott war.

|1–17: Dtn 5,6–21 |2: 13,3! |3: 22,19; Dtn 6,14; 13,3–16; Ri 6,10 |4: 23! · 32,4 |5: 23,24! · 34,14! · Num 14,18 |6: 34,7; Dtn 7,9; Dan 9,4 |7: Lev 19,12!; 24,16 · Mal 3,5 |8: Lev 19,30 |9: Lk 13,14 |10: 16,29 · 23,12; 31,15; 34,21; 35,2 |11: Gen 1,1–30; Apg 4,24 · Gen 2,3! |12: 21,17! · Dtn 4,40 · Eph 6,2–3 |13–17: Röm 13,9; Jak 2,11 |13: 21,12; Gen 9,5–6; Lev 24,17; Mt 5,21 |14: Lev 18,20; 20,10; Dtn 22,22 |15: Lev 19,11 |16: 23,1; Lev 19,16; Dtn 19,18; Spr 19,5.9 |17: Mi 2,2 · Mt 5,28 · Apg 20,33 |18: 19,16! |19: Dtn 5,27; Hebr 12,19 |20: Dtn 4,10 · 15,25! |21: 1Kön 8,12; Hebr 12,18

Anweisung für den Altar

22 Da sprach der HERR zu Mose: So sollst du zu den Israeliten sprechen: Ihr habt selbst gesehen, dass ich vom Himmel her mit euch geredet habe. 23 Ihr sollt mir nichts an die Seite stellen; silberne und goldene Götter sollt ihr euch nicht machen. 24 Einen Altar aus Erde sollst du mir errichten und darauf deine Brandopfer und Heilsopfer, deine Schafe und Rinder, schlachten. An jeder

Stätte, an der ich meinen Namen kund-
machen werde, will ich zu dir kommen
und dich segnen. 25 Wenn du mir aber
einen Altar aus Steinen errichtest, so
darfst du ihn nicht aus behauenen Steinen bauen, denn du hast sie mit deinem
Meissel bearbeitet und sie damit entweiht. 26 Auch darfst du nicht auf Stufen zu meinem Altar emporsteigen, damit nicht deine Blösse vor ihm enthüllt
wird.

|22: Dtn 4,36 |23: 4; 34,17; Lev 19,4; 26,1; Dtn 4,16 |24: Dtn 12,5 |25: 17,15! · Dtn 27,5; Jos 8,31 |26: 28,42–43

Schutz der Sklaven

21 1 Und dies sind die Rechtssatzungen, die du ihnen vorlegen sollst:
2 Wenn du einen hebräischen Sklaven
kaufst, soll er sechs Jahre dienen, im
siebten aber soll er ohne Entgelt freigelassen werden. 3 Kommt er allein, soll er
auch wieder allein entlassen werden. Ist
er verheiratet, so soll seine Frau mit ihm
gehen. 4 Gibt sein Herr ihm eine Frau
und gebärt sie ihm Söhne oder Töchter,
so gehören die Frau und deren Kinder
ihrem Herrn, und er wird allein entlassen. 5 Sagt aber der Sklave: Ich liebe
meinen Herrn, meine Frau und meine
Kinder, ich will nicht freigelassen werden, 6 so führe ihn sein Herr vor Gott
und führe ihn an die Tür oder an den
Türpfosten, und dort durchbohre ihm
sein Herr das Ohr mit einem Pfriem,
und er soll ihm für immer als Sklave dienen.

7 Wenn jemand seine Tochter als
Sklavin verkauft, darf sie nicht freigelassen werden, wie die Sklaven entlassen
werden. 8 Missfällt sie ihrem Herrn, der
sie für sich bestimmt hatte, so soll er zulassen, dass sie losgekauft wird. Er ist
nicht berechtigt, sie an ein fremdes Volk
zu verkaufen, denn er hat treulos an ihr
gehandelt. 9 Bestimmt er sie für seinen
Sohn, soll er sie nach dem Töchterrecht
behandeln. 10 Nimmt er sich noch eine
andere Frau, darf er ihr an Nahrung,
Kleidung und ehelichem Verkehr nichts

entziehen. 11 Gewährt er ihr diese drei
Dinge nicht, wird sie ohne weiteres frei,
ohne Lösegeld.

|1: Dtn 4,14 |2: Lev 25,39; Dtn 15,12; Jer 34,14; Joh 8,35 |7: Neh 5,5 |8: Dtn 21,14 |10: 1Kor 7,3

Totschlag und Menschenraub

12 Wer einen Menschen schlägt, so
dass er stirbt, muss getötet werden.
13 Hat er ihm aber nicht nachgestellt,
sondern hat Gott es seiner Hand zustossen lassen, so will ich dir eine Stätte bestimmen, wohin er fliehen kann.
14 Wenn aber jemand gegenüber einem
andern vorsätzlich handelt und ihn
heimtückisch umbringt, sollst du ihn
von meinem Altar wegholen, damit er
stirbt.

15 Wer seinen Vater oder seine Mutter schlägt, muss getötet werden.

16 Wer einen Menschen raubt, ob er
ihn verkauft hat oder ob er sich noch in
seiner Hand befindet, muss getötet werden.

17 Wer seinen Vater oder seine Mutter schmäht, muss getötet werden.

|12: 20,13! |13: Num 35,6–15; Dtn 19,1–10; Jos 20,1–9 |14: Dtn 19,11–13; 1Kön 2,29–31; 2Kön 11,15 |15: Spr 19,26 |16: Gen 37,28; Dtn 24,7 |17: 20,12; Lev 19,3; Dtn 21,18–21; Spr 20,20

Körperverletzung

18 Wenn Männer in Streit geraten
und einer den andern mit einem Stein
oder mit der Faust schlägt, so dass er
zwar nicht stirbt, aber im Bett liegen
muss, 19 später aber wieder aufstehen
und draussen am Stock gehen kann, so
bleibt straffrei, der geschlagen hat. Er
muss ihn nur entschädigen für das Ver-
säumte und für die Heilung aufkommen.

20 Wenn jemand seinen Sklaven
oder seine Sklavin mit dem Stock
schlägt, so dass er unter seiner Hand
stirbt, muss es gerächt werden. 21 Bleibt
er noch einen oder zwei Tage am Leben,
so verfällt er nicht der Rache, denn es
geht um sein eigenes Geld.

22 Wenn Männer miteinander raufen und dabei eine schwangere Frau

stossen, so dass sie vorzeitig gebärt, sonst aber kein Schaden entsteht, wird der Schuldige mit einer Geldbusse bestraft, so wie der Ehemann der Frau sie ihm auferlegt, und er soll sie vor Richtern bezahlen. 23 Entsteht aber weiterer Schaden, sollst du Leben für Leben geben, 24 Auge für Auge, Zahn für Zahn, Hand für Hand, Fuss für Fuss, 25 Brandmal für Brandmal, Wunde für Wunde, Strieme für Strieme.

26 Wenn jemand seinem Sklaven oder seiner Sklavin ins Auge schlägt und es zerstört, soll er ihn für sein Auge freilassen. 27 Schlägt er seinem Sklaven – oder seiner Sklavin – einen Zahn aus, so soll er ihn für seinen Zahn freilassen.

28 Wenn ein Rind einen Mann oder eine Frau stösst, so dass er stirbt, wird das Rind gesteinigt, und sein Fleisch darf nicht gegessen werden. Der Besitzer des Rindes aber bleibt straffrei. 29 Ist aber ein Rind schon längere Zeit stössig und wird sein Besitzer gewarnt, bewacht es aber trotzdem nicht, und es tötet einen Mann oder eine Frau, wird das Rind gesteinigt, und auch sein Besitzer wird getötet. 30 Wird ihm ein Sühnegeld auferlegt, so soll er als Lösegeld für sein Leben so viel geben, wie ihm auferlegt wird. 31 Stösst es einen Sohn oder eine Tochter, so wird mit ihm nach demselben Recht verfahren. 32 Stösst das Rind einen Sklaven – oder eine Sklavin –, so soll er dessen Herrn dreissig Schekel geben, das Rind aber wird gesteinigt.

|23–25: Lev 24,20; Dtn 19,21; Mt 5,38 |28: Gen 9,5 · 22,30; Lev 7,24|

Ersatzleistung

33 Wenn jemand eine Zisterne offen lässt oder wenn jemand eine Zisterne gräbt und sie nicht zudeckt, und es fällt ein Rind oder ein Esel hinein, 34 muss der Besitzer der Zisterne Ersatz leisten. Er muss dem Besitzer des Tieres Geld erstatten, das tote Tier aber gehört ihm.

35 Wenn jemandes Rind das Rind eines anderen stösst, so dass es stirbt, soll man das lebende Rind verkaufen und den Erlös teilen, und auch das tote soll man teilen. 36 War jedoch bekannt, dass es sich um ein Rind handelt, das schon längere Zeit stössig ist, und hat sein Besitzer es nicht bewacht, so muss er vollen Ersatz leisten: ein Rind für das Rind, das tote aber gehört ihm.

37 Wenn jemand ein Rind oder ein Schaf stiehlt und es schlachtet oder verkauft, soll er fünf Rinder für das Rind und vier Schafe für das Schaf als Ersatz geben.

22 1 Wird der Dieb beim Einbruch ertappt und geschlagen, so dass er stirbt, liegt keine Blutschuld vor. 2 Ist darüber bereits die Sonne aufgegangen, so ist es Blutschuld. – Der Dieb muss vollen Ersatz leisten. Besitzt er nichts, so wird er für den Wert des von ihm Gestohlenen verkauft. 3 Findet sich das Gestohlene, sei es Rind, Esel oder Schaf, noch lebend in seiner Hand, muss er doppelten Ersatz leisten.

4 Wenn jemand ein Feld oder einen Weinberg abweiden und sein Vieh frei laufen lässt, so dass es das Feld eines anderen abweidet, muss er den besten Ertrag seines Feldes und den besten Ertrag seines Weinbergs als Ersatz geben.

5 Wenn Feuer ausbricht und Dorngestrüpp erfasst und dabei ein Garbenhaufen oder das Getreide, das noch steht, oder das Feld verzehrt wird, dann muss der, der den Brand verursacht hat, vollen Ersatz leisten.

6 Wenn jemand einem anderen Geld oder Gegenstände in Verwahrung gibt und es aus dem Haus dieses Mannes gestohlen wird, muss der Dieb, wenn er gefunden wird, doppelten Ersatz leisten. 7 Wird der Dieb nicht gefunden, soll der Besitzer des Hauses vor Gott treten, um zu bezeugen, dass er sich nicht selbst am Eigentum des anderen vergriffen hat. 8 Bei jedem Fall von Veruntreuung, es handle sich um ein Rind, einen Esel, ein Schaf, einen Mantel oder sonst etwas, das abhanden gekommen ist – wenn einer sagt: Das ist

es!, soll die Sache der beiden vor Gott kommen. Der, den Gott schuldig spricht, soll dem andern doppelten Ersatz leisten.

9 Wenn jemand einem anderen einen Esel, ein Rind, ein Schaf oder sonst ein Tier in Obhut gibt, und es stirbt oder bricht sich ein Glied oder wird weggetrieben, ohne dass es jemand sieht, 10 soll ein Schwur beim HERRN zwischen den beiden entscheiden, ob der eine sich nicht am Eigentum des anderen vergriffen hat. Und der Besitzer muss es hinnehmen, und der andere braucht keinen Ersatz zu leisten. 11 Wird es ihm aber gestohlen, so muss er dem Besitzer Ersatz leisten. 12 Wird es von einem Raubtier gerissen, so soll er es als Beweis beibringen. Das Gerissene braucht er nicht zu ersetzen.

13 Wenn jemand einem anderen ein Tier entleiht und es bricht sich ein Glied oder stirbt, ohne dass sein Besitzer dabei ist, so muss er vollen Ersatz leisten. 14 Ist der Besitzer dabei, so braucht er keinen Ersatz zu leisten. Ist er Tagelöhner, so geht es auf seinen Lohn.

|36: Lev 24,18 |37: 22,3; Spr 6,31 · 2Sam 12,6; Lk 19,8 |1: Jer 2,34 |3: 21,37! · Jes 40,2 |12: Gen 31,39

22,14: Möglich ist auch die Übersetzung: «... Ist es gemietet, so geht es auf den Mietpreis.»

Verführung einer Jungfrau

15 Wenn jemand eine Jungfrau, die nicht verlobt ist, verführt und mit ihr schläft, soll er das Brautgeld für sie entrichten und sie zur Frau nehmen. 16 Weigert sich ihr Vater, sie ihm zu geben, soll er Geld bezahlen in der Höhe des Brautgeldes für Jungfrauen.

|15: Gen 34,12; Dtn 22,28-29

Verbrechen mit Todesstrafe

17 Eine Zauberin sollst du nicht am Leben lassen.
18 Jeder, der mit einem Tier schläft, muss getötet werden.
19 Wer den Göttern opfert, und nicht dem HERRN allein, wird der Vernichtung geweiht.

|17: Lev 20,6.27; Dtn 18,10–11; 1Sam 28,3 |18: Lev 18,23; Dtn 27,21 |19: 20,3!

Schutz der Schwachen

20 Einen Fremden sollst du nicht bedrängen und nicht quälen, seid ihr doch selbst Fremde gewesen im Land Ägypten. 21 Eine Witwe oder eine Waise sollt ihr nicht erniedrigen. 22 Wenn du sie erniedrigst und sie zu mir schreien, werde ich ihr Schreien hören, 23 und mein Zorn wird entbrennen, und ich werde euch töten mit dem Schwert, so dass eure Frauen Witwen und eure Söhne Waisen werden.

24 Leihst du Geld dem Armen aus meinem Volk, der bei dir ist, so sei nicht wie ein Wucherer zu ihm. Ihr sollt ihm keinen Zins auferlegen. 25 Nimmst du den Mantel deines Nächsten zum Pfand, sollst du ihm diesen vor Sonnenuntergang zurückgeben. 26 Denn er ist seine einzige Decke, die Hülle für seine nackte Haut. Worin sonst soll er sich schlafen legen? Wenn er zu mir schreit, werde ich es hören; denn ich bin gnädig.

|20: 23,9; Lev 19,33–34; Dtn 10,18–19; 24,17–18 |21: Dtn 24,17; Sach 7,10 |22: 26; Dtn 15,9; Hiob 34,28; Ps 34,7 |24: Lev 25,36–37; Dtn 23,21; Spr 28,8; Ez 22,12 |25: Dtn 24,13; Hiob 22,6!; Ez 18,7; 33,15 |26: 22!

Pflichten gegenüber Gott

27 Gott sollst du nicht schmähen, und einen Fürsten in deinem Volk sollst du nicht verfluchen. 28 Die Fülle deiner Tenne und den Überfluss deiner Kelter sollst du nicht für dich behalten. Den Erstgeborenen deiner Söhne sollst du mir geben. 29 Ebenso sollst du es mit deinem Rind und deinen Schafen halten. Sieben Tage mag es bei seiner Mutter bleiben, am achten Tag sollst du es mir geben. 30 Heilige Männer sollt ihr mir sein. Fleisch von einem Tier, das auf dem Feld gerissen wurde, dürft ihr nicht essen; den Hunden sollt ihr es vorwerfen.

|27: Lev 24,16 · 2Sam 16,5; 1Kön 21,10; Koh 10,20; Apg 23,5 |28–29: 13,2! |28: Spr 3,9–10 |29: Lev 22,27 |30: 21,28!

22,28: Wörtlich: «Deine Fülle und deinen Überfluss sollst du nicht ...»

Gerechtes Verhalten

23 1 Du sollst kein nichtiges Gerücht verbreiten. Biete deine Hand nicht einem, der Unrecht tut, indem du als Zeuge Gewalt deckst.

2 Du sollst nicht den Vielen folgen und Böses tun, und bei einer Aussage in einem Rechtsstreit sollst du dich nicht nach den Vielen richten und das Recht beugen. 3 Auch einen Geringen sollst du in seinem Rechtsstreit nicht begünstigen.

4 Wenn du dem verirrten Rind oder Esel deines Feindes begegnest, sollst du das Tier sogleich zu ihm zurückführen.

5 Wenn du siehst, dass der Esel deines Gegners unter seiner Last zusammengebrochen ist, dann lass ihn nicht allein ...

6 Du sollst das Recht deines Armen in seinem Rechtsstreit nicht beugen. 7 Von betrügerischer Sache halte dich fern. Und wer unschuldig und im Recht ist, den töte nicht, denn einen Schuldigen spreche ich nicht frei. 8 Bestechungsgeld sollst du nicht annehmen, denn das Bestechungsgeld macht Sehende blind und verdreht die Sache derer, die im Recht sind. 9 Einen Fremden sollst du nicht quälen. Denn ihr wisst, wie dem Fremden zumute ist, seid ihr doch selbst Fremde gewesen im Land Ägypten.

|1: 20,16! |2: 1Sam 15,24 |3: Lev 19,15 |4: Dtn 22,1–4 · Lk 6,27 |5: Spr 12,10! |6: Dtn 27,19 |7: Spr 11,21 |8: Dtn 16,19 |9: 22,20!

23,5: Das Versende im Massoretischen Text ist unverständlich.

Sabbatjahr und Sabbat

10 Sechs Jahre sollst du dein Land besäen und seinen Ertrag einsammeln. 11 Im siebten aber sollst du es brachliegen lassen und nicht bestellen, und die Armen deines Volks sollen davon essen. Und was sie übrig lassen, sollen die Tiere des Feldes fressen. So sollst du auch mit deinem Weinberg und mit deinen Ölbäumen verfahren. 12 Sechs Tage sollst du deine Arbeit tun, am siebten Tag aber sollst du ruhen, damit dein Rind und dein Esel ausruhen und der Sohn deiner Magd und der Fremde aufatmen können. 13 Und ihr sollt achtsam sein bei allem, was ich euch gesagt habe. Den Namen anderer Götter sollt ihr nicht nennen, er soll nicht gehört werden aus deinem Mund.

|11: Neh 10,32 · Lev 25,3–7 |12: 20,10! |13: Dtn 6,3; Jos 22,5; 23,7; 1Chr 28,8

Jahresfeste

14 Dreimal im Jahr sollst du mir ein Fest feiern; 15 Das Fest der ungesäuerten Brote sollst du halten; sieben Tage sollst du ungesäuerte Brote essen, wie ich es dir geboten habe, zur festgesetzten Zeit im Ährenmonat, denn in diesem bist du aus Ägypten ausgezogen. Und nicht mit leeren Händen soll man vor meinem Angesicht erscheinen. 16 Sodann das Fest der Ernte, der Erstlingsfrüchte deiner Arbeit, dessen, was du aussäst auf dem Feld. Und das Fest der Lese am Ausgang des Jahres, wenn du den Ertrag deiner Arbeit einsammelst vom Feld. 17 Dreimal im Jahr sollen all deine Männer vor Gott dem HERRN erscheinen. 18 Du sollst das Blut meines Schlachtopfers nicht zusammen mit Gesäuertem opfern, und das Fett meines Festopfers soll nicht über Nacht liegenbleiben bis zum Morgen. 19 Das Beste von den Erstlingsfrüchten deines Ackers sollst du in das Haus des HERRN, deines Gottes, bringen. Ein Böcklein sollst du nicht in der Milch seiner Mutter kochen.

|14: 1Kön 9,25! |15: 12,15 · 13,4; 34,18 |16: 34,22; Num 28,26 |18: 16,19! · 34,25 |19: 34,26; Dtn 14,21

Mahnung und Verheissung

20 Sieh, ich sende einen Boten vor dir her, dich auf dem Weg zu behüten und dich an die Stätte zu bringen, die ich bereitet habe. 21 Sei achtsam vor ihm, und höre auf seine Stimme, verbittere

ihn nicht. Er wird eure Missetat nicht vergeben, denn mein Name ist in ihm. 22 Wenn du aber auf seine Stimme hörst und alles tust, was ich sage, werde ich der Feind deiner Feinde sein und der Bedränger deiner Bedränger. 23 Denn mein Bote wird vor dir hergehen und dich zu den Amoritern und den Hetitern und den Perissitern und den Kanaanitern und den Chiwwitern und den Jebusitern bringen, und ich werde sie austilgen. 24 Du sollst dich nicht niederwerfen vor ihren Göttern und ihnen nicht dienen, und du sollst es nicht machen, wie jene es machen, sondern du sollst sie niederreissen und ihre Malsteine zerschlagen. 25 Dem HERRN, eurem Gott, sollt ihr dienen, so wird er dein Brot und dein Wasser segnen, und hinwegnehmen werde ich alle Krankheit aus deiner Mitte. 26 In deinem Land wird es weder Fehlgeburt noch Unfruchtbarkeit geben. Die volle Zahl deiner Tage werde ich dir gewähren.

27 Meinen Schrecken werde ich vor dir her senden und jedes Volk, zu dem du kommst, in Verwirrung bringen, und ich werde dir den Nacken aller deiner Feinde preisgeben. 28 Und ich werde die Hornissen vor dir her senden, und sie werden die Chiwwiter, die Kanaaniter und die Hetiter vor dir vertreiben. 29 Ich will sie aber nicht in einem Jahr vor dir vertreiben, damit das Land nicht zur Öde wird und die Tiere des Feldes nicht zu deinem Schaden überhandnehmen. 30 Nach und nach will ich sie vor dir vertreiben, bis du so fruchtbar geworden bist, dass du das Land in Besitz nehmen kannst. 31 Und ich lege deine Grenze fest vom Schilfmeer bis zum Meer der Philister und von der Wüste bis zum Strom. Denn die Bewohner des Landes werde ich in eure Hand geben, und du wirst sie vor dir vertreiben. 32 Du sollst mit ihnen und ihren Göttern keinen Bund schliessen. 33 Sie sollen nicht in deinem Land wohnen bleiben, damit sie dich nicht zur Sünde gegen mich verführen. Denn wenn du

ihren Göttern dienst, wird dir das zum Fallstrick werden.

|20: 23;14,19;32,34;33,2; Gen 24,7 |21: Jos 24,19 |22: Gen 12,3 |23: 20! · Jos 24,8 |24: 20,5; Dtn 5,9; Jos 23,7; Dan 3,18 · 34,13; Dtn 7,5 |25: 15,26; Num 12,13; Ps 103,3; Hos 11,3 |26: Dtn 7,14 |27: Gen 35,5! |28: Dtn 7,20; Jos 24,12 |29–30: Dtn 7,22 |31: Ps 72,8 |32: 34,12!

23,28: Die Bedeutung des mit ‹Hornissen› wiedergegebenen hebräischen Worts ist umstritten; andere übersetzen: «Ich werde die Angst vor dir her senden, und sie wird … vertreiben.»

Bundesschluss am Sinai

24 1 Und zu Mose sprach er: Steig hinauf zum HERRN, du mit Aaron, Nadab und Abihu und siebzig von den Ältesten Israels, und werft euch nieder in der Ferne. 2 Und Mose allein soll sich dem HERRN nähern, sie aber dürfen sich nicht nähern, und das Volk darf nicht mit ihm hinaufsteigen. 3 Darauf kam Mose und verkündete dem Volk alle Worte des HERRN und alle Rechtssatzungen. Und das ganze Volk antwortete mit einer Stimme und sprach: Alle Worte, die der HERR geredet hat, wollen wir tun. 4 Und Mose schrieb alle Worte des HERRN auf. Früh am andern Morgen aber errichtete er einen Altar am Fuss des Berges und zwölf Malsteine für die zwölf Stämme Israels. 5 Dann entsandte er die jungen Männer der Israeliten, und sie brachten Brandopfer dar und schlachteten Jungstiere als Heilsopfer für den HERRN. 6 Und Mose nahm die Hälfte des Blutes und goss es in Schalen, und die andere Hälfte des Blutes sprengte er auf den Altar. 7 Dann nahm er das Bundesbuch und las es dem Volk vor. Und sie sprachen: Alles, was der HERR geredet hat, wollen wir tun, und wir wollen darauf hören. 8 Darauf nahm Mose das Blut und sprengte es über das Volk und sprach: Seht, das ist das Blut des Bundes, den der HERR mit euch geschlossen hat, mit all diesen Worten.

9 Da stiegen Mose und Aaron, Nadab und Abihu und siebzig von den Ältesten Israels hinauf. 10 Und sie sahen den Gott Israels, und unter seinen Füssen

war ein Gebilde wie aus einer Platte von
Lapislazuli und klar wie der Himmel
selbst. 11 Gegen die Vornehmen der Israeliten aber streckte er seine Hand
nicht aus. Und sie schauten Gott und
assen und tranken.

12 Und der HERR sprach zu Mose:
Steig herauf zu mir auf den Berg und
bleibe hier! Ich aber will dir die Steintafeln geben, die Weisung und das Gebot,
die ich aufgeschrieben habe, um sie zu
unterweisen. 13 Da machte sich Mose
mit seinem Diener Josua auf, und Mose
stieg den Gottesberg hinan. 14 Zu den
Ältesten aber sagte er: Wartet hier auf
uns, bis wir zu euch zurückkehren. Seht,
Aaron und Hur sind bei euch. Wer eine
Rechtssache hat, wende sich an sie.
15 Dann stieg Mose den Berg hinan, und
die Wolke bedeckte den Berg. 16 Und
die Herrlichkeit des HERRN liess sich
auf den Berg Sinai nieder, und die
Wolke bedeckte ihn sechs Tage lang.
Und am siebten Tag rief er mitten aus
der Wolke Mose herbei. 17 Die Erscheinung der Herrlichkeit des HERRN aber
war vor den Augen der Israeliten wie ein
verzehrendes Feuer auf dem Gipfel des
Berges. 18 Da ging Mose mitten in die
Wolke hinein und stieg den Berg hinan.
Und Mose war auf dem Berg vierzig
Tage und vierzig Nächte.

|1: 6,23; Lev 10,1 · 9! |2: 19,12 |3: 7; 19,8; Dtn 5,27;
Jos 24,21.24 |4: 34,27! · 17,15! · 28,21! |7: 3! ·
2Kön 23,2; 2Chr 34,30 |8: Dtn 5,2 · Mt 26,28;
Hebr 9,18–20 |9: 1; Num 11,16; Ez 8,11 |10:
1Kön 22,19; Jes 6,1 · Ez 1,26! |11: 19,21–22; 33,20;
Gen 32,31 |12: 31,18; 32,15; Dtn 5,22 · 2Kor 3,3 |13:
19,3! · 4,20! · 4,27! |14: 17,10! |16: 16,10 |17:
Dtn 4,24; 9,3 |18: 19,3! · 34,28; Dtn 9,9.18; 1Kön 19,8

Die Abgabe für den Bau des Heiligtums

25 1 Und der HERR redete zu Mose
und sprach: 2 Sage den Israeliten,
sie sollen eine Abgabe für mich erheben.
Von jedem, den sein Herz dazu treibt,
sollt ihr die Abgabe für mich erheben.
3 Und dies ist die Abgabe, die ihr von
ihnen erheben sollt: Gold, Silber und
Bronze, 4 blauen und roten Purpur, Karmesin, feines Leinen und Ziegenhaar,
5 rot gefärbte Widderfelle, Tachasch-

häute und Akazienholz, 6 Öl für das
Licht, Balsam für das Salböl und für das
wohlriechende Räucherwerk, 7 Karneolsteine und Besatzsteine für den Efod
und die Brusttasche. 8 Und sie sollen
mir ein Heiligtum errichten, und ich
werde in ihrer Mitte wohnen. 9 Genau
nach dem Vorbild der Wohnung und
nach dem Vorbild all ihrer Geräte, das
ich dir zeige, so sollt ihr es machen.

|Ex 25–31: Ex 35–40 |1–9: 35,4–29 |2: 35,5;
1Chr 29,5 |5: 26,14; 35,7 |7: 28,9; Gen 2,12 |8:
1Chr 22,19 · 29,45–46; 1Kön 6,13; Ps 46,6 |9: 40;
26,30; 27,8; Apg 7,44; Hebr 8,5

Die Lade

10 Und sie sollen eine Lade machen
aus Akazienholz, zweieinhalb Ellen
lang, anderthalb Ellen breit und anderthalb Ellen hoch. 11 Dann überzieh sie
mit reinem Gold, innen und aussen
sollst du sie überziehen, und bringe
ringsum eine goldene Leiste an. 12 Und
giesse vier goldene Ringe, und befestige
sie an ihren vier Füssen, zwei Ringe an
der einen Seite und zwei Ringe an der
anderen Seite. 13 Und mache Stangen
aus Akazienholz und überziehe sie mit
Gold. 14 Dann führe die Stangen durch
die Ringe an den Seiten der Lade, so dass
man mit ihnen die Lade tragen kann.
15 Die Stangen sollen in den Ringen der
Lade bleiben, sie sollen nicht von ihr
entfernt werden. 16 In die Lade aber
sollst du das Zeugnis legen, das ich dir
geben werde. 17 Und mache eine Deckplatte aus reinem Gold, zweieinhalb
Ellen lang und anderthalb Ellen breit.
18 Dann mache zwei goldene Kerubim.
Als getriebene Arbeit sollst du sie machen, an den beiden Enden der Deckplatte: 19 Den einen Kerub mache am
einen Ende und den anderen Kerub am
anderen Ende. Aus der Deckplatte sollt
ihr die Kerubim herausarbeiten, an ihren beiden Enden. 20 Und die Kerubim
sollen Flügel nach oben ausbreiten und
mit ihren Flügeln die Deckplatte beschirmen. Und ihre Gesichter sollen
einander zugewandt sein. Zur Deckplatte hin sollen die Gesichter der Keru-

bim gerichtet sein. 21 Und setze die Deckplatte oben auf die Lade, und in die Lade lege das Zeugnis, das ich dir geben werde. 22 Dann will ich dir dort begegnen und mit dir reden von der Deckplatte herab zwischen den zwei Kerubim hervor, die über der Lade des Zeugnisses sind, alles, was ich dir für die Israeliten auftragen werde.

|10–22: 37,1–9 |10: 31,7; Dtn 10,1 |11: 24–25; 30,3; Hebr 9,4 |14: 1Chr 15,15 |16: 21; Dtn 10,5; 1Kön 8,9 |17: 35,12 |18: 2Chr 3,10; Ez 10,2; Hebr 9,5 |20: 1Kön 6,23–27; 1Chr 28,18; 2Chr 3,10–13 |21: 26,34; Lev 16,13 · 16! |22: 29,42! · Lev 16,2; Num 7,89

Der Tisch für die Schaubrote

23 Dann mache einen Tisch aus Akazienholz, zwei Ellen lang, eine Elle breit und anderthalb Ellen hoch. 24 Und überziehe ihn mit reinem Gold, und bringe ringsum eine goldene Leiste an. 25 Und mache ringsum eine Einfassung von einer Handbreite, und mache für diese Einfassung ringsum eine goldene Leiste. 26 Dann mache vier goldene Ringe, und befestige die Ringe an den vier Ecken, bei seinen vier Beinen. 27 Dicht an der Einfassung sollen die Ringe sein als Halterungen für Stangen, so dass man den Tisch tragen kann. 28 Dann mache die Stangen aus Akazienholz, und überziehe sie mit Gold, mit ihnen soll der Tisch getragen werden. 29 Und mache die dazugehörigen Schüsseln, Schalen, Kannen und Becher, mit denen das Trankopfer gespendet wird. Aus reinem Gold sollst du sie machen. 30 Und auf den Tisch lege Schaubrot, ständig mir vor Augen.

|23–30: 37,10–16 |23–24: 31,8; 1Kön 7,48; Hebr 9,2 |24–25: 30,3! |29: 1Kön 7,50 |30: 35,13; 39,36; Lev 24,6; 1Sam 21,5

Der Leuchter

31 Dann mache einen Leuchter aus reinem Gold. Als getriebene Arbeit aus einem Stück soll der Leuchter gemacht werden, sein Fuss und sein Schaft, seine Kelche, Knäufe und Blüten. 32 Und sechs Arme gehen von seinen beiden Seiten aus, drei Arme des Leuchters auf der einen Seite und drei Arme des Leuchters auf der anderen Seite. 33 Drei mandelblütenförmige Kelche sind an dem einen Arm, mit Knauf und Blüte, und drei mandelblütenförmige Kelche an dem anderen Arm, mit Knauf und Blüte. So ist es bei den sechs Armen, die von dem Leuchter ausgehen. 34 Und am Leuchter sind vier Kelche, mandelblütenförmig, Knäufe und Blüten: 35 ein Knauf unter dem ersten Paar seiner Arme, ein Knauf unter dem zweiten Paar seiner Arme und ein Knauf unter dem dritten Paar seiner Arme, bei allen sechs Armen, die vom Leuchter ausgehen. 36 Ihre Knäufe und ihre Arme sollen aus ihm herausgearbeitet sein, das Ganze aus einem Stück von reinem Gold getrieben. 37 Dann mache seine sieben Lampen, und man setze diese Lampen so auf, dass sie den Raum vor ihm erleuchten. 38 Auch die dazugehörigen Dochtscheren und Pfannen sind aus reinem Gold. 39 Aus einem Talent reinen Goldes soll man ihn machen samt all diesen Geräten. 40 Und achte darauf, dass du sie nach ihrem Vorbild machst, das dir auf dem Berg gezeigt wird.

|31–40: 37,17–24; Num 8,1–4 |31: 31,8; 1Kön 7,49; Sach 4,2 |37: Offb 4,5 · 30,8; Lev 24,4; 2Chr 4,7! |40: 9!

Die Wohnung

26 1 Die Wohnung aber sollst du aus zehn Zeltbahnen machen. Aus gezwirntem, feinem Leinen, aus blauem und rotem Purpur und aus Karmesin, mit eingewebten Kerubim sollst du sie machen. 2 Die Länge einer Zeltbahn beträgt achtundzwanzig Ellen und die Breite einer Zeltbahn vier Ellen. Alle Zeltbahnen haben dasselbe Mass. 3 Die ersten fünf Zeltbahnen sollen aneinander gefügt sein, und die andern fünf Zeltbahnen sollen aneinander gefügt sein. 4 Dann bringe am Saum der ersten Zeltbahn Schleifen aus blauem Purpur an, am Rand des einen zusammengefügten Stücks, und ebenso sollst du es machen am Saum der Zeltbahn am Rand

des zweiten zusammengefügten Stücks.
5 Fünfzig Schleifen sollst du an der ersten Zeltbahn anbringen, und fünfzig Schleifen sollst du am Rand der Zeltbahn anbringen, die zum zweiten zusammengefügten Stück gehört. Die Schleifen sollen einander gegenüberliegen. 6 Dann mache fünfzig goldene Haken, und verbinde mit den Haken die Zeltbahnen. So soll die Wohnung ein Ganzes werden.

7 Dann mache Zeltbahnen aus Ziegenhaar für das Zeltdach über der Wohnung. Elf solche Zeltbahnen sollst du machen. 8 Die Länge einer Zeltbahn beträgt dreissig Ellen und die Breite einer Zeltbahn vier Ellen. Die elf Zeltbahnen haben dasselbe Mass. 9 Dann füge fünf der Zeltbahnen zu einem Stück zusammen und ebenso die sechs anderen Zeltbahnen zu einem Stück, und lege die sechste Zeltbahn zur Vorderseite des Zelts hin doppelt. 10 Und am Saum der ersten Zeltbahn, die am Rand des einen zusammengefügten Stücks ist, bringe fünfzig Schleifen an und ebenso fünfzig Schleifen am Saum der Zeltbahn des zweiten zusammengefügten Stücks. 11 Dann mache fünfzig bronzene Haken, stecke die Haken in die Schleifen und füge das Zelt zusammen. So soll es ein Ganzes werden. 12 Was aber von den Bahnen des Zelts überschüssig ist, soll herabhängen. Zur Hälfte soll die überschüssige Zeltbahn auf der Rückseite der Wohnung herabhängen. 13 Und von dem, was an der Länge der Zeltbahnen überschüssig ist, soll je eine Elle auf den beiden Längsseiten der Wohnung herabhängen und sie bedecken. 14 Und mache für das Zelt eine Decke aus rot gefärbten Widderfellen und darüber eine Decke aus Tachaschhäuten.

15 Dann mache standfeste Bretter aus Akazienholz für die Wohnung: 16 zehn Ellen beträgt die Länge eines Brettes und anderthalb Ellen die Breite eines Brettes. 17 Zwei Zapfen soll jedes Brett haben, sie sind miteinander verzahnt. So mache es bei allen Brettern der Wohnung. 18 Und als Bretter für die Wohnung mache: zwanzig Bretter für die Südseite, nach Süden hin. 19 Und mache vierzig silberne Sockel unter den zwanzig Brettern, je zwei Sockel unter einem Brett für seine beiden Zapfen. 20 Und für die zweite Seitenwand der Wohnung, die Nordseite, zwanzig Bretter 21 und dazu vierzig silberne Sockel, je zwei Sockel unter einem Brett. 22 Für die Rückseite der Wohnung aber, nach Westen hin, mache sechs Bretter. 23 Und zwei Bretter mache als Eckstücke der Wohnung an der Rückseite. 24 Sie sollen aber doppelt sein von unten herauf und fest verfugt bis zum oberen Ende, bis zum ersten Ring. So soll es bei ihnen beiden sein, sie sollen die beiden Ecken bilden. 25 Und es sollen acht Bretter sein und dazu silberne Sockel, sechzehn Sockel, je zwei Sockel unter einem Brett.

26 Dann mache Querbalken aus Akazienholz: fünf für die Bretter der einen Seitenwand der Wohnung, 27 fünf Querbalken für die Bretter der zweiten Seitenwand der Wohnung und fünf Querbalken für die Bretter der Rückwand der Wohnung, nach Westen hin. 28 Der mittlere Querbalken aber soll in der Mitte der Bretter von einem Ende zum anderen quer durchlaufen. 29 Und überziehe die Bretter mit Gold, und die dazugehörigen Ringe mache aus Gold als Halterungen für die Querbalken. Auch die Querbalken überziehe mit Gold. 30 So errichte die Wohnung nach dem Plan, der dir auf dem Berg gezeigt wurde.

|1–30: 36,8–34 |1: 31,7; 1Chr 17,1; Hebr 9,2 |6: 11.33 |11: 6! |14: 25,5! |29: 1Kön 6,20–22 |30: 25,9!

Der Vorhang

31 Dann mache einen Vorhang aus blauem und rotem Purpur, aus Karmesin und gezwirntem, feinem Leinen. Gewebt soll man ihn machen, mit Kerubim. 32 Und befestige ihn mit Nägeln aus Gold an vier mit Gold überzogenen Akaziensäulen, die auf vier silbernen

Sockeln ruhen. 33 Dann befestige den Vorhang unter den Haken, und bringe dort hinein, hinter den Vorhang, die Lade des Zeugnisses, und der Vorhang soll euch das Heilige vom Allerheiligsten scheiden. 34 Und setze die Deckplatte auf die Lade des Zeugnisses, im Allerheiligsten. 35 Dann stelle den Tisch aussen vor den Vorhang und den Leuchter dem Tisch gegenüber an die Südwand der Wohnung. Den Tisch aber stelle an die Nordwand. 36 Und mache eine Decke für den Eingang des Zelts aus blauem und rotem Purpur, Karmesin und gezwirntem, feinem Leinen, bunt bestickt. 37 Und für die Decke mache fünf Akaziensäulen und überziehe sie mit Gold, auch ihre Nägel sollen aus Gold sein, und giesse dafür fünf bronzene Sockel.

| 31–37: 36,35–38 | 31: 35,12; 2Chr 3,14; Mt 27,51; Hebr 9,3 | 33: 40,21 · 6! | 34: 25,21! | 35: 40,22.24 | 36: 40,28 · 27,16; 28,15

Der Brandopferaltar

27 1 Dann mache den Altar aus Akazienholz, fünf Ellen lang und fünf Ellen breit, der Altar soll viereckig sein, und drei Ellen hoch. 2 Und mache ihm Hörner an seinen vier Ecken – aus einem Stück mit ihm sollen seine Hörner sein –, und überziehe ihn mit Bronze. 3 Und mache auch die dazugehörigen Töpfe, um ihn von der Fettasche zu reinigen, seine Schaufeln, Sprengschalen, Gabeln und Pfannen. Für alle seine Geräte sollst du Bronze verarbeiten. 4 Und mache ein Gitter, ein Netzwerk aus Bronze, und bringe auf dem Netz vier Bronzeringe an seinen vier Ecken an. 5 Und befestige es unter der Einfassung des Altars von unten her, so dass das Netz bis zur halben Höhe des Altars reicht. 6 Dann mache für den Altar Stangen, Stangen aus Akazienholz, und überziehe sie mit Bronze. 7 Und man soll seine Stangen durch die Ringe führen, so dass sich die Stangen an den beiden Seiten des Altars befinden, wenn man ihn trägt. 8 Als einen hohlen Bret-terkasten sollst du ihn machen. Wie man es dir auf dem Berg gezeigt hat, so sollen sie es machen.

| 1–8: 38,1–7 | 1–2: 2Chr 4,1; Esra 3,2; Ez 43,13 | 2: 29,12; Lev 16,18; 1Kön 1,50; Ps 118,27 | 3: 19; 1Kön 7,45 | 8: 25,9!

Der Vorhof

9 Dann mache den Vorhof der Wohnung: für die Südseite, nach Süden hin, Behänge für den Vorhof aus gezwirntem, feinem Leinen, hundert Ellen lang für die eine Seite, 10 dazu zwanzig Säulen mit zwanzig Sockeln aus Bronze, die Nägel und die Querstangen der Säulen aus Silber. 11 Ebenso für die Nordseite auf der ganzen Länge Behänge, hundert Ellen lang, dazu zwanzig Säulen mit zwanzig Sockeln aus Bronze, die Nägel und die Querstangen der Säulen aus Silber. 12 Und in der Breite des Vorhofs auf der Westseite Behänge von fünfzig Ellen, dazu zehn Säulen mit zehn Sockeln. 13 Und die Breite des Vorhofs an der Ostseite, nach Sonnenaufgang, beträgt fünfzig Ellen, 14 und zwar fünfzehn Ellen Behänge für die eine Seite mit ihren drei Säulen und ihren drei Sockeln, 15 und ebenso für die andere Seite fünfzehn Ellen Behänge mit ihren drei Säulen und ihren drei Sockeln. 16 Das Tor des Vorhofs aber hat eine Decke von zwanzig Ellen aus blauem und rotem Purpur, Karmesin und gezwirntem, feinem Leinen, bunt bestickt, mit vier Säulen und vier Sockeln. 17 Alle Säulen des Vorhofs ringsum sind mit Querstangen aus Silber verbunden, ebenso sind ihre Nägel aus Silber, ihre Sockel aber aus Bronze. 18 Die Länge des Vorhofs beträgt hundert Ellen, die Breite beidseitig fünfzig und die Höhe fünf Ellen, die Behänge sind aus gezwirntem, feinem Leinen und ihre Sockel aus Bronze. 19 Alle Geräte der Wohnung für den ganzen Dienst in ihr und alle dazugehörigen Pflöcke und alle Pflöcke des Vorhofs sind aus Bronze.

| 9–19: 38,9–20 | 9: 2Chr 4,9; Ez 40,17 | 16: 26,36! | 19: 3!

Das Öl für das Licht

20 Du aber gebiete den Israeliten, dass sie dir reines, gestossenes Olivenöl bringen für das Licht, damit man ständig eine Lampe aufstellen kann. 21 Im Zelt der Begegnung, ausserhalb des Vorhangs, der vor dem Zeugnis ist, sollen Aaron und seine Söhne sie bereitstellen, damit sie vom Abend bis zum Morgen vor dem HERRN brennt, als ewige Ordnung bei den Israeliten von Generation zu Generation.

|20–21: Lev 24,2–3 · 1Sam 3,3 |21: 12,14!

Die Gewänder der Priester

28 1 Du aber lass deinen Bruder Aaron und mit ihm seine Söhne aus der Mitte der Israeliten zu dir treten, damit er mir als Priester dient, Aaron, Nadab und Abihu, Elasar und Itamar, die Söhne Aarons. 2 Und mache heilige Gewänder für deinen Bruder Aaron, zur Ehre und als Schmuck. 3 Rede du mit allen, die ein verständiges Herz haben und die ich mit dem Geist der Weisheit erfüllt habe. Sie sollen die Gewänder Aarons machen, um ihn zu heiligen, damit er mir als Priester dienen kann. 4 Und dies sind die Gewänder, die sie machen sollen: eine Brusttasche, einen Efod und ein Obergewand, einen Leibrock aus gewürfeltem Stoff, einen Kopfbund und eine Schärpe. So sollen sie heilige Gewänder machen für deinen Bruder Aaron und für seine Söhne, damit er mir als Priester dienen kann. 5 Und sie sollen dazu das Gold, den blauen und roten Purpur, das Karmesin und das feine Leinen verwenden.

6 So sollen sie den Efod machen aus Gold, blauem und rotem Purpur, Karmesin und gezwirntem, feinem Leinen, gewebt. 7 Zwei mit ihm verbundene Schulterstücke soll er an seinen beiden Enden haben und so zusammengehalten werden. 8 Die Binde daran zum Umgürten ist von gleicher Machart, aus demselben Stoff: aus Gold, blauem und rotem Purpur, Karmesin und gezwirntem, feinem Leinen. 9 Dann nimm zwei Karneolsteine und graviere die Namen der Söhne Israels hinein: 10 sechs ihrer Namen in den einen Stein und die Namen der sechs übrigen in den zweiten Stein, in der Reihenfolge ihrer Geburt. 11 Als Steinschneidearbeit, wie ein Siegel, sollst du die beiden Steine mit den Namen der Söhne Israels gravieren. In Gold sollst du sie einfassen. 12 Dann setze die beiden Steine auf die Schulterstücke des Efod als Steine der Erinnerung an die Söhne Israels, und Aaron soll ihre Namen zur Erinnerung vor dem HERRN auf seinen beiden Schulterstücken tragen.

13 Mache auch goldene Fassungen 14 und zwei Ketten aus reinem Gold, als gedrehte Schnüre sollst du sie machen, in Kordelarbeit, und befestige die Kordelketten an den Fassungen.

15 Und mache eine Brusttasche für das Urteil, gewebt; in der Machart des Efod sollst du sie machen; aus Gold, blauem und rotem Purpur, Karmesin und gezwirntem, feinem Leinen sollst du sie machen. 16 Viereckig soll sie sein, doppelt gelegt, eine Spanne lang und eine Spanne breit. 17 Und bringe an ihr einen Besatz von Steinen in vier Reihen an: eine Reihe mit Rubin, Chrysolith und Smaragd, die erste Reihe; 18 die zweite Reihe mit Malachit, Lapislazuli und Jaspis; 19 die dritte Reihe mit Hyazinth, Achat und Amethyst; 20 und die vierte Reihe mit Topas, Karneol und Onyx. In Gold sollen sie gefasst sein, wenn man sie anbringt. 21 Die Steine sollen auf die Namen der Söhne Israels lauten, zwölf an der Zahl, auf ihre Namen. Siegelgravierungen, jede auf einen der Namen lautend, sollen es sein für zwölf Stämme. 22 Dann bringe an der Brusttasche gedrehte Ketten an, in Kordelarbeit, aus reinem Gold. 23 Und zwar bringe an der Brusttasche zwei goldene Ringe an, und setze die zwei Ringe an die beiden Ecken der Brusttasche. 24 Dann befestige die beiden Goldkordeln an den zwei Ringen an den Ecken der Brusttasche. 25 Die beiden anderen

Enden der zwei Kordeln aber befestige an den zwei Fassungen, und befestige sie so an den Schulterstücken des Efod auf seiner Vorderseite. 26 Dann mache zwei goldene Ringe, und setze sie an die beiden Ecken der Brusttasche, an ihren Saum, der dem Efod zugekehrt ist, auf der Innenseite. 27 Ferner mache zwei goldene Ringe und befestige sie unten an den beiden Schulterstücken des Efod auf seiner Vorderseite, dicht an seiner Verbindungsstelle, oberhalb der Efodbinde. 28 Dann binde man mit einer Schnur aus blauem Purpur die Brusttasche mit ihren Ringen an die Ringe des Efod, so dass sie über der Efodbinde sitzt und die Brusttasche sich über dem Efod nicht verschiebt. 29 So soll Aaron die Namen der Söhne Israels auf der Brusttasche für das Urteil auf seinem Herzen tragen, wenn er in das Heiligtum geht, zum ständigen Gedenken vor dem HERRN. 30 In die Brusttasche für das Urteil aber lege die Urim und Tummim; sie sollen auf dem Herzen Aarons sein, wenn er vor den HERRN tritt. So trage Aaron das Urteil für die Israeliten ständig auf seinem Herzen vor dem HERRN.

31 Dann mache das Obergewand zum Efod, ganz aus blauem Purpur. 32 In seiner Mitte soll die Kopföffnung sein. Rings um die Öffnung soll eine gewebte Borte laufen. Es soll eine Öffnung haben wie die eines Panzerhemdes, die nicht einreisst. 33 An seinem Saum bringe Granatäpfel an aus blauem und rotem Purpur und aus Karmesin, an seinem Saum ringsum, und ringsum zwischen ihnen goldene Glöckchen: 34 ein goldenes Glöckchen und ein Granatapfel, ein goldenes Glöckchen und ein Granatapfel, ringsum am Saum des Obergewandes. 35 Und Aaron soll es zum Dienst tragen, und sein Klang soll zu hören sein, wenn er in das Heiligtum tritt vor den HERRN und wenn er es verlässt. So wird er nicht sterben.

36 Dann mache eine Blume aus reinem Gold, und graviere darein, wie bei einem Siegel: Dem HERRN heilig. 37 Befestige sie an einer Schnur aus blauem Purpur, und sie soll sich auf dem Kopfbund befinden. An der Vorderseite des Kopfbundes soll sie sich befinden. 38 Sie soll auf der Stirn Aarons sein, und so nehme Aaron es auf sich, wenn die Israeliten sich verfehlen bei den heiligen Dingen, die sie darbringen, bei irgendeiner ihrer heiligen Gaben. Sie soll ständig auf seiner Stirn sein, ihnen zum Wohlgefallen vor dem HERRN.

39 Dann webe den Leibrock aus feinem, gemustertem Leinen, und mache einen Kopfbund aus feinem Leinen. Auch eine bunt bestickte Schärpe sollst du machen. 40 Und für die Söhne Aarons mache Leibröcke, und mache Schärpen für sie. Auch Kopfbedeckungen sollst du für sie machen, zur Ehre und als Schmuck. 41 Dann bekleide damit deinen Bruder Aaron und seine Söhne mit ihm, und salbe sie, fülle ihnen die Hand und heilige sie, so können sie mir als Priester dienen. 42 Und mache ihnen linnene Beinkleider, um die Scham zu bedecken. Von den Hüften bis zu den Schenkeln sollen sie reichen. 43 Aaron und seine Söhne sollen sie tragen, wenn sie in das Zelt der Begegnung gehen oder wenn sie an den Altar treten, um Dienst zu tun im Heiligtum. So werden sie keine Schuld auf sich laden und nicht sterben. Das ist eine ewige Ordnung für ihn und seine Nachkommen.

| 1: 29,1 · 6,23; Lev 10,6; Num 3,2; 26,60 | 2: 29,29; 39,1 · 40 | 3: 35,10 · 31,3.6; Dtn 34,9 | 4: Lev 8,7–13 | 5–43: 39,1–32 | 9: 25,7! | 12: 29 | 15: Lev 8,8 · 26,36! | 17–20: Offb 21,19–20 | 21: 24,4; Jos 4,8; 1Kön 18,31 | 29: 12 | 30: Lev 8,8; Num 27,21; Dtn 33,8 | 36: 29,6! · Sach 14,20 | 38: Num 18,1.23 | 40: 2 | 41: 29,7.21; 30,30; 32,29; 40,15; Lev 8,12! | 42–43: 20,26 | 42: Lev 6,3 | 43: Lev 22,9; Num 18,22 · 12,14!

28,41: ‹die Hand füllen› ist ein Fachausdruck für die Einsetzung ins Priesteramt.

Einsetzung der Priester

29 1 Und das sollst du mit ihnen tun, um sie zu heiligen, damit sie mir als Priester dienen: Nimm einen jungen Stier und zwei makellose Widder, 2 dazu ungesäuertes Brot und ungesäuerte,

mit Öl angerührte Kuchen sowie ungesäuerte, mit Öl bestrichene Fladen; aus
feinem Weizenmehl sollst du sie machen. 3 Dann lege sie in einen Korb, und
bringe sie im Korb herbei, dazu den Jungstier und die beiden Widder. 4 Aaron
aber und seine Söhne lass an den Eingang des Zelts der Begegnung treten,
und wasche sie mit Wasser. 5 Dann
nimm die Gewänder, und bekleide
Aaron mit dem Leibrock, dem Obergewand zum Efod, dem Efod und der
Brusttasche, und gürte ihm den Efod mit
der Efodbinde um. 6 Und setze den
Kopfbund auf sein Haupt, und befestige
am Kopfbund das heilige Diadem.
7 Dann nimm das Salböl, giesse es auf
sein Haupt und salbe ihn. 8 Und seine
Söhne lass herzutreten, und bekleide sie
mit Leibröcken. 9 Und gürte sie, Aaron
und seine Söhne, mit einer Schärpe, und
binde ihnen Kopfbedeckungen um, und
es soll ihnen das Priesteramt zuteil werden als eine ewige Ordnung. So sollst du
Aaron und seinen Söhnen die Hand füllen. 10 Dann bringe den Jungstier vor
das Zelt der Begegnung, und Aaron und
seine Söhne sollen ihre Hände auf den
Kopf des Jungstiers legen. 11 Und
schlachte den Jungstier vor dem Herrn
am Eingang des Zelts der Begegnung,
12 und nimm von dem Blut des Jungstiers und streiche es mit deinem Finger
an die Hörner des Altars. Alles übrige
Blut aber giesse auf den Sockel des Altars. 13 Und nimm alles Fett, das die Eingeweide bedeckt, den Lappen über der
Leber und die beiden Nieren und das
Fett, das an ihnen ist, und bringe es auf
dem Altar als Rauchopfer dar. 14 Das
Fleisch des Jungstiers aber, sein Fell und
den Inhalt seines Magens verbrenne im
Feuer, ausserhalb des Lagers; es ist ein
Sündopfer. 15 Auch den ersten Widder
nimm, und Aaron und seine Söhne sollen ihre Hände auf den Kopf des Widders legen. 16 Dann schlachte den Widder, nimm sein Blut und sprenge es
ringsum an den Altar. 17 Den Widder
selbst aber zerlege in seine Teile, wasche

seine Eingeweide und seine Beine, und
lege sie auf seine übrigen Teile und auf
seinen Kopf. 18 Dann bringe den ganzen Widder auf dem Altar als Rauchopfer dar, es ist ein Brandopfer für den
Herrn. Ein beschwichtigender Geruch,
ein Feueropfer für den Herrn ist es.
19 Und nimm den zweiten Widder, und
Aaron und seine Söhne sollen ihre
Hände auf den Kopf des Widders legen.
20 Dann schlachte den Widder, nimm
von seinem Blut, und streiche es an das
rechte Ohrläppchen Aarons und seiner
Söhne, an den Daumen ihrer rechten
Hand und an die grosse Zehe ihres rechten Fusses. Das übrige Blut aber sprenge
ringsum an den Altar. 21 Dann nimm
von dem Blut auf dem Altar und von
dem Salböl, und besprenge damit Aaron
und seine Gewänder und seine Söhne
und die Gewänder seiner Söhne mit
ihm. So werden er und seine Gewänder
und mit ihm auch seine Söhne und die
Gewänder seiner Söhne heilig werden.
22 Dann nimm von dem Widder das
Fett, den Fettschwanz und das Fett, das
die Eingeweide bedeckt, den Leberlappen und die beiden Nieren und das Fett,
das an ihnen ist, sowie die rechte Keule –
denn es ist ein Widder der Einsetzung –
23 und aus dem Korb mit den ungesäuerten Broten, der vor dem Herrn steht,
ein Rundbrot, einen Ölkuchen und einen Fladen, 24 und lege das alles auf die
Hände Aarons und auf die Hände seiner
Söhne, und lass es vor dem Herrn als
Weihegabe hin und her schwingen.
25 Dann nimm es wieder aus ihrer
Hand und bringe es auf dem Altar über
dem Brandopfer als Rauchopfer dar, als
beschwichtigenden Geruch vor dem
Herrn. Das ist ein Feueropfer für den
Herrn. 26 Dann nimm die Brust von
dem Widder der Einsetzung, der für
Aaron bestimmt ist, und schwinge sie
als Weihegabe vor dem Herrn hin und
her; sie soll dir als Anteil gehören.
27 Und heilige die geweihte Brust und
die als Abgabe bestimmte Keule, die geschwungen und dargebracht worden

sind, von dem Widder der Einsetzung, der für Aaron, und von dem, der für seine Söhne bestimmt ist. 28 Und das soll eine ewige Ordnung sein bei den Israeliten für Aaron und seine Söhne: Es ist eine Abgabe, und eine Abgabe soll es sein von den Israeliten, von ihren geschlachteten Heilsopfern, ihre Abgabe für den HERRN.

29 Die heiligen Gewänder aber, die Aaron gehören, sollen nach ihm auf seine Söhne übergehen, damit man sie darin salbt und ihnen darin die Hand füllt. 30 Wer von seinen Söhnen an seiner Statt Priester wird, soll sie sieben Tage lang anziehen, wenn er in das Zelt der Begegnung tritt, um Dienst zu tun im Heiligtum. 31 Den Widder der Einsetzung aber sollst du nehmen und sein Fleisch an heiliger Stätte kochen. 32 Und Aaron und seine Söhne sollen das Fleisch des Widders und das Brot, das im Korb ist, am Eingang des Zelts der Begegnung essen. 33 Und sie sollen die Stücke essen, mit denen Sühne erwirkt worden ist, als man ihnen die Hand füllte und sie heiligte. Ein Fremder aber darf nicht davon essen, denn sie sind heilig. 34 Wenn aber vom Fleisch des Opfers der Einsetzung und vom Brot etwas bis zum Morgen übrig bleibt, dann sollst du das Übriggebliebene im Feuer verbrennen. Es darf nicht gegessen werden, denn es ist heilig. 35 So sollst du mit Aaron und seinen Söhnen verfahren, genau wie ich es dir geboten habe. Sieben Tage lang sollst du ihnen die Hand füllen. 36 Und du sollst jeden Tag einen Sündopferstier darbringen für die Sühnehandlung, und du sollst den Altar entsündigen, indem du an ihm die Sühnehandlung vollziehst. Und du sollst ihn salben, um ihn zu heiligen. 37 Sieben Tage lang sollst du am Altar die Sühnehandlung vollziehen und ihn heiligen. So wird der Altar hochheilig werden. Alles, was den Altar berührt, wird heilig.

|1–37: Lev 8,1–36 |1: 28,1 |2: Lev 2,4; 6,13–15 |4: Num 8,9 · 40,12! |6: 28,36; 39,30; Sach 3,5 |7: 30,25 ·
28,41! |10–11: 15,19; Lev 1,4; 3,2; 4,4 |12: 27,2! · Lev 4,7.18.25.30.34 |13: Lev 3,3 |14: Lev 4,11–12.21; Num 19,5; Ez 43,21 |15: 10–11! |18: Gen 8,20–21 |19: 10–11! |20: Lev 14,14.17.25.28 |21: 28,41! |22: Lev 3,3–4 |24: Lev 7,30; 23,11 |27–28: Lev 10,15; Num 5,9–10; 6,20; 18,8–19; Dtn 18,3 |29–30: Lev 16,32 |31: Ez 46,20 |32: Lev 10,17 |33: Lev 22,10 |34: 12,10! |36: Num 7,1 |37: 2Chr 7,9; Ez 43,25–26 · 30,29

Anordnungen für den Kult

38 Und dies sollst du auf dem Altar darbringen: Zwei einjährige Lämmer jeden Tag, immerfort. 39 Das erste Lamm sollst du am Morgen darbringen und das zweite Lamm sollst du in der Abenddämmerung darbringen; 40 dazu ein Zehntel Feinmehl, angerührt mit einem Viertel Hin gestossenen Öls, und als Trankopfer ein Viertel Hin Wein für das erste Lamm. 41 Das zweite Lamm aber sollst du in der Abenddämmerung darbringen. Wie das Speiseopfer des Morgens und wie sein Trankopfer sollst du es darbringen, zum beschwichtigenden Geruch als Feueropfer für den HERRN. 42 Ein ständiges Brandopfer sei es von Generation zu Generation am Eingang des Zelts der Begegnung vor dem HERRN, wo ich euch begegnen werde, um dort mit dir zu reden. 43 Und dort will ich den Israeliten begegnen, und es wird geheiligt werden durch meine Herrlichkeit. 44 So werde ich das Zelt der Begegnung und den Altar heiligen, und Aaron und seine Söhne werde ich heiligen, damit sie mir als Priester dienen. 45 Und ich werde mitten unter den Israeliten wohnen und ihr Gott sein. 46 Und sie sollen erkennen, dass ich der HERR, ihr Gott, bin, der sie aus dem Land Ägypten herausgeführt hat, um in ihrer Mitte zu wohnen, ich, der HERR, ihr Gott.

|38–41: Num 28,3–8 |38: Dan 12,11; Hebr 10,11 |39: Ez 46,14–15 |40: Num 15,4–5 |42: 25,22; 30,6.36; Num 17,19

Der Räucheraltar

30 1 Mache auch einen Altar zum Verbrennen von Räucherwerk. Aus Akazienholz sollst du ihn machen:

2 Eine Elle lang und eine Elle breit, viereckig soll er sein, und zwei Ellen hoch. Seine Hörner sollen aus einem Stück mit ihm sein. 3 Und überziehe ihn mit reinem Gold, seine Platte und seine Wände ringsum und seine Hörner, und bringe ringsum eine goldene Leiste an. 4 Auch zwei goldene Ringe bringe unterhalb seiner Leiste an, auf seinen beiden Seiten, an seinen beiden Seitenwänden, sollst du sie anbringen. Und sie sollen als Halterungen für Stangen dienen, so dass man ihn damit tragen kann. 5 Und die Stangen mache aus Akazienholz, und überziehe sie mit Gold. 6 Dann stelle ihn vor den Vorhang, der die Lade des Zeugnisses verdeckt, vor die Deckplatte, die auf dem Zeugnis liegt, wo ich dir begegnen will. 7 Und Aaron soll auf ihm wohlriechendes Räucherwerk verbrennen. Morgen für Morgen, wenn er die Lampen herrichtet, soll er es darbringen. 8 Und wenn Aaron in der Abenddämmerung die Lampen aufsetzt, soll er es ebenso darbringen, als ein ständiges Rauchopfer vor dem HERRN, von Generation zu Generation. 9 Ihr dürft auf ihm kein unerlaubtes Rauchopfer, Brandopfer oder Speiseopfer darbringen. Auch Trankopfer dürft ihr darauf nicht ausgiessen. 10 Und Aaron soll an seinen Hörnern einmal im Jahr die Sühnehandlung vollziehen. Mit dem Blut des Sündopfers der Sühnehandlung soll er einmal im Jahr auf ihm die Sühnehandlung vollziehen, von Generation zu Generation, hochheilig ist er für den HERRN.

| 1: 31,8; Ez 41,22; Hebr 9,4; Offb 8,3 | 3: 1Kön 6,20; 7,48 · 25,11! | 6: 29,42! | 7: 34–35; 40,27; Dtn 33,10 · Lev 6,5 | 8: 25,37! | 9: Lev 10,1 | 10: 29! · Lev 16,34!; Hebr 9,7

Die Abgabe für den Dienst am Heiligtum

11 Und der HERR redete zu Mose und sprach: 12 Wenn du die Israeliten zählst, die gemustert werden, soll jeder dem HERRN ein Lösegeld für sein Leben geben, wenn man sie mustert. Dann wird keine Plage über sie kommen, wenn man sie mustert. 13 Dies sollen sie geben, jeder, der zur Musterung antritt: einen halben Schekel nach dem Schekel des Heiligtums, zwanzig Gera der Schekel, einen halben Schekel als Abgabe für den HERRN. 14 Jeder, der zur Musterung antritt, der zwanzig Jahre alt ist oder älter, soll die Abgabe für den HERRN entrichten. 15 Der Reiche soll nicht mehr und der Arme nicht weniger als einen halben Schekel geben, wenn ihr die Abgabe für den HERRN entrichtet, um für euer Leben Sühne zu erwirken. 16 So nimm das Sühnegeld von den Israeliten, und verwende es für den Dienst am Zelt der Begegnung. Und es soll vor dem HERRN die Erinnerung an die Israeliten wachhalten, um Sühne zu erwirken für euer Leben.

| 12: Num 1,2; 2Sam 24,2 · Num 31,50 | 13: 2Kön 12,5 · Lev 27,3; Num 3,47; Mt 17,27 | 16: 2Chr 24,6; Neh 10,33 · Num 31,54 · 38,25–26

Das bronzene Becken

17 Und der HERR redete zu Mose und sprach: 18 Mache ein bronzenes Becken und dazu ein bronzenes Gestell für die Waschung, stelle es auf zwischen dem Zelt der Begegnung und dem Altar, und giesse Wasser hinein. 19 Und Aaron und seine Söhne sollen darin ihre Hände und Füsse waschen. 20 Wenn sie in das Zelt der Begegnung hineingehen, sollen sie sich mit Wasser waschen, dann werden sie nicht sterben. Ebenso, wenn sie an den Altar treten, um ihren Dienst zu tun, um ein Feueropfer für den HERRN darzubringen. 21 So sollen sie sich ihre Hände und Füsse waschen, dann werden sie nicht sterben. Und das soll eine ewige Ordnung für sie sein, für ihn und seine Nachkommen, von Generation zu Generation.

| 18: 31,9; 38,8; 1Kön 7,23–39 · 40,7 | 19: 40,12!

Das Salböl

22 Und der HERR redete zu Mose und sprach: 23 Du aber nimm dir Balsamöle von bester Sorte, Myrrhenharz, fünfhundert Schekel, wohlriechenden Zimt halb so viel, zweihundertfünfzig,

wohlriechendes Gewürzrohr, zweihundertfünfzig, 24 und Zimtnelken, fünfhundert nach dem Schekel des Heiligtums, dazu ein Hin Olivenöl. 25 Und mache daraus heiliges Salböl, eine kunstvolle Salbenmischung, wie sie ein Salbenmischer macht. Heiliges Salböl soll es sein. 26 Dann salbe damit das Zelt der Begegnung und die Lade des Zeugnisses, 27 den Tisch und alle seine Geräte, den Leuchter und seine Geräte und den Räucheraltar, 28 den Brandopferaltar und alle seine Geräte und das Becken und sein Gestell. 29 So sollst du sie heiligen, und sie sollen hochheilig werden. Alles, was sie berührt, wird heilig.
30 Auch Aaron und seine Söhne sollst du salben und sie heiligen, damit sie mir als Priester dienen. 31 Zu den Israeliten aber sage: Heiliges Salböl soll dies für mich sein von Generation zu Generation. 32 Auf den Körper eines Menschen darf es nicht gegossen werden, und in seiner Zusammensetzung dürft ihr sonst keines herstellen. Heilig ist es, heilig soll es euch sein. 33 Wer eine solche Mischung herstellt oder etwas davon einem Fremden gibt, soll getilgt werden aus seiner Sippe.

|23-24: Jes 43,24; Jer 6,20; Ez 27,19 |25: 29,7 · 35; 37,29; 1Chr 9,30 |29: Num 7,1 · 10; 40,10 · 29,37 |30: 28,41! |33: 30; 31,14

Das Räucherwerk

34 Und der HERR sprach zu Mose: Nimm dir wohlriechende Stoffe: Staktetropfen, Räucherklaue und Galbanum – wohlriechende Stoffe und reinen Weihrauch, alles zu gleichen Teilen, 35 und mache daraus Räucherwerk, eine Mischung, wie sie ein Salbenmischer macht: gesalzen, rein, heilig. 36 Und zerreibe einen Teil davon ganz fein, und bringe etwas davon vor das Zeugnis im Zelt der Begegnung, wo ich dir begegnen werde. Hochheilig soll es euch sein. 37 Das Räucherwerk aber, das du bereitest, dürft ihr in derselben Zusammensetzung nicht für euch selbst herstellen. Als etwas Heiliges für den HERRN soll es

dir gelten. 38 Wer es herstellt, um seinen Duft zu geniessen, soll getilgt werden aus seiner Sippe.

|34-35: 7! |35: Lev 16,12 · 25! · Lev 2,13 |36: 29,42! |38: 33!

Beauftragung der Künstler und Handwerker

31 1 Und der HERR redete zu Mose und sprach: 2 Sieh, ich habe Bezalel, den Sohn des Uri, des Sohns von Hur aus dem Stamm Juda, mit Namen berufen 3 und ihn mit göttlichem Geist erfüllt, mit Weisheit, Verstand und Kenntnis in jeglicher Arbeit, 4 um Pläne zu entwerfen, Arbeiten auszuführen in Gold, Silber und Bronze, 5 durch Bearbeitung von Steinen zum Besetzen und durch Bearbeitung von Holz, um Arbeiten jeglicher Art auszuführen. 6 Und sieh, ich selbst habe ihm Oholiab beigegeben, den Sohn Achisamachs aus dem Stamm Dan, und in das Herz jedes Verständigen habe ich Weisheit gelegt. Und sie sollen alles ausführen, was ich dir geboten habe: 7 das Zelt der Begegnung, die Lade für das Zeugnis und die Deckplatte, die darauf sein soll, und alle Geräte des Zelts, 8 den Tisch und seine Geräte, den Leuchter aus reinem Gold und alle seine Geräte und den Räucheraltar, 9 den Brandopferaltar und alle seine Geräte und das Becken und sein Gestell, 10 die gewirkten Gewänder und die heiligen Gewänder für Aaron, den Priester, und die Gewänder seiner Söhne für den priesterlichen Dienst, 11 das Salböl und das wohlriechende Räucherwerk für das Heiligtum. So, wie ich es dir geboten habe, sollen sie es ausführen.

|1-11: 35,30-35; 37,25-38 |2: 38,22; 1Chr 2,20; 2Chr 1,5 |3: 28,3! · 1Kön 7,14 |5: 2Chr 2,6 |6: 38,23 · 28,3! |7: 26,1! · 25,10! |8: 25,23-24! · 25,31! · 30,1! |9: 30,18! |11: 36,1

31,8: «den Leuchter aus reinem Gold» ist wörtlich: «den reinen Leuchter».

Das Sabbatgebot

12 Und der HERR sprach zu Mose: 13 Du aber, rede zu den Israeliten und

sprich: Meine Sabbate sollt ihr halten. Denn das ist ein Zeichen zwischen mir und euch von Generation zu Generation, damit man erkennt, dass ich der HERR bin, der euch heiligt. 14 Und ihr sollt den Sabbat halten, denn er ist heilig für euch. Wer ihn entweiht, muss getötet werden. Denn jeder, der dann eine Arbeit tut, der soll getilgt werden aus seiner Sippe. 15 Sechs Tage darf man eine Arbeit tun, am siebten Tag aber ist Sabbat, ein Feiertag, heilig für den HERRN. Jeder, der am Sabbattag eine Arbeit tut, muss getötet werden. 16 Die Israeliten aber sollen den Sabbat halten, indem sie den Sabbat feiern als ewigen Bund von Generation zu Generation. 17 Zwischen mir und den Israeliten ist er ein Zeichen für immer, denn in sechs Tagen hat der HERR Himmel und Erde gemacht, am siebten Tag aber ruhte er und schöpfte Atem.

18 Und als er aufhörte mit Mose zu reden auf dem Berg Sinai, gab er ihm die beiden Tafeln des Zeugnisses, Tafeln aus Stein, beschrieben vom Finger Gottes.

|12: Lev 19,3.30; 26,2; Ez 20,20 |13: Lev 20,8! |14: Num 15,32–35 · 30,33! |15: 20,10! |17: Gen 2,2 |18: 24,12!

Das goldene Kalb

32 1 Das Volk aber sah, dass Mose lange nicht vom Berg herabkam. Da versammelte sich das Volk um Aaron, und sie sprachen zu ihm: Auf, mache uns Götter, die vor uns herziehen. Denn dieser Mose, der Mann, der uns aus dem Land Ägypten heraufgeführt hat – wir wissen nicht, was mit ihm geschehen ist. 2 Da sprach Aaron zu ihnen: Reisst die goldenen Ringe ab, die eure Frauen, eure Söhne und eure Töchter an den Ohren tragen, und bringt sie mir. 3 Da rissen sich alle die goldenen Ringe ab, die sie an ihren Ohren trugen, und brachten sie Aaron. 4 Und er nahm es aus ihrer Hand und bearbeitete es mit dem Meissel und machte daraus ein gegossenes Kalb. Da sprachen sie: Das sind deine Götter, Israel, die dich aus dem

Land Ägypten heraufgeführt haben! 5 Und Aaron sah es und baute davor einen Altar. Und Aaron rief und sprach: Morgen ist ein Fest für den HERRN. 6 Und früh am andern Morgen opferten sie Brandopfer und brachten Heilsopfer dar, und das Volk setzte sich, um zu essen und zu trinken. Dann standen sie auf, um sich zu vergnügen.

7 Da redete der HERR zu Mose: Geh, steige hinab. Denn dein Volk, das du aus dem Land Ägypten heraufgeführt hast, hat schändlich gehandelt. 8 Schon sind sie abgewichen von dem Weg, den ich ihnen geboten habe. Sie haben sich ein gegossenes Kalb gemacht und sich vor ihm niedergeworfen, ihm geopfert und gesagt: Das sind deine Götter, Israel, die dich aus dem Land Ägypten heraufgeführt haben. 9 Dann sprach der HERR zu Mose: Ich habe dieses Volk gesehen, und sieh, es ist ein halsstarriges Volk. 10 Und nun lass mich, dass mein Zorn gegen sie entbrenne und ich sie vernichte. Dich aber will ich zu einem grossen Volk machen. 11 Da besänftigte Mose den HERRN, seinen Gott, und sprach: Warum, HERR, entbrennt dein Zorn gegen dein Volk, das du mit grosser Kraft und mit starker Hand aus dem Land Ägypten herausgeführt hast? 12 Warum sollen die Ägypter denken: In böser Absicht hat er sie hinausgeführt, um sie in den Bergen umzubringen und sie vom Erdboden zu vertilgen. Lass ab von deinem glühenden Zorn, und lass es dich reuen, dass deinem Volk Unheil droht. 13 Gedenke deiner Diener Abraham, Isaak und Israel, denen du bei dir selbst geschworen und zu denen du gesagt hast: Ich will eure Nachkommen mehren wie die Sterne des Himmels, und dieses ganze Land, von dem ich gesprochen habe, will ich euren Nachkommen geben, und sie werden es für immer in Besitz nehmen. 14 Da reute es den HERRN, dass er seinem Volk Unheil angedroht hatte.

15 Mose aber wandte sich um und stieg hinab vom Berg, mit den zwei Ta-

feln des Zeugnisses in seiner Hand. Die Tafeln waren auf beiden Seiten beschrieben, vorn und hinten waren sie beschrieben. 16 Und die Tafeln waren Gottes Werk, und die Schrift war Gottes Schrift, eingegraben in die Tafeln. 17 Da hörte Josua das lärmende Geschrei des Volks, und er sprach zu Mose: Im Lager ist Kriegslärm! 18 Er aber sprach:

Das klingt nicht wie ein Siegeslied
und auch nicht wie ein Klagelied;
ich höre einen anderen Gesang.

19 Und als er sich dem Lager näherte, sah er das Kalb und die Reigentänze. Da entbrannte der Zorn des Mose, und er warf die Tafeln hin und zerschmetterte sie unten am Berg. 20 Dann nahm er das Kalb, das sie gemacht hatten, und verbrannte es im Feuer und zerstampfte es, bis es Mehl war, und streute es auf das Wasser und liess die Israeliten trinken. 21 Und Mose sprach zu Aaron: Was hat dir dieses Volk getan, dass du so grosse Schuld über es gebracht hast? 22 Aaron aber sprach: Der Zorn meines Herrn möge nicht entbrennen. Du selbst weisst doch, wie böse das Volk ist. 23 Sie sagten zu mir: Mache uns Götter, die vor uns herziehen. Denn dieser Mose, der Mann, der uns aus dem Land Ägypten heraufgeführt hat – wir wissen nicht, was mit ihm geschehen ist. 24 Da sagte ich zu ihnen: Wer Gold hat, der reisse es sich ab. Da gaben sie es mir, und ich warf es ins Feuer, und daraus ist dieses Kalb geworden. 25 Da sah Mose, wie zügellos das Volk war, denn Aaron hatte ihm die Zügel schiessen lassen, zur Schadenfreude ihrer Gegner. 26 Und Mose trat in das Tor des Lagers und sprach: Zu mir, wer für den HERRN ist! Da sammelten sich alle Leviten um ihn. 27 Er aber sprach zu ihnen: So spricht der HERR, der Gott Israels: Es lege sich ein jeder das Schwert an die Hüfte. Zieht hin und her im Lager von Tor zu Tor, und es töte ein jeder seinen Bruder, jeder seinen Freund und jeder seinen Verwandten. 28 Und die Leviten handelten nach dem Wort des Mose. So fielen vom Volk an je-

nem Tag an die dreitausend Mann. 29 Da sprach Mose: Füllt heute eure Hand für den HERRN, ein jeder um den Preis seines Sohns und seines Bruders, damit er heute Segen auf euch lege.

30 Am anderen Tag aber sprach Mose zum Volk: Ihr habt eine grosse Sünde begangen; nun aber will ich zum HERRN hinaufsteigen, vielleicht kann ich Sühne erwirken für eure Sünde. 31 So kehrte Mose zum HERRN zurück und sprach: Ach, dieses Volk hat eine grosse Sünde begangen, Götter aus Gold haben sie sich gemacht. 32 Nun aber, wenn du doch ihre Sünde vergeben wolltest! Wenn aber nicht, so tilge mich aus deinem Buch, das du geschrieben hast. 33 Und der HERR sprach zu Mose: Wer gegen mich gesündigt hat, den tilge ich aus meinem Buch. 34 Und nun geh, führe das Volk, wohin ich dir gesagt habe. Sieh, mein Bote wird vor dir her gehen. Am Tag aber, an dem ich Rechenschaft fordere, werde ich ihre Sünde an ihnen heimsuchen. 35 Und der HERR schlug das Volk, weil sie das Kalb gemacht hatten, das Aaron gemacht hatte.

|1: 13,21 · 23; Apg 7,40 |4: 8; Ri 8,25–27; Ps 106,19 · 1Kön 12,28; Neh 9,18 |5: 17,15! · 1Kön 12,32 |6: Apg 7,41; 1Kor 10,7 |7: 2Chr 27,2 |8: Ri 2,17 · 4! |9: 33,3.5; 34,9; Dtn 9,6; 31,27 |10: Num 16,21! · Gen 12,2; Num 14,12 |11: 8,8! · Num 14,13! |12: Num 14,16; Dtn 32,26–27 · Num 14,19 |13: Gen 15,5 · 33,1 |14: Gen 6,6! |15: 24,12! · 34,29 |19: 34,1; Dtn 10,2 |23: 1! |27: Num 25,5; Dtn 13,9–12! |28–29: Dtn 33,8–9 |29: 28,41! |32: Jes 4,3; Dan 12,1; Mal 3,16; Lk 10,20 |33: Ps 69,29 |34: 23,20! · Jer 11,23; 23,12; 48,44 |35: Num 25,9

32,29: Siehe die Anm. zu 28,41.

Gott spricht zu Mose

33 1 Und der HERR redete zu Mose: Geh, zieh hinauf von hier, du und das Volk, das du aus dem Land Ägypten heraufgeführt hast, in das Land, das ich Abraham, Isaak und Jakob zugeschworen habe, indem ich sprach: Deinen Nachkommen will ich es geben, – 2 ich will aber einen Boten vor dir her senden und die Kanaaniter, die Amoriter und die Hetiter und die Perissiter, die Chiwwiter und die Jebusiter vertreiben – 3 in ein Land, wo Milch und Honig fliessen. Ich selbst aber werde nicht in deiner Mitte hinaufziehen, denn du bist ein halsstarriges Volk. Ich könnte dich sonst auf dem Weg vernichten. 4 Das Volk aber hörte dieses harte Wort, und sie hielten Trauer, und niemand legte seinen Schmuck an. 5 Da sprach der HERR zu Mose: Sprich zu den Israeliten: Ihr seid ein halsstarriges Volk. Zöge ich nur einen einzigen Augenblick in deiner Mitte hinauf, so müsste ich dich vernichten. Nun aber lege deinen Schmuck ab, dann will ich sehen, was ich für dich tun kann. 6 Da entledigten sich die Israeliten ihres Schmuckes, vom Berg Choreb an.

7 Mose aber nahm jeweils das Zelt und schlug es ausserhalb des Lagers auf, in einiger Entfernung vom Lager, und er nannte es Zelt der Begegnung. Und jeder, der den HERRN befragen wollte, ging hinaus zum Zelt der Begegnung, das ausserhalb des Lagers war. 8 Wenn nun Mose zum Zelt hinausging, erhob sich das ganze Volk, und jeder stellte sich an den Eingang seines Zelts, und sie schauten Mose nach, bis er in das Zelt hineingegangen war. 9 Und wenn Mose in das Zelt hineinging, kam die Wolkensäule herab und blieb am Eingang des Zelts stehen; und er redete mit Mose. 10 Und wenn dann das ganze Volk die Wolkensäule am Eingang des Zelts stehen sah, erhob sich das ganze Volk, und sie warfen sich nieder, jeder am Eingang seines Zelts. 11 Der HERR aber redete mit Mose von Angesicht zu Angesicht, wie ein Mensch mit einem anderen redet. Darauf kehrte er jeweils in das Lager zurück. Sein Diener Josua aber, der Sohn Nuns, ein junger Mann, entfernte sich nie aus dem Zelt.

12 Und Mose sprach zum HERRN: Sieh, du sagst zu mir: Führe dieses Volk hinauf! Du aber hast mich nicht wissen lassen, wen du mit mir senden willst, und doch hast du selbst gesagt: Ich kenne dich mit Namen; auch hast du Gnade gefunden in meinen Augen. 13 Wenn ich nun wirklich Gnade gefunden habe in deinen Augen, so lass mich deine Wege wissen, damit ich dich erkenne und Gnade finde in deinen Augen. Und bedenke, dass dieses Volk dein Volk ist. 14 Und er sprach: Mein Angesicht wird euch vorausgehen, und ich werde dir Ruhe verschaffen. 15 Er aber sprach zu ihm: Wenn dein Angesicht uns nicht vorausgeht, dann führe uns nicht hinauf von hier. 16 Woran soll man erkennen, dass ich Gnade gefunden habe in deinen Augen, ich und dein Volk? Nicht daran, dass du mit uns gehst und dass wir so ausgezeichnet werden, ich und dein Volk, vor jedem Volk, das auf dem Erdboden ist?

17 Und der HERR sprach zu Mose: Auch was du jetzt gesagt hast, will ich tun, denn du hast Gnade gefunden in meinen Augen, und ich kenne dich mit Namen. 18 Da sprach er: Lass mich deine Herrlichkeit sehen! 19 Er aber sprach: Ich selbst werde meine ganze Güte an dir vorüberziehen lassen und den Namen des HERRN vor dir ausrufen: Wem ich gnädig bin, dem bin ich gnädig, und wessen ich mich erbarme, dessen erbarme ich mich. 20 Und er sprach: Du kannst mein Angesicht nicht sehen, denn ein Mensch kann mich nicht sehen und am Leben bleiben. 21 Dann sprach der HERR: Sieh, da ist ein Platz bei mir, stelle dich da auf den Felsen. 22 Wenn nun meine Herrlichkeit vorüberzieht, will ich dich in den Felsspalt stellen und meine Hand über dich halten, solange ich vorüberziehe. 23 Dann werde ich meine Hand wegziehen, und du wirst hinter mir her sehen. Mein Angesicht aber wird nicht zu sehen sein.

|1: 32,13 |2: 23,20! |3: 32,9! – 3,8! |4: Num 14,39 |5: 32,9! |7: Hebr 13,13 |9: Dtn 31,15 · Num 7,89!; Ps 99,7 |11: 19,19! · 20; Dtn 34,10 · 4,20! |12: 3,4! |13: Ps 103,7 · Dtn 9,29 |14: Jos 21,44 |16: Num 23,9; 2Sam 7,23 |17: Dtn 9,19 |18: Ps 63,3; Joh 1,14; Apg 7,55; 2Kor 3,18 |19: 34,5–7 · Röm 9,15 |20: 11! · 3,6 · 24,11! |22: 34,6 · 1Kön 19,13

Bundesschluss

34 1 Und der HERR sprach zu Mose: Haue dir zwei Steintafeln zurecht wie die ersten. Dann will ich auf die Tafeln die Worte schreiben, die auf den ersten Tafeln gestanden haben, die du zerschmettert hast. 2 Und sei bereit für den Morgen, und am Morgen steige auf den Berg Sinai und tritt vor mich dort auf den Gipfel des Berges. 3 Niemand aber darf mit dir hinaufsteigen, und auf dem ganzen Berg darf sich niemand sehen lassen. Auch die Schafe und Rinder dürfen nicht gegen den Berg hin weiden. 4 Da hieb er zwei Steintafeln zurecht wie die ersten, und früh am Morgen stieg Mose den Berg Sinai hinan, wie der HERR es ihm geboten hatte, und er nahm zwei Steintafeln mit sich. 5 Der HERR aber fuhr in der Wolke herab und trat dort neben ihn. Und er rief den Namen des HERRN aus. 6 Und der HERR ging an ihm vorüber und rief: Der HERR, der HERR, ein barmherziger und gnädiger Gott, langmütig und von grosser Gnade und Treue, 7 der Gnade bewahrt Tausenden, der Schuld, Vergehen und Sünde vergibt, der aber nicht ungestraft lässt, sondern die Schuld der Vorfahren heimsucht an Söhnen und Enkeln, bis zur dritten und vierten Generation. 8 Und sogleich neigte sich Mose zur Erde und warf sich nieder 9 und sprach: Wenn ich Gnade gefunden habe in deinen Augen, Herr, so gehe der Herr in unserer Mitte. Wohl ist es ein halsstarriges Volk, doch vergib unsere Schuld und unsere Sünde, und nimm uns an als dein Eigentum. 10 Da sprach er: Sieh, ich schliesse einen Bund. Vor deinem ganzen Volk werde ich Wunder tun, wie sie auf der ganzen Erde und unter allen Völkern nicht geschaffen worden sind. Und das ganze Volk, in dessen Mitte du bist, wird das Werk des HERRN sehen. Furchterregend ist, was ich mit dir tun will. 11 Halte, was ich dir heute gebiete. Sieh, ich vertreibe vor dir die Amoriter und die Kanaaniter und die Hetiter und die Perissiter und die Chiwwiter und die Jebusiter. 12 Hüte dich davor, mit den Bewohnern des Landes, in das du kommst, einen Bund zu schliessen, damit sie nicht zu einem Fallstrick werden in deiner Mitte. 13 Vielmehr sollt ihr ihre Altäre niederreissen, ihre Malsteine zerschlagen und ihre Ascheren umhauen. 14 Denn du sollst dich nicht niederwerfen vor einem anderen Gott, denn Eifersüchtig ist der Name des HERRN, ein eifersüchtiger Gott ist er. 15 Dass du keinen Bund mit den Bewohnern des Landes schliesst! Sie huren hinter ihren Göttern her und opfern ihren Göttern, und man wird dich dazu einladen. Dann könntest du von ihrem Schlachtopfer essen. 16 Und du könntest von ihren Töchtern Frauen für deine Söhne nehmen, und ihre Töchter würden hinter ihren Göttern herhuren und auch deine Söhne verführen, hinter ihren Göttern herzuhuren. 17 Gegossene Götterbilder sollst du dir nicht machen. 18 Das Fest der ungesäuerten Brote sollst du halten. Sieben Tage sollst du ungesäuerte Brote essen, wie ich es dir geboten habe, zur festgesetzten Zeit im Ährenmonat, denn im Ährenmonat bist du aus Ägypten ausgezogen. 19 Alles, was den Mutterschoss durchbricht, ist mein: Das gilt für all dein Vieh, den Erstling von Rind und Schaf. 20 Den Erstling vom Esel aber sollst du mit einem Schaf auslösen. Willst du ihn jedoch nicht auslösen, brich ihm das Genick. Jeden Erstgeborenen deiner Söhne sollst du auslösen. Und nicht mit leeren Händen soll man vor meinem Angesicht erscheinen. 21 Sechs Tage sollst du arbeiten, am siebten Tag aber sollst du ruhen. Auch beim Pflügen und Ernten sollst du ruhen. 22 Und ein Wochenfest sollst du feiern mit den Erstlingen der Weizenernte und das Fest der Lese an der Jahreswende. 23 Dreimal im Jahr soll alles, was männlich ist bei dir, vor Gott dem HERRN, dem Gott Israels, erscheinen. 24 Denn ich werde Völker vor dir vertreiben und dein Gebiet weit machen. Und niemand soll dein Land begehren, wenn du dreimal im Jahr hinaufziehst, um vor dem HERRN, deinem Gott, zu erscheinen. 25 Du sollst das Blut meines Schlachtopfers nicht zusammen mit Gesäuertem darbringen, und das Schlachtopfer des Passafestes soll nicht über Nacht liegenbleiben bis zum Morgen. 26 Das Beste von den Erstlingen deines Ackers sollst du in das Haus des HERRN, deines Gottes, bringen. Ein Böcklein sollst du nicht in der Milch seiner Mutter kochen.

27 Und der HERR sprach zu Mose: Schreibe dir diese Worte auf, denn mit diesen Worten schliesse ich einen Bund mit dir und mit Israel. 28 Und er war dort beim HERRN vierzig Tage und vierzig Nächte, ohne Brot zu essen und Wasser zu trinken, und er schrieb auf die Tafeln die Worte des Bundes, die zehn Worte. 29 Als Mose vom Berg Sinai herabstieg – und Mose hatte die beiden Tafeln des Zeugnisses in der Hand, als er vom Berg herabstieg –, da wusste Mose nicht, dass die Haut seines Gesichts strahlend geworden war, während er mit ihm redete. 30 Aaron aber und alle Israeliten erblickten Mose, und sieh, die Haut seines Gesichts strahlte. Da fürchteten sie sich davor, ihm nahe zu kommen. 31 Mose aber rief sie herbei, und Aaron und alle Fürsten in der Gemeinde wandten sich ihm wieder zu, und Mose redete zu ihnen. 32 Danach traten alle Israeliten heran, und er gebot ihnen alles, was der HERR mit ihm auf dem Berg Sinai geredet hatte. 33 Dann hörte Mose auf, mit ihnen zu reden, und legte eine Hülle über sein Gesicht. 34 Wenn nun Mose hineinging vor den HERRN, um mit ihm zu reden, legte er die Hülle ab, bis er wieder heraustrat. Dann trat er heraus und redete zu den Israeliten, was ihm befohlen war. 35 Und die Israeliten sahen das Gesicht des Mose, wie die Haut von Moses Gesicht strahlte, und Mose legte die Hülle über sein Gesicht, bis er wieder hineinging, um mit ihm zu reden.

|1: 24,12! · 32,19! |3: 19,13! |4: 19,3! · Dtn 10,3 |5–7: 33,19 |5: Dtn 32,3 |6: 33,22 · Num 14,18; Ps 86,15; Joel 2,13 |7: Jer 30,11 · 20,6! |9: 32,9! |10: Dtn 5,2 · Dtn 10,21 |11: Jos 23,5 |12: 15; 23,32; Dtn 7,2 |13: 23,24! |14: 20,5; Dtn 4,24; Jos 24,19; Nah 1,2 |15: 12! |16: Gen 24,3; Dtn 7,3–4 |17: 20,23! |18: 23,15! |19: 13,2! |20: 13,13.15; Num 18,15 |21: 20,10! |22: 23,16! |23: 1Kön 9,25! |24: 20,5; Jos 23,7; Dan 3,18 |25: 23,18 · 16,19! |26: 23,19! |27: 24,4; Dtn 31,9.24; Jos 24,26 |28: 24,18! · Mt 4,2 |29–34: 2Kor 3,7–18 |29: 32,15 |32: 35,1

Das Sabbatgebot

35 1 Und Mose versammelte die ganze Gemeinde der Israeliten und sprach zu ihnen: Dies ist es, was der HERR zu tun geboten hat: 2 Sechs Tage darf man eine Arbeit tun, am siebten Tag aber ist für euch heiliger Sabbat, ein Feiertag für den HERRN. Jeder, der dann eine Arbeit tut, soll getötet werden. 3 An keiner eurer Wohnstätten dürft ihr ein Feuer anzünden am Sabbattag.

|Ex 35–40: Ex 25–31 |1: 34,32 |2: 20,10!

Die Abgabe für das Heiligtum

4 Und Mose sprach zu der ganzen Gemeinde der Israeliten: Dies ist es, was der HERR geboten hat: 5 Erhebt bei euch eine Abgabe für den HERRN; jeder, dessen Herz dazu bereit ist, bringe die Abgabe für den HERRN: Gold, Silber und Bronze, 6 blauen und roten Purpur, Karmesin, feines Leinen und Ziegenhaar, 7 rot gefärbte Widderfelle, Tachaschhäute und Akazienholz, 8 Öl für das Licht und Balsam für das Salböl und für das wohlriechende Räucherwerk, 9 Karneolsteine und Besatzsteine für den Efod und die Brusttasche. 10 Und alle, die verständig sind unter euch, sollen kommen und alles machen, was der HERR geboten hat: 11 die Wohnung mit dem Zelt und der Decke, den Haken und Brettern, den Querbalken, Säulen und Sockeln; 12 die Lade mit den Stangen, die Deckplatte und den verhüllenden Vorhang; 13 den Tisch mit den Stangen und allen Geräten, und das Schaubrot; 14 den Leuchter für das Licht mit den Geräten und Lampen, und das Öl für das Licht; 15 den Räucheraltar mit den Stangen, das Salböl und das wohlriechende

Räucherwerk und die Eingangsdecke für den Eingang der Wohnung; 16 den Brandopferaltar und das Bronzegitter dazu, mit den Stangen und allen Geräten, das Becken und sein Gestell; 17 die Behänge des Vorhofs, seine Säulen und Sockel und die Decke für das Tor des Vorhofs; 18 die Pflöcke der Wohnung und die Pflöcke des Vorhofs mit den Stricken; 19 die gewirkten Gewänder für den Dienst im Heiligtum, die heiligen Gewänder für Aaron, den Priester, und die Gewänder seiner Söhne für den priesterlichen Dienst.

20 Hierauf ging die ganze Gemeinde der Israeliten, von Mose weg. 21 Dann kamen sie, jeder, den sein Herz dazu drängte. Und jeder, den sein Geist dazu trieb, brachte die Abgabe für den HERRN für die Arbeit am Zelt der Begegnung und für den gesamten Dienst darin und für die heiligen Gewänder. 22 Und die Männer kamen samt den Frauen. Alle, deren Herz dazu bereit war, brachten Spangen und Ohrringe, Fingerringe und Halsschmuck, alle Gegenstände aus Gold, und jeder, der eine goldene Weihegabe für den HERRN hin und her schwingen wollte. 23 Und jeder, der blauen und roten Purpur besass, Karmesin, feines Leinen oder Ziegenhaar, rot gefärbte Widderfelle oder Tachaschhäute, brachte es herbei. 24 Alle, die eine Abgabe von Silber und Bronze entrichten wollten, brachten die Abgabe für den HERRN herbei. Und alle, die Akazienholz für eine Arbeit am Bau besassen, brachten es herbei. 25 Und jede Frau, die sich darauf verstand, spann mit eigenen Händen, und man brachte das Gesponnene herbei: den blauen und roten Purpur, das Karmesin und das feine Leinen. 26 Und alle Frauen, die ihr Herz in Weisheit dazu drängte, spannen das Ziegenhaar. 27 Die Fürsten aber brachten die Karneolsteine und die Besatzsteine für den Efod und die Brusttasche, 28 den Balsam und das Öl für das Licht, für das Salböl und für das wohlriechende Räucherwerk. 29 Alle Männer und Frauen,

die ihr Herz dazu trieb, etwas herbeizubringen für eine Arbeit, die der HERR auszuführen geboten hatte durch Mose, alle diese Israeliten brachten eine Gabe für den HERRN.

|4–29: 25,1–9 |5: 25,2! |7: 25,5! |10: 28,3 |12: 25,17 · 26,31! |13: 25,30!

Beauftragung der Künstler und Handwerker

30 Und Mose sprach zu den Israeliten: Seht, der HERR hat Bezalel, den Sohn des Uri, des Sohns von Hur aus dem Stamm Juda, mit Namen berufen. 31 Und er hat ihn mit göttlichem Geist erfüllt, mit Weisheit, Verstand und Kenntnis in jeglicher Arbeit, 32 um Pläne zu entwerfen, Arbeiten auszuführen in Gold, Silber und Bronze, 33 durch Bearbeitung von Steinen zum Besetzen und durch Bearbeitung von Holz, um alle vorgesehenen Arbeiten auszuführen. 34 Auch die Gabe zu unterweisen hat er ihm ins Herz gelegt, ihm und Oholiab, dem Sohn Achisamachs aus dem Stamm Dan. 35 Er hat sie erfüllt mit Verstand zur Ausführung aller Arbeiten eines Handwerkers, eines Kunstwebers, eines Stickers in blauem und rotem Purpur, Karmesin und feinem Leinen oder eines Webers; sie können jede Arbeit ausführen und Pläne entwerfen.

36 1 Und Bezalel und Oholiab sollen sie ausführen und alle Männer, die verständig sind, in die der HERR Weisheit und Verstand gelegt hat, damit sie es verstehen, jegliche Arbeit für den Dienst am Heiligtum auszuführen ganz so, wie der HERR es geboten hat.

2 Da berief Mose Bezalel und Oholiab und einen jeden, der verständig war, dem der HERR Weisheit ins Herz gelegt hatte, jeden, den sein Herz zur Ausführung der Arbeit drängte. 3 Und sie nahmen von Mose die ganze Abgabe entgegen, die die Israeliten zur Ausführung der Arbeit für den Dienst am Heiligtum herbeigebracht hatten. Diese brachten ihm aber auch weiterhin Gaben, Morgen für Morgen. 4 Da kamen

alle Verständigen, die die Arbeit für das Heiligtum ausführten, Mann für Mann von ihrer Arbeit, die sie gerade taten, 5 und sprachen zu Mose: Das Volk bringt viel mehr, als nötig ist für die Arbeit am Werk, dessen Ausführung der HERR geboten hat. 6 Da befahl Mose, und man liess durch das Lager den Ruf ergehen: Es soll niemand mehr, weder Mann noch Frau, eine Arbeit tun als Abgabe für das Heiligtum. So wurde das Volk davon abgehalten, noch mehr herbeizubringen. 7 Und sie hatten, was sie brauchten für die Ausführung des ganzen Werks, mehr als genug.

|30–36: 31,1–11 |1: 31,11

Die Wohnung

8 Und die Verständigen unter denen, die am Werk arbeiteten, machten die Wohnung aus zehn Zeltbahnen. Aus gezwirntem, feinem Leinen, aus blauem und rotem Purpur und aus Karmesin, mit eingewebten Kerubim machte er sie. 9 Die Länge einer Zeltbahn betrug achtundzwanzig Ellen und die Breite einer Zeltbahn vier Ellen. Alle Zeltbahnen hatten dasselbe Mass. 10 Und er fügte die ersten fünf Zeltbahnen aneinander, und die anderen fünf Zeltbahnen fügte er aneinander. 11 Dann brachte er am Saum der ersten Zeltbahn Schleifen aus blauem Purpur an, am Rand des einen zusammengefügten Stücks. Ebenso machte er es am Saum der Zeltbahn am Rand des zweiten zusammengefügten Stücks. 12 Fünfzig Schleifen brachte er an der ersten Zeltbahn an, und fünfzig Schleifen brachte er am Rand der Zeltbahn an, die zum zweiten zusammengefügten Stück gehörte. Die Schleifen lagen einander gegenüber. 13 Dann machte er fünfzig goldene Haken und verband mit den Haken die Zeltbahnen. So wurde die Wohnung ein Ganzes.

14 Dann machte er Zeltbahnen aus Ziegenhaar für das Zeltdach über der Wohnung. Elf solche Zeltbahnen machte er. 15 Die Länge einer Zeltbahn betrug dreissig Ellen und vier Ellen die Breite einer Zeltbahn. Die elf Zeltbahnen hatten dasselbe Mass. 16 Dann fügte er fünf der Zeltbahnen zu einem Stück zusammen und ebenso die sechs andern Zeltbahnen zu einem Stück. 17 Und am Saum der Zeltbahn, die am Rand des einen zusammengefügten Stücks war, brachte er fünfzig Schleifen an, und fünfzig Schleifen brachte er am Saum der Zeltbahn des zweiten zusammengefügten Stücks an. 18 Dann machte er fünfzig bronzene Haken, um das Zelt zusammenzufügen, damit es ein Ganzes wurde. 19 Und er machte für das Zelt eine Decke aus rot gefärbten Widderfellen und darüber eine Decke aus Tachaschhäuten.

20 Dann machte er standfeste Bretter aus Akazienholz für die Wohnung: 21 Zehn Ellen betrug die Länge eines Brettes und anderthalb Ellen die Breite eines Brettes. 22 Zwei Zapfen hatte jedes Brett, sie waren miteinander verzahnt. So machte er es bei allen Brettern der Wohnung. 23 Und als Bretter für die Wohnung machte er zwanzig Bretter für die Südseite, nach Süden hin. 24 Und er machte vierzig silberne Sockel unter den zwanzig Brettern, je zwei Sockel unter einem Brett für seine beiden Zapfen. 25 Und für die zweite Seitenwand der Wohnung, die Nordseite, machte er zwanzig Bretter 26 und dazu vierzig silberne Sockel, je zwei Sockel unter einem Brett. 27 Für die Rückseite der Wohnung aber, nach Westen hin, machte er sechs Bretter. 28 Und zwei Bretter machte er als Eckstücke der Wohnung an der Rückseite. 29 Sie waren aber doppelt von unten auf und fest verfugt bis zum oberen Ende, bis zum ersten Ring. So machte er es bei ihnen beiden für die beiden Ecken. 30 Und es waren acht Bretter und dazu silberne Sockel, sechzehn Sockel, je zwei Sockel unter einem Brett.

31 Und er machte Querbalken aus Akazienholz: fünf für die Bretter der einen Seitenwand der Wohnung, 32 fünf Querbalken für die Bretter der zweiten

Seitenwand der Wohnung und fünf Querbalken für die Bretter der Wohnung an der Rückwand nach Westen hin. 33 Und den mittleren Querbalken machte er so, dass er in der Mitte der Bretter quer durchlief von einem Ende zum andern. 34 Und er überzog die Bretter mit Gold, und die dazugehörigen Ringe machte er aus Gold, als Halterungen für die Querbalken. Auch die Querbalken überzog er mit Gold.

|8–19: 26,1–14 |20–34: 26,15–29

Der Vorhang

35 Dann machte er den Vorhang aus blauem und rotem Purpur, aus Karmesin und gezwirntem, feinem Leinen. Gewebt machte er ihn, mit Kerubim. 36 Und er machte für ihn vier Akazien-säulen und überzog sie mit Gold – auch ihre Nägel waren aus Gold –, und er goss für sie vier silberne Sockel. 37 Und er machte eine Decke für den Eingang des Zelts aus blauem und rotem Purpur, Karmesin und gezwirntem, feinem Leinen, bunt bestickt, 38 und dazu fünf Säulen mit ihren Nägeln, und er überzog ihre Köpfe und ihre Querstangen mit Gold. Ihre fünf Sockel aber waren aus Bronze.

|35–38: 26,31–37

Die Lade

37 1 Dann machte Bezalel die Lade aus Akazienholz, zweieinhalb Ellen lang, anderthalb Ellen breit und anderthalb Ellen hoch. 2 Und er überzog sie mit reinem Gold innen und aussen und brachte ringsum eine goldene Leiste an. 3 Und er goss vier goldene Ringe für ihre vier Füsse, zwei Ringe an der einen Seite und zwei Ringe an der anderen Seite. 4 Und er machte Stangen aus Akazienholz und überzog sie mit Gold. 5 Dann führte er die Stangen durch die Ringe an den Seiten der Lade, so dass man die Lade tragen konnte.

6 Dann machte er eine Deckplatte aus reinem Gold, zweieinhalb Ellen lang und anderthalb Ellen breit. 7 Und er machte zwei goldene Kerubim. Als getriebene Arbeit machte er sie, an den beiden Enden der Deckplatte: 8 den einen Kerub am einen Ende und den anderen Kerub am anderen Ende. Aus der Deckplatte arbeitete er die Kerubim heraus, an ihren beiden Enden. 9 Und die Kerubim breiteten Flügel nach oben aus und beschirmten mit ihren Flügeln die Deckplatte. Und ihre Gesichter waren einander zugewandt. Zu der Deckplatte hin waren die Gesichter der Kerubim gerichtet.

|1–9: 25,10–22

Der Tisch

10 Dann machte er den Tisch aus Akazienholz, zwei Ellen lang, eine Elle breit und anderthalb Ellen hoch. 11 Und er überzog ihn mit reinem Gold und brachte ringsum eine goldene Leiste an. 12 Und er machte ringsum eine Einfassung von einer Handbreite, und er machte für diese Einfassung ringsum eine goldene Leiste. 13 Dann goss er vier goldene Ringe und befestigte die Ringe an den vier Ecken, bei seinen vier Beinen. 14 Dicht an der Einfassung waren die Ringe als Halterungen für die Stangen, so dass man den Tisch tragen konnte. 15 Dann machte er die Stangen aus Akazienholz und überzog sie mit Gold, so dass man den Tisch tragen konnte. 16 Und er machte die Geräte, die auf dem Tisch stehen sollten, die dazugehörigen Schüsseln, Schalen und Becher und die Kannen, mit denen das Trankopfer gespendet wird, aus reinem Gold.

|10–16: 25,23–30

Der Leuchter

17 Dann machte er den Leuchter aus reinem Gold. Als getriebene Arbeit aus einem Stück machte er den Leuchter, seinen Fuss und seinen Schaft, seine Kelche, Knäufe und Blüten. 18 Und sechs Arme gingen von seinen beiden Seiten aus, drei Arme des Leuchters auf der einen Seite und drei Arme des Leuchters auf der anderen Seite. 19 Drei

mandelblütenförmige Kelche waren an
dem einen Arm, mit Knauf und Blüte,
und drei mandelblütenförmige Kelche
an dem anderen Arm, mit Knauf und
Blüte. So war es bei den sechs Armen, die
von dem Leuchter ausgingen. 20 Und
am Leuchter waren vier Kelche, mandelblütenförmig, Knäufe und Blüten: 21 ein
Knauf unter dem ersten Paar seiner
Arme, ein Knauf unter dem zweiten
Paar seiner Arme und ein Knauf unter
dem dritten Paar seiner Arme, bei allen
sechs Armen, die von ihm ausgingen.
22 Ihre Knäufe und ihre Arme waren aus
ihm herausgearbeitet, das Ganze aus einem Stück von reinem Gold getrieben.
23 Dann machte er seine sieben Lampen, die dazugehörigen Dochtscheren
und Pfannen, aus reinem Gold. 24 Aus
einem Talent reinen Goldes machte er
ihn und alle dazugehörigen Geräte.

|17–24: 25,31–40

Der Räucheraltar

25 Dann machte er den Räucheraltar
aus Akazienholz, eine Elle lang und eine
Elle breit, viereckig, und zwei Ellen
hoch. Seine Hörner waren aus einem
Stück mit ihm. 26 Und er überzog ihn
mit reinem Gold, seine Platte und seine
Wände ringsum und seine Hörner, und
brachte ringsum eine goldene Leiste an.
27 Auch zwei goldene Ringe brachte er
unterhalb seiner Leiste an, auf seinen
beiden Seiten, an seinen beiden Seitenwänden, als Halterungen für Stangen,
so dass man ihn damit tragen konnte.
28 Und die Stangen machte er aus Akazienholz und überzog sie mit Gold.
29 Und er machte das heilige Salböl und
das reine, wohlriechende Räucherwerk,
wie es ein Salbenmischer macht.

|25–29: 30,1–10.22–38

Der Brandopferaltar und das bronzene Becken

38 1 Dann machte er den Brandopferaltar aus Akazienholz, fünf Ellen
lang und fünf Ellen breit, viereckig, und
drei Ellen hoch. 2 Und er machte ihm

Hörner an seinen vier Ecken – aus
einem Stück mit ihm waren seine Hörner – und überzog ihn mit Bronze.
3 Und er machte alle Altargeräte: die
Töpfe, Schaufeln und Sprengschalen,
die Gabeln und Pfannen. Alle dazugehörigen Geräte machte er aus Bronze.
4 Und er machte für den Altar ein Gitter,
ein Netzwerk aus Bronze, unter seiner
Einfassung von unten her bis zur halben
Höhe. 5 Und er goss vier Ringe an die
vier Ecken des Bronzegitters als Halterungen für die Stangen. 6 Dann machte
er die Stangen aus Akazienholz und
überzog sie mit Bronze. 7 Und er führte
die Stangen durch die Ringe an den Seiten des Altars, so dass man ihn damit
tragen konnte. Als einen hohlen Bretter-
kasten machte er ihn.

8 Dann machte er das bronzene Becken und sein bronzenes Gestell aus den
Spiegeln der diensttuenden Frauen, die
am Eingang des Zelts der Begegnung
Dienst taten.

|1–7: 27,1–8 |8: 30,18!

Der Vorhof

9 Und er machte den Vorhof: für die
Südseite, nach Süden hin, die Behänge
des Vorhofs aus gezwirntem, feinem
Leinen, hundert Ellen lang, 10 dazu
zwanzig Säulen mit zwanzig Sockeln
aus Bronze, die Nägel und die Querstangen der Säulen aus Silber; 11 für die
Nordseite hundert Ellen, dazu zwanzig
Säulen mit zwanzig Sockeln aus Bronze,
die Nägel und die Querstangen der Säulen aus Silber; 12 für die Westseite Behänge von fünfzig Ellen, dazu zehn Säulen mit zehn Sockeln, die Nägel und die
Querstangen der Säulen aus Silber;
13 und für die Ostseite, nach Sonnenaufgang, fünfzig Ellen, 14 Behänge von
fünfzehn Ellen für die eine Seite mit ihren drei Säulen und den drei Sockeln,
15 und ebenso für die andere Seite, zu
beiden Seiten des Vorhoftors, Behänge
von fünfzehn Ellen mit ihren drei Säulen und den drei Sockeln. 16 Alle Behänge des Vorhofs ringsum waren aus

gezwirntem, feinem Leinen. 17 Und die Sockel für die Säulen waren aus Bronze, die Nägel und die Querstangen der Säulen aus Silber und der Überzug ihrer Köpfe aus Silber, und sie selbst waren mit Querstangen aus Silber verbunden, alle Säulen des Vorhofs. 18 Die Decke für das Tor des Vorhofs aber war bunt bestickt, aus blauem und rotem Purpur, Karmesin und gezwirntem, feinem Leinen, zwanzig Ellen lang und, der Breite einer Stoffbahn entsprechend, fünf Ellen hoch, genau wie die Behänge des Vorhofs. 19 Und ihre vier Säulen mit den vier Sockeln waren aus Bronze, ihre Nägel aus Silber, und auch der Überzug ihrer Köpfe und ihre Querstangen waren aus Silber. 20 Alle Pflöcke für die Wohnung und für den Vorhof ringsum aber waren aus Bronze.

| 9–20: 27,9–19

Die Kosten der Wohnung

21 Dies sind die Kosten der Wohnung, der Wohnung des Zeugnisses, die auf Anordnung des Mose berechnet wurden als Dienst der Leviten durch Itamar, den Sohn des Priesters Aaron. 22 Bezalel aber, der Sohn des Uri, des Sohns von Hur aus dem Stamm Juda, hatte alles gemacht, was der HERR dem Mose geboten hatte, 23 und mit ihm Oholiab, der Sohn Achisamachs aus dem Stamm Dan, als Handwerker, Kunstweber und Sticker in blauem und rotem Purpur, in Karmesin und feinem Leinen.

24 Das gesamte Gold, das für das Werk bei der ganzen Arbeit am Heiligtum verarbeitet wurde, dieses Gold der Weihegabe betrug neunundzwanzig Talente und siebenhundertdreissig Schekel nach dem Schekel des Heiligtums. 25 Und das Silber der Gemusterten der Gemeinde betrug hundert Talente und tausendsiebenhundertfünfundsiebzig Schekel nach dem Schekel des Heiligtums, 26 einen Halbschekel je Kopf, einen halben Schekel nach dem Schekel des Heiligtums, von jedem, der zur

Musterung antrat, der zwanzig Jahre alt war oder älter, von sechshundertdreitausendfünfhundertfünfzig Mann. 27 Und die hundert Talente Silber wurden verwendet zum Giessen der Sockel des Heiligtums und der Sockel des Vorhangs: hundert Sockel für die hundert Talente, ein Talent für einen Sockel. 28 Und aus den tausendsiebenhundertfünfundsiebzig Schekeln machte er Nägel für die Säulen, überzog ihre Köpfe und verband sie miteinander. 29 Und die Bronze der Weihegabe betrug siebzig Talente und zweitausendvierhundert Schekel. 30 Und er machte daraus die Sockel für den Eingang des Zelts der Begegnung, den bronzenen Altar, das Bronzegitter, das dazu gehörte, und alle Altargeräte, 31 die Sockel des Vorhofs ringsum und die Sockel am Tor des Vorhofs, alle Pflöcke der Wohnung und alle Pflöcke des Vorhofs ringsum.

| 22: 31,2! | 23: 31,6 | 25–26: 30,16 | 26: 12,37; Num 1,46

Die Gewänder der Priester

39 1 Und aus dem blauen und roten Purpur und dem Karmesin machten sie gewirkte Gewänder für den Dienst im Heiligtum; und sie machten die heiligen Gewänder, die für Aaron bestimmt waren, wie der HERR es Mose geboten hatte.

2 Dann machte er den Efod aus Gold, blauem und rotem Purpur, Karmesin und gezwirntem, feinem Leinen. 3 Und sie hämmerten die Goldplatten, und er schnitt Fäden daraus, um sie einzuarbeiten in den blauen und in den roten Purpur, in das Karmesin und in das feine Leinen. Sie wurden eingewebt. 4 Schulterstücke machten sie für ihn, die mit ihm verbunden waren; an seinen beiden Enden wurde er so zusammengehalten. 5 Und die Binde daran zum Umgürten war aus demselben Stoff, von gleicher Machart: aus Gold, blauem und rotem Purpur, Karmesin und gezwirntem, feinem Leinen, wie der HERR es Mose geboten hatte.

6 Dann bearbeiteten sie die Karneolsteine, eingefasst in Gold, graviert wie ein Siegel mit den Namen der Söhne Israels. 7 Und er setzte sie auf die Schulterstücke des Efod als Steine der Erinnerung an die Söhne Israels, wie der HERR es Mose geboten hatte.

8 Dann machte er die Brusttasche, gewebt, in der Machart des Efod: aus Gold, blauem und rotem Purpur, Karmesin und gezwirntem, feinem Leinen. 9 Viereckig war sie. Doppelt gelegt machten sie die Brusttasche, eine Spanne lang und eine Spanne breit, doppelt gelegt. 10 Und sie besetzten sie mit vier Reihen von Steinen: eine Reihe mit Rubin, Chrysolith und Smaragd, die erste Reihe; 11 die zweite Reihe mit Malachit, Lapislazuli und Jaspis; 12 die dritte Reihe mit Hyazinth, Achat und Amethyst; 13 und die vierte Reihe mit Topas, Karneol und Onyx. In Gold waren sie eingefasst, als man sie anbrachte. 14 Und die Steine lauteten auf die Namen der Söhne Israels, zwölf Steine auf ihre Namen. Siegelgravierungen waren es, jede auf einen der Namen lautend, für zwölf Stämme. 15 Dann brachten sie an der Brusttasche gedrehte Ketten an, in Kordelarbeit, aus reinem Gold. 16 Und sie machten zwei Goldfassungen und zwei goldene Ringe und setzten die zwei Ringe an die beiden Ecken der Brusttasche. 17 Dann befestigten sie die beiden Goldkordeln an den zwei Ringen an den Enden der Brusttasche. 18 Die beiden anderen Enden der zwei Kordeln aber befestigten sie an den zwei Fassungen und befestigten sie so an den Schulterstücken des Efod auf seiner Vorderseite. 19 Dann machten sie zwei goldene Ringe und setzten sie an die beiden Ecken der Brusttasche, an ihren Saum, der dem Efod zugekehrt war, auf der Innenseite. 20 Ferner machten sie zwei goldene Ringe und befestigten sie unten an den beiden Schulterstücken des Efod auf seiner Vorderseite, dicht an seiner Verbindungsstelle, oberhalb der Efodbinde. 21 Dann banden sie mit einer Schnur aus blauem Purpur die Brusttasche mit ihren Ringen an die Ringe des Efod, so dass sie über der Efodbinde sass und die Brusttasche sich über dem Efod nicht verschob, wie der HERR es Mose geboten hatte.

22 Dann machte er das Obergewand zum Efod, gewebt, ganz aus blauem Purpur. 23 Und die Öffnung des Obergewandes, in seiner Mitte, war wie die Öffnung eines Panzerhemdes. Rings um die Öffnung lief eine Borte, so dass sie nicht einriss. 24 Und am Saum des Obergewandes brachten sie Granatäpfel an aus blauem und rotem Purpur und aus Karmesin, gezwirnt. 25 Dann machten sie Glöckchen aus reinem Gold und setzten die Glöckchen zwischen die Granatäpfel ringsum an den Saum des Obergewandes, zwischen die Granatäpfel: 26 ein Glöckchen und ein Granatapfel, ein Glöckchen und ein Granatapfel, ringsum am Saum des Obergewandes für den Dienst, wie der HERR es Mose geboten hatte.

27 Dann machten sie die Leibröcke aus feinem Leinen, gewebt, für Aaron und seine Söhne, 28 den Kopfbund aus feinem Leinen, die turbanartigen Kopfbedeckungen aus feinem Leinen und die linnenen Beinkleider aus gezwirntem, feinem Leinen 29 und die Schärpe aus gezwirntem, feinem Leinen, blauem und rotem Purpur und Karmesin, bunt bestickt, wie der HERR es Mose geboten hatte.

30 Dann machten sie die Blume des heiligen Diadems aus reinem Gold und schrieben darauf in einer Schrift wie bei einem Siegel: Dem HERRN heilig. 31 Und sie befestigten daran eine Schnur aus blauem Purpur, um sie oben auf den Kopfbund zu legen, wie der HERR es Mose geboten hatte.

32 So wurde die ganze Arbeit für die Wohnung des Zelts der Begegnung vollendet. Und die Israeliten machten es genau, wie der HERR es Mose geboten hatte, so machten sie es.

| 1–31: 28,1–43 | 1: 28,2! | 30: 29,6!

Übergabe der Arbeiten an Mose

33 Und sie brachten die Wohnung zu Mose: das Zelt mit allen Geräten, Haken, Brettern, Querbalken, Säulen und Sockeln, 34 die Decke aus den rot gefärbten Widderfellen, die Decke aus den Tachaschhäuten und den verhüllenden Vorhang, 35 die Lade des Zeugnisses, die dazugehörigen Stangen und die Deckplatte, 36 den Tisch, alle dazugehörigen Geräte und das Schaubrot, 37 den Leuchter aus reinem Gold, seine Lampen, die Lampen in einer Reihe, alle dazugehörigen Geräte und das Öl für das Licht, 38 den goldenen Altar, das Salböl, das wohlriechende Räucherwerk und die Decke für den Eingang des Zelts, 39 den bronzenen Altar und das Bronzegitter dazu, mit den Stangen und allen Geräten, das Becken und sein Gestell, 40 die Behänge des Vorhofs, seine Säulen und Sockel, die Decke für das Tor des Vorhofs, seine Stricke und Pflöcke und alle Geräte für den Dienst an der Wohnung, dem Zelt der Begegnung, 41 die gewirkten Gewänder für den Dienst im Heiligtum, die heiligen Gewänder für Aaron, den Priester, und die Gewänder seiner Söhne für den priesterlichen Dienst. 42 Genau wie der HERR es Mose geboten hatte, so hatten die Israeliten die ganze Arbeit ausgeführt. 43 Und Mose betrachtete das ganze Werk: Und sieh, sie hatten es ausgeführt. Wie der HERR es geboten hatte, so hatten sie es ausgeführt. Und Mose segnete sie.

|36: 25,30! |43: Lev 9,22!

Aufrichtung und Einweihung des Heiligtums

40 1 Und der HERR redete zu Mose und sprach: 2 Am Tag des ersten Neumonds, am ersten des Monats, wirst du die Wohnung des Zelts der Begegnung aufrichten. 3 Stelle die Lade des Zeugnisses dort hinein, und hänge vor die Lade den Vorhang. 4 Dann bringe den Tisch hinein und richte seine Ausstattung her, und bringe den Leuchter hinein und setze seine Lampen auf.

5 Und stelle den goldenen Räucheraltar vor die Lade des Zeugnisses, und befestige die Decke des Eingangs zur Wohnung. 6 Und den Brandopferaltar stelle vor den Eingang der Wohnung des Zelts der Begegnung. 7 Dann stelle das Becken zwischen das Zelt der Begegnung und den Altar, und giesse Wasser hinein. 8 Und errichte den Vorhof ringsum, und befestige die Decke des Vorhoftors. 9 Dann nimm das Salböl, und salbe die Wohnung und alles, was darin ist, und heilige sie und alle dazugehörigen Geräte, so wird sie heilig sein. 10 Salbe auch den Brandopferaltar und alle dazugehörigen Geräte, und heilige den Altar, so wird der Altar hochheilig sein. 11 Und salbe das Becken und sein Gestell, und heilige es. 12 Dann lass Aaron und seine Söhne an den Eingang des Zelts der Begegnung herantreten, und wasche sie mit Wasser. 13 Und bekleide Aaron mit den heiligen Gewändern, salbe ihn und heilige ihn, und er soll mir als Priester dienen. 14 Auch seine Söhne lass herantreten, und bekleide sie mit Leibröcken. 15 Dann salbe sie, wie du ihren Vater gesalbt hast, und sie sollen mir als Priester dienen. Und dies soll geschehen, damit ihre Salbung ihnen ein ewiges Priestertum verleiht von Generation zu Generation. 16 Und Mose machte es. Genau wie der HERR es ihm geboten hatte, so machte er es.

17 Und im ersten Monat des zweiten Jahres, am ersten Tag des Monats wurde die Wohnung aufgerichtet. 18 Mose richtete die Wohnung auf: Er legte ihre Sockel hin, setzte ihre Bretter darauf, brachte ihre Querbalken an und richtete ihre Säulen auf. 19 Dann spannte er das Zeltdach über die Wohnung und legte die Decke des Zelts oben darauf, wie der HERR es Mose geboten hatte. 20 Dann nahm er das Zeugnis und legte es in die Lade, brachte die Stangen an der Lade an und setzte die Deckplatte oben auf die Lade. 21 Und er brachte die Lade in die Wohnung, hängte den verhüllenden Vorhang auf und verdeckte so die Lade

des Zeugnisses, wie der HERR es Mose geboten hatte. 22 Dann stellte er den Tisch in das Zelt der Begegnung, an die Nordseite der Wohnung, aussen vor den Vorhang, 23 und richtete auf ihm eine Schicht Brot her vor dem HERRN, wie der HERR es Mose geboten hatte. 24 Und er stellte den Leuchter in das Zelt der Begegnung, dem Tisch gegenüber, an die Südseite der Wohnung, 25 und setzte die Lampen auf vor dem HERRN, wie der HERR es Mose geboten hatte. 26 Dann stellte er den goldenen Altar in das Zelt der Begegnung vor den Vorhang 27 und verbrannte auf ihm wohlriechendes Räucherwerk, wie der HERR es Mose geboten hatte. 28 Dann befestigte er die Decke des Eingangs zur Wohnung.

29 Und den Brandopferaltar stellte er an den Eingang der Wohnung des Zelts der Begegnung und brachte auf ihm das Brandopfer und das Speiseopfer dar, wie der HERR es Mose geboten hatte. 30 Dann stellte er das Becken zwischen das Zelt der Begegnung und den Altar und goss Wasser hinein für die Waschung. 31 Und Mose, Aaron und seine Söhne wuschen darin ihre Hände und Füsse. 32 Wenn sie in das Zelt der Begeg-

nung hineingingen und wenn sie zum Altar traten, wuschen sie sich, wie der HERR es Mose geboten hatte. 33 Dann errichtete er den Vorhof, rings um die Wohnung und den Altar, und befestigte die Decke des Vorhoftors. So vollendete Mose das Werk.

34 Da bedeckte die Wolke das Zelt der Begegnung, und die Herrlichkeit des HERRN erfüllte die Wohnung. 35 Und Mose konnte das Zelt der Begegnung nicht betreten, denn die Wolke hatte sich darauf niedergelassen, und die Herrlichkeit des HERRN erfüllte die Wohnung. 36 Und wenn sich die Wolke von der Wohnung erhob, brachen die Israeliten auf, solange ihre Wanderung dauerte. 37 Wenn die Wolke sich aber nicht erhob, brachen sie nicht auf bis zu dem Tag, an dem sie sich erhob. 38 Denn die Wolke des HERRN war bei Tag über der Wohnung, des Nachts aber war Feuer in ihr, vor den Augen des ganzen Hauses Israel, solange ihre Wanderung dauerte.

|7:30,18 |10:30,29! |12:40,12.31–32;29,4;30,19; Hebr 10,22 |15:28,41! |16:Gen 7,5! |21:26,33 |22: 26,35! |24:26,35! |27:30,7! |28:26,36 |31–32:12! |33: 1Kön 6,9! |34–35:1Kön 8,10! |34:Num 9,15 |38: 13,22

Leviticus

(DAS DRITTE BUCH MOSE)

Das Brandopfer

1 1 Und der HERR rief Mose und sprach zu ihm aus dem Zelt der Begegnung: 2 Sprich zu den Israeliten und sage ihnen: Wenn jemand von euch dem HERRN eine Opfergabe darbringen will, sollt ihr eine Opfergabe vom Vieh darbringen, von den Rindern oder vom Kleinvieh. 3 Wer ein Rind als Brandopfer darbringt, soll ein makelloses männliches Tier opfern. Er führe es an den Eingang des Zelts der Begegnung, um

Wohlgefallen zu finden vor dem HERRN. 4 Und er lege seine Hand auf den Kopf des Brandopfers, so wird es wohlgefällig angenommen werden und Sühne für ihn erwirken. 5 Dann schlachte er das Rind vor dem HERRN. Und die Söhne Aarons, die Priester, sollen das Blut darbringen: Sie sollen das Blut ringsum an den Altar sprengen am Eingang des Zelts der Begegnung. 6 Dann ziehe er dem Brandopfer die Haut ab und zerlege es in seine Teile.

7 Und die Söhne Aarons, des Priesters, sollen Feuer auf den Altar legen und Holz auf das Feuer schichten. 8 Und die Söhne Aarons, die Priester, sollen die Teile, den Kopf und das Fett auf das Holz über dem Altarfeuer legen. 9 Die Eingeweide aber und die Schenkel soll man mit Wasser waschen. Und auf dem Altar lasse der Priester alles in Rauch aufgehen als Brandopfer, als Feueropfer von beschwichtigendem Geruch für den HERRN.

10 Wer aber ein Brandopfer vom Kleinvieh darbringt, ein Schaf oder eine Ziege, soll ein makelloses männliches Tier opfern. 11 Er schlachte es an der Nordseite des Altars vor dem HERRN, und die Söhne Aarons, die Priester, sollen sein Blut ringsum an den Altar sprengen. 12 Dann zerlege er es in seine Teile, den Kopf und das Fett, und der Priester lege sie auf das Holz über dem Altarfeuer. 13 Die Eingeweide aber und die Schenkel wasche er mit Wasser, und der Priester bringe alles dar und lasse es auf dem Altar in Rauch aufgehen. Es ist ein Brandopfer, ein Feueropfer von beschwichtigendem Geruch für den HERRN.

14 Wer aber dem HERRN ein Brandopfer von den Vögeln darbringt, soll eine Turteltaube oder eine Taube opfern. 15 Und der Priester bringe das Tier zum Altar, kneife seinen Kopf ab und lasse ihn auf dem Altar in Rauch aufgehen, sein Blut aber werde ausgepresst an der Wand des Altars. 16 Dann entferne er den Kropf mit den Federn und werfe ihn zur Fettasche an der Ostseite des Altars. 17 Und er reisse ihm die Flügel ein, trenne sie aber nicht ganz ab. Und der Priester lasse es auf dem Altar in Rauch aufgehen, auf dem Holz über dem Feuer. Es ist ein Brandopfer, ein Feueropfer von beschwichtigendem Geruch für den HERRN.

| 1: 7,38 · Ex 25,22; Num 1,1 | 2: 22,19 | 3–9: 1Chr 6,34 | 3: 3,2; 17,4 · 6,2; Gen 8,20 | 4: Ex 29,10–11! · Ez 45,15 | 5: 3,2! · Ex 40,6 | 6: 7,8 | 8: 1Kön 18,33 | 9: Gen 8,21 | 13: 2Chr 4,6; Ez 40,38

| 14–17: 5,7–10 | 14: 5,7; 12,8; Gen 15,9 | 16: 6,3 | 17: Gen 15,10

Das Speiseopfer

2 1 Wenn jemand dem HERRN ein Speiseopfer darbringen will, so soll Feinmehl seine Opfergabe sein, und er giesse Öl darüber und lege Weihrauch darauf. 2 Dann bringe er es zu den Söhnen Aarons, den Priestern. Und er nehme davon eine Handvoll, vom Feinmehl und vom Öl und allen Weihrauch, und der Priester lasse den Teil, der zum Verbrennen bestimmt ist, auf dem Altar in Rauch aufgehen als Feueropfer von beschwichtigendem Geruch für den HERRN. 3 Was aber übrig bleibt vom Speiseopfer, gehört Aaron und seinen Söhnen, als Hochheiliges von den Feueropfern des HERRN.

4 Wenn du aber ein Speiseopfer darbringen willst, das im Ofen gebacken wurde, so sollen es ungesäuerte, mit Öl angerührte Ringbrote oder ungesäuerte, mit Öl bestrichene Fladen aus Feinmehl sein. 5 Und ist deine Opfergabe ein Speiseopfer, das auf dem Blech zubereitet wird, so soll es aus ungesäuertem, mit Öl angerührtem Feinmehl sein. 6 Brich es in Stücke, und giesse Öl darüber. Es ist ein Speiseopfer. 7 Ist deine Opfergabe aber ein Speiseopfer, das in der Pfanne zubereitet wird, so soll es aus Feinmehl mit Öl zubereitet werden.

8 Und du sollst das Speiseopfer, das so für den HERRN zubereitet wird, bringen, und man soll es dem Priester geben, und er soll es zum Altar tragen. 9 Und der Priester hebe vom Speiseopfer den Teil ab, der zum Verbrennen bestimmt ist, und lasse ihn auf dem Altar in Rauch aufgehen als Feueropfer von beschwichtigendem Geruch für den HERRN. 10 Was aber übrig bleibt vom Speiseopfer, gehört Aaron und seinen Söhnen, als Hochheiliges von den Feueropfern des HERRN.

11 Kein Speiseopfer, das ihr dem HERRN darbringt, darf aus Gesäuertem zubereitet werden, weder Sauerteig noch Honig sollt ihr als Feueropfer für den HERRN in Rauch aufgehen lassen. 12 Als Erstlingsopfer dürft ihr sie dem HERRN darbringen, aber sie sollen nicht auf den Altar kommen als beschwichtigender Geruch. 13 Alle deine Speiseopfer sollst du salzen, bei deinem Speiseopfer darf das Salz des Bundes deines Gottes nicht fehlen. Zu jeder Opfergabe sollst du Salz darbringen.

14 Willst du dem HERRN aber ein Speiseopfer von Erstlingsfrüchten darbringen, so sollst du am Feuer geröstete Ähren, Griess von frischem Korn, als Speiseopfer von deinen Erstlingsfrüchten darbringen. 15 Und du sollst Öl darauf giessen und Weihrauch darauf legen. Es ist ein Speiseopfer. 16 Und der Priester soll von dem Griess und dem Öl den Teil, der zum Verbrennen bestimmt ist, und allen Weihrauch in Rauch aufgehen lassen als Feueropfer für den HERRN.

| 1: 6,7; 9,4; Num 15,4 · 2,1 | 2: 9; 5,12; 24,7; Num 5,26 · 10; 10,12; 21,22 | 3: 7,10 · 5,13 | 4: Ex 29,2 | 5: 7,12; Num 6,15 | 7: 1Chr 23,29 | 9: 2! | 10: 7,9; 2Kön 12,17 · 2! | 11: 6,10 | 12: 23,10; Num 15,20–21; 18,12–13 | 13: Num 18,19; 2Chr 13,5 · Ex 30,35 | 14: Dtn 26,2

Das Heilsopfer

3 1 Wer aber ein Heilsopfer von den Rindern darbringt, soll ein makelloses männliches oder weibliches Tier vor den HERRN bringen. 2 Und er lege seine Hand auf den Kopf seines Opfers und schlachte es am Eingang des Zelts der Begegnung. Und die Söhne Aarons, die Priester, sollen das Blut ringsum an den Altar sprengen. 3 Dann bringe er von dem Heilsopfer dem HERRN ein Feueropfer dar: das Fett, das die Eingeweide bedeckt, und alles Fett an den Eingeweiden, 4 die beiden Nieren und das Fett an ihnen und an den Lenden. Und den Lappen über der Leber trenne er mit den Nieren ab. 5 Und die Söhne Aarons sollen es auf dem Altar über dem Brandop-

fer, auf dem Holz über dem Feuer, in Rauch aufgehen lassen, als Feueropfer von beschwichtigendem Geruch für den HERRN.

6 Wer aber dem HERRN ein Heilsopfer vom Kleinvieh darbringt, soll ein makelloses männliches oder weibliches Tier opfern. 7 Will er ein Schaf als Opfergabe darbringen, so bringe er es vor den HERRN 8 und lege seine Hand auf den Kopf seines Opfers und schlachte es vor dem Zelt der Begegnung. Die Söhne Aarons aber sollen sein Blut ringsum an den Altar sprengen. 9 Dann bringe er das Fett von dem Heilsopfer dem HERRN als Feueropfer dar. Den ganzen Fettschwanz trenne er dicht am Schwanzwirbel ab, das Fett, das die Eingeweide bedeckt, und alles Fett an den Eingeweiden, 10 die beiden Nieren und das Fett an ihnen und an den Lenden. Und den Lappen über der Leber trenne er mit den Nieren ab. 11 Und der Priester lasse es auf dem Altar in Rauch aufgehen als Feueropfer zur Speise für den HERRN.

12 Wer aber eine Ziege opfert, bringe sie vor den HERRN 13 und lege seine Hand auf ihren Kopf und schlachte sie vor dem Zelt der Begegnung. Die Söhne Aarons aber sollen ihr Blut ringsum an den Altar sprengen. 14 Dann bringe er davon seine Opfergabe dem HERRN als Feueropfer dar: das Fett, das die Eingeweide bedeckt, und alles Fett an den Eingeweiden, 15 die beiden Nieren und das Fett an ihnen und an den Lenden. Und den Lappen über der Leber trenne er mit den Nieren ab. 16 Und der Priester lasse es auf dem Altar in Rauch aufgehen als Feueropfer zur Speise, als beschwichtigenden Geruch. Alles Fett gehört dem HERRN. 17 Das ist eine ewige Ordnung für euch von Generation zu Generation, wo immer ihr wohnt: Fett und Blut dürft ihr nicht verzehren.

| 1: 7,11.29; 9,4; 22,21 | 2: 1,3! · 8; 1,5; Ez 43,18; Hebr 9,22 | 3–4: 4,9–10; 9,10; 16,25 | 3: 7,5 · Ex 29,13 | 8: 2! | 9–10: 7,3–4 | 11: Num 28,2 | 16: Gen 4,4 | 17: 7,23 · Gen 9,4!

Das Sündopfer

4 1 Und der HERR sprach zu Mose:
2 Sprich zu den Israeliten: Dies gilt,
wenn jemand ohne Absicht gegen eines
von den Geboten des HERRN sündigt
und irgendetwas tut, was nach den Geboten des HERRN nicht getan werden
darf.

3 Sündigt der gesalbte Priester, so
dass das Volk schuldig wird, so soll er für
die Sünde, die er begangen hat, dem
HERRN einen makellosen jungen Stier
als Sündopfer darbringen. 4 Und er
bringe den Jungstier an den Eingang des
Zelts der Begegnung vor den HERRN und
lege seine Hand auf den Kopf des Stiers
und schlachte den Stier vor dem HERRN.
5 Dann soll der gesalbte Priester etwas
vom Blut des Stiers nehmen und in das
Zelt der Begegnung bringen. 6 Und der
Priester tauche den Finger in das Blut
und sprenge vor dem HERRN siebenmal
etwas Blut an die Vorderseite des Vorhangs im Heiligtum. 7 Dann streiche
der Priester etwas Blut an die Hörner des
Altars mit dem wohlriechenden Räucherwerk, vor dem HERRN im Zelt der
Begegnung. Alles übrige Blut des Jungstiers aber giesse er aus am Sockel des
Brandopferaltars am Eingang des Zelts
der Begegnung. 8 Und alles Fett soll er
des Sündopferstiers soll er ablösen: das Fett,
das die Eingeweide bedeckt, und das
ganze Fett an den Eingeweiden. 9 Die
beiden Nieren und das Fett an ihnen
und an den Lenden und den Lappen
über der Leber trenne er mit den Nieren
ab, 10 wie es beim Rind des Heilsopfers
abgelöst wird, und der Priester lasse es
auf dem Brandopferaltar in Rauch aufgehen. 11 Das Fell des Jungstiers aber
und all sein Fleisch samt seinem Kopf
und seinen Schenkeln und seine Eingeweide und den Inhalt seiner Gedärme,
12 den ganzen übrigen Jungstier, bringe
er vor das Lager an eine reine Stätte, wo
die Fettasche ausgeschüttet wird, und er
verbrenne ihn auf einem Holzstoss im
Feuer. Dort, wo die Fettasche ausge-
schüttet wird, soll er verbrannt werden.

13 Vergeht sich aber die ganze Gemeinde Israels, ohne dass die Versammlung es bemerkt, und sie tun etwas, was
man nach den Geboten des HERRN nicht
tun darf, und werden schuldig, 14 und
die Sünde, die sie begangen haben, wird
erkannt, so soll die Versammlung einen
jungen Stier als Sündopfer darbringen
und ihn vor das Zelt der Begegnung bringen. 15 Und die Ältesten der Gemeinde
sollen vor dem HERRN die Hände auf
den Kopf des Jungstiers legen, und man
schlachte den Stier vor dem HERRN.
16 Dann soll der gesalbte Priester etwas
vom Blut des Stiers in das Zelt der Begegnung bringen. 17 Und der Priester tauche den Finger in das Blut und sprenge
vor dem HERRN siebenmal etwas davon
an die Vorderseite des Vorhangs. 18 Und
von dem Blut streiche er etwas an die
Hörner des Altars, vor dem HERRN im
Zelt der Begegnung. Alles übrige Blut
aber giesse er aus am Sockel des Brandopferaltars am Eingang des Zelts der Begegnung. 19 Und alles Fett soll er von
ihm ablösen und auf dem Altar in Rauch
aufgehen lassen. 20 Und er verfahre mit
dem Jungstier, wie er mit dem Sündopferstier verfahren ist, so soll er mit ihm
verfahren. So soll der Priester für sie
Sühne erwirken, und es wird ihnen vergeben werden. 21 Und er bringe den
Jungstier vor das Lager und verbrenne
ihn, wie er den ersten Jungstier verbrannt hat. Das ist das Sündopfer der
Versammlung.

22 Wenn ein Fürst sündigt und ohne
Absicht irgendetwas tut, was nach den
Geboten des HERRN, seines Gottes,
nicht getan werden darf, und schuldig
wird, 23 aber jemand ihm die Sünde be-
wusst macht, die er begangen hat, dann
soll er als Opfergabe einen makellosen
Ziegenbock bringen, ein männliches
Tier. 24 Und er lege seine Hand auf den
Kopf des Bocks und schlachte ihn an der
Stätte, an der man das Brandopfer
schlachtet vor dem HERRN. Es ist ein
Sündopfer. 25 Dann soll der Priester mit
dem Finger etwas vom Blut des Sündop-

fers nehmen und es an die Hörner des Brandopferaltars streichen. Das übrige Blut aber giesse er aus am Sockel des Brandopferaltars. 26 Und alles Fett lasse er auf dem Altar in Rauch aufgehen, wie das Fett des Heilsopfers. So soll der Priester ihm Sühne erwirken für seine Sünde, und es wird ihm vergeben werden.

27 Sündigt aber jemand vom Volk des Landes ohne Absicht, indem er etwas tut, was nach den Geboten des Herrn nicht getan werden darf, und wird schuldig, 28 aber jemand macht ihm die Sünde bewusst, die er begangen hat, dann soll er für die Sünde, die er begangen hat, eine makellose Ziege, ein weibliches Tier, als Opfergabe bringen. 29 Und er lege seine Hand auf den Kopf des Sündopfers und schlachte das Sündopfer an der Stätte des Brandopfers. 30 Dann soll der Priester mit dem Finger etwas vom Blut des Tieres nehmen und es an die Hörner des Brandopferaltars streichen. Alles übrige Blut aber giesse er aus am Sockel des Altars. 31 Und alles Fett trenne er ab, wie das Fett beim Heilsopfer abgetrennt wurde. Und der Priester lasse es auf dem Altar in Rauch aufgehen als beschwichtigenden Geruch für den Herrn. So soll der Priester ihm Sühne erwirken, und es wird ihm vergeben werden.

32 Will er aber ein Schaf als Sündopfer darbringen, dann soll er ein makelloses weibliches Tier bringen. 33 Und er lege seine Hand auf den Kopf des Sündopfers und schlachte es als Sündopfer an der Stätte, an der man das Brandopfer schlachtet. 34 Dann soll der Priester mit dem Finger etwas vom Blut des Sündopfers nehmen und an die Hörner des Brandopferaltars streichen. Alles übrige Blut aber giesse er aus am Sockel des Altars. 35 Und alles Fett trenne er ab, wie das Fett des Schafs beim Heilsopfer abgetrennt wurde, und der Priester lasse es auf dem Altar über den Feueropfern des Herrn in Rauch aufgehen. So soll der Priester ihm Sühne er-

wirken für die Sünde, die er begangen hat, und es wird ihm vergeben werden.

5 1 Und wenn jemand sündigt, weil er hört, wie Zeugen aufgerufen werden, und er ist ein Zeuge, der etwas gesehen oder erfahren hat, aber er sagt nicht aus, dann lädt er Schuld auf sich. 2 Oder wenn jemand etwas Unreines berührt, Aas von unreinen Wildtieren oder Aas von unreinem Vieh oder Aas von unreinem Kleingetier, ohne es wahrzunehmen, dann ist er unrein und schuldig. 3 Oder wenn jemand mit etwas Unreinem an einem Menschen in Berührung kommt, ohne es wahrzunehmen, mit irgendetwas, wodurch man unrein werden kann, und er erkennt es, dann ist er schuldig. 4 Oder wenn jemand unbedacht schwört, zum Schaden oder zum Nutzen, ohne es wahrzunehmen, wie dem Menschen unbedacht ein Schwur über die Lippen kommen kann, und er erkennt es, dann ist er schuldig in allen diesen Fällen. 5 Wenn jemand in einem solchen Fall schuldig ist, soll er bekennen, worin er gesündigt hat.

6 Und er bringe dem Herrn als Sühne für die Sünde, die er begangen hat, ein weibliches Tier vom Kleinvieh, ein Schaf oder eine Ziege, als Sündopfer, und der Priester soll ihm Sühne erwirken für seine Sünde. 7 Reichen aber seine Mittel dafür nicht aus, soll er dem Herrn als Sühne für seine Sünde zwei Turteltauben oder zwei Tauben bringen, die eine als Sündopfer und die andere als Brandopfer. 8 Und er bringe sie zum Priester, und dieser soll die für das Sündopfer bestimmte als erste darbringen und ihr dicht am Genick den Kopf abkneifen, ihn aber nicht ganz abtrennen. 9 Dann sprenge er etwas vom Blut des Sündopfers an die Wand des Altars, und was am Blut übrig bleibt, soll am Sockel des Altars ausgepresst werden. Es ist ein Sündopfer. 10 Die zweite Taube aber bringe er als Brandopfer dar nach der Vorschrift. So soll der Priester für ihn Sühne erwirken für die Sünde, die er

begangen hat, und es wird ihm vergeben werden.

11 Kann er aber keine zwei Turteltauben oder zwei Tauben aufbringen, soll er als Opfergabe für seine Sünde ein Zehntel Efa Feinmehl als Sündopfer bringen. Er soll kein Öl darauf giessen und keinen Weihrauch darauf legen, denn es ist ein Sündopfer. 12 Und er bringe es zum Priester, und der Priester soll davon eine Handvoll zum Verbrennen nehmen und es auf dem Altar über den Feueropfern des HERRN in Rauch aufgehen lassen. Es ist ein Sündopfer. 13 So soll der Priester für ihn Sühne erwirken für die Sünde, die er in einem dieser Fälle begangen hat, und es wird ihm vergeben werden. Dem Priester aber soll das Gleiche gehören wie beim Speiseopfer.

|2–12: 13–21.22–26.27–35 |2: 13; 5,17; Num 15,22 |3: 6,18; 9,2; 16,3 |4: 8,14 |5: 6,23 |6–7: 9,9 |6: 17; 8,11; 14,7; 16,14; Num 19,4 |7: 8,15; Ex 30,10 · Ex 29,42! · Ex 40,6 |9–10: 3,3–4! |11–12: 8,17; 16,27; Hebr 13,11 |12: 6,4 · Ex 29,14! |13–21: 2–12! |20: 5,10; 14,18; 19,22; Num 15,25.28 |22–26: 2–12! |27–35: 2–12! |27–28: Num 15,27–28 |33: 7,2 |1: 17 |2: 11,24! |3: 7,21; 12,2; 13,3; 15,2.19; Num 19,13 |5: 16,21; Num 5,7 |6: 7,1 |7–10: 1,14–17 |7: 12,8; 14,21; 27,8 · 1,14! |10: 4,20! |12: 2,2! |13: 2,3

5,1: Wörtlich: «... er hört, wie ein Fluch ausgesprochen wird, ...». Bei einem ungeklärten Verbrechen wurden der unbekannte Täter und alle verflucht, die als Mitwisser ihr Zeugnis zurückhielten (Ri 17,2).

Das Schuldopfer

14 Und der HERR sprach zu Mose: 15 Wenn jemand etwas veruntreut und sich ohne Absicht an den heiligen Gaben für den HERRN versündigt, soll er als Sühnegabe für den HERRN vom Kleinvieh einen makellosen Widder als Schuldopfer bringen, im Wert von einigen Silberschekeln nach dem Schekel des Heiligtums. 16 Und was er vom Heiligen veruntreut hat, soll er ersetzen und noch ein Fünftel hinzufügen und es dem Priester geben. Und der Priester soll Sühne für ihn erwirken mit dem Opferwidder, und es wird ihm vergeben werden.

17 Und wenn jemand sündigt und, ohne es zu erkennen, etwas tut, was man nach den Geboten des HERRN nicht tun darf, dann wird er schuldig und muss seine Schuld tragen. 18 Und er soll von seinem Kleinvieh einen makellosen Widder im üblichen Wert als Schuldopfer dem Priester bringen, und der Priester soll für ihn Sühne erwirken für das Vergehen, das er ohne Absicht begangen hat, ohne es zu erkennen, und es wird ihm vergeben werden. 19 Es ist ein Schuldopfer, er hat sich vor dem HERRN schuldig gemacht.

20 Und der HERR sprach zu Mose: 21 Wenn jemand sündigt und eine Veruntreuung gegen den HERRN begeht und seinem Nächsten etwas Anvertrautes oder Hinterlegtes oder Geraubtes vorenthält oder seinen Nächsten erpresst 22 oder etwas Verlorenes findet, und er leugnet es und schwört falsch in irgendeiner Angelegenheit, durch die der Mensch sündigen kann – 23 wenn er so sündigt und schuldig wird, dann soll er zurückgeben, was er geraubt hat oder was er erpresst hat oder was ihm anvertraut war, oder das Verlorene, das er gefunden hat, 24 oder das, um dessentwillen er falsch geschworen hat. Er soll es aber vollständig zurückerstatten und noch ein Fünftel hinzufügen. Er gebe es dem Eigentümer, wenn er sein Schuldopfer bringt. 25 Als Sühne aber soll er für den HERRN von seinem Kleinvieh einen makellosen Widder im üblichen Wert als Schuldopfer dem Priester bringen. 26 Und der Priester soll für ihn Sühne erwirken vor dem HERRN, und es wird ihm die Tat vergeben werden, durch die er schuldig geworden ist.

|15: 22,14 · 27,3! · 14,12 |16: 27,13! |17: 1; 4,2! |21–24: 1Sam 12,3; Ez 33,15 |22: 19,12! |24: Num 5,7 |25: Esra 10,19

Weitere Opfervorschriften

6 1 Und der HERR sprach zu Mose: 2 Gebiete Aaron und seinen Söhnen: Dies ist die Weisung für das Brandopfer. Das Brandopfer bleibt die ganze Nacht über bis zum Morgen auf der Feuerstelle

auf dem Altar, und das Altarfeuer soll ohne Unterlass brennen. 3 Und der Priester soll sein Gewand aus Leinen anziehen und seine Scham mit Kleidern aus Leinen bedecken. Und er soll die Fettasche abheben, die entsteht, wenn das Feuer das Brandopfer auf dem Altar verzehrt, und er soll sie neben den Altar schütten. 4 Dann ziehe er seine Kleider aus und ziehe andere Kleider an und bringe die Fettasche vor das Lager an eine reine Stätte. 5 Und das Feuer auf dem Altar soll ohne Unterlass brennen, es darf nicht verlöschen, und Morgen für Morgen soll der Priester darauf Holz entzünden. Und er lege das Brandopfer darauf, und die Fettstücke der Heilsopfer lasse er darauf in Rauch aufgehen. 6 Ein ständiges Feuer soll auf dem Altar brennen, es darf nicht verlöschen.

7 Und dies ist die Weisung für das Speiseopfer: Die Söhne Aarons sollen es vor den HERRN bringen, vor den Altar. 8 Dann soll er davon eine Handvoll nehmen, vom Feinmehl des Speiseopfers und vom Öl, und den ganzen Weihrauch, der auf dem Speiseopfer liegt. Und den Teil, der zum Verbrennen bestimmt ist, lasse er auf dem Altar in Rauch aufgehen als beschwichtigenden Geruch für den HERRN. 9 Was aber davon übrig bleibt, sollen Aaron und seine Söhne essen. Ungesäuert soll es an heiliger Stätte gegessen werden, im Vorhof des Zelts der Begegnung sollen sie es essen. 10 Es darf nicht gesäuert gebacken werden. Als ihren Anteil an meinen Feueropfern habe ich es ihnen gegeben. Es ist hochheilig, wie das Sündopfer und das Schuldopfer. 11 Alle männlichen Nachkommen Aarons dürfen davon essen, es ist bei euch von Generation zu Generation ihr ewiges Anrecht an den Feueropfern des HERRN. Was mit ihnen in Berührung kommt, wird heilig.

12 Und der HERR sprach zu Mose: 13 Dies ist die Opfergabe Aarons und seiner Söhne, die sie dem HERRN darbringen sollen an dem Tag, an dem er gesalbt wird: ein Zehntel Efa Feinmehl als ständiges Speiseopfer, eine Hälfte am Morgen und die andere Hälfte am Abend. 14 Es soll auf dem Blech mit Öl zubereitet werden, angerührt sollst du es bringen. In Stücke gebrochenes Mehlgebäck sollst du als Speiseopfer darbringen, als beschwichtigenden Geruch für den HERRN. 15 Und der Priester, der unter den Söhnen Aarons an seiner Stelle gesalbt ist, soll es zubereiten. Das ist die ewige Ordnung. Es soll ganz in Rauch aufgehen für den HERRN. 16 Jedes Speiseopfer eines Priesters aber soll ein Ganzopfer sein, es darf nicht gegessen werden.

17 Und der HERR sprach zu Mose: 18 Sprich zu Aaron und seinen Söhnen: Dies ist die Weisung für das Sündopfer. Dort, wo das Brandopfer geschlachtet wird, soll das Sündopfer vor dem HERRN geschlachtet werden. Es ist hochheilig. 19 Der Priester, der das Sündopfer darbringt, soll es essen. Es soll an heiliger Stätte gegessen werden, im Vorhof des Zelts der Begegnung. 20 Was mit dem Opferfleisch in Berührung kommt, wird heilig. Und wenn etwas vom Opferblut auf das Gewand spritzt, sollst du das bespritzte Teil an heiliger Stätte waschen. 21 Und ein Tongefäss, in dem es gekocht wird, soll zerbrochen werden. Wurde es aber in einem Gefäss aus Bronze gekocht, soll dieses gescheuert und mit Wasser ausgespült werden. 22 Alle männlichen Angehörigen der Priesterfamilien dürfen davon essen. Es ist hochheilig. 23 Ein Sündopfer aber, von dessen Blut man etwas in das Zelt der Begegnung bringt, um im Heiligtum die Sühnehandlung zu vollziehen, darf nicht gegessen werden. Es muss im Feuer verbrannt werden.

7 1 Und dies ist die Weisung für das Schuldopfer: Es ist hochheilig. 2 Dort, wo man das Brandopfer schlachtet, soll man das Schuldopfer schlachten, und das Blut soll man ringsum an den Altar sprengen. 3 Und alles Fett davon soll man darbringen: den Fettschwanz und das Fett, das die Eingeweide bedeckt, 4 die beiden Nieren und das Fett an ihnen und an den Lenden. Und den Lappen über der Leber trenne man mit den Nieren ab. 5 Und der Priester lasse es auf dem Altar in Rauch aufgehen als Feueropfer für den HERRN. Es ist ein Schuldopfer. 6 Alle männlichen Angehörigen der Priesterfamilien dürfen davon essen, es soll an heiliger Stätte gegessen werden. Es ist hochheilig. 7 Für das Sündopfer und für das Schuldopfer gilt ein und dieselbe Weisung: Es soll dem Priester gehören, der damit Sühne erwirkt. 8 Dem Priester aber, der für jemanden ein Brandopfer darbringt, soll das Fell des Brandopfers gehören, das er dargebracht hat. 9 Und jedes Speiseopfer, das im Ofen gebacken, und jedes, das in der Pfanne oder auf dem Blech zubereitet wird, soll dem Priester gehören, der es darbringt. 10 Jedes Speiseopfer aber, es sei mit Öl angerührt oder trocken, soll allen Söhnen Aarons gehören, den einen wie den andern.

11 Und dies ist die Weisung für das Heilsopfer, das man dem HERRN darbringt. 12 Bringt man es als Dankopfer dar, soll man zusammen mit dem Dankopfer ungesäuerte, mit Öl angerührte Ringbrote darbringen und ungesäuerte, mit Öl bestrichene Fladen und Feinmehl, angerührt mit Öl. 13 Zusammen mit Ringbroten aus Sauerteig soll er seine Opfergabe darbringen, zusätzlich zu seinem Heilsopfer. 14 Und von jeder Opfergabe soll er einen Teil als Abgabe für den HERRN darbringen. Dieser soll dem Priester gehören, der das Blut des Heilsopfers versprengt. 15 Das Fleisch seines Heilsopfers aber soll an dem Tag gegessen werden, an dem es dargebracht wird, nichts davon darf er bis zum Morgen zurücklegen. 16 Und wenn jemand sein Schlachtopfer eines Gelübdes wegen oder als freiwillige Gabe darbringt, soll es an dem Tag gegessen werden, an dem er sein Schlachtopfer darbringt. Was aber davon übrig bleibt, darf auch am folgenden Tag gegessen werden. 17 Und was dann noch vom Fleisch des Schlachtopfers übrig bleibt, muss am dritten Tag im Feuer verbrannt werden. 18 Isst man aber am dritten Tag vom Fleisch des Heilsopfers, so wird der, der es darbringt, kein Wohlgefallen finden, es wird ihm nicht angerechnet werden. Es gilt als verdorben, und wer davon isst, wird schuldig. 19 Auch Fleisch, das mit etwas Unreinem in Berührung kommt, darf nicht gegessen werden, es muss im Feuer verbrannt werden. Alles andere Fleisch aber darf essen, wer rein ist. 20 Wenn aber jemand Fleisch vom Heilsopfer isst, das dem HERRN gehört, und er ist unrein, dann soll er getilgt werden aus seiner Sippe. 21 Und wenn jemand etwas Unreines berührt, sei es eine Unreinheit an einem Menschen oder unreines Vieh oder etwas unreines Abscheuliches, und er isst vom Fleisch des Heilsopfers, das dem HERRN gehört, soll er getilgt werden aus seiner Sippe.

22 Und der HERR sprach zu Mose: 23 Sprich zu den Israeliten: Das Fett von Rindern, Schafen oder Ziegen dürft ihr nicht essen. 24 Und das Fett von verendeten oder gerissenen Tieren darf zu verschiedenen Zwecken gebraucht werden, essen aber dürft ihr es nicht. 25 Jeder, der Fett isst vom Vieh, von dem man dem HERRN Feueropfer darbringt, soll getilgt werden aus seiner Sippe. 26 Und Blut dürft ihr nicht verzehren, wo immer ihr wohnt, weder von den Vögeln noch vom Vieh. 27 Jeder, der Blut verzehrt, soll getilgt werden aus seiner Sippe.

28 Und der HERR sprach zu Mose: 29 Sprich zu den Israeliten: Wer ein Heilsopfer für den HERRN darbringt, der bringe von seinem Heilsopfer, was er dem HERRN als Gabe schuldet. 30 Mit eigenen Händen soll er die Feueropfer des HERRN bringen. Das Fett samt der Brust soll er bringen, die Brust, um sie vor dem HERRN als Weihegabe hin und her zu schwingen. 31 Und der Priester soll das Fett auf dem Altar in Rauch aufgehen lassen, die Brust aber soll Aaron

und seinen Söhnen gehören. 32 Auch die rechte Keule sollt ihr dem Priester geben, als Abgabe von euren Heilsopfern. 33 Dem von den Söhnen Aarons, der das Blut der Heilsopfer und das Fett darbringt, soll die rechte Keule als Anteil gehören. 34 Denn die geweihte Brust und die als Abgabe bestimmte Keule habe ich den Israeliten von ihren Heilsopfern genommen und sie dem Priester Aaron und seinen Söhnen gegeben als ewiges Anrecht bei den Israeliten. 35 Das war der Anteil Aarons und der Anteil seiner Söhne an den Feueropfern des HERRN an dem Tag, als er sie herzutreten liess, um dem HERRN als Priester zu dienen. 36 Das hat der HERR ihnen zugewiesen von den Israeliten an dem Tag, als er sie salbte, als ewiges Anrecht von Generation zu Generation.

37 Das war die Weisung für das Brandopfer, das Speiseopfer, das Sündopfer, das Schuldopfer, das Einsetzungsopfer und das Heilsopfer, 38 die der HERR Mose gegeben hat auf dem Berg Sinai an dem Tag, als er den Israeliten gebot, ihre Opfergaben dem HERRN darzubringen, in der Wüste Sinai.

|2: 1,3! |3: Ex 28,42 · 1,16 |4: Ez 44,19 · 4,12 |5: Ex 30,7 |7: 2,1! |9: 19; 10,18; Ez 42,13 |10: 2,11 · 21,22 |11: 22; 7,6; 24,9 · 20; Ex 29,37 |13: Ex 29,7 · Ex 29,40 |14: 1Chr 9,31 |15: Ex 27,21! |18: 4,3! |19: 9! |20: 11! |21: 11,33; 15,12 |22: 1! |23: 4,5 |1: 5,6 |2: 4,33 |3–4: 3,9–10 |5: 3,3 |6: 6,11! |7: 14,13; Num 5,8 |8: 1,6 |9: 2,10! |10: 2,3 |11: 3,1! |12: Ps 107,22; Am 4,5 · 2,5! |14: Num 18,8 |15–18: 19,5–8 |15: 22,30 |16: Num 15,3 |21: 5,3! |23: 3,17 |24: 22,8! |26: 17,10–14; Gen 9,4 |29: 3,1! |30: Ex 29,13 · Ex 29,24! |34: 9,21; 10,15; Num 6,20; 18,18 |36: 8,12! · Ex 27,21 |38: 1,1

7,12: Am Ende des hebräischen Texts wird «angerührtes Feinmehl, Kuchen, angerührt mit Öl» nochmals wiederholt.

Einsetzung Aarons und seiner Söhne

8 1 Und der HERR sprach zu Mose: 2 Nimm Aaron und mit ihm seine Söhne, die Gewänder und das Salböl, den Sündopferstier, die beiden Widder und den Korb mit den ungesäuerten Broten, 3 und versammle die ganze Gemeinde am Eingang des Zelts der Begegnung. 4 Und Mose machte es, wie der HERR es ihm geboten hatte, und die Gemeinde versammelte sich am Eingang des Zelts der Begegnung. 5 Und Mose sprach zur Gemeinde: Dies ist es, was der HERR zu tun geboten hat. 6 Und Mose liess Aaron und seine Söhne herzutreten und wusch sie mit Wasser. 7 Und er legte ihm den Leibrock an, gürtete ihn mit der Schärpe, bekleidete ihn mit dem Obergewand und legte ihm den Efod an, gürtete ihn mit der Efodbinde und band ihm damit den Efod fest. 8 Dann hängte er ihm die Brusttasche um und legte in die Brusttasche die Urim und Tummim. 9 Und er setzte den Kopfbund auf sein Haupt und befestigte an der Vorderseite des Kopfbunds die goldene Blume, das heilige Diadem, wie der HERR es Mose geboten hatte. 10 Dann nahm Mose das Salböl und salbte die Wohnung und alles, was darin war, und weihte sie. 11 Und er sprengte etwas davon siebenmal an den Altar und salbte den Altar und alle seine Geräte und das Becken mit seinem Gestell, um sie zu weihen. 12 Dann goss er von dem Salböl auf das Haupt Aarons und salbte ihn, um ihn zu weihen. 13 Und Mose liess die Söhne Aarons herzutreten und bekleidete sie mit Leibröcken und gürtete sie mit einer Schärpe und band ihnen Kopfbedeckungen um, wie der HERR es Mose geboten hatte.

14 Dann liess er den Stier für das Sündopfer herbeibringen, und Aaron und seine Söhne legten die Hände auf den Kopf des Sündopferstiers. 15 Und Mose schlachtete ihn und nahm das Blut, strich davon mit dem Finger ringsum an die Hörner des Altars und entsündigte den Altar. Das übrige Blut aber goss er aus am Sockel des Altars und weihte ihn, damit man an ihm die Sühnehandlung vollziehen konnte. 16 Dann nahm er alles Fett, das an den Eingeweiden war, den Leberlappen und die beiden Nieren und ihr Fett, und Mose liess es auf dem Altar in Rauch aufgehen. 17 Den Jungstier aber, sein Fell, sein Fleisch und den Inhalt seiner Ge-

därme verbrannte er im Feuer, ausserhalb des Lagers, wie der HERR es Mose geboten hatte. 18 Dann liess er den Brandopferwidder herbeibringen, und Aaron und seine Söhne legten die Hände auf den Kopf des Widders. 19 Und Mose schlachtete ihn und sprengte das Blut ringsum an den Altar. 20 Den Widder selbst aber zerlegte er in seine Teile, und Mose liess den Kopf, die Teile und das Fett in Rauch aufgehen. 21 Die Eingeweide aber und die Beine wusch er mit Wasser; dann liess Mose den ganzen Widder auf dem Altar in Rauch aufgehen. Ein Brandopfer war es von beschwichtigendem Geruch, ein Feueropfer war es für den HERRN, wie der HERR es Mose geboten hatte.

22 Dann liess er den zweiten Widder, den Widder der Einsetzung, herbeibringen, und Aaron und seine Söhne legten die Hände auf den Kopf des Widders. 23 Und Mose schlachtete ihn, nahm etwas von seinem Blut und strich es an das rechte Ohrläppchen Aarons, an den Daumen seiner rechten Hand und an die grosse Zehe seines rechten Fusses. 24 Dann liess Mose die Söhne Aarons herzutreten und strich etwas Blut an ihr rechtes Ohrläppchen, an den Daumen ihrer rechten Hand und an die grosse Zehe ihres rechten Fusses. Das übrige Blut aber sprengte Mose ringsum an den Altar. 25 Dann nahm er das Fett und den Fettschwanz, alles Fett, das an den Eingeweiden war, den Leberlappen und die beiden Nieren und ihr Fett und die rechte Keule. 26 Und aus dem Korb der ungesäuerten Brote, der vor dem HERRN stand, nahm er ein ungesäuertes Ringbrot, ein Ringbrot aus Ölteig und einen Fladen und legte sie auf die Fettstücke und auf die rechte Keule. 27 Und er legte alles auf die Hände Aarons und auf die Hände seiner Söhne und liess es vor dem HERRN als Weihegabe hin und her schwingen. 28 Dann nahm Mose es wieder aus ihren Händen und liess es auf dem Altar über dem Brandopfer in Rauch aufge-

hen. Ein Einsetzungsopfer war es von beschwichtigendem Geruch, ein Feueropfer war es für den HERRN. 29 Und Mose nahm die Brust und schwang sie vor dem HERRN als Weihegabe hin und her. Vom Widder der Einsetzung fiel sie Mose als Anteil zu, wie der HERR es Mose geboten hatte. 30 Dann nahm Mose etwas von dem Salböl und vom Blut auf dem Altar und besprengte damit Aaron und seine Gewänder und mit ihm seine Söhne und die Gewänder seiner Söhne, und er weihte Aaron und seine Gewänder und mit ihm seine Söhne und die Gewänder seiner Söhne. 31 Und Mose sprach zu Aaron und seinen Söhnen: Kocht das Fleisch am Eingang des Zelts der Begegnung. Und dort esst es mit dem Brot, das im Korb des Einsetzungsopfers ist, wie ich es geboten habe: Aaron und seine Söhne sollen es essen. 32 Was aber übrig bleibt vom Fleisch und vom Brot, sollt ihr im Feuer verbrennen. 33 Vom Eingang des Zelts der Begegnung aber sollt ihr euch sieben Tage lang nicht entfernen, bis zu dem Tag, an dem die Zeit eurer Einsetzung vollendet ist, denn sieben Tage lang soll man euch die Hand füllen. 34 Wie man es am heutigen Tag getan hat, so hat es der HERR zu tun geboten, um für euch Sühne zu erwirken. 35 Und am Eingang des Zelts der Begegnung sollt ihr sieben Tage lang bleiben, Tag und Nacht, und die Anweisung des HERRN befolgen, dann werdet ihr nicht sterben. Denn so ist es mir geboten worden. 36 Und Aaron und seine Söhne taten alles, was der HERR durch Mose geboten hatte.

|1–36: Ex 29,1–37 |2: Ex 30,25 |3: Num 8,9 |6: 16,4! |8: Ex 28,15 |9: Ex 28,36 · 13.21.36; Ex 40,16 |10: Ex 30,29 · Ex 40,9–11 |11: 4,6! |12: 30;7,36;10,7;21,10; Ex 28,41! |13: Ex 40,14 · 9! |14: 4,4 |15: 4,7! |17: 4,11–12! |21: 9! |23–24: 14,14! |27: 14,12 |29: Ex 29,26 |30: 12! |31: Ex 29,31–34 |33: 9,1 · Ez 43,26 |36: 9!

Erste Opfer

9 1 Am achten Tag aber rief Mose Aaron und seine Söhne und die Ältesten Israels 2 und sprach zu Aaron:

Nimm ein Kalb, ein junges Rind, als Sündopfer und einen Widder als Brandopfer, makellose Tiere, und bringe sie dar vor dem HERRN. 3 Zu den Israeliten aber sollst du sagen: Nehmt einen Ziegenbock als Sündopfer und ein Kalb und ein Schaf, einjährige makellose Tiere, als Brandopfer 4 und ein Rind und einen Widder als Heilsopfer, um sie vor dem HERRN zu schlachten, und ein Speiseopfer, mit Öl angerührt. Denn heute erscheint euch der HERR. 5 Da holten sie, was Mose geboten hatte, vor das Zelt der Begegnung, und die ganze Gemeinde trat herzu, und sie stellten sich vor den HERRN. 6 Und Mose sprach: Dies ist es, was euch der HERR zu tun geboten hat, damit euch die Herrlichkeit des HERRN erscheinen kann. 7 Dann sprach Mose zu Aaron: Tritt zum Altar und bringe dein Sündopfer und dein Brandopfer dar, und erwirke Sühne für dich und das Volk. Dann bringe die Opfergabe des Volkes dar, und erwirke Sühne für sie, wie der HERR es geboten hat. 8 Da trat Aaron an den Altar und schlachtete das Kalb, das als Sündopfer für ihn bestimmt war. 9 Und die Söhne Aarons brachten ihm das Blut, und er tauchte den Finger in das Blut und strich es an die Hörner des Altars. Das übrige Blut aber goss er aus am Sockel des Altars. 10 Und das Fett, die Nieren und den Leberlappen des Sündopfers liess er auf dem Altar in Rauch aufgehen, wie der HERR es Mose geboten hatte. 11 Das Fleisch und das Fell aber verbrannte er im Feuer, ausserhalb des Lagers. 12 Dann schlachtete er das Brandopfer, und die Söhne Aarons reichten ihm das Blut, und er sprengte es ringsum an den Altar. 13 Das Brandopfer selbst aber reichten sie ihm, in seine Teile zerlegt, und dazu den Kopf, und er liess es auf dem Altar in Rauch aufgehen. 14 Und er wusch die Eingeweide und die Beine und liess sie auf dem Altar über dem Brandopfer in Rauch aufgehen. 15 Dann brachte er die Opfergabe des Volkes dar. Und er nahm den Bock, der als Sündop-

fer für das Volk bestimmt war, und schlachtete ihn und brachte ihn als Sündopfer dar, wie das erste Opfer. 16 Dann brachte er das Brandopfer dar und verfuhr mit ihm nach der Vorschrift. 17 Und er brachte das Speiseopfer dar und nahm eine Handvoll davon und liess es auf dem Altar in Rauch aufgehen, zusätzlich zum Brandopfer am Morgen. 18 Dann schlachtete er das Rind und den Widder als Heilsopfer für das Volk. Und die Söhne Aarons reichten ihm das Blut, und er sprengte es ringsum an den Altar. 19 Und die Fettstücke des Rinds und den Fettschwanz des Widders, die Fettdecke, die Nieren und den Leberlappen, 20 all diese Fettstücke legten sie auf die Bruststücke, und er liess die Fettstücke auf dem Altar in Rauch aufgehen. 21 Die Bruststücke aber und die rechte Keule schwang Aaron vor dem HERRN als Weihegabe hin und her, wie es Mose geboten hatte.

22 Und Aaron erhob die Hände über das Volk und segnete es, und als er das Sündopfer, das Brandopfer und das Heilsopfer dargebracht hatte, stieg er herab. 23 Und Mose und Aaron gingen in das Zelt der Begegnung und kamen wieder heraus und segneten das Volk. Und die Herrlichkeit des HERRN erschien dem ganzen Volk. 24 Und Feuer ging aus vom HERRN und verzehrte das Brandopfer und die Fettstücke auf dem Altar. Und das ganze Volk sah es, und sie jubelten und fielen nieder auf ihr Angesicht.

|1: 8,33 |2: 4,3! |4: 3,1! · 2,1! · 6.23; Ex 16,10; 29,43 |6: 4! |7: 16,6! |9: 4,6–7 |10: 3,3–5! |15: 10,16 |17: Ex 29,39 |20: Ex 29,24 |21: 7,34! |22–23: 1Chr 23,13! |22: Ex 39,43; Num 6,23; Dtn 10,8; 21,5 |23: 4! |24: 10,2 · Ri 6,21; 1Kön 18,38; 1Chr 21,26

Ein unerlaubtes Opfer

10 1 Nadab und Abihu aber, Aarons Söhne, nahmen jeder seine Räucherpfanne, taten Feuer hinein und legten Räucherwerk darauf und brachten vor dem HERRN ein unerlaubtes Feueropfer dar, das er ihnen nicht geboten hatte. 2 Da ging Feuer aus vom HERRN

und verzehrte sie, und sie starben vor
dem HERRN. 3 Und Mose sprach zu
Aaron: Das ist es, was der HERR gemeint
hat, als er sprach:
An denen, die mir nahe sind, erweise
ich mich heilig,
und vor dem ganzen Volk zeige ich
meine Herrlichkeit.
Und Aaron schwieg. 4 Mose aber rief
Mischael und Elzafan, die Söhne Ussiels, des Onkels Aarons, und sprach zu
ihnen: Tretet herzu, und tragt eure
Brüder vom Heiligtum weg, hinaus vor
das Lager. 5 Und sie traten herzu und
trugen sie in ihren Leibröcken hinaus
vor das Lager, wie es Mose gesagt hatte.
6 Und Mose sprach zu Aaron und seinen
Söhnen Elasar und Itamar: Ihr sollt euer
Haupthaar nicht frei wachsen lassen,
und eure Kleider dürft ihr nicht zerreissen, damit ihr nicht sterbt und damit
nicht Zorn über die ganze Gemeinde
kommt. Eure Brüder aber, das ganze
Haus Israel soll weinen über den Brand,
den der HERR entfacht hat. 7 Und ihr
dürft nicht weggehen vom Eingang des
Zelts der Begegnung, damit ihr nicht
sterben müsst, denn das Salböl des
HERRN ist auf euch. Und sie taten, was
Mose gesagt hatte.

| 1: Ex 6,23 · Ex 30,9 | 2: 9,24! · 16,1; Num 3,4;
1Chr 24,2 · Num 16,35 | 3: Ex 19,22 · Num 20,12 | 4:
Ex 6,18.22 | 6: Ex 6,23 · 21,10; Ez 24,17 | 7: 8,12!

Bestimmungen für die Priester

8 Und der HERR sprach zu Aaron:
9 Wein und Bier sollst du nicht trinken,
weder du noch deine Söhne, wenn ihr in
das Zelt der Begegnung geht, damit ihr
nicht sterben müsst. Das ist eine ewige
Ordnung für euch von Generation zu
Generation. 10 Und ihr sollt unterscheiden zwischen dem, was heilig ist, und
dem, was nicht heilig ist, zwischen dem,
was unrein ist, und dem, was rein ist.
11 Und ihr sollt die Israeliten alle Satzungen lehren, die ihnen der HERR
durch Mose gegeben hat.
12 Und Mose sprach zu Aaron und zu
seinen Söhnen Elasar und Itamar, die

ihm geblieben waren: Nehmt das
Speiseopfer, das von den Feueropfern
des HERRN übrig geblieben ist, und esst
es ungesäuert neben dem Altar, denn es
ist hochheilig. 13 Und ihr sollt es an heiliger Stätte essen, denn es ist der Anteil,
der dir und deinen Söhnen von den
Feueropfern des HERRN zukommt. So
ist es mir geboten worden. 14 Und die
geweihte Brust und die als Abgabe bestimmte Keule sollt ihr an reiner Stätte
essen, du und deine Söhne und deine
Töchter. Denn dir und deinen Kindern
sind sie gegeben als der Anteil, der euch
von den Heilsopfern der Israeliten zukommt. 15 Sie sollen die Keule bringen,
die als Abgabe bestimmt ist, und die geweihte Brust, zusammen mit den Fettstücken der Feueropfer, um sie vor dem
HERRN als Weihegabe hin und her zu
schwingen. Und es soll dir und mit dir
deinen Kindern gehören als ewiges Anrecht, wie es der HERR geboten hat.
16 Als aber Mose den Bock für das
Sündopfer suchte, da war dieser schon
verbrannt worden. Und er wurde zornig
über Elasar und Itamar, die Söhne, die
Aaron geblieben waren. Und er sprach:
17 Warum habt ihr das Sündopfer nicht
an heiliger Stätte gegessen? Denn es ist
hochheilig, und er hat es euch gegeben,
um die Schuld von der Gemeinde zu
nehmen und für sie Sühne zu erwirken
vor dem HERRN. 18 Seht, sein Blut ist
nicht in das Heiligtum hineingebracht
worden. Ihr müsst das Sündopfer im
Heiligtum essen, wie ich es geboten
habe. 19 Aaron aber sprach zu Mose:
Sieh, heute haben sie ihr Sündopfer und
ihr Brandopfer vor dem HERRN dargebracht, und dann ist mir solches widerfahren. Und würde ich heute ein Sündopfer essen, wäre es dem HERRN wohlgefällig? 20 Und Mose hörte es, und es
schien ihm recht.

| 9: Num 6,3!; Ez 44,21 | 10: 11,47; 13,59; 14,57;
20,25; Ez 22,26 | 11: Dtn 33,10; Mal 2,7 | 12: 2,2! | 14:
22,13 | 15: 7,34! | 16: 9,15 | 17: Ex 28,38 | 18: 6,9!

Reine und unreine Tiere

11 1 Und der HERR sprach zu Mose und Aaron und sagte ihnen: 2 Sprecht zu den Israeliten: Dies sind die Tiere, die ihr essen dürft von allen Tieren auf der Erde. 3 Jedes Tier, das gespaltene Klauen, und zwar ganz gespaltene Klauen, hat und wiederkäut, dürft ihr essen. 4 Doch von denen, die wiederkäuen, und von denen mit gespaltenen Klauen dürft ihr diese nicht essen: das Kamel, denn es ist zwar ein Wiederkäuer, hat aber keine gespaltenen Klauen. Es ist für euch unrein. 5 Und den Klippschliefer, denn er ist zwar ein Wiederkäuer, hat aber keine gespaltenen Klauen. Er ist für euch unrein. 6 Und den Hasen, denn er ist zwar ein Wiederkäuer, hat aber keine gespaltenen Klauen. Er ist für euch unrein. 7 Und das Wildschwein, denn es hat zwar gespaltene Klauen, ganz gespaltene Klauen, es ist aber kein Wiederkäuer. Es ist für euch unrein. 8 Von ihrem Fleisch dürft ihr nicht essen, und ihr Aas dürft ihr nicht berühren, sie sind für euch unrein.

9 Von allem, was im Wasser ist, dürft ihr dies essen: Alles, was im Wasser lebt, in den Meeren und Bächen, was Flossen und Schuppen hat, dürft ihr essen. 10 Alles aber in den Meeren und Bächen, was keine Flossen und keine Schuppen hat von allem Kleingetier des Wassers und von allen Lebewesen im Wasser, ist für euch ein Greuel. 11 Und sie sollen ein Greuel für euch sein. Von ihrem Fleisch dürft ihr nicht essen, und ihr Aas sollt ihr verabscheuen. 12 Alle Tiere im Wasser, die keine Flossen und keine Schuppen haben, sind für euch ein Greuel.

13 Und von den Vögeln sollt ihr diese verabscheuen – sie dürfen nicht gegessen werden, sie sind ein Greuel: den Gänsegeier, den Lämmergeier und den Mönchsgeier, 14 den Milan und alle Arten von Habichten, 15 alle Arten von Raben, 16 den Strauss, die Schwalbe, die Möwe und alle Arten von Falken, 17 das Käuzchen, die Fischeule und den Uhu,

18 die Schleiereule, die Ohreule und den Aasgeier, 19 den Storch, alle Arten von Reihern, den Wiedehopf und die Fledermaus. 20 Alles geflügelte Kleingetier, das auf vier Beinen läuft, ist für euch ein Greuel. 21 Von allem geflügelten Kleingetier aber, das auf vier Beinen läuft, dürft ihr nur solches essen, das Schenkel hat und damit auf der Erde hüpft. 22 Von ihnen dürft ihr diese essen: alle Arten von Wanderheuschrecken, alle Arten von Feldheuschrecken, alle Arten von Laubheuschrecken und alle Arten von Springheuschrecken. 23 Alles übrige geflügelte Kleingetier aber, das vier Füsse hat, ist für euch ein Greuel.

24 Und an diesen Tieren verunreinigt ihr euch – jeder, der ihr Aas berührt, ist unrein bis zum Abend, 25 und jeder, der etwas von dem Aas aufhebt, muss seine Kleider waschen und bleibt unrein bis zum Abend: 26 an jedem Tier, das gespaltene, aber nicht ganz gespaltene Klauen hat und kein Wiederkäuer ist. Sie sind für euch unrein. Wer sie berührt, wird unrein. 27 Und von den vierbeinigen Tieren sind alle für euch unrein, die auf Pfoten laufen. Wer ihr Aas berührt, ist unrein bis zum Abend. 28 Und wer ihr Aas aufhebt, muss seine Kleider waschen und bleibt unrein bis zum Abend. Sie sind für euch unrein.

29 Und vom Kleingetier, das auf der Erde wimmelt, ist dies für euch unrein: der Maulwurf, die Maus und alle Arten von Dornschwanzechsen, 30 der Gecko, der Waran, die Eidechse, die Blindschleiche und das Chamäleon. 31 Das sind die unreinen Tiere für euch unter allem Kleingetier. Jeder, der sie berührt, wenn sie tot sind, ist unrein bis zum Abend. 32 Und jeder Gegenstand, auf den ein solches Aas fällt, wird unrein, er sei aus Holz oder Kleiderstoff oder Leder oder Sackzeug, jeder Gegenstand, mit dem man eine Arbeit verrichtet. Er muss in Wasser gelegt werden und bleibt unrein bis zum Abend, dann wird er wieder rein. 33 Und fällt das Aas in ein Tongeschirr, wird alles unrein, was darin

ist, und das Gefäss sollt ihr zerschlagen. 34 Jede Speise, die man isst, wird unrein, wenn Wasser aus einem solchen Gefäss mit ihr in Berührung kommt. Und jedes Getränk, das man trinkt, wird in einem solchen Gefäss unrein. 35 Und alles, worauf etwas von dem Aas fällt, wird unrein. Ein Backofen und ein Herd muss eingerissen werden, sie sind unrein, und als unrein sollen sie euch gelten. 36 Nur Quellen und Zisternen, in denen sich Wasser sammelt, bleiben rein. Wer aber ein Aas darin berührt, wird unrein. 37 Und wenn etwas von dem Aas auf Samen fällt, der ausgesät werden soll, so bleibt er rein. 38 Wenn man aber Wasser auf den Samen giesst, und es fällt etwas von dem Aas darauf, so ist er für euch unrein.

39 Stirbt aber eines von den Tieren, die ihr essen dürft, so ist, wer das Aas berührt, unrein bis zum Abend. 40 Und wer von dem Aas isst, muss seine Kleider waschen und bleibt unrein bis zum Abend. Und wer das Aas aufhebt, muss seine Kleider waschen und bleibt unrein bis zum Abend.

41 Alles Kleingetier aber, das auf der Erde wimmelt, ist ein Greuel. Es darf nicht gegessen werden. 42 Alles, was auf dem Bauch kriecht, und alles, was auf vier oder mehr Füssen läuft, alles Kleingetier, das auf der Erde wimmelt, dürft ihr nicht essen, denn es ist ein Greuel. 43 Ihr sollt euch nicht selbst zum Greuel machen durch all das wimmelnde Kleingetier und euch nicht an ihm verunreinigen, so dass ihr dadurch unrein werdet. 44 Denn ich bin der HERR, euer Gott, und ihr sollt euch heiligen, und ihr sollt heilig sein, denn ich bin heilig. Und ihr sollt euch nicht selbst verunreinigen an all dem Kleingetier, das sich auf der Erde regt. 45 Denn ich bin der HERR, der euch heraufgeführt hat aus dem Land Ägypten, um euer Gott zu sein. Und ihr sollt heilig sein, denn ich bin heilig.

46 Das ist die Weisung über das Vieh und die Vögel und alle Lebewesen, die sich im Wasser regen, und über alles,

was auf der Erde wimmelt, 47 damit man unterscheide zwischen dem, was unrein ist, und dem, was rein ist, und zwischen den Tieren, die gegessen werden dürfen, und denen, die man nicht essen darf.

> |1–47: Dtn 14,3–21 |2: Apg 10,12–14 |5: Spr 30,26 |7: Jes 65,4! |22: Mt 3,4 |24: 31.39; 5,2; 14,46; 15,5–11.21–23.27 |25: 17,15; Ex 22,30 |29: Jes 66,17 · Spr 30,28 |33: 6,21! · 24! |39: 24! |40: Dtn 14,21; Ez 4,14 |43–44: 22,5 |44: 18,2.30; 19,3–4.10 · 19,2! |45: 19,36 · 22,33! |47: 10,10!

Kap. 11: Die genaue Bedeutung der hebräischen Tiernamen in Kap. 11 ist nicht in jedem Fall gesichert.

Anweisung für Wöchnerinnen

12 1 Und der HERR sprach zu Mose: 2 Sprich zu den Israeliten: Wenn eine Frau Mutter wird und einen Knaben gebärt, ist sie sieben Tage lang unrein. Wie in den Tagen ihrer monatlichen Blutung ist sie unrein. 3 Und am achten Tag soll seine Vorhaut beschnitten werden. 4 Und sie soll dreiunddreissig Tage warten während der Blutung der Reinigung: Sie darf nichts Heiliges berühren, und sie darf nicht zum Heiligtum kommen, bis die Tage ihrer Reinigung vollendet sind. 5 Gebärt sie aber ein Mädchen, ist sie zwei Wochen lang unrein wie bei ihrer monatlichen Regel, und sie soll sechsundsechzig Tage warten während der Blutung der Reinigung. 6 Und wenn die Tage ihrer Reinigung vollendet sind, bei einem Sohn oder einer Tochter, soll sie dem Priester ein einjähriges Lamm als Brandopfer und eine Taube oder eine Turteltaube als Sündopfer an den Eingang des Zelts der Begegnung bringen. 7 Und er soll es vor dem HERRN darbringen und für sie Sühne erwirken, dann wird sie rein von ihrem Blutfluss. Das ist die Weisung für die Frau, die einen Knaben oder ein Mädchen gebärt. 8 Reichen ihre Mittel für ein Schaf aber nicht aus, so soll sie zwei Turteltauben oder zwei Tauben nehmen, die eine als Brandopfer und die andere als Sündopfer. Und der Priester soll für sie Sühne erwirken, dann wird sie rein.

|2: 5,3! |3: Gen 17,12; Lk 2,21 |4: Lk 2,22 |8: 5,7! · 1,14! · Lk 2,24 · 15,15

Aussatz bei Menschen

13 1 Und der HERR sprach zu Mose und Aaron: 2 Wenn sich bei jemandem auf der Haut eine Schwellung oder ein schuppiger Ausschlag oder ein heller Fleck bildet, und es wird daraus ein Aussatzmal auf der Haut, soll er zu Aaron, dem Priester, oder zu einem seiner Söhne, den Priestern, gebracht werden. 3 Und der Priester soll das Mal auf der Haut untersuchen. Wenn die Haare auf der erkrankten Stelle weiss geworden sind und das Mal tiefer erscheint als die übrige Haut, ist es ein Aussatzmal. Und wenn der Priester das sieht, soll er ihn für unrein erklären. 4 Ist es aber ein weisser Fleck auf der Haut und erscheint er nicht tiefer als die übrige Haut und sind die Haare darauf nicht weiss geworden, so soll der Priester den Kranken für sieben Tage absondern. 5 Und am siebten Tag soll der Priester ihn untersuchen. Wenn das Mal in seinen Augen unverändert ist, sich auf der Haut nicht ausgebreitet hat, soll ihn der Priester für weitere sieben Tage absondern. 6 Und am siebten Tag soll der Priester ihn noch einmal untersuchen. Wenn das Mal verblasst ist und sich auf der Haut nicht ausgebreitet hat, soll der Priester ihn für rein erklären. Es ist ein Ausschlag. Er soll aber seine Kleider waschen, dann wird er rein. 7 Breitet sich aber der Ausschlag auf der Haut aus, nachdem er sich dem Priester gezeigt hat, um wieder rein zu werden, soll er sich dem Priester noch einmal zeigen. 8 Und der Priester soll es untersuchen. Wenn sich der Ausschlag auf der Haut ausgebreitet hat, soll ihn der Priester für unrein erklären. Es ist Aussatz.

9 Wenn sich bei jemandem ein Aussatzmal bildet, soll er zum Priester gebracht werden. 10 Und der Priester soll es untersuchen. Wenn sich auf der Haut eine weisse Schwellung findet und die Haare darauf weiss geworden sind und wildes Fleisch auf der Schwellung wuchert, 11 so ist es alter Aussatz auf seiner Haut. Und der Priester soll ihn für unrein erklären, ohne ihn erst abzusondern, denn er ist unrein. 12 Bricht aber der Aussatz auf der Haut aus, so dass der Aussatz die ganze Haut des Kranken von Kopf bis Fuss bedeckt, wohin der Priester auch schaut, 13 soll der Priester es untersuchen. Wenn der Aussatz den ganzen Leib bedeckt, soll er den Kranken für rein erklären. Er ist ganz weiss geworden, er ist rein. 14 Sobald sich aber wildes Fleisch an ihm zeigt, wird er unrein. 15 Und wenn der Priester das wilde Fleisch sieht, soll er ihn für unrein erklären. Das wilde Fleisch ist unrein, es ist Aussatz. 16 Wenn aber das wilde Fleisch zurückgeht und weiss wird, soll er zum Priester gehen. 17 Und der Priester soll ihn untersuchen. Wenn das Mal weiss geworden ist, soll der Priester den Kranken für rein erklären. Er ist rein.

18 Und wenn sich bei jemandem auf der Haut ein Geschwür bildet und es verheilt, 19 und es entsteht an der Stelle des Geschwürs eine weisse Schwellung oder ein weissrötlicher Fleck, soll er sich dem Priester zeigen. 20 Und der Priester soll es untersuchen. Wenn die Stelle tiefer erscheint als die übrige Haut und die Haare darauf weiss geworden sind, soll ihn der Priester für unrein erklären. Es ist ein Mal von Aussatz, der im Geschwür ausgebrochen ist. 21 Untersucht aber der Priester die Stelle, und es sind keine weissen Haare darauf, und sie ist nicht tiefer als die übrige Haut, und sie ist blass, so soll der Priester den Kranken für sieben Tage absondern. 22 Breitet sich das Mal aber aus auf der Haut, soll der Priester ihn für unrein erklären. Es ist ein Aussatzmal. 23 Bleibt der helle Fleck an seiner Stelle aber unverändert, ohne sich auszubreiten, so ist es die Narbe des Geschwürs, und der Priester soll ihn für rein erklären.

24 Oder wenn jemand auf der Haut eine Brandwunde hat und sich in der Wunde eine Wucherung bildet als

weissrötlicher oder weisser Fleck,
25 soll der Priester ihn untersuchen.
Wenn die Haare auf dem hellen Fleck
weiss geworden sind und er tiefer erscheint als die übrige Haut, ist es Aussatz, der in der Wunde ausgebrochen
ist. Und der Priester soll ihn für unrein
erklären, es ist ein Aussatzmal. 26 Untersucht der Priester aber den Fleck, und
es sind keine weissen Haare auf dem
hellen Fleck, und er ist nicht tiefer als
die übrige Haut, und er ist blass, so soll
der Priester den Kranken für sieben
Tage absondern. 27 Und am siebten Tag
soll der Priester ihn untersuchen. Wenn
sich der Fleck auf der Haut ausbreitet,
soll ihn der Priester für unrein erklären.
Es ist ein Aussatzmal. 28 Bleibt der helle
Fleck an seiner Stelle aber unverändert,
ohne sich auf der Haut auszubreiten,
und ist er blass, so ist es die Schwellung
der Wunde, und der Priester soll ihn für
rein erklären, denn es ist nur die Wund-
narbe.

29 Und wenn sich bei einem Mann
oder einer Frau auf dem Kopf oder unter
dem Bart ein Mal bildet, 30 soll der
Priester das Mal untersuchen. Wenn es
tiefer erscheint als die übrige Haut und
rot glänzende, dünne Haare darauf
wachsen, soll der Priester den Kranken
für unrein erklären. Es ist eine Flechte,
es ist Aussatz des Kopfes oder des Bartes.
31 Wenn aber der Priester die von der
Flechte befallene Stelle untersucht, und
sie erscheint nicht tiefer als die übrige
Haut, und es wachsen keine schwarzen
Haare darauf, soll der Priester den von
der Flechte Befallenen für sieben Tage
absondern. 32 Und am siebten Tag soll
der Priester das Mal untersuchen. Wenn
sich die Flechte dann nicht ausgebreitet
hat und keine rot glänzenden Haare darauf gewachsen sind und die Flechte
nicht tiefer erscheint als die übrige
Haut, 33 so soll er sich scheren, doch die
Flechte darf er nicht scheren. Der Priester aber soll den von der Flechte Befallenen für weitere sieben Tage absondern.
34 Und am siebten Tag soll der Priester

die Flechte untersuchen. Wenn sich die
Flechte auf der Haut nicht ausgebreitet
hat und nicht tiefer erscheint als die übrige Haut, soll ihn der Priester für rein
erklären. Und er soll seine Kleider waschen, dann wird er rein. 35 Breitet sich
aber die Flechte auf der Haut aus, nachdem er für rein erklärt worden ist,
36 soll der Priester ihn untersuchen.
Wenn sich dann die Flechte auf der Haut
ausgebreitet hat, muss der Priester nicht
nach den rot glänzenden Haaren suchen. Er ist unrein. 37 Ist aber die
Flechte in seinen Augen unverändert geblieben und sind schwarze Haare darauf
gewachsen, ist die Flechte geheilt. Er ist
rein, und der Priester soll ihn für rein
erklären.

38 Und wenn sich bei einem Mann
oder einer Frau auf der Haut helle Flecken bilden, weisse Flecken, 39 soll der
Priester sie untersuchen. Wenn auf
ihrer Haut nur weisse Flecken sind, ist
es ein gutartiger Ausschlag, der auf der
Haut ausgebrochen ist. Sie sind rein.

40 Und wenn ein Mann auf dem
Kopf kahl wird, hat er eine Glatze am
Hinterkopf. Er ist rein. 41 Und wird sein
Kopf auf der Vorderseite kahl, hat er
eine Stirnglatze. Er ist rein. 42 Wenn
aber auf der hinteren oder auf der vorderen Glatze ein weissrötliches Mal entsteht, ist es Aussatz, der auf seiner hinteren oder auf seiner vorderen Glatze
ausgebrochen ist. 43 Und der Priester
soll ihn untersuchen. Wenn das erhöhte
Mal auf seiner hinteren oder auf seiner
vorderen Glatze weissrötlich aussieht,
wie Aussatz auf der Haut, 44 ist er ein
Aussätziger. Er ist unrein. Der Priester
soll ihn für unrein erklären, er hat auf
seinem Kopf ein Aussatzmal.

45 Der Aussätzige aber, der ein Aussatzmal hat, soll zerrissene Kleider tragen und sein Haupthaar frei wachsen
lassen und den Schnurrbart verhüllen,
und er soll rufen: Unrein, unrein! 46 Solange er die Krankheit an sich hat, bleibt
er unrein. Er ist unrein. Er soll abgeson-

dert wohnen, ausserhalb des Lagers soll
seine Wohnstätte sein.

|2: Dtn 24,8; Mt 8,4 |3: 14,37 |4: 50; 14,38;
Num 12,14 |6: 14,8–9! |13: Num 12,10 |45: Klgl 4,15
|46: Num 5,2; 2Kön 15,5; Lk 17,12

Aussatz an Kleidern

47 Und wenn sich an einem Kleid
ein Aussatzmal bildet, sei es an einem
Wollkleid oder an einem Leinenkleid
48 oder an einem gewebten oder gewirkten Stoff aus Leinen oder Wolle
oder an Leder oder an etwas, was aus
Leder gefertigt ist, 49 und das Mal am
Kleid oder am Leder oder an dem gewebten oder gewirkten Stoff oder am ledernen Gegenstand ist grünlich oder rötlich, so ist es ein Aussatzmal und soll
dem Priester gezeigt werden. 50 Und
der Priester soll das Mal untersuchen
und den befallenen Gegenstand für sieben Tage absondern. 51 Und am siebten
Tag soll er das Mal untersuchen. Wenn
sich das Mal ausgebreitet hat an dem
Kleid oder an dem gewebten oder gewirkten Stoff oder am Leder, wozu auch
immer das Leder verarbeitet ist, so handelt es sich bei dem Mal um bösartigen
Aussatz. Es ist unrein. 52 Und man soll
das Kleid oder den gewebten oder gewirkten Stoff aus Wolle oder Leinen
oder jeden ledernen Gegenstand, an
dem sich das Mal zeigt, verbrennen,
denn es ist bösartiger Aussatz. Er soll im
Feuer verbrannt werden. 53 Untersucht
es aber der Priester und hat sich das Mal
an dem Kleid oder an dem gewebten
oder gewirkten Stoff oder an dem ledernen Gegenstand nicht ausgebreitet,
54 so soll der Priester anordnen, dass
man das Stück mit dem Mal wasche, und
er soll es für weitere sieben Tage absondern. 55 Und der Priester soll es untersuchen, nachdem das Mal abgewaschen
worden ist. Und hat das Mal sein Aussehen nicht verändert, ist das Stück unrein, auch wenn sich das Mal nicht ausgebreitet hat. Du sollst es im Feuer verbrennen. Es ist eine eingefressene Ver-
tiefung auf seiner Rückseite oder seiner

Vorderseite. 56 Untersucht es aber der
Priester und ist das Mal verblasst, nachdem es abgewaschen worden ist, soll er
es aus dem Kleid oder dem Leder oder
dem gewebten oder gewirkten Stoff herausreissen. 57 Zeigt es sich aber wieder
an dem Kleid oder an dem gewebten
oder gewirkten Stoff oder an dem ledernen Gegenstand, so ist es neu ausbre-
chender Aussatz. Du sollst das Stück mit
dem Mal im Feuer verbrennen.
58 Das Kleid aber oder der gewebte oder
gewirkte Stoff oder der lederne Gegenstand, von denen das Mal beim Waschen verschwindet, soll noch einmal
gewaschen werden und wird dann rein.
59 Das ist die Weisung für ein Aussatzmal an einem Kleid aus Wolle oder Leinen oder an gewebtem oder gewirktem
Stoff oder an einem ledernen Gegenstand, nach dem man diese für rein oder
für unrein erklären soll.

|50: 4! |51: 14,44 |59: 10,10!

Anweisung für Geheilte

14 1 Und der HERR sprach zu Mose:
2 Dies soll die Weisung sein für
den Aussätzigen, für den Tag seiner Reinigung. Er soll zum Priester gebracht
werden. 3 Und der Priester soll vor das
Lager hinausgehen, und der Priester soll
ihn untersuchen. Wenn das Aussatzmal
des Aussätzigen verheilt ist, 4 lasse der
Priester für den, der sich reinigen lässt,
zwei reine lebende Vögel holen, Zedernholz, Karmesin und Ysop. 5 Und der
Priester lasse den einen Vogel schlachten über einem Tongefäss mit frischem
Wasser. 6 Er soll den lebenden Vogel
und das Zedernholz nehmen, das Karmesin und den Ysop und dies alles, auch
den lebenden Vogel, in das Blut jenes
Vogels tauchen, der über dem frischen
Wasser geschlachtet wurde. 7 Und er
soll den, der sich vom Aussatz reinigen
lässt, siebenmal besprengen und ihn so
reinigen. Den lebenden Vogel aber soll
er auf freiem Feld fliegen lassen. 8 Der
aber, der sich reinigen lässt, soll seine
Kleider waschen und sein ganzes Haar

scheren, und er selbst soll sich mit Wasser waschen, so wird er rein. Und danach darf er wieder ins Lager kommen, er muss aber sieben Tage ausserhalb seines Zelts bleiben. 9 Und am siebten Tag soll er sein ganzes Haar scheren, das Haupthaar, den Bart, die Augenbrauen und alle anderen Haare soll er scheren. Und er soll seine Kleider waschen und soll seinen Leib mit Wasser waschen, so wird er rein.

10 Und am achten Tag soll er zwei makellose männliche Lämmer und ein makelloses einjähriges weibliches Lamm nehmen und drei Zehntel Feinmehl, mit Öl angerührt, als Speiseopfer und ein Log Öl. 11 Und der Priester, der die Reinigung vollzieht, soll den, der sich reinigen lässt, mit den Gaben vor den HERRN treten lassen, an den Eingang des Zelts der Begegnung. 12 Dann soll der Priester das eine männliche Lamm nehmen und es mit dem Log Öl als Schuldopfer darbringen und beides vor dem HERRN als Weihegabe hin und her schwingen. 13 Er soll aber das Lamm dort schlachten, wo man das Sündopfer und das Brandopfer schlachtet, an der heiligen Stätte. Denn wie das Sündopfer gehört auch das Schuldopfer dem Priester. Es ist hochheilig. 14 Und der Priester soll etwas vom Blut des Schuldopfers nehmen, und der Priester streiche es an das rechte Ohrläppchen dessen, der sich reinigen lässt, an den Daumen seiner rechten Hand und an die grosse Zehe seines rechten Fusses. 15 Dann soll der Priester etwas von dem Log Öl nehmen und es in seine eigene linke Hand giessen. 16 Und der Priester soll den rechten Finger in das Öl in seiner linken Hand tauchen und mit dem Finger siebenmal etwas von dem Öl vor dem HERRN versprengen. 17 Vom Rest des Öls in seiner Hand aber streiche der Priester etwas an das rechte Ohrläppchen dessen, der sich reinigen lässt, an den Daumen seiner rechten Hand und an die grosse Zehe seines rechten Fusses, auf das Blut des Schuldopfers. 18 Und was übrig bleibt

vom Öl in der Hand des Priesters, soll er auf das Haupt dessen giessen, der sich reinigen lässt. So soll der Priester für ihn Sühne erwirken vor dem HERRN.

19 Dann soll der Priester das Sündopfer darbringen und für den, der sich reinigen lässt, Sühne erwirken für seine Unreinheit. Und danach soll er das Brandopfer schlachten. 20 Und der Priester soll das Brandopfer und das Speiseopfer auf dem Altar darbringen. So soll der Priester für ihn Sühne erwirken, und er wird rein.

21 Ist er aber arm und reichen seine Mittel dafür nicht aus, soll er ein männliches Lamm nehmen, als Schuldopfer, als Weihegabe, um Sühne für sich zu erwirken, und ein Zehntel Feinmehl, mit Öl angerührt, als Speiseopfer und ein Log Öl 22 und zwei Turteltauben oder zwei Tauben, was er eben aufbringen kann, die eine als Sündopfer und die andere als Brandopfer. 23 Und am achten Tag soll er sie zu seiner Reinigung dem Priester bringen, an den Eingang des Zelts der Begegnung, vor den HERRN. 24 Und der Priester soll das Lamm für das Schuldopfer und das Log Öl nehmen, und der Priester soll beides vor dem HERRN als Weihegabe hin und her schwingen. 25 Dann soll er das Lamm für das Schuldopfer schlachten. Und der Priester soll etwas vom Blut des Schuldopfers nehmen und es an das rechte Ohrläppchen dessen streichen, der sich reinigen lässt, an den Daumen seiner rechten Hand und an die grosse Zehe seines rechten Fusses. 26 Von dem Öl aber soll der Priester etwas in seine eigene linke Hand giessen. 27 Und der Priester soll mit dem rechten Finger siebenmal etwas von dem Öl in seiner linken Hand vor dem HERRN versprengen. 28 Dann streiche der Priester etwas von dem Öl in seiner Hand an das rechte Ohrläppchen dessen, der sich reinigen lässt, an den Daumen seiner rechten Hand und an die grosse Zehe seines rechten Fusses, an dieselbe Stelle wie das Blut des Schuldopfers. 29 Und was

übrig bleibt von dem Öl in der Hand des Priesters, soll er auf das Haupt dessen giessen, der sich reinigen lässt, um Sühne für ihn zu erwirken vor dem HERRN. 30 Dann soll er von den Turteltauben oder von den Tauben, die er aufbringen kann, 31 die eine als Sündopfer darbringen und die andere als Brandopfer, zusammen mit dem Speiseopfer. So soll der Priester für den, der sich reinigen lässt, Sühne erwirken vor dem HERRN. 32 Dies ist die Weisung für den, der ein Aussatzmal hat, wenn seine Mittel nicht für mehr ausreichen bei seiner Reinigung.

|2: Mt 8,4; Mk 1,44 |4: Num 19,6 |5–6: 50 |7: 4,6! · 16,22 |8–9: 13,6; Num 8,7 |10: 2,1 |12: 5,15 · 8,27 |13: 7,7 |14: 17.25.28; 8,23–24 |16: 4,6! |17: 14! |18: 4,20! |21: 5,7! |23: 15,14 |25: 14! |28: 14!

14,31: Der hebräische Text wiederholt am Anfang des Verses «die er aufbringen kann».

Aussatz an Häusern

33 Und der HERR sprach zu Mose und Aaron: 34 Wenn ihr in das Land Kanaan kommt, das ich euch zum Besitz gebe, und ich lasse an einem Haus im Land, das ihr besitzt, ein Aussatzmal auftreten, 35 so soll der Besitzer des Hauses kommen und dem Priester melden: An meinem Haus zeigt sich etwas wie ein Aussatzmal. 36 Dann soll der Priester das Haus ausräumen lassen, bevor der Priester hineingeht, um das Haus zu untersuchen. So wird nicht alles unrein, was im Haus ist. Danach soll der Priester hineingehen, um das Haus zu untersuchen. 37 Und er soll das Mal untersuchen. Wenn das Mal an den Wänden des Hauses aus grünlichen oder rötlichen Einbuchtungen besteht, die tiefer erscheinen als die übrige Wand, 38 soll der Priester aus dem Haus treten, vor den Eingang des Hauses, und das Haus für sieben Tage verschliessen. 39 Am siebten Tag aber soll der Priester wiederkommen und es untersuchen. Wenn sich das Mal an den Wänden des Hauses ausgebreitet hat, 40 soll der Priester die Steine, an denen das Mal ist, herausbre-

chen und vor der Stadt an einen unreinen Ort werfen lassen. 41 Das Haus aber soll er innen ringsum abkratzen lassen, und den Lehm, den man abgekratzt hat, soll man draussen vor der Stadt an einen unreinen Ort schütten. 42 Dann soll man andere Steine nehmen und anstelle der herausgebrochenen Steine einfügen, und man soll anderen Lehm nehmen und das Haus verputzen. 43 Bricht dann das Mal am Haus von neuem aus, nachdem man die Steine herausgebrochen und das Haus abgekratzt und wieder verputzt hat, 44 soll der Priester kommen und es untersuchen. Wenn sich das Mal am Haus ausgebreitet hat, ist es bösartiger Aussatz am Haus. Es ist unrein. 45 Dann soll man das Haus abreissen, seine Steine, seine Balken und den ganzen Lehm des Hauses, und es vor die Stadt an einen unreinen Ort schaffen. 46 Wer aber das Haus, während es abgesperrt ist, betritt, ist unrein bis zum Abend. 47 Und wer in dem Haus schläft, muss seine Kleider waschen. Auch wer in dem Haus isst, muss seine Kleider waschen. 48 Kommt aber der Priester und untersucht es und das Mal an dem Haus hat sich nicht ausgebreitet, nachdem das Haus neu verputzt worden ist, soll der Priester das Haus für rein erklären, denn das Mal ist verheilt. 49 Dann soll er zwei Vögel, Zedernholz, Karmesin und Ysop nehmen, um das Haus zu entsündigen. 50 Und er soll den einen Vogel über einem Tongefäss mit frischem Wasser schlachten. 51 Dann soll er das Zedernholz nehmen, den Ysop, das Karmesin und den lebenden Vogel und es in das Blut des geschlachteten Vogels und das frische Wasser tauchen und das Haus siebenmal besprengen. 52 So soll er das Haus mit dem Blut des Vogels, dem frischen Wasser, dem lebenden Vogel, dem Zedernholz, dem Ysop und dem Karmesin entsündigen. 53 Den lebenden Vogel aber soll er vor der Stadt auf freiem Feld fliegen lassen. So soll er Sühne erwirken für das Haus, und es wird rein.

54 Dies ist die Weisung jedes Aussatzmal und die Flechte betreffend, 55 den Aussatz an Kleidern und an Häusern, 56 die Schwellung, den schuppigen Ausschlag und die hellen Flecken, 57 zur Unterweisung, wann etwas unrein und wann etwas rein ist. Dies ist die Weisung betreffend den Aussatz.

|34: Dtn 32,49 |37: 13,3 |38: 13,4! |44: 13,51 |46: 11,24! |50: 5-6 |54: 13,3-46 |55: 13,47-58 · 34-53 |57: 10,10!

Unreinheit bei Männern

15 1 Und der HERR sprach zu Mose und Aaron: 2 Sprecht zu den Israeliten und sagt ihnen: Wenn ein Mann Ausfluss hat aus seinem Glied, ist er unrein. 3 Und dies ist die Unreinheit, die durch Ausfluss entsteht: Ob sein Glied den Ausfluss fliessen lässt oder ob sein Glied durch den Ausfluss verstopft ist, er ist unrein. 4 Jedes Lager, auf das sich der an Ausfluss Leidende legt, wird unrein, und jeder Gegenstand, auf den er sich setzt, wird unrein. 5 Und wer sein Lager berührt, muss seine Kleider waschen und sich mit Wasser waschen, und er ist unrein bis zum Abend. 6 Und wer sich auf den Gegenstand setzt, auf dem der an Ausfluss Leidende zu sitzen pflegt, muss seine Kleider waschen und sich mit Wasser waschen, und er ist unrein bis zum Abend. 7 Und wer den Leib dessen berührt, der an Ausfluss leidet, muss seine Kleider waschen und sich mit Wasser waschen, und er ist unrein bis zum Abend. 8 Und wenn der an Ausfluss Leidende einen Reinen anspuckt, muss dieser seine Kleider waschen und sich mit Wasser waschen, und er ist unrein bis zum Abend. 9 Und jeder Sattel, auf dem der an Ausfluss Leidende reitet, wird unrein. 10 Und jeder, der etwas berührt, das sich unter jenem befindet, ist unrein bis zum Abend. Und wer es aufhebt, muss seine Kleider waschen und sich mit Wasser waschen, und er ist unrein bis zum Abend. 11 Und jeder, den der an Ausfluss Leidende berührt, ohne zuvor seine Hände mit Wasser gewaschen zu haben, muss seine Kleider waschen und sich selbst mit Wasser waschen, und er ist unrein bis zum Abend. 12 Und ein Tongefäss, das der an Ausfluss Leidende berührt, muss zerschlagen werden, und jedes Holzgerät soll mit Wasser gewaschen werden. 13 Wenn aber der an Ausfluss Leidende rein wird von seinem Ausfluss, soll er von seinem Reinwerden an sieben Tage zählen. Dann soll er seine Kleider waschen, und er soll seinen Leib mit frischem Wasser waschen, so wird er rein. 14 Und am achten Tag soll er zwei Turteltauben oder zwei Tauben nehmen und vor den HERRN an den Eingang des Zelts der Begegnung kommen und sie dem Priester geben. 15 Und der Priester soll sie darbringen, die eine als Sündopfer und die andere als Brandopfer. So soll der Priester für ihn Sühne erwirken vor dem HERRN für seinen Ausfluss.

16 Und wenn ein Mann einen Samenerguss hat, soll er seinen ganzen Leib mit Wasser waschen, und er ist unrein bis zum Abend. 17 Und jedes Kleid und jedes Lederstück, auf das etwas von dem Samenerguss kommt, muss mit Wasser gewaschen werden, und es ist unrein bis zum Abend. 18 Und wenn ein Mann mit einer Frau schläft und einen Samenerguss hat, sollen sie sich mit Wasser waschen, und sie sind unrein bis zum Abend.

|2: 5,3! · 22,4; Num 5,2; 2Sam 3,29 |5-11: 11,24! |12: 6,21! |14: 14,23 |15: 12,8 |16: 22,4; Dtn 23,11-12

Unreinheit bei Frauen

19 Wenn aber eine Frau Ausfluss hat und Blut ausfliesst aus ihrer Scheide, bleibt sie sieben Tage in ihrer Unreinheit, und jeder, der sie berührt, ist unrein bis zum Abend. 20 Und alles, worauf sie sich legt während ihrer Regel, wird unrein, und alles, worauf sie sich setzt, wird unrein. 21 Und jeder, der ihr Lager berührt, muss seine Kleider waschen und sich selbst mit Wasser waschen, und er ist unrein bis zum Abend. 22 Und jeder, der einen Gegenstand be-

rührt, auf dem sie sitzt, muss seine Kleider waschen und sich selbst mit Wasser waschen, und er ist unrein bis zum Abend. 23 Ist aber etwas auf dem Lager oder auf dem Gegenstand, auf dem sie sitzt, so wird unrein bis zum Abend, wer es berührt. 24 Schläft aber ein Mann mit ihr, so kommt ihre Unreinheit auf ihn, und er ist sieben Tage unrein, und jedes Lager, auf das er sich legt, wird unrein.

25 Wenn aber eine Frau während langer Zeit Blutfluss hat, ausserhalb der Zeit ihrer Regel oder über die Zeit ihrer Regel hinaus, so ist sie während der ganzen Zeit ihres unreinen Ausflusses unrein, wie in den Tagen ihrer Regel. 26 Jedes Lager, auf das sie sich legt, solange ihr Ausfluss dauert, ist so unrein wie das Lager während ihrer Regel. Und jeder Gegenstand, auf den sie sich setzt, wird unrein wie bei der Unreinheit ihrer Regel. 27 Und jeder, der diese Dinge berührt, wird unrein, und er muss seine Kleider waschen und sich selbst mit Wasser waschen, und er ist unrein bis zum Abend. 28 Ist sie aber rein geworden von ihrem Ausfluss, soll sie sieben Tage zählen, und danach ist sie rein. 29 Und am achten Tag soll sie zwei Turteltauben oder zwei Tauben nehmen und sie zum Priester bringen, an den Eingang des Zelts der Begegnung. 30 Und der Priester soll die eine als Sündopfer und die andere als Brandopfer darbringen. So soll der Priester für sie Sühne erwirken vor dem HERRN für ihren unreinen Ausfluss. 31 Und ihr sollt die Israeliten vor ihrer Unreinheit bewahren, damit sie nicht ihrer Unreinheit wegen sterben, wenn sie meine Wohnung unrein machen, die in ihrer Mitte ist.

32 Das ist die Weisung für den, der Ausfluss hat, und für den, der einen Samenerguss hat, so dass er dadurch unrein wird, 33 und für die Frau, die ihre monatliche Blutung hat, und für die, die Ausfluss haben, Mann oder Frau, und für den Mann, der mit einer Unreinen schläft.

|19: 5,3! · 18,19! |21–23: 11,24! |24: 20,18 |25: Mt 9,20 |27: 11,24! |31: Num 5,3; 19,13.20

Der Versöhnungstag

16 1 Und nach dem Tod der beiden Söhne Aarons, die starben, als sie vor den HERRN traten, redete der HERR mit Mose. 2 Und der HERR sprach zu Mose: Sage deinem Bruder Aaron, dass er nicht zu jeder Zeit in das Heiligtum gehen darf, hinter den Vorhang vor die Deckplatte auf der Lade. Sonst muss er sterben. Denn ich erscheine in der Wolke über der Deckplatte. 3 Nur so darf Aaron in das Heiligtum gehen: mit einem jungen Stier als Sündopfer und einem Widder als Brandopfer. 4 Er soll einen heiligen Leibrock aus Leinen anziehen, und Kleider aus Leinen sollen seine Scham bedecken, und er soll sich mit einer Schärpe aus Leinen gürten und einen Kopfbund aus Leinen umbinden. Es sind heilige Gewänder. Und er soll seinen Leib mit Wasser waschen und sie dann anziehen. 5 Und von der Gemeinde der Israeliten soll er zwei Ziegenböcke als Sündopfer nehmen und einen Widder als Brandopfer. 6 Und Aaron soll den Jungstier darbringen, der als Sündopfer für ihn bestimmt ist, und für sich und sein Haus Sühne erwirken. 7 Und er soll die beiden Böcke nehmen und sie vor den HERRN stellen, an den Eingang des Zelts der Begegnung. 8 Und Aaron soll über die beiden Böcke Lose werfen, ein Los für den HERRN und ein Los für Asasel. 9 Und Aaron soll den Bock, auf den das Los für den HERRN gefallen ist, darbringen, als Sündopfer soll er ihn darbringen. 10 Der Bock aber, auf den das Los für Asasel gefallen ist, soll lebend vor den HERRN gestellt werden, damit man über ihm die Sühnehandlung vollziehe und ihn zu Asasel in die Wüste treibe.

11 Und Aaron soll den Jungstier darbringen, der als Sündopfer für ihn bestimmt ist, und für sich und sein Haus Sühne erwirken. Und er soll den Jungstier schlachten, der als Sündopfer für

ihn bestimmt ist. 12 Dann soll er vom Altar, der vor dem HERRN steht, eine Räucherpfanne voll glühender Kohlen nehmen und zwei Handvoll zerstossenes, wohlriechendes Räucherwerk und es hinter den Vorhang bringen. 13 Und er soll das Räucherwerk vor dem HERRN auf das Feuer legen. Dann verhüllt die Wolke des Räucherwerks die Deckplatte, die über dem Zeugnis liegt, und er muss nicht sterben. 14 Und er soll etwas vom Blut des Jungstiers nehmen und es mit dem Finger nach Osten an die Vorderseite der Deckplatte sprengen, und vor der Deckplatte soll er mit dem Finger siebenmal etwas von dem Blut versprengen. 15 Dann soll er den Bock schlachten, der als Sündopfer für das Volk bestimmt ist, und sein Blut hinter den Vorhang bringen. Und mit seinem Blut soll er genauso verfahren wie mit dem Blut des Jungstiers, und er soll es an die Deckplatte sprengen und vor der Deckplatte versprengen. 16 So soll er für das Heiligtum Sühne erwirken, für die Unreinheiten der Israeliten und für ihre Vergehen, mit denen sie sich versündigt haben. Und so soll er mit dem Zelt der Begegnung verfahren, das bei ihnen steht, inmitten ihrer Unreinheiten. 17 Und wenn er hineingeht, um im Heiligtum die Sühnehandlung zu vollziehen, darf kein Mensch im Zelt der Begegnung sein, bis er wieder herauskommt. So soll er Sühne erwirken für sich und sein Haus und für die ganze Versammlung Israels. 18 Dann soll er hinausgehen zum Altar, der vor dem HERRN steht, und an ihm die Sühnehandlung vollziehen. Und er soll etwas vom Blut des Stiers und vom Blut des Bocks nehmen und es ringsum an die Hörner des Altars streichen. 19 Und er soll siebenmal mit dem Finger etwas Blut auf ihn sprengen. So soll er ihn von den Unreinheiten der Israeliten reinigen und ihn heiligen. 20 Und wenn er die Sühne für das Heiligtum, das Zelt der Begegnung und den Altar beendet hat, soll er den lebenden Bock herbeibrin-

gen. 21 Und Aaron soll beide Hände auf den Kopf des lebenden Bocks legen und über ihm alle Schuld der Israeliten und all ihre Vergehen bekennen, mit denen sie sich versündigt haben. Und er soll sie auf den Kopf des Bocks legen und ihn durch einen Mann, der bereitsteht, in die Wüste treiben lassen. 22 So soll der Bock all ihre Schuld mit sich forttragen in die Öde. Und der Mann soll den Bock in die Wüste treiben. 23 Dann soll Aaron in das Zelt der Begegnung gehen und die Gewänder aus Leinen ausziehen, die er angezogen hatte, als er in das Heiligtum ging, und er soll sie dort niederlegen. 24 Und er soll seinen Leib an heiliger Stätte mit Wasser waschen und seine eigenen Kleider anziehen. Dann soll er hinausgehen und sein Brandopfer und das Brandopfer des Volkes darbringen und für sich und für das Volk Sühne erwirken. 25 Und das Fett des Sündopfers lasse er auf dem Altar in Rauch aufgehen. 26 Der Mann aber, der den Bock zu Asasel hinausgetrieben hat, soll seine Kleider waschen und seinen Leib mit Wasser waschen, und danach darf er wieder ins Lager kommen. 27 Den Sündopferstier aber und den Sündopferbock, deren Blut hineingebracht wurde, um im Heiligtum die Sühnehandlung zu vollziehen, soll man vor das Lager bringen, und ihr Fell, ihr Fleisch und den Inhalt ihrer Gedärme soll man im Feuer verbrennen. 28 Und der sie verbrennt, soll seine Kleider waschen und seinen Leib mit Wasser waschen, und danach darf er wieder ins Lager kommen.

29 Und dies soll eine ewige Ordnung sein für euch: Im siebten Monat, am Zehnten des Monats, sollt ihr fasten und keinerlei Arbeit tun, weder der Einheimische noch der Fremde, der in eurer Mitte lebt. 30 Denn an diesem Tag erwirkt man Sühne für euch, um euch zu reinigen. Von all euren Sünden sollt ihr rein werden vor dem HERRN. 31 Ein Sabbat, ein Feiertag, ist es für euch, und ihr sollt fasten. Das ist eine ewige Ordnung.

32 Die Sühnehandlung aber soll der Priester vollziehen, den man salben und dem man die Hand füllen wird, damit er anstelle seines Vaters als Priester diene. Und er soll die Gewänder aus Leinen, die heiligen Gewänder, anziehen. 33 Und er soll für das Allerheiligste Sühne erwirken, und für das Zelt der Begegnung und den Altar soll er Sühne erwirken, und er soll Sühne erwirken für die Priester und für das ganze Volk der Gemeinde. 34 Und das soll eine ewige Ordnung sein für euch, einmal im Jahr für die Israeliten Sühne zu erwirken für all ihre Sünden. Und Aaron machte es, wie der HERR es Mose geboten hatte.

|1: 10,2! |2: 34! · Num 18,7 · Ex 25,22! |3: 4,3! |4: Ex 28,42 · 8,6; Ex 29,4 |6: 11.24; 9,7 |11: 6! |12: Ex 30,34–35 |13: Ex 25,21 |14: 4,6! |16: Num 17,11; Ez 45,18 |18: Ex 30,10 |21: 5,5! |22: 14,7 |24: Ez 42,14 · 6! |25: 3,3–4! |27: 4,11–12! |29: 23,27; 25,9; Num 29,7 |30: Ez 36,25 |31: 23,32; Jes 58,3 |32: Ex 29,29 |34: 2; Ex 30,10; Hebr 10,3 · Ex 39,43

Schlachtung und Verbot von Blutgenuss

17 1 Und der HERR sprach zu Mose: 2 Sprich zu Aaron und seinen Söhnen und zu allen Israeliten und sage ihnen: Dies ist es, was der HERR geboten hat. 3 Jedem aus dem Haus Israel, der ein Rind oder ein Schaf oder eine Ziege im Lager oder ausserhalb des Lagers schlachtet, 4 das Tier aber nicht an den Eingang des Zelts der Begegnung gebracht hat, um es vor der Wohnung des HERRN als Opfergabe für den HERRN darzubringen, soll dies als Blutschuld angerechnet werden. Er hat Blut vergossen, und dieser Mensch soll getilgt werden aus seinem Volk. 5 Deshalb sollen die Israeliten ihre Schlachtopfer, die sie auf freiem Feld schlachten, herbeibringen, und sie sollen sie zum HERRN, an den Eingang des Zelts der Begegnung zum Priester, bringen und sie als Heilsopfer für den HERRN schlachten. 6 Und der Priester soll das Blut an den Altar des HERRN sprengen am Eingang des Zelts der Begegnung, und das Fett soll er als beschwichtigenden Geruch für den HERRN in Rauch aufgehen lassen. 7 Und

sie sollen ihre Schlachtopfer nicht mehr für die Dämonen schlachten, hinter denen sie herhuren. Das soll für sie eine ewige Ordnung sein, von Generation zu Generation.

8 Und du sollst zu ihnen sagen: Jeder aus dem Haus Israel und von den Fremden, die in ihrer Mitte leben, der ein Brandopfer darbringt oder ein Schlachtopfer 9 und es nicht an den Eingang des Zelts der Begegnung bringt, um es dem HERRN zu opfern, der soll getilgt werden aus seiner Sippe.

10 Und gegen jeden, der irgendwie Blut verzehrt, er sei aus dem Haus Israel oder von den Fremden, die in ihrer Mitte leben – gegen den, der Blut verzehrt, werde ich mein Angesicht wenden und ihn tilgen aus seinem Volk. 11 Denn das Leben des Fleisches ist das Blut, und ich habe es euch für den Altar gegeben, damit Sühne für euch erwirkt werden kann. Denn das Blut ist die Lebenskraft und erwirkt Sühne. 12 Darum habe ich zu den Israeliten gesagt: Niemand von euch darf Blut verzehren. Auch der Fremde, der in eurer Mitte lebt, darf kein Blut verzehren.

13 Und jeder von den Israeliten und von den Fremden, die in ihrer Mitte leben, der Wild oder Geflügel erlegt, das man essen darf, soll das Blut weggiessen und es mit Erde bedecken. 14 Denn das Leben allen Fleisches ist sein Blut. Und ich habe zu den Israeliten gesagt: Von keinem Fleisch dürft ihr das Blut verzehren, denn das Leben allen Fleisches ist sein Blut. Jeder, der es verzehrt, soll getilgt werden.

15 Und jeder, der ein verendetes oder ein gerissenes Tier verzehrt, er sei Einheimischer oder Fremder, muss seine Kleider waschen und sich selbst mit Wasser waschen. Und er bleibt unrein bis zum Abend, dann ist er wieder rein. 16 Wenn er sie aber nicht wäscht und seinen Leib nicht wäscht, muss er seine Schuld tragen.

|3: Dtn 12,13 |4: 1.3! |7: Dtn 32,17; 2Chr 11,15 · 20,5 |10–14: 7,26! |10: 14; 3,17! · 26,17 |11: Dtn 12,23 ·

Hebr 9,22 |13: Ez 24,7 |14: 10! |15: 11,25! |16:
Num 19,20

Verbotene sexuelle Beziehungen

18 1 Und der HERR sprach zu Mose: 2 Sprich zu den Israeliten und sage ihnen: Ich bin der HERR, euer Gott. 3 Ihr sollt nicht tun, was man im Land Ägypten tut, wo ihr gewohnt habt, und ihr sollt nicht tun, was man im Land Kanaan tut, wohin ich euch bringe. Und ihr sollt nicht nach ihren Satzungen leben. 4 Ihr sollt meine Vorschriften befolgen und meine Satzungen halten und nach ihnen leben. Ich bin der HERR, euer Gott. 5 Und meine Satzungen und meine Vorschriften sollt ihr halten. Denn der Mensch, der sie befolgt, wird durch sie leben. Ich bin der HERR.

6 Niemand von euch soll einem seiner Blutsverwandten nahe kommen, um die Scham zu entblössen. Ich bin der HERR. 7 Die Scham deines Vaters und die Scham deiner Mutter sollst du nicht entblössen. Es ist deine Mutter, du sollst ihre Scham nicht entblössen. 8 Die Scham der Frau deines Vaters sollst du nicht entblössen. Es ist die Scham deines Vaters. 9 Die Scham deiner Schwester, der Tochter deines Vaters oder der Tochter deiner Mutter, sollst du nicht entblössen, sie sei in der Familie geboren oder nicht. 10 Die Scham der Tochter deines Sohnes oder der Tochter deiner Tochter sollst du nicht entblössen, denn es ist deine eigene Scham. 11 Die Scham der Tochter der Frau deines Vaters, die von deinem Vater gezeugt ist, sollst du nicht entblössen, sie ist deine Schwester. 12 Die Scham der Schwester deines Vaters sollst du nicht entblössen. Sie ist eine Blutsverwandte deines Vaters. 13 Die Scham der Schwester deiner Mutter sollst du nicht entblössen, denn sie ist eine Blutsverwandte deiner Mutter. 14 Die Scham des Bruders deines Vaters sollst du nicht entblössen. Seiner Frau sollst du nicht nahe kommen, sie ist deine Tante. 15 Die Scham deiner Schwiegertochter sollst du nicht entblössen. Sie ist die Frau deines Sohnes, du sollst ihre Scham nicht entblössen. 16 Die Scham der Frau deines Bruders sollst du nicht entblössen. Es ist die Scham deines Bruders. 17 Du sollst nicht die Scham einer Frau und die ihrer Tochter entblössen. Die Tochter ihres Sohnes und die Tochter ihrer Tochter sollst du nicht nehmen und ihre Scham entblössen. Sie sind Blutsverwandte, es ist eine Schandtat. 18 Und solange eine Frau lebt, sollst du ihre Schwester nicht zur Nebenfrau nehmen und ihre Scham entblössen.

19 Und einer Frau, die unrein ist in ihrer Regel, sollst du nicht nahe kommen und ihre Scham entblössen. 20 Und du sollst nicht mit der Frau deines Nächsten den Beischlaf vollziehen und dadurch unrein werden. 21 Und von deinen Nachkommen sollst du keinen hingeben und ihn dem Moloch darbringen. Und du sollst den Namen deines Gottes nicht entweihen. Ich bin der HERR. 22 Und mit einem Mann sollst du nicht schlafen, wie man mit einer Frau schläft. Das ist ein Greuel. 23 Und du sollst nicht mit einem Tier den Beischlaf vollziehen und dadurch unrein werden. Und eine Frau soll sich nicht vor ein Tier stellen, damit es sie begatte. Das ist schändlich.

24 Ihr sollt euch durch nichts von all dem verunreinigen. Denn durch all dies haben sich die Völker verunreinigt, die ich vor euch vertreibe. 25 So ist das Land unrein geworden, und ich habe seine Schuld heimgesucht an ihm, und das Land hat seine Bewohner ausgespien. 26 Ihr aber sollt meine Satzungen und meine Vorschriften halten und keinen von all diesen Greueln verüben, weder der Einheimische noch der Fremde, der in eurer Mitte lebt, 27 denn all diese Greuel haben die Menschen verübt, die vor euch im Land waren, so ist das Land unrein geworden. 28 Dann muss euch das Land nicht ausspeien, weil ihr es unrein macht, wie es das Volk ausgespien hat, das vor euch da war. 29 Jeder,

der etwas von diesen Greueln verübt, alle, die so etwas tun, sollen getilgt werden aus ihrem Volk. 30 Und so erfüllt meine Anweisung, keine der greulichen Satzungen zu befolgen, die man vor euch befolgt hat, und verunreinigt euch nicht durch sie. Ich bin der HERR, euer Gott.

|2: 11,44! |3: 20,23 |4: 19,19; Ez 20,19 |5: Dtn 4,1; Neh 9,29; Ez 20,11; Röm 7,10; Gal 3,12 |7: Gen 9,22 · Ez 22,10 |8: Gen 35,22; Dtn 23,1!; 2Sam 16,22 |9: Dtn 27,22; 2Sam 13,12; Ez 22,11 |12: Ex 6,20 |15: Gen 38,16; Ez 22,11 |16: 20,21; Mt 14,3–4 |17: Dtn 27,23 |19: 15,19; Ez 18,6 |20: Spr 6,29; 2Sam 11,4; Ez 18,6; Hebr 13,4 |21: 20,2–3; Dtn 12,31; 2Kön 16,3; Jer 7,31 |22: 20,13; Gen 19,5; Ri 19,22; Röm 1,27 |23: Ex 22,18; Dtn 27,21 · 20,15–16! |24: Dtn 9,4–5 · Esra 9,11 |25: Jer 5,9 |28: 20,22 |30: 11,44!

Anweisung zur Heiligung des täglichen Lebens

19 1 Und der HERR sprach zu Mose: 2 Sprich zur ganzen Gemeinde der Israeliten und sage ihnen: Ihr sollt heilig sein, denn ich, der HERR, euer Gott, bin heilig. 3 Ein jeder von euch soll seine Mutter und seinen Vater fürchten, und meine Sabbate sollt ihr halten. Ich bin der HERR, euer Gott. 4 Ihr sollt euch nicht den Götzen zuwenden und euch keine gegossenen Götterbilder machen. Ich bin der HERR, euer Gott.

5 Und wenn ihr dem HERRN ein Heilsopfer schlachtet, sollt ihr es so opfern, dass ihr Wohlgefallen findet. 6 An dem Tag, an dem ihr es opfert, und am folgenden Tag soll es gegessen werden. Und was bis zum dritten Tag übrig bleibt, soll im Feuer verbrannt werden. 7 Wird aber noch am dritten Tag davon gegessen, gilt es als verdorben. Es findet kein Wohlgefallen. 8 Und wer davon isst, muss seine Schuld tragen, denn er hat entweiht, was dem HERRN geheiligt ist, und er soll aus seiner Sippe getilgt werden.

9 Und wenn ihr die Ernte eures Landes einbringt, sollst du den Rand deines Feldes nicht vollständig abernten, und die Nachlese deiner Ernte sollst du nicht einsammeln. 10 Auch in deinem Weinberg sollst du keine Nachlese halten, und die abgefallenen Beeren deines Weinbergs sollst du nicht einsammeln. Dem Armen und dem Fremden sollst du sie überlassen. Ich bin der HERR, euer Gott.

11 Ihr sollt nicht stehlen und nicht lügen und einander nicht betrügen. 12 Und ihr sollt nicht falsch schwören bei meinem Namen und so den Namen deines Gottes entweihen. Ich bin der HERR. 13 Du sollst deinen Nächsten nicht bedrücken und nicht berauben. Den Lohn eines Tagelöhners sollst du nicht bis zum nächsten Morgen zurückbehalten. 14 Einen Tauben sollst du nicht schmähen, und einem Blinden sollst du kein Hindernis in den Weg legen, sondern du sollst dich fürchten vor deinem Gott. Ich bin der HERR.

15 Ihr sollt kein Unrecht tun im Gericht. Einen Geringen sollst du nicht bevorzugen und einen Grossen nicht begünstigen. Du sollst deinen Nächsten gerecht richten. 16 Du sollst nicht als Verleumder umhergehen in deiner Sippe. Du sollst nicht auftreten gegen das Leben deines Nächsten. Ich bin der HERR. 17 Du sollst deinen Bruder nicht hassen in deinem Herzen. Du sollst deinen Nächsten zurechtweisen. So wirst du seinetwegen keine Sünde auf dich laden. 18 Du sollst nicht Rache üben an den Angehörigen deines Volks und ihnen nichts nachtragen, sondern du sollst deinen Nächsten lieben wie dich selbst. Ich bin der HERR.

19 Meine Satzungen sollt ihr halten. Du sollst nicht zweierlei Vieh sich begatten lassen, dein Feld sollst du nicht mit zweierlei Saat besäen, und ein Kleid, das aus zweierlei Fäden gewoben ist, soll nicht auf deinen Leib kommen.

20 Und wenn ein Mann mit einer Frau schläft, und sie ist eine Sklavin, die für einen andern Mann bestimmt, aber noch nicht losgekauft oder freigelassen ist, so muss es geahndet werden. Sie sollen aber nicht getötet werden, denn sie war noch nicht freigelassen. 21 Er soll

aber dem HERRN als Sühne einen Opferwidder an den Eingang des Zelts der Begegnung bringen. 22 Und der Priester soll für ihn mit dem Opferwidder Sühne erwirken vor dem HERRN für die Sünde, die er begangen hat. Und die Sünde, die er begangen hat, wird ihm vergeben werden.

23 Und wenn ihr in das Land kommt und Bäume mit essbaren Früchten pflanzt, sollt ihr ihre Früchte wie eine Vorhaut behandeln. Drei Jahre sollen sie euch als unbeschnitten gelten, sie dürfen nicht gegessen werden. 24 Und im vierten Jahr werden all ihre Früchte als Festgabe dem HERRN geweiht. 25 Im fünften Jahr aber dürft ihr ihre Früchte essen, dann werden sie euch weiter ihren Ertrag geben. Ich bin der HERR, euer Gott.

26 Ihr sollt nichts Blutiges essen. Ihr sollt nicht Wahrsagerei oder Zeichendeuterei treiben. 27 Euer Haupthaar sollt ihr nicht rundum scheren, und deinen Bart sollst du nicht stutzen. 28 Und ihr sollt euch keine Einschnitte machen an eurem Leib eines Toten wegen, und ihr sollt euch keine Zeichen einritzen. Ich bin der HERR. 29 Du sollst deine Tochter nicht entweihen, indem du sie zur Hurerei anhältst, damit das Land nicht zur Hurerei verfällt und voller Schandtat wird.

30 Meine Sabbate sollt ihr halten, und mein Heiligtum sollt ihr fürchten. Ich bin der HERR. 31 Ihr sollt euch nicht an die Totengeister und an die Wahrsager wenden, ihr sollt sie nicht befragen, damit ihr nicht unrein werdet durch sie. Ich bin der HERR, euer Gott. 32 Vor ergrautem Haar sollst du aufstehen, und einen Alten sollst du ehren, und du sollst dich fürchten vor deinem Gott. Ich bin der HERR.

33 Und wenn ein Fremder bei dir lebt in eurem Land, sollt ihr ihn nicht bedrängen. 34 Wie ein Einheimischer soll euch der Fremde gelten, der bei euch lebt. Und du sollst ihn lieben wie dich selbst, denn ihr seid selbst Fremde ge-

wesen im Land Ägypten. Ich bin der HERR, euer Gott. 35 Ihr sollt kein Unrecht tun im Gericht, beim Messen, Wiegen und Abmessen. 36 Eine richtige Waage, richtige Gewichtssteine, ein richtiges Efa und ein richtiges Hin sollt ihr haben. Ich bin der HERR, euer Gott, der euch herausgeführt hat aus dem Land Ägypten. 37 So haltet alle meine Satzungen und alle meine Vorschriften und befolgt sie. Ich bin der HERR.

|2: 11,44; 20,7.26; 1Petr 1,15–16 |3–4: 11,44! |3: Ex 20,12; Mal 1,6 · 30; Ex 20,8 |4: Ex 20,23! |5–8: 7,15–18 |9–10: 23,22; Dtn 24,19; Rut 2,15 |10: 11,44! |11: Ex 20,15 |12: Ex 20,7! · 5,22; Jer 5,2 |13: Jer 22,13; Ez 22,29 · Dtn 24,15; Mt 20,8 |14: Dtn 27,18! · 32; 25,17.36.43; 1Petr 2,17 |15: 35; Ex 23,2 |16: Ps 15,3 |17: 1Joh 3,15 · Mt 18,15; |18: Röm 12,19 · Mt 5,43; Röm 13,9; Gal 5,14; Jak 2,8 |19: 18,4! · Dtn 22,9–11 |22: 4,20! |26: 3,17! · 31; Dtn 18,10–11; 2Kön 17,17 |27: 21,5; Jer 9,25 |28: Dtn 14,1!; Jer 16,6 |29: Dtn 23,18 |30: 26,2 · 3! |31: 26! · 20,6 |32: Hiob 32,4–6; 1Tim 5,1; 1Petr 5,5 |33–34: Ex 22,20!; Jer 7,6 |34: Ex 12,49; Ez 47,22 · Dtn 23,8 |35: 15 |36: Dtn 25,13–15!; Spr 11,1; 16,11 · 11,45 |37: 20,8 · 22,31

Strafen für schwere Vergehen

20 1 Und der HERR sprach zu Mose: 2 Und du sollst den Israeliten sagen: Jeder von den Israeliten und von den Fremden, die in Israel leben, der einen seiner Nachkommen dem Moloch hingibt, muss getötet werden. Das Volk des Landes soll ihn steinigen. 3 Und ich werde mein Angesicht gegen diesen Mann wenden und ihn tilgen aus seinem Volk, weil er einen seiner Nachkommen dem Moloch hingegeben und mein Heiligtum verunreinigt und meinen heiligen Namen entweiht hat. 4 Verschliesst aber das Volk des Landes die Augen vor diesem Mann, wenn er einen seiner Nachkommen dem Moloch hingibt, und es tötet ihn nicht, 5 so werde ich mein Angesicht gegen diesen Mann und gegen seine Sippe wenden und ihn und alle, die mit ihm hinter dem Moloch herhuren, aus ihrem Volk tilgen.

6 Und wer sich an die Totengeister und an die Wahrsager wendet, um hinter ihnen herzuhuren, gegen den werde ich mein Angesicht richten und ihn til-

gen aus seinem Volk. 7 So heiligt euch und seid heilig, denn ich bin der HERR, euer Gott. 8 Und haltet meine Satzungen und befolgt sie. Ich bin der HERR, der euch heiligt.

9 Jeder, der seinen Vater und seine Mutter schmäht, muss getötet werden. Er hat seinen Vater und seine Mutter geschmäht, auf ihm lastet Blutschuld.

10 Und wenn jemand mit der Frau eines andern Ehebruch begeht, wenn er mit der Frau seines Nächsten Ehebruch begeht, müssen der Ehebrecher und die Ehebrecherin getötet werden. 11 Und wenn jemand mit der Frau seines Vaters schläft, hat er die Scham seines Vaters entblösst. Beide müssen getötet werden, auf ihnen lastet Blutschuld. 12 Und wenn jemand mit seiner Schwiegertochter schläft, müssen beide getötet werden. Sie haben Schändliches begangen, auf ihnen lastet Blutschuld. 13 Und wenn jemand mit einem Mann schläft, wie man mit einer Frau schläft, so haben beide einen Greuel verübt. Sie müssen getötet werden, auf ihnen lastet Blutschuld. 14 Und wenn jemand eine Frau nimmt und ihre Mutter, so ist das eine Schandtat. Man soll ihn und die beiden Frauen im Feuer verbrennen, und es soll keine Schandtat geben bei euch.

15 Und wenn jemand mit einem Tier den Beischlaf vollzieht, muss er getötet werden, und auch das Tier sollt ihr töten. 16 Und wenn eine Frau einem Tier nahe kommt, damit es sie begatte, sollst du die Frau und das Tier töten. Sie müssen getötet werden, auf ihnen lastet Blutschuld.

17 Und wenn jemand seine Schwester, die Tochter seines Vaters oder die Tochter seiner Mutter, nimmt und ihre Scham sieht, und sie sieht seine Scham, so ist das eine Schande, und sie sollen vor den Augen der Angehörigen ihres Volkes getilgt werden. Er hat die Scham seiner Schwester entblösst, er muss seine Schuld tragen. 18 Und wenn ein Mann mit einer Frau während der Zeit ihrer Regel schläft und ihre Scham entblösst, so hat er ihre Blutquelle entblösst, und sie hat die Quelle ihres Blutes entblösst. Und beide sollen getilgt werden aus ihrem Volk. 19 Und die Scham der Schwester deiner Mutter und der Schwester deines Vaters sollst du nicht entblössen. Denn wer dies tut, hat seine Blutsverwandte entblösst. Sie müssen ihre Schuld tragen. 20 Und wenn jemand mit seiner Tante schläft, hat er die Scham seines Onkels entblösst. Sie müssen ihre Schuld tragen, sie sollen kinderlos sterben. 21 Und wenn jemand die Frau seines Bruders nimmt, ist das abscheulich. Er hat die Scham seines Bruders entblösst, sie sollen kinderlos bleiben.

22 So haltet all meine Satzungen und alle meine Vorschriften und befolgt sie. Dann wird euch das Land nicht ausspeien, in das ich euch bringe, damit ihr darin wohnt. 23 Und lebt nicht nach den Satzungen des Volkes, das ich vor euch vertreibe. Denn all dies haben sie getan, und mich ekelte vor ihnen. 24 Zu euch aber habe ich gesagt: Ihr sollt ihren Ackerboden in Besitz nehmen, und ich will ihn euch zum Besitz geben, ein Land, wo Milch und Honig fliessen. Ich bin der HERR, euer Gott, der euch aus den Völkern ausgesondert hat. 25 Und ihr sollt unterscheiden zwischen dem reinen Vieh und dem unreinen und zwischen den unreinen Vögeln und den reinen. Und ihr sollt euch nicht selbst zum Greuel machen durch das Vieh, die Vögel und durch alles, was auf dem Erdboden kriecht, was ich für euch ausgesondert und für unrein erklärt habe. 26 Und ihr sollt mir heilig sein, denn ich, der HERR, bin heilig, und ich habe euch aus den Völkern ausgesondert, damit ihr mir gehört.

27 Und wenn in einem Mann oder in einer Frau ein Totengeist oder ein Wahrsagegeist ist, müssen sie getötet werden. Man soll sie steinigen, auf ihnen lastet Blutschuld.

|2–3: 18,21! |2: 27 |5: 17,7 |6: 19,31 |7: 19,2! |8: 19,37 · 21,8.15; 22,32; Ex 31,13 |9: Ex 21,17; Mk 7,10

|10: Ex 20,14! |13:18,22! |14:21,9 |15–16:18,23; Dtn 27,21 |18:15,24 |21:18,16! |22:18,28 |23:18,3 |25:10,10! |26:19,2! |27: Ex 22,17! · 2

Anweisung für die Priester

21 1 Und der HERR sprach zu Mose: Sprich zu den Priestern, den Söhnen Aarons, und sage ihnen: Ein Priester darf sich nicht verunreinigen an einem Toten aus seiner Sippe, 2 ausser an seinen nächsten Blutsverwandten, an seiner Mutter und seinem Vater, an seinem Sohn und seiner Tochter und an seinem Bruder. 3 Und an seiner Schwester, die Jungfrau war und ihm nahestand, die nicht verheiratet war, an ihr darf er sich verunreinigen. 4 An einer Verheirateten darf er sich nicht verunreinigen in seiner Sippe, er würde dadurch entweiht. 5 Die Priester sollen sich auf dem Kopf keine Glatze scheren und ihren Bart nicht stutzen und sich keine Einschnitte machen an ihrem Leib. 6 Sie sollen ihrem Gott heilig sein und den Namen ihres Gottes nicht entweihen, denn sie bringen die Feueropfer des HERRN dar, die Speise ihres Gottes. Darum sollen sie heilig sein. 7 Eine Hure oder eine Vergewaltigte dürfen sie nicht zur Frau nehmen, und eine Frau, die von ihrem Mann verstossen wurde, dürfen sie nicht zur Frau nehmen, denn der Priester ist seinem Gott heilig. 8 Und du sollst ihn heilig halten, denn er bringt die Speise deines Gottes dar. Er soll dir heilig sein, denn heilig bin ich, der HERR, der euch heiligt. 9 Und wenn sich die Tochter eines Priesters durch Hurerei entweiht, so entweiht sie ihren Vater. Sie soll im Feuer verbrannt werden.

10 Der Priester aber, der über seinen Brüdern steht, auf dessen Haupt das Salböl gegossen wird und dem man die Hand füllt und dem man die Gewänder anzieht, soll sein Haupthaar nicht frei wachsen lassen und seine Kleider nicht zerreissen. 11 Und er darf zu keinem Toten gehen, auch an seinem Vater und an seiner Mutter darf er sich nicht verunreinigen. 12 Und das Heiligtum darf er nicht verlassen, und das Heiligtum seines Gottes darf er nicht entweihen, denn das geweihte Salböl seines Gottes ist auf ihm. Ich bin der HERR. 13 Und er soll eine Jungfrau zur Frau nehmen. 14 Eine Witwe, eine Verstossene oder eine Vergewaltigte, eine Hure darf er nicht zur Frau nehmen, sondern eine Jungfrau aus seiner Sippe soll er zur Frau nehmen. 15 Und er soll seine Nachkommen in seiner Sippe nicht entweihen, denn ich bin der HERR, der ihn heiligt.

16 Und der HERR sprach zu Mose: 17 Sprich zu Aaron: Keiner von deinen Nachkommen in den künftigen Generationen, der ein Gebrechen hat, darf herzutreten, um die Speise seines Gottes darzubringen. 18 Denn keiner, der ein Gebrechen hat, darf herzutreten: kein Blinder oder Lahmer, keiner, der eine Scharte hat oder missgebildet ist, 19 keiner, der einen gebrochenen Fuss oder eine gebrochene Hand hat, 20 kein Buckliger oder Schwächlicher, keiner, der einen Fleck im Auge hat, keiner, der mit der Krätze oder einer Flechte behaftet ist oder beschädigte Hoden hat. 21 Von den Nachkommen Aarons, des Priesters, darf keiner, der ein Gebrechen hat, herzutreten, um die Feueropfer des HERRN darzubringen. Er hat ein Gebrechen, er darf nicht herzutreten, um die Speise seines Gottes darzubringen. 22 Doch darf er von der Speise seines Gottes essen, von den hochheiligen und den heiligen Gaben. 23 Zum Vorhang aber darf er nicht gehen, und an den Altar darf er nicht treten, denn er hat ein Gebrechen. Und er soll nicht entweihen, was mir heilig ist, denn ich bin der HERR, der sie heiligt. 24 Und Mose sagte es Aaron und seinen Söhnen und allen Israeliten.

|1: Num 19,11–16; Ez 44,25 |5:19,27! |6: 8; Num 28,2 |7:14; Ez 44,22 |8: 6! · 20,8! |9:20,14 · Gen 38,24 |10: 8,12! · 10,6! |12: Num 6,6–7 |14:7! |15: 20,8! |20: Dtn 23,2 |22:2,2! · 6,10

21,4: Der Massoretische Text wurde korrigiert.

*Anweisung für den Genuss von
Opfergaben*

22 1 Und der HERR sprach zu Mose:
2 Sage Aaron und seinen Söhnen,
dass sie die heiligen Gaben mit Ehrfurcht behandeln sollen, die mir die Israeliten weihen, und dass sie meinen
heiligen Namen nicht entweihen sollen.
Ich bin der HERR. 3 Sage ihnen: Wenn in
den künftigen Generationen einer eurer
Nachkommen, während er unrein ist,
den heiligen Gaben nahe kommt, die die
Israeliten dem HERRN weihen, so soll er
getilgt werden, von meinem Angesicht
hinweg. Ich bin der HERR. 4 Von den
Nachkommen Aarons darf niemand, der
an Aussatz oder an Ausfluss leidet, von
den heiligen Gaben essen, bevor er wieder rein ist. Und wer etwas berührt, das
durch einen Toten unrein wurde, oder
wer einen Samenerguss hat 5 oder wer
Kleingetier berührt, das für ihn unrein
ist, oder einen Menschen, der für ihn
unrein ist wegen einer Unreinheit, die
an ihm haftet, 6 wer dies berührt, ist unrein bis zum Abend und darf von den
heiligen Gaben nicht essen. Er muss zuerst seinen Leib mit Wasser waschen,
7 und wenn die Sonne untergeht, wird
er wieder rein. Und danach darf er von
den heiligen Gaben essen, denn das ist
seine Speise. 8 Er soll nicht ein verendetes oder gerissenes Tier essen und dadurch unrein werden. Ich bin der HERR.
9 So sollen sie meine Anweisung erfüllen und keine Sünde auf sich laden, damit sie nicht sterben müssen, weil sie
das Heilige entweihen. Ich bin der
HERR, der sie heiligt. 10 Aber kein Fremder darf etwas Heiliges essen. Der Beisasse eines Priesters oder ein Tagelöhner darf etwas Heiliges nicht essen.
11 Wenn aber ein Priester jemanden für
Geld kauft, darf dieser davon essen, und
so auch der in seinem Haus geborene
Sklave. Sie dürfen von seiner Speise
essen. 12 Und wenn die Tochter eines
Priesters die Frau eines Fremden wird,
darf sie von den heiligen Abgaben nicht
mehr essen. 13 Wenn die Tochter eines

Priesters aber Witwe oder verstossen
wird und keine Kinder hat und zurückkehrt in das Haus ihres Vaters, darf sie
von der Speise ihres Vaters essen, wie in
ihrer Jugend. Aber kein Fremder darf davon essen.

14 Und wenn jemand aus Versehen
etwas Heiliges isst, soll er noch ein Fünftel hinzufügen und das Heilige dem
Priester geben. 15 Und die Priester sollen die heiligen Gaben der Israeliten
nicht entweihen, die sie für den HERRN
abheben. 16 Und wenn sie ihre heiligen
Gaben essen, sollen sie ihnen nicht
schwere Schuld aufbürden. Denn ich
bin der HERR, der sie heiligt.

|2: 32 |4: 15,2! · Num 19,11 · 15,16! |5: 11,43–44
| 8: 7,24; Ex 22,30; Ez 44,31 | 9: Ex 28,43 | 10: Ex 12,43;
29,33 | 13: Gen 38,11 · 10,14 | 14: 5,15 · 27,13!

Die Beschaffenheit der Opfertiere

17 Und der HERR sprach zu Mose:
18 Sprich zu Aaron und zu seinen Söhnen und zu allen Israeliten und sage ihnen: Wenn jemand aus dem Haus Israel
oder von den Fremden in Israel eine Opfergabe darbringt – jedes Gelübdeopfer
und jede freiwillige Gabe, die sie dem
HERRN als Brandopfer darbringen,
19 soll ein makelloses männliches Tier
von den Rindern, Schafen oder Ziegen
sein, damit ihr Wohlgefallen findet.
20 Was einen Makel hat, dürft ihr nicht
darbringen, denn es würde euch nicht
wohlgefällig machen. 21 Und wenn jemand dem HERRN ein Heilsopfer von
den Rindern oder vom Kleinvieh darbringen will, um ein Gelübde zu erfüllen oder als freiwillige Gabe, so muss es
makellos sein, damit es Wohlgefallen
findet. Es darf keinen Makel haben.
22 Ist ein Tier blind oder hat es ein gebrochenes Glied, ist es verstümmelt
oder hat es Warzen oder die Krätze oder
eine Flechte, dürft ihr es dem HERRN
nicht darbringen und es nicht als Feueropfer für den HERRN auf den Altar legen.
23 Und ein Rind oder ein Schaf, das
missgebildet und mangelhaft ist, darfst
du als freiwillige Gabe darbringen. Als

Gelübdeopfer aber findet es kein Wohlgefallen. 24 Und ein Tier, dessen Hoden zerquetscht, zerschlagen, abgerissen oder abgeschnitten sind, dürft ihr dem HERRN nicht darbringen. Das dürft ihr in eurem Land nicht tun. 25 Auch wenn solche Tiere aus dem Besitz eines Fremden stammen, dürft ihr sie eurem Gott nicht als Speise darbringen. Denn sie haben einen Mangel, es ist ein Makel an ihnen, sie werden euch kein Wohlgefallen bringen.

26 Und der HERR sprach zu Mose: 27 Wenn ein Rind oder ein Schaf oder eine Ziege geboren wird, soll das Junge sieben Tage bei seiner Mutter bleiben. Vom achten Tag an aber findet es Wohlgefallen als Feueropfer für den HERRN. 28 Und ein Rind oder ein Schaf dürft ihr nicht an ein und demselben Tag zusammen mit seinem Jungen schlachten. 29 Und wenn ihr dem HERRN ein Dankopfer darbringt, sollt ihr es so schlachten, dass ihr Wohlgefallen findet. 30 Es soll noch am selben Tag gegessen werden, nichts davon dürft ihr bis zum Morgen übrig lassen. Ich bin der HERR. 31 Ihr sollt meine Gebote halten und sie befolgen. Ich bin der HERR. 32 Und ihr sollt meinen heiligen Namen nicht entweihen, damit ich heilig gehalten werde unter den Israeliten. Ich bin der HERR, der euch heiligt, 33 der euch herausgeführt hat aus dem Land Ägypten, um euer Gott zu sein. Ich bin der HERR.

| 18: Num 15,3 | 19: 1,2 | 20: Dtn 15,21; Mal 1,8 | 21: 3,1! | 27: Ex 22,29 | 28: Ex 23,19!; Dtn 22,6–7 | 29–30: 7,15 | 31: 19,37 | 32: 2 · 20,8! | 33: 11,45; Num 15,41

Die Festzeiten

23 1 Und der HERR sprach zu Mose: 2 Sprich zu den Israeliten und sage ihnen: Dies sind meine Festzeiten, die Festzeiten des HERRN, die ihr als heilige Versammlungen ausrufen sollt. 3 Sechs Tage darf man eine Arbeit tun, am siebten Tag aber ist Sabbat, ein Feiertag, eine heilige Versammlung, da dürft ihr keinerlei Arbeit tun. Es ist ein Sabbat für den HERRN, wo immer ihr wohnt.

4 Dies sind die Festzeiten des HERRN, heilige Versammlungen, die ihr ausrufen sollt zu ihrer festgesetzten Zeit: 5 Im ersten Monat, am Vierzehnten des Monats in der Abenddämmerung, ist ein Passa für den HERRN. 6 Und am fünfzehnten Tag dieses Monats ist das Fest der ungesäuerten Brote für den HERRN. Während sieben Tagen sollt ihr ungesäuerte Brote essen. 7 Am ersten Tag sollt ihr eine heilige Versammlung abhalten, da dürft ihr keinerlei Werktagsarbeit tun. 8 Und während sieben Tagen sollt ihr ein Feueropfer für den HERRN darbringen. Am siebten Tag findet eine heilige Versammlung statt, da dürft ihr keinerlei Werktagsarbeit tun.

9 Und der HERR sprach zu Mose: 10 Sprich zu den Israeliten und sage ihnen: Wenn ihr in das Land kommt, das ich euch gebe, und seine Ernte einbringt, sollt ihr die Erstlingsgarbe eurer Ernte dem Priester bringen. 11 Und er soll die Garbe vor dem HERRN hin und her schwingen, damit ihr Wohlgefallen findet. Am Tag nach dem Sabbat soll der Priester sie schwingen. 12 Und an dem Tag, an dem ihr die Garbe hin und her schwingen lasst, sollt ihr dem HERRN ein makelloses einjähriges Lamm als Brandopfer darbringen 13 und das dazugehörige Speiseopfer, zwei Zehntel Feinmehl, mit Öl angerührt, als Feueropfer für den HERRN, als beschwichtigenden Geruch, dazu als Trankopfer ein Viertel Hin Wein. 14 Und Brot, geröstetes Korn und frisches Korn dürft ihr nicht essen bis zu diesem Tag, bis ihr die Opfergabe für euren Gott dargebracht habt. Das ist eine ewige Ordnung für euch von Generation zu Generation, wo immer ihr wohnt.

15 Und ihr sollt von dem Tag an zählen, der dem Sabbat folgt, dem Tag, an dem ihr die geweihte Garbe gebracht habt. Sieben volle Wochen sollen es sein. 16 Bis zum Tag nach dem siebten Sabbat sollt ihr zählen, fünfzig Tage. Dann sollt ihr dem HERRN ein frisches

Speiseopfer darbringen. 17 Von euren Wohnstätten sollt ihr zwei geweihte Brote bringen, aus zwei Zehnteln Feinmehl. Sie sollen mit Sauerteig gebacken werden, als Erstlingsgaben für den HERRN. 18 Und zusammen mit dem Brot sollt ihr sieben makellose einjährige Lämmer, einen jungen Stier und zwei Widder darbringen. Sie sollen ein Brandopfer für den HERRN sein mit dem dazugehörigen Speiseopfer und den dazugehörigen Trankopfern, ein Feueropfer von beschwichtigendem Geruch für den HERRN. 19 Dann sollt ihr einen Ziegenbock als Sündopfer und zwei einjährige Lämmer als Heilsopfer darbringen. 20 Und der Priester soll sie als Weihegabe über dem Brot der Erstlingsgaben vor dem HERRN hin und her schwingen, zusammen mit den zwei Lämmern. Sie sollen dem HERRN heilig sein und dem Priester gehören. 21 Und ihr sollt an diesem Tag das Fest ausrufen, eine heilige Versammlung sollt ihr abhalten, ihr sollt keinerlei Werktagsarbeit tun. Das ist eine ewige Ordnung für euch, wo immer ihr wohnt, von Generation zu Generation. 22 Und wenn ihr die Ernte eures Landes einbringt, sollst du den Rand deines Feldes nicht vollständig abernten, und die Nachlese deiner Ernte sollst du nicht einsammeln. Dem Armen und dem Fremden sollst du sie überlassen. Ich bin der HERR, euer Gott.

23 Und der HERR sprach zu Mose: 24 Sprich zu den Israeliten: Im siebten Monat, am Ersten des Monats, soll für euch ein Feiertag sein, ein Gedenktag mit Jubelgeschrei, eine heilige Versammlung. 25 Da dürft ihr keinerlei Werktagsarbeit tun. Und dem HERRN sollt ihr ein Feueropfer darbringen.

26 Und der HERR sprach zu Mose: 27 Am Zehnten dieses siebten Monats aber ist der Versöhnungstag. Da sollt ihr eine heilige Versammlung abhalten und fasten und dem HERRN ein Feueropfer darbringen. 28 Und an diesem Tag dürft ihr keinerlei Arbeit tun, denn es ist ein Tag der Versöhnung, um Sühne für euch

zu erwirken vor dem HERRN, eurem Gott. 29 Jeder, der an diesem Tag nicht fastet, soll getilgt werden aus seiner Sippe. 30 Und jeden, der an diesem Tag irgendeine Arbeit tut, werde ich tilgen aus seinem Volk. 31 Ihr dürft keinerlei Arbeit tun. Das ist eine ewige Ordnung für euch von Generation zu Generation, wo immer ihr wohnt. 32 Es sei ein Sabbat für euch, ein Feiertag, und ihr sollt fasten. Am Neunten des Monats, am Abend, sollt ihr diesen Sabbat feiern, von diesem Abend bis zum nächsten Abend.

33 Und der HERR sprach zu Mose: 34 Sprich zu den Israeliten: Am fünfzehnten Tag dieses siebten Monats ist das Laubhüttenfest für den HERRN, sieben Tage lang. 35 Am ersten Tag findet eine heilige Versammlung statt. Da dürft ihr keinerlei Werktagsarbeit tun. 36 Sieben Tage lang sollt ihr dem HERRN ein Feueropfer darbringen. Am achten Tag sollt ihr eine heilige Versammlung abhalten und dem HERRN ein Feueropfer darbringen. Es ist eine Festversammlung, ihr sollt keinerlei Werktagsarbeit tun.

37 Dies sind die Festzeiten des HERRN, die ihr ausrufen sollt als heilige Versammlungen und an denen ihr dem HERRN Feueropfer darbringen sollt, Brandopfer und Speiseopfer, Schlachtopfer und Trankopfer, jedes an seinem Tag, 38 neben den Sabbaten des HERRN und neben euren anderen Gaben und all euren Gelübdeopfern und freiwilligen Gaben, die ihr dem HERRN gebt.

39 Am fünfzehnten Tag des siebten Monats aber, wenn ihr den Ertrag des Landes einsammelt, sollt ihr das Fest des HERRN feiern, sieben Tage lang. Am ersten Tag ist ein Feiertag, und am achten Tag ist ein Feiertag. 40 Und am ersten Tag sollt ihr euch schöne Baumfrüchte nehmen, Palmwedel und Zweige von dichtbelaubten Bäumen und Bachweiden, und ihr sollt sieben Tage fröhlich sein vor dem HERRN, eurem Gott. 41 Und ihr sollt dieses Fest für den

HERRN jedes Jahr während sieben Tagen feiern. Das ist eine ewige Ordnung für euch von Generation zu Generation. Im siebten Monat sollt ihr es feiern. 42 Sieben Tage lang sollt ihr in Laubhütten wohnen. Alle Einheimischen in Israel sollen in Laubhütten wohnen, 43 damit eure künftigen Generationen erfahren, dass ich die Israeliten in Hütten wohnen liess, als ich sie aus dem Land Ägypten herausführte. Ich bin der HERR, euer Gott. 44 Und Mose verkündete den Israeliten die Festzeiten des HERRN.

|3: Ex 20,8–11 |4: Ex 23,14–17 |5: Ex 12,2–11 |6: Ex 12,15; 34,18 |7–8: 21.36; Num 28,18; 29,1 |8: Ez 45,23 |10: 2,12! |11: Ex 29,24 |13: Num 15,5 |14: 21.31 |15: Dtn 16,9–10! |16: Num 28,26 |21: 7–8! · 14! |22: 19,9–10! |23–25: Num 10,10; 29,1–6 |24: Num 10,10! |25: Esra 3,6 |26–32: Num 29,7–11 |27: 16,29! |31: 14! |32: 16,31! |33–43: Num 29,12–38 |34: Num 29,12; Dtn 16,13 |36: Joh 7,37 · 7–8! |38: Num 29,39 |40: Neh 8,14–17

Der Leuchter und die Schaubrote

24 1 Und der HERR sprach zu Mose: 2 Gebiete den Israeliten, dir für das Licht reines, gestossenes Olivenöl zu bringen, damit man eine Lampe aufstellen kann, die ständig brennt. 3 Ausserhalb des Vorhangs vor dem Zeugnis, im Zelt der Begegnung, soll Aaron sie bereitstellen, damit sie vom Abend bis zum Morgen ständig brennt vor dem HERRN. Das ist eine ewige Ordnung für euch von Generation zu Generation. 4 Auf dem Leuchter aus reinem Gold soll er die Lampen bereitstellen, damit sie ständig vor dem HERRN sind.

5 Dann sollst du Feinmehl nehmen und daraus zwölf Ringbrote backen, ein Ringbrot aus zwei Zehnteln. 6 Und du sollst sie in zwei Schichten hinlegen, sechs in jeder Schicht, auf den Tisch aus reinem Gold, vor den HERRN. 7 Und auf jede Schicht sollst du reinen Weihrauch legen, und das soll der Teil sein, der von dem Brot genommen wird zum Verbrennen, als Feueropfer für den HERRN. 8 An jedem Sabbattag soll er es vor dem HERRN herrichten, immer wieder, als ewige Bundesverpflichtung der Israeliten. 9 Und es soll Aaron und seinen Söh-

nen zufallen, und an heiliger Stätte sollen sie es essen. Denn als Hochheiliges kommt es ihm zu von den Feueropfern des HERRN, als ewiges Anrecht.

|2: Ex 27,20 |4: Ex 25,37! |6: Ex 25,30! |7: 2,2! |8: 1Sam 21,7; 1Chr 9,32 |9: 6,11!

Gotteslästerung, Totschlag und Körperverletzung

10 Und der Sohn einer Israelitin und eines Ägypters ging unter die Israeliten, und der Sohn der Israelitin und ein Israelit gerieten im Lager miteinander in Streit. 11 Und der Sohn der Israelitin lästerte den Namen und schmähte ihn, und sie brachten ihn zu Mose. Und seine Mutter hiess Schelomit und war die Tochter von Dibri aus dem Stamm Dan. 12 Und sie legten ihn in Gewahrsam, um nach dem Befehl des HERRN entscheiden zu können.

13 Und der HERR sprach zu Mose: 14 Führe den, der geschmäht hat, hinaus vor das Lager, und alle, die es gehört haben, sollen ihre Hände auf seinen Kopf legen, und die ganze Gemeinde soll ihn steinigen. 15 Zu den Israeliten aber sollst du sprechen: Jeder, der seinen Gott schmäht, muss seine Schuld tragen! 16 Und wer den Namen des HERRN lästert, muss getötet werden. Die ganze Gemeinde soll ihn steinigen. Er sei ein Fremder oder ein Einheimischer, wenn er den Namen lästert, soll er getötet werden.

17 Und wenn jemand einen Menschen erschlägt, muss er getötet werden. 18 Wer aber Vieh erschlägt, muss dafür Ersatz leisten, ein Leben für ein Leben. 19 Und wenn jemand seinem Nächsten einen Schaden zufügt, soll man ihm antun, was er getan hat. 20 Ein Bruch für einen Bruch, ein Auge für ein Auge, ein Zahn für einen Zahn: Der Schaden, den er einem Menschen zufügt, soll ihm zugefügt werden. 21 Und wer Vieh erschlägt, muss dafür Ersatz leisten. Wer aber einen Menschen erschlägt, soll getötet werden. 22 Ein und dasselbe Recht gilt für euch, für den

Fremden wie für den Einheimischen. Denn ich bin der HERR, euer Gott.

23 Und Mose sagte es den Israeliten, und sie führten den, der Gott geschmäht hatte, hinaus vor das Lager und steinigten ihn. Und die Israeliten machten es, wie der HERR es Mose geboten hatte.

|10: Ex 12,38! |11: Ex 18,26 |12: Ex 18,15; Num 27,5 |14: Num 15,34–35; Dtn 17,5 |15–16: Ex 20,7; 22,27 · 1 Kön 21,10–13 |17: 21; Ex 21,12! |18: Ex 21,33–34 |20: Ex 21,23–25; Dtn 19,21 |21: 17! |22: Ex 12,49!

Sabbatjahr und Jobeljahr

25 1 Und der HERR sprach zu Mose auf dem Berg Sinai: 2 Sprich zu den Israeliten und sage ihnen: Wenn ihr in das Land kommt, das ich euch gebe, soll das Land einen Sabbat feiern für den HERRN. 3 Sechs Jahre sollst du dein Feld besäen und sechs Jahre deinen Weinberg beschneiden und ihren Ertrag einsammeln. 4 Im siebten Jahr aber soll das Land einen Sabbat, ein Ruhejahr, haben, einen Sabbat für den HERRN. Da darfst du dein Feld nicht besäen und deinen Weinberg nicht beschneiden. 5 Was nach deiner Ernte wächst, sollst du nicht ernten, und die Trauben deines unbeschnittenen Weinstocks sollst du nicht lesen. Es soll ein Sabbatjahr sein für das Land. 6 Was aber das Land während des Sabbats hervorbringt, soll euch als Nahrung dienen, dir und deinem Knecht und deiner Magd, deinem Tagelöhner und deinem Beisassen, allen, die bei dir leben. 7 Auch deinem Vieh und dem Wild in deinem Land soll sein Ertrag als Nahrung dienen.

8 Und du sollst sieben Jahrwochen zählen, sieben mal sieben Jahre, die Dauer von sieben Jahrwochen ist neunundvierzig Jahre. 9 Dann sollst du das Signalhorn ertönen lassen, im siebten Monat, am Zehnten des Monats. Am Versöhnungstag sollt ihr überall in eurem Land das Horn ertönen lassen. 10 Und ihr sollt das fünfzigste Jahr für heilig erklären und eine Freilassung ausrufen im Land für all seine Bewohner. Es soll für euch ein Jobeljahr sein,

und jeder von euch soll wieder zu seinem Besitz kommen, und jeder soll zurückkehren zu seiner Sippe. 11 Das fünfzigste Jahr soll für euch ein Jobeljahr sein. Da sollt ihr nicht säen und, was nachwächst, nicht ernten, und die Trauben der unbeschnittenen Weinstöcke sollt ihr nicht lesen. 12 Denn es ist ein Jobeljahr, es soll euch heilig sein. Was das Feld trägt, sollt ihr essen.

13 In diesem Jobeljahr soll jeder wieder zu seinem Besitz kommen. 14 Und wenn ihr dem Nächsten etwas verkauft oder etwas von ihm kauft, sollt ihr einander nicht übervorteilen. 15 Nach der Zahl der Jahre, die seit dem Jobeljahr vergangen sind, sollst du es von deinem Nächsten kaufen, nach der Zahl der Jahre, die es dir Ertrag bringt, soll er es dir verkaufen. 16 Je mehr Jahre es noch sind, desto höher soll der Kaufpreis sein, und je weniger Jahre, desto niedriger soll der Kaufpreis sein. Denn er verkauft dir eine bestimmte Anzahl von Jahreserträgen. 17 Und niemand soll seinen Nächsten übervorteilen, sondern du sollst dich fürchten vor deinem Gott. Denn ich bin der HERR, euer Gott,

18 und ihr sollt meine Satzungen befolgen und meine Vorschriften halten und sie befolgen. Dann werdet ihr sicher wohnen im Land, 19 und das Land wird seine Frucht geben, und ihr werdet euch satt essen können und sicher darin wohnen. 20 Und wenn ihr sagt: Was sollen wir im siebten Jahr essen, wenn wir nicht säen und unseren Ertrag nicht einsammeln dürfen?, 21 so werde ich für euch im sechsten Jahr meinen Segen aufbieten, und er wird den Ertrag für drei Jahre spenden. 22 Im achten Jahr aber werdet ihr säen und während dieser Zeit noch vom alten Getreide zu essen haben. Bis der Ertrag des neunten Jahres eingebracht wird, werdet ihr noch vom alten Getreide zu essen haben. 23 Das Land aber darf nicht für immer verkauft werden, denn das Land gehört mir, und ihr seid Fremde und Beisassen bei mir. 24 Und im ganzen Land,

das ihr besitzt, sollt ihr den Rückkauf von Land gestatten.

25 Wenn dein Bruder verarmt und etwas von seinem Besitz verkaufen muss, soll sein nächster Verwandter als sein Anwalt kommen und zurückkaufen, was sein Bruder verkauft hat. 26 Und wenn jemand keinen Anwalt hat, aber seine Mittel reichen wieder aus, und er kann aufbringen, was zum Rückkauf nötig ist, 27 so soll er die Jahre seit dem Verkauf berechnen und dem Käufer den Restbetrag erstatten und so wieder zu seinem Besitz kommen. 28 Reichen seine Mittel aber nicht aus, um es ihm zu erstatten, so gehört, was er verkauft hat, dem Käufer bis zum Jobeljahr. Im Jobeljahr aber wird es frei, und er kommt wieder zu seinem Besitz.

29 Und wenn jemand ein Wohnhaus in einer ummauerten Stadt verkauft, so kann er es zurückkaufen bis zum Ende des Jahres, in dem er es verkauft hat. Sein Recht auf Rückkauf ist befristet. 30 Wird es aber bis zum Ende eines vollen Jahres nicht zurückgekauft, bleibt das Haus in der ummauerten Stadt für immer Eigentum des Käufers und seiner Nachkommen. Es wird im Jobeljahr nicht frei. 31 Die Häuser in den Dörfern aber, die nicht von einer Mauer umgeben sind, werden zum freien Feld des Landes gerechnet. Man kann sie zurückkaufen, und im Jobeljahr werden sie frei. 32 Für die Städte der Leviten aber gilt: Die Leviten können die Häuser in den Städten, die ihnen gehören, jederzeit zurückkaufen. 33 Und wenn einer von den Leviten auf den Rückkauf verzichtet, wird das Haus, das er verkauft hat, im Jobeljahr frei, wenn es in einer Stadt steht, die zu ihrem Besitz gehört. Denn die Häuser in den Städten der Leviten sind ihr Besitz unter den Israeliten. 34 Das Weideland aber, das zu ihren Städten gehört, darf nicht verkauft werden, denn es gehört ihnen als ewiger Besitz.

35 Und wenn dein Bruder verarmt und sich nicht mehr halten kann neben dir, sollst du ihn unterstützen wie einen Fremden oder einen Beisassen, so dass er leben kann neben dir. 36 Du sollst von ihm weder Zins noch Zuschlag nehmen, sondern dich vor deinem Gott fürchten, so dass dein Bruder neben dir leben kann. 37 Du sollst von ihm keinen Zins oder Zuschlag verlangen, wenn du ihm Geld oder Nahrung gibst. 38 Ich bin der HERR, euer Gott, der euch herausgeführt hat aus dem Land Ägypten, um euch das Land Kanaan zu geben und euer Gott zu sein.

39 Und wenn dein Bruder neben dir verarmt und sich dir verkaufen muss, sollst du ihn nicht als Sklaven arbeiten lassen. 40 Wie ein Tagelöhner, wie ein Beisasse soll er bei dir sein, bis zum Jobeljahr soll er bei dir arbeiten. 41 Dann soll er frei werden, er und mit ihm seine Kinder, und er soll zu seiner Sippe zurückkehren und wieder zum Besitz seiner Vorfahren kommen. 42 Denn meine Sklaven sind sie, die ich herausgeführt habe aus dem Land Ägypten. Sie sollen nicht verkauft werden, wie man einen Sklaven verkauft. 43 Du sollst nicht mit Gewalt über ihn herrschen, sondern sollst dich fürchten vor deinem Gott. 44 Die Sklaven und Sklavinnen aber, die du besitzen darfst, sollt ihr von den Völkern kaufen, die rings um euch leben. 45 Und auch von den Kindern der Beisassen, die bei euch leben, dürft ihr sie kaufen und von ihrer Sippe, die bei euch lebt, die sie in eurem Land gezeugt haben, und sie dürfen euer Besitz werden. 46 Und ihr dürft sie euren Söhnen als dauernden Besitz vererben. Ihr dürft sie als Sklaven arbeiten lassen. Über eure Brüder aber, die Israeliten, sollst du nicht mit Gewalt herrschen, einer über den anderen.

47 Und wenn ein Fremder oder ein Beisasse bei dir zu Vermögen kommt, aber dein Bruder verarmt neben ihm und muss sich einem Fremden oder einem Beisassen bei dir verkaufen oder einem Abkömmling aus der Sippe eines Fremden, 48 so kann er nach seinem

Verkauf wieder losgekauft werden. Einer seiner Brüder kann ihn loskaufen. 49 Oder sein Onkel oder der Sohn seines Onkels kann ihn loskaufen, oder ein anderer Blutsverwandter aus seiner Sippe kann ihn loskaufen. Oder er kann sich, wenn seine Mittel wieder ausreichen, selbst loskaufen. 50 Und er soll mit seinem Käufer rechnen von dem Jahr an, in dem er sich ihm verkauft hat, bis zum Jobeljahr, und sein Verkaufspreis soll sich nach der Zahl der Jahre richten. Die Zeit, die er bei ihm ist, soll gelten wie die eines Tagelöhners. 51 Sind es noch viele Jahre, soll er für seinen Loskauf einen entsprechenden Teil des Kaufpreises erstatten. 52 Und verbleiben nur noch wenige Jahre bis zum Jobeljahr, soll man es ihm anrechnen. Seinen Dienstjahren entsprechend soll er sich loskaufen. 53 Wie ein Tagelöhner soll er Jahr um Jahr bei ihm sein. Er soll nicht mit Gewalt über ihn herrschen vor deinen Augen. 54 Wird er aber nicht auf diese Weise losgekauft, soll er im Jobeljahr frei werden, er und mit ihm seine Kinder.

55 Denn mir gehören die Israeliten als Sklaven, meine Sklaven sind sie, die ich herausgeführt habe aus dem Land Ägypten. Ich bin der HERR, euer Gott.

|2: 26,34 |6–7: Ex 23,11; 2Kön 19,29 |9: 16,29! |10: Jes 61,2; Ez 46,17 · Num 36,4 |13: 28; 27,24; Jes 61,2 |14: 17; 1Thess 4,6 |16: 27,18 |17: 19,14! · 14! |18–19: Dtn 12,10; 1Kön 5,5 · 26,5 |21: Ex 16,29 · Dtn 28,8 |22: 26,10 |23: Ps 39,13 |25: 47–55; Rut 4,4; Jer 32,7–9 |26–28: 49 |28: 13! |34: 2Chr 31,19 |35: Dtn 15,7–8! |36: Ex 22,24; Dtn 23,20 · 19,14! |37: Ez 22,12 |39: Ex 21,2!; 1Kön 9,22; 2Kön 4,1 |40: Dtn 15,12 |43: 53; Ex 21,20 · 19,14! |44: Jes 14,2 |47–55: 25! |48: Neh 5,8 |49: 26–28 |53: 43!

25,10: Das hebräische Wort ‹Jobel› ist die Bezeichnung für das Widderhorn, das zur Ausrufung eines solchen Jahres geblasen wurde.
25,33: «Und ... verzichtet»: Der Massoretische Text wurde korrigiert; er lautet übersetzt: «Was aber einer loskauft von den Leviten».

Segen und Fluch

26 1 Ihr sollt euch keine Götzen machen und euch kein Gottesbild und keinen Malstein aufrichten und keinen Stein mit Bildwerk in eurem Land aufstellen, um euch davor niederzuwerfen. Denn ich bin der HERR, euer Gott. 2 Meine Sabbate sollt ihr halten, und mein Heiligtum sollt ihr fürchten. Ich bin der HERR.

3 Wenn ihr nach meinen Satzungen lebt und meine Gebote haltet und sie befolgt, 4 werde ich euch Regen geben zur rechten Zeit, und das Land wird seinen Ertrag geben, und die Bäume des Feldes werden ihre Früchte geben. 5 Und die Dreschzeit wird sich bei euch bis zur Weinlese erstrecken, und die Weinlese wird sich erstrecken bis zur Aussaat, und ihr werdet euch satt essen an eurem Brot und sicher wohnen in eurem Land. 6 Und ich werde Frieden stiften im Land, und ihr werdet euch niederlegen, und nichts wird euch aufschrecken. Und die wilden Tiere werde ich aus dem Land vertreiben, und kein Schwert wird durch euer Land ziehen. 7 Ihr aber werdet eure Feinde verfolgen, und sie werden vor euren Augen durch das Schwert fallen. 8 Und fünf von euch werden hundert verfolgen, und hundert von euch werden zehntausend verfolgen, und eure Feinde werden vor euren Augen durch das Schwert fallen. 9 Und ich werde mich euch zuwenden und euch fruchtbar machen und mehren und meinen Bund mit euch aufrichten. 10 Und ihr werdet noch vom alten Getreide zu essen haben und das alte Getreide hinausschaffen müssen für das frische Getreide. 11 Und ich werde in eurer Mitte Wohnung nehmen und keinen Widerwillen gegen euch hegen. 12 Und ich werde unter euch wandeln und euer Gott sein, und ihr sollt mein Volk sein. 13 Ich bin der HERR, euer Gott, der euch herausgeführt hat aus dem Land Ägypten, so dass ihr nicht mehr ihre Sklaven sein musstet. Und ich habe die Hölzer eures Jochs zerbrochen und euch aufrecht gehen lassen.

14 Wenn ihr aber nicht auf mich hört und nicht alle diese Gebote befolgt 15 und wenn ihr meine Satzungen missachtet und Widerwillen hegt gegen

meine Vorschriften, so dass ihr nicht alle meine Gebote befolgt und meinen Bund brecht, 16 dann werde auch ich euch dies antun: Ich werde Entsetzen über euch bringen, Schwindsucht und Fieber, die die Augen erlöschen und das Leben dahinschwinden lassen. Und vergeblich werdet ihr eure Saat aussäen, denn eure Feinde werden sie verzehren. 17 Und ich werde mein Angesicht gegen euch wenden, und ihr werdet vor den Augen eurer Feinde geschlagen werden. Und die euch hassen, werden über euch herrschen, und ihr werdet fliehen, auch wenn euch niemand verfolgt.

18 Und wenn ihr auch dann noch nicht auf mich hört, werde ich euch noch mehr züchtigen, siebenfach, für eure Sünden. 19 Und ich werde eure stolze Macht brechen und den Himmel über euch wie Eisen machen und die Erde unter euch wie Bronze. 20 Vergeblich werdet ihr eure Kraft verbrauchen: Euer Land wird keinen Ertrag bringen, und die Bäume des Landes werden keine Früchte tragen. 21 Und wenn ihr euch mir widersetzt und nicht auf mich hören wollt, werde ich euch noch mehr schlagen, siebenfach, für eure Sünden. 22 Und ich werde die Tiere des Feldes gegen euch loslassen, und sie werden euch kinderlos machen und euer Vieh vertilgen und eure Zahl gering machen, und eure Strassen werden öde sein.

23 Und wenn ihr euch dadurch nicht zurechtweisen lasst von mir, sondern euch mir widersetzt, 24 werde auch ich mich euch widersetzen und euch schlagen, siebenfach, für eure Sünden. 25 Und ich werde ein Schwert über euch kommen lassen, das die Rache des Bundes vollstrecken wird. Und wenn ihr euch in eure Städte zurückzieht, werde ich die Pest unter euch senden, und ihr werdet in die Hand des Feindes gegeben werden. 26 Wenn ich euch den Brotstab zerbreche, werden zehn Frauen euer Brot in einem einzigen Ofen backen und euch das Brot abgewogen zurück-

bringen, und ihr werdet essen und nicht satt werden.

27 Und wenn ihr trotz alledem nicht auf mich hört und euch mir widersetzt, 28 werde auch ich mich euch widersetzen im Zorn und euch züchtigen, siebenfach, für eure Sünden. 29 Und ihr werdet das Fleisch eurer Söhne essen und das Fleisch eurer Töchter verzehren. 30 Und ich werde eure Kulthöhen zerstören und eure Räucheraltäre vernichten und eure Leichen zu den Leichen eurer Götzen werfen, und ich werde Widerwillen hegen gegen euch. 31 Und eure Städte werde ich zu Trümmerhaufen machen, und eure Heiligtümer werde ich verwüsten, und den beschwichtigenden Geruch eurer Opfer werde ich nicht mehr riechen wollen. 32 Und das Land werde ich verwüsten, und eure Feinde, die sich darin niederlassen, werden sich darüber entsetzen. 33 Euch aber werde ich unter die Völker zerstreuen, und ich werde hinter euch das Schwert ziehen, und euer Land soll öde und eure Städte sollen Trümmerhaufen werden. 34 Dann wird das Land seine Sabbate nachholen, während der ganzen Zeit, in der es öde liegt und ihr im Land eurer Feinde seid. Dann wird das Land ruhen und seine Sabbate nachholen. 35 Während der ganzen Zeit, in der es öde liegt, wird es ruhen, wie es nicht ruhen konnte an euren Sabbaten, als ihr darin wohntet. 36 Denen aber, die von euch übrig bleiben, werde ich das Herz schreckhaft machen in den Ländern ihrer Feinde. Und schon das Rascheln eines verwehten Blattes wird sie aufscheuchen, und sie werden fliehen, wie man vor dem Schwert flieht, und fallen, ohne dass jemand sie verfolgt. 37 Und sie werden übereinander stürzen, wie auf der Flucht vor dem Schwert, ohne dass jemand sie verfolgt. Und ihr werdet nicht bestehen können vor euren Feinden. 38 Und ihr werdet umkommen unter den Völkern, und das Land eurer Feinde wird euch fressen. 39 Die aber übrig bleiben von euch, wer-

den ihrer Schuld wegen verfaulen in den Ländern eurer Feinde, und auch der Schuld ihrer Vorfahren wegen werden sie verfaulen wie diese. 40 Und sie werden ihre Schuld bekennen und die Schuld ihrer Vorfahren, dass sie mir die Treue gebrochen und auch dass sie sich mir widersetzt haben. 41 Ich werde mich ihnen widersetzen und sie in das Land ihrer Feinde bringen, bis sich ihr unbeschnittenes Herz demütigt und sie ihre Schuld abtragen. 42 Dann werde ich mich meines Bundes mit Jakob erinnern, und auch meines Bundes mit Isaak und meines Bundes mit Abraham werde ich mich erinnern, und des Landes werde ich mich erinnern. 43 Das Land aber muss von ihnen verlassen werden und seine Sabbate nachholen, wenn es öde liegt ohne sie. Sie aber müssen ihre Schuld abtragen, weil sie meine Vorschriften missachtet und meine Satzungen verabscheut haben. 44 Aber auch wenn sie im Land ihrer Feinde sind, verwerfe ich sie nicht und hege ich keinen Widerwillen gegen sie, so dass ich sie vernichte und meinen Bund mit ihnen brechen würde. Denn ich bin der HERR, ihr Gott. 45 Und ich werde mich zu ihren Gunsten des Bundes mit den Vorfahren erinnern, denn ich habe sie vor den Augen der Völker aus dem Land Ägypten herausgeführt, um ihr Gott zu sein. Ich bin der HERR.

46 Das sind die Satzungen und die Vorschriften und die Weisungen, die der HERR auf dem Berg Sinai zwischen sich und den Israeliten durch Mose erlassen hat.

|1: 2Kön 17,10 · Ex 20,4–5 |2: 19,30 |3–13: Dtn 28,1–14 |3: Neh 1,9 |4: Dtn 11,14 · Ez 34,27 |5: Am 9,13 · 25,18–19 |6: Jes 35,9; Ez 34,25 |7: 1Sam 14,13 |8: Jos 23,10; Ri 15,15 |10: 25,22 |11: Ex 29,45; Ez 37,26 |12: Dtn 23,15; 2Kor 6,16 |13: Jes 9,3; Jer 28,2; Ex 34,27; Nah 1,13 |14–38: Dtn 28,15–68 |14: Dan 9,11 |15: Jer 31,32 |16: Hiob 31,8!; Jer 5,17 |17: 17,10 · 1Kön 8,33 · 36–37; Spr 28,1 |18: 21.24 |19: Dtn 11,17; 1Kön 8,35 |20: Dtn 11,17! |21: 18! |22: Dtn 32,25; 2Kön 2,24; Ez 5,17 |24: 18! |25: Ex 5,3; Hab 3,5 |26: Ps 105,16; Jes 3,1; Ez 4,10! · Jes 9,19 |29: 2Kön 6,29; Dtn 28,53; Jer 19,9 |30: 2Chr 34,4; Ez 6,5 |31: 2Kön 25,9 |32: Jer 18,16 |33: Dtn 4,27 · 2Kön 17,6; 25,11 |34: 25,2 |35: 2Chr 36,21

|36–37: 17! |37: Jer 46,16 · Ri 2,14 |39: Dtn 8,20 |40: Dtn 30,2 · Esra 9,6; Neh 9,2; Dan 9,4–19 |41: Dtn 10,16; Jer 9,25; Apg 7,51 |42: Dtn 4,31; 9,27 · Ex 2,24; 2Kön 13,23 |43: 2Chr 36,21 |46: 27,34; Dtn 33,4

26,26: Mit dem ‹Brotstab› ist der Holzstab gemeint, an dem die ringförmigen Brote aufgehängt und als Vorrat aufbewahrt wurden.

Auslösung von Gelübden und Weihegaben

27 1 Und der HERR sprach zu Mose: 2 Sprich zu den Israeliten und sage ihnen: Wenn jemand dem HERRN einen Menschen geweiht hat und sein Gelübde erfüllen will, 3 soll der Wert eines Mannes zwischen zwanzig Jahren und sechzig Jahren fünfzig Schekel Silber sein, nach dem Schekel des Heiligtums. 4 Ist es aber eine Frau, soll der Wert dreissig Schekel sein. 5 Und zwischen fünf Jahren und zwanzig Jahren soll der Wert einer männlichen Person zwanzig Schekel sein, der einer weiblichen Person aber zehn Schekel. 6 Und zwischen einem Monat und fünf Jahren soll der Wert eines Knaben fünf Schekel Silber sein, der Wert eines Mädchens aber drei Schekel Silber. 7 Und im Alter von sechzig Jahren oder darüber soll der Wert eines Mannes fünfzehn Schekel sein, der einer Frau aber zehn Schekel. 8 Ist aber jemand zu arm, um den üblichen Wert zu zahlen, soll er den Menschen vor den Priester treten lassen, und der Priester soll ihn einschätzen. Der Priester soll ihn einschätzen nach dem Vermögen dessen, der das Gelübde abgelegt hat.

9 Und handelt es sich um Vieh, von dem man dem HERRN eine Opfergabe darbringen darf, so soll alles heilig sein, was man davon dem HERRN gibt. 10 Man soll es nicht auswechseln und nicht austauschen, ein gutes Tier nicht gegen ein schlechtes und ein schlechtes nicht gegen ein gutes. Tauscht jemand aber dennoch ein Tier gegen ein anderes aus, soll das eine wie das andere heilig sein. 11 Handelt es sich aber um unreines Vieh, von dem man dem HERRN keine Opfergabe darbringen darf, soll

man das Tier vor den Priester stellen.
12 Und der Priester soll es einschätzen,
nach seinen Vorzügen und Mängeln,
und bei der Schätzung des Priesters soll
es bleiben. 13 Will er es aber zurückkaufen, soll er dem Schätzwert noch ein
Fünftel hinzufügen.

14 Und wenn jemand dem HERRN
sein Haus als heilige Gabe weiht, soll der
Priester es nach seinen Vorzügen und
Mängeln schätzen. Wie der Priester es
schätzt, dabei soll es bleiben. 15 Will
aber jemand das Haus zurückkaufen,
das er geweiht hat, so soll er noch ein
Fünftel des geschätzten Preises hinzufügen, dann gehört es wieder ihm.

16 Und wenn jemand einen Teil seines Feldbesitzes dem HERRN weiht, soll
sich der Wert nach der Aussaat richten:
fünfzig Schekel Silber für die Aussaat
von einem Chomer Gerste. 17 Weiht er
sein Feld vom Jobeljahr an, soll dieser
Schätzwert gelten. 18 Weiht er sein Feld
aber nach dem Jobeljahr, soll ihm der
Priester den Preis berechnen nach den
Jahren, die noch bis zum nächsten Jobeljahr bleiben, und es soll etwas vom
Schätzwert abgezogen werden. 19 Und
will jemand das Feld zurückkaufen, das
er geweiht hat, soll er noch ein Fünftel
des geschätzten Preises hinzufügen,
dann wird es wieder sein Eigentum.
20 Und wenn er es nicht zurückkauft,
das Feld aber einem anderen verkauft
wird, so kann es nicht mehr zurückgekauft werden. 21 Wird es dann im Jobeljahr frei, ist das Feld dem HERRN heilig,
wie ein geweihtes Feld. Es wird Eigentum des Priesters.

22 Weiht er dem HERRN aber ein
Feld, das er gekauft hat, das nicht zu seinem Erbbesitz gehört, 23 so soll ihm der
Priester die Höhe des Schätzwerts bis
zum Jobeljahr berechnen, und er soll
den Wert am selben Tag bezahlen. Das
Feld ist dem HERRN heilig. 24 Im Jobeljahr fällt das Feld an den zurück, von
dem er es gekauft hat, dem das Land als
Eigentum zusteht. 25 Jeder Schätzwert

aber soll nach dem Schekel des Heiligtums angesetzt werden. Zwanzig Gera
soll der Schekel sein.

26 Eine Erstgeburt vom Vieh aber,
die als Erstlingsgabe dem HERRN gehört, darf niemand weihen. Ob Rind
oder Schaf, sie gehört dem HERRN.
27 Handelt es sich aber um unreines
Vieh, soll man es nach dem Schätzwert
auslösen und noch ein Fünftel hinzufügen. Wird es aber nicht zurückgekauft,
soll es zum Schätzwert verkauft werden.

28 Alles der Vernichtung geweihte
Gut aber, das jemand für den HERRN der
Vernichtung weiht, von all dem, was
ihm gehört, von Menschen und Vieh
und vom Feld aus seinem Besitz, darf
nicht verkauft und nicht zurückgekauft
werden. Alles der Vernichtung geweihte
Gut ist dem HERRN hochheilig. 29 Kein
Mensch, der der Vernichtung geweiht
wird, kann losgekauft werden. Er muss
getötet werden.

30 Und jeder Zehnte des Landes,
vom Saatertrag des Landes und von den
Früchten der Bäume, gehört dem
HERRN. Er ist dem HERRN geweiht.
31 Will aber jemand etwas von seinem
Zehnten zurückkaufen, soll er noch ein
Fünftel des Wertes hinzufügen. 32 Und
jedes zehnte Tier vom gesamten Zehnten an Rindern und Kleinvieh, das unter
dem Hirtenstab hindurchgeht, soll dem
HERRN geweiht sein. 33 Man soll nicht
unterscheiden zwischen einem guten
Tier und einem schlechten, und man
soll sie nicht austauschen. Tauscht man
sie aber dennoch aus, so soll das eine wie
das andere geweiht sein. Es kann nicht
zurückgekauft werden.

34 Das sind die Gebote, die der HERR
auf dem Berg Sinai Mose für die Israeliten gab.

| 2: Num 30,3; Dtn 23,22 | 3: 25; 5,15; Ex 30,13!;
38,24 | 5: Gen 37,28 | 8: 5,7! | 10: 33 | 13: 15.27.31; 5,16;
22,14; Num 5,7 | 15: 13! | 16: 2Sam 24,24 | 18: 25,16 | 21:
28! | 24: 25,13! | 25: 3! | 26: Ex 13,2! | 27: 13! | 28: 21;
Num 18,14; Jos 6,17; Ez 44,29 | 29: 1Sam 15,3! | 30-32:
Num 18,21; 2Chr 31,6; Neh 10,38 | 31: 13! | 33: 10 | 34:
26,46

Numeri

(DAS VIERTE BUCH MOSE)

Erste Zählung des Volks

1 1 Und der HERR sprach zu Mose in der Wüste Sinai im Zelt der Begegnung, am Ersten des zweiten Monats im zweiten Jahr nach ihrem Auszug aus dem Land Ägypten: 2 Zählt die ganze Gemeinde der Israeliten, nach ihren Sippen, nach ihren Familien, Name für Name, alle Männer, Kopf für Kopf. 3 Die zwanzig Jahre alt sind oder älter, alle Wehrfähigen in Israel, sollt ihr mustern, Heerschar um Heerschar, du und Aaron. 4 Und von jedem Stamm soll ein Mann dabei sein, der das Haupt seiner Familie ist. 5 Und dies sind die Namen der Männer, die euch zur Seite stehen sollen: von Ruben Elizur, der Sohn Schedeurs; 6 von Simeon Schelumiel, der Sohn Zurischaddais; 7 von Juda Nachschon, der Sohn Amminadabs; 8 von Issaschar Netanel, der Sohn Zuars; 9 von Sebulon Eliab, der Sohn Chelons; 10 von den Söhnen Josefs: von Efraim Elischama, der Sohn Ammihuds, von Manasse Gamliel, der Sohn Pedazurs; 11 von Benjamin Abidan, der Sohn Gidonis; 12 von Dan Achieser, der Sohn Ammischaddais; 13 von Asser Pagiel, der Sohn Ochrans; 14 von Gad Eljasaf, der Sohn Deguels; 15 von Naftali Achira, der Sohn Enans. 16 Das sind die Berufenen der Gemeinde, die Fürsten der Stämme ihrer Vorfahren, die Häupter der Tausendschaften Israels. 17 Und Mose und Aaron holten diese Männer, die namentlich bestimmt worden waren. 18 Die ganze Gemeinde aber versammelten sie am Ersten des zweiten Monats. Und sie liessen sich eintragen in die Verzeichnisse ihrer Sippen, nach ihren Familien, Name für Name, die zwanzig Jahre alt waren oder älter, Kopf für Kopf, 19 wie der HERR es Mose gebo-

ten hatte. So musterte er sie in der Wüste Sinai.

20 Da waren die Söhne Ruben, des Erstgeborenen Israels, ihre Nachkommen nach ihren Sippen, nach ihren Familien, Name für Name, Kopf für Kopf, alle Männer, die zwanzig Jahre alt waren oder älter, alle Wehrfähigen – 21 die Gemusterten vom Stamm Ruben waren 46500.

22 Von den Söhnen Simeon, ihre Nachkommen nach ihren Sippen, nach ihren Familien, die Gemusterten, Name für Name, Kopf für Kopf, alle Männer, die zwanzig Jahre alt waren oder älter, alle Wehrfähigen – 23 die Gemusterten vom Stamm Simeon waren 59300.

24 Von den Söhnen Gad, ihre Nachkommen nach ihren Sippen, nach ihren Familien, Name für Name, die zwanzig Jahre alt waren oder älter, alle Wehrfähigen – 25 die Gemusterten vom Stamm Gad waren 45650.

26 Von den Söhnen Juda, ihre Nachkommen nach ihren Sippen, nach ihren Familien, Name für Name, die zwanzig Jahre alt waren oder älter, alle Wehrfähigen – 27 die Gemusterten vom Stamm Juda waren 74600.

28 Von den Söhnen Issaschar, ihre Nachkommen nach ihren Sippen, nach ihren Familien, Name für Name, die zwanzig Jahre alt waren oder älter, alle Wehrfähigen – 29 die Gemusterten vom Stamm Issaschar waren 54400.

30 Von den Söhnen Sebulon, ihre Nachkommen nach ihren Sippen, nach ihren Familien, Name für Name, die zwanzig Jahre alt waren oder älter, alle Wehrfähigen – 31 die Gemusterten vom Stamm Sebulon waren 57400.

32 Von den Söhnen Josef: Die Söhne Efraim, ihre Nachkommen nach ihren

Sippen, nach ihren Familien, Name für Name, die zwanzig Jahre alt waren oder älter, alle Wehrfähigen – 33 die Gemusterten vom Stamm Efraim waren 40500. 34 Von den Söhnen Manasse, ihre Nachkommen nach ihren Sippen, nach ihren Familien, Name für Name, die zwanzig Jahre alt waren oder älter, alle Wehrfähigen – 35 die Gemusterten vom Stamm Manasse waren 32200.

36 Von den Söhnen Benjamin, ihre Nachkommen nach ihren Sippen, nach ihren Familien, Name für Name, die zwanzig Jahre alt waren oder älter, alle Wehrfähigen – 37 die Gemusterten vom Stamm Benjamin waren 35400.

38 Von den Söhnen Dan, ihre Nachkommen nach ihren Sippen, nach ihren Familien, Name für Name, die zwanzig Jahre alt waren oder älter, alle Wehrfähigen – 39 die Gemusterten vom Stamm Dan waren 62700.

40 Von den Söhnen Asser, ihre Nachkommen nach ihren Sippen, nach ihren Familien, Name für Name, die zwanzig Jahre alt waren oder älter, alle Wehrfähigen – 41 die Gemusterten vom Stamm Asser waren 41500.

42 Die Söhne Naftali, ihre Nachkommen nach ihren Sippen, nach ihren Familien, Name für Name, die zwanzig Jahre alt waren oder älter, alle Wehrfähigen – 43 die Gemusterten vom Stamm Naftali waren 53400.

44 Das waren die Gemusterten, die Mose gemustert hat, zusammen mit Aaron und den Fürsten Israels, zwölf Männern, je einem für eine Familie. 45 Und alle Gemusterten der Israeliten nach ihren Familien, die zwanzig Jahre alt waren oder älter, alle Wehrfähigen in Israel – 46 alle Gemusterten waren 603550. 47 Die aber nach dem Stamm ihrer Vorfahren Leviten waren, wurden nicht mit ihnen gemustert.

48 Und der HERR sprach zu Mose: 49 Den Stamm Levi sollst du nicht mit den Israeliten mustern und zählen. 50 Betraue die Leviten mit der Sorge für die Wohnung des Zeugnisses, für alle ihre Geräte und für alles, was dazu gehört. Sie sollen die Wohnung und alle ihre Geräte tragen, und sie sollen für sie den Dienst versehen, und rings um die Wohnung sollen sie lagern. 51 Und wenn die Wohnung weiterzieht, sollen die Leviten sie abbauen, und wenn die Wohnung Halt macht, sollen die Leviten sie aufrichten. Jeder andere aber, der sich ihr nähert, soll getötet werden. 52 Und die Israeliten sollen lagern, jeder bei seinem Lager und jeder bei seinem Feldzeichen, Heerschar um Heerschar. 53 Die Leviten aber sollen rings um die Wohnung des Zeugnisses lagern, so wird kein Zorn über die Gemeinde der Israeliten kommen. Und die Leviten sollen ihre Aufgabe für die Wohnung des Zeugnisses erfüllen.

54 Und die Israeliten machten es; genau wie der HERR es Mose geboten hatte, so machten sie es.

| 1: Ex 40,17 · 9,1; 10,11 | 2: 26,2; Ex 30,12 | 3: 3,15.40; 4,3.47 | 4: 44; Jos 22,14 | 7: 2,3! | 10: 1Chr 7,26 | 16: 7,2; 10,4; 16,2 | 19: 54! · 26,64 | 44: Gen 17,20! · 4! | 46: 2,32; 11,21; 26,51; Ex 12,37 | 47: 26,62 | 49: 2,33 | 50: 18,5 | 51: 10,17.21 · 3,10.38; 18,7 | 52: 2,2 | 54: 19; 2,34

Lagerordnung

2 1 Und der HERR sprach zu Mose und Aaron: 2 Jeder bei seinem Feldzeichen, mit Zeichen für ihre Familien, sollen die Israeliten lagern. Mit Blick auf das Zelt der Begegnung sollen sie rings darum lagern. 3 Vorn, im Osten, lagern die, die zum Feldzeichen des Lagers von Juda gehören, Heerschar um Heerschar. Fürst der Söhne Juda ist Nachschon, der Sohn Amminadabs, 4 und sein Heer zählt 74600 Gemusterte. 5 Und neben ihm lagert der Stamm Issaschar, und Fürst der Söhne Issaschar ist Netanel, der Sohn Zuars, 6 und sein Heer zählt 54400 Gemusterte; 7 und auch der Stamm Sebulon, und Fürst der Söhne Sebulon ist Eliab, der Sohn Chelons, 8 und sein Heer zählt 57400 Gemusterte. 9 Zum Lager von Juda gehören insgesamt 186400 Gemusterte, Heerschar

um Heerschar. Sie sollen als Erste aufbrechen.

10 Das Feldzeichen des Lagers von Ruben, Heerschar neben Heerschar, liegt im Süden. Fürst der Söhne Ruben ist Elizur, der Sohn Schedeurs, 11 und sein Heer zählt 46500 Gemusterte. 12 Und neben ihm lagert der Stamm Simeon, und Fürst der Söhne Simeon ist Schelumiel, der Sohn Zurischaddais, 13 und sein Heer zählt 59300 Gemusterte; 14 und auch der Stamm Gad, und Fürst der Söhne Gad ist Eljasaf, der Sohn Deguels, 15 und sein Heer zählt 45650 Gemusterte. 16 Zum Lager von Ruben gehören insgesamt 151450 Gemusterte, Heerschar um Heerschar. Und sie sollen als Zweite aufbrechen.

17 Dann soll das Zelt der Begegnung aufbrechen, das Lager der Leviten in der Mitte der Lager. Wie sie lagern, so sollen sie aufbrechen, jeder an seiner Stelle, Feldzeichen um Feldzeichen.

18 Das Feldzeichen des Lagers von Efraim, Heerschar um Heerschar, liegt im Westen. Fürst der Söhne Efraim ist Elischama, der Sohn Ammihuds, 19 und sein Heer zählt 40500 Gemusterte. 20 Und neben ihm ist der Stamm Manasse, und Fürst der Söhne Manasse ist Gamliel, der Sohn Pedazurs, 21 und sein Heer zählt 32200 Gemusterte; 22 und auch der Stamm Benjamin, und Fürst der Söhne Benjamin ist Abidan, der Sohn Gidonis, 23 und sein Heer zählt 35400 Gemusterte. 24 Zum Lager von Efraim gehören insgesamt 108100 Gemusterte, Heerschar um Heerschar. Und sie sollen als Dritte aufbrechen.

25 Das Feldzeichen des Lagers von Dan liegt im Norden, Heerschar um Heerschar. Fürst der Söhne Dan ist Achieser, der Sohn Ammischaddais, 26 und sein Heer zählt 62700 Gemusterte. 27 Und neben ihm lagert der Stamm Asser, und Fürst der Söhne Asser ist Pagiel, der Sohn Ochrans, 28 und sein Heer zählt 41500 Gemusterte; 29 und auch der Stamm Naftali, und Fürst der Söhne Naftali ist Achira, der Sohn Enans, 30 und

sein Heer zählt 53400 Gemusterte. 31 Zum Lager von Dan gehören insgesamt 157600 Gemusterte. Sie sollen als Letzte aufbrechen, Feldzeichen um Feldzeichen.

32 Das waren die Gemusterten der Israeliten nach ihren Familien. Zu den Lagern, Heerschar um Heerschar, gehörten 603550 Gemusterte. 33 Aber die Leviten wurden nicht mit den Israeliten gemustert, wie der HERR es Mose geboten hatte. 34 Und die Israeliten machten es, genau wie der HERR es Mose geboten hatte, so lagerten sie, Feldzeichen um Feldzeichen, und so brachen sie auf, jeder bei seiner Sippe, mit seiner Familie.

|2: 1,52 |3: 10,5 · 1,7; Lk 3,33 |9: 10,14 |10: 10,6 |16: 10,18 |24: 10,22 |31: 10,25 |32: 1,46! |33: 1,49 |34: 1,54! · 10,12.28

2,14: In vielen Handschriften lautet der Name Deguel, was wohl korrekt ist; vgl. Num 1,14; 7,42.47; 10,20. Im Codex Leningradensis lautet er Reguel.

Musterung der Leviten

3 1 Und dies sind die Nachkommen Aarons und Moses, zu der Zeit, als der HERR mit Mose redete auf dem Berg Sinai, 2 und dies sind die Namen der Söhne Aarons: Nadab, der Erstgeborene, und Abihu, Elasar und Itamar. 3 Das sind die Namen der Söhne Aarons, der gesalbten Priester, denen man die Hand gefüllt hatte für den priesterlichen Dienst. 4 Nadab und Abihu aber starben vor dem HERRN, als sie ein unerlaubtes Feueropfer darbrachten vor dem HERRN in der Wüste Sinai, und sie hatten keine Söhne. So versahen Elasar und Itamar den priesterlichen Dienst unter der Aufsicht ihres Vaters Aaron.

5 Und der HERR sprach zu Mose: 6 Lass den Stamm Levi herkommen und vor den Priester Aaron treten, und sie sollen ihm dienen. 7 Und sie sollen ihre Aufgabe für ihn und ihre Aufgabe für die ganze Gemeinde vor dem Zelt der Begegnung erfüllen, wenn sie bei der Wohnung Dienst tun. 8 Und sie sollen alle Geräte des Zelts der Begegnung in Ordnung halten und ihre Aufgabe für

die Israeliten erfüllen, wenn sie bei der Wohnung Dienst tun. 9 Und du sollst die Leviten Aaron und seinen Söhnen übergeben; zu eigen gegeben sind sie ihm von den Israeliten. 10 Aaron und seine Söhne aber sollst du damit betrauen, ihr Priesteramt wahrzunehmen. Jeder andere aber, der sich nähert, soll getötet werden.

11 Und der HERR sprach zu Mose: 12 Sieh, ich selbst habe aus den Israeliten die Leviten genommen anstelle aller Erstgeborenen der Israeliten, die den Mutterschoss durchbrechen. Und die Leviten sollen mir gehören. 13 Denn jede Erstgeburt gehört mir. Als ich im Land Ägypten jede Erstgeburt schlug, habe ich jede Erstgeburt in Israel für mich geheiligt, beim Menschen wie beim Vieh. Mir sollen sie gehören, ich bin der HERR.

14 Und der HERR sprach zu Mose in der Wüste Sinai: 15 Mustere die Söhne Levis nach ihren Familien, nach ihren Sippen; alle Knaben und Männer, die einen Monat alt sind oder älter, sollst du mustern. 16 Und Mose musterte sie nach dem Befehl des HERRN, wie es ihm geboten worden war.

17 Und dies waren die Söhne Levis mit ihren Namen: Gerschon, Kehat und Merari. 18 Und dies sind die Namen der Söhne Gerschons nach ihren Sippen: Libni und Schimi. 19 Und die Söhne Kehats nach ihren Sippen: Amram und Jizhar, Chebron und Ussiel. 20 Und die Söhne Meraris nach ihren Sippen: Machli und Muschi. Das sind die Sippen der Leviten nach ihren Familien. 21 Zu Gerschon gehört die Sippe der Libniten und die Sippe der Schimiten; das sind die Sippen der Gerschoniten. 22 Die Zahl ihrer Gemusterten, aller Knaben und Männer, die einen Monat alt waren oder älter, betrug 7500. 23 Die Sippen der Gerschoniten lagerten hinter der Wohnung im Westen. 24 Fürst der Familie der Gerschoniten war Eljasaf, der Sohn Laels. 25 Und die Söhne Gerschons hatten beim Zelt der Begegnung für die Wohnung und das Zeltdach zu sorgen, für seine Decke und die Decke am Eingang des Zelts der Begegnung, 26 die Behänge des Vorhofs und die Decke am Eingang des Vorhofs, der die Wohnung und den Altar rings umschliesst, und die Stricke, samt aller Arbeit daran.

27 Zu Kehat gehören die Sippe der Amramiten und die Sippe der Jizhariten, die Sippe der Chebroniten und die Sippe der Osieliten; das sind die Sippen der Kehatiten. 28 Die Zahl der Knaben und Männer, die einen Monat alt waren oder älter, betrug 8600. Sie erfüllten ihre Aufgabe für das Heiligtum. 29 Die Sippen der Kehatiten lagerten an der Längsseite der Wohnung im Süden. 30 Und Fürst der Familie der Kehatitensippen war Elizafan, der Sohn Ussiels. 31 Und sie hatten für die Lade zu sorgen, für den Tisch, den Leuchter und die Altäre und die heiligen Geräte, mit denen man den Dienst versieht, sowie die Decke samt aller Arbeit daran. 32 Der oberste Fürst der Leviten aber war Elasar, der Sohn des Priesters Aaron. Er war mit der Aufsicht derer betraut, die eine Aufgabe für das Heiligtum zu erfüllen hatten.

33 Zu Merari gehört die Sippe der Machliten und die Sippe der Muschiten; das sind die Sippen Meraris. 34 Die Zahl der Knaben und Männer, die einen Monat alt waren oder älter, betrug 6200 Gemusterte. 35 Fürst der Familie der Merarisippen war Zuriel, der Sohn Abichajils. Sie lagerten an der Längsseite der Wohnung im Norden. 36 Die Merariten hatten den Auftrag, für die Bretter der Wohnung zu sorgen, für ihre Querbalken, ihre Säulen und Sockel sowie alle ihre Geräte samt aller Arbeit daran, 37 für die Säulen des Vorhofs ringsum und ihre Sockel, ihre Pflöcke und Stricke. 38 Vor der Wohnung aber, vor dem Zelt der Begegnung, im Osten lagerten Mose und Aaron und seine Söhne, die ihre Aufgabe für das Heiligtum erfüllten, wie sie den Israeliten aufgetragen war. Jeder andere

aber, der sich näherte, sollte getötet werden.

39 Die Gemusterten der Leviten, die Mose und Aaron nach dem Befehl des HERRN musterten nach ihren Sippen, alle Knaben und Männer, die einen Monat alt waren oder älter, waren zusammen 22000.

40 Und der HERR sprach zu Mose: Mustere alle männlichen Erstgeborenen der Israeliten, die einen Monat alt sind oder älter, und zähle ihre Namen. 41 Dann nimm für mich – ich bin der HERR – die Leviten anstelle aller Erstgeborenen bei den Israeliten und das Vieh der Leviten anstelle aller Erstgeburt beim Vieh der Israeliten. 42 Und Mose musterte, wie es der HERR ihm geboten hatte, alle Erstgeborenen bei den Israeliten. 43 Und die männlichen Erstgeborenen, Name für Name, die einen Monat alt waren oder älter, waren zusammen 22273 Gemusterte.

44 Und der HERR sprach zu Mose: 45 Nimm die Leviten anstelle aller Erstgeborenen bei den Israeliten und das Vieh der Leviten anstelle ihres Viehs. Und die Leviten sollen mir gehören, ich bin der HERR. 46 Zur Auslösung der 273 Erstgeborenen unter den Israeliten, die die Zahl der Leviten übersteigen, 47 sollst du je Kopf fünf Schekel nehmen. Nach dem Schekel des Heiligtums sollst du sie nehmen, zwanzig Gera der Schekel. 48 Und du sollst das Geld Aaron und seinen Söhnen geben zur Auslösung der Überzähligen unter ihnen. 49 Und Mose nahm das Lösegeld von den Überzähligen, die durch die Leviten nicht ausgelöst waren. 50 Von den Erstgeborenen der Israeliten nahm er das Geld, 1365 Schekel nach dem Schekel des Heiligtums. 51 Und Mose gab das Lösegeld Aaron und seinen Söhnen nach dem Befehl des HERRN, wie der HERR es Mose geboten hatte.

|2: Ex 28,1! |3: Ex 28,41; 40,15 |4: 26,61; Lev 10,1–2 · 1Chr 24,1–2 · 17,2! |6–7: 18,2–3 |6: 16,10; Dtn 10,8 |8: 1Chr 23,32; 2Chr 29,11 |9: 8,19 |10: 1,51! 18,7 · 17,5! |12–13: 45; 8,14 |13: Ex 12,29! · Ex 13,2! |15: 1,3! |17: 26,57; Gen 46,11; 1Chr 23,6 |18–20:

Ex 6,17–19 |21: 4,22 |26: 4,24–28 |27: 4,2; Jos 21,5; 1Chr 23,12 |30: Ex 6,22 · Lev 10,4 |31: 4,4–15; 7,9; Dtn 10,8 |33: 4,29; 1Chr 23,21 |37: 4,29–33 |38: 1,51! |40: 1,3! |45: 12–13 |47: 18,16; Ex 30,13!

Dienst der Leviten

4 1 Und der HERR sprach zu Mose und Aaron: 2 Zähle die Kehatiten unter den Leviten, nach ihren Sippen, nach ihren Familien, 3 die dreissig Jahre alt sind oder älter, bis zu fünfzig Jahre, alle, die zum Dienst verpflichtet sind, um am Zelt der Begegnung eine Arbeit zu tun. 4 Dies ist der Dienst der Kehatiten im Zelt der Begegnung: der Dienst am Hochheiligen. 5 Wenn das Lager weiterzieht, sollen Aaron und seine Söhne hineingehen und den verhüllenden Vorhang abnehmen und damit die Lade des Zeugnisses bedecken. 6 Und sie sollen eine Decke aus Tachaschhaut darauf legen und ein Tuch ganz aus blauem Purpur darüber breiten und die Stangen anbringen. 7 Und über den Tisch der Schaubrote sollen sie ein Tuch aus blauem Purpur breiten und die Schüsseln und Schalen und Becher darauf stellen und die Kannen für das Trankopfer, und das Schaubrot soll darauf liegen. 8 Und sie sollen darüber ein Tuch aus Karmesin breiten und es mit einer Decke aus Tachaschhaut bedecken und die Stangen anbringen. 9 Und sie sollen ein Tuch aus blauem Purpur nehmen und den Leuchter für das Licht und seine Lampen bedecken, die Dochtscheren und Pfannen und alle Ölgefässe, mit denen man den Dienst an ihm versieht. 10 Und sie sollen ihn samt allen Geräten in eine Decke aus Tachaschhaut hüllen und auf das Traggestell legen. 11 Und über den goldenen Altar sollen sie ein Tuch aus blauem Purpur breiten und ihn mit einer Decke aus Tachaschhaut bedecken und die Stangen anbringen. 12 Und sie sollen alle Geräte nehmen, mit denen man den Dienst im Heiligtum versieht, und sie in ein Tuch aus blauem Purpur hüllen und mit einer Decke aus Tachaschhaut bedecken und auf das Traggestell legen. 13 Und sie sollen

den Altar von der Fettasche reinigen und ein Tuch aus rotem Purpur darüber breiten. 14 Und sie sollen alle Geräte darauf legen, mit denen man den Dienst auf ihm versieht, die Pfannen, Gabeln, Schaufeln und Sprengschalen, alle Altargeräte. Und sie sollen eine Decke aus Tachaschhaut darüber breiten und die Stangen anbringen. 15 So sollen Aaron und seine Söhne das Heiligtum und alle heiligen Geräte vollständig bedecken, wenn das Lager weiterzieht, und danach sollen die Kehatiten kommen, um sie zu tragen. Sie dürfen aber das Heilige nicht berühren, sonst müssen sie sterben. Das haben die Kehatiten zu tragen vom Zelt der Begegnung. 16 Elasar aber, der Sohn des Priesters Aaron, hat die Verantwortung über das Öl für das Licht und über das wohlriechende Räucherwerk, das ständige Speiseopfer und das Salböl, die Verantwortung über die ganze Wohnung und alles, was darin ist an Heiligem und an dazugehörigen Geräten.

17 Und der HERR sprach zu Mose und Aaron: 18 Sorgt dafür, dass der Stamm der Kehatitensippen nicht ausgerottet wird unter den Leviten. 19 Und tut dies für sie, damit sie am Leben bleiben und nicht sterben, wenn sie herzutreten zum Hochheiligen: Aaron und seine Söhne sollen hineingehen und einem jeden zuweisen, was er tun und was er tragen soll. 20 Sie aber sollen nicht hineingehen, um, wenn auch nur für einen Augenblick, das Heilige zu sehen, sonst müssen sie sterben.

21 Und der HERR sprach zu Mose: 22 Zähle auch die Gerschoniten, nach ihren Familien, nach ihren Sippen. 23 Die dreissig Jahre alt sind oder älter, bis zu fünfzig Jahre, sollst du mustern, alle, die zum Dienst verpflichtet sind, um am Zelt der Begegnung eine Arbeit zu tun. 24 Dies ist der Dienst der Sippen der Gerschoniten, was sie tun und was sie tragen sollen: 25 Sie sollen die Zeltbahnen der Wohnung und das Zelt der Begegnung tragen, seine Decke und die Tachaschdecke, die darüber liegt, und

die Decke am Eingang des Zelts der Begegnung, 26 die Behänge des Vorhofs und die Decke am Toreingang des Vorhofs, der die Wohnung und den Altar rings umschliesst, die Stricke und alle Arbeitsgeräte. Und alles, was dabei zu tun ist, sollen sie verrichten. 27 Der ganze Dienst der Gerschoniten soll auf Anordnung Aarons und seiner Söhne geschehen, alles, was sie zu tragen und zu tun haben. Und ihr sollt sie anweisen und beaufsichtigen bei allem, was sie zu tragen haben. 28 Das ist der Dienst der Sippen der Gerschoniten am Zelt der Begegnung, den sie unter der Leitung Itamars, des Sohns des Priesters Aaron zu versehen haben.

29 Die Merariten sollst du mustern, nach ihren Sippen, nach ihren Familien. 30 Die dreissig Jahre alt sind oder älter, bis zu fünfzig Jahre, sollst du mustern, alle, die zum Dienst verpflichtet sind, um den Dienst am Zelt der Begegnung zu tun. 31 Und das haben sie zu tragen bei ihrem ganzen Dienst am Zelt der Begegnung: die Bretter der Wohnung, ihre Querbalken, ihre Säulen und Sockel, 32 die Säulen des Vorhofs ringsum und ihre Sockel, Pflöcke und Stricke mit allen Geräten für ihre ganze Arbeit. Und ihr sollt ihnen die Geräte zuweisen, die sie tragen sollen, indem ihr sie einzeln nennt. 33 Das ist der Dienst der Sippen der Merariten, ihr ganzer Dienst am Zelt der Begegnung unter der Leitung Itamars, des Sohns des Priesters Aaron.

34 Und Mose, Aaron und die Fürsten der Gemeinde musterten die Kehatiten, nach ihren Sippen und nach ihren Familien, 35 die dreissig Jahre alt waren oder älter, bis zu fünfzig Jahre, alle, die zum Dienst verpflichtet waren, zur Arbeit am Zelt der Begegnung. 36 Und ihre Gemusterten, nach ihren Sippen, waren 2750. 37 Das sind die Gemusterten der Sippen der Kehatiten, alle, die am Zelt der Begegnung Dienst taten, die Mose und Aaron musterten, wie es der HERR durch Mose befohlen hatte.

38 Und die Gemusterten der Ger-

schoniten, nach ihren Sippen und nach ihren Familien, 39 die dreissig Jahre alt waren oder älter, bis zu fünfzig Jahre, alle, die zum Dienst verpflichtet waren, zur Arbeit am Zelt der Begegnung. 40 Und ihre Gemusterten, nach ihren Sippen, nach ihren Familien, waren 2630. 41 Das sind die Gemusterten der Sippen der Gerschoniten, alle, die am Zelt der Begegnung Dienst taten, die Mose und Aaron musterten nach dem Befehl des HERRN.

42 Und die Gemusterten der Sippen der Merariten, nach ihren Sippen, nach ihren Familien, 43 die dreissig Jahre alt waren oder älter, bis zu fünfzig Jahre, alle, die zum Dienst verpflichtet waren, zur Arbeit am Zelt der Begegnung. 44 Und ihre Gemusterten, nach ihren Sippen, waren 3200. 45 Das sind die Gemusterten der Sippen der Merariten, die Mose und Aaron musterten, wie es der HERR durch Mose befohlen hatte.

46 Alle Gemusterten, die Mose, Aaron und die Fürsten Israels bei den Leviten nach ihren Sippen und ihren Familien gemustert hatten, 47 die dreissig Jahre alt waren oder älter, bis zu fünfzig Jahre, alle, die verpflichtet waren, als Arbeiter und Träger am Zelt der Begegnung Dienst zu tun, 48 ihre Gemusterten waren 8580. 49 Nach dem Befehl des HERRN betraute man unter der Leitung Moses einen jeden von ihnen mit dem, was er zu tun und was er zu tragen hatte. Und sie wurden von ihm gemustert, wie der HERR es Mose geboten hatte.

|2:3,27! |3:1,3! · 23.30.47; 8,24 |4–15:3,31! |5: Ex 26,31 · Ex 40,3 |6: Ex 25,13 |9: Ex 25,31 |11: Ex 40,26 |12:1Chr 9,28 |15: 2Sam 6,6–7 · 7,9; 10,21 |20:18,3 · 1Sam 6,19 |22:3,21 |23:3! |24–28:3,26 |24: 10,17 |28:33! 7,8; Ex 38,21 |29–33:3,37 |29:3,33! |30: 3! |33:28! |47:1,3! · 3!

4,14: In wichtigen Textzeugen folgt am Ende des Verses: «Und sie sollen ein Tuch aus rotem Purpur nehmen und das Becken und sein Gestell bedecken und sie in eine Decke aus Tachaschhaut hüllen und auf das Traggestell legen.»

4,49: Die mit «Und sie wurden von ihm gemustert» wiedergegebene Form lautet im Massoretischen Text übersetzt: «Und seine Gemusterten».

Unreinheit, Veruntreuung und Verdacht auf Ehebruch

5 1 Und der HERR sprach zu Mose: 2 Gebiete den Israeliten, dass sie jeden Aussätzigen aus dem Lager weisen, jeden, der an einem Ausfluss leidet, und jeden, der an einem Toten unrein geworden ist. 3 Männer wie Frauen sollt ihr hinausweisen, vor das Lager sollt ihr sie weisen. So werden sie ihr Lager nicht verunreinigen, in dem ich mitten unter ihnen wohne. 4 Und die Israeliten machten es so und wiesen sie vor das Lager hinaus. Wie der HERR zu Mose geredet hatte, so machten es die Israeliten.

5 Und der HERR sprach zu Mose: 6 Rede zu den Israeliten: Wenn ein Mann oder eine Frau irgendeine Sünde begeht, wie die Menschen sie begehen, und eine Veruntreuung gegen den HERRN verübt, wird diese Person schuldig. 7 Sie sollen aber ihre Sünde bekennen, die sie begangen haben. Dann soll man vollständig zurückerstatten, was man schuldet, und noch ein Fünftel hinzufügen und es dem geben, an dem man schuldig geworden ist. 8 Gibt es aber keinen Vertreter, dem man zurückerstatten könnte, was man schuldet, wird, was man schuldet, dem HERRN erstattet, und es gehört dem Priester, ebenso wie der Sühnewidder, mit dem dieser für einen Sühne erwirkt.

9 Und jede Abgabe von allen heiligen Gaben der Israeliten, die sie zum Priester bringen, soll ihm gehören. 10 Und jede heilige Gabe soll ihm gehören; was jemand dem Priester gibt, soll ihm gehören.

11 Und der HERR sprach zu Mose: 12 Rede zu den Israeliten und sprich zu ihnen: Wenn eine Ehefrau ihren Mann betrügt und ihm untreu wird, 13 und ein Mann schläft mit ihr, und dies bleibt vor den Augen ihres Mannes verborgen, und sie bleibt unentdeckt, obwohl sie sich verunreinigt hat, und es gibt keinen Zeugen gegen sie, und sie ist nicht ertappt worden, 14 und es kommt ein Geist der Eifersucht über ihn, und er

wird seiner Frau wegen eifersüchtig, und sie hat sich wirklich verunreinigt, oder es kommt ein Geist der Eifersucht über ihn, und er wird eifersüchtig auf seine Frau, und sie hat sich nicht verunreinigt: 15 Dann soll der Mann seine Frau zum Priester bringen und als Opfergabe für sie ein Zehntel Efa Gerstenmehl mitbringen. Er darf kein Öl darauf giessen und keinen Weihrauch darauf legen, denn es ist ein Eifersuchtsopfer, ein Erinnerungsopfer, das Schuld aufdeckt. 16 Und der Priester soll sie herankommen und vor den HERRN treten lassen. 17 Dann soll der Priester heiliges Wasser in einem Tongefäss nehmen, und der Priester soll etwas Staub vom Boden der Wohnung nehmen und in das Wasser streuen. 18 Und der Priester soll die Frau vor den HERRN treten lassen und das Haupthaar der Frau lösen und auf ihre Hände das Erinnerungsopfer legen, es ist ein Eifersuchtsopfer. Der Priester aber soll das bittere Wasser, das Fluch wirkt, in der Hand halten. 19 Dann soll der Priester sie schwören lassen und zu der Frau sagen: Wenn kein Mann mit dir geschlafen hat und du deinen Mann nicht mit einem anderen betrogen hast und unrein geworden bist, so bleibe unversehrt von diesem bitteren Wasser, das Fluch wirkt. 20 Wenn du aber deinen Mann mit einem anderen betrogen und du dich verunreinigt hast und ein anderer als dein Ehemann mit dir den Beischlaf vollzogen hat – 21 dann soll der Priester die Frau den Fluch schwören lassen, und der Priester soll zu der Frau sprechen: Der HERR mache dich zum Anlass für ein Fluch- und Schwurwort in deinem Volk, indem der HERR deine Hüfte einfallen und deinen Bauch anschwellen lässt. 22 Und dieses Wasser, das Fluch wirkt, dringe in deinen Leib, lasse den Bauch anschwellen und die Hüfte einfallen. Und die Frau soll sprechen: Amen, Amen. 23 Dann soll der Priester diese Flüche auf ein Blatt schreiben und sie im bitteren Wasser abwaschen. 24 Und er

soll der Frau das bittere Wasser, das Fluch wirkt, zu trinken geben, und das Wasser, das Fluch wirkt, soll in sie eindringen und zur Bitternis werden. 25 Dann soll der Priester aus der Hand der Frau das Eifersuchtsopfer nehmen und das Opfer vor dem HERRN hin und her schwingen und es zum Altar bringen. 26 Und der Priester soll von dem Opfer eine Handvoll zum Verbrennen nehmen und auf dem Altar als Rauchopfer darbringen. Und danach soll er der Frau das Wasser zu trinken geben. 27 Er soll ihr das Wasser zu trinken geben, und falls sie sich verunreinigt hat und ihrem Mann untreu geworden ist, wird das Wasser, das Fluch wirkt, in sie eindringen und zur Bitternis werden, und ihr Bauch wird anschwellen und ihre Hüfte einfallen. Und die Frau wird zum Anlass für ein Fluchwort werden in ihrem Volk. 28 Hat sie sich aber nicht verunreinigt und ist rein, wird sie unversehrt und fruchtbar bleiben.

29 Das ist die Weisung über die Eifersucht: Wenn eine Frau ihren Mann mit einem anderen betrügt und sich verunreinigt 30 oder wenn über einen Mann ein Geist der Eifersucht kommt und er seiner Frau wegen eifersüchtig wird, soll er die Frau vor den HERRN treten lassen, und der Priester soll nach dieser ganzen Weisung mit ihr verfahren. 31 Der Mann bleibt frei von Schuld, jene Frau aber muss ihre Schuld tragen.

|2: Lev 13,46! · Lev 15,2! · 9,6–7; 19,11–16 |3: 12,14; Lev 15,31 |4: 2Chr 26,21 |6–7: Lev 5,21–22 |7: Lev 5,5 · Lev 5,16 |8: Lev 7,7 |9–10: Ex 29,27–28! |12: Ex 20,14 |13: Ez 33,26 |26: Lev 2,2! |27: Ps 109,18 |31: Mt 1,19

Weisung für Geweihte

6 1 Und der HERR sprach zu Mose: 2 Rede zu den Israeliten und sprich zu ihnen: Wenn jemand, ein Mann oder eine Frau, das besondere Gelübde eines Geweihten ablegt, um sich dem HERRN zu weihen, 3 soll er sich des Weins und des Biers enthalten, Essig aus Wein und Essig aus Bier soll er nicht trinken, und keinerlei Traubensaft soll er trinken, und Trauben, frische oder getrocknete, soll er nicht essen. 4 Während der ganzen Zeit, in der er geweiht ist, soll er nichts essen von all dem, was vom Weinstock gewonnen wird, von den unreifen Trauben bis zu den Trebern. 5 Während der ganzen Zeit seines Weihegelübdes darf kein Schermesser an sein Haupt kommen. Bis die Zeit um ist, für die er sich dem HERRN weiht, soll er heilig sein, er soll sein Haupthaar frei wachsen lassen. 6 Die ganze Zeit, für die er sich dem HERRN weiht, soll er nicht zu einem Toten hineingehen. 7 An seinem Vater und seiner Mutter, an seinem Bruder und seiner Schwester soll er sich nicht verunreinigen, wenn sie sterben, denn die Weihe seines Gottes ist auf seinem Haupt.

8 Während der ganzen Zeit seiner Weihe ist er dem HERRN heilig. 9 Wenn aber jemand neben ihm ganz plötzlich stirbt und sein geweihtes Haupt verunreinigt, soll er am Tag seiner Reinigung sein Haupt scheren, am siebten Tag soll er es scheren. 10 Und am achten Tag soll er zwei Turteltauben oder zwei Tauben zum Priester bringen an den Eingang des Zelts der Begegnung. 11 Und der Priester soll die eine als Sündopfer und die andere als Brandopfer darbringen und für ihn dafür Sühne erwirken, dass er sich des Toten wegen versündigt hat, und er soll sein Haupt an diesem Tag wieder heiligen. 12 Dann soll er sich dem HERRN von neuem weihen für die Zeit seiner Weihe und ein einjähriges Lamm als Schuldopfer darbringen. Die erste Zeit aber soll hinfällig sein, denn seine Weihe ist unrein geworden.

13 Und dies ist die Weisung für den Geweihten: Wenn die Zeit seiner Weihe um ist, soll man ihn an den Eingang des Zelts der Begegnung bringen. 14 Und er soll dem HERRN seine Opfergabe darbringen: ein makelloses einjähriges männliches Lamm als Brandopfer, ein makelloses einjähriges weibliches Lamm als Sündopfer und einen makellosen Widder als Heilsopfer, 15 ferner einen Korb ungesäuerter Brote aus Feinmehl, mit Öl angerührte Kuchen und ungesäuerte, mit Öl bestrichene Fladen und das dazugehörige Speiseopfer und die dazugehörigen Trankopfer. 16 Und der Priester soll es vor den HERRN bringen und sein Sündopfer und sein Brandopfer darbringen. 17 Und den Widder soll er als Heilsopfer für den HERRN darbringen samt dem Korb ungesäuerter Brote. Und der Priester soll sein Speiseopfer und sein Trankopfer darbringen. 18 Dann soll der Geweihte am Eingang des Zelts der Begegnung sein geweihtes Haupt scheren und das Haar seines geweihten Hauptes nehmen und es auf das Feuer legen, das unter dem Heilsopfer ist. 19 Der Priester aber soll von dem Widder das gekochte Schulterstück nehmen und einen ungesäuerten Kuchen aus dem Korb und einen ungesäuerten Fladen und es auf die Hände des Geweihten legen, nachdem dieser sein geweihtes Haar hat scheren lassen. 20 Und der Priester soll sie vor dem HERRN als Weihegabe hin und her schwingen, es ist eine heilige Gabe für den Priester, samt der geweihten Brust und der als Abgabe bestimmten Keule. Und danach darf der Geweihte wieder Wein trinken.

21 Das ist die Weisung für den Geweihten, der ein Gelübde ablegt, seine Opfergabe für den HERRN nach seiner Weihe, neben dem, was er sonst noch zu geben vermag. Seinem Gelübde gemäss, das er ablegt, soll er handeln, nach der Weisung über seine Weihe.

| 2: 30,3; Dtn 23,22; Koh 5,3–4; Apg 21,23 · 1Sam 1,11 |3: Lev 10,9; Ri 13,4; Am 2,11; Lk 1,15 |5: Ri 13,5; 16,17 |6: 19,11! |7: Lev 21,11 |8: 1Sam 1,28 |10: Lev 5,7 |15: Lev 7,12 · 15,3–7 |18: Apg 18,18; 21,24 |20: Ex 29,27–28!; Lev 7,34

Der Priestersegen

22 Und der HERR sprach zu Mose: 23 Rede zu Aaron und seinen Söhnen: So sollt ihr die Israeliten segnen, sprecht zu ihnen:

24 Der HERR segne dich
und behüte dich.
25 Der HERR lasse sein Angesicht
leuchten über dir
und sei dir gnädig.
26 Der HERR erhebe sein Angesicht
zu dir
und gebe dir Frieden.
27 So sollen sie meinen Namen auf
die Israeliten legen, und ich werde sie
segnen.

|23: 1Chr 23,13! |24: Rut 2,4 · Ps 121,7–8 |25:
Ps 80,4; 119,135; Dan 9,17 · Gen 43,29 |26: Jes 26,12
|27: 2Chr 7,14; Dan 9,19

Die Gaben der Fürsten

7 1 Und an dem Tag, als Mose die Wohnung fertig aufgerichtet und sie gesalbt und geheiligt hatte samt allen ihren Geräten und den Altar samt allen seinen Geräten, als er sie gesalbt und geheiligt hatte, 2 da brachten die Fürsten Israels, die Häupter ihrer Familien, Opfer dar. Sie waren die Stammesfürsten, die Vorsteher der Gemusterten. 3 Und sie brachten ihre Opfergabe vor den HERRN: sechs überdeckte Wagen und zwölf Rinder, je einen Wagen von zwei Fürsten und je ein Rind von einem. Und sie brachten sie vor die Wohnung. 4 Und der HERR sprach zu Mose: 5 Nimm sie von ihnen entgegen, sie sollen zum Dienst am Zelt der Begegnung verwendet werden. Und übergib sie den Leviten, jedem seinem Dienst entsprechend. 6 Da nahm Mose die Wagen und die Rinder und übergab sie den Leviten. 7 Zwei Wagen und vier Rinder gab er den Gerschoniten, entsprechend ihrem Dienst. 8 Und vier Wagen und acht Rinder gab er den Merariten, entsprechend ihrem Dienst unter der Leitung Itamars, des Sohns des Priesters Aaron. 9 Den Kehatiten aber gab er nichts, denn ihnen oblag der Dienst am Heiligen, auf der Schulter sollten sie es tragen. 10 Dann brachten die Fürsten die Gaben zur Einweihung des Altars dar an dem Tag, an dem er gesalbt wurde. Und die Fürsten brachten ihre Opfergabe dar vor dem Altar. 11 Und der HERR sprach zu Mose: Jeden Tag soll je ein Fürst seine Opfergabe zur Einweihung des Altars darbringen.

12 Und der am ersten Tag seine Opfergabe darbrachte, war Nachschon, der Sohn Amminadabs, vom Stamm Juda. 13 Und seine Opfergabe war: eine Silberschüssel, hundertdreissig Schekel schwer, eine Sprengschale aus Silber, siebzig Schekel nach dem Schekel des Heiligtums, beide voll Feinmehl, das mit Öl angerührt war, als Speiseopfer, 14 eine Schale von zehn Schekeln Gold, voll Räucherwerk, 15 ein junger Stier, ein Widder, ein einjähriges Lamm als Brandopfer, 16 ein Ziegenbock als Sündopfer 17 und als Heilsopfer zwei Rinder, fünf Widder, fünf Böcke und fünf einjährige Lämmer. Das war die Opfergabe des Nachschon, des Sohns von Amminadab.

18 Am zweiten Tag brachte Netanel, der Sohn Zuars, der Fürst von Issaschar, seine Gabe dar. 19 Er brachte als seine Opfergabe eine Silberschüssel, hundertdreissig Schekel schwer, eine Sprengschale aus Silber, siebzig Schekel nach dem Schekel des Heiligtums, beide voll Feinmehl, das mit Öl angerührt war, als Speiseopfer, 20 eine Schale von zehn Schekeln Gold, voll Räucherwerk, 21 einen jungen Stier, einen Widder, ein einjähriges Lamm als Brandopfer, 22 einen Ziegenbock als Sündopfer 23 und als Heilsopfer zwei Rinder, fünf Widder, fünf Böcke und fünf einjährige Lämmer. Das war die Opfergabe Netanels, des Sohns von Zuar.

24 Am dritten Tag der Fürst der Sebuloniten, Eliab, der Sohn Chelons. 25 Seine Opfergabe war: eine Silberschüssel, hundertdreissig Schekel schwer, eine Sprengschale aus Silber, siebzig Schekel nach dem Schekel des Heiligtums, beide voll Feinmehl, das mit Öl angerührt war, als Speiseopfer, 26 eine Schale von zehn Schekeln Gold, voll Räucherwerk, 27 ein junger Stier, ein Widder, ein einjähriges Lamm als Brandopfer, 28 ein Ziegenbock als Sünd-

opfer 29 und als Heilsopfer zwei Rinder, fünf Widder, fünf Böcke und fünf einjährige Lämmer. Das war die Opfergabe Eliabs, des Sohns von Chelon.

30 Am vierten Tag der Fürst der Rubeniten, Elizur, der Sohn Schedeurs. 31 Seine Opfergabe war: eine Silberschüssel, hundertdreissig Schekel schwer, eine Sprengschale aus Silber, siebzig Schekel nach dem Schekel des Heiligtums, beide voll Feinmehl, das mit Öl angerührt war, als Speiseopfer, 32 eine Schale von zehn Schekeln Gold, voll Räucherwerk, 33 ein junger Stier, ein Widder, ein einjähriges Lamm als Brandopfer, 34 ein Ziegenbock als Sündopfer 35 und als Heilsopfer zwei Rinder, fünf Widder, fünf Böcke und fünf einjährige Lämmer. Das war die Opfergabe Elizurs, des Sohns von Schedeur.

36 Am fünften Tag der Fürst der Simeoniten, Schelumiel, der Sohn Zurischaddais. 37 Seine Opfergabe war: eine Silberschüssel, hundertdreissig Schekel schwer, eine Sprengschale aus Silber, siebzig Schekel nach dem Schekel des Heiligtums, beide voll Feinmehl, das mit Öl angerührt war, als Speiseopfer, 38 eine Schale von zehn Schekeln Gold, voll Räucherwerk, 39 ein junger Stier, ein Widder, ein einjähriges Lamm als Brandopfer, 40 ein Ziegenbock als Sündopfer 41 und als Heilsopfer zwei Rinder, fünf Widder, fünf Böcke und fünf einjährige Lämmer. Das war die Opfergabe Schelumiels, des Sohns von Zurischaddai.

42 Am sechsten Tag der Fürst der Gaditen, Eljasaf, der Sohn Deguels. 43 Seine Opfergabe war: eine Silberschüssel, hundertdreissig Schekel schwer, eine Sprengschale aus Silber, siebzig Schekel nach dem Schekel des Heiligtums, beide voll Feinmehl, das mit Öl angerührt war, als Speiseopfer, 44 eine Schale von zehn Schekeln Gold, voll Räucherwerk, 45 ein junger Stier, ein Widder, ein einjähriges Lamm als Brandopfer, 46 ein Ziegenbock als Sündopfer 47 und als Heilsopfer zwei Rinder, fünf Widder, fünf Böcke und fünf einjährige Lämmer. Das war die Opfergabe Eljasafs, des Sohns von Deguel.

48 Am siebten Tag der Fürst der Efraimiten, Elischama, der Sohn Ammihuds. 49 Seine Opfergabe war: eine Silberschüssel, hundertdreissig Schekel schwer, eine Sprengschale aus Silber, siebzig Schekel nach dem Schekel des Heiligtums, beide voll Feinmehl, das mit Öl angerührt war, als Speiseopfer, 50 eine Schale von zehn Schekeln Gold, voll Räucherwerk, 51 ein junger Stier, ein Widder, ein einjähriges Lamm als Brandopfer, 52 ein Ziegenbock als Sündopfer 53 und als Heilsopfer zwei Rinder, fünf Widder, fünf Böcke und fünf einjährige Lämmer. Das war die Opfergabe Elischamas, des Sohns von Ammihud.

54 Am achten Tag der Fürst der Manassiten, Gamliel, der Sohn Pedazurs. 55 Seine Opfergabe war: eine Silberschüssel, hundertdreissig Schekel schwer, eine Sprengschale aus Silber, siebzig Schekel nach dem Schekel des Heiligtums, beide voll Feinmehl, das mit Öl angerührt war, als Speiseopfer, 56 eine Schale von zehn Schekeln Gold, voll Räucherwerk, 57 ein junger Stier, ein Widder, ein einjähriges Lamm als Brandopfer, 58 ein Ziegenbock als Sündopfer 59 und als Heilsopfer zwei Rinder, fünf Widder, fünf Böcke und fünf einjährige Lämmer. Das war die Opfergabe Gamliels, des Sohns von Pedazur.

60 Am neunten Tag der Fürst der Benjaminiten, Abidan, der Sohn Gidonis. 61 Seine Opfergabe war: eine Silberschüssel, hundertdreissig Schekel schwer, eine Sprengschale aus Silber, siebzig Schekel nach dem Schekel des Heiligtums, beide voll Feinmehl, das mit Öl angerührt war, als Speiseopfer, 62 eine Schale von zehn Schekeln Gold, voll Räucherwerk, 63 ein junger Stier, ein Widder, ein einjähriges Lamm als Brandopfer, 64 ein Ziegenbock als Sündopfer 65 und als Heilsopfer zwei Rinder, fünf Widder, fünf Böcke und

fünf einjährige Lämmer. Das war die Opfergabe Abidans, des Sohns von Gidoni.

66 Am zehnten Tag der Fürst der Daniten, Achieser, der Sohn Ammischaddais. 67 Seine Opfergabe war: eine Silberschüssel, hundertdreissig Schekel schwer, eine Sprengschale aus Silber, siebzig Schekel nach dem Schekel des Heiligtums, beide voll Feinmehl, das mit Öl angerührt war, als Speiseopfer, 68 eine Schale von zehn Schekeln Gold, voll Räucherwerk, 69 ein junger Stier, ein Widder, ein einjähriges Lamm als Brandopfer, 70 ein Ziegenbock als Sündopfer 71 und als Heilsopfer zwei Rinder, fünf Widder, fünf Böcke und fünf einjährige Lämmer. Das war die Opfergabe Achiesers, des Sohns von Ammischaddai.

72 Am elften Tag der Fürst der Asseriten, Pagiel, der Sohn Ochrans. 73 Seine Opfergabe war: eine Silberschüssel, hundertdreissig Schekel schwer, eine Sprengschale aus Silber, siebzig Schekel nach dem Schekel des Heiligtums, beide voll Feinmehl, das mit Öl angerührt war, als Speiseopfer, 74 eine Schale von zehn Schekeln Gold, voll Räucherwerk, 75 ein junger Stier, ein Widder, ein einjähriges Lamm als Brandopfer, 76 ein Ziegenbock als Sündopfer 77 und als Heilsopfer zwei Rinder, fünf Widder, fünf Böcke und fünf einjährige Lämmer. Das war die Opfergabe Pagiels, des Sohns von Ochran.

78 Am zwölften Tag der Fürst der Naftaliten, Achira, der Sohn Enans. 79 Seine Opfergabe war: eine Silberschüssel, hundertdreissig Schekel schwer, eine Sprengschale aus Silber, siebzig Schekel nach dem Schekel des Heiligtums, beide voll Feinmehl, das mit Öl angerührt war, als Speiseopfer, 80 eine Schale von zehn Schekeln Gold, voll Räucherwerk, 81 ein junger Stier, ein Widder, ein einjähriges Lamm als Brandopfer, 82 ein Ziegenbock als Sündopfer 83 und als Heilsopfer zwei Rinder, fünf Widder, fünf Böcke und fünf ein-

jährige Lämmer. Das war die Opfergabe Achiras, des Sohns von Enan.

84 Das war die Gabe zur Einweihung des Altars von den Fürsten Israels, als er gesalbt wurde: Zwölf Silberschüsseln, zwölf silberne Sprengschalen, zwölf Goldschalen, 85 jede Schüssel aus Silber wog hundertdreissig Schekel und jede Sprengschale siebzig. Das gesamte Silber der Gefässe wog zweitausendvierhundert Schekel nach dem Schekel des Heiligtums. 86 Zwölf Goldschalen, voll Räucherwerk, jede Schale wog zehn Schekel nach dem Schekel des Heiligtums. Das gesamte Gold der Schalen wog hundertzwanzig Schekel. 87 Alle Rinder für das Brandopfer, zwölf Jungstiere, zwölf Widder und zwölf einjährige Lämmer und das dazugehörige Speiseopfer, und zwölf Ziegenböcke als Sündopfer. 88 Und alle Rinder für das Heilsopfer, vierundzwanzig Jungstiere, sechzig Widder, sechzig Böcke und sechzig einjährige Lämmer. Das war die Gabe zur Einweihung des Altars, nachdem er gesalbt worden war.

89 Und als Mose in das Zelt der Begegnung hineinging, um mit ihm zu reden, hörte er die Stimme zu ihm reden von der Deckplatte herab, die auf der Lade des Zeugnisses lag, zwischen den zwei Kerubim hervor. So sprach er zu ihm.

|1: Ex 29,36 |2: 1,16! |8: 4,28! |9: 3,31! · 4,15! |10: 1Kön 8,63 |13: 15,4! |89: 11,17; 12,8; Ex 33,9 · Ex 25,22

Die Lampen des Leuchters

8 1 Und der HERR sprach zu Mose: 2 Rede zu Aaron und sprich zu ihm: Wenn du die Lampen aufsetzt, sollen die sieben Lampen den Raum vor dem Leuchter erhellen. 3 Und Aaron machte es so: Er setzte die Lampen an der Vorderseite des Leuchters auf, wie der HERR es Mose geboten hatte. 4 Das aber war die Machart des Leuchters: getriebene Arbeit aus Gold. Von seinem Fuss bis zu seinen Blüten war er in getriebener Arbeit. Nach dem Bild, das der HERR Mose gezeigt hatte, so hatte er den Leuchter gemacht.

|3: Ex 40,25 |4: Ex 25,9

Die Weihe der Leviten

5 Und der HERR sprach zu Mose: 6 Nimm aus den Israeliten die Leviten und reinige sie. 7 Und das sollst du mit ihnen tun, um sie zu reinigen: Besprenge sie mit Wasser der Entsündigung. Dann sollen sie mit einem Schermesser über ihren ganzen Körper fahren, ihre Kleider waschen und sich reinigen. 8 Und sie sollen einen jungen Stier nehmen und das dazugehörige Speiseopfer, mit Öl angerührtes Feinmehl. Und einen zweiten jungen Stier sollst du für ein Sündopfer nehmen. 9 Dann sollst du die Leviten vor das Zelt der Begegnung treten lassen und die ganze Gemeinde der Israeliten versammeln. 10 Und du sollst die Leviten vor den HERRN treten lassen, und die Israeliten sollen ihre Hände auf die Leviten legen. 11 Und Aaron soll die Leviten als Weihegabe der Israeliten vor dem HERRN darbringen, und sie sollen den Dienst für den HERRN tun. 12 Die Leviten aber sollen ihre Hände auf den Kopf der Jungstiere legen. Dann sollst du den einen als Sündopfer darbringen und den anderen als Brandopfer für den HERRN, um Sühne zu erwirken für die Leviten. 13 Und du sollst die Leviten vor Aaron und seine Söhne stellen und sie als Weihegabe dem HERRN darbringen. 14 So sollst du die Leviten aus den Israeliten aussondern, und die Leviten sollen mir gehören. 15 Danach aber sollen die Leviten hineingehen, um Dienst zu tun am Zelt der Begegnung; und du sollst sie reinigen und sie als Weihegabe darbringen. 16 Denn sie sind mir zu eigen gegeben aus den Israeliten. Anstelle von allem, was den Mutterschoss durchbricht, der Erstgeborenen von allen Israeliten, habe ich sie mir genommen. 17 Denn mir gehört jede Erstgeburt bei den Israeliten, bei den Menschen und beim Vieh. An dem Tag, da ich jede Erst-

geburt im Land Ägypten schlug, habe ich sie für mich geheiligt. 18 Und ich nahm die Leviten anstelle aller Erstgeborenen bei den Israeliten. 19 Und ich gab Aaron und seinen Söhnen aus den Israeliten die Leviten zu eigen, damit sie den Dienst der Israeliten am Zelt der Begegnung tun und Sühne erwirken für die Israeliten. So wird keine Plage über die Israeliten kommen, wenn die Israeliten herzutreten zum Heiligtum. 20 Und Mose, Aaron und die ganze Gemeinde der Israeliten machten es so mit den Leviten. Genau wie der HERR es Mose für die Leviten geboten hatte, so machten es die Israeliten mit ihnen. 21 Und die Leviten liessen sich entsündigen und wuschen ihre Kleider, und Aaron brachte sie dar als Weihegabe vor dem HERRN, und Aaron erwirkte Sühne für sie, um sie zu reinigen. 22 Danach aber gingen die Leviten hinein, um ihren Dienst zu tun am Zelt der Begegnung vor Aaron und seinen Söhnen. Wie der HERR es Mose geboten hatte über die Leviten, so machten sie es mit ihnen.

23 Und der HERR sprach zu Mose: 24 Dies gilt die Leviten betreffend: Wer fünfundzwanzig Jahre alt ist oder älter, ist verpflichtet, Dienst zu leisten am Zelt der Begegnung. 25 Wer aber fünfzig Jahre ist, soll vom Dienst, zu dem er verpflichtet war, zurücktreten und nicht mehr Dienst tun. 26 Er kann seinen Brüdern im Zelt der Begegnung behilflich sein, ihre Aufgaben zu erfüllen, aber Dienst soll er nicht tun. So sollst du es halten mit den Leviten bei ihren Aufgaben.

|6: Dtn 10,8; Mal 3,3 |7: 19,9; Lev 14,8–9 |9: Ex 29,4; Lev 8,3 |11: Dtn 10,8 |14: 3,12–13! |17: Ex 12,29! |19: 3,9 |20–22: Ex 12,50 |24: 4,3!

8,11: Wörtlich: «… soll die Leviten vor dem HERRN hin und her schwingen, …», wobei ‹hin und her schwingen› ein Fachausdruck der Priestersprache ist, der die entsprechende Darbringung eines Opfers bezeichnet.

Das Passa

9 1 Und der HERR sprach zu Mose in der Wüste Sinai im zweiten Jahr nach ihrem Auszug aus dem Land Ägypten, im ersten Monat: 2 Die Israeliten sollen das Passa halten zur festgesetzten Zeit. 3 Am vierzehnten Tag dieses Monats, in der Abenddämmerung, sollt ihr es halten, zur festgesetzten Zeit. Nach allen seinen Ordnungen und allen seinen Satzungen sollt ihr es halten. 4 Und Mose redete zu den Israeliten, dass sie das Passa halten sollten. 5 Und sie hielten das Passa im ersten Monat, am vierzehnten Tag des Monats in der Abenddämmerung in der Wüste Sinai. Genau wie der HERR es Mose geboten hatte, so machten es die Israeliten.

6 Es gab aber Männer, die an einem Toten unrein geworden waren und das Passa nicht halten konnten an jenem Tag. Und sie traten vor Mose und Aaron an jenem Tag. 7 Und diese Männer sagten zu ihm: Wir sind unrein geworden an einem Toten. Warum soll es uns verwehrt sein, die Opfergabe für den HERRN zur festgesetzten Zeit darzubringen unter den Israeliten? 8 Da sprach Mose zu ihnen: Wartet, ich will hören, was der HERR für euch gebietet.

9 Und der HERR sprach zu Mose: 10 Rede zu den Israeliten: Wenn jemand an einem Toten unrein geworden ist oder sich auf einer weiten Reise befindet, sei es bei euch oder bei euren künftigen Generationen, und er will dem HERRN ein Passa halten: 11 Im zweiten Monat, am vierzehnten Tag in der Abenddämmerung, soll man es halten. Zu ungesäuerten Broten und bitteren Kräutern soll man es essen. 12 Man darf nichts davon bis zum Morgen übrig lassen und keinen seiner Knochen zerbrechen. Genau nach der Ordnung für das Passa soll man es halten. 13 Wer aber rein ist und sich nicht auf einer Reise befindet und es unterlässt, das Passa zu halten, soll getilgt werden aus seiner Sippe, denn er hat die Opfergabe für den HERRN nicht zur festgesetzten Zeit dargebracht. Dieser Mann muss seine Sünde tragen.

14 Und wenn ein Fremder bei euch weilt und dem HERRN ein Passa halten will, so soll er es nach der Ordnung für das Passa und seiner Satzung halten. Ein und dieselbe Ordnung gilt für euch, für den Fremden wie für den Einheimischen im Land.

|1: 1,1! |2–3: Ex 12,2–3 |6–7: 5,2! |6: 27,2! |7: 2Chr 30,17–18 |8: Lev 24,12 |11: Ex 12,8 |12: Ex 12,10 · Ex 12,46! |13: Lev 24,15 |14: Ex 12,49

Die Wolkensäule

15 Als man aber die Wohnung aufrichtete, bedeckte die Wolke die Wohnung, das Zelt des Zeugnisses, und am Abend erschien sie wie Feuer über der Wohnung bis zum Morgen. 16 So war es ständig: Die Wolke bedeckte sie und ein Feuerschein bei Nacht. 17 Und wenn sich die Wolke vom Zelt erhob, brachen danach die Israeliten auf, und an dem Ort, wo die Wolke sich niederliess, lagerten sich die Israeliten. 18 Nach dem Befehl des HERRN brachen die Israeliten auf, und nach dem Befehl des HERRN lagerten sie sich. Während der ganzen Zeit, da die Wolke über der Wohnung ruhte, lagerten sie. 19 Und wenn die Wolke lange Zeit über der Wohnung verweilte, erfüllten die Israeliten die Anweisung des HERRN und brachen nicht auf. 20 Es kam aber auch vor, dass die Wolke nur wenige Tage über der Wohnung blieb. Nach dem Befehl des HERRN lagerten sie, und nach dem Befehl des HERRN brachen sie auf. 21 Und es kam vor, dass die Wolke nur vom Abend bis zum Morgen blieb: Wenn sich dann die Wolke am Morgen erhob, brachen sie auf. Oder es war ein Tag und eine Nacht: Wenn sich dann die Wolke erhob, brachen sie auf. 22 Oder es waren zwei Tage oder ein Monat oder noch längere Zeit: Wenn die Wolke lange über der Wohnung verweilte und über ihr ruhte, lagerten die Israeliten und brachen nicht auf, wenn sie sich aber erhob, brachen sie auf. 23 Nach dem Befehl des

Herrn lagerten sie sich, und nach dem Befehl des Herrn brachen sie auf. Sie erfüllten die Anweisung des Herrn, wie es der Herr durch Mose befohlen hatte.

|15: Ex 40,34 · Ex 40,38 · Ex 13,21! |17: 10,11–12 |23: Ex 17,1

Die Trompeten

10 1 Und der Herr sprach zu Mose: 2 Mache dir zwei silberne Trompeten, in getriebener Arbeit sollst du sie machen, und sie sollen dir dazu dienen, die Gemeinde einzuberufen und die Lager aufbrechen zu lassen. 3 Bläst man sie, so soll sich die ganze Gemeinde bei dir versammeln am Eingang des Zelts der Begegnung. 4 Wenn man aber nur eine bläst, sollen sich die Fürsten, die Häupter der Tausendschaften Israels, bei dir versammeln. 5 Und blast ihr das Signal, so sollen die Lager aufbrechen, die im Osten lagern. 6 Und blast ihr zum zweiten Mal das Signal, so sollen die Lager aufbrechen, die im Süden lagern. Das Signal soll man blasen, wenn sie aufbrechen sollen. 7 Wenn aber die Versammlung einberufen werden soll, dann sollt ihr blasen, aber nicht das Signal blasen. 8 Und die Söhne Aarons, die Priester, sollen die Trompeten blasen, und ihr sollt sie behalten als eine ewige Ordnung, von Generation zu Generation. 9 Und wenn ihr in eurem Land einen Krieg beginnt gegen den Feind, der euch bedrängt, sollt ihr mit den Trompeten das Signal blasen. Und es wird euer gedacht werden vor dem Herrn, eurem Gott, und ihr werdet errettet werden vor euren Feinden. 10 Und an einem Freudentag, an euren Festen und Monatsanfängen sollt ihr die Trompeten blasen zu euren Brandopfern und euren Heilsopfern, und sie sollen vor eurem Gott die Erinnerung an euch wachhalten. Ich bin der Herr, euer Gott.

|2–3: Jer 4,5; Joel 2,1.15 |4: 1,16 |5: 2,3 |6: 2,10 |9: 31,6; 2Chr 13,12–15 |10: 29,1; Lev 23,24; Ps 81,4

Der Aufbruch vom Sinai

11 Im zweiten Jahr, im zweiten Monat, am Zwanzigsten in dem Monat, hob sich die Wolke über der Wohnung des Zeugnisses. 12 Da zogen die Israeliten aus der Wüste Sinai weiter, von Lagerplatz zu Lagerplatz, und in der Wüste Paran liess sich die Wolke nieder. 13 So brachen sie zum ersten Mal auf, wie es der Herr durch Mose befohlen hatte. 14 Zuerst brach das Feldzeichen des Lagers der Söhne Juda auf, Heerschar um Heerschar, und ihr Heer führte Nachschon, der Sohn Amminadabs. 15 Und das Heer des Stamms der Söhne Issaschar führte Netanel, der Sohn Zuars. 16 Und das Heer des Stamms der Söhne Sebulon führte Eliab, der Sohn Chelons. 17 Und als die Wohnung abgebaut war, brachen die Gerschoniten und die Merariten auf, die die Wohnung trugen.

18 Dann brach das Feldzeichen des Lagers von Ruben auf, Heerschar um Heerschar, und ihr Heer führte Elizur, der Sohn Schedeurs. 19 Und das Heer des Stamms der Söhne Simeon führte Schelumiel, der Sohn Zurischaddais. 20 Und das Heer des Stamms der Söhne Gad führte Eljasaf, der Sohn Deguels. 21 Dann brachen die Kehatiten auf, die das Heilige trugen. Und man richtete die Wohnung auf, bevor sie ankamen.

22 Dann brach das Feldzeichen des Lagers der Söhne Efraim auf, Heerschar um Heerschar, und ihr Heer führte Elischama, der Sohn Ammihuds. 23 Und das Heer des Stamms der Söhne Manasse führte Gamliel, der Sohn Pedazurs. 24 Und das Heer des Stamms der Söhne Benjamin führte Abidan, der Sohn Gidonis.

25 Dann brach das Feldzeichen des Lagers der Söhne Dan auf als Nachhut für alle Lager, Heerschar um Heerschar, und sein Heer führte Achieser, der Sohn Ammischaddais. 26 Und das Heer des Stamms der Söhne Asser führte Pagiel, der Sohn Ochrans. 27 Und das Heer des Stamms der Söhne Naftali führte Achira, der Sohn Enans. 28 So brachen

die Israeliten auf, Heerschar um Heerschar, und so zogen sie weiter.

29 Und Mose sprach zu Chobab, dem Sohn des Midianiters Reguel, des Schwiegervaters von Mose: Wir ziehen nun weiter bis zu dem Ort, von dem der HERR gesagt hat: Ihn will ich euch geben. Komm mit uns, und wir werden dir Gutes tun, denn der HERR hat Israel Gutes zugesagt. 30 Er aber sprach zu ihm: Ich werde nicht mitgehen, sondern in mein Land und zu meiner Verwandtschaft werde ich gehen. 31 Da sprach er: Verlass uns nicht, denn du weisst, wo wir in der Wüste lagern können, und du sollst unser Auge sein. 32 Und wenn du mit uns gehst und all das Gute geschieht, das der HERR an uns tun will, dann werden wir auch dir Gutes tun. 33 So zogen sie weiter vom Berg des HERRN, drei Tagesreisen weit, und die Bundeslade des HERRN zog vor ihnen her, drei Tagesreisen weit, um einen Rastplatz für sie zu erkunden. 34 Und die Wolke des HERRN war über ihnen bei Tag, wenn sie aus dem Lager aufbrachen. 35 Wenn aber die Lade aufbrach, sprach Mose:
Steh auf, HERR, dass deine Feinde zerstieben
und, die dich hassen, vor dir fliehen.
36 Und wenn sie Halt machte, sprach er:
Kehre wieder, HERR,
zu den zehntausend mal Tausenden Israels.

|11–12: 9,17 |11: 1,1! |12: 2,34! · 12,16; 13,26; Gen 21,21; 1Kön 11,18 |14: 2,9 |17: 1,51! · 4,24 |18: 2,16 |21: 4,15! · 1,51! |22: 2,24 |25: 2,31 |28: 2,34! |29: Ex 2,18; Ri 4,11 · Ex 6,8 |30: Ex 18,27 |33: Dtn 1,33 |34: Ex 13,21 |35: Ps 3,8 |36: Ps 90,13

Murren und Bestrafung des Volks

11 1 Das Volk aber klagte zu den Ohren des HERRN, dass es ihm schlecht gehe. Und der HERR hörte es, und sein Zorn entbrannte, und das Feuer des HERRN loderte auf gegen sie und frass am Rand des Lagers. 2 Da schrie das Volk zu Mose, und Mose betete zum HERRN, und das Feuer fiel in

sich zusammen. 3 Und man nannte jenen Ort Tabera, weil das Feuer des HERRN aufgelodert war gegen sie.

4 Das hergelaufene Volk aber, das unter ihnen war, wurde gierig, und auch die Israeliten begannen wieder zu weinen und sagten: Wer gibt uns Fleisch zu essen? 5 Wir erinnern uns der Fische, die wir in Ägypten umsonst essen konnten, der Gurken, der Melonen, des Lauchs, der Zwiebeln und des Knoblauchs. 6 Jetzt aber verschmachten wir, es ist nichts da. Nichts als das Manna bekommen wir zu sehen. 7 Das Manna aber war wie Koriandersamen und sah aus wie Bdellionharz. 8 Und das Volk streifte umher, und sie lasen es auf und mahlten es mit der Handmühle oder zerstampften es im Mörser, dann kochten sie es im Topf und machten daraus Brote. Und es hatte einen Geschmack wie Ölkuchen. 9 Und wenn nachts der Tau auf das Lager fiel, fiel auch das Manna darauf herab. 10 Mose aber hörte, wie das Volk weinte, eine Sippe wie die andere, ein jeder am Eingang seines Zelts. Und der Zorn des HERRN entbrannte heftig, und es missfiel Mose. 11 Und Mose sprach zum HERRN: Warum gehst du so übel um mit deinem Diener, und warum finde ich keine Gnade in deinen Augen, dass du die Last dieses ganzen Volks auf mich legst? 12 Habe denn ich dieses ganze Volk empfangen, oder habe ich es gezeugt, dass du zu mir sagst: Trage es an deiner Brust, wie der Wärter den Säugling trägt, in das Land, das du seinen Vorfahren zugeschworen hast? 13 Woher soll ich Fleisch nehmen, um es diesem ganzen Volk zu geben? Denn sie weinen vor mir und sagen: Gib uns Fleisch, damit wir essen können! 14 Ich allein kann dieses ganze Volk nicht tragen, denn es ist zu schwer für mich. 15 Wenn du aber weiter so an mir handeln willst, töte mich lieber, wenn ich Gnade gefunden habe in deinen Augen, damit ich mein Unglück nicht länger ansehen muss.

16 Da sprach der HERR zu Mose: Ver-

sammle mir siebzig Männer von den Ältesten Israels, von denen du weisst, dass sie die Ältesten des Volks und seine Aufseher sind, und nimm sie mit zum Zelt der Begegnung, und sie sollen sich mit dir hinstellen. 17 Dann werde ich herabkommen und dort mit dir reden und von dem Geist, der auf dir ruht, nehmen und auf sie legen, und sie sollen mit dir die Last des Volks tragen, so musst du sie nicht mehr allein tragen. 18 Zum Volk aber sollst du sagen: Heiligt euch für morgen, da werdet ihr Fleisch essen, denn ihr habt vor den Ohren des HERRN geweint und gesagt: Wer gibt uns Fleisch zu essen? In Ägypten ging es uns besser. So wird der HERR euch Fleisch geben, und ihr werdet essen. 19 Nicht nur einen Tag werdet ihr essen und nicht zwei Tage, nicht fünf Tage, nicht zehn Tage und nicht zwanzig Tage: 20 Einen Monat lang, bis es euch zum Hals herauskommt und euch übel wird davon, denn ihr habt den HERRN verworfen, der in eurer Mitte ist, und vor ihm geweint und gesagt: Warum nur sind wir aus Ägypten ausgezogen? 21 Da sprach Mose: Sechshunderttausend Mann zu Fuss zählt das Volk, in dessen Mitte ich bin, und du sagst: Fleisch will ich ihnen geben, dass sie einen Monat lang zu essen haben. 22 Können denn Schafe und Rinder für sie geschlachtet werden, so dass es für sie genug ist? Oder können alle Fische des Meeres für sie gefangen werden, dass es für sie genug ist?

23 Der HERR aber sprach zu Mose: Ist denn die Hand des HERRN zu kurz? Jetzt sollst du sehen, ob mein Wort eintrifft oder nicht. 24 Da ging Mose hinaus und sprach zum Volk die Worte des HERRN. Dann versammelte er siebzig Männer von den Ältesten des Volks und stellte sie rings um das Zelt. 25 Der HERR aber fuhr in der Wolke herab und sprach zu ihm, und er nahm von dem Geist, der auf ihm ruhte, und legte ihn auf die siebzig Männer, die Ältesten. Und als der Geist sich auf ihnen niederliess, gebär-

deten sie sich wie Propheten, aber nur für kurze Zeit. 26 Zwei Männer aber waren im Lager zurückgeblieben, der eine hiess Eldad, und der andere hiess Medad. Und der Geist liess sich auf sie nieder, denn auch sie gehörten zu den Aufgeschriebenen, waren aber nicht hinausgegangen zum Zelt. Da gebärdeten sie sich im Lager wie Propheten. 27 Ein junger Mann aber lief zu Mose und meldete es ihm und sprach: Eldad und Medad gebärden sich im Lager wie Propheten. 28 Und Josua, der Sohn Nuns, der seit seiner Jugend Moses Diener war, antwortete und sprach: Mein Herr, Mose, gebiete ihnen Einhalt! 29 Mose aber sprach zu ihm: Was eiferst du für mich? Könnten doch alle im Volk des HERRN Propheten sein, weil der HERR seinen Geist auf sie legt! 30 Und Mose zog sich in das Lager zurück, er und die Ältesten Israels.

31 Ein Wind aber brach los, vom HERRN gesandt, und trieb Wachteln heran vom Meer und warf sie auf das Lager herunter, etwa eine Tagesreise weit in der einen Richtung und eine Tagesreise weit in der anderen Richtung, rings um das Lager und vom Boden etwa zwei Ellen hoch. 32 Da machte sich das Volk auf, jenen ganzen Tag lang und die ganze Nacht und den ganzen folgenden Tag, und sie sammelten die Wachteln ein. Wer wenig zusammenbrachte, sammelte zehn Chomer. Und sie breiteten sie aus rings um das Lager. 33 Das Fleisch war noch zwischen ihren Zähnen, es war noch nicht zerkaut, da entbrannte der Zorn des HERRN gegen das Volk, und der HERR schlug das Volk mit einer schweren Plage. 34 Und man nannte jenen Ort Kibrot-Taawa, denn dort hatte man die Leute begraben, die von der Gier gepackt worden waren. 35 Von Kibrot-Taawa brach das Volk auf nach Chazerot, und sie blieben in Chazerot.

| 1: 12,2 · 16,35; Lev 10,2; Dtn 9,22 | 2: 21,7; Ex 32,11 · Ex 10,18 · Dtn 9,19 | 4: Ex 12,38! · 14,1 · 18; Ps 78,18–20 | 5: Ex 16,3 | 6: 21,5 | 7: Ex 16,31 | 9:

Ex 16,15! |10: 12,9 |12: Dtn 1,31; 1Thess 2,7 |13: 22 |14: Ex 18,18 |15: Ex 32,32; 1Kön 19,4 |16: Ex 24,1 |17: 7,89! · Ex 18,22 |18: Ex 19,10 · 4! |20: Ex 16,3 |21: 1,46! |22: 13 |23: Jes 50,2! · Ex 6,1 |25: 12,5 · Neh 9,20 · 24,2 · 1Sam 19,20 |28: Ex 24,13 |29: Joel 3,1 |31: Ex 16,13 |33: 17,11; Ps 78,30–31 |34–35: 33,16–17; Dtn 9,22

11,3: Im Namen Tabera klingt hebräisch ‹auflodern› an.

11,20: Wörtlich: «..., bis es euch zur Nase herauskommt und ...»

11,34: Der Name Kibrot-Taawa bedeutet ‹Gräber der Gier›.

Auflehnung Mirjams und Aarons

12 1 Mirjam und Aaron aber redeten über Mose der kuschitischen Frau wegen, die er genommen hatte, denn er hatte eine kuschitische Frau genommen. 2 Und sie sprachen: Hat denn der HERR nur allein mit Mose geredet? Hat er nicht auch mit uns geredet? Und der HERR hörte es. 3 Der Mann Mose aber war sehr demütig, mehr als alle Menschen auf dem Erdboden.

4 Und sogleich sprach der HERR zu Mose, zu Aaron und zu Mirjam: Geht alle drei hinaus zum Zelt der Begegnung! Und die drei gingen hinaus. 5 Der HERR aber fuhr in einer Wolkensäule herab und trat an den Eingang des Zelts und rief: Aaron und Mirjam! Da gingen sie beide hinaus. 6 Und er sprach:
Hört meine Worte!
Wenn unter euch ein Prophet ist,
gebe ich mich ihm als der HERR zu
erkennen in einer Erscheinung,
rede ich mit ihm im Traum.
7 Nicht so mein Diener Mose:
Mit meinem ganzen Haus ist er
betraut.
8 Von Mund zu Mund rede ich mit ihm,
offen und nicht in Rätseln,
und die Gestalt des HERRN darf er
schauen.
Warum habt ihr euch nicht gescheut,
zu reden gegen meinen Diener,
gegen Mose?
9 Und der Zorn des HERRN entbrannte gegen sie, und er ging. 10 Als aber die Wolke vom Zelt gewichen war, sieh, da war Mirjam von Aussatz überschneit. Und Aaron wandte sich um zu Mirjam, und sieh da, sie war aussätzig. 11 Da sprach Aaron zu Mose: Mein Herr, bringe nicht die Sünde über uns, dass wir töricht gehandelt und uns versündigt haben. 12 Möge sie doch nicht sein wie die Totgeburt, deren Fleisch schon halb verwest ist, wenn sie aus dem Schoss ihrer Mutter kommt. 13 Da schrie Mose zum HERRN und sprach: Ach, Gott, heile sie doch!

14 Der HERR aber sprach zu Mose: Wenn ihr Vater ihr ins Gesicht gespuckt hätte, müsste sie sich nicht sieben Tage schämen? Sie soll sieben Tage aus dem Lager ausgeschlossen sein, danach aber soll sie wieder aufgenommen werden. 15 So wurde Mirjam sieben Tage aus dem Lager ausgeschlossen. Das Volk aber zog nicht weiter, bis Mirjam wieder aufgenommen war. 16 Danach brach das Volk auf von Chazerot und lagerte in der Wüste Paran.

|1: 26,59 · 16,2 · Ex 2,21! |2: 11,1 |3: Ex 23,25! |4: 1,1! |5: 11,25 |6: Hos 12,11; Hiob 4,13 |7: Hebr 3,2.5 |8: 7,89! · Ex 33,11; 34,6; Dtn 34,10 |9: 11,10 |10: Ex 4,6; Lev 13,13 · Dtn 24,9 |11: 2Sam 24,10 |13: Ex 15,26 |14: Dtn 25,9 · Lev 13,4 · 5,3! |16: 33,18 · 10,12!

Aussendung und Bericht der Kundschafter

13 1 Und der HERR redete zu Mose: 2 Sende Männer aus, damit sie das Land Kanaan erkunden, das ich den Israeliten gebe. Je einen Mann vom Stamm seiner Vorfahren sollt ihr aussenden, jeder ein Fürst unter ihnen. 3 Und Mose sandte sie von der Wüste Paran aus, nach dem Befehl des HERRN. Alle diese Männer waren Häupter der Israeliten. 4 Und dies sind ihre Namen: Vom Stamm Ruben Schammua, der Sohn Sakkurs; 5 vom Stamm Simeon Schafat, der Sohn Choris; 6 vom Stamm Juda Kaleb, der Sohn Jefunnes; 7 vom Stamm Issaschar Jigal, der Sohn Josefs; 8 vom Stamm Efraim Hoschea, der Sohn Nuns; 9 vom Stamm Benjamin Palti, der Sohn Rafus; 10 vom Stamm Sebulon Gaddiel, der Sohn Sodis; 11 vom Stamm Josef, für den Stamm Manasse Gaddi, der Sohn Susis; 12 vom Stamm Dan Ammiel, der Sohn Gemallis; 13 vom Stamm Asser Setur, der Sohn Michaels; 14 vom Stamm Naftali Nachbi, der Sohn Wofsis; 15 vom Stamm Gad Geuel, der Sohn Machis. 16 Das sind die Namen der Männer, die Mose aussandte, das Land zu erkunden. Hoschea aber, den Sohn Nuns, nannte Mose Josua.

17 Und Mose sandte sie aus, das Land Kanaan zu erkunden. Und er sprach zu ihnen: Zieht hier hinauf durch das Südland und ersteigt das Gebirge. 18 Und seht, wie das Land beschaffen ist und ob das Volk, das darin wohnt, stark ist oder schwach, ob es wenige sind oder viele; 19 und wie das Land ist, in dem es wohnt, ob es gut ist oder schlecht, und wie die Städte angelegt sind, in denen es wohnt, ob als offene Lager oder als Festungen; 20 und wie das Land ist, ob es fett ist oder mager, ob es darin Bäume gibt oder nicht. Und seid mutig und nehmt von den Früchten des Landes mit. Es war aber gerade die Zeit der ersten Trauben.

21 Da zogen sie hinauf und erkundeten das Land von der Wüste Zin bis nach Rechob bei Lebo-Chamat. 22 Und sie zogen hinauf durch das Südland und kamen bis Chebron. Dort lebten Achiman, Scheschai und Talmai, die Nachkommen des Anak. Chebron aber war sieben Jahre vor Zoan in Ägypten erbaut worden. 23 Dann kamen sie bis in das Tal Eschkol und schnitten dort eine Ranke mit einer Weintraube und trugen sie zu zweit an einer Stange, auch einige Granatäpfel und Feigen. 24 Jenen Ort nannte man Tal Eschkol wegen der Traube, die die Israeliten dort geschnitten hatten. 25 Und sie kehrten um, nachdem sie das Land vierzig Tage lang erkundet hatten. 26 Und sie gingen hin und kamen zu Mose und Aaron und zu der ganzen Gemeinde der Israeliten in die Wüste Paran nach Kadesch, und sie erstatteten ihnen und der ganzen Gemeinde Bericht und zeigten ihnen die Früchte des Landes. 27 Und sie erzähl-

ten ihm und sprachen: Wir sind in das Land gekommen, in das du uns gesandt hast. Wohl fliessen dort Milch und Honig, und dies hier sind seine Früchte. 28 Aber das Volk ist stark, das in dem Land wohnt, und die Städte sind befestigt und sehr gross, und sogar Nachkommen des Anak haben wir dort gesehen. 29 Amalek wohnt im Gebiet des Südlands, die Hetiter, die Jebusiter und die Amoriter wohnen auf dem Gebirge, und die Kanaaniter wohnen am Meer und am Ufer des Jordan. 30 Da beruhigte Kaleb das Volk vor Mose und sagte: Lasst uns hinaufziehen und es in Besitz nehmen, denn wir können es bezwingen. 31 Die Männer aber, die mit ihm hinaufgezogen waren, sagten: Wir können nicht gegen dieses Volk hinaufziehen, denn es ist stärker als wir. 32 Und sie verbreiteten bei den Israeliten über das Land, das sie erkundet hatten, das Gerücht: Das Land, durch das wir gezogen sind, um es zu erkunden, ist ein Land, das seine Bewohner frisst, und alle Leute, die wir darin gesehen haben, sind hochgewachsene Männer. 33 Und wir haben dort die Riesen gesehen – die Anakiter stammen von den Riesen ab –, und wir kamen uns vor wie Heuschrecken, und so erschienen wir auch ihnen.

|2: Jos 2,1! · 34,18; Jos 3,12 |6: 14,24; 34,19; Jos 14,6; 1Chr 4,15 |8: 16; Dtn 32,44 |16: 8! · Ex 24,13 |21: 34,3 |22: Jos 15,14 · Ps 78,12 |23: 32,9 · Dtn 8,8 |25: 14,34 |26: 10,12! · 20,1; 32,8; 33,36 |27: Ex 3,8 |28: Jos 14,12 |29: 1Sam 27,8 · Jos 5,1; 9,1 |31: 32,8–9 |32: Ps 106,24 · Lev 26,38 · Am 2,9 · 14,9 |33: Dtn 1,28; 2,10!; 9,2

13,24: Der Name Eschkol bedeutet ‹Traube›.

Aufruhr des Volks

14 1 Da hob die ganze Gemeinde an, laut zu schreien, und das Volk weinte in jener Nacht. 2 Und alle Israeliten murrten gegen Mose und gegen Aaron, und die ganze Gemeinde sprach zu ihnen: Wären wir doch im Land Ägypten gestorben oder hier in der Wüste, wären wir doch gestorben! 3 Warum bringt uns der HERR in dieses Land, damit wir durch das Schwert fallen. Unsere Frauen und Kinder werden zur Beute werden. Ist es nicht besser für uns, nach Ägypten zurückzukehren? 4 Und sie sprachen zueinander: Wir wollen einen Anführer einsetzen und nach Ägypten zurückkehren. 5 Da fielen Mose und Aaron vor der ganzen Versammlung der Gemeinde der Israeliten auf ihr Angesicht nieder. 6 Josua aber, der Sohn Nuns, und Kaleb, der Sohn Jefunnes, die bei denen waren, die das Land erkundet hatten, zerrissen ihre Kleider. 7 Und sie sprachen zu der ganzen Gemeinde der Israeliten: Das Land, das wir durchzogen haben, um es zu erkunden, das Land ist sehr, sehr schön. 8 Wenn der HERR Gefallen an uns hat, wird er uns in dieses Land bringen und es uns geben, ein Land, wo Milch und Honig fliessen. 9 Doch lehnt euch nicht auf gegen den HERRN! Und ihr braucht das Volk des Landes nicht zu fürchten, denn wir werden sie verschlingen wie Brot. Ihr Schutz ist von ihnen gewichen, mit uns aber ist der HERR. Fürchtet euch nicht vor ihnen. 10 Da wollte die ganze Gemeinde sie steinigen, die Herrlichkeit des HERRN aber erschien am Zelt der Begegnung allen Israeliten.

11 Und der HERR sprach zu Mose: Wie lange noch will mich dieses Volk verachten, und wie lange noch will es nicht an mich glauben trotz all der Zeichen, die ich in seiner Mitte getan habe? 12 Ich will es schlagen mit der Pest und es vertreiben, dich aber will ich zu einem Volk machen, grösser und mächtiger als dieses. 13 Da sprach Mose zum HERRN: Dann wird Ägypten hören, dass du aus seiner Mitte dieses Volk mit deiner Kraft heraufgeführt hast. 14 Und sie werden zu den Bewohnern dieses Landes sagen, sie hätten gehört, dass du, HERR, bei diesem Volk bist, dass du, HERR, Auge in Auge erschienen bist und deine Wolke über ihnen steht und du in einer Wolkensäule vor ihnen hergehst bei Tag und in einer Feuersäule bei Nacht. 15 Wenn du nun dieses Volk tötest wie einen Mann, dann werden die Völker, die die Kunde von dir gehört haben, sagen: 16 Weil der HERR nicht imstande war, dieses Volk in das Land zu bringen, das er ihnen zugeschworen hatte, schlachtete er sie ab in der Wüste. 17 Nun aber möge die Kraft des Herrn sich als gross erweisen, wie du gesagt hast: 18 Der HERR ist langmütig und von grosser Gnade, er vergibt Schuld und Vergehen, lässt aber nicht ungestraft, sondern sucht die Schuld der Vorfahren heim an den Söhnen bis zur dritten und vierten Generation. 19 Vergib doch die Schuld dieses Volks, wie es deiner grossen Gnade entspricht und so wie du diesem Volk vergeben hast von Ägypten bis hierher. 20 Da sprach der HERR: Ich vergebe nach deinem Wort. 21 Doch so wahr ich lebe und die ganze Erde der Herrlichkeit des HERRN voll werden soll: 22 Alle Männer, die meine Herrlichkeit und meine Zeichen gesehen haben, die ich in Ägypten und in der Wüste getan habe, und die mich nun schon zehnmal auf die Probe gestellt und nicht auf meine Stimme gehört haben, 23 werden das Land nicht sehen, das ich ihren Vorfahren zugeschworen habe, und alle, die mich verachten, werden es nicht sehen. 24 Meinen Diener Kaleb aber, bei dem ein anderer Geist war und der treu zu mir gehalten hat, werde ich zum Lohn dafür in das Land bringen, in dem er gewesen ist, und seine Nachkommen sollen es in Besitz nehmen. 25 Die Amalekiter und die Kanaaniter aber bleiben in der Ebene wohnen. Morgen wendet euch und zieht weiter in die Wüste, den Weg zum Schilfmeer.

26 Und der HERR sprach zu Mose und Aaron: 27 Wie lange soll es mit dieser bösen Gemeinde so weitergehen, dass sie gegen mich murren? Das Murren der Israeliten, das sie gegen mich richten, habe ich gehört. 28 Sprich zu ihnen: So wahr ich lebe, Spruch des HERRN, wie ihr vor meinen Ohren geredet habt, so werde ich mit euch verfahren. 29 Hier in der Wüste sollen eure

Leichen zerfallen, alle von euch, die gemustert wurden, wer zwanzig Jahre alt ist oder älter, weil ihr gegen mich gemurrt habt. 30 In das Land, von dem ich geschworen habe, dass ich euch darin wohnen lasse, werdet ihr nicht gelangen, ausser Kaleb, der Sohn Jefunnes, und Josua, der Sohn Nuns. 31 Eure Kinder aber – von denen ihr gesagt habt: Sie werden zur Beute werden! – werde ich hineinführen, und sie werden erfahren, was das für ein Land ist, das ihr verschmäht habt. 32 Eure eigenen Leichen aber werden hier in der Wüste zerfallen. 33 Und eure Söhne werden als Hirten in der Wüste bleiben, vierzig Jahre lang, und werden eure Hurerei abtragen müssen, bis eure Leichen in der Wüste verwest sind. 34 Nach der Zahl der Tage, die ihr das Land erkundet habt, vierzig Tage, ein Jahr für jeden Tag, werdet ihr eure Schuld tragen müssen, vierzig Jahre lang, und ihr werdet erfahren, wie es ist, wenn ich mich abwende. 35 Ich, der HERR, habe gesprochen. Das werde ich dieser ganzen bösen Gemeinde antun, die sich zusammengerottet hat gegen mich: Hier in der Wüste werden sie ihr Ende finden, und hier werden sie sterben. 36 Die Männer aber, die Mose ausgesandt hatte, um das Land zu erkunden, und die zurückgekehrt waren und die ganze Gemeinde dazu gebracht hatten, gegen ihn zu murren, indem sie ein Gerücht über das Land verbreiteten, 37 diese Männer, die das üble Gerücht über das Land verbreitet hatten, starben durch eine Plage vor dem HERRN. 38 Aber von jenen Männern, die ausgezogen waren, um das Land zu erkunden, blieben Josua, der Sohn Nuns, und Kaleb, der Sohn Jefunnes, am Leben.

39 Und Mose redete diese Worte zu allen Israeliten, und das Volk trauerte sehr. 40 Früh am anderen Morgen aber stiegen sie auf die Höhe des Gebirges und sprachen: Sieh, wir wollen hinaufziehen zu dem Ort, den der HERR genannt hat, denn wir haben gesündigt. 41 Mose aber sprach: Warum wollt ihr den Befehl des HERRN übertreten? Es wird euch nicht gelingen! 42 Zieht nicht hinauf, denn der HERR ist nicht in eurer Mitte; sonst werdet ihr von euren Feinden geschlagen. 43 Denn dort stehen euch die Amalekiter und die Kanaaniter gegenüber, und ihr werdet durch das Schwert fallen. Weil ihr euch vom HERRN abgewandt habt, wird der HERR nicht mit euch sein. 44 Doch sie waren so vermessen, auf die Höhe des Gebirges zu steigen. Aber die Bundeslade des HERRN und Mose wichen nicht aus dem Lager. 45 Da kamen die Amalekiter und die Kanaaniter, die auf jenem Gebirge wohnten, herab und schlugen sie und versprengten sie bis nach Chorma.

|1: 11,4 |2: 17,6; Dtn 9,23 · Ex 14,11! |3: Jer 42,14; Apg 7,39 |4: Neh 9,17 |5: 16,4! |7: Ri 18,9 |8: Ex 3,8 |9: 13,32 |10: Ex 17,4 · 16,19; 17,7; Ex 16,10 |12: Ez 20,13 · Ex 32,10 |13: Jos 7,9! · Ex 32,11; Dtn 9,28; Ez 20,9 |14: Dtn 5,4 · Ex 13,21 |16: Ex 32,12; Dtn 9,28 |18: Ps 86,15 · Ex 20,5 |20: Ex 32,14 |21: Ps 72,19 |22–24: 32,12 |29: 26,65; Ps 106,26; 1Kor 10,5.10 · 32,11 |33: 32,13; Hebr 3,17 |34: 13,25 · Ex 4,6 |35: 26,65 · Jud 5 |38: Jos 14,10 |39: Ex 33,4 |41: 2Chr 24,20 |45: 21,3; Ri 1,17

Opfer und Sühne

15 1 Und der HERR sprach zu Mose: 2 Rede zu den Israeliten und sprich zu ihnen: Wenn ihr in das Land eurer Wohnstätten kommt, das ich euch gebe, 3 und ihr dem HERRN ein Feueropfer darbringt, ein Brandopfer oder ein Schlachtopfer, um ein besonderes Gelübde zu erfüllen oder als freiwillige Gabe oder an euren Festen, um dem HERRN einen beschwichtigenden Geruch darzubringen von den Rindern oder von den Schafen, 4 dann soll, wer dem HERRN seine Opfergabe bringt, ein Zehntel Feinmehl, angerührt mit einem Viertel Hin Öl, als Speiseopfer darbringen. 5 Und bei einem Lamm sollst du beim Brandopfer oder beim Schlachtopfer ein Viertel Hin Wein als Trankopfer darbringen. 6 Bei einem Widder aber sollst du zwei Zehntel Feinmehl, angerührt mit einem Drittel Hin Öl, als Speiseopfer darbringen. 7 Und ein Drittel Hin Wein sollst du als Trankopfer darbringen, als beschwichtigenden Geruch für den HERRN. 8 Und wenn du ein junges Rind als Brandopfer oder Schlachtopfer darbringst, um ein besonderes Gelübde zu erfüllen oder als Heilsopfer für den HERRN, 9 so soll man zu dem jungen Rind drei Zehntel Feinmehl, angerührt mit einem halben Hin Öl, als Speiseopfer darbringen. 10 Und ein halbes Hin Wein sollst du als Trankopfer darbringen, ein Feueropfer von beschwichtigendem Geruch für den HERRN. 11 So soll bei jedem Rind, bei jedem Widder und bei jedem Tier von den Lämmern oder Ziegen verfahren werden. 12 So sollt ihr es bei jedem Tier tun, nach der Zahl der Tiere, die ihr darbringt. 13 Jeder Einheimische soll das so tun, wenn er dem HERRN ein Feueropfer von beschwichtigendem Geruch darbringt. 14 Und wenn ein Fremder bei euch weilt oder in euren künftigen Generationen jemand unter euch ist und dem HERRN ein Feueropfer von beschwichtigendem Geruch darbringen will, so soll er es ebenso tun, wie ihr es tut. 15 In der Versammlung soll ein und dieselbe Ordnung gelten für euch und für den Fremden, der bei euch weilt. Eine ewige Ordnung ist es für euch von Generation zu Generation: Vor dem HERRN ist der Fremde euch gleich. 16 Ein und dieselbe Weisung und ein und dasselbe Recht gilt für euch und für den Fremden, der bei euch weilt.

17 Und der HERR sprach zu Mose: 18 Rede zu den Israeliten und sprich zu ihnen: Wenn ihr in das Land kommt, in das ich euch bringe, 19 und vom Brot des Landes esst, sollt ihr eine Abgabe für den HERRN entrichten. 20 Die Erstlingsgabe von eurem Schrotmehl, einen Kuchen, sollt ihr als Abgabe entrichten. Wie die Abgabe von der Tenne, so sollt ihr ihn entrichten. 21 Von den Erstlingen eures Schrotmehls sollt ihr dem HERRN eine Abgabe darbringen, von Generation zu Generation.

22 Und wenn ihr aus Versehen eines dieser Gebote nicht befolgt, die der HERR dem Mose gegeben hat, 23 irgendetwas, was euch der HERR durch Mose geboten hat, seit der HERR es geboten hat und weiterhin für Generation um Generation, 24 falls es von der Gemeinde unbemerkt, aus Versehen geschehen ist, soll die ganze Gemeinde einen Jungstier als Brandopfer darbringen, als beschwichtigenden Geruch für den HERRN, und dazu das vorgeschriebene Speiseopfer und Trankopfer und einen Ziegenbock als Sündopfer. 25 Und der Priester soll für die ganze Gemeinde der Israeliten Sühne erwirken, so wird ihnen vergeben werden. Denn es war ein Versehen, und sie haben ihre Opfergabe, ein Feueropfer für den HERRN, und ihr Sündopfer vor den HERRN gebracht für ihr Vergehen. 26 So wird der ganzen Gemeinde der Israeliten und dem Fremden, der in ihrer Mitte weilt, vergeben werden, denn das ganze Volk hatte Teil an dem Versehen.

27 Sündigt aber ein Einzelner aus Versehen, dann soll er eine einjährige Ziege als Sündopfer darbringen. 28 Und der Priester soll für den, der sich aus Versehen vor dem HERRN versündigt hat, die Sühnehandlung vollziehen, um ihm Sühne zu erwirken, so wird ihm vergeben werden. 29 Für den Einheimischen bei den Israeliten und für den Fremden, der in ihrer Mitte weilt, soll bei euch ein und dieselbe Weisung gelten, wenn er etwas aus Versehen tut. 30 Wer aber von den Einheimischen oder von den Fremden etwas mit Absicht tut, der lästert den HERRN, und er soll aus seinem Volk getilgt werden. 31 Denn er hat das Wort des HERRN verachtet und sein Gebot gebrochen. Er soll getilgt werden, seine Schuld bleibt auf ihm.

|3–7: 6,15 |3: Lev 7,16 · Lev 1,9 |4: Lev 2,1!; 7,13; 28,5 |5: 28,7! |6: 28,13 |15: Ex 12,14! |16: 29; Ex 12,49 |20–21: Neh 10,38; Ez 44,30; Röm 11,16 |22: Lev 4,2.13 |24: Lev 23,19 |25: 28; Lev 4,20! |27: Lev 4,27–28 |28: 25! |29: 16! |30: Hebr 10,26

Sabbatschändung

32 Und die Israeliten waren in der Wüste und ertappten einen Mann, der

am Sabbattag Holz sammelte. 33 Und die ihn beim Holzsammeln ertappt hatten, brachten ihn zu Mose und Aaron und zu der ganzen Gemeinde. 34 Und sie legten ihn in Gewahrsam, denn es war noch nicht bestimmt, was mit ihm geschehen sollte. 35 Der HERR aber sprach zu Mose: Der Mann muss getötet werden! Die ganze Gemeinde soll ihn ausserhalb des Lagers steinigen. 36 Da führte ihn die ganze Gemeinde vor das Lager hinaus, und sie steinigten ihn, so dass er starb, wie der HERR es Mose geboten hatte.

|32: Ex 20,8 |33: Ex 18,22 |35: Ex 31,14; 35,2 ·
Lev 24,14

Kleiderquasten

37 Und der HERR sprach zu Mose: 38 Rede zu den Israeliten und sage zu ihnen, sie sollen sich an den Zipfeln ihrer Kleider eine Quaste machen, von Generation zu Generation, und sie sollen an der Zipfelquaste eine Schnur von blauem Purpur anbringen. 39 Und wenn ihr die Quaste seht, sollt ihr an alle Gebote des HERRN denken und sie einhalten und nicht eurem Herzen und euren Augen folgen und hinter ihnen herhuren, 40 damit ihr an alle meine Gebote denkt und sie einhaltet und eurem Gott heilig seid. 41 Ich bin der HERR, euer Gott, der euch herausgeführt hat aus dem Land Ägypten, um euer Gott zu sein. Ich bin der HERR, euer Gott.

|38: Dtn 22,12; Mt 9,20; 23,5 |39: Hiob 31,7; Ez 6,9
|40: Lev 11,44 |41: Ex 6,7

Aufruhr Korachs, Datans und Abirams

16 1 Korach aber, der Sohn Jizhars, des Sohns von Kehat, dem Sohn von Levi, und Datan und Abiram, die Söhne Eliabs, und On, der Sohn Pelets, die Rubeniten, 2 erhoben sich vor Mose, dazu zweihundertfünfzig Männer von den Israeliten, Fürsten der Gemeinde, Berufene der Versammlung, namhafte Männer. 3 Und sie versammelten sich gegen Mose und Aaron und sprachen zu ihnen: Ihr nehmt euch zu viel heraus!

Die ganze Gemeinde, sie alle sind heilig, und in ihrer Mitte ist der HERR. Warum also erhebt ihr euch über die Versammlung des HERRN? 4 Und Mose hörte es und fiel nieder auf sein Angesicht. 5 Und er sprach zu Korach und zu seiner ganzen Gemeinde: Morgen früh wird der HERR kundtun, wer zu ihm gehört und wer heilig ist und ihm nahe kommen soll. Und wen er erwählt, der soll ihm nahe kommen. 6 Tut dies: Nehmt euch Räucherpfannen, Korach und seine ganze Gemeinde, 7 und tut morgen Feuer hinein und legt Räucherwerk darauf vor dem HERRN. Und der Mann, den der HERR erwählen wird, der ist heilig. Ihr nehmt euch zu viel heraus, ihr Leviten!

8 Und Mose sprach zu Korach: Hört doch, ihr Leviten! 9 Ist es euch zu wenig, dass euch Gott Israels euch aus der Gemeinde Israels ausgesondert hat, dass ihr ihm nahe kommen sollt, dass ihr den Dienst an der Wohnung des HERRN tut und vor der Gemeinde steht, um ihr zu dienen? 10 Er liess dich und mit dir alle deine Brüder, die Leviten, sich nähern. Ihr aber verlangt noch ein Priesteramt. 11 So seid ihr es denn, du und deine ganze Gemeinde, die sich gegen den HERRN zusammenrotten. Aaron aber, was ist er, dass ihr gegen ihn murrt? 12 Und Mose schickte hin, um Datan und Abiram, die Söhne Eliabs, zu rufen. Sie aber sagten: Wir kommen nicht hinauf. 13 Ist es zu wenig, dass du uns aus einem Land, wo Milch und Honig fliessen, heraufgeführt hast, um uns in der Wüste sterben zu lassen? Willst du dich noch zum Herrn über uns aufwerfen? 14 Auch hast du uns nicht in ein Land gebracht, wo Milch und Honig fliessen, und du hast uns keine Felder und Weinberge als Erbbesitz gegeben. Willst du denn diesen Männern die Augen ausstechen? Wir kommen nicht hinauf. 15 Da wurde Mose sehr zornig und sprach zum HERRN: Wende dich ihrer Opfergabe nicht zu! Nicht einen einzigen Esel habe ich ihnen weggenommen,

und keinem Einzigen von ihnen habe ich etwas zuleide getan.

16 Und Mose sprach zu Korach: Du und deine ganze Gemeinde, ihr erscheint morgen vor dem HERRN, du und sie und Aaron. 17 Jeder nehme seine Räucherpfanne mit und lege Räucherwerk darauf, und jeder bringe seine Räucherpfanne vor den HERRN, zweihundertfünfzig Räucherpfannen, auch du und Aaron, jeder seine Räucherpfanne. 18 Da nahm jeder seine Räucherpfanne, und sie taten Feuer darauf und legten Räucherwerk darüber. Dann traten sie an den Eingang des Zelts der Begegnung, auch Mose und Aaron. 19 Korach aber versammelte gegen sie die ganze Gemeinde zum Eingang des Zelts der Begegnung. Da erschien die Herrlichkeit des HERRN der ganzen Gemeinde.

20 Und der HERR sprach zu Mose und Aaron: 21 Sondert euch ab von dieser Gemeinde; ich will sie auf einen Schlag vernichten. 22 Da fielen sie nieder auf ihr Angesicht und sprachen: Gott, du Gott der Lebensgeister alles Fleisches! Ein einziger Mann sündigt, und über die ganze Gemeinde willst du zürnen?

23 Und der HERR sprach zu Mose: 24 Rede zu der Gemeinde: Entfernt euch ringsum von der Wohnung Korachs, Datans und Abirams. 25 Da stand Mose auf und ging zu Datan und Abiram, und die Ältesten Israels folgten ihm. 26 Und er redete zu der Gemeinde: Weicht von den Zelten dieser frevlerischen Männer, und berührt nichts, was ihnen gehört, damit ihr nicht hingerafft werdet um all ihrer Sünden willen. 27 Da entfernten sie sich ringsum von der Wohnung Korachs, Datans und Abirams. Datan und Abiram aber waren herausgekommen und standen am Eingang ihrer Zelte mit ihren Frauen, ihren Söhnen und ihren kleinen Kindern. 28 Dann sprach Mose: Daran sollt ihr erkennen, dass der HERR mich gesandt hat, alle diese Taten zu vollbringen, und dass es nicht aus meinem eigenen Herzen kommt: 29 Wenn diese sterben, wie alle Menschen sterben, und heimgesucht werden, wie alle Menschen heimgesucht werden, dann hat der HERR mich nicht gesandt. 30 Wenn aber der HERR Unerhörtes schafft und der Ackerboden seinen Mund aufsperrt und sie verschlingt mit allem, was ihnen gehört, und sie lebendig hinabfahren ins Totenreich, werdet ihr erkennen, dass diese Männer den HERRN verachtet haben. 31 Als er aber alle diese Worte zu Ende geredet hatte, spaltete sich der Ackerboden unter ihnen. 32 Und die Erde tat ihren Mund auf und verschlang sie und ihre Häuser und alle Menschen, die zu Korach gehörten, und ihre gesamte Habe. 33 Und sie fuhren mit allem, was ihnen gehörte, lebendig hinab ins Totenreich. Und die Erde deckte sie zu, und sie wurden aus der Versammlung getilgt. 34 Ganz Israel aber, das um sie herum war, floh bei ihrem Geschrei, denn sie sagten: Dass uns nur nicht die Erde verschlingt! 35 Ein Feuer aber ging aus von dem HERRN, und es verzehrte die zweihundertfünfzig Männer, die das Rauchopfer darbrachten.

|1–3: 27,3 |1: Ex 6,16–21 |2: 12,1 · Jud 11 · 1,16! |3: Ex 19,6 · 35,34; Ex 29,45 |4: 22; 14,5; 17,10 |5: Lev 21,6 · Ez 44,15 |9: Ez 44,11 |10: 3,6! |11: Ex 16,8; Ps 106,16 |13–14: Ex 3,8 |13: Ex 16,3 · Ex 2,14! |15: 1Sam 12,3! |19: 14,10! |21: 2Kor 6,17 · 17,10; Gen 19,14; Ex 32,10 |22: 4! · 27,16; Hiob 12,10! · Gen 18,23! |26: Gen 19,12 |31–32: 26,10; Dtn 11,6; Ps 106,17 |33: Ps 55,16 |35: 11,1!

Der grünende Stab Aarons

17 1 Und der HERR sprach zu Mose: 2 Sage Elasar, dem Sohn des Priesters Aaron, er soll die Räucherpfannen von der Brandstätte aufheben – das Feuer aber verstreue weiterum –, denn sie sind heilig. 3 Aus den Räucherpfannen derer, die durch ihre Sünde das Leben verloren haben, soll man Blechplatten machen als Überzug für den Altar, denn sie haben sie vor den HERRN gebracht, so sind sie heilig geworden. Und sie sollen für die Israeliten zu einem Zeichen werden. 4 Da nahm der Priester

Elasar die von den Verbrannten gebrachten bronzenen Räucherpfannen, und man hämmerte daraus einen Überzug für den Altar, 5 ein Erinnerungszeichen für die Israeliten, damit nicht ein anderer, einer, der nicht zu den Nachkommen Aarons gehört, herzutritt, um Räucherwerk vor dem HERRN zu verbrennen, und damit es ihm nicht ergeht wie Korach und seiner Gemeinde, wie der HERR durch Mose zu ihm geredet hatte. 6 Am nächsten Morgen aber murrte die ganze Gemeinde der Israeliten gegen Mose und Aaron und sprach: Ihr habt das Volk des HERRN sterben lassen. 7 Als nun die Gemeinde sich gegen Mose und Aaron versammelt hatte, wandten sie sich dem Zelt der Begegnung zu, und sieh, die Wolke bedeckte es, und die Herrlichkeit des HERRN erschien. 8 Da traten Mose und Aaron vor das Zelt der Begegnung.

9 Und der HERR sprach zu Mose und Aaron: 10 Entfernt euch aus dieser Gemeinde, dann will ich sie auf einen Schlag vernichten. Da fielen sie nieder auf ihr Angesicht. 11 Und Mose sprach zu Aaron: Nimm die Räucherpfanne, und tu darauf Feuer vom Altar und lege Räucherwerk auf, dann trag es eilends zur Gemeinde und erwirke Sühne für sie, denn der Zorn ist vom HERRN ausgegangen, die Plage hat begonnen. 12 Und Aaron nahm sie, wie Mose gesagt hatte, und lief mitten in die Versammlung, und sieh, die Plage hatte im Volk schon begonnen. Er aber legte das Räucherwerk auf und erwirkte Sühne für das Volk 13 und trat zwischen die Toten und die Lebenden. Da wurde der Plage Einhalt geboten. 14 14700 Menschen waren an der Plage gestorben, nicht gerechnet, die Korachs wegen umgekommen waren. 15 Und Aaron kehrte zu Mose zurück an den Eingang des Zelts der Begegnung. Der Plage aber war Einhalt geboten.

16 Und der HERR sprach zu Mose: 17 Rede zu den Israeliten und lass dir von jeder Familie einen Stab geben, von allen ihren Fürsten, Familie um Familie, zwölf Stäbe. Den Namen eines jeden sollst du auf seinen Stab schreiben. 18 Den Namen Aarons aber sollst du auf den Stab Levis schreiben. Denn je ein Stab soll für das Haupt ihrer Familien stehen. 19 Dann lege sie im Zelt der Begegnung vor das Zeugnis, dort, wo ich euch begegne. 20 Und wen ich erwähle, dessen Stab wird ausschlagen. So werde ich das Murren der Israeliten, das sie gegen euch erheben, vor mir zum Schweigen bringen. 21 Da redete Mose zu den Israeliten, und alle ihre Fürsten gaben ihm je einen Stab, einen Stab für einen Fürsten, Familie um Familie, zwölf Stäbe, und der Stab Aarons war unter ihren Stäben. 22 Und Mose legte die Stäbe im Zelt des Zeugnisses vor den HERRN. 23 Am nächsten Morgen aber ging Mose in das Zelt des Zeugnisses, und sieh, der Stab Aarons vom Hause Levi hatte ausgeschlagen und Knospen hervorgebracht und Blüten getrieben und trug reife Mandeln. 24 Da brachte Mose alle Stäbe hinaus, vom HERRN zu allen Israeliten, und sie sahen sie, und jeder nahm seinen Stab.

25 Und der HERR sprach zu Mose: Bringe den Stab Aarons vor das Zeugnis zurück zur Aufbewahrung als ein Zeichen für Widerspenstige. So sollst du ihrem Murren vor mir ein Ende machen, und sie werden nicht sterben. 26 Und Mose machte es, wie der HERR es ihm geboten hatte, so machte er es. 27 Die Israeliten aber sprachen zu Mose: Sieh, wir kommen um, wir sind verloren, wir alle sind verloren. 28 Jeder, der sich nähert, der sich der Wohnung des HERRN nähert, muss sterben. Sollen wir denn allesamt umkommen?

|2: 3,4; Ex 6,25 |3: 26,10 |5: Jos 4,7 · 3,10; Esra 2,62 |6: 14,2! |7: 14,10! |10: 16,21! · 16,4! |11: Lev 16,16 · 11,33! |12: 25,13 |13: 25,8; 2Sam 24,25 |17: Ez 37,16 |19: Ex 25,22 |25: 20,9; Hebr 9,4

Dienst und Unterhalt der Priester und Leviten

18 1 Und der HERR sprach zu Aaron: Du und deine Söhne und deine Familie mit dir, ihr müsst die Schuld tragen, wenn jemand sich am Heiligtum vergeht, und du und deine Söhne mit dir, ihr müsst die Schuld tragen, wenn ihr euch vergeht in eurem Priesteramt. 2 Und auch deine Brüder, den Stamm Levi, den Stamm deines Vaters, lass mit dir herzutreten, sie sollen sich dir anschliessen und dir dienen, du aber und mit dir deine Söhne, ihr sollt vor dem Zelt des Zeugnisses sein. 3 Und sie sollen ihre Aufgaben für dich und ihre Aufgabe am ganzen Zelt erfüllen. Doch den heiligen Geräten und dem Altar dürfen sie nicht nahe kommen, damit sie nicht sterben und ihr mit ihnen. 4 Sie sollen sich dir anschliessen und ihre Aufgaben am Zelt der Begegnung erfüllen bei aller Arbeit am Zelt. Kein anderer aber darf euch nahe kommen. 5 Ihr aber sollt eure Aufgaben am Heiligtum und eure Aufgaben am Altar erfüllen, so wird kein Zorn mehr über die Israeliten kommen. 6 Sieh, ich selbst habe aus den Israeliten eure Brüder, die Leviten, genommen. Euch zum Geschenk sind sie dem HERRN gegeben, um den Dienst am Zelt der Begegnung zu tun. 7 Du aber und mit dir deine Söhne, ihr sollt euer Priesteramt wahrnehmen, alles, was am Altar zu tun ist und hinter dem Vorhang, und so Dienst tun. Als Geschenk gebe ich euch das Priesteramt. Jeder andere aber, der sich nähert, soll getötet werden.

8 Und der HERR sprach zu Aaron: Sieh, ich überlasse dir etwas von den für mich bestimmten Abgaben. Von allen heiligen Gaben der Israeliten habe ich es dir als Anteil gegeben und deinen Söhnen als ewiges Anrecht. 9 Dies soll dir gehören von den hochheiligen Gaben, soweit sie nicht verbrannt werden: Alle Opfergaben bei allen Speiseopfern und allen Sündopfern und allen Schuldopfern, die sie mir darbringen; als Hochheiliges gehört es dir und deinen Söh-

nen. 10 Am hochheiligen Ort sollst du sie essen. Die Männer dürfen es essen, als heilig soll es dir gelten. 11 Auch dies soll dir zufallen: ein Anteil von ihren Gaben, von allen Weihegaben der Israeliten. Dir und mit dir deinen Söhnen und Töchtern habe ich sie gegeben als ewiges Anrecht. Jeder Reine in deinem Haus darf sie essen. 12 Das Beste vom Öl und das Beste vom Most und Getreide, alle Erstlingsgaben, die sie dem HERRN bringen, habe ich dir gegeben. 13 Alle Erstlingsfrüchte ihres Landes, die sie dem HERRN bringen, sollen dir gehören. Jeder Reine in deinem Haus darf sie essen. 14 Alles geweihte Gut in Israel soll dir gehören. 15 Was von allem Fleisch den Mutterschoss durchbricht, alles, was sie dem HERRN darbringen, bei Menschen und Vieh, soll dir gehören. Doch die Erstgeburt der Menschen sollst du auslösen, und auch die Erstgeburt des unreinen Viehs sollst du auslösen. 16 Du sollst sie aber auslösen, sobald sie einen Monat alt sind, nach dem Schätzwert, für fünf Schekel Silber nach dem Schekel des Heiligtums, das sind zwanzig Gera. 17 Doch die Erstgeburt eines Rindes oder die Erstgeburt eines Schafes oder die Erstgeburt einer Ziege sollst du nicht auslösen, sie sind heilig. Ihr Blut sollst du an den Altar sprengen, und ihr Fett sollst du als Rauchopfer darbringen, als Feueropfer zum beschwichtigenden Geruch für den HERRN. 18 Ihr Fleisch aber soll dir gehören. Wie die geweihte Brust und wie die rechte Keule soll es dir gehören. 19 Alle Abgaben von den heiligen Gaben, die die Israeliten dem HERRN entrichten, habe ich dir gegeben und deinen Söhnen und Töchtern mit dir, als ewiges Anrecht. Ein ewiger Salzbund ist es vor dem HERRN für dich und für deine Nachkommen mit dir. 20 Und der HERR sprach zu Aaron: In ihrem Land wirst du keinen Erbbesitz erhalten und keinen Anteil bei ihnen haben. Ich bin dein Anteil und dein Erbbesitz bei den Israeliten.

21 Und sieh, den Leviten gebe ich alle

Zehnten in Israel zum Erbbesitz, für ihren Dienst, den sie tun, den Dienst am Zelt der Begegnung. 22 Die Israeliten aber sollen dem Zelt der Begegnung nicht mehr nahe kommen, sonst laden sie Sünde auf sich und müssen sterben. 23 Vielmehr soll der Levit selbst den Dienst am Zelt der Begegnung tun, und sie sollen ihre Schuld tragen. Eine ewige Ordnung ist es für euch von Generation zu Generation, aber bei den Israeliten sollen sie keinen Erbbesitz erhalten. 24 Denn den Zehnten der Israeliten, den sie als Abgabe für den HERRN entrichten, habe ich den Leviten als Erbbesitz gegeben. Darum habe ich von ihnen gesagt: Sie sollen bei den Israeliten keinen Erbbesitz erhalten.

25 Und der HERR sprach zu Mose: 26 Zu den Leviten sollst du reden und zu ihnen sagen: Wenn ihr von den Israeliten den Zehnten nehmt, den ich euch von ihnen als Erbbesitz gegeben habe, so sollt ihr davon eine Abgabe für den HERRN entrichten, einen Zehnten vom Zehnten. 27 Und er wird euch angerechnet werden als eure Abgabe wie das Korn von der Tenne und wie der Ertrag von der Kelter. 28 So sollt auch ihr die Abgabe für den HERRN entrichten, von allen euren Zehnten, die ihr von den Israeliten nehmt, und ihr sollt davon die Abgabe für den HERRN dem Priester Aaron geben. 29 Von allen Gaben, die euch zufallen, sollt ihr die ganze Abgabe für den HERRN entrichten, von allem Besten den heiligen Teil. 30 Und du sollst zu ihnen sagen: Wenn ihr das Beste davon entrichtet, so wird es den Leviten angerechnet werden wie ein Ertrag von der Tenne und wie ein Ertrag von der Kelter. 31 Und ihr dürft es an jedem Ort essen, ihr und euer Haus, denn es gehört euch als Lohn für euren Dienst am Zelt der Begegnung. 32 Und ihr werdet deswegen keine Sünde auf euch laden, wenn ihr das Beste davon entrichtet, und werdet die heiligen Gaben der Israeliten nicht entweihen und werdet nicht sterben.

|2: Gen 29,34 · 3,6 |3: 4,20 |5: 1,50 |7: 3,10 · Lev 16,2 · 1,51! |8: Lev 7,14 |9: Lev 2,3 |10: Lev 7,6 |11–13: Lev 22,7 |14: Lev 27,28! |15: Ex 13,13; 34,20 |16: Lev 27,6 · 3,47! |17: Dtn 15,19 |18: Lev 7,32–34 |19: Lev 2,13; 2Chr 13,5 |20: 26,62; Dtn 10,9; Jos 13,14!; Ez 44,28 |21: Neh 10,38; Hebr 7,5 |22: Ex 28,43 |26: Neh 10,39 |31: 1Kor 9,13

Das Wasser der Reinigung

19 1 Und der HERR redete zu Mose und Aaron: 2 Dies ist die Gesetzesbestimmung, die der HERR erlassen hat: Sage den Israeliten, dass sie dir eine makellose rote Kuh bringen sollen, an der kein Makel ist und auf die noch kein Joch gekommen ist. 3 Und ihr sollt sie Elasar, dem Priester, geben. Dann soll man sie vor das Lager hinausführen und sie vor ihm schlachten. 4 Und der Priester Elasar soll mit seinem Finger von ihrem Blut nehmen und etwas von ihrem Blut siebenmal gegen die Vorderseite des Zelts der Begegnung sprengen.

5 Dann soll man die Kuh vor seinen Augen verbrennen: Ihr Fell, ihr Fleisch, ihr Blut und den Inhalt ihres Magens soll man verbrennen. 6 Und der Priester soll Zedernholz, Ysop und Karmesin nehmen und es in das Feuer werfen, in dem die Kuh verbrannt wird. 7 Dann soll der Priester seine Kleider waschen und seinen Leib im Wasser reinigen, und danach darf er ins Lager kommen. Bis zum Abend aber bleibt der Priester unrein. 8 Und der sie verbrannt hat, soll seine Kleider mit Wasser waschen und seinen Leib im Wasser reinigen. Bis zum Abend aber bleibt er unrein. 9 Und einer, der rein ist, soll die Asche der Kuh sammeln und ausserhalb des Lagers an einen reinen Ort legen, und sie soll für die Gemeinde der Israeliten aufbewahrt werden für das Wasser der Reinigung, es ist ein Sündopfer. 10 Und der die Asche der Kuh gesammelt hat, soll seine Kleider waschen. Bis zum Abend aber bleibt er unrein.

Und das soll eine ewige Ordnung sein für die Israeliten und den Fremden, der in ihrer Mitte weilt: 11 Wer einen Toten berührt, den Leichnam irgendeines Menschen, wird sieben Tage unrein sein. 12 Am dritten Tag soll er sich mit diesem Wasser entsündigen, und am siebten Tag wird er rein. Wenn er sich aber am dritten Tag nicht entsündigt, wird er am siebten Tag nicht rein. 13 Jeder, der einen Toten berührt, den Leichnam eines Verstorbenen, und sich nicht entsündigt, hat die Wohnung des HERRN verunreinigt, und er soll aus Israel getilgt werden. Weil kein Reinigungswasser auf ihn gesprengt wurde, ist er unrein, seine Unreinheit bleibt an ihm.

14 Diese Weisung gilt, wenn ein Mensch in einem Zelt stirbt: Jeder, der das Zelt betritt, und jeder, der sich im Zelt befindet, wird sieben Tage unrein sein. 15 Und jedes offene Gefäss, auf dem kein Deckel festgebunden ist, wird unrein. 16 Und jeder, der auf freiem Feld einen, der mit dem Schwert erschlagen wurde, berührt oder einen Verstorbenen oder Menschengebeine oder ein Grab, wird sieben Tage unrein sein. 17 Man soll aber für den Unreinen etwas Asche des verbrannten Sündopfers nehmen und in einem Gefäss frisches Wasser darauf giessen. 18 Dann soll einer, der rein ist, Ysop nehmen und in das Wasser tauchen und das Zelt und alle Gefässe und die Menschen, die dort gewesen sind, damit besprengen, auch den, der die Gebeine berührt hat oder den Erschlagenen oder den Verstorbenen oder das Grab. 19 Und der Reine soll den Unreinen am dritten Tag und am siebten Tag besprengen und am siebten Tag entsündigen. Und dieser soll seine Kleider waschen und sich im Wasser reinigen, dann wird er am Abend rein sein. 20 Wer aber unrein wird und sich nicht entsündigt, der soll aus der Versammlung getilgt werden, denn er hat das Heiligtum des HERRN verunreinigt. Es ist kein Wasser gegen Unreinheit auf ihn gesprengt worden, er ist unrein. 21 Eine ewige Ordnung soll das für sie sein. Und wer das Reinigungswasser versprengt hat, soll seine Kleider waschen, und wer mit dem Reinigungswasser in Berührung kommt, wird bis zum Abend unrein sein. 22 Und alles, was der Unreine berührt, wird unrein sein, und jeder, der ihn berührt, wird bis zum Abend unrein sein.

|2: Dtn 21,3 |4: Lev 4,6! |5: Ex 29,14! |6: Lev 14,4–6 |7–8: 10; 21–22; Lev 16,28 |9: 31,23 · 8,7! |10: 7–8! |11–16: 5,2! |11: 16; 6,6 |12: 19; 31,19.24 |13: Lev 15,31; 22,4 |15: Lev 11,33 |16: 11! |17: Hebr 9,13 |18: Ps 51,9 |19: 12! |20: Lev 17,16 |21–22: 7–8!

19,9: Wörtlich: «... aufbewahrt werden für das Wasser gegen Unreinheit, ...»

Wasser aus dem Felsen. Mirjams und Aarons Tod

20 1 Und die Israeliten, die ganze Gemeinde, kamen in die Wüste Zin im ersten Monat, und das Volk liess sich in Kadesch nieder. Und dort starb Mirjam, und sie wurde dort begraben. 2 Die Gemeinde aber hatte kein Wasser. Da taten sie sich gegen Mose und Aaron zusammen. 3 Und das Volk haderte mit Mose, und sie sprachen: Wären wir doch umgekommen, als unsere Brüder umkamen vor dem HERRN. 4 Warum habt ihr die Versammlung des HERRN in diese Wüste gebracht? Damit wir hier sterben, wir und unser Vieh? 5 Und warum habt ihr uns aus Ägypten heraufgeführt? Um uns an diesen elenden Ort zu bringen, wo man nicht säen kann, wo es keine Feigenbäume oder Weinstöcke oder Granatapfelbäume gibt und kein Wasser zum Trinken? 6 Da ging Mose mit Aaron aus der Versammlung an den Eingang des Zelts der Begegnung, und sie fielen auf ihr Angesicht nieder, und die Herrlichkeit des HERRN erschien ihnen.

7 Und der HERR sprach zu Mose: 8 Nimm den Stab und versammle die Gemeinde, du und dein Bruder Aaron, und sprecht vor ihren Augen zum Felsen, er solle sein Wasser hergeben; und lass Wasser für sie aus dem Felsen kommen, und gib der Gemeinde und ihrem Vieh zu trinken. 9 Da nahm Mose den Stab von dem Ort vor dem HERRN, wie er es ihm geboten hatte. 10 Und Mose und Aaron riefen die Versammlung vor

den Felsen zusammen, und er sprach zu ihnen: Hört, ihr Widerspenstigen! Können wir für euch aus diesem Felsen Wasser hervorkommen lassen? 11 Und Mose erhob seine Hand und schlug den Felsen zweimal mit seinem Stab. Da kam viel Wasser heraus, und die Gemeinde und ihr Vieh konnten trinken.

12 Der HERR aber sprach zu Mose und Aaron: Weil ihr nicht an mich geglaubt und mich den Israeliten nicht als heilig vor Augen gestellt habt, darum sollt ihr diese Versammlung nicht in das Land bringen, das ich ihnen gegeben habe. 13 Das ist das Wasser von Meriba, wo die Israeliten mit dem HERRN haderten und er sich an ihnen als heilig erwies.

14 Und Mose sandte von Kadesch aus Boten an den König von Edom: So spricht dein Bruder Israel: Du kennst all die Mühsal, die uns getroffen hat. 15 Unsere Vorfahren zogen hinab nach Ägypten, und lange Zeit wohnten wir in Ägypten. Aber die Ägypter behandelten uns und unsere Vorfahren schlecht. 16 Da schrien wir zum HERRN, und er hörte unsere Stimme und sandte einen Engel. Und er führte uns aus Ägypten heraus. Und sieh, nun sind wir in Kadesch, einer Stadt am Rande deines Gebietes. 17 Wir möchten durch dein Land ziehen. Wir werden durch kein Feld und keinen Weinberg ziehen und aus keinem Brunnen Wasser trinken. Auf der Königsstrasse werden wir gehen, wir werden nicht nach rechts und links abbiegen, solange wir dein Gebiet durchziehen. 18 Edom aber sprach zu ihm: Du wirst bei mir nicht durchziehen, sonst trete ich dir mit dem Schwert entgegen. 19 Da sprachen die Israeliten zu ihm: Auf der Strasse wollen wir hinaufziehen. Und wenn wir dein Wasser trinken, ich und meine Viehherden, dann will ich den Kaufpreis dafür bezahlen. Ich will nichts als nur zu Fuss durchziehen. 20 Er aber sprach: Du wirst nicht durchziehen. Und Edom trat ihm entgegen mit mächtigem Volk und mit starker Hand. 21 Und Edom weigerte sich, Israel durch sein Gebiet ziehen zu lassen, und Israel wich ihm aus.

22 Dann brachen sie auf von Kadesch, und die Israeliten kamen zum Berg Hor, die ganze Gemeinde. 23 Und der HERR sprach zu Mose und Aaron am Berg Hor, an der Grenze des Landes Edom: 24 Aaron wird nun mit seinen Vorfahren vereint werden, denn er soll nicht in das Land kommen, das ich den Israeliten gegeben habe, weil ihr euch am Wasser von Meriba aufgelehnt habt gegen meinen Befehl. 25 Nimm Aaron und Elasar, seinen Sohn, und führe sie hinauf auf den Berg Hor. 26 Dann ziehe Aaron seine Gewänder aus und bekleide damit seinen Sohn Elasar. Aaron aber wird dort mit seinen Vorfahren vereint werden und sterben. 27 Und Mose machte es, wie es der HERR geboten hatte, und sie stiegen vor den Augen der ganzen Gemeinde auf den Berg Hor. 28 Und Mose zog Aaron seine Gewänder aus und bekleidete damit seinen Sohn Elasar. Und Aaron starb dort auf dem Gipfel des Berges, Mose aber und Elasar stiegen vom Berg hinab. 29 Und die ganze Gemeinde sah, dass Aaron gestorben war, und dreissig Tage lang beweinten sie Aaron, das ganze Haus Israel.

|1–2: Ex 17,1–2 |1: 13,26! |4: Ex 16,3 |5: 27,14 |8: Ex 17,5 |9: 17,25! |10: 24; Ps 106,32–33 |11: Ex 17,6!; Ri 15,19 |12: 27,14; Dtn 1,37; 32,51 |13: Ex 17,7! |14: Gen 36,1.31 · Gen 25,25–26 |15: Gen 46,6–7!; Dtn 26,6 |16: Ex 2,23! · Ex 23,20 |17–18: 21,22–23; Ri 11,17 |19: Dtn 2,6.28 |20: Am 1,11 |21: 21,4; Dtn 2,8; 2Chr 20,10 |22: 33,37 |24: 27,13 · 10! |25: Ex 6,23; Lev 10,6 |28: Ex 29,4–7.29 · 33,38–39; Dtn 10,6 |29: Dtn 34,8

Die bronzene Schlange

21 1 Da hörte der Kanaaniter, der König von Arad, der im Südland wohnte, dass Israel auf dem Weg von Atarim heranzog. Und er kämpfte gegen Israel und führte einige von ihnen in Gefangenschaft. 2 Da legte Israel dem HERRN ein Gelübde ab und sprach: Wenn du dieses Volk in meine Hand gibst, werde ich ihre Städte der Vernichtung weihen. 3 Und der HERR hörte auf die Stimme Israels und gab die Kanaaniter preis, und Israel vernichtete sie und ihre Städte und nannte den Ort Chorma.

4 Dann zogen sie weiter vom Berg Hor auf dem Weg zum Schilfmeer, um das Land Edom zu umgehen. Auf dem Weg aber wurde das Volk ungeduldig. 5 Und das Volk redete gegen Gott und Mose: Warum habt ihr uns aus Ägypten heraufgeführt? Damit wir in der Wüste sterben? Denn es gibt kein Brot und kein Wasser, und es ekelt uns vor der elenden Speise. 6 Da sandte der HERR die Sarafschlangen gegen das Volk, und sie bissen das Volk, und viel Volk aus Israel starb. 7 Da kam das Volk zu Mose, und sie sprachen: Wir haben gesündigt, dass wir gegen den HERRN und gegen dich geredet haben. Bete zum HERRN, damit er uns von den Schlangen befreit. Und Mose betete für das Volk. 8 Und der HERR sprach zu Mose: Mache dir einen Saraf und befestige ihn an einer Stange. Und jeder, der gebissen wurde und ihn ansieht, wird am Leben bleiben. 9 Da machte Mose eine bronzene Schlange und befestigte sie an einer Stange. Wenn nun die Schlangen jemanden gebissen hatten, so blickte er auf zu der Bronzeschlange und blieb am Leben.

| 1: 33,40 | 2: Lev 27,29 | 3: 14,45! | 4: 33,41 · 20,21! | 5: Ps 78,19 · Ex 16,3 · 11,6 | 6: Dtn 8,15; Jes 30,6; Jer 8,17; 1Kor 10,9 | 7: Ps 78,34 · 11,2! | 9: 2Kön 18,4; Joh 3,14

21,6: Sarafschlangen sind Feuerschlangen.

Sieg über feindliche Völker

10 Dann zogen die Israeliten weiter und lagerten in Obot. 11 Und von Obot zogen sie weiter und lagerten in Ije-Abarim in der Wüste, die gegenüber von Moab im Osten liegt. 12 Von dort zogen sie weiter und lagerten am Bach Sered. 13 Von dort zogen sie weiter und lagerten jenseits des Arnon, der durch die Wüste fliesst und im Gebiet der Amoriter entspringt, denn der Arnon ist die Grenze Moabs zwischen Moab und den

Amoritern. 14 Darum heisst es im Buch der Kriege des HERRN:
Waheb in Sufa und die Bäche des Arnon
15 und den Hang der Täler,
der sich neigt zur Wohnstatt von Ar
und sich lehnt an die Grenze von
Moab.

16 Und von dort zogen sie nach Beer. Das ist der Brunnen, von dem der HERR zu Mose gesagt hat: Versammle das Volk, und ich will ihnen Wasser geben.

17 Damals sang Israel dieses Lied:
Brunnen, steig auf,
singt von ihm,
18 dem Brunnen, den Fürsten gruben,
den die Edlen des Volks bohrten
mit einem Zepter, mit ihren Stäben.

Und aus der Wüste zogen sie weiter nach Mattana; 19 und von Mattana nach Nachaliel und von Nachaliel nach Bamot; 20 und von Bamot in das Tal, das im Gebiet von Moab liegt, zum Gipfel des Pisga, der auf die Einöde herabschaut.

21 Und Israel sandte Boten an Sichon, den König der Amoriter, und liess ihm sagen: 22 Ich möchte durch dein Land ziehen. Wir werden in kein Feld und in keinen Weinberg abbiegen, aus keinem Brunnen Wasser trinken. Auf der Königsstrasse werden wir gehen, solange wir durch dein Gebiet ziehen. 23 Und Sichon liess Israel nicht durch sein Gebiet ziehen, und Sichon versammelte sein ganzes Volk und zog Israel entgegen in die Wüste hinaus und kam nach Jahaz und kämpfte gegen Israel. 24 Israel aber schlug ihn mit der Schärfe des Schwerts und nahm sein Land in Besitz vom Arnon bis zum Jabbok, bis zu den Ammonitern, denn die Grenze der Ammoniter war stark befestigt. 25 Und Israel nahm alle diese Städte ein, und in allen Städten der Amoriter liess Israel sich nieder, in Cheschbon und in allen seinen Tochterstädten. 26 Denn Cheschbon war die Stadt Sichons, des Königs der Amoriter, und dieser hatte gegen einen früheren König von Moab Krieg geführt und hatte ihm bis an den

Arnon sein ganzes Land genommen.
27 Darum sagen die Spruchdichter:
Kommt nach Cheschbon,
aufgebaut und neu gegründet werde
die Stadt Sichons.
28 Denn Feuer ging aus von Cheschbon,
eine Flamme von Sichons Stadt.
Sie frass Ar-Moab,
die Herren der Höhen am Arnon.
29 Weh dir, Moab,
verloren bist du, Volk des Kemosch.
Als Flüchtlinge gab er seine Söhne
und als Gefangene seine Töchter
dem König der Amoriter, Sichon.
30 Wir aber haben sie beschossen.
Verloren ist Cheschbon bis nach
Dibon;
wir haben es verwüstet bis Nofach,
bis nach Medeba.
31 So liess Israel sich im Land der
Amoriter nieder. 32 Und Mose sandte
hin, um Jaser auszukundschaften. Und
sie nahmen seine Tochterstädte ein, und
man vertrieb die Amoriter, die dort waren. 33 Dann wandten sie sich und zogen den Weg hinauf zum Baschan. Und
Og, der König des Baschan, trat ihnen in
Edrei zum Kampf entgegen, er und sein
ganzes Volk. 34 Der HERR aber sprach zu
Mose: Fürchte dich nicht vor ihm, denn
in deine Hand habe ich ihn gegeben,
sein ganzes Volk und sein Land. Du aber
sollst mit ihm so verfahren, wie du mit
Sichon verfahren bist, dem König der
Amoriter, der in Cheschbon thronte.
35 Da schlugen sie ihn und seine Söhne
und sein ganzes Volk und liessen nicht
einen von ihm entrinnen. Und sie
nahmen sein Land in Besitz.

|10–11: 33,43–44 |12: Dtn 2,13 |13: Dtn 2,24 ·
Ri 11,18; Jes 16,2 |15: Dtn 2,9 |16: Ri 9,21 |17: Ex 15,1
|20: 23,14.28 |21–22: Dtn 2,26–27; Ri 11,19–20 |22–23:
20,17–18! |23: Dtn 2,30–32 |24: Dtn 4,46; 31,4 ·
Dtn 2,37; Ri 11,13 |26: Hld 7,5; Jer 48,2 · Dtn 1,4
|28–29: Jer 48,45–46 |28: Jes 15,1 |29: Ri 11,24;
1Kön 11,7 |30: 32,3; Jos 13,9.17 |32: 32,1 · Jos 24,12 |33:
Am 4,1 · Dtn 3,1 |34: Ps 136,19 |35: Dtn 4,46–47; 31,4

Der Seher Bileam

22 1 Und die Israeliten zogen weiter
und lagerten in den Steppen von
Moab, jenseits des Jordan bei Jericho.

2 Balak aber, der Sohn Zippors, sah
alles, was Israel den Amoritern angetan
hatte. 3 Und Moab fürchtete sich sehr
vor dem Volk, weil es gross war, und es
graute Moab vor den Israeliten. 4 Da
sprach Moab zu den Ältesten Midians:
Nun wird dieser Haufen alles ringsum
abfressen, wie das Rind das Grün des
Feldes abfrisst. Balak aber, der Sohn Zippors, war zu jener Zeit König über Moab.
5 Und er sandte Boten zu Bileam, dem
Sohn Beors, nach Petor, das am Strom
liegt, in das Land der Söhne seines
Volks, um ihn zu rufen, und liess ihm sagen: Sieh, ein Volk ist aus Ägypten ausgezogen, sieh, es bedeckt den Boden des
Landes und hat sich neben mir niedergelassen. 6 Nun komm, verfluche dieses
Volk für mich, denn es ist mir zu mächtig. Vielleicht kann ich es dann schlagen
und es aus dem Land vertreiben. Denn
ich weiss: Wen du segnest, der ist gesegnet, und wen du verfluchst, der ist verflucht. 7 Da gingen die Ältesten Moabs
und die Ältesten Midians, mit Wahrsagerlohn in ihrer Hand, und kamen zu Bileam und sagten ihm die Worte Balaks.
8 Er aber sprach zu ihnen: Bleibt heute
Nacht hier, dann will ich euch Bescheid
geben, wie der HERR zu mir redet. So
blieben die Fürsten Moabs bei Bileam.
9 Und Gott kam zu Bileam und sprach:
Wer sind diese Männer bei dir? 10 Da
sprach Bileam zu Gott: Balak, der Sohn
Zippors, der König von Moab, hat zu mir
gesandt: 11 Sieh, das Volk, das aus Ägypten ausgezogen ist, bedeckt den Boden
des Landes. Nun komm, verwünsche es
für mich, vielleicht kann ich dann dagegen kämpfen und es vertreiben. 12 Gott
aber sprach zu Bileam: Du sollst nicht
mit ihnen gehen. Du sollst das Volk
nicht verfluchen, denn es ist gesegnet.
13 Und Bileam stand am Morgen auf
und sprach zu den Fürsten Balaks: Geht
in euer Land, denn der HERR will mich
nicht mit euch gehen lassen. 14 Und die
Fürsten Moabs machten sich auf und
kamen zu Balak und sprachen: Bileam
wollte nicht mit uns kommen. 15 Da

sandte Balak noch grössere und vornehmere Fürsten als jene. 16 Und sie kamen zu Bileam und sprachen zu ihm: So spricht Balak, der Sohn Zippors: Lass dich nicht davon abhalten, zu mir zu kommen. 17 Denn hoch werde ich dich ehren und alles tun, was du mir sagst. Komm also, verwünsche dieses Volk für mich. 18 Bileam aber antwortete und sprach zu den Dienern Balaks: Selbst wenn Balak mir sein Haus voll Silber und Gold gäbe, könnte ich den Befehl des HERRN, meines Gottes, nicht übertreten, weder im Kleinen noch im Grossen. 19 Doch bleibt nun auch ihr heute Nacht. Dann will ich erfahren, was der HERR noch mit mir redet.

20 Und in der Nacht kam Gott zu Bileam und sprach zu ihm: Wenn die Männer gekommen sind, um dich zu rufen, steh auf und geh mit ihnen, doch sollst du nur das tun, was ich dir sagen werde. 21 Und am Morgen stand Bileam auf, sattelte seine Eselin und ging mit den Fürsten Moabs.

22 Da entbrannte der Zorn Gottes, weil er ging, und der Bote des HERRN trat ihm als Widersacher in den Weg, während er auf seiner Eselin ritt und seine zwei Diener ihn begleiteten. 23 Und die Eselin sah, wie der Bote des HERRN auf dem Weg stand, mit gezücktem Schwert in der Hand. Da wich die Eselin ab vom Weg und lief über das Feld. Bileam aber schlug die Eselin, um sie auf den Weg zurückzulenken. 24 Da trat der Bote des HERRN in den Hohlweg zwischen den Weinbergen, wo auf beiden Seiten Mauern waren. 25 Und die Eselin sah den Boten des HERRN und zwängte sich an die Wand und drückte Bileams Fuss gegen die Wand. Da schlug er sie wieder. 26 Der Bote des HERRN aber ging weiter voraus und trat an eine enge Stelle, wo man weder nach rechts noch nach links ausweichen konnte. 27 Und die Eselin sah den Boten des HERRN und ging unter Bileam in die Knie. Da entbrannte der Zorn Bileams, und er schlug die Eselin mit dem Stock.

28 Der HERR aber öffnete der Eselin den Mund, und sie sprach zu Bileam: Was habe ich dir getan, dass du mich dreimal geschlagen hast? 29 Da sprach Bileam zu der Eselin: Weil du deinen Mutwillen mit mir getrieben hast. Wäre ein Schwert in meiner Hand, so würde ich dich jetzt töten. 30 Die Eselin aber sprach zu Bileam: Bin ich nicht deine Eselin, auf der du zeitlebens geritten bist bis zum heutigen Tag? War es je meine Art, es so mit dir zu treiben? Und er sprach: Nein. 31 Da öffnete der HERR Bileam die Augen, und er sah, wie der Bote des HERRN auf dem Weg stand, mit gezücktem Schwert in der Hand. Und er verneigte sich und warf sich nieder auf sein Angesicht. 32 Der Bote des HERRN aber sprach zu ihm: Warum hast du deine Eselin dreimal geschlagen? Sieh, ich bin als dein Widersacher ausgezogen, denn dein Weg ist verkehrt in meinen Augen. 33 Die Eselin aber hat mich gesehen, und dreimal ist sie mir ausgewichen. Wäre sie mir nicht ausgewichen, so hätte ich dich jetzt umgebracht, sie aber am Leben gelassen. 34 Da sprach Bileam zum Boten des HERRN: Ich habe gesündigt, denn ich habe nicht erkannt, dass du mir auf dem Weg entgegengetreten bist. Wenn dir nun aber die Sache missfällt, will ich umkehren. 35 Der Bote des HERRN aber sprach zu Bileam: Geh mit den Männern, doch sollst du nur das reden, was ich dir sagen werde. So ging Bileam mit den Fürsten Balaks.

| 1: 26,3.63; 31,12; 33,48–50; 35,1; 36,13 | 2: Ri 11,25 | 3: Ex 1,12 | 5: 31,8; Dtn 23,5; Jos 24,9; Mi 6,5; Neh 13,2 | 6: 23,7 · 24,9! | 7: Mi 3,11 · 2Petr 2,15 | 8: 23,3; 1Kön 22,14 | 18: 24,13; 1Kön 13,8 | 23: 31; Jos 5,13; 1Chr 21,16 | 28: 2Petr 2,16 | 31: 2Kön 6,17.20; Lk 24,31 · 23! | 32: Jud 11

22,7: Anstelle von «mit Wahrsagerlohn» ist auch die Übersetzung «mit einem Orakelgerät» möglich.

Bileam und Balak

36 Und Balak hörte, dass Bileam kam, und zog hinaus, ihm entgegen, zu der Stadt Moabs, die am Arnon liegt, an der äussersten Grenze. 37 Und Balak

sagte zu Bileam: Habe ich nicht zu dir gesandt, um dich zu rufen? Warum bist du nicht zu mir gekommen? Kann ich dich wirklich nicht ehren? 38 Da sprach Bileam zu Balak: Sieh, ich bin nun zu dir gekommen. Kann ich jetzt etwas sagen? Das Wort, das Gott in meinen Mund legt, werde ich sagen. 39 Und Bileam ging mit Balak, und sie kamen nach Kirjat-Chuzot. 40 Und Balak opferte Rinder und Schafe und schickte sie an Bileam und an die Fürsten, die bei ihm waren. 41 Am Morgen aber nahm Balak Bileam und führte ihn hinauf nach Bamot-Baal, und von dort sah er den äussersten Teil des Volks.

23 1 Und Bileam sprach zu Balak: Errichte mir hier sieben Altäre, und halte mir hier sieben Stiere und sieben Widder bereit. 2 Da machte Balak es, wie Bileam gesagt hatte, und Balak und Bileam brachten auf jedem Altar einen Stier und einen Widder dar. 3 Und Bileam sprach zu Balak: Tritt neben dein Brandopfer. Ich aber will gehen, vielleicht wird der HERR mir begegnen, und was er mich schauen lässt, werde ich dir kundtun. Und er ging auf eine kahle Höhe. 4 Und Gott begegnete Bileam, er aber sprach zu ihm: Diese sieben Altäre habe ich errichtet und auf jedem Altar einen Stier und einen Widder dargebracht. 5 Da legte der HERR Bileam ein Wort in den Mund und sprach: Kehre zurück zu Balak, und so sollst du reden. 6 Und er kehrte zu ihm zurück, und sieh, er stand bei seinem Brandopfer, er und alle Fürsten von Moab. 7 Da begann er seinen Spruch und sprach:
Aus Aram hat Balak mich hergeführt,
    der König von Moab, aus den Bergen des Ostens:
Komm, verfluche Jakob für mich,
    und komm, verwünsche Israel!
8 Wie kann ich verfluchen, wem Gott nicht flucht,
    und wie verwünschen, wen der HERR nicht verwünscht?

9 Vom Gipfel der Felsen sehe ich es,
    und von Hügeln herab erblicke ich es:
Sieh, ein Volk, es wohnt für sich
    und rechnet sich nicht zu den Völkern.
10 Wer hätte Jakobs Staub gezählt
    und wer die Staubwolke Israels?
Den Tod der Aufrechten möge ich sterben,
    und ihm sei mein Ende gleich.
11 Da sprach Balak zu Bileam: Was hast du mir getan? Meine Feinde zu verwünschen, habe ich dich holen lassen, und sieh, du hast gesegnet. 12 Und er antwortete und sprach: Muss ich nicht darauf achten, zu reden, was mir der HERR in den Mund legt?
13 Da sprach Balak zu ihm: Komm mit mir an einen anderen Ort, von dem aus du das Volk sehen kannst – nur seinen äussersten Teil wirst du sehen, ganz aber wirst du es nicht sehen –, und dort verfluche es für mich. 14 Und er nahm ihn mit zum Späherfeld, auf den Gipfel des Pisga, und errichtete sieben Altäre und brachte auf jedem Altar einen Stier und einen Widder dar. 15 Und Bileam sprach zu Balak: Tritt hier neben dein Brandopfer, ich aber will dort auf eine Begegnung warten. 16 Und der HERR begegnete Bileam und legte ihm ein Wort in den Mund und sprach: Kehre zurück zu Balak, und so sollst du reden. 17 Und er trat zu ihm, und sieh, er stand bei seinem Brandopfer, und bei ihm waren die Fürsten von Moab. Und Balak sprach zu ihm: Was hat der HERR geredet? 18 Da begann er seinen Spruch und sprach:
Erhebe dich, Balak, und höre,
    merk auf, du Sohn Zippors.
19 Nicht ein Mann ist Gott, dass er lügen,
    und nicht ein Mensch, dass er bereuen würde.
Hat er gesprochen und tut es nicht,
    und hat er geredet und führt es nicht aus?

20 Sieh, Segen habe ich vernommen:
gesegnet hat er, und ich wende es
nicht ab.
21 Er schaute nichts Böses in Jakob
und sah kein Unheil in Israel.
Der HERR, sein Gott, ist mit ihm,
und dem König jubeln sie zu.
22 Gott führte sie aus Ägypten,
stark wie die Hörner des Wildstiers.
23 Zauber wirkt nicht in Jakob
und kein Orakel in Israel.
Jetzt sagt man von Jakob und von Israel:
Was hat Gott getan!
24 Sieh, ein Volk, wie eine Löwin steht
es auf,
wie ein Löwe erhebt es sich;
es legt sich nicht nieder, bis es Beute
verzehrt,
und trinkt das Blut von
Erschlagenen.

25 Da sprach Balak zu Bileam: Du
sollst es weder verwünschen noch
segnen. 26 Daraufhin sprach Bileam zu
Balak: Habe ich nicht zu dir gesprochen
und gesagt: Alles, was der HERR reden
wird, werde ich tun.

27 Da sprach Balak zu Bileam:
Komm, ich will dich an einen anderen
Ort bringen. Vielleicht gefällt es Gott,
dass du es dort für mich verfluchst.
28 Und Balak brachte Bileam mit auf
den Gipfel des Peor, der auf die Einöde
hinabschaut. 29 Und Bileam sprach zu
Balak: Errichte mir hier sieben Altäre,
und halte mir hier sieben Stiere und sieben Widder bereit. 30 Und Balak
machte es, wie Bileam gesagt hatte, und
brachte auf jedem Altar einen Stier und
einen Widder dar.

24 1 Bileam aber sah, dass es dem
HERRN gefiel, Israel zu segnen. So
ging er nicht wie zuvor, um Zeichen zu
finden, sondern wandte sein Gesicht der
Wüste zu. 2 Und Bileam erhob seine
Augen und sah Israel lagern, Stamm um
Stamm. Da kam der Geist Gottes auf ihn,
3 und er begann seinen Spruch und
sprach:

Spruch Bileams, des Sohns von Beor,
Spruch des Mannes mit offenem
Auge;
4 Spruch dessen, der Gottesworte hört,
der die Offenbarung Schaddais
schaut,
hingesunken und mit enthüllten
Augen:
5 Wie schön sind deine Zelte, Jakob,
deine Wohnungen, Israel!
6 Wie Bachtäler ziehen sie sich hin,
wie Gärten am Strom,
wie Aloebäume, die der HERR
gepflanzt hat,
wie Zedern am Wasser.
7 Wasser fliesst aus seinen
Schöpfeimern,
und seine Saat hat reichlich Wasser.
Und mächtiger als Agag werde sein
König,
und seine Herrschaft erhebe sich.
8 Gott führte es aus Ägypten,
stark wie die Hörner des Wildstiers.
Völker, seine Feinde, wird es fressen
und an ihren Knochen nagen
und Wunden reissen mit seinen
Pfeilen.
9 Es kauert, liegt da wie ein Löwe
und wie eine Löwin – wer stört es
auf?
Gesegnet ist, wer dich segnet,
und verflucht, wer dich verflucht.

10 Da entbrannte der Zorn Balaks
gegen Bileam, und er schlug die Hände
zusammen. Und Balak sprach zu Bileam:
Meine Feinde zu verwünschen, habe ich
dich gerufen, und sieh, du hast dreimal
gesegnet. 11 So fliehe nun an deinen
Ort! Ich habe gesagt: Ich will dich hoch
ehren. Aber sieh, der HERR hat dir die
Ehre versagt. 12 Da sprach Bileam zu Balak: Sagte ich nicht schon deinen Boten,
die du mir gesandt hast: 13 Selbst wenn
Balak mir sein Haus voll Silber und Gold
gäbe, könnte ich den Befehl des HERRN
nicht übertreten und aus meinem
eigenen Herzen Gutes oder Böses tun.
Was der HERR sagen wird, werde ich sagen. 14 Sieh, so gehe ich nun zu meinem
Volk. Komm, ich will dir kundtun, was

dieses Volk deinem Volk tun wird am Ende der Tage. 15 Und er begann seinen Spruch und sprach:
Spruch Bileams, des Sohns von Beor,
   Spruch des Mannes mit offenem Auge,
16 Spruch dessen, der Gottesworte hört
   und Erkenntnis hat des Höchsten,
der die Offenbarung Schaddais schaut,
   hingesunken und mit enthüllten Augen:
17 Ich sehe ihn, doch nicht jetzt,
   schaue ihn, doch nicht nahe.
Ein Stern tritt hervor aus Jakob,
   und ein Zepter erhebt sich aus Israel
und zerschmettert die Schläfen Moabs
   und schlägt nieder alle Söhne Sets.
18 Und Edom wird sein Besitz,
   und sein Besitz wird Seir, sein Feind.
Israel aber wird mächtig sein,
   19 und herrschen wird einer von Jakob her
und vernichten, die aus der Stadt entfliehen.
20 Und er sah auf Amalek und begann seinen Spruch und sprach:
Erstling der Völker ist Amalek,
   doch zuletzt wird es untergehen.
21 Und er sah die Keniter und begann seinen Spruch und sprach:
Fest ist deine Wohnstätte
   und auf den Felsen gesetzt dein Nest.
22 Dennoch wird Kain verwüstet werden.
   Wann wird Assur dich in Gefangenschaft führen?
23 Und er begann seinen Spruch und sprach:
Wehe, wer bleibt am Leben, wenn Gott das tut?
24 Schiffe von der Küste der Kittäer
   beugen Assur nieder und beugen Eber nieder.
Und auch er wird untergehen.
25 Und Bileam machte sich auf und ging an seinen Ort zurück, und auch Balak ging seines Wegs.

|37: 24,11 |41: Jos 13,17 · 23,13 |1–2: 29–30 |1: Hiob 42,8 |3: 22,8! |5: 16; Dtn 18,18 |7: 22,6 |8: Spr 26,2 |9: Est 3,8 |10: Gen 13,16! · 31,8 |11: 24,10 |12: 26 |13: 22,41 |14: 21,20! |16: 5! |18: Ri 3,20 |19:

Hos 11,9 · 1Sam 15,29; Röm 11,29; Tit 1,2 |22: 24,8; Dtn 33,17 |24: 24,9 |26: 12 |28: 21,20! |29–30: 1–2 |2: 11,25 |3: 15 |5: Ps 84,2 |6: Ps 104,16 |7: 1Sam 15,8 · 2Sam 5,12 |8: 23,22! |9: 23,24; Gen 49,9 · 22,6; Gen 12,3 |10: 23,11 · Dtn 23,6; Jos 24,10 |11: 22,37 |13: 22,18! |14: Gen 49,1! |15: 3 |17: Mt 2,2; Offb 22,16 · Gen 49,10 · 2Sam 8,2 |18: Am 9,12 |19: Mi 5,1 |20: Ex 17,14; 1Sam 15,2–7 |21: 1Sam 15,6 |24: Dan 11,30

23,13: Wörtlich: «..., von dem aus du es sehen kannst – ...»

23,15: Wörtlich: «Und er sprach zu Balak: ...»

24,3: Möglicherweise ist zu übersetzen: «..., Spruch des Mannes mit durchdringendem Blick; ...»; die Bedeutung des nur hier vorkommenden Worts ist nicht sicher.

24,4: Möglicherweise ist zu übersetzen: «..., der die Erscheinung Schaddais schaut, ...» Der Gottesname Schaddai wird traditionell mit ‹der Allmächtige› wiedergegeben.

24,6: Möglicherweise ist statt mit ‹Aloebäume› mit ‹Eiskraut› zu übersetzen; Eiskraut breitet sich über den Boden aus.

Götzendienst und Bestrafung

25 1 Und Israel liess sich in Schittim nieder. Das Volk aber begann, den Moabiterinnen nachzuhuren. 2 Da luden sie das Volk ein zu den Schlachtopfern ihrer Götter, und das Volk ass, und sie warfen sich nieder vor ihren Göttern. 3 Und Israel hängte sich an den Baal von Peor. Da entbrannte der Zorn des HERRN gegen Israel. 4 Und der HERR sprach zu Mose: Nimm alle Häupter des Volks und pfähle sie im Angesicht der Sonne für den HERRN, damit der glühende Zorn des HERRN von Israel ablässt. 5 Und Mose sprach zu den Richtern Israels: Es töte jeder diejenigen von seinen Leuten, die sich an den Baal von Peor gehängt haben.

6 Und sieh, einer von den Israeliten kam und brachte eine Midianiterin zu seinen Brüdern, vor den Augen Moses und vor den Augen der ganzen Gemeinde Israel, während sie am Eingang des Zelts der Begegnung wehklagten. 7 Pinechas aber, der Sohn von Elasar, dem Sohn des Priesters Aaron, sah es und erhob sich aus der Gemeinde und nahm eine Lanze in die Hand. 8 Und er ging dem Israeliten nach in das Gemach und durchbohrte sie beide, den Israeliten und die Frau, durch den Bauch. Da wurde der Plage unter den Israeliten

Einhalt geboten. 9 An der Plage gestorben waren 24000 Menschen.

10 Und der HERR sprach zu Mose: 11 Pinechas, der Sohn Elasars, des Sohns des Priesters Aaron, hat meinen Grimm von den Israeliten abgewendet, da er an meiner Statt unter ihnen geeifert hat. So habe ich die Israeliten nicht völlig vernichtet in meinem Eifer. 12 Darum sprich: Sieh, ich gewähre ihm einen Friedensbund: 13 Ihm und seinen Nachkommen soll ein Bund ewigen Priestertums zuteil werden dafür, dass er für seinen Gott geeifert und für die Israeliten Sühne erwirkt hat. 14 Der getötete Israelit aber, der zusammen mit der Midianiterin getötet worden war, hiess Simri, der Sohn Salus. Er war Oberhaupt einer Familie der Simeoniten. 15 Und die getötete midianitische Frau hiess Kosbi, die Tochter Zurs. Er war Oberhaupt einer Sippe, einer Familie in Midian.

16 Und der HERR redete zu Mose: 17 Greift die Midianiter an und schlagt sie! 18 Denn sie haben euch arglistig angegriffen, als sie euch überlisteten in Peor mit Kosbi, der Fürstentochter aus Midian, ihrer Schwester, die getötet wurde am Tag der Plage von Peor.

| 1: 33,49; Jos 2,1; Joel 4,18 | 2: Ex 23,24 · Jos 22,17 | 3: 31,16; Dtn 4,3; Ps 106,28; 9,10 | 4: Dtn 21,22! | 5: Ex 32,27 | 7: Ex 6,25! | 8–11: Ps 106,29–31 | 8: 17,13! | 9: 1Kor 10,8 | 12: Jes 54,10; Ez 34,25; Mal 2,5 | 13: Ex 40,15 · 17,12 | 15: 31,8; Jos 13,21 | 17: 31,2–3

Zweite Zählung des Volks

19 Nach der Plage aber

26 1 sprach der HERR zu Mose und zu Elasar, dem Sohn des Priesters Aaron: 2 Zählt die ganze Gemeinde der Israeliten, die zwanzig Jahre alt sind oder älter, nach ihren Familien, alle Wehrfähigen in Israel. 3 Da musterten Mose und der Priester Elasar sie in den Steppen von Moab, am Jordan bei Jericho, 4 die zwanzig Jahre alt waren oder älter, wie der HERR es Mose geboten hatte.

Und die Israeliten, die aus dem Land Ägypten auszogen, waren: 5 Ruben, der Erstgeborene Israels; die Söhne Ruben: von Henoch die Sippe der Henochiten, von Pallu die Sippe der Palluiten, 6 von Chezron die Sippe der Chezroniten, von Karmi die Sippe der Karmiten. 7 Das waren die Sippen der Rubeniten, und ihre Gemusterten waren 43730.

8 Und die Söhne Pallus: Eliab. 9 Und die Söhne Eliabs: Nemuel, Datan und Abiram. Das waren Datan und Abiram, die Berufenen der Gemeinde, die gegen Mose und gegen Aaron stritten in der Gemeinde Korachs, als sie gegen den HERRN stritt. 10 Und die Erde tat ihren Mund auf und verschlang sie und Korach, als die Gemeinde starb und das Feuer die 250 Männer verzehrte, so dass sie zu einem Mahnzeichen wurden. 11 Die Söhne Korachs aber kamen nicht um.

12 Die Söhne Simeon nach ihren Sippen: von Nemuel die Sippe der Nemueliten, von Jamin die Sippe der Jaminiten, von Jachin die Sippe der Jachiniten, 13 von Serach die Sippe der Serachiten, von Schaul die Sippe der Schauliten. 14 Das waren die Sippen der Simeoniten: 22200.

15 Die Söhne Gad nach ihren Sippen: Von Zefon die Sippe der Zefoniten, von Chaggi die Sippe der Chaggiten, von Schuni die Sippe der Schuniter, 16 von Osni die Sippe der Osniten, von Eri die Sippe der Eriten, 17 von Arod die Sippe der Aroditen, von Areli die Sippe der Areliten. 18 Das waren die Sippen der Söhne Gad; ihre Gemusterten: 40500.

19 Die Söhne Juda waren Ehr und Onan. Ehr und Onan aber starben im Land Kanaan. 20 Und die Söhne Juda nach ihren Sippen waren: von Schela die Sippe der Schelaniten, von Perez die Sippe der Pereziten, von Serach die Sippe der Serachiten. 21 Und die Söhne des Perez waren: von Chezron die Sippe der Chezroniten, von Chamul die Sippe der Chamuliten. 22 Das waren die Sippen Juda; ihre Gemusterten: 76500.

23 Die Söhne Issaschar nach ihren Sippen: Von Tola die Sippe der Tolaiten,

von Puwa die Sippe der Puniten, 24 von Jaschub die Sippe der Jaschubiten, von Schimron die Sippe der Schimroniten. 25 Das waren die Sippen Issaschars; ihre Gemusterten: 64300.

26 Die Söhne Sebulon nach ihren Sippen: Von Sered die Sippe der Serediten, von Elon die Sippe der Eloniten, von Jachleel die Sippe der Jachleeliten. 27 Das waren die Sippen der Seboloniten; ihre Gemusterten: 60500.

28 Die Söhne Josef nach ihren Sippen, Manasse und Efraim. 29 Die Söhne Manasse: von Machir die Sippe der Machiriten. Machir aber zeugte Gilead; und von Gilead die Sippe der Gileaditen. 30 Dies waren die Söhne Gilead: Von Ieser die Sippe der Iesriten, von Chelek die Sippe der Chelekiten, 31 von Asriel die Sippe der Asrieliten, von Schechem die Sippe der Schechemiten, 32 von Schemida die Sippe der Schemidaiten, von Chefer die Sippe der Cheferiten. 33 Zelofchad aber, der Sohn Chefers, hatte keine Söhne, sondern Töchter, und die Töchter Zelofchads hiessen Machla, Noa, Chogla, Milka und Tirza. 34 Das waren die Sippen Manasses, und ihre Gemusterten waren 52700.

35 Dies waren die Söhne Efraim nach ihren Sippen: von Schutelach die Sippe der Schutelachiten, von Becher die Sippe der Becheriten, von Tachan die Sippe der Tachaniten. 36 Und dies waren die Söhne Schutelach: von Eran die Sippe der Eraniten. 37 Das waren die Sippen der Söhne Efraim; ihre Gemusterten: 32500. Das waren die Söhne Josef, nach ihren Sippen.

38 Die Söhne Benjamin nach ihren Sippen: von Bela die Sippe der Belaiten, von Aschbel die Sippe der Aschbeliten, von Achiram die Sippe der Achiramiten, 39 von Schefufam die Sippe der Schufamiten, von Chufam die Sippe der Chufamiten. 40 Und die Söhne Belas waren Ard und Naaman; von Ard die Sippe der Arditen, von Naaman die Sippe der Naamaniten. 41 Das waren die Söhne Ben-

jamin, nach ihren Sippen, und ihre Gemusterten waren 45600.

42 Dies waren die Söhne Dan, Sippe für Sippe: von Schucham die Sippe der Schuchamiten. Das waren die Sippen Dans, Sippe für Sippe. 43 Alle Sippen der Schuchamiten; ihre Gemusterten: 64400.

44 Die Söhne Asser nach ihren Sippen: von Jimna die Sippe derer von Jimna, von Jischwi die Sippe der Jischwiten, von Beria die Sippe der Beriaiten. 45 Von den Söhnen Berias: von Cheber die Sippe der Cheberiten, von Malkiel die Sippe der Malkieliten. 46 Und die Tochter Assers hiess Serach. 47 Das waren die Sippen der Söhne Asser; ihre Gemusterten: 53400.

48 Die Söhne Naftali, Sippe für Sippe: von Jachzeel die Sippe der Jachzeeliten, von Guni die Sippe der Guniten, 49 von Jezer die Sippe der Jezeriten, von Schillem die Sippe der Schillemiten. 50 Das waren die Sippen Naftalis, nach ihren Sippen, und ihre Gemusterten waren 45400. 51 Das waren die Gemusterten der Israeliten: 601730.

52 Und der HERR sprach zu Mose: 53 Diesen soll das Land als Erbbesitz zugeteilt werden, nach der Zahl der Namen. 54 Einem grossen Stamm sollst du einen grossen Erbbesitz zuteilen, und einem kleinen sollst du einen kleinen Erbbesitz zuteilen. Jedem soll sein Erbbesitz nach der Zahl seiner Gemusterten gegeben werden. 55 Das Land soll aber durch das Los verteilt werden. Nach den Namen der Stämme ihrer Vorfahren sollen sie Erbbesitz erhalten. 56 Nach dem Entscheid des Loses soll der Erbbesitz zwischen den grösseren und den kleineren Stämmen verteilt werden.

57 Und dies waren die Gemusterten der Leviten, Sippe für Sippe: von Gerschon die Sippe der Gerschoniten, von Kehat die Sippe der Kehatiten, von Merari die Sippe der Merariten. 58 Dies waren die Sippen Levis: die Sippe der Libniten, die Sippe der Chebroniten, die Sippe der Machliten, die Sippe der

Muschiten, die Sippe der Korachiten. Und Kehat zeugte Amram. 59 Und die Frau Amrams hiess Jochebed, die Tochter Levis, die Levi in Ägypten geboren worden war. Und sie gebar dem Amram Aaron und Mose und deren Schwester Mirjam. 60 Und Aaron wurden geboren Nadab und Abihu und Elasar und Itamar. 61 Nadab und Abihu aber starben, als sie ein unerlaubtes Feueropfer darbrachten vor dem HERRN. 62 Und ihre Gemusterten waren 23000, alle Knaben oder Männer, die einen Monat und älter waren. Denn sie waren nicht gemustert worden mit den Israeliten, weil ihnen kein Erbbesitz unter den Israeliten gegeben wurde.

63 Das waren diejenigen, die von Mose und dem Priester Elasar gemustert wurden. Sie musterten die Israeliten in den Steppen von Moab am Jordan bei Jericho. 64 Darunter aber war keiner von denen, die von Mose und dem Priester Aaron gemustert worden waren, als diese die Israeliten in der Wüste Sinai musterten. 65 Denn der HERR hatte ihnen gesagt, sie müssten in der Wüste sterben, und es war keiner von ihnen übrig geblieben ausser Kaleb, dem Sohn Jefunnes, und Josua, dem Sohn Nuns.

|2:1,2! |3:22,1! |5:Ex 6,14–15 |10:16,31–32! · 17,3 |12–14:1Chr 4,24! |13:Gen 36,13 |15–18:1Chr 5,11–12! |19–21:Gen 46,12 |19:Gen 38,7.10 |20:1Chr 9,5 |21: Rut 4,18 |23–25:1Chr 7,6! |25:14,29! |28: Gen 41,51–52! |29:36,1 · Jos 17,1 |30:Ri 6,11 |32: Jos 17,2 |33:27,1;36,11;Jos 17,3 |51:1,46! |53: Jos 11,23 |54:33,54;35,8;Jos 17,17 |55:36,2 |57: 3,17! · Ex 6,25 |59:Ex 6,20 · 12,1 |60:Ex 6,23 |61:3,4! |62:1,47 · 18,20! |63:22,1! |64:1,19 |65:14,35

26,3: Der Massoretische Text lautet übersetzt: «Da redeten Mose und der Priester Elasar mit ihnen in den Steppen ...»

26,40: «von Ard» fehlt im Massoretischen Text; es wurde nach antiken Übersetzungen eingefügt.

26,59: Die Wiedergabe beruht auf antiken Übersetzungen. Der Massoretische Text lautet übersetzt: «..., die Tochter Levis, die sie Levi in Ägypten geboren hatte. ...»

Das Erbrecht von Töchtern

27 1 Da kamen die Töchter Zelofchads, des Sohns Chefers, des Sohns Gileads, des Sohns Machirs, des Sohns Manasses, aus den Sippen Manasses, des Sohns von Josef. Und seine Töchter hiessen: Machla, Noa, Chogla, Milka und Tirza. 2 Und sie traten vor Mose und den Priester Elasar, vor die Fürsten und die ganze Gemeinde an den Eingang des Zelts der Begegnung und sprachen: 3 Unser Vater ist in der Wüste gestorben, er hat aber nicht zur Gemeinde derer gehört, die sich gegen den HERRN zusammenrotteten, zur Gemeinde Korachs, sondern er ist um seiner eigenen Sünde willen gestorben und hatte keine Söhne. 4 Warum soll der Name unseres Vaters aus seiner Sippe verschwinden, weil er keinen Sohn hat? Gib uns Grundbesitz bei den Brüdern unseres Vaters. 5 Da brachte Mose ihre Rechtssache vor den HERRN.

6 Und der HERR sprach zu Mose: 7 Die Töchter Zelofchads haben Recht, du sollst ihnen erblichen Grundbesitz geben bei den Brüdern ihres Vaters und den Erbbesitz ihres Vaters auf sie übergehen lassen. 8 Zu den Israeliten aber sollst du sagen: Wenn ein Mann stirbt und er hat keinen Sohn, sollt ihr seinen Erbbesitz auf seine Tochter übergehen lassen. 9 Hat er aber keine Tochter, sollt ihr seinen Erbbesitz seinen Brüdern geben. 10 Und hat er keine Brüder, sollt ihr seinen Erbbesitz den Brüdern seines Vaters geben. 11 Hat aber sein Vater keine Brüder, sollt ihr seinen Erbbesitz seinem nächsten leiblichen Verwandten aus seiner Sippe geben, und er soll ihn in Besitz nehmen. Und das soll für die Israeliten zu einer Rechtsbestimmung werden, wie der HERR es Mose geboten hat.

|1:26,33! |2:21;9,6 |3:26,65 · 16,1–3 |7:36,2–5 · Jos 17,4; Hiob 42,15

Die Einsetzung Josuas

12 Und der HERR sprach zu Mose: Steige hinauf auf das Gebirge Abarim, und sieh dir das Land an, das ich den Israeliten gegeben habe. 13 Und wenn du es gesehen hast, wirst auch du mit deinen Vorfahren vereint werden, wie dein

Bruder Aaron, 14 weil ihr euch in der Wüste Zin, als die Gemeinde haderte, meinem Befehl widersetzt habt, mich ihnen durch das Wasser als heilig vor Augen zu stellen. Das ist das Wasser von Meriba bei Kadesch in der Wüste Zin.

15 Und Mose sprach zum HERRN: 16 Der HERR, der Gott der Lebensgeister allen Fleisches, möge einen Mann über die Gemeinde einsetzen, 17 der vor ihnen auszieht und vor ihnen einzieht, und der sie hinausführt und sie heimführt, damit die Gemeinde des HERRN nicht sei wie die Schafe, die keinen Hirten haben. 18 Da sprach der HERR zu Mose: Nimm dir Josua, den Sohn Nuns, einen Mann, in dem der Geist ist, und lege deine Hand auf ihn. 19 Dann lass ihn vor den Priester Elasar und vor die ganze Gemeinde treten und beauftrage ihn vor ihren Augen. 20 Und lege von deiner Würde auf ihn, damit die ganze Gemeinde der Israeliten ihm gehorcht. 21 Er soll aber jeweils vor den Priester Elasar treten, und der soll für ihn die Entscheidung der Urim vor dem HERRN einholen. Auf seinen Befehl sollen sie ausziehen, und auf seinen Befehl sollen sie einziehen, er und alle Israeliten mit ihm und die ganze Gemeinde. 22 Und Mose machte es, wie der HERR es ihm geboten hatte, und nahm Josua und stellte ihn vor den Priester Elasar und vor die ganze Gemeinde. 23 Dann legte er seine Hände auf ihn und beauftragte ihn, wie der HERR durch Mose gesprochen hatte.

|12: 33,47; Dtn 32,48–49 |13: Dtn 31,14! · 20,24 |14: 20,12! · 20,5 |16: 16,22! |17: 2Chr 1,10 · 1Kön 22,17; Ez 34,5; Mt 9,36 |18: Ex 33,11; Dtn 31,14 · Dtn 34,9 |19: Dtn 31,7 |20: Jos 1,17 |21: Ex 28,30 · 2!

Opfer und Feste

28 1 Und der HERR sprach zu Mose: 2 Gebiete den Israeliten und sprich zu ihnen: Ihr sollt darauf achten, dass ihr mir meine Opfergabe zur festgesetzten Zeit darbringt, meine Speise, als Feueropfer zum beschwichtigenden Geruch für mich.

3 Und sprich zu ihnen: Dies ist das Feueropfer, das ihr dem HERRN darbringen sollt: zwei einjährige makellose Lämmer jeden Tag als ständiges Brandopfer. 4 Das erste Lamm sollst du am Morgen darbringen, und das zweite Lamm sollst du in der Abenddämmerung darbringen, 5 dazu ein Zehntel Efa Feinmehl als Speiseopfer, angerührt mit einem Viertel Hin gestossenen Öls. 6 Das ist das ständige Brandopfer, das am Berg Sinai dargebracht wurde, als beschwichtigender Geruch, als Feueropfer für den HERRN. 7 Und das dazugehörige Trankopfer: ein Viertel Hin Wein zum ersten Lamm. Im Heiligtum giesse dem HERRN ein Trankopfer von berauschendem Getränk aus. 8 Das zweite Lamm aber sollst du in der Abenddämmerung darbringen. Mit dem gleichen Speiseopfer wie am Morgen und mit dem dazugehörigen Trankopfer sollst du es darbringen, als Feueropfer beschwichtigenden Geruchs für den HERRN.

9 Am Sabbattag aber zwei einjährige makellose Lämmer und zwei Zehntel Feinmehl als Speiseopfer, mit Öl angerührt, und das dazugehörige Trankopfer. 10 Das ist das Brandopfer an jedem Sabbat, zusätzlich zu dem ständigen Brandopfer und dem dazugehörigen Trankopfer.

11 Und zu Beginn eines jeden Monats sollt ihr dem HERRN als Brandopfer darbringen: zwei Jungstiere und einen Widder, sieben einjährige makellose Lämmer 12 und drei Zehntel Feinmehl als Speiseopfer, mit Öl angerührt, zu jedem Stier, und zwei Zehntel Feinmehl als Speiseopfer, mit Öl angerührt, zu dem Widder 13 und je ein Zehntel Feinmehl als Speiseopfer, mit Öl angerührt, zu jedem Lamm. Das ist das Brandopfer, ein beschwichtigender Geruch, ein Feueropfer für den HERRN. 14 Und die dazugehörigen Trankopfer: ein halbes Hin Wein zu einem Stier, ein Drittel Hin zu einem Widder und ein Viertel Hin zu einem Lamm. Das ist das Brandopfer an jedem Neumondtag des Jahres. 15 Und ein Ziegenbock soll als Sünd-

opfer für den HERRN zusätzlich zu dem ständigen Brandopfer dargebracht werden mit dem dazugehörigen Trankopfer.

16 Und im ersten Monat, am vierzehnten Tag des Monats, ist Passa für den HERRN. 17 Und am fünfzehnten Tag dieses Monats ist ein Fest. Sieben Tage soll man ungesäuerte Brote essen. 18 Am ersten Tag findet eine heilige Versammlung statt. Da sollt ihr keinerlei Werktagsarbeit tun. 19 Und ihr sollt ein Feueropfer darbringen, ein Brandopfer für den HERRN: zwei Jungstiere, einen Widder und sieben einjährige Lämmer, makellos sollen sie sein. 20 Und das dazugehörige Speiseopfer: Feinmehl, mit Öl angerührt, drei Zehntel sollt ihr zu einem Stier und zwei Zehntel zu einem Widder darbringen, 21 je ein Zehntel sollst du darbringen zu jedem Lamm von den sieben Lämmern, 22 und einen Bock als Sündopfer, um Sühne für euch zu erwirken. 23 Zusätzlich zu dem Morgenbrandopfer, das als ständiges Brandopfer dargebracht wird, sollt ihr dies alles darbringen. 24 Dieselben Opfer sollt ihr jeden Tag sieben Tage lang darbringen als eine Feueropferspeise beschwichtigenden Geruchs für den HERRN. Zusätzlich zu dem ständigen Brandopfer und dem dazugehörigen Trankopfer soll es dargebracht werden. 25 Und am siebten Tag sollt ihr eine heilige Versammlung halten. Da sollt ihr keinerlei Werktagsarbeit tun.

26 Und am Tag der Erstlingsfrüchte, wenn ihr dem HERRN ein neues Speiseopfer darbringt, an eurem Wochenfest, sollt ihr eine heilige Versammlung halten. Da sollt ihr keinerlei Werktagsarbeit tun. 27 Und ihr sollt ein Brandopfer darbringen als beschwichtigenden Geruch für den HERRN: zwei Jungstiere, einen Widder, sieben einjährige Lämmer. 28 Dazu als Speiseopfer Feinmehl, mit Öl angerührt, drei Zehntel zu jedem Stier, zwei Zehntel zu dem Widder, 29 je ein Zehntel zu jedem Lamm von den sieben Lämmern, 30 und einen Ziegen-

bock, um Sühne für euch zu erwirken. 31 Zusätzlich zu dem ständigen Brandopfer und dem dazugehörigen Speiseopfer sollt ihr sie darbringen, makellos sollen sie sein – und die dazugehörigen Trankopfer.

29 1 Und im siebten Monat, am Ersten des Monats, sollt ihr eine heilige Versammlung halten, da sollt ihr keinerlei Werktagsarbeit tun. Ein Tag des Signalblasens ist es für euch. 2 Und ihr sollt ein Brandopfer darbringen als beschwichtigenden Geruch für den HERRN: einen Jungstier, einen Widder, sieben einjährige makellose Lämmer. 3 Dazu als Speiseopfer Feinmehl, mit Öl angerührt: drei Zehntel zu einem Stier, zwei Zehntel zu einem Widder 4 und ein Zehntel zu jedem Lamm von den sieben Lämmern; 5 und einen Ziegenbock als Sündopfer, um Sühne für euch zu erwirken, 6 zusätzlich zu dem Neumondbrandopfer mit dem dazugehörigen Speiseopfer und dem ständigen Brandopfer mit dem dazugehörigen Speiseopfer und den dazugehörigen Trankopfern nach der für sie geltenden Vorschrift, als beschwichtigenden Geruch, als Feueropfer für den HERRN.

7 Und am Zehnten dieses siebten Monats sollt ihr eine heilige Versammlung halten und fasten. Da sollt ihr keinerlei Arbeit tun. 8 Und ihr sollt dem HERRN ein Brandopfer darbringen als beschwichtigenden Geruch: einen Jungstier, einen Widder, sieben einjährige Lämmer; makellos sollen sie sein; 9 und als Speiseopfer Feinmehl, mit Öl angerührt, drei Zehntel zu einem Stier, zwei Zehntel zu dem Widder, 10 je ein Zehntel zu jedem Lamm von den sieben Lämmern; 11 einen Ziegenbock als Sündopfer, zusätzlich zu dem Sündopfer der Sühnehandlung und dem ständigen Brandopfer mit dem dazugehörigen Speiseopfer und den dazugehörigen Trankopfern.

12 Und am fünfzehnten Tag des siebten Monats sollt ihr eine heilige Versammlung halten, da sollt ihr keinerlei

Werktagsarbeit tun. Und ihr sollt dem HERRN ein Fest feiern, sieben Tage lang. 13 Und ihr sollt ein Brandopfer darbringen, ein Feueropfer beschwichtigenden Geruchs für den HERRN: dreizehn Jungstiere, zwei Widder, vierzehn einjährige Lämmer; makellos sollen sie sein; 14 und als Speiseopfer Feinmehl, mit Öl angerührt, drei Zehntel zu jedem Stier von den dreizehn Stieren, zwei Zehntel zu jedem Widder von den zwei Widdern 15 und je ein Zehntel zu jedem Lamm von den vierzehn Lämmern; 16 und einen Ziegenbock als Sündopfer, zusätzlich zu dem ständigen Brandopfer mit dem dazugehörigen Speiseopfer und Trankopfer.

17 Am zweiten Tag: zwölf Jungstiere, zwei Widder, vierzehn einjährige makellose Lämmer 18 und das Speiseopfer und die Trankopfer zu den Stieren, den Widdern und den Lämmern entsprechend ihrer Anzahl, nach der Vorschrift, 19 und einen Ziegenbock als Sündopfer, zusätzlich zu dem ständigen Brandopfer mit dem dazugehörigen Speiseopfer und den dazugehörigen Trankopfern.

20 Am dritten Tag: elf Stiere, zwei Widder, vierzehn einjährige makellose Lämmer 21 und das Speiseopfer und die Trankopfer zu den Stieren, den Widdern und den Lämmern entsprechend ihrer Anzahl, nach der Vorschrift, 22 und einen Bock als Sündopfer, zusätzlich zu dem ständigen Brandopfer mit dem dazugehörigen Speiseopfer und Trankopfer.

23 Am vierten Tag: zehn Stiere, zwei Widder, vierzehn einjährige makellose Lämmer, 24 das Speiseopfer und die Trankopfer zu den Stieren, den Widdern und den Lämmern entsprechend ihrer Anzahl, nach der Vorschrift, 25 und einen Ziegenbock als Sündopfer, zusätzlich zu dem ständigen Brandopfer mit dem dazugehörigen Speiseopfer und Trankopfer.

26 Am fünften Tag: neun Stiere, zwei Widder, vierzehn einjährige makellose Lämmer 27 und das Speiseopfer und die Trankopfer zu den Stieren, den Widdern und den Lämmern entsprechend ihrer Anzahl, nach der Vorschrift, 28 und einen Bock als Sündopfer, zusätzlich zu dem ständigen Brandopfer mit dem dazugehörigen Speiseopfer und Trankopfer.

29 Am sechsten Tag: acht Stiere, zwei Widder, vierzehn einjährige makellose Lämmer 30 und das Speiseopfer und die Trankopfer zu den Stieren, den Widdern und den Lämmern entsprechend ihrer Anzahl, nach der Vorschrift, 31 und einen Bock als Sündopfer, zusätzlich zu dem ständigen Brandopfer mit dem dazugehörigen Speiseopfer und den dazugehörigen Trankopfern.

32 Am siebten Tag: sieben Stiere, zwei Widder, vierzehn einjährige makellose Lämmer 33 und das Speiseopfer und die Trankopfer zu den Stieren, den Widdern und den Lämmern entsprechend ihrer für sie geltenden Vorschrift, 34 und einen Bock als Sündopfer, zusätzlich zu dem ständigen Brandopfer mit dem dazugehörigen Speiseopfer und Trankopfer.

35 Am achten Tag sollt ihr eine Festversammlung halten. Da sollt ihr keinerlei Werktagsarbeit tun. 36 Und ihr sollt ein Brandopfer darbringen, ein Feueropfer beschwichtigenden Geruchs für den HERRN: einen Stier, einen Widder, sieben einjährige makellose Lämmer, 37 das Speiseopfer und die Trankopfer zu dem Stier, dem Widder und den Lämmern entsprechend ihrer Anzahl, nach der Vorschrift, 38 und einen Bock als Sündopfer, zusätzlich zu dem ständigen Brandopfer mit dem dazugehörigen Speiseopfer und Trankopfer.

39 Das sollt ihr an euren Festen für den HERRN darbringen, zusätzlich zu dem, was ihr gelobt und was ihr freiwillig gebt an Brandopfern, Speiseopfern, Trankopfern und Heilsopfern.

30 1 Und Mose sagte den Israeliten alles genau, wie der HERR es Mose geboten hatte.

|2: 29,39 |3–6: Ex 29,38–42 |5: 15,4! |6: Lev 27,34 |7: 14; 15,5; Ex 29,40; Lev 23,13 |9: Mt 12,5 |10: Ez 46,4 |11: 2Kön 4,23; Ez 46,6 |13: 15,6 |14: 7! |15: Lev 16,15 |16–25: Lev 23,5–14 |16: Ex 12,6 |17–18: Ex 12,15–16 |18: Lev 23,7–8! |24: Ez 45,23 |26: Ex 23,16 · Dtn 16,9–10! |30: Lev 16,15 |1: Neh 8,2 · 10,10! · Lev 23,7–8! |2: Esra 3,6 |5: Lev 16,15 |7: Lev 16,29! |12: Lev 23,34! |35: Joh 7,37 · Lev 23,8 |39: Lev 23,38 · 28,2

Gültigkeit von Gelübden

2 Und Mose redete zu den Stammeshäuptern der Israeliten: Das ist es, was der HERR geboten hat: 3 Wenn ein Mann dem HERRN ein Gelübde ablegt oder einen Eid schwört, sich eine Enthaltung aufzuerlegen, soll er sein Wort nicht brechen. Ganz so, wie er es ausgesprochen hat, soll er handeln. 4 Und wenn eine Frau dem HERRN ein Gelübde ablegt und sich eine Enthaltung auferlegt im Haus ihres Vaters, solange sie ledig ist, 5 und ihr Vater hört von dem Gelübde und der Enthaltung, die sie sich auferlegt hat, und ihr Vater schweigt dazu, so gelten alle Gelübde, und jede Enthaltung, die sie sich auferlegt hat, ist gültig. 6 Hat aber ihr Vater an dem Tag, da er es hörte, ihr seine Zustimmung versagt, so sind alle Gelübde und Enthaltungen, die sie sich auferlegt hat, ungültig, und der HERR wird ihr vergeben, denn ihr Vater hat ihr seine Zustimmung versagt. 7 Heiratet sie einen Mann, während sie durch ein Gelübde gebunden ist oder durch ein unbedachtes Wort, mit dem sie sich verpflichtet hat, 8 und hört ihr Mann davon an irgendeinem Tag und schweigt dazu, so gelten die Gelübde, und die Enthaltungen, die sie sich auferlegt hat, sind gültig. 9 Wenn aber ihr Mann an dem Tag, da er davon hört, ihr seine Zustimmung versagt, so setzt er das Gelübde, das sie bindet, und das unbedachte Wort, durch das sie sich verpflichtet hat, ausser Kraft, und der HERR wird ihr vergeben. 10 Ein Gelübde einer Witwe aber und einer Verstossenen, alles, wodurch sie sich verpflichtet hat, ist für sie gültig. 11 Hat sie im Haus ihres Mannes etwas gelobt oder sich durch einen Eid eine Enthaltung auferlegt 12 und hat ihr Mann davon gehört und dazu geschwiegen, ihr also seine Zustimmung nicht versagt, so gelten alle Gelübde, und jede Enthaltung, die sie sich auferlegt hat, ist gültig. 13 Setzt aber ihr Mann sie an dem Tag, da er davon hört, ausser Kraft, so sind alle Gelübde und jede Verpflichtung zur Enthaltung, die über ihre Lippen gekommen sind, ungültig. Ihr Mann hat sie ausser Kraft gesetzt, und der HERR wird ihr vergeben. 14 Ihr Mann kann jedes Gelübde und jeden Eid, der sie zu einer Enthaltung verpflichtet, bestätigen oder ausser Kraft setzen. 15 Schweigt aber ihr Mann dazu bis zum nächsten Tag, so bestätigt er damit alle Gelübde oder alle Enthaltungen, die ihr obliegen. Er hat sie bestätigt, weil er an dem Tag, da er davon hörte, dazu geschwiegen hat. 16 Setzt er sie aber ausser Kraft, nachdem er davon gehört hat, so trägt er ihre Schuld.

17 Das sind die Satzungen, die der HERR Mose geboten hat. Sie gelten für einen Mann gegenüber seiner Frau, für einen Vater gegenüber seiner ledigen Tochter, solange sie noch im Haus ihres Vaters ist.

|3: 6,2! · Ri 11,35; Ps 50,14; Mt 14,9 |7: 1Sam 1,11 |8: 12; 1Sam 1,23 |11–12: Jer 44,25 |12: 8!

30,7: Wörtlich: «... durch ein Gelübde gebunden ist oder durch einen Ausspruch ihrer Lippen, ...»

Rachefeldzug gegen die Midianiter

31 1 Und der HERR sprach zu Mose: 2 Nimm Rache für die Israeliten an den Midianitern. Danach sollst du mit deinen Vorfahren vereint werden. 3 Und Mose sprach zum Volk: Von euch sollen sich Männer für den Kriegsdienst bewaffnen, sie sollen gegen Midian ziehen, um die Rache des HERRN an Midian zu vollstrecken. 4 Von allen Stämmen Israels sollt ihr je 1000 zum Krieg entsenden. 5 So wurden aus den Tausendschaften Israels je 1000 von jedem Stamm ausgehoben, 12000 für den

Krieg Bewaffnete. 6 Und Mose sandte sie in den Krieg, je tausend von jedem Stamm, in den Krieg, sie und Pinechas, den Sohn des Priesters Elasar. Der führte die heiligen Geräte und die Signaltrompeten mit sich. 7 Und sie führten Krieg gegen Midian, wie der HERR es Mose geboten hatte, und töteten alle Knaben und Männer. 8 Auch die Könige von Midian töteten sie, neben den anderen, die sie erschlugen, Ewi und Rekem und Zur und Chur und Reba, die fünf Könige von Midian; und auch Bileam, den Sohn Beors, töteten sie mit dem Schwert. 9 Und die Israeliten führten die Frauen und Kinder von Midian als Gefangene weg und nahmen ihr ganzes Vieh und alle ihre Herden und ihre ganze Habe als Beute. 10 Alle ihre Städte aber, wo sie wohnten, und alle ihre Zeltlager verbrannten sie mit Feuer. 11 Und sie nahmen die ganze Beute und den ganzen Raub, Menschen und Vieh, 12 und brachten die Gefangenen, den Raub und die Beute zu Mose, zu dem Priester Elasar und zur Gemeinde der Israeliten in das Lager, in die Steppen von Moab, am Jordan bei Jericho.

13 Da gingen ihnen Mose und der Priester Elasar und alle Fürsten der Gemeinde entgegen vor das Lager hinaus. 14 Mose aber wurde zornig über die Befehlshaber des Heeres, die Führer der Tausendschaften und die Führer der Hundertschaften, die aus dem Krieg kamen. 15 Und Mose sprach zu ihnen: Habt ihr etwa alle Frauen am Leben gelassen? 16 Gerade sie brachten doch auf Geheiss Bileams die Israeliten dazu, vom HERRN abzufallen in Peor, so dass die Plage über die Gemeinde des HERRN kam. 17 So tötet nun alle Knaben, und tötet jede Frau, die mit einem Mann verkehrt hat. 18 Alle Mädchen aber, die noch nicht mit einem Mann verkehrt haben, lasst für euch am Leben. 19 Ihr aber bleibt sieben Tage ausserhalb des Lagers. Jeder, der einen Menschen getötet, und jeder, der einen Erschlagenen berührt hat, soll sich am dritten Tag und

am siebten Tag entsündigen, ihr und eure Gefangenen. 20 Und jedes Kleid, alles Lederzeug, jedes Erzeugnis aus Ziegenhaar und jedes Holzgerät sollt ihr entsündigen.

21 Und der Priester Elasar sprach zu den Kriegsleuten, die in den Kampf gezogen waren: Dies ist die Gesetzesbestimmung, die der HERR Mose befohlen hat: 22 Gold und Silber, Bronze, Eisen, Zinn und Blei, 23 alles, was Feuer verträgt, sollt ihr durchs Feuer gehen lassen, dann ist es rein. Es muss aber noch mit Reinigungswasser entsündigt werden. Alles aber, was kein Feuer verträgt, sollt ihr durchs Wasser gehen lassen. 24 Und am siebten Tag sollt ihr eure Kleider waschen, dann seid ihr rein, und danach dürft ihr in das Lager kommen.

25 Und der HERR sprach zu Mose: 26 Zähle, was als Beute gefangen worden ist, Menschen und Vieh, du und der Priester Elasar und die Familienhäupter der Gemeinde. 27 Und gib die eine Hälfte der Beute denen, die am Kampf beteiligt waren, die in den Krieg gezogen sind, und die andere Hälfte der ganzen Gemeinde. 28 Dann erhebe als Steuer für den HERRN von den Kämpfern, die in den Krieg gezogen sind, von 500 Menschen und Rindern, Eseln und Schafen je eines. 29 Von der Hälfte, die ihnen gehört, sollt ihr sie nehmen, und du sollst sie dem Priester Elasar als Abgabe für den HERRN geben. 30 Von der Hälfte aber, die den Israeliten gehört, sollst du von 50 Menschen, Rindern, Eseln und Schafen, von allem Vieh je eines herausgreifen und den Leviten geben, die die Aufgaben an der Wohnung des HERRN erfüllen.

31 Und Mose und der Priester Elasar machten es, wie der HERR es Mose geboten hatte. 32 Und das Erbeutete, was dem Kriegsvolk als Beute geblieben war, betrug 675000 Stück Kleinvieh, 33 72000 Rinder, 34 61000 Esel 35 und insgesamt 32000 Menschen, Frauen, die noch nicht mit einem Mann verkehrt hatten. 36 So betrug die Hälfte, der An-

teil derer, die in den Krieg gezogen waren, 337500 Schafe, 37 und die Steuer für den HERRN betrug 675 Schafe. 38 36200 Rinder, und die Steuer davon für den HERRN: 72. 39 30500 Esel, und die Steuer davon für den HERRN: 61. 40 16000 Menschen, und die Steuer davon für den HERRN: 32. 41 Und Mose gab die Steuer dem Priester Elasar als Abgabe für den HERRN, wie der HERR es Mose befohlen hatte. 42 Von der Hälfte aber, die auf die Israeliten entfiel, die Mose abgeteilt hatte von der Beute der Männer, die in den Krieg gezogen waren – 43 die Hälfte, die der Gemeinde zufiel, betrug 337500 Schafe, 44 36000 Rinder, 45 30500 Esel 46 und 16000 Menschen –, 47 von der Hälfte, die auf die Israeliten entfiel, griff Mose von 50 Menschen und Tieren je eines heraus und gab sie den Leviten, die die Aufgaben an der Wohnung des HERRN erfüllten, wie der HERR es Mose geboten hatte.

48 Da traten die Befehlshaber der Tausendschaften des Heeres zu Mose, die Führer der Tausendschaften und die Führer der Hundertschaften. 49 Und sie sprachen zu Mose: Deine Diener haben die Krieger gezählt, die unter unserem Befehl standen, und es fehlt von uns nicht ein Mann. 50 So bringen wir als Opfergabe für den HERRN, was jeder an goldenem Schmuck gefunden hat: Schrittkettchen und Armspangen, Fingerringe, Ohrringe und Halsschmuck, um für uns Sühne zu erwirken vor dem HERRN. 51 Und Mose und der Priester Elasar nahmen das Gold von ihnen entgegen, alles kunstvoll gearbeitete Schmuckstücke. 52 Und das gesamte Gold der Abgabe, die sie für den HERRN erhoben von den Führern der Tausendschaften und von den Führern der Hundertschaften, wog 16750 Schekel. 53 Die Krieger hatten auch jeder für sich Beute gemacht. 54 Und Mose und der Priester Elasar nahmen das Gold von den Führern der Tausendschaften und der Hundertschaften entgegen und brachten es

in das Zelt der Begegnung. Es sollte vor dem HERRN die Erinnerung an die Israeliten wachhalten.

|2–3: 25,17 |2: 27,13! |3: Ex 17,9 |6: Ex 6,25 · 10,9! |7: 17; Dtn 20,13 |8: 25,15! · 22,5! · 23,10 |9: Dtn 20,14 |10: Jos 6,24! |11: Gen 34,29 |12: 22,1! |16: Offb 2,14 · 25,3! |17: 7! · Ri 21,11–12 |19: 19,12! |23: 19,9 |24: 19,12! |27: Jos 22,8; 1Sam 30,24 |28: 2Chr 15,11 |49: 1Sam 30,19 |50: Ri 8,24–26 |53: 2Chr 20,25 |54: Ex 30,16

Verteilung des Ostjordanlandes

32 1 Die Rubeniten und Gaditen aber hatten grosse, sehr zahlreiche Herden, und sie betrachteten das Land Jaser und das Land Gilead, und sieh, die Gegend war für Herden geeignet. 2 Da kamen die Gaditen und Rubeniten und sprachen zu Mose und zu dem Priester Elasar und zu den Fürsten der Gemeinde: 3 Atarot und Dibon und Jaser und Nimra und Cheschbon und Elale und Sebam und Nebo und Beon, 4 das Land, das der HERR vor der Gemeinde Israels geschlagen hat, ist ein Land für Herden, und deine Diener haben Herden. 5 Und sie sagten: Wenn wir Gnade gefunden haben in deinen Augen, so möge man dieses Land deinen Dienern zum Besitz geben. Führe uns nicht über den Jordan. 6 Da sprach Mose zu den Gaditen und Rubeniten: Sollen etwa eure Brüder in den Kampf ziehen, während ihr hier bleibt? 7 Warum wollt ihr den Israeliten den Mut nehmen, in das Land hinüberzuziehen, das der HERR ihnen gegeben hat? 8 So haben eure Vorfahren gehandelt, als ich sie von Kadesch-Barnea aussandte, das Land zu besehen. 9 Sie zogen hinauf bis zum Tal Eschkol und sahen das Land, und dann nahmen sie den Israeliten den Mut, so dass sie nicht in das Land ziehen wollten, das der HERR ihnen gegeben hatte. 10 An jenem Tag entbrannte der Zorn des HERRN, und er schwor: 11 Fürwahr, die Männer, die aus Ägypten heraufgezogen sind, die zwanzig Jahre und älter sind, sollen das Land nicht sehen, das ich Abraham, Isaak und Jakob zugeschworen habe, weil sie nicht treu zu mir gehalten haben, 12 ausser Kaleb, dem Sohn Jefunnes, dem Kenissiter, und Josua, dem Sohn Nuns, denn sie haben treu zum Herrn gehalten. 13 So entbrannte der Zorn des Herrn über Israel, und er liess sie vierzig Jahre lang in der Wüste umherirren, bis die ganze Generation umgekommen war, die das Böse getan hatte vor den Augen des Herrn. 14 Und seht, nun seid ihr an die Stelle eurer Vorfahren getreten, eine Brut von sündigen Männern, um den glühenden Zorn des Herrn gegen Israel noch grösser zu machen. 15 Wenn ihr euch von ihm abkehrt, wird er es noch länger in der Wüste lassen, und ihr werdet dieses ganze Volk zugrunde richten.

16 Da traten sie zu ihm und sagten: Wir wollen hier Schafhürden errichten für unsere Herden und Städte für unsere Familien. 17 Wir selbst aber wollen für den Kampf bewaffnet vor den Israeliten herziehen, bis wir sie an ihren Ort gebracht haben, unsere Familien aber sollen wegen der Bewohner des Landes in den befestigten Städten bleiben. 18 Wir werden nicht in unsere Häuser zurückkehren, bis von den Israeliten jeder seinen Erbbesitz erhalten hat. 19 Denn wir werden nicht mit ihnen im Gebiet auf der anderen Seite des Jordan Erbbesitz erhalten, weil uns unser Erbbesitz auf dieser Seite des Jordan, im Osten, zugefallen ist.

20 Da sprach Mose zu ihnen: Wenn ihr das tut, wenn ihr euch vor dem Herrn für den Kampf bewaffnet 21 und jeder Bewaffnete von euch vor dem Herrn den Jordan überschreitet, bis er seine Feinde vor sich vertrieben hat 22 und das Land vor dem Herrn unterworfen ist, und ihr danach umkehrt, sollt ihr frei sein von Verpflichtungen gegenüber dem Herrn und gegenüber Israel, und dieses Land soll euer Eigentum werden vor dem Herrn. 23 Wenn ihr aber nicht so handelt, seht, dann versündigt ihr euch gegen den Herrn. Wisst aber, dass eure Sünde euch einholen wird. 24 Errichtet Städte für eure Fa-

milien und Hürden für eure Schafe, und was euer Mund gesprochen hat, das tut.

25 Da sprachen die Gaditen und Rubeniten zu Mose: Deine Diener werden tun, was mein Herr befiehlt. 26 Unsere Kinder, unsere Frauen, unsere Herden und unser ganzes Vieh werden dort in den Städten Gileads bleiben. 27 Deine Diener aber werden zum Kampf hinüberziehen, ein jeder für den Krieg bewaffnet vor dem Herrn, wie mein Herr es sagt.

28 Da gab Mose dem Priester Elasar und Josua, dem Sohn Nuns, und den Familienhäuptern der Stämme der Israeliten Anweisung für sie. 29 Und Mose sprach zu ihnen: Wenn die Gaditen und Rubeniten mit euch den Jordan überschreiten, ein jeder für den Kampf bewaffnet vor dem Herrn, und das Land vor euch unterworfen ist, sollt ihr ihnen das Land Gilead als Eigentum geben. 30 Ziehen sie aber nicht bewaffnet mit euch hinüber, sollen sie bei euch im Land Kanaan ansässig werden. 31 Da antworteten die Gaditen und Rubeniten: Was der Herr zu deinen Dienern gesprochen hat, wollen wir so tun. 32 Wir wollen bewaffnet vor dem Herrn in das Land Kanaan hinüberziehen, und unser erblicher Landbesitz diesseits des Jordan soll uns erhalten bleiben. 33 Und Mose gab ihnen, den Gaditen und den Rubeniten und dem halben Stamm Manasses, des Sohns von Josef, das Reich Sichons, des Königs der Amoriter, und das Reich Ogs, des Königs des Baschan, das Land mit seinen Städten samt ihren Gebieten, die Städte des Landes ringsum. 34 Und die Gaditen bauten Dibon und Atarot und Aroer 35 und Atrot-Schofan und Jaser und Jogboha 36 und Bet-Nimra und Bet-Haran, befestigte Städte und Schafhürden. 37 Und die Rubeniten bauten Cheschbon und Elale und Kirjatajim 38 und Nebo und Baal-Meon, die anders hiessen, und Sibma, und sie benannten die Städte, die sie erbaut hatten, mit Namen.

39 Und die Söhne Machirs, des Sohns von Manasse, zogen nach Gilead und eroberten es. Und er vertrieb die Amoriter, die darin waren. 40 Und Mose gab Gilead dem Machir, dem Sohn Manasses, und er liess sich darin nieder. 41 Jair aber, der Sohn Manasses, ging und eroberte ihre Zeltdörfer, und er nannte sie die Zeltdörfer des Jair. 42 Und Nobach ging und eroberte Kenat und seine Tochterstädte, und er nannte es Nobach, nach seinem eigenen Namen.

| 1: 21,32 · Jer 48,32 · Jos 22,13 | 3: 21,30! · 37 · Jes 16,8–9 | 6: Ri 5,16–17 | 8–9: 13,31 | 8: 13,26! | 9: 13,23 | 11: 14,29 | 12: 14,22–24 | 13: 14,33! | 14: 2Chr 28,13 | 16–18: Dtn 3,19–20; Jos 1,14–15; 22,4 | 19: 32; Jos 13,8 | 22: Jos 18,1 · Jos 22,9 | 23: Spr 13,21 | 32: 19! | 33: 34,15; Jos 22,7 | 34: 33,45 | 37–38: 3 | 40–41: Ri 10,4; 1Kön 4,13; 1Chr 2,22–23 | 40: Jos 17,1 | 41: Dtn 3,14; Ri 10,4

Stationen des Wüstenzugs

33 1 Dies sind die Lagerplätze der Israeliten, die unter der Führung von Mose und Aaron aus dem Land Ägypten ausgezogen waren, Heerschar um Heerschar. 2 Und nach dem Befehl des HERRN schrieb Mose die Stationen ihrer Wanderungen auf. Und dies sind ihre Wanderungen und ihre Stationen: 3 Von Ramses brachen sie auf im ersten Monat, am fünfzehnten Tag des ersten Monats; am Tag nach dem Passa zogen die Israeliten aus mit erhobener Hand, vor den Augen ganz Ägyptens, 4 während die Ägypter diejenigen begruben, die der HERR unter ihnen erschlagen hatte, alle Erstgeburten. Und auch an ihren Göttern hatte der HERR Strafgerichte vollstreckt. 5 Und von Ramses zogen die Israeliten weiter und lagerten in Sukkot. 6 Und von Sukkot zogen sie weiter und lagerten in Etam, das am Rand der Wüste liegt. 7 Und von Etam zogen sie weiter und kehrten um nach Pi-Hachirot, das gegenüber von Baal-Zefon liegt, und sie lagerten vor Migdol. 8 Und von Pi-Hachirot zogen sie weiter und zogen mitten durch das Meer in die Wüste, und sie gingen drei Tagesreisen weit durch die Wüste von Etam und lagerten in Mara. 9 Und von Mara zogen sie weiter und kamen nach Elim. In Elim aber waren zwölf Wasserquellen und siebzig Palmen, und sie lagerten dort. 10 Und von Elim zogen sie weiter und lagerten am Schilfmeer. 11 Und vom Schilfmeer zogen sie weiter und lagerten in der Wüste Sin. 12 Und von der Wüste Sin zogen sie weiter und lagerten in Dofka. 13 Und von Dofka zogen sie weiter und lagerten in Alusch. 14 Und von Alusch zogen sie weiter und lagerten in Refidim, und dort hatte das Volk kein Wasser zu trinken. 15 Und von Refidim zogen sie weiter und lagerten in der Wüste Sinai. 16 Und von der Wüste Sinai zogen sie weiter und lagerten in Kibrot-Taawa. 17 Und von Kibrot-Taawa zogen sie weiter und lagerten in Chazerot. 18 Und von Chazerot zogen sie weiter und lagerten in Ritma. 19 Und von Ritma zogen sie weiter und lagerten in Rimmon-Perez. 20 Und von Rimmon-Perez zogen sie weiter und lagerten in Libna. 21 Und von Libna zogen sie weiter und lagerten in Rissa. 22 Und von Rissa zogen sie weiter und lagerten in Kehelata. 23 Und von Kehelata zogen sie weiter und lagerten am Berg Schefer. 24 Und vom Berg Schefer zogen sie weiter und lagerten in Charada. 25 Und von Charada zogen sie weiter und lagerten in Makhelot. 26 Und von Makhelot zogen sie weiter und lagerten in Tachat. 27 Und von Tachat zogen sie weiter und lagerten in Tarach. 28 Und von Tarach zogen sie weiter und lagerten in Mitka. 29 Und von Mitka zogen sie weiter und lagerten in Chaschmona. 30 Und von Chaschmona zogen sie weiter und lagerten in Moserot. 31 Und von Moserot zogen sie weiter und lagerten in Bene-Jaakan. 32 Und von Bene-Jaakan zogen sie weiter und lagerten in Chor-Gidgad. 33 Und von Chor-Gidgad zogen sie weiter und lagerten in Jotbata. 34 Und von Jotbata zogen sie weiter und lagerten in Abrona. 35 Und von Abrona zogen sie weiter und lagerten in Ezjon-Geber. 36 Und von Ezjon-Geber zogen sie weiter und lagerten in der Wüste Zin, das ist Kadesch. 37 Und von Kadesch zogen sie weiter und lagerten am Berg Hor, am Rand des Landes Edom. 38 Und der Priester Aaron stieg nach dem Befehl des HERRN auf den Berg Hor und starb dort im vierzigsten Jahr nach dem Auszug der Israeliten aus dem Land Ägypten, im fünften Monat, am Ersten des Monats. 39 Und Aaron war hundertdreiundzwanzig Jahre alt, als er starb auf dem Berg Hor.

40 Der Kanaaniter aber, der König von Arad, – er wohnte im Südland, im Land Kanaan – hörte davon, dass die Israeliten kamen. 41 Und vom Berg Hor zogen sie weiter und lagerten in Zalmona. 42 Und von Zalmona zogen sie weiter und lagerten in Punon. 43 Und von Punon zogen sie weiter und lagerten in Obot. 44 Und von Obot zogen sie weiter und lagerten in Ije-Abarim im Gebiet von Moab. 45 Und von Ijim zogen sie weiter und lagerten in Dibon-Gad. 46 Und von Dibon-Gad zogen sie weiter und lagerten in Almon-Diblatajim. 47 Und von Almon-Diblatajim zogen sie weiter und lagerten im Gebirge Abarim vor Nebo. 48 Und vom Gebirge Abarim zogen sie weiter und lagerten in den Steppen von Moab am Jordan bei Jericho. 49 Sie lagerten am Jordan von Bet-Jeschimot bis Abel-Schittim in den Steppen von Moab.

|3: 5; Gen 47,11; Ex 1,11; 12,37 · Ex 14,8 |4: Ex 12,29 · Ex 12,12; Jes 19,1 |5: 3! |6: Ex 13,20 |7: Ex 14,2 |8: Ex 15,23 |9: Ex 15,27 |11: Ex 16,1 |14: Ex 17,1 |16–17: Ex 14,34–35! |18: 12,16 |30: Dtn 10,6 |33: Dtn 10,7 |35: Dtn 2,8 |36: 13,26! |37: 20,22 |38–39: 20,28! |39: Ex 7,7 |40: 21,1 |41: 21,4 |43–44: 21,10–11 |45: 32,34 |46: Jer 48,22 |47: 27,12! |48–50: 22,1! |49: Jos 13,20 · 25,1!

Zur Verteilung des Landes

50 Und der HERR sprach zu Mose in den Steppen von Moab am Jordan bei Jericho: 51 Rede zu den Israeliten und sprich zu ihnen: Wenn ihr über den Jordan in das Land Kanaan zieht, 52 sollt ihr alle Bewohner des Landes vor euch vertreiben und alle ihre Bildwerke vernichten, und alle ihre gegossenen Bilder

sollt ihr vernichten und alle ihre Kulthöhen zerstören. 53 Und ihr sollt das Land in Besitz nehmen und euch darin niederlassen, denn euch habe ich das Land gegeben, damit ihr es besitzen sollt. 54 Und das Land soll euch durch das Los als Erbbesitz zugeteilt werden nach euren Sippen: Einem grossen Stamm sollt ihr einen grossen Erbbesitz zuteilen, und einem kleinen Erbbesitz zuteilen. Worauf das Los eines jeden fällt, das soll sein Besitz sein. Nach den Stämmen eurer Vorfahren soll euch das Erbe zugeteilt werden. 55 Wenn ihr aber die Bewohner des Landes vor euch nicht vertreibt, sollen die, die ihr von ihnen übrig lasst, zu Dornen in euren Augen werden und zu Stacheln in euren Seiten, und sie werden euch bedrängen in dem Land, in dem ihr wohnt. 56 Was ich ihnen antun wollte, werde ich euch tun.

34 1 Und der HERR sprach zu Mose: 2 Gebiete den Israeliten und sprich zu ihnen: Wenn ihr in das Land Kanaan kommt – dies ist das Land, das euch als Erbbesitz zufallen wird, das Land Kanaan in seinen Grenzen –, 3 so soll sich eure Südseite von der Wüste Zin her entlang Edom ziehen, so dass eure Südgrenze im Osten vom Ende des Salzmeers ausgeht. 4 Dann soll eure Grenze südlich vom Skorpionenpass abbiegen, sich nach Zin hinüberziehen und bis südlich von Kadesch-Barnea verlaufen. Dann soll sie weitergehen nach Chazar-Addar und hinüber nach Azmon. 5 Und von Azmon soll die Grenze abbiegen zum Bachtal Ägyptens und am Meer enden. 6 Eure Westgrenze aber soll das Grosse Meer mit seiner Küste sein. Das soll eure Westgrenze sein. 7 Und dies soll eure Nordgrenze sein: Vom Grossen Meer sollt ihr eure Grenze ziehen bis zum Berg Hor, 8 und vom Berg Hor sollt ihr die Grenze ziehen bis Lebo-Chamat, und die Grenze soll bei Zedad enden. 9 Dann soll die Grenze weitergehen bis Sifron und bei Chazar-Enan enden. Das soll eure Nordgrenze sein. 10 Und eure

Ostgrenze sollt ihr ziehen von Chazar-Enan bis Schefam. 11 Und von Schefam soll die Grenze hinabgehen nach Ribla, östlich von Ajin. Dann soll die Grenze hinabgehen und an den Höhenzug östlich des Sees von Kinneret stossen.

12 Dann soll die Grenze hinabgehen an den Jordan und am Salzmeer enden. Das soll euer Land sein in seinen Grenzen.

13 Und Mose gebot den Israeliten: Das ist das Land, das euch durch das Los als Erbbesitz zugeteilt werden soll, das der HERR den neuneinhalb Stämmen zu geben befohlen hat. 14 Denn der Stamm der Rubeniten mit seinen Familien und der Stamm der Gaditen mit seinen Familien und der halbe Stamm Manasse haben ihren Erbbesitz erhalten. 15 Die zweieinhalb Stämme haben ihren Erbbesitz erhalten, jenseits des Jordan bei Jericho im Osten, nach Sonnenaufgang.

16 Und der HERR sprach zu Mose: 17 Dies sind die Namen der Männer, die für euch das Land als Erbbesitz verteilen sollen: der Priester Elasar und Josua, der Sohn Nuns. 18 Auch sollt ihr je einen Fürsten von jedem Stamm hinzuziehen, um das Land als Erbbesitz zu verteilen. 19 Und dies sind die Namen der Männer: Vom Stamm Juda Kaleb, der Sohn Jefunnes; 20 und vom Stamm der Söhne Simeons Schemuel, der Sohn Ammihuds; 21 vom Stamm Benjamin Elidad, der Sohn Kislons; 22 und vom Stamm der Söhne Dans als Fürst Bukki, der Sohn Joglis; 23 bei den Söhnen Josefs vom Stamm der Söhne Manasses als Fürst Channiel, der Sohn Efods, 24 und vom Stamm der Söhne Efraims als Fürst Kemuel, der Sohn Schiftans; 25 und vom Stamm der Söhne Sebulons als Fürst Elizafan, der Sohn Parnachs; 26 und vom Stamm der Söhne Issaschars als Fürst Paltiel, der Sohn Asans; 27 und vom Stamm der Söhne Assers als Fürst Achihud, der Sohn Schelomis; 28 und vom Stamm der Söhne Naftalis als Fürst Pedahel, der Sohn Ammihuds. 29 Diese sind es, denen der HERR gebo-

ten hat, den Israeliten im Land Kanaan den Erbbesitz zuzuteilen.

| 51: Dtn 9,1 | 52: Ex 34,13 | 54: 26,54! | 55: Jos 23,13! | Ez 28,24 | 2: 12; Ex 23,31; Ez 47,13 | 3: 13,21 · Jos 15,2–4 | 4: Ri 1,36 | 6: Dtn 34,2; Jos 15,11–12 | 8: Jos 13,5 | 11: 2Kön 23,33 · Jos 11,2 | 12: Jos 15,5 · 2! | 13: Jos 13,7 | 15: 32,33! | 17: Dtn 1,38; Jos 14,1; 19,51 | 18: 13,2! | 19: 13,6!

Leviten- und Asylstädte

35 1 Und der HERR sprach zu Mose in den Steppen von Moab, am Jordan bei Jericho: 2 Gebiete den Israeliten, dass sie den Leviten von ihrem erblichen Landbesitz Städte zum Wohnen geben. Auch Weideland im Umkreis der Städte sollt ihr den Leviten geben. 3 Und die Städte sollen ihnen als Wohnsitz dienen, und ihre Weideflächen sollen für ihr Vieh und ihre Herden und für alle ihre Tiere bestimmt sein. 4 Und die Weideflächen bei den Städten, die ihr den Leviten gebt, sollen sich von der Stadtmauer aus ringsum tausend Ellen weit erstrecken. 5 Und ihr sollt ausserhalb der Stadt auf der Ostseite zweitausend Ellen abmessen, ebenso auf der Südseite zweitausend Ellen, auf der Westseite zweitausend Ellen und auf der Nordseite zweitausend Ellen, so dass die Stadt in der Mitte liegt. Das soll ihnen als Weideflächen vor den Städten dienen. 6 Die Städte aber, die ihr den Leviten gebt, sollen die sechs Asylstädte sein, die ihr dazu bestimmt, dass ein Totschläger dorthin fliehen kann, und zu diesen sollt ihr noch zweiundvierzig Städte geben. 7 Insgesamt sollt ihr den Leviten achtundvierzig Städte samt ihren Weideflächen geben. 8 Und wenn ihr die Städte vom Landbesitz der Israeliten abgebt, sollt ihr von einem grossen Stamm viele nehmen und von einem kleinen wenige. Jeder Stamm soll entsprechend seinem Erbbesitz, den er erhält, von seinen Städten an die Leviten abgeben.

9 Und der HERR sprach zu Mose: 10 Rede zu den Israeliten und sprich zu ihnen: Wenn ihr über den Jordan in das Land Kanaan zieht, 11 sollt ihr euch

Städte auswählen, die euch als Asylstädte dienen. Dorthin soll ein Totschläger fliehen, der einen Menschen unabsichtlich erschlagen hat. 12 Und die
Städte sollen euch als Asyl vor dem Bluträcher dienen. Und wer getötet hat, soll
nicht sterben, bevor er in der Gemeinde
vor Gericht gestanden hat. 13 Sechs
Städte sollen es sein, die ihr zu Asylstäd-
ten bestimmt. 14 Drei der Städte sollt
ihr jenseits des Jordan bestimmen, und
die andern drei Städte sollt ihr im Land
Kanaan bestimmen. Es sollen Asylstädte
sein. 15 Den Israeliten wie dem Fremden und dem Beisassen bei ihnen sollen
diese sechs Städte als Asyl dienen, damit
jeder dorthin fliehen kann, der unabsichtlich einen Menschen erschlagen
hat.

16 Schlägt er ihn aber mit einem eisernen Gerät, und er stirbt, so ist er ein
Mörder. Der Mörder muss getötet werden. 17 Schlägt er ihn mit einem Stein in
der Hand, durch den einer getötet werden kann, und er stirbt, so ist er ein
Mörder. Der Mörder muss getötet werden. 18 Oder schlägt er ihn mit einem
hölzernen Gegenstand in der Hand,
durch den einer getötet werden kann,
und er stirbt, so ist er ein Mörder. Der
Mörder muss getötet werden.

19 Der Bluträcher soll den Mörder
töten. Wenn er ihn antrifft, soll er ihn
töten.

20 Versetzt er ihm aus Hass einen
Stoss oder wirft er in heimtückischer
Absicht etwas nach ihm, und er stirbt,
21 oder schlägt er ihn in Feindschaft mit
seiner Hand, und er stirbt, dann muss
der, der geschlagen hat, getötet werden,
er ist ein Mörder. Der Bluträcher soll
den Mörder töten, wenn er ihn antrifft.

22 Versetzt er ihm aber unversehens
einen Stoss, nicht aus Feindschaft, oder
wirft er einen Gegenstand auf ihn ohne
heimtückische Absicht 23 oder lässt er,
ohne es zu sehen, einen Stein, durch den
einer getötet werden kann, auf ihn fallen, und er stirbt, obgleich er nicht sein
Feind war und ihm nicht übel wollte,

24 so soll die Gemeinde zwischen dem,
der geschlagen hat, und dem Bluträcher
nach diesen Rechtsbestimmungen entscheiden: 25 Die Gemeinde soll den Totschläger aus der Hand des Bluträchers
retten, und die Gemeinde soll ihn zurückbringen in seine Asylstadt, in die er
geflohen war. Und in ihr soll er bleiben
bis zum Tod des Hohen Priesters, den
man mit dem heiligen Öl gesalbt hat.
26 Verlässt aber der Totschläger das Gebiet seiner Asylstadt, in die er geflohen
ist, 27 und findet ihn der Bluträcher ausserhalb des Gebietes seiner Asylstadt
und tötet dann der Bluträcher den Totschläger, so hat er keine Blutschuld.
28 Denn jener muss in seiner Asylstadt
bleiben bis zum Tod des Hohen Priesters. Nach dem Tod des Hohen Priesters
aber darf der Totschläger auf seinen
Grund und Boden zurückkehren.
29 Dies soll für euch als Rechtsordnung
gelten von Generation zu Generation an
allen euren Wohnstätten.

30 Wenn jemand einen Menschen
erschlägt, so soll man auf die Aussage
von Zeugen hin den Mörder töten. Ein
Zeuge allein aber kann nicht gegen
einen Menschen aussagen, so dass er
sterben muss. 31 Und ihr dürft kein Lösegeld annehmen für das Leben eines
Mörders, der des Todes schuldig ist,
denn er muss getötet werden. 32 Auch
dürft ihr von einem, der in seine Asylstadt geflohen ist, kein Lösegeld dafür
annehmen, dass er vor dem Tod des
Hohen Priesters zurückkehren und im
Land wohnen darf. 33 Und ihr dürft das
Land, in dem ihr seid, nicht entweihen,
denn das Blut entweiht das Land, und
dem Land kann keine Sühne erwirkt
werden für das Blut, das darin vergossen
wurde, ausser durch das Blut dessen, der
es vergossen hat. 34 So sollst du das
Land nicht verunreinigen, in dem ihr
wohnt, in dessen Mitte ich wohne, denn
ich, der HERR, wohne mitten unter den
Israeliten.

|1: 22,1! |2: Lev 25,32; Jos 14,4; 1Chr 6,39–66 ·
Ez 45,5 |6: 11; Ex 21,13; Jos 20,2 |7: Jos 21,41 |8: 26,54!
|9–14: Dtn 4,41–43; 19,1–3; Jos 20,1–9 |11: 6! |17–18:

Gen 9,6; Ex 21,12 | 19: Ri 8,19; 2Sam 3,27; 14,11 | 30:
Dtn 17,6; Mt 26,60 | 31: Ps 49,8–9 | 33: Ps 106,38 ·
Dtn 19,13; 2Kön 24,4 | 34: Dtn 21,23 · 16,3! · Ex 29,45

Zum Erbrecht der Töchter

36 1 Und die Familienhäupter der Sippe der Söhne Gileads, des Sohns von Machir, dem Sohn Manasses, aus den Sippen der Söhne Josefs, traten herzu und redeten vor Mose und den Fürsten, den Stammeshäuptern der Israeliten. 2 Und sie sprachen: Der HERR hat meinem Herrn geboten, das Land den Israeliten durch das Los als Erbbesitz zu geben, und meinem Herrn ist vom HERRN befohlen worden, den Erbbesitz Zelofchads, unseres Bruders, seinen Töchtern zu geben. 3 Wenn sie nun einen von den Angehörigen der anderen Stämme der Israeliten heiraten, dann wird ihr Erbbesitz dem Erbbesitz unserer Vorfahren entzogen und zum Erbbesitz des Stamms geschlagen, dem sie angehören werden. Dem Losanteil unseres Erbbesitzes aber wird etwas entzogen werden. 4 Und wenn dann das Jobeljahr für die Israeliten kommt, wird ihr Erbbesitz zu dem Erbbesitz des Stamms geschlagen werden, dem sie angehören, dem Erbbesitz des Stamms unserer Vorfahren aber wird ihr Erbbesitz entzogen werden.

5 Da gebot Mose den Israeliten nach dem Befehl des HERRN: Die Männer vom Stamm der Söhne Josefs haben Recht. 6 Das ist es, was der HERR für die Töchter Zelofchads geboten hat: Wer ihnen gefällt, den mögen sie heiraten, doch dürfen sie nur einen Mann heiraten, der zu einer Sippe des Stamms ihres Vaters gehört. 7 Und es darf kein Erbbesitz der Israeliten von einem Stamm auf einen anderen Stamm übergehen, sondern die Israeliten sollen jeder mit dem Erbbesitz des Stamms seiner Vorfahren fest verbunden bleiben. 8 Und jede Tochter, die in einem der Stämme der Israeliten zu Erbbesitz kommt, muss einen Mann aus einer Sippe des Stamms ihres Vaters heiraten, damit jeder Israelit den Erbbesitz seiner Vorfahren behält. 9 Und es darf kein Erbbesitz von einem Stamm auf einen anderen Stamm übergehen, sondern jeder Stamm der Israeliten soll mit seinem Erbbesitz verbunden bleiben.

10 Wie der HERR es Mose geboten hatte, so machten es die Töchter Zelofchads. 11 Und Machla, Tirza, Chogla, Milka und Noa, die Töchter Zelofchads, heirateten die Söhne ihrer Onkel. 12 Sie heirateten Männer aus den Sippen der Söhne Manasses, des Sohns von Josef, und so verblieb ihr Erbbesitz beim Stamm der Sippe ihres Vaters.

13 Das sind die Gebote und Rechte, die der HERR den Israeliten durch Mose gegeben hat in den Steppen von Moab am Jordan bei Jericho.

| 1: 26,29 | 2–5: 27,7 | 2: 26,55 | 4: Lev 25,10 | 6:
1Chr 23,22 | 7–9: 1Kön 21,3! | 11: 26,33! | 13: 22,1! ·
Lev 27,34

Deuteronomium

(DAS FÜNFTE BUCH MOSE)

Rückblick auf die Wüstenwanderung

1 1 Dies sind die Worte, die Mose zu ganz Israel gesprochen hat, jenseits des Jordan in der Wüste, in der Araba, gegenüber Suf, zwischen Paran und Tofel, Laban, Chazerot und Di-Sahab. 2 Elf Tage sind es vom Choreb auf dem Weg zum Gebirge Seir bis Kadesch-Barnea. 3 Und im vierzigsten Jahr, am ersten Tag des elften Monats, sprach Mose zu den Israeliten. So wie der HERR es ihm geboten hatte, sprach er zu ihnen. 4 Nachdem er Sichon, den König der Amoriter, der in Cheschbon regierte, und Og, den König des Baschan, der in Aschtarot regierte, bei Edrei geschlagen hatte, 5 jenseits des Jordan, im Land Moab, begann Mose, diese Weisung darzulegen: 6 Der HERR, unser Gott, hat am Choreb zu uns gesagt: Lange genug habt ihr euch an diesem Berg aufgehalten. 7 Brecht auf, und zieht weiter zum Bergland der Amoriter und zu allen ihren Nachbarn in der Araba, auf dem Gebirge, in der Schefela, im Negev und am Gestade des Meeres, in das Land der Kanaaniter und zum Libanon, bis an den grossen Strom, den Eufrat. 8 Seht, ich habe euch das Land gegeben; zieht hinein, und nehmt das Land in Besitz. Der HERR hat euren Vorfahren Abraham, Isaak und Jakob geschworen, es ihnen und ihren Nachkommen zu geben. 9 Damals habe ich zu euch gesagt: Allein kann ich euch nicht tragen. 10 Der HERR, euer Gott, hat euch zahlreich werden lassen, und seht, ihr seid heute so zahlreich wie die Sterne am Himmel. 11 Der HERR, der Gott eurer Vorfahren, möge euch noch tausendmal zahlreicher machen und euch segnen, wie er es euch verheissen hat. 12 Wie kann ich allein die Bürde und Last eurer Streitigkeiten tragen? 13 Bringt weise, verständige und einsichtige Männer her aus jedem eurer Stämme, und ich will sie an eure Spitze stellen. 14 Da habt ihr mir geantwortet und gesagt: Was du zu tun vorgeschlagen hast, ist gut. 15 So nahm ich die Häupter eurer Stämme, weise und einsichtige Männer, und machte sie zu Häuptern über euch, als Oberste über Tausend, über Hundert, über Fünfzig und über Zehn, und als Amtleute für jeden eurer Stämme. 16 Und damals gebot ich euren Richtern: Hört eure Brüder an, und richtet gerecht im Streit, den einer mit einem Bruder oder mit einem Fremden hat. 17 Ihr sollt richten ohne Ansehen der Person, den Kleinen sollt ihr anhören wie den Grossen, und ihr sollt euch vor niemandem fürchten, denn es ist Gottes Gericht. Ist euch aber ein Rechtsfall zu schwer, so legt ihn mir vor, und ich will ihn anhören. 18 Und damals habe ich euch all das geboten, was ihr tun sollt.

19 Dann brachen wir auf vom Choreb und zogen weiter und wanderten durch jene ganze grosse und furchtbare Wüste, die ihr gesehen habt, auf dem Weg zum Bergland der Amoriter, wie der HERR, unser Gott, es uns geboten hatte, und wir kamen bis Kadesch-Barnea. 20 Da sprach ich zu euch: Nun seid ihr zum Bergland der Amoriter gekommen, das der HERR, unser Gott, uns gibt. 21 Sieh, der HERR, dein Gott, hat dir dieses Land gegeben; ziehe hinauf und nimm es in Besitz, wie der HERR, der Gott deiner Vorfahren, es dir verheissen hat. Fürchte dich nicht und hab keine Angst! 22 Da tratet ihr alle zu mir und sagtet: Wir wollen Männer vor uns her senden, damit sie für uns das Land ausspähen und uns Bericht erstatten über

den Weg, den wir ziehen sollen, und über die Städte, zu denen wir kommen werden. 23 Und dieser Vorschlag schien mir gut, und ich nahm zwölf Männer von euch, einen aus jedem Stamm. 24 Und diese gingen und stiegen hinauf in das Bergland und kamen bis ins Bachtal Eschkol und spähten das Land aus. 25 Und sie nahmen einige von den Früchten des Landes mit, brachten sie herab zu uns und erstatteten uns Bericht und sprachen: Es ist ein gutes Land, das der HERR, unser Gott, uns gibt. 26 Ihr aber wolltet nicht hinaufziehen und habt euch dem Befehl des HERRN, eures Gottes, widersetzt. 27 Und ihr habt gemurrt in euren Zelten und gesagt: Aus Hass hat uns der HERR herausgeführt aus dem Land Ägypten, um uns den Amoritern in die Hand zu geben und uns zu vernichten. 28 Wohin ziehen wir? Unsere Brüder haben unseren Mut dahinschmelzen lassen, als sie sagten: Ein Volk, grösser und höher gewachsen als wir, und grosse Städte mit Mauern bis zum Himmel und auch Enakiter haben wir dort gesehen. 29 Ich aber habe zu euch gesagt: Erschreckt nicht und fürchtet euch nicht vor ihnen! 30 Der HERR, euer Gott, der vor euch her zieht, er wird für euch kämpfen, ganz so, wie er es in Ägypten vor euren Augen für euch getan hat 31 und in der Wüste, in der du gesehen hast, wie dich der HERR, dein Gott, getragen hat, wie einer sein Kind trägt, auf dem ganzen Weg, den ihr gezogen seid, bis ihr an diesen Ort kamt. 32 Und trotzdem habt ihr nicht vertraut auf den HERRN, euren Gott, 33 der vor euch her ging auf dem Weg, um einen Lagerplatz für euch zu suchen: bei Nacht im Feuer, damit ihr sehen konntet auf dem Weg, den ihr gehen solltet, und bei Tag in der Wolke.

34 Und der HERR hörte euer lautes Reden und wurde zornig und schwor: 35 Von diesen Männern, von dieser bösen Generation, wird keiner das gute Land sehen, das ich euren Vorfahren zu geben geschworen habe. 36 Nur Kaleb,

der Sohn des Jefunne, er soll es sehen, und ihm und seinen Kindern werde ich das Land geben, durch das er gezogen ist, weil er unwandelbar zum HERRN gehalten hat. 37 Euretwegen wurde der HERR auch über mich zornig, und er sprach: Auch du wirst nicht dorthin kommen. 38 Josua, der Sohn des Nun, dein Diener, er soll dorthin kommen; ermutige ihn, denn er soll es Israel als Erbbesitz verteilen. 39 Eure Kleinkinder aber, von denen ihr sagtet, sie würden zur Beute werden, und eure Kinder, die heute noch nicht wissen, was gut und böse ist, die sollen dorthin kommen, und ihnen werde ich es geben, und sie sollen es in Besitz nehmen. 40 Ihr aber, kehrt um und zieht in die Wüste auf dem Weg zum Schilfmeer. 41 Daraufhin habt ihr zu mir gesagt: Wir haben gegen den HERRN gesündigt. Wir wollen hinaufziehen und streiten, ganz so, wie der HERR, unser Gott, es uns geboten hat. Dann legte ein jeder von euch seine Kriegswaffen an, und es schien euch leicht, ins Bergland hinaufzuziehen. 42 Da sprach der HERR zu mir: Sage ihnen: Zieht nicht hinauf in den Kampf, denn ich bin nicht in eurer Mitte, sonst werdet ihr von euren Feinden geschlagen! 43 Und ich redete mit euch, doch ihr hörtet nicht und habt euch dem Befehl des HERRN widersetzt, und vermessen seid ihr in das Bergland hinaufgezogen. 44 Da zogen die Amoriter gegen euch aus, die dort in jenem Bergland wohnten, und jagten euch nach, wie die Bienen tun, und zersprengten euch von Seir bis Horma. 45 So kamt ihr zurück und weintet vor dem HERRN; doch der HERR hörte nicht auf eure Klage und schenkte euch kein Gehör. 46 So bliebt ihr lange in Kadesch – solange ihr dort bliebt.

|1: 5,1; 27,1; 29,1; 31,1 |2: 19 |3: Num 1,1; 33,38 |4: Num 21,24 · 3,1 |5: 4,44 |6: 5,2; 9,8; 18,16; Ex 3,1; Mal 3,22 |7: Jos 9,1; Jos 11,16 · Gen 15,18 |9: Ex 18,18 |10: 10,22; 28,62; Gen 22,17 |11: 2Sam 24,3 |15: Ex 18,21 |16: 16,18; 20,5 · Lev 19,15 |17: 16,19; Spr 28,21 · 2Chr 19,6 · Ex 18,26 |19: 2 |22: Num 13,2 |25: Ex 3,8 |26: 43; Ps 106,24 |27: 9,28; Num 14,1 |28:

Jos 14,8 · 2,10; 7,17; 9,2; Num 13,32 | 30: 3,22; 20,4; Ex 14,14! | 31: Num 11,12 · 8,5 · Ex 19,4; Hos 11,3 | 33: Num 10,33 · Ex 13,21! | 35–36: Num 14,23–24 | 35: Ez 20,15 | 36: Jos 14,9 | 37: 3,26; 4,22; 34,4; Num 20,12! | 38: 3,28; 31,7; Num 34,17! | 39: Num 14,3 · Jos 5,7 | 40: 2,1; Num 14,25; 21,4 | 41: Num 14,40 | 43: 26! | 44: Num 14,45; Ps 118,12 | 46: 2,14; Num 20,1

Der Sieg über König Sichon

2 1 Dann zogen wir wieder in die Wüste auf dem Weg zum Schilfmeer, wie der HERR es mir gesagt hatte, und wanderten lange Zeit um das Gebirge Seir. 2 Da sprach der HERR zu mir: 3 Lange genug seid ihr um dieses Gebirge gewandert, wendet euch nun nach Norden. 4 Dem Volk aber gebiete: Ihr zieht nun durch das Gebiet eurer Brüder, der Söhne Esaus, die in Seir wohnen, und sie werden sich vor euch fürchten; nehmt euch aber sehr in acht. 5 Lasst euch nicht auf einen Krieg mit ihnen ein! Denn ich werde euch keinen Fussbreit von ihrem Land geben, denn das Gebirge Seir habe ich Esau zum Besitz gegeben. 6 Speise sollt ihr von ihnen für Geld kaufen, damit ihr zu essen habt, und auch Wasser sollt ihr für Geld von ihnen kaufen, damit ihr zu trinken habt. 7 Denn der HERR, dein Gott, hat dich in all deinem Tun gesegnet; er hat acht gegeben auf deine Wanderung durch diese grosse Wüste. Vierzig Jahre ist der HERR, dein Gott, nun schon mit dir, nichts hat dir gefehlt. 8 So zogen wir an unseren Brüdern vorüber, den Söhnen Esaus, die in Seir wohnen, auf dem Weg durch die Araba, von Elat und Ezjon-Geber aus. Dann zogen wir weiter auf dem Weg in die Wüste von Moab. 9 Da sprach der HERR zu mir: Bedränge die Moabiter nicht, und lass dich nicht auf einen Krieg mit ihnen ein! Ich werde dir nichts von ihrem Land zum Besitz geben; denn Ar habe ich den Söhnen Lots zum Besitz gegeben. 10 Einst haben die Emiter darin gewohnt, ein grosses, zahlreiches und hochgewachsenes Volk wie die Enakiter. 11 Sie zählen zu den Refaitern, wie die Enakiter; die Moabiter aber nennen sie Emiter. 12 In Seir aber haben einst die Horiter gewohnt. Die Söhne Esaus aber haben ihren Besitz übernommen und sie vernichtet und sich an ihrer Stelle niedergelassen, so wie Israel es mit dem Land gemacht hat, das ihm der HERR zum Besitz gegeben hat. 13 Nun macht euch auf und durchquert das Bachtal des Sered. Und wir durchquerten das Bachtal des Sered. 14 Und die Zeit unserer Wanderung, von Kadesch-Barnea, bis wir das Bachtal des Sered durchquerten, betrug achtunddreissig Jahre, bis die ganze Generation der Krieger im Lager gestorben war, wie der HERR es ihnen geschworen hatte. 15 Und so hatte sich die Hand des HERRN gegen sie gewandt, bis sie völlig aufgerieben waren im Lager. 16 Als nun alle Krieger aus dem Volk weggestorben waren, 17 da sprach der HERR zu mir: 18 Du ziehst nun durch das Gebiet der Moabiter, durch Ar, 19 und wirst in die Nähe der Ammoniter kommen; bedränge sie nicht, und lass dich nicht auf einen Krieg mit ihnen ein! Ich werde dir nichts vom Land der Ammoniter zum Besitz geben, denn ich habe es den Söhnen Lots zum Besitz gegeben. 20 Auch dieses wird zum Land der Refaiter gerechnet. Einst haben Refaiter darin gewohnt, die Ammoniter aber nennen sie Samsummiter. 21 Das war ein grosses, zahlreiches und hochgewachsenes Volk wie die Enakiter. Doch der HERR vernichtete sie vor ihnen, und sie übernahmen ihren Besitz und liessen sich an ihrer Stelle nieder, 22 so wie er es für die Söhne Esaus, die in Seir wohnen, getan hatte, als er die Horiter vor ihnen vernichtete und sie ihren Besitz übernahmen und sich an ihrer Stelle niederliessen bis auf den heutigen Tag. 23 Und die Awiter, die in Dörfern wohnten bis nach Gaza – die Kaftoriter, die von Kaftor ausgezogen waren, vernichteten sie und liessen sich an ihrer Stelle nieder. 24 Auf, zieht weiter und durchquert das Bachtal des Arnon. Seht, ich habe den Amoriter Sichon, den König von Cheschbon, samt seinem Land in deine Hand gegeben; beginne damit, es in Besitz zu nehmen, und erkläre ihm den Krieg. 25 Von heute an will ich Schrecken und Furcht vor dir auf die Völker legen unter dem ganzen Himmel: Wenn sie nur von dir hören, werden sie vor dir zittern und beben.

26 Da sandte ich Boten aus der Wüste Kedemot an Sichon, den König von Cheschbon, mit friedlichen Worten und liess ihm sagen: 27 Ich möchte durch dein Land ziehen. Ich will nur auf der Strasse gehen; weder nach rechts noch nach links will ich vom Weg abweichen. 28 Speise sollst du mir für Geld verkaufen, damit ich zu essen habe, und Wasser sollst du mir für Geld geben, damit ich zu trinken habe. Ich werde nur zu Fuss hindurchziehen, 29 wie es mir die Söhne Esaus, die in Seir wohnen, und die Moabiter, die in Ar wohnen, gestattet haben, bis ich über den Jordan in das Land komme, das der HERR, unser Gott, uns gibt. 30 Aber Sichon, der König von Cheschbon, wollte uns nicht durch sein Land ziehen lassen, denn der HERR, dein Gott, hatte seinen Sinn hart und sein Herz verstockt gemacht, um ihn in deine Hand zu geben, wie es heute der Fall ist. 31 Und der HERR sprach zu mir: Sieh, ich fange schon an, dir Sichon und sein Land preiszugeben, beginne du, es zu besetzen. 32 Und Sichon zog aus nach Jahaz gegen uns zum Kampf, er mit seinem ganzen Volk. 33 Aber der HERR, unser Gott, gab ihn uns preis, und wir schlugen ihn und seine Söhne und sein ganzes Volk. 34 Und damals eroberten wir all seine Städte und weihten jede Stadt der Vernichtung, die Männer, die Frauen und die Kinder, niemanden liessen wir überleben. 35 Nur das Vieh behielten wir für uns als Beute und das Raubgut aus den Städten, die wir eingenommen hatten. 36 Von Aroer, das am Rand des Bachtals des Arnon liegt, und von der Stadt im Bachtal bis nach Gilead war keine Stadt, die uns zu stark gewesen wäre, alle gab der HERR, unser Gott, uns preis. 37 Nur dem Land der Ammo-

niter nähertest du dich nicht, dem ganzen Ufer des Bachtals des Jabbok, und den Städten auf dem Gebirge, ganz wie der HERR, unser Gott, es geboten hatte.

|1: 1,40! |4: Num 20,14 · Ex 15,15 |5: Apg 7,5 · Gen 36,8–9 |6: Num 20,19 |7: Gen 39,3 · 8,2; 29,4; Neh 9,21 |8: Num 20,21 · Num 33,35 |9: Gen 19,37; Num 21,15 · 19; Ri 11,15 |10: Gen 14,5 · 1,28! |11: 20; Gen 6,4 |12: Gen 14,6 |13: Num 21,12 |14: Num 26,64 · 1,46! |18: Num 21,13 |19: 9! · 37; Gen 19,38; 2Chr 20,10 |20: 11! |23: Am 9,7 · Jer 47,4 |24: Num 21,13 |25: 11,25; 28,10; Ex 23,27 |26: Num 21,21 · 20,10 |27–28: Num 20,17.19; 21,22 |30: Num 21,23 |32: Num 21,23 |33: 29,6; Num 21,24 |34: Jos 6,21 |35: 3,7; 20,14; Jos 8,27 |36: Jos 13,9 |37: 19!

Der Sieg über Og, den König des Baschan

3 1 Nun zogen wir weiter den Weg zum Baschan hinauf. Da zog Og, der König des Baschan, aus, nach Edrei, gegen uns zum Kampf, er mit seinem ganzen Volk. 2 Aber der HERR sprach zu mir: Fürchte dich nicht vor ihm; denn ich habe ihn und sein ganzes Volk samt seinem Land in deine Hand gegeben, und du kannst mit ihm tun, was du mit Sichon, dem König der Amoriter, getan hast, der in Cheschbon regierte. 3 So gab der HERR, unser Gott, auch Og, den König des Baschan, in unsere Hand samt seinem ganzen Volk, und wir schlugen ihn und liessen niemanden von ihm überleben. 4 Und damals nahmen wir all seine Städte ein; es gab keine Stadt, die wir ihnen nicht genommen hätten: sechzig Städte, die ganze Landschaft Argob, das Reich des Königs Og im Baschan – 5 all das waren Städte mit hohen Mauern, Toren und Riegeln –, abgesehen von den vielen Ortschaften auf dem Land. 6 Und wir weihten sie der Vernichtung, wie wir es mit Sichon, dem König von Cheschbon, getan hatten, jede Stadt, die Männer, die Frauen und die Kinder. 7 Alles Vieh aber und das Raubgut aus den Städten behielten wir für uns als Beute. 8 So nahmen wir damals den beiden Königen der Amoriter jenseits des Jordan das Land weg, vom Bachtal des Arnon bis zum Hermongebirge – 9 die Sidonier nennen den Hermon Sirjon, die Amoriter aber

nennen ihn Senir –, 10 alle Städte der Ebene, das ganze Gilead und den ganzen Baschan bis Salcha und Edrei, die Städte, die zum Reich des Königs Og im Baschan gehörten. 11 Nur Og, der König des Baschan, war noch übrig geblieben vom Rest der Refaiter. Sieh, sein eisernes Bett steht ja noch in der Ammoniterstadt Rabba, es ist neun Ellen lang und vier Ellen breit, nach der gewöhnlichen Elle.

|1: 1,4 |2: Jos 10,8 |3: 29,6; Num 21,35 |4: Jos 13,30; 1Kön 4,13 |6: 7,2! |7: 2,35! |8: 4,47–48 |9: Ps 29,6 · 1Chr 5,23; Hld 4,8; Ez 27,5 |11: 2Sam 11,1; Jer 49,2

Die Verteilung des Ostjordanlandes

12 Dieses Land haben wir damals in Besitz genommen. Das Gebiet von Aroer am Bachtal des Arnon und die Hälfte des Gebirges Gilead samt seinen Städten gab ich den Rubeniten und Gaditen. 13 Den Rest des Gilead aber und den ganzen Baschan, das Reich des Königs Og, gab ich dem halben Stamm Manasse, die ganze Landschaft Argob. Der ganze Baschan heisst Land der Refaiter. 14 Jair, der Sohn Manasses, nahm die ganze Landschaft Argob bis zum Gebiet der Geschuriter und Maachatiter ein und nannte sie nach seinem Namen Chawwot-Jair. So heisst der Baschan bis auf den heutigen Tag. 15 Dem Machir aber gab ich Gilead, 16 und den Rubeniten und Gaditen gab ich das Gebiet vom Gilead an bis zum Bachtal des Arnon, bis zur Mitte des Bachtals als Grenze, und bis zum Jabbok, dem Bachtal, das die Grenze der Ammoniter ist, 17 und die Araba mit dem Jordan als Grenze von Kinneret an bis zum Meer der Araba, dem Salzmeer, am Fuss der Abhänge des Pisga, nach Osten hin. 18 Und damals habe ich euch geboten: Der HERR, euer Gott, hat euch dieses Land gegeben, damit ihr es in Besitz nehmt; zieht nun bewaffnet hinüber vor euren Brüdern, den Israeliten, alle Kampftüchtigen. 19 Nur eure Frauen, eure Kinder und eure Herden – ich weiss, dass ihr viele Herden habt – dürfen in euren Städten bleiben,

die ich euch gegeben habe, 20 bis der HERR euren Brüdern Ruhe schafft wie euch und sie das Land in Besitz nehmen, das ihnen der HERR, euer Gott, jenseits des Jordan gibt. Dann dürft ihr zurückkehren, ein jeder zu seinem Besitz, den ich euch gegeben habe.

21 Josua aber habe ich damals geboten: Deine Augen haben alles gesehen, was der HERR, euer Gott, diesen zwei Königen angetan hat; das wird der HERR allen Königreichen antun, gegen die du ziehst. 22 Fürchtet euch nicht vor ihnen, denn der HERR, euer Gott, er kämpft für euch. 23 Und damals flehte ich zum HERRN und sprach: 24 Herr, HERR, du hast angefangen, deinem Diener deine Grösse und deine starke Hand zu zeigen; denn welcher Gott im Himmel und auf der Erde könnte es deinen Werken und deinen gewaltigen Taten gleichtun? 25 Dürfte ich doch hinübergehen und das gute Land jenseits des Jordan schauen, dieses gute Bergland und den Libanon! 26 Der HERR aber wurde euretwegen zornig über mich und erhörte mich nicht, und der HERR sprach zu mir: Genug! Rede mit mir nicht weiter davon! 27 Steige auf den Gipfel des Pisga und blicke auf nach Westen, nach Norden, nach Süden und nach Osten, und schau mit deinen Augen, denn du wirst diesen Jordan nicht überschreiten. 28 Gebiete aber Josua, ermutige und stärke ihn, dass er vor dem Volk hinübergehe und ihnen das Land, das du sehen wirst, als Erbbesitz verteile. 29 So blieben wir im Tal gegenüber von Bet-Peor.

|13: 29,7 |14: Num 32,41; Ri 10,4 |15: Jos 17,1 |17: Num 34,11 · 4,49; 2Kön 14,25 |19: Num 32,16! |20: Num 32,18 |21: 7,19 |22: 1,30! |24: 11,2 · Ex 15,11 |26: 1,37! |27: 34,1 |28: 31,3; Jos 1,2 · 1,38! |29: Num 25,1 · 4,46; 34,6

3,14: Der Name Chawwot-Jair bedeutet ‹Zeltdörfer des Jair›.

Ermahnung zum Gehorsam

4 1 Und nun höre, Israel, die Satzungen und Rechte, die ich euch lehre, damit ihr danach handelt und am Leben

bleibt und in das Land kommt und es in Besitz nehmt, das der HERR, der Gott eurer Vorfahren, euch gibt. 2 Ihr sollt nichts hinzufügen zu dem, was ich euch gebiete, und sollt auch nichts davon wegnehmen, sondern ihr sollt die Gebote des HERRN, eures Gottes, halten, die ich euch gebe. 3 Eure Augen haben gesehen, was der HERR bei Baal-Peor getan hat: Einen jeden, der dem Baal-Peor nachlief, hat der HERR, dein Gott, aus deiner Mitte getilgt. 4 Ihr aber, die ihr festhieltet am HERRN, eurem Gott, seid heute alle noch am Leben. 5 Seht, ich habe euch Satzungen und Rechte gelehrt, wie es mir der HERR, mein Gott, geboten hat, damit ihr danach handelt in dem Land, in das ihr zieht, um es in Besitz zu nehmen. 6 So haltet sie und handelt danach! Denn darin zeigt sich den Völkern eure Weisheit und eure Einsicht. Wenn sie all diese Satzungen hören, werden sie sagen: Was für ein weises und einsichtiges Volk ist diese grosse Nation! 7 Denn welche grosse Nation hätte Götter, die ihr so nahe sind wie uns der HERR, unser Gott, so oft wir zu ihm rufen? 8 Und welche grosse Nation hätte Satzungen und Rechte, so gerecht wie diese ganze Weisung, die ich euch heute gebe? 9 Nur hüte dich und achte gut auf dich selbst, damit du nicht vergisst, was deine Augen gesehen haben, und damit sie dir nicht aus dem Sinn kommen dein ganzes Leben lang. Und du sollst deinen Kindern und deinen Kindeskindern davon erzählen. 10 Als du am Choreb vor dem HERRN, deinem Gott, standst, da sprach der HERR zu mir: Versammle mir das Volk, dass ich sie meine Worte hören lasse, damit sie lernen, mich zu fürchten alle Tage, die sie auf der Erde leben, und damit sie es auch ihre Kinder lehren. 11 Da kamt ihr und standet unten am Berg. Der Berg aber brannte lichterloh bis in den Himmel hinein bei Finsternis, Wolken und Dunkel. 12 Und der HERR sprach zu euch aus dem Feuer. Den Schall der Worte habt ihr gehört, nur

einen Schall, doch eine Gestalt habt ihr nicht gesehen. 13 Und er verkündete euch seinen Bund, den er euch zu halten gebot, die zehn Worte, und er schrieb sie auf zwei steinerne Tafeln. 14 Mir aber gebot der HERR damals, euch Satzungen und Rechte zu lehren, damit ihr danach handelt in dem Land, in das ihr zieht, um es in Besitz zu nehmen. 15 So hütet euch um eures Lebens willen, ihr habt ja keine Gestalt gesehen, als der HERR am Choreb aus dem Feuer zu euch sprach: 16 Frevelt nicht und macht euch kein Gottesbild, das etwas darstellt, kein Standbild, kein Abbild eines Mannes oder einer Frau, 17 kein Abbild eines Tiers auf der Erde, kein Abbild eines Vogels, der am Himmel fliegt, 18 kein Abbild eines Kriechtiers auf dem Erdboden, kein Abbild eines Fischs im Wasser unter der Erde. 19 Und blicke nicht auf zum Himmel, und schau nicht auf Sonne, Mond und Sterne, das ganze Heer des Himmels, und lass dich nicht verführen, sie anzubeten und ihnen zu dienen. Der HERR, dein Gott, hat sie allen Völkern unter dem ganzen Himmel zugeteilt. 20 Euch aber hat der HERR genommen und herausgeführt aus dem Schmelzofen, aus Ägypten, damit ihr sein eigenes Volk sein solltet, wie es heute der Fall ist. 21 Der HERR aber wurde euretwegen zornig über mich, und er schwor, dass ich den Jordan nicht überschreiten würde und nicht in das schöne Land kommen sollte, das dir der HERR, dein Gott, als Erbbesitz gibt. 22 Ich werde vielmehr in diesem Land sterben und den Jordan nicht überschreiten. Ihr aber werdet ihn überschreiten und dieses gute Land in Besitz nehmen. 23 Achtet darauf, dass ihr den Bund nicht vergesst, den der HERR, euer Gott, mit euch geschlossen hat, und dass ihr euch nicht ein Gottesbild macht, das etwas darstellt, wie der HERR, dein Gott, es geboten hat. 24 Denn der HERR, dein Gott, ist verzehrendes Feuer, ein eifersüchtiger Gott. 25 Wenn du dann Kinder und Kindeskinder hast und ihr im

Land heimisch geworden seid, und ihr frevelt und macht euch ein Gottesbild in irgendeiner Gestalt und tut, was dem HERRN, deinem Gott, missfällt, und reizt ihn, 26 so rufe ich heute Himmel und Erde als Zeugen auf gegen euch, dass ihr bald getilgt sein werdet aus dem Land, in das ihr über den Jordan zieht, um es in Besitz zu nehmen. Ihr werdet nicht lange darin wohnen, sondern ganz aus ihm getilgt werden. 27 Und der HERR wird euch unter die Völker zerstreuen, und nur eine geringe Zahl von euch wird übrig bleiben unter den Nationen, zu denen der HERR euch führen wird. 28 Dort werdet ihr Göttern dienen, die das Werk von Menschenhänden sind, aus Holz und Stein, die nicht sehen und nicht hören, nicht essen und nicht riechen können. 29 Und von dort aus werdet ihr den HERRN, deinen Gott, suchen, und du wirst ihn finden, wenn du von ganzem Herzen und von ganzer Seele nach ihm fragst. 30 Wenn du in Not bist und dich all dies trifft in ferner Zukunft, dann wirst du zurückkehren zum HERRN, deinem Gott, und auf seine Stimme hören, 31 denn der HERR, dein Gott, ist ein barmherziger Gott: Er wird dich nicht verlassen und nicht verderben, und er wird den Bund mit deinen Vorfahren nicht vergessen, den er ihnen geschworen hat. 32 Frage doch nach den früheren Tagen, die vor dir gewesen sind, seit Gott Menschen auf der Erde schuf, und von einem Ende des Himmels zum anderen, ob je so grosse Dinge geschehen sind oder je dergleichen gehört worden ist, 33 ob je ein Volk die Stimme Gottes aus dem Feuer hat reden hören, wie du sie gehört hast, und am Leben geblieben ist, 34 oder ob je ein Gott versucht hat, zu kommen und sich eine Nation mitten aus einer Nation herauszuholen mit Prüfungen, mit Zeichen und Wundern, mit Krieg, mit starker Hand und mit ausgestrecktem Arm, mit grossen und furchtbaren Taten, wie das alles der HERR, euer Gott, vor deinen Augen in Ägypten für euch getan hat.

35 Du hast es sehen dürfen, damit du erkennst, dass der HERR allein Gott ist und sonst keiner. 36 Vom Himmel her hat er dich seine Stimme hören lassen, um dich zu unterweisen, und auf der Erde hat er dich sein grosses Feuer sehen lassen, und seine Worte hast du aus dem Feuer gehört. 37 Und weil er deine Vorfahren geliebt und ihre Nachkommen erwählt hat, hat er dich herausgeführt aus Ägypten, er selbst durch seine grosse Kraft, 38 um Nationen, grösser und stärker als du, vor dir zu vertreiben und dich in ihr Land zu führen und es dir zum Erbbesitz zu geben, wie es heute der Fall ist. 39 Und heute sollst du erkennen und dir zu Herzen nehmen, dass der HERR allein Gott ist oben im Himmel und unten auf der Erde und sonst keiner, 40 und du sollst seine Satzungen und Gebote halten, die ich dir heute gebe, damit es dir und deinen Kindern nach dir gut geht und du lange lebst auf dem Boden, den dir der HERR, dein Gott, gibt für alle Zeit.

|1: 5,1 · 6,24; Lev 18,5! |2: 13,1; Offb 22,18–19 |3: Num 25,3-9 |4: 30,20; Jos 23,8 |5: Ez 20,11 |6: Hiob 28,28 · Spr 14,34 |7: 33,29 |8: Ps 119,138 |9: Spr 4,21 · 6,7; 11,19; Jes 38,19 |10: Ex 19,10-17 · 5,29; 6,2; 14,23 |11: Ex 19,9; Hebr 12,18 |12: 36; 5,4.22; 9,10; 10,4 · Joh 5,37 |13: Ex 31,18 |14: 11,8 |15: 12! |16-18: 23; 27,15; Ex 20,4 · Röm 1,23 |19: 17,3! |20: 1Kön 8,51; Jes 48,10; Jer 11,4 |22: 1,37! |23: 16–18! |24: Ex 24,14! · 5,9; 6,15; Ex 20,5; Nah 1,2 |26: 30,19! · 8,19! |27: 28,62 |28: 28,36.64 · Ps 115,4-6; 135,16–17 |29: 2Chr 15,2! |31: Ex 34,6 |32: 32,7; Hiob 8,8 |33: 5,24.26; Ex 33,20 |34: 26,8 · 34,11 |35: 7,9 · 39; 1Sam 2,2; 2Sam 7,22; Ps 86,8 |36: Ex 20,22 · Ex 19,18 · 12! |37: Mal 1,2; Röm 11,28 |38: 7,1; 9,1; 11,23 |39: Jos 2,11 · 35!

Die Aussonderung der Zufluchtsstädte im Ostjordanland

41 Damals sonderte Mose jenseits des Jordan im Osten drei Städte aus, 42 damit dorthin ein Totschläger fliehen kann, der seinen Nächsten ohne Vorsatz totgeschlagen hat, ohne dass er ihm feind war, und damit er durch die Flucht in eine dieser Städte sein Leben retten kann: 43 Bezer in der Wüste in der Ebene für die Rubeniten, Ramot im

Gilead für die Gaditen und Golan im Baschan für die Manassiten.

|41: Num 35,14 |42: 19,2–7 |43: Jos 20,8; 1Chr 6,63.65

Einleitung zur Weisung

44 Und dies ist die Weisung, die Mose den Israeliten vorlegte. 45 Dies sind die Verordnungen, die Satzungen und Rechte, die Mose den Israeliten vortrug, als sie ausgezogen waren aus Ägypten, 46 jenseits des Jordan im Tal gegenüber Bet-Peor, im Land Sichons, des Königs der Amoriter, der in Cheschbon regierte, den Mose und die Israeliten geschlagen hatten, als sie ausgezogen waren aus Ägypten, 47 und dessen Land sie in Besitz genommen hatten, wie das Land Ogs, des Königs vom Baschan, das Gebiet der beiden Könige der Amoriter jenseits des Jordan im Osten, 48 von Aroer an, das am Rand des Bachtal des Arnon liegt, bis zum Siongebirge – das ist der Hermon – 49 und die ganze Araba jenseits des Jordan, auf der Ostseite, bis zum Meer der Araba am Fuss der Abhänge des Pisga.

|44: 1,5 |46: 3,29! · Num 21,24 |47–48: 3,8 |47: Num 21,33 |49: 3,17!

Die Zehn Gebote

5 1 Und Mose rief ganz Israel zusammen und sprach zu ihnen: Höre, Israel, die Satzungen und Rechte, die ich euch heute verkünde; lernt sie, haltet sie und handelt danach. 2 Der HERR, unser Gott, hat am Choreb einen Bund mit uns geschlossen. 3 Nicht mit unseren Vorfahren hat der HERR diesen Bund geschlossen, sondern mit uns, die wir alle heute hier noch am Leben sind. 4 Von Angesicht zu Angesicht hat der HERR aus dem Feuer mit euch gesprochen auf dem Berg. 5 Ich stand damals zwischen dem HERRN und euch, um euch die Worte des HERRN zu verkünden, denn ihr habt euch vor dem Feuer gefürchtet und seid nicht auf den Berg gestiegen. Und er sprach:

6 Ich bin der HERR, dein Gott, der dich herausgeführt hat aus dem Land Ägypten, aus einem Sklavenhaus. 7 Du sollst keine anderen Götter haben neben mir. 8 Du sollst dir kein Gottesbild machen, keinerlei Abbild von etwas, was oben im Himmel, was unten auf der Erde oder was im Wasser unter der Erde ist. 9 Du sollst dich nicht niederwerfen vor ihnen und ihnen nicht dienen, denn ich, der HERR, dein Gott, bin ein eifersüchtiger Gott, der die Schuld der Vorfahren heimsucht an den Nachkommen bis in die dritte und vierte Generation, bei denen, die mich hassen, 10 der aber Gnade erweist Tausenden, bei denen, die mich lieben und meine Gebote halten. 11 Du sollst den Namen des HERRN, deines Gottes, nicht missbrauchen, denn der HERR wird den nicht ungestraft lassen, der seinen Namen missbraucht. 12 Halte den Sabbattag, und halte ihn heilig, wie der HERR, dein Gott, es dir geboten hat. 13 Sechs Tage sollst du arbeiten und all deine Arbeit tun; 14 der siebte Tag aber ist ein Sabbat für den HERRN, deinen Gott. Da darfst du keinerlei Arbeit tun, weder du selbst noch dein Sohn oder deine Tochter oder dein Knecht oder deine Magd oder dein Rind oder dein Esel oder all dein Vieh oder der Fremde bei dir in deinen Toren, damit dein Knecht und deine Magd ruhen können wie du. 15 Und denke daran, dass du Sklave gewesen bist im Land Ägypten und dass der HERR, dein Gott, dich von dort herausgeführt hat mit starker Hand und ausgestrecktem Arm. Darum hat dir der HERR, dein Gott, geboten, den Sabbattag zu halten. 16 Ehre deinen Vater und deine Mutter, wie der HERR, dein Gott, es dir geboten hat, damit du lange lebst und es dir gut geht auf dem Boden, den der HERR, dein Gott, dir gibt. 17 Du sollst nicht töten. 18 Und du sollst nicht ehebrechen. 19 Und du sollst nicht stehlen. 20 Und du sollst nicht als falscher Zeuge aussagen gegen deinen Nächsten. 21 Und du sollst nicht die Frau deines Nächsten begehren und sollst nicht verlangen nach dem Haus

deines Nächsten, nach seinem Acker
oder seinem Knecht oder seiner Magd,
nach seinem Rind oder seinem Esel oder
nach irgendetwas, das deinem Nächsten
gehört.

22 Diese Worte sprach der Herr auf
dem Berg zu eurer ganzen Versammlung, aus dem Feuer, den Wolken und
dem Dunkel, mit lauter Stimme, und er
fügte nichts hinzu. Und er schrieb sie
auf zwei steinerne Tafeln und gab sie
mir.

|1: 1,1! · 4,1 |2: 1,6! |3: 29,14 |4: 4,12! |6–21:
Ex 20,1–17 |6: 7,8; 8,14; Mi 6,4 |7: 6,14; 11,16 |9–10:
7,9–10! |9: 4,24! |15: 15,15; 16,12; 24,18.22 · 26,8 |16:
21,18 · 6,2 · 33; Spr 3,2! · 29 |20: 19,16 |21: 2Sam 11,2!
|22: Ex 19,18–19 · 4,12!

Mose als Mittler zwischen Gott und Israel

23 Und als ihr die Stimme aus der
Finsternis hörtet, während der Berg im
Feuer brannte, tratet ihr zu mir, alle
Häupter eurer Stämme und eure Ältesten, 24 und sagtet: Sieh, der Herr, unser
Gott, hat uns seine Herrlichkeit und
seine Grösse gezeigt, und wir haben
seine Stimme aus dem Feuer gehört.
Heute haben wir gesehen, dass Gott mit
den Menschen reden kann, ohne dass
sie sterben müssen. 25 Und warum sollen wir jetzt sterben? Denn dieses
grosse Feuer wird uns verzehren; wenn
wir noch länger die Stimme des Herrn,
unseres Gottes, hören, müssen wir sterben. 26 Welcher Sterbliche hätte wie
wir die Stimme des lebendigen Gottes
aus dem Feuer reden hören und wäre am
Leben geblieben? 27 Tritt du hinzu, und
höre alles, was der Herr, unser Gott, sagen wird, und du sollst uns alles verkünden, was der Herr, unser Gott, zu dir sagen wird. Dann wollen wir darauf hören
und danach handeln. 28 Der Herr aber
hörte die Worte, die ihr zu mir gesprochen habt, und er sagte zu mir: Ich habe
die Worte gehört, die dieses Volk zu dir
gesprochen hat. Alles, was sie gesagt haben, ist gut. 29 Möge doch ihr Herz so
bleiben, dass sie mich allezeit fürchten
und meine Gebote halten, damit es ihnen und ihren Kindern gut geht, für im-

mer! 30 Geh, sage ihnen: Kehrt zurück
zu euren Zelten! 31 Du aber bleibe hier
bei mir, und ich will dir das ganze Gebot
verkünden, die Satzungen und Rechte,
die du sie lehren sollst, damit sie danach
handeln in dem Land, das ich ihnen zum
Besitz gebe. 32 So haltet sie nun und
handelt danach, wie der Herr, euer
Gott, es euch geboten hat, und weicht
nicht davon ab nach rechts oder links.
33 Auf dem Weg, den der Herr, euer
Gott, euch geboten hat, sollt ihr gehen,
damit ihr am Leben bleibt und es euch
gut geht und ihr lange lebt in dem Land,
das ihr in Besitz nehmen werdet.

|23–24: Ex 20,18–19 |23: 9,15 |24: 4,33! |25: 18,16
|26: Jos 3,10 · 4,33! |27: Ex 20,19 · Ex 19,8 |28: 18,17
|29: 4,10! · 16 |31: Ex 24,18 |32: 17,11.20; 28,14; Jos 1,7;
2Kön 22,2 |33: 16!

Ermahnung zu Gottesfurcht

6 1 Und dies ist das Gesetz mit den
Satzungen und Rechten, die euch zu
lehren der Herr, euer Gott, geboten hat,
damit ihr danach handelt in dem Land,
in das ihr zieht, um es in Besitz zu nehmen, 2 damit du den Herrn, deinen
Gott, dein Leben lang fürchtest und all
seine Satzungen und Gebote hältst, die
ich dir gebe, du und deine Kinder und
deine Kindeskinder, und damit du lange
lebst. 3 So höre sie nun, Israel, und halte
sie und handle danach, damit es dir gut
geht und ihr überaus zahlreich werdet,
wie der Herr, der Gott deiner Vorfahren, es dir verheissen hat, in einem
Land, in dem Milch und Honig fliessen.
4 Höre, Israel: Der Herr, unser Gott, ist
der einzige Herr. 5 Und du sollst den
Herrn, deinen Gott, lieben, von ganzem Herzen, von ganzer Seele und mit
deiner ganzen Kraft. 6 Und diese Worte,
die ich dir heute gebiete, sollen in deinem Herzen bleiben, 7 und du sollst sie
deinen Kindern einschärfen, und du
sollst davon reden, wenn du in deinem
Haus sitzt und wenn du auf dem Weg
gehst, wenn du dich niederlegst und
wenn du dich erhebst. 8 Du sollst sie als
Zeichen auf deine Hand binden und sie
als Merkzeichen auf der Stirn tragen,

9 und du sollst sie auf die Türpfosten deines Hauses schreiben und an deine Tore. 10 Wenn dich der HERR, dein Gott, in das Land bringt, das dir zu geben er deinen Vorfahren, Abraham, Isaak und Jakob, geschworen hat: grosse und schöne Städte, die du nicht gebaut hast, 11 Häuser, voll von jeglichem Gut, die nicht du gefüllt hast, ausgehauene Zisternen, die nicht du ausgehauen hast, Weinberge und Olivengärten, die nicht du gepflanzt hast. Und wenn du davon isst und satt wirst, 12 dann hüte dich, dass du nicht den HERRN vergisst, der dich herausgeführt hat aus dem Land Ägypten, aus einem Sklavenhaus.

13 Den HERRN, deinen Gott, sollst du fürchten, und ihm sollst du dienen, und bei seinem Namen sollst du schwören. 14 Ihr sollt nicht anderen Göttern folgen von den Göttern der Völker rings um euch her, 15 denn ein eifersüchtiger Gott ist der HERR, dein Gott, in deiner Mitte. Sonst entflammt der Zorn des HERRN, deines Gottes, gegen dich, und er vertilgt dich von der Erde. 16 Ihr sollt den HERRN, euren Gott, nicht auf die Probe stellen, wie ihr ihn in Massa auf die Probe gestellt habt. 17 Die Gebote des HERRN, eures Gottes, sollt ihr halten, seine Verordnungen und Satzungen, die er dir gegeben hat, 18 und du sollst tun, was recht und gut ist in den Augen des HERRN, damit es dir gut geht und du in das schöne Land hineinkommst und es in Besitz nimmst, wie der HERR es deinen Vorfahren geschworen hat, 19 indem du alle deine Feinde vor dir verjagst, wie der HERR es verheissen hat.

20 Wenn dich morgen dein Sohn fragt: Was sind das für Verordnungen, Satzungen und Rechte, die euch der HERR, unser Gott, geboten hat?, 21 dann sollst du deinem Sohn sagen: Wir waren Sklaven des Pharao in Ägypten, der HERR aber führte uns mit starker Hand heraus aus Ägypten, 22 und der HERR tat vor unseren Augen grosse und unheilvolle Zeichen und Wunder an den Ägyp-

tern, am Pharao und an seinem ganzen Haus, 23 uns aber führte er von dort heraus, um uns hierher zu bringen und uns das Land zu geben, wie er es unseren Vorfahren geschworen hatte. 24 Und der HERR gebot uns, nach allen diesen Satzungen zu handeln und den HERRN, unseren Gott, zu fürchten, damit es uns gut geht allezeit und er uns am Leben erhält, wie es heute der Fall ist. 25 Und Gerechtigkeit wird bei uns herrschen, wenn wir dieses ganze Gebot halten und danach handeln vor dem HERRN, unserem Gott, wie er es uns geboten hat.

|1: 12,1 |2: 4,10! |3: Lk 11,28 |4: 9,1 · Sach 14,9; Mk 12,29 |5: 2Kön 23,25; Mt 22,37 |6: Ps 37,31; Jes 51,7 |7: 4,9! |8–9: 11,18–20; Ex 13,9; Spr 7,3 |8: Mt 23,5 |10: 18.23 |11: 11,15; Jos 24,13; Neh 9,2 |12: 8,11–14; Spr 30,9 · Ex 13,3 |13: 13,5; Jos 24,14; Mt 4,10 · 10,20 |14: 5,7! · Jer 7,6; 25,6 |15: 4,24! · 11,17 |16: Mt 4,7 · Ex 17,2! |18: 10! |20: 26,5–9; Ex 12,26! |22: Ex 10,2 |23: 10! |24: 4,1! |25: 24,13 · 9,6

Ermahnung zur Vernichtung von Völkern

7 1 Wenn der HERR, dein Gott, dich in das Land bringt, in das du ziehst, um es in Besitz zu nehmen, und er viele Nationen vor dir vertreibt, die Hetiter und die Girgaschiter und die Amoriter und die Kanaaniter und die Peressiter und die Chiwwiter und die Jebusiter, sieben Nationen, die grösser und stärker sind als du, 2 und wenn der HERR, dein Gott, sie dir preisgibt und du sie schlägst, sollst du sie der Vernichtung weihen. Du sollst keinen Bund mit ihnen schliessen und sie nicht verschonen, 3 und du sollst dich mit ihnen nicht verschwägern, sollst nicht deine Töchter ihren Söhnen geben oder ihre Töchter für deine Söhne nehmen. 4 Denn sie würden deine Söhne dazu verleiten, dem HERRN nicht mehr zu folgen und anderen Göttern zu dienen. Dann wird der Zorn des HERRN gegen euch entflammen, und bald wird er dich vernichten. 5 Vielmehr sollt ihr so mit ihnen verfahren: Ihre Altäre sollt ihr niederreissen, ihre Mazzeben zerschlagen, ihre Ascheren umhauen und ihre Götterbilder im Feuer verbrennen. 6 Denn du bist ein Volk, das dem HERRN, deinem Gott, ge-

weiht ist. Dich hat der HERR, dein Gott, aus allen Völkern auf der Erde für sich erwählt als sein eigenes Volk. 7 Nicht weil ihr zahlreicher wäret als alle anderen Völker, hat sich der HERR euch zugewandt und euch erwählt – denn ihr seid das kleinste von allen Völkern –, 8 sondern weil der HERR euch liebte und weil er den Eid hielt, den er euren Vorfahren geschworen hatte, darum führte euch der HERR heraus mit starker Hand und befreite dich aus dem Sklavenhaus, aus der Hand des Pharao, des Königs von Ägypten. 9 So sollst du erkennen, dass der HERR, dein Gott, Gott ist, der treue Gott, der den Bund hält und die Gnade bewahrt denen, die ihn lieben und seine Gebote halten, bis zur tausendsten Generation. 10 Denen aber, die ihn hassen, vergilt er ins Angesicht, und er vernichtet jeden; und er zögert nicht bei dem, der ihn hasst, ins Angesicht vergilt er ihm. 11 Darum halte das Gesetz, die Satzungen und Rechte, die ich dir heute gebe, und handle danach.

|1: Apg 13,19 · 4,38! |2: 3,6; 20,17 |3: Gen 24,3; Neh 13,25! |4: Ex 34,16 |5: 12,3; Ex 23,24!; 34,13 |6: 14,2; 28,9 · 26,18; 1Sam 12,22! |7: 9,4 |8: Hos 11,1 · 5,6! |9–10: 5,9–10; Ex 20,6 |9: 4,35 |11: 8,11

Verheissung von Gottes Segen

12 Und dafür, dass ihr auf diese Rechte hört, sie haltet und danach handelt, wird der HERR, dein Gott, den Bund halten und die Gnade bewahren, wie er es deinen Vorfahren geschworen hat, 13 und er wird dich lieben und dich segnen und zahlreich werden lassen. Segnen wird er die Frucht deines Leibes und die Frucht deines Bodens, dein Korn, deinen Wein und dein Öl, den Nachwuchs deiner Rinder und den Zuwachs deiner Schafe, auf dem Boden, den dir zu geben er deinen Vorfahren geschworen hat. 14 Gesegnet wirst du sein, mehr als alle anderen Völker. Niemand bei dir wird unfruchtbar sein, kein Mann und keine Frau und keines deiner Tiere. 15 Und jede Krankheit wird der HERR von dir nehmen, und er wird dir keine von den bösen Seuchen der Ägypter auf-

erlegen, die du kennst, sondern er wird sie über alle bringen, die dich hassen. 16 Und du wirst alle Völker vertilgen, die der HERR, dein Gott, dir preisgibt. Du sollst sie nicht schonen und ihren Göttern nicht dienen; denn das würde dir zum Fallstrick werden. 17 Wenn du denkst: Diese Nationen sind grösser als ich; wie könnte ich sie vertreiben?, 18 so fürchte dich nicht vor ihnen. Denke an das, was der HERR, dein Gott, mit dem Pharao und ganz Ägypten getan hat, 19 an die grossen Prüfungen, die du mit eigenen Augen gesehen hast, die Zeichen und Wunder, die starke Hand und den ausgestreckten Arm, mit denen dich der HERR, dein Gott, herausgeführt hat. So wird es der HERR, dein Gott, mit allen Völkern tun, vor denen du dich fürchtest. 20 Und auch die Hornissen wird der HERR, dein Gott, auf sie loslassen, bis auch die vernichtet sind, die übriggeblieben sind und sich vor dir versteckt halten. 21 Du sollst keine Angst vor ihnen haben, denn der HERR, dein Gott, ist in deiner Mitte, ein grosser und furchtbarer Gott. 22 Und der HERR, dein Gott, wird diese Nationen nach und nach vor dir vertreiben. Du kannst sie nicht schnell aufreiben, sonst werden die wilden Tiere dir zu zahlreich. 23 Und der HERR, dein Gott, wird sie dir preisgeben und unter ihnen grosse Verwirrung stiften, bis sie vernichtet sind. 24 Und er wird ihre Könige in deine Hand geben, und du wirst ihren Namen austilgen unter dem Himmel. Niemand wird dir standhalten können, bis du sie vernichtet hast. 25 Die Bilder ihrer Götter sollt ihr im Feuer verbrennen, du sollst nicht nach dem Silber und dem Gold, das daran ist, verlangen und es an dich bringen, damit es dir nicht zum Fallstrick wird, denn der HERR, dein Gott, verabscheut es, 26 und etwas Abscheuliches sollst du nicht in dein Haus bringen, sonst bist du gleich ihm der Vernichtung geweiht. Ekel und Abscheu sollst du davor haben, denn der Vernichtung ist es geweiht.

|12–13: Joh 14,21 |13: 28,3–4.11; 30,9; Lk 1,42 |14:
Ex 23,26 |15: 28,60; Ex 15,26 |16: Ex 23,33; 34,12 |17:
1,28! |18: 29,1! |19: Ex 6,6 · 3,21 |20: Ex 23,28! |21:
20,1 · 10,17; Neh 1,5! |22: Ex 23,29 |23: 9,3 |24:
Jos 11,17 · 11,25; Jos 1,5! |25: 27,15 |26: 13,18; Jos 6,18;
7,11–12

Ermahnung zum Halten der Gebote und zur Demut

8 1 Das ganze Gebot, das ich dir heute gebe, sollt ihr halten und danach handeln, damit ihr am Leben bleibt und zahlreich werdet und in das Land kommt und es in Besitz nehmt, wie es der HERR euren Vorfahren geschworen hat. 2 Und du sollst dich erinnern an den ganzen Weg, den dich der HERR, dein Gott, vierzig Jahre lang geführt hat in der Wüste, um dich demütig zu machen und zu erproben und um zu erkennen, wie du gesinnt bist, ob du seine Gebote halten wirst oder nicht. 3 Er machte dich demütig und liess dich hungern und speiste dich dann mit Manna, das du und deine Vorfahren nicht gekannt hatten, um dir zu zeigen, dass der Mensch nicht allein vom Brot lebt. Sondern von allem, was auf Befehl des HERRN entstanden ist, lebt der Mensch. 4 In diesen vierzig Jahren sind die Kleider an dir nicht zerfallen, und deine Füsse sind nicht angeschwollen. 5 So erkenne in deinem Herzen, dass dich der HERR, dein Gott, erzieht, wie einer seinen Sohn erzieht, 6 und halte die Gebote des HERRN, deines Gottes, indem du auf seinen Wegen gehst und ihn fürchtest, 7 denn der HERR, dein Gott, bringt dich in ein gutes Land, ein Land mit Wasserbächen, Quellen und Wasser, das in Berg und Tal hervorströmt, 8 ein Land mit Weizen, Gerste, Reben, mit Feigen- und Granatapfelbäumen, ein Land mit Ölbäumen und Honig, 9 ein Land, in dem du dich nicht kümmerlich nähren musst, in dem es dir an nichts mangeln wird, ein Land, dessen Steine Eisen sind und in dessen Bergen du nach Erz graben kannst. 10 Und du sollst dich satt essen, und du sollst den HERRN, deinen Gott, loben für das gute Land, das er dir gegeben hat. 11 Achte darauf, dass du den HERRN, deinen Gott, nicht vergisst; missachte nicht seine Gebote, Rechte und Satzungen, die ich dir heute gebe. 12 Wenn du dich satt isst und schöne Häuser baust und darin wohnst, 13 wenn deine Rinder und Schafe sich vermehren und Silber und Gold sich bei dir häuft und alles, was du hast, sich mehrt, 14 dann soll dein Herz sich nicht überheben, und du sollst den HERRN, deinen Gott, nicht vergessen, der dich herausgeführt hat aus dem Land Ägypten, aus einem Sklavenhaus, 15 der dich durch diese grosse und furchtbare Wüste geleitet hat, wo es Feuerschlangen gibt und Skorpione und dürres Land, in dem es kein Wasser gibt, der für dich Wasser aus dem Kieselfelsen quellen liess, 16 der dich in der Wüste mit Manna speiste, das deine Vorfahren nicht kannten, um dich demütig zu machen und zu erproben, um dir schliesslich Gutes zu tun. 17 Und du sollst nicht denken: Meine Kraft und die Stärke meiner Hand haben mir diesen Reichtum erworben. 18 Denke vielmehr an den HERRN, deinen Gott, denn er ist es, der dir Kraft gibt, Reichtum zu erwerben, weil er den Bund hält, den er deinen Vorfahren geschworen hat, wie es heute der Fall ist. 19 Doch wenn du den HERRN, deinen Gott, vergisst und anderen Göttern folgst, ihnen dienst und sie anbetest, so sage ich euch heute: Ihr werdet zugrunde gehen! 20 Wie die Nationen, die der HERR vor euch vernichtet, so werdet ihr vernichtet werden, weil ihr nicht auf die Stimme des HERRN, eures Gottes, hört.

9 1 Höre, Israel: Heute überschreitest du den Jordan und wirst zu Nationen kommen, die grösser und stärker sind als du, und ihren Besitz übernehmen, zu grossen Städten, mit Mauern bis zum Himmel, 2 zu einem grossen und hochgewachsenen Volk, den Enakitern, die du kennst und von denen du gehört hast: Wer kann den Enakitern Widerstand leisten? 3 So wisse denn heute, dass der HERR, dein Gott, vor dir herzieht wie verzehrendes Feuer. Er wird sie vernichten, und er wird sie vor dir niederwerfen, und du wirst sie vertreiben und sie rasch vernichten, wie der HERR es dir verheissen hat. 4 Wenn sie der HERR, dein Gott, vor dir verjagt, so denke nicht: Um meiner Gerechtigkeit willen hat der HERR mich in dieses Land geführt, um es in Besitz zu nehmen. Denn der Bosheit dieser Nationen wegen vertreibt ihn der HERR sie vor dir. 5 Nicht um deiner Gerechtigkeit und deiner Aufrichtigkeit willen kommst du in ihr Land, um es in Besitz zu nehmen, sondern ihrer Bosheit wegen vertreibt der HERR, dein Gott, diese Nationen vor dir, um wahr zu machen, was der HERR deinen Vorfahren Abraham, Isaak und Jakob geschworen hat. 6 So wisse denn, dass der HERR, dein Gott, dir dieses gute Land nicht um deiner Gerechtigkeit willen gibt, damit du es in Besitz nehmen kannst, denn du bist ein halsstarriges Volk.

|2:2,7! · 16; Ex 15,25! · 2Chr 32,31 |3:29,5 · 16; Ex 16,15! · Mt 4,4 |4:29,4 |5: Spr 3,12; Hebr 12,7 · 1,31 |7:11,11 · 8: 2Kön 18,32 |10: Jes 5,1; Joel 2,26 |11–14: 6,12! |11:7,11 |14:5,6! |15: Num 21,6! · Ex 17,6! |16: 3! · 2! |17:9,4; Ri 7,2; Jer 9,22; Ez 28,5 |18: 1Chr 29,12 |19: 4,26; 1Sam 12,25 |20: Lev 26,38 |1: 6,4 · Jos 1,11 · 4,38! |2: 1,28! |3: Ri 4,14 · Ex 24,17 · 7,23 |4: 8,17! · 18,12 · 7,7 |6: 6,25 · 10,16; Ex 32,9

Die steinernen Tafeln und das goldene Kalb. Aarons Tod. Die Aussonderung der Leviten

7 Denke daran, vergiss es nicht, wie du den HERRN, deinen Gott, erzürnt hast in der Wüste. Von dem Tag an, als du ausgezogen bist aus dem Land Ägypten, bis ihr an diesen Ort gekommen seid, habt ihr euch dem HERRN widersetzt. 8 Und schon am Choreb habt ihr den HERRN erzürnt, und der HERR wurde so zornig auf euch, dass er euch vernichten wollte. 9 Als ich auf den Berg stieg, um die steinernen Tafeln zu empfangen, die Tafeln des Bundes, den der HERR mit euch geschlossen hatte, blieb ich vierzig Tage und vierzig Nächte auf dem Berg, ohne Brot zu essen und Was-

ser zu trinken. 10 Und der HERR gab mir die zwei steinernen Tafeln, die vom Finger Gottes beschrieben waren und auf denen alle Worte standen, die der HERR auf dem Berg aus dem Feuer zu euch gesprochen hatte am Tag der Versammlung. 11 Und nach vierzig Tagen und vierzig Nächten gab mir der HERR die zwei steinernen Tafeln, die Tafeln des Bundes. 12 Und der HERR sprach zu mir: Auf, steig eilends hinab von hier, denn dein Volk, das du herausgeführt hast aus Ägypten, hat Böses getan. Schon sind sie abgewichen von dem Weg, den ich ihnen geboten habe: Sie haben sich ein gegossenes Bild gemacht. 13 Und der HERR sprach zu mir: Ich sehe nun, dass dieses Volk ein halsstarriges Volk ist. 14 Lass mich sie vernichten und ihren Namen austilgen unter dem Himmel, dich aber will ich zu einer Nation machen, die stärker ist und grösser als dieses. 15 Da stieg ich wieder herab vom Berg, der im Feuer brannte, die zwei Tafeln des Bundes in meinen beiden Händen. 16 Und ich sah: Ihr hattet gesündigt gegen den HERRN, euren Gott, ihr hattet euch ein gegossenes Kalb gemacht, schon wart ihr abgewichen von dem Weg, den euch der HERR geboten hatte. 17 Da fasste ich die zwei Tafeln mit meinen beiden Händen, warf sie hin und zerschmetterte sie vor euren Augen. 18 Und ich warf mich nieder vor dem HERRN wie das erste Mal, vierzig Tage und vierzig Nächte lang wie das erste Mal, ohne Brot zu essen und Wasser zu trinken, eurer Sünde wegen, die ihr begangen hattet, weil ihr getan hattet, was dem HERRN missfällt, um ihn zu reizen, 19 denn ich hatte Angst vor dem Zorn und dem Grimm des HERRN, der so erzürnt war über euch, dass er euch vernichten wollte. Und der HERR erhörte mich auch dieses Mal. 20 Auch über Aaron war der HERR so zornig, dass er ihn vernichten wollte, und damals bat ich auch für Aaron. 21 Das Machwerk eurer Sünde aber, das Kalb, nahm ich, und ich verbrannte es im Feuer und zerschlug es und zermalmte es ganz und gar, bis es zu feinem Staub wurde, und ich warf den Staub in den Bach, der herabkommt vom Berg. 22 Auch in Tabera und in Massa und in Kibrot-Hattaawa habt ihr den HERRN erzürnt. 23 Und als der HERR euch von Kadesch-Barnea ziehen liess und sprach: Steigt hinauf, nehmt das Land in Besitz, das ich euch gegeben habe, da widersetztet ihr euch dem Befehl des HERRN, eures Gottes, und vertrautet nicht auf ihn und hörtet nicht auf seine Stimme. 24 Seit ich euch kenne, habt ihr euch dem HERRN widersetzt. 25 Und ich lag vor dem HERRN jene vierzig Tage und vierzig Nächte, weil der HERR gesagt hatte, er werde euch vernichten. 26 Und ich betete zum HERRN und sprach: Herr, HERR, vernichte nicht dein Volk und Eigentum, das du in deiner Grösse ausgelöst, das du mit starker Hand herausgeführt hast aus Ägypten! 27 Denke an deine Diener Abraham, Isaak und Jakob. Achte nicht auf die Halsstarrigkeit, die Bosheit und die Sünde dieses Volkes, 28 damit man in dem Land, aus dem du uns herausgeführt hast, nicht sagt: Weil der HERR sie nicht in das Land bringen konnte, das er ihnen verheissen hatte, oder weil er sie hasste, hat er sie hinausgeführt, um sie sterben zu lassen in der Wüste. 29 Sie sind ja dein Volk und dein Eigentum, das du herausgeführt hast mit deiner grossen Kraft und deinem ausgestreckten Arm.

10 1 Damals sprach der HERR zu mir: Haue dir zwei steinerne Tafeln zurecht, wie die ersten, und steige herauf zu mir auf den Berg; und mache dir eine hölzerne Lade. 2 Dann will ich auf die Tafeln die Worte schreiben, die auf den ersten Tafeln standen, die du zerschmettert hast, und du sollst sie in die Lade legen. 3 So machte ich eine Lade aus Akazienholz und hieb zwei steinerne Tafeln zurecht, wie die ersten, und ich stieg auf den Berg, die beiden Tafeln in meiner Hand. 4 Und er schrieb auf die Tafeln dasselbe wie das erste Mal, die zehn Worte, die der HERR am Tag der Ver-

sammlung auf dem Berg aus dem Feuer zu euch gesprochen hatte. Dann gab der HERR sie mir, 5 und ich stieg wieder herab vom Berg und legte die Tafeln in die Lade, die ich gemacht hatte; und da blieben sie, wie es mir der HERR geboten hatte.

6 Und die Israeliten zogen von Beerot-Bene-Jaakan auf nach Moser; dort starb Aaron, und dort wurde er begraben, und sein Sohn Elasar wurde Priester an seiner Statt. 7 Von dort brachen sie auf nach Gudgod und von Gudgod nach Jotba, einer Gegend mit Wasserbächen. 8 Damals sonderte der HERR den Stamm Levi dazu aus, die Lade des Bundes des HERRN zu tragen, vor dem HERRN zu stehen als seine Diener und in seinem Namen zu segnen; so ist es bis heute. 9 Darum fiel Levi kein Anteil und Erbbesitz zu neben seinen Brüdern. Der HERR ist sein Erbbesitz, wie der HERR, dein Gott, es ihm verheissen hat. 10 Ich aber blieb vierzig Tage und vierzig Nächte auf dem Berg wie das erste Mal, und der HERR erhörte mich auch dieses Mal: Der HERR wollte dich nicht vernichten. 11 Und der HERR sprach zu mir: Auf, geh hin, um dem Volk voranzuziehen, damit sie in das Land kommen und es in Besitz nehmen, das ihnen zu geben ich ihren Vorfahren geschworen habe.

|7: 31,27 |8: 1,6! · 19.25 |9: 25! |10: 4,12! |11: Ex 31,18 |14: Ex 32,10; 32,26 |15: 5,23 |18: Esra 10,6 |19: 8! · 10,10; Ex 33,17 |22: Num 11,1! · Ex 17,7 · Num 11,34 |24: Jer 4,17! |25: 9; Ex 34,28 · 8! |26: Ps 57,1 |28: 1,27! · 32,27 |29: 32,9 |1: Ex 34,1–2 · Ex 25,10 |2–3: Ex 25,16 |3: Ex 34,4 |4: 4,12! |5: Ex 34,29 · Ex 40,20 |6: Num 33,30 · Num 20,28 |7: Num 33,33 |8: Num 3,6 · 1Chr 15,2! · 21,5; 1Chr 23,13 |9: 10,9; 18,1–2; Num 18,20! |10: 9,19! · Ex 32,14

Mose ermahnt das Volk

12 Und nun, Israel, was fordert der HERR, dein Gott, von dir, als dass du den HERRN, deinen Gott, fürchtest, auf allen seinen Wegen gehst, ihn liebst und dem HERRN, deinem Gott, dienst von ganzem Herzen und von ganzer Seele, 13 dass du die Gebote und Satzungen des HERRN hältst, die ich dir heute gebe,

zu deinem Besten. 14 Sieh, dem HERRN, deinem Gott, gehören der Himmel und aller Himmel Himmel, die Erde und alles, was darauf ist. 15 Doch nur deinen Vorfahren hat der HERR sich zugewandt, und sie hat er geliebt, und euch, ihre Nachkommen, hat er erwählt aus allen Völkern, wie es heute der Fall ist. 16 So beschneidet eure Herzen, und seid fortan nicht mehr widerspenstig. 17 Denn der HERR, euer Gott, ist der Gott der Götter und der Herr der Herren, der grosse, starke und furchtbare Gott, der kein Ansehen der Person kennt und keine Bestechung annimmt, 18 der der Waise und der Witwe Recht verschafft und den Fremden liebt, so dass er ihm Brot und Kleidung gibt. 19 Auch ihr sollt den Fremden lieben; denn ihr seid selbst Fremde gewesen im Land Ägypten. 20 Den HERRN, deinen Gott, sollst du fürchten, ihm sollst du dienen, an ihm festhalten und bei seinem Namen schwören. 21 Er ist dein Ruhm, und er ist dein Gott, der für dich jene grossen und furchtbaren Dinge getan hat, die deine Augen gesehen haben. 22 Siebzig an der Zahl waren deine Vorfahren, als sie hinabzogen nach Ägypten, und nun hat dich der HERR, dein Gott, so zahlreich gemacht wie die Sterne des Himmels.

11 1 Und du sollst den HERRN, deinen Gott, lieben und allezeit seine Vorschriften halten, seine Satzungen, seine Rechte und seine Gebote. 2 Heute nun sollt ihr erkennen, denn nicht mit euren Kindern rede ich, die die Erziehung durch den HERRN, euren Gott, nicht kennen und die seine Grösse nicht erfahren haben, seine starke Hand und seinen ausgestreckten Arm, 3 seine Zeichen und seine Taten, die er in Ägypten am Pharao, dem König von Ägypten, und an seinem ganzen Land vollbracht hat, 4 und was er mit dem Heer der Ägypter, mit ihren Pferden und Wagen getan hat, wie er das Wasser des Schilfmeers über sie hinfluten liess, als sie euch nachjagten, und wie der HERR sie vertilgte bis

auf den heutigen Tag 5 und was er dann in der Wüste mit euch getan hat, bis ihr an diesen Ort gekommen seid, 6 und was er an Datan und Abiram, den Söhnen Eliabs, des Sohnes Rubens, getan hat, als die Erde ihren Schlund aufriss und sie verschlang samt ihren Familien und Zelten und allen ihren Tieren, mitten in ganz Israel. 7 Ihr aber habt mit eigenen Augen die grossen Taten gesehen, die der HERR getan hat. 8 So haltet denn das ganze Gebot, das ich euch heute gebe, damit ihr stark seid und in das Land kommt und es in Besitz nehmt, in das ihr ziehen werdet, um es in Besitz zu nehmen, 9 und damit ihr lange lebt auf dem Boden, den er ihnen und ihren Nachkommen zu geben euren Vorfahren geschworen hat, ein Land, in dem Milch und Honig fliessen. 10 Denn das Land, in das du kommst, um es in Besitz zu nehmen, ist nicht wie das Land Ägypten, aus dem ihr ausgezogen seid: Wenn du deinen Samen gesät hattest, musstest du es mühsam bewässern wie einen Gemüsegarten. 11 Und das Land, in das ihr zieht, um es in Besitz zu nehmen, ist ein Land mit Bergen und Tälern, das vom Regen des Himmels mit Wasser getränkt wird, 12 ein Land, auf das der HERR, dein Gott, beständig acht gibt, auf dem die Augen des HERRN, deines Gottes, ruhen, vom Anfang des Jahres bis zum Ende des Jahres. 13 Wenn ihr nun auf meine Gebote hört, die ich euch heute gebe, und den HERRN, euren Gott, liebt und ihm von ganzem Herzen und von ganzer Seele dient, 14 dann werde ich eurem Land Regen geben zu seiner Zeit, Herbstregen und Frühjahrsregen, und du wirst dein Korn, deinen Wein und dein Öl einbringen, 15 und ich werde deinem Vieh auf deinem Feld Gras geben, und du wirst dich satt essen können. 16 Achtet aber darauf, dass euer Herz sich nicht verführen lässt und ihr nicht abfallt und anderen Göttern dient und sie anbetet 17 und der Zorn des HERRN gegen euch entflammt und er den Himmel verschliesst, so dass kein

Regen kommt und der Boden seinen Ertrag nicht gibt und ihr bald aus dem guten Land getilgt werdet, das der HERR euch gibt. 18 So nehmt nun diese meine Worte auf in euer Herz und in eure Seele, und bindet sie als Zeichen auf eure Hand, und tragt sie als Merkzeichen auf eurer Stirne, 19 und lehrt sie eure Kinder, indem ihr davon redet, wenn du in deinem Hause sitzt und wenn du auf dem Wege gehst, wenn du dich niederlegst und wenn du dich erhebst. 20 Und schreibe sie auf die Türpfosten deines Hauses und an deine Tore, 21 dann werdet ihr und eure Kinder lange leben auf dem Boden, den der HERR deinen Vorfahren zu geben geschworen hat, solange der Himmel über der Erde steht. 22 Denn wenn ihr dieses Gebot haltet, das ich euch gebe, und danach handelt und den HERRN, euren Gott, liebt und auf allen seinen Wegen geht und an ihm festhaltet, 23 dann wird der HERR alle diese Nationen vor euch vertreiben, und ihr werdet den Besitz von Nationen übernehmen, die grösser und stärker sind als ihr. 24 Jeder Ort, auf den eure Fusssohle tritt, soll euch gehören, von der Wüste zum Libanon und vom grossen Strom, dem Eufrat, bis an das westliche Meer soll euer Gebiet reichen. 25 Niemand wird euch standhalten können. Schrecken und Furcht vor euch wird der HERR, euer Gott, auf das ganze Land legen, das ihr betretet, wie er es euch verheissen hat. 26 Seht, ich lege euch heute den Segen vor und den Fluch: 27 den Segen, wenn ihr auf die Gebote des HERRN, eures Gottes, hört, die ich euch heute gebe, 28 den Fluch aber, wenn ihr nicht hört auf die Gebote des HERRN, eures Gottes, und abweicht von dem Weg, den ich euch heute gebiete, und anderen Göttern folgt, die ihr nicht kennt. 29 Und wenn dich der HERR, dein Gott, in das Land bringt, in das du ziehst, um es in Besitz zu nehmen, dann sollst du den Segen auf dem Berg Garizim verkünden und den Fluch auf dem Berg Ebal. 30 Diese liegen bekanntlich jenseits des Jordan, hinter dem Weg nach Westen, im Land der Kanaaniter, die in der Araba wohnen, gegenüber Gilgal in der Nähe von Elone-More. 31 Denn ihr werdet den Jordan überschreiten, in das Land kommen und es in Besitz nehmen, das der HERR, euer Gott, euch gibt, und ihr werdet es in Besitz nehmen und darin wohnen, 32 und dann erfüllt in Treue alle Satzungen und Rechte, die ich euch heute vorlege.

|12: Mi 6,8 |14: 1Kön 8,27! · Ex 9,29;19,5 |16: 30,6; Jer 4,4; Röm 2,29 · 2Chr 30,8 |17: Jos 22,22! · 1Tim 6,15 · 7,21! · 2Chr 19,7 |18: 24,17 · Ps 68,6; Jer 49,11 |19: 23,8 |20: 6,13 |21: Jer 17,14 · Ex 15,2 |22: Gen 46,27; Ex 1,5 · 26,5 · 1,10! |2: 3,24 |3: Jer 32,20 |4: Ex 14,28 |6: Num 16,31–32! |8: 4,14 |11: 8,7 |12: 1Kön 9,3 |13: 13,4 |14: 28,12; Lev 26,3–4 · Jer 5,24! |15: Ps 104,14 · 6,11! |16: 12,30 · 5,7! · 17,3! |17: 6,15 · 28,23; Lev 26,20; 2Chr 6,26 |18–20: 6,8–9! |19: 4,9! |21: Ps 89,30 |22: 19,9 |23: 4,38! |24: Jos 1,3–4 · Ex 23,31 |25: 7,24! · 2,25! |26: 30,1! |27: 28,2–14 |28: 28,15–68 |29: 27,4.12–13; Jos 8,33 |30: Gen 12,6 |31: Jos 21,43

11,10: Wörtlich: «…, musstest du es mit deinem Fuss bewässern …», womit das Treten eines Schöpfrads zur Bewässerung im Blick ist.

Anweisung für Ort und Art des Gottesdienstes

12 1 Dies sind die Satzungen und Rechte, die ihr halten und nach denen ihr handeln sollt in dem Land, das der HERR, der Gott deiner Vorfahren, dir gegeben hat, damit du es besitzt, solange ihr auf dem Erdboden lebt. 2 Ihr sollt all die Stätten zerstören, wo die Nationen, deren Besitz ihr übernehmen werdet, ihren Göttern gedient haben, auf den hohen Bergen, auf den Hügeln und unter jedem grünen Baum. 3 Und ihre Altäre sollt ihr niederreissen, ihre Mazzeben zerschlagen, ihre Ascheren im Feuer verbrennen und die Bilder ihrer Götter zerstören, und ihre Namen sollt ihr von jener Stätte tilgen. 4 Mit dem HERRN, eurem Gott, sollt ihr es anders halten. 5 Nur die Stätte sollt ihr aufsuchen, die der HERR, euer Gott, aus all euren Stämmen erwählen wird als seine Wohnung, um seinen Namen dorthin zu legen, und dorthin sollst du kommen, 6 und dorthin sollt ihr eure Brandopfer und Schlachtopfer bringen, eure Zehnten und Hebopfer, was ihr gelobt habt und was ihr freiwillig gebt, und die Erstgeburten von euren Rindern und Schafen. 7 Und ihr sollt dort vor dem HERRN, eurem Gott, essen und euch freuen, ihr und eure Familien, über alles, was eure Hand erworben hat, womit der HERR, dein Gott, dich gesegnet hat. 8 Ihr sollt nicht so handeln, wie wir es heute hier tun, ein jeder, wie er es für richtig hält. 9 Denn ihr seid bisher noch nicht zur Ruhe gekommen und zu dem Erbbesitz, den der HERR, dein Gott, dir gibt. 10 Ihr werdet aber den Jordan überschreiten und euch niederlassen in dem Land, das der HERR, euer Gott, euch als Erbbesitz zuteilt, und er wird euch Ruhe schaffen vor all euren Feinden ringsumher, und ihr werdet sicher wohnen. 11 Dann sollt ihr an die Stätte, die der HERR, euer Gott, erwählen wird, um seinen Namen dort wohnen zu lassen, alles bringen, was ich euch gebiete: eure Brandopfer und eure Schlachtopfer, eure Zehnten und eure Hebopfer und all eure auserlesenen Gaben, die ihr dem HERRN geloben werdet, 12 und ihr sollt fröhlich sein vor dem HERRN, eurem Gott, ihr und eure Söhne und eure Töchter und eure Sklaven und eure Sklavinnen und der Levit an eurem Ort, denn er hat keinen Anteil und Erbbesitz neben euch. 13 Achte darauf, dass du deine Brandopfer nicht an irgendeiner Stätte darbringst, die du siehst, 14 sondern an der Stätte, die der HERR in einem deiner Stämme erwählt. Dort sollst du deine Brandopfer darbringen, und dort sollst du alles tun, was ich dir gebiete. 15 Doch nach Herzenslust darfst du schlachten und Fleisch essen in allen deinen Ortschaften, nach dem Segen, den dir der HERR, dein Gott, gegeben hat. Der Unreine und der Reine dürfen davon essen, wie von der Gazelle und vom Hirsch. 16 Nur das Blut sollst du nicht verzehren; du sollst es auf die Erde schütten wie Wasser. 17 Den Zehnten deines Korns und deines Weins und deines Öls darfst du nicht in deinen Ortschaften verzehren, auch nicht die Erstgeburt deiner Rinder und deiner Schafe oder irgendetwas von deinen Gaben, die du geloben wirst, oder deine freiwilligen Gaben, noch deine Hebopfer, 18 sondern vor dem HERRN, deinem Gott, sollst du es verzehren, an der Stätte, die der HERR, dein Gott, erwählen wird, du und dein Sohn und deine Tochter und dein Sklave und deine Sklavin und der Levit an deinem Ort, und du sollst dich freuen vor dem HERRN, deinem Gott, über alles, was deine Hand erworben hat. 19 Achte darauf, dass du den Leviten nicht vergisst, solange du auf deinem Boden lebst. 20 Wenn der HERR, dein Gott, dein Gebiet erweitert, wie er es dir verheissen hat, und du denkst: Ich möchte Fleisch essen!, weil du Lust hast, Fleisch zu essen, so darfst du Fleisch essen nach Herzenslust. 21 Ist die Stätte, die der HERR, dein Gott, erwählen wird, um seinen Namen dorthin zu legen, für dich zu fern, so schlachte von deinen Rindern oder deinen Schafen, die der HERR dir gegeben hat, wie ich es dir geboten habe, und iss davon in deinen Ortschaften nach Herzenslust. 22 Wie man von der Gazelle oder vom Hirsch isst, darfst du davon essen, der Unreine wie der Reine darf davon essen. 23 Nur halte daran fest, dass du das Blut nicht verzehrst, denn das Blut ist die Lebenskraft, und du sollst die Lebenskraft nicht mit dem Fleisch verzehren. 24 Du sollst es nicht verzehren, auf die Erde sollst du es ausschütten wie Wasser. 25 Du sollst es nicht essen, damit es dir und deinen Kindern nach dir gut geht, weil du tust, was recht ist vor dem HERRN. 26 Nur wenn du etwas weihst oder gelobst, sollst du es nehmen und an die Stätte kommen, die der HERR erwählen wird, 27 und du sollst deine Brandopfer, das Fleisch und das Blut, auf dem Altar des HERRN, deines Gottes, darbringen. Doch von deinen Schlachtopfern sollst du das Blut auf den Altar des HERRN, deines Gottes, giessen, das Fleisch aber darfst du essen. 28 Bewahre und höre all das, was ich dir gebiete, damit es dir und deinen Kindern nach dir allezeit gut geht, weil du tust, was gut und recht ist vor dem HERRN, deinem Gott.

29 Wenn der HERR, dein Gott, vor dir die Nationen ausrottet, in deren Gebiet du ziehst, um ihren Besitz zu übernehmen, und du ihren Besitz übernimmst und dich in ihrem Land niederlässt, 30 dann achte darauf, dass du dich nicht verführen lässt, es ihnen gleichzutun, nachdem sie vor dir vernichtet worden sind, dass du nicht nach ihren Göttern fragst und sagst: Wie haben diese Nationen ihren Göttern gedient? So will auch ich es machen! 31 Mit dem HERRN, deinem Gott, sollst du es anders halten: Alles, was der HERR verabscheut und was er hasst, haben sie für ihre Götter getan, sogar ihre Söhne und ihre Töchter haben sie für ihre Götter verbrannt.

|1: 6,1 |3: 7,3! |5: 31,11 · 18,6 · 26,2 |6: 1Sam 1,21 · 14,23; 15,19 |7: 14,26; 27,7; 1Chr 29,22 |9: Jer 31,2; Hebr 4,9 |10: Jos 11,23; 1Chr 22,18! · 33,28! |12: 7! · 16,11! · 10,9! |15: 22; 14,5; 15,22 |16: 24; 15,23; Lev 3,17 |19: 14,27 |20: 19,8; Ex 34,24 |22: 15! |23: Lev 17,11 |24: 16! |25: 21,9 |27: Jer 7,21 |28: 13,19 |29: 19,1 |30: 11,16 |31: 2Kön 3,27!

Die Strafe für falsche Propheten und Götzendiener

13 1 Alles, was ich euch gebiete, sollt ihr halten und danach handeln; du sollst nichts dazutun und nichts davon wegnehmen.

2 Wenn in deiner Mitte ein Prophet auftritt oder einer, der Träume hat, und dir ein Zeichen oder Wunder ankündigt 3 und das Zeichen oder Wunder eintrifft, das er dir genannt hat, als er sagte: Lasst uns anderen Göttern folgen, die ihr nicht kennt, und lasst uns ihnen dienen!, 4 dann sollst du nicht auf die Worte jenes Propheten oder auf jenen Träumer hören, denn der HERR, euer Gott, stellt euch auf die Probe, um zu erkennen, ob ihr den HERRN, euren Gott, von ganzem Herzen und von ganzer Seele liebt. 5 Dem HERRN, eurem Gott,

sollt ihr folgen, und ihn sollt ihr fürchten, und seine Gebote sollt ihr halten, und auf seine Stimme sollt ihr hören, ihm sollt ihr dienen, und an ihm sollt ihr festhalten. 6 Jener Prophet oder jener Träumer aber soll getötet werden, denn er hat gegen den HERRN, deinen Gott, der dich aus dem Land Ägypten herausgeführt und dich aus dem Sklavenhaus befreit hat, Auflehnung gepredigt, um dich abzubringen von dem Weg, auf dem zu gehen der HERR, dein Gott, dir geboten hat. So sollst du das Böse ausrotten aus deiner Mitte.

7 Wenn dich dein Bruder, der Sohn deiner Mutter, oder dein Sohn oder deine Tochter oder die Frau in deinen Armen oder dein Freund, den du so lieb hast wie dich selbst, heimlich verführen will und sagt: Auf, lass uns anderen Göttern dienen – die du nicht kanntest, weder du noch deine Vorfahren, 8 Götter der Völker rings um euch her, in deiner Nähe oder weit von dir entfernt, vom einen Ende der Erde bis zum anderen –, 9 dann sollst du ihm nicht nachgeben und nicht auf ihn hören. Du sollst ihn nicht schonen und dich seiner nicht erbarmen und ihn nicht decken, 10 sondern du musst ihn umbringen. Du sollst als erster Hand an ihn legen, um ihn zu töten, und danach das ganze Volk. 11 Du sollst ihn zu Tode steinigen, denn er hat versucht, dich abzubringen vom HERRN, deinem Gott, der dich herausgeführt hat aus dem Land Ägypten, aus dem Sklavenhaus. 12 Und ganz Israel soll es hören, damit sie sich fürchten und nie mehr so böse handeln in deiner Mitte.

13 Wenn du hörst, dass in einer deiner Städte, die der HERR, dein Gott, dir gibt, damit du darin wohnst, 14 Männer, nichtswürdige Menschen, aus deiner Mitte hervorgetreten sind und die Bewohner ihrer Stadt verführt haben, indem sie sagten: Auf, lasst uns anderen Göttern dienen, die ihr nicht kennt!, 15 dann sollst du nachforschen und untersuchen und gründlich nachfragen.

Und wenn es wahr ist, wenn es sich wirklich so verhält, wenn so Abscheuliches in deiner Mitte getan worden ist, 16 dann sollst du die Bewohner jener Stadt schlagen mit der Schärfe des Schwerts; du sollst sie und alles, was sich in ihr befindet, der Vernichtung weihen, auch ihr Vieh, mit der Schärfe des Schwerts. 17 Und alle Beute aus ihr sollst du mitten auf ihrem Marktplatz sammeln, und die Stadt mit ihrer ganzen Beute sollst du im Feuer verbrennen als Ganzopfer für den HERRN, deinen Gott, und für immer soll sie ein Schutthügel bleiben, niemals darf sie wieder aufgebaut werden. 18 Und nichts von dem, was der Vernichtung geweiht ist, darf in deiner Hand bleiben, damit der HERR ablässt von der Glut seines Zorns und dir Erbarmen schenkt und sich deiner erbarmt und dich zahlreich macht, wie er es deinen Vorfahren geschworen hat, 19 weil du auf die Stimme des HERRN, deines Gottes, hörst und alle seine Gebote hältst, die ich dir heute gebe, und tust, was recht ist vor dem HERRN, deinem Gott.

|1: 4,2! |2: Jer 27,9; Sach 10,2 |3: 14 · 1Sam 26,19 |4: 11,13 |5: 6,13! |6: 18,20; 1Kön 18,40; Jer 28,16 |7: 2Chr 22,3 |8: 28,64 |9–10: 17,5; 25,12; Ex 32,27 |9: 19,13 |10: 17,7 |12: 17,13; 19,20; 21,21 |14: 3 · 1Sam 2,12 |15: 17,4 · 19,18 |16: Jos 6,21 |17: Jos 6,24!; 8,28 |18: 7,26! |19: 12,28

Über Trauerbräuche. Über reine und unreine Speisen

14 1 Ihr seid Kinder des HERRN, eures Gottes. Ihr sollt euch eines Toten wegen keine Einschnitte machen und euch nicht kahl scheren über der Stirn, 2 denn du bist ein Volk, das dem HERRN, deinem Gott, geweiht ist, und dich hat der HERR aus allen Völkern auf der Erde für sich erwählt als sein eigenes Volk.

3 Du sollst nichts Abscheuliches essen. 4 Dies sind die Tiere, die ihr essen dürft: Rind, Schaf und Ziege, 5 Hirsch, Gazelle, Damhirsch, Wildziege und alle Arten von Antilopen, 6 und jedes Tier, das gespaltene Klauen, und zwar zwei ganz gespaltene Klauen, hat und das wiederkäut, dürft ihr essen. 7 Doch von denen, die wiederkäuen, und von denen mit ganz gespaltenen Klauen, dürft ihr diese nicht essen: das Kamel, den Hasen, den Klippschliefer – denn sie sind zwar Wiederkäuer, haben aber keine ganz gespaltenen Klauen; sie sind für euch unrein – 8 das Wildschwein, denn es hat zwar gespaltene Klauen, ganz gespaltene Klauen, es ist aber kein Wiederkäuer. Es ist für euch unrein. Von ihrem Fleisch dürft ihr nicht essen, und ihr Aas dürft ihr nicht berühren. 9 Von allen Tieren im Wasser dürft ihr diese essen: alles, was Flossen und Schuppen hat. 10 Was aber keine Flossen und Schuppen hat, dürft ihr nicht essen. Es ist für euch unrein. 11 Alle reinen Vögel dürft ihr essen. 12 Diese aber sind es, die ihr nicht essen dürft: den Gänsegeier, den Lämmergeier, den Mönchsgeier, 13 den Milan, den Habicht und alle Arten von Raubvögeln, 14 alle Arten von Raben, 15 den Strauss, die Schwalbe, die Möwe und alle Arten von Falken, 16 das Käuzchen, den Uhu und die Schleiereule, 17 die Ohreule, den Aasgeier und die Fischeule, 18 den Storch, alle Arten von Reihern, den Wiedehopf und die Fledermaus. 19 Und alles geflügelte Kleingetier ist für euch unrein; es darf nicht gegessen werden! 20 Alle reinen geflügelten Tiere dürft ihr essen. 21 Vom Aas irgendeines Tieres dürft ihr nichts essen, du magst es dem Fremden an deinem Ort zum Essen überlassen oder es einem Ausländer verkaufen, denn du bist ein Volk, das dem HERRN, deinem Gott, geweiht ist. Ein Böcklein sollst du nicht in der Milch seiner Mutter kochen.

|1: 32,6! · Lev 19,28; Ez 7,18 |2–21: Lev 11,1–47 |2: 21; Lev 20,26 · 7,6! |3: Jes 65,4 |5: 12,15! |21: Ex 22,30 · 2! · Ex 23,19!

Über den Zehnten

22 Vom ganzen Ertrag deiner Saat sollst du den Zehnten geben, von dem, was auf dem Feld wächst, Jahr für Jahr,

23 und du sollst vor dem HERRN, deinem Gott, an der Stätte, die er erwählen wird, um seinen Namen dort wohnen zu lassen, den Zehnten deines Korns, deines Weins und deines Öls verzehren und die Erstgeburten deiner Rinder und deiner Schafe, damit du lernst, den HERRN, deinen Gott, allezeit zu fürchten. 24 Ist aber der Weg für dich zu lang, dass du es nicht hintragen kannst, weil die Stätte zu weit entfernt ist von dir, die der HERR, dein Gott, erwählen wird, um seinen Namen dorthin zu legen, wenn der HERR, dein Gott, dich segnet, 25 dann verkaufe es für Geld, und nimm das Geld in deine Hand, und geh zu der Stätte, die der HERR, dein Gott, erwählen wird, 26 und kaufe für das Geld, worauf du Lust hast: Rinder, Schafe, Wein, Bier und was sonst dein Herz begehrt, und iss dort vor dem HERRN, deinem Gott, und sei fröhlich, du und dein Haus. 27 Den Leviten aber, der an deinem Ort wohnt, sollst du nicht vergessen, denn er hat keinen Anteil und Erbbesitz neben dir. 28 Am Ende jedes dritten Jahres sollst du den ganzen Zehnten von deinem Ertrag jenes Jahres abgeben und niederlegen in deinem Ort. 29 Dann soll der Levit kommen, der keinen Anteil und Erbbesitz neben dir hat, der Fremde, die Waise und die Witwe, die an deinem Ort wohnen, und sie sollen sich satt essen, damit der HERR, dein Gott, dich segnet bei aller Arbeit deiner Hände, die du tust.

| 22: Lev 27,30 | 23: 12,6! · 4,10! | 26: 12,7! | 27: 12,19 | 28: 26,12 | 29: 28,8

Über das Erlassjahr

15 1 Alle sieben Jahre sollst du einen Schuldenerlass gewähren. 2 Und so soll man es mit dem Schuldenerlass halten: Jeder Gläubiger soll das Darlehen erlassen, das er seinem Nächsten gegeben hat. Er soll seinen Nächsten und Bruder nicht drängen, denn man hat einen Schuldenerlass ausgerufen zu Ehren des HERRN. 3 Den Ausländer darfst du drängen. Was du aber deinem Bruder geliehen hast, das sollst du ihm erlassen. 4 Doch Arme wird es bei dir nicht geben, denn der HERR wird dich segnen in dem Land, das dir der HERR, dein Gott, zum Erbbesitz gibt, 5 wenn du auf die Stimme des HERRN, deines Gottes, hörst und dieses ganze Gebot, das ich dir heute gebe, hältst und danach handelst. 6 Denn der HERR, dein Gott, hat dich gesegnet, wie er es dir verheissen hat, so dass du vielen Nationen leihen kannst, dir selbst aber nichts leihen musst, und so dass du über viele Nationen herrschst, sie aber nicht über dich herrschen werden. 7 Wenn einer arm ist bei dir, einer deiner Brüder, in irgendeiner Ortschaft in deinem Land, das der HERR, dein Gott, dir gibt, dann sollst du dein Herz nicht verhärten und deine Hand nicht verschliessen vor deinem armen Bruder, 8 sondern deine Hand für ihn auftun und ihm leihen, so viel er braucht. 9 Achte darauf, dass in deinem Herzen nicht der nichtswürdige Gedanke aufsteigt: Das siebte Jahr, das Erlassjahr, ist nahe!, und du deinen armen Bruder unfreundlich ansiehst und ihm nichts gibst und er dann gegen dich den HERRN anruft und dich so Strafe trifft. 10 Du sollst ihm willig geben und nicht missmutig sein, wenn du ihm gibst, denn dafür wird der HERR, dein Gott, dich segnen in all deinem Tun und in allem, was deine Hand unternimmt. 11 Denn es wird immer Arme geben im Land, darum gebiete ich dir: Du sollst deine Hand willig auftun für deinen bedürftigen und armen Bruder in deinem Land.

| 1–2: Neh 5,10! | 1: 31,10; Jer 34,14 | 3: 23,21 | 5: 26,14 | 6: 28,12 | 7–8: Lev 25,35; Mt 5,42; 1Joh 3,17 | 9: 24,15; Ex 22,22! | 10: 2Kor 9,7 · 18 | 11: Mt 26,11

Über die Freilassung von Sklaven

12 Wenn dein Bruder, ein Hebräer oder eine Hebräerin, sich dir verkauft, so soll er dir sechs Jahre dienen, im siebten Jahr aber sollst du ihn freilassen. 13 Und wenn du ihn freilässt, sollst du ihn nicht mit leeren Händen ziehen las-

sen. 14 Von deinen Schafen, von deiner Tenne und von deiner Kelter sollst du ihm etwas mitgeben. Von dem, womit der HERR, dein Gott, dich gesegnet hat, davon sollst du ihm etwas geben, 15 und du sollst daran denken, dass du Sklave warst im Land Ägypten und dass der HERR, dein Gott, dich befreit hat. Darum gebe ich dir heute dieses Gebot. 16 Sagt er aber zu dir: Ich will nicht weggehen von dir!, weil er dich und dein Haus liebt, weil es ihm gut geht bei dir, 17 dann nimm den Pfriem und stosse ihn durch sein Ohr in die Tür, so wird er für immer dein Sklave sein. Mit deiner Sklavin sollst du es ebenso halten. 18 Es soll dir nicht schwerfallen, wenn du ihn freilassen musst, denn in den sechs Jahren, die er dein Sklave war, hat er dich nur halb so viel gekostet wie ein Tagelöhner, und der HERR, dein Gott, wird dich segnen bei allem, was du tust.

|12: Lev 25,40–41 |15: 5,15! |18: 10

Über die Weihung der Erstgeburt

19 Jede männliche Erstgeburt, die bei deinen Rindern und Schafen geboren wird, sollst du dem HERRN, deinem Gott, weihen. Du sollst die Erstgeburt deiner Rinder nicht zur Arbeit brauchen, und die Erstgeburt deiner Schafe sollst du nicht scheren. 20 Vor dem HERRN, deinem Gott, sollst du sie verzehren Jahr für Jahr, du und dein Haus, an der Stätte, die der HERR erwählen wird. 21 Wenn aber das Tier einen Makel hat, wenn es lahm ist oder blind, wenn es irgendeinen schlimmen Makel hat, sollst du es dem HERRN, deinem Gott, nicht opfern. 22 In deinem Ort sollst du es essen, ob du unrein bist oder rein, wie das Fleisch von der Gazelle und vom Hirsch. 23 Nur sein Blut darfst du nicht essen, auf die Erde sollst du es giessen wie Wasser.

|19: Ex 13,2! · 12,6! |21: 17,1; Lev 22,20! |22: 12,15! |23: 12,16!

Anweisungen für die Feste

16 1 Beachte den Ährenmonat, und halte ein Passa für den HERRN, deinen Gott, denn im Ährenmonat hat der HERR, dein Gott, dich herausgeführt aus Ägypten bei Nacht. 2 Und du sollst dem HERRN, deinem Gott, als Passa Rinder und Schafe opfern an der Stätte, die der HERR erwählen wird, um seinen Namen dort wohnen zu lassen. 3 Du sollst nichts Gesäuertes dazu essen, sieben Tage lang sollst du dazu ungesäuerte Brote essen, Brot des Elends – denn in angstvoller Eile bist du ausgezogen aus dem Land Ägypten –, damit du dich erinnerst an den Tag deines Auszugs aus dem Land Ägypten dein Leben lang. 4 Und man soll sieben Tage lang bei dir keinen Sauerteig sehen in deinem ganzen Gebiet, und von dem Fleisch, das du am Abend des ersten Tages opferst, soll nichts über Nacht bleiben bis zum Morgen. 5 Du darfst das Passa nicht in irgendeiner deiner Ortschaften opfern, die der HERR, dein Gott, dir gibt. 6 Sondern an der Stätte, die der HERR, dein Gott, erwählen wird, um seinen Namen dort wohnen zu lassen, sollst du das Passa opfern, am Abend, wenn die Sonne untergeht, um die Zeit, zu der du ausgezogen bist aus Ägypten. 7 Und du sollst es kochen und essen an der Stätte, die der HERR, dein Gott, erwählen wird, und am Morgen sollst du zurückgehen zu deinen Zelten. 8 Sechs Tage lang sollst du ungesäuerte Brote essen, und am siebten Tag ist ein Feiertag zu Ehren des HERRN, deines Gottes, da sollst du keine Arbeit tun.

9 Sieben Wochen sollst du zählen; wenn man zum ersten Mal die Sichel an den Halm legt, sollst du anfangen, sieben Wochen zu zählen. 10 Dann sollst du für den HERRN, deinen Gott, das Wochenfest feiern mit einer freiwilligen Gabe von deiner Hand, die du gibst, so wie der HERR, dein Gott, dich segnen wird. 11 Und du sollst fröhlich sein vor dem HERRN, deinem Gott, du und dein Sohn und deine Tochter, dein Sklave

und deine Sklavin und der Levit, der an deinem Ort wohnt, der Fremde, die Waise und die Witwe, die in deiner Mitte wohnen – an der Stätte, die der HERR, dein Gott, erwählen wird, um seinen Namen dort wohnen zu lassen. 12 Und du sollst dich daran erinnern, dass du Sklave gewesen bist in Ägypten, und du sollst diese Satzungen halten und danach handeln.

13 Das Laubhüttenfest sollst du sieben Tage lang feiern, wenn du den Ertrag einbringst von deiner Tenne und deiner Kelter. 14 Und du sollst an deinem Fest fröhlich sein, du und dein Sohn und deine Tochter, dein Sklave und deine Sklavin, der Levit, der Fremde, die Waise und die Witwe, die an deinem Ort wohnen. 15 Sieben Tage lang sollst du dem HERRN, deinem Gott, das Fest feiern an der Stätte, die der HERR erwählen wird, denn der HERR, dein Gott, wird dich mit all deinem Ertrag und bei aller Arbeit deiner Hände segnen, darum sollst du fröhlich sein.

16 Dreimal im Jahr soll alles, was männlich ist bei dir, vor dem HERRN, deinem Gott, erscheinen an der Stätte, die er erwählen wird: am Fest der ungesäuerten Brote, am Wochenfest und am Laubhüttenfest. Aber man soll nicht mit leeren Händen vor dem HERRN erscheinen. 17 Ein jeder gebe, was er geben kann nach dem Segen, den dir der HERR, dein Gott, gegeben hat.

|1: Ex 12,11 · Ex 13,4 |3: Ex 12,8.11 |4: Ex 13,7 · Ex 12,10 |6: Ex 12,6 |7: Ex 12,9 |9–10: Ex 34,22; Lev 23,15; Num 28,26 |11: 14; 12,12; 26,11 |12: 5,15! |13: Lev 23,34!; Dtn 31,10 |14: 11! |16: Esra 3,1

Anweisung für die Rechtsprechung. Strafe für Götzendienst

18 Richter und Amtleute sollst du für dich einsetzen in allen deinen Ortschaften, die der HERR, dein Gott, dir gibt, in jedem deiner Stämme, und sie sollen dem Volk Recht sprechen mit gerechtem Urteil. 19 Du sollst das Recht nicht beugen, die Person nicht ansehen und keine Bestechung annehmen, denn Bestechung macht die Augen der Weisen

blind und verdreht die Sache dessen, der im Recht ist. 20 Der Gerechtigkeit und nur der Gerechtigkeit sollst du nachjagen, damit du am Leben bleibst und das Land in Besitz nimmst, das der HERR, dein Gott, dir gibt.

21 Du sollst dir keine Aschera aus Holz einpflanzen neben dem Altar des HERRN, deines Gottes, den du dir errichten wirst, 22 und du sollst dir keine Mazzebe aufrichten, denn der HERR, dein Gott, hasst das.

17 1 Du sollst dem HERRN, deinem Gott, kein Rind oder Schaf opfern, das einen Makel hat, irgendetwas Schlimmes, denn das verabscheut der HERR, dein Gott. 2 Wenn sich bei dir in einer deiner Ortschaften, die der HERR, dein Gott, dir gibt, jemand findet, ein Mann oder eine Frau, der tut, was dem HERRN, deinem Gott, missfällt und seinen Bund übertritt, 3 hingeht und anderen Göttern dient und sie anbetet, die Sonne oder den Mond oder das ganze Heer des Himmels, was ich verboten habe, 4 und es dir mitgeteilt wird, dann sollst du verhören und gründlich untersuchen. Und wenn es wahr ist, wenn es sich wirklich so verhält, wenn dieses Abscheuliche in Israel verübt worden ist, 5 dann sollst du jenen Mann oder jene Frau, die solchen Frevel begangen haben, zu deinen Toren hinausführen, den Mann oder die Frau, und du sollst sie zu Tode steinigen. 6 Wer auf den Tod angeklagt ist, soll aufgrund der Aussage von zwei oder drei Zeugen getötet werden; aufgrund der Aussage eines einzigen Zeugen darf er nicht getötet werden. 7 Die Zeugen sollen als erste Hand an ihn legen, um ihn zu töten, und danach das ganze Volk. So sollst du das Böse ausrotten aus deiner Mitte.

8 Wenn ein Rechtsstreit wegen Mord und Totschlag, wegen Mein und Dein, wegen Schlag und Verletzung, wegen irgendeiner Streitsache an deinem Ort, dir zu schwierig ist, dann sollst du dich aufmachen und hinaufziehen an die Stätte, die der HERR, dein Gott, er-

wählen wird. 9 Und du sollst zu den levitischen Priestern und zu dem Richter gehen, der zu jener Zeit dort sein wird, und du sollst sie fragen, und sie sollen dir das Urteil verkünden. 10 Und du sollst dich an den Spruch halten, den sie dir verkünden werden von der Stätte aus, die der HERR erwählen wird, und du sollst alles halten, was sie dich lehren, und danach handeln. 11 An die Weisung, die sie dir geben, und an das Urteil, das sie dir sprechen werden, sollst du dich halten. Du sollst von dem Spruch, den sie dir verkünden, nicht abweichen, weder nach rechts noch nach links. 12 Wer aber hochmütig handelt und nicht auf den Priester hört, der dort im Dienst des HERRN, deines Gottes, steht, oder auf den Richter, der soll sterben. So sollst du das Böse ausrotten aus Israel. 13 Und das ganze Volk soll es hören, und sie sollen sich fürchten und nie mehr hochmütig sein.

|18: 1Sam 8,1; 19,17 · Num 11,16 · 1,16! |19: 1,17! · Ex 23,8 |20: Spr 11,19! |21: 2Kön 21,7 |22: Ex 34,13; Lev 26,1; 2Kön 17,10 |1: 15,21! |3: 4,19; 11,16 |4: 13,15 |5: 13,9–10! |6: 19,15; Num 35,30! |7: 13,10 |8: 1,17 · 21,5 |11: 5,32! |13: 13,12!

Anweisung für den König

14 Wenn du in das Land kommst, das der HERR, dein Gott, dir gibt, und du es in Besitz nimmst und dich darin niederlässt und dann denkst: Ich will einen König über mich setzen wie all die Nationen rings um mich her!, 15 dann sollst du einen König über dich setzen, den der HERR, dein Gott, erwählen wird. Einen von deinen Brüdern sollst du zum König über dich setzen, einen Ausländer, der nicht dein Bruder ist, darfst du nicht über dich setzen. 16 Er soll sich aber nicht viele Pferde halten und das Volk nicht wieder nach Ägypten führen, um sich viele Pferde zu verschaffen, denn der HERR hat zu euch gesagt: Diesen Weg sollt ihr niemals wieder zurückgehen. 17 Auch soll er sich nicht viele Frauen nehmen, und sein Herz soll nicht abtrünnig werden, und er soll sich nicht zu viel Silber und Gold anhäufen.

18 Und wenn er dann auf seinem Königsthron sitzt, soll er sich eine Abschrift dieser Weisung in ein Buch schreiben nach dem, das sich bei den levitischen Priestern befindet. 19 Und er soll es bei sich haben und darin lesen sein Leben lang, damit er lernt, den HERRN, seinen Gott, zu fürchten, und damit er alle Worte dieser Weisung und diese Satzungen hält und danach handelt, 20 damit sich sein Herz nicht über seine Brüder erhebt und damit er nicht nach rechts oder links abweicht von dem Gebot, damit er lange König bleibt inmitten Israels, er und seine Söhne.

|14: 1Sam 8,5 |15: 1Sam 10,24 |16: 1Kön 5,6 · 28,68! · Jes 31,1; Ez 17,15 |17: 2Sam 5,13 · 1Kön 10,21 |18: 1Sam 10,25; 2Kön 11,12 · 31,9 |20: 5,32!

Über die Rechte der Priester

18 1 Die levitischen Priester, der ganze Stamm Levi, sollen keinen Anteil und Erbbesitz in Israel haben. Von den Feueropfern des HERRN und von seinem Erbbesitz sollen sie sich ernähren. 2 Erbbesitz soll er nicht haben unter seinen Brüdern. Der HERR ist sein Erbbesitz, wie er es ihm verheissen hat. 3 Auf dies aber hat der Priester ein Anrecht beim Volk, bei denen, die opfern, sei es ein Rind oder ein Schaf: Man soll dem Priester die Schulterstücke, beide Kinnbacken und den Magen geben. 4 Die erste Ernte von deinem Korn, deinem Most und deinem Öl und die erste Schur deiner Schafe sollst du ihm geben. 5 Denn ihn hat der HERR, dein Gott, aus allen deinen Stämmen auserwählt, damit er als Diener im Namen des HERRN dasteht, er und seine Söhne allezeit. 6 Wenn nun der Levit aus einem deiner Orte in ganz Israel, wo er als Fremder weilt, herkommen will, so komme er, wann immer er will, an die Stätte, die der HERR erwählen wird, 7 und tue Dienst im Namen des HERRN, seines Gottes, wie alle seine Brüder, die Leviten, die dort vor dem HERRN stehen. 8 Er soll den gleichen Anteil essen wie sie, ungeachtet der Einkünfte aus dem Gut seiner Vorfahren.

|1–2: 10,9! |1: Num 18,8–9 |2: Num 18,20 |3: Lev 7,32–34 |4: Ex 23,19; Num 18,12 |6: Ri 17,7 · 12,5

Über wahre und falsche Propheten

9 Wenn du in das Land kommst, das der HERR, dein Gott, dir gibt, sollst du nicht lernen, so abscheulich zu handeln wie jene Nationen. 10 Bei dir soll keiner gefunden werden, der seinen Sohn oder seine Tochter durchs Feuer gehen lässt, kein Magier, Zeichendeuter, Wahrsager oder Zauberer, 11 kein Beschwörer und keiner, der einen Totengeist oder einen Wahrsager befragt. 12 Denn der HERR verabscheut jeden, der derartiges tut, und dieser Abscheulichkeiten wegen vertreibt sie der HERR, dein Gott, vor dir. 13 Du sollst dich ungeteilt an den HERRN, deinen Gott, halten. 14 Denn diese Nationen, deren Besitz du übernehmen wirst, hören auf Zeichendeuter und Magier, dir aber hat der HERR, dein Gott, dies nicht erlaubt. 15 Einen Propheten wird dir der HERR, dein Gott, auftreten lassen, aus deiner Mitte, aus deinen Brüdern, so wie mich, auf ihn sollt ihr hören. 16 So hast du es vom HERRN, deinem Gott, am Choreb erbeten, am Tag der Versammlung: Ich möchte die Stimme des HERRN, meines Gottes, nicht mehr hören und dieses grosse Feuer nicht länger sehen, damit ich nicht sterben muss. 17 Da sprach der HERR zu mir: Was sie gesagt haben, ist gut. 18 Einen Propheten werde ich für sie auftreten lassen aus der Mitte ihrer Brüder, so wie dich. Und ich werde ihm meine Worte in den Mund legen, und er soll ihnen alles verkünden, was ich ihm gebieten werde. 19 Wer aber nicht hören wird auf meine Worte, die er in meinem Namen verkünden wird, den werde ich zur Rechenschaft ziehen. 20 Doch der Prophet, der sich anmasst, in meinem Namen zu verkünden, was zu verkünden ich ihm nicht geboten habe, oder der im Namen anderer Götter spricht, dieser Prophet soll sterben.

21 Wenn du aber denkst: Woran können wir ein Wort erkennen, das der HERR nicht gesprochen hat? 22 Wenn der Prophet im Namen des HERRN etwas verkündet, und es erfüllt sich nicht und trifft nicht ein – das ist ein Wort, das der HERR nicht gesprochen hat. Der Prophet hat sich angemasst, es zu verkünden, fürchte dich nicht vor ihm.

|9: 20,18 |10: 2Kön 17,17 |11: Lev 19,31 |12: 22,5 · 9,4 |14: Jes 2,6 |15: 18; 34,10; Num 12,6 |16: 5,25 · 1,6! |17: 5,28 |18–20: Apg 3,22–23 |18: 15! · Ex 4,15! |19: Jos 22,23 |20: Jer 23,31 · 13,6! |22: Jer 28,9

Anweisung für die Aussonderung von Zufluchtsstädten

19 1 Wenn der HERR, dein Gott, die Nationen ausrottet, deren Land der HERR, dein Gott, dir gibt, und du ihren Besitz übernimmst und dich in ihren Städten und Häusern niederlässt, 2 dann sollst du dir drei Städte aussondern in deinem Land, das der HERR, dein Gott, dir gibt, damit du es in Besitz nimmst. 3 Du sollst den Weg abmessen und das Gebiet deines Landes, das der HERR, dein Gott, dir als Erbbesitz zuweist, in drei Bezirke teilen, so dass jeder dorthin fliehen kann, der jemanden erschlägt. 4 Und so soll man es halten mit dem Totschläger, der dorthin flieht und am Leben bleibt: Wenn einer seinen Nächsten ohne Vorsatz erschlägt, ohne dass er ihm feind war, 5 wenn er mit seinem Nächsten in den Wald geht, um Holz zu schlagen, und seine Hand holt aus mit der Axt, um den Baum zu fällen, und das Eisen fährt vom Stiel und trifft seinen Nächsten, und dieser stirbt, dann soll er in eine dieser Städte fliehen und am Leben bleiben, 6 sonst könnte der Bluträcher in der Hitze seines Zorns den Totschläger verfolgen und ihn einholen, weil der Weg zu weit ist, und ihn erschlagen, obwohl er nicht des Todes schuldig ist, denn er war dem Opfer nicht feind. 7 Darum gebiete ich dir: Drei Städte sollst du dir aussondern. 8 Und wenn der HERR, dein Gott, dein Gebiet erweitert, wie er es deinen Vorfahren geschworen hat, und dir das

ganze Land gibt, das er deinen Vorfahren zu geben verheissen hat, 9 wenn du dieses ganze Gebot, das ich dir heute gebe, hältst und danach handelst, und den HERRN, deinen Gott, liebst und allezeit auf seinen Wegen gehst, dann sollst du zu diesen drei Städten noch drei weitere hinzufügen, 10 damit in deinem Land, das der HERR, dein Gott, dir zum Erbbesitz gibt, kein unschuldiges Blut vergossen wird und nicht Blutschuld auf dich kommt. 11 Wenn aber jemand seinem Nächsten feind ist und ihm auflauert, ihn überfällt und erschlägt und dann in eine dieser Städte flieht, 12 dann sollen die Ältesten seines Ortes ihn von dort holen lassen und ihn dem Bluträcher übergeben, und er soll sterben; 13 du sollst kein Mitleid mit ihm kennen und das Blut des Unschuldigen aus Israel wegschaffen, dann wird es dir gut gehen.

14 Du sollst die Grenze deines Nächsten, die die Vorfahren gezogen haben, nicht verschieben bei deinem Eigentum, das du als Erbe besitzen wirst in dem Land, das der HERR, dein Gott, dir zum Besitz gibt.

|1: 12,29 |2–7: 4,42 |6: 12! |8: 12,20! |9: 11,22 |10: Mt 27,25 |12: 6; 2Sam 14,7 |13: 21,9; 1Kön 2,31 · 13,9 |14: 27,17; Hiob 24,2!; Spr 22,28

Über das Zeugnis vor Gericht

15 Ein einziger Zeuge soll nicht gegen jemanden den Ausschlag geben, wenn es um irgendeine Schuld geht oder um irgendeine Sünde oder um irgendeine Verfehlung, die einer begangen hat. Auf die Aussage von zwei oder drei Zeugen hin soll eine Entscheidung getroffen werden. 16 Wenn aber ein Zeuge zu Unrecht gegen jemanden auftritt, um ihn einer Übertretung zu beschuldigen, 17 dann sollen die beiden Männer, zwischen denen der Streit besteht, vor den HERRN treten, vor die Priester und die Richter, die zu jener Zeit da sein werden. 18 Die Richter aber sollen gründlich nachforschen. Und wenn der Zeuge ein Lügenzeuge ist, hat

er seinen Bruder fälschlich beschuldigt. 19 Dann sollt ihr ihm antun, was er seinem Bruder anzutun gedachte. So sollst du das Böse ausrotten aus deiner Mitte. 20 Die Übrigen aber sollen es hören und sich fürchten und nie mehr böse handeln in deiner Mitte. 21 Da sollst du kein Mitleid kennen: Leben um Leben, Auge um Auge, Zahn um Zahn, Hand um Hand, Fuss um Fuss.

|15: 17,6! |16: 5,20 |17: 16,18! |18: 13,15 |19: Spr 19,5 |20: 13,12! |21: Ex 21,23–24

Kriegsrechte

20 1 Wenn du in den Krieg ziehst gegen deine Feinde und Pferde siehst und Wagen und ein Volk, das grösser ist als du, dann fürchte dich nicht vor ihnen, denn der HERR, dein Gott, ist mit dir, der dich heraufgeführt hat aus dem Land Ägypten. 2 Wenn ihr zum Kampf ausrückt, soll der Priester herzutreten und zum Volk sprechen 3 und ihnen sagen: Höre, Israel! Ihr rückt heute aus zum Kampf gegen eure Feinde. Euer Herz verzage nicht, fürchtet euch nicht, und ergreift nicht die Flucht, und erschreckt nicht vor ihnen. 4 Denn der HERR, euer Gott, zieht mit euch, um für euch mit euren Feinden zu kämpfen, um euch zu retten. 5 Dann sollen die Amtleute zum Volk sprechen und sagen: Wer hat ein neues Haus gebaut und es noch nicht eingeweiht? Der gehe heim in sein Haus, sonst stirbt er im Kampf, und ein anderer wird es einweihen. 6 Und wer hat einen Weinberg gepflanzt und seine ersten Trauben noch nicht genossen? Der gehe heim in sein Haus, sonst stirbt er im Kampf, und ein anderer wird die ersten Trauben geniessen. 7 Und wer hat sich mit einer Frau verlobt und sie noch nicht geheiratet? Der gehe heim in sein Haus, sonst stirbt er im Kampf, und ein anderer heiratet sie. 8 Und weiter sollen die Amtleute zum Volk sprechen und sagen: Wer fürchtet sich und hat ein mutloses Herz? Der gehe heim in sein Haus, sonst macht er auch das Herz seiner Brüder so mutlos, wie sein eigenes Herz mutlos ist. 9 Wenn dann die Amtleute ihre Rede an das Volk beendet haben, soll man Heerführer an die Spitze des Volkes stellen.

10 Wenn du vor eine Stadt ziehst, um gegen sie zu kämpfen, dann sollst du ihr Frieden anbieten. 11 Geht sie auf das Friedensangebot ein und öffnet sie dir ihre Tore, dann soll dir das ganze Volk, das sich in ihr befindet, Frondienst leisten und dir Untertan sein. 12 Will sie aber keinen Frieden mit dir schliessen, sondern mit dir Krieg führen, dann sollst du sie belagern. 13 Und der HERR, dein Gott, wird sie in deine Hand geben, und alles, was darin männlich ist, sollst du mit der Schärfe des Schwerts schlagen. 14 Nur die Frauen und Kinder und das Vieh und alles, was sich in der Stadt an Beute findet, darfst du als Plündergut für dich behalten, und was du bei deinen Feinden erbeutet hast, was dir der HERR, dein Gott, gegeben hat, sollst du verzehren. 15 So sollst du es mit allen Städten halten, die sehr weit von dir entfernt sind und nicht zu den Städten dieser Nationen hier gehören. 16 Doch in den Städten dieser Völker, die dir der HERR, dein Gott, zum Erbbesitz gibt, sollst du nichts am Leben lassen, was Atem hat, 17 sondern du sollst sie der Vernichtung weihen, die Hetiter und die Amoriter und die Kanaaniter und die Peressiter und die Chiwwiter und die Jebusiter, wie es dir der HERR, dein Gott, geboten hat, 18 damit sie euch nicht lehren, so abscheulich zu handeln, wie sie es zu Ehren ihrer Götter getan haben, und damit ihr nicht schuldig werdet gegenüber dem HERRN, eurem Gott. 19 Wenn du eine Stadt lange Zeit belagerst und gegen sie Krieg führst, um sie einzunehmen, dann sollst du ihre Bäume nicht zerstören, indem du die Axt gegen sie schwingst; du darfst davon essen, sie aber nicht fällen. Sind denn die Bäume auf dem Feld Menschen, die du belagern müsstest? 20 Nur Bäume, von denen du weisst, dass man nicht davon essen

kann, die darfst du zerstören und fällen und Bollwerke daraus bauen gegen die Stadt, die mit dir Krieg führt, bis sie fällt.

| 1: Num 10,9 · 7,21 · Ps 20,8 | 4: 1,30! | 5: 1,16! | 6: 1Kor 9,7 | 7–8: 24,5; 28,30 | 8: Ri 7,3 | 9: 2Sam 18,1 | 10: 2,26 | 11: 1Kön 5,1 | 13: Num 31,7 | 14: 2,35! | 17: 7,2! | 18: 18,9 | 19: 2Kön 3,25

Über Sühne bei unbekanntem Täter

21 1 Wenn man auf dem Boden, den der HERR, dein Gott, dir gibt, damit du ihn in Besitz nimmst, einen Erschlagenen findet, der auf dem Feld liegt, und man nicht weiss, wer ihn erschlagen hat, 2 dann sollen deine Ältesten und deine Richter hinausgehen und die Strecke bis zu den Städten im Umkreis des Erschlagenen messen. 3 Und in der Stadt, die dem Erschlagenen am nächsten liegt, sollen die Ältesten eine junge Kuh nehmen, mit der noch nicht gearbeitet wurde und die noch nicht im Joch gezogen hat. 4 Und die Ältesten jener Stadt sollen die Kuh hinabführen zu einem Bach, der nicht versiegt, an dem kein Ackerbau getrieben und an dem nicht gesät wird, und dort am Bach sollen sie der Kuh das Genick brechen. 5 Dann sollen die Priester, die Söhne Levis, herzutreten, denn sie hat der HERR, dein Gott, erwählt, damit sie ihm dienen und mit dem Namen des HERRN segnen, und nach ihrem Spruch soll bei jedem Rechtsstreit und in jedem Fall von Körperverletzung verfahren werden. 6 Und alle Ältesten jener Stadt, die am nächsten bei dem Erschlagenen wohnen, sollen ihre Hände waschen über der jungen Kuh, der am Bach das Genick gebrochen wurde, 7 und sie sollen bezeugen und sprechen: Unsere Hände haben dieses Blut nicht vergossen, und unsere Augen haben nichts gesehen. 8 Schaffe Sühne für dein Volk Israel, das du, HERR, erlöst hast, und lass nicht unschuldig vergossenes Blut in der Mitte deines Volkes Israel bleiben. Dann ist die Blutschuld für sie gesühnt. 9 So kannst du das unschuldig vergossene Blut aus deiner Mitte wegschaffen,

wenn du tust, was recht ist in den Augen des HERRN.

|3: Num 19,2 |4: 10,8 |5: 17,8 · 10,8! |6: Ps 26,6 |8: Jona 1,14 |9: 19,13! · 12,25

Familienrechtliche Bestimmungen

10 Wenn du gegen deine Feinde in den Krieg ziehst und der HERR, dein Gott, sie in deine Hand gibt und du Gefangene machst bei ihnen 11 und du dann unter den Gefangenen eine schöne Frau siehst und sie lieb gewinnst und sie dir zur Frau nehmen willst, 12 dann führe sie in dein Haus, und sie soll ihr Haupt scheren und sich die Nägel schneiden 13 und die Kleider ablegen, die sie als Gefangene trug, und sie soll in deinem Haus bleiben und ihren Vater und ihre Mutter einen Monat lang beweinen. Danach darfst du zu ihr gehen und ihr Mann werden, dann wird sie deine Frau. 14 Wenn du aber keinen Gefallen mehr an ihr findest, sollst du sie freilassen, wenn sie es will, aber für Geld verkaufen darfst du sie nicht. Du darfst sie nicht als Sklavin behandeln, weil du ihr Gewalt angetan hast.

15 Wenn ein Mann zwei Frauen hat, eine, die er liebt, und eine, die er nicht liebt, und sie ihm Söhne gebären, beide, die geliebte und die ungeliebte, und der Erstgeborene ist das Kind der ungeliebten, 16 dann darf er, wenn er seinen Söhnen als Erbbesitz zuteilt, was er besitzt, nicht dem Sohn der geliebten Frau das Recht des Erstgeborenen zusprechen, zum Nachteil des Sohnes der ungeliebten, der der Erstgeborene ist. 17 Sondern den Erstgeborenen, den Sohn der Ungeliebten, soll er anerkennen und ihm von allem, was er besitzt, zwei Teile geben, denn dieser ist der Erstling seiner Kraft, ihm steht das Recht der Erstgeburt zu.

18 Wenn jemand einen störrischen und widerspenstigen Sohn hat, der auf seinen Vater und auf seine Mutter nicht hört und ihnen, auch wenn sie ihn züchtigen, nicht gehorchen will, 19 dann sollen sein Vater und seine Mutter ihn ergreifen und ihn hinausführen zu den Ältesten seiner Stadt und an das Tor seines Ortes. 20 Und sie sollen zu den Ältesten der Stadt sagen: Unser Sohn da ist störrisch und widerspenstig, er hört nicht auf uns, er ist ein Verschwender und Säufer. 21 Dann sollen ihn alle Männer seiner Stadt zu Tode steinigen. So sollst du das Böse ausrotten aus deiner Mitte. Ganz Israel aber soll es hören und sich fürchten.

22 Und wenn jemand ein todeswürdiges Verbrechen begeht und er getötet wird und du ihn an einen Pfahl hängst, 23 darf sein Leichnam nicht über Nacht am Pfahl hängen bleiben, sondern du musst ihn noch am selben Tag begraben. Denn ein Gehängter ist von Gott verflucht, und du sollst deinen Boden nicht unrein machen, den der HERR, dein Gott, dir zum Erbbesitz gibt.

|14: Ex 21,8 |15: Gen 29,30–31 |17: Gen 49,3 · Gen 25,31 |18: 5,16 · 27,16; Ex 20,12 · Spr 19,18 |20: Spr 23,19–20 |21: Ex 21,17 · 13,12! |22: Gen 40,19; Num 25,4 |23: Jos 8,29; Mk 15,46 · Gal 3,13

Anweisungen verschiedenen Inhalts

22 1 Wenn du siehst, dass sich das Rind oder das Schaf deines Bruders verirrt hat, sollst du dich ihnen nicht entziehen, sondern du sollst sie wieder zu deinem Bruder führen. 2 Wenn aber dein Bruder nicht nahe bei dir wohnt oder wenn du ihn nicht kennst, sollst du es in dein Haus nehmen, und es soll bei dir bleiben, bis dein Bruder es sucht, dann sollst du es ihm zurückgeben. 3 So sollst du es auch mit seinem Esel halten, ebenso mit seinem Kleid und mit allem, was dein Bruder verliert. Du darfst dich nicht entziehen. 4 Wenn du siehst, dass der Esel oder das Rind deines Bruders auf dem Weg stürzt, dann sollst du dich ihnen nicht entziehen, sondern ihm helfen, sie aufzurichten. 5 Eine Frau soll keine Männersachen tragen, und ein Mann soll keine Frauenkleider anziehen, denn der HERR, dein Gott, verabscheut jeden, der dies tut.

6 Wenn du unterwegs auf irgend-

einem Baum oder auf der Erde zufällig ein Vogelnest mit Jungen oder mit Eiern findest, und die Mutter sitzt auf den Jungen oder auf den Eiern, dann sollst du nicht die Mutter mit den Jungen wegnehmen. 7 Die Mutter sollst du fliegen lassen und nur die Jungen nehmen, damit es dir gut geht und du lange lebst. 8 Wenn du ein neues Haus baust, sollst du an deinem Dach ein Geländer anbringen, damit du nicht Blutschuld auf dein Haus lädst, wenn jemand herunterfällt.

9 Du sollst deinen Weinberg nicht mit zweierlei Gewächs bepflanzen, sonst verfällt das Ganze dem Heiligtum, die Gewächse, die du pflanzt, samt dem Ertrag des Weinbergs. 10 Du sollst nicht Rind und Esel zusammen an den Pflug spannen. 11 Du sollst nichts anziehen, das zugleich aus Wolle und Leinen gewoben ist.

12 Du sollst dir Quasten machen an den vier Zipfeln deines Mantels, mit dem du dich bedeckst.

|1: Ex 23,4 |4: Ex 23,5 |5: 18,12 |7: Lev 22,28 |9–11: Lev 19,19 |12: Num 15,38!

Über Verleumdung von Frauen und Gewalt gegen sie

13 Wenn jemand eine Frau nimmt und mit ihr verkehrt und sie dann nicht mehr liebt 14 und ihr dann Schändliches zur Last legt und sie in schlechten Ruf bringt, indem er sagt: Diese Frau habe ich genommen, aber als ich mich ihr nahte, fand ich heraus, dass sie keine Jungfrau mehr war!, 15 dann sollen der Vater und die Mutter des Mädchens den Beweis ihrer Jungfräulichkeit nehmen und vor die Ältesten der Stadt an das Tor hinausbringen. 16 Und der Vater des Mädchens soll zu den Ältesten sagen: Meine Tochter habe ich diesem Mann zur Frau gegeben, er aber liebt sie nicht mehr 17 und legt ihr Schändliches zur Last und sagt: Ich habe herausgefunden, dass deine Tochter keine Jungfrau mehr war. Hier aber ist der Beweis der Jungfräulichkeit meiner Tochter. Und sie

sollen das Kleid vor den Ältesten der Stadt ausbreiten. 18 Dann sollen die Ältesten jener Stadt den Mann ergreifen und züchtigen, 19 und sie sollen ihm eine Busse von hundert Schekel Silber auferlegen und sie dem Vater des Mädchens geben, weil er eine israelitische Jungfrau in schlechten Ruf gebracht hat, und sie soll seine Frau bleiben, er darf sie sein Leben lang nicht verstossen. 20 Erweist sich die Sache aber als wahr, findet man, dass das Mädchen keine Jungfrau mehr war, 21 dann soll man sie vor die Tür ihres Vaterhauses führen, und die Männer ihrer Stadt sollen sie zu Tode steinigen, weil sie eine Schandtat in Israel begangen und im Haus ihres Vaters Unzucht getrieben hat. So sollst du das Böse ausrotten aus deiner Mitte.

22 Wenn ein Mann dabei ertappt wird, dass er mit einer verheirateten Frau schläft, dann sollen beide sterben, der Mann, der mit der Frau geschlafen hat, und die Frau. So sollst du das Böse ausrotten aus Israel.

23 Wenn eine Jungfrau mit einem Mann verlobt ist, und es trifft sie ein Mann in der Stadt und schläft mit ihr, 24 dann sollt ihr beide zum Tor der Stadt hinausführen und sie zu Tode steinigen, das Mädchen, weil es in der Stadt nicht geschrien hat, und den Mann, weil er die Frau seines Nächsten gedemütigt hat. So sollst du das Böse ausrotten aus deiner Mitte. 25 Wenn aber der Mann das verlobte Mädchen auf dem Feld trifft und ihr Gewalt antut und mit ihr schläft, dann soll der Mann, der mit ihr geschlafen hat, allein sterben. 26 Dem Mädchen aber sollst du nichts tun, sie hat keine Sünde begangen, die den Tod verdient. Denn in diesem Fall ist es so, wie wenn einer seinen Nächsten überfällt und totschlägt. 27 Denn er traf sie auf dem Feld; auch wenn das verlobte Mädchen geschrien hat, war niemand da, der ihr hätte helfen können. 28 Wenn ein Mann eine Jungfrau trifft, die noch nicht verlobt ist, und sie ergreift und mit ihr schläft und ertappt wird,

29 dann soll der Mann, der mit dem Mädchen geschlafen hat, ihrem Vater fünfzig Schekel Silber geben und sie zur Frau nehmen, weil er sie gedemütigt hat. Er darf sie sein Leben lang nicht verstossen.

23 1 Ein Mann darf nicht die Frau seines Vaters heiraten und nicht die Decke seines Vaters aufheben.

|19:29 |21:Gen 34,7! · Gen 38,24 |22:Ex 20,14! · Lev 20,10 |24:Joh 8,5 |29:Ex 22,15 · 19 |1:27,20; Lev 18,8!; 1Kor 5,1

Über den Eintritt in die Versammlung

2 In die Versammlung des HERRN darf niemand kommen, dessen Hoden zerquetscht oder dessen Glied abgeschnitten ist. 3 Kein Mischling darf in die Versammlung des HERRN kommen, selbst in der zehnten Generation darf keiner seiner Nachkommen in die Versammlung des HERRN kommen. 4 Kein Ammoniter oder Moabiter darf in die Versammlung des HERRN kommen, niemals darf einer ihrer Nachkommen in die Versammlung des HERRN kommen, auch nicht in der zehnten Generation, 5 denn sie sind euch nicht mit Brot und Wasser entgegengekommen auf dem Weg, als ihr ausgezogen seid aus Ägypten, und er hat Bileam, den Sohn Beors, von Petor in Syrien am Eufrat, gegen dich gedungen, damit er dich verfluche. 6 Aber der HERR, dein Gott, wollte nicht auf Bileam hören, sondern der HERR, dein Gott, hat dir den Fluch in Segen verwandelt, weil der HERR, dein Gott, dich liebte. 7 Dein Leben lang sollst du nicht auf ihr Wohl und ihr Glück bedacht sein. 8 Einen Edomiter sollst du nicht verabscheuen, denn er ist dein Bruder. Einen Ägypter sollst du nicht verabscheuen, denn du bist Gast gewesen in seinem Land. 9 Kinder, die ihnen in der dritten Generation geboren werden, dürfen in die Versammlung des HERRN kommen.

|2:Lev 21,20; Jes 56,3–4 |4:Gen 19,37–38 · Esra 9,1; Ez 44,9 |5:Num 22,5! |6:Num 24,10! |7: Esra 9,12 |8:Gen 25,25–26 · 10,19

Über die Reinhaltung des Kriegslagers

10 Wenn du im Kriegslager gegen deine Feinde ausziehst, dann nimm dich in acht vor allem Schlechten. 11 Ist jemand bei dir, der infolge eines nächtlichen Vorfalls nicht rein ist, dann soll er hinausgehen vor das Lager. Er darf nicht wieder in das Lager kommen. 12 Gegen Abend soll er sich dann waschen, und wenn die Sonne untergeht, darf er wieder ins Lager kommen. 13 Und du sollst draussen vor dem Lager einen abseits gelegenen Ort haben, wo du austreten kannst, 14 und du sollst eine Schaufel in deinem Gepäck haben, und wenn du draussen niederkauerst, sollst du damit graben und deinen Unrat zudecken. 15 Denn der HERR, dein Gott, geht mitten durch dein Lager und rettet dich und gibt dir deine Feinde preis. Und dein Lager soll heilig sein, und er soll nichts Anstössiges bei dir sehen und sich nicht von dir abwenden.

|11–12:Lev 15,16 |13–14:Num 5,3 |15:Lev 26,12 · Zef 3,17

Anweisungen verschiedenen Inhalts

16 Du sollst einen Sklaven, der von seinem Herrn zu dir flieht, nicht seinem Herrn ausliefern. 17 Er soll bei dir, in deiner Mitte, bleiben dürfen an dem Ort, den er sich erwählt, in einer deiner Ortschaften, wo es ihm gefällt. Du sollst ihn nicht bedrängen.

18 Unter den Töchtern Israels soll es keine Geweihte und unter den Söhnen Israels soll es keinen Geweihten geben. 19 Du sollst keinen Dirnenlohn und kein Hundegeld in das Haus des HERRN, deines Gottes, bringen auf irgendein Gelübde hin, denn beides verabscheut der HERR, dein Gott.

20 Du sollst von deinem Bruder keine Zinsen nehmen, weder Zinsen für Geld noch Zinsen für Speise, noch Zinsen für irgendetwas, wofür man Zinsen nehmen kann. 21 Von einem Ausländer darfst du Zinsen nehmen, von deinem Bruder aber sollst du keine Zinsen nehmen, damit der HERR, dein Gott, dich

segnet in allem, was du unternimmst, in dem Land, in das du ziehst, um es in Besitz zu nehmen.

22 Wenn du dem HERRN, deinem Gott, ein Gelübde ablegst, so sollst du es ohne Verzug erfüllen, denn der HERR, dein Gott, wird es sonst von dir einfordern, und es trifft dich Strafe. 23 Wenn du es aber unterlässt, etwas zu geloben, dann trifft dich keine Strafe. 24 Was über deine Lippen gegangen ist, sollst du halten und danach handeln, wie du es dem HERRN, deinem Gott, freiwillig gelobt und wie du es mit deinem Mund ausgesprochen hast.

25 Wenn du in den Weinberg deines Nächsten kommst, darfst du Trauben essen nach Herzenslust, bis du satt bist, aber in dein Geschirr darfst du nichts tun. 26 Wenn du in das Kornfeld deines Nächsten kommst, darfst du mit der Hand Ähren abreissen, aber die Sichel darfst du nicht schwingen im Korn deines Nächsten.

|17: Ex 22,20 |18: Lev 19,29 · Hos 4,14 |20–21: Ex 22,24 |21: 15,3 |22: Num 6,2! |23: Mt 5,34 |26: Mt 12,1

23,18: Mit den ‹Geweihten› ist Kultpersonal gemeint, manche meinen, es handle sich um Kultprostituierte.

Anweisung für Scheidung und Ehe

24 1 Wenn jemand eine Frau nimmt und sie heiratet, sie ihm dann aber nicht mehr gefällt, weil er etwas Schändliches an ihr gefunden hat, und er ihr einen Scheidebrief schreibt und aushändigt und sie so aus seinem Haus verstösst 2 und wenn sie dann sein Haus verlässt und geht und die Frau eines anderen Mannes wird 3 und dieser zweite Mann sie auch nicht mehr liebt und ihr einen Scheidebrief schreibt und aushändigt und sie so aus seinem Haus verstösst oder wenn der zweite Mann stirbt, der sie sich zur Frau genommen hat, 4 dann darf ihr erster Mann, der sie verstossen hat, sie nicht wieder zur Frau nehmen, nachdem sie unrein geworden ist, denn das verabscheut der HERR, und

du sollst das Land, das dir der HERR, dein Gott, zum Erbbesitz gibt, nicht mit Sünde beladen.

5 Wenn sich jemand eine neue Frau genommen hat, muss er nicht mit dem Heer ausziehen, und man soll ihm nichts auferlegen. Er soll ein Jahr lang frei sein für sein Haus und seine Frau glücklich machen, die er genommen hat.

|1: Jes 50,1; Jer 3,8; Mt 1,19; 5,31 |4: Jer 3,1 |5: 20,7–8!

Gebote der Menschlichkeit

6 Man soll die Handmühle oder den oberen Mühlstein nicht als Pfand nehmen, denn damit würde man das Leben als Pfand nehmen.

7 Wenn jemand dabei ertappt wird, dass er einen von seinen Brüdern, einen Israeliten, stiehlt und ihn als Sklaven behandelt oder verkauft, soll dieser Dieb sterben. So sollst du das Böse ausrotten aus deiner Mitte.

8 Achte bei der Plage des Aussatzes darauf, alles genau zu beachten und danach zu handeln, was euch die levitischen Priester lehren. Was ich ihnen geboten habe, das sollt ihr beachten und danach handeln. 9 Denke daran, was der HERR, dein Gott, an Mirjam getan hat auf dem Weg, als ihr ausgezogen seid aus Ägypten.

10 Wenn du deinem Nächsten irgendetwas leihst, sollst du nicht in sein Haus hineingehen, um ein Pfand von ihm zu nehmen. 11 Draussen sollst du stehen bleiben, und der, dem du leihst, soll das Pfand zu dir herausbringen. 12 Und ist es ein armer Mann, dann sollst du dich mit seinem Pfand nicht schlafen legen, 13 sondern du sollst ihm sein Pfand zurückgeben, wenn die Sonne untergeht, dann kann er in seinem Mantel schlafen, und er wird dich segnen. So wirst du gerecht sein vor dem HERRN, deinem Gott.

14 Du sollst einen armen und bedürftigen Tagelöhner nicht bedrücken, weder einen deiner Brüder noch einen

Fremden in deinem Land, an deinem Ort. 15 Am selben Tag sollst du ihm seinen Lohn geben, und die Sonne soll darüber nicht untergehen, denn er ist arm und sehnt sich danach. Sonst ruft er den HERRN gegen dich an, und es trifft dich Strafe.

16 Die Väter sollen nicht mit den Kindern getötet werden, und die Kinder sollen nicht mit den Vätern getötet werden, ein jeder soll für seine eigene Sünde getötet werden.

17 Du sollst das Recht des Fremden und der Waise nicht beugen und das Kleid der Witwe nicht als Pfand nehmen, 18 sondern du sollst daran denken, dass du Sklave gewesen bist in Ägypten und dass der HERR, dein Gott, dich von dort befreit hat. Darum gebiete ich dir, dass du so handelst.

19 Wenn du auf deinem Feld deine Ernte schneidest und eine Garbe auf dem Feld vergisst, sollst du nicht umkehren, um sie zu holen. Dem Fremden, der Waise und der Witwe soll sie gehören, damit der HERR, dein Gott, dich segnet bei aller Arbeit deiner Hände. 20 Wenn du deinen Ölbaum abklopfst, sollst du danach nicht die Zweige absuchen; dem Fremden, der Waise und der Witwe soll es gehören. 21 Wenn du in deinem Weinberg Lese hältst, sollst du keine Nachlese halten. Dem Fremden, der Waise und der Witwe soll es gehören. 22 Und du sollst daran denken, dass du Sklave gewesen bist in Ägypten; darum gebiete ich dir, dass du so handelst.

| 7: Ex 21,16 | 8: Lev 13–14 | 9: Num 12,10 | 13: Ex 22,25! · 6,25 | 14–15: Lev 19,13 · 15,9! | 16: 2Kön 14,6; Jer 31,30; Ez 18,4 | 17: 27,19 · 10,18 | 18: 5,15! | 19: Lev 19,9–10! | 22: 5,15!

Über Prügelstrafe

25 1 Wenn Männer miteinander Streit haben, und sie treten vor Gericht, und man spricht ihnen Recht und gibt demjenigen Recht, der im Recht ist, und demjenigen Unrecht, der im Unrecht ist, 2 so soll der Richter, falls der, der im Unrecht ist, Streiche verdient, ihn hinstrecken und ihm in seiner Gegenwart so viele Streiche geben lassen, wie er für sein Unrecht verdient. 3 Vierzig Streiche darf er ihm geben lassen, nicht mehr, sonst würde dein Bruder vor dir entehrt, wenn er ihm noch viel mehr Schläge geben liesse.

4 Du sollst dem Ochsen nicht das Maul verbinden, wenn er drischt.

| 1: Spr 17,15! | 2: Lk 12,47 | 3: 2Kor 11,24 | 4: 1Kor 9,9; 1Tim 5,18

Über die Schwagerehe

5 Wenn Brüder beieinander wohnen und einer von ihnen stirbt, ohne dass er einen Sohn hat, dann soll die Frau des Verstorbenen nicht einen Fremden heiraten, der nicht zur Familie gehört. Ihr Schwager soll zu ihr kommen und sie zur Frau nehmen und die Schwagerehe mit ihr eingehen. 6 Und der erste Sohn, den sie gebärt, soll als Sohn seines verstorbenen Bruders gelten, damit dessen Name in Israel nicht erlösche. 7 Will aber der Mann seine Schwägerin nicht heiraten, dann soll seine Schwägerin ans Tor zu den Ältesten gehen und sagen: Mein Schwager weigert sich, den Namen seines Bruders in Israel zu erhalten; er will die Schwagerehe nicht mit mir eingehen. 8 Dann sollen die Ältesten der Stadt ihn rufen und ihm zureden. Wenn er aber dabei bleibt und erklärt: Ich will sie nicht heiraten!, 9 dann soll seine Schwägerin vor den Ältesten an ihn herantreten, ihm die Sandale vom Fuss ziehen und ihm ins Angesicht spucken und sprechen: So geht es dem Mann, der das Haus seines Bruders nicht bauen will. 10 Und sein Haus soll in Israel Haus-des-Barfüssers heissen.

| 5: Gen 38,8! | 6: Rut 4,10 | 8–9: Rut 4,6–8 | 9: Num 12,14

Anweisungen verschiedenen Inhalts

11 Wenn Männer miteinander raufen, ein Mann und sein Bruder, und die Frau des einen läuft herzu, um ihren Mann aus der Hand dessen zu befreien, der ihn schlägt, und sie streckt ihre

Hand aus und ergreift diesen bei der Scham, 12 dann sollst du ihr die Hand abhauen, du sollst kein Mitleid kennen.

13 Du sollst in deinem Beutel nicht zweierlei Gewichtssteine haben, einen grösseren und einen kleineren. 14 Du sollst in deinem Haus nicht zweierlei Hohlmasse haben, ein grösseres und ein kleineres. 15 Volle und richtige Gewichte sollst du haben, volle und richtige Masse sollst du haben, damit du lange lebst auf dem Boden, den der HERR, dein Gott, dir gibt. 16 Denn der HERR, dein Gott, verabscheut jeden, der so handelt, jeden, der Unrecht tut.

17 Denke daran, was dir die Amalekiter angetan haben auf dem Weg, als ihr ausgezogen seid aus Ägypten, 18 wie sie dir entgegengetreten sind auf dem Weg und, ohne Gott zu fürchten, alle geschlagen haben, die vor Schwäche hinter dir zurückblieben, als du müde und matt warst. 19 Wenn der HERR, dein Gott, dir Ruhe schafft vor all deinen Feinden ringsum, in dem Land, das dir der HERR, dein Gott, zum Erbbesitz gibt, sollst du das Andenken der Amalekiter unter dem Himmel austilgen, vergiss das nicht.

|12: 13,9–10! |13–15: Lev 19,36!; Ez 45,10; Am 8,5 |16: Spr 11,1; Mi 6,11 |17–18: Ex 17,8 |19: Ex 17,14

Anweisung für die erste Ernte und den Zehnten

26 1 Und wenn du in das Land kommst, das dir der HERR, dein Gott, als Erbbesitz gibt, und wenn du es in Besitz nimmst und dich darin niederlässt, 2 dann sollst du etwas von der ersten Ernte aller Früchte des Bodens nehmen, die du einbringen wirst von deinem Land, das der HERR, dein Gott, dir gibt, und du sollst es in einen Korb legen, und du sollst an die Stätte gehen, die der HERR, dein Gott, erwählen wird, um seinen Namen dort wohnen zu lassen. 3 Und du sollst zu dem Priester gehen, der zu jener Zeit dort sein wird, und zu ihm sprechen: Ich bezeuge heute dem HERRN, deinem Gott, dass ich in das Land gekommen bin, das uns zu geben der HERR unseren Vorfahren geschworen hat. 4 Und der Priester soll den Korb aus deiner Hand nehmen und ihn vor den Altar des HERRN, deines Gottes, stellen. 5 Dann sollst du bekennen und vor dem HERRN, deinem Gott, sprechen: Ein verlorener Aramäer war mein Vater, und er zog hinab nach Ägypten und blieb dort als Fremder mit wenigen Leuten, und dort wurde er zu einer grossen, starken und zahlreichen Nation. 6 Die Ägypter aber behandelten uns schlecht und unterdrückten uns und auferlegten uns harte Arbeit. 7 Da schrien wir zum HERRN, dem Gott unserer Vorfahren, und der HERR hörte unser Schreien und sah unsere Unterdrückung, unsere Mühsal und unsere Bedrängnis. 8 Und der HERR führte uns heraus aus Ägypten mit starker Hand und ausgestrecktem Arm, mit grossen und furchterregenden Taten, mit Zeichen und Wundern, 9 und er brachte uns an diesen Ort und gab uns dieses Land, ein Land, in dem Milch und Honig fliessen. 10 Und nun sieh, ich bringe die erste Ernte von den Früchten des Bodens, den du, HERR, mir gegeben hast. – Und du sollst sie vor den HERRN, deinen Gott, legen und dich niederwerfen vor dem HERRN, deinem Gott, 11 und sollst dich freuen über all das Gute, das der HERR, dein Gott, dir und deinem Haus gegeben hat, du und der Levit und der Fremde bei dir.

12 Wenn du im dritten Jahr, dem Zehntjahr, den ganzen Zehnten deines Ertrags vollständig entrichtet und ihn dem Leviten, dem Fremden, der Waise und der Witwe gegeben hast, damit sie sich davon satt essen in deinem Ort, 13 dann sollst du vor dem HERRN, deinem Gott, sprechen: Ich habe das Geweihte aus dem Haus weggebracht und es dem Leviten und dem Fremden, der Waise und der Witwe gegeben, genau nach dem Gebot, das du mir gegeben hast. Ich habe keines deiner Gebote übertreten und keines vergessen. 14 Ich

habe nichts davon gegessen, als ich in Trauer war, und nichts davon weggeschafft, als ich unrein war, und nichts davon einem Toten gegeben. Ich habe auf das Wort des HERRN, meines Gottes, gehört, ich habe alles so gemacht, wie du es mir geboten hast. 15 Blicke herab von deiner heiligen Wohnung, vom Himmel, und segne dein Volk Israel und den Boden, den du uns gegeben hast, wie du es unseren Vorfahren geschworen hast, ein Land, in dem Milch und Honig fliessen.

|1–2: Ex 23,19 |2: 12,5 |5–9: 6,20–25! |5: Gen 28,5 · 10,22 |6: Ex 1,13–14; Num 20,15 |7: Ex 2,23–25; 3,7–9 |8: 5,15 · 4,34 |11: 16,11! |12: 14,28 |14: Jer 16,7 · 15,5 |15: Jes 63,15

Schlussermahnung

16 Heute gebietet dir der HERR, dein Gott, diese Satzungen und Rechte zu halten. Halte sie und handle danach von ganzem Herzen und von ganzer Seele. 17 Du hast den HERRN heute erklären lassen, dass er dein Gott sein will und dass du auf seinen Wegen gehen sollst und seine Satzungen, Gebote und Rechte halten und auf seine Stimme hören sollst. 18 Und der HERR hat dich heute erklären lassen, dass du sein eigenes Volk sein willst, wie er es dir verheissen hat, und dass du alle seine Gebote halten willst 19 und dass er dich erhöhen soll über alle Nationen, die er geschaffen hat, zum Lob, zum Ruhm und zur Zierde, und dass du ein Volk sein willst, das dem HERRN, deinem Gott, geweiht ist, wie er es geboten hat.

|17: Ex 19,8; Jos 24,22 |18: 7,6! |19: 28,1 · Jer 13,11

Anweisung für einen Altar nach der Überquerung des Jordan

27 1 Und Mose, samt den Ältesten Israels, gebot dem Volk: Haltet das ganze Gebot, das ich euch heute gebe. 2 An dem Tag aber, an dem ihr über den Jordan in das Land kommt, das der HERR, dein Gott, dir gibt, sollst du grosse Steine aufrichten und sie mit Kalk tünchen, 3 und wenn du hinüber-

ziehst, sollst du alle Worte dieser Weisung darauf schreiben, damit du in das Land hineinkommst, das der HERR, dein Gott, dir gibt, ein Land, in dem Milch und Honig fliessen, wie der HERR, der Gott deiner Vorfahren, es dir verheissen hat. 4 Wenn ihr nun den Jordan überschreitet, sollt ihr diese Steine aufrichten, wie ich es euch heute gebiete, auf dem Berg Ebal, und du sollst sie mit Kalk tünchen. 5 Und dort sollst du dem HERRN, deinem Gott, einen Altar errichten, einen Altar aus Steinen. Du sollst sie nicht mit Eisen bearbeiten. 6 Aus unbehauenen Steinen sollst du den Altar des HERRN, deines Gottes, bauen und darauf dem HERRN, deinem Gott, Brandopfer darbringen. 7 Und du sollst Heilsopfer schlachten und dort essen und fröhlich sein vor dem HERRN, deinem Gott. 8 Und du sollst alle Worte dieser Weisung klar und deutlich auf die Steine schreiben. 9 Und Mose, samt den levitischen Priestern, sprach zu ganz Israel: Sei still und höre, Israel! Heute bist du zum Volk des HERRN, deines Gottes, geworden. 10 Darum sollst du auf das Wort des HERRN, deines Gottes, hören und handeln nach seinen Geboten und Satzungen, die ich dir heute gebe.

|1: 1,1! |4: 11,29! |5: Ex 20,25; Jos 8,31 |7: 12,7! |8: Jos 8,32! |10: 28,1

Fluchworte

11 Und Mose gebot dem Volk an jenem Tag: 12 Die einen sollen sich auf den Berg Garizim stellen, um das Volk zu segnen, wenn ihr den Jordan überquert: Simeon, Levi, Juda, Issaschar, Josef und Benjamin. 13 Und die anderen sollen sich auf den Berg Ebal stellen, um zu verfluchen: Ruben, Gad, Asser, Sebulon, Dan und Naftali. 14 Und die Leviten sollen reden und zu allen Israeliten mit lauter Stimme sprechen:

15 Verflucht ist, wer ein geschnitztes oder gegossenes Bild macht, wie es der HERR verabscheut, und es heimlich aufstellt. Und das ganze Volk soll antworten und sprechen: Amen.

16 Verflucht ist, wer seinem Vater oder seiner Mutter nicht Ehre erweist. Und das ganze Volk soll sprechen: Amen.

17 Verflucht ist, wer die Grenze seines Nächsten verschiebt. Und das ganze Volk soll sprechen: Amen.

18 Verflucht ist, wer einen Blinden auf den falschen Weg führt. Und das ganze Volk soll sprechen: Amen.

19 Verflucht ist, wer das Recht des Fremden, der Waise oder der Witwe beugt. Und das ganze Volk soll sprechen: Amen.

20 Verflucht ist, wer mit der Frau seines Vaters schläft, denn er hat die Decke seines Vaters aufgehoben. Und das ganze Volk soll sprechen: Amen.

21 Verflucht ist, wer mit irgendeinem Tier schläft. Und das ganze Volk soll sprechen: Amen.

22 Verflucht ist, wer mit seiner Schwester schläft, der Tochter seines Vaters oder seiner Mutter. Und das ganze Volk soll sprechen: Amen.

23 Verflucht ist, wer mit seiner Schwiegermutter schläft. Und das ganze Volk soll sprechen: Amen.

24 Verflucht ist, wer seinen Nächsten heimlich erschlägt. Und das ganze Volk soll sprechen: Amen.

25 Verflucht ist, wer Bestechung annimmt, damit ein unschuldiger Mensch getötet wird. Und das ganze Volk soll sprechen: Amen.

26 Verflucht ist, wer die Worte dieser Weisung nicht hochhält und nicht danach handelt. Und das ganze Volk soll sprechen: Amen.

| 12–13: 11,29! | 15: 4,16! · 7,25 · Jes 44,11 | 16: 21,18! | 17: 19,14! | 18: Gen 27,12; Lev 19,14! | 19: 24,17 | 20: 23,1! | 21: Ex 22,18; Lev 20,15 | 22: Lev 18,9! | 25: Ez 22,12 | 26: 28,15; Jer 11,3; Gal 3,10

Ankündigung von Segen und Fluch

28 1 Und wenn du auf die Stimme des HERRN, deines Gottes, hörst und alle seine Gebote, die ich dir heute gebe, hältst und danach handelst, wird der HERR, dein Gott, dich erhöhen über alle Nationen der Erde. 2 Und alle diese Segnungen werden über dich kommen und werden dich erreichen, wenn du auf die Stimme des HERRN, deines Gottes, hörst:

3 Gesegnet bist du in der Stadt, und gesegnet bist du auf dem Feld. 4 Gesegnet ist die Frucht deines Leibes, die Frucht deines Bodens und die Frucht deines Viehs, der Nachwuchs deiner Rinder und der Zuwachs deiner Schafe. 5 Gesegnet ist dein Korb und dein Backtrog. 6 Gesegnet bist du, wenn du kommst, und gesegnet bist du, wenn du gehst. 7 Der HERR wird deine Feinde, die sich gegen dich erheben, vor dir geschlagen sein lassen. Auf einem Wege werden sie gegen dich ausziehen, und auf sieben Wegen werden sie vor dir fliehen. 8 Der HERR wird dem Segen gebieten, dass er mit dir sei in deinen Speichern und bei allem, was du unternimmst, und er wird dich segnen in dem Land, das der HERR, dein Gott, dir gibt. 9 Der HERR wird dich zu einem Volk machen, das ihm geweiht ist, wie er es dir geschworen hat, wenn du die Gebote des HERRN, deines Gottes, hältst und auf seinen Wegen gehst. 10 Dann werden alle Völker der Erde sehen, dass der Name des HERRN über dir ausgerufen ist, und sie werden sich vor dir fürchten. 11 Und der HERR wird dir Gutes geben im Überfluss, Frucht deines Leibes, Frucht deines Viehs und Frucht deines Bodens, auf dem Boden, den dir zu geben der HERR deinen Vorfahren geschworen hat. 12 Der HERR wird dir sein reiches Schatzhaus, den Himmel, auftun und deinem Land Regen geben zu seiner Zeit und alle Arbeit deiner Hände segnen; so wirst du vielen Nationen leihen können, dir selbst aber nichts leihen müssen. 13 Und der HERR wird dich zum Haupt machen und nicht zum Schwanz, und du wirst nur aufsteigen und wirst nicht sinken, wenn du hörst auf die Gebote des HERRN, deines Gottes, die ich dir heute gebe, und wenn du sie hältst und danach handelst 14 und von all den Worten, die ich euch heute

gebiete, weder nach rechts noch nach links abweichst, um anderen Göttern zu folgen und ihnen zu dienen.

15 Wenn du aber nicht auf die Stimme des HERRN, deines Gottes, hörst und nicht alle seine Gebote und Satzungen, die ich dir heute gebe, hältst und nicht danach handelst, dann werden all diese Flüche über dich kommen und dich erreichen:

16 Verflucht bist du in der Stadt, und verflucht bist du auf dem Feld. 17 Verflucht ist dein Korb und dein Backtrog. 18 Verflucht ist die Frucht deines Leibes und die Frucht deines Bodens, der Nachwuchs deiner Rinder und der Zuwachs deiner Schafe. 19 Verflucht bist du, wenn du kommst, und verflucht bist du, wenn du gehst. 20 Der HERR wird den Fluch, die Verwirrung und die Bedrohung auf dich loslassen bei allem, was du unternimmst, bis du schon bald vernichtet und vertilgt wirst, deiner bösen Taten wegen, weil du mich verlassen hast. 21 Der HERR wird dir die Pest anhängen, bis er dich ausgerottet hat auf dem Boden, auf den du ziehst, um ihn in Besitz zu nehmen. 22 Der HERR wird dich schlagen mit Schwindsucht und Fieber und Fieberglut und Entzündung und Dürre und Getreidebrand und Vergilben, und sie werden dich verfolgen, bis du zugrunde gehst. 23 Der Himmel über deinem Haupt wird zu Erz werden und die Erde unter dir zu Eisen. 24 Der HERR wird den Regen deines Landes zu Sand und zu Staub machen, vom Himmel wird es auf dich herabkommen, bis du umkommst. 25 Der HERR wird dich von deinen Feinden geschlagen sein lassen: Auf einem Wege wirst du gegen sie ausziehen, und auf sieben Wegen wirst du vor ihnen fliehen. Und du wirst zum Schreckbild werden für alle Reiche der Erde. 26 Und deine Leichen werden ein Frass sein für alle Vögel des Himmels und für alle Tiere der Erde, und niemand wird sie verscheuchen. 27 Der HERR wird dich schlagen mit dem Geschwür Ägyptens und mit Beulen und mit

Krätze und mit Schorf, von denen du nicht geheilt werden kannst. 28 Der HERR wird dich schlagen mit Wahnsinn und mit Blindheit und mit Verwirrung, 29 und du wirst am hellen Mittag umhertappen, wie ein Blinder im Dunkeln tappt, und du wirst auf deinen Wegen keinen Erfolg haben, und du wirst allezeit nur unterdrückt und beraubt werden, und niemand wird dir helfen.

30 Eine Frau wirst du dir verloben, aber ein anderer wird mit ihr schlafen. Ein Haus wirst du bauen, aber darin wohnen wirst du nicht. Einen Weinberg wirst du pflanzen, aber nichts davon wirst du geniessen. 31 Dein Rind wird vor deinen Augen geschlachtet werden, aber du wirst nichts davon essen. Dein Esel wird vor deinem Angesicht geraubt werden und nicht mehr zu dir zurückkehren. Deine Schafe werden deinen Feinden gegeben werden, und niemand wird dir helfen. 32 Deine Söhne und deine Töchter werden einem anderen Volk preisgegeben werden, und deine Augen müssen es mit ansehen und sich allezeit nach ihnen sehnen, aber du wirst machtlos sein. 33 Die Frucht deines Bodens und all deiner Arbeit wird ein Volk verzehren, das du nicht kennst, und du wirst allezeit nur unterdrückt und misshandelt werden. 34 Und du wirst wahnsinnig werden bei dem, was deine Augen sehen. 35 Der HERR wird dich an den Knien und an den Schenkeln schlagen mit bösen Geschwüren, von denen du nicht geheilt werden kannst, von der Fusssohle bis zum Scheitel. 36 Der HERR wird dich und deinen König, den du über dich setzen wirst, zu einer Nation führen, die du und deine Vorfahren nicht gekannt haben, und du wirst dort anderen Göttern dienen, aus Holz und Stein. 37 Und du wirst zum Entsetzen werden, zum Sprichwort und zum Gespött bei allen Völkern, zu denen der HERR dich führen wird. 38 Du wirst viel Samen auf das Feld bringen, aber wenig einsammeln, denn die Heuschrecke wird es fressen.

39 Weinberge wirst du pflanzen und bebauen, aber Wein wirst du nicht trinken noch einkellern, denn der Wurm wird es wegfressen. 40 Ölbäume wirst du besitzen in deinem ganzen Gebiet, aber du wirst dich nicht salben mit Öl, denn deine Oliven werden abfallen. 41 Söhne und Töchter wirst du zeugen, aber sie werden dir nicht bleiben, denn sie müssen in die Gefangenschaft ziehen. 42 All deine Bäume und die Früchte deines Bodens wird das Ungeziefer in Besitz nehmen. 43 Der Fremde bei dir wird aufsteigen über dich, höher und höher, du aber wirst sinken, tiefer und tiefer. 44 Er wird dir leihen, du aber wirst ihm nicht leihen können, er wird zum Haupt, du aber wirst zum Schwanz werden. 45 Und alle diese Flüche werden über dich kommen, dich verfolgen und dich erreichen, bis du vertilgt bist, weil du auf die Stimme des HERRN, deines Gottes, nicht gehört und seine Gebote und Satzungen, die er dir gegeben hat, nicht gehalten hast. 46 Und sie werden als Zeichen und Wunder an dir haften und an deinen Nachkommen auf ewig. 47 Dafür, dass du vor lauter Überfluss dem HERRN, deinem Gott, nicht mit Freude und fröhlichem Herzen gedient hast, 48 wirst du deinen Feinden dienen müssen, die der HERR auf dich loslassen wird, in Hunger und Durst, in Blösse und Mangel an allem, und er wird dir ein eisernes Joch auf den Nacken legen, bis er dich vertilgt hat. 49 Der HERR wird eine Nation aus der Ferne über dich bringen, vom Ende der Erde, die wie ein Adler herabstösst, eine Nation, deren Sprache du nicht verstehst, 50 eine Nation von grimmigem Angesicht, die den Greis nicht schont und kein Erbarmen hat mit dem Knaben. 51 Und sie wird die Frucht deines Viehs und die Frucht deines Bodens verzehren, bis du vertilgt bist; sie wird dir nichts übrig lassen vom Korn, vom Wein und vom Öl, vom Nachwuchs deiner Rinder und vom Zuwachs deiner Schafe, bis sie dich vernichtet hat. 52 Sie wird dich belagern in allen deinen Städten, bis deine hohen und festen Mauern fallen, auf die du vertraust in deinem ganzen Land. Und wenn sie dich belagert in allen deinen Städten, in deinem ganzen Land, das dir der HERR, dein Gott, gegeben hat, 53 dann wirst du die Frucht deines Leibes essen, das Fleisch deiner Söhne und deiner Töchter, die dir der HERR, dein Gott, gegeben hat, unter der Belagerung und in der Drangsal, mit der dein Feind dich bedrängt. 54 Der zarteste und verwöhnteste von deinen Männern wird missgünstig schauen auf seinen Bruder und die Frau an seiner Brust und seine übrigen Kinder, die er noch übrig lässt. 55 Er wird keinem von ihnen etwas abgeben von dem Fleisch seiner Kinder, das er isst, weil ihm sonst nichts übrig geblieben ist unter der Belagerung und in der Drangsal, mit der dein Feind dich bedrängt in allen deinen Städten. 56 Die zarteste und verwöhnteste von deinen Frauen, die vor Verwöhnung und Verzärtelung noch nie versucht hat, ihre Fusssohle auf die Erde zu setzen, wird dem Mann an ihrem Busen und ihrem Sohn und ihrer Tochter 57 die Nachgeburt missgönnen, die aus ihrem Schoss kommt, und ihre Kinder, die sie gebären wird; denn aus Mangel an allem wird sie sie heimlich essen unter der Belagerung und in der Drangsal, mit der dein Feind dich bedrängt in deinen Städten.

58 Wenn du nicht alle Worte dieser Weisung, die in diesem Buch geschrieben sind, hältst und danach handelst und wenn du diesen herrlichen und furchtbaren Namen, den HERRN, deinen Gott, nicht fürchtest, 59 dann wird der HERR dich und deine Nachkommen mit ausgesuchten Plagen heimsuchen, mit grossen und andauernden Plagen und mit bösen und andauernden Krankheiten. 60 Er wird alle Seuchen Ägyptens über dich bringen, vor denen dir graut, und sie werden dir anhaften. 61 Auch alle Krankheiten und alle Plagen, die in diesem Buch der Weisung

nicht aufgezeichnet sind, wird der HERR über dich kommen lassen, bis du vertilgt bist. 62 Und es werden nur wenige von euch übrig bleiben, statt dass ihr zahlreich wäret wie die Sterne des Himmels, weil du nicht auf die Stimme des HERRN, deines Gottes, gehört hast.

63 Und wie der HERR seine Freude daran hatte, euch Gutes zu tun und euch zu mehren, so wird der HERR dann seine Freude daran haben, euch zu vernichten und euch zu vertilgen, und ihr werdet herausgerissen werden aus dem Boden, auf den du ziehst, um ihn in Besitz zu nehmen. 64 Und der HERR wird dich unter alle Völker zerstreuen, vom einen Ende der Erde bis zum anderen, und da wirst du anderen Göttern dienen, die du und deine Vorfahren nicht gekannt haben, aus Holz und Stein. 65 Und unter diesen Nationen wirst du keine Ruhe haben, und es wird keine Stätte geben, wo dein Fuss rasten kann. Sondern der HERR wird dir dort ein banges Herz, erlöschende Augen und eine verzweifelnde Seele geben. 66 Dein Leben wird in Gefahr schweben, und bei Nacht und bei Tag wirst du dich fürchten und dich deines Lebens nicht sicher fühlen. 67 Am Morgen wirst du sagen: Wäre es doch Abend!, und am Abend wirst du sagen: Wäre es doch Morgen!, in der Angst deines Herzens, die dich überfällt, und bei dem, was deine Augen sehen. 68 Und der HERR wird dich auf Schiffen wieder nach Ägypten führen, auf dem Weg, von dem ich dir gesagt habe: Du sollst ihn nie mehr sehen. Und dort müsst ihr euch euren Feinden als Sklaven und Sklavinnen zum Kauf anbieten, doch es wird kein Käufer da sein.

69 Das sind die Worte des Bundes, den Mose nach dem Gebot des HERRN mit Israel im Land Moab geschlossen hat, neben dem Bund, den er am Choreb mit ihnen geschlossen hatte.

|1–14: Lev 26,3–13 |1: 26,19 · 27,10 |3–4: 7,13! |4: Lk 1,42 |6: Ps 121,8 |8: Lev 25,21 · Spr 3,10 · 14,29 |9: 7,6! · 29,12 |10: Jes 63,19 · 2,25! |11: 7,13! |12: 11,14! · 15,6 |14: 5,32! |15–68: Lev 26,14–38 |15: 27,26! · 45; Dan 9,11 |16: Spr 3,33 |18: Hos 9,14 |19: Ri 2,15 |21–22:

1Kön 8,37; Jer 24,10; Am 4,10; Hag 2,17 |23: 11,17! |25: Jes 30,17 · Jer 34,17 |26: 1Sam 17,46! · Gen 15,11 |27: 60; Ex 9,9 · 1Sam 5,6 |29: Jes 59,10; Hiob 5,14 |30: Hiob 31,10 · Jes 65,22! · 20,7–8! |31: Ri 6,4! |33: 51; Jes 1,7; Hos 8,7 |35: Hiob 2,7 |36: 4,28! |37: 1Kön 9,7; Jer 15,4!; Ez 5,15 |38–40: Mi 6,15; Joel 1,4; Hag 1,6 |41: Klgl 1,5 |45: 15! |47: 32,15 |48: Jer 28,13–14 |49: Jer 4,13 · Jes 28,11! |50: 2Chr 36,17; Klgl 5,12–13 |51: 33! |52: 2Kön 25,1.10 |53: Lev 26,29!; Klgl 2,20; 4,10; Ez 5,10 |56: Jes 47,1 |59: 29,21 |60: 27! · 7,15! |62: 4,27 · 1,10! |63: Spr 1,26 · 30,9 |64: 4,28! · 13,8 |65: Klgl 5,17 |67: Hiob 7,4 |68: 17,16; Gen 26,2; Hos 8,13 |69: 5,2

Der Bundesschluss des HERRN mit Israel

29 1 Und Mose rief ganz Israel zusammen und sprach zu ihnen: Ihr habt selbst alles gesehen, was der HERR vor euren Augen im Land Ägypten getan hat am Pharao und an allen seinen Dienern und an seinem ganzen Land: 2 die grossen Prüfungen, die deine Augen gesehen haben, jene grossen Zeichen und Wunder. 3 Aber der HERR hat euch bis zum heutigen Tag noch kein Herz gegeben, das versteht, keine Augen, die sehen, und keine Ohren, die hören. 4 Und ich habe euch vierzig Jahre lang in der Wüste geführt: Eure Kleider sind an euch nicht zerfallen, und an deinem Fuss ist deine Sandale nicht zerfallen. 5 Brot habt ihr nicht gegessen, und Wein und Bier habt ihr nicht getrunken. So solltet ihr erkennen, dass ich der HERR, euer Gott, bin. 6 Und als ihr an diesen Ort kamt, da zog Sichon, der König von Cheschbon, mit Og, dem König des Baschan, gegen uns zum Kampf, wir aber schlugen sie. 7 Und wir nahmen ihnen das Land weg und gaben es den Rubeniten und den Gaditen und dem halben Stamm Manasse zum Erbbesitz. 8 So haltet nun die Worte dieses Bundes und handelt danach, damit ihr Erfolg habt bei allem, was ihr tut. 9 Ihr alle steht heute vor dem HERRN, eurem Gott, die Häupter eurer Stämme, eure Ältesten und eure Amtleute, alle Männer von Israel, 10 eure Kinder, eure Frauen und der Fremde in deinem Lager, vom Holzfäller bis zum Wasserschöpfer. 11 Du sollst eintreten in den Bund mit dem HERRN, deinem Gott,

und in den eidlichen Vertrag, den der
HERR, dein Gott, heute mit dir schliesst,
12 damit er dich heute zu seinem Volk
macht und damit er dein Gott wird, wie
er es dir verheissen und wie er es deinen
Vorfahren, Abraham, Isaak und Jakob,
geschworen hat. 13 Doch nicht mit euch
allein schliesse ich diesen Bund und diesen eidlichen Vertrag, 14 sondern sowohl mit denen, die heute mit uns hier
stehen vor dem HERRN, unserem Gott,
als auch mit denen, die heute noch nicht
hier sind mit uns. 15 Denn ihr wisst
selbst, wie wir im Land Ägypten gewohnt haben und wie wir durch die Nationen gezogen sind, durch die ihr gezogen seid. 16 Und bei ihnen habt ihr ihre
Scheusale gesehen und ihre Götzen aus
Holz und Stein, Silber und Gold. 17 Es
soll niemand bei euch sein, kein Mann
und keine Frau, keine Sippe und kein
Stamm, dessen Herz sich heute vom
HERRN, unserem Gott, abwendet, so
dass er hingeht und den Göttern jener
Nationen dient. Es soll bei euch keine
Wurzel wachsen, die Gift und Wermut
als Frucht trägt. 18 Und niemand, der
die Worte dieses eidlichen Vertrages
hört, soll sich in seinem Herzen segnen
und sprechen: Mir wird es gut gehen,
auch wenn ich meinem verstockten
Herzen folge. Denn dann würde das be-
wässerte Land samt dem trockenen zugrunde gehen. 19 Der HERR wird nicht
bereit sein, ihm zu vergeben, sondern
der Zorn und der Eifer des HERRN wird
sich entzünden gegen diesen Mann,
und es werden ihm all die Flüche auflauern, die in diesem Buch geschrieben stehen, und der HERR wird seinen Namen
austilgen unter dem Himmel, 20 und
der HERR wird ihn zum Unheil aussondern aus allen Stämmen Israels, gemäss all den Flüchen des Bundes, die in
diesem Buch der Weisung geschrieben
stehen. 21 Und die spätere Generation,
eure Kinder, die nach euch kommen
werden, und der Fremde, der aus einem
fernen Land kommt, sie werden sprechen, wenn sie die Plagen dieses Landes

sehen und die Krankheiten, mit denen
der HERR es heimgesucht hat –
22 Schwefel und Salz, eine Brandstätte
ist sein ganzes Land: Es kann nicht besät
werden und lässt nichts sprossen, und
kein Kraut wächst darauf, wie nach der
Zerstörung von Sodom und Gomorra,
Adma und Zebojim, die der HERR in seinem Zorn und Grimm zerstört hat –,
23 alle Nationen werden fragen: Warum
hat der HERR diesem Land das angetan?
Weshalb dieser grosse, glühende Zorn?
24 Dann wird man sagen: Weil sie den
Bund des HERRN, des Gottes ihrer Vorfahren, verlassen haben, den er mit ihnen schloss, als er sie herausführte aus
dem Land Ägypten, 25 und weil sie hingingen und anderen Göttern dienten
und sich vor ihnen niederwarfen, Göttern, die sie nicht kannten und die er ihnen nicht zugewiesen hatte, 26 deshalb
entbrannte der Zorn des HERRN über
dieses Land, so dass er all die Flüche darüber kommen liess, die in diesem Buch
geschrieben stehen. 27 Und in Zorn und
Grimm und grossem Groll riss der HERR
sie aus ihrem Boden und warf sie in ein
anderes Land, wo sie noch heute sind.
28 Was noch verborgen ist, steht beim
HERRN, unserem Gott, was aber offenbar ist, gilt uns und unseren Kindern auf
ewig, so dass wir nach allen Worten dieser Weisung handeln können.

|1: 1,1! · 7,18; Ex 19,4 |2: Jos 24,17 |3: Jes 6,10;
Jer 5,21; Ez 12,2; Mt 13,14 |4: 8,4 · 2,7! |5: 8,3 · Ex 6,7
|6: 2,33! · 3,3! |7: 3,13 |8: Jos 1,7; 1Kön 2,3 |9: Jos 24,1
|10: Jos 8,35 · Jos 9,21! |11: 2Chr 15,12 |12: 28,9 |13:
Gen 17,7 |14: 5,3 |17: 32,32; Hos 10,4; Hebr 12,15 |18:
Jer 23,17 |19: Offb 22,18 |20: Spr 2,22 · 30,10 |21:
28,59 |22: Gen 19,24; Hos 11,8; Zef 2,9 |24: 1Kön 9,9;
2Kön 18,12 |27: 1Kön 14,15; 2Kön 17,6; 25,21 |28:
32,34; Spr 25,2 · Dan 2,22

Trost und Mahnung

30 1 Wenn einst all dies über dich
kommt, der Segen und der Fluch,
die ich dir vorgelegt habe, dann nimm
es dir zu Herzen bei all den Nationen,
unter die der HERR, dein Gott, dich versprengt hat, 2 und kehre zurück zum
HERRN, deinem Gott, und höre auf seine
Stimme, ganz wie ich es dir heute ge-

biete, du mit deinen Kindern, von ganzem Herzen und von ganzer Seele.
3 Dann wird der HERR, dein Gott, dein Geschick wenden und sich deiner erbarmen und dich wieder sammeln aus allen Völkern, unter die der HERR, dein Gott, dich zerstreut hat. 4 Wenn deine Versprengten auch am Ende des Himmels wären, so wird dich doch der HERR, dein Gott, von dort sammeln und dich von dort holen, 5 und der HERR, dein Gott, wird dich in das Land bringen, das deine Vorfahren besessen haben, und du wirst es in Besitz nehmen, und er wird dich glücklicher und zahlreicher machen als deine Vorfahren. 6 Und der HERR, dein Gott, wird dein Herz und das Herz deiner Nachkommen beschneiden, so dass du den HERRN, deinen Gott, liebst von ganzem Herzen und von ganzer Seele, um deines Lebens willen. 7 Und all diese Flüche wird der HERR, dein Gott, auf deine Feinde und auf deine Hasser legen, die dich verfolgt haben. 8 Du aber wirst zurückkehren und auf die Stimme des HERRN hören und nach all seinen Geboten handeln, die ich dir heute gebe. 9 Und im Überfluss wird der HERR, dein Gott, dir den Ertrag all deiner Arbeit geben, die Frucht deines Leibes, die Frucht deines Viehs, die Frucht deines Bodens, denn der HERR wird wieder Freude an dir haben und dir Gutes tun, wie er an deinen Vorfahren seine Freude hatte, 10 weil du auf das Wort des HERRN, deines Gottes, hörst und seine Gebote und Satzungen hältst, die in diesem Buch der Weisung geschrieben stehen, weil du zum HERRN, deinem Gott, zurückkehrst von ganzem Herzen und von ganzer Seele. 11 Denn dieses Gebot, das ich dir heute gebe, ist nicht zu schwer für dich und nicht zu fern. 12 Es ist nicht im Himmel, so dass du sagen müsstest: Wer steigt für uns in den Himmel hinauf und holt es uns und verkündet es uns, damit wir danach handeln können? 13 Es ist auch nicht jenseits des Meeres, so dass du sagen müsstest: Wer fährt für uns über das Meer und holt es uns und

verkündet es uns, damit wir danach handeln können? 14 Sondern nahe ist dir das Wort, in deinem Mund und in deinem Herzen, so dass du danach handeln kannst.

15 Sieh, ich habe dir heute das Leben und das Glück vorgelegt, den Tod und das Unglück. 16 Ich gebiete dir heute, den HERRN, deinen Gott, zu lieben, auf seinen Wegen zu gehen und seine Gebote und Satzungen und Rechte zu halten. Dann wirst du leben und dich mehren, und der HERR, dein Gott, wird dich segnen in dem Land, in das du ziehst, um es in Besitz zu nehmen. 17 Wenn aber dein Herz sich abwendet und du nicht hörst, sondern du dich verführen lässt und dich vor anderen Göttern niederwirfst und ihnen dienst – 18 ich habe euch heute angekündigt, dass ihr dann zugrunde gehen und nicht lange leben werdet auf dem Boden, auf den du über den Jordan ziehst, um ihn in Besitz zu nehmen. 19 Ich rufe heute den Himmel und die Erde an als Zeugen gegen euch: Das Leben und den Tod habe ich dir vorgelegt, den Segen und den Fluch; erwähle nun das Leben, damit du lebst, du und deine Nachkommen, 20 und liebe den HERRN, deinen Gott, höre auf seine Stimme und halte dich an ihn – das ist dein Leben und dein hohes Alter –, damit du in dem Land wohnen bleibst, das der HERR deinen Vorfahren, Abraham, Isaak und Jakob, zu geben geschworen hat.

|1:28,1–69 · 15.19;11,26 · Ez 6,9 |3: Ez 16,53; Joel 4,1 · Jer 23,3 |6:10,16! |8: Ez 36,27 |9:7,13! · 28,63 |10: Sach 6,15 · 29,20 |11: 1Joh 5,3 · Jes 45,19 |12–14: Röm 10,6–8 |12: Joh 3,13 |14: Jer 31,33 |15: 1! |16: Jos 23,11 |19: 4,26;31,28;32,1 · 1! |20: 4,4! · 32,47!

Letzte Anordnungen des Mose

31 1 Und Mose ging und redete diese Worte zu ganz Israel 2 und sprach zu ihnen: Ich bin heute hundertzwanzig Jahre alt, ich kann nicht mehr ausziehen und zurückkehren, und der HERR hat zu mir gesagt: Du wirst diesen Jordan nicht überschreiten. 3 Der HERR, dein Gott, zieht vor dir her, er selbst wird diese

Nationen vor dir vernichten, so dass du ihren Besitz übernehmen kannst; Josua zieht vor dir her, wie es der HERR geboten hat. 4 Und der HERR wird mit ihnen verfahren, wie er mit Sichon und Og, den Königen der Amoriter, und mit ihrem Land verfahren ist, die er vernichtet hat. 5 Und der HERR wird sie euch preisgeben, und ihr sollt mit ihnen verfahren genau nach dem Gebot, das ich euch gegeben habe. 6 Seid mutig und stark, fürchtet euch nicht und erschreckt nicht vor ihnen. Denn der HERR, dein Gott, er zieht mit dir, er wird dich nicht vergessen und nicht verlassen. 7 Und Mose berief Josua und sprach zu ihm vor ganz Israel: Sei mutig und stark. Denn du wirst dieses Volk in das Land bringen, das ihnen zu geben der HERR ihren Vorfahren geschworen hat, und du wirst es ihnen als Erbbesitz verteilen. 8 Der HERR aber, er zieht vor dir her, er wird mit dir sein und dich nicht vergessen und nicht verlassen; fürchte dich nicht und hab keine Angst.

9 Dann schrieb Mose diese Weisung auf und gab sie den Priestern, den Söhnen Levis, die die Lade des Bundes des HERRN trugen, und allen Ältesten Israels. 10 Und Mose gebot ihnen: Alle sieben Jahre, im Erlassjahr, am Laubhüttenfest, 11 wenn ganz Israel kommt, um vor dem HERRN, deinem Gott, zu erscheinen, an der Stätte, die er erwählen wird, sollst du diese Weisung ganz Israel vorlesen. 12 Versammle das Volk, Männer, Frauen und Kinder, und die Fremden an deinen Orten, damit sie hören und lernen und damit sie den HERRN, euren Gott, fürchten und alle Worte dieser Weisung halten und danach handeln. 13 Und ihre Kinder, die sie noch nicht kennen, sollen sie hören, und sie sollen lernen, den HERRN, euren Gott, zu fürchten, solange ihr auf dem Boden lebt, auf den ihr über den Jordan zieht, um ihn in Besitz zu nehmen.

| 2: 34,7; Ex 7,7 · 1,37! | 3: 3,28! | 4: Num 21,24 | 6–7: 23; Jos 1,6 | 7: 1,38! | 8: Ex 32,1 · Hebr 13,5 | 9: 24;

Ex 24,4 · 17,18 | 10: 15,1! · 16,13! | 11: 12,5 · Jos 8,34; 2Kön 23,2; Neh 8,2 | 13: Ps 78,5

Die Drohung des HERRN

14 Und der HERR sprach zu Mose: Sieh, die Zeit deines Todes ist nahe gekommen. Rufe Josua, und tretet ein in das heilige Zelt, damit ich ihm Befehle geben kann. Da ging Mose mit Josua, und sie traten ein in das heilige Zelt. 15 Und der HERR erschien im Zelt in einer Wolkensäule, und die Wolkensäule stand am Eingang des Zelts.

16 Und der HERR sprach zu Mose: Sieh, du legst dich nun zu deinen Vorfahren, und dieses Volk wird sich erheben und wird den fremden Göttern inmitten des Landes, in das es kommt, nachhuren, und es wird mich verlassen und meinen Bund brechen, den ich mit ihnen geschlossen habe. 17 Dann wird mein Zorn gegen sie entbrennen, und ich werde sie verlassen und mein Angesicht vor ihnen verbergen, und sie werden verzehrt werden. Und grosses Unglück und Not werden sie treffen, und zu jener Zeit werden sie sagen: Hat uns nicht all dies Unglück getroffen, weil unser Gott nicht mehr in unserer Mitte ist? 18 Ich aber werde zu jener Zeit mein Angesicht völlig verbergen wegen all des Bösen, das sie getan haben, weil sie sich anderen Göttern zugewendet haben. 19 Und nun schreibe dieses Lied auf, und lehre es die Israeliten, lege es ihnen in den Mund, damit dieses Lied für mich ein Zeuge sei gegen Israel. 20 Denn ich werde sie auf den Boden bringen, wie ich es ihren Vorfahren geschworen habe, in ein Land, in dem Milch und Honig fliessen, und sie werden essen und satt und fett werden, und dann werden sie sich anderen Göttern zuwenden und mir verwerfen; so werden sie meinen Bund brechen. 21 Und wenn dann grosses Unglück und Not sie treffen werden, soll dieses Lied vor ihnen Zeugnis ablegen; denn es wird nicht vergessen werden im Mund ihrer Nach-

kommen. Denn ich kenne ihre Gedanken, die sie heute schon hegen, noch ehe ich sie in das Land gebracht habe, wie ich es ihren Vorfahren geschworen habe. 22 Und damals schrieb Mose dieses Lied auf und lehrte es die Israeliten. 23 Und er beauftragte Josua, den Sohn des Nun, und sprach: Sei mutig und stark. Denn du wirst Israel in das Land bringen, wie ich es ihnen geschworen habe, und ich will mit dir sein. 24 Als nun Mose die Worte dieser Weisung vollständig in ein Buch geschrieben hatte, 25 gebot Mose den Leviten, die die Lade des Bundes des HERRN trugen: 26 Nehmt dieses Buch der Weisung, und legt es neben die Lade des Bundes des HERRN, eures Gottes, damit es dort ein Zeuge sei gegen dich, 27 denn ich kenne deinen Ungehorsam und deine Halsstarrigkeit. Seht, schon heute, wo ich noch unter euch lebe, habt ihr euch dem HERRN widersetzt – wie viel mehr nach meinem Tod! 28 Versammelt vor mir alle Ältesten eurer Stämme und eure Amtleute, damit ich ihnen diese Worte verkünde und Himmel und Erde zu Zeugen aufrufe gegen sie. 29 Denn ich weiss, dass ihr nach meinem Tod freveln und abweichen werdet von dem Weg, den ich euch geboten habe. Dann wird euch zuletzt das Unglück treffen, weil ihr tut, was dem HERRN missfällt, und ihn durch das Werk eurer Hände reizt. 30 Dann sprach Mose alle Worte dieses Liedes vor der ganzen Versammlung Israels:

|14: 32,50; Num 27,13; 2Kön 20,1 |15: Ex 33,9 |16: Ex 34,15 · 2Kön 18,12 |17–18: 32,20; Jer 33,5; Ez 39,23 |17: Jer 8,19 |19: 32,1–43 · 26; Jos 24,27 |20: Jer 31,32 |22: 30! |23: 6–7! |24: 9! |26: 2Kön 22,8 · 19! |27: Ex 32,9 · 9,7 |28: 2Kön 23,1 · 30,19! |29: Ex 32,8 |30: 22; 32,44; 2Sam 22,1

Das Lied des Mose

32 1 Höre, Himmel, ich will reden, Erde, vernimm die Worte meines Mundes!
2 Wie der Regen soll meine Lehre rieseln,
meine Rede soll träufeln wie der Tau,

wie Schauer auf das Gras
und wie Tropfen auf das Kraut.
3 Den Namen des HERRN will ich verkünden:
Gebt unserem Gott die Ehre.
4 Der Fels! Vollkommen ist sein Tun,
denn alle seine Wege sind Recht.
Ein Gott der Treue, ohne Trug, er ist gerecht und aufrecht.
5 Eine verkehrte und verdrehte Generation hat gegen mich gefrevelt,
in ihrer Schande wollen sie nicht mehr seine Kinder sein.
6 Ist das euer Dank an den HERRN, du törichtes und unweises Volk?
Ist er nicht dein Vater, der dich geschaffen hat,
ist er es nicht, der dich gemacht und gefestigt hat?
7 Denke an die Tage der Vorzeit,
begreift die Jahre der vergangenen Generationen.
Frage deinen Vater, dass er es dir kundtut,
deine Betagten, dass sie es dir sagen.
8 Als der Höchste den Nationen ihren Erbbesitz zuteilte,
als er die Menschen voneinander schied,
bestimmte er die Gebiete der Völker nach der Zahl der Israeliten.
9 Der Anteil des HERRN ist sein Volk,
Jakob ist sein Erbteil.
10 Er fand es im Land der Wüste,
in der Öde, im Geheul der Wildnis;
er schützte es, nahm es in Obhut,
hütete es wie seinen Augapfel.
11 Wie ein Adler, der seine Brut aufstört zum Flug
und über seinen Jungen schwebt,
so breitete er seine Flügel aus, nahm es und trug es auf seinen Schwingen.
12 Der HERR allein leitete es,
kein fremder Gott war mit ihm.
13 Er liess es einherfahren über die Höhen der Erde
und speiste es mit den Früchten des Feldes;
er liess es Honig saugen aus Felsen
und Öl aus Kieselsteinen,

14 Butter von Kühen und Milch von
Ziegen,
  auch Fett von Lämmern
und Stiere vom Baschan und Böcke,
  auch das Mark des Weizens
und Traubenblut hast du getrunken,
feurigen Wein.
15 Da wurde Jeschurun fett und bockte –
fett bist du geworden, dick und
feist –,
und er verliess den Gott, der ihn
gemacht hatte,
  und verachtete den Fels seiner
  Rettung.
16 Sie machten ihn eifersüchtig mit
fremden Göttern,
  mit Abscheulichkeiten reizten
  sie ihn.
17 Sie opferten Geistern, die nicht
Gott sind,
  Göttern, die sie nicht kannten,
neuen, die erst vor kurzem
aufgekommen waren,
  die eure Vorfahren nicht verehrt
  hatten.
18 An den Fels, der dich gezeugt hat,
dachtest du nicht mehr,
  und den Gott, der dich geboren hat,
  hast du vergessen.
19 Der HERR aber hat es gesehen und
verworfen
  voll Zorn über seine Söhne und
  Töchter.
20 Und er sprach: Ich will mein
Angesicht vor ihnen verbergen,
  will sehen, welches Ende es mit
  ihnen nehmen wird,
denn sie sind eine verkehrte
Generation,
  Kinder, die keine Treue kennen.
21 Sie haben mich eifersüchtig
gemacht mit einem Ungott,
  mit ihren nichtigen Götzen haben
  sie mich gereizt;
ich aber mache sie eifersüchtig mit
einem Unvolk,
  mit einer törichten Nation will ich
  sie reizen.
22 Denn ein Feuer lodert auf in
meinem Zorn

und brennt bis in die Tiefen der
  Unterwelt;
und es verzehrt die Erde samt ihrem
Ertrag
  und entzündet die Grundfesten
  der Berge.
23 Unglück über Unglück will ich auf
sie häufen,
  meine Pfeile will ich gegen sie
  verschiessen.
24 Sind sie entkräftet vor Hunger
  und verzehrt von Fieberglut und
  giftiger Pest,
lasse ich die Zähne wilder Tiere auf
sie los
  und das Gift derer, die im Staub
  kriechen.
25 Draussen rafft das Schwert dahin
  und drinnen der Schrecken,
den Jüngling wie die Jungfrau,
  den Säugling samt dem ergrauten
  Mann.
26 Ich dachte: Ich will sie zerstreuen,
  ihr Gedächtnis tilgen unter den
  Menschen,
27 doch ich scheute die Kränkung
durch den Feind;
  ihre Gegner hätten es falsch
  ausgelegt
und gesagt: Unsere Hand ist mächtig
gewesen!,
  und nicht: Der HERR hat dies alles
  getan!
28 Denn sie sind eine Nation, der es an
Rat fehlt,
  und sie haben keine Einsicht.
29 Wären sie weise, so würden sie dies
verstehen,
  würden begreifen, welches Ende es
  mit ihnen nehmen wird.
30 Wie könnte einer tausend verfolgen,
  und wie könnten zwei zehntausend
  in die Flucht schlagen,
wenn nicht deshalb, weil ihr Fels sie
verkauft
  und der HERR sie preisgegeben hat?
31 Denn nicht wie unser Fels ist
ihr Fels;
  so müssen unsere Feinde selbst
  urteilen.

32 Denn vom Weinstock Sodoms
stammt ihr Weinstock
und aus den Weingärten von
Gomorra;
ihre Trauben sind giftige Trauben,
ihre Beeren sind bitter.
33 Drachengeifer ist ihr Wein
und grausames Otterngift.
34 Ist solches nicht bei mir verborgen,
versiegelt in meinen
Schatzkammern?
35 Mein ist die Rache und die
Vergeltung;
wenn es Zeit ist, wird ihr Fuss
wanken.
Denn nahe ist der Tag ihres Verderbens,
und schnell kommt ihr Verhängnis.
36 Denn der HERR wird seinem Volk
Recht verschaffen
und Mitleid haben mit seinen
Dienern,
wenn er sieht, dass die Kraft
geschwunden ist
und dass es aus ist mit Sklaven und
Freien.
37 Dann wird er sprechen: Wo sind
ihre Götter,
der Fels, der ihre Zuflucht war,
38 die das Fett ihrer Opfer assen,
den Wein ihres Trankopfers
tranken?
Sie mögen sich aufmachen und euch
helfen,
sie mögen ein Schirm sein über
euch.
39 Seht nun, dass ich, ich es bin
und dass es keinen Gott gibt
neben mir.
Ich töte, und ich mache lebendig;
ich habe zerschlagen, ich werde
auch heilen,
und niemand kann aus meiner Hand
erretten.
40 Denn ich erhebe meine Hand zum
Himmel
und spreche: So wahr ich ewig lebe!
41 Wenn ich mein blitzendes Schwert
geschärft habe
und wenn meine Hand zum Gericht
greift,

dann will ich Rache üben an meinen
Gegnern
und denen vergelten, die mich
verachten.
42 Ich will meine Pfeile trunken
machen von Blut,
und mein Schwert soll Fleisch
fressen,
vom Blut Erschlagener und Gefangener,
vom Haupt der Fürsten des Feindes.
43 Ihr Nationen, preist sein Volk!
Denn er rächt das Blut seiner Diener,
und an seinen Gegnern übt er Rache,
und dem Boden seines Volkes schafft
er Sühne.
44 Und Mose kam und sprach vor dem
Volk alle Worte dieses Liedes, er und
Josua, der Sohn des Nun. 45 Als nun
Mose alle diese Worte ganz Israel
vollständig kundgetan hatte, 46 sprach
er zu ihnen: Nehmt euch alle Worte zu
Herzen, mit denen ich euch heute feierlich ermahne, und gebietet sie euren
Kindern, damit sie alle Worte dieser
Weisung halten und danach handeln.
47 Denn dies ist kein leeres Wort für
euch, sondern es ist euer Leben, und
durch dieses Wort werdet ihr lange
leben auf dem Boden, auf den ihr über
den Jordan zieht, um ihn in Besitz zu
nehmen.

| 1: Jes 1,2! · 30,19! | 2: Hiob 29,22 | 3: Ex 34,5 | 4: 1Sam 2,2! · 2Sam 22,31 | 5: 20 | 6: Ps 100,3; Jes 43,1.7 | 7: 4,32! · Hiob 8,8 | 8: Apg 17,26 | 9: 9,29 | 10: Ps 17,8; Sach 2,12 · Ez 16,6 | 11: Ex 19,4 | 12: Jes 43,12 | 13: Jes 58,14 · Hiob 29,6! | 15: 33,5! · 28,47 · Ps 89,27 | 18: Jes 51,1 | 20: 31,17! · 5 | 21: Jer 5,7 · Röm 10,19 | 22: Jer 15,14! | 24: Jer 8,17 | 25: Klgl 1,20; Ez 7,15 · Jer 44,7 | 26: 9,14! | 27: 9,28 | 28: 4,22! | 30: Jos 23,10! | 32: 29,17! | 33: Ps 58,5 | 34: 29,28! | 35–36: Hebr 10,30 | 35: Röm 12,19 · Jes 13,22 | 36: Ps 90,13; 135,14 | 37–38: Ri 10,14; Jer 2,28 | 39: 1Sam 2,6 · Jes 19,22 · Hiob 10,7 | 40: Dan 12,7; Offb 10,5 | 42: Jes 34,5–6! | 43: Röm 15,10 · Ps 79,10 | 44: 31,30! · Num 13,16 | 47: 30,20; Spr 4,13

32,8: »... nach der Zahl der Israeliten.«: So lautet
der Massoretische Text. Der ältere Text hatte wohl
den Wortlaut «... nach der Zahl der Göttersöhne
(oder: Gottessöhne).»

Ankündigung von Moses Tod

48 Und der HERR sprach zu Mose an
ebendiesem Tag: 49 Steige hier auf das

Gebirge Abarim, auf den Berg Nebo, der im Land Moab liegt gegenüber von Jericho, und betrachte das Land Kanaan, das ich den Israeliten als Besitz geben will. 50 Und auf dem Berg, auf den du steigen sollst, musst du sterben und mit deinen Vorfahren vereint werden, wie dein Bruder Aaron auf dem Berg Hor gestorben ist und mit seinen Vorfahren vereint wurde, 51 weil ihr mir inmitten der Israeliten untreu geworden seid beim Wasser von Meriba bei Kadesch in der Wüste Zin, weil ihr mich nicht als den Heiligen geehrt habt inmitten der Israeliten. 52 Du darfst das Land sehen, das dir gegenüberliegt, aber du wirst nicht in das Land kommen, das ich den Israeliten gebe.

|49: Num 27,12 · Jer 22,20 |50: 31,14! · Num 20,24 |51: Num 20,12 |52: 1,37

Mose segnet die Stämme Israels

33 1 Und dies ist der Segen, mit dem Mose, der Mann Gottes, die Israeliten gesegnet hat vor seinem Tod. 2 Er sprach:
Der HERR kam vom Sinai
  und leuchtete vor ihnen auf von Seir.
Er strahlte auf vom Gebirge Paran
  und kam von Meribat-Kadesch,
ein flammendes Gesetz für sie zu seiner Rechten.
3 Er liebt die Völker,
  all seine Geweihten sind in deiner Hand;
sie aber folgen deinem Fuss,
  empfangen von deinen Worten.
4 Eine Weisung hat uns Mose gegeben
  als Besitz der Gemeinde Jakobs,
5 und er wurde König in Jeschurun,
  als die Häupter des Volkes sich versammelten,
  die Stämme Israels insgesamt.
6 Ruben soll leben und nicht sterben,
  seine Zahl aber soll gering sein.
7 Und dies soll gelten für Juda:
Er sprach: Höre, HERR, auf die Stimme Judas,
  und bringe ihn zu seinem Volk!
Seine Macht soll gross werden,

und du mögest ihm helfen gegen seine Gegner.
8 Und über Levi sprach er:
Deine Tummim und deine Urim sollen deinem Getreuen gehören,
  den du erprobt hast in Massa,
mit dem du gestritten hast am Wasser von Meriba.
9 Der von seinem Vater und von seiner Mutter sagte:
  Ich habe sie nie gesehen!,
der seine Brüder nicht ansah
  und seine Kinder nicht kannte.
Denn sie haben dein Wort gehalten
  und deinen Bund bewahrt.
10 Sie lehren Jakob deine Rechte
  und Israel deine Weisung.
Sie legen Räucherwerk vor deine Nase
  und Ganzopfer auf deinen Altar.
11 Segne, HERR, sein Vermögen,
  und lass dir das Tun seiner Hände gefallen.
Zerschlage die Hüften seiner Gegner
  und derer, die ihn hassen,
dass sie nicht mehr aufstehen.
12 Über Benjamin sprach er:
Der Liebling des HERRN
  wohnt bei ihm sicher.
Er beschützt ihn allezeit,
  und er wohnt zwischen seinen Schultern.
13 Und über Josef sprach er:
Vom HERRN gesegnet ist sein Land
  mit dem Köstlichsten vom Himmel, dem Tau,
  und aus der Flut, die unten lagert,
14 mit dem Köstlichsten, was die Sonne hervorbringt,
  und dem Köstlichsten, was die Monde erzeugen,
15 mit dem Besten der uralten Berge
  und dem Köstlichsten der ewigen Hügel,
16 mit dem Köstlichsten der Erde und ihrer Fülle
  und der Gunst dessen, der im Dornbusch wohnt.
Es komme auf das Haupt Josefs,
  auf den Scheitel des Geweihten unter seinen Brüdern.

17 Sein erstgeborener Stier ist voller Hoheit,
und seine Hörner sind die eines Wildstiers;
mit ihnen stösst er die Völker nieder,
alle Enden der Erde.
Das sind die Zehntausende von Efraim
und die Tausende von Manasse.
18 Und über Sebulon sprach er:
Freue dich, Sebulon, wenn du ausziehst,
und du, Issaschar, über deine Zelte!
19 Völker laden sie ein auf den Berg,
dort bringen sie rechte Opfer dar;
denn den Reichtum der Meere saugen sie ein
und die verborgensten Schätze des Sandes.
20 Und über Gad sprach er:
Gepriesen sei, wer Raum schafft für Gad!
Wie ein Löwe lagert er
und zerreisst Arm und auch Scheitel.
21 Und er wählte für sich den besten Teil;
denn dort wurde ihm sein Teil bestimmt,
und es kamen die Häupter des Volkes.
Er vollstreckte die Gerechtigkeit des HERRN
und seine Gerichte, zusammen mit Israel.
22 Und über Dan sprach er:
Dan ist ein junger Löwe,
der aus dem Baschan hervorspringt.
23 Und über Naftali sprach er:
Naftali ist satt von Gunst
und vom Segen des HERRN erfüllt.
Den Westen und den Süden nimmt er in Besitz.
24 Und über Asser sprach er:
Von den Söhnen ist Asser am meisten gesegnet.
Der Liebling seiner Brüder soll er sein,
und seinen Fuss soll er in Öl tauchen.
25 Eisen und Erz seien deine Riegel,
und lange wie dein Leben dauere deine Kraft.
26 Keiner ist wie der Gott Jeschuruns,
der am Himmel einherfährt dir zur Hilfe
und in seiner Hoheit auf den Wolken.
27 Eine Zuflucht ist der alte Gott,
und unten hat er mit ewigen Armen
den Feind vor dir vertrieben und gesprochen: Vernichte!
28 So wohnte Israel in Sicherheit,
für sich allein der Quell Jakobs,
in einem Land voll Korn und Wein,
und sein Himmel träufelt von Tau.
29 Heil dir, Israel, wer ist dir gleich,
du Volk, gerettet durch den HERRN,
den Schild, der dich schirmt,
und das Schwert, das dich erhöht.
Deine Feinde müssen dir schmeicheln,
du aber trittst auf ihre Höhen.

| 1: Jos 14,6; 1Chr 23,14; Ps 90,1 · Gen 49,28 | 2: Ri 5,4 · Hab 3,3 · Jud 14 | 3: Joh 10,29 | 5: 26; 32,15; Jes 44,2 | 8: Ex 28,30 | 9: Ex 32,29; Mt 10,37 | 10: Ex 30,7! | 12: 2Sam 12,25 | 16: Ex 3,2 | 17: 1Chr 5,2 · Num 23,22 · Jos 17,14 | 19: Ps 4,6 · Jes 60,5 | 20: 1Chr 12,9 | 21: Jos 4,12 | 24: Hiob 29,6! | 26: 5! · Jes 19,1 | 27: Mi 5,1 | 28: 12,10; Lev 25,18 · Num 23,9 · Gen 27,28 | 29: 4,7 · Ps 115,9–11 · Hab 3,19

Moses Tod

34 1 Und Mose stieg aus der Wüste von Moab auf den Berg Nebo, auf den Gipfel des Pisga gegenüber von Jericho. Und der HERR liess ihn das ganze Land sehen, von Gilead bis nach Dan, 2 ganz Naftali und das Land Efraims und Manasses und das ganze Land Judas bis an das westliche Meer, 3 den Negev und die Ebene des Jordan, die Talebene von Jericho, der Palmenstadt, bis nach Zoar. 4 Und der HERR sprach zu ihm: Dies ist das Land, von dem ich Abraham, Isaak und Jakob geschworen habe: Deinen Nachkommen will ich es geben. Ich habe es dich mit deinen Augen schauen lassen, aber du wirst nicht dort hinüberziehen. 5 Und Mose, der Diener des HERRN, starb dort im Land Moab nach dem Befehl des HERRN. 6 Und er begrub ihn im Tal, im Land Moab gegenüber von Bet-Peor, und bis heute kennt niemand sein Grab. 7 Mose aber war hundertzwanzig Jahre alt, als er starb, seine Augen waren nicht trübe geworden, und seine Frische hatte ihn nicht verlassen. 8 Und die Israeliten beweinten Mose in den Steppen von Moab dreissig

Tage lang; dann waren die Tage des Weinens und der Trauer um Mose zu Ende.

9 Josua aber, der Sohn des Nun, war erfüllt vom Geist der Weisheit, denn Mose hatte ihm die Hände aufgelegt. Und die Israeliten hörten auf ihn und taten, was der HERR dem Mose geboten hatte. 10 Und in Israel ist nie mehr ein Prophet aufgetreten wie Mose, den der HERR kannte von Angesicht zu Angesicht, 11 mit all den Zeichen und Wundern, die er im Land Ägypten am Pharao, an allen seinen Dienern und an seinem ganzen Land vollbrachte, wozu der HERR ihn gesandt hatte, 12 und mit allen Machtbeweisen und mit all den grossen und furchtbaren Taten, die Mose vor den Augen ganz Israels vollbracht hat.

|1: 3,27 |2: Num 34,6 |3: Ri 1,16 · Gen 19,22 |4: 1,37 |5: Jos 1,1; 2Chr 1,3 · 31,14–16 |6: 3,29! · Jud 9 |7: 31,2! · Jos 14,11 |8: Gen 50,3 |9: Ex 28,3 · Num 27,18 · Jos 1,17 |10: 18,15! · Ex 33,11 |11: 4,34

Das Buch Josua

Josua wird Nachfolger des Mose

1 1 Und nachdem Mose, der Diener des HERRN, gestorben war, sprach der HERR zu Josua, dem Sohn des Nun, dem Diener des Mose: 2 Mose, mein Diener, ist gestorben; und nun, mach du dich auf, zieh hier über den Jordan, du mit diesem ganzen Volk, in das Land, das ich ihnen, den Israeliten, gebe. 3 Jeden Ort, auf den ihr euren Fuss setzt, habe ich euch gegeben, wie ich es Mose zugesagt habe. 4 Von der Wüste bis zum Libanon hier und bis zum grossen Strom, dem Eufrat, mit dem ganzen Land der Hetiter, und bis zum grossen Meer im Westen soll euer Gebiet reichen. 5 Niemand wird dir standhalten können, solange du lebst. So wie ich mit Mose war, so werde ich mit dir sein, ich werde dich nicht vergessen und nicht verlassen. 6 Sei mutig und stark, denn du sollst diesem Volk das Land, das ihnen zu geben ich ihren Vorfahren geschworen habe, als Erbbesitz verteilen. 7 Sei nur mutig und sehr stark, und halte die ganze Weisung, die Mose, mein Diener, dir gegeben hat, und handle danach. Du sollst nicht davon abweichen, weder nach rechts noch nach links, damit du Erfolg hast auf allen deinen Wegen. 8 Dieses Buch der Weisung soll nicht von deinen Lippen weichen, und du sollst sinnen über ihm Tag und Nacht, damit du alles hältst, was darin geschrieben steht, und danach handelst, denn dann wirst du zum Ziel gelangen auf deinem Weg, und dann wirst du Erfolg haben. 9 Habe ich dich nicht geheissen, mutig und stark zu sein? Hab keine Angst und fürchte dich nicht, denn der HERR, dein Gott, ist mit dir auf allen deinen Wegen.

|1: Dtn 34,5 · Ex 24,13; Num 11,28 |2: Dtn 3,27–28 · Gen 17,8 |3: 14,9; Dtn 11,24 |4: Gen 15,18 |5: 10,8; 21,44; Dtn 7,24 · 3,7; 6,27 |6: 18; 10,25 · 5,6; 13,6; Num 26,53 |7: 22,5 · Dtn 4,2 · 23,6; Dtn 5,32! |8: Ps 1,2–3; 119,97 · Dtn 29,8

Vorbereitung zur Überschreitung des Jordan

10 Und Josua beauftragte die Amtleute des Volks: 11 Geht durch das Lager, und befehlt dem Volk: Macht euch Wegzehrung bereit, denn in drei Tagen überschreitet ihr hier den Jordan, um hineinzuziehen und das Land in Besitz zu nehmen, das der HERR, euer Gott, euch zum Besitz gibt. 12 Und zu den Rubeniten, den Gaditen und dem halben Stamm Manasse sprach Josua: 13 Erinnert euch an das, was Mose, der Diener des HERRN, euch befohlen hat. Der HERR, euer Gott, schafft euch Ruhe und

wird euch dieses Land geben. 14 Eure
Frauen, eure Kleinkinder und eure Herden sollen in dem Land bleiben, das
Mose euch gegeben hat, jenseits des Jordan. Ihr aber, alle tüchtigen Krieger,
sollt in Kampfordnung vor euren Brüdern hinüberziehen und ihnen helfen,
15 bis der HERR euren Brüdern Ruhe
schafft wie euch und bis auch sie das
Land in Besitz nehmen, das der HERR,
euer Gott, ihnen gibt. Dann könnt ihr
zurückkehren in das Land, das ihr besitzt, das euch Mose, der Diener des
HERRN, jenseits des Jordan im Osten gegeben hat, damit ihr es in Besitz nehmt.
16 Und sie antworteten Josua: Alles, was
du uns geboten hast, werden wir tun,
und wohin du uns sendest, dahin werden wir gehen. 17 So wie wir auf Mose
gehört haben, so werden wir auf dich
hören. Wenn nur der HERR, dein Gott,
mit dir ist, wie er mit Mose war! 18 Jeder, der sich deinem Befehl widersetzt
und nicht in allem, was du uns gebie-
test, auf deine Worte hört, soll sterben.
Sei nur mutig und stark!

| 11: 3,2–3 · Dtn 9,1 | 12: 22,1 · Dtn 3,13 | 14: 4,12
| 16: Ex 19,8; 24,7 | 17: 4,14 | 18: 6!

Rachab rettet die israelitischen Kundschafter

2 1 Und Josua, der Sohn des Nun,
sandte heimlich zwei Männer von
Schittim als Kundschafter aus und
sprach: Geht, erkundet das Land und Jericho. Und sie gingen und kamen in das
Haus einer Hure, die Rachab hiess, und
dort nächtigten sie. 2 Und dem König
von Jericho wurde gesagt: Sieh, heute
Nacht sind Männer hierher gekommen
von den Israeliten, um das Land auszuspähen. 3 Da sandte der König von Jericho zu Rachab und liess ihr sagen: Gib
die Männer heraus, die zu dir in dein
Haus gekommen sind, denn um das
ganze Land auszuspähen, sind sie gekommen. 4 Die Frau aber nahm die beiden Männer und versteckte sie. Und sie
sagte: So ist es, die Männer sind zu mir
gekommen, ich aber wusste nicht, von

wo sie waren, 5 und als man das Tor
schliessen wollte, weil es dunkel wurde,
gingen die Männer hinaus. Ich weiss
nicht, wohin die Männer gegangen
sind. Jagt ihnen nach, ihr werdet sie einholen. 6 Sie hatte sie aber auf das Dach
geführt und unter den Flachsstengeln
versteckt, die sie sich auf dem Dach auf-
geschichtet hatte. 7 Die Männer aber
verfolgten sie auf dem Weg zum Jordan
bis an die Furten, und als die Verfolger
draussen waren, schloss man das Tor zu.

8 Und bevor sie sich schlafen legten,
stieg sie zu ihnen auf das Dach 9 und
sagte zu den Männern: Ich weiss, dass
der HERR euch das Land gegeben hat
und dass uns der Schrecken vor euch befallen hat und alle Bewohner des Landes
vor euch zittern. 10 Denn wir haben
gehört, dass der HERR das Wasser des
Schilfmeers vor euch ausgetrocknet hat,
als ihr auszogt aus Ägypten, und was ihr
den beiden Königen der Amoriter jenseits des Jordan, Sichon und Og, angetan
habt, die ihr der Vernichtung geweiht
habt. 11 Und wir hörten davon, und unser Herz wurde mutlos, und euretwegen
regte sich kein Lebensgeist mehr, denn
der HERR, euer Gott, ist Gott oben im
Himmel und unten auf der Erde. 12 Nun
aber schwört mir beim HERRN: Wie ich
euch Barmherzigkeit erwiesen habe, so
sollt auch ihr dem Haus meines Vaters
Barmherzigkeit erweisen, und ihr sollt
mir ein verlässliches Zeichen geben,
13 dass ihr meinen Vater, meine Mutter,
meine Brüder und meine Schwestern
und alle, die zu ihnen gehören, am Leben lasst und uns rettet vor dem Tod.
14 Da sprachen die Männer zu ihr: Mit
unserem Leben stehen wir ein für euch,
wenn ihr unsere Sache nicht verratet.
Und wenn der HERR uns das Land gibt,
wollen wir dir Barmherzigkeit und
Treue erweisen. 15 Und sie liess sie
durch das Fenster an einem Seil hinab,
denn ihr Haus lag an der Stadtmauer,
und sie wohnte an der Mauer. 16 Und
sie sprach zu ihnen: Geht ins Gebirge,
damit die Verfolger nicht auf euch stos-

sen, und versteckt euch dort drei Tage, bis zur Rückkehr der Verfolger. Dann könnt ihr eures Weges gehen. 17 Und die Männer sprachen zu ihr: Wir wollen frei werden von diesem Schwur, den du uns hast schwören lassen: 18 Sieh, wenn wir in das Land kommen, sollst du diese Schnur aus rotem Faden an das Fenster binden, durch das du uns hinabgelassen hast, und du sollst deinen Vater und deine Mutter und deine Brüder und alle, die zum Haus deines Vaters gehören, bei dir im Haus versammeln. 19 Wer immer dann durch die Tür deines Hauses nach draussen geht, dessen Blut komme über sein Haupt, und wir sind frei von Schuld. Wenn aber Hand angelegt wird an jemanden bei dir im Haus, so komme sein Blut über unser Haupt. 20 Und wenn du unsere Sache verrätst, sind wir frei von dem Schwur, den du uns hast schwören lassen. 21 Da sprach sie: Es sei, wie ihr sagt. Und sie liess sie ziehen, und sie gingen. Sie aber band die rote Schnur an das Fenster.

22 Und sie gingen und kamen ins Gebirge und blieben drei Tage dort, bis die Verfolger zurückgekehrt waren. Und die Verfolger suchten auf dem ganzen Weg nach ihnen, fanden sie aber nicht. 23 Und die beiden Männer kehrten zurück, stiegen vom Gebirge herab, überschritten den Jordan und kamen zu Josua, dem Sohn des Nun, und erzählten ihm alles, was ihnen begegnet war. 24 Und sie sprachen zu Josua: Der HERR hat das ganze Land in unsere Hand gegeben, und alle Bewohner des Landes zittern vor uns.

|1: 3,1; Num 25,1 · Num 13,2; Ri 1,23; 18,2 |4: 6,17 |6: 2Sam 17,19–20 |7: Ri 3,28 |9: 24 |10: Ex 14,21 · 9,10; Num 21,21–26 |11: 5,1 · Dtn 4,39 |12: Gen 21,23; 24,3 |14: 6,22 |15: 1Sam 19,12; Apg 9,25; 2Kor 11,33; Jak 2,25 |17: Gen 24,8 |18: Gen 38,28; Ex 12,13 · 6,23 |19: Lev 20,9–13 |24: 6,2; 8,1; 21,44 · 9

2,23: «den Jordan» wurde in der Übersetzung ergänzt.

Israel überschreitet den Jordan

3 1 Und Josua machte sich früh am Morgen auf, und sie brachen auf von Schittim und kamen an den Jordan, er und alle Israeliten, und sie übernachteten dort, bevor sie ihn überschritten. 2 Und nach drei Tagen gingen die Amtleute durch das Lager 3 und geboten dem Volk: Wenn ihr seht, dass die levitischen Priester die Lade des Bundes des HERRN, eures Gottes, aufheben, dann brecht auf von eurem Ort und folgt ihr. 4 Doch zwischen euch und ihr soll ein Abstand sein von gegen zweitausend Ellen, ihr sollt ihr nicht zu nahe kommen. So erkennt ihr den Weg, den ihr gehen sollt, denn diesen Weg seid ihr noch nie gegangen. 5 Und Josua sprach zum Volk: Heiligt euch, denn morgen wird der HERR Wunder tun in eurer Mitte. 6 Und Josua sprach zu den Priestern: Hebt die Lade des Bundes auf, und zieht dem Volk voran. Und sie hoben die Lade des Bundes auf und gingen dem Volk voran.

7 Und der HERR sprach zu Josua: Heute fange ich an, dich gross zu machen in den Augen ganz Israels, damit sie erkennen, dass ich mit dir sein werde, wie ich mit Mose war. 8 Und du sollst den Priestern, die die Lade des Bundes tragen, gebieten: Wenn ihr an das Wasser des Jordan kommt, stellt euch im Jordan auf. 9 Und Josua sprach zu den Israeliten: Kommt her und hört die Worte des HERRN, eures Gottes. 10 Und Josua sprach: Daran sollt ihr erkennen, dass ein lebendiger Gott in eurer Mitte ist und dass er die Kanaaniter, die Hetiter, die Chiwwiter, die Perissiter, die Girgaschiter, die Amoriter und die Jebusiter vor euch vertreiben wird: 11 Seht die Lade des Bundes, der Herr der ganzen Erde zieht vor euch her durch den Jordan! 12 Und nun nehmt euch zwölf Männer aus den Stämmen Israels, einen aus jedem Stamm. 13 Wenn dann die Füsse der Priester, die die Lade des HERRN tragen, des Herrn der ganzen Erde, im Wasser des Jordan sind, wird sich das Wasser des Jordan stauen, das

Wasser, das von oben herabfliesst, so dass es stehen bleibt wie ein Damm.

14 Und als das Volk aufbrach von seinen Zelten, um den Jordan zu überschreiten, auch die Priester, die die Lade des Bundes dem Volk vorantrugen, 15 und als die Träger der Lade an den Jordan kamen und die Füsse der Priester, die die Lade trugen, das Wasser berührten – der Jordan tritt nämlich während der ganzen Erntezeit überall über die Ufer –, 16 da blieb das Wasser, das von oben herabfliesst, stehen. Wie ein Damm erhob es sich, in weiter Entfernung, bei Adam, der Stadt, die neben Zaretan liegt. Und das Wasser, das zum Meer der Araba, dem Salzmeer, hinabfloss, verlief sich ganz, und das Volk überschritt den Jordan gegenüber von Jericho. 17 Und die Priester, die die Lade trugen, den Bund des HERRN, standen unbeweglich mitten im Jordan auf dem Trockenen, und ganz Israel zog auf dem Trockenen hinüber, bis die ganze Nation den Jordan überschritten hatte.

|1: 6,12; 7,16; 8,10 · 2,1! |2–3: 1,11 |3: Dtn 10,8; 31,9 |4: 2Sam 6,6–7 |5: 7,13; Lev 20,7 |6: 6,6 |7: 4,14 · 1,5! |10: 24,11; Gen 15,21 · 22,31! |11: Sach 4,14 |12: 4,2–4; Num 13,2 |13: Ex 15,8; Ps 78,13 |14: Apg 7,45 |15: 4,18 |16: 12,3 · 4,22; 5,1

3,16: In einer anderen hebräischen Tradition lautet der Text: «…, weit entfernt von Adam, der Stadt, …»

Die Aufrichtung der zwölf Gedenksteine

4 1 Und nachdem die ganze Nation den Jordan überschritten hatte, sprach der HERR zu Josua: 2 Nehmt euch zwölf Männer aus dem Volk, einen aus jedem Stamm, 3 und gebietet ihnen: Nehmt euch von dort aus dem Jordan, von der Stelle, wo die Füsse der Priester stehen, zwölf Steine, und nehmt sie mit euch hinüber, und legt sie im Lager nieder, wo ihr heute übernachten werdet. 4 Und Josua rief die zwölf Männer, die er von den Israeliten bestimmt hatte, aus jedem Stamm einen. 5 Und Josua sprach zu ihnen: Zieht vor der Lade des HERRN, eures Gottes, in den Jordan, jeder soll einen Stein auf seine Schulter

heben, nach der Zahl der Stämme der Israeliten, 6 damit das ein Zeichen unter euch sei. Wenn eure Kinder künftig fragen: Was bedeuten euch diese Steine?, 7 sollt ihr zu ihnen sagen: Das Wasser des Jordan staute sich vor der Lade des Bundes des HERRN, als sie durch den Jordan zog. Das Wasser des Jordan staute sich, und diese Steine sollen den Israeliten ein ewiges Erinnerungszeichen sein. 8 Und die Israeliten machten es, wie Josua es geboten hatte: Sie nahmen zwölf Steine aus dem Jordan, wie der HERR es Josua gesagt hatte, nach der Zahl der Stämme der Israeliten. Und sie nahmen sie mit hinüber ins Nachtlager und legten sie dort nieder. 9 Und Josua richtete zwölf Steine auf im Jordan, an der Stelle, wo die Füsse der Priester gestanden hatten, die die Lade des Bundes trugen; und dort sind sie bis auf den heutigen Tag. 10 Und die Priester, die die Lade trugen, standen im Jordan, bis alles vollendet war, was der HERR Josua dem Volk zu sagen geboten hatte, so wie Mose es Josua geboten hatte. Und das Volk zog in Eile hinüber. 11 Und als das ganze Volk hinübergezogen war, zog die Lade des HERRN hinüber, und die Priester waren vor dem Volk. 12 Und die Rubeniten und die Gaditen und der halbe Stamm Manasse zogen in Kampfordnung vor den Israeliten hinüber, wie Mose es ihnen gesagt hatte. 13 Gegen vierzigtausend für den Kampf Bewaffnete zogen vor dem HERRN hinüber zum Krieg, in die Steppen von Jericho. 14 An diesem Tag machte der HERR Josua gross in den Augen ganz Israels, und sie fürchteten ihn, wie sie Mose gefürchtet hatten, sein Leben lang.

15 Und der HERR sprach zu Josua: 16 Gebiete den Priestern, die die Lade des Zeugnisses tragen, aus dem Jordan heraufzusteigen. 17 Da gebot Josua den Priestern: Steigt herauf aus dem Jordan. 18 Und als die Priester, die die Lade des Bundes des HERRN trugen, aus dem Jordan stiegen, und die Füsse der Priester das Trockene berührt hatten, kehrte das

Wasser des Jordan an seinen Ort zurück und trat überall über die Ufer, wie zuvor. 19 Und das Volk stieg aus dem Jordan hinauf am Zehnten des ersten Monats, und sie lagerten in Gilgal, an der Ostgrenze von Jericho. 20 Und jene zwölf Steine, die sie aus dem Jordan genommen hatten, richtete Josua in Gilgal auf, 21 und er sprach zu den Israeliten: Wenn künftig eure Kinder ihre Väter fragen: Was bedeuten diese Steine?, 22 dann sollt ihr es euren Kindern erklären: Auf trockenem Boden hat Israel hier den Jordan überschritten. 23 Denn der HERR, euer Gott, liess das Wasser des Jordan vor euch austrocknen, bis ihr hinübergezogen wart, wie es der HERR, euer Gott, mit dem Schilfmeer getan hat, das er vor uns austrocknen liess, bis wir hindurchgezogen waren, 24 damit alle Völker der Erde erkennen, dass die Hand des HERRN stark ist, damit sie den HERRN, euren Gott, allzeit fürchten.

| 1: 24,11 | 2–4: 3,12! | 5: Ex 24,4 | 6: 21; Ex 10,2; 12,26! | 7: Ex 12,14; Num 17,5 | 8: Ex 28,21! | 12: 1,14 | 14: 3,7 · 1,17 | 18: 3,15 | 19: 5,10; 9,6 | 21: 6! | 22: 3,16! · Ps 66,6 | 23: Ex 15,19 | 24: Dtn 6,2

Die Beschneidung in Gilgal

5 1 Und als alle Könige der Amoriter auf der anderen Seite des Jordan im Westen und alle Könige der Kanaaniter am Meer hörten, dass der HERR das Wasser des Jordan hatte austrocknen lassen vor den Israeliten, bis sie hinübergezogen waren, wurde ihr Herz mutlos, kein Lebensgeist regte sich mehr beim Anblick der Israeliten. 2 Zu jener Zeit sprach der HERR zu Josua: Mach dir steinerne Messer, und beschneide die Israeliten noch einmal, zum zweiten Mal. 3 Da machte sich Josua steinerne Messer und beschnitt die Israeliten am Hügel Aralot. 4 Und das ist der Grund, warum Josua sie beschnitt: Das ganze Volk, das auszog aus Ägypten, alle, die männlich waren, alle wehrfähigen Männer, waren bei ihrem Auszug aus Ägypten unterwegs in der Wüste gestorben. 5 Das ganze Volk, das auszog, war beschnitten, das ganze Volk aber, das während ihres Auszugs aus Ägypten unterwegs in der Wüste geboren wurde, hatte man nicht beschnitten. 6 Denn vierzig Jahre lang wanderten die Israeliten in der Wüste, bis die ganze Nation gestorben war, die wehrfähigen Männer, die aus Ägypten ausgezogen waren, die nicht gehört hatten auf die Stimme des HERRN, denn der HERR hatte ihnen geschworen, sie das Land nicht sehen zu lassen, das uns zu geben der HERR ihren Vorfahren geschworen hatte, ein Land, in dem Milch und Honig fliessen. 7 Und an ihre Stelle hatte er ihre Söhne treten lassen. Diese beschnitt Josua, denn sie waren unbeschnitten, weil man sie unterwegs nicht beschnitten hatte. 8 Und als die ganze Nation beschnitten war, blieben sie an ihrem Ort im Lager, bis sie genesen waren. 9 Und der HERR sprach zu Josua: Heute habe ich die Schande Ägyptens von euch abgewälzt. Und man hat jenen Ort Gilgal genannt, bis auf den heutigen Tag.

| 1: Num 13,29 · 3,16! · 2,11 | 2: Ex 4,25 · Gen 17,10 | 4: Num 26,64–65 | 6: Num 14,33–35; Hebr 3,17 · 1,6! · Ex 3,8! | 7: Dtn 1,39 | 8: Gen 34,25

5,3: Das hebräische Wort Aralot bedeutet «Vorhäute».
5,9: Im Namen Gilgal klingt hebräisch ‹abwälzen› an.

Das Passa in Gilgal

10 Und die Israeliten lagerten in Gilgal und feierten das Passa, am vierzehnten Tag des Monats, am Abend, in den Steppen von Jericho. 11 Und sie assen am Tag nach dem Passa vom Ertrag des Landes, ungesäuerte Brote und geröstetes Korn, an ebendiesem Tag. 12 Und das Manna hörte auf am Tag, nachdem sie vom Ertrag des Landes gegessen hatten, und es gab kein Manna mehr für die Israeliten. Und in jenem Jahr assen sie von der Ernte des Landes Kanaan.

| 10: 4,19! · Ex 12,6 | 11: Lev 23,14 · Ex 13,7 | 12: Ex 16,31.35

Der Heerführer des HERRN

13 Und als Josua in Jericho war, blickte er auf und sah hin, und sieh, ihm

gegenüber stand ein Mann, das gezückte Schwert in der Hand. Und Josua ging zu ihm und fragte ihn: Gehörst du zu uns oder zu unseren Feinden? 14 Und er sprach: Weder noch, ich bin der Heerführer des HERRN, eben jetzt bin ich gekommen. Und Josua fiel auf sein Angesicht zur Erde nieder und verneigte sich und sprach zu ihm: Was hat mein Herr seinem Diener zu sagen? 15 Und der Heerführer des HERRN sprach zu Josua: Nimm deine Sandalen von den Füssen, denn der Ort, wo du stehst, ist heilig. Und Josua machte es so.

|13: Num 22,23.31; 1Chr 21,16 |14: Ex 23,23 · 1Sam 3,9 |15: Ex 3,5

Die Eroberung Jerichos

6 1 Jericho aber schloss die Tore und blieb verschlossen vor den Israeliten. Niemand kam heraus, und niemand ging hinein. 2 Und der HERR sprach zu Josua: Sieh, ich habe Jericho und seinen König, tüchtige Krieger, in deine Hand gegeben. 3 Und ihr sollt um die Stadt herumziehen, alle Krieger sollen einmal die Stadt umkreisen; das sollst du sechs Tage lang tun. 4 Und sieben Priester sollen sieben Widderhörner vor der Lade hertragen. Und am siebten Tag sollt ihr siebenmal um die Stadt ziehen, und die Priester sollen die Hörner blasen. 5 Und wenn man das Widderhorn bläst, wenn ihr den Hörnerschall hört, soll das ganze Volk in lautes Kriegsgeschrei ausbrechen. Dann wird die Stadtmauer in sich zusammenfallen, und das Volk soll hinaufsteigen, jeder, wo er gerade ist. 6 Und Josua, der Sohn des Nun, rief die Priester und sprach zu ihnen: Hebt die Lade des Bundes auf, und sieben Priester sollen sieben Widderhörner vor der Lade des HERRN hertragen. 7 Und zum Volk sprach er: Geht hinüber, und zieht um die Stadt, und wer bewaffnet ist, soll vor der Lade des HERRN gehen. 8 Und als Josua dies dem Volk gesagt hatte, gingen die sieben Priester hinüber, die die sieben Widderhörner vor dem HERRN her-

trugen, und bliesen die Hörner, und die Lade des Bundes des HERRN zog hinter ihnen her. 9 Und wer bewaffnet war, ging vor den Priestern, die die Hörner bliesen, und die Nachhut folgte der Lade, und unablässig blies man die Hörner. 10 Dem Volk aber hatte Josua geboten: Ihr sollt nicht schreien und eure Stimme nicht hören lassen, und es soll kein Wort aus eurem Mund kommen bis zu dem Tag, an dem ich zu euch sagen werde: Brecht in Kriegsgeschrei aus! Dann sollt ihr in Kriegsgeschrei ausbrechen. 11 Und er liess die Lade des HERRN um die Stadt ziehen, sie umkreiste sie einmal, dann kamen sie wieder ins Lager und übernachteten im Lager. 12 Und Josua machte sich früh am Morgen auf, und die Priester trugen die Lade des HERRN. 13 Und die sieben Priester, die die sieben Widderhörner vor der Lade des HERRN hertrugen, gingen, und unablässig bliesen sie die Hörner. Und wer bewaffnet war, ging vor ihnen. Und die Nachhut folgte der Lade des HERRN, und unablässig blies man die Hörner. 14 Auch am zweiten Tag zogen sie einmal um die Stadt und kamen zurück ins Lager. Das taten sie sechs Tage lang.

15 Und am siebten Tag machten sie sich auf, als die Morgenröte aufstieg, und zogen der Anweisung gemäss siebenmal um die Stadt; nur an diesem Tag zogen sie siebenmal um die Stadt. 16 Beim siebten Mal aber bliesen die Priester die Hörner, und Josua sprach zum Volk: Brecht in Kriegsgeschrei aus, denn der HERR hat euch die Stadt gegeben. 17 Und die Stadt soll mit allem, was darin ist, der Vernichtung geweiht sein für den HERRN. Nur Rachab, die Hure, soll am Leben bleiben, sie und alle, die bei ihr im Haus sind, weil sie die Boten versteckt hat, die wir ausgesandt hatten. 18 Vor allem aber hütet euch vor dem, was der Vernichtung geweiht ist, damit ihr nicht begehrt und nehmt von dem, was der Vernichtung geweiht ist, und so das Lager Israels der Vernichtung weiht

und es ins Unglück stürzt. 19 Alles Silber und Gold aber und die bronzenen und eisernen Geräte sind dem HERRN heilig, es soll in die Schatzkammer des HERRN kommen. 20 Und das Volk begann zu schreien, und man blies die Hörner, und als das Volk den Hörnerschall hörte, brach das Volk in lautes Kriegsgeschrei aus, und die Mauer fiel in sich zusammen, und das Volk stieg zur Stadt hinauf, ein jeder, wo er gerade war, und sie nahmen die Stadt ein. 21 Und alles, was in der Stadt war, weihten sie der Vernichtung mit der Schärfe des Schwerts, Mann und Frau, Jung und Alt, Rind, Schaf und Esel. 22 Und zu den beiden Männern, die das Land ausgekundschaftet hatten, sprach Josua: Geht in das Haus der Hure, und führt die Frau und alle, die zu ihr gehören, von dort hinaus, wie ihr es ihr geschworen habt. 23 Und die jungen Männer, die Kundschafter, kamen und führten Rachab, ihren Vater und ihre Mutter, ihre Brüder und alle, die zu ihr gehörten, hinaus. Ihre ganze Sippe führten sie hinaus und gaben ihr einen Platz ausserhalb von Israels Lager. 24 Die Stadt aber und alles, was in ihr war, verbrannten sie, nur das Silber und das Gold und die bronzenen und eisernen Geräte legten sie in die Schatzkammer im Haus des HERRN. 25 Die Hure Rachab aber und das Haus ihres Vaters und alle, die zu ihr gehörten, liess Josua am Leben. Und sie blieb in Israel wohnen bis auf den heutigen Tag, weil sie die Boten versteckt hatte, die Josua ausgesandt hatte, um Jericho auszukundschaften. 26 Und zu jener Zeit liess Josua schwören: Verflucht ist der Mann vor dem HERRN, der sich aufmacht und diese Stadt, Jericho, wieder aufbaut. Es soll ihn seinen Erstgeborenen kosten, wenn er ihren Grundstein legt, und seinen Jüngsten, wenn er ihre Tore einsetzt. 27 Und der HERR war mit Josua, und man hörte von ihm im ganzen Land.

|1: 18,21 |2: 12,9 · 2,24! |4: 2Kön 5,10 · Num 10,9 |6: 3,6 |12: 3,1! |16: Ri 7,22 |17: Lev 27,28!;

Dtn 20,16–17 · 2,4 |18: Dtn 13,18;23,10 · 7,12 · Dtn 7,26;1Sam 15,9–11 |20: 2Chr 13,15 · Zef 1,16; Hebr 11,30 |21: 8,2.22; 9,3; Dtn 7,2 |22: 2,14 |23: 2,18 |24: 11,11; Num 31,10; Dtn 13,17 |25: Ri 1,25 · Hebr 11,31 |26: 1Kön 16,34 |27: 1,5!

Achans Vergehen: Israel kann Ai nicht erobern

7 1 Doch die Israeliten vergriffen sich an dem, was der Vernichtung geweiht war: Achan, der Sohn des Karmi, des Sohns des Sabdi, des Sohns von Serach vom Stamm Juda, nahm etwas von dem, was der Vernichtung geweiht war, und der Zorn des HERRN entbrannte gegen die Israeliten. 2 Und Josua sandte Männer von Jericho nach Ai, das bei Bet-Awen, östlich von Bet-El liegt, und sprach zu ihnen: Geht hinauf und erkundet das Land. Und die Männer gingen hinauf und erkundeten Ai. 3 Dann kamen sie zurück zu Josua und sagten zu ihm: Nicht das ganze Volk soll hinaufziehen; gegen zwei- oder dreitausend Mann sollen hinaufziehen und Ai schlagen. Bemühe nicht das ganze Volk dorthin, denn sie sind wenige. 4 Und gegen dreitausend Mann vom Volk zogen dort hinauf, aber vor den Männern von Ai ergriffen sie die Flucht. 5 Und die Männer von Ai erschlugen sechsunddreissig Mann von ihnen. Und sie verfolgten sie vom Tor bis zu den Steinbrüchen und schlugen sie am Abhang, und das Herz des Volks zerfloss wie Wasser. 6 Und Josua zerriss seine Kleider und fiel auf sein Angesicht zur Erde nieder vor der Lade des HERRN, bis zum Abend, er und die Ältesten Israels, und sie streuten Staub auf ihr Haupt. 7 Und Josua sprach: Ach Herr, HERR, warum hast du dieses Volk den Jordan überschreiten lassen? Um uns in die Hand der Amoriter zu geben, damit sie uns vernichten? Hätten wir uns doch dazu entschlossen, jenseits des Jordan zu bleiben! 8 Ich bitte dich, Herr, was soll ich sagen, nachdem Israel seinen Feinden den Nacken gezeigt hat? 9 Wenn die Kanaaniter und alle Bewohner des Landes das hören, werden sie uns umzingeln und unseren

Namen von der Erde tilgen. Was wirst du tun für deinen grossen Namen? 10 Und der HERR sprach zu Josua: Steh auf! Warum liegst du da auf deinem Angesicht? 11 Israel hat gesündigt, sie haben meinen Bund übertreten, den ich ihnen auferlegt habe, sie haben genommen von dem, was der Vernichtung geweiht war, sie haben es gestohlen, verheimlicht und bei sich versteckt. 12 Die Israeliten können vor ihren Feinden nicht bestehen. Sie werden ihre Feinde im Nacken haben, denn nun sind sie selbst der Vernichtung geweiht. Ich werde nicht mehr mit euch sein, wenn ihr das, was bei euch der Vernichtung geweiht ist, nicht vernichtet. 13 Steh auf, heilige das Volk, und sprich: Heiligt euch für morgen, denn so spricht der HERR, der Gott Israels: Bei dir ist etwas, das der Vernichtung geweiht ist, Israel. Du kannst vor deinen Feinden nicht bestehen, bis ihr das, was bei euch der Vernichtung geweiht ist, vernichtet. 14 Und am Morgen sollt ihr herantreten, Stamm für Stamm. Und der Stamm, den der HERR bestimmt, soll vortreten, Sippe für Sippe; und die Sippe, die der HERR bestimmt, soll vortreten, Haus für Haus; und das Haus, das der HERR bestimmt, soll vortreten, Mann für Mann. 15 Und den, der so überführt wird, den soll man verbrennen und alles, was ihm gehört, weil er sich vergriffen hat an dem, was der Vernichtung geweiht ist, weil er den Bund des HERRN übertreten und eine Schandtat begangen hat in Israel.

16 Und früh am Morgen liess Josua Israel herantreten, Stamm für Stamm, und es traf den Stamm Juda. 17 Und er liess die Sippen Judas vortreten, und es traf die Sippe der Serachiten, und er liess die Sippe der Serachiten vortreten, Mann für Mann, und es traf Sabdi. 18 Und er liess dessen Haus vortreten, Mann für Mann, und es traf Achan, den Sohn des Karmi, des Sohns des Sabdi, des Sohns von Serach vom Stamm Juda. 19 Und Josua sprach zu Achan: Mein Sohn, erweise dem HERRN, dem Gott Israels, die Ehre, lobe ihn, und sage mir doch, was du getan hast. Verheimliche nichts vor mir. 20 Und Achan antwortete Josua und sprach: Es ist wahr. Ich war es, der sich am HERRN, dem Gott Israels, versündigt hat. Und das ist es, was ich getan habe: 21 Ich sah bei der Beute einen schönen Mantel aus Schinar und zweihundert Schekel Silber und eine goldene Zunge, fünfzig Schekel schwer; und ich begehrte dies und ich nahm es. Und sieh, es ist vergraben in der Erde, in meinem Zelt, und das Silber liegt zuunterst. 22 Und Josua sandte Boten, und die eilten in das Zelt; und sieh, es war in seinem Zelt vergraben, und das Silber lag zuunterst. 23 Und sie nahmen die Dinge aus dem Zelt und brachten sie zu Josua und zu allen Israeliten und breiteten sie aus vor dem HERRN. 24 Und Josua und ganz Israel mit ihm nahm Achan, den Sohn des Serach, und das Silber und den Mantel und die goldene Zunge und seine Söhne und seine Töchter und sein Rind und seinen Esel und sein Kleinvieh und sein Zelt und alles, was ihm gehörte, und sie führten sie hinauf in das Tal Achor. 25 Und Josua sprach: Wie hast du uns ins Unglück gestürzt. Am heutigen Tag wird der HERR dich ins Unglück stürzen! Und ganz Israel steinigte ihn, und sie verbrannten sie und steinigten sie. 26 Dann errichteten sie einen grossen Steinhaufen über ihm, der dort ist bis auf den heutigen Tag. Und der HERR liess ab von seinem glühenden Zorn. Daher heisst jener Ort Tal Achor, bis auf den heutigen Tag.

|5: Dtn 1,44 |6: Esra 10,1 · Ri 20,23.26 · Neh 9,1; Est 4,3 |7: Ex 5,22; 32,11–13 |9: Ex 32,12; Num 14,13; Dtn 9,28 |12: Num 14,42 · 6,18 |13: 3,5! · Dtn 13,6 |14: 1Sam 10,19 |15: Ri 20,6 |16: 3,1! |18: 1Sam 10,20–21; 14,42 |19: Num 5,6–7; 1Sam 14,43 |21: Gen 3,6 |24: 22,20; Lev 24,14–15; 1Chr 2,7 |25: Dtn 13,10–11; 17,5 |26: 8,29; 2Sam 18,17 · Jes 65,10; Hos 2,17

7,15: «weil er sich vergriffen hat» wurde in der Übersetzung ergänzt.

7,17: In manchen Textzeugen lautet der Text: «… Serachiten vortreten, Haus für Haus, …»

7,26: Im Namen Achor klingt hebräisch ‹ins Unglück stürzen› an, wie es in 7,25 verwendet wird.

Die Eroberung von Ai

8 1 Und der Herr sprach zu Josua: Fürchte dich nicht, und hab keine Angst. Nimm das ganze Kriegsvolk mit dir, und mach dich auf, zieh hinauf nach Ai. Sieh, ich habe den König von Ai und sein Volk und seine Stadt und sein Land in deine Hand gegeben. 2 Und du sollst mit Ai und seinem König verfahren, wie du mit Jericho und seinem König verfahren bist, diesmal aber dürft ihr die Beute und das Vieh behalten. Lege der Stadt auf ihrer Rückseite einen Hinterhalt. 3 Und Josua machte sich mit allem Kriegsvolk auf, um hinaufzuziehen nach Ai. Und Josua wählte dreissigtausend Mann aus, tüchtige Krieger, und sandte sie aus bei Nacht 4 und befahl ihnen: Seht zu, ihr sollt euch hinter der Stadt in einen Hinterhalt legen, nicht zu weit von der Stadt entfernt, und ihr sollt euch alle bereithalten. 5 Ich aber und das ganze Volk, das bei mir ist, wir werden gegen die Stadt vorrücken. Und wenn sie ausrücken, uns entgegen, wie beim ersten Mal, werden wir vor ihnen fliehen. 6 Und sie werden uns nachsetzen, bis wir sie von der Stadt weggelockt haben, denn sie werden sagen: Sie fliehen vor uns wie beim ersten Mal. Und wir werden vor ihnen fliehen, 7 ihr aber sollt aus dem Hinterhalt hervorbrechen und die Stadt in Besitz nehmen, und der HERR, euer Gott, wird sie in eure Hand geben. 8 Und wenn ihr die Stadt eingenommen habt, sollt ihr sie in Brand stecken, nach dem Wort des HERRN sollt ihr handeln. Seht, ich habe es euch geboten. 9 Und Josua sandte sie aus, und sie legten sich in den Hinterhalt und blieben zwischen Bet-El und Ai, westlich von Ai. Josua aber übernachtete in jener Nacht beim Volk. 10 Und früh am anderen Morgen musterte Josua das Volk, und er und die Ältesten Israels zogen vor dem Volk hinauf nach Ai. 11 Und das ganze Kriegsvolk, das bei ihm war, war hinaufgezogen, und sie näherten sich, kamen vor die Stadt und lagerten nördlich von Ai, und das Tal lag zwischen ih-

nen und Ai. 12 Und er nahm gegen fünftausend Mann und legte sie in einen Hinterhalt zwischen Bet-El und Ai, westlich der Stadt. 13 Und sie stellten das Volk auf: das ganze Lager, das nördlich der Stadt war, und die Nachhut westlich der Stadt. Und Josua ging in jener Nacht in die Ebene.

14 Und als der König von Ai das sah, rückten die Männer der Stadt in der Frühe eilends aus, Israel entgegen, in die Schlacht, er und sein ganzes Volk, an einen bestimmten Ort vor der Araba. Er wusste aber nicht, dass ihm hinter der Stadt ein Hinterhalt gelegt worden war. 15 Und Josua und ganz Israel liessen sich von ihnen schlagen, und sie flohen auf dem Weg zur Wüste. 16 Und das ganze Volk, das in der Stadt war, wurde aufgeboten, um sie zu verfolgen, und sie verfolgten Josua und liessen sich weglocken von der Stadt. 17 Kein einziger Mann blieb in Ai und Bet-El, da war keiner, der nicht ausgezogen wäre hinter Israel her, und sie liessen die Stadt offen zurück und verfolgten Israel. 18 Und der HERR sprach zu Josua: Strecke den Speer in deiner Hand aus gegen Ai, denn ich will es in deine Hand geben. Und Josua streckte den Speer in seiner Hand aus gegen die Stadt. 19 Und unverzüglich brachen die im Hinterhalt auf aus ihrer Stellung, und sie stürmten los, als er seine Hand ausstreckte, und sie kamen zur Stadt, nahmen sie ein und steckten die Stadt sogleich in Brand. 20 Und die Männer von Ai blickten zurück, und sie sahen, wie der Rauch von der Stadt zum Himmel aufstieg, und sie hatten nicht die Kraft zu fliehen, weder hierher noch dorthin. Das Volk aber, das zur Wüste floh, wandte sich um, den Verfolgern entgegen. 21 Und als Josua und ganz Israel sahen, dass aus dem Hinterhalt die Stadt eingenommen hatten und dass der Rauch von der Stadt aufstieg, wendeten sie sich um und schlugen die Männer von Ai. 22 Diese waren aus der Stadt ausgerückt ihnen entgegen, so dass die von Ai zwischen die Israeliten

gerieten, und diese kamen von beiden Seiten und schlugen sie, bis niemand übrig blieb, der hätte entkommen und fliehen können. 23 Den König von Ai aber nahmen sie lebend gefangen und führten ihn zu Josua. 24 Und als die Israeliten alle Bewohner von Ai umgebracht hatten auf dem offenen Land in der Wüste, wohin sie sie verfolgt hatten, und als alle bis auf den letzten Mann durch die Schärfe des Schwerts gefallen waren, kehrte sich ganz Israel gegen Ai und schlug es mit der Schärfe des Schwerts. 25 Und es waren zwölftausend, die an jenem Tag fielen, Männer und Frauen, alle Leute von Ai. 26 Josua aber zog seine Hand, die er mit dem Speer ausgestreckt hatte, nicht zurück, bis man alle Bewohner von Ai der Vernichtung geweiht hatte. 27 Nur das Vieh und die Beute dieser Stadt behielt Israel für sich, nach dem Wort des HERRN, das er Josua aufgetragen hatte. 28 Und Josua brannte Ai nieder und machte es zu einem Trümmerhaufen für immer, zu einer Wüstenei, die geblieben ist bis auf den heutigen Tag. 29 Den König von Ai aber liess er an einen Baum hängen bis zum Abend. Und als die Sonne unterging, gab Josua Befehl, und man nahm seinen Leichnam vom Baum; und sie warfen ihn vor das Tor der Stadt und errichteten über ihm einen grossen Steinhaufen, der dort ist bis auf den heutigen Tag.

|1: 2,24! |2: 6,21! · 11,14; Dtn 2,35; 20,14 |3: 10,7 · Ex 17,9 |4: Ri 9,32; 20,29 |6: 7,5 · Ri 20,32 |10: 3,1! |12: 1Sam 15,5 |15: Ri 20,34 |20: Ri 20,40–41 |22: 6,21! |23: 10,22; 1Sam 15,32 |26: 9,3 · Ex 17,12 |27: Dtn 2,34 |28: Dtn 13,17 |29: 12,9 · 10,26–27; Dtn 21,23! · 7,26!

Altarbau und Verlesung der Weisung

30 Damals baute Josua dem HERRN, dem Gott Israels, einen Altar auf dem Berg Ebal, 31 wie Mose, der Diener des HERRN, es den Israeliten geboten hatte, wie es geschrieben steht im Buch der Weisung des Mose, einen Altar aus unbehauenen Steinen, die man nicht mit Eisen bearbeitet hatte, und sie brachten dem HERRN darauf Brandopfer dar und

schlachteten Heilsopfer. 32 Und dort schrieb er auf die Steine die Abschrift der Weisung des Mose, die dieser aufgezeichnet hatte vor den Augen der Israeliten. 33 Und ganz Israel und seine Ältesten, seine Amtleute und seine Richter standen zu beiden Seiten der Lade, den levitischen Priestern gegenüber, die die Lade des Bundes des HERRN trugen, der Fremde wie der Einheimische, die eine Hälfte gegen den Berg Garizim, die andere gegen den Berg Ebal hin, wie Mose, der Diener des HERRN, zuvor geboten hatte, das Volk Israel zu segnen. 34 Und danach las er alle Worte der Weisung vor, den Segen und den Fluch, wie es geschrieben steht im Buch der Weisung. 35 Da war nicht ein einziges Wort, das Josua der ganzen Gemeinde Israels nicht vorgelesen hätte, von allem, was Mose geboten hatte, auch den Frauen und Kindern und dem Fremden, der mit ihnen zog.

|30: Gen 12,8 |31: Ex 20,25 |32: Ex 24,4; Dtn 17,18; 27,8 |33: Num 15,15–29; Dtn 31,12 · Dtn 11,29 |34: Dtn 27,12–26; 28,1–68; 31,11! |35: Neh 8,3

Die Gibeoniter überlisten Israel

9 1 Und als all die Könige davon hörten, die auf der anderen Seite des Jordan wohnten, auf dem Gebirge und in der Schefela und überall an der Küste des grossen Meeres bis an den Libanon, die Hetiter, die Amoriter, die Kanaaniter, die Perissiter, die Chiwwiter und die Jebusiter, 2 da taten sie sich zusammen, um einmütig gegen Josua und Israel zu kämpfen. 3 Die Einwohner von Gibeon aber hatten gehört, was Josua mit Jericho und Ai gemacht hatte, 4 und nun handelten sie ihrerseits mit List: Sie gingen und versahen sich mit Wegzehrung und luden alte Säcke und alte, zerrissene und ausgebesserte Weinschläuche auf ihre Esel 5 und zogen alte, geflickte Sandalen und alte Mäntel an, und alles Brot ihrer Wegzehrung war trocken und zerbröckelt. 6 Und sie gingen zu Josua ins Lager nach Gilgal und sprachen zu ihm und zu den Männern Israels: Wir kom-

men aus einem fernen Land. Und nun schliesst einen Bund mit uns. 7 Da sprach der Mann Israels zum Chiwwiter: Vielleicht lebst du in meiner Nähe; wie könnte ich einen Bund mit dir schliessen? 8 Und sie sprachen zu Josua: Wir sind deine Diener. Und Josua fragte sie: Wer seid ihr, und woher kommt ihr? 9 Da antworteten sie ihm: Deine Diener kommen aus einem sehr fernen Land um des Namens des HERRN, deines Gottes, willen, denn wir haben von ihm gehört und von allem, was er in Ägypten getan hat, 10 und von allem, was er den beiden Königen der Amoriter jenseits des Jordan angetan hat, Sichon, dem König von Cheschbon, und Og, dem König des Baschan, der in Aschtarot wohnte. 11 Und unsere Ältesten und alle Bewohner unseres Landes haben zu uns gesagt: Nehmt Wegzehrung mit euch auf den Weg, und geht ihnen entgegen, und sprecht zu ihnen: Wir sind eure Diener, und nun schliesst einen Bund mit uns. 12 Unser Brot hier war noch warm, als wir es aus unseren Häusern mit auf den Weg genommen haben, am Tag, als wir auszogen, um zu euch zu gehen, und nun sieh, es ist vertrocknet und zerbröckelt. 13 Und die Weinschläuche hier waren neu, als wir sie füllten, und sieh, sie sind zerrissen. Und unsere Mäntel und unsere Sandalen hier sind abgenutzt vom weiten Weg. 14 Da nahmen die Männer von ihrer Wegzehrung, den HERRN aber befragten sie nicht. 15 Und Josua gewährte ihnen Frieden und schloss einen Bund mit ihnen, sie am Leben zu lassen; und die Vorsteher der Gemeinde schworen ihnen dieses zu.

16 Aber drei Tage nachdem sie den Bund mit ihnen geschlossen hatten, hörten sie, dass diese aus ihrer Nähe waren und nahe bei ihnen wohnten. 17 Und die Israeliten brachen auf und kamen am dritten Tag zu ihren Städten, und ihre Städte waren Gibeon, Kefira, Beerot und Kirjat-Jearim. 18 Doch die Israeliten schlugen sie nicht, denn die Vorsteher der Gemeinde hatten ihnen

beim HERRN, dem Gott Israels, geschworen, und die ganze Gemeinde murrte gegen die Vorsteher. 19 Und alle Vorsteher sprachen zur ganzen Gemeinde: Wir selbst haben ihnen beim HERRN, dem Gott Israels, geschworen, darum dürfen wir sie nun nicht antasten. 20 Dies wollen wir mit ihnen machen: Wir werden sie am Leben lassen, damit nicht Zorn über uns kommt wegen des Schwures, den wir ihnen geschworen haben. 21 Und die Vorsteher sprachen zu ihnen: Sie sollen am Leben bleiben. Und sie wurden Holzfäller und Wasserträger für die ganze Gemeinde, wie die Vorsteher es ihnen gesagt hatten. 22 Und Josua rief sie und sprach zu ihnen: Warum habt ihr uns betrogen und gesagt: Wir wohnen sehr weit entfernt von euch, obwohl ihr nahe bei uns lebt? 23 Und nun: Verflucht seid ihr. Ihr werdet für immer Diener sein und Holzfäller und Wasserträger für das Haus meines Gottes. 24 Und sie antworteten Josua und sprachen: Es ist deinen Dienern zugetragen worden, dass der HERR, dein Gott, seinem Diener Mose geboten hat, euch das ganze Land zu geben und alle Bewohner des Landes vor euch zu vernichten, und euretwegen fürchteten wir sehr um unser Leben; und darum haben wir dies getan. 25 Und nun sind wir in deiner Hand. Mach, was mit uns zu machen in deinen Augen gut und recht ist. 26 Und so machte er es mit ihnen und rettete sie aus der Hand der Israeliten, und sie brachten sie nicht um. 27 Und an jenem Tag machte Josua sie zu Holzfällern und Wasserträgern für die Gemeinde und für den Altar des HERRN, an dem Ort, den dieser erwählen würde; und sie sind es bis zum heutigen Tag.

|1: Dtn 1,7 |2: 11,4; 24,11 |3: 6,21! · 10,1 · 8,26 |6: 4,19! · 10,6 |7: 2Sam 24,7 · Ex 23,32; 34,12; Dtn 7,2 |8: 10,6 |10: 2,10 |14: Num 27,21; 1Chr 10,14; Jes 30,2 |15: 11,19 · 2Sam 21,2 |17: 18,26 |18: Num 30,3; Dtn 23,24 |21: 27; Dtn 29,10! · 10,1 |23: Gen 9,25–26 |24: 10,2 |25: 2Kön 10,5; Jer 26,14 |27: 21 · Dtn 12,5

Israel hilft den Gibeonitern: Sieg über die fünf Könige der Amoriter

10 1 Als aber Adoni-Zedek, der König von Jerusalem, hörte, dass Josua Ai eingenommen und der Vernichtung geweiht hatte – wie mit Jericho und seinem König so war er auch mit Ai und seinem König verfahren – und dass die Bewohner von Gibeon mit Israel Frieden geschlossen hatten und bei ihnen blieben, 2 fürchteten sie sich sehr, denn Gibeon war eine grosse Stadt, wie eine der Königsstädte, und sie war noch grösser als Ai, und all ihre Männer waren Helden. 3 Und Adoni-Zedek, der König von Jerusalem, sandte zu Hoham, dem König von Chebron, und zu Piram, dem König von Jarmut, und zu Jafia, dem König von Lachisch, und zu Debir, dem König von Eglon, und sagte ihnen:
4 Kommt herauf zu mir, und helft mir, damit wir Gibeon schlagen, denn es hat Frieden geschlossen mit Josua und den Israeliten. 5 Und die fünf Könige der Amoriter, der König von Jerusalem, der König von Chebron, der König von Jarmut, der König von Lachisch und der König von Eglon, versammelten sich mit allen ihren Heeren und zogen hinauf und belagerten Gibeon und bekämpften die Stadt. 6 Und die Männer von Gibeon sandten zu Josua ins Lager nach Gilgal und liessen ihm sagen: Zieh deine Hand nicht ab von deinen Dienern, komm schnell herauf zu uns, und rette uns, und hilf uns, denn alle Könige der Amoriter, die auf dem Gebirge wohnen, haben sich gegen uns zusammengetan. 7 Und Josua zog hinauf von Gilgal, er mit allem Kriegsvolk und allen tüchtigen Kriegern. 8 Und der HERR sprach zu Josua: Fürchte dich nicht vor ihnen, denn ich habe sie in deine Hand gegeben. Keiner von ihnen wird dir standhalten können. 9 Und Josua fiel unerwartet über sie her. Die ganze Nacht hindurch war er von Gilgal hinaufgezogen. 10 Und der HERR verwirrte sie vor Israel, und er fügte ihnen in Gibeon eine schwere Niederlage zu, und er verfolgte sie auf dem Weg zum Pass von Bet-Choron und schlug sie bis Aseka und bis Makkeda. 11 Und als sie auf der Flucht vor Israel am Abhang von Bet-Choron waren, liess der HERR grosse Steine vom Himmel auf sie fallen bis nach Aseka, und sie starben. Durch die Hagelsteine starben mehr, als die Israeliten mit dem Schwert umbrachten. 12 Damals, am Tag, als der HERR den Israeliten den Amoriter preisgab, redete Josua mit dem HERRN und sprach vor den Augen Israels:
Sonne, steh still in Gibeon,
    und Mond, im Tal von Ajjalon.
13 Und die Sonne stand still,
    und der Mond blieb stehen,
bis die Nation Rache genommen hatte
an ihren Feinden
    Steht das nicht geschrieben im Buch des Aufrechten? Und die Sonne blieb am Himmel stehen und beeilte sich nicht unterzugehen, fast einen ganzen Tag lang. 14 Und niemals, nicht vorher und nicht nachher, hat der HERR auf die Stimme eines Mannes gehört wie an diesem Tag, denn der HERR kämpfte für Israel. 15 Und Josua kehrte mit ganz Israel zurück ins Lager nach Gilgal.
    16 Jene fünf Könige aber flohen und versteckten sich in der Höhle von Makkeda. 17 Und es wurde Josua gemeldet: Die fünf Könige sind gefunden worden, sie haben sich in der Höhle von Makkeda versteckt. 18 Da sprach Josua: Wälzt grosse Steine vor den Eingang der Höhle, und stellt Männer davor, um sie zu bewachen. 19 Ihr aber, bleibt nicht stehen, verfolgt eure Feinde, und schlagt ihre Nachhut; lasst sie nicht in ihre Städte kommen, denn der HERR, euer Gott, hat sie in eure Hand gegeben.
20 Und als Josua und die Israeliten ihnen eine sehr schwere Niederlage zugefügt hatten, bis sie völlig aufgerieben waren – wer von ihnen aber hatte entrinnen können, war in die befestigten Städte entkommen –, 21 da kehrte das ganze Volk wohlbehalten zurück ins Lager zu Josua nach Makkeda; niemand

spitzte die Zunge gegen die Israeliten. 22 Und Josua sprach: Öffnet den Eingang der Höhle, und bringt diese fünf Könige aus der Höhle heraus zu mir. 23 Und sie machten es so und brachten diese fünf Könige aus der Höhle heraus zu ihm: den König von Jerusalem, den König von Chebron, den König von Jarmut, den König von Lachisch und den König von Eglon. 24 Und als man diese Könige zu Josua herausgebracht hatte, rief Josua alle Männer Israels und sprach zu den Anführern der Krieger, die mit ihm gezogen waren: Tretet vor, setzt diesen Königen den Fuss auf den Nacken! Und sie traten vor und setzten ihnen den Fuss auf den Nacken. 25 Und Josua sprach zu ihnen: Fürchtet euch nicht und habt keine Angst, seid mutig und stark, denn so wird der HERR es mit allen euren Feinden machen, gegen die ihr kämpft. 26 Danach erschlug sie Josua und hängte sie an fünf Bäume. Und sie hingen an den Bäumen bis zum Abend. 27 Und als die Sonne unterging, gab Josua Befehl, und man nahm sie von den Bäumen und warf sie in die Höhle, in der sie sich versteckt hatten. Und man legte grosse Steine vor den Eingang der Höhle; die sind dort bis auf den heutigen Tag.

28 An diesem Tag nahm Josua auch Makkeda ein und schlug es und seinen König mit der Schärfe des Schwerts. Er weihte die Stadt und alles Lebende in ihr der Vernichtung, niemanden liess er überleben. Und er verfuhr mit dem König von Makkeda, wie er mit dem König von Jericho verfahren war. 29 Und Josua zog mit ganz Israel von Makkeda nach Libna, und sie bekämpften Libna. 30 Und der HERR gab auch diese Stadt und ihren König in die Hand Israels. Und er schlug sie und alles Lebende in ihr mit der Schärfe des Schwerts, niemanden liess er überleben. Und er verfuhr mit ihrem König, wie er mit dem König von Jericho verfahren war. 31 Dann zog Josua mit ganz Israel von Libna nach Lachisch, und sie belagerten die Stadt und bekämpften sie. 32 Und der HERR gab Lachisch in die Hand Israels, und am zweiten Tag nahm er es ein. Und er schlug die Stadt und alles Lebende in ihr mit der Schärfe des Schwerts, ganz wie er es mit Libna getan hatte. 33 Damals zog Horam, der König von Geser, herauf, um Lachisch zu helfen; Josua aber schlug ihn und sein Volk und liess niemanden überleben.

34 Dann zog Josua mit ganz Israel von Lachisch nach Eglon, und sie belagerten die Stadt und bekämpften sie. 35 Und am selben Tag nahmen sie sie ein und schlugen sie mit der Schärfe des Schwerts. Und an jenem Tag weihten sie alles Lebende in ihr der Vernichtung, ganz wie sie es mit Lachisch getan hatten. 36 Dann zog Josua mit ganz Israel von Eglon hinauf nach Chebron, und sie bekämpften es. 37 Und sie nahmen es ein und schlugen es mit der Schärfe des Schwerts und seinen König und alle seine Städte und alles Lebende, das darin war. Niemanden liess er überleben, so wie er es mit Eglon gemacht hatte, und er weihte die Stadt und alles Lebende in ihr der Vernichtung. 38 Dann wandte sich Josua mit ganz Israel nach Debir und bekämpfte es. 39 Und er nahm es ein mit seinem König und allen seinen Städten, und sie schlugen sie mit der Schärfe des Schwerts. Und alles Lebende, das darin war, weihten sie der Vernichtung, niemanden liess er überleben. Wie er mit Chebron verfahren war und mit Libna und seinem König, so verfuhr er mit Debir und seinem König. 40 So schlug Josua das ganze Land: das Gebirge, den Negev, die Schefela und die Abhänge und all ihre Könige. Er liess niemanden überleben, und alles, was Atem hatte, weihten sie der Vernichtung, wie der HERR, der Gott Israels, es geboten hatte. 41 Und Josua schlug sie von Kadesch-Barnea bis Gaza und das ganze Land Goschen bis Gibeon. 42 Und alle diese Könige und ihr Land besiegte Josua in einem Zug, denn der HERR, der Gott Israels, kämpfte für Israel. 43 Dann

kehrte Josua mit ganz Israel zurück ins Lager nach Gilgal.

| 1: 9,3 · 9,21 | 2: 9,24 | 6: 9,6 · 9,8 | 7: 8,3 | 8: 1,5! | 9: 11,7 | 10: Ex 23,27; Ri 4,15; 1Sam 7,10 | 11: Ps 18,13–14; Jes 30,30 · Dtn 20,4; Jes 28,21 | 12: 19,42; 21,24 | 13: Hab 3,11 · 2Sam 1,18 · 2Kön 20,10 | 14: 23,3.10; Ex 14,14! | 15: 43 | 20: 11,8.14 | 21: Ex 11,7 | 22: 8,23! | 23: 12,10–12 | 24: 2Sam 22,39; Mal 3,21 | 25: 1,6! | 26–27: 8,29! | 28: 12,16 | 29: 21,13 | 30: 12,15–16 | 31: 15,39 | 33: 12,12 | 38: 15,15 · 21,15 | 39: 1Sam 15,3.8.18 · 12,13 | 40: 12,8 · 11,11!; Dtn 2,34; 20,16–18 | 41: 11,16 | 42: 14! | 43: 15

10,28: In diesem und in den folgenden Versen wird in der Übersetzung an manchen Stellen «die Stadt» ergänzt, wo sich im Hebräischen «sie» findet.

Sieg über die Könige im Norden

11 1 Und als Jabin, der König von Chazor, davon hörte, sandte er zu Jobab, dem König von Madon, und zum König von Schimron und zum König von Achschaf 2 und zu den Königen im Norden, auf dem Gebirge, und in der Araba südlich von Kinnerot und in der Schefela und im Hügelland von Dor im Westen, 3 zu den Kanaanitern im Osten und im Westen, zu den Amoritern, den Hetitern, den Perissitern und den Jebusitern auf dem Gebirge und zu den Chiwwitern am Fuss des Hermon im Land Mizpa. 4 Und sie zogen aus mit allen ihren Heeren, ein Volk, so zahlreich wie der Sand an der Küste des Meeres, und sehr viele Pferde und Wagen. 5 Und alle diese Könige taten sich zusammen, rückten heran und lagerten gemeinsam am Wasser von Merom, um gegen Israel zu kämpfen.

6 Und der HERR sprach zu Josua: Fürchte dich nicht vor ihnen, denn morgen um diese Zeit lege ich sie alle erschlagen Israel zu Füssen. Ihre Pferde sollst du lähmen, und ihre Wagen sollst du verbrennen. 7 Und unerwartet fiel Josua mit dem ganzen Kriegsvolk über sie her am Wasser von Merom, und sie stürzten sich auf sie. 8 Und der HERR gab sie in die Hand Israels, und sie schlugen sie und verfolgten sie bis zum grossen Sidon und bis Misrefot-Majim und bis in die Ebene von Mizpa im Os-

ten, und sie schlugen sie, und niemanden von ihnen liess er überleben. 9 Und Josua verfuhr mit ihnen, wie der HERR es ihm gesagt hatte: Ihre Pferde lähmte er, und ihre Wagen verbrannte er.

10 Damals kehrte Josua zurück und nahm Chazor ein und schlug dessen König mit dem Schwert, denn Chazor war früher die wichtigste Stadt all dieser Königreiche. 11 Und sie schlugen alles Lebende, das darin war, mit der Schärfe des Schwerts, sie weihten es der Vernichtung. Nichts, was Atem hatte, blieb übrig, und Chazor verbrannte er. 12 Und Josua besiegte alle Städte dieser Könige und all ihre Könige und schlug sie mit der Schärfe des Schwerts, er weihte sie der Vernichtung, wie Mose, der Diener des HERRN, es geboten hatte. 13 Nur all die Städte, die auf Hügeln lagen, verbrannte Israel nicht, abgesehen von Chazor – nur das verbrannte Josua. 14 Und die ganze Beute aus diesen Städten und das Vieh behielten die Israeliten für sich, alle Menschen aber schlugen sie mit der Schärfe des Schwerts, bis man sie vernichtet hatte. Nichts, was Atem hatte, liessen sie überleben. 15 Wie der HERR Mose, seinem Diener, geboten hatte, so hatte Mose Josua geboten, und so machte Josua es. Er unterliess nichts von alledem, was der HERR Mose geboten hatte.

| 1: 12,19; 19,36; Ri 4,2 · 12,20 | 2: 12,23 | 4: 9,2! · Gen 22,17; Ri 7,12; 1Sam 13,5; 2Sam 17,11 | 6: 9; 2Sam 8,4 · Ps 46,10 | 7: 10,9 | 8: 10,20! | 9: 6! | 11: 10,40 · 6,24! | 14: 8,2! · 10,20!

Der Abschluss der Landeroberung

16 So nahm Josua dieses ganze Land ein: das Bergland und den ganzen Negev und das ganze Land Goschen und die Schefela und die Araba und das Gebirge Israels und seine Niederung, 17 vom Chalak-Gebirge, das ansteigt gegen Seir, bis nach Baal-Gad in der Ebene des Libanon am Fuss des Hermongebirges. Und alle ihre Könige nahm er gefangen, und er schlug sie und tötete sie. 18 Lange Zeit führte Josua Krieg gegen alle diese Könige. 19 Es gab keine Stadt, die sich den

Israeliten unterwarf, ausser den Chiwitern, die in Gibeon wohnten; alles nahmen sie im Kampf. 20 Denn vom HERRN kam die Verhärtung ihrer Herzen, da ihnen der Krieg mit Israel bevorstand, damit man sie der Vernichtung weihte und damit ihnen kein Erbarmen widerführe, damit man sie vielmehr vernichte, wie der HERR es Mose geboten hatte. 21 Und zu jener Zeit kam Josua und rottete die Enakiter aus, im Gebirge, in Chebron, in Debir, in Anab, im ganzen Gebirge Judas und im ganzen Gebirge Israels; mit ihren Städten weihte Josua sie der Vernichtung. 22 Es blieben keine Enakiter übrig im Land der Israeliten, nur in Gaza, in Gat und in Aschdod blieb ein Rest. 23 So nahm Josua das ganze Land ein, genau wie der HERR zu Mose gesagt hatte, und Josua gab es Israel als Erbbesitz, nach den Abteilungen ihrer Stämme. Und nach dem Krieg hatte das Land Ruhe.

|16: 10,41 |17: 13,5 |19: 9,15 |20: Ex 4,21; 14,4.17; Dtn 2,30 · Dtn 7,2 |21: 14,12; 15,13–14; Num 13,28; Dtn 9,2 |22: 1Sam 17,4 · 15,47 |23: 12,7; Num 26,53 · 14,15

Verzeichnis der besiegten Könige

12 1 Und dies sind die Könige des Landes, die die Israeliten schlugen und deren Land sie in Besitz nahmen jenseits des Jordan, gegen Sonnenaufgang, vom Bachtal des Arnon bis zum Hermongebirge und die ganze Araba im Osten: 2 Sichon, der König der Amoriter, der in Cheschbon wohnte, der von Aroer an herrschte, das am Rand des Bachtals des Arnon liegt, über die Mitte des Bachtals und über das halbe Gilead bis an den Jabbok, das Bachtal, die Grenze der Ammoniter, 3 und über die Araba bis an den See Kinnerot im Osten und bis an das Meer der Araba, das Salzmeer, im Osten, auf dem Weg nach Bet-Jeschimot, und im Süden über das Gebiet am Fuss der Abhänge des Pisga. 4 Dazu das Gebiet Ogs, des Königs des Baschan, der übrig geblieben war von den Refaitern, der in Aschtarot und Edrei wohnte 5 und der über das Her-

mongebirge herrschte und über Salcha und über den ganzen Baschan, bis zum Gebiet der Geschuriter und Maachatiter und über das halbe Gilead, bis an das Gebiet Sichons, des Königs von Cheschbon. 6 Mose, der Diener des HERRN, und die Israeliten hatten sie geschlagen, und Mose, der Diener des HERRN, hatte das Land den Rubeniten, den Gaditen und dem halben Stamm Manasse zum Besitz gegeben.

7 Und dies sind die Könige des Landes, die Josua und die Israeliten auf der anderen Seite des Jordan, im Westen, schlugen, von Baal-Gad in der Ebene des Libanon bis an das Chalak-Gebirge, das gegen Seir ansteigt. Und Josua gab es den Stämmen Israels zum Besitz, nach ihren Abteilungen, 8 auf dem Gebirge, in der Schefela, in der Araba, an den Abhängen, in der Wüste und im Negev, das Gebiet der Hetiter, der Amoriter, der Kanaaniter, der Perissiter, der Chiwwiter und der Jebusiter:

9 Einer war der König von Jericho, einer der König von Ai, das neben Bet-El liegt, 10 einer war der König von Jerusalem, einer der König von Chebron, 11 einer war der König von Jarmut, einer der König von Lachisch, 12 einer war der König von Eglon, einer der König von Geser, 13 einer war der König von Debir, einer der König von Geder, 14 einer war der König von Chorma, einer der König von Arad, 15 einer war der König von Libna, einer der König von Adullam, 16 einer war der König von Makkeda, einer der König von Bet-El, 17 einer war der König von Tappuach, einer der König von Chefer, 18 einer war der König von Afek, einer der König von Scharon, 19 einer war der König von Madon, einer der König von Chazor, 20 einer war der König von Schimron-Meron, einer der König von Achschaf, 21 einer war der König von Taanach, einer der König von Megiddo, 22 einer war der König von Kedesch, einer der König von Joknoam am Karmel, 23 einer war der König von Dor im Hügelland von Dor, ei-

ner der König von Gojim in Gilgal, 24 einer war der König von Tirza: einunddreissig Könige im Ganzen.

|2: Dtn 1,4 · Num 21,24 |3: 3,16 |4: 13,12; Dtn 1,4; 3,10–11 |6: 13,8; 14,3; 18,7; 22,4; Num 32,33 |7: 11,23! |8: 10,40 |9: 6,2 · 8,29 |10–12: 10,23 |12: 10,33 |13: 10,39 |14: Num 21,1 |15–16: 10,30 |16: 10,28 |19: 11,1! |20: 11,1 |21: Ri 5,19 |22: 21,34 |23: 11,2 · Gen 14,1.9

12,6: Wörtlich: «…, hatte es den Rubeniten, den Gaditen …»

Die noch nicht eroberten Gebiete

13 1 Und Josua war alt und hochbetagt, und der HERR sprach zu ihm: Du bist nun alt und hochbetagt, und es ist noch sehr viel Land übrig, das in Besitz zu nehmen ist. 2 Dies ist das übrige Land: alle Landstriche der Philister und alles von den Geschuritern, 3 vom Schichor, östlich von Ägypten, bis an das Gebiet von Ekron im Norden – das wird zu den Kanaanitern gerechnet –, die fünf Stadtfürsten der Philister: der von Gaza, der von Aschdod, der von Aschkelon, der von Gat, der von Ekron, und die Awwiter. 4 Im Süden das ganze Land der Kanaaniter und Meara, das den Sidoniern gehört, bis Afek, bis zum Gebiet der Amoriter, 5 und das Land der Gibliter und der ganze Libanon gegen Aufgang der Sonne, von Baal-Gad am Fuss des Hermongebirges bis nach Lebo-Chamat. 6 Alle Bewohner des Gebirges, vom Libanon bis Misrefot-Majim, alle Sidonier – ich werde sie vor den Israeliten vertreiben. So verlose nun das Gebiet als Erbbesitz an Israel, wie ich es dir geboten habe. 7 Und nun verteile dieses Land als Erbbesitz an die neun Stämme und den halben Stamm Manasse.

|1: 23,1; 1Kön 1,1! · 18,3 |3: Gen 15,18; 1Chr 13,5 · Ri 3,3; 1Sam 5,8; 6,4 |5: 11,17 |6: 23,5; Ex 23,31 · 1,6! |7: 14,2; Num 34,13

13,3: Der Massoretische Text beendet die Sinneinheit am Ende von V.3; manche ziehen «im Süden» aus V.4 noch zu V.3 («die Awwiter im Süden»), was möglich ist.

Die Zuteilung des Ostjordanlandes an Gad, Ruben und den halben Stamm Manasse

8 Mit dem anderen halben Stamm Manasse haben die Rubeniten und die Gaditen ihren Erbbesitz genommen, den Mose ihnen gab jenseits des Jordan im Osten, wie ihn Mose, der Diener des HERRN, gegeben hatte: 9 von Aroer an am Rand des Bachtals des Arnon, die Stadt, die in der Mitte des Bachtals liegt, und die ganze Ebene, von Medeba bis Dibon, 10 und alle Städte Sichons, des Königs der Amoriter, der in Cheschbon regierte, bis zur Grenze der Ammoniter; 11 dazu das Gilead und das Gebiet der Geschuriter und Maachatiter und das ganze Hermongebirge und den ganzen Baschan bis nach Salcha, 12 das ganze Königreich des Og im Baschan, der in Aschtarot und Edrei regierte. Er war übrig geblieben vom Rest der Refaiter, Mose hatte sie geschlagen und vertrieben. 13 Die Geschuriter und die Maachatiter aber vertrieben die Israeliten nicht, und Geschur und Maachat wohnen inmitten Israels bis zum heutigen Tag. 14 Nur dem Stamm der Leviten hatte Mose keinen Erbbesitz gegeben; die Feueropfer des HERRN, des Gottes Israels, das ist ihr Erbbesitz, wie er es ihnen gesagt hat.

15 Und Mose gab dem Stamm der Rubeniten das Seine, nach ihren Sippen. 16 Und sie erhielten das Gebiet von Aroer an, das am Rand des Bachtals des Arnon liegt, und die Stadt im Bachtal und die ganze Ebene bis Medeba, 17 Cheschbon und alle seine Städte, die in der Ebene liegen: Dibon, Bamot-Baal und Bet-Baal-Meon, 18 Jahza, Kedemot und Mefaat, 19 Kirjatajim, Sibma, Zeret-Schachar auf dem Berg in der Ebene, 20 Bet-Peor, die Abhänge des Pisga und Bet-Jeschimot 21 und alle Städte in der Ebene und das ganze Reich Sichons, des Königs der Amoriter, der in Cheschbon regierte, den Mose geschlagen hatte, mit den Fürsten Midians, Ewi, Rekem, Zur, Chur und Reba, den Stadtfürsten Sichons, die

im Land wohnten. 22 Und die Israeliten erschlugen auch Bileam, den Sohn des Beor, den Wahrsager, mit dem Schwert, wie die anderen. 23 Und die Grenze der Rubeniten war der Jordan und sein Ufer. Das ist der Erbbesitz der Rubeniten, nach ihren Sippen, die Städte und ihre Gehöfte.

24 Und Mose gab dem Stamm Gad, den Gaditen, seinen Anteil, nach ihren Sippen, 25 und sie erhielten folgendes Gebiet: Jaser und alle Städte in Gilead und das halbe Land der Ammoniter bis nach Aroer, das östlich von Rabba liegt, 26 und von Cheschbon bis nach Ramat-Mizpe und Betonim und von Machanajim bis zum Gebiet von Debir, 27 und in der Talebene erhielten sie Bet-Haram, Bet-Nimra, Sukkot und Zafon, den Rest des Reichs von Sichon, dem König von Cheschbon, den Jordan und sein Ufer, bis an das Ende des Sees Kinneret, jenseits des Jordan, im Osten. 28 Das ist der Erbbesitz der Gaditen, nach ihren Sippen, die Städte und ihre Gehöfte.

29 Und Mose gab dem halben Stamm Manasse seinen Anteil, und der halbe Stamm der Manassiten erhielt ihn, nach ihren Sippen. 30 Und ihr Gebiet war der ganze Baschan von Machanajim an, das ganze Reich Ogs, des Königs des Baschan, und ganz die Chawwot-Jair, die im Baschan liegen: sechzig Städte, 31 und das halbe Gilead, Aschtarot, Edrei, die Städte des Königreichs des Og im Baschan. Das erhielten die Nachkommen Machirs, des Sohns von Manasse, die Hälfte der Machiriten, nach ihren Sippen. 32 Das sind die Gebiete, die Mose als Erbbesitz zugeteilt hat in den Steppen Moabs, jenseits des Jordan, östlich von Jericho. 33 Dem Stamm der Leviten aber hatte Mose keinen Erbbesitz gegeben; der HERR, der Gott Israels, er ist ihr Erbbesitz, wie er es ihnen gesagt hat.

| 8: 12,6 | 10: Dtn 2,19 | 12: 12,4! | 13: 2Sam 3,3!; 10,6 | 14: 33; 14,3; Num 18,20!; Ez 44,28 | 20: Num 33,49 | 22: Num 31,8 | 23: Ez 48,6 | 24: Ez 48,27 | 29: 22,7! | 30: 17,1 · Num 32,41; Ri 10,1.4! | 31: 17,5–6; Ez 48,4 | 33: 14!

13,8: «Mit dem anderen halben Stamm Manasse» ist wörtlich: «Mit ihm».

13,14: Wörtlich: «... hatte er keinen Erbbesitz gegeben; ...»

13,30: Zu ‹Chawwot-Jair› siehe die Anm. zu Dtn 3,14.

Die Zuteilung des Westjordanlandes

14 1 Und dies sind die Gebiete, die die Israeliten im Land Kanaan als Erbbesitz erhielten, die Elasar, der Priester, und Josua, der Sohn des Nun, und die Familienhäupter der Stämme der Israeliten als Erbbesitz zuteilten 2 durch das Los, das über ihren Erbbesitz entschied, wie der HERR es durch Mose für die neuneinhalb Stämme geboten hatte. 3 Denn Mose hatte den zweieinhalb Stämmen ihren Erbbesitz jenseits des Jordan gegeben, den Leviten aber hatte er keinen Erbbesitz bei ihnen gegeben. 4 Denn die Nachkommen Josefs bildeten zwei Stämme, Manasse und Efraim; und den Leviten gab man keinen Anteil am Land, sondern nur Städte zum Wohnen und Weideflächen für ihre Herden und ihren Besitz. 5 Wie der HERR es Mose geboten hatte, so machten es die Israeliten und teilten das Land zu.

| 1: 20,1; 21,1 · 19,51; Num 34,17 | 2: 18,6; Num 26,55–56 · 13,7! | 3: 12,6! · 13,14! | 4: 16,4; Gen 48,5 · Num 35,2! | 5: 18,10

Kaleb erhält Chebron

6 Da traten die Nachkommen Judas in Gilgal vor Josua, und Kaleb, der Sohn des Jefunne, der Kenissiter, sprach zu ihm: Du weisst, was der HERR zu Mose, dem Mann Gottes, mich und dich betreffend gesagt hat in Kadesch-Barnea. 7 Ich war vierzig Jahre alt, als Mose, der Diener des HERRN, mich aussandte von Kadesch-Barnea, um das Land auszukundschaften, und ich habe ihm Bericht erstattet, so gut ich konnte. 8 Und meine Brüder, die mit mir hinaufgezogen waren, brachten das Herz des Volks zum Schmelzen, ich aber habe treu zum HERRN, meinem Gott, gehalten. 9 Und an jenem Tag schwor Mose: Das Land, auf das du deinen Fuss gesetzt hast, soll

dein und deiner Nachkommen Erbbesitz sein auf ewig, weil du treu zum HERRN, meinem Gott, gehalten hast. 10 Und nun sieh, der HERR hat mich leben lassen, wie er es gesagt hat: Fünfundvierzig Jahre sind nun vergangen, seit er so zu Mose gesprochen hat, als Israel durch die Wüste zog; und nun sieh, heute bin ich fünfundachtzig Jahre alt. 11 Noch heute bin ich so stark wie an dem Tag, als Mose mich aussandte. Wie ich damals die Kraft hatte, so habe ich auch jetzt noch die Kraft, zu kämpfen und auszuziehen und zurückzukehren. 12 Und nun gib mir dieses Gebirge, von dem der HERR an jenem Tag gesprochen hat, denn du hast an jenem Tag selbst gehört, dass es dort Enakiter gibt und grosse, befestigte Städte. Vielleicht ist der HERR mit mir, und ich werde sie vertreiben, wie der HERR es gesagt hat. 13 Und Josua segnete ihn und gab Kaleb, dem Sohn des Jefunne, Chebron als Erbbesitz. 14 Deshalb wurde Chebron Erbbesitz Kalebs, des Sohns von Jefunne, des Kenissiters, und das ist es geblieben bis zum heutigen Tag, weil er treu zum HERRN, dem Gott Israels, gehalten hat. 15 Und Chebron hiess früher Stadt des Arba; der war der Grösste unter den Enakitern. Und das Land hatte Ruhe nach dem Krieg.

|6: Num 13,6! · Dtn 33,1! |7: Num 13,26.30 |8: Num 13,31–33; Dtn 1,28 · Num 14,24; Dtn 1,36 |9: 1,3! |10: Num 14,34 |11: Dtn 34,7 |12: 11,21! |13: 15,13; 21,11; Ri 1,20 |14: Num 32,12 |15: 15,13 · 11,23

14,15: Der Name ‹Stadt des Arba› lautet im hebräischen Text Kirjat-Arba.

Das Gebiet des Stammes Juda

15 1 Und das Los für den Stamm der Nachkommen Judas, nach ihren Sippen, fiel in Richtung des Gebiets von Edom, von der Wüste Zin nach Süden, dem äussersten Süden. 2 Und ihre Südgrenze begann am Ende des Salzmeeres, an der südlichen Spitze des Meeres. 3 Und sie verläuft bis südlich vom Skorpionenpass, zieht sich hinüber nach Zin, hinauf südlich von Kadesch-Barnea,

vorbei an Chezron, läuft hinauf nach Addar und biegt ab nach Karka. 4 Dann zieht sie sich hinüber nach Azmon, geht weiter an das Bachtal Ägyptens, und die Grenze endet am Meer. Das soll eure Südgrenze sein. 5 Und die Grenze im Osten ist das Salzmeer bis zur Mündung des Jordan. Und die Grenze auf der Nordseite beginnt bei der Meeresspitze, bei der Mündung des Jordan, 6 und die Grenze zieht sich hinauf nach Bet-Chogla, hinüber nördlich von Bet-Araba, und die Grenze zieht sich hinauf zum Stein des Bohan, des Sohns von Ruben, 7 und die Grenze steigt hinauf aus dem Tal Achor nach Debir, wendet sich nordwärts nach Gilgal, das dem Pass von Adummim gegenüberliegt, der südlich des Bachtals ist, und die Grenze zieht sich hinüber zum Wasser von En-Schemesch und endet bei En-Rogel. 8 Dann steigt die Grenze hinauf ins Tal Ben-Hinnom, zur Berglehne der Jebusiter im Süden – das ist Jerusalem –, und die Grenze steigt hinauf zur Spitze des Bergs, der gegenüber dem Tal Hinnom im Westen, am Nordende der Talebene Refaim, liegt. 9 Dann biegt die Grenze von der Spitze des Berges ab zur Quelle Me-Neftoach und geht weiter zu den Städten des Berges Efron, und die Grenze biegt ab nach Baala, das ist Kirjat-Jearim. 10 Und von Baala biegt die Grenze ab, westwärts zum Gebirge Seir, und zieht sich hinüber zur Berglehne des Gebirges Jearim im Norden, das ist Kesalon, und sie geht hinab nach Bet-Schemesch und zieht sich hinüber nach Timna. 11 Und die Grenze geht weiter zur Berglehne von Ekron nach Norden, und die Grenze biegt um nach Schikkeron, und sie zieht sich hinüber zum Berg Baala und setzt sich fort bis Jabneel, und die Grenze endet am Meer. 12 Und die Grenze im Westen ist das grosse Meer und die Küste. Das ist die Grenze der Nachkommen Judas, nach ihren Sippen ringsumher.

13 Und Kaleb, dem Sohn von Jefunne, gab er Anteil bei den Nachkom-

men Judas, nach dem Befehl des HERRN an Josua: Die Stadt des Arba, des Vaters von Enak, das ist Chebron. 14 Und Kaleb vertrieb daraus die drei Söhne Enaks, Scheschai, Achiman und Talmai, die Kinder Enaks, 15 und zog hinauf von dort gegen die Bewohner von Debir, und Debir hiess früher Kirjat-Sefer. 16 Und Kaleb sprach: Wer Kirjat-Sefer schlägt und einnimmt, dem werde ich Achsa, meine Tochter, zur Frau geben. 17 Und Otniel, der Sohn des Kenas, der Bruder Kalebs, nahm es ein. Und er gab ihm Achsa, seine Tochter, zur Frau. 18 Und als sie zu ihm kam, stiftete sie ihn dazu an, von ihrem Vater ein Feld zu erbitten. Und sie stieg vom Esel, und Kaleb sprach zu ihr: Was hast du? 19 Und sie sprach: Gib mir ein Geschenk, weil du mich ins Südland gegeben hast, gib mir Wasserbecken. Und er gab ihr die oberen Becken und die unteren Becken. 20 Das ist der Erbbesitz des Stammes der Nachkommen Judas, nach ihren Sippen.

21 Und die Städte am Rand des Stammes der Nachkommen Judas, gegen das Gebiet von Edom hin, im Süden, waren: Kabzeel, Eder, Jagur, 22 Kina, Dimona, Adada, 23 Kedesch, Chazor, Jitnan, 24 Sif, Telem, Bealot, 25 Chazor-Chadatta, Kerijot-Chezron, das ist Chazor, 26 Amam, Schema, Molada, 27 Chazar-Gadda, Cheschmon, Bet-Pelet, 28 Chazar-Schual, Beer-Scheba und seine Tochterstädte, 29 Baala, Ijim, Ezem, 30 Eltolad, Kesil, Chorma, 31 Ziklag, Madmanna, Sansanna, 32 Lebaot, Schilchim, Ajin und Rimmon: Im Ganzen waren es neunundzwanzig Städte und ihre Gehöfte.

33 In der Schefela: Eschtaol, Zora, Aschna, 34 Sanoach, En-Gannim, Tappuach, Enam, 35 Jarmut, Adullam, Socho, Aseka, 36 Schaarajim, Aditajim, Gedera und Gederotajim: vierzehn Städte und ihre Gehöfte. 37 Zenan, Chadascha, Migdal-Gad, 38 Dilan, Mizpe, Jokteel, 39 Lachisch, Bozkat, Eglon, 40 Kabbon, Lachmas, Kitlisch, 41 Gederot, Bet-Dagon, Naama, Makkeda: sechzehn

Städte und ihre Gehöfte. 42 Libna, Eter, Aschan, 43 Jiftach, Aschna, Nezib, 44 Keila, Achsib und Marescha: neun Städte und ihre Gehöfte. 45 Ekron und seine Tochterstädte und Gehöfte, 46 von Ekron bis ans Meer, alles, was neben Aschdod liegt, und ihre Gehöfte, 47 Aschdod und seine Tochterstädte und Gehöfte, Gaza und seine Tochterstädte und Gehöfte bis an das Bachtal Ägyptens, und das Meer und die Küste sind die Grenze. 48 Auf dem Gebirge: Schamir, Jattir, Socho, 49 Danna, Kirjat-Sanna, das ist Debir, 50 Anab, Eschtemo, Anim, 51 Goschen, Cholon, Gilo: elf Städte und ihre Gehöfte. 52 Arab, Ruma, Eschan, 53 Janum, Bet-Tappuach, Afeka, 54 Chumta, Kirjat-Arba, das ist Chebron, Zior: neun Städte und ihre Gehöfte. 55 Maon, Karmel, Sif, Jutta, 56 Jesreel, Jokdeam, Sanoach, 57 Kajin, Gibea und Timna: zehn Städte und ihre Gehöfte. 58 Chalchul, Bet-Zur, Gedor, 59 Maarat, Bet-Anot und Eltekon: sechs Städte und ihre Gehöfte. 60 Kirjat-Baal, das ist Kirjat-Jearim, und Rabba: zwei Städte und ihre Gehöfte. 61 In der Wüste: Bet-Araba, Middin, Sechacha, 62 Nibschan und die Salzstadt und En-Gedi: sechs Städte und ihre Gehöfte. 63 Die Jebusiter aber, die Jerusalem bewohnten, konnten die Nachkommen Judas nicht vertreiben, und so wohnen die Jebusiter neben den Nachkommen Judas in Jerusalem bis auf den heutigen Tag.

| 5: Num 34,12 | 6: 18,17 | 7: 2Sam 17,17 | 8: 63; 18,28 · 2Kön 23,10 | 9: 60; 18,14 | 10: 57; 19,43; Ri 14,1 | 11: 45 · Num 34,6 | 13–14: 11,21! | 13: 14,13! · 14,15 | 15: 10,38 | 16: 1Chr 2,49 · Ri 1,12; 1Sam 17,25 | 17: Ri 3,9; 1Chr 4,13 | 18: 1Sam 25,23 | 21: 2Sam 23,20 | 24: 1Sam 15,4 | 30: Num 21,3 | 31: 1Sam 27,6 | 33: Ri 13,25; 16,31 | 35: 1Sam 22,1 · 48; 1Sam 17,1 | 36: 1Sam 17,52 | 39: 10,31 | 41: Hiob 2,11! | 44: 1Sam 23,1 | 45: 11 | 47: 1Sam 5,1; 2Chr 26,6 · 11,22 | 48: 35! | 53: 1Sam 4,1b! | 55: 19,26; 1Sam 15,12 · 1Sam 23,14.24 | 57: 10! | 60: 9! | 62: 1Sam 24,1! | 63: 8! · Ri 1,8.21; 2Sam 5,7

15,19: ‹Geschenk› und ‹Teich› haben im Hebräischen denselben Konsonantenbestand.

15,28: Die Übersetzung «und seine Tochterstädte» beruht auf den antiken Übersetzungen; das hebräische Wort an dieser Stelle ist nicht übersetzbar.

15,52: An Stelle des Namens Ruma findet sich in vielen Textzeugen Duma.

Das Gebiet der Nachkommen Josefs

16 1 Und so fiel das Los für die Nachkommen Josefs: Vom Jordan bei Jericho, östlich vom Wasser Jerichos, in der Wüste, geht es hinauf, von Jericho auf das Gebirge nach Bet-El. 2 Und von Bet-El geht es weiter nach Lus und zieht sich hinüber zum Gebiet der Arkiter nach Atarot 3 und geht westwärts hinab zum Gebiet der Jafletiter bis zum Gebiet vom unteren Bet-Choron und bis nach Geser und endet am Meer. 4 So erhielten die Nachkommen Josefs, Manasse und Efraim, ihren Erbbesitz.

5 Und dies war das Gebiet der Efraimiten, nach ihren Sippen: Die Grenze ihres Erbbesitzes verlief im Osten über Atrot-Addar zum oberen Bet-Choron, 6 und die Grenze geht weiter bis ans Meer, Michmetat im Norden, und die Grenze biegt ostwärts ab nach Taanat-Schilo, zieht östlich daran vorbei, nach Janoach, 7 und sie geht hinab von Janoach nach Atarot und Naarat, stösst an Jericho und geht weiter bis an den Jordan. 8 Von Tappuach aus verläuft die Grenze westwärts an das Bachtal des Kana und endet am Meer. Das ist der Erbbesitz des Stamms der Efraimiten, nach ihren Sippen, 9 dazu die ausgesonderten Städte der Efraimiten, die im Erbbesitz der Manassiten lagen, alle Städte und ihre Gehöfte. 10 Aber die Kanaaniter, die in Geser wohnten, vertrieben sie nicht, und so wohnen die Kanaaniter inmitten Efraims bis auf den heutigen Tag und wurden Fronknechte.

17 1 Und das Los für den Stamm Manasse fiel, denn der ist der Erstgeborene Josefs: Machir, der Erstgeborene Manasses, der Vater Gileads, erhielt das Gilead und den Baschan, denn er war ein Krieger. 2 Auch die übrigen Manassiten erhielten einen Anteil, nach ihren Sippen, die Nachkommen Abiesers, die Nachkommen Cheleks, die Nachkommen Asriels, die Nachkommen Sche-

chems, die Nachkommen Chefers und die Nachkommen Schemidas. Das sind die männlichen Nachkommen Manasses, des Sohns von Josef, nach ihren Sippen. 3 Zelofchad aber, der Sohn des Chefer, des Sohns des Gilead, des Sohns des Machir, des Sohns von Manasse, hatte keine Söhne, sondern Töchter, und dies sind die Namen seiner Töchter: Machla, Noa, Chogla, Milka und Tirza. 4 Und sie traten vor Elasar, den Priester, und vor Josua, den Sohn des Nun, und vor die Vorsteher und sprachen: Der HERR hat Mose geboten, uns Erbbesitz zu geben bei unseren Brüdern. Und er gab ihnen Erbbesitz bei den Brüdern ihres Vaters, nach dem Befehl des HERRN. 5 So fielen Manasse zehn Anteile zu, zusätzlich zum Land Gilead und dem Baschan jenseits des Jordan. 6 Denn die weiblichen Nachkommen Manasses erhielten ihren Erbbesitz bei seinen männlichen Nachkommen. Das Land Gilead aber hatten die übrigen Manassiten erhalten. 7 Und die Grenze Manasses ging von Asser nach Michmetat, das gegenüber von Schechem liegt, und die Grenze verläuft südwärts von den Bewohnern von En-Tappuach. 8 Manasse erhielt das Land Tappuach, Tappuach selbst aber, an der Grenze Manasses, erhielten die Efraimiten. 9 Und die Grenze geht hinab zum Bachtal des Kana, südlich des Bachtals. Diese Städte mitten unter den Städten Manasses gehören Efraim. Und die Grenze Manasses verläuft nördlich des Bachtals, und sie endet am Meer. 10 Im Süden gehört das Gebiet Efraim und im Norden Manasse, und das Meer ist seine Grenze, und sie stossen an Asser im Norden und an Issaschar im Osten. 11 Und dies erhielt Manasse in Issaschar und Asser: Bet-Schean und seine Tochterstädte, Jibleam und seine Tochterstädte, die Bewohner von Dor und seinen Tochterstädten, die Bewohner von En-Dor und seinen Tochterstädten, die Bewohner von Taanach und seinen Tochterstädten und die Bewohner von

Meggido und seinen Tochterstädten, die drei Hügel.

12 Aber die Manassiten konnten diese Städte nicht in Besitz nehmen, und so gelang es den Kanaanitern, in diesem Land wohnen zu bleiben. 13 Und als die Israeliten stark geworden waren, machten sie die Kanaaniter fronpflichtig, aber vertreiben konnten sie sie nicht.

14 Und die Nachkommen Josefs sprachen zu Josua: Warum hast du mir als Erbbesitz nur ein einziges Los und einen einzigen Anteil am Land gegeben? Ich bin ein grosses Volk, denn bis heute hat der HERR mich so reichlich gesegnet. 15 Da sprach Josua zu ihnen: Wenn du ein so grosses Volk bist, zieh hinauf in das Waldgebiet, und rode dort für dich, im Land der Perissiter und Refaiter, denn das Gebirge Efraim ist zu eng für dich. 16 Da sprachen die Nachkommen Josefs: Das Gebirge reicht nicht aus für uns, aber alle, die in der Ebene wohnen, die Kanaaniter in Bet-Schean und seinen Tochterstädten, und in der Ebene Jesreel, haben Wagen aus Eisen. 17 Und Josua sprach zum Haus Josef, zu Efraim und Manasse: Du bist ein grosses Volk und hast grosse Kraft, du sollst nicht nur ein einziges Los bekommen, 18 du sollst ein Gebirge erhalten. Wo Wald ist, rode, und bis in seine Ausläufer soll er dir gehören. Denn du wirst die Kanaaniter vertreiben, auch wenn sie Wagen aus Eisen haben und stark sind.

|1: 18,12 |2: Gen 28,19; Ri 1,23 |3: 18,13; 1Chr 7,24; 2Chr 8,5 · 1Chr 20,4 |4: 14,4! |6: 17,7 |8: 17,7 · 17,9 |9: 17,9 |10: 17,13; Ri 1,29; 1Kön 9,16 |1: Gen 41,51 · Gen 50,23 · 13,30–31 |2: Num 26,30–32 |3: Num 26,33! |4: 21,1 · Num 27,1–7; 36,10–12 |5–6: 13,31! |5: 22,7! |7: 16,6 · 16,8 |9: 16,8 · 16,9 |11: 1Sam 31,10 · 2Kön 9,27 · Ri 5,19 |13: 16,10! |14: Gen 48,20; Num 26,54–56 |16: Ri 1,19; 4,3 |17: Num 26,54! |18: Dtn 33,17

Vorbereitungen für die Zuteilung der Gebiete an die übrigen Stämme

18 1 Und die ganze Gemeinde der Israeliten versammelte sich in Schilo, und dort richteten sie das Zelt der Begegnung auf. Das Land aber war ihnen unterworfen. 2 Und von den Israeliten waren sieben Stämme übrig, deren Erbbesitz noch nicht zugeteilt war. 3 Und Josua sprach zu den Israeliten: Wie lange zögert ihr noch, zu kommen und das Land in Besitz zu nehmen, das der HERR, der Gott eurer Vorfahren, euch gegeben hat? 4 Bringt drei Männer aus jedem Stamm, und ich werde sie aussenden. Sie sollen sich aufmachen und das Land durchwandern und es ihrem Erbbesitz entsprechend aufzeichnen; danach sollen sie zu mir kommen. 5 Und ihr sollt es in sieben Anteilen unter euch verteilen. Juda soll in seinem Gebiet im Süden bleiben, und das Haus Josef soll in seinem Gebiet im Norden bleiben. 6 Ihr aber sollt das Land in sieben Anteilen aufzeichnen und die Aufzeichnung hierher zu mir bringen, damit ich hier, vor dem HERRN, unserem Gott, das Los für euch werfe. 7 Die Leviten aber besitzen keinen Anteil bei euch, denn ihr Erbbesitz ist das Priesteramt für den HERRN. Und Gad, Ruben und der halbe Stamm Manasse haben ihren Erbbesitz, den ihnen Mose, der Diener des HERRN, gegeben hat, jenseits des Jordan im Osten genommen. 8 Und die Männer machten sich auf und gingen, und Josua gebot denen, die gingen, um das Land aufzuzeichnen: Geht, durchwandert das Land, zeichnet es auf, und kommt zurück zu mir, und ich werde hier, vor dem HERRN, in Schilo, das Los für euch werfen. 9 Und die Männer gingen und durchwanderten das Land und zeichneten es auf in einem Schriftstück, nach Städten, in sieben Anteilen. Dann kamen sie zu Josua ins Lager nach Schilo. 10 Und in Schilo warf Josua das Los für sie, vor dem HERRN, und dort verteilte Josua das Land an die Israeliten, gemäss ihren Abteilungen.

|1: 21,2; 22,12 · 19,51 · Num 32,22 |3: 13,1 |6: 14,2! |7: 12,6! |10: 14,5 · Neh 11,1

18,6: «die Aufzeichnung» wurde in der Übersetzung ergänzt.

Das Gebiet des Stammes Benjamin

11 Und es folgte das Los des Stammes der Benjaminiten, nach ihren Sippen. Und die Grenze ihres Loses verlief zwischen den Nachkommen Judas und den Nachkommen Josefs. 12 Und ihre Grenze zur Nordseite begann beim Jordan. Und die Grenze zieht sich hinauf zur Berglehne von Jericho nach Norden, und sie geht westwärts hinauf auf das Gebirge und endet in der Wüste von Bet-Awen. 13 Und die Grenze zieht sich von dort hinüber nach Lus, zur Berglehne von Lus, nach Süden, das ist Bet-El. Und die Grenze geht hinab nach Atrot-Addar auf dem Gebirge, das südlich vom unteren Bet-Choron liegt. 14 Dann biegt die Grenze ab und läuft auf der Westseite nach Süden, beginnend bei dem Berg, der gegenüber von Bet-Choron im Süden liegt, und endet bei Kirjat-Baal, das ist Kirjat-Jearim, die Stadt der Nachkommen Judas. Das ist die Westseite. 15 Und die Südseite beginnt am Ende von Kirjat-Jearim, und die Grenze geht weiter nach Westen und zieht sich bis zur Quelle Me-Neftoach, 16 dann geht die Grenze hinab zum Auslaüfer des Berges, der östlich vom Tal Ben-Hinnom, am Nordende der Talebene Refaim, liegt, sie geht hinab ins Tal Hinnom, nach Süden zur Berglehne des Jebusiter und läuft hinab nach En-Rogel. 17 Dann biegt sie ab nach Norden und geht weiter bis En-Schemesch und weiter bis Gelilot, das dem Pass von Adummim gegenüberliegt, und geht hinab zum Stein des Bohan, des Sohns von Ruben. 18 Und sie zieht sich hinüber nach Norden zur Berglehne gegenüber der Araba und geht hinab in die Araba. 19 Dann zieht sich die Grenze hinüber nach Norden zur Berglehne von Bet-Chogla, und die Grenze endet an der Nordspitze des Salzmeeres, am Südende des Jordan. Das ist die Südgrenze. 20 Und der Jordan begrenzt es auf der Ostseite. Das ist der Erbbesitz der Benjaminiten, nach seinen Grenzen ringsum, nach ihren Sippen. 21 Und die Städte des Stammes der Benjaminiten sind, nach ihren Sippen: Jericho, Bet-Chogla, Emek-Keziz, 22 Bet-Araba, Zemarajim, Bet-El, 23 Awwim, Para, Ofra, 24 Kefar-Ammona, Ofni und Geba: zwölf Städte und ihre Gehöfte, 25 Gibeon, Rama, Beerot, 26 Mizpe, Kefira, Moza, 27 Rekem, Jirpeel, Tarala, 28 Zela, Elef und die Jebusiter, das ist Jerusalem, Gibeat und Kirjat: vierzehn Städte und ihre Gehöfte. Das ist der Erbbesitz der Benjaminiten, nach ihren Sippen.

|11: Ez 48,23 |12: 16,1 |13: Gen 28,19 · 16,3! · 16,5 |14: 15,9! |17: 15,6 |21: 6,1 |22: 2Chr 13,4 |23: 1Sam 13,17 |24: 1Kön 15,22 |25: Ri 19,13; 1Sam 1,19 · 2Sam 4,2 |26: Ri 11,34; 1Sam 7,5; 1Kön 15,22 · 9,17 |28: 2Sam 21,14 · 15,8!

Das Gebiet des Stammes Simeon

19 1 Und das zweite Los fiel für Simeon, für den Stamm der Simeoniten, nach ihren Sippen. Und ihr Erbbesitz lag mitten im Erbbesitz der Nachkommen Judas. 2 Und sie erhielten als Erbbesitz: Beer-Scheba, Scheba und Molada, 3 Chazar-Schual, Bala, Ezem, 4 Eltolad, Betul, Chorma, 5 Ziklag, Bet-Markabot, Chazar-Susa, 6 Bet-Lebaot und Scharuchen: dreizehn Städte und ihre Gehöfte; 7 Ajin, Rimmon, Eter und Aschan: vier Städte und ihre Gehöfte, 8 dazu alle Gehöfte, die rings um diese Städte lagen, bis nach Baalat-Beer, Ramat-Negev. Das ist der Erbbesitz des Stammes der Simeoniten, nach ihren Sippen. 9 Der Erbbesitz der Simeoniten ist vom Landanteil der Nachkommen Judas genommen, denn der Anteil der Nachkommen Judas war zu gross für sie. Und so erhielten die Simeoniten Erbbesitz mitten in deren Erbbesitz.

|1: Ez 48,24 · 21,3.8; Gen 49,7 |8: 1Sam 30,27 |9: Num 26,54

Das Gebiet des Stammes Sebulon

10 Und es folgte das dritte Los, für die Nachkommen Sebulons, nach ihren Sippen. Und die Grenze ihres Erbbesitzes reichte bis Sarid. 11 Und ihre Grenze geht hinauf nach Westen und nach Marala, sie stösst an Dabbescheth, und sie

stösst an das Bachtal, das östlich von Jokneam ist. 12 Und von Sarid wendet sie
sich nach Osten, dem Sonnenaufgang
zu, zum Gebiet von Kislot-Tabor, und sie
geht weiter nach Daberat und dann hinauf nach Jafia. 13 Und von dort zieht sie
sich hinüber nach Osten, ostwärts, nach
Gat-Chefer und Et-Kazin, und sie geht
weiter nach Rimmon, sie biegt ab nach
Nea. 14 Dann biegt die Grenze nördlich
von Channaton ab und endet im Tal von
Jiftach-El. 15 ... und Kattat, Nahalal,
Schimron, Jidala und Betlehem: zwölf
Städte und ihre Gehöfte. 16 Das ist der
Erbbesitz der Nachkommen Sebulons,
nach ihren Sippen, diese Städte und ihre
Gehöfte.

|10: Ez 48,26 |15: Ri 1,30

19,15: Am Versanfang ist im hebräischen Text vermutlich Textmaterial ausgefallen.

Das Gebiet des Stammes Issaschar

17 Für Issaschar fiel das vierte Los,
für die Nachkommen Issaschars, nach
ihren Sippen. 18 Und ihr Gebiet war:
Jesreel, Kesullot, Schunem, 19 Chafara-
jim, Schion, Anacharat, 20 Rabbit,
Kischjon, Ebez, 21 Remet, En-Gannim,
En-Chadda, Bet-Pazzez, 22 und die
Grenze stösst an Tabor und Schacha-
zima und Bet-Schemesch, und ihre
Grenze endet am Jordan: sechzehn
Städte und ihre Gehöfte. 23 Das ist der
Erbbesitz des Stammes der Nachkom-
men Issaschars, nach ihren Sippen, die
Städte und ihre Gehöfte.

|17: Ez 48,25 |18: 1Sam 28,4; 1Kön 1,3; 2Kön 4,8
|20: 21,28 |21: 21,29 |22: Ri 4,6

Das Gebiet des Stammes Asser

24 Und das fünfte Los fiel für den
Stamm der Nachkommen Assers, nach
ihren Sippen. 25 Und ihr Gebiet war:
Chelkat, Chali, Beten, Achschaf,
26 Alammelech, Amad, Mischal, und im
Westen stösst es an den Karmel und an
den Schichor-Libnat. 27 Dann wendet
sich die Grenze gegen Sonnenaufgang,
nach Bet-Dagon, berührt Sebulon und
das Tal von Jiftach-El im Norden, Bet-

Emek und Neiel und geht nordwärts
weiter nach Kabul, 28 Ebron, Rechob,
Chammon und Kana, bis zum grossen
Sidon. 29 Dann wendet sich die Grenze
nach Rama und geht bis zur befestigten
Stadt Tyros, und die Grenze wendet sich
nach Chosa und endet am Meer. Mache-
bel und Achsib, 30 Uma, Afek und Rechob: zweiundzwanzig Städte und ihre
Gehöfte. 31 Das ist der Erbbesitz des
Stamms der Nachkommen Assers, nach
ihren Sippen, diese Städte und ihre
Gehöfte.

|25: 21,31 |26: 21,30 · 15,55! |28: 21,31 |29:
2Sam 24,7 · Ri 1,31 |30: Ri 1,31 |31: Ez 48,2

19,27: «die Grenze» wurde in der Übersetzung ergänzt.
19,29: Möglich ist auch die Übersetzung: «... Von
Chebel nach Achsib,»

Das Gebiet des Stammes Naftali

32 Für die Naftaliten fiel das sechste
Los, für die Naftaliten, nach ihren Sippen. 33 Und ihre Grenze verlief von
Chelef, von der Terebinthe bei Zaanan-
nim, über Adami-Nekeb und Jabneel bis
Lakkum, und sie endete am Jordan.
34 Und die Grenze wendet sich westwärts nach Asnot-Tabor, geht von dort
weiter nach Chukok und stösst im Süden an Sebulon, und im Westen stösst
sie an Asser und gegen Sonnenaufgang
beim Jordan an Juda. 35 Und befestigte
Städte sind Ziddim, Zer, Chammat, Rak-
kat, Kinneret, 36 Adama, Rama, Chazor,
37 Kedesch, Edrei, En-Chazor, 38 Jiron,
Migdal-El, Chorem, Bet-Anat und Bet-
Schemesch: neunzehn Städte und ihre
Gehöfte. 39 Das ist der Erbbesitz des
Stamms der Naftaliten, nach ihren
Sippen, die Städte und ihre Gehöfte.

|33: Ri 4,11 |36: 11,1! |37: 20,7; 21,32 |38: Ri 1,33
|39: Ez 48,3

Das Gebiet des Stammes Dan

40 Für den Stamm der Daniten fiel
das siebte Los, nach ihren Sippen,
41 und das Gebiet ihres Erbbesitzes war
Zora, Eschtaol, Ir-Schemesch, 42 Schaal-
abbin, Ajjalon, Jitla, 43 Elon, Timna,

Ekron, 44 Elteke, Gibbeton, Baalat, 45 Jehud, Bene-Berak, Gat-Rimmon, 46 Me-Jarkon, Rakkon, mit dem Gebiet gegenüber von Jafo. 47 Aber das Gebiet ging den Daniten verloren, und die Daniten zogen hinauf und kämpften gegen Leschem, und sie nahmen es ein und schlugen es mit der Schärfe des Schwerts. Und sie nahmen es in Besitz und liessen sich darin nieder und nannten Leschem Dan, nach dem Namen ihres Vaters Dan. 48 Das ist der Erbbesitz des Stammes der Daniten, nach ihren Sippen, diese Städte und ihre Gehöfte.

|41: Ri 13,25 |42: Ri 1,35 · 10,12! |43: 15,10! |44: 21,23 |45: 21,24 |46: Jona 1,3 |47: Ri 18,27–29 |48: Ez 48,1

Der Erbbesitz Josuas

49 Und als sie das ganze Land nach seinen Gebieten als Erbbesitz verteilt hatten, gaben die Israeliten Josua, dem Sohn des Nun, Erbbesitz in ihrer Mitte. 50 Nach dem Befehl des HERRN gaben sie ihm die Stadt, die er haben wollte: Timna-Serach auf dem Gebirge Efraim, und er baute die Stadt aus und liess sich darin nieder.

51 Das sind die Erbteile, die Elasar, der Priester, und Josua, der Sohn des Nun, und die Familienhäupter der Stämme der Israeliten in Schilo, vor dem HERRN, am Eingang des Zelts der Begegnung, durch das Los als Erbbesitz verteilten.

So vollendeten sie die Verteilung des Landes.

|49: Ez 45,7 |50: 24,30; Ri 2,9 |51: 14,1! · 18,1

Die Asylstädte

20 1 Und der HERR redete mit Josua und sprach: 2 Sprich zu den Israeliten: Bestimmt die Asylstädte für euch, von denen ich durch Mose zu euch geredet habe, 3 damit ein Totschläger dorthin fliehen kann, der unabsichtlich, ohne Vorsatz, einen erschlagen hat. Und sie sollen euch als Asyl vor dem Bluträcher dienen. 4 Und wer zu einer dieser Städte flieht, soll am Eingang des Stadt-

tors warten und den Ältesten jener Stadt seinen Fall vortragen. Und sie sollen ihn zu sich in die Stadt nehmen und ihm einen Ort geben, und er soll bei ihnen wohnen. 5 Und wenn der Bluträcher ihn verfolgt, sollen sie ihm den Totschläger nicht ausliefern, denn er hat seinen Nächsten ohne Vorsatz erschlagen, ohne dass er ihm feind war. 6 Und er soll in jener Stadt bleiben, bis er in der Gemeinde vor Gericht gestanden hat, bis der Hohe Priester stirbt, der in jenen Tagen im Amt ist. Dann soll der Totschläger zurückkehren und in seine Stadt gehen und in sein Haus, in die Stadt, aus der er geflohen war. 7 Und sie weihten Kedesch in Galiläa auf dem Gebirge Naftali und Schechem auf dem Gebirge Efraim und die Stadt des Arba, das ist Chebron, auf dem Gebirge Judas. 8 Und jenseits des Jordan, bei Jericho, im Osten, bestimmten sie Bezer in der Wüste, in der Ebene, vom Stamm Ruben und Ramot in Gilead vom Stamm Gad und Golan im Baschan vom Stamm Manasse. 9 Das waren die Städte, die für alle Israeliten und für den Fremdling, der in ihrer Mitte weilt, bestimmt wurden, damit jeder, der unabsichtlich einen erschlagen hat, dahin fliehen kann und nicht stirbt durch die Hand des Bluträchers, bevor er vor der Gemeinde gestanden hat.

|1: 14,1! |2: Ex 21,13; Num 35,6.9–28 |7: 19,37! · 21,21 · 14,13! |8: 21,36 · 21,38; Dtn 4,43! · 21,27; Dtn 4,43

Die Städte der Leviten

21 1 Und die Familienhäupter der Leviten traten zu Elasar, dem Priester, und zu Josua, dem Sohn des Nun, und zu den Familienhäuptern der Stämme der Israeliten 2 und redeten mit ihnen in Schilo im Land Kanaan und sprachen: Der HERR hat durch Mose geboten, uns Städte zum Wohnen zu geben und deren Weideflächen für unser Vieh. 3 Und die Israeliten gaben den Leviten von ihrem Erbbesitz diese Städte und deren Weideflächen, nach dem Befehl des HERRN:

4 Und das Los fiel für die Sippen der Kahatiten. Und diejenigen von den Leviten, die Nachkommen Aarons, des Priesters, waren, erhielten vom Stamm Juda und vom Stamm der Simeoniten und vom Stamm Benjamin dreizehn Städte durch das Los. 5 Die übrigen Nachkommen Kahats erhielten durch das Los zehn Städte von den Sippen des Stamms Efraim und vom Stamm Dan und vom halben Stamm Manasse. 6 Die Nachkommen Gerschons erhielten durch das Los dreizehn Städte von den Sippen des Stamms Issaschar, vom Stamm Asser, vom Stamm Naftali und vom halben Stamme Manasse im Baschan. 7 Die Nachkommen Meraris, nach ihren Sippen, erhielten zwölf Städte vom Stamm Ruben, vom Stamm Gad und vom Stamm Sebulon. 8 So gaben die Israeliten den Leviten diese Städte und ihre Weideflächen, wie der HERR es durch Mose geboten hatte, durch das Los. 9 Und vom Stamm der Nachkommen Judas und vom Stamm der Simeoniten gaben sie ihnen diese Städte, die man mit Namen nannte: 10 Und die Reihe war an den Nachkommen Aarons von den Sippen der Kahatiten unter den Leviten, denn für sie fiel das Los zuerst, 11 und sie gaben ihnen die Stadt des Arba, des Vaters von Enak, das ist Chebron, auf dem Gebirge Judas, und das Weideland rings um sie her. 12 Das offene Land der Stadt aber und ihre Gehöfte gaben sie Kaleb, dem Sohn des Jefunne, zum Besitz. 13 Und den Nachkommen Aarons, des Priesters, gaben sie die Asylstadt für den Totschläger, Chebron, und ihr Weideland, dazu Libna und sein Weideland, 14 Jattir und sein Weideland, Eschtemoa und sein Weideland, 15 Cholon und sein Weideland, Debir und sein Weideland, 16 Ajin und sein Weideland, Jutta und sein Weideland, Bet-Schemesch und sein Weideland: neun Städte von diesen zwei Stämmen. 17 Und vom Stamm Benjamin:

Gibeon und sein Weideland, Geba und sein Weideland, 18 Anatot und sein Weideland, Almon und sein Weideland: vier Städte. 19 Im Ganzen waren die Städte der Nachkommen Aarons, der Priester: dreizehn Städte und deren Weideflächen.

20 Und die Sippen der Nachkommen Kahats, die Leviten, die Übrigen unter den Nachkommen Kahats, sie erhielten die durch ihr Los bestimmten Städte vom Stamm Efraim. 21 Und sie gaben ihnen die Asylstadt für den Totschläger, Schechem, und ihr Weideland, auf dem Gebirge Efraim, dazu Geser und sein Weideland, 22 Kibzajim und sein Weideland, Bet-Choron und sein Weideland: vier Städte. 23 Vom Stamm Dan: Elteke und sein Weideland, Gibbeton und sein Weideland, 24 Ajjalon und sein Weideland, Gat-Rimmon und sein Weideland: vier Städte. 25 Vom halben Stamm Manasse: Taanach und sein Weideland, Gat-Rimmon und sein Weideland: zwei Städte. 26 Im Ganzen erhielten die Sippen der übrigen Nachkommen Kahats: zehn Städte und deren Weideflächen.

27 Und die Nachkommen Gerschons aus den Sippen der Leviten erhielten vom halben Stamm Manasse: die Asylstadt für den Totschläger, Golan im Baschan, und ihr Weideland, dazu Beeschtera und sein Weideland: zwei Städte. 28 Und vom Stamm Issaschar: Kischjon und sein Weideland, Daberat und sein Weideland, 29 Jarmut und sein Weideland, En-Gannim und sein Weideland: vier Städte. 30 Und vom Stamm Asser: Mischal und sein Weideland, Abdon und sein Weideland, 31 Chelkat und sein Weideland, Rechob und sein Weideland: vier Städte. 32 Vom Stamm Naftali: die Asylstadt für den Totschläger, Kedesch in Galiläa, und ihr Weideland, dazu Chammot-Dor und sein Weideland, Kartan und sein Weideland: drei Städte. 33 Im Ganzen waren die Städte der Gerschoniter, nach ihren Sippen:

dreizehn Städte und deren Weideflächen.

34 Und die Sippen der Nachkommen des Merari, die übrigen Leviten, erhielten vom Stamm Sebulon: Jokneam und sein Weideland, Karta und sein Weideland, 35 Dimna und sein Weideland, Nahalal und sein Weideland: vier Städte. 36 Und vom Stamm Ruben: Bezer und sein Weideland, Jahza und sein Weideland, 37 Kedemot und sein Weideland, Mefaat und sein Weideland: vier Städte. 38 Und vom Stamm Gad: die Asylstadt für den Totschläger, Ramot in Gilead, und ihr Weideland, Machanajim und sein Weideland, 39 Cheschbon und sein Weideland, Jaser und sein Weideland: im Ganzen vier Städte. 40 Alle Städte gehörten den Nachkommen des Merari, nach ihren Sippen, die noch übrig waren von den Sippen der Leviten. Und so umfasste ihr Los: zwölf Städte. 41 Im Ganzen waren es achtundvierzig Levitenstädte und deren Weideflächen mitten im Besitz der Israeliten. 42 Diese Städte sind es, Stadt für Stadt, und ihre Weideflächen rings um sie; so ist es bei allen diesen Städten.

| 1: 17,4 · 14,1! | 2: 18,1! | 3: 19,1! | 4: Ex 6,16–18 · Ex 6,23 · 9–19 | 5: Num 3,27! · 26 | 6: Ex 6,17 · 33 | 7: Ex 6,19 · 40 | 8: 19,1! | 10–42: 1Chr 6,39–66 | 11: 14,13! | 12: 14,13 | 13: 10,29 | 15: 10,38 | 18: 1Kön 2,26 | 21: 20,7 | 23: 19,44 | 24: 10,12! · 19,45 | 26: 5 | 27: 20,8! | 28: 19,20 | 29: 19,21 | 30: 19,26 | 31: 19,25 · 19,28 | 32: 19,37! | 33: 6 | 34: 12,22 | 36: 20,8 | 38: 20,8! | 40: 7 | 41: Num 35,7

Der Abschluss der Landverteilung

43 So gab der HERR Israel das ganze Land, das er ihren Vorfahren zu geben geschworen hatte, und sie nahmen es in Besitz und liessen sich darin nieder. 44 Und der HERR verschaffte ihnen Ruhe ringsumher, ganz wie er es ihren Vorfahren geschworen hatte, und keiner von all ihren Feinden hielt ihnen stand; alle ihre Feinde gab der HERR in ihre Hand. 45 Von all dem Guten, das der HERR dem Haus Israel zugesagt hatte, war nichts dahingefallen; alles war eingetroffen.

| 43: Gen 12,7 | 44: 22,4; 23,1; Hebr 4,8 · 1,5! · 2,24! | 45: 23,14; 1Sam 3,19; 1Kön 8,56

Ruben, Gad und der halbe Stamm Manasse kehren zurück ins Ostjordanland

22 1 Damals rief Josua die Rubeniten, die Gaditen und den halben Stamm Manasse 2 und sprach zu ihnen: Alles, was Mose, der Diener des HERRN, euch geboten hat, habt ihr gehalten, und ihr habt auf meine Stimme gehört in allem, was ich euch geboten habe. 3 Ihr habt eure Brüder während dieser langen Zeit nicht verlassen, bis zum heutigen Tag; was das Gebot des HERRN, eures Gottes, fordert, habt ihr erfüllt. 4 Nun aber hat der HERR, euer Gott, euren Brüdern Ruhe verschafft, wie er es ihnen zugesagt hat. So kehrt nun zurück, und geht zu euren Zelten in das Land, das euch gehört, das Mose, der Diener des HERRN, euch jenseits des Jordan gegeben hat. 5 Unbedingt aber haltet das Gebot und die Weisung, die Mose, der Diener des HERRN, euch auferlegt hat, und handelt danach. Liebt den HERRN, euren Gott, und geht ganz auf seinen Wegen, und haltet seine Gebote, und haltet an ihm fest, und dient ihm mit ganzem Herzen und mit ganzer Seele. 6 Und Josua segnete sie und entliess sie, und sie gingen zu ihren Zelten. 7 Und dem halben Stamm Manasse hatte Mose im Baschan Besitz gegeben; der anderen Hälfte gab Josua Besitz bei ihren Brüdern auf der anderen Seite des Jordan, im Westen. Und als Josua auch sie zu ihren Zelten entliess, segnete er sie. 8 Und er sprach zu ihnen: Kehrt nun zurück zu euren Zelten mit grossem Reichtum und mit sehr viel Besitz, mit Silber, Gold, Bronze, Eisen und Kleidern in sehr grosser Menge. Teilt mit euren Brüdern, was ihr von euren Feinden erbeutet habt. 9 Und die Rubeniten, die Gaditen und der halbe Stamm Manasse kehrten zurück und gingen weg von den Israeliten in Schilo, das im Land Kanaan liegt, um ins Land Gilead zu gehen, in das Land, das ihnen gehörte, wo sie ansässig geworden waren, nach dem Befehl des HERRN durch Mose.

|1–4: Num 32,20–22; Dtn 3,18–20 |1: 1,12 |4: 21,44! · 12,6! |5: 23,8.11; Dtn 6,5; 10,12; 30,16 |6: Ex 39,43 · 24,28! · 1Sam 13,2 |7: Num 32,33 · 13,29; 17,5 |8: Num 31,27 |9: Num 32,28–29

Der Altarbau am Jordan

10 Und sie kamen nach Gelilot am Jordan, das im Land Kanaan liegt, und dort am Jordan bauten die Rubeniten, die Gaditen und der halbe Stamm Manasse einen Altar, einen grossen, ansehnlichen Altar. 11 Und die Israeliten hörten dies: Seht, die Rubeniten, die Gaditen und der halbe Stamm Manasse haben den Altar gebaut gegenüber dem Land Kanaan bei Gelilot am Jordan, jenseits der Israeliten. 12 Als die Israeliten das hörten, versammelte sich die ganze Gemeinde der Israeliten in Schilo, um gegen sie hinaufzuziehen in den Krieg. 13 Und die Israeliten sandten Pinechas, den Sohn von Elasar, dem Priester, zu den Rubeniten, den Gaditen und dem halben Stamm Manasse ins Land Gilead 14 und mit ihm zehn Vorsteher, je einen Vorsteher von jeder Familie von allen Stämmen Israels, und jeder war das Haupt einer Familie in den Tausendschaften Israels. 15 Und sie kamen zu den Rubeniten, den Gaditen und dem halben Stamm Manasse in das Land Gilead und redeten mit ihnen und sprachen: 16 So spricht die ganze Gemeinde des HERRN: Was ist das für ein Treuebruch, den ihr gegen den Gott Israels begangen habt: Heute habt ihr euch abgewendet vom HERRN, indem ihr euch einen Altar baut, um euch heute gegen den HERRN aufzulehnen? 17 Haben wir nicht genug an der Schuld von Peor, von der wir uns bis zum heutigen Tag nicht gereinigt haben? Die Plage kam doch über die Gemeinde des HERRN. 18 Und heute wendet ihr euch ab vom HERRN. Aber wenn ihr euch heute auflehnt gegen den HERRN, wird er morgen zornig sein über die ganze Gemeinde Israels. 19 Wenn aber das Land, das euch gehört, unrein ist, so kommt herüber in das Land, das dem HERRN gehört, wo die Wohnung des HERRN steht, und werdet ansässig bei uns. Aber lehnt euch nicht auf gegen den HERRN, und lehnt euch nicht auf gegen uns, indem ihr euch einen anderen Altar baut als den Altar des HERRN, unseres Gottes. 20 Kam nicht Zorn über die ganze Gemeinde Israels, als Achan, der Sohn Serachs, das, was der Vernichtung geweiht war, veruntreute? Und er war nur ein einziger Mann. Kam er nicht seiner Schuld wegen um?

21 Und die Rubeniten, die Gaditen und der halbe Stamm Manasse antworteten und sprachen zu den Häuptern der Tausendschaften Israels: 22 Der Gott der Götter ist der HERR, der Gott der Götter, der HERR, er weiss es, und Israel soll es wissen: Wenn es aus Auflehnung oder Untreue gegen den HERRN geschehen ist, soll er uns am heutigen Tag nicht helfen 23 – wenn wir uns einen Altar gebaut haben, um uns vom HERRN abzuwenden. Und wenn es geschehen ist, um ein Brandopfer oder Speiseopfer darauf darzubringen oder Heilsopfer zu opfern auf ihm, wird der HERR selbst uns zur Rechenschaft ziehen. 24 Wir haben aus Sorge gehandelt, eure Kinder könnten künftig zu unseren Kindern sagen: Was geht euch der HERR, der Gott Israels, an? 25 Hat doch der HERR eine Grenze gesetzt zwischen uns und euch, ihr Rubeniten und Gaditen: den Jordan. Ihr habt keinen Anteil am HERRN. So werden eure Kinder unsere Kinder davon abbringen, den HERRN zu fürchten. 26 Und wir haben gesagt: Wir wollen uns den Altar bauen, nicht für ein Brandopfer und nicht für ein Schlachtopfer, 27 sondern als Zeugen zwischen uns und euch und den Generationen nach uns, damit wir den Dienst für den HERRN tun vor ihm mit unseren Brandopfern, Schlachtopfern und Heilsopfern und damit eure Kinder künftig nicht zu unseren Kindern sagen: Ihr habt keinen Anteil am HERRN. 28 Und wir sagten uns: Wenn sie künftig so zu uns und unseren Nachkommen sagen, werden wir sagen: Seht das Abbild des Altars des HERRN, das unsere Vorfahren gemacht

haben, nicht für ein Brandopfer und nicht für ein Schlachtopfer, sondern als Zeugen zwischen uns und euch. 29 Fern von uns sei es, uns gegen den HERRN aufzulehnen und uns heute vom HERRN abzuwenden, indem wir einen Altar für ein Brandopfer, für ein Speiseopfer und für ein Schlachtopfer bauen, der ein anderer ist als der Altar des HERRN, unseres Gottes, der vor seiner Wohnung steht. 30 Und Pinechas, der Priester, und die Vorsteher der Gemeinde, die Häupter der Tausendschaften Israels, die bei ihm waren, hörten die Worte, die die Rubeniten, Gaditen und Manassiten sprachen, und sie schienen ihnen gut. 31 Und Pinechas, der Sohn von Elasar, dem Priester, sprach zu den Rubeniten, Gaditen und Manassiten: Heute haben wir erkannt, dass der HERR in unserer Mitte ist, denn ihr seid dem HERRN damit nicht untreu geworden. Nun habt ihr die Israeliten aus der Hand des HERRN gerettet. 32 Und Pinechas, der Sohn von Elasar, dem Priester, und die Vorsteher kehrten zurück von den Rubeniten und Gaditen aus dem Land Gilead in das Land Kanaan zu den Israeliten und erstatteten ihnen Bericht. 33 Und die Sache schien den Israeliten gut, und die Israeliten lobten Gott und sprachen nicht mehr davon, gegen die Rubeniten und Gaditen hinaufzuziehen in den Krieg, um das Land zu verwüsten, in dem diese wohnten. 34 Und die Rubeniten und Gaditen gaben dem Altar seinen Namen, denn er ist Zeuge zwischen uns dafür, dass der HERR Gott ist.

| 11: Lev 17,9; Dtn 12,13 | 12: 18,1! | 13: 24,33; Ex 6,25! | 14: Num 1,4 | 17: Num 25,3–9; Dtn 4,3 | 18: Num 16,22 | 20: 7,24! | 21: Num 1,16; 10,4 | 22: Dtn 10,17; Ps 136,2; Dan 2,47 | 27: 34; 24,27; Gen 31,48; Jes 19,19–20 | 29: 24,16 | 31: 3,10; Lev 26,11 | 34: 27

22,34: Möglicherweise ist der Name, den der Altar erhält, im hebräischen Text ausgefallen.

Die erste Abschiedsrede Josuas

23 1 Und nach langer Zeit, als der HERR Israel Ruhe verschafft hatte vor allen seinen Feinden ringsum und als Josua alt und hochbetagt war, 2 rief Josua ganz Israel, seine Ältesten, Häupter, Richter und Amtleute, und sprach zu ihnen: Ich bin nun alt und hochbetagt, 3 ihr aber habt alles gesehen, was der HERR, euer Gott, getan hat an allen diesen Nationen vor euch, denn der HERR, euer Gott, er hat für euch gekämpft. 4 Seht, ich habe euch diese übrigen Nationen als Erbbesitz zugeteilt, nach euren Stämmen, vom Jordan an alle Nationen, die ich ausgerottet habe, bis an das grosse Meer, gegen Sonnenuntergang. 5 Und der HERR, euer Gott, er wird sie vor euch verjagen und vor euch vertreiben, und ihr werdet ihr Land in Besitz nehmen, wie der HERR, euer Gott, es euch zugesagt hat. 6 Und ihr sollt sehr mutig sein und alles halten, was im Buch der Weisung des Mose geschrieben steht, und danach handeln; weicht nicht davon ab, weder nach rechts noch nach links, 7 damit ihr euch nicht vermengt mit diesen Nationen, mit diesen, die übrig geblieben sind bei euch, und ihr sollt den Namen ihrer Götter nicht nennen, nicht bei ihnen schwören lassen, ihnen nicht dienen und euch vor ihnen nicht niederwerfen, 8 sondern ihr sollt festhalten am HERRN, eurem Gott, wie ihr es getan habt bis zum heutigen Tag. 9 Und der HERR hat grosse und mächtige Nationen vor euch vertrieben, und euch hat niemand standhalten können bis zum heutigen Tag. 10 Ein Einziger von euch jagt tausend vor sich her, denn der HERR, euer Gott, er kämpft für euch, wie er es euch zugesagt hat. 11 Um eures Lebens willen achtet sorgsam darauf, den HERRN, euren Gott, zu lieben, 12 denn wenn ihr euch abwendet und festhaltet am Rest dieser Nationen, an diesen, die übrig geblieben sind bei euch, und euch mit ihnen verschwägert und euch mit ihnen vermengt und sie sich mit euch mischen, 13 könnt ihr sicher sein, dass der HERR, euer Gott, diese Nationen nicht mehr vor euch vertreiben wird. Dann werden sie euch zur Schlinge werden und zum Fallstrick, zur Geissel an euren Seiten und zu Dornen in euren Augen, bis ihr vertilgt seid von diesem guten Boden, den der HERR, euer Gott, euch gegeben hat. 14 Und seht, ich gehe heute den Weg aller Welt. Bedenkt von ganzem Herzen und von ganzer Seele, dass nichts dahingefallen ist von all dem Guten, das der HERR, euer Gott, euch zugesagt hat. Alles ist für euch eingetroffen, nichts davon ist dahingefallen. 15 Und so wie alles Gute für euch eingetroffen ist, das der HERR, euer Gott, euch zugesagt hat, so wird der HERR auch alles Böse über euch kommen lassen, bis er euch vertilgt hat von diesem guten Boden, den der HERR, euer Gott, euch gegeben hat, 16 wenn ihr den Bund des HERRN, eures Gottes, den er euch auferlegt hat, übertretet und hingeht und anderen Göttern dient und euch vor ihnen niederwerft, und der Zorn des HERRN wird gegen euch entbrennen, und bald werdet ihr vertilgt sein aus dem guten Land, das er euch gegeben hat.

|1–2: 13,1! |1: 21,44! |2: 24,1; 1Kön 8,1 |3: 10,14! |5: 13,6! · Num 33,53 |6: 1,7! |7: Ex 23,13! · Dtn 6,13–14 · Ex 20,5 |8: 22,5! |9: 24,18 |10: Lev 26,8; Dtn 32,30 · 10,14! |11: 22,5! |12: Ex 34,16; Esra 9,1 |13: Num 33,55; Dtn 7,16; Ri 2,3 |14: 1Kön 2,2 · 21,45! |15: Lev 26,3–39; Dtn 28,15–68 |16: Dtn 17,3 · Ri 2,20 · Dtn 4,26; 1Sam 12,25

Die zweite Abschiedsrede Josuas:
Der Bundesschluss in Schechem

24 1 Und Josua versammelte alle Stämme Israels in Schechem und rief die Ältesten Israels, seine Häupter, Richter und Amtleute. Und sie traten vor Gott, 2 und Josua sprach zum ganzen Volk: So spricht der HERR, der Gott Israels: Eure Vorfahren, Terach, der Vater von Abraham und Nachor, wohnten vor Zeiten jenseits des Stroms, und sie dienten anderen Göttern. 3 Da nahm ich euren Vater, Abraham, von jenseits des Stroms und liess ihn durch das ganze Land Kanaan wandern, und ich machte seine Nachkommen zahlreich und gab ihm Isaak. 4 Und Isaak gab ich Jakob und Esau. Und Esau gab ich das Gebirge Seir zum Besitz, Jakob aber und seine

Söhne zogen hinab nach Ägypten. 5 Und ich sandte Mose und Aaron, und ich schlug Ägypten, wie ich es dort getan habe, und danach habe ich euch herausgeführt. 6 Und ich führte eure Vorfahren aus Ägypten. Und ihr kamt ans Meer, und die Ägypter verfolgten eure Vorfahren mit Wagen und Reitern bis zum Schilfmeer. 7 Und sie schrien zum HERRN, und er setzte Finsternis zwischen euch und die Ägypter und liess das Meer über sie kommen, und es bedeckte sie. Und eure Augen haben gesehen, was ich den Ägyptern angetan habe. Und lange Zeit seid ihr in der Wüste geblieben. 8 Und ich habe euch ins Land der Amoriter gebracht, die jenseits des Jordan wohnten. Und sie kämpften gegen euch, und ich gab sie in eure Hand, und ihr nahmt ihr Land in Besitz, und ich habe sie vor euch vernichtet. 9 Da erhob sich Balak, der Sohn Zippors, der König von Moab, und kämpfte gegen Israel, und er sandte hin und rief Bileam, den Sohn Beors, damit er euch verfluche. 10 Ich aber wollte nicht auf Bileam hören, und immer wieder musste er euch segnen, und ich habe euch aus seiner Hand gerettet. 11 Und ihr zogt über den Jordan und kamt nach Jericho, und die Herren von Jericho, die Amoriter, die Perissiter, die Kanaaniter, die Hetiter, die Girgaschiter, die Chiwwiter und die Jebusiter kämpften gegen euch, aber ich gab sie in eure Hand. 12 Und ich sandte die Hornissen vor euch her; und diese vertrieben sie vor euch, die beiden Könige der Amoriter – das geschah nicht durch dein Schwert und nicht durch deinen Bogen. 13 Und ich gab euch ein Land, um das du dich nicht abgemüht hattest, und Städte, die ihr nicht gebaut hattet und in denen ihr euch doch niedergelassen habt; ihr esst von Weinbergen und Ölbäumen, die ihr nicht gepflanzt habt. 14 So fürchtet nun den HERRN und dient ihm in Vollkommenheit und Treue, und entfernt die Götter, denen eure Vorfahren jenseits des Stroms und in Ägypten gedient haben, und dient dem HERRN. 15 Scheint es euch aber nicht gut, dem HERRN zu dienen, wählt euch heute, wem ihr dienen wollt: den Göttern, denen eure Vorfahren jenseits des Stroms gedient haben, oder den Göttern der Amoriter, in deren Land ihr wohnt. Ich aber und mein Haus, wir werden dem HERRN dienen.

16 Da antwortete das Volk und sprach: Fern von uns sei es, den HERRN zu verlassen und anderen Göttern zu dienen. 17 Denn der HERR ist unser Gott, er ist es, der uns und unsere Vorfahren aus dem Land Ägypten, aus einem Sklavenhaus, heraufgeführt hat und vor unseren Augen diese grossen Zeichen getan und uns behütet hat auf dem ganzen Weg, den wir gegangen sind, und bei allen Völkern, durch die wir gezogen sind. 18 Und der HERR hat alle Völker, auch die Amoriter, die im Land wohnten, vor uns vertrieben. Auch wir werden dem HERRN dienen, denn er ist unser Gott. 19 Josua aber sprach zum Volk: Ihr könnt dem HERRN nicht dienen, denn er ist ein heiliger Gott, ein eifersüchtiger Gott ist er, er wird eure Missetat und eure Sünden nicht vergeben. 20 Wenn ihr den HERRN verlasst und fremden Göttern dient, wird er sich abwenden und euch Schlimmes antun und euch aufreiben, nachdem er Gutes für euch getan hat. 21 Und das Volk sprach zu Josua: Nein! Dem HERRN werden wir dienen. 22 Und Josua sprach zum Volk: Ihr wärt Zeugen gegen euch selbst, dass ihr euch den HERRN erwählt habt, um ihm zu dienen. – Und sie sprachen: Wir wären Zeugen! – 23 Und nun entfernt die fremden Götter, die bei euch sind, und wendet euer Herz dem HERRN zu, dem Gott Israels. 24 Und das Volk sprach zu Josua: Dem HERRN, unserem Gott, werden wir dienen, und auf seine Stimme werden wir hören. 25 Und Josua schloss einen Bund mit dem Volk an diesem Tag und gab ihm Satzung und Recht in Schechem. 26 Und Josua schrieb diese Worte in das Buch der Weisung Gottes, und er nahm einen grossen Stein und richtete ihn dort auf, unter der Terebinthe, die beim Heiligtum des HERRN stand. 27 Und Josua sprach zum ganzen Volk: Seht, dieser Stein soll Zeuge sein gegen uns, denn er hat alle Worte des HERRN gehört, die er mit uns geredet hat, und er soll Zeuge sein gegen euch, damit ihr euren Gott nicht verleugnet. 28 Dann entliess Josua das Volk, einen jeden in seinen Erbbesitz.

|1: 23,2! · Ri 20,26; 1Sam 10,19 |2: Gen 11,26 · Gen 35,2 |3: Gen 12,5–6 · Gen 21,3 |4: Gen 25,24–26 · Gen 36,8 · Gen 46,6–7! |5: Ex 6,27 · Ex 12,41.51 |6–7: Ex 14,9–10! |7: Ex 14,20.27 · Ex 14,31 · Num 14,33–35 |8: Num 21,21–35 |9: Num 22,5! |10: Num 23,10!; Mi 6,5 |11: 4,1 · 3,10! · 9,2! |12: Ex 23,27–28; Dtn 7,20 · Ps 44,4 |13: Dtn 6,11! |14: 1Sam 12,24 · 23; Gen 35,2; Ez 20,7 · Dtn 7,19; 29,2 |18: 23,9 |19: Lev 11,45; Ps 99,9 · Ex 20,5 · Ex 23,21 |21: Ex 24,7 |22: Dtn 26,17 |23: 14! |25: 2Kön 11,17; 23,3 · Ex 15,25 |26: Ex 24,4 · Gen 31,45! · Gen 35,4; Ri 9,6 |27: 22,27! |28: 22,6; Ri 2,6

24,12: Die Bedeutung des mit ‹Hornissen› wiedergegebenen hebräischen Worts ist umstritten, manche übersetzen ‹Entsetzen›.

Die Grabstätten Josuas, Josefs und Elasars

29 Und nach diesen Begebenheiten starb Josua, der Sohn des Nun, der Diener des HERRN; er wurde hundertzehn Jahre alt. 30 Und sie begruben ihn auf dem Gebiet seines Erbbesitzes in Timna-Serach, das auf dem Gebirge Efraim liegt, nördlich vom Berg Gaasch. 31 Und Israel diente dem HERRN, solange Josua lebte und solange die Ältesten am Leben waren, die Josua überlebten und die von allem wussten, was der HERR für Israel getan hatte. 32 Und die Gebeine Josefs, die die Israeliten aus Ägypten heraufgebracht hatten, begruben sie in Schechem auf dem Grundstück, das Jakob von den Nachkommen Chamors, des Vaters von Schechem, für hundert Kesita gekauft hatte, und es wurde Erbbesitz der Nachkommen Josefs. 33 Und als Elasar, der Sohn Aarons, gestorben war, begruben sie ihn in Gibea, das seinem Sohn Pinechas gehörte, das ihm auf dem Gebirge Efraim gegeben worden war.

|29: Gen 50,26; Ri 2,8 |30: 19,50! |31: Ri 2,7 |32: Gen 50,25! · Gen 33,19! |33: Num 20,28 · 22,13!

Das Buch der Richter

Die Eroberung des Landes nach dem Tod Josuas

1 1 Und nachdem Josua gestorben war, befragten die Israeliten den HERRN: Wer von uns soll zuerst hinaufziehen, um gegen die Kanaaniter zu kämpfen? 2 Und der HERR sprach: Juda soll hinaufziehen; seht, ich habe das Land in seine Hand gegeben. 3 Und Juda sprach zu Simeon, seinem Bruder: Zieh mit mir hinauf in meinen Losanteil und lass uns gegen die Kanaaniter kämpfen; und dann werde auch ich mit dir in deinen Losanteil gehen. Und Simeon ging mit ihm. 4 Und Juda zog hinauf, und der HERR gab die Kanaaniter und die Perissiter in ihre Hand, und sie schlugen sie in Besek, zehntausend Mann. 5 Und in Besek trafen sie auf Adoni-Besek und kämpften gegen ihn, und sie schlugen die Kanaaniter und die Perissiter. 6 Und Adoni-Besek floh, doch sie verfolgten und ergriffen ihn und hackten ihm die Daumen und die grossen Zehen ab. 7 Und Adoni-Besek sprach: Siebzig Könige, denen die Daumen und die grossen Zehen abgehackt worden waren, lasen die Reste zusammen unter meinem Tisch. Wie ich gehandelt habe, so hat es mir Gott vergolten. Und man brachte ihn nach Jerusalem, und dort starb er.

8 Und die Nachkommen Judas führten Krieg gegen Jerusalem, und sie nahmen es ein und schlugen es mit der Schärfe des Schwerts, und die Stadt setzten sie in Brand. 9 Und danach zogen die Nachkommen Judas hinab, um gegen die Kanaaniter zu kämpfen, die auf dem Gebirge, im Negev und in der Schefela wohnten. 10 Und Juda zog gegen die Kanaaniter, die in Chebron wohnten; Chebron hiess früher Kirjat-Arba. Und sie schlugen Scheschai, Achiman und Talmai. 11 Und von dort zogen sie gegen die Bewohner von Debir; Debir hiess früher Kirjat-Sefer. 12 Und Kaleb sprach: Wer Kirjat-Sefer schlägt und einnimmt, dem werde ich Achsa, meine Tochter, zur Frau geben. 13 Und Otniel, der Sohn des Kenas, der jüngere Bruder Kalebs, nahm es ein. Und er gab ihm Achsa, seine Tochter, zur Frau. 14 Und als sie zu ihm kam, stiftete sie ihn dazu an, von ihrem Vater das Feld zu erbitten. Und sie stieg vom Esel, und Kaleb sprach zu ihr: Was ist mit dir? 15 Und sie sprach zu ihm: Gib mir ein Geschenk, weil du mich in den Negev gegeben hast, gib mir Wasserbecken. Und Kaleb gab ihr die oberen Becken und die unteren Becken. 16 Und die Nachkommen des Keniters, des Schwiegervaters von Mose, waren mit den Judäern hinaufgezogen aus der Palmenstadt in die Wüste Juda, die südlich von Arad liegt; und sie gingen und liessen sich beim Volk nieder.

17 Und Juda zog mit Simeon, seinem Bruder, und sie schlugen die Kanaaniter, die in Zefat wohnten, und sie weihten die Stadt der Vernichtung, und man nannte die Stadt Chorma. 18 Und Juda eroberte Gaza und sein Gebiet, Aschkelon und sein Gebiet und Ekron und sein Gebiet. 19 Und der HERR war mit Juda, und sie eroberten das Gebirge. Die Bewohner der Ebene aber waren nicht zu vertreiben, denn sie hatten Wagen aus Eisen. 20 Und Chebron gaben sie Kaleb, wie Mose es gesagt hatte, und er vertrieb daraus die drei Söhne Enaks.

21 Die Jebusiter aber, die in Jerusalem wohnten, wurden von den Benjaminiten nicht vertrieben; und so blieben die Jebusiter mit den Benjaminiten in Jerusalem wohnen, bis auf den heutigen Tag.

22 Und auch das Haus Josef zog hinauf nach Bet-El, und der HERR war mit ihnen. 23 Und das Haus Josef liess Bet-El auskundschaften; früher hiess die Stadt

Lus. 24 Und die Späher sahen einen Mann aus der Stadt kommen, und sie sagten zu ihm: Zeig uns den Zugang zur Stadt, dann werden wir dir Barmherzigkeit erweisen. 25 Und er zeigte ihnen den Zugang zur Stadt, und sie schlugen die Stadt mit der Schärfe des Schwerts. Den Mann aber und seine ganze Sippe liessen sie gehen. 26 Da ging der Mann ins Land der Hetiter und baute eine Stadt und nannte sie Lus; so heisst sie bis auf den heutigen Tag.

27 Und Manasse vertrieb nicht Bet-Schean und seine Tochterstädte und nicht Taanach und seine Tochterstädte, nicht die Bewohner von Dor und seinen Tochterstädten, nicht die Bewohner von Jibleam und seinen Tochterstädten, und nicht die Bewohner von Megiddo und seinen Tochterstädten. Und so gelang es den Kanaanitern, in diesem Land wohnen zu bleiben. 28 Doch als Israel stark geworden war, machte es die Kanaaniter fronpflichtig, aber vertreiben konnten sie sie nicht.

29 Und Efraim vertrieb nicht die Kanaaniter, die in Geser wohnten, und so blieben die Kanaaniter in seiner Mitte wohnen, in Geser.

30 Sebulon vertrieb nicht die Bewohner von Kitron und nicht die Bewohner von Nahalol, und so blieben die Kanaaniter in seiner Mitte wohnen, aber sie wurden fronpflichtig.

31 Asser vertrieb nicht die Bewohner von Akko und nicht die Bewohner von Sidon, Achlab, Achsib, Chelba, Afik und Rechob. 32 Und so wohnten die Asseriten mitten unter den Kanaanitern, die im Land wohnten, denn sie hatten sie nicht vertrieben.

33 Naftali vertrieb nicht die Bewohner von Bet-Schemesch und nicht die Bewohner von Bet-Anat. So wohnten sie mitten unter den Kanaanitern, die im Land wohnten, doch waren ihnen die Bewohner von Bet-Schemesch und Bet-Anat fronpflichtig.

34 Die Amoriter aber drängten die Daniten auf das Gebirge und liessen sie

nicht herabkommen in die Ebene. 35 Und so gelang es den Amoritern, in Har-Cheres, Ajjalon und Schaalbim wohnen zu bleiben; doch die Hand des Hauses Josef war schwer, und sie wurden fronpflichtig. 36 Und das Gebiet der Amoriter erstreckte sich vom Skorpionenpass, von Sela, weiter hinauf.

|1: 2,8! · Num 27,21 · 20,18! |2: 20,28; Jos 2,24 |5: 3,5 |7: Mt 15,27 |8: 21! |9: Jos 12,8 · Jos 10,40; 11,16–18 |10: Jos 15,14 |12: Jos 15,16 |13: 3,9–11; Jos 15,17 |16: 1Chr 2,55 · 4,11; Ex 18,1 · 3,13 |17: Dtn 7,1–4; 20,12–18 · Num 14,45 |18: 16,1; Dtn 2,23 · 14,19 · Jer 25,20 |19: 1Sam 18,12 · Jos 17,16! |20: Jos 14,14 · Num 14,24; Jos 15,14 |21: 8; 19,11; Jos 15,63 |22: Jos 16,1 |23: Jos 2,1! |24: Jos 2,14; 1Sam 30,15 · Jos 6,25 |26: Gen 28,19 |27: 1Sam 31,10 · Jos 17,11–13 |28: Gen 9,26 |29: Jos 16,10! |31: 1Kön 16,31 |34: 18,1; Jos 19,47 |36: Num 34,4; Jos 15,3

1,10: Siehe Jos 14,15 und die Anm. dazu.

1,15: Siehe die Anm. zu Jos 15,19.

1,17: Im Namen Chorma klingt hebräisch ‹der Vernichtung weihen› an.

Der Bote des HERRN tadelt Israel

2 1 Und der Bote des HERRN zog hinauf von Gilgal nach Bochim. Und er sprach: Ich habe euch heraufgeführt aus Ägypten und in das Land gebracht, das ich euren Vorfahren zugeschworen habe. Und ich sprach: Ich werde meinen Bund mit euch in Ewigkeit nicht brechen. 2 Ihr aber sollt keinen Bund schliessen mit den Bewohnern dieses Landes; ihr sollt ihre Altäre niederreissen. Aber ihr habt nicht auf meine Stimme gehört. Was habt ihr da getan! 3 Und ich habe auch gesagt: Ich werde sie nicht vor euch vertreiben, und sie werden euch zu Feinden werden, und ihre Götter werden euch zum Fallstrick werden. 4 Als der Bote des HERRN diese Worte zu allen Israeliten gesprochen hatte, begann das Volk laut zu weinen. 5 Und sie nannten jenen Ort Bochim. Und dort opferten sie dem HERRN.

|1: 6,8.11 · Dtn 1,8 · Gen 17,7–8 |2: Dtn 7,2–5 · 6,10 |3: 8,27; Jos 23,13!; Ex 23,33 |4: 1Sam 11,4

2,4: Das hebräische Wort Bochim bedeutet ‹Weinende›.

Der Tod Josuas

6 Und Josua entliess das Volk, und die Israeliten gingen, ein jeder in seinen Erbbesitz, um das Land in Besitz zu nehmen. 7 Und das Volk diente dem HERRN, solange Josua lebte und solange die Ältesten am Leben waren, die Josua überlebten, die das ganze grosse Werk des HERRN gesehen hatten, das er für Israel getan hatte. 8 Und Josua, der Sohn des Nun, der Diener des HERRN, starb; er wurde hundertzehn Jahre alt. 9 Und sie begruben ihn auf dem Gebiet seines Erbbesitzes in Timna-Cheres auf dem Gebirge Efraim, nördlich vom Berg Gaasch.

| 6: Jos 24,28 | 7: Jos 24,31 | 8: 1,1; Jos 24,29

Das Auftreten der Richter und die Nationen, die der HERR verschonte

10 Und als auch jene ganze Generation zu ihren Vorfahren versammelt worden war, kam nach ihnen eine andere Generation, die weder vom HERRN wusste, noch von dem Werk, das er für Israel getan hatte. 11 Und die Israeliten taten, was böse war in den Augen des HERRN: Sie dienten den Baalen 12 und verliessen den HERRN, den Gott ihrer Vorfahren, der sie herausgeführt hatte aus dem Land Ägypten, und sie liefen anderen Göttern nach, Göttern der Völker rings um sie her, und sie warfen sich vor ihnen nieder und reizten den HERRN. 13 Und sie verliessen den HERRN und dienten dem Baal und den Astarten. 14 Und der Zorn des HERRN entbrannte über Israel, und er gab sie in die Hand von Plünderern, die sie ausraubten. Und er verkaufte sie in die Hand ihrer Feinde ringsum, und sie konnten nicht mehr bestehen vor ihren Feinden. 15 Wann immer sie auszogen, war die Hand des HERRN gegen sie zum Unheil, wie der HERR es gesagt hatte und wie der HERR es ihnen geschworen hatte, und sie gerieten in grosse Bedrängnis. 16 Und der HERR liess Richter auftreten, und die retteten sie aus der Hand derer, die sie ausraubten. 17 Aber auch auf ihre Richter hörten sie nicht, sondern sie hurten hinter anderen Göttern her und warfen sich vor ihnen nieder. Bald wichen sie ab von dem Weg, den ihre Vorfahren gegangen waren, um die Gebote des HERRN zu befolgen. So machten sie es nicht. 18 Und wenn der HERR für sie Richter auftreten liess, war der HERR mit dem Richter und errettete sie aus der Hand ihrer Feinde, solange der Richter lebte, denn es tat dem HERRN leid, wenn sie klagten über die, die sie quälten und bedrängten. 19 Wenn aber der Richter starb, frevelten sie wieder, schlimmer als ihre Vorfahren, und liefen anderen Göttern nach, dienten ihnen und warfen sich vor ihnen nieder. Sie liessen nicht ab von ihrem Tun und ihrem halsstarrigen Wandel.

20 Und der Zorn des HERRN entbrannte über Israel, und er sprach: Weil diese Nation meinen Bund, den ich ihren Vorfahren auferlegt habe, übertreten und auf meine Stimme nicht gehört hat, 21 werde auch ich niemanden mehr vor ihnen vertreiben von den Nationen, die Josua zurückgelassen hat, als er starb, 22 um Israel durch sie auf die Probe zu stellen, ob sie den Weg des HERRN einhielten, wie ihre Vorfahren ihn eingehalten haben, und ihn gehen oder nicht. 23 So verschonte der HERR diese Nationen; er vertrieb sie nicht sogleich und gab sie nicht in die Hand Josuas.

3 1 Und dies sind die Nationen, die der HERR verschonte, um durch sie Israel auf die Probe zu stellen: alle diejenigen, die nichts wussten von all den Kämpfen um Kanaan; 2 nur um die Generationen der Israeliten kennen zu lernen, um sie den Kampf zu lehren. Er verschonte nur die Nationen, von denen die Israeliten vorher nichts gewusst hatten: 3 die fünf Stadtfürsten der Philister, alle Kanaaniter, die Sidonier und die Chiwwiter, die Bewohner des Libanongebirges, vom Berg Baal-Hermon bis Lebo-Chamat. 4 Und durch sie sollte Israel

auf die Probe gestellt werden, um zu erfahren, ob sie auf die Gebote hören würden, die der HERR ihren Vorfahren durch Mose gegeben hatte. 5 Und so wohnten die Israeliten inmitten der Kanaaniter, der Hetiter, der Amoriter, der Perissiter, der Chiwwiter und der Jebusiter. 6 Und sie nahmen sich ihre Töchter zu Frauen und gaben die eigenen Töchter ihren Söhnen, und sie dienten ihren Göttern.

| 10: Ex 1,6–8 | 11: 3,12; 4,1; 6,1; 10,6; 13,1 | 12: Dtn 31,16 · Ex 13,14; Dtn 6,12 · Dtn 4,25 | 14: 3,8 · 4,2; 10,7 | 15: Dtn 2,15; 1Sam 12,15 · 10,9; 1Sam 13,6 | 16: 10,1 · Rut 1,1; 2Sam 7,11; Neh 9,27; Apg 13,20 | 17: Dtn 31,16; Jer 3,6 | 18: 3,15! · 6,12 · 3,9! | 19: 4,1; 8,33 · Neh 9,28 · Ex 32,9 | 21: Jos 23,13 | 22: 3,1.4; Ex 15,25! | 23: Ps 106,34 | 1: 2,22! | 3: Jos 13,2–5 | 4: 2,22! | 5: 1Kön 9,20 | 6: Ex 34,16; Dtn 7,3; 1Kön 11,3

Otniel

7 Und die Israeliten taten, was böse war in den Augen des HERRN, sie vergassen den HERRN, ihren Gott, und dienten den Baalen und den Ascheren. 8 Und der Zorn des HERRN entbrannte über Israel, und er verkaufte sie in die Hand von Kuschan-Rischatajim, dem König von Aram-Naharajim, und die Israeliten dienten Kuschan-Rischatajim acht Jahre lang. 9 Und die Israeliten schrien zum HERRN, und der HERR liess den Israeliten einen Retter auftreten, und er rettete sie: Otniel, den Sohn von Kenas, den jüngeren Bruder Kalebs. 10 Und der Geist des HERRN war auf ihm, und er verschaffte Israel Recht: Er zog aus zum Krieg, und der HERR gab Kuschan-Rischatajim, den König von Aram, in seine Hand, und seine Hand war stark gegen Kuschan-Rischatajim. 11 Und das Land hatte vierzig Jahre lang Ruhe; und Otniel, der Sohn des Kenas, starb.

| 7: Dtn 8,11; 1Sam 12,9 | 8: 2,14 | 9–11: 1,13! | 9: 15; 2,18; 4,3; 6,6; 10,10; Ex 2,23 | 10: 6,34; 11,29; 13,25; 14,6.19; 15,14 | 11: 30; 5,31; 8,28

Ehud

12 Und wiederum taten die Israeliten, was böse war in den Augen des HERRN. Und der HERR machte Eglon, den König von Moab, stark gegen die Israeliten, weil sie taten, was böse war in den Augen des HERRN. 13 Und Eglon tat sich zusammen mit den Ammonitern und Amalek, zog hin, schlug Israel und nahm die Palmenstadt in Besitz. 14 Und die Israeliten dienten Eglon, dem König von Moab, achtzehn Jahre lang.

15 Und die Israeliten schrien zum HERRN, und der HERR liess einen Retter für sie auftreten: Ehud, den Sohn von Gera, den Benjaminiten, der Linkshänder war. Und die Israeliten sandten durch ihn eine Gabe an Eglon, den König von Moab. 16 Und Ehud machte sich ein zweischneidiges Schwert, eine Elle lang, und er legte es an unter dem Gewand, an der rechten Hüfte. 17 Und er brachte Eglon, dem König von Moab, die Gabe. Eglon aber war ein sehr fetter Mann. 18 Und als Ehud die Gabe übergeben hatte, schickte er die fort, die die Gabe getragen hatten. 19 Er selbst aber kehrte um bei den Götterbildern, die bei Gilgal waren, und sprach: König, ich habe eine geheime Botschaft für dich. Und er sagte: Still! Und alle, die bei ihm standen, gingen hinaus. 20 Und Ehud war zu ihm hereingekommen, während er im kühlen Obergemach sass, das für ihn allein bestimmt war. Und Ehud sprach: Ich habe einen Gottesspruch für dich. Da erhob er sich vom Stuhl, 21 Ehud aber griff mit der linken Hand nach dem Schwert an seiner rechten Hüfte, fasste es und stiess es ihm in den Bauch. 22 Und nach der Klinge fuhr auch noch der Griff hinein und das Fett schloss sich um die Klinge, denn er zog ihm das Schwert nicht aus dem Bauch, und er ging hinaus durch ein Schlupfloch. 23 Und Ehud ging hinaus in den Vorraum, schloss die Türen des Obergemachs hinter sich und verriegelte sie. 24 Und er war hinausgegangen, und seine Diener waren gekommen, und sie sahen, dass die Türen des Obergemachs verriegelt waren, und sagten: Er bedeckt wohl seine Füsse in dem kühlen Gemach. 25 Und sie warteten beschämend

lange, aber sieh: Er machte und machte die Türen des Obergemachs nicht auf. Da holten sie den Schlüssel und öffneten, und sieh, ihr Herr lag tot auf dem Boden. 26 Ehud aber war entkommen, während sie noch zögerten, und war über die Götterbilder hinausgelangt und entkam nach Seira.

27 Und als er hinkam, stiess er auf dem Gebirge Efraim in den Schofar, und die Israeliten stiegen mit ihm vom Gebirge herab, er an ihrer Spitze. 28 Und er sprach zu ihnen: Folgt mir, denn der HERR hat eure Feinde, Moab, in eure Hand gegeben. Und sie folgten ihm hinab, besetzten die Jordanfurten vor Moab und liessen niemanden hinüberziehen. 29 Und sie schlugen Moab zu jener Zeit, gegen zehntausend Mann, alles kräftige und tüchtige Männer, und niemand entkam. 30 So mussten die Moabiter sich an jenem Tag unter die Hand Israels beugen, und das Land hatte achtzig Jahre lang Ruhe.

|12: 2,11! · 1Sam 12,9 |13: 6,3; 10,9.12; Ps 83,6–8 · 1,16 |15: 4,3 · 9! · 1Chr 8,5 · 20,16 |21: 2Sam 20,10 |26: 2Sam 4,6 |27: 6,34; 7,24; 1Sam 13,3; Neh 4,14 |28: 4,14; 7,9; Jos 10,8 · 12,5; Jos 2,7 |30: 11!

3,22: Die Bedeutung des mit ‹Schlupfloch› wiedergegebenen hebräischen Worts ist nicht gesichert.
3,23: Die Bedeutung des mit ‹Vorraum› wiedergegebenen hebräischen Worts ist nicht gesichert. Möglicherweise handelt es sich um einen Teil des Flachdachs oder des Aborts.
3,24: Die Formulierung ‹seine Füsse bedecken› ist wohl eine Umschreibung für ‹seine Notdurft verrichten›.

Schamgar

31 Und nach ihm kam Schamgar, der Sohn des Anat, und er schlug die Philister, sechshundert Mann, mit dem Treiberstecken, und auch er rettete Israel.

|31: 5,6 · 15,15!

Debora und Barak

4 1 Und wiederum taten die Israeliten, was böse war in den Augen des HERRN, Ehud aber war gestorben. 2 Und der HERR verkaufte sie in die Hand Jabins, des Königs von Kanaan, der in Chazor regierte, und sein Heerführer war Sisera, der in Charoschet-Gojim wohnte. 3 Und die Israeliten schrien zum HERRN, denn er hatte neunhundert Wagen aus Eisen und unterdrückte die Israeliten mit Gewalt, zwanzig Jahre lang.

4 Debora aber, eine Frau, eine Prophetin, die Frau des Lappidot, sie war in jener Zeit Richterin für Israel. 5 Und sie hatte ihren Sitz unter der Deborapalme zwischen Rama und Bet-El auf dem Gebirge Efraim, und zum Gericht zogen die Israeliten hinauf zu ihr. 6 Und sie sandte hin und liess Barak, den Sohn von Abinoam, aus Kedesch in Naftali und sprach zu ihm: Hat der HERR, der Gott Israels, nicht geboten: Geh, zieh auf den Berg Tabor und nimm zehntausend Mann von den Naftaliten und den Sebuloniten mit dir? 7 Und ich werde Sisera, den Heerführer Jabins, seine Wagen und seine Menge zu dir an den Bach Kischon locken und ihn in deine Hand geben. 8 Und Barak sprach zu ihr: Wenn du mit mir gehst, werde ich gehen; gehst du aber nicht mit mir, werde ich nicht gehen. 9 Da sprach sie: Ich werde mit dir gehen! Du aber wirst keinen Ruhm ernten auf dem Weg, den du gehst, denn der HERR wird Sisera in die Hand einer Frau verkaufen. Und Debora machte sich auf und ging mit Barak nach Kedesch.

10 Und Barak bot Sebulon und Naftali nach Kedesch auf, und zehntausend Mann folgten ihm hinauf, und auch Debora zog mit ihm hinauf. 11 Cheber aber, der Keniter, hatte sich von den Kenitern, den Nachkommen von Chobab, dem Schwiegervater des Mose, getrennt und schlug sein Zelt auf bei der Terebinthe in Zaannanim, das bei Kedesch liegt.

12 Und man meldete Sisera, dass Barak, der Sohn Abinoams, auf den Berg Tabor gezogen war. 13 Und Sisera bot alle seine Wagen auf, neunhundert Wagen aus Eisen, und das ganze Volk, das bei ihm war, von Charoschet-Gojim an den Bach Kischon. 14 Und Debora sprach zu Barak: Auf! Denn dies ist der

Tag, an dem der HERR Sisera in deine Hand gegeben hat. Ist nicht der HERR vor dir her ausgezogen? Und Barak stieg vom Berg Tabor, und zehntausend Mann folgten ihm. 15 Und der HERR brachte Sisera und alle Wagen und das ganze Heer vor Barak in Verwirrung mit der Schärfe des Schwerts, und Sisera sprang vom Kriegswagen und floh zu Fuss. 16 Und Barak verfolgte die Wagen und das Heer bis Charoschet-Gojim, und das ganze Heer Siseras fiel durch die Schärfe des Schwerts, nicht einer blieb übrig.

17 Sisera aber war zu Fuss zum Zelt Jaels, der Frau von Cheber, dem Keniter, geflohen, denn es war Friede zwischen Jabin, dem König von Chazor, und dem Haus Chebers, des Keniters. 18 Und Jael trat heraus, Sisera entgegen, und sagte zu ihm: Kehre nur ein, mein Herr, kehre nur ein bei mir, fürchte dich nicht. Und er kehrte bei ihm im Zelt ein, und sie bedeckte ihn mit einer Decke. 19 Er aber sagte zu ihr: Lass mich ein wenig Wasser trinken, denn ich bin durstig. Und sie öffnete den Milchschlauch, liess ihn trinken und deckte ihn wieder zu. 20 Und er sagte zu ihr: Stell dich an den Eingang des Zelts, und wenn einer kommt und dich fragt: Ist jemand hier?, dann sag: Niemand. 21 Und Jael, die Frau Chebers, ergriff den Zeltpflock und nahm den Hammer in die Hand und ging leise zu ihm hinein und schlug ihm den Pflock durch die Schläfe, und er drang bis in die Erde. Er aber war vor Müdigkeit in tiefen Schlaf gefallen, und so starb er. 22 Und sieh, Barak hatte Sisera verfolgt, und Jael trat heraus, ihm entgegen, und sagte zu ihm: Komm, ich will dir den Mann zeigen, den du suchst. Und als er zu ihr hereinkam, sieh, da lag Sisera tot da, und in seiner Schläfe steckte der Pflock. 23 So unterwarf Gott an jenem Tag Jabin, den König von Kanaan, vor den Israeliten. 24 Und die Hand der Israeliten wurde immer härter gegen Jabin, den König von Kanaan, bis

sie Jabin, den König von Kanaan, vernichtet hatten.

|1: 2,11! · 2,19! |2: 2,14! · Jos 11,1! · 1Sam 12,9 |3: 3,9! · 13: Jos 17,16! |5: Gen 35,8 · 1Sam 7,17 |6: Hebr 11,32 · Jos 21,32 · 8,18 |7: 1Kön 18,40 |9: 9,54 |10: 6,35 |11: 1,16! · Jos 19,33 |13: 3! |14: 3,28! · Dtn 9,3; 2Sam 5,24 |15: 5,20 |16: Jos 10,10; Ps 83,10 |19: 5,25

Deboras Siegeslied

5 1 Und an jenem Tag sangen Debora und Barak, der Sohn von Abinoam:
2 Dafür dass Fürsten wirklich Fürsten waren in Israel,
dafür dass das Volk sich bereitwillig einfand,
dafür lobt den HERRN.
3 Hört, ihr Könige,
merkt auf, ihr Fürsten!
Ich, ich will dem HERRN singen,
werde spielen dem HERRN, dem Gott Israels.
4 HERR, als du auszogst von Seir,
als du einherschrittest von Edoms Gefilde,
da bebte die Erde, troffen auch die Himmel,
auch die Wolken troffen von Wasser.
5 Die Berge wankten vor dem HERRN –
dem vom Sinai –,
vor dem HERRN, dem Gott Israels.
6 In den Tagen von Schamgar, dem Sohn Anats,
in den Tagen von Jael
waren die Wege verödet,
und die auf Pfaden gingen,
mussten gewundene Wege gehen.
7 Keiner bewohnte das offene Land, in Israel bewohnte es niemand,
bis ich mich erhob, Debora,
ich mich erhob, eine Mutter in Israel.
8 Gott erwählt Neues,
da hielt man die Tore geschlossen,
als wären Schild und Speer zu sehen gewesen
bei Vierzigtausend in Israel.
9 Mein Herz gehört den Gebietern Israels,
die sich bereitwillig einfanden beim Volk.

Lobt den HERRN.
10 Die ihr auf glänzenden Eselinnen
reitet;
 die ihr auf edlen Stoffen sitzt
und die ihr auf dem Weg geht, besingt es
 11 lauter als die Wasserträger
 singen zwischen den Tränken.
Dort besingen sie die Heilstaten des
HERRN,
 die Heilstaten an seinen Bewohnern
 des Landes in Israel.
Da zog das Volk des HERRN hinab zu den
Toren.
12 Wach auf, wach auf, Debora!
 Wach auf, wach auf, sing ein Lied!
Mach dich auf, Barak,
 und führe deine Gefangenen in die
 Gefangenschaft, Sohn Abinoams!
13 Wer übrig geblieben war zog damals
hinab zu Herrlichen, zum Volk,
 HERR ziehe hinab für mich mit den
 Helden,
14 aus Efraim, dessen Wurzeln in
Amalek sind,
 hinter dir ist Benjamin mit
 seinen Völkern.
Aus Machir zogen Gebieter hinab
 und aus Sebulon, die mit dem
 Führerstab ziehen.
15 Und die Obersten in Issaschar waren
bei Debora,
 und wie Issaschar, so Barak;
 ins Tal wurden sie gesandt, hinter
 ihm her.
In den Abteilungen Rubens
 gab es grosse Entscheidungen.
16 Warum hast du zwischen den
Körben im Sattel gesessen?
 Um die Töne der Flöte bei den
 Herden zu hören?
In den Abteilungen Rubens
 gab es grosse Erwägungen.
17 Gilead blieb jenseits des Jordan.
 Und Dan – warum hält er sich bei
 den Schiffen auf?
Asser sass an der Küste des Meeres
 und bleibt in seinen Buchten.
18 Sebulon ist ein Volk, das sein Leben
verachtete und bereit war zu sterben,

so auch Naftali, auf den Höhen
des Feldes.
19 Könige kamen, sie führten Krieg;
 da führten die Könige Kanaans Krieg
in Taanach bei den Wassern von
Megiddo;
 Silberbeute gewannen sie nicht.
20 Vom Himmel her kämpften
die Sterne,
 aus ihren Bahnen kämpften sie
 gegen Sisera.
21 Der Bach Kischon riss sie fort,
 der uralte Bach, der Bach Kischon.
Meine Seele, tritt auf mit Kraft!
22 Da stampften die Hufe des Pferdes
 beim Galopp, dem Galopp seiner
 Starken.
23 Verflucht Meros!, sprach der Bote
des HERRN,
 Verflucht, verflucht seine Bewohner,
denn sie sind dem HERRN nicht zu Hilfe
gekommen,
 dem HERRN zu Hilfe bei den Helden!
24 Mehr als andere Frauen sei Jael
gesegnet,
 die Frau von Cheber, dem Keniter,
mehr als andere Frauen im Zelt sei sie
gesegnet.
25 Um Wasser hatte er gebeten, Milch
hat sie ihm gegeben,
 in einer Schale, die Herrlichen
 zusteht, reichte sie Rahm.
26 Mit ihrer Hand greift sie nach dem
Pflock,
 und mit ihrer Rechten nach dem
 Hammer der Arbeiter.
Sie hämmerte ein auf Sisera, zerschlug
ihm den Schädel,
 und zerschmetterte und
 durchschlug seine Schläfe.
27 Zwischen ihren Füssen
 sank er nieder, fiel er, lag er;
zwischen ihren Füssen sank er nieder,
fiel er,
 dort fiel er, zugrunde gerichtet.
28 Durch das Fenster hielt die Mutter
Siseras Ausschau und klagte, durch
das Gitter:
 Warum kommt sein Wagen noch
 immer nicht?

Warum lässt der Hufschlag seiner
Gespanne auf sich warten?
29 Die klügsten ihrer Fürstinnen
antworten,
    sie selbst wiederholt sich das, was sie
    sagen:
30 Werden sie nicht Beute finden und
sie teilen?
Ein Frauenleib, zwei Frauenleiber für
jeden Mann,
    bunte Tücher als Beute für Sisera,
bunte Tücher als Beute, Buntgewirktes,
    ein buntes Tuch, zwei buntgewirkte
    Tücher für meinen Hals als Beute!
31 So werden umkommen alle deine
Feinde, HERR!
    Die ihn aber lieben, sind wie die
    Sonne, wenn sie aufgeht in ihrer
    Kraft.
Und das Land hatte vierzig Jahre lang
Ruhe.

|1: Ex 15,1; 2Sam 22,1 |2: 2Chr 17,16 |3: Ps 146,2
|4: Dtn 33,2 · Hab 3,3–6 · 2Sam 22,8! · Ps 68,9 |6:
3,31 · 2Chr 15,5 |8: 1Sam 13,19.22 |10: 10,4; 12,14 |12:
Ps 57,9 |14: Num 32,39; Jos 17,1 |16: Num 32,1–5 |19:
Jos 12,21 |20: 4,15 |21: Ps 83,10 |23: 21,8 |24: Lk 1,42
|25: 4,19 |28: Spr 7,6; Hld 2,9 |31: Dtn 6,5 ·
2Sam 23,4!; Dan 12,3 · 3,11!

5,21: Möglicherweise ist die als «der uralte Bach»
wiedergegebene hebräische Formulierung als «der
Bach wogte ihnen entgegen» zu übersetzen.

Von den Midianitern bedrängt. Die Berufung Gideons

6 1 Und die Israeliten taten, was böse
war in den Augen des HERRN. Da gab
der HERR sie in die Hand Midians, sieben Jahre lang. 2 Und die Hand Midians
war stark gegen Israel. Zum Schutz vor
den Midianitern hatten sich die Israeliten die Schlupflöcher gemacht, die in
den Bergen sind, und die Höhlen und
Zufluchtsorte. 3 Und wenn Israel gesät
hatte, zogen Midian und Amalek und
die aus dem Osten herauf. Und sie zogen herauf gegen sie, 4 belagerten sie
und vernichteten den Ertrag des Landes
bis dorthin, wo man nach Gaza kommt,
und sie liessen in Israel nichts zum Leben übrig, auch kein Schaf, kein Rind
und keinen Esel. 5 Wenn sie mit ihren

Herden und Zelten heranzogen, kamen
sie so zahlreich wie Heuschrecken. Sie
und ihre Kamele waren zahllos, und sie
kamen ins Land, um es zu verwüsten.
6 So wurde Israel durch Midian sehr ge-
schwächt, und die Israeliten schrien
zum HERRN.

7 Und als die Israeliten zum HERRN
schrien wegen Midian, 8 sandte der
HERR einen Mann, einen Propheten zu
den Israeliten, und er sprach zu ihnen:
So spricht der HERR, der Gott Israels: Ich
habe euch heraufgebracht aus Ägypten
und euch herausgeführt aus dem Sklavenhaus. 9 Und ich habe euch gerettet
aus der Hand der Ägypter und aus der
Hand aller, die euch quälten, und ich
habe sie vor euch vertrieben, und ihr
Land habe ich euch gegeben. 10 Und ich
habe zu euch gesprochen: Ich bin der
HERR, euer Gott. Ihr sollt die Götter der
Amoriter, in deren Land ihr wohnt,
nicht fürchten. Ihr aber habt nicht auf
meine Stimme gehört.

11 Und der Bote des HERRN kam und
setzte sich unter die Terebinthe, die in
Ofra stand und Joasch, dem Abi-Esriten,
gehörte; sein Sohn Gideon aber drosch
Weizen in der Kelter, um ihn vor Midian in Sicherheit zu bringen. 12 Da erschien ihm der Bote des HERRN und
sprach zu ihm: Der HERR ist mit dir,
tüchtiger Krieger! 13 Und Gideon
sprach zu ihm: Mein Herr! Wenn der
HERR mit uns ist, weshalb ist uns all das
widerfahren? Und wo sind all seine
Wunder, von denen uns unsere Vorfahren erzählt haben, als sie sprachen: Hat
der HERR uns nicht aus Ägypten heraufgeführt? Nun aber hat der HERR uns verworfen und in die Hand Midians gegeben. 14 Da wandte sich der HERR zu ihm
und sprach: Geh in dieser deiner Kraft,
und du wirst Israel aus der Hand Midians retten. Habe nicht ich dich gesandt? 15 Er aber sprach zu ihm: Bitte,
Herr, womit soll ich Israel retten? Sieh,
meine Tausendschaft ist die unbedeutendste in Manasse, und ich bin der
Jüngste im Haus meines Vaters. 16 Und

der HERR sprach zu ihm: Wenn ich mit dir bin, wirst du Midian schlagen wie einen einzigen Mann. 17 Er aber sprach zu ihm: Wenn ich Gnade gefunden habe in deinen Augen, gib mir ein Zeichen, dass du es bist, der mit mir spricht. 18 Geh nicht weg von hier, bis ich zu dir zurückkomme und meine Gabe herausbringe und sie vor dir niederlege. Und er sprach: Ich werde bleiben, bis du zurückkommst. 19 Und Gideon ging hinein und bereitete ein Ziegenböcklein zu und ungesäuerte Brote aus einem Efa Mehl. Das Fleisch hatte er in einen Korb gelegt und die Brühe in einen Topf gegossen, und er brachte es zu ihm hinaus unter die Terebinthe und trat hinzu. 20 Und der Bote Gottes sprach zu ihm: Nimm das Fleisch und die ungesäuerten Brote und lege es auf diesen Felsen und giesse die Brühe aus. Und so machte er es. 21 Und der Bote des HERRN streckte den Stab aus, den er in der Hand hatte, und berührte mit der Spitze das Fleisch und die ungesäuerten Brote. Da schlug das Feuer aus dem Felsblock und verzehrte das Fleisch und die ungesäuerten Brote. Der Bote des HERRN aber war seinen Augen entschwunden. 22 Und Gideon sah, dass es der Bote des HERRN gewesen war. Und Gideon sprach: Wehe, Herr, HERR, denn ich habe den Boten des HERRN gesehen, von Angesicht zu Angesicht. 23 Aber der HERR sprach zu ihm: Friede sei mit dir! Fürchte dich nicht, du musst nicht sterben. 24 Und Gideon baute dem HERRN dort einen Altar und nannte ihn: Der HERR ist Friede. Er ist dort geblieben bis auf den heutigen Tag, im abi-esritischen Ofra.

|1: 2,11! · Num 25,17 |2: 1Sam 13,6; Hiob 30,6 |3: 3,13! · 33 |4: Dtn 28,31; Jer 5,17; Mi 6,15 |5: 7,12; Jer 46,23; 51,14 |6: 3,9! |8: 2,1 |9: 10,11; 1Sam 10,18 |10: 2,2 · Ex 34,12–16; 2Kön 17,35–38 |11: 2,1 · 8,2; Jos 17,2 · Hebr 11,32 |12: 13,3 · 2,18 · 11,1 |13: Dtn 31,17 · Jes 63,11–13 |14: Ex 3,10 · 1Sam 12,11 |15–16: Ex 3,11–12 |15: 1Sam 9,21! |17: 36; Gen 15,8; Ex 4,1–9 |18: 13,15; Gen 18,3–5 |19: Lev 4,28 |21: Lev 9,24! · 13,20 |22: 13,22; Jes 6,5! |23: Gen 32,31 |24: 21,4; Gen 12,7–8 · 8,32!

Gideon reisst den Altar des Baal nieder

25 Und in jener Nacht sprach der HERR zu ihm: Nimm einen Jungstier von den Stieren, die deinem Vater gehören, und einen zweiten Stier, sieben Jahre alt, und reiss den Altar des Baal nieder, der deinem Vater gehört, und die Aschera, die bei ihm steht, sollst du zerschlagen. 26 Dann sollst du dem HERRN, deinem Gott, einen Altar bauen auf der Höhe dieser Zufluchtsstätte, einen Altar aus den geschichteten Steinen, und du sollst den zweiten Jungstier nehmen und ein Brandopfer darbringen mit dem Holz der Aschera, die du zerschlagen sollst. 27 Und Gideon nahm zehn Mann von seinen Knechten und tat, wie der HERR es ihm gesagt hatte; weil er aber aus Furcht vor seiner Familie und den Männern der Stadt nicht wagte, es bei Tag zu tun, tat er es in der Nacht.

28 Und früh am Morgen fanden die Männer der Stadt den Altar Baals niedergerissen und die Aschera, die bei ihm gewesen war, zerschlagen. Auf dem neu erbauten Altar aber war der zweite Stier als Brandopfer dargebracht worden. 29 Da sagten sie zueinander: Wer hat das getan? Und sie fragten und forschten nach, und man sagte: Das hat Gideon getan, der Sohn des Joasch. 30 Und die Männer der Stadt sagten zu Joasch: Gib deinen Sohn heraus! Er muss sterben, denn er hat den Altar des Baal niedergerissen und die Aschera, die bei ihm stand, zerschlagen. 31 Joasch aber sprach zu allen, die bei ihm standen: Wollt ihr für Baal einstehen? Wollt etwa ihr ihn retten? Wer für ihn einsteht, soll noch vor dem Morgen getötet werden. Wenn er ein Gott ist, soll er für sich selbst einstehen, denn man hat seinen Altar niedergerissen. 32 Und an jenem Tage nannte man ihn Jerubbaal, womit man sagen wollte: Baal soll gegen ihn streiten, weil er seinen Altar niedergerissen hat.

|25: Ex 34,13; 2Kön 11,18 · 2Kön 23,14–15 |31: Dtn 17,2–5 · 1Kön 18,21 |32: 7,1; 8,29; 9,1; 1Sam 12,11

6,26: Möglich ist auch die Übersetzung: «... Altar, wie es der Ordnung entspricht, ...»

6,32: Der Name Jerubbaal soll wohl verstanden werden als ‹Baal streitet›.

Gideon bittet um ein Zeichen

33 Und ganz Midian und Amalek und die aus dem Osten hatten sich zusammengetan, und sie zogen herüber und lagerten in der Ebene Jesreel. 34 Und der Geist des HERRN war in Gideon gefahren, und Gideon blies den Schofar, und Abieser wurde aufgeboten, ihm zu folgen. 35 Und er hatte Boten in ganz Manasse umhergesandt, und auch ganz Manasse wurde aufgeboten, ihm zu folgen. Und er hatte Boten in Asser, Sebulon und Naftali umhergesandt, und sie zogen hinauf, ihnen entgegen. 36 Und Gideon sprach zu Gott: Wenn du Israel durch meine Hand rettest, wie du gesagt hast – 37 sieh, ich lege frisch geschorene Wolle auf die Tenne. Wenn Tau allein auf der Schurwolle liegt, der Boden aber überall trocken ist, so werde ich wissen, dass du Israel durch meine Hand retten wirst, wie du es gesagt hast. 38 Und so geschah es: Früh am nächsten Morgen wrang er die Schurwolle aus und presste den Tau aus der Wolle, die ganze Schale war voll Wasser. 39 Und Gideon sprach zu Gott: Dein Zorn entbrenne nicht über mich, nur einmal noch will ich reden. Nur einmal noch werde ich es mit der Schurwolle versuchen: Die Schurwolle allein soll trocken bleiben, auf dem Boden aber soll überall Tau sein. 40 Und so tat es Gott in jener Nacht: Nur die Wolle war trocken, auf dem Boden aber lag überall Tau.

|33:3 · Jos 17,16 |34:3,10! · 3,27! |35:4,10 |36:17! |37: Gen 24,14 |39: Gen 18,30–32

Sieg über Midian

7 1 Und in der Frühe lagerten Jerubbaal, das ist Gideon, und alles Volk, das bei ihm war, an der Quelle Charod. Und das Lager Midians lag nördlich von ihm, beim Hügel More, in der Ebene. 2 Und der HERR sprach zu Gideon: Das Volk, das bei dir ist, ist zu gross, als dass ich Midian in ihre Hand geben könnte. Israel soll sich nicht gegen mich rühmen können und sagen: Meine eigene Hand hat mir geholfen. 3 Und nun rufe vor dem Volk: Wer sich fürchtet und Angst hat, soll zurückkehren und das Gebirge Gilead verlassen! Und zweiundzwanzigtausend vom Volk kehrten zurück, und zehntausend blieben übrig. 4 Der HERR aber sprach zu Gideon: Noch immer ist das Volk zu gross. Führ sie hinab ans Wasser, und dort werde ich sie für dich prüfen. Und jeder, von dem ich dir sagen werde: Dieser soll mit dir gehen, soll mit dir gehen. Jeder aber, von dem ich dir sagen werde: Dieser soll nicht mit dir gehen, soll nicht gehen. 5 Und er führte das Volk hinab ans Wasser. Und der HERR sprach zu Gideon: Alle, die mit der Zunge das Wasser lecken, wie der Hund leckt, die stell zusammen, und so auch alle, die niederknien, um zu trinken. 6 Und die Zahl derer, die leckten, indem sie die Hand zum Mund führten, war dreihundert Mann. Der ganze Rest des Volks aber hatte sich niedergekniet, um Wasser zu trinken. 7 Und der HERR sprach zu Gideon: Mit den dreihundert Mann, die geleckt haben, werde ich euch retten und Midian in deine Hand geben; das ganze Volk aber soll gehen, ein jeder an seinen Ort. 8 Und sie nahmen die Wegzehrung des Volks an sich und ihre Hörner. Und er hatte alle Männer Israels entlassen, einen jeden zu seinen Zelten; nur die dreihundert Mann behielt er bei sich. Und das Lager Midians befand sich unter ihm in der Ebene.

9 Und in jener Nacht sprach der HERR zu ihm: Mach dich auf, geh hinab ins Lager, denn ich habe es in deine Hand gegeben. 10 Wenn du dich aber fürchtest, hinabzugehen, geh mit Pura, deinem Burschen, ins Lager hinab, 11 und du wirst hören, was sie reden. Und danach werden deine Hände stark werden, und du wirst ins Lager hinabgehen. Da ging er mit Pura, seinem Bur-

schen, hinab bis an den Rand des Lagers, in dem die zum Kampf Gerüsteten waren. 12 Midian aber und Amalek und all die aus dem Osten lagen in der Ebene, so zahlreich wie Heuschrecken, und ihre Kamele waren zahllos wie der Sand an der Küste des Meeres. 13 Und als Gideon hinkam, sieh, da erzählte ein Mann einem anderen einen Traum und sprach: Sieh, ich hatte einen Traum: Sieh, ein Gerstenbrotkuchen rollte ins Lager Midians und kam bis ans Zelt und traf es, und es stürzte ein, und er warf es über den Haufen, und das Zelt stürzte ein. 14 Da antwortete der andere und sprach: Das ist nichts anderes als das Schwert Gideons, des Sohns von Joasch, des Mannes Israels. Gott hat Midian und das ganze Lager in seine Hand gegeben. 15 Als Gideon die Erzählung vom Traum und seine Deutung gehört hatte, warf er sich nieder. Dann kehrte er zurück ins Lager Israels und sprach: Macht euch auf, denn der HERR hat das Lager Midians in eure Hand gegeben.

16 Und er teilte die dreihundert Mann in drei Heerhaufen und gab ihnen allen Hörner in die Hand und leere Krüge, und in den Krügen waren Fackeln. 17 Und er sagte zu ihnen: Seht mir zu und macht es ebenso. Und seht, wenn ich an den Rand des Lagers komme, macht es so, wie ich es mache: 18 Ich und alle, die bei mir sind, werden das Horn blasen, und auch ihr sollt die Hörner blasen, rings um das ganze Lager, und rufen: Für den HERRN und Gideon! 19 Und Gideon und hundert Mann, die bei ihm waren, kamen bis an den Rand des Lagers zu Beginn der mittleren Nachtwache; man hatte gerade die Wachen aufgestellt. Und sie bliesen die Hörner und zerschlugen die Krüge, die sie in den Händen hielten. 20 Und die drei Haufen bliesen die Hörner und zerbrachen die Krüge. Dann ergriffen sie mit der linken Hand die Fackeln und mit der rechten Hand die Hörner, um sie zu blasen, und riefen: Das Schwert für den HERRN und für Gideon! 21 Und

ein jeder blieb an seinem Platz stehen, rings um das Lager herum, das ganze Lager aber rannte, und man schrie und floh. 22 Sie aber bliesen die dreihundert Hörner, und der HERR richtete das Schwert eines jeden gegen den anderen, und dies im ganzen Lager. Und das Lager floh bis nach Bet-Schitta, gegen Zereda hin, bis an das Ufer des Abel-Mechola, bei Tabbat. 23 Und jeder Israelit aus Naftali, Asser und aus ganz Manasse wurde aufgeboten, und sie verfolgten Midian. 24 Und Gideon hatte überall auf das Gebirge Efraim Boten gesandt und liess sagen: Kommt herab, Midian entgegen, und besetzt vor ihnen das Wasser bis Bet-Bara und den Jordan. Da wurde jeder Mann von Efraim aufgeboten, und sie besetzten vor ihnen das Wasser bis Bet-Bara und den Jordan. 25 Und sie nahmen die beiden Fürsten Midians, Oreb und Seeb, gefangen. Und sie erschlugen Oreb am Rabenfelsen, und Seeb erschlugen sie bei der Wolfskelter. Und sie verfolgten sie nach Midian; und den Kopf Orebs und den von Seeb brachten sie zu Gideon jenseits des Jordan.

8 1 Und die Männer von Efraim sagten zu ihm: Was hast du uns damit angetan, dass du uns nicht gerufen hast, als du loszogst, um gegen Midian zu kämpfen! Und sie stritten heftig mit ihm. 2 Er aber sprach zu ihnen: Was habe denn ich nun geleistet im Vergleich zu euch? Ist nicht die Nachlese Efraims besser als die Weinlese Abiesers? 3 In eure Hand hat Gott die Obersten Midians, Oreb und Seeb, gegeben. Und was konnte ich leisten im Vergleich zu euch? Und als er dieses Wort sprach, liess ihr Zorn ab von ihm.

|1: 6,32! · 1Sam 29,1 |2: Dtn 8,17!; Jes 10,13 |3: Dtn 20,8 |7: 1Sam 14,6 |9: 3,28! |11: 2Sam 2,7! |12: 6,5! · Jos 11,4! |16: 1Sam 11,11! |21: 2Chr 20,17 · 2Kön 7,7! |22: Jos 6,16 · 1Sam 14,20! · Jes 9,3 · Jos 3,16 |23: Lev 26,7; 1Sam 14,22; 1Kön 20,20 |24: 3,27! · 8,3; Ps 83,12 · Jes 10,26 |1: 12,1 |2: 6,11! |3: 7,24!

7,3: Die Bedeutung des mit ‹verlassen› wiedergegebenen hebräischen Worts ist unsicher.
7,25: Der Name Oreb bedeutet ‹Rabe›; der Name
Seeb bedeutet ‹Wolf›.

Gideon besiegt Sebach und Zalmunna und rächt sich an den Bewohnern von Sukkot und Penuel

4 Und Gideon kam an den Jordan, er zog mit den dreihundert Mann, die bei ihm waren, hinüber. Sie waren müde und hungrig. 5 Und er sagte zu den Männern von Sukkot: Gebt dem Volk, das mir folgt, einige Brote, denn sie sind müde. Ich verfolge Sebach und Zalmunna, die Könige Midians. 6 Die Obersten von Sukkot aber sagten: Hast du denn die Faust Sebachs und Zalmunnas schon in deiner Hand, dass wir deinem Heer Brot geben sollten? 7 Da sprach Gideon: Dafür werde ich euer Fleisch dreschen mit Dornengestrüpp aus der Wüste und mit Stacheldisteln, wenn der HERR Sebach und Zalmunna in meine Hand gibt. 8 Und er zog von dort hinauf nach Penuel und redete mit ihnen ebenso. Aber die Männer von Penuel antworteten ihm, wie die Männer von Sukkot geantwortet hatten. 9 Und er sprach auch zu den Männern von Penuel: Wenn ich wohlbehalten zurückkomme, werde ich diesen Turm niederreissen.

10 Sebach und Zalmunna aber waren in Karkor, ihre Heerlager waren bei ihnen, gegen fünfzehntausend, alle, die übrig geblieben waren vom ganzen Heerlager der Männer aus dem Osten. Hundertzwanzigtausend Mann, die das Schwert führten, waren gefallen. 11 Und Gideon ging auf dem Weg der Zeltbewohner hinauf, östlich von Nobach und Jogboha und schlug das Lager, das Lager aber hatte sich in Sicherheit geglaubt. 12 Und Sebach und Zalmunna flohen, und er verfolgte sie und nahm die beiden Könige Midians, Sebach und Zalmunna, gefangen und versetzte das ganze Lager in Schrecken.

13 Und Gideon, der Sohn des Joasch, kehrte zurück aus der Schlacht vom Pass von Cheres 14 und nahm einen jungen Mann von den Männern aus Sukkot gefangen und befragte ihn. Und der schrieb ihm die Obersten von Sukkot und seine Ältesten auf: siebenundsiebzig Mann. 15 Und er kam zu den Männern von Sukkot und sprach: Seht, da sind Sebach und Zalmunna, um derentwillen ihr mich verhöhnt habt: Hast du denn die Faust Sebachs und Zalmunnas in deiner Hand, dass wir deinen müden Männern Brot geben sollten? 16 Und er holte die Ältesten der Stadt und nahm Dornengestrüpp aus der Wüste und Stacheldisteln und züchtigte damit die Männer von Sukkot. 17 Den Turm von Penuel aber riss er nieder, und die Männer der Stadt erschlug er.

18 Und er sagte zu Sebach und Zalmunna: Was waren das für Männer, die ihr in Tabor erschlagen habt? Sie sagten: Sie waren wie du; jeder sah aus wie ein Königssohn. 19 Und er sprach: Es waren meine Brüder, die Söhne meiner Mutter. So wahr der HERR lebt: Hättet ihr sie am Leben gelassen, so würde ich euch nicht erschlagen. 20 Und er sprach zu Jeter, seinem Erstgeborenen: Auf, erschlag sie! Aber der junge Mann zog sein Schwert nicht, denn er fürchtete sich, weil er noch jung war. 21 Und Sebach und Zalmunna sprachen: Auf, stoss du uns nieder! Denn wie der Mann, so seine Kraft. Da erhob sich Gideon und erschlug Sebach und Zalmunna und nahm die Möndchen, die an den Hälsen ihrer Kamele hingen, an sich.

| 4: 1Sam 30,10 | 5: Gen 33,17! | 6: 1Sam 25,11 | 8: Gen 32,32! | 11: Num 32,42 · 1Sam 30,16–17 | 12: Jes 9,3! | 18: 4,6 | 19: Num 35,19! | 21: Ps 83,12 · 26; Jes 3,18

8,21: Bei den ‹Möndchen› handelt es sich um Amulette.

Gideon lehnt das Königtum ab

22 Und die Männer Israels sprachen zu Gideon: Herrsche über uns, du und auch dein Sohn und der Sohn deines Sohns, denn du hast uns aus der Hand Midians gerettet. 23 Aber Gideon sprach

zu ihnen: Nicht ich werde über euch herrschen, und auch mein Sohn wird nicht über euch herrschen. Der HERR soll über euch herrschen.

|22: 1Sam 8,5–6 |23: 1Sam 12,12

Gideon verführt Israel

24 Und Gideon sagte zu ihnen: Ich möchte etwas von euch erbitten: Jeder von euch soll mir einen Ring aus seiner Beute geben. Denn sie hatten goldene Ringe, weil sie Ismaeliter waren. 25 Und sie sagten: Wir werden sie dir geben. Und sie breiteten den Mantel aus, und jeder warf den Ring aus seiner Beute darauf. 26 Und das Gewicht der goldenen Ringe, die er erbeten hatte, betrug eintausendsiebenhundert Schekel Gold, abgesehen von den Möndchen und Ohrgehängen und Purpurgewändern, die die Könige Midians getragen hatten, und abgesehen von den Ketten, die an den Hälsen ihrer Kamele gewesen waren. 27 Und Gideon machte daraus einen Efod und stellte ihn in seiner Stadt, in Ofra auf. Und ganz Israel trieb Hurerei mit ihm, und das wurde Gideon und seinem Haus zum Fallstrick. 28 So wurde Midian vor den Israeliten gedemütigt, und sie erhoben ihr Haupt nicht mehr. Und das Land hatte vierzig Jahre lang Ruhe, solange Gideon lebte. 29 Und Jerubbaal, der Sohn des Joasch, ging hin und blieb in seinem Haus.

|24: Gen 25,12 |26: Num 31,50 · 21! |27: 17,5; Hos 3,4 · Ex 32,2–8 · 32! · 2,3! |28: 3,11! |29: 6,32!

Gideons Tod, Israels Untreue

30 Und Gideon hatte siebzig leibliche Söhne, denn er hatte viele Frauen. 31 Und auch seine Nebenfrau, die in Schechem lebte, hatte ihm einen Sohn geboren, und er gab ihm den Namen Abimelech. 32 Und Gideon, der Sohn des Joasch, starb im hohen Alter und wurde begraben im Grab von Joasch, seinem Vater, im abi-esritischen Ofra. 33 Und als Gideon gestorben war, hurten die Israeliten wieder hinter den Baalen her und machten sich den Baal-

Berit zum Gott. 34 Und die Israeliten dachten nicht mehr an den HERRN, ihren Gott, der sie gerettet hatte aus der Hand aller ihrer Feinde ringsum. 35 Und sie erwiesen dem Haus Jerubbaal-Gideons keine Treue für all das Gute, das er für Israel getan hatte.

|30: 9,2.5 |31: 9,1 |32: Gen 25,8 · 27; 6,24 |33: 2,19! · 9,4 |35: 9,19

8,33: Baal-Berit bedeutet ‹Bundesbaal›, vgl. dazu auch 9,46.

Abimelech wird König

9 1 Und Abimelech, der Sohn Jerubbaals, ging nach Schechem zu den Brüdern seiner Mutter und sprach zu ihnen und zur ganzen Sippe der Familie seiner Mutter: 2 Sagt doch vor allen Herren von Schechem: Was ist besser für euch – dass siebzig Mann über euch herrschen, alle Söhne Jerubbaals, oder dass ein einziger Mann über euch herrscht? Denkt daran, dass ich von eurem Fleisch und Blut bin! 3 Und die Brüder seiner Mutter legten all diese Worte allen Herren von Schechem vor, und ihr Herz neigte sich Abimelech zu, denn sie sagten: Er ist unser Bruder. 4 Und sie gaben ihm siebzig Schekel Silber aus dem Tempel des Baal-Berit, und Abimelech machte sich damit haltlose und freche Männer dienstbar, und sie folgten ihm. 5 Und er kam in das Haus seines Vaters nach Ofra und erschlug seine Brüder, die Söhne Jerubbaals, siebzig Mann, auf einem Stein. Jotam aber, der jüngste Sohn Jerubbaals, blieb übrig, denn er hatte sich versteckt. 6 Und alle Herren von Schechem und das ganze Bet-Millo versammelten sich, und sie gingen hin und machten Abimelech zum König bei der Mazzeben-Terebinthe, die in Schechem steht.

|1: 8,31 · 6,32! |2: 8,30! · Gen 29,14! |4: 8,33 · 11,3; 1Sam 22,2; 2Chr 13,7 |5: 8,30! · 2Chr 21,4 · 2Kön 11,3 |6: 2Sam 5,9! · Gen 35,4; Jos 24,26

9,2: ‹euer Fleisch und Blut› ist wörtlich: ‹euer Knochen und euer Fleisch›.

Jotam warnt vor Abimelech: Die Jotam-Fabel

7 Und man berichtete Jotam davon, und er ging, stellte sich auf den Gipfel des Bergs Garizim, erhob seine Stimme, rief und sprach zu ihnen: Hört auf mich, Herren von Schechem, damit Gott auf euch hört.

8 Die Bäume gingen hin, um einen König über sich zu salben.

Und sie sprachen zum Ölbaum: Sei du König über uns!

9 Der Ölbaum aber sprach zu ihnen: Soll ich mein Fett aufgeben, mit dem man Götter und Menschen ehrt,

und hingehen, um mich über den Bäumen zu wiegen?

10 Da sprachen die Bäume zum Feigenbaum:

Komm du, werde du König über uns!

11 Der Feigenbaum aber sprach zu ihnen: Soll ich meine Süsse aufgeben und meine köstliche Frucht

und hingehen, um mich über den Bäumen zu wiegen?

12 Da sprachen die Bäume zum Weinstock:

Komm du, werde du König über uns!

13 Der Weinstock aber sprach zu ihnen: Soll ich meinen Wein aufgeben, der Götter und Menschen fröhlich macht,

und hingehen, um mich über den Bäumen zu wiegen?

14 Da sprachen alle Bäume zum Dornbusch:

Komm du, werde du König über uns!

15 Und der Dornbusch sprach zu den Bäumen: Wenn ihr wirklich mich salben wollt, damit ich König über euch bin, kommt und sucht Zuflucht in meinem Schatten!

Wenn aber nicht, wird Feuer ausgehen vom Dornbusch und die Zedern des Libanon verzehren.

16 Und wenn ihr nun treu und aufrichtig gehandelt habt, als ihr Abimelech zum König gemacht habt, und wenn ihr Jerubbaal und seinem Haus Gutes getan habt, und wenn ihr für ihn getan habt, wie es verdient hat –

17 denn mein Vater hat für euch gekämpft und sein Leben aufs Spiel gesetzt und euch aus der Hand Midians gerettet, 18 ihr aber habt euch heute erhoben gegen das Haus meines Vaters, und ihr habt seine Söhne erschlagen, siebzig Mann auf einem Stein, und ihr habt Abimelech, den Sohn seiner Magd, zum König gemacht über die Herren von Schechem, weil er euer Bruder ist –, 19 wenn ihr also heute treu und aufrichtig gehandelt habt an Jerubbaal und an seinem Haus, dann werdet glücklich mit Abimelech, und auch er soll glücklich werden mit euch. 20 Wenn aber nicht, so soll Feuer ausgehen von Abimelech und die Herren von Schechem und Bet-Millo verzehren, und es soll Feuer ausgehen von den Herren von Schechem und von Bet-Millo und Abimelech verzehren. 21 Dann floh Jotam und flüchtete vor Abimelech, seinem Bruder, und ging nach Beer und liess sich dort nieder.

|7: Dtn 27,12 |13: Ps 104,15 |14: 2Kön 14,9 |15: Ez 19,14 |19: 8,35 |20: 53; 57 |21: Num 21,16

Abimelechs Herrschaft und sein Tod

22 Und Abimelech herrschte drei Jahre lang über Israel. 23 Da sandte Gott einen bösen Geist zwischen Abimelech und die Herren von Schechem, und die Herren von Schechem handelten treulos an Abimelech, 24 damit die Gewalttat an den siebzig Söhnen Jerubbaals und ihr Blut komme und sich auf ihren Bruder Abimelech lege, der sie erschlagen hatte, und auf die Herren von Schechem, die ihm die Hand gestärkt hatten, um seine Brüder zu erschlagen. 25 Und die Herren von Schechem legten ihm Hinterhalte auf den Höhen der Berge, und sie beraubten jeden, der auf der Strasse an ihnen vorüberzog. Und das wurde Abimelech berichtet.

26 Und Gaal, der Sohn des Ebed, und seine Brüder kamen und zogen nach Schechem, und die Herren von Schechem vertrauten ihm. 27 Und sie gingen hinaus aufs Feld und hielten Lese in ihren Weinbergen und kelterten. Und sie

veranstalteten ein Fest und kamen in den Tempel ihres Gottes und assen und tranken und verfluchten Abimelech. 28 Und Gaal, der Sohn des Ebed, sagte: Wer ist Abimelech? Und wer ist Schechem, dass wir ihm dienen sollten? Haben nicht der Sohn Jerubbaals und Sebul, sein Statthalter, den Männern von Chamor, dem Vater von Schechem, gedient? Und warum sollten gerade wir ihm dienen? 29 Wenn jemand dieses Volk in meine Hand gäbe, wollte ich Abimelech verjagen und zu Abimelech sagen: Mach dein Heer grösser und rück aus! 30 Und Sebul, der Oberste der Stadt, hörte die Worte Gaals, des Sohns von Ebed, und sein Zorn entbrannte, 31 und er sandte Boten zu Abimelech nach Torma und liess ihm sagen: Sieh, Gaal, der Sohn des Ebed, und seine Brüder kommen nach Schechem, und sieh, deinetwegen bedrängen sie die Stadt. 32 Nun aber, mach dich auf in der Nacht, du mit dem Volk, das bei dir ist, und leg dich auf dem Feld in den Hinterhalt. 33 Und am Morgen, wenn die Sonne aufgeht, mach dich auf und fall über die Stadt her. Und sieh, wenn er mit dem Volk, das bei ihm ist, gegen dich ausrückt, dann verfahr mit ihm, wie deine Hand es will.

34 Und in der Nacht machte sich Abimelech auf mit allem Volk, das bei ihm war, und sie legten sich in vier Haufen in den Hinterhalt gegen Schechem. 35 Und Gaal, der Sohn des Ebed, ging hinaus und trat an den Eingang des Stadttors; und Abimelech brach auf aus dem Hinterhalt mit dem Volk, das bei ihm war. 36 Und Gaal sah das Volk und sagte zu Sebul: Sieh, Volk kommt herab von den Höhen der Berge. Sebul aber sagte zu ihm: Du hältst den Schatten der Berge für Männer. 37 Aber Gaal fuhr fort zu reden und sagte: Sieh, Volk kommt herab vom Nabel des Landes, und ein Haufen kommt aus der Richtung der Wahrsager-Terebinthe. 38 Und Sebul sagte zu ihm: Wo ist denn nun dein Mund, der du gesagt hast: Wer ist Abi-

melech, dass wir ihm dienen sollten? Ist dies nicht das Volk, das du verachtet hast? Nun rück doch aus und kämpf gegen sie! 39 Und Gaal rückte aus an der Spitze der Herren von Schechem und kämpfte gegen Abimelech. 40 Abimelech aber verfolgte ihn, und er floh vor ihm, und viele fielen, bis an den Eingang des Tors lagen die Erschlagenen. 41 Dann kehrte Abimelech nach Aruma zurück, Sebul aber vertrieb Gaal und seine Brüder, so dass sie nicht in Schechem bleiben konnten.

42 Und am nächsten Morgen ging das Volk aufs Feld hinaus, und man berichtete Abimelech davon. 43 Und er nahm das Volk, teilte es in drei Haufen und legte auf dem Feld einen Hinterhalt. Und als er sah, dass das Volk aus der Stadt herauskam, machte er sich auf gegen sie und schlug sie. 44 Und Abimelech und die Haufen, die bei ihm waren, brachen hervor und bezogen Stellung am Eingang des Stadttors. Die beiden anderen Haufen aber fielen über alle her, die auf dem Feld waren, und schlugen sie. 45 Und jenen ganzen Tag lang bekämpfte Abimelech die Stadt, und er nahm die Stadt ein. Das Volk aber, das in ihr war, erschlug er, und die Stadt riss er nieder und streute Salz über sie. 46 Und alle Herren des Turms von Schechem hörten davon und kamen in das Gewölbe des Tempels des El-Berit. 47 Und Abimelech wurde berichtet, dass sich alle Herren des Turms von Schechem versammelt hatten. 48 Da zog Abimelech und das ganze Volk, das bei ihm war, auf das Gebirge Zalmon, und Abimelech nahm eine Axt in die Hand und schlug Äste von den Bäumen, hob sie auf und lud sie sich auf die Schulter. Dann sagte er zu allem Volk, das bei ihm war: Was ihr mich habt tun sehen, das macht mir eilends nach! 49 Da schlug auch das ganze Volk, ein jeder, Äste ab, und sie folgten Abimelech, legten sie über das Gewölbe und steckten das Gewölbe über ihnen in Brand. So starben auch alle Männer des Turms von

Schechem, gegen tausend Männer und Frauen.

50 Und Abimelech ging nach Tebez, belagerte Tebez und nahm es ein.

51 Mitten in der Stadt aber stand ein befestigter Turm, und alle Männer und Frauen und alle Herren der Stadt flohen dorthin, und sie schlossen hinter sich zu und stiegen auf das Dach des Turms. 52 Und Abimelech kam an den Turm und griff ihn an. Und er kam nahe an den Eingang des Turms, um ihn im Feuer zu verbrennen. 53 Eine Frau aber warf Abimelech einen oberen Mühlstein auf den Kopf und zertrümmerte seinen Schädel. 54 Da rief er noch den Burschen, der seine Waffen trug, und sprach zu ihm: Zieh dein Schwert und töte mich, damit man nicht von mir sagt: Eine Frau hat ihn erschlagen. Da durchbohrte ihn sein Bursche, und er starb. 55 Und als die Israeliten sahen, dass Abimelech tot war, gingen sie weg, ein jeder an seinen Ort. 56 So vergalt Gott Abimelech das Böse, das er seinem Vater angetan hatte, indem er seine siebzig Brüder erschlug. 57 Und all das Böse der Männer von Schechem liess Gott auf ihr Haupt zurückfallen. So kam der Fluch Jotams, des Sohnes von Jerubbaal, über sie!

| 23: 1Sam 16,14! | 24: 1Kön 2,32; Ps 7,17 | 28: 1Sam 25,10; 1Kön 12,16 · Gen 33,19 | 29: 2Sam 15,4 | 32: Jos 8,4 | 37: Ez 38,12 | 45: 2Kön 3,25 | 48: Ps 68,15 | 53: 20! · 2Sam 11,21 | 54: 4,9 · 1Sam 31,4! | 56: 5 | 57: Ps 7,17 · 20!

9,45: Das Ausstreuen von Salz versinnbildlicht, dass die Stadt für immer verwüstet bleiben soll.
9,46: El-Berit bedeutet ‹Bundesgott›; vgl. dazu auch 8,33.

Tola, Jair

10 1 Nach Abimelech trat Tola auf, der Sohn von Pua, dem Sohn von Dodo, der Mann aus Issaschar, um Israel zu retten. Und er wohnte in Schamir auf dem Gebirge Efraim, 2 und dreiundzwanzig Jahre lang verschaffte er Israel Recht. Und er starb und wurde in Schamir begraben.

3 Und nach ihm trat Jair auf, der Gileadit, und zweiundzwanzig Jahre lang verschaffte er Israel Recht. 4 Und er hatte dreissig Söhne, die auf dreissig Eselsfüllen ritten. Und sie besassen dreissig Städte; die heissen bis heute Chawwot-Jair und liegen im Land Gilead. 5 Und Jair starb und wurde in Kamon begraben.

| 1: 2,16 · Gen 46,13; Num 26,23; Jos 13,30 | 4: 5,10! · Num 32,41; Dtn 3,14

10,4: Zu ‹Chawwot-Jair› siehe die Anm. zu Dtn 3,14.

Bedrohung Israels durch die Philister und Ammoniter

6 Und wiederum taten die Israeliten, was böse war in den Augen des HERRN: Sie dienten den Baalen und den Astarten, den Göttern Arams, den Göttern Sidons, den Göttern Moabs, den Göttern der Ammoniter und den Göttern der Philister, den HERRN aber verliessen sie, und sie dienten ihm nicht. 7 Da entbrannte der Zorn des HERRN über Israel, und er verkaufte sie in die Hand der Philister und in die Hand der Ammoniter. 8 Und damals zerschmetterten und misshandelten diese die Israeliten, achtzehn Jahre lang, alle Israeliten, die jenseits des Jordan waren, im Land der Amoriter, im Gilead.

9 Und die Ammoniter überschritten den Jordan, um auch gegen Juda, Benjamin und das Haus Efraim zu kämpfen, und Israel geriet in grosse Bedrängnis. 10 Da schrien die Israeliten zum HERRN: Wir haben gegen dich gesündigt, denn wir haben unseren Gott verlassen und den Baalen gedient. 11 Und der HERR sprach zu den Israeliten: Ist es nicht so: Die Ägypter, die Amoriter, die Ammoniter, die Philister, 12 die Sidonier, Amalek und Maon haben euch gequält, und ihr habt zu mir geschrien, und ich habe euch aus ihrer Hand gerettet. 13 Ihr aber habt mich verlassen und habt anderen Göttern gedient. Darum werde ich euch nicht mehr retten. 14 Geht und schreit zu den Göttern, die ihr erwählt habt! Sollen sie euch retten

in der Zeit eurer Bedrängnis! 15 Und die Israeliten sprachen zum HERRN: Wir haben gesündigt! Mach mit uns alles, was gut ist in deinen Augen, aber rette uns noch heute! 16 Und sie entfernten die fremden Götter aus ihrer Mitte und dienten dem HERRN. Er aber konnte das Leid Israels nicht länger ertragen.

| 6: 2,11! | 7: 2,14! · 13,1; 14,4 | 8: Num 32,39 | 9: 3,13! · 2,15! | 10: 3,9! · 15; 1Sam 12,10! | 11: 6,9! · Ex 14,30 · Num 21,24 | 12: 3,13! · 1Chr 4,41 | 13: 2Chr 12,5 | 14: Dtn 32,38; Jes 46,7; Jer 2,28 | 15: 10! · 12,10 | 16: Jos 24,23; 1Sam 7,4; 2Chr 15,8 · 2,18!

Jiftach wird Anführer der Gileaditer

17 Und die Ammoniter wurden aufgeboten und lagerten im Gilead, und die Israeliten sammelten sich und lagerten in Mizpa. 18 Und das Volk, die Obersten des Gilead, sagten zueinander: Wer ist der Mann, der den Kampf aufnimmt gegen die Ammoniter? Der soll das Haupt aller Bewohner des Gilead sein.

11 1 Und Jiftach, der Gileaditer, war ein tüchtiger Krieger, aber er war der Sohn einer Hure. Und Gilead zeugte Jiftach, 2 aber auch die Frau Gileads hatte ihm Söhne geboren. Als die Söhne der Frau heranwuchsen, vertrieben sie Jiftach und sagten zu ihm: Du sollst keinen Erbbesitz haben im Haus unseres Vaters, denn du bist der Sohn einer anderen Frau. 3 Und Jiftach floh vor seinen Brüdern und blieb im Land Tob. Und haltlose Männer scharten sich um Jiftach, und sie zogen aus mit ihm.

4 Und nach einiger Zeit führten die Ammoniter Krieg gegen Israel. 5 Und als die Ammoniter Krieg führten gegen Israel, gingen die Ältesten des Gilead hin, um Jiftach aus dem Land Tob zu holen. 6 Und sie sprachen zu Jiftach: Komm und sei unser Anführer, damit wir gegen die Ammoniter kämpfen. 7 Jiftach aber sagte zu den Ältesten des Gilead: Habt nicht ihr mich gehasst und vertrieben aus dem Haus meines Vaters? Und warum kommt ihr nun zu mir, da ihr in Bedrängnis seid? 8 Da sprachen die Ältesten des Gilead zu Jiftach: Deshalb sind wir nun zu dir zu-

rückgekommen: Geh mit uns und kämpf gegen die Ammoniter, dann sollst du unser Haupt über alle Bewohner des Gilead sein. 9 Und Jiftach sagte zu den Ältesten des Gilead: Wenn ihr mich zurückholt, um gegen die Ammoniter zu kämpfen, und der HERR gibt sie mir preis, dann werde ich euer Haupt sein. 10 Und die Ältesten des Gilead sprachen zu Jiftach: Der HERR wird Zeuge sein gegen uns, wenn wir nicht nach deinem Wort handeln. 11 Und Jiftach ging mit den Ältesten des Gilead, und das Volk machte ihn zu seinem Haupt und zum Anführer über sich. Und Jiftach brachte alle seine Anliegen vor den HERRN in Mizpa.

| 17: 11,29; Gen 31,49 | 18: 11,6 | 1: 6,12 | 2: Gen 21,10 | 3: 2Sam 10,6–8 · 9,4! | 4: 1Sam 11,1 | 6: 10,18 | 7: Gen 26,27

Jiftach verhandelt mit den Ammonitern

12 Und Jiftach sandte Boten zum König der Ammoniter und liess ihm sagen: Was willst du von mir, dass du gegen mich angerückt bist, um Krieg zu führen gegen mein Land? 13 Und der König der Ammoniter sagte zu den Boten Jiftachs: Israel hat mein Land genommen, als es aus Ägypten heraufzog, vom Arnon bis an den Jabbok und bis an den Jordan. Und nun gib mir dies in Frieden zurück. 14 Aber Jiftach sandte nochmals Boten zum König der Ammoniter, 15 und sie sagten zu ihm: So hat Jiftach gesprochen: Israel hat das Land Moabs und das Land der Ammoniter nicht genommen. 16 Sondern als sie aus Ägypten heraufzogen und als Israel durch die Wüste bis ans Schilfmeer zog und nach Kadesch kam, 17 da sandte Israel Boten zum König von Edom und liess ihm sagen: Ich würde gern durch dein Land ziehen. Aber der König von Edom hörte nicht. Und auch zum König von Moab sandten sie, aber er wollte nicht. So blieb Israel in Kadesch, 18 zog dann durch die Wüste und umging das Land Edom und das Land Moab und kam von Osten her auf das Land Moab zu. Und sie lagerten

jenseits des Arnon, in das Gebiet von
Moab aber kamen sie nicht, denn der Arnon ist die Grenze Moabs. 19 Und Israel
sandte Boten zu Sichon, dem König der
Amoriter, dem König von Cheschbon,
und Israel sagte zu ihm: Wir würden
gern durch dein Land ziehen, bis zu unserem Ort. 20 Aber Sichon traute Israel
nicht, dass es durch sein Gebiet ziehe,
und er sammelte sein ganzes Volk, und
sie lagerten bei Jahaz, und er kämpfte
gegen Israel. 21 Und der HERR, der Gott
Israels, gab Sichon und sein ganzes Volk
in die Hand Israels, und sie schlugen sie.
Und Israel nahm das ganze Land der
Amoriter, der Bewohner jenes Landes,
in Besitz. 22 Und sie nahmen das ganze
Gebiet der Amoriter in Besitz, vom Arnon bis an den Jabbok und von der
Wüste bis an den Jordan. 23 Und so hat
der HERR, der Gott Israels, die Amoriter
vor seinem Volk Israel vertrieben, und
du, du willst uns enteignen? 24 Ist es
nicht so: Was dein Gott Kemosch dir
zum Besitz gibt, das nimmst du in Besitz. Und alles, was der HERR, unser
Gott, vor uns enteignet hat, das nehmen
wir in Besitz. 25 Und nun, bist du etwa
besser als Balak, der Sohn Zippors, der
König von Moab? Hat er etwa mit Israel
gestritten oder hat er etwa gegen sie gekämpft, 26 als Israel in Cheschbon und
seinen Tochterstädten weilte, in Aroer
und seinen Tochterstädten und in allen
Städten, die zu beiden Seiten des Arnon
liegen – dreihundert Jahre lang? Und
warum habt ihr sie uns nicht in jener
Zeit entrissen? 27 Und ich habe mir
nichts zuschulden kommen lassen dir
gegenüber, du aber tust mir Böses an,
indem du Krieg führst gegen mich. Der
HERR, der Richter, wird heute richten
zwischen den Israeliten und den Ammonitern. 28 Aber der König der
Ammoniter hörte nicht auf die Worte
Jiftachs, die er ihm zugesandt hatte.

|12: Dtn 20,10 |13: Num 21,24 |15: Dtn 2,9.19 |16:
Num 14,25 · Dtn 1,46 |17: Num 20,14–17 · Dtn 1,46
|18: Num 21,13 |24: Num 21,29 |25: Num 22,2;
Jos 24,9 |26: Jos 13,17 · Dtn 2,36 |27: Gen 16,5!

Jiftachs Gelübde und sein Sieg über die Ammoniter

29 Und der Geist des HERRN war auf
Jiftach, und er zog durch das Gilead und
durch Manasse, und er zog durch Mizpe
im Gilead, und von Mizpe im Gilead zog
er hinüber zu den Ammonitern. 30 Und
Jiftach legte dem HERRN ein Gelübde ab
und sprach: Wenn du die Ammoniter
wirklich in meine Hand gibst, 31 so soll,
wer herauskommt, wer aus der Tür meines Hauses heraus mir entgegenkommt, wenn ich wohlbehalten zurückkehre von den Ammonitern, dem
HERRN gehören: Ich will ihn als Brandopfer darbringen.

32 Dann zog Jiftach gegen die Ammoniter, um gegen sie zu kämpfen, und
der HERR gab sie in seine Hand. 33 Und
er brachte ihnen eine sehr schwere Niederlage bei, von Aroer an bis dorthin, wo
man nach Minnit kommt, zwanzig
Städte, und bis nach Abel-Keramim. So
wurden die Ammoniter von den Israeliten gedemütigt.

34 Und Jiftach kam nach Mizpa zu
seinem Haus, und sieh, da kam seine
Tochter heraus, ihm entgegen, mit
Trommeln und im Reigentanz. Und sie
war sein einziges Kind; ausser ihm hatte
er weder Sohn noch Tochter. 35 Und als
er sie sah, zerriss er seine Kleider und
sprach: Ach, meine Tochter! Du hast
mich tief gebeugt! Du gehörst zu denen,
die mich ins Unglück stürzen! Ich habe
dem HERRN gegenüber meinen Mund
aufgerissen und kann nicht zurück.
36 Sie aber sprach zu ihm: Mein Vater,
du hast dem HERRN gegenüber deinen
Mund aufgerissen, mach mit mir, wie
dein Mund es gesagt hat, nachdem der
HERR dir Rache verschafft hat an deinen
Feinden, den Ammonitern. 37 Und sie
sagte zu ihrem Vater: Dies sei mir vergönnt: Lass mir zwei Monate, und ich
will weggehen und hinab in die Berge
gehen und über meine Jungfräulichkeit
weinen, ich mit meinen Freundinnen.
38 Und er sprach: Geh! Und er entliess
sie für zwei Monate. Und sie ging mit

ihren Freundinnen und weinte auf den Bergen über ihre Jungfräulichkeit. 39 Und nach zwei Monaten kam sie zurück zu ihrem Vater, und er erfüllte an ihr sein Gelübde. Sie hatte aber mit keinem Mann verkehrt. Und das wurde Brauch in Israel: 40 Jahr für Jahr gehen die Israelitinnen, um die Tochter Jiftachs, des Gileaditers, zu besingen, vier Tage im Jahr.

|29: 3,10! · 10,17! |30: Gen 28,20; 2Sam 15,8 |31: 2Kön 3,27 |34: 20,1 · 21,21; Ex 15,20! · Num 30,3! |39: Dtn 12,31

Jiftach bekämpft die Efraimiten

12 1 Und die Männer Efraims wurden aufgeboten, und sie zogen nach Zafon und sagten zu Jiftach: Warum bist du gegen die Ammoniter in den Krieg gezogen und hast uns nicht gerufen, damit wir mit dir gehen? Wir werden dein Haus über dir im Feuer verbrennen! 2 Und Jiftach sprach zu ihnen: Ich hatte einen schweren Streit, ich und mein Volk, mit den Ammonitern. Und ich habe euch gerufen, ihr aber habt mich nicht aus ihrer Hand gerettet. 3 Da sah ich, dass du keine Rettung warst, und ich nahm mein Leben in meine eigene Hand und zog gegen die Ammoniter, und der HERR gab sie in meine Hand. Warum also zieht ihr heute zu mir herauf, um gegen mich zu kämpfen?

4 Und Jiftach sammelte alle Männer des Gilead und bekämpfte Efraim. Und die Männer des Gilead schlugen die Efraimiten, denn diese hatten gesagt: Ihr seid Flüchtlinge aus Efraim, Gilead – mitten in Efraim, mitten in Manasse! 5 Und Gilead besetzte die Furten des Jordan vor den Efraimiten. Und wenn ein Flüchtling von den Efraimiten sprach: Ich will hinüber!, sagten die Männer des Gilead zu ihm: Bist du Efraimit? Sagte er dann: Nein!, 6 so sagten sie zu ihm: Sag Schibbolet. Sagte er dann Sibbolet, weil er es nicht so aussprechen konnte, ergriffen sie ihn und machten ihn nieder an den Furten des Jordan. So fielen zu je-

ner Zeit von Efraim Zweiundvierzigtausend. 7 Und sechs Jahre lang verschaffte Jiftach Israel Recht. Und Jiftach, der Gileaditer, starb und wurde in seiner Stadt im Gilead begraben.

|1: 8,1 · 14,15; 15,6 |5: 3,28! · 1Sam 1,1

12,6: In diesem Vers zeigen sich Ausspracheunterschiede im Hebräisch der damaligen Zeit. Schibbolet bedeutet ‹Flut› oder ‹Ähre›.

Ibzan, Elon, Abdon

8 Und nach ihm verschaffte Ibzan aus Betlehem Israel Recht. 9 Und er hatte dreissig Söhne, und dreissig Töchter verheiratete er nach auswärts, und für seine Söhne brachte er dreissig Töchter von auswärts. Und sieben Jahre lang verschaffte er Israel Recht. 10 Und Ibzan starb und wurde in Betlehem begraben.

11 Und nach ihm verschaffte Elon, der Sebulonit, Israel Recht, und zehn Jahre lang verschaffte er Israel Recht. 12 Und Elon, der Sebulonit, starb und wurde in Ajjalon im Land Sebulon begraben.

13 Und nach ihm verschaffte Abdon, der Sohn Hillels, der Piratoniter, Israel Recht. 14 Und er hatte vierzig Söhne und dreissig Enkel, die auf siebzig Eselsfüllen ritten. Und acht Jahre lang verschaffte er Israel Recht. 15 Und Abdon, der Sohn Hillels, der Piratoniter, starb und wurde in Piraton im Land Efraim auf dem Berg der Amalekiter begraben.

|8: 17,7! |10: 10,15 |13: 2Sam 23,30 |14: 5,10!

Die Ankündigung der Geburt Simsons

13 1 Und wiederum taten die Israeliten, was böse war in den Augen des HERRN. Und der HERR gab sie in die Hand der Philister, vierzig Jahre lang. 2 Und es war ein Mann aus Zora, aus der Sippe der Daniten, und sein Name war Manoach, und seine Frau war unfruchtbar und hatte nicht geboren. 3 Und der Bote des HERRN erschien der Frau und sprach zu ihr: Sieh, du bist unfruchtbar und hast nicht geboren, aber du wirst schwanger werden und einen Sohn gebären. 4 Und hüte dich nun, Wein oder

Bier zu trinken und irgendetwas Unreines zu essen! 5 Denn sieh, du wirst schwanger sein und einen Sohn gebären. Und an sein Haupt soll kein Schermesser kommen, denn der Knabe wird ein Gottgeweihter sein vom Mutterleib an. Und er wird anfangen, Israel aus der Hand der Philister zu retten. 6 Und die Frau kam und sagte zu ihrem Mann: Der Gottesmann ist zu mir gekommen, und er sah aus wie der Bote Gottes – überaus furchterregend. Und ich habe ihn nicht gefragt, woher er kommt, und er hat mir seinen Namen nicht genannt. 7 Aber er hat zu mir gesprochen: Sieh, du wirst schwanger sein und einen Sohn gebären. Und nun trink weder Wein noch Bier und iss nicht irgendetwas Unreines, denn der Knabe wird ein Gottgeweihter sein vom Mutterleib an bis zum Tag seines Todes. 8 Da betete Manoach zum HERRN und sprach: Bitte, Herr! Der Gottesmann, den du gesandt hast, möge noch einmal zu uns kommen und uns lehren, wie wir umgehen sollen mit dem Knaben, der geboren wird.

9 Und Gott hörte auf die Stimme Manoachs, und der Bote Gottes kam noch einmal zu der Frau, als sie auf dem Feld sass. Und Manoach, ihr Mann, war nicht bei ihr. 10 Da lief die Frau eilends und berichtete es ihrem Mann und sagte zu ihm: Sieh, mir ist der Mann erschienen, der schon zuvor zu mir gekommen ist. 11 Und Manoach machte sich auf und folgte seiner Frau. Und er kam zu dem Mann und sagte zu ihm: Bist du der Mann, der mit der Frau geredet hat? Und er sprach: Ich bin es. 12 Da sprach Manoach: Wenn sich dein Wort nun erfüllt, was soll die Regelung für den Knaben sein, und was soll man mit ihm tun? 13 Und der Bote des HERRN sprach zu Manoach: Vor allem, was ich der Frau gesagt habe, soll sie sich hüten: 14 Von allem, was vom Weinstock kommt, soll sie nichts essen, und Wein oder Bier soll sie nicht trinken, und alles, was unrein ist, soll sie nicht essen. Alles, was ich ihr geboten habe, soll sie

befolgen. 15 Und Manoach sagte zum Boten des HERRN: Wir würden dich gern noch hier behalten und ein Zicklein von der Herde vor dir zubereiten. 16 Aber der Bote des HERRN sprach zu Manoach: Wenn du mich hier behieltest, würde ich doch nichts von deiner Speise essen. Wenn du es aber zubereiten willst, dann bring es dem HERRN als Brandopfer dar. Manoach aber wusste nicht, dass es der Bote des HERRN war, 17 und Manoach sprach zum Boten des HERRN: Wie heisst du? Wenn dein Wort sich erfüllt, wollen wir dich ehren. 18 Und der Bote des HERRN sprach zu ihm: Warum fragst du nach meinem Namen? Er ist wunderbar! 19 Da nahm Manoach das Zicklein von der Herde und das Speiseopfer und brachte es dem HERRN auf dem Felsen dar. Und er vollbrachte Wunderbares, und Manoach und seine Frau sahen es: 20 Als die Flamme vom Altar zum Himmel schlug, stieg der Bote des HERRN in der Flamme des Altars empor. Manoach und seine Frau aber sahen es und fielen nieder zur Erde, auf ihr Angesicht. 21 Und der Bote des HERRN erschien Manoach und seiner Frau nicht mehr. Da erkannte Manoach, dass es der Bote des HERRN gewesen war. 22 Und Manoach sprach zu seiner Frau: Wir müssen sterben, denn wir haben Gott gesehen. 23 Aber seine Frau sagte zu ihm: Wenn es dem HERRN gefiele, uns zu töten, hätte er nicht Brandopfer und Speiseopfer aus unserer Hand angenommen, und er hätte uns nicht all dies sehen und uns jetzt nicht solches hören lassen.

24 Und die Frau gebar einen Sohn und gab ihm den Namen Simson. Und der Knabe wuchs heran, und der HERR segnete ihn. 25 Und der Geist des HERRN begann ihn umzutreiben in Machane-Dan, zwischen Zora und Eschtaol.

|1: 2,11! · 10,7! |2: Gen 11,30! |3: 6,12 · Lk 1,28 · Gen 18,10; Lk 1,31 |4: 14; Num 6,3! |5: 16,17; 1Sam 1,11! |6: 1Sam 2,27 · Apg 6,15 |14: 4! |15: 6,18! |18: Gen 32,30 |20: 6,21 · Lev 9,24 |22: 6,22! |24:

Hebr 11,32 · 1Sam 2,21.26; Lk 1,80 |25: 3,10! · 18,12 ·
16,31; 18,2

Simson und seine philistäische Frau.
Die Rätselfrage

14 1 Und Simson ging hinab nach
Timna, und in Timna sah er eine
von den Philisterinnen. 2 Und er kam
herauf und berichtete es seinem Vater
und seiner Mutter und sagte: Ich habe in
Timna eine von den Philisterinnen gesehen. Nun holt sie mir als Frau. 3 Aber
sein Vater und seine Mutter sagten zu
ihm: Gibt es denn keine Frau bei den
Töchtern deiner Brüder und in deinem
ganzen Volk, dass du hingehst, um von
den Philistern, den Unbeschnittenen,
eine Frau zu holen? Und Simson sagte zu
seinem Vater: Sie sollst du mir bringen,
denn in meinen Augen ist sie die Richtige. 4 Sein Vater und seine Mutter aber
erkannten nicht, dass das vom Herrn
kam, denn dieser suchte einen Vorwand
gegen die Philister. Und zu jener Zeit
herrschten die Philister in Israel.

5 Und Simson ging mit seinem Vater
und seiner Mutter hinab nach Timna.
Und sie kamen zu den Weinbergen von
Timna, und sieh, da kam ein junger
Löwe brüllend auf ihn zu. 6 Da durchdrang ihn der Geist des Herrn, und er
riss ihn auseinander, wie man ein Zicklein auseinander reisst, obwohl er nichts
in der Hand hatte. Seinem Vater und seiner Mutter aber berichtete er nicht, was
er getan hatte. 7 Dann ging er hinab und
redete mit der Frau; und in den Augen
Simsons war sie die Richtige. 8 Und
nach einiger Zeit kehrte er zurück, um
sie zu heiraten, und er bog vom Weg ab,
um nach dem Kadaver des Löwen zu sehen, und sieh, ein Bienenschwarm war
im Leib des Löwen und Honig. 9 Und er
nahm ihn mit seinen Händen heraus
und ass im Weitergehen. Und er ging zu
seinem Vater und seiner Mutter und gab
ihnen davon, und sie assen. Er berichtete
ihnen aber nicht, dass er den Honig aus
dem Kadaver des Löwen herausgenommen hatte.

10 Und sein Vater ging hinab zu der
Frau, und Simson veranstaltete dort ein
Gastmahl, denn so machen es die jungen
Männer. 11 Und als sie ihn sahen, holten
sie dreissig Gefährten, und die waren
bei ihm. 12 Und Simson sagte zu ihnen:
Ich will euch ein Rätsel aufgeben. Wenn
ihr mir in den sieben Tagen des Gastmahls die Lösung sagen könnt und sie
findet, werde ich euch dreissig Hemden
und dreissig Wechselkleider geben.
13 Wenn ihr mir aber nicht sagen
könnt, sollt ihr mir dreissig Hemden
und dreissig Wechselkleider geben. Da
sagten sie zu ihm: Gib dein Rätsel auf,
damit wir es hören. 14 Und er sprach zu
ihnen:
Aus dem Fresser kam Nahrung,
    und aus einem Starken kam Süsses.

Aber sie konnten das Rätsel drei Tage
lang nicht lösen. 15 Und am vierten Tag
sagten sie zu Simsons Frau: Verführe
deinen Mann, damit er uns die Lösung
sagt, sonst verbrennen wir dich und
deine ganze Familie im Feuer. Habt ihr
uns eingeladen, um uns arm zu machen? Ist es nicht so? 16 Da weinte
Simsons Frau bei ihm und sagte: Du
hasst mich nur und liebst mich nicht.
Du hast den Angehörigen meines Volks
das Rätsel aufgegeben und hast mir die
Lösung nicht gesagt. Er aber sprach zu
ihr: Sieh, meinem Vater und meiner
Mutter habe ich sie nicht gesagt – da
sollte ich sie dir sagen? 17 Sie aber
weinte bei ihm die sieben Tage, solange
sie das Gastmahl hielten; am siebten
Tage aber sagte er ihr die Lösung, denn
sie bedrängte ihn. Und sie sagte die
Lösung den Angehörigen ihres Volks.
18 Und am siebten Tag sprachen die
Männer der Stadt zu ihm, bevor er nach
Cheres kam:
Was ist süsser als Honig?
    Und was ist stärker als ein Löwe?
Er aber sprach zu ihnen:
Hättet ihr nicht mit meiner Kuh
gepflügt,
    hättet ihr mein Rätsel nicht gelöst.
19 Und der Geist des Herrn durch-

drang ihn, und er ging hinab nach Aschkelon und erschlug dreissig Mann von ihnen. Und er nahm ihre Ausrüstung und gab denen, die das Rätsel gelöst hatten, die Wechselkleider. Und sein Zorn entbrannte, und er ging hinauf in das Haus seines Vaters. 20 Simsons Frau aber wurde seinem Gefährten gegeben, seinem nächsten Freund.

|1: Gen 38,12 · 16,1 |2: Gen 34,4 |3: Gen 24,3 · 15,18; Gen 34,14 · Jos 23,12 |4: Gen 24,50; Jos 11,20; 1Kön 12,15 · 10,7! |6: 3,10! · 1Sam 17,34–35 |9: Spr 24,13! |10: Gen 29,22 |12: 1Kön 10,1; Ez 17,2 · Gen 29,27 · Gen 45,22; 2Kön 5,22 |15: 12,1! · 16,5 |16: 16,15 |17: 16,16–17 |19: 3,10! · 1,18 |20: 15,2

Simson rächt sich an den Philistern

15 1 Und nach einiger Zeit, in den Tagen der Weizenernte, besuchte Simson seine Frau mit einem Zicklein von der Herde und sagte: Ich möchte zu meiner Frau in die Kammer gehen. Aber ihr Vater liess ihn nicht hinein. 2 Und ihr Vater sagte: Ich habe wirklich geglaubt, dass du sie hasst, und so habe ich sie deinem nächsten Freund gegeben. Ist ihre jüngere Schwester nicht schöner als sie? Sie sei dein an ihrer Stelle! 3 Da sprach Simson zu ihnen: Dieses Mal bin ich frei von Schuld an den Philistern, wenn ich ihnen Schlimmes antue.
4 Und Simson ging und fing dreihundert Füchse, und er nahm Fackeln, kehrte Schwanz gegen Schwanz und band eine Fackel zwischen je zwei Schwänze. 5 Dann entzündete er die Fackel und schickte sie in die Kornfelder der Philister und zündete alles an, vom Garbenhaufen bis zum stehenden Halm und bis zum Weinberg und Olivenbaum. 6 Und die Philister sagten: Wer hat das getan? Und man sagte: Simson, der Schwiegersohn des Timniters, denn der hat ihm seine Frau genommen und sie seinem nächsten Freund gegeben. Und die Philister zogen hinauf und verbrannten sie und ihren Vater im Feuer.
7 Und Simson sagte zu ihnen: Wenn ihr das tut – erst wenn ich mich an euch gerächt habe, werde ich Ruhe geben.
8 Und er brach ihnen alle Knochen, er brachte ihnen eine schwere Niederlage bei. Dann zog er hinab und wohnte in der Felskluft von Etam.

|2: 14,20 |5: 2Sam 14,30 |6: 12,1!

Simson soll an die Philister ausgeliefert werden

9 Und die Philister zogen hinauf, lagerten in Juda und breiteten sich in Lechi aus. 10 Die Männer von Juda aber sagten: Warum seid ihr gegen uns heraufgezogen? Und sie sagten: Um Simson zu fesseln, sind wir heraufgezogen, um ihm so zu verfahren, wie er mit uns verfahren ist.
11 Und dreitausend Mann aus Juda zogen hinab zur Felskluft von Etam, und sie sagten zu Simson: Hast du nicht gewusst, dass die Philister über uns herrschen? Und was hast du uns damit angetan? Er aber sagte zu ihnen: Wie sie mit mir verfahren sind, so bin ich mit ihnen verfahren. 12 Und sie sagten zu ihm: Um dich zu fesseln, sind wir herabgekommen, um dich in die Hand der Philister zu geben. Und Simson sagte zu ihnen: Schwört mir, dass nicht ihr über mich herfallt. 13 Und sie sprachen zu ihm: Nein! Wir werden dich nur fesseln und in ihre Hand geben, töten aber werden wir dich nicht. Dann fesselten sie ihn mit zwei neuen Stricken und führten ihn vom Felsen hinauf.
14 Er war bis Lechi gekommen, und die Philister kamen ihm mit Geschrei entgegen, da durchdrang ihn der Geist des HERRN. Und die Stricke an seinen Armen wurden wie Flachsfäden, die vom Feuer versengt waren, und die Fesseln fielen ab von seinen Händen.
15 Und er fand den frischen Kieferknochen eines Esels, streckte seine Hand aus, ergriff ihn und erschlug damit tausend Mann. 16 Und Simson sprach:
Mit dem Kieferknochen vom Esel einen Haufen, zwei Haufen,
mit dem Kieferknochen vom Esel erschlug ich tausend Mann.
17 Und als er ausgeredet hatte, warf er den Kieferknochen fort und nannte

jenen Ort Ramat-Lechi. 18 Und ihn
dürstete sehr, und er rief zum HERRN
und sprach: Durch die Hand deines Dieners hast du diesen grossen Sieg gegeben, nun aber soll ich vor Durst sterben
und in die Hand der Unbeschnittenen
fallen. 19 Da spaltete Gott den Backen-
zahn, der in dem Kieferknochen steckte,
und Wasser quoll daraus hervor. Und er
trank, und sein Lebensgeist kehrte zurück, und er lebte wieder auf. Darum
nennt man die Quelle, die in Lechi ist,
En-Kore, bis auf den heutigen Tag.
20 Und er verschaffte Israel Recht in den
Tagen der Philister, zwanzig Jahre lang.

|11: 14,4 |14: 3,10! · 16,9.12 |15: 3,31; 2Sam 23,8
|18: 14,3! |19: Num 20,11 · 1Sam 30,12 |20: 16,31

15,16: Möglicherweise ist mit einer kleinen Textkorrektur zu übersetzen: «Mit dem Kieferknochen
vom Esel habe ich sie entsetzlich zugerichtet, ...»
15,17: Ramat-Lechi bedeutet ‹Kieferknochen–
Anhöhe›.
15,19: En-Kore bedeutet ‹Quelle des Rufers›.

Simson in Gaza

16 1 Und Simson ging nach Gaza,
und dort sah er eine Hure und
ging zu ihr. 2 Denen von Gaza wurde berichtet: Simson ist hierher gekommen.
Da umstellten sie ihn und lauerten ihm
die ganze Nacht über im Stadttor auf
und verhielten sich die ganze Nacht
lang ruhig. Sie sagten: Bis der Morgen
anbricht – dann werden wir ihn erschlagen! 3 Simson aber schlief bis Mitternacht, und um Mitternacht stand er auf.
Und er ergriff die Flügel des Stadttors
und die beiden Pfosten, riss sie mit dem
Riegelbalken heraus, lud sie sich auf die
Schultern und trug sie hinauf auf den
Gipfel des Berges gegenüber von
Chebron.

|1: 1,18! · 14,1 |2: 1Sam 19,11

16,2: «wurde berichtet» wurde nach der griechischen Überlieferung eingefügt.

Simson und Delila

4 Und nach all dem verliebte er sich
in eine Frau im Tal Sorek, und ihr Name
war Delila. 5 Und die Stadtfürsten der
Philister zogen herauf zu ihr und sagten

zu ihr: Verführe ihn, und sieh, wodurch
seine Kraft so gross ist und womit wir
ihn bezwingen können. Dann werden
wir ihn fesseln, um ihn zu überwältigen. Dann werden wir dir jeder tausendeinhundert Schekel Silber geben.

6 Und Delila sagte zu Simson: Lass
mich doch wissen, wodurch deine Kraft
so gross ist und womit man dich fesseln
muss, um dich zu überwältigen. 7 Und
Simson sagte zu ihr: Wenn man mich
fesselt mit sieben frischen Sehnen, die
noch nicht ausgetrocknet sind, werde
ich schwach und wie ein einfacher
Mensch. 8 Und die Stadtfürsten der Philister brachten ihr sieben frische Sehnen herauf, die noch nicht ausgetrocknet waren, und sie fesselte ihn damit.
9 Und in ihrer Kammer lag man auf der
Lauer, als sie zu ihm sagte: Die Philister
sind über dir, Simson! Und er zerriss die
Sehnen, wie eine Schnur aus Hanf zerrissen wird, wenn sie Feuer riecht. Und
es wurde nicht bekannt, woher seine
Kraft kam.

10 Delila aber sagte zu Simson: Sieh,
du hast mich getäuscht und mir Lügen
erzählt. Nun lass mich doch wissen, womit du gefesselt werden kannst. 11 Und
er sagte zu ihr: Wenn man mich mit
neuen Stricken bindet, mit denen noch
keine Arbeit getan worden ist, werde ich
schwach und wie ein einfacher Mensch.
12 Und Delila nahm neue Stricke und
fesselte ihn damit. Dann sagte sie zu
ihm: Die Philister sind über dir, Simson!
In der Kammer aber lag man auf der
Lauer. Und er riss sie von seinen Armen
wie Fäden.

13 Und Delila sagte zu Simson: Bis
jetzt hast du mich getäuscht und mir Lügen erzählt. Lass mich wissen, womit du
gefesselt werden kannst. Und er sagte
zu ihr: Wenn du die sieben Strähnen
meines Haupthaars mit den Kettenfäden verwebst. 14 Und sie schlug es mit
dem Pflock fest ein und sagte zu ihm:
Die Philister sind über dir, Simson! Da
erwachte er aus seinem Schlaf und riss

den Pflock, das Weberschiffchen und die Kettenfäden heraus.

15 Und sie sagte zu ihm: Wie kannst du sagen: Ich liebe dich!, und dein Herz ist nicht bei mir? Dreimal hast du mich so getäuscht und mich nicht wissen lassen, wodurch deine Kraft so gross ist. 16 Und da sie ihn jeden Tag mit ihren Worten drängte und ihm zusetzte, konnte er es auf den Tod nicht länger ertragen. 17 Und er öffnete ihr sein Herz ganz und sagte zu ihr: Es ist noch kein Schermesser an mein Haupt gekommen, denn ich bin ein Gottgeweihter vom Mutterleib an. Wenn mein Haar abgeschnitten wird, weicht meine Kraft von mir, und ich werde schwach und wie alle Menschen. 18 Da sah Delila, dass er ihr sein Herz ganz geöffnet hatte, und sie sandte hin und rief die Stadtfürsten der Philister und liess ihnen sagen: Kommt herauf, denn dieses Mal hat er mir sein Herz ganz geöffnet. Da kamen die Stadtfürsten der Philister herauf zu ihr und brachten das Silber mit hinauf. 19 Sie aber brachte ihn auf ihrem Schoss zum Einschlafen und rief einen Mann, und der schnitt ihm die sieben Strähnen seines Haupthaars ab. So begann sie ihn zu überwältigen, und seine Kraft wich von ihm. 20 Und sie sagte: Die Philister sind über dir, Simson! Da erwachte er aus seinem Schlaf und dachte: Ich werde davonkommen wie die Male zuvor und werde mich freischütteln. Er wusste aber nicht, dass der HERR von ihm gewichen war. 21 Und die Philister ergriffen ihn und stachen ihm die Augen aus. Dann führten sie ihn nach Gaza hinab und legten ihn in doppelte Ketten. Und als er im Gefängnis die Mühle drehte, 22 begann sein Haupthaar wieder zu wachsen, so wie es abgeschnitten worden war.

|5:14,15 |9:15,14! |12:15,14! |15:14,16 |16–17: 14,17 |17:13,5! |19:Koh 7,26 |20:1Sam 16,14 |21: 2Kön 25,7

16,13: Die antiken Übersetzungen haben am Ende des Verses folgenden zusätzlichen Text: «…verwebst und es mit dem Pflock fest (in die Wand) schlägst,

werde ich schwach und wie ein einfacher Mensch. Und sie brachte ihn zum Einschlafen und verwob die sieben Strähnen seines Haupthaars mit den Kettenfäden.»

Simson reisst die Philister mit sich in den Tod

23 Und die Stadtfürsten der Philister versammelten sich, um Dagon, ihrem Gott, ein grosses Schlachtopfer darzubringen und ein Freudenfest zu feiern. Und sie sprachen:
Unser Gott hat in unsere Hand gegeben:
    Simson, unseren Feind!
24 Und als das Volk ihn sah, lobten sie ihren Gott, denn sie sprachen:
Unser Gott hat in unsere Hand gegeben
    unseren Feind:
den, der unser Land verwüstet
    und der viele von uns erschlagen hat.
25 Und als ihr Herz froh war, sagten sie: Ruft Simson, er soll uns zum Lachen bringen. Und man rief Simson aus dem Gefängnis, und er musste vor ihnen Scherze machen. Dann stellten sie ihn zwischen die Säulen. 26 Und Simson sagte zu dem Knaben, der seine Hand hielt: Lass mich los, ich will die Säulen betasten, die das Haus tragen, und mich an sie lehnen. 27 Das Haus aber war voll von den Männern und Frauen, und alle Stadtfürsten der Philister waren dort, und auf dem Dach waren etwa dreitausend Männer und Frauen, die dem Scherzen Simsons zusahen. 28 Da rief Simson den HERRN an und sprach: Herr, HERR! Denk an mich und mach mich nur dieses Mal noch stark, Gott, und ich will Rache nehmen an den Philistern, wenigstens für eines meiner Augen. 29 Und Simson ertastete die beiden mittleren Säulen, die das Haus trugen, und stemmte sich gegen sie, gegen die eine mit der rechten und gegen die andere mit der linken Hand. 30 Und Simson sprach: Ich werde mit den Philistern sterben. Und er streckte sich mit aller Kraft, und das Haus stürzte auf die Stadtfürsten und alles Volk, das darin war. Und die er im Sterben tötete, waren

mehr als die, die er während seines Lebens getötet hatte.

31 Und seine Brüder und seine ganze Familie kamen herab, hoben ihn auf, brachten ihn hinauf und begruben ihn zwischen Zora und Eschtaol im Grab von Manoach, seinem Vater. Und er hatte Israel zwanzig Jahre lang Recht verschafft.

|23: 1Sam 5,2 |28: Jer 15,15 |31: 13,25! · 15,20

Der Efraimit Micha, sein Gotteshaus und sein Priester

17 1 Und es war ein Mann aus dem Gebirge Efraim, und sein Name war Michajehu. 2 Und er sagte zu seiner Mutter: Die tausendeinhundert Schekel Silber, die dir genommen worden sind, und derentwegen du einen Fluch ausgesprochen hast und dies vor meinen Ohren – sieh, das Silber ist bei mir, ich habe es genommen. Und seine Mutter sprach: Gesegnet ist mein Sohn vor dem HERRN! 3 Und er gab seiner Mutter die tausendeinhundert Schekel Silber zurück, und seine Mutter sagte: Ich weihe das Silber dem HERRN, aus meiner Hand für meinen Sohn, damit man ein geschnitztes Bild und ein gegossenes Bild daraus mache. Und so gebe ich es dir zurück. 4 Und er gab seiner Mutter das Silber zurück, und seine Mutter nahm zweihundert Schekel Silber und gab sie dem Feinschmied, und der machte daraus ein geschnitztes Bild und ein gegossenes, und das war dann im Haus Michajehus. 5 Und der Mann Micha hatte ein Gotteshaus, und er machte Efod und Terafim und füllte einem seiner Söhne die Hand, und er wurde sein Priester. 6 In jenen Tagen gab es keinen König in Israel; jeder tat, was in seinen Augen recht schien.

7 Und es war ein junger Mann aus Betlehem in Juda, aus der Sippe Judas, und er war Levit, und er war dort als Fremdling. 8 Und der Mann ging fort aus der Stadt, aus Betlehem in Juda, um sich als Fremdling niederzulassen, wo es sich gerade ergäbe. Und als er seines Weges zog, kam er auf das Gebirge Efraim zum Haus Michas. 9 Und Micha sagte zu ihm: Woher kommst du? Und er sagte zu ihm: Ich bin ein Levit aus Betlehem in Juda und ich bin unterwegs, um mich als Fremdling niederzulassen, wo es sich ergibt. 10 Da sagte Micha zu ihm: Bleib bei mir und sei mir Vater und Priester. Und ich werde dir jährlich zehn Schekel Silber geben und eine Ausstattung an Kleidern und was du zum Leben brauchst. Und der Levit ging hin. 11 Und der Levit entschloss sich, bei dem Mann zu bleiben, und der junge Mann war für ihn wie einer von seinen Söhnen. 12 Und Micha füllte dem Leviten die Hand, und der junge Mann war sein Priester und blieb im Hause Michas. 13 Und Micha sprach: Nun weiss ich, dass der HERR mir Gutes tun wird, denn der Levit ist mein Priester geworden.

|1: 18,2 |2: Lev 5,1; Spr 29,24 |3: Ex 20,23 |4: 18,17; Hab 2,18 · Dtn 27,15 |5: 8,27! · Gen 31,19 · Ex 28,41; 29,9 |6: 18,1; 19,1; 21,25 · Dtn 12,8 |7: 12,8; 19,1; Rut 1,1; Mi 5,1 · 18,3 |10: 18,19; Gen 45,8 · 1Sam 2,36; 2Kön 23,9 |12: 18,4

Die Daniten berauben Michas Gotteshaus

18 1 Und in jenen Tagen gab es keinen König in Israel. Und in jenen Tagen suchte der Stamm der Daniten Erbbesitz für sich, um sich niederzulassen, denn bis dahin war ihm bei den Stämmen Israels noch nichts als Erbbesitz zugefallen. 2 Und die Daniten sandten fünf Männer aus der Gesamtheit ihrer Sippe, tüchtige Männer, von Zora und von Eschtaol aus, um das Land auszukundschaften und auszuforschen, und sie sagten zu ihnen: Geht, forscht das Land aus. Und sie kamen auf das Gebirge Efraim zum Haus Michas und blieben dort über Nacht. 3 Sie waren beim Haus Michas, und sie erkannten den Tonfall des jungen Mannes, des Leviten. Und sie wandten sich dorthin und sagten zu ihm: Wer hat dich hierher gebracht? Und was tust du an diesem Ort? Und was hast du hier zu suchen? 4 Und er sagte zu ihnen: Dies und jenes hat Micha mit mir gemacht. Und er hat mich dienstbar gemacht, und ich bin sein

Priester geworden. 5 Und sie sprachen zu ihm: Befrag doch Gott, damit wir erfahren, ob der Weg, den wir gehen, zum Ziel führt. 6 Und der Priester sagte zu ihnen: Geht in Frieden! Vor dem Herrn liegt der Weg, den ihr geht.

7 Und die fünf Männer gingen und kamen nach Lajisch, und sie sahen das Volk, das darin sicher wohnte nach Art der Sidonier, ruhig und sorglos, und es gab niemanden, der einem etwas zu Leide tat im Land, der etwas unrechtmässig besass, und sie waren weit weg von den Sidoniern und hatten mit keinem Menschen zu tun. 8 Und sie kamen zu ihren Brüdern nach Zora und Eschtaol, und ihre Brüder sagten zu ihnen: Was bringt ihr? 9 Da sagten sie: Macht euch auf, und lasst uns gegen sie hinaufziehen! Denn wir haben das Land gesehen, und sieh, es ist sehr gut. Ihr aber zaudert. Zögert nicht! Auf, und kommt, um das Land in Besitz zu nehmen. 10 Wenn ihr hinkommt, kommt ihr zu einem sorgenlosen Volk. Und das Land ist nach allen Seiten offen, denn Gott hat es in eure Hand gegeben. Ein Ort, wo es an nichts mangelt, was es auf der Erde gibt.

11 Und sie brachen auf von dort, von der Sippe der Daniten, von Zora und Eschtaol, sechshundert Mann, schwer bewaffnet. 12 Und sie zogen hinauf und lagerten in Kirjat-Jearim in Juda. Daher nennt man jenen Ort Machane-Dan bis auf den heutigen Tag. Sieh, es liegt hinter Kirjat-Jearim. 13 Und von dort zogen sie zum Gebirge Efraim und kamen zum Haus Michas. 14 Und die fünf Männer, die gegangen waren, um das Land Lajisch auszukundschaften, ergriffen das Wort und sprachen zu ihren Brüdern: Habt ihr gewusst, dass es in diesen Häusern Efod und Terafim gibt und ein geschnitztes und ein gegossenes Bild? Und nun wisst ihr, was ihr zu tun habt! 15 Und sie wandten sich dorthin und kamen zum Haus des jungen Mannes, des Leviten, zum Haus Michas, und sie fragten ihn nach seinem Wohlergehen.

16 Und sechshundert Mann mit ihrer schweren Bewaffnung, die von den Daniten waren, standen am Eingang des Tors. 17 Und die fünf Männer, die gegangen waren, um das Land auszukundschaften, kamen hinauf, gingen dort hinein, nahmen das geschnitzte Bild, Efod und Terafim und das gegossene Bild, während der Priester mit den sechshundert Mann, die schwer bewaffnet waren, am Eingang des Tors stand. 18 Und jene waren in das Haus Michas gekommen und nahmen das geschnitzte Bild, Efod und Terafim und das gegossene Bild. Und der Priester sagte zu ihnen: Was tut ihr? 19 Und sie sagten zu ihm: Schweig! Leg deine Hand auf den Mund und geh mit uns und sei uns Vater und Priester! Ist es besser für dich, Priester zu sein für das Haus eines einzelnen Mannes oder Priester zu sein für einen Stamm oder eine Sippe in Israel? 20 Da war das Herz des Priesters froh, und er nahm Efod und Terafim und das geschnitzte Bild und reihte sich ins Volk ein. 21 Und sie drehten um und zogen ab und stellten die Kinder, den Besitz und was wertvoll war, an ihre Spitze.

22 Während sie sich vom Haus Michas entfernten, waren die Männer aufgeboten worden, die in den Häusern neben Michas Haus wohnten, und sie holten die Daniten ein. 23 Als sie den Daniten zuriefen, drehten diese sich um und sagten zu Micha: Was ist mit dir, dass du sie aufgeboten hast? 24 Und er sagte: Ihr habt meinen Gott genommen, den ich gemacht habe, und den Priester, und seid abgezogen. Was habe ich noch? Und was soll das, dass ihr zu mir sagt: Was ist mit dir? 25 Aber die Daniten sagten zu ihm: Lass deine Stimme nicht mehr bei uns hören, damit nicht verbitterte Männer über euch herfallen und du dein Leben und das deines Hauses verlierst. 26 Und die Daniten gingen ihres Weges. Und als Micha sah, dass sie stärker waren als er, wandte er sich um und kehrte zurück zu seinem Haus.

|1: 17,6! · 1,34! |2: 13,25! · Jos 2,1! · 17,1 |3: 17,7 |4:
17,12 |5: 1Sam 9,9 |7: 29! |9: Num 14,7 · Jos 18,3 |10:
Jos 2,24 · Dtn 8,9 |12: Jos 15,9! · 13,25 |15:
1Sam 17,22 |17: 17,4! |19: 17,10! |24: Gen 31,30

18,7: Die genaue Bedeutung der mit «der etwas
unrechtmässig besass» wiedergegebenen hebräischen Formulierung ist unsicher.

18,12: Machane-Dan bedeutet ‹Lager Dans›.

Die Daniten lassen sich in Lajisch nieder

27 Sie aber hatten genommen, was
Micha gemacht hatte, und auch den
Priester, den er gehabt hatte, und sie zogen gegen Lajisch, gegen ein ruhiges
und sorgloses Volk, und schlugen sie
mit der Schärfe des Schwertes und verbrannten die Stadt im Feuer. 28 Und
niemand kam zu Hilfe, denn die Stadt
lag fern von Sidon, und sie hatten mit
keinem Menschen zu tun. Sie lag nämlich in der Ebene, die zu Bet-Rechob gehört. Und sie bauten die Stadt wieder
auf und wohnten in ihr. 29 Und sie
nannten die Stadt Dan, nach dem Namen Dans, ihres Vaters, der dem Israel
geboren worden war. Früher aber war
Lajisch der Name der Stadt gewesen.
30 Und die Daniten stellten sich das geschnitzte Bild auf, und Jehonatan, der
Sohn von Gerschom, dem Sohn von
Mose, er und seine Söhne waren Priester des Stammes der Daniten bis zu dem
Tag, an dem das Land in die Verbannung
geführt wurde. 31 Und sie stellten sich
das geschnitzte Bild auf, das Micha gemacht hatte, und es blieb dort, solange
das Haus Gottes in Schilo war.

|28: Num 13,21; 2Sam 10,6 |29: 7; Jos 19,47 |30:
1Kön 12,28–29 · Ex 18,2–3 · 2Kön 15,29 |31: Jos 18,1;
Jer 7,12

18,30: Eine spätere jüdische Tradition korrigiert
‹Mose› zu ‹Manasse›.

Die Untat der Benjaminiten von Gibea

19 1 Und in jenen Tagen, als kein König in Israel war, lebte ein Mann,
ein Levit, als Fremdling im entlegensten
Teil des Gebirges Efraim und nahm sich
eine Nebenfrau aus Betlehem in Juda.
2 Seine Nebenfrau aber mochte ihn
nicht, und sie ging weg von ihm zum
Haus ihres Vaters nach Betlehem in
Juda. Und dort blieb sie für einige Zeit,
vier Monate.
3 Und ihr Mann machte sich auf und
ging ihr nach, um ihr zu Herzen zu reden und sie zurückzubringen; und sein
Bursche war mit ihm und ein Gespann
Esel. Und er kam zum Haus ihres Vaters,
und als der Vater der jungen Frau ihn
sah, kam er ihm freudig entgegen.
4 Und sein Schwiegervater, der Vater
der jungen Frau, hielt ihn zurück, und er
blieb drei Tage bei ihm, und sie assen
und tranken und blieben über Nacht
dort. 5 Und am vierten Tag machten sie
sich früh am Morgen auf, um zu gehen.
Der Vater der jungen Frau aber sagte zu
seinem Schwiegersohn: Stärke dich mit
einem Bissen Brot, und danach könnt
ihr gehen. 6 Da blieben sie, und die beiden assen miteinander und tranken.
Und der Vater der jungen Frau sagte zu
dem Mann: Entschliess dich doch und
bleib über Nacht, und es wird deinem
Herzen gut gehen. 7 Der Mann aber
machte sich auf, um zu gehen, und sein
Schwiegervater nötigte ihn, und er blieb
wieder über Nacht dort. 8 Und früh am
Morgen des fünften Tages wollte er gehen. Und der Vater der jungen Frau
sagte: Stärke dich doch und wartet, bis
der Tag sich neigt. Und so assen die beiden. 9 Dann machte der Mann sich auf,
um zu gehen, er mit seiner Nebenfrau
und seinem Burschen. Sein Schwiegervater aber, der Vater der jungen Frau,
sagte zu ihm: Sieh doch, der Tag ist fast
zu Ende gegangen, es wird Abend. Bleibt
doch über Nacht. Sieh, der Tag neigt
sich. Bleib über Nacht hier, und es wird
deinem Herzen gut gehen. Und morgen
in der Frühe könnt ihr euch auf den Weg
machen, und du kannst zu deinem Zelt
gehen. 10 Der Mann aber wollte nicht
über Nacht bleiben und machte sich auf
und ging und kam bis vor Jebus, das ist
Jerusalem. Und er führte ein Gespann
gesattelter Esel mit sich, und seine
Nebenfrau war bei ihm.
11 Sie waren bei Jebus, und der Tag

war schon fast zu Ende, da sagte der Bursche zu seinem Herrn: Komm, wir wollen in diese Stadt der Jebusiter abbiegen und darin über Nacht bleiben. 12 Sein Herr aber sagte zu ihm: Wir werden nicht abbiegen in eine Stadt von Fremden, die nicht zu den Israeliten gehören, sondern wir werden weiterziehen bis Gibea. 13 Und er sagte zu seinem Burschen: Auf, lass uns bis zu einer der Ortschaften kommen und über Nacht in Gibea oder in Rama bleiben. 14 So zogen sie weiter und gingen, und bei Gibea, das zu Benjamin gehört, ging ihnen die Sonne unter. 15 Und sie bogen ab, um nach Gibea zu kommen und über Nacht dort zu bleiben. Und er ging hinein und blieb auf dem Platz der Stadt, und niemand nahm sie ins Haus auf über Nacht.

16 Und sieh, am Abend kam ein alter Mann von seiner Arbeit auf dem Feld. Und der Mann stammte vom Gebirge Efraim, und er lebte als Fremdling in Gibea, die Männer des Ortes aber waren Benjaminiten. 17 Und als er seine Augen hob und den Reisenden auf dem Platz der Stadt sah, sagte der alte Mann: Wohin gehst du, und woher kommst du? 18 Und er sagte zu ihm: Wir ziehen von Betlehem in Juda bis in den entlegensten Teil des Gebirges Efraim. Ich bin von dort, und ich ging nach Betlehem in Juda und bin nun auf dem Weg zu meinem Haus. Aber nun nimmt mich niemand in sein Haus auf. 19 Und es gibt doch sowohl Stroh und Futter für unsere Esel als auch Brot und Wein für mich und deine Magd und für den Burschen bei deinen Knechten; es fehlt an nichts. 20 Und der alte Mann sagte: Friede sei mit dir! Was immer dir fehlt, überlass es nur mir. Keinesfalls darfst du auf dem Platz übernachten. 21 Und er brachte ihn in sein Haus, und er gab den Eseln Futter, und sie wuschen ihre Füsse und assen und tranken.

22 Als sie ihr Herz guter Dinge sein liessen, sieh, da umstellten die Männer der Stadt, nichtsnutzige Männer, das Haus, drängten einander gegen die Tür und sagten zu dem alten Mann, dem Besitzer des Hauses: Gib den Mann heraus, der in dein Haus gekommen ist, wir wollen mit ihm verkehren. 23 Da trat der Mann, der Besitzer des Hauses, zu ihnen hinaus und sagte zu ihnen: Nicht, meine Brüder! Tut nichts Böses! Nachdem dieser Mann in mein Haus gekommen ist, dürft ihr eine solche Schandtat nicht begehen! 24 Seht, da sind meine Tochter, die Jungfrau ist, und seine Nebenfrau. Die will ich herausgeben, und ihr könnt ihnen Gewalt antun und mit ihnen machen, was gut scheint in euren Augen; diesem Mann aber dürft ihr nichts antun, nicht diese Schandtat. 25 Die Männer aber wollten nicht auf ihn hören. Da ergriff der Mann seine Nebenfrau und führte sie zu ihnen hinaus auf die Strasse, und sie verkehrten mit ihr und trieben ihren Mutwillen mit ihr die ganze Nacht hindurch, bis zum Morgen. Und sie liessen erst ab von ihr, als die Morgenröte aufstieg. 26 Und bei Anbruch des Morgens kam die Frau zurück, an der Haustür des Mannes aber, bei dem ihr Herr war, brach sie zusammen, und dort lag sie, bis es hell wurde.

27 Und am Morgen machte ihr Herr sich auf, öffnete die Tür des Hauses und trat hinaus, um seines Weges zu gehen. Und sieh, seine Nebenfrau lag am Eingang des Hauses mit den Händen auf der Schwelle. 28 Und er sagte zu ihr: Steh auf, lass uns gehen. Aber niemand antwortete. Und er hob sie auf den Esel, und der Mann machte sich auf und zog an seinen Ort.

29 Und als er in sein Haus kam, nahm er das Messer, ergriff seine Nebenfrau und zerstückelte sie in zwölf Einzelteile und sandte sie in das gesamte Gebiet Israels. 30 Und jeder, der es sah, sprach: Solches ist nicht geschehen und nicht gesehen worden seit dem Tag, an dem die Israeliten aus dem Land Ägypten heraufgezogen sind, bis auf den heutigen Tag. Denkt darüber nach, beratet und redet.

| 1: 17,6!.7! | 3: Gen 34,3 | 5: Gen 18,5 | 6: Rut 3,7;
Koh 9,7 | 9: Lk 24,29 | 11: 1,21! | 13: Jes 10,29; Hos 5,8
| 15: 20,4 | 17: Gen 16,8 | 20–21: Gen 19,2–3 | 21:
Gen 18,4! | 22: Gen 19,5 | 23: Gen 34,7 | 24: Gen 19,8
| 28–30: 20,5–7 | 29: 1Sam 11,7 | 30: 20,6! · Hos 9,9; 10,9

Israel bestraft die Benjaminiten von Gibea

20 1 Und alle Israeliten zogen aus, und die Gemeinde versammelte sich vor dem HERRN in Mizpa, wie ein einziger Mann, von Dan bis Beer-Scheba und das Land Gilead. 2 Und die Stützen des ganzen Volks, aller Stämme Israels, traten in die Versammlung des Gottesvolks, vierhunderttausend Mann, zu Fuss, die das Schwert führten. 3 Und die Benjaminiten hörten, dass die Israeliten nach Mizpa hinaufgezogen waren. Und die Israeliten sprachen: Sagt, wie konnte diese Untat geschehen? 4 Und der levitische Mann, der Mann der getöteten Frau, antwortete und sprach: Ich war nach Gibea gekommen, das zu Benjamin gehört, ich mit meiner Nebenfrau, um dort über Nacht zu bleiben. 5 Die Herren von Gibea aber erhoben sich gegen mich und umstellten in der Nacht das Haus in böser Absicht gegen mich. Mich wollten sie erschlagen, und meine Nebenfrau haben sie vergewaltigt, und sie starb. 6 Da ergriff ich meine Nebenfrau und zerstückelte sie und sandte sie ins gesamte Gebiet des Erbbesitzes Israels; denn sie haben Unzucht und eine Schandtat begangen in Israel. 7 Seht, ihr Israeliten seid alle hier; fällt hier eine Entscheidung und fasst einen Entschluss! 8 Da erhob sich das ganze Volk wie ein einziger Mann und sprach: Niemand von uns wird zu seinem Zelt gehen, und niemand wird abbiegen in sein Haus. 9 Und dies ist es nun, was wir mit Gibea tun werden: Wir werden über das Los kommen nach dem Los. 10 Und wir werden zehn Männer von je hundert nehmen aus allen Stämmen Israels, und hundert von je tausend, und tausend von je zehntausend, damit sie Wegzehrung holen für das Volk, für die, die kommen, um Gibea

in Benjamin die ganze Schandtat zu vergelten, die es in Israel begangen hat. 11 Und alle Männer Israels versammelten sich bei der Stadt, verbündet wie ein einziger Mann.

12 Und die Stämme Israels sandten Männer im ganzen Stamm Benjamin umher und liessen sagen: Was ist das für eine Untat, die bei euch geschehen ist! 13 Und nun liefert die Männer aus, die Ruchlosen, die in Gibea sind, und wir werden sie töten und das Übel aus Israel wegschaffen. Aber die Benjaminiten wollten nicht hören auf die Stimme ihrer Brüder, der Israeliten. 14 Und die Benjaminiten kamen aus den Städten zusammen in Gibea, um auszuziehen zum Kampf gegen die Israeliten. 15 Und an jenem Tag wurden die Benjaminiten aus den Städten gemustert: sechsundzwanzigtausend Mann, die das Schwert führten; sie wurden ohne die Bewohner von Gibea gemustert. Es gab siebenhundert ausgewählte Männer. 16 Unter diesem ganzen Volk waren siebenhundert ausgewählte Männer, Linkshänder; jeder von ihnen schleuderte Steine, haargenau, und verfehlte nicht sein Ziel. 17 Auch die Männer Israels wurden gemustert, ohne Benjamin: vierhunderttausend Mann, die das Schwert führten, jeder einzelne von ihnen ein Krieger. 18 Und sie machten sich auf, zogen hinauf nach Bet-El und befragten Gott, und die Israeliten sprachen: Wer von uns soll zuerst hinaufziehen zum Kampf gegen die Benjaminiten? Und der HERR sprach: Juda zuerst.

19 Und am nächsten Morgen machten sich die Israeliten auf und lagerten vor Gibea. 20 Und die Männer Israels zogen aus zum Kampf gegen Benjamin, und die Männer Israels stellten sich in Schlachtordnung auf gegen Gibea. 21 Und die Benjaminiten kamen heraus aus Gibea und streckten an jenem Tag zweiundzwanzigtausend Mann von Israel zu Boden. 22 Das Volk aber fasste neuen Mut, und die Männer Israels stellten sich noch einmal in Schlacht-

ordnung auf, an dem Ort, wo sie sich am ersten Tag aufgestellt hatten. 23 Und die Israeliten zogen hinauf und weinten vor dem HERRN bis zum Abend, und sie befragten den HERRN: Soll ich noch einmal in den Kampf eintreten gegen die Benjaminiten, meinen Bruder? Und der HERR sprach: Zieht hinauf gegen sie!

24 Als nun die Israeliten am zweiten Tag gegen die Benjaminiten anrückten, 25 zog Benjamin ihnen auch am zweiten Tag aus Gibea entgegen und sie streckten noch achtzehntausend Mann von den Israeliten zu Boden, alle diese führten das Schwert. 26 Da zogen alle Israeliten hinauf, das ganze Volk, und sie kamen nach Bet-El. Und sie weinten und blieben dort vor dem HERRN, und sie fasteten an jenem Tag bis zum Abend und brachten Brandopfer und Heilsopfer dar vor dem HERRN. 27 Dann befragten die Israeliten den HERRN – dort befand sich zu jener Zeit nämlich die Lade des Bundes Gottes, 28 und Pinechas, der Sohn von Elasar, dem Sohn Aarons, stand in jenen Tagen vor ihr –, und sie sprachen: Soll ich noch einmal ausziehen zum Kampf gegen die Benjaminiten, meinen Bruder, oder soll ich es lassen? Und der HERR sprach: Zieht hinauf, denn morgen werde ich sie in deine Hand geben.

29 Und Israel legte Hinterhalte rings um Gibea. 30 Und am dritten Tag zogen die Israeliten gegen die Benjaminiten, und sie stellten sich gegen Gibea auf wie die Male zuvor. 31 Und die Benjaminiten rückten aus, dem Volk entgegen, sie waren von der Stadt abgeschnitten worden, und wie die Male zuvor begannen sie, einige vom Volk zu erschlagen, auf den Strassen, von denen die eine hinauf nach Bet-El führt und die andere nach Gibea auf das Feld, etwa dreissig Mann von Israel. 32 Und die Benjaminiten sagten: Sie werden vor uns geschlagen sein wie früher. Die Israeliten aber hatten gesagt: Wir wollen fliehen und sie so auf den Strassen von der Stadt abschneiden. 33 Und alle Männer Israels hatten

sich aufgemacht von ihrem Ort, und sie stellten sich bei Baal-Tamar auf, und die aus dem Hinterhalt Israels brachen hervor aus ihrem Ort, von der Lichtung von Geba. 34 Und zehntausend ausgewählte Männer aus ganz Israel kamen von vorn gegen Gibea, und der Kampf war heftig. Jene aber merkten nicht, dass das Unheil über sie hereinbrach. 35 Und der HERR schlug Benjamin vor den Israeliten, und die Israeliten machten an jenem Tag fünfundzwanzigtausend Mann von Benjamin nieder, alle jene hatten das Schwert geführt. 36 Und die Benjaminiten sahen, dass sie geschlagen worden waren. Die Männer Israels aber gaben Benjamin Raum, denn sie vertrauten auf den Hinterhalt, den sie gegen Gibea gelegt hatten. 37 Und die aus dem Hinterhalt beeilten sich und überfielen Gibea: Die aus dem Hinterhalt zogen heran und schlugen die ganze Stadt mit der Schärfe des Schwertes. 38 Und die Männer Israels hatten mit denen im Hinterhalt die Abmachung, dass sie ein deutliches Rauchsignal aus der Stadt aufsteigen lassen sollten. 39 Als sich die Männer Israels im Kampf wendeten und Benjamin begonnen hatte, einige von den Männern Israels zu erschlagen, etwa dreissig Mann – denn sie sagten: Sie werden vor uns sicher geschlagen sein wie im früheren Kampf –, 40 da begann das Signal aus der Stadt aufzusteigen, eine Rauchsäule, und als Benjamin sich umwandte, sieh, da stieg überall aus der Stadt Rauch zum Himmel. 41 Die Männer Israels aber hatten sich gewendet, und die Männer Benjamins erschraken, denn sie sahen, dass das Unheil über sie hereingebrochen war. 42 Und sie drehten ab vor den Männern Israels in die Richtung der Wüste, der Kampf aber holte sie ein, und die aus den Städten machten sie nieder in ihrer Mitte. 43 Sie umzingelten Benjamin, verfolgten ihn von Nucha an, sie holten ihn ein vor Gibea, gegen Sonnenaufgang. 44 So fielen von Benjamin achtzehntausend Mann, alles tüchtige

Männer. 45 Und sie drehten ab und flohen zur Wüste, zum Felsen Rimmon. Jene aber hielten auf den Strassen Nachlese unter ihnen, fünftausend Mann. Dann folgten sie ihnen bis Gideom und erschlugen von ihnen zweitausend Mann. 46 Und an jenem Tag war die Zahl der Gefallenen von Benjamin fünfundzwanzigtausend Mann, die das Schwert führten, alle diese waren Krieger. 47 Sechshundert Mann aber drehten ab und flohen in die Wüste, zum Felsen Rimmon, und sie blieben vier Monate beim Felsen Rimmon. 48 Und die Männer Israels waren zurückgekehrt zu den Benjaminiten und schlugen sie mit der Schärfe des Schwertes, Menschen und Vieh, alles, was sich fand; sie setzten auch alle Städte in Brand, die sie vorfanden.

|1: 21,1 · 1Sam 3,20! |Jos 22,9 · 1Sam 11,7 · 11,34 |3: Dtn 13,15 · 12 |4: 19,15 |5–7: 19,28–30 |6: 19,30; Gen 34,7! |12: 3 |13: Ex 21,12; Num 35,33 · Dtn 13,6 |16: 3,15 · 1Chr 12,2 |18: 23; 27–28; 1,1 |21: 25; Gen 49,27 |23: 21,2 |25: 21! |26: 21,2! · 21,4; 2Sam 24,25 |27–28: 18! |28: Ex 6,25 · Jos 24,33 · 1,2! |29: Jos 8,2 |32: Jos 8,6 |34: Jos 8,14 |40–41: Jos 8,20 |45: 47; 21,13 |47: 45! |48: Gen 34,25–29; Dtn 13,13–19

20,2: «Stützen» ist wörtlich: «Ecksteine».

20,43: Möglicherweise ist das mit «von Nucha an» wiedergegebene hebräische Wort als ‹ohne Ruhe zu geben› zu verstehen.

Israel hilft den Benjaminiten, Frauen zu finden

21 1 Und die Männer Israels hatten in Mizpa geschworen: Keiner von uns soll seine Tochter einem Benjaminiten zur Frau geben. 2 Und das Volk kam nach Bet-El, und sie blieben dort bis zum Abend vor Gott, und sie begannen laut zu weinen 3 und sprachen: Warum, HERR, Gott Israels, ist das in Israel geschehen, dass heute ein Stamm von Israel fehlt? 4 Und am Morgen in der Frühe baute das Volk dort einen Altar und brachte Brandopfer und Heilsopfer dar. 5 Und die Israeliten sprachen: Wer aus allen Stämmen Israels ist es, der nicht hinaufgezogen ist in die Versammlung zum HERRN? Denn es war der feierliche Schwur getan worden:

Wer nicht hinaufzieht vor den HERRN nach Mizpa, muss getötet werden. 6 Und es tat den Israeliten leid um Benjamin, ihren Bruder, und sie sagten: Heute ist ein Stamm von Israel abgebrochen worden. 7 Was sollen wir nun tun, um ihnen, den Übriggebliebenen, zu Frauen zu verhelfen, haben wir doch beim HERRN geschworen, ihnen keine unserer Töchter zur Frau zu geben? 8 Und sie sagten: Wer ist der eine aus den Stämmen Israels, der nicht zum HERRN nach Mizpa hinaufgezogen ist? Und sieh, aus Jabesch im Gilead war niemand zur Versammlung in das Lager gekommen. 9 Da wurde das Volk gemustert, und sieh, niemand von den Bewohnern von Jabesch im Gilead war da. 10 Da sandte die Gemeinde zwölftausend Mann von den Kriegern dorthin und befahl ihnen: Geht und schlagt die Bewohner von Jabesch im Gilead mit der Schärfe des Schwertes, auch die Frauen und Kinder. 11 Und so sollt ihr verfahren: Alles, was männlich ist, und jede Frau, die mit einem Mann verkehrt hat, sollt ihr der Vernichtung weihen. 12 Und sie fanden unter den Bewohnern von Jabesch im Gilead vierhundert junge Frauen, die Jungfrauen waren, die mit keinem Mann verkehrt hatten. Und sie brachten sie ins Lager nach Schilo, das im Land Kanaan liegt. 13 Und die ganze Gemeinde sandte hin und redete mit den Benjaminiten, die beim Felsen Rimmon waren, und sie boten ihnen Frieden an. 14 So kehrte Benjamin in jener Zeit zurück, und sie gaben ihnen die Frauen, die sie am Leben gelassen hatten von den Frauen aus Jabesch im Gilead; die aber reichten so nicht aus für sie. 15 Dem Volk aber tat es leid um Benjamin, denn der HERR hatte einen Riss gemacht in die Stämme Israels.

16 Und die Ältesten der Gemeinde sprachen: Was sollen wir tun, um den Übriggebliebenen zu Frauen zu verhelfen? Denn die Frauen von Benjamin sind ausgerottet. 17 Und sie sprachen:

Der Besitz der Geretteten gehört Benjamin; so wird kein Stamm aus Israel getilgt. 18 Wir aber können ihnen keine von unseren Töchtern zur Frau geben. Denn die Israeliten hatten geschworen: Verflucht ist, wer Benjamin eine Frau gibt! 19 Dann sprachen sie: Sieh, das Fest des HERRN findet alljährlich in Schilo statt, nördlich von Bet-El und gegen Sonnenaufgang von der Strasse, die von Bet-El hinauf nach Schechem führt und südlich von Lebona verläuft. 20 Und sie geboten den Benjaminiten: Geht und legt euch in den Weinbergen auf die Lauer. 21 Und wenn ihr seht, dass die Töchter von Schilo herauskommen, um in Reigentänzen zu tanzen, sollt ihr aus den Weinbergen hervorkommen und euch ein jeder eine Frau von den Töchtern Schilos fangen und ins Land Benjamin gehen. 22 Und wenn eure Väter oder ihre Brüder kommen, um mit uns zu streiten, werden wir ihnen sagen: Verschont sie. Denn nicht jeder von ihnen hat sich eine Frau genommen im Krieg. Ihr habt sie ihnen ja nicht selbst gegeben, sonst wäret ihr jetzt schuldig. 23 Und die Benjaminiten machten es so: Nach ihrer eigenen Anzahl nahmen sie Frauen von den Reigentänzerinnen, die sie raubten; dann gingen sie und kehrten zurück in ihren Erbbesitz. Und sie bauten die Städte wieder auf und wohnten darin. 24 Und zu jener Zeit gingen auch die Israeliten von dort auseinander, jeder zu seinem Stamm und zu seiner Sippe, und sie gingen weg von dort, jeder in seinen Erbbesitz.

25 In jenen Tagen gab es keinen König in Israel; jeder tat, was in seinen Augen recht schien.

|1: 20,1 |2: 20,23.26 |4: 6,24! · 20,26! |8: 1Sam 11,1! · 5,23 |11: Num 31,17–18 |12: Jos 18,1 |13: 20,45! |21: 11,34! · Ex 21,16; Dtn 24,7 |25: 17,6!

21,22: «nicht jeder von ihnen» ist wörtlich: «nicht jeder von uns»; mit diesem Satz wird eine Äusserung der Benjaminiten zitiert.

Das Buch Rut

Noomi und ihre moabitische Schwiegertochter Rut

1 1 Und zu der Zeit, als die Richter für Recht sorgten und eine Hungersnot im Land war, zog ein Mann aus Betlehem in Juda mit seiner Frau und seinen beiden Söhnen fort, um sich als Fremder auf dem Land von Moab niederzulassen. 2 Und der Name des Mannes war Elimelech, der Name seiner Frau war Noomi, und die Namen seiner beiden Söhne waren Machlon und Kiljon, Efratiter aus Betlehem in Juda. Und sie kamen auf das Land von Moab und blieben dort.

3 Und Elimelech, der Mann der Noomi, starb, und sie blieb zurück mit ihren beiden Söhnen. 4 Und diese nahmen sich moabitische Frauen: Der Name der einen war Orpa, und der Name der anderen war Rut. Und sie blieben um die zehn Jahre dort. 5 Und auch die beiden, Machlon und Kiljon, starben, und die Frau blieb zurück, ohne ihre beiden Kinder und ohne ihren Mann.

6 Und sie machte sich auf mit ihren Schwiegertöchtern und kehrte zurück aus dem Land von Moab, denn sie hatte im Gebiet Moabs gehört, dass der HERR sich seines Volks angenommen und ihm Brot gegeben hatte. 7 Und sie verliess den Ort, wo sie gewesen war, und ihre beiden Schwiegertöchter waren bei ihr. Und als sie unterwegs waren, um ins Land Juda zurückzukehren, 8 sagte Noomi zu ihren beiden Schwiegertöch-

tern: Geht, kehrt zurück, jede in das Haus ihrer Mutter. Der HERR möge euch Güte erweisen, wie ihr sie den Verstorbenen und mir erwiesen habt. 9 Der HERR gebe euch, dass ihr Ruhe findet, jede im Haus ihres Mannes. Und sie küsste sie, und sie begannen laut zu weinen 10 und sagten zu ihr: Nein, wir wollen mit dir zurückkehren zu deinem Volk. 11 Aber Noomi sagte: Kehrt zurück, meine Töchter. Warum wollt ihr mit mir gehen? Habe ich noch Söhne in meinem Leib, die eure Männer werden könnten? 12 Kehrt zurück, meine Töchter, geht, denn ich bin zu alt, um einem Mann anzugehören. Selbst wenn ich sagen würde: Es gibt Hoffnung für mich!, selbst wenn ich in der Nacht einem Mann angehören würde und sogar Söhne gebären sollte – 13 wolltet ihr darum warten, bis sie gross werden? Wolltet ihr euch darum einschliessen und nicht wieder heiraten? Nein, meine Töchter, denn es tut mir bitter leid für euch, dass die Hand des HERRN mich getroffen hat. 14 Da begannen sie, noch lauter zu weinen, und Orpa küsste ihre Schwiegermutter, Rut aber blieb bei ihr.

15 Sie aber sagte: Sieh, deine Schwägerin ist zurückgekehrt zu ihrem Volk und zu ihrem Gott. Kehr auch du zurück, folge deiner Schwägerin. 16 Aber Rut sagte: Dränge mich nicht, dich zu verlassen und zurückzugehen, von dir weg. Denn wohin du gehst, dahin werde auch ich gehen, und wo du übernachtest, da werde auch ich übernachten; dein Volk ist mein Volk, und dein Gott ist mein Gott. 17 Wo du stirbst, da werde auch ich sterben, und dort will ich begraben werden. Der HERR soll mir antun, was immer er will! Nur der Tod soll uns trennen. 18 Da sah sie, dass sie fest entschlossen war, mit ihr zu gehen, und hörte auf, ihr zuzureden. 19 Und die beiden gingen, bis sie nach Betlehem kamen.

Und als sie in Betlehem angekommen waren, geriet die ganze Stadt ihretwegen in Bewegung, und die Frauen

sagten: Ist das Noomi? 20 Sie aber sagte zu ihnen: Nennt mich nicht Noomi, nennt mich Mara, denn Schaddai hat mich sehr bitter gemacht. 21 Reich bin ich gegangen, und mit leeren Händen hat der HERR mich zurückkehren lassen. Warum nennt ihr mich Noomi, da doch der HERR gegen mich gesprochen, Schaddai mir Schlimmes angetan hat. 22 Und so kehrte Noomi zurück, und bei ihr war Rut, die Moabiterin, ihre Schwiegertochter, die zurückkehrte vom Land von Moab. Und sie kamen nach Betlehem, als die Gerstenernte begann.

|1: Ri 2,16 |8: 2Sam 2,6 |9: 3,1 |13: Gen 38,11 |17: 1Sam 3,17! |20: Hiob 27,2

1,13: Möglich ist auch die Übersetzung: «... Nein, meine Töchter, denn mein Los ist zu bitter für euch, da die Hand des HERRN mich getroffen hat.»

1,20: Im Namen Noomi klingt hebräisch ‹angenehm› an, während im Namen Mara hebräisch ‹bitter› anklingt.

1,20: Schaddai: Siehe die Anm. zu Num 24,4.

Rut trifft Boas

2 1 Und Noomi hatte von der Seite ihres Mannes einen Verwandten, einen tüchtigen Krieger aus der Sippe Elimelechs, und dessen Name war Boas. 2 Und Rut, die Moabiterin, sagte zu Noomi: Ich würde gern aufs Feld gehen und Ähren lesen hinter einem her, in dessen Augen ich Gnade finde. Und sie sagte zu ihr: Geh, meine Tochter. 3 Und sie ging hin und kam und las Ähren auf dem Feld, hinter den Schnittern her. Und es traf sich, dass sie auf dem Teil des Feldes war, der Boas gehörte, einem aus der Sippe Elimelechs.

4 Und sieh, Boas war aus Betlehem gekommen und sagte zu den Schnittern: Der HERR sei mit euch! Und sie sprachen zu ihm: Der HERR segne dich! 5 Und Boas sagte zu seinem jungen Mann, der über die Schnitter gesetzt war: Zu wem gehört diese junge Frau? 6 Und der junge Mann, der über die Schnitter gesetzt war, antwortete und sagte: Sie ist eine junge moabitische Frau, die mit Noomi aus dem Gebiet

Moabs zurückgekommen ist, 7 und sie hat gesagt: Ich würde gern Ähren lesen und aufsammeln zwischen den Garben, hinter den Schnittern her. So ist sie gekommen und vom Morgen bis jetzt geblieben. Sie hat sich kaum im Haus aufgehalten.

8 Da sagte Boas zu Rut: Du hörst, meine Tochter, nicht wahr? Geh nicht auf ein anderes Feld, um Ähren zu lesen, und geh auch nicht weg von hier, sondern bleib bei meinen jungen Frauen und verhalte dich so: 9 Richte deine Augen auf das Feld, wo man schneidet, und gehe hinter den Frauen her. Habe ich nicht den Männern geboten, dich nicht anzutasten? Und wenn du Durst hast, geh zu den Krügen und trink von dem, was die Männer schöpfen. 10 Da fiel sie nieder auf ihr Angesicht, verneigte sich zur Erde und sagte zu ihm: Warum habe ich Gnade gefunden in deinen Augen, dass du mir deine Beachtung schenkst? Ich bin doch eine Fremde. 11 Daraufhin sagte Boas zu ihr: Es ist mir alles genau berichtet worden, was du nach dem Tod deines Mannes für deine Schwiegermutter getan hast. Du hast Vater und Mutter und dein Geburtsland verlassen und bist zu einem Volk gezogen, das du zuvor nicht kanntest. 12 Der HERR vergelte dir dein Tun, und voller Lohn soll dir zuteil werden vom HERRN, dem Gott Israels, zu dem du gekommen bist, um Zuflucht zu finden unter seinen Flügeln. 13 Und sie sagte: Ich finde Gnade in deinen Augen, mein Herr. Denn du hast mich getröstet und zum Herzen deiner Sklavin gesprochen. Ich aber bin nicht wie eine deiner Sklavinnen. 14 Und als es Zeit war zu essen, sagte Boas zu ihr: Komm her und iss von dem Brot und tunke deinen Bissen in den Essig. Und sie setzte sich neben die Schnitter, und er reichte ihr geröstetes Korn, und sie aß und wurde satt und behielt noch etwas übrig. 15 Dann erhob sie sich, um Ähren zu lesen, und Boas befahl seinen jungen Männern: Sie darf auch zwischen den Garben Ähren lesen, und ihr

sollt ihr nicht nahe treten. 16 Und ihr sollt für sie sogar etwas aus den Ährenbündeln ziehen und es liegen lassen, damit sie es auflesen kann, und ihr sollt es ihr nicht verwehren.

17 So las sie bis zum Abend Ähren auf dem Feld, dann klopfte sie aus, was sie aufgelesen hatte, und es war ungefähr ein Efa Gerste. 18 Und sie nahm es mit und kam in die Stadt, und ihre Schwiegermutter sah, was sie aufgelesen hatte. Und sie zog hervor, was sie vom Essen übrig behalten hatte, und gab es ihr. 19 Und ihre Schwiegermutter sagte zu ihr: Wo hast du heute Ähren gelesen, wo hast du das getan? Gesegnet sei, der dir seine Beachtung geschenkt hat. Und sie berichtete ihrer Schwiegermutter, was sie bei ihm getan hatte, und sagte: Der Name des Mannes, bei dem ich das heute getan habe, ist Boas. 20 Da sprach Noomi zu ihrer Schwiegertochter: Gesegnet sei er vom HERRN, der den Lebenden und den Toten seine Güte nicht versagt hat! Und Noomi sagte zu ihr: Der Mann ist mit uns verwandt, er ist einer unserer Löser. 21 Und Rut, die Moabiterin, sagte: Er hat zu mir auch gesagt: Bleib bei den jungen Männern, die zu mir gehören, bis sie mit der ganzen Ernte fertig sind, die mir gehört. 22 Und Noomi sagte zu Rut, ihrer Schwiegertochter: Es ist gut, meine Tochter, wenn du mit seinen jungen Frauen hinausgehst, so wird man dich nicht auf einem anderen Feld anrühren. 23 Und sie blieb beim Ährenlesen bei den jungen Frauen von Boas, bis die Gerstenernte und die Weizenernte zu Ende waren. Und sie wohnte bei ihrer Schwiegermutter.

|2: Lev 19,9–10; 23,22; Dtn 24,19–22 |4: Ps 129,7–8 |10: Lev 19,34; Dtn 23,3–4 |11: Gen 2,24; 12,1; 24,7 |12: Hiob 34,11 · Ps 17,8! |16: 2,2! |20: Lev 25,25.47–49 |22: Dtn 22,25–27

2,7: Die Übersetzung «Sie hat sich kaum im Haus aufgehalten.» ist unsicher.

2,15: In der durch «ihr sollt ihr nicht nahe treten» wiedergegebenen hebräischen Wendung klingt sowohl «ihr sollt sie nicht beschimpfen» als auch «ihr sollt sie nicht in Schande bringen» mit.

Rut gibt sich Boas zu erkennen

3 1 Und Noomi, ihre Schwiegermutter, sagte zu ihr: Meine Tochter, sollte ich dir nicht ein Zuhause suchen, in dem es dir gut geht? 2 Und ist denn nun nicht Boas, mit dessen jungen Frauen du zusammen warst, unser Verwandter? Sieh, heute Nacht worfelt er die Gerste auf der Tenne. 3 Du aber sollst dich baden und salben und dir deinen Mantel umhängen und hinunter zur Tenne gehen. Gib dich dem Mann nicht zu erkennen, bis er fertig ist mit dem Essen und Trinken. 4 Und wenn er sich schlafen legt, sollst du dir den Ort merken, wo er sich niederlegt. Dann geh hin und decke seine Füsse auf und leg dich nieder, und er wird dich wissen lassen, was du tun sollst. 5 Und sie sagte zu ihr: Alles, was du sagst, will ich tun.

6 Und sie ging hinunter zur Tenne und machte alles so, wie ihre Schwiegermutter es ihr geboten hatte. 7 Und Boas ass und trank, und sein Herz war guter Dinge. Und er ging, um sich am Rand des Getreidehaufens schlafen zu legen. Und sie kam heimlich und deckte seine Füsse auf und legte sich nieder. 8 Und mitten in der Nacht erschrak der Mann und griff um sich, und sieh, da lag eine Frau an seinen Füssen. 9 Und er sagte: Wer bist du? Und sie sagte: Ich bin Rut, deine Magd. Breite den Saum deines Gewands über deine Magd, denn du bist ein Löser. 10 Da sprach er: Gesegnet bist du vom HERRN, meine Tochter. Du hast jetzt noch schöner als zuvor gezeigt, wie gut du bist, da du den jungen Kerlen, ob arm oder reich, nicht nachläufst. 11 Und nun fürchte dich nicht, meine Tochter. Alles, was du sagst, will ich für dich tun, denn in jedem Tor meines Volks weiss man, dass du eine tüchtige Frau bist. 12 Und nun ist es zwar wahr, dass ich ein Löser bin, es gibt aber einen Löser, der noch näher verwandt ist als ich. 13 Bleib über Nacht, und am Morgen, wenn er dich lösen will, gut, so soll er lösen. Wenn er dich aber nicht lösen will, so

werde ich dich lösen, so wahr der HERR lebt. Bleib liegen bis zum Morgen.

14 Und sie schlief an seinen Füssen bis zum Morgen. Dann stand sie auf, noch ehe einer den anderen erkennen konnte. Und er sagte: Es soll nicht bekannt werden, dass die Frau auf die Tenne gekommen ist. 15 Und er sagte: Gib mir den Überwurf, den du trägst, und halte ihn fest. Und sie hielt ihn fest, und er mass sechs Mass Gerste ab und lud sie auf. Dann ging er in die Stadt, 16 sie aber kam zu ihrer Schwiegermutter. Und diese fragte: Wie steht es mit dir, meine Tochter? Und sie berichtete ihr alles, was der Mann für sie getan hatte. 17 Und sie sagte: Diese sechs Mass Gerste hat er mir gegeben, denn er hat gesagt: Du sollst nicht mit leeren Händen zu deiner Schwiegermutter kommen. 18 Und sie sagte: Bleib, meine Tochter, bis du weisst, wie die Sache ausgeht. Denn der Mann wird nicht ruhen, es sei denn, er habe die Sache schon heute zu Ende geführt.

|1: 1,9 |9: Ez 16,8 · 2,20! |10: 1,8; 2,11–12 |11: Spr 31,10.29 |12: Lev 25,25 |17: 1,21

Boas steht als Löser ein

4 1 Und Boas war zum Tor hinaufgegangen, und dort setzte er sich. Und sieh, der Löser, von dem Boas gesprochen hatte, ging vorüber. Da rief er: Du, komm, setz dich hierher. Und er kam und setzte sich. 2 Und er holte zehn Männer von den Ältesten der Stadt und sprach: Setzt euch hierher. Und sie setzten sich. 3 Und er sprach zum Löser: Noomi, die aus dem Gebiet Moabs zurückgekommen ist, verkauft den Feldanteil, der unserem Bruder Elimelech gehörte. 4 Und ich habe gesagt, ich will dir die Sache vortragen: Erwirb es in Gegenwart derer, die hier sitzen, und in Gegenwart der Ältesten meines Volks. Wenn du lösen willst, so löse, und wenn du nicht lösen willst, lass es mich wissen, damit ich es weiss, denn ausser dir gibt es niemanden, um zu lösen, ich aber komme nach dir. Und er sagte: Ich werde lösen. 5 Und Boas sprach: An dem Tag, an dem du das Feld von Noomi erwirbst, erwirbst du es auch von Rut, der Moabiterin, der Frau des Verstorbenen, um den Namen des Verstorbenen auf seinem Erbbesitz zu erhalten. 6 Da sprach der Löser: Ich kann nicht für mich lösen, sonst schädige ich meinen eigenen Erbbesitz. Löse du für dich, was ich lösen sollte, denn ich kann nicht lösen. 7 Und dies machte man früher in Israel immer beim Lösen oder beim Tausch, um eine Angelegenheit zu bekräftigen: Der eine zog seine Sandale aus und gab sie dem anderen. Und das war die Bestätigung in Israel. 8 Und der Löser sprach zu Boas: Erwirb du es für dich. Und er zog seine Sandale aus.

9 Und Boas sprach zu den Ältesten und zum ganzen Volk: Ihr seid heute Zeugen, dass ich alles, was Elimelech gehörte, und alles, was Kiljon und Machlon gehörte, von Noomi erworben habe. 10 Und ich habe auch Rut, die Moabiterin, die Witwe Machlons, erworben, für mich als Frau, um den Namen des Verstorbenen auf seinem Erbbesitz zu erhalten, damit der Name des Verstorbenen nicht getilgt wird unter seinen Brüdern und aus dem Tor seines Ortes. Heute seid ihr Zeugen. 11 Und das ganze Volk, das im Tor war, und die Ältesten sprachen: Wir sind Zeugen! Der HERR lasse die Frau, die in dein Haus kommt, wie Rachel und wie Lea werden, die zusammen das Haus Israel gebaut haben. Erwirb dir Reichtum in Efrata, und werde Namensgeber in Betlehem. 12 Und dein Haus werde wie das Haus des Perez, den Tamar dem Juda gebar, durch die Nachkommenschaft, die dir der HERR von dieser jungen Frau geben wird.

13 So heiratete Boas Rut, und sie wurde seine Frau. Und er ging zu ihr, und der HERR liess sie schwanger werden, und sie gebar einen Sohn. 14 Und die Frauen sprachen zu Noomi: Gelobt sei der HERR, der es dir heute an einem Löser nicht hat fehlen lassen; und sein Name soll ausgerufen werden in Israel. 15 Und er wird dir Lebenskraft zurückgeben und im hohen Alter für dich sorgen. Denn deine Schwiegertochter, die dich liebt, hat ihn geboren, sie, die für dich mehr wert ist als sieben Söhne. 16 Und Noomi nahm das Kind und hob es auf ihren Schoss und wurde seine Pflegemutter. 17 Und die Nachbarinnen gaben ihm einen Namen und sagten: Der Noomi wurde ein Sohn geboren. Und sie gaben ihm den Namen Obed. Er ist der Vater von Isai, dem Vater von David.

|1: 3,12–13 |2: Dtn 25,7 |4: Lev 25,25 |6–8: Dtn 25,7–10 |10: Dtn 25,5–6 |11: Gen 35,23–24 · Gen 35,19–20; Mi 5,1 |12: Gen 38,29 |17: 1Sam 17,12; Mt 1,5

Der Stammbaum Davids

18 Und dies sind die Nachkommen des Perez: Perez zeugte Chezron, 19 und Chezron zeugte Ram, und Ram zeugte Amminadab, 20 und Amminadab zeugte Nachschon, und Nachschon zeugte Salma, 21 und Salmon zeugte Boas, und Boas zeugte Obed, 22 und Obed zeugte Isai, und Isai zeugte David.

|18–22: 1Chr 2,4–15; Mt 1,3–6

Das Erste Buch Samuel

Die Geburt Samuels

1 1 Und es war ein Mann aus Ramata-jim-Zofim vom Gebirge Efraim, sein Name war Elkana, der Sohn Jerochams, des Sohns des Elihu, des Sohns des To-chu, des Sohns von Zuf, ein Efratiter. 2 Und der hatte zwei Frauen. Der Name der einen war Hanna, und der Name der zweiten war Peninna. Und Peninna hatte Kinder, Hanna aber hatte keine Kinder. 3 Und Jahr um Jahr zog dieser Mann aus seiner Stadt hinauf, um sich in Schilo niederzuwerfen und dem HERRN der Heerscharen zu opfern. Und die beiden Söhne Elis, Chofni und Pine-chas, waren dort als Priester des HERRN. 4 Und an dem Tag, an dem Elkana op-ferte, pflegte er Peninna, seiner Frau, und allen ihren Söhnen und Töchtern Anteile zu geben, 5 Hanna aber gab er jeweils einen doppelten Anteil, denn Hanna liebte er, der HERR aber hatte ihren Mutterleib verschlossen. 6 Und die andere Frau, die Hanna feind war, kränkte sie dann auch noch, um sie zu erniedrigen, weil der HERR ihren Mut-terleib verschlossen hatte. 7 Und so war es Jahr für Jahr: Jedes Mal, wenn sie zum Haus des HERRN hinaufzog, kränkte jene sie in dieser Weise. Dann weinte sie und ass nichts. 8 Und Elkana, ihr Mann, sagte zu ihr: Hanna, warum weinst du, und warum isst du nicht, und warum ist dein Herz betrübt? Bin ich dir nicht wichtiger als zehn Söhne? 9 Und Hanna machte sich auf, nachdem man in Schilo gegessen und nachdem man getrunken hatte. Und Eli, der Priester, sass auf dem Stuhl am Türpfosten des Tempels des HERRN. 10 Sie aber war verbittert und betete zum HERRN und weinte heftig. 11 Und sie legte ein Ge-lübde ab und sprach: HERR der Heer-scharen, wenn du das Elend deiner Magd siehst und an mich denkst, wenn

du deine Magd nicht vergisst und dei-ner Magd männliche Nachkommen-schaft gibst, will ich ihn dem HERRN ge-ben, solange er lebt, und an sein Haupt soll kein Schermesser kommen. 12 Und als sie lange vor dem HERRN gebetet und Eli auf ihren Mund geachtet hatte, 13 – Hanna redete nämlich in ihrem Herzen, nur ihre Lippen bewegten sich, ihre Stimme aber war nicht zu hören – hielt Eli sie für betrunken. 14 Und Eli sagte zu ihr: Wie lange willst du Betrun-kene dich so benehmen? Werde nüch-tern! 15 Hanna aber antwortete und sprach: So ist es nicht, mein Herr, ich bin eine verzweifelte Frau. Und ich habe weder Wein noch Bier getrunken, ich habe mein Herz vor dem HERRN ausge-schüttet. 16 Halte deine Magd nicht für eine ruchlose Frau, denn aus tiefer Ver-zweiflung und aus Gram habe ich so lange geredet. 17 Daraufhin sagte Eli: Geh in Frieden! Und der Gott Israels möge dir geben, was du von ihm erbeten hast. 18 Und sie sprach: Deine Sklavin möge Gnade finden in deinen Augen. Und die Frau ging ihres Wegs, und sie ass, und ihr Gesicht war nicht mehr be-trübt.

19 Und früh am Morgen warfen sie sich nieder vor dem HERRN, dann kehr-ten sie zurück und kamen in ihr Haus nach Rama. Und Elkana verkehrte mit Hanna, seiner Frau, und der HERR dachte an sie, 20 und um die Jahres-wende war Hanna schwanger. Und sie gebar einen Sohn und gab ihm den Na-men Samuel: Denn vom HERRN habe ich ihn erbeten.

|1: 9,4 · 1Chr 6,12.19–20 |2: Dtn 21,15–17 · Gen 25,21; 29,31 |3: 21 · 4,4! · 2,19; Lk 2,41 · 11! |5: Gen 43,34 |6: Gen 16,4–5 |7: 2,22! |8: Rut 4,15 |9: 4,13 |10: Gen 30,1 |11: 3.21.28; Num 6,1–21; Ri 13,5! · 2Sam 16,12! |13: Am 2,8; Apg 2,13 |15: Ps 42,5; 62,9 |18: Gen 33,15 |19: 7,17; 8,4; 25,1 · Gen 30,22 |20: 12,11

1,20: «und um die Jahreswende»: Möglicherweise ist zu übersetzen: «und als eine gewisse Zeit um war».

Samuel wird dem HERRN geweiht

21 Und der Mann, Elkana, zog hinauf mit seinem ganzen Haus, um dem HERRN das alljährliche Schlachtopfer darzubringen und sein Gelübde zu erfüllen. 22 Hanna aber zog nicht hinauf, denn sie hatte zu ihrem Mann gesagt: Bis der Knabe entwöhnt ist. Dann werde ich ihn bringen, und er wird vor dem HERRN erscheinen, und dort soll er für immer bleiben. 23 Und Elkana, ihr Mann, sagte zu ihr: Tu, was in deinen Augen gut ist. Bleib, bis du ihn entwöhnt hast. Wenn nur der HERR sein Wort einlöst! So blieb die Frau und stillte ihren Sohn, bis sie ihn entwöhnt hatte. 24 Und als sie ihn entwöhnt hatte, brachte sie ihn mit hinauf, dazu drei Stiere, ein Efa Mehl und einen Schlauch Wein, und sie brachte ihn hinauf ins Haus des HERRN nach Schilo. Der Knabe aber war noch jung. 25 Und man schlachtete den Stier, und sie brachten den Knaben zu Eli. 26 Und sie sprach: Mein Herr, so wahr du lebst, mein Herr, ich bin die Frau, die hier bei dir stand, um zum HERRN zu beten. 27 Um diesen Knaben habe ich gebetet, und der HERR hat mir gegeben, was ich von ihm erbeten habe. 28 Und so gebe nun ich ihn dem HERRN. Solange er lebt, wird er einer sein, der dem HERRN gegeben ist. Und dort warf sie sich nieder vor dem HERRN.

|21: 2,19; 20,6 · 11 |23: 2Sam 7,25 |24: Gen 21,8 |26: 17,55; 25,26; 2Sam 15,21 |27: Hiob 22,27 |28: 11! · 2,20

1,28: Das in diesem Vers mit ‹geben› wiedergegebene Wort klingt im Hebräischen sehr ähnlich wie das Wort für ‹ich habe erbeten›, wie es in 1,27 verwendet wird.

Das Loblied der Hanna

2 1 Und Hanna betete und sprach:
Mein Herz freut sich am HERRN,
    mein Horn ist erhoben durch den HERRN,

mein Mund ist aufgetan gegen meine Feinde,
    denn ich freue mich über deine Hilfe.
2 Niemand ist so heilig wie der HERR,
    denn es gibt keinen ausser dir,
und kein Fels ist wie unser Gott.
3 Führt nicht so viele hochmütige Reden,
    nichts Freches komme aus eurem Mund,
denn der HERR ist ein Gott, der alles kennt,
    von ihm werden die Taten geprüft.
4 Der Bogen der Helden hat Angst,
    Strauchelnde aber haben sich mit Kraft gegürtet.
5 Satte machen sich dienstbar für Brot,
    Hungrige aber müssen das nicht mehr tun.
Die Unfruchtbare gebärt sieben,
    die aber viele Kinder hat, ist verwelkt.
6 Der HERR tötet und macht lebendig,
    er führt hinab ins Totenreich und führt wieder hinauf.
7 Der HERR macht arm, und er macht reich.
    Er erniedrigt, aber er erhöht auch.
8 Er richtet den Geringen auf aus dem Staub,
    hebt den Armen auf aus dem Kot,
um ihn neben Edle zu setzen,
    und einen erhabenen Thron teilt er ihnen als Erbbesitz zu.
Denn dem HERRN gehören die Pfeiler der Erde,
    und auf sie hat er den Erdkreis gelegt.
9 Die Füsse seiner Getreuen behütet er,
    die Frevler aber kommen um in der Finsternis.
Denn aus eigener Kraft ist der Mensch nicht stark.
10 Wer mit dem HERRN streitet, wird erschrecken,
    über ihn lässt er im Himmel Donner erdröhnen.

Der HERR richtet die Enden der Erde.
Seinem König gebe er Stärke,
und er erhebe das Horn seines
Gesalbten.

P: Lk 1,46–55 | 1: 10; Ps 89,18 · Ps 21,2; 35,9 | 2:
Dtn 4,35! · Ps 18,32; 2Sam 7,22! | 3: Ps 94,3–4 | 4:
Ps 46,10; Jer 51,56 | 5: 21; Ps 113,9; Jer 15,9 | 6:
Dtn 32,29; 2Kön 5,7 · Ps 71,20; 30,4 | 7: Ps 75,8;
Ez 17,24 | 8: Ps 113,7–8 · Hiob 36,7; Jak 2,5 | 9:
Ps 121,3 · Hiob 18,18; Nah 1,8 · Ps 33,16 | 10: 7,10;
12,17; Ps 18,13–14 · 1!

2,1: ‹Horn› ist ein Ausdruck für Kraft.

Die Bosheit der Söhne Elis

11 Und Elkana ging nach Rama in
sein Haus. Und der Knabe diente dem
HERRN vor Eli, dem Priester. 12 Die
Söhne Elis aber waren ruchlos, sie kannten den HERRN nicht 13 und nicht das
Recht der Priester beim Volk. Immer
wenn einer ein Schlachtopfer darbrachte, kam der Bursche des Priesters,
wenn man das Fleisch kochte, und hatte
eine Gabel mit drei Zinken in der Hand.
14 Und die stiess er dann in das Becken
oder den Topf oder den Kessel oder die
Pfanne. Alles, was die Gabel herausholte,
nahm der Priester mit ihr. So machten
sie es mit ganz Israel, mit denen, die
dorthin kamen, nach Schilo. 15 Der Bursche des Priesters kam sogar, bevor man
das Fett in Rauch aufgehen liess, und
sagte jeweils zu dem, der opferte: Gib
Fleisch her, damit man es für den Priester braten kann; er nimmt von dir das
Fleisch nicht gekocht, sondern wenn es
roh ist. 16 Sagte der Mann dann aber zu
ihm: Zuerst muss man das Fett verbrennen, dann nimm dir, was du willst!, so
sagte er: Nein, gib es jetzt her, und wenn
nicht, nehme ich es mit Gewalt. 17 Und
die Sünde der jungen Männer war sehr
gross vor dem HERRN, weil die Männer
das Opfer für den HERRN verachteten.

18 Und Samuel diente dem
HERRN, ein Knabe, umgürtet mit einem
Efod aus Leinen. 19 Und seine Mutter
machte ihm Jahr für Jahr ein kleines
Obergewand und brachte es ihm, wenn
sie heraufkam mit ihrem Mann, um das
jährliche Schlachtopfer darzubringen.

20 Dann segnete Eli Elkana und seine
Frau und sprach: Der HERR gebe dir
Nachkommenschaft von dieser Frau für
die Gabe, für das, was sie dem HERRN ge-
geben hat. Dann gingen sie wieder an
ihren Ort. 21 Der HERR achtete auf
Hanna, und sie wurde schwanger und
gebar drei Söhne und zwei Töchter, der
Knabe Samuel aber wuchs heran beim
HERRN.

22 Und Eli war sehr alt geworden.
Und immer wieder hörte er von all dem,
was seine Söhne ganz Israel antaten,
und dass sie mit den Frauen schliefen,
die Dienst taten am Eingang des Zelts
der Begegnung. 23 Und er sagte zu ihnen: Warum tut ihr solche Dinge? Ich
höre diese schlimmen Dinge, die ihr tut,
vom ganzen Volk. 24 So nicht, meine
Söhne. Denn das, was man, wie ich höre,
im Volk des HERRN verbreitet, ist nicht
gut. 25 Wenn sich ein Mensch gegen
einen Menschen vergeht, fällt Gott das
Urteil über ihn; wenn aber ein Mensch
gegen den HERRN sündigt, wer wird
sich da ein Urteil über ihn erlauben? Sie
aber hörten nicht auf die Stimme ihres
Vaters, denn der HERR fand Gefallen
daran, sie zu töten. 26 Der Knabe Samuel aber wuchs heran und gewann an
Gunst, beim HERRN und bei den
Menschen.

27 Und ein Gottesmann kam zu Eli
und sprach zu ihm: So spricht der HERR:
Habe ich mich nicht dem Haus deines
Vaters offenbart, als sie in Ägypten zum
Haus des Pharao gehörten? 28 Und ich
habe sie mir aus allen Stämmen Israels
als Priester erwählt, damit sie hinaufsteigen zu meinem Altar, um Räucherwerk zu verbrennen, und damit sie vor
mir den Efod tragen. Und alle Feueropfer der Israeliten habe ich dem Haus
deines Vaters gegeben. 29 Warum tretet
ihr mein Schlachtopfer und mein
Speiseopfer, die ich bei der Wohnung
angeordnet habe, mit Füssen? Du hast
deine Söhne mehr geehrt als mich, indem ihr euch gemästet habt mit dem
Besten von allen Opfern Israels, meines

Volks. 30 Darum, Spruch des HERRN, des Gottes Israels: Ich habe gesagt: Dein Haus und das Haus deines Vaters sollen allezeit vor mir wandeln. Nun aber lautet der Spruch des HERRN: Das sei fern von mir! Wer mich ehrt, den werde ich ehren, und wer mich gering schätzt, der wird verachtet werden. 31 Sieh, es kommen Tage, da werde ich deinen Arm und den Arm des Hauses deines Vaters brechen, so dass niemand alt wird in deinem Haus. 32 Dann wirst du den Feind in der Wohnung erblicken bei allem, was er Gutes tun wird für Israel. In deinem Haus aber wird nie mehr jemand alt werden. 33 Einen aber werde ich dir an meinem Altar belassen, um deine Augen erlöschen und dich verschmachten zu lassen; die anderen aber, die deinem Haus geboren werden, werden sterben, wenn sie das Mannesalter erreicht haben. 34 Und was über deine beiden Söhne, Chofni und Pinechas, kommen wird, soll das Zeichen für dich sein: Beide werden umkommen an einem einzigen Tag. 35 Ich aber werde für mich einen treuen Priester auftreten lassen, der nach meinem Herzen und nach meinem Sinn handeln wird. Und ich werde ihm ein Haus bauen, das Bestand hat, und er soll immer vor meinem Gesalbten wandeln. 36 Und jeder, der übrig bleibt in deinem Haus, wird kommen, um sich vor ihm niederzuwerfen für Bezahlung in Silber oder für einen Laib Brot, und er wird sagen: Nimm mich doch auf in eines der Priesterämter, damit ich einen Bissen Brot zu essen habe.

|11: 3,1 |12: 3,7; Dtn 13,14 |13: Lev 7,33–34; Dtn 18,3 |15: Lev 3,3–5 |18: 2Sam 6,14; Ex 28,4–6 |19: 1,3! · 1,21! |20: 1,28 |21: 5!; Gen 21,1 |22: 1,7; Ex 38,8 |23: Dtn 21,18–21 |25: Dtn 1,17 · Hiob 9,33 |26: 3,19; Spr 3,4; Lk 2,52 |27–36: 3,13! |27: 9,6!; 1Kön 13,1; 2Kön 1,9; 2Chr 11,2 |28: Dtn 18,1 · Ex 30,7 · Lev 2,3.10 |30: Ps 18,27 · 2Sam 20,20 · 2Sam 12,10 |31–34: 3,12 |31: 1Kön 2,27 |33: 22,18 |34: 3,12; 4,11.17 |35: 1Kön 2,35 · 25,28!; 1Kön 11,38 |36: 2Kön 23,9

2,28: Wörtlich: «Und ich habe es … erwählt, …», womit das Haus des Vaters gemeint wäre, oder: «Und ich habe ihn … erwählt, …», womit der Vater gemeint wäre.

2,29: Mit der ‹Wohnung› ist wie in V. 32 der Tempel als Wohnung Gottes gemeint.

Samuels Berufung

3 1 Und der Knabe Samuel diente dem HERRN vor Eli. Und in jenen Tagen war das Wort des HERRN kostbar, Schauungen waren nicht häufig. 2 Und eines Tages, als Eli an seinem Ort schlief – seine Augen aber hatten angefangen, schwach zu werden, er konnte nicht mehr sehen – 3 und die Lampe Gottes noch nicht erloschen war und Samuel im Tempel des HERRN schlief, wo die Lade Gottes war, 4 da rief der HERR Samuel, und dieser sprach: Hier bin ich. 5 Und er lief zu Eli und sagte: Hier bin ich, du hast mich gerufen. Er aber sagte: Ich habe nicht gerufen. Leg dich wieder schlafen. Und er ging und legte sich schlafen. 6 Der HERR aber rief nochmals: Samuel! Und Samuel stand auf, ging zu Eli und sagte: Hier bin ich, du hast mich gerufen. Er aber sagte: Ich habe nicht gerufen, mein Sohn. Leg dich wieder schlafen. 7 Samuel aber kannte den HERRN noch nicht, und noch war ihm das Wort des HERRN nicht offenbart worden. 8 Und wieder rief der HERR Samuel, zum dritten Mal. Und er stand auf, ging zu Eli und sagte: Hier bin ich, du hast mich gerufen. Da begriff Eli, dass es der HERR war, der den Knaben rief. 9 Und Eli sagte zu Samuel: Geh, leg dich schlafen, und wenn er dich ruft, so sprich: Rede, HERR, dein Diener hört. Und Samuel ging und legte sich schlafen an seinem Ort.

10 Und der HERR kam, stand da und rief wie schon zuvor: Samuel! Samuel! Und Samuel sprach: Rede, dein Diener hört. 11 Und der HERR sprach zu Samuel: Sieh, ich tue etwas in Israel, dass jedem, der davon hört, beide Ohren gellen.

12 An jenem Tag werde ich für Eli alles in Erfüllung gehen lassen, was ich seinem Haus angekündigt habe, vom Anfang bis zum Ende. 13 Und ich werde ihm kundtun, dass ich sein Haus auf ewig verurteile für das Vergehen: Er wusste, dass seine Söhne sich den Fluch zugezogen haben, und er hat sie nicht zurechtgewiesen. 14 Und darum habe ich dem

Haus Eli geschworen: Niemals wird sich die Schuld des Hauses Eli sühnen lassen, weder durch Schlachtopfer noch durch Speiseopfer!

15 Und Samuel schlief bis zum Morgen, dann öffnete er die Türen des Hauses des HERRN. Samuel aber fürchtete sich, Eli von der Erscheinung zu berichten. 16 Und Eli rief Samuel und sagte: Samuel, mein Sohn! Und er sagte: Hier bin ich. 17 Und er sagte: Was hat er zu dir gesagt? Verheimliche es mir nicht. Gott soll dir antun, was immer er will, wenn du mir irgendetwas verheimlichst von dem, was er zu dir gesagt hat. 18 Da berichtete Samuel ihm alles und verheimlichte ihm nichts. Und er sagte: Er ist der HERR; er wird tun, was in seinen Augen gut ist.

19 Und Samuel wuchs heran, und der HERR war mit ihm und liess keines von allen seinen Worten auf die Erde fallen. 20 Und ganz Israel, von Dan bis Beer-Scheba, erkannte, dass Samuel damit betraut war, Prophet des HERRN zu sein. 21 Und der HERR erschien weiterhin in Schilo, denn der HERR offenbarte sich Samuel in Schilo durch das Wort des HERRN.

4 1 Und das Wort Samuels erging an ganz Israel.

| 1: 2,11 · Ps 74,9 | 2: 4,15 | 3: Ex 27,20–21 | 4: Gen 22,1! | 7: 2,12! | 10: 2Sam 24,2 | 11: 2Kön 21,12; Jer 19,3 | 12: 2,31–34 | 13: 2,27–36; 1Kön 1,6 | 17: 20,13; 25,22 · 2Sam 3,9 | 18: 2Sam 10,12! | 19: 2,26! · 10,7; 16,18; 20,13; 2Sam 7,3 | 20: 2Sam 3,10!; Ri 20,1 · Am 2,11

3,3: Mit ‹Lampe Gottes› ist die Lampe im Tempel gemeint.

3,19: «liess keines von allen seinen Worten auf die Erde fallen» bedeutet, dass er alle seine Worte in Erfüllung gehen liess.

Der Verlust der Lade des Bundes

Und Israel zog aus zum Kampf, den Philistern entgegen, und lagerte bei Eben-Eser, und die Philister lagerten in Afek. 2 Und die Philister zogen Israel in Schlachtordnung entgegen. Und als der Kampf nachliess, war Israel vor den Philistern geschlagen. Und diese erschlugen in der Schlachtordnung auf dem Feld gegen viertausend Mann. 3 Dann kam das Volk ins Lager, und die Ältesten Israels sagten: Warum hat der HERR uns heute vor den Philistern geschlagen? Lasst uns die Lade des Bundes des HERRN aus Schilo zu uns holen, damit er in unsere Mitte kommt und uns rettet aus der Hand unserer Feinde. 4 Und das Volk sandte nach Schilo, und man nahm von dort die Lade des Bundes des HERRN der Heerscharen, der über den Kerubim thront. Und dort waren die beiden Söhne Elis, Chofni und Pinechas, bei der Lade des Bundes Gottes. 5 Und als die Lade des Bundes des HERRN ins Lager kam, brach ganz Israel in grossen Jubel aus, und die Erde bebte. 6 Und die Philister hörten den Jubel und sagten: Was bedeutet dieser grosse Jubel im Lager der Hebräer? Da erfuhren sie, dass die Lade des HERRN ins Lager gekommen war, 7 und die Philister fürchteten sich, denn sie dachten: Gott ist in das Lager gekommen. Und sie sprachen: Wehe uns! Denn nie zuvor ist solches geschehen. 8 Wehe uns! Wer wird uns aus der Hand dieses mächtigen Gottes retten? Das ist der Gott, der Ägypten geschlagen hat mit allen möglichen Plagen in der Wüste. 9 Fasst Mut und seid Männer, ihr Philister, damit ihr nicht den Hebräern dienen müsst, wie sie euch gedient haben. Seid Männer und kämpft. 10 Und die Philister kämpften, und Israel wurde geschlagen, und jeder floh zu seinen Zelten. Und es war eine sehr grosse Niederlage, und von Israels Fussvolk fielen dreissigtausend Mann. 11 Auch die Lade Gottes wurde genommen, und die beiden Söhne Elis, Chofni und Pinechas, kamen um.

| 1b: 5,1; 7,12 · 29,1; Jos 15,53; 1Kön 20,26 | 3: Num 10,35; Jos 18,1 | 4: 1,3; 2Sam 6,2; Ex 25,22 | 5: 1Kön 1,40! | 6: 29,3! | 7: Ex 9,14 | 8: 5,7 | 9: 2Sam 10,12 · 29,3! · Ri 13,1

4,2: Die Übersetzung «Und als der Kampf nachliess» ist unsicher.

Elis Tod

12 Ein Benjaminit aber lief aus der Schlachtreihe fort und kam am selben Tag nach Schilo, und seine Gewänder waren zerrissen, und auf seinem Kopf war Erde. 13 Und als er ankam, sieh, da sass Eli auf dem Stuhl am Weg und hielt Ausschau, denn sein Herz hatte Angst um die Lade Gottes. Und der Mann war gekommen, um in der Stadt Bericht zu erstatten, und die ganze Stadt schrie auf. 14 Und Eli hörte das Geschrei und sagte: Was bedeutet dieser Lärm? Und der Mann kam eilends und erstattete Eli Bericht. 15 Eli aber war achtundneunzig Jahre alt, und seine Augen waren starr geworden, und er konnte nicht mehr sehen. 16 Und der Mann sagte zu Eli: Ich bin der, der aus der Schlachtreihe kommt, ich bin heute aus der Schlachtreihe geflohen. Und er sagte: Was hat sich ereignet, mein Sohn? 17 Und der Botschafter antwortete und sagte: Israel ist vor den Philistern geflohen. Und es gab auch eine grosse Niederlage im Volk, und auch deine beiden Söhne, Chofni und Pinechas, sind umgekommen, und die Lade Gottes wurde genommen. 18 Als er aber die Lade Gottes erwähnte, fiel Eli rückwärts vom Stuhl neben das Tor, brach sich das Genick und starb, denn der Mann war alt und schwer. Und vierzig Jahre lang hatte er Israel Recht verschafft.

19 Und seine Schwiegertochter, die Frau von Pinechas, war hochschwanger. Und sie hörte die Nachricht, dass die Lade Gottes genommen worden war und ihr Schwiegervater und ihr Mann tot waren. Da brach sie zusammen und gebar, denn die Wehen waren über sie gekommen. 20 Und als sie im Sterben lag, sagten die Frauen, die bei ihr standen: Fürchte dich nicht, denn du hast einen Sohn geboren. Sie aber antwortete nicht und nahm es nicht wahr. 21 Und sie nannte den Knaben I-Kabod und sagte: Die Herrlichkeit wurde weggeführt aus Israel! – weil die Lade Gottes genommen worden war und wegen ih-res Schwiegervaters und ihres Mannes. 22 Und sie sprach: Die Herrlichkeit wurde weggeführt aus Israel, denn die Lade Gottes ist genommen worden.

|12: 2Sam 1,2! | Jos 7,6 |13: 1,9 |15: 3,2 |17: 2,34! |18: Ri 3,11!; 1Kön 2,11; 11,42 |20: Gen 35,16–17 |21: 14,3 |22: 1!|

4,18: Wörtlich: «..., fiel er rückwärts vom Stuhl ...»

4,20: Möglich ist auch die Übersetzung: «... und achtete nicht darauf.»

4,21: Der Name I-Kabod bedeutet: ‹Wo ist die Herrlichkeit?›.

Die Lade bei den Philistern

5 1 Und die Philister hatten die Lade Gottes genommen und brachten sie von Eben-Eser nach Aschdod. 2 Und die Philister nahmen die Lade Gottes, brachten sie in das Haus des Dagon und stellten sie neben Dagon. 3 Und als sich die von Aschdod am folgenden Tag früh aufmachten, sieh, da lag Dagon mit seinem Gesicht auf der Erde vor der Lade des HERRN. Und sie nahmen Dagon und stellten ihn zurück an seinen Platz. 4 Und früh am nächsten Morgen, sieh, da lag Dagon mit seinem Gesicht auf der Erde vor der Lade des HERRN. Und der Kopf Dagons und seine beiden Hände lagen abgeschlagen auf der unteren Schwelle, nur Dagons Rumpf war von ihm übrig geblieben. 5 Darum treten die Priester Dagons und alle, die in das Haus des Dagon kommen, bis auf den heutigen Tag nicht auf die untere Schwelle Dagons in Aschdod.

6 Und die Hand des HERRN lag schwer auf denen von Aschdod, und er versetzte sie in Schrecken und schlug sie mit Geschwüren, Aschdod und sein Gebiet. 7 Und die Männer von Aschdod sahen, wie es stand, und man sagte: Die Lade des Gottes Israels darf nicht bei uns bleiben, denn seine Hand ist hart gegen uns und gegen Dagon, unseren Gott. 8 Und sie sandten hin und versammelten alle Stadtfürsten der Philister bei sich und sagten: Was sollen wir mit der Lade des Gottes Israels machen? Und sie sagten: Die Lade des Gottes Israels soll

weg nach Gat! Und man schaffte die Lade des Gottes Israels weg. 9 Und nachdem man sie weggeschafft hatte, lag die Hand des HERRN auf der Stadt, es herrschte eine sehr grosse Verwirrung, und er schlug die Männer der Stadt vom kleinsten bis zum grössten, und es brachen Geschwüre an ihnen auf. 10 Und sie sandten die Lade Gottes nach Ekron. Und als die Lade Gottes nach Ekron gekommen war, schrien die von Ekron: Sie haben die Lade des Gottes Israels weggeschafft, zu mir, um mich und mein Volk zu töten. 11 Und sie sandten hin und versammelten alle Stadtfürsten der Philister und sagten: Schickt die Lade des Gottes Israels weg, damit sie zurückkehrt an ihren Ort und nicht mich und mein Volk tötet. Denn es war eine tödliche Verwirrung in der ganzen Stadt; sehr schwer war dort die Hand Gottes. 12 Und die Männer, die nicht gestorben waren, wurden mit Geschwüren geschlagen. Und der Hilferuf der Stadt stieg auf zum Himmel.

| 1: 4,1b! · Jos 11,22; 15,47 | 2: Ri 16,23; 1Chr 10,10 · Ps 97,7 | 4: Jes 45,20; 46,7; Ps 115,7 | 5: Zef 1,9 | 6: 9; 6,11; Ex 9,10 | 7: 4,8 | 8: 6,2 · 17,52 | 9: 6! | 10: 2Sam 6,9! | 11: Ex 10,7

5,2: Dagon ist ein Gott der Philister.

Die Rückkehr der Lade

6 1 Und als die Lade des HERRN sieben Monate lang im Gebiet der Philister war, 2 riefen die Philister die Priester und Wahrsager und sagten: Was sollen wir mit der Lade des HERRN machen? Lasst uns wissen, was wir mit ihr an ihren Ort schicken sollen. 3 Da sagten sie: Wenn ihr die Lade des Gottes Israels wegschickt, so schickt sie nicht leer, denn ihr müsst ihm eine Sühnegabe entrichten. Dann werdet ihr gesund, und es wird euch kundgetan werden, warum seine Hand nicht von euch weicht. 4 Und sie sagten: Welche Sühnegabe sollen wir ihm entrichten? Und sie sagten: Fünf goldene Geschwüre und fünf goldene Mäuse, nach der Anzahl der Stadtfürsten der Philister, denn

euch alle und eure Stadtfürsten trifft dieselbe Plage. 5 Und ihr sollt von euren Geschwüren und euren Mäusen, die das Land verderben, Abbilder anfertigen. Und ihr sollt dem Gott Israels die Ehre geben, vielleicht lässt er seine Hand leichter werden auf euch, auf eurem Gott und auf eurem Land. 6 Und warum wollt ihr euer Herz verschliessen, wie die Ägypter und der Pharao ihr Herz verschlossen haben? Nicht wahr, als er seinen Mutwillen mit ihnen getrieben hatte, da liess man sie ziehen, und sie gingen. 7 Und nun macht einen neuen Wagen und nehmt zwei Kühe, Muttertiere, auf die noch kein Joch gekommen ist, und spannt die Kühe vor den Wagen. Ihre Kälber aber sollt ihr von ihnen weg zum Haus zurücktreiben. 8 Und ihr sollt die Lade des HERRN nehmen und sie auf den Wagen stellen, und die Dinge aus Gold, die ihr ihm als Sühnegabe entrichtet, sollt ihr in die Satteltasche an ihrer Seite legen. So sollt ihr sie wegschicken, dann wird sie fortziehen. 9 Und ihr werdet sehen: Wenn sie hinaufzieht in Richtung ihres Gebietes, gegen Bet-Schemesch zu, dann war er es, der uns dieses grosse Unheil angetan hat; wenn aber nicht, dann wissen wir, dass es nicht seine Hand war, die uns getroffen hat. Dann war, was uns widerfahren ist, ein Zufall. 10 Und die Männer machten es so und nahmen zwei Kühe, Muttertiere, und spannten sie vor den Wagen, ihre Kälber aber sperrten sie zu Hause ein. 11 Dann stellten sie die Lade des HERRN auf den Wagen, dazu die Satteltasche und die Mäuse aus Gold und die Abbilder ihrer Geschwüre. 12 Und die Kühe liefen geradeaus, auf dem Weg in Richtung Bet-Schemesch, auf dieser einen Strasse liefen sie, und sie brüllten unablässig. Und sie wichen nicht ab nach rechts oder nach links. Die Stadtfürsten der Philister aber folgten ihnen bis an die Grenze von Bet-Schemesch.

13 Und als die von Bet-Schemesch den Weizen in der Ebene schnitten, da blickten sie auf und sahen die Lade und

freuten sich, sie zu sehen. 14 Und der Wagen war bis zu dem Feld gekommen, das Jehoschua aus Bet-Schemesch gehörte, und dort kam er zum Stehen. Und dort war ein grosser Stein; und sie spalteten das Holz des Wagens und brachten dem HERRN die Kühe als Brandopfer dar. 15 Die Leviten aber hatten die Lade des HERRN und die Satteltasche, die bei ihr lag, in der die Dinge aus Gold waren, heruntergenommen, und sie legten alles auf den grossen Stein. Und an jenem Tag brachten die Männer aus Bet-Schemesch Brandopfer dar und opferten dem HERRN Schlachtopfer. 16 Und als die fünf Stadtfürsten der Philister das gesehen hatten, kehrten sie am selben Tag nach Ekron zurück. 17 Und dies sind die Geschwüre aus Gold, die die Philister dem HERRN als Sühnegabe entrichteten: eins für Aschdod, eins für Gaza, eins für Aschkelon, eins für Gat, eins für Ekron, 18 dazu die Mäuse aus Gold, nach der Anzahl aller Städte der Philister, die den fünf Stadtfürsten gehörten, von der befestigten Stadt bis zum offenen Dorf. Und Zeuge ist der grosse Stein, auf den sie die Lade des HERRN niedergelassen hatten; er ist bis auf den heutigen Tag auf dem Feld, das Jehoschua aus Bet-Schemesch gehörte.

19 Und er erschlug Männer aus Bet-Schemesch, denn sie hatten die Lade des HERRN gesehen: Er erschlug siebzig Mann vom Volk, fünfzigtausend Mann, und das Volk trauerte, denn der HERR hatte dem Volk einen schweren Schlag zugefügt. 20 Und die Männer aus Bet-Schemesch sagten: Wer kann bestehen vor dem HERRN, diesem heiligen Gott? Und zu wem könnte er hinaufziehen, weg von uns? 21 Und sie sandten Boten zu den Bewohnern von Kirjat-Jearim und liessen ihnen sagen: Die Philister haben die Lade des HERRN zurückgebracht. Kommt herab, holt sie herauf zu euch.

7 1 Und die Männer von Kirjat-Jearim kamen, holten die Lade des HERRN herauf und brachten sie in das Haus des Abinadab auf dem Hügel, und sie weihten Elasar, seinen Sohn, damit er die Lade des HERRN bewache. 2 Und von dem Tag an, da die Lade in Kirjat-Jearim blieb, verging eine lange Zeit, es waren zwanzig Jahre, und das ganze Haus Israel hielt zum HERRN.

|2: Gen 41,8! · 5,8 |3: Lev 5,16 |4: 17; Jos 13,3 |6: Ex 7,13–14 · Ex 8,28; 9,7; 12,31 |7: 2Sam 6,3; Num 19,2! |9: Jos 15,10 |11: 5,6! |12: Jos 15,10 |14: 2Sam 6,17! |15: 2Sam 15,24 |17: 4! |19: Num 1,51; 2Sam 6,7 |20: 2Sam 6,9! · Mal 3,20 |21: Jos 15,9 · 7,2; 2Sam 6,2; Ps 132,6 |1: 2Sam 6,3 |2: 6,21!

6,18: Die Übersetzung beruht auf antiken Übersetzungen. Der Massoretische Text lautet: «... bis zum offenen Dorf und bis zum grossen Abel, wo sie die Lade ...»

6,19: Die Zahlen ‹siebzig› und ‹fünfzigtausend› stehen im hebräischen Text nebeneinander und lassen sich nicht in Einklang bringen.

Israels Sieg über die Philister. Samuel als Richter

3 Und Samuel sprach zum ganzen Haus Israel: Wenn ihr von ganzem Herzen zum HERRN zurückkehren wollt, dann entfernt die fremden Götter aus eurer Mitte und die Astarten und richtet eure Herzen auf den HERRN und dient ihm allein, damit er euch rettet aus der Hand der Philister. 4 Und die Israeliten entfernten die Baale und die Astarten und dienten allein dem HERRN. 5 Und Samuel sprach: Versammelt ganz Israel in Mizpa, damit ich für euch zum HERRN bete. 6 Und sie versammelten sich in Mizpa, schöpften Wasser und gossen es aus vor dem HERRN. Und an jenem Tag fasteten sie, und dort sprachen sie: Wir haben gegen den HERRN gesündigt. Und in Mizpa sprach Samuel den Israeliten Recht.

7 Die Philister aber hörten davon, dass sich die Israeliten in Mizpa versammelt hatten. Da zogen die Stadtfürsten der Philister hinauf gegen Israel. Und die Israeliten hörten davon und fürchteten sich vor den Philistern. 8 Und die Israeliten sagten zu Samuel: Hör nicht auf, für uns zum HERRN, unserem Gott, zu schreien, damit er uns rettet aus der Hand der Philister. 9 Und

Samuel nahm ein Milchlamm und brachte es dem HERRN als Brandopfer, als Ganzopfer dar, und Samuel schrie für Israel zum HERRN, und der HERR antwortete ihm. 10 Und an jenem Tag, als Samuel das Brandopfer darbrachte und die Philister angerückt waren, um gegen Israel zu kämpfen, liess der HERR es laut donnern gegen die Philister, und er verwirrte sie, und sie wurden vor Israel geschlagen. 11 Und die Männer Israels rückten aus von Mizpa, verfolgten die Philister und schlugen sie, bis unterhalb von Bet-Kar. 12 Und Samuel nahm einen Stein und stellte ihn auf zwischen Mizpa und Schen. Und er gab ihm den Namen Eben-Eser und sprach: Bis hierher hat uns der HERR geholfen. 13 So wurden die Philister gedemütigt, und sie kamen nicht mehr in das Gebiet Israels. Und die Hand des HERRN lag auf den Philistern, solange Samuel lebte. 14 Und die Städte, die die Philister Israel abgenommen hatten, fielen zurück an Israel, von Ekron bis Gat, und ihr Gebiet entriss Israel der Hand der Philister. Zwischen Israel und den Amoritern aber herrschte Friede. 15 Und Samuel verschaffte Israel Recht, sein Leben lang. 16 Und Jahr für Jahr ging er und zog die Runde über Bet-El, Gilgal und Mizpa und verschaffte Israel und allen diesen Orten Recht. 17 Dann kehrte er zurück nach Rama, denn dort war sein Haus, und dort verschaffte er Israel Recht. Und dort baute er einen Altar für den HERRN.

|3: Ri 2,13 · Gen 35,2; Jos 24,23 |4: Dtn 6,13; 2Kön 17,39 |5: 10,17!; 2Kön 25,23 |6: 2Sam 23,16–17 · Ri 20,26; 2Chr 20,3 · 12,10! |8: 12,23 |10: 2,10! · 14,15! |12: Gen 28,18! · 4,1b! |13: 2Sam 8,1! |14: Jos 15,11 · 1Chr 18,1 |16: Gen 28,19 · Jos 5,9–10 · 10,17! |17: 1,19! · 14,35; Ri 6,24

7,12: Der Name Eben-Eser bedeutet: ‹Stein der Hilfe›.

Israel will einen König

8 1 Und als Samuel alt geworden war, setzte er seine Söhne als Richter ein für Israel. 2 Und der Name seines erstgeborenen Sohns war Joel, und der Name seines zweiten war Abija; sie waren Richter in Beer-Scheba. 3 Aber seine Söhne gingen nicht auf seinen Wegen, sondern waren hinter dem Gewinn her, nahmen Bestechung an und beugten das Recht.

4 Und alle Ältesten Israels versammelten sich und kamen zu Samuel nach Rama. 5 Und sie sagten zu ihm: Sieh, du bist alt geworden, und deine Söhne gehen nicht auf deinen Wegen. Nun setze uns einen König ein, damit er uns Recht verschaffe, so wie es bei allen Nationen ist. 6 Samuel aber missfiel, dass sie sagten: Gib uns einen König, damit er uns Recht verschaffe. Und Samuel betete zum HERRN. 7 Und der HERR sprach zu Samuel: Höre auf die Stimme des Volks in allem, was sie dir sagen, denn nicht dich haben sie verworfen, sondern mich haben sie verworfen, dass nicht ich König sein soll über sie. 8 Das ist wie alles, was sie getan haben von dem Tag an, als ich sie aus Ägypten heraufgeführt habe, bis auf den heutigen Tag: Sie haben mich verlassen und anderen Göttern gedient. So machen sie es auch mit dir. 9 Und nun höre auf ihre Stimme. Aber warne sie unbedingt und tu ihnen das Recht des Königs kund, der über sie herrschen soll.

10 Und Samuel sagte dem Volk, das einen König von ihm forderte, alle Worte des HERRN 11 und sprach: Dies wird das Recht des Königs sein, der über euch herrschen soll: Er wird eure Söhne nehmen, um sie für sich einzusetzen bei seinem Wagen und bei seiner Reiterei – und sie werden vor seinem Wagen herlaufen – 12 und um sie für sich einzusetzen als Anführer über tausend und als Anführer über fünfzig und damit sie pflügen, was für ihn zu pflügen ist, und damit sie ernten, was für ihn zu ernten ist, und damit sie die Geräte für seinen Krieg und die Dinge für seinen Wagen anfertigen. 13 Und er wird eure Töchter nehmen als Salbenmischerinnen, Köchinnen und Bäckerinnen. 14 Und er wird eure Felder, eure Weinberge und eure Ölbäume nehmen, nur die besten,

und er wird sie seinen Dienern geben. 15 Und von euren Saaten und von euren Weinbergen wird er den Zehnten nehmen und ihn seinen Höflingen und seinen Dienern geben. 16 Und eure Diener, eure Sklavinnen, eure besten jungen Männer und eure Esel wird er nehmen, und er wird sie in seinen Dienst stellen. 17 Von euren Schafen wird er den Zehnten nehmen, und ihr werdet ihm Diener sein. 18 Und an jenem Tag werdet ihr aufschreien wegen eures Königs we-gen, den ihr euch erwählt habt, der HERR aber wird euch nicht antworten an jenem Tag. 19 Das Volk aber weigerte sich, auf die Stimme Samuels zu hören, und sie sprachen: Nein! Wir wollen einen König über uns! 20 Dann werden auch wir sein wie alle Nationen, und unser König soll uns Recht verschaffen, und er soll vor uns ausziehen und unsere Kriege führen. 21 Und Samuel hörte alle Worte des Volks und trug sie dem HERRN vor. 22 Und der HERR sprach zu Samuel: Höre auf ihre Stimme und setze ihnen einen König ein. Und Samuel sagte zu den Männern Israels: Geht, jeder in seine Stadt!

|2: 1Chr 6,13 |3: Ex 23,6–8; Jes 1,23; Mi 3,11 |4: 1,19! |5: 20; Dtn 17,14 |6: 15,11!; 12,17.19 |7: 22; 12,1 · Ex 16,8 · 10,19; 12,12; Ex 15,18 |9: 10,25! |11: 14,52; 2Sam 15,1! |12: 2Sam 18,1; 1Chr 27,1 |14: 22,7 |17: 17,8 |18: Hiob 27,9!; Ez 8,18 |19: 12,12 · Ps 81,12 |20: 5! |22: 7!

Saul trifft auf Samuel

9 1 Und es war ein Mann aus Benjamin, sein Name war Kisch, der Sohn Abiels, des Sohns des Zeror, des Sohns des Bechorat, des Sohns von Afiach, ein Jaminit, ein tüchtiger Krieger. 2 Und er hatte einen Sohn und dessen Name war Saul. Der war jung und schön, und unter den Israeliten gab es keinen schöneren Mann als ihn, er überragte alles Volk um Kopfeslänge. 3 Und Kisch, dem Vater Sauls, gingen die Eselinnen verloren, und Kisch sagte zu Saul, seinem Sohn: Nimm doch einen von den Burschen mit dir, und mach dich auf, geh, such die Eselinnen. 4 Und er zog durch das Ge-

birge Efraim, und er zog durch das Land Schalischa, aber sie fanden sie nicht. Dann zogen sie durch das Land Schaalim, aber da waren sie nicht, und sie zogen durch das Land der Jaminiter, aber sie fanden sie nicht. 5 Sie waren ins Land Zuf gekommen und Saul hatte zu seinem Burschen, der bei ihm war, gesagt: Komm, lass uns umkehren, sonst sorgt mein Vater sich nicht mehr um die Eselinnen, sondern um uns!, 6 da sagte dieser zu ihm: Sieh doch, in dieser Stadt ist ein Gottesmann, und der Mann wird verehrt. Alles, was er sagt, trifft mit Sicherheit ein. Lass uns nun dorthin gehen. Vielleicht tut er uns den Weg kund, den wir gehen müssen. 7 Und Saul sagte zu seinem Burschen: Und wenn wir hingehen, was bringen wir dem Mann mit? Denn das Brot in unseren Taschen ist ausgegangen, und wir haben kein Geschenk, das wir dem Gottesmann mitbringen könnten. Was haben wir? 8 Und der Bursche fuhr fort, Saul zu antworten und sagte: Sieh, ich habe noch ein Viertel Schekel Silber bei mir, und das werde ich dem Gottesmann geben, und er wird uns unseren Weg kundtun. 9 – Früher sagte man in Israel, wenn man hinging, um Gott zu befragen: Kommt und lasst uns zum Seher gehen. Denn wer heute Prophet genannt wird, war früher ein Seher. – 10 Und Saul sagte zu seinem Burschen: Dein Wort ist gut. Komm, lass uns gehen. Und sie gingen nach der Stadt, wo der Gottesmann war.

11 Als sie den steilen Weg zur Stadt hinaufgingen, trafen sie junge Frauen, die herauskamen, um Wasser zu schöpfen. Und sie sagten zu ihnen: Lebt hier der Seher? 12 Und sie antworteten ihnen und sagten: Ja, er ist da; seht, dort vorne; nun beeilt euch, denn er ist heute in die Stadt gekommen, weil heute auf der Kulthöhe ein Schlachtopfer für das Volk stattfindet. 13 Wenn ihr in die Stadt kommt, werdet ihr ihn treffen, noch bevor er hinaufsteigt auf die Kulthöhe, um zu essen. Denn das Volk wird

nicht essen, bis er gekommen ist, weil er es ist, der das Schlachtopfer segnet. Danach essen die Geladenen. Und nun geht hinauf, denn ihn – gerade jetzt werdet ihr ihn noch treffen. 14 Und sie stiegen zur Stadt hinauf. Als sie in die Mitte der Stadt kamen, sieh, da kam Samuel gerade heraus, ihnen entgegen, um hinaufzusteigen zur Kulthöhe.

|1: 14,51 · 16,11 |2: 1Chr 8,33 · 2Sam 14,25! · 10,23; 16,6.7 |3: 10,14! |4: 1,1 |5: 10,2 |6: 2,27; Dtn 33,1 |7: 1Kön 13,7; 14,3; 2Kön 8,8 |9: Gen 25,22; Ri 18,5 |11: Gen 24,11! |12: Gen 31,54; 1Kön 3,2 |14: 10,14!

Samuel salbt Saul zum König

15 Aber einen Tag bevor Saul kam, hatte der HERR Samuel dies enthüllt: 16 Morgen um diese Zeit werde ich einen Mann aus dem Land Benjamin zu dir schicken, und du sollst ihn zum Fürsten salben über mein Volk Israel. Und er wird mein Volk retten aus der Hand der Philister, denn ich habe mein Volk gesehen, sein Schreien ist zu mir gedrungen. 17 Als Samuel Saul sah, sprach der HERR zu ihm: Sieh, das ist der Mann, von dem ich zu dir gesagt habe: Dieser soll über mein Volk herrschen. 18 Und Saul trat im Tor auf Samuel zu und sagte: Bitte sag mir, wo hier das Haus des Sehers ist. 19 Und Samuel antwortete Saul und sagte: Ich bin der Seher. Geh mir voran, hinauf zur Kulthöhe, und ihr sollt heute mit mir essen. Und am Morgen werde ich dich ziehen lassen und dir all das kundtun, was du im Herzen trägst. 20 Um die Eselinnen aber, die dir vor drei Tagen verloren gegangen sind, musst du dir keine Sorgen machen, denn sie sind gefunden worden. Und wem gehört alles, was Israel kostbar ist? Gehört es nicht dir und dem ganzen Haus deines Vaters? 21 Daraufhin sagte Saul: Bin ich nicht ein Benjaminit, aus dem kleinsten der Stämme Israels, und ist meine Sippe nicht die unbedeutendste von allen Sippen der Stämme Benjamins? Warum denn redest du so zu mir? 22 Samuel aber nahm Saul und seinen Burschen, führte sie in die Halle

und wies ihnen einen Platz an der Spitze der Geladenen zu, und es waren etwa dreissig Männer. 23 Und Samuel sagte zum Koch: Bring das Stück, das ich dir gegeben habe, von dem ich dir gesagt habe: Lege es bei dir zurück. 24 Und der Koch trug die Keule auf und was daran war und setzte sie Saul vor, und er sagte: Sieh, was aufgehoben worden ist. Leg es dir vor; iss, denn es wurde dir für diese Stunde aufbewahrt, weil ich sagte: Ich habe das Volk geladen. Und Saul ass mit Samuel an jenem Tag. 25 Und sie gingen von der Kulthöhe hinab zur Stadt, und er redete mit Saul auf dem Dach. 26 Und früh standen sie auf. Und als die Morgenröte emporgestiegen war, rief Samuel Saul auf dem Dach zu: Mach dich auf, und ich werde dich geleiten. Und Saul machte sich auf, und beide, er und Samuel, gingen hinaus auf die Strasse. 27 Als sie hinab stiegen am Ende der Stadt, sagte Samuel zu Saul: Sag dem Burschen, dass er uns vorausgehen soll. Und er ging. Du aber bleib jetzt stehen, damit ich dich das Wort Gottes hören lasse.

10 1 Und Samuel nahm den Krug mit Öl und goss es über sein Haupt und küsste ihn und sprach: So hat dich der HERR zum Fürsten über seinen Erbbesitz gesalbt? 2 Wenn du heute weggehst von mir, wirst du zwei Männer treffen beim Grab der Rachel an der Grenze Benjamins, in Zelzach, und sie werden zu dir sagen: Die Eselinnen, nach denen du auf der Suche warst, sind gefunden worden. Aber sieh, dein Vater denkt nicht mehr an die Sache mit den Eselinnen, sondern er sorgt sich um euch und sagt: Was kann ich tun für meinen Sohn? 3 Dann wirst du von dort weiterziehen und zur Eiche von Tabor kommen, und dort werden dich drei Männer treffen, die hinaufziehen zu Gott, nach Bet-El. Einer trägt drei Böcklein, einer trägt drei Laibe Brot, und einer trägt einen Krug mit Wein. 4 Und sie werden dich nach deinem Wohlergehen fragen und dir zwei Brote geben,

und du sollst sie von ihnen annehmen.
5 Danach wirst du nach dem Gibea Gottes kommen, wo die Statthalter der Philister sind. Und wenn du dort in die Stadt kommst, wirst du auf eine Schar von Propheten stossen, die von der Kulthöhe herabkommen, und vor ihnen her Harfe, Pauke, Flöte und Leier, und sie werden sich wie Propheten gebärden. 6 Dann wird der Geist des HERRN dich durchdringen, und du wirst dich zusammen mit ihnen wie ein Prophet gebärden, und du wirst in einen anderen Menschen verwandelt werden. 7 Und wenn diese Zeichen für dich eintreffen, tu, was sich dir anbietet, denn Gott ist mit dir. 8 Und du sollst vor mir hinab nach Gilgal gehen, und sieh, ich werde herabkommen zu dir, um Brandopfer darzubringen und Heilsopfer zu opfern. Sieben Tage sollst du warten, bis ich zu dir komme und dich wissen lasse, was du tun sollst.

9 Und als er Samuel den Rücken zugewandt hatte, um von ihm wegzugehen, da verwandelte ihm Gott das Herz, und an jenem Tag trafen alle diese Zeichen ein. 10 Und als sie dorthin, nach Gibea, kamen, sieh, da kam ihm eine Schar von Propheten entgegen, und Gottesgeist durchdrang ihn, und er gebärdete sich unter ihnen wie ein Prophet. 11 Als aber alle, die ihn von früher her kannten, sahen, wie er sich mit Propheten wie ein Prophet gebärdete, sagte im Volk einer zum anderen: Was ist denn geschehen mit dem Sohn des Kisch? Ist auch Saul unter den Propheten? 12 Und einer von dort sagte daraufhin: Wer ist denn ihr Vater? Daher ist das zum Sprichwort geworden: Ist auch Saul unter den Propheten? 13 Und als er aufgehört hatte, sich wie ein Prophet zu gebärden, kam er zur Kulthöhe. 14 Und der Onkel Sauls sagte zu ihm und zu seinem Burschen: Wohin seid ihr gegangen? Und er sagte: Wir wollten die Eselinnen suchen. Aber wir sahen, dass sie nirgends waren, und so gingen wir zu Samuel. 15 Und der Onkel Sauls sagte:

Bitte berichte mir, was Samuel euch gesagt hat. 16 Und Saul sagte zu seinem Onkel: Er hat uns berichtet, dass die Eselinnen gefunden worden sind. Was Samuel aber vom Königtum gesagt hatte, berichtete er ihm nicht.

| 16: 10,1! ; 2Sam 6,21 · 14,10–23 · Ex 2,23; 3,7 | 20: 10,16 | 21: 15,17; 18,18.23; Ri 6,15; Ps 68,28 | 27: 15,16 | 1: 9,16; 16,13! · 2Sam 20,19! · 15,1.17 | 2: Gen 35,19–20 · 9,5 | 3: 2Sam 16,1; Ri 20,18 | 4: 2Sam 8,10! | 5: 13,3 · 19,20! · 1Kön 18,29; 1Chr 25,3 | 6: 10; 11,6; 18,10; 19,20; Ri 13,25 | 7: Koh 9,10 · 3,19! | 8: 11,14; 13,4; Jos 4,19 · 13,8; 2Sam 19,16 | 10–12: 2Sam 6,14 | 10: 6! · 16,13 | 11: 19,24 | 14: 9,3.10 | 16: 9,20

Saul wird König

17 Und Samuel bot das Volk auf zum HERRN nach Mizpa. 18 Und er sprach zu den Israeliten: So spricht der HERR, der Gott Israels: Ich habe Israel heraufgeführt aus Ägypten, und ich habe euch gerettet aus der Hand der Ägypter und aus der Hand aller Königreiche, die euch gequält haben. 19 Ihr aber habt heute euren Gott verworfen, der euch aus all eurem Unheil und von euren Qualen rettet. Und ihr habt zu ihm gesagt: Setze einen König über uns. So tretet nun vor den HERRN, nach Stämmen und nach Tausendschaften. 20 Und Samuel liess alle Stämme Israels herantreten, und es traf den Stamm Benjamin. 21 Und er liess den Stamm Benjamin herantreten, nach seinen Sippen, und es traf die Sippe der Matriten, und es traf Saul, den Sohn des Kisch. Da suchte man ihn, er aber war nicht zu finden. 22 Und sie befragten den HERRN noch einmal: Ist ausserdem noch einer hier? Und der HERR sprach: Seht, er hält sich beim Gepäck verborgen. 23 Da liefen sie und holten ihn von dort. Und er stellte sich mitten ins Volk, und er überragte das ganze Volk um Kopfeslänge. 24 Und Samuel sprach zum ganzen Volk: Seht ihr, wen der HERR erwählt hat? Im ganzen Volk gibt es keinen wie ihn. Und das ganze Volk jubelte, und sie riefen: Es lebe der König! 25 Und Samuel verkündete dem Volk das Königsrecht und schrieb es in das Buch und legte es nieder vor dem HERRN. Dann entliess Samuel das ganze

Volk, einen jeden in sein Haus. 26 Und auch Saul ging in sein Haus nach Gibea, und mit ihm gingen die vom Heer, denen Gott das Herz gerührt hatte.
27 Ruchlose aber sagten: Was kann der uns schon helfen? Und sie verachteten ihn und brachten ihm kein Geschenk. Er aber tat, als hörte er nichts.

|17: 7,5.16 |18: Ex 29,46 |19: 8,7! · Jos 7,14–16 |20: 14,41 |22: 23,2! |23: 9,2! |24: 11,15; 12,1; 2Sam 21,6; 1Kön 1,25 |25: 8,9; Dtn 7,14–20 |26: 11,4; 15,34; 2Sam 21,6 |27: 11,12

Sauls Sieg über die Ammoniter

11 1 Und Nachasch, der Ammoniter, zog hinauf und belagerte Jabesch im Gilead. Und alle Männer von Jabesch sagten zu Nachasch: Schliesse einen Bund mit uns, dann werden wir dir dienen. 2 Aber Nachasch, der Ammoniter, sprach zu ihnen: Unter dieser Bedingung werde ich mich mit euch verbünden: dass ich jedem von euch das rechte Auge ausstechen und damit Schande bringen kann über ganz Israel. 3 Und die Ältesten von Jabesch sagten zu ihm: Gib uns sieben Tage Zeit, wir wollen Boten in das ganze Gebiet Israels schicken. Und wenn da keiner ist, der uns hilft, werden wir uns dir ergeben. 4 Und die Boten kamen zum Gibea Sauls und trugen dem Volk die Worte vor, und alles Volk begann laut zu weinen.

5 Und sieh, Saul kam vom Feld hinter den Rindern her, und Saul sagte: Was ist mit dem Volk, dass sie weinen? Und man erzählte ihm von den Worten der Männer von Jabesch. 6 Und als Saul diese Worte hörte, durchdrang ihn der Geist Gottes, und sein Zorn entbrannte heftig, 7 und er nahm ein Gespann Rinder, zerlegte sie und sandte sie durch Boten ins ganze Gebiet Israels und liess sagen: Wer nicht auszieht hinter Saul und Samuel, mit dessen Rindern wird es ebenso gemacht werden. Da fiel der Schrecken des HERRN auf das Volk, und sie zogen aus wie ein einziger Mann.
8 Und er musterte sie in Besek: Es waren dreihunderttausend Israeliten und dreissigtausend Mann aus Juda. 9 Und

sie sagten zu den Boten, die gekommen waren: So sollt ihr zu den Männern von Jabesch im Gilead sagen: Morgen, wenn die Sonne heiss brennt, werdet ihr Hilfe erhalten. Und die Boten kamen und berichteten das den Männern von Jabesch, und diese freuten sich. 10 Und die Männer von Jabesch sagten: Morgen werden wir uns euch ergeben, dann könnt ihr mit uns alles machen, was gut ist in euren Augen.

11 Am anderen Morgen aber stellte Saul das Volk in drei Einheiten auf, und um die Zeit der Morgenwache kamen sie in das Lager und schlugen auf Ammon ein, bis der Tag heiss war. Die aber übrig blieben, zerstreuten sich, und nicht zwei von ihnen blieben beieinander. 12 Und das Volk sagte zu Samuel: Wer sagt da: Soll etwa Saul König sein über uns? Gebt uns die Männer, damit wir sie töten. 13 Saul aber sprach: An diesem Tag soll niemand getötet werden, denn heute hat der HERR Rettung gebracht in Israel. 14 Und Samuel sagte zum Volk: Kommt, lasst uns nach Gilgal gehen und dort das Königtum neu begründen. 15 Und das ganze Volk ging nach Gilgal, und dort, vor dem HERRN in Gilgal, machten sie Saul zum König, und dort schlachteten sie Heilsopfer vor dem HERRN. Und Saul und alle Männer Israels freuten sich dort über die Massen.

|1: 12,12; 2Sam 10,2 · Ri 11,4 · 9; 31,11; 2Sam 2,5; Ri 21,8 |2: 2Sam 10,4 |4: 10,26! · 30,4! |6: 10,6! |7: Ri 19,29 · Ri 21,5 · 2Chr 19,7; Jes 8,13 · 2Sam 19,15! |9: 1! |11: 13,17–18; 2Sam 18,2; Ri 7,16 · 14,47! |12: 10,27 |13: 2Sam 19,23 · 2Sam 23,10 |14: 10,8! |15: 10,24 · 2Sam 2,9!

Samuels Abschied

12 1 Und Samuel sprach zu ganz Israel: Seht, ich habe auf eure Stimme gehört in allem, was ihr mir gesagt habt, und ich habe einen König über euch gesetzt. 2 Und nun zieht der König vor euch her, ich aber bin alt geworden und ergraut, und nun sind ja meine Söhne bei euch. Ich aber bin vor euch hergegangen von meiner Jugend an bis auf den heutigen Tag. 3 Hier bin ich! Sagt aus gegen mich vor dem HERRN und vor seinem Gesalbten: Wessen Rind habe ich genommen, oder wessen Esel habe ich genommen? Wen habe ich unterdrückt, wen misshandelt? Aus wessen Hand habe ich Sühnegeld genommen und dafür beide Augen zugedrückt? Ich werde euch antworten. 4 Und sie sprachen: Du hast uns nicht unterdrückt und uns nicht misshandelt, und du hast von niemandem etwas genommen. 5 Und er sprach zu ihnen: Der HERR wäre Zeuge gegen euch, und sein Gesalbter wäre Zeuge am heutigen Tag, dass ihr nichts gegen mich gefunden habt. Und sie sprachen: Er wäre Zeuge. 6 Und Samuel sprach zum Volk: Der HERR, der Mose und Aaron geschaffen und der eure Vorfahren aus dem Land Ägypten heraufgeführt hat. 7 Und nun stellt euch auf, dann will ich mit euch vor dem HERRN allen Heilstaten des HERRN, die er euch und euren Vorfahren erwiesen hat, Anerkennung verschaffen. 8 Als Jakob nach Ägypten gekommen war, schrien eure Vorfahren zum HERRN, und der HERR sandte Mose und Aaron, und sie führten eure Vorfahren aus Ägypten heraus und liessen sie wohnen an diesem Ort. 9 Sie aber vergassen den HERRN, ihren Gott, und er verkaufte sie in die Hand Siseras, des Heerführers von Chazor, und in die Hand der Philister und in die Hand des Königs von Moab, und sie kämpften gegen diese. 10 Und sie schrien zum HERRN und sprachen: Wir haben gesündigt, denn wir haben den HERRN verlassen und den Baalen und den Astarten gedient. Nun aber rette uns aus der Hand unserer Feinde, dann werden wir dir dienen. 11 Und der HERR sandte Jerubbaal, Bedan, Jiftach und Samuel und rettete euch aus der Hand eurer Feinde ringsum, und ihr konntet sicher wohnen. 12 Ihr aber saht, dass Nachasch, der König der Ammoniter, gegen euch heranzog, und ihr habt zu mir gesagt: Nein! Ein König soll über uns herr-

schen! Obwohl der HERR, euer Gott, euer König ist. 13 Und nun seht, da ist der König, den ihr erwählt habt, den ihr gefordert habt. Und seht, der HERR hat einen König über euch gesetzt. 14 Ob ihr den HERRN fürchten und ihm dienen werdet, auf seine Stimme hören und nicht widerspenstig sein werdet gegen den Befehl des HERRN? Und werdet ihr und euer König, der über euch herrscht, dem HERRN, eurem Gott, folgen? 15 Wenn ihr aber nicht hört auf die Stimme des HERRN, sondern widerspenstig seid gegen den Befehl des HERRN, so wird die Hand des HERRN gegen euch sein und gegen eure Vorfahren. 16 So stellt euch nun auf und seht, was der HERR Grosses tut vor euren Augen. 17 Ist zurzeit nicht Weizenernte? Ich werde zum HERRN rufen, dass er es donnern und regnen lässt. Dann erkennt und seht, dass es in den Augen des HERRN ein grosses Unrecht war, was ihr getan habt, als ihr für euch einen König gefordert habt. 18 Und Samuel rief zum HERRN, und an jenem Tag liess der HERR es donnern und regnen, und das ganze Volk fürchtete sich sehr vor dem HERRN und vor Samuel.

19 Und das ganze Volk sprach zu Samuel: Bete für deine Diener zum HERRN, deinem Gott, damit wir nicht sterben müssen, denn über alle unsere Sünden hinaus haben wir noch das Unrecht begangen, einen König für uns zu fordern. 20 Und Samuel sprach zum Volk: Fürchtet euch nicht! Ihr habt all dies Unrecht begangen. Weicht jetzt nicht ab vom HERRN, sondern dient dem HERRN von ganzem Herzen. 21 Und weicht nicht ab; folgt nicht denen, die nichts sind, die nichts nützen und nicht retten können, denn sie sind nichts! 22 Denn um seines grossen Namens willen wird der HERR sein Volk nicht verwerfen, weil der HERR sich entschlossen hat, euch sich zum Volk zu machen. 23 Auch von mir sei es fern, mich am HERRN zu versündigen und davon abzulassen, für euch zu beten, son-

dern ich werde euch den guten und geraden Weg lehren. 24 So fürchtet den HERRN und dient ihm in Treue von ganzem Herzen; seht, was er bei euch Grosses vollbracht hat. 25 Wenn ihr aber dennoch Böses tut, so werdet ihr und euer König hinweggerafft werden.

|1: 8,7! · 10,24 |2: Jos 23,2 · 8,1! |3: Num 16,15; Dtn 16,19; Ps 15,5 |5: Gen 31,50!; Hiob 16,19 |7: Mi 6,5 |8: Ex 2,23 · Ex 6,26–27 · Jos 21,43 |9: Ri 3,7; 4,2 · Ri 10,7 · Ri 3,12 · Ri 13,1 |10: 7,6; Ri 2,11–13; 10,10; Num 21,7 |11: Ri 6,32 · 1Chr 7,17 · Ri 11,1 · 1,20 |12: 11,1! · 8,19 · 8,7! |14: Dtn 13,15 |15: Dtn 31,27; Ri 2,15 |17: 2,10! · 8,6 |18: Ex 14,31 |19: Num 21,7; Jer 37,3 · 8,6 |21: Dtn 11,16 · 2Kön 17,15!; Jes 41,29; Jona 2,9 |22: Ps 106,8; Ez 20,9.14 · 2Sam 7,24; Dtn 7,6 |23: 7,8 · Jes 30,21 |24: Dtn 6,13 · Jos 24,14; Dtn 29,2 |25: Dtn 8,19; Jos 23,16; 24,20

12,3: Möglich ist auch die Übersetzung: «... Ich werde es euch zurückgeben.»

Die Herrschaft Sauls

13 1 Saul war ... Jahre alt, als er König wurde, und zwei Jahre lang war er König über Israel. 2 Und Saul wählte sich aus Israel dreitausend aus, zweitausend standen bei Saul in Michmas und auf dem Gebirge von Bet-El, und tausend waren bei Jonatan in Gibea in Benjamin, den Rest des Volks aber hatte er entlassen, einen jeden zu seinen Zelten. 3 Und Jonatan erschlug den Statthalter der Philister, der in Geba war, und die Philister hörten davon. Saul aber hatte im ganzen Land den Schofar blasen lassen und gesagt: Die Hebräer sollen es hören. 4 Und ganz Israel hatte es gehört: Saul hat den Statthalter der Philister erschlagen, und auch Israel hat sich bei den Philistern verhasst gemacht. Und man bot das Volk auf, damit es Saul nach Gilgal folge. 5 Die Philister aber hatten sich gesammelt, um gegen Israel zu kämpfen, dreissigtausend Wagen, sechstausend Reiter und Volk, so zahlreich wie der Sand an der Küste des Meeres. Und sie zogen hinauf und lagerten in Michmas, östlich von Bet-Awen. 6 Und als die Männer Israels sahen, dass sie in Not geraten waren, weil das Volk bedrängt wurde, da versteckte sich das Volk in Höhlen und Felsspalten, in Fel-

sen, Gewölben und Gruben. 7 Auch überquerten Hebräer den Jordan, hinein ins Land Gad und ins Gilead.

Saul aber war noch in Gilgal, und alles Volk war ihm erschrocken gefolgt. 8 Und er wartete sieben Tage, bis zu dem Zeitpunkt, den Samuel bestimmt hatte. Samuel aber kam nicht nach Gilgal, und das Volk zerstreute sich, verliess ihn. 9 Da sagte Saul: Bringt das Brandopfer und die Heilsopfer her zu mir. Und er brachte das Brandopfer dar. 10 Als er aber das Brandopfer dargebracht hatte, sieh, da kam Samuel. Und Saul ging hinaus, ihm entgegen, um ihn zu segnen. 11 Samuel aber sprach: Was hast du getan? Und Saul sagte: Ich sah, dass das Volk sich zerstreute, mich verliess, und du zur verabredeten Zeit nicht kamst und die Philister sich in Michmas versammelten. 12 Da dachte ich: Nun werden die Philister herabkommen gegen mich nach Gilgal, und ich habe das Angesicht des HERRN nicht besänftigt! So wagte ich es und brachte das Brandopfer dar. 13 Und Samuel sprach zu Saul: Du hast dich töricht verhalten! Du hast das Gebot des HERRN, deines Gottes, das er dir gegeben hat, nicht gehalten, sonst hätte der HERR dein Königtum über Israel jetzt für immer befestigt. 14 Nun aber wird dein Königtum keinen Bestand haben. Der HERR hat sich einen Mann nach seinem Herzen ausgesucht, und der HERR hat ihn als Fürsten beauftragt über sein Volk, weil du nicht gehalten hast, was dir der HERR geboten hat.

15 Und Samuel machte sich auf und zog hinauf von Gilgal nach Gibea in Benjamin. Saul aber musterte das Volk, das sich bei ihm befand, etwa sechshundert Mann. 16 Und während Saul und Jonatan, sein Sohn, und das Volk, das sich bei ihnen befand, in Geba in Benjamin blieben, hatten die Philister ihr Lager in Michmas aufgeschlagen. 17 Und aus dem Lager der Philister rückte die Kampftruppe in drei Einheiten aus: Die eine Einheit wandte sich in Richtung Ofra, zum Land Schual, 18 die andere

Einheit wandte sich in Richtung Bet-Choron, und die dritte Einheit wandte sich in Richtung des Gebiets, das hinab-schaut auf das Tal Zeboim, zur Wüste hin. 19 Im ganzen Land Israel aber fand sich kein Schmied, denn die Philister hatten gesagt: Dass sich die Hebräer nur kein Schwert und keinen Speer machen können! 20 Und ganz Israel musste hin-abgehen zu den Philistern, jeder, um seine Pflugschar, seine Haue, seine Axt oder seine Sichel zu schärfen. 21 Und ein Pim war der Preis für die Pflugschar und für die Hacken und für einen Drei-zack und für die Äxte und um den Och-senstachel zu richten. 22 Und so fand sich am Tag der Schlacht bei keinem vom Volk, das bei Saul und bei Jonatan war, ein Schwert oder ein Speer. Saul aber und Jonatan, sein Sohn, hatten Waffen. 23 Und der Posten der Philister rückte aus zum Pass von Michmas.

|1: Apg 13,21–22 |2: 24,3! · 14,5.31 |3: 14,49 · 10,5 · Ri 3,27! |4: 27,12; Gen 34,30! · 10,8! |5: 17,1 · Jos 11,4! · 14,23; Jos 7,2 |6: 31,7 · 14,11; Ri 6,2 |7: 17,11 |8: 10,8 |11: Gen 3,13! |12: 2Sam 21,1! · 15,22 |13: 26,21!; 2Sam 24,10 · 1Chr 10,13 |14: 15,28! · 16,1!; 2Sam 5,2! |15: 14,2; 23,13; 27,2; 2Sam 15,18 · 30,9 |17: Jos 18,23 |18: Jos 10,10 · Gen 10,19 |19: 29,3! · Ri 5,8 |23: Jes 10,28

13,1: «Saul war ... Jahre alt, ...»: Die Altersangabe fehlt im hebräischen Text.
13,21: Die genaue Bedeutung des mit ‹Dreizack› wiedergegebenen hebräischen Worts ist unsicher.

Jonatans Heldentat

14 1 Und eines Tages sagte Jonatan, der Sohn Sauls, zum Burschen, der seine Waffen trug: Komm, lass uns hin-übergehen zum Posten der Philister, der dort drüben liegt. Seinem Vater aber teilte er es nicht mit. 2 Und Saul sass am Rande von Gibea unter dem Granat-apfelbaum, der in Migron steht. Und das Volk, das bei ihm war, zählte etwa sechs-hundert Mann. 3 Und Achija, der Sohn von Achitub, dem Bruder von Ikabod, dem Sohn von Pinechas, dem Sohn Elis, des Priesters des HERRN in Schilo, trug den Efod. Das Volk aber wusste nicht, dass Jonatan weggegangen war. 4 Und zwischen den Durchgängen, wo Jonatan

gegen den Posten der Philister hinüber-gehen wollte, war auf jeder Seite ein Felszahn. Und der Name des einen war Bozez, und der Name des anderen war Senne. 5 Der eine Zahn war eine Säule im Norden, gegenüber von Michmas, und der andere befand sich im Süden, gegenüber von Geba. 6 Und Jehonatan sagte zu dem Burschen, der seine Waffen trug: Komm, lass uns hinüber-gehen zu dem Posten dieser Unbe-schnittenen. Vielleicht tut der HERR etwas für uns, denn nichts kann den HERRN daran hindern, zu helfen, mit vielem oder wenigem. 7 Und sein Waffenträger sagte zu ihm: Tu, was im-mer du vorhast. Geh nur; sieh, ich bin bei dir, ganz nach deinem Herzen. 8 Und Jehonatan sagte: Sieh, wir wer-den hinübergehen zu den Männern und uns ihnen zeigen. 9 Wenn sie zu uns sa-gen: Bewegt euch nicht, bis wir bei euch sind, dann werden wir unterhalb von ih-nen stehen bleiben und nicht zu ihnen hinaufgehen. 10 Wenn sie aber sagen: Kommt herauf zu uns!, so werden wir hinaufgehen, denn dann hat der HERR sie in unsere Hand gegeben. Und das wird das Zeichen sein für uns. 11 Da zeigten die beiden sich dem Posten der Philister, und die Philister sagten: Sieh, da kommen Hebräer aus den Löchern, in denen sie sich versteckt haben. 12 Daraufhin sagten die Männer des Postens zu Jonatan und seinem Waffen-träger: Kommt herauf zu uns, euch wer-den wir etwas erzählen! Und Jonatan sagte zu seinem Waffenträger: Steig hinauf, mir nach, denn der HERR hat sie in die Hand Israels gegeben. 13 Und Jo-natan stieg auf Händen und Füssen hin-auf, und sein Waffenträger folgte ihm. Und sie fielen vor Jonatan, und hinter ihm gab ihnen sein Waffenträger den Todesstoss. 14 Und das war der erste Schlag: Jonatan und sein Waffenträger hatten etwa zwanzig Mann erschlagen, etwa auf der halben Länge einer Furche, die ein Gespann im Acker pflügt. 15 Da entstand ein Schrecken im Lager, im

Feld und überall im Volk; auch der Posten und die Kampftruppe erschraken, und die Erde bebte: Es war ein Gottesschrecken.

| 1: Ri 14,6.9 | 2: 22,6 · 13,15! | 3: 22,9!; 2Sam 8,17 · 4,21 · 2,18; Ex 28,6–30 | 5: 13,2! · Jes 10,29 | 6: 2Sam 24,1! · 17,26.36 | 7: 2Sam 15,15! | 10–23: 9,16 | 10: Gen 24,14; 2Kön 20,9; Lk 2,12 | 11: 29,3! · 13,6! | 12: Ri 7,15 | 15: 2Kön 7,7! · 7,10; Gen 35,5!; Hiob 6,4; 2Chr 20,29

14,6: Jehonatan ist eine andere Form des Namens Jonatan.

Der Sieg über die Philister

16 Und die Späher Sauls in Gibea in Benjamin sahen, wie die Menge unablässig hin und her wogte. 17 Und Saul sagte zum Volk, das bei ihm war: Prüft doch und seht, wer von uns weggegangen ist. Und sie prüften es, und sieh, Jonatan und sein Waffenträger waren nicht da. 18 Und Saul sprach zu Achija: Bring die Lade Gottes her. Denn damals war die Lade des HERRN bei den Israeliten. 19 Und während Saul mit dem Priester sprach, wurde die Menge im Lager der Philister unablässig grösser. Und Saul sagte zum Priester: Halte ein. 20 Und Saul und alles Volk, das bei ihm war, wurde aufgeboten, und sie kamen zur Schlacht, und sieh, da war das Schwert eines jeden gegen den anderen gerichtet, eine sehr grosse Verwirrung. 21 Die Hebräer aber, die zuvor zu den Philistern gehört hatten und mit ihnen hinauf ins Lager gezogen waren ringsum, auch sie schlugen sich zu Israel, das bei Saul und Jonatan war. 22 Und als alle die Männer von Israel, die sich auf dem Gebirge Efraim versteckt hielten, hörten, dass die Philister die Flucht ergriffen hatten, setzten auch sie ihnen nach im Kampf. 23 Und der HERR half Israel an jenem Tag, und der Kampf zog sich über Bet-Awen hinaus. 24 Und an jenem Tag waren die Männer Israels in Bedrängnis geraten, und Saul stellte das Volk an jenem Tag unter einen Fluch, indem er sprach: Verflucht ist der Mann, der bis zum Abend etwas isst, bevor ich mich an meinen Feinden

gerächt habe. Und niemand im Volk rührte etwas an. 25 Und das ganze Land kam zu den Honigwaben, und auf dem Boden war Honig. 26 Und als das Volk zu den Waben kam, sieh, da floss der Honig, aber niemand führte seine Hand zum Mund, denn das Volk fürchtete den Schwur. 27 Jonatan aber hatte es nicht gehört, als sein Vater das Volk schwören liess, und er streckte den Stab aus, den er in der Hand hatte, und tauchte dessen Spitze in die Honigwaben und führte die Hand zum Mund, und seine Augen leuchteten auf. 28 Einer aus dem Volk aber sagte daraufhin: Dein Vater hat das Volk doch schwören lassen: Verflucht ist der Mann, der heute etwas isst. Und das Volk war erschöpft! 29 Jonatan aber sagte: Mein Vater stürzt das Land ins Unheil. Seht doch, wie meine Augen leuchten, weil ich dieses bisschen Honig gekostet habe. 30 Hätte das Volk heute doch nur von der Beute seiner Feinde gegessen, die es vorgefunden hat! Denn nun haben die Philister keine grosse Niederlage erlitten. 31 Und an jenem Tag schlugen sie die Philister von Michmas bis Ajjalon, und das Volk war sehr erschöpft.

32 Da machte sich das Volk über die Beute her: Sie nahmen Schafe und Rinder und Kälber und schlachteten sie auf der Erde, und das Volk ass Blutiges. 33 Und man berichtete Saul: Sieh, das Volk versündigt sich am HERRN, indem es Blutiges isst. Und er sprach: Ihr seid abtrünnig geworden! Wälzt noch heute einen grossen Stein her zu mir. 34 Und Saul sprach: Verteilt euch unter das Volk und sagt ihnen: Jeder soll mir sein Rind bringen und jeder sein Schaf, und ihr sollt es hier schlachten und essen; und ihr sollt euch nicht am HERRN versündigen, indem ihr Blutiges esst! Und in der Nacht brachte jeder, das ganze Volk, eigenhändig sein Rind, und dort schlachteten sie. 35 Und Saul baute einen Altar für den HERRN; das war der erste Altar, den er für den HERRN baute.

36 Und Saul sagte: Lasst uns noch in der Nacht hinabziehen, den Philistern nach, und sie ausplündern, bis es Morgen wird. Und keinen von ihnen werden wir übrig lassen. Und sie sagten: Tu, was immer gut ist in deinen Augen. Der Priester aber sprach: Lasst uns hier vor Gott treten. 37 Und Saul fragte Gott: Soll ich hinabziehen, den Philistern nach? Wirst du sie in die Hand Israels geben? Er aber antwortete ihm nicht an jenem Tag. 38 Da sprach Saul: Tretet heran, all ihr Stützen des Volks, und erkennt und seht, wodurch heute diese Sünde begangen worden ist. 39 Denn so wahr der HERR lebt, der Israel rettet: Selbst wenn der Grund sich bei Jonatan, meinem Sohn, fände, er müsste sterben! Aber vom ganzen Volk antwortete ihm niemand. 40 Und er sprach zu ganz Israel: Ihr sollt auf der einen Seite sein, ich aber und Jonatan, mein Sohn, wir werden auf der anderen Seite sein. Und das Volk sagte zu Saul: Tu, was gut ist in deinen Augen. 41 Und Saul sprach zum HERRN: Gott Israels, gib Klarheit! Und es traf Jonatan und Saul, das Volk aber kam davon. 42 Und Saul sprach: Werft das Los zwischen mir und Jonatan, meinem Sohn. Und es traf Jonatan. 43 Da sagte Saul zu Jonatan: Berichte mir, was du getan hast. Und Jonatan berichtete es ihm und sprach: Ich habe wirklich ein bisschen Honig gekostet mit der Spitze des Stabs, den ich in der Hand hatte. Sieh, ich bin bereit zu sterben. 44 Und Saul sprach: Gott soll mir antun, was immer er will! Ja, du musst sterben, Jonatan. 45 Das Volk aber sagte zu Saul: Soll Jonatan sterben, der diese grosse Rettung in Israel vollbracht hat? Das sei fern. So wahr der HERR lebt, ihm soll kein Haar gekrümmt werden, denn mit Gott hat er es an diesem Tag vollbracht! So löste das Volk Jonatan aus, und er musste nicht sterben. 46 Und Saul zog hinauf, weg von den Philistern, und die Philister gingen an ihren Ort.

47 Als Saul das Königtum über Israel erlangt hatte, kämpfte er gegen alle seine Feinde ringsum, gegen Moab und gegen die Ammoniter und gegen Edom und gegen die Könige von Zoba und gegen die Philister. Aber wohin er sich auch wandte, er machte sich schuldig. 48 Doch er war tüchtig und schlug Amalek und rettete Israel aus der Hand derer, die es ausraubten. 49 Und die Söhne Sauls waren: Jonatan und Jischwi und Malki-Schua. Und die Namen seiner beiden Töchter: Der Name der älteren war Merab, und der Name der jüngeren war Michal. 50 Und der Name von Sauls Frau war Achinoam, die Tochter des Achimaaz. Und der Name seines Heerführers war Abiner, der Sohn von Ner, dem Onkel Sauls. 51 Und Kisch, der Vater Sauls, und Ner, der Vater Abners, waren die Söhne Abiels. 52 Und solange Saul lebte, tobte der Krieg gegen die Philister. Und wenn immer Saul einen Krieger sah, einen tüchtigen Mann, holte er ihn zu sich.

|20: Ri 7,22; 2Chr 20,23; Sach 14,13 |22: Ri 7,23 |23: 13,5! |24: 2Sam 3,35! |27: Spr 24,13! |31: 13,2! · Jos 10,12 |32: Lev 3,17; 17,10–14 |33: Gen 9,4! |35: 7,17! |37: 23,2; 30,8 · 28,6 |38: Jos 7,11–15 |39: 2Sam 12,5 · 2Sam 2,27 · Ri 11,30–39 |41: 10,20 · 28,6; Ex 28,30 |42: Jos 7,18–19 |45: 2Sam 14,11; Apg 27,34 |47: 11,11; 2Sam 1,22; Gen 19,37–38 · Gen 36,8 · 2Sam 8,3 |48: 15,3.7; Ex 17,8 · Ri 2,16 |49: 31,2.12; 1Chr 8,33; 9,39 · 13,3 · 18,17.20 |50: 17,55; 26,5; 2Sam 2,8; 3,6 |51: 9,1 |52: 8,11!

14,25: «Und das ganze Land kam zu den Honigwaben»: Gemeint ist wohl, dass überall im Land Honig geerntet wurde.
14,38: Wörtlich: «..., all ihr Ecksteine des Volks, ...»
14,42: Wörtlich: «... Und Jonatan wurde getroffen.»
14,45: Wörtlich: «... So wahr der HERR lebt, kein Haar von seinem Kopf soll auf die Erde fallen, ...»
14,51: Abner ist eine andere Form des Namens Abiner.

Der Sieg über Amalek. Saul wird verworfen

15 1 Und Samuel sprach zu Saul: Mich hat der HERR gesandt, um dich zum König zu salben über sein Volk, über Israel. Und nun höre auf die Worte des HERRN. 2 So spricht der HERR der Heerscharen: Ich ahnde, was Amalek Israel angetan hat: dass es ihm in den Weg trat, als es aus Ägypten heraufzog.

3 Nun geh und schlage Amalek. Und alles, was ihm gehört, sollt ihr der Vernichtung weihen, und nichts sollst du verschonen, sondern du sollst Mann und Frau, Kind und Säugling, Rind und Schaf, Kamel und Esel töten. 4 Da bot Saul das Volk auf und musterte sie in Telaim, zweihunderttausend Mann Fussvolk und zehntausend Mann aus Juda. 5 Und Saul kam zur Hauptstadt von Amalek und legte im Bachtal einen Hinterhalt. 6 Und Saul sagte zu den Kenitern: Geht, entfernt euch, zieht fort von den Amalekitern, damit ich euch nicht zusammen mit ihnen einsammle. Ihr habt doch allen Israeliten Freundschaft erwiesen, als sie heraufzogen aus Ägypten. Da zogen die Keniter fort von Amalek. 7 Und Saul schlug Amalek von Chawila bis dort, wo es nach Schur geht, das vor Ägypten liegt. 8 Und Agag, den König von Amalek, nahm er lebend gefangen, alles Volk aber weihte er der Vernichtung mit der Schärfe des Schwerts. 9 Und Saul und das Volk verschonten Agag und die besten von den Schafen und Rindern, die vom zweiten Wurf und die Lämmer und alles, was wertvoll war, und wollten sie nicht der Vernichtung weihen; alle wertlose Ware aber und was schwach war, weihten sie der Vernichtung.

10 Da erging das Wort des HERRN an Samuel: 11 Es reut mich, dass ich Saul zum König gemacht habe, denn er hat sich von mir abgewandt und meine Befehle nicht ausgeführt. Und Samuel war zornig und schrie die ganze Nacht hindurch zum HERRN. 12 Und früh am Morgen ging Samuel Saul entgegen. Und es wurde Samuel berichtet: Saul ist nach Karmel gekommen, und sieh, er hat sich ein Denkmal aufgestellt. Dann wandte er sich ab, zog weiter und ging hinab nach Gilgal. 13 Und Samuel kam zu Saul, und Saul sagte zu ihm: Gesegnet bist du vom HERRN! Ich habe den Befehl des HERRN ausgeführt. 14 Samuel aber sagte: Und was ist dieses Blöken der Schafe in meinen Ohren und das Brüllen der Rinder, das ich höre? 15 Da sagte Saul: Man hat sie von den Amalekitern hergebracht, denn das Volk hat die besten von den Schafen und Rindern verschont, um sie dem HERRN, deinem Gott, zu opfern, und das Übrige haben wir der Vernichtung geweiht. 16 Samuel aber sagte zu Saul: Hör auf! Ich will dir berichten, was der HERR in der Nacht zu mir geredet hat. Und er sagte zu ihm: Rede. 17 Und Samuel sprach: Ist es nicht so, auch wenn du klein bist in deinen eigenen Augen, bist du nicht das Haupt der Stämme Israels? Und der HERR hat dich zum König gesalbt über Israel.
18 Und der HERR hat dich auf den Weg gesandt, und er hat gesagt: Geh, und weihe die Sünder, Amalek, der Vernichtung, und kämpfe gegen sie, bis du sie ausgerottet hast. 19 Und warum hast du nicht auf die Stimme des HERRN gehört und bist mit Geschrei über die Beute hergefallen und hast getan, was böse ist in den Augen des HERRN? 20 Und Saul sagte zu Samuel: Ich habe auf die Stimme des HERRN gehört und bin auf dem Weg gegangen, auf den der HERR mich gesandt hat, und ich habe Agag, den König von Amalek, hergebracht, und Amalek habe ich der Vernichtung geweiht. 21 Das Volk aber hat Schafe und Rinder von der Beute genommen, das Beste von dem, was der Vernichtung geweiht war, um es dem HERRN, deinem Gott, in Gilgal zu opfern. 22 Samuel aber sagte:
Hat der HERR Gefallen an Brandopfern und Schlachtopfern,
> wie er Gefallen hat, wenn man hört
> auf die Stimme des HERRN?
Sieh, Gehorsam ist besser als Schlachtopfer;
> besser als Fett von Widdern ist es,
> achtsam zu sein.
23 Denn ob Wahrsagerei oder Widerspenstigkeit, beides ist Sünde;
> und ob Terafim oder
> Widerwilligkeit, beides ist Frevel.

Weil du das Wort des HERRN
verworfen hast,
> hat er dich verworfen, so dass du
> nicht mehr König bist.

24 Da sprach Saul zu Samuel: Ich
habe gesündigt, denn ich habe den
Befehl des HERRN und deine Worte
übertreten, weil ich das Volk gefürchtet
und auf seine Stimme gehört habe.
25 Nun aber vergib mir doch meine
Sünde, und kehre mit mir zurück, dann
will ich mich niederwerfen vor dem
HERRN. 26 Samuel aber sagte zu Saul:
Ich werde nicht mit dir zurückkehren,
denn du hast das Wort des HERRN
verworfen, und der HERR hat dich
verworfen, so dass du nicht mehr König
bist über Israel. 27 Und Samuel wandte
sich zum Gehen, Saul aber ergriff den
Saum seines Obergewandes, und der
riss ab. 28 Da sprach Samuel zu ihm:
Heute hat der HERR dir das Königtum
Israels entrissen, und er wird es dem
anderen geben, der besser ist als du.
29 Und der Ewige Israels lügt auch nicht
und lässt es sich nicht gereuen, denn er
ist kein Mensch, dass es ihn reute.
30 Und er sprach: Ich habe gesündigt.
Nun erweise mir doch die Ehre vor den
Ältesten meines Volks und vor Israel,
und kehre mit mir zurück, dann werde
ich mich niederwerfen vor dem HERRN,
deinem Gott. 31 Und Samuel kehrte zurück, hinter Saul her, und Saul warf sich
nieder vor dem HERRN.

32 Und Samuel sagte: Bringt Agag,
den König von Amalek, her zu mir! Und
Agag ging gefesselt zu ihm, und Agag
sagte: Wahrlich, die Bitterkeit des Todes
ist gewichen. 33 Samuel aber sprach:
Wie dein Schwert Frauen kinderlos gemacht hat, so soll deine Mutter kinderlos sein bei den Frauen. Dann schlug Samuel Agag in Stücke vor dem HERRN in
Gilgal. 34 Und Samuel ging nach Rama;
Saul aber zog hinauf zu seinem Haus im
Gibea Sauls. 35 Und Samuel sah Saul
nicht mehr bis zum Tag seines Todes,
denn Samuel trauerte um Saul. Den

HERRN aber reute es, dass er Saul zum
König gemacht hatte über Israel.

|1: 10,1! |2: Ex 17,8–14; Dtn 25,17 |3: 14,48! · 8;
22,19; 27,9; Lev 27,29 |5: Jos 8,12 |6: 27,10; Ri 1,16 |7:
14,48! · 27,8; Gen 6,7! |8: Num 24,7 · 3! |9: 28,18!;
Jos 6,18 |11: 29! · 8,6; 1Chr 11,9 · 1Chr 10,13 |12: 25,2 ·
2Sam 18,18! |13: 23,21 |16: 9,27 |17: 9,21! · 10,1! |21:
Gen 3,12 |22: 13,12 · Spr 21,3; Koh 4,17; Hos 6,6 |23:
28; 16,1; 2Sam 7,15 |24: 30; 26,21 · Ex 23,2 |25:
Ex 10,17 |27: 28,14 |28: 18,8 · 1Kön 11,30 · 23; 13,14;
28,17; 2Sam 3,10 |29: 11.35; Gen 6,6; Num 23,19! |30:
24! |32: Jos 10,22 |34: 10,26! |35: 16,1! · 29!

15,28: Mit «dem anderen» ist David gemeint.
15,32: Möglicherweise ist das mit «gefesselt»
wiedergegebene hebräische Wort mit «heiter» zu
übersetzen.

David wird zum König gesalbt

16 1 Und der HERR sprach zu Samuel:
Wie lange willst du um Saul trauern? Ich selbst habe ihn verworfen, so
dass er nicht mehr König ist über Israel.
Füll dein Horn mit Öl und geh: Ich
werde dich zu Isai, dem Betlehemiter,
senden, denn einen von seinen Söhnen
habe ich mir zum König ausersehen.
2 Samuel aber sagte: Wie könnte ich gehen? Wenn Saul davon hört, wird er
mich erschlagen. Und der HERR sprach:
Nimm eine junge Kuh mit dir, und sage:
Ich bin gekommen, um dem HERRN zu
opfern. 3 Und du sollst Isai zum Opfermahl rufen, und ich werde dich wissen
lassen, was du tun sollst. Dann wirst du
mir den salben, den ich dir nenne.
4 Und Samuel tat, was der HERR gesagt
hatte. Und er kam nach Betlehem, und
die Ältesten der Stadt gingen ihm erschrocken entgegen und sagten: Bedeutet dein Kommen Gutes? 5 Und er sagte:
Es bedeutet Gutes. Ich bin gekommen,
um dem HERRN zu opfern. Heiligt euch
und kommt mit mir zum Opfermahl.
Und er heiligte Isai und dessen Söhne
und rief sie zum Mahl. 6 Und als sie kamen, sah er Eliab und dachte: Der Fürst
des HERRN, sein Gesalbter! 7 Der HERR
aber sprach zu Samuel: Schau nicht auf
sein Aussehen und seinen hohen
Wuchs, ihn habe ich verworfen. Denn
nicht, wie der Mensch urteilt – denn der
Mensch urteilt nach den Augen, der

HERR aber urteilt nach dem Herzen.
8 Und Isai rief Abinadab und liess ihn vor Samuel vorübergehen. Der aber sagte: Auch diesen hat der HERR nicht erwählt. 9 Und Isai liess Schamma vorübergehen. Er aber sagte: Auch diesen hat der HERR nicht erwählt. 10 Und Isai liess seine sieben Söhne vor Samuel vorübergehen. Samuel aber sagte zu Isai: Diese hat der HERR nicht erwählt. 11 Und Samuel sagte zu Isai: Sind das alle jungen Männer? Und er sagte: Es fehlt noch der jüngste. Sieh, er hütet die Schafe. Und Samuel sagte zu Isai: Sende hin und hole ihn, denn wir setzen uns nicht in die Runde, bis er hierher gekommen ist. 12 Da sandte er hin und liess ihn kommen: Er war rötlich, mit schönen Augen und schön anzusehen. Und der HERR sprach: Auf, salbe ihn, denn dieser ist es! 13 Und Samuel nahm das Ölhorn und salbte ihn inmitten seiner Brüder, und der Geist des HERRN durchdrang David und lag auf ihm von jenem Tag an. Samuel aber machte sich auf und ging nach Rama.

|1: 13,14; 15,35 · 15,23! · Lk 2,32 |2: 20,29 · 1Kön 18,12 |3: Dtn 17,15 |4: Gen 35,19; Mi 5,1 · 1Kön 2,13 |6: 9,2; 17,13; 1Chr 2,13 |7: 9,2! · 1Kön 8,39; Jes 55,9; Jer 17,10; Spr 15,11 |8: 1Kön 4,11 |11: 19 · 17,14; 2Sam 7,8! Ex 3,1; Ps 78,71–72 |12: Gen 25,25 · 18; 17,42; 2Sam 14,25; Gen 39,6 |13: 10,1; 2Sam 2,4; 5,3; 12,7; Ps 89,21 · 10,10

David im Dienste Sauls

14 Der Geist des HERRN aber war von Saul gewichen, und ein böser Geist vom HERRN versetzte ihn in Schrecken.
15 Und die Diener Sauls sagten zu ihm: Sieh doch, ein böser Gottesgeist versetzt dich in Schrecken. 16 Unser Herr muss es nur sagen: Deine Diener, die vor dir stehen, werden einen Mann suchen, der es versteht, die Leier zu spielen. Und wenn böser Gottesgeist auf dir ist, wird er in die Saiten greifen, und das wird dir gut tun. 17 Und Saul sagte zu seinen Dienern: Haltet Ausschau für mich nach einem Mann, der gut spielen kann, und bringt ihn zu mir. 18 Daraufhin sagte einer der Burschen: Sieh, ich

habe einen Sohn von Isai, dem Betlehemiter, gesehen, er versteht es, zu spielen, ein Kriegsheld, ein Krieger, redegewandt, ein Mann von gutem Aussehen, und der HERR ist mit ihm. 19 Da sandte Saul Boten zu Isai, und er sagte: Schick David zu mir, deinen Sohn, der bei den Schafen ist. 20 Da nahm Isai einen Esel, Brot, einen Schlauch mit Wein und ein Ziegenböcklein und sandte es zu Saul durch David, seinen Sohn. 21 So kam David zu Saul und diente ihm. Und er liebte ihn sehr, und er wurde sein Waffenträger. 22 Und Saul sandte zu Isai und liess ihm sagen: Lass doch David in meinem Dienst sein, denn er hat Gnade gefunden in meinen Augen. 23 Und wenn Gottesgeist auf Saul war, nahm David die Leier und griff in die Saiten; dann wurde es Saul leichter, und es tat ihm gut, und der böse Geist wich von ihm.

|14: 18,10.12; 19,9 |16: 2Sam 15,15 |18: 12! · 3,19! |19: 11 · 17,15! |21: 31,4! |22: 18,2 · 2Sam 14,22; 16,4; Gen 33,15

David und Goliat

17 1 Und die Philister sammelten ihre Heere zum Kampf, und sie versammelten sich in Socho, das zu Juda gehört, und lagerten zwischen Socho und Aseka in Efes-Dammim. 2 Und Saul und die Männer Israels hatten sich versammelt und lagerten in der Ebene Ela und stellten sich in Schlachtordnung auf, um gegen die Philister zu ziehen. 3 Und die Philister standen am Berg auf der einen Seite, und Israel stand am Berg auf der anderen Seite, und zwischen ihnen lag das Tal. 4 Da trat der Einzelkämpfer heraus aus den Heeren der Philister. Goliat war sein Name, er war aus Gat, er war sechs Ellen und eine Spanne gross. 5 Und auf seinem Kopf hatte er einen Helm aus Bronze, und er trug einen Schuppenpanzer, und das Gewicht des Panzers war fünftausend Schekel Bronze, 6 und er hatte eine bronzene Schiene an seinen Beinen und ein bronzenes Krummschwert zwischen seinen Schultern. 7 Und der Schaft seines Speers war wie ein Webbaum, und die Spitze seines Speers wog sechshundert Schekel Eisen, und der Schildträger ging vor ihm her. 8 Und er stellte sich hin und rief den Schlachtreihen Israels zu und sprach zu ihnen: Warum rückt ihr aus, um euch in Schlachtordnung aufzustellen? Bin ich nicht der Philister, und seid ihr nicht Diener Sauls? Wählt euch einen Mann aus, damit er herabkommt zu mir. 9 Wenn er mit mir zu kämpfen vermag und mich erschlägt, werden wir eure Sklaven sein; wenn aber ich ihn besiege und erschlage, sollt ihr unsere Sklaven sein und uns dienen. 10 Und der Philister sprach: Am heutigen Tag verhöhne ich die Schlachtreihen Israels. Gebt mir einen Mann, und dann lasst uns miteinander kämpfen. 11 Und Saul und ganz Israel hörten diese Worte des Philisters, und sie bekamen Angst und fürchteten sich sehr.

12 David aber war der Sohn dieses efratitischen Mannes aus Betlehem in Juda. Dessen Name war Isai, und er hatte acht Söhne, und in den Tagen Sauls gehörte der Mann schon zu den alten Männern. 13 Und die drei ältesten Söhne Isais gingen, sie folgten Saul in den Krieg. Und dies sind die Namen seiner drei Söhne, die in den Krieg gezogen waren: Eliab hiess der Erstgeborene, Abinadab sein Zweiter und der dritte Schamma. 14 Und David war der jüngste. Die drei ältesten aber waren Saul gefolgt. 15 Und David ging immer wieder weg von Saul, um in Betlehem die Schafe seines Vaters zu weiden. 16 Und während vierzig Tagen trat der Philister am Morgen und am Abend heraus und stellte sich hin. 17 Und Isai sagte zu David, seinem Sohn: Nimm doch für deine Brüder dieses Efa geröstetes Korn und diese zehn Brote, und bringe das deinen Brüdern eilends ins Lager. 18 Und diese zehn Stück Käse sollst du dem Anführer der Tausendschaft bringen, und du sollst nach dem

Wohlergehen deiner Brüder sehen und ihr Pfand holen. 19 Und Saul, sie und alle Männer Israels kämpfen in der Ebene Ela gegen die Philister. 20 Da machte David sich früh am Morgen auf und überliess die Schafe einem, der auf sie acht gab. Und er nahm alles und ging, wie Isai es ihm geboten hatte. Und er kam zur Wagenburg, als das Heer auszog in die Schlachtreihe und in Kampfgeschrei ausbrach. 21 Und Israel und die Philister stellten sich auf, Schlachtreihe stand Schlachtreihe gegenüber. 22 Da überliess David die Dinge, die er bei sich hatte, dem, der das Gepäck bewachte, und er lief zur Schlachtreihe, ging hinein und fragte seine Brüder nach ihrem Wohlergehen.

23 Und als er mit ihnen redete, sieh, da kam der Einzelkämpfer herauf aus den Schlachtreihen der Philister; Goliat, der Philister, war sein Name, aus Gat, und er führte die üblichen Reden, und David hörte es. 24 Alle Männer Israels aber flohen vor ihm, als sie den Mann sahen, und fürchteten sich sehr. 25 Und die Israeliten sagten: Habt ihr diesen Mann gesehen, der da heraufkommt? Er kommt herauf, um Israel zu verhöhnen. Den Mann aber, der ihn erschlägt, wird der König sehr reich machen, und er wird ihm seine Tochter geben, und das Haus seines Vaters wird er von Abgaben befreien in Israel. 26 Da sagte David zu den Männern, die bei ihm standen: Was wird für den getan, der den Philister da erschlägt und die Schmach von Israel nimmt? Wer ist denn dieser unbeschnittene Philister, dass er die Schlachtreihen des lebendigen Gottes verhöhnen dürfte? 27 Und das Volk sagte zu ihm, was es zuvor gesagt hatte: Das und das werde für den getan, der ihn erschlage. 28 Eliab aber, sein ältester Bruder, hörte, wie er mit den Männern redete. Da entbrannte Eliabs Zorn über David, und er sagte: Warum bist du überhaupt hierher herabgekommen, und wem hast du die wenigen Schafe in der Wüste überlassen? Ich kenne deinen

Hochmut und die schlimmen Dinge, die du im Herzen trägst. Du bist doch nur herabgekommen, um die Schlacht zu sehen. 29 Und David sagte: Was habe ich denn getan? Es war doch nur eine Frage. 30 Und er wandte sich ab von ihm, einem anderen zu, und er sagte, was er zuvor gesagt hatte. Und das Volk antwortete ihm wie beim ersten Mal. 31 Und die Worte, die David geredet hatte, wurden gehört, und man berichtete es vor Saul, und der holte ihn. 32 Und David sagte zu Saul: Niemand soll seinetwegen den Mut verlieren: Dein Diener wird gehen und gegen diesen Philister kämpfen. 33 Saul aber sagte zu David: Du kannst nicht zu diesem Philister gehen, um gegen ihn zu kämpfen, denn du bist ein Knabe, er aber ist ein Krieger von seiner Jugend auf. 34 Und David sagte zu Saul: Dein Diener hat für seinen Vater die Schafe gehütet. Und wenn ein Löwe kam oder ein Bär und ein Schaf von der Herde nahm, 35 so zog ich aus, ihm nach, erschlug ihn und riss es ihm aus dem Maul. Erhob er sich aber gegen mich, so ergriff ich ihn beim Bart, schlug ihn und tötete ihn. 36 Sowohl den Löwen als auch den Bären hat dein Diener erschlagen. Und diesem unbeschnittenen Philister wird es ergehen wie einem von ihnen, denn er hat die Schlachtreihen des lebendigen Gottes verhöhnt. 37 Und David sprach: Der HERR, der mich aus den Pranken des Löwen und aus den Klauen des Bären gerettet hat, er wird mich auch retten aus der Hand dieses Philisters. Da sagte Saul zu David: Geh, und der HERR wird mit dir sein. 38 Und Saul zog David seine Gewänder an, setzte ihm einen bronzenen Helm auf den Kopf und legte ihm einen Panzer um. 39 Und David gürtete sein Schwert um über seinen Gewändern. Und er versuchte zu gehen, aber er war es nicht gewohnt. Und David sagte zu Saul: Ich kann darin nicht gehen, denn ich bin es nicht gewohnt. Und David legte alles wieder ab. 40 Dann nahm er seinen Stock in die Hand und suchte

sich fünf glatte Steine aus dem Bachtal und legte sie in die Hirtentasche, die er hatte, in den Beutel für die Schleudersteine, und mit seiner Schleuder in der Hand trat er auf den Philister zu. 41 Der Philister aber kam und näherte sich David immer mehr, und vor ihm war der Mann, der den Schild trug. 42 Und der Philister blickte auf und sah David, und er verachtete ihn, denn er war ein Knabe, rötlich, mit schönem Aussehen. 43 Und der Philister sagte zu David: Bin ich ein Hund, dass du mit Stöcken zu mir kommst? Und der Philister verfluchte David bei seinem Gott. 44 Und der Philister sagte zu David: Komm nur her zu mir, dann will ich dein Fleisch den Vögeln des Himmels und den Tieren des Feldes geben. 45 David aber sagte zu dem Philister: Du kommst zu mir mit Schwert und Speer und Krummschwert; ich aber komme zu dir mit dem Namen des HERRN der Heerscharen, des Gottes der Schlachtreihen Israels, die du verhöhnt hast. 46 Am heutigen Tag wird der HERR dich mir ausliefern, und ich werde dich erschlagen und dir den Kopf abschlagen. Und am heutigen Tag werde ich die Leichen des Lagers der Philister den Vögeln des Himmels und den Tieren der Erde geben, damit alle Welt weiss, dass Israel einen Gott hat, 47 und damit jeder in dieser Versammlung weiss, dass der HERR nicht durch Schwert und Speer rettet, denn der Krieg gehört dem HERRN, und er wird euch in unsere Hand geben. 48 Und als der Philister sich aufmachte, losging und David näher kam, lief David eilends aus der Schlachtreihe heraus, dem Philister entgegen. 49 Und David griff mit der Hand in die Tasche, nahm einen Stein heraus, schleuderte ihn und traf den Philister an der Stirn, und der Stein drang in seine Stirn, und er fiel zur Erde, auf sein Gesicht. 50 So war David mit Schleuder und Stein stärker als der Philister, und er erschlug den Philister und tötete ihn. David aber hatte kein Schwert in der

Hand gehabt. 51 Da lief David hin, trat zu dem Philister, nahm dessen Schwert, zog es aus der Scheide und gab ihm den Todesstoss und schlug ihm damit den Kopf ab. Und die Philister sahen, dass ihr Held tot war, und sie flohen.

52 Die Männer Israels und Judas aber machten sich auf, brachen in Kriegsgeschrei aus und verfolgten die Philister bis dorthin, wo es nach Gai geht und bis an die Tore von Ekron. Und die Philister fielen, ihre Erschlagenen lagen auf dem Weg von Schaarajim an bis nach Gat und Ekron. 53 Und die Israeliten kehrten von der Verfolgung der Philister zurück und plünderten deren Lager. 54 Und David nahm den Kopf des Philisters und brachte ihn nach Jerusalem, seine Waffen aber legte er in sein Zelt.

55 Als Saul sah, dass David auszog, dem Philister entgegen, sagte er zu Abner, dem Heerführer: Wessen Sohn ist der Knabe da, Abner? Und Abner sagte: So wahr du lebst, König, wenn ich das nur wüsste. 56 Und der König sagte: Erkundige du dich, wessen Sohn der junge Mann da ist! 57 Und als David nach dem Sieg über den Philister zurückgekehrt war, holte ihn Abner und brachte ihn vor Saul, der Kopf des Philisters aber war noch in seiner Hand. 58 Und Saul sagte zu ihm: Wessen Sohn bist du, Knabe? Und David sagte: Der Sohn deines Dieners Isai, des Betlehemiters.

|1: 13,5 · 1Chr 11,13 · Jos 10,10 |4: Jos 11,22 · Dtn 3,11 |7: 1Chr 20,5 · 2Sam 21,16.19 |8: 8,17 |10: 25–26; 2Sam 21,21; 23,9 |11: 13,7; 21,13 |12: 58 |13: 16,6! |14: 16,11! |15: 34; 16,19; 18,2 |18: 22; 25,5 · Gen 37,14 |22: 30,21 · 18! |25–26: 10! |25: 18,17; Jos 15,16 |26: 14,6! · 36; Dtn 5,26; 2Kön 19,4 |27–29: 2Sam 16,2 |34: 15! |35: Ri 14,5–6 |36: 14,6! · 26! |37: 20,13 |42: 16,12! |43: 24,15; 2Sam 3,8!; 2Kön 8,13 |44: 2Sam 21,10 |46: Dtn 28,26; Jer 19,7 · Jos 4,24 |47: Ps 44,7–8 · 2Chr 20,15 |50: 19,5 · 2Sam 21,19; Ri 3,31 |51: 21,10!; 31,9; 2Sam 4,7! |52: 5,8 |53: 2Sam 23,10! |54: 21,10! |55: 14,50! · 1,26! |58: 12!

17,18: Mit dem Pfand wird bestätigt, dass der Auftrag ausgeführt wurde und dass die Empfänger am Leben sind.

Davids Freundschaft mit Jehonatan. Sauls Eifersucht

18 1 Und nachdem er mit Saul geredet hatte, fühlte Jehonatan sich David innig verbunden, und Jehonatan liebte ihn wie sein eigenes Leben. 2 Und Saul holte ihn an jenem Tag und liess ihn nicht zurückkehren in das Haus seines Vaters. 3 Und Jehonatan und David schlossen einen Bund, denn er liebte ihn wie sein eigenes Leben. 4 Und Jehonatan zog das Obergewand aus, das er trug, und gab es David, dazu seine Gewänder und sogar sein Schwert, seinen Bogen und seinen Gürtel. 5 Und wenn David ausrückte, und wohin immer Saul ihn sandte, hatte er Erfolg, und Saul setzte ihn über die Krieger. Und er gefiel dem ganzen Volk und auch den Dienern Sauls.

6 Und als sie heimkamen, als David vom Schlag gegen die Philister zurückkehrte, zogen die Frauen singend und im Reigen tanzend aus allen Städten Israels Saul, dem König, entgegen mit Trommeln, mit Freudenrufen und mit Leiern. 7 Und die tanzenden Frauen sangen dazu:
Saul hat seine Tausende erschlagen
    und David seine Zehntausende.

8 Da wurde Saul sehr zornig, und dieses Wort missfiel ihm, und er sagte: Sie haben David Zehntausende gegeben, und mir haben sie die Tausende gegeben, und sie werden ihm auch noch das Königtum geben! 9 Und von jenem Tag an betrachtete Saul David mit Argwohn. 10 Und am folgenden Tag durchdrang böser Gottesgeist Saul, und er gebärdete sich mitten im Haus wie ein Prophet, während David wie jeden Tag in die Saiten griff. Saul aber hatte den Speer in der Hand. 11 Und Saul schleuderte den Speer und dachte: Ich werde David an die Wand nageln. David aber wich ihm zweimal aus. 12 Und Saul fürchtete sich vor David, denn der HERR war mit ihm, von Saul aber war er gewichen. 13 Und Saul entfernte ihn aus seiner Umgebung und setzte ihn für sich

ein als Anführer über tausend. Und vor dem Volk rückte er aus und rückte er ein. 14 Und auf allen seinen Wegen war David erfolgreich, und der HERR war mit ihm. 15 Und Saul sah, dass er sehr erfolgreich war, und ihm graute vor David. 16 Ganz Israel und Juda aber liebte David, denn ihnen voran rückte er aus und rückte er ein.

17 Und Saul sagte zu David: Sieh, hier ist meine älteste Tochter Merab, ich werde sie dir zur Frau geben. Sei aber tüchtig in meinem Dienst und führe die Kriege des HERRN. Saul aber dachte: Nicht meine Hand soll gegen ihn sein, sondern die Hand der Philister soll gegen ihn sein. 18 David aber sagte zu Saul: Wer bin ich? Und was ist mein Leben, die Sippe meines Vaters in Israel, dass ich des Königs Schwiegersohn werden soll? 19 Als aber die Zeit gekommen war, Merab, die Tochter Sauls, David zu geben, wurde sie Adriel, dem Mecholatiter, zur Frau gegeben. 20 Michal aber, die Tochter Sauls, liebte David, und man berichtete Saul davon, und die Sache war in seinen Augen recht. 21 Und Saul dachte: Ich will sie ihm geben, damit sie ihm zum Fallstrick wird und die Hand der Philister gegen ihn ist. Und Saul sagte zu David: Ein zweites Mal kannst du heute mein Schwiegersohn werden. 22 Und Saul gebot seinen Dienern: Redet heimlich mit David, und sagt: Sieh, der König hat Gefallen an dir gefunden, und alle seine Diener lieben dich, und nun werde du des Königs Schwiegersohn. 23 Und die Diener Sauls trugen David diese Worte vor, David aber sagte: Ist es in euren Augen ein Geringes, des Königs Schwiegersohn zu werden? Ich bin ein armer Mann und werde gering geachtet. 24 Und die Diener Sauls berichteten ihm dies und sagten: So hat David geredet. 25 Saul aber sagte: So sollt ihr zu David sagen: Dem König liegt nichts an Brautgeld, sondern an hundert Vorhäuten der Philister, um Rache zu nehmen an den Feinden des Königs. Saul aber hatte vor, David durch

die Philister zu Fall zu bringen. 26 Und seine Diener berichteten David diese Worte, und in Davids Augen war es recht, des Königs Schwiegersohn zu werden. Die Zeit aber war noch nicht gekommen.

27 Da machte sich David auf, und er ging mit seinen Männern, und er erschlug von den Philistern zweihundert Mann. Und David brachte ihre Vorhäute, und man legte sie dem König vollzählig vor, damit er des Königs Schwiegersohn würde. Da gab Saul ihm Michal, seine Tochter, zur Frau. 28 Und Saul sah und erkannte, dass der HERR mit David war und dass Michal, die Tochter Sauls, ihn liebte. 29 Da fürchtete Saul sich noch mehr vor David, und Saul wurde David für alle Zeit feind. 30 Und die Fürsten der Philister zogen aus, und sooft sie auszogen, hatte David mehr Erfolg als alle Diener Sauls. Und sein Name wurde hoch geehrt.

| 1: 3; 19,1; 20,16–17; 2Sam 1,25.26 | 2: 16,22 · 17,15! | 3: 1!; 20,8; 22,8; 23,18; 2Sam 21,7! | 4: 2Sam 1,22! | 5: 14! | 6: 2Sam 6,5; Ex 15,20! | 7: 21,12; 29,5 | 8: 15,28 | 10: 16,14! · 10,6! · 26,7! | 11: 19,9–10; 20,33 | 12: 29 · 14; 2Sam 5,10! · 16,14! | 13: 16; 2Sam 5,2 | 14: 5; 1Chr 18,6.13 · 12! | 16: 13! | 17: 19; 14,49!; 2Sam 21,8 · 25,28 · 17,25! · 25; 2Sam 11,15 | 18: 2Sam 7,18 · 9,21! | 19: 2Sam 21,8 | 20: 14,49!; 2Sam 6,16.20 | 22: 22,14! | 23: Spr 29,5 · 9,21! | 25: Gen 34,12 | 26–27: 22,14! | 27: 2Sam 3,14 | 29: 12 | 30: 19,8!

18,6: Die genaue Bedeutung des mit ‹Leiern› wiedergegebenen hebräischen Worts ist unklar; es könnte sich auch um eine Art Rassel handeln.
18,15: Wörtlich: «…, und ihm graute vor ihm.»
18,21: Die Übersetzung des mit «Ein zweites Mal» wiedergegebenen hebräischen Worts ist unsicher.

Saul verfolgt David

19 1 Und Saul sprach mit Jonatan, seinem Sohn, und mit allen seinen Dienern davon, David töten zu wollen. Jehonatan aber, der Sohn Sauls, hatte grosses Gefallen an David gefunden. 2 Und Jehonatan berichtete David: Saul, mein Vater, trachtet danach, dich zu töten. Gib also auf dich am Morgen, bleib in deinem Versteck und verbirg dich. 3 Ich aber werde hinausgehen und mich neben meinen Vater stellen auf dem Feld, wo du bist. Und ich werde mit meinem Vater über dich reden und sehen, wie es steht, und ich werde es dir berichten. 4 Und Jehonatan redete gut über David zu Saul, seinem Vater, und sagte zu ihm: Der König versündige sich nicht an seinem Diener, an David, denn er hat sich nicht an dir versündigt. Und was er tut, ist sehr gut für dich: 5 Er hat sein Leben aufs Spiel gesetzt und den Philister erschlagen, und der HERR hat ganz Israel einen grossen Sieg gebracht. Du hast es gesehen und dich gefreut. Und warum willst du dich an unschuldigem Blut versündigen und David ohne Grund töten? 6 Und Saul hörte auf die Stimme Jehonatans, und Saul schwor: So wahr der HERR lebt, er soll nicht getötet werden! 7 Und Jehonatan rief David, und Jehonatan berichtete ihm alle diese Worte. Und Jehonatan brachte David zu Saul, und er diente ihm wie zuvor.

8 Und der Krieg brach wieder aus, und David rückte aus und kämpfte gegen die Philister. Und er brachte ihnen eine schwere Niederlage bei, und sie flohen vor ihm. 9 Und der Geist des HERRN lag als böser Geist auf Saul, als er in seinem Haus sass und seinen Speer in der Hand hielt, während David in die Saiten griff. 10 Da wollte Saul David mit dem Speer an die Wand nageln. Er aber wich Saul aus, und der stiess den Speer in die Wand. David aber floh, und in jener Nacht entkam er. 11 Und Saul sandte Boten zum Haus Davids, um ihn zu überwachen und am Morgen zu töten. Michal aber, seine Frau, berichtete David davon und sagte: Wenn du nicht heute Nacht dein Leben rettest, wirst du morgen getötet. 12 Und Michal liess David durch das Fenster hinab, und er ging, floh und entkam. 13 Michal aber nahm den Terafim und legte ihn auf das Bett, das Geflecht aus Ziegenhaaren aber legte sie an sein Kopfende; dann legte sie die Decke darüber. 14 Und Saul sandte Boten, um David zu holen. Sie aber sagte: Er ist krank. 15 Saul aber

sandte die Boten, um nach David zu sehen, und sagte: Bringt ihn mit dem Bett herauf zu mir, ich will ihn töten. 16 Und als die Boten kamen, sieh, da lag der Terafim auf dem Bett, und das Geflecht aus Ziegenhaaren lag an seinem Kopfende. 17 Und Saul sagte zu Michal: Warum hast du mich so betrogen und meinen Feind weggelassen, so dass er entkommen konnte? Und Michal sagte zu Saul: Er hat zu mir gesagt: Lass mich gehen, sonst muss ich dich töten! 18 David aber war geflohen und entkam. Und er kam zu Samuel nach Rama und berichtete ihm alles, was Saul ihm angetan hatte. Und er ging mit Samuel, und sie wohnten in den Najot. 19 Und es wurde Saul berichtet: Sieh, David ist in den Najot in Rama. 20 Da sandte Saul Boten, um David zu holen. Als sie aber sahen, dass die Gemeinschaft der Propheten sich wie Propheten gebärdete und dass Samuel an ihrer Spitze stand, über sie gesetzt war, da kam Gottesgeist über die Boten Sauls, und auch sie gebärdeten sich wie Propheten. 21 Und man berichtete Saul davon, und er sandte andere Boten, aber auch sie gebärdeten sich wie Propheten. Saul aber sandte nochmals Boten, zum dritten Mal, und auch sie gebärdeten sich wie Propheten. 22 Da ging auch er nach Rama, und er kam zur grossen Zisterne, die in Sechu liegt, und fragte und sagte: Wo sind Samuel und David? Und man sagte: Sieh, in den Najot in Rama. 23 Und als er dorthin ging, zu den Najot in Rama, da war Gottesgeist auch auf ihm, und er gebärdete sich beim Gehen unablässig wie ein Prophet, bis er zu den Najot in Rama kam. 24 Und auch er zog seine Kleider aus, und auch er gebärdete sich vor Samuel wie ein Prophet, und er lag nackt da, jenen ganzen Tag lang und die ganze Nacht hindurch. Daher sagt man: Ist auch Saul unter den Propheten?

| 1: 20,1 · 18,1! | 2: 20,5.24 | 3: 7;20,9 | 5: 17,50 · 22,14! · 20,1! | 6: 2Sam 19,24 | 7: 3! | 8: 18,30; 23,5 | 9–10: 18,11! | 9: 16,14! · 26,7! | 11–17: 2Sam 17,19! | 11: 20,31 · Ps 59,1 | 12: Jos 2,15! | 13: Gen 31,19 | 18: 21,11 · 20,1 | 20: 10,6!; Num 11,25 | 24: Hos 2,5 · 10,11

19,17: Wörtlich: «...: Lass mich gehen! Warum soll ich dich töten?»

19,18: Die genaue Bedeutung des hebräischen Worts ‹Najot› ist unklar; viele vermuten, es handle sich dabei um eine Art Prophetensiedlung.

David und Jehonatan

20 1 Und David floh aus den Najot in Rama, und er trat vor Jehonatan und sagte: Was habe ich getan? Was ist meine Schuld, und was ist mein Vergehen vor deinem Vater, dass er mir nach dem Leben trachtet? 2 Er aber sagte zu ihm: Das sei fern! Du wirst nicht sterben. Sieh, mein Vater tut nichts, weder Grosses noch Geringes, ohne es mir zu enthüllen. Und warum sollte mein Vater dies vor mir verbergen? Es ist nichts daran. 3 Da beschwor David dies noch, und er sagte: Dein Vater weiss sehr wohl, dass ich Gnade gefunden habe in deinen Augen. Und er wird gesagt haben: Jehonatan soll nichts davon erfahren, damit er nicht betrübt ist. Doch so wahr der HERR lebt und so wahr du lebst: Es ist nur ein Schritt zwischen mir und dem Tod. 4 Da sagte Jehonatan zu David: Was du sagst, das will ich tun für dich. 5 Und David sagte zu Jehonatan: Sieh, morgen ist Neumond, da müsste ich zum Essen beim König sein. Entlass du mich, und ich werde mich auf dem Feld verstecken bis zum übernächsten Abend. 6 Wenn mich dein Vater suchen sollte, so sage: David hat sich von mir dringend erbeten, nach Betlehem, in seine Stadt, eilen zu dürfen, denn dort feiert die ganze Sippe das jährliche Schlachtopfer. 7 Wenn er dann sagt: Gut!, so sieht es gut aus für deinen Diener. Wenn er aber heftig in Zorn gerät, so wisse, dass das Unheil bei ihm beschlossen ist. 8 Dann erweise deinem Diener Barmherzigkeit, denn du hast deinen Diener mit dir in den Bund des HERRN treten lassen. Wenn aber eine Schuld an mir ist, dann töte du mich – warum willst du mich dann noch zu deinem Vater bringen? 9 Und Jehonatan sagte: Das sei fern von dir! Denn wenn ich Gewissheit darüber habe, dass bei meinem Vater beschlossen ist, dass das Unheil über dich kommt, wie könnte ich es dir dann nicht berichten? 10 Und David sagte zu Jehonatan: Wer wird mir das oder das, was dein Vater dir hart entgegnet, berichten? 11 Und Jehonatan sagte zu David: Komm, lass uns hinausgehen auf das Feld. Und die beiden gingen hinaus auf das Feld. 12 Und Jehonatan sprach zu David: Beim HERRN, dem Gott Israels: Morgen oder übermorgen um diese Zeit werde ich meinen Vater aushorchen. Und sieh, wenn es dann gut steht um David und ich nicht zu dir sende und es dir nicht enthülle, 13 so tue der HERR Jehonatan an, was immer er will. Wenn mein Vater das Unheil über dich gutheisst, werde ich es dir enthüllen, und ich werde dich ziehen lassen, und du wirst in Frieden gehen. Und der HERR sei mit dir, wie er mit meinem Vater war. 14 Und solange ich noch lebe, sollst du mir die Barmherzigkeit des HERRN erweisen; und wenn ich sterbe, 15 sollst du meinem Haus deine Barmherzigkeit niemals entziehen, auch nicht, wenn der HERR die Feinde Davids, jeden einzelnen, vom Erdboden tilgt. 16 Und Jehonatan verbündete sich mit dem Haus David: Der HERR fordere Rechenschaft von den Feinden Davids. 17 So liess Jehonatan David noch einmal schwören, weil er ihn liebte, denn er liebte ihn, wie er sein eigenes Leben liebte. 18 Und Jehonatan sagte zu ihm: Morgen ist Neumond, und man wird dich vermissen, wenn dein Platz leer ist. 19 Übermorgen aber komm rasch herab; da sollst du an den Ort kommen, wo du dich versteckt hast am Tag jener Tat, und du sollst neben dem Stein Ehsel bleiben. 20 Und ich werde drei Pfeile nach seiner Seite hin abschiessen, als wollte ich auf ein Ziel schiessen. 21 Und sieh, ich werde den Burschen schicken: Geh, finde die Pfeile. Sollte ich zu dem Burschen sagen: Sieh, die Pfeile liegen von dir aus gesehen hier, hol sie!, dann kannst du kommen, denn es sieht gut aus für dich, und es ist nichts, so wahr der HERR lebt. 22 Wenn ich aber zu dem jungen Mann sage: Sieh, die Pfeile liegen von dir aus gesehen dort drüben!, dann geh, denn der HERR schickt dich fort. 23 Was wir aber, ich und du, miteinander geredet haben, sieh, der HERR verbindet uns für immer. 24 Und David versteckte sich auf dem Feld. Und als Neumond war, setzte sich der König zum Mahl, zum Essen.

25 Und der König setzte sich wie immer an seinen Platz, auf den Platz an der Wand, Jehonatan aber stand auf, und Abner setzte sich an die Seite Sauls; der Platz Davids aber war leer. 26 Und an jenem Tag sagte Saul nichts, denn er dachte: Es ist ein Zufall. Er ist wohl nicht rein, ja, er ist nicht rein. 27 Als aber auch am Tag nach dem Neumond, dem zweiten Tag, Davids Platz leer war, sagte Saul zu Jehonatan, seinem Sohn: Warum ist der Sohn Isais weder gestern noch heute zum Mahl gekommen? 28 Und Jehonatan antwortete Saul: David hat sich von mir dringend erbeten, nach Betlehem gehen zu dürfen, 29 und er hat gesagt: Lass mich doch gehen, denn wir haben ein Schlachtopfer der Sippe in der Stadt, und mein Bruder selbst hat es mir geboten. Und wenn ich nun Gnade gefunden habe in deinen Augen, so will ich mich losreissen, damit ich meine Brüder sehe. Darum ist er nicht zum Tisch des Königs gekommen. 30 Da entbrannte der Zorn Sauls über Jehonatan, und er sprach zu ihm: Du aufsässiger Hurensohn! Als ob ich nicht wüsste, dass deine Wahl auf den Sohn Isais gefallen ist, dir selbst und der Scham deiner Mutter zur Schande. 31 Denn solange der Sohn Isais auf dem Erdboden lebt, werden weder du noch dein Königtum Bestand haben. Und nun sende hin und hol ihn her zu mir, denn er ist ein Kind des Todes! 32 Jehonatan aber antwortete Saul, seinem Vater, und sagte zu ihm: Warum soll er getötet werden? Was hat er getan? 33 Da schleuderte Saul den Speer nach ihm, um ihn zu treffen, und Jehonatan erkannte, dass es bei seinem Vater be-

schlossen war, David zu töten. 34 Und in glühendem Zorn erhob sich Jehonatan vom Tisch und ass nichts am zweiten Tag des Neumonds, denn er grämte sich Davids wegen, weil sein Vater ihn beschimpft hatte.

35 Und am Morgen ging Jehonatan hinaus aufs Feld, um sich mit David zu treffen, und ein junger Bursche war bei ihm. 36 Und er sagte zu seinem Burschen: Lauf, finde die Pfeile, die ich abschiesse. Während der Bursche lief, schoss er den Pfeil über ihn hinaus. 37 Und der Bursche kam an die Stelle, wo der Pfeil lag, den Jehonatan abgeschossen hatte, und Jehonatan rief dem Burschen nach und sagte: Liegt der Pfeil von dir aus gesehen nicht dort drüben? 38 Und Jehonatan rief dem Burschen nach: Schnell, beeil dich! Bleib nicht stehen. Und der Bursche Jehonatans hob den Pfeil auf und kam zu seinem Herrn. 39 Der Bursche aber wusste von nichts, nur Jehonatan und David wussten von der Sache. 40 Und Jehonatan gab dem Burschen, der zu ihm gehörte, seine Waffen und sagte zu ihm: Geh, bring sie in die Stadt. 41 Als der Bursche gegangen war, erhob sich David auf der Südseite, warf sich auf sein Angesicht zur Erde und verneigte sich dreimal. Und sie küssten einander und weinten einer um den anderen, David am heftigsten. 42 Da sprach Jehonatan zu David: Geh in Frieden. Denn wir beide haben beim Namen des HERRN geschworen: Der HERR wird dich und mich, meine Nachkommen und deine Nachkommen für immer verbinden!

|1: 19,18 · 32; 19,5; 24,12; 26,18 · 19,1 |3: 27,1 |5: 18.24; 2Kön 4,23 · 19,2! |6: 1,21! |7: 2Sam 1,25! |8: 18,3! |9: 19,3! |13: 3,17 · 17,37 · 3,19! |14: 2Sam 9,3 |15: 24,22! |16–17: 18,1!; 2Sam 21,7! |16: Jos 22,23 |18: 5! |23: 42 |24: 5! |26: Lev 11,24; 15,16 |29: 16,2 |30: Lev 20,13 |31: 19,11 · 2Sam 1,5 |32: 1! |33: 26,7! · 18,11! |40: 2Sam 1,22! |41: 24,9; 2Sam 1,2 · Gen 33,4!; Apg 20,37 |42: 23

Davids Flucht

21 1 Und er machte sich auf und ging, Jehonatan aber kehrte heim in die Stadt. 2 Und David kam nach Nob zu

Achimelech, dem Priester. Und Achimelech kam David erschrocken entgegen und sagte zu ihm: Warum bist du allein und niemand ist bei dir? 3 Und David sagte zu Achimelech, dem Priester: Der König hat mir einen Auftrag gegeben und zu mir gesagt: Niemand soll von der Sache wissen, in der ich dich sende und mit der ich dich beauftragt habe. Und so habe ich die jungen Männer an einen bestimmten Ort gewiesen. 4 Und nun, hast du fünf Brote zur Hand? Gib sie mir oder was sich sonst findet. 5 Daraufhin sagte der Priester zu David: Ich habe kein Brot zur Hand, das nicht heilig wäre; es ist nur heiliges Brot da. Wenn sich die jungen Männer nur vor den Frauen gehütet haben! 6 Und David antwortete dem Priester und sagte zu ihm: Frauen waren uns versagt, wie früher schon, und als ich auszog, waren die Waffen der Männer heilig. Zwar ist der Weg nicht heilig, aber wie sehr wird er heute durch ihre Waffen geheiligt! 7 Da gab der Priester ihm heiliges Brot, denn es gab dort kein Brot ausser dem Schaubrot, das vor dem Angesicht des HERRN entfernt wird, damit man frisches Brot hinlegt an dem Tag, an dem es weggenommen wird. 8 Und an jenem Tag war dort einer von den Dienern Sauls, festgehalten vor dem HERRN, und sein Name war Doeg, der Edomiter, der Oberste der Hirten, die zu Saul gehörten. 9 Und David sagte zu Achimelech: Hast du hier nicht einen Speer oder ein Schwert zur Hand? Ich habe nämlich weder mein Schwert noch meine anderen Waffen mit mir genommen, denn der Auftrag des Königs war dringend. 10 Und der Priester sagte: Das Schwert Goliats, des Philisters, den du in der Ebene Ela erschlagen hast, sieh, es liegt in ein Tuch gewickelt hinter dem Efod. Wenn du es an dich nehmen willst, nimm es, denn ausser diesem ist kein anderes da. Und David sagte: Es gibt nicht seinesgleichen. Gib es mir.

11 Und David machte sich auf und flüchtete an jenem Tag vor Saul und kam zu Achisch, dem König von Gat. 12 Und die Diener von Achisch sagten zu ihm: Ist das nicht David, der König des Landes? Singen sie von dem nicht im Reigen:
Saul hat seine Tausende erschlagen
    und David seine Zehntausende?
13 Und David nahm sich diese Worte zu Herzen, und er fürchtete sich sehr vor Achisch, dem König von Gat. 14 Und er stellte sich geisteskrank vor ihren Augen und benahm sich in ihrer Gewalt, als wäre er verrückt, und er trommelte gegen die Torflügel und liess den Geifer in seinen Bart triefen. 15 Und Achisch sagte zu seinen Dienern: Ihr seht doch, dass der Mann sich wie ein Verrückter benimmt. Warum bringt ihr ihn zu mir? 16 Mir fehlen wohl noch Verrückte, dass ihr nun auch noch den herbringt, damit er sich bei mir wie ein Verrückter benimmt? Soll der in mein Haus kommen?

22 1 Und David ging weg von dort, und er entkam in die Höhle von Adullam. Und seine Brüder und das ganze Haus seines Vaters hörten davon, und sie kamen dorthin zu ihm herab. 2 Und es sammelten sich um ihn alle, die bedrängt waren, und alle, die verschuldet waren, und alle, die verbittert waren, und er wurde ihr Anführer, und so waren etwa vierhundert Mann bei ihm. 3 Und von dort ging David nach Mizpe in Moab, und zum König von Moab sagte er: Lass doch meinen Vater und meine Mutter bei euch bleiben, bis ich weiss, was Gott mit mir tun will.

4 Und er geleitete sie vor den König von Moab, und sie blieben bei ihm, solange David auf der Burg war. 5 Gad, der Prophet, aber sprach zu David: Bleib nicht auf der Burg! Geh und komm ins Land Juda. Da ging David und kam nach Jaar-Cheret.

|1: 23,18 |2: 22,9!; Neh 11,32; Jes 10,32 |5: Ex 25,30! · Ex 19,15 |7: Mt 12,3–4 · Lev 24,5–6 |8: Lev 13,4.31 · 22,9.22 |10: 17,51.54 · 22,10 · Ex 28,6–12 |11: 19,18 · 27,2!; Ps 56,1 |12: 18,7! |13: 17,11! |14–16: Ps 34,1 |1: 24,4; 2Sam 23,13; Ps 57,1 · Jos 15,35 |2: Ri 11,3 · 25,13; 30,10 |3: 2Sam 8,2; Rut 1,1 |4: 24,23!; 1Chr 11,16 |5: 2Sam 24,11; 1Chr 21,9; 29,29

22,3: Wörtlich: «... meinen Vater und meine Mutter mit euch hinausziehen, ...»

Sauls Rache an den Priestern von Nob

6 Und Saul hörte davon, denn David und die Männer um ihn waren erkannt worden. Und Saul sass in Gibea unter der Tamariske auf der Anhöhe und hielt seinen Speer in der Hand, während alle seine Diener bei ihm standen. 7 Da sagte Saul zu seinen Dienern, die bei ihm standen: Hört doch, ihr Benjaminiten: Der Sohn Isais wird wohl auch euch allen Felder und Weinberge geben! Er wird wohl euch alle einsetzen als Anführer über tausend und als Anführer über hundert, 8 dass ihr euch alle gegen mich verschworen habt und niemand es mir enthüllt, wenn mein Sohn sich mit dem Sohn Isais verbündet, und es niemanden von euch um meinetwillen schmerzt und niemand mir enthüllt, dass mein Sohn meinen Diener gegen mich angestiftet hat, mir aufzulauern, wie es heute der Fall ist. 9 Daraufhin sagte Doeg, der Edomiter, der über die Diener Sauls gestellt war: Ich habe den Sohn Isais gesehen, er ist nach Nob gekommen zu Achimelech, dem Sohn des Achitub. 10 Und dieser hat für ihn den HERRN befragt und hat ihm Wegzehrung gegeben, und auch das Schwert Goliats, des Philisters, hat er ihm gegeben. 11 Da sandte der König hin, um Achimelech, den Sohn des Achitub, den Priester, und das ganze Haus seines Vaters, die Priester, die in Nob waren, zu rufen. Und sie alle kamen zum König. 12 Und Saul sagte: Höre doch, Sohn des Achitub. Und er sagte: Hier bin ich, mein Herr. 13 Und Saul sagte zu ihm: Warum habt ihr euch gegen mich verschworen, du und der Sohn Isais, dass du ihm Brot und ein Schwert gegeben und Gott für ihn befragt hast, so dass er sich gegen mich erhebt und mir auflauert, wie es heute der Fall ist? 14 Achimelech aber antwortete dem König und sagte: Wer von allen deinen Dienern ist wie David, treu, Schwiegersohn des Königs, mit Zu-

gang zu deiner Leibwache und geehrt in deinem Haus? 15 Habe ich denn heute begonnen, Gott für ihn zu befragen? Das sei fern von mir! Weder seinem Diener noch dem ganzen Haus meines Vaters lege der König etwas zur Last, denn von all dem hat dein Diener nichts gewusst, nichts Geringes, nichts Grosses. 16 Der König aber sprach: Du musst sterben, Achimelech, du und das ganze Haus deines Vaters! 17 Und der König sagte zu seinen Leibwächtern, die um ihn standen: Kommt her und tötet die Priester des HERRN, denn auch sie haben David unterstützt, und obwohl sie wussten, dass er auf der Flucht war, haben sie es mir nicht enthüllt. Die Diener des Königs aber wollten nicht Hand anlegen, um die Priester des HERRN niederzustossen. 18 Da sagte der König zu Doeg: Komm du her und stosse die Priester nieder. Und Doeg, der Edomiter, kam herbei, und er stiess die Priester nieder. So tötete er an jenem Tag fünfundachtzig Männer, die den leinenen Efod trugen. 19 Und Nob, die Stadt der Priester, schlug er mit der Schärfe des Schwerts: Männer und Frauen, Kinder und Säuglinge, Rinder und Esel und Schafe, mit der Schärfe des Schwerts.

20 Nur ein einziger Sohn Achimelechs, des Sohns von Achitub, entkam, und sein Name war Ebjatar, und er floh, hinter David her. 21 Und Ebjatar berichtete David, dass Saul die Priester des HERRN umgebracht hatte. 22 Und David sagte zu Ebjatar: Schon an jenem Tag habe ich gewusst, dass Doeg, der Edomiter, dort war und dass er es Saul sicher berichten würde. Ich bin allen aus dem Haus deines Vaters zum Verhängnis geworden. 23 Bleib bei mir; fürchte dich nicht. Denn wer mir nach dem Leben trachtet, trachtet nach dem Leben. Bei mir bist du in Sicherheit.

| 6: 14,2 · 19,9 | 7: 8,14 | 8: 18,3! | 9: 21,8! · 19; 14,3; 21,2!; Ps 52,2 | 10: 2Sam 5,19! · 21,10 | 14: 19,5; 18,22.26–27 | 18: 2,33 | 19: 21,2! · 15,3! | 20: 23,6; 2Sam 15,24; 1Kön 2,26 | 22: 21,8! | 23: 23,17; 2Sam 9,7! · 1Kön 2,26

David in Keila

23 1 Und man berichtete David: Sieh, die Philister bekämpfen Keila, und sie plündern die Tennen. 2 Und David befragte den HERRN: Soll ich gehen und diese Philister schlagen? Und der HERR sprach zu David: Geh und schlag die Philister und rette Keila. 3 Die Männer Davids aber sagten zu ihm: Sieh, wir fürchten uns schon hier in Juda, und nun sollen wir auch noch nach Keila gegen die Schlachtreihen der Philister ziehen? 4 Und David befragte den HERRN noch einmal, und der HERR antwortete ihm und sprach: Mach dich auf, zieh hinab nach Keila, denn ich gebe die Philister in deine Hand. 5 Und David ging mit seinen Männern nach Keila, kämpfte gegen die Philister, vertrieb ihr Vieh und brachte ihnen eine schwere Niederlage bei. Und so rettete David die Bewohner von Keila.

6 Und als Ebjatar, der Sohn Achimelechs, zu David nach Keila floh, war er hinabgegangen mit dem Efod in der Hand. 7 Und Saul wurde berichtet, dass David nach Keila gekommen war, und Saul sagte: Gott hat ihn in meine Hand gegeben, denn da er in eine Stadt mit Toren und Riegeln gekommen ist, hat er sich selbst eingeschlossen. 8 Und Saul bot alles Volk auf zur Schlacht, um nach Keila hinabzuziehen und David und seine Männer zu belagern. 9 David aber erfuhr, dass Saul Böses gegen ihn plante, und er sagte zu Ebjatar, dem Priester: Bring den Efod her. 10 Und David sprach: HERR, Gott Israels, dein Diener hat gehört, dass Saul danach trachtet, nach Keila zu kommen, um die Stadt meinetwegen zu zerstören. 11 Werden die Herren von Keila mich in seine Hand ausliefern? Wird Saul herabkommen, wie es dein Diener gehört hat? HERR, Gott Israels, tue das doch deinem Diener kund. Da sprach der HERR: Er wird herabkommen. 12 Und David sagte: Werden die Herren von Keila mich und meine Männer in die Hand Sauls ausliefern? Und der HERR sprach: Sie werden euch ausliefern. 13 Da machte David sich mit seinen Leuten auf, etwa sechshundert Mann, und sie zogen fort aus Keila und bewegten sich, wo sie sich bewegen konnten. Saul aber wurde berichtet, dass David aus Keila entkommen war; da brach er seinen Feldzug ab.

| 1: Jos 15,44; Neh 3,17–18 | 2: 4; 10,22; 2Sam 2,1 · 14,37! | 4: 2! · 30,8!; Ri 7,9 | 5: 19,8! | 6: 22,20! · 21,10 | 7: 12 | 9: 30,7 | 12: 7 | 13: 13,15!

David in der Wüste Sif

14 Und David hielt sich in der Wüste auf, in den Zufluchtsorten, und dann hielt er sich im Gebirge auf, in der Wüste Sif. Und Saul suchte ihn die ganze Zeit, Gott aber gab ihn nicht in seine Hand. 15 Und David sah, dass Saul ausgerückt war und ihm nach dem Leben trachtete. Und David war in der Wüste Sif in Choresch. 16 Und Jehonatan, der Sohn Sauls, machte sich auf und ging zu David nach Choresch. Und er stärkte sein Vertrauen auf Gott 17 und sprach zu ihm: Fürchte dich nicht, denn die Hand Sauls, meines Vaters, wird dich nicht finden. Du wirst König werden über Israel, und ich werde der zweite sein, nach dir. Und das weiss auch Saul, mein Vater. 18 Und die beiden schlossen einen Bund vor dem HERRN, und David blieb in Choresch, Jehonatan aber ging in sein Haus.

19 Einige Sifiter aber zogen hinauf zu Saul nach Gibea und sagten: Hält denn David sich nicht bei uns versteckt, in den Zufluchtsorten in Choresch, auf dem Hügel von Chachila, der südlich der Einöde liegt? 20 Nun denn, König, wenn es dir beliebt herabzukommen, komm herab; dann ist es an uns, ihn in die Hand des Königs auszuliefern. 21 Und Saul sagte: Ihr seid gesegnet vom HERRN, denn ihr habt Mitleid mit mir. 22 Geht also hin, haltet euch weiterhin bereit, merkt euch und prägt euch ein, wo er auftritt, wer ihn dort gesehen hat, denn man hat mir gesagt, dass er sehr listig sei. 23 Seht nach und merkt euch

alle Verstecke, in denen er sich verstecken könnte, und wenn ihr euch sicher seid, kommt zurück zu mir; dann werde ich mit euch gehen. Und wenn er im Land ist, werde ich ihn aufspüren unter allen Tausendschaften Judas. 24 Und sie machten sich auf und gingen Saul voran nach Sif. David aber und seine Männer waren in der Wüste Maon, in der Steppe südlich der Einöde. 25 Und Saul ging mit seinen Männern, um ihn zu suchen, und man berichtete es David, und er zog hinab zu dem Felsen und hielt sich in der Wüste Maon auf. Saul aber hörte davon und verfolgte David in der Wüste Maon. 26 Und Saul ging mit seinen Leuten auf der einen Seite des Berges, David aber war mit seinen Männern auf der anderen Seite des Berges. Und während David floh, um von Saul wegzukommen, kreisten Saul und seine Männer David und dessen Männer ein, um sie zu fassen. 27 Da kam ein Bote zu Saul und sagte: Komm schnell, denn die Philister haben das Land überfallen. 28 Da kehrte Saul zurück von der Verfolgung Davids und zog den Philistern entgegen. Daher nennt man jenen Ort Sela Machlekot.

|15: Jos 15,55 |16: 30,6; Jes 35,3 |17: 22,23 · 24,21
|18: 18,3! · 21,1 |19: 26,1; Ps 54,1–2 |21: 15,13 |23: 27,1
|24: 25,2; Jos 15,55 |28: 24,2

23,28: Im Namen Sela Machlekot klingt hebräisch ‹Fels der Scheidung› an, was Bezug nimmt auf die Trennung der Wege Sauls und Davids.

David verschont Saul in der Wüste von En-Gedi

24 1 Von dort aber zog David hinauf, und er hielt sich in den Zufluchtsorten von En-Gedi auf. 2 Und als Saul von der Verfolgung der Philister zurückkehrte, berichtete man ihm: Sieh, David ist in der Wüste von En-Gedi. 3 Da nahm Saul dreitausend Mann, ausgewählt aus ganz Israel, und er ging, um David und seine Männer gegenüber von den Steinbock-Felsen zu suchen. 4 Und er kam zu den Schafhürden am Weg, und dort war eine Höhle. Und Saul ging hinein, um seine Füsse zu bedecken, David und seine Männer aber sassen im Innern der Höhle. 5 Da sagten die Männer Davids zu ihm: Sieh, heute ist der Tag, von dem der HERR zu dir gesagt hat: Sieh, ich gebe deinen Feind in deine Hand, und du kannst mit ihm tun, was gut ist in deinen Augen. Und David stand auf und schnitt heimlich den Saum des Mantels ab, der Saul gehörte. 6 Danach aber schlug David das Herz heftig, weil er den Saum abgeschnitten hatte, der Saul gehörte. 7 Und er sagte zu seinen Männern: Um des HERRN willen sei dies fern von mir, dass ich meinem Herrn, dem Gesalbten des HERRN, das antue und meine Hand gegen ihn führe, denn er ist der Gesalbte des HERRN. 8 Und mit diesen Worten trieb David seine Männer auseinander, und er duldete nicht, dass sie sich gegen Saul erhoben. Saul aber hatte die Höhle verlassen und ging seines Wegs. 9 Und danach erhob sich David, trat aus der Höhle und rief Saul nach: Mein Herr und König. Da schaute Saul sich um, und David neigte das Angesicht zur Erde und warf sich nieder. 10 Und David sagte zu Saul: Warum hörst du auf die Worte von Menschen, die sagen: Sieh, David sucht dein Verderben? 11 Sieh, an diesem Tag haben deine Augen gesehen, dass der HERR dich heute in der Höhle in meine Hand gegeben hat. Und man sprach davon, dich umzubringen, ich aber habe dich verschont und gesagt: Ich werde meine Hand nicht gegen meinen Herrn führen, denn er ist der Gesalbte des HERRN. 12 Und sieh, mein Vater, sieh doch den Saum deines Mantels in meiner Hand! Als ich den Saum deines Mantels abschnitt, habe ich dich nicht umgebracht! Erkenne und sieh, dass in meiner Hand nichts Böses ist und kein Vergehen und dass ich mich nicht an dir versündigt habe. Du aber stellst mir nach, um mir das Leben zu nehmen. 13 Der HERR soll richten zwischen mir und dir, der HERR soll Rache nehmen für mich an dir, aber meine Hand soll nicht gegen dich sein.

14 Wie der Spruch der Vorfahren sagt:
Von Frevlern geht Frevel aus,
    meine Hand aber wird nicht gegen dich sein!

15 Hinter wem ist der König Israels her? Hinter wem jagst du her? Hinter einem toten Hund! Hinter einem einzigen Floh! 16 Der HERR aber soll Richter sein, und er soll richten zwischen mir und dir; so soll er es sich ansehen und meinen Rechtsstreit führen und mir Recht verschaffen von deiner Hand! 17 Und als David diese Worte zu Saul gesprochen hatte, sagte Saul: Ist das deine Stimme, mein Sohn David? Und Saul begann laut zu weinen 18 und sprach zu David: Du bist gerechter als ich, denn du hast Gutes für mich getan, ich aber habe dir Böses angetan. 19 Du aber hast heute gezeigt, dass du mir Gutes getan hast, da der HERR mich dir ausgeliefert hat und du mich nicht umgebracht hast. 20 Wenn aber einer seinen Feind trifft, lässt er ihn dann unversehrt seines Weges ziehen? Was du am heutigen Tag für mich getan hast, vergelte dir der HERR mit Gutem. 21 Und nun sieh, ich weiss es gewiss, du wirst König werden, und das Königtum über Israel wird Bestand haben in deiner Hand. 22 Und nun schwöre mir beim HERRN, dass du meine Nachkommen nach mir nicht ausrotten und dass du meinen Namen nicht tilgen wirst aus dem Haus meines Vaters. 23 Und David schwor es Saul. Dann zog Saul zu seinem Haus, David aber und seine Männer zogen zur Festung hinauf.

| 1: Jos 15,62; Ez 47,10; Hld 1,14; 2Chr 20,2 | 2: 23,28 | 3: 13,2; 26,2 | 4: 22,1! | 5: 26,8 | 6: 2Sam 24,10 | 7: 11; 26,9.23; 31,4; 2Sam 1,14 | 9: 20,41! | 11: 7! | 12: 20,1! | 13: 16; Ri 11,27 · Gen 16,5! | 14: Hos 10,13 | 15: 17,43!; 2Sam 3,8! · 26,20 | 16: 13! · 26,24!; Ps 43,1; 119,154 | 17: 26,17 | 20: 26,25 | 21: 23,17! | 22: Gen 21,23 · 2Sam 21,7! | 23: 22,4; 26,25

24,4: «um seine Füsse zu bedecken»: Siehe die Anm. zu Ri 3,24.
24,8: Möglicherweise ist statt «trieb David seine Männer auseinander» mit «wies David seine Männer zurecht» zu übersetzen.

David und Abigajil

25 1 Und Samuel starb, und ganz Israel versammelte sich und hielt die Totenklage um ihn, und sie begruben ihn in seinem Haus in Rama. Und David machte sich auf und zog hinab in die Wüste Paran. 2 Und es war ein Mann in Maon, der verrichtete seine Arbeit in Karmel, und der Mann war sehr wohlhabend, ihm gehörten dreitausend Schafe und tausend Ziegen. Und er war gerade dabei, in Karmel seine Schafe zu scheren. 3 Und der Name des Mannes war Nabal, und der Name seiner Frau war Abigajil. Und die Frau hatte einen klugen Verstand und war von schöner Gestalt, der Mann aber war hart und boshaft, er war ein Kalebbiter. 4 Und David hörte in der Wüste, dass Nabal dabei war, seine Schafe zu scheren. 5 Da sandte David zehn junge Männer aus, und David sagte zu den Männern: Zieht hinauf nach Karmel, und wenn ihr zu Nabal kommt, sollt ihr ihn in meinem Namen nach seinem Wohlergehen fragen. 6 Und so sollt ihr sprechen: Zum Gruss, Friede dir, Friede deinem Haus und Friede allem, was dir gehört! 7 Und nun habe ich gehört, dass du Scherer hast. Nun waren die Hirten, die zu dir gehören, bei uns, man ist ihnen nicht nahegetreten, und nichts ist ihnen abhanden gekommen, solange sie in Karmel waren. 8 Frage deine Männer, damit sie es dir berichten und damit die Männer Davids Gnade finden in deinen Augen, denn wir sind an einem Festtag gekommen. Bitte gib deinen Dienern und deinem Sohn, David, was du gerade zur Hand hast. 9 Und die Männer Davids kamen und sprachen mit Nabal im Namen Davids allen diesen Worten gemäss, und sie warteten. 10 Daraufhin sprach Nabal zu den Dienern Davids: Wer ist David? Wer ist der Sohn Isais? Heutzutage gibt es viele Diener, die ihren Herren davonlaufen. 11 Soll ich mein Brot und mein Wasser und was ich für meine Scherer geschlachtet habe nehmen und es Männern geben, von denen ich nicht einmal weiss, woher sie sind? 12 Da wandten sich die Männer Davids um, machten sich auf ihren Weg und kehrten zurück. Und sie kamen und berichteten ihm all diese Worte. 13 Da sagte David zu seinen Männern: Jeder gürte sein Schwert um! Und jeder gürtete sein Schwert um, und auch David gürtete sein Schwert um. Und etwa vierhundert Mann zogen hinauf hinter David her, und zweihundert blieben beim Gepäck.

14 Einer von den Burschen aber hatte Abigajil, der Frau Nabals, berichtet: Sieh, David hat Boten aus der Wüste gesandt, um unseren Herrn zu segnen, er aber hat sie angeschrien. 15 Die Männer sind doch sehr gut zu uns gewesen, sie sind uns nicht nahe getreten, und uns ist nichts abhanden gekommen, solange wir mit ihnen umherzogen, als wir auf dem offenen Land waren. 16 Bei Nacht und bei Tag waren sie eine Mauer um uns, solange wir bei ihnen die Schafe hüteten. 17 Und nun erkenne und sieh, was du tun kannst, denn das Unheil ist beschlossen über unseren Herrn und über sein ganzes Haus. Er aber ist zu ruchlos, als dass man mit ihm reden könnte. 18 Da nahm Abigajil eilends zweihundert Brote, zwei Schläuche Wein, fünf zubereitete Schafe, fünf Sea geröstetes Korn, hundert Kuchen aus getrockneten Trauben und zweihundert Feigenkuchen und lud alles auf die Esel. 19 Und sie sagte zu ihren Männern: Zieht vor mir her; seht, ich komme euch nach. Ihrem Mann Nabal aber teilte sie es nicht mit.

20 Und während sie im Schutz des Berges auf dem Esel hinunterritt, sieh, da kamen auch David und seine Männer herab, ihr entgegen, und sie traf auf sie. 21 David aber hatte gesagt: Es war ein Fehler von mir, alles, was dem da gehört, in der Wüste zu beschützen, damit nichts abhanden käme von allem, was ihm gehört! Nun hat er mir Gutes mit Bösem vergolten. 22 Gott tue den Feinden Davids an, was immer er will, wenn

ich von allem, was ihm gehört, bis am Morgen etwas übrig lasse, was an die Wand pisst! 23 Und Abigajil sah David und stieg eilends vom Esel, warf sich vor David auf ihr Angesicht und verneigte sich zur Erde. 24 Und sie fiel ihm zu Füssen und sagte: Allein auf mir, mein Herr, liegt die Schuld! Deine Magd würde dir gern alles erklären; höre die Worte deiner Magd. 25 Mein Herr kümmere sich doch nicht um diesen ruchlosen Mann, um Nabal! Denn wie sein Name lautet, so ist er: Sein Name ist Nabal, und er ist voller Torheit. Ich aber, deine Magd, habe die Männer meines Herrn nicht gesehen, die du gesandt hattest. 26 Und nun, mein Herr, so wahr der HERR lebt und so wahr du lebst, den der HERR davon abgehalten hat, in Blutschuld zu geraten und sich mit eigener Hand zu helfen: Nun sollen deine Feinde und die meinem Herrn Böses wollen wie Nabal werden! 27 Nun also, dieses Geschenk, das deine Sklavin für meinen Herrn gebracht hat, möge den Männern gegeben werden, die zum Gefolge meines Herrn gehören. 28 Vergib doch das Vergehen deiner Magd, denn der HERR wird meinem Herrn gewiss ein Haus gründen, das Bestand hat, da mein Herr die Kriege des HERRN führt. Und es soll an dir nichts Böses gefunden werden dein Leben lang. 29 Und erhebt sich ein Mensch, um dich zu verfolgen und dir nach dem Leben zu trachten, so möge das Leben meines Herrn verwahrt sein im Verwahrungsbeutel der Lebenden beim HERRN, deinem Gott. Das Leben deiner Feinde aber schleudere er fort mit der Schleuderpfanne! 30 Und wenn der HERR für meinen Herrn all das Gute tut, das er dir zugesagt hat, und dich zum Fürsten über Israel bestimmt, 31 so wird mein Herr nicht darüber stolpern, und mein Herr muss sich nicht vorwerfen, grundlos Blut vergossen und sich selbst geholfen zu haben. Wenn aber der HERR meinem Herrn Gutes tut, dann erinnere dich deiner Magd. 32 Da sprach David zu Abigajil: Gelobt sei der HERR, der Gott Israels, der dich mir am heutigen Tag entgegengesandt hat. 33 Und gesegnet ist deine Klugheit, und gesegnet bist du, dass du mich am heutigen Tag davon abgehalten hast, in Blutschuld zu geraten und mir mit eigener Hand zu helfen. 34 Aber so wahr der HERR lebt, der Gott Israels, der mich daran gehindert hat, dir Böses anzutun: Wenn du mir nicht so schnell entgegengekommen wärst, wäre Nabal bis zum ersten Morgenlicht nichts übrig geblieben, was an die Wand pisst! 35 Und David nahm aus ihrer Hand, was sie ihm gebracht hatte, und er sagte zu ihr: Zieh in Frieden hinauf nach deinem Haus. Sieh, ich habe auf deine Stimme gehört und dein Angesicht aufgerichtet.

36 Und als Abigajil zu Nabal kam, sieh, da hielt er in seinem Haus ein Gastmahl wie das Gastmahl des Königs, und Nabal war leichten Herzens und schwer betrunken. Und sie berichtete ihm nichts, weder Unwichtiges noch Wichtiges, bis zum ersten Morgenlicht. 37 Am Morgen aber, als Nabal wieder nüchtern wurde, berichtete seine Frau ihm diese Dinge, und sein Herz starb in seinem Innern, und er wurde zu Stein. 38 Und nach etwa zehn Tagen schlug der HERR Nabal, und er starb. 39 Und David hörte, dass Nabal gestorben war, und er sprach: Gelobt sei der HERR, der den Rechtsstreit geführt hat der Schmähung wegen, die Nabal mir angetan hat, und der seinen Diener vor einer bösen Tat bewahrt hat. Die böse Tat Nabals aber hat der HERR auf sein Haupt zurückfallen lassen. Und David sandte hin und warb um Abigajil, um sie zu seiner Frau zu nehmen. 40 Und die Diener Davids kamen zu Abigajil nach Karmel, und sie redeten mit ihr und sagten: David hat uns zu dir gesandt, weil er dich zu seiner Frau nehmen will. 41 Da stand sie auf, warf sich mit dem Angesicht zur Erde nieder und sagte: Sieh, deine Magd ist eine Sklavin, bereit, den Dienern meines Herrn die Füsse zu waschen. 42 Und Abigajil machte sich eilends auf

und setzte sich auf den Esel, und ihre fünf jungen Frauen gingen hinter ihr her. Und sie folgte den Boten Davids und wurde seine Frau.

43 Und Achinoam hatte David sich aus Jesreel geholt, und so wurden auch die beiden seine Frauen. 44 Saul aber hatte Michal, seine Tochter, die Frau Davids, Palti gegeben, dem Sohne des Lajisch, der aus Gallim war.

|1: 28,3; 2Sam 1,12; 3,31; 11,26 · 1,19! |2: 23,24! · 15,12 |3: 25 · 2Sam 3,3 · 30,14 |5: 17,18!; Gen 29,6 |10: Ri 9,28; 8,6 |12: 2Sam 13,23! |13: 22,2! |18: 17,17; 30,12; 2Sam 16,1; 17,28; 1Chr 12,41 |19: Gen 32,19 |21: Ps 35,12 |22: 3,17! |23: 41; 2Sam 18,28, Rut 2,10 |25: 3 |26: 1,26! · 2,9 · 2Sam 18,32 |27: Gen 33,11 |28: 2,35; 2Sam 7,11.16! · 18,1 · 29,3 |29: Ps 69,29 |30: 2Sam 5,2! |32: Jos 22,33 |35: Num 6,26 |36: 2Sam 3,20! · Spr 20,1 · 2Sam 13,28! |38: 2Sam 6,7; 12,15; 2Chr 13,20 |39: Spr 22,23 · 26,10 · 2Sam 1,16!; Joel 4,4 |41: 23! |43: 29,11! · 27,3; 30,5; 2Sam 2,2 |44: 2Sam 3,15 · Jes 10,30

25,8: «Davids» wurde in der Übersetzung ergänzt.

25,22: «Gott tue den Feinden Davids an»: In der griechischen Überlieferung lautet der Text «Gott tue David an», was zu erwarten wäre.

25,22: «was an die Wand pisst»: Die zugrunde liegende hebräische Formulierung bedeutet in abwertendem Ton: was männlich ist.

25,25: Der Name Nabal bedeutet: ‹Tor› oder ‹Dummkopf›.

25,34: «was an die Wand pisst»: Siehe die Anm. zu 25,22.

25,35: Der Ausdruck «ich habe ... dein Angesicht aufgerichtet» bedeutet, dass er die Bitte erhört hat.

David verschont Saul zum zweiten Mal

26 1 Und die Sifiter kamen zu Saul nach Gibea und sagten: Hält David sich nicht auf dem Hügel von Chachila verborgen, gegenüber der Einöde? 2 Da machte sich Saul auf und zog hinab in die Wüste Sif, und bei ihm waren dreitausend Mann, die Ausgewählten Israels, um David in der Wüste Sif zu suchen. 3 Und Saul lagerte auf dem Hügel von Chachila, der am Weg liegt gegenüber der Einöde, David aber hielt sich in der Wüste auf. Und er sah, dass Saul ihm in die Wüste nachgekommen war. 4 Und David sandte Kundschafter aus, und er erfuhr, dass Saul tatsächlich gekommen war. 5 Da machte sich David auf und kam an den Ort, wo Saul lagerte.

Und David sah den Ort, wo Saul und sein Heerführer Abner, der Sohn des Ner, sich niedergelegt hatten: Saul lag in der Wagenburg, und das Volk lagerte rings um ihn. 6 Daraufhin sagte David zu Achimelech, dem Hetiter, und zu Abischai, dem Sohn der Zeruja, dem Bruder Joabs: Wer geht mit mir hinunter zu Saul ins Lager? Und Abischai sagte: Ich werde mit dir hinabgehen. 7 Und als David und Abischai in der Nacht zum Volk kamen, sieh, da lag Saul schlafend in der Wagenburg, und bei seinem Kopfende steckte sein Speer in der Erde. Rings um ihn aber lagen Abner und das Volk. 8 Und Abischai sagte zu David: Heute hat Gott deinen Feind in deine Hand ausgeliefert. Und nun will ich ihn mit dem Speer mit einem Stoss an den Boden nageln, einen zweiten werde ich für ihn nicht brauchen. 9 David aber sagte zu Abischai: Töte ihn nicht! Denn wer hätte seine Hand gegen den Gesalbten des HERRN geführt und wäre ungestraft geblieben? 10 Und David sagte: So wahr der HERR lebt: Der HERR wird ihn schlagen, oder es kommt sein Tag, da er sterben muss, oder er zieht hinab in den Krieg und wird weggerafft. 11 Um des HERRN willen sei es fern von mir, dass ich meine Hand gegen den Gesalbten des HERRN führe! Aber nimm nun den Speer, der bei seinem Kopfende steckt, und den Wasserkrug, und lass uns gehen. 12 Und David nahm den Speer und den Wasserkrug vom Kopfende Sauls, und sie entfernten sich. Und niemand sah es, und niemand merkte es, und niemand wachte auf. Denn sie schliefen alle, da der Tiefschlaf des HERRN auf sie gefallen war.

13 Und David ging auf die andere Seite hinüber und stellte sich in einiger Entfernung auf den Gipfel des Bergs; der Abstand zwischen ihnen war gross. 14 Dann rief David dem Volk und Abner, dem Sohn des Ner, zu: Abner, willst du nicht antworten? Und Abner antwortete und sagte: Wer bist du, dass du dem König zurufst? 15 Und David sagte zu Abner: Bist du nicht ein Mann? Und wer ist wie du in Israel? Warum aber hast du deinen Herrn, den König, nicht beschützt? Denn einer vom Volk ist gekommen, um deinen Herrn, den König, zu töten. 16 Was du getan hast, ist nicht gut. So wahr der HERR lebt, ihr seid Kinder des Todes, weil ihr euren Herrn, den Gesalbten des HERRN, nicht beschützt habt! Und nun sieh nach, wo der Speer des Königs und der Wasserkrug sind, die bei seinem Kopfende waren. 17 Da erkannte Saul die Stimme Davids und sagte: Ist das deine Stimme, mein Sohn David? Und David sagte: Es ist meine Stimme, mein Herr und König. 18 Und er sagte: Warum denn verfolgt mein Herr seinen Diener? Was habe ich denn getan? Und was ist Böses in meiner Hand? 19 Und nun höre mein Herr und König doch die Worte seines Dieners: Wenn der HERR dich gegen mich aufgereizt hat, möge er Opfer riechen; wenn es aber Menschen waren, sind sie verflucht vor dem HERRN, weil sie mich heute vertrieben haben, so dass ich nicht teilhabe am Erbbesitz des HERRN, denn sie sagen: Geh, diene anderen Göttern! 20 Und nun soll mein Blut nicht fern vom Angesicht des HERRN auf die Erde fallen, denn um einen einzigen Floh zu suchen, ist der König Israels ausgezogen, als jagte er das Rebhuhn auf den Bergen.

21 Da sagte Saul: Ich habe mich versündigt. Komm zurück, mein Sohn David, ich will dir nichts Böses mehr antun, denn am heutigen Tag war mein Leben teuer in deinen Augen. Sieh, ich habe töricht gehandelt und einen sehr schweren Fehler begangen. 22 Daraufhin sagte David: Sieh, der Speer des Königs! Einer von den Männern soll herüberkommen und ihn holen. 23 Der HERR aber vergilt jedem seine Gerechtigkeit und seine Treue, denn heute hat dich der HERR in meine Hand gegeben, ich aber wollte meine Hand nicht gegen den Gesalbten des HERRN führen. 24 Und sieh, so wie am heutigen Tag

dein Leben wertvoll war in meinen Augen, so möge mein Leben wertvoll sein in den Augen des HERRN, und er möge mich erretten aus aller Not! 25 Da sagte Saul zu David: Du bist gesegnet, mein Sohn David. Gewiss wirst du es vollbringen, und sicher wird es dir gelingen. Dann ging David seines Wegs, Saul aber kehrte zurück an seinen Ort.

|1: 23,19! |2: 24,3! |3: Ps 63,1 |4: Gen 42,9! |5: 14,50! |6: 2Sam 2,13!.18! |7: 18,10; 19,9; 20,33; 2Sam 1,6 |8: 24,5 · 2Sam 16,9!; Ri 4,21 |9: 24,7! · 2Sam 19,22! |10: 25,39 · 31,4 |12: Gen 2,21; Gen 15,12 |15: 2Sam 3,38 |17: 24,17 |18: 20,1! |19: Gen 8,21; Dtn 13,3 |20: 24,15 |21: 2Kön 1,13 · 13,13; 15,24 |23: 24,7! |24: 24,16; 2Sam 4,9 |25: 24,20 · 24,23!

David bei den Philistern

27 1 David aber sagte sich: Eines Tages werde ich nun dahingerafft werden durch Sauls Hand. Es gibt für mich nichts Besseres, als mich ins Land der Philister zu retten. Dann wird Saul es aufgeben, mich noch länger im ganzen Gebiet Israels zu suchen, und ich entkomme seiner Hand. 2 Und David machte sich auf und zog mit sechshundert Mann, die bei ihm waren, hinüber zu Achisch, dem Sohn des Maoch, dem König von Gat. 3 Und David blieb bei Achisch in Gat, er und seine Männer, jeder mit seinem Haus, David mit seinen beiden Frauen, Achinoam, der Jesreelitin, und Abigajil, der Frau Nabals, der Karmelitin. 4 Saul aber wurde berichtet, dass David nach Gat geflohen war; da suchte er ihn nicht länger. 5 Und David sagte zu Achisch: Wenn ich Gnade gefunden habe in deinen Augen, gebe man mir einen Platz in einer der Ortschaften auf dem offenen Land, damit ich dort wohnen kann. Denn warum sollte dein Diener bei dir in der Königsstadt wohnen? 6 Und an jenem Tag gab Achisch ihm Ziklag. Deshalb gehört Ziklag den Königen von Juda bis auf den heutigen Tag. 7 Die Zeit aber, die David auf dem offenen Land bei den Philistern verbrachte, betrug ein Jahr und vier Monate.

8 Und David zog mit seinen Männern hinauf, und sie fielen über die Geschuriter, die Gisriter und die Amalekiter her, denn das waren von alters her die Bewohner des Landes, das sich bis dort erstreckt, wo es nach Schur geht, und bis zum Land Ägypten. 9 Und wenn David das Land schlug, liess er weder Mann noch Frau am Leben, und er nahm jeweils Schafe, Rinder, Esel, Kamele und Kleider; dann kehrte er zurück und ging zu Achisch. 10 Sagte Achisch dann: Wo seid ihr heute eingefallen?, so sagte David: In den Süden von Juda! In den Süden der Jerachmeeliten! In den Süden der Keniten! 11 David aber liess weder Männer noch Frauen am Leben, die er hätte nach Gat bringen können. Er dachte: Dass sie nur nicht über uns berichten: So ist David verfahren! Und so hielt er es, solange er auf dem offenen Land bei den Philistern wohnte. 12 Achisch aber schenkte David Glauben; er dachte: Er hat sich verhasst gemacht bei seinem Volk, bei Israel, und wird für immer mein Diener bleiben.

28 1 Und in jenen Tagen sammelten die Philister ihre Heere zum Krieg, um gegen Israel zu kämpfen. Und Achisch sagte zu David: Du weisst ja, dass du mit mir ins Heerlager ausziehen musst, du und deine Männer. 2 Und David sagte zu Achisch: Da wirst du erfahren, was dein Diener zu leisten vermag. Und Achisch sagte zu David: Deshalb setze ich dich für die ganze Zeit als Hüter meines Hauptes ein.

|1: 20,3 · 23,23 |2: 13,15! · 21,11; 1Kön 2,39 |3: 25,43! |6: 30,1!; 1Chr 12,1 |7: 29,3 |8: Dtn 3,14! · Lev 13,29! · 15,7! |9: 15,3!; Jos 6,21 |10: 1Chr 2,9 · 30,29 · 15,6! |12: 13,4! |1: 31,1 · 29,2

Saul bei der Totenbeschwörerin von En-Dor

3 Samuel aber war gestorben, und ganz Israel hielt die Totenklage um ihn, und sie begruben ihn in Rama, in seiner Stadt. Saul aber hatte die Totenbeschwörer und Wahrsager aus dem Land entfernt. 4 Und die Philister sammelten sich, rückten an und lagerten bei Schunem; Saul aber versammelte ganz Israel, und sie lagerten im Gilboa. 5 Und Saul

sah das Heer der Philister und fürchtete sich, und sein Herz bebte heftig. 6 Und Saul befragte den HERRN, aber der HERR antwortete ihm nicht, nicht durch Träume, nicht durch die Urim, nicht durch die Propheten. 7 Da sagte Saul zu seinen Dienern: Sucht mir eine Frau, die Herrin ist über einen Totengeist. Dann will ich zu ihr gehen und sie befragen. Und seine Diener sagten zu ihm: Sieh, in En-Dor gibt es eine Frau, die Herrin ist über einen Totengeist. 8 Da verkleidete sich Saul, zog andere Kleider an und ging, er und mit ihm zwei Männer, und bei Nacht kamen sie zu der Frau. Und er sagte: Befrage doch den Totengeist für mich, und bringe mir den herauf, den ich dir nenne. 9 Die Frau aber sagte zu ihm: Sieh, du weisst, was Saul getan hat, dass er die Totenbeschwörer und Wahrsager im Land ausgerottet hat. Warum stellst du mir also eine Falle, so dass ich getötet werde? 10 Saul aber schwor ihr beim HERRN: So wahr der HERR lebt, dich soll in dieser Sache keine Schuld treffen! 11 Da sagte die Frau: Wen soll ich dir heraufbringen? Und er sagte: Bring mir Samuel herauf! 12 Und die Frau sah Samuel und schrie laut auf, und die Frau sagte zu Saul: Warum hast du mich betrogen? Du bist Saul! 13 Der König aber sagte zu ihr: Fürchte dich nicht. Was hast du denn gesehen? Und die Frau sagte zu Saul: Einen Gott sah ich aus der Erde heraufsteigen. 14 Und er sagte zu ihr: Wie sieht er aus? Und sie sagte: Ein alter Mann steigt herauf, und er ist in einen Mantel gehüllt. Da wusste Saul, dass es Samuel war, und er neigte das Angesicht zur Erde und warf sich nieder. 15 Samuel aber sprach zu Saul: Warum schreckst du mich auf und lässt mich heraufkommen? Und Saul sagte: Ich bin in grosser Not: Die Philister kämpfen gegen mich, und Gott ist von mir gewichen und antwortet mir nicht mehr, weder durch die Propheten noch durch Träume. Da habe ich dich gerufen, damit du mich wissen lässt, was ich tun soll. 16 Und Samuel sprach:

Warum fragst du mich, da doch der HERR von dir gewichen und dein Feind geworden ist? 17 Der HERR hat für ihn ja so gehandelt, wie er es durch mich angekündigt hat: Der HERR hat dir das Königtum aus der Hand gerissen und es dem anderen, David, gegeben. 18 Weil du nicht auf die Stimme des HERRN gehört hast und seinen glühenden Zorn an Amalek nicht vollstreckt hast, darum hat der HERR dir dies am heutigen Tag angetan. 19 Und so wird der HERR mit dir auch Israel in die Hand der Philister geben, und morgen wirst du mit deinen Söhnen bei mir sein. Auch das Heer Israels wird der HERR in die Hand der Philister geben. 20 Da fiel Saul sogleich seiner ganzen Länge nach zur Erde, und er fürchtete sich sehr vor den Worten Samuels. Auch war keine Kraft mehr in ihm, denn er hatte den ganzen Tag und die ganze Nacht nichts gegessen. 21 Und die Frau kam zu Saul und sah, dass er sehr erschrocken war. Und sie sagte zu ihm: Sieh, deine Sklavin hat auf deine Stimme gehört: Ich habe mein Leben aufs Spiel gesetzt und habe auf deine Worte gehört, die du zu mir gesagt hast. 22 Und nun höre doch auch du auf die Stimme deiner Sklavin: Ich will dir einen Bissen Brot vorsetzen, und du sollst essen, damit du bei Kräften bist, wenn du deinen Weg gehst. 23 Er aber weigerte sich und sagte: Ich werde nicht essen. Da drängten ihn seine Diener und auch die Frau, und er hörte auf ihre Stimmen, stand von der Erde auf und setzte sich auf das Bett. 24 Die Frau aber hatte ein gemästetes Kalb im Haus und schlachtete es eilends. Dann nahm sie Mehl, knetete es und backte daraus ungesäuerte Brote. 25 Und das stellte sie vor Saul und seine Diener, und sie assen. Dann standen sie auf, und noch in jener Nacht gingen sie davon.

|3: 25,1! · Ex 22,17!; Lev 19,31 |4: Jos 19,18! · 31,1! |6: 14,37 · Num 12,6 · 14,41! |7: Jes 8,19–20 · Jos 17,11 |8: 1Chr 10,13 |14: 1Sam 2,19; 15,27 |15: 30,6 · 16,14 |16: Klgl 2,5 |17: 15,28!; 23,17! |18: 15,9!; Ex 17,14 |19: 31,6 |20: 2Sam 12,17! |24: 2Sam 12,4!

David wird von den Philistern entlassen

29 1 Und die Philister sammelten alle ihre Heere in Afek, Israel aber lagerte an der Quelle, die in Jesreel ist. 2 Und als die Stadtfürsten der Philister in Hundertschaften und Tausendschaften hinüberzogen und zuletzt David und seine Männer mit Achisch hinüberzogen, 3 da sagten die Obersten der Philister: Was ist mit diesen Hebräern? Und Achisch sagte zu den Obersten der Philister: Das ist David, der Diener Sauls, des Königs von Israel, der doch schon seit Tag und Jahr bei mir ist. Und ich habe nichts gegen ihn gefunden seit dem Tag, an dem er abgefallen ist, bis auf den heutigen Tag. 4 Die Obersten der Philister aber wurden zornig auf ihn, und die Obersten der Philister sagten zu ihm: Schick den Mann zurück! Er soll zurückkehren an seinen Ort, den du ihm zugewiesen hast. Und er soll nicht mit uns in die Schlacht hinabziehen, er darf uns nicht zum Widersacher werden in der Schlacht! Und womit könnte der sich bei seinem Herrn beliebt machen? Wäre es nicht mit den Köpfen dieser Männer? 5 Ist das nicht David, von dem sie im Reigen singen:

Saul hat seine Tausende erschlagen
   und David seine Zehntausende?

6 Da rief Achisch David und sagte zu ihm: So wahr der HERR lebt, du bist aufrecht, und in meinen Augen ist es gut, wenn du mit mir im Lager aus- und einziehst, denn ich habe an dir nichts Schlechtes gefunden seit dem Tag, an dem du zu mir gekommen bist, bis auf den heutigen Tag. In den Augen der Stadtfürsten aber bist du nicht genehm. 7 So kehre denn zurück, geh in Frieden, und tu nichts, was schlecht ist in den Augen der Stadtfürsten der Philister. 8 Und David sagte zu Achisch: Was habe ich denn getan? Und was hast du gegen deinen Diener gefunden seit dem Tag, an dem ich in deinen Dienst getreten bin, bis auf den heutigen Tag, dass ich nicht mitkommen und gegen die Feinde meines Herrn, des Königs, kämpfen

darf? 9 Und Achisch antwortete und sagte zu David: Ich weiss es ja; in meinen Augen bist du willkommen wie der Bote Gottes, aber die Obersten der Philister haben gesagt: Er soll nicht mit uns hinaufziehen in die Schlacht. 10 Und nun mach dich früh am Morgen auf mit den Dienern deines Herrn, die mit dir gekommen sind. Und macht euch früh am Morgen auf und geht, sobald es für euch hell genug ist. 11 Da machte David sich in der Frühe auf, er und seine Männer, um noch am Morgen wegzugehen und zurückzukehren ins Land der Philister. Die Philister aber zogen hinauf nach Jesreel.

| 1: 4,1b! · 11!; 2Sam 2,9 | 2: 28,1; Jos 13,3 | 3: 4,6.9; 13,19; 14,11 · 27,7 · 25,28 | 4: 1Chr 21,1 · Ex 1,10; 1Chr 12,20 | 5: 18,7! | 9: 2Sam 14,17.20; 19,28; Gal 4,14 | 11: 1; 25,43

Davids Sieg über die Amalekiter

30 1 Und als David mit seinen Männern am dritten Tag nach Ziklag kam, hatten die Amalekiter den Negev und Ziklag überfallen, und sie hatten Ziklag geschlagen und im Feuer verbrannt. 2 Und sie hatten die Frauen, die dort waren, in die Gefangenschaft geführt, ob klein oder gross. Niemanden hatten sie getötet, sie hatten sie weggeführt und waren ihres Wegs gezogen. 3 Und als David mit seinen Männern zur Stadt kam, sieh, da war sie im Feuer verbrannt, und ihre Frauen, Söhne und Töchter waren in die Gefangenschaft geführt worden. 4 Da begannen David und das Volk, das bei ihm war, laut zu weinen, bis keine Kraft mehr in ihnen war zum Weinen. 5 Auch die beiden Frauen Davids, Achinoam, die Jesreelitin, und Abigajil, die Frau Nabals, die Karmelitin, waren in die Gefangenschaft geführt worden. 6 Und David war in grosser Not, weil das Volk davon sprach, ihn steinigen zu wollen. Denn das ganze Volk war verbittert, ein jeder wegen seiner Söhne und wegen seiner Töchter. David aber wusste sich stark durch den HERRN, seinen Gott. 7 Und David sagte zu Ebjatar, dem Priester, dem Sohn des Achimelech: Bitte bring den Efod her zu mir. Und Ebjatar brachte den Efod zu David, 8 und David befragte den HERRN und sprach: Soll ich diese Räuberbande verfolgen? Werde ich sie einholen? Da sprach er zu ihm: Nimm die Verfolgung auf, denn du wirst sie einholen, und du wirst sie retten! 9 Da ging David, er mit sechshundert Mann, die bei ihm waren, und sie kamen an das Bachtal Besor, die Übrigen aber blieben zurück. 10 Und David setzte die Verfolgung fort, er mit vierhundert Mann; zweihundert Mann aber, die zu erschöpft waren, um das Bachtal Besor zu überqueren, blieben dort. 11 Und sie fanden einen Ägypter auf dem Feld, brachten ihn zu David und gaben ihm Brot, und er ass, und sie gaben ihm Wasser zu trinken, 12 und sie gaben ihm ein Stück Feigenkuchen und zwei Kuchen aus getrockneten Trauben. Und er ass, und sein Geist kehrte zurück zu ihm, denn er hatte drei Tage und drei Nächte lang nichts gegessen und getrunken. 13 Und David sagte zu ihm: Zu wem gehörst du, und woher bist du? Und er sagte: Ich bin ein junger ägyptischer Mann, Diener eines amalekitischen Mannes, und mein Herr hat mich zurückgelassen, denn vor drei Tagen bin ich krank geworden. 14 Wir haben den Süden der Keretiter und das, was Juda gehört, und den Süden von Kaleb überfallen, und Ziklag haben wir im Feuer verbrannt. 15 Da sagte David zu ihm: Wirst du mich zu dieser Räuberbande hinabführen? Und er sagte: Schwör mir bei Gott, dass du mich nicht töten oder mich meinem Herrn ausliefern wirst. Dann werde ich dich hinabführen zu dieser Räuberbande. 16 Und er führte ihn hinab, und sieh, da hatten sie sich über das ganze Land ausgebreitet. Sie assen und tranken und feierten ein Fest wegen all der grossen Beute, die sie aus dem Land der Philister und aus dem Land Juda mitgenommen hatten. 17 Und David schlug sie von der Morgendämmerung bis zum Abend des nächsten Tages, und niemand von ihnen entkam, ausser vierhundert jungen Männern, die auf die Kamele stiegen und flohen. 18 Und David rettete alles, was Amalek genommen hatte; auch seine beiden Frauen rettete David. 19 Und sie vermissten nichts, weder Geringes noch Grosses, weder Söhne noch Töchter, weder Beute noch sonst etwas von dem, was sie mit sich genommen hatten. Das alles hatte David zurückgebracht. 20 Und David nahm alle Schafe und Rinder. Man trieb sie vor jener Herde her und sagte: Dies ist die Beute Davids.

21 Und David kam zu den zweihundert Männern, die zu erschöpft gewesen waren, um David zu folgen, und die man am Bachtal Besor zurückgelassen hatte. Und diese zogen los, David und dem Volk entgegen, das bei ihm war. Und David trat auf das Volk zu, und er fragte sie nach ihrem Wohlergehen. 22 Aber alle Bösen und Ruchlosen unter den Männern, die mit David gegangen waren, sagten daraufhin: Weil sie nicht mit uns gegangen sind, werden wir ihnen nichts von der Beute geben, die wir gerettet haben, ausser einem jeden seine Frau und seine Kinder, damit sie diese mitnehmen und gehen. 23 David aber sagte: Meine Brüder, so dürft ihr nicht verfahren mit dem, was der HERRN uns gegeben hat: Er hat uns beschützt und diese Räuberbande, die über uns hergefallen ist, in unsere Hand gegeben. 24 Wer wird denn in dieser Sache auf euch hören? Nein, wie der Anteil dessen, der hinabzieht in die Schlacht, so soll der Anteil dessen sein, der beim Gepäck bleibt; sie sollen miteinander teilen. 25 Und so ist es von jenem Tag an geblieben, und er hat es für Israel zu Brauch und Recht gemacht. So ist es bis auf den heutigen Tag.

26 Und David kam nach Ziklag und sandte einen Teil der Beute an die Ältesten von Juda, an seine Nächsten, mit den Worten: Seht, ein Geschenk für euch aus der Beute der Feinde des HERRN 27 an die in Bet-El, an die in Ramot-Negev, an

die in Jattir, 28 an die in Aroer, an die in Sifmot, an die in Eschtemoa, 29 an die in Rachal, an die in den Städten der Jerachmeeliten, an die in den Städten der Keniten, 30 an die in Chorma, an die in Bor-Aschan, an die in Atach 31 und an die in Chebron und an alle Orte, in denen David umhergezogen war, er mit seinen Männern.

| 1: 1Chr 12,21–22 · 26; 27,6; 2Sam 1,1 | 4: 11,4; 2Sam 1,12; 3,32; 13,36; 15,23; 19,1 | 5: 25,43! | 6: 28,15 · Ex 17,4 · 23,16! | 7: 23,9 | 8: 10,22; 14,37!; 23,4; 2Sam 5,19! | 9: 13,15! | 10: 22,2! · Ri 8,4 | 12: 25,18! | 13: 2Sam 1,3 | 14: 25,3 | 15: Ri 1,24 | 16: Ri 8,11 | 17: 1Chr 4,43 | 19: Gen 14,15 | 21: 17,22 | 23: Dtn 8,17 | 24: Num 31,27 | 26: 1! | 27: Jos 19,8 · Jos 15,48; 21,14 | 28: Num 32,34! · 1Chr 27,27 · Jos 21,14; 1Chr 6,42 | 29: 27,10 | 30: Num 14,45! · Jos 15,42

Das Ende Sauls und seiner Söhne

31 1 Und als die Philister gegen Israel kämpften, flohen die Männer Israels vor den Philistern, und Erschlagene lagen auf dem Gebirge Gilboa. 2 Und die Philister holten Saul und seine Söhne ein, und die Philister erschlugen Jehonatan, Abinadab und Malki-Schua, die Söhne Sauls. 3 Und die Schlacht tobte heftig um Saul, und die Schützen, Männer mit dem Bogen, fanden ihn, und er zitterte sehr vor den Schützen. 4 Da sagte Saul zu seinem Waffenträger: Zieh dein Schwert und durchbohre mich, damit nicht diese Unbeschnittenen kommen und mich durchbohren und ihren Mutwillen mit mir treiben. Sein Waffenträger aber weigerte sich, denn er fürchtete sich sehr. Da nahm Saul das Schwert und stürzte sich hinein. 5 Und sein Waffenträger sah, dass Saul tot war, und da stürzte auch er sich ins Schwert, und er

starb mit ihm. 6 Und so starben Saul, seine drei Söhne, sein Waffenträger und auch alle seine Männer miteinander an jenem Tag. 7 Und die Männer Israels, die jenseits der Ebene und die jenseits des Jordan waren, sahen, dass die Männer Israels geflohen und dass Saul und seine Söhne tot waren. Da verliessen sie die Städte und flohen, und die Philister kamen und setzten sich darin fest.

8 Und am nächsten Tag kamen die Philister, um die Erschlagenen auszuplündern, und sie fanden Saul und seine drei Söhne, die gefallen auf dem Gebirge Gilboa lagen. 9 Da schlugen sie ihm den Kopf ab und nahmen ihm seine Waffen ab und sandten sie rings umher im Land der Philister, um die Nachricht im Haus ihrer Götzen und beim Volk zu verkünden. 10 Und sie legten seine Waffen ins Haus der Astarten, seinen Leichnam aber spiessten sie auf an der Mauer von Bet-Schan. 11 Und die Bewohner von Jabesch im Gilead hörten von ihm, sie hörten, was die Philister Saul angetan hatten. 12 Da machten sich alle tüchtigen Männer auf, gingen die ganze Nacht lang und nahmen die Leiche Sauls und die Leichen seiner Söhne von der Mauer in Bet-Schan. Und sie kamen nach Jabesch und verbrannten sie dort. 13 Ihre Gebeine aber nahmen sie und begruben sie unter der Tamariske in Jabesch. Und sie fasteten sieben Tage.

| 1–13: 1Chr 10,1–12 | 1: 28,1 · 8; 28,4; 2Sam 1,21! | 2: 14,49! | 4: 16,21; 2Sam 1,9; Ri 9,54 · Ri 14,3 · 24,7! · 26,10 | 6: 28,19 | 7: 13,6 | 8: 1! | 9: 17,51! · 2Sam 1,20! | 10: Jos 17,11; Ri 1,27 · 4,12; Dtn 21,22–23 | 11: 11,1! | 12: 14,49!; Jer 34,5 | 13: 2Sam 21,12! · Gen 50,10; 2Sam 1,12

Das Zweite Buch Samuel

Davids Klage um Saul und Jehonatan

1 1 Und nach dem Tod Sauls und nachdem David zurückgekehrt war vom Schlag gegen Amalek, war er zwei Tage in Ziklag, 2 und sieh, da kam am dritten Tag ein Mann aus dem Lager, von Saul, und seine Kleider waren zerrissen, und auf seinem Kopf war Erde. Und als er zu David kam, fiel er zur Erde nieder und verneigte sich. 3 Und David sagte zu ihm: Woher kommst du? Und er sagte zu ihm: Ich bin entronnen aus dem Lager Israels. 4 Und David sagte zu ihm: Was ist geschehen? Berichte es mir doch. Und er sagte: Das Volk ist aus der Schlacht geflohen, und es ist auch eine grosse Zahl vom Volk gefallen und umgekommen, und auch Saul und Jehonatan, sein Sohn, sind tot. 5 Und David sagte zu dem jungen Mann, der ihm dies berichtete: Woher weisst du, dass Saul und Jehonatan, sein Sohn, tot sind? 6 Und der junge Mann, der ihm berichtete, sagte: Zufällig befand ich mich auf dem Gebirge Gilboa, und sieh, da stand Saul, auf seinen Speer gestützt, und sieh, die Wagen und die Reiterei hatten ihn eingeholt. 7 Da wandte er sich um und sah mich, und er rief mich, und ich sagte: Hier bin ich. 8 Und er sagte zu mir: Wer bist du? Und ich sagte zu ihm: Ich bin ein Amalekiter. 9 Und er sagte zu mir: Tritt her zu mir und gib mir den Todesstoss, denn Schwäche hat mich ergriffen, aber noch immer ist mein Leben in mir. 10 Da trat ich zu ihm und gab ihm den Todesstoss, denn ich wusste, dass er seinen Fall nicht überleben würde. Dann nahm ich das Diadem, das auf seinem Kopf war, und die Spange, die an seinem Arm war, und ich habe sie hierher gebracht zu meinem Herrn. 11 Da fasste David seine Kleider und zerriss sie, und so machten es auch alle Männer, die bei ihm waren. 12 Und sie hielten die Totenklage und weinten und fasteten bis zum Abend für Saul und für Jehonatan, seinen Sohn, und für das Volk des HERRN und das Haus Israel, weil sie gefallen waren durch das Schwert. 13 Und David sagte zu dem jungen Mann, der ihm berichtet hatte: Woher bist du? Und er sagte: Ich bin der Sohn eines amalekitischen Fremden. 14 Und David sagte zu ihm: Wie kommt es, dass du dich nicht gescheut hast, deine Hand auszustrecken, um den Gesalbten des HERRN umzubringen? 15 Und David rief einen von seinen Männern und sagte: Komm her, stoss ihn nieder! Und der erschlug ihn, und er starb. 16 Und David sprach zu ihm: Dein Blut ist auf deinem Haupt, denn dein Mund hat gegen dich ausgesagt, als du sagtest: Ich habe dem Gesalbten des HERRN den Todesstoss gegeben.

17 Und David sang dieses Klagelied für Saul und für Jehonatan, seinen Sohn, 18 und er sagte, man solle es die Judäer lehren als das Lied vom Bogen; sieh, es steht im Buch des Aufrechten:

19 Die Zierde, Israel,
   auf deinen Anhöhen durchbohrt!
Wie sind die Helden gefallen!
20 Berichtet es nicht in Gat,
   verkündet es nicht in den Gassen
   von Aschkelon,
die Töchter der Philister sollen sich
nicht freuen,
   die Töchter der Unbeschnittenen
   sollen nicht frohlocken!
21 Berge von Gilboa, kein Tau soll auf
euch fallen und kein Regen,
   ihr Gefilde des Todes,
denn dort wurde der Schild der Helden
besudelt,
   der Schild Sauls nicht gesalbt mit Öl.
22 Blut von Gefallenen,
   Fett von Helden.

Nie wich Jehonatans Bogen zurück,
und Sauls Schwert kehrte nicht
erfolglos heim.
23 Saul und Jehonatan –
geliebt und liebenswert, solange
sie lebten,
auch in ihrem Sterben nicht getrennt.
Schneller waren sie als Adler,
stärker waren sie als Löwen.
24 Töchter Israels,
weint um Saul,
der euch mit Schmuckstücken rot
bekleidet hat,
der Goldschmuck geheftet hat an
euer Gewand.
25 Wie sind die Helden gefallen
im Getümmel der Schlacht!
Jehonatan –
auf deinen Anhöhen durchbohrt!
26 Deinetwegen bin ich in Not, mein
Bruder Jehonatan,
du warst mir so lieb.
Wunderbarer war deine Liebe für mich
als die Liebe von Frauen.
27 Wie sind die Helden gefallen
und verloren die Waffen des Kriegs!

| 1–10: 4,4 | 1: 1Sam 31,4 · 1Sam 30,1! | 2: 4,10 ·
1Sam 20,41! · 1Sam 4,12; 2Sam 1,11; 3,31; 13,31 · 13,19;
15,32 | 3: 1Sam 30,13 · 1Sam 4,16 | 6: 1Sam 28,4; 31,1 ·
1Sam 26,7! · 1Sam 31,2 · 10,18 | 8: 13; 1Sam 30,13 | 9:
1Sam 31,4! | 10: Ex 29,10 | 11: 2! | 12: 3,35!; 1Sam 31,13! ·
1Sam 30,4! · 1Sam 25,1! | 13: 8! | 14: 1Sam 2,10 · 16;
19,22; 1Sam 24,7! | 15: 4,10.12 | 16: 14! · 3,29;
1Sam 25,39; 1Kön 2,32; Apg 18,6 | 17: 3,33 | 18:
Jos 10,13 · 1Sam 28,4 | 20: 1Sam 6,17 ·
1Sam 31,9; Mi 1,10 · Ri 16,23 · Ri 14,3 | 21: 19;
1Sam 31,1! · Jes 21,5 | 22: 1Sam 18,4; 20,40 ·
1Sam 14,47!; Jer 50,9 | 23: 17,10 · Jer 4,13; Klgl 4,19 ·
Ri 14,18 | 25: 1Sam 18,1; 20,7 | 26: 1Sam 18,1!

1,4: Siehe die Anm. zu 1Sam 14,6.
1,19: Möglich ist für das mit «Zierde» wiedergegebene Wort auch die Übersetzung «Gazelle»; die
Gazelle steht für Anmut und Schnelligkeit.
1,21: Die Übersetzung: «ihr Gefilde des Todes»,
beruht auf antiken Übersetzungen; der Massoretische Text lautet übersetzt: «Felder der Abgaben»;
möglicherweise werden dabei die Toten als heilige
Abgaben gedeutet.

David wird König über Juda, Isch-Boschet über Israel

2 1 Und danach befragte David den
HERRN und sagte: Soll ich hinaufziehen in eine der Städte Judas? Und der
HERR sprach zu ihm: Zieh hinauf. Und
David sagte: Wohin soll ich hinaufziehen? Und er sprach: Nach Chebron.
2 Und David zog dort hinauf. Und auch
seine beiden Frauen, Achinoam, die Jesreelitin, und Abigajil, die Frau Nabals,
des Karmeliters, 3 und die Männer, die
bei ihm waren, führte David hinauf, jeden mit seinem Haus, und sie blieben in
den Ortschaften von Chebron. 4 Und
die Männer von Juda kamen, und dort
salbten sie David zum König über das
Haus Juda.

Und man berichtete David: Die Männer von Jabesch im Gilead, sie haben
Saul begraben. 5 Da sandte David Boten
an die Männer von Jabesch im Gilead
und sagte zu ihnen: Ihr seid gesegnet
vom HERRN, dass ihr eurem Herrn, Saul,
diese Barmherzigkeit erwiesen und ihn
begraben habt. 6 Und nun möge der
HERR euch Barmherzigkeit und Treue
erweisen, und auch ich will euch dies
Gute tun, weil ihr so gehandelt habt.
7 Und nun sollen eure Hände stark sein,
und ihr sollt tüchtig sein, denn euer
Herr, Saul, ist tot, mich aber hat das
Haus Juda zum König gesalbt.

8 Abner aber, der Sohn des Ner, der
Sauls Heerführer gewesen war, nahm
Isch-Boschet, den Sohn Sauls, und
brachte ihn hinüber nach Machanajim.
9 Und dort machte er ihn zum König
über das Gilead, über die von Asser, über
Jesreel, Efraim, Benjamin und über
ganz Israel. 10 Vierzig Jahre alt war Isch-
Boschet, der Sohn Sauls, als er König
wurde über Israel, und zwei Jahre lang
war er König. Nur das Haus Juda – sie
standen hinter David. 11 Und die Zeit,
die David in Chebron König war über
das Haus Juda, betrug sieben Jahre und
sechs Monate.

| 1: 5,1–3.19–23; 1Sam 23,2! · Jos 15,13 | 2:
1Sam 25,43! | 3: 1Sam 22,2; 1Chr 12,1–23 | 4–5: 21,12!
| 4: 1Sam 16,13!; 2Kön 11,12 | 5: 1Sam 11,1! · 16,17 | 6:
15,20!; Gen 24,27 | 7: 16,21; 1Sam 23,16; Ri 7,11 · 13,28
| 8–10: 4,1! | 8: 1Sam 14,50! · 3,7 · 17,24.27; Gen 32,3!
| 9: 1Sam 11,15; 1Kön 1,43; 16,16 · 1Sam 29,1 | 11:
5,5; 1Chr 29,27!

2,7: Wörtlich: «... zum König gesalbt über sich.»
2,8: Der Name Isch-Boschet bedeutet: ‹Mann der Schande›; da der Name in 1Chr 8,33 und 9,39 Eschbaal (übersetzt wohl: ‹Mann des Baal›) lautet, wird es sich bei der Form Isch-Boschet um eine Verunstaltung des Namens handeln.

Der Bruderkrieg zwischen Israel und Juda

12 Und Abner, der Sohn des Ner, rückte aus mit den Dienern Isch-Boschets, des Sohns von Saul, von Machanajim nach Gibeon. 13 Joab aber, der Sohn der Zeruja, war mit den Dienern Davids ausgerückt, und am Teich von Gibeon trafen sie aufeinander, und die einen blieben auf der einen Seite des Teichs, und die anderen blieben auf der anderen Seite des Teichs. 14 Da sagte Abner zu Joab: Die jungen Männer sollen sich aufmachen und uns eine Unterhaltung bieten. Und Joab sagte: Sie sollen sich aufmachen. 15 Und sie machten sich auf und gingen hinüber, abgezählt: zwölf für Benjamin und für Isch-Boschet, den Sohn Sauls, und zwölf von den Dienern Davids. 16 Und ein jeder hielt sein Gegenüber am Kopf fest und stiess sein Schwert in die Seite seines Gegenübers, und sie fielen miteinander. Und man nannte jenen Ort Chelkat-Hazzurim; er liegt in Gibeon. 17 Und der Kampf war überaus hart an jenem Tag, und Abner und die Männer Israels wurden vor den Dienern Davids geschlagen.

18 Und dort waren auch die drei Söhne der Zeruja: Joab, Abischai und Asael. Und Asael war leichtfüssig wie eine der Gazellen auf dem Feld. 19 Und Asael verfolgte Abner und wich bei der Verfolgung nicht von Abner, weder nach rechts noch nach links. 20 Da wandte sich Abner um und sagte: Bist du das, Asael? Und er sagte: Ich bin es. 21 Und Abner sagte zu ihm: Geh nach rechts oder nach links, greif dir einen von den jungen Männern, und nimm dir seine Rüstung. Aber Asael wollte nicht von ihm ablassen. 22 Da sagte Abner noch einmal zu Asael: Lass ab von mir! Warum soll ich dich zu Boden schlagen? Wie könnte ich mein Angesicht zu Joab, deinem Bruder, erheben? 23 Er aber weigerte sich, von ihm abzulassen. Da stiess Abner ihm mit dem hinteren Ende des Speers in den Bauch, der Speer aber trat hinten wieder aus, und er fiel dort nieder und starb an Ort und Stelle. Und jeder, der an den Ort kam, wo Asael gefallen und gestorben war, blieb stehen.

24 Joab und Abischai aber verfolgten Abner; und als die Sonne untergegangen war, da waren sie nach Gibeat-Amma gekommen, das gegenüber von Giach liegt, auf dem Weg in die Wüste von Gibeon. 25 Da sammelten sich die Benjaminiten hinter Abner zu einem einzigen Haufen und stellten sich auf der Kuppe eines Hügels auf. 26 Und Abner rief Joab zu und sagte: Soll denn das Schwert für immer fressen? Weisst du nicht, dass am Ende Bitterkeit bleibt? Wann endlich willst du dem Volk sagen, dass sie zurückkehren sollen von der Verfolgung ihrer Brüder? 27 Und Joab sagte: So wahr Gott lebt! Hättest du jetzt nicht geredet, dann hätte sich das Volk erst am Morgen von der Verfolgung seiner Brüder zurückgezogen. 28 Und Joab blies den Schofar, und alles Volk blieb stehen und verfolgte Israel nicht länger, und sie setzten den Kampf nicht fort. 29 Nachdem Abner und seine Männer jene ganze Nacht lang durch die Araba gezogen waren, überschritten sie den Jordan, gingen durch die ganze Bitronschlucht und kamen nach Machanajim. 30 Joab aber war zurückgekehrt von der Verfolgung Abners und versammelte alles Volk, und von den Dienern Davids wurden neunzehn Mann und Asa-El vermisst. 31 Auch die Diener Davids hatten etliche von Benjamin und von den Männern Abners erschlagen; dreihundertsechzig Mann waren tot. 32 Und sie hoben Asael auf, und man begrub ihn im Grab seines Vaters, das in Betlehem war. Dann gingen Joab und seine Männer die ganze Nacht lang, und als sie in Chebron ankamen, wurde es hell.

3 1 Und der Krieg zwischen dem Haus Saul und dem Haus David zog sich hin, und David wurde immer stärker, das Haus Saul aber wurde immer schwächer.

2 Und in Chebron wurden David Söhne geboren: Sein Erstgeborener war Amnon, von Achinoam, der Jesreelitin, 3 sein zweiter war Kilab, von Abigajil, der Frau Nabals, des Karmeliters, der dritte war Absalom, der Sohn der Maacha, der Tochter des Talmai, des Königs von Geschur, 4 der vierte war Adonija, der Sohn der Chaggit, der fünfte war Schefatja, der Sohn der Abital, 5 und der sechste war Jitream, von Egla, der Frau Davids. Diese wurden David in Chebron geboren.

| 12: Jos 9,3 | 13: 8,16!; 10,7; 14,1; 1Sam 26,6 | 18: 3,39!; 1Sam 26,6; 1Chr 2,16 · 23,24! · 1Chr 12,9 | 20: Ri 14,19 | 23: 3,27; 4,6; 20,10; Ri 3,21; Dtn 27,24 · 20,12 | 26: Mt 26,52 | 27: 1Sam 14,39 · Spr 17,14 | 28: 18,16; 20,22 | 1: 5,10 | 2–5: 1Chr 3,1–4 | 2: 13,1–39 | 3: 1Sam 25,3 · 13,37; 14,23; Jos 13,13 | 4: 1Kön 1,5!

2,16: Der Name Chelkat-Hazzurim bedeutet: ‹Feldstück der Felsen›; durch eine leichte Textkorrektur wird daraus das wohl ursprüngliche ‹Feldstück der Seiten›; es liegt dann eine Anspielung vor auf die ‹Seiten›, in die die Kämpfer einander stachen.

David und Abner

6 Und solange der Krieg währte zwischen dem Haus Saul und dem Haus David, hielt Abner zum Haus Saul. 7 Saul aber hatte eine Nebenfrau gehabt, und ihr Name war Rizpa, die Tochter des Ajja. Und Isch-Boschet sagte zu Abner: Warum bist du zur Nebenfrau meines Vaters gegangen? 8 Abner aber wurde sehr zornig über die Worte Isch-Boschets und sagte: Bin ich denn ein Hundskopf, der zu Juda gehört? Heute erweise ich dem Haus deines Vaters Saul, seinen Brüdern und Freunden Barmherzigkeit, und ich habe dich nicht in die Hand Davids fallen lassen, du aber hast mich heute zur Rede gestellt wegen des Vergehens mit dieser Frau! 9 Gott tue mir, Abner, an, was immer er will; was der HERR David geschworen hat, das will ich für ihn tun: 10 Dem Haus Saul das Königtum nehmen und den Thron Davids aufrichten über Israel und Juda, von Dan bis Beer-Scheba. 11 Da konnte er Abner kein Wort erwidern, denn er fürchtete sich vor ihm.

12 Und Abner sandte für sich Boten zu David und liess ihm sagen: Wem gehört das Land? Und weiter: Schliess deinen Bund mit mir, und sieh, dann ist meine Hand mit dir, um ganz Israel auf deine Seite zu bringen. 13 Und er sagte: Gut! Ich schliesse einen Bund mit dir; eines aber fordere ich von dir: Du darfst mich nicht sehen, es sei denn, du bringst zuvor Michal her, die Tochter Sauls, wenn du kommst, um mich zu sehen. 14 Und David sandte Boten zu Isch-Boschet, dem Sohn Sauls, und liess ihm sagen: Gib mir meine Frau, Michal, mit der ich mich für die hundert Vorhäute der Philister verlobt habe. 15 Und Isch-Boschet sandte hin und holte sie weg von dem Mann, von Paltiel, dem Sohn des Lajisch. 16 Ihr Mann aber ging mit ihr; weinend folgte er ihr bis Bachurim. Da sprach Abner zu ihm: Geh, kehr zurück. Und er kehrte zurück.

17 Abner aber hatte sich mit den Ältesten Israels besprochen und gesagt: Früher schon habt ihr verlangt, dass David König werde über euch. 18 Handelt jetzt! Denn der HERR hat zu David gesagt: Durch David, meinen Diener, rette ich mein Volk Israel aus der Hand der Philister und aus der Hand aller seiner Feinde. 19 Und das trug Abner auch Benjamin vor. Und Abner ging auch, um David in Chebron alles vorzutragen, was gut war in den Augen Israels und in den Augen des ganzen Hauses Benjamin. 20 Und Abner kam zu David nach Chebron, und zwanzig Männer waren bei ihm, und David hielt ein Gastmahl für Abner und für die Männer, die bei ihm waren. 21 Und Abner sagte zu David: Ich will mich aufmachen und hingehen und ganz Israel um meinen Herrn, den König, versammeln, damit sie mit dir einen Bund schliessen und du König wirst, wo es dir beliebt. Und David liess Abner ziehen, und er ging in Frieden.

|6: 1Sam 14,50! |7: 16,21 · 5,13 · 21,8.11 · 2,8 |8:
9,8; 16,9; 1Sam 17,43!; 24,15 |9: 35; 19,14; 1Sam 3,17 ·
Ps 89,36–37 |10: 1Sam 15,28! · 17,11; 24,2; 1Sam 3,20!
|13: 14,24; Gen 33,10 |14: 1Sam 18,27 |15: 1Sam 25,44
|16: 16,5; 17,18; 19,17 |17: 5,3; 17,4 |20: 1Sam 25,36;
Ri 14,10 |21: 1Kön 11,37

3,7: Der Name Isch-Boschet wurde auf der Grundlage einiger Textzeugen eingefügt; der Massoretische
Text lautet übersetzt: «... Und er sagte ...»

Abners Tod

22 Und sieh, die Diener Davids kamen mit Joab von einem Streifzug und
brachten reiche Beute mit. Abner aber
war nicht mehr bei David in Chebron,
denn der hatte ihn ziehen lassen, und er
war in Frieden gegangen. 23 Und Joab
war mit dem ganzen Heer, das bei ihm
war, angekommen, und man berichtete
Joab: Abner, der Sohn des Ner, ist zum
König gekommen, und der hat ihn ziehen lassen, und er ist in Frieden gegangen. 24 Da kam Joab zum König und
sagte: Was hast du getan? Sieh, Abner ist
zu dir gekommen; wie konntest du ihn
ziehen lassen? Nun ist er fortgegangen.
25 Du kennst Abner, den Sohn des Ner:
Er ist gekommen, um dich zu betrügen
und dein Kommen und Gehen zu erkunden und um alles in Erfahrung zu bringen, was du tust. 26 Und Joab ging fort
von David und sandte Boten hinter Abner her, und diese brachten ihn zurück
von der Zisterne Sira, ohne dass David
etwas davon wusste. 27 Und Abner kam
zurück nach Chebron, und Joab führte
ihn beiseite, ins Tor, um ungestört mit
ihm zu reden. Dort aber stach er ihn in
den Bauch, und er starb für das Blut Asa-
Els, seines Bruders. 28 Und später hörte
David davon, und er sprach: Vor dem
HERRN sind ich und mein Königtum für
immer unschuldig am Blut Abners, des
Sohns des Ner. 29 Es komme auf das
Haupt Joabs und auf das ganze Haus seines Vaters! Und es soll im Haus Joab nie
an einem fehlen, der an Ausfluss leidet,
der aussätzig ist, der die Spindel hält,
der durch das Schwert fällt oder nichts
zu essen hat! 30 Joab aber und Abischai,
sein Bruder, hatten Abner umgebracht,

weil er Asael, ihren Bruder, in der
Schlacht bei Gibeon getötet hatte.
31 Und David sprach zu Joab und zu
allem Volk, das bei ihm war: Zerreisst
eure Kleider, gürtet die Trauergewänder
um und stimmt die Totenklage an vor
Abner! König David aber folgte der
Bahre. 32 Und sie begruben Abner in
Chebron, und am Grab Abners begann
der König laut zu weinen; und auch alles
Volk weinte. 33 Und der König beklagte
Abner und sagte:
Musste Abner sterben, wie ein Tor
  stirbt?
34 Deine Hände waren nicht gefesselt,
  und deine Füsse hatten die Ketten
  nicht berührt.
Wie man durch Schandtäter fällt,
  so bist du gefallen.
  Da weinte alles Volk noch mehr
um ihn.
35 Und alles Volk kam, als es noch
Tag war, um David Speise zu reichen,
David aber schwor: Gott tue mir an, was
immer er will, wenn ich vor Sonnenuntergang Brot oder anderes anrühre!
36 Und als das ganze Volk davon erfuhr,
war es gut in seinen Augen; wie alles,
was der König tat, war es gut in den
Augen des ganzen Volks. 37 Und alles
Volk und ganz Israel erkannte an jenem
Tag, dass die Ermordung Abners, des
Sohns des Ner, nicht vom König ausgegangen war. 38 Und der König sagte zu
seinen Dienern: Wisst ihr nicht, dass
an eurem heutigen Tag ein Anführer, ein
Grosser in Israel gefallen ist? 39 Ich aber
bin heute schwach, obwohl ich zum König gesalbt bin, und diese Männer, die
Söhne der Zeruja, sind härter als ich. Der
HERR vergelte dem, der Böses tut, nach
seiner Bosheit!

|25: 10,3; 15,35; Gen 42,9.12 |27: 2,23! · 23,24! |28:
14,9; Jos 2,19; Num 35,33 · 1Kön 2,5 |29: 1,16!·
Lev 15,2! · Lev 13,2 |30: Num 35,19 · 2Kön 14,5 |31:
1,2! · 1Sam 25,1! |32: 1Sam 30,4! |33: 1,17 ·
Num 23,10; Spr 14,32 |34: Ri 16,21; 2Kön 25,7 |35:
12,17! · 9! · 1,12; 1Sam 14,24; Ri 20,26 |38: 1Sam 26,15
|39: 2,18; 16,9.10; 19,23 · Ri 9,57; Ps 28,4

3,29: «der die Spindel hält» bedeutet wohl: der
unmännlich ist. In der griechischen Überlieferung
lautet der Text: «der die Krücke ergreift».

Isch-Boschets Tod

4 1 Der Sohn Sauls aber hörte, dass Abner in Chebron umgekommen war, und er verlor den Mut, und ganz Israel erschrak. 2 Und der Sohn Sauls hatte zwei Männer als Anführer von Streifscharen: Der Name des einen war Baana, und der Name des zweiten war Rechab, sie waren die Söhne Rimmons, des Beerotiters, von den Benjaminiten, denn auch Beerot wird zu Benjamin gerechnet. 3 Die Beerotiter aber flohen nach Gittajim, und dort sind sie als Fremde geblieben bis auf den heutigen Tag. 4 Jehonatan aber, der Sohn Sauls, hatte einen Sohn gehabt, der an beiden Füssen behindert war. Er war fünf Jahre alt, als aus Jesreel die Nachricht von Saul und Jehonatan kam. Und seine Pflegemutter hatte ihn aufgehoben und war geflohen; da sie aber hastig floh, fiel er hin und wurde gelähmt. Und sein Name war Mefiboschet. 5 Und die Söhne Rimmons, des Beerotiters, Rechab und Baana, gingen und kamen zum Haus Isch-Boschets, als der Tag heiss war, der aber hielt den Mittagsschlaf. 6 Und sieh, als Weizenträger waren die beiden bis ins Innere des Hauses gelangt, und sie stachen ihn in den Bauch. Und Rechab und Baana, sein Bruder, entkamen. 7 Und sie kamen in das Haus, während er in seinem Schlafgemach auf seinem Bett lag, und schlugen auf ihn ein und töteten ihn. Dann schlugen sie ihm den Kopf ab und nahmen seinen Kopf und gingen den Weg durch die Araba, die ganze Nacht lang. 8 Und sie brachten den Kopf Isch-Boschets zu David nach Chebron und sagten zum König: Sieh, der Kopf von Isch-Boschet, dem Sohn Sauls, deinem Feind, der dir nach dem Leben getrachtet hat. Und der HERR hat am heutigen Tag meinem Herrn, dem König, Rache gewährt an Saul und seinen Nachkommen. 9 David aber antwortete Rechab und seinem Bruder Baana, den Söhnen Rimmons, des Beerotiters, und sprach zu ihnen: So wahr der HERR lebt, der mich aus jeder Not erlöst hat: 10 Der mir berichtet hat: Sieh, Saul ist tot!, und der in seinen eigenen Augen ein Freudenbote war, den habe ich gegriffen und in Ziklag umgebracht, und so habe ich ihm den Botenlohn gegeben. 11 Wenn Frevler einen gerechten Mann in seinem Haus auf seinem Bett umgebracht haben – sollte ich dann nicht erst recht sein Blut von eurer Hand fordern und euch wegfegen von der Erde? 12 Und David gab den jungen Männern Befehl, und die brachten sie um, hackten ihnen ihre Hände und ihre Füsse ab und hängten sie auf am Teich in Chebron. Den Kopf Isch-Boschets aber nahmen sie, und sie begruben ihn im Grab Abners, in Chebron.

| 1: 2,8–10; 3,27 | 3: Ex 12,48 | 4: 1,1–10 · 9,3;
1Chr 8,34 | 6: 2,23! | 7: 20,22; 1Sam 17,51! | 9:
1Kön 1,29 · 1Sam 26,24! | 10: 1,2.15 · 18,20–22 | 11:
Gen 9,5–6; Dtn 19,13 | 12: 1,15 · 1Sam 31,10!

4,4: Mefiboschet: Da der Name in 1Chr 9,40
Merib-Baal lautet (übersetzt: ‹Baal streitet für mich›),
wird es sich bei der Form Mefiboschet (möglicherweise ‹aus dem Mund der Schande›) um eine absichtliche Verunstaltung des Namens handeln.

David wird König über ganz Israel

5 1 Und alle Stämme Israels kamen zu David nach Chebron und sagten: Sieh, wir sind von deinem Fleisch und Blut. 2 Schon damals, als Saul König war über uns, bist du es gewesen, der Israel hinausgeführt und wieder zurückgeführt hat; und der HERR hat zu dir gesagt: Du sollst mein Volk, Israel, weiden, und du sollst Fürst werden über Israel. 3 Da kamen alle Ältesten Israels zum König nach Chebron, und in Chebron schloss König David mit ihnen einen Bund vor dem HERRN, und sie salbten David zum König über Israel. 4 Dreissig Jahre alt war David, als er König wurde; vierzig Jahre lang war er König. 5 Sieben Jahre und sechs Monate lang war er in Chebron König über Juda, und dreiunddreissig Jahre lang war er in Jerusalem König über ganz Israel und Juda.

6 Und der König zog mit seinen
Männern nach Jerusalem, gegen die Je-
busiter, die Bewohner des Landes, und
man sagte zu David: Da wirst du nicht
hineinkommen; die Blinden und die
Lahmen vertreiben dich! Damit wollte
man sagen: Da wird David nicht hineinkommen. 7 David aber nahm die Burg
Zion ein; das ist die Stadt Davids. 8 Und
David sagte an jenem Tag: Wer einen Jebusiter erschlägt und die Lahmen und
Blinden, die David in die Seele verhasst
sind, und den Wasserschacht erreicht –!
Daher sagt man: Kein Blinder und kein
Lahmer darf ins Haus kommen! 9 Und
David wohnte auf der Burg und nannte
sie die Stadt Davids; und ringsum baute
David sie aus, vom Millo an einwärts.
10 Und David wurde immer grösser,
und der HERR, der Gott der Heerscharen, war mit ihm. 11 Und Chiram, der
König von Tyros, sandte Boten zu David
und Zedernholz und Zimmermänner
und Maurer, und sie bauten David ein
Haus. 12 Und David erkannte, dass der
HERR ihn als König über Israel fest eingesetzt und sein Königtum emporge-
bracht hatte um seines Volks Israel
willen.

13 Und nachdem er von Chebron ge-
kommen war, nahm David sich weitere
Nebenfrauen und Frauen aus Jerusalem,
und David wurden weitere Söhne und
Töchter geboren. 14 Und dies sind die
Namen derer, die ihm in Jerusalem ge-
boren wurden: Schammua, Schobab,
Natan, Salomo, 15 Jibchar, Elischua,
Nefeg, Jafia, 16 Elischama, Eljada und
Elifelet.

|1–3: 1Chr 11,1–3 |1: 19,13; Gen 29,14! · Dtn 17,15
|2: 1Sam 18,13! · 6,21!; 7,8!; 1Sam 13,14; 25,30 |3: 3,17! ·
2Kön 11,17 · 17; 1Sam 16,13! |4: Gen 41,46; Lk 3,23 |5:
1Chr 29,27! · 2,11! · 12,8 |6–9: 1Chr 11,4–8 |6:
Jos 15,8.63; Ri 1,21 |7: 9; 6,10.12.16; 1Kön 2,10 ·
Lev 21,18 |9: 7! · 1Kön 9,15; 2Kön 12,21; Ri 9,6 |10:
1Chr 11,9 · 3,1 · 7,9; 1Sam 3,19; 18,12.14 |11–25:
1Chr 14,1–16 |11: 7,2 · 1Kön 5,15! |13: 21,11 · 3,7 ·
Dtn 17,17 |14–16: 1Chr 3,5–9 |14: 1Kön 4,5

5,1: Siehe die Anm. zu Ri 9,2.
5,8: «Wer ... Wasserschacht erreicht –!» soll wohl
aussagen, dass derjenige, der das tut, ausgezeichnet
wird (vgl. 2Chr 11,16).

Davids Sieg über die Philister

17 Die Philister aber hörten, dass
man David zum König über Israel gesalbt hatte, und so zogen alle Philister
hinauf, um David zu stellen. Und David
hörte davon und ging hinab in die Burg.
18 Und die Philister waren angekommen und breiteten sich in der Ebene
Refaim aus. 19 Und David befragte den
HERRN: Soll ich hinaufziehen gegen die
Philister? Wirst du sie in meine Hand
geben? Und der HERR sprach zu David:
Zieh hinauf, denn ich werde die Philister in deine Hand geben! 20 Und David
kam nach Baal-Perazim, und David
schlug sie dort und sagte: Der HERR hat
die Reihen meiner Feinde vor mir
durchbrochen, wie Wasser durchbricht.
Daher nannte man jenen Ort Baal-Perazim. 21 Und dort liessen sie ihre Götzen
zurück. David aber und seine Männer
trugen die Götzen fort.

22 Aber erneut zogen die Philister
hinauf, und sie breiteten sich in der
Ebene Refaim aus. 23 Und David befragte den HERRN, und dieser sprach:
Zieh nicht hinauf! Fall ihnen in den Rücken und mach dich von der Seite der
Bakasträucher an sie heran. 24 Und
wenn du den Laut von Schritten im Gezweige der Bakasträucher hörst, dann
sei achtsam! Denn dann ist der HERR
vor dir hergezogen, um das Lager
der Philister zu schlagen. 25 Und David
machte es so, wie der HERR es ihm geboten hatte, und er schlug die Philister von
Geba bis dahin, wo es nach Geser geht.

|17: 3; 23,14 |18: 23,13; Jos 15,8; 18,16 |19: 2,1;
1Sam 22,10; 30,8 |20: Ri 21,15 · Jes 28,21 · 6,8! |22:
21,15 |24: Ri 4,14 · 2Kön 7,6 |25: 8,1! · Ri 1,29

5,20: Der Name Baal-Perazim bedeutet ‹Herr der
Durchbrüche›.
5,21: Wörtlich: «... trugen sie fort.»

Die Überführung der Lade nach Jerusalem

6 1 Und erneut versammelte David
alle, die in Israel ausgewählt worden
waren, dreissigtausend. 2 Und David
machte sich auf, und mit allem Volk, das
bei ihm war, ging er von Baale-Jehuda,

um von dort die Lade Gottes heraufzubringen, über der der Name ausgerufen war, der Name des HERRN der Heerscharen, der über den Kerubim thront. 3 Und sie liessen die Lade Gottes auf einem neuen Wagen fahren und brachten sie fort aus dem Haus des Abinadab, das auf dem Hügel lag. Ussa und Achjo aber, die Söhne Abinadabs, lenkten den neuen Wagen. 4 Und sie brachten sie fort aus dem Haus Abinadabs, das mit der Lade Gottes auf dem Hügel lag. Und Achjo ging vor der Lade her. 5 Und David und das ganze Haus Israel tanzten vor dem HERRN, mit verschiedenen Hölzern vom Wacholder, mit Leiern, mit Harfen und Pauken, mit Rasseln und mit Zimbeln. 6 Dann aber kamen sie zur Tenne des Nachon, und Ussa griff nach der Lade Gottes und hielt sie fest, denn die Rinder hatten sich losgerissen. 7 Da entbrannte der Zorn des HERRN über Ussa, und dort schlug ihn Gott dieser Vermessenheit wegen, und er starb dort bei der Lade Gottes. 8 Und David war zornig darüber, dass der HERR mit dem Tod des Ussa eine Lücke gerissen hatte, und man nennt jenen Ort Perez-Ussa bis auf den heutigen Tag. 9 Und an jenem Tag fürchtete sich David vor dem HERRN und sagte: Wie soll die Lade des HERRN zu mir kommen? 10 David aber wollte die Lade des HERRN nicht zu sich in die Stadt Davids bringen lassen, und so führte David sie weg zum Haus Obed-Edoms, des Gattiters. 11 Und im Haus Obed-Edoms, des Gattiters, blieb die Lade des HERRN drei Monate lang, und der HERR segnete Obed-Edom und sein ganzes Haus.

12 Und es wurde König David berichtet: Um der Lade Gottes willen hat der HERR das Haus Obed-Edoms gesegnet und alles, was ihm gehört. Da ging David, und mit Freude brachte er die Lade Gottes aus dem Haus Obed-Edoms hinauf in die Stadt Davids. 13 Und wenn die Träger der Lade des HERRN sechs Schritte gegangen waren, opferte er ein Rind und ein gemästetes Kalb. 14 Und

David tanzte voller Hingabe vor dem HERRN, und David war umgürtet mit einem linnenen Efod. 15 Und so brachten David und das ganze Haus Israel die Lade des HERRN hinauf unter Jubel und unter dem Klang des Schofar. 16 Und als die Lade des HERRN in die Stadt Davids gekommen war und Michal, die Tochter Sauls, aus dem Fenster blickte, sah sie, wie König David vor dem HERRN umherwirbelte und tanzte. Da verachtete sie ihn in ihrem Herzen.

17 Und man brachte die Lade des HERRN und stellte sie an ihren Ort im Zelt, das David für sie aufgeschlagen hatte. Und David brachte Brandopfer dar vor dem HERRN und auch Heilsopfer. 18 Und als David die Brandopfer und die Heilsopfer dargebracht hatte, segnete er das Volk im Namen des HERRN der Heerscharen. 19 Dann verteilte er an das ganze Volk, an die ganze Menge Israels, an Mann und Frau, an alle einzeln, je einen Brotkuchen, einen Dattelkuchen und einen Rosinenkuchen. Dann ging alles Volk, ein jeder in sein Haus. 20 Und David kehrte zurück, um sein Haus zu segnen, und Michal, die Tochter Sauls, kam heraus, David entgegen, und sagte: Wie würdevoll hat sich heute der König von Israel benommen, da er sich heute vor den Augen der Mägde seiner Diener entblösst hat, wie sich wirklich nur einer vom Gesindel entblösst! 21 David aber sagte zu Michal: Vor dem HERRN, der mich vor deinem Vater und seinem ganzen Haus erwählt hat und der mich zum Fürsten über das Volk des HERRN, über Israel, bestimmt hat, vor dem HERRN tanze ich. 22 Und ich werde mich noch mehr erniedrigen als dieses Mal, und ich werde gering sein in meinen eigenen Augen; bei den Mägden aber, von denen du gesprochen hast, bei ihnen will ich in Ehren stehen. 23 Michal aber, die Tochter Sauls, hatte bis zum Tag ihres Todes keine Kinder.

|1–11: 1Chr 13,1–14 | 2: Jos 15,9; 1Chr 13,6 · 1Sam 6,21! · 1Sam 4,4! | 3: 1Sam 6,7!; Num 7,3 · 1Sam 7,1 | 5: 1Sam 18,6! · Ps 150,3–5 | 7: 1Sam 6,19! ·

1Sam 25,38! · Num 4,15 | 8: 5,20; Gen 38,29 | 9:
1Sam 5,10; 6,20 | 10: 12.16; 5,7! | 11: 1Chr 26,5 | 12–19:
1Chr 15,1–16,6 | 12: 10! | 14: 1Sam 10,10–12 · Ex 15,20 ·
1Sam 2,18 | 15: Ps 149,5 · Ps 47,6; 98,6 | 16: 10!;
1Sam 18,20! | 17: 7,2! · 24,22; 1Sam 6,14; 1Kön 8,62
| 18: 1Kön 8,14 | 19–23: 1Chr 16,37–43 | 19: Jos 22,6 | 20:
1Sam 18,20! | 21: 5,2! · 1Sam 9,16!

6,7: Die Übersetzung des mit ‹Vermessenheit›
wiedergegebenen hebräischen Worts ist unsicher.

6,8: Der Name Perez-Ussa bedeutet: ‹Riss des
Ussa› oder ‹Riss bei Ussa›.

Gottes Verheissung für David und sein Königtum

7 1 Und als der König in seinem Haus sass und der HERR ihm Ruhe verschafft hatte vor allen seinen Feinden ringsum, 2 da sagte der König zu Natan, dem Propheten: Sieh doch, ich wohne in einem Haus aus Zedernholz, die Lade Gottes aber wohnt unter einer Zeltbahn. 3 Und Natan sagte zum König: Geh, tu, was immer du in deinem Herzen hast, denn der HERR ist bei dir. 4 In jener Nacht aber erging das Wort des HERRN an Natan: 5 Geh, und sage zu meinem Diener, zu David: So spricht der HERR: Du willst mir ein Haus bauen, damit ich darin wohne? 6 Ich habe nicht in einem Haus gewohnt seit dem Tag, an dem ich die Israeliten aus Ägypten heraufgeführt habe, bis auf den heutigen Tag, ich bin umhergezogen in einem Zelt als Wohnung. 7 In all der Zeit, die ich mit allen Israeliten umhergezogen bin, habe ich da zu einem einzigen der Stämme Israels, dem ich geboten hatte, mein Volk, Israel, zu weiden, gesagt: Warum habt ihr mir nicht ein Haus aus Zedernholz gebaut? 8 Und nun sollst du so zu meinem Diener, zu David, sprechen: So spricht der HERR der Heerscharen: Ich habe dich fortgeholt von der Weide, weg von den Schafen, damit du Fürst bist über mein Volk, über Israel. 9 Und wohin du auch gegangen bist, ich bin bei dir gewesen, und alle deine Feinde habe ich vor dir ausgerottet. Und ich werde dir einen grossen Namen machen, dem Namen derer gleich, die gross sind auf der Erde. 10 Und ich werde meinem Volk, Israel, einen Ort bestimmen und es einpflanzen, und dort wird es wohnen, und es muss nicht mehr zittern, und Übeltäter werden es nicht mehr unterdrücken, wie es früher war, 11 seit dem Tag, an dem ich Richter bestimmt habe über mein Volk Israel. Und ich werde dir Ruhe verschaffen von allen deinen Feinden. Und der HERR wird dir verkünden, dass der HERR dir ein Haus bauen wird. 12 Wenn sich deine Tage vollenden und du dich zu deinen Vorfahren legst, werde ich nach dir deinen Nachkommen, der von dir abstammt, auftreten lassen, und ich werde sein Königtum befestigen. 13 Er wird meinem Namen ein Haus bauen, und für alle Zeiten werde ich den Thron seines Königtums fest stehen lassen. 14 Ich werde ihm Vater sein, und er wird mir Sohn sein. Wenn er sich vergeht, werde ich ihn mit einem menschlichen Stock züchtigen und mit menschlichen Schlägen. 15 Meine Gnade aber wird nicht von ihm weichen, wie ich sie von Saul habe weichen lassen, den ich vor dir entfernt habe. 16 Und dein Haus und dein Königtum sollen für alle Zeiten Bestand haben vor dir; dein Thron soll allezeit fest stehen. 17 All diesen Worten gemäss und gemäss dieser ganzen Schauung, so sprach Natan zu David.

18 Und König David kam, liess sich vor dem HERRN nieder und sprach: Wer bin ich, Herr, HERR, und was ist mein Haus, dass du mich bis hierher gebracht hast? 19 Und selbst dies war noch zu gering in deinen Augen, Herr, HERR, und so hast du sogar zum Haus deines Dieners von der Zukunft gesprochen, und dies als Weisung für diesen Menschen, Herr, HERR! 20 Und was könnte David dir noch sagen? Du kennst deinen Diener, Herr, HERR! 21 Um deines Wortes willen und nach deinem Herzen hast du all dies Grosse getan, indem du es deinen Diener hast wissen lassen. 22 Darum bist du gross, Herr, HERR. Keiner ist dir gleich, und bei allem, was wir mit eigenen Ohren gehört haben, gibt es keinen Gott ausser dir. 23 Und wer ist wie

dein Volk, wie Israel, die einzige Nation auf Erden, für die ein Gott hingegangen ist, um sie zu erlösen, damit sie sein Volk sei, und um sich einen Namen zu machen, – um für euch Grosses zu tun und Furchterregendes für das Land – um vor deinem Volk, das du dir aus Ägypten erlöst hast, Nationen und Götter zu vertreiben? 24 Du aber hast dir dein Volk Israel für alle Zeiten als Volk fest gegründet, und du, HERR, bist ihnen Gott geworden. 25 Und nun, HERR, Gott, erfülle für alle Zeiten das Wort, das du über deinen Diener und sein Haus gesprochen hast, und handle, wie du es zugesagt hast! 26 Dann wird dein Name gross sein für alle Zeiten, und man wird sagen: Der HERR der Heerscharen ist Gott über Israel. Und fest stehen wird vor dir das Haus deines Dieners David. 27 Denn du, HERR der Heerscharen, Gott Israels, hast deinem Diener enthüllt: Ich werde dir ein Haus bauen. Darum hat sich dein Diener ein Herz gefasst, und darum betet er mit diesem Gebet zu dir. 28 Und nun, Herr, HERR: Du bist Gott, und deine Worte sind wahr, und deinem Diener hast du dieses Gute zugesagt. 29 Und nun tu, was du beschlossen hast, und segne das Haus deines Dieners, damit es für immer vor dir ist; denn du, Herr, HERR, hast gesprochen, und durch deinen Segen wird das Haus deines Dieners für immer gesegnet sein.

|1–17: 1Chr 17,1–15 |1: 11; Dtn 12,10! |2: 12,1 · 5,11 · 6,17; 11,11 |3: 1Kön 8,17 · 1Sam 3,19! |4: Num 12,4 |5: 1Chr 22,8; 1Kön 5,17 |6: 1Kön 8,27; Jes 66,1 |7: Jes 66,1 |8: Am 7,15 · 5,2!; 1Sam 16,11; Ps 78,70 |9: 5,10! · 12,29; 22,38; Dtn 4,38 · Gen 12,2 |10: Jes 60,21 |11: Ri 2,16! · 1! · 1Sam 25,28! |12: Gen 47,30; 1Kön 1,21! · 1Kön 2,12.46 |13: 1Kön 3,2!; 5,19; Ps 89,4–5 |14: Ps 2,7; Lk 1,32 · Ps 89,31–33 |15: 1Kön 11,13 · 1Sam 15,28! |16: 26; Jes 55,3; 1Sam 25,28! |18–29: 1Chr 17,16–27 |18: 1Sam 18,18 · 23,5 |20: Ps 139,1 |22: 22,32; 1Sam 2,2; Ps 95,3 · Dtn 4,35! |23: Dtn 4,7 · Ps 44,3 |24: Dtn 26,18 · Ex 6,7; 1Sam 12,22! |25: 1Sam 1,23 |26: Jer 10,6; Mal 1,11 · 16! |27: Jes 50,5 · 1Kön 11,38 |28: Ps 119,160; Joh 17,17

Davids Kriege und Siege

8 1 Und danach schlug David die Philister, und er unterwarf sie, und David nahm den Philistern die langen Zü-gel aus der Hand. 2 Und er schlug Moab, und er mass sie mit der Messschnur ab: Er liess sie sich auf die Erde legen und mass jeweils zwei Schnurlängen ab, die tötete er, und eine Schnurlänge, die liess er am Leben. Und die von Moab wurden Davids Diener, sie entrichteten ihm Tribut. 3 Und David schlug Hadadeser, den Sohn des Rechob, den König von Zoba, als dieser hinzog, um seine Macht am Eufratstrom wieder herzustellen. 4 Und David nahm von ihm tausendsieben-hundert Reiter und zwanzigtausend Mann Fussvolk gefangen; und David machte alle Wagen unbrauchbar, hundert von den Wagen aber liess er übrig. 5 Und Aram-Damaskus kam Hadadeser, dem König von Zoba, zu Hilfe, und David erschlug von Aram zweiundzwanzigtausend Mann. 6 Und David setzte Statthalter ein in Aram-Damaskus, und die von Aram wurden Davids Diener, sie entrichteten ihm Tribut. Und der HERR stand David bei, wohin er auch zog. 7 Und David nahm die goldenen Köcher, die die Diener Hadadesers bei sich hatten, und brachte sie nach Jerusalem; 8 und aus Betach und Berotai, den Städten Hadadesers, nahm König David Bronze in grosser Menge.

9 Und Toi, der König von Chamat, hörte, dass David das ganze Heer Hadadesers geschlagen hatte, 10 und Toi sandte Joram, seinen Sohn, zu König David, um ihn nach seinem Wohlergehen zu fragen und um ihn zu segnen, weil er gegen Hadadeser gekämpft und diesen geschlagen hatte, denn Toi war ein Kriegsgegner Hadadesers. Und in seiner Hand waren Geräte aus Silber, Geräte aus Gold und Geräte aus Bronze. 11 Auch diese weihte König David dem HERRN, zusammen mit dem Silber und dem Gold, das er von all den Nationen weihte, die er unterworfen hatte: 12 von Aram und von Moab und von den Ammonitern und von den Philistern und von Amalek und von der Beute aus dem Sieg über Hadadeser, den Sohn des Rechob, den König von Zoba. 13 Und David

machte sich einen Namen, als er zurückkehrte von seinem Schlag gegen Aram
im Salztal, es waren achtzehntausend.
14 Und er setzte Statthalter in Edom ein;
in ganz Edom setzte er Statthalter ein,
und alle von Edom wurden Diener Davids. Und der HERR half David, wohin er
auch zog. 15 Und David war König über
ganz Israel, und David verschaffte seinem ganzen Volk Recht und Gerechtigkeit.

16 Und Joab, der Sohn der Zeruja,
stand der Heerschar vor, und Jehoschafat, der Sohn des Achilud, war Kanzler,
17 und Zadok, der Sohn des Achitub, und
Achimelech, der Sohn des Ebjatar, waren Priester, und Seraja war Schreiber,
18 und Benajahu, der Sohn Jehojadas,
stand den Kretern und den Pletern vor,
und die Söhne Davids waren Priester.

|1–15: 1Chr 18,1–14 |1: 5,25; 21,15; 1Sam 7,13 |2:
1Sam 22,3! |3: 10,16–19; 1Kön 11,23 · 10,6 ·
1Sam 14,47 |4: Jos 11,6; Dtn 17,16 |6: 14 · 2Kön 18,7!
|8: 1Kön 7,15–47; 1Chr 18,8 |10: 11,7; 1Sam 10,4;
Jes 39,1 · 1Kön 10,25 |11: Mi 4,13 |13: 2Kön 14,7;
Ps 60,2 |14: 6 · Gen 25,23; Num 24,18; 1Kön 22,48 |15:
23,3–4; 1Kön 10,9; Jer 22,15 |16–18: 1Chr 18,15–17 |16:
20,23; 2,13; 18,2 |17: 1Sam 4,3 |17: 1Sam 22,20! · 15,24;
17,15; 19,12 · 1Sam 22,20! |18: 23,20 · 15,18; 20,7.23;
1Kön 1,38

8,1: Möglich ist auch die Übersetzung: «…, und
David nahm den Philistern Meteg-Amma aus der
Hand.», womit ein Ortsname gemeint wäre.
8,13: In 1Chr 18,12 lautet der Text «… gegen Edom
…»; die Worte ‹Edom› und ‹Aram› sind im Hebräischen leicht verwechselbar.

David und Mefiboschet

9 1 Und David sagte: Wenn es noch jemanden gibt vom Haus Saul, werde
ich ihm Barmherzigkeit erweisen um
Jehonatans willen. 2 Und zum Haus
Saul gehörte ein Diener, und dessen
Name war Ziba, und den rief man zu David, und der König sagte zu ihm: Bist du
Ziba? Und er sagte: Dein Diener! 3 Und
der König sagte: Lebt niemand mehr aus
dem Haus Saul, dem ich die Barmherzigkeit Gottes erweisen könnte? Und Ziba
sagte zum König: Es gibt noch einen
Sohn Jehonatans, er ist an beiden Füssen
behindert. 4 Und der König sagte zu
ihm: Wo ist er? Und Ziba sagte zum Kö-

nig: Sieh, er ist im Haus des Machir, des
Sohns von Ammiel, in Lo-Debar. 5 Und
König David sandte hin und holte ihn
aus dem Haus von Machir, dem Sohn
von Ammiel, aus Lo-Debar. 6 Da kam
Mefiboschet, der Sohn Jehonatans, des
Sohns von Saul, zu David, fiel nieder auf
sein Angesicht und verneigte sich. Und
David sagte: Mefiboschet! Und er antwortete: Sieh, dein Diener ist hier.
7 Und David sagte zu ihm: Fürchte dich
nicht, denn ich werde dir Barmherzigkeit erweisen um deines Vaters Jehonatan willen, und ich werde dir das ganze
Land Sauls, deines Vaters, zurückgeben,
und du sollst immer an meinem Tisch
essen. 8 Da warf er sich nieder und
sagte: Was ist dein Diener, dass du dich
einem toten Hund zugewandt hast, wie
ich es bin? 9 Und der König rief Ziba,
den Verwalter Sauls, und sagte zu ihm:
Alles, was Saul und seinem ganzen Haus
gehörte, habe ich dem Sohn deines
Herrn gegeben. 10 Und du sollst für ihn
das Land bestellen, du und deine Söhne
und deine Diener, und du sollst die
Ernte einbringen; so wird der Sohn deines Herrn genug zu essen haben.
Mefiboschet aber, der Sohn deines
Herrn, soll immer an meinem Tisch essen. Ziba aber hatte fünfzehn Söhne und
zwanzig Diener. 11 Und Ziba sagte zum
König: So, wie mein Herr, der König, es
seinem Diener gebietet, wird dein Diener handeln. – Und Mefiboschet isst an
meinem Tisch wie einer von den Söhnen des Königs. 12 Und Mefiboschet
hatte einen kleinen Sohn, und dessen
Name war Micha, und alle Mitbewoh-
ner des Hauses Zibas waren Diener
Mefiboschets. 13 Und Mefiboschet
wohnte in Jerusalem, denn immer ass
er am Tisch des Königs. Und er war an
beiden Füssen gelähmt.

|1: 21,7! |2: 16,1; 19,18 |3: 1Sam 20,14 · 13; 4,4;
19,27 |4: 17,27 |6–7: 19,25 |7: 1Sam 22,23; 2Sam 19,29
|8: 3,8! |9: 16,4; 19,30 |10: 19,18 |11: 15,15! |12:
1Chr 8,34 |13: 3!

Davids Krieg gegen die Ammoniter und die Aramäer

10 1 Und danach starb der König der Ammoniter, und Chanun, sein Sohn, wurde König an seiner Statt. 2 Und David sagte: Ich werde Chanun, dem Sohn des Nachasch, Barmherzigkeit erweisen, wie sein Vater mir Barmherzigkeit erwiesen hat. Und David sandte hin, um ihn durch seine Diener seines Vaters wegen zu trösten, und die Diener Davids kamen ins Land der Ammoniter. 3 Die Anführer der Ammoniter aber sagten zu Chanun, ihrem Herrn: Will David in deinen Augen wirklich deinen Vater ehren, wenn er Tröster zu dir gesandt hat? Hat David seine Diener nicht zu dir gesandt, um die Stadt auszuforschen, um sie auszukundschaften und zu zerstören? 4 Da nahm Chanun die Diener Davids und rasierte ihnen den Bart zur Hälfte ab und schnitt ihre Gewänder zur Hälfte ab, bis zu ihrem Gesäss; dann schickte er sie fort. 5 Und man berichtete David davon, und er sandte ihnen entgegen, denn die Männer schämten sich sehr, und der König sagte: Bleibt in Jericho, bis eure Bärte nachgewachsen sind, dann erst kehrt zurück. 6 Die Ammoniter aber sahen, dass sie David verhasst waren. Da sandten die Ammoniter hin und machten sich Aram-Bet-Rechob und Aram-Zoba dienstbar, zwanzigtausend Mann Fussvolk, dazu den König von Maacha, tausend Mann, und jeden von Tob, zwölftausend Mann. 7 Und David hörte davon und sandte Joab aus mit der ganzen Heerschar, mit den Helden. 8 Und die Ammoniter rückten aus, und am Eingang des Tors stellten sie sich in Schlachtordnung auf für den Kampf; Aram-Zoba aber und Rechob und alle von Tob und Maacha standen für sich, auf dem offenen Land. 9 Und Joab sah, dass er eine Front vor sich und eine im Rücken hatte. Da traf er eine Auswahl unter allen Ausgewählten Israels, und in Schlachtordnung zogen sie Aram entgegen. 10 Den Rest des Volks aber unterstellte er Abischai, seinem Bruder, und auch der zog den Ammonitern in Schlachtordnung entgegen. 11 Und er sagte: Wenn Aram stärker ist als ich, dann sollst du mir helfen; wenn aber die Ammoniter stärker sind als du, so werde ich dir zu Hilfe kommen. 12 Sei mutig! Wir werden mutig sein für unser Volk und für die Städte unseres Gottes. Der HERR aber wird tun, was in seinen Augen gut ist. 13 Und Joab trat mit dem Volk, das bei ihm war, in den Kampf ein gegen Aram, diese aber flohen vor ihm. 14 Und als die Ammoniter sahen, dass Aram floh, flohen sie vor Abischai und gelangten in die Stadt. Da liess Joab ab von den Ammonitern und kam nach Jerusalem. 15 Und Aram sah, dass sie vor Israel geschlagen waren, und sie sammelten sich wieder. 16 Und Hadadeser sandte hin und liess die von Aram ausrücken, die jenseits des Stroms waren, und sie kamen nach Chelam, ihnen voran Schobach, der Heerführer Hadadesers. 17 Und dies wurde David berichtet, und er sammelte ganz Israel, überquerte den Jordan und kam nach Chelam. Aram aber zog David in Schlachtordnung entgegen, und sie kämpften gegen ihn. 18 Und Aram floh vor Israel, und David tötete siebenhundert Wagenlenker und vierzigtausend Reiter von Aram; auch Schobach, ihren Heerführer, schlug er, und der starb dort. 19 Und alle Könige, die Diener Hadadesers, sahen, dass sie vor Israel geschlagen waren. Da schlossen sie Frieden mit Israel und dienten ihnen. Und die von Aram fürchteten sich, den Ammonitern weiterhin zu helfen.

|10,1–11,1: 1Chr 19,1–20,3 |1: 17,27! |2: 1Sam 11,1! · 9,1.7 · Jes 61,2 |3: 3,25! |4: 1Sam 11,2 · Jes 20,4; 47,2; Jer 13,22 |6: 16,21; 1Sam 13,4! · 8,3 · Ri 11,3 |7: 2,13! · 16,6; 17,8; 20,7; 23,8–22 |8: 11,23 |9: Jos 8,3–22; 2Chr 13,14 |10: 1Sam 26,6; 18,2 |12: 1Sam 4,9 · 15,26; 19,28; 1Sam 3,18 |16–19: 8,3

David und Batseba

11 1 Zur Jahreswende aber, zu der Zeit, da die Könige ausziehen, sandte David Joab aus und seine Diener und ganz Israel mit ihm. Und sie brachten den Ammonitern Vernichtung und belagerten Rabba, David aber blieb in Jerusalem. 2 Und zur Abendzeit erhob sich David von seinem Bett und ging auf dem Dach des Königshauses hin und her. Da sah er vom Dach aus eine Frau, die sich wusch. Und die Frau war von sehr schönem Aussehen. 3 Und David sandte hin und erkundigte sich nach der Frau, und er sagte: Ist das nicht Batseba, Tochter von Eliam, die Frau von Urija, dem Hetiter? 4 Und David sandte Boten und liess sie holen. Und sie kam zu ihm, und er schlief mit ihr; sie aber reinigte sich gerade von ihrer Unreinheit. Dann kehrte sie zurück in ihr Haus. 5 Die Frau aber wurde schwanger, und sie sandte hin und berichtete es David und sagte: Ich bin schwanger.

6 Da sandte David zu Joab: Schick Urija, den Hetiter, zu mir. Und Joab schickte Urija zu David. 7 Und Urija kam zu ihm, und David fragte nach dem Wohlergehen Joabs und nach dem Wohlergehen des Volkes und ob es gut stehe im Krieg. 8 Dann sagte David zu Urija: Geh hinab in dein Haus und wasch deine Füsse. Und Urija verliess das Haus des Königs, und man trug ihm ein Geschenk des Königs nach. 9 Urija aber legte sich zu allen Dienern seines Herrn an den Eingang des Hauses des Königs und ging nicht hinab in sein Haus. 10 Und man berichtete David: Urija ist nicht hinabgegangen in sein Haus. Da sagte David zu Urija: Hast du nicht einen langen Weg hinter dir? Warum bist du nicht hinabgegangen in dein Haus? 11 Und Urija sagte zu David: Die Lade und Israel und Juda wohnen in Hütten, und mein Herr Joab und die Diener meines Herrn lagern auf dem Feld, und ich soll in mein Haus gehen, um zu essen und zu trinken und um mit meiner Frau zu schlafen? So wahr du lebst, bei deinem Leben, das werde ich nicht tun! 12 Da sagte David zu Urija: Dann bleib heute noch hier, morgen aber werde ich dich wegschicken. Urija

aber blieb an jenem und am folgenden Tag in Jerusalem. 13 Und David lud ihn ein, und er ass vor ihm und trank, dann aber machte er ihn betrunken. Und am Abend ging er hinaus, um auf seinem Lager bei den Dienern seines Herrn zu schlafen, in sein Haus aber ging er nicht hinab. 14 Und am Morgen schrieb David einen Brief an Joab und sandte diesen durch Urija. 15 Und er schrieb in dem Brief: Stellt Urija an die Front, wo die Schlacht am heftigsten tobt, dann zieht euch hinter ihm zurück, damit er erschlagen wird und umkommt. 16 Und als Joab die Stadt überblickte, stellte er Urija an den Ort, von dem er wusste, dass dort tüchtige Männer waren. 17 Da machten die Männer der Stadt einen Ausfall und bekämpften Joab, und etliche vom Volk, von den Dienern Davids, fielen, und auch Urija, der Hetiter, kam um.

18 Joab aber sandte hin und berichtete David alles von der Schlacht, 19 und er befahl dem Boten: Wenn du dem König alles von der Schlacht geschildert hast, 20 und wenn dann der Zorn des Königs aufsteigt und er zu dir sagt: Warum seid ihr zum Kampf so nahe an die Stadt herangerückt? Habt ihr nicht gewusst, dass sie von der Mauer herabschiessen werden? 21 Wer hat Abimelech erschlagen, den Sohn von Jerubbeschet? Hat nicht eine Frau einen oberen Mühlstein von der Mauer auf ihn herabgeworfen, so dass er in Tebez umgekommen ist? Warum seid ihr so nahe an die Mauer herangerückt?, dann sollst du sagen: Auch dein Diener Urija, der Hetiter, ist umgekommen. 22 Und der Bote ging und kam an und berichtete David alles, was Joab ihm aufgetragen hatte. 23 Und der Bote sagte zu David: Die Männer hatten die Oberhand über uns und rückten aus gegen uns auf das offene Land, wir aber drängten sie bis an den Eingang des Tors. 24 Da aber schossen die Schützen von der Mauer herab auf deinen Diener, und etliche von den Dienern des Königs kamen um, und

auch dein Diener Urija, der Hetiter, ist umgekommen. 25 Da sagte David zu dem Boten: So sollst du zu Joab sprechen: Dieser Vorfall muss dir nicht missfallen, denn das Schwert frisst bald hier und bald dort. Führe entschlossen deinen Kampf gegen die Stadt und reisse sie nieder. So sollst du ihn ermutigen.

26 Und die Frau Urijas hörte, dass Urija, ihr Mann, tot war, und sie hielt die Totenklage um ihren Ehemann. 27 Als aber die Trauerzeit vorüber war, sandte David hin und holte sie in sein Haus, und sie wurde seine Frau und gebar ihm einen Sohn. Dem HERRN aber missfiel, was David getan hatte.

| 1: 1Kön 20,22.26 · 12,26 | 2: 14,27! · 16,22 · Dtn 5,21; Spr 6,25; Mt 5,28–29 | 3: 1Kön 1,11 · 23,34.39 | 4: 12,24 · Gen 34,2; Lev 20,10 · Lev 15,19 | 5: Gen 38,24 | 6: Jes 29,15; Spr 28,13 | 7: 8,10! | 8: Gen 18,4! | 11: 7,2! · 1Kön 20,12 | 13: Gen 19,33; Hab 2,15 | 15: 27! · 1Sam 18,17.25 | 18: 18,21 | 21: Ri 9,50–54 | 23: 10,8 | 25: 12,26 | 26: 1Sam 25,1! · 14,2 | 27: 15; 12,9.14

11,8: Die umschreibende Formulierung ‹wasch deine Füsse› fordert Urija zum Geschlechtsverkehr mit seiner Frau auf. ‹Füsse› ist eine häufige Umschreibung für die Geschlechtsteile.

Natans Strafrede. Salomos Geburt

12 1 Und der HERR sandte Natan zu David. Und der kam zu ihm und sprach zu ihm: Es waren zwei Männer in einer Stadt, der eine war reich, und der andere war arm. 2 Der Reiche besass Schafe und Rinder in grosser Zahl, 3 der Arme aber besass nichts ausser einem einzigen kleinen Lamm, das er gekauft hatte, und er zog es auf, und zusammen mit seinen Kindern wurde es bei ihm gross. Es ass von seinem Bissen, trank aus seinem Becher und schlief an seiner Brust, und es war für ihn wie eine Tochter. 4 Da kam ein Besucher zu dem reichen Mann, und diesen reute es, eines von seinen eigenen Schafen oder Rindern zu nehmen, um es für den Reisenden zuzubereiten, der zu ihm gekommen war. Und so nahm er das Lamm des armen Mannes und bereitete es für den Mann zu, der zu ihm gekommen war.

5 Da entbrannte der Zorn Davids heftig über den Mann, und er sprach zu Natan: So wahr der HERR lebt: Der Mann, der das getan hat, ist ein Kind des Todes! 6 Und das Lamm soll er vierfach ersetzen, weil er das getan hat und weil er kein Mitleid hatte. 7 Natan aber sprach zu David: Du bist der Mann! So spricht der HERR, der Gott Israels: Ich habe dich zum König über Israel gesalbt und habe dich aus der Hand Sauls gerettet. 8 Und ich habe dir das Haus deines Herrn gegeben, und die Frauen deines Herrn habe ich an deine Brust gelegt, und ich habe dir das Haus Israel und Juda gegeben, und wenn das zu wenig ist, will ich dir darüber hinaus noch manches geben. 9 Warum hast du das Wort des HERRN verachtet und getan, was ihm missfällt? Urija, den Hetiter, hast du mit dem Schwert erschlagen, und seine Frau hast du dir zur Frau genommen, und ihn selbst hast du durch das Schwert der Ammoniter umgebracht. 10 So soll nun das Schwert nie von deinem Haus weichen, weil du mich verachtet und die Frau Urijas, des Hetiters, genommen hast, damit sie deine Frau werde. 11 So spricht der HERR: Sieh, ich werde aus deinem eigenen Haus Unheil gegen dich heraufführen, und deine Frauen werde ich dir vor deinen Augen wegnehmen und sie deinem Nächsten geben, und er wird unter den Blicken dieser Sonne mit deinen Frauen schlafen. 12 Du hast es heimlich getan, ich aber werde dies vor ganz Israel und vor der Sonne tun. 13 Da sprach David zu Natan: Ich habe gegen den HERRN gesündigt. Und Natan sprach zu David: So sieht der HERR über deine Sünde hinweg: Du musst nicht sterben! 14 Aber weil du mit dieser Tat den HERRN so verachtet hast, muss nun der Sohn, der dir geboren worden ist, sterben! 15 Und Natan ging in sein Haus.

Und der HERR schlug das Kind, das die Frau Urijas David geboren hatte, und es erkrankte schwer. 16 Und um des

Knaben willen suchte David Gott, und David fastete; und wenn er heimkam, legte er sich auf den Boden, und so verbrachte er die Nacht. 17 Und die Ältesten seines Hauses machten sich auf zu ihm, um ihn dazu zu bringen, sich vom Boden zu erheben, er aber wollte nicht, und er ass nicht mit ihnen. 18 Und am siebten Tag starb das Kind. Die Diener Davids aber fürchteten sich, ihm zu berichten, dass das Kind tot war, denn sie sagten: Seht, als das Kind noch am Leben war, haben wir ihm zugeredet, und er hat nicht auf unsere Stimme gehört. Wie sollen wir ihm nun sagen: Das Kind ist tot. Er würde ein Unheil anrichten! 19 David aber sah, dass seine Diener miteinander flüsterten. Da begriff David, dass das Kind tot war, und David sagte zu seinen Dienern: Ist das Kind tot? Und sie sagten: Es ist tot. 20 Da erhob sich David von der Erde, wusch sich und salbte sich, wechselte seine Kleider und ging ins Haus des HERRN und warf sich nieder. Dann kam er wieder in sein Haus und verlangte, dass man ihm Speise auftrage, und er ass. 21 Seine Diener aber sagten zu ihm: Was hat das, was du getan hast, zu bedeuten? Da das Kind noch lebte, hast du gefastet und geweint; aber als das Kind tot war, bist du aufgestanden und hast gegessen! 22 Und er sagte: Solange das Kind noch lebte, habe ich gefastet und geweint, denn ich dachte: Wer weiss, vielleicht ist der HERR mir gnädig, und das Kind bleibt am Leben! 23 Nun aber ist es tot; warum soll ich da fasten? Könnte ich es noch zurückholen? Ich bin auf dem Weg zu ihm, das Kind aber wird nicht zu mir zurückkehren. 24 Und David tröstete Batseba, seine Frau, und er ging zu ihr und schlief mit ihr. Und sie gebar einen Sohn, und er nannte ihn Salomo, und der HERR liebte ihn. 25 Und er übergab ihn Natan, dem Propheten, und um des HERRN willen nannte der ihn Jedidjah.

26 Joab aber bekämpfte das Rabba der Ammoniter, und er nahm die Königsstadt ein. 27 Und Joab sandte Boten zu David und sagte: Ich habe Rabba bekämpft; auch habe ich die Wasserstadt eingenommen. 28 Und nun sammle den Rest des Volks, belagere die Stadt und nimm sie ein, damit nicht ich die Stadt einnehme und mein Name über ihr ausgerufen wird. 29 Da sammelte David alles Volk, zog nach Rabba, bekämpfte es und nahm es ein. 30 Und er nahm ihrem König die Krone vom Haupt, und ihr Gewicht betrug ein Kikkar Gold, mit einem Edelstein, und David trug sie auf seinem Haupt. Und die Beute, die er aus der Stadt herausführte, war sehr gross. 31 Und das Volk, das darin war, führte er hinaus und setzte es ein an der Steinsäge, an den Eisenhauen und Eisenäxten, und er liess sie mit der Ziegelform arbeiten. So verfuhr er mit allen Städten der Ammoniter. Dann kehrte David mit allem Volk zurück nach Jerusalem.

|1–4: 14,5–7 |1: 7,2 · Ps 51,2 · Lk 16,19–20 |4: 1Sam 28,24 |5: 14,11; 1Sam 14,39 · 1Sam 20,31 · Röm 2,1 |6: Ex 21,37; Lk 19,8 |7: 1Kön 20,40 · 1Sam 16,13! · 22,1 |8: 5,5 |9: Num 15,31; Spr 14,2 · 11,27! · 1Kön 15,5 |10: 13,29; 18,14 · 1Sam 2,30 |11: 16,11.21–22; 20,3 |12: Koh 12,14; Mt 10,26 |13: 24,10! · Jes 44,22; Mi 7,18 · Lev 20,10 |14: Neh 5,9 · 11,27! |15: 1Sam 25,38! |16: Joel 2,12; Jona 3,5–9 · 13,31! |17: 3,35; 1Sam 28,20 |20: 14,2 |22: 1Kön 21,27–29; Jes 38,1–8; Jona 3,9 |23: Hiob 7,9–10 |24: 11,4 · 1Chr 22,9; Mt 1,6 |25: Neh 13,26 |26–31: 1Chr 19,1–20,3 |26: 11,1.25 |29: 7,9!

12,14: Der Massoretische Text lautet: «... die Feinde des HERRN sträflich verachtet hast, ...»
12,23: Wörtlich: «..., es aber wird nicht zu mir zurückkehren.»
12,25: Der Name Jedidjah bedeutet: ‹Liebling des HERRN›.
12,31: Die Übersetzung «..., und er liess sie mit der Ziegelform arbeiten.» beruht auf einer leichten Korrektur des Massoretischen Texts; dieser lautet übersetzt: «..., und er liess sie durch die Ziegelform gehen.»

Amnon und Tamar

13 1 Und danach ereignete sich dies: Absalom, der Sohn Davids, hatte eine schöne Schwester, und ihr Name war Tamar, und Amnon, der Sohn Davids, verliebte sich in sie. 2 Und Amnon war krank vor Schmerz, Tamars, seiner Schwester wegen, denn sie war eine

Jungfrau, und in den Augen Amnons war es nicht möglich, ihr etwas anzutun. 3 Und Amnon hatte einen Freund, und dessen Name war Jonadab, er war der Sohn von Schima, dem Bruder Davids, und Jonadab war ein sehr kluger Mann. 4 Und er sagte zu ihm: Warum ist dir Morgen für Morgen so elend, Königssohn? Willst du es mir nicht mitteilen? Da sagte Amnon zu ihm: Ich liebe Tamar, die Schwester Absaloms, meines Bruders. 5 Und Jehonadab sagte zu ihm: Leg dich auf dein Bett und stell dich krank. Kommt dann dein Vater, um nach dir zu sehen, so sage zu ihm: Es möge doch Tamar, meine Schwester, kommen, um mir zu essen zu geben. Und sie soll das Essen vor meinen Augen zubereiten, damit ich es sehen kann; dann werde ich aus ihrer Hand essen. 6 Und Amnon legte sich hin und stellte sich krank. Und der König kam, um nach ihm zu sehen, und Amnon sagte zum König: Es möge doch Tamar, meine Schwester, kommen, damit sie vor meinen Augen zwei Lebibot zubereitet; dann will ich aus ihrer Hand essen. 7 Da sandte David ins Haus zu Tamar und liess ihr sagen: Geh doch in das Haus Amnons, deines Bruders, und bereite ihm das Essen zu. 8 Und Tamar ging ins Haus Amnons, ihres Bruders, er aber lag da. Und sie nahm den Teig, knetete ihn, bereitete alles vor seinen Augen zu und backte die Lebibot. 9 Dann nahm sie die Pfanne und gab ihm daraus, Amnon aber weigerte sich zu essen. Und Amnon sagte: Geht alle hinaus, weg von mir! Und alle gingen hinaus, weg von ihm. 10 Und Amnon sagte zu Tamar: Bring das Essen ins Gemach, dann will ich aus deiner Hand essen. Da nahm Tamar die Lebibot, die sie zubereitet hatte, und brachte sie Amnon, ihrem Bruder, ins Gemach. 11 Und sie reichte ihm zu essen, er aber ergriff sie und sagte zu ihr: Komm, schlaf mit mir, meine Schwester! 12 Sie aber sagte zu ihm: Nicht, mein Bruder, vergewaltige mich nicht, denn solches darf nicht geschehen in Is-

rael! Diese Schandtat darfst du nicht begehen! 13 Und ich, wohin sollte ich meine Schmach bringen? Und du wärest wie einer der Toren in Israel. Aber nun rede doch mit dem König; er wird mich dir nicht verweigern. 14 Er aber wollte nicht auf ihre Stimme hören und überwältigte sie und vergewaltigte sie und schlief mit ihr. 15 Dann aber empfand Amnon abgrundtiefen Hass auf sie; der Hass, den er empfand, war grösser als die Liebe, die er für sie empfunden hatte. Und Amnon sagte zu ihr: Steh auf, geh! 16 Sie aber sagte zu ihm: Nicht doch! Denn mich fortzuschicken, wäre ein noch grösseres Übel als das andere, das du mir schon angetan hast. Er aber wollte nicht auf sie hören 17 und rief seinen Burschen, der ihm diente, und er sagte: Schick die da hinaus, weg von mir, und verriegle hinter ihr die Tür. 18 Sie aber trug ein Kleid mit langen Ärmeln, denn mit solchen Übergewändern kleiden sich die Königstöchter, die Jungfrauen sind. Und der ihm diente, führte sie hinaus und verriegelte die Tür hinter ihr. 19 Tamar aber warf Staub auf ihr Haupt, zerriss das Kleid mit langen Ärmeln, das sie trug, und legte ihre Hand auf ihr Haupt; dann ging sie schreiend davon. 20 Und Absalom, ihr Bruder, sagte zu ihr: War Amnon, dein Bruder, bei dir? Nun denn, meine Schwester, schweig darüber, er ist dein Bruder. Nimm dir diese Sache nicht zu Herzen. Und Tamar blieb vernichtet im Haus Absaloms, ihres Bruders. 21 König David aber hatte von all diesen Vorfällen gehört und wurde sehr zornig. 22 Absalom aber redete nicht mit Amnon, weder im Bösen noch im Guten, denn Absalom hasste Amnon dieser Sache wegen, weil er Tamar, seine Schwester, vergewaltigt hatte.

|1–39: 3,2 |1: 14,27! |2: 1Chr 3,9 |4: 1Kön 21,5 |11: Gen 39,12 |12: Gen 34,7! · Lev 18,9!; 20,17; Dtn 27,22 |14: Gen 34,2; Ri 19,24 |19: 31,1.2!; Jer 2,37 |21: Gen 35,22 · Gen 34,7; 38,24 |22: Gen 31,24

13,5: Jehonadab ist eine andere Form des Namens Jonadab.

13,6: In ‹Lebibot› klingt das hebräische Wort für Herz an; es handelt sich vermutlich um herzförmiges Gebäck.

13,12: «vergewaltige mich nicht»: Möglich ist auch die Übersetzung: «demütige mich nicht».

Absaloms Rache an Amnon

23 Und nach zwei Jahren, als die Scherer für Absalom an der Arbeit waren in Baal-Chazor, das bei Efraim liegt, lud Absalom alle Söhne des Königs ein. 24 Und Absalom kam zum König und sagte: Sieh, die Scherer sind für deinen Diener an der Arbeit; möge doch der König samt seinen Dienern mit deinem Diener gehen. 25 Der König aber sagte zu Absalom: Nicht, mein Sohn! Wir wollen nicht alle kommen und dir zur Last fallen. Da drängte er ihn, er aber wollte nicht mitgehen und segnete ihn. 26 Und Absalom sagte: Wenn nicht, so soll Amnon, mein Bruder, mit uns gehen! Da sagte der König zu ihm: Warum soll er mit dir gehen? 27 Absalom aber drängte ihn, und so sandte er Amnon und alle Königssöhne mit ihm. 28 Absalom aber befahl seinen Gefolgsleuten: Seht doch! Wenn das Herz Amnons fröhlich geworden ist vom Wein und ich zu euch sage: Erschlagt Amnon!, dann sollt ihr ihn töten. Fürchtet euch nicht. Habe nicht ich euch den Befehl gegeben? Seid mutig, und seid tüchtig! 29 Und die Gefolgsleute Absaloms verfuhren mit Amnon, wie Absalom es ihnen geboten hatte. Da machten sich alle Königssöhne auf, jeder bestieg sein Maultier, und sie flohen. 30 Und sie waren noch auf dem Weg, da war die Nachricht schon zu David gedrungen, Absalom habe alle Königssöhne erschlagen, und kein Einziger von ihnen sei übrig geblieben! 31 Und der König erhob sich, zerriss seine Kleider und legte sich auf die Erde; auch alle seine Diener, die bei ihm standen, zerrissen ihre Kleider. 32 Daraufhin sagte Jonadab, der Sohn von Schima, der der Bruder Davids war: Mein Herr muss nicht glauben, dass man alle jungen Männer, die Söhne des Königs, getötet hat. Vielmehr ist nur Amnon tot, denn es war beschlossen auf Befehl Absaloms seit dem Tag, an dem jener Tamar, seine Schwester, vergewaltigt hatte. 33 Und nun rede mein Herr, der König, sich doch nicht ein, dass alle Königssöhne tot seien, denn nur Amnon ist tot.

34 Absalom aber floh. Und als der wachhabende Mann aufblickte und hinsah, sieh, da kam viel Volk vom Weg hinter ihm, von der Seite des Berges. 35 Und Jonadab sagte zum König: Sieh, die Söhne des Königs sind gekommen! Wie dein Diener es gesagt hat, so war es. 36 Und als er ausgeredet hatte, sieh, da kamen die Söhne des Königs und begannen laut zu weinen, und auch der König und alle seine Diener weinten heftig.

37 Absalom aber war geflohen und ging zu Talmai, dem Sohn von Ammihud, dem König von Geschur. David aber trauerte die ganze Zeit um seinen Sohn. 38 Und Absalom war geflohen und ging nach Geschur, und dort blieb er drei Jahre lang.

39 Und David, der König, verzehrte sich danach, hinauszuziehen zu Absalom, denn er hatte sich darüber hinweggetröstet, dass Amnon tot war.

|23: Gen 31,19; 38,12; 1Sam 25,12 |28–29: 14,6 |28: Ps 104,15; 1Sam 25,36 · Lev 20,7 · 2,7 |29: 12,10! · 18,9; 1Kön 1,33 |31: 19! · 12,16; Jos 7,6 |33: 19,20 |36: 1Sam 30,4! |37: 3,3! |38: 14,23.32

13,37: Wörtlich: «…Er aber trauerte die ganze Zeit um seinen Sohn.»

Absaloms Rückkehr

14 1 Und Joab, der Sohn der Zeruja, wusste, dass das Herz des Königs an Absalom hing. 2 Und Joab sandte nach Tekoa, und von dort holte er eine weise Frau und sagte zu ihr: Stell dich trauernd, und zieh Trauerkleider an; salbe dich nicht mit Öl, und verhalte dich wie eine Frau, die schon lange um einen Toten trauert. 3 Dann geh zum König und sprich zu ihm diesem Wort gemäss. Und Joab legte ihr die Worte in den Mund. 4 Und die Frau aus Tekoa kam zum König, fiel zur Erde nieder auf ihr Angesicht und verneigte sich und sagte: Hilf, König! 5 Und der König sagte zu ihr: Was fehlt dir? Und sie sagte: Ach, ich bin eine verwitwete Frau, mein Mann ist gestorben. 6 Und deine Sklavin hatte zwei Söhne, und die stritten miteinander auf dem Feld, und niemand trat rettend zwischen sie, und einer hat den anderen erschlagen und ihn getötet. 7 Und sieh, die ganze Sippe hat sich gegen deine Sklavin erhoben, und sie haben gesagt: Gib den heraus, der seinen Bruder erschlagen hat, damit wir ihn töten für das Leben seines Bruders, den er umgebracht hat, und damit wir so auch den Erben austilgen. Und sie werden den letzten Funken ersticken, der mir geblieben ist, wenn sie meinem Mann keinen Namen gewähren und niemanden lassen, der übrig bliebe auf der Erde. 8 Und der König sprach zu der Frau: Geh in dein Haus, ich selbst werde in deiner Sache Anweisung geben.

9 Und die Frau aus Tekoa sagte zum König: Mein Herr und König, die Schuld liegt auf mir und auf dem Haus meines Vaters, der König aber und sein Thron sind unschuldig! 10 Und der König sagte: Wenn dich einer anspricht, so bringe ihn zu mir, dann wird er dich nicht mehr antasten. 11 Da sagte sie: Der König gedenke doch des HERRN, deines Gottes, damit der Bluträcher nicht noch mehr Verderben bringt und damit sie meinen Sohn nicht austilgen! Und er sprach: So wahr der HERR lebt, deinem Sohn soll kein Haar gekrümmt werden. 12 Da sagte die Frau: Dürfte deine Sklavin doch meinem Herrn, dem König, noch ein Wort sagen! Und er sagte: Rede! 13 Und die Frau sagte: Warum denn planst du selbst so etwas gegen das Volk Gottes? Nach diesem Wort des Königs wäre er selbst ein Schuldiger, da der König den nicht zurückholt, den er verstossen hat. 14 Denn wir müssen sterben und sind wie Wasser, das auf die Erde rinnt und das man nicht einsammeln kann. Gott aber nimmt nicht das

Leben, sondern er entwirft Pläne, damit ein Verstossener nicht von ihm verstossen bleibt. 15 Und so bin ich nun gekommen, um dem König, meinem Herrn, dieses Wort zu sagen, denn das Volk hat mich in Angst versetzt. Da dachte deine Sklavin: Ich würde es dem König gern sagen. Vielleicht wird der König die Bitte seiner Magd erfüllen, 16 denn der König wird zuhören und seine Magd aus der Hand des Mannes retten, der mich und mit mir meinen Sohn aus dem Erbbesitz Gottes austilgen will. 17 Und deine Sklavin hat gedacht: Das Wort meines Herrn, des Königs, wird mir eine Beruhigung sein. Denn wie der Bote Gottes, so ist mein Herr, der König, er hört heraus, was das Gute ist und was das Böse. Und der HERR, dein Gott, sei mit dir!

18 Daraufhin sagte der König zu der Frau: Bitte verschweige mir nichts von dem, wonach ich dich frage. Und die Frau sagte: Mein Herr, der König, möge reden! 19 Und der König sagte: Hat Joab bei all dem seine Hand im Spiel? Und die Frau antwortete und sagte: So wahr du lebst, mein Herr und König, es ist nicht möglich, nach rechts oder nach links auszuweichen vor all dem, was mein Herr, der König, sagt. Ja, dein Diener Joab, er hat mir Befehl gegeben, und er hat deiner Sklavin alle diese Worte in den Mund gelegt. 20 Um der Sache ein anderes Aussehen zu geben, hat dein Diener Joab dies getan; mein Herr aber ist weise, wie die Weisheit des Boten Gottes, dass er von allem weiss, was auf Erden geschieht. 21 Da sprach der König zu Joab: Sieh, ich erfülle diese Bitte, geh und hol den jungen Mann, Absalom, zurück. 22 Da fiel Joab zur Erde nieder auf sein Angesicht und verneigte sich und segnete den König, und Joab sprach: Heute hat dein Diener erkannt, dass ich Gnade gefunden habe in deinen Augen, mein Herr und König, weil der König die Bitte deines Dieners erfüllt hat. 23 Und Joab machte sich auf und ging nach Geschur und brachte Absalom

nach Jerusalem. 24 Der König aber sprach: Er soll in sein Haus gehen und mein Angesicht nicht sehen! Und Absalom ging in sein Haus, und das Angesicht des Königs sah er nicht.

25 Und in ganz Israel war kein Mann, den man seiner Schönheit wegen so sehr pries wie Absalom, von der Fusssohle bis zum Scheitel war kein Makel an ihm. 26 Und wenn er sein Haupt schor – und von Zeit zu Zeit schor er es; wenn es ihm zu schwer geworden war, schor er es –, dann betrug das Gewicht seines Haupthaares zweihundert Schekel nach dem Mass des Königs. 27 Und Absalom wurden drei Söhne geboren und eine Tochter, und ihr Name war Tamar; sie wurde eine Frau von schönem Aussehen.

28 Und Absalom wohnte zwei Jahre lang in Jerusalem, das Angesicht des Königs aber sah er nicht. 29 Dann sandte Absalom nach Joab, um ihn zum König zu senden, der aber wollte nicht zu ihm kommen. Und er sandte noch ein zweites Mal nach ihm, aber er wollte nicht kommen. 30 Da sagte er zu seinen Dienern: Seht das Feld Joabs neben dem meinen: Er hat Gerste dort. Geht und steckt alles in Brand! Und die Diener Absaloms steckten das Feld in Brand. 31 Da machte Joab sich auf und kam ins Haus zu Absalom und sagte zu ihm: Warum haben deine Diener den Anteil, der mir gehört, in Brand gesteckt? 32 Und Absalom sagte zu Joab: Sieh, ich habe doch nach dir gesandt und dir gesagt: Komm her, ich will dich zum König senden, um ihm zu sagen: Warum bin ich aus Geschur gekommen? Es wäre besser für mich, wenn ich noch dort wäre. Jetzt aber will ich das Angesicht des Königs sehen! Wenn aber eine Schuld an mir ist, soll er mich töten. 33 Und Joab kam zum König und berichtete es ihm. Und er rief Absalom, und der kam zum König und warf sich vor ihm, vor dem König, zur Erde nieder auf sein Angesicht, der König aber küsste Absalom.

| 1: 2,13 | 2: Jer 6,1; Am 1,1 · 20,16 · 11,26 · 12,20 | 3: Esra 8,17 | 4: 1Kön 6,26 | 5–7: 12,1–4 | 5: 2Kön 4,1 | 6: 13,28–29; Gen 4,8; 27,42 | 7: Gen 9,5; Dtn 19,11–13 · Mt 21,38 · Jes 42,3 | 9: 3,28! | 11: 12,5! · Num 35,19! · 1Sam 14,45! | 14: Koh 9,5 · Ps 22,15 · Ps 77,8; Klgl 3,31 | 17: 20; 1Sam 29,9! · 1Kön 3,9 | 19: 1Sam 1,26! | 20: 17! · 18,13; Spr 25,2 | 22: 1Sam 16,22! | 23: 32! · 15,9 · 13,38! | 24: Ex 10,28 · 3,13! | 25: 1Sam 9,2; 16,12; 1Kön 1,6 | 27: 11,2; 13,1 | 30: Ri 15,4–5 | 32: 23; 1Sam 20,8 | 33: 15,5; 19,40; Gen 33,4; 45,14; Lk 15,20

14,11: Wörtlich: «…, keines von den Haaren deines Sohnes soll auf die Erde fallen.»

Absaloms Aufstand gegen David. Davids Flucht

15 1 Und danach verschaffte sich Absalom einen Wagen, Pferde und fünfzig Mann, die vor ihm her liefen. 2 Und jeweils in der Frühe stellte Absalom sich neben den Torweg; dann rief Absalom jedem zu, der einen Streit hatte und zur Rechtsprechung zum König kam, und er sagte: Aus welcher Stadt bist du? Und sagte der: Dein Diener ist aus einem der Stämme Israels!, 3 so sagte Absalom zu ihm: Sieh, deine Sache ist gut und recht, aber du hast beim König niemanden, der dich anhört. 4 Dann sagte Absalom: Würde man doch mich einsetzen als Richter im Land! Dann könnte jeder zu mir kommen, der einen Rechtsstreit oder eine Rechtssache hat, und ich würde ihm Gerechtigkeit widerfahren lassen. 5 Und wenn jemand sich ihm näherte, um sich vor ihm niederzuwerfen, streckte er seine Hand aus, hielt ihn fest und küsste ihn. 6 Und das machte Absalom mit ganz Israel, wenn sie zur Rechtsprechung zum König kamen, und so stahl Absalom das Herz der Männer Israels.

7 Und nach vier Jahren sagte Absalom zum König: Ich würde gern gehen und in Chebron das Gelübde erfüllen, das ich dem HERRN abgelegt habe. 8 Denn als dein Diener in Geschur in Aram wohnte, hat er dieses Gelübde abgelegt: Wenn der HERR mich wirklich zurückbringt nach Jerusalem, werde ich dem HERRN dienen! 9 Und der König sprach zu ihm: Geh in Frieden! Da machte er sich auf und ging nach Che-

bron. 10 Und Absalom schickte Botschafter zu allen Stämmen Israels und sagte: Wenn ihr den Klang des Schofar hört, sollt ihr sagen: Absalom ist König geworden in Chebron! 11 Mit Absalom zogen zweihundert Mann aus Jerusalem, die eingeladen worden waren und nun arglos mitgingen, und sie wussten nichts von alledem. 12 Und Absalom liess Achitofel, den Giloniter, den Ratgeber Davids, aus seiner Stadt, aus Gilo, holen, als er die Schlachtopfer darbrachte. So wurde die Verschwörung stark, und das Volk um Absalom wurde immer zahlreicher.

13 Und es kam einer zu David und berichtete: Das Herz eines jeden Israeliten hat sich hinter Absalom gestellt. 14 David aber sagte zu allen seinen Dienern, die bei ihm in Jerusalem waren: Macht euch auf, und lasst uns fliehen! Denn sonst gibt es für uns kein Entkommen vor Absalom. Beeilt euch, dass ihr fortkommt, damit nicht er sich beeilt und uns einholt und das Unheil über uns bringt und die Stadt schlägt mit der Schärfe des Schwerts! 15 Und die Diener des Königs sagten zum König: Ganz wie unser Herr, der König, will! Sieh, hier sind deine Diener. 16 So zog der König aus, und sein ganzes Haus folgte ihm. Zehn Nebenfrauen aber liess der König zurück, damit sie acht gaben auf das Haus. 17 So zog der König aus, und das ganze Volk folgte ihm. Beim letzten Haus blieben sie stehen, 18 alle seine Diener aber zogen an ihm vorüber; auch alle Kreter und alle Pleter und alle Gattiter, sechshundert Mann, die ihm aus Gat gefolgt waren, zogen vor dem König vorüber. 19 Und der König sagte zu Ittai, dem Gattiter: Warum willst auch du mit uns gehen? Kehr um und bleib beim König! Denn du bist ein Fremder und wurdest sogar aus deiner Heimat weggeführt. 20 Gestern erst bist du gekommen, und heute soll ich dich ins Ungewisse ziehen lassen, nur damit du bei uns bleibst? Ich aber gehe, wohin ich gehe. Kehr um und bring deine Brüder

mit dir zurück in Barmherzigkeit und Treue! 21 Daraufhin aber sagte Ittai zum König: So wahr der HERR lebt, und so wahr mein Herr, der König, lebt: An dem Ort, wo mein Herr, der König, sein wird, es führe zum Tod oder zum Leben, da wird auch dein Diener sein! 22 Da sagte David zu Ittai: Geh, und zieh vorüber! Und Ittai, der Gattiter, zog vorüber mit allen seinen Männern und allen Familien, die bei ihm waren. 23 Und das ganze Land weinte laut, während alles Volk hinüberzog; auch der König zog über das Bachtal des Kidron, und alles Volk zog hinüber auf dem Weg zur Wüste. 24 Und sieh, da waren auch Zadok und mit ihm alle Leviten, sie trugen die Lade des Bundes Gottes. Und sie liessen die Lade Gottes nieder, und Ebjatar brachte Opfer dar, bis alles Volk aus der Stadt vorübergezogen war. 25 Der König aber sagte zu Zadok: Bring die Lade Gottes zurück in die Stadt! Wenn ich Gnade finde in den Augen des HERRN, wird er mich zurückführen, und er wird mich sie und ihre Wohnstatt wiedersehen lassen. 26 Wenn er aber spricht: Ich habe kein Gefallen an dir!, sieh, dann bin ich bereit, dann soll er mit mir machen, was gut ist in seinen Augen.

27 Und der König sagte zu Zadok, dem Priester: Siehst du? Kehre in Frieden zurück in die Stadt, und Achimaaz, dein Sohn, und Jehonatan, der Sohn Ebjatars, eure beiden Söhne, mit euch. 28 Seht, ich warte bei den Furten in der Wüste, bis ein Wort von euch kommt und mir Kunde bringt. 29 Und so brachten Zadok und Ebjatar die Lade Gottes zurück nach Jerusalem, und dort blieben sie. 30 Unterdessen stieg David den Ölberg hinauf; als er hinaufstieg, weinte er, und er hatte sein Haupt verhüllt, und er ging barfuss. Und jeder im ganzen Volk, das bei ihm war, hatte sein Haupt verhüllt, und weinend stiegen sie hinauf. 31 Und man hatte David berichtet: Achitofel ist unter den Verschwörern bei Absalom. Und David sagte: HERR, vereitle doch den Plan Achitofels! 32 Und als David

oben angekommen war, wo man sich niederwirft vor Gott, sieh, da kam Chuschai, der Arkiter, ihm entgegen, sein Leibrock war zerrissen, und auf seinem Kopf war Erde. 33 Und David sagte zu ihm: Wenn du mit mir ziehst, wirst du für mich eine Last sein, 34 wenn du aber in die Stadt zurückkehrst und zu Absalom sagst: Dein Diener, König, ich will es sein; der Diener deines Vaters, das war ich bisher, nun aber, da bin ich dein Diener!, so kannst du für mich den Plan Achitofels vereiteln. 35 Und sind dort bei dir nicht auch Zadok und Ebjatar, die Priester? Jedes Wort, das du aus dem Haus des Königs hörst, sollst du Zadok und Ebjatar, den Priestern, berichten. 36 Sieh, dort bei ihnen sind ihre beiden Söhne, Achimaaz gehört zu Zadok und Jehonatan zu Ebjatar. Und durch sie sollt ihr mir jedes Wort senden, das ihr hört. 37 Und als Chuschai, der Vertraute Davids, in die Stadt kam, zog Absalom gerade in Jerusalem ein.

| 1: 1Sam 8,11! | 1Kön 1,5 | 2: Dtn 21,19! · 1Kön 3,16–28 | 4: Ri 9,29 | 5: 14,33! | 6: 13; Ri 9,3 | 7: Dtn 23,22 | 8: 13,38 · Gen 28,20–22 | 9: 14,23 | 10: 20,1!.22; 2Kön 9,13! | 11: 1Kön 1,9–10 | 12: 31; 16,15.23; 17,23 · 23,34 | 13: 6! | 14: Ps 3,1; 19,10 | 15: 9,11; 1Sam 14,7; 16,16 | 16: 16,21!; 20,3 | 18: 8,18! · 1Sam 13,15! | 19: 18,2 · Rut 1,15 | 20: 2,6; Ps 61,8 | 21: 1Sam 1,26! · Rut 1,16 | 23: 1Sam 30,4! · 1Kön 2,37 | 24: 8,17! · 1Sam 6,15 · 1Sam 22,20! | 25: Ex 33,13 | 26: 20,11; Num 14,8 · 10,12! | 27: 18,19! | 28: 17,16 | 30: Sach 14,4; Lk 19,29 · 19,5; Jer 14,3; Est 6,12 | 31: 12!; 17,14 | 32: 1Kön 3,2 · 16,16–19 · 1,2! | 34: 16,19 · 17,7 | 35: 3,25! · 17,14 | 36: 17,17; 18,19! | 37: 16,16; 17,7 · 16,15

15,24: Der Massoretische Text lautet: «... Und sie leerten die Lade Gottes aus, und Ebjatar ...»

15,27: Für die mit «Siehst du?» wiedergegebene Formulierung ist auch die Übersetzung möglich: «Bist du ein Seher?»

15,31: Die Übersetzung «Und man hatte David berichtet: ...» beruht auf mehreren Textzeugen; der Massoretische Text lautet übersetzt: «Und David hatte berichtet: ...»

David und Ziba

16 1 Und als David die Bergkuppe ein Stück weit hinter sich gelassen hatte, sieh, da kam ihm Ziba entgegen, der Diener Mefiboschets, mit einem Paar gesattelter Esel, und diese trugen zweihundert Brote, hundert getrocknete Trauben, hundert Früchte und einen Schlauch Wein. 2 Und der König sagte zu Ziba: Was hast du vor damit? Und Ziba sagte: Die Esel sind für das Haus des Königs, zum Reiten, und die Brote und die Früchte sind zum Essen für die jungen Männer, und der Wein ist zum Trinken für die Ermüdeten in der Wüste. 3 Und der König sagte: Und wo ist der Sohn deines Herrn? Und Ziba sagte zum König: Sieh, er ist in Jerusalem, denn er hat gesagt: Heute wird das Haus Israel mir das Königtum meines Vaters zurückgeben. 4 Da sprach der König zu Ziba: Sieh, dir gehört alles, was Mefiboschet gehört! Da sprach Ziba: Ich werfe mich nieder! Lass mich Gnade finden in deinen Augen, mein Herr und König!

| 1: 9,2! · 1Sam 25,18! · 1Sam 10,3 | 2: Ri 10,4; 12,14 · 1Sam 17,29 | 3: 19,26 | 4: 9,9! · 1Sam 16,22!

Schimi verflucht David

5 Als aber König David nach Bachurim kam, sieh, da kam dort ein Mann aus der Sippe des Hauses Saul heraus, und sein Name war Schimi, der Sohn des Gera; er kam heraus und stiess dabei Verfluchungen aus. 6 Dann warf er mit Steinen nach David und nach allen Dienern von König David, obwohl zu seiner Rechten und zu seiner Linken alles Volk und alle Helden waren. 7 Und dies sagte Schimi, als er die Verfluchungen ausstiess: Verschwinde! Verschwinde, du mit Blut besudelter Mann, du ruchloser Mann! 8 Alles Blut des Hauses Saul, an dessen Stelle du König geworden bist, hat der HERR über dich gebracht, und das Königtum hat der HERR in die Hand Absaloms, deines Sohnes, gegeben, und sieh, nun steckst du in deinem Unheil, denn du bist ein mit Blut besudelter Mann! 9 Da sagte Abischai, der Sohn der Zeruja, zum König: Warum verflucht dieser tote Hund meinen Herrn, den König? Ich würde gern hinübergehen und ihm den Kopf abschlagen. 10 Der König aber sagte: Was habe ich mit euch zu schaffen, ihr Söhne der Zeruja? Soll er

verfluchen! Wenn der HERR zu ihm gesagt hat: Verfluche David!, wer wollte da
sagen: Warum hast du das getan? 11 Und
David sagte zu Abischai und zu allen seinen Dienern: Seht, mein eigener Sohn
trachtet mir nach dem Leben. Wie viel
mehr nun erst der Benjaminit! Lasst
ihn; er muss verfluchen, denn der HERR
hat es ihm gesagt. 12 Vielleicht sieht mir
der HERR in die Augen, dann wird der
HERR mir Gutes geben dafür, dass er
mich am heutigen Tag verflucht. 13 Und
David ging mit seinen Männern auf
dem Weg, während Schimi am Hang des
Berges neben ihm herging und dabei
Verfluchungen ausstiess, und er warf
mit Steinen, an ihm vorbei, und er be-
warf ihn mit Erde. 14 Und ermüdet kam
der König an mit allem Volk, das bei ihm
war, und dort holte er Atem.

| 5: 3,16! · 19,17–24; 1Kön 2,8.36–46 · Ex 22,27!
| 6: 10,7! | 7: 20,1 | 9–12: 19,22! | 9: 3,39; 1Sam 26,8 · 3,8!
| 10: 3,39!; Ri 11,12; Joh 2,4 · Hiob 9,12 | 11: 1Sam 9,1
| 12: 1Sam 1,11; Gen 29,32 · Dtn 23,6; Ps 109,28
| 14: 17,2

Chuschai und Achitofel

15 Absalom aber und alles Volk, jeder
von Israel, sie waren nach Jerusalem gekommen, und auch Achitofel war bei
ihm. 16 Und als Chuschai, der Arkiter,
der Vertraute Davids, zu Absalom kam,
sagte Chuschai zu Absalom: Es lebe der
König! Es lebe der König! 17 Absalom
aber sagte zu Chuschai: Das also ist
deine Treue dem gegenüber, der dir Vertrauen schenkt! Warum bist du nicht
mit dem gegangen, der dir Vertrauen
schenkt? 18 Und Chuschai sprach zu Absalom: Nein! Sondern wen der HERR,
wen dieses Volk und wen jeder von Israel erwählt hat, zu dem werde ich gehören, und bei dem werde ich bleiben!
19 Und das Zweite ist: Wem werde ich
dienen? Wird es nicht vor seinem Sohn
sein? Wie ich vor deinem Vater gedient
habe, so will ich auch vor dir sein.
20 Und Absalom sagte zu Achitofel:
Gebt euren Rat! Was sollen wir tun?
21 Und Achitofel sprach zu Absalom:
Geh zu den Nebenfrauen deines Vaters,

die er zurückgelassen hat, damit sie acht
gaben auf das Haus. Dann wird ganz Israel hören, dass du dich bei deinem Vater verhasst gemacht hast, und die
Hände aller, die bei dir sind, werden
stark sein. 22 Und man schlug das Zelt
für Absalom auf dem Dach auf, und vor
den Augen ganz Israels ging Absalom zu
den Nebenfrauen seines Vaters. 23 Und
der Rat Achitofels, den er in jenen Tagen
gab, galt wie das Wort Gottes, das man
einholt. So galt jeder Rat Achitofels, bei
David wie bei Absalom.

17 1 Und Achitofel sagte zu Absalom:
Ich will mir zwölftausend Mann
auswählen und mich aufmachen und
David heute Nacht verfolgen. 2 Dann
werde ich über ihn herfallen, wenn er
noch ermattet ist und seine Hände
müde sind. Und ich werde ihn in Schrecken versetzen, und alles Volk, das bei
ihm ist, wird fliehen, und nur den König
werde ich erschlagen. 3 Dann will ich alles Volk zu dir zurückbringen. Die Rückkehr aller ist den Mann wert, den du
suchst; das ganze Volk aber wird unversehrt bleiben. 4 Und das Wort war recht
in den Augen Absaloms und in den
Augen aller Ältesten von Israel. 5 Absalom aber sagte: Ruft doch auch
Chuschai, den Arkiter, wir wollen auch
hören, was er zu sagen hat. 6 Und
Chuschai kam zu Absalom, und Absalom sagte zu ihm: Solches hat Achitofel
gesagt. Sollen wir tun, was er gesagt hat?
Wenn nicht, so rede du! 7 Da sagte
Chuschai zu Absalom: Der Rat, den Achitofel diesmal gegeben hat, ist nicht gut.
8 Und Chuschai sagte: Du selbst weisst,
dass dein Vater und seine Männer Helden sind und dass sie verbittert sind wie
eine Bärin auf dem offenen Land, der
man die Jungen genommen hat. Und
dein Vater ist ein Krieger, und er hält
keine Nachtruhe mit dem Volk. 9 Sieh,
jetzt hält er sich verborgen in einer der
Gruben oder an irgendeinem anderen
Ort. Wenn nun gleich zu Anfang einige
von euch fallen, wird, wer davon hört,
sagen: Es war ein Schlag gegen das Volk,

das hinter Absalom steht! 10 Und dann wird er ganz und gar verzagen, mag er auch tüchtig sein, mit einem Herzen wie dem Herzen des Löwen, denn ganz Israel weiss, dass dein Vater ein Held ist und dass die um ihn herum tüchtig sind. 11 Ich rate: Ganz Israel, von Dan bis Beer-Scheba, soll sich bei dir versammeln, so zahlreich wie der Sand am Meer, wenn du voranziehst in den Kampf. 12 Kommen wir dann zu ihm an einen der Orte, wo er sich befinden mag, so werden wir über ihm sein, wie der Tau, der auf den Erdboden fällt, und von ihm und von all den Männern, die bei ihm sind, soll niemand übrig bleiben, auch nicht ein Einziger. 13 Wenn er sich aber in einer Stadt sammelt, soll ganz Israel Seile an jene Stadt legen, und wir werden sie bis zum Talgrund schleifen, bis sich dort nicht einmal mehr ein Steinchen findet. 14 Da sagten Absalom und alle Männer von Israel: Der Rat Chuschais, des Arkiters, ist besser als der Rat Achitofels. Der HERR aber hatte es so bestimmt, dass der gute Rat Achitofels vereitelt würde, damit der HERR das Unheil über Absalom bringen konnte.

15 Und Chuschai sagte zu Zadok und zu Ebjatar, den Priestern: Das und das hat Achitofel Absalom und den Ältesten Israels geraten, und das und das habe ich geraten. 16 Und nun sendet eilends hin und berichtet David und sagt: Bleib heute Nacht nicht an den Furten in der Wüste. Sogleich musst du hinübergehen, damit nicht der König und alles Volk, das bei ihm ist, aufgerieben werden. 17 Jehonatan aber und Achimaaz standen in En-Rogel, und immer wieder ging die Sklavin hin und brachte ihnen Bericht; dann gingen sie und berichteten es König David. Denn sie durften sich nicht sehen lassen und nicht in die Stadt kommen. 18 Ein junger Mann aber sah sie und berichtete es Absalom. Da eilten beide fort, und sie kamen zum Haus eines Mannes in Bachurim. Und dieser hatte einen Brunnen in seinem

Vorhof, und in den stiegen sie hinab. 19 Und die Frau nahm eine Decke und breitete sie über die Öffnung des Brunnens und streute Getreidekörner darauf, und so blieb es unbemerkt. 20 Und die Diener Absaloms kamen zu der Frau ins Haus und sagten: Wo sind Achimaaz und Jehonatan? Und die Frau sagte zu ihnen: Sie sind am Wasserbehälter vorbeigegangen. Und sie suchten, fanden sie aber nicht und kehrten zurück nach Jerusalem. 21 Und nachdem sie gegangen waren, stiegen die beiden herauf aus dem Brunnen, gingen und berichteten alles König David und sagten zu David: Macht euch auf und überquert eilends das Wasser, denn einen solchen Rat hat Achitofel gegen euch gegeben. 22 Da machte sich David auf mit allem Volk, das bei ihm war, und sie überquerten den Jordan. Als der Morgen anbrach, gab es nicht einen, der den Jordan nicht überquert hatte. 23 Achitofel aber hatte gesehen, dass sein Rat nicht befolgt wurde; da sattelte er den Esel, machte sich auf und zog nach Hause, in seine Stadt, und bestellte sein Haus. Dann erhängte er sich. Und er starb und wurde im Grab seines Vaters begraben.

|15: 15,37 · 15,12 |16: 15,32.37 · 1Kön 1,25.34 |17: 2,5 |19: 15,34 |21: 10,6! · 3,7; 12,11; 15,16 · 1Sam 13,4! · 2,7 |22: Lev 18,8 · 11,2 |23: 15,12! |1–4: 20,4 |2: 16,14 · 1Kön 22,31 |4: 3,17! |7: 15,34 |8: 10,7! · 2Kön 2,24; Hos 13,8; Spr 17,12 |9: 18,7 |10: 1,23 |11: 3,10! · Jos 11,4! |14: 15,31.34–35 · Jos 11,20 |15: 8,17!; 15,24–29 |16: 15,28 |17: Jos 15,7; 1Kön 1,9 |18: 3,16! |19: Jos 2,6; 1Sam 19,11–17 |23: 2Kön 20,1 · 15,12! · Mt 27,5

17,9: Wörtlich: «... einige von ihnen fallen, ...»
17,16: Möglich ist auch die Übersetzung: «..., damit es nicht dem König und allem Volk, das bei ihm ist, mitgeteilt wird.» In diesem Fall wäre Absalom als König gemeint.
17,20: Die Bedeutung der mit ‹Wasserbehälter› wiedergegebenen hebräischen Formulierung ist unsicher.

David in Machanajim

24 David aber war nach Machanajim gekommen, und Absalom hatte den Jordan überquert, er und jeder von Israel mit ihm. 25 Und Absalom hatte Amasa an Joabs Stelle über das Heer gesetzt. Amasa aber war der Sohn eines Mannes

mit Namen Jitra, der Jesreelit, der zu
Abigajil gegangen war, der Tochter des
Nachasch, der Schwester von Zeruja, der
Mutter Joabs. 26 Und Israel und Absalom lagerten im Lande Gilead. 27 Und
als David nach Machanajim gekommen
war, hatten Schobi, der Sohn des Nachasch, aus dem Rabba der Ammoniter,
und Machir, der Sohn des Ammiel, aus
Lo-Debar, und Barsillai, der Gileaditer
aus Rogelim, 28 Betten, Schalen, Tongeschirr, Weizen, Gerste, Mehl, geröstetes Korn, Bohnen, Linsen, Geröstetes,
29 Honig, Butter, Schafe und Käse aus
Kuhmilch zum Essen herbeigeschafft
für David und für das Volk, das bei ihm
war, denn sie sagten: Das Volk ist hungrig und müde und durstig in der Wüste.

18 1 Und David musterte das Volk,
das bei ihm war, und er setzte Anführer ein über sie, über Tausende und
über Hunderte. 2 Und David sandte das
Volk aus, ein Drittel unter Joab, ein Drittel unter Abischai, dem Sohn der Zeruja,
dem Bruder Joabs, und ein Drittel unter
Ittai, dem Gattiter. Und der König sagte
zum Volk: Auch ich werde mit euch ausziehen! 3 Das Volk aber sagte: Du darfst
nicht ausziehen! Denn wenn wir fliehen müssen, wird man sich um uns
nicht kümmern; und selbst wenn die
Hälfte von uns stirbt, wird man sich um
uns nicht kümmern; du aber bist wie
zehntausend von uns. Und so ist es besser, wenn du uns von der Stadt aus
hilfst. 4 Und der König sagte zu ihnen:
Ich werde tun, was gut ist in euren Augen! Und der König stellte sich an das
Tor, alles Volk aber zog hinaus, nach
Hunderten und nach Tausenden. 5 Und
der König befahl Joab und Abischai und
Ittai: Schont mir den jungen Mann, den
Absalom! Und alles Volk hörte es, als der
König allen Anführern den Absalom betreffenden Befehl gab.

|24: 27; 2,8! · 1Chr 2,16–17 |25: 19,14; 20,4;
1Kön 2,5 |27: 24! · 9,4 · 19,32–40; 21,8; 1Kön 2,7
|28–29: 19,33 |28: 1Sam 25,18! |29: Gen 18,8 · 16,2 |1:
1Sam 8,12; Ex 18,21; Num 31,14 |2–3: 21,17 |2:
1Sam 11,11! · 8,16! · 10,10 · 15,19–22 |5: 12.29; 19,7

Absaloms Tod

6 Und das Volk zog hinaus ins offene
Land, Israel entgegen, und im Wald von
Efraim kam es zur Schlacht. 7 Und dort
wurde das Volk Israel vor den Dienern
Davids geschlagen, und dort war der
Schlag hart an jenem Tag: zwanzigtausend Mann. 8 Und der Kampf breitete
sich dort über das ganze Land aus, und
der Wald frass mehr vom Volk, als das
Schwert an jenem Tag frass. 9 Und Absalom traf auf die Diener Davids. Und
Absalom ritt auf dem Maultier, und das
Maultier kam unter das Geäst einer
grossen Terebinthe, und mit dem Kopf
blieb er in der Terebinthe hängen, und
so hing er zwischen Himmel und Erde,
das Maultier aber, das unter ihm war,
lief weiter. 10 Und das sah ein Mann,
und er berichtete es Joab und sagte: Sieh,
ich habe Absalom gesehen, er hängt in
der Terebinthe! 11 Da sagte Joab zu dem
Mann, der ihm dies berichtete: Sieh,
wenn du ihn doch gesehen hast, warum
hast du ihn dort nicht zu Boden geschlagen? Dann wäre es nun an mir, dir zehn
Schekel Silber und einen Gürtel zu geben. 12 Der Mann aber sagte zu Joab:
Und wenn ich in meinen Händen tausend Schekel Silber abwöge, ich würde
meine Hand nicht gegen den Sohn des
Königs führen, denn vor unseren Ohren
hat der König dir und Abischai und Ittai
befohlen: Habt acht – wer auch immer! –
auf den jungen Mann, auf Absalom!
13 Oder hätte ich heimtückisch an ihm
gehandelt – vor dem König bleibt nichts
verborgen, du aber würdest dich heraus-
halten. 14 Da sagte Joab: Ich will mich
nicht länger mit dir aufhalten! Dann
nahm er drei Stäbe in seine Hand und
stiess sie Absalom ins Herz, als er noch
lebend in der Terebinthe hing. 15 Und es
traten zehn Burschen heran, die
Waffenträger Joabs, und sie schlugen
auf Absalom ein und töteten ihn.
16 Dann blies Joab den Schofar, und das
Volk kehrte zurück von der Verfolgung
Israels, denn Joab wollte das Volk schonen. 17 Und sie nahmen Absalom und

warfen ihn in die grosse Grube im Wald und errichteten einen sehr grossen Steinhaufen über ihm. Ganz Israel aber war geflohen, ein jeder zu seinen Zelten. 18 Absalom aber hatte die Mazzebe genommen, die im Königstal war, und schon zu seinen Lebzeiten hatte er sie für sich aufgestellt, denn er hatte gedacht: Ich habe keinen Sohn, um an meinen Namen zu erinnern. Und er hatte die Mazzebe nach seinem Namen benannt, und bis auf den heutigen Tag wird sie Hand-Absaloms genannt.

19 Achimaaz aber, der Sohn Zadoks, hatte gesagt: Ich würde gern laufen und dem König die Freudenbotschaft überbringen, dass der HERR ihm Recht verschafft hat auf Kosten seiner Feinde. 20 Joab aber sagte zu ihm: Am heutigen Tag bist du nicht der Mann für eine Botschaft. An einem anderen Tag kannst du eine Botschaft überbringen, am heutigen Tag aber darfst nicht du die Botschaft überbringen, denn der Sohn des Königs ist tot. 21 Dann sagte Joab zu einem Kuschiter: Geh, berichte dem König, was du gesehen hast! Und der Kuschit warf sich vor Joab nieder, dann lief er los. 22 Achimaaz aber, der Sohn Zadoks, sagte noch einmal zu Joab: Komme, was da will, lass doch mich dem Kuschiter nachlaufen! Und Joab sagte: Warum denn willst du laufen, mein Sohn? Es lässt sich keine Freudenbotschaft für dich finden. 23 Komme, was da will, ich laufe! Da sagte er zu ihm: Lauf! Und so lief Achimaaz den Weg zur Jordanebene, und er überholte den Kuschiter. 24 Und David sass zwischen den beiden Toren, da ging der Wächter auf das Dach des Tors, auf die Mauer. Und als er aufblickte und hinsah, sieh, da kam ein Mann allein gelaufen. 25 Da rief der Wächter und berichtete es dem König, und der König sagte: Wenn er allein ist, hat er eine Freudenbotschaft auf den Lippen. Während dieser aber immer näher kam, 26 sah der Wächter, dass ein weiterer Mann gelaufen kam, und der Wächter rief dem Torhüter zu

und sagte: Sieh, noch ein Mann kommt allein gelaufen! Da sagte der König: Auch dieser ist ein Freudenbote. 27 Und der Wächter sagte: Ich sehe, dass der erste läuft, wie Achimaaz, der Sohn Zadoks, läuft. Und der König sprach: Das ist ein guter Mann, und er wird mit einer guten Botschaft kommen! 28 Und Achimaaz rief und sagte zum König: Friede! Dann warf er sich vor dem König zur Erde nieder auf sein Angesicht und sprach: Gelobt sei der HERR, dein Gott, der die Männer ausgeliefert hat, die ihre Hand erhoben haben gegen meinen Herrn, den König! 29 Der König aber sagte: Ist der junge Mann, ist Absalom unversehrt? Und Achimaaz sagte: Ich habe das grosse Getümmel gesehen, als Joab den Diener des Königs und deinen Diener entsandte, aber ich weiss nicht, was war. 30 Und der König sprach: Tritt zur Seite, stell dich hierhin! Und er trat zur Seite und blieb stehen. 31 Und sieh, der Kuschit war angekommen, und der Kuschit sagte: Mein Herr, der König, lasse sich gute Botschaft überbringen! Denn der HERR hat dir heute Recht verschafft auf Kosten aller, die sich gegen dich erhoben hatten. 32 Der König aber sagte zu dem Kuschiter: Ist der junge Mann, ist Absalom unversehrt? Da sagte der Kuschit: Den Feinden meines Herrn, des Königs, und allen, die sich in böser Absicht gegen dich erhoben haben, soll es ergehen wie dem jungen Mann!

| 7:17,9 | 8:2,26 | 9:13,29! | 12:5! | 13:14,20! · Jer 6,13; 8,10 | 14–15:19,11 | 14:12,10! | 15:23,37 | 16: 2,28! | 17: Jos 7,26; 8,29 · 20,1 | 18: 1Sam 15,12; Gen 35,20 · Gen 14,17 | 19: 15,27.36 | 20–22: 4,10 | 21: 11,18 | 24:19,1 · 2Kön 9,17; Jes 21,6 | 27: 1Kön 1,42 | 28: 1Sam 25,23! · 20,21 · Gen 14,20 | 29: 5! | 31: 22,49 | 32: 1Sam 25,26

David trauert um Absalom

19 1 Da durchfuhr es den König, und er stieg hinauf in das Obergemach im Tor und weinte. Und als er ging, sagte er dies: Mein Sohn! Absalom, mein Sohn! Mein Sohn Absalom! Wäre doch ich an deiner Stelle tot! Absalom, mein Sohn, mein Sohn!

2 Und es wurde Joab berichtet: Sieh, der König weint und trauert um Absalom. 3 Und an jenem Tag wurde der Sieg zur Trauer für das ganze Volk, denn an jenem Tag hörte das Volk: Der König grämt sich seines Sohns wegen. 4 Und an jenem Tag stahl sich das Volk in die Stadt, wie sich das Volk davonstiehlt, wenn sie sich schämen, weil sie aus der Schlacht geflohen sind. 5 Der König aber hatte sein Angesicht verhüllt, und mit lauter Stimme schrie der König: Mein Sohn Absalom! Absalom, mein Sohn, mein Sohn! 6 Da kam Joab zum König ins Haus und sagte: Heute hast du Schande über alle deine Diener gebracht, die dir, deinen Söhnen, deinen Töchtern, deinen Frauen und deinen Nebenfrauen heute das Leben gerettet haben; 7 Die dich hassen, liebst du, und die dich lieben, hasst du. Heute hast du wahrlich zu verstehen gegeben, dass Anführer und Diener dir nichts bedeuten. Ja, heute habe ich erkannt: Wenn Absalom noch lebte und wir alle heute tot wären, dann wäre es recht in deinen Augen. 8 Und nun steh auf, geh hinaus und rede zum Herzen deiner Diener, denn ich schwöre beim HERRN: Wenn du nicht hinausgehst, wird heute Nacht kein einziger Mann bei dir bleiben, und das wird für dich schlimmer sein als alles Unheil, das seit deiner Jugend bis jetzt über dich gekommen ist. 9 Da stand der König auf und setzte sich ins Tor. Und man berichtete dem ganzen Volk: Seht, der König sitzt im Tor! Da kam das ganze Volk vor den König.

| 1: 1Sam 30,4! · Ri 3,20 · 18,24 | 2: Gen 37,35; Jer 31,15 | 5: 15,30! | 7: 18,5! | 8: Gen 34,3; 50,21

Davids Rückkehr nach Jerusalem

Israel aber war geflohen, ein jeder zu seinen Zelten, 10 und in allen Stämmen Israels war das ganze Volk zerstritten und sagte: Der König hat uns aus der Hand unserer Feinde gerettet, und er war es, der uns aus der Hand der Philister gerettet hat, und nun ist er vor Absalom aus dem Land geflohen. 11 Absalom

aber, den wir gesalbt haben, dass er über uns sei, ist in der Schlacht umgekommen. Warum also zögert ihr jetzt, den König zurückzuholen? 12 Und König David sandte zu Zadok und Ebjatar, den Priestern, und sagte: Redet mit den Ältesten von Juda und sagt: Warum seid ihr die Letzten, die den König zurückholen wollen in sein Haus? Das Gerede ganz Israels ist ja schon zum König gedrungen, in sein Haus. 13 Ihr seid meine Brüder, ihr seid von meinem Fleisch und Blut; warum denn wollt ihr die Letzten sein, die den König zurückholen? 14 Und zu Amasa sollt ihr sagen: Bist du nicht von meinem Fleisch und Blut? Gott tue mir an, was immer er will, wenn du nicht für immer Heerführer wirst vor mir an Joabs Stelle! 15 Und so zog er das Herz aller Männer Judas zu sich wie einen einzigen Mann, und sie sandten zum König: Kehre zurück, du mit allen deinen Dienern! 16 Und der König kehrte zurück und kam an den Jordan, und Juda war nach Gilgal gekommen, um dem König entgegenzugehen und den König über den Jordan zu geleiten.

17 Auch Schimi, der Sohn des Gera, der Benjaminit, der aus Bachurim war, eilte mit den Männern Judas hinab, König David entgegen. 18 Und bei ihm waren tausend Mann aus Benjamin, wie auch Ziba, der Bursche des Hauses Sauls, und mit ihm seine fünfzehn Söhne und seine zwanzig Diener. Und sie gelangten vor dem König an den Jordan 19 und durchschritten die Furt, um das Haus des Königs hinüberzugeleiten und zu tun, was in seinen Augen gut war. Und Schimi, der Sohn des Gera, fiel vor dem König nieder, als er den Jordan überschritt, 20 und sprach zum König: Mein Herr möge mir keine Schuld anrechnen und möge nicht mehr daran denken, dass dein Diener sich vergangen hat an dem Tag, als mein Herr, der König, aus Jerusalem auszog; der König nehme es sich nicht zu Herzen. 21 Denn dein Diener weiss, dass ich gesündigt habe. Aber

sieh, heute bin ich als Erster vom ganzen Haus Josef gekommen, um hinabzuziehen, meinem Herrn, dem König, entgegen. 22 Daraufhin sagte Abischai, der Sohn der Zeruja: Soll Schimi nicht dafür getötet werden, dass er den Gesalbten des HERRN verflucht hat? 23 David aber sprach: Was habe ich mit euch zu schaffen, ihr Söhne der Zeruja, dass ihr mir heute zu Widersachern werdet? Sollte heute jemand getötet werden in Israel? Weiss ich denn nicht, dass ich heute König bin über Israel? 24 Und der König sagte zu Schimi: Du musst nicht sterben. Und der König schwor es ihm.

25 Auch Mefiboschet, der Sohn Sauls, war herabgekommen, dem König entgegen. Und er hatte seine Füsse nicht gepflegt, und auch seinen Bart hatte er nicht gepflegt, und seine Kleider hatte er nicht gewaschen seit dem Tag, an dem der König weggegangen war, bis zu dem Tag, an dem er in Frieden zurückkehrte. 26 Als er dem König auf dem Weg nach Jerusalem entgegenkam, sagte der König zu ihm: Warum bist du nicht mit mir gegangen, Mefiboschet? 27 Und er sagte: Mein Herr und König! Mein Diener hat mich betrogen; denn dein Diener hat gesagt: Ich will mir den Esel satteln und auf ihm reiten und mit dem König ziehen. Denn dein Diener ist gelähmt. 28 Er aber hat deinen Diener bei meinem Herrn, dem König, verleumdet. Mein Herr, der König, aber ist wie der Bote Gottes. So tue, was gut ist in deinen Augen. 29 Denn für meinen Herrn, den König, waren alle aus dem Haus meines Vaters Männer des Todes, du aber hast deinen Diener zu denen gesetzt, die an deinem Tisch essen. Was für ein Recht habe ich da noch, noch länger zum König zu schreien? 30 Der König aber sprach zu ihm: Warum redest du noch diese Worte? Ich sage: Du und Ziba, ihr werdet euch das Land teilen! 31 Da sagte Mefiboschet zum König: Er kann auch das Ganze nehmen, da mein Herr, der König, wohlbehalten zurückgekehrt ist in sein Haus!

32 Und Barsillai, der Gileaditer, war herabgekommen von Rogelim, und er überquerte mit dem König den Jordan, um ihn am Jordan zu verabschieden. 33 Aber Barsillai war sehr alt, ein Mann von achtzig Jahren. Und er hatte für den König gesorgt, als er sich in Machanajim aufhielt, denn er war ein sehr reicher Mann. 34 Und der König sprach zu Barsillai: Zieh du mit mir hinüber! Und bei mir in Jerusalem werde ich für dich sorgen. 35 Barsillai aber sagte zum König: Wie viele Jahre werde ich noch leben, dass ich mit dem König hinaufziehen sollte nach Jerusalem? 36 Ich bin heute achtzig Jahre alt. Kann ich da noch unterscheiden zwischen Gut und Böse? Und schmeckt dein Diener noch, was er isst und was er trinkt? Und lausche ich noch der Stimme der Sänger und der Sängerinnen? Warum also soll dein Diener meinem Herrn, dem König, noch eine Last sein? 37 Nur ein kleines Stück weit zieht dein Diener mit dem König über den Jordan. Warum denn will der König mir das so reich vergelten? 38 Es sei deinem Diener erlaubt, zurückzukehren, damit ich in meiner Stadt sterbe, beim Grab meines Vaters und meiner Mutter. Aber sieh, dein Diener Kimham soll hinüberziehen mit meinem Herrn, dem König; und für ihn tu, was in deinen Augen gut ist. 39 Da sagte der König: Kimham soll mit mir hinüberziehen, und ich werde für ihn tun, was in deinen Augen gut ist, und für dich werde ich alles tun, was du dir von mir wünschst. 40 Dann überquerte alles Volk den Jordan, und auch der König hatte ihn überquert. Und der König küsste Barsillai und segnete ihn, dann kehrte dieser zurück an seinen Ort. 41 Der König aber zog hinüber nach Gilgal, und Kimham zog mit ihm hinüber, und auch das ganze Volk von Juda, und sie und auch das halbe Volk von Israel geleiteten den König hinüber.

42 Und sieh, alle Männer Israels kamen zum König und sagten zum König: Warum haben unsere Brüder, die Män-

ner Judas, dich entführt und den König und sein Haus und alle Männer Davids mit ihm über den Jordan geführt? 43 Da antworteten alle Männer Judas den Männern Israels: Mit uns ist der König verwandt! Warum denn seid ihr darüber zornig? Haben wir etwa vom König ein Stück gefressen, oder ist er von uns verschleppt worden? 44 Die Männer Israels aber antworteten den Männern von Juda und sagten: Wir haben zehnfachen Anteil am König, auch an David haben wir grösseren Anteil als ihr! Warum denn behandelt ihr uns mit Verachtung? Und haben wir nicht als Erste davon geredet, unseren König zurückzuholen? Das Reden der Männer von Juda aber war noch schärfer als das Reden der Männer von Israel.

|10:15,14! |11:18,14–15 |13:5,1! |14:17,25! · 3,9! |15:1Sam 11,7; Ri 6,16; 20,1 |16:1Sam 10,8! |17–24: 16,5! |17:3,16! |18:9,2! |20:16,33 |22:16,9–12 · 1,14.16; 1Sam 26,9 |23:3,39! · 1Sam 11,13 |24: 1Sam 19,6 · 1Kön 2,8 |25:9,6–7 |27:9,3! |28:16,3 · 1Sam 29,9! · 10,12! |29:1Kön 2,26 · 9,7 |30:9,9! |32–40:17,27! |33:17,28–29 |36:Ps 90,10 · Koh 2,8 |38:Jer 41,17 |40:14,33!

19,13: Siehe die Anm. zu Ri 9,2.

19,19: Möglich ist für die mit «und überschritten die Furt» wiedergegebene hebräische Formulierung auch die Übersetzung «und das Floss fuhr hinüber».

Schebas Aufstand gegen David

20 1 Nun war dort zufällig ein ruchloser Mann, und dessen Name war Scheba, der Sohn des Bichri, ein Jaminit; und der blies den Schofar und sagte:
Wir haben keinen Anteil an David,
    und am Sohn Isais haben wir
    keinen Erbbesitz!
Ein jeder zu seinen Zelten, Israel!
2 Da liefen alle Männer Israels von David über zu Scheba, dem Sohn des Bichri; die Männer von Juda aber hielten an ihrem König fest, vom Jordan bis nach Jerusalem. 3 Und David kam in sein Haus in Jerusalem, und der König nahm die zehn Nebenfrauen, die er zurückgelassen hatte, damit sie acht gaben auf das Haus, und er brachte sie in ein bewachtes Haus und versorgte sie,

aber er ging nicht zu ihnen. Und sie blieben eingeschlossen bis zum Tag ihres Todes – eine Witwenschaft zu seinen Lebzeiten.

4 Und der König sagte zu Amasa: Biete mir die Männer von Juda auf! Drei Tage, dann bist du hier zur Stelle! 5 Und Amasa ging, um Juda aufzubieten, aber er verspätete sich, über den Zeitpunkt hinaus, den er ihm bestimmt hatte. 6 Da sagte David zu Abischai: Nun wird Scheba, der Sohn des Bichri, uns gefährlicher werden als Absalom. Nimm du die Diener deines Herrn und verfolge ihn, damit er für sich nicht befestigte Städte findet und so unser Auge ausreisst. 7 Da zogen die Männer Joabs, die Kreter, die Pleter und alle Helden aus, hinter ihm her, sie zogen aus Jerusalem fort, um Scheba, den Sohn des Bichri, zu verfolgen. 8 Sie waren bei dem grossen Stein, der in Gibeon ist, da war Amasa schon vor ihnen angekommen. Joab aber war umgürtet mit seinem Gewand, seinem Kleid, und darüber war ein Gürtel mit einem Schwert in der Scheide, festgebunden an seiner Hüfte. Und als er vorgetreten war, glitt es heraus. 9 Und Joab sagte zu Amasa: Geht es dir gut, mein Bruder? Dann fasste Joab Amasa mit der rechten Hand am Bart, um ihn zu küssen. 10 Amasa aber war nicht auf der Hut vor dem Schwert, das in Joabs Hand war. Da stiess dieser es ihm in den Bauch. Und seine Eingeweide ergossen sich auf die Erde, er aber gab ihm keinen zweiten Stoss, und er starb. Joab aber und Abischai, sein Bruder, verfolgten Scheba, den Sohn des Bichri. 11 Und einer von den Gefolgsleuten Joabs stand bei ihm und sagte: Joab nach, wer für Joab ist und wer zu David gehört! 12 Mitten auf der Strasse aber wand sich Amasa in seinem Blut. Und der Mann sah, dass das ganze Volk stehen blieb, und er schaffte Amasa von der Strasse weg aufs Feld. Und er warf ein Gewand über ihn, als er sah, dass jeder, der auf ihn zukam, stehen blieb. 13 Als er ihn von der Strasse weggeschafft

hatte, gingen alle weiter, hinter Joab her, um Scheba, den Sohn des Bichri, zu verfolgen.

14 Der aber zog durch alle Stämme Israels bis nach Abel und Bet-Maacha; und alle Beriter, sie versammelten sich, und auch sie folgten ihm. 15 Und sie kamen und belagerten ihn in Abel-Bet-Maacha, und sie schütteten eine Rampe auf zur Stadt hin, und diese reichte bis an die Vormauer. Und während alles Volk, das bei Joab war, sich an der Zerstörung der Mauer beteiligte, um sie zum Einstürzen zu bringen, 16 rief eine weise Frau aus der Stadt heraus: Hört her! Hört her! Sagt Joab, er soll näher kommen, bis hierher, dann will ich mit ihm reden. 17 Und er kam auf sie zu, und die Frau sagte: Bist du Joab? Und er sagte: Ich bin es. Da sagte sie zu ihm: Höre die Worte deiner Magd. Und er sagte: Ich höre. 18 Und sie sagte: Früher pflegte man zu sagen: In Abel muss man nachfragen – so ist man am Ziel! 19 Ich bin eine der Friedfertigen unter den Getreuen Israels. Du willst eine Stadt und eine Mutter in Israel töten! Warum willst du den Erbbesitz des HERRN vernichten? 20 Und Joab antwortete und sagte: Das sei fern, das sei fern von mir! Ich will nicht vernichten und nicht zerstören. 21 So ist es nicht! Sondern ein Mann vom Gebirge Efraim, Scheba, der Sohn des Bichri ist sein Name, hat seine Hand gegen den König erhoben, gegen David. Gebt uns den, nur den, dann will ich abziehen von der Stadt. Da sagte die Frau zu Joab: Sieh, sein Kopf wird dir über die Mauer zugeworfen werden. 22 Und mit ihrer Weisheit ging die Frau zum ganzen Volk. Und sie schlugen Scheba, dem Sohn Bichris, den Kopf ab und warfen ihn hinüber zu Joab. Da blies dieser den Schofar, und sie gingen auseinander, weg von der Stadt, ein jeder zu seinen Zelten. Joab aber kehrte zurück zum König nach Jerusalem.

23 Und Joab stand dem ganzen Heer Israels vor, Benaja, der Sohn Jehojadas, stand den Kretern und den Pletern vor,

24 und Adoram stand den Fronpflichtigen vor. Und Jehoschafat, der Sohn Achiluds, war der Kanzler, 25 Scheja war Schreiber, Zadok und Ebjatar waren Priester, 26 und auch Ira, der Jairiter, war ein Priester Davids.

|1: 16,7 · 11 · 22; 15,10; 1Kön 12,16 · 19! · 18,17 |2: 1Kön 12,20 |3: 15,16!; 12,11! |4: 17,25! · 17,1–4 |7: 8,18! · 10,7! |9: Mt 26,49 |10: 2,23!; 1Kön 2,5 |11: 1 · 15,26! |12: 2,23 |14: 1Kön 15,20; 2Kön 15,29 |15: Koh 9,14 |16: 14,2 |19: 1; 1Sam 10,1; 21,3; Dtn 32,9 |20: 1Sam 2,30 |21: 18,28 |22: 2,28! |23–26: 8,16–18 |23: 8,16! |26: Dtn 3,14

20,14: Möglich ist auch die Übersetzung: «... bis nach Abel und Bet-Maacha und dem ganzen Berim, und sie versammelten sich, ...»

Die Rache der Gibeoniter an den Söhnen Sauls

21 1 Und in den Tagen Davids herrschte eine Hungersnot, drei Jahre lang, Jahr für Jahr. Da suchte David das Angesicht des HERRN. Und der HERR sprach: Es ist wegen Saul und des Hauses der Blutschuld, denn er hat die Gibeoniter getötet. 2 Da rief der König die Gibeoniter und sprach zu ihnen – die Gibeoniter aber gehörten nicht zu den Israeliten, sondern zum Rest der Amoriter, und obwohl die Israeliten ihnen einen Schwur geleistet hatten, wollte Saul sie erschlagen in seinem Eifer für die Israeliten und die Judäer –, 3 David also sprach zu den Gibeonitern: Was soll ich für euch tun? Und wodurch kann ich Sühne erwirken, damit ihr den Erbbesitz des HERRN segnet? 4 Und die Gibeoniter sagten zu ihm: Uns geht es nicht um Silber oder Gold gegenüber Saul und gegenüber seinem Haus; und es geht uns nicht darum, jemanden in Israel zu töten. Und er sprach: Was immer ihr sagt, ich werde es für euch tun. 5 Da sagten sie zum König: Der Mann, der uns ausrotten wollte und der Pläne ausgeheckt hat gegen uns, um uns zu vernichten, damit wir nirgendwo mehr bestehen können im Gebiet Israels, 6 von seinen Söhnen sollen uns sieben Männer herausgegeben werden. Für den HERRN werden wir ihnen die Kno-

chen brechen im Gibea Sauls, des Auserwählten des HERRN. Da sprach der König: Ich werde sie herausgeben. 7 Mefiboschet aber, den Sohn Jehonatans, des Sohns von Saul, verschonte der König, weil zwischen ihnen der Schwur beim HERRN galt, zwischen David und Jehonatan, dem Sohn Sauls. 8 Die zwei Söhne der Rizpa aber, der Tochter des Ajja, die diese Saul geboren hatte, Armoni und Mefiboschet, und die fünf Söhne der Michal, der Tochter Sauls, die diese Adriel geboren hatte, dem Sohn Barsillais des Mecholatiters, diese nahm der König 9 und gab sie in die Hand der Gibeoniter, und diese brachen ihnen die Knochen auf dem Berg, vor dem HERRN. So fielen die sieben gemeinsam. Und in den ersten Tagen der Ernte wurden sie getötet, zu Beginn der Gerstenernte. 10 Und Rizpa, die Tochter des Ajja, nahm das Trauergewand und breitete es sich auf dem Felsen aus, vom Beginn der Ernte an, bis Wasser vom Himmel auf die Toten fiel. Und sie liess nicht zu, dass bei Tag die Vögel des Himmels sich auf ihnen niederliessen oder die Tiere des Feldes bei Nacht. 11 Und David wurde berichtet, was Rizpa, die Tochter des Ajja, die Nebenfrau Sauls, getan hatte. 12 Da ging David und holte die Knochen Sauls und die Knochen Jehonatans, seines Sohns, von den Herren von Jabesch im Gilead. Diese hatten sie vom Platz in Bet-Schan geraubt, wo die Philister sie aufgehängt hatten, an dem Tag, als die Philister Saul am Gilboa erschlagen hatten. 13 Und von dort brachte er die Knochen Sauls und die Knochen Jehonatans, seines Sohns, herauf. Dann sammelte man die Gebeine derer, denen man die Knochen gebrochen hatte. 14 Und man begrub die Knochen Sauls und Jehonatans, seines Sohns, in Zela im Land Benjamin, im Grab seines Vaters Kisch. Und man tat alles, was der König befohlen hatte. Und danach liess Gott sich für das Land erbitten.

| 1: 2Kön 8,1; Rut 1,1 · 1Sam 13,12; Hos 5,15; Ps 27,8 | 2: Jos 10,1–6 · Jos 9,15.18–19 | 3: 20,19! | 5: Dtn 7,22

| 6: 1Sam 10,24! | 7: 9,1; 1Sam 18,3; 20,16–17; 24,22 | 8: 3,7 · 1Sam 18,17.19 | 9: Num 25,4 | 10: Dtn 21,22–23 · 3,31; Gen 37,34 · 1Sam 17,44 | 11: 5,13 | 12: 2,4–5; 1Sam 31,13 | 14: 24,25

21,10: Wörtlich: «..., bis Wasser vom Himmel auf sie fiel. ...»

21,14: Möglicherweise ist zu übersetzen: «Und man begrub sie zusammen mit den Knochen Sauls und Jehonatans, seines Sohns, ...»

Die Helden Davids und ihre Taten

15 Und wieder hatten die Philister Krieg mit Israel. Und David zog hinab, und seine Diener waren bei ihm, und sie bekämpften die Philister, und David war erschöpft. 16 In Nob aber war Jischbi, der zu den Kindern des Rafa gehörte, und das Gewicht seiner Lanze betrug dreihundert Schekel Bronze, und er war mit einer neuen Waffe umgürtet, und er sagte, er wolle David erschlagen. 17 Abischai aber, der Sohn der Zeruja, kam ihm zu Hilfe und schlug den Philister und tötete ihn. Damals wurde David von seinen Männern beschworen: Du darfst nicht mehr mit uns zum Kampf ausziehen, damit du nicht die Leuchte Israels auslöschst. 18 Und danach kam es in Gob noch einmal zur Schlacht gegen die Philister. Damals erschlug Sibbechai, der Chuschatiter, Saf, der zu den Kindern des Rafa gehörte. 19 Und als die Schlacht gegen die Philister in Gob noch im Gang war, erschlug Elchanan, der Sohn des Jare-Oregim, der Betlehemit, Goliat, den Gattiter, und das Holz seines Speers war wie ein Webbaum. 20 Und in Gat kam es noch einmal zur Schlacht. Und dort war ein streitsüchtiger Mann, und er hatte sechs Finger an seinen Händen und sechs Zehen an seinen Füssen, vierundzwanzig insgesamt, und auch er war Rafa geboren worden. 21 Und er verhöhnte Israel; Jehonatan aber, der Sohn des Schima, des Bruders von David, erschlug ihn. 22 Diese vier waren Rafa in Gat geboren worden, und sie fielen durch die Hand Davids und durch die Hand seiner Diener.

| 15: 5,22; 8,1 | 16: Gen 14,5 · 1Sam 17,7! | 17: 23,18! · 18,2–3 · 1Kön 11,36; Ps 132,17 | 18–22:

1Chr 20,4–8 | 19: 23,24 · 1Sam 17,50! · 1Sam 17,7! | 21: 1Sam 17,10! · 1Sam 16,9; 17,13

21,16: Die Übersetzung «In Nob aber war Jischbi» ist unsicher.

21,19: Möglich ist auch die Übersetzung: «Und als es in Gob noch einmal zur Schlacht gegen die Philister kam, ...»

Davids Danklied

22 1 Und David sang dem HERRN die Worte dieses Liedes an dem Tag, als ihn der HERR aus der Hand aller seiner Feinde und aus der Hand Sauls gerettet hatte. 2 Er sprach:
Der HERR ist mein Fels, meine Festung und mein Retter,

3 Gott, mein Hort, bei dem ich Zuflucht suche,
mein Schild und das Horn meines Heils, meine Burg
und meine Zuflucht, mein Helfer, aus Gewalt rettest du mich.

4 Ich rufe zum HERRN, er sei gepriesen, und vor meinen Feinden werde ich errettet.

5 Ja, Brandungen des Todes hatten mich überrollt,
Ströme des Verderbens erschreckten mich;

6 Stricke des Totenreichs umfingen mich,
über mich fielen Schlingen des Todes.

7 In meiner Not rufe ich zum HERRN, zu meinem Gott rufe ich,
und von seinem Tempel aus hört er meine Stimme,
und mein Schreien ist in seinem Ohr.

8 Da wankte und schwankte die Erde, und die Grundfesten des Himmels erbebten;
sie wankten, denn er war zornentbrannt.

9 Rauch stieg auf in seiner Nase, Feuer frass aus seinem Mund,
Kohlen brannten aus ihm heraus.

10 Er neigte den Himmel und fuhr herab,
Wolkendunkel unter seinen Füssen.

11 Er ritt auf dem Kerub und flog daher und zeigte sich auf den Flügeln des Windes.

12 Und er machte Finsternis zu seinem Zelt um sich her,
Wasserdunkel, dichte Wolken.

13 Aus dem Glanz vor ihm brannten feurige Kohlen.

14 Es liess der HERR vom Himmel her den Donner erdröhnen
und der Höchste seine Stimme erschallen.

15 Er schoss die Pfeile und streute sie aus.
Ein Blitz! Und er setzte sie in Schrecken.

16 Da wurden sichtbar die Tiefen des Meeres,
aufgedeckt wurden die Grundfesten der Erde
durch das Schelten des HERRN,
vor dem Schnauben seines zornigen Atems.

17 Er griff herab aus der Höhe, fasste mich,
zog mich heraus aus gewaltigen Wassern.

18 Er entriss mich meinem starken Feind,
meinen Hassern, die mir zu mächtig waren.

19 Sie überfielen mich am Tag meines Unglücks,
doch der HERR war mir eine Stütze.

20 Er führte mich hinaus ins Weite, er befreite mich, denn er hat Gefallen an mir.

21 Der HERR handelt an mir nach meiner Gerechtigkeit,
nach der Reinheit meiner Hände vergilt er mir.

22 Denn ich hielt mich an die Wege des HERRN
und frevelte nicht gegen meinen Gott.

23 Ja, alle seine Gesetze hatte ich vor Augen,
und seine Satzungen – ich bin nicht von ihnen abgewichen.

24 Ich war vollkommen vor ihm und hütete mich vor Sünde.

25 So vergalt mir der HERR nach meiner
Gerechtigkeit,
    nach meiner Reinheit vor seinen
    Augen.
26 Dem Treuen zeigst du dich treu,
    dem untadeligen Helden ohne Tadel.
27 Dem Reinen zeigst du dich rein,
    doch dem Falschen voller Ränke.
28 Und du hilfst dem elenden Volk,
    doch deine Augen sind gegen die
    Hochmütigen, du erniedrigst sie.
29 Du bist meine Leuchte, HERR,
    und der HERR erhellt meine
    Finsternis.
30 Mit dir erstürme ich Wälle,
    mit meinem Gott überspringe ich
    Mauern.
31 Gottes Weg ist vollkommen,
    das Wort des HERRN ist im Feuer
    geläutert.
Ein Schild ist er allen, die bei ihm
Zuflucht suchen.
32 Denn wer ist Gott als allein der HERR
    und wer ein Fels ausser unserem
    Gott?
33 Es ist Gott, der meine starke Zuflucht
ist
    und mir den Weg frei macht, in
    Vollkommenheit,
34 der meine Füsse schnell wie die
Hindinnen macht
    und mich auf Höhen stellt,
35 der meine Hände den Kampf lehrt,
    dass meine Arme den ehernen
    Bogen spannen.
36 Du gabst mir den Schild deiner Hilfe,
    und deine Antwort macht mich
    gross.
37 Weiten Raum schaffst du meinem
Schritt,
    und meine Knöchel wanken nicht.
38 Ich will meine Feinde verfolgen und
reibe sie auf,
    kehre nicht um, bis ich sie
    vernichtet habe.
39 Ich rotte sie aus und schlage sie
nieder,
    und sie erheben sich nicht mehr
    und fallen unter meine Füsse.

40 Du gürtest mich mit Kraft
zum Kampf,
    du zwingst unter mich in die Knie,
    die sich gegen mich erheben.
41 Den Nacken meiner Feinde gibst
du mir preis,
    die mich hassen, vernichte ich.
42 Sie blicken umher, doch da ist kein
Retter,
    zum HERRN, doch er erhört sie nicht.
43 Ich zerreibe sie wie den Staub
der Erde,
    wie Unrat auf der Gasse zermalme
    ich sie, zerstampfe ich sie.
44 Du rettest mich aus Völkerfehden,
    hast mich bewahrt, damit ich das
    Haupt von Nationen sei.
    Völker, die ich nicht kannte, werden
    mir untertan.
45 Fremde schmeicheln mir,
    auf blosses Hören hin gehorchen
    sie mir.
46 Fremde sinken kraftlos hin,
    kommen zitternd aus ihren Burgen
    hervor.
47 Der HERR lebt. Gepriesen ist
mein Fels,
    erhaben ist Gott, der Fels
    meines Heils,
48 der Gott, der mir Rache gewährt
    und mir Völker unterwirft,
49 der du mich vor meinen Feinden
rettest,
    der du mich erhöhst über meine
    Gegner,
    mich befreist von Männern, die
    gewalttätig sind.
50 Darum will ich dich preisen, HERR,
unter den Völkern,
    und deinem Namen werde ich
    singen,
51 der seinem König grosses Heil
verleiht
    und seinem Gesalbten Treue
    erweist,
David und seinen Nachkommen
ewiglich.

|1: Dtn 31,30! · 12,7! |2–51: Ps 18 |3: Ps 31,3-4 · 33;
Jer 16,19;25,35; Hiob 11,20 |5–7: Ps 116,3-4 |8: Ri 5,4;
Ps 77,19 |9: Ex 24,17; Ps 50,3; 97,3 |10: Ps 144,5;

Jes 63,19 · Dtn 4,11 |11: Gen 3,24 · Ps 68,5.34; 104,3;
Dtn 33,26 |14: 1Sam 7,10; Ps 77,18–19 |16: Ex 15,8
|17–18: Ps 144,6 |19: Jes 41,10 |20: Ps 31,9 |21: 25;
1Kön 8,32; 2Chr 6,32 |23: Dtn 17,20; 1Sam 2,2! |24:
Ps 17,1–5 |25: 21! |26–27: Ps 125,4 |28: Hiob 22,29!
|29: Hiob 29,3 |31: Dtn 32,4; Ps 145,17 · Ps 12,7;
Spr 30,5 |32: 7,22! · 47: 23,3 |33: 3! |35: Ps 144,1 |38:
7,9! |39: Jos 10,24; 1Kön 5,17 |43: Jes 10,6; Mi 7,10
|44: Jes 55,5 |45: Ps 66,3 |46: Mi 7,17 |47–48:
Ps 144,1–2 |47: 32: Ps 89,27 |50: Ps 57,10; 105,1;
108,4; Röm 15,9 |51: 23,1 · Ps 89,29–30!

Davids letzte Worte

23

1 Und dies sind die letzten Worte Davids:

Spruch Davids, des Sohnes Isais,
   Spruch des Mannes, der
   hochgestellt ist,
des Gesalbten des Gottes Jakobs,
   und des Lieblings in den Gesängen
   Israels:
2 Der Geist des HERRN spricht
durch mich,
   und auf meiner Zunge ist sein Wort.
3 Der Gott Jakobs hat gesprochen,
   der Fels Israels hat zu mir geredet:
Wer gerecht herrscht über die
Menschen,
   wer in Gottesfurcht herrscht,
4 der ist wie das Licht am Morgen,
wenn die Sonne aufstrahlt,
   am Morgen ohne Wolken,
durch ihren Glanz, der auf den Regen
folgt, spriesst das Grün aus der Erde.
5 Steht nicht so mein Haus zu Gott?
Einen ewigen Bund hat er mir gesetzt,
wohlgeordnet in allem und bewahrt.
All mein Heil und alles, was gefällt,
   lässt nicht er es wachsen?
6 Die Ruchlosen aber –
   sie alle sind wie weggefegte Dornen,
man fasst sie nicht an mit der Hand,
   7 und niemand berührt sie,
es sei denn mit Eisen oder mit dem
Holz eines Speers.
   Und auf der Stelle verbrennt man sie
   im Feuer.

|1: 1Sam 17,12 · 1Sam 2,10 · 22,51! · 1Sam 18,7
|3–4: 8,15! |3: 22,32.47 |4: Ri 5,31!; Mal 3,20; Spr 4,18
|5: 7,18 · Gen 9,16!; Jes 55,3!; Ez 16,60 · Jes 42,9! |6:
Jes 33,12; Ez 2,6; Mi 7,4 |7: Jes 27,4; Hebr 6,8

23,7: Die Übersetzung «es sei denn mit Eisen» beruht auf mehreren Textzeugen; der Massoretische
Text lautet übersetzt: «muss angefüllt sein mit Eisen».

Die Helden Davids

8 Dies sind die Namen der Helden,
die zu David gehörten: Joscheb-Basch-
schebet, der Tachkemoniter, das Haupt
der Drei; er schwang seinen Speer über
achthundert, die er auf einmal erschlagen hatte. 9 Und dann Elasar, der Sohn
des Dodo, des Sohns von Achochi; er war
einer der drei Helden bei David, als sie
die Philister verhöhnten, als diese sich
dort zur Schlacht versammelt hatten.
Und als die Männer Israels hinaufzogen, 10 da stand er aufrecht und schlug
die Philister, bis seine Hand erlahmte
und bis seine Hand am Schwert kleben
blieb. Und so brachte der HERR an jenem Tag einen grossen Sieg. Das Volk
aber kehrte zurück, hinter ihm her, um
zu plündern. 11 Und dann Schamma, der
Sohn des Age, der Harariter. Und die
Philister sammelten sich als Heer, und
dort war ein Feldstück voller Linsen.
Und als das Volk vor den Philistern floh,
12 da stellte er sich mitten in das Feldstück, entriss es ihnen und schlug die
Philister. Und so brachte der HERR einen grossen Sieg.

13 Und drei von den Dreissig, Hauptleute, gingen hinab, und zur Erntezeit
kamen sie zu David in die Höhle von
Adullam, während das Heer der Philister in der Ebene von Refaim lagerte.
14 David aber war damals in der Burg,
der Vorposten der Philister aber war damals in Betlehem. 15 Da wollte David etwas trinken und sagte: Wer holt mir
Wasser zum Trinken aus dem Brunnen
von Betlehem, der im Tor ist? 16 Da
drangen die drei Helden in das Lager der
Philister ein, schöpften Wasser aus dem
Brunnen von Betlehem, der im Tor ist,
trugen es herbei und brachten es David,
er aber wollte es nicht trinken, sondern
goss es aus für den HERRN. 17 Und er
sprach: Um des HERRN willen sei es fern
von mir, dass ich dies tue! Ist dies nicht

das Blut der Männer, die unter Einsatz ihres Lebens hingegangen sind? Und er wollte es nicht trinken. Dies haben die drei Helden getan.

18 Und Abischai, der Bruder Joabs, der Sohn der Zeruja, er war das Haupt der Drei; und er schwang seinen Speer über dreihundert Erschlagenen, und bei den Dreien hatte er einen Namen. 19 Wurde er nicht noch mehr als die Dreissig verehrt? Und er wurde ihr Anführer, an die Drei aber reichte er nicht heran. 20 Und Benajahu, der Sohn des Jehojada, war ein tüchtiger, tatkräftiger Mann aus Kabzeel. Er erschlug die zwei Helden aus Moab, und er ging hinab und erschlug den Löwen im Brunnen, an dem Tag, als es schneite. 21 Und er erschlug auch den ägyptischen ansehnlichen Mann. Und in der Hand des Ägypters war ein Speer, er aber ging mit einem Stock zu ihm hinab, riss dem Ägypter den Speer aus der Hand und brachte ihn um mit seinem eigenen Speer. 22 Dies hat Benajahu getan, der Sohn des Jehojada, und auch er hatte einen Namen bei den drei Helden. 23 Mehr als die Dreissig wurde er verehrt, an die Drei aber reichte er nicht heran. Und David setzte ihn über seine Leibwache.

24 Zu den Dreissig gehörten: Asa-El, der Bruder Joabs; Elchanan, der Sohn Dodos, aus Betlehem; 25 Schamma, der Charoditer; Elika, der Charoditer; 26 Chelez, der Peletiter; Ira, der Sohn des Ikkesch, des Tekoiters; 27 Abieser, der Anatotiter; Mebunnai, der Chuschatiter; 28 Zalmon, der Achochiter; Mahrai, der Netofatiter; 29 Cheleb, der Sohn des Baana, der Netofatiter; Ittai, der Sohn des Ribai, aus dem Gibea der Benjaminiten; 30 Benajahu, der Piratoniter; Hiddai aus Nachale-Gaasch; 31 Abi-Albon, der Arbatiter; Asmawet, der Barchumiter; 32 Eljachba, der Schaalboniter; von den Söhnen des Jaschen: Jehonatan; 33 Schamma, der Harariter; Achiam, der Sohn des Scharar, des Harariters; 34 Elifelet, der Sohn des Achasbai, des Sohns des Maachatiters; Eliam, der

Sohn Achitofels, der Giloniter; 35 Chezrai, der Karmeliter; Paarai, der Arbiter; 36 Jigal, der Sohn Natans, aus Zoba; Bani, der Gaditer; 37 Zelek, der Ammoniter; Nachrai, der Beerotiter, der Waffenträger Joabs, des Sohns der Zeruja; 38 Ira, der Jitriter; Gareb, der Jitriter; 39 Urija, der Hetiter – im Ganzen siebenunddreissig.

|8–23: 1Chr 11,10–25 · 10,7! |8: Ri 15,15 |9: 1Sam 17,10! |10: 1Sam 11,13 · 1Sam 17,53 |11: Ri 15,9 |13: 1Sam 22,1! · 5,18! |14: 5,17 |16–17: 1Sam 7,6 |20: 8,18 |21: 1Sam 17,51 |23: 1Sam 22,14 |24–39: 1Chr 11,26–47 |24: 2,18; 3,27 · 21,19 |26: 1Chr 27,10 · 1Chr 27,9 |31: 1Chr 27,25 |34: 11,3 · 15,12 |37: 18,15 |39: 11,3

23,8: Die Übersetzung «er schwang seinen Speer» beruht auf einer Korrektur des Massoretischen Texts; dieser lautet übersetzt: «er, Adino, der Ezniter» (vgl. V. 18).

23,20: Möglich ist statt «die zwei Helden aus Moab» auch die Übersetzung: «die zwei am Altar in Moab».

Davids Volkszählung

24 1 Und wieder entbrannte der Zorn des HERRN über Israel, und er reizte David auf gegen sie und sprach: Geh, zähle Israel und Juda. 2 Und der König sprach zu Joab, dem Anführer des Heeres, der bei ihm war: Zieh durch alle Stämme Israels, von Dan bis Beer-Scheba. Und mustert das Volk, damit ich weiss, wie zahlreich das Volk ist. 3 Joab aber sagte zum König: Der HERR, dein Gott, möge dem Volk, so gross es schon ist, noch hundertmal so viel hinzufügen, und die Augen meines Herrn, des Königs, mögen es noch sehen! Aber warum hat mein Herr, der König, Gefallen daran? 4 Aber das Wort des Königs an Joab und an die Anführer des Heeres stand fest. Und so zog Joab mit den Anführern des Heeres vor dem König aus, um das Volk, Israel, zu mustern. 5 Und sie überquerten den Jordan, lagerten bei Aroer, zur Rechten der Stadt, die in der Mitte des Bachtals liegt, bei Gad, zogen nach Jaser 6 und kamen nach Gilead und ins Land von Tachtim-Chodschi. Dann kamen sie nach Dan-Jaan und in die Umgegend von Sidon, 7 sie kamen

zum befestigten Tyros und zu allen Städten der Chiwwiter und Kanaaniter und zogen hinaus in den Süden von Juda, nach Beer-Scheba. 8 Und so zogen sie durch das ganze Land, und nach neun Monaten und zwanzig Tagen kamen sie nach Jerusalem. 9 Und Joab übergab dem König die Zahlen der Musterung des Volks: Israel zählte achthunderttausend tüchtige Männer, die das Schwert führten, und die Männer Judas waren fünfhunderttausend Mann.

|1–25: 1Chr 21,1–22,1 |1: Num 25,3! · Ri 7,2–7; 1Sam 14,6 |2: 1Sam 3,10 |3: Dtn 1,11 |4: Ex 30,12 |5: Jos 13,25 |7: Jos 19,29

David baut den Altar auf der Tenne Araunas

10 Aber nachdem David das Volk gezählt hatte, schlug ihm das Herz, und David sprach zum HERRN: Mit dem, was ich getan habe, habe ich schwer gesündigt. Aber nun, HERR, vergib doch deinem Diener die Schuld, ich habe mich sehr töricht verhalten. 11 Und als David sich am Morgen aufmachte, da war das Wort des HERRN an Gad, den Propheten, den Seher Davids, ergangen: 12 Geh und sprich zu David: So spricht der HERR: Dreierlei auferlege ich dir; wähle dir eins davon aus, damit ich es dir antue. 13 Und Gad kam zu David, berichtete es ihm und sprach zu ihm: Sollen sieben Jahre Hunger in deinem Land auf dich kommen, oder willst du, während man dich verfolgt, drei Monate lang fliehen müssen vor denen, die dich bedrängen, oder soll die Pest drei Tage lang in deinem Land sein? Nun besinne dich und entscheide, welche Antwort ich dem bringen soll, der mich gesandt hat. 14 Da sagte David zu Gad: Ich bin in grosser Not! In die Hand des HERRN wollen wir fallen, denn sein Erbarmen ist gross. In die Hand von Menschen aber will ich nicht fallen. 15 Und so liess der HERR die Pest ausbrechen in Israel, vom Morgen an bis zur festgesetzten Zeit, und vom Volk starben siebzigtausend Mann, von Dan bis Beer-Scheba.

16 Und der Bote führte seine Hand gegen Jerusalem, um es zu vernichten, dem HERRN aber tat das Unheil leid, und er sprach zu dem Boten, der Vernichtung brachte im Volk: Genug! Zieh jetzt deine Hand zurück! Der Bote des HERRN aber war gerade bei der Tenne von Arauna, dem Jebusiter. 17 Und als David den Boten sah, der das Volk schlug, sprach er zum HERRN und sagte: Sieh, habe doch ich gesündigt, und habe doch ich mich vergangen. Diese aber, die Herde, was haben sie getan? Mich und das Haus meines Vaters soll deine Hand treffen!

|10: 1Sam 24,6 · 17: 12,13 · 1Sam 13,13! |11: 1Sam 22,5! |13: Gen 41,30; 2Kön 8,1 · Jer 21,7! |15: Num 25,9 · 1Chr 27,24 |16: Ex 32,14 · Ex 12,23; Jes 54,16 · 18: 2Chr 3,1 |17: 10! · Num 16,22; Jona 1,12

Der Kauf des Tempelplatzes

18 Und an jenem Tag kam Gad zu David und sprach zu ihm: Geh hinauf, errichte dem HERRN einen Altar auf der Tenne Araunas, des Jebusiters. 19 Da ging David hinauf, wie Gad es ihm gesagt und wie der HERR es geboten hatte. 20 Und Arauna hielt Ausschau und sah, dass der König mit seinen Dienern zu ihm herüberkam. Da ging Arauna hinaus und warf sich vor dem König zur Erde nieder auf sein Angesicht. 21 Und Arauna sagte: Warum kommt mein Herr, der König, zu seinem Diener? Da sagte David: Um dir die Tenne abzukaufen, damit man dem HERRN einen Altar baue und damit so die Plage abgewendet werde vom Volk. 22 Arauna aber sagte zu David: Mein Herr, der König, nehme und opfere, was gut ist in seinen Augen. Sieh, da sind die Rinder für das Brandopfer, und da die Dreschschlitten und das Geschirr der Rinder für Brennholz. 23 Das alles, König, gibt Arauna dem König. Und Arauna sprach zum König: Der HERR, dein Gott, nehme dich gnädig an! 24 Der König aber sagte zu Arauna: Nein, ich werde es für Geld von dir kaufen! Ich werde dem HERRN, meinem Gott, nicht unbezahlte Brandopfer darbringen. Und David kaufte die Tenne

und die Rinder für fünfzig Schekel Silber. 25 Und dort baute David dem HERRN einen Altar und brachte Brandopfer und Heilsopfer dar. Und der HERR liess sich für das Land erbitten, und die Plage wurde von Israel abgewendet.

|18:16 |22:6,17! · Jes 41,15; Am 1,3 · 1Kön 19,21
|24: Gen 23,11–16 |25: Ri 21,4 · 21,14 · Num 17,13

Das Erste Buch der Könige

Der Kampf um die Nachfolge Davids.
Salomo wird zum König gesalbt

1 1 König David aber war alt geworden und hochbetagt, und obwohl man ihn in Decken hüllte, wurde ihm nicht warm. 2 Da sagten seine Diener zu ihm: Man suche für unseren Herrn, den König, eine junge Frau, eine Jungfrau, und sie soll in den Dienst des Königs treten: Sie soll ihn pflegen. Und sie soll in deinem Schoss liegen, dann wird unserem Herrn, dem König, warm werden. 3 So suchte man überall im Gebiet Israels nach einer schönen jungen Frau, und man fand Abischag, die Schunammitin, und brachte sie zum König. 4 Und die junge Frau war sehr schön, und sie pflegte den König und bediente ihn, der König aber hatte keinen Verkehr mit ihr.

5 Adonija aber, der Sohn der Chaggit, erhob sich und sagte: Ich will König werden! Und er verschaffte sich Wagen und Pferde und fünfzig Mann, die vor ihm her liefen. 6 Und solange sein Vater lebte, hatte dieser ihn nie getadelt und gesagt: Warum tust du so etwas? Und seine Mutter hatte ihn nach Absalom geboren, und auch er war von sehr schöner Gestalt. 7 Und er hatte Absprachen getroffen mit Joab, dem Sohn der Zeruja, und mit Ebjatar, dem Priester, und diese stärkten Adonija den Rücken. 8 Zadok, der Priester, aber und Benajahu, der Sohn des Jehojada, und Natan, der Prophet, und Schimi und Rei und die Helden, die zu David gehörten, waren nicht auf Adonijahus Seite. 9 Und Adonijahu schlachtete Schafe, Rinder und Mastvieh beim Schlangenstein, der neben En-Rogel liegt, und alle seine Brüder lud er ein, die Söhne des Königs, und die Diener des Königs, alles Männer aus Juda. 10 Natan, den Propheten, aber und Benajahu und die Helden und Salomo, seinen Bruder, lud er nicht ein.

11 Und Natan sagte zu Batseba, der Mutter Salomos: Hast du nicht gehört, dass Adonijahu, der Sohn der Chaggit, König geworden ist, und unser Herr David weiss nichts davon? 12 Und nun geh, ich will dir einen Rat geben, und dann rette dein Leben und das Leben deines Sohns Salomo. 13 Auf, geh zu König David und sag zu ihm: Hast nicht du selbst, mein Herr und König, deiner Magd geschworen: Nach mir wird Salomo, dein Sohn, König sein, und er wird auf meinem Thron sitzen? Warum denn ist Adonijahu König geworden? 14 Sieh, während du dort noch mit dem König redest, werde ich selbst, nach dir, hereinkommen und deine Worte bestätigen. 15 Und Batseba kam zum König ins Gemach. Der König aber war sehr alt, und Abischag, die Schunammitin, bediente gerade den König. 16 Und Batseba verneigte sich und warf sich vor dem König nieder, und der König sagte: Was ist dir? 17 Da sagte sie zu ihm: Mein Herr, beim HERRN, deinem Gott, hast du selbst deiner Magd geschworen: Nach mir wird Salomo, dein Sohn, König sein, und er wird auf meinem Thron sitzen. 18 Nun aber sieh, Adonija ist König geworden, und du, mein Herr und

König, weisst nichts davon. 19 Und er hat Rinder, Mastvieh und Schafe in grosser Zahl geschlachtet, und alle Söhne des Königs hat er eingeladen, dazu Ebjatar, den Priester, und Joab, den Heerführer; Salomo aber, deinen Diener, hat er nicht eingeladen. 20 Und du bist es, mein Herr und König, auf den die Augen ganz Israels gerichtet sind, dass du ihnen kundtust, wer nach meinem Herrn, dem König, auf seinem Thron sitzen soll. 21 Sonst werden ich und mein Sohn Salomo es büssen müssen, wenn mein Herr, der König, sich zu seinen Vorfahren gelegt hat.

22 Und sieh, während sie noch mit dem König sprach, kam Natan, der Prophet. 23 Und man berichtete dem König: Sieh, Natan, der Prophet, ist da. Und er kam vor den König und warf sich vor dem König zur Erde nieder auf sein Angesicht. 24 Und Natan sagte: Mein Herr und König, du musst gesagt haben: Nach mir soll Adonijahu König sein, und er soll auf meinem Thron sitzen. 25 Denn heute ist er hinabgegangen, und er hat Rinder, Mastvieh und Schafe in grosser Zahl geschlachtet, und alle Söhne des Königs hat er eingeladen, dazu die Heerführer und Ebjatar, den Priester. Und sieh, nun essen und trinken sie vor ihm und rufen: Es lebe König Adonijahu! 26 Mich aber, der ich dein Diener bin, und Zadok, den Priester, Benajahu, den Sohn des Jehojada, und Salomo, deinen Diener, hat er nicht eingeladen. 27 Wenn dies von meinem Herrn, dem König, ausgegangen ist, dann hast du deine Diener wohl nicht wissen lassen, wer nach meinem Herrn, dem König, auf seinem Thron sitzen soll.

28 Daraufhin sagte König David: Ruft mir Batseba! Und sie kam vor den König und stellte sich vor den König. 29 Der König aber schwor und sprach: So wahr der HERR lebt, der mich aus aller Not erlöst hat: 30 Wie ich dir beim HERRN, dem Gott Israels, geschworen habe, dass Salomo, dein Sohn, nach mir

König sein wird und dass er an meiner Statt auf meinem Thron sitzen wird, so werde ich es noch heute in die Tat umsetzen. 31 Da verneigte sich Batseba mit dem Angesicht zur Erde, warf sich vor dem König nieder und sprach: Mein Herr, der König David, soll ewig leben! 32 Und König David sagte: Ruft mir Zadok, den Priester, und Natan, den Propheten, und Benajahu, den Sohn des Jehojada! Und sie kamen vor den König, 33 und der König sprach zu ihnen: Nehmt die Diener eures Herrn mit euch und lasst Salomo, meinen Sohn, das Maultier besteigen, das mir gehört, und führt ihn hinab zum Gichon. 34 Und dort sollen Zadok, der Priester, und Natan, der Prophet, ihn zum König über Israel salben. Dann blast den Schofar und ruft: Es lebe König Salomo! 35 Danach sollt ihr hinter ihm hinaufziehen, er aber soll kommen und sich auf meinen Thron setzen, und er wird König sein an meiner Statt. Hiermit gebiete ich, dass er Fürst sein soll über Israel und über Juda. 36 Daraufhin sprach Benajahu, der Sohn des Jehojada, zum König: Amen – so spreche der HERR, der Gott meines Herrn, des Königs! 37 Wie der HERR mit meinem Herrn, dem König, war, so wird er mit Salomo sein, und seinen Thron wird er noch grösser machen als den Thron meines Herrn, des Königs David! 38 Dann gingen Zadok, der Priester, Natan, der Prophet, und Benajahu, der Sohn des Jehojada, und die Kreter und die Pleter hinab, liessen Salomo auf dem Maultier von König David reiten und führten ihn zum Gichon. 39 Und Zadok, der Priester, nahm das Ölhorn aus dem Zelt und salbte Salomo. Dann blies man den Schofar, und alles Volk rief: Es lebe König Salomo! 40 Und alles Volk zog hinter ihm hinauf, und das Volk spielte auf Flöten, und sie freuten sich über alle Massen, und von ihrem Lärmen brach die Erde auf.

41 Adonijahu aber und alle Geladenen, die bei ihm waren, hörten es, als sie das Mahl beendet hatten. Und Joab

hörte den Klang des Schofar und sagte: Warum ist das Getöse in der Stadt so laut? 42 Während er noch redete, sieh, da kam Jonatan, der Sohn des Priesters Ebjatar. Und Adonijahu sagte: Komm, denn du bist ein tüchtiger Mann und wirst gute Botschaft bringen. 43 Daraufhin sagte Jonatan zu Adonijahu: In der Tat! Unser Herr, König David, hat Salomo zum König gemacht! 44 Und der König hat Zadok, den Priester, Natan, den Propheten, Benajahu, den Sohn des Jehojada, und die Kreter und die Pleter mit ihm gesandt, und sie haben ihn auf dem Maultier des Königs reiten lassen. 45 Dann haben Zadok, der Priester, und Natan, der Prophet, ihn am Gichon zum König gesalbt, und von dort sind sie frohgemut hinaufgezogen, und die Stadt ist in Aufruhr geraten. Das ist das Getöse, das ihr gehört habt. 46 Und Salomo hat sich auch schon auf den Königsthron gesetzt, 47 und die Diener des Königs sind auch schon gekommen, um unseren Herrn, König David, zu segnen, und sie haben gesprochen: Dein Gott mache den Namen Salomos noch herrlicher als deinen Namen und seinen Thron noch grösser als deinen Thron! Und der König hat sich auf dem Bett verneigt, 48 und der König hat auch schon dies gesagt: Gepriesen ist der HERR, der Gott Israels, der heute einen auf meinen Thron gesetzt hat, und meine Augen dürfen es noch sehen. 49 Da erzitterten alle Gäste Adonijahus, und sie machten sich auf, und ein jeder ging seines Wegs. 50 Adonijahu aber fürchtete sich vor Salomo, und er machte sich auf, ging und ergriff die Hörner des Altars. 51 Und Salomo wurde berichtet: Sieh, Adonijahu fürchtet sich vor König Salomo, und sieh, er hat die Hörner des Altars ergriffen und gesagt: König Salomo schwöre mir erst, dass er seinen Diener nicht töten wird mit dem Schwert. 52 Und Salomo sprach: Wenn er sich als tüchtiger Mann erweist, soll ihm kein Haar gekrümmt werden; wenn aber Böses an ihm gefunden wird, muss er ster-

ben! 53 Und König Salomo sandte hin, und man holte ihn herab vom Altar. Und er kam und warf sich vor König Salomo nieder, Salomo aber sprach zu ihm: Geh in dein Haus!

| 1: Gen 24,1; Jos 13,1! | 2: Koh 4,11 | 3: 15; 2,17.21–22 | 4: Gen 4,1 | 5: 2,13.28; 2Sam 3,4 · 1Sam 22,17; 2Sam 15,1 | 6: 2Sam 14,25 · 1Chr 3,2 | 7: 2,5; 2Sam 14,1! · 2,22 | 8: 2,35 · 2,25 · 2,8 · 10 | 9: 2Sam 17,17 · 2Sam 15,11–12 | 10: 8 | 11: 2,13; 2Sam 11,3 · 2Sam 15,10 | 13: Gen 18,3; 1Sam 1,11 · 30.35; 2,12 | 15: 3! | 16: 2,19 | 21: 2,10; 11,21; 2Sam 7,12! | 25: 31.34.39; 1Sam 10,24! | 29: 2,24; 17,12; 18,10; 1Sam 4,9 | 30: 13! | 31: Neh 2,3; Dan 2,4 | 32: 2Sam 8,18 | 33: 38; 10,25; 2Sam 13,29 | 34: 2Kön 9,13! · 25! | 35: 13! | 36: Jer 11,5; 28,6 | 37: Jos 1,17 · 1Chr 29,25! | 38: 44; 2Sam 8,18! · 33! | 39: Ex 30,25 · 1Sam 16,1.13 · 25! | 40: 1Sam 4,5; Num 16,31; Ps 141,7 | 42: 2Sam 18,27 | 45: Rut 1,19 | 46: 1Chr 29,23 | 47: Gen 47,31 | 48: 3,6; 8,15; 1Sam 25,32 | 49: Jes 53,6 | 50: 2,28; Ex 27,2! | 52: 2Sam 14,11

1,6: Wörtlich: «… Und sie hatte ihn nach Absalom geboren …»
1,8: Adonijahu ist eine andere Form des Namens Adonija.
1,43: Je nach Verständnis der Rolle Jonatans kann die mit «In der Tat!» wiedergegebene Äusserung auch ‹Nein!› bedeuten.
1,48: Mit ‹einen› ist Salomo gemeint.
1,52: Siehe die Anm. zu 2Sam 14,11.

Davids letzte Anordnungen. Sein Tod

2 1 Und es kam die Zeit, da David sterben sollte, und er gebot Salomo, seinem Sohn: 2 Ich gehe den Weg aller Welt. Du aber sei stark und sei ein Mann! 3 Halte, was der HERR, dein Gott, zu halten geboten hat, und geh auf seinen Wegen, halte seine Satzungen und Gebote, seine Rechte und Ordnungen, wie es geschrieben steht in der Weisung des Mose, damit du Erfolg hast bei allem, was du tust und an jedem Ort, wohin du dich auch wendest, 4 damit der HERR sein Wort erfüllt, das er zu mir gesprochen hat, als er sagte: Wenn deine Söhne acht haben auf ihren Weg, in Treue vor mir gehen, mit ganzem Herzen und mit ganzer Seele, dann soll es dir auf dem Thron Israels nie an einem Nachfolger fehlen. 5 Und du selbst weisst ja, was Joab, der Sohn der Zeruja, mir angetan hat, was er den beiden Heerführern Israels, Abner, dem Sohn des Ner, und Amasa, dem Sohn des Jeter, angetan hat: Er hat sie umgebracht. Und

so hat er den Frieden belastet mit Blut, das im Krieg vergossen wurde, und auch seinen Gürtel, der um seine Hüften ist, und seine Schuhe, die er an seinen Füssen trägt, hat er mit Blut befleckt, das im Krieg vergossen wurde. 6 Du aber handle, wie es deiner Weisheit entspricht, und lass sein graues Haar nicht in Frieden ins Totenreich hinabsteigen. 7 Den Söhnen Barsillais des Gileaditers aber sollst du Barmherzigkeit erweisen: Sie sollen zu denen gehören, die an deinem Tisch essen, denn so sind sie auch mir begegnet, als ich auf der Flucht war vor deinem Bruder Absalom. 8 Und sieh, bei dir ist Schimi, der Sohn des Gera, der Benjaminit, aus Bachurim: Er hat mich arg verflucht an dem Tag, als ich nach Machanajim ging. Als er aber an den Jordan herabgekommen war, mir entgegen, habe ich ihm beim HERRN geschworen: Ich werde dich nicht mit dem Schwert töten. 9 Du aber sollst ihn nun nicht ungestraft lassen, denn du bist ein weiser Mann, und du weisst, wie du mit ihm zu verfahren hast: Mit Blut bedeckt sollst du sein graues Haar ins Totenreich hinabbringen.

10 Und David legte sich zu seinen Vorfahren, und er wurde in der Stadt Davids begraben. 11 Und die Zeit, die David König über Israel war, betrug vierzig Jahre; sieben Jahre lang war er König in Chebron, und dreiunddreissig Jahre lang war er König in Jerusalem. 12 Salomo aber setzte sich auf den Thron Davids, seines Vaters, und sein Königtum war gut gefestigt.

| 1: Gen 47,29; Dtn 31,14 | 2: Jos 23,14 | 3: Dtn 17,18–20 · Gen 26,5! · 2Chr 23,18 | 4: 8,25; Ps 132,12 · 8,48; Dtn 4,29! · 6,12; 8,25; 9,5 | 5: 1,7! · 1Sam 14,50 · 2Sam 17,25! | 6–9: Gen 42,38; 44,29.31 | 6: 2Sam 3,39 | 7: 2Sam 21,8 · 18,19; 2Sam 9,7.11 · 2Sam 17,27! | 8: 36; 1,8 · 2Sam 3,16 · 2Sam 2,8 · 2Sam 16,5–13; 19,17–24 | 10: 1,21! · 2Sam 5,7! · Apg 2,29 | 11: 1Chr 29,27! | 12: 1,13! · 46

2,3: Möglich ist auch die Übersetzung: «Erfülle deine Pflicht am HERRN ...»

Salomo festigt seine Herrschaft

13 Und Adonijahu, der Sohn der Chaggit, kam zu Batseba, der Mutter Salomos. Und sie sagte: Bedeutet dein Kommen Gutes? Und er sagte: Es bedeutet Gutes. 14 Dann sagte er: Ich habe dir etwas zu sagen. Und sie sagte: Rede. 15 Und er sagte: Du weisst, dass das Königtum mir gehörte und dass ganz Israel auf mich schaute und erwartet hat, dass ich König würde. Dann aber hat das Königtum sich gewendet, und es fiel meinem Bruder zu; durch den HERRN ist es ihm zugefallen. 16 Und nun habe ich eine einzige Bitte an dich; weise mich nicht ab! Sie aber sagte zu ihm: Rede. 17 Da sagte er: Sprich doch mit Salomo, dem König – denn dich wird er nicht abweisen –, dass er mir Abischag, die Schunammitin, zur Frau gibt. 18 Und Batseba sagte: Gut, ich werde in deiner Sache mit dem König reden. 19 Und Batseba kam zu König Salomo, um mit ihm über Adonijahu zu reden. Und der König stand auf, ging ihr entgegen und warf sich vor ihr nieder. Dann setzte er sich auf seinen Thron, und auch für die Mutter des Königs stellte man einen Thron auf, und sie setzte sich zu seiner Rechten. 20 Und sie sagte: Ich habe eine einzige kleine Bitte an dich; weise mich nicht ab! Und der König sagte zu ihr: Trag die Bitte vor, Mutter, ich werde dich nicht abweisen. 21 Und sie sagte: Abischag, die Schunammitin, soll Adonijahu, deinem Bruder, zur Frau gegeben werden. 22 Daraufhin sagte König Salomo zu seiner Mutter: Warum denn bittest du für Adonijahu nur um Abischag, die Schunammitin? Erbitte doch gleich das Königtum für ihn! Er ist ja mein älterer Bruder, und zu ihm gehören Ebjatar, der Priester, und Joab, der Sohn der Zeruja. 23 Und König Salomo schwor beim HERRN: Gott tue mir an, was immer er will, dieses Wort kostet Adonijahu das Leben! 24 Und nun, so wahr der HERR lebt, der mich fest eingesetzt hat und mich auf den Thron Davids, meines Vaters, gesetzt hat und der

mir ein Haus bereitet hat, wie er es zugesagt hat: Noch heute soll Adonijahu getötet werden! 25 Und König Salomo beauftragte Benajahu, den Sohn des Jehojada, und der stiess ihn nieder, und er starb.

26 Und zu Ebjatar, dem Priester, sagte der König: Geh nach Anatot auf deine Ländereien. Zwar bist du ein Mann des Todes, am heutigen Tag aber werde ich dich nicht töten, denn du hast die Lade Gottes des HERRN getragen vor David, meinem Vater, und du musstest alles ertragen, was mein Vater ertragen musste. 27 Und Salomo vertrieb Ebjatar, so dass er nicht mehr Priester des HERRN war, und er erfüllte das Wort des HERRN, das er gegen das Haus Eli in Schilo gesprochen hatte.

28 Und die Kunde war zu Joab gedrungen, und Joab hatte sich Adonija zugewandt, Absalom aber hatte er sich nicht zugewandt, und Joab floh zum Zelt des HERRN und ergriff die Hörner des Altars. 29 Und König Salomo wurde berichtet: Joab ist zum Zelt des HERRN geflohen, und sieh, er ist neben dem Altar. Da sandte Salomo Benajahu, den Sohn des Jehojada, und sagte: Geh, stoss ihn nieder! 30 Und Benajahu kam zum Zelt des HERRN und sagte zu ihm: So spricht der König: Komm heraus! Er aber sagte: Nein! Hier will ich sterben. Da überbrachte Benajahu dem König die Antwort und sagte: So hat Joab geredet, und so hat er mir geantwortet. 31 Und der König sprach zu ihm: Verfahre, wie er es gesagt hat: Stoss ihn nieder und begrab ihn. Und so nimmst du das unschuldige Blut, das Joab vergossen hat, von mir und vom Haus meines Vaters. 32 Der HERR aber wird sein Blut über sein Haupt bringen, denn er hat zwei Männer niedergestossen, die gerechter und besser waren als er, er hat sie mit dem Schwert umgebracht, mein Vater David aber wusste nichts davon: Abner, den Sohn des Ner, den Heerführer Israels, und Amasa, den Sohn des Jeter, den Heerführer Judas. 33 Und ihr Blut wird

über das Haupt Joabs kommen und über das Haupt seiner Nachkommen, und dort wird es für alle Zeiten sein; David aber und seinen Nachkommen, seinem Haus und seinem Thron soll Heil vom HERRN widerfahren für alle Zeiten.

34 Und Benajahu, der Sohn des Jehojada, ging hinauf, stiess ihn nieder und tötete ihn; und er wurde in seinem Haus in der Wüste begraben. 35 Und an seiner Statt setzte der König Benajahu, den Sohn des Jehojada, über das Heer, und an die Stelle Ebjatars setzte der König Zadok, den Priester.

36 Dann sandte der König hin und rief Schimi und sprach zu ihm: Bau dir ein Haus in Jerusalem und bleibe dort; und von dort darfst du nicht weggehen, nicht hierher und nicht dorthin. 37 An dem Tag aber, an dem du hinausgehst und den Bach Kidron überquerst, wirst du getötet werden – dessen sei dir bewusst; dein Blut wird über dein Haupt kommen. 38 Und Schimi sagte zum König: Das Wort ist gut! Wie mein Herr, der König, geredet hat, so wird dein Diener es machen. Und für lange Zeit wohnte Schimi in Jerusalem. 39 Nach drei Jahren aber liefen Schimi zwei Sklaven davon zu Achisch, dem Sohn des Maacha, dem König von Gat. Und man berichtete Schimi: Sieh, deine Sklaven sind in Gat. 40 Da machte Schimi sich auf, sattelte seinen Esel und ritt zu Achisch nach Gat, um seine Sklaven zu suchen. Und so ging Schimi und holte seine Sklaven aus Gat. 41 Salomo aber wurde berichtet, dass Schimi von Jerusalem nach Gat geritten und wieder zurückgekommen war. 42 Da sandte der König hin, rief Schimi und sagte zu ihm: Habe ich dich nicht beim HERRN schwören lassen und habe ich dich nicht gewarnt: An dem Tag, an dem du weggehst und du gehst hierher oder dorthin, wirst du getötet werden – dessen sei dir bewusst? Und du hast zu mir gesagt: Das Wort ist gut! Ich habe es gehört. 43 Warum denn hast du dich nicht an den Schwur beim HERRN gehalten und

an das Gebot, das ich dir auferlegt habe?
44 Und der König sprach zu Schimi: Du
kennst all das Böse, das auch dein Herz
kennt, das du meinem Vater David angetan hast. Deine Bosheit wird der HERR
auf dein Haupt kommen lassen! 45 König Salomo aber ist gesegnet, und der
Thron Davids wird für alle Zeiten Bestand haben vor dem HERRN. 46 Und
der König gab Benajahu, dem Sohn des
Jehojada, Befehl, und dieser ging hinaus
und stiess ihn nieder, und er starb. Und
so war das Königtum fest in Salomos
Hand.

|13:1,5! · 1Sam 16,4 |16:20 |17:1,3! |19:1,16 ·
Ps 110,1 |20:16 |22:2Sam 16,21 · 1,7 |23:19,2;20,10;
2Sam 3,35 |24:1,29! · 2Sam 7,11–13 |25:1,8 ·
2Sam 12,10 |26:2Sam 19,29 · 2Sam 15,24–29 ·
1Sam 20,20! |27:1Sam 2,30–35;2Chr 36,21 |28:1,5.7 ·
1,50! |29:Ex 21,14 |31:Dtn 19,13 |32:37;2Sam 1,16! ·
2Chr 21,13 |33:2Sam 3,29 |35:1,8 |36:8! · 42;
2Kön 5,25 |37:2Sam 15,23 · 32! |38:42;18,24;
Dtn 1,14 |39:1Sam 27,2 · 2Sam 21,11! |42:36 · 38! |44:
1Sam 25,39 |45:2Sam 7,16 |46:2Chr 1,1–5 · 12

Salomos Bitte um Weisheit

3 1 Und Salomo verschwägerte sich
mit dem Pharao, dem König von
Ägypten, und er nahm die Tochter des
Pharao und brachte sie in die Stadt Davids, bis er sein eigenes Haus, das Haus
des HERRN und die Mauer rings um Jerusalem fertig gebaut hatte. 2 Das Volk
jedoch opferte auf den Kulthöhen, denn
bis zu jenen Tagen war dem Namen des
HERRN noch kein Haus gebaut worden.
3 Salomo aber liebte den HERRN und
hielt sich an die Satzungen Davids, seines Vaters; auf den Kulthöhen jedoch
brachte er Schlachtopfer und Rauchopfer dar.

4 Und der König ging nach Gibeon,
um dort zu opfern, denn das war die
grösste Kulthöhe. Tausend Brandopfer
brachte Salomo auf jenem Altar dar. 5 In
Gibeon erschien der HERR dem Salomo
nachts im Traum, und Gott sprach: Erbitte, was ich dir geben soll. 6 Da sagte
Salomo: Du hast deinem Diener David,
meinem Vater, grosse Barmherzigkeit
erwiesen, denn dir zugewandt in Treue
und Gerechtigkeit und mit aufrichti-

gem Herzen hat er vor dir gelebt, und du
hast ihm diese grosse Barmherzigkeit
bewahrt und ihm einen Sohn gegeben,
der auf seinem Thron sitzt, wie es am
heutigen Tag der Fall ist. 7 Und nun,
HERR, mein Gott, hast du deinen Diener
an Stelle Davids, meines Vaters, zum König gemacht, ich aber bin noch ein kleiner Junge, ich weiss nichts vom Ausrücken und vom Einrücken. 8 Und dein
Diener steht mitten in deinem Volk, das
du erwählt hast, ein Volk, so gross, dass
es nicht berechnet und gezählt werden
kann. 9 So gib deinem Diener ein Herz,
das hört, damit er deinem Volk Recht
verschaffen und unterscheiden kann
zwischen Gut und Böse. Denn wer
könnte deinem Volk, das so gewaltig ist,
Recht verschaffen? 10 Und dass Salomo
eben darum gebeten hatte, war gut in
den Augen des HERRN. 11 Und Gott
sprach zu ihm: Weil du eben darum gebeten hast und weil du nicht für dich um
langes Leben gebeten hast und auch
nicht um Reichtum für dich gebeten
hast und auch nicht um den Tod deiner
Feinde gebeten hast, sondern um Einsicht, damit du dem Recht gehorchen
kannst, 12 sieh, deshalb handle ich nach
deinen Worten: Sieh, ich gebe dir ein
weises und verständiges Herz, so dass
keiner wie du vor dir gewesen ist und
keiner wie du nach dir auftreten wird.
13 Und ich gebe dir auch, was du nicht
erbeten hast: Sowohl Reichtum als auch
Ehre, so dass keiner wie du unter den
Königen ist, solange du lebst. 14 Und
wenn du auf meinen Wegen gehst und
meine Satzungen und meine Gebote
hältst, wie David, dein Vater, es getan
hat, werde ich dir ein langes Leben geben. 15 Und Salomo erwachte, und sieh,
es war ein Traum gewesen. Und er kam
nach Jerusalem und trat vor die Lade des
Bundes des Herrn, und er brachte
Brandopfer dar und opferte Heilsopfer
und veranstaltete ein Gastmahl für alle
seine Diener.

|1: 9,16.24;11,1 · 7,8 · 7,1 |2: 5,17;8,17–20;
2Sam 7,13! · 10,1 |3: 2Kön 18,3;22,2 · 14;2Kön 14,4;

15,4 |4–15: 2Chr 1,6–13 |4: 1Chr 16,39; 2Chr 1,6 |5: 9,2; 11,9 |6: 1,48! · 9,4; 2Sam 22,21.25; 2Chr 17,4 |7: Num 27,7; Jos 14,11 |8: 8,5; 5,21; Gen 15,5 |9: Gen 2,9! · 12! · Hebr 5,14 |12–13: 5,10; 10,23; 2Chr 9,22 |12: 9; 10,3.24; Koh 1,16 · 1Chr 29,25 |13: Mt 6,33 · 10,14–29 |14: 3!; 11,38 · Dtn 6,2; Ps 21,5 |15: Gen 41,7

Das Salomonische Urteil

16 Damals kamen zwei Huren zum König und traten vor ihn. 17 Und die eine Frau sprach: Bitte, mein Herr, ich und diese Frau wohnen im selben Haus, und in diesem Haus habe ich neben ihr geboren. 18 Am dritten Tag aber nachdem ich geboren hatte, gebar auch diese Frau. Und wir waren zusammen, niemand sonst war bei uns im Haus; nur wir beide waren im Haus. 19 In der Nacht aber starb das Kind dieser Frau, weil sie im Schlaf auf ihm gelegen hatte. 20 Da stand sie mitten in der Nacht auf, nahm mein Kind von meiner Seite, während deine Magd schlief, und legte es in ihren Schoss, ihr totes Kind aber legte sie in meinen Schoss. 21 Und als ich am Morgen aufstand, um mein Kind zu stillen, sieh, da war es tot. Am Morgen aber sah ich es mir genau an, und sieh, es war nicht das Kind, das ich geboren hatte. 22 Die andere Frau aber sagte: Nein, das lebende ist mein Kind, und dein Kind ist das tote. Jene aber fiel ihr ins Wort und sagte: Nein, dein Kind ist das tote, und das lebende ist mein Kind. So redeten sie vor dem König. 23 Und der König sprach: Diese sagt: Dies ist mein Kind, das lebende, und dein Kind ist das tote. Und diese sagt: Nein, dein Kind ist das tote, und mein Kind ist das lebende. 24 Und der König sprach: Holt mir ein Schwert! Und man brachte das Schwert vor den König. 25 Und der König sprach: Schneidet das lebende Kind entzwei, und gebt der einen die eine Hälfte und der anderen die andere Hälfte. 26 Da sagte die Frau, deren Kind das lebende war, zum König, in aufwallender Liebe für ihr Kind sagte sie: Bitte, mein Herr, gebt jener das lebende Kind, nur tötet es nicht! Diese aber sagte: Weder mir noch dir soll es gehören; zerschneidet es!

27 Daraufhin aber sprach der König: Gebt jener das lebende Kind, und tötet es nicht! Sie ist seine Mutter. 28 Und ganz Israel hörte von dem Urteil, das der König gefällt hatte, und sie hatten Ehrfurcht vor dem König; denn sie sahen, dass göttliche Weisheit in ihm war, um Recht zu schaffen.

|17: 26; Gen 43,20; 1Sam 1,26 |26: Jes 49,15! · 17! · Gen 43,30 |28: Jos 4,14 · 8,45; 10,9; Dtn 10,18

Salomos Amtsträger

4 1 Und König Salomo war König über ganz Israel.

2 Und dies waren die Amtsträger, die er hatte:

Asarjahu, der Sohn Zadoks, der Priester;

3 Elichoref und Achija, die Söhne Schischas, Schreiber; Jehoschafat, der Sohn Achiluds, der Kanzler. 4 Und Benajahu, der Sohn des Jehojada, stand dem Heer vor; und Zadok und Ebjatar, Priester.

5 Und Asarjahu, der Sohn Natans, stand den Statthaltern vor; und Sabud, der Sohn Natans, Priester, der Vertraute des Königs. 6 Und Achischar stand dem Haus vor; und Adoniram, der Sohn des Abda, stand den Fronpflichtigen vor.

7 Und über ganz Israel hatte Salomo zwölf Statthalter, und sie versorgten den König und sein Haus; je einen Monat im Jahr war einer zur Versorgung verpflichtet.

8 Und dies waren ihre Namen: Ben-Chur auf dem Gebirge Efraim; 9 Ben-Deker in Makaz und in Schaalbim, Bet-Schemesch und Elon-Bet-Chanan; 10 Ben-Chesed in Arubbot, ihm unterstand Socho und das ganze Land von Chefer; 11 Ben-Abinadab, im ganzen Hügelland von Dor; Tafat, die Tochter Salomos, war seine Frau; 12 Baana, der Sohn des Achilud, in Taanach und Megiddo und ganz Bet-Schean, das neben Zaretan ist, unterhalb von Jesreel, von Bet-Schean bis Abel-Mechola, bis jenseits von Jokmeam; 13 Ben-Geber in Ramot-Gilead, ihm unterstanden die Zeltdörfer

des Jair, des Sohns des Manasse, im Gilead; ihm unterstand der Landstrich von Argob, der im Baschan liegt, sechzig grosse Städte mit Mauern und eisernen Riegeln; 14 Achinadab, der Sohn des Iddo, in Machanajim; 15 Achimaaz in Naftali, mit Basemat hatte auch er eine Tochter Salomos zur Frau genommen; 16 Baana, Sohn des Chuschai, in Asser und in Alot; 17 Jehoschafat, der Sohn des Paruach, in Issaschar; 18 Schimi, der Sohn des Ela, in Benjamin; 19 Geber, der Sohn des Uri, im Land Gilead, dem Land von Sichon, dem König der Amoriter, und von Og, dem König des Baschan. Und es gab nur einen Statthalter, der in dem Land war.

20 Juda und Israel waren so zahlreich wie der Sand, der am Meer ist; sie assen und tranken und waren glücklich.

|1: Neh 13,26 · 20; 2Sam 5,5 |3: 2Sam 20,25 · 2Sam 8,16; 20,24 |4: 1,8! · 1,7! |5: 2Sam 15,37; 16,16; Spr 22,11 |6: 5,28; 12,18; 2Sam 20,24; 2Chr 10,18 |7: 5,7; 1Chr 27,1 |9: Jos 15,10 |10: 1Sam 17,1; 2Chr 28,18 · Jos 12,17 |11: Jos 17,11 |12: Jos 17,11 · 7,46; Jos 3,16 · Jos 17,16 · Ri 7,22 |13: Dtn 4,43 · Jos 13,30; Num 32,41–42! |14: Jos 13,26 |19: Jos 2,10 |20: 1! · 5,9; Gen 22,17! · 1Sam 30,16

4,13: Der hebräische Name für ‹Zeltdörfer des Jair› lautet Chawwot-Jair.

Salomos Weisheit

5 1 Und Salomo war Herrscher über alle Königreiche vom Strom bis zum Land der Philister und bis an die Grenze von Ägypten; diese entrichteten Tribut und dienten Salomo, solange er lebte. 2 Und für einen einzigen Tag belief sich Salomos Bedarf an Speise auf dreissig Kor Feinmehl und sechzig Kor Weizenmehl, 3 auf zehn gemästete Rinder, zwanzig Weiderinder und hundert Schafe; abgesehen von den Widdern, Gazellen, Rehböcken und dem gemästeten Geflügel. 4 Denn er war Herrscher über alles diesseits des Stromes, von Tifsach bis nach Gaza, über alle Könige diesseits des Stromes, und er hatte Frieden nach allen Seiten um sich herum. 5 Und solange Salomo lebte, wohnten Juda und Israel sicher, ein jeder unter seinem Weinstock und unter seinem Feigenbaum, von Dan bis Beer-Scheba. 6 Und Salomo hatte vierzigtausend Stallplätze für Pferde, die seine Wagen zogen, und zwölftausend Reitpferde. 7 Und regelmässig versorgten jene Statthalter König Salomo und alle jene, die Zutritt hatten zum Tisch von König Salomo, jeder in seinem Monat; an nichts liessen sie es fehlen. 8 Und die Gerste und das Stroh für die Pferde und die Gespanne brachten sie an den Ort, wo er gerade war, jeder der Vorschrift entsprechend, die für ihn galt. 9 Und Gott gab Salomo Weisheit und tiefe Einsicht und ein Herz, so weit wie der Strand, der an der Küste des Meeres ist. 10 Und die Weisheit Salomos war grösser als die Weisheit aller Bewohner des Ostens und als alle Weisheit Ägyptens. 11 Und er war weiser als alle Menschen, als Etan der Esrachiter und als Heman, Kalkol und Darda, die Söhne Machols, und sein Name war berühmt bei allen Nationen ringsum. 12 Und er dichtete dreitausend Sprüche, und von ihm gab es eintausendfünf Lieder. 13 Und er sprach von den Bäumen: von der Zeder, die auf dem Libanon steht, bis zum Ysop, der aus der Mauer wächst. Und er sprach vom Vieh und von den Vögeln und von den Kriechtieren und von den Fischen. 14 Und aus allen Völkern kamen sie, um die Weisheit Salomos zu hören, von allen Königen der Erde, die von seiner Weisheit gehört hatten.

|1: 2Chr 9,26 · 10,25 |2: 25 |3: Dtn 14,5 · 2Chr 9,4 |4: 18! |5: 1Sam 3,20 · 2Kön 18,31; Mi 4,4; Sach 3,10 |6: 2Chr 9,26 · 10,26; 2Chr 1,14 |7: 4,7 |9: 26; 4,20!; Ps 139,18 |10: Jes 19,11; Apg 7,22 · 3,12–13! |11: 1Chr 2,6; 2Chr 9,22 · Ps 89,1 · Ps 88,1 · 1Chr 2,6 |12: Spr 1,1!; Hld 1,1 |14: 10,1.24

Vorbereitungen für den Tempelbau

15 Und Chiram, der König von Tyros, sandte seine Diener zu Salomo, denn er hatte gehört, dass man ihn zum König gesalbt hatte an seines Vaters Statt; Chiram war immer ein Freund Davids gewesen. 16 Und Salomo sandte zu Chiram und sagte: 17 Du weisst, dass David,

mein Vater, dem Namen des HERRN, seines Gottes, kein Haus bauen konnte angesichts des Kriegs, der rings um ihn tobte, bis der HERR sie mir unter die Fusssohlen gelegt hat. 18 Nun aber hat der HERR, mein Gott, mir ringsum Ruhe verschafft; es gibt keinen Widersacher mehr und kein böses Geschick. 19 Und sieh, ich gedenke, dem Namen des HERRN, meines Gottes, ein Haus zu bauen, wie der HERR es David, meinem Vater, gesagt hat: Dein Sohn, den ich auf deinen Thron setzen werde an deiner Statt, er soll meinem Namen das Haus bauen. 20 So gebiete nun, dass man mir Zedern vom Libanon fällt. Und meine Diener werden bei deinen Dienern sein, ich aber werde dir den Lohn für deine Diener geben, ganz wie du es sagst. Denn du weisst, dass niemand unter uns ist, der es wie die Sidonier versteht, Holz zu fällen. 21 Als Chiram die Worte Salomos hörte, freute er sich sehr und sprach: Gepriesen sei heute der HERR, der David einen weisen Sohn gegeben hat, diesem grossen Volk vorzustehen! 22 Dann sandte Chiram zu Salomo und sagte: Ich habe gehört, was du mir übermittelt hast; ich werde deinen Wunsch nach Zedernholz und nach Zypressenholz ganz erfüllen. 23 Meine Diener werden es herunterbringen vom Libanon zum Meer, und auf dem Meer werde ich Flösse daraus machen bis an den Ort, den du mir nennen wirst. Und dort werde ich sie wieder auseinander nehmen, und du kannst das Holz holen. Du aber sollst auch meinen Wunsch erfüllen und meinem Hause Speise liefern. 24 Und so lieferte Chiram Salomo Zedernholz und Zypressenholz, ganz nach dessen Wunsch. 25 Und Salomo lieferte Chiram zwanzigtausend Kor Weizen als Speise für sein Haus, dazu zwanzig Kor gestossenes Öl. So belieferte Salomo Chiram Jahr für Jahr. 26 Der HERR aber gab Salomo Weisheit, wie er es ihm zugesagt hatte. Und es herrschte Friede zwischen Chiram und Salomo, und die beiden schlossen einen Bund. 27 Und aus ganz Israel hob König Salomo Fronpflichtige aus; und so wurden dreissigtausend Mann fronpflichtig. 28 Und er sandte sie auf den Libanon, jeden Monat zehntausend Mann als Ablösung: Einen Monat waren sie auf dem Libanon, zwei Monate waren sie in seinem Haus. Und Adoniram stand den Fronpflichtigen vor. 29 Und im Gebirge hatte Salomo siebzigtausend Lastenträger und achtzigtausend, die Steine brachen, 30 die Obersten der Statthalter Salomos nicht mitgezählt, die Aufsicht hatten über die Arbeit, dreitausenddreihundert, die das Volk befehligten, das die Arbeit ausführte. 31 Und der König gab Befehl, und sie brachen grosse Steine heraus, erlesene Steine, um die Grundmauern des Hauses mit Quadersteinen zu legen. 32 Dann hauten die Bauleute Salomos und die Bauleute Chirams und die von Gebal sie zurecht, und sie richteten das Holz und die Steine zu für den Bau des Hauses.

|15–26: 2Chr 2,2–15 |15: 9,11; 2Sam 5,11; 2Chr 14,1; Ps 45,13 |17: 3,2! · 1Chr 22,8 · 2Sam 22,39 |18: 14!; 2Chr 14,6; 15,15; 20,20 |19: 8,17–20; 2Sam 7,13! |21: 3,8 · 10,9 |23: 9,11 |24: Jes 60,13 |25: 2 · Ex 27,20! |26: 9! · Am 1,9 |27–32: 2Chr 2,16–17 |27: 12,4; 9,15 |28: 4,6! |29: 11,28 |31: 6,37 |32: Jos 13,5; Ez 27,9 · 6,7

5,17: Mit ‹sie› sind die Feinde gemeint.
5,23: «das Holz» wurde in der Übersetzung ergänzt.

Salomos Tempelbau

6 1 Und im vierhundertachtzigsten Jahr nach dem Auszug der Israeliten aus dem Land Ägypten, im vierten Jahr der Königsherrschaft Salomos über Israel, im Monat Siw – das ist der zweite Monat – baute er das Haus für den HERRN. 2 Und das Haus, das König Salomo für den HERRN baute, hatte eine Länge von sechzig Ellen, eine Breite von zwanzig und eine Höhe von dreissig Ellen. 3 Und die Halle vor dem Hauptraum des Hauses mass zwanzig Ellen, von der Stirnseite des Hauses aus gesehen, und ihre Tiefe, vom Haus aus gesehen, betrug zehn Ellen. 4 Und er machte vergitterte Fenster mit Rahmen für das Haus.

5 Und an die Mauer des Hauses baute er ringsum einen Anbau, ringsum an die Mauern des Hauses beim Hauptraum und beim hinteren Raum, ringsum machte er Seitenbauten. 6 Der untere Anbau hatte eine Breite von fünf Ellen, der mittlere hatte eine Breite von sechs Ellen, und der dritte hatte eine Breite von sieben Ellen; und damit man an den Mauern des Hauses keine Eingriffe vornehmen musste, hatte er an der Aussenseite des Hauses ringsum Absätze angebracht. 7 Und als das Haus gebaut wurde, wurde mit unbehauenen Steinen aus dem Bruch gebaut, und keine Hämmer und kein Meissel, kein Werkzeug aus Eisen war im Haus zu hören, als es gebaut wurde. 8 Der Eingang zum unteren Anbau befand sich auf der rechten Seite des Hauses, und auf Wendeltreppen konnte man zum mittleren und vom mittleren zum dritten hinaufsteigen. 9 Und so baute er das Haus und vollendete es. Und er deckte das Haus mit Balken und Brettern, mit Zedernholz. 10 Und an das ganze Haus baute er den Anbau; fünf Ellen war dessen Höhe, und durch Balken aus Zedernholz verband er ihn mit dem Haus.

11 Und das Wort des HERRN erging an Salomo: 12 Was dieses Haus betrifft, das du baust: Wenn du dich in meinen Ordnungen bewegst und nach meinen Satzungen handelst und all meine Gebote hältst und danach lebst, werde ich an dir mein Wort erfüllen, das ich zu David, deinem Vater, gesprochen habe, 13 und ich werde Wohnung nehmen inmitten der Israeliten, und ich werde mein Volk Israel nicht verlassen.

14 Und so baute Salomo das Haus und vollendete es. 15 Und im Inneren des Hauses verkleidete er die Mauern mit Brettern aus Zedernholz; vom Boden des Hauses bis an das Mauerwerk, das die Decke trug, vertäfelte er das Haus innen, und den Boden des Hauses belegte er mit Brettern aus Wacholderholz. 16 Und mit Brettern aus Zedernholz baute er einen Abschnitt von zwan-zig Ellen aus, von der Hinterseite des Hauses her, vom Boden des Hauses bis an das Mauerwerk, und diesen baute er für das Haus in dessen Inneren zu einem hinteren Raum aus, zum Allerheiligsten. 17 Und das Haus, der Hauptraum in seiner Erstreckung nach vorne, war vierzig Ellen lang. 18 Und das Zedernholz für das Innere des Hauses war mit kürbisförmigen und blütenkelchförmigen Schnitzereien versehen; alles war aus Zedernholz, kein Stein war zu sehen. 19 Und im Inneren des Hauses errichtete er einen hinteren Raum, um die Lade des Bundes des HERRN dort hineinzustellen. 20 Und der hintere Raum hatte eine Länge von zwanzig Ellen, eine Breite von zwanzig Ellen, und auch seine Höhe betrug zwanzig Ellen, und er überzog ihn mit Feingold. Auch den Zedernholzaltar überzog er. 21 Und im Inneren kleidete Salomo das Haus mit Feingold aus, und vor dem hinteren Raum spannte er Ketten aus Gold, und alles überzog er mit Gold. 22 Das ganze Haus kleidete er mit Gold aus, das ganze Haus, bis in den letzten Winkel, und auch den ganzen Altar, der im hinteren Raum stand, überzog er mit Gold.

23 Und für den hinteren Raum machte er zwei Kerubim aus Ölbaumholz, ihre Höhe betrug zehn Ellen. 24 Und fünf Ellen mass der eine Flügel des Kerubs und fünf Ellen der andere Flügel des Kerubs; zehn Ellen waren es vom einen Ende seiner Flügel bis zum anderen Ende seiner Flügel. 25 Und zehn Ellen mass auch der zweite Kerub; beide Kerubim hatten dasselbe Mass und dieselbe Gestalt. 26 Die Höhe des einen Kerubs war zehn Ellen, und ebenso gross war der andere Kerub. 27 Und er stellte die Kerubim ins Innere des Hauses, und die Kerubim breiteten ihre Flügel aus, und der Flügel des einen berührte die eine Wand, während der Flügel des zweiten Kerubs die andere Wand berührte, in der Mitte des Hauses aber berührten sich ihre Flügel, ein Flügel den anderen Flügel. 28 Und er überzog die Kerubim mit Gold. 29 Und

alle Wände des Hauses versah er rundum mit Schnitzereien, mit geschnitzten Verzierungen, Kerubim, Palmen und Blütenkelchen, im Inneren und auch aussen. 30 Und auch den Boden des Hauses überzog er mit Gold, im Inneren und auch aussen. 31 Und für den Eingang in den hinteren Raum fertigte er Türen aus Ölbaumholz an; die Torpfeiler, die Türpfosten, fünfeckig. 32 Die beiden Türflügel waren aus Ölbaumholz, und er versah sie mit Schnitzereien, Kerubim und Palmen und Blütenkelchen, und er überzog sie mit Gold; das Gold aber liess er über die Kerubim und auf die Palmen hämmern. 33 Und ebenso machte er für den Eingang des Hauptraums Türpfosten aus Ölbaumholz, viereckig, 34 und zwei Türen aus Wacholderholz; die beiden Flügel der einen Tür waren drehbar, und auch die beiden Flügel der zweiten Tür waren drehbar. 35 Und in diese schnitzte er Kerubim, Palmen und Blütenkelche und überzog sie mit Gold, das der Form des Eingeritzten angepasst war. 36 Und den inneren Vorhof baute er aus drei Lagen Quadersteinen und aus einer Lage Zedernholzbalken.

37 Im vierten Jahr war das Fundament für das Haus des HERRN gelegt, im Monat Siw, 38 und im elften Jahr, im Monat Bul – das war der achte Monat – war das Haus vollendet in allen seinen Teilen und in allem, was dazu gehörte. Und so hat er sieben Jahre lang daran gebaut.

|1–28: 2Chr 3,1–5,1 |1: Ex 12,40 · Apg 13,20 · 37–38! |2: Esra 6,3 |4: 7,4–5; Ez 40,16 |5: Jer 35,2; Ez 40,17 |7: Dtn 27,5–6; Jos 8,31! · 5,32 |9: 14; 7,51; 9,25; Ex 40,33 |12: 2Sam 7,13–15 · 2,4! |13: Ex 25,8! · Dtn 31,6 |14: 9! |16: 7,50; 8,16; Ex 26,33–34 |18: 7,24; 2Kön 4,39 |20: Ex 30,3 |23–27: 8,6 |23: Ex 25,18–22; 1Chr 28,18 |27: 8,7; Ex 25,20 |29: Ez 40,16 |36: 7,12 |37–38: 1; 8,2

6,1: In den Kapiteln 6 und 7, der Erzählung von Tempel- und Palastbau, ist die Bedeutung mancher hebräischer Wörter aus dem Bereich der Architektur unsicher.
6,8: Die Übersetzung «zum unteren Anbau» beruht auf den antiken Übersetzungen; der Massoretische Text lautet übersetzt: «zum mittleren Anbau».

Möglicherweise ist das mit «auf Wendeltreppen» wiedergegebene hebräische Wort als «durch Bodenluken» zu übersetzen.
6,20: Die Übersetzung «Und der hintere Raum ...» beruht auf einer Korrektur des Massoretischen Texts; dieser lautet übersetzt: «Und vor dem hinteren Raum ...»
6,21: Möglich ist auch die Übersetzung: «..., und vor dem hinteren Raum brachte er Platten aus Gold an, ...»
6,34: Der Massoretische Text lautet übersetzt: «...; die beiden Bretter der einen Tür waren drehbar, und die beiden Vorhänge der zweiten Tür ...» Die Übersetzung ‹Flügel› statt ‹Vorhänge› beruht auf den antiken Übersetzungen.

Die Palastbauten Salomos

7 1 Und an seinem eigenen Haus baute Salomo dreizehn Jahre, dann vollendete er sein ganzes Haus. 2 Und er baute das Libanonwaldhaus. Es war hundert Ellen lang, fünfzig Ellen breit und dreissig Ellen hoch. Es hatte vier Reihen tragender Säulen aus Zedernholz, und auf den Säulen lagen Balken aus Zedernholz. 3 Und es war gedeckt mit Zedernholz, das oben auf den Tragbalken lag, die auf den Säulen lagen, fünfundvierzig, je fünfzehn in einer Reihe. 4 Und es gab drei Reihen gerahmter Fenster, Fenster neben Fenster, dreimal. 5 Und alle Türen und Türpfosten waren viereckig und hatten einen Rahmen, und Fenster lag neben Fenster, dreimal.

6 Und auch die Säulenhalle machte er, ihre Länge betrug fünfzig Ellen und ihre Breite dreissig Ellen, und davor befand sich eine Vorhalle mit Säulen und davor ein Aw. 7 Und auch die Thronhalle machte er, wo er Recht zu sprechen pflegte, die Halle des Rechts, und von Boden zu Boden war sie mit Zedernholz getäfelt. 8 Und von dieser Bauart war auch sein eigenes Haus, in dem er wohnte, das in dem anderen Hof lag, von der Halle aus einwärts. Und auch für die Tochter des Pharao, die Salomo geheiratet hatte, baute Salomo ein Haus, das wie diese Halle war. 9 Das alles bestand aus ausgewählten Steinen, die auf der Innen- und Aussenseite des Hauses nach den Massen von Quadersteinen mit der Säge zugeschnitten waren, vom Fundament bis zu den Querträgern, von

aussen bis zum grossen Hof. 10 Und auch das Fundament bestand aus auserlesenen Steinen, aus grossen Steinen, Steinen von zehn Ellen Länge und Steinen von acht Ellen Länge, 11 und darüber lagen auserlesene Steine, in der Grösse von Quadersteinen, und Zedernbalken. 12 Und der grosse Hof hatte ringsum drei Lagen Quadersteine und eine Lage Balken aus Zedernholz; und ebenso war es beim inneren Vorhof des Hauses des HERRN und bei der Vorhalle des Hauses.

|1: 3,1 · 9,10 |2: 10,17.21; Jes 22,8 |4–5: 6,4!
|7: Ps 122,5 |8: 3,1! |12: 6,36

7,6: Die Bedeutung des hebräischen Worts ‹Aw› ist unklar.

Die Ausstattung des Tempels

13 Und König Salomo sandte hin und holte Chiram aus Tyros. 14 Dieser war ein Sohn einer Witwe aus dem Stamm Naftali, sein Vater aber war ein Mann aus Tyros gewesen, ein Bronzeschmied. Und Chiram hatte die Weisheit, den Verstand und die Kenntnis, um alle Bronzearbeiten auszuführen. Und so kam er zu König Salomo und führte alle Arbeiten für ihn aus. 15 Und er goss die zwei Säulen aus Bronze, achtzehn Ellen betrug die Höhe der einen Säule, und ein zwölf Ellen langer Faden konnte die zweite Säule umspannen. 16 Auch zwei aus Bronze gegossene Kapitelle fertigte er an, um sie oben auf die Säulen zu setzen; fünf Ellen betrug die Höhe des einen Kapitells, und fünf Ellen betrug die Höhe des anderen Kapitells. 17 An den Kapitellen, die sich oben auf den Säulen befanden, waren Geflechte, Flechtwerk, Quasten, kettenartige Verzierungen, sieben am einen Kapitell und sieben am anderen Kapitell. 18 Dann machte er die Granatäpfel, zwei Reihen rings um das eine Geflecht, zur Verzierung der Kapitelle, die oben auf den Säulen waren, und ebenso machte er es beim zweiten Kapitell. 19 Und die Kapitelle, die oben auf den Säulen waren, hatten lotosartige Verzierungen, wie es sie auch in der Vorhalle gab, vier Ellen hoch. 20 Und auf beiden Säulen befanden sich die Kapitelle oberhalb der Ausbuchtung, die neben einem Geflecht war; und die zweihundert Granatäpfel waren in Reihen ringsum am zweiten Kapitell angeordnet. 21 Und bei der Vorhalle des Hauptraums richtete er die Säulen auf. Er richtete die rechte Säule auf und gab ihr den Namen Jachin, und er richtete die linke Säule auf und gab ihr den Namen Boas. 22 Und oben an den Säulen waren lotosartige Verzierungen eingearbeitet. Und so wurde die Arbeit an den Säulen vollendet.

23 Dann machte er das gegossene Meer, zehn Ellen vom einen Rand bis zum anderen Rand, ganz rund, und seine Höhe betrug fünf Ellen, und eine dreissig Ellen lange Schnur konnte es umspannen. 24 Und rings um das Meer, unterhalb seines Randes, verliefen zehn Ellen lange kürbisförmige Verzierungen, die das Meer ringsum einschlossen. In zwei Reihen waren die kürbisförmigen Verzierungen gegossen worden, als es gegossen wurde. 25 Es ruhte auf zwölf Rindern, drei waren nach Norden gewandt, und drei waren nach Westen gewandt, drei waren nach Süden gewandt, und drei waren nach Osten gewandt. Und oben auf ihnen stand das Meer, und ihre Rückseiten waren alle nach innen gewandt. 26 Und es war eine Handbreite dick, und sein Rand war gestaltet wie der Rand eines Bechers, wie eine Lotosknospe, es konnte zweitausend Bat fassen.

27 Dann fertigte er die Kesselwagen an, zehn Stück, aus Bronze: Jeder Kesselwagen war vier Ellen lang, seine Breite betrug vier Ellen, und seine Höhe betrug drei Ellen. 28 Und so war jeder Kesselwagen gearbeitet: Sie hatten Querstangen, auch zwischen den Verstrebungen befanden sich Querstangen. 29 Und auf den Querstangen, die sich zwischen den Verstrebungen befanden, waren Löwen, Rinder und Kerubim, und ebenso war es oben auf den Verstrebungen, und un-

terhalb der Löwen und Rinder waren kranzförmige Verzierungen, gehämmerte Arbeit. 30 Jeder Kesselwagen hatte vier Räder aus Bronze und auch Achsen aus Bronze, und seine vier Füssen hatten Eckpfosten; die Eckpfosten waren unterhalb des Kessels angegossen, jedem einzelnen gegenüber befanden sich kranzartige Verzierungen. 31 Und seine Öffnung befand sich zwischen den Eckpfosten, und eine Elle ragte sie über diese hinaus, und seine Öffnung war rund, als Gestell gearbeitet, anderthalb Ellen, und auch auf seiner Öffnung waren Schnitzereien, deren Querstangen aber waren viereckig, nicht rund. 32 Und die vier Räder befanden sich unterhalb der Querstangen, und die Halterungen für die Räder waren am Kesselwagen befestigt; und die Höhe jedes Rades betrug anderthalb Ellen. 33 Die Räder waren gearbeitet wie ein Wagenrad gearbeitet ist; ihre Halterungen, ihre Felgen, ihre Speichen und ihre Radnaben, das alles war gegossen. 34 Und an den vier Ecken jedes Kesselwagens befanden sich vier Eckpfosten; die Eckpfosten waren am Kesselwagen. 35 Und oben auf dem Kesselwagen befand sich ein Aufsatz, eine halbe Elle hoch, ganz rund, und von dort gingen die Halterungen des Kesselwagens und seine Querstangen aus. 36 Und in die Tafeln, in die Halterungen und in die Querstangen gravierte er Kerubim, Löwen, Palmen und, jeweils nach einem Freiraum, kranzförmige Verzierungen, ringsum. 37 So fertigte er die zehn Kesselwagen an; sie waren alle in gleicher Weise gegossen, hatten dasselbe Mass und dieselbe Gestalt. 38 Dann fertigte er zehn Kessel aus Bronze an, jeder Kessel konnte vierzig Bat fassen, jeder Kessel hatte einen Durchmesser von vier Ellen; jeder der Kessel war für einen der zehn Kesselwagen bestimmt. 39 Und er stellte die Kesselwagen auf, fünf an der rechten Seite des Hauses und fünf an der linken Seite des Hauses, das Meer aber stellte er an der rechten Seite des Hauses in südöstlicher Richtung auf.

40 Und Chiram machte die Kessel, die Schaufeln und die Sprengschalen. Und so vollendete Chiram alle Arbeiten, die er für König Salomo am Haus des HERRN auszuführen hatte: 41 zwei Säulen und die Becken an den Kapitellen, die oben an den beiden Säulen waren, und die zwei Geflechte zur Verzierung der beiden Becken an den Kapitellen, die oben an den Säulen waren; 42 die vierhundert Granatäpfel an den beiden Geflechten, zwei Reihen Granatäpfel an dem einen Geflecht, zur Verzierung der zwei Becken an den Kapitellen, die oben auf den Säulen waren; 43 dazu die zehn Kesselwagen und die zehn Kessel auf den Kesselwagen; 44 das einzigartige Meer und die zwölf Rinder unter dem Meer; 45 die Töpfe, die Schaufeln und die Sprengschalen. Und alle diese Geräte, die Chiram dem König Salomo für das Haus des HERRN machte, waren aus polierter Bronze. 46 In der Jordanebene, zwischen Sukkot und Zaretan, goss der König sie in der Erdgiesserei. 47 Und ihrer sehr grossen Menge wegen liess Salomo all die Geräte ungewogen, das Gewicht der Bronze liess sich nicht ermitteln.

48 Und Salomo fertigte all die Geräte an, die zum Haus des HERRN gehörten: den goldenen Altar und den Tisch, auf dem das Schaubrot lag, aus Gold, 49 dazu die Leuchter aus Feingold, fünf zur Rechten und fünf zur Linken vor dem hinteren Raum, und die Blüten, Lampen und Dochtscheren aus Gold, 50 dazu die Becken, Messer, Sprengschalen, Schüsseln und Pfannen aus Feingold und die goldenen Angeln für die Türen im Inneren des Hauses, für das Allerheiligste, für die Türen des Hauses, die in den Hauptraum führten.

51 So wurde die ganze Arbeit zu Ende gebracht, die König Salomo am Haus des HERRN ausführte, und Salomo brachte die heiligen Dinge Davids, seines Vaters, das Silber und das Gold und die Ge-

räte, er legte sie in die Schatzkammern des Hauses des HERRN.

|14: 2Chr 2,12–13 · Ex 31,4 |15: 2Kön 25,13.17; Jer 52,17.21 |23: 2Chr 4,6 |24: 6,18! |26: 2Chr 4,5 |30: Ez 10,9 |40: Ex 39,32 |46: Gen 13,10–12; 2Sam 18,23 · Gen 33,17 · 4,12! |47: 2Kön 25,16 |48: Ex 25,30! |50: Ex 12,22 - Ex 25,38 · 6,16! |51: 6,9!

7,14: «hatte» ist wörtlich: «war erfüllt von».

7,18: Die Übersetzung beruht auf mehreren Textzeugen; der Massoretische Text lautet übersetzt: «... machte er die Säulen, ... Kapitelle, die oben auf den Granatäpfeln waren ...»

7,24: Wörtlich: «Und rings um es, ...»

Die Lade des Bundes im Tempel. Salomos Gebet und Opfer

8 1 Damals versammelte Salomo die Ältesten Israels, alle Stammeshäupter, die Fürsten der Familien der Israeliten, bei König Salomo in Jerusalem, um die Lade des Bundes des HERRN heraufzuholen aus der Stadt Davids, das ist Zion. 2 Und alle Männer Israels versammelten sich um König Salomo am Festtag im Monat Etanim, das ist der siebte Monat. 3 Und alle Ältesten Israels kamen, und die Priester hoben die Lade auf, 4 und sie trugen die Lade des HERRN hinauf, das Zelt der Begegnung und alle heiligen Geräte, die im Zelt waren. Und die Priester und die Leviten trugen alles hinauf. 5 Und König Salomo stand mit der ganzen Gemeinde Israels, die sich um ihn versammelte, vor der Lade, die opferten Schafe und Rinder, die ihrer Menge wegen nicht gezählt und nicht berechnet werden konnten. 6 Dann brachten die Priester die Lade des Bundes des HERRN an ihre Stätte, in den hinteren Raum des Hauses, in das Allerheiligste, unter die Flügel der Kerubim. 7 Denn über dem Platz für die Lade breiteten die Kerubim die Flügel aus, und von oben her beschirmten die Kerubim die Lade und deren Tragstangen. 8 Die Stangen aber waren lang, und vom Heiligen aus, vor dem hinteren Raum, waren die Enden der Stangen zu sehen, von draussen aber waren sie nicht zu sehen. Und dort sind sie geblieben bis auf den heutigen Tag. 9 In der Lade war nichts ausser den zwei steinernen Tafeln, die Mose am Choreb hineingelegt hatte und durch die der HERR sich mit den Israeliten verbündet hatte, als sie aus dem Land Ägypten auszogen.

10 Als aber die Priester aus dem Heiligtum traten, erfüllte die Wolke das Haus des HERRN, 11 und angesichts der Wolke konnten die Priester nicht hinzutreten, um den Dienst zu verrichten, denn die Herrlichkeit des HERRN erfüllte das Haus des HERRN.

12 Damals sprach Salomo:
Der HERR hat gesagt, dass er
wohnen will im Wolkendunkel.
13 Ich habe ein Haus gebaut,
eine erhabene Wohnung für dich,
eine Stätte, damit du dort wohnen
kannst für alle Zeiten.

14 Und der König wandte sein Angesicht und segnete die ganze Versammlung Israels, und die ganze Versammlung Israels stand da. 15 Und er sprach: Gepriesen ist der HERR, der Gott Israels, der durch seine Hand erfüllt hat, was er meinem Vater David zugesagt hat mit seinem Mund, als er sprach: 16 Seit dem Tag, an dem ich mein Volk, Israel, herausgeführt habe aus Ägypten, habe ich in keinem der Stämme Israels eine Stadt erwählt, damit man ein Haus baue und mein Name dort sei; David aber habe ich dazu erwählt, meinem Volk Israel vorzustehen. – 17 Zwar lag es David, meinem Vater, am Herzen, dem Namen des HERRN, des Gottes Israels, ein Haus zu bauen, 18 der HERR aber hat zu David, meinem Vater, gesprochen: Dass es dir am Herzen liegt, meinem Namen ein Haus zu bauen, daran hast du gut getan. Es liegt dir am Herzen! 19 Doch wirst nicht du das Haus bauen, sondern dein Sohn, der aus deinen Lenden hervorgeht, er wird meinem Namen das Haus bauen. – 20 Und der HERR hat sein Wort gehalten, das er gegeben hat, und ich bin aufgetreten an meines Vaters David Statt und habe mich auf den Thron Israels gesetzt, wie der HERR es gesagt hat,

und ich habe dem Namen des HERRN, des Gottes Israels, das Haus gebaut. 21 Und dort habe ich eine Stätte bereitet für die Lade, in der sich der Bund des HERRN befindet, den er mit unseren Vorfahren geschlossen hat, als er sie herausgeführt hat aus dem Land Ägypten. 22 Und vor der ganzen Gemeinde Israels trat Salomo an den Altar des HERRN, breitete seine Hände zum Himmel aus 23 und sprach: HERR, Gott Israels! Kein Gott ist dir gleich, nicht oben im Himmel und nicht unten auf der Erde. Den Bund und die Treue bewahrst du deinen Dienern, die mit ganzem Herzen vor dir gehen, 24 der du deinem Diener David, meinem Vater, gehalten hast, was du ihm zugesagt hast. Mit deinem Mund hast du es zugesagt, und durch deine Hand hast du es erfüllt, wie am heutigen Tag. 25 Und nun, HERR, Gott Israels, halte deinem Diener David, meinem Vater, was du ihm zugesagt hast, da du gesprochen hast: Es soll dir vor mir nicht fehlen an einem Nachfolger, der auf dem Thron Israels sitzt, wenn nur deine Söhne acht haben auf ihren Weg und vor mir gehen, wie du vor mir gegangen bist. 26 Und nun, Gott Israels, lass doch dein Wort wahr werden, das du zu deinem Diener David, meinem Vater, gesprochen hast. 27 Aber sollte Gott wirklich auf der Erde wohnen? Sieh, der Himmel, der höchste Himmel kann dich nicht fassen, wie viel weniger dann dieses Haus, das ich gebaut habe! 28 Wende dich dem Gebet deines Dieners zu und seinem Flehen, HERR, mein Gott, und erhöre das Flehen und das Gebet, das dein Diener heute vor dir betet, 29 damit in der Nacht und bei Tag deine Augen offen sind über diesem Haus, über der Stätte, von der du gesagt hast: Dort soll mein Name sein. Und erhöre das Gebet, mit dem dein Diener zu dieser Stätte hin betet. 30 Und erhöre das Flehen deines Dieners und deines Volkes Israel, mit dem sie zu dieser Stätte hin beten; erhöre es an der Stätte, wo du wohnst, im Himmel, erhöre es und ver-

gib. 31 Wenn jemand sich gegen seinen Nächsten vergeht, und dieser legt eine Verfluchung auf ihn, um ihn unter einen Fluch zu stellen, und er kommt her und spricht die Verfluchung aus vor deinem Altar in diesem Haus, 32 dann höre du es im Himmel und handle und verschaffe deinen Dienern Recht und sprich den Schuldigen schuldig und lass seine Tat auf sein Haupt fallen, den Gerechten aber erkläre für gerecht und behandle ihn, wie es seiner Gerechtigkeit entspricht. 33 Wenn dein Volk Israel vor einem Feind geschlagen wird, weil sie gegen dich gesündigt haben, und sie kehren zurück zu dir und preisen deinen Namen und beten und flehen zu dir in diesem Haus, 34 dann erhöre du es im Himmel und vergib die Sünde deines Volkes Israel und lass sie bleiben auf dem Boden, den du ihren Vorfahren gegeben hast. 35 Wenn der Himmel verschlossen ist und kein Regen fällt, weil sie gegen dich gesündigt haben, und sie beten zu dieser Stätte hin und preisen deinen Namen und kehren sich ab von ihren Sünden, da du sie demütigst, 36 dann erhöre du sie im Himmel und vergib die Sünde deiner Diener und deines Volkes Israel, denn du zeigst ihnen den guten Weg, den sie gehen sollen. Dann lass es regnen auf dein Land, das du deinem Volk als Erbbesitz gegeben hast. 37 Wenn im Land eine Hungersnot herrscht, wenn die Pest ausbricht, Getreidebrand, Vergilben, wenn Heuschrecken auftreten oder Schaben, wenn sein Feind es bedrängt im Land seiner Tore, wenn eine Plage, eine Krankheit auftritt, 38 und dann ein Gebet, ein Flehen aufsteigt, das von einem Menschen kommt, der zu deinem Volk Israel gehört – denn jeder von ihnen weiss, was sein Herz plagt –, und dieser seine Hände ausbreitet zu diesem Haus hin, 39 dann erhöre du es im Himmel, an der Stätte, wo du wohnst, und vergib und greif ein und gib einem jeden, wie es seinem Tun entspricht, denn du kennst sein Herz – denn du allein

kennst das Herz aller Menschen –,
40 damit sie dich fürchten, solange sie
leben auf dem Boden, den du unseren
Vorfahren gegeben hast. 41 Und auch
den Fremden, der nicht aus deinem Volk
Israel stammt, sondern deines Namens
wegen aus einem fernen Land kommt
42 – denn sie werden von deinem grossen Namen hören und von deiner starken Hand und deinem ausgestreckten
Arm –, wenn er kommt und zu diesem
Haus hin betet, 43 dann erhöre du ihn
im Himmel, der Stätte, wo du wohnst,
und tu alles, um dessentwillen der
Fremde dich anruft, damit alle Völker
der Erde deinen Namen kennen und
dich fürchten, wie dein Volk Israel es
tut, und damit sie erfahren, dass dein
Name ausgerufen ist über diesem Haus,
das ich gebaut habe. 44 Wenn dein Volk
auszieht in den Kampf gegen seinen
Feind auf dem Weg, auf dem du sie sendest, und sie beten zum HERRN, hingewandt zur Stadt, die du erwählt hast,
und hingewandt zum Haus, das ich deinem Namen gebaut habe, 45 dann erhöre du im Himmel ihr Gebet und ihr
Flehen und verschaff ihnen Recht.
46 Wenn sie sich an dir versündigen –
denn es gibt keinen Menschen, der
nicht sündigt – und du wirst zornig auf
sie und gibst sie einem Feind preis, und
ihre Bezwinger führen sie in die Gefangenschaft ins Feindesland, es sei fern
oder nah, 47 und sie nehmen es sich zu
Herzen in dem Land, in das sie in die Gefangenschaft geführt worden sind, und
kehren um und flehen zu dir im Land ihrer Bezwinger und sprechen: Wir haben
gesündigt und haben uns vergangen,
wir sind schuldig geworden! – 48 wenn
sie dann von ganzem Herzen und von
ganzer Seele zurückkehren zu dir im
Land ihrer Feinde, die sie in die Gefangenschaft geführt haben, und beten zu
dir, hingewandt zu ihrem Land, das du
ihren Vorfahren gegeben hast, zu der
Stadt hin, die du erwählt hast, und zu
dem Haus hin, das ich deinem Namen
gebaut habe, 49 dann erhöre du im

Himmel, der Stätte, wo du wohnst, ihr
Gebet und ihr Flehen und verschaffe ihnen Recht. 50 Und vergib deinem Volk,
das an dir gesündigt hat, vergib alle ihre
Verfehlungen, die sie gegen dich begangen haben, und schenke ihnen Erbarmen vor denen, die sie gefangen halten,
dass diese sich ihrer erbarmen. 51 Denn
sie sind dein Volk und dein Erbbesitz, du
hast sie herausgeführt aus Ägypten, aus
dem Schmelzofen. 52 So mögen deine
Augen offen sein für das Flehen deines
Dieners und für das Flehen deines Volkes Israel, dass du sie erhörst in allem,
um dessentwillen sie zu dir rufen.
53 Denn aus allen Völkern der Erde hast
du sie dir ausgesondert als Erbbesitz,
wie du es gesagt hast durch Mose, deinen Diener, als du unsere Vorfahren
herausgeführt hast aus Ägypten, Herr,
HERR!

54 Und als Salomo dieses ganze Gebet und Flehen zum HERRN beendet
hatte, erhob er sich von seinem Platz vor
dem Altar des HERRN, wo er gekniet
hatte, während seine Hände zum Himmel ausgebreitet waren. 55 Und er trat
hin, und mit lauter Stimme segnete er
die ganze Versammlung Israels und
sprach: 56 Gepriesen ist der HERR, der
seinem Volk Israel Ruhe gegeben hat,
ganz so, wie er es zugesagt hat! Nicht ein
einziges Wort ist unerfüllt geblieben
von allen seinen guten Worten, die er
gesprochen hat durch Mose, seinen Diener. 57 Der HERR, unser Gott, sei mit
uns, wie er mit unseren Vorfahren war.
Er verlasse und verwerfe uns nicht;
58 er ziehe unser Herz zu sich hin, damit wir auf allen seinen Wegen gehen
und seine Gebote, seine Satzungen und
seine Vorschriften halten, die er unseren Vorfahren geboten hat. 59 Und
diese meine Worte, mit denen ich vor
dem HERRN gefleht habe, mögen dem
HERRN, unserem Gott, nahe sein bei Tag
und in der Nacht, damit er seinem Diener Recht verschafft und damit er seinem Volk Israel Recht verschafft, wie
der jeweilige Tag es erfordert, 60 damit

alle Völker der Erde wissen, dass der HERR, dass er allein Gott ist, und keiner sonst. 61 Und ungeteilt soll euer Herz beim HERRN, unserem Gott, sein, damit ihr nach seinen Satzungen lebt und seine Gebote haltet, wie am heutigen Tag.

62 Und der König und ganz Israel mit ihm brachten vor dem HERRN Schlachtopfer dar. 63 Und Salomo schlachtete Heilsopfer, die er dem HERRN opferte: zweiundzwanzigtausend Rinder und hundertzwanzigtausend Schafe. So weihten der König und alle Israeliten das Haus des HERRN ein. 64 An jenem Tag weihte der König die Mitte des Vorhofs, der vor dem Haus des HERRN liegt, denn dort brachte er das Brandopfer, das Speiseopfer und das Fett der Heilsopfer dar, weil der bronzene Altar, der vor dem HERRN stand, zu klein war, um das Brandopfer, das Speiseopfer und das Fett der Heilsopfer zu fassen. 65 So feierte Salomo damals das Fest vor dem HERRN, unserem Gott, und mit ihm ganz Israel, eine grosse Versammlung von da, wo es nach Chamat geht, bis an das Bachtal Ägyptens, sieben Tage und sieben weitere Tage lang: vierzehn Tage lang. 66 Am achten Tag entliess er das Volk, und sie segneten den König und gingen zu ihren Zelten, glücklich und frohen Herzens all des Guten wegen, das der HERR für David, seinen Diener, und für Israel, sein Volk, getan hatte.

|1–66: 2Chr 5,2–7,11 |1: 1Chr 15,3 · 12,21 |2: 6,37–38 · 12,32; Lev 23,24 |3: Num 31,9; 2Chr 5,4 |4: Ex 27,21 |5: 2Sam 6,13 · 3,8! |6: 6,23–27 |7: 6,27! |8: Ex 25,15 · 9,21; Ex 25,21 · Ex 3,1! |10: Ex 40,34–35; Jes 6,4; Ez 10,4 |11: Ex 40,33 |12: Ex 20,21! |13: Ez 43,9 |14: 55; 2Sam 6,18 · Neh 8,7 |15: 56 |16: 2Sam 7,6 · 7,15! |17: 1Chr 28,2 · 3,2! |19: 1Chr 22,10 · 5,19! |20: Apg 7,47 · 3,2! · 1Chr 28,6 |21: 9! |22: 38.54; Ex 9,29 |23: 2Sam 7,22; Ps 86,8; 1Chr 17,20 · Dtn 4,29 |25: 2,4! |26: 1Chr 17,23 |27: Dtn 10,14; 2Chr 2,5; Jes 66,1; Apg 7,48 |28: 38.45.54 |29: 52; 2Chr 6,20 · Sach 12,4 · 2Chr 7,15; Neh 1,6 |30: Dan 9,19 |32: 2,32! · Ps 7,9 |33: 47 · Dtn 30,2; 1Sam 7,3; 2Chr 30,6 |35: 17,1; Hag 1,10; Sach 14,17 |36: Ps 32,8 · Ps 68,10 |37: 2Chr 20,9 |38: 28! · 22! |39: 1Sam 16,7! |41: Jes 56,6–7; Jer 3,17 |42: Ex 6,6; 2Kön 17,36; Ez 20,33–34 · Num 15,14 |43: Dtn 26,15 · 2Kön 19,19 |45: 28! · 3,28 |46: Spr 20,9; Koh 7,20; Hiob 4,16–19!

|47: 33 |48: 1Sam 7,3 · 2,4! · Dan 6,11 |50: 2Chr 30,9; Ps 106,46 |51: Dtn 4,20! |52: 28! · 29! |54: 22! |55: 14! |56: 15 · 1Chr 22,9 · Jos 21,45! |57: Dtn 31,6 |60: Jes 37,20 |61: 15,14; 1Chr 28,9 |62: 1Chr 16,1 |63: Ps 30,1 |65: 2Chr 30,23 |66: 12,16; Jos 22,6

Gottes Antwort auf Salomos Gebet

9 1 Und als Salomo den Bau des Hauses des HERRN, des Hauses des Königs und all das vollendet hatte, was Salomo hatte ausführen wollen, 2 erschien der HERR Salomo zum zweiten Mal, wie er ihm schon in Gibeon erschienen war. 3 Und der HERR sprach zu ihm: Ich habe dein Gebet gehört und das Flehen, mit dem du vor mir gefleht hast. Dieses Haus, das du gebaut hast, habe ich geheiligt, um dort meinen Namen niederzulegen für alle Zeiten, und meine Augen und mein Herz werden für immer dort sein. 4 Und wenn du vor mir lebst, wie David, dein Vater, es getan hat, mit reinem Herzen und in Aufrichtigkeit, und wenn du genau so handelst, wie ich es dir geboten habe, meine Satzungen und meine Vorschriften hältst, 5 werde ich den Thron deines Königtums über Israel für alle Zeiten aufrichten, wie ich es David, deinem Vater, zugesagt habe, als ich sprach: Es soll dir auf dem Thron Israels nie an einem Nachfolger fehlen.

6 Wenn ihr euch aber abwendet von mir, ihr oder eure Nachkommen, und meine Gebote und meine Satzungen, die ich euch vorgelegt habe, nicht haltet, sondern geht und anderen Göttern dient und euch vor ihnen niederwerft, 7 werde ich Israel vertilgen von dem Boden, den ich ihnen gegeben habe, und das Haus, das ich meinem Namen geweiht habe, werde ich von meinem Angesicht verstossen, und Israel wird zum Sprichwort und zum Gespött werden bei allen Völkern. 8 Und dieses Haus wird zu einem Trümmerhaufen werden. Jeder, der daran vorübergeht, wird sich entsetzen und zischen, und man wird sagen: Warum hat der HERR diesem Land und diesem Haus dies angetan? 9 Dann wird man sagen: Weil sie den HERRN, ihren Gott, der ihre Vorfahren

herausgeführt hat aus dem Land Ägypten, verlassen und anderen Göttern angehangen haben, sich vor ihnen niedergeworfen und ihnen gedient haben,
darum hat der HERR all dies Unheil über
sie gebracht.

|1:10;3,1 |2–9:2Chr 7,12–22 |2:3,5! |3:8,28!·
Ex 29,44 · Dtn 11,12 |4:3,6! · Gen 20,5–6; Ps 78,72 |5:
2,4! |7:Jos 23,16 · Jer 7,12; Ez 24,21 · Dtn 28,37! |8–9:
Jer 22,8–9!

9,8: «Und dieses Haus wird zu einem Trümmerhaufen werden ...» lautet der Text in den antiken
Übersetzungen. Der Text könnte in der hebräischen
Tradition verändert worden sein, weil man die ursprüngliche Aussage des Textes als anstössig empfand; der Massoretische Text lautet übersetzt: «Und
dieses Haus wird hoch erhaben sein. ...» Dieser ist
möglicherweise zu übersetzen als: «Und über dieses
Haus, so hoch erhaben es auch sein wird, wird sich
jeder, der daran vorübergeht, entsetzen ...»

Salomos Herrschaft

10 Und nach zwanzig Jahren, in denen Salomo die zwei Häuser, das Haus
des HERRN und das Haus des Königs, gebaut hatte 11 – Chiram, der König von
Tyros, hatte Salomo Zedernholz und Zypressenholz geliefert und Gold, so viel
er haben wollte –, damals gab König Salomo Chiram zwanzig Städte im Land
Galiläa. 12 Und Chiram zog aus von Tyros, um sich die Städte anzusehen, die
Salomo ihm gegeben hatte, in seinen
Augen aber waren sie nicht recht.
13 Und er sagte: Was sind das für Städte,
die du mir da gegeben hast, mein Bruder? Und man nennt sie Land Kabul bis
auf den heutigen Tag. 14 Und Chiram
hat dem König hundertzwanzig Kikkar
Gold gesandt.

15 Und so verhielt es sich mit den
Fronpflichtigen, die König Salomo aufgeboten hatte, um das Haus des HERRN
und sein eigenes Haus zu bauen, dazu
den Millo, die Mauer von Jerusalem und
Chazor, Megiddo und Geser: 16 Der Pharao, der König von Ägypten, war heraufgezogen, hatte Geser eingenommen, es
im Feuer verbrannt und die Kanaaniter
umgebracht, die in der Stadt wohnten.
Dann hatte er die Stadt seiner Tochter,
der Frau Salomos, als Mitgift gegeben.

17 Und Salomo baute Geser und das untere Bet-Choron wieder auf, 18 dazu
Baalat und Tadmor in der Wüste im
Land 19 und alle Vorratsstädte, die Salomo gehörten, und die Städte für die
Wagen und die Städte für die Reiterei
und alles, was Salomo in Jerusalem und
auf dem Libanon und in seinem ganzen
Herrschaftsgebiet zu bauen wünschte.
20 Alles Volk, das noch übrig war von
den Amoritern, Hetitern, Perissitern,
Chiwwitern und Jebusitern, die nicht zu
den Israeliten gehörten, 21 ihre Nachkommen, die nach ihnen im Land übrig
geblieben waren, von denen die Israeliten nicht alle der Vernichtung geweiht
hatten, die machte Salomo zu Fronskla-
ven, bis auf den heutigen Tag. 22 Von
den Israeliten aber machte Salomo keinen zum Sklaven; sie waren Krieger und
seine Diener, seine Anführer und seine
hervorragenden Kämpfer, und die
Obersten über seine Wagen und über
seine Reiter. 23 Dies waren die Obersten der Statthalter, die Aufsicht hatten
über die Arbeit für Salomo: fünfhun-
dertfünfzig, sie befehligten das Volk,
das die Arbeit ausführte.

24 Als die Tochter des Pharao aus der
Stadt Davids in ihr Haus hinaufgezogen
war, das er für sie gebaut hatte, da baute
er den Millo. 25 Und dreimal im Jahr
brachte Salomo Brandopfer und Heilsopfer dar auf dem Altar, den er dem
HERRN gebaut hatte, und vor dem
HERRN liess er sie in Rauch aufgehen.
Und er vollendete das Haus. 26 Und in
Ezjon-Geber, das bei Elot liegt, am Ufer
des Schilfmeers im Land Edom, baute
König Salomo Schiffe. 27 Und auf den
Schiffen sandte Chiram seine Diener
aus, Seeleute, die das Meer kannten, zusammen mit den Dienern Salomos.
28 Und sie kamen nach Ofir, und von
dort holten sie Gold, vierhundertzwan-
zig Kikkar, und brachten es König
Salomo.

|10–14:2Chr 8,1–2 |10:1! · 7,1 |11:27!; 5,15!.22
|15–23:2Chr 8,3–10 |15:5,27 · 24;11,27;2Sam 5,9! |16:
Jos 16,10! · 3,1! |20:Ri 3,3–5; Esra 9,1–2 |21:20,41;

Lev 27,29; Jos 16,10 | 22: Lev 25,39! | 24: 3,1! · 15! | 25:
Ex 23,14; 34,23; Dtn 16,16 · 6,9 | 26–28: 2Chr 8,17–18
| 26: 10,11.22; 22,49 | 27: 11; 10,11 | 28: 1Chr 29,4 · 22,49;
Ps 45,10

9,13: Im Namen Kabul klingt hebräisch ‹wie
nichts› an.

9,16: Wörtlich: «... Dann hatte er sie seiner
Tochter, ...»

Die Königin von Saba. Salomos Reichtum

10 1 Und die Königin von Saba vernahm die Kunde von Salomo, die
dem HERRN zum Ruhm gereichte, und
kam, um ihn mit Rätseln auf die Probe
zu stellen. 2 Und mit sehr reichen Schätzen kam sie nach Jerusalem, mit Kamelen, die Balsam trugen und sehr viel
Gold und Edelsteine. Und sie kam zu Salomo und sagte ihm all das, was sie sich
vorgenommen hatte. 3 Und Salomo beantwortete ihr alle ihre Fragen; nichts
war dem König verborgen, es gab nichts,
auf das er ihr keine Antwort hätte geben
können. 4 Als aber die Königin von Saba
die Fülle der Weisheit Salomos sah und
das Haus, das er gebaut hatte, 5 und die
Speisen auf seinem Tisch, die Sitzordnung seiner Diener, die Aufwartung
durch seine Diener und ihre Gewänder,
seine Getränke und sein Brandopfer,
das er darzubringen pflegte im Haus des
HERRN, verschlug es ihr den Atem.
6 Und sie sagte zum König: Was ich in
meinem Land über meine Worte und
über deine Weisheit gehört habe, hat
sich als wahr erwiesen. 7 Ich habe den
Worten keinen Glauben geschenkt, bis
ich hergekommen bin und es mit meinen eigenen Augen gesehen habe. Und
sieh, nicht einmal die Hälfte ist mir berichtet worden: Du hast mehr Weisheit
und Reichtum, als die Kunde sagt, die
ich gehört habe. 8 Wohl deinen Männern, wohl diesen deinen Dienern, die
ständig vor dir stehen, die deine Weisheit hören! 9 Gepriesen sei der HERR,
dein Gott, der Gefallen an dir gefunden
hat und dich auf den Thron Israels gesetzt hat! Weil der HERR Israel für alle
Zeiten liebt, hat er dich als König eingesetzt, damit du Recht und Gerechtigkeit

übst. 10 Und sie gab dem König hundertzwanzig Kikkar Gold und sehr
grosse Mengen von Balsam und Edelsteine. Nie wieder ist so viel Balsam ins
Land gekommen, wie die Königin von
Saba König Salomo gegeben hat. 11 Auch
brachten die Schiffe Chirams, die Gold
aus Ofir trugen, sehr grosse Mengen
von Almuggimholz und Edelsteine aus
Ofir. 12 Und aus dem Almuggimholz
machte der König Holzverzierungen für
das Haus des HERRN und für das Haus
des Königs, dazu Leiern und Harfen für
die Sänger. Bis auf den heutigen Tag ist
nie wieder so viel Almuggimholz gekommen oder gesehen worden. 13 Und
König Salomo gab der Königin von Saba,
was immer sie sich wünschte und erbat,
abgesehen von dem, was Salomo ihr in
seiner königlichen Grosszügigkeit
sonst noch gegeben hat. Dann kehrte sie
zurück und ging in ihr Land, sie mit
ihren Dienern.
14 Und das Gewicht des Goldes, das
in einem einzigen Jahr zu Salomo kam,
betrug sechshundertsechsundsechzig
Kikkar Gold, 15 nicht gerechnet das, was
von den umherziehenden Handelsleuten kam und vom Gewinn der Kaufleute, von allen Königen der Wüste und
den Statthaltern des Landes. 16 Und
König Salomo verfertigte zweihundert
grosse Schilde aus legiertem Gold; jeden
einzelnen Schild überzog er mit sechshundert Schekel Gold, 17 dazu dreihundert kleinere Schilde aus legiertem
Gold; jeden einzelnen Schild überzog er
mit drei Minen Gold. Und der König
legte sie in das Libanonwaldhaus.
18 Und der König verfertigte einen grossen Thron aus Elfenbein, und er überzog
ihn mit Feingold. 19 Der Thron hatte
sechs Stufen, und hinten am Thron befand sich ein runder Kopf, und auf beiden Seiten der Sitzfläche waren Lehnen,
und neben den Lehnen standen zwei Löwen. 20 Und zwölf Löwen standen dort
auf den sechs Stufen, auf beiden Seiten;
für kein Königreich war je dergleichen
angefertigt worden. 21 Auch alle Trink-

gefässe König Salomos waren aus Gold,
und alle Geräte des Libanonwaldhauses
waren aus Feingold; es gab kein Silber –
es galt nichts zu Salomos Zeiten.
22 Denn der König hatte Tarschisch-
Schiffe auf dem Meer bei den Schiffen
Chirams. Alle drei Jahre kamen die Tarschisch-Schiffe, sie trugen Gold und Silber, Elfenbein und Affen und Pfauen.
23 Und an Reichtum und an Weisheit
war König Salomo grösser als alle Könige der Erde. 24 Und alle Welt suchte
das Angesicht Salomos, um seine Weisheit zu hören, die Gott ihm ins Herz gelegt hatte. 25 Und sie brachten ihm, ein
jeder, ein Geschenk: Geräte aus Silber
und Geräte aus Gold, Gewänder, Waffen
und Balsam, Pferde und Maultiere, Jahr
für Jahr. 26 Und Salomo sammelte Wagen und Pferde, und er hatte
tausendvierhundert Wagen und zwölftausend Pferde, und er brachte sie in die
Städte für die Wagen und zum König
nach Jerusalem. 27 Und Silber brachte
der König nach Jerusalem, als handle es
sich um Steine, und Zedern brachte er,
als handle es sich um Maulbeerfeigenbäume, die es in der Schefela massenhaft gab. 28 Und die Ausfuhr der Pferde,
die für Salomo bestimmt waren, erfolgte von Ägypten her und von Kewe,
gegen Bezahlung holten die Händler des
Königs sie aus Kewe. 29 Und die Ausfuhr eines Wagens aus Ägypten belief
sich auf sechshundert Schekel Silber
und die eines Pferdes auf hundertfünfzig. Und ebenso führte man sie durch
die Händler aus für alle Könige der Hetiter und für die Könige von Aram.

|1–13: 2Chr 9,1–12 |1:24: Jes 60,6; Ez 27,22;
Mt 12,42 · 5,14 · 3,2! |3: Ri 14,12–17 · 3,12! |9:
Dtn 7,8! · 5,21 · 2Sam 8,15!; Ps 72,2 |10:12; 20 |11:
9,26! · 2Chr 2,7 |12:10! |14–29: 3,13; 2Chr 9,13–28
|14: Mt 6,29 |15: Jer 25,24 |16:14,26 |17:7,2! |20:10!
|21:7,2! · Est 1,7 |22:9,26!; Jes 2,16; 23,1.14; 60,9 |23:
3,12–13!; Koh 1,16! |24:1! · 3,12! |25:5,1 · 1,33! |26–29:
2Chr 1,14–17 |26: 1Chr 12,3 · 5,6! · 1Chr 9,25

10,5: Statt «seine Getränke» ist auch die Übersetzung «seine Mundschenke» möglich.
10,22: Möglicherweise bedeutet das mit
«Pfauen» wiedergegebene Wort ‹Paviane›.

10,29: Wörtlich: «Und ebenso führte man sie
durch sie aus ...»

Salomos Bundesbruch. Sein Tod

11 1 Neben der Tochter des Pharao
aber liebte König Salomo viele
fremdländische Frauen: moabitische,
ammonitische, edomitische, sidonische
und hetitische, 2 von den Nationen,
über die der HERR den Israeliten gesagt
hatte: Ihr sollt nicht mit ihnen verkehren, und sie sollen nicht mit euch verkehren, sonst ziehen sie eure Herzen zu
ihren Göttern hin. An ihnen hing Salomo mit Liebe. 3 Er hatte siebenhundert Hauptfrauen und dreihundert Nebenfrauen. Seine Frauen aber verführ-
ten sein Herz. 4 Und als Salomo alt war,
zogen seine Frauen sein Herz zu anderen Göttern hin, und sein Herz war
nicht mehr ungeteilt beim HERRN, seinem Gott, wie es das Herz Davids, seines
Vaters, gewesen war. 5 Und Salomo lief
der Astarte nach, der Göttin der Sidonier, und Milkom, dem Scheusal der
Ammoniter. 6 Und Salomo tat, was böse
war in den Augen des HERRN, und er
hielt nicht treu zum HERRN, wie es David, sein Vater, getan hatte. 7 Damals
baute Salomo auf dem Berg, der gegenüber von Jerusalem liegt, eine Kulthöhe
für Kemosch, das Scheusal Moabs, und
für Molech, das Scheusal der Ammoniter. 8 Und so machte er es für alle seine
fremdländischen Frauen, die ihren Göttern Rauchopfer darbrachten und
opferten.
9 Der HERR aber wurde zornig über
Salomo, weil er sein Herz abgewandt
hatte vom HERRN, dem Gott Israels, der
ihm zweimal erschienen war 10 und
ihm eben deshalb immer wieder geboten hatte, nicht anderen Göttern nach-
zulaufen. Er aber hielt nicht, was der
HERR ihm geboten hatte. 11 Und der
HERR sprach zu Salomo: Weil du dies
wusstest und dennoch meinen Bund
und meine Satzungen, die ich dir geboten habe, nicht gehalten hast, werde ich
dir das Königtum entreissen und es dei-

nem Diener geben. 12 Aber um Davids, deines Vaters, willen werde ich es noch nicht zu deinen Lebzeiten tun; deinem Sohn erst werde ich es entreissen. 13 Doch nicht das ganze Königreich werde ich ihm entreissen; einen Stamm werde ich deinem Sohn geben um Davids, meines Dieners, willen und um Jerusalems willen, das ich erwählt habe.

14 Und ein Widersacher für Salomo liess der Herr Hadad, den Edomiter, auftreten, dieser gehörte zu den Nachkommen des Königs in Edom. 15 Und als David in Edom gewesen war, als Joab, der Heerführer, hinaufgezogen war, um die Erschlagenen zu begraben, hatte er alles erschlagen, was männlich war in Edom. 16 Denn sechs Monate lang blieb Joab mit ganz Israel dort, bis er alles ausgerottet hatte, was männlich war in Edom. 17 Und Adad floh, er und edomitische Männer von den Dienern seines Vaters mit ihm, um nach Ägypten zu entkommen; Hadad aber war noch ein junger Knabe. 18 Und sie machten sich auf aus Midian und kamen nach Paran, und aus Paran nahmen sie Männer mit sich und kamen nach Ägypten zum Pharao, dem König von Ägypten, und der gab ihm ein Haus, sagte ihm Speise zu und gab ihm Land. 19 Und Hadad fand grosse Gnade in den Augen des Pharao, und dieser gab ihm die Schwester seiner Frau, die Schwester der Tachpenes, der Gebieterin, zur Frau. 20 Und die Schwester der Tachpenes gebar ihm Genubat, seinen Sohn, und Tachpenes entwöhnte ihn im Haus des Pharao, und Genubat war im Haus des Pharao bei den Söhnen des Pharao. 21 Hadad aber hatte in Ägypten gehört, dass David sich zu seinen Vorfahren gelegt hatte und dass Joab, der Heerführer, gestorben war. Da sagte Hadad zum Pharao: Entlass mich, damit ich in mein Land ziehen kann! 22 Der Pharao aber sprach zu ihm: Was fehlt dir denn bei mir, dass du nun in dein Land ziehen willst? Er aber sagte: Nicht, dass mir etwas fehlte – aber dennoch, entlass mich!

23 Und als Widersacher liess Gott ihm Reson auftreten, den Sohn des Eljada, der Hadadeser davongelaufen war, dem König von Zoba, seinem Herrn. 24 Und dieser hatte Männer um sich gesammelt und war Anführer einer Räuberbande geworden, damals als David sie erschlug. Und sie zogen nach Damaskus, blieben dort, und in Damaskus herrschten sie wie Könige. 25 Und er blieb ein Widersacher Israels, solange Salomo lebte. Und dies ist das Böse an Hadad: Er empfand Abscheu vor Israel und wurde König über Aram.

26 Und Jerobeam, der Sohn des Nebat, ein Efraimit aus Zereda – der Name seiner Mutter war Zerua, sie war eine Witwe –, war ein Diener Salomos, aber auch er erhob die Hand gegen den König. 27 Und dies war der Anlass dafür, dass er die Hand gegen den König erhob: Salomo baute den Millo, er schloss die Lücke in der Stadt Davids, seines Vaters. 28 Und der Mann Jerobeam war ein tüchtiger Krieger, und Salomo sah, wie der junge Mann die Arbeit ausführte, und er setzte ihn über alle Lastenträger des Hauses Josef.

29 Und damals, als Jerobeam einmal hinausgegangen war aus Jerusalem, begegnete ihm auf dem Weg Achija der Schiloniter, der Prophet, und dieser hatte sich einen neuen Mantel übergeworfen, und die beiden waren allein auf dem offenen Land. 30 Da fasste Achija den neuen Mantel, den er trug, und zerriss ihn in zwölf Teile. 31 Dann sprach er zu Jerobeam: Nimm dir zehn Teile, denn so spricht der Herr, der Gott Israels: Sieh, ich reisse Salomo das Königreich aus der Hand, und dir werde ich die zehn Stämme geben. 32 Den einen Stamm aber soll er haben, um meines Dieners David willen und um Jerusalems willen, der Stadt, die ich erwählt habe aus allen Stämmen Israels. 33 Denn mich haben sie verlassen, vor Astarte aber, der Göttin der Sidonier, und vor Kemosch, dem Gott Moabs, und vor Milkom, dem Gott der Ammoniter,

haben sie sich niedergeworfen. Auf meinen Wegen aber sind sie nicht gegangen, und was recht ist in meinen Augen, meine Satzungen und meine Rechte, haben sie nicht befolgt, wie es David, sein Vater, getan hat. 34 Doch werde ich ihm das Königtum nicht ganz aus der Hand nehmen; ich werde ihn als Fürsten belassen, solange er lebt, um Davids, meines Dieners, willen, den ich erwählt habe, der meine Gebote und meine Satzungen gehalten hat. 35 Seinem Sohn aber werde ich das Königreich aus der Hand nehmen, und ich werde es dir geben, die zehn Stämme; 36 einen Stamm aber werde ich seinem Sohn geben, damit David, mein Diener, immer eine Leuchte hat vor mir in Jerusalem, der Stadt, die ich mir erwählt habe, um dort meinen Namen niederzulegen. 37 Dich aber werde ich nehmen, und du wirst König sein über alles, was du begehrst, und du wirst König sein über Israel. 38 Und wenn du auf alles hörst, was ich dir gebiete, und auf meinen Wegen gehst und tust, was recht ist in meinen Augen, und meine Satzungen und meine Gebote hältst, wie David, mein Diener, es getan hat, dann werde ich mit dir sein und dir ein Haus bauen, das Bestand hat, wie ich es David gebaut habe, und ich werde dir Israel geben. 39 Die Nachkommen Davids aber will ich deswegen demütigen, wenn auch nicht allezeit.

40 Und Salomo wollte Jerobeam töten, Jerobeam aber machte sich auf und floh nach Ägypten zu Schischak, dem König von Ägypten, und in Ägypten blieb er, bis Salomo gestorben war.

41 Und was sonst noch von Salomo zu berichten ist, von allem, was er getan hat, und von seiner Weisheit, steht das nicht geschrieben im Buch der Geschichte Salomos? 42 Und die Zeit, die Salomo in Jerusalem König war über ganz Israel, betrug vierzig Jahre. 43 Und Salomo legte sich zu seinen Vorfahren, und er wurde in der Stadt Davids, seines

Vaters, begraben. Und Rehabeam, sein Sohn, wurde König an seiner Statt.

|1: 9,8; Koh 2,16 · 3,1! · 14,21.31 |3: Dtn 17,17 · Hld 6,8 |4: 33.38; 3,3 |6: 15,11; 2Kön 14,3 |7: 2Kön 23,13 · Lev 18,21; 20,2; 2Kön 23,10 |8: Neh 13,26 |9: 1Sam 15,11 · 3,5! |10: 9,6–7 |11: Gen 17,9; Ps 132,12 · 31; 14,8; 1Sam 15,28 |12: 21,29 · 11,32.34; 2Kön 8,19 |13: 12,20 · 32; Jes 62,1 |14: 23 |15: 2Sam 8,14 · Dtn 20,13 |18: Ex 2,15! · Num 10,12! |20: Ex 2,9 |21: 2,10.34 · 1,21! · Ex 4,23! |23: 14 |24: 2Sam 8,3–4 · 15,18 |26: 12,2; 2Chr 9,29 · 2Chr 13,6 |27: 9,15! |28: 5,29 |29: 1Sam 11,1! |31: 12,15; 14,2; 2Chr 10,15; Ps 132,17 |32: 12! · 13! |33: 4! · Dtn 6,18 |34: 12! |35: 12,16 |36: 15,4; 2Kön 8,19; 2Chr 21,7 |37: 12,20 · 2Sam 3,21 |38: 4!; 3,14 · 2Sam 7,11.27 |40: 1Sam 19,1–2 · 12,2 · 14,25 |41–43: 2Chr 9,29–31 |41: 2Kön 1,18; 10,34; 13,8.12; 15,21 |42: 2,11 |43: 2,10

11,17: Adad ist eine andere Form des Namens Hadad.
11,24: «als David sie erschlug»: Im Blick ist 2Sam 8,3.

Die Spaltung des Reichs

12 1 Und Rehabeam ging nach Schechem, denn ganz Israel war nach Schechem gekommen, um ihn zum König zu machen. 2 Und als Jerobeam, der Sohn des Nebat, davon hörte – er war noch in Ägypten, wohin er vor König Salomo geflohen war –, blieb Jerobeam in Ägypten. 3 Und man sandte hin und rief ihn. Und Jerobeam und die ganze Versammlung Israels kamen, und sie sprachen zu Rehabeam: 4 Dein Vater hat unser Joch hart gemacht, und nun mach du die harte Arbeit leichter, die wir für deinen Vater leisten mussten, und das schwere Joch, das er uns aufgebürdet hat, dann werden wir dir dienen. 5 Da sagte er zu ihnen: Entfernt euch, in drei Tagen aber, dann kehrt zu mir zurück! Und das Volk entfernte sich. 6 Und König Rehabeam beriet sich mit den Alten, die vor Salomo, seinem Vater, zu dessen Lebzeiten gedient hatten, und sagte: Was ratet ihr, diesem Volk zu antworten? 7 Und sie sprachen zu ihm: Wenn du dich heute als Diener dieses Volkes erweist, ihnen dienst und ihnen antwortest und ihnen gute Worte sagst, werden sie immer deine Diener sein. 8 Er aber verwarf den Rat, den die Alten ihm gaben, und beriet sich mit den Jungen, die mit ihm aufgewachsen waren, die ihm dienten. 9 Und er sagte zu ihnen: Was ratet ihr, was wir diesem Volk antworten sollen, das zu mir gesagt hat: Mach das Joch leichter, das dein Vater uns aufgebürdet hat? 10 Und die Jungen, die mit ihm aufgewachsen waren, sagten zu ihm: So sollst du zu diesem Volk sprechen, das zu dir gesagt hat: Dein Vater hat unser Joch schwer gemacht, mach du es uns leichter. So sollst du zu ihnen sprechen: Mein kleiner Finger ist dicker als die Lenden meines Vaters! 11 Und hat nun mein Vater euch ein schweres Joch aufgeladen, so werde ich euer Joch noch schwerer machen; hat mein Vater euch mit Peitschen gezüchtigt, so werde ich euch mit Skorpionen züchtigen.

12 Und am dritten Tag kamen Jerobeam und das ganze Volk zu Rehabeam, wie der König es gesagt hatte: Kommt am dritten Tag zurück zu mir. 13 Und der König gab dem Volk eine harte Antwort und verwarf den Rat, den die Alten ihm gegeben hatten, 14 und so wie die Jungen es geraten hatten, sprach er zu ihnen: Hat mein Vater euer Joch schwer gemacht, so werde ich euer Joch noch schwerer machen; hat mein Vater euch mit Peitschen gezüchtigt, so werde ich euch mit Skorpionen züchtigen. 15 Und der König hörte nicht auf das Volk, denn so war es vom HERRN gefügt, damit er sein Wort erfüllte, das der HERR durch Achija, den Schiloniter, zu Jerobeam, dem Sohn des Nebat, gesprochen hatte.

16 Und ganz Israel sah, dass der König nicht auf sie hörte; da gab das Volk dem König zur Antwort:
Welchen Anteil haben wir an David?
   Und am Sohn Isais haben wir
   keinen Erbbesitz!
Zu deinen Zelten, Israel!
   Nun sieh du selbst nach deinem
   Haus, David!
   Dann ging Israel zu seinen Zelten.
17 Über die Israeliten aber, die in den Städten Judas wohnten, wurde Rehabeam König. 18 Und König Rehabeam sandte Adoram, der den Fronpflichtigen

vorstand. Da steinigte ihn ganz Israel, und er starb. König Rehabeam aber war es gelungen, den Wagen zu besteigen und nach Jerusalem zu fliehen. 19 Und Israel brach mit dem Haus David, und so ist es bis auf den heutigen Tag. 20 Und als ganz Israel hörte, dass Jerobeam zurückgekommen war, sandten sie hin, riefen ihn in die Gemeinde und machten ihn zum König über ganz Israel. Niemand hielt zum Haus David, ausser allein dem Stamm Juda.

21 Und Rehabeam kam nach Jerusalem und versammelte das ganze Haus Juda und den Stamm Benjamin, hundertachtzigtausend Ausgewählte, die Krieg führen sollten, um gegen das Haus Israel zu kämpfen und für Rehabeam, den Sohn Salomos, das Königtum zurückzugewinnen. 22 Da aber erging das Wort Gottes an Schemaja, den Gottesmann: 23 Sprich zu Rehabeam, dem Sohn Salomos, dem König von Juda, und zum ganzen Haus Juda und Benjamin und zum übrigen Volk: 24 So spricht der HERR: Zieht nicht hinauf, und kämpft nicht gegen eure Brüder, die Israeliten. Ein jeder soll zurückkehren in sein Haus, denn dies ist so von mir gefügt worden. Und sie hörten das Wort des HERRN, und sie kehrten zurück und gingen, dem Wort des HERRN gemäss.

25 Jerobeam aber baute Schechem aus auf dem Gebirge Efraim und liess sich dort nieder, und von dort zog er aus und baute Penuel aus. 26 Und Jerobeam dachte in seinem Herzen: Nun wird das Königtum zurückfallen an das Haus David; 27 wenn dieses Volk hinaufzieht, um Schlachtopfer darzubringen im Haus des HERRN in Jerusalem, wird das Herz dieses Volks zurückkehren zu ihrem Herrn, zu Rehabeam, dem König von Juda, mich aber werden sie umbringen, und sie werden zurückkehren zu Rehabeam, dem König von Juda. 28 Und der König liess sich beraten und fertigte zwei goldene Kälber an. Dann sprach er zu ihnen: Lange genug seid ihr nach Jerusalem hinaufgezogen! Sieh, Israel, das

sind deine Götter, die dich heraufgeführt haben aus dem Land Ägypten.
29 Und das eine stellte er in Bet-El auf,
und das andere brachte er nach Dan.
30 Dies aber war eine Sünde. Und bis
nach Dan zog das Volk vor dem einen
her. 31 Und er baute auch ein Kulthöhenhaus, und aus allen Teilen des Volks
machte er solche zu Priestern, die nicht
von den Leviten abstammten. 32 Und
im achten Monat, am fünfzehnten Tag
des Monats, stiftete Jerobeam ein Fest
wie das Fest, das es in Juda gab. Und er
stieg hinauf zum Altar. So machte er es
in Bet-El, um den Kälbern zu opfern, die
er angefertigt hatte. Und die er zu Priestern der Kulthöhen gemacht hatte, liess
er in Bet-El ihren Dienst antreten.
33 Und am fünfzehnten Tag des achten
Monats, des Festmonats, den er sich
selbst erdacht hatte, stieg er hinauf zum
Altar, den er in Bet-El gemacht hatte.
Und er stiftete ein Fest für die Israeliten
und stieg hinauf zum Altar, um Rauchopfer darzubringen.

|1–19: 2Chr 10,1–19 |1: 16.18.20; 2Sam 2,9; 4,1; 5,5
|2: 20; 11,26.40 |4: 5,27–28; Ex 1,14 · Jes 10,27; 14,25;
47,6 |6: 8 · Hiob 12,12 |7: Spr 15,1 |8: 6 |15: Ri 14,4! ·
11,31 |16: 1! · 11,35 · 2Sam 20,1! · 8,66! |17: 14,21 |18:
4,6! · 1! · Num 14,10; Dtn 21,21 |19: 2Kön 17,21;
Jes 7,17 |20: 1! · 2! · 11,13.37; 2Sam 20,2 |21–24:
2Chr 11,1–4 |21: 8,1 · Mt 1,7 |22: 2Chr 12,5 |24: 15! ·
14,30; 15,6 |26: 1Sam 27,1 |28: Ex 20,4; 2Kön 17,8 ·
Ex 32,4; Neh 9,18 |29: 13,4; 2Kön 10,29; Jer 48,13;
Am 8,14 |30: 13,34; 14,16; 15,26 · Dtn 5,8 |31: 14,23;
2Kön 17,29 · 13,33 |32: 8,2! |33: 13,1; 2Kön 16,12 ·
Neh 6,8

12,2: In manchen Textzeugen lautet der Text: «...
war –, kehrte Jerobeam aus Ägypten zurück.»

Jerobeam und der ungehorsame Gottesmann

13 1 Und sieh, als Jerobeam am Altar
stand, um Rauchopfer darzubringen, kam auf das Wort des HERRN hin
aus Juda ein Gottesmann nach Bet-El.
2 Und auf das Wort des HERRN hin rief
er gegen den Altar und sprach: Altar, Altar! So spricht der HERR: Sieh, dem Haus
David wird ein Sohn geboren, sein
Name ist Joschijahu. Und er wird auf dir
die Priester der Kulthöhen schlachten,

die auf dir Rauchopfer darbringen, und
Menschenknochen wird man auf dir
verbrennen. 3 An jenem Tag kündigte er
ein Wunder an und sprach: Dies ist das
Wunder, das der HERR angekündigt hat:
Seht, der Altar wird auseinander brechen, und die Asche, die darauf ist, wird
verstreut werden. 4 Und als der König
das Wort hörte, das der Gottesmann gegen den Altar in Bet-El rief, streckte Jerobeam vom Altar herab seine Hand aus
und sprach: Ergreift ihn! Da vertrocknete seine Hand, die er gegen ihn ausgestreckt hatte, und er konnte sie nicht zu
sich zurückziehen. 5 Der Altar aber
brach auseinander, und die Asche auf
dem Altar wurde verschüttet, wie es der
Gottesmann auf das Wort des HERRN
hin als Wunder angekündigt hatte.
6 Daraufhin sagte der König zu dem
Gottesmann: Besänftige doch das Angesicht des HERRN, deines Gottes, und
bete für mich, dass ich meine Hand zurückziehen kann zu mir! Und der Gottesmann besänftigte das Angesicht des
HERRN, und der König konnte seine
Hand zu sich zurückziehen, und sie
wurde wie zuvor. 7 Da sagte der König
zum Gottesmann: Komm mit mir ins
Haus und stärke dich, und ich will dir
ein Geschenk geben. 8 Der Gottesmann
aber sprach zum König: Und würdest du
mir die Hälfte deines Hauses geben – ich
werde nicht mit dir kommen, und ich
werde an diesem Ort nichts essen und
auch nichts trinken. 9 Denn so ist es mir
durch das Wort des HERRN geboten
worden: Du sollst nichts essen und
nichts trinken, und du sollst nicht auf
dem Weg zurückkehren, auf dem du gekommen bist. 10 Und er ging einen anderen Weg und kehrte nicht auf dem
Weg zurück, auf dem er nach Bet-El gekommen war.

11 In Bet-El aber wohnte ein alter
Prophet, und seine Söhne kamen zu ihm
und erzählten ihm von all dem, was der
Gottesmann an jenem Tag in Bet-El getan hatte, auch von den Worten, die er
zum König gesprochen hatte. Und sie

erzählten es ihrem Vater, 12 und ihr Vater sagte zu ihnen: Welchen Weg ist er gegangen? Und seine Söhne zeigten ihm den Weg, den der Gottesmann, der aus Juda gekommen war, gegangen war. 13 Da sprach er zu seinen Söhnen: Sattelt mir den Esel. Und sie sattelten ihm den Esel, und er sass auf, 14 ritt dem Gottesmann nach und fand ihn, als dieser unter einer Terebinthe sass. Und er sagte zu ihm: Bist du der Gottesmann, der aus Juda gekommen ist? Und dieser sagte: Ich bin es. 15 Da sagte er zu ihm: Komm mit mir in das Haus und iss.

16 Er aber sprach: Ich kann nicht mit dir zurückkehren und mit dir kommen, und ich kann mit dir an diesem Ort auch nichts essen oder trinken, 17 denn auf das Wort des HERRN hin ist ein Wort an mich ergangen: Du sollst nichts essen und dort nichts trinken, du sollst nicht auf dem Weg zurückkehren, auf dem du gekommen bist. 18 Da sagte er zu ihm: Auch ich bin ein Prophet wie du, und auf das Wort des HERRN hin hat ein Bote zu mir gesprochen: Bring ihn zurück mit dir in dein Haus, damit er isst und trinkt. Er belog ihn. 19 Da kehrte er mit ihm zurück, und in seinem Haus ass er und trank er.

20 Als sie aber bei Tisch sassen, erging das Wort des HERRN an den Propheten, der ihn zurückgeholt hatte, 21 und dieser rief dem Gottesmann zu, der aus Juda gekommen war: So spricht der HERR: Weil du widerspenstig warst gegen den Befehl des HERRN und das Gebot nicht gehalten hast, das der HERR, dein Gott, dir gegeben hat, 22 und zurückgekehrt bist und gegessen und getrunken hast an dem Ort, von dem er dir gesagt hat, dass du dort nichts essen und nichts trinken sollst, darum wird dein Leichnam nicht in das Grab deiner Vorfahren kommen. 23 Und nachdem er gegessen und getrunken hatte, sattelte man ihm den Esel, der dem Propheten gehörte, der ihn zurückgebracht hatte, 24 und er zog fort. Auf dem Weg aber traf ein Löwe auf ihn und tötete ihn.

Und sein Leichnam lag hingestreckt auf dem Weg, und der Esel stand neben ihm, und auch der Löwe blieb neben dem Leichnam stehen. 25 Und sieh, als einige Männer vorübergingen, sahen sie den Leichnam hinstreckt auf dem Weg liegen und den Löwen neben dem Leichnam stehen. Und als sie in die Stadt kamen, wo der alte Prophet wohnte, erzählten sie davon. 26 Und der Prophet, der ihn zurückgebracht hatte vom Weg, hörte es und sprach: Das ist der Gottesmann, der widerspenstig war gegen den Befehl des HERRN. Und der HERR hat ihn dem Löwen preisgegeben, und nach dem Wort, das der HERR zu ihm gesprochen hat, hat dieser ihn zerrissen und getötet. 27 Und zu seinen Söhnen sagte er: Sattelt mir den Esel. Und sie sattelten ihn. 28 Und er ritt hin und fand seinen Leichnam hingestreckt auf dem Weg liegen, der Esel und der Löwe aber standen neben dem Leichnam. Der Löwe hatte den Leichnam nicht gefressen und den Esel nicht zerrissen. 29 Da hob der Prophet den Leichnam des Gottesmannes auf, legte ihn auf den Esel und brachte ihn zurück, und er kam in die Stadt des alten Propheten, um die Totenklage zu halten und ihn zu begraben. 30 Und er legte den Leichnam in sein eigenes Grab, und man klagte um ihn: Ach, mein Bruder! 31 Und nachdem er ihn begraben hatte, sprach er zu seinen Söhnen: Wenn ich sterbe, sollt ihr mich in dem Grab begraben, in dem der Gottesmann begraben ist. Legt meine Gebeine neben seine Gebeine. 32 Denn das Wort wird sich erfüllen, das er auf das Wort des HERRN hin gerufen hat gegen den Altar, der in Bet-El ist, und gegen all die Häuser auf den Kulthöhen, die in den Städten Samarias sind!

33 Auch nach dieser Begebenheit kehrte Jerobeam nicht zurück von seinem bösen Weg, und weiterhin setzte er Priester der Kulthöhen ein aus allen Teilen des Volks. Wer es wollte, dem füllte er die Hand, so dass er einer der Priester

der Kulthöhen wurde. 34 Und dies war die Sünde des Hauses Jerobeam und der Grund dafür, dass es ausgetilgt und vom Erdboden ausgerottet wurde.

|1: 12,33! |2: 2Kön 23,15–16 |3: Ex 7,9 |4: 12,29!
|5: Am 3,14 |6: Ex 8,4; 2Kön 13,4 · Num 12,13 · Lk 6,10
|7: Ri 19,5 · 1Sam 9,7!; 2Kön 5,15 |8: Num 22,18 ·
Mk 6,23 |14: 1Sam 10,3 |18: 22,22 |21: 26 |22:
2Kön 22,20 |24: 20,36; 2Kön 2,24 |26: 21 |30: 14,13;
Jer 22,18; 34,5 |31: 2Kön 23,17 |33: 12,31! · Ex 28,41
|34: 12,30!

13,6: Wörtlich: «…, dass meine Hand zurückkehrt zu mir! …»

13,8: Im vorliegenden Zusammenhang findet sich im Hebräischen stets ‹Brot essen› und ‹Wasser trinken›.

13,12: Die Übersetzung «Und seine Söhne zeigten ihm den Weg» beruht auf den antiken Übersetzungen; der Massoretische Text lautet übersetzt: «Und seine Söhne sahen den Weg».

Der HERR straft Jerobeam. Jerobeams Tod

14 1 In jener Zeit wurde Abija, der Sohn Jerobeams, krank. 2 Und Jerobeam sagte zu seiner Frau: Auf, verkleide dich, damit man nicht erkennt, dass du die Frau Jerobeams bist, und geh nach Schilo. Sieh, dort ist Achija, der Prophet, er hat von mir gesagt, dass ich König sein würde über dieses Volk. 3 Nimm zehn Brote und Kuchen und einen Krug Honig mit dir und geh zu ihm; er wird dir mitteilen, was mit dem Knaben geschehen wird. 4 Und so machte es die Frau Jerobeams: Sie machte sich auf, ging nach Schilo und kam in das Haus Achijas. Achija aber konnte nicht mehr sehen, denn seines hohen Alters wegen waren seine Augen starr geworden. 5 Der HERR aber hatte zu Achijahu gesagt: Sieh, die Frau Jerobeams kommt, um von dir ein Wort über ihren Sohn zu erbitten, denn er ist krank. So und so sollst du zu ihr sprechen. Aber wenn sie kommt, wird sie sich nicht zu erkennen geben. 6 Und als Achijahu das Geräusch ihrer Schritte hörte, als sie in die Tür trat, sagte er: Komm herein, Frau von Jerobeam! Warum denn gibst du dich nicht zu erkennen? Mit einer harten Botschaft für dich bin ich beauftragt. 7 Geh, sprich zu Jerobeam: So spricht der HERR, der Gott Israels: Ich habe dich emporgehoben aus dem Volk und habe dich zum Fürsten gemacht über mein Volk Israel. 8 Und ich habe das Königtum dem Haus David entrissen und es dir gegeben, du aber warst nicht wie mein Diener David, der meine Gebote gehalten hat und der mir gefolgt ist mit ganzem Herzen und nur tat, was recht ist in meinen Augen: 9 Du hast mehr Böses getan als alle, die vor dir gewesen sind, und du bist gegangen und hast dir andere Götter gemacht und gegossene Bilder, um mich zu reizen; mir aber hast du den Rücken zugekehrt. 10 Sieh, darum bringe ich Unheil über das Haus Jerobeam. Und wer zu Jerobeam gehört und an die Wand pisst, den werde ich ausrotten, Sklaven und Freie in Israel; und wie man den Kot wegfegt, so werde ich das Haus Jerobeam wegfegen, bis es ganz aus ist mit ihm. 11 Wer von denen, die zu Jerobeam gehören, in der Stadt stirbt, den werden die Hunde fressen, und wer auf dem offenen Land stirbt, den werden die Vögel des Himmels fressen; der HERR hat gesprochen. 12 Du aber mach dich auf, geh in dein Haus. Sobald du deinen Fuss in die Stadt setzt, wird das Kind sterben. 13 Und ganz Israel wird die Totenklage für ihn halten, und man wird ihn begraben. Denn von denen, die zu Jerobeam gehören, wird allein er ins Grab kommen, weil sich im Haus Jerobeam an ihm etwas gefunden hat, das dem HERRN, dem Gott Israels, gefällt. 14 Der HERR aber wird für sich einen König über Israel auftreten lassen, der das Haus Jerobeam ausrotten wird. Das wird ein Tag sein! Was aber ist nun? 15 Und der HERR wird Israel schlagen, dass es schwanken wird wie das Rohr im Wasser. Und er wird Israel ausreissen aus diesem guten Land, das er ihren Vorfahren gegeben hat, und jenseits des Stroms wird er sie zerstreuen, denn sie haben sich ihre Ascheren gemacht, und immerzu reizen sie den HERRN. 16 Und er wird Israel preisgeben der Sünden Jerobeams wegen, die dieser begangen hat und zu denen er Israel verführt hat. 17 Und die Frau Jerobeams machte sich auf und ging und kam nach Tirza. Als sie die Schwelle des Hauses betrat, da starb der Knabe. 18 Und man begrub ihn, und ganz Israel hielt die Totenklage für ihn, nach dem Wort des HERRN, das er durch seinen Diener Achijahu, den Propheten, gesprochen hatte.

19 Und was sonst noch von Jerobeam zu berichten ist, wie er Kriege geführt hat und wie er als König war, sieh, das steht geschrieben im Buch der Chronik der Könige von Israel. 20 Und die Zeit, die Jerobeam König war, betrug zweiundzwanzig Jahre. Und er legte sich zu seinen Vorfahren, und Nadab, sein Sohn, wurde König an seiner Statt.

|2: 1Sam 28,8 · 11,29–31 |3: 2Kön 4,42 · 2Kön 8,8–9 |4: 1Sam 4,15 |7: 16,2 |8: 11,11! |9: 22; 16,25.30.33; Jer 7,26 · 15,30 |10: 15,29; 21,21; 2Kön 9,8 |11: 16,3–4; 21,24; 1Sam 17,46 |13: 13,30! · 2Chr 12,12 |14: 15,27–29 |15: 8,46 · Dtn 29,27! · 2Kön 17,11.17 |16: 12,30! |17: Jos 12,24 |19: 2Chr 13,2–20 · 15,31; 16,5.14.20.27; 22,39 |20: 15,25

14,4: Achijahu ist eine andere Form des Namens Achija.
14,10: «und an die Wand pisst»: Siehe die Anm. zu 1Sam 25,22.

Rehabeam, König in Jerusalem

21 Rehabeam aber, der Sohn Salomos, war in Juda König geworden. Einundvierzig Jahre alt war Rehabeam, als er König wurde, und siebzehn Jahre lang war er König in Jerusalem, der Stadt, die der HERR erwählt hatte aus allen Stämmen Israels, um dort seinen Namen niederzulegen. Und der Name seiner Mutter war Naama, die Ammoniterin. 22 Und Juda tat, was böse war in den Augen des HERRN, und mehr als es ihre Vorfahren je getan hatten machten sie ihn eifersüchtig durch ihre Sünden, die sie begingen. 23 Und auch sie bauten sich Kulthöhen, Mazzeben und Ascheren auf jedem hohen Hügel und unter jedem grünen Baum. 24 Und auch Geweihte gab es im Land. Sie handelten ebenso abscheulich wie all die Nationen, die der HERR vor den Israeliten vertrieben hatte.

25 Und im fünften Jahr König Rehabeams zog Schischak, der König von Ägypten, herauf gegen Jerusalem. 26 Und er nahm die Schätze des Hauses des HERRN und die Schätze des Hauses des Königs, das alles nahm er, und er nahm auch alle goldenen Schilde, die Salomo angefertigt hatte. 27 Und statt ihrer fertigte König Rehabeam Schilde aus Bronze an und übergab sie den Obersten der Leibwache, die den Eingang zum Haus des Königs bewachten. 28 Und die Leibwächter trugen sie immer, wenn der König ins Haus des HERRN ging, danach aber brachte man sie zurück in die Wachstube der Leibwächter.

29 Und was sonst noch von Rehabeam zu berichten ist und von allem, was er getan hat, steht das nicht geschrieben im Buch der Chronik der Könige von Juda? 30 Die ganze Zeit aber herrschte Krieg zwischen Rehabeam und Jerobeam. 31 Und Rehabeam legte sich zu seinen Vorfahren, und er wurde bei seinen Vorfahren in der Stadt Davids begraben. Und der Name seiner Mutter war Naama, die Ammoniterin. Und Abijam, sein Sohn, wurde König an seiner Statt.

|21–24: 2Chr 12,13–13,2 |21: 12,17 · 11,43 · 11,1! |22: 9! |23: 12,31! · Dtn 12,2 |24: 15,12; 22,47; 2Kön 23,7; Hos 4,14 |25–28: 2Chr 12,1–12 |25: 11,40 |26: 10,16 |27: 2Kön 11,4.19 |29–21: 2Chr 12,13–13,2 |29: 15,6.23; 22,46; 2Kön 8,23; 15,36 |30: 12,24! |31: 2,10 · 11,1! · 15,1

14,24: Siehe die Anm. zu Dtn 23,18.

Abijam, König über Juda in Jerusalem

15 1 Und im achtzehnten Jahr König Jerobeams, des Sohns von Nebat, wurde Abijam König über Juda. 2 Drei Jahre lang war er König in Jerusalem. Und der Name seiner Mutter war Maacha, die Tochter Abisaloms. 3 Und er ging auf dem Weg all der Sünden, die vor ihm sein Vater begangen hatte, und sein Herz war nicht ungeteilt beim HERRN, seinem Gott, wie das Herz Davids, seines Vorfahren, es gewesen war. 4 Um Davids willen aber gab der HERR, sein Gott, ihm eine Leuchte in Jerusalem: Nach ihm liess er seinen Sohn auftreten, und Jerusalem liess er bestehen. 5 Denn David hatte getan, was recht war in den Augen des HERRN, und sein Leben lang war er nicht abgewichen von allem, was er ihm befohlen hatte, abgesehen von der Sache mit Urija, dem Hetiter. 6 Es herrschte aber Krieg zwischen Rehabeam und Jerobeam, solange er lebte. 7 Und was sonst noch von Abijam zu berichten ist und von allem, was er getan hat, steht das nicht geschrieben im Buch der Chronik der Könige von Juda? Es herrschte aber Krieg zwischen Abijam und Jerobeam. 8 Und Abijam legte sich zu seinen Vorfahren, und man begrub ihn in der Stadt Davids. Und Asa, sein Sohn, wurde König an seiner Statt.

| 1: 14,31 | 2: 10; 2Chr 11,20–22 | 3: 8,61!; 11,4 | 4: 11,12–13 · 11,36 | 5: Dtn 17,20 · 2Sam 12,9 | 6: 12,24! | 7: 14,29! | 8: 2Sam 5,7

15,2: Absalom ist eine andere Form des Namens Absalom.

Asa, König von Juda in Jerusalem

9 Und im zwanzigsten Jahr Jerobeams, des Königs von Israel, wurde Asa König, König von Juda. 10 Und einundvierzig Jahre lang war er König in Jerusalem. Und der Name seiner Mutter war Maacha, die Tochter Abisaloms. 11 Und Asa tat, was recht war in den Augen des HERRN, wie David, sein Vorfahr, es getan hatte. 12 Und er vertrieb die Geweihten aus dem Land und beseitigte alle Mistgötzen, die seine Vorfahren gemacht hatten. 13 Auch setzte er Maacha, seine Mutter, als Gebieterin ab, die ein Schandbild angefertigt hatte für die Aschera. Und Asa zerschlug ihr Schandbild und verbrannte es im Kidrontal; 14 die Höhen aber verschwanden nicht. Das Herz Asas aber war sein Leben lang ungeteilt beim HERRN. 15 Und die heiligen Dinge seines Vaters und seine eigenen heiligen Dinge brachte er ins Haus des HERRN, Silber, Gold und Geräte. 16 Die ganze Zeit aber herrschte Krieg zwischen Asa und Bascha, dem König von Israel. 17 Und Bascha, der König

von Israel, zog herauf gegen Juda und baute Rama aus, um Asa, dem König von Juda, nicht die Möglichkeit zu geben, auszurücken und einzurücken. 18 Und Asa nahm alles Silber und Gold, das übrig war in den Schatzkammern des Hauses des HERRN und in den Schatzkammern des Hauses des Königs, und gab es seinen Dienern. Dann sandte König Asa diese zu Ben-Hadad, dem Sohn des Tabrimmon, des Sohns von Chesjon, dem König von Aram, der in Damaskus wohnte, und sagte: 19 Es gibt einen Bund zwischen mir und dir, zwischen meinem Vater und deinem Vater. Sieh, ich sende dir ein Geschenk, Silber und Gold. Geh, löse dein Bündnis mit Bascha, dem König von Israel, damit er abzieht von mir. 20 Und Ben-Hadad hörte auf König Asa, und er sandte die Anführer der Heere, die zu ihm gehörten, gegen die Städte Israels, und er schlug Ijon, Dan und Abel-Bet-Maacha und ganz Kinrot, das ganze Land Naftali. 21 Und als Bascha davon hörte, brach er den Ausbau von Rama ab und kehrte zurück nach Tirza. 22 König Asa aber bot ganz Juda auf, keiner wurde freigestellt, und sie trugen die Steine von Rama weg und das Holz, womit Bascha gebaut hatte, und König Asa baute damit Geba in Benjamin aus und Mizpa. 23 Und alles, was sonst noch von Asa zu berichten ist und von all seiner Tüchtigkeit und von allem, was er getan hat, und von den Städten, die er gebaut hat, steht das nicht geschrieben im Buch der Chronik der Könige von Juda? Im Alter aber wurde er krank an den Füssen. 24 Und Asa legte sich zu seinen Vorfahren, und er wurde bei seinen Vorfahren begraben, in der Stadt Davids, seines Vorfahren. Und Jehoschafat, sein Sohn, wurde König an seiner Statt.

| 10: 2! | 11: 11,6! | 12: 22,47; 2Kön 23,7 · 14,24! · 21,26 | 13–15: 2Chr 15,1–18 | 13: 2Kön 10,26; 23,4.6.12 | 14: 3,3! · 8,61! | 15: 7,51 | 16–22: 2Chr 15,19–16,6 | 16: 32 | 18: 14,26 · 2Kön 12,19! · 11,24 | 20: Ri 18,29 · 2Sam 20,15; 2Kön 15,29 | 22: Jer 41,9–10 | 23–24: 2Chr 16,11–17,6 | 23: 2Chr 14,7–14 · 14,29! | 24: 22,41

Nadab, König über Israel

25 Und Nadab, der Sohn Jerobeams, wurde König über Israel im zweiten Jahr Asas, des Königs von Juda, und zwei Jahre lang war er König über Israel. 26 Und er tat, was böse war in den Augen des HERRN, und er ging auf dem Weg seines Vaters und in der Sünde, zu der dieser Israel verführt hatte. 27 Bascha aber, der Sohn Achijas, der zum Haus Issaschar gehörte, zettelte eine Verschwörung an gegen ihn, und Bascha erschlug ihn bei Gibbeton, das den Philistern gehörte, während Nadab und ganz Israel Gibbeton belagerten. 28 So tötete Bascha ihn im dritten Jahr Asas, des Königs von Juda, und er wurde König an seiner Statt. 29 Und als er König geworden war, erschlug er das ganze Haus Jerobeam. Von dem, was zu Jerobeam gehörte, liess er nichts übrig, was Atem hatte, er vernichtete es, nach dem Wort, das der HERR durch seinen Diener Achija, den Schiloniter, gesprochen hatte, 30 der Sünden Jerobeams wegen, die dieser begangen und zu denen er Israel verführt hatte, und der Kränkung wegen, die er dem HERRN, dem Gott Israels, zugefügt hatte. 31 Und was sonst noch von Nadab zu berichten ist und von allem, was er getan hat, steht das nicht geschrieben im Buch der Chronik der Könige von Israel? 32 Die ganze Zeit aber herrschte Krieg zwischen Asa und Bascha, dem König von Israel.

|25:14,20 |26:34;12,30! |27–29:14,14 |27:16,15 |29:14,10 · 13,34 |30:14,9! |31:14,19! |32:16

Bascha, König über Israel in Tirza

33 Im dritten Jahr Asas, des Königs von Juda, wurde Bascha, der Sohn des Achija, in Tirza König über ganz Israel, und er blieb es vierundzwanzig Jahre lang. 34 Und er tat, was böse war in den Augen des HERRN, und er ging auf dem Weg Jerobeams und in der Sünde, zu der dieser Israel verführt hatte.

16 1 Und das Wort des HERRN gegen Bascha erging an Jehu, den Sohn des Chanani: 2 Weil du, obwohl ich dich aus dem Staub erhoben und dich zum Fürsten gemacht habe über mein Volk Israel, auf dem Weg Jerobeams gegangen bist und mein Volk Israel zur Sünde verführt hast, so dass sie mich mit ihren Sünden reizen, 3 sieh, fege ich Bascha und sein Haus weg, und dein Haus werde ich dem Haus Jerobeams, des Sohnes von Nebat, gleich machen. 4 Wer von denen, die zu Bascha gehören, in der Stadt stirbt, den werden die Hunde fressen, und wer von denen, die zu ihm gehören, auf dem offenen Land stirbt, den werden die Vögel des Himmels fressen. 5 Und was sonst noch von Bascha zu berichten ist und von dem, was er getan hat, und von seiner Tüchtigkeit, steht das nicht geschrieben im Buch der Chronik der Könige von Israel? 6 Und Bascha legte sich zu seinen Vorfahren, und er wurde in Tirza begraben. Und Ela, sein Sohn, wurde König an seiner Statt. 7 Und es war auch durch Jehu, den Sohn Chananis, den Propheten, das Wort des HERRN an Bascha und an sein Haus ergangen, all des Bösen wegen, das er in den Augen des HERRN getan hatte, da er ihn reizte durch das Tun seiner Hände und sich verhielt wie das Haus Jerobeam und auch weil er dieses erschlagen hatte.

|34:26!;14,16 |1:2Chr 16,7;19,2;20,34 |2:1Sam 2,8;Ps 113,7 · 14,7 · 12,30! |3–4:14,11! |3:11–12; 15,29 |5:14,19 |6:8

Ela, König über Israel in Tirza

8 Im sechsundzwanzigsten Jahr Asas, des Königs von Juda, wurde Ela, der Sohn Baschas, in Tirza König über Israel, und er blieb es zwei Jahre lang. 9 Sein Diener Simri aber, der Oberste über die Hälfte der Wagen, zettelte eine Verschwörung an gegen ihn: Während er in Tirza im Haus von Arza, der dem Haus in Tirza vorstand, zechte und betrunken war, 10 kam Simri und erschlug ihn. So tötete er ihn im siebenundzwanzigsten Jahr Asas, des Königs von Juda, und er wurde König an seiner Statt. 11 Und als er König wurde und

sich auf den Thron gesetzt hatte, erschlug er das ganze Haus Bascha; nichts
liess er übrig, was zu diesem gehörte
und an die Wand pisste, nicht seine Verwandten und nicht seine Freunde. 12 So
rottete Simri das ganze Haus Bascha aus
nach dem Wort des HERRN, das dieser
durch Jehu, den Propheten, gegen
Bascha gesprochen hatte, 13 all der Sünden Baschas wegen und der Sünden Elas,
seines Sohns, wegen, die sie begangen
und zu denen sie Israel verführt hatten,
so dass sie den HERRN, den Gott Israels,
mit ihren nichtigen Götzen gereizt hatten. 14 Und was sonst noch von Ela zu
berichten ist und von allem, was er getan hat, steht das nicht geschrieben im
Buch der Chronik der Könige von Israel?

|8: 6 |9: 20,11! |10: 15 · 2Kön 9,31 |11–12: 3! |13:
19.26 |14: 14,19!

21,21: «und an die Wand pisste»: Siehe die Anm.
zu 25,22.

Simri, König in Tirza

15 Im siebenundzwanzigsten Jahr
Asas, des Königs von Juda, wurde Simri
König, und sieben Tage lang blieb er es
in Tirza, während das Volk Gibbeton belagerte, das den Philistern gehörte.
16 Und während der Belagerung hörte
das Volk, dass Simri eine Verschwörung
angezettelt und auch den König erschlagen hatte. Da machte ganz Israel an jenem Tag Omri, den Heerführer, im Lager zum König über Israel. 17 Und Omri
zog ab von Gibbeton, und ganz Israel
mit ihm, und sie belagerten Tirza. 18 Und als Simri sah, dass die Stadt eingenommen war, kam er in den Wohn-
turm im Haus des Königs, steckte das
Haus des Königs über sich in Brand, und
so starb er 19 der Sünden wegen, die er
begangen hatte, da er tat, was böse war
in den Augen des HERRN, und da er auf
dem Weg Jerobeams ging und in der
Sünde, die dieser begangen hatte,
indem er Israel zur Sünde verführte.
20 Und was sonst noch von Simri zu berichten ist und von der Verschwörung,
die er angezettelt hat, steht das nicht ge-

schrieben im Buch der Chronik der Könige von Israel?

|15: 10 · 15,27 |18: Ri 9,49; 12,1 · 2Sam 17,23 |19:
13! |20: 14,19!

Omri, König über Israel in Tirza

21 Damals spaltete sich das Volk
Israel in zwei Teile; die eine Hälfte des
Volks stand hinter Tibni, dem Sohn Gi-
nats, und wollte ihn zum König machen,
und die andere Hälfte stand hinter
Omri. 22 Das Volk aber, das hinter Omri
stand, war stärker als das Volk, das hinter Tibni stand, dem Sohn von Ginat.
Und Tibni starb, und Omri wurde
König.
23 Im einunddreissigsten Jahr Asas,
des Königs von Juda, wurde Omri König
über Israel, und er blieb es zwölf Jahre
lang. Sechs Jahre lang war er König in
Tirza. 24 Und von Schemer kaufte er den
Berg Samaria für zwei Kikkar Silber, und
er befestigte den Berg. Die Stadt aber,
die er gebaut hatte, nannte er Samaria
nach dem Namen Schemers, des Herrn
des Berges. 25 Und Omri tat, was böse
war in den Augen des HERRN, und er tat
mehr Böses als alle, die vor ihm gewesen
waren. 26 Und er ging ganz auf dem
Weg Jerobeams, des Sohns von Nebat,
und in dessen Sünde, zu der dieser Israel
verführt hatte, so dass sie den HERRN,
den Gott Israels, mit ihren nichtigen
Götzen reizten. 27 Und was sonst noch
von Omri zu berichten ist, von dem, was
er getan hat, und von seiner Tüchtigkeit,
mit der er gehandelt hat, steht das nicht
geschrieben im Buch der Chronik der
Könige von Israel? 28 Und Omri legte
sich zu seinen Vorfahren, und er wurde
in Samaria begraben. Und Achab, sein
Sohn, wurde König an seiner Statt.

|25: Mi 6,16 · 14,9! |26: 13! |27: 14,19!

16,24: In der hebräischen Form des Namens Samaria (Schomron) klingt der Name Schemer an.

Achab, König über Israel in Samaria

29 Und Achab, der Sohn Omris,
wurde König über Israel im achtunddreissigsten Jahr Asas, des Königs von

Juda, und zweiundzwanzig Jahre lang war Achab, der Sohn Omris, in Samaria König über Israel. 30 Und Achab, der Sohn Omris, tat mehr Böses in den Augen des HERRN, als alle, die vor ihm gewesen waren. 31 Und war es nicht genug, dass er in den Sünden Jerobeams, des Sohns von Nebat, ging? Er nahm Isebel, die Tochter des Etbaal, des Königs der Sidonier, zur Frau und ging und diente dem Baal und warf sich vor ihm nieder. 32 Und er errichtete dem Baal einen Altar im Haus des Baal, das er in Samaria gebaut hatte. 33 Und Achab fertigte auch eine Aschera an, und Achab tat mehr, um den HERRN, den Gott Israels, zu reizen, als alle Könige Israels, die vor ihm gewesen waren. 34 In seinen Tagen baute Chiel aus Bet-El Jericho wieder auf. Als er den Grundstein legte, kostete es ihn Abiram, seinen Erstgeborenen, und als er ihre Tore einsetzte, kostete es ihn Segub, seinen Jüngsten, nach dem Wort des HERRN, das dieser durch Josua, den Sohn des Nun, gesprochen hatte.

| 31: Offb 2,20 | 32: 2Kön 10,18.21 · 2Kön 3,2 | 33: 21,25 | 34: Jos 6,26

Elija am Bach Kerit und in Zarefat

17 1 Und Elija, der Tischbiter aus Tischbe im Gilead, sprach zu Achab: So wahr der HERR, der Gott Israels, lebt, vor dem ich diene: In diesen Jahren wird kein Tau fallen und kein Regen, es sei denn auf meinen Befehl! 2 Und das Wort des HERRN erging an ihn: 3 Geh fort von hier und wende dich nach Osten. Halte dich verborgen am Bach Kerit, der jenseits des Jordan fliesst. 4 Und aus dem Bach kannst du trinken, und den Raben habe ich geboten, dich dort zu versorgen. 5 Und er ging und handelte nach dem Wort des HERRN. Er ging und blieb am Bach Kerit, der jenseits des Jordan fliesst. 6 Und die Raben brachten ihm am Morgen Brot und Fleisch und auch am Abend Brot und Fleisch, und aus dem Bach trank er.

7 Nach einiger Zeit aber trocknete der Bach aus, denn es fiel kein Regen im Land. 8 Da erging an ihn das Wort des HERRN: 9 Mach dich auf, geh nach Zarefat, das zu Sidon gehört, und bleibe dort. Sieh, einer Witwe dort habe ich geboten, dich zu versorgen. 10 Und er machte sich auf und ging nach Zarefat. Und als er an den Eingang der Stadt kam, sieh, da sammelte dort eine Witwe Holz. Und er rief ihr zu und sagte: Hole mir doch einen Krug mit etwas Wasser, damit ich trinken kann! 11 Und sie ging, um es zu holen, und er rief ihr nach und sagte: Hole mir doch auch einen Bissen Brot. 12 Sie aber sagte: So wahr der HERR, dein Gott, lebt, ich habe nichts vorrätig, ausser einer Handvoll Mehl im Krug und ein wenig Öl im Krug. Und sieh, ich bin dabei, zwei, drei Stücke Holz zu sammeln; dann werde ich gehen und für mich und für meinen Sohn zubereiten, was noch da ist, und wir werden es essen, dann aber müssen wir sterben. 13 Da sagte Elija zu ihr: Fürchte dich nicht. Geh, tu, wie du es gesagt hast; doch bereite davon zuerst einen kleinen Brotfladen für mich zu und bringe ihn mir heraus; für dich aber und für deinen Sohn kannst du danach etwas zubereiten. 14 Denn so spricht der HERR, der Gott Israels:
Das Mehl im Krug
    wird nicht ausgehen,
und der Ölkrug
    wird nicht leer werden,
bis zu dem Tag, an dem der HERR
    dem Erdboden Regen gibt.

15 Da ging sie und handelte nach dem Wort Elijas, und sie hatten zu essen, sie und er und ihr Haus, tagelang. 16 Das Mehl im Krug ging nicht aus, und der Ölkrug wurde nicht leer, nach dem Wort des HERRN, das dieser durch Elija gesprochen hatte.

17 Nach diesen Begebenheiten aber wurde der Sohn der Frau, der Hausherrin, krank, und seine Krankheit wurde immer schwerer, bis kein Atem mehr in ihm war. 18 Da sagte sie zu Elija: Was habe ich mit dir zu schaffen, Gottes-

mann? Du bist zu mir gekommen, um an meine Schuld zu erinnern und um meinen Sohn zu töten! 19 Er aber sagte zu ihr: Gib mir deinen Sohn. Und er nahm ihn aus ihrem Schoss, trug ihn hinauf ins Obergemach, wo er wohnte, und legte ihn auf sein Lager. 20 Und er rief den HERRN an und sprach: HERR, mein Gott, hast du auch über diese Witwe, bei der ich zu Gast bin, Unheil beschlossen, dass du ihren Sohn tötest? 21 Dann beugte er sich dreimal über das Kind, rief zum HERRN und sprach: HERR, mein Gott, lass doch das Leben zurückkehren in dieses Kind! 22 Und der HERR hörte auf die Stimme Elijas, und das Leben kehrte zurück in das Kind, und es wurde wieder lebendig. 23 Und Elija nahm das Kind und brachte es vom Obergemach hinab in das Haus und gab es seiner Mutter. Und Elija sprach: Sieh, dein Sohn lebt. 24 Da sagte die Frau zu Elija: Nun weiss ich, dass du ein Gottesmann bist und dass das Wort des HERRN in deinem Mund wahr ist.

| 1: 2Kön 1,3! · 18,15; 2Kön 3,14 · 8,35!; Lk 4,25; Jak 5,17 | 6: Ex 16,8.12 | 8: Obd 20 | 10: Joh 4,7 | 12: 2Kön 4,2–4 · 1,29! | 15: Mt 10,41 | 17: 2Kön 4,20!; Joh 11,11 | 20: Gen 38,7 | 21: 2Kön 4,34; Apg 20,10 | 22: Mt 9,25 | 23: 2Kön 4,36!; Lk 7,15 | 24: 2Kön 4,9

17,1: In den hebräischen Texten findet sich für Elija häufig die Namensform ‹Elijahu›.

Das Gottesurteil auf dem Karmel

18 1 Und nach längerer Zeit, im dritten Jahr, erging das Wort des HERRN an Elija: Geh, zeige dich Achab, denn ich will regnen lassen auf den Erdboden. 2 Und Elija ging, um sich Achab zu zeigen. Der Hunger aber war gross in Samaria. 3 Und Achab rief Obadjahu, der dem Haus vorstand. Obadjahu aber hatte grosse Ehrfurcht vor dem HERRN, 4 und als Isebel die Propheten des HERRN ausrotten wollte, hatte Obadjahu hundert Propheten genommen und sie versteckt, je fünfzig Mann in einer Höhle, und er hatte sie mit Brot versorgt und mit Wasser. 5 Und Achab sprach zu Obadjahu: Geh zu allen Wasserquellen und zu allen Bächen im Land.

Vielleicht findet sich Gras, und wir können Pferde und Maultiere am Leben erhalten und müssen keines der Tiere töten. 6 Dann teilten sie sich das Land auf, um es zu durchziehen. Auf dem einen Weg zog Achab allein, und auf dem anderen Weg zog Obadjahu allein. 7 Und als Obadjahu auf dem Weg war, sieh, da kam ihm Elija entgegen, und er erkannte ihn und fiel nieder auf sein Angesicht und sagte: Bist du es, mein Herr Elija? 8 Und dieser sprach zu ihm: Ich bin es. Geh, sag deinem Herrn: Sieh, Elija ist da! 9 Er aber sagte: Was habe ich mir zuschulden kommen lassen, dass du deinen Diener in die Hand Achabs gibst und dieser mich töten kann? 10 So wahr der HERR, dein Gott, lebt: Es gibt keine Nation und kein Königreich, zu dem mein Herr nicht gesandt hätte, um dich zu suchen. Sagten sie dann: Er ist nicht da!, so liess er das Königreich oder die Nation schwören, dass man dich nicht finden könne. 11 Und nun sagst du: Geh, sag deinem Herrn: Sieh, Elija ist da! 12 Wenn ich nun wegginge von dir, könnte der Geist des HERRN dich forttragen, ich aber wüsste nicht, wohin. Käme ich dann zu Achab, um es ihm auszurichten, und er fände dich nicht, so würde er mich umbringen. Dabei hat dein Diener den HERRN gefürchtet von seiner Jugend auf! 13 Ist meinem Herrn nicht berichtet worden, was ich getan habe, als Isebel die Propheten des HERRN umgebracht hat? Dass ich von den Propheten des HERRN hundert versteckt habe, je fünfzig in einer Höhle, und sie mit Brot versorgt habe und mit Wasser? 14 Und nun sagst du: Geh, sag deinem Herrn: Sieh, Elija ist da! – Er würde mich umbringen. 15 Elija aber sprach: So wahr der HERR der Heerscharen lebt, vor dem ich diene: Noch heute werde ich mich ihm zeigen. 16 Da ging Obadjahu Achab entgegen und richtete ihm alles aus.

Und Achab ging Elija entgegen, 17 und als Achab Elija erblickte, sprach Achab zu ihm: Bist du es, der du Israel ins Unglück stürzt? 18 Er aber sprach: Nicht ich habe Israel ins Unglück gestürzt, sondern du und das Haus deines Vaters, da ihr die Gebote des HERRN verlassen habt und da du den Baalen nachgelaufen bist. 19 Nun aber sende hin, versammle ganz Israel bei mir auf dem Berg Karmel und dazu die vierhundertfünfzig Propheten des Baal und die vierhundert Propheten der Aschera, die am Tisch Isebels essen. 20 Und Achab sandte zu allen Israeliten und versammelte die Propheten auf dem Berg Karmel.

21 Und Elija trat vor das ganze Volk und sprach: Wie lange wollt ihr auf zwei Krücken hinken? Wenn der HERR Gott ist, so folgt ihm, wenn aber Baal, so folgt ihm. Das Volk aber gab ihm keine Antwort. 22 Da sprach Elija zum Volk: Ich allein bin übrig geblieben als Prophet des HERRN, die Propheten des Baal aber sind vierhundertfünfzig Mann. 23 So gebe man uns zwei Stiere. Dann sollen sie sich einen Stier auswählen, ihn zerlegen und auf das Holz legen, das Feuer aber sollen sie nicht entzünden. Dann werde ich den anderen Stier herrichten und auf das Holz legen, das Feuer aber werde ich nicht entzünden. 24 Dann sollt ihr den Namen eures Gottes anrufen, ich aber werde den Namen des HERRN anrufen. Und der Gott, der mit Feuer antwortet, der ist Gott. Daraufhin sagte das ganze Volk: Das Wort ist gut! 25 Dann sprach Elija zu den Propheten des Baal: Wählt euch einen Stier aus, und dann richtet ihr ihn als Erste her, denn ihr seid viele. Dann ruft den Namen eures Gottes an, das Feuer aber sollt ihr nicht entzünden. 26 Und sie nahmen den Stier, den er ihnen gegeben hatte, und richteten ihn her, und vom Morgen bis zum Mittag riefen sie den Namen Baals an und sprachen: Baal, antworte uns! Aber nichts war zu hören, niemand gab Antwort. Und sie hinkten um den Altar, den man gemacht hatte. 27 Und als es Mittag wurde, verhöhnte Elija sie und sprach: Ruft mit lauter Stimme, denn er

ist ein Gott. Sicher ist er gerade beschäftigt, oder er ist weggegangen und ist nun unterwegs; vielleicht schläft er auch und muss erst aufwachen. 28 Da riefen sie mit lauter Stimme, und ihrem Brauch gemäss machten sie sich Einschnitte mit Schwertern und mit Speeren, bis Blut an ihnen herunterlief. 29 Und als der Mittag vorbei war, gebärdeten sie sich wie Propheten, bis um die Zeit, da man das Speiseopfer darbringt. Aber nichts war zu hören, niemand gab Antwort, und niemand merkte auf.

30 Da sprach Elija zum ganzen Volk: Tretet her zu mir! Und alles Volk trat zu ihm, und er baute den Altar des HERRN wieder auf, der niedergerissen worden war. 31 Und Elija nahm zwölf Steine, nach der Zahl der Stämme der Söhne Jakobs, an den dieses Wort des HERRN ergangen war: Dein Name soll Israel sein. 32 Und aus den Steinen baute er einen Altar im Namen des HERRN, und rings um den Altar zog er einen Graben, zwei Sea Aussaat eingrenzend. 33 Dann schichtete er das Holz auf, zerlegte den Stier und legte ihn auf das Holz. 34 Und er sagte: Füllt vier Krüge mit Wasser und giesst es auf das Brandopfer und auf das Holz. Dann sagte er: Macht es noch einmal. Und sie machten es noch einmal. Er aber sagte: Macht es ein drittes Mal. Und sie machten es ein drittes Mal. 35 Da lief das Wasser rings um den Altar, und auch den Graben füllte er mit Wasser. 36 Um die Zeit aber, da man das Speiseopfer darbringt, trat Elija, der Prophet, heran und sprach: HERR, Gott Abrahams, Isaaks und Israels, heute soll bekannt werden, dass du Gott bist in Israel und dass ich dein Diener bin und all dies auf dein Wort hin getan habe. 37 Antworte mir, HERR, antworte mir, damit dieses Volk erkennt, dass du, HERR, Gott bist und dass du ihr Herz zurückwendest. 38 Da fiel das Feuer des HERRN herab und verzehrte das Brandopfer und das Holz und die Steine und die Erde, und auch das Wasser, das im Graben war, leckte es auf. 39 Und das

ganze Volk sah es, und sie fielen nieder auf ihr Angesicht und sprachen: Der HERR, er ist Gott! Der HERR, er ist Gott! 40 Und Elija sprach zu ihnen: Ergreift die Propheten des Baal! Keiner von ihnen soll entrinnen! Und man ergriff sie, und Elija führte sie hinab an das Bachtal des Kischon, und dort schlachtete er sie.

41 Und Elija sprach zu Achab: Geh hinauf, iss und trink, denn schon hört man das Rauschen des Regens. 42 Und Achab ging hinauf, um zu essen und zu trinken, Elija aber stieg auf den Gipfel des Karmel, beugte sich zur Erde nieder und vergrub sein Angesicht zwischen seinen Knien. 43 Dann sagte er zu seinem Burschen: Geh hinauf, halte Ausschau gegen das Meer hin. Und dieser ging hinauf, hielt Ausschau und sagte: Dort ist nichts. Er aber sagte: Geh noch einmal hinauf! Und dies sieben Mal. 44 Beim siebten Mal aber sagte er: Sieh, eine Wolke, klein wie die Hand eines Mannes, steigt auf aus dem Meer. Da sprach er: Geh hinauf, sprich zu Achab: Spann an und fahr hinab, und der Regen soll dich nicht davon abhalten. 45 Unterdessen aber hatte der Himmel sich verfinstert mit Wolken und mit Sturm, und ein gewaltiger Regen setzte ein. Da stieg Achab auf und fuhr nach Jesreel. 46 Die Hand des HERRN aber war auf Elija, und er gürtete seine Hüften, und bis da, wo es nach Jesreel geht, lief er vor Achab her.

|1: 17,1 · Jer 14,22 |2: 2Kön 6,25 |3: 4,6 |4: 16,31 · 2Kön 9,7 · 13 |10: 1,29 |12: 2Kön 2,16; Ez 3,12; Apg 8,39 |13: 4 |15: 17,1! |17: Jer 38,4 |18: 16,31 |19: 15,13 |20: 22,6! |21: Jos 24,15; 2Kor 6,15 |22: 19,10.14 |24: Gen 15,17 |26: Ps 115,4–8; Jes 46,7 |28: Jer 41,5; 47,5; Hos 7,14 |29: Num 28,4–5 · 1Sam 10,5 |30: 19,10 |31: Ex 24,4 · Gen 32,29!; 35,10 |32: Gen 12,7–8; Ri 6,24 |33: Lev 1,6–8 |36: Ex 3,6 |37: 2Sam 7,26; 2Kön 19,19 |38: Offb 13,13 · 19,12; Lev 9,24! |39: 24 |40: Ex 22,19; Dtn 13,6! · Ri 4,7.13 |42: 1Sam 12,18; Jak 5,18 |43: Jos 6,4; 2Kön 4,35 |46: 2Kön 3,15; Ez 1,3; 3,22 · 2Kön 1,8

18,27: Möglich ist auch die Übersetzung: «... Sicher ist er gerade in Gedanken, oder er ist ausgetreten, oder er ist gerade unterwegs; ...»

Die Gottesbegegnung am Choreb

19 1 Und Achab berichtete Isebel alles, was Elija getan hatte und wie er alle Propheten mit dem Schwert umgebracht hatte. 2 Da sandte Isebel einen Boten zu Elija und sprach: Die Götter sollen mir antun, was immer sie wollen – morgen um diese Zeit werde ich dich so zurichten, dass du wie einer von ihnen bist. 3 Und als er das sah, machte er sich auf und lief um sein Leben. Und er kam nach Beer-Scheba, das zu Juda gehört, und dort liess er seinen Burschen zurück, 4 er selbst aber ging in die Wüste, eine Tagesreise weit. Und als er dort war, setzte er sich unter einen Ginsterstrauch und wünschte sich den Tod, und er sprach: Es ist genug, HERR, nimm nun mein Leben, denn ich bin nicht besser als meine Vorfahren. 5 Dann legte er sich hin, und unter einem Ginsterstrauch schlief er ein. Aber plötzlich berührte ihn ein Bote und sprach zu ihm: Steh auf, iss! 6 Und als er hinsah, sieh, da waren an seinem Kopfende ein geröstetes Brot und ein Krug mit Wasser. Und er ass und trank und legte sich wieder schlafen. 7 Der Bote des HERRN aber kam zum zweiten Mal und berührte ihn und sprach: Steh auf, iss, denn der Weg, der vor dir liegt, ist weit. 8 Da stand er auf und ass und trank, und durch diese Speise wieder zu Kräften gekommen, ging er vierzig Tage und vierzig Nächte lang bis zum Gottesberg Choreb.

9 Und dort kam er zu einer Höhle, und er übernachtete dort. Und sieh, da erging an ihn das Wort des HERRN, und er sprach zu ihm: Was tust du hier, Elija? 10 Und er sprach: Ich habe wahrlich geeifert für den HERRN, den Gott der Heerscharen! Denn die Israeliten haben deinen Bund verlassen, deine Altäre haben sie niedergerissen und deine Propheten haben sie mit dem Schwert umgebracht. Und ich allein bin übrig geblieben, sie aber haben danach getrachtet, mir das Leben zu nehmen. 11 Da sprach er: Geh hinaus und stell dich auf den Berg vor den HERRN! Und sieh – da ging der

HERR vorüber. Und vor dem HERRN her kam ein grosser und gewaltiger Sturmwind, der Berge zerriss und Felsen zerbrach, in dem Sturmwind aber war der HERR nicht. Und nach dem Sturmwind kam ein Erdbeben, in dem Erdbeben aber war der HERR nicht. 12 Und nach dem Erdbeben kam ein Feuer, in dem Feuer aber war der HERR nicht. Nach dem Feuer aber kam das Flüstern eines sanften Windhauchs. 13 Als Elija das hörte, verhüllte er sein Angesicht mit seinem Mantel. Dann ging er hinaus und trat an den Eingang der Höhle. Und sieh, da sprach eine Stimme zu ihm: Was tust du hier, Elija? 14 Und er antwortete: Ich habe wahrlich geeifert für den HERRN, den Gott der Heerscharen! Denn die Israeliten haben deinen Bund verlassen, deine Altäre haben sie niedergerissen, und deine Propheten haben sie mit dem Schwert umgebracht. Und ich allein bin übrig geblieben, sie aber haben danach getrachtet, mir das Leben zu nehmen. 15 Und der HERR sprach zu ihm: Geh, kehre zurück auf deinen Weg in die Wüste, nach Damaskus, und geh und salbe Chasael zum König über Aram. 16 Und Jehu, den Sohn des Nimschi, sollst du zum König salben über Israel, und Elischa, den Sohn des Schafat, aus Abel-Mechola, sollst du zum Propheten salben an deiner Statt. 17 Und wer sich vor dem Schwert Chasaels retten kann, den wird Jehu töten, und wer sich vor dem Schwert Jehus retten kann, den wird Elischa töten. 18 Siebentausend aber werde ich in Israel übrig lassen: alle, deren Knie sich nicht gebeugt haben vor dem Baal, und alle, deren Mund ihn nicht geküsst hat.

|1: 16,29.31 · 18,40 |2: 2,23! · 2Kön 6,31 |3: Gen 21,31 |4: Gen 21,16 · Hiob 6,9; Jer 20,18; Jona 4,3.8 |8: Ex 24,18!; Mt 4,2 |9–10: 13–14 |9: Gen 16,8 |10: 2Kön 10,16 · 18,22 · Mk 9,13 |11: Ex 33,22 · Ez 1,4; Nah 1,3 · Ps 68,9 |12: Dtn 4,11 · 18,38!; Sach 4,6 |13–14: 9–10 |13: 19; 1Sam 28,14; 2Kön 2,7; Sach 13,4 · Ex 3,6 |14: 18,22 |15: 2Kön 8,15 |16: 2Kön 9,2–3 |17: 2Kön 9,24 |18: Röm 11,4 · Hiob 31,27!

Die Berufung Elischas

19 Und er entfernte sich von dort und begegnete Elischa, dem Sohn des Schafat, als dieser beim Pflügen war mit zwölf Gespannen vor sich, und er selbst war beim zwölften. Und Elija ging an ihm vorüber und warf ihm seinen Mantel über. 20 Da verliess dieser die Rinder, lief Elija nach und sagte: Ich würde gern noch meinen Vater und meine Mutter küssen, dann will ich dir folgen. Und er sprach zu ihm: Geh hin, dann aber komm zurück! Vergiss nicht, was ich an dir getan habe. 21 Da wandte er sich ab von ihm, nahm das Gespann Rinder und schlachtete sie. Und auf dem Geschirr der Rinder kochte er das Fleisch und gab es dem Volk, und sie assen. Dann machte er sich auf, folgte Elija und diente ihm.

|19: Am 7,15 · 13! |20: Gen 31,28!; Lk 9,59–62 |21: 1Sam 6,14; 2Sam 24,22 · Mt 4,22; 9,9

Achabs Krieg gegen die Aramäer. Sein Bund mit König Ben-Hadad

20 1 Ben-Hadad aber, der König von Aram, hatte sein ganzes Heer versammelt, und bei ihm waren zweiunddreissig Könige mit Pferden und Wagen, und er zog herauf, belagerte Samaria und bekämpfte es. 2 Und er sandte Boten in die Stadt zu Achab, dem König von Israel, 3 und sagte zu ihm: So spricht Ben-Hadad: Dein Silber und dein Gold gehören mir, und auch deine Frauen und deine besten Söhne gehören mir. 4 Und der König von Israel antwortete und sagte: Wie du befiehlst, mein Herr und König: Ich und was mir gehört, all das ist dein. 5 Die Boten aber kehrten zurück und sprachen: So spricht Ben-Hadad: Ich habe doch zu dir gesandt und gesagt, dass du mir dein Silber, dein Gold, deine Frauen und deine Kinder geben sollst! 6 Wenn ich morgen um diese Zeit meine Diener zu dir schicke, werden sie dein Haus und auch die Häuser deiner Diener durchsuchen, und alles, was dir lieb ist, werden sie an sich nehmen und forttragen. 7 Da rief der König von Israel alle Ältesten des Landes und sprach: Erkennt doch und seht, dass dieser Böses vorhat! Denn meiner Frauen, meiner Kinder, meines Silbers und meines Goldes wegen hat er zu mir gesandt, und nichts davon habe ich ihm verweigert. 8 Und die Ältesten und das ganze Volk sprachen zu ihm: Hör nicht hin und willige nicht ein! 9 Und so sprach er zu den Boten Ben-Hadads: Sagt meinem Herrn, dem König: Ich will alles tun, was du anfangs von deinem Diener gefordert hast; dies aber kann ich nicht tun. Und die Boten gingen und überbrachten dies als Antwort. 10 Da sandte Ben-Hadad zu ihm und sprach: Die Götter sollen mir antun, was immer sie wollen, wenn der Schutt von Samaria ausreicht für all die leeren Hände in dem Volk, das mir folgt. 11 Daraufhin sprach der König von Israel: Sagt ihm: Wer Waffen anlegt, rühme sich nicht wie einer, der sie ablegt. 12 Und als Ben-Hadad dieses Wort hörte, während er in den Hütten mit den Königen zechte, sprach er zu seinen Dienern: Greift an! Da griffen sie die Stadt an.

13 Und sieh, ein Prophet war zu Achab getreten, dem König von Israel und sprach: So spricht der HERR: Hast du diese ganze gewaltige Menge gesehen? Sieh, heute gebe ich sie in deine Hand, und du wirst erkennen, dass ich der HERR bin. 14 Achab aber sagte: Durch wen? Und er sprach: So spricht der HERR: Durch die Gefolgsleute der Statthalter. Er aber sagte: Wer soll die Schlacht beginnen? Da sprach er: Du. 15 Und Achab musterte die Gefolgsleute der Statthalter, und es waren zweihundertzweiunddreissig; und nach ihnen musterte er das ganze Volk, alle Israeliten, siebentausend. 16 Und am Mittag rückten sie aus, während Ben-Hadad in den Hütten zechte und betrunken war, er und die zweiunddreissig Könige, die ihm halfen. 17 Und die Gefolgsleute der Statthalter rückten als Erste aus. Und man sandte zu Ben-Hadad und berichtete ihm: Aus Samaria sind Männer aus-

gerückt. 18 Er aber sprach: Wenn sie in friedlicher Absicht ausgezogen sind, sollt ihr sie lebend ergreifen, aber auch wenn sie in kriegerischer Absicht ausgezogen sind, sollt ihr sie lebend ergreifen. 19 Als diese aber aus der Stadt ausgerückt waren, die Gefolgsleute der Statthalter und das Heer, das ihnen folgte, 20 da schlug jeder seinen Gegner, und Aram floh, und Israel verfolgte sie. Ben-Hadad aber, der König von Aram, entkam auf einem Pferd, und bei ihm waren Reiter. 21 Und der König von Israel zog aus, schlug Pferde und Wagen und brachte Aram eine schwere Niederlage bei. 22 Da trat der Prophet zum König von Israel und sprach zu ihm: Geh, fasse Mut, erkenne und sieh, was du zu tun hast, denn zur Jahreswende wird der König von Aram wieder gegen dich heraufziehen. 23 Zum König von Aram aber sprachen dessen Diener: Ihr Gott ist ein Gott der Berge, deshalb waren sie stärker als wir. Kämpfen wir aber in der Ebene gegen sie, werden wir stärker sein als sie. 24 Dies musst du tun: Entferne die Könige, einen jeden von seinem Posten, und setze Statthalter ein an ihrer Statt. 25 Dann stell du dir ein Heer zusammen, wie das Heer, das du verloren hast, und Pferde wie die Pferde, die du verloren hast, und Wagen wie die Wagen, die du verloren hast. Dann lasst uns in der Ebene gegen sie kämpfen, so werden wir stärker sein als sie. Und er hörte auf ihre Stimme und machte es so.

26 Und zur Jahreswende musterte Ben-Hadad Aram und zog hinauf nach Afek, um gegen Israel zu kämpfen. 27 Die Israeliten aber waren gemustert und mit Speise versorgt worden und zogen ihnen entgegen, und die Israeliten lagerten ihnen gegenüber, wie zwei zu früh geworfene Zicklein, das Land aber war voll von Aramäern. 28 Da trat der Gottesmann zum König von Israel und sprach und sagte: So spricht der HERR: Weil Aram gesagt hat, dass der HERR ein Gott der Berge ist, aber nicht ein Gott der Ebenen, werde ich diese ganze ge-

waltige Menge in deine Hand geben, und ihr werdet wissen, dass ich der HERR bin. 29 Und so lagerten sie sieben Tage lang einander gegenüber. Am siebten Tag aber kam es zur Schlacht, und die Israeliten erschlugen Aram, hunderttausend Mann Fussvolk an einem einzigen Tag. 30 Und die übrig gebliebenen waren, flohen nach Afek in die Stadt. Da aber stürzte die Mauer auf siebenundzwanzigtausend Mann, die übrig geblieben waren. Auch Ben-Hadad war geflohen und in die Stadt gekommen, und nun lief er von einer Kammer in die andere. 31 Da sagten seine Diener zu ihm: Sieh doch, wir haben gehört, dass die Könige des Hauses Israel gnädige Könige sind. Lasst uns Trauergewänder um unsere Hüften legen und Stricke um unsere Köpfe binden und hinausgehen zum König von Israel! Vielleicht wird er dich am Leben lassen. 32 Und sie gürteten Trauergewänder um ihre Hüften und banden Stricke um ihre Köpfe und kamen zum König von Israel und sprachen: Dein Diener Ben-Hadad hat gesprochen: Lass mich doch am Leben! Er aber sprach: Er lebt noch? Er ist mein Bruder! 33 Darin aber sahen die Männer ein gutes Zeichen, nahmen es sogleich als Zusage und sprachen: Ben-Hadad ist dein Bruder! Und er sagte: Geht, holt ihn. Da kam Ben-Hadad heraus zu ihm, und er liess ihn auf den Wagen steigen. 34 Und dieser sprach zu ihm: Ich werde die Städte zurückgeben, die mein Vater deinem Vater abgenommen hat, und in Damaskus kannst du dir Strassen anlegen, wie mein Vater sie in Samaria angelegt hat. – Und ich werde dich ziehen lassen, nachdem wir einen Bund geschlossen haben. Dann schloss er einen Bund mit ihm und liess ihn ziehen.

35 Auf das Wort des HERRN hin aber sprach einer von den Jüngern der Propheten zu seinem Gefährten: Schlag mich! Dieser aber weigerte sich, ihn zu schlagen. 36 Da sprach er zu ihm: Weil du nicht auf die Stimme des HERRN ge-

hört hast, sieh, deshalb wird ein Löwe dich erschlagen, wenn du fortgegangen bist von mir. Und er ging fort von ihm, und der Löwe fand ihn und erschlug ihn. 37 Dann traf er einen anderen Mann und sagte: Schlag mich! Und der Mann schlug ihn so heftig, dass er ihn verletzte. 38 Und der Prophet ging, stellte sich dem König in den Weg und machte sich mit einer Binde über seinen Augen unkenntlich. 39 Und als der König vorüberging, schrie er dem König zu und sagte: Dein Diener war mit in die Schlacht gezogen; und sieh, da kam einer und brachte einen Mann zu mir und sagte: Bewache diesen Mann! Wenn er nicht mehr da sein sollte, haftest du mit deinem Leben für sein Leben, oder du musst ein Kikkar Silber zahlen. 40 Während aber dein Diener da und dort zu tun hatte, war jener plötzlich nicht mehr da. Da sprach der König von Israel zu ihm: Damit hast du dir selbst das Urteil gesprochen. 41 Da riss er sich die Binde von den Augen, und der König von Israel erkannte, dass er einer von den Propheten war. 42 Dieser aber sprach zu ihm: So spricht der HERR: Weil du den Mann aus der Hand gegeben hast, der mir zur Vernichtung geweiht war, haftest du mit deinem Leben für sein Leben, und dein Volk für sein Volk. 43 Da ging der König von Israel missmutig und wütend in sein Haus und kam nach Samaria.

|1: 2Kön 6,8.24; 8,7 |2: 2Kön 6,24 |4: 2Kön 18,14 |7: 2Kön 5,7 |10: 2,23! |11: 16; 16,9; Jes 5,22; Spr 27,1; Koh 7,8 |12: Spr 31,4! |13: Jos 10,8; 2Kön 3,18 · 22; 28 |16: 11! · Jer 6,4 |20: 2Kön 7,7! |22: 13! |23: Ri 5,4 |26: 1Sam 4,1b!; 2Kön 13,17 |27: Ri 7,12 |28: 13! |30: 22,25 |31: Gen 37,34 |33: 2Kön 10,15 |34: 15,20 · Dtn 7,2 |36: 13,24 |39: 2Kön 10,24 |42: 9,21! |43: 21,4

20,12: Wörtlich: «Und als er dieses Wort hörte, ...»
20,15: Wörtlich: «Und er musterte ...»
20,17: Die Übersetzung «Und man sandte zu Ben-Hadad» beruht auf der griechischen Überlieferung; der Massoretische Text lautet übersetzt: «Da schickte Ben-Hadad».
20,34: «... – Und ich ...»: An dieser Stelle spricht wieder Achab.

Nabots Weinberg

21 1 Und nach jenen Ereignissen geschah dies: Nabot, der Jesreelit, hatte einen Weinberg, der in Jesreel lag, neben dem Palast Achabs, des Königs von Samaria. 2 Und Achab sprach mit Nabot und sagte: Gib mir doch deinen Weinberg, er soll ein Gemüsegarten für mich werden, denn er liegt so nah neben meinem Haus. Dann will ich dir einen Weinberg dafür geben, der besser ist als dieser, oder ich will dir, wenn das in deinen Augen gut ist, den Gegenwert in Silber geben. 3 Nabot aber sprach zu Achab: Um des HERRN willen sei es fern von mir, dass ich dir den Erbbesitz meiner Vorfahren gebe! 4 Da kam Achab in sein Haus, missmutig und wütend über das Wort, das Nabot, der Jesreelit, zu ihm gesprochen hatte, hatte dieser doch gesagt: Ich werde dir den Erbbesitz meiner Vorfahren nicht geben! Und er legte sich auf sein Bett, wandte sein Angesicht ab und ass nichts. 5 Da kam Isebel, seine Frau, zu ihm und sagte zu ihm: Warum denn ist dein Geist missmutig, und warum willst du nichts essen? 6 Und er sagte zu ihr: Weil ich mit Nabot, dem Jesreeliten, gesprochen habe. Ich habe zu ihm gesagt: Gib mir deinen Weinberg gegen Silber, oder ich will dir einen anderen Weinberg dafür geben, wenn es dir gefällt. Er aber hat gesagt: Ich werde dir meinen Weinberg nicht geben. 7 Da sagte Isebel, seine Frau, zu ihm: Nun bist du es, der die Königsherrschaft ausübt über Israel! Steh auf, iss etwas, damit dein Herz froh wird! Ich werde dir den Weinberg Nabots, des Jesreeliten, verschaffen.

8 Und im Namen Achabs schrieb sie Briefe, versiegelte sie mit seinem Siegel und sandte die Briefe an die Ältesten und an die Edlen, die mit Nabot in seiner Stadt wohnten. 9 Und in den Briefen schrieb sie: Ruft ein Fasten aus und lasst Nabot an der Spitze des Volks sitzen! 10 Ihm gegenüber aber lasst zwei Männer sitzen, ruchlose Menschen, und diese sollen gegen ihn zeugen und sprechen: Du hast Gott und den König verflucht. Dann sollt ihr ihn hinausführen und steinigen, dass er stirbt. 11 Und die Männer seiner Stadt, die Ältesten und die Edlen, die in seiner Stadt wohnten, machten es, wie Isebel es ihnen aufgetragen hatte, wie es in den Briefen stand, die sie ihnen gesandt hatte: 12 Sie riefen ein Fasten aus und liessen Nabot an der Spitze des Volks sitzen. 13 Dann kamen die zwei Männer, ruchlose Menschen, und setzten sich ihm gegenüber. Und vor dem Volk zeugten die ruchlosen Männer gegen Nabot und sagten: Nabot hat Gott und den König verflucht. Da führte man ihn hinaus aus der Stadt und steinigte ihn, und er starb. 14 Dann sandte man zu Isebel und sagte: Nabot ist gesteinigt worden, und er ist tot.

15 Und als Isebel hörte, dass Nabot gesteinigt worden war und dass er tot war, sagte Isebel zu Achab: Mach dich auf, nimm den Weinberg Nabots, des Jesreeliten, in Besitz, den er dir für Silber nicht hat geben wollen. Denn Nabot lebt nicht mehr, er ist tot! 16 Und als Achab hörte, dass Nabot tot war, machte sich Achab auf, um hinabzugehen zum Weinberg Nabots, des Jesreeliten, und ihn in Besitz zu nehmen.

17 Da erging das Wort des HERRN an Elija den Tischbiter: 18 Mach dich auf, geh hinab, Achab, dem König von Israel, entgegen, der in Samaria ist. Sieh, er ist im Weinberg Nabots, zu dem er hinabgegangen ist, um ihn in Besitz zu nehmen. 19 Und du sollst zu ihm sprechen: So spricht der HERR: Hast du gemordet und auch noch den Besitz übernommen? Dann sollst du zu ihm sprechen: So spricht der HERR: An dem Ort, wo die Hunde das Blut Nabots aufgeleckt haben, werden die Hunde auch dein Blut auflecken! 20 Achab aber sagte zu Elija: Hast du mich gefunden, mein Feind? Und er sagte: Ich habe dich gefunden, weil du dich dazu hergegeben hast, zu tun, was böse ist in den Augen des HERRN. 21 Sieh, ich bringe Unheil über dich, und ich werde dich wegfegen, und

wer zu Achab gehört und an die Wand pisst, den werde ich ausrotten, Sklaven und Freie in Israel. 22 Und dein Haus werde ich zurichten wie das Haus Jerobeams, des Sohns von Nebat, und wie das Haus Baesas, des Sohns von Achija, denn du hast Grund zum Zorn gegeben, und Israel hast du zur Sünde verführt. 23 Und auch über Isebel sprach der HERR: Auf der Vormauer von Jesreel werden die Hunde Isebel fressen. 24 Wer von denen, die zu Achab gehören, in der Stadt stirbt, den werden die Hunde fressen, und wer auf dem offenen Land stirbt, den werden die Vögel des Himmels fressen. 25 Es gab wirklich niemanden, der sich wie Achab dazu hergegeben hätte, zu tun, was böse ist in den Augen des HERRN; Isebel, seine Frau, hatte ihn dazu angestiftet. 26 Und er handelte ganz abscheulich, da er den Mistgötzen nachlief, genau wie die Amoriter es getan hatten, die der HERR vor den Israeliten vertrieben hatte. 27 Und als Achab diese Worte hörte, zerriss er seine Kleider, legte ein Trauergewand um seinen Leib und fastete. Und in dem Trauergewand schlief er, und bedrückt ging er umher. 28 Da erging das Wort des HERRN an Elija den Tischbiter: 29 Hast du gesehen, dass sich Achab gedemütigt hat vor mir? Weil er sich vor mir gedemütigt hat, werde ich das Unheil nicht schon in seinen Tagen bringen; erst in den Tagen seines Sohns werde ich das Unheil über sein Haus bringen.

|3: Num 36,7–9; Ez 46,18 · 2Kön 9,21 |4: 20,43 |5: 2Sam 13,4 |9: Jona 3,5 |10: Ex 22,27! · Lev 24,14–16 · Dtn 17,6; 19,15 |13: Num 15,36 |16: 2Sam 24,14–16 |18: 2Sam 12,1 |19: 22,38; 2Kön 9,26 |20: 22,8 |21: 14,10! |22: 15,29 · 16,11–12 |23: 2Kön 9,10.36 |24: 14,11! |25: 16,33 · 2Kön 9,22 |27: Jer 36,24 · 2Kön 6,30; 19,1 |29: 2Kön 22,19 · 11,12 · 2Kön 9,24–26

21,10: Wörtlich: «... und den König gesegnet. ...»; im Hebräischen ist die Formulierung ein Euphemismus.
21,21: «und an die Wand pisst»: Siehe die Anm. zu 25,22.

Achab und Jehoschafat.
Michajehus Prophezeiung

22 1 Dann blieb es drei Jahre lang ruhig, zwischen Aram und Israel herrschte kein Krieg. 2 Im dritten Jahr aber zog Jehoschafat, der König von Juda, hinab zum König von Israel. 3 Und der König von Israel sagte zu seinen Dienern: Ihr wisst doch, dass Ramot-Gilead uns gehört. Und da zaudern wir, statt es dem König von Aram aus der Hand zu nehmen! 4 Und zu Jehoschafat sprach er: Wirst du mit mir in die Schlacht ziehen nach Ramot-Gilead? Und Jehoschafat sprach zum König von Israel: Wie ich, so du; wie mein Volk, so dein Volk; wie meine Pferde, so deine Pferde! 5 Dann aber sagte Jehoschafat zum König von Israel: Hole doch zuvor das Wort des HERRN ein. 6 Und so versammelte der König von Israel die Propheten, etwa vierhundert, und sagte zu ihnen: Soll ich in die Schlacht ziehen gegen Ramot-Gilead oder soll ich es nicht tun? Da sagten sie: Zieh hinauf, damit der Herr es in die Hand des Königs gibt! 7 Jehoschafat aber sagte: Gibt es hier sonst keinen Propheten des HERRN, den wir befragen könnten? 8 Und der König von Israel sagte zu Jehoschafat: Einen gibt es noch, um den HERRN zu befragen. Aber ich hasse ihn, denn er weissagt mir nie Gutes, sondern immer nur Unheil: Michajehu, der Sohn des Jimla. Jehoschafat aber sagte: So sollte der König nicht reden! 9 Da rief der König von Israel einen Kämmerer und sprach: Rasch, hole Michajehu, den Sohn des Jimla!

10 Und während der König von Israel und Jehoschafat, der König von Juda, auf dem Dreschplatz am Eingang des Tors von Samaria sassen, jeder in vollem Ornat auf seinem Thron, und alle Propheten sich vor ihnen als Propheten gebärdeten, 11 da machte sich Zidkija, der Sohn des Kenaana, Hörner aus Eisen und sprach: So spricht der HERR: Mit solchen wirst du Aram niederstossen, bis du sie gänzlich vernichtet hast. 12 Und ebenso weissagten alle Propheten, und sie spra-

chen: Zieh hinauf nach Ramot-Gilead und sei erfolgreich! Der HERR wird es in die Hand des Königs geben.

13 Und der Bote, der gegangen war, um Michajehu zu rufen, sagte zu diesem: Sieh doch, die Worte der Propheten verkünden einstimmig Gutes für den König. Auch dein Wort soll sein wie ein Wort von ihnen: Sag Gutes an! 14 Michajehu aber sprach: So wahr der HERR lebt: Was der HERR zu mir spricht, das werde ich sagen! 15 Und er kam zum König, und der König sagte zu ihm: Michajehu, sollen wir in die Schlacht ziehen nach Ramot-Gilead, oder sollen wir es nicht tun? Da sprach er zu ihm: Zieh hinauf und sei erfolgreich! Der HERR wird es in die Hand des Königs geben. 16 Da aber sprach der König zu ihm: Wie oft muss ich dich beschwören, mir im Namen des HERRN nichts als die Wahrheit zu sagen? 17 Da sprach er:
Ganz Israel sah ich
    auf den Bergen zerstreut,
wie Schafe, die keinen Hirten haben.
    Und der HERR sprach:
Diese haben keinen Herrn;
    es kehre jeder in Frieden zurück
    in sein Haus!

18 Da sprach der König von Israel zu Jehoschafat: Habe ich dir nicht gesagt, dass er mir nie Gutes weissagt, sondern immer nur Unheil! 19 Dieser aber sprach: Deshalb höre das Wort des HERRN! Ich sah den HERRN auf seinem Thron sitzen, und bei ihm, zu seiner Rechten und zu seiner Linken, stand das ganze Heer des Himmels. 20 Und der HERR sprach: Wer könnte Achab überreden, dass er hinaufzieht – damit er in Ramot-Gilead fällt? Da sagte einer dieses, und ein anderer sagte jenes. 21 Dann aber trat der Geist vor, stellte sich vor den HERRN und sprach: Ich werde ihn überreden. Und der HERR sprach zu ihm: Womit? 22 Und er sprach: Ich werde hinausgehen, und ich werde ein Lügengeist sein im Mund aller seiner Propheten. Da sprach er: Überrede ihn, du kannst es! Geh hinaus und mach es

so! 23 Und nun sieh, allen diesen deinen Propheten hat der HERR einen Lügengeist in den Mund gelegt: Der HERR hat Unheil angesagt über dich! 24 Da trat Zidkijahu, der Sohn des Kenaana, heran, schlug Michajehu ins Gesicht und sagte: Wie sollte denn der Geist des HERRN von mir gewichen sein, um mit dir zu reden? 25 Und Michajehu sprach: Sieh, du wirst es sehen an jenem Tag, da du von Kammer zu Kammer läufst, um dich zu verstecken. 26 Da sprach der König von Israel: Nimm Michajehu und bring ihn zurück zu Amon, dem Obersten der Stadt, und zu Joasch, dem Königssohn, 27 und sprich: So spricht der König: Werft diesen in den Kerker! Und bis ich wohlbehalten zurückkomme sollt ihr ihm nur wenig zu essen und wenig zu trinken geben. 28 Michajehu aber sagte: Wenn du wirklich wohlbehalten zurückkommst, so hat der HERR nicht durch mich geredet. Dann sprach er: Hört her, ihr Völker alle!

|1–38: 2Chr 18,1–34 |2: 41 |3: Ri 18,9 |4: 2Kön 3,7 |5: 1Sam 23,2–12; 2Sam 5,19.23 |6: 18,20; 2Kön 10,19 |7: 2Kön 3,11 |8: 21,20 |11: Dtn 33,17 |13: Jer 28,7–9 |14: Num 22,38; Jer 23,28 |17: Nah 3,18 · Num 27,17!; Jer 50,6.17 |19: Jes 6,1 · Dtn 4,19; Dan 7,10; Offb 5,11 |21: Jes 19,14! |24: Mt 26,67; Apg 23,2 |25: 20,30 |28: Dtn 18,22 · Mi 1,2

Erneuter Krieg gegen die Aramäer. Achabs Tod

29 Der König von Israel aber und Jehoschafat, der König von Juda, zogen hinauf nach Ramot-Gilead. 30 Und der König von Israel sprach zu Jehoschafat: Ich werde mich verkleiden und so in die Schlacht ziehen; du aber sollst deine eigenen Kleider tragen. Und der König von Israel verkleidete sich, und so zog er in die Schlacht. 31 Der König von Aram aber hatte den Obersten über die Wagen, die zu ihm gehörten, den zweiunddreissig, geboten: Weder Kleine noch Grosse sollt ihr angreifen, sondern nur den König von Israel! 32 Als dann die Obersten über die Wagen Jehoschafat sahen, sagten sie: Das muss der König von Israel sein! Und sie wandten sich

gegen ihn, um ihn anzugreifen, Jehoschafat aber schrie auf. 33 Und als die Obersten über die Wagen sahen, dass er nicht der König von Israel war, liessen sie ab von ihm. 34 Irgendeiner aber hatte ahnungslos den Bogen gespannt und traf den König von Israel zwischen dem Schuppenpanzer und den Gurten. Da sprach er zu seinem Wagenlenker: Wende und führe mich heraus aus dem Heer, denn ich bin schwer verwundet. 35 Und an jenem Tag tobte die Schlacht immer heftiger, aber bis zum Abend hielt der König sich gegenüber Aram aufrecht im Wagen. Am Abend aber starb er, und das Blut aus der Wunde floss ins Innere des Wagens. 36 Und als die Sonne untergegangen war, erscholl im Heer der Ruf: Jeder in seine Stadt, und jeder in sein Land! 37 Und so starb der König; und sie kamen nach Samaria, und man begrub den König in Samaria. 38 Und man wusch den Wagen aus am Teich von Samaria, und die Hunde leckten sein Blut auf, und die Huren badeten darin, nach dem Wort des HERRN, das dieser gesprochen hatte. 39 Und was sonst noch von Achab zu berichten ist, von allem, was er getan hat, und von dem Haus aus Elfenbein, das er gebaut hat, und von all den Städten, die er gebaut hat, steht das nicht geschrieben im Buch der Chronik der Könige von Israel? 40 Und Achab legte sich zu seinen Vorfahren, und Achasjahu, sein Sohn, wurde König an seiner Statt.

|30: 2Chr 35,22 |31: 2Sam 17,2 · 20,1.16 |34: 2Chr 35,23 |35: 2Kön 9,24 |36: Jer 46,16 |38: 21,19! |39: Am 3,15 · 14,19! |40: 52

Jehoschafat, König über Juda in Jerusalem

41 Und Jehoschafat, der Sohn des Asa, wurde König über Juda im vierten Jahr Achabs, des Königs von Israel. 42 Jehoschafat war fünfunddreissig Jahre alt, als er König wurde, und fünfundzwanzig Jahre lang war er König in Jerusalem. Und der Name seiner Mutter war Asuba, die Tochter Schilchis. 43 Und er ging ganz auf dem Weg Asas, seines Vaters, er

wich nicht davon ab und tat, was recht war in den Augen des HERRN. 44 Die Kulthöhen aber verschwanden nicht, noch immer brachte das Volk auf den Kulthöhen Schlachtopfer und Rauchopfer dar. 45 Und Jehoschafat hatte Frieden mit dem König von Israel. 46 Und was sonst noch von Jehoschafat zu berichten ist und von seiner Tüchtigkeit, mit der er gehandelt hat, und wie er Krieg geführt hat, steht das nicht geschrieben im Buch der Chronik der Könige von Juda? 47 Auch rottete er den Rest der Geweihten im Land aus, der übrig geblieben war aus der Zeit Asas, seines Vaters. 48 In Edom aber gab es keinen König, ein Statthalter war König. 49 Jehoschafat hatte zehn Tarschisch-Schiffe, die des Goldes wegen nach Ofir fahren sollten; aber man fuhr nicht, denn die Schiffe zerbrachen in Ezjon-Geber. 50 Damals sagte Achasjahu, der Sohn des Achab, zu Jehoschafat: Meine Diener sollen mit deinen Dienern auf den Schiffen fahren. Aber Jehoschafat wollte das nicht. 51 Und Jehoschafat legte sich zu seinen Vorfahren, und er wurde bei seinen Vorfahren begraben, in der Stadt Davids, seines Vorfahren, und Jehoram, sein Sohn, wurde König an seiner Statt.

|41: 2 · 15,24 |42–46: 2Chr 20,31–34 |46: 14,29! |47: 14,24! · 15,12! |48: Gen 27,37! |49–50: 2Chr 20,35–37 |49: 9,26!.28! · Ps 48,8 |51: 2Kön 8,16

Achasjahu, König über Israel in Samaria

52 Achasjahu, der Sohn des Achab, wurde in Samaria König über Israel im siebzehnten Jahr Jehoschafats, des Königs von Juda, und zwei Jahre lang war er König über Israel. 53 Und er tat, was böse war in den Augen des HERRN, und er ging auf dem Weg seines Vaters und auf dem Weg seiner Mutter und auf dem Weg Jerobeams, des Sohns von Nebat, der Israel zur Sünde verführt hatte: 54 Er diente dem Baal und warf sich vor ihm nieder und reizte den HERRN, den Gott Israels, ganz so, wie sein Vater es getan hatte.

|52: 40 |54: 2Kön 1,2

Das Zweite Buch der Könige

Achasja und Elija

1 1 Und nach dem Tod Achabs brach Moab mit Israel.

2 Achasja aber stürzte in seinem Obergemach in Samaria durch das Gitter und verletzte sich. Und er sandte Boten aus und sprach zu ihnen: Geht, befragt den Baal-Sebub, den Gott von Ekron, ob ich diese Verletzung überleben werde. 3 Der Bote des HERRN aber hatte zu Elija, dem Tischbiter, gesprochen: Mach dich auf, zieh hinauf, den Boten des Königs von Samaria entgegen und sprich zu ihnen: Gibt es denn in Israel keinen Gott, dass ihr geht, um den Baal-Sebub, den Gott von Ekron, zu befragen? 4 Und darum – so spricht der HERR: Vom Lager, auf das du dich gelegt hast, wirst du nicht mehr aufstehen! Du musst sterben! Und Elija ging. 5 Und die Boten kehrten zurück zu ihm, und er sagte zu ihnen: Warum seid ihr denn schon zurück? 6 Da sagten sie zu ihm: Ein Mann kam herauf, uns entgegen, und er sprach zu uns: Geht, kehrt zurück zum König, der euch gesandt hat, und sagt zu ihm: So spricht der HERR: Gibt es denn in Israel keinen Gott, dass du hinsendest, um den Baal-Sebub, den Gott von Ekron, zu befragen? Darum wirst du von dem Lager, auf das du dich gelegt hast, nicht mehr aufstehen! Du musst sterben! 7 Und er sprach zu ihnen: Was war das für ein Mann, der heraufgekommen ist, euch entgegen, und der diese Worte zu euch gesprochen hat? 8 Und sie sagten ihm: Es war ein Mann mit einem Fellmantel, und um seine Hüften war ein lederner Schurz gebunden. Da sagte er: Das ist Elija, der Tischbiter!

9 Dann sandte er den Anführer einer Fünfzigschaft und dessen Fünfzigschaft aus nach ihm. Und dieser ging zu ihm hinauf, und sieh, er sass auf dem Gipfel des Berges. Und er sprach zu ihm: Mann Gottes, der König hat gesagt: Komm herab! 10 Daraufhin aber sprach Elija zum Anführer der Fünfzigschaft: Wenn ich denn ein Gottesmann bin, so soll Feuer vom Himmel fallen, damit es dich und deine Fünfzigschaft verzehrt! Da fiel Feuer vom Himmel und verzehrte ihn und seine Fünfzigschaft. 11 Und wiederum sandte er nach ihm, einen anderen Anführer einer Fünfzigschaft mit seiner Fünfzigschaft. Und dieser sagte daraufhin zu ihm: Mann Gottes, so spricht der König: Komm herab, ohne Verzug! 12 Daraufhin sprach Elija zu ihnen: Wenn ich der Gottesmann bin, so soll Feuer vom Himmel fallen, damit es dich und deine Fünfzigschaft verzehrt! Da fiel Gottesfeuer vom Himmel und verzehrte ihn und seine Fünfzigschaft. 13 Und abermals sandte er den Anführer einer Fünfzigschaft, einen dritten, mit seiner Fünfzigschaft. Und der dritte Anführer einer Fünfzigschaft stieg hinauf, und als er ankam, beugte er seine Knie vor Elija, flehte ihn an und sprach zu ihm: Mann Gottes, mein Leben und das Leben dieser Fünfzigschaft, deiner Diener, möge teuer sein in deinen Augen! 14 Sieh, Feuer ist vom Himmel gefallen und hat die beiden ersten Anführer einer Fünfzigschaft und ihre Fünfzigschaft verzehrt. Mein Leben aber möge nun teuer sein in deinen Augen! 15 Da sprach der Bote des HERRN zu Elija: Geh hinab mit ihm, fürchte dich nicht vor ihm. Und er machte sich auf und ging mit ihm hinab zum König. 16 Und zu diesem sprach er: So spricht der HERR: Weil du Boten gesandt hast, um den Baal-Sebub, den Gott von Ekron, zu befragen – gibt es denn in Israel keinen Gott, dessen Wort man einholen könnte? –, darum wirst du von dem Lager, auf das du dich gelegt hast, nicht mehr aufstehen! Du musst sterben!

17 Und er starb nach dem Wort des
HERRN, das Elija gesprochen hatte. Und
Jehoram wurde König an seiner Statt im
zweiten Jahr Jehorams, des Sohns von
Jehoschafat, des Königs von Juda; denn
er hatte keinen Sohn. 18 Und was sonst
noch von Achasjahu zu berichten ist,
was er getan hat, steht das nicht geschrieben im Buch der Chronik der
Könige von Israel?

|1: 3,5; 2Sam 8,2 |2: 1Kön 22,40.52 · 17,16;
1Kön 22,54 · 8,8 |3: 1Kön 17,1; Mal 3,23 · Jes 8,19 |4:
8,10; 20,1! |8: 1Sam 28,14; Sach 13,4; Mt 3,4 |9: 2,25;
4,25 |10: 1Kön 18,38; Lev 10,2; Hiob 1,16; Lk 9,54 |13:
1Sam 26,21 |17: 3,1; 8,16 |18: 1Kön 14,19!

1,5: Mit ‹ihm› ist König Achasja gemeint.
1,8: Statt «mit einem Fellmantel» ist möglicherweise zu übersetzen: «mit langem Haar».
1,18: Achasjahu ist eine andere Form des Namens
Achasja.

Elija und Elischa. Elijas Entrückung

2 1 Und zu der Zeit, da der HERR Elija
im Sturmwind in den Himmel
auffahren liess, ging Elija mit Elischa
aus Gilgal fort. 2 Und Elija sprach zu
Elischa: Bleibe du doch hier, denn nur
mich hat der HERR nach Bet-El gesandt.
Elischa aber sprach: So wahr der HERR
lebt und so wahr du lebst, ich werde
nicht von dir lassen! So gingen sie hinab
nach Bet-El. 3 Und die Prophetenjünger,
die in Bet-El waren, gingen hinaus zu
Elischa und sagten zu ihm: Weisst du,
dass der HERR deinen Herrn heute hinwegnimmt, hoch über dein Haupt hinweg? Und er sagte: Das weiss ich auch.
Schweigt! 4 Und Elija sagte zu ihm:
Elischa, bleibe du doch hier, denn nur
mich hat der HERR nach Jericho gesandt.
Er aber sprach: So wahr der HERR lebt
und so wahr du lebst, ich werde nicht
von dir lassen! So kamen sie nach Jericho. 5 Und die Prophetenjünger, die in
Jericho waren, traten zu Elischa und sagten zu ihm: Weisst du, dass der HERR
deinen Herrn heute hinwegnimmt,
hoch über dein Haupt hinweg? Und er
sagte: Das weiss auch ich. Schweigt!
6 Und Elija sagte zu ihm: Bleibe du doch
hier, denn nur mich hat der HERR zum

Jordan gesandt. Er aber sprach: So wahr
der HERR lebt und so wahr du lebst, ich
werde nicht von dir lassen! So gingen
sie beide. 7 Auch fünfzig von den Prophetenjüngern waren mitgegangen,
blieben aber in einiger Entfernung abseits stehen, die beiden aber traten an
den Jordan. 8 Da nahm Elija seinen
Mantel, rollte ihn zusammen und
schlug damit das Wasser; und es teilte
sich nach beiden Seiten, und auf dem
Trockenen gingen die beiden hindurch.
9 Und als sie hindurchgegangen waren,
sagte Elija zu Elischa: Erbitte, was ich für
dich tun soll, bevor ich von dir hinweggenommen werde. Da sagte Elischa:
Möge mir doch von deinem Geist ein
doppelter Anteil zufallen. 10 Und er
sagte: Schweres hast du erbeten! Wenn
du siehst, wie ich von dir hinweggenommen werde, möge es dir so zuteil
werden; aber wenn nicht, so wird es
nicht sein. 11 Und während sie weiter-
gingen, im Gespräch, sieh, plötzlich waren da ein Wagen aus Feuer und Pferde
aus Feuer, und die beiden wurden getrennt. Und im Sturmwind fuhr Elija in
den Himmel auf, 12 während Elischa zu-
sah und schrie: Mein Vater, mein Vater!
Der Wagen Israels und seine Reiter!
Dann sah er ihn nicht mehr. Da fasste er
seine Kleider und zerriss sie in zwei
Teile. 13 Dann hob er den Mantel auf,
der von Elija gefallen war, kehrte um
und trat an das Ufer des Jordan. 14 Und
er nahm den Mantel, der von Elija gefallen war, schlug damit das Wasser und
sprach: Wo ist der HERR, der Gott Elijas?
Auch er schlug das Wasser, und es teilte
sich nach beiden Seiten, und Elischa
ging hindurch.

15 Und die Prophetenjünger, die gegenüber in Jericho waren, sahen ihn
und sprachen: Der Geist des Elija ruht
auf Elischa! Und sie kamen ihm entgegen und warfen sich vor ihm zur Erde
nieder 16 und sagten zu ihm: Sieh doch,
es gibt unter deinen Dienern fünfzig
tüchtige Männer; sie mögen gehen, um
deinen Herrn zu suchen. Dass nur nicht

der Geist des HERRN ihn fortgetragen und auf einen der Berge oder in eines der Täler verschlagen hat! Er aber sagte: Sendet sie nicht! 17 Sie aber bedrängten ihn in beschämender Weise, und so sagte er: Sendet sie! Da sandten sie fünfzig Mann aus, und diese suchten ihn drei Tage lang, fanden ihn aber nicht. 18 Da kehrten sie zu ihm zurück, als er noch in Jericho weilte, und er sagte zu ihnen: Habe ich euch nicht gesagt: Geht nicht!

19 Und die Männer der Stadt sagten zu Elischa: Sieh doch – wie unser Herr sieht, lässt sich in dieser Stadt gut wohnen. Das Wasser aber ist schlecht, und die Erde verursacht Fehlgeburten. 20 Da sagte er: Bringt mir eine neue Schale und schüttet Salz hinein. Und sie brachten sie ihm. 21 Dann ging er hinaus zu der Wasserquelle und streute Salz hinein und sprach: So spricht der HERR: Ich mache dieses Wasser gesund; weder Tod noch Fehlgeburt soll mehr von ihm ausgehen. 22 Und so ist das Wasser gesund geworden, bis auf den heutigen Tag, nach dem Wort, das Elischa gesprochen hatte.

23 Und von dort ging er hinauf nach Bet-El, und als er den Weg hinaufzog, kamen aus der Stadt kleine Knaben, und sie machten sich über ihn lustig und riefen ihm zu: Komm herauf, Kahlkopf! Komm herauf, Kahlkopf! 24 Da wandte er sich um und sah sie, und er verfluchte sie im Namen des HERRN. Und aus dem Wald kamen zwei Bärinnen und rissen zweiundvierzig von den Kindern in Stücke. 25 Und von dort ging er zum Berg Karmel, und von dort kehrte er zurück nach Samaria.

|1: 11 · 1Kön 19,16 · 4,38 |2: 23 · 4.6; 4,30 |3: 4,1.38; 5,22; 6,1; 9,1; 1Kön 20,35 |4: 2! |6: 2! |8: 1Kön 19,13! · 14; Ex 14,22; Jos 3,16 |9: Dtn 21,17 |11: 6,17 |12: 5,13 · 13,14 · Gen 5,24; Lk 24,51; Apg 1,9 |14: 8! |15: 1Kön 19,16; Lk 1,17 |16: 1Kön 18,12; Apg 8,39 |21: 4,41; Ex 15,25 |23: 2 · Hiob 19,18 |24: Lev 26,22! |25: 1,9!

2,11: Wörtlich: «..., und diese (die Wagen und Pferde) trennten die beiden. ...»

Jehoram, König über Israel in Samaria. Krieg gegen die Moabiter

3 1 Und Jehoram, der Sohn Achabs, wurde in Samaria König über Israel im achtzehnten Jahr Jehoschafats, des Königs von Juda, und zwölf Jahre lang war er König. 2 Und er tat, was böse war in den Augen des HERRN, wenn auch nicht wie sein Vater und wie seine Mutter, denn er beseitigte die Mazzebe des Baal, die sein Vater angefertigt hatte. 3 An den Sünden Jerobeams, des Sohns von Nebat, aber, zu denen dieser Israel verführt hatte, hielt er fest, er wich nicht davon ab.

4 Und Mescha, der König von Moab, war Schafzüchter, und hunderttausend Lämmer und hunderttausend ungeschorene Widder pflegte er dem König von Israel zu liefern. 5 Als aber Achab gestorben war, brach der König von Moab mit dem König von Israel. 6 Und in jener Zeit zog König Jehoram aus Samaria aus und musterte ganz Israel. 7 Und er ging und sandte zu Jehoschafat, dem König von Juda, und sagte: Der König von Moab hat mit mir gebrochen. Wirst du mit mir gegen Moab in die Schlacht ziehen? Und er sprach: Ich werde hinaufziehen. Wie ich, so du; wie mein Volk, so dein Volk, wie meine Pferde, so deine Pferde! 8 Und er sagte: Auf welchem Weg ziehen wir hinauf? Da sagte er: Auf dem Weg durch die Wüste von Edom. 9 Und so gingen der König von Israel, der König von Juda und der König von Edom. Als sie aber einen Umweg von sieben Tagen machen mussten, gab es kein Wasser mehr für das Heer und für die Tiere, die ihnen folgten. 10 Und der König von Israel sagte: Ach! Der HERR hat diese drei Könige gerufen, um sie in die Hand Moabs zu geben. 11 Jehoschafat aber sagte: Ist hier nirgends ein Prophet des HERRN? Durch ihn wollen wir den HERRN befragen! Daraufhin sagte einer der Diener des Königs von Israel: Elischa ist hier, der Sohn Schafats, der Wasser über die Hände Elijas gegossen hat. 12 Und Je-

hoschafat sprach: Bei ihm ist das Wort des HERRN! Und der König von Israel und Jehoschafat und der König von Edom gingen zu ihm hinab.

13 Elischa aber sprach zum König von Israel: Was habe ich mit dir zu schaffen? Geh zu den Propheten deines Vaters und zu den Propheten deiner Mutter! Der König von Israel aber sprach zu ihm: Nicht doch! Denn der HERR hat diese drei Könige gerufen, um sie in die Hand Moabs zu geben. 14 Da sprach Elischa: So wahr der HERR der Heerscharen lebt, vor dem ich diene: Nähme ich nicht Rücksicht auf Jehoschafat, den König von Juda, ich würde dich weder ansehen noch beachten! 15 Nun aber holt mir einen Saitenspieler! Und sooft der Saitenspieler spielte, war die Hand des HERRN auf ihm.

16 Und er sprach: So spricht der HERR: Grabt in diesem Tal Zisterne neben Zisterne! 17 Denn so spricht der HERR: Ihr werdet keinen Wind sehen, und ihr werdet keinen Regen sehen, und dennoch wird sich jenes Tal mit Wasser füllen, und ihr werdet trinken, ihr, eure Herden und eure Tiere. 18 Und selbst das ist in den Augen des HERRN noch zu wenig, er wird auch Moab in eure Hand geben, 19 und ihr werdet jede befestigte Stadt schlagen und jede noch so auserlesene Stadt, und jeden guten Baum werdet ihr fällen, und alle Wasserquellen werdet ihr verstopfen, und jedes gute Feldstück werdet ihr mit Steinen unbrauchbar machen. 20 Am Morgen aber, zu der Zeit, da man das Speiseopfer darbringt, sieh, da kam plötzlich Wasser von Edom her, und das Land füllte sich mit Wasser.

21 Ganz Moab aber hatte gehört, dass die Könige heraufgezogen waren, um gegen sie zu kämpfen, und man bot alle auf, die im waffenfähigen Alter und darüber waren, und diese stellten sich an der Grenze auf. 22 Und früh am Morgen machten sie sich auf, und als die Sonne über dem Wasser aufgegangen war, erschien Moab das Wasser von ferne rot

wie Blut. 23 Und sie sagten: Das ist Blut! Gewiss haben sich die Könige gegenseitig niedergemacht, und einer hat den anderen erschlagen. Und nun an die Beute, Moab! 24 Und so kamen sie zum Lager Israels, Israel aber erhob sich, und sie schlugen Moab, und diese flohen vor ihnen. Und sie schlugen Moab vernichtend in seinem eigenen Land. 25 Und die Städte rissen sie nieder, und auf jedes gute Feldstück warfen sie Steine, ein jeder einen Stein, überall aufs Feld, und jede Wasserquelle verstopften sie, und jeden guten Baum fällten sie, bis von Kir-Chareset nur noch dessen Steine übrig waren. Und die Schleuderer umzingelten es und nahmen es unter Beschuss. 26 Und der König von Moab sah, dass ihm die Schlacht zu heftig wurde, und er nahm siebenhundert Mann mit sich, die das Schwert führten, um sich zum König von Edom durchzuschlagen, aber es gelang ihnen nicht. 27 Da nahm er seinen erstgeborenen Sohn, der König werden sollte an seiner Statt, und auf der Mauer brachte er ihn als Brandopfer dar. Da aber kam grosser Zorn über Israel, und sie zogen ab von ihm und kehrten zurück in ihr Land.

| 1: 2Chr 22,5 · 1,17! | 2: 10,26–27; 1Kön 16,32 | 3: 1Kön 12,28–30 · 17,21; 14,24! | 4: Am 1,1 | 5: 1,1 | 7: 1Kön 22,4 | 11: 1Kön 22,7 · 1Kön 19,21 | 13: 1Kön 17,18 · Ri 10,14 | 14: 5,16; 1Kön 17,1! | 15: 1Sam 10,5; 16,16.23 · 1Kön 18,46 | 17: 1Kön 18,1 | 18: 20,10; 2Sam 7,19 · 1Kön 20,13! | 19: Dtn 20,19–20 | 20: Ex 29,39; Num 28,4–5 | 25: Ri 9,45 · Jes 16,7.11; Jer 48,31.36 | 27: Gen 22,2 · Lev 18,21; 20,2–3; Dtn 12,31; Mi 6,7

3,11: «der Wasser über die Hände Elijas gegossen hat» bedeutet hier, dass Elischa dem Elija gedient hat.
3,24: «in seinem eigenen Land» ist wörtlich: «in ihm». Nach einer anderen hebräischen Tradition lautet der Text: «... Und sie kamen ins Land (in es) und schlugen Moab.»
3,27: Die Übersetzung «ihr Land» beruht auf den antiken Übersetzungen; der Massoretische Text lautet übersetzt: «ins Land».

Elischa und der Ölkrug der Witwe

4 1 Und eine von den Frauen der Prophetenjünger flehte Elischa an: Dein Diener, mein Mann, ist gestorben, und du selbst weisst, dass dein Diener den HERRN gefürchtet hat. Nun aber ist der

Geldverleiher gekommen, um sich meine beiden Kinder als Sklaven zu holen. 2 Da sprach Elischa zu ihr: Was soll ich für dich tun? Sag mir, was du im Haus hast. Und sie sagte: Gar nichts hat deine Sklavin im Haus, ausser einem kleinen Krug mit Öl. 3 Da sprach er: Geh, erbitte dir draussen von allen deinen Nachbarn Gefässe, leere Gefässe, nicht zu wenige! 4 Dann geh heim, verschliesse die Tür hinter dir und deinen Söhnen und giesse Öl in alle diese Gefässe; und was voll ist, das stell beiseite. 5 Und sie ging von ihm fort und verschloss die Tür hinter sich und ihren Söhnen. Während diese ihr Gefässe reichten, goss sie ein. 6 Und als die Gefässe voll waren, sagte sie zu ihrem Sohn: Reich mir noch ein Gefäss! Er aber sagte zu ihr: Es ist kein Gefäss mehr da. Da kam das Öl zum Stillstand. 7 Sie aber kam und berichtete es dem Gottesmann, und dieser sprach: Geh, verkaufe das Öl und bezahle deine Schulden; du aber und deine Söhne, ihr werdet leben können von dem, was übrig bleibt.

|1: 2,3! · Lev 25,39!; Mi 2,9 |2: 1Kön 17,12 |7: Mt 14,20

Elischa erweckt das tote Kind der Schunammitin

8 Und eines Tages ging Elischa hinüber nach Schunem. Und dort war eine reiche Frau, und diese hielt ihn fest und nötigte ihn zu essen. Und sooft er vorbeikam, kehrte er dort ein, um zu essen. 9 Da sagte sie zu ihrem Mann: Sieh doch, ich habe erkannt, dass jener, der immer bei uns vorbeikommt, ein heiliger Gottesmann ist. 10 Lass uns ein kleines gemauertes Obergemach herrichten, dass wir ihm dort Bett, Tisch, Stuhl und einen Leuchter hineinstellen. Und wenn er zu uns kommt, kann er dort einkehren. 11 Und als er eines Tages dorthin kam, kehrte er in dem Obergemach ein und legte sich dort schlafen. 12 Und er sprach zu Gechasi, seinem Diener: Ruf diese Schunammitin! Und er rief sie, und sie trat vor ihn. 13 Und er

sagte zu ihm: Sag doch zu ihr: Sieh, du hast dir unseretwegen so grosse Mühe gemacht, was kann man für dich tun? Gibt es jemanden, der für dich ein Wort einlegt beim König oder beim Heerführer? Sie aber sagte: Ich wohne ja inmitten meines Volks. 14 Da sagte er: Was könnte man denn für sie tun? Und Gechasi sagte: Sie hat keinen Sohn, und ihr Mann ist alt! 15 Da sagte er: Ruf sie! Und er rief sie, und sie trat in die Tür. 16 Da sprach er: Genau um diese Zeit in einem Jahr wirst du den einen Sohn in den Armen halten. Sie aber sagte: Nicht doch, mein Herr, du Mann Gottes, belüge nicht deine Sklavin! 17 Die Frau aber wurde schwanger, und genau um dieselbe Zeit im nächsten Jahr gebar sie einen Sohn, wie Elischa es ihr angesagt hatte.

18 Und das Kind wuchs heran, und eines Tages ging es hinaus zu seinem Vater, zu den Schnittern. 19 Und zu seinem Vater sagte es: Mein Kopf, mein Kopf! Der Vater aber sagte zum Diener: Trag das Kind zu seiner Mutter! 20 Und dieser hob es auf und brachte es zu seiner Mutter. Und bis zum Mittag sass es auf ihren Knien, dann aber starb es. 21 Da ging sie hinauf, legte es auf das Bett des Gottesmannes, schloss hinter ihm zu und ging hinaus. 22 Dann rief sie ihren Mann und sagte: Bitte schick mir einen von den Dienern mit einer der Eselinnen, ich will zu dem Gottesmann eilen und dann zurückkehren. 23 Er aber sagte: Warum willst du gerade heute zu ihm gehen? Es ist weder Neumond noch Sabbat. Sie aber sagte: Schon gut! 24 Und sie sattelte die Eselin und sagte zu ihrem Diener: Treibe immerzu an und halte mich nicht auf beim Reiten, es sei denn, ich sage es dir. 25 Und so zog sie hin und kam zu dem Gottesmann auf den Berg Karmel. Und als der Gottesmann sie von ferne sah, sprach er zu Gechasi, seinem Diener: Sieh, da ist die Schunammitin. 26 Nun lauf ihr entgegen und sage zu ihr: Geht es dir gut? Geht es deinem Mann gut? Geht es dem Kind gut? Und sie sagte: Es

ist alles in Ordnung. 27 Dann aber kam sie zu dem Gottesmann, zu dem Berg, und sie ergriff seine Füsse, und Gechasi trat heran, um sie wegzustossen. Der Gottesmann aber sprach: Lass sie, denn sie ist verbittert, und der HERR hat es vor mir verborgen und es mir nicht kundgetan. 28 Und sie sagte: Habe ich denn von meinem Herrn einen Sohn erbeten? Habe ich nicht gesagt, dass du mir keine Hoffnung machen sollst? 29 Da sprach er zu Gechasi: Gürte deine Hüften und nimm meinen Stab mit dir und geh! Wenn du jemanden triffst, so grüsse ihn nicht, und wenn jemand dich grüsst, so antworte ihm nicht. Und meinen Stab sollst du auf das Gesicht des Knaben legen. 30 Die Mutter des Knaben aber sprach: So wahr der HERR lebt, und so wahr du lebst, ich werde nicht von dir lassen! Da machte er sich auf und folgte ihr. 31 Gechasi aber war ihnen vorausgegangen und hatte dem Knaben den Stab auf das Gesicht gelegt; aber nichts war zu hören, es gab kein Lebenszeichen. Da kehrte er zurück, ihm entgegen, und berichtete ihm: Der Knabe ist nicht aufgewacht. 32 Und als Elischa in das Haus kam, sieh, da lag der Knabe tot auf seinem Bett. 33 Und er ging hinein, schloss die Tür hinter sich und dem Knaben und betete zum HERRN. 34 Dann stieg er auf das Lager, legte sich über das Kind und presste seinen Mund auf dessen Mund, seine Augen auf dessen Augen und seine Handflächen auf dessen Handflächen. Und als er sich so über ihn beugte, wurde der Leib des Knaben wieder warm. 35 Dann kam er zurück, ging im Haus einmal hierhin und einmal dorthin, stieg wieder hinauf und beugte sich über ihn. Da nieste der Knabe sieben Mal, und dann schlug der Knabe die Augen auf. 36 Er aber rief Gechasi und sagte zu ihm: Ruf diese Schunammitin! Und er rief sie, und sie kam zu ihm, und er sagte: Nimm deinen Sohn! 37 Da kam sie, fiel zu seinen Füssen nieder und verneigte sich

zur Erde, dann nahm sie ihren Sohn und ging hinaus.

| 9: 1Kön 17,24 | 12: 5,20; 8,4 | 16: Gen 18,10! | 17: Ps 113,9 | 20: 1Kön 17,17 | 25: 1,9! | 26: 5,21 | 27: Mt 28,9 · Mk 10,13 · Rut 1,20 | 28: 16 | 29: 9,1 · Lk 10,4 | 30: 2,2 · Gen 32,27 | 32: Lk 7,12–16 | 33: 1Kön 17,20; Apg 9,40 | 34: Apg 20,10 | 35: 5,10.14; 1Kön 18,43 · 13,21; Mt 9,25 | 36: 8,1.5; 1Kön 17,23; Hebr 11,35

4,19: Wörtlich: «...: Trag es zu seiner Mutter!»
4,33: Wörtlich: «..., schloss die Tür hinter ihnen beiden ...»

Elischa speist die Hungrigen

38 Elischa aber war nach Gilgal zurückgekehrt, als die Hungersnot im Land war. Und als die Prophetenjünger vor ihm sassen, sprach er zu seinem Burschen: Setz den grossen Kessel auf und koch ein Gericht für die Prophetenjünger. 39 Da ging einer hinaus aufs Feld, um Malven zu pflücken, fand aber ein wildes Rankengewächs, und von diesem pflückte er wilde Kürbisse, so viele sein Gewand fassen konnte. Dann kam er und schnitt sie in den Kessel mit dem Gericht, denn man wusste nicht, was es war. 40 Und man schöpfte den Männern, damit sie assen. Als sie aber von dem Gericht gegessen hatten, schrien sie auf und sagten: Der Tod ist in dem Topf, Mann Gottes! Und sie konnten es nicht essen. 41 Da sprach er: Holt Mehl! Und das streute er in den Topf und sagte: Schöpft für das Volk, damit sie zu essen haben. Und da war nichts Schädliches mehr in dem Topf.

42 Und aus Baal-Schalischa war ein Mann gekommen, und der brachte dem Gottesmann Brot von den Erstlingsgaben, zwanzig Gerstenbrote und frisches Korn in einem Beutel. Und er sprach: Gib es dem Volk, damit sie zu essen haben. 43 Sein Diener aber sagte: Wie soll ich das hundert Männern vorsetzen? Da sprach er: Gib es dem Volk, damit sie zu essen haben. Denn so spricht der HERR: Man wird essen und davon noch übrig lassen. 44 Und er setzte es ihnen vor, und sie assen und liessen davon noch übrig, nach dem Wort des HERRN.

|38: 8,1 · 2,1.3! |41: 2,21! |42: 1Sam 9,4 · Ex 23,19 ·
1Kön 14,3 |43: Num 11,23; Mt 14,17 |44: Mt 14,20

4,42: Die Bedeutung des mit ‹Beutel› wiedergegebenen hebräischen Worts ist unsicher.

Die Heilung des Aramäers Naaman

5 1 Und Naaman, der Heerführer des
Königs von Aram, galt vor seinem
Herrn als bedeutender Mann, und er
war angesehen, denn durch ihn hatte
der HERR den Aramäern Sieg verliehen.
Aber der Mann, ein tüchtiger Krieger,
hatte Aussatz. 2 Und Aram war in Streifscharen ausgezogen, und aus dem Land
Israel hatten sie ein junges Mädchen
verschleppt, und dieses diente vor der
Frau Naamans. 3 Und sie sagte zu ihrer
Gebieterin: Ach, wäre doch mein Herr
vor dem Propheten, der in Samaria ist.
Dann könnte dieser ihn von seinem
Aussatz befreien. 4 Da ging Naaman
und berichtete seinem Herrn: So und so
hat das Mädchen gesprochen, das aus
dem Land Israel kommt. 5 Und der König von Aram sagte: Geh, zieh hin, und
ich will dem König von Israel einen
Brief senden. Und er ging und nahm
zehn Kikkar Silber mit, dazu sechstausend Schekel Gold und zehn Wechselkleider. 6 Und er brachte dem König
von Israel den Brief, und darin hiess es:
Und nun, da dieser Brief an dich gelangt
ist, sieh: Ich habe Naaman, meinen Diener, zu dir gesandt, damit du ihn von
seinem Aussatz befreist. 7 Als aber der
König von Israel den Brief gelesen hatte,
zerriss er seine Kleider und sprach: Bin
ich denn ein Gott, der töten und lebendig machen kann, dass dieser zu mir
sendet, damit ich einen Menschen von
seinem Aussatz befreie? Begreift doch
und seht, dass er nur einen Anlass zum
Streit mit mir sucht.

8 Und als Elischa, der Gottesmann,
hörte, dass der König von Israel seine
Kleider zerrissen hatte, sandte er zum
König und sprach: Warum hast du deine
Kleider zerrissen? Soll er doch zu mir
kommen, damit er erfährt, dass es in Israel einen Propheten gibt. 9 Und Naaman kam mit seinen Pferden und seinem Wagen und trat an die Tür des Hauses, das Elischa gehörte. 10 Elischa aber
sandte einen Boten zu ihm und sprach:
Geh und wasch dich sieben Mal im Jordan, dann wird dein Leib wieder rein
sein. 11 Da wurde Naaman zornig, ging
und sagte: Sieh, ich hatte mir gesagt, er
werde gewiss zu mir herauskommen,
sich zu mir stellen und den Namen des
HERRN, seines Gottes, anrufen, dann
seine Hand über der Stelle bewegen und
so den Aussätzigen befreien. 12 Sind
nicht der Abana und der Parpar, die
Flüsse von Damaskus, besser als alle
Wasser Israels? Kann ich mich nicht in
denen waschen und rein werden? Und
er wandte sich um und ging im Zorn.
13 Seine Diener aber traten zu ihm, redeten ihm zu und sagten: Unser Vater,
hätte der Prophet Schweres von dir verlangt, würdest du es nicht tun? Und nun
erst recht, denn er hat dir gesagt: Wasche dich und werde rein! 14 Da ging er
hinab, und nach dem Wort des Gottesmannes tauchte er sieben Mal in den
Jordan ein. Und sein Leib wurde wieder
wie der Leib eines jungen Knaben, und
er war rein.

15 Dann aber kehrte er zurück zum
Gottesmann, er und sein ganzes Gefolge. Und als er hinkam, trat er vor ihn
und sprach: Sieh doch, ich habe erkannt,
dass es nirgendwo sonst auf der Erde einen Gott gibt als allein in Israel. Und so
nimm doch ein Geschenk an von deinem Diener. 16 Er aber sprach: So wahr
der HERR lebt, vor dem ich diene, ich
nehme nichts an! Da drängte er ihn, es
anzunehmen, er aber weigerte sich.
17 Und Naaman sagte: Wenn nicht,
möge man deinem Diener so viel Erde
mitgeben, wie ein Gespann Maultiere
tragen kann, denn dein Diener will keinen anderen Göttern mehr Brandopfer
und Schlachtopfer darbringen, sondern
nur noch dem HERRN. 18 Nur dies möge
der HERR deinem Diener vergeben:
Wenn mein Herr in das Haus des Rimmon kommt, um sich dort niederzuwer-

fen, und er stützt sich dabei auf meine Hand, dann muss auch ich mich niederwerfen im Haus des Rimmon – wenn ich mich dann niederwerfe im Haus des Rimmon, möge der HERR dies deinem Diener vergeben. 19 Da sprach er zu ihm: Geh in Frieden!

Als er aber ein Stück weit von ihm gegangen war, 20 dachte Gechasi, der Bursche Elischas, des Gottesmannes: Sieh, mein Herr hat Naaman, diesen Aramäer, verschont, und von dem, was jener mitgebracht hat, hat er nichts angenommen. So wahr der HERR lebt, ich werde ihm nachlaufen und mir etwas von ihm holen! 21 Und so folgte Gechasi Naaman, und Naaman sah, dass er hinter ihm herlief; da sprang er vom Wagen, kam ihm entgegen und sagte: Ist alles in Ordnung? 22 Und er sagte: Es ist alles in Ordnung! Mein Herr hat mich gesandt, um zu sagen: Sieh, da sind von den Prophetenjüngern nun zwei junge Männer vom Gebirge Efraim zu mir gekommen. Bitte gib mir für sie ein Kikkar Silber und zwei Wechselkleider. 23 Da sagte Naaman: Ich bitte dich, nimm zwei Kikkar! Und er drängte sie ihm auf und band zwei Kikkar Silber in zwei Beutel und dazu zwei Wechselkleider und gab sie seinen beiden Burschen, und diese trugen es vor ihm her. 24 Und er kam zu dem Hügel, nahm es ihnen aus der Hand und verwahrte es im Haus, die Männer aber schickte er weg, und sie gingen. 25 Und er kam, trat vor seinen Herrn, und Elischa sprach zu ihm: Woher kommst du, Gechasi? Und er sagte: Nirgendwohin ist dein Diener gegangen. 26 Er aber sprach zu ihm: Ist mein Herz etwa nicht mitgegangen, als einer von seinem Wagen stieg und dir entgegenkam? Ist es an der Zeit, Silber anzunehmen und Kleider anzunehmen und Ölbäume, Weinberge, Schafe, Rinder, Sklaven und Sklavinnen? 27 Für alle Zeiten aber wird der Aussatz Naamans an dir und deinen Nachkommen haften. Da ging er fort von ihm, von Aussatz überschneit.

| 1: Lk 4,27 · Lev 13,2 · 15,5 | 5: 8,9 | 7: Gen 30,2; 50,19 · 1Sam 2,6 · 1Kön 20,7 | 8: Ez 2,5 | 10: 4,35! · Joh 9,7 | 13: 2,12 | 14: 4,35! · Lev 14,7–9 · Hiob 33,25 | 15: 19,19 · 1Kön 13,7 | 16: 3,14! · Gen 14,23; Dan 5,17 | 18: 7,2! · Ex 20,5 · 2Chr 30,18 | 20: 4,12! | 21: 4,26 | 22: 2,3! | 24: Jos 7,21 | 26: 6,12 | 27: Ex 4,6

5,4: Wörtlich: «Da ging er …»
5,18: Rimmon ist ein Name des aramäischen Gottes Hadad.
5,24: Wörtlich: «Und er kam zum Ofel, …», womit wohl ein bestimmter Hügel im Stadtbereich von Samaria gemeint ist.

Weitere Wundertaten Elischas

6 1 Und die Prophetenjünger sagten zu Elischa: Sieh doch, der Raum, in dem wir vor dir wohnen, ist zu eng für uns. 2 Wir würden gern an den Jordan gehen und uns von dort jeder einen Balken holen, damit wir uns dort einen Ort herrichten können, um dort zu wohnen. Und er sagte: So geht! 3 Einer aber sagte: Ich bitte dich, geh doch mit deinen Dienern. Und er sagte: Ich werde mitgehen. 4 Und so ging er mit ihnen. Und sie kamen an den Jordan und schnitten das Holz zu. 5 Als einer aber seinen Balken fällte und das Eisen ins Wasser fiel, schrie er auf und sagte: Ach, mein Herr, es ist geliehen! 6 Der Gottesmann aber sagte: Wohin ist es gefallen? Und jener zeigte ihm die Stelle. Da schnitt er ein Stück Holz ab, warf es dort hinein und brachte das Eisen zum Schwimmen. 7 Dann sagte er: Hol es dir heraus! Da streckte jener seine Hand aus und holte es.

8 Und der König von Aram führte Krieg gegen Israel und beriet sich mit seinen Dienern und sagte: An jenem Ort soll mein Lager sein. 9 Der Gottesmann aber sandte zum König von Israel und sprach: Hüte dich davor, an jenem Ort vorbeizuziehen, denn dort hält Aram sich versteckt. 10 Da sandte der König von Israel an den Ort, den der Gottesmann ihm genannt hatte. Und so warnte er ihn immer wieder, damit dieser dort auf der Hut war; und dies geschah nicht nur einmal oder zweimal. 11 Darüber aber wurde das Herz des Königs von Aram unruhig, und er rief

seine Diener und sagte zu ihnen: Könnt
ihr mir nicht berichten, wer von den
Unsrigen zum König von Israel hält?
12 Einer seiner Diener aber sagte: So ist
es nicht, mein Herr und König! Elischa,
der Prophet, der in Israel ist, tut dem König von Israel sogar die Worte kund, die
du in deinem Schlafgemach sprichst.
13 Da sagte er: Geht und seht nach, wo er
ist, damit ich hinsenden und ihn holen
kann. Und es wurde ihm berichtet: Sieh,
er ist in Dotan! 14 Da sandte er Pferde,
Wagen und eine grosse Streitmacht
dorthin, und sie kamen bei Nacht und
umzingelten die Stadt. 15 Und in der
Frühe machte sich der Diener des Gottesmannes auf, ging hinaus, und sieh,
rings um die Stadt lag ein Heer mit Pferden und Wagen. Da sagte sein Bursche
zu ihm: Ach, mein Herr, was sollen wir
tun? 16 Und er sprach: Fürchte dich
nicht, denn die bei uns sind, sind zahlreicher als die bei ihnen. 17 Und Elischa
betete: HERR, öffne ihm doch die Augen,
dass er sieht! Und der HERR öffnete dem
Burschen die Augen, und er sah, und
sieh, rings um Elischa war der Berg voller Pferde und Wagen aus Feuer.
18 Dann kamen sie herab gegen ihn,
und Elischa betete zum HERRN und
sprach: Schlag doch diese Nation mit
Blindheit. Und nach dem Wort Elischas
schlug er sie mit Blindheit. 19 Und
Elischa sprach zu ihnen: Dies ist nicht
der Weg, und dies ist nicht die Stadt.
Folgt mir, dann will ich euch zu dem
Mann führen, den ihr sucht. Da führte
er sie nach Samaria. 20 Und als sie nach
Samaria gekommen waren, sprach
Elischa: HERR, öffne diesen die Augen,
dass sie sehen. Da öffnete der HERR ihnen die Augen, und sie sahen, und sieh,
sie waren mitten in Samaria. 21 Und als
der König von Israel sie erblickte, sagte
er zu Elischa: Soll ich sie erschlagen? Ich
werde sie erschlagen, mein Vater!
22 Dieser aber sagte: Erschlag sie nicht!
Erschlägst du, die du nicht mit deinem
Schwert und deinem Bogen gefangen
genommen hast? Setz ihnen Speise vor

und Wasser, damit sie zu essen und zu
trinken haben und dann zu ihrem
Herrn gehen können. 23 Da veranstaltete er ein grosses Mahl für sie, und sie
assen und tranken; dann entliess er sie,
und sie gingen zu ihrem Herrn. Die
Streifscharen Arams aber kamen nicht
mehr ins Land Israels.

| 1: 2,3! | 8: 24; 1Kön 20,1 | 12: 5,26 | 13:
1Sam 23,22–23 · Gen 37,17 | 16: 2Chr 32,7 | 17:
Num 22,31 · 2,11 | 18: Gen 19,11; Sach 12,4; Apg 13,11
| 22: Spr 25,21–22; Röm 12,20 | 23: 24,2!

6,8: Die Bedeutung des mit ‹mein Lager› wiedergegebenen hebräischen Worts ist unsicher.
6,18: Mit ‹sie› sind die feindlichen Aramäer
gemeint.

Die Belagerung und Rettung Samarias

24 Danach aber versammelte Ben-
Hadad, der König von Aram, sein ganzes
Heer und zog hinauf und belagerte Samaria. 25 Und in Samaria brach eine
grosse Hungersnot aus, und sieh, sie belagerten sie, bis der Kopf eines Esels achtzig Schekel Silber wert war und ein viertel Kab Taubendreck fünf Schekel Silber.
26 Und als der König von Israel auf der
Mauer entlangging, flehte ihn eine Frau
an: Hilf, mein Herr und König! 27 Er
aber sprach: Hilft dir der HERR nicht,
wie könnte ich dir helfen? Mit etwas
von der Tenne oder von der Kelter?
28 Und der König sagte zu ihr: Was
willst du? Und sie sagte: Diese Frau hat
zu mir gesagt: Gib deinen Sohn her, damit wir ihn heute essen, morgen werden wir dann meinen Sohn essen.
29 Und so haben wir meinen Sohn gekocht und ihn gegessen. Und am nächsten Tag sagte ich zu ihr: Gib deinen Sohn
her, damit wir ihn essen! Da hat sie ihren Sohn versteckt. 30 Und als der König die Worte der Frau gehört hatte, zerriss er seine Kleider, während er auf der
Mauer weiterging. Das sah das Volk,
dass er unter seinen Kleidern das
Trauergewand auf seinem Leib trug.
31 Und er sprach: Gott tue mir an, was
immer er will, wenn Elischa, der Sohn
Schafats, heute den Kopf auf seinem
Hals behält. 32 Elischa aber sass in sei-

nem Haus, und die Ältesten sassen bei
ihm. Da sandte der König einen Mann
vor sich her, und noch bevor der Bote zu
ihm kam, sagte Elischa zu den Ältesten:
Habt ihr gesehen, dass dieser Mörder
einen gesandt hat, mir den Kopf abzu-
schlagen? Seht, wenn der Bote kommt,
dann verschliesst die Tür und drängt
ihn mit der Tür zurück. Hört man hinter
ihm nicht schon das Geräusch der
Schritte seines Herrn? 33 Während er
noch mit ihnen sprach, sieh, da kam der
Bote herab zu ihm und sprach: Sieh, dies
ist das Unglück, das vom Herrn
kommt. Was kann ich noch vom Herrn
erwarten!

7 1 Elischa aber sprach: Hört das Wort
des Herrn! So spricht der Herr:
Morgen um diese Zeit wird ein Sea Feinmehl im Tor von Samaria einen Schekel
wert sein, und auch zwei Sea Gerste werden einen Schekel wert sein. 2 Daraufhin sagte der hoch gestellte Kämpfer,
auf dessen Hand sich der König stützte,
zum Gottesmann: Sieh, zwar macht der
Herr Fenster am Himmel; wie aber
sollte dieses möglich sein? Da sprach
dieser: Du wirst es mit eigenen Augen
sehen, davon essen aber wirst du nicht!

3 Vor dem Eingang des Tors aber waren vier Männer, die Aussatz hatten,
und diese sagten zueinander: Was sollen wir hier bleiben, bis wir sterben!
4 Entschliessen wir uns, in die Stadt zu
gehen, wo die Hungersnot herrscht,
werden wir dort sterben, und bleiben
wir hier, sterben wir auch. Nun also auf!
Lasst uns ins Lager Arams überlaufen!
Lassen sie uns leben, bleiben wir am Leben; töten sie uns, sterben wir. 5 Und in
der Dämmerung machten sie sich auf,
um ins Lager Arams zu gelangen. Als sie
aber an den Rand des Lagers Arams kamen, sieh, da war dort kein Mensch.
6 Denn der Herr hatte das Lager Arams
das Getöse von Wagen hören lassen, das
Getöse von Pferden, das Getöse einer
grossen Streitmacht, und sie hatten zueinander gesagt: Sieh, der König von Israel hat die Könige der Hetiter und die

Könige der Ägypter angeworben gegen
uns, damit sie über uns kommen. 7 So
hatten sie sich aufgemacht, und in der
Dämmerung waren sie geflohen. Ihre
Zelte aber, ihre Pferde und ihre Esel, das
Lager, so wie es war, hatten sie zurückgelassen, und sie waren geflohen, um
ihr Leben zu retten. 8 Und jene Aussätzigen kamen an den Rand des Lagers,
gingen in eines der Zelte und assen und
tranken. Da nahmen sie von dort Silber,
Gold und Kleider mit, gingen und versteckten es. Dann aber kehrten sie zurück, gingen in ein anderes Zelt, nahmen alles daraus mit, gingen und versteckten es. 9 Dann aber sagten sie zueinander: Was wir da tun, ist nicht
recht! Der heutige Tag ist ein Freudentag. Wenn wir dies hier verschweigen
und warten, bis der Morgen anbricht,
wird uns Schuld treffen. Nun aber auf!
Lasst uns gehen und im Haus des Königs davon berichten. 10 Und sie kamen
hin, riefen den Torwächter der Stadt
und berichteten ihnen: Wir sind ins Lager Arams gekommen, und sieh, dort
war kein Mensch, und kein menschlicher Laut war zu hören. Die Pferde waren angebunden, und die Esel waren angebunden, und die Zelte standen da, so
wie sie waren. 11 Da machten die Torwächter Meldung, und drinnen im Haus
des Königs erstattete man Bericht.

12 Und noch in der Nacht stand der
König auf und sprach zu seinen Dienern: Ich will euch sagen, was Aram gegen uns unternommen hat: Sie wissen,
dass wir Hunger leiden; und so sind sie
aus dem Lager ausgezogen, um sich auf
dem offenen Land zu verstecken, und
sie sagen: Wenn sie aus der Stadt herauskommen, können wir sie lebendig
ergreifen, und wir haben Zugang zur
Stadt. 13 Daraufhin sagte einer seiner
Diener: Man könnte doch fünf von den
übrig gebliebenen Pferden nehmen, von
denen, die übrig geblieben sind in der
Stadt. Sieh, es wird ihnen ja doch ergehen wie der ganzen Menge Israels, die
übrig geblieben ist in der Stadt! Sieh, es

wird ihnen ja doch ergehen wie der ganzen Menge Israels, die am Ende ist!
Diese wollen wir aussenden, und dann
werden wir sehen! 14 Da holte man
zwei Wagen mit Pferden, und der König
sandte sie dem Heer Arams nach und
sprach: Geht, und haltet Ausschau!
15 Und diese folgten ihnen bis an den
Jordan, und sieh, überall auf dem Weg
lagen Kleider und Dinge, die Aram weggeworfen hatte bei seiner überstürzten
Flucht. Da machten die Boten kehrt und
berichteten es dem König. 16 Das Volk
aber zog hinaus und plünderte das Lager
Arams. Und ein Sea Feinmehl war einen
Schekel wert, und auch zwei Sea Gerste
waren einen Schekel wert, nach dem
Wort des HERRN.

17 Der König aber hatte den hoch gestellten Kämpfer, auf dessen Hand er
sich stützte, zum Aufseher im Tor bestellt; dort im Tor aber überrannte ihn
das Volk, und er starb, wie der Gottesmann es angesagt hatte, wie er es angesagt hatte, als der König zu ihm herabkam. 18 Und so trat ein, was der Gottesmann dem König angesagt hatte: Morgen um diese Zeit werden zwei Sea
Gerste im Tor von Samaria einen Schekel wert sein, und auch ein Sea Feinmehl
wird einen Schekel wert sein. 19 Daraufhin hatte der hoch gestellte Kämpfer
zum Gottesmann gesagt: Sieh, zwar
macht der HERR Fenster am Himmel,
wie aber sollte dieses möglich sein? Und
er hatte gesagt: Sieh, du wirst es mit
eigenen Augen sehen, davon essen aber
wirst du nicht! 20 Und so geschah es
denn auch mit ihm; das Volk überrannte
ihn im Tor, und er starb.

|24: 1! · 17,5! |25: 1Kön 18,2 · Lev 26,26;
Ez 4,16–17 · 18,27 |28: 1Kön 3,16–28 |29: Lev 26,29;
Klgl 4,10 |30: 1Kön 21,27 |31: 1Sam 3,17 |32: Ez 8,1! ·
1Kön 21,19 |33: Am 3,6 · Hiob 2,9 |1: 1Sam 15,1 · 16;18
|2: 17; 5,18 · Gen 7,11; Mal 3,10 · 19 |3: Lev 13,46
|4: Jer 21,9 · Est 4,16 |6: 6,17 |7: Ri 7,21; 1Sam 14,15;
1Kön 20,20 |16: 2Chr 20,25 · 1! |17: 2! |18: 1!
|19: 2

6,32: Wörtlich: «... Da sandte er einen Mann vor
sich her, und noch bevor der Bote zu ihm kam, sagte
er ...»

7,2: Das mit ‹der hoch gestellte Kämpfer› wiedergegebene hebräische Wort bezeichnet den in der mi-
litärischen Rangordnung dritthöchsten Kämpfer.

7,13: Wörtlich: «..., die übrig geblieben sind in
ihr. ..., die übrig geblieben ist in ihr! ...»

Der wieder gewonnene Besitz der Schunammitin

8 1 Elischa aber sprach zu der Frau,
deren Sohn er wieder lebendig gemacht hatte: Mach dich auf und geh, du
mit deinem Haus, und bleib in der
Fremde, wo immer du bleiben kannst,
denn der HERR hat den Hunger herbeigerufen. Und dieser kam denn auch ins
Land, für sieben Jahre. 2 Und die Frau
machte sich auf und handelte nach dem
Wort des Gottesmannes: Sie ging, sie
mit ihrem Haus, und sieben Jahre lang
blieb sie als Fremde im Land der Philister. 3 Nach sieben Jahren aber kehrte die
Frau zurück aus dem Land der Philister,
und sie ging, um sich verzweifelt an den
König zu wenden ihres Hauses und
ihres Feldes wegen. 4 Der König aber
sprach gerade mit Gechasi, dem Burschen des Gottesmannes, und sagte:
Bitte erzähl mir von all den grossen Taten, die Elischa vollbracht hat. 5 Und als
er dem König erzählte, wie jener den Toten wieder lebendig gemacht hatte, sieh,
da kam die Frau, deren Sohn er wieder
lebendig gemacht hatte. Verzweifelt rief
sie den König an, ihres Hauses und ihres
Feldes wegen. Da sagte Gechasi: Mein
Herr und König, dies ist die Frau, und
dies ist ihr Sohn, den Elischa wieder lebendig gemacht hat. 6 Und der König
fragte die Frau, und sie erzählte es ihm.
Da gab der König ihr einen Kämmerer
mit und sprach: Gib ihr alles zurück, was
ihr gehört, auch den gesamten Ertrag
des Feldes, von dem Tag an, da sie das
Land verlassen hat, bis heute.

|1: 4,36! · 4,38 · Gen 12,1 · Gen 41,27 |3: Rut 1,7 ·
4,13 |4: 4,12! |5: 4,36!

Elischa und Chasael

7 Und Elischa kam nach Damaskus,
als Ben-Hadad, der König von Aram,
krank war. Und diesem wurde gemel-

det: Der Gottesmann ist hierher gekommen! 8 Da sagte der König zu Chasael: Nimm dir ein Geschenk mit, geh dem Gottesmann entgegen, und frage durch ihn den HERRN: Werde ich diese Krankheit überleben? 9 Und Chasael ging ihm entgegen und nahm ein Geschenk mit, alle Kostbarkeiten von Damaskus, so viel vierzig Kamele tragen konnten. Und als er ankam, trat er vor ihn und sprach: Dein Sohn Ben-Hadad, der König von Aram, hat mich zu dir gesandt, und er sagt: Werde ich diese Krankheit überleben? 10 Und Elischa sprach zu ihm: Geh, sag ihm: Du wirst sie überleben! Der HERR aber hat mich sehen lassen, dass er sterben wird! 11 Und mit starrem Gesicht blickte er ihn unerträglich lange an, dann weinte der Gottesmann. 12 Da sagte Chasael: Warum weint mein Herr? Und er sagte: Weil ich weiss, welch Unheil du den Israeliten antun wirst: Ihre befestigten Städte wirst du in Brand stecken, ihre jungen Männer wirst du mit dem Schwert umbringen, ihre Kinder wirst du zerschmettern, und ihre Schwangeren wirst du aufschlitzen. 13 Chasael aber sagte: Wer ist dein Diener, der Hund, dass er so Grosses vollbringen sollte? Da sprach Elischa: Der HERR hat mich sehen lassen, dass du König sein wirst über Aram. 14 Da ging er weg von Elischa und kam zu seinem Herrn, und der sagte zu ihm: Was hat Elischa dir gesagt? Und er sagte: Er hat mir gesagt, dass du überleben wirst! 15 Am nächsten Tag aber nahm er eine Decke, tauchte sie ins Wasser und legte sie ihm auf das Gesicht, und er starb. Und Chasael wurde König an seiner Statt.

| 7: 1Kön 20,1 | 8: 1Kön 19,15 · 1Sam 9,7! · 1,2 | 9: 5,5 | 10: 1,4! | 11: Lk 19,41 | 12: 10,32–33; 12,18; 13,3.7.22 · 15,16; Hos 14,1; Am 1,13 | 13: 1Sam 17,43!

Jehoram, König von Juda in Jerusalem

16 Und im fünften Jahr Jorams, des Sohns des Achab, des Königs von Israel, als Jehoschafat König von Juda war, wurde Jehoram, der Sohn Jehoschafats,

König, König von Juda. 17 Zweiunddreissig Jahre alt war er, als er König wurde, und acht Jahre lang war er König in Jerusalem. 18 Und er ging auf dem Weg der Könige von Israel, wie das Haus Achab es tat, denn die Tochter Achabs war seine Frau, und er tat, was böse war in den Augen des HERRN. 19 Um Davids, seines Dieners, willen aber wollte der HERR Juda nicht verderben, hatte er ihm doch zugesagt, ihm für immer eine Leuchte zu geben für seine Nachfahren. 20 In seinen Tagen löste sich Edom von der Herrschaft Judas, und sie machten einen zum König über sich. 21 Da zog Joram hinüber nach Zair, und mit ihm alle Wagen. Und in der Nacht machte er sich auf und schlug Edom, das ihn und die Obersten über die Wagen umzingelt hatte, und das Volk floh zu seinen Zelten. 22 Edom aber hat sich von der Herrschaft Judas gelöst bis auf den heutigen Tag. Damals, in jener Zeit, löste sich auch Libna. 23 Und was sonst noch von Joram zu berichten ist und von allem, was er getan hat, steht das nicht geschrieben im Buch der Chronik der Könige von Juda? 24 Und Joram legte sich zu seinen Vorfahren, und er wurde bei seinen Vorfahren begraben, in der Stadt Davids. Und Achasjahu, sein Sohn, wurde König an seiner Statt.

| 16: 1,17! | 18: 16,3 | 19: 1Kön 11,12 · 1Kön 11,36 | 20–22: 2Chr 21,8–11 | 20: Gen 27,40 · 1Kön 22,48 | 21: 14,7 · 1Kön 8,66 | 22: 19,8; Jos 10,29.31 | 23: 1Kön 14,29! | 24–27: 2Chr 21,20–22,4

8,16: Jehoram ist eine andere Form des Namens Joram.

8,21: Möglich ist auch die Übersetzung: «... und schlug Edom, das ihn umzingelt hatte, und die Obersten über die Wagen, ...»

Achasjahu, König von Juda in Jerusalem

25 Im zwölften Jahr Jorams, des Sohns des Achab, des Königs von Israel, wurde Achasjahu, der Sohn des Jehoram, König, König von Juda. 26 Zweiundzwanzig Jahre alt war Achasjahu, als er König wurde, und ein Jahr lang war er König in Jerusalem. Und der Name seiner Mutter war Ataljahu, die Nachfahrin

Omris, des Königs von Israel. 27 Und er ging auf dem Weg des Hauses Achab, und wie das Haus Achab tat auch er, was böse war in den Augen des HERRN, denn er war mit dem Haus Achab durch Heirat verwandt.

28 Und mit Joram, dem Sohn des Achab, zog er nach Ramot-Gilead in den Krieg gegen Chasael, den König von Aram, die Aramäer aber verwundeten Joram. 29 Da kehrte Joram, der König, zurück, um in Jesreel seine Wunden heilen zu lassen, die ihm die Aramäer in Rama geschlagen hatten, als er gegen Chasael, den König von Aram, kämpfte. Und Achasjahu, der Sohn des Jehoram, der König von Juda, kam herab, um nach Joram, dem Sohn des Achab, in Jesreel zu sehen, denn dieser war verwundet worden.

|25: 9,29 |26: 11,1 · 9,1 |28–29: 2Chr 22,5–6
|29: 9,15

Jehu wird zum König von Israel gesalbt und tötet seine Gegner

9 1 Und Elischa, der Prophet, rief einen der Prophetenjünger und sprach zu ihm: Gürte deine Hüften, nimm diesen Ölkrug mit dir und geh nach Ramot-Gilead. 2 Und wenn du dort ankommst, sieh dort nach Jehu, dem Sohn des Jehoschafat, des Sohns von Nimschi. Dann geh hinein, lass ihn aufstehen aus dem Kreis seiner Brüder und führe ihn ins hinterste Gemach. 3 Dann nimm den Krug mit Öl, giesse es über sein Haupt und sprich: So spricht der HERR: Ich salbe dich zum König über Israel! Dann aber öffne die Tür und flieh! Zögere nicht! 4 Da ging der junge Mann, der junge Prophet, nach Ramot-Gilead. 5 Und als er hinkam, sieh, da sassen die Anführer des Heeres beisammen, und er sprach: Anführer, ich habe dir etwas zu sagen! Und Jehu sagte: Wem von uns allen? Und er sprach: Dir, Anführer! 6 Da stand dieser auf und kam ins Haus. Und jener goss ihm das Öl über das Haupt und sprach zu ihm: So spricht der HERR, der Gott Israels: Ich salbe dich zum Kö-

nig über das Volk des HERRN, über Israel! 7 Das Haus Achabs, deines Herrn, aber sollst du erschlagen, und so werde ich Rache nehmen an Isebel für das Blut meiner Diener, der Propheten, und für das Blut aller Diener des HERRN. 8 Und das ganze Haus Achab soll umkommen; und wer zu Achab gehört und an die Wand pisst, den werde ich ausrotten, Sklaven und Freie in Israel. 9 Und das Haus Achab werde ich zurichten wie das Haus Jerobeams, des Sohns von Nebat, und wie das Haus des Bascha, des Sohns von Achija. 10 Und Isebel werden die Hunde fressen auf dem Feldstück von Jesreel, und niemand wird da sein, der sie begräbt. Dann öffnete er die Tür und floh.

11 Und Jehu war herausgekommen zu den Dienern seines Herrn, und sie sagten zu ihm: Ist alles in Ordnung? Warum ist dieser Verrückte zu dir gekommen? Da sagte er zu ihnen: Ihr kennt doch den Mann und sein Geschwätz! 12 Sie aber sagten: Ausflüchte! Berichte uns doch! Da sagte er: So und so hat er zu mir gesprochen, er hat gesagt: So spricht der HERR: Ich salbe dich zum König über Israel! 13 Da nahmen sie eilends ihre Gewänder, jeder das seine, und legten es vor ihn auf die nackten Stufen. Dann bliesen sie den Schofar und sagten: Jehu ist König geworden!

14 So verschwor sich Jehu, der Sohn Jehoschafats, des Sohns von Nimschi, gegen Joram. Joram aber hatte Wache gehalten in Ramot-Gilead, er und ganz Israel, gegen Chasael, den König von Aram. 15 Dann kehrte Jehoram, der König, zurück, um in Jesreel seine Wunden heilen zu lassen, die ihm die Aramäer geschlagen hatten, als er gegen Chasael, den König von Aram, kämpfte.

Und Jehu sagte: Wenn ihr einverstanden seid, soll niemand aus der Stadt entkommen, damit niemand geht und in Jesreel Bericht erstattet. 16 Und Jehu bestieg den Wagen und fuhr nach Jesreel, denn dort lag Joram. Und auch Achasja, der König von Juda, war herabgekommen, um nach Joram zu sehen. 17 Der Wächter aber stand auf dem Turm in Jesreel und sah die Schar Jehus kommen und sagte: Ich sehe eine Schar! Da sagte Jehoram: Hol einen Reiter und sende ihn ihnen entgegen, und er soll sagen: Ist Friede? 18 Und der Berittene kam auf ihn zu und sprach: So spricht der König: Ist Friede? Jehu aber sagte: Was kümmert dich der Friede? Schliess dich mir an! Und der Wächter meldete: Der Bote ist bei ihnen angekommen, aber nicht zurückgekehrt. 19 Da sandte er einen zweiten Berittenen, und dieser kam zu ihnen und sprach: So spricht der König: Friede! Jehu aber sagte: Was kümmert dich der Friede? Schliess dich mir an! 20 Und der Wächter meldete: Er ist bei ihnen angekommen, aber nicht zurückgekehrt. Da fährt einer wie Jehu fährt, der Sohn von Nimschi, er fährt wie ein Rasender! 21 Da sagte Jehoram: Spannt an! Und man spannte seinen Wagen an, und Jehoram, der König von Israel, und Achasjahu, der König von Juda, fuhren hinaus, ein jeder auf seinem Wagen. Und sie fuhren hinaus, Jehu entgegen, und beim Feldstück Nabots, des Jesreeliten, trafen sie auf ihn.

22 Und als Jehoram Jehu sah, sagte er: Ist Friede, Jehu? Dieser aber sagte: Wie kann Friede sein bei der Hurerei Isebels, deiner Mutter, und ihren vielen Zaubereien? 23 Da machte Jehoram kehrt und floh, und Achasjahu rief er zu: Verrat, Achasja! 24 Jehu aber hatte den Bogen ergriffen und traf Jehoram in den Rücken, und vorn trat der Pfeil aus seinem Herzen, und in seinem Wagen brach er zusammen. 25 Da sagte er zu Bidkar, seinem hoch gestellten Kämpfer: Nimm ihn, wirf ihn auf das Feldstück Nabots, des Jesreeliten! Denn erinnere dich, wie ich und du mit Gespannen hinter Achab, seinem Vater, herfuhren, und der HERR diesen Ausspruch tat über ihn: 26 Wahrlich, gestern habe ich das Blut Nabots und das Blut seiner Söhne gesehen, Spruch des HERRN! Und auf diesem Feldstück werde ich es dir

vergelten, Spruch des HERRN! Und nun nimm ihn, wirf ihn auf das Feldstück, nach dem Wort des HERRN. 27 Als Achasja, der König von Juda, das sah, floh er in Richtung Bet-Gan, Jehu aber verfolgte ihn und sprach: Auch ihn! Und noch auf dem Wagen schlugen sie auf ihn ein, am Pass von Gur, das bei Jibleam liegt. Da floh er nach Megiddo, und dort starb er. 28 Und seine Diener fuhren ihn nach Jerusalem, und man begrub ihn in seinem Grab, bei seinen Vorfahren, in der Stadt Davids. 29 Achasja aber war im elften Jahr Jorams, des Sohns des Achab, König über Juda geworden.

30 Und Jehu kam nach Jesreel; Isebel aber hatte davon gehört, und sie schminkte sich ihre Augen, schmückte ihr Haupt und blickte aus dem Fenster. 31 Und als Jehu ins Tor kam, sagte sie: Wie geht es Simri, dem Mörder seines Herrn? 32 Da blickte er zum Fenster hinauf und sagte: Wer ist auf meiner Seite? Wer? Und zwei, drei Kämmerer schauten zu ihm hinab, 33 und er sagte: Stosst sie hinunter! Und sie stiessen sie hinunter, und ihr Blut spritzte an die Mauer und über die Pferde, und er zerstampfte sie. 34 Dann ging er hinein, ass, trank und sagte: Seht nach dieser Verfluchten und begrabt sie, denn sie ist eine Königstochter. 35 Und sie gingen, um sie zu begraben, fanden von ihr aber nichts als den Schädel, die Füsse und die Hände. 36 Da kamen sie zurück und berichteten es ihm, und er sprach: Das ist das Wort des HERRN, das dieser durch seinen Diener Elija, den Tischbiter, gesprochen hat: Auf dem Feldstück von Jesreel werden die Hunde das Fleisch Isebels fressen. 37 Und wie Mist auf dem Feld wird der Leichnam Isebels sein auf dem Feldstück von Jesreel, so dass man nicht sagen kann: Dies ist Isebel.

|1: 4,29 · 2,3! · 8,28 |3: 1Sam 10,1; 16,13 · 1Kön 19,16 |7: Dtn 32,43; Ps 79,10 · 10,11! · 1Kön 18,4; 19,2 |8: 1Kön 14,10! · 14,26 |9: 1Kön 15,29 · 1Kön 16,11 |10: 1Kön 21,23 |11: Jer 29,26; Hos 9,7 |13: Mt 21,8 · 11,14 · 2Sam 15,10; 1Kön 1,39 |15: 8,29 |17: 2Sam 18,24 |21: 1Kön 21,16 |22: Nah 3,4 ·

1Kön 21,25 |23: 11,14 |24: 10,9; 1Kön 19,17 ·
1Kön 22,35 |26: 1Kön 21,19.29 |28: 14,20; 23,30
|29: 8,25 |30: Jer 4,30; Ez 23,40 |31: 1Kön 16,10
|34: Dtn 21,23; Jos 8,29 |35: Jes 14,18–20; Koh 6,3
|36: 1Kön 21,23 |37: Ps 83,11; Jer 8,2

9,8: Siehe die Anm. zu 1Sam 25,22.
9,27: Der Massoretische Text lautet: «... Auch ihn
erschlagt auf dem Wagen am Pass von Gur, ...»
9,31: Mit Simri ist Jehu gemeint; es liegt eine
Anspielung auf 1Kön 16,15–20 vor.

Der Untergang des Hauses Achab

10 1 In Samaria aber hatte Achab siebzig Söhne. Und Jehu schrieb Briefe, und diese sandte er nach Samaria an die Obersten von Jesreel, an die Ältesten und an die Erzieher der Söhne Achabs, und darin hiess es: 2 Nun, da dieser Brief an euch gelangt ist, bei euch sind doch die Söhne eures Herrn und bei euch sind die Wagen und Pferde, eine befestigte Stadt und die Waffen.
3 Schaut, wer der beste und aufrechteste der Söhne eures Herrn ist, und setzt ihn auf den Thron seines Vaters, und kämpft für das Haus eures Herrn! 4 Sie aber fürchteten sich über die Massen und sagten: Sieh, die zwei Könige konnten nicht vor ihm bestehen, wie sollen wir da bestehen? 5 Und der dem Haus vorstand und der der Stadt vorstand, die Ältesten und die Erzieher sandten zu Jehu und sagten: Wir sind deine Diener und werden alles tun, was du uns sagst. Wir werden niemanden zum König machen. Tu, was gut ist in deinen Augen. 6 Da schrieb er einen zweiten Brief an sie, und darin hiess es: Wenn ihr zu mir haltet und auf meine Stimme hört, dann nehmt die Köpfe der männlichen Nachkommen eures Herrn und bringt sie morgen um diese Zeit zu mir nach Jesreel. Die Söhne des Königs aber, siebzig Männer, waren bei den Grossen der Stadt, die sie aufzogen. 7 Und als der Brief zu ihnen kam, holten sie die Söhne des Königs und schlachteten sie ab, alle siebzig. Dann legten sie ihre Köpfe in Körbe, und diese sandten sie zu ihm nach Jesreel. 8 Und der Bote kam und meldete ihm: Man hat die Köpfe der Söhne des Königs gebracht. Da sagte er:

Legt sie bis zum Morgen in zwei Haufen an den Eingang des Tors. 9 Und am Morgen ging er hinaus, trat hin und sprach zum ganzen Volk: Ihr seid ohne Schuld! Seht, ich habe mich verschworen gegen meinen Herrn, und ich habe ihn umgebracht. Wer aber hat alle diese erschlagen? 10 Erkennt doch, dass nichts zur Erde fällt von dem Wort des HERRN, das der HERR gegen das Haus Achab gesprochen hat: Der HERR hat ausgeführt, was er angekündigt hat durch seinen Diener Elija. 11 Und Jehu erschlug alle, die in Jesreel übrig geblieben waren vom Haus Achab, auch alle seine Grossen, seine Vertrauten und seine Priester, und nicht einen, der zu ihm gehörte, liess er entrinnen. 12 Und Jehu machte sich auf, kam und ging nach Samaria. Als er unterwegs war bei Bet-Eked-Roim, 13 traf Jehu auf die Brüder des Achasjahu, des Königs von Juda, und sagte: Wer seid ihr? Und sie sagten: Wir sind die Brüder des Achasjahu, und wir sind hinabgezogen, um den Söhnen des Königs und den Söhnen der Gebieterin den Gruss zu entbieten. 14 Da sprach er: Ergreift sie lebend! Und man ergriff sie lebend, schlachtete sie ab und warf sie in die Zisterne von Bet-Eked, zweiundvierzig Mann, und nicht einen von ihnen liess er übrig.

15 Dann ging er weg von dort und traf auf Jehonadab, den Sohn des Rechab, der ihm entgegenkam. Und er segnete ihn und sprach zu ihm: Ist dein Herz so aufrichtig, wie es mein Herz deinem Herzen gegenüber ist? Und Jehonadab sprach: Ja! Wenn es so ist, so gib mir deine Hand. Da gab jener ihm die Hand, und er liess ihn zu sich auf den Wagen steigen 16 und sagte: Geh mit mir, und sieh meinen Eifer für den HERRN. Und so liess man ihn auf seinem Wagen mitfahren. 17 Und er kam nach Samaria und erschlug alle, die von Achab in Samaria übrig geblieben waren, bis er sie ausgerottet hatte, nach dem Wort des HERRN, das dieser zu Elija gesprochen hatte.

|1: 1Kön 21,8 · Est 2,7; Rut 4,16 |4: 9,24.27
|5: 18,14; Jos 9,25 |8: 1Sam 17,54; 31,9; 2Sam 4,7–8
|9: 9,24! |10: Jos 21,45! · 1Kön 21,19–22 |11: 9,7;
1Kön 21,29; Hos 1,4 |13–14: 2Chr 22,1.8 |15: Jer 35,6 ·
Esra 10,19 · 1Kön 20,33

10,1: «der Söhne» wurde in der Übersetzung
ergänzt.

10,10: Siehe die Anm. zu 1Sam 3,19.

Die Ausrottung des Baaldienstes.
Jehus Tod

18 Dann versammelte Jehu das
ganze Volk und sprach zu ihnen: Zu wenig hat Achab dem Baal gedient, Jehu
wird ihm besser dienen! 19 Und nun
ruft alle Propheten des Baal zu mir, alle,
die ihm dienen und alle seine Priester.
Keiner soll fehlen, denn ich veranstalte
ein grosses Schlachtfest für den Baal.
Wer fehlt, wird nicht am Leben bleiben.
Das aber tat Jehu aus Hinterlist, um die
auszurotten, die dem Baal dienten.
20 Und Jehu sprach: Setzt eine heilige
Festversammlung an für den Baal. Und
sie riefen sie aus. 21 Und Jehu sandte
umher in ganz Israel. Da kamen alle, die
dem Baal dienten, und es gab niemanden, der nicht gekommen wäre. Und sie
kamen in das Haus des Baal, und das
Haus des Baal wurde voll von einem
Ende bis zum anderen. 22 Und er sagte
zu dem, der der Kleiderkammer vorstand: Gib Kleider heraus für alle, die
dem Baal dienen. Und er gab ihnen die
Gewänder heraus. 23 Und Jehu kam mit
Jehonadab, dem Sohn des Rechab, in das
Haus des Baal und sagte zu denen, die
dem Baal dienten: Forscht nach und
seht, dass hier bei euch nicht etwa einer
von den Dienern des HERRN ist, sondern nur die, die dem Baal dienen.
24 Dann kamen sie, um Schlachtopfer
und Brandopfer darzubringen. Draussen aber hatte Jehu sich achtzig Mann
aufgestellt und gesagt: Wer einen von
den Männern entkommen lässt, die ich
in eure Hände treibe, der bezahlt für ihn
mit seinem Leben. 25 Und als er das
Brandopfer dargebracht hatte, sprach
Jehu zu den Leibwächtern und zu den
hoch gestellten Kämpfern: Kommt, er-

schlagt sie, kein einziger soll herauskommen! Und sie erschlugen sie mit
der Schärfe des Schwerts, dann warfen
die Leibwächter und die hoch gestellten
Kämpfer sie hinaus. Darauf gingen sie
in die Stadt des Hauses des Baal 26 und
schafften die Mazzeben aus dem Haus
des Baal und verbrannten sie, 27 und die
Mazzebe des Baal rissen sie nieder.
Dann rissen sie das Haus des Baal nieder
und machten Aborte daraus, und so ist
es bis auf den heutigen Tag.

28 Und so vertilgte Jehu den Baal aus
Israel. 29 Nur von den Sünden Jerobeams, des Sohns von Nebat, zu denen dieser Israel verführt hatte, liess Jehu nicht
ab: von den goldenen Kälbern, die in
Bet-El und die in Dan waren. 30 Und der
HERR sprach zu Jehu: Weil du gut ausgeführt hast, was recht ist in meinen Augen, weil du ganz nach meinem Herzen
gehandelt hast am Haus Achab, deshalb
werden Nachkommen von dir bis in die
vierte Generation auf dem Thron Israels
sitzen. 31 Jehu aber achtete nicht darauf,
sich von ganzem Herzen in der Weisung
des HERRN, des Gottes Israels, zu bewegen, er liess nicht ab von den Sünden Jerobeams, zu denen dieser Israel verführt
hatte.

32 In jenen Tagen begann der HERR,
Teile von Israel abzuhauen, und so
schlug Chasael sie überall im Gebiet Israels, 33 vom Jordan gegen Sonnenaufgang: das ganze Land Gilead, die Gaditen
und die Rubeniten und die Manassiten,
von Aroer an, das am Bachtal des Arnon
liegt, das Gilead und den Baschan.

34 Und was sonst noch von Jehu zu
berichten ist und von allem, was er getan hat, und von all seiner Tüchtigkeit,
steht das nicht geschrieben im Buch der
Chronik der Könige von Israel? 35 Und
Jehu legte sich zu seinen Vorfahren, und
man begrub ihn in Samaria. Und Jehoachas, sein Sohn, wurde König an seiner
Statt. 36 Und die Zeit, die Jehu in Samaria König war über Israel, betrug achtundzwanzig Jahre.

|18:17,16; 1Kön 16,31–32 |19:1Kön 22,6
|21:1Kön 16,32 |24:1Kön 20,39 |25:11,18;
1Kön 18,40 |26–27:3,2! |26:19,18;23,4
|27: Esra 6,11 |29:1Kön 12,29! |30:35;13,1.10;
14,23.29;15,12 |31: Dtn 10,12 |32–33:8,12!
|33: Dtn 3,12–13 |34:1Kön 14,19! |35:30!

Die Herrschaft der Atalja. Joasch wird König

11 1 Als aber Atalja, die Mutter des Achasjahu, sah, dass ihr Sohn tot war, machte sie sich auf und brachte alle königlichen Nachkommen um. 2 Jehoscheba aber, die Tochter des Königs Joram, die Schwester Achasjahus, nahm Joasch, den Sohn Achasjas, stahl ihn aus dem Kreis der Söhne des Königs, die getötet werden sollten, und brachte ihn und seine Amme in die Bettenkammer, und man versteckte ihn vor Ataljahu, und so wurde er nicht getötet. 3 Und sechs Jahre lang hielt er sich versteckt bei ihr, im Haus des HERRN, während Atalja Königin war über das Land.

4 Im siebten Jahr aber sandte Jehojada hin und holte die Obersten der Hundertschaften der Karier und der Leibwächter, brachte sie zu sich in das Haus des HERRN und schloss einen Bund mit ihnen, und im Haus des HERRN liess er sie schwören. Dann zeigte er ihnen den Sohn des Königs. 5 Und er gebot ihnen: Dies ist es, was ihr tun sollt: Das Drittel von euch, diejenigen, die am Sabbat antreten und den Wachdienst übernehmen im Haus des Königs 6 und das Drittel im Tor Sur und das Drittel im Tor hinter den Leibwächtern, ihr sollt abwechselnd den Wachdienst im Haus übernehmen. 7 Im Haus des HERRN aber sollen die beiden Abteilungen von euch, alle, die am Sabbat abtreten, die Bewachung des Königs übernehmen. 8 Und ihr sollt euch rings um den König scharen, jeder mit den Waffen in der Hand, und wer in die Reihen eindringt, wird getötet. Und ihr bleibt beim König, wenn er hinausgeht und wenn er hineingeht! 9 Und die Anführer der Hundertschaften machten es genau, wie Jehojada, der Priester, es ih-

nen befohlen hatte, und sie nahmen, ein jeder, ihre Männer, die am Sabbat antraten, zusammen mit denen, die am Sabbat abtraten, und kamen zu Jehojada, dem Priester. 10 Und der Priester gab den Anführern der Hundertschaften den Speer und die Rundschilde, die König David gehört hatten und die im Haus des HERRN waren. 11 Und die Leibwächter stellten sich auf, jeder die Waffen in der Hand, von der Südecke des Hauses bis zur Nordecke des Hauses, beim Altar und beim Haus, rings um den König. 12 Dann führte er den Sohn des Königs hinaus, legte ihm das Diadem an, gab ihm die Urkunde, und sie machten ihn zum König und salbten ihn. Und sie klatschten in die Hände und sprachen: Es lebe der König!

13 Atalja aber hörte das Lärmen der Leibwächter und des Volks und kam zum Volk ins Haus des HERRN. 14 Da sah sie nach und sieh, der König stand auf dem Podest, wie es Brauch war, und die Obersten und die Trompeter waren neben dem König, und alles Volk des Landes war frohen Mutes und blies die Trompeten. Da zerriss Atalja ihre Kleider und rief: Verrat! Verrat! 15 Jehojada, der Priester, aber befahl den Anführern der Hundertschaften, den Befehlshabern des Heeres, und sprach zu ihnen: Führt sie hinaus durch die Reihen, und wer ihr folgt, den tötet mit dem Schwert. Denn der Priester hatte gesagt: Sie soll nicht im Haus des HERRN getötet werden. 16 Und man legte Hand an sie, und auf dem Weg für die Pferde kam sie in das Haus des Königs, und dort wurde sie getötet. 17 Und Jehojada schloss den Bund zwischen dem HERRN, dem König und dem Volk, ein Volk des HERRN zu werden, und auch zwischen dem König und dem Volk. 18 Dann kam alles Volk des Landes zum Haus des Baal, und sie rissen es nieder; seine Altäre und seine Bilder zerschlugen sie ganz und gar, und Mattan, den Priester des Baal, brachten sie vor den Altären um. Der Priester aber setzte Wachen ein für das Haus des

HERRN. 19 Dann nahm er die Anführer der Hundertschaften, die Karier, die Leibwächter und alles Volk des Landes, und sie geleiteten den König hinab aus dem Haus des HERRN, und durch das Tor für die Leibwächter kamen sie in das Haus des Königs, und er setzte sich auf den Thron der Könige. 20 Und alles Volk des Landes freute sich, und die Stadt blieb ruhig. Ataljahu aber hatte man im Haus des Königs mit dem Schwert getötet.

| 1–3 · 2Chr 22,10–12 | 1: 8,26 · 9,27 | 2: 8,16 | 3: Ex 2,2; Ri 9,5 | 4–16: 2Chr 23,1–15 | 5: Num 1,53 | 10: 2Sam 8,7 | 12: Ps 21,4 · Dtn 17,18; Ps 132,12 · 2Sam 2,4 | 14: 23,3 · 9,13 · 9,23 | 16: 20 · Jer 31,40; Neh 3,28 | 17–20: 2Chr 23,16–21 | 17: 23,3; Jos 24,25 · 2Sam 5,3 | 18: 10,25! · 18,4! | 19: 1Kön 1,46; 14,27 | 20: 16

11,4: Karier waren Söldner aus dem kleinasiatischen Karien.

11,11: Das erste Haus ist der Tempel, mit dem zweiten ist wohl der Königspalast gemeint.

11,15: Mit ‹Reihen› ist entweder ein Spalier der Soldaten oder eine Säulenreihe gemeint.

Jehoasch, König in Jerusalem

12 1 Sieben Jahre alt war Jehoasch, als er König wurde. 2 Im siebten Jahr Jehus wurde Jehoasch König, und vierzig Jahre lang war er König in Jerusalem. Und der Name seiner Mutter war Zibja aus Beer-Scheba. 3 Und sein ganzes Leben lang tat Jehoasch, was recht war in den Augen des HERRN, denn Jehojada, der Priester, unterwies ihn. 4 Die Kulthöhen aber verschwanden nicht; immer brachte das Volk auf den Kulthöhen Schlachtopfer und Rauchopfer dar. 5 Und Jehoasch sprach zu den Priestern: Alles Silber von den Weihgaben, das in das Haus des HERRN gebracht wird, das Silber der üblichen Einschätzung eines jeden – das Silber aller, ihrer Schätzung entsprechend –, alles Silber, das einer von sich aus in das Haus des HERRN bringt, 6 das sollen die Priester an sich nehmen, je einer von seinem Verwalter, und sie sollen die Schäden am Haus ausbessern, wo immer sich daran ein Schaden findet. 7 Im dreiundzwanzigsten Jahr des Königs Jehoasch aber hatten die Priester die Schäden am Haus noch

nicht ausgebessert. 8 Da rief König Jehoasch Jehojada, den Priester, und die Priester und sagte zu ihnen: Warum bessert ihr die Schäden am Haus nicht aus? Von nun an sollt ihr von euren Verwaltern kein Silber mehr annehmen; ihr werdet es abgeben für die Schäden am Haus! 9 Und die Priester willigten ein, kein Silber mehr anzunehmen vom Volk und die Schäden am Haus nicht ausbessern zu müssen. 10 Jehojada, der Priester, aber nahm einen Kasten, bohrte ein Loch in dessen Deckel und stellte ihn rechts neben den Altar, wo jeder eintrat in das Haus des HERRN. Dort hinein taten die Priester, die Hüter der Schwelle, alles Silber, das in das Haus des HERRN gebracht wurde. 11 Und wenn sie sahen, dass viel Silber im Kasten war, kamen die Schreiber des Königs und der Hohe Priester herauf, banden es zusammen und zählten das Silber, das sich im Haus des HERRN fand. 12 Das abgewogene Silber aber gab man dann in die Hände der Werkmeister, die eingesetzt waren im Haus des HERRN, und diese gaben es heraus an die Zimmerleute und an die Bauleute, die am Haus des HERRN arbeiteten, 13 und an die Maurer und Steinmetze, für den Ankauf von Holz und von Bruchsteinen, um die Schäden am Haus des HERRN auszubessern, und für alles, was bezahlt werden musste für die Ausbesserung des Hauses. 14 Doch wurden von dem Silber, das in das Haus des HERRN gebracht wurde, keine silbernen Schalen für das Haus des HERRN angefertigt, keine Messer, keine Sprengschalen, keine Trompeten, keinerlei Geräte aus Gold und keine Geräte aus Silber, 15 sondern man gab es den Werkmeistern, und diese besserten damit das Haus des HERRN aus. 16 Und man rechnete nicht ab mit den Männern, in deren Hand man das Silber gab, damit sie es den Werkmeistern gaben; sie handelten in Treue. 17 Das Silber für Schuldopfer aber und das Silber für Sündopfer wurde nicht in das Haus des HERRN gebracht, es gehörte den Priestern.

18 Damals zog Chasael, der König von Aram, herauf, bekämpfte Gat und nahm es ein. Dann machte Chasael sich daran, gegen Jerusalem hinaufzuziehen. 19 Da nahm Jehoasch, der König von Juda, alle heiligen Dinge, die Jehoschafat, Jehoram und Achasjahu, seine Vorfahren, die Könige von Juda, geweiht hatten, und seine eigenen heiligen Dinge, dazu alles Gold, das sich in den Schatzkammern im Haus des HERRN und im Haus des Königs fand, und sandte alles an Chasael, den König von Aram. Und dieser zog hinauf, weg von Jerusalem. 20 Und was sonst noch von Joasch zu berichten ist und von allem, was er getan hat, steht das nicht geschrieben im Buch der Chronik der Könige von Juda? 21 Seine Diener aber erhoben sich, zettelten eine Verschwörung an und erschlugen Joasch im Haus Millo, wo man hinabgeht nach Silla. 22 Und Josabad, der Sohn des Schimat, und Jehosabad, der Sohn des Schomer, seine Diener, erschlugen ihn, und er starb. Und man begrub ihn bei seinen Vorfahren, in der Stadt Davids. Und Amazja, sein Sohn, wurde König an seiner Statt.

|1–3: 2Chr 24,1–3 |1: 13,1.10 |3: 18,3; 22,2; 1Kön 15,11 |4–17: 2Chr 24,4–14 |4: 14,4; 15,4.35; 1Kön 22,44 |5: Ex 30,13 · Lev 27,2–8 · 1Chr 29,6–8! |10: Mk 12,41 · 22,4 |13: Esra 3,7 |16: 22,7 |17: Lev 7,7–9; Num 18,9 |18: 8,12! |19: 16,8; 18,15–16; 1Kön 15,19 |20: 1Kön 14,29! |21–22: 2Chr 24,23–26 |21: 2Sam 5,9! |22: 14,5 · 14,1

12,1: Jehoasch ist eine andere Form des Namens Joasch.

12,5: Die Übersetzung «das Silber der üblichen Einschätzung jeden jeden» ist unsicher.

12,6: Mit ‹Verwalter› sind Männer gemeint, die für das Geld des Tempels zuständig waren.

Jehoachas, König über Israel in Samaria

13 1 Im dreiundzwanzigsten Jahr des Joasch, des Sohns Achasjahus, des Königs von Juda, wurde Jehoachas, der Sohn Jehus, in Samaria König über Israel; siebzehn Jahre. 2 Und er tat, was böse war in den Augen des HERRN, und

er folgte den Sünden Jerobeams, des Sohns von Nebat, zu denen dieser Israel verführt hatte; er liess nicht davon ab. 3 Da entbrannte der Zorn des HERRN über Israel, und er gab sie in die Hand Chasaels, des Königs von Aram, und in die Hand Ben-Hadads, des Sohns von Chasael, die ganze Zeit. 4 Jehoachas aber besänftigte das Angesicht des HERRN, und der HERR erhörte ihn, denn er sah die Qualen Israels, da der König von Aram sie quälte. 5 Da gab der HERR Israel einen Retter, und sie entkamen aus der Hand Arams, und die Israeliten wohnten in ihren Zelten wie zuvor. 6 Doch liessen sie nicht ab von den Sünden des Hauses Jerobeam, zu denen dieser Israel verführt hatte, darin lebte man. Auch blieb die Aschera in Samaria stehen. 7 Denn er hatte Jehoachas nicht mehr Leute übrig gelassen als fünfzig Reiter, zehn Wagen und zehntausend Mann Fussvolk. Der König von Aram hatte sie vernichtet, und er hatte sie gemacht wie Staub beim Dreschen. 8 Und was sonst noch von Jehoachas zu berichten ist, und von allem was er getan hat, und von seiner Tüchtigkeit, steht das nicht geschrieben im Buch der Chronik der Könige von Israel? 9 Und Jehoachas legte sich zu seinen Vorfahren, und man begrub ihn in Samaria. Und Joasch, sein Sohn, wurde König an seiner Statt.

|1: 12,1! |2: 11 |3: Ri 2,14 · 8,12! · 24 |4: 23 · 14,26 |5: 14,27; 1Sam 12,11 · Ri 7,8 |6: 11 · 21,3! |7: 8,12! · Mi 4,13 |8: 1Kön 14,19! |9: 13 · 10,30!

Jehoasch, König über Israel in Samaria

10 Im siebenunddreissigsten Jahr des Joasch, des Königs von Juda, wurde Jehoasch, der Sohn des Jehoachas, in Samaria König über Israel; sechzehn Jahre. 11 Und er tat, was böse war in den Augen des HERRN, er liess nicht ab von all den Sünden Jerobeams, des Sohns von Nebat, zu denen dieser Israel verführt hatte, er lebte darin. 12 Und was sonst noch von Joasch zu berichten ist, und von allem, was er getan hat, und von seiner Tüchtigkeit, wie er Krieg geführt hat

gegen Amazja, den König von Juda, steht das nicht geschrieben im Buch der Chronik der Könige von Israel? 13 Und Joasch legte sich zu seinen Vorfahren, und Jerobeam setzte sich auf seinen Thron. Und Joasch wurde in Samaria begraben, bei den Königen von Israel.

|10: 12,1! |11: 2 · 6 |12: 14,8–16; 2Chr 25,21–24 · 1Kön 14,19! |13: 9 · 14,16.23

Krankheit und Tod Elischas

14 Elischa aber war von der Krankheit befallen worden, an der er sterben würde, und Joasch, der König von Israel, kam herab zu ihm, weinte über seinem Angesicht und sprach: Mein Vater, mein Vater! Wagen Israels und seine Reiter! 15 Elischa aber sagte zu ihm: Hol Bogen und Pfeile. Und er holte ihm Bogen und Pfeile. 16 Dann sagte er zum König von Israel: Spann den Bogen! Und er spannte ihn, und Elischa legte seine Hände auf die Hände des Königs 17 und sagte: Öffne das Fenster nach Osten. Und er öffnete es. Dann sagte Elischa: Schiess! Und er schoss. Da sprach er: Ein Siegespfeil des HERRN! Ein Siegespfeil gegen Aram: In Afek wirst du Aram vernichtend schlagen. 18 Dann sagte er: Nimm die Pfeile! Und er nahm sie. Dann sprach er zum König von Israel: Schlage damit auf die Erde. Da schlug er dreimal, dann aber hielt er inne. 19 Da wurde der Gottesmann zornig über ihn und sprach: Fünf- oder sechsmal hättest du schlagen müssen, dann hättest du Aram vernichtend geschlagen! Nun aber wirst du Aram nur dreimal schlagen.

20 Und Elischa starb, und man begrub ihn.

Und kam das neue Jahr, so kamen die Streifscharen Moabs ins Land. 21 Und als man einmal einen Mann begrub, sieh, da sahen sie die Streifschar und warfen den Mann in das Grab Elischas. Da bewegte er sich, und als der Mann die Gebeine Elischas berührte, wurde er wieder lebendig und stellte sich auf seine Füsse.

22 Chasael aber, der König von Aram, quälte Israel, solange Jehoachas lebte. 23 Der HERR aber war ihnen gnädig und erbarmte sich ihrer, und um seines Bundes mit Abraham, Isaak und Jakob willen wandte er sich ihnen zu und wollte sie nicht vernichten, und er hat sie nicht von seinem Angesicht verstossen, bis heute. 24 Und Chasael, der König von Aram, starb, und Ben-Hadad, sein Sohn, wurde König an seiner Statt. 25 Und Jehoasch, der Sohn des Jehoachas, nahm Ben-Hadad, dem Sohn Chasaels, die Städte wieder aus der Hand, die dieser Jehoachas, seinem Vater, im Krieg aus der Hand genommen hatte. Dreimal schlug Joasch ihn, und so holte er die Städte Israels zurück.

|14: Gen 50,1 · 2,12 |17: 1Kön 20,26 |19: 25 |20: 24,2! |21: 4,35! |22: 8,12! |23: 4 · Ex 2,24; Lev 26,42 · 17,18 |24: 3 |25: 19

13,17: Bei «Da sprach er: Ein Siegespfeil ...» spricht wieder der Prophet.

13,23: «bis heute» ist wörtlich «bis jetzt». Dabei handelt es sich wohl um einen späteren deutenden Zusatz zum Text; «jetzt» bezieht sich auf die Zeit, in der dieser Zusatz eingefügt wurde.

Amazjahu, König von Juda in Jerusalem

14 1 Im zweiten Jahr des Joasch, des Sohns von Joachas, des Königs von Israel, wurde Amazjahu, der Sohn des Joasch, König, König von Juda. 2 Fünfundzwanzig Jahre alt war er, als er König wurde, und neunundzwanzig Jahre lang war er König in Jerusalem. Und der Name seiner Mutter war Jehoaddan aus Jerusalem. 3 Und er tat, was recht war in den Augen des HERRN, wenn auch nicht wie David, sein Vorfahr, sondern ganz so wie Joasch, sein Vater, es getan hatte. 4 Die Kulthöhen aber verschwanden nicht, noch immer brachte das Volk auf den Kulthöhen Schlachtopfer und Rauchopfer dar. 5 Und als das Königtum fest in seiner Hand war, erschlug er diejenigen von seinen Dienern, die den König, seinen Vater, erschlagen hatten. 6 Die Kinder der Mörder aber tötete er nicht, wie es geschrieben steht im Buch

der Weisung des Mose, wie der HERR es geboten hatte: Die Väter sollen nicht mit den Kindern getötet werden, und die Kinder sollen nicht mit den Vätern getötet werden, sondern ein jeder soll für seine eigene Sünde getötet werden. 7 Er war es, der Edom im Salztal schlug, zehntausend, und der Sela im Kampf eingenommen hat; und er gab Sela den Namen Jokteel, und so heisst es bis auf den heutigen Tag.

8 Damals sandte Amazja Boten zu Jehoasch, dem Sohn des Jehoachas, des Sohns von Jehu, dem König von Israel, und sagte: Komm, wir wollen uns Auge in Auge gegenüberstehen. 9 Jehoasch aber, der König von Israel, sandte zu Amazjahu, dem König von Juda, und sagte: Der Dornstrauch, der auf dem Libanon wuchs, sandte zur Zeder, die auf dem Libanon stand, und sagte: Gib meinem Sohn deine Tochter zur Frau! Und die Wildtiere, die auf dem Libanon waren, liefen über ihn hinweg und zertraten den Dornstrauch. 10 Gewiss, du hast Edom geschlagen, nun aber macht dein Herz dich hochmütig. Geniesse den Ruhm und bleib in deinem Haus! Warum denn willst du dich ins Unglück stürzen und zu Fall kommen, du und Juda mit dir? 11 Amazjahu aber hörte nicht, und so zog Jehoasch, der König von Israel, hinauf, und in Bet-Schemesch, das zu Juda gehört, standen sie sich Auge in Auge gegenüber, er und Amazjahu, der König von Juda. 12 Juda aber wurde vor Israel geschlagen, und sie flohen, ein jeder zu seinen Zelten. 13 Und Jehoasch, der König von Israel, nahm Amazjahu, den König von Juda, den Sohn des Jehoasch, des Sohns des Achasjahu, in Bet-Schemesch gefangen. Dann kam er nach Jerusalem, und in die Mauer von Jerusalem riss er eine Bresche von vierhundert Ellen, vom Efraim-Tor bis zum Eck-Tor. 14 Und er nahm alles Gold und Silber und alle Geräte, die sich im Haus des HERRN und in den Schatzkammern des Hauses des Königs

fanden, und dazu auch Geiseln; dann kehrte er zurück nach Samaria.

15 Und was sonst noch von Jehoasch zu berichten ist, von dem, was er getan hat, und von seiner Tüchtigkeit und wie er Krieg geführt hat gegen Amazjahu, den König von Juda, steht das nicht geschrieben im Buch der Chronik der Könige von Israel? 16 Und Jehoasch legte sich zu seinen Vorfahren, und er wurde in Samaria begraben, bei den Königen von Israel. Und Jerobeam, sein Sohn, wurde König an seiner Statt. 17 Und nach dem Tod des Jehoasch, des Sohns von Jehoachas, des Königs von Israel, lebte Amazjahu, der Sohn des Joasch, König von Juda, noch fünfzehn Jahre. 18 Und was sonst noch von Amazjahu zu berichten ist, steht das nicht geschrieben im Buch der Chronik der Könige von Juda? 19 In Jerusalem aber zettelte man eine Verschwörung gegen ihn an, und er floh nach Lachisch. Aber man sandte hinter ihm her nach Lachisch, und dort tötete man ihn. 20 Dann hob man ihn auf die Pferde, und er wurde in Jerusalem begraben, bei seinen Vorfahren, in der Stadt Davids. 21 Dann nahm das ganze Volk von Juda den Asarja, der sechzehn Jahre alt war, und sie machten ihn zum König an seines Vaters Amazjahus Statt. 22 Er baute Elat aus und holte es für Juda zurück, nachdem der König sich zu seinen Vorfahren gelegt hatte.

| 1: 12,22 | 4: 12,4! | 5: 12,22 | 6: Dtn 24,16!
| 7: 8,21 · 2Sam 8,13 | 8–14: 2Chr 25,17–24 | 9: Ri 9,14
| 12: Ri 7,8; 1Kön 8,66 | 13: Neh 8,16; 12,39 · Jer 31,38;
Sach 14,10 | 14: 1Kön 14,26 | 16: 13,13! · 23 | 18:
1Kön 14,29! | 20: 9,28! | 21–22: 2Chr 26,1–2
| 21: 15,1–2 | 22: 16,6

14,7: Wörtlich: «...; und er gab ihm den Namen Jokteel, ...»

Jerobeam, Sohn des Joasch, König von Israel in Samaria

23 Im fünfzehnten Jahr Amazjahus, des Sohns von Joasch, des Königs von Juda, wurde Jerobeam, der Sohn des Joasch, in Samaria König, König von Israel; einundvierzig Jahre. 24 Und er tat,

was böse war in den Augen des HERRN,
er liess nicht ab von all den Sünden Jerobeams, des Sohns von Nebat, zu denen
dieser Israel verführt hatte. 25 Er stellte
die Grenzen Israels wieder her, von da,
wo es nach Chamat geht, bis zum Meer
der Araba, nach dem Wort des HERRN,
des Gottes Israels, das dieser gesispro-
chen hatte durch seinen Diener Jona,
den Sohn des Amittai, den Propheten,
der aus Gat-Chefer stammte. 26 Denn
der HERR hatte gesehen, dass das Elend
Israels sehr bitter war: Es war aus mit
dem Sklaven, und es war aus mit dem
Freien, und es gab niemanden, der Israel
half. 27 Der HERR aber hatte nicht angekündigt, den Namen Israels austilgen
zu wollen unter dem Himmel, und so
rettete er sie durch Jerobeam, den Sohn
des Joasch. 28 Und was sonst noch von
Jerobeam zu berichten ist und von allem, was er getan hat, und von seiner
Tüchtigkeit, wie er Krieg geführt hat
und wie er Damaskus und Chamat zurückgeholt hat für Juda in Israel, steht
das nicht geschrieben im Buch der
Chronik der Könige von Israel? 29 Und
Jerobeam legte sich zu seinen Vorfahren, zu den Königen von Israel. Und Secharja, sein Sohn, wurde König an seiner Statt.

|23: 16 · 14,13 · Hos 1,1; Am 1,1 |24: 3,3; 1Kön 14,16;
Am 7,9–13 |25: Dtn 3,17 · Jona 1,1 |26: 9,8 · 13,4 ·
Ps 107,12 |27: Dtn 9,14 · 13,5! |28: 1Kön 14,19! |29:
15,8

14,28: Die Übersetzung hält sich an den Massoretischen Text; vermutlich ist Folgendes gemeint:
«… und wie er Damaskus und Chamat, die zu Juda
gehört hatten, für Israel zurückgeholt hat, steht …»

Asarja, König von Juda in Jerusalem

15 1 Im siebenundzwanzigsten Jahr
Jerobeams, des Königs von Israel,
wurde Asarja, der Sohn des Amazja, König, König von Juda. 2 Sechzehn Jahre
alt war er, als er König wurde, und zweiundfünfzig Jahre lang war er König in
Jerusalem. Und der Name seiner Mutter
war Jecholjahu aus Jerusalem. 3 Und er
tat, was recht war in den Augen des
HERRN, ganz wie Amazjahu, sein Vater,

es getan hatte. 4 Die Kulthöhen aber
verschwanden nicht, noch immer
brachte das Volk auf den Kulthöhen
Schlachtopfer und Brandopfer dar.
5 Der HERR aber schlug den König, und
bis zum Tag seines Todes war er aussätzig und wohnte in einem abgesonderten Haus. Und Jotam, der Sohn des Königs, stand dem Haus vor; er verschaffte
dem Volk des Landes Recht. 6 Und was
sonst noch von Asarjahu zu berichten ist
und von allem, was er getan hat, steht
das nicht geschrieben im Buch der Chronik der Könige von Juda? 7 Und Asarja
legte sich zu seinen Vorfahren, und man
begrub ihn bei seinen Vorfahren, in der
Stadt Davids. Und Jotam, sein Sohn,
wurde König an seiner Statt.

|1–2: 14,21 |2–3: 2Chr 26,3–4 |3: 34 |4: 12,4! |5:
5,1 · Lev 13,46! · 32 |6: 1Kön 14,29! |7: Jes 6,1

15,5: «in einem abgesonderten Haus» ist wörtlich «im Haus des Befreitseins».

Secharjahu, König über Israel in Samaria

8 Im achtunddreissigsten Jahr Asarjahus, des Königs von Juda, wurde Secharjahu, der Sohn Jerobeams, in Samaria König über Israel; sechs Monate.
9 Und er tat, was böse war in den Augen
des HERRN, wie seine Vorfahren es getan hatten; er liess nicht ab von den Sünden Jerobeams, des Sohns von Nebat, zu
denen dieser Israel verführt hatte.
10 Schallum aber, der Sohn des Jabesch,
zettelte eine Verschwörung gegen ihn
an, erschlug ihn vor dem Volk und tötete
ihn. Dann wurde er König an seiner
Statt. 11 Und was sonst noch von Secharja zu berichten ist, sieh, das steht
geschrieben im Buch der Chronik der
Könige von Israel. 12 Dies ist das Wort
des HERRN, das dieser zu Jehu gesprochen hatte: Bis in die vierte Generation
werden Nachkommen von dir auf dem
Thron Israels sitzen. Und so ist es
geschehen.

|8: 14,29 |9: 1Kön 14,16 |11: 1Kön 14,19! |12:
10,30!

Schallum, König in Samaria

13 Schallum, der Sohn des Jabesch, wurde König im neununddreissigsten Jahr des Usija, des Königs von Juda, und einen Monat lang war er König in Samaria. 14 Da aber zog Menachem, der Sohn des Gadi, von Tirza herauf und kam nach Samaria, und in Samaria erschlug er Schallum, den Sohn des Jabesch, und tötete ihn. Dann wurde er König an seiner Statt. 15 Und was sonst noch von Schallum zu berichten ist, und von der Verschwörung, die er angezettelt hat, sieh, das steht geschrieben im Buch der Chronik der Könige von Israel. 16 Von Tirza aus schlug Menachem damals Tifsach und alles, was darin war, und ihr Gebiet, denn man hatte ihm die Stadt nicht geöffnet. Und so schlug er sie, all ihre Schwangeren schlitzte er auf.

|15: 1Kön 14,19! |16: 8,12!

15,16: «die Stadt» wurde in der Übersetzung ergänzt.

Menachem, König über Israel in Samaria

17 Im neununddreissigsten Jahr Asarjas, des Königs von Juda, wurde Menachem, der Sohn des Gadi, in Samaria König über Israel; zehn Jahre. 18 Und er tat, was böse war in den Augen des HERRN, er liess nicht ab von den Sünden Jerobeams, des Sohns von Nebat, zu denen dieser Israel verführt hatte, solange er lebte. 19 Pul, der König von Assur, war über das Land gekommen. Und Menachem gab Pul tausend Kikkar Silber, damit er ihm half, das Königtum in seiner Hand zu festigen. 20 Das Silber aber trieb Menachem von Israel ein, von allen tüchtigen Kriegern, von jedem fünfzig Schekel Silber, um es dem König von Assur zu geben. Da kehrte der König von Assur zurück und blieb nicht dort im Land. 21 Und was sonst noch von Menachem zu berichten ist und von allem, was er getan hat, steht das nicht geschrieben im Buch der Chronik der Könige von Israel? 22 Und Menachem legte sich zu seinen Vorfahren. Und Pe-

kachja, sein Sohn, wurde König an seiner Statt.

|18: 1Kön 14,16 |19: Hos 5,13 · 29! |20: 23,35 |21: 1Kön 14,19!

Pekachja, König über Israel in Samaria

23 Im fünfzigsten Jahr des Asarja, des Königs von Juda, wurde Pekachja, der Sohn des Menachem, in Samaria König über Israel; zwei Jahre. 24 Und er tat, was böse war in den Augen des HERRN, er liess nicht ab von den Sünden Jerobeams, des Sohns von Nebat, zu denen dieser Israel verführt hatte. 25 Und Pekach, der Sohn des Remaljahu, sein hoch gestellter Kämpfer, zettelte eine Verschwörung gegen ihn an, und in Samaria, im Wohnturm im Haus des Königs, erschlug er ihn und ebenso Argob und Arje, und bei ihm waren fünfzig Mann von den Gileaditern. So tötete er ihn und wurde König an seiner Statt. 26 Und was sonst noch von Pekachja zu berichten ist und von allem, was er getan hat, sieh, das steht geschrieben im Buch der Chronik der Könige von Israel.

|24: 1Kön 14,16 |26: 1Kön 14,19!

Pekach, König über Israel in Samaria

27 Im zweiundfünfzigsten Jahr des Asarja, des Königs von Juda, wurde Pekach, der Sohn des Remaljahu, in Samaria König über Israel; zwanzig Jahre. 28 Und er tat, was böse war in den Augen des HERRN, er liess nicht ab von den Sünden Jerobeams, des Sohns von Nebat, zu denen dieser Israel verführt hatte. 29 In den Tagen Pekachs, des Königs von Israel, kam Tiglat-Pileser, der König von Assur, und nahm Ijon, Abel-Bet-Maacha, Janoach, Kedesch, Chazor, das Gilead und Galiläa, das ganze Land Naftali und führte die Bewohner in die Verbannung nach Assur. 30 Und Hoschea, der Sohn des Ela, zettelte eine Verschwörung gegen Pekach, den Sohn des Remaljahu, erschlug ihn und tötete ihn und wurde König an seiner Statt, im zwanzigsten Jahr Jotams, des Sohns von Usija. 31 Und was sonst noch von Pe-

kach zu berichten ist und von allem, was er getan hat, sieh, das steht geschrieben im Buch der Chronik der Könige von Israel.

| 27: 37; Jes 7,1–4; 8,6 | 28: 1Kön 14,16 | 29: 19; 16,7 · Jes 8,23b · 18,11; Am 5,27 | 30: 17,1 | 31: 1Kön 14,19!

15,29: Wörtlich: «... und führte sie in die Verbannung...»

Jotam, König von Juda in Jerusalem

32 Im zweiten Jahr des Pekach, des Sohns von Remaljahu, des Königs von Israel, wurde Jotam, der Sohn des Ussijahu, König, König von Juda. 33 Fünfundzwanzig Jahre alt war er, als er König wurde, und sechzehn Jahre lang war er König in Jerusalem. Und der Name seiner Mutter war Jeruscha, die Tochter des Zadok. 34 Und er tat, was recht war in den Augen des HERRN, ganz wie Ussijahu, sein Vater, es getan hatte, machte er es. 35 Die Kulthöhen aber verschwanden nicht, noch immer brachte das Volk auf den Kulthöhen Schlachtopfer und Brandopfer dar. Er hat das obere Tor gebaut am Haus des HERRN. 36 Und was sonst noch von Jotam zu berichten ist, von dem, was er getan hat, steht das nicht geschrieben im Buch der Chronik der Könige von Juda? 37 In jenen Tagen begann der HERR Rezin, den König von Aram, und Pekach, den Sohn des Remaljahu, gegen Juda zu senden. 38 Und Jotam legte sich zu seinen Vorfahren, und er wurde bei seinen Vorfahren begraben, in der Stadt Davids, seines Vorfahren. Und Achas, sein Sohn, wurde König an seiner Statt.

| 32–38: 2Chr 27,1–9 | 32: 5 | 34: 3 | 35: 12,4! | 36: 1Kön 14,29! | 37: 27! · 16,5 | 38: 16,1

Achas, König von Juda in Jerusalem

16 1 Im siebzehnten Jahr Pekachs, des Sohns des Remaljahu, wurde Achas, der Sohn Jotams, König, König von Juda. 2 Zwanzig Jahre alt war Achas, als er König wurde, und sechzehn Jahre lang war er König in Jerusalem. Und anders als David, sein Vorfahr, tat er nicht,

was recht war in den Augen des HERRN, seines Gottes: 3 Er ging auf dem Weg der Könige von Israel und liess sogar seinen Sohn durchs Feuer gehen, wie es den Abscheulichkeiten der Nationen entsprach, die der HERR vor den Israeliten vertrieben hatte. 4 Und er brachte Schlachtopfer und Rauchopfer dar auf den Kulthöhen und auf den Hügeln und unter jedem grünen Baum.

5 Damals zogen Rezin, der König von Aram, und Pekach, der Sohn des Remaljahu, der König von Israel, hinauf nach Jerusalem in den Krieg. Und sie belagerten Achas, bekämpfen aber konnten sie ihn nicht. 6 In jener Zeit holte Rezin, der König von Aram, Elat für Aram zurück und vertrieb die Judäer aus Elat. Und Edomiter kamen nach Elat, und dort sind sie geblieben bis auf den heutigen Tag. 7 Achas aber sandte Boten zu Tiglat-Peleser, dem König von Assur, und sagte: Dein Diener bin ich und dein Sohn! Komm herauf und rette mich aus der Hand des Königs von Aram und aus der Hand des Königs von Israel, die sich gegen mich erhoben haben. 8 Und Achas nahm das Silber und das Gold, das sich im Haus des HERRN und in den Schatzkammern des Hauses des Königs fand, und sandte es dem König von Assur als Geschenk. 9 Und der König von Assur erhörte ihn, und so zog der König von Assur hinauf nach Damaskus, eroberte es und führte die Bewohner in die Verbannung nach Kir, Rezin aber tötete er.

10 Und König Achas zog nach Damaskus, Tiglat-Pileser, dem König von Assur, entgegen. Und er sah den Altar, der in Damaskus stand, und König Achas sandte Urija, dem Priester, das Abbild des Altars und seinen Bauplan, genau seiner Bauart entsprechend. 11 Und Urija, der Priester, baute den Altar; genau so, wie König Achas es von Damaskus aus vorgegeben hatte, so hatte Urija, der Priester, es ausgeführt, noch bevor König Achas aus Damaskus kam. 12 Dann kam der König aus Damaskus,

und der König sah den Altar, und der König näherte sich dem Altar und stieg hinauf 13 und liess sein Brandopfer und sein Speiseopfer in Rauch aufgehen, brachte sein Trankopfer dar und sprengte das Blut der Heilsopfer, die von ihm kamen, an den Altar. 14 Den Altar aus Bronze aber, der vor dem HERRN stand, rückte er heran von der Vorderseite des Hauses, von dem Platz zwischen dem Altar und dem Haus des HERRN, und stellte ihn an die Nordseite des Altars. 15 Und König Achas gebot Urija, dem Priester: Auf dem grossen Altar sollst du das Brandopfer am Morgen und das Speiseopfer am Abend in Rauch aufgehen lassen, auch das Brandopfer des Königs und sein Speiseopfer sowie das Brandopfer des ganzen Volks des Landes und dessen Speiseopfer und dessen Trankopfer. Und alles Blut eines Brandopfers und alles Blut eines Schlachtopfers sollst du darauf sprengen. Was aber den Altar aus Bronze betrifft, so wird es an mir sein, zu bedenken, was damit geschehen soll. 16 Und Urija, der Priester, machte alles genau, wie König Achas es ihm geboten hatte. 17 Und König Achas zertrennte die Querstangen, die Kesselwagen, und er entfernte die Kessel aus ihnen; und das Meer nahm er herunter von den Rindern aus Bronze, die darunter waren, und stellte es auf ein Steinpflaster. 18 Und des Königs von Assur wegen veränderte er am Haus des HERRN die gedeckte Halle des Sabbats, die man im Haus gebaut hatte, und den äusseren Eingang des Königs.

19 Und was sonst noch von Achas zu berichten ist, von dem, was er getan hat, steht das nicht geschrieben im Buch der Chronik der Könige von Juda? 20 Und Achas legte sich zu seinen Vorfahren, und er wurde bei seinen Vorfahren begraben, in der Stadt Davids. Und Chiskijahu, sein Sohn, wurde König an seiner Statt.

| 1: 15,38 | 3: 8,18 · 17,17.31; 21,6; 23,10; Lev 18,21! · 21,2 | 5: 15,37 · Jes 7,1 | 6–18: 2Chr 28,16–25 | 6: 14,22

| 7: 15,29! · Hos 7,11 | 8: 18,15; 1Kön 15,18 · 12,19! | 9: Am 1,5 | 11: 21,4! · Jes 8,2 | 12: 1Kön 12,33 | 14: Ex 27,1–2; 2Chr 4,1 · Ez 43,8 | 15: Ex 29,39 | 17: Ex 25,25–27; 1Kön 7,28–35 · 1Kön 7,23–39 | 18: Ez 44,3 | 19–20: 2Chr 28,26–29,2 | 19: 1Kön 14,29! | 20: Jes 14,28 · 18,1

16,9: Wörtlich: «… und führte es in die Verbannung …»»

16,15: Möglicherweise ist zu übersetzen: «… Was den Altar aus Bronze betrifft, so soll er mir für die Opferschau dienen.»

Hoschea, König über Israel in Samaria

17 1 Im zwölften Jahr des Achas, des Königs von Juda, wurde Hoschea, der Sohn des Ela, in Samaria König über Israel; neun Jahre. 2 Und er tat, was böse war in den Augen des HERRN, wenn auch nicht so wie die Könige von Israel, die vor ihm gewesen waren. 3 Gegen ihn zog Salmanasser herauf, der König von Assur, und Hoschea wurde ihm untertan und zahlte ihm Tribut. 4 Der König von Assur aber fand heraus, dass Hoschea eine Verschwörung angezettelt, dass er Boten an So, den König von Ägypten, gesandt und dass er dem König von Assur den alljährlichen Tribut nicht hinaufgebracht hatte. Da nahm der König von Assur ihn gefangen und warf ihn gefesselt in den Kerker. 5 Und der König von Assur zog hinauf durch das ganze Land, er zog hinauf nach Samaria und belagerte es drei Jahre lang. 6 Im neunten Jahr des Hoschea nahm der König von Assur Samaria ein und führte Israel nach Assur in die Verbannung. Und in Chalach und am Chabor, dem Fluss von Gosan, und in den Städten Mediens siedelte er sie an.

| 1: 15,30 | 3: 18,7 | 4: Hos 12,2 | 5: 6,24; 18,9 | 6: 18,34; 21,13; Jes 8,4 · Hos 9,3

17,3: Der Name Salmanasser lautet im hebräischen Text Schalmaneser.

Die Sünde Israels. Israel wird in die Verbannung geführt

7 Und dies geschah, weil die Israeliten gegen den HERRN, ihren Gott, gesündigt hatten, der sie heraufgeführt hatte aus dem Land Ägypten, aus der Hand des Pharao, des Königs von Ägyp-

ten. Und sie fürchteten andere Götter 8 und lebten in den Satzungen der Nationen, die der HERR vor den Israeliten vertrieben hatte, und in denen der Könige von Israel, die diese eingeführt hatten. 9 Und die Israeliten hatten heimlich Dinge getan, die nicht recht waren gegen den HERRN, ihren Gott, und in allen ihren Städten hatten sie sich Kulthöhen gebaut, vom Wachtturm bis zur befestigten Stadt. 10 Und auf jedem hohen Hügel und unter jedem grünen Baum stellten sie sich Mazzeben und Ascheren auf, 11 und dort, auf all den Kulthöhen, brachten sie Rauchopfer dar wie die Nationen, die der HERR vor ihnen in die Verbannung geführt hatte, und sie taten böse Dinge und reizten den HERRN. 12 Und sie dienten den Mistgötzen, obwohl der HERR ihnen gesagt hatte: Das dürft ihr nicht tun! 13 Und der HERR warnte Israel und Juda durch alle prophetischen Seher und sprach: Kehrt zurück von euren bösen Wegen und haltet meine Gebote und Satzungen gemäss der ganzen Weisung, die ich euren Vorfahren gegeben habe und die ich euch durch meine Diener, die Propheten, gesandt habe. 14 Sie aber hörten nicht, sondern waren halsstarrig, wie ihre Vorfahren es gewesen waren, die nicht auf den HERRN, ihren Gott, vertraut hatten. 15 Und sie verwarfen seine Satzungen und seinen Bund, den er mit ihren Vorfahren geschlossen hatte, und seine Mahnungen, durch die er sie gewarnt hatte, und sie liefen hinter dem her, was nichts ist, und wurden nichtig, sie liefen hinter den Nationen her, die um sie herum waren, obwohl der HERR ihnen geboten hatte, nicht zu handeln wie jene. 16 Und so verliessen sie alle Gebote des HERRN, ihres Gottes, und machten sich ein Bild, zwei gegossene Kälber, und sie machten eine Aschera. Und vor dem ganzen Heer des Himmels warfen sie sich nieder, und sie dienten dem Baal. 17 Und ihre Söhne und ihre Töchter liessen sie durchs Feuer gehen, sie trieben Wahrsagerei, und sie deute-

ten Zeichen und gaben sich dazu her, zu tun, was böse war in den Augen des HERRN, und reizten ihn. 18 Und so wurde der HERR sehr zornig auf Israel und entfernte sie von seinem Angesicht, nichts blieb übrig, als allein der Stamm Juda. 19 Aber auch Juda hielt die Gebote des HERRN, ihres Gottes, nicht, und sie lebten in den Satzungen Israels, die sie selbst eingeführt hatten. 20 Und so verwarf der HERR alle Nachkommen Israels, demütigte sie und gab sie in die Hand von Räubern, bis er sie von seinem Angesicht verstiess. 21 Denn Israel hatte sich losgerissen vom Haus David, und sie hatten Jerobeam, den Sohn von Nebat, zum König gemacht, und Jerobeam hatte Israel vom HERRN abgebracht und es zu grosser Sünde verführt. 22 Und so lebten die Israeliten in all den Sünden Jerobeams, die dieser begangen hatte, sie liessen nicht ab davon, 23 bis der HERR Israel von seinem Angesicht entfernte, wie er es angekündigt hatte durch alle seine Diener, die Propheten. Und er führte Israel fort von seinem Boden nach Assur in die Verbannung, und so ist es bis auf den heutigen Tag.

| 8: Lev 18,3 | 9: 18,8 | 10: Dtn 16,22! | 11: 1Kön 14,15 | 12: Ex 20,2–5 | 13: Jer 18,11 · 21,10! | 14: Jer 7,26; 19,15; Neh 9,16 | 15: Dtn 29,24 · 2Chr 24,19 · 1Sam 12,21! | 16: 1,2 · 1Kön 12,28 · 21,3 · 10,18! | 17: 16,3! · 21,6; Lev 19,26 · 1Kön 21,20 | 18: 13,23 · 24,3 | 20: Jer 6,30 | 21: 1Kön 12,19 · 3,3; 1Kön 14,16 | 23: 25,21 · 21,10! · 1Kön 9,7 · Neh 9,32

17,9: Die genaue Bedeutung des mit ‹heimlich getan› wiedergegebenen hebräischen Worts ist unsicher.

Die Neubesiedlung Samarias

24 Der König von Assur aber brachte Bewohner von Babel, Kuta, Awwa, Chamat und Sefarwajim, und an Stelle der Israeliten siedelte er diese in den Städten Samarias an. Und diese nahmen Samaria in Besitz und wohnten in den Städten Samarias. 25 In der Anfangszeit aber, als sie dort wohnten, fürchteten sie den HERRN nicht, und so liess der HERR Löwen auf sie los, und diese rissen sie. 26 Und man sagte dem König von

Assur: Die Nationen, die du in die Verbannung geführt und in den Städten Samarias angesiedelt hast, sie kennen nicht das Recht des Gottes des Landes, und so hat er die Löwen auf sie losgelassen. Und sieh, nun töten diese sie, weil sie das Recht des Gottes des Landes nicht kennen. 27 Da befahl der König von Assur: Lasst einen von den Priestern, die ich von dort in die Verbannung geführt habe, dorthin gehen, damit man hingehen und dort wohnen kann. Und er soll sie das Recht des Gottes des Landes lehren. 28 Da kam einer von den Priestern, die man aus Samaria in die Verbannung geführt hatte, liess sich in Bet-El nieder und lehrte sie, wie sie den HERRN fürchten sollten.

29 Nation für Nation aber machten sie sich je ihre eigenen Götter, und diese stellten sie in das Kulthöhenhaus, das die Samarier gemacht hatten, Nation für Nation in ihren Städten, in denen sie wohnten. 30 Und so machten die Männer von Babel den Sukkot-Benot, die Männer von Kut machten den Nergal, die Männer von Chamat machten die Aschima, 31 und die Awwiter machten den Nibchas und den Tartak. Und für Adrammelech und Anammelech, die Götter von Sefarwajim, verbrannten die Sefarwiter ihre Kinder im Feuer. 32 Und obwohl sie den HERRN fürchteten, machten sie sich aus allen Teilen des Volks Priester für die Kulthöhen, und diese waren im Haus auf den Kulthöhen tätig für sie. 33 Sie fürchteten den HERRN, zugleich aber dienten sie ihren Göttern, nach der Weise der Nationen, aus denen man sie weggeführt hatte.

34 Bis zum heutigen Tag handeln sie nach den alten Bräuchen: Den HERRN fürchten sie nicht, und sie handeln nicht nach den Satzungen und den Ordnungen und nach der Weisung und dem Gebot, die der HERR den Söhnen Jakobs gegeben hat. Ihm hatte er den Namen Israel gegeben. 35 Der HERR aber hatte einen Bund mit ihnen geschlossen, und er hatte ihnen geboten: Ihr sollt keine anderen Götter fürchten und euch nicht vor ihnen niederwerfen, ihr sollt ihnen nicht dienen und ihnen nicht opfern, 36 sondern den HERRN, der euch mit grosser Kraft und ausgestrecktem Arm heraufgeführt hat aus dem Land Ägypten, ihn sollt ihr fürchten, vor ihm sollt ihr euch niederwerfen, und ihm sollt ihr opfern! 37 Die Satzungen und Rechte aber, die Weisung und das Gebot, die er für euch niedergeschrieben hat, sollt ihr allezeit halten, und ihr sollt danach handeln, andere Götter aber sollt ihr nicht fürchten! 38 Und den Bund, den ich mit euch geschlossen habe, sollt ihr nicht vergessen, und andere Götter sollt ihr nicht fürchten, 39 sondern den HERRN, euren Gott, sollt ihr fürchten; er wird euch retten aus der Hand all eurer Feinde. 40 Sie aber hörten nicht, sondern handelten nach ihren alten Bräuchen.

41 Und so fürchteten diese Nationen den HERRN und dienten zugleich ihren Bildern; auch ihre Kinder und die Kinder ihrer Kinder machen es, wie ihre Vorfahren es gemacht haben, bis auf den heutigen Tag.

|24: Esra 4,2 |25: Hos 13,8 |29: Mi 4,5 |31: 16,3! |32: 1Kön 12,31 |34: Gen 32,29! |35: Ex 20,3–5 |36: 1Kön 8,42! |38: Dtn 4,23 |39: 1Sam 12,24

17,24: Wörtlich: «… und wohnten in seinen Städten.»

Chiskija, König von Juda in Jerusalem

18 1 Und im dritten Jahr des Hoschea, des Sohns von Ela, des Königs von Israel, wurde Chiskija, der Sohn des Achas, König, König von Juda. 2 Fünfundzwanzig Jahre alt war er, als er König wurde, und neunundzwanzig Jahre lang war er König in Jerusalem. Und der Name seiner Mutter war Abi, die Tochter Secharjas. 3 Und er tat, was recht war in den Augen des HERRN, ganz wie David, sein Vorfahr, es getan hatte. 4 Er hat die Kulthöhen abgeschafft und die Mazzeben zerschlagen und die Aschera zerstört und die Schlange aus Bronze, die Mose gemacht hatte, zer-

malmt, denn bis in jene Tage hatten die
Israeliten ihr Rauchopfer dargebracht.
Und man hatte sie Nechuschtan genannt. 5 Er vertraute auf den HERRN,
den Gott Israels, und von allen Königen
von Juda nach ihm war keiner ihm
gleich, auch nicht von denen, die vor
ihm waren. 6 Und er hing dem HERRN
an, er liess nicht ab von ihm, und er hielt
die Gebote, die der HERR Mose gegeben
hatte. 7 Und der HERR war mit ihm;
bei allem, was er unternahm, hatte er Erfolg. Und gegen den König von Assur
lehnte er sich auf, und er diente ihm
nicht länger. 8 Er schlug die Philister bis
nach Gaza und bis an seine Grenzen,
vom Wachtturm bis zur befestigten
Stadt.

9 Und im vierten Jahr des Königs
Chiskijahu – das war das siebte Jahr Hoscheas, des Sohns von Ela, des Königs
von Israel – zog Salmanasser, der König
von Assur, herauf gegen Samaria und
belagerte es, 10 und nach drei Jahren
nahm er es ein. Im sechsten Jahr Chiskijas – das war das neunte Jahr Hoscheas,
des Königs von Israel – wurde Samaria
eingenommen. 11 Und der König von
Assur führte Israel nach Assur in die
Verbannung, und in Chelach und am
Chabor, dem Fluss von Gosan, und in
den Städten der Meder liess er sie wohnen. 12 Denn sie hatten nicht auf die
Stimme des HERRN, ihres Gottes, gehört, und seinen Bund hatten sie übertreten: alles, was Mose, der Diener des
HERRN, geboten hatte. Und sie hatten
nicht darauf gehört und nicht danach
gehandelt.

|1–3: 2Chr 29,1–2 |1: 16,20 |3: 20,3 · 1Kön 15,11
|4: 11,18; 23,14 · Num 21,8–9 |5: 19,10 · 23,25 |7: 17,3 ·
Dtn 28,6; 1Sam 18,14; 2Sam 8,6 · 20 |8: 17,9 |9: 17,5!
|10: Mi 1,6 |11: 15,29! |12: Ps 81,12 · Dtn 31,16

18,4: Im Namen Nechuschtan klingt hebräisch
‹Bronze› an.

Sanherib zieht gegen Jerusalem
13 Und im vierzehnten Jahr des Königs Chiskija zog Sanherib, der König
von Assur, herauf gegen alle befestigten
Städte Judas und eroberte sie. 14 Da
sandte Chiskija, der König von Juda,
zum König von Assur nach Lachisch und
sagte: Ich habe mich vergangen. Zieh ab
von mir; was du mir aufbürdest, werde
ich tragen. Da auferlegte der König von
Assur Chiskija, dem König von Juda,
dreihundert Kikkar Silber und dreissig
Kikkar Gold. 15 Und Chiskija gab alles
Silber her, das sich im Haus des HERRN
und in den Schatzkammern des Hauses
des Königs fand. 16 In jener Zeit brach
Chiskija die Beschläge von den Türen
im Tempel des HERRN, die Chiskija,
der König von Juda, selbst mit Gold
überzogen hatte, und gab sie dem König
von Assur.

17 Und der König von Assur sandte
den Tartan, den Rab-Saris und den Rab-
Schake von Lachisch aus zu König Chiskijahu mit einem gewaltigen Heer nach
Jerusalem. Und sie zogen hinauf, kamen
nach Jerusalem, stiegen hinan, kamen
hinein, und am Kanal des oberen Teichs,
der an der Strasse am Walkerfeld liegt,
stellten sie sich auf. 18 Dann riefen sie
den König, und Eljakim, der Sohn des
Chilkijahu, der dem Haus vorstand,
Schebna, der Schreiber, und Joach, der
Sohn des Asaf, der Kanzler, kamen zu
ihnen heraus.

19 Und der Rab-Schake sprach zu
ihnen: Sagt doch Chiskijahu: So spricht
der Grosskönig, der König von Assur:
Was ist das für eine Zuversicht, die du da
hast? 20 Du sagst: Ach, schon ein Wort
von den Lippen ist Rat und Kraft für den
Kampf. Nun, auf wen vertraust du, dass
du dich aufgelehnt hast gegen mich?
21 Nun sieh, du setzt dein Vertrauen auf
diesen abgeknickten Rohrstab, auf
Ägypten, der jedem, der sich auf ihn
stützt, in die Hand dringt und sie durchbohrt. So steht es der Pharao, der König
von Ägypten, mit allen, die auf ihn vertrauen. 22 Und wenn ihr zu mir sagt:
Auf den HERRN, unseren Gott, vertrauen wir! – Ist das nicht der, dessen
Kulthöhen und Altäre Chiskijahu beseitigt hat? Hat er doch zu Juda und zu Jeru-

salem gesprochen: Vor diesem Altar sollt ihr euch niederwerfen, in Jerusalem! 23 Und nun, geh doch eine Wette ein mit meinem Herrn, dem König von Assur: Ich will dir zweitausend Pferde geben. Ob du dir wohl die Reiter dazu stellen kannst? 24 Wie willst du denn auch nur einen einzigen Statthalter, einen der geringsten Diener meines Herrn, vertreiben? Du hast auf Ägypten vertraut wegen der Wagen und der Reiter. 25 Nun, bin ich etwa gegen den Willen des HERRN hinaufgezogen gegen diesen Ort, um ihn zu verderben? Der HERR hat zu mir gesprochen: Zieh hinauf gegen dieses Land, und verdirb es!

26 Da sagten Eljakim, der Sohn des Chilkijahu, Schebna und Joach zum Rab-Schake: Sprich doch Aramäisch zu deinen Dienern, denn wir verstehen es, und sprich doch nicht Judäisch mit uns vor den Ohren des Volks, das auf der Mauer ist. 27 Der Rab-Schake aber sprach zu ihnen: Hat mein Herr mich denn, um diese Worte zu sprechen, zu deinem Herrn und zu dir gesandt, und nicht vielmehr zu den Männern, die auf der Mauer sitzen, um bei euch ihren Kot zu essen und ihren Urin zu trinken? 28 Da stellte der Rab-Schake sich hin, und mit lauter Stimme rief er auf Judäisch und redete und sprach: Hört das Wort des Grosskönigs, des Königs von Assur! 29 So spricht der König: Lasst euch von Chiskijahu nicht verführen, denn er kann euch nicht retten aus meiner Hand. 30 Und Chiskijahu soll euch nicht zum Vertrauen auf den HERRN verleiten, wenn er sagt: Gewiss wird der HERR uns retten, und diese Stadt wird nicht in die Hand des Königs von Assur gegeben werden! 31 Hört nicht auf Chiskijahu. Denn so spricht der König von Assur: Schliesst Frieden mit mir, und kommt heraus zu mir, und esst, ein jeder von eurem Weinstock und ein jeder von eurem Feigenbaum, und trinkt, ein jeder das Wasser aus eurem Brunnen, 32 bis ich komme und euch in ein Land

hole, das eurem Land gleich ist, ein Land mit Getreide und Wein, ein Land mit Brot und Weinbergen, ein Land mit Olivenöl und Honig. Und ihr werdet am Leben bleiben und nicht sterben. Hört nicht auf Chiskijahu, denn er täuscht euch, wenn er sagt: Der HERR wird uns retten! 33 Hat etwa irgendeiner von den Göttern der Nationen sein Land aus der Hand des Königs von Assur gerettet? 34 Wo sind die Götter von Chamat und von Arpad? Wo sind die Götter von Sefarwajim, von Hena und von Iwwa? Haben sie etwa Samaria aus meiner Hand gerettet? 35 Welche von allen Göttern der Länder sind es denn, die ihr Land aus meiner Hand gerettet hätten, dass der HERR nun Jerusalem aus meiner Hand retten sollte? 36 Das Volk aber schwieg, und sie antworteten ihm mit keinem Wort, denn der Befehl des Königs lautete: Antwortet ihm nicht!

37 Da kamen Eljakim, der Sohn des Chilkija, der dem Haus vorstand, Schebna, der Schreiber, und Joach, der Sohn des Asaf, der Kanzler, mit zerrissenen Kleidern zu Chiskijahu und berichteten ihm von den Worten des Rab-Schake.

|13–37: Jes 36,1–22 |13: Jes 7,17 · Jes 36,1 |14: 10,5! |15–16: 12,19! |15: 16,8! |17–37: 2Chr 32,9–18 |17: Jes 20,1 · Jer 39,3 · Jes 7,3; 36,2 |18: Jes 22,15–20 |20: 7 |21: Ez 29,6–7 |22: Dtn 12,5.14 |24: 1Kön 20,10 |25: Jes 10,5 |26: Esra 4,7 |27: 6,25 |30: 19,10 |31: 1Kön 5,5! |32: Dtn 8,7–9 |33: 19,12 |34: Jer 49,23 · 17,6! |35: Dan 3,15

18,13: Der Name Sanherib lautet im hebräischen Text Sancherib.
18,16: «mit Gold» wurde in der Übersetzung ergänzt.
18,17: Tartan und Rab-Saris sind Titel hoher Amtsträger, Rab-Schake ist der Titel des obersten königlichen Mundschenks.
18,32: Möglich ist auch die Übersetzung: «…, ein Land mit Ölbäumen mit reicher Frucht. …»

Jesaja verheisst Rettung

19 1 Und als König Chiskijahu das hörte, zerriss er seine Kleider, zog das Trauergewand über und kam in das Haus des HERRN. 2 Dann sandte er Eljakim, der dem Haus vorstand, Schebna, den Schreiber, und die Ältesten der Priester, die sich Trauergewänder übergezogen hatten, zu Jesaja, dem Propheten, dem Sohn des Amoz. 3 Und zu ihm sprachen sie: So spricht Chiskijahu: Ein Tag der Not, der Zurechtweisung und der Schmach ist dieser Tag! Bis zum Muttermund sind die Kinder gelangt, und nun fehlt die Kraft, um zu gebären! 4 Vielleicht hört der HERR, dein Gott, alle Worte des Rab-Schake, den der König von Assur, sein Herr, gesandt hat, um den lebendigen Gott zu verhöhnen, und vielleicht weist er ihn dann zurecht, der Worte wegen, die der HERR, dein Gott, gehört hat. So sprich ein Gebet für den Rest, der noch da ist.

5 Und die Diener des Königs Chiskijahu kamen zu Jesaja, 6 und Jesaja sprach zu ihnen: So sollt ihr zu eurem Herrn sprechen: So spricht der HERR: Fürchte dich nicht vor den Worten, die du gehört hast, mit denen die Buben des Königs von Assur mich gelästert haben! 7 Sieh, ich gebe ihm einen Geist ein, dann wird er eine Nachricht hören und in sein Land zurückkehren, und in seinem Land werde ich ihn durch das Schwert zu Fall bringen.

8 Der Rab-Schake aber kehrte zurück und traf den König von Assur im Kampf gegen Libna, denn er hatte gehört, dass dieser von Lachisch abgezogen war. 9 Da aber hörte er über Tirhaka, den König von Kusch: Sieh, er ist ausgezogen, um gegen dich zu kämpfen!

|1–9: Jes 37,1–9a |1: Gen 37,34; 1Kön 21,27 |2: 2Chr 26,22 |3: Hos 13,13 |4: 16 · 1Sam 17,10! · 31 |6: Jes 10,24 |7: 37 · 9a |8: 8,22! |9: 7

19,2: Die hebräische Form des Namens Jesaja lautet Jeschajahu.

19,9: «Da aber hörte er …»: Mit ‹er› ist der König von Assur gemeint.

Sanherib sendet erneut nach Jerusalem

Und er sandte abermals Boten zu Chiskijahu und sprach: 10 So sollt ihr zu Chiskijahu, dem König von Juda, sprechen: Dein Gott, auf den du vertraust, möge dich nicht verführen, da du sagst: Jerusalem wird nicht in die Hand des Königs von Assur gegeben werden. 11 Sieh, du hast selbst gehört, was die Könige von Assur allen Ländern angetan haben, wie man sie der Vernichtung geweiht hat, und da solltest du gerettet werden? 12 Haben die Götter der Nationen, die von meinen Vorfahren vernichtet worden sind, diese ihre Völker gerettet? Gosan, Charan, Rezef und die aus Eden, das in Telassar ist? 13 Wo sind der König von Chamat und der König von Arpad und ein König der Stadt Sefarwajim, von Hena und von Iwwa? 14 Und Chiskijahu nahm den Brief aus der Hand der Boten und las ihn. Dann ging er hinauf in das Haus des HERRN, und vor dem HERRN breitete Chiskijahu ihn aus.

|9b–14: Jes 37,9b–14 |10: 18,5 · 18,30 |12: 18,33 · Ez 27,23

19,12: «diese ihre Völker» ist wörtlich: «sie».

19,14: Der Massoretische Text lautet: «… nahm die Briefe … und las sie. …»

Das Gebet Chiskijahus

15 Und Chiskijahu betete vor dem HERRN und sprach: HERR, Gott Israels, der du über den Kerubim thronst, du allein bist Gott über alle Königreiche der Erde! Du hast den Himmel und die Erde gemacht. 16 Neige, HERR, dein Ohr und höre! Öffne, HERR, deine Augen und sieh! Und höre die Worte Sanheribs, der gesandt hat, um den lebendigen Gott zu verhöhnen. 17 Es ist wahr, HERR: Die Könige von Assur haben die Nationen und ihre Länder verwüstet, 18 und ihre Götter haben sie dem Feuer preisgegeben; aber das waren keine Götter, sondern das war Werk von Menschenhand, Holz und Stein. Und so hat man sie vernichtet. 19 Und nun, HERR, unser Gott, rette uns doch aus seiner Hand, damit alle Königreiche der Erde wissen, dass du, HERR, allein Gott bist!

|15–19: Jes 37,15–20; 2Chr 32,20 |15: Ex 25,22; Ps 80,2 · Gen 1,1!; Apg 4,24 |16: 1Kön 8,29; Dan 9,18 · 4 |18: 10,26 · 2Chr 32,19; Jes 44,9–20 |19: 5,15

Der HERR verurteilt Sanherib

20 Da sandte Jesaja, der Sohn des Amoz, zu Chiskijahu und sprach: So spricht der HERR, der Gott Israels: Was du wegen Sanherib, dem König von Assur, zu mir gebetet hast – ich habe es gehört.

21 Dies ist das Wort, das der HERR über ihn gesprochen hat:
Es verachtet dich, es verspottet dich
    die Jungfrau Tochter Zion;
hinter dir schüttelt den Kopf
    die Tochter Jerusalem.
22 Wen hast du verhöhnt und gelästert,
    gegen wen bist du laut geworden,
und zu wem hast du deine Augen hoch erhoben?
    Zum Heiligen Israels!
23 Den Herrn hast du verhöhnt durch deine Boten,
    und du hast gesagt:
Mit der Menge meiner Wagen
    habe ich die höchsten Berge erklommen,
    die entlegensten Gegenden des Libanon;
und seine hohen Zedern werde ich schlagen
    und seine erlesenen Wacholderbäume,
und zu seinem fernsten Nachtlager will ich vordringen,
    in das Dickicht seiner Wälder.
24 Ich habe gegraben
    und konnte fremdes Wasser trinken,
und mit meinen Fusssohlen werde ich trockenlegen
    alle Ströme Mazors.
25 Hast du es nicht gehört?
Vor Zeiten schon habe ich es so gefügt
    und seit den Tagen der Vorzeit, da schon habe ich es vorgebildet.
Nun habe ich es kommen lassen:
Zu verwüsteten Steinhaufen
    musstest du befestigte Städte machen.
26 Und die darin wohnten, Machtlose,
    sie waren entsetzt und gerieten in Schande,

zu Kraut des Feldes wurden sie
    zu grünem Kraut,
zu Gras auf den Dächern
    und versengtem Korn,
bevor es ein stehender Halm wird.
27 Aber ich weiss, wo du sitzt,
    wohin du gehst und woher du kommst
und wie du getobt hast gegen mich.
28 Weil du gegen mich getobt hast
    und dein Übermut mir zu Ohren gekommen ist,
werde ich dir meinen Haken in die Nase legen
    und meinen Zaum an deine Lippen,
und ich werde dich zurückführen auf dem Weg,
    auf dem du gekommen bist.

29 Und dies ist das Zeichen für dich: In diesem Jahr isst man, was von selbst wächst, und im zweiten Jahr, was auch dann noch von selbst wächst. Im dritten Jahr aber sät und erntet, pflanzt Weinberge und esst ihre Frucht! 30 Und was vom Haus Juda entronnen ist, was übrig geblieben ist, wird unten wieder Wurzel schlagen, und oben wird es Frucht bringen.
31 Denn ein Rest wird entkommen aus Jerusalem,
    Entronnene vom Berg Zion.
Der Eifer des HERRN der Heerscharen wird dies bewirken.

32 Darum, so spricht der HERR über den König von Assur: In diese Stadt wird er nicht hineinkommen, keinen Pfeil wird er dort hineinschiessen, mit keinem Schild wird er gegen sie anrücken, und keine Rampe wird er gegen sie aufschütten. 33 Auf dem Weg, auf dem er kommt, wird er zurückkehren, in diese Stadt aber wird er nicht hineinkommen, Spruch des HERRN. 34 Und ich werde diese Stadt beschützen und sie zu retten, um meinetwillen und um Davids, meines Dieners, willen.

35 Und in jener Nacht ging der Bote des HERRN hinaus und erschlug hundertfünfundachtzigtausend Mann im Lager Assurs. Und als man sich früh am

Morgen aufmachte, sieh, da lag alles voll mit Leichen, Toten. 36 Da brach Sanherib, der König von Assur, auf und ging und kehrte zurück und blieb in Ninive. 37 Und als er sich niederwarf im Haus des Nisroch, seines Gottes, da erschlugen ihn Adrammelech und Sarezer, seine Söhne, mit dem Schwert, sie aber entkamen ins Land Ararat. Und EsarChaddon, sein Sohn, wurde König an seiner Statt.

|20–37: Jes 37,21–38 |20: 20,5 |23: Ps 20,8 |24: Jes 19,6; 37,25 |25: Jes 45,7 |26: Ps 129,6 |27: Ps 139,1–3 |28: 33 · Ez 19,4; 38,4 |29: 20,9 · Lev 25,5.22 |30: Ps 80,10 |31: Jes 10,20 · 4 · Jes 9,6 |33: 28 |34: 20,6; Jes 31,5! · Ez 36,22 · 1Kön 11,12 |35: 2Chr 32,21 |37: 7 · Gen 8,4

19,23: Möglich ist auch die Übersetzung: «…, in das Dickicht seines Baumgartens».

19,24: Mazor ist ein anderer Name für Ägypten.

19,29: An dieser Stelle ist mit ‹dich› wieder König Chiskijahu direkt angesprochen.

Chiskijahus Krankheit und Genesung

20 1 In jenen Tagen wurde Chiskijahu todkrank. Da kam Jesaja, der Sohn des Amoz, der Prophet, zu ihm und sprach zu ihm: So spricht der HERR: Bestell dein Haus, denn du stirbst und wirst nicht überleben. 2 Da drehte er sein Angesicht zur Wand und betete zum HERRN: 3 Ach HERR, denk doch daran, dass ich treu und mit ungeteiltem Herzen vor dir gelebt habe und dass ich getan habe, was gut ist in deinen Augen. Und Chiskijahu weinte heftig. 4 Jesaja aber hatte den mittleren Hof noch nicht verlassen, da erging an ihn das Wort des HERRN: 5 Kehr um und sprich zu Chiskijahu, dem Fürsten meines Volks: So spricht der HERR, der Gott Davids, deines Vorfahren: Ich habe dein Gebet gehört, deine Tränen habe ich gesehen. Sieh, ich mache dich gesund; am dritten Tag wirst du hinaufgehen in das Haus des HERRN. 6 Und fünfzehn Jahre werde ich hinzufügen zu deinen Tagen, und dich und diese Stadt werde ich retten aus der Hand des Königs von Assur, und ich werde diese Stadt beschützen um meinetwillen und um Davids, meines Dieners, willen. 7 Und Jesaja sprach: Holt einen Feigenkuchen! Und man holte ihn und legte ihn auf das Geschwür, und da wurde er gesund. 8 Chiskijahu aber sagte zu Jesaja: Was ist das Zeichen dafür, dass der HERR mich gesund machen wird und dass ich am dritten Tag hinaufgehen werde in das Haus des HERRN? 9 Und Jesaja sprach: Dies ist das Zeichen vom HERRN für dich, dass der HERR das Wort, das er gesprochen hat, ausführen wird: Soll der Schatten zehn Stufen vorwärts gehen, oder soll er zehn Stufen zurückgehen? 10 Da sagte Jechiskijahu: Es ist ein leichtes für den Schatten, sich um zehn Stufen zu neigen. Nein, zehn Stufen zurückgehen soll der Schatten! 11 Da rief Jesaja, der Prophet, zum HERRN, und dieser liess den Schatten zurückgehen auf den Stufen, nachdem er schon hinabgegangen war auf den Stufen des Achas: zehn Stufen zurück.

|1–11: Jes 38,1–8; 2Chr 32,24 |1: 2Sam 17,23 · 1,4; Dtn 31,14! |3: Neh 13,14 · 18,3 |5: 19,20 · Ps 56,9 · Dtn 32,39 |6: 19,34! |7: 1Sam 25,18 |9: 19,29 · Jos 10,12–13 |10: 3,18

20,9: Die Wiedergabe «Soll der Schatten …» beruht auf den antiken Übersetzungen; der Massoretische Text lautet übersetzt: «Der Schatten geht …»

Die Gesandtschaft aus Babel. Chiskijahus Tod

12 In jener Zeit sandte Berodach-Baladan, der Sohn des Baladan, der König von Babel, Briefe und Geschenke an Chiskijahu, denn er hatte gehört, dass Chiskijahu krank war. 13 Und Chiskijahu freute sich darüber, und so zeigte er den Boten sein ganzes Schatzhaus, das Silber und das Gold, den Balsam, das gute Öl und sein Zeughaus und alles, was sich in seinen Schatzkammern befand. In seinem Haus und in seinem ganzen Reich gab es nichts, was Chiskijahu ihnen nicht zeigte. 14 Da kam Jesaja, der Prophet, zu König Chiskijahu und sprach zu ihm: Was haben diese Männer gesagt? Und woher kommen sie zu dir? Und Chiskijahu sagte: Aus einem fernen Land sind sie gekommen, aus Babel. 15 Da sagte er: Was haben sie

in deinem Haus gesehen? Und Chiskijahu sagte: Alles, was in meinem Haus ist, haben sie gesehen. In meinen Schatzkammern war nichts, das ich ihnen nicht gezeigt hätte. 16 Da sprach Jesaja zu Chiskijahu: Höre das Wort des HERRN! 17 Sieh, es kommen Tage, da wird alles, was in deinem Haus ist und was deine Vorfahren gesammelt haben bis zum heutigen Tag, nach Babel weggetragen werden. Nichts wird übrig bleiben, spricht der HERR. 18 Und von deinen Söhnen, die von dir abstammen, die du zeugen wirst, wird man einige nehmen, und sie werden Eunuchen sein im Palast des Königs von Babel. 19 Da sprach Chiskijahu zu Jesaja: Das Wort des HERRN, das du gesprochen hast, ist gut. Aber er dachte: Wenn doch nur Friede und Sicherheit herrschen, solange ich lebe!

20 Und was sonst noch von Chiskijahu zu berichten ist und von all seiner Tüchtigkeit und davon, wie er den Teich und den Kanal gebaut und so das Wasser in die Stadt geleitet hat, steht das nicht geschrieben im Buch der Chronik der Könige von Juda? 21 Und Chiskijahu legte sich zu seinen Vorfahren, und Manasse, sein Sohn, wurde König an seiner Statt.

|12–19: Jes 39,1–8; 2Chr 32,27–31 |17: 24,13; Jer 20,5 |18: 24,15; Dan 1,3 |19: 1Kön 2,38 · 22,20 |20–21: 2Chr 32,32–33 · 1Kön 14,29! |21: 21,1

20,13: Die Übersetzung «Und Chiskijahu freute sich» beruht auf mehreren Textzeugen; der Massoretische Text lautet übersetzt: «Und Chiskijahu hörte davon, und so zeigte er ihnen sein ...»

Manasse, König in Jerusalem

21 1 Zwölf Jahre alt war Manasse, als er König wurde, und fünfundfünfzig Jahre lang war er König in Jerusalem. Und der Name seiner Mutter war Chefzi-Bah. 2 Und er tat, was böse war in den Augen des HERRN, so abscheulich wie das, was die Nationen getan hatten, die der HERR vor den Israeliten vertrieben hatte. 3 Und er baute die Kulthöhen wieder auf, die Chiskijahu, sein Vater, zerstört hatte, und er errichtete dem Baal Altäre und machte eine Aschera, wie Achab, der König von Israel, es getan hatte, und vor dem ganzen Heer des Himmels warf er sich nieder, und er diente ihnen. 4 Und im Haus des HERRN baute er Altäre, obwohl der HERR gesagt hatte: In Jerusalem werde ich meinen Namen niederlegen. 5 Und in beiden Vorhöfen des Hauses des HERRN baute er Altäre für das ganze Heer des Himmels. 6 Und seinen Sohn liess er durchs Feuer gehen, und er trieb Zeichendeuterei und Wahrsagerei, er trieb Totenbeschwörung und Weissagerei, er tat vieles, was böse war in den Augen des HERRN, um ihn zu reizen. 7 Und das Standbild der Aschera, das er gemacht hatte, stellte er in das Haus, von dem der HERR zu David und zu Salomo, seinem Sohn, gesagt hatte: In diesem Haus und in Jerusalem, das ich erwählt habe aus allen Stämmen Israels, werde ich meinen Namen niederlegen für alle Zeiten. 8 Und ich werde Israel nicht mehr von dem Boden vertreiben, den ich ihren Vorfahren gegeben habe, wenn sie nur alles halten, was ich ihnen geboten habe, die ganze Weisung, die mein Diener Mose ihnen gegeben hat, und danach handeln. 9 Sie aber hörten nicht, und so verführte Manasse sie dazu, mehr Böses zu tun als die Nationen, die der HERR vor den Israeliten vertilgt hatte.

10 Da sprach der HERR durch seine Diener, die Propheten: 11 Weil Manasse, der König von Juda, diese Abscheulichkeiten verübt hat, die schlimmer sind als alles, was die Amoriter getan haben, die vor ihm gewesen sind, und weil er auch Juda mit seinen Mistgötzen zur Sünde verführt hat, 12 darum – so spricht der HERR, der Gott Israels: Sieh, ich bringe Unheil über Jerusalem und über Juda, dass jedem, der davon hört, beide Ohren gellen. 13 Und an Jerusalem werde ich die Messschnur Samarias ansetzen und die Waage des Hauses Achab, und ich werde Jerusalem auswischen, wie man eine Schüssel auswischt, man wischt sie aus und dreht sie

um. 14 Und was übrig bleibt von meinem Erbbesitz, das werde ich verwerfen, und ich werde sie in die Hand ihrer Feinde geben, und sie werden allen ihren Feinden zum Raub und zur Beute werden, 15 denn sie haben getan, was böse ist in meinen Augen, und sie haben mich gereizt seit dem Tag, an dem ihre Vorfahren ausgezogen sind aus Ägypten, bis auf den heutigen Tag. 16 Und Manasse hat auch sehr viel unschuldiges Blut vergossen, bis er Jerusalem damit gefüllt hat, von einem Ende bis zum anderen, abgesehen von seiner Sünde, zu der er Juda verführt hat, damit sie taten, was böse war in den Augen des HERRN. 17 Und was sonst noch von Manasse zu berichten ist und von allem, was er getan hat, und von seiner Sünde, die er begangen hat, steht das nicht geschrieben im Buch der Chronik der Könige von Juda? 18 Und Manasse legte sich zu seinen Vorfahren, und er wurde im Garten seines Hauses, im Garten des Ussa, begraben. Und Amon, sein Sohn, wurde König an seiner Statt.

|1–18: 2Chr 33,1–20 |1: 20,21 · Jes 62,4 |2: 16;20 · 16,3 |3: 1Kön 16,33; 13,6 · 17,16 |4: 16,11 |5: 23,12; Dtn 4,19; Ez 8,16 |6: 16,3! · 17,17! |7: 23,6; Dtn 16,21 · 1Kön 9,3–5 |8: 2Sam 7,10 |9: Ez 5,6 |10: 17,13.23; 24,2; Ez 38,17 |11: 23,26; Jer 15,4 · 1Kön 21,26 |12: 1Sam 3,11; Jer 19,3 |13: Klgl 2,8; Jes 28,17; 34,11 · 17,6! |16: 24,4 · 2! |17: 1Kön 14,29 |18: 26 · 19

21,8: Wörtlich: «Und ich werde den Fuss Israels nicht mehr …»

Amon, König in Jerusalem

19 Zweiundzwanzig Jahre alt war Amon, als er König wurde, und zwei Jahre lang war er König in Jerusalem. Und der Name seiner Mutter war Meschullemet, die Tochter des Charuz aus Jotba. 20 Und er tat, was böse war in den Augen des HERRN, wie Manasse, sein Vater, es getan hatte: 21 Und er ging ganz auf dem Weg, den sein Vater gegangen war, und er diente den Mistgötzen, denen sein Vater gedient hatte, und er warf sich vor ihnen nieder. 22 Den HERRN aber, den Gott seiner Vorfahren, verliess er, und er ging nicht auf dem Weg des HERRN. 23 Und die Diener Amons verschworen sich gegen ihn und töteten den König in seinem Haus. 24 Das Volk des Landes aber erschlug alle, die sich gegen König Amon verschworen hatten. Dann machte das Volk des Landes Joschijahu, seinen Sohn, zum König an seiner Statt. 25 Und was sonst noch von Amon zu berichten ist, davon, was er getan hat, steht das nicht geschrieben im Buch der Chronik der Könige von Juda? 26 Und man begrub ihn in seinem Grab, im Garten des Ussa. Und Joschijahu, sein Sohn, wurde König an seiner Statt.

|19–26: 2Chr 33,21–25 |19: 18 |20: 2! |24: 1Kön 13,2 · 26; 22,1 |25: 1Kön 14,29 |26: 18 · Zef 1,1 · 24!

Joschijahu, König in Jerusalem. Das Buch der Weisung wird gefunden

22 1 Acht Jahre alt war Joschijahu, als er König wurde, und einunddreissig Jahre lang war er König in Jerusalem. Und der Name seiner Mutter war Jedida, die Tochter des Adaja aus Bozkat. 2 Und er tat, was recht war in den Augen des HERRN: Er ging ganz auf dem Weg Davids, seines Vorfahren, und er wich nicht davon ab, weder nach rechts noch nach links.

3 Und im achtzehnten Jahr des Königs Joschijahu sandte der König den Schafan, den Sohn des Azaljahu, des Sohns des Meschullam, den Schreiber, zum Haus des HERRN und sagte: 4 Geh hinauf zu Chilkijahu, dem Hohen Priester; er soll das Silber bereitstellen, das in das Haus des HERRN gebracht wird, das die Hüter der Schwelle eingesammelt haben vom Volk, 5 damit man es in die Hand der Werkmeister gebe, die eingesetzt sind im Haus des HERRN, damit diese es den Werkmeistern geben, die im Haus des HERRN sind, um die Schäden am Haus auszubessern, 6 für die Handwerker, die Bauleute und die Maurer und für den Ankauf von Holz und von Bruchsteinen, um das Haus auszubessern. 7 Das Silber aber, das in ihre

Hand gegeben wird, soll mit ihnen nicht abgerechnet werden, denn sie handeln in Treue.

8 Da sprach Chilkijahu, der Hohe Priester, zu Schafan, dem Schreiber: Ich habe das Buch der Weisung im Haus des HERRN gefunden. Und Chilkija gab Schafan das Buch, und der las es. 9 Und Schafan, der Schreiber, kam zum König, erstattete dem König Bericht und sprach: Deine Diener haben das Silber, das sich im Haus fand, bereitgestellt und es in die Hand der Werkmeister gegeben, die eingesetzt sind im Haus des HERRN. 10 Dann aber berichtete Schafan, der Schreiber, dem König: Chilkija, der Priester, hat mir ein Buch gegeben. Und Schafan las es dem König vor. 11 Und als der König die Worte des Buchs der Weisung hörte, zerriss er seine Kleider. 12 Und der König befahl Chilkija, dem Priester, Achikam, dem Sohn des Schafan, Achbor, dem Sohn des Michaja, Schafan, dem Schreiber, und Asaja, dem Diener des Königs: 13 Geht, befragt den HERRN für mich und für das Volk und für ganz Juda über die Worte dieses Buchs, das gefunden worden ist, denn gross ist der Zorn des HERRN, der entbrannt ist gegen uns, weil unsere Vorfahren nicht gehört haben auf die Worte dieses Buches und nicht nach alledem gehandelt haben, was für uns geschrieben steht. 14 Da gingen Chilkijahu, der Priester, Achikam, Achbor, Schafan und Asaja zu Chulda, der Prophetin, der Frau des Schallum, des Sohns des Tikwa, des Sohns des Charchas, des Hüters der Gewänder. Und sie wohnte in Jerusalem, in Mischne, und sie sprachen mit ihr. 15 Da sprach sie zu ihnen: So spricht der HERR, der Gott Israels: Sagt dem Mann, der euch zu mir gesandt hat: 16 So spricht der HERR: Sieh, ich bringe Unheil über diesen Ort und über seine Bewohner: alle Worte des Buchs, das der König von Juda gelesen hat. 17 Dafür, dass sie mich verlassen und anderen Göttern Rauchopfer dargebracht haben, um mich zu reizen

mit all dem Machwerk ihrer Hände, wird mein Zorn entbrennen gegen diesen Ort, und er wird nicht erlöschen. 18 Zum König von Juda aber, der euch sendet, um den HERRN zu befragen – so sollt ihr zu ihm sprechen: So spricht der HERR, der Gott Israels: Was die Worte betrifft, die du gehört hast: 19 Weil dein Herz weich geworden ist und du dich gedemütigt hast vor dem HERRN, als du gehört hast, was ich gesagt habe gegen diesen Ort und gegen seine Bewohner – dass sie zum Entsetzen werden sollen und zum Fluch –, und weil du deine Kleider zerrissen hast und vor mir geweint hast, darum höre auch ich, Spruch des HERRN. 20 Darum, sieh, ich werde dich mit deinen Vorfahren vereinen, und in Frieden wirst du in deinem Grab mit ihnen vereint werden, und all das Unglück, das ich über diesen Ort bringe, werden deine Augen nicht sehen. Und sie erstatteten dem König Bericht.

| 1–2: 2Chr 34,1–2 | 1: 21,24! · 2Sam 12,25 | 2: 12,3! · Dtn 5,32! | 3–20: 2Chr 34,8–28 | 3: 23,23 · Jer 36,10 | 4: 12,10 | 7: 12,16 | 8: 23,24; Dtn 31,24–26 | 10: Dtn 17,19; Jer 36,21 | 11: Jer 36,24 | 12: Jer 26,22 · 25,22; Jer 26,24! | 14: Ex 15,20 | 16: 24,2 | 17: Jer 7,20 | 19: 1Kön 21,29; 2Chr 32,26 | 20: 20,19

22,14: Mischne war der Name eines Stadtviertels von Jerusalem.

Joschijahus Reform

23 1 Da sandte der König aus, und man versammelte bei ihm alle Ältesten von Juda und Jerusalem. 2 Dann ging der König hinauf in das Haus des HERRN, und alle Männer von Juda und alle Bewohner von Jerusalem gingen mit ihm, auch die Priester und die Propheten und alles Volk, vom Kleinsten bis zum Grössten, und er trug ihnen alle Worte des Buchs des Bundes vor, das im Haus des HERRN gefunden worden war. 3 Und der König stellte sich auf das Podest, und vor dem HERRN schloss er den Bund, dem HERRN zu folgen und seine Gebote, seine Ordnungen und seine Satzungen zu halten mit ganzem Herzen und von ganzer Seele, und die Worte dieses Bundes in Kraft zu setzen, die in

diesem Buch geschrieben standen. Und das ganze Volk trat dem Bund bei.

4 Und der König gebot Chilkijahu, dem Hohen Priester, und den Priestern der zweiten Ordnung und den Hütern der Schwelle, aus dem Tempel des HERRN alle Geräte hinauszuschaffen, die gemacht worden waren für den Baal und für die Aschera und für das ganze Heer des Himmels. Dann verbrannte er sie ausserhalb von Jerusalem, auf den Feldern am Kidron, und ihre Asche brachte er nach Bet-El. 5 Und er schaffte die Götzenpriester ab, die die Könige von Juda eingesetzt hatten und die Rauchopfer darbrachten auf den Kulthöhen in den Städten Judas und rings um Jerusalem, und die, die Rauchopfer darbrachten für den Baal, für die Sonne, für den Mond, für die Gestirne und für das ganze Heer des Himmels. 6 Und die Aschera schaffte er aus dem Haus des HERRN, heraus aus Jerusalem, ins Kidrontal, und im Kidrontal verbrannte er sie und zermalmte sie zu Staub, und ihren Staub warf er auf das Grab der Leute aus dem Volk. 7 Dann riss er die Häuser der Geweihten nieder, die beim Haus des HERRN waren, in denen die Frauen Bekleidungen für die Aschera webten. 8 Und alle Priester aus den Städten Judas brachte er herbei, und er entweihte die Kulthöhen, auf denen die Priester Rauchopfer dargebracht hatten, von Geba bis nach Beer-Scheba. Und er riss die Kulthöhen an den Toren nieder, die am Eingang des Tors Jehoschuas, des Obersten der Stadt, lagen, links vom Stadttor. 9 Zum Altar des HERRN in Jerusalem aber durften die Priester der Kulthöhen nicht hinaufsteigen; sie assen ungesäuertes Brot bei ihren Brüdern. 10 Und er entweihte das Tofet, das im Tal Ben-Hinnom lag, damit niemand mehr seinen Sohn oder seine Tochter für den Moloch durchs Feuer gehen liess. 11 Und er schaffte die Pferde ab, die die Könige von Juda für die Sonne dort aufgestellt hatten, wo man ins Haus des HERRN kommt, in der Halle des Netan-Melech, des Kämmerers, die sich im Parwarim befand. Und die Sonnenwagen verbrannte er im Feuer. 12 Und die Altäre, die auf dem Dach des Obergemachs des Achas waren, die die Könige von Juda gemacht hatten, und die Altäre, die Manasse gemacht hatte in den beiden Vorhöfen des Hauses des HERRN, diese riss der König nieder, er eilte fort von dort und warf ihren Staub ins Kidrontal. 13 Und der König entweihte die Kulthöhen, die gegenüber von Jerusalem lagen, die zur Rechten des Bergs des Verderbers lagen, die Salomo, der König von Israel, der Astarte, dem Scheusal der Sidonier, gebaut hatte, und dem Kemosch, dem Scheusal Moabs, und dem Milkom, der Abscheulichkeit der Ammoniter. 14 Und er zerschlug die Mazzeben und zerstörte die Ascheren, und ihre Stätten füllte er mit Menschenknochen.

15 Und auch den Altar, der in Bet-El stand, die Kulthöhe, die Jerobeam gemacht hatte, der Sohn von Nebat, der Israel zur Sünde verführt hatte, auch jenen Altar und die Kulthöhe riss er nieder, und die Kulthöhe verbrannte er. Er zerstampfte die Aschera zu Staub und verbrannte sie. 16 Und Joschijahu wandte sich um und sah die Gräber, die dort auf dem Berg waren, und er sandte hin, nahm die Gebeine aus den Gräbern und verbrannte sie auf dem Altar, und so entweihte er ihn, nach dem Wort des HERRN, das der Gottesmann ausgerufen hatte, und diese Worte ausgerufen hatte. 17 Dann aber sagte er: Was ist das für ein Grabmal, das ich da sehe? Und die Männer aus der Stadt sagten zu ihm: Das ist das Grab des Gottesmannes, der aus Juda gekommen war, der über den Altar von Bet-El diese Worte ausgerufen hat, die du ausgeführt hast. 18 Da sprach er: Lasst ihn ruhen! Niemand soll seine Gebeine bewegen! Und so wurden seine Gebeine verschont, zusammen mit den Gebeinen des Propheten, der aus Samaria gekommen war. 19 Und auch alle Häuser auf den Kulthöhen, die in den Städten Samarias waren, die die Könige

von Israel gemacht hatten, um den HERRN zu reizen, beseitigte Joschijahu, und er verfuhr mit ihnen genau so, wie er es in Bet-El getan hatte. 20 Und auf den Altären schlachtete er alle Priester der Kulthöhen, die dort waren, und er verbrannte Menschenknochen auf ihnen. Dann kehrte er zurück nach Jerusalem.

21 Und der König gebot dem ganzen Volk: Feiert ein Passa für den HERRN, euren Gott, wie es geschrieben steht in diesem Buch des Bundes. 22 Denn ein solches Passa war nicht mehr gefeiert worden seit den Tagen der Richter, die Israel Recht verschafft hatten, und auch nicht während der gesamten Zeit der Könige von Israel und der Könige von Juda. 23 Erst im achtzehnten Jahr des Königs Joschijahu wurde dem HERRN dieses Passa in Jerusalem gefeiert.

24 Und auch die Totenbeschwörer und die Weissager und die Terafim, die Mistgötzen und alle Scheusale, die im Land Juda und in Jerusalem zu sehen waren, fegte Joschijahu weg, um die Worte der Weisung zu erfüllen, die geschrieben standen in dem Buch, das Chilkijahu, der Priester, im Haus des HERRN gefunden hatte. 25 Und kein König vor ihm war ihm gleich, ihm, der zurückgekehrt ist zum HERRN von seinem ganzen Herzen, von seiner ganzen Seele und mit all seiner Kraft, ganz nach der Weisung des Mose, und auch nach ihm ist keiner aufgetreten, der ihm gleich gewesen wäre. 26 Doch der HERR liess nicht ab von seinem grossen, glühenden Zorn, der in ihm entbrannt war über Juda wegen alledem, womit Manasse ihn gereizt hatte. 27 Und der HERR sprach: Auch Juda werde ich mir aus den Augen schaffen, wie ich Israel weggeschafft habe, und diese Stadt, die ich erwählt habe, werde ich verwerfen: Jerusalem und das Haus, von dem ich gesagt habe: Dort soll mein Name sein.

28 Und was sonst noch von Joschijahu zu berichten ist, und von allem, was er getan hat, steht das nicht geschrieben

im Buch der Chronik der Könige von Juda? 29 In seinen Tagen zog Pharao Necho, der König von Ägypten, herauf gegen den König von Assur, an den Eufratstrom. Da zog König Joschijahu ihm entgegen, und jener tötete ihn in Megiddo, als er ihn sah. 30 Und seine Diener fuhren ihn tot von Megiddo fort und brachten ihn nach Jerusalem, und man begrub ihn in seinem Grab. Und das Volk des Landes nahm Jehoachas, den Sohn des Joschijahu, und sie salbten ihn und machten ihn zum König an seines Vaters Statt.

| 1–3: 2Chr 34,29–32 | 1: Jos 24,1 | 2: Dtn 31,11!
| 3: 11,14 · 11,17! · 2Chr 15,12!; Jer 34,15 | 4–20: 2Chr 34,3–7 | 4: 10,26; 1Kön 15,13 | 5: Hos 10,5 | 6: 21,7! | 7: 1Kön 14,24! | 9: 1Sam 2,36 | 10: Jer 7,31 · 2Chr 28,3 · 16,3! | 11: Ez 8,16 | 12: Jes 22,1! · 21,5! · 4! | 13: 1Kön 11,5–7 | 14: 18,4! | 15: 1Kön 13,2–3 | 17: Ez 39,15 | 18: 1Kön 13,11–32 | 23,21–25,1: 2Chr 36,1–21 | 21–23: 2Chr 35,1–19 | 23: 22,3 | 24: 22,8! | 25: 15,20 · 18,5 · Dtn 6,5 | 26: 21,11! | 27: 1Kön 8,16 | 28: 1Kön 14,19! | 29–30: 2Chr 35,20–25 | 29: Jer 46,2 | 30: 9,28! · Jer 22,11

23,4: Die genaue Bedeutung des mit ‹auf den Feldern› wiedergegebenen hebräischen Worts ist unklar.

23,7: «die Häuser der Geweihten»: Siehe die Anm. zu Dtn 23,18.

23,7: Die Wiedergabe ‹Bekleidungen› beruht auf antiken Übersetzungen und einer Umvokalisierung des Massoretischen Texts; dieser lautet übersetzt: ‹Häuser für die Aschera›; möglicherweise ist an gewebte Behausungen für die Aschera gedacht.

23,11: Bei ‹Parwarim› handelt es sich vermutlich um einen Gebäudeteil.

23,17: Möglich ist auch die Übersetzung: «..., der diese Worte angekündigt hat, die du ausgeführt hast auf dem Altar von Bet-El.»

23,19: «den HERRN» wurde auf der Grundlage der antiken Übersetzungen ergänzt.

Jehoachas, König in Jerusalem

31 Dreiundzwanzig Jahre alt war Jehoachas, als er König wurde, und drei Monate lang war er König in Jerusalem. Und der Name seiner Mutter war Chamutal, die Tochter des Jirmejahu aus Libna. 32 Und er tat, was böse war in den Augen des HERRN, genau so, wie seine Vorfahren es getan hatten. 33 In Ribla im Land Chamat aber nahm Pharao Necho ihn gefangen, als er König war in Jerusalem, und dem Land auferlegte er eine Strafe: Hundert Kikkar Silber und ein Kikkar Gold. 34 Dann machte Pha-

rao Necho Eljakim, den Sohn Joschijahus, zum König an Joschijahus, seines
Vaters, Statt und änderte dessen Namen
in Jehojakim. Jehoachas aber nahm er
mit sich, und so kam dieser nach Ägypten, und dort starb er. 35 Und das Silber
und das Gold gab Jehojakim dem Pharao; doch musste er das Land schätzen,
um das Silber abliefern zu können, wie
der Pharao es befohlen hatte. Nach der
Schätzung eines jeden trieb er das Silber
und das Gold ein beim Volk des Landes,
um es Pharao Necho zu geben.

|31: 24,18; Jer 52,1 |33: 25,6.21 |34: 24,17 · Jer 1,3
|35: 15,20

Jehojakim, König in Jerusalem
36 Fünfundzwanzig Jahre alt war
Jehojakim, als er König wurde, und elf
Jahre lang war er König in Jerusalem.
Und der Name seiner Mutter war Se-
budda, die Tochter des Pedaja aus Ruma.
37 Und er tat, was böse war in den
Augen des Herrn, genau so, wie seine
Vorfahren es getan hatten.

24 1 In seinen Tagen zog Nebukadnezzar, der König von Babel, herauf, und Jehojakim wurde ihm untertan,
drei Jahre lang. Dann aber wandte er
sich ab und lehnte sich gegen ihn auf.
2 Da liess der Herr die Streifscharen der
Kasdäer, die Streifscharen Arams, die
Streifscharen Moabs und die Streifscharen der Ammoniter auf Jehojakim los, er
liess sie auf Juda los, um ihn zu verderben, nach dem Wort des Herrn, das dieser durch seine Diener, die Propheten,
gesprochen hatte. 3 Dies geschah in
Juda auf Befehl des Herrn, um sie sich
aus den Augen zu schaffen, der Sünden
Manasses wegen, für all das, was dieser
getan hatte. 4 Und auch das unschuldige Blut, das dieser vergossen hatte –
hatte er doch Jerusalem mit unschuldigem Blut gefüllt –, wollte der Herr nicht
vergeben. 5 Und was sonst noch von Jehojakim zu berichten ist und von allem,
was er getan hat, steht das nicht geschrieben im Buch der Chronik der Könige von Juda? 6 Und Jehojakim legte

sich zu seinen Vorfahren, und Jehojachin, sein Sohn, wurde König an seiner
Statt. 7 Der König von Ägypten aber verliess sein Land nicht mehr, denn vom
Bachtal Ägyptens bis zum Eufratstrom
hatte der König von Babel alles genommen, was dem König von Ägypten gehört hatte.

| 1: Jer 21,2 · Dan 1,1 · 20 |2: 6,23; 13,20 · 21,10! ·
22,16 |3: 17,18 |4: 21,16 |5: 1Kön 14,29 |7: Jer 37,7;
46,2; Ez 30,21

24,2: Wörtlich: «… die Streifscharen der Ammoniter auf ihn los, …»

Jehojachin, König in Jerusalem
8 Achtzehn Jahre alt war Jehojachin,
als er König wurde, und drei Monate
lang war er König in Jerusalem. Und der
Name seiner Mutter war Nechuschta,
die Tochter des Elnatan aus Jerusalem.
9 Und er tat, was böse war in den Augen
des Herrn, genau wie sein Vater es getan hatte. 10 In jener Zeit zogen die Diener Nebukadnezzars, des Königs von Babel, herauf nach Jerusalem, und die
Stadt geriet in Bedrängnis. 11 Und Nebukadnezzar, der König von Babel, zog
gegen die Stadt, und seine Diener
schlossen sie ein. 12 Und Jehojachin, der
König von Juda, kam heraus zum König
von Babel, er mit seiner Mutter, seinen
Dienern, seinen Anführern und seinen
Kämmerern. Und im achten Jahr seiner
Königsherrschaft nahm der König von
Babel ihn gefangen. 13 Und alle Schätze
des Hauses des Herrn und die Schätze
des Hauses des Königs schaffte er weg
von dort, und im Tempel des Herrn zerstörte er alle goldenen Geräte, die Salomo, der König von Israel, gemacht
hatte, wie der Herr es angekündigt
hatte. 14 Und ganz Jerusalem führte er
in die Verbannung, alle Obersten und
alle tüchtigen Krieger, zehntausend, die
in die Verbannung gingen, dazu alle
Schmiede und die Metallarbeiter, niemand blieb zurück, ausser den Ärmsten
vom Volk des Landes. 15 Und Jehojachin
führte er nach Babel in die Verbannung,
und auch die Mutter des Königs, die

Frauen des Königs, seine Kämmerer und die Starken des Landes liess er in die Verbannung gehen, von Jerusalem nach Babel. 16 Und auch alle Krieger, siebentausend, und die Schmiede und die Metallarbeiter, tausend, alle kriegstüchtigen Helden, sie brachte der König von Babel in die Verbannung nach Babel. 17 Und der König von Babel machte Mattanja, den Onkel des Jehojachin, zum König an seiner Statt, und den Namen Mattanjas änderte er in Zidkijahu.

|8: Jer 26,22 |12: Jer 29,2; Ez 1,2 · Jer 22,24–30 |13: Dan 5,2 · 20,17! |14: 25,21; 1Chr 9,1; Jer 52,28! · 25,12 |15: 25,27 · 20,18! · Jer 22,26 |17: 23,34 · 1Chr 3,15; Jer 37,1; Ez 17,13

24,15: Wörtlich: «... und die Widder des Landes ...»; der Widder dient als Bild für die Starken.

24,17: «den Onkel des Jehojachin» ist wörtlich «seinen Onkel», und «den Namen Mattanjas» ist wörtlich «seinen Namen».

Zidkijahu, König in Jerusalem.
Seine Gefangennahme

18 Einundzwanzig Jahre alt war Zidkijahu, als er König wurde, und elf Jahre lang war er König in Jerusalem. Und der Name seiner Mutter war Chamutal, die Tochter des Jirmejahu aus Libna. 19 Und er tat, was böse war in den Augen des HERRN, genau wie Jehojakim es getan hatte. 20 Wegen des Zorns des HERRN kam es so weit in Jerusalem und in Juda, dass er sie wegsandte von seinem Angesicht. Aber Zidkijahu lehnte sich gegen den König von Babel auf.

25 1 Und im neunten Jahr seiner Königsherrschaft, im zehnten Monat, am Zehnten des Monats, zog Nebukadnezzar, der König von Babel, gegen Jerusalem, er mit seinem ganzen Heer, und er belagerte es, und ringsum bauten sie einen Belagerungswall. 2 Und die Stadt geriet in Bedrängnis, bis ins elfte Jahr des Königs Zidkijahu. 3 Am Neunten des Monats war der Hunger gross in der Stadt, und es gab kein Brot mehr für das Volk des Landes. 4 Da wurde die Stadt aufgebrochen; und in der Nacht flohen alle Krieger auf dem Weg durch das Tor zwischen den beiden Mauern,

das am Garten des Königs lag, während die Kasdäer rings um die Stadt lagen, und der König nahm den Weg zur Araba. 5 Das Heer der Kasdäer aber verfolgte den König, und in den Steppen von Jericho holten sie ihn ein, sein ganzes Heer aber hatte sich zerstreut und hatte ihn verlassen. 6 Und sie ergriffen den König und führten ihn hinauf zum König von Babel, nach Ribla, und dieser sprach das Urteil über ihn. 7 Und die Söhne Zidkijahus schlachtete man vor seinen Augen ab, und die Augen Zidkijahus blendete er, dann legte er ihn in doppelte Ketten und brachte ihn nach Babel.

|18: 23,31! |20: 1 |1–7: Jer 39,1–7 |1: Jer 34,1!; Ez 4,3; 24,1! · Jer 32,24 |3: Jes 3,1; Ez 4,16 |4: Neh 3,15 |6: 23,33! · Ez 12,13 |7: Ri 16,21 · Jer 21,7; 37,17

25,4: Wörtlich: «..., und er nahm den Weg zur Araba. ...»

Das Ende des Reiches Juda

8 Und im fünften Monat, am Siebten des Monats – das war das neunzehnte Jahr von König Nebukadnezzar, dem König von Babel – kam Nebusaradan, der Befehlshaber der Leibgarde, der Diener des Königs von Babel, nach Jerusalem. 9 Und er verbrannte das Haus des HERRN und das Haus des Königs; alle Häuser Jerusalems, jedes grosse Haus, verbrannte er im Feuer. 10 Und das ganze Heer der Kasdäer, das beim Befehlshaber der Leibgarde war, riss die Mauern rings um Jerusalem nieder. 11 Und den Rest des Volks, jene, die übrig geblieben waren in der Stadt, und die Überläufer, die übergelaufen waren zum König von Babel, und den Rest der Menge führte Nebusaradan, der Befehlshaber der Leibgarde, in die Verbannung. 12 Von den Ärmsten des Landes aber liess der Befehlshaber der Leibgarde einige zurück als Weingärtner und Ackerbauern. 13 Und die Kasdäer zerschlugen die bronzenen Säulen, die im Haus des HERRN waren, und die Kesselwagen und das bronzene Meer, die im Haus des HERRN waren; deren Bronze aber brachte man nach Babel.

14 Und sie nahmen auch die Töpfe und die Schaufeln und die Messer und die Schüsseln und alle Geräte aus Bronze, mit denen man den Dienst verrichtet hatte. 15 Und der Befehlshaber der Leibgarde nahm auch die Pfannen und die Sprengschalen, die aus reinem Gold waren und aus reinem Silber. 16 Die beiden Säulen, das eine Meer und die Kesselwagen, die Salomo für das Haus des HERRN gemacht hatte – das Gewicht der Bronze all dieser Geräte konnte man nicht bestimmen. 17 Achtzehn Ellen betrug die Höhe der einen Säule, und darauf befand sich ein Kapitell aus Bronze. Und die Höhe des Kapitells betrug drei Ellen, und ringsum an dem Kapitell waren Flechtwerk und Granatäpfel, alles aus Bronze. Und ebenso war es mit dem Flechtwerk an der zweiten Säule. 18 Und der Befehlshaber der Leibgarde nahm Seraja, den ersten Priester, und Zefanjahu, den zweiten Priester, und die drei Hüter der Schwelle, 19 und aus der Stadt nahm er einen Kämmerer, der die Aufsicht über die Krieger hatte, und fünf Männer von den Vertrauten des Königs, die sich in der Stadt fanden, und den Schreiber des Heerführers, der das Volk des Landes für den Kriegsdienst aushob, und sechzig Männer vom Volk des Landes, die sich in der Stadt fanden. 20 Und diese nahm Nebusaradan, der Befehlshaber der Leibgarde, und brachte sie zum König von Babel nach Ribla. 21 Und der König von Babel erschlug sie, er tötete sie in Ribla im Land Chamat. Und so führte man Juda von seinem Boden fort in die Verbannung.

22 Und was das Volk betrifft, das übrig geblieben war im Land Juda, das Nebukadnezzar, der König von Babel, übrig gelassen hatte – über sie setzte er Gedaljahu, den Sohn des Achikam, des Sohns des Schafan. 23 Und alle Anführer der Heere, sie und die Männer hörten, dass der König von Babel Gedaljahu eingesetzt hatte, und sie kamen zu Gedaljahu nach Mizpa: Jischmael, der Sohn des Netanja, Jochanan, der Sohn des Kareach, Seraja, der Sohn des Tanchumet, der Netofatiter, und Jaasanjahu, der Sohn des Maachatiters, sie und ihre Männer. 24 Und Gedaljahu schwor ihnen und ihren Männern und sprach zu ihnen: Fürchtet euch nicht vor den Dienern der Kasdäer. Bleibt im Land und dient dem König von Babel, dann wird es euch gut gehen.

25 Im siebten Monat aber kam Jischmael, der Sohn des Netanja, des Sohns des Elischama, einer von den königlichen Nachkommen, und mit ihm zehn Männer, und sie erschlugen Gedaljahu, und er starb, und ebenso erging es auch den Judäern und den Kasdäern, die bei ihm waren in Mizpa. 26 Dann aber machte sich das ganze Volk auf, vom Kleinsten bis zum Grössten, auch die Anführer der Heere, und sie zogen nach Ägypten, denn sie fürchteten sich vor den Kasdäern.

| 8–20: 2Chr 36,11–21; Jer 39,8–10; 52,12–27 | 9: 1Kön 9,8 | 10: Neh 1,3 | 12: 24,14 | 13–15: 1Kön 7,15–50; Jer 20,5 | 13: Jer 27,19–22 | 15: Ex 25,38 · Esra 1,9–11 | 16: 1Kön 7,47 | 18: Jer 21,1 | 21: 17,23 · 24,14 · 23,33! | 22: 22,12! | 25: Jer 41,1–3 | 26: Dtn 28,68 · Jer 41,17!

Jehojachin wird begnadigt

27 Und im siebenunddreissigsten Jahr nach der Verbannung Jehojachins, des Königs von Juda, im zwölften Monat, am Siebenundzwanzigsten des Monats, begnadigte Ewil-Merodach, der König von Babel, in dem Jahr, als er König wurde, Jehojachin, den König von Juda und entliess ihn aus dem Kerker. 28 Und er sprach freundlich mit ihm und setzte ihn höher als die Könige, die bei ihm in Babel waren. 29 Und er legte seine Kerkerkleidung ab, und solange er lebte, stets durfte er vor ihm essen. 30 Und was er zum Leben brauchte, wurde ihm als ständiger Unterhalt vom König gegeben, wie der jeweilige Tag es erforderte, alle Tage seines Lebens.

| 27–30: Jer 52,31–34 | 27: 24,15 · Gen 40,13 | 29: Gen 41,14 | 30: 1Kön 2,7

25,27: «und entliess ihn» wurde in der Übersetzung ergänzt.

Das Erste Buch der Chronik

Von Adam bis zu den Söhnen Israels

1 1 Adam, Set, Enosch, 2 Kenan, Mahalalel, Jered, 3 Henoch, Metuschelach, Lamech, 4 Noah, Sem, Ham und Jafet.

5 Die Söhne Jafets: Gomer und Magog und Madai und Jawan und Tubal und Meschech und Tiras. 6 Und die Söhne Gomers: Aschkanas und Difat und Togarma. 7 Und die Söhne Jawans: Elischa und Tarschisch, die Kittäer und die Rodaniter.

8 Die Söhne Hams: Kusch und Mizrajim, Put und Kanaan. 9 Und die Söhne von Kusch: Seba und Chawila und Sabta und Rama und Sabtecha. Und die Söhne Ramas: Scheba und Dedan. 10 Und Kusch zeugte Nimrod; er war der erste Held auf der Erde. 11 Und Mizrajim zeugte die Luditer und die Anamiter und die Lehabiter und die Naftuchiter 12 und die Patrusiter und die Kasluchiter, von denen die Philister ausgegangen sind, und die Kaftoriter. 13 Und Kanaan zeugte Sidon, seinen Erstgeborenen, und Chet 14 und den Jebusiter und den Amoriter und den Girgaschiter 15 und den Chiwwiter und den Arkiter und den Siniter 16 und den Arwaditer und den Zemariter und den Chamatiter.

17 Die Söhne Sems: Elam und Assur und Arpachschad und Lud und Aram und Uz und Chul und Geter und Meschech. 18 Und Arpachschad zeugte Schelach, und Schelach zeugte Eber. 19 Und Eber wurden zwei Söhne geboren: der Name des einen war Peleg, denn in seinen Tagen spaltete sich die Erde; und der Name seines Bruders war Joktan. 20 Und Joktan zeugte Almodad und Schelef und Chazarmawet und Jerach 21 und Hadoram und Usal und Dikla 22 und Ebal und Abimael und Scheba 23 und Ofir und Chawila und Jobab. Alle diese sind die Söhne Joktans.

24 Sem, Arpachschad, Schelach, 25 Eber, Peleg, Reu, 26 Serug, Nachor, Terach, 27 Abram, das ist Abraham.

28 Die Söhne Abrahams: Isaak und Ismael.

29 Dies ist das Verzeichnis ihrer Nachkommen: Nebajot, der Erstgeborene Ismaels, und Kedar und Adbeel und Mibsam, 30 Mischma und Duma, Massa, Chadad und Tema, 31 Jetur, Nafisch und Kedma. Das sind die Söhne Ismaels.

32 Und die Söhne der Ketura, der Nebenfrau von Abraham: Sie gebar Simran und Jokschan und Medan und Midian und Jischbak und Schuach. Und die Söhne Jokschans: Scheba und Dedan. 33 Und die Söhne Midians: Efa und Efer und Henoch und Abida und Eldaa. Alle diese sind die Söhne der Ketura.

34 Und Abraham zeugte Isaak.

Die Söhne Isaaks: Esau und Israel. 35 Die Söhne Esaus: Elifas, Reuel und Jeusch und Jalam und Korach. 36 Die Söhne des Elifas: Teman und Omar, Zefi und Gatam, Kenas und Timna und Amalek. 37 Die Söhne Reuels: Nachat, Serach, Schamma und Missa. 38 Und die Söhne von Seir: Lotan und Schobal und Zibon und Ana und Dischon und Ezer und Dischan. 39 Und die Söhne Lotans: Chori und Homam; und die Schwester Lotans: Timna. 40 Die Söhne Schobals: Aljan und Manachat und Ebal, Schefi und Onam. Und die Söhne Zibons: Ajja und Ana. 41 Die Söhne Anas: Dischon. Und die Söhne Dischons: Chamran und Eschban und Jitran und Keran. 42 Die Söhne Ezers: Bilhan und Saawan und Jaakan. Die Söhne Dischans: Uz und Aran.

43 Und dies sind die Könige, die geherrscht haben im Land Edom, bevor ein König über die Israeliten herrschte: Bela, der Sohn Beors; und der Name seiner Stadt war Dinhaba. 44 Und Bela

starb, und Jobab, der Sohn Serachs aus Bozra, wurde König an seiner Statt. 45 Und Jobab starb, und Chuscham aus dem Land der Temaniter wurde König an seiner Statt. 46 Und Chuscham starb, und Hadad, der Sohn Bedads, der Midian schlug im Gebiet Moabs, wurde König an seiner Statt; und der Name seiner Stadt war Awit. 47 Und Hadad starb, und Samla aus Masreka wurde König an seiner Statt. 48 Und Samla starb, und Schaul aus Rechobot am Strom wurde König an seiner Statt. 49 Und Schaul starb, und Baal-Chanan, der Sohn Achbors, wurde König an seiner Statt. 50 Und Baal-Chanan starb, und Hadad wurde König an seiner Statt; und der Name seiner Stadt war Pai, und der Name seiner Frau war Mehetabel, die Tochter von Matred, der Tochter von Me-Sahab. 51 Und Hadad starb. Und die Stammesfürsten Edoms waren: Stammesfürst Timna, Stammesfürst Alwa, Stammesfürst Jetet, 52 Stammesfürst Oholibama, Stammesfürst Ela, Stammesfürst Pinon, 53 Stammesfürst Kenas, Stammesfürst Teman, Stammesfürst Mibzar, 54 Stammesfürst Magdiel, Stammesfürst Iram. Das waren die Stammesfürsten Edoms.

2 1 Dies sind die Söhne Israels: Ruben, Simeon, Levi und Juda, Issaschar und Sebulon, 2 Dan, Josef und Benjamin, Naftali, Gad und Asser.

|1–4: Gen 5 |1: Gen 4,25–26 |4: Ez 14,14 |5–23: Gen 10 |8: Gen 9,18 |17–27: Gen 11,10–26 |43–54: Gen 36,31–43 |1–2: Gen 35,22–26 |2–15: Mt 1,2–6; Lk 3,31–34

1,19: Im Namen Peleg klingt hebräisch ‹sich spalten› an.

Der Stamm Juda

3 Die Söhne von Juda: Ehr und Onan und Schela; diese drei wurden ihm von der Tochter des Schua, der Kanaaniterin, geboren. Ehr aber, der Erstgeborene Judas, war böse in den Augen des HERRN, und dieser liess ihn sterben. 4 Und Tamar, seine Schwiegertochter, gebar ihm Perez und Serach. Alle Söhne von Juda:

fünf. 5 Die Söhne des Perez: Chezron und Chamul. 6 Und die Söhne des Serach: Simri und Etan und Heman und Kalkol und Dara, alle zusammen: fünf. 7 Und die Söhne des Karmi: Achar, der Israel ins Unglück stürzte, weil er treulos handelte an dem, was der Vernichtung geweiht war. 8 Und die Söhne des Etan: Asarja.

9 Und die Söhne des Chezron, die ihm geboren wurden: Jerachmeel und Ram und Kelubai. 10 Und Ram zeugte Amminadab, und Amminadab zeugte Nachschon, den Fürsten der Söhne Juda. 11 Und Nachschon zeugte Salma, und Salma zeugte Boas; 12 und Boas zeugte Obed, und Obed zeugte Jisai. 13 Und Isai zeugte seinen Erstgeborenen, Eliab; und Abinadab, den Zweiten; und Schima, den Dritten; 14 Netanel, den Vierten; Raddai, den Fünften; 15 Ozem, den Sechsten; David, den Siebten. 16 Und ihre Schwestern: Zeruja und Abigajil. Und die Söhne der Zeruja: Abschai und Joab und Asa-El: drei. 17 Und Abigajil gebar Amasa; und der Vater Amasas war Jeter, der Ismaelit.

18 Und Kaleb, der Sohn des Chezron, zeugte Söhne mit Asuba, seiner Frau, und mit Jeriot; und dies sind ihre Söhne: Jescher und Schobab und Ardon. 19 Und Asuba starb, und Kaleb nahm sich Efrat, und sie gebar ihm Chur. 20 Und Chur zeugte Uri, und Uri zeugte Bezalel. 21 Und danach ging Chezron zur Tochter des Machir, des Vaters von Gilead; und er nahm sie, als er sechzig Jahre alt war, und sie gebar ihm Segub. 22 Und Segub zeugte Jair. Und dieser hatte dreiundzwanzig Städte im Land Gilead. 23 Geschur und Aram aber nahmen ihnen die Chawwot-Jair weg, auch Kenat und seine Tochterstädte, sechzig Städte. Alle diese waren die Söhne des Machir, des Vaters von Gilead. 24 Und nach dem Tod Chezrons in Kaleb-Efrata, gebar die Frau Chezrons, Abija, ihm Aschchur, den Vater Tekoas.

25 Und die Söhne Jerachmeels, des Erstgeborenen von Chezron, waren: der

Erstgeborene, Ram, und Buna und Oren und Ozem, von Achija. 26 Und Jerachmeel hatte noch eine andere Frau, und ihr Name war Atara; sie war die Mutter von Onam. 27 Und die Söhne Rams, des Erstgeborenen Jerachmeels, waren: Maaz und Jamin und Eker. 28 Und die Söhne Onams waren: Schammai und Jada. Und die Söhne Schammais: Nadab und Abischur. 29 Und der Name der Frau des Abischur war Abihajil; und sie gebar ihm Achban und Molid. 30 Und die Söhne Nadabs: Seled und Appajim. Und Seled starb ohne Söhne. 31 Und die Söhne Appajims: Jischi. Und die Söhne Jischis: Scheschan. Und die Söhne Scheschans: Achlai. 32 Und die Söhne des Jada, des Bruders von Schammai: Jeter und Jonatan. Und Jeter starb ohne Söhne. 33 Und die Söhne Jonatans: Pelet und Sasa. Das waren die Söhne Jerachmeels.

34 Und Scheschan hatte keine Söhne, sondern Töchter. Scheschan aber hatte einen ägyptischen Diener, und sein Name war Jarcha. 35 Und Scheschan gab Jarcha, seinem Diener, seine Tochter zur Frau, und sie gebar ihm Attai. 36 Und Attai zeugte Natan, und Natan zeugte Sabad, 37 und Sabad zeugte Eflal, und Eflal zeugte Obed, 38 und Obed zeugte Jehu, und Jehu zeugte Asarja, 39 und Asarja zeugte Chelez, und Chelez zeugte Elasa, 40 und Elasa zeugte Sismai, und Sismai zeugte Schallum, 41 und Schallum zeugte Jekamja, und Jekamja zeugte Elischama.

42 Und die Söhne Kalebs, des Bruders von Jerachmeel: Mescha, sein Erstgeborener – er war der Vater von Sif –, und die Söhne Mareschas, des Vaters von Chebron. 43 Und die Söhne Chebrons: Korach und Tappuach und Rekem und Schema. 44 Und Schema zeugte Racham, den Vater des Jorkoam, und Rekem zeugte Schammai. 45 Und der Sohn Schammais war Maon, und Maon war der Vater von Bet-Zur. 46 Und Efa, die Nebenfrau Kalebs, gebar Charan und Moza und Gases. Und Charan

zeugte Gases. 47 Und die Söhne des Johdai: Regem und Jotam und Geschan und Pelet und Efa und Schaaf. 48 Maacha, die Nebenfrau Kalebs, gebar Scheber und Tirchana; 49 und sie gebar Schaaf, den Vater Madmannas, Schewa, den Vater Machbenas und den Vater Gibeas. Und die Tochter Kalebs war Achsa.

50 Dies waren die Söhne Kalebs: Ben-Chur, der Erstgeborene von Efrata; Schobal, der Vater von Kirjat-Jearim; 51 Salma, der Vater von Betlehem; Charef, der Vater von Bet-Gader. 52 Und Schobal, der Vater von Kirjat-Jearim, hatte Söhne: Haroeh und die Hälfte von Menuchot; 53 und die Sippen von Kirjat-Jearim: den Jitriter und den Putiter und den Schumatiter und den Mischraiter; von diesen sind ausgegangen: die Zoratiter und die Eschtauliter. 54 Die Söhne Salmas: Betlehem und der Netofatiter, Atrot-Bet-Joab und die Hälfte der Manachtiter, der Zoriter; 55 und die Sippen der Schreiber, die Bewohner von Jabez: Tiratiter, Schimatiter, Suchatiter. Das sind die Kiniter, die von Chammat kommen, dem Vater von Bet-Rechab.

|3–5: Gen 38; 46,12 |3: 4,21 |5: 4,1; Rut 4,18 |6: 1Kön 5,11 |7: 4,1 · Jos 7,24! |9–15: Rut 4,19–22 |9: 25 · 18; 42 |10: Num 1,7; 2,3 |13: 1Sam 16,6! |15: 1Sam 17,12 |16: 11,20!.26!; 18,15; 2Sam 2,18! |17: 2Sam 17,25 |18: 9; 42 |19: 50 · 4,4; Ex 17,10 |20: Ex 31,2 |21: 7,14; Num 26,29 |22–23: Num 32,40–41; Ri 10,3–5 |23: 4,4 |24: 4,5 |25: 9 |42: 9; 18 · Jos 15,24.55 · Jos 15,44 |43: Jos 15,34 |45: Jos 15,55 · Jos 15,58 |49: Jos 15,31 · Jos 15,57 · Jos 15,16 |50: 19; 4,1–4 · Jos 15,60 |51: 4,4 |53: 11,40 · 4,2 |54: 9,16; 11,30 |55: Ri 1,16 · 2Kön 10,15; Jer 35,1–11

2,23: Zu ‹Chawwot-Jair› siehe die Anm. zu Dtn 3,14.

2,24: «Und nach dem Tod Chezrons in Kaleb-Efrata, gebar …, Abija, ihm …»: So lautet der Massoretische Text; möglicherweise sollte übersetzt werden: «Und nach dem Tod Chezrons ging Kaleb zu Efrata, und …, Abija, gebar ihm …», wie einige antike Übersetzungen dies tun.

2,52: «die Hälfte von Menuchot»: Möglicherweise handelt es sich um den Personennamen Chazi-Hammenuchot.

Die Nachkommen Davids

3 1 Und dies waren die Söhne Davids, die ihm in Chebron geboren wurden: der Erstgeborene, Amnon, von

Achinoam, der Jesreelitin; ein zweiter, Daniel, von Abigajil, der Karmelitin; 2 der Dritte, Absalom, der Sohn der Maacha, der Tochter von Talmai, dem König von Geschur; der Vierte, Adonija, der Sohn der Chaggit; 3 der Fünfte, Schefatja, von Abital; der Sechste, Jitream, von Egla, seiner Frau. 4 Sechs wurden ihm in Chebron geboren. Und sieben Jahre und sechs Monate lang war er dort König; und dreiunddreissig Jahre lang war er König in Jerusalem.

5 Und diese wurden ihm in Jerusalem geboren: Schima und Schobab und Natan und Salomo, vier, von Bat-Schua, der Tochter des Ammiel; 6 und Jibchar und Elischama und Elifelet 7 und Nogah und Nefeg und Jafia 8 und Elischama und Eljada und Elifelet: neun; 9 alles Söhne Davids, ohne die Söhne der Nebenfrauen; und Tamar war ihre Schwester.

10 Und der Sohn Salomos: Rehabeam; Abija, sein Sohn; Asa, sein Sohn; Jehoschafat, sein Sohn; 11 Joram, sein Sohn; Achasjahu, sein Sohn; Joasch sein Sohn; 12 Amazjahu, sein Sohn; Asarja, sein Sohn; Jotam, sein Sohn; 13 Achas, sein Sohn; Chiskijahu, sein Sohn; Manasse, sein Sohn; 14 Amon, sein Sohn; Joschijahu, sein Sohn. 15 Und die Söhne Joschijahus: der Erstgeborene, Jochanan; der Zweite: Jehojakim; der Dritte: Zidkijahu; der Vierte: Schallum. 16 Und die Söhne Jehojakims: Jechonja, sein Sohn, Zidkija, sein Sohn.

17 Und die Söhne Jechonjas: Assir; Schealtiel, sein Sohn, 18 und Malkiram und Pedaja und Schenazzar, Jekamja, Hoschama und Nedabja. 19 Und die Söhne Pedajas: Serubbabel und Schimi. Und der Sohn Serubbabels: Meschullam und Chananja; und Schelomit war ihre Schwester; 20 und Chaschuba und Ohel und Berechja und Chasadja, Juschab-Chesed: fünf. 21 Und der Sohn Chananjas: Pelatja und Jeschaja; die Söhne Refajas, die Söhne Arnans, die Söhne Obadjas, die Söhne Schechanjas.

22 Und die Söhne Schechanjas: Sche-

maja. Und die Söhne Schemajas: Chattusch und Jigal und Bariach und Nearja und Schafat: sechs. 23 Und der Sohn Nearjas: Eljoenai, dazu Chiskija und Asrikam: drei. 24 Und die Söhne Eljoenais: Hodawjahu und Eljaschib und Pelaja und Akkub und Jochanan und Delaja und Anani: sieben.

|1–4: 2Sam 3,2–5 |4: 29,27! |5–8: 14,4–7; 2Sam 5,14–16 |5: 2Chr 1–9 |9: 2Sam 13,1 |10–15: Mt 1,7–11 |10: 2Chr 21–24 |11: 2Chr 21–24 |12: 2Chr 25–27 |13: 2Chr 28,1–33,20 |14: 2Chr 33,21–35,27 |15: 2Chr 36 |16: 2Chr 36 |17: 2Kön 24,12 |19: Esra 3,2; Hag 1,1; Mt 1,12

Die Familien des Stammes Juda

4 1 Die Söhne von Juda: Perez, Chezron und Karmi und Chur und Schobal. 2 Und Reaja, der Sohn Schobals, zeugte Jachat; und Jachat zeugte Achumai und Lahad. Das sind die Sippen der Zoratiter. 3 Und diese sind vom Vater des Etam: Jesreel und Jischma und Jidbasch; und der Name ihrer Schwester war Hazlelponi. 4 Und Penuel, der Vater von Gedor; und Eser, der Vater von Chuscha: Das sind die Söhne des Chur, des Erstgeborenen Efratas, des Vaters von Betlehem. 5 Und Aschchur, der Vater von Tekoa, hatte zwei Frauen: Chela und Naara.

6 Und Naara gebar ihm Achussam und Chefer und Temeni und den Achaschtariter. Das sind die Söhne der Naara. 7 Und die Söhne der Chela: Zeret und Zochar und Etnan. 8 Und Koz zeugte Anub und Zobeba und die Sippen des Acharchel, des Sohns von Harum. 9 Und Jabez war angesehener als seine Brüder; und seine Mutter gab ihm den Namen Jabez und sagte: Denn in Schmerzen habe ich ihn geboren. 10 Und Jabez rief den Gott Israels an und sagte: Dass du mich doch segnen und mein Gebiet erweitern mögest und dass deine Hand mit mir sei und du mich vom Unglück fern hieltest, so dass kein Schmerz mich trifft! Und Gott liess kommen, was er erbeten hatte.

11 Und Kelub, der Bruder Schuchas, zeugte Mechir; er war der Vater von Eschton. 12 Und Eschton zeugte Bet-

Rafa und Paseach und Techinna, den Vater von Ir-Nachasch; das sind die Männer von Recha. 13 Und die Söhne des Kenas: Otniel und Seraja. Und die Söhne Otniels: Chatat. 14 Und Meonotai zeugte Ofra; und Seraja zeugte Joab, den Vater von Ge-Charaschim, denn sie waren Handwerker. 15 Und die Söhne Kalebs, des Sohns von Jefunne: Iru, Ela und Naam. Und die Söhne von Ela: Kenas. 16 Und die Söhne Jehallelels: Sif und Sifa, Tireja und Asarel. 17 Und der Sohn von Esra: Jeter und Mered und Efer und Jalon. Und sie wurde schwanger mit Mirjam und Schammai und Jischbach, dem Vater von Eschtemoa. 18 Und seine judäische Frau gebar Jered, den Vater Gedors, und Cheber, den Vater von Socho, und Jekutiel, den Vater von Sanoach. Und das sind die Söhne der Bitja, der Tochter des Pharao, die Mered zur Frau genommen hatte. 19 Und die Söhne der Frau des Hodija, der Schwester Nachams: der Vater Keilas, dem Garmiter, und Eschtemoa, der Maachatiter. 20 Und die Söhne Schimons: Amnon und Rinna, Ben-Chanan und Tilon. Und die Söhne des Jischi: Sochet und Ben-Sochet. 21 Die Söhne des Schela, des Sohns von Juda: Ehr, der Vater von Lecha, und Lada, der Vater von Marescha; und die Sippen des Hauses der Byssusarbeit von Bet-Aschbea; 22 und Jokim und die Männer von Koseba; und Joasch und Saraf, die über Moab herrschten; und Jaschubi-Lechem. Und die Angaben sind alt. 23 Sie waren die Töpfer und die Bewohner von Netaim und Gedera; sie wohnten dort beim König, während sie für ihn arbeiteten.

|1: 2,3–7.50; Num 26,19–22 |2: 2,53 |4: 2,19.50–51 |5: 2,24 |9: Gen 3,16! |13: Jos 15,17; Ri 1,13 |14: Neh 11,35 |15: 6,41; Num 13,6!; Jos 14,14 |17–19: Jos 15,44–58 |21: 2,3

4,9: Dem Namen Jabez soll hebräisch ‹Schmerz› (hebräisch: ‹ozeb›) zugrunde liegen, die Konsonanten des Namens sind allerdings vertauscht, möglicherweise um den Schmerz vom Namensträger fernzuhalten.
4,14: Charaschim bedeutet ‹Handwerker›.
4,15: Im vorliegenden Textbereich begegnen

mehrere Fälle, in denen die Zahl der aufgezählten Söhne nicht mit der zu erwartenden Anzahl übereinstimmt. Die Übersetzung hält sich an den Massoretischen Text.

Der Stamm Simeon

24 Die Söhne Simeons: Nemuel und Jamin, Jarib, Serach, Schaul; 25 Schallum, sein Sohn, Mibsam, sein Sohn, Mischma, sein Sohn. 26 Und die Söhne Mischmas: Chammuel, sein Sohn, Sakkur, sein Sohn, Schimi, sein Sohn. 27 Und Schimi hatte sechzehn Söhne und sechs Töchter; seine Brüder aber hatten nicht viele Söhne, und keine ihrer Sippen vermehrte sich so sehr wie die Söhne Judas. 28 Und sie wohnten in Beer-Scheba und Molada und Chazar-Schual 29 und in Bilha und in Ezem und in Tolad 30 und in Betuel und in Chorma und in Ziklag 31 und in Bet-Markabot und in Chazar-Susim und in Bet-Biri und in Schaarajim. Das waren ihre Städte, bis David König wurde. 32 Und ihre Gehöfte: Etam und Ajin, Rimmon und Tochen und Aschan: fünf Orte, 33 und all ihre Gehöfte, die rings um diese Orte waren bis nach Baal hin. Das waren ihre Wohnstätten; und sie hatten ihre eigene Eintragung.

34 Und Meschobab und Jamlech und Joscha, der Sohn Amzajas; 35 und Joel und Jehu, der Sohn des Joschibja, des Sohns von Seraja, dem Sohn von Asiel; 36 und Eljoenai und Jaakoba und Jeschochaja und Asaja und Adiel und Jesimiel und Benaja; 37 und Sisa, der Sohn des Schifi, des Sohns von Allon, dem Sohn des Jedaja, des Sohns des Schimri, des Sohns des Schemaja: 38 Diese mit Namen Aufgeführten waren Fürsten in ihren Sippen, und ihre Familien breiteten sich stark aus. 39 Und sie zogen bis da, wo es nach Gedor geht, bis an die Ostseite des Tals, um Weide zu suchen für ihre Schafe. 40 Und sie fanden fruchtbare und gute Weide und ein Land, weiträumig nach beiden Seiten hin und ruhig und friedlich, denn die, die früher dort gewohnt hatten, waren von Ham. 41 Und diese mit Namen Auf-

geschriebenen kamen in den Tagen des Jechiskijahu, des Königs von Juda, und sie zerschlugen ihre Zelte und die Meuniter, die sich dort befanden; und sie haben sie der Vernichtung geweiht, bis auf den heutigen Tag, und wohnten an ihrer Stätte, denn dort war Weide für ihre Schafe. 42 Und von ihnen, von den Söhnen Simeons, zogen fünfhundert Männer zum Gebirge Seir, und Pelatja und Nearja und Refaja und Ussiel, die Söhne des Jischi, waren an ihrer Spitze. 43 Und sie erschlugen den Rest der Entronnenen von Amalek, und dort wohnen sie bis zum heutigen Tag.

| 24: Gen 46,10; Ex 6,15; Num 26,12–14 | 28–33: Jos 15,26–32; 19,1–8 | 40: 1,8 | 41: 3,13 | 43: Ex 17,14; 1Sam 15,2–3

4,38: Die Übersetzung des mit ‹Aufgeführten› wiedergegebenen hebräischen Worts ist unsicher.
4,39: Möglich ist auch die Übersetzung: «… bis zum Eingang von Gedor, …»

Die Stämme jenseits des Jordan: Ruben, Gad und halb Manasse

5 1 Und die Söhne von Ruben, dem Erstgeborenen Israels – denn er war der Erstgeborene; weil er aber das Lager seines Vaters entweiht hatte, wurde sein Erstgeburtsrecht den Söhnen Josefs, des Sohns von Israel, gegeben, und man konnte ihn nicht dem Erstgeburtsrecht entsprechend eintragen; 2 denn Juda war seinen Brüdern überlegen, und aus ihm sollte der Fürst kommen; das Erstgeburtsrecht aber gehörte Josef; 3 die Söhne Rubens, des Erstgeborenen Israels: Henoch und Pallu, Chezron und Karmi. 4 Die Söhne Joels: Schemaja, sein Sohn; Gog, sein Sohn; Schimi, sein Sohn; 5 Micha, sein Sohn; Reaja, sein Sohn; Baal, sein Sohn; 6 Beera, sein Sohn, den Tilgat-Pilneeser, der König von Assur, in die Verbannung führte; er war ein Fürst der Rubeniten. 7 Und seine Brüder nach ihren Sippen, im Verzeichnis nach ihren Nachkommen: das Haupt, Jeiel und Secharjahu 8 und Bela, der Sohn des Asas, des Sohns von Schema, dem Sohn von Joel; dieser wohnte in Aroer und bis nach Nebo und Baal-Meon hin; 9 und gegen Osten reichte sein Wohngebiet bis da, wo es zur Wüste geht, vom Eufratstrom her; denn ihre Herden waren zahlreich im Land Gilead. 10 Und in den Tagen Sauls führten sie Krieg gegen die Hagriiter; und diese fielen durch ihre Hand, und sie wohnten in ihren Zelten überall auf der Ostseite des Gilead.

11 Und ihnen gegenüber, im Land Baschan bis nach Salcha, wohnten die Söhne Gads: 12 Joel, das Haupt, und Schafam, der Zweite, und Janai und Schafat, im Baschan. 13 Und ihre Brüder, nach ihren Familien: Michael und Meschullam und Scheba und Jorai und Jakan und Sia und Eber: sieben. 14 Das sind die Söhne Abichajils, des Sohns des Churi, des Sohns des Jaroach, des Sohns des Gilead, des Sohns des Michael, des Sohns des Jeschischai, des Sohns des Jachdo, des Sohns von Bus. 15 Achi, der Sohn des Abdiel, des Sohns von Guni, war Haupt ihrer Familien. 16 Und sie wohnten in Gilead, in Baschan und in seinen Tochterstädten und in allen Weideflächen der Scharon-Ebene bis zu ihren Ausläufern. 17 Sie alle liessen sich eintragen in den Tagen Jotams, des Königs von Juda, und in den Tagen Jerobeams, des Königs von Israel.

18 Die Söhne Rubens und die Gaditen und der halbe Stamm Manasse – was tüchtige Männer betraf, Männer, die Schild und Schwert trugen und den Bogen spannten und erfahren waren im Kampf: 44760, die mit dem Heer auszogen. 19 Und sie führten Krieg gegen die Hagriiter und gegen Jetur und Nafisch und Nodab. 20 Und es wurde ihnen geholfen, und die Hagriiter wurden in ihre Hand gegeben mit allem, was bei ihnen war, denn sie hatten im Kampf zu Gott um Hilfe geschrien, und er liess sich von ihnen erbitten, weil sie auf ihn vertraut hatten. 21 Und sie führten ihre Herden weg. Ihre Kamele: 50000; und Schafe: 250000; und Esel: 2000; und 100000 Menschen. 22 Viele sind gefallen, durchbohrt, denn der Krieg war von

Gott. Und sie wohnten an ihrer Stätte bis zur Verbannung.

23 Und die Söhne des halben Stamms Manasse wohnten im Land vom Baschan bis Baal-Hermon und bis zum Senir und bis zum Berg Hermon; sie waren zahlreich. 24 Und diese waren die Häupter ihrer Familien: Efer und Jischi und Eliel und Asriel und Jirmeja und Hodawja und Jachdiel, Männer, tüchtige Krieger, Männer von Namen, Häupter ihrer Familien. 25 Aber sie handelten treulos gegen den Gott ihrer Vorfahren und hurten hinter den Göttern der Völker des Landes her, die Gott vor ihnen ausgetilgt hatte. 26 Und der Gott Israels erweckte den Geist des Pul, des Königs von Assur, und den Geist Tilgat-Pilnesers, des Königs von Assur, und er führte sie in die Verbannung, die Rubeniten und die Gaditen und den halben Stamm Manasse, und brachte sie nach Chelach und an den Chabor und nach Hara und an den Strom von Gosan, und dort sind sie bis zum heutigen Tag.

|1: Gen 35,22; 49,4 |2: 28,4; Gen 49,8.10 · Dtn 33,17 |3: Gen 46,9; Ex 6,14; Num 26,5–7 |6: 26 |9: Jos 22,9 |10: 19–22 |11–12: Gen 46,16; Num 26,15–18 · Jos 13,8–11 |16: Jos 13,24–28 |17: 2Chr 27 · 2Kön 14,23–29 |18: Num 32,33; Jos 1,12 · 2Chr 14,7! |19: 10 |20: 2Chr 13,14! |21: 2Chr 14,12–14! |22: Jos 23,10; 2Chr 13,15! · 26 |23: Num 32,39; Dtn 3,13! |24: Num 26,29–34 |25: 2Kön 17,7–18; 18,11–12 |26: 2Chr 21,16; 36,22

5,6: Tilgat-Pilneeser ist der assyrische König Tiglat-Pileser.

5,9: Möglich ist auch die Übersetzung: «... reichte sein Wohngebiet bis zum Eingang der Wüste, ...»

Der Stamm Levi

27 Die Söhne Levis: Gerschon, Kehat und Merari. 28 Und die Söhne Kehats: Amram, Jizhar und Chebron und Ussiel. 29 Und die Kinder Amrams: Aaron und Mose und Mirjam. Und die Söhne Aarons: Nadab und Abihu, Elasar und Itamar. 30 Elasar zeugte Pinehas; Pinehas zeugte Abischua, 31 und Abischua zeugte Bukki, und Bukki zeugte Ussi, 32 und Ussi zeugte Serachja, und Serachja zeugte Merajot. 33 Merajot zeugte Amarja, und Amarja zeugte Achi-

tub, 34 und Achitub zeugte Zadok, und Zadok zeugte Achimaaz, 35 und Achimaaz zeugte Asarja, und Asarja zeugte Jochanan, 36 und Jochanan zeugte Asarja; er ist es, der als Priester diente in dem Haus, das Salomo in Jerusalem gebaut hat. 37 Und Asarja zeugte Amarja, und Amarja zeugte Achitub, 38 und Achitub zeugte Zadok, und Zadok zeugte Schallum, 39 und Schallum zeugte Chilkija, und Chilkija zeugte Asarja, 40 und Asarja zeugte Seraja, und Seraja zeugte Jehozadak; 41 und Jehozadak zog mit, als der HERR Juda und Jerusalem durch Nebukadnezzar in die Verbannung führte.

6 1 Die Söhne Levis: Gerschom, Kehat und Merari. 2 Und dies sind die Namen der Söhne Gerschoms: Libni und Schimi. 3 Und die Söhne Kehats: Amram und Jizhar und Chebron und Ussiel. 4 Die Söhne Meraris: Machli und Muschi. Und dies sind die Sippen der Leviten nach ihren Vätern: 5 von Gerschom: Libni, sein Sohn; Jachat, sein Sohn; Simma, sein Sohn; 6 Joach, sein Sohn; Iddo, sein Sohn; Serach, sein Sohn; Jeotrai, sein Sohn. 7 Die Söhne Kehats: Amminadab, sein Sohn; Korach, sein Sohn; Assir, sein Sohn; 8 Elkana, sein Sohn; und Ebjasaf, sein Sohn; und Assir, sein Sohn; 9 Tachat, sein Sohn; Uriel, sein Sohn; Ussija, sein Sohn; und Schaul, sein Sohn. 10 Und die Söhne Elkanas: Amasai und Achimot. 11 Elkana, die Söhne Elkanas: Zofai, sein Sohn; und Nachat, sein Sohn; 12 Eliab, sein Sohn; Jerocham, sein Sohn; Elkana, sein Sohn. 13 Und die Söhne Samuels: Der Erstgeborene und ein Zweiter, Abija. 14 Die Söhne des Merari: Machli, Libni, sein Sohn; Schimi, sein Sohn; Ussa, sein Sohn; 15 Schima, sein Sohn; Chaggija, sein Sohn; Asaja, sein Sohn.

16 Und diese sind es, die David einsetzte zur Leitung des Gesangs im Haus des HERRN, seit die Lade ruhte. 17 Und sie taten Dienst vor der Wohnung des Zelts der Begegnung mit Gesang, bis Salomo das Haus des HERRN in Jerusalem

gebaut hatte. Und nach der für sie geltenden Vorschrift taten sie ihren Dienst. 18 Und die ihn versahen und ihre Söhne sind diese: Von den Söhnen der Kehatiten: Heman, der Sänger, der Sohn Joels, des Sohns des Samuel, 19 des Sohns des Elkana, des Sohns des Jerocham, des Sohns des Eliel, des Sohns des Toach, 20 des Sohns des Zuf, des Sohns des Elkana, des Sohns des Machat, des Sohns des Amasai, 21 des Sohns des Elkana, des Sohns des Joel, des Sohns des Asarja, des Sohns des Zefanja, 22 des Sohns des Tachat, des Sohns des Assir, des Sohns des Ebjasaf, des Sohns des Korach, 23 des Sohns des Jizhar, des Sohns des Kehat, des Sohns des Levi, des Sohns von Israel.

24 Und sein Bruder Asaf, der zu seiner Rechten stand: Asaf, der Sohn Berechjahus, des Sohns des Schima, 25 des Sohns des Michael, des Sohns des Baaseja, des Sohns des Malkija, 26 des Sohns des Etni, des Sohns des Serach, des Sohns des Adaja, 27 des Sohns des Etan, des Sohns des Simma, des Sohns des Schimi, 28 des Sohns des Jachat, des Sohns des Gerschom, des Sohns von Levi.

29 Und die Söhne des Merari, ihre Brüder, standen zur Linken: Etan, der Sohn des Kischi, des Sohns des Abdi, des Sohns des Malluch, 30 des Sohns des Chaschabja, des Sohns des Amazja, des Sohns des Chilkija, 31 des Sohns des Amzi, des Sohns des Bani, des Sohns des Schemer, 32 des Sohns des Machli, des Sohns des Muschi, des Sohns des Merari, des Sohns von Levi.

33 Und ihre Brüder, die Leviten, waren bestimmt worden für den gesamten Dienst bei der Wohnung des Hauses Gottes. 34 Und Aaron und seine Söhne brachten Rauchopfer dar auf dem Brandopferaltar und auf dem Rauchopferaltar, für jede Arbeit für das Allerheiligste, um Sühne zu erwirken für Israel, entsprechend allem, was Mose, der Diener Gottes, geboten hatte.

35 Und dies sind die Söhne Aarons: Elasar, sein Sohn; Pinechas, sein Sohn; Abischua, sein Sohn; 36 Bukki, sein Sohn; Ussi, sein Sohn; Serachja, sein Sohn; 37 Merajot, sein Sohn; Amarja, sein Sohn; Achitub, sein Sohn; 38 Zadok, sein Sohn; Achimaaz, sein Sohn.

39 Und dies sind ihre Wohnstätten, nach ihren Zeltlagern in ihrem Gebiet: den Söhnen Aarons von der Sippe der Kehatiten – denn sie hatten das Los –, 40 ihnen gab man Chebron im Land Juda und seine Weideflächen ringsum. 41 Die Felder der Stadt aber und ihre Gehöfte gab man Kaleb, dem Sohn des Jefunne. 42 Und den Söhnen Aarons gab man die Asylstädte Chebron und Libna und seine Weideflächen und Jattir und Eschtemoa und seine Weideflächen 43 und Chiles und seine Weideflächen, Debir und seine Weideflächen 44 und Aschan und seine Weideflächen und Bet-Schemesch und seine Weideflächen.

45 Und vom Stamm Benjamin: Geba und seine Weideflächen und Alemet und seine Weideflächen und Anatot und seine Weideflächen. Alle ihre Städte: dreizehn Städte, nach ihren Sippen.

46 Und den Söhnen Kehats, die übrig geblieben waren, von der Sippe des Stamms: vom halben Stamm, von halb Manasse, durch das Los: zehn Städte. 47 Und den Söhnen Gerschoms, nach ihren Sippen, vom Stamm Issaschar und vom Stamm Asser und vom Stamm Naftali und vom Stamm Manasse im Baschan: dreizehn Städte. 48 Den Söhnen Meraris, nach ihren Sippen, vom Stamm Ruben und vom Stamm Gad und vom Stamm Sebulon durch das Los: zwölf Städte.

49 Und die Israeliten gaben den Leviten die Städte und ihre Weideflächen. 50 Und durch das Los gaben sie vom Stamm der Söhne Juda und vom Stamm der Söhne Simeon und vom Stamm der Söhne Benjamin diese Städte, die sie mit Namen nannten.

51 Und die übrigen Sippen der Söhne Kehats, sie erhielten die Städte ihres Loses vom Stamm Efraim. 52 Und

man gab ihnen die Asylstädte Schechem und seine Weideflächen auf dem Gebirge Efraim und Geser und seine Weideflächen 53 und Jokmeam und seine Weideflächen und Bet-Choron und seine Weideflächen 54 und Ajjalon und seine Weideflächen und Gat-Rimmon und seine Weideflächen; 55 und vom halben Stamm Manasse: Aner und seine Weideflächen und Bileam und seine Weideflächen – der Sippe der übrigen Söhne Kehat.

56 Den Söhnen Gerschoms: von der Sippe des halben Stamms Manasse: Golan im Baschan und seine Weideflächen und Aschtarot und seine Weideflächen; 57 und vom Stamm Issaschar: Kedesch und seine Weideflächen, Dobrat und seine Weideflächen 58 und Ramot und seine Weideflächen und Anem und seine Weideflächen; 59 und vom Stamm Asser: Maschal und seine Weideflächen und Abdon und seine Weideflächen 60 und Chukok und seine Weideflächen und Rechob und seine Weideflächen; 61 und vom Stamm Naftali: Kedesch in Galiläa und seine Weideflächen und Chammon und seine Weideflächen und Kirjatajim und seine Weideflächen.

62 Den übrigen Söhnen Meraris: vom Stamm Sebulon: Rimmono und seine Weideflächen, Tabor und seine Weideflächen; 63 und vom Stamm Ruben, jenseits des Jordan von Jericho, östlich des Jordan: Bezer in der Steppe und seine Weideflächen und Jahza und seine Weideflächen 64 und Kedemot und seine Weideflächen und Mefaat und seine Weideflächen; 65 und vom Stamm Gad: Ramot im Gilead und seine Weideflächen und Machanajim und seine Weideflächen 66 und Cheschbon und seine Weideflächen und Jaser und seine Weideflächen.

| 27: 6,1; 15,5–7; 23,6; Gen 46,11; Ex 6,16
| 28: 6,3.7; 23,12; Ex 6,18 | 29–40: Esra 7,1–5 | 29–34: 6,35–38 | 29: 23,13 · 24,1; Ex 6,23 | 34: 18,16; 2Sam 8,17
| 35: 1Kön 4,2 | 36: 2Chr 3,1–5,1 | 37: 2Chr 19,11 | 39: 2Kön 22,4 · 9,11 | 40: 2Kön 25,18; Esra 7,1; Neh 11,11
| 1–15: Ex 6,16–25; Num 3,14–39 | 1: 5,27! | 2: 23,7

| 3: 5,28! | 4: 23,21; 24,26; Esra 8,18 | 7–8: 22; Ex 6,24
| 8: 2Sam 8,17 | 11–12: 1Sam 1,1 | 13: 18; 1Sam 8,2 | 16–32: 15,2.16–21; 23,4; 25,1–31 | 16: 15,1–16,6 | 18: 9,32! · 15,17.19; 25,1; Ps 88,1 | 22: 7! | 24: 15,17.19; 16,5; 25,1
| 29: 15.17.19; 1Kön 5,11; Ps 89,1 | 33: 15,2; 23,4!; 2Chr 23,6; 29,11 | 34: 23,13; 2Chr 29,11; Ex 28,1 · Lev 16
| 35–38: 5,29–34 | 38: 18,16 | 39–66: Jos 21,1–42
| 41: 4,15! | 46: 51–55 | 47: 56–61 | 48: 62–66

Die Stämme Issaschar, Benjamin, Naftali, halb Manasse, Efraim und Asser

7 1 Und zu den Söhnen Issaschars: Tola und Pua, Jaschub und Schimron: vier. 2 Und die Söhne von Tola: Ussi und Refaja und Jeriel und Jachmai und Jibsam und Schemuel, Häupter ihrer Familien, zu Tola gehörig, tüchtige Krieger, nach dem Verzeichnis ihrer Nachkommen; in den Tagen Davids war ihre Zahl 22600. 3 Und die Söhne Ussis: Jisrachja; und die Söhne Jisrachjas: Michael und Obadja und Joel, Jischschija; fünf Häupter insgesamt. 4 Und zu ihnen gehörten, nach den Verzeichnissen ihrer Nachkommen, nach ihren Familien, Streifscharen eines Kriegsheers von 36000 Mann, denn sie hatten viele Frauen und Kinder. 5 Und ihre Brüder, nach allen Sippen Issaschars, tüchtige Krieger: 87000 umfasste ihre Eintragung insgesamt.

6 Benjamin: Bela und Becher und Jediael: drei. 7 Und die Söhne Belas: Ezbon und Ussi und Ussiel und Jerimot und Iri: fünf, Familienhäupter, tüchtige Krieger; und ihre Eintragung: 22034. 8 Und die Söhne Bechers: Semira und Joasch und Elieser und Eljoenai und Omri und Jeremot und Abija und Anatot und Alemet; alle diese waren die Söhne des Becher. 9 Und ihre Eintragung nach den Verzeichnissen ihrer Nachkommen, den Häuptern ihrer Familien: 20200 tüchtige Krieger. 10 Und die Söhne Jediaels: Bilhan; und die Söhne Bilhans: Jeusch und Benjamin und Ehud und Kenaana und Setan und Tarschisch und Achischachar. 11 Alle diese waren die Söhne Jediaels, nach den Familienhäuptern, 17200 tüchtige Krieger, die mit dem Heer auszogen in den Krieg. 12 Und Schuppim

und Chuppim, die Söhne des Ir, Chuschim, die Söhne des Acher.

13 Die Söhne Naftalis: Jachaziel und Guni und Jezer und Schallum, die Söhne von Bilha.

14 Die Söhne Manasses: Asriel, den seine aramäische Nebenfrau geboren hatte; sie gebar Machir, den Vater Gileads. 15 Und Machir nahm eine Frau für Chuppim und Schuppim; und der Name seiner Schwester war Maacha. Und der Name des Zweiten war Zelofchad; und Zelofchad hatte Töchter. 16 Und Maacha, die Frau Machirs, gebar einen Sohn, und sie gab ihm den Namen Peresch. Und der Name seines Bruders war Scheresch; und seine Söhne waren Ulam und Rekem. 17 Und die Söhne des Ulam: Bedan. Das sind die Söhne Gileads, des Sohns des Machir, des Sohns von Manasse. 18 Und seine Schwester Hammolechet gebar Ischhod und Abieser und Machla. 19 Und die Söhne Schemidas waren Achjan und Schechem und Likchi und Aniam.

20 Und die Söhne Efraims: Schutelach und Bered, sein Sohn; und Tachat, sein Sohn; und Elada, sein Sohn; und Tachat, sein Sohn; 21 und Sabad, sein Sohn; und Schutelach, sein Sohn; und Eser und Elad. Und die Männer von Gat, die im Land geboren waren, erschlugen sie, denn sie waren hinabgezogen, um ihnen die Herden wegzunehmen. 22 Und Efraim, ihr Vater, trauerte viele Tage, und seine Brüder kamen, um ihn zu trösten. 23 Und er ging zu seiner Frau, und sie wurde schwanger und gebar einen Sohn, und er gab ihm den Namen Beria, denn in seinem Haus war Unheil. 24 Und seine Tochter war Scheera; und sie baute das untere und das obere Bet-Choron und Ussen-Scheera. 25 Und Refach war sein Sohn, und Reschef und Telach, sein Sohn; und Tachan, sein Sohn; 26 Ladan, sein Sohn; Ammihud, sein Sohn; Elischama, sein Sohn; 27 Non, sein Sohn; Josua, sein Sohn. 28 Und ihr Besitz und ihre Wohnstätten waren Bet-El und seine Tochterstädte, und gegen Osten Naaran, und gegen Westen Geser und seine Tochterstädte, und Schechem und seine Tochterstädte, bis nach Ajja und seinen Tochterstädten. 29 Und an den Seiten der Söhne Manasses waren: Bet-Schean und seine Tochterstädte, Taanach und seine Tochterstädte, Megiddo und seine Tochterstädte, Dor und seine Tochterstädte. In ihnen wohnten die Söhne Josefs, des Sohns von Israel.

30 Die Söhne Assers: Jimna und Jischwa und Jischwi und Beria; und Serach war ihre Schwester. 31 Und die Söhne Berias: Cheber und Malkiel; er war der Vater von Birsajit. 32 Und Cheber zeugte Jaflet und Schomer und Chotam und deren Schwester Schua. 33 Und die Söhne Jaflets: Pasach und Bimhal und Aschwat. Das sind die Söhne Jaflets. 34 Und die Söhne des Schemer: Achi und Rohga und Chubba und Aram. 35 Und der Sohn des Helem, seines Bruders: Zofach und Jimna und Schelesch und Amal. 36 Die Söhne Zofachs: Suach und Charnefer und Schual und Beri und Jimra, 37 Bezer und Hod und Schamma und Schilscha und Jitran und Beera. 38 Und die Söhne Jeters: Jefunne und Pispa und Ara. 39 Und die Söhne Ullas: Arach und Channiel und Rizja. 40 Alle diese waren die Söhne Assers, Häupter der Familien, Auserlesene, tüchtige Krieger, Häupter der Fürsten, und ihre Eintragung für das Heer im Krieg, nach der Zahl ihrer Männer: 26000.

|1: Gen 46,13; Num 26,23–25 |6: 8,1; Gen 46,21; Num 26,38–41 |10: 8,6 |11: 2Chr 17,17–18 |13: Gen 46,24; Num 26,48–50 |14: Num 26,29–34 · 2,21 |15: Num 27,1; 36,2; Jos 17,3 |18: Jos 17,2 |20: Num 26,35–37 |22: Gen 37,34–35 |24: Jos 16,3! |26: Num 1,10 |27: Num 13,8.16; Jos 1,1 |28: Jos 16,5–10 |29: Jos 17,11 |30–31: Gen 46,17; Num 26,44–47

7,23: Im Namen Beria klingt hebräisch ‹Unheil› an.

Der Stamm Benjamin

8 1 Und Benjamin zeugte Bela, seinen Erstgeborenen; Aschbel, den Zweiten; und Achrach, den Dritten; 2 Nocha, den Vierten; und Rafa, den Fünften.

3 Und Bela hatte Söhne: Addar und Gera und Abihud 4 und Abischua und Naaman und Achoach 5 und Gera und Schefufan und Churam.

6 Und dies waren die Söhne Echuds – diese waren Familienhäupter der Bewohner von Geba, und man führte sie in die Verbannung nach Manachat –: 7 Naaman und Achija und Gera; er führte sie in die Verbannung, und er zeugte Ussa und Achichud.

8 Und Schacharajim zeugte Söhne im Gebiet von Moab, nachdem er sie, Chuschim und Baara, seine Frauen, weggeschickt hatte. 9 Und mit Chodesch, seiner Frau, zeugte er Jobab und Zibja und Mescha und Malkam 10 und Jeuz und Sachja und Mirma. Das waren seine Söhne, Familienhäupter. 11 Und mit Chuschim hatte er Abitub und Elpaal gezeugt. 12 Und die Söhne von Elpaal: Eber und Mischam und Schemed; dieser baute Ono und Lod und seine Tochterstädte.

13 Und Beria und Schema, sie waren Familienhäupter der Bewohner von Ajjalon; sie verjagten die Bewohner von Gat; 14 und Achjo, Schaschak und Jeremot 15 und Sebadja und Arad und Eder 16 und Michael und Jischpa und Jocha: die Söhne Berias. 17 Und Sebadja und Meschullam und Chiski und Cheber 18 und Jischmerai und Jislia und Jobab: die Söhne Elpaals. 19 Und Jakim und Sichri und Sabdi 20 und Elienai und Zilletai und Eliel 21 und Adaja und Beraja und Schimrat: die Söhne Schimis. 22 Und Jischpan und Eber und Eliel 23 und Abdon und Sichri und Chanan 24 und Chananja und Elam und Antotija 25 und Jifdeja und Penuel: die Söhne Schaschaks. 26 Und Schamscherai und Schecharja und Atalja 27 und Jaareschja und Elija und Sichri: die Söhne Jerochams. 28 Das waren Familienhäupter nach den Verzeichnissen ihrer Nachkommen, Häupter; sie wohnten in Jerusalem.

29 Und in Gibeon wohnten der Vater Gibeons – und der Name seiner Frau war Maacha – 30 und sein erstgeborener Sohn Abdon und Zur und Kisch und Baal und Nadab 31 und Gedor und Achjo und Secher. 32 Und Miklot zeugte Schima. Und auch sie wohnten gegenüber von ihren Brüdern in Jerusalem, bei ihren Brüdern.

33 Und Ner zeugte Kisch; und Kisch zeugte Saul; und Saul zeugte Jehonatan und Malki-Schua und Abinadab und Eschbaal. 34 Und der Sohn Jehonatans war Merib-Baal; und Merib-Baal zeugte Micha. 35 Und die Söhne Michas waren Piton und Melech und Tarea und Achas. 36 Und Achas zeugte Jehoadda; und Jehoadda zeugte Alemet und Asmawet und Simri; und Simri zeugte Moza; 37 und Moza zeugte Bina: Rafa, sein Sohn; Elasa, sein Sohn; Azel, sein Sohn. 38 Und Azel hatte sechs Söhne; und dies sind ihre Namen: Asrikam, Bocheru und Jischmael und Schearja und Obadja und Chanan. Alle diese waren die Söhne Azels. 39 Und die Söhne Escheks, seines Bruders: Ulam, sein Erstgeborener; Jeusch, der Zweite; und Elifelet, der Dritte. 40 Und die Söhne Ulams waren Männer, tüchtige Krieger, die den Bogen spannten; und sie hatten viele Söhne und Enkel: 150. Alle diese waren von den Söhnen Benjamins.

9 1 Und ganz Israel hatte sich eintragen lassen; und sieh, sie sind aufgeschrieben im Buch der Könige von Israel. Und seiner Untreue wegen wurde Juda nach Babel in die Verbannung geführt.

|1: 7,6! |6: 7,10 |28: 9,3.7.34; Jos 18,28 |29–38: 9,35–44 |33: 1Sam 14,51 · 1Sam 14,49!; 2Sam 2,8 |34: 2Sam 4,4 · 2Sam 9,12 |40: 12,2 |1: Neh 7,5 · 2Chr 24,27 · 2Chr 36,20

Die Bewohner Jerusalems

2 Und die ersten Bewohner auf ihrem Grundbesitz in ihren Städten waren Israeliten, die Priester, die Leviten und die Tempeldiener. 3 Und in Jerusalem wohnten von den Söhnen Juda und von den Söhnen Benjamin und von den Söhnen Efraim und Manasse: 4 Utai, der Sohn des Ammihud, des Sohns des

Omri, des Sohns des Imri, des Sohns des
Bani von den Söhnen des Perez, des
Sohns von Juda; 5 und von den Schiloni-
ten: Asaja, der Erstgeborene, und seine
Söhne; 6 und von den Söhnen Serach:
Jeuel, und ihre Brüder: 690. 7 Und von
den Söhnen Benjamin: Sallu, der Sohn
Meschullams, des Sohns von Hodawja,
dem Sohn Senuas; 8 und Jibneja, der
Sohn des Jerocham; und Ela, der Sohn
des Ussi, des Sohns von Michri; und Meschullam, der Sohn des Schefatja, des
Sohns von Reuel, dem Sohn des Jibnija;
9 und ihre Brüder, nach den Verzeichnissen ihrer Nachkommen: 956. Alle
dies waren Männer, Familienhäupter
ihrer Familien.

10 Und von den Priestern: Jedaja und
Jehojarib und Jachin 11 und Asarja, der
Sohn des Chilkija, des Sohns des Meschullam, des Sohns des Zadok, des
Sohns des Merajot, des Sohns von Achitub, dem Fürsten des Hauses Gottes;
12 und Adaja, der Sohn des Jerocham,
des Sohns des Paschchur, des Sohns
Malkijas; und Masai, der Sohn Adiels,
des Sohns von Jachsera, des Sohns des
Meschullam, des Sohns von Meschille-
mit, des Sohns des Immer; 13 und ihre
Brüder, Häupter ihrer Familien: 1760
tüchtige Krieger in der Arbeit im Dienst
am Haus Gottes.

14 Und von den Leviten: Schemaja,
der Sohn des Chaschschub, des Sohns
von Asrikam, dem Sohn des Chaschabja
von den Söhnen des Merari; 15 und Bak-
bakkar, Cheresch und Galal und Mattanja, der Sohn des Micha, des Sohns des
Sichri, des Sohns von Asaf; 16 und
Obadja, der Sohn des Schemaja, des
Sohns von Galal, des Sohns von Jedutun;
und Berechja, der Sohn des Asa, des
Sohns von Elkana, der in den Gehöften
der Netofatiter wohnte. 17 Und die Torwächter: Schallum und Akkub und
Talmon und Achiman; und ihr Bruder
Schallum war das Haupt. 18 Und bis
heute sind sie am Königs-Tor im Osten.
Sie waren die Torwächter in den Lagern
der Söhne Levi.

19 Und Schallum, der Sohn des Kore,
des Sohns von Ebjasaf, dem Sohn des Korach, und seine Brüder von seiner Familie, den Korachiten, hatten die Aufsicht
über die Arbeit beim Dienst als Wächter
an den Schwellen des Zelts und ihre Väter über das Lager des HERRN, als Hüter
des Eingangs. 20 Und Pinechas, der
Sohn von Elasar, war zuvor Fürst über
sie. Der HERR war mit ihm. 21 Secharja,
der Sohn von Meschelemja, war Torwächter am Eingang des Zelts der Begegnung. 22 Sie alle, die ausgewählt waren
als Torwächter an den Schwellen: 212.
Ihre Eintragung erfolgte in ihren Gehöften. Sie sind es, die David und Samuel,
der Seher, ihrer Vertrauenswürdigkeit
wegen eingesetzt hatten. 23 Und sie und
ihre Söhne hatten als Wachen die Aufsicht über die Tore des Hauses des
HERRN, des Zelthauses. 24 Die Torwächter standen nach den vier Winden, nach
Osten, Westen, Norden und nach Süden. 25 Und ihre Brüder in ihren Gehöften mussten zusammen mit ihnen regelmässig für sieben Tage kommen.
26 Denn sie, die vier Helden der Torwächter, hatten eine Vertrauensstel-
lung, sie, die Leviten. Und sie hatten die
Aufsicht über die Hallen und über die
Schätze des Hauses Gottes. 27 Und die
Nacht verbrachten sie rings um das
Haus Gottes, denn ihnen oblag der
Wachtdienst, und sie hatten die Aufsicht über das Öffnen, Morgen für
Morgen.

28 Und einige von ihnen hatten die
Aufsicht über die Geräte für den Dienst;
abgezählt brachten sie diese hinein, und
abgezählt brachten sie sie heraus.
29 Und einige von ihnen waren eingesetzt über die Geräte, und über alle Geräte des Heiligtums und über das Feinmehl und den Wein und das Öl und den
Weihrauch und die Balsamöle. 30 Und
von den Söhnen der Priester mischten
einige die Salbenmischung aus den Balsamölen. 31 Und Mattitja von den Leviten – er war der Erstgeborene Schallums,
des Korachiten – war das Tiegelgebäck

anvertraut. 32 Und von den Söhnen der Kehatiten, ihren Brüdern, hatten einige die Aufsicht über das Schaubrot, um es Sabbat für Sabbat vorzubereiten. 33 Und diese, die Sänger, Familienhäupter der Leviten, waren in den Hallen von anderen Diensten befreit, denn Tag und Nacht waren sie an der Arbeit. 34 Das waren die Familienhäupter der Leviten nach den Verzeichnissen ihrer Nachkommen, Häupter; diese wohnten in Jerusalem.

|2: Esra 2,1–2.36.40.43 |3–34: Neh 11,3–19 |3: 8,28!; 2Chr 30,11 |4–6: 2,3–4 |7: 8,28 |11: 5,38–39 · 18,16 |12: Esra 2,38!; Jer 21,1 · Esra 2,37 |15: 6,24! |16: 2,54; Neh 12,28 |17–27: 26,1–19! |17: Esra 2,42 |19: 6,7 · 2Chr 23,4–5; 34,9 |20: Num 25,11–13; Jos 22,13 |21: 26,14 |22: 29,29; 1Sam 9,9 |23–24: 2Chr 8,14; 23,19 |26: 26,20! |27: Jer 35,4 |28: Num 4,12 |29–30: Ex 30,23–25 |32: 6,18; 2Chr 29,12 · 23,29! |34: 8,28

9,2: «Israeliten» ist hier wörtlich «Israel».

Die Familie Sauls

35 Und in Gibeon wohnten der Vater Gibeons, Jeiel, – und der Name seiner Frau war Maacha – 36 und sein erstgeborener Sohn Abdon und Zur und Kisch und Baal und Ner und Nadab 37 und Gedor und Achjo und Secharja und Miklot; 38 und Miklot zeugte Schimam. Und auch sie wohnten gegenüber von ihren Brüdern in Jerusalem, bei ihren Brüdern. 39 Und Ner zeugte Kisch, und Kisch zeugte Saul; und Saul zeugte Jehonatan und Malki-Schua und Abinadab und Eschbaal. 40 Und der Sohn Jehonatans war Merib-Baal; und Meri-Baal zeugte Micha. 41 Und die Söhne Michas waren Piton und Melech und Tachrea. 42 Und Achas zeugte Jara, und Jara zeugte Alemet und Asmawet und Simri; und Simri zeugte Moza, 43 und Moza zeugte Bina; und Refaja, sein Sohn; Elasa, sein Sohn; Azel, sein Sohn. 44 Und Azel hatte sechs Söhne, und dies waren ihre Namen: Asrikam, Bocheru und Jischmael und Schearja und Obadja und Chanan. Das waren die Söhne Azels.

|35–44: 8,29–38

Sauls Niederlage und Tod

10 1 Und die Philister kämpften gegen Israel, und die Männer Israels flohen vor den Philistern, und Erschlagene lagen auf dem Gebirge Gilboa. 2 Und die Philister setzten Saul und seinen Söhnen nach, und die Philister erschlugen Jonatan, Abinadab und Malki-Schua, die Söhne Sauls. 3 Und die Schlacht tobte heftig gegen Saul, und die Bogenschützen fanden ihn, und er zitterte vor den Schützen. 4 Da sagte Saul zu seinem Waffenträger: Zieh dein Schwert und durchbohre mich, damit nicht diese Unbeschnittenen kommen und ihren Mutwillen mit mir treiben. Sein Waffenträger aber weigerte sich, denn er fürchtete sich sehr. Da nahm Saul das Schwert und stürzte sich hinein. 5 Als aber sein Waffenträger sah, dass Saul tot war, stürzte auch er sich ins Schwert und starb. 6 Und so starben Saul und seine drei Söhne und sein Waffenträger: Sein ganzes Haus starb miteinander. 7 Und als all die Männer Israels, die in der Ebene waren, sahen, dass sie geflohen und dass Saul und seine Söhne tot waren, verliessen sie ihre Städte und flohen. Da kamen die Philister und setzten sich darin fest.

8 Und am nächsten Tag kamen die Philister, um die Erschlagenen auszuplündern, und sie fanden Saul und seine Söhne, die gefallen auf dem Gebirge Gilboa lagen. 9 Da zogen sie ihn aus und nahmen seinen Kopf und seine Waffen und sandten sie rings umher im Land der Philister, um die Nachricht beim Haus ihrer Götzen und beim Volk zu verkünden. 10 Und sie legten seine Waffen ins Haus ihres Gottes, seinen Schädel aber spiessten sie auf im Haus Dagons. 11 Und ganz Jabesch im Gilead hörte von all dem, was die Philister Saul angetan hatten, 12 und alle tüchtigen Männer machten sich auf, und sie nahmen den Körper Sauls und die Körper seiner Söhne, und sie brachten sie nach Jabesch und begruben ihre Gebeine un-

ter der Terebinthe in Jabesch. Und sie fasteten sieben Tage.

13 So starb Saul seiner Untreue wegen, die er gegenüber dem HERRN begangen hatte, des Worts des HERRN wegen, das er nicht beachtet hatte, und auch weil er den Totengeist befragt hatte, um Rat zu holen. 14 Den HERRN aber hatte er nicht befragt. Und dieser liess ihn umkommen und das Königtum übergab er David, dem Sohn des Isai.

| 1–14: 1Sam 31 | 10: 1Sam 5,2 | 13: 1Sam 15,11 · 1Sam 28,8 · 2Chr 24,18! | 14: 2Chr 16,12

David wird König und erobert Jerusalem

11 1 Und ganz Israel versammelte sich bei David in Chebron und sagte: Sieh, von deinem Fleisch und Blut sind wir. 2 Schon damals, schon als Saul König war über uns, warst du es, der Israel hinausgeführt und wieder zurückgeführt hat; und der HERR, dein Gott, hat zu dir gesagt: Du sollst mein Volk, Israel, weiden, und du sollst Fürst sein über mein Volk Israel. 3 Da kamen alle Ältesten Israels zum König nach Chebron, und in Chebron schloss David mit ihnen einen Bund vor dem HERRN, und sie salbten David zum König über Israel, gemäss dem Wort des HERRN durch Samuel.

4 Und David zog mit ganz Israel nach Jerusalem, das ist Jebus, und dort waren die Jebusiter die Bewohner des Landes, 5 und die Bewohner von Jebus sagten zu David: Da wirst du nicht hineinkommen! David aber nahm die Burg Zion ein; das ist die Stadt Davids. 6 Und David sagte: Wer als Erster einen Jebusiter erschlägt, wird Haupt und Anführer werden. Da stieg Joab, der Sohn der Zeruja, als Erster hinauf, und er wurde zum Haupt. 7 Und David wohnte auf der Burg; deshalb nennt man sie die Stadt Davids. 8 Und ringsum baute David die Stadt aus, vom Millo aus rings herum. Und Joab stellte die übrige Stadt wieder her. 9 Und David wurde immer grösser, und der HERR der Heerscharen war mit ihm.

10 Und dies sind die Häupter der Helden, die zu David gehörten, die während seiner Königsherrschaft zu ihm gehalten haben, zusammen mit ganz Israel, um ihn zum König zu machen, nach dem Wort des HERRN über Israel. 11 Und dies ist die Zahl der Helden, die zu David gehörten: Jaschobam, der Sohn Chachmonis, das Haupt der Dreissig. Er schwang seinen Speer über dreihundert, die er auf einmal erschlagen hatte. 12 Und dann Elasar, der Sohn des Dodo, der Achochiter. Er gehörte zu den drei Helden. 13 Er war mit David in Pas-Dammim, als die Philister sich dort zur Schlacht versammelt hatten. Und da war ein Feldstück voller Gerste. Und Volk war vor den Philistern geflohen, 14 sie aber stellten sich mitten in das Feldstück, entrissen es den Philistern und schlugen sie. Und so half der HERR mit einem grossen Sieg.

15 Und drei von den Dreissig, Hauptleute, gingen hinab zum Felsen zu David, in die Höhle von Adullam, während das Heerlager der Philister in der Ebene von Refaim lagerte. 16 David aber war damals in der Burg, der Vorposten der Philister aber war damals in Betlehem. 17 Da wollte David etwas trinken und sagte: Wer holt mir Wasser zum Trinken aus dem Brunnen von Betlehem, der im Tor ist? 18 Da drangen die drei in das Lager der Philister ein, schöpften Wasser aus dem Brunnen von Betlehem, der im Tor ist, trugen es herbei und brachten es David, David aber wollte es nicht trinken, sondern goss es aus für den HERRN. 19 Und er sprach: Um des HERRN willen sei es fern von mir, dies zu tun! Soll ich das Blut dieser Männer trinken, die es unter Einsatz ihres Lebens, ja, unter Einsatz ihres Lebens, gebracht haben? Und er wollte es nicht trinken. Dies haben die drei Helden getan.

20 Und Abschai, der Bruder Joabs, er war das Haupt der Drei; und er schwang seinen Speer über dreihundert Erschlagenen, und bei den Dreien hatte er

einen Namen. 21 Mehr als die Dreissig wurde er bei den Zweien verehrt, und er wurde ihr Anführer, an die Drei aber reichte er nicht heran. 22 Benaja, der Sohn des Jehojada, war ein tüchtiger, tatkräftiger Mann aus Kabzeel. Er erschlug die zwei Helden aus Moab, und er ging hinab und erschlug den Löwen im Brunnen, an dem Tag, als es schneite. 23 Und er erschlug auch den ägyptischen Mann, einen hochgewachsenen Mann von fünf Ellen. Und in der Hand des Ägypters war ein Speer wie ein Weberbaum, er aber ging mit einem Stock zu ihm hinab, riss dem Ägypter den Speer aus der Hand und brachte ihn um mit seinem eigenen Speer. 24 Dies hat Benajahu getan, der Sohn des Jehojada, und auch er hatte einen Namen bei den drei Helden. 25 Sieh, er wurde mehr als die Dreissig verehrt, an die Drei aber reichte er nicht heran. Und David setzte ihn über seine Leibwache.

26 Die tüchtigen Krieger waren: Asa-El, der Bruder Joabs; Elchanan, der Sohn Dodos, aus Betlehem; 27 Schammot, der Haroriter; Chelez, der Peloniter; 28 Ira, der Sohn des Ikkesch, des Tekoiters; Abieser, der Annetotiter; 29 Sibbechai, der Chuschatiter; Ilai, der Achochiter; 30 Mahrai, der Netofatiter; Cheled, der Sohn des Baana, des Netofatiters; 31 Itai, der Sohn des Ribai, aus dem Gibea der Benjaminiten; Benaja, der Piratoniter; 32 Churai, aus Nachale-Gaasch; Abiel, der Arbatiter; 33 Asmawet, der Bacharumiter; Eljachba, der Schaalboniter; 34 die Söhne von Haschem, dem Gisoniter; Jonatan, der Sohn des Schage, des Harariters; 35 Achiam, der Sohn des Sachar, der Harariter; Elifal, der Sohn des Ur; 36 Chefer, der Mecheratiter; Achija, der Peloniter; 37 Chezro, der Karmeliter; Naarai, der Sohn des Esbai; 38 Joel, der Bruder Natans; Mibchar, der Sohn des Hagri; 39 Zelek, der Ammoniter; Nachrai, der Berotiter, der Waffenträger Joabs, des Sohns der Zeruja; 40 Ira, der Jitriter; Gareb, der Jitriter; 41 Urija, der Hetiter; Sabad, der Sohn Achlais; 42 Adi-

na, der Sohn des Schisa, der Rubenit, ein Haupt der Rubeniten, und bei ihm waren dreissig Mann; 43 Chanan, der Sohn von Maacha; und Joschafat, der Mitniter; 44 Usija, der Aschtarotiter; Schama und Jeiel, die Söhne Chotams, des Aroeriters; 45 Jediael, der Sohn des Schimri; und Jocha, sein Bruder, der Tiziter; 46 Eliel, der Machawiter; und Jeribai und Joschawja, die Söhne des Elnaam; und Jitma, der Moabiter; 47 Eliel und Obed und Jaasiel, der Mezobajatiter.

| 1–9: 2Sam 5,1–10 | 1–3: 12,24–41 | 3: 10; 1Sam 16,1.12 | 6: 18,15; 2Sam 8,16 | 10–47: 2Sam 23,8–39 | 10: 3; 12,24.39 | 13: 1Sam 17,1 | 15: 27,6! | 20–21: 27,6! | 20: 2,16; 18,12; 19,11 | 22: 18,17! | 23: 20,5; 1Sam 17,7 | 24–25: 27,6! | 26: 2,16; 27,7 | 27: 27,10 | 28: 27,9 · 27,12 | 29: 20,4; 27,11 | 30: 27,13 · 27,15 · 2,54 | 31: 27,14 | 40: 2,53

11,1: Siehe die Anm. zu Ri 9,2.
11,21: Die Übersetzung des mit ‹bei den Zweien› wiedergegebenen hebräischen Worts ist unsicher.
11,22: Siehe die Anm. zu 2Sam 23,20.

Davids Mitkämpfer in Ziklag

12 1 Und dies waren jene, die zu David nach Ziklag kamen, als man ihn noch fern hielt von Saul, dem Sohn des Kisch; und sie gehörten zu den Helden, die im Kampf halfen, 2 mit Bogen ausgerüstet, fähig, mit der rechten wie auch mit der linken Hand Steine zu schleudern und mit dem Bogen Pfeile zu schiessen. Von den Brüdern Sauls aus Benjamin: 3 das Haupt, Achieser, und Joasch, die Söhne von Schemaa, dem Gibeatiter; und Jesiel und Pelet, die Söhne Asmawets; und Beracha und Jehu, der Annetotiter; 4 und Jischmaja, der Gibeoniter, ein Held unter den Dreissig und über den Dreissig; 5 und Jirmeja und Jachasiel und Jochanan und Josabad, der Gederatiter; 6 Elusai und Jerimot und Bealja und Schemarjahu und Schefatjahu, der Charufiter; 7 Elkana und Jischschijahu und Asarel und Joeser und Jaschobam, die Korachiter; 8 und Joela und Sebadja, die Söhne Jerochams aus Gedor.

9 Und von den Gaditen liefen die tüchtigen Krieger, Kriegsleute, die Schild und Lanze führten, zu David

über, zur Burg in der Wüste, und ihr Gesicht war wie das Gesicht der Löwen, und sie waren schnell wie Gazellen auf den Bergen: 10 Eser, das Haupt; Obadja, der Zweite; Eliab, der Dritte; 11 Mischmanna, der Vierte; Jirmeja, der Fünfte; 12 Attai, der Sechste; Eliel, der Siebte; 13 Jochanan, der Achte; Elsabad, der Neunte; 14 Jirmejahu, der Zehnte; Machbannai, der Elfte. 15 Diese waren von den Söhnen Gad, die Häupter des Heeres, der Kleinste zählte für hundert und der Grösste für tausend. 16 Diese sind es, die den Jordan überquerten im ersten Monat, als er seine beiden Ufer überflutete, und sie riegelten alle Täler gegen Osten und Westen ab.

17 Es kamen aber auch Männer von Benjamin und Juda zur Burg Davids. 18 Und David ging zu ihnen hinaus und sprach dann zu ihnen: Seid ihr in Frieden zu mir gekommen, um mir zu helfen, so wird mein Herz eins sein mit dem euren. Seid ihr aber gekommen, um mich an meine Feinde zu verraten, obwohl kein Blut an meinen Händen klebt, so möge der Gott unserer Vorfahren es sehen und strafen.

19 Aber der Geist fuhr in Amasai, das Haupt der Dreissig:
Zu dir gehören wir, David,
    und mit dir sind wir, Sohn Isais!
Friede, Friede dir,
    und Friede dem, der dir hilft!
Denn dir hilft dein Gott!
Da nahm David sie auf und stellte sie zu den Häuptern der Streifschar.

20 Und von Manasse fielen einige zu David ab, als er mit den Philistern gegen Saul in den Kampf zog. Diese aber halfen ihnen nicht, denn bei einer Beratung schickten ihn die Stadtfürsten der Philister weg und sagten: Er könnte um den Preis unserer Köpfe zu seinem Herrn Saul abfallen! 21 Als er nach Ziklag zog, fielen von Manasse zu ihm ab: Adnach und Josabad und Jediael und Michael und Josabad und Elihu und Zilletai, die Häupter der Tausendschaften von Manasse. 22 Und

sie halfen David gegen die Streifschar, denn sie waren alle tüchtige Krieger, und sie waren Fürsten im Heer. 23 Denn Tag für Tag kamen Leute zu David, um ihm zu helfen, bis es ein grosses Heerlager wurde, wie das Heerlager Gottes.

| 1: 1Sam 27,1–7 | 4: 27,6! | 9: 2Sam 2,18 | 18: 1Sam 24,12–13.16 | 19: 2Chr 15,1! · 27,6! | 20: 1Sam 29,4 | 21–22: 1Sam 30,1

12,1: Wörtlich: «..., als er noch ferngehalten wurde, fern von Saul, ...»

Davids Heer in Chebron

24 Und dies sind die Zahlen der zum Heeresdienst gerüsteten Häupter, sie kamen zu David nach Chebron, um das Königtum Sauls auf ihn zu übertragen nach dem Befehl des HERRN: 25 Die Söhne Juda, die Schild und Lanze trugen: 6800, gerüstet zum Heeresdienst; 26 von den Söhnen Simeon, tüchtige Krieger für den Heeresdienst: 7100; 27 von den Söhnen Levi: 4600; 28 und Jehojada, der Fürst von Aaron, und mit ihm 3700; 29 und Zadok, ein junger tüchtiger Krieger und seine Familie: 22 Anführer; 30 und von den Söhnen Benjamin, den Brüdern von Saul: 3000. Und bis zu dieser Zeit waren die meisten von ihnen noch damit beschäftigt, die Aufgaben für das Haus Saul zu erfüllen. 31 Und von den Söhnen Efraim: 20800, tüchtige Krieger, Männer von Namen, nach ihren Familien, 32 und vom halben Stamm Manasse: 18000, die mit Namen bestimmt waren, hinzugehen und David zum König zu machen; 33 und von den Söhnen Issaschar, die sich auf die Zeiten verstanden und wussten, was Israel zu tun hatte: ihre Häupter, 200, und alle ihre Brüder folgten ihrem Befehl; 34 von Sebulon, jene die auszogen mit dem Heer, aufgestellt für den Kampf mit allen möglichen Waffen für den Kampf: 50000, um ihm mit einmütigem Herzen zu helfen; 35 und von Naftali: 1000 Anführer und mit ihnen 37000 mit Schild und Speer; 36 und von den Daniten, zum Kampf aufgestellt: 28600; 37 und jene von Asser, die auszogen mit

dem Heer, um sich aufzustellen zum Kampf: 40000; 38 und von jenseits des Jordan, von den Rubeniten und den Gaditen und dem halben Stamm Manasse, mit allen möglichen Kriegswaffen für den Kampf: 120000.

39 Alle diese Kriegsleute in Heeresordnung kamen von ganzem Herzen nach Chebron, um David zum König zu machen über ganz Israel. Und auch alle Übrigen in Israel waren einmütigen Herzens dafür, David zum König zu machen. 40 Und sie waren drei Tage dort bei David, assen und tranken, denn ihre Brüder hatten für sie vorgesorgt. 41 Und auch die, die in ihrer Nähe waren, bis nach Issaschar und Sebulon und Naftali, brachten Nahrung auf Eseln und Kamelen und Maultieren und Rindern: Mehlspeisen, Feigenkuchen und Rosinenkuchen und Wein und Öl und Rinder und Schafe in grosser Zahl, denn es herrschte Freude in Israel.

|24–41: 11,1–3 |24: 11,10 |28: 27,5! |29: 18,16
|39: 11,10 · 2Chr 30,12! |40: 29,22 |41: 2Sam 17,27–29 ·
2Chr 23,21

Die erste Überführung der Lade Gottes

13 1 Und David hielt Rat mit den Anführern der Tausendschaften und der Hundertschaften, mit allen Fürsten. 2 Und David sagte zur gesamten Versammlung Israels: Wenn es euch gut scheint, und es dem HERRN, unserem Gott, gefällt, so wollen wir überallhin senden zu unseren Brüdern, die übrig geblieben sind in allen Gebieten Israels und mit ihnen auch zu den Priestern und zu den Leviten in den Städten ihres Weidelandes, damit sie sich bei uns versammeln. 3 Dann wollen wir die Lade unseres Gottes zu uns zurückholen; denn in den Tagen Sauls haben wir nicht nach ihr gefragt. 4 Und die ganze Versammlung sagte, dass man es so halten solle. Denn in den Augen des ganzen Volks war der Vorschlag gut.

5 Und David versammelte ganz Israel, vom Schichor in Ägypten bis dahin, wo es nach Chamat geht, um die Lade Gottes aus Kirjat-Jearim zu holen. 6 Und David zog mit ganz Israel hinauf nach Baala, nach Kirjat-Jearim, das zu Juda gehört, um von dort die Lade Gottes des HERRN, der über den Kerubim thront, heraufzuholen, die Lade, über der der Name ausgerufen war. 7 Und sie liessen die Lade Gottes auf einem neuen Wagen aus dem Haus des Abinadab fahren. Ussa und Achjo aber lenkten den Wagen. 8 Und David und ganz Israel tanzten vor Gott, voller Hingabe, mit Liedern, mit Leiern, mit Harfen und Pauken, mit Zimbeln und Becken. 9 Dann aber kamen sie zur Tenne des Kidon, und Ussa streckte seine Hand aus, um die Lade festzuhalten, denn die Rinder hatten sich losgerissen. 10 Da entbrannte der Zorn des HERRN über Ussa, und er schlug ihn, weil er seine Hand nach der Lade ausgestreckt hatte, und er starb dort vor Gott. 11 Und David war zornig, denn der HERR hatte mit dem Tod des Ussa eine Lücke gerissen, und man nennt jenen Ort Perez-Ussa bis auf den heutigen Tag. 12 Und an jenem Tag fürchtete sich David vor Gott; er sagte: Wie soll ich die Lade Gottes zu mir kommen lassen? 13 David liess die Lade des HERRN nicht zu sich in die Stadt Davids bringen, und so führte er sie weg zum Haus Obed-Edoms, des Gattiters. 14 Und beim Haus Obed-Edoms, in dessen Haus, blieb die Lade Gottes drei Monate lang, und der HERR segnete das Haus Obed-Edoms und alles, was zu ihm gehörte.

|1–14: 2Sam 6,1–11 |1: 2Sam 18,1 |2: 15,4 |5: 15,3 ·
Jos 13,3 · Num 13,21 · 1Sam 7,1–2 |6: 15,3! · Jos 15,9
|8: 15,16.19!.24!;16,4–6 |10: 2Chr 32,25–26! |11: 15,13
|14: 15,18.24;16,5;26,4;2Chr 25,24

13,11: Siehe die Anm. zu 2Sam 6,8.

Das Erstarken des Königtums

14 1 Und Churam, der König von Tyros, sandte Boten zu David und Zedernholz und Maurer und Zimmerleute, damit sie ihm ein Haus bauten. 2 Und David erkannte, dass der HERR ihn als König über Israel fest eingesetzt hatte, denn sein Königtum war hoch empor-gebracht worden, um seines Volks Israel willen.

3 Und David nahm sich weitere Frauen in Jerusalem, und David zeugte weitere Söhne und Töchter. 4 Und dies sind die Namen derer, die ihm in Jerusalem geboren wurden: Schammua, Schobab, Natan, Salomo, 5 Jibchar, Elischua, Elpelet, 6 Nogah, Nefeg, Jafia, 7 Elischama, Beeljada und Elifelet.

| 1–17: 2Sam 5,11–25 | 1: 17,1; 2Chr 2,2 | 4–7: 3,5–8

Davids Sieg über die Philister

8 Die Philister aber hörten, dass David zum König über ganz Israel gesalbt worden war, und so zogen alle Philister hinauf, um David zu stellen. Und David hörte davon und zog hinaus, ihnen entgegen. 9 Und die Philister waren angekommen und breiteten sich in der Ebene Refajim aus. 10 Und David befragte Gott: Soll ich hinaufziehen gegen die Philister, und wirst du sie in meine Hand geben? Und der HERR sprach zu ihm: Zieh hinauf, ich werde sie in deine Hand geben. 11 Und sie zogen hinauf nach Baal-Perazim, und David schlug sie dort. Und David sagte: Durch mich hat Gott die Reihen meiner Feinde durchbrochen, wie Wasser durchbricht. Daher nannte man jenen Ort Baal-Perazim. 12 Und dort liessen sie ihre Götter zurück. Und David gab Befehl, und sie wurden im Feuer verbrannt.

13 Aber erneut breiteten die Philister sich in der Ebene aus. 14 Und wiederum befragte David Gott, und Gott sprach zu ihm: Zieh nicht hinauf, hinter ihnen her! Umgehe sie und mach dich von der Seite der Bakasträucher an sie heran. 15 Und sobald du den Laut von Schritten im Gezweige der Bakasträucher hörst, geh in den Kampf! Denn Gott ist vor dir her ausgezogen, um das Lager der Philister zu schlagen. 16 Und David machte es, wie Gott es ihm geboten hatte, und sie schlugen das Lager der Philister von Gibeon bis Geser. 17 Und Davids Name ging hinaus in alle Länder, und der HERR legte den Schrecken vor ihm auf alle Nationen.

| 14: Dtn 7,5.25 | 16: 20,4 | 17: 17,8; 2Chr 26,8

14,11: Siehe die Anm. zu 2Sam 5,20.

Die zweite Überführung der Lade

15 1 Und David baute sich Häuser in der Stadt Davids und errichtete eine Stätte für die Lade Gottes und schlug für sie ein Zelt auf. 2 Damals sagte David: Niemand soll die Lade Gottes tragen ausser den Leviten, denn diese hat der HERR erwählt, die Lade des HERRN zu tragen und ihm zu dienen für alle Zeiten. 3 Und David versammelte ganz Israel nach Jerusalem, um die Lade des HERRN zu ihrer Stätte hinaufzubringen, die er für sie errichtet hatte.

4 Und David sammelte die Söhne Aaron und die Leviten; 5 von den Söhnen Kehat: Uriel, den Anführer, mit seinen Brüdern: 120; 6 von den Söhnen Merari: Asaja, den Anführer, mit seinen Brüdern: 220; 7 von den Söhnen Gerschom: Joel, den Anführer, mit seinen Brüdern: 130; 8 von den Söhnen Elizafan: Schemaja, den Anführer, mit seinen Brüdern: 200; 9 von den Söhnen Chebron: Eliel, den Anführer, mit seinen Brüdern: 80; 10 von den Söhnen Ussiel: Amminadab, den Anführer, mit seinen Brüdern: 112.

11 Und David rief Zadok und Ebjatar, die Priester, und die Leviten Uriel, Asaja und Joel, Schemaja und Eliel und Amminadab. 12 Und er sagte zu ihnen: Ihr seid die Familienhäupter der Leviten. Heiligt euch und eure Brüder und bringt die Lade des HERRN, des Gottes Israels, hinauf an die Stätte, die ich für sie errichtet habe. 13 Denn da ihr es beim ersten Mal nicht getan habt, hat der HERR, unser Gott, einen Riss in unsere Reihen gemacht, weil wir ihn nicht der Vorschrift entsprechend befragt haben. 14 Da heiligten sich die Priester und die Leviten, um die Lade des HERRN, des Gottes Israels, hinaufzubringen. 15 Und die Leviten trugen die Lade Gottes auf ihren

Schultern, mit den Tragstangen, wie es Mose geboten hatte nach dem Wort des HERRN. 16 Und David befahl den Anführern der Leviten, ihre Brüder, die Sänger, aufzubieten, mit Instrumenten, Harfen und Leiern und Zimbeln, damit sie laute Freudenklänge erschallen liessen.

17 Da boten die Leviten Heman auf, den Sohn Joels, und von seinen Brüdern Asaf, den Sohn Berechjahus, und von den Söhnen Merari, ihren Brüdern, Etan, den Sohn des Kuschajahu, 18 und mit ihnen ihre Brüder der zweiten Ordnung: Secharjahu, den Sohn, und Jaasiel und Schemiramot und Jechiel und Unni, Eliab und Benajahu und Maasejahu und Mattitjahu und Elifelehu und Miknejahu und Obed-Edom und Jeiel, die Torwächter. 19 Und die Sänger Heman, Asaf und Etan hatten bronzene Zimbeln erklingen zu lassen, 20 und Secharja und Asiel und Schemiramot und Jechiel und Unni und Eliab und Maasejahu und Benajahu Harfen nach der Weise junger Mädchen; 21 Mattitjahu aber, und Elifelehu und Miknejahu und Obed-Edom und Jeiel und Asasjahu hatten die Aufsicht zu führen mit Leiern von acht Saiten. 22 Und Kenanjahu, der Anführer der Leviten beim Tragen, er unterwies sie beim Tragen, denn er verstand sich darauf. 23 Und Berechja und Elkana waren Torwächter bei der Lade. 24 Und Schebanjahu und Joschafat und Netanel und Amasai und Secharjahu und Benajahu und Elieser, die Priester, bliesen Trompeten vor der Lade Gottes; und Obed-Edom und Jechija waren Torwächter bei der Lade.

25 So zogen David und die Ältesten Israels und die Anführer der Tausendschaften aus, um die Lade des Bundes des HERRN mit Freude aus dem Haus Obed-Edoms hinaufzubringen. 26 Und damals, als Gott den Leviten half, die Lade des Bundes des HERRN trugen, opferten sie sieben junge Stiere und sieben Widder. 27 Und David war gehüllt in ein Obergewand aus Byssus, ebenso

alle Leviten, die die Lade trugen, und die Sänger und Kenanja, der Anführer beim Tragen der Sänger; und David trug einen leinenen Efod. 28 Und so brachte ganz Israel die Lade des Bundes des HERRN hinauf unter Jubel und unter dem Klang des Schofar und mit Trompeten und mit Zimbeln, sie liessen Harfen und Leiern hören. 29 Und als die Lade des Bundes des HERRN bis zur Stadt Davids gekommen war und Michal, die Tochter Sauls, aus dem Fenster blickte, sah sie wie der König David tanzte und spielte. Da verachtete sie ihn in ihrem Herzen.

|1: 16,1; 17,1; 2Chr 1,4 |2: 15; Dtn 10,8; 2Chr 5,4 · 6,33! |3: 25–29!; 13,5–6; 16,1; 2Chr 1,4 |4: 13,2 |5–7: 5,27! |8: Num 3,30 |9–10: 5,28; 6,3.7 |11–12: 2Sam 8,17; 15,29 |12: 2Chr 29,5; 35,6 |13: 13,9–11 |14: 2Chr 5,11! |15: 2!; Ex 25,14 |16–21: 6,16–32! |16: 28; 13,8!; Neh 12,27 |17: 6,18!.24!.29! |18: 13,14!; 2Sam 6,10 |19: 13,8!; 16,41–42 |20: Ps 33,2 · Ps 46,1 |21: Ps 6,1; 12,1 · Ps 81,3; 98,5 |24: 13,8!; 16,6; 2Chr 7,6 |25–29: 3; 2Sam 6,12–16 |25: 12,21 |28: 3! · 16!; 2Sam 6,5

15,12: «an die Stätte» wurde in der Übersetzung ergänzt.

15,21: Die Übersetzung «von acht Saiten» ist unsicher; möglicherweise ist mit «nach der Weise Scheminits» zu übersetzen.

15,22: Möglicherweise ist mit dem mit ‹Tragen› wiedergegebenen hebräischen Wort das Einsetzen der Stimmen, der Gesang, gemeint.

Die Aufstellung der Lade. Davids Danklied

16 1 Und man brachte die Lade Gottes und stellte sie in das Zelt, das David für sie aufgeschlagen hatte. Und sie brachten Brandopfer und Heilsopfer dar vor Gott. 2 Und als David die Brandopfer und die Heilsopfer dargebracht hatte, segnete er das Volk im Namen des HERRN. 3 Dann verteilte er an jeden von Israel, an Mann und Frau, an jeden einzelnen, Rundbrot und Dattelkuchen und Rosinenkuchen.

4 Und er setzte Leviten ein als Diener vor der Lade des HERRN, damit sie den HERRN, den Gott Israels, priesen und ihm dankten und ihn lobten: 5 Asaf als Vorsteher, und Secharja als seinen Zweiten, Jeiel und Schemiramot und Jechiel und Mattitja und Eliab und Bena-

jahu und Obed-Edom und Jeiel mit Harfen und Leiern und Asaf mit Zimbeln
6 und Benajahu und Jachasiel, die Priester, alle Zeit mit Trompeten, vor der Lade des Bundes Gottes.

7 An jenem Tag, damals, liess David zum ersten Mal dem HERRN durch Asaf und dessen Brüder danken.
8 Preist den HERRN, ruft seinen Namen an,
   tut kund seine Taten unter den Völkern.
9 Singt ihm, spielt ihm,
   redet von all seinen Wundern.
10 Rühmt euch seines heiligen Namens;
   das Herz derer, die den HERRN suchen, freue sich.
11 Fragt nach dem HERRN und seiner Macht,
   sucht sein Angesicht allezeit.
12 Gedenkt seiner Wunder, die er getan hat,
   seiner Zeichen und der Sprüche seines Mundes,
13 ihr Nachkommen Israels, seines Dieners,
   ihr Söhne Jakobs, seine Erwählten!
14 Der HERR ist unser Gott,
   über die ganze Erde hin gilt sein Urteil.
15 Ewig gedenkt seines Bundes,
   für tausend Generationen des Wortes, das er geboten hat,
16 des Bundes, den er mit Abraham geschlossen hat,
   und seines Schwurs für Isaak!
17 Er setzte ihn fest für Jakob als Recht,
   für Israel als ewigen Bund.
18 Er sprach: Dir gebe ich das Land Kanaan,
   euer zugemessenes Erbe.
19 Da ihr noch wenige wart,
   erst kurz im Land und Fremde dort,
20 da sie umherzogen von Volk zu Volk,
   von einem Königreich zum anderen,
21 erlaubte er niemandem, sie zu bedrücken,
   und um ihretwillen wies er Könige zurecht:

22 Meine Gesalbten tastet nicht an,
   und meinen Propheten tut kein Leid.
23 Singt dem HERRN, alle Länder,
   verkündet seine Hilfe von Tag zu Tag.
24 Tut kund seine Herrlichkeit unter den Nationen,
   unter allen Völkern seine Wunder.
25 Denn gross ist der HERR und hoch zu loben,
   furchtbar ist er über alle Götter.
26 Denn alle Götter der Völker sind Nichtse,
   der HERR aber hat den Himmel gemacht.
27 Hoheit und Pracht sind vor ihm,
   Macht und Freude an seiner Stätte.
28 Gebt dem HERRN, ihr Sippen der Völker,
   gebt dem HERRN Ehre und Macht.
29 Gebt dem HERRN die Ehre seines Namens,
   bringt Gaben und kommt vor ihn,
   werft euch nieder vor dem HERRN in heiliger Pracht.
30 Zittert vor ihm, alle Länder,
   fest steht der Erdkreis, er wankt nicht.
31 Der Himmel freue sich, und es jauchze die Erde.
   Und unter den Nationen soll man sagen: Der HERR ist König!
32 Es brause das Meer und was es erfüllt,
   es frohlocke das Feld und alles, was es trägt.
33 Da sollen jubeln die Bäume des Waldes
   vor dem HERRN,
   denn er kommt, die Erde zu richten.
34 Dankt dem HERRN, denn er ist gut,
   ewig währt seine Gnade,
35 und sprecht: Rette uns, Gott unserer Rettung,
   und sammle uns und rette uns aus den Nationen,
   damit wir deinen heiligen Namen preisen
   und uns rühmen, dass wir dich loben dürfen.

36 Gepriesen sei der HERR, der Gott Israels,
von Ewigkeit zu Ewigkeit.
Und alles Volk sagte: Amen!, und pries den HERRN.

37 Und David liess Asaf und seine Brüder dort vor der Lade des Bundes des HERRN, damit sie Dienst taten vor der Lade, alle Zeit, wie es ein jeder Tag erforderte, 38 sowie Obed-Edom und ihre Brüder, achtundsechzig Männer, und Obed-Edom, den Sohn des Jeditun, und Chosa als Torwächter. 39 Und Zadok, den Priester, und seine Brüder, die Priester, liess er vor der Wohnung des HERRN auf der Höhe bei Gibeon, 40 damit sie dem HERRN alle Zeit Brandopfer darbrachten auf dem Brandopferaltar, am Morgen und am Abend, entsprechend allem, was in der Weisung des HERRN geschrieben steht, die er Israel geboten hat, 41 und mit ihnen Heman und Jedutun und die übrigen Auserwählten, die namentlich dafür bestimmt waren, dem HERRN dafür zu danken, dass seine Güte ewig währt.

42 Und bei ihnen, bei Heman und Jedutun, waren Trompeten und Zimbeln für jene, die sie erklingen lassen sollten, und die Musikinstrumente Gottes. Und die Söhne Jeduns waren zuständig für das Tor. 43 Dann ging alles Volk, ein jeder in sein Haus, und David kehrte zurück, um sein Haus zu segnen.

|1–3: 2Sam 6,17–19 | 1: 15,3! · 15,1! |4–6: 13,8! |4: 41–42; 23,5; 2Chr 5,12–13; 20,19; Esra 3,10 |5: 13,14! |6: 15,24! |8–22: Ps 105,1–15 |23–33: Ps 96 |28–29: Ps 29,1–2 |34: 2Chr 7,3; 20,21; Ps 106,1; 136,1 |35–36: Ps 106,47–48 |37: 2Chr 8,13; Esra 3,4 |38: 26,10 |39: 21,29 |40: Ex 29,38–42; 2Chr 2,3 |41–42: 4!; 15,19!; 25,3! |42: 26,1–19! |43: 2Sam 6,19–20

Gottes Verheissung für David und sein Königtum

17 1 Und als David in seinem Haus sass, sagte David zu Natan, dem Propheten: Sieh, ich wohne in dem Haus aus Zedernholz, die Lade des Bundes des HERRN aber ist unter Zeltbahnen. 2 Und Natan sagte zu David: Tu, was immer du in deinem Herzen hast, denn Gott ist bei

dir. 3 In jener Nacht aber erging das Wort Gottes an Natan: 4 Geh, und sage zu David, meinem Diener: So spricht der HERR: Nicht du wirst mir das Haus bauen, damit ich darin wohne. 5 Ich habe nicht in einem Haus gewohnt seit dem Tag, an dem ich Israel heraufgeführt habe, bis auf den heutigen Tag, ich zog von Zelt zu Zelt und von Wohnung zu Wohnung. 6 In all der Zeit, die ich mit ganz Israel umhergezogen bin, habe ich da zu einem einzigen der Stämme Israels, dem ich geboten hatte, mein Volk zu weiden, gesagt: Warum habt ihr mir nicht ein Haus aus Zedernholz gebaut? 7 Und nun sollst du so zu meinem Diener, zu David, sprechen: So spricht der HERR der Heerscharen: Ich habe dich fortgeholt von der Weide, weg von den Schafen, damit du Fürst bist über mein Volk Israel. 8 Und wohin du auch gegangen bist, ich bin bei dir gewesen, und alle deine Feinde habe ich vor dir ausgerottet. Und ich werde dir einen Namen machen, dem Namen derer gleich, die gross sind auf der Erde. 9 Und ich werde meinem Volk Israel einen Ort bestimmen und es einpflanzen, und dort wird es wohnen, und es muss nicht mehr zittern, und Übeltäter werden es nicht mehr aufreiben, wie es früher war, 10 seit den Tagen, in denen ich Richter bestimmt habe über mein Volk Israel. Und ich werde alle deine Feinde demütigen. Und ich habe dir verkündet: Der HERR wird dir ein Haus bauen. 11 Und wenn sich deine Tage vollendet haben, dass du dich zu deinen Vorfahren legst, werde ich nach dir deinen Nachkommen, der einer deiner Söhne sein wird, auftreten lassen, und ich werde sein Königtum befestigen. 12 Er wird mir ein Haus bauen, und für alle Zeiten werde ich seinen Thron fest stehen lassen. 13 Ich werde ihm Vater sein, und er wird mir Sohn sein. Meine Gnade aber werde ich nicht von ihm weichen lassen, wie ich sie habe von dem weichen lassen, der vor dir war. 14 Und ich werde ihn für alle Zeiten bestehen lassen in meinem

Haus und in meinem Königtum; und
sein Thron soll allezeit fest stehen. 15 All
diesen Worten gemäss und gemäss dieser ganzen Schauung, so sprach Natan
zu David.

|1–14: 2Sam 7,1–16 |1: 29,29! · 14,1 · 15,1! |7:
2Chr 6,6 | 8: 14,17! |11–14: 22,9–10; 28,5–7 |12:
2Chr 3,1–5,1 |14: 28,5; 29,23; 2Chr 9,8; 13,8 |15:
2Sam 7,17

Davids Dankgebet

16 Und König David kam, liess sich
vor dem HERRN nieder und sprach: Wer
bin ich, HERR, Gott, und was ist mein
Haus, dass du mich bis hierher gebracht
hast? 17 Und selbst dies war zu gering in
deinen Augen, Gott, und so hast du zum
Haus deines Dieners von der Zukunft
gesprochen und siehst mich an als einen
Menschen von hohem Rang, HERR,
Gott! 18 Was könnte David dir noch weiter sagen von der Ehre, die du deinem
Diener erweist? Du kennst deinen Diener! 19 HERR, um deines Dieners willen
und nach deinem Herzen hast du all dies
Grosse getan, indem du all deine grossen Taten kund getan hast. 20 HERR,
keiner ist dir gleich, und bei allem, was
wir mit eigenen Ohren gehört haben,
gibt es keinen Gott ausser dir. 21 Und
wer ist wie dein Volk Israel, die einzige
Nation auf Erden, für die Gott hingegangen ist, um sie zu erlösen als Volk für
sich und um dir einen Namen zu machen mit grossen und furchterregenden
Taten, indem du vor deinem Volk, das du
aus Ägypten erlöst hast, Nationen vertrieben hast? 22 Du aber hast dir dein
Volk Israel für alle Zeiten als Volk bestimmt, und du, HERR, bist ihnen Gott
geworden. 23 Und nun, HERR, möge
sich das Wort, das du über deinen Diener und sein Haus gesprochen hast, für
alle Zeiten als zuverlässig erweisen, und
handle, wie du es zugesagt hast!
24 Dann wird dein Name als zuverlässig
gelten und gross sein für alle Zeiten, und
man wird sagen: Der HERR der Heerscharen, der Gott Israels, ist Israel Gott.
Und fest steht vor dir das Haus Davids,
deines Dieners. 25 Denn du, mein Gott,

hast deinem Diener enthüllt, ihm ein
Haus zu bauen. Darum hat dein Diener
es gewagt, vor dir zu beten. 26 Und nun,
HERR: Du bist Gott, und deinem Diener
hast du dieses Gute zugesagt. 27 Und
nun hast du dich entschlossen, das Haus
deines Dieners zu segnen, damit es für
immer vor dir ist. Du, HERR, hast gesegnet, und es ist immer gesegnet!

|16–27: 2Sam 7,18–29 |16: 29,14; 2Chr 2,5 |23:
2Chr 1,9

17,17: Die Übersetzung der mit ‹und siehst mich
an als einen Menschen von hohem Rang› wiedergegebenen hebräischen Formulierung ist unsicher.

Davids Kriege und Siege

18 1 Und danach schlug David die
Philister, und er unterwarf sie und
nahm den Philistern Gat und seine
Tochterstädte aus der Hand. 2 Und er
schlug Moab, und die von Moab wurden
Diener Davids, sie entrichteten ihm Tribut. 3 Und David schlug Hadadeser, den
König von Zoba in Chamat, als dieser
hinzog, um seine Macht am Eufratstrom aufzurichten. 4 Und David nahm
von ihm tausend Wagen und siebentausend Reiter und zwanzigtausend Mann
Fussvolk gefangen; und David machte
alle Wagen unbrauchbar, hundert von
den Wagen aber liess er übrig. 5 Und
Aram-Darmaskus kam Hadadeser, dem
König von Zoba, zu Hilfe, und David erschlug von Aram zweiundzwanzigtausend Mann. 6 Und David setzte Statthalter ein in Aram-Darmaskus, und die von
Aram wurden Diener Davids, sie entrichteten ihm Tribut. Und der HERR
stand David bei, wohin er auch zog.
7 Und David nahm die goldenen Köcher, die die Diener Hadadesers bei sich
hatten, und brachte sie nach Jerusalem;
8 und aus Tibchat und Kun, den Städten
Hadadesers, nahm David sehr viel
Bronze. Damit machte Salomo das
bronzene Meer und die Säulen und die
bronzenen Geräte.
9 Tou aber, der König von Chamat,
hörte, dass David das ganze Heer Hadadesers, des Königs von Zoba, geschlagen

hatte, 10 und er sandte Hadoram, seinen Sohn, zu König David, um ihn nach seinem Wohlergehen zu fragen und um ihn zu segnen, weil er gegen Hadadeser gekämpft und diesen geschlagen hatte, denn Tou war ein Kriegsgegner Hadadesers. Und er übersandte allerlei Geräte aus Gold und Silber und Bronze. 11 Auch diese weihte König David dem HERRN, zusammen mit dem Silber und dem Gold, das er von all den Nationen genommen hatte, von Edom und von Moab und von den Ammonitern und von den Philistern und von Amalek. 12 Und Abischai, der Sohn der Zeruja, schlug Edom im Salztal, es waren achtzehntausend. 13 Und er setzte Statthalter in Edom ein; in ganz Edom setzte er Statthalter ein, und alle von Edom wurden Diener Davids. Und der HERR stand David bei, wohin er auch zog. 14 Und David war König über ganz Israel, und er verschaffte seinem ganzen Volk Recht und Gerechtigkeit.

15 Und Joab, der Sohn der Zeruja, stand der Heerschar vor, und Jehoschafat, der Sohn des Achilud, war Kanzler, 16 und Zadok, der Sohn des Achitub, und Abimelech, der Sohn des Ebjatar, waren Priester, und Schawscha war Schreiber, 17 und Benajahu, der Sohn Jehojadas, stand den Kretern und den Pletern vor, und die Söhne Davids waren die Ersten an der Seite des Königs.

|1–17: 2Sam 8 |1: 1Sam 7,14; 2Chr 11,8 |3: 2Chr 8,3 |8: 2Chr 3,15; 4,2.12 |11: 26,27 |12: 11,20!; 2Sam 21,17 |15–17: 27,32–34 |15: 11,6 |16: 29,22 |17: 27,5!

Davids Kampf gegen die Ammoniter

19 1 Und danach starb Nachasch, der König der Ammoniter, und sein Sohn wurde König an seiner Statt. 2 Und David sagte: Ich werde Chanun, dem Sohn des Nachasch, Barmherzigkeit erweisen, denn sein Vater hat mir Barmherzigkeit erwiesen. Und David sandte Boten, um ihn durch seine Diener zu trösten. Und die Diener Davids kamen ins Land der Ammoniter zu Chanun, um ihn zu trösten. 3 Die Anführer der Ammoniter aber sagten zu Chanun: Will David in deinen Augen wirklich deinen Vater ehren, wenn er Tröster zu dir gesandt hat? Sind seine Diener nicht zu dir gekommen, um auszuforschen und um zu zerstören und um das Land auszukundschaften? 4 Da nahm Chanun die Diener Davids und rasierte sie und schnitt ihre Gewänder zur Hälfte ab, bis ans Gesäss; dann schickte er sie fort, 5 und sie gingen fort. Und man berichtete David von den Männern, und er sandte ihnen entgegen, denn die Männer schämten sich sehr, und der König sagte: Bleibt in Jericho, bis eure Bärte nachgewachsen sind, dann erst kehrt zurück. 6 Die Ammoniter aber sahen, dass sie sich bei David verhasst gemacht hatten. Da sandten Chanun und die Ammoniter tausend Kikkar Silber, um sich von Aram-Naharajim und von Aram-Maacha und von Zoba Wagen und Reiter dienstbar zu machen. 7 Und sie machten sich zweiunddreissigtausend Wagen dienstbar und den König von Maacha mit seinem Volk. Und diese kamen und lagerten vor Medeba. Und auch die Ammoniter sammelten sich aus ihren Städten und kamen zum Kampf. 8 Und David hörte davon und sandte Joab aus mit der ganzen Heerschar, mit den Helden. 9 Und die Ammoniter rückten aus, und am Eingang zur Stadt stellten sie sich in Schlachtordnung auf für den Kampf; die Könige aber, die gekommen waren, standen für sich, auf dem offenen Land.

10 Und Joab sah, dass er eine Front vor sich und eine im Rücken hatte. Da traf er eine Auswahl unter allen Ausgewählten Israels, und in Schlachtordnung zogen sie Aram entgegen. 11 Den Rest des Volks aber unterstellte er Abschai, seinem Bruder, und in Schlachtordnung zogen sie den Ammonitern entgegen. 12 Und er sagte: Wenn Aram stärker ist als ich, dann sollst du mir helfen; wenn aber die Ammoniter stärker sind als du, so werde ich dir helfen. 13 Sei mutig! Wir wollen mutig sein für

unser Volk und für die Städte unseres
Gottes. Der HERR aber wird, was in seinen Augen gut ist, tun. 14 Und Joab
stellte sich mit dem Volk, das bei ihm
war, Aram zum Kampf, diese aber flohen vor ihm. 15 Und als die Ammoniter
sahen, dass Aram floh, flohen auch sie
vor Abschai, seinem Bruder, und gelangten in die Stadt. Und Joab kam nach
Jerusalem. 16 Und Aram sah, dass sie vor
Israel geschlagen waren, und sie sandten Boten und liessen die von Aram ausrücken, die jenseits des Stroms waren.
Und Schofach, der Heerführer Hadadesers, zog vor ihnen her. 17 Und dies
wurde David berichtet, und er sammelte
ganz Israel, überquerte den Jordan und
kam zu ihnen und stellte Israel gegen
sie in Schlachtordnung auf. Und David
zog Aram in Schlachtordnung zum
Kampf entgegen, und sie kämpften gegen ihn. 18 Und Aram floh vor Israel,
und David tötete siebentausend Wagenlenker und vierzigtausend Mann Fussvolk von Aram; auch Schofach, den
Heerführer, tötete er. 19 Und die Diener
Hadadesers sahen, dass sie vor Israel geschlagen waren. Da schlossen sie Frieden mit David und dienten ihm. Und
Aram wollte den Ammonitern nicht
länger helfen.

| 1–19: 2Sam 10 | 1: 1Sam 11,1 | 7: Jos 13,9 | 8: 18,15
| 11: 11,20!

19,17: Wörtlich: «... und stellte es ...»

Weitere Siege Davids

20 1 Zur Jahreswende aber, zu der
Zeit, da die Könige ausziehen,
führte Joab die Streitkräfte an und verwüstete das Land der Ammoniter. Und
er kam und belagerte Rabba, David aber
blieb in Jerusalem. Und Joab schlug
Rabba und legte es in Trümmer. 2 Und
David nahm ihrem König die Krone
vom Haupt, und er fand, dass sie ein Kikkar Gold wog, und ein Edelstein war an
ihr, und David trug sie auf seinem
Haupt. Und die Beute, die er aus der
Stadt herausführte, war sehr gross.
3 Und das Volk, das darin war, führte er

hinaus und setzte es ein an der Steinsäge, an den Eisenhauen und Äxten. So
verfuhr David mit allen Städten der Ammoniter. Dann kehrte David mit allem
Volk zurück nach Jerusalem.

4 Und danach fand bei Geser eine
Schlacht statt gegen die Philister. Damals erschlug Sibbechai, der Chuschatiter, Sippai, eines von den Kindern der
Refaiter, und sie wurden gedemütigt.
5 Und wieder kam es zum Kampf
mit den Philistern. Und Elchanan, der
Sohn des Jair, erschlug Lachmi, den Bruder Goliats, den Gittiter, und das Holz
seines Speers war wie ein Weberbaum.
6 Und in Gat kam es noch einmal zur
Schlacht. Und dort war ein grossge-
wachsener Mann, und er hatte je sechs
Finger und sechs Zehen, zusammen
vierundzwanzig, und auch er war Rafa
geboren worden. 7 Und er verhöhnte
Israel; Jehonatan aber, der Sohn des
Schima, des Bruders von David, erschlug ihn. 8 Diese waren Rafa in Gat geboren worden, und sie fielen durch die
Hand Davids und durch die Hand seiner
Diener.

| 1: 2Sam 11,1; 12,26 · 18,15 | 2–3: 2Sam 12,30–31
| 4–8: 2Sam 21,18–22 | 4: 14,16 · 11,29! · 1Sam 7,13 | 5:
11,23

20,3: Die Übersetzung des mit ‹und setzte es ein›
wiedergegebenen hebräischen Worts ist unsicher.

Davids Volkszählung. Ihre Folgen

21 1 Und Satan stellte sich gegen
Israel und verleitete David dazu,
Israel zu zählen. 2 Und David sprach zu
Joab und den Anführern des Volks: Geht,
zählt Israel, von Beer-Scheba bis Dan,
und gebt mir Bericht, damit ich weiss,
wie zahlreich sie sind. 3 Joab aber sagte:
Der HERR möge seinem Volk, so gross es
schon ist, noch hundertmal so viel hinzufügen. Sind sie nicht alle, mein Herr
und König, Diener meines Herrn?
Warum verlangt mein Herr dies?
Warum soll Israel schuldig werden?
4 Das Wort des Königs an Joab aber
stand fest. Und so zog Joab aus, zog
durch ganz Israel und kam dann nach

Jerusalem. 5 Und Joab übergab David die Zahlen der Musterung des Volks: Ganz Israel zählte 1100000 Mann, die das Schwert führten, und Juda zählte 470000 Mann, die das Schwert führten. 6 Levi aber und Benjamin hatte er nicht gezählt, denn das Wort des Königs wurde von Joab verabscheut.

7 Und diese Sache war böse in den Augen Gottes, und er schlug Israel. 8 Und David sprach zu Gott: Dass ich diese Sache getan habe, damit habe ich schwer gesündigt. Aber nun vergib doch deinem Diener die Schuld, ich habe mich sehr töricht verhalten. 9 Und der HERR sprach zu Gad, dem Propheten, dem Seher Davids: 10 Geh und sprich zu David: So spricht der HERR: Dreierlei lege ich dir vor; wähle dir eins davon aus, damit ich es dir antue. 11 Und Gad kam zu David und sprach zu ihm: So spricht der HERR: Wähle dir 12 drei Jahre Hunger oder während dreier Monate zugrunde gerichtet zu werden vor denen, die dich bedrängen, wenn das Schwert deiner Feinde dich einholt, oder drei Tage lang das Schwert des HERRN und die Pest im Land, wenn der Bote des HERRN Verderben bringt im ganzen Gebiet Israels. Und nun entscheide, welche Antwort ich dem bringen soll, der mich gesandt hat. 13 Da sagte David zu Gad: Ich bin in grosser Not! In die Hand des HERRN will ich fallen, denn sein Erbarmen ist überaus gross. In die Hand von Menschen aber will ich nicht fallen. 14 Und so liess der HERR die Pest ausbrechen in Israel, und von Israel fielen 70000 Mann. 15 Und Gott schickte einen Boten nach Jerusalem, um es zu vernichten. Und als er es fast vernichtet hätte, sah es der HERR, und ihm tat das Unheil leid, und er sprach zu dem Boten, der Verderben brachte: Genug! Zieh jetzt deine Hand zurück! Der Bote des HERRN aber stand gerade bei der Tenne von Ornan, dem Jebusiter. 16 Und David blickte auf und sah den Boten des HERRN zwischen Himmel und Erde stehen, das gezogene Schwert in seiner Hand, ausgestreckt über Jerusalem. Da fielen David und die Ältesten, gehüllt in Trauergewänder, auf ihr Angesicht. 17 Und David sprach zu Gott: Bin nicht ich es, der Befehl gab, das Volk zu zählen? Und ich bin es, der gesündigt und Böses getan hat. Diese aber, die Herde, was haben sie getan, HERR, mein Gott? Mich und das Haus meines Vaters soll deine Hand treffen, nicht aber dein Volk mit dieser Plage.

| 1–17: 2Sam 24,1–17 | 1: Hiob 1,6–12!; Sach 3,1–2; Lk 22,31 | 3: Ex 30,12 | 6: 27,24 | 7: 2Sam 11,27 · 27,24 | 9: 29,29

Der Kauf des Tempelplatzes

18 Der Bote des HERRN aber hatte Gad befohlen, David zu sagen, dass David hinaufgehen solle, um dem HERRN einen Altar zu errichten auf der Tenne Ornans, des Jebusiters. 19 Da ging David hinauf, dem Wort Gads entsprechend, das dieser im Namen des HERRN gesprochen hatte. 20 Ornan aber wandte sich um und sah den Boten, und seine vier Söhne bei ihm versteckten sich. Ornan aber war daran, Weizen zu dreschen. 21 Und David kam zu Ornan, und Ornan blickte hin und sah David. Da ging er weg von der Tenne und warf sich vor David zur Erde nieder auf das Angesicht. 22 Und David sagte zu Ornan: Gib mir den Platz der Tenne, damit ich darauf dem HERRN einen Altar bauen kann. Für den vollen Preis gib ihn mir, damit so die Plage abgewendet werde vom Volk. 23 Ornan aber sagte zu David: Nimm ihn dir! Mein Herr, der König, tue, was gut ist in seinen Augen. Sieh, ich gebe die Rinder für die Brandopfer und die Dreschschlitten für Brennholz und Weizen für das Speiseopfer. Ich gebe alles! 24 König David aber sagte zu Ornan: Nein, für den vollen Preis werde ich es kaufen. Denn ich werde nicht, was dir gehört, für den HERRN nehmen und ein unbezahltes Brandopfer darbringen. 25 So gab David dem Ornan für den Ort Gold im Gewicht von sechshundert Schekel. 26 Und dort

baute David dem HERRN einen Altar und brachte Brandopfer und Heilsopfer dar. Und er rief zum HERRN, und der antwortete ihm mit Feuer, das vom Himmel auf den Brandopferaltar fiel. 27 Und der HERR sprach zum Boten, und dieser steckte sein Schwert in die Scheide. 28 Damals, als David sah, dass der HERR ihn erhört hatte auf der Tenne Ornans, des Jebusiters, opferte er dort. 29 Die Wohnung des HERRN aber, die Mose in der Wüste gemacht hatte, und der Brandopferaltar waren in jener Zeit auf der Höhe bei Gibon. 30 Und David konnte nicht hingehen und vor ihn treten, um Gott zu befragen, denn er war vom Schrecken erfasst worden vor dem Schwert des Boten des HERRN.

|18–27: 2Sam 24,18–25 |18: 15 · 2Chr 3,1 |20: Ri 13,20 |22: Gen 23,9 |26: Lev 9,24!; 1Kön 18,24; 2Chr 7,1 |27: 15–16 |29: 16,39; 2Chr 1,6! |30: 13,12

Vorbereitungen für den Tempelbau

22 1 Und David sprach: Das hier wird das Haus des HERRN, Gottes, sein, und das der Altar für das Brandopfer Israels.

2 Und David befahl, die Fremden zu versammeln, die im Land Israel waren, und er stellte Steinhauer ein, um Quadersteine zu hauen, damit man das Haus Gottes bauen konnte. 3 Und David stellte viel Eisen bereit, für die Nägel an den Torflügeln und für die Klammern, und so viel Bronze, dass es nicht zu wiegen war; 4 dazu Zedernbäume, ohne Zahl, denn die Sidonier und die Tyrer brachten viel Zedernholz zu David. 5 Und David sagte: Salomo, mein Sohn, ist noch jung und zart; das Haus aber, das dem HERRN gebaut werden soll, muss überaus gross werden, zum Ruhm und zum Preis in allen Ländern. Ich möchte Vorbereitungen dafür treffen. So traf David viele Vorbereitungen vor seinem Tod.

6 Und er rief Salomo, seinen Sohn, und gebot ihm, dem HERRN, dem Gott Israels, ein Haus zu bauen, 7 und David sprach zu Salomo: Mein Sohn, es lag mir

am Herzen, dem Namen des HERRN, meines Gottes, ein Haus zu bauen, 8 aber das Wort des HERRN erging an mich: Du hast viel Blut vergossen und grosse Kriege geführt; du wirst meinem Namen kein Haus bauen, denn du hast vor mir viel Blut auf die Erde fliessen lassen. 9 Sieh, ein Sohn wird dir geboren, er wird ein Mann der Ruhe sein, und ich werde ihm Ruhe verschaffen vor allen seinen Feinden ringsum. Sein Name wird Salomo sein, und ich werde Israel Frieden und Ruhe geben, solange er lebt. 10 Der wird meinem Namen ein Haus bauen. Und er wird mir Sohn sein, und ich werde ihm Vater sein. Und ich werde seinen königlichen Thron über Israel fest machen für alle Zeit. 11 Nun, mein Sohn, der HERR sei mit dir, dann wird es dir gelingen, und du wirst das Haus des HERRN, deines Gottes, bauen, wie er es von dir gesagt hat. 12 Auch gebe der HERR dir Klugheit und Verstand – und er setze dich ein über Israel –, dass du die Weisung des HERRN, deines Gottes, hältst. 13 Dann wirst du Erfolg haben, wenn du die Satzungen und Rechtsbestimmungen genau befolgst, die der HERR Mose für Israel geboten hat. Sei stark und mutig, fürchte dich nicht und hab keine Angst! 14 Und sieh, trotz meiner Mühsal habe ich für das Haus des HERRN hunderttausend Kikkar Gold und tausendmal tausend Kikkar Silber bereitgestellt, dazu Bronze und Eisen, zu viel, um gewogen zu werden! Auch Holz und Steine habe ich bereitgestellt, und du wirst noch mehr hinzufügen. 15 Auch sind bei dir viele Arbeiter, Steinhauer und Leute, die in Stein und Holz arbeiten, und allerlei Sachverständige für jegliche Arbeit; 16 Gold, Silber und Bronze und Eisen, ohne Zahl. Mach dich auf und handle! Und der HERR möge mit dir sein. 17 Und David gebot allen Anführern Israels, Salomo, seinem Sohn, zu helfen. 18 Ist nicht der HERR, euer Gott, mit euch und hat er euch nicht Ruhe gegeben ringsum? Denn er hat die Bewohner des Landes in meine

Hand gegeben, und das Land wurde vor dem HERRN und seinem Volk unterworfen. 19 So richtet nun euer Herz und euren Sinn darauf, den HERRN, euren Gott, zu suchen. Und macht euch auf und baut das Heiligtum des HERRN, Gottes, damit man die Lade des Bundes des HERRN und die heiligen Geräte Gottes in das Haus bringen kann, das dem Namen des HERRN gebaut wird.

|1: 2Chr 3,1 |2: 2Chr 2,16–17; 8,7–8 |3: 14; 1Kön 7,47 |4: 1Kön 5,20–24 |5: 29,1–5; 1Kön 3,7 · 2Chr 2,4.8 |6: 1Kön 5,19 |7–10: 28,2–7; 2Sam 7,1–16; 2Chr 6,7–9 |8: 1Kön 5,17 |10: 2Sam 7,13–14; 1Kön 8,19 |12: 1Kön 3,12; 5,9 |13: 28,7; 2Chr 13,18!; 14,6! |15: 2Chr 2,6 |16: 3 · 28,10!; 1Kön 2,2 |18: 23,25; Dtn 12,10; 2Chr 14,4–6!

22,9: Der Name Salomo (hebräisch: Schelomo) klingt ähnlich wie das hebräische Wort ‹Schalom› (Friede).

Einteilung und Dienst der Leviten

23 1 Und als David alt war und lebenssatt, machte er Salomo, seinen Sohn, zum König über Israel, 2 und er versammelte alle Anführer Israels und die Priester und die Leviten. 3 Und die Leviten von dreissig Jahren an aufwärts wurden gezählt, und ihre Zahl, Kopf für Kopf, war 38000. 4 Von diesen sollen 24000 die Arbeit am Haus des HERRN beaufsichtigen und 6000 sind Schriftführer und Richter 5 und 4000 Torwächter und 4000 loben den HERRN mit den Instrumenten, die ich für den Lobgesang gemacht habe.

6 Und David teilte sie in Abteilungen ein, nach den Söhnen Levis, nach Gerschon, Kehat und Merari. 7 Die Gerschoniten: Ladan und Schimi. 8 Die Söhne Ladans: das Haupt, Jechiel, und Setam und Joel: drei. 9 Die Söhne Schimis: Schelomit und Chasiel und Haran: drei. Diese waren die Häupter der Familien von Ladan. 10 Und die Söhne Schimis: Jachat, Sina und Jeusch und Beria. Diese waren die Söhne Schimis: vier. 11 Und Jachat war das Haupt, und Sisa war der Zweite. Aber Jeusch und Beria hatten nicht viele Söhne, und so wurden sie eine Familie, eine einzige Dienstab-

teilung. 12 Die Söhne Kehats: Amram, Jizhar, Chebron und Ussiel: vier. 13 Die Söhne Amrams: Aaron und Mose. Aaron aber wurde ausgesondert, damit er das Hochheilige heiligte, er mit seinen Söhnen, für alle Zeiten, und vor dem HERRN Rauchopfer darbringe, ihm diene und in seinem Namen segne, für alle Zeiten. 14 Und was Mose angeht, den Mann Gottes, seine Söhne wurden zum Stamm der Leviten gerechnet. 15 Die Söhne des Mose: Gerschom und Elieser. 16 Die Söhne Gerschoms: Schebuel, das Haupt. 17 Und die Söhne Elieser waren Rechabja, das Haupt – Elieser aber hatte keine anderen Söhne –, und die Söhne Rechabjas waren überaus zahlreich. 18 Die Söhne Jizhars: Schelomit, das Haupt. 19 Die Söhne Chebrons: Jerijahu, das Haupt; Amarja, der Zweite; Jachasiel, der Dritte; und Jekamam, der Vierte. 20 Die Söhne Ussiels: Micha, das Haupt; und Jischschija, der Zweite. 21 Die Söhne Meraris: Machli und Muschi. Die Söhne Machlis: Elasar und Kisch. 22 Und Elasar starb und hatte keine Söhne, sondern Töchter; und die Söhne des Kisch, ihre Brüder, nahmen sie als Frauen. 23 Die Söhne des Muschi: Machli und Eder und Jeremot: drei.

24 Das sind die Söhne Levis nach ihren Familien, die Häupter der Familien, nach ihren Dienstabteilungen, nach der Zahl der Namen aufgezählt, Kopf für Kopf, die die Arbeit leisteten für den Dienst am Haus des HERRN, von zwanzig Jahren an aufwärts. 25 Denn David hatte gesagt: Der HERR, der Gott Israels, hat seinem Volk Ruhe verschafft, und er hat für immer Wohnung genommen in Jerusalem. 26 So müssen auch die Leviten die Wohnung mit all ihren Geräten für den Dienst an ihr nicht mehr tragen – 27 denn nach den letzten Anordnungen Davids wurden nur die Söhne Levi von zwanzig Jahren an aufwärts gezählt –, 28 denn ihr Platz ist an der Seite der Söhne Aaron für den Dienst im Haus des HERRN, in den Vorhöfen und Kammern und bei der Reinigung alles Heiligen

und bei der Verrichtung des Diensts im Haus Gottes: 29 für das Schaubrot und für Feinmehl für das Speiseopfer und für die ungesäuerten Fladen und für das Plattengebäck und für das Eingerührte und für alles Gewicht und Mass. 30 Und Morgen für Morgen hatten sie anzutreten, um dem HERRN zu danken und ihn zu loben, und so auch am Abend 31 und auch immer, wenn dem HERRN Brandopfer dargebracht wurden an den Sabbaten, an den Neumonden und an den Festen nach der für sie vorgeschriebenen Zahl, ohne Unterbruch, vor dem HERRN. 32 So sollten sie die Aufgaben beim Zelt der Begegnung erfüllen, und die Aufgaben beim Heiligtum und die Aufgaben bei den Söhnen Aaron, ihren Brüdern, als Dienst im Haus des HERRN.

| 1: 28,5; 29,22.28 | 3: Num 4,2–3.46–48 | 4: 24.28.32; 6,33! · 26,29; 2Chr 19,8 | 5: 26,1–19! · 16,4! | 6: 24,1–3; 28,21; Num 4 | 7: 6,2 | 8: 26,21–22! | 12: 5,28! | 13: 5,29 · 6,34!; Lev 9,22–23; Num 6,23; Dtn 10,8 | 15: Ex 18,3–4 | 16–23: 24,20–30 | 16–18: 26,24–25 | 19: 26,31 | 21: 6,4! | 22: 7,15 | 24: 4! · 27,23!; 2Chr 31,17 | 25: 22,18! · Ps 132,14 | 26: 15,2!; 2Chr 35,3 | 28: 4! | 29: 9,32; 28,16; 2Chr 2,3! | 30: 5 | 31: 2Chr 8,13! | 32: 4!

23,5: Bei den Versen 4 und 5 handelt es sich wohl um wörtliche Rede Davids.

Einteilung der Nachkommen Aarons

24 1 Und auch die Söhne Aaron hatten ihre Abteilungen: die Söhne Aarons: Nadab und Abihu, Elasar und Itamar. 2 Aber Nadab und Abihu starben vor ihrem Vater und hatten keine Söhne. Und Elasar und Itamar wurden Priester. 3 Und zusammen mit Zadok von den Söhnen Elasars und mit Achimelech von den Söhnen Itamars teilte sie David ihren Dienstabteilungen und dem entsprechenden Dienst zu.

4 Und es zeigte sich, dass die Söhne Elasars mehr Häupter unter den Männern hatten als die Söhne Itamars. Und man teilte sie ein: Von den Söhnen Elasars sechzehn Familienhäupter und von den Söhnen Itamars acht Familien. 5 Und man teilte sie, diese wie jene, durch Lose ein; denn sie waren Hochgestellte im Heiligtum und Hochgestellte

vor Gott unter den Söhnen Elasars und unter den Söhnen Itamars. 6 Und der Schreiber Schemaja, der Sohn Netanels, einer von den Leviten, schrieb sie auf vor dem König und den Obersten und vor Zadok, dem Priester, und vor Achimelech, dem Sohn des Ebjatar, und vor den Familienhäuptern der Priester und der Leviten: je eine Familie herausgegriffen für Eleasar und eine herausgegriffen, herausgegriffen für Itamar.

7 Und das erste Los fiel auf Jehojarib, das zweite auf Jedaja, 8 das dritte auf Charim, das vierte auf Seorim, 9 das fünfte auf Malkija, das sechste auf Mijamin, 10 das siebte auf Hakkoz, das achte auf Abija, 11 das neunte auf Jeschua, das zehnte auf Schechanjahu, 12 das elfte auf Eljaschib, das zwölfte auf Jakim, 13 das dreizehnte auf Chuppa, das vierzehnte auf Jeschebab, 14 das fünfzehnte auf Bilga, das sechzehnte auf Immer, 15 das siebzehnte auf Chesir, das achtzehnte auf Happizzes, 16 das neunzehnte auf Petachja, das zwanzigste auf Jecheskel, 17 das einundzwanzigste auf Jachin, das zweiundzwanzigste auf Gamul, 18 das dreiundzwanzigste auf Delajahu, das vierundzwanzigste auf Maasjahu.

19 Das waren ihre Dienstabteilungen für ihren Dienst, in das Haus des HERRN zu kommen, nach der für sie geltenden Vorschrift, die ihnen Aaron, ihr Vater, gegeben hatte, wie es ihm der HERR, der Gott Israels, geboten hatte.

20 Und zu den übrigen Söhnen Levi: von den Söhnen Amrams: Schubael; von den Söhnen Schubaels: Jechdejahu; 21 von Rechabjahu, von den Söhnen Rechabjahus: das Haupt, Jischschija; 22 von den Jizharitern: Schelomot; von den Söhnen Schelomots: Jachat. 23 Und die Söhne Chebrons: Jerijahu; Amarjahu, der Zweite; Jachasiel, der Dritte; Jekamam, der Vierte. 24 Die Söhne Ussiels: Micha; von den Söhnen Michas: Schamir. 25 Der Bruder Michas: Jischschija; von den Söhnen Jischschijas: Secharjahu. 26 Die Söhne Meraris: Machli und Muschi und die Söhne Jaasijahus,

seines Sohns. 27 Die Söhne Meraris von
Jaasijahu, seinem Sohn: Schoham, Sakkur und Ibri; 28 von Machli: Elasar, dieser aber hatte keine Söhne. 29 Von
Kisch, die Söhne des Kisch: Jerachmeel.
30 Und die Söhne des Muschi: Machli
und Eder und Jerimot. Das sind die
Söhne der Leviten nach ihren Familien.
31 Und auch sie warfen Lose gleich wie
ihre Brüder, die Söhne Aaron, vor David,
dem König, und vor Zadok und Achimelech und vor den Familienhäuptern der
Priester und der Leviten, das Familien-
haupt genauso wie sein jüngster Bruder.

|1–3: 23,6! |1: 5,29! |2: Lev 10,2! |5: 31! |6: 18,16
|10: Lk 1,5 |19: 6,34 |20–30: 23,16–23; 26,23 |22: 5,28
|26: 6,4! |31: 5; 25,8; 26,13; 2Chr 31,15

24,23: «Und die Söhne Chebrons: Jerijahu;»: Der
Massoretische Text wurde auf der Grundlage mehre-
rer Textzeugen korrigiert.

Einteilung und Dienst der Tempelsänger

25 1 Und David und die Heerführer
sonderten zum Dienst die Söhne
Asaf und Hemans und Jedutuns aus, die
zu Leiern, zu Harfen und zu Zimbeln
weissagten. Und die Zahl der Männer,
die die Arbeit für ihren Dienst leisteten:
2 Von den Söhnen Asafs: Sakkur und Josef und Netanja und Asarela, die Söhne
Asafs, unter Anleitung durch Asaf, der
nach Anleitung des Königs weissagte.
3 Von Jedutun: die Söhne Jedutuns, Gedaljahu und Zeri und Jeschajahu,
Chaschabjahu und Mattitjahu, diese
sechs, unter Anleitung ihres Vater Jedutun, der zur Leier weissagte, um dem
HERRN zu danken und ihn zu loben.
4 Von Heman: die Söhne Hemans, Bukkijahu, Mattanjahu, Ussiel, Schebuel
und Jerimot, Chananja, Chanani, Eliata,
Giddalti, Romamti-Eser, Joschbekascha,
Malloti, Hotir, Machasiot. 5 Diese alle
waren Söhne Hemans, des Sehers des
Königs, in Übereinstimmung mit den
Worten Gottes, sein Horn zu erhöhen;
und Gott gab Heman vierzehn Söhne
und drei Töchter. 6 Diese alle waren unter der Anleitung ihres Vaters beim Gesang im Haus des HERRN mit Zimbeln,

Harfen und Leiern für den Dienst im
Haus Gottes unter der Anleitung des Königs – Asaf und Jedutun und Heman.
7 Und zusammen mit ihren Brüdern,
die geübt waren im Gesang für den
HERRN, alles Meister, betrug ihre Zahl
zweihundertachtundachtzig.
8 Und sie warfen Lose um ihre Aufgaben, der Jüngste wie der Älteste, der
Meister wie der Schüler. 9 Und das erste
Los fiel für Asaf auf Josef. Das zweite auf
Gedaljahu; er und seine Brüder und
Söhne: zwölf. 10 Das dritte auf Sakkur,
seine Söhne und Brüder: zwölf. 11 Das
vierte auf Jizri, seine Söhne und Brüder:
zwölf. 12 Das fünfte auf Netanjahu,
seine Söhne und Brüder: zwölf. 13 Das
sechste auf Bukkijahu, seine Söhne und
Brüder: zwölf. 14 Das siebte auf Jesarela,
seine Söhne und Brüder: zwölf. 15 Das
achte auf Jeschajahu, seine Söhne und
Brüder: zwölf. 16 Das neunte auf Mattanjahu, seine Söhne und Brüder: zwölf.
17 Das zehnte auf Schimi, seine Söhne
und Brüder: zwölf. 18 Das elfte auf Asarel, seine Söhne und Brüder: zwölf.
19 Das zwölfte auf Chaschabja, seine
Söhne und Brüder: zwölf. 20 Das dreizehnte auf Schubael, seine Söhne und
Brüder: zwölf. 21 Das vierzehnte auf
Mattitjahu, seine Söhne und Brüder:
zwölf. 22 Das fünfzehnte auf Jeremot,
seine Söhne und Brüder: zwölf. 23 Das
sechzehnte auf Chananjahu, seine
Söhne und Brüder: zwölf. 24 Das siebzehnte auf Joschbekascha, seine Söhne
und Brüder: zwölf. 25 Das achtzehnte
auf Chanani, seine Söhne und Brüder:
zwölf. 26 Das neunzehnte auf Malloti,
seine Söhne und Brüder: zwölf. 27 Das
zwanzigste auf Elijata, seine Söhne und
Brüder: zwölf. 28 Das einundzwanzigste auf Hotir, seine Söhne und Brüder: zwölf. 29 Das zweiundzwanzigste
auf Giddalti, seine Söhne und Brüder:
zwölf. 30 Das dreiundzwanzigste auf
Machsiot, seine Söhne und Brüder:
zwölf. 31 Das vierundzwanzigste auf
Romamti-Eser, seine Söhne und Brüder:
zwölf.

|1–31: 6,16–32!; 16,4! |1: 3!; 6,18!.24!;
2Chr 29,13–14; 35,15 |2: Esra 2,41! |3: 3!; 16,41–42
|5: 2Chr 35,15 |7: 2Chr 34,12 |8: 24,31! |9–31: 2–4

25,5: ‹Horn› ist ein Bild für Kraft: Gott hat zugesagt, Heman viele Kinder zu geben.

Einteilung und Dienst der Torwächter

26 1 Von den Abteilungen der Torwächter: von den Korachiten: Meschelemjahu, der Sohn des Kore, von den Söhnen Asafs. 2 Und Meschelemjahu hatte Söhne: der Erstgeborene: Secharjahu; der Zweite: Jediael; der Dritte: Sebadjahu; der Vierte: Jatniel; 3 der Fünfte: Elam; der Sechste: Jehochanan; der siebte: Eljehoenai. 4 Und Obed-Edom hatte Söhne: der Erstgeborene: Schemaja; der Zweite: Jehosabad; der Dritte: Joach; der Vierte: Sachar; der Fünfte: Netanel; 5 der Sechste: Ammiel; der Siebte: Jisaschar; der Achte: Peulletai; denn Gott hatte ihn gesegnet.

6 Und Schemaja, seinem Sohn, wurden Söhne geboren, die über ihre Familien herrschten; denn sie waren tüchtige Krieger. 7 Die Söhne Schemajas: Otni und Refael und Obed, Elsabad, seine Brüder, tüchtige Männer, Elihu und Semachjahu. 8 Diese alle waren Söhne Obed-Edoms. Sie mit ihren Söhnen und Brüdern, tüchtigen Männern, mit Kraft für den Dienst: zweiundsechzig von Obed-Edom. 9 Und Meschelemjahu hatte Söhne und Brüder, tüchtige Männer: achtzehn. 10 Und Chosa, von den Söhnen Meraris, hatte Söhne: das Haupt: Schimri – er war kein Erstgeborener, aber sein Vater machte ihn zum Haupt –; 11 der Zweite: Chilkijahu; der Dritte: Tebaljahu; der Vierte: Secharjahu. Alle Söhne und Brüder von Chosa: dreizehn. 12 Diesen, den Abteilungen der Torwächter, fiel nach der Zahl der Häupter unter den Männern wie ihren Brüdern die Aufgabe zu, im Haus des HERRN zu dienen.

13 Und sie warfen Lose, der Jüngste genauso wie der Älteste der Familien für jedes einzelne Tor. 14 Und das Los für den Osten fiel auf Schelemjahu; auch für Secharjahu, seinen Sohn, einen klugen Ratgeber, warf man Lose, und sein Los fiel auf den Norden; 15 für Obed-Edom auf den Süden und für seine Söhne auf das Vorratshaus; 16 für Schuppim und Chosa auf den Westen, beim Tor Schallechet, wo die Strasse hinaufgeht. Wache gegenüber Wache: 17 im Osten sechs Leviten, im Norden vier pro Tag, im Süden vier pro Tag und beim Vorratshaus je zwei; 18 am Parbar im Westen vier an der Strasse und zwei am Parbar selbst. 19 Dies sind die Abteilungen der Torwächter von den Söhnen der Korachiten und den Söhnen Merari.

|1–19: 9,17–27; 23,5; 2Chr 34,13; Jer 35,4 |4: 13,14!
|10: 16,38 |13: 24,31! · 9,23–24 |14: 9,21 |15: Neh 12,25
|18: 2Kön 23,11

26,18: ‹Parbar› bezeichnet wohl entweder einen Anbau oder einen Platz.

Einteilung und Dienst der Schatzmeister, Amtleute und Richter

20 Und die Leviten: Achija hatte die Aufsicht über die Schätze des Hauses Gottes und die geheiligten Schätze. 21 Die Söhne Ladan, die Nachkommen der Gerschoniten, die zu Ladan gehörten, die Familienhäupter, die zu Ladan, dem Gerschoniter, gehörten, waren die Jechieliten. 22 Die Söhne Jechiels, Setam und Joel, sein Bruder, hatten die Aufsicht über die Schätze des Hauses des HERRN. 23 Von den Amramiten, Jizhariten, Chebroniten und Assieliten: 24 Schebuel, der Sohn von Gerschom, dem Sohn der Mose, Fürst über die Schätze. 25 Und seine Brüder, von Elieser: Rechabjahu, sein Sohn; und Jeschajahu, sein Sohn; und Joram, sein Sohn; und Sichri, sein Sohn; und Schelomit, sein Sohn. 26 Dieser Schelomot und seine Brüder hatten die Aufsicht über alle Schätze der geheiligten Gaben, die David, der König, und die Familienhäupter von den Anführern der Tausendschaften und der Hundertschaften und den Anführern im Heer geheiligt hatten. 27 Aus der Kriegsbeute hatten sie das geheiligt, um das Haus des

HERRN unterstützen zu können.
28 Auch alles, was Samuel, der Seher, und Saul, der Sohn des Kisch, und Abner, der Sohn des Ner, und Joab, der Sohn der Zeruja, geheiligt hatten – all dieses Geheiligte war in der Hand Schelomits und seiner Brüder.

29 Von den Jizhariten waren Kenanjahu und seine Söhne für die Arbeit draussen in Israel zuständig als Schriftführer und Richter. 30 Von den Chebroniten hatten Chaschabjahu und seine Brüder, 1700 tüchtige Männer, die Aufsicht über die Verwaltung Israels, jenseits des Jordan, westlich davon, über jede Arbeit für den HERRN und über den Dienst für den König. 31 Von den Chebroniten war Jerija das Haupt der Chebroniten, gemäss den Verzeichnissen ihrer Vorfahren – im vierzigsten Jahr der Königsherrschaft Davids wurden sie gesucht, und es wurden unter ihnen tüchtige Krieger in Jaser im Gilead gefunden – 32 und seine Brüder, tüchtige Männer, 2700, Familienhäupter; und diese setzte David, der König, über die Rubeniten und Gaditen und den halben Stamm Manasse für jede Angelegenheit Gottes und jede Angelegenheit des Königs.

|20:26;9,26;2Chr 5,1 |21–22:23,8;29,8 |24–25: 23,16–18 |26:20! |27:18,11 |29:23,4 |30:32! |31: 23,19 · 29,27 |32:5,18 · 30;2Chr 19,11

Die Ordnung des Volks und der königlichen Verwaltung

27 1 Und die Israeliten, nach ihrer Zahl, die Familienhäupter und die Anführer der Tausendschaften und der Hundertschaften und ihre Schriftführer, die dem König dienten, in allen Angelegenheiten, die die Abteilungen betrafen, die aufzogen und abzogen, Monat für Monat, alle Monate des Jahres, jede Abteilung: 24000.

2 Der ersten Abteilung, für den ersten Monat, stand Jaschobam vor, der Sohn Sabdiels, und in seiner Abteilung waren 24000. 3 Er war einer von den Söhnen des Perez, das Haupt aller Heer-

führer im ersten Monat. 4 Der Abteilung des zweiten Monats stand Dodai vor, der Achochiter, und in seiner Abteilung war Miklot, der Fürst, und in seiner Abteilung waren 24000. 5 Der dritte Heerführer, für den dritten Monat, war Benajahu, der Sohn des Jehojada, des Priesters, ein Haupt, und in seiner Abteilung waren 24000. 6 Das ist der Benajahu, der Held der Dreissig war und den Dreissig vorstand, und seine Abteilung unterstand Ammisabad, seinem Sohn. 7 Der vierte, für den vierten Monat, war Asa-El, der Bruder Joabs, und nach ihm Sebadja, sein Sohn, und in seiner Abteilung waren 24000. 8 Der fünfte, für den fünften Monat, war der Anführer Schamhut, der Jisrachiter, und in seiner Abteilung waren 24000. 9 Der sechste, für den sechsten Monat, war Ira, der Sohn des Ikkesch, der Tekoiter, und in seiner Abteilung waren 24000. 10 Der siebte, für den siebten Monat, war Chelez, der Peloniter, von den Söhnen Efraim, und in seiner Abteilung waren 24000. 11 Der achte, für den achten Monat, war Sibbechai, der Chuschatiter, zu den Serachitern gehörig, und in seiner Abteilung waren 24000. 12 Der neunte, für den neunten Monat, war Abieser, der Annetotiter, zu den Benjaminiten gehörig, und in seiner Abteilung waren 24000. 13 Der zehnte, für den zehnten Monat, war Mahrai, der Netofatiter, zu den Serachitern gehörig, und in seiner Abteilung waren 24000.

14 Der elfte, für den elften Monat, war Benaja, der Piratoniter, von den Söhnen Efraim, und in seiner Abteilung waren 24000. 15 Der zwölfte, für den zwölften Monat, war Cheldai, der Netofatiter, zu Otniel gehörig, und in seiner Abteilung waren 24000.

16 Und den Stämmen Israels standen vor: bei den Rubeniten: Elieser, der Sohn Sichris, als Fürst; bei den Simeoniten: Schefatjahu, der Sohn des Maacha; 17 bei Levi: Chaschabja, der Sohn Kemuels; bei Aaron: Zadok; 18 bei Juda: Elihu, einer der Brüder Davids; bei Issaschar:

Omri, der Sohn des Michael; 19 bei Sebulon: Jischmajahu, der Sohn des Obadjahu; bei Naftali: Jerimot, der Sohn des Asriel; 20 bei den Söhnen Efraim: Hoschea, der Sohn des Asasjahu; beim halben Stamm Manasse: Joel, der Sohn des Pedajahu; 21 beim halben Stamm Manasse im Gilead: Jiddo, der Sohn des Secharjahu; bei Benjamin: Jaasiel, der Sohn Abners; 22 bei Dan: Asarel, der Sohn des Jerocham. Das waren die Anführer der Stämme Israels.

23 Die Zahl derer aber, die zwanzig Jahre und darunter waren, erhob David nicht, denn der HERR hatte zugesagt, Israel zahlreich zu machen wie die Sterne am Himmel. 24 Joab, der Sohn der Zeruja, hatte zu zählen begonnen, brachte es aber nicht zu Ende, und deswegen kam Zorn über Israel. Und die Zahl fand keine Aufnahme in die Zahlen in der Chronik des Königs David.

25 Und über die Vorräte des Königs hatte Asmawet, der Sohn Adiels, die Aufsicht, und über die Vorräte auf dem Land, in den Städten und in den Dörfern und in den Türmen Jehonatan, der Sohn des Ussijahu. 26 Und über die Feldarbeiter, die das Land bebauten, hatte Esri, der Sohn Kelubs, die Aufsicht, 27 und über die Weinberge Schimi, der Ramatiter; und über das, was in den Weinbergen an Weinvorräten war, Sabdi, der Schifmiter. 28 Und über die Ölbäume und Maulbeerbäume in der Schefela hatte Baal-Chanan, der Gederiter, die Aufsicht, und über die Ölvorräte Joasch. 29 Und über die Rinder, die in der Scharon-Ebene weideten, hatte Schitrai, der Scharoniter, die Aufsicht, über die Rinder in den Tälern aber Schafat, der Sohn Adlais. 30 Und über die Kamele hatte Obil, der Ismaeliter, die Aufsicht, und über die Esel Jechdejahu, der Meronotiter, 31 und über die Schafe Jasis, der Hagriter. Diese alle waren Verwalter der Güter, die dem König David gehörten. 32 Und Jehonatan, der Onkel Davids, war Ratgeber, er war ein verständiger und schriftkundiger Mann. Und Jechiel,

der Sohn Chachmonis, war bei den Söhnen des Königs. 33 Und Achitofel war Ratgeber des Königs. Und Chuschai, der Arkiter, war der Freund des Königs.

34 Und Nachfolger Achitofels waren Jehojada, der Sohn des Benajahu, und Ebjatar. Und Heerführer des Königs war Joab.

| 1: 1Kön 4,7; 2Chr 1,2 | 5: 34; 12,28; 18,17 | 6: 11,15.20–21.24–25; 12,4.19 | 7: 11,26! | 9: 11,28 | 10: 11,27 | 11: 11,29! | 12: 11,28 | 13: 11,30 | 14: 11,31 | 15: 11,30 | 16: 5,3 · 4,24 | 17: 5,27 · 18,16 | 18: 4,1 · 2,13–15 · 7,1 | 19: 2,1 · 7,13 | 20: 7,20 · 5,23 | 21: 7,14 · 7,6–7 | 22: 2,2 | 23: 21,1–5 · 23,24!; Num 1,3 · Gen 15,5 | 24: 21,6–7 · 2Chr 32,25–26! · 21,5 | 32–34: 18,15–17 | 33: 2Sam 15,12 · 2Sam 15,37 | 34: 5! · 18,16 · 18,15

Der Auftrag zum Tempelbau und zur Einsetzung Salomos zum König

28 1 Und David versammelte alle Anführer Israels in Jerusalem: die Anführer der Stämme, die Vorsteher der Abteilungen, die dem König dienten, und die Anführer der Tausendschaften und die Anführer der Hundertschaften, und die Verwalter aller Güter und Herden, die dem König und seinen Söhnen gehörten, sowie die Kämmerer und die Helden und alle tüchtigen Krieger. 2 Und David, der König, stellte sich hin, und sprach: Hört mich, meine Brüder und mein Volk! Es liegt mir am Herzen, ein Haus der Ruhe zu bauen für die Lade des Bundes des HERRN und für den Schemel der Füsse unseres Gottes, und ich habe Vorbereitungen getroffen für den Bau. 3 Aber Gott sprach zu mir: Du wirst meinem Namen kein Haus bauen, denn du bist ein Mann der Kriege und hast Blut vergossen. 4 Und der HERR, der Gott Israels, hat mich aus dem ganzen Haus meines Vaters dazu erwählt, König zu sein über Israel, für immer. Denn er hat Juda zum Fürsten erwählt und vom Haus Juda das Haus meines Vaters, und unter den Söhnen meines Vaters hat er an mir Gefallen gefunden, so dass er mich zum König gemacht hat über ganz Israel. 5 Und von allen meinen Söhnen – denn der HERR hat mir viele Söhne gegeben – hat er meinen Sohn Salomo dazu erwählt, auf dem

Thron der Königsherrschaft des HERRN über Israel zu sitzen. 6 Und er sprach zu mir: Salomo, dein Sohn, er wird mein Haus und meine Vorhöfe bauen; denn ich habe ihn mir als Sohn erwählt, und ich selbst werde ihm Vater sein. 7 Und sein Königtum werde ich fest machen für alle Zeit, wenn er sich daran hält, nach meinen Geboten und Rechtsbestimmungen zu handeln, wie es heute der Fall ist. 8 Und nun, vor den Augen ganz Israels, der Versammlung des HERRN, und vor den Ohren unseres Gottes: Haltet und erforscht alle Gebote des HERRN, eures Gottes, damit ihr das gute Land besitzt und es euren Kinder nach euch vererben könnt, für alle Zeiten!

9 Und du, Salomo, mein Sohn, erkenne den Gott deines Vaters und diene ihm mit ganzem Herzen und mit verlangender Seele. Denn der HERR erforscht alle Herzen und kennt alles Sinnen und Trachten. Wenn du ihn suchst, wird er sich von dir finden lassen. Wenn du ihn aber verlässt, wird er dich für immer verstossen! 10 Sieh nun: Der HERR hat dich erwählt, ein Haus zu bauen als Heiligtum. Sei stark und handle!

11 Und David gab Salomo, seinem Sohn, den Plan für die Vorhalle und seine Bauten, seine Schatzkammern und seine Obergemächer und seine inneren Kammern und für das Haus für die Deckplatte, 12 und den Plan für alles, was in seinem Sinn war: für die Vorhöfe am Haus des HERRN und alle Hallen ringsum, für die Schatzkammern im Haus Gottes und für die Schatzkammern der geheiligten Gaben 13 und für die Abteilungen der Priester und der Leviten und für alle Arbeiten für den Dienst im Haus des HERRN und für alle Geräte für den Dienst im Haus des HERRN, 14 für das Gold, nach dem Gewicht des Goldes für all die Geräte für den jeweiligen Dienst, und für alle Geräte aus Silber nach dem Gewicht, für den jeweiligen Dienst, 15 und das Gewicht für die goldenen Leuchter und ihre goldenen Lampen, entsprechend dem Gewicht jedes Leuchters und seiner Lampen, auch für die silbernen Leuchter, entsprechend dem Gewicht des Leuchters und seiner Lampen, nach dem Zweck eines jeden Leuchters, 16 auch setzte er das Gold im Gewicht fest für die Tische mit dem Schaubrot, für jeden Tisch; ebenso auch das des Silbers für die silbernen Tische 17 und für die Gabeln und Becken und Kannen aus reinem Gold und für die goldenen Schalen, für jeden Becher sein Gewicht, und für die silbernen Becher, für jeden Becher sein Gewicht, 18 und für den Rauchopferaltar aus reinstem Gold sein Gewicht und für den Plan des Thronwagens mit den goldenen Kerubim, die sich ausbreiteten und oben die Lade des Bundes des HERRN bedecken. 19 Das alles hat er mir verständlich gemacht durch eine Schrift von der Hand des HERRN, alle Arbeiten in dem Plan.

20 Und David sprach zu Salomo, seinem Sohn: Sei stark und mutig und handle! Fürchte dich nicht und hab keine Angst! Der HERR, Gott, mein Gott, ist mit dir. Er wird dich nicht fallen lassen und dich nicht verlassen, bis alle Arbeit für den Dienst im Haus des HERRN vollendet ist. 21 Und sieh, da sind die Abteilungen der Priester und der Leviten zu jedem Dienst im Haus Gottes. Und bei jeder Arbeit werden alle in ihrer Weisheit freiwillig bei dir sein für jeden Dienst, auch die Obersten und das ganze Volk werden bei dir sein für alle deine Anordnungen.

|1: 23,2 |2–7: 17,1–14; 22,7–10 |2: 1Kön 8,17 · Ps 99,5 |3: 2Sam 7,5; 2Chr 6,9 · 1Kön 5,17 |4: 5,2; Gen 49,10 · 11,1–3 |5: 23,1!; 29,1 · 17,14! |6: 2Sam 7,13–14 |7: 22,13! |9: Dtn 4,29; 2Chr 12,5; 15,2; 24,20; Jer 29,13–14 |10: 20; 22,13.16 |11: Ex 25,9 |14–18: 2Chr 4,7–5,1 |16: 23,29! |18: Ex 25,18!; 2Chr 5,7–8 |20: 10! · Dtn 31,6; Jos 1,5 |21: 23,6! · Ex 35,10

28,11: Wörtlich: «... und für das Haus für die Deckplatte, ...»; gemeint ist die Deckplatte der Lade.

Reiche Spenden für den Tempelbau.
Davids Dankgebet

29 1 Und David, der König, sprach zur ganzen Versammlung: Gott hat Salomo, meinen Sohn, der noch jung ist und zart, als Einzigen erwählt. Das Werk aber ist gross; denn der Tempel ist nicht für einen Menschen, sondern für den HERRN, Gott. 2 Und ich habe mit all meiner Kraft für das Haus meines Gottes das Gold für Goldenes und das Silber für Silbernes und die Bronze für Bronzenes, das Eisen für Eisernes und das Holz für Hölzernes bereitgestellt, Karneolsteine und Eingefasstes, Steine zur Verzierung, farbige Steine, und alle möglichen Edelsteine und Alabastersteine massenhaft. 3 Und darüber hinaus: Da ich Gefallen habe am Haus meines Gottes, gebe ich, was ich an eigenem Besitz, an Gold und Silber, habe, zusätzlich für das Haus meines Gottes, abgesehen von allem, was ich schon bereitgestellt habe für das Haus des Heiligtums: 4 dreitausend Kikkar Gold, Ofirgold und siebentausend Kikkar reinstes Silber, um die Wände der Bauten zu überziehen, 5 zum Gold für das Goldene, zum Silber für das Silberne und für alle Arbeit von Künstlerhand. Und wer ist nun bereit, heute seine Hand für den HERRN zu füllen? 6 Da waren die Anführer der Familien und die Anführer der Stämme Israels und die Anführer der Tausendschaften und der Hundertschaften und die Verwalter der für den König zu erledigenden Arbeit bereit, 7 und sie gaben für den Dienst am Haus Gottes Gold, fünftausend Kikkar und zehntausend Dareiken, und Silber, zehntausend Kikkar, und Bronze, achtzehntausend Kikkar, und Eisen, hunderttausend Kikkar. 8 Und bei wem sich Edelsteine fanden, der gab sie zum Schatz des Hauses des HERRN in die Hand Jechiels, des Gerschoniters. 9 Und das Volk freute sich über die eigene Spendenbereitschaft, denn von ganzem Herzen spendeten sie für den HERRN. Und auch David, der König, war hocherfreut.

10 Und David lobte den HERRN vor den Augen der ganzen Versammlung, und David sprach: Gelobt seist du, HERR, Gott Israels, unseres Vaters, von Ewigkeit zu Ewigkeit! 11 Dein, HERR, ist die Grösse und die Macht und die Herrlichkeit und der Ruhm und die Hoheit. Denn alles im Himmel und auf Erden ist dein. Dein, HERR, ist das Reich, und du bist der, der erhaben ist über alles als Haupt. 12 Und Reichtum und Ehre kommen von dir, und du bist Herrscher über alles. Und in deiner Hand sind Stärke und Macht, und in deiner Hand liegt es, alles gross und stark zu machen. 13 Und nun, unser Gott, wir danken dir und preisen deinen herrlichen Namen. 14 Doch wer bin ich, und was ist mein Volk, dass wir noch die Kraft haben, so freigebig zu spenden? Denn von dir kommt alles, und aus deiner Hand haben wir es dir gegeben. 15 Denn vor dir sind wir Fremde und Beisassen, wie alle unsere Vorfahren. Unsere Tage auf Erden sind wie ein Schatten, und es gibt keine Hoffnung. 16 HERR, unser Gott, all das, was wir bereitgestellt haben, um dir ein Haus zu bauen, deinem heiligen Namen, ist aus deiner Hand gekommen, und das alles ist dein. 17 Und ich weiss, mein Gott, dass du das Herz prüfst und dass du Wohlgefallen hast an Aufrichtigkeit. Ich habe dies alles mit aufrichtigem Herzen gespendet, und nun habe ich mit Freude gesehen, dass dein Volk, das sich hier eingefunden hat, dir freigebig spenden will. 18 HERR, Gott Abrahams, Isaaks und Israels, unserer Vorfahren, bewahre dies für alle Zeit als Sinnen und Trachten des Herzens deines Volks und richte ihre Herzen fest auf dich! 19 Und gib Salomo, meinem Sohn, ein ungeteiltes Herz, dass er deine Gebote, Ordnungen und Satzungen hält und alles ausführt und diesen Tempel baut, den ich vorbereitet habe.

20 Und David sprach zur ganzen Versammlung: Lobt nun den HERRN, euren Gott! Und die ganze Versammlung lobte den HERRN, den Gott ihrer

Vorfahren, und sie verneigten sich und warfen sich nieder vor dem HERRN und vor dem König. 21 Dann brachten sie dem HERRN Schlachtopfer dar. Und am Morgen des folgenden Tages brachten sie dem HERRN Brandopfer dar, tausend junge Stiere, tausend Widder, tausend Lämmer, dazu ihre Trankopfer sowie massenhaft Schlachtopfer für ganz Israel. 22 Und sie assen und tranken an diesem Tag vor dem HERRN in grosser Freude, und zum zweiten Mal machten sie Salomo, den Sohn Davids, zum König, und sie salbten ihn vor dem HERRN zum Fürsten und Zadok zum Priester.

|1: 28,1 · 28,5 · 22,5 |2–5: 22,5 |2: Ex 28,9; 2Chr 3,6 |4: 2Chr 8,18; 9,10 |5: Ex 35,4–9 |6–8: 2Kön 12,5; 2Chr 35,8! |8: 26,21–22 |9: Esra 1,6! |10: 1Kön 8,15; Esra 7,27 |11: Ps 96,6 · Neh 9,5–6 |12: Ps 103,19 · 2Chr 20,6 |13: Ps 145,1–2 |14: 17,16; 2Chr 2,5 |15: Lev 25,23; Ps 39,13 · Ps 144,4 |17: 28,9! |18: Ex 3,6.15; 2Chr 30,6 |19: 28,9 |20: Neh 9,5; Ps 135,19 · Neh 8,6 |21: 2Chr 1,6! |22: 23,1!

29,17: Möglich ist auch die Übersetzung: «… und nun habe ich gesehen, dass dein Volk, …, dir mit Freude freiwillig spenden will.»

Davids Tod. Salomo wird König

23 So setzte sich Salomo als König anstelle Davids, seines Vaters, auf den Thron des HERRN. Und er hatte Erfolg, und ganz Israel hörte auf ihn. 24 Und alle Anführer und Helden, und auch alle anderen Söhne König Davids unterwarfen sich Salomo, dem König. 25 Und der HERR machte Salomo überaus gross vor den Augen von ganz Israel und gab ihm die Hoheit der Königsherrschaft, wie sie kein König vor ihm über Israel hatte.

26 So war David, der Sohn des Isai, König über ganz Israel. 27 Und die Zeit, da er König war über Israel, betrug vierzig Jahre: In Chebron war er sieben Jahre lang König, und in Jerusalem war er dreiunddreissig Jahre lang König. 28 Und er starb in gutem Alter, lebenssatt, satt an Reichtum und Ehre. Und Salomo, sein Sohn, wurde König an seiner Statt.

29 Und die Taten Davids, des Königs, die früheren und die späteren, sieh, sie stehen geschrieben in der Geschichte Samuels, des Sehers, und in der Geschichte Natans, des Propheten, und in der Geschichte Gads, des Sehers, 30 zusammen mit der seiner ganzen Königsherrschaft und seiner Stärke und der Zeiten, die über ihn und Israel und über die Königreiche in allen Ländern hingegangen sind.

|23: 17,14! · 1Kön 2,12; 2Chr 1,8 |25: 1Kön 1,37; 2Chr 1,1! · 1Kön 3,12 |27–28: 1Kön 2,11–12 |27: 3,4; 2Sam 5,5; 1Kön 2,11 |28: 23,1! |29: 9,22! · 17,1; 21,9; 2Chr 29,25

Das Zweite Buch der Chronik

Salomo. Seine Bitte um Weisheit

1 1 Und Salomo, der Sohn Davids, erwies sich als stark in seiner Königsherrschaft. Und der HERR, sein Gott, war bei ihm und machte ihn überaus gross. 2 Und Salomo sprach zu ganz Israel, zu den Obersten der Tausendschaften und der Hundertschaften und zu den Richtern und zu jedem Fürsten, zu ganz Israel, den Familienhäuptern. 3 Dann zog Salomo und mit ihm die ganze Versammlung zu der Höhe in Gibeon. Denn dort stand das Zelt der Begegnung Gottes, das Mose, der Diener des HERRN, in der Wüste errichtet hatte. 4 Die Lade Gottes aber hatte David von Kirjat-Jearim heraufgebracht an die Stätte, die David für sie hergerichtet hatte: Er hatte in Jerusalem für sie ein Zelt aufgeschlagen. 5 Und der bronzene Altar, den Bezalel, der Sohn des Uri, des Sohns von Chur, gemacht hatte, stand dort vor der

Wohnung des HERRN, und ihn suchten Salomo und die Versammlung auf. 6 Und dort opferte Salomo vor dem HERRN auf dem bronzenen Altar, der zum Zelt der Begegnung gehörte, und er brachte auf ihm tausend Brandopfer dar.

7 In jener Nacht erschien Gott dem Salomo und sprach zu ihm: Erbitte, was ich dir geben soll. 8 Da sprach Salomo zu Gott: Du hast David, meinem Vater, grosse Barmherzigkeit erwiesen und mich zum König gemacht an seiner Statt. 9 Nun, HERR, Gott, mache dein Wort an David, meinem Vater, wahr, denn du hast mich zum König gemacht über ein Volk, so zahlreich wie der Staub der Erde. 10 Gib mir nun Weisheit und Einsicht, dann will ich ausrücken vor diesem Volk und einrücken. Denn wer soll diesem deinem grossen Volk Recht verschaffen? 11 Und Gott sprach zu Salomo: Weil du das in deinem Herzen trägst und nicht um Reichtum, Besitz und Ehre gebeten hast und auch nicht um den Tod derer, die dich hassen, oder gar um langes Leben gebeten hast, sondern um Weisheit und Einsicht für dich gebeten hast, um mein Volk zu richten, über das ich dich zum König gemacht habe, 12 wird dir Weisheit und Einsicht gegeben. Und ich werde dir Reichtum und Besitz und Ehre geben, wie sie Könige, die vor dir waren, nie gehabt haben und nach dir nicht haben werden. 13 Und Salomo kam von der Höhe, die in Gibeon ist, vom Zelt der Begegnung, nach Jerusalem. Und er war König über Israel.

14 Und Salomo sammelte Wagen und Pferde, und er hatte tausendvierhundert Wagen und zwölftausend Pferde, und er brachte sie in die Städte für die Wagen und zum König nach Jerusalem. 15 Und Silber und Gold brachte der König nach Jerusalem, als handle es sich um Steine, und Zedern brachte er, als handle es sich um Maulbeerfeigenbäume, die es in der Schefela massenhaft gab. 16 Und die Ausfuhr der Pferde, die für Salomo bestimmt waren, erfolgte von Ägypten her und von Kewe, von Kewe holte die Händlerschar des Königs sie gegen Bezahlung. 17 Und für sechshundert Lot Silber führte man aus Ägypten einen Wagen ein und ein Pferd für hundertfünfzig. Und ebenso führte man sie durch die Händler aus für alle Könige der Hetiter und für die Könige von Aram.

18 Und Salomo befahl, dem Namen des HERRN ein Haus zu bauen und ein Haus für seine Königsherrschaft.

| 1: 1Kön 2,12.46; 1Chr 29,25! · 1Chr 22,11.16 | 3: 1Chr 16,39; 21,29 | 4: 1Chr 15,3! · 1Chr 15,1! | 5: Ex 31,2; 38,1–8 | 6: 8,12; 1Chr 21,29; 29,21 · 1Kön 3,4 | 7–12: 1Kön 3,5–13 | 8: 1Chr 29,23 | 9: 1Chr 17,23 · 1Chr 28,5; 29,1 | 10: Num 27,17; 1Kön 3,7 | 12: 9,22 | 13: 1Kön 4,1 | 14–17: 1Kön 10,26–29 | 14: 8,6; 9,25 | 15: 9,27 | 16–17: 9,28 | 18: 2,3–4 · 2,11

1,17: Siehe die Fussnote zu 1Kön 10,29.

Vorbereitungen für den Tempelbau

2 1 Und Salomo zählte siebzigtausend Lastenträger und achtzigtausend Steinhauer im Gebirge und dreitausendsechshundert Aufseher über sie. 2 Und Salomo sandte zu Churam, dem König von Tyros, und sagte: Wie du es gemacht hast bei David, meinem Vater, als du ihm Zedern gesandt hast, damit er sich ein Haus bauen konnte, um darin zu wohnen – 3 sieh, ich baue ein Haus für den Namen des HERRN, meines Gottes, um es für ihn zu heiligen, um vor ihm wohlriechendes Räucherwerk als Rauchopfer darzubringen und das ständige Schaubrot und Brandopfer am Morgen und am Abend, an den Sabbaten, Neumonden und zu den Festzeiten des HERRN, unseres Gottes. Dies ist Israels Pflicht für alle Zeit. 4 Und das Haus, das ich baue, ist gross, denn grösser als alle Götter ist unser Gott. 5 Doch wer wäre im Stande, ihm ein Haus zu bauen? Denn der Himmel, der höchste Himmel, kann ihn nicht fassen. Und wer bin ich, dass ich ihm ein Haus bauen könnte, es sei denn, um vor ihm Rauchopfer darzubringen! 6 So sende mir nun einen erfahrenen Mann, damit er mit Gold und Silber und Bronze und Eisen

und Purpur und Karmesin und blauem
Purpur arbeitet und der zu gravieren
versteht, zusammen mit den erfahrenen Männern, die bei mir in Juda und
Jerusalem sind, die David, mein Vater,
bestellt hat. 7 Und sende mir Zedern-,
Wacholder- und Algummimholz vom
Libanon, denn ich weiss, dass es deine
Diener verstehen, Bäume des Libanon
zu fällen – und sieh, meine Diener zusammen mit deinen Dienern! 8 Und
man soll mir Holz in Menge bereitstellen, denn das Haus, das ich baue, wird
gross und prächtig sein. 9 Und sieh, den
Holzfällern, denen, die die Bäume schlagen, gebe ich Weizen als Speise für
deine Diener, zwanzigtausend Kor, und
zwanzigtausend Kor Gerste und zwanzigtausend Bat Wein und zwanzigtausend Bat Öl. 10 Da antwortete Churam,
der König von Tyros, in einem Schreiben und sandte es Salomo: Aus Liebe zu
seinem Volk hat der HERR dich zum König über sie gemacht. 11 Und Churam
sagte: Gelobt ist der HERR, der Gott Israels, der den Himmel und die Erde gemacht hat, der David, dem König, einen
weisen Sohn gegeben hat, begabt mit
Verstand und Einsicht, der ein Haus für
den HERRN bauen will und ein Haus für
seine Königsherrschaft. 12 Und nun
sende ich dir einen erfahrenen Mann,
begabt mit Einsicht, den Churam-Abi,
13 den Sohn einer Frau von den Danitin-
nen, und sein Vater ist ein tyrischer
Mann. Er weiss mit Gold und Silber, mit
Bronze, mit Eisen, mit Steinen und mit
Holz zu arbeiten, mit Purpur, mit
blauem Purpur, mit Byssus und mit Karmesin, und er versteht sich auf alle Gra-
vuren und auf die Ausarbeitung jedes
Entwurfs, der ihm vorgelegt wird, zusammen mit deinen Fachleuten und
den Fachleuten meines Herrn David,
deines Vaters. 14 Und nun: Den Weizen
und die Gerste, das Öl und den Wein,
von dem mein Herr gesprochen hat – er
möge das seinen Dienern senden.
15 Wir aber werden Bäume auf dem Libanon fällen, so viele du brauchst, und

als Flösse bringen wir sie dir über das
Meer nach Jafo, dann kannst du sie hinaufbringen nach Jerusalem. 16 Und Salomo zählte alle fremden Männer, die
im Land Israel waren, nach der Zählung,
die David, sein Vater, durchgeführt
hatte, und es fanden sich 153600.
17 Und von ihnen machte er 70000 zu
Lastenträgern und 80000 zu Steinhauern im Gebirge und 3600 zu Aufsehern,
um das Volk zur Arbeit anzuhalten.

| 1–17: 1Kön 5,15–32 | 2: 1Chr 14,1 | 3: 13,11;
1Chr 23,29! · 24,14; 31,2–3 · 8,13! | 5: Jes 66,1 · 6,18;
1Kön 8,27! | 6: 13; 1Chr 22,15 | 10: 9,8 | 11: Gen 1,1!
| 12–13: 4,16; 1Kön 7,13–14 | 13: 6; Ex 31,3–5 | 14–15:
Esra 3,7 | 16–17: 8,7–8; 1Chr 22,2

2,9: Die Übersetzung «Speise» beruht auf einer
Korrektur des Massoretischen Texts.

Der Tempelbau

3 1 Und Salomo begann das Haus des
HERRN in Jerusalem zu bauen, auf
dem Berg Morija, wo der HERR seinem
Vater David erschienen war, an der
Stätte, die David bestimmt hatte, auf der
Tenne des Ornan, des Jebusiters. 2 Und
im zweiten Monat, am zweiten Tag, im
Jahr vier seiner Königsherrschaft begann er zu bauen. 3 Und dies sind die
Grundmasse, nach denen Salomo das
Haus Gottes baute: die Länge in Ellen
nach altem Mass: sechzig Ellen und die
Breite: zwanzig Ellen. 4 Und die Halle,
die sich über die ganze Breite des Hauses erstreckte, war zwanzig Ellen breit.
Und die Höhe betrug hundertzwanzig
Ellen. Und innen kleidete er sie mit reinem Gold aus. 5 Und das Hauptgebäude
verkleidete er mit Wacholderholz und
überzog dieses mit feinem Gold, und er
brachte darauf Palmen und Ketten an.
6 Er kleidete das Haus mit kostbaren
Steinen zur Zierde aus, und das Gold war
Gold aus Parwajim. 7 Und er überzog
das Haus, die Balken, die Schwellen,
seine Wände und seine Türen mit Gold,
und in die Wände gravierte er Kerubim.
8 Dann machte er das Haus des Allerheiligsten. Seine Länge war, entsprechend der Breitseite des Hauses, zwanzig Ellen, und seine Breite war zwanzig

Ellen. Und er schlug es aus mit sechshundert Kikkar reinen Goldes, 9 und das Gewicht der Nägel betrug fünfzig Schekel Gold. Auch die Obergemächer überzog er mit Gold. 10 Und im Haus des Allerheiligsten machte er zwei Kerubim als gegossene Arbeit, und er überzog sie mit Gold. 11 Und die Länge der Flügel der Kerubim betrug zwanzig Ellen. Der Flügel des einen, fünf Ellen lang, berührte die Wand des Hauses, und der andere Flügel, fünf Ellen lang, berührte den Flügel des anderen Kerubs. 12 Und der Flügel des zweiten Kerubs, fünf Ellen lang, berührte die Wand des Hauses, und der andere Flügel, fünf Ellen lang, reichte bis an den Flügel des anderen Kerubs. 13 Die Flügel dieser Kerubim massen ausgebreitet zwanzig Ellen. Und sie standen auf ihren Füssen und ihre Gesichter waren dem Haus zugewandt. 14 Und er machte den Vorhang aus blauem und rotem Purpur, aus Karmesin und aus Byssus und brachte darauf Kerubim an. 15 Und vor dem Haus machte er zwei Säulen, fünfunddreissig Ellen hoch. Und das Kapitell, das sich oben auf jeder befand, mass fünf Ellen. 16 Und er machte Ketten im Allerheiligsten und befestigte sie oben an den Säulen, und er machte hundert Granatäpfel und befestigte sie an den Ketten. 17 Und er richtete die Säulen vor dem Tempel auf, eine zur Rechten und eine zur Linken, und er nannte die zur Rechten Jachin und die zur Linken Boas.

|1–14: 1Kön 6 |1: Gen 22,2 · 1Chr 21,15.18–26 |3: 1Chr 28,11–12 |6: 1Chr 29,2 |10: 5,7–8; Ex 25,18! |14: Ex 26,31! |15–17: 1Kön 7,15–22 |15: 1Chr 18,8!; 4,12–13

Die Ausstattung des Tempels

4 1 Und er machte einen bronzenen Altar: Zwanzig Ellen war seine Länge und zwanzig Ellen seine Breite und zehn Ellen seine Höhe. 2 Dann machte er das gegossene Meer, zehn Ellen vom einen Rand bis hin zum anderen Rand, ganz rund, und seine Höhe betrug fünf Ellen, und eine dreissig Ellen lange Schnur konnte es umspannen. 3 Und

rings um das Meer, unterhalb, verliefen zehn Ellen lange rindergestaltige Verzierungen, die das Meer ringsum einschlossen. In zwei Reihen waren die rindergestaltigen Verzierungen gegossen worden, als es gegossen wurde. 4 Es ruhte auf zwölf Rindern, drei waren nach Norden gewandt, und drei waren nach Westen gewandt, drei waren nach Süden gewandt, und drei waren nach Osten gewandt. Und oben auf ihnen stand das Meer, und ihre Rückseiten waren alle nach innen gewandt. 5 Und es war eine Handbreite dick, und sein Rand war gestaltet wie der Rand eines Bechers, wie eine Lotosknospe, es konnte dreitausend Bat aufnehmen. 6 Dann fertigte er zehn Kessel an, und er stellte fünf zur Rechten und fünf zur Linken auf, um darin zu waschen. Was zum Brandopfer bereitet wurde, wurde darin gespült. Und das Meer war für die Priester, damit sie sich darin waschen konnten.

7 Und er machte die zehn goldenen Leuchter gemäss ihrer Vorschrift und stellte sie im Tempel auf, fünf zur Rechten und fünf zur Linken. 8 Und er machte zehn Tische und stellte sie in den Tempel, fünf zur Rechten und fünf zur Linken, und er machte hundert goldene Sprengschalen. 9 Und er machte den Hof der Priester und den grossen Vorhof und Türen zum Vorhof, und ihre Türen überzog er mit Bronze. 10 Und das Meer stellte er an der rechten Ecke in südöstlicher Richtung auf.

11 Und Churam machte die Töpfe, die Schaufeln und die Sprengschalen. Und so vollendete Churam die Arbeiten, die er für König Salomo am Haus Gottes auszuführen hatte: 12 zwei Säulen und die Becken und die Kapitelle oben an den beiden Säulen und die zwei Geflechte zur Verzierung der beiden Becken an den Kapitellen, die oben an den Säulen waren; 13 die vierhundert Granatäpfel an den beiden Geflechten, zwei Reihen Granatäpfel an dem einen Geflecht, zur Verzierung der zwei Becken

an den Kapiteln, die oben auf den Säulen waren; 14 und auch die Kesselwagen hatte er gemacht, und die Kessel hat er auf die Kesselwagen gesetzt, 15 das einzigartige Meer und die zwölf Rinder darunter; 16 und die Töpfe, die Schaufeln und die Fleischgabeln und alle dazugehörigen Geräte machte Churam-Abiw dem König Salomo für das Haus des HERRN aus polierter Bronze. 17 In der Jordanebene, zwischen Sukkot und Zereda, goss der König sie in der Erdgiesserei. 18 Und Salomo machte alle diese Geräte in sehr grosser Menge, denn das Gewicht der Bronze liess sich nicht ermitteln.

19 Und Salomo fertigte all die Geräte an, die zum Haus Gottes gehörten: den goldenen Altar und die Tische, auf denen das Schaubrot lag, 20 dazu die Leuchter und ihre Lampen aus Feingold, um sie gemäss der Vorschrift vor dem hinteren Raum leuchten zu lassen, 21 und die Blüten, Lampen und Dochtscheren aus Gold, es war reinstes Gold, 22 dazu die Messer, Sprengschalen, Schüsseln und Pfannen aus Feingold, und den Eingang des Hauses, dessen innere Türen zum Allerheiligsten und die Türen des Hauses, die in den Hauptraum führten, aus Gold.

| 4,1–5,1: 1Kön 7,23–51 | 1: 7,7; 15,8; 29,18; 33,16; Ex 27,1–2! | 2: 1Chr 18,8! | 6: Ex 30,18–21 | 7–22: 1Chr 28,14–18 | 7: 20; 13,11; Ex 25,37 | 9: 1Kön 6,36; 7,12 | 11: 2,12 | 12: 1Chr 18,8! | 14: 6 | 15: 2 | 16: 11 | 19: 1 · 8 · 2,3! | 20: 7! | 22: 8; 11 · 1Kön 6,16.31–35

Die Lade des Bundes im Tempel

5 1 So wurde die ganze Arbeit zu Ende gebracht, die Salomo für das Haus des HERRN ausführte, und Salomo brachte die heiligen Dinge Davids, seines Vaters, das Silber und das Gold und all die Geräte, er legte sie in die Schatzkammern des Hauses Gottes.

2 Damals versammelte Salomo die Ältesten Israels, alle Stammeshäupter, die Fürsten der Familien der Israeliten in Jerusalem, um die Lade des Bundes des HERRN heraufzuholen aus der Stadt Davids, das ist Zion. 3 Und alle Männer Israels versammelten sich um den König am Fest, es war der siebte Monat. 4 Und alle Ältesten Israels kamen, und die Leviten hoben die Lade auf, 5 und sie trugen die Lade hinauf, das Zelt der Begegnung und alle heiligen Geräte, die im Zelt waren. Die Priester und die Leviten trugen alles hinauf. 6 Und König Salomo stand mit der ganzen Gemeinde Israels, die sich um ihn versammelte, vor der Lade, sie opferten Schafe und Rinder, die ihrer Menge wegen nicht gezählt und nicht berechnet werden konnte. 7 Dann brachten die Priester die Lade des Bundes des HERRN an ihre Stätte, in den hinteren Raum des Hauses, in das Allerheiligste, unter die Flügel der Kerubim. 8 Und über dem Platz für die Lade breiteten die Kerubim die Flügel aus, und von oben her beschirmten die Kerubim die Lade und deren Tragstangen. 9 Die Stangen aber waren lang, und von der Lade her, vor dem hinteren Raum, waren die Enden der Stangen zu sehen, von draussen aber waren sie nicht zu sehen. Und dort ist sie geblieben bis auf den heutigen Tag. 10 In der Lade war nichts ausser den zwei Tafeln, die Mose am Choreb hineingetan hatte und durch die der HERR sich mit den Israeliten verbündet hatte, als sie aus Ägypten auszogen.

11 Als aber die Priester aus dem Heiligtum traten – denn alle Priester, die anwesend waren, hatten sich geheiligt, ohne dass man hätte auf die Abteilungen achten können –, 12 und als die Leviten, die Sänger waren, sie alle, Asaf, Heman, Jedutun und ihre Söhne und ihre Brüder, in Byssus gekleidet, mit Zimbeln und Harfen und Leiern östlich vom Altar standen, und mit ihnen hundertzwanzig Priester, die die Trompeten bliesen, 13 und als die Trompeter und die Sänger wie ein einziger Mann eine einzige Stimme anzustimmen hatten, um den HERRN zu loben und zu preisen, und als sie einsetzten mit Trompeten und mit Zimbeln und mit anderen Musikinstrumenten und als sie den HERRN

lobten: Ja, er ist gut; ja, ewig ist seine
Güte!, da wurde das Haus von einer
Wolke erfüllt, das Haus des HERRN.
14 Angesichts der Wolke aber konnten
die Priester nicht hinzutreten, um den
Dienst zu verrichten, denn die Herrlichkeit des HERRN hatte das Haus Gottes
erfüllt.

|1: 1Chr 28,14–18; 29,1-9 · 1Chr 26,20! |2–14:
1Kön 8,1–11 |2: 1Chr 15,3! |3: 7,8; Lev 23,34
|4: 1Chr 15,2! |7: 35,3 · 3,10 |8: 1Chr 28,18 |10: 6,11
|11: 29,15; 30,3.15.24; 35,6; 1Chr 15,14 |12–13: 35,15;
1Chr 25,1! · 1Chr 16,4! |13–14: 7,1–2!

5,5: Möglicherweise ist zu übersetzen: «... Die
levitischen Priester trugen alles hinauf.»

Salomos Gebet

6 1 Damals sprach Salomo:
Der HERR hat gesagt, dass er wohnen
will im Wolkendunkel.
2 Und ich, ich habe ein Haus gebaut,
eine erhabene Wohnung für dich:
eine Stätte, damit du dort wohnen
kannst für alle Zeiten.

3 Und der König wandte sein Angesicht und segnete die ganze Versammlung Israels, und die ganze Versammlung Israels stand da. 4 Und er sprach:
Gepriesen ist der HERR, der Gott Israels,
der durch seine Hände erfüllt hat, was er
meinem Vater David zugesagt hat mit
seinem Mund, als er sprach: 5 Seit dem
Tag, an dem ich mein Volk herausgeführt habe aus dem Land Ägypten, habe
ich in keinem der Stämme Israels eine
Stadt erwählt, damit man ein Haus baue
und mein Name dort sei, und ich habe
keinen Mann erwählt, Fürst zu sein
über mein Volk Israel. 6 Dann aber habe
ich Jerusalem erwählt, dass mein Name
dort sei, und David habe ich dazu erwählt, meinem Volk Israel vorzustehen.
– 7 Zwar lag es David, meinem Vater, am
Herzen, dem Namen des HERRN, des
Gottes Israels, ein Haus zu bauen, 8 der
HERR aber hat zu David, meinem Vater,
gesprochen: Dass es dir am Herzen liegt,
meinem Namen ein Haus zu bauen,
daran hast du gut getan. Es liegt dir am
Herzen! 9 Doch wirst nicht du das Haus
bauen, sondern dein Sohn, der aus dei-

nen Lenden hervorgeht, er wird meinem Namen das Haus bauen. – 10 Und
der HERR hat sein Wort gehalten, das er
gegeben hat, und ich bin aufgetreten an
meines Vaters David Statt und habe
mich auf den Thron Israels gesetzt, wie
der HERR es gesagt hat, und ich habe
dem Namen des HERRN, des Gottes Israels, das Haus gebaut. 11 Und dort hinein
habe ich die Lade gestellt, in der sich der
Bund des HERRN befindet, den er mit
den Israeliten geschlossen hat. 12 Und
vor der ganzen Gemeinde Israels trat er
an den Altar des HERRN, breitete seine
Hände aus 13 – denn Salomo hatte ein
bronzenes Podium gemacht und es mitten in den äusseren Hof gestellt, fünf
Ellen lang und fünf Ellen breit und drei
Ellen hoch; und darauf stellte er sich und
vor der ganzen Versammlung Israels fiel
er auf die Knie und breitete seine Hände
zum Himmel aus – 14 und sprach: HERR,
Gott Israels! Kein Gott ist dir gleich,
nicht im Himmel und nicht auf der
Erde. Den Bund und die Treue bewahrst
du deinen Dienern, die mit ganzem
Herzen vor dir gehen, 15 der du deinem
Diener David, meinem Vater, gehalten
hast, was du ihm zugesagt hast. Mit deinem Mund hast du es zugesagt, und
durch deine Hand hast du es erfüllt, wie
am heutigen Tag. 16 Und nun, HERR,
Gott Israels, halte deinem Diener David,
meinem Vater, was du ihm zugesagt
hast, da du gesprochen hast: Es soll dir
vor mir nicht fehlen an einem Nachfolger, der auf dem Thron Israels sitzt,
wenn nur deine Söhne achthaben auf
ihren Weg und nach meiner Weisung
gehen, wie du vor mir gegangen bist.
17 Und nun, HERR, Gott Israels, lass dein
Wort wahr werden, das du zu deinem
Diener, zu David, gesprochen hast.

18 Aber sollte Gott wirklich bei den
Menschen auf der Erde wohnen? Sieh,
der Himmel, der höchste Himmel kann
dich nicht fassen, wie viel weniger dann
dieses Haus, das ich gebaut habe!
19 Wende dich dem Gebet deines Dieners zu und seinem Flehen, HERR, mein

Gott, und erhöre das Flehen und das Gebet, das dein Diener heute vor dir betet, 20 damit bei Tag und in der Nacht deine Augen offen sind über diesem Haus, über der Stätte, von der du gesagt hast, du wollest deinen Namen dort niederlegen. Und erhöre das Gebet, mit dem dein Diener zu dieser Stätte hin betet. 21 Und erhöre das Flehen deines Dieners und deines Volkes Israel, mit dem sie zu dieser Stätte hin beten; erhöre du es von der Stätte her, wo du wohnst, vom Himmel her, erhöre es und vergib. 22 Wenn jemand sich gegen seinen Nächsten vergeht, und dieser legt eine Verfluchung auf ihn, um ihn unter einen Fluch zu stellen, und er kommt her und spricht die Verfluchung aus vor deinem Altar in diesem Haus, 23 dann höre du es vom Himmel her und handle und verschaffe deinen Dienern Recht und vergelte es dem Schuldigen und lass seine Tat auf sein Haupt fallen, den Gerechten aber erkläre für gerecht und behandle ihn, wie es seiner Gerechtigkeit entspricht. 24 Und wenn dein Volk Israel vor einem Feind geschlagen wird, weil sie gegen dich gesündigt haben, und sie kehren zurück zu dir und preisen deinen Namen und beten und flehen vor dir in diesem Haus, 25 dann erhöre du es vom Himmel her und vergib die Sünde deines Volkes Israel und lass sie bleiben auf dem Boden, den du ihnen und ihren Vorfahren gegeben hast. 26 Wenn der Himmel verschlossen ist und kein Regen fällt, weil sie gegen dich gesündigt haben, und sie beten zu dieser Stätte hin und preisen deinen Namen, sie kehren sich ab von ihren Sünden, da du sie demütigst, 27 dann erhöre du sie im Himmel und vergib die Sünde deiner Diener und deines Volkes Israel, denn du zeigst ihnen den guten Weg, den sie gehen sollen. Dann lass es regnen auf dein Land, das du deinem Volk als Erbbesitz gegeben hast. 28 Wenn im Land eine Hungersnot herrscht, wenn die Pest ausbricht, Getreidebrand, Vergilben, wenn Heuschrecken auftreten

oder Schaben, wenn seine Feinde es bedrängen im Land seiner Tore, wenn eine Plage oder eine Krankheit auftritt, 29 und dann ein Gebet, ein Flehen aufsteigt, das von einem Menschen kommt, der zu deinem Volk Israel gehört – denn jeder von ihnen weiss, was ihn plagt und was ihn schmerzt –, und dieser seine Hände ausbreitet zu diesem Haus hin, 30 dann erhöre du es vom Himmel her, an der Stätte, wo du wohnst, und vergib und gib einem jeden, wie es seinem Tun entspricht, denn du kennst sein Herz – denn du allein kennst das Herz aller Menschen –, 31 damit sie dich immer fürchten und auf deinen Wegen gehen, solange sie leben auf dem Boden, den du unseren Vorfahren gegeben hast. 32 Und auch den Fremden, der nicht aus deinem Volk Israel stammt, sondern aus einem fernen Land kommt deines grossen Namens und deiner starken Hand und deines ausgestreckten Arms wegen – wenn sie kommen und zu diesem Haus hin beten, 33 so erhöre du es vom Himmel her, von der Stätte her, wo du wohnst, und tu alles, um dessentwillen der Fremde dich anruft, damit alle Völker der Erde deinen Namen kennen und dich fürchten, wie dein Volk Israel es tut, und damit sie erfahren, dass dein Name ausgerufen ist über diesem Haus, das ich gebaut habe. 34 Wenn dein Volk auszieht in den Kampf gegen seine Feinde auf dem Weg, auf dem du sie sendest, und sie beten zu dir, hingewandt zu dieser Stadt, die du erwählt hast, und hingewandt zum Haus, das ich deinem Namen gebaut habe, 35 dann erhöre du vom Himmel her ihr Gebet und ihr Flehen und verschaff ihnen Recht. 36 Wenn sie sich an dir versündigen – denn es gibt keinen Menschen, der nicht sündigt – und du wirst zornig auf sie und gibst sie einem Feind preis, und ihre Bezwinger führen sie in die Gefangenschaft in ein Land, es sei fern oder nah, 37 und sie nehmen es sich zu Herzen in dem Land, in das sie in die Gefangenschaft geführt worden sind, und kehren um und flehen zu dir im Land ihrer Gefangenschaft und sprechen: Wir haben gesündigt, haben uns vergangen und sind schuldig geworden! – 38 wenn sie dann von ganzem Herzen und von ganzer Seele zurückkehren zu dir im Land ihrer Gefangenschaft, in das man sie in die Gefangenschaft geführt hat, und sie beten, hingewandt zu ihrem Land, das du ihren Vorfahren gegeben hast, zu der Stadt hin, die du erwählt hast, und zu dem Haus hin, das ich deinem Namen gebaut habe, 39 dann erhöre du vom Himmel her, von der Stätte her, wo du wohnst, ihr Gebet und ihr Flehen und verschaffe ihnen Recht, und vergib deinem Volk, das an dir gesündigt hat. 40 Nun, mein Gott, mögen doch deine Augen offen und deine Ohren aufmerksam sein für das Gebet an dieser Stätte!

41 Und nun steh auf, HERR, Gott, von deiner Ruhestatt,

du und deine machtvolle Lade!
Deine Priester, HERR, Gott, sollen
in Heil sich kleiden

und deine Getreuen sich des
Guten freuen!

42 HERR, Gott, weise das Antlitz deines Gesalbten nicht ab,

erinnere dich der Gnadenerweise
für David, deinen Diener.

|1–42: 1Kön 8,12–53 |5–6: 6,20.33; 7,16; 12,13; 20,8–9; 33,4.7 |6: 1Chr 17,7 |7–9: 22,7–10! |10: 1Chr 22,11 |11: 5,10 |13: Neh 8,4 |14: 20,6 |15: 4 |16: 7,17–18; 1Chr 17,11–14 |18: 2,5 |20: 5–6! · 40; 7,15 |21: 6,30.33.39; 30,27 |26–28: 7,13–15 |28–30: 20,9 |30: 21! · 1Chr 28,9! |33: 21! |36–39: 7,14! |39: 21! |40: 20; 7,15 |41–42: Ps 132,8–10

Gottes Antwort auf Salomos Gebet

7 1 Und als Salomo aufgehört hatte zu beten, fuhr das Feuer vom Himmel herab und frass das Brandopfer und die Schlachtopfer, und die Herrlichkeit des HERRN erfüllte das Haus, 2 und die Priester konnten das Haus des HERRN nicht betreten, denn die Herrlichkeit des HERRN erfüllte das Haus des HERRN. 3 Und als alle Israeliten das Feuer herabfahren sahen, während die Herrlichkeit des HERRN über dem Haus war, knieten sie mit dem Angesicht zur Erde nieder, auf das Steinpflaster, warfen sich nieder und lobten den HERRN: Ja, er ist gut; ja, ewig ist seine Güte!

4 Und der König und das ganz Volk brachten vor dem HERRN Schlachtopfer dar. 5 Und König Salomo brachte als Schlachtopfer dar: zweiundzwanzigtausend Rinder und hundertzwanzigtausend Schafe. So weihten der König und das ganze Volk das Haus Gottes ein. 6 Und die Priester standen auf ihren Posten, und die Leviten waren da mit den Musikinstrumenten des HERRN, die David, der König, gemacht hatte, damit man den HERRN pries – ja, ewig ist seine Güte –, mit dem Lobgesang Davids in ihren Händen. Und ihnen gegenüber bliesen die Priester die Trompeten, und ganz Israel stand dabei. 7 Und Salomo weihte die Mitte des Vorhofs, der vor dem Haus des HERRN liegt, denn dort brachte er das Brandopfer und das Fett der Heilsopfer dar, denn der bronzene Altar, den Salomo gemacht hatte, vermochte das Brandopfer und das Speiseopfer und die Fettstücke nicht zu fassen. 8 So feierte Salomo damals das Fest, sieben Tage lang, und mit ihm ganz Israel, eine sehr grosse Versammlung, von da, wo es nach Chamat geht, bis an das Bachtal Ägyptens. 9 Und am achten Tag hielten sie eine Festversammlung, denn sieben Tage hatten sie die Einweihung des Altars gefeiert und sieben Tage das Fest. 10 Und am dreiundzwanzigsten Tag des siebten Monats entliess er das Volk zu ihren Zelten, glücklich und frohen Herzens des Guten wegen, das der HERR für David und für Salomo und für Israel, sein Volk, getan hatte. 11 So vollendete Salomo das Haus des HERRN und das Haus des Königs, und es gelang alles, was Salomo im Haus des HERRN und in seinem Herzen auszuführen in seinem Herzen trug.

12 Und der HERR erschien Salomo in der Nacht und sprach zu ihm: Ich habe dein Gebet gehört und mir diese Stätte

zum Opferhaus erwählt. 13 Wenn ich
den Himmel verschliesse und kein Regen fällt, und wenn ich Heuschrecken
gebiete, das Land kahl zu fressen, oder
wenn ich die Pest sende auf mein Volk
14 – wenn dann mein Volk, über dem
mein Namen genannt ist, sich demütigt, und sie beten und suchen mein Angesicht und wenden sich ab von ihren
bösen Wegen, werde ich vom Himmel her hören und ihre Sünde vergeben
und ihr Land heilen. 15 So sollen nun
meine Augen offen und meine Ohren
aufmerksam sein für das Gebet an dieser Stätte. 16 Und nun habe ich dieses
Haus erwählt und geheiligt, dass mein
Name hier bleibe für immer, und meine
Augen und mein Herz sollen dort sein
für alle Zeit. 17 Und wenn du vor mir
lebst, wie David, dein Vater, es getan hat,
und wenn du genau so handelst, wie ich
es dir geboten habe, meine Satzungen
und meine Vorschriften hältst, 18 werde
ich den Thron deines Königtums aufrichten, so wie ich mit David, deinem
Vater, einen Bund geschlossen habe, als
ich sprach: Es soll dir nie an einem
Nachfolger fehlen, der über Israel
herrscht. 19 Wenn ihr euch aber abwendet und meine Satzungen und Gebote
verlasst, die ich euch vorgelegt habe,
und geht und anderen Göttern dient
und euch vor ihnen niederwerft,
20 werde ich Israel ausreissen aus meinem Boden, den ich ihnen gegeben
habe, und dieses Haus, das ich meinem
Namen geweiht habe, werde ich von
meinem Angesicht verstossen, und ich
werde es zum Sprichwort und zum Gespött machen bei allen Völkern. 21 Und
dieses Haus, das so hoch erhoben war –
jeder, der daran vorübergeht, wird sich
entsetzen und sagen: Warum hat der
HERR diesem Land und diesem Haus
dies angetan? 22 Dann wird man sagen:
Weil sie den HERRN, den Gott ihrer Vorfahren, der sie herausgeführt hat aus
dem Land Ägypten, verlassen und anderen Göttern angehangen haben, sich vor
ihnen niedergeworfen und ihnen ge-

dient haben, darum hat er all dies Unheil über sie gebracht.

|1–2: 5,13–14; Ex 40,34–35 |1: 1Chr 21,26! |3:
20,18–19; 29,30! · 1Chr 16,34! |4–22: 1Kön 8,62–9,9
|6: 8,14! · 29,26 · 1Chr 15,24! |7: 4,1! |8: 5,3! |9:
Ex 29,37; Num 7,10 |12: Dtn 12,5–6 |14: Jer 14,9! ·
6,26–28.36–39; 12,6–7.12; 32,26; 33,12–12; 34,27
|16: 6,5–6! |17–18: 6,16 |19–21: 24,18!; 1Chr 28,9!
|19: 24,20 |20: 36,19

Salomos Herrschaft

8 1 Und nach zwanzig Jahren, in denen
Salomo das Haus des HERRN und
sein eigenes Haus gebaut hatte 2 – er
hatte auch die Städte, die Churam Salomo gegeben hatte, ausgebaut und die
Israeliten dort angesiedelt –, 3 zog Salomo nach Chamat-Zoba und unterwarf
es. 4 Und er baute Tadmor in der Wüste
wieder auf und alle Vorratsstädte, die er
in Chamat gebaut hatte. 5 Und er baute
das obere Bet-Choron und das untere
Bet-Choron zu befestigten Städten aus
mit Mauern, Toren und Riegeln, 6 dazu
Baalat und alle Vorratsstädte, die Salomo gehörten, und die Städte für die
Wagen und die Städte für die Reiterei
und alles, was Salomo in Jerusalem und
auf dem Libanon und in seinem ganzen
Herrschaftsgebiet zu bauen wünschte.
7 Alles Volk, das noch übrig war von den
Hetitern und den Amoritern und den
Perissitern und den Chiwwitern und
den Jebusitern, die nicht zu Israel gehörten, 8 aus ihren Nachkommen, die nach
ihnen im Land übrig geblieben waren,
die die Israeliten nicht völlig vertilgt
hatten, die machte Salomo zu Fronarbei-
tern, bis auf den heutigen Tag. 9 Von
den Israeliten aber machte Salomo keinen zum Sklaven für seine Arbeit; sie
waren Krieger und Anführer seiner hervorragenden Kämpfer und die Obersten
über seine Wagen und über seine Reiter.
10 Und dies waren die Obersten der Aufseher, die Salomo hatte: zweihundertfünfzig, sie befehligten das Volk.

11 Und Salomo brachte die Tochter
des Pharao aus der Stadt Davids hinauf
in das Haus, das er für sie gebaut hatte;
denn er sprach: Keine meiner Frauen

soll im Haus Davids, des Königs von Israel, wohnen, denn es sind heilige Stätten, in die die Lade des HERRN eingezogen ist.

12 Damals brachte Salomo dem HERRN Brandopfer dar auf dem Altar des HERRN, den er vor der Halle gebaut hatte, 13 was Tag für Tag zu opfern war nach dem Gebot des Mose, an den Sabbaten und den Neumonden und zu den Festzeiten dreimal im Jahr: am Fest der ungesäuerten Brote und am Wochenfest und am Laubhüttenfest. 14 Und nach der Anordnung Davids, seines Vaters, bestellte er die Abteilungen der Priester zu ihrem Dienst und die Leviten zu ihren Aufgaben, zu loben und vor den Priestern zu dienen, wie es jeder Tag erforderte, und die Torwächter bestellte er nach ihren Abteilungen an die einzelnen Tore; denn so lautete das Gebot Davids, des Mannes Gottes. 15 Und man wich nicht ab vom Gebot des Königs über die Priester und die Leviten in allen Dingen, auch über die Schätze. 16 So entstand das ganze Werk Salomos, bis zum Tag der Grundlegung des Hauses des HERRN und bis zu seiner Fertigstellung. Das Haus des HERRN war vollendet.

17 Damals zog Salomo nach Ezjon-Geber und nach Elot am Ufer des Meers im Land Edom. 18 Und Churam sandte ihm durch seine Diener Schiffe und Diener, die das Meer kannten, und sie kamen mit den Dienern Salomos nach Ofir und holten von dort vierhundertfünfzig Kikkar Gold und brachten es König Salomo.

|1–2: 1Kön 9,10–11 |3: 1Chr 18,3 |4–18: 1Kön 9,17–28 |4: 17,12 |5: Jos 16,3! |6: 1,14! |7–8: 2,16–17 |11: 1Kön 3,1; 7,8 |12: 1,6! |13: 2,3; 31,3; Num 28–29; 1Chr 23,31 |14: 23,18–19; 29,25; 31,2; 35,2; 1Chr 23–26 |16: 1Kön 6,38 |18: 9,10.21; 1Chr 29,4

Die Königin von Saba. Salomos Reichtum. Salomos Tod

9 1 Und die Königin von Saba hatte die Kunde von Salomo vernommen und kam, um Salomo in Jerusalem mit Rätseln auf die Probe zu stellen, sie kam mit sehr reichen Schätzen und mit Kamelen, die Balsam trugen und viel Gold und Edelsteine. Und sie kam zu Salomo und besprach mit ihm all das, was sie sich vorgenommen hatte. 2 Und Salomo beantwortete ihr alle ihre Fragen; nichts war Salomo verborgen, es gab nichts, auf das er ihr keine Antwort hätte geben können. 3 Als aber die Königin von Saba die Fülle der Weisheit Salomos sah und das Haus, das er gebaut hatte, 4 und die Speisen auf seinem Tisch, die Sitzordnung seiner Diener, die Aufwartung durch seine Diener und ihre Gewänder, seine Mundschenke und ihre Gewänder und seine Obergemächer, in die er hinaufzusteigen pflegte im Haus des HERRN, verschlug es ihr den Atem. 5 Und sie sagte zum König: Was ich in meinem Land über deine Worte und über deine Weisheit gehört habe, ist wahr. 6 Ich habe ihren Worten keinen Glauben geschenkt, bis ich hergekommen bin und es mit meinen eigenen Augen gesehen habe. Und sieh, nicht einmal die Hälfte von der Grösse deiner Weisheit ist mir berichtet worden: Du hast mehr, als die Kunde sagt, die ich gehört habe. 7 Wohl deinen Männern und wohl diesen deinen Dienern, die ständig vor dir stehen, die deine Weisheit hören! 8 Gepriesen sei der HERR, dein Gott, der Gefallen an dir gefunden hat und dich auf seinen Thron gesetzt hat als König für den HERRN, deinen Gott! Weil dein Gott Israel liebt und es für immer bestehen lässt, hat er dich über sie als König eingesetzt, damit du Recht und Gerechtigkeit übst. 9 Und sie gab dem König hundertzwanzig Kikkar Gold und sehr grosse Mengen von Balsam und Edelsteine. Und nie hatte es so viel Balsam gegeben, wie die Königin von Saba König Salomo gegeben hat. 10 Auch brachten die Diener Churams und die Diener Salomos, die Gold aus Ofir brachten, Algummimholz und Edelsteine. 11 Und aus dem Algummimholz machte der König Stege für das Haus des HERRN und für das Haus des

Königs, dazu Leiern und Harfen für die Sänger, und so etwas war nie zuvor gesehen worden im Land Juda. 12 Und König Salomo gab der Königin von Saba, was immer sie sich wünschte, und erbat, ohne auf das zu achten, was sie dem König gebracht hatte. Dann machte sie kehrt und ging in ihr Land, sie mit ihren Dienern.

13 Und das Gewicht des Goldes, das in einem einzigen Jahr zu Salomo kam, betrug sechshundertsechsundsechzig Kikkar Gold, 14 nicht gerechnet das, was die Handelsleute und die Kaufleute brachten. Und alle Könige Arabiens und die Statthalter des Landes brachten Salomo Gold und Silber. 15 Und König Salomo verfertigte zweihundert grosse Schilde aus legiertem Gold; jeden einzelnen Schild überzog er mit sechshundert Schekel legiertem Gold, 16 dazu dreihundert kleinere Schilde aus legiertem Gold; mit dreihundert Schekel Gold überzog er jeden einzelnen Schild. Und der König legte sie in das Libanonwaldhaus. 17 Und der König verfertigte einen grossen Thron aus Elfenbein, und er überzog ihn mit reinem Gold. 18 Und der Thron hatte sechs Stufen und einen goldenen Fussschemel, die am Thron befestigt waren, und auf beiden Seiten der Sitzfläche waren Lehnen, und neben den Lehnen standen zwei Löwen.

19 Und zwölf Löwinnen standen dort auf den sechs Stufen, auf beiden Seiten; für kein Königreich war je dergleichen angefertigt worden. 20 Auch alle Trinkgefässe König Salomos waren aus Gold, und alle Geräte des Libanonwaldhauses waren aus Feingold; es gab kein Silber – es galt nichts zu Salomos Zeiten. 21 Denn der König hatte Schiffe, die nach Tarschisch fuhren mit den Dienern Churams. Alle drei Jahre kamen die Tarschisch-Schiffe, sie trugen Gold und Silber und Elfenbein und Affen und Pfauen. 22 Und an Reichtum und Weisheit war König Salomo grösser als alle Könige der Erde. 23 Und alle Könige der Welt suchten das Angesicht Salomos,

um seine Weisheit zu hören, die Gott ihm ins Herz gelegt hatte. 24 Und sie brachten ihm, ein jeder, ein Geschenk: Geräte aus Silber und Geräte aus Gold, Gewänder, Waffen und Balsam, Pferde und Maultiere, Jahr für Jahr. 25 Und Salomo hatte viertausend Stallplätze für Pferde und Wagen und zwölftausend Reiter, und er legte sie in die Städte für die Wagen und zum König nach Jerusalem. 26 Und er herrschte über alle Könige vom Strom bis zum Land der Philister und bis an die Grenze von Ägypten. 27 Und Silber brachte der König nach Jerusalem, als handle es sich um Steine, und Zedern brachte er, als handle es sich um Maulbeerfeigenbäume, die es in der Schefela massenhaft gab. 28 Und man führte für Salomo Pferde aus Ägypten und aus allen Ländern aus.

29 Und was ansonsten noch von Salomo zu berichten ist, das Frühere und das Spätere, steht das nicht geschrieben in der Chronik Natans, des Propheten, und in der Weissagung Achijas, des Schiloniters, und in der Schauung Jedos, des Sehers, über Jerobeam, den Sohn des Nebat? 30 Und Salomo war König in Jerusalem über ganz Israel, vierzig Jahre lang. 31 Und Salomo legte sich zu seinen Vorfahren, und man begrub ihn in der Stadt Davids, seines Vaters. Und Rehabeam, sein Sohn, wurde König an seiner Statt.

|1–28: 1Kön 10 | 8: 1Chr 17,14! · 2,10 | 10: 2,7 · 8,18! | 21: 8,18! | 22: 1,12 | 24: 17,11; 26,8 | 25: 1Kön 5,6 · 1,14! | 26: 1Kön 5,1 | 27–28: 1,15–17 | 29–31: 1Kön 11,41–43 | 29: 1Kön 11,29 · 10,2; 1Kön 11,26

9,21: Siehe die Anm. zu 1Kön 10,22.

Rehabeam, König von Juda. Jerobeam. Die Spaltung des Reichs

10 1 Und Rehabeam ging nach Schechem, denn ganz Israel war nach Schechem gekommen, um ihn zum König zu machen. 2 Und als Jerobeam, der Sohn des Nebat, davon hörte – er war in Ägypten, wohin er vor Salomo, dem König, geflohen war –, kehrte Jerobeam aus Ägypten zurück. 3 Und man sandte hin und rief ihn. Und Jerobeam und ganz Israel kamen, und sie sprachen zu Rehabeam: 4 Dein Vater hat unser Joch hart gemacht, nun aber mach du die harte Arbeit leichter, die wir für deinen Vater leisten mussten, und das schwere Joch, das er uns aufgebürdet hat, dann werden wir dir dienen. 5 Da sagte er zu ihnen: Noch drei Tage, dann kommt zurück zu mir! Und das Volk entfernte sich. 6 Und König Rehabeam beriet sich mit den Alten, die vor Salomo, seinem Vater, zu dessen Lebzeiten gedient hatten, und sagte: Was ratet ihr, diesem Volk zu antworten? 7 Und sie sprachen zu ihm: Wenn du gut bist zu diesem Volk und ihnen freundlich gesinnt bist und ihnen gute Worte sagst, werden sie immer deine Diener sein. 8 Er aber verwarf den Rat, den die Alten ihm gaben, und beriet sich mit den Jungen, die mit ihm aufgewachsen waren, die ihm dienten. 9 Und er sagte zu ihnen: Was ratet ihr, was wir diesem Volk antworten sollen, das zu mir gesagt hat: Mach das Joch leichter, das dein Vater uns aufgebürdet hat? 10 Und die Jungen, die mit ihm aufgewachsen waren, redeten mit ihm: So sollst du zum Volk sprechen, das zu dir gesagt hat: Dein Vater hat unser Joch schwer gemacht, mach du es uns leichter. So sollst du zu ihnen sprechen: Mein kleiner Finger ist dicker als die Lenden meines Vaters! 11 Und hat nun mein Vater euch ein schweres Joch aufgeladen, so werde ich euer Joch noch schwerer machen; hat mein Vater euch mit Peitschen gezüchtigt, so werde ich euch mit Skorpionen züchtigen.

12 Und am dritten Tag kamen Jerobeam und das ganze Volk zu Rehabeam, wie der König es gesagt hatte: Kommt am dritten Tag zurück zu mir! 13 Und der König gab ihnen eine harte Antwort, und König Rehabeam verwarf den Rat der Alten, 14 und so wie die Jungen es geraten hatten, sprach er zu ihnen: Ich werde euer Joch schwer machen, und ich werde es noch schwerer machen; hat mein Vater euch mit Peitschen gezüch-

tigt, so werde ich euch mit Skorpionen züchtigen. 15 Und der König hörte nicht auf das Volk, denn so war es von Gott gefügt, damit der HERR sein Wort erfüllte, das er durch Achijahu, den Schiloniter, zu Jerobeam, dem Sohn des Nebat, gesprochen hatte. 16 Als aber ganz Israel sah, dass der König nicht auf sie hörte, antwortete das Volk dem König: Welchen Anteil haben wir an David?

Und am Sohn Isais haben wir keinen Erbbesitz!
Zu deinen Zelten, Israel, ein jeder!
Nun sieh du selbst nach deinem Haus, David!

Dann ging ganz Israel zu seinen Zelten.

17 Über die Israeliten aber, die in den Städten Judas wohnten, wurde Rehabeam König. 18 Und König Rehabeam sandte Hadoram, der den Fronpflichtigen vorstand. Da steinigten die Israeliten ihn, und er starb. König Rehabeam aber war es gelungen, den Wagen zu besteigen und nach Jerusalem zu fliehen. 19 Und Israel brach mit dem Haus David, und so ist es bis auf den heutigen Tag.

|1–19: 1Kön 12,1–19 |2: 9,29 · 1Kön 11,40
|15: 11,4; 22,7; 25,20 · 1Kön 11,29–31 |17: 11,3.12

Rehabeams Herrschaft

11 1 Und Rehabeam kam nach Jerusalem und versammelte das Haus Juda und Benjamin, hundertachtzigtausend Ausgewählte, die Krieg führen sollten, um gegen Israel zu kämpfen und für Rehabeam das Königtum zurückzugewinnen. 2 Da aber erging das Wort des HERRN an Schemajahu, den Gottesmann: 3 Sprich zu Rehabeam, dem Sohn Salomos, dem König von Juda, und zu ganz Israel in Juda und Benjamin: 4 So spricht der HERR: Zieht nicht hinauf, und kämpft nicht gegen eure Brüder. Ein jeder soll zurückkehren in sein Haus, denn dies ist so von mir gefügt worden. Und sie hörten die Worte des HERRN, und sie kehrten zurück und zogen nicht gegen Jerobeam.

5 Und Rehabeam blieb in Jerusalem, und er baute in Juda Städte zu Festungen aus: 6 Er baute Betlehem und Etam und Tekoa 7 und Bet-Zur und Socho und Adullam 8 und Gat und Marescha und Sif 9 und Adorajim und Lachisch und Aseka 10 und Zora und Ajjalon und Chebron, die in Juda und in Benjamin liegenden befestigten Städte. 11 Und er verstärkte die Festungen und setzte in ihnen Fürsten ein und brachte Vorräte von Speise, von Öl und von Wein hinein, 12 und Schilde und Speere in jede einzelne Stadt, und er machte sie überaus stark. Und Juda und Benjamin gehörten ihm.

13 Und die Priester und die Leviten von ganz Israel stellten sich bei ihm ein, aus allen ihren Gebieten. 14 Denn die Leviten hatten ihre Ortschaften verlassen und ihren Besitz und zogen nach Juda und nach Jerusalem, denn Jerobeam und seine Söhne hatten sie aus dem Priesterdienst für den HERRN ausgeschlossen, 15 und Jerobeam hatte sich eigene Priester bestellt für die Kulthöhen und für die Böcke und für die Kälber, die er gemacht hatte. 16 Und ihnen folgten aus allen Stämmen Israels jene, die von Herzen den HERRN, den Gott Israels, suchten; sie kamen nach Jerusalem, um dem HERRN, dem Gott ihrer Vorfahren, Schlachtopfer darzubringen. 17 Und sie festigten das Königtum Juda und stärkten Rehabeam, den Sohn Salomos, drei Jahre lang; denn drei Jahre gingen sie auf dem Weg Davids und Salomos.

18 Und Rehabeam nahm sich Machalat zur Frau, die Tochter Jerimots, des Sohns von David, und der Abihajil, der Tochter Eliabs, des Sohns von Isai, 19 und sie gebar ihm Söhne: Jeusch und Schemarja und Saham. 20 Und nach ihr nahm er Maacha, die Tochter Absaloms, und sie gebar ihm Abija und Attai und Sisa und Schelomit.

21 Und Rehabeam liebte Maacha, die Tochter Absaloms, mehr als alle seine Frauen und Nebenfrauen; achtzehn Frauen und sechzig Nebenfrauen hatte er genommen, und er zeugte achtundzwanzig Söhne und sechzig Töchter.

22 Und Rehabeam machte Abija, den Sohn der Maacha, zum Haupt, zum Fürsten unter seinen Brüdern – um ihn zum König zu machen. 23 Und er war klug und verteilte Söhne von sich auf alle Gebiete von Juda und Benjamin, auf alle befestigten Städte und gab ihnen Nahrung in reichem Mass und verschaffte ihnen viele Frauen.

|1–4: 1Kön 12,21–24 |2: 12,5.15 |3: 12; 10,17 |4: 10,15! |5: 23; 14,5–6; 17,2.19; 21,3; 27,4; 33,14 |8: 26,6; 1Chr 18,1 |11: 5!; 17,13 |12: 3 |14: Lev 25,32–34; 1Chr 6,39–66 · 13,9 |15: 1Kön 12,28–32; 13,33 |16:
15,9–11; 1Kön 12,26–27 · 15,12! |17: 12,1 |18: 1Sam 17,28 |20: 13,1–2; 1Kön 15,2 |21: 13,21; Dtn 17,17; 1Kön 11,3 |23: 21,3 · 5!

Der Einfall der Ägypter. Rehabeams Tod

12 1 Als sich aber die Königsherrschaft Rehabeams gefestigt hatte und er stark geworden war, verliess er die Weisung des HERRN und mit ihm ganz Israel. 2 Und im fünften Jahr König Rehabeams zog Schischak, der König von Ägypten, herauf gegen Jerusalem – denn sie waren dem HERRN untreu geworden – 3 mit tausendzweihundert Wagen und sechzigtausend Reitern und zahllosem Volk, das mit ihm aus Ägypten kam, Libyer, Sukkiter und Kuschiter. 4 Und er nahm die befestigten Städte ein, die zu Juda gehörten, und gelangte bis vor Jerusalem.

5 Da kam Schemaja, der Prophet, zu Rehabeam und den Fürsten Judas, die sich wegen Schischak in Jerusalem versammelt hatten, und sagte zu ihnen: So spricht der HERR: Ihr habt mich zurückgelassen, und so lasse auch ich euch zurück – in der Hand Schischaks! 6 Da demütigten sich die Fürsten Israels und der König, und sie sagten: Gerecht ist der HERR! 7 Und als der HERR sah, dass sie sich gedemütigt hatten, erging das Wort des HERRN an Schemaja: Sie haben sich gedemütigt, ich werde sie nicht verderben. In Kürze werde ich ihnen Rettung bringen, und mein Zorn soll sich

nicht durch Schischak über Jerusalem ergiessen. 8 Doch sie werden ihm dienstbar werden und meinen Dienst kennen lernen und den Dienst der Königtümer der Länder!

9 Und Schischak, der König von Ägypten, zog hinauf gegen Jerusalem, und er nahm die Schätze des Hauses des HERRN und die Schätze des Hauses des Königs, das alles nahm er, und er nahm auch die goldenen Schilde, die Salomo angefertigt hatte. 10 Und statt ihrer fertigte König Rehabeam Schilde aus Bronze an und übergab sie den Obersten der Leibwache, die den Eingang zum Haus des Königs bewachten. 11 Und die Leibwächter kamen immer und trugen sie, wenn der König ins Haus des HERRN ging, danach aber brachte man sie zurück in die Wachstube der Leibwächter. 12 Aber weil er sich demütigte, wandte sich der Zorn des HERRN von ihm, so dass er ihn nicht ganz zugrunde richtete – und es geschah in Juda sogar noch Gutes.

13 So erstarkte König Rehabeam in Jerusalem und war König. Einundvierzig Jahre alt war Rehabeam, als er König wurde, und siebzehn Jahre lang war er König in Jerusalem, der Stadt, die der HERR erwählt hatte aus allen Stämmen Israels, um dort seinen Namen niederzulegen. Und der Name seiner Mutter war Naama, die Ammoniterin. 14 Aber er tat, was böse war, denn er richtete sein Herz nicht darauf, den HERRN zu suchen.

15 Die Geschichte Rehabeams aber, das Frühere und das Spätere, steht sie zur Registrierung nicht geschrieben in der Chronik Schemajas, des Propheten, und Iddos, des Sehers? Und die Kriege zwischen Rehabeam und Jerobeam währten die ganze Zeit. 16 Und Rehabeam legte sich zu seinen Vorfahren, und er wurde in der Stadt Davids begraben. Und Abija, sein Sohn, wurde König an seiner Statt.

|1–2: 26,16 |1: 11,17; 1Kön 14,22–24 |2: 9 · 21,10!; 24,18! |3: 16,8 |4: 11,5! |5: 11,2; 1Kön 12,22 ·

1Chr 28,9! | 6–7: 7,14! | 9–11: 1Kön 14,25–28 | 9: 2 · 9,15–16 | 12: 7,14! · 19,3 | 13–14: 1Kön 14,21–22 | 13: 6,5–6! | 14: 15,13! | 15–16: 1Kön 14,29–31 | 15: 9,29! · 5; 11,2 · 13,22 | 16: 9,31

12,7: Möglich ist auch die Übersetzung: «... Ein wenig Rettung werde ich ihnen bringen, ...»

Abija, König von Juda, und Jerobeam, König von Israel

13 1 Im achtzehnten Jahr König Jerobeams wurde Abija König über Juda, 2 drei Jahre lang war er König in Jerusalem. Und der Name seiner Mutter war Michajahu, die Tochter Uriels von Gibea. Es herrschte aber Krieg zwischen Abija und Jerobeam. 3 Und Abija begann den Krieg mit einem Heer von tüchtigen Kriegern, vierhunderttausend auserlesenen Männern. Und Jerobeam trat gegen ihn zum Kampf an, mit achthunderttausend auserlesenen Männern, tüchtigen Kriegern. 4 Da stellte sich Abija oben auf den Berg Zemarajim, der zum Gebirge Efraim gehört, und sagte: Hört mich, Jerobeam und ganz Israel! 5 Solltet ihr nicht wissen, dass der HERR, der Gott Israels, David das Königtum über Israel für immer gegeben hat, ihm und seinen Söhnen, durch einen Salzbund? 6 Doch Jerobeam, der Sohn Nebats, der Diener Salomos, des Sohns von David, hat sich erhoben und sich aufgelehnt gegen seinen Herrn. 7 Und um ihn haben sich haltlose, ruchlose Männer geschart, und sie haben sich stark gemacht gegenüber Rehabeam, dem Sohn Salomos. Rehabeam aber war noch jung und zaghaft und konnte sich ihnen gegenüber nicht behaupten. 8 Und nun sagt ihr, ihr würdet euch gegenüber dem Königtum des HERRN in der Hand der Söhne Davids behaupten können, weil ihr eine grosse Menge seid und goldene Kälber bei euch habt, die Jerobeam für euch als Götter gemacht hat! 9 Habt ihr nicht die Priester des HERRN, die Aaroniden und die Leviten, verstossen und euch Priester gemacht wie die Völker der Länder? Wer immer kommt, um seine Hand zu füllen, mit einem jungen Stier und sieben Widdern, wird

Priester eines Ungottes. 10 Wir aber –
der HERR ist unser Gott, und wir haben
ihn nicht verlassen, und die Aaroniden
dienen dem HERRN als Priester, und die
Leviten versehen ihren Dienst. 11 Und
Morgen für Morgen und Abend für
Abend bringen sie dem HERRN Brandopfer und wohlriechendes Räucherwerk
dar; sie legen die Schaubrote auf den reinen Tisch und zünden den goldenen
Leuchter an und dessen Lampen, Abend
für Abend. Denn wir erfüllen die Aufgaben für den HERRN, unseren Gott. Ihr
aber habt ihn verlassen! 12 Und seht, bei
uns ist als Haupt Gott und seine Priester
und die Signaltrompeten, um sie gegen
euch erschallen zu lassen. Ihr Israeliten,
kämpft nicht gegen den HERRN, den
Gott eurer Vorfahren. Ihr werdet keinen
Erfolg haben!

13 Jerobeam aber hatte die Leute im
Hinterhalt einen Umweg machen lassen, um ihnen in den Rücken zu fallen;
so waren sie vor Juda, die im Hinterhalt
aber waren in ihrem Rücken. 14 Als sich
nun Juda umwandte, sieh, da fanden sie
sich im Kampf, vorn und hinten. Und
sie schrien zum HERRN, und die Priester
bliesen die Trompeten, 15 und die Judäer brachen in Kriegsgeschrei aus. Und
als all die Judäer in Kriegsgeschrei aus-
brachen, schlug Gott Jerobeam und ganz
Israel, vor Abija und Juda. 16 Und die Israeliten flohen vor Juda, Gott aber gab
sie in ihre Hand. 17 Und Abija und sein
Volk richteten unter ihnen ein grosses
Gemetzel an, und von Israel fielen,
durchbohrt, fünfhunderttausend
auserlesene Männer.

18 So wurden zu jener Zeit die Israeliten gedemütigt, und die Judäer gewannen Oberhand, denn sie stützten
sich auf den HERRN, den Gott ihrer Vorfahren. 19 Und Abija verfolgte Jerobeam
und nahm Städte von ihm ein: Bet-El
und seine Tochterstädte und Jeschana
und seine Tochterstädte und Efrajin und
seine Tochterstädte. 20 Und so lange
Abijahu lebte, erlangte Jerobeam keine
Macht mehr, und der HERR schlug ihn,

und er starb. 21 Abijahu aber wurde
mächtig, und er nahm sich vierzehn
Frauen und zeugte zweiundzwanzig
Söhne und sechzehn Töchter.

22 Und was sonst noch von Abija zu
berichten ist, wie er gelebt und was er
geredet hat, das steht geschrieben im
Midrasch des Propheten Iddo. 23 Und
Abija legte sich zu seinen Vorfahren,
und man begrub ihn in der Stadt Davids.
Und Asa, sein Sohn, wurde König an seiner Statt. In seinen Tagen hatte das Land
zehn Jahre lang Ruhe.

|1–2: 1Kön 15,1–2 |2: 11,20 |3: 12,15; 1Kön 15,7
|5: 6,16; 1Chr 7,7.11–14 · 21,7; Num 18,19 |6:
1Kön 11,26 |7: 1Chr 22,5 |8: 1Chr 17,14! · 11,15;
1Kön 12,28–29 |9: 11,14–15 · Dtn 32,17; Jer 2,11
|11: 2,3! · 4,7! |12: 15,9; 32,8; Jes 8,10 · Num 10,8–9
|14: 14,10; 18,31; 20,9; 32,20; 1Chr 5,20 |15: 14,11–12;
20,15–17.22.29; 26,7; 32,8; 1Chr 5,22 |18: 14,10; 16,7–8;
27,6; 1Chr 22,13! |20: 1Kön 14,20 |21: 11,21 |22–23:
1Kön 15,7–8 |22: 9,29! · 12,15 |23: 9,31 · 14,4–6

Asa, König von Juda. Sein Gottvertrauen

14 1 Und Asa tat, was gut und recht
war in den Augen des HERRN, seines Gottes: 2 Er beseitigte die fremden
Altäre und die Kulthöhen, zerbrach die
Mazzeben und hieb die Ascheren um,
3 und er gebot Juda, den HERRN, den
Gott ihrer Vorfahren, zu suchen und die
Weisung und das Gebot einzuhalten.
4 Und aus allen Städten Judas entfernte
er die Kulthöhen und die Räucheraltare,
und das Königreich hatte Ruhe unter
ihm. 5 Und er baute in Juda befestigte
Städte, denn das Land hatte Ruhe, und in
jenen Jahren gab es keinen Krieg gegen
ihn, denn der HERR hatte ihm Ruhe verschafft. 6 Und er sagte zu Juda: Lasst uns
diese Städte ausbauen und sie mit einer
Mauer umgeben und mit Türmen, Toren und Riegeln, so lange das Land frei
vor uns liegt. Denn wir haben den
HERRN, unseren Gott, gesucht; wir haben ihn gesucht, und er hat uns ringsum
Ruhe verschafft. Und sie bauten und
hatten Erfolg. 7 Asa aber hatte ein Heer
von dreihunderttausend Mann aus
Juda, die Schild und Speer trugen, und
zweihundertachtzigtausend Mann aus
Benjamin, die den Schild trugen und

den Bogen spannten. All diese waren tüchtige Krieger.

8 Da zog Serach, der Kuschiter, gegen sie aus mit einem Heer von tausend mal tausend und dreihundert Wagen, und er kam bis nach Marescha. 9 Und Asa zog aus, ihm entgegen, und im Tal von Zefata bei Marescha stellten sie sich auf zum Kampf. 10 Und Asa rief zum HERRN, seinem Gott, und sagte: HERR, ausser dir ist keiner, der helfen kann im Kampf zwischen einem Starken und einem Kraftlosen. Hilf uns, HERR, unser Gott; denn auf dich stützen wir uns, und in deinem Namen sind wir gegen diese Menge gezogen. HERR, du bist unser Gott; möge kein Mensch etwas gegen dich ausrichten können! 11 Da schlug der HERR die Kuschiter vor Asa und vor Juda, und die Kuschiter flohen. 12 Und Asa und das Volk, das bei ihm war, verfolgten sie bis nach Gerar, und von den Kuschitern fielen so viele, dass bei ihnen kein Leben mehr war, denn sie wurden zerschlagen vor dem HERRN und vor seinem Heer. Und sie trugen sehr grosse Beute davon. 13 Sie schlugen auch alle Städte im Umkreis von Gerar, denn der Schrecken des HERRN war auf ihnen. Und sie plünderten alle Städte; denn viel Beute war in ihnen. 14 Und auch die Zelte beim Vieh schlugen sie, und sie führten eine Menge von Schafen und Kamelen weg und kehrten zurück nach Jerusalem.

|1–5: 1Kön 15,11–12 |2: 17,6; 19,3; 31,1; 34,4.7 |3: 33,16 |4–6: 13,23; 15,15; 20,30; 1Chr 22,18! |5–6: 11,5! |6: 15,2.4.12!; 17,4; 26,5; 31,21; 34,3; 1Chr 28,9! · 1Chr 22,13! |10: 13,14! · 13,18! |11–12: 13,15! |12–14: 15,11; 20,25; 1Chr 5,21 |12: Ex 12,41 |13: 17,10; 19,7; 20,29; Gen 35,5!

14,12: Mit «... Und sie trugen ...» sind die Judäer gemeint.

Die Erneuerung des Bundes mit dem HERRN

15 1 Und der Geist Gottes kam über Asarjahu, den Sohn Odeds. 2 Und er ging hinaus zu Asa und sagte zu ihm: Hört mich an, Asa und ganz Juda und Benjamin! Der HERR ist mit euch, wenn ihr mit ihm seid, und wenn ihr ihn sucht, wird er sich für euch finden lassen; wenn ihr ihn aber verlasst, wird er euch verlassen. 3 Und lange Zeit war Israel ohne den wahren Gott und ohne einen Priester, der sie lehrte, und ohne Weisung. 4 Als es aber in Not war, kehrte es zurück zum HERRN, dem Gott Israels; und sie suchten ihn, und er liess sich von ihnen finden. 5 In jenen Zeiten war es unsicher, hinauszugehen und hineinzukommen, denn grosse Verwirrungen kamen über alle Bewohner der Länder. 6 Und Nation stiess sich an Nation und Stadt an Stadt, denn Gott brachte sie in Verwirrung durch vielerlei Not. 7 Ihr aber, seid stark und lasst eure Hände nicht erschlaffen; es gibt einen Lohn für euer Tun!

8 Als Asa diese Worte und die Weissagung Odeds, des Propheten, hörte, erstarkte er und schaffte die Scheusale aus dem ganzen Land Juda und Benjamin und aus den Städten, die er auf dem Gebirge Efraim eingenommen hatte; und er erneuerte den Altar des HERRN, der vor der Halle des HERRN stand. 9 Und er versammelte ganz Juda und Benjamin und die Fremden aus Efraim, Manasse und Simeon, die sich bei ihnen aufhielten, denn aus Israel waren viele zu ihm übergegangen, als sie sahen, dass der HERR, sein Gott, bei ihm war. 10 Und sie versammelten sich in Jerusalem im dritten Monat des fünfzehnten Jahres der Königsherrschaft Asas 11 und opferten dem HERRN an jenem Tag von der Beute, die sie heimgebracht hatten, siebenhundert Rinder und siebentausend Schafe. 12 Und sie traten ein in den Bund, den HERRN zu suchen, den Gott ihrer Vorfahren, mit ihrem ganzen Herzen und mit ihrer ganzen Seele. 13 Und jeder, der den HERRN, den Gott Israels, nicht suchen würde, sollte getötet werden, vom Kleinsten bis zum Grössten, ob Mann oder Frau. 14 Und sie schworen dem HERRN mit lauter Stimme und unter Jubel und mit Trompeten und Hörnern. 15 Und ganz Juda freute sich

über den Schwur; denn sie hatten von ihrem ganzen Herzen geschworen und ihn mit ganzem Willen gesucht. Und er liess sich von ihnen finden, und der HERR verschaffte ihnen Ruhe ringsum.

16 Und er setzte auch Maacha, die Mutter Asas, des Königs, als Gebieterin ab, die für die Aschera ein Schandbild angefertigt hatte. Und Asa zerschlug ihr Schandbild und zermalmte es, und er verbrannte es im Kidrontal; 17 die Kulthöhen aber verschwanden nicht aus Israel. Doch das Herz Asas war sein Leben lang ungeteilt. 18 Und die heiligen Dinge seines Vaters und seine eigenen heiligen Dinge brachte er ins Haus Gottes, Silber, Gold und Geräte. 19 Und bis zum fünfunddreissigsten Jahr der Königsherrschaft Asas gab es keinen Krieg.

|1: 20,14; 24,20; Ri 3,10; 1Chr 12,19 |2: 1Chr 28,9! |3: Klgl 2,9 |7: 19,11; 32,7; 1Chr 28,10! · Jer 31,16 |8: 1Kön 15,12 · 28,9 · 4,1!; 24,4 |12: 23,1; 29,10; 34,31; 2Kön 23,3! · 14,6!; Dtn 4,29 |13: 12,14; 20,33; 1Chr 28,9! |15: 14,4–6! |16–18: 1Kön 15,13–15 |17: 20,33; 21,11; 28,4.25; 33,17 |18: 5,1

Asas Bund mit Aram. Asas Krankheit und Tod

16 1 Im sechsunddreissigsten Jahr der Königsherrschaft Asas zog Bascha, der König von Israel, herauf gegen Juda und baute Rama aus, um Asa, dem König von Juda, nicht die Möglichkeit zu geben, auszurücken und einzurücken. 2 Da holte Asa Silber und Gold aus den Schatzkammern des Hauses des HERRN und des Hauses des Königs und sandte es zu Ben-Hadad, dem König von Aram, der in Damaskus wohnte, und sagte: 3 Es gibt einen Bund zwischen mir und dir und zwischen meinem Vater und deinem Vater. Sieh, ich sende dir Silber und Gold. Geh, löse dein Bündnis mit Bascha, dem König von Israel, damit er abzieht von mir. 4 Und Ben-Hadad hörte auf König Asa, und er sandte die Anführer der Heere, die zu ihm gehörten, gegen die Städte Israels, und sie schlugen Ijon, Dan und Abel-Majim und alle Vorratsstädte Naftalis. 5 Und als Bascha davon hörte, brach er den Aus-

bau von Rama ab und stellte seine Arbeit ein. 6 Und Asa, der König, holte ganz Juda, und sie trugen die Steine und das Holz von Rama weg, womit Bascha gebaut hatte, und er baute damit Geba und Mizpa.

7 Zu dieser Zeit aber kam Chanani, der Seher, zu Asa, dem König von Juda, und sagte zu ihm: Weil du dich auf den König von Aram gestützt hast und dich nicht auf den HERRN, deinen Gott gestützt hast, darum ist das Heer des Königs von Aram deiner Hand entkommen. 8 Waren die Kuschiter und die Libyer nicht ein riesiges Heer mit Wagen und Reitern? Doch weil du dich auf den HERRN gestützt hast, hat er sie in deine Hand gegeben. 9 Denn die Augen des HERRN schweifen über die ganze Erde, um sich mächtig zu erweisen an denen, deren Herz ihm ungeteilt gehört. Töricht hast du darin gehandelt, denn von nun an wirst du Kriege haben. 10 Da wurde Asa ärgerlich über den Seher und warf ihn ins Gefängnis; denn er war deswegen wütend auf ihn. Und zu dieser Zeit misshandelte Asa manche aus dem Volk.

11 Und sieh, die Geschichte Asas, das Frühere und das Spätere, sieh, sie steht geschrieben im Buch der Könige von Juda und Israel. 12 Und im neunundreissigsten Jahr seiner Königsherrschaft wurde Asa krank an seinen Füssen, und seine Krankheit wurde schlimm, aber auch in seiner Krankheit suchte er nicht den HERRN, sondern die Heilkundigen. 13 Und Asa legte sich zu seinen Vorfahren; und er starb im einundvierzigsten Jahr seiner Königsherrschaft. 14 Und man begrub ihn in seiner Grabanlage, die er sich in der Stadt Davids gegraben hatte. Und man legte ihn auf das Lager, das gefüllt war mit Balsam und Salben nach der Art der Salbenmischer, und man entzündete für ihn ein riesig grosses Feuer.

|1–6: 1Kön 15,16–22 |2: 28,21 |7–8: 13,18! |7: 19,2 |8: 12,3; 14,8–12 |9: Hiob 34,21; Jer 16,17 · 15,17.19 |10: 18,26 |11–14: 1Kön 15,23–24 |11: 9,29! |12: 1Chr 10,14 |14: 21,19; Jer 34,5

Jehoschafat, König von Juda

17 1 Und Jehoschafat, sein Sohn, wurde König an seiner Statt; und er gewann Macht gegen Israel. 2 Und er legte Streitkräfte in alle befestigten Städte Judas und legte Besatzungen in das Land Juda und in die Städte Efraims, die Asa, sein Vater, erobert hatte. 3 Und der HERR war mit Jehoschafat, denn er ging auf den Wegen Davids, seines Vaters, die dieser früher gegangen war, und fragte nicht nach den Baalen, 4 sondern fragte nach dem Gott seines Vaters und lebte nach seinen Geboten und nicht so, wie Israel es machte. 5 Und der HERR festigte das Königtum in seiner Hand; und ganz Juda brachte Jehoschafat Geschenke, und ihm wurde viel Reichtum und Ehre zuteil. 6 Und auf den Wegen des HERRN gewann sein Herz Mut, und er beseitigte wieder die Kulthöhen und die Ascheren aus Juda.

7 Und im dritten Jahr seiner Königsherrschaft sandte er seine Obersten aus, Ben-Chajil, Obadja, Secharja, Netanel und Michajahu, um in den Städten Judas zu lehren, 8 und mit ihnen die Leviten Schemajahu, Netanjahu, Sebadjahu, Asael, Schemiramot, Jehonatan, Adonijahu, Tobijahu und Tob-Adonija, die Leviten, und bei ihnen waren Elischama und Jehoram, die Priester. 9 Und sie lehrten in Juda, und das Buch der Weisung des HERRN hatten sie bei sich. Und sie zogen umher durch alle Städte Judas und lehrten im Volk.

10 Und der Schrecken des HERRN lag über allen Königreichen der Länder, die rings um Juda waren, und sie führten keinen Krieg gegen Jehoschafat. 11 Und Philister brachten Jehoschafat Geschenke und Silber als Tribut; sogar die Araber brachten ihm Kleinvieh: siebentausendsiebenhundert Widder und siebentausendsiebenhundert Ziegenböcke. 12 So wurde Jehoschafat immer grösser, bis er überaus gross war, und er baute in Juda Burgen und Vorratsstädte. 13 Und in den Städten Judas hatte er grosse Arbeiten und in Jerusalem Kriegsleute, tüchtige Krieger. 14 Und dies waren ihre Dienste, entsprechend ihren Familien: Von Juda waren Anführer von Tausendschaften: Adna, der Anführer, und mit ihm dreihunderttausend tüchtige Krieger, 15 und an seiner Seite Jehochanan, der Anführer, und mit ihm zweihundertachtzigtausend Mann, 16 und an seiner Seite Amasja, der Sohn Sichris, der sich als Freiwilliger für den HERRN einfand, und bei ihm waren zweihunderttausend tüchtige Krieger. 17 Und aus Benjamin: ein tüchtiger Krieger, Eljada, und mit ihm zweihunderttausend, die Bogen und Schild führten, 18 und an seiner Seite Jehosabad, und mit ihm hundertachtzigtausend zum Heeresdienst Gerüstete. 19 Diese waren es, die dem König dienten, abgesehen von denen, die der König in die befestigten Städte überall in Juda gelegt hatte.

|1: 1Kön 15,24 |3: 20,32; 21,12; 26,4; 27,2; 29,2; 34,2 |4: 14,6! |5: 18,1; 32,27 |6: 14,2!; 19,3 |7–9: 15,3; 35,3; Esra 7,25; Neh 8,7 |9: 2Kön 22,8 |10: 14,13! |11: 9,24! |12: 8,4; 11,5!; 32,28 |13: 11,11 |17–18: 1Chr 7,11

Jehoschafat und Achab, König von Israel.
Michajehus Prophezeiung

18 1 Und als Jehoschafat viel Reichtum und Ehre erlangt hatte, verschwägerte er sich mit Achab. 2 Und einige Jahre später zog er hinab zu Achab nach Samaria. Und Achab schlachtete für ihn und für das Volk, das mit ihm kam, eine Menge von Schafen und Rindern und verleitete ihn, gegen Ramot-Gilead hinaufzuziehen. 3 Und Achab, der König von Israel, sprach zu Jehoschafat, dem König von Juda: Wirst du mit mir ziehen nach Ramot-Gilead? Und er sprach zu ihm: Wie ich, so du; und wie dein Volk, so mein Volk: mit dir in den Kampf! 4 Dann aber sagte Jehoschafat zum König von Israel: Hole doch zuvor das Wort des HERRN ein. 5 Und so versammelte der König von Israel die Propheten, vierhundert, und sagte zu ihnen: Sollen wir in die Schlacht ziehen gegen Ramot-Gilead, oder soll ich es nicht tun? Da sagten sie:

Zieh hinauf, damit Gott es in die Hand des Königs gibt! 6 Jehoschafat aber sagte: Gibt es hier sonst keinen Propheten des HERRN, den wir befragen könnten? 7 Und der König von Israel sagte zu Jehoschafat: Einen gibt es noch, um den HERRN zu befragen. Aber ich hasse ihn, denn er weissagt mir nicht zum Guten, sondern immer nur zum Unheil: Es ist Michajehu, der Sohn des Jimla. Jehoschafat aber sagte: So sollte der König nicht reden! 8 Da rief der König von Israel einen Kämmerer und sprach: Rasch, hole Michajehu, den Sohn des Jimla!

9 Und während der König von Israel und Jehoschafat, der König von Juda, beide in vollem Ornat auf ihren Thronen sassen, während sie auf dem Dreschplatz am Eingang des Tors von Samaria sassen und alle Propheten sich vor ihnen als Propheten gebärdeten, 10 da machte sich Zidkijahu, der Sohn des Kenaana, Hörner aus Eisen und sprach: So spricht der HERR: Mit solchen wirst du Aram niederstossen, bis du sie gänzlich vernichtet hast. 11 Und ebenso weissagten alle Propheten, und sie sprachen: Zieh hinauf nach Ramot-Gilead, und sei erfolgreich! Der HERR wird es in die Hand des Königs geben.

12 Und der Bote, der gegangen war, um Michajehu zu rufen, sagte zu diesem: Sieh, die Worte der Propheten verkünden einstimmig Gutes für den König. Und auch dein Wort soll sein wie eins von ihnen: Sag Gutes an! 13 Michajehu aber sprach: So wahr der HERR lebt: Was mein Gott zu mir spricht, das werde ich sagen! 14 Und er kam zum König, und der König sagte zu ihm: Micha, sollen wir in die Schlacht ziehen nach Ramot-Gilead, oder soll ich es nicht tun? Da sprach er: Zieht hinauf, und seid erfolgreich! Sie werden in eure Hand gegeben werden. 15 Da aber sprach der König zu ihm: Wie oft muss ich dich beschwören, mir im Namen des HERRN nichts als die Wahrheit zu sagen? 16 Da sprach er:

Ganz Israel sah ich
auf den Bergen zerstreut,
wie Schafe, die keinen Hirten haben.
Und der HERR sprach:
Diese haben keinen Herrn;
es kehre jeder in Frieden zurück
in sein Haus!

17 Da sprach der König von Israel zu Jehoschafat: Habe ich dir nicht gesagt, dass er mir nie Gutes weissagt, sondern immer nur zum Unheil! 18 Dieser aber sprach: Deshalb hört das Wort des HERRN! Ich sah den HERRN auf seinem Thron sitzen, und zu seiner Rechten und zu seiner Linken stand das ganze Heer des Himmels. 19 Und der HERR sprach: Wer könnte Achab, den König von Israel, überreden, dass er hinaufzieht – damit er Ramot-Gilead fällt? Da sagte einer dies, und ein anderer sagte das. 20 Dann aber trat der Geist vor, stellte sich vor den HERRN und sprach: Ich werde ihn überreden. Und der HERR sprach zu ihm: Womit? 21 Und er sprach: Ich werde hinausgehen, und ich werde zum Lügengeist im Mund aller seiner Propheten. Da sprach er: Überrede ihn, du kannst es! Geh hinaus und mach es so! 22 Und nun sieh, diesen deinen Propheten hat der HERR einen Lügengeist in den Mund gelegt: Der HERR hat Unheil angesagt über dich! 23 Da trat Zidkijahu, der Sohn des Kenaana, heran, schlug Michajehu ins Gesicht und sagte: Auf welchem Weg sollte denn der Geist des HERRN von mir gewichen sein, um mit dir zu reden? 24 Und Michajehu sprach: Sieh, du wirst es sehen an jenem Tag, da du von Kammer zu Kammer läufst, um dich zu verstecken. 25 Da sprach der König von Israel: Nehmt Michajehu und bringt ihn zurück zu Amon, dem Obersten der Stadt, und zu Joasch, dem Königssohn, 26 und sprecht: So spricht der König: Werft diesen in den Kerker! Und bis ich wohlbehalten zurückkehre, sollt ihr ihm nur wenig zu essen und wenig zu trinken geben. 27 Michajehu aber sagte: Wenn du wirklich wohlbehalten zurück-

kommst, so hat der HERR nicht durch mich geredet. Dann sprach er: Hört her, ihr Völker alle!

|1–34: 1Kön 22,1–37 |1: 17,5; 32,27 · 20,35; 21,6 |2: 22,5 |10: 23 |17: 7 |23: 10 |26: 16,10

Jehoschafats Rettung. Achabs Tod

28 Der König von Israel aber und Jehoschafat, der König von Juda, zogen hinauf nach Ramot-Gilead. 29 Und der König von Israel sprach zu Jehoschafat: Ich werde mich verkleiden und so in die Schlacht ziehen; du aber sollst deine eigenen Kleider tragen. Und der König von Israel verkleidete sich, und so zogen sie in die Schlacht. 30 Der König von Aram aber hatte den Obersten über die Wagen, die zu ihm gehörten, geboten: Weder die Kleinen noch die Grossen sollt ihr angreifen, sondern nur den König von Israel! 31 Als dann die Obersten über die Wagen Jehoschafat sahen, sagten sie: Das ist der König von Israel! Und sie kreisten ihn ein, um ihn anzugreifen, Jehoschafat aber schrie auf. Und der HERR half ihm, und Gott lenkte sie ab von ihm. 32 Und als die Obersten über die Wagen sahen, dass es nicht der König von Israel war, liessen sie ab von ihm. 33 Irgendeiner aber hatte ahnungslos den Bogen gespannt und traf den König von Israel zwischen dem Schuppenpanzer und den Gurten. Da sprach er zum Wagenlenker: Wende, und führe mich heraus aus dem Heer, denn ich bin schwer verwundet. 34 Und an jenem Tag tobte die Schlacht immer heftiger, aber bis zum Abend hielt der König von Israel sich gegenüber Aram aufrecht im Wagen. Als aber die Sonne unterging, starb er.

|29: 35,22 |31: 13,14! |33: 35,23

Jehoschafats Herrschaft

19 1 Und Jehoschafat, der König von Juda, kehrte wohlbehalten in sein Haus nach Jerusalem zurück. 2 Da trat ihm Jehu, der Sohn des Chanani, der Seher, entgegen, und sprach zu König Jehoschafat: Willst du dem Frevler helfen und die lieben, die den HERRN hassen? Darum lastet Zorn vom HERRN auf dir. 3 Doch ist auch Gutes an dir gefunden worden: Du hast die Ascheren aus dem Land getilgt und dein Herz darauf gerichtet, Gott zu suchen. 4 So wohnte Jehoschafat in Jerusalem. Dann zog er wieder hinaus unter das Volk, von Beer-Scheba bis zum Gebirge Efraim, und führte sie zurück zum HERRN, dem Gott ihrer Vorfahren. 5 Und er setzte Richter im Land ein, in allen befestigten Städten Judas, in Stadt für Stadt, 6 und sagte den Richtern: Schaut zu, was ihr tut; denn nicht für Menschen richtet ihr, sondern für den HERRN, und er ist mit euch beim Rechtsspruch. 7 Und nun sei der Schrecken des HERRN auf euch! Nehmt euch in acht bei eurem Tun, denn beim HERRN, unserem Gott, gibt es keine Ungerechtigkeit und kein Ansehen der Person und keine Bestechlichkeit.

8 Und auch in Jerusalem setzte Jehoschafat Leviten und Priester und Familienhäupter Israels ein für das Gericht des HERRN und für den Rechtsstreit. Dann kehrten sie zurück nach Jerusalem. 9 Und er wies sie an: So sollt ihr verfahren: in der Furcht des HERRN, in Treue und mit ungeteiltem Herzen. 10 Bei jedem Streit, der vor euch kommt von euren Brüdern, die in ihren Städten wohnen, zwischen Blut und Blut, zwischen Weisung und Gebot und Ordnungen und Rechtssatzungen, sollt ihr sie verwarnen, dann werden sie nicht schuldig am HERRN und es kommt kein Zorn über euch und eure Brüder. So sollt ihr verfahren, dann werdet ihr nicht schuldig. 11 Und seht, Amarjahu, der Hohe Priester, steht über euch in jeder Angelegenheit, die den HERRN betrifft, und Sebadjahu, der Sohn Jischmaels, der Fürst des Hauses Juda, in jeder Angelegenheit, die den König betrifft; und als Amtsleute sind die Leviten vor euch. Seid stark, und handelt, und der HERR sei mit dem Guten.

|2: 16,7; 20,34 · 18,3 · 32,25–26! |3: 12,12 · 17,6 · 15,12! |5: Dtn 16,18 |6: Dtn 1,17 |7: 14,13! · Dtn 10,17;

16,19 | 8: Dtn 17,8–9; 1Chr 23,4 | 10: Ex 18,16;
Dtn 21,5 · 32,25–26! | 11: 1Chr 5,37 · 1Chr 26,32 · 15,7!

Jehoschafats Sieg über die Ammoniter

20 1 Danach zogen die Moabiter und die Ammoniter und mit ihnen eine Anzahl von Meunitern gegen Jehoschafat in den Krieg. 2 Und man kam und meldete Jehoschafat: Es kommt eine grosse Menge auf euch zu, von jenseits des Meers, von Aram her, und seht, sie sind in Chazezon-Tamar – das ist En-Gedi. 3 Da fürchtete sich Jehoschafat und richtete sein Sinnen darauf, den HERRN zu suchen, und rief ein Fasten aus über ganz Juda. 4 Und Juda versammelte sich, um den HERRN zu befragen; auch aus allen Städten Judas kamen sie, um den HERRN zu befragen. 5 Da trat Jehoschafat in die Versammlung Judas und Jerusalems im Haus des HERRN vor dem neuen Vorhof 6 und sprach: HERR, Gott unserer Vorfahren, bist du nicht der Gott im Himmel und der, der über alle Königtümer der Nationen herrscht? Und in deiner Hand sind Kraft und Macht, und niemand kann dir standhalten. 7 Bist nicht du unser Gott, der die Bewohner dieses Landes vor deinem Volk Israel vertrieben und es der Nachkommenschaft Abrahams, deines Freundes, gegeben hat für immer? 8 Und sie haben sich darin niedergelassen und dir darin ein Heiligtum gebaut für deinen Namen und sagten: 9 Wenn Unheil über uns kommt, Schwert, Gericht und Pest oder Hunger, wollen wir vor dieses Haus und vor dich treten – denn dein Name ist in diesem Haus –, und zu dir werden wir unserer Not wegen schreien, damit du hörst und rettest. 10 Und nun, sieh, es kommen die Ammoniter und Moab und die vom Gebirge Seir, unter die zu gehen du Israel nicht erlaubt hast, als sie aus dem Land Ägypten kamen; sie sind ihnen ausgewichen und haben sie nicht vertilgt. 11 Und sieh, diese vergelten es uns, indem sie kommen, um uns aus deinem Besitz zu vertreiben, den du uns zum Besitz gegeben hast. 12 Unser Gott! Willst du nicht Gericht halten über sie? Denn vor dieser grossen Menge, die auf uns zukommt, fehlt uns die Kraft. Und wir, wir wissen nicht, was wir tun sollen. Auf dich sind unsere Augen gerichtet! 13 Und während ganz Juda vor dem HERRN stand, auch die Kinder, ihre Frauen und ihre Söhne, 14 kam der Geist des HERRN mitten in der Versammlung auf Jachasiel, den Sohn Secharjahus, des Sohns Benajas, des Sohns Jeiels, des Sohns Mattanjas, den Leviten, von den Söhnen Asaf, 15 und er sprach: Hört hin, ganz Juda und ihr Bewohner Jerusalems und du, König Jehoschafat! So spricht der HERR zu euch: Fürchtet euch nicht und habt keine Angst vor dieser grossen Menge! Denn es ist nicht euer, sondern Gottes Krieg. 16 Zieht morgen gegen sie hinab! Seht, sie kommen herauf beim Aufstieg von Ziz. Und ihr werdet sie finden am Ende des Bachtals vor der Wüste Jeruel. 17 Es ist nicht an euch, deswegen zu kämpfen! Stellt euch auf, steht fest, und seht der Rettung durch den HERRN bei euch entgegen, Juda und Jerusalem. Fürchtet euch nicht und habt keine Angst! Zieht ihnen morgen entgegen, und der HERR wird bei euch sein.

18 Da verneigte sich Jehoschafat mit dem Angesicht zur Erde, und ganz Juda und die Bewohner Jerusalems fielen nieder vor dem HERRN, um sich vor dem HERRN zu verneigen. 19 Und die Leviten von den Kehatiten und den Korachiten erhoben sich, um den HERRN, den Gott Israels, mit sehr lauter Stimme zu preisen. 20 Und früh am Morgen zogen sie hinaus in die Wüste Tekoa, und als sie auszogen, trat Jehoschafat vor und sagte: Hört auf mich, Juda und ihr Bewohner von Jerusalem! Vertraut auf den HERRN, euren Gott, und ihr werdet bestehen, vertraut auf seine Propheten, und ihr werdet Erfolg haben. 21 Dann beriet er sich mit dem Volk und stellte Sänger auf für den HERRN, die beim Auszug vor den Gerüsteten in heiligem Schmuck lobpriesen und sagten: Danket

dem HERRN, denn ewig währt seine
Güte!

22 Und zu der Zeit, als sie mit dem
Jubel und dem Lobgesang begannen,
legte der HERR Hinterhalte gegen die
Ammoniter, Moab und die vom Gebirge
Seir, die gegen Juda heranzogen, und sie
wurden geschlagen.

23 Und die Ammoniter und die von
Moab stellten sich gegen die Bewohner
des Gebirges von Seir, um sie der Vernichtung zu weihen und sie zu vertilgen, und nachdem sie die Bewohner von
Seir aufgerieben hatten, halfen sie einander, sie zu vernichten. 24 Und als Juda
zu dem Ausblickspunkt gegen die
Wüste hin gekommen war, schauten sie
nach der Menge, und sieh, da lagen nur
Leichen am Boden, und niemand war
entronnen. 25 Da kamen Jehoschafat
und sein Volk, um die Beute zu plündern. Und sie fanden bei ihnen in
grosser Menge Besitztum und Kleider
und kostbare Geräte, und sie rafften so
viel an sich, dass man es nicht mehr tragen konnte. Drei Tage plünderten sie
die Beute, so gross war sie.

26 Und am vierten Tage versammelten sie sich im Tal Beracha, dort lobten
sie den HERRN. Darum nennt man diesen Ort bis heute Emek-Beracha. 27 Und
alle Männer von Juda und Jerusalem
und an ihrer Spitze Jehoschafat, kehrten
zurück nach Jerusalem, in Freude, denn
Freude hatte der HERR ihnen bereitet
gegenüber ihren Feinden. 28 Und sie
kamen nach Jerusalem mit Harfen und
Leiern und Trompeten, zum Haus des
HERRN. 29 Und der Schrecken Gottes
fiel auf alle Königreiche der Länder, als
sie hörten, dass der HERR gegen die Feinde Israels gekämpft hatte. 30 Das Königtum Jehoschafats aber hatte Ruhe, und
sein Gott schaffte ihm Ruhe ringsum.

31 So war Jehoschafat König über
Juda. Er war fünfunddreissig Jahre alt,
als er König wurde, und fünfundzwanzig Jahre lang war er König in Jerusalem.
Und der Name seiner Mutter war Asuba,
die Tochter Schilchis. 32 Und er ging auf
dem Weg seines Vaters Asa und wich
nicht davon ab und tat, was recht war in
den Augen des HERRN. 33 Die Kulthöhen aber verschwanden nicht, und noch
immer wandte das Volk sein Herz nicht
dem Gott seiner Vorfahren zu.

34 Und was sonst noch von Jehoschafat zu berichten ist, das Frühere
und das Spätere, sieh, das steht geschrieben in der Geschichte Jehus, des Sohns
von Chanani, die in das Buch der Könige
von Israel aufgenommen worden ist.

35 Danach aber verbündete sich
Jehoschafat, der König von Juda, mit
Achasja, dem König von Israel; dieser
handelte frevelhaft. 36 Er verbündete
sich mit ihm, um Schiffe zu bauen, die
nach Tarschisch fahren sollten. Und sie
bauten Schiffe in Ezjon-Geber. 37 Da
weissagte Elieser, der Sohn des Doda-
wahu aus Marescha, gegen Jehoschafat
und sagte: Weil du dich mit Achasjahu
verbündet hast, zerbricht der HERR
deine Werke. Und die Schiffe zerbrachen und konnten nicht nach
Tarschisch fahren.

|1: 26,7; 1Chr 4,41 |2: 1Sam 24,1! |3–4: 14,6!;
15,12! |3: Jer 36,9! |6: 6,21 · 1Chr 29,11–12 · 6,14;
Jer 49,19 |7: Dtn 1,8; 4,38 · Jes 41,8; Jak 2,23 |8–9:
6,5–6! |9: 6,28–30 · 13,14! |10: Num 20,14–21;
Dtn 2,19! |11: 7; Jos 1,6 |12: Ps 94,2 |14: 15,1! |15–17:
13,15!; Ex 14,13–14 |15: 32,7; 1Chr 28,20 |17: Num 14,9;
Dtn 3,22 |18–19: 29,30! |19: 1Chr 16,4! |20: Jes 7,9;
28,16 |21: 1Chr 16,4!.34! |22: 15–17; 13,15! |23: Ri 7,22!;
1Sam 14,20 |24: 2Kön 19,35 |25: 14,12–14! |28:
1Chr 16,4! |29: 14,13! · 15–17 |30: 14,4–6! |31–37:
1Kön 22,41–50 |32: 17,3! |33: 15,17! · 15,13! |34: 9,29! ·
16,7; 19,2 |35: 18,1; 21,6 · 1Kön 22,52–54 |36: Jona 1,3

20,1: Der Massoretische Text lautet: «… eine
Anzahl von Ammonitern …»
20,2: Mit dem Meer ist das Tote Meer gemeint.
20,25: Der Massoretische Text lautet: «… Besitztum und Leichen und kostbare Geräte, …»
20,26: Der hebräische Name Emek-Beracha
bedeutet ‹Tal des Lobens›.

Jehoram, König von Juda. Seine Erkrankung

21 1 Und Jehoschafat legte sich zu
seinen Vorfahren, und er wurde
bei seinen Vorfahren begraben, in der
Stadt Davids, und Jehoram, sein Sohn,
wurde König an seiner Statt. 2 Und er

hatte Brüder, die Söhne Jehoschafats: Asarja und Jechiel und Secharjahu und Asarjahu und Michael und Schefatjahu; alle diese waren die Söhne Jehoschafats, des Königs von Israel. 3 Und ihr Vater gab ihnen viele Geschenke von Silber und Gold und Kostbarkeiten sowie befestigte Städte in Juda; die Königsherrschaft aber hatte er Jehoram übergeben, denn er war der Erstgeborene. 4 Und Jehoram erhob sich gegen das Königshaus seines Vaters, wurde stark und brachte alle seine Brüder mit dem Schwert um und auch einige der Fürsten Israels.

5 Zweiunddreissig Jahre alt war Jehoram, als er König wurde, und acht Jahre lang war er König in Jerusalem. 6 Und er ging auf dem Weg der Könige von Israel, wie das Haus Achab es tat, denn die Tochter Achabs war seine Frau, und er tat, was böse war in den Augen des HERRN. 7 Um des Bundes willen aber, den er mit David geschlossen hatte, wollte der HERR das Haus David nicht verderben, hatte er doch zugesagt, ihm und seinen Nachfahren für immer eine Leuchte zu geben.

8 In seinen Tagen löste sich Edom von der Herrschaft Judas, und sie machten einen zum König über sich. 9 Da zog Jehoram hinüber mit seinen Obersten und mit ihm alle Wagen. Und in der Nacht hatte er sich aufgemacht, und er schlug Edom, das ihn und die Obersten über die Wagen umzingelt hatte. 10 Edom aber hat sich von der Herrschaft Judas gelöst bis auf den heutigen Tag. Damals, in jener Zeit, löste sich auch Libna von seiner Herrschaft, denn er hatte den HERRN, den Gott seiner Vorfahren, verlassen. 11 Auch er hatte Kulthöhen auf den Bergen Judas errichtet, und er stiftete die Bewohner Jerusalems zur Hurerei an und verführte Juda.

12 Da gelangte ein Schreiben von Elija, dem Propheten, an ihn, das lautete: So spricht der HERR, der Gott Davids, deines Vorfahren: Dafür, dass du nicht auf den Wegen Jehoschafats, deines Vorfahren, gegangen bist und nicht auf den Wegen Asas, des Königs von Juda, 13 sondern auf dem Weg der Könige Israels gegangen bist und Juda und die Bewohner Jerusalems zur Hurerei – wie den Hurereien im Haus Achab – angestiftet hast, und auch weil du deine Brüder, deine Familie, umgebracht hast, die besser waren als du – 14 sieh, eine grosse Plage bringt der HERR über dein Volk und über deine Söhne und deine Frauen und über alles, was du besitzt. 15 Und du selbst wirst schwer erkranken an einer Krankheit deiner Eingeweide, bis im Lauf der Zeit als Folge der Krankheit deine Eingeweide herausdringen. 16 Da erweckte der HERR gegen Jehoram den Geist der Philister und der Araber, die neben den Kuschitern waren, 17 und sie zogen hinauf gegen Juda und brachen dort ein und führten den ganzen Besitz weg, der sich im Haus des Königs fand, auch seine Söhne und seine Frauen, und es blieb ihm kein Sohn, ausser Jehoachas, dem jüngsten seiner Söhne. 18 Und nach alledem schlug ihn der HERR in seinen Eingeweiden mit einer unheilbaren Krankheit. 19 Und nach einer gewissen Zeit, etwa nach Ablauf von zwei Jahren, drangen als Folge seiner Krankheit seine Eingeweide heraus, und er starb unter schlimmen Umständen. Und sein Volk entzündete ihm kein Feuer, wie man es für seine Vorfahren getan hatte.

20 Zweiunddreissig Jahre alt war er, als er König wurde, und acht Jahre lang war er König in Jerusalem, und er ging, ohne bedauert zu werden. Und man begrub ihn in der Stadt Davids, aber nicht in den Gräbern der Könige.

|1: 1Kön 22,51 |2–10: 2Kön 8,16–22 |3: 11,23 · 11,5! |6: 13; 22,3; 28,2 · 18,1; 22,2 |7: 13,5 · 2Sam 21,17; 1Kön 11,36! |10: 12,2; 28,6; 29,6; 1Chr 28,9! |11: 15,17! · Dtn 31,16 |12: 1Kön 17,1 · 14,1; 17,3!-4 |13: 6! · 1Kön 16,30–33 |15: 16,12 |16: 36,22; 1Chr 5,26 · 26,7 |17: 22,1 |18: 15 |19: 16,14 |20: 5 · 24,25; 28,27

21,2: Vermutlich muss der Text lauten: «... Jehoschafats, des Königs von Juda.»
21,9: Siehe die Anm. zu 2Kön 8,21.
21,19: Wörtlich: «... wie das Feuer für seine Vorfahren.»

Achasjahu, König von Juda. Ataljahu

22 1 Und die Bewohner Jerusalems machten Achasjahu, seinen jüngsten Sohn, zum König an seiner Statt; denn alle älteren hatte die Streifschar, die mit Arabern in das Lager gekommen war, umgebracht. So wurde Achasjahu König, der Sohn Jehorams, König von Juda. 2 Zweiundvierzig Jahre alt war Achasjahu, als er König wurde, und ein Jahr lang war er König in Jerusalem. Und der Name seiner Mutter war Ataljahu, die Nachfahrin Omris. 3 Auch er ging auf den Wegen des Hauses Achab, denn seine Mutter beriet ihn so, dass er Böses tat, 4 und wie das Haus Achab tat auch er, was böse war in den Augen des HERRN, denn nach dem Tod seines Vaters waren diese für ihn Berater zu seinem Verderben. 5 Auch folgte er ihrem Rat und zog mit Jehoram, dem Sohn des Achab, dem König von Israel, nach Ramot-Gilead in den Krieg gegen Chasael, den König von Aram, die Aramäer aber verwundeten Joram. 6 Da kehrte er zurück, um in Jesreel seine Wunden heilen zu lassen, die man ihm in Rama geschlagen hatte, als er gegen Chasael, den König von Aram, kämpfte. Und Asarjahu, der Sohn des Jehoram, der König von Juda, kam herab, um nach Jehoram, dem Sohn des Achab, in Jesreel zu sehen, denn dieser war verwundet worden.

7 Von Gott her war es als Untergang Achasjahus gefügt, dass er zu Joram ging. Und als er kam, zog er mit Jehoram aus gegen Jehu, den Sohn Nimschis, den der HERR gesalbt hatte, um das Haus Achab auszurotten. 8 Und als Jehu am Haus Achab das Gericht vollzog, fand er die Obersten Judas und die Söhne der Brüder des Achasjahu, die Achasjahu dienten, und er brachte sie um. 9 Dann suchte er Achasjahu, und man nahm ihn gefangen, als er sich in Samaria versteckt hielt. Und sie brachten ihn zu Jehu, töteten ihn und begruben ihn, denn sie sagten: Er ist der Sohn Jehoschafats, der von ganzem Herzen nach dem HERRN gefragt hat. Vom Haus

Achasjahu aber gab es niemanden, der stark genug gewesen wäre, das Königtum zu behalten.

10 Als aber Ataljahu, die Mutter des Achasjahu, sah, dass ihr Sohn tot war, machte sie sich auf und redete mit allen königlichen Nachkommen des Hauses Juda. 11 Jehoschabat aber, die Tochter des Königs, nahm Joasch, den Sohn Achasjahus, stahl ihn aus dem Kreis der Söhne des Königs, die getötet werden sollten. Und sie brachte ihn und seine Amme in die Bettenkammer. So versteckte ihn Jehoschabat, die Tochter des Königs Jehoram, die Frau Jehojadas, des Priesters – denn sie war die Schwester Achasjahus – vor Ataljahu, und sie konnte ihn nicht töten. 12 Und sechs Jahre lang hielt er sich versteckt bei ihnen, im Haus Gottes, während Atalja Königin war über das Land.

|1–6: 2Kön 8,25–29 |1: 21,16–17 |2: 21,6
|3: 21,6!.13 · 24,7 |5: 2Kön 3,1 · 18,2 |7: 10,15! ·
2Kön 9,21 · 2Kön 9,2.6–9 |8: 2Kön 10,12–14 |9:
2Kön 9,27–28 · 15,12!; 17,3–4 |10–12: 2Kön 11,1–3

22,10: »... redete mit ... Nachkommen ...» lautet
der Massoretische Text; möglicherweise ist nach
2Kön 11,1 zu übersetzen: «... brachte alle ... um.»

Jehojadas Verschwörung. Joasch wird König von Juda

23 1 Im siebten Jahr aber fasste Jehojada Mut und holte die Obersten der Hundertschaften zu sich in einen Bund – Asarjahu, den Sohn Jerochams, und Jischmael, den Sohn Jehochanans, und Asarjahu, den Sohn Obeds, und Maasejahu, den Sohn des Adajahu und Elischafat, den Sohn Sichris. 2 Und sie zogen in Juda umher und sammelten die Leviten aus allen Städten Judas und die Familienhäupter Israels. Und sie kamen nach Jerusalem. 3 Und im Haus Gottes schloss die ganze Versammlung einen Bund mit dem König, und er sagte zu ihnen: Seht, der Sohn des Königs soll König sein, wie es der HERR den Söhnen Davids zugesagt hat. 4 Dies ist es, was ihr tun sollt: Ein Drittel von euch, diejenigen, die am Sabbat antreten, Priester und Leviten, soll Torwächter der Schwellen sein; 5 und ein Drittel soll im Haus des Königs sein und ein Drittel am Grund-Tor und das ganze Volk in den Höfen des Hauses des HERRN. 6 Und niemand soll das Haus des HERRN betreten, ausser den Priestern und den diensttuenden Leviten. Diese dürfen kommen, denn sie sind heilig. Und das ganze Volk soll die Aufgaben für den HERRN erfüllen. 7 Und die Leviten sollen sich rings um den König scharen, jeder mit den Waffen in der Hand, und wer ins Haus eindringt, wird getötet. Und ihr bleibt beim König, wenn er hineingeht und wenn er hinausgeht! 8 Und die Leviten und ganz Juda machten es genau, wie Jehojada, der Priester, es ihnen befohlen hatte, und sie nahmen, ein jeder, ihre Männer, die am Sabbat antraten, zusammen mit denen, die am Sabbat abtraten, denn Jehojada, der Priester, hatte die Abteilungen nicht entlassen. 9 Und Jehojada, der Priester, gab den Anführern der Hundertschaften die Speere und die Setzschilde und die Rundschilde, die König David gehört hatten und die im Haus Gottes waren. 10 Und er stellte das ganze Volk auf, jeder die Waffe in der Hand, von der Südecke des Hauses bis zur Nordecke des Hauses, beim Altar und beim Haus, rings um den König. 11 Dann führten sie den Sohn des Königs hinaus, legten ihm das Diadem an, gaben ihm die Urkunde, und sie machten ihn zum König, und Jehojada und seine Söhne salbten ihn und sprachen: Es lebe der König!

12 Ataljahu aber hörte das Lärmen des Volks, das herbeilief und den König bejubelte, und sie kam zum Volk ins Haus des HERRN. 13 Da sah sie nach, und sieh, der König stand auf seinem Podest im Eingang und die Obersten und die Trompeter waren neben dem König, und alles Volk des Landes war frohen Mutes und blies die Trompeten. Und da waren die Sänger mit den Musikinstrumenten und leiteten den Lobgesang. Da zerriss Ataljahu ihre Kleider und sprach:

Verrat! Verrat! 14 Jehojada, der Priester, aber brachte die Anführer der Hundertschaften heraus, die Befehlshaber des Heeres, und sprach zu ihnen: Führt sie hinaus durch die Reihen, und wer ihr folgt, wird mit dem Schwert getötet. Denn der Priester hatte gesagt: Ihr dürft sie nicht im Haus des HERRN töten! 15 Und man legte Hand an sie, und sie kam bis zum Eingang des Ross-Tors am Haus des Königs, und dort tötete man sie. 16 Und Jehojada schloss einen Bund zwischen sich, dem ganzen Volk und dem König, ein Volk des HERRN zu werden. 17 Dann kam alles Volk zum Haus des Baal, und sie rissen es nieder; seine Altäre und seine Bilder zerschlugen sie, und Mattan, den Priester des Baal, brachten sie vor den Altären um. 18 Jehojada aber setzte Wachen ein für das Haus des HERRN, durch die Priester und die Leviten, die David dem Haus des HERRN zugeteilt hatte, um dem HERRN Brandopfer darzubringen, mit Freude und Gesang, wie es geschrieben steht in der Weisung des Mose, nach den Anordnungen Davids. 19 Und er stellte die Torwächter an die Tore des Hauses des HERRN, damit kein irgendwie Unreiner hereinkomme. 20 Dann nahm er die Anführer der Hundertschaften und die Vornehmen und die Mächtigen im Volk und alles Volk des Landes und geleitete den König aus dem Haus des HERRN, und durch das obere Tor kamen sie in das Haus des Königs, und sie setzten den König auf den Thron des Königtums. 21 Und alles Volk des Landes freute sich, und die Stadt blieb ruhig. Ataljahu aber hatte man mit dem Schwert getötet.

|1–21: 2Kön 11,4–20 |1: 15,12! |2: 11,13 |3: 6,16; 1Chr 17,11–14 |4–5: 1Chr 9,19! |6: 18; 1Chr 6,33! |8: 8,14! |13: 16,4! |16: 3 |18–19: 8,14! |18: 6! |20: 1Chr 29,23 |21: 1Chr 12,41

23,10: Siehe die Anm. zu 2Kön 11,11.
23,14: Siehe die Anm. zu 2Kön 11,15.

Joaschs Herrschaft. Seine Blutschuld

24 1 Sieben Jahre alt war Joasch, als er König wurde, und vierzig Jahre lang war er König in Jerusalem. Und der Name seiner Mutter war Zibja aus Beer-Scheba. 2 Und solange Jehojada, der Priester, lebte, tat Joasch, was recht war in den Augen des HERRN. 3 Und Jehojada gab ihm zwei Frauen, und er zeugte Söhne und Töchter. 4 Und danach lag es Joasch am Herzen, das Haus des HERRN zu erneuern. 5 Und er versammelte die Priester und die Leviten und sprach zu ihnen: Geht hinaus in die Städte Judas und sammelt aus ganz Israel Silber, um das Haus eures Gottes auszubessern, Jahr für Jahr, und ihr sollt euch damit beeilen! Die Leviten aber beeilten sich nicht. 6 Da rief der König Jehojada, das Haupt, und sagte zu ihm: Warum hast du die Leviten nicht gedrängt, von Juda und von Jerusalem die Abgabe zu bringen, die Mose, der Diener des HERRN, der Versammlung Israels für das Zelt des Zeugnisses auferlegt hat? 7 Denn die gottlose Ataljahu und ihre Söhne sind in das Haus Gottes eingedrungen und haben auch alles Heilige des Hauses des HERRN zu Baalen gemacht. 8 Und der König gab Anordnung, und man fertigte einen Kasten an und stellte ihn draussen am Tor des Hauses des HERRN hin. 9 Und man rief in Juda und Jerusalem aus, man solle dem HERRN die Abgabe bringen, die Mose, der Diener Gottes, Israel in der Wüste auferlegt hatte. 10 Und alle Oberen und das ganze Volk freuten sich, und sie brachten herbei und füllten den Kasten, bis er voll war. 11 Und immer wenn man, durch die Leviten, den Kasten dem König zur Überprüfung brachte und sah, dass viel Silber darin war, kamen der Schreiber des Königs und der Beauftragte des Hohen Priesters, leerten den Kasten und trugen ihn zurück an seinen Platz. So hielten sie es Tag für Tag und sammelten viel Silber. 12 Dieses aber gaben der König und Jehojada dem Werkmeister für die Arbeit am Haus des HERRN, und sie stellten Steinhauer und Handwerker ein, um das Haus des HERRN zu erneuern, und auch Schmiede für Eisen und Bronze, um das Haus des HERRN auszubessern. 13 Und die Werkmeister arbeiteten, und die Arbeit gedieh unter ihrer Hand. Und sie stellten das Haus in seinen Massen wieder her und setzten es instand. 14 Und sobald sie fertig waren, brachten sie den Rest des Silbers vor den König und vor Jehojada, und dieser liess daraus Geräte machen für das Haus des HERRN, Geräte für den Dienst und für das Opfern und Schalen und goldene und silberne Geräte. Und im Haus des HERRN brachten sie ständig Brandopfer dar, solange Jehojada lebte.

15 Und Jehojada wurde alt und lebenssatt, und er starb; hundertdreissig Jahre alt war er, als er starb. 16 Und man begrub ihn in der Stadt Davids, bei den Königen, denn er hatte Gutes getan in Israel und für Gott und sein Haus.

17 Nach dem Tod Jehojadas aber kamen die Fürsten Judas und warfen sich vor dem König nieder. Da hörte der König auf sie. 18 Und sie verliessen das Haus des HERRN, des Gottes ihrer Vorfahren, und dienten den Ascheren und den Götzenbildern. Und wegen dieser ihrer Schuld kam Zorn über Juda und Jerusalem. 19 Und er sandte Propheten zu ihnen, um sie zum HERRN zurückzubringen; und diese ermahnten sie, doch sie hörten nicht hin. 20 Und der Geist Gottes war über Secharja gekommen, den Sohn Jehojadas, des Priesters, und er trat vor das Volk und sprach zu ihnen: So spricht Gott: Warum übertretet ihr die Gebote des HERRN? Ihr werdet keinen Erfolg haben, denn ihr habt den HERRN verlassen, und dann hat er euch verlassen! 21 Da verschworen sie sich gegen ihn, und auf Befehl des Königs steinigten sie ihn im Vorhof des Hauses des HERRN. 22 Und Joasch, der König, dachte nicht mehr an die Barmherzigkeit, die Jehojada, sein Vater, ihm erwiesen hatte, und er brachte dessen Sohn um. Und als dieser im Sterben lag, sagte

er: Der HERR möge es sehen und Rechenschaft fordern!

23 Und zur Jahreswende zog das Heer Arams gegen ihn hinauf, und sie kamen nach Juda und Jerusalem und brachten aus dem Volk alle Obersten des Volks um, und ihre ganze Beute sandten sie dem König von Damaskus. 24 Obwohl das Heer Arams mit nur wenigen Männern gekommen war, hatte der HERR ein übergrosses Heer in ihre Hand gegeben, denn sie hatten den HERRN, den Gott ihrer Vorfahren, verlassen. Und sie vollzogen das Gericht an Joasch. 25 Und als sie von ihm wegzogen – sie liessen ihn schwer verwundet zurück – zettelten seine Diener gegen ihn eine Verschwörung an wegen seiner Blutschuld an den Söhnen des Jehojada, des Priesters, und sie erschlugen ihn auf seinem Lager, und er starb. Und man begrub ihn in der Stadt Davids, aber man begrub ihn nicht in den Gräbern der Könige.

26 Und diese sind es, die sich gegen ihn verschworen hatten: Sabad, der Sohn der Schimat, der Ammoniterin, und Jehosabad, der Sohn der Schimrit, der Moabiterin. 27 Was aber seine Söhne betrifft und die vielen Aussprüche über ihn, wie auch die grundlegende Instandsetzung des Hauses Gottes, sieh, das steht geschrieben im Midrasch des Buchs der Könige. Und Amazjahu, sein Sohn, wurde König an seiner Statt.

|1–14: 2Kön 12,1–17 |4: 15,8 |5: 34,8 |6: Ex 30,12–16 |7: 22,3 |9: 6 |10: 1Chr 29,9 |12: 34,9–11 |14: 2,3! |15: 1Chr 29,28 |18: 7,19–21; 29,6–9; 30,7; 32,25–26!; 34,25 |19: 36,15–16 |20: 15,1! · 1Chr 28,9! |23–27: 2Kön 12,18–22 |25: 25,27 · 21,20; 28,27 |27: 9,29!; 1Chr 9,1

24,27: Statt «… die vielen Aussprüche über ihn, …» ist auch die Übersetzung möglich: «die Menge des ihm auferlegten Tributs, …»

Amazjahu, König von Juda. Seine Abkehr vom HERRN

25 1 Mit fünfundzwanzig Jahren wurde Amazjahu König, und neunundzwanzig Jahre lang war er König in Jerusalem. Und der Name seiner Mutter war Jehoaddan aus Jerusalem. 2 Und er tat, was recht war in den Augen des HERRN, wenn auch nicht mit ungeteiltem Herzen. 3 Und als das Königtum bei ihm gefestigt war, brachte er diejenigen von seinen Dienern um, die den König, seinen Vater, erschlagen hatten. 4 Ihre Kinder aber tötete er nicht, denn wie es geschrieben steht in der Weisung, im Buch des Mose, wie der HERR es geboten hatte: Die Väter sollen nicht mit den Kindern sterben, und die Kinder sollen nicht mit den Vätern sterben, sondern ein jeder soll für seine eigene Sünde sterben.

5 Und Amazjahu versammelte Juda und liess sie antreten nach Familien unter den Obersten der Tausendschaften und den Obersten der Hundertschaften von ganz Juda und Benjamin. Und er musterte jene, die zwanzig Jahre alt und älter waren, und stellte fest, dass es dreihunderttausend auserlesene, kriegstüchtige Leute waren, die Schild und Speer führten. 6 Dazu warb er aus Israel hunderttausend tüchtige Krieger an für hundert Kikkar Silber. 7 Es war aber ein Gottesmann zu ihm gekommen, und der sagte: König! Lass das Heer Israels nicht mit dir ausziehen, denn der HERR ist nicht mit Israel, nicht mit allen Efraimiten. 8 Wenn du gehst und dich für den Kampf rüstest, wird Gott dich vor dem Feind zu Fall bringen, denn bei Gott ist die Kraft, um zu helfen und um zu Fall zu bringen. 9 Da sagte Amazjahu zum Gottesmann: Und was wird aus den hundert Kikkar, die ich der Schar aus Israels gegeben habe? Und der Gottesmann sagte: Der HERR vermag dir mehr als das zu geben!

10 Und Amazjahu sonderte die Schar ab, die aus Efraim zu ihm gekommen war, damit sie an ihren Ort ging. Da entbrannte ihr Zorn heftig gegen Juda, und in glühendem Zorn kehrten jene an ihren Ort zurück. 11 Amazjahu aber hatte Mut gefasst und führte sein Volk an und zog ins Salztal, und er erschlug die vom Seir, zehntausend. 12 Und zehntausend

nahmen die Judäer lebendig gefangen, führten sie auf eine Felsspitze und stiessen sie von der Felsspitze, und sie alle wurden zerschmettert. 13 Die Leute der Schar aber, die Amazjahu zurückgeschickt hatte, ohne dass sie mit ihm in den Krieg gezogen wären, überfielen die Städte Judas, von Samaria bis Bet-Choron, und sie erschlugen von ihnen dreitausend und machten grosse Beute.

14 Und nachdem Amazjahu vom Schlag gegen die Edomiter zurückgekommen war, brachte er die Götter derer vom Seir, und stellte sie für sich als Götter auf, und er pflegte, sich vor ihnen niederzuwerfen und ihnen Rauchopfer darzubringen. 15 Da entbrannte der Zorn des HERRN gegen Amazjahu, und er sandte einen Propheten zu ihm, und der sagte ihm: Warum hast du die Götter jenes Volks gesucht, die nicht einmal ihr eigenes Volk aus deiner Hand retten konnten? 16 Und als er zu ihm redete, sagte er zu ihm: Hat man dich zum Ratgeber des Königs bestellt? Halt ein! Warum soll man dich erschlagen? Da hielt der Prophet inne und sagte: Ich habe erkannt, dass Gott beschlossen hat, dich zu vernichten, weil du dies getan und nicht auf meinen Rat gehört hast! 17 Und Amazjahu, der König von Juda, hielt Rat und sandte zu Joasch, dem Sohn des Jehoachas, des Sohns von Jehu, dem König Israels, und sagte: Komm, wir wollen uns Auge in Auge gegenüberstehen. 18 Joasch aber, der König von Israel, sandte zu Amazjahu, dem König von Juda, und sagte: Der Dornstrauch, der auf dem Libanon wuchs, sandte zur Zeder, die auf dem Libanon stand, und sagte: Gib meinem Sohn deine Tochter zur Frau! Und die Wildtiere, die auf dem Libanon waren, liefen über ihn hinweg und zertraten den Dornstrauch. 19 Du sagst: Sieh, ich habe Edom geschlagen. Und nun treibt dein Herz dich an, Ehre zu suchen. Bleib jetzt in deinem Haus! Warum willst du dich ins Unglück stürzen und zu Fall kommen, du und Juda mit dir? 20 Amazjahu aber hörte nicht –

denn es kam von Gott, damit sie der Gewalt ausgeliefert würden, denn sie hatten die Götter Edoms gesucht. 21 Und so zog Joasch, der König von Israel, hinauf, und in Bet-Schemesch, das zu Juda gehört, standen sie sich Auge in Auge gegenüber, er und Amazjahu, der König von Juda. 22 Juda aber wurde vor Israel geschlagen, und sie flohen, ein jeder zu seinen Zelten. 23 Und Joasch, der König von Israel, nahm Amazjahu, den König von Juda, den Sohn des Joasch, des Sohns des Jehoachas, in Bet-Schemesch gefangen. Dann brachte er ihn nach Jerusalem, und in die Mauer von Jerusalem riss er eine Bresche von vierhundert Ellen, vom Efraim-Tor bis zum Eck-Tor. 24 Und er nahm alles Gold und Silber und alle Geräte, die sich im Haus Gottes bei Obed-Edom und in den Schatzkammern des Hauses des Königs fanden, und dazu auch Geiseln; dann kehrte er zurück nach Samaria.

25 Und nach dem Tod des Joasch, des Sohns von Jehoachas, des Königs von Israel, lebte Amazjahu, der Sohn des Joasch, der König von Juda, noch fünfzehn Jahre. 26 Und was sonst noch von Amazjahu zu berichten ist, das Frühere und das Spätere, sieh, steht das nicht geschrieben im Buch der Könige von Juda und Israel? 27 Und schon seit der Zeit, da Amazjahu vom HERRN abgefallen war, zettelte man in Jerusalem eine Verschwörung gegen ihn an, und er floh nach Lachisch. Aber man sandte hinter ihm her nach Lachisch, und dort tötete man ihn. 28 Dann hob man ihn auf die Pferde, und man begrub ihn bei seinen Vorfahren, in der Stadt von Juda.

|1–11: 2Kön 14,1–7 |3: 24,25–26 |4: Dtn 24,16 |5: 26,11–13 |7: 13,12; 15,9 |8: 26,7 |10: 32,25–26! |14–15: 24,18! |14: 28,23 |15: 24,18–19 · Jes 45,20 |17–24: 2Kön 14,8–14 |17: 2Kön 13,10 |20: 14–15; 10,15! |24: 1Chr 13,14! |25–28: 2Kön 14,17–20 |26: 9,29! |27: 24,25 |28: 9,31

25,19: Wörtlich: «...: Sieh, du hast Edom geschlagen. ...»
25,20: Mit ‹sie› sind die Judäer gemeint.

Ussijahu, König von Juda. Sein Hochmut

26 1 Dann nahm das ganze Volk von Juda den Ussijahu, der sechzehn Jahre alt war, und sie machten ihn zum König an seines Vaters Amazjahus Statt. 2 Er baute Elot aus und holte es für Juda zurück, nachdem der König sich zu seinen Vorfahren gelegt hatte.

3 Sechzehn Jahre alt war Ussijahu, als er König wurde, und zweiundfünfzig Jahre lang war er König in Jerusalem. Und der Name seiner Mutter war Jecholja aus Jerusalem. 4 Und er tat, was recht war in den Augen des HERRN, ganz wie Amazjahu, sein Vater, es getan hatte. 5 Und er war darauf bedacht, Gott zu suchen, solange Secharjahu lebte, der die Schauungen Gottes verstand; und solange er den HERRN suchte, schenkte Gott ihm Gelingen. 6 Und er zog aus und kämpfte gegen die Philister, und er riss die Mauer von Gat und die Mauer von Jabne und die Mauer von Aschdod nieder und baute Städte in Aschdod und bei den Philistern. 7 Und Gott half ihm gegen die Philister und gegen die Araber, die in Gur-Baal wohnten, und gegen die Meuniter. 8 Und die Ammoniter gaben Ussijahu Tribut, und sein Name drang bis da, wo es nach Ägypten geht; denn er war überaus mächtig geworden. 9 Und in Jerusalem baute Ussijahu Türme, am Eck-Tor und am Tal-Tor und am Winkel, und er befestigte sie. 10 Und er baute Türme in der Wüste und grub viele Brunnen, denn er hatte viel Vieh, in der Schefela und in der Ebene, Bauern und Winzer auf den Bergen und im Fruchtland – denn er liebte den Landbau.

11 Und Ussijahu hatte ein kriegstüchtiges Heer, das in Abteilungen in den Kampf zog, entsprechend der Zahl ihrer Musterung durch Jeiel, den Schreiber, und Maasejahu, den Verwalter, neben Chananjahu, einem der Obersten des Königs. 12 Die Gesamtzahl der Familienhäupter unter den tüchtigen Kriegern betrug zweitausendsechshundert. 13 Und in ihrer Hand lag eine Heeresmacht von dreihundertsiebentausendfünfhundert Mann, die mit Heereskraft den Kampf führten, um dem König beizustehen gegen den Feind. 14 Und Ussijahu rüstete sie, das ganze Heer, aus mit Rundschilden, Speeren, Helmen, Schuppenpanzern, Bogen und Schleudersteinen. 15 Und in Jerusalem fertigte er mit Sachverstand entwickelte Maschinen an, die auf den Türmen und Zinnen stehen sollten, um mit Pfeilen und grossen Steinen zu schiessen. So ging sein Name hinaus bis in die Ferne; denn ihm wurde wunderbare Hilfe zuteil, bis er stark war.

16 Als er aber stark geworden war, wurde sein Herz hochmütig, bis zum Verderben, und er wurde dem HERRN, seinem Gott, untreu und kam in den Tempel des HERRN, um auf dem Räucheraltar Rauchopfer darzubringen. 17 Da folgte ihm Asarjahu, der Priester, und bei ihm waren achtzig Priester des HERRN, tüchtige Männer; 18 und sie traten Ussijahu, dem König, entgegen und sagten zu ihm: Nicht dir, Ussijahu, steht es zu, dem HERRN Rauchopfer darzubringen, sondern den Priestern, den Söhnen Aaron, die geweiht sind, um Rauchopfer darzubringen. Verlass das Heiligtum, denn du bist untreu geworden! Das gereicht dir nicht zur Ehre beim HERRN, Gott. 19 Da wurde Ussijahu zornig, während er noch die Räucherpfanne zum Räuchern in der Hand hielt. Als er aber zornig wurde über die Priester, brach auf seiner Stirn der Aussatz aus vor den Priestern im Haus des HERRN beim Räucheraltar. 20 Und Asarjahu, der Hauptpriester, und alle andern Priester wandten sich ihm zu, und sieh, da war er auf seiner Stirn vom Aussatz befallen. Da brachten sie ihn eilends weg von dort, und auch er selbst beeilte sich, hinauszukommen, denn der HERR hatte ihn geschlagen. 21 So war Ussijahu, der König, bis zum Tag seines Todes aussätzig, und als Aussätziger wohnte er in einem abgesonderten Haus, da er vom Haus des HERRN aus-

geschlossen war. Und Jotam, sein Sohn, stand dem Haus des Königs vor. Er verschaffte dem Volk des Landes Recht.

22 Und was sonst noch von Ussijahu zu berichten ist, das Frühere und das Spätere, hat Jesaja, der Sohn des Amoz, der Prophet, niedergeschrieben. 23 Und Ussijahu legte sich zu seinen Vorfahren, und man begrub ihn bei seinen Vorfahren auf dem Gräberfeld für die Könige, denn man sagte: Er ist aussätzig! Und Jotam, sein Sohn, wurde König an seiner Statt.

|1–2: 2Kön 14,21–22 |3–4: 2Kön 15,2–3 |4: 17,3!; 25,2 |5: 14,6! · 1Chr 22,13! |7: 13,15!; 25,8 · 21,16 · 20,1 |8: 9,24!; 27,5 · 1Chr 14,17! |9–10: 27,4; 32,5 |10: 32,29 |11–13: 17,13–19 |16: 12,1–2; 25,19; 32,25 |18: Ex 28,1; Num 18,7 |19–23: 2Kön 15,5–7 |19: 16,10 · Num 12,9–10 |22: 9,29! · 32,32; Jes 1,1

26,1: Der König Ussijahu trägt in 2Kön 15 den Namen Asarja.
26,21: Siehe die Anm. zu 2Kön 15,5.

Jotam, König von Juda. Seine Treue

27 1 Fünfundzwanzig Jahre alt war Jotam, als er König wurde, und sechzehn Jahre lang war er König in Jerusalem. Und der Name seiner Mutter war Jeruscha, die Tochter des Zadok. 2 Und er tat, was recht war in den Augen des HERRN, ganz wie Ussijahu, sein Vater, es getan hatte, nur ging er nicht in den Tempel des HERRN. Das Volk aber handelte noch immer verderblich. 3 Er hat das obere Tor gebaut am Haus des HERRN. Auch an der Mauer des Ofel baute er viel. 4 Und er baute Städte im Bergland von Juda, und in den Waldgebieten baute er Burgen und Türme. 5 Und er kämpfte gegen den König der Ammoniter; und er war stärker als diese. Und die Ammoniter gaben ihm in jenem Jahr hundert Kikkar Silber und zehntausend Kor Weizen und zehntausend an Gerste. Dies lieferten ihm die Ammoniter auch im zweiten und dritten Jahr ab. 6 So erstarkte Jotam, denn er hatte seine Wege gefestigt vor dem HERRN, seinem Gott.

7 Und was sonst noch von Jotam zu berichten ist, alle seine Kriege und seine

Wege, sieh, sie stehen geschrieben im Buch der Könige von Israel und Juda. 8 Fünfundzwanzig Jahre alt war er, als er König wurde, und sechzehn Jahre lang war er König in Jerusalem. 9 Und Jotam legte sich zu seinen Vorfahren, und man begrub ihn in der Stadt Davids. Und Achas, sein Sohn, wurde König an seiner Statt.

|1–9: 2Kön 15,32–38 |2: 17,3!; 26,4 · 26,16 |3: 33,14 |4: 11,5! · 26,9–10; 32,5 |5: 26,8 |6: 13,18! |7: 9,29! |9: 9,31

Achas, König von Juda. Seine Treulosigkeit

28 1 Zwanzig Jahre alt war Achas, als er König wurde, und sechzehn Jahre lang war er König in Jerusalem. Und anders als David, sein Vorfahr, tat er nicht, was recht war in den Augen des HERRN: 2 Er ging auf den Wegen der Könige von Israel und machte sogar Gussbilder für die Baale. 3 Er selbst brachte im Tal Ben-Hinnom Räucheropfer dar und liess seine Söhne durchs Feuer gehen, wie es den Abscheulichkeiten der Nationen entsprach, die der HERR vor den Israeliten vertrieben hatte. 4 Und er brachte Schlachtopfer und Rauchopfer dar auf den Kulthöhen und auf den Hügeln und unter jedem grünen Baum.

5 Da gab ihn der HERR, sein Gott, in die Hand des Königs von Aram. Und sie schlugen ihn und machten von ihnen viele Gefangene und brachten sie nach Damaskus. Und auch in die Hand des Königs von Israel wurde er gegeben, und der brachte ihm eine schwere Niederlage bei. 6 Und Pekach, der Sohn des Remaljahu, brachte in Juda an einem einzigen Tag hundertzwanzigtausend um, alles tüchtige Krieger, weil sie den HERRN, den Gott ihrer Vorfahren, verlassen hatten. 7 Und Sichri, ein Held Efraims, brachte Maasejahu um, den Sohn des Königs, und Asrikam, den Verwalter des Hauses und Elkana, den Zweiten nach dem König. 8 Und die Israeliten nahmen von ihren Brüdern zweihunderttausend gefangen, Frauen, Söhne und Töchter, und sie nahmen von

ihnen auch grosse Beute und brachten die Beute nach Samaria.

9 Und dort war ein Prophet des HERRN mit Namen Oded; und dieser ging hinaus, dem Heer entgegen, das nach Samaria kam, und sagte zu ihnen: Seht, weil der HERR, der Gott eurer Vorfahren, über Juda zornig war, hat er sie in eure Hand gegeben. Und ihr habt unter ihnen gemordet in einem Zorn, der an den Himmel reicht. 10 Und nun wollt ihr euch die aus Juda und Jerusalem als Sklaven und Sklavinnen unterwerfen. Habt nicht gerade ihr bei euch Verschuldungen gegenüber dem HERRN, eurem Gott? 11 Und nun hört auf mich und bringt die Gefangenen zurück, die ihr von euren Brüdern gefangen genommen habt; denn der glühende Zorn des HERRN liegt auf euch. 12 Da erhoben sich Männer von den Häuptern der Efraimiten, Asarjahu, der Sohn Jehochanans, Berechjahu, der Sohn Meschillemots, Jechiskijahu, der Sohn Schallums, und Amasa, der Sohn Chadlais, gegen jene, die vom Feldzug zurückkamen. 13 Und sie sagten zu ihnen: Bringt die Gefangenen nicht hierher! Wollt ihr die Schuld vor dem HERRN, die auf uns lastet, noch vergrössern, unsere Sünden und unsere Verschuldungen, denn wir haben grosse Schuld, und brennender Zorn ist über Israel! 14 Da gaben die Gerüsteten die Gefangenen und die Beute frei, vor den Fürsten und der ganzen Versammlung. 15 Und die Männer, die mit Namen bezeichnet waren, erhoben sich und nahmen sich der Gefangenen an, und alle, die nackt waren unter ihnen, bekleideten sie aus der Beute, und sie gaben ihnen Kleider und Schuhwerk und Speise und Trank und salbten sie. Und alle, die zu schwach waren, geleiteten sie auf Eseln, sie brachten sie nach Jericho, der Palmenstadt, zu ihren Brüdern. Dann kehrten sie nach Samaria zurück.

16 Zu jener Zeit sandte König Achas zu den Königen von Assur, dass sie ihm helfen sollten. 17 Und wieder waren Edomiter gekommen, und sie schlugen Juda und führten Gefangene weg. 18 Und die Philister überfielen die Städte Judas in der Schefela und im Negev und nahmen Bet-Schemesch ein und Ajjalon und Gederot und Socho und seine Tochterstädte und Timna und seine Tochterstädte und Gimso und seine Tochterstädte, und dort liessen sie sich nieder. 19 Denn der HERR demütigte Juda, Achas, des Königs von Israel, wegen, denn er hatte Verwilderung aufkommen lassen in Juda und war treulos geworden gegen den HERRN. 20 Da zog Tilgat-Pilneeser, der König von Assur, gegen ihn heran und bedrängte ihn, statt ihn zu unterstützten. 21 Obwohl Achas das Haus des HERRN und das Haus des Königs und die Fürsten ausgeraubt und alles dem König von Assur gegeben hatte, wurde ihm keine Hilfe zuteil. 22 Und so lange er bedrängt war, handelte er, der König Achas, weiterhin untreu gegenüber dem HERRN. 23 Er brachte den Göttern von Damaskus, die ihn geschlagen hatten, Schlachtopfer dar und sagte: Ja, die Götter der Könige von Aram, sie helfen ihnen; ihnen werde ich Schlachtopfer darbringen, damit sie mir helfen. Aber sie dienten nur dazu, ihn und ganz Israel zu Fall zu bringen. 24 Und Achas sammelte die Geräte des Hauses Gottes und zerschlug die Geräte des Hauses Gottes, und er verschloss die Türen des Hauses des HERRN und machte sich Altäre an allen Ecken in Jerusalem. 25 Und in jeder Stadt Judas machte er Kulthöhen, um anderen Göttern Rauchopfer darzubringen, und reizte so den HERRN, den Gott seiner Vorfahren.

26 Und was sonst noch von ihm zu berichten ist, und alles, was er getan hat, das Frühere und das Spätere, sieh, das steht geschrieben im Buch der Könige von Juda und Israel. 27 Und Achas legte sich zu seinen Vorfahren, und man begrub ihn in der Stadt, in Jerusalem, denn man brachte ihn nicht zu den Gräbern

der Könige Israels. Und Jechiskijahu, sein Sohn, wurde König an seiner Statt.

|1–27: 2Kön 16 |2: 21,6! · 33,3 |3: 33,6 · 36,14 |4: 15,17! |5–6: Jes 7,1 |6: 21,10! |9: 15,8 |10: Neh 5,8 |11: 32,25–26! |15: 2Kön 6,22 |19: 5; 24,18! |21: 16,2 |23: 25,14 |24: 30,14!; 33,3–5; Jer 11,13 |25: 15,17! · 2Kön 22,17 |26: 9,29! |27: 21,20; 24,25

Jechiskijahu, König von Juda.
Die Heiligung des Tempels

29 1 Jechiskijahu wurde König, als er fünfundzwanzig Jahre alt war, und neunundzwanzig Jahre lang war er König in Jerusalem. Und der Name seiner Mutter war Abija, die Tochter Secharjahus. 2 Und er tat, was recht war in den Augen des HERRN, ganz wie David, sein Vorfahr, es getan hatte. 3 Im ersten Jahr seiner Königsherrschaft, im ersten Monat, öffnete er selbst die Türen des Hauses des HERRN und besserte sie aus. 4 Und er liess die Priester und Leviten kommen, versammelte sie auf dem Platz gegen Osten 5 und sprach zu ihnen: Hört mich, ihr Leviten! Nun heiligt euch und heiligt das Haus des HERRN, des Gottes eurer Vorfahren, und schafft das Unreine aus dem Heiligtum. 6 Denn unsere Vorfahren haben treulos gehandelt und getan, was böse war in den Augen des HERRN, unseres Gottes, und sie haben ihn verlassen. Und sie haben ihr Angesicht abgewandt von der Wohnung des HERRN und ihr den Rücken zugekehrt. 7 Auch hielten sie die Türen der Vorhalle verschlossen und löschten sie die Lampen, und im Heiligtum brachten sie dem Gott Israels kein Rauchopfer und kein Brandopfer dar. 8 Da kam der Zorn des HERRN über Juda und Jerusalem und machte sie zu einem Anlass des Schreckens und des Entsetzens und des Zischens, wie ihr es mit eigenen Augen seht. 9 Und seht, unsere Vorfahren sind durch das Schwert gefallen, und unsere Söhne und Töchter und Frauen sind deswegen in die Gefangenschaft gekommen. 10 Nun aber liegt es mir am Herzen, mit dem HERRN, dem Gott Israels, einen Bund zu schliessen, damit sein glühender Zorn sich von uns abwendet.

11 Meine Söhne, nun seid nicht untätig! Denn euch hat der HERR erwählt, vor ihm zu stehen und ihm zu dienen und damit ihr ihm Diener seid und Rauchopfer darbringt.

12 Da machten sich die Leviten auf: Machat, der Sohn Amasais; und Joel, der Sohn Asarjahus von den Kehatiten; und von den Merariten Kisch, der Sohn Abdis; und Asarjahu, der Sohn Jehallelels; und von den Gerschoniten Joach, der Sohn Simmas; und Eden, der Sohn Joachs; 13 und von den Söhnen Elizafan Schimri und Jeiel; und von den Söhnen Asaf Secharjahu und Mattanjahu; 14 und von den Söhnen Heman Jechiel und Schimi; und von den Söhnen Jedutun Schemaja und Ussiel. 15 Und sie versammelten ihre Brüder, und sie heiligten sich und gingen gemäss dem Befehl des Königs hinein, nach den Worten des HERRN, um das Haus des HERRN zu reinigen. 16 Dann gingen die Priester ins Innere des Hauses des HERRN, um es zu reinigen, und sie schafften alles Unreine, das sie im Tempel des HERRN fanden, in den Hof des Hauses des HERRN, und die Leviten nahmen es entgegen, um es hinaus in das Kidrontal zu schaffen. 17 Am Ersten des ersten Monats begannen sie mit der Heiligung, und am achten Tag des Monats kamen sie zur Vorhalle des HERRN, und sie heiligten das Haus des HERRN acht Tage lang. Und am sechzehnten Tag des ersten Monats war es getan. 18 Dann gingen sie hinein zu Chiskijahu, dem König, und sagten: Wir haben das ganze Haus des HERRN gereinigt, den Brandopferaltar und all seine Geräte und den Schaubrottisch und all seine Geräte. 19 Und alle Geräte, die König Achas in seiner Königsherrschaft, in seiner Untreue verworfen hat, haben wir hergerichtet und geheiligt, und sieh, sie sind vor dem Altar des HERRN.

20 Und früh am Morgen versammelte Jechiskijahu, der König, die Obersten der Stadt und ging hinauf in das Haus des HERRN. 21 Und man

brachte sieben Stiere, sieben Widder, sieben Schafe und sieben Ziegenböcke als Sündopfer für das Königtum und für das Heiligtum und für Juda. Und er befahl den Söhnen Aaron, den Priestern, sie auf dem Altar des HERRN darzubringen. 22 Da schlachteten sie die Rinder, und die Priester fingen das Blut auf und sprengten es an den Altar; und sie schlachteten die Widder und sprengten das Blut an den Altar; und sie schlachteten die Schafe und sprengten das Blut an den Altar. 23 Und sie brachten die Böcke für das Sündopfer vor den König und die Versammlung und legten ihre Hände auf sie, 24 und die Priester schlachteten sie und brachten mit ihrem Blut ein Sündopfer auf dem Altar dar, um für ganz Israel Sühne zu erwirken; denn für ganz Israel hatte der König das Brandopfer und das Sündopfer angeordnet. 25 Und im Haus des HERRN stellte er die Leviten auf mit Zimbeln, Harfen und Leiern, nach dem Gebot Davids und Gads, des Sehers des Königs, und Natans, des Propheten, denn das Gebot kam aus der Hand des HERRN, durch die Propheten. 26 So stellten sich die Leviten auf mit den Instrumenten Davids und die Priester mit den Trompeten. 27 Dann ordnete Chiskijahu an, das Brandopfer auf den Altar darzubringen, und als das Brandopfer begann, begannen auch der Gesang für den HERRN und die Trompeten, mit den Instrumenten Davids, des Königs von Israel. 28 Und die Versammlung warf sich nieder, und der Gesang ertönte und die Trompeten schallten. Dies alles dauerte, bis das Brandopfer zu Ende war. 29 Und als das Brandopfer zu Ende war, beugten der König und alle, die sich bei ihm eingefunden hatten, die Knie und warfen sich nieder. 30 Und Jechiskijahu, der König, und die Obersten befahlen den Leviten, den HERRN zu loben mit den Worten Davids und Asafs, des Sehers. Und sie lobten mit Freude, verneigten sich und warfen sich nieder. 31 Daraufhin sprach Jechis-

kijahu: Nun steht ihr mit vollen Händen vor dem HERRN, kommt herzu und bringt Schlachtopfer und Dankopfer zum Haus des HERRN! Und die Versammlung brachte Schlachtopfer und Dankopfer, und jeder, dessen Herz dazu bereit war, Brandopfer. 32 Und die Zahl der Brandopfer, die die Versammlung brachte, belief sich auf siebzig Rinder, hundert Widder und zweihundert Schafe; dies alles als Brandopfer für den HERRN, 33 und an heiligen Gaben sechshundert Rinder und dreitausend Schafe. 34 Doch da waren zu wenig Priester und sie konnten nicht allen Brandopfern die Haut abziehen. Da unterstützten ihre Brüder, die Leviten, sie, bis die Arbeit getan war und bis sich die Priester geheiligt hatten, denn die Leviten waren von Herzen bemüht, sich zu heiligen, mehr als die Priester. 35 Und es gab auch Brandopfer in Menge mit den Fettstücken der Heilsopfer und den Trankopfern zu den Brandopfern.

So wurde der Dienst am Haus des HERRN geordnet. 36 Und Jechiskijahu und das ganze Volk freuten sich über das, was Gott dem Volk bereitet hatte, denn die Sache hatte sich in sehr kurzer Zeit vollzogen.

|1–2: 2Kön 18,1–3 |2: 17,3! |5: 35,6; 1Chr 15,12 |6–9: 24,18! |6: 12,2; Neh 9,16 · 21,10! |7: 28,24 · 2,3! |8: 32,25–26! · 30,7; 1Kön 9,8 |10: 15,12! · 30,8 |11: Dtn 18,5; 21,5; 1Chr 6,33! |13–14: 1Chr 25,1! |15–16: 34,3 |15: 5,11! |17: 3,4 |18: 4,1! · 2,3! · 4,7–18 |19: 28,24 |22: Lev 4,18 |23: Lev 4,24 |24: Esra 6,17 |25: 5,12; 8,14! · 1Chr 29,29! |26–27: 7,6; 1Chr 23,5; Neh 12,36 |30: 1Chr 6,24! · 7,3; 20,18–19; 30,21; 1Chr 16,4! |34: 30,16–17; 35,11 · 5,11!; 30,3.15

Das Passa und das Fest der ungesäuerten Brote

30 1 Da sandte Jechiskijahu nach ganz Israel und Juda, und er schrieb auch Briefe an Efraim und Manasse, dass sie zum Haus des HERRN nach Jerusalem kommen sollten, um für den HERRN, den Gott Israels, Passa zu feiern. 2 Und der König und seine Fürsten und die ganze Versammlung in Jerusalem entschieden, das Passa im zweiten Monat zu feiern; 3 sie konnten es nicht sogleich begehen, weil sich nicht genügend Priester geheiligt hatten und das Volk nicht in Jerusalem versammelt war. 4 Und dies war recht in den Augen des Königs und in den Augen der ganzen Versammlung, 5 und sie beschlossen, in ganz Israel, von Beer-Scheba bis Dan, auszurufen, dass man kommen solle, um für den HERRN, den Gott Israels, in Jerusalem Passa zu feiern, denn sie hatten es lange Zeit nicht so gefeiert, wie es geschrieben steht.

6 Da zogen die Läufer mit den Briefen aus der Hand des Königs und seiner Fürsten durch ganz Israel und Juda, um dem Befehl des Königs gemäss zu sagen: Ihr Israeliten, kehrt zurück zum HERRN, dem Gott Abrahams, Isaaks und Israels, damit er zurückkehrt zu euch, den aus der Hand der Könige von Assur Entronnen, euch Übriggebliebenen. 7 Seid nicht wie eure Vorfahren und wie eure Brüder, die treulos waren gegenüber dem HERRN, dem Gott ihrer Vorfahren, sodass er sie dem Entsetzen preisgab, wie ihr es seht. 8 Seid nun nicht halsstarrig wie eure Vorfahren! Reicht dem HERRN die Hand und kommt zu seinem Heiligtum, das er für ewig geheiligt hat, und dient dem HERRN, eurem Gott, damit sich sein glühender Zorn von euch abwendet. 9 Denn wenn ihr zum HERRN zurückkehrt, werden eure Brüder und eure Söhne Erbarmen finden bei denen, die sie gefangen weggeführt haben, und sie werden in dieses Land zurückkehren; denn der HERR, euer Gott, ist gnädig und barmherzig und wird das Angesicht nicht von euch wenden, wenn ihr zu ihm zurückkehrt.

10 Und die Läufer liefen von Stadt zu Stadt im Land Efraim und Manasse und bis nach Sebulon; aber man verlachte sie und verspottete sie. 11 Nur einige Männer aus Asser, Manasse und Sebulon demütigten sich und kamen nach Jerusalem.

12 Auch in Juda war die Hand Gottes, um ihnen ein einmütiges Herz zu geben, das Gebot des Königs und der Fürs-

ten zu erfüllen, nach dem Wort des HERRN. 13 Da versammelte sich in Jerusalem viel Volk, um das Fest der ungesäuerten Brote im zweiten Monat zu feiern, eine sehr grosse Versammlung. 14 Und sie machten sich auf und schafften die Altäre weg, die in Jerusalem waren, auch alle Räucheraltäre schafften sie weg und warfen sie in das Kidrontal.

15 Und am Vierzehnten des zweiten Monats schlachteten sie das Passa. Und die Priester und die Leviten waren beschämt und heiligten sich und brachten Brandopfer zum Haus des HERRN. 16 Und sie standen an ihrem Ort, der für sie geltenden Vorschrift gemäss, wie es der Weisung des Mose, des Mannes Gottes, entsprach: Die Priester sprengten das Blut aus der Hand der Leviten. 17 Es waren aber viele in der Versammlung, die sich nicht geheiligt hatten. Und so besorgten die Leviten für alle, die nicht rein waren, die Schlachtung der Passaopfer, um sie dem Herrn zu weihen. 18 Denn die Mehrzahl des Volks, viele aus Efraim, Manasse, Issaschar und Sebulon, hatten sich nicht gereinigt, und so assen sie das Passa nicht, wie es geschrieben steht. Doch Jechiskijahu betete für sie und sprach: Der HERR, der Gütige, möge jedem vergeben, 19 der sein Herz darauf richtet, Gott den HERRN, den Gott seiner Vorfahren, zu suchen – wenn auch nicht in der Reinheit des Heiligtums. 20 Und der HERR erhörte Jechiskijahu und heilte das Volk.

21 Und die Israeliten, die sich in Jerusalem befanden, feierten das Fest der ungesäuerten Brote sieben Tage lang mit grosser Freude. Und Tag für Tag lobten die Leviten und die Priester den HERRN mit den Instrumenten der Macht des HERRN. 22 Und Jechiskijahu sprach zum Herzen aller Leviten, die so einsichtig waren mit Blick auf den HERRN. Und sieben Tage assen sie das Festopfer, indem sie Heilsopfer schlachteten und sich zum HERRN, dem Gott ihrer Vorfahren, bekannten. 23 Und die

ganze Versammlung beschloss, das Fest weitere sieben Tage zu begehen, und sie feierten sieben Tage lang ein Freudenfest. 24 Denn Chiskijahu, der König von Juda, hatte der Versammlung tausend Jungstiere gespendet und siebentausend Schafe, und die Fürsten spendeten der Versammlung tausend Jungstiere und zehntausend Schafe, und es heiligten sich Priester in grosser Zahl. 25 Und so freuten sich die ganze Versammlung Judas und die Priester und die Leviten und die ganze Versammlung derer, die aus Israel gekommen waren, und die Fremden, die aus dem Land Israel gekommen waren, und die, die in Juda wohnten. 26 Und es herrschte grosse Freude in Jerusalem; denn seit den Tagen Salomos, des Sohns Davids, des Königs von Israel, hatte es Derartiges nicht gegeben in Jerusalem. 27 Und die Priester, die Leviten, erhoben sich und segneten das Volk, und ihre Stimme wurde erhört, und ihr Gebet gelangte bis zu seiner heiligen Wohnung, bis zum Himmel.

|2:15; Num 9,10–11 |3:29,34 |5:2Kön 23,22 | 6: Jer 3,14; Joel 2,12; Sach 1,3–4 |7:24,18! |8:7,16 · 29,10;32,25–26!; Esra 10,14 |9:Ex 34,6 |10:36,16 |11: 7,14! | 12: 1Chr 12,39;Jer 32,39 |14:31,1;32,12;33,15; 34,3–4 |15–17:29,34 |15:35,1;Ex 12,6;Esra 6,19 |16: 23,18; Esra 3,2 · 35,11 |17: Ez 44,11 |19:15,12! |20:7,14 |21:35,17;Ex 12,15 · 29,30! |22:32,6 |23: 1Kön 8,65 |24:35,7–9 · 15 |25: 11;2,16 |26: Neh 8,17 · 35,18 |27: 1Chr 23,13 · 6,21!

Die Versorgung der Priester und der Leviten

31 1 Und als all dies vollendet war, zog ganz Israel, alle, die sich eingefunden hatten, hinaus in die Städte Judas, und sie zerschlugen die Mazzeben und hauten die Ascheren um und rissen die Kulthöhen nieder und die Altäre in ganz Juda und in Benjamin und in Efraim und in Manasse, bis alles vernichtet war; dann kehrten alle Israeliten in ihre Städte zurück, ein jeder in sein Eigentum. 2 Und Jechiskijahu liess die Abteilungen der Priester antreten und die Leviten, nach ihren Abteilungen, einen jeden entsprechend seinem Dienst,

Priester und Leviten, für das Brandopfer und für die Heilsopfer, um in den Toren der Lager des HERRN zu dienen und zu loben und zu preisen. 3 Und der Beitrag des Königs aus seinem Besitz war für die Brandopfer bestimmt, für die Brandopfer des Morgens und des Abends und für die Brandopfer an den Sabbaten und Neumonden und Festtagen, wie es geschrieben steht in der Weisung des HERRN. 4 Und er befahl dem Volk, den Bewohnern von Jerusalem, den Priestern und Leviten ihren Anteil zu geben, damit sie festhielten an der Weisung des HERRN. 5 Und als sich das Wort ausbreitete, brachten die Israeliten viel an Erstlingsgaben vom Getreide, von Wein und Öl und Honig und von allem Ertrag des Feldes; und den Zehnten von allem lieferten sie reichlich ab.

6 Und auch jene Israeliten und Judäer, die in den Städten Judas wohnten, brachten den Zehnten von Rindern und Schafen und den Zehnten von den heiligen Gaben, die dem HERRN, ihrem Gott, geweiht waren. Sie gaben haufenweise. 7 Im dritten Monat begannen sich die Haufen aufzutürmen, und im siebten Monat wurden sie damit fertig. 8 Dann kamen Jechiskijahu und die Fürsten, und sie sahen die Haufen und priesen den HERRN und sein Volk Israel.

9 Und Jechiskijahu erkundigte sich bei den Priestern und Leviten nach den Haufen, 10 und Asarjahu, der Hohe Priester vom Haus Zadok, sagte ihm, er sagte ihm: Seitdem man angefangen hat, die Abgabe in das Haus des HERRN zu bringen, haben wir gegessen und sind satt geworden, und viel ist noch übrig geblieben, denn der HERR hat sein Volk gesegnet; was übrig geblieben ist, ist diese Menge. 11 Da befahl Jechiskijahu, im Haus des HERRN Vorratskammern einzurichten, und man richtete sie ein.

12 Und getreulich brachte man die Abgabe und den Zehnten und die Weihegaben. Und Oberaufseher darüber war Konanjahu, der Levit; und Schimi,

sein Bruder, stand an zweiter Stelle; 13 und Jechiel und Asasjahu und Nachat und Asael und Jerimot und Josabad und Eliel und Jismachjahu und Machat und Benajahu waren Aufseher unter Konanjahu und Schimi, seinem Bruder, entsprechend der Anweisung Jechiskijahus, des Königs, und Asarjahus, des Fürsten des Hauses Gottes. 14 Und Kore, der Sohn Jimnas, der Levit, der Wächter am östlichen Tor, war über die freiwilligen Gaben für Gott gesetzt, um die für den HERRN bestimmten Abgaben und die Weihegaben zu verteilen. 15 Und treu zur Seite standen ihm Eden und Minjamin und Jeschua und Schemajahu und Amarjahu und Schechanjahu in den Priesterstädten, um ihren Brüdern, entsprechend ihren Abteilungen, ihren Anteil zuzuweisen, den Grossen wie den Kleinen – 16 den männlichen Personen von drei Jahren an und darüber, abgesehen von ihrer Eintragung –, allen, die, wie es jeder Tag erforderte, in das Haus des HERRN kamen zu ihrem Dienst in ihren Dienstabteilungen, gemäss ihren Abteilungen. 17 Die Eintragung in das Register der Priester nach ihren Familien und der Leviten von zwanzig Jahren an und darüber erfolgte gemäss ihren Dienstabteilungen und ihren Abteilungen. 18 Und sie wurden eingetragen mit all ihren Kleinkindern, ihren Frauen, Söhnen und Töchtern, die ganze Versammlung, denn in ihrer Treue hielten sie sich heilig. 19 Und für die Nachkommen Aarons, die Priester, waren in den Weidegebieten ihrer Städte, in jeder einzelnen Stadt, mit Namen bezeichnete Männer bestellt, um allen männlichen Angehörigen unter den Priestern Anteile zu geben und ebenso allen Eingetragenen unter den Leviten.

20 Und so machte es Jechiskijahu in ganz Juda, und er tat das Gute und das Rechte und das Wahre vor dem HERRN, seinem Gott. 21 Und in allem, was er unternahm, im Dienst für das Haus Gottes und in der Weisung und im Gebot, Gott zu suchen, handelte er von ganzem Herzen, und er hatte Erfolg.

| 1: 14,2!; 30,14!; 2 Kön 18,4 | 2–3: 2,3! | 2: 8,14! | 3: 8,13! | 4–5: Num 18,8–24; Neh 10,36–38; 13,10–12 | 6: Lev 27,30–32! | 10: 1 Kön 4,2 · Ez 44,30; Mal 3,10 | 11: Neh 13,5 | 12: 35,8 | 15: 1 Chr 24,31! | 17: 1 Chr 23,24! | 20: 14,1 | 21: 14,6! · 32,30; 2 Kön 18,7; 1 Chr 22,13!

Sanheribs Feldzug gegen Jerusalem. Jechiskijahus Tod

32 1 Nach diesen Ereignissen und diesem Treuerweis zog Sanherib, der König von Assur, heran und fiel in Juda ein und belagerte die befestigten Städte und wollte sie für sich einnehmen. 2 Und Jechiskijahu sah, dass Sanherib heranzog, sein Angesicht zum Kampf gegen Jerusalem gerichtet, 3 und er beschloss mit seinen Fürsten und Helden, die Wasserquellen, die ausserhalb der Stadt waren, zuzuschütten; und sie halfen ihm. 4 Und es versammelte sich viel Volk, und sie schütteten alle Quellen und den Bach zu, der mitten durch das Land floss, und sie sagten: Warum sollen die Könige von Assur kommen und viel Wasser vorfinden? 5 Und er erstarkte und baute die ganze eingerissene Mauer wieder auf und errichtete Türme darauf und ausserhalb eine weitere Mauer. Und er verstärkte den Millo der Stadt Davids und machte Wurfgeschosse in grosser Zahl und Schilde. 6 Und er setzte Kriegsführer über das Volk, versammelte sie um sich auf dem Platz am Tor der Stadt und sprach zu ihren Herzen: 7 Seid mutig und stark, fürchtet euch nicht und habt keine Angst vor dem König von Assur und vor der ganzen Menge, die bei ihm ist; denn mit uns ist ein Grösserer als mit ihm. 8 Mit ihm ist ein Arm aus Fleisch, mit uns aber ist der HERR, unser Gott, um uns zu helfen und unsere Kriege zu führen. Und das Volk verliess sich auf die Worte Jechiskijahus, des Königs von Juda.

9 Danach sandte Sanherib, der König von Assur, seine Diener nach Jerusalem – während er mit seiner ganzen Streitmacht vor Lachisch lag – zu Jechis-

kijahu, dem König von Juda, und zu allen von Juda, die in Jerusalem waren, und liess sagen: 10 So spricht Sanherib, der König von Assur: Worauf vertraut ihr, dass ihr in Jerusalem bleibt? 11 Täuscht euch Jechiskijahu nicht, um euch dem Tod durch Hunger und Durst auszuliefern, wenn er sagt: Der HERR, unser Gott, wird uns aus der Hand des Königs von Assur retten? 12 Ist nicht er es, Jechiskijahu, der seine Kulthöhen und seine Altäre beseitigt hat? Hat er doch zu Juda und Jerusalem gesprochen: Vor einem einzigen Altar sollt ihr euch niederwerfen, und auf ihm sollt ihr Brandopfer darbringen. 13 Wisst ihr nicht, was ich und meine Vorfahren all den Völkern der Länder angetan haben? Konnten denn die Götter der Nationen der Länder ihr Land aus meiner Hand retten? 14 Welcher von allen Göttern dieser Nationen, die meine Vorfahren der Vernichtung geweiht haben, ist es denn, der es vermocht hätte, sein Volk aus meiner Hand zu retten, dass euer Gott nun euch aus meiner Hand retten sollte? 15 Und nun, lasst euch von Chiskijahu nicht verführen, und lasst euch von ihm nicht auf diese Weise täuschen! Glaubt ihm nicht! Denn kein Gott irgendeiner Nation oder eines Königreichs vermochte sein Volk aus meiner Hand oder aus der Hand meiner Vorfahren zu retten; wie viel weniger wird euer Gott euch aus meiner Hand retten! 16 Und noch Weiteres redeten seine Diener gegen den HERRN, Gott, und gegen Jechiskijahu, seinen Diener. 17 Und er hatte Briefe geschrieben, um den HERRN, den Gott Israels, zu schmähen und gegen ihn zu reden, indem er sagte: Wie die Götter der Nationen der Länder ihr Volk nicht aus meiner Hand gerettet haben, so wird der Gott Jechiskijahus sein Volk nicht aus meiner Hand retten! 18 Und sie riefen mit lauter Stimme dem Volk Jerusalems, das auf der Mauer war, auf Judäisch zu, um ihnen Furcht und Schrecken einzuflössen und die Stadt in ihre Gewalt zu bekommen.

19 Und sie redeten vom Gott Jerusalems wie von den Göttern der Völker der Erde: Machwerk von Menschenhand.

20 Da beteten deswegen Jechiskijahu, der König, und Jesaja, der Sohn des Amoz, der Prophet, und sie schrien zum Himmel. 21 Und der HERR sandte einen Boten, und der vernichtete alle tüchtigen Krieger, Fürsten und Obersten im Lager des Königs von Assur, und mit Schande bedeckt kehrte er zurück in sein Land. Und er kam in das Haus seines Gottes, und dort brachten ihn einige seiner leiblichen Söhne durch das Schwert zu Fall. 22 So half der HERR Jechiskijahu und den Bewohnern Jerusalems aus der Hand Sanheribs, des Königs von Assur, und aus der Hand aller, und er verschaffte ihnen Ruhe nach allen Seiten. 23 Und viele brachten Gaben für den HERRN und für Jerusalem und Kostbarkeiten für Jechiskijahu, den König von Juda, und von da an war er hoch geachtet in den Augen aller Nationen.

24 In jenen Tagen wurde Jechiskijahu todkrank. Und er betete zum HERRN, und der HERR sprach zu ihm und gab ihm ein Zeichen. 25 Doch Jechiskijahu vergalt die Wohltat nicht, die ihm erwiesen wurde; sein Herz wurde hochmütig. Und Zorn kam über ihn und über Juda und Jerusalem. 26 Da demütigte sich Jechiskijahu wegen des Hochmuts seines Herzens, er und die Bewohner Jerusalems; und der Zorn des HERRN kam nicht über sie, solange Jechiskijahu lebte. 27 Und Jechiskijahu gewann Reichtum und Ehre in grosser Fülle, und er machte sich Schatzkammern für Silber und für Gold und für Edelsteine und für Balsamöle und für Schilde und für alles Kostbare 28 und Vorratsstädte für den Ertrag von Getreide und Wein und Öl und Ställe für allerlei Vieh und Stallplätze für die Herden. 29 Und er legte sich Städte an und einen grossen Besitz an Schafen und Rindern; denn Gott gab ihm ein sehr grosses Vermögen. 30 Und Jechiskijahu war es, der den oberen Ausfluss des Gichon-Wassers zuschüttete

und dieses hinab nach der Westseite der Stadt Davids umleitete. Und bei allem, was er tat, hatte Jechiskijahu Erfolg. 31 So auch als die Wortführer der Fürsten von Babel zu ihm gesandt wurden, um nach dem Zeichen zu fragen, das im Land geschehen war. Gott hatte ihn verlassen, um ihn zu prüfen und all das zu erkennen, was in seinem Herzen war.

32 Und was sonst noch von Jechiskijahu zu berichten ist und von seinen guten Taten, sieh, das steht geschrieben in der Schau Jesajas, des Sohns von Amoz, des Propheten, im Buch der Könige von Juda und von Israel. 33 Und Jechiskijahu legte sich zu seinen Vorfahren, und man begrub ihn beim Aufgang zu den Gräbern der Nachkommen Davids; und ganz Juda und die Bewohner Jerusalems erwiesen ihm Ehre bei seinem Tod. Und Manasse, sein Sohn, wurde König an seiner Statt.

|1: 9; 2Kön 18,13 |3–4: 30; 2Kön 20,20 |5: 25,23 · 26,9–10; 27,4 |7: 15,7! · 20,15 |8: Jer 17,5.7 · 13,12; 15,9 · 13,15! |9–18: 2Kön 18,17–37 |9: 2Kön 18,13–14 |12: 31,1 |13–14: 2Kön 19,11–12; Jes 10,8–11 |16–17: 2Kön 19,8–13 |17: 2Kön 19,14 |19: Jes 10,11 · 2Kön 19,18; Jes 44,9–17 |20: 2Kön 19,15–19 · 32; 2Kön 19,20 |21: 2Kön 19,35–37 |24: 2Kön 20,1 · 2Kön 20,8–11 |25–26: 19,10; 24,18; 30,8; 34,21; 36,16; 1Chr 27,24 |25: 24,18! |26: 7,14!; Jer 26,19 |27–28: 2Kön 20,13 |27: 17,5; 18,1; 1Chr 29,28 |30: 3–4 · 31,21 |31: Jes 39,1 |32–33: 2Kön 20,20–21 |32: 9,19! · 20; 26,22 |33: 9,31

Manasse, König von Juda. Seine Versündigung und seine Demütigung

33 1 Zwölf Jahre alt war Manasse, als er König wurde, und fünfundfünfzig Jahre lang war er König in Jerusalem. 2 Und er tat, was böse war in den Augen des HERRN, so abscheulich wie das, was die Nationen getan hatten, die der HERR vor den Israeliten vertrieben hatte. 3 Und er baute die Kulthöhen wieder auf, die Jechiskijahu, sein Vater, niedergerissen hatte, und er errichtete den Baalen Altäre und machte Ascheren, und vor dem ganzen Heer des Himmels warf er sich nieder, und er diente ihnen. 4 Und im Haus des HERRN baute er Altäre, obwohl der HERR gesagt hatte: In Jerusalem soll mein Name sein für im-

mer. 5 Und in beiden Vorhöfen des Hauses des HERRN baute er Altäre für das ganze Heer des Himmels. 6 Und er war es, der seine Söhne durch das Feuer gehen liess im Tal Ben-Hinnom, und er trieb Zeichendeuterei und Wahrsagerei und Zauberei, und er trieb Totenbeschwörung und Weissagerei. Er tat vieles, was böse war in den Augen des HERRN, um ihn zu reizen. 7 Und das Götzenstandbild, das er gemacht hatte, stellte er in das Haus Gottes, von dem Gott zu David und zu Salomo, seinem Sohn, gesagt hatte: In diesem Haus und in Jerusalem, das ich erwählt habe aus allen Stämmen Israels, werde ich meinen Namen niederlegen für alle Zeiten. 8 Und ich werde Israel nicht mehr von dem Boden entfernen, den ich euren Vorfahren bestimmt habe, wenn sie nur alles halten, was ich ihnen geboten habe, die ganze Weisung, die Satzungen und die Rechtsbestimmungen, die durch Mose ergangen sind, und danach handeln. 9 Manasse aber verführte Juda und die Bewohner Jerusalems, mehr Böses zu tun als die Nationen, die der HERR vor den Israeliten vertilgt hatte.

10 Da sprach der HERR zu Manasse und zu seinem Volk; sie aber achteten nicht darauf. 11 Und der HERR brachte die Heerführer des Königs von Assur über sie, und sie nahmen Manasse gefangen mit Haken und legten ihn in doppelte Ketten und führten ihn nach Babel. 12 Und in seiner Bedrängnis flehte er den HERRN, seinen Gott, an und demütigte sich tief vor dem Gott seiner Vorfahren 13 und betete zu ihm. Und er liess sich von ihm erbitten, und er erhörte sein Flehen und brachte ihn nach Jerusalem in sein Königtum zurück. Und Manasse erkannte, dass der HERR Gott ist.

14 Und danach baute er die äussere Mauer für die Stadt Davids, westlich vom Gichon, im Tal und bis da, wo man zum Fisch-Tor kommt, und rings um den Ofel, und er machte sie sehr hoch. Und in allen befestigten Städten Judas

setzte er Heerführer ein. 15 Dann schaffte er die fremden Götter und das Götzenbild aus dem Haus des HERRN und alle Altäre, die er auf dem Berg des Hauses des HERRN und in Jerusalem errichtet hatte, und warf sie hinaus vor die Stadt. 16 Und er stellte den Altar des HERRN wieder her und opferte auf ihm Heilsopfer und Dankopfer und befahl Juda, dem HERRN, dem Gott Israels, zu dienen. 17 Doch das Volk opferte noch immer auf den Kulthöhen – aber für den HERRN, seinen Gott.

18 Und was sonst noch von Manasse zu berichten ist, und sein Gebet zu seinem Gott und die Worte der Seher, die im Namen des HERRN, des Gottes Israels, zu ihm geredet haben, sieh, das steht in der Geschichte der Könige Israels. 19 Und sein Gebet und wie er erhört wurde und alle seine Versündigung und seine Untreue und die Stätten, an denen er Kulthöhen gebaut und die Ascheren und Götzenbilder errichtet hatte, bevor er sich demütigte, sieh, das steht geschrieben in der Geschichte der Seher. 20 Und Manasse legte sich zu seinen Vorfahren, und man begrub ihn in seinem Haus, und Amon, sein Sohn, wurde König an seiner Statt.

|1–20: 2Kön 21,1–18 |3–5: 28,24! |3: 31,1 |4: 6,5–6! |6: 28,3 |7: 6,5–6! |12–13: 7,14! |13: 1Chr 5,20; Esra 8,23 · 1Kön 18,39 |14: 32,5 · 27,3 |15: 7; 14,2!; 30,14! |16: 4,1! · 14,3 |17: 15,17! |18: 9,29! |19: 12 |20: 21,20

33,19: Der Massoretische Text lautet wörtlich: «… in den Worten meiner Seher.» Möglicherweise ist aber ein Personenname zu übersetzen: «… in den Worten von Chosai.»

Amon, König von Juda. Seine Schuld

21 Zweiundzwanzig Jahre alt war Amon, als er König wurde, und zwei Jahre lang war er König in Jerusalem. 22 Und er tat, was böse war in den Augen des HERRN, wie Manasse, sein Vater, es getan hatte: Und Amon opferte allen Götzenbildern, die Manasse, sein Vater, gemacht hatte, und diente ihnen. 23 Und er demütigte sich nicht vor dem HERRN, wie sich Manasse, sein Vater,

gedemütigt hatte, sondern er, Amon, vermehrte die Schuld. 24 Und seine Diener verschworen sich gegen ihn und töteten ihn in seinem Haus. 25 Das Volk des Landes aber erschlug alle, die sich gegen König Amon verschworen hatten. Dann machte das Volk des Landes Joschijahu, seinen Sohn, zum König an seiner Statt.

|21–25: 2Kön 21,19–26 |23: 12–13 |25: 25,3

Joschijahu, König von Juda. Der Fund des Buchs der Weisung

34 1 Acht Jahre alt war Joschijahu, als er König wurde, und einunddreissig Jahre lang war er König in Jerusalem. 2 Und er tat, was recht war in den Augen des HERRN: Er ging auf den Wegen Davids, seines Vorfahren, und er wich nicht ab, weder nach rechts noch nach links. 3 Und im achten Jahr seiner Königsherrschaft – er war noch ein Knabe – begann er den Gott seines Vorfahren David zu suchen, und im zwölften Jahr begann er Juda und Jerusalem von den Kulthöhen und den Ascheren und den geschnitzten und gegossenen Bildern zu reinigen. 4 Und vor ihm riss man die Altäre der Baale nieder; und die Rauchopferaltäre oben auf ihnen haute er um, und er zertrümmerte und zermalmte die Ascheren und die geschnitzten und gegossenen Bilder und streute sie auf die Gräber derer, die ihnen geopfert hatten. 5 Und die Gebeine der Priester verbrannte er auf ihren Altären und reinigte Juda und Jerusalem. 6 Und in den Städten von Manasse und Efraim und Simeon und bis nach Naftali, in ihren Trümmern ringsumher, 7 riss er die Altäre nieder und zerschlug und zermalmte die Ascheren und die Götzenbilder, und alle Rauchopferaltäre haute er um im ganzen Land Israels; dann kehrte er nach Jerusalem zurück.

8 Und im achtzehnten Jahre seiner Königsherrschaft, als er das Land und das Haus gereinigt hatte, sandte er den Schafan, den Sohn Azaljahus, und Maasejahu, den Obersten der Stadt, und Jo-

ach, den Sohn des Joachas, den Chronisten, um das Haus des HERRN, seines Gottes, auszubessern. 9 Und sie kamen zu Chilkijahu, dem Hohen Priester, und übergaben das Silber, das in das Haus Gottes gebracht worden war, das die Leviten, die Hüter der Schwellen, von Manasse und Efraim und dem ganzen übrigen Israel und von ganz Juda und Benjamin und den Bewohnern Jerusalems gesammelt hatten. 10 Und sie gaben es in die Hand der Werkmeister, die am Haus des HERRN eingesetzt waren, und diese gaben es den Arbeitern, die am Haus des HERRN arbeiteten, um das Haus auszubessern und zu verstärken. 11 Und sie gaben es den Zimmerleuten und den Bauleuten, um behauene Steine zu kaufen und Hölzer für die Klammern und Balken für die Gebäude, die die Könige von Juda hatten verfallen lassen. 12 Bei der Arbeit handelten die Männer in Treue, und Jachat und Obadjahu, die Leviten von den Söhnen Merari, und Secharja und Meschullam von den Söhnen der Kehatiter waren zur Aufsicht über sie gesetzt. Und alle Leviten, die sich auf Musikinstrumente verstanden, 13 waren über die Lastträger gesetzt und hatten Aufsicht über alle Arbeiter, je nach ihrem Dienst. Und andere von den Leviten waren Schreiber und Verwalter und Torwächter.

14 Und als sie das Silber herausnahmen, das in das Haus des HERRN gebracht worden war, fand Chilkijahu, der Priester, das Buch der Weisung des HERRN, gegeben durch die Hand des Mose. 15 Daraufhin sagte Chilkijahu und sagte zu Schafan, dem Schreiber: Ich habe die Weisung im Haus des HERRN gefunden. Und Chilkijahu gab Schafan das Buch.

16 Und Schafan brachte das Buch dem König, und überdies erstattete er dem König Bericht und sagte: Alles, was deinen Dienern aufgetragen wurde, das tun sie; 17 sie haben das Silber, das sich im Haus des HERRN fand, ausgeschüttet und es in die Hand der Aufseher und in die Hand der Werkmeister gegeben. 18 Dann aber berichtete Schafan, der Schreiber, berichtete dem König: Chilkijahu, der Priester, hat mir ein Buch gegeben. Und Schafan las daraus dem König vor. 19 Und als der König die Worte der Weisung hörte, zerriss er seine Kleider. 20 Und der König befahl Chilkijahu, Achikam, dem Sohn des Schafan, Abdon, dem Sohn des Micha, Schafan, dem Schreiber, und Asaja, dem Diener des Königs: 21 Geht, befragt den HERRN für mich und für den Rest in Israel und Juda über die Worte des Buchs, das gefunden worden ist, denn gross ist der Zorn des HERRN, der sich ergossen hat gegen uns, weil unsere Vorfahren nicht das Wort des HERRN gehalten haben und nicht nach alledem gehandelt haben, was in diesem Buch geschrieben steht. 22 Da ging Chilkijahu mit denen, die der König sandte, zu Chulda, der Prophetin, der Frau von Schallum, dem Sohn Tokhats, des Sohns von Chasra, dem Hüter der Gewänder. Und sie wohnte in Jerusalem, in Mischne, und demgemäss redeten sie mit ihr. 23 Da sprach sie: So spricht der HERR, der Gott Israels. Sagt dem Mann, der euch zu mir gesandt hat: 24 So spricht der HERR: Sieh, ich bringe Unheil über diesen Ort und über seine Bewohner: alle Verfluchungen, die in dem Buch geschrieben sind, das man dem König von Juda vorgelesen hat. 25 Dafür dass sie mich verlassen und anderen Göttern Rauchopfer dargebracht haben, um mich zu reizen mit all dem Machwerk ihrer Hände, wird mein Zorn sich ergiessen gegen diesen Ort, und er wird nicht erlöschen. 26 Zum König von Juda aber, der euch sendet, um den HERRN zu befragen – so sollt ihr zu ihm sprechen: So spricht der HERR, der Gott Israels, die Worte betreffend, die du gehört hast: 27 Weil dein Herz weich geworden ist und du dich gedemütigt hast vor Gott, als du seine Worte gegen diesen Ort und gegen seine Bewohner gehört hast, und weil du dich vor mir gedemütigt und

deine Kleider zerrissen und vor mir geweint hast, darum höre auch ich, Spruch des HERRN. 28 Sieh, ich werde dich mit deinen Vorfahren vereinen, und in Frieden wirst du in deinem Grab mit ihnen vereint werden, und all das Unglück, das ich über diesen Ort bringe und über seine Bewohner, werden deine Augen nicht sehen. Und sie erstatteten dem König Bericht.

|1–2: 2Kön 22,1–2 |2: 17,3! |3–7: 2Kön 23,4–20 |3–4: 14,2!; 29,15–16; 30,14!; 33,15 |3: 14,6! |5: 1Kön 13,2 |6–7: 31,1 |8–28: 2Kön 22,3–20 |8: 24,5 |9: 1Chr 9,19! |12: 1Chr 23,4; Esra 3,9 · 1Chr 25,7 |13: 1Chr 26,1–19! |21: 32,25–26! |25: 24,18! |27: 7,14! |28: 32,26

34,6: Der Massoretische Text lautet übersetzt: «... Naftali, auf dem Berg ihrer Häuser,»

Die Erneuerung des Bundes

29 Und der König sandte hin und versammelte alle Ältesten von Juda und Jerusalem. 30 Dann ging der König hinauf in das Haus des HERRN mit allen Männern von Juda und den Bewohnern von Jerusalem und den Priestern und den Leviten und allem Volk, vom Kleinsten bis zum Grössten, und er trug ihnen alle Worte des Buches des Bundes vor, das im Haus des HERRN gefunden worden war. 31 Und der König stellte sich an seinen Ort, und vor dem HERRN schloss er den Bund, dem HERRN zu folgen und seine Gebote, seine Ordnungen und seine Satzungen zu halten mit seinem ganzen Herzen und von ganzer Seele und nach den Worten des Bundes zu handeln, die in diesem Buch geschrieben sind. 32 Und alle, die sich in Jerusalem und in Benjamin befanden, liess er dem Bund beitreten. Und die Bewohner Jerusalems handelten gemäss dem Bund Gottes, des Gottes ihrer Vorfahren. 33 Und Joschijahu entfernte all die Abscheulichkeiten aus allen Ländern, die den Israeliten gehörten, und er hielt alle, die sich in Israel befanden, dazu an, dem HERRN, ihrem Gott, zu dienen. So lange er lebte, wichen sie nicht ab vom HERRN, dem Gott ihrer Vorfahren.

|29–32: 2Kön 23,1–3 |31: 15,12! |33: 3–7

Das Passa Joschijahus

35 1 Und Joschijahu feierte in Jerusalem Passa für den HERRN; und sie schlachteten das Passa am Vierzehnten des ersten Monats. 2 Und er bestellte die Priester zu ihrer Pflicht und ermutigte sie zum Dienst im Haus des HERRN. 3 Und zu den Leviten, die ganz Israel unterwiesen und die dem HERRN heilig waren, sagte er: Stellt die heilige Lade in das Haus, das Salomo, der Sohn Davids, der König von Israel, gebaut hat. Ihr müsst die Last nicht auf der Schulter tragen. Nun dient dem HERRN, eurem Gott, und seinem Volk Israel, 4 und haltet euch bereit, nach euren Familien, nach euren Abteilungen, gemäss der Schrift Davids, des Königs von Israel, und gemäss der Schrift Salomos, seines Sohns. 5 Und tretet an im Heiligtum, entsprechend den Einteilungen der Familien eurer Brüder, der Leute aus dem Volk: je eine Familienabteilung der Leviten, 6 und schlachtet das Passa und heiligt euch und bereitet es zu für eure Brüder, um nach dem Wort des HERRN zu handeln, das durch Mose gegeben wurde!

7 Und Joschijahu spendete für die Leute aus dem Volk Kleinvieh, Schafe und junge Ziegen, alles für die Passaopfer, für alle, die sich eingefunden hatten, dreissigtausend an der Zahl, und dreitausend Rinder. Dies aus dem Besitz des Königs. 8 Und seine Obersten spendeten freiwillig für das Volk, für die Priester und die Leviten. Chilkija und Secharjahu und Jechiel, die Fürsten des Hauses Gottes, gaben den Priestern für die Passaopfer zweitausendsechshundert Stück Kleinvieh und dreihundert Rinder. 9 Und Konanjahu und Schemajahu und Netanel, seine Brüder, und Chaschabjahu, Jeiel und Josabad, die Fürsten der Leviten, spendeten den Leviten für die Passaopfer fünftausend Stück Kleinvieh und fünfhundert Rinder.

10 So wurde der Dienst geordnet. Und die Priester standen an ihrem Ort

und die Leviten in ihren Abteilungen, gemäss dem Befehl des Königs. 11 Und sie schlachteten das Passa, und die Priester sprengten das Blut aus ihrer Hand, während die Leviten den Tieren die Haut abzogen. 12 Das Brandopfer aber legten sie beiseite, um es den Gruppen der Familien aus dem Volk zu geben, damit sie es dem HERRN darbringen konnten, wie es im Buch des Mose geschrieben steht. Ebenso machten sie es mit den Rindern. 13 Und sie brieten das Passa nach der Vorschrift am Feuer; und das Heilige kochten sie in Kesseln, Töpfen und Schüsseln und brachten es eilends allen Leuten des Volks. 14 Und danach bereiteten sie es für sich und die Priester zu; denn die Priester, die Söhne Aaron, waren mit der Darbringung der Brandopfer und der Fettstücke bis in die Nacht beschäftigt. Und so bereiteten es die Leviten zu für sich und für die Priester, die Söhne Aaron. 15 Und die Sänger, die Nachkommen Asafs, waren an ihrem Ort, der Anordnung Davids gemäss: Asaf, Heman und Jedutun, der Seher des Königs. Und die Torwächter an den einzelnen Toren mussten nicht von ihrem Dienst weichen, denn ihre Brüder, die Leviten, bereiteten es für sie zu. 16 An jenem Tage wurde der ganze Dienst des HERRN geordnet, um das Passa zu feiern und Brandopfer auf dem Altar des HERRN darzubringen, gemäss dem Befehl des Königs Joschijahu. 17 Und damals feierten die Israeliten, die sich einfanden, das Passa und das Fest der ungesäuerten Brote, sieben Tage lang.

18 Ein solches Passa war in Israel nicht gefeiert worden seit den Tagen Samuels, des Propheten, und keiner der Könige Israels hatte ein Passa gefeiert, wie es Joschijahu und die Priester und die Leviten und ganz Juda und Israel, die sich eingefunden hatten, und die Bewohner Jerusalems feierten. 19 Im achtzehnten Jahr der Königsherrschaft Joschijahus wurde dieses Passa gefeiert.

20 Nach alledem, als Joschijahu das Haus wieder hergerichtet hatte, zog Necho, der König von Ägypten, herauf, um bei Karkemisch am Eufrat zu kämpfen. Da zog Joschijahu aus, ihm entgegen. 21 Er aber sandte Boten zu ihm und sagte: Was habe ich mit dir zu schaffen, König von Juda? Nicht gegen dich geht es heute, sondern gegen das Haus, das mit mir Krieg führt. Gott hat mir Eile geboten. Lass ab von Gott, der mit mir ist, damit er dich nicht verdirbt. 22 Joschijahu aber wandte sein Gesicht nicht ab von ihm, sondern verkleidete sich, um gegen ihn zu kämpfen. Und er hörte nicht auf die Worte Nechos aus dem Mund Gottes und zog in die Ebene von Megiddo in den Kampf.

23 Und die Schützen schossen auf König Joschijahu. Und der König sagte zu seinen Dienern: Bringt mich weg, denn ich bin schwer verwundet. 24 Und seine Diener hoben ihn aus dem Streitwagen in das zweite Gefährt, das er hatte. Und sie geleiteten ihn nach Jerusalem, und er starb und wurde in den Grabstätten seiner Vorfahren begraben, und ganz Juda und Jerusalem trauerten um Joschijahu. 25 Und Jeremia hielt die Totenklage auf Joschijahu, und alle Sänger und Sängerinnen sangen in ihren Klageliedern von Joschijahu, bis auf den heutigen Tag. Und man machte sie zum festen Brauch für Israel. Und sieh, sie sind aufgezeichnet in den Klageliedern.

26 Und was sonst noch von Joschijahu zu berichten ist, und seine guten Taten, die dem entsprachen, was geschrieben steht in der Weisung des HERRN, 27 und seine Geschichte, das Frühere und das Spätere, sieh, das ist aufgezeichnet im Buch der Könige von Israel und von Juda.

|1–27: 2Kön 23,21–30 |1: 30,15; Ex 12,6! |2: 8,14! |3: 17,7–9 · 5,7; 1Chr 23,26 |4–5: 8,14! |6: 5,11! |7–9: 30,24 |7: Ez 45,17 |8: 31,12–13; 32,23; 1Chr 29,6–8! |10: 8,14! |11: 29,34; 30,16 |14: Esra 6,20 |15: 8,14! · 5,12; 1Chr 25,1!; 25,5 |17: 30,21 |18: 30,26 |20: 32,1 |21: Ri 11,12 |22: 18,29 |23: 18,33 |24: 32,33 |25: 2Sam 1,17 |26–27: 9,29!

35,11: In der Übersetzung wurden «das Blut» und «den Tieren» ergänzt.

Jehoachas, Eljakim, Zidkijahu, Könige
von Juda. Wegführung nach Babel

36 1 Und das Volk des Landes nahm Jehoachas, den Sohn des Joschijahu, und sie machten ihn in Jerusalem zum König an seines Vaters Statt.
2 Dreiundzwanzig Jahre alt war Joachas, als er König wurde, und drei Monate lang war er König in Jerusalem. 3 Und der König von Ägypten setzte ihn ab in Jerusalem, und dem Land auferlegte er eine Strafe: hundert Kikkar Silber und ein Kikkar Gold. 4 Und der König von Ägypten machte Eljakim, seinen Bruder, zum König über Juda und Jerusalem und änderte dessen Namen in Jehojakim. Joachas aber, seinen Bruder, nahm Necho fest und brachte ihn nach Ägypten.

5 Fünfundzwanzig Jahre alt war Jehojakim, als er König wurde, und elf Jahre lang war er König in Jerusalem, und er tat, was böse war in den Augen des HERRN, seines Gottes. 6 Gegen ihn zog Nebukadnezzar, der König von Babel, herauf, und er legte ihn in doppelte Ketten, um ihn nach Babel zu führen. 7 Auch Geräte des Hauses des HERRN brachte Nebukadnezzar nach Babel, und er legte sie in seinen Tempel in Babel. 8 Und was sonst noch von Jehojakim zu berichten ist und die Abscheulichkeiten, die er beging, und was über ihn gefunden wurde, sieh, das steht geschrieben im Buch der Könige von Israel und von Juda. Und Jehojachin, sein Sohn, wurde König an seiner Statt.

9 Achtzehn Jahre alt war Jehojachin, als er König wurde, und drei Monate und zehn Tage lang war er König in Jerusalem, und er tat, was böse war in den Augen des HERRN.

10 Und um die Jahreswende sandte König Nebukadnezzar hin und liess ihn samt den kostbaren Geräten des Hauses des HERRN nach Babel bringen. Und er machte Zidkijahu, seinen Bruder, zum König über Juda und Jerusalem.

11 Einundzwanzig Jahre alt war Zidkijahu, als er König wurde, und elf Jahre lang war er König in Jerusalem. 12 Und er tat, was böse war in den Augen des HERRN, seines Gottes, er demütigte sich nicht vor Jeremia, dem Propheten, der redete, wie der HERR zu ihm sprach. 13 Und auch gegen König Nebukadnezzar, der ihn bei Gott hatte schwören lassen, lehnte er sich auf. Und er verhärtete seinen Nacken und verstockte sein Herz, so dass er nicht umkehrte zum HERRN, dem Gott Israels. 14 Auch alle Obersten der Priester und das Volk häuften Untreue auf Untreue, allen Abscheulichkeiten der Nationen entsprechend, und sie machten das Haus des HERRN unrein, das er in Jerusalem geheiligt hatte. 15 Und der HERR, der Gott ihrer Vorfahren, sandte durch seine Boten zu ihnen, sandte immer wieder eifrig, denn er hatte Mitleid mit seinem Volk und seiner Wohnung. 16 Aber sie verhöhnten die Boten Gottes und verachteten seine Worte und verspotteten seine Propheten, bis der Zorn des HERRN gegen sein Volk aufstieg, so dass es keine Heilung mehr gab. 17 Da liess er den König der Kasdäer gegen sie hinaufziehen, und der tötete ihre jungen Männer durch das Schwert im Haus ihres Heiligtums; er schonte weder Jüngling noch Jungfrau, weder Alte noch Hochbetagte; alles gab er in seine Hand. 18 Und alle Geräte des Hauses Gottes, die grossen und die kleinen, und die Schätze des Hauses des HERRN und die Schätze des Königs und seiner Fürsten, dies alles brachte er nach Babel. 19 Und sie verbrannten das Haus Gottes und rissen die Mauer Jerusalems ein, und alle seine Paläste verbrannten sie im Feuer und all seine kostbaren Geräte vernichteten sie. 20 Und den Rest, der dem Schwert entrann, führte er in die Verbannung nach Babel, und sie wurden ihm und seinen Söhnen dienstbar, bis das Königreich der Perser zur Herrschaft kam – 21 damit das Wort des HERRN durch den Mund Jeremias erfüllt werde: bis dem Land seine Sabbate ersetzt werden. Die ganze Zeit der Verwüstung lag es brach, bis siebzig Jahre erfüllt waren.

|1–21: 2Kön 23,30–25,21 |1: 23,20; 33,25 |6: 33,11
|7: 10; Esra 1,7; Dan 1,2 |8: 9,29! · Jer 22,13–19 |11–21:
Jer 39,1–10; 52,1–27 |12: Jer 37,2 |13: 30,8; Neh 9,16
|14: 28,3 |15–16: 24,19; 30,10; Jer 7,25 |16: 32,25–26!
|17: Jer 21,7 |18: Jer 27,19–22 |19: 7,20 |20–21:
Lev 26,34; Jer 25,11; 29,10; Dan 9,2

Der Erlass des Kyros

22 Und im Jahr eins des Kyros, des
Königs von Persien, erweckte der HERR,
damit sich das Wort des Jeremia erfülle, den Geist des
Kyros, des Königs von Persien, und die-
ser liess einen Aufruf durch sein ganzes
Königreich ergehen, auch schriftlich:
23 So spricht Kyros, der König von Persien: Alle Königreiche der Erde hat mir
der HERR, der Gott des Himmels, gegeben, und er selbst hat mir aufgetragen,
ihm ein Haus zu bauen in Jerusalem, das
in Juda liegt. Wer immer von euch aus
seinem Volk ist – der HERR, sein Gott, ist
mit ihm, und er ziehe hinauf!

|22–23: Esra 1,1–3 |22: Jer 29,10 · 21,16; 1Chr 5,26
|23: Jes 45,13

Das Buch Esra

Der Erlass des Kyros

1 1 Und im Jahr eins des Kyros, des Kö-
nigs von Persien, erweckte der HERR,
damit sich das Wort des HERRN aus dem
Mund des Jeremia erfülle, den Geist des
Kyros, des Königs von Persien, und die-
ser liess einen Aufruf durch sein ganzes
Königreich ergehen, auch schriftlich: 2
So spricht Kyros, der König von Persien:
Alle Königreiche der Erde hat mir der
HERR, der Gott des Himmels, gegeben,
und er selbst hat mir aufgetragen, ihm
ein Haus zu bauen in Jerusalem, das in
Juda liegt. 3 Wer immer von euch aus
seinem Volk ist – sein Gott sei mit ihm,
und er ziehe hinauf nach Jerusalem, das
in Juda liegt, und er baue das Haus des
HERRN, des Gottes Israels; das ist der
Gott, der in Jerusalem ist. 4 Und jeden,
der übrig geblieben ist an irgendeinem
Ort, wo er sich als Fremder aufhält, den
sollen die Männer seines Orts mit Silber
und mit Gold unterstützen und mit Gütern und mit Vieh, ausserdem mit den
freiwilligen Gaben für das Haus des
Gottes in Jerusalem!

|1–3: 2Chr 36,22–23 |1: Dan 1,21 · Jer 25,11;
29,10 · Jes 45,1 |2: 6,10; 7,12; Neh 1,4–5; 2,4.20 · 6,3!
|3: 5,13; 6,7; Jes 44,28 |4: 9,15

1,1: Der Name Kyros lautet im hebräischen Text
Koresch.

Die Rückkehr von Verbannten nach Jerusalem

5 Und die Familienhäupter Judas
und Benjamins und die Priester und die
Leviten, alle, deren Geist Gott erweckt
hatte, machten sich auf, um hinaufzuziehen und das Haus des HERRN in Jerusalem zu bauen. 6 Und alle, die um sie
herum waren, stärkten ihre Hände mit
Geräten aus Silber, mit Gold, mit Gütern
und mit Vieh und mit Kostbarkeiten, abgesehen von allen freiwilligen Gaben.
7 Und König Kyros gab die Geräte des
Hauses des HERRN heraus, die Nebukadnezzar aus Jerusalem fortgeschafft
und in das Haus seines Gottes getan
hatte. 8 Und Kyros, der König von Persien, händigte sie Mitredat, dem Schatzmeister, aus, und dieser zählte sie
Scheschbazzar vor, dem Fürsten von
Juda. 9 Und dies war ihre Zahl: Goldschalen: 30; Silberschalen: 1000; Ersatz-
stücke: 29; 10 Goldschälchen: 30; Silber-
schälchen der anderen Art: 410; andere
Geräte: 1000. 11 Alle Geräte aus Gold und
aus Silber zusammen: 5400. Dies alles
brachte Scheschbazzar mit hinauf, als

die Verbannten aus Babel nach Jerusalem hinaufgeführt wurden.

| 5: Hag 1,14 | 6: Ex 12,36 · 7,15–16; 8,25–30; 1Chr 29,9 | 7: 5,14; 6,5; 2Chr 36,7!; 2Kön 25,13–15 | 8: 2,2; 3,2.8; 5,14–16; Neh 12,47; Sach 4,6 | 10: 2Kön 25,15 | 11: Jer 27,21–22

1,10: Die Übersetzung des mit ‹der anderen Art› wiedergegebenen hebräischen Worts ist unsicher.

Die Liste der Heimkehrer

2 1 Und dies sind die aus der Provinz, die heraufzogen aus der Gefangenschaft jener Verbannten, die Nebukadnezzar, der König von Babel, in die Verbannung nach Babel geführt hatte, und die nach Jerusalem und Juda zurückkehrten, ein jeder in seine Stadt, 2 die mit Serubbabel, Jeschua, Nehemia, Seraja, Reelaja, Mordochai, Bilschan, Mispar, Bigwai, Rechum und Baana kamen.

Die Zahl der Männer des Volkes Israel: 3 die Söhne Parosch: 2172; 4 die Söhne Schefatja: 372; 5 die Söhne Arach: 775; 6 die Söhne Pachat-Moab, von den Söhnen Jeschua und Joab: 2812; 7 die Söhne Elam: 1254; 8 die Söhne Sattu: 945; 9 die Söhne Sakkai: 760; 10 die Söhne Bani: 642; 11 die Söhne Bebai: 623; 12 die Söhne Asgad: 1222; 13 die Söhne Adonikam: 666; 14 die Söhne Bigwai: 2056; 15 die Söhne Adin: 454; 16 die Söhne Ater, von Jechiskija: 98; 17 die Söhne Bezai: 323; 18 die Söhne Jora: 112; 19 die Söhne Chaschum: 223; 20 die Söhne Gibbar: 95; 21 die von Betlehem: 123; 22 die Männer von Netofa: 56; 23 die Männer von Anatot: 128; 24 die Söhne Asmawet: 42; 25 die von Kirjat-Arim, Kefira und Beerot: 743; 26 die von Rama und Geba: 621; 27 die Männer von Michmas: 122; 28 die Männer von Bet-El und Ai: 223; 29 die Söhne Nebo: 52; 30 die Söhne Magbisch: 156; 31 die Söhne des anderen Elam: 1254; 32 die Söhne Charim: 320; 33 die von Lod, Chadid und Ono: 725; 34 die von Jericho: 345; 35 die Söhne Senaa: 3630.

36 Die Priester: die Söhne Jedaja, vom Haus Jeschua: 973; 37 die Söhne Immer: 1052; 38 die Söhne Paschchur: 1247; 39 die Söhne Charim: 1017. 40 Die Leviten: die Söhne Jeschua und Kadmiel, von den Söhnen Hodawja: 74. 41 Die Sänger: die Söhne Asaf: 128. 42 Die Torwächter: die Söhne Schallum, die Söhne Ater, die Söhne Talmon, die Söhne Akkub, die Söhne Chatita, die Söhne Schobai, zusammen: 139. 43 Die Tempeldiener: die Söhne Zicha, die Söhne Chasufa, die Söhne Tabbaot, 44 die Söhne Keros, die Söhne Siaha, die Söhne Padon, 45 die Söhne Lebana, die Söhne Chagaba, die Söhne Akkub, 46 die Söhne Chagab, die Söhne Schalmai, die Söhne Chanan, 47 die Söhne Giddel, die Söhne Gachar, die Söhne Reaja, 48 die Söhne Rezin, die Söhne Nekoda, die Söhne Gassam, 49 die Söhne Ussa, die Söhne Paseach, die Söhne Besai, 50 die Söhne Asna, die Söhne Meunim, die Söhne Nefusim, 51 die Söhne Bakbuk, die Söhne Chakufa, die Söhne Charchur, 52 die Söhne Bazlut, die Söhne Mechida, die Söhne Charscha, 53 die Söhne Barkos, die Söhne Sisera, die Söhne Tamach, 54 die Söhne Neziach, die Söhne Chatifa.

55 Die Nachkommen der Diener Salomos: die Söhne Sotai, die Söhne Soferet, die Söhne Peruda, 56 die Söhne Jaala, die Söhne Darkon, die Söhne Giddel, 57 die Söhne Schefatja, die Söhne Chattil, die Söhne Pocheret-Zebajim, die Söhne Ami. 58 Alle Tempeldiener und Nachkommen der Diener Salomos zusammen: 392.

59 Und dies sind diejenigen, die heraufgezogen sind aus Tel-Melach, Tel-Charscha, Kerub-Addan und Immer, ohne angeben zu können, ob sie nach Familie und Herkunft von Israel abstammten: 60 die Söhne Delaja, die Söhne Tobija, die Söhne Nekoda: 652. 61 Und von den Priestern: die Söhne Chobaja, die Söhne Koz, die Söhne jenes Barsillai, der eine von den Töchtern des Gileaditers Barsillai zur Frau genommen hatte und nach deren Namen benannt wurde. 62 Diese suchten ihre Eintragung unter den Registrierten, sie wurden aber nicht gefunden, und so

wurden sie als unrein ausgeschlossen vom Priestertum, 63 und der Tirschata befahl ihnen, nicht vom Hochheiligen zu essen, bis ein Priester für Urim und Tummim auftrete.

64 Die ganze Versammlung insgesamt: 42360, 65 abgesehen von ihren Knechten und ihren Mägden; es waren 7337. Und sie hatten Sänger und Sängerinnen: 200. 66 Ihre Pferde: 736, ihre Maultiere: 245, 67 ihre Kamele: 435, Esel: 6720.

68 Und als sie zum Haus des HERRN in Jerusalem kamen, spendeten einige von den Familienhäuptern freiwillig für das Haus Gottes, um es an seiner Stätte wieder erstehen zu lassen. 69 Nach ihren Kräften gaben sie Gold an den Schatz für das Werk: 61000 Drachmen; und Silber: 5000 Minen; und Priestergewänder: 100.

70 Und die Priester und die Leviten und ein Teil des Volks und die Sänger und die Torwächter und die Tempeldiener liessen sich in ihren Städten nieder. Und ganz Israel war in seinen Städten.

|1: 1Chr 9,2; 2Chr 36,20 · Neh 12,1 · 70 |2: 1,8! · Hag 1,1; Sach 3,1 |3: 8,3; 10,25; Neh 3,25 |5: Neh 6,18; 7,10 |6: 8,4! |7: 31 |8: 8,5 |10: 8,10 |22: 2Sam 23,28 |23: Jer 1,1 |24: Neh 12,29! |25: Jos 9,17 |26: Jos 18,24 |27: 1Sam 13,2; Neh 11,31 |28: Sach 7,2 |31: 7 |33: 1Chr 8,12 |35: Neh 3,3; 7,38 |37: 10,20; 1Chr 9,12; 24,14 |38: 10,22; 1Chr 9,12 |39: 10,21; 1Chr 24,8 |40: 8,33 · 3,9; Neh 12,8 |41: 3,10; 1Chr 25,2 |42: 1Chr 26,1! · 1Chr 9,17 |43: 7,7; 10,17; Neh 3,26; 11,21 |61: Neh 3,4.21; 7,63 · 2Sam 17,27 |62: Num 17,5 |63: Lev 2,3 · Neh 8,9! · Lev 22,10 · Ex 28,30 |68: Ex 35,21 · 9,9 |69: 1Chr 29,7 |70: 1

2,63: Tirschata war der Titel eines persischen Amtsträgers.

Die Wiederaufnahme der Opfer in Jerusalem

3 1 Und der siebte Monat kam, und die Israeliten waren in ihren Städten, und das Volk versammelte sich einmütig in Jerusalem. 2 Und Jeschua, der Sohn des Jozadak, machte sich auf mit seinen Brüdern, den Priestern, und mit Serubbabel, dem Sohn des Schealtiel, und mit dessen Brüdern, und sie bauten den Altar des Gottes Israels auf, um auf ihm Brandopfer darzubringen, wie es geschrieben steht in der Weisung des Mose, des Mannes Gottes. 3 Und sie errichteten den Altar an seiner alten Stätte – Schrecken vor den Völkern der Länder lag auf ihnen –, und sie brachten darauf dem HERRN Brandopfer dar, Brandopfer am Morgen und am Abend. 4 Und sie begingen das Laubhüttenfest, wie es geschrieben steht: Tag für Tag ein Brandopfer, abgezählt, entsprechend der auf die Erfordernisse eines jeden Tages bezogenen Vorschrift; 5 und danach das regelmässige Brandopfer und das an den Neumonden und das an allen geheiligten Festtagen des HERRN und das von einem jeden, der dem HERRN freiwillige Gaben spendete. 6 Am Tag eins des siebten Monats begannen sie, dem HERRN Brandopfer darzubringen, die Grundmauern des Tempels des HERRN aber waren noch nicht gelegt. 7 Da gaben sie den Steinhauern und den Zimmerleuten Silber und den Sidoniern und Tyrern Speise und Trank und Öl, damit sie Zedernholz vom Libanon zum Meer von Jafo brächten, gemäss der ihnen von Kyros, dem König von Persien, gegebenen Vollmacht.

|1: Dtn 16,16 · Neh 8,1 · Neh 7,72 |2: 5,2! · 1Chr 5,41 · 1,8! · Ex 27,1–2! · Dtn 33,1 |3: Ex 29,38–42 |4: Lev 23,34 |5: Num 28,14 · Neh 10,34; 2Chr 2,3 |6: Num 29,1 |7: 1Kön 5,25 · 1Kön 5,20; 2Chr 2,15 · 6,4

Der Beginn des Tempelbaus

8 Und im zweiten Jahr nach ihrer Ankunft beim Haus Gottes, in Jerusalem, im zweiten Monat, begannen Serubbabel, der Sohn des Schealtiel, und Jeschua, der Sohn des Jozadak, und ihre anderen Brüder, die Priester und die Leviten, und alle, die aus der Gefangenschaft nach Jerusalem gekommen waren, und sie liessen die Leviten von zwanzig Jahren und darüber antreten, damit sie die Arbeit am Haus des HERRN beaufsichtigten. 9 Und Jeschua, seine Söhne und seine Brüder, Kadmiel und seine Söhne, die Söhne Juda, traten einmütig an zur Aufsicht über jene, die die Arbeit am Haus Gottes ausführten –

auch die Söhne Chenadad, ihre Söhne und ihre Brüder, die Leviten. 10 Dann legten die Bauleute die Grundmauern des Tempels des HERRN.

Und man stellte die Priester auf, in ihren Gewändern, mit Trompeten, und die Leviten, die Söhne Asaf, mit Zimbeln, damit sie den HERRN lobten nach den Anordnungen Davids, des Königs von Israel. 11 Und den HERRN preisend und ihm dankend, stimmten sie an: Ja, er ist freundlich, denn ewig währt seine Gnade über Israel! Und das ganze Volk brach in lauten Jubel aus, als man den HERRN pries, da die Grundmauern des Hauses des HERRN gelegt waren. 12 Und viele von den Priestern und den Leviten und den Familienhäuptern, die Alten, die das erste Haus noch gesehen hatten – dies war der Tempel in ihren Augen –, weinten mit lauter Stimme, und viele konnten vor Freude nicht anders, als in lauten Jubel auszubrechen. 13 Und niemand aus dem Volk konnte den lauten Freudenjubel vom lauten Weinen des Volks unterscheiden, denn das Volk jubelte so laut, und der Lärm war bis in die Ferne zu hören.

|8: 4,5! · 1,8! · 2! · 1Chr 23,24 |9: 2,40! · Neh 3,24; 10,10 · 2Chr 34,12 |10: 2Chr 5,12 · 2,41! · 1Chr 16,4! |11: 1Chr 16,34; 2Chr 5,13; Jer 33,11 |12: Hag 2,3 |13: Neh 12,43

Die Einstellung des Tempelbaus

4 1 Und die Gegner Judas und Benjamins hörten, dass die aus der Verbannung dem HERRN, dem Gott Israels, einen Tempel bauten. 2 Da traten sie an Serubbabel heran und an die Familienhäupter und sagten zu ihnen: Wir wollen mit euch bauen, denn wir verehren euren Gott wie ihr, und wir opfern ihm seit den Tagen Esar-Chaddons, des Königs von Assur, der uns hier heraufgeführt hat. 3 Serubbabel aber und Jeschua und die übrigen Familienhäupter Israels sagten zu ihnen: Es ist nicht an euch, sondern an uns, unserem Gott ein Haus zu bauen, denn wir allein werden für den HERRN, den Gott Israels, bauen, wie König Kyros, der König von Persien, es

uns befohlen hat. 4 Und so geschah es, dass das Volk des Landes die Hände des Volks von Juda erschlaffen liess und sie vom Bauen abschreckte. 5 Und sie bestachen Ratgeber gegen sie, um ihr Vorhaben zu verhindern, solange Kyros, der König von Persien, lebte und bis zur Königsherrschaft von Darius, dem König von Persien.

6 Und unter der Königsherrschaft des Xerxes, zu Beginn seiner Königsherrschaft, schrieben sie eine Anklage gegen die Bewohner von Juda und Jerusalem. 7 Und in den Tagen des Artaxerxes schrieb Bischlam mit Mitredat, Tabeel und seinen übrigen Gefährten an Artaxerxes, den König von Persien. Und der Brief war in aramäischer Schrift geschrieben und ins Aramäische übersetzt: 8 Rechum, der Befehlshaber, und Schimschai, der Schreiber, schrieben, wie folgt, einen Brief gegen Jerusalem an Artaxerxes, den König. 9 Sodann also: Rechum, der Befehlshaber, und Schimschai, der Schreiber, und ihre übrigen Gefährten, die Dinäer und Afarsachaten, Tarpelaten, Afarsiter, Arkewaiter, Babylonier, Schuschaniter, das sind Elamiter, 10 und die übrigen Völker, die der grosse und ruhmreiche Asnappar in die Verbannung geführt und in den Städten Samarias und den übrigen Gebieten jenseits des Stroms angesiedelt hat. Und nun: 11 Dies ist der Wortlaut des Briefs, den sie ihm sandten: An Artaxerxes, den König; deine Diener, die Leute jenseits des Stroms. Und nun: 12 Es sei dem König zur Kenntnis gebracht, dass die Judäer, die von dir heraufzogen, zu uns nach Jerusalem gekommen sind. Sie bauen die aufrührerische und böse Stadt wieder auf, und sie vollenden die Mauern und bessern die Fundamente aus. 13 Nun sei dem König zur Kenntnis gebracht: Wenn diese Stadt aufgebaut wird und die Mauern vollendet sind, werden sie keine Steuer, keine Abgaben und keine Bodensteuer entrichten, und ganz gewiss wird das den Königen schaden. 14 Weil wir nun das Salz des Palasts

gegessen haben und es sich für uns nicht ziemt, die Blossstellung des Königs mitanzusehen, darum senden wir hin und bringen es dem König zur Kenntnis, 15 damit man nachforsche im Buch der Denkwürdigkeiten deiner Vorfahren. Und im Buch der Denkwürdigkeiten wirst du finden und erfahren, dass jene Stadt eine aufrührerische Stadt ist, die Schaden verursacht hat für Könige und Provinzen und in deren Mitte man schon immer Aufruhr gestiftet hat. Darum ist diese Stadt zerstört worden. 16 So bringen wir dem König zur Kenntnis: Wenn diese Stadt aufgebaut wird und die Mauern vollendet werden, wirst du in der Folge am Gebiet jenseits des Stroms keinen Anteil mehr haben.

17 Der König sandte Bescheid: An Rechum, den Befehlshaber, und Schimschai, den Schreiber, und alle ihre Gefährten, die in Samaria und im übrigen Gebiet jenseits des Stroms wohnen: Frieden! Und nun: 18 Das Schreiben, das ihr an uns gesandt habt, ist mir Wort für Wort vorgelesen worden. 19 Und von mir ist Befehl erlassen worden und man hat nachgeforscht und gefunden, dass sich diese Stadt schon immer gegen Könige aufgelehnt hat und dass Aufstand und Aufruhr in ihr gestiftet worden sind. 20 Und Jerusalem hatte mächtige Könige, und sie herrschten über alles jenseits des Stroms, und ihnen wurden Steuer, Abgaben und Bodensteuer entrichtet. 21 Nun gebt Befehl, jenen Männern Einhalt zu gebieten: Diese Stadt darf nicht aufgebaut werden, bis von mir Befehl erlassen wird! 22 Und hütet euch vor Nachlässigkeit in dieser Angelegenheit! Warum soll grosser Schaden entstehen zum Nachteil der Könige?

23 Als dann der Wortlaut des Schreibens des Artaxerxes, des Königs, vor Rechum und Schimschai, dem Schreiber, und ihren Gefährten vorgelesen worden war, gingen sie eilends nach Jerusalem zu den Judäern und geboten ihnen Einhalt mit Macht und Gewalt. 24 Darauf wurde die Arbeit am Haus Gottes in Jerusalem eingestellt, und sie blieb eingestellt bis zum zweiten Jahr der Königsherrschaft von Darius, dem König von Persien.

| 1: Neh 3,33 | 2: Jer 41,5 · 2Kön 19,37 · 2Kön 17,24 | 3: Neh 2,20 | 4: Neh 6,9 | 5: 24; 3,8; 6,15 | 6: Est 1,1 | 7: 7,1; Neh 2,1 · 2Kön 18,26 | 12: Neh 6,6 · Neh 3,38 | 13: 7,24 | 15: Est 2,23! · Est 3,8 | 17: 5,7 | 20: 1Kön 5,1 | 24: 5!

4,6: Der Name Xerxes lautet im hebräischen Text Achaschwerosch.

4,7: Der Name Artaxerxes lautet im hebräischen und im aramäischen Text Artachschasta. Der folgende Abschnitt 4,8–6,18 ist aramäisch.

4,9: Dinäer, Afarsatchaten und Tarpelaten waren vermutlich persische Amtsträger.

4,10: Asnappar ist der assyrische König Assurbanipal. Der aramäische Text lautet: «... in der Stadt von Samaria ...»; die Übersetzung folgt den antiken Übersetzungen.

4,14: ‹Das Salz des Palasts essen› bedeutet, dass man dem Königshof verpflichtet ist.

Die Wiederaufnahme des Tempelbaus.
Tattenais Bericht an König Darius

5 1 Und Haggai, der Prophet, und Sacharja, der Sohn des Iddo, die Propheten, weissagten im Namen des Gottes Israels, der über ihnen war, über die Judäer in Juda und in Jerusalem. 2 Da machten sich Serubbabel, der Sohn Schealtiels, und Jeschua, der Sohn Jozadaks, auf, und sie fingen an, das Haus Gottes in Jerusalem zu bauen. Und bei ihnen waren die Propheten Gottes, die sie unterstützten.

3 Zur selben Zeit kamen zu ihnen Tattenai, der Statthalter jenseits des Stroms, und Schetar-Bosnai und ihre Gefährten, und so sprachen sie zu ihnen: Wer hat euch Befehl gegeben, dieses Haus zu bauen und dieses Bauwerk zu vollenden? 4 Dann redeten sie so zu ihnen: Welches sind die Namen der Männer, die dieses Gebäude bauen? 5 Aber das Auge ihres Gottes war über den Ältesten der Judäer, und man gebot ihnen nicht Einhalt, bis ein Bericht an Darius gelange und man dann ein Schreiben darüber zurückbringen würde.

6 Der Wortlaut des Briefs, den Tattenai, der Statthalter jenseits des Stroms, mit Schetar-Bosnai und seinen Gefährten, den Afarsechaten jenseits des Stroms, an Darius, den König, sandte. 7 Sie sandten eine Nachricht an ihn, und dies war darin geschrieben: Darius, dem König, allen Frieden! 8 Es sei dem König zur Kenntnis gebracht, dass wir in die Provinz Juda zum Haus des grossen Gottes gegangen sind: Es wird daran mit Quadersteinen gebaut, und Holz wird in die Wände eingelegt. Und diese Arbeit wird gewissenhaft durchgeführt und kommt unter ihren Händen gut voran. 9 Da haben wir jene Ältesten befragt; so haben wir zu ihnen geredet: Wer hat euch Befehl gegeben, dieses Haus zu bauen und dieses Bauwerk zu vollenden? 10 Und auch nach ihren Namen haben wir sie gefragt, damit wir die Namen der Männer aufschreiben konnten, die an ihrer Spitze stehen, um sie dir zur Kenntnis zu bringen. 11 Und Folgendes gaben sie uns zur Antwort: Wir sind die Diener des Gottes des Himmels und der Erde, und wir bauen das Haus wieder auf, das früher, vor vielen Jahren, erbaut worden ist und das ein grosser König Israels gebaut und vollendet hatte. 12 Da aber unsere Vorfahren den Gott des Himmels erzürnten, gab er sie in die Hand Nebukadnezzars, des Königs von Babel, des Kasdäers. Und der zerstörte dieses Haus und führte das Volk nach Babel in die Verbannung. 13 Aber im Jahr eins des Kyros, des Königs von Babel, gab Kyros, der König, Befehl, dieses Haus Gottes wieder aufzubauen. 14 Und auch die goldenen und silbernen Geräte des Hauses Gottes, die Nebukadnezzar aus dem Tempel in Jerusalem weggenommen und in den Tempel von Babel gebracht hatte, nahm Kyros, der König, aus dem Tempel von Babel, und sie wurden einem mit Namen Scheschbazzar übergeben, den er als Statthalter eingesetzt hatte. 15 Und er sprach zu ihm: Nimm diese Geräte, ziehe hin, lege sie im Tempel in Jerusalem nieder, und das Haus Gottes soll an seiner Stätte wieder aufgebaut werden. 16 Da kam jener Scheschbazzar, er legte die Fundamente des Hauses Gottes in Jerusalem. Und seit damals wird bis jetzt daran gebaut, es ist aber nicht vollendet. 17 Und nun, wenn es dem König gefällt, soll nachgeforscht werden im Schatzhaus des Königs, dort in Babel, ob es einen von Kyros, dem König, erlassenen Befehl gibt, dieses Haus Gottes in Jerusalem zu bauen. Und die Entscheidung des Königs in dieser Sache möge er uns zusenden.

| 1: Hag 1,1 · 6,14; Sach 1,1; 4,9 | 2: 3,2.8; 10,18 · Hag 1,14 · Sach 8,9 | 3: 6; 6,6 | 5: Dtn 11,12 | 6: 3! | 7: 4,17 | 8: 6,4! | 11: Gen 24,3 · 1Kön 6,1; 9,10 | 12: 2Chr 34,25 · 2Kön 25,9–11 | 13: 1,3! | 14–16: 1,8! | 14: 1,7! | 17: 6,1 · 8,36

5,4: Die Übersetzung «... redeten sie ...» beruht auf mehreren Textzeugen; der Massoretische Text lautet: «... redeten wir ...»
5,6: Afarsechaten waren wahrscheinlich hohe persische Amtsträger.

Die Antwort des Königs Darius

6 1 Da erliess Darius, der König, Befehl, und man forschte nach im Haus der Schriften, wo man in Babel die Schätze niederzulegen pflegte. 2 Und es fand sich in Achmeta, in der Burg, in der Provinz Medien eine Schriftrolle, und darin war dieses als Protokoll aufgeschrieben: 3 Im Jahr eins des Kyros, des Königs, erliess Kyros, der König, einen Befehl: Das Haus des Gottes in Jerusalem betreffend: Das Haus soll gebaut werden als eine Stätte, an der man Schlachtopfer darbringt, und seine Fundamente sollen erhalten werden, seine Höhe sei sechzig Ellen, seine Breite sei sechzig Ellen, 4 drei Schichten Quadersteine und eine Schicht Holz. Und die Kosten sollen vom Haus des Königs getragen werden. 5 Und man soll auch die goldenen und silbernen Geräte des Hauses des Gottes zurückgeben, die Nebukadnezzar aus dem Tempel in Jerusalem weggenommen und nach Babel gebracht hat, und das alles soll in den Tempel in Jerusalem an seinen Ort kommen.

Und im Haus des Gottes sollst du es niederlegen.

6 Nun, Tattenai, Statthalter jenseits des Stroms, Schetar-Bosnai und eure Gefährten, die Afarsechaten jenseits des Stroms: Haltet euch fern von dort! 7 Lasst den Statthalter der Judäer und den Ältesten der Judäer freie Hand für die Arbeit an diesem Haus des Gottes. Sie sollen dieses Haus des Gottes an seiner Stätte errichten.

8 Und von mir ergeht Befehl, wie ihr mit jenen Ältesten der Judäer verfahren sollt, damit sie dieses Haus des Gottes bauen können: Aus den Gütern des Königs, aus der Steuer jenseits des Stroms, sollen für diese Männer gewissenhaft die Ausgabe bezahlt werden, damit sie nicht aufgehalten werden. 9 Und was sie benötigen an Jungstieren und Widdern und Lämmern für Brandopfer für den Gott des Himmels, an Weizen, Salz, Wein und Öl, soll ihnen nach dem Geheiss der Priester in Jerusalem gegeben werden, Tag für Tag, ohne Nachlässigkeit, 10 damit sie dem Gott des Himmels beschwichtigende Opfer darbringen und für das Leben des Königs und seiner Söhne beten.

11 Und von mir ergeht Befehl: Wenn irgendjemand diesen Erlass missachtet, so soll aus dessen Haus ein Balken herausgerissen werden, und er soll gepfählt, er soll an ihn geschlagen werden, und sein Haus soll wegen dieser Angelegenheit zu einem Dreckshaufen gemacht werden. 12 Und der Gott, der seinen Namen dort hat wohnen lassen, stürze jeden König und jedes Volk, das seine Hand ausstreckt, um dies zu missachten und dieses Haus des Gottes in Jerusalem zu zerstören! Ich, Darius, habe Befehl erlassen; er ist gewissenhaft auszuführen!

|1: 5,17 |3: 14; 1,2 · 1Kön 6,2 |4: 5,8; 1Kön 6,36 · 3,7 · 7,20 |5: 1,7! |6: 5,3! |7: 1,3! |8: Neh 2,8 |10: 1,2! · 7,23 · 1Tim 2,2; Jer 29,7 |11: 2Kön 10,27; Dan 2,5 |12: Dtn 12,5

6,2: Achmeta ist die persische Residenzstadt Ekbatana.

Vollendung und Einweihung des Tempels

13 Da führten Tattenai, der Statthalter jenseits des Stroms, Schetar-Bosnai und ihre Gefährten es sorgfältig aus, wie Darius, der König, es geschrieben hatte. 14 Und die Ältesten der Judäer bauten, und sie kamen gut voran durch die Weissagung Haggais, des Propheten, und Sacharjas, des Sohns von Iddo. Und sie bauten und vollendeten den Bau nach dem Befehl des Gottes Israels und nach dem Befehl des Kyros und des Darius und des Artaxerxes, des Königs von Persien. 15 Und bis zum dritten Tag des Monats Adar vollendete man dieses Haus, es war das sechste Jahr der Königsherrschaft von Darius, dem König.

16 Und die Israeliten, die Priester und die Leviten und die Übrigen aus der Verbannung feierten voller Freude die Einweihung dieses Hauses Gottes. 17 Und zur Einweihung dieses Hauses Gottes brachten sie 100 Stiere, 200 Widder, 400 Lämmer dar und als Sündopfer für ganz Israel 12 Ziegenböcke, der Zahl der Stämme Israels entsprechend. 18 Und sie bestellten die Priester in ihren Ordnungen und die Leviten in ihren Abteilungen zum Dienst an Gott in Jerusalem, wie es geschrieben steht im Buch des Mose.

19 Und am Vierzehnten des ersten Monats bereiteten die aus der Verbannung das Passa. 20 Denn die Priester und die Leviten hatten sich einmütig gereinigt, sie alle waren rein; und sie schlachteten das Passa für alle aus der Verbannung und für ihre Brüder, die Priester, und für sich selbst. 21 Und die Israeliten, die aus der Verbannung Zurückgekehrten, und alle, die sich von der Unreinheit der Nationen im Land zu ihnen hin abgesondert hatten, assen, um den HERRN, den Gott Israels, zu suchen. 22 Und sie feierten das Fest der ungesäuerten Brote sieben Tage lang mit Freude, denn der HERR hatte sie mit Freude erfüllt und ihnen das Herz des Königs von Assur zugewandt, damit die-

ser ihre Hände stärkte bei der Arbeit am Haus Gottes, des Gottes Israels.

|14: 5,1! · Sach 1,16 · 3! · 7,1 |15: 3,8! · Sach 4,9 |16: 1Kön 8,62–66; Neh 12,27! |17: 8,35; 2Chr 29,24 |18: 1Chr 24,1.19; 2Chr 7,6 · Num 3,6 |19: 2Chr 30,15! |20: 2Chr 30,15; Neh 12,30! · 2Chr 35,11 |21: 9,11! |22: Dtn 16,3

6,14: «den Bau» wurde in der Übersetzung ergänzt.

Esras Rückkehr nach Jerusalem.
Seine Vollmacht

7 1 Und nach diesen Begebenheiten unter der Königsherrschaft des Artaxerxes, des Königs von Persien, zog Esra, der Sohn des Seraja, des Sohns des Asarja, des Sohns des Chilkija, 2 des Sohns des Schallum, des Sohns von Zadok, dem Sohn des Achitub, 3 des Sohns des Amarja, des Sohns von Asarja, dem Sohn Merajots, 4 des Sohns Serachjas, des Sohns Ussis, des Sohns Bukkis, 5 des Sohns Abischuas, des Sohns des Pinechas, des Sohns von Elasar, dem Sohn von Aaron, dem Hohen Priester – 6 dieser Esra zog von Babel herauf. Und er war ein Schriftgelehrter, bewandert in der Weisung des Mose, die der HERR, der Gott Israels, gegeben hatte. Und da die Hand des HERRN, seines Gottes, über ihm war, gewährte der König ihm, was immer er wünschte. 7 Und Israeliten und Priester und die Leviten und die Sänger und Torwächter und Tempeldiener zogen im Jahr sieben des Artaxerxes, des Königs, nach Jerusalem herauf, 8 und im fünften Monat kam er nach Jerusalem. Es war das siebte Jahr des Königs. 9 Denn am Ersten des ersten Monats erging die Anordnung zum Aufbruch aus Babel, und am Ersten des fünften Monats kam er nach Jerusalem, da die gute Hand seines Gottes über ihm war. 10 Denn Esra hatte sein Herz darauf gerichtet, die Weisung des HERRN zu ergründen und zu halten und in Israel Satzung und Recht zu lehren.

11 Und dies ist der Wortlaut des Schreibens, das König Artaxerxes Esra, dem Priester, mitgab, dem Schriftgelehrten, der zuständig war für die Worte der Gebote und Satzungen des HERRN für Israel: 12 Artaxerxes, der König der Könige, an Esra, den Priester, der zuständig ist für das Gesetz des Gottes des Himmels – und so weiter. Und nun: 13 Von mir ergeht Befehl, dass jeder aus dem Volk Israel und von seinen Priestern und den Leviten in meinem Königreich, der gewillt ist, nach Jerusalem zu ziehen, mit dir ziehen darf, 14 weil du vom König und seinen sieben Räten gesandt bist, um eine Untersuchung über Juda und Jerusalem durchzuführen mit dem Gesetz deines Gottes, das du in deiner Hand hältst, 15 und um das Silber und das Gold zu überbringen, das der König und seine Räte freiwillig für den Gott Israels gespendet haben, dessen Wohnung in Jerusalem ist, 16 sowie alles Silber und Gold, das du in der ganzen Provinz Babel bekommen wirst, samt den freiwilligen Gaben des Volks und der Priester, die sie spenden für das Haus ihres Gottes in Jerusalem. 17 Dementsprechend sollst du mit diesem Geld gewissenhaft Stiere, Widder, Lämmer und die dazugehörigen Speiseopfer und die dazugehörigen Trankopfer kaufen und sie darbringen auf dem Altar des Hauses eures Gottes in Jerusalem. 18 Und was dir und deinen Brüdern mit dem übrigen Silber und Gold zu tun gut erscheint, das tut, dem Willen eures Gottes gemäss. 19 Und liefere die Geräte, die dir für den Dienst im Haus deines Gottes übergeben werden, vor dem Gott Jerusalems vollzählig ab. 20 Und den übrigen Bedarf für das Haus deines Gottes, für den du aufzukommen hast, kannst du aus dem Schatzhaus des Königs decken. 21 Und von mir, Artaxerxes, dem König, ergeht Befehl an alle Schatzmeister jenseits des Stroms: Alles, was Esra, der Priester, der zuständig ist für das Gesetz des Gottes des Himmels, von euch verlangt, soll gewissenhaft ausgeführt werden: 22 Silber bis zu hundert Kikkar und Weizen bis zu hundert Kor und Wein bis zu hundert Bat und Öl bis zu hundert Bat und Salz unbe-

grenzt. 23 Alles, was auf Befehl des Gottes des Himmels erforderlich ist, ist für das Haus des Gottes des Himmels sorgfältig auszuführen. Warum denn soll Zorn kommen über das Reich des Königs und seiner Söhne? 24 Und es sei euch zur Kenntnis gebracht, dass es nicht erlaubt ist, irgendeinem der Priester oder der Leviten, der Sänger, der Torwächter, der Tempeldiener oder der Diener dieses Hauses des Gottes Steuer, Abgaben und Bodensteuer aufzuerlegen. 25 Du aber, Esra, setze nach der Weisheit deines Gottes, die in deiner Hand liegt, Richter und Rechtspfleger ein, die dem ganzen Volk jenseits des Stroms Recht sprechen sollen, allen, die die Gesetze deines Gottes kennen. Und wer sie nicht kennt, dem sollt ihr sie bekannt machen. 26 Und über jeden, der das Gesetz deines Gottes und das Gesetz des Königs nicht befolgt, soll gewissenhaft Gericht gehalten werden, sei es zum Tod, sei es zur Verstossung, sei es zu Geldbusse oder zu Gefängnis. –

27 Gepriesen ist der HERR, der Gott unserer Vorfahren, der dem König etwas wie dies ins Herz gegeben hat, um das Haus des HERRN in Jerusalem zu verherrlichen, 28 und der mir Gunst verschafft hat vor dem König und seinen Räten und all den mächtigen Obersten des Königs! Und ich fasste Mut, da die Hand des HERRN, meines Gottes, über mir war, und sammelte Häupter aus Israel, damit sie mit mir hinaufzogen.

|1: 4,7! · 1Chr 5,40 · 2Kön 25,18 |6: Neh 12,26! · 21 · Neh 9,13 · 9! |7: 8,1 · 2,43! |9: 8,32 · 7,6.28; 8,18.22; Neh 2,8.18 |10: Ps 1,2; Ps 119,112 · 25; 2Chr 17,9 |11: Neh 2,7 |12: Ez 26,7; Dan 2,37; Offb 17,14 · 1,2! |14: Est 1,14 |15–16: 1,6! |15: 2Chr 32,23 |16: 8,25–28 · Ps 135,21 |17: Num 15,1–13 |20: 6,4 |21: 6 |23: 6,10 |24: 4,13 |25: 1Kön 3,28 · Ex 18,21–22 · 10! |26: 10,8; Dtn 27,26 |27: 1Chr 29,10 |28: 9,9 · 9! · 8,15

7,11: Der Text 7,11–26 ist aramäisch.
7,12: Die Bedeutung der mit ‹und so weiter› wiedergegebenen aramäischen Formulierung ist unsicher; es handelt sich wohl um eine Formel zur Abkürzung des Grusses.

Esras Gefolgschaft bei seinem Zug nach Jerusalem

8 1 Und dies sind die Familienhäupter und die Registrierungen derer, die mit mir unter der Königsherrschaft von Artaxerxes, dem König, aus Babel heraufgezogen sind:

2 Von den Söhnen Pinechas: Gerschom; von den Söhnen Itamar: Daniel; von den Söhnen David: Chattusch, 3 von den Söhnen Schechanja; von den Söhnen Parosch: Secharja; und mit ihm männliche Registrierte: 150; 4 von den Söhnen Pachat-Moab: Eljehoenai, der Sohn des Serachja, und mit ihm 200 männliche Personen; 5 von den Söhnen Schechanja: der Sohn des Jachasiel, und mit ihm 300 männliche Personen; 6 und von den Söhnen Adin: Ebed, der Sohn des Jonatan, und mit ihm 50 männliche Personen; 7 und von den Söhnen Elam: Jeschaja, der Sohn Ataljas, und mit ihm 70 männliche Personen; 8 und von den Söhnen Schefatja: Sebadja, der Sohn des Michael, und mit ihm 80 männliche Personen; 9 von den Söhnen Joab: Obadja, der Sohn des Jechiel, und mit ihm 218 männliche Personen; 10 und von den Söhnen Schelomit: der Sohn des Josifja, und mit ihm 160 männliche Personen; 11 und von den Söhnen Bebai: Secharja, der Sohn des Bebai, und mit ihm 28 männliche Personen; 12 und von den Söhnen Asgad: Jochanan, der Sohn des Katan, und mit ihm 110 männliche Personen; 13 und von den Söhnen Adonikam: die Letzten, und dies sind ihre Namen: Elifelet, Jeiel und Schemaja, und mit ihnen 60 männliche Personen; 14 und von den Söhnen Bigwai: Utai und Sabbud, und mit ihm 70 männliche Personen.

15 Und ich sammelte sie am Fluss, der nach Ahawa fliesst, und dort lagerten wir drei Tage. Und ich sah mich um unter dem Volk und bei den Priestern, fand dort aber keinen von den Leviten. 16 Da sandte ich zu Elieser, Ariel, Schemaja und Elnatan und Jarib und Elnatan und Natan und Secharja und Meschul-

lam, Häuptern, und zu Jojarib und Elnatan, verständigen Männern, 17 und gab ihnen Anweisung für Iddo, das Haupt in der Ortschaft Kasifja, und ich legte ihnen die Worte in den Mund, die sie zu Iddo und seinem Bruder, den Tempeldienern in der Ortschaft Kasifja, sagen sollten, damit man uns Diener für das Haus unseres Gottes bringen würde. 18 Und da die gute Hand unseres Gottes über uns war, brachte man uns einen kundigen Mann von den Söhnen des Machli, des Sohns von Levi, dem Sohn Israels: Scherebja und seine Söhne und seine Brüder, 18 Männer; 19 und Chaschabja und mit ihm Jeschaja von den Söhnen Merari, seine Brüder und ihre Söhne, 20 Männer; 20 und von den Tempeldienern, die David und die Obersten für den Dienst bei den Leviten bestimmt hatten: 220 Tempeldiener. Sie alle waren mit Namen aufgeführt.

21 Und dort, am Fluss Ahawa, rief ich ein Fasten aus, um uns vor unserem Gott zu demütigen, um von ihm einen glücklichen Weg zu erbitten für uns und unsere Kinder und für all unsere Habe. 22 Denn ich hätte mich geschämt, vom König Kriegsvolk und Reiter zu erbitten als Hilfe für uns gegen den Feind auf dem Weg, hatten wir doch zum König gesagt: Die Hand unseres Gottes ist zum Guten über allen, die ihn suchen, seine Macht und sein Zorn aber ist über allen, die ihn verlassen. – 23 Und so fasteten wir und erbaten dies von unserem Gott, und er liess sich von uns erbitten.

24 Und ich sonderte zwölf von den Obersten der Priester aus: Scherebja, Chaschabja, und mit ihnen zehn von ihren Brüdern. 25 Und ich wog ihnen das Silber und das Gold und die Geräte ab, als Weihegabe für das Haus unseres Gottes, die der König und seine Räte und seine Obersten und ganz Israel, die sich dort befanden, gespendet hatten. 26 Und ich wog es ab in ihre Hand: Silber: 650 Kikkar; und silberne Geräte im Wert von 100 Kikkar; Gold: 100 Kikkar, 27 und 20 Goldschälchen im Wert von 1000 Dareiken; und 2 Geräte aus rot glänzender, feiner Bronze, kostbar wie Gold. 28 Und ich sprach zu ihnen: Ihr seid dem HERRN heilig, und die Geräte sind heilig; und das Silber und das Gold ist eine freiwillige Gabe für den HERRN, den Gott eurer Vorfahren. 29 Seid wachsam und bewahrt es, bis ihr es abwägen könnt vor den Obersten der Priester und der Leviten und den Obersten der Familien Israels in Jerusalem, in den Kammern des Hauses des HERRN. 30 Und die Priester und die Leviten nahmen das abgewogene Silber und Gold und die Geräte entgegen, um all das nach Jerusalem zu bringen, in das Haus unseres Gottes.

31 Und am Zwölften des ersten Monats brachen wir vom Fluss Ahawa auf, um nach Jerusalem zu ziehen, und die Hand unseres Gottes war über uns, und er rettete uns vor der Hand des Feindes und vor Wegelagerern. 32 So kamen wir nach Jerusalem und blieben dort drei Tage. 33 Und am vierten Tag wurden das Silber und das Gold und die Geräte im Haus unseres Gottes abgewogen, zuhanden Meremots, des Sohns des Urija, des Priesters – und bei ihm war Elasar, der Sohn des Pinechas, und bei ihnen waren Josabad, der Sohn des Jeschua, und Noadja, der Sohn des Binnui, die Leviten –, 34 alles geordnet nach Zahl und nach Gewicht. Und das ganze Gewicht wurde damals aufgeschrieben.

35 Die aus der Gefangenschaft gekommen waren, die aus der Verbannung, brachten dem Gott Israels Brandopfer dar: 12 Stiere für ganz Israel; 96 Widder, 77 Lämmer, 12 Sündopferböcke; all das als Brandopfer für den HERRN. 36 Und sie übergaben die Erlasse des Königs den Satrapen des Königs und den Statthaltern jenseits des Stroms, und diese unterstützten das Volk und das Haus Gottes.

|1: 7,7 |2: 1Chr 5,29 · 1Chr 3,22 |3: 2,3! · 1Chr 3,22 |4: 2,6; 10,30 |5: 2,8 |7: 10,2! |10: 2,10 |11: 10,28 |15: 7,28 |17: 2Sam 14,3 |18: 7,9! · 1Chr 6,4 · Neh 8,7 |20: Num 3,9 |21: 2Chr 20,3; Neh 9,1 · Ps 5,9 |22: Neh 2,9 · 7,9! |23: 1Chr 5,20; 2Chr 33,13 |25-30:

1,6! |25–28: 7,16 |28: Lev 21,6–8 · Neh 10,40
|32: Neh 2,11 · 7,9 |33: Neh 10,6! · 2,40 · 10,23! ·
Neh 10,10 |35: 6,17! |36: 5,17

Esras Kampf gegen die Mischehen.
Sein Gebet

9 1 Und als dies vollbracht war, traten die Obersten an mich heran und sagten: Das Volk Israel und die Priester und die Leviten haben sich nicht abgesondert von den Völkern der Länder mit ihren Abscheulichkeiten, von den Kanaanitern, den Hetitern, den Perissitern, den Jebusitern, den Ammonitern, den Moabitern, den Ägyptern und den Amoritern. 2 Sondern sie haben sich von deren Töchtern Frauen genommen für sich und für ihre Söhne, und so hat sich der heilige Same mit den Völkern der Länder vermischt, und die Obersten und die Vorsteher gingen voran bei dieser Untreue. 3 Und als ich das hörte, zerriss ich mein Kleid und mein Obergewand und raufte das Haar meines Hauptes und meines Bartes, und betäubt sass ich da. 4 Da versammelten sich um mich alle, die vor den Worten des Gottes Israels zitterten wegen des Treuebruchs der Verbannten, doch ich blieb betäubt sitzen bis zum Abendopfer. 5 Beim Abendopfer aber erhob ich mich aus meiner Demütigung, bei der ich mein Kleid und mein Obergewand zerrissen hatte, und ich sank nieder auf meine Knie und breitete meine Hände aus zum HERRN, meinem Gott.

6 Und ich sprach: Mein Gott, ich schäme mich, und ich scheue mich, mein Angesicht zu dir zu erheben, mein Gott. Denn unsere Verschuldungen sind zahlreich geworden, sind uns über den Kopf gewachsen; und bis zum Himmel ist unsere Schuld angewachsen. 7 Seit den Tagen unserer Vorfahren bis zu diesen heutigen Tag sind wir in grosser Schuld, und unserer Verschuldungen wegen sind wir, unsere Könige, unsere Priester, in die Hand der Könige der Länder gegeben worden durch das Schwert, die Gefangenschaft und die Plünderung und durch öffentliche Schande, wie es

heute der Fall ist. 8 Und nun ist uns für einen kleinen Augenblick vom HERRN, unserem Gott, Erbarmen widerfahren: Er hat uns einen Rest von Geretteten übrig gelassen und uns einen festen Halt gegeben an seiner heiligen Stätte, und unser Gott hat unsere Augen leuchten lassen und uns ein wenig Aufleben geschenkt in unserer Knechtschaft. 9 Denn Knechte sind wir, doch in unserer Knechtschaft hat unser Gott uns nicht verlassen, und er hat uns Gunst verschafft vor den Königen von Persien, er hat uns ein Aufleben geschenkt: Das Haus unseres Gottes wird aufgerichtet, und aus seinen Trümmern wird es aufgebaut, und er gibt uns eine Mauer in Juda und in Jerusalem. 10 Nun aber, unser Gott, was können wir danach noch sagen? Denn wir haben deine Gebote verlassen, 11 die du befohlen hast durch deine Diener, die Propheten, indem du sprachst: Das Land, in das ihr kommt, um es in Besitz zu nehmen, ist ein beflecktes Land wegen der Befleckung der Völker der Länder, wegen ihrer Abscheulichkeiten, mit denen sie es in ihrer Unreinheit angefüllt haben von einem Ende bis zum anderen. 12 Und nun sollt ihr eure Töchter nicht ihren Söhnen geben, und ihre Töchter sollt ihr nicht für eure Söhne nehmen, und ihr dürft nie wieder ihren Frieden und ihr Wohl suchen, damit ihr stark werdet und das Gute des Landes geniesst und es euren Nachkommen zum Besitz gebt auf ewig. – 13 Aber nach allem, was über uns gekommen ist durch unsere bösen Taten und durch unsere grosse Schuld – doch du, unser Gott, hast uns weniger gestraft, als unsere Verschuldungen es verdienten, und hast uns eine solche Rettung verschafft –, 14 sollten wir da wiederum deine Gebote brechen und uns verschwägern mit den Völkern, die diese Abscheulichkeiten treiben? Müsstest du uns da nicht bis zur Vernichtung zürnen, so dass kein Rest bliebe und keine Rettung? 15 HERR, Gott Israels, du bist gerecht! Wir aber sind als Gerettete übrig geblieben, wie es heute der Fall ist. Sieh uns vor dir in unserer Schuld! Ja, darum ist es nicht möglich, vor dir zu bestehen.

|1: Lev 18,30 · 10,11! · Dtn 7,1 · Neh 13,1! |2: Neh 13,23! · Jes 6,13 · 10,44 |3: Jos 7,6! |4: 10,3; Jes 66,2 |5: Ex 9,29; 2Chr 6,13 |6: Neh 1,6 · Lk 18,13 · Ps 38,5 · 2Chr 28,9 |7: Ps 106,6; Jer 3,25 |8: Jes 22,23; Sach 10,4 · Ps 13,4 |9: Neh 9,36 · 7,28 · 2,68 |10: Neh 9,34 |11: 6,21; Lev 18,25 |12: Dtn 7,3 · Dtn 23,7 · 1Chr 28,8 |13: Ps 103,10 |14: Dtn 7,3; Jos 23,12 |15: Neh 9,8 · 1,4 · Ps 130,3

Versammlung Israels und Schwur. Die Auflösung der Mischehen

10 1 Und als Esra betete und dies bekannte, weinend und niedergefallen vor dem Haus Gottes, sammelte sich bei ihm eine sehr grosse Versammlung aus Israel, Männer und Frauen und Kinder; das Volk weinte heftig. 2 Daraufhin sagte Schechanja, der Sohn des Jechiel, von den Söhnen Elam, zu Esra: Wir sind unserem Gott untreu geworden und haben fremdländische Frauen aus den Völkern des Landes heimgeführt. Und trotzdem gibt es nun Hoffnung für Israel! 3 Und jetzt werden wir mit unserem Gott einen Bund schliessen, all die Frauen und die von ihnen Geborenen fortzuschicken, gemäss dem Beschluss meines Herrn und derer, die das Gebot unseres Gottes fürchten. Und nach der Weisung soll gehandelt werden! 4 Erhebe dich! Denn dir obliegt es, und wir sind mit dir. Sei stark und handle! 5 Da erhob sich Esra und liess die Obersten der Priester, die Leviten und ganz Israel schwören, nach diesem Wort zu handeln, und sie schworen. 6 Und Esra erhob sich vor dem Haus Gottes und ging in die Kammer des Jehochanan, des Sohns von Eljaschib. Und dorthin ging er, er ass kein Brot und trank kein Wasser, denn er trauerte über die Untreue der Verbannten.

7 Und durch Juda und Jerusalem liess man an alle aus der Verbannung einen Aufruf ergehen, sich in Jerusalem zu versammeln. 8 Und jeder, der nicht innerhalb von drei Tagen komme, gemäss dem Beschluss der Obersten und der Ältesten, dessen ganze Habe solle der Vernichtung geweiht sein, und er selbst solle aus der Versammlung der Verbannten ausgeschlossen werden. 9 Da versammelten sich alle Männer Judas und Benjamins innerhalb von drei Tagen in Jerusalem. Es war der neunte Monat, am Zwanzigsten im Monat. Und das ganze Volk sass auf dem Platz vor dem Haus Gottes, zitternd der Sache wegen und wegen des strömenden Regens. 10 Da erhob sich Esra, der Priester, und sprach zu ihnen: Ihr habt treulos gehandelt und habt fremdländische Frauen heimgeführt, und habt damit die Schuld Israels vergrössert. 11 So legt nun dem HERRN, dem Gott eurer Vorfahren, ein Bekenntnis ab und folgt seinem Willen: Trennt euch von den Völkern des Landes und von den fremdländischen Frauen! 12 Da antwortete die ganze Versammlung und sprach mit lauter Stimme: Ja, es ist unsere Pflicht, so zu handeln, wie du es gesagt hast! 13 Doch das Volk ist zahlreich, und es ist Regenzeit, und wir haben nicht die Kraft, im Freien zu stehen. Auch ist das keine Aufgabe für einen Tag und auch nicht für zwei Tage, denn viele von uns haben sich in dieser Sache vergangen. 14 Unsere Obersten mögen die ganze Versammlung vertreten; und alle in unseren Städten, die fremdländische Frauen heimgeführt haben, sollen zu bestimmten Zeiten kommen, und mit ihnen sollen die Ältesten jeder einzelnen Stadt und ihre Richter kommen, bis wir den glühenden Zorn unseres Gottes in dieser Sache von uns abgewendet haben.

15 Nur Jonatan, der Sohn des Asael, und Jachseja, der Sohn des Tikwa, traten dagegen auf, und Meschullam und Schabbetai, der Levit, standen ihnen bei. 16 Die aus der Verbannung aber machten es so, und Esra, der Priester, sonderte Männer aus, Häupter ihrer Familien, und alle mit Namen. Und am ersten Tag des zehnten Monats setzten sie sich zusammen, um die Sache zu untersuchen. 17 Und bis zum Tag eins des ers-

ten Monats brachten sie die ganze Sache mit den Männern, die fremdländische Frauen heimgeführt hatten, zu Ende.

18 Es fanden sich aber auch Söhne von Priestern, die fremdländische Frauen heimgeführt hatten: Von den Söhnen des Jeschua, des Sohns von Jozadak, und seinen Brüdern: Maaseja und Elieser und Jarib und Gedalja. 19 Und sie gaben ihre Hand darauf, ihre Frauen fortzuschicken; und ihrer Schuld bewusst opferten sie einen Widder von den Schafen für ihre Schuld. 20 Und von den Söhnen Immer: Chanani und Sebadja; 21 und von den Söhnen Charim: Maaseja und Elija und Schemaja und Jechiel und Usija; 22 und von den Söhnen Paschchur: Eljoenai, Maaseja, Jischmael, Netanel, Josabad und Elasa. 23 Und von den Leviten: Josabad und Schimi und Kelaja – das ist Kelita –, Petachja, Jehuda und Elieser. 24 Und von den Sängern: Eljaschib; und von den Torwächtern: Schallum und Telem und Uri. 25 Und von Israel: von den Söhnen Parosch: Ramja und Jissija und Malkija und Mijamin und Elasar und Malkija und Benaja; 26 und von den Söhnen Elam: Mattanja, Secharja und Jechiel und Abdi und Jeremot und Elija; 27 und von den Söhnen Sattu: Eljoenai, Eljaschib, Mattanja und Jeremot und Sabad und Asisa; 28 und von den Söhnen Bebai: Jehochanan, Chananja, Sabbai, Atlai; 29 und von den Söhnen Bani: Meschullam, Malluch und

Adaja, Jaschub und Scheal und Ramot; 30 und von den Söhnen Pachat-Moab: Adna und Kelal, Benaja, Maaseja, Mattanja, Bezalel und Binnui und Manasse; 31 und von den Söhnen Charim: Elieser, Jischschija, Malkija, Schemaja, Schimon, 32 Benjamin, Malluch, Schemarja; 33 von den Söhnen Chaschum: Mattenai, Mattatta, Sabad, Elifelet, Jeremai, Manasse, Schimi; 34 von den Söhnen Bani: Maadai, Amram und Uel, 35 Benaja, Bedeja, Keluhu, 36 Wanja, Meremot, Eljaschib, 37 Mattanja, Mattenai und Jaasai; 38 und Bani und Binnui, Schimi 39 und Schelemja und Natan und Adaja, 40 Machnadbai, Schaschai, Scharai, 41 Asarel und Schelemjahu, Schemarja, 42 Schallum, Amarja, Josef; 43 von den Söhnen Nebo: Jeiel, Mattitja, Sabad, Sebina, Jaddai und Joel, Benaja.

44 Diese alle hatten fremdländische Frauen genommen, und es gab unter ihnen Frauen, die Kinder geboren hatten.

| 1: Jos 7,6 · Neh 1,4! · 2Chr 20,9 | 2: 26; 8,7 | 3: Neh 10,1! · 9,4! | 4: 1Chr 28,20 | 5: Neh 5,12! | 6: Neh 13,4 · Dtn 9,18 | 8: 7,26! · Neh 13,28 | 11: 9,1; Neh 9,2; 10,29; 13,3 | 14: 2Chr 30,8 | 15: 29 | 16: Dtn 13,15 | 18: Jer 23,11 · 2,36–39 · 5,2! | 19: 2Kön 10,15; Ez 17,18 · Lev 5,25 | 20: 2,37! | 21: 2,39! | 22: 2,38! | 23: 8,33; Neh 8,7; 10,11 | 25: 2,3! | 26: 2! | 28: 8,11 · Neh 3,20 | 29: 15 | 30: 8,4! | 44: 9,2

10,3: Möglich ist auch die Übersetzung: «..., gemäss dem Beschluss des Herrn ...», womit der Beschluss Gottes gemeint wäre.

10,44: Die Übersetzung «..., die Kinder geboren hatten.» ist unsicher.

Das Buch Nehemia

*Nehemias Trauer über das zerstörte
Jerusalem. Sein Gebet*

1 1 Die Worte Nehemias, des Sohns
von Chachalja: Im Monat Kislew, im
zwanzigsten Jahr, als ich in Schuschan,
in der Burg, war, 2 kam Chanani, einer
meiner Brüder, er mit Männern aus
Juda, und ich befragte sie über die Judäer, die Geretteten, die nicht gefangen
genommen worden waren, und über Jerusalem. 3 Und sie sagten mir: Die Übriggebliebenen, jene dort in der Provinz,
die nicht gefangen genommen worden
waren, sind in grossem Unglück und in
Schande: Die Mauer Jerusalems ist niedergerissen und seine Tore sind im
Feuer verbrannt.

4 Und als ich diese Worte gehört
hatte, setzte ich mich und weinte und
trauerte tagelang, und dabei fastete ich
und betete vor dem Gott des Himmels.
5 Und ich sprach: Ach, HERR, Gott des
Himmels, du grosser und furchterregender Gott, der den Bund und die Treue
hält denen, die ihn lieben und seine Gebote halten! 6 Möchte doch dein Ohr
aufmerksam und möchten deine Augen
offen sein, dass du das Gebet deines Dieners hörst, das ich heute Tag und Nacht
für die Israeliten, deine Diener, vor dir
bete. Und ich bekenne die Sünden der
Israeliten, mit denen wir gegen dich gesündigt haben. Auch wir haben gesündigt, ich und das Haus meines Vaters.
7 Wir haben uns schwer vergangen gegen dich, und wir haben die Gebote und
die Satzungen und die Rechtsbestimmungen nicht gehalten, die du Mose,
deinem Diener, aufgetragen hast. 8 Erinnere dich doch des Worts, das du
Mose, deinem Diener, aufgetragen hast,
als du sprachst: Handelt ihr treulos,
werde ich selbst euch unter die Völker
zerstreuen! 9 Kehrt ihr aber zurück zu
mir und haltet meine Gebote und han-

delt danach: Wären eure Versprengten
am Ende des Himmels, würde ich sie
von dort sammeln und sie an die Stätte
bringen, die ich erwählt habe, um meinen Namen dort wohnen zu lassen.
10 Und sie sind deine Diener und dein
Volk, das du mit deiner grossen Kraft
und deiner starken Hand erlöst hast.
11 Ach Herr, möchte doch dein Ohr aufmerksam sein auf das Gebet deines Dieners und auf das Gebet deiner Diener,
die mit Freude deinen Namen fürchten!
Und lass es doch heute deinem Diener
gelingen, und lass ihm Barmherzigkeit
widerfahren vor diesem Mann! – Ich
war Mundschenk des Königs.

| 1: 2,1 · Est 1,2; Dan 8,2 | 2: 7,2 · 2Kön 24,14 | 3:
2Kön 25,10 · 2,3.13.17; Klgl 2,9 | 4–5: Esra 1,2! | 4:
Esra 10,1; Ps 119,136; Ri 2,4 | 5: Dan 9,4 · 4,8; 9,32;
Dtn 7,21; Ps 89,8 | 6: 1Kön 8,28 · Esra 9,6 | 7: Ps 89,31
| 8: Lev 26,33; Dtn 4,27 | 9: Lev 26,3 · Dtn 30,1–3
| 10: Dtn 9,29 | 11: Gen 43,14 · 2,1

1,1: Der Namen Nehemia lautet im Hebräischen
Nehemja.
1,2: Möglich ist auch die Übersetzung: «..., die Geretteten, die übrig geblieben waren nach der Gefangenschaft, ...»

*Nehemias Entsendung als Statthalter
von Jerusalem*

2 1 Und es war im Monat Nisan, im
zwanzigsten Jahr des Artaxerxes, des
Königs: Als Wein vor ihm stand, nahm
ich den Wein und gab ihn dem König.
Und ich hatte vor ihm nie traurig ausge-
sehen. 2 Da sagte der König zu mir:
Warum hast du ein so trauriges Gesicht?
Du bist doch nicht krank? Das kann nur
eine Traurigkeit des Herzens sein! Da
fürchtete ich mich sehr. 3 Und ich sagte
zum König: Ewig soll der König leben!
Wie sollte ich kein trauriges Gesicht haben, da die Stadt, die Stätte der Gräber
meiner Vorfahren, verwüstet ist und
ihre Tore vom Feuer verzehrt sind?
4 Und der König sagte zu mir: Was ist
denn deine Bitte? Da betete ich zum

Gott des Himmels, 5 und ich sagte zum König: Wenn es dem König gefällt und dein Diener dir genehm ist, so sende mich nach Juda, in die Stadt der Gräber meiner Vorfahren, damit ich sie aufbaue. 6 Und während die Königin an seiner Seite sass, sagte der König zu mir: Wie lange soll deine Reise dauern, und wann kommst du zurück? Und es gefiel dem König, und er entsandte mich, und ich nannte ihm einen Zeitpunkt. 7 Dann sagte ich zum König: Wenn es dem König gefällt, gebe man mir Briefe mit an die Statthalter jenseits des Stroms, damit sie mich durchziehen lassen, bis ich nach Juda komme, 8 und einen Brief an Asaf, den Aufseher über den königlichen Forst, damit er mir Holz gibt und man die Tore der Burg, die zum Tempelhaus gehört, mit Balken bauen kann, und Holz für die Mauer der Stadt und für das Haus, in das ich einziehen werde. Und der König gewährte es mir, da die gute Hand meines Gottes über mir war.

9 Und ich kam zu den Statthaltern jenseits des Stroms und übergab ihnen die Briefe des Königs. Und mit mir sandte der König Heerführer und Reiter. 10 Und Sanballat, der Choroniter, und Tobija, der ammonitische Amtsträger, hörten davon, und es missfiel ihnen sehr, dass einer kam, um für das Wohl der Israeliten zu sorgen.

|1: 1,1 · Esra 4,7! · 1,11 |2: Gen 40,7 · Spr 15,13 |3: Dan 2,4! · 1,3! |4: Esra 1,2! |6: 13,6 |7: Esra 7,11 |8: Esra 6,8 · Esra 7,9! |9: Esra 8,22 |10: 19; 3,35; 6,1; 13,4 · 3,33; 4,1

2,1: Siehe die Anm. zu Esra 4,7.

Die Besichtigung der Mauer

11 Und ich kam nach Jerusalem. Und als ich drei Tage dort war, 12 machte ich mich nachts auf, ich mit einigen wenigen Männern, ohne einem Menschen verraten zu haben, was mein Gott mir ins Herz legte, für Jerusalem zu tun. Und kein Tier war bei mir ausser dem Tier, auf dem ich ritt. 13 Und in der Nacht ging ich hinaus durch das Tal-Tor, bis vor die Schakal-Quelle und zum Mist-Tor hin, wobei ich die Mauern Jerusalems prüfte, die niedergerissen waren, und seine Tore, die vom Feuer verzehrt waren. 14 Und ich ging hinüber zum Quell-Tor und zum Königsteich, und es gab keinen Raum zum Durchkommen für das Tier, auf dem ich ritt. 15 So stieg ich bei Nacht das Bachtal hinauf und prüfte die Mauer; dann ging ich wieder durch das Tal-Tor hinein und kehrte zurück.

16 Die Vorsteher aber wussten nicht, wohin ich gegangen war und was ich tat: Bis dahin hatte ich den Judäern und den Priestern und den Edlen und den Vorstehern und den Übrigen, die an dem Werk mitarbeiten sollten, nichts mitgeteilt. 17 Da sagte ich zu ihnen: Ihr seht das Elend, in dem wir uns befinden: dass Jerusalem verwüstet ist und seine Tore im Feuer verbrannt sind. Kommt, lasst uns die Mauer Jerusalems wieder aufbauen, dann sind wir nicht länger ein Anlass für Gespött. 18 Und ich berichtete ihnen, wie gut die Hand meines Gottes über mir war, und ich berichtete auch von den Worten, die der König mir gesagt hatte. Und sie sagten: Wir werden uns aufmachen und bauen! Und sie stärkten ihre Hände zum guten Werk.

19 Aber Sanballat, der Choroniter, und Tobija, der ammonitische Amtsträger, und Geschem, der Araber, hörten davon und spotteten über uns und verachteten uns und sagten: Was soll das werden, was ihr da tut? Wollt ihr euch gegen den König auflehnen? 20 Da antwortete ich ihnen und sagte zu ihnen: Der Gott des Himmels, er wird es für uns gelingen lassen! Und wir, seine Diener, werden uns aufmachen und bauen; ihr aber habt weder Anteil noch Anrecht noch Erinnerung in Jerusalem!

|11: Esra 8,32 |12: 16 |13: 3,13–14; 12,31; 2Chr 26,9 1,3! |14: 3,15–16; 12,37; 2Kön 20,20 |15: 3,13; 2Chr 26,9 |16: 12 |17: 1,3! · Mi 7,11 |18: Esra 7,9! |19: 10! · 13,4 · 6,6 |20: Esra 1,2! · Esra 4,3

Der Wiederaufbau der Mauer.
Verzeichnis der Bauleute

3 1 Und Eljaschib, der Hohe Priester, machte sich auf mit seinen Brüdern, den Priestern, und sie bauten das Schaf-Tor auf. Sie waren es, die es heiligten und seine Torflügel einsetzten, und sie heiligten es bis zum Turm Mea, bis zum Turm Chananel. 2 Und neben ihm bauten die Männer von Jericho, und neben ihm baute Sakkur, der Sohn des Imri. 3 Und das Fisch-Tor bauten die Söhne Senaa; sie waren es, die es mit Balken bauten und seine Torflügel, Klammern und Riegel einsetzten. 4 Und neben ihnen führte Meremot, der Sohn von Urija, dem Sohn des Koz, Ausbesserungsarbeiten aus, und neben ihnen besserte Meschullam aus, der Sohn von Berechja, dem Sohn des Meschesabel, und neben ihnen besserte Zadok aus, der Sohn des Baana. 5 Und neben ihnen führten die von Tekoa Ausbesserungsarbeiten aus; ihre Vornehmen aber beugten ihren Nacken nicht zur Arbeit für ihren Herrn. 6 Und das Jeschana-Tor besserten Jojada, der Sohn des Paseach, und Meschullam, der Sohn des Besodja, aus; sie waren es, die es mit Balken bauten und seine Torflügel und Klammern und Riegel einsetzten. 7 Und neben ihnen führte Melatja, der Gibeoniter, Ausbesserungsarbeiten aus, zusammen mit Jadon, dem Meronotiter, den Männern von Gibeon und Mizpa, die zum Amtssitz des Statthalters jenseits des Stroms gehörten, 8 und daneben besserte Ussiel aus, der Sohn des Charhaja, von den Goldschmieden, und neben ihm besserte Chananja aus, der von den Salbenmischern. Und sie gingen über Jerusalem hinaus bis zur breiten Mauer. 9 Und neben ihnen führte Refaja, der Sohn des Chur, der Oberste über den halben Bezirk Jerusalem, Ausbesserungsarbeiten aus, 10 und neben ihnen besserte Jedaja aus, der Sohn des Charumaf, gegenüber seinem Haus, und neben ihm besserte Chattusch aus, der Sohn des Chaschabneja. 11 Einen zwei-ten Abschnitt besserten Malkija, der Sohn des Charim, und Chaschschub, der Sohn von Pachat-Moab, aus und dazu den Ofen-Turm. 12 Und neben ihm besserte Schallum aus, der Sohn des Lochesch, der Oberste über den halben Bezirk Jerusalem, er mit seinen Töchtern. 13 Das Tal-Tor besserten Chanun und die Bewohner von Sanoach aus – sie waren es, die es bauten und seine Torflügel, Klammern und Riegel einsetzten – und weiter tausend Ellen an der Mauer, bis zum Mist-Tor. 14 Und das Mist-Tor besserte Malkija aus, der Sohn des Rechab, der Oberste über den Bezirk Bet-Kerem. Er war es, der es baute und dessen Torflügel, Klammern und Riegel einsetzte. 15 Und das Quell-Tor besserte Schallun aus, der Sohn des Kol-Chose, der Oberste über den Bezirk Mizpa. Er war es, der es baute und es überdachte und dessen Torflügel, Klammern und Riegel einsetzte, und er besserte die Mauer am Teich der Wasserleitung des Königsgartens aus bis zu den Stufen, die von der Stadt Davids hinabführen. 16 Hinter ihm führte Nehemia, der Sohn des Asbuk, der Oberste über den halben Bezirk Bet-Zur, Ausbesserungsarbeiten aus bis gegenüber den Davidsgräbern und bis an den künstlichen Teich und bis zum Haus der Helden. 17 Hinter ihm führten die Leviten Ausbesserungsarbeiten aus, Rechum, der Sohn des Bani, neben ihm besserte Chaschabja, der Oberste über den halben Bezirk Keila, seinen Bezirk aus, 18 hinter ihm besserten ihre Brüder unter Bawwai aus, dem Sohn des Chenadad, dem Obersten über den halben Bezirk Keila. 19 Und neben ihm besserte Eser, der Sohn des Jeschua, der Oberste von Mizpa, einen weiteren Abschnitt aus, gegenüber dem Aufgang zum Zeughaus beim Winkel; 20 hinter ihm besserte Baruch, der Sohn des Sabbai, voller Eifer einen weiteren Abschnitt aus, vom Winkel bis an die Haustür von Eljaschib, dem Hohen Priester; 21 hinter ihm besserte Meremot, der Sohn des Urija, des Sohns des Koz, einen weiteren Ab-

schnitt aus, von der Haustür des Eljaschib bis zum Ende des Hauses des Eljaschib. 22 Und hinter ihm führten die
Priester, die Männer aus dem Umland,
Ausbesserungsarbeiten aus. 23 Dahinter führten Benjamin und Chaschschub
gegenüber ihrem Haus Ausbesserungsarbeiten aus, dahinter besserte Asarja
aus, der Sohn des Maaseja, des Sohns
von Ananja, neben seinem Haus.
24 Hinter ihm besserte Binnui, der
Sohn des Chenadad, einen weiteren
Abschnitt aus, vom Haus des Asarja bis
zum Winkel und bis an die Ecke. 25 Pa-
lal, der Sohn des Usai, war gegenüber
dem Winkel und dem Turm, der vom
oberen Haus des Königs beim Wachthof
vorspringt; hinter ihm war Pedaja, der
Sohn des Parosch, 26 – und die Tempeldiener wohnten auf dem Ofel – bis gegenüber dem Wasser-Tor im Osten und
dem vorspringenden Turm. 27 Hinter
ihm besserten die von Tekoa einen weiteren Abschnitt aus, von gegenüber dem
grossen vorspringenden Turm bis an
die Mauer des Ofel. 28 Oberhalb des
Ross-Tors führten die Priester Ausbesserungsarbeiten aus, jeder seinem Haus
gegenüber; 29 dahinter besserte Zadok,
der Sohn des Immer, aus, seinem Haus
gegenüber, und hinter ihm besserte
Schemaja aus, der Sohn von Schechanja,
der Hüter des Ost-Tors. 30 Hinter ihm
besserten Chananja, der Sohn des Schelemja, und Chanun, der sechste Sohn
des Zalaf, einen weiteren Abschnitt aus;
dahinter besserte Meschullam aus, der
Sohn des Berechja, gegenüber seiner
Kammer; 31 hinter ihm führte Malkija,
der von den Goldschmieden, Ausbesserungsarbeiten aus bis zum Haus der
Tempeldiener und der Kaufleute, dem
Mifkad-Tor gegenüber und bis an den
Ecksöller. 32 Und zwischen dem Ecksöller und dem Schaf-Tor führten die Gold-
schmiede und die Kaufleute Ausbesserungsarbeiten aus.

|1: 20; 12,10.22; 13,4 · 12,39; Jer 31,38! |3: 12,39;
2Chr 33,14; Zef 1,10 · Esra 2,35! |4: 10,6! · Esra 2,61! ·
30; 6,18 |5: 27 |6: 12,39 |7: 1Chr 27,3 |8: 12,38 |10:

10,5 |11: 7,35 · 7,11 · 12,38 |12: 7,45 |13–14: 2,13! |13:
2,15! · 11,30 |15–16: 2,14! |15: 2Kön 20,20 |16:
Apg 2,29 |17: 12,3 · 9,4 |20: Esra 10,28 · 1! |21: 10,6! ·
Esra 2,61! |24: Esra 3,9! |25: 12,39; Jer 32,2 · Esra 2,3
|26: Esra 2,43! · 11,21 · 8,1! |27: 5 |28: Jer 31,40 |29:
7,40 · Ez 40,6 |30: 4!

3,19: Möglich ist auch die Übersetzung: «… Aufgang zu den Waffen …»

Widerstand gegen den Mauerbau

33 Als aber Sanballat hörte, dass wir
die Mauer bauten, wurde er zornig und
ärgerte sich sehr, und er spottete über
die Judäer. 34 Und er redete vor seinen
Brüdern und den Oberen von Samaria
und sagte: Was machen die erbärmli-
chen Judäer da? Soll man sie gewähren
lassen? Wollen sie schon schlachten?
Wollen sie es schon heute vollenden?
Werden sie die Steine aus dem Schutt-
haufen wieder zum Leben bringen, die
doch verbrannt sind? 35 Und neben ihm
stand Tobija, der Ammoniter, und sagte:
Wenn sie auch noch so bauen, wenn ein
Schakal hinaufspringt, reisst er ihre
Steinmauer ein! –

36 Höre, unser Gott, wie wir verachtet werden! Lass ihr Schmähen auf ihren
Kopf zurückfallen und gib sie der Plünderung preis in einem Land der Gefangenschaft! 37 Und decke ihre Schuld
nicht zu, und lass ihre Sünde nicht ausgelöscht sein vor dir, denn den Bauleuten gegenüber haben sie Kränkungen
ausgesprochen! – 38 Und wir bauten die
Mauer weiter, und bis zur halben Höhe
schloss sich die Mauer ganz. Und das
Volk war mit dem Herzen bei der Arbeit.

|33: 2,10! · Esra 4,1 |34: 12,43 |35: 2,10! |36:
2Kön 19,4 · Ps 79,12 |38: Esra 4,12

3,34: Möglich ist auch die Übersetzung: «… vor
seinen Brüdern und dem Heer von Samaria und …»

Die Verteidigung des Mauerbaus

4 1 Als aber Sanballat und Tobija und
die Araber und die Ammoniter und
die Aschdoditer hörten, dass die Wiederherstellung der Mauer Jerusalems
vorankam und die Risse sich zu schliessen begannen, wurden sie sehr zornig.
2 Und sie alle verschworen sich mitein-

ander, herzukommen und Jerusalem zu bekämpfen und Verwirrung gegen mich zu stiften. 3 Da beteten wir zu unserem Gott und stellten Tag und Nacht Wachen auf gegen sie, zum Schutz vor ihnen. 4 Juda aber sprach: Die Kraft des Trägers ist erschöpft, und da ist viel Schutt, und wir schaffen es nicht, an der Mauer zu bauen.

5 Und unsere Gegner sagten: Die sollen nichts merken und nichts sehen, bis wir mitten unter ihnen sind und sie erschlagen und so der Arbeit ein Ende machen. 6 Und als die Judäer kamen, die neben ihnen wohnten, sagten sie uns zehnmal: In allen Orten, wohin ihr auch kommt, sind sie gegen uns! 7 Da stellte ich an den Stellen, die tiefer lagen als der Platz hinter der Mauer, an den offenen Stellen, das Volk auf. Und ich stellte es auf nach Sippen geordnet, mit ihren Schwertern, ihren Lanzen und ihren Bogen. 8 Dann sah ich es mir an und machte mich auf und sagte zu den Edlen und den Vorstehern und dem übrigen Volk: Fürchtet euch nicht vor ihnen! Denkt an den grossen und furchterregenden Herrn, und kämpft für eure Brüder, eure Söhne und eure Töchter, eure Frauen und eure Häuser!

9 Als aber unsere Feinde hörten, dass es uns bekannt geworden war und Gott ihren Plan zunichte gemacht hatte, kehrten wir alle zur Mauer zurück, ein jeder zu seiner Arbeit. 10 Und von jenem Tag an arbeitete nur die Hälfte meiner jungen Männer am Werk, die andere Hälfte von ihnen aber hielt die Lanzen, Schilde und Bogen und Rüstungen bereit, und die Obersten standen hinter dem ganzen Haus Juda. 11 Die, die an der Mauer bauten, und die Träger, die die Lasten trugen, arbeiteten mit einer Hand am Werk, und mit der anderen hielten sie die Waffe bereit. 12 Und bei den Bauleuten hatte ein jeder sein Schwert um die Hüfte gegürtet, und so bauten sie. Und der, der den Schofar blies, war an meiner Seite. 13 Da sagte ich zu den Edlen und den Vorstehern

und dem übrigen Volk: Das Werk ist gross und weitläufig, und auf der Mauer sind wir voneinander getrennt, ein jeder weit von seinem Bruder. 14 Sammelt euch um uns an dem Ort, wo ihr den Klang des Schofar hört. Unser Gott wird für uns kämpfen! 15 So arbeiteten wir an dem Werk, und die Hälfte hielt die Lanzen bereit, vom Aufgang der Morgenröte, bis die Sterne erschienen.

16 Zu jener Zeit sagte ich dem Volk auch: Ein jeder bleibe nachts mit seinem Burschen innerhalb Jerusalems, dann können sie nachts für uns Wache halten und tags am Werk arbeiten. 17 Und keiner, weder ich noch meine Brüder noch meine jungen Männer noch die Wachtleute hinter mir, keiner von uns zog seine Kleider aus, jeder hielt seine Waffe in der Rechten.

|1: 2,10! |8: 1,5! |13: 6,3 |14: Ri 3,27! · Ex 14,14!

4,2: Der Massoretische Text lautet übersetzt: «... Verwirrung gegen ihn zu stiften.»

4,17: Die Übersetzung «jeder hielt seine Waffe in der Rechten» beruht auf einer Korrektur des Massoretischen Texts; dieser lautet übersetzt: «jeder hatte seine Waffe, das Wasser».

Der Schuldenerlass. Nehemias Selbstlosigkeit

5 1 Und es gab ein grosses Geschrei beim Volk und ihren Frauen über ihre judäischen Brüder. 2 Da waren solche, die sagten: Wir mit unseren Söhnen und unseren Töchtern sind viele! Und wir wollen Getreide haben, damit wir essen und überleben können! 3 Und da waren solche, die sagten: Wir müssen unsere Felder und unsere Weinberge und unsere Häuser verpfänden, damit wir Getreide bekommen in der Hungersnot. 4 Und da waren solche, die sagten: Wir mussten Geld leihen für die Steuer des Königs, auf unsere Felder und unsere Weinberge. 5 Und nun: Wie das Fleisch unserer Brüder ist unser Fleisch, wie ihre Kinder sind unsere Kinder. Und seht: Wir müssen unsere Söhne und unsere Töchter zu Sklaven erniedrigen! Und manche von unseren Töchtern sind bereits erniedrigt wor-

den, und wir haben nichts dagegen in der Hand, und unsere Felder und unsere Weinberge gehören anderen!

6 Und als ich ihren Hilferuf und diese Worte hörte, wurde ich sehr zornig. 7 Und mein Herz in mir ging mit sich zu Rate, und ich zog die Edlen und die Vorsteher zur Rechenschaft und sagte ihnen: Ihr treibt Wucher, ein jeder gegenüber seinem Bruder! Und ich brachte eine grosse Versammlung gegen sie zusammen 8 und sagte ihnen: Wir, wir haben unsere judäischen Brüder, die an die Nationen verkauft waren, freigekauft, soweit es uns möglich war, und da verkauft ihr eure Brüder, und sie müssen sich an uns verkaufen! Da schwiegen sie und fanden keine Worte. 9 Und ich sagte: Es ist nicht gut, was ihr tut! Solltet ihr nicht in der Furcht vor unserem Gott leben angesichts des Hohns der Nationen, unserer Feinde? 10 Und auch ich, meine Brüder und meine jungen Männer haben ihnen Geld und Getreide geliehen. Erlassen wir ihnen doch diese Schuld! 11 Gebt ihnen doch noch heute ihre Felder, ihre Weinberge, ihre Ölbäume und ihre Häuser zurück und den Hundertsten des Geldes und des Getreides, des Weins und des Öls, das ihr ihnen geliehen habt! 12 Da sagten sie: Wir geben es zurück und fordern nichts von ihnen; so wie du es sagst, werden wir es machen. Und ich rief die Priester und liess sie schwören, nach diesem Wort zu handeln. 13 Auch schüttelte ich meinen Gewandbausch aus und sagte: So schüttle Gott einen jeden aus seinem Haus und seinem Besitz, der sich nicht an dieses Wort hält. Und so wird er ausgeschüttelt und leer sein! Und die ganze Versammlung sagte: Amen!, und sie priesen den HERRN. Und das Volk handelte nach diesem Wort.

14 Auch habe ich von dem Tag an, an dem er mich beauftragte, ihr Statthalter im Land Juda zu sein, mit meinen Brüdern nicht das Brot des Statthalters gegessen – vom zwanzigsten Jahr bis zum zweiunddreissigsten Jahr von Artaxerxes, dem König, zwölf Jahre lang. 15 Aber die früheren Statthalter, die vor mir waren, hatten das Volk schwer bedrückt und von ihnen etwas für Brot und Wein, dazu noch vierzig Silberschekel genommen; sogar ihre jungen Männer sind herrisch umgegangen mit dem Volk. Ich aber handelte nicht so, aus Furcht vor Gott. 16 Auch packte ich an bei der Arbeit an dieser Mauer, und wir haben kein Feld gekauft, und alle meine jungen Männer waren dort bei der Arbeit versammelt. 17 Und an meinem Tisch waren Judäer und Vorsteher, hundertfünfzig Mann, und diejenigen, die von den Nationen um uns herum zu uns kamen. 18 Und was an einem einzigen Tag zubereitet wurde: Ein Rind, sechs auserlesene Schafe und Geflügel wurden mir zubereitet und alle zehn Tage viel Wein von allerlei Art! Und dennoch habe ich die Verpflegung für den Statthalter nicht eingefordert, denn die Arbeit lastete schwer auf diesem Volk. 19 Erinnere dich meiner, mein Gott, mir zum Besten, erinnere dich all dessen, was ich für dieses Volk getan habe!

|3: 11; Lev 25,35–37 |5: Spr 22,7; Jer 34,8–9; Am 2,6 |6: 13,8! |7: Ex 22,24 |8: Lev 25,47–48 |10: 10,32; Dtn 15,1–2; Ez 18,5–7 |11: 3! |12: 10,30; Esra 10,5 |13: Apg 18,6 · 8,6; Dtn 27,15–26; 1Chr 16,36 |14: 8,9! · 13,6 |19: 13,14!

Mordpläne gegen Nehemia

6 1 Als es aber Sanballat und Tobija und Geschem, dem Araber, und dem Rest unserer Feinde zu Ohren kam, dass ich die Mauer gebaut hatte und dass in ihr kein Riss mehr war – auch wenn ich bis zu jener Zeit die Torflügel noch nicht in die Tore eingesetzt hatte –, 2 da sandten Sanballat und Geschem zu mir, um mir zu sagen: Komm, lasst uns zusammenkommen in Kefirim in der Ebene Ono. Sie aber planten, mir Böses anzutun. 3 Da sandte ich Boten zu ihnen, um ihnen zu sagen: Ich habe eine grosse Arbeit zu tun und kann nicht hinunterkommen. Warum sollte die Arbeit ruhen, nur weil ich sie liegen liesse, um

herabzukommen zu euch? 4 Und in gleicher Weise sandten sie vier Mal zu mir, und ich gab ihnen in gleicher Weise Antwort.

5 Da sandte Sanballat zum fünften Mal in gleicher Weise seinen Diener zu mir mit einem offenen Brief in seiner Hand. 6 Darin war geschrieben: Unter den Nationen hat man gehört, und Gaschmu sagt es, dass du mit den Judäern einen Aufstand planst! Deshalb baust du die Mauer; und du willst ihr König werden – so heisst es. 7 Auch sollst du Propheten eingesetzt haben, damit sie in Jerusalem über dich ausrufen: König in Juda! Nun werden solche Worte dem König aber zu Ohren kommen; und so komm nun, wir wollen miteinander beraten! 8 Da sandte ich zu ihm, um ihm zu sagen: Nichts von dem, was du sagst, ist geschehen, sondern du hast es in deinem Herzen erfunden. – 9 Denn sie alle wollten uns einschüchtern, da sie sagten: Ihre Hände werden von der Arbeit lassen, und sie wird nicht getan werden. – Und nun, stärke meine Hände!

10 Ich selbst aber war in das Haus des Schemaja gekommen, des Sohns von Delaja, dem Sohn von Mehetabel, der eingeschlossen war, und er sagte: Wir müssen zusammenkommen im Haus Gottes, im Inneren des Tempels! Und dann lasst uns die Türen des Tempels verschliessen, denn man kommt, um dich umzubringen, in der Nacht kommt man, um dich umzubringen! 11 Ich aber sagte: Ein Mann wie ich soll fliehen? Und wer, der meinesgleichen wäre, ginge in den Tempel, nur um am Leben zu bleiben? Ich gehe nicht hinein! 12 Und ich erkannte: Sieh, nicht Gott hatte ihn gesandt, sondern er sprach die Weissagung über mich, da Tobija und Sanballat ihn gekauft hatten. 13 Dazu war er gekauft worden, dass ich mich fürchten und so handeln und mich versündigen sollte und dass ihnen das als üble Nachrede dienen würde, damit sie mich verhöhnen könnten. 14 Erinnere

dich, mein Gott, des Tobija und des Sanballat, wie es diesen ihren Taten entspricht, und auch der Noadja, der Prophetin, und der übrigen Propheten, die mich einschüchtern wollten!

|1: 2,10! · 7,1 |2: 11,35 |3: 4,13 |6: 2,19 · Esra 4,12 |9: Esra 4,4 |11: Ps 11,1; Spr 28,1 |12: Jer 23,16 |14: 13,29; Ps 137,7

Die Vollendung des Mauerbaus.
Die Sicherung der Stadt

15 Und die Mauer wurde vollendet am Fünfundzwanzigsten des Monats Elul, in zweiundfünfzig Tagen. 16 Und als alle unsere Feinde das hörten, fürchteten sich all die Nationen, die rings um uns waren, und in ihren eigenen Augen verloren sie sehr an Ansehen. Und sie erkannten, dass dieses Werk von unserem Gott getan worden war.

17 Auch liessen in jenen Tagen die Edlen Judas zahlreiche Briefe an Tobija gehen, und es kamen welche von Tobija zu ihnen. 18 Denn viele in Juda waren ihm durch einen Eid verbunden: Er war ein Schwiegersohn des Schechanja, des Sohns von Arach, und Jehochanan, sein Sohn, hatte die Tochter des Meschullam, des Sohns von Berechja, zur Frau genommen. 19 Auch sprachen sie vor mir über seine guten Taten, und meine Worte hinterbrachten sie ihm. Tobija sandte Briefe, um mich einzuschüchtern.

7 1 Und als die Mauer gebaut und die Torflügel eingehängt waren, wurden die Torwächter und die Sänger und die Leviten eingesetzt. 2 Dann übertrug ich den Befehl über Jerusalem auf Chanani, meinen Bruder, und auf Chananja, den Obersten auf der Burg, denn er galt als zuverlässiger Mann und war gottesfürchtiger als viele. 3 Und ich sagte ihnen: Die Tore Jerusalems sollen nicht geöffnet werden, bevor die Sonne brennt; und bevor sie dastehen, soll man die Torflügel schliessen und verriegeln. Dann stelle man Wachen auf von den Bewohnern Jerusalems, jeden auf

seinen Posten, und jeden gegenüber
seinem Haus.

| 16: Ps 109,27 | 18: Esra 2,5! · 3,4! | 1: 6,1 ·
1Chr 23,24 | 2: 1,2 · Ex 18,21

7,3: Mit «bevor sie dastehen» sind wohl die Torwächter gemeint.

Verzeichnis der Rückkehrer

4 Die Stadt aber war weiträumig und gross und das Volk in ihr gering, und es waren noch keine Häuser gebaut worden. 5 Da legte es mir mein Gott ins Herz, und ich versammelte die Edlen und die Vorsteher und das Volk, damit sie sich registrieren liessen. Und ich fand das Registerbuch derer, die zuerst heraufgezogen waren, und darin fand ich geschrieben:

6 Dies sind die aus der Provinz, die heraufzogen aus der Gefangenschaft jener Verbannten, die Nebukadnezzar, der König von Babel, in die Verbannung geführt hatte und die nach Jerusalem und Juda zurückkehrten, ein jeder in seine Stadt, 7 jene, die mit Serubbabel kamen und mit Jeschua, Nehemia, Asarja, Raamja, Nachamani, Mordochai, Bilschan, Misperet, Bigwai, Nechum und Baana.

Die Zahl der Männer des Volkes Israel: 8 die Söhne Parosch: 2172; 9 die Söhne Schefatja: 372; 10 die Söhne Arach: 652; 11 die Söhne Pachat-Moab, von den Söhnen Jeschua und Joab: 2818; 12 die Söhne Elam: 1254; 13 die Söhne Sattu: 845; 14 die Söhne Sakkai: 760; 15 die Söhne Binnui: 648; 16 die Söhne Bebai: 628; 17 die Söhne Asgad: 2322; 18 die Söhne Adonikam: 667; 19 die Söhne Bigwai: 2067; 20 die Söhne Adin: 655; 21 die Söhne Ater, von Chiskija: 98; 22 die Söhne Chaschum: 328; 23 die Söhne Bezai: 324; 24 die Söhne Charif: 112; 25 die von Gibeon: 95; 26 die Männer von Betlehem und Netofa: 188; 27 die Männer von Anatot: 128; 28 die Männer von Bet-Asmawet: 42; 29 die Männer von Kirjat-Jearim, Kefira und Beerot: 743; 30 die Männer von Rama und Geba: 621; 31 die Männer von Michmas: 122; 32 die Männer von Bet-El und Ai: 123; 33 die Männer des anderen Nebo: 52; 34 die Söhne des anderen Elam: 1254; 35 die Söhne Charim: 320; 36 die von Jericho: 345; 37 die von Lod, Chadid und Ono: 721; 38 die Söhne Senaa: 3930.

39 Die Priester: die Söhne Jedaja, vom Haus Jeschua: 973; 40 die Söhne Immer: 1052; 41 die Söhne Paschchur: 1247; 42 die Söhne Charim: 1017. 43 Die Leviten: die Söhne Jeschua von Kadmiel von den Söhnen Hodewa: 74. 44 Die Sänger: die Söhne Asaf: 148. 45 Die Torwächter: die Söhne Schallum, die Söhne Ater, die Söhne Talmon, die Söhne Akkub, die Söhne Chatita und die Söhne Schobai: 138. 46 Die Tempeldiener: die Söhne Zicha, die Söhne Chasufa, die Söhne Tabbaot, 47 die Söhne Keros, die Söhne Sia, die Söhne Padon, 48 die Söhne Lebana, die Söhne Chagaba, die Söhne Schalmai, 49 die Söhne Chanan, die Söhne Giddel, die Söhne Gachar, 50 die Söhne Reaja, die Söhne Rezin, die Söhne Nekoda, 51 die Söhne Gassam, die Söhne Ussa, die Söhne Paseach, 52 die Söhne Besai, die Söhne der Meuniter, die Söhne der Nefischesiter, 53 die Söhne Bakbuk, die Söhne Chakufa, die Söhne Charchur, 54 die Söhne Bazlit, die Söhne Mechida, die Söhne Charscha, 55 die Söhne Barkos, die Söhne Sisera, die Söhne Tamach, 56 die Söhne Neziach, die Söhne Chatifa. 57 Die Nachkommen der Diener Salomos: die Söhne Sotai, die Söhne Soferet, die Söhne Perida, 58 die Söhne Jaala, die Söhne Darkon, die Söhne Giddel, 59 die Söhne Schefatja, die Söhne Chattil, die Söhne Pocheret-Zebajim, die Söhne Amon. 60 Alle Tempeldiener und Nachkommen der Diener Salomos: 392.

61 Und dies sind diejenigen, die heraufgezogen sind aus Tel-Melach, Tel-Charscha, Kerub-Addon und Immer, ohne angeben zu können, ob sie nach Familie und Herkunft von Israel abstammten: 62 die Söhne Delaja, die Söhne Tobija, die Söhne Nekoda: 642;

63 und von den Priestern: die Söhne Chobaja, die Söhne Koz, die Söhne jenes Barsillai, der eine von den Töchtern des Gileaditers Barsillai zur Frau genommen hatte und nach deren Namen benannt wurde. 64 Diese suchten ihre Eintragung unter den Registrierten, sie wurde aber nicht gefunden, und so wurden sie als unrein ausgeschlossen vom Priestertum, 65 und der Tirschata befahl ihnen, nicht vom Hochheiligen zu essen, bis der Priester für Urim und Tummim auftrete.

66 Die ganze Versammlung insgesamt: 42360, 67 abgesehen von ihren Knechten und ihren Mägden; es waren 7337. Und sie hatten Sänger und Sängerinnen: 245. 68 Kamele: 435, Esel: 6720.

69 Und ein Teil der Familienhäupter spendete für das Werk. Der Tirschata spendete für den Schatz 1000 Golddareiken, 50 Sprengschalen, 530 Priestergewänder. 70 Und einige der Familienhäupter spendeten an den Schatz für das Werk 20000 Golddareiken und 2200 Silberminen. 71 Und was das übrige Volk spendete: 20000 Golddareiken und 2000 Silberminen und 67 Priestergewänder.

72 Und die Priester und die Leviten und die Torwächter und die Sänger und die Leute aus dem Volk und die Tempeldiener und ganz Israel liessen sich in ihren Städten nieder. Und der siebte Monat kam, und die Israeliten waren in ihren Städten.

| 4: 11,1 | 5: 1Chr 9,1 | 10: Esra 2,5! | 11: 3,11 | 26: 12,28; 1Chr 9,16 | 28: 12,29! | 30: 11,31; 12,29 | 32: 11,31 | 35: 3,11 | 38: Esra 2,35! | 39: 11,3 | 40: 3,29 | 43: 11,3 · 10,10; 12,8 | 45: 3,12 | 46: 11,3; 10,29 | 57: 11,3 | 63: Esra 2,61! | 65: Lev 6,9–11; Num 18,9 · Ex 28,30 | 72: Esra 3,1

7,65: Siehe die Anm. zu Esra 2,63.

Die Verlesung der Weisung. Das Laubhüttenfest

8 1 Und das ganze Volk versammelte sich einmütig auf dem Platz, der vor dem Wasser-Tor war, und sie baten Esra, den Schriftgelehrten, er möge das Buch der Weisung des Mose bringen, die der HERR Israel geboten hatte. 2 Da brachte Esra, der Priester, die Weisung vor die Versammlung, vor Mann und Frau und vor jeden, der zu hören verstand, am Tag eins des siebten Monats. 3 Und er las daraus vor, auf dem Platz, der vor dem Wasser-Tor war, vom ersten Tageslicht bis zum Mittag, vor den Männern und Frauen, die es verstehen konnten, und die Ohren des ganzen Volks waren auf das Buch der Weisung gerichtet. 4 Und Esra, der Schriftgelehrte, stand auf einem Holzgerüst, das man für diesen Anlass errichtet hatte, und neben ihm standen zu seiner Rechten Mattitja und Schema und Anaja und Urija und Chilkija und Maaseja und zu seiner Linken Pedaja und Mischael und Malkija und Chaschum und Chaschbaddana, Secharja und Meschullam. 5 Und Esra öffnete das Buch vor den Augen des ganzen Volks – denn er stand höher als das ganze Volk. Und als er es öffnete, erhob sich das ganze Volk. 6 Und Esra pries den HERRN, den grossen Gott. Und das ganze Volk antwortete mit erhobenen Händen: Amen! Amen! Und sie verneigten sich, und mit dem Angesicht zur Erde warfen sie sich nieder vor dem HERRN. 7 Und Jeschua und Bani und Scherebja, Jamin, Akkub, Schabbetai, Hodija, Maaseja, Kelita, Asarja, Josabad, Chanan, Pelaja und die Leviten unterrichteten das Volk in der Weisung, während das Volk an seinem Platz blieb. 8 Und sie lasen vor aus dem Buch, aus der Weisung Gottes, wobei Abschnitt für Abschnitt erklärt wurde, und sie leiteten zum Verstehen an, und man verstand, was vorgelesen wurde.

9 Und Nehemia – er war der Tirschata – und Esra, der Priester, der Schriftgelehrte, und die Leviten, die das Volk unterrichteten, sprachen zum ganzen Volk: Dieser Tag ist dem HERRN, eurem Gott, heilig! Trauert nicht und weint nicht. Denn das ganze Volk weinte, als es die Worte der Weisung gehört hatte. 10 Und er sagte zu ihnen: Geht, esst Fettes, und trinkt Süsses, und

gebt davon denen ab, für die nichts zubereitet wird. Denn dieser Tag ist unserem Herrn heilig. Und seid nicht bekümmert, denn die Freude am HERRN, sie ist eure Zuflucht! 11 Und die Leviten hiessen das ganze Volk schweigen, indem sie sagten: Seid still, denn der Tag ist heilig! Und seid nicht bekümmert. 12 Da ging das ganze Volk, um zu essen und zu trinken und anderen davon abzugeben und um ein grosses Freudenfest zu feiern. Denn sie hatten die Worte verstanden, die man ihnen kundgetan hatte.

13 Und am zweiten Tag versammelten sich die Familienhäupter des ganzen Volks, die Priester und die Leviten bei Esra, dem Schriftgelehrten, um Einsicht zu gewinnen in die Worte der Weisung. 14 Und in der Weisung, die der HERR durch Mose geboten hatte, fanden sie geschrieben, dass die Israeliten am Fest im siebten Monat in Hütten wohnen sollten 15 und was sie kundtun sollten. Und man liess einen Aufruf durch alle ihre Städte und durch Jerusalem ergehen: Geht ins Gebirge, und holt Zweige vom Ölbaum und Zweige vom wilden Ölbaum und Zweige von Myrte und Zweige von Palmen und Zweige von dicht belaubten Bäumen, um Hütten zu machen, wie es geschrieben steht. 16 Da zog das Volk hinaus und brachte sie, und sie machten sich Hütten, jeder auf seinem Dach und in ihren Höfen und in den Vorhöfen des Hauses Gottes und auf dem Platz am Wasser-Tor und auf dem Platz am Efraim-Tor. 17 Und die ganze Versammlung, alle, die aus der Gefangenschaft zurückgekehrt waren, machten Hütten und wohnten in den Hütten. Denn seit den Tagen Josuas, des Sohns von Nun, bis auf jenen Tag hatten es die Israeliten nicht mehr so gemacht. Und es herrschte sehr grosse Freude. 18 Und Tag für Tag las er aus dem Buch der Weisung Gottes vor, vom ersten Tag bis zum letzten Tag. Und sie feierten sieben Tage lang ein Fest, und am achten Tag war die Festversammlung nach der Vorschrift.

|1: Esra 3,1 · 3; 3,26; 12,37 · 12,26! |2: Lev 23,24; Num 29,1 · Dtn 31,11! |3: Jos 8,35 · 1! |4: 9,4 |6: 5,13! · Ps 63,5 |7: 9,4 · Esra 8,18 · Esra 10,23! · Dtn 33,10 · 1Kön 8,14 |8: 9,3; 13,1; 2Kön 23,2 |9: 5,14; 10,2; Esra 2,63 · 2Kön 22,11 |10: Est 9,22 · Ps 89,17–18 |12: 1Chr 29,22 |14–15: Lev 23,34–42 |16: 12,39 |17: Jos 1,1 · 2Chr 30,26 |18: Lev 23,36

Das Gebet der Israeliten

9 1 Und als sie fasteten, versammelten sich die Israeliten am vierundzwanzigsten Tag jenes Monats in Trauergewändern und mit Erde auf ihrem Haupt. 2 Da sonderte sich die Nachkommenschaft Israels von allen Fremden ab, und sie traten herzu und bekannten ihre Sünden und die Verschuldungen ihrer Vorfahren. 3 Und sie erhoben sich an ihrem Platz, und man las vor aus dem Buch der Weisung des HERRN, ihres Gottes, ein Viertel des Tags. Und während eines Viertels bekannten sie und warfen sich nieder vor dem HERRN, ihrem Gott. 4 Und auf dem Podest der Leviten erhoben sich Jeschua und Bani, Kadmiel, Schebanja, Bunni, Scherebja, Bani und Kenani und riefen mit lauter Stimme zum HERRN, ihrem Gott. 5 Und die Leviten Jeschua und Kadmiel, Bani, Chaschabneja, Scherebja, Hodija, Schebanja und Petachja sagten: Erhebt euch! Preist den HERRN, euren Gott, von Ewigkeit zu Ewigkeit. Und man preise deinen herrlichen Namen, der über allen Lobpreis und Ruhm erhaben ist:

6 Du bist der HERR, du allein! Du hast den Himmel gemacht, den höchsten Himmel und sein ganzes Heer, die Erde und alles, was auf ihr ist, die Meere und alles, was in ihnen ist, und sie alle hältst du am Leben, und das Heer des Himmels wirft sich nieder vor dir. 7 Du bist der HERR, der Gott, der Abram erwählt und ihn aus Ur in Kasdäa herausgeführt und ihm den Namen Abraham gegeben hat. 8 Und du hast sein Herz treu gefunden vor dir und hast mit ihm den Bund geschlossen, das Land der Kanaaniter, der Hetiter, der Amoriter und der Perissiter und der Jebusiter und der Girgaschiter zu geben, es seiner Nachkommenschaft zu geben, und du hast

deine Worte wahr gemacht, denn du
bist gerecht. 9 Und du hast das Elend
unserer Vorfahren in Ägypten gesehen
und ihr Schreien am Schilfmeer gehört.
10 Und du hast Zeichen und Wunder getan am Pharao und an allen seinen Dienern und am ganzen Volk seines Landes.
Denn du wusstest, dass sie vermessen
an ihnen gehandelt hatten; und du hast
dir einen Namen gemacht, wie es am
heutigen Tag der Fall ist. 11 Und das
Meer hast du vor ihnen gespalten, und
sie sind mitten durch das Meer gegangen, auf dem Trockenen, und ihre Verfolger hast du in die Tiefen geworfen
wie einen Stein in mächtige Wasser.
12 Und durch eine Wolkensäule hast du
sie geleitet am Tag und durch eine Feuersäule in der Nacht, indem du ihnen
den Weg erhellt hast, auf dem sie gehen
sollten. 13 Und du bist auf den Berg
Sinai herabgekommen und hast vom
Himmel her mit ihnen gesprochen und
hast ihnen richtige Rechtssatzungen
und zuverlässige Weisungen, gute Satzungen und Gebote gegeben. 14 Und
deinen heiligen Sabbat hast du ihnen
kundgetan, und Gebote und Satzungen
und Weisung hast du ihnen geboten
durch Mose, deinen Diener. 15 Und Brot
vom Himmel hast du ihnen gegeben für
ihren Hunger, und Wasser hast du ihnen aus dem Felsen fliessen lassen für
ihren Durst. Und du hast ihnen geboten,
hinzugehen und das Land in Besitz zu
nehmen; du hast deine Hand erhoben,
es ihnen zu geben.

16 Sie aber, unsere Vorfahren, haben
vermessen gehandelt und waren halsstarrig und hörten nicht auf deine Gebote. 17 Und sie haben sich geweigert zu
hören und dachten nicht an die Wunder, die du bei ihnen getan hast. Und sie
waren halsstarrig und haben sich in den
Kopf gesetzt, zu ihrem Sklavendienst in
Ägypten zurückzukehren. Du aber bist
ein Gott der Vergebung, gnädig und
barmherzig, langmütig und reich an
Güte, und du hast sie nicht verlassen,
18 obwohl sie sich ein gegossenes Kalb

gemacht und gesagt haben: Das ist dein
Gott, der dich heraufgeführt hat aus
Ägypten. Und sie haben schwer gelästert. 19 Du aber hast sie in deiner grossen Barmherzigkeit in der Wüste nicht
verlassen. Die Wolkensäule ist nicht
von ihnen gewichen bei Tag, um sie auf
dem Weg zu leiten, noch die Feuersäule
bei Nacht, um ihnen den Weg zu erhellen, auf dem sie gehen sollten. 20 Und
deinen guten Geist hast du gegeben, um
sie zur Einsicht zu bringen, und dein
Manna hast du ihrem Mund nicht vorenthalten, und Wasser hast du ihnen gegeben für ihren Durst. 21 Und vierzig
Jahre lang hast du für sie in der Wüste
gesorgt, an nichts hat es ihnen gefehlt,
ihre Kleider sind nicht zerfallen, und
ihre Füsse sind nicht angeschwollen.
22 Und du hast ihnen Königreiche und
Völker gegeben und sie ihnen zugeteilt
als Randgebiet; und sie haben das Land
Sichons und das Land des Königs von
Cheschbon und das Land von Og, dem
König des Baschan, in Besitz genommen. 23 Und ihre Kinder hast du zahlreich werden lassen wie die Sterne am
Himmel, und du hast sie in das Land gebracht, in das zu gehen du ihren Vorfahren geboten hast, damit sie es in Besitz
nahmen.

24 Dann sind die Nachfahren gekommen und haben das Land in Besitz
genommen, und du hast die Bewohner
des Landes, die Kanaaniter, vor ihnen
gedemütigt und hast sie in ihre Hand
gegeben, sowohl ihre Könige als auch
die Völker des Landes, damit sie nach
ihrem Belieben mit ihnen verfuhren.
25 Und sie haben befestigte Städte und
fruchtbares Ackerland eingenommen,
und sie haben Häuser in Besitz genommen, voll von allem möglichen Guten,
ausgehauene Brunnen, Weinberge und
Ölbäume und eine Menge Fruchtbäume, und sie haben gegessen und
sind satt und fett geworden und haben
geschwelgt in deinen reichlichen Gütern. 26 Aber sie sind widerspenstig geworden und haben sich gegen dich auf-

gelehnt und sich von deiner Weisung abgekehrt, und deine Propheten haben sie umgebracht, die sie ermahnten, um sie zu dir zurückzuführen, und sie haben schwer gelästert. 27 Da hast du sie in die Hand ihrer Bedränger gegeben, und diese haben sie bedrängt. Und in der Zeit ihrer Bedrängnis haben sie zu dir geschrien, und du, du hast sie vom Himmel her erhört und ihnen, wie es deiner grossen Barmherzigkeit entspricht, immer wieder Retter gegeben, damit diese sie retteten aus der Hand ihrer Bedränger. 28 Sobald sie aber Ruhe hatten, taten sie wieder Böses vor dir. Da hast du sie zurückgelassen in der Hand ihrer Feinde; und diese haben sie verfolgt. Da schrien sie wieder zu dir, und du, du hast sie vom Himmel her erhört und sie viele Male gerettet, wie es deiner Barmherzigkeit entspricht. 29 Und du hast sie ermahnt, um sie zurückzuführen zu deiner Weisung. Sie aber handelten vermessen und hörten nicht auf deine Gebote, und gegen deine Rechtsbestimmungen haben sie gesündigt, gegen sie, durch die der Mensch lebt, wenn er nach ihnen handelt. Und sie waren störrisch und halsstarrig und hörten nicht. 30 Viele Jahre lang hattest du Geduld mit ihnen, und du hast sie ermahnt durch deinen Geist, durch deine Propheten, doch sie haben nicht darauf gehört. Da hast du sie in die Hand der Völker der Länder gegeben. 31 In deiner grossen Barmherzigkeit aber hast du sie nicht völlig vertilgt und sie nicht verlassen, denn du bist ein gnädiger und barmherziger Gott.

32 Und nun, unser Gott, du grosser, heldenhafter und furchterregender Gott, der du den Bund und die Treue hältst, achte all die Mühsal vor deinem Angesicht nicht gering, die uns getroffen hat, unsere Könige, unsere Obersten und unsere Priester und unsere Propheten und unsere Vorfahren und dein ganzes Volk, seit den Tagen der Könige von Assur bis auf diesen heutigen Tag. 33 Und du bist gerecht bei allem, was über uns kommt; du hast die Treue bewahrt, wir aber haben uns schuldig gemacht. 34 Und unsere Könige, unsere Obersten, unsere Priester und unsere Vorfahren haben nicht nach deiner Weisung gehandelt und nicht geachtet auf deine Gebote und deine Warnungen, mit denen du sie ermahnt hast. 35 Und sie – in ihrem Königtum und bei deinen reichen Gütern, die du ihnen gegeben hast, und in dem weiten und fruchtbaren Land, das du ihnen zu Füssen gelegt hast – haben dir nicht gedient, und sie haben sich nicht abgekehrt von ihren bösen Taten. 36 Sieh, heute sind wir Knechte, und das Land, das du unseren Vorfahren gegeben hast, damit man seine Frucht und seine Güter isst – sieh, darin sind wir Knechte. 37 Und seinen reichen Ertrag bringt es für die Könige, die du unserer Sünden wegen über uns gesetzt hast. Und nach ihrem Belieben herrschen sie über unsere Leiber und über unser Vieh, und wir sind in grosser Not!

|1: Esra 8,21! · Jos 7,6 |2: Esra 10,11! · Lev 26,40 |3: 8,8! |4–5: 12,24! |4: 3,17 · 8,4 · 8,7 · 2Chr 20,19 |5: 1Chr 16,36; Dan 2,20 · Ps 72,19 |6: Dtn 6,4 · Dtn 10,14 · Gen 2,1 · Gen 1,1–25 |7: Gen 11,31 · Gen 17,5 |8: Gen 15,18–21 · Esra 9,15 · 33 |9: Ex 3,7 · Ex 14,15 |10: Ex 3,20! · Ex 18,11 · Dan 9,15! |11: Ex 14,21.23; 15,5 |12: Ex 13,21 |13: Ex 19,18 · Ex 20,22 · Esra 7,6 |14: Ex 20,8 · 10,32! · Ex 24,12 |15: 20; Ex 16,15! · Ex 17,6 · Dtn 1,8 |16–17: 29; Ex 32,9 |17–19: 31! |17: Num 14,4 · Ps 86,15; Ex 34,6 |18: Ex 32,4 |20: Num 11,25 · 15 |21: Dtn 8,4 |22: Num 21,21–35; Dtn 4,46–47 |23: Gen 22,17! · Jos 1,2 |24: Jos 21,43 |25: Dtn 6,10–11; 32,15 |26: 1Kön 14,9 · 1Kön 19,10 |27: Ri 2,14 · Ri 2,16! |28: Ri 2,19 |29: Lev 18,5! · 16–17! |30: 2Chr 24,19; Jer 7,25–26 |31: 17–19; Ex 34,6; Dtn 4,31 |32: 1,5! |33: 8 · 1Kön 8,47 |34: Esra 9,10 |35: Dtn 28,47 |36: Num 9,9 |37: Dtn 28,31

9,22: Die Übersetzung «als Randgebiet» ist unsicher.

Die schriftliche Verpflichtung auf die Weisung

10 1 Und wegen alledem schliessen wir eine Vereinbarung und schreiben sie nieder. Und auf der Versiegelung stehen die Namen unserer Obersten, unserer Leviten und unserer Priester. 2 Und auf den Versiegelungen stehen: Nehemia, der Tirschata, der Sohn

Chachaljas, und Zidkija, 3 Seraja, Asarja,
Jirmeja, 4 Paschchur, Amarja, Malkija,
5 Chattusch, Schebanja, Malluch, 6 Charim, Meremot, Obadja, 7 Daniel, Ginneton, Baruch, 8 Meschullam, Abija, Mijamin, 9 Maasja, Bilgai, Schemaja – dies
sind die Priester.

10 Und die Leviten: Jeschua, der
Sohn Asanjas, Binnui, von den Söhnen
Chenadads, Kadmiel; 11 und ihre Brüder: Schebanja, Hodija, Kelita, Pelaja,
Chanan, 12 Micha, Rechob, Chaschabja,
13 Sakkur, Scherebja, Schebanja, 14 Hodija, Bani, Beninu.

15 Die Häupter des Volks: Parosch,
Pachat-Moab, Elam, Sattu, Bani,
16 Bunni, Asgad, Bebai, 17 Adonija, Bigwai, Adin, 18 Ater, Chiskija, Assur,
19 Hodija, Chaschum, Bezai, 20 Charif,
Anatot, Nebai, 21 Magpiasch, Meschullam, Chesir, 22 Meschesabel, Zadok, Jaddua, 23 Pelatja, Chanan, Anaja, 24 Hoschea, Chananja, Chaschschub, 25 Lochesch, Pilcha, Schobek, 26 Rechum,
Chaschabna, Maaseja, 27 und Achija,
Chanan, Anan, 28 Malluch, Charim,
Baana.

29 Und das übrige Volk, die Priester,
die Leviten, die Torwächter, die Sänger,
die Tempeldiener und alle, die sich von
den Völkern der Länder zur Weisung
Gottes hin abgesondert haben, ihre
Frauen, ihre Söhne und ihre Töchter,
alle, die Erkenntnis und Einsicht haben,
30 schliessen sich ihren vornehmsten
Brüdern an und teilen Eid und Schwur,
nach der Weisung Gottes zu leben, die
durch Mose, den Diener Gottes, gegeben worden ist, und alle Gebote des
HERRN, unseres Herrn, und seine
Rechtsbestimmungen und seine Satzungen zu halten und danach zu handeln: 31 dass wir unsere Töchter nicht
den Völkern des Landes geben und ihre
Töchter nicht für unsere Söhne nehmen
32 und dass wir, wenn die Völker des
Landes die Waren und alles mögliche
Getreide am Sabbattag zum Verkauf
bringen, ihnen am Sabbat oder an einem heiligen Tag nichts abnehmen und

dass wir die Felder im siebten Jahr
brachliegen lassen und jede Schuld
erlassen.

33 Und wir auferlegen uns als Gebote, dass man uns jährlich einen Drittel-
schekel für die Arbeit im Haus unseres
Gottes berechne, 34 für das Schaubrot
und das regelmässige Speiseopfer und
für das regelmässige Brandopfer, für die
Sabbate, die Neumonde, für die Festzeiten und für die heiligen Gaben und für
die Sündopfer, damit man Israel entsühnen kann, und für jede Tätigkeit im
Haus unseres Gottes. 35 Auch haben wir
– wir, die Priester, die Leviten und das
Volk – die Lose geworfen über die Holzlieferung, damit wir es nach den Ordnungen unserer Familien zu bestimmten Zeiten, Jahr für Jahr, zum Haus unseres Gottes bringen und man es auf
dem Altar des HERRN, unseres Gottes,
verbrennen kann, wie es in der Weisung
geschrieben steht. 36 Und dass wir die
erste Ernte unseres Bodens und die erste
Ernte aller Früchte von all den Bäumen,
Jahr für Jahr, zum Haus des HERRN bringen 37 und dass wir unsere erstgeborenen Söhne und die Erstgeburten unseres Viehs, wie es in der Weisung geschrieben steht, und die Erstgeburten
unserer Rinder und unserer Schafe zum
Haus unseres Gottes bringen, zu den
Priestern, die im Haus unseres Gottes
Dienst tun, 38 auch das Beste von unserem Schrotmehl und unseren Abgaben
und von den Früchten all der Bäume,
von Wein und Öl – wir bringen es den
Priestern in die Kammern des Hauses
unseres Gottes und den Zehnten unseres Bodens den Leviten. Und sie, die Leviten, sind es, die den Zehnten einsammeln in allen Städten, in denen wir arbeiten. 39 Und der Priester, der Nachkomme Aarons, soll bei den Leviten
sein, wenn die Leviten den Zehnten einsammeln. Und die Leviten sollen den
Zehnten vom Zehnten hinaufbringen
zum Haus unseres Gottes, in die Kammern des Schatzhauses. 40 Denn in die
Kammern sollen die Israeliten und die

Leviten die Abgabe vom Getreide, vom Wein und vom Öl bringen: Dort sind die Geräte des Heiligtums und die Priester, die den Dienst verrichten, und die Torwächter und die Sänger. Und wir werden das Haus unseres Gottes nicht vernachlässigen!

|1: 30; 2Chr 34,31; Esra 10,3 |2: 8,9! |3: 11,11 · 12,33–34 |5: 3,10 |6: 3,4.21; 12,3; Esra 8,33 |9: 12,34 |10: Esra 8,33 · Esra 3,9! · 7,43! |11: Esra 10,23! |29: Esra 10,11! · 7,46! |30: 1! · 5,12! · 2Kön 23,3 |31: 13,23! |32: 9,14; 13,15; Ex 31,12 · 5,10! |33: Ex 30,11.16; 2Chr 24,6 |34: Ex 25,30 · Lev 6,6; Num 28,3 · Esra 3,5! |35: 13,31 |36: 12,44; 13,5; Ex 23,19 |37: Ex 13,2 |38: Num 15,20–21! · Num 18,21 · 13,31 |39: Num 18,26 · 12,47; Num 18,26 |40: 13,12; 2Chr 31,11 · Esra 8,28 · 13,10

Verzeichnis der Häupter der Provinz

11 1 Und die Obersten des Volks wohnten in Jerusalem, und das übrige Volk warf Lose, um einen von zehn kommen zu lassen, damit er sich in Jerusalem, der heiligen Stadt, niederlasse, die anderen neun aber in den Städten blieben. 2 Und das Volk segnete all die Männer, die sich bereit erklärten, in Jerusalem zu wohnen.

3 Und dies sind die Häupter der Provinz, die in Jerusalem wohnten und die in den Städten Judas wohnten, ein jeder auf seinem Grundbesitz, in ihren Städten: Israel, die Priester und die Leviten und die Tempeldiener und die Nachkommen der Diener Salomos. 4 Und in Jerusalem wohnten Judäer und Benjaminiten.

Von den Judäern: Ataja, der Sohn von Ussija, dem Sohn des Secharja, des Sohns des Amarja, des Sohns des Schefatja, des Sohns des Mahalalel, von den Söhnen Perez, 5 und Maaseja, der Sohn Baruchs, des Sohns von Kol-Chose, dem Sohn des Chasaja, des Sohns des Adaja, des Sohns des Jojarib, des Sohns des Secharja, der von den Schilonitern. 6 Die Gesamtheit der Söhne Perez, die in Jerusalem wohnten: 468 tüchtige Männer.

7 Und dies waren die Benjaminiten: Sallu, der Sohn Meschullams, des Sohns von Joed, dem Sohn des Pedaja, des Sohns des Kolaja, des Sohns des Ma-

aseja, des Sohns des Itiel, des Sohns von Jeschaja, 8 und hinter ihm: Gabbai, Sallai: 928; 9 und Joel, der Sohn Sichris, ihr Vorgesetzter, und Juda, der Sohn des Senua, der Zweite über die Stadt.

10 Von den Priestern: Jedaja, der Sohn Jojaribs, Jachin, 11 Seraja, der Sohn Chilkijas, des Sohns von Meschullam, dem Sohn des Zadok, des Sohns des Merajot, des Sohns des Achitub, des Fürsten des Hauses Gottes, 12 und ihre Brüder, die die Tätigkeiten für das Haus versahen: 822; und Adaja, der Sohn Jerochams, des Sohns von Pelalja, dem Sohn des Amzi, des Sohns des Secharja, des Sohns des Paschchur, des Sohns Malkijas, 13 und seine Brüder, Familienhäupter: 242; und Amaschsai, der Sohn Asarels, des Sohns des Achsai, des Sohns von Meschillemot, dem Sohn des Immer, 14 und ihre Brüder, tüchtige Krieger: 128. Und ihr Vorgesetzter war Sabdiel, der Sohn Haggedolims.

15 Und von den Leviten: Schemaja, der Sohn von Chaschschub, dem Sohn des Asrikam, des Sohns des Chaschabja, des Sohns des Bunni; 16 und Schabbetai und Josabad von den Häuptern der Leviten waren über die Tätigkeiten aussen beim Haus Gottes gesetzt; 17 und Mattanja, der Sohn Michas, des Sohns von Sabdi, dem Sohn Asafs, der Leiter, der beim Gebet den Lobpreis anstimmte, und Bakbukja, der Zweite unter seinen Brüdern, und Abda, der Sohn Schammuas, des Sohns von Galal, dem Sohn Jedutuns. 18 Die Gesamtheit der Leviten in der heiligen Stadt: 284.

19 Und die Torwächter: Akkub, Talmon und ihre Brüder, die in den Toren Wache hielten: 172.

20 Der Rest Israels aber, die Priester und die Leviten, war in all den Städten Judas, jeder auf seinem Erbbesitz. 21 Und die Tempeldiener wohnten auf dem Ofel, und Zicha und Gischpa standen den Tempeldienern vor. 22 Und der Vorgesetzte der Leviten in Jerusalem war Ussi, der Sohn Banis, des Sohns von Chaschabja, dem Sohn des Mattanja, des

Sohns Michas, von den Söhnen Asaf, den Sängern beim Dienst im Haus Gottes. 23 Denn es gab ein Gebot des Königs über sie und eine Vereinbarung für die Sänger, über das, was an jedem Tag zu tun war.

24 Und Petachja, der Sohn Meschesabels, von den Söhnen Serach, des Sohns von Juda, stand dem König zur Seite für alle Angelegenheiten, die das Volk betrafen. 25 Und was die Gehöfte auf ihren Feldern betrifft: Judäer wohnten in Kirjat-Arba und in seinen Tochterstädten und in Dibon und in seinen Tochterstädten und in Jekkabzeel und in seinen Gehöften 26 und in Jeschua und in Molada und in Bet-Pelet 27 und in Chazar-Schual und in Beer-Scheba und in seinen Tochterstädten 28 und in Ziklag und in Mechona und in seinen Tochterstädten 29 und in En-Rimmon und in Zora und in Jarmut, 30 Sanoach, Adullam und ihren Gehöften, Lachisch und seinen Feldern, Aseka und seinen Tochterstädten, und sie siedelten von Beer-Scheba bis zum Hinnomtal.

31 Und die Benjaminiten: von Geba an, in Michmas und Ajja und Bet-El und seinen Tochterstädten, 32 Anatot, Nob, Ananja, 33 Chazor, Rama, Gittajim, 34 Chadid, Zeboim, Neballat, 35 Lod und Ono im Handwerker-Tal. 36 Und von den Leviten gehörten Abteilungen in Juda zu Benjamin.

|1: 1Chr 8,28 · Jos 18,10 · 7,4 |3: 7,39 · 7,43 · 7,46! · 7,57 |11: 10,3 · 2Chr 31,13 |17: 12,46! |19: 12,25; 1Chr 26,15–17; 2Chr 8,14 |20: Jos 24,28 |21: 3,26 · Esra 2,43! |24: Gen 46,12 |25: Jos 14,15 |26–27: 1Chr 4,28 |28: 1Chr 4,30 |30: 3,13 |31: 1Sam 13,2 · 7,30! · 7,32 |35: 6,2 · 1Chr 4,14

Verzeichnis der Priester und Leviten

12

1 Und dies sind die Priester und die Leviten, die mit Serubbabel, dem Sohn Schealtiels, und mit Jeschua heraufgezogen sind: Seraja, Jirmeja, Esra, 2 Amarja, Malluch, Chattusch, 3 Schechanja, Rechum, Meremot, 4 Iddo, Ginnetoi, Abija, 5 Mijamin, Maadja, Bilga, 6 Schemaja und Jojarib, Jedaja, 7 Sallu, Amok, Chilkija und Je-

daja. Dies waren die Häupter der Priester und ihrer Brüder in den Tagen Jeschuas. 8 Und die Leviten: Jeschua, Binnui, Kadmiel, Scherebja, Juda und Mattanja: Er und seine Brüder waren zuständig für die Danklieder. 9 Und Bakbukja und Unni, ihre Brüder, standen ihnen gegenüber, nach Dienstabteilungen. 10 Und Jeschua zeugte Jojakim, und Jojakim zeugte Eljaschib und Eljaschib den Jojada. 11 Und Jojada zeugte Jonatan, und Jonatan zeugte Jaddua.

12 Und in den Tagen Jojakims waren Priester Familienhäupter: von Seraja: Meraja; von Jirmeja: Chananja; 13 von Esra: Meschullam; von Amarja: Jehochanan; 14 von Melichu: Jonatan; von Schebanja: Josef; 15 von Charim: Adna; von Merajot: Chelkai; 16 von Iddo: Secharja; von Ginneton: Meschullam; 17 von Abija: Sichri; von Minjamin: ...; von Moadja: Piltai; 18 von Bilga: Schammua; von Schemaja: Jehonatan; 19 und von Jojarib: Mattenai; von Jedaja: Ussi; 20 von Sallai: Kallai; von Amok: Eber; 21 von Chilkija: Chaschabja; von Jedaja: Netanel.

22 Die Leviten – in den Tagen Eljaschibs, Jojadas und Jochanans und Jadduas wurden sie nach Familienhäuptern verzeichnet, und auch die Priester, bis zur Königsherrschaft von Darius, dem Perser. 23 Die Leviten, die Familienhäupter, sind in der Chronik verzeichnet bis zu den Tagen Jochanans, des Sohns von Eljaschib.

24 Und die Häupter der Leviten waren: Chaschabja, Scherebja und Jeschua, der Sohn des Kadmiel; und ihre Brüder, ihnen gegenüber, die zu loben und zu preisen hatten nach dem Gebot Davids, des Mannes Gottes, Dienstabteilung gegenüber Dienstabteilung: 25 Mattanja und Bakbukja, Obadja, Meschullam, Talmon und Akkub hielten als Torwächter Wache bei den Vorratskammern der Tore. 26 Diese lebten in den Tagen Jojakims, des Sohns von Jeschua, dem Sohn Jozadaks, und in den Tagen Nehemias,

des Statthalters, und Esras, des Priesters, des Schriftgelehrten.

|1: Hag 1,1 · Esra 2,1 |3: 10,6! · 3,17 |4: Lk 1,5 |8: 7,43! · 24! · Esra 2,40! · 46! |10: 3,1! · 13,28 |11: 22 |16: Sach 1,1 |22: 11 · 3,1! |24: 8; 9,4–5 · 36! · 46! |25: 11,19! · 44 |26: 1Chr 5,40 · 8,1; Esra 7,6

12,17: Der auf «von Minjamin:» zu erwartende Name fehlt im Text.
12,22: Siehe die Anm. zu Esra 4,5.

Die Einweihung der Mauer

27 Und bei der Einweihung der Mauer Jerusalems holte man die Leviten aus allen ihren Orten um sie nach Jerusalem zu bringen, damit man die Einweihung als Freudenfest feiern konnte, mit Dankliedern und mit Gesang, mit Zimbeln, Harfen und Leiern. 28 Da versammelten sich die Sänger aus dem Umland rings um Jerusalem und aus den Gehöften der Netofatiter, 29 und aus Bet-Gilgal und vom Land von Geba und Asmawet – denn die Sänger hatten sich Gehöfte rings um Jerusalem gebaut. 30 Und die Priester und die Leviten reinigten sich, und sie machten das Volk und die Tore und die Mauer rein.

31 Und ich liess die Obersten von Juda auf die Mauer steigen und stellte zwei grosse Dankchöre und Festzüge auf; der eine zog oben auf der Mauer nach rechts, zum Mist-Tor. 32 Und hinter ihnen schritten Hoschaja und die Hälfte der Obersten von Juda 33 und Asarja, Esra und Meschullam, 34 Juda und Benjamin und Schemaja und Jirmeja; 35 und von den Priestern mit Trompeten: Secharja, der Sohn des Jonatan, des Sohns des Schemaja, des Sohns des Mattanja, des Sohns des Michaja, des Sohns von Sakkur, dem Sohn von Asaf, 36 und seine Brüder: Schemaja und Asarel, Milalai, Gilalai, Maai, Netanel und Jehuda, Chanani, mit den Musikinstrumenten Davids, des Mannes Gottes, und vor ihnen war Esra, der Schriftgelehrte. 37 Dann zum Quell-Tor hin, und geradeaus stiegen sie hinan auf den Stufen der Stadt Davids beim Aufgang zur Mauer, von oberhalb des Hauses Davids bis zum Wasser-Tor im Osten.

38 Und der zweite Dankchor, der einherschritt, ging zur anderen Seite und ich hinter ihm, mit der Hälfte des Volks, oben auf der Mauer, über den Ofen-Turm bis zur breiten Mauer 39 und über das Efraim-Tor und über das Jeschana-Tor und über das Fisch-Tor und den Chananel-Turm und den Mea-Turm bis zum Schaf-Tor; und beim Wacht-Tor blieben sie stehen.

40 Und die beiden Dankchöre stellten sich beim Haus Gottes auf, auch ich und die Hälfte der Vorsteher mit mir 41 und die Priester Eljakim, Maaseja, Minjamin, Michaja, Eljoenai, Secharja, Chananja mit Trompeten 42 und Maaseja und Schemaja und Elasar und Ussi und Jehochanan und Malkija und Elam und Eser. Und die Sänger liessen sich hören, und ihr Leiter war Jisrachja. 43 Und an jenem Tag schlachteten sie grosse Schlachtopfer und freuten sich, denn Gott hatte sie mit grosser Freude erfüllt; und auch die Frauen und die Kinder freuten sich. Und noch von ferne war die Freude Jerusalems zu hören.

|27: 43; Esra 6,16 · 1Chr 15,16 |28: 7,26! |29: 7,30! · 7,28; Esra 2,24 · 13,10 |30: 13,22; Num 8,6–7; Esra 6,20 · 2Chr 29,5 |31: 2,13! |33–34: 10,3 |34: 10,9 |36: 24; Dtn 33,1! |37: 2,14! · 8,1! |38: 3,11 · 3,8 |39: 8,16 · 3,6 · 3,3! · 3,1! · 3,25! |43: 3,34 · 27! · Esra 3,13

Die Wiederherstellung der Ordnung nach der Weisung

44 Und an jenem Tag wurden Männer eingesetzt über die Kammern für die Vorräte, für die Abgaben, für das Beste und für die Zehnten, um in ihnen von den Feldern der Städte die der Weisung entsprechenden Anteile für die Priester und für die Leviten zu sammeln. Denn Juda hatte Freude an den Priestern und an den Leviten, die im Dienst standen. 45 Und sie versahen den Dienst für ihren Gott und den Dienst der Reinigung und den der Sänger und der Torwächter gemäss dem Gebot Davids und Salomos, seines Sohns. 46 Denn schon in den Tagen Davids und Asafs, seit alter Zeit, gab es die Häupter

der Sänger und Lobgesang und Danklieder für Gott. 47 Und in den Tagen Serubbabels und in den Tagen Nehemias lieferte ganz Israel die Anteile für die Sänger und die Torwächter, den täglichen Bedarf; den Leviten aber brachten sie Weihegaben, und die Leviten brachten diese den Aaroniden.

13 1 An jenem Tag wurde vor den Ohren des Volks aus dem Buch des Mose vorgelesen, und es fand sich darin geschrieben: Niemals darf ein Ammoniter oder Moabiter in die Versammlung Gottes kommen, 2 denn sie sind den Israeliten nicht mit Brot und Wasser entgegengekommen, sondern haben Bileam gegen sie gedungen, damit er sie verfluche. Unser Gott aber hat den Fluch in Segen verwandelt. – 3 Und als sie die Weisung gehört hatten, sonderten sie alles Mischvolk von Israel ab.

4 Vorher aber hatte Eljaschib, der Priester, der über die Kammern des Hauses unseres Gottes gesetzt war, ein Verwandter Tobijas, 5 diesem eine grosse Kammer hergerichtet. Früher hatte man dort die Speiseopfer gelagert, den Weihrauch und die Geräte und den Zehnten vom Getreide, vom Wein und vom Öl, was den Leviten und den Sängern und den Torwächtern zustand und die Abgaben für die Priester. 6 Bei alledem war ich aber nicht in Jerusalem. Denn im zweiunddreissigsten Jahr des Artaxerxes, des Königs von Babel, war ich zum König gekommen, und nach einiger Zeit hatte ich den König gebeten, mich freizustellen. 7 Und so kam ich nach Jerusalem und bemerkte das Unrecht, das Eljaschib zugunsten Tobijas begangen hatte, indem er ihm eine Kammer in den Vorhöfen der Hauses Gottes herrichtete. 8 Und das missfiel mir sehr, und ich warf den ganzen Hausrat Tobijas hinaus aus der Kammer. 9 Und auf meinen Befehl hin machte man die Kammern rein, und ich brachte die Geräte des Hauses Gottes, das Speiseopfer und den Weihrauch dorthin zurück.

10 Und ich erfuhr, dass die Anteile für die Leviten nicht entrichtet worden waren und dass die Leviten und die Sänger, die die Arbeit verrichten sollten, daraufhin weggelaufen waren, jeder auf sein Feld. 11 Da zog ich die Vorsteher zur Rechenschaft und sagte: Warum ist das Haus Gottes verlassen? Und ich versammelte sie und wies ihnen ihren Platz an. 12 Und ganz Juda brachte den Zehnten vom Getreide und vom Wein und vom Öl in die Vorratskammern. 13 Und über die Vorräte bestimmte ich Schelemja, den Priester, und Zadok, den Schreiber, und Pedaja von den Leviten und ihnen zur Seite Chanan, den Sohn von Sakkur, dem Sohn Mattanjas. Denn sie galten als zuverlässig, und ihnen oblag die Zuteilung an ihre Brüder. 14 Darum erinnere dich meiner, mein Gott, und lösche meine guten Taten nicht aus, die ich dem Haus meines Gottes und dem Dienst an ihm erwiesen habe!

15 In jenen Tagen sah ich in Juda Leute, die am Sabbat die Keltern traten und die Garben einbrachten und auf Esel luden und auch Wein, Trauben und Feigen und allerlei Traglast und dies am Sabbattag nach Jerusalem hereinbrachten. Und ich ermahnte sie, an diesem Tag keine Lebensmittel zu verkaufen. 16 Und die Tyrer, die dort wohnten, brachten Fisch und allerlei Ware herein und verkauften sie am Sabbat an die Judäer und in Jerusalem. 17 Da zog ich die Edlen von Juda zur Rechenschaft und sagte ihnen: Was ist das für eine böse Sache, die ihr da tut: Ihr entweiht den Sabbattag! 18 Haben eure Vorfahren nicht genau so gehandelt, und hat unser Gott nicht all dies Unheil über uns und über diese Stadt gebracht? Und ihr bringt noch grösseren Zorn über Israel, indem ihr den Sabbat entweiht!

19 Und sobald die Tore Jerusalems vor dem Sabbat dunkel geworden waren, wurden auf meinen Befehl hin die Torflügel geschlossen, und ich befahl, sie bis nach dem Sabbat nicht zu öffnen, und ich stellte Diener von mir an die

Tore. Am Sabbattag darf keine Traglast hereinkommen! 20 Da übernachteten die Händler und die Verkäufer all der Waren draussen vor Jerusalem, einmal und zweimal. 21 Und ich warnte sie und sagte zu ihnen: Warum übernachtet ihr vor der Mauer? Wenn ihr das noch einmal tut, lege ich Hand an euch! Von dieser Zeit an kamen sie nicht mehr am Sabbat. 22 Und ich befahl den Leviten, sich zu reinigen und als Wächter zu den Toren zu kommen, damit man den Sabbattag heilig halten konnte. Auch dafür erinnere dich meiner, mein Gott, und blicke voller Mitleid auf mich, wie es deiner grossen Güte entspricht!

23 In jenen Tagen sah ich auch die Judäer, die aschdoditische, ammonitische, moabitische Frauen heimgeführt hatten. 24 Und die Hälfte ihrer Kinder redete aschdoditisch – und sie konnten nicht judäisch reden, sondern nur die Sprache dieses oder jenes Volks. 25 Und ich stritt mit ihnen und verfluchte sie und schlug Männer von ihnen und raufte ihre Haare. Und ich beschwor sie bei Gott: Wenn ihr eure Töchter ihren Söhnen gebt oder Töchter von ihnen für eure Söhne oder für euch nehmt ...! 26 Hat sich ihretwegen nicht schon Salomo, der König von Israel, versündigt? Und unter den vielen Nationen hat es keinen König gegeben wie ihn, und er war geliebt von seinem Gott, und Gott hat ihn zum König über ganz Israel ge-

macht. Auch ihn haben die fremdländischen Frauen zur Sünde verführt! 27 Muss man nun auch von euch hören, dass ihr das gleiche grosse Unrecht begeht, treulos gegen unseren Gott zu handeln, indem ihr fremdländische Frauen heimführt? 28 Und einer von den Söhnen Jojadas, des Sohns des Eljaschib, des Hohen Priesters, war ein Schwiegersohn Sanballats, des Choroniters; und den trieb ich von mir weg. 29 Vergiss es ihnen nicht, mein Gott, dass sie den Priesterstand und den Bund des Priesterstands und der Leviten unrein gemacht haben!

30 Und ich machte sie rein von allem Fremden, und ich stellte Dienstabteilungen der Priester und der Leviten auf, einen jeden in seinem Arbeitsbereich 31 und für die Holzlieferung zu bestimmten Zeiten und für die Abgaben von der ersten Ernte. Erinnere dich meiner, mein Gott, mir zum Besten!

|44: 13,13 · 25 · 10,36! |46: 1Chr 6,24 · 24.46; 11,17; 1Chr 25,1–7 |47: Esra 1,8! · 10,39! |1: 8,8! · Dtn 23,4; Esra 9,1 |2: Num 22,5! |3: Esra 10,11! |4: 3,1! · 2,10! · Esra 10,6 · 2,19 |5: 10,36! |6: 5,14 · 2,6 |8: 11.17.25; 5,6 |9: 2Chr 29,15 |10: 10,40 · 12,29 |11: 8! |12: 10,40! |13: 12,44 |14: 22.31; 5,19 · 29 |15: 10,32! |17: 8! |18: Ez 20,12–13 |19: Jer 17,21 |22: 12,30! · 14! |23: 10,31; Ex 34,16; Dtn 7,3; Esra 9,2 |25: 8! · Dtn 7,3! |26: 1Kön 11,1 · 1Kön 3,12–13 · 2Sam 12,24 · 1Kön 4,1 |28: 12,10 · Esra 10,8 |29: 6,14! · Num 25,13 · 14 · Mal 2,8 |30: 2Chr 13,10 |31: 10,35 · 10,38 · 14!

13,19: Möglich ist auch die Übersetzung: «... Tore, damit am Sabbattag keine Last hereinkam.»

13,26: ‹ihretwegen› bezieht sich auf die nichtisraelischen Frauen.

Das Buch Ester

Der persische König verstösst seine
Königin

1 1 Und in den Tagen des Xerxes – das
ist jener Xerxes, der König war von
Hoddu bis Kusch, über hundertsiebenundzwanzig Provinzen –, 2 in jenen Tagen, als König Xerxes den Thron seines
Königreichs bestiegen hatte, der in
Schuschan, in der Burg, war, 3 im Jahr
drei seiner Königsherrschaft, veranstaltete er ein Festmahl für alle seine Fürsten und seine Diener. Das Heer von Persien und Medien, die Vornehmen und
die Fürsten der Provinzen waren bei
ihm, 4 als er während vieler Tage, hundertachtzig Tage, den Reichtum seines
königlichen Prunks zur Schau stellte
und die Pracht seiner majestätischen
Grösse.

5 Und als diese Tage vorüber waren,
veranstaltete der König ein Festmahl für
alles Volk, das sich in Schuschan, in der
Burg, befand, vom Grössten bis zum
Kleinsten, sieben Tage lang, im Hof am
Garten des Palasts des Königs: 6 Da gab
es weisses, feines Leinentuch und
blauen Purpur, mit Schnüren aus Byssus
befestigt, und roten Purpur an Ringen
aus Silber und Säulen aus Alabaster; Ruhelager aus Gold und Silber auf einem
Mosaikfussboden aus smaragdfarbe-
nem Marmor, Alabaster, Perlmutt und
dunklen Mineralien; 7 und die Getränke in Schalen aus Gold, und alle
Schalen unterschieden sich voneinander, und es gab reichlich königlichen
Wein, wie es der Grosszügigkeit des Königs entsprach. 8 Und beim Trinken galt
die Regel, dass niemand jemanden zu
etwas drängen durfte. Denn so hatte der
König es für jeden Grossen in seinem
Haus bestimmt, dass jeder sich verhalten durfte, wie es ihm beliebte. 9 Auch
Waschti, die Königin, veranstaltete ein
Festmahl, für die Frauen, im königlichen Haus, das König Xerxes gehörte.

10 Am siebten Tag, als der König vom
Wein frohen Herzens war, befahl er Me-
human, Biseta, Charbona, Bigta und Ab-
agta, Setar und Karkas, den sieben
Eunuchen, die König Xerxes bedienen
durften, 11 Waschti, die Königin, vor
den König zu bringen, mit dem königlichen Kopfschmuck, um den Völkern
und den Fürsten ihre Schönheit zu zeigen, denn sie war von anmutigem Aussehen. 12 Königin Waschti aber weigerte sich, dem Wort des Königs, das
durch die Eunuchen überbracht worden
war, Folge zu leisten und zu kommen.
Da wurde der König sehr zornig, und
seine Wut entbrannte in ihm.

13 Und der König sprach zu den Weisen, die sich auf die Zeiten verstanden –
denn es war üblich, dass die Sache des
Königs vor alle Gesetzes- und Rechts-
kundigen kam, 14 und die ihm am
nächsten standen, waren Karschena,
Schetar, Admata, Tarschisch, Meres,
Marsena, Memuchan, die sieben Fürsten von Persien und Medien, die das Angesicht des Königs sehen durften, die
den obersten Sitz im Königreich hatten –: 15 Wie ist nach dem Gesetz mit
der Königin Waschti zu verfahren, da
sie den durch die Eunuchen überbrachten Befehl des Königs Xerxes nicht befolgt hat? 16 Da sprach Memuchan vor
dem König und den Fürsten: Nicht allein gegen den König hat Waschti, die
Königin, sich verfehlt, sondern gegen
alle Fürsten und gegen alle Völker, die in
allen Provinzen des Königs Xerxes sind.
17 Denn die Sache mit der Königin wird
sich unter allen Frauen verbreiten; und
es wird ihre Männer lächerlich machen
in ihren Augen, wenn man sagt: König
Xerxes hat befohlen, Waschti, die Königin, vor ihn zu bringen, sie aber ist nicht

gekommen. 18 Und noch heute werden die Fürstinnen von Persien und Medien, die von der Sache mit der Königin gehört haben, allen Fürsten des Königs davon erzählen; und es wird Geringschätzung und Verdruss zur Genüge geben. 19 Wenn es dem König recht ist, soll ein königliches Wort von ihm ergehen, das in die Gesetze von Persien und Medien eingetragen wird und das unwiderruflich ist: Waschti darf nicht mehr vor König Xerxes kommen, und ihren königlichen Rang wird der König einer anderen geben, die besser ist als sie. 20 Und die Anordnung des Königs, die der König in seinem gesamten Königreich, das so gross ist, erlassen wird, wird Gehör finden, und alle Frauen werden ihren Männern die Ehre erweisen, vom Grössten bis zum Kleinsten. 21 Und das Wort war gut in den Augen des Königs und der Fürsten, und der König handelte nach dem Wort Memuchans, 22 und er sandte Schreiben in alle Provinzen des Königs, in Provinz um Provinz in je ihrer Schrift und an Volk um Volk in je seiner Sprache, jeder Mann müsse das Sagen haben in seinem Haus und dabei befehlen können in der Sprache seines Volks.

|1: 4,6; 9,30 · 8,9 |2: Neh 1,1 |3: 3,7 · 2,18; Gen 40,20; Dan 5,1 |7: 1Kön 10,21 |10: 3,15; Spr 31,4! · 7,9 |12: 1Petr 3,1 |13: 1Chr 12,33 |14: Esra 7,14 |19: 8,8; Dan 6,9.16 · 2,1 |20: Eph 5,33 |22: 1Tim 2,12; 1Petr 3,6 · 3,12; 8,9

1,1: Der Name Xerxes lautet im hebräischen Text Achaschwerosch; Hoddu ist der Name für die persische Provinz Indien.

Ester wird Königin

2 1 Nach diesen Begebenheiten, als die Wut des Königs Xerxes sich gelegt hatte, dachte er an Waschti und daran, was sie getan hatte und was über sie beschlossen worden war. 2 Und die Diener des Königs, die den Dienst bei ihm verrichteten, sagten: Für den König soll man junge Frauen, Jungfrauen, von anmutigem Aussehen suchen. 3 Und der König setze Beauftragte ein in allen Provinzen seines Königreichs, damit sie alle jungen Frauen, Jungfrauen, von anmutigem Aussehen in Schuschan, in der Burg, versammeln, im Haus der Frauen, unter der Aufsicht des Hege, des Eunuchen des Königs, des Wächters über die Frauen, und man ihnen gebe, was der Pflege ihrer Schönheit dient. 4 Und die junge Frau, die den Augen des Königs gefällt, soll Königin werden an Waschtis statt. Und das Wort war gut in den Augen des Königs, und er handelte so.

5 In Schuschan, in der Burg, war ein jüdischer Mann, und sein Name war Mordochai, der Sohn des Jair, des Sohns von Schimi, dem Sohn des Kisch, ein Jaminiter, 6 der aus Jerusalem in die Verbannung geführt worden war mit den Verbannten, die weggeführt worden waren mit Jechonja, dem König von Juda, die Nebukadnezzar, der König von Babel, in die Verbannung geführt hatte. 7 Und er war der Pflegevater der Hadassa – das ist Ester –, der Tochter seines Onkels, denn sie hatte keinen Vater und keine Mutter mehr. Und die junge Frau war von schöner Gestalt und anmutigem Aussehen, und beim Tod ihres Vaters und ihrer Mutter hatte Mordochai sie als Tochter angenommen. 8 Und als man das Wort des Königs hörte und sein Gesetz und als viele junge Frauen unter die Aufsicht des Hegai versammelt wurden in Schuschan, in der Burg, da wurde auch Ester in das Haus des Königs geholt unter die Aufsicht des Hegai, des Wächters über die Frauen. 9 Und die junge Frau gefiel seinen Augen und erlangte seine Gunst, und er beeilte sich, ihr das zu geben, was der Pflege ihrer Schönheit diente, sowie die richtige Kost, und ihr sieben Dienerinnen aus dem Haus des Königs zu geben, die besonders ausgewählt waren. Und ihr und ihren Dienerinnen teilte er das Beste zu im Haus der Frauen. 10 Ester aber hatte nicht gesagt, aus welchem Volk und welcher Herkunft sie war, denn Mordochai hatte ihr geboten, es nicht zu sagen. 11 Mordochai aber ging Tag für Tag vor dem Hof des Hauses der Frauen auf und ab, um in

Erfahrung zu bringen, ob es Ester gut ging und was mit ihr geschehen würde. 12 Und als junge Frau um junge Frau an die Reihe kam, zu König Xerxes hineinzugehen, nachdem sie zwölf Monate lang der Vorschrift für die Frauen entsprechend verbracht hatte – denn so lange währten die Tage ihrer Schönheitspflege, sechs Monate mit Myrrheöl und sechs Monate mit Balsamölen und anderen Schönheitsmitteln für die Frauen, 13 und erst danach ging die junge Frau hinein zum König –, da wurde der jungen Frau gegeben, was immer sie dann nannte, damit es mit ihr aus dem Haus der Frauen in das Haus des Königs komme. 14 Am Abend ging sie hinein, und am Morgen kam sie heraus und begab sich in das zweite Haus der Frauen, unter die Aufsicht Schaaschgas, des Eunuchen des Königs, des Wächters über die Nebenfrauen. Zum König durfte sie dann nicht mehr hinein, es sei denn, der König hatte Gefallen an ihr gefunden und sie wurde beim Namen gerufen. 15 Und als Ester, die Tochter des Abichajil, des Onkels von Mordochai, der sie als seine Tochter angenommen hatte, an der Reihe war, zum König hineinzugehen, wünschte sie nichts, als das, was Hegai, der Eunuch des Königs, der Wächter über die Frauen, ihr eingeschärft hatte. Und Ester erlangte Wohlwollen in den Augen aller, die sie sahen. 16 Und so wurde Ester zu König Xerxes in sein königliches Haus geholt im zehnten Monat, das ist der Monat Tebet, im Jahr sieben seiner Königsherrschaft. 17 Und der König liebte Ester mehr als alle anderen Frauen; und mehr als alle anderen Jungfrauen erlangte sie sein Wohlwollen und seine Gnade, und er setzte ihr einen königlichen Kopfschmuck auf das Haupt und machte sie zur Königin an Waschtis statt. 18 Dann veranstaltete der König ein grosses Festmahl für alle seine Fürsten und Diener: das Festmahl Esters. Und den Provinzen gewährte er einen Steuererlass, und er gab eine Spende, wie es der Grosszügigkeit des Königs entsprach.

| 1: 1,19 | 2: 1Kön 1,2 | 5: 2Sam 16,5 · 1Sam 9,1 | 6: 2Kön 24,15; Jer 24,1 | 7: 15; 8,1; Hiob 31,17–18 | 9: Dan 1,9 | 10: 20 | 14: 4,11 | 15: 9,29 · 7! | 17: 4,14! | 18: 1,3! · Gen 29,22

2,6: Jechonja ist ein anderer Name für Jojachin.
2,8: Vermutlich ist Hegai derselbe Eunuch, der in 2,3 Hege heisst.
2,13: Wörtlich: «..., da wurde ihr gegeben, ...»

Mordochai deckt eine Verschwörung auf

19 Und als zum zweiten Mal Jungfrauen zusammengebracht wurden, hielt Mordochai sich gerade im Königs-Tor auf. – 20 Wie Mordochai es ihr befohlen hatte, sagte Ester nichts über ihre Herkunft und nicht, aus welchem Volk sie war; und Ester befolgte den Befehl Mordochais, wie in der Zeit, als sie bei ihm in Pflege gewesen war. – 21 In jenen Tagen, während Mordochai sich gerade im Königs-Tor aufhielt, gerieten Bigtan und Teresch, die zwei Eunuchen des Königs, die zu den Hütern der Schwelle gehörten, in Zorn und trachteten danach, Hand an König Xerxes zu legen. 22 Mordochai aber erfuhr davon und berichtete es Ester, der Königin, und im Namen Mordochais sagte Ester es dem König. 23 Da wurde die Angelegenheit untersucht und bestätigt, und die beiden wurden an einem Pfahl erhängt. Und nun dem König wurde es aufgeschrieben im Buch der Begebenheiten der Tage.

| 20: 10 | 22: 6,2 | 23: Dtn 21,22–23 · 6,1; 10,2; Esra 4,15

Haman plant, die Juden auszurotten

3 1 Nach diesen Begebenheiten machte König Xerxes den Haman, den Sohn des Hammedata, den Agagiter, gross, und er erhöhte ihn, und seinen Stuhl setzte er höher als den aller Fürsten, die bei ihm waren. 2 Und alle Diener des Königs, die im Königs-Tor waren, beugten die Knie und warfen sich nieder vor Haman, denn so hatte es der König mit Blick auf ihn befohlen. Mordochai aber beugte nie die Knie und

warf sich auch nicht nieder. 3 Und die Diener des Königs, die im Königs-Tor waren, sagten zu Mordochai: Warum übertrittst du das Gebot des Königs? 4 Und da sie es Tag für Tag zu ihm sagten, er aber nicht auf sie hörte, berichteten sie es Haman, um zu sehen, ob die Gründe Mordochais Bestand hätten, denn dieser hatte ihnen mitgeteilt, dass er Jude war.

5 Und Haman sah, dass Mordochai nicht die Knie beugte und sich nicht vor ihm niederwarf, und in Haman stieg der Zorn auf. 6 In seinen Augen aber war es zu wenig, nur an Mordochai Hand zu legen, denn man hatte ihm mitgeteilt, aus welchem Volk Mordochai war. Und so trachtete Haman danach, alle Juden auszurotten, die überall im Königreich des Xerxes waren, das Volk Mordochais. 7 Im ersten Monat, das war der Monat Nisan, im Jahr zwölf des Königs Xerxes, warf man vor Haman das Pur – das ist das Los – für einen Tag nach dem anderen Tag und für einen Monat nach dem anderen Monat, und es fiel auf den zwölften, das ist der Monat Adar.

8 Und Haman sagte zu König Xerxes: Es gibt da ein Volk, das ist zerstreut und abgesondert von den Völkern in allen Provinzen deines Königreichs. Und ihre Gesetze unterscheiden sich von denen jedes anderen Volks, die Gesetze des Königs aber befolgen sie nicht, und es ist unter der Würde des Königs, sie gewähren zu lassen! 9 Wenn es dem König recht ist, wird aufgesetzt, dass man sie ausmerze. Dann werde ich zehntausend Kikkar Silber in die Hände der Zuständigen auszahlen, damit sie es in die Schatzkammern des Königs bringen. 10 Da zog der König seinen Siegelring von seiner Hand und gab ihn Haman, dem Sohn des Hammedata, dem Agagiter, dem Bedränger der Juden. 11 Und der König sagte zu Haman: Das Silber sei dir überlassen, und das Volk – mit ihm soll verfahren werden, wie es gut ist in deinen Augen. 12 Und im ersten Monat, an seinem dreizehnten Tag, wurden

die Schreiber des Königs gerufen, und genau wie Haman es befohlen hatte, wurde es aufgesetzt für die Satrapen des Königs und die Statthalter, die in den einzelnen Provinzen waren, und für die Fürsten der einzelnen Völker, für Provinz um Provinz in je ihrer Schrift und für Volk um Volk in je seiner Sprache. Aufgesetzt wurde es im Namen des Königs Xerxes, und mit dem Siegelring des Königs wurde es besiegelt. 13 Und durch die Eilboten wurden Schreiben in alle Provinzen des Königs gesandt, dass alle Juden auszurotten, umzubringen und auszumerzen seien, vom Jüngsten bis zum Ältesten, Kinder und Frauen, an ein und demselben Tag, am dreizehnten des zwölften Monats, das war der Monat Adar, und ihr Besitz dürfe geraubt werden. 14 Die Abschrift des Texts war in jeder Provinz als Gesetz zu erlassen, musste allen Völkern bekannt sein, damit sie an diesem Tag bereit waren. 15 Auf das Wort des Königs zogen die Eilboten sogleich aus, und in Schuschan, in der Burg, wurde das Gesetz erlassen. Und der König und Haman hatten sich niedergelassen, um zu trinken. Die Stadt Schuschan aber war in Aufregung.

|1: Num 24,7; 1Sam 15,8 · 5,11; 10,3 |2: Gen 41,43 |5: 5,9; Ps 37,12 |6: Ps 83,5 |7: Ex 12,2 · 1,3 · 9,24–26 |8: Lev 26,33 · Num 23,9 · Dan 6,14 |9: 4,7 |10: 8,2; Gen 41,42 |12: 1,22! · 8,8! |13: 7,4; 8,5.12; 9,1.17 |15: 1,10! · 8,15; Spr 29,2

Mordochai bewegt Ester zum Einschreiten

4 1 Und Mordochai hatte alles erfahren, was getan worden war, und Mordochai zerriss seine Kleider und kleidete sich in Sack und Asche. Dann ging er hinaus, mitten in die Stadt, und er schrie verzweifelt, laut und bitter. 2 Und er kam bis vor das Königs-Tor, im Trauergewand aber durfte niemand hineingehen in das Königs-Tor. 3 Und in jeder Provinz, wohin auch das Wort des Königs und sein Gesetz gelangten, herrschte grosse Trauer bei den Juden: Fasten und Weinen und Trauern; vielen dienten Trauergewand und Asche als Lager. 4 Und die Dienerinnen Esters und

ihre Eunuchen kamen und berichteten es ihr, und die Königin wurde von grossem Schrecken erfasst. Und sie sandte Gewänder, um Mordochai mit diesen zu bekleiden und damit er sein Trauergewand ablege. Er aber nahm sie nicht an. 5 Da rief Ester den Hatach, einen der Eunuchen des Königs, den dieser beauftragt hatte, ihr zu dienen, und sie befahl ihn zu Mordochai, um in Erfahrung zu bringen, was das bedeutete und warum es geschah. 6 Und Hatach ging hinaus zu Mordochai auf den Platz in der Stadt, der vor dem Königs-Tor lag. 7 Und Mordochai berichtete ihm alles, was ihm widerfahren war, auch von der genauen Summe an Silber, die Haman an die Schatzkammern des Königs zu zahlen versprochen hatte als Preis für die Juden, um sie ausmerzen zu können. 8 Und er gab ihm die Abschrift des Gesetzestexts, der, um sie auszurotten, in Schuschan erlassen worden war, damit er sie Ester zeigte und es ihr berichtete und um ihr zu gebieten, zum König hineinzugehen und ihn um Erbarmen anzuflehen und bei ihm für ihr Volk zu bitten.

9 Und Hatach kam und berichtete Ester die Worte Mordochais. 10 Und Ester sprach zu Hatach und befahl ihm, Mordochai zu sagen: 11 Alle Diener des Königs und das Volk in den Provinzen des Königs wissen, dass für jeden Mann und jede Frau, für alle, die hineingehen zum König in den inneren Hof, ohne gerufen zu werden, ein und dasselbe Gesetz gilt: dass sie zu töten sind; es sei denn, der König streckt ihnen das goldene Zepter entgegen – dann bleiben sie am Leben. Und ich, ich bin schon dreissig Tage nicht mehr gerufen worden, um zum König hineinzugehen. 12 Und man berichtete Mordochai die Worte Esters.

13 Und Mordochai liess Ester antworten: Bilde dir nicht ein, im Haus des Königs gerettet zu werden, anders als alle anderen Juden. 14 Denn wenn du in dieser Zeit tatsächlich schweigen solltest, wird den Juden Befreiung und Rettung von anderer Seite erstehen, du aber und deine Familie, ihr werdet umkommen. Und wer weiss, ob du nicht gerade für eine Zeit wie diese zur Königswürde gelangt bist? 15 Da liess Ester Mordochai antworten: 16 Geh, versammle alle Juden, die in Schuschan zu finden sind, und fastet um meinetwillen: Drei Tage lang sollt ihr nichts essen und nichts trinken, weder in der Nacht noch am Tag. Ebenso werde auch ich mit meinen Dienerinnen fasten. Danach aber werde ich zum König hineingehen, auch wenn es nicht dem Gesetz entspricht. Und wenn ich umkomme, so komme ich um! 17 Und Mordochai ging hin und machte alles so, wie Ester es ihm befohlen hatte.

| 1: Dan 9,3; Jona 3,6 · Gen 27,34 | 6: 1,1! | 7: 3,9 | 11: 2,14 · 5,2; 8,4 | 14: 2,17; Gen 45,8 | 16: 2Chr 20,3; Esra 8,21 · 5,1 · 2Kön 7,4

4,1: ‹Sack› (hebräisch: Saq) ist der hebräische Name für das Trauergewand.

4,5: Möglich ist auch die Übersetzung: «…, und wegen Mordochai befahl sie ihm, in Erfahrung zu bringen, …».

Ester bereitet die Rettung vor

5 1 Und am dritten Tag kleidete Ester sich königlich und stellte sich in den Innenhof des Hauses des Königs, dem Haus des Königs gegenüber, während der König auf seinem königlichen Thron im königlichen Haus sass, dem Eingang des Hauses gegenüber. 2 Und als der König Ester, die Königin, im Hof stehen sah, erlangte sie Wohlwollen in seinen Augen, und der König streckte Ester das goldene Zepter entgegen, das er in seiner Hand hatte. Und Ester näherte sich und berührte die Spitze des Zepters.

3 Und der König sprach zu ihr: Was hast du, Ester, Königin, und was ist dein Wunsch? Wäre es auch das halbe Königreich – er soll dir gewährt werden! 4 Und Ester sagte: Wenn es dem König recht ist, komme der König heute mit Haman zum Festmahl, das ich für ihn ausgerichtet habe. 5 Da sagte der König: Holt Haman unverzüglich, damit wir

tun, was Ester sagt! Und der König kam mit Haman zum Festmahl, das Ester ausgerichtet hatte. 6 Und beim Wein sprach der König zu Ester: Was ist deine Bitte? Sie soll dir gewährt werden! Und was ist dein Wunsch? Wäre es auch das halbe Königreich – er soll erfüllt werden! 7 Daraufhin sagte Ester: Meine Bitte und mein Wunsch – 8 wenn ich Wohlwollen gefunden habe in den Augen des Königs und wenn es dem König recht ist, mir meine Bitte zu gewähren und meinen Wunsch zu erfüllen, komme der König mit Haman zu dem Festmahl, das ich für sie ausrichten will. Dann werde ich morgen tun, was der König erwartet.

|1: 4,16 |2: 4,11! |3: Neh 2,4 · 6; 7,2; 9,12; Mk 6,22 |6: 3! |8: 6,14; 7,1

Haman plant die Hinrichtung Mordochais

9 Und an jenem Tag ging Haman hinaus, fröhlich und frohen Herzens. Als Haman aber Mordochai im Königs-Tor sah und jener sich nicht erhob und keine Furcht vor ihm zeigte, stieg in Haman die Wut auf über Mordochai. 10 Doch Haman hielt sich zurück, und er kam in sein Haus. Dann aber sandte er hin und liess seine Freunde und Seresch, seine Frau, kommen. 11 Und ihnen erzählte Haman von seinem herrlichen Reichtum und von seinen vielen Söhnen und von all dem, dass der König ihn gross gemacht und ihn erhöht hatte über die Fürsten und die Diener des Königs. 12 Und Haman sagte: Ja, niemanden ausser mir hat Ester, die Königin, mit dem König zu dem Festmahl kommen lassen, das sie ausgerichtet hat, und auch morgen bin ich zu ihr eingeladen, gemeinsam mit dem König. 13 Aber all dies reicht mir nicht, solange ich Mordochai, den Juden, im Königs-Tor sitzen sehe! 14 Da sagten Seresch, seine Frau, und alle seine Freunde zu ihm: Man soll einen Pfahl herrichten, fünfzig Ellen hoch, und am Morgen rede du dem König zu, dass man Mordochai

daran erhänge. Dann kannst du mit dem König fröhlich zu dem Festmahl gehen. Und das Wort gefiel Haman, und er richtete den Pfahl her.

|9: 3,5! |11: Ps 49,7 · 9,10! · 3,1! |12: Spr 27,1 |14: 6,4; 7,9–10

Haman muss Mordochai Ehre erweisen

6 1 In jener Nacht floh den König der Schlaf. Da befahl er, das Buch der denkwürdigen Ereignisse der Tage zu bringen, und es wurde dem König daraus vorgelesen. 2 Und es fand sich aufgezeichnet, dass Mordochai Bericht erstattet hatte wegen Bigtana und Teresch, den beiden Eunuchen des Königs, die zu den Hütern der Schwelle gehört hatten, die danach getrachtet hatten, Hand an König Xerxes zu legen. 3 Da sprach der König: Was ist Mordochai dafür an Ehrung und Auszeichnung zuteil geworden? Und die Diener des Königs, die ihren Dienst bei ihm verrichteten, sagten: Nichts ist ihm zuteil geworden. 4 Und der König sagte: Wer ist im Hof? Da war Haman gerade in den äusseren Hof des Hauses des Königs gekommen, um dem König zuzureden, dass man Mordochai an dem Pfahl erhängen solle, den er für ihn errichtet hatte. 5 Und die Diener des Königs sagten zu ihm: Sieh, Haman steht im Hof. Da sagte der König: Er soll hereinkommen! 6 Und Haman kam herein, und der König sprach zu ihm: Was soll man tun mit dem Mann, dessen Ehrung dem König eine Freude wäre? Da sagte Haman in seinem Herzen: Wem sollte der König lieber Ehre erweisen wollen als mir? 7 Und Haman sagte zum König: Ein Mann, dessen Ehrung dem König eine Freude wäre? 8 Man soll ein königliches Gewand bringen, das der König selbst schon getragen hat, und ein Pferd, auf dem der König selbst geritten ist und dem man einen königlichen Kopfschmuck auf den Kopf gesetzt hat. 9 Dann soll man das Gewand und das Pferd einem der vornehmsten Fürsten des Königs übergeben, und den Mann, dessen Ehrung

dem König eine Freude wäre, soll man bekleiden, und auf dem Platz in der Stadt soll man ihn auf dem Pferd reiten lassen, und vor ihm her soll man ausrufen: Das wird für den Mann getan, dessen Ehrung dem König eine Freude ist! 10 Da sagte der König zu Haman: Beeile dich, nimm das Gewand und das Pferd, wie du es gesagt hast, und mach es so mit Mordochai, dem Juden, der im Königs-Tor sitzt. Unterlasse nichts von all dem, was du erwähnt hast. 11 Und Haman nahm das Gewand und das Pferd und bekleidete Mordochai, und auf dem Platz in der Stadt liess er ihn reiten, und vor ihm her rief er aus: Das wird für den Mann getan, dessen Ehrung dem König eine Freude ist!

12 Dann kehrte Mordochai zum Königs-Tor zurück, Haman aber stürmte in sein Haus, traurig und mit verhülltem Haupt. 13 Und Haman erzählte Seresch, seiner Frau, und allen seinen Freunden alles, was ihm widerfahren war. Da sagten seine Weisen und Seresch, seine Frau, zu ihm: Wenn Mordochai, vor dem dein Niedergang begonnen hat, aus der Nachkommenschaft der Judäer ist, kannst du ihm nichts anhaben, denn vor ihm wirst du vollends zu Fall kommen. 14 Während sie noch mit ihm redeten, trafen die Eunuchen des Königs ein und beeilten sich, Haman zum Festmahl zu bringen, das Ester zubereitet hatte.

| 1: 2,23! | 2: 2,22 | 3: Gen 40,23 | 4: 5,14! | 6: Spr 16,18 | 8–9: 1Kön 1,33 | 8: Dan 5,29 | 9: Gen 41,42–43 | 11: 8,15! · Spr 27,18 | 12: 2Sam 15,30! | 13: Gen 12,3 | 14: 5,8!

Hamans Sturz

7 1 Und so kam der König mit Haman, um bei Ester, der Königin, zu trinken. 2 Und beim Wein sprach der König auch an diesem zweiten Tag zu Ester: Was ist deine Bitte, Königin Ester? Sie soll dir gewährt werden! Und was ist dein Wunsch? Wäre es auch das halbe Königreich – er soll erfüllt werden! 3 Daraufhin sagte Ester, die Königin: Wenn ich Wohlwollen gefunden habe in deinen Augen, König, und wenn es

dem König recht ist, werde mir mein Leben geschenkt um meiner Bitte willen und das meines Volks um meines Wunsches willen! 4 Denn mich und mein Volk hat man verkauft, um uns auszurotten, umzubringen und auszumerzen. Und wären wir nur als Sklaven und Mägde verkauft worden, hätte ich geschwiegen, denn dann würde die Bedrängnis es nicht rechtfertigen, den König zu belästigen. 5 Da sprach König Xerxes und sagte zu Ester, der Königin: Wer ist das, und wo ist der, der sich vorgenommen hat, solches zu tun? 6 Und Ester sagte: Widersacher und Feind ist Haman, dieser Verbrecher! Und Haman wurde vor dem König und der Königin von Schrecken gepackt.

7 Und in seiner Wut hatte der König sich von der Weintafel erhoben und war in den Garten des Palasts gegangen. Haman aber war geblieben, um bei Ester, der Königin, um sein Leben zu bitten, denn er sah, dass sein Verderben beim König beschlossen war. 8 Und als der König aus dem Garten des Palasts zurückkehrte in das Haus, in dem die Weintafel bereitet war, sank Haman gerade auf das Lager nieder, auf dem Ester lag. Da sagte der König: Soll denn die Königin hier bei mir im Haus noch vergewaltigt werden? Kaum hatte das Wort den Mund des Königs verlassen, da hatte man schon Hamans Gesicht verhüllt. 9 Und Charbona, einer der Eunuchen, die den König bedienten, sagte: Sieh, da steht beim Haus Hamans auch schon der Pfahl, den Haman hergerichtet hat für Mordochai, der dem König einen guten Dienst erwiesen hat; fünfzig Ellen hoch. Da sagte der König: Hängt ihn daran auf! 10 Und man erhängte Haman am Pfahl, den er für Mordochai errichtet hatte. Und die Wut des Königs legte sich.

| 1: 5,8! | 2: 5,3! | 4: 3,13! | 7: Spr 14,35; 16,14 | 9–10: 5,14! | 9: 1,10 | 10: 8,7; 9,14.25 · Spr 26,27

Mordochais Erhöhung

8 1 An jenem Tag schenkte König Xerxes Ester, der Königin, das Haus Hamans, des Bedrängers der Juden. Und Mordochai durfte vor den König kommen, denn Ester hatte dargelegt, was er ihr bedeutete. 2 Und der König streifte seinen Siegelring ab, den er Haman hatte abnehmen lassen, und gab ihn Mordochai. Und Ester setzte Mordochai über das Haus Hamans.

|1: 2,7! |2: 3,10! · 10,2

Die Juden dürfen für ihr Leben einstehen

3 Ester aber sprach noch einmal beim König vor und fiel ihm zu Füssen nieder, weinte und flehte ihn an, das von Haman, dem Agagiter, geplante Unheil und den Plan, den dieser gegen die Juden geschmiedet hatte, abzuwenden. 4 Und der König streckte Ester das goldene Szepter entgegen, und Ester erhob sich und stellte sich vor den König. 5 Und sie sprach: Wenn es dem König recht ist und wenn ich sein Wohlwollen gefunden habe und die Sache dem König richtig zu sein scheint und ich wohlgefällig bin in seinen Augen, soll schriftlich angeordnet werden, den Plan Hamans, des Sohns des Hammedata, des Agagiters, rückgängig zu machen, die Schreiben, die er aufgesetzt hatte, um die Juden auszumerzen, die in allen Provinzen des Königs sind. 6 Denn wie könnte ich das Unglück mitansehen, das mein Volk treffen soll? Und wie könnte ich die Vernichtung derer mitansehen, die gleicher Herkunft sind wie ich? 7 Da sagte König Xerxes zu Ester, der Königin, und zu Mordochai, dem Juden: Seht, das Haus Hamans habe ich Ester gegeben, und ihn selbst hat man am Pfahl erhängt, weil er seine Hand gegen die Juden erhoben hat. 8 Und ihr, ihr könnt, was die Juden betrifft, im Namen des Königs aufsetzen, was gut ist in euren Augen, und es besiegeln mit dem Siegelring des Königs, denn einen Erlass, der im Namen des Königs geschrieben und mit dem Siegelring des Königs

besiegelt worden ist, kann niemand rückgängig machen. 9 Und damals, im dritten Monat, das war der Monat Siwan, an seinem Dreiundzwanzigsten, wurden die Schreiber des Königs gerufen, und genau wie Mordochai es befahl, wurde ein Schreiben aufgesetzt für die Juden und die Satrapen und die Statthalter und für die Fürsten in den Provinzen, von Hoddu bis Kusch, hundertsiebenundzwanzig Provinzen, für Provinz um Provinz in je ihrer Schrift und für Volk um Volk in je seiner Sprache und für die Juden in ihrer Schrift und in ihrer Sprache. 10 Und er setzte es auf im Namen des Königs Xerxes und besiegelte es mit dem Siegelring des Königs. Und durch die berittenen Eilboten – sie ritten auf den schnellen königlichen Pferden aus den Gestüten – sandte er Schreiben, 11 in denen der König den Juden, die in all den einzelnen Städten waren, erlaubte, sich zusammenzutun und für ihr Leben einzustehen, jede bewaffnete Gruppe in einem Volk oder in einer Provinz, die sie bedrängte, auszurotten, umzubringen und auszumerzen, auch Kinder und Frauen, und ihren Besitz zu rauben, 12 an ein und demselben Tag in allen Provinzen des Königs Xerxes, am dreizehnten des zwölften Monats, das war der Monat Adar. 13 Die Abschrift des Texts war in jeder Provinz als Gesetz zu erlassen, musste allen Völkern bekannt sein, damit die Juden an diesem Tag bereit waren, Rache zu nehmen an ihren Feinden. 14 Auf das Wort des Königs zogen die Eilboten, die auf den schnellen königlichen Pferden ritten, unverzüglich aus, und in Schuschan, in der Burg, wurde das Gesetz erlassen.

15 Mordochai aber verliess den König in einem königlichen Gewand aus blauem Purpur und weissem Leinen und mit einem grossen goldenen Kopfschmuck und einem Mantel aus Byssus und rotem Purpur, und die Stadt Schuschan jauchzte und war fröhlich. 16 Bei den Juden herrschten Licht und Freude,

Glück und Ehrgefühl. 17 Und in jeder Provinz und in jeder Stadt, wohin auch das Wort des Königs und sein Gesetz gelangten, herrschten Freude und Glück bei den Juden, gab es ein Festmahl und war ein Freudentag, und unter den Völkern der Erde machten sich viele zu Juden, denn der Schrecken vor den Juden hatte sie ergriffen.

|4: 4,11! |5: 3,13! |6: Gen 44,34 |7: 7,10! |8: 1,19! · 10; 3,12 |9: 1,1 · 1,22! |10: 8! |11: 9,5! · 9,10! |12: 3,13! |15: 6,11; Dan 5,29 · 3,15! |16: Ps 30,12 |17: Sach 8,23 · 9,2–3; Ps 105,38

Die Juden stehen für ihr Leben ein

9 1 Und im zwölften Monat, das war der Monat Adar, an seinem dreizehnten Tag, an dem das Wort des Königs und sein Gesetz zur Ausführung kommen sollten, an dem Tag, da die Feinde der Juden erwartet hatten, sie zu überwältigen, und es nun umgekehrt so war, dass die Juden ihrerseits jene überwältigen sollten, von denen sie gehasst wurden, 2 da taten sich die Juden in ihren Städten in allen Provinzen des Königs Xerxes zusammen, um Hand an jene zu legen, die ihr Unglück wollten. Und niemand stellte sich ihnen entgegen, denn der Schrecken vor ihnen hatte alle Völker ergriffen. 3 Und alle Fürsten in den Provinzen und die Satrapen und die Statthalter und die, die Dienst leisteten für den König, unterstützten die Juden, denn der Schrecken vor Mordochai hatte sie ergriffen. 4 Mordochai war mächtig im Haus des Königs, und die Kunde von ihm ging durch alle Provinzen, denn der Mann, Mordochai, wurde immer mächtiger. 5 Und die Juden schlugen zu bei allen ihren Feinden: Sie erschlugen sie mit dem Schwert, brachten sie um und merzten sie aus, und mit denen, von denen sie gehasst wurden, verfuhren sie, wie es ihnen beliebte. 6 Und in Schuschan, in der Burg, brachten die Juden fünfhundert Mann um und merzten sie aus. 7 Auch Parschandata und Dalfon und Aspata 8 und Porata und Adalja und Aridata 9 und Parmaschta und Arisai und Aridai und Wai-

sata, 10 die zehn Söhne Hamans, des Sohns von Hammedata, des Bedrängers der Juden, brachten sie um, nach der Beute aber streckten sie ihre Hand nicht aus.

11 An jenem Tag kam die Zahl der in Schuschan, in der Burg, Getöteten vor den König. 12 Und der König sagte zu Ester, der Königin: In Schuschan, in der Burg, haben die Juden fünfhundert Mann umgebracht und ausgemerzt, auch die zehn Söhne Hamans. In den übrigen Provinzen des Königs – was haben sie wohl dort getan? Doch was ist deine Bitte? Sie soll dir gewährt werden! Und was ist darüber hinaus dein Wunsch? Er soll erfüllt werden! 13 Da sprach Ester: Wenn es dem König recht ist, wird den Juden, die in Schuschan sind, auch morgen erlaubt, nach dem Gesetz zu handeln, das heute galt, und die zehn Söhne Hamans soll man an den Pfahl hängen. 14 Und der König befahl, so zu verfahren, und in Schuschan wurde ein Gesetz erlassen, und die zehn Söhne Hamans hängte man auf. 15 Und die Juden, die in Schuschan waren, taten sich auch am vierzehnten Tag des Monats Adar zusammen und brachten in Schuschan dreihundert Mann um, nach der Beute aber streckten sie ihre Hand nicht aus. 16 Und auch die übrigen Juden, die in den Provinzen des Königs waren, hatten sich zusammengetan und standen für ihr Leben ein und hatten Ruhe vor ihren Feinden; und unter denen, von denen sie gehasst wurden, brachten sie fünfundsiebzigtausend um, nach der Beute aber streckten sie ihre Hand nicht aus. 17 Dies geschah am dreizehnten Tag des Monats Adar, und an seinem vierzehnten hatten sie Ruhe und machten ihn zu einem Tag des Festmahls und der Freude. 18 Die Juden aber, die in Schuschan waren, hatten sich an seinem dreizehnten und an seinem vierzehnten zusammengetan und hatten erst an seinem fünfzehnten Ruhe und machten diesen zu einem Tag des Festmahls und der Freude. 19 Deshalb feiern die Juden

auf dem offenen Land, jene, die in den Ortschaften des offenen Landes wohnen, den vierzehnten Tag des Monats Adar mit Freude und Festmahl und als Festtag und lassen einander Speisen zukommen.

| 1: 3,13! | 2–3: 8,17! | 4: Jos 6,27 | 5: 8,11; 15–16 · Neh 9,24 | 10: 5,11 · 15–16; 8,11; Gen 14,23 | 12: 5,3! | 14: 7,10! | 15–16: 5! · 10! | 17: 3,13! | 19: Offb 11,10

Das Purimfest wird eingesetzt

20 Und Mordochai schrieb diese Begebenheiten auf und sandte Schreiben an alle Juden, die in allen Provinzen des Königs Xerxes waren, an jene in der Nähe und an jene in der Ferne, 21 um sie zu verpflichten, den vierzehnten Tag des Monats Adar und seinen fünfzehnten Tag alljährlich zu feiern – 22 den Tagen entsprechend, an denen die Juden vor ihren Feinden Ruhe hatten, und in dem Monat, da für sie aus Qual Freude und aus Trauer ein Festtag geworden war –, sie zu feiern als Tage des Festmahls und der Freude, an denen sie einander Speisen und den Armen Geschenke zukommen lassen sollten. 23 Und was sie damals zum ersten Mal taten und was Mordochai ihnen geschrieben hatte, machten sich die Juden zum Brauch. 24 Denn Haman, der Sohn des Hammedata, der Agagiter, der Bedränger aller Juden, hatte gegen die Juden geplant, sie auszumerzen, und er hatte das Pur – das ist das Los – geworfen, um sie in Verwirrung zu stürzen und sie dann auszumerzen. 25 Als es aber vor den König kam, befahl dieser in dem Schreiben, sein böser Plan, den er gegen die Juden geschmiedet hatte, solle sich gegen sein eigenes Haupt wenden und ihn und seine Söhne solle man an den Pfahl hängen. 26 Deshalb hat man, nach dem Namen des Pur, diese Tage Purim genannt. Deshalb, wegen all der Worte dieses Briefs und wegen dessen, was sie gesehen hatten und was ihnen widerfahren war, 27 machten die Juden es unwiderruflich zur Pflicht und zum Brauch für sich und für ihre Nachkom-

men und für alle, die sich ihnen anschliessen, alljährlich diese zwei Tage zu feiern, entsprechend dem dafür geltenden Erlass und entsprechend der dafür festgesetzten Zeit. 28 Und man erinnert sich dieser Tage, und sie werden gefeiert in jeder Generation, in Sippe um Sippe, in Provinz um Provinz und in Stadt um Stadt, und diese Tage des Purim sollen nicht untergehen bei den Juden, und bei ihren Nachkommen soll die Erinnerung daran nicht abreissen.

29 Und Ester, die Königin, die Tochter des Abichajil, und Mordochai, der Jude, setzten ein nachdrückliches Schriftstück auf, um jenen zweiten Purimbrief verpflichtend zu machen. 30 Und man sandte Schreiben an alle Juden, an hundertsiebenundzwanzig Provinzen, an das Königreich des Xerxes, Worte des Friedens und der Treue, 31 um diese Tage des Purim zur Pflicht zu machen zu den dafür festgesetzten Zeiten, wie Mordochai, der Jude, und Ester, die Königin, es ihnen zur Pflicht gemacht hatten und wie sie sich selbst und ihren Nachkommen die Worte über das Fasten und über ihr Wehklagen zur Pflicht gemacht hatten. 32 Und der Befehl Esters machte diese Worte über das Purim verpflichtend, und in einer Urkunde wurde es aufgezeichnet.

| 22: Ps 30,12; Sach 8,19 | 24–26: 3,7 | 25: 1Sam 25,39 · 7,10! | 27: Jes 56,3.6; Sach 2,15 | 29: 2,15 | 30: 1,1!

9,25: Möglich ist auch die Übersetzung: «Als sie aber ...», womit Ester gemeint wäre; mit «sein böser Plan» ist Hamans böser Plan gemeint.

Das Ansehen Mordochais

10 1 Und König Xerxes auferlegte dem Festland und den Inseln im Meer eine Steuer. 2 Und all seine gewaltigen und mächtigen Taten und die eingehende Beschreibung der Grösse Mordochais, wie der König ihn gross gemacht hatte, ist das nicht aufgezeichnet im Buch der Begebenheiten in den Tagen der Könige von Medien und Persien? 3 Denn Mordochai, der Jude, war

der Zweite nach König Xerxes, und bei den Juden war er gross, und bei der Menge seiner Brüder war er beliebt als einer, der das Wohl seines Volks suchte und zum Wohl aller seiner Nachkommen redete.

|1: Gen 10,5 |2: 8,2 · 2,23! |3: 3,1! · Neh 2,10

Das Buch Hiob

Hiobs Frömmigkeit und Glück

1 1 Im Lande Uz lebte ein Mann, der hiess Hiob. Und dieser Mann war schuldlos und aufrecht, er fürchtete Gott und mied das Böse. 2 Und es wurden ihm sieben Söhne und drei Töchter geboren, 3 und er besass siebentausend Schafe und dreitausend Kamele, fünfhundert Joch Rinder und fünfhundert Eselinnen und viel Gesinde. So war dieser Mann grösser als alle anderen, die im Osten wohnten. 4 Seine Söhne aber pflegten Gastmähler zu halten, ein jeder in seinem Haus an seinem Tag. Und sie sandten zu ihren drei Schwestern und luden sie ein, mit ihnen zu essen und zu trinken. 5 Wenn dann die Tage des Gastmahls vorüber waren, sandte Hiob zu ihnen und liess sie weihen, und früh am Morgen brachte er für jedes Kind ein Brandopfer dar. Denn Hiob dachte: Vielleicht haben meine Kinder gesündigt und Gott gelästert in ihrem Herzen. Das tat Hiob jedes Mal.

|1: Jer 25,20; Klgl 4,21; Ez 14,14.20 · 22,5–9; 29,11–17; 31,5–34 |2: 42,13 |4–5: 8,4

Erste Prüfung Hiobs

6 Eines Tages aber kamen die Götter, um vor den HERRN zu treten, und auch der Satan kam mit ihnen. 7 Da sprach der HERR zum Satan: Woher kommst du? Und der Satan antwortete dem HERRN und sprach: Ich habe die Erde durchstreift und bin auf ihr hin und her gezogen. 8 Und der HERR sprach zum Satan: Hast du auf meinen Diener Hiob geachtet? Auf Erden ist keiner wie er: Er ist schuldlos und aufrecht, er fürchtet Gott und meidet das Böse. 9 Der Satan aber antwortete dem HERRN und sprach: Ist Hiob ohne Grund gottesfürchtig? 10 Hast du nicht ihn und sein Haus und alles, was er hat, ringsum beschützt? Das Werk seiner Hände hast du gesegnet, und seine Herden haben sich im Lande ausgebreitet. 11 Doch strecke deine Hand aus und taste seine ganze Habe an – wenn er dich dann nicht ins Angesicht lästert! 12 Da sprach der HERR zum Satan: Sieh, alles, was er hat, ist in deiner Hand. Nur gegen ihn selbst strecke deine Hand nicht aus! Da entfernte sich der Satan vom Angesicht des HERRN.

13 Eines Tages aber, als seine Söhne und Töchter im Haus ihres erstgeborenen Bruders assen und Wein tranken, 14 kam ein Bote zu Hiob und sprach: Die Rinder waren beim Pflügen, und die Eselinnen weideten daneben. 15 Da sind die Sabäer eingefallen und haben sie weggenommen und die Knechte mit der Schärfe des Schwerts erschlagen, und ich allein bin entkommen, es dir zu melden.

16 Während dieser noch redete, kam ein anderer und sprach: Feuer Gottes ist vom Himmel gefallen und hat die Schafe und die Knechte verbrannt und verzehrt, und ich allein bin entkommen, es dir zu melden.

17 Während dieser noch redete, kam ein anderer und sprach: Die Kasdäer haben drei Heerhaufen aufgestellt und sind über die Kamele hergefallen und

haben sie weggenommen und die Knechte mit der Schärfe des Schwerts erschlagen, und ich allein bin entkommen, es dir zu melden.

18 Während dieser noch redete, kam ein anderer und sprach: Deine Söhne und Töchter assen und tranken Wein im Haus ihres erstgeborenen Bruders, 19 und sieh, da kam ein Sturmwind von der Wüste her und hat das Haus an den vier Ecken gepackt, und es ist über den jungen Leuten eingestürzt, und sie sind umgekommen, und ich allein bin entkommen, es dir zu melden. 20 Da stand Hiob auf und zerriss sein Gewand und schor sein Haupt, und er liess sich zur Erde sinken und warf sich nieder 21 und sprach:
Nackt bin ich gekommen aus dem Leib meiner Mutter,
  und nackt gehe ich wieder dahin.
Der HERR hat gegeben, der HERR hat genommen,
  der Name des HERRN sei gepriesen.
22 Bei alldem sündigte Hiob nicht, und er sagte nichts Törichtes gegen Gott.

| 6–12: 2,1–7 | 8: 2,3 | 10: 3,23; 29,4 | 11: 19,21 | 14–15: 5,5 | 16: Ps 78,48 | 17: Gen 11,28.31; Jer 51,24 | 18–19: 5,4 | 19: 8,15 | 20: 2,12; 2Sam 1,11; Est 4,1 | 21: Koh 5,14! · 1Sam 2,6 | 22: 2,10

Zweite Prüfung Hiobs

2 1 Eines Tages aber kamen die Götter, um vor den HERRN zu treten, und auch der Satan kam mit ihnen, um vor den HERRN zu treten. 2 Da sprach der HERR zum Satan: Woher kommst du? Und der Satan antwortete dem HERRN und sprach: Ich habe die Erde durchstreift und bin auf ihr hin und her gezogen. 3 Und der HERR sprach zum Satan: Hast du auf meinen Diener Hiob geachtet? Auf Erden ist keiner wie er: Er ist schuldlos und aufrecht, er fürchtet Gott und meidet das Böse. Und noch immer hält er sich schuldlos, du aber hast mich gegen ihn aufgereizt, ihn ohne Grund zu verderben. 4 Und der Satan antwortete dem HERRN und sprach: Haut für Haut! Alles, was der Mensch hat, gibt er

hin für sein Leben. 5 Doch strecke deine Hand aus und taste sein Gebein an und sein Fleisch – wenn er dich dann nicht ins Angesicht lästert! 6 Da sprach der HERR zum Satan: Sieh, er ist in deiner Hand. Nur lass ihn am Leben! 7 Da entfernte sich der Satan vom Angesicht des HERRN und schlug Hiob mit bösen Geschwüren von der Sohle bis zum Scheitel. 8 Und er nahm sich eine Scherbe, um sich damit zu schaben, und er sass in der Asche.

9 Da sprach seine Frau zu ihm: Willst du auch jetzt noch schuldlos bleiben? Lästere Gott und stirb! 10 Er aber sprach zu ihr: Wie eine Törin redet, so redest du. Das Gute nehmen wir an von Gott, und das Böse sollten wir nicht annehmen? Bei alldem sündigte Hiob nicht mit seinen Lippen.

| 1: 1,6; Ps 109,6 | 3: 1,8 | 7: Dtn 28,35 | 8: 42,6; Jer 6,26; Ez 27,30; Jona 3,6 | 10: Ps 14,1 · 1,22

Besuch der drei Freunde Hiobs

11 Die drei Freunde Hiobs aber hörten von all dem Unglück, das ihm widerfahren war, und sie kamen, jeder von seinem Ort, Elifas von Teman, Bildad von Schuach und Zofar von Naama. Und sie trafen sich, um zu ihm zu gehen, mit ihm zu klagen und ihn zu trösten. 12 Und als sie ihn aus der Ferne erblickten, erkannten sie ihn nicht. Da fingen sie an, laut zu weinen, und jeder zerriss sein Gewand, und sie warfen Staub gegen den Himmel und auf ihre Häupter. 13 Und sie setzten sich zu ihm auf die Erde, sieben Tage und sieben Nächte, und keiner sagte ein Wort zu ihm, denn sie sahen, dass der Schmerz sehr gross war.

| 11: 42,9; 1Chr 1,32.36; Jos 15,41 | 12: 1,20; Jos 7,6; Klgl 2,10 | 13: Gen 50,10

Hiobs Klage

3 1 Danach tat Hiob seinen Mund auf und verfluchte seinen Tag. 2 Und Hiob begann und sprach:
3 Getilgt sei der Tag, da ich geboren wurde,

und die Nacht, die sprach: Ein Knabe
ist empfangen worden.

4 Jener Tag werde Finsternis,
Gott in der Höhe soll nicht nach ihm
fragen,
und kein Lichtstrahl soll auf ihn
fallen.

5 Finsternis und Dunkelheit sollen ihn
einfordern,
dichte Wolken sollen über ihm
lagern,
Tagverfinsterung soll ihn überfallen.

6 Dunkelheit raffe jene Nacht dahin,
zu den Tagen des Jahres geselle sie
sich nicht,
sie gehe nicht ein in die Zahl der
Monate.

7 Unfruchtbar sei jene Nacht,
kein Jubel kehre bei ihr ein.

8 Verwünschen sollen sie, die den Tag
verfluchen,
die den Leviatan aufstören können.

9 Finster seien die Sterne ihrer
Dämmerung,
sie hoffe auf Licht, doch es komme
nicht,
und die Strahlen der Morgenröte
schaue sie nicht.

10 Denn sie hat mir die Pforte des
Mutterleibs nicht verschlossen
und vor meinen Augen das Leid
nicht verborgen.

11 Warum durfte ich nicht umkommen
im Mutterschoss,
aus dem Mutterleib kommen und
sterben?

12 Warum nahmen mich Knie
entgegen,
und wozu Brüste, dass ich trank?

13 Ich läge jetzt schon und ruhte aus,
ich schliefe und hätte Ruhe,

14 bei Königen und Ratsherren der
Erde,
die sich Gräber erbauten, die jetzt
verfallen,

15 oder bei Fürsten, die Gold besassen,
mit Silber ihre Häuser füllten.

16 Oder ich wäre dahin wie eine
verscharrte Fehlgeburt,

wie Kinder, die nie das Licht
erblickten.

17 Dort lassen Frevler vom Wüten ab,
und Erschöpfte finden dort Ruhe.

18 Gefangene rasten miteinander,
die Stimme des Treibers hören
sie nicht.

19 Die Kleinen sind dort wie die
Grossen,
und frei ist der Sklave von seinem
Herrn.

20 Warum gibt er dem Leidenden Licht
und Leben denen, die verbittert
sind –,

21 die sich sehnen nach dem Tod, doch
er kommt nicht,
und nach ihm suchen, mehr als nach
Schätzen,

22 die sich freuen würden und jubelten,
die frohlockten, wenn sie ein Grab
fänden –

23 dem Mann, dessen Weg
verborgen ist,
den Gott ringsum eingeschlossen
hat?

24 Noch vor meinem Essen kommt
mein Seufzen,
und wie Wasser ergiesst sich mein
Stöhnen.

25 Wovor mir angst war, das hat mich
getroffen,
und wovor mir graute, das kam über
mich.

26 Ich habe weder Frieden gefunden
noch Rast noch Ruhe,
nur Unruhe hat sich eingestellt.

|3: Jer 20,14!; 10,18–22! |4: 36,20! |8:
40,25–41,26; Ps 74,14; Jes 27,1 |11–23: 10,18–22! |13:
17,13; Koh 6,3–5 |16: Ps 58,9; Koh 6,3! |18: 39,7 |21:
Offb 9,6 |23: 1,10; 19,8; Ps 88,9; Klgl 3,7

3,8: Siehe die Anm. zu 40,15.

Erste Rede des Elifas

4 1 Da antwortete Elifas von Teman
und sprach:

2 Ist es dir lästig, wenn man mit dir
redet?
Aber wer könnte die Worte
zurückhalten?

3 Sieh, viele hast du unterwiesen,
und müde Hände hast du stark
gemacht.
4 Deine Worte haben den
Strauchelnden aufgerichtet,
und wankenden Knien hast du Kraft
gegeben.
5 Jetzt aber kommt es über dich, und du
gibst auf,
dich trifft es, und du bist bestürzt.
6 Ist nicht deine Gottesfurcht dein
Trost
und dein schuldloser Wandel deine
Hoffnung?
7 Bedenke: Wann ist je ein Schuldloser
umgekommen,
und wo wurden Aufrechte je
vernichtet?
8 Ich habe gesehen: Die Unrecht
pflügen
und Unheil säen, die ernten es auch.
9 Durch Gottes Atem kommen sie um,
und vor dem Hauch seines Zorns
schwinden sie hin.
10 Der Löwe brüllt nicht mehr, noch
knurrt der Leu,
und die Zähne der jungen Löwen
sind ausgeschlagen.
11 Der Löwe kommt um, weil ihm
Beute fehlt,
und die Jungen der Löwin werden
versprengt.
12 Zu mir aber stahl sich ein Wort,
und mein Ohr nahm ein Flüstern
davon auf.
13 Beim Grübeln über Nachtgesichte,
wenn tiefer Schlaf auf die Menschen
fällt,
14 kam Furcht und Zittern über mich,
und schreckte meine Glieder auf.
15 Und ein Geist geht an mir vorüber,
die Haare meines Leibes sträuben
sich.
16 Da steht er, doch ich erkenne seine
Gestalt nicht,
ein Bild ist vor meinen Augen,
ich höre das Flüstern einer Stimme:
17 Kann ein Mensch im Recht sein vor
Gott,
ein Mann vor seinem Schöpfer rein?

18 Sieh, seinen Dienern traut er nicht,
und seinen Engeln wirft er Irrtum
vor.
19 Wie erst denen, die wohnen in
Häusern aus Lehm,
die im Staub ihre Grundmauer
haben!
Wie eine Motte zerdrückt man sie,
20 zwischen Morgen und Abend
werden sie zermalmt,
unbeachtet kommen sie um, für
alle Zeit.
21 Wird nicht ihr Zeltseil losgerissen?
Sie sterben, doch nicht in Weisheit.
5 1 Ruf doch! Gibt dir einer Antwort?
Und an wen von den Heiligen willst
du dich wenden?
2 Den Toren bringt der Unmut um,
und den Einfältigen tötet der Eifer.
3 Einen Toren sah ich Wurzeln
schlagen
und verfluchte sogleich seine
Wohnstatt.
4 Fern von jeder Hilfe sind seine
Kinder,
und sie werden zertreten im Tor,
und keiner ist da, der rettet.
5 Seine Ernte verzehrt ein Hungriger,
selbst aus den Dornen holt er sie
heraus,
und Durstige lechzen nach seinem
Gut.
6 Nicht aus dem Staub geht das Unheil
hervor,
und nicht aus der Erde sprosst die
Mühsal.
7 Der Mensch ist zur Mühsal geboren,
wie Feuerfunken nach oben fliegen.
8 Ich aber würde mich an Gott wenden
und meine Sache vor Gott bringen,
9 der Grosses tut und Unergründliches,
Wunderbares, ohne Zahl.
10 Er lässt es auf die Erde regnen
und sendet Wasser auf die Fluren.
11 Er erhöht die Niedrigen,
und die Trauernden werden wieder
glücklich.
12 Er vereitelt die Pläne der Klugen,
und ihre Hände bringen nichts
zustande.

13 Er fängt die Weisen in ihrer Klugheit,

und der Plan der Schlauen läuft ins Leere.

14 Am Tag geraten sie in Finsternis, und am Mittag tappen sie umher wie bei Nacht.

15 Er aber rettet vor dem Schwert, vor ihrem Mund

und vor der Hand des Starken den Armen.

16 So kann der Schwache Hoffnung haben,

und die Bosheit verschliesst ihr Maul.

17 Wohl dem Menschen, den Gott zurechtweist.

So verachte die Zucht Schaddais nicht!

18 Er verletzt, und er verbindet, er schlägt Wunden, und seine Hände heilen.

19 Aus sechs Nöten rettet er dich, und in sieben rührt kein Leid dich an.

20 In Hungersnot erlöst er dich vom Tod

und im Krieg aus der Gewalt des Schwerts.

21 Vor der Geissel der Zunge bist du geborgen

und musst dich nicht fürchten, wenn das Verderben kommt.

22 Über Verderben und Hunger kannst du lachen,

und vor wilden Tieren musst du dich nicht fürchten.

23 Mit den Steinen des Ackers stehst du im Bund,

und die Tiere des Feldes leben mit dir in Frieden.

24 Da wirst du sehen, dass dein Zelt sicher ist,

und wenn du deine Wohnstatt prüfst, so fehlt dir nichts.

25 Da wirst du sehen, dass deine Nachkommen zahlreich sind

und deine Sprösslinge wie das Kraut der Erde.

26 Hochbetagt gehst du ins Grab, wie man Garben einbringt zu ihrer Zeit.

27 Sieh, das haben wir ergründet, so ist es.

Höre es und begreife es.

|1: 15,1; 22,1; 42,9 |3: 29,25 |8: Spr 22,8!; Koh 8,12–13 |9: 15,30; Jes 11,4; 2Thess 2,8 |12–16: 33,15–18; Gen 15,12 |14: 30,15! |15: Dan 7,28; Ps 119,120 |17–19: 14,4; 15,14–16; 25,4–6; 1Kön 8,46! |17: 9,2 |19: 13,28; 27,18 |21: 36,12 |1: 1,6; 33,23 |3: Ps 37,35–36; Jer 12,1–3 |4: 1,18–19 |5: 1,14–15 |6: Gen 3,17–19 |8: 8,5–6; 11,13–15; 1Petr 5,7 |9: 9,10; 36,26; 37,5; Ps 40,6 |10: 28,26; 36,27–29; 37,4 |11: 22,29!; 1Sam 2,8; Ps 75,8; 126,5; Lk 1,52 |13: 1Kor 3,19 |14: 12,25; 18,18; Gen 19,11; Ex 10,21! |15: 36,6; Ps 35,10 |16: Ps 107,41–42 |17–18: 33,19–22!; Hebr 12,5–6; Jak 1,12 |18: Dtn 32,39; Hos 6,1 |19: Ps 34,20; 91,10; Spr 24,16 |20: Ps 33,19; 37,19 |22: Jes 11,6; 35,9; 65,25; Ez 34,25 |25: Ps 72,16 |26: Gen 25,8; 35,29

5,17: Siehe die Anm. zu Num 24,4.

Hiobs Antwort

6 1 Da antwortete Hiob und sprach:
2 Würde doch mein Unmut gewogen

und mein Unglück dazu auf die Waage gelegt.

3 Es ist nun schwerer als der Sand der Meere,

darum waren meine Worte unbedacht.

4 Die Pfeile Schaddais stecken in mir, mein Geist hat ihr Gift getrunken, die Schrecken Gottes greifen mich an.

5 Schreit denn ein Wildesel, wenn er Gras hat,

oder brüllt ein Rind, wenn es sein Futter hat?

6 Isst man Fades ohne Salz, und findet man Geschmack am Schleim des Eibisch?

7 Ich sträube mich, es anzurühren, es ist wie verdorbenes Brot.

8 Käme doch, worum ich bitte, und gäbe Gott, worauf ich hoffe.

9 Wollte Gott mich doch zermalmen, seine Hand ausstrecken und mich abschneiden.

10 So könnte ich mich noch trösten und tanzen in schonungslosem Schmerz,

denn ich habe die Worte des
Heiligen nicht verleugnet.

11 Was ist meine Kraft, dass ich
ausharre,
und was ist mein Ende, dass ich mich
gedulde?

12 Ist denn meine Kraft die Kraft von
Steinen,
und ist mein Fleisch aus Erz?

13 Ich selbst kann mir nicht helfen,
und Rettung ist fern von mir!

14 Der Verzweifelte verdient das
Mitleid seines Freundes,
auch wenn er Schaddai nicht mehr
fürchtet.

15 Meine Brüder sind trügerisch wie
ein Bach,
wie Wasserläufe, die versickern,

16 die trübe sind vom Eis,
in denen der Schnee sich verbirgt:

17 In der Sommerglut sind sie
verschwunden,
wenn es heiss wird, sind sie an ihrer
Stätte versiegt.

18 Karawanen schlagen den Weg zu
ihnen ein,
sie ziehen hinauf in die Wüste und
kommen um.

19 Die Karawanen von Tema hielten
Ausschau nach ihnen,
auf sie hofften die Wanderzüge von
Saba.

20 Sie wurden zuschanden, weil sie
vertrauten,
sie kamen hin und wurden betrogen.

21 So seid ihr jetzt für mich geworden.
Ihr schaut das Schreckliche und
fürchtet euch.

22 Habe ich denn gesagt: Gebt mir
etwas,
und von eurem Vermögen bringt
mir Geschenke,

23 und rettet mich aus der Hand des
Bedrängers,
und kauft mich los aus der Hand der
Gewalttätigen!?

24 Belehrt mich, und ich will
schweigen,
und erklärt mir, wo ich mich
verging!

25 Wie könnten aufrichtige Worte
kränken?
Und was tadelt euer Tadel?

26 Wollt ihr etwa Worte tadeln?
Und spricht der Verzweifelte in den
Wind?

27 Selbst um eine Waise würdet ihr
losen,
und um euren Freund würdet ihr
feilschen.

28 Wollt ihr euch jetzt nicht zu mir
wenden?
Ich lüge euch gewiss nicht ins
Angesicht.

29 Kehrt um, kein Unrecht soll
geschehen,
kehrt um, noch bin ich im Recht.

30 Ist denn Unrecht auf meiner Zunge,
und schmeckt mein Gaumen nicht,
was verderblich ist?

7 1 Ist des Menschen Los auf Erden
nicht Kriegsdienst,
und sind seine Tage nicht wie die
Tage eines Söldners?

2 Wie einem Sklaven, der nach Schatten
lechzt,
und wie einem Tagelöhner, der auf
seinen Lohn hofft,

3 so gab man Monde der Enttäuschung
mir zum Erbe,
und Nächte voller Mühsal wurden
mir zugeteilt.

4 Wenn ich mich niederlege, denke ich:
Wann kann ich aufstehen?
Doch der Abend zieht sich hin,
und ich bin voller Unrast, bis es
dämmert.

5 Mein Leib ist gekleidet in Maden und
Schorf,
meine Haut ist verharscht und eitert.

6 Schneller als ein Weberschiffchen
sind meine Tage verflogen,
und ohne Hoffnung sind sie
dahingeschwunden.

7 Bedenke, mein Leben ist ein Hauch,
nie wieder wird mein Auge Gutes
sehen.

8 Kein Auge, das nach mir sieht,
erblickt mich,

wenn deine Augen mich suchen, bin
ich nicht mehr da.

9 Wie die Wolke, die entschwand und
dahinzog,

so kommt nicht mehr herauf, wer
ins Totenreich hinabstieg.

10 In sein Haus kehrt er nicht mehr
zurück,

und seine Stätte kennt ihn nicht
mehr.

11 Darum will auch ich meinen Mund
nicht zügeln,

will reden in der Not meines
Herzens,

will klagen im bitteren Leid meiner
Seele.

12 Bin ich das Meer oder ein Drache,
dass du eine Wache aufstellst gegen
mich?

13 Wenn ich dachte: Mein Bett soll
mich trösten,

mein Lager soll meine Verzweiflung
lindern,

14 so erschrecktest du mich mit
Träumen

und überfielst mich mit Gesichten,

15 so dass ich lieber ersticken wollte,
der Tod mir lieber war als dieser
Körper.

16 Ich gebe auf, ich will nicht ewig
weiterleben.

Lass ab von mir, denn nur ein Hauch
sind meine Tage.

17 Was ist der Mensch, dass du ihn
wichtig nimmst

und auf ihn achtest,

18 dass du ihn jeden Morgen prüfst,
ihn jeden Augenblick erprobst?

19 Wann endlich blickst du weg von
mir,

lässt mich in Ruhe, nur für einen
Atemzug?

20 Wenn ich gesündigt habe, was
schadet es dir, du Hüter der Menschen?

Warum hast du mich zu deiner
Zielscheibe gemacht,

dass ich mir selbst eine Last bin?

21 Und warum vergibst du nicht mein
Vergehen

und verzeihst nicht meine Schuld?

Nun werde ich mich in den Staub legen,
und wenn du mich suchst, so bin ich
nicht mehr da.

| 2: 31,6 | 4: 16,13; 30,15!; Ps 38,3; Klgl 2,4 | 5: 30,7
| 9: 7,16; Num 11,15; 1Kön 19,4! | 10: 23,12 | 13: Ps 22,2
| 15: Ps 38,12; 41,10; Jer 15,18 | 19: Gen 25,15! · 1,15;
Ps 72,10; Ez 27,22–23 | 23: Ps 49,16 | 29: 17,10 · 13,18;
19,6–7; 27,5–6; 31,6; 33,9; 34,5 | 1–2: 14,6 | 4:
Dtn 28,67 | 5: 21,26; 24,20; 30,30; Jes 14,11 | 6–7: 9,25;
Jes 38,12; Jak 4,14 | 7: Ps 78,39 | 10: 10,21; 14,12 ·
Ps 103,16 | 11: 10,1; 32,18 | 12: Ps 74,13 | 16: 6,9! | 17:
14,3; 34,36; Ps 8,5; 144,3; Hebr 2,6 | 19: 9,18; 10,20;
36,7!

6,6: Der Schleim des Eibisch-Strauchs wurde als
Medikament verwendet.

7,19: Wörtlich: «…, lässt mich in Ruhe, bis ich
meinen Speichel geschluckt habe?»

Erste Rede des Bildad

8 1 Da antwortete Bildad von Schuach
und sprach:

2 Wie lange willst du noch solche
Reden führen,

und wie lange stürmen hervor die
Worte deines Mundes?

3 Verdreht denn Gott das Recht,
und Schaddai, verdreht er die
Gerechtigkeit?

4 Haben deine Kinder gegen ihn
gesündigt,

so gab er sie in die Gewalt ihrer
Schuld.

5 Wenn du Gott suchst
und Schaddai um Gnade anflehst,

6 wenn du rein bist und aufrecht,
dann wacht er auf um deinetwillen
und stellt deine Wohnstatt wieder
her, wie es dir zusteht.

7 Dann ist dein Anfang klein,
dein Ende aber herrlich gross.

8 Frage doch, die vor dir waren,
und achte auf das, was ihre
Vorfahren ergründet haben.

9 Denn wir sind erst seit gestern und
wissen nichts,

ein Schatten sind unsere Tage auf
Erden.

10 Werden jene dich nicht lehren, zu
dir sprechen

und Worte aus ihrem Herzen sagen?

11 Wächst Schilfrohr, wo kein
Sumpf ist,

wird Riedgras ohne Wasser gross?

12 Noch grünt es, ist nicht reif zum Schnitt,
    da verdorrt es schon vor allem Gras.
13 So sind die Wege derer, die Gott vergessen,
    und so wird die Hoffnung des Ruchlosen zunichte.
14 Seine Zuversicht ist ein dünner Faden,
    und sein Vertrauen ein Spinnengewebe.
15 Er verlässt sich auf sein Haus, doch es hält nicht stand,
    er klammert sich daran, doch es steht nicht fest.
16 In vollem Saft steht einer in der Sonne,
    und seine Zweige überwuchern seinen Garten.
17 Über Geröll schlingen sich seine Wurzeln,
    zwischen Steinen hält er sich fest.
18 Tilgt man ihn aus von seiner Stätte,
    verleugnet sie ihn: Nie habe ich dich gesehen.
19 Sieh, das wird aus dem Glück seines Weges,
    und andere sprossen aus dem Staub.
20 Sieh, Gott verschmäht den Schuldlosen nicht,
    und die Hand der Übeltäter hält er nicht fest.
21 Er wird deinen Mund noch mit Lachen füllen
    und deine Lippen mit Jubel.
22 Die dich hassen, müssen sich in Schande kleiden,
    und das Zelt der Frevler ist nicht mehr da.

|1: 18,1 |3: 11,7; 34,10.12; 37,23; Gen 18,25 |4: 1,4–5 |5–6: 5,8! |6: Ps 35,23 |7: 42,10 |8–10: 32,4! |8: 12,12 |12–19: 18,16; Ps 1,3–4; 92,13–14; Jer 17,7–8 |13: 11,20; 13,16; 20,5; 27,8; Spr 10,28 |14: Jes 59,5 |15: 1,19; Jer 22,13; Mt 7,26–27 |21: Ps 126,2 |22: Ps 35,26; 109,29

Hiobs Antwort

9 1 Da antwortete Hiob und sprach:
2 Gewiss, ich weiss, so ist es,
    und wie könnte ein Mensch im Recht sein vor Gott?
3 Wenn er mit ihm streiten wollte,
    könnte er ihm nicht auf eins von tausend Antwort geben.
4 Er hat ein weises Herz und grosse Kraft.
    Wer hat ihm je getrotzt und blieb unversehrt?
5 Berge versetzt er, und sie merken es nicht,
    in seinem Zorn stürzt er sie um.
6 Die Erde schreckt er auf von ihrem Ort,
    und ihre Säulen erzittern.
7 Zur Sonne spricht er, und sie strahlt nicht auf,
    und die Sterne legt er unter Siegel.
8 Er spannte den Himmel aus, er allein,
    und er schritt einher auf den Wogen des Meeres.
9 Er schuf den Grossen Bären, den Orion,
    das Siebengestirn und die Kammern des Südens.
10 Grosses tut er, Unergründliches,
    und Wunderbares, ohne Zahl.
11 Geht er an mir vorüber, sehe ich ihn nicht,
    und zieht er vorbei, erkenne ich ihn nicht.
12 Rafft er hinweg, wer kann ihn hindern,
    wer darf zu ihm sagen: Was tust du da?
13 Gott hält seinen Zorn nicht zurück,
    unter ihm haben sich die Helfer Rahabs gebeugt.
14 Und wie könnte ich ihm Rede stehen,
    meine Worte wählen vor ihm?
15 Auch wenn ich im Recht bin, kann ich nicht antworten,
    zu meinem Richter muss ich um Gnade flehen.
16 Riefe ich und gäbe er mir Antwort,
    ich glaube nicht, dass er wirklich auf mich hörte.
17 Im Sturm wird er nach mir greifen
    und ohne Grund meine Wunden mehren.
18 Er lässt mich keinen Atem schöpfen,

sondern erfüllt mich mit bitterem Leid.

19 Sucht man die Kraft eines Starken: Seht, da ist er!

Doch sucht man das Recht: Wer lädt ihn vor?

20 Auch wenn ich im Recht bin, meine Worte setzen mich ins Unrecht.

Schuldlos bin ich, er aber hat mich schuldig gesprochen.

21 Schuldlos bin ich! Ich sorge mich nicht,

ich verachte mein Leben.

22 Es ist alles eins! Darum sage ich: Den Schuldlosen wie den Schuldigen bringt er um.

23 Wenn die Geissel plötzlich tötet, lacht er über die Verzweiflung der Unschuldigen.

24 In die Hand eines Frevlers ist die Erde gegeben,

das Gesicht ihrer Richter verhüllt er. Wenn nicht er, wer ist es dann?

25 Und schneller als ein Läufer sind meine Tage dahingeeilt,

sie sind entflohen, nichts Gutes haben sie gesehen.

26 Wie Kähne aus Schilfrohr sind sie vorübergeschossen,

dem Adler gleich, der sich auf seine Beute stürzt.

27 Wenn ich denke: Ich will mein Leid vergessen,

will meine Miene ändern und heiter blicken,

28 so graut mir vor all meinen Schmerzen.

Ich weiss, du sprichst mich nicht frei.

29 Schuldig soll ich sein,

warum soll ich mich vergeblich abmühen?

30 Auch wenn ich mich mit Schnee gewaschen

und meine Hände mit Lauge gereinigt hätte,

31 würdest du mich in die Grube tauchen,

dass meine Kleider sich vor mir ekelten.

32 Denn er ist kein Mann wie ich, dem ich antworten könnte,

dass wir zusammen vor Gericht gingen.

33 Kein Richter vermittelt zwischen uns

und legt seine Hand auf uns beide.

34 Seinen Stock soll er von mir nehmen,

und sein Schrecken soll mich nicht mehr ängstigen.

35 Dann kann ich reden und muss mich nicht vor ihm fürchten,

denn dazu habe ich keinen Grund.

10 1 Mich ekelt vor meinem Leben, meiner Klage will ich freien Lauf lassen,

will reden aus der Bitternis meiner Seele.

2 Ich sage zu Gott: Sprich mich nicht schuldig,

lass mich wissen, warum du gegen mich streitest.

3 Gefällt es dir, zu unterdrücken,

das Werk deiner Hände zu verachten und den Plan der Frevler gelingen zu lassen?

4 Hast du Menschenaugen,

und siehst du wie ein Sterblicher?

5 Sind deine Tage wie Menschentage oder deine Jahre wie die eines Mannes?

6 Du suchst nach meiner Schuld und forschst nach meiner Sünde.

7 Doch du weisst, dass ich nicht schuldig bin,

und dass keiner retten kann aus deiner Hand.

8 Deine Hände haben mich gebildet und gemacht

ganz und gar – und dann hast du mich vernichtet.

9 Bedenke, aus Lehm hast du mich geschaffen,

und zu Staub lässt du mich wieder werden.

10 Hast du mich nicht hingegossen wie Milch

und wie Käse mich gerinnen lassen?

11 Mit Haut und Fleisch hast du mich umkleidet
und mit Knochen und Sehnen mich durchflochten.

12 Leben und Gnade hast du mir gegeben,
und deine Fürsorge hat meinen Geist beschützt.

13 Doch dies hast du in deinem Herzen verborgen,
ich weiss, dass es so bei dir beschlossen war:

14 Wenn ich sündigte, wolltest du darauf achten
und mich nicht freisprechen von meiner Schuld.

15 Wenn ich schuldig würde, dann wehe mir!
Aber auch wenn ich im Recht wäre,
dürfte ich mein Haupt nicht erheben,
gesättigt mit Schmach und getränkt mit Elend.

16 Sollte es sich doch erheben, würdest du mich jagen wie ein Löwe
und wieder unbegreiflich an mir handeln.

17 Neue Zeugen würdest du gegen mich aufstellen
und deinen Unmut gegen mich mehren,
immer neue Heere gegen mich führen.

18 Und warum hast du mich aus dem Mutterschoss kommen lassen?
Wäre ich doch umgekommen, bevor ein Auge mich erblickte!

19 So wär ich, als wäre ich nie gewesen,
vom Mutterleib ins Grab gebracht.

20 Ich habe doch nur wenige Tage.
So halte ein und lass ab von mir,
damit ich ein wenig heiter sein kann,

21 ehe ich dahingehe ohne Wiederkehr,
ins Land der Finsternis und des Dunkels,

22 ins Land, so düster wie die schwarze Nacht,

ins Dunkel, wo keine Ordnung herrscht,
wo der helle Tag ist wie tiefe Nacht.

| 1: 18,1; 25,1 | 2: 4,17; Ps 143,2 | 3: 33,13 | 4: 36,5; 12,13 | 5: Ps 114,4.6 | 6: Hag 2,6.21; Hebr 12,26 | 7: Jes 10,13; Joel 2,10; 4,15 | 8: Gen 1,7 | 9: 37,9; 38,31–32; Am 5,8 | 10: 5,9! | 11: 23,8–9; 35,14; Ex 33,18–23; 34,6 | 12: Jes 43,13; 45,9 | 13: 26,12; Jes 51,9; Ps 89,11 | 17: 38,1; 40,6 | 18: 7,19! | 20: 15,6 | 21: 10,7; 11,4; 16,17 | 22: 10,3; Gen 18,23; Koh 9,2–3; Ez 21,8; Mt 5,45 | 25: 7,6–7 | 30: Jer 2,22 | 31: Ps 88,7 | 32: Koh 6,10; Jes 45,9; Jer 49,19 | 33: 16,21; 1Sam 2,25 | 34: 13,21!; 21,9 | 1: 7,11 | 3: 9,22! | 4: 1Sam 16,7 | 5: Ps 90,4; 2Petr 3,8 | 7: 9,21! | 8: Ps 119,73; Jer 18,4 | 9: 33,6; Gen 3,19; Jes 64,7 | 16: Jes 38,13 | 18–22: 3,11–23; 7,16; Jer 20,14 | 20: 7,19! | 21: 7,10; 16,22

Erste Rede des Zofar

11 1 Da antwortete Zofar von Naama und sprach:

2 Soll eine lange Rede ohne Antwort bleiben,
und soll Recht bekommen, wer gut reden kann?

3 Lässt dein Gerede Männer verstummen,
und darfst du spotten, ohne dass dich einer beschämt?

4 Sagtest du doch: Rein ist meine Lehre,
und lauter war ich in deinen Augen.

5 Wenn Gott doch sprechen wollte
und seine Lippen auftun gegen dich

6 und dir die Geheimnisse der Weisheit kundtun:
Wie Wunder sind sie für den klugen Verstand.
Dann würdest du erkennen,
dass Gott von deiner Schuld noch manches übersieht.

7 Kannst du die Tiefen Gottes ergründen
oder die Vollkommenheit Schaddais fassen?

8 Sie ist hoch wie der Himmel – was kannst du tun?
Tiefer ist sie als das Totenreich – was kannst du wissen?

9 Weiter ist sie als die Erde
und breiter als das Meer.

10 Wenn er daherfährt und gefangen nimmt
und zum Gericht ruft, wer kann ihn dann zurückhalten?

11 Denn er erkennt die bösen Menschen
und sieht den Frevel und achtet darauf.

12 Ein Hohlkopf kann zur Einsicht kommen
und ein Wildesel noch zum Menschen werden.

13 Wenn du dein Herz in Ordnung bringst
und deine Hände zu ihm erhebst –

14 ist Frevel in deiner Hand, schaffe ihn weg
und lass in deinen Zelten kein Unrecht wohnen –,

15 dann kannst du ohne Makel dein Angesicht erheben,
und fest stehst du da und musst dich nicht fürchten.

16 Du vergisst die Mühsal
und denkst daran wie an Wasser, das vorüberfloss.

17 Und heller als der Mittag ist nun dein Leben,
die Finsternis wird zum Morgen.

18 Und du bist zuversichtlich, weil es Hoffnung gibt,
und du schaust dich um und kannst dich ruhig schlafen legen.

19 Du lagerst dich, und niemand schreckt dich auf,
und viele werden dir schmeicheln.

20 Die Augen der Frevler aber ermatten,
und sie haben keine Zuflucht mehr,
und ihre Hoffnung ist es, das Leben auszuhauchen.

|1: 20,1 |4: 9,21! |6: 12,7–9; Esra 9,13 |7: 8,3! · Koh 3,11; Röm 11,33 |13–15: 5,8! |13: Ex 9,29! |14: 22,13! |18–19: Ps 4,9 |20: 8,13!

Hiobs Antwort

12 1 Da antwortete Hiob und sprach:
2 Wahrhaftig, ihr seid die rechten Leute,
und mit euch wird die Weisheit sterben.

3 Ich habe Verstand so gut wie ihr,
ich stehe nicht hinter euch zurück,
und wer wüsste all dies nicht?

4 Dem eigenen Freund werde ich zum Gespött,
der ich zu Gott rief, dass er antworte.
Zum Gespött wird der Gerechte, der Schuldlose.

5 Dem Unglück Verachtung!, denkt der Sichere,
ein Stoss noch denen, deren Fuss schon wankt!

6 Um die Zelte der Gewalttätigen steht es gut,
und sicher leben, die Gott erzürnen,
die glauben, Gott in der Hand zu haben.

7 Aber befrage das Vieh, dass es dich lehre,
und die Vögel des Himmels, dass sie es dir kundtun.

8 Oder sprich zur Erde, dass sie dich lehre,
und die Fische des Meeres sollen es dir erzählen:

9 Wer von ihnen allen wüsste nicht,
dass die Hand des HERRN es so gemacht hat?

10 In seiner Hand ist die Seele alles Lebenden
und der Geist im Leib jedes Menschen.

11 Soll nicht das Ohr die Worte prüfen,
wie der Gaumen die Speise kostet?

12 Bei Greisen soll Weisheit sein,
und langes Leben soll Einsicht bringen?

13 Weisheit und Macht sind bei ihm,
ihm gehören Rat und Einsicht.

14 Was er niederreisst, wird nie wieder aufgebaut,
wen er einkerkert, dem wird nie wieder aufgetan.

15 Wenn er die Wasser zurückhält, herrscht Dürre,
und wenn er sie loslässt, verheeren sie das Land.

16 Bei ihm sind Macht und Einsicht,
ihm gehört, wer irrt und wer irreführt.

17 Ratgeber lässt er barfuss gehen,
und Richter macht er zu Narren.

18 Das Band von Königen löst er auf,

und um ihre Hüften bindet er einen
Schurz.

19 Priester lässt er barfuss gehen,
und alte Geschlechter bringt er zu
Fall.

20 Bewährten nimmt er die Sprache,
und Ältesten raubt er die
Urteilskraft.

21 Verachtung giesst er aus über Edle
und löst den Gürtel der Starken.

22 Er deckt Verborgenes auf aus dem
Dunkel,
und das Finstere bringt er ans Licht.

23 Er macht die Völker gross und
vernichtet sie,
breitet die Völker aus und treibt sie
fort.

24 Den Häuptern des Landes nimmt er
den Verstand,
und in wegloser Öde lässt er sie
irren.

25 Sie tappen im Dunkeln ohne Licht,
und wie Trunkene lässt er sie
taumeln.

13 1 Siehe, all das hat mein Auge
gesehen,
mein Ohr hat es gehört und darauf
acht gegeben.

2 So viel, wie ihr wisst, weiss auch ich,
ich stehe nicht hinter euch zurück.

3 Aber ich will zu Schaddai reden,
und mit Gott zu streiten, ist mein
Wunsch.

4 Denn ihr seid nur Lügendichter,
Kurpfuscher seid ihr allesamt.

5 Wenn ihr doch endlich schweigen
wolltet!
Dann könntet ihr als Weise gelten.

6 Hört meine Entgegnung,
und vernehmt die Anklage meiner
Lippen.

7 Wollt ihr Falsches reden für Gott
und Lügen vorbringen für ihn?

8 Wollt ihr für ihn Partei ergreifen
oder den Rechtsstreit führen für
Gott?

9 Geht es gut aus, wenn er euch
erforscht,
und könnt ihr ihn täuschen, wie
man Menschen täuscht?

10 Hart wird er euch zurechtweisen,
wenn ihr versteckt Partei ergreift.

11 Wird nicht seine Hoheit euch
ängstigen
und sein Schrecken euch überfallen?

12 Sprüche aus Staub sind eure
Merksätze,
tönerne Schilde sind eure Schilde.

13 Schweigt nun und lasst mich reden,
dann komme über mich, was
kommen mag.

14 Wozu soll ich meinen Leib mit
meinen Zähnen verteidigen?
Ich setze mein Leben aufs Spiel!

15 Seht, er wird mich töten, nichts habe
ich zu hoffen.
Doch meine Wege will ich vor ihm
verteidigen.

16 Schon darin sehe ich mein Heil,
denn vor ihn kommt kein Ruchloser.

17 Hört aufmerksam auf meine Rede,
und was ich erkläre, dringe in eure
Ohren.

18 Seht, ich bin gerüstet für den
Rechtsstreit,
ich weiss, dass ich im Recht bin.

19 Wer könnte den Rechtsstreit gegen
mich gewinnen?
Dann wollte ich schweigen und
sterben.

20 Zwei Dinge nur tu mir nicht an,
dann muss ich mich nicht vor dir
verbergen:

21 Nimm deine Hand von mir,
und dein Schrecken soll mich nicht
ängstigen.

22 Dann rufe, und ich will antworten,
oder lass mich reden und gib mir
Antwort!

23 Was sind meine Vergehen und
Sünden?
Lass mich mein Verbrechen und
meine Sünde wissen!

24 Warum verbirgst du dein Angesicht
und behandelst mich wie deinen
Feind?

25 Willst du ein verwehtes Blatt
erschrecken
und einen dürren Halm verfolgen?

26 Bitteres teilst du mir zu,
und für die Sünden meiner Jugend
lässt du mich büssen.

27 Meine Füsse legst du in den Block
und überwachst alle meine Wege,
um meine Füsse ziehst du eine
Grenze.

28 Er aber zerfällt wie Moder,
wie ein mottenzerfressenes Kleid:

14 1 der Mensch, geboren von der
Frau,
kurzlebig und voller Unruhe.

2 Er geht auf wie eine Blume und
verwelkt,
er flieht wie ein Schatten und hat
keinen Bestand.

3 Und über ihm hältst du dein Auge
offen,
und ihn ziehst du vor dein Gericht.

4 Könnte ein Reiner vom Unreinen
kommen?
Nicht einer!

5 Wenn seine Tage feststehen,
die Zahl seiner Monde bei dir,
wenn du seine Grenzen gesetzt hast, die
er nicht überschreiten kann,

6 dann blicke weg von ihm, dass er
Ruhe findet,
dass er sich seines Tages freuen kann
wie ein Tagelöhner.

7 Denn für den Baum gibt es Hoffnung:
Wird er gefällt, so schlägt er wieder
aus,
und an Trieben fehlt es ihm nicht.

8 Wenn seine Wurzel auch alt wird in
der Erde
und sein Stumpf abstirbt im Staub,

9 so sprosst er wieder vom Duft des
Wassers,
und wie ein junges Reis treibt er
Zweige.

10 Der Mann aber stirbt, und kraftlos
liegt er da,
der Mensch kommt um – und wo
ist er?

11 Wie Wasser schwindet aus dem See
und ein Strom versiegt und
austrocknet,

12 so legt der Mensch sich nieder und
steht nicht wieder auf.

Der Himmel vergeht, bevor sie
erwachen
und erweckt werden aus ihrem
Schlaf.

13 Könntest du mich doch im
Totenreich bewahren,
mich verbergen, bis dein Zorn sich
wendet,
mir eine Frist setzen und dich dann
meiner erinnern!

14 Kann ein Mann, wenn er stirbt,
wieder lebendig werden?
Alle Tage meines Dienstes wollte ich
ausharren,
bis meine Ablösung käme.

15 Du würdest rufen, und ich gäbe dir
Antwort,
nach dem Werk deiner Hände
sehntest du dich.

16 Wenn du dann meine Schritte
zähltest,
gäbst du nicht acht auf meine Sünde.

17 Mein Vergehen wäre im Beutel
versiegelt,
und meine Schuld hättest du
übertüncht.

18 Doch auch ein Berg stürzt und
zerfällt,
und ein Fels weicht von seinem Ort.

19 Steine werden vom Wasser
zerrieben,
der Wolkenbruch schwemmt das
Erdreich fort:
So machst du die Hoffnung des
Menschen zunichte.

20 Du überwältigst ihn, für immer geht
er dahin,
du entstellst sein Gesicht und
schickst ihn weg.

21 Kommen seine Kinder zu Ehren, so
weiss er es nicht,
werden sie verachtet, so bemerkt er
es nicht.

22 Nur sein eigener Leib macht ihm
Schmerzen,
und nur um ihn selbst trauert seine
Seele.

|2: 17,10 |3: 13,2 |4: 17,2!; Ps 91,15 |6: 21,7! |7–9:
11,6; Jes 41,20 |10: 26,13; 33,4; Num 16,22 |11: 34,3
|12: 8,8; 32,7 |13: 9,4 |14: Offb 3,7 |15: 1Kön 8,35 ·

Gen 7,19–23 |21: Ps 107,40 |22: Dan 2,22; Mt 10,26;
1Kor 4,5 |24: Ps 107,40; Dan 4,29–30 |25: 5,14! |2:
12,3; 15,9 |3: 23,4 |5: Spr 17,28 |11: 31,23 |16: 8,13! |18:
6,29! |21: Ps 39,11 · 9,34; 33,7 |22: Ps 34,5; Jes 58,9;
Jer 33,3 |24: Ps 13,2; 44,25; 88,15 · 19,11; 33,10 |26:
Ps 25,7 |27: 33,11 |28: 4,19!; Jes 50,9 |1: Koh 2,23 |2:
24,24; Ps 90,6; 103,15; Koh 6,12; Jes 40,6 |3: 7,17–18
|4: 4,17–19! |5: Ps 31,16; Ps 39,5 |6: 7,1–2 |7–9: 19,10;
Ps 92,12–15 |10: 14.20; 15,22; Koh 3,21 |12: 7,10! ·
Ps 102,27; Jes 61,6; 2Petr 3,10 |13: Jes 26,20 |14: 10.20
|16: Ps 139,1–3 |17: Hos 13,12; Dtn 32,34 |18: 8,4 |19:
17,15; 19,10; 22,16 |20: 10.14 |21: 21,21; Koh 9,5!

13,14: Wörtlich: «Wozu soll ich mein Fleisch zwischen meine Zähne nehmen? Ich lege mein Leben (oder: meine Seele) auf meine Hand!»

Zweite Rede des Elifas

15 1 Da antwortete Elifas von Teman und sprach:

2 Darf ein Weiser windiges Wissen zur Antwort geben,
 sich aufblähen mit Wind?

3 Darf er zurechtweisen mit einem Wort, das nichts taugt,
 und mit Worten, die nichts nützen?

4 Du zerstörst die Gottesfurcht
 und verletzt die Andacht vor Gott.

5 Denn deine Schuld lehrt deinen Mund,
 und du wählst die Sprache der Listigen.

6 Dein Mund spricht dich schuldig und nicht ich,
 und deine Lippen sagen gegen dich aus.

7 Bist du als Erster der Menschen geboren
 und noch vor den Hügeln zur Welt gekommen?

8 Kannst du zuhören in Gottes Rat
 und die Weisheit an dich reissen?

9 Was weisst du, das wir nicht wissen,
 was verstehst du, das wir nicht verstehen?

10 Auch unter uns sind Ergraute, Alte,
 reicher an Tagen als dein Vater.

11 Ist Gottes Trost dir zu gering
 und ein Wort, dir in Sanftmut gesagt?

12 Warum reisst dein Herz dich hin,
 und was rollen deine Augen,

13 dass du deinen Zorn gegen Gott richtest

und solche Worte aus deinem Munde kommen lässt?

14 Was ist der Mensch, dass er rein sein könnte,
 und wie könnte gerecht sein, wer von einer Frau geboren wurde?

15 Sieh, selbst seinen Heiligen traut er nicht,
 und der Himmel ist nicht rein in seinen Augen.

16 Wie viel weniger ein Abscheulicher und Verdorbener,
 ein Mann, der Unrecht tut, wie man Wasser trinkt.

17 Ich will dich unterweisen, höre mir zu,
 und was ich geschaut habe, das will ich erzählen,

18 was Weise verkünden
 und nicht verhehlten seit den Zeiten der Vorfahren –

19 das Land war ihnen allein gegeben,
 und kein Fremder zog bei ihnen umher –:

20 Sein Leben lang ängstigt sich der Frevler,
 und dem Gewalttätigen sind nur wenige Jahre bestimmt.

21 Schreckensrufe gellen in seinen Ohren,
 im Frieden kommt der Verderber über ihn.

22 Er hat keine Hoffnung, aus der Finsternis wiederzukehren,
 und für das Schwert ist er ausersehen.

23 Auf der Suche nach Brot irrt er umher.
 Er weiss, dass ein finsterer Tag auf ihn wartet.

24 Not und Bedrängnis schrecken ihn,
 sie überwältigen ihn wie ein König, der angreift.

25 Denn gegen Gott hat er seine Hand ausgestreckt,
 und Schaddai fordert er heraus.

26 Halsstarrig rennt er gegen ihn an,
 mit den dicken Buckeln seiner Schilde.

27 Sein Gesicht ist fett geworden,

und an der Lende hat er Speck
angesetzt.

28 Und in zerstörten Städten hat er
Wohnung genommen,
    in Häusern, die niemand mehr
    bewohnen sollte,
    die bestimmt waren, Trümmer zu
    bleiben.

29 Er bleibt nicht reich, und sein Besitz
hat keinen Bestand,
    und seine Ähre neigt sich nicht zur
    Erde.

30 Der Finsternis entkommt er nicht,
    seine Schösslinge dörrt die Flamme
    aus,
    und beim Hauch seines Mundes
    schwindet er dahin.

31 Er vertraue nicht auf Nichtiges, er
wird getäuscht,
    denn was er dafür eintauscht, wird
    Nichtiges sein.

32 Bevor sein Tag kommt, erfüllt es
sich,
    und sein Palmzweig grünt nicht
    mehr.

33 Er ist wie ein Weinstock, der seine
unreifen Trauben abstösst,
    und wie ein Ölbaum, der seine Blüte
    abwirft.

34 Denn unfruchtbar ist die Bande der
Ruchlosen,
    und Feuer frisst die Zelte der
    Bestechlichen.

35 Sie sind schwanger mit Mühsal und
gebären Unheil,
    und was ihr Schoss hervorbringt, ist
    nichtig.

|1: 4,1! |2: 16,3; 1Kor 4,6.19 |4: Spr 1,7;
Ps 119,97.99 |6: 9,20; Lk 19,22 |7: 38,4; Spr 8,25 |8:
Jer 23,18! |9: 13,2 |10: 8,8–10 |14–16: 4,17–19! |15:
Hebr 9,23 |16: 34,7 |21: 18,11; 30,15! |22: 14,10–12
|23: 18,12 |27: Ps 17,10 |29: 20,28; 27,18 |30: 4,9 |33:
Mt 3,10 |35: Jes 59,4; Ps 7,15; Gal 6,8

Hiobs Antwort

16 1 Da antwortete Hiob und sprach:
    2 Derlei habe ich oft gehört,
    ihr alle seid leidige Tröster.

3 Nehmen die windigen Worte ein
Ende?
    Und was reizt dich zu antworten?

4 Auch ich könnte reden wie ihr,
    wenn ihr an meiner Stelle wärt.
Ich könnte mit Worten gegen euch
glänzen
    und meinen Kopf über euch
    schütteln.

5 Ich wollte euch stärken mit meinem
Mund
    und euch trösten mit meinen
    Lippen.

6 Wenn ich spreche, wird mein
Schmerz nicht gelindert,
    und auch wenn ich es lasse, weicht er
    nicht von mir.

7 Jetzt aber hat er mich zermürbt.
    Du hast meinen Umkreis verödet
    8 und hast mich gepackt.
Mein Verfall sagt gegen mich aus
    und erhebt sich als Zeuge gegen
    mich,
    ins Angesicht klagt er mich an.

9 Sein Zorn zerreisst und verfolgt mich,
    er fletscht die Zähne gegen mich,
    mit Blicken durchbohrt mich mein
    Feind.

10 Sie reissen ihr Maul auf gegen mich,
    voller Hohn schlagen sie mir auf die
    Backen,
    sie rotten sich zusammen gegen
    mich.

11 Gott liefert mich den Schurken aus,
    und er stösst mich in die Hände von
    Frevlern.

12 Ich lebte ruhig, da hat er mich
erschüttert
    und hat mich beim Nacken gepackt
    und zerschmettert,
    und als seine Zielscheibe hat er mich
    hingestellt.

13 Seine Geschosse umschwirren mich,
    erbarmungslos durchbohrt er meine
    Nieren,
    lässt meine Galle auf die Erde
    fliessen.

14 Bresche um Bresche schlägt er in
mich,
    wie ein Krieger stürmt er gegen
    mich an.

15 Einen Sack habe ich um meine Haut
genäht

und mein Horn in den Staub
gesenkt.

16 Mein Gesicht ist rot vom Weinen,
und tiefes Dunkel liegt auf meinen
Lidern.

17 Doch an meinen Händen klebt kein
Unrecht,
und mein Gebet ist rein.

18 O Erde, decke mein Blut nicht zu,
und mein Schreien komme nicht zur
Ruhe.

19 Aber seht, schon jetzt ist im Himmel
mein Zeuge
und mein Bürge in der Höhe.

20 Meine Freunde verspotten mich,
mit Tränen blickt mein Auge zu Gott,

21 dass er Recht schaffe dem Mann
bei Gott
und zwischen Mensch und Mensch.

22 Denn nur wenige Jahre kommen
noch,
dann gehe ich den Weg ohne
Wiederkehr.

17 1 Mein Geist ist verstört,
meine Tage sind ausgelöscht,
mir bleibt nur das Grab.

2 Nichts als Spott begleitet mich,
und von ihren Anfeindungen
kommt mein Auge nicht los.

3 Sei du selbst mein Bürge bei dir!
Wer sonst wäre bereit, für mich zu
bürgen?

4 Denn ihr Herz hast du der Einsicht
verschlossen,
darum wirst du ihnen den Sieg nicht
geben.

5 Zum Teilen lädt einer die Freunde ein,
doch die Augen seiner Kinder
verschmachten.

6 Er hat mich bei den Menschen zum
Spott gemacht,
und ich muss mir ins Angesicht
spucken lassen.

7 Und mein Auge ist vor Gram
erloschen,
und alle meine Glieder sind wie ein
Schatten.

8 Die Aufrechten entsetzen sich
darüber,

und der Unschuldige empört sich
über den Ruchlosen.

9 Doch der Gerechte hält fest an seinem
Weg,
und wer reine Hände hat, wird stark.

10 Ihr alle aber, kommt nur wieder her,
ich finde doch keinen Weisen unter
euch.

11 Meine Tage sind dahin,
zerrissen meine Pläne,
die Wünsche meines Herzens.

12 Die Nacht erklären sie zum Tag:
Das Licht werde die Finsternis
vertreiben.

13 Ich erhoffe nichts mehr, das
Totenreich ist mein Haus,
in der Finsternis habe ich mein
Lager ausgebreitet.

14 Zur Grube sage ich: Du bist mein
Vater!,
zur Made: Meine Mutter, meine
Schwester!

15 Wo aber ist meine Hoffnung,
und wer kann schauen, was ich
erhoffe?

16 Fährt es mit mir ins Totenreich,
und sinken wir zusammen in den
Staub?

|2: 21,34 |3: 15,2 |4: Ps 22,8 |7: 19,13–15 |8:
30,18 |9: 30,21 |10: Ps 22,14; 35,21 |11: Ps 71,4 |12–17:
30,16–19 |12: Ps 139,9 · 7,20; Klgl 3,12 |13: 6,4 |15:
Gen 37,34 · 1 Kön 22,11 |17: 10,7; 27,6 |18: Gen 4,10;
37,26; Jes 26,21; Ez 24,7 |19: 33,23–24; Röm 1,9 · 17,3
|20: 17,6; 21,3; 30,9 |21: 31,35; 9,33 |22: 10,21 |2: 17,6;
12,4; 30,9 |3: 16,19 · Spr 6,1 |6: 17,2 · 16,20!; Jes 50,6
|9: Spr 4,18 · Ps 24,4 |10: 6,29; 12,2 |13: 3,13 |15: 14,19!

Zweite Rede des Bildad

18 1 Da antwortete Bildad von
Schuach und sprach:

2 Wie lange wollt ihr noch eure Worte
zügeln?
Kommt zur Einsicht, und dann lasst
uns reden!

3 Warum hält man uns für Vieh,
warum betrachtet ihr uns als
unrein?

4 Du zerreisst dich selbst in deinem
Zorn.
Soll deinetwegen sich die Erde
entvölkern

und ein Fels von seiner Stelle
rücken?

5 Das Licht des Frevlers erlischt,
und die Flamme seines Feuers
leuchtet nicht mehr.

6 Das Licht in seinem Zelt verfinstert
sich,
und seine Leuchte erlischt über ihm.

7 Seine kräftigen Schritte werden kurz,
und sein eigener Plan bringt ihn zu
Fall.

8 Denn von den eigenen Füssen wird er
ins Netz getrieben,
und er geht über Flechtwerk.

9 Die Falle packt ihn an der Ferse,
die Schlinge hält ihn fest.

10 Versteckt liegt sein Fangstrick am
Boden
und die Falle für ihn auf dem Pfad.

11 Ringsum ängstigen ihn Schrecken
und hetzen ihn auf Schritt und Tritt.

12 Das Unheil ist hungrig nach ihm,
und das Verderben steht bereit zu
seinem Sturz.

13 Es frisst Stücke seiner Haut,
seine Glieder frisst der Erstgeborene
des Todes.

14 Aus seinem sicheren Zelt wird er
herausgerissen,
und zum König der Schrecken wird
er getrieben.

15 In seinem Zelt wird ein Fremder
wohnen,
Schwefel wird auf seine Wohnstätte
gestreut.

16 Unten verdorren seine Wurzeln,
und oben verwelken seine Zweige.

17 Die Erinnerung an ihn schwindet
aus dem Land,
und auf der Gasse hat er keinen
Namen mehr.

18 Man stösst ihn aus dem Licht in die
Finsternis
und verjagt ihn vom Erdkreis.

19 Er hat keinen Spross, keinen
Nachkommen in seinem Volk,
und wo er einst weilte, ist keiner
mehr übrig.

20 Die im Westen erschaudern über
seinen Tag,

und die im Osten packt Entsetzen.

21 So ergeht es den Wohnungen des
Frevlers
und so der Stätte dessen, der Gott
nicht kennt.

|1: 8,1! |3: Ps 73,22 |4: 14,18 |5: 21,13.17;
Spr 13,9! |6: 21,17; 38,15 |7: Spr 4,12 · 5,12–13; 15,6
|8–10: 19,6; Ps 35,7–8; 140,4 |11: 30,15!; Lev 26,36
|12: 15,23 |13: 27,15; Mi 3,3 |15: Gen 19,24; Ps 11,6;
Ez 38,22 |16: 8,12–16! |17: Ps 9,6; 34,17; Spr 10,7
|18: 5,14!

Hiobs Antwort

19 1 Da antwortete Hiob und sprach:
2 Wie lange wollt ihr meine Seele
quälen
und mich mit Worten zermalmen?

3 Zehnmal habt ihr mich nun schon
geschmäht,
und ihr schämt euch nicht, mich zu
misshandeln.

4 Hätte ich wirklich gefehlt,
so müsste ich doch selbst meine
Verfehlung tragen.

5 Wollt ihr wirklich grosstun gegen
mich
und mir meine Schmach beweisen?

6 Erkennt doch, dass Gott mir unrecht
getan
und sein Fangnetz um mich gelegt
hat.

7 Seht, ich schreie: Gewalt!, und
bekomme keine Antwort,
ich rufe um Hilfe, doch da ist kein
Recht.

8 Meinen Weg hat er versperrt, ich
kann nicht weiter,
und Finsternis legt er auf meine
Pfade.

9 Meiner Ehre hat er mich entkleidet,
und die Krone hat er mir vom Haupt
genommen.

10 Ganz und gar hat er mich
zerbrochen, und ich fahre dahin,
und meine Hoffnung hat er
ausgerissen wie einen Baum.

11 Und seinen Zorn liess er gegen mich
entbrennen
und behandelte mich wie seinen
Feind.

12 Vereint kamen seine Scharen herbei
und bahnten sich ihren Weg gegen
mich
und lagerten rings um mein Zelt.

13 Meine Brüder hat er mir entfremdet,
und die mich kennen, haben sich
abgewandt von mir.

14 Meine Verwandten und Vertrauten
halten sich fern,
vergessen haben mich,

15 die in meinem Hause Gast waren,
und meine Mägde halten mich für einen
Fremden,
ein Unbekannter bin ich nun in
ihren Augen.

16 Ich rufe meinen Knecht, er aber
antwortet nicht,
mit meinem Mund muss ich ihn
anflehen.

17 Meiner Frau ist mein Atem
widerlich
und meinen Geschwistern mein
Gestank.

18 Selbst Kinder verachten mich,
wenn ich aufstehen will, verhöhnen
sie mich.

19 Alle meine Vertrauten verabscheuen
mich,
und die ich liebte, haben sich gegen
mich gewandt.

20 Ich bin nur noch Haut und Knochen,
und die Haare fallen mir aus.

21 Habt Erbarmen, Erbarmen mit mir,
meine Freunde,
denn Gottes Hand hat mich
geschlagen.

22 Warum wollt ihr mich wie Gott
verfolgen
und werdet nicht satt, mich zu
zerfleischen?

23 Würden meine Worte doch
aufgeschrieben,
in eine Tafel geritzt,

24 mit eisernem Griffel und mit Blei
für immer in den Fels gemeisselt!

25 Ich aber weiss: Mein Anwalt lebt,
und zuletzt wird er sich über dem
Staub erheben.

26 Und nachdem meine Haut so
zerschunden wurde,

werde ich Gott schauen ohne mein
Fleisch.

27 Ich werde ihn schauen,
und meine Augen werden ihn sehen
und niemand sonst.
In meinem Innern verzehren sich
meine Nieren.

28 Wenn ihr denkt: Wie können wir
ihn verfolgen,
bei ihm selbst den Grund der Sache
finden?,

29 so fürchtet euch vor dem Schwert!
Denn Zorn wird mit dem Schwert
bestraft,
damit ihr wisst: Es gibt ein Gericht.

|3: Num 14,22 |6: 6,29! · 18,8–10! |7: 24,12;
30,20; Jer 20,8; Hab 1,2 |8: 3,23! |9: 29,14; Ps 89,45
|10: 14,7–9! |11: 13,24! |12: 30,12 |13–19: 16,7; Ps 31,12 ·
Ps 69,9; 88,9.19 |13: 42,11 |18: 30,1! |19: 13; Ps 41,10;
Joh 13,18 |20: 33,21! |21: 1,11; Ps 38,3 |22: Ps 27,2 |25:
42,5; Jer 50,34; Ps 119,154! Spr 23,11 |27: 42,5 |29:
Koh 12,14

19,20: Wörtlich: «An meiner Haut und meinem
Fleisch klebt mein Gebein, und an der Haut meiner
Zähne bin ich kahl geworden.»
19,26: Möglich ist auch die Übersetzung: «...
werde ich Gott schauen in meinem Fleisch.», das
heisst: noch lebendig.

Zweite Rede des Zofar

20 1 Da antwortete Zofar von Naama
und sprach:

2 Darauf antworten mir meine
Gedanken,
und darüber denke ich nach:

3 Ich muss hören, wie man mich
schmäht und tadelt,
doch der Geist meiner Einsicht lässt
mich antworten.

4 Weisst du es nicht: Seit alten Zeiten,
seit er Menschen auf die Erde setzte,

5 ist der Jubel der Frevler von kurzer
Dauer
und währt die Freude des Ruchlosen
nur einen Augenblick.

6 Steigt auch sein Übermut zum
Himmel,
und reicht sein Haupt bis an die
Wolken,

7 für immer vergeht er wie sein Kot.
Die ihn sahen, sagen: Wo ist er?

8 Wie ein Traum löst er sich auf,
unauffindbar,
  weggescheucht wie ein
  Nachtgesicht.
9 Das Auge, das ihn sah, sieht ihn nicht
wieder,
  und seine Stätte erblickt ihn nicht
  mehr.
10 Seine Kinder müssen die Armen
begütigen
  und seine Hände den Raub erstatten.
11 Voller Jugendkraft waren seine
Glieder,
  doch mit ihm legt sie sich in den
  Staub.
12 Wenn das Böse süss schmeckt in
seinem Mund,
  wenn er es unter der Zunge birgt,
13 es aufspart und nicht loslassen will
  und es zurückhält in seinem
  Gaumen,
14 verwandelt sich die Speise in seinem
Innern,
  wird zu Viperngift in seinem Leib.
15 Ausspeien muss er das Gut, das er
verschlungen hat,
  aus seinem Bauch treibt Gott es
  heraus.
16 Das Gift von Vipern saugt er ein,
  die Zunge der Otter tötet ihn.
17 Er darf sich nicht freuen an Bächen,
  an Flüssen, an Strömen von Honig
  und Sahne.
18 Den Ertrag gibt er zurück, und er
kann ihn nicht verschlingen,
  sein erhandeltes Gut kann er nicht
  geniessen.
19 Denn er schlug Arme nieder und
liess sie liegen,
  raubte ein Haus, doch er kann es
  nicht ausbauen.
20 Weil sein Bauch keine Ruhe gab,
  wird er nichts retten von seinen
  Schätzen.
21 Nichts entging seiner Fressgier,
  darum hat sein Gut nicht Bestand.
22 In der Fülle seines Überflusses gerät
er in Not,
  die ganze Wucht des Leidens kommt
  über ihn.

23 Indem er ihm den Bauch füllt,
  lässt Gott die Glut seines Zorns auf
  ihn los
  und lässt seinen Grimm auf ihn
  regnen.
24 Flieht er vor der eisernen Rüstung,
  durchbohrt ihn der eherne Bogen.
25 Konnte er den Pfeil aus seinem
Rücken ziehen
  und die blitzende Klinge aus seiner
  Galle,
  überfallen ihn Schrecken.
26 Lauter Finsternis ist aufgespart
für ihn,
  es verzehrt ihn ein Feuer, das nicht
  angefacht wurde,
  es frisst, was übrig blieb in seinem
  Zelt.
27 Der Himmel deckt seine Schuld auf,
  und die Erde erhebt sich gegen ihn.
28 Weggeführt wird der Ertrag seines
Hauses,
  dahingerafft am Tag seines Zorns.
29 Das ist von Gott das Los eines
Menschen, der frevelt,
  und das Erbe, das Gott ihm
  zugesprochen hat.

| 1: 11,1 | 4: 8,8–10! | 5: 8,13! | 6: Jes 14,13; Ez 31,3;
Dan 4,8; Ps 37,35–36 | 7: Mi 7,10 | 8: Ps 73,20 | 9:
Ps 37,10. | 10: 20,18 | 12: Spr 9,17; 20,17 | 16: Dtn 32,33
| 17: 29,6! | 18: 20,10 | 19: 27,4; 35,9 | 24: Ps 18,35 | 25:
15,21! | 26: Dtn 32,22 · 1,16; 15,34 · 18,14 | 28:
Dtn 28,31 · 21,30 | 29: 27,13; 31,2

Hiobs Antwort

21 1 Da antwortete Hiob und sprach:
  2 Hört doch, hört mein Wort,
  und das sei der Trost, den ihr mir
  gewährt.
3 Ertragt es, dass ich rede,
  und danach könnt ihr über mich
  spotten.
4 Richte ich denn meine Klage an
Menschen?
  Und warum sollte ich nicht
  ungeduldig sein?
5 Wendet euch zu mir und erstarrt
  und legt die Hand auf euren Mund!
6 Wenn ich daran denke, bin ich
bestürzt,
  und ein Zittern erfasst meinen Leib:

7 Warum bleiben die Frevler am Leben,
werden alt, ja nehmen zu an Kraft?

8 Fest stehen ihre Nachkommen vor
ihrem Angesicht
und ihre Sprösslinge vor ihren
Augen.

9 Ihre Häuser sind vor dem Schrecken
sicher,
und der Stab Gottes schlägt sie nicht.

10 Ihre Stiere bespringen nicht
umsonst,
ihre Kühe kalben ohne Fehlgeburt.

11 Wie die Schafe lassen sie ihre
Knaben hinaus,
und ihre Kinder tanzen und
springen.

12 Sie singen zu Trommel und Leier
und freuen sich beim Klang der
Flöte.

13 Ihre Tage verbringen sie im Glück,
und friedlich fahren sie ins
Totenreich hinab.

14 Und sie sagen zu Gott: Bleib uns
fern,
von deinen Wegen wollen wir nichts
wissen.

15 Warum sollen wir Schaddai dienen,
und was nützt es uns, wenn wir ihn
bitten?

16 Doch ihr Glück liegt nicht in ihrer
Hand,
das Denken der Frevler ist mir fern.

17 Wie oft geschieht es denn, dass die
Leuchte der Frevler erlischt,
dass Unglück über sie kommt,
dass er ihnen Verderben zuteilt in
seinem Zorn,

18 dass sie werden wie Stroh vor dem
Wind
und wie Spreu, die der Sturmwind
fortträgt?

19 Spart Gott das Unheil auf für die
Kinder des Frevlers?
Ihn selbst soll er strafen, dass er es
spürt!

20 Mit eigenen Augen soll er seinen
Untergang sehen
und trinken vom Zorn Schaddais!

21 Denn was liegt ihm noch an seinem
Haus,

wenn die Zahl seiner Monde
vollendet ist?

22 Muss man Gott Erkenntnis lehren,
da er doch die Höchsten richtet?

23 Der eine stirbt in voller Kraft,
friedlich und ohne jede Sorge.

24 Voll Milch sind seine Tröge,
und saftig ist das Mark seiner
Knochen.

25 Der andere stirbt im Herzen
verbittert
und hat vom Guten nie gekostet.

26 Zusammen liegen sie im Staub,
und Maden bedecken sie.

27 Seht, ich kenne eure Gedanken
und die Pläne, die ihr gegen mich
ersinnt.

28 Ihr sagt: Wo ist das Haus des
Vornehmen
und wo das Zelt, in dem die Frevler
wohnten? –

29 Habt ihr denn nie die Reisenden
gefragt,
und versteht ihr nicht ihre Zeichen?

30 Am Tag des Verderbens bleibt der
Böse verschont,
am Tag der Zornesfluten wird er
gerettet.

31 Wer hält ihm ins Gesicht seinen
Wandel vor,
und wer vergilt ihm, was er getan
hat?

32 Er aber wird zur Grabstätte geleitet,
und bei seinem Grab hält man
Wache.

33 Die Schollen des Schachtes sind ihm
angenehm,
und hinter ihm her zieht alle Welt
und vor ihm die zahllose Menge.

34 Wie tröstet ihr mich mit Nichtigem!
Und von euren Antworten bleibt nur
Betrug.

| 2: 34 | 3: 16,20! | 5: 29,9; 40,4; Spr 30,32; Mi 7,16
| 6: Jer 23,9; Hab 3,16; Ps 55,6 | 7: 12,6; Jer 12,1;
Ps 73,3.12 | 9: 9,34; Ps 73,5 | 12: Jes 5,12! | 13: 18,5;
Spr 13,9! | 14: 22,17; Ps 10,4 | 15: 34,9; 35,3; Mal 3,14
| 16: 22,18; Ps 1,1 | 17: 18,6! | 18: Ps 1,4; 35,5 | 19: 27,14;
Ex 20,5 | 20: Ps 75,9; Jes 51,17; Jer 25,15; Offb 14,10
| 21: 14,21–22! | 22: Jes 45,9; Röm 11,34 | 24: Ps 63,6
| 26: 7,5!; Koh 9,2–3 · Jes 14,11 | 30: Dtn 32,35; Jer 18,17;
Obd 13 | 32: Koh 8,10 | 34: 2

Dritte Rede des Elifas

22 ¹ Da antwortete Elifas von Teman
und sprach:

2 Kann denn ein Mann Gott Nutzen
bringen?

> Nein, ein Kluger nützt nur sich
> selbst.

3 Liegt Schaddai daran, dass du gerecht
bist,

> und ist es sein Gewinn, wenn deine
> Wege unschuldig sind?

4 Straft er dich etwa deiner
Gottesfurcht wegen,

> geht er darum mit dir ins Gericht?

5 Ist deine Bosheit nicht gross,

> und sind deine Sünden nicht endlos?

6 Ohne Grund hast du deine Brüder
gepfändet,

> und den Nackten hast du die Kleider
> ausgezogen.

7 Dem Erschöpften hast du kein Wasser
gegeben,

> und dem Hungrigen hast du das Brot
> verweigert.

8 Dem Mächtigen gehört das Land,

> und sein Günstling darf darin
> wohnen.

9 Witwen hast du mit leeren Händen
fortgeschickt,

> und den Waisen sind die Arme
> gebrochen worden.

10 Darum bist du von Fallen umgeben,

> und es ängstigt dich plötzlicher
> Schrecken

11 oder Finsternis, in der du nichts
siehst,

> und eine Wasserflut, die dich
> bedeckt.

12 Ist Gott nicht erhaben wie der
Himmel?

> Und sieh, wie hoch die höchsten
> Sterne stehen!

13 Du aber sagst: Was weiss denn Gott?
Kann er richten hinter den dunklen
Wolken?

14 Wolken umhüllen ihn, dass er nichts
sieht,

> und auf dem Kreis des Himmels geht
> er einher.

15 Willst du dem Pfad der Vorzeit
folgen,

> den die Männer des Unheils
> gegangen sind,

16 die dahingerafft wurden vor der Zeit,

> über deren Grund sich ein Strom
> ergoss,

17 die zu Gott sprachen: Bleib uns fern!,
und: Was kann Schaddai uns tun?

18 Er aber hat ihre Häuser mit Gutem
gefüllt.

> Das Denken der Frevler ist mir fern!

19 Die Gerechten werden es sehen und
sich freuen,

> und der Schuldlose wird über sie
> spotten:

20 Vernichtet sind unsere Gegner,

> und was von ihnen übrig blieb, hat
> das Feuer verzehrt.

21 Vertrage dich mit ihm und schliesse
Frieden,

> so wird Gutes zu dir kommen.

22 Nimm die Weisung an aus seinem
Mund,

> und bewahre seine Worte in deinem
> Herzen.

23 Wenn du umkehrst zu Schaddai,
wirst du aufgerichtet.

> Wenn du aus deinem Zelt das
> Unrecht entfernst,

24 das Golderz in den Staub wirfst

> und das Ofirgold zu den Steinen der
> Bäche,

25 dann wird Schaddai dein Golderz
sein

> und strahlendes Silber für dich.

26 Dann wirst du dich an Schaddai
erfreuen

> und dein Angesicht zu Gott erheben.

27 Du wirst ihn bitten, und er wird dich
erhören,

> und deine Gelübde wirst du erfüllen.

28 Was du beschliesst, wird dir
gelingen,

> und über deinen Wegen strahlt
> Licht.

29 Denn Gott erniedrigt, die
hochmütig reden,

> wer aber die Augen niederschlägt,
> dem hilft er.

30 Er rettet selbst den, der nicht
schuldlos ist,
> durch die Reinheit deiner Hände
> wird er gerettet.

|1: 4,1! |2–3: 35,7 |5–9: 1,1! |6: 24,9–10;
Ex 22,25–26; Dtn 24,10 |7: 31,17; Jes 58,7; Ez 18,7;
Mt 25,42–43 |9: 29,12; 31,16.21; Ex 22,21–22 |10:
18,8–10!; 31,4 |12: 35,5; Ps 8,4 |13–14: 11,14; Ps 10,11;
73,11; Ez 8,12 |14: Ps 139,11–12 |15–16: Gen 7,21 |16:
14,19!; Jes 28,2; Mt 7,26–27 |17: 21,14! |18: 21,16! |19:
Ps 58,11; 107,42 |22: 6,10; 23,12 · Ps 119,11 |23: 11,14
|24: Ex 32,2; Jes 2,20 |26: 27,10; Jes 58,14 |28:
Ps 119,105 |29: 5,11!; Spr 3,34; Mt 23,12; Jak 4,6;
1Petr 5,5

Hiobs Antwort

23 1 Da antwortete Hiob und sprach:
2 Auch heute ist meine Klage
Widerspruch,
> die Last seiner Hand lässt mich
> stöhnen.

3 Wüsste ich doch, wie ich ihn finden,
zu seiner Stätte gelangen könnte!
4 Ich wollte den Rechtsfall vor ihm
darlegen
> und meinen Mund mit Beweisen
> füllen.

5 Ich möchte wissen, was er mir
erwidert,
> und erfahren, was er mir zu sagen
> hat.

6 Würde er mit mir streiten in der Fülle
seiner Macht?
> Wollte er doch nur auf mich achten!

7 Ein Aufrechter würde dort mit ihm
streiten,
> und für immer hätte ich mein Recht
> gesichert.

8 Seht, geh ich nach Osten, so ist er
nicht da,
> und nach Westen, so erkenne ich ihn
> nicht.

9 Wirkt er im Norden, so erblicke ich
ihn nicht,
> verbirgt er sich im Süden, so sehe ich
> ihn nicht.

10 Er aber kennt meinen Weg,
> wenn er mich prüfte, wäre ich wie
> Gold.

11 Mein Fuss ist auf seiner Spur
geblieben,

seinen Weg hielt ich ein und wich
nicht ab.
12 Ich liess nicht ab vom Gebot seiner
Lippen,
> die Worte seines Mundes bewahrte
> ich in meiner Brust.

13 Er aber hat es beschlossen, und wer
könnte ihn umstimmen?
> Und was er wollte, hat er getan.

14 Er wird vollenden, was mir
bestimmt ist,
> und hält noch mehr davon bereit.

15 Darum erschrecke ich vor ihm.
> Denke ich daran, macht er mir
> Angst.

16 Gott hat mein Herz verzagt gemacht,
> und Schaddai hat mich erschreckt.

17 Denn nicht von der Finsternis werde
ich vernichtet,
> und nicht, weil Dunkelheit mein
> Angesicht bedeckt.

24 1 Warum hat Schaddai keine
Zeiten der Strafe bestimmt,
> und warum erleben, die ihn ken-
> nen, seine Gerichtstage nicht?

2 Man verrückt Marksteine,
> man raubt die Herde und lässt sie
> weiden.

3 Den Esel der Waisen treibt man weg,
> das Rind der Witwe nimmt man
> zum Pfand.

4 Man drängt die Armen vom Weg,
> die Elenden des Landes müssen sich
> alle verstecken.

5 Sie sind wie Wildesel in der Wüste,
> sie ziehen aus zu ihrer Arbeit,
in der Steppe suchen sie nach Nahrung,
> nach Brot für sich und ihre Kinder.

6 In der Nacht ernten sie auf dem Feld,
> und sie plündern den Weinberg des
> Frevlers.

7 Nackt, ohne Kleidung, verbringen sie
die Nacht,
> und in der Kälte haben sie keine
> Decke.

8 Vom Regen der Berge sind sie
durchnässt,
> und an den Felsen suchen sie Schutz.

9 Man reisst das Waisenkind von der
Mutterbrust,

und den Säugling des Armen nimmt man zum Pfand.

10 Nackt gehen sie einher, ohne Kleidung,
und hungernd tragen sie Garben.

11 In den Gärten pressen sie Öl,
treten die Kelter und leiden Durst dabei.

12 In der Stadt hört man Menschen stöhnen,
und Verletzte schreien um Hilfe,
und Gott nimmt keinen Anstoss.

13 Sie sind zu Feinden des Lichts geworden,
sie kennen nicht seine Wege
und bleiben nicht auf seinen Pfaden:

14 Vor dem ersten Licht erhebt sich der Mörder,
er tötet den Elenden und Armen,
und der Dieb geht um in der Nacht.

15 Und der Ehebrecher lauert auf die Dämmerung.
Er denkt: Kein Auge soll mich sehen!,
und verhüllt sein Gesicht.

16 Im Finstern brechen sie ein in die Häuser,
bei Tag schliessen sie sich ein,
denn sie scheuen das Licht.

17 Als Morgen gilt ihnen die Finsternis,
mit den Schrecken der Finsternis sind sie vertraut.

18 Schnell fahren sie dahin wie auf Wasser,
verflucht ist ihr Erbteil auf Erden,
zu den Weinbergen gehen sie nicht mehr.

19 Dürre und Hitze nehmen das Schmelzwasser weg,
so das Totenreich die, die gesündigt haben.

20 Der Mutterschoss vergisst sie,
an ihnen laben sich die Maden,
niemand erinnert sich an sie,
und das Unrecht wird zerbrochen wie ein Baum.

21 Man bedrückt die Unfruchtbare, die nicht gebären kann,
und der Witwe tut man nichts Gutes.

22 Doch Gott erhält die Mächtigen durch seine Kraft,

wer sein Leben schon aufgegeben hat, steht wieder auf.

23 Er gibt ihnen Sicherheit, und sie stützen sich darauf,
und seine Augen wachen über ihren Wegen.

24 Sie kommen hoch für kurze Zeit, dann ist er nicht mehr da,
und sie werden erniedrigt,
dahingerafft wie alle,
und verwelken wie die Spitze der Ähre.

25 Und wenn es nicht so ist, wer will mich Lügen strafen
und meine Worte zunichte machen?

|2–6: 26,5–14 |2: Ps 32,4 |3–7: 31,35! |4: 13,3
|8–9: 9,11!; Ps 139,7–10 |10: Ps 139,1–3 · 27,6!;
Sach 13,9; Ps 17,3 |11: Ps 17,5 |12: 22,22! |13: Ps 115,3
|1–12: 30,1–10 |2: Dtn 19,14!; Hos 5,10 |3: 1Sam 12,3 ·
22,9 |4–5: 30,2–3 |5: 39,5–6; Dan 5,21 |7: 31,19–20.32;
Dtn 24,12–13; Jak 2,15–16 |8: Jes 32,2 |9–10: 22,6!
|10: 31,19–20 |12: 19,7!; 35,12 |13: 16; Joh 3,20 |14:
Jer 49,9; Obd 5 |15: Ps 10,8–11 |16: 13 |20: 7,5! ·
Spr 10,7 |23: Ps 11,4; Spr 15,3 |24: 14,2!

Dritte Rede des Bildad

25 1 Da antwortete Bildad von Schuach und sprach:

2 Herrschaft und Schrecken sind bei ihm,
der Frieden schafft in seinen Höhen.

3 Kann man seine Scharen zählen?
Und über wem geht nicht sein Licht auf?

4 Wie könnte da ein Mensch im Recht sein vor Gott,
und wie könnte rein sein, wer von einer Frau geboren wurde?

5 Wenn selbst der Mond nicht hell ist und die Sterne nicht rein sind in seinen Augen,

6 wie viel weniger der Sterbliche, diese Made,
und der Mensch, dieser Wurm!

|1: 9,1! |4–6: 4,17–19! |6: Ps 22,7

Hiobs Antwort

26 1 Da antwortete Hiob und sprach:
2 Wie hast du doch dem Kraftlosen geholfen
und dem Ohnmächtigen beigestanden!

3 Wie hast du den Unweisen doch beraten
und eine Fülle von Tiefsinn kundgetan!
4 Mit wessen Hilfe hast du gesprochen,
und wessen Geist ging aus von dir?
5 Es erzittern die Schatten dort unten,
die Wasser und ihre Bewohner.
6 Nackt liegt das Totenreich vor ihm
und unverhüllt der Abgrund.
7 Er spannt den Norden aus über der Leere
und hängt die Erde auf über dem Nichts.
8 Er bindet das Wasser in seine Wolken,
und die Wolken zerreissen darunter nicht.
9 Er verschliesst den Thron vor den Blicken
und breitet seine Wolken darüber.
10 Rund um das Wasser hat er eine Grenze gezogen,
wo Licht und Finsternis sich scheiden.
11 Die Säulen des Himmels erzittern
und erschrecken vor seinem Drohen.
12 Mit seiner Kraft hat er das Meer erregt
und mit seiner Klugheit Rahab zerschmettert.
13 Durch seinen Atem wurde der Himmel heiter,
seine Hand hat die flüchtige Schlange durchbohrt.
14 Seht, das sind nur die Säume seiner Wege,
und wie leise ist das Wort, das wir vernehmen!
Wer aber könnte das Donnern seiner Macht begreifen?

27 1 Und Hiob setzte seine Rede fort und sprach:
2 So wahr Gott lebt, der mir mein Recht entzogen,
und Schaddai, der mein Leben verbittert hat:
3 Solange noch Lebensgeist in mir ist
und Gottes Atem in meiner Nase,

4 sollen meine Lippen kein Unrecht reden,
und meine Zunge soll nichts Falsches sprechen.
5 Fern sei es mir, euch Recht zu geben,
bis in den Tod gebe ich meine Unschuld nicht preis.
6 An meiner Gerechtigkeit halte ich fest, und ich lasse sie nicht,
keinen meiner Tage hält mein Gewissen mir vor.
7 Wie dem Frevler soll es meinem Feind ergehen
und meinem Gegner wie dem Übeltäter.
8 Denn welche Hoffnung hat der Ruchlose, wenn er dahingeht,
wenn Gott ihm sein Leben nimmt?
9 Wird Gott sein Schreien hören,
wenn Not ihn überfällt?
10 Wird er seine Lust haben an Schaddai,
Gott anrufen zu jeder Zeit?
11 Ich will euch über Gottes Macht belehren,
euch nicht verhehlen, was Schaddai denkt.
12 Seht, ihr alle habt es gesehen,
warum bringt ihr so Nichtiges vor?
13 Das ist das Los des Frevlers bei Gott
und das Erbe jedes Gewalttätigen,
das er von Schaddai empfängt:
14 Wenn seine Kinder zahlreich werden, so ist es für das Schwert,
und seine Sprösslinge essen sich nicht satt.
15 Die übrig bleiben, bringt die Pest ins Grab,
und seine Witwen beweinen ihn nicht.
16 Wenn er auch Silber anhäuft wie Staub
und Kleider aufhäuft wie Lehm,
17 er häuft sie auf, doch tragen wird sie ein Gerechter,
und das Silber wird ein Schuldloser bekommen.
18 Wie eine Motte hat er sein Haus gebaut,

wie eine Hütte, die der Wächter aufstellt.

19 Reich legt er sich nieder, und nichts ist ihm genommen,
aber schlägt er die Augen auf, ist nichts mehr da.

20 Schrecken holt ihn ein wie eine Wasserflut,
bei Nacht rafft ihn der Sturmwind weg.

21 Der Ostwind packt ihn, dass er dahinfährt,
er fegt ihn fort von seinem Ort.

22 Schonungslos wirft er sich auf ihn,
vor seiner Macht muss er fliehen.

23 Man klatscht in die Hände über ihn
und zischt ihm nach von seiner Stätte her.

28 1 Es gibt eine Fundstätte für das Silber
und einen Ort für das Gold, das man läutert.

2 Aus der Erde wird Eisen gewonnen,
und aus dem Gestein wird Kupfer geschmolzen.

3 Der Finsternis hat man ein Ende gesetzt,
bis in den letzten Winkel erforscht man
das dunkle und finstere Gestein.

4 Fremde Leute haben einen Schacht gebrochen,
niemand denkt an sie,
ohne Halt für den Fuss hängen sie,
schweben sie fern von den Menschen.

5 Oben auf der Erde sprosst das Getreide,
und unten wird sie zerwühlt wie von Feuer.

6 Ihr Gestein ist der Ort des Lapislazuli,
und Goldstaub findet sich darin.

7 Kein Raubvogel kennt den Pfad,
und das Auge des Habichts hat ihn nicht erspäht.

8 Die stolzen Tiere haben ihn nicht betreten,
der Löwe ist nicht auf ihm geschritten.

9 An Kieselgestein hat man die Hand gelegt,
von Grund auf die Berge umgewühlt.

10 Durch die Felsen hat man Stollen geschlagen,
und lauter Kostbares hat das Auge erblickt.

11 Die Wasseradern hat man eingedämmt,
und was verborgen ist, bringt man ans Licht.

12 Die Weisheit aber, wo ist sie zu finden,
und wo ist der Ort der Erkenntnis?

13 Kein Mensch kennt ihren Wert,
und im Land der Lebenden ist sie nicht zu finden.

14 Die Urflut spricht: In mir ist sie nicht,
und das Meer spricht: Bei mir ist sie nicht.

15 Man kann sie nicht mit Feingold kaufen
und ihren Preis nicht mit Silber aufwiegen.

16 Mit Ofirgold kann man sie nicht bezahlen,
nicht mit kostbarem Karneol oder Lapislazuli.

17 Gold und Glas haben nicht ihren Wert,
und gegen goldenes Gerät kann man sie nicht eintauschen,

18 zu schweigen von Korallen und Kristall.
Und wer Weisheit hat, besitzt mehr als Perlen.

19 Der Chrysolith aus Kusch hat nicht ihren Wert,
mit reinem Gold kann man sie nicht bezahlen.

20 Und die Weisheit, woher kommt sie,
und wo hat die Erkenntnis ihren Ort?

21 Den Augen aller Lebenden ist sie verborgen,
und vor den Vögeln des Himmels ist sie versteckt.

22 Abgrund und Tod sprechen:
Die Kunde von ihr kam uns zu Ohren.

23 Gott weiss den Weg zu ihr,
und er kennt ihren Ort.

24 Denn er schaut bis zu den Enden
der Erde,
er sieht alles, was unter dem
Himmel ist.

25 Als er dem Wind sein Gewicht gab
und das Mass des Wassers
bestimmte,

26 als er dem Regen eine Grenze schuf
und Blitz und Donner einen Weg,

27 da hat er sie gesehen und ermessen,
er hat sie gefestigt und ergründet.

28 Zum Menschen aber sprach er:
Sieh, die Furcht des Herrn, das ist
Weisheit,
und Böses meiden ist Erkenntnis.

29 1 Und Hiob setzte seine Rede fort
und sprach:

2 Ach, wäre ich doch wie in früheren
Monden,
wie in den Tagen, da Gott mich
beschützte,

3 da er seine Leuchte über meinem
Haupt erstrahlen liess,
da ich in seinem Licht durch das
Dunkel ging,

4 wie ich in früheren Zeiten war,
als Gottes Freundschaft mein Zelt
beschützte,

5 als Schaddai noch bei mir war,
meine Kinder mich umgaben,

6 als ich meine Füsse in Sahne badete,
und der Fels mir Bäche von Öl ergoss,

7 als ich durchs Tor ging zur Stadt
hinauf,
meinen Sitz einnahm auf dem Platz.

8 Sahen mich die Jungen, so traten sie
zurück,
und die Alten erhoben sich und
blieben stehen.

9 Die Fürsten hörten auf zu reden
und legten die Hand auf ihren
Mund.

10 Die Stimme der Vornehmen
verstummte,
und ihre Zunge klebte am Gaumen.

11 Wessen Ohr mich hörte, der pries
mich glücklich,

und wessen Auge mich sah, der
bezeugte mir,

12 dass ich den Elenden rettete, der um
Hilfe schrie,
und die Waise, die ohne Helfer war.

13 Der Segen des Verlorenen kam auf
mich,
und das Herz der Witwe machte ich
jubeln.

14 Gerechtigkeit zog ich an als mein
Kleid,
das Recht war mein Mantel und
Turban.

15 Ich war Augen für den Blinden
und Füsse für den Lahmen.

16 Ein Vater war ich für die Armen,
und die Rechtssache des
Unbekannten habe ich geprüft.

17 Ich zerschmetterte dem Frevler den
Kiefer
und entriss seinen Zähnen die Beute.

18 So dachte ich: Wie der Phönix werde
ich sterben
mit meinem Nest und lange leben.

19 Meine Wurzel reicht bis zum
Wasser,
und auf meinen Zweigen nächtigt
der Tau.

20 Immer frisch bleibt mir meine Ehre,
und mein Bogen erneuert sich in
meiner Hand.

21 Sie hörten auf mich und warteten
und lauschten schweigend meinem
Rat.

22 Nach meinem Wort sprachen sie
nicht mehr,
und meine Rede träufelte auf sie.

23 Und wie auf den Regen harrten sie
auf mich
und sperrten ihren Mund auf wie
nach Spätregen.

24 Ich lachte über die, die mir nicht
glaubten,
und mein strahlendes Gesicht
konnten sie nicht trüben.

25 Ich bestimmte ihren Weg und sass
da als ihr Haupt
und wohnte wie ein König bei der
Kriegerschar,
wenn er die Traurigen tröstet.

30 ¹ Jetzt aber lachen über mich,
die jünger sind als ich,
deren Vorfahren ich so verachtete,
dass ich sie bei den Hunden meiner
Herde nicht geduldet hätte.
² Was hätte mir auch die Arbeit ihrer
Hände genützt?
Sie hatten ja keine Kraft mehr
³ aus Mangel und vor hartem
Hunger.
Sie nagen die Steppe ab,
das wüste und öde Land.
⁴ Sie pflücken das Salzkraut beim
Gesträuch,
und Ginsterwurzeln sind ihre
Speise.
⁵ Aus der Gemeinschaft werden sie
vertrieben,
man schreit ihnen nach wie einem
Dieb.
⁶ An den Talhängen müssen sie hausen,
in Erdlöchern und Felsklüften.
⁷ In den Sträuchern schreien sie,
unter wildem Gestrüpp drängen sie
sich zusammen.
⁸ Verworfene Leute ohne Namen,
sie wurden hinausgepeitscht aus
dem Land.
⁹ Und nun singen sie Spottlieder über
mich,
und auf mich zielt ihr Gerede.
¹⁰ Sie verabscheuen mich, sie halten
sich von mir fern
und spucken mir ins Gesicht.
¹¹ Denn er hat meine Bogensehne
gelöst und mich niedergebeugt,
sie aber liessen die Zügel vor mir
schiessen.
¹² Zur Rechten erhebt sich die Brut,
sie haben meine Füsse weggestossen
und ihre Unheilswege gegen mich
gebahnt.
¹³ Meinen Pfad haben sie aufgerissen,
sie schüren mein Verderben,
und niemand hält sie auf.
¹⁴ Wie durch eine breite Bresche
kommen sie,
zwischen den Trümmern wälzen sie
sich heran.
¹⁵ Schrecken stürzt auf mich ein,

wie der Wind verfliegt meine
Würde,
und mein Heil ist entschwunden
wie eine Wolke.
¹⁶ Und nun zerfliesst meine Seele in
mir,
Tage des Elends packen mich.
¹⁷ Bei Nacht werden mir die Knochen
durchbohrt,
und meine nagenden Schmerzen
hören nicht auf.
¹⁸ Mit grosser Gewalt packt er mich am
Kleid,
wie der Kragen meines Leibrocks
schnürt er mich ein.
¹⁹ Er hat mich in den Dreck geworfen,
ich bin wie Staub und Asche
geworden.
²⁰ Ich schreie zu dir, und du antwortest
mir nicht,
ich stehe da, und du bemerkst mich
nicht.
²¹ Grausam wirst du gegen mich,
mit der Macht deiner Hand verfolgst
du mich.
²² Du hebst mich in den Sturm, lässt
mich dahinfahren
und lässt mich vergehen im Heulen
des Windes.
²³ Ich weiss: Du treibst mich in
den Tod,
in das Haus, wo alles, was lebt, sich
versammelt.
²⁴ Doch streckt man nicht die Hand
aus, wenn man unter Trümmern liegt,
und schreit man nicht um Hilfe,
wenn man ins Unglück gerät?
²⁵ Habe ich nicht geweint um einen,
der harte Tage hatte,
war meine Seele nicht betrübt des
Armen wegen?
²⁶ Ich hoffte auf Gutes, und Böses kam,
ich wartete auf Licht, und es kam
Finsternis.
²⁷ Aufgewühlt ist mein Inneres, und es
kommt nicht zur Ruhe,
Tage des Elends haben mich ereilt.
²⁸ Finster ist mein Leben, ohne Sonne,
in der Gemeinde stehe ich auf und
schreie um Hilfe.

29 Ein Bruder der Schakale bin ich
geworden
   und ein Gefährte der Strausse.
30 Meine Haut ist schwarz und löst
sich ab,
   und vor Fieber glühen meine
   Knochen.
31 Traurig klingt meine Leier,
   und meine Flöte weint.

31

1 Einen Bund hatte ich mit
   meinen Augen geschlossen,
   nie einer Jungfrau nachzuschauen.
2 Was gäbe Gott von oben mir sonst
als Teil
   und als Erbteil Schaddai aus der
   Höhe?
3 Trifft nicht Unglück den Frevler
   und Missgeschick die Übeltäter?
4 Sieht er nicht meine Wege,
   und zählt er nicht alle meine
   Schritte?
5 Habe ich mich auf Falschheit
eingelassen,
   und eilte mein Fuss zum Betrug?
6 So wäge Gott mich auf gerechter
Waage,
   und er wird erkennen, dass ich
   schuldlos bin.
7 Ist mein Schritt abgewichen vom
Weg,
   und ist mein Herz meinen Augen
   gefolgt,
   und klebt an meinen Händen ein
   Makel?
8 So will ich säen, und ein anderer soll
essen,
   und meine Sprösslinge sollen
   entwurzelt werden.
9 Hat mein Herz sich von einer Frau
betören lassen,
   und habe ich an der Tür meines
   Nachbarn gelauert?
10 So soll meine Frau für einen anderen
mahlen,
   und andere sollen sich auf sie legen.
11 Denn das wäre eine Schandtat
   und eine Schuld, die vor die Richter
   gehört.
12 Ein Feuer wäre es, das bis zum
Abgrund fressen

und meinen ganzen Ertrag
vernichten würde.
13 Habe ich das Recht meines Knechtes
und meiner Magd missachtet,
   wenn sie eine Klage gegen mich
   vorbrachten?
14 Was könnte ich tun, wenn Gott sich
erhebt,
   und was ihm erwidern, wenn er es
   untersucht?
15 Hat nicht er, der mich im Mutterleib
erschuf, auch ihn erschaffen,
   und hat nicht einer uns im
   Mutterschoss gebildet?
16 Habe ich den Armen einen Wunsch
versagt
   und die Augen der Witwe
   verschmachten lassen?
17 Habe ich meinen Bissen allein
gegessen,
   und die Waise ass nicht mit?
18 Von Jugend an hat er mich
grossgezogen wie ein Vater
   und von Geburt an mich geleitet.
19 Habe ich mit angesehen, dass einer
umkam, weil er keine Kleider hatte,
   und dass ein Armer keine Decke
   hatte?
20 Haben seine Lenden mich nicht
gesegnet,
   und konnte er sich nicht wärmen
   mit der Wolle meiner Schafe?
21 Habe ich gegen die Waise meine
Hand erhoben,
   weil ich Helfer für mich sah im Tor?
22 So soll meine Schulter mir vom
Nacken fallen
   und mein Arm mir aus dem Gelenk
   brechen.
23 Denn mit Schrecken dachte ich an
Gottes Strafe,
   und vor seiner Hoheit hätte ich nicht
   bestehen können.
24 Habe ich mein Vertrauen auf Gold
gesetzt
   und das Feingold meine Zuversicht
   genannt?

25 Habe ich mich gefreut, dass mein Reichtum so gross war
und dass meine Hand viel erworben hatte?

26 Habe ich gesehen, wie die Sonne strahlte
und der Mond herrlich dahinzog,

27 und hat sich mein Herz dann heimlich betören lassen,
so dass ich ihnen Kusshände zuwarf?

28 Auch das wäre eine Schuld, die vor die Richter gehört,
denn ich hätte Gott in der Höhe verleugnet.

29 Habe ich mich über den Untergang meines Feindes gefreut
und triumphiert, weil ihn ein Unglück traf?

30 Ich erlaubte meinem Mund nicht zu sündigen,
mit einem Fluch sein Leben zu verwünschen.

31 Haben nicht meine Zeltgenossen gesagt:
Wer wird von seinem Fleisch nicht satt?

32 Kein Fremdling musste im Freien nächtigen,
dem Wanderer öffnete ich meine Türen.

33 Habe ich meine Vergehen verborgen, wie es Menschen tun,
meine Schuld in meiner Brust versteckt,

34 weil ich die grosse Menge fürchtete
und die Verachtung der Sippen mich erschreckte,
so dass ich mich still verhielt und nicht vor die Türe ging?

35 Ach, hätte ich einen, der mich anhört!
Hier ist mein Zeichen! Schaddai gebe mir Antwort!
Hätte ich die Klageschrift, die mein Gegner geschrieben hat!

36 Auf meine Schulter wollte ich sie legen,
als Kranz sie um das Haupt mir winden.

37 Jeden meiner Schritte wollte ich ihm kundtun,
ihm nahen wie ein Fürst.

38 Hat mein Acker gegen mich geklagt,
und weinten alle seine Furchen?

39 Habe ich seinen Ertrag verzehrt, ohne zu bezahlen,
und seinen Besitzer ums Leben gebracht?

40 So sollen Dornen wachsen statt des Weizens,
und statt der Gerste stinkendes Kraut!
Zu Ende sind die Reden Hiobs.

|5–14: 23,2–6 ·Jes 14,9;Spr 9,18;21,16 |6: 28,20–22;Ps 139,8;Spr 15,11 |7: 38,6 |8: 36,27–28; 37,11 |10: 38,8;Gen 1,4;Spr 8,27 |12: 9,13! |13: 12,10! · Jes 27,1! |1–11: 42,15 |1: 26,1 |2: 34,5 · 9,18;13,26 |3: Gen 2,7;33,4 |4: 20,19!;Ps 34,14 |5–6: 6,29! |6: 33,9; 23,10;16,17 |8: 8,13! |9: 35,12;Ps 18,42;Spr 1,28; Jer 14,12;Mi 3,4 |10: 22,26 |13: 20,29! |14: 21,19 |15: 18,13 |16–19: Lk 12,16–21 |17: Spr 13,22! |18: 4,19! |20: 15,21! · Mt 7,27 |23: Klgl 2,15 |2: Dtn 8,9 |7: 21 |8: 40,11;41,26 |9: Ps 144,5 |12–19: Spr 3,13–15 · 20–22 |14: 22 |15–19: Spr 8,10 |19: Spr 8,19 |20–22: 26,6 · 12–19 |21: 7 |22: 14 |23: Spr 2,6 |25–27: Spr 8,22–31 |25: Jes 40,12 |26: 5,10!;38,25;Gen 1,7–8 |28: Ps 111,10;Spr 1,7 |3: Ps 18,29 |4: 1,10 |6: 20,17; Dtn 32,13;33,24;Hld 5,1 |7: Rut 4,1 |8: 32,4!; Lev 19,32 |9: 21,5! |10: Ps 137,5 |11–17: 1,1! |12: 22,9! |14: 19,9;Ps 132,9;Jes 11,5;59,17;Eph 6,11 |16: Spr 29,7;Ps 68,6–7 |17: 1Sam 17,34–35;Ps 3,8; Joh 10,11–12 |19: Ps 1,1–3;Ez 31,7 |23: Dtn 32,7 |24: Spr 16,15 |25: 4,3 |1–10: 24,1–12 |1: 9;17,2;19,18 |2–3: 24,4–5 |7: 6,5 |9–10: 16,20! |9: 1!;Ps 69,13;Klgl 3,14 |10: Num 12,14;Dtn 25,9;Jes 50,6;Mt 26,67 |12: 19,12 |15: 4,14; 6,4;18,11;27,20 |16–19: 16,12–17 · Ps 22,15 |18: 16,8 |19: 42,6;Gen 18,27 |20: 19,7!;Ps 22,3 |21: 16,9 |25: 4,3–4 |26: Jer 8,15 |29: Jes 34,13;35,7; Jer 9,10;Ps 41,10 |30: 7,5; Klgl 4,8 · Ps 102,4 |1: Ex 20,17;Dtn 5,21;Mt 5,28–29 |2: 20,29! |4: 23,10; 34,21 |5–34: 1,1! |6: 6,2 · 6,29! |8: Lev 26,16; Dtn 28,30–31.38–40;Mi 6,15 |9: Spr 5,8 |10: 2Sam 12,11;Jer 8,10 |11: 28;Dtn 22,22;Spr 6,32 |12: 26,8! |13: Ex 21,2–11;Dtn 5,14 |15: 33,6;34,19; Spr 22,2;Mal 2,10 |16: 22,9! |17: 22,7! |19–20: 24,7.10 |21: 22,9! |23: 13,11 |24: Ps 52,9;Spr 11,28;Mt 6,19–20 |26–27: Dtn 4,19;17,2–3;Jer 8,2;Ez 8,16 |27: 1Kön 19,18;Hos 13,2 |28: 11! |29: Spr 24,17 |32: 24,7! |33: Spr 28,13 |35: 16,21;23,3–7;Ez 9,4.6 |38: Gen 4,10–11 |39: 1Kön 21,1–29 |40: Gen 3,17

29,24: Möglich ist auch die Übersetzung: «Ich lachte ihnen zu, wenn sie verzagt waren, …»

Die Reden Elihus

32 1 Nun hörten die drei Männer auf, Hiob zu antworten, denn er hielt sich selbst für gerecht. 2 Da entbrannte der Zorn Elihus, des Sohnes Barachels, des Busiters aus der Sippe Ram. Über Hiob entbrannte sein Zorn, weil er sich für gerechter hielt als Gott. 3 Und über seine drei Freunde entbrannte sein Zorn, weil sie keine Antwort gefunden und so Gott ins Unrecht gesetzt hatten. 4 Elihu aber hatte mit seinen Worten an Hiob gewartet, da sie älter waren als er. 5 Dann aber sah Elihu, dass die drei Männer keine Antwort mehr wussten. Da entbrannte sein Zorn.

6 Und Elihu, der Sohn Barachels, der Busiter, begann zu sprechen:
Ich bin noch jung,
  ihr aber seid hochbetagt.
Darum habe ich mich zurückgehalten und mich gescheut,
  euch mein Wissen zu offenbaren.
7 Ich dachte: Die Alten sollen reden,
  und die Bejahrten sollen Weisheit lehren.
8 Aber es ist der Geist in den Menschen
  und der Hauch Schaddais, der ihnen Einsicht gibt.
9 Nicht viele sind weise,
  und nicht die Alten verstehen, was recht ist.
10 Darum sage ich: Hört mir zu,
  auch ich will mein Wissen offenbaren.
11 Seht, ich habe auf eure Worte gewartet,
  auf eure klugen Reden wollte ich hören,
  bis ihr die rechten Worte gefunden hättet.
12 Aufmerksam bin ich euch gefolgt,
  doch seht, keiner hat Hiob zurechtgewiesen,
  keiner von euch hat seine Worte widerlegt.
13 Sagt nicht: Wir sind auf Weisheit gestossen,
  Gott kann ihn besiegen, nicht ein Mensch.
14 Aber nicht gegen mich hat er seine Worte gerichtet,
  und nicht mit euren Reden werde ich ihm erwidern.

15 Sie sind bestürzt, geben keine Antwort mehr,
  es fehlen ihnen die Worte.
16 Ich habe gewartet, doch sie sagen nichts,
  sie stehen da, geben keine Antwort mehr.
17 Auch ich will meinen Teil zur Antwort geben,
  mein Wissen will auch ich offenbaren.
18 Denn ich bin voll von Worten,
  mich drängt der Geist, der in mir ist.
19 Seht, mein Inneres ist wie Wein, der keine Luft hat,
  wie neugefüllte Schläuche will es bersten.
20 Ich muss reden, damit mir leichter wird,
  meine Lippen öffnen und Antwort geben.
21 Ich will für keinen Partei ergreifen
  und keinem Menschen schmeicheln.
22 Denn aufs Schmeicheln verstehe ich mich nicht,
  sonst raffte mich mein Schöpfer bald hinweg.

33 1 So achte, Hiob, auf meine Rede,
  und allen meinen Worten höre zu.
2 Sieh doch, ich habe meinen Mund geöffnet,
  es redet die Zunge in meinem Mund.
3 Aus aufrichtigem Herzen kommen meine Worte,
  und meine Lippen künden klare Erkenntnis.
4 Der Geist Gottes hat mich geschaffen,
  und der Atem Schaddais gibt mir Leben.
5 Widerlege mich, wenn du es kannst,
  lege es mir vor und stelle dich!
6 Sieh, vor Gott bin ich wie du,
  vom Lehm genommen bin auch ich.
7 Sieh, Furcht vor mir muss dich nicht schrecken,
  und kein Drängen von mir soll auf dir lasten.
8 Aber vor meinen Ohren hast du gesagt,

und ich höre noch den Laut deiner
Worte:

9 Rein bin ich, ohne Vergehen,
makellos und frei von Schuld.

10 Seht, er erfindet Anklagen gegen
mich,
er behandelt mich wie seinen Feind.

11 Er legt meine Füsse in den Block,
überwacht alle meine Wege.

12 Sieh, da hast du nicht Recht. Ich
antworte dir:
Gott ist grösser als der Mensch.

13 Warum hast du ihm vorgeworfen,
dass er auf Menschenworte keine
Antwort gebe?

14 Einmal redet Gott und ein zweites
Mal,
doch man achtet nicht darauf.

15 Im Traum, im Nachtgesicht,
wenn tiefer Schlaf auf die Menschen
fällt,
im Schlummer auf dem Lager,

16 da öffnet er das Ohr der Menschen
und erschreckt sie mit seiner
Warnung.

17 Er will den Menschen abbringen von
seinem Tun
und dem Mann seinen Hochmut
austreiben.

18 Er will ihn vor dem Grab bewahren
und sein Leben vor dem Tod.

19 Und er wird gemahnt durch Schmerz
auf seinem Lager
und durch unaufhörlichen Streit in
seinen Gliedern.

20 Und bei diesem Leben wird ihm das
Brot zum Ekel
und seiner Kehle die
Lieblingsspeise.

21 Sein Fleisch schwindet dahin, es ist
nicht mehr zu sehen,
und blossgelegt sind seine Knochen,
die man zuvor nicht sah.

22 So naht er sich dem Grab,
und sein Leben naht sich den
Todesmächten.

23 Ist dann ein Engel für ihn da,
ein Mittler, einer von den tausend,
der dem Menschen erklärt, was recht
ist,

24 und sich seiner erbarmt und
spricht:
Lass ihn nicht ins Grab hinabfahren,
das Lösegeld habe ich aufgebracht!,

25 wird sein Fleisch wieder frisch von
Jugendkraft,
zur Zeit seiner Jugend kehrt er
zurück.

26 Er betet zu Gott, und der nimmt ihn
gnädig an,
und er darf sein Angesicht mit
Freuden schauen.
Und er gibt dem Menschen seine
Unschuld wieder.

27 Er wird vor den Leuten lobsingen
und sagen:
Ich habe gesündigt und das Recht
verkehrt,
aber es ist mir nicht vergolten
worden.

28 Er hat mich losgekauft, dass ich nicht
ins Grab fuhr,
und mein Leben darf das Licht
schauen.

29 Sieh, dies alles tut Gott
zweimal, dreimal mit dem
Menschen:

30 Er holt ihn zurück aus dem Grab,
dass ihm das Licht des Lebens
leuchtet.

31 Gib acht, Hiob, hör mir zu,
schweig, ich aber will reden!

32 Doch hast du Worte, so entgegne
mir,
sprich, denn gern gäbe ich dir Recht!

33 Wenn nicht, so hör du mir zu,
schweig, und ich will dich Weisheit
lehren!

34

1 Elihu aber begann wieder und
sprach:

2 Achtet, ihr Weisen, auf meine Rede,
und ihr Einsichtigen, hört mir zu!

3 Denn das Ohr prüft die Worte,
wie der Gaumen die Speise kostet.

4 Was recht ist, wollen wir
untersuchen,
miteinander erforschen, was gut ist.

5 Denn Hiob hat gesagt: Ich bin gerecht,
Gott aber hat mir mein Recht
verweigert.

6 Soll ich verhehlen, dass ich im Recht
bin?
> Tödlich traf mich der Pfeil, obwohl
> ich ohne Schuld bin. –

7 Wo wäre ein Mann wie Hiob,
> der lästert, wie man Wasser trinkt,

8 der mit Übeltätern gemeinsame
Sache macht
> und Umgang pflegt mit Frevlern?

9 Denn er hat gesagt: Es nützt einem
nichts,
> wenn man Gott zu gefallen sucht.

10 Darum, ihr Verständigen, hört
mir zu!
> Niemals wird Gott freveln
> und Schaddai Unrecht tun.

11 Was ein Mensch getan hat, vergilt er
ihm,
> und jeden lässt er treffen, was
> seinem Wandel entspricht.

12 Das ist gewiss: Gott tut kein Unrecht,
> und Schaddai verdreht nicht das
> Recht.

13 Wer hat ihm die Erde übergeben,
> und wer hat ihm den ganzen
> Erdkreis anvertraut?

14 Wenn er es wollte,
> könnte er seinen Geist und seinen
> Atem zurücknehmen,

15 dann käme alles Fleisch um auf einen
Schlag,
> und der Mensch würde wieder zu
> Staub.

16 Hast du nun Verstand, so höre dies,
> achte genau auf meine Worte.

17 Kann denn herrschen, wer das Recht
hasst?
> Oder willst du den Gerechten, den
> Gewaltigen beschuldigen?

18 Er sagt zu einem König: Du
Nichtswürdiger!,
> zu Edlen: Frevler!

19 Er ergreift nicht Partei für Fürsten,
> und den Vornehmen zieht er dem
> Geringen nicht vor,
denn sie alle sind das Werk seiner
Hände.

20 Plötzlich sterben sie, und mitten in
der Nacht

kommen Vornehme um und fahren
dahin,
> und Mächtige werden abgesetzt,
> ohne dass eine Hand sich rührt.

21 Denn seine Augen wachen über den
Wegen des Menschen,
> und er sieht alle seine Schritte.

22 Es gibt kein Dunkel und keine
Finsternis,
> wo Übeltäter sich verbergen
> könnten.

23 Er muss den Menschen nicht erst
vor Gottes Gericht erscheinen
lassen.

24 Die Gewaltigen zerschlägt er ohne
Verhör,
> und andere setzt er an ihre Stelle.

25 So achtet er auf ihre Taten
> und stürzt sie über Nacht, und sie
> werden zermalmt.

26 Für ihre Freveltaten schlägt er sie
> vor aller Augen,

27 weil sie von ihm gewichen sind
> und seine Wege nicht beachtet
> haben.

28 So lässt er das Schreien des Armen zu
sich dringen,
> und das Schreien der Elenden
> hört er.

29 Verhält er sich aber still, wer darf ihn
beschuldigen?
> Und verbirgt er das Angesicht, wer
> könnte ihn sehen?
Er aber wacht über Völker und
Menschen,
> 30 dass nicht ein Ruchloser König
> wird,
> einer, der dem Volk zum Fallstrick
> würde.

31 Wenn aber einer zu Gott spricht:
Ich habe geirrt, ich will nicht mehr
unrecht handeln.

32 Was ich nicht sehe, lehre du mich.
Habe ich Unrecht getan, so will ich es
nicht wieder tun! –

33 Soll er dann nach deinem Sinn
vergelten, weil du ihn verwirfst?
> Entscheide du, nicht ich,
> und sage, was du erkannt hast!

34 Verständige werden mir zustimmen,
und jeder Weise, der mir zuhört:
35 Hiob redet ohne Einsicht,
und seinen Worten fehlt die
Weisheit.
36 Soll Hiob doch immer weiter geprüft
werden,
weil er Antworten gibt wie die
Frevler!
37 Denn Frevel fügt er noch zu seiner
Sünde,
in unserer Mitte treibt er Spott,
und viele Reden führt er gegen Gott.

35 1 Elihu aber begann wieder und
sprach:
2 Hältst du es für richtig,
dass du sagst: Ich bin gerechter
als Gott,
3 dass du fragst, was es dir nützt:
Was habe ich davon, wenn ich ohne
Sünde bin?
4 Ich will dir Antwort geben
und deinen Freunden bei dir.
5 Blicke auf zum Himmel und sieh,
und schau die Wolken an, hoch
über dir.
6 Wenn du sündigst, was schadest du
ihm,
und wenn deine Missetaten
zahlreich sind, was tust du ihm an?
7 Wenn du gerecht bist, was gibst du
ihm,
und was empfängt er aus deiner
Hand?
8 Männer wie dich trifft dein Frevel
und Menschen deine Gerechtigkeit.
9 Unter grosser Bedrückung schreien
sie,
vor dem Arm der Mächtigen rufen
sie um Hilfe.
10 Aber keiner sagt: Wo ist Gott, mein
Schöpfer,
der Lobgesänge schenkt in der
Nacht,
11 der uns verständiger macht als die
Tiere der Erde
und weiser als die Vögel des
Himmels.
12 Da schreien sie – doch er gibt nicht
Antwort –,

weil die Bösen übermütig sind.
13 Es ist umsonst, Gott hört es nicht,
und Schaddai achtet nicht darauf.
14 Und wenn du sagst, du kannst ihn
nicht sehen:
Der Rechtsfall liegt vor ihm, warte
nur auf ihn!
15 Jetzt aber, da sein Zorn nicht gestraft
hat
und er sich um Torheit nicht viel
kümmert,
16 reisst Hiob seinen Mund auf zu
leerem Gerede,
macht viele Worte ohne Einsicht.

36 1 Und Elihu fuhr fort und sprach:
2 Habe etwas Geduld, so will ich
dich belehren,
denn es gibt noch mehr zu sagen für
Gott.
3 Mein weites Wissen will ich zeigen
und meinem Schöpfer Recht
verschaffen.
4 Das ist gewiss: Meine Worte trügen
nicht,
vor dir steht ein Mann, der alles
weiss.
5 Sieh, Gott ist gewaltig und gibt nicht
nach,
gewaltig ist die Kraft seines Herzens.
6 Den Frevler lässt er nicht am Leben,
aber den Elenden schafft er Recht.
7 Er wendet seine Augen nicht ab von
den Gerechten
und setzt sie zu Königen auf den
Thron,
und sie werden für immer erhöht.
8 Doch wenn sie in Ketten gefesselt
sind,
in Stricken des Elends gefangen
werden,
9 so hält er ihnen ihr Tun vor
und ihre Vergehen, ihre
Überheblichkeit.
10 Und er öffnet ihr Ohr für die
Warnung
und befiehlt ihnen, vom Bösen zu
lassen.
11 Wenn sie hören und sich
unterwerfen,

vollenden sie ihre Tage im Glück
und ihre Jahre in Freuden.

12 Wenn sie aber nicht hören, so laufen
sie in den Tod
und kommen um ohne Einsicht.

13 Ruchlos Gesinnte aber hegen Zorn,
sie rufen nicht um Hilfe, wenn er sie
gefesselt hat.

14 In der Jugend muss ihre Seele
sterben,
und ihr Leben endet im
Jünglingsalter.

15 Den Elenden rettet er durch sein
Elend
und öffnet durch Drangsal sein Ohr.

16 Du aber wurdest verführt, weil die
Not fern war,
weit war dein Raum und ohne
Bedrängnis
und voll von fetten Speisen dein
behaglicher Tisch.

17 Da hat dich das Gericht über den
Frevler getroffen,
Gericht und Urteil haben dich
erfasst.

18 Lass dich nicht vom Zorn zum Spott
verleiten
und von hohem Lösegeld verführen.

19 Kann dein Schreien dich aus der Not
befreien,
oder können es alle Anstrengungen
der Kraft?

20 Sehne nicht die Nacht herbei,
da Völker sich erheben von ihrer
Stätte.

21 Hüte dich, wende dich nicht zum
Bösen,
dass du es dem Elend vorziehst.

22 Sieh, Gott ist erhaben in seiner
Macht.
Wer ist ein Lehrer wie er?

23 Wer hat ihm seinen Weg
vorgeschrieben,
und wer hat je gesagt: Du hast
Unrecht getan?

24 Denke daran, sein Tun zu preisen,
das Menschen besungen haben.

25 Alle Menschen haben es gesehen,
ein jeder kann es von ferne
erblicken.

26 Sieh, Gott ist erhaben, und wir
begreifen nichts,
unerforschlich ist die Zahl seiner
Jahre.

27 Er zieht die Wassertropfen herauf,
als Regen fallen sie aus dem Dunst.

28 Die Wolken ergiessen den Regen
und lassen ihn reichlich
niedergehen auf die Menschen.

29 Wer versteht, wie er die Wolken
ausbreitet,
wie er donnert aus seinem Zelt?

30 Sieh, er hat sich mit Blitzen
umgeben
und die Gründe des Meeres bedeckt.

31 Damit richtet er die Völker,
Speise gibt er im Überfluss.

32 Seine Hände sind mit Blitzen
bedeckt,
und er setzt sie gegen den Angreifer
ein.

33 Sein Donner kündet ihn an,
wenn er voll Zorn gegen den Frevel
eifert.

37 1 Darüber erbebt mein Herz
und will mir aus dem Leib
springen.

2 Hört das Tosen seiner Stimme
und das Grollen aus seinem Mund.

3 Er lässt es dahinfahren unter dem
ganzen Himmel
und sein Licht bis an die Enden der
Erde.

4 Hinter ihm her brüllt der Donner,
er donnert mit seiner
majestätischen Stimme
und hält die Blitze nicht zurück,
wenn man seinen Donner hört.

5 Gott donnert wunderbar mit seiner
Stimme,
tut grosse Dinge, die wir nicht
verstehen.

6 Zum Schnee spricht er: Fall nieder zur
Erde!,
zum Regenschwall: Werde mächtig!

7 Er versiegelt die Hände aller
Menschen,
dass jedermann sein Tun erkenne.

8 Da gehen die Tiere ins Versteck
und bleiben in ihren Höhlen.

9 Aus seiner Kammer kommt der Sturm
    und mit den Nordwinden die Kälte.

10 Durch Gottes Atem entsteht das Eis,
    und die weite Fläche des Wassers erstarrt.

11 Er belädt die Wolken mit Wasser,
    die Wolken streuen seine Blitze aus.

12 Und sie zucken hin und her,
    wie er sie lenkt,
dass sie alles tun, was er ihnen befiehlt,
    über den ganzen Erdkreis hin.

13 Als Zuchtrute für die Erde
    oder zum Segen lässt er sie kommen.

14 Höre dies, Hiob,
    steh auf und betrachte die Wunder Gottes!

15 Weisst du, wie Gott über sie gebietet,
    wie er das Licht seiner Wolken blitzen lässt?

16 Begreifst du das Schweben der Wolken,
    die Wunder dessen, der alles weiss?

17 Du, dem die Kleider zu warm sind,
    wenn die Erde still liegt unter dem Südwind,

18 kannst du wie er die Wolkendecke ausbreiten,
    fest wie einen gegossenen Spiegel?

19 Belehre uns, was wir ihm sagen sollen,
    nichts können wir vorbringen in der Finsternis.

20 Muss man ihm sagen, dass ich rede?
    Muss man ihm kundtun, dass einer etwas sagt?

21 Eben sah man das Licht nicht,
    das hinter den Wolken leuchtet,
    doch dann fuhr ein Wind vorüber
    und fegte sie weg.

22 Von Norden kommt goldener Glanz,
    von furchtbarer Hoheit ist Gott umgeben.

23 Schaddai begreifen wir nicht,
    er ist erhaben an Kraft und reich an Gerechtigkeit.
    Und das Recht beugt er nicht.

24 Darum sollen ihn die Menschen fürchten.

Ob einer weise ist, kümmert ihn nicht.

|2:1,1!; Gen 22,21 · 6,29!; 35,2 |4: 8,8–10; 15,10; 29,8; 30,1 |6: Lev 19,32 |7: 12,12 |8: 33,4 · 35,11; Spr 2,6; Koh 2,26 |11: 6 |18: 7,11 |19: Jer 20,9; Mt 9,17 |21: Spr 28,23; 29,5 |1: 33 |4: 12,10! · 32,8!; Gen 2,7 |6: 31,15! · 10,9! |7: 13,21! |9: 6,29!; 27,6! |10: 13,24! |11: 13,27 |12: 1Joh 5,9 |13: 9,3 |14: 29; 2Kön 6,10 |15–18: 4,12–16; Gen 20,3–7; Dan 4,10–17 |16: 36,10 |19–22: 5,17–18; Spr 3,11–12 |19: 30,17 |20: Ps 107,18 |21: 19,20; Ps 91,11–13; Mt 18,10 |23: 5,1! · 16,19! |24: 36,18 |25: 42,12–17 |29: 14 |30: Ps 56,14; 103,4 |33: 1 |3: 12,11 |4: Gen 3,5.22; 1Kön 3,9 |5: 6,29! · 27,2 |7: 15,16 |9: 21,15 |10: 8,3; 36,23; Spr 24,12 |12: 8,3! |14–15: Ps 104,29 |15: Gen 3,19; 6,3; Koh 12,7 |17: 40,8 |18: Jes 40,23 |19: 31,15! |21: 31,4; Spr 5,21 |22: Ps 139,11–12 |24: Dan 2,21 |25: 36,20! |28: 35,9; Dtn 24,15 |32: 36,22 |35: 38,2; 42,3 |36: 7,17 |2: 32,2 |3: 21,15; 34,9 |5: 22,12; 37,16 |7: 22,2–3; Röm 11,35 |9: 34,28 |10: Ps 42,9 |11: 32,8! |12: 24,12; 27,9! |13: Jes 1,15; Jer 11,11 |14: 9,11! |2: 22 |5: 9,4 |6: 5,15 |7: 7,19; Ps 33,18; 34,16 |8: Ps 107,10 |10: 15; 33,16 |12: 4,21 |15: 10 |16: Ps 23,5; 18,20 |18: 33,24 |20: 3,4; 34,25 |22: 2; 34,32; 38,3 |23: 34,10; Jes 40,13–14; Röm 11,34 |26: 5,9!; 38,21 |27–29: 5,10!; 26,8; 28,26 |28: Ps 147,8 |31: Ps 104,13–15 |32: 37,2–5; 38,35; Ps 18,14–15; 29; 93,3–4 |33: 40,9 |2–5: 36,32! |3: 12 |4: 5,10! |5: 5,9! |6: Ps 147,16 |8: Ps 104,22 |9: 9,9; 38,22; Ps 135,7 |10: 38,29–30; Ps 147,17 |11: 26,8! |12: 3; Ps 148,8 |14: Ps 111,2 |16: 35,5 |18: Lev 26,19; Dtn 28,23; Ps 104,2 |19: 12,25 |22: Ez 1,4; Hab 3,4 |23: 8,3!

Die Reden Gottes und Hiobs Antworten

38 1 Und der HERR antwortete Hiob aus dem Sturm und sprach:

2 Wer behauptet, mein Walten sei finster,
    und redet ohne Einsicht?

3 Gürte deine Lenden wie ein Mann,
    dann will ich dich fragen, und du lehre mich!

4 Wo warst du, als ich die Erde gegründet habe?
    Rede, wenn du es weisst!

5 Wer hat ihre Masse bestimmt? Weisst du es?
    Und wer hat die Messschnur über sie gespannt?

6 Wo sind ihre Pfeiler eingesenkt,
    und wer hat ihren Eckstein gelegt,

7 als alle Morgensterne jauchzten
    und alle Götter jubelten?

8 Und wer hat das Meer mit Toren verschlossen,
    als es hervorbrach aus dem Mutterschoss?

9 Ich habe ihm Gewölk als Kleid gegeben
  und dunkle Wolken als Windeln.

10 Ich habe ihm ein Becken gegraben
  und ihm Tor und Riegel gegeben.

11 Und ich habe gesagt: Bis hierher und nicht weiter!
  Hier müssen deine stolzen Wogen sich legen.

12 Hast du in deinem Leben je dem Morgen geboten,
  der Morgenröte ihren Ort gezeigt,

13 dass sie die Enden der Erde fasse
  und die Frevler von ihr abgeschüttelt werden?

14 Wie Ton unter dem Siegel wandelt sie sich
  und wirft Falten wie ein buntes Kleid.

15 Den Frevlern wird ihr Licht genommen,
  und der erhobene Arm wird zerbrochen.

16 Bist du zu den Quellen des Meeres gekommen
  und auf dem Grund der Urflut geschritten?

17 Haben sich dir die Tore des Todes aufgetan,
  und hast du die Tore der Finsternis gesehen?

18 Hast du ermessen, wie weit die Erde ist?
  Rede, wenn du das alles weisst!

19 Wo ist der Weg zur Wohnung des Lichts,
  und wo hat die Finsternis ihren Ort?

20 Kannst du sie in ihr Gebiet begleiten,
  und kennst du die Wege zu ihrem Haus?

21 Du weisst es, du wurdest ja damals geboren,
  und gross ist die Zahl deiner Tage!

22 Bist du zu den Speichern des Schnees gelangt,
  und hast du die Speicher des Hagels gesehen?

23 Ich habe sie aufgespart für die Zeit der Bedrängnis,

für den Tag des Kampfes und der Schlacht.

24 Auf welchem Weg breitet das Licht sich aus,
  verteilt der Ostwind sich über die Erde?

25 Wer hat der Regenflut die Bahn gebrochen
  und Blitz und Donner den Weg bestimmt,

26 es regnen zu lassen auf unbewohntes Land,
  auf die menschenleere Wüste,

27 den Durst von Öde und Wildnis zu stillen
  und frisches Gras gedeihen zu lassen?

28 Hat der Regen einen Vater,
  und wer hat die Tropfen des Taus gezeugt?

29 Aus wessen Schoss ist das Eis gekommen,
  und wer hat den Reif des Himmels geboren?

30 Zu Stein erstarren die Gewässer,
  und die Wasserfläche gefriert.

31 Knüpfst du die Bande des Siebengestirns,
  und löst du die Fesseln des Orion?

32 Führst du die Sterne des Tierkreises heraus zur rechten Zeit,
  und leitest du den Grossen und den Kleinen Bären?

33 Kennst du die Gesetze des Himmels,
  und setzt du auf der Erde seine Herrschaft durch?

34 Erhebst du deine Stimme zu den Wolken,
  dass ein Regenguss auf dich niederströmt?

35 Entsendest du die Blitze, dass sie niederfahren
  und zu dir sagen: Hier sind wir!?

36 Wer hat dem Ibis Weisheit verliehen
  und wer dem Hahn Einsicht gegeben?

37 Wer zählt mit Weisheit die Wolken ab,
  und wer schüttet die Krüge des Himmels aus,

38 wenn der Erdboden hart ist, als sei er gegossen,
und die Schollen fest aneinander haften?

39 Erjagst du Beute für die Löwin,
stillst du die Gier der jungen Löwen,

40 wenn sie kauern in den Höhlen,
im Dickicht auf der Lauer liegen?

41 Wer bereitet dem Raben sein Futter,
wenn seine Jungen zu Gott schreien,
ohne Nahrung umherflattern?

39 1 Kennst du die Zeit, da das Steinwild gebärt,
achtest du auf das Kreissen der Hirschkühe?

2 Zählst du die Monate, da sie trächtig sind,
und kennst du die Zeit, da sie gebären?

3 Sie kauern nieder, sie werfen ihre Jungen,
sie werden frei von ihren Wehen.

4 Ihre Jungen werden kräftig, im Freien wachsen sie auf,
ziehen davon und kommen nicht wieder.

5 Wer hat den Wildesel freigelassen,
wer hat ihm seine Fesseln gelöst?

6 Ich gab ihm die Steppe zur Behausung
und das salzige Land zur Wohnung.

7 Er lacht über das Lärmen der Stadt,
das Geschrei des Treibers hört er nicht.

8 In den Bergen sucht er seine Weide,
und allem, was grün ist, spürt er nach.

9 Wird der Wildstier dir dienen wollen
und an deiner Krippe nächtigen?

10 Zwingst du ihn am Strick in die Furche,
und wird er hinter dir pflügen in den Tälern?

11 Vertraust du ihm, weil er so stark ist,
und überlässt du ihm deine Arbeit?

12 Glaubst du daran, dass er wiederkommt
und deine Ernte auf deine Tenne bringt?

13 Munter schlägt die Straussenhenne mit den Flügeln,
doch birgt ihre Schwinge wie die eines Storchs oder eines Falken?

14 Nein, sie überlässt ihre Eier der Erde
und hält sie warm im Staub

15 und vergisst, dass ein Fuss sie zerdrücken
und ein Tier sie zertreten kann.

16 Hart ist sie zu ihren Jungen, als wären es fremde,
es kümmert sie nicht, wenn ihre Mühe umsonst war.

17 Denn Gott hat ihr die Weisheit versagt
und ihr keinen Anteil an Einsicht gegeben.

18 Wenn sie aber in die Höhe schnellt,
lacht sie über Ross und Reiter.

19 Gibst du dem Ross die Kraft,
bekleidest du seinen Hals mit der Mähne?

20 Lässt du es springen wie die Heuschrecke?
Schrecklich ist sein majestätisches Schnauben.

21 Es scharrt im Tal und freut sich seiner Kraft,
es zieht aus, den Waffen entgegen.

22 Es lacht über die Furcht und hat keine Angst
und weicht nicht zurück vor dem Schwert.

23 Über ihm klirrt der Köcher,
blitzen der Speer und das Schwert.

24 Mit Donnern und Tosen fliegt es dahin
und lässt sich nicht halten, wenn das Horn ertönt.

25 Wenn das Horn ertönt, wiehert es froh,
und es wittert von weitem die Schlacht,
das Lärmen der Anführer und das Kriegsgeschrei.

26 Schwingt der Falke sich auf dank deiner Einsicht
und breitet seine Flügel aus in den Südwind?

27 Steigt auf deinen Befehl der Adler auf
und baut seinen Horst in der Höhe?

28 Auf Felsen wohnt und nächtigt er,
auf dem Felszahn und der
Bergspitze.

29 Von dort erspäht er den Frass,
seine Augen blicken in die Ferne,

30 und seine Jungen schlürfen Blut,
und wo es Erschlagene gibt, da ist er.

40 1 Und der HERR antwortete Hiob
und sprach:

2 Will der Besserwisser mit Schaddai
streiten?
Wer Gott anklagen will, der
antworte nun!

3 Da antwortete Hiob dem HERRN und
sprach:

4 Siehe, ich bin zu gering, was könnte
ich dir erwidern?
Ich lege die Hand auf meinen Mund.

5 Einmal habe ich geredet, und ich
wiederhole es nicht,
zweimal, und ich tue es nicht wieder.

6 Und der HERR antwortete Hiob aus
dem Sturm und sprach:

7 Gürte deine Lenden wie ein Mann,
dann will ich dich fragen, und du
lehre mich!

8 Willst du wirklich mein Recht
bestreiten,
mich schuldig sprechen, damit du
Recht bekommst?

9 Hast du denn einen Arm wie Gott,
und kannst du donnern wie er?

10 Schmücke dich doch mit Majestät
und Hoheit,
und kleide dich mit Herrlichkeit und
Pracht!

11 Lass die Fluten deines Zorns sich
ergiessen,
und erniedrige jeden Stolzen mit
deinem Blick,

12 mit deinem Blick beuge jeden
Stolzen nieder,
und zertritt die Frevler an ihrem Ort!

13 Verscharre sie allesamt im Staub,
schliesse sie im Verborgenen ein!

14 Dann will auch ich dich preisen,
weil deine Rechte dir Erfolg verleiht.

15 Sieh doch den Behemot, den ich
schuf wie auch dich.
Gras frisst er wie das Rind.

16 Sieh doch die Kraft in seinen Lenden
und die Stärke in den Muskeln
seines Leibes!

17 Sein Schwanz ist stark wie eine
Zeder,
die Sehnen seiner Schenkel sind
dicht geflochten.

18 Seine Knochen sind Röhren aus
Bronze,
seine Gebeine gleichen eisernen
Stäben.

19 Er ist das Erste von Gottes
Geschöpfen.
Hätte sein Schöpfer ihm ein Schwert
geben sollen?

20 Die Berge bringen ihm Ertrag,
und alle wilden Tiere spielen dort.

21 Er lagert unter Lotusbüschen,
versteckt im Schilf und im Sumpf.

22 Lotusbüsche spenden ihm Schatten,
und die Weiden am Bach umgeben
ihn.

23 Wenn der Strom anschwillt, läuft er
nicht weg,
er bleibt ruhig, selbst wenn der
Jordan ihm ins Maul dringt.

24 Kann man ihn fangen, wenn er die
Augen offen hat,
ihm mit Haken die Nase
durchbohren?

25 Kannst du den Leviatan an der Angel
ziehen
und mit dem Strick seine Zunge
niederdrücken?

26 Legst du ihm ein Binsenseil um die
Nase,
und durchbohrst du seinen Kiefer
mit einem Haken?

27 Wird er dich lange um Gnade bitten
und freundlich mit dir sprechen?

28 Wird er einen Vertrag mit dir
schliessen,
dass er für immer dein Sklave wird?

29 Spielst du mit ihm wie mit einem
Vogel,
und bindest du ihn an für deine
Mädchen?

30 Feilschen die Jagdgenossen um ihn,
verteilen sie ihn unter die Händler?

31 Kannst du seine Haut mit Spiessen
spicken
   und mit Fischharpunen seinen
   Kopf?
32 Lege nur deine Hand daran,
   denk an den Kampf! – Du wirst es
   nicht noch einmal tun!

41 1 Sieh, die Hoffnung wird
   enttäuscht,
   schon wer es sieht, wird
   niedergeworfen.
2 Niemand ist so tollkühn, es
aufzustören.
   Und wer könnte mir standhalten?
3 Wer hat je etwas für mich getan, dass
ich ihm etwas schuldig wäre?
   Mir gehört alles, was unter dem
   Himmel ist.
4 Ich will nicht schweigen von seinen
Gliedern,
   seiner grossen Kraft und seiner
   anmutigen Gestalt.
5 Wer hätte je sein Kleid aufgedeckt,
   wer könnte ihm zwischen die Zähne
   greifen?
6 Wer hätte das Tor seines Rachens
geöffnet?
   Seine Zähne sind von Schrecken
   umgeben.
7 Sein Rücken besteht aus Reihen von
Schilden,
   mit festem Siegel verschlossen.
8 Einer fügt sich an den andern,
   kein Lufthauch dringt zwischen
   ihnen durch.
9 Fest haftet einer am andern,
   sie greifen ineinander und lassen
   sich nicht trennen.
10 Sein Niesen lässt ein Licht
aufstrahlen,
   und seine Augen sind wie die Lider
   der Morgenröte.
11 Fackeln fahren aus seinem Maul,
   Feuerfunken sprühen hervor.
12 Rauch kommt aus seinen Nüstern
   wie aus einem kochend heissen
   Topf.
13 Sein Atem entzündet Kohlen,
   und eine Flamme schlägt aus seinem
   Maul.

14 Stärke wohnt in seinem Nacken,
   und vor ihm her tanzt die Angst.
15 Straff ist sein Bauch,
   hart und fest.
16 Hart wie Stein ist sein Herz
   und hart wie der untere Mühlstein.
17 Selbst Göttern graut es, wenn es sich
erhebt,
   vor Schrecken ziehen sie sich
   zurück.
18 Trifft man es, hält kein Schwert ihm
stand,
   kein Speer, kein Wurfgeschoss oder
   Pfeil.
19 Eisen gilt ihm wie Häcksel,
   Bronze wie morsches Holz.
20 Ein Pfeil jagt es nicht in die Flucht,
   Schleudersteine sind ihm nur Stroh.
21 Wie Stroh gilt ihm die Keule,
   und es lacht über das Klirren des
   Schwerts.
22 An seiner Unterseite sind spitze
Scherben,
   einen Dreschschlitten zieht es über
   den Schlamm.
23 Es macht die Tiefe zu einem
siedenden Kessel,
   das Meer zu einem Salbentopf.
24 Hinter sich lässt es eine leuchtende
Spur,
   man meint, die Flut sei Silberhaar.
25 Auf Erden gibt es nichts, das ihm
gleicht:
   ein Geschöpf ohne Furcht.
26 Auf alles Hohe blickt es herab,
   es ist König über alle Stolzen.

42 1 Da antwortete Hiob dem
   HERRN und sprach:
2 Ich weiss, dass du alles vermagst.
   Nichts, was du willst, ist dir
   unmöglich.
3 Wer behauptet ohne Einsicht, mein
Walten sei finster?
   Darum habe ich vorgebracht, was ich
   nicht verstehe,
   was zu wunderbar ist für mich und
   was ich nicht begreife.
4 Höre, und ich will reden,
   ich will dich fragen, und du lehre
   mich!

5 Vom Hörensagen hatte ich von dir
gehört,
   jetzt aber hat mein Auge dich
   gesehen.
6 Darum gebe ich auf und tröste mich
   im Staub und in der Asche.

|1: 9,17! |2: 34,35!; 40,2; 42,3 |3: 40,7 · 36,22;
Jes 45,9 |4: 15,7; Ps 78,69; 104,9; 148,6 |5: Sach 1,16
|6: 26,7 |7: Ps 148,3 · 1,6! |8–11: Ps 33,7; Spr 8,29!;
Jer 5,22 |8: 26,10 |11: Ps 89,10; 93,4; 104,7 |12–13:
Mal 3,20 |15: 18,6! |16: Ps 77,20 |17: Ps 9,14 |21:
36,26 |22: 37,9! |23: Ex 9,18; Jes 30,30; Ez 13,11–13
|25: 28,26 |28: Jer 14,22 |29–30: 37,10! |31–32: 9,9! |33:
Jer 31,35–36 |35: 36,32! |36: 39,17 |39: Ps 104,21 |40:
38,40 |41: Ps 147,9; Mt 6,26 |1: Ps 29,9 |5–6: 24,5 |7:
3,18 |16: Klgl 4,3 |17: 38,36 |20–25: Joh 2,4–9; Jer 8,16
|26: Jer 8,7 |27: Spr 23,5; 30,19 |28–30: Hab 1,8 |30:
Ps 79,2; Jer 7,33; 16,4; Mt 24,28 |2: 38,2; Jes 45,9 |4:
Gen 32,11 · 21,5! |6: 9,17! |7: 38,3 |8: 34,17 |9: 36,33
|11: 28,8! |12: Dan 4,34 |14: Ps 8,6 |19: 41,25; Spr 8,22
|21: 38,40 |24: Jes 27,1 |26: Jes 37,29! |29: Ps 104,26
|3: Dtn 10,14; Ps 24,1 |11–13: Offb 9,17 |13: Ps 18,9 |22:
Jes 41,15; Am 1,3 |25: 40,19 |26: 28,8! |2: Mt 19,26 |3:
34,35! · Ps 139,6 |4: 38,3; 40,7 |5: 19,25,27 |6: 30,19;
2,8

38,36: Ibis und Hahn galten als Wetterpropheten.
40,15: Behemot und Leviatan (40,25) sind unbe-
zwingbare Riesentiere. In der Regel werden sie mit
Nilpferd (Behemot) und Krokodil (Leviatan) gleich-
gesetzt.
42,6: Möglich ist auch die Übersetzung: «Darum
widerrufe ich und bereue ...»

Hiobs Wiederherstellung

7 Nachdem der HERR diese Worte zu
Hiob geredet hatte, sprach der HERR zu
Elifas von Teman: Mein Zorn ist gegen
dich und deine beiden Freunde entbrannt, denn ihr habt nicht die Wahrheit über mich gesprochen wie mein
Diener Hiob.
8 So nehmt euch nun sieben Stiere
und sieben Widder und geht zu meinem
Diener Hiob und bringt ein Brandopfer
für euch dar. Mein Diener Hiob aber soll
für euch bitten, denn auf ihn will ich hören, so dass ich euch nichts Schlimmes

antue, weil ihr nicht die Wahrheit über
mich gesprochen habt wie mein Diener
Hiob. 9 Da gingen Elifas von Teman,
Bildad von Schuach und Zofar von
Naama und taten, was der HERR ihnen
gesagt hatte. Und der HERR hörte auf
Hiob. 10 Und der HERR wendete das Geschick Hiobs, als er für seine Freunde
bat, und der HERR gab Hiob doppelt so
viel, wie er besessen hatte.

11 Da kamen alle seine Brüder und
Schwestern und alle seine früheren Bekannten zu ihm und assen mit ihm in
seinem Haus und bekundeten ihm ihre
Teilnahme und trösteten ihn über all
das Unglück, das der HERR auf ihn gebracht hatte. Und jeder gab ihm eine Kesita und einen goldenen Ring. 12 Der
HERR aber segnete Hiob danach mehr
als zuvor. Er hatte vierzehntausend
Schafe, sechstausend Kamele, tausend
Joch Rinder und tausend Eselinnen.
13 Und er hatte sieben Söhne und drei
Töchter. 14 Und er nannte die erste Je-
mima, die zweite Kezia und die dritte
Keren-Happuch. 15 Es fanden sich aber
im ganzen Land keine Frauen, die so
schön waren wie die Töchter Hiobs, und
ihr Vater gab ihnen Erbbesitz wie ihren
Brüdern.

16 Und Hiob lebte danach noch hun-
dertvierzig Jahre, und er sah seine Kinder und Enkel, vier Generationen.
17 Und Hiob starb alt und lebenssatt.

|7: Num 23,1; 1Chr 15,26 |8: Ez 14,14.20 |9: 4,1! ·
2,11 |10: 8,7 |11: 19,13–14 · Gen 33,19 |12–17: 33,25 |13:
1,2 |15: 27,1–11 |16: Ps 90,10 · Ps 128,5–6 |17:
Gen 25,8!

42,11: Kesita ist eine antike Geldeinheit.
42,14: Die Namen der Töchter bedeuten: Turteltaube, Zimtblüte und Schminkfläschchen.

Die Psalmen

ERSTES BUCH (PS 1–41)

Die beiden Wege

1 1 Wohl dem,
der nicht dem Rat der Frevler folgt
und nicht auf den Weg der Sünder tritt,
noch sitzt im Kreis der Spötter,
2 sondern seine Lust hat an der
Weisung des HERRN
und sinnt über seiner Weisung Tag
und Nacht.
3 Der ist wie ein Baum,
an Wasserbächen gepflanzt:
Er bringt seine Frucht zu seiner Zeit,
und seine Blätter welken nicht.
Alles, was er tut, gerät ihm wohl.
4 Nicht so die Frevler;
sie sind wie Spreu,
die der Wind verweht.
5 Darum werden die Frevler nicht
bestehen im Gericht,
noch die Sünder in der Gemeinde
der Gerechten.
6 Denn der HERR kennt den Weg der
Gerechten,
der Weg der Frevler aber vergeht.

| 1: 17,5; 26,4–5; 40,5; 119,1.101; Spr 1,10.15;
4,14–15.27 | 2: 37,31; 40,9; 94,12; 112,1; 119,1; Jos 1,8 | 3:
52,10; 92,13–15; Jer 17,7–8 | 4: 35,5; 83,14; Hiob 21,18
| 6: 2,12; 112,10; Spr 4,18–19

Der HERR und sein Gesalbter

2 1 Warum sind die Nationen in Aufruhr
und sinnen die Völker Nichtiges?
2 Die Könige der Erde erheben sich,
und es verschwören sich die Fürsten
gegen den HERRN und seinen
Gesalbten:
3 Lasst uns zerreissen ihre Stricke
und von uns werfen ihre Fesseln!
4 Der im Himmel thront, lacht,
der Herr spottet ihrer.
5 Da fährt er sie an in seinem Zorn,
und in seinem Grimm erschreckt
er sie:

6 Ich selbst habe meinen König
eingesetzt
auf Zion, meinem heiligen Berg.
7 Kundtun will ich den Beschluss des
HERRN:
Er sprach zu mir: Mein Sohn bist du,
ich habe dich heute gezeugt.
8 Bitte mich, so gebe ich dir die
Nationen zum Erbe
und die Enden der Erde zum
Eigentum.
9 Du kannst sie zerschlagen mit
eisernem Stab,
wie Töpfergeschirr sie
zerschmeissen.
10 Darum, ihr Könige, kommt zur
Einsicht,
lasst euch warnen, ihr Herrscher der
Erde!
11 Dient dem HERRN mit Furcht,
und mit Zittern küsst seine Füsse,
12 damit er nicht zürnt und ihr nicht
umkommt auf eurem Weg,
denn leicht entbrennt sein Zorn.
Wohl allen, die Zuflucht suchen bei ihm.

| 1–2: Apg 4,25–26 | 3: 149,8 | 4: 11,4! · 37,13; 59,9
| 7: 89,27–28; 2Sam 7,14; Mt 3,17; Lk 3,22; Apg 13,33;
Hebr 1,5; 5,5 | 8: 72,8–11 | 9: Offb 2,27; 12,5; 19,15 ·
Jer 18,6 | 10–11: 72,11 | 12: 1,6! · 34,9

2,11–12: Der Massoretische Texts wurde
korrigiert; er lautet übersetzt: «Dient dem HERRN mit
Furcht, und jauchzt mit Zittern. 12 Küsst den Sohn,
damit er nicht ...»

Wie zahlreich sind meine Feinde

3 1 Ein Psalm Davids, als er vor seinem Sohn Absalom floh.
2 HERR, wie zahlreich sind meine
Feinde,
viele sind es, die gegen mich
aufstehen,
3 viele, die von mir sagen:
Er hat keine Hilfe bei Gott. *Sela*
4 Du aber, HERR, bist mir Schild,

bist meine Ehre und erhebst mein
Haupt.

5 Laut rufe ich zum HERRN,
  und er antwortet mir von seinem
  heiligen Berg. *Sela*

6 Ich lag und schlief,
  nun bin ich erwacht, denn der HERR
  hält mich.

7 Ich fürchte mich nicht vor vielen
tausend Kriegern,
  die ringsum mich belagern.

8 Steh auf, HERR,
  hilf mir, mein Gott.
Allen meinen Feinden hast du das Kinn
zerschmettert,
  die Zähne der Frevler hast du
  zerschlagen.

9 Beim HERRN ist die Hilfe,
  dein Segen über deinem Volk. *Sela*

|1: 2Sam 15,13–14 |2: 25,19 |4: 7,11; 18,3 · 62,8 ·
27,6; 110,7 |6: 4,9! |7: 27,3 |8: 58,7

3,1: Die Psalmenüberschriften sind spätere Zu-
sätze. Sie enthalten Hinweise für die musikalische
Aufführung, Angaben über Verfasser, Zweck und Ent-
stehungshintergrund eines Psalms.
   3,3: «Sela» ist ein den Psalmen nachträglich hin-
zugefügter Fachausdruck für die Rezitation oder die
musikalische Begleitung; er wird meist als Wieder-
holungszeichen (da capo) oder als Pausenzeichen für
ein musikalisches Zwischenspiel verstanden.

Du lässt mich sicher wohnen

4 1 Für den Chormeister. Mit Saitenspiel. Ein Psalm Davids.

2 Erhöre mich, wenn ich rufe,
  Gott meiner Gerechtigkeit.
In der Bedrängnis hast du mir Raum
geschaffen.
  Sei mir gnädig und höre mein Gebet.

3 Ihr Mächtigen, wie lange noch bleibt
meine Ehre geschändet,
  wollt ihr Nichtiges lieben, auf Lügen
  sinnen? *Sela*

4 Erkennt, dass der HERR seinen
Getreuen erwählt hat.
  Der HERR hört, wenn ich zu ihm
  rufe.

5 Ereifert euch, doch sündigt nicht,
  bedenkt es auf eurem Lager und
  werdet still. *Sela*

6 Bringt wahre Opfer dar
  und vertraut auf den HERRN.

7 Viele sagen: Wer lässt uns Gutes
schauen?
  Entschwunden ist über uns das Licht
  deines Angesichts, HERR.

8 Du hast mir Freude ins Herz gegeben,
  mehr als in der Zeit, da es Korn und
  Wein gibt in Fülle.

9 In Frieden will ich mich niederlegen
und schlafen,
  denn du allein, HERR, lässt mich
  sicher wohnen.

|2: 118,5 |5: Eph 4,26 |6: 51,21 |7: 31,17; 44,4;
67,2; 80,4; 119,135; Num 6,25.26 |9: 3,6; Lev 26,6;
Spr 3,24

4,7: Möglich ist auch die Übersetzung: «… Erhebe
über uns das Licht deines Angesichts, HERR.»

Du segnest den Gerechten

5 1 Für den Chormeister. Zum Flötenspiel. Ein Psalm Davids.

2 Höre meine Worte, HERR,
  vernimm mein Seufzen.

3 Achte auf mein lautes Schreien,
  mein König und mein Gott,
  denn ich will zu dir beten.

4 HERR, am Morgen hörst du meine
Stimme,
  am Morgen richte ich dir Opfer zu
  und warte.

5 Denn du bist nicht ein Gott, dem
Frevel gefällt,
  nicht darf der Böse bei dir weilen.

6 Prahler dürfen nicht
  vor deine Augen treten.
Du hasst alle Übeltäter,
  7 vernichtest die Lügner.
Den Mörder und Betrüger
  verabscheut der HERR.

8 Ich aber darf durch deine grosse Güte
  eintreten in dein Haus.
Zu deinem heiligen Tempel hin will ich
mich niederwerfen
  in Ehrfurcht vor dir.

9 HERR, leite mich in deiner
Gerechtigkeit
  um meiner Feinde willen,
  ebne vor mir deinen Weg.

10 Denn in ihrem Mund ist nichts
Wahres,
  ihr Inneres ist Verderben,

ein offenes Grab ist ihre Kehle,
aalglatt ist ihre Zunge.
11 Lass sie büssen, Gott,
sie sollen fallen durch ihre eigenen
Ränke.
Ihrer vielen Verbrechen wegen
verstosse sie,
denn sie lehnen sich auf gegen dich.
12 Doch freuen sollen sich alle, die bei
dir Zuflucht suchen,
immerfort sollen sie jubeln.
Beschütze sie, dass über dich
frohlocken,
die deinen Namen lieben.
13 Denn du, HERR, segnest den
Gerechten,
wie mit einem Schild deckst du ihn
mit Wohlgefallen.

|2–3: 86,6; 130,1–2 |3: 44,5; 84,4; 145,1 |4: 46,6;
88,14 |5: 15,1; 101,7 |7: 55,24 |8: 138,2 |9: 25,4!–5;
27,11; 143,10; Jes 26,7 |10: 12,3!; 55,22; Röm 3,13 |12:
40,17; 64,11 · 69,37!

5,1: Möglicherweise ist statt «Zum Flötenspiel.»
zu übersetzen: «Gegen Krankheit.»

Strafe mich nicht in deinem Zorn

6 1 Für den Chormeister. Mit Saitenspiel auf der Achten. Ein Psalm Davids.
2 HERR, strafe mich nicht in deinem
Zorn
und züchtige mich nicht in deinem
Grimm.
3 Sei mir gnädig, HERR, denn ich
verschmachte,
heile mich, HERR, denn meine
Gebeine sind erschrocken.
4 Tief erschrocken ist meine Seele.
Du aber, HERR, wie lange?
5 Kehre wieder, HERR, errette mein
Leben,
hilf mir um deiner Gnade willen.
6 Denn im Tod gedenkt man deiner
nicht,
wer wird im Totenreich dich
preisen?
7 Ich bin erschöpft von meinem
Seufzen,
ich tränke jede Nacht mein Bett,

mit meinen Tränen überschwemme
ich mein Lager.
8 Schwach geworden ist mein Auge vor
Gram,
matt geworden von allen, die mich
bedrängen.
9 Weicht von mir, ihr Übeltäter alle,
denn der HERR hat mein lautes
Weinen gehört.
10 Der HERR hat mein Flehen gehört,
der HERR nimmt mein Gebet an.
11 Es werden zuschanden, es
erschrecken alle meine Feinde,
sie werden zurückweichen, werden
zuschanden im Nu.

|2: 38,2; Jer 10,24 |3: 41,5; Jer 17,14 |4: 13,2.3 |6:
30,10; 88,11–13; 115,17; Jes 38,18 |8: 31,10; Hiob 17,7
|9: 119,115! |11: 35,4!

Gott ist ein gerechter Richter

7 1 Ein Klagelied Davids, das er dem
HERRN sang wegen des Benjaminiten Kusch.
2 HERR, mein Gott, bei dir suche ich
Zuflucht,
hilf mir vor allen meinen Verfolgern
und rette mich,
3 damit mich nicht einer wie ein Löwe
zerreisst,
mich zerfleischt, und keiner ist da,
der rettet.
4 HERR, mein Gott, wenn ich dies getan
habe:
Wenn Unrecht an meinen Händen
klebt,
5 wenn ich dem, der gut zu mir war,
Böses tat
und den beraubte, der mich ohne
Grund bedrängt,
6 so verfolge mich der Feind und hole
mich ein,
trete zu Boden mein Leben
und lege in den Staub meine Ehre.
Sela
7 Steh auf, HERR, in deinem Zorn,
erhebe dich gegen den Grimm
meiner Feinde
und mache dich auf, mir zu helfen im
Gericht, das du bestellt hast.

8 Lass die Schar der Völker um dich
stehen,
  und throne über ihr in der Höhe.
9 Der HERR richtet die Völker.
Schaffe mir Recht, HERR, nach meiner
Gerechtigkeit,
  und nach meiner Unschuld
  geschehe mir.
10 Zu Ende gehe die Bosheit der Frevler,
  doch dem Gerechten gib Bestand,
du, der du die Herzen und Nieren prüfst,
gerechter Gott.
11 Mein Schild ist Gott,
  der denen hilft, die aufrichtigen
  Herzens sind.
12 Gott ist ein gerechter Richter
  und ein Gott, der täglich zürnt.
13 Fürwahr, schon wieder schärft einer
sein Schwert,
  hat seinen Bogen gespannt, bereit
  zum Schuss,
14 Todeswaffen hält er sich bereit,
  seine Pfeile macht er zu
  Brandgeschossen.
15 Sieh, er empfängt Frevel, geht
schwanger mit Unheil
  und gebärt Lug und Trug.
16 Er grub eine Grube und hob sie aus,
  doch er stürzte in das Grab, das er
  machte.
17 Sein Frevel kommt zurück auf sein
Haupt,
  auf seinen Scheitel fährt seine Untat
  herab.
18 Ich will den HERRN preisen für seine
Gerechtigkeit,
  will singen dem Namen des HERRN,
  des Höchsten.

|3: 10,9; 17,12; 22,14 |6: 44,26; 143,3 |7: 10,12! |9:
9,5 |10: 26,2!; Jer 11,20; 17,10 |11: 3,4! |12: 9,5 |15:
Hiob 15,35; Jes 59,4 |16: 9,16; 35,7–8; 57,7; 141,10;
Spr 26,27 |17: 1Kön 8,32 |18: 18,50!

7,8: Der Massoretische Text wurde korrigiert; er
lautet übersetzt: «…, und über ihr kehre zurück in die
Höhe.»

Was ist der Mensch

8 1 Für den Chormeister. Nach dem
  Kelterlied. Ein Psalm Davids.
2 HERR, unser Herr,
  wie herrlich ist dein Name in allen
  Landen,
  der du deine Hoheit über den
  Himmel gebreitet hast.
3 Aus dem Mund der Kinder und
Säuglinge
  hast du ein Bollwerk errichtet
deiner Widersacher wegen,
  um ein Ende zu bereiten dem Feind
  und dem Rachgierigen.
4 Wenn ich deinen Himmel sehe, das
Werk deiner Finger,
  den Mond und die Sterne, die du
  hingesetzt hast:
5 Was ist der Mensch, dass du seiner
gedenkst,
  und des Menschen Kind, dass du
  dich seiner annimmst?
6 Du hast ihn wenig geringer gemacht
als Gott,
  mit Ehre und Hoheit hast du ihn
  gekrönt.
7 Du hast ihn zum Herrscher gesetzt
über die Werke deiner Hände,
  alles hast du ihm unter die Füsse
  gelegt:
8 Schafe und Rinder, sie alle,
  dazu auch die Tiere des Feldes,
9 die Vögel des Himmels und die Fische
im Meer,
  was da die Pfade der Meere
  durchzieht.
10 HERR, unser Herr,
  wie herrlich ist dein Name in allen
  Landen.

|3: Mt 21,16 |4: 19,2; 102,26 |5–7: Hebr 2,6–8 |5:
144,3; Hiob 7,17 |6: Gen 1,26–28 |7: 1Kor 15,27;
Eph 1,22

8,1: Möglicherweise ist statt «Nach dem Kelterlied.» zu übersetzen: «Nach der gittischen Weise.»
8,2: Der Massoretische Text wurde korrigiert; er
lautet übersetzt: «…, der du, breite deine Hoheit über
den Himmel.»

Vergiss nicht die Gebeugten (Ps 9 und 10)

9 1 Für den Chormeister. Nach der Weise «Stirb für den Sohn». Ein Psalm Davids.

2 Ich will dich preisen, HERR, von ganzem Herzen, *(Alef)*
will verkünden alle deine Wunder.

3 Ich will mich freuen und frohlocken über dich,
will deinem Namen singen, du Höchster,

4 dass meine Feinde zurückweichen, *(Bet)*
dass sie straucheln und umkommen vor dir.

5 Denn du hast mein Recht und meine Sache geführt,
dich auf den Thron gesetzt als ein gerechter Richter.

6 Du hast die Nationen gescholten, den Frevler vernichtet, *(Gimel)*
ihren Namen getilgt für immer und ewig.

7 Der Feind ist zunichte, für immer in Trümmern,
Städte hast du entvölkert, dahin ist ihr Ruhm.

8 Der HERR aber thront ewig,
zum Gericht hat er seinen Thron aufgestellt.

9 Er richtet den Erdkreis in Gerechtigkeit,
spricht gerechtes Urteil den Völkern.

10 So wird der HERR eine Burg für den Bedrückten, *(Waw)*
eine Burg in der Zeit der Not.

11 Darum vertrauen auf dich, die deinen Namen kennen,
denn du verlässt nicht, die dich suchen, HERR.

12 Singt dem HERRN, der auf Zion thront, *(Sajin)*
verkündet unter den Völkern seine Taten.

13 Denn er, der Blutschuld rächt, hat ihrer gedacht,
hat nicht vergessen den Notschrei der Gebeugten.

14 Sei mir gnädig, HERR, sieh, wie elend ich bin, weil sie mich hassen, *(Chet)*
du hebst mich empor aus den Toren des Todes,

15 damit ich all deinen Ruhm verkünde,
in den Toren der Tochter Zion über deine Hilfe jauchze.

16 Nationen sind versunken in der Grube, die sie selbst gegraben haben, *(Tet)*
im Netz, das sie heimlich legten, hat ihr Fuss sich verfangen.

17 Kundgetan hat sich der HERR, Gericht hat er gehalten,
im Werk seiner Hände hat sich der Frevler verstrickt. *Zwischenspiel. Sela*

18 Zurückkehren ins Totenreich müssen die Frevler, *(Jod)*
alle Nationen, die Gott vergessen.

19 Doch der Arme bleibt nicht für immer vergessen, *(Kaf)*
die Hoffnung der Elenden nicht auf ewig verloren.

20 Steh auf, HERR, damit nicht der Mensch triumphiert,
damit die Nationen gerichtet werden vor dir.

21 Lege, HERR, Schrecken auf sie,
erkennen sollen die Nationen, dass sie Menschen sind. *Sela*

10 1 Warum, HERR, bist du fern, *(Lamed)*
verbirgst dich in der Zeit der Not?

2 In seinem Hochmut verfolgt der Frevler den Elenden.
Sie sollen sich fangen in den Ränken, die sie ersonnen haben.

3 Es rühmt der Frevler seine freche Gier,
und der Habsüchtige lästert, verachtet den HERRN.

4 Hochmütig wähnt der Frevler:
Er greift nicht ein, es ist kein Gott.
Das ist all sein Denken.

5 Seine Wege haben jederzeit Bestand.
Fern von ihm, hoch droben sind deine Gerichte,
alle seine Gegner fährt er an.

6 Er spricht in seinem Herzen: Ich
werde nicht wanken,
  von Generation zu Generation bin
  ich vom Unglück verschont.
7 Voll Fluch ist sein Mund, voll Trug
und Gewalttat, *(Pe)*
  unter seiner Zunge ist Verderben
  und Unheil.
8 In Verstecken liegt er auf der Lauer,
  im Verborgenen bringt er den
  Unschuldigen um.
Seine Augen spähen nach dem
Wehrlosen, *(Ajin)*
  9 er lauert im Versteck wie ein Löwe
  im Dickicht.
Er lauert darauf, den Elenden zu fangen,
  er fängt den Elenden, schleppt ihn
  fort in seinem Netz.
10 Zerschmettert sinken die Wehrlosen
nieder
  und fallen durch seine Gewalt.
11 Er spricht in seinem Herzen: Gott
hat es vergessen,
  er hat sein Angesicht verborgen, er
  sieht es nimmermehr.
12 Steh auf, HERR! Gott, erhebe deine
Hand, *(Qof)*
  vergiss nicht die Gebeugten.
13 Warum darf der Frevler Gott
verachten,
  in seinem Herzen sprechen: Du
  greifst nicht ein.
14 Doch du siehst Unheil und Kummer,
(Resch)
  blickst hin, nimmst es in deine
  Hand.
Dir überlässt es der Wehrlose,
  dem Verwaisten bist du Helfer.
15 Zerbrich den Arm des Frevlers und
des Bösen, *(Schin)*
  ahnde seinen Frevel, dass man
  nichts mehr findet von ihm.
16 Der HERR ist König für immer und
ewig,
  verschwunden sind die Nationen
  aus seinem Land.
17 Das Verlangen der Gebeugten hast
du vernommen, HERR, *(Taw)*
  fest machst du ihr Herz, du neigst
  dein Ohr,

18 um Recht zu schaffen dem
Verwaisten und Bedrückten.
  Keiner wird mehr gewalttätig sein
  auf Erden.

| 2: 138,1 | 5: 7,9.12 | 6: 34,17! | 8: 10,16!; 45,7; 93,2;
102,13; Klgl 5,19 | 9: 67,5; 96,13; 98,9; Apg 17,31 | 10:
18,3!; 37,39; 46,2.8.12 | 11: 91,14 | 13: Hiob 34,28 | 16:
7,16! | 18: 50,22 | 20: 10,12! | 3–4: 10,13 | 4: 14,1 | 7:
Röm 3,14 | 8: 37,32 | 9: 7,3! | 11: 64,6; 94,7; Jes 29,15;
Ez 8,12; 9,9 | 12: 7,7; 9,20 | 13: 10,3–4 | 14: 31,8 ·
146,8.9! | 15: 37,17 | 16: 9,8!; 93,1!-2; 146,10; Ex 15,18;
Jer 10,10 | 18: Dtn 10,18

Ps 9 und 10: Die beiden Psalmen bilden eine
Einheit. Es handelt sich um ein sogenanntes
alphabetisches Lied, dessen Strophen in der Regel
mit dem jeweils nächsten Buchstaben des
hebräischen Alphabets einsetzen.
  9,1: Möglicherweise ist statt «Stirb für den
Sohn» zu übersetzen: «Nach Mädchenweise» oder:
«Nach der elamitischen Weise».
  10,10: Möglich ist auch die Übersetzung: «Er
duckt sich, kauert sich nieder, und durch seine
Übermacht fallen die Wehrlosen.»

Beim HERRN bin ich geborgen

11

1 Für den Chormeister. Von David.
Beim HERRN bin ich geborgen. Wie
könnt ihr zu mir sagen:
  Flieh in die Berge wie ein Vogel.
2 Denn sieh, die Frevler spannen den
Bogen,
  schon haben sie ihren Pfeil auf die
  Sehne gelegt,
um im Dunkel zu schiessen auf die,
  die aufrichtigen Herzens sind.
3 Wenn die Grundfesten stürzen,
  was vermag der Gerechte?
4 Der HERR ist in seinem heiligen
Palast,
  der HERR hat im Himmel seinen
  Thron.
Seine Augen schauen herab,
  seine Blicke prüfen die Menschen.
5 Der HERR prüft den Gerechten und
den Frevler,
  und seine Seele hasst den, der
  Gewalt liebt.
6 Feurige Kohlen und Schwefel lasse er
auf die Frevler regnen,
  und Glutwind sei das Los ihres
  Bechers.

7 Denn der HERR ist gerecht, er liebt gerechte Taten;

die Aufrichtigen werden sein Angesicht schauen.

|2: 37,14; 57,5; 64,4 |4: Hab 2,20 · 2,4; Jes 66,1; Mt 5,34 · 14,2; 102,20 |6: 140,11; Gen 19,24 |7: 45,8 · 140,14

11,1: Der Massoretische Text wurde korrigiert; er lautet übersetzt: «...: Flieht zu eurem Berg, ihr Vögel.»
11,6: Der Massoretische Text wurde korrigiert; er lautet übersetzt: «Fallen, Feuer und Schwefel lasse er ...»

Die Worte des HERRN sind lauter

12 1 Für den Chormeister. Auf der Achten. Ein Psalm Davids.

2 Hilf, HERR, denn dahin ist der Getreue,

verschwunden sind die Getreuen unter den Menschen.

3 Nichtiges reden sie untereinander, mit glatter Zunge, mit zwiespältigem Herzen reden sie.

4 Der HERR vertilge alle falschen Lippen,

die Zunge, die vermessen redet,

5 die da sagen: Mit unserer Zunge sind wir mächtig,

unser Mund spricht für uns, wer kann Herr sein über uns.

6 Die Elenden werden unterdrückt, die Armen seufzen,

darum stehe ich auf, spricht der HERR,

und bringe Rettung dem, den man hart bedrängt.

7 Die Worte des HERRN sind lautere Worte,

Silber, im Schmelztiegel geläutert, von Erde gereinigt siebenfach.

8 Du, HERR, wirst sie halten,

wirst ihn für immer bewahren vor dieser Generation,

9 auch wenn ringsum Frevler sind und Niedertracht sich erhebt unter den Menschen.

|2: 14,1–3; Jer 9,1; Mi 7,2 |3: 5,10; 28,3; 52,4–6; 55,22; 62,5; 120,2; Spr 26,24–25; Jes 59,3.4; Jer 9,7 |6: Jes 33,10 |7: 18,31!

Willst du mich ganz vergessen?

13 1 Für den Chormeister. Ein Psalm Davids.

2 Wie lange, HERR! Willst du mich ganz vergessen?

Wie lange verbirgst du dein Angesicht vor mir?

3 Wie lange soll ich Sorgen tragen in meiner Seele,

Kummer in meinem Herzen, Tag für Tag?

Wie lange noch soll mein Feind sich über mich erheben?

4 Sieh mich an, erhöre mich, HERR, mein Gott.

Mache meine Augen hell, damit ich nicht zum Tod entschlafe,

5 damit mein Feind nicht sage: Ich habe ihn überwältigt,

meine Gegner nicht jauchzen, dass ich wanke.

6 Ich aber vertraue auf deine Güte,

über deine Hilfe jauchze mein Herz.

Singen will ich dem HERRN,

denn er hat mir Gutes getan.

|2–3: 6,4 |2: 42,10; 44,25 |5: 25,2; 30,2; 35,19.24; 38,17 |6: 116,7

Die Torheit der Gottlosen

14 1 Für den Chormeister. Von David.

Der Tor spricht in seinem Herzen: Es ist kein Gott.

Verderbt, abscheulich handeln sie, keiner ist, der Gutes tut.

2 Der HERR schaut herab vom Himmel auf die Menschen,

zu sehen, ob da ein Einsichtiger sei, einer, der nach Gott fragt.

3 Alle sind sie abtrünnig, alle verdorben,

keiner ist, der Gutes tut, auch nicht einer.

4 Haben denn keine Einsicht all die Übeltäter,

die mein Volk verzehren, wie man Brot isst,

die den HERRN nicht anrufen?

5 Da trifft sie gewaltiger Schrecken,
denn Gott ist beim Geschlecht der
Gerechten.
6 An eurem Plan gegen den Elenden
werdet ihr zuschanden,
denn der HERR ist seine Zuflucht.
7 Möge von Zion Israels Hilfe kommen.
Wenn der HERR das Geschick seines
Volkes wendet,
jauchze Jakob, freue sich Israel!

|1–7: 53,1–7 |1–3: Röm 3,10–12 |1: 10,4 |2: 11,4!
|3: 12,2! |7: 20,3; 121,1–2 · 85,2; 126,1

Wer darf weilen in deinem Zelt?

15 1 Ein Psalm Davids.
HERR, wer darf weilen in deinem
Zelt,
wer darf wohnen auf deinem
heiligen Berg?
2 Der in Vollkommenheit seinen Weg
geht
und Gerechtigkeit übt,
der von Herzen die Wahrheit sagt,
3 nicht verleumdet mit seiner
Zunge,
der nicht Böses tut seinem Nächsten
und nicht Schmach lädt auf seinen
Nachbarn,
4 der den Verworfenen verachtet
und ehrt, die den HERRN fürchten,
der Wort hält,
auch wenn er zum eigenen Schaden
geschworen hat,
5 der sein Geld nicht um Zins gibt
und nicht Bestechung annimmt
gegen den Unschuldigen.
Wer das tut,
wird niemals wanken.

|1: 24,3 · 5,5! |2: 26,1.11; 84,12; 101,2.6; 119,1;
Spr 20,7 |5: Ex 22,24; Spr 17,23; Ez 22,12

Gott vor Augen

16 1 Ein Lied Davids.
Behüte mich, Gott, denn bei dir
suche ich Zuflucht.
2 Ich spreche zum HERRN: Du bist Herr,
mein Glück ist nur bei dir.
3 An den Heiligen, die im Lande sind,
an den Herrlichen habe ich grosses
Gefallen.

4 Zahlreich sind die Schmerzen derer,
die einen anderen umwerben.
Opfer von Blut will ich ihnen nicht
bringen
und ihren Namen nicht auf meine
Lippen nehmen.
5 HERR, du mein Besitz und Becher,
du hältst mein Los in Händen.
6 Auf schönes Land fiel mir die
Messschnur,
mein Erbe gefällt mir wohl.
7 Ich preise den HERRN, der mich
beraten hat,
auch des Nachts mahnt mich mein
Inneres.
8 Allezeit habe ich den HERRN vor
Augen,
steht er mir zur Rechten, wanke ich
nicht.
9 Darum freut sich mein Herz und
jauchzt meine Seele,
auch mein Leib wird sicher wohnen.
10 Denn du gibst mein Leben nicht
dem Totenreich preis,
du lässt deinen Getreuen das Grab
nicht schauen.
11 Du zeigst mir den Weg des Lebens,
Freude in Fülle ist vor dir,
Wonne in deiner Rechten auf ewig.

|1: 25,20; 86,2 |5: 73,26; 142,6; Klgl 3,24 |8–11:
Apg 2,25–28 |10: Apg 13,35

16,7: Wörtlich: «..., des Nachts mahnen
mich meine Nieren.»

Im Schatten deiner Flügel

17 1 Ein Gebet Davids.
Höre, HERR, im Namen der
Gerechtigkeit,
nimm wahr mein Flehen,
vernimm mein Gebet
von Lippen ohne Falsch.
2 Von dir geht aus mein Recht,
deine Augen sehen Gerechtigkeit.
3 Du prüfst mein Herz, siehst nach bei
Nacht,
du erprobst mich und findest nichts
Böses an mir,
mein Mund vergeht sich nicht.
4 Bei den Taten der Menschen
achte ich auf das Wort deiner Lippen.

5 Von den Wegen des Gewalttätigen
bleiben meine Schritte fern,
    auf deinen Pfaden wanken meine
    Tritte nicht.
6 Ich rufe zu dir, denn du erhörst mich,
Gott;
    neige zu mir dein Ohr, höre meine
    Rede.
7 Erweise deine wunderbare Güte, du
Retter aller, die Zuflucht suchen
    vor denen, die sich auflehnen gegen
    deine Rechte.
8 Behüte mich wie den Augapfel, den
Stern des Auges,
    birg mich im Schatten deiner Flügel
9 vor den Frevlern, die mir Gewalt
antun,
    vor meinen Feinden, die gierig mich
    umringen.
10 Ihr Herz haben sie verschlossen,
    anmassend reden sie mit ihrem
    Mund.
11 Sie sind mir auf den Fersen, schon
haben sie mich umstellt,
    sie trachten danach, mich zu Boden
    zu strecken,
12 wie ein Löwe, der begierig ist zu
reissen,
    wie ein Löwe, der im Hinterhalt
    liegt.
13 Steh auf, HERR, tritt ihm entgegen,
zwing ihn in die Knie,
    rette mein Leben vor dem Frevler
    mit deinem Schwert.
14 Von solchen Menschen, HERR,
von solchen Menschen sei fern deine
Hand,
    ihr Anteil am Leben sei gering.
Was du gegen sie bereithältst, damit
stopfe ihren Bauch,
    dass noch die Kinder satt werden
    und auch deren Kinder einen Rest
    bekommen.
15 Ich aber will in Gerechtigkeit dein
Angesicht schauen,
    will mich sättigen, wenn ich
    erwache, an deinem Bilde.

|3: 26,2! |4: Hiob 23,12 |5: 1,1!; Hiob 23,11 |8: 36,8; 57,2; 61,5; 63,8; 91,4; Dtn 32,10.11 |12: 7,3!

17,3–5: In der Einteilung des Massoretischen Texts lauten die Verse: «3 …, du erprobst mich und findest nichts, Böses kommt nicht über meinen Mund. 4 Bei den Taten der Menschen hüte ich mich nach dem Wort deiner Lippen vor den Wegen des Gewalttätigen. 5 Meine Schritte bleiben auf deinen Pfaden, meine Tritte wanken nicht.»

17,10: Wörtlich: «Ihr Fett haben sie verschlossen, …»

17,11: Der Massoretische Text wurde korrigiert; er lautet übersetzt: «Unsere Schritte – nun haben sie mich (nach anderer Tradition: uns) umstellt, …»

Grosse Hilfe schenkt er seinem König

18 1 Für den Chormeister. Von David, dem Diener des HERRN, der
dem HERRN die Worte dieses Liedes
sang an dem Tag, als der HERR ihn aus
der Hand aller seiner Feinde und aus der
Hand Sauls errettet hatte. 2 Er sprach:
Ich liebe dich, HERR, meine Stärke.
3 Der HERR ist mein Fels, meine
Festung und mein Retter,
    mein Gott, mein Hort, bei dem ich
    Zuflucht suche,
mein Schild und das Horn meiner Hilfe,
meine Burg.
4 Ich rufe zum HERRN, gepriesen sei er,
    und vor meinen Feinden werde ich
    errettet.
5 Stricke des Todes schnürten mich ein,
    und Ströme des Verderbens
    erschreckten mich.
6 Stricke des Totenreichs umfingen
mich,
    über mich fielen Schlingen des
    Todes.
7 In meiner Not rufe ich zum HERRN,
    zu meinem Gott schreie ich.
Von seinem Tempel aus hört er meine
Stimme,
    und mein Schreien dringt an sein
    Ohr.
8 Da wankte und schwankte die Erde,
    und die Grundfesten der Berge
    erbebten,
    sie wankten, denn er war
    zornentbrannt.
9 Rauch stieg auf aus seiner Nase,
    Feuer frass aus seinem Mund,
    Kohlen brannten aus ihm heraus.
10 Er neigte den Himmel und fuhr
herab,

Wolkendunkel unter seinen Füssen.

11 Er ritt auf dem Kerub und flog daher
und schwebte auf den Flügeln des
Windes.

12 Er machte Finsternis zu seiner Hülle
um sich her,
Wasserdunkel, dichte Wolken zu
seinem Zelt.

13 Aus dem Glanz vor ihm brachen
seine Wolken hervor,
Hagel und feurige Kohlen.

14 Es liess der HERR im Himmel den
Donner erdröhnen
und der Höchste seine Stimme
erschallen,
mit Hagel und feurigen Kohlen.

15 Er schoss seine Pfeile und zerstreute
die Feinde,
er schleuderte Blitze und setzte sie in
Schrecken.

16 Da wurden sichtbar die Tiefen des
Wassers,
und aufgedeckt wurden die
Grundfesten der Erde
vor deinem Schelten, HERR,
vor dem Schnauben deines zornigen
Atems.

17 Er griff herab aus der Höhe, fasste
mich,
zog mich heraus aus gewaltigen
Wassern.

18 Er entriss mich meinem starken
Feind,
meinen Hassern, die mir zu mächtig
waren.

19 Sie überfielen mich am Tag meines
Unglücks,
doch der HERR wurde mir zur Stütze.

20 Er führte mich hinaus ins Weite,
er befreite mich, denn er hat
Gefallen an mir.

21 Der HERR handelt an mir nach
meiner Gerechtigkeit,
nach der Reinheit meiner Hände
vergilt er mir.

22 Denn ich hielt mich an die Wege des
HERRN
und frevelte nicht gegen meinen
Gott.

23 Ja, alle seine Gesetze hatte ich vor
Augen,
und seine Satzungen wies ich nicht
von mir.

24 Ich war vollkommen vor ihm
und hütete mich vor Sünde.

25 So vergalt mir der HERR nach meiner
Gerechtigkeit,
nach der Reinheit meiner Hände vor
seinen Augen.

26 Dem Treuen zeigst du dich treu,
dem Untadeligen ohne Tadel.

27 Dem Reinen zeigst du dich rein,
doch dem Falschen voller Ränke.

28 Ja, du hilfst dem elenden Volk,
doch hochmütige Augen
erniedrigst du.

29 Du lässt meine Leuchte strahlen,
HERR,
mein Gott erhellt meine Finsternis.

30 Mit dir erstürme ich Wälle,
mit meinem Gott überspringe ich
Mauern.

31 Gottes Weg ist vollkommen,
das Wort des HERRN ist im Feuer
geläutert.
Ein Schild ist er allen, die bei ihm
Zuflucht suchen.

32 Denn wer ist Gott als allein der HERR
und wer ein Fels ausser unserem
Gott?

33 Gott ist es, der mich mit Kraft
umgürtet
und meinen Weg vollkommen
macht,

34 der meine Füsse schnell wie die
Hindinnen macht
und mich auf Höhen stellt,

35 der meine Hände den Kampf lehrt,
dass meine Arme den ehernen
Bogen spannen.

36 Du gabst mir den Schild deiner Hilfe,
deine Rechte stützt mich, und dein
Zuspruch macht mich stark.

37 Weiten Raum schaffst du meinem
Schritt,
und meine Knöchel wanken nicht.

38 Ich verfolge meine Feinde und hole
sie ein,

kehre nicht um, bis ich sie vernichtet
habe.

39 Ich schlage sie nieder, und sie
können sich nicht mehr erheben,
sie fallen unter meine Füsse.

40 Du hast mich zum Kampf mit Kraft
gegürtet,
du zwingst unter mich in die Knie,
die sich gegen mich erheben.

41 Den Nacken meiner Feinde gibst du
mir preis,
und die mich hassen, vernichte ich.

42 Sie schreien, doch da ist kein Retter,
zum Herrn, doch er erhört sie nicht.

43 Ich zerreibe sie wie Staub vor dem
Wind,
wie Unrat schütte ich sie auf die
Gassen.

44 Du rettest mich aus Völkerfehden,
setzt mich zum Haupt von Nationen.
Völker, die ich nicht kannte, werden
mir untertan.

45 Auf blosses Hören hin gehorchen
sie mir,
Fremde schmeicheln mir.

46 Fremde sinken kraftlos hin,
kommen zitternd aus ihren Burgen
hervor.

47 Der Herr lebt. Gepriesen ist mein
Fels,
erhaben der Gott meiner Rettung,

48 der Gott, der mir Rache gewährt
und mir Völker unterwirft,

49 der mich vor meinen Feinden rettet,
der du mich erhöhst über meine
Gegner,
mich befreist von Gewalttätigen.

50 Darum will ich dich preisen unter
den Nationen, Herr,
und deinem Namen singen,

51 der seinem König grosse Hilfe
schenkt
und seinem Gesalbten Treue
erweist,
David und seinen Nachkommen
ewiglich.

|1–51: 2Sam 22 |3: 3,4!; 9,10!; 31,3–4; 71,3; 94,22;
144,2 |5–7: 116,3–4 |8: 68,9 |9: 50,3; 97,3 |10: 144,5
|11: 68,5.34; 104,3; Dtn 33,26 |14: 77,18–19 |15: 144,6
|17–18: 144,7 |20: 31,9 |26–27: 125,4 |28: Hiob 22,29;
1Petr 5,5 |29: Hiob 29,3 |31: 12,7; Spr 30,5 |32:

1Sam 2,2; Jes 44,8 |35: 144,1 |45: 66,3 |46: Mi 7,17
|47: 144,1 |48: 144,2 |50: 7,18; 30,5; 57,10; 105,1; 108,4;
Röm 15,9 |51: 89,29!–30; 144,10

18,12: Wörtlich: «…, dichte Wolken zu seiner
Hütte.»

Der Himmel erzählt die Herrlichkeit Gottes

19 1 Für den Chormeister. Ein Psalm
Davids.

2 Der Himmel erzählt die Herrlichkeit
Gottes,
und das Firmament verkündet das
Werk seiner Hände.

3 Ein Tag sagt es dem andern,
und eine Nacht tut es der anderen
kund,

4 ohne Sprache, ohne Worte,
mit unhörbarer Stimme.

5 In alle Länder hinaus geht ihr Schall,
bis zum Ende der Welt ihr Reden.
Der Sonne hat er am Himmel ein Zelt
errichtet:

6 Wie ein Bräutigam kommt sie
hervor aus ihrer Kammer,
läuft freudig wie ein Held die Bahn.

7 An einem Ende des Himmels geht
sie auf
und läuft bis zum anderen Ende,
und nichts bleibt ihrer Glut
verborgen.

8 Die Weisung des Herrn ist
vollkommen,
sie gibt neues Leben.
Das Zeugnis des Herrn ist verlässlich,
es macht den Einfältigen weise.

9 Die Befehle des Herrn sind gerecht,
sie erfreuen das Herz.
Das Gebot des Herrn ist lauter,
es erleuchtet die Augen.

10 Die Furcht des Herrn ist rein,
sie hat für immer Bestand.
Die Gesetze des Herrn sind Wahrheit,
allesamt sind sie gerecht.

11 Kostbarer sind sie als Gold,
als viel feines Gold,
und süsser als Honig,
als Wabenseim.

12 Auch dein Diener lässt sich warnen
durch sie,
wer sie hält, hat reichen Lohn.

13 Aber wer kennt alle Verfehlungen?
   Sprich mich frei von denen, die mir
   verborgen sind.
14 Auch vor vermessenen Menschen
bewahre deinen Diener,
   dass sie nicht über mich herrschen.
Dann bin ich schuldlos
   und frei von jedem Vergehen.
15 Lass dir die Worte meines Mundes
gefallen,
   und das Sinnen meines Herzens
   gelange zu dir,
   HERR, mein Fels und mein Erlöser.

|2: 8,4!; 50,6!; Röm 1,20 |5: Röm 10,18 |8: 119,130
|9: 119,140 |11: 119,72! |15: 104,34

19,5: Wörtlich: «... hat er an ihm ein Zelt
errichtet:»

Der HERR hilft seinem Gesalbten

20 1 Für den Chormeister. Ein Psalm
Davids.
2 Der HERR erhöre dich am Tag der Not,
   der Name des Gottes Jakobs
   beschütze dich.
3 Er sende dir Hilfe vom Heiligtum,
   und vom Zion her stütze er dich.
4 Er gedenke all deiner Opfer,
   und dein Brandopfer nehme er an.
   Sela
5 Er gebe dir, was dein Herz begehrt,
   und lasse all deine Pläne gelingen.
6 Wir wollen jubeln über deinen Sieg,
   im Namen unseres Gottes das
   Banner erheben.
Der HERR erfülle alle deine Bitten.
7 Nun weiss ich:
   Der HERR hilft seinem Gesalbten,
   er erhört ihn von seinem heiligen
Himmel her
   mit der rettenden Macht seiner
   Rechten.
8 Diese setzen auf Wagen und jene auf
Rosse,
   wir aber rufen an den Namen des
   HERRN, unseres Gottes.
9 Sie sinken und fallen,
   wir aber stehen und bleiben.
10 HERR, hilf dem König
   und erhöre uns an dem Tag, da wir
   rufen.

|2: Spr 18,10 |3: 14,7! |5: 21,3; 37,4 |8: 33,16–17;
44,7!–8; 147,10; 1Sam 17,47; Jes 31,1; Hos 1,7

20,10: Der Massoretische Text wurde korrigiert;
er lautet übersetzt: «HERR, hilf! Der König, er wird
uns antworten an dem Tag, da wir rufen.»

König aus Gottes Gnade

21 1 Für den Chormeister. Ein Psalm
Davids.
2 HERR, über deine Macht freut sich der
König,
   und wie jauchzt er laut über deine
   Hilfe!
3 Den Wunsch seines Herzens hast du
ihm gewährt,
   das Begehren seiner Lippen ihm
   nicht verweigert. Sela
4 Du kamst ihm entgegen mit Segen
und Glück,
   setztest auf sein Haupt eine goldene
   Krone.
5 Leben erbat er von dir, du gabst es
ihm,
   langes Leben für immer und ewig.
6 Gross ist sein Ruhm durch deine
Hilfe,
   du verleihst ihm Hoheit und Pracht.
7 Du machst ihn zum Segen für immer,
   beglückst ihn mit Freude vor deinem
   Angesicht.
8 Denn der König vertraut auf den
HERRN,
   und in der Gnade des Höchsten wird
   er nicht wanken.
9 Deine Hand wird alle deine Feinde
treffen,
   deine Rechte wird treffen, die dich
   hassen.
10 Wie einen Ofen lässt du sie glühen,
   wenn dein Angesicht, HERR,
   erscheint.
In seinem Zorn wird er sie verschlingen,
   und das Feuer wird sie verzehren.
11 Ihr Geschlecht wirst du von der Erde
vertilgen
   und ihre Nachkommen aus der
   Gemeinschaft der Menschen.
12 Haben sie auch Böses gegen dich vor,
   Ränke ersonnen, sie richten nichts
   aus.

13 Denn du schlägst sie in die Flucht,
mit deinem Bogen zielst du auf ihr
Gesicht.
14 Erhebe dich, HERR, in deiner Macht.
Deiner Stärke wollen wir singen und
spielen.

|2: 63,12 |3: 20,5! |4: 132,18 |5: 1Kön 3,14;
2Kön 20,1–7 |6: 45,4 |7: 72,17! |11: 109,13!

*Mein Gott, mein Gott, warum hast du
mich verlassen?*

22 1 Für den Chormeister. Nach der
Weise «Hindin der Morgenröte».
Ein Psalm Davids.
2 Mein Gott, mein Gott, warum hast du
mich verlassen,
bist fern meiner Rettung, den
Worten meiner Klage?
3 Mein Gott, ich rufe bei Tag, doch du
antwortest nicht,
bei Nacht, doch ich finde keine Ruhe.
4 Du aber, Heiliger,
thronst auf den Lobgesängen Israels.
5 Auf dich vertrauten unsere Vorfahren,
sie vertrauten, und du hast sie
befreit.
6 Zu dir schrien sie, und sie wurden
gerettet,
auf dich vertrauten sie, und sie
wurden nicht zuschanden.
7 Ich aber bin ein Wurm und kein
Mensch,
der Leute Spott und verachtet vom
Volk.
8 Alle, die mich sehen, verspotten mich,
verziehen den Mund und schütteln
den Kopf:
9 Wälze es auf den HERRN. Der rette
ihn,
er befreie ihn, er hat ja Gefallen an
ihm.
10 Du bist es, der mich aus dem
Mutterschoss zog,
der mich sicher barg an der Brust
meiner Mutter.
11 Auf dich bin ich geworfen vom
Mutterleib an,
von meiner Mutter Schoss an bist du
mein Gott.
12 Sei nicht fern von mir,

denn die Not ist nahe;
keiner ist da, der hilft.
13 Zahlreiche Stiere sind um mich,
Baschanbüffel umringen mich.
14 Sie sperren ihr Maul auf gegen mich,
ein reissender, brüllender Löwe.
15 Wie Wasser bin ich hingeschüttet,
und es fallen auseinander meine
Gebeine.
Wie Wachs ist mein Herz,
zerflossen in meiner Brust.
16 Trocken wie eine Scherbe ist meine
Kehle,
und meine Zunge klebt mir am
Gaumen,
in den Staub des Todes legst du mich.
17 Um mich sind Hunde,
eine Rotte von Übeltätern umzingelt
mich,
sie binden mir Hände und Füsse.
18 Zählen kann ich alle meine Knochen.
Sie aber schauen zu, weiden sich
an mir.
19 Sie teilen meine Kleider unter sich
und werfen das Los um mein
Gewand.
20 Du aber, HERR, sei nicht fern,
meine Stärke, eile mir zu Hilfe.
21 Errette vor dem Schwert mein
Leben,
aus der Gewalt der Hunde meine
verlassene Seele.
22 Hilf mir vor dem Rachen des Löwen,
vor den Hörnern der Wildstiere.
Du hast mich erhört.
23 Ich will deinen Namen meinen
Brüdern verkünden,
in der Versammlung will ich dich
loben.
24 Die ihr den HERRN fürchtet, lobt ihn,
alle Nachkommen Jakobs, ehret ihn,
erschauert vor ihm,
alle Nachkommen Israels.
25 Denn er hat nicht verachtet
noch verabscheut
des Elenden Elend,
hat sein Angesicht nicht vor ihm
verborgen,
und da er schrie, erhörte er ihn.

26 Von dir geht aus mein Lobgesang in
grosser Versammlung,
> meine Gelübde erfülle ich vor denen,
> die ihn fürchten.

27 Die Elenden essen und werden satt,
es loben den HERRN, die ihn suchen.
Aufleben soll euer Herz für immer.

28 Alle Enden der Erde
> werden dessen gedenken und
> umkehren zum HERRN,
und vor ihm werden sich niederwerfen
alle Sippen der Nationen.

29 Denn des HERRN ist das Reich,
> und er herrscht über die Nationen.

30 Vor ihm werfen sich nieder alle
Mächtigen der Erde,
> vor ihm beugen sich alle, die in den
> Staub sinken.

31 Erzählen wird man vom Herrn der
Generation,
> 32 die noch kommt,
und verkünden seine Gerechtigkeit
dem Volk,
> das noch geboren wird.
> Er hat es vollbracht.

|2: Mt 27,46; Mk 15,34 |6: 25,2! |8: 35,16; 44,15;
109,25; Mt 27,39 |9: Mt 27,43 |10: Jes 44,2.24; 46,3
|11: 71,6 |12: 22,20; 35,22; 38,22; 71,12 |14: 7,3! |16:
Joh 19,28 |19: Mt 27,35; Joh 19,23–24 |20: 22,12! ·
38,22–23; 40,14; 71,12 |21: 35,17 |22: 2Tim 4,17 |23:
35,18; 40,10; 109,30; Hebr 2,12 |26: 50,14; 61,9; 66,13;
116,14.18 |27: 69,33 |28: 86,9; Jes 45,22; 52,10 |29:
145,13! |31–32: 71,18; 78,6; 102,19

22,16: Der Massoretische Text wurde korrigiert;
er lautet übersetzt: «Trocken wie eine Scherbe ist
meine Kraft, ...»
 22,17: Der Massoretische Text wurde korrigiert;
er lautet übersetzt: «... umzingelt mich, wie ein Löwe
meine Hände und Füsse.»
 22,28: Der Massoretische Text wurde korrigiert;
er lautet übersetzt: «..., und vor dir werden sich niederwerfen ...»
 22,30–31: Der Massoretische Text wurde korrigiert; er lautet übersetzt: «30 Es assen und warfen
sich nieder alle Mächtigen (wörtlich: Fetten) der
Erde, vor ihm beugen sich alle, die in den Staub sinken. Seine Seele aber erhielt sie nicht am Leben; 31
Nachkommen werden ihm dienen. Erzählen wird
man ...»

Der HERR ist mein Hirt

23 1 Ein Psalm Davids.
Der HERR ist mein Hirt, mir
mangelt nichts,
> 2 er weidet mich auf grünen Auen.

Zur Ruhe am Wasser führt er mich,
> 3 neues Leben gibt er mir.
Er leitet mich auf Pfaden der
Gerechtigkeit
> um seines Namens willen.

4 Wandere ich auch im finstern Tal,
> fürchte ich kein Unheil,
denn du bist bei mir,
> dein Stecken und dein Stab,
> sie trösten mich.

5 Du deckst mir den Tisch
> im Angesicht meiner Feinde.
Du salbst mein Haupt mit Öl,
> übervoll ist mein Becher.

6 Güte und Gnade werden mir folgen
> alle meine Tage,
und ich werde zurückkehren ins Haus
des HERRN
> mein Leben lang.

|1: 34,11; Joh 10,11 |2–3: 31,4 |2: Ez 34,14–15;
Offb 7,17 |3: 25,4!–5 |5: 92,11 |6: 27,4!

Er ist der König der Herrlichkeit

24 1 Ein Psalm Davids.
Dem HERRN gehört die Erde und
was sie erfüllt,
> der Erdkreis und die ihn bewohnen.

2 Denn er ist es, der sie auf Meeren
gegründet,
> über Strömen fest errichtet hat.

3 Wer darf hinaufziehen zum Berg des
HERRN,
> wer an seine heilige Stätte treten?

4 Wer reine Hände hat und ein lauteres
Herz,
> wer nicht auf Nichtiges seinen Sinn
> richtet
> und nicht falsch schwört.

5 Der wird Segen empfangen vom
HERRN
> und Gerechtigkeit vom Gott seiner
> Hilfe.

6 Das ist das Geschlecht derer, die nach
ihm fragen,
> die dein Angesicht suchen, Jakob.
> *Sela*

7 Erhebt, ihr Tore, eure Häupter,
> erhebt euch, ihr uralten Pforten,
> dass einziehe der König der
> Herrlichkeit.

8 Wer ist der König der Herrlichkeit?
Der HERR, der Starke und Held,
der HERR, der Held im Kampf.
9 Erhebt, ihr Tore, eure Häupter,
erhebt euch, ihr uralten Pforten,
dass einziehe der König der
Herrlichkeit.
10 Wer ist der König der Herrlichkeit?
Der HERR der Heerscharen,
er ist der König der Herrlichkeit. *Sela*

|1: 50,12; 89,12; 1Kor 10,26 |2: 89,12! |3: 15,1 |6:
27,8; 105,4 |7: 118,19.20 |8: Ex 15,3

Leite mich in deiner Wahrheit

25 1 Von David.
Zu dir, HERR,
erhebe ich meine Seele, mein Gott.
2 Auf dich vertraue ich, ich will nicht
zuschanden werden,
lass meine Feinde nicht über mich
frohlocken.
3 Denn die auf dich hoffen, werden
nicht zuschanden,
zuschanden werden, die ohne Treue
sind.
4 Zeige mir, HERR, deine Wege,
lehre mich deine Pfade.
5 Leite mich in deiner Wahrheit und
lehre mich,
denn du bist der Gott meiner Hilfe,
und auf dich hoffe ich den ganzen
Tag.
6 Denke, HERR, an deine
Barmherzigkeit
und deine Gnaden, die seit Ewigkeit
sind.
7 Denke nicht an die Sünden meiner
Jugend noch an meine Verfehlungen,
nach deiner Gnade denke an mich
um deiner Güte willen, HERR.
8 Gut und gerecht ist der HERR,
darum weist er den Sündern den
Weg.
9 Er lässt die Demütigen gehen im
Recht,
er lehrt die Demütigen seinen Weg.
10 Alle Pfade des HERRN sind Gnade
und Treue
denen, die seinen Bund und seine
Gesetze halten.

11 Um deines Namens willen, HERR,
vergib mir meine Schuld, denn sie
ist gross.
12 Wer ist es, der den HERRN fürchtet?
Ihm weist er den Weg, den er wählen
soll.
13 Der wird im Glück wohnen,
und seine Nachkommen werden das
Land besitzen.
14 Am Rat des HERRN haben teil, die
ihn fürchten,
und er offenbart ihnen seinen Bund.
15 Stets blicken meine Augen auf den
HERRN,
denn er allein kann meine Füsse aus
dem Netz befreien.
16 Wende dich zu mir und sei mir
gnädig,
denn ich bin einsam und elend.
17 Ängste bestürmen mein Herz,
führe mich hinaus aus meiner
Bedrängnis.
18 Sieh an mein Elend und meine
Mühsal,
und vergib mir alle meine Sünden.
19 Sieh, wie zahlreich meine Feinde
sind,
wie sie mich hassen mit tödlichem
Hass.
20 Bewahre mein Leben und rette mich,
ich will nicht zuschanden werden,
denn bei dir suche ich Zuflucht.
21 Unschuld und Redlichkeit mögen
mich behüten,
denn ich hoffe auf dich.
22 Gott, erlöse Israel
aus allen seinen Nöten.

|1: 86,4; 143,8 |2: 22,6; 25,20 · 13,5! |3: Jes 49,23
|4–5: 5,9!; 23,3; 86,11; 139,24; 143,8 |7: Hiob 13,26 |10:
103,17–18 |11–12: 130,4! |12: 32,8 |13: 37,9! |15: 121,1;
123,1–2; 141,8 · 31,5! |16: 86,16; 119,132 |17: 143,11! |19:
3,2 |20: 25,2! · 16,1! |22: 130,8

25,17: Der Massoretische Text wurde korrigiert;
er lautet übersetzt: «Ängste haben mein Herz weit
gemacht, …»

Ich aber wandle in Vollkommenheit

26 1 Von David.
Schaffe mir Recht, HERR,
denn in Vollkommenheit bin ich
meinen Weg gegangen,

und auf den HERRN habe ich vertraut,
  ohne zu wanken.
2 Prüfe mich, HERR, und erprobe mich,
  erforsche mir Nieren und Herz.
3 Denn deine Güte stand mir vor
Augen,
  und in deiner Wahrheit bin ich
  meinen Weg gegangen.
4 Ich sass nicht bei falschen Menschen,
  und bei Heuchlern trat ich nicht ein.
5 Ich hasste die Rotte der Übeltäter,
  und bei den Frevlern sass ich nicht.
6 Ich wasche meine Hände in Unschuld
  und umschreite, HERR, deinen Altar,
7 um laut das Loblied anzustimmen
  und alle deine Wunder zu
  verkünden.
8 HERR, ich liebe die Stätte deines
Hauses,
  den Ort, da deine Herrlichkeit
  wohnt.
9 Raffe meine Seele nicht hin mit den
Sündern,
  nicht mein Leben mit den Mördern.
10 Schandtat klebt an ihren Händen,
  voller Bestechung ist ihre Rechte.
11 Ich aber gehe meinen Weg in
Vollkommenheit,
  erlöse mich und sei mir gnädig.
12 Mein Fuss steht auf rechtem Grund,
  in Versammlungen will ich preisen
  den HERRN.

|1: 43,1 · 15,2! |2: 7,10!: 17,3; 139,23 |4–5: 1,1 |6:
73,13; Mt 27,24! |8: 27,4! |9: 28,3 |11: 15,2!

*Der HERR ist mein Licht und meine
Rettung*

27 1 Von David.
  Der HERR ist mein Licht und
meine Rettung,
  vor wem sollte ich mich fürchten?
Der HERR ist meines Lebens Zuflucht,
  vor wem sollte ich erschrecken?
2 Dringen Übeltäter auf mich ein,
  mich zu zerfleischen,
meine Gegner und meine Feinde,
  sie müssen straucheln und fallen.
3 Mag ein Heer mich belagern,
  mein Herz fürchtet sich nicht;

mag Krieg sich gegen mich erheben,
  bleibe ich doch voll Zuversicht.
4 Eines nur habe ich vom HERRN
erbeten,
  dies eine begehre ich:
zu wohnen im Hause des HERRN
  alle meine Tage,
zu schauen die Freundlichkeit des
HERRN
  und nachzusinnen in seinem
  Tempel.
5 Denn er birgt mich in seiner Hütte
  am Tage des Unheils,
er beschirmt mich im Schutz seines
Zeltes,
  hebt mich empor auf einen Felsen.
6 Nun kann mein Haupt sich erheben
  über meine Feinde rings um mich
  her.
Ich will Opfer darbringen in seinem
Zelt,
  Opfer des Jubels,
  will singen und spielen dem HERRN.
7 Höre, HERR, mein lautes Rufen,
  sei mir gnädig und erhöre mich.
8 An dein Wort denkt mein Herz:
  Sucht mein Angesicht.
Dein Angesicht, HERR, will ich suchen.
  9 Verbirg dein Angesicht nicht vor
  mir.
Weise deinen Diener nicht ab im Zorn.
  Du bist meine Hilfe.
Verstosse mich nicht und verlass mich
nicht,
  du Gott meiner Rettung.
10 Wenn auch Vater und Mutter mich
verlassen,
  nimmt der HERR mich auf.
11 Weise mir, HERR, deinen Weg,
  und leite mich auf ebener Bahn
  um meiner Feinde willen.
12 Gib mich nicht preis
  der Gier meiner Gegner,
denn falsche Zeugen stehen auf gegen
mich
  und ruchlose Ankläger.
13 Hätte ich doch die Gewissheit,
  die Güte des HERRN zu schauen
  im Land der Lebenden.
14 Hoffe auf den HERRN.

Sei stark, dein Herz sei unverzagt.
Hoffe auf den HERRN.

|1: 36,10 · 118,6! |3: 3,7 |4: 23,6; 26,8; 63,3; 65,5!
|5: 31,21 |6: 3,4 |8: 24,6! |11: 5,9! |12: Mt 26,59 |13:
52,7; 116,9; 142,6; Jes 38,11 |14: 31,25

27,4: Möglich sind auch die Übersetzungen:
«… und zu betrachten seinen Tempel» und:
«… und auszuspähen in seinem Tempel.»
27,8: Wörtlich: «Von dir sagt mein Herz: …»

Höre den Ruf meines Flehens

28 1 Von David.
Zu dir, HERR, rufe ich,
mein Fels, verschliesse dich mir
nicht.
Denn wenn du schweigst, werde ich
denen gleich,
die hinabfahren zur Grube.

2 Höre den Ruf meines Flehens,
wenn ich zu dir schreie,
wenn ich meine Hände erhebe
zum Allerheiligsten.

3 Raffe mich nicht hin mit den Frevlern
und mit den Übeltätern,
die freundlich reden mit ihrem
Nächsten,
aber Böses hegen in ihren Herzen.

4 Gib ihnen nach ihrem Tun,
nach der Bosheit ihrer Taten,
nach dem Werk ihrer Hände gib ihnen,
vergilt ihnen ihre Untat.

5 Denn auf die Taten des HERRN achten
sie nicht,
noch auf das Werk seiner Hände.
So wird er sie niederreissen
und nicht wieder aufbauen.

6 Gepriesen sei der HERR,
denn er hat den Ruf meines Flehens
gehört.

7 Der HERR ist mein Schutz und mein
Schild,
auf ihn vertraute mein Herz;
mir wurde geholfen, und mein Herz
frohlockte,
mit meinem Lied will ich ihn
preisen.

8 Der HERR ist Schutz seinem Volk,
rettende Burg seinem Gesalbten.

9 Hilf deinem Volk
und segne dein Erbe,
weide und trage sie in Ewigkeit.

|1: 143,7 |2: 134,2! |3: 26,9 · 12,3! |4: 62,13! |5:
Jes 5,12 |9: 78,71; Dtn 9,29

28,8: Der Massoretische Text wurde korrigiert; er
lautet übersetzt: «Der Herr ist ihnen Schutz, …»

Die Stimme des HERRN

29 1 Ein Psalm Davids.
Gebt dem HERRN, ihr Götter,
gebt dem HERRN Ehre und Macht.

2 Gebt dem HERRN die Ehre seines
Namens,
werft euch nieder vor dem HERRN in
heiliger Pracht.

3 Die Stimme des HERRN über den
Wassern,
der Gott der Herrlichkeit donnert,
der HERR über gewaltigen Wassern.

4 Die Stimme des HERRN mit Macht,
die Stimme des HERRN mit Majestät.

5 Die Stimme des HERRN zerbricht
Zedern,
der HERR zerschmettert die Zedern
des Libanon.

6 Wie ein Kalb lässt er hüpfen den
Libanon,
den Sirjon wie einen jungen Stier.

7 Die Stimme des HERRN sprüht
Feuerflammen.

8 Die Stimme des HERRN lässt die
Wüste beben,
beben lässt der HERR die Wüste von
Kadesch.

9 Die Stimme des HERRN bringt die
Hirschkuh zum Kreissen,
macht Wälder kahl.
Und in seinem Palast ruft alles: Ehre.

10 Der HERR thront über der Flut,
der HERR thront als König in
Ewigkeit.

11 Der HERR gebe Macht seinem Volk,
der HERR segne sein Volk mit
Frieden.

|1: 96,7 |2: 96,8–9 |3: 77,19; 104,7; Hiob 37,4.5
|6: 114,4.6 |11: 68,36

Du hast mich aus der Tiefe gezogen

30 1 Ein Psalm. Ein Lied zur Tempel-
weihe. Von David.

2 Ich will dich erheben, HERR, denn du
hast mich aus der Tiefe gezogen

und meine Feinde nicht über mich
triumphieren lassen.

3 Herr, mein Gott, ich schrie zu dir,
und du hast mich geheilt.

4 Herr, du hast mich heraufgeholt aus
dem Totenreich,
zum Leben mich zurückgerufen von
denen, die hinab zur Grube fuhren.

5 Singt dem Herrn, ihr seine Getreuen,
und preist seinen heiligen Namen.

6 Denn sein Zorn währt einen
Augenblick, ein Leben lang seine Gnade;
am Abend ist Weinen, doch mit dem
Morgen kommt Jubel.

7 Ich aber sprach in meiner
Sorglosigkeit:
Nie werde ich wanken.

8 Herr, in deiner Gnade stelltest du
mich auf mächtige Berge,
doch als du dein Angesicht
verbargst, traf mich der Schrecken.

9 Zu dir, Herr, rief ich,
ich flehte zu meinem Gott.

10 Was nützt dir mein Blut, wenn ich
ins Grab hinabfahre?
Kann denn Staub dich preisen, deine
Treue verkünden?

11 Höre, Herr, und sei mir gnädig.
Herr, sei du mein Helfer.

12 Du hast mir meine Klage in Reigen
verwandelt,
mein Trauergewand gelöst und mich
mit Freude umgürtet,

13 damit mein Herz dir singe und nicht
verstumme.
Herr, mein Gott, in Ewigkeit will ich
dich preisen.

|2: 13,5! |4: 1Sam 2,6 |5: 18,50!; 97,12 |6:
Jes 54,7.8 · 126,5!–6 |8: 104,29 |10: 6,6! |12: Jer 31,13

In deiner Hand steht mein Geschick

31 1 Für den Chormeister. Ein Psalm
Davids.

2 Bei dir, Herr, suche ich Zuflucht,
ich will nicht zuschanden werden
auf ewig,
in deiner Gerechtigkeit rette mich.

3 Neige zu mir dein Ohr,
eile, mich zu befreien,
sei mir ein Fels der Zuflucht,
eine feste Burg, mich zu retten.

4 Denn mein Fels und meine Burg
bist du,
um deines Namens willen
leite und führe mich.

5 Zieh mich aus dem Netz, das sie mir
heimlich legten,
denn du bist meine Zuflucht.

6 In deine Hand befehle ich meinen
Geist,
du hast mich erlöst, Herr, du treuer
Gott.

7 Ich hasse, die sich an nichtige Götzen
halten,
ich aber vertraue auf den Herrn.

8 Ich will frohlocken und mich freuen
an deiner Gnade,
dass du mein Elend gesehen,
auf die Nöte meiner Seele geachtet
hast.

9 Du hast mich nicht der Hand des
Feindes ausgeliefert,
hast meine Füsse auf weiten Raum
gestellt.

10 Sei mir gnädig, Herr, denn mir ist
bange,
schwach geworden vor Gram ist
mein Auge, meine Kehle, mein Leib.

11 Im Kummer schwindet dahin mein
Leben,
meine Jahre vergehen mit Seufzen.
Meine Kraft ist zerfallen durch meine
Schuld,
und schwach geworden sind meine
Gebeine.

12 Allen meinen Feinden bin ich zum
Spott geworden
und mehr noch meinen Nachbarn,
ein Schrecken denen, die mir vertraut
sind;
die mich auf der Strasse sehen,
fliehen vor mir.

13 Vergessen bin ich, wie ein Toter aus
dem Sinn,
bin geworden wie ein zerbrochenes
Gefäss.

14 Ich höre das Zischeln der Menge,
Grauen ringsum,
wenn sie gegen mich sich verschwören,

darauf sinnen, mir das Leben zu
nehmen.

15 Ich aber vertraue auf dich, HERR,
ich spreche: Du bist mein Gott.

16 In deiner Hand steht mein Geschick,
rette mich aus der Hand meiner
Feinde und vor meinen Verfolgern.

17 Lass leuchten dein Angesicht über
deinem Diener,
hilf mir in deiner Gnade.

18 HERR, ich will nicht zuschanden
werden, denn ich rufe zu dir.
Zuschanden werden sollen die
Frevler, heulend ins Totenreich
fahren.

19 Verstummen sollen die
Lügenlippen,
die frech reden gegen den
Gerechten, mit Hochmut und Spott.

20 Wie gross ist deine Güte,
die du denen bereithältst, die dich
fürchten,
die du vor den Menschen denen erweist,
die Zuflucht suchen bei dir.

21 Du beschirmst sie im Schutz deines
Angesichts
vor dem Toben der Menschen,
du birgst sie in einer Hütte
vor dem Gezänk der Zungen.

22 Gepriesen sei der HERR,
denn wunderbar hat er mir seine
Gnade erwiesen
in einer festen Stadt.

23 Ich aber sprach, da ich weglief vor
Angst:
Ich bin verstossen aus deinen Augen.
Doch du hast mein lautes Flehen gehört,
als ich zu dir schrie.

24 Liebt den HERRN, all seine Getreuen.
Die Getreuen behütet der HERR,
doch über die Massen vergilt er dem,
der Hochmut übt.

25 Seid stark, euer Herz sei unverzagt,
ihr alle, die ihr harrt auf den HERRN.

|2-3: 71,1-3 |3-4: 18,3! |4: 23,2-3 |5: 25,15; 140,6!
|6: Lk 23,46; Apg 7,59 |8: 10,14 |9: 18,20 |10: 6,8! |11:
32,3 |14: Jer 20,10 |15: 140,7 |17: 4,7!; 119,135 |21:
27,5 |24: 62,13! |25: 27,14

Wohl dem, dessen Missetat vergeben ist

32 1 Von David. Ein Weisheitslied.
Wohl dem, dessen Missetat
vergeben,
dessen Sünde getilgt ist.

2 Wohl dem Menschen, dem der HERR
die Schuld nicht anrechnet
und in dessen Sinn nichts
Falsches ist.

3 Ich verstummte, es zerfielen meine
Gebeine,
da ich den ganzen Tag schrie.

4 Denn schwer lag deine Hand auf mir
Tag und Nacht,
verdorrt war meine Lebenskraft
in der Sommerglut. *Sela*

5 Meine Sünde habe ich dir gestanden
und meine Schuld nicht verborgen.
Ich sprach: Bekennen will ich
dem HERRN meine Missetaten.
Und du vergabst mir
die Schuld meiner Sünde. *Sela*

6 Darum bete jeder Getreue zu dir
in der Zeit der Not;
wenn gewaltige Wasser strömen,
ihn werden sie nicht erreichen.

7 Du bist mir Schutz, vor Not bewahrst
du mich,
mit Jubelgesängen der Rettung
umgibst du mich. *Sela*

8 Ich will dich lehren und dir den Weg
weisen, den du gehen sollst,
ich will dir raten, mein Auge wacht
über dir.

9 Seid nicht wie ein Ross, wie ein
Maultier, ohne Verstand,
nur mit Zaum und Zügel ist sein
Ungestüm zu bändigen,
sonst kommt es nicht zu dir.

10 Zahlreich sind die Schmerzen des
Frevlers,
wer aber auf den HERRN vertraut,
den umgibt er mit Gnade.

11 Freut euch des HERRN und frohlockt,
ihr Gerechten,
und jubelt alle, die ihr aufrichtigen
Herzens seid.

|1: 85,3 |3: 31,11 |4: 38,3 |5: 38,19; Spr 28,13 |8:
25,12 · 33,18; 34,16 |11: 33,1; 58,11; 64,11; 68,4; 97,12

32,6: Der Massoretische Text wurde korrigiert.

Er sprach, und es geschah

33 1 Jubelt, ihr Gerechten, dem
HERRN,
den Aufrichtigen ist der Lobgesang
Freude.

2 Preist den HERRN mit der Leier,
spielt ihm auf zehnsaitiger Harfe.

3 Singt ihm ein neues Lied,
schlagt die Saite mit Jubelklang.

4 Denn das Wort des HERRN ist gerecht
und all sein Tun verlässlich.

5 Er liebt Gerechtigkeit und Recht,
von der Gnade des HERRN ist die
Erde voll.

6 Durch das Wort des HERRN sind die
Himmel gemacht
und durch den Hauch seines
Mundes ihr ganzes Heer.

7 Er fasst das Wasser des Meeres wie
mit einem Damm,
in Kammern legt er die Fluten.

8 Alle Welt fürchte den HERRN,
zittern sollen vor ihm alle, die den
Erdkreis bewohnen.

9 Denn er ist es, der sprach, und es
geschah,
der gebot, und es stand da.

10 Der HERR vereitelt den Ratschluss
der Nationen,
macht zunichte die Pläne der Völker.

11 Der Ratschluss des HERRN bleibt
ewig bestehen,
die Pläne seines Herzens von
Generation zu Generation.

12 Wohl der Nation, deren Gott der
HERR ist,
dem Volk, das er sich zum Erbteil
erwählt hat.

13 Vom Himmel herab blickt der HERR,
sieht alle Menschen.

14 Von der Stätte, da er thront, schaut er
auf alle, die die Erde bewohnen,

15 er, der ihnen allen das Herz gebildet,
der achthat auf alle ihre Werke.

16 Keine Hilfe ist dem König das
grösste Heer,
der Held wird nicht gerettet durch
grösste Kraft.

17 Trügerische Hilfe ist das Ross,

und mit all seiner Stärke rettet es
nicht.

18 Seht, das Auge des HERRN ruht auf
denen, die ihn fürchten,
die auf seine Gnade harren,

19 dass er vom Tod ihr Leben errette
und sie am Leben erhalte, wenn sie
Hunger leiden.

20 Unsere Seele wartet auf den HERRN,
er ist unsere Hilfe und unser Schild.

21 Über ihn freut sich unser Herz,
auf seinen heiligen Namen
vertrauen wir.

22 Deine Gnade, HERR, sei über uns,
denn wir harren auf dich.

|1: 32,11! · 147,1 |2: 92,4; 144,9 |3: 96,1; 98,1;
144,9; 149,1 |4: 51,6 |5: 119,64 |6: Gen 1,6–8.14–18
|9: 148,5 |12: 144,15 |16–17: 20,8! |18: 32,8! · 130,7;
147,11 |20: 115,9–11

*Die Augen des HERRN sind bei den
Gerechten*

34 1 Von David, als er sich vor Abimelech wahnsinnig stellte und
dieser ihn fortjagte und er wegging.

2 Ich will den HERRN preisen allezeit,
immer soll sein Lob in meinem
Munde sein.

3 Meine Seele rühme sich des HERRN,
die Gebeugten sollen es hören und
sich freuen.

4 Erhebt den HERRN mit mir,
und lasst uns alle seinen Namen
ehren.

5 Ich suchte den HERRN, und er hat
mich erhört,
von allen meinen Ängsten hat er
mich befreit.

6 Die auf ihn blicken, werden strahlen,
ihr Angesicht soll nicht zuschanden
werden.

7 Da ist ein Elender, der rief, und der
HERR hat es gehört,
aus allen seinen Nöten hat er ihm
geholfen.

8 Der Bote des HERRN lagert sich
um die, die ihn fürchten, und er
rettet sie.

9 Spürt und seht, wie gütig der
HERR ist.
Wohl dem, der bei ihm Zuflucht
sucht.

10 Fürchtet den HERRN, ihr seine
Heiligen,
    denn die ihn fürchten, leiden keinen
    Mangel.
11 Löwen mögen darben und hungern,
    denen aber, die den HERRN suchen,
    fehlt nichts Gutes.
12 Kommt, ihr Söhne, hört mir zu,
    Furcht des HERRN will ich euch
    lehren.
13 Wer begehrt das Leben,
    wer will glückliche Tage sehen?
14 Hüte deine Zunge vor Bösem
    und deine Lippen vor trügerischer
    Rede.
15 Meide das Böse und tue das Gute,
    suche Frieden und jage ihm nach.
16 Die Augen des HERRN sind bei den
Gerechten
    und seine Ohren bei ihrem Schreien.
17 Das Angesicht des HERRN steht
gegen die, die Böses tun,
    um ihr Andenken zu tilgen von der
    Erde.
18 Schreien die Gerechten, hört es der
HERR,
    und er befreit sie aus all ihrer Not.
19 Der HERR ist nahe denen, die
zerbrochenen Herzens,
    hilft denen, die zerschlagenen
    Geistes sind.
20 Zahlreich sind die Leiden des
Gerechten,
    doch aus allem befreit ihn der HERR.
21 Er behütet alle seine Gebeine,
    nicht eines von ihnen wird
    zerbrochen.
22 Den Frevler wird das Unheil töten,
    und die den Gerechten hassen,
    werden es büssen.
23 Der HERR erlöst das Leben seiner
Diener,
    und keiner wird es bereuen, der
    Zuflucht sucht bei ihm.

| 1: 1Sam 21,11–16 | 8: 91,11 | 9: 1Petr 2,3 · 2,12
| 11: 23,1 | 12: Spr 4,1 | 13–17: 1Petr 3,10–12 | 15: 37,27 ·
Mt 5,9 | 16: 32,8! | 17: 9,6; 109,15 | 19: 51,19; Jes 57,15;
66,2 | 21: Joh 19,36

34,18: «die Gerechten» wurde auf der Grundlage
der antiken Übersetzungen ergänzt.

Erwache für mein Recht

35 1 Von David.
    Streite, HERR, wider die, die gegen
mich streiten,
    kämpfe gegen die, die mich
    bekämpfen.
2 Ergreife Schild und Panzer
    und steh auf, mir zu Hilfe.
3 Richte Speer und Lanze
    gegen meine Verfolger.
Sprich zu mir:
    Ich bin deine Hilfe.
4 In Schmach und Schande sollen
geraten,
    die mir nach dem Leben trachten,
zurückweichen und beschämt werden,
    die auf mein Unglück sinnen.
5 Wie Spreu sollen sie werden vor dem
Wind,
    wenn der Bote des HERRN sie
    vertreibt.
6 Finster und schlüpfrig sei ihr Weg,
    wenn der Bote des HERRN sie
    verfolgt.
7 Denn hinterhältig haben sie mir ihr
Netz gelegt,
    grundlos mir eine Grube gegraben.
8 Nicht gekanntes Verderben komme
über ihn,
    und das Netz, das er legte, fange ihn
    selbst,
    ins eigene Verderben stürze er
    hinein.
9 Meine Seele aber wird über den
HERRN frohlocken,
    wird sich freuen über seine Hilfe.
10 Alle meine Gebeine werden sagen:
    HERR, wer ist wie du,
der den Elenden rettet vor dem, der
stärker ist als er,
    den Elenden und Armen vor dem,
    der ihn ausraubt?
11 Ruchlose Zeugen stehen auf,
    was ich nicht weiss, das fragen sie
    mich.
12 Sie vergelten mir Gutes mit Bösem,
    machen mich einsam.
13 Ich aber habe mich in Trauer gehüllt,
als sie krank waren,
    kasteite mich mit Fasten.

Ich betete mit gesenktem Haupt,
14 als wären sie mir Freund und
Bruder.
Ich ging wie im Leid um die Mutter,
in Trauer tief gebeugt.
15 Doch da ich stürzte, freuten sie sich
und taten sich zusammen,
taten sich zusammen gegen mich.
Fremde, die ich nicht kenne,
lästerten ohne Unterlass.
16 Ruchlos ist ihr Gespött,
sie knirschen mit den Zähnen
gegen mich.
17 Herr, wie lange willst du zusehen?
Rette mein Leben vor ihrem Wüten,
vor den Löwen meine Seele.
18 Ich will dich preisen in grosser
Versammlung,
vor vielem Volk will ich dich loben.
19 Über mich sollen sich nicht freuen,
die mich grundlos anfeinden,
die ohne Grund mich hassen, die mit
den Augen zwinkern.
20 Denn feindlich reden sie,
und gegen die Stillen im Land
ersinnen sie arglistige Reden.
21 Weit reissen sie ihr Maul auf gegen
mich,
sie sagen: Ha, mit eigenen Augen
haben wir es gesehen.
22 Du hast es gesehen, HERR, schweige
nicht.
Herr, bleibe nicht fern von mir.
23 Wache auf, erwache für mein Recht,
mein Gott und mein Herr, für
meinen Streit.
24 Schaffe mir Recht nach deiner
Gerechtigkeit, HERR, mein Gott,
dass sie sich nicht über mich freuen.
25 Sie sollen nicht sprechen in ihrem
Herzen:
Ha, das ist's, was wir begehrten.
Sie sollen nicht sagen: Wir haben ihn
verschlungen.
26 Zuschanden und beschämt werden
sollen alle,
die sich über mein Unglück freuen,
Schmach und Schande sollen bedecken,
die gegen mich grosstun.

27 Es sollen jubeln und sich freuen,
die Gefallen haben an meiner
Gerechtigkeit,
immerdar sollen sie sprechen:
Gross erweist sich der HERR, der
Gefallen hat
am Wohlergehen seines Dieners.
28 Meine Zunge aber wird deine
Gerechtigkeit verkünden,
den ganzen Tag dein Lob.

| 4: 6,11; 35,26; 40,15; 71,13.24 | 5: 1,4! | 6: 73,18
| 7–8: 7,16! | 12: 38,21; 109,5; Jer 18,20 | 16: 22,8! | 17:
22,21 | 18: 22,23! | 19: 13,5! · 69,5! | 21: 40,16 | 22: 50,3;
83,2; 109,1 · 22,12! | 23: 44,24 | 24: 13,5! | 25: 40,16 | 26:
35,4! | 27: 40,17

35,15: Der Massoretische Text wurde korrigiert;
er lautet übersetzt: «... Geschlagene (oder: Gelähmte),
die ich nicht kenne, ...»

Bei dir ist die Quelle des Lebens

36 1 Für den Chormeister. Vom Diener des HERRN, von David.
2 Die Sünde raunt dem Frevler zu
im Innern seines Herzens:
Es gibt kein Erschrecken vor Gott.
So steht es ihm vor Augen.
3 Er gefällt sich darin,
schuldig zu werden, zu hassen.
4 Die Worte seines Mundes sind Lug
und Trug,
er will keine Einsicht, will nicht
mehr Gutes tun.
5 Unheil sinnt er auf seinem Lager,
er tritt auf unguten Weg,
das Böse verwirft er nicht.
6 HERR, bis in den Himmel reicht deine
Güte,
bis zu den Wolken deine Treue.
7 Deine Gerechtigkeit ist wie die
Gottesberge,
deine Gerichte sind wie die grosse
Flut.
Menschen und Tieren hilfst du, HERR.
8 Wie kostbar ist deine Güte.
Götter und Menschen
suchen Zuflucht im Schatten deiner
Flügel.
9 Sie laben sich am Überfluss deines
Hauses,
und am Strom deiner Wonnen
tränkst du sie.

10 Denn bei dir ist die Quelle des
Lebens,
> in deinem Licht schauen wir das
> Licht.

11 Erhalte deine Güte denen, die dich
kennen,
> und deine Gerechtigkeit denen, die
> aufrichtigen Herzens sind.

12 Hochmut trete nicht ein bei mir,
> und die Macht der Frevler vertreibe
> mich nicht.

13 Da fallen die Übeltäter,
> sie werden niedergeworfen und
> stehen nicht wieder auf.

| 2: Röm 3,18 | 5: Mi 2,1 | 6: 57,11; 108,5 | 8: 17,8!
| 9: 65,5! | 10: Jer 2,13 · 27,1

36,2: Der Massoretische Text wurde korrigiert; er
lautet übersetzt: «... im Innern meines Herzens: ...»

Befiehl dem HERRN *deinen Weg*

37 1 Von David.
> Erhitze dich nicht über die
Übeltäter,
> ereifere dich nicht über die, die
> Unrecht tun.

2 Denn schnell wie das Gras verwelken
sie,
> und wie grünes Kraut verdorren sie.

3 Vertraue dem HERRN und tue das
Gute,
> bleibe im Land und bewahre die
> Treue.

4 Freue dich des HERRN,
> und er wird dir geben, was dein Herz
> begehrt.

5 Befiehl dem HERRN deinen Weg
> und vertraue auf ihn, er wird es
> vollbringen.

6 Er wird deine Gerechtigkeit aufgehen
lassen wie das Licht
> und dein Recht wie den Mittag.

7 Sei still vor dem HERRN
> und harre auf ihn.
Erhitze dich nicht über den, dessen Weg
gelingt,
> und nicht über den, der Ränke
> schmiedet.

8 Lass ab vom Zorn, gib auf den Grimm,
> erhitze dich nicht, es bringt nur
> Böses.

9 Denn die Übeltäter werden
ausgerottet,
> die aber auf den HERRN hoffen, sie
> werden das Land besitzen.

10 Nur eine Weile noch, und der Frevler
ist nicht mehr,
> und suchst du seine Stätte, so ist sie
> dahin.

11 Die Gebeugten aber werden das
Land besitzen
> und sich freuen an der Fülle des
> Friedens.

12 Arges sinnt der Frevler gegen den
Gerechten,
> und er knirscht mit den Zähnen
> gegen ihn.

13 Der Herr aber lacht über ihn,
> denn er sieht, dass sein Tag kommt.

14 Die Frevler zücken das Schwert
> und spannen ihren Bogen,
um den Elenden und Armen zu fällen,
> um hinzuschlachten, die auf
> geradem Wege sind.

15 Ihr Schwert dringt ihnen ins eigene
Herz,
> und ihre Bogen werden zerbrochen.

16 Besser das wenige, das der eine
Gerechte hat,
> als der Überfluss der vielen Frevler.

17 Denn die Arme der Frevler werden
zerbrochen,
> die Gerechten aber stützt der HERR.

18 Der HERR kennt die Tage der
Getreuen,
> und ihr Erbe wird ewig bestehen.

19 Sie werden nicht zuschanden in
böser Zeit,
> in den Tagen des Hungers werden
> sie satt.

20 Doch die Frevler kommen um,
> die Feinde des HERRN;
wie die Pracht der Auen
> schwinden sie dahin, im Rauch
> schwinden sie dahin.

21 Der Frevler borgt und zahlt nicht
zurück,
> der Gerechte aber ist freigebig und
> schenkt.

22 Die von ihm gesegnet sind, werden
das Land besitzen,

die aber von ihm geschmäht sind,
werden ausgerottet.

23 Der HERR festigt dem die Schritte,
dessen Weg ihm gefällt.

24 Kommt er zu Fall, so stürzt er doch nicht,
denn der HERR stützt seine Hand.

25 Ich bin jung gewesen und bin alt geworden,
und nie sah ich den Gerechten verlassen,
nie seine Nachkommen betteln um Brot.

26 Allezeit ist er freigebig und zu leihen bereit,
und seine Nachkommen werden zum Segen.

27 Meide das Böse und tue das Gute,
und du wirst auf ewig bleiben.

28 Denn der HERR liebt das Recht,
und er verlässt seine Getreuen nicht;
auf ewig sind sie behütet,
das Geschlecht der Frevler aber wird ausgerottet.

29 Die Gerechten werden das Land besitzen
und für immer darin wohnen.

30 Der Mund des Gerechten spricht Weisheit,
und seine Zunge lehrt das Recht.

31 Die Weisung seines Gottes trägt er im Herzen,
und seine Schritte wanken nicht.

32 Der Frevler lauert dem Gerechten auf
und sucht ihn zu töten.

33 Der HERR aber überlässt ihn nicht seiner Hand
und spricht ihn nicht schuldig vor Gericht.

34 Hoffe auf den HERRN
und halte dich an seinen Weg,
so wird er dich erhöhen, das Land in Besitz zu nehmen;
du wirst sehen, wie die Frevler ausgerottet werden.

35 Ich sah den Frevler, bereit zur Gewalt,
er spreizte sich wie eine üppige Zeder.

36 Doch als ich wieder vorüberging,
sieh, da war er nicht mehr,
ich suchte ihn, und er war nicht zu finden.

37 Halte dich an den Getreuen, und sieh auf den Aufrichtigen,
denn der Friedfertige hat Zukunft.

38 Die Abtrünnigen aber werden allesamt vertilgt,
die Zukunft der Frevler wird zunichte gemacht.

39 Die Rettung der Gerechten kommt vom HERRN,
er ist ihre Zuflucht in der Zeit der Not.

40 Der HERR steht ihnen bei und rettet sie,
vor den Frevlern rettet er sie und hilft ihnen,
denn sie suchen Zuflucht bei ihm.

|1: 73,3; Spr 24,19 |2: 90,5!-6 |4: 20,5! |5: Spr 3,5-6 |6: 112,3-4; Hiob 11,17; Jes 58,8.10 |7: 62,2! |9: 25,13; 37,11.22.29!.34; 69,36-37; Spr 2,21-22; Mt 25,34.41 |11: Mt 5,5 |13: 2,4! |14: 11,2! |16: Spr 15,16; 16,8 |17: 10,15 |20: 68,3 |22: 37,9! |23: Spr 20,24 |24: 145,14 |25: 109,10 |27: 34,15 |29: 37,9!; Jes 60,21 |31: 40,9!; Dtn 6,6; Jer 31,33 |32: 10,8 |34: 37,9! |37: Spr 23,18; 24,14 |39: 9,10!

37,35: Der Massoretische Text wurde korrigiert; er lautet übersetzt: «... wie ein üppiger Einheimischer.»

37,36: Der Massoretische Text wurde korrigiert; er lautet übersetzt: «Doch als er wieder vorüberging, ...»

HERR, *strafe mich nicht in deinem Zorn*

38 1 Ein Psalm Davids. Zur Verkündigung.

2 HERR, strafe mich nicht in deinem Zorn,
und züchtige mich nicht in deinem Grimm.

3 Denn deine Pfeile haben mich getroffen,
und deine Hand ist auf mich herabgefahren.

4 Nichts Heiles ist an meinem Fleisch wegen deines Grolls,
nichts Unversehrtes ist an meinen Gebeinen wegen meiner Sünde.

5 Denn meine Vergehen kommen über mein Haupt,

sie erdrücken mich wie eine
schwere Last.

6 Meine Wunden stinken und eitern
wegen meiner Torheit.

7 Ich bin verstört, tief gebeugt,
in Trauer verbringe ich den ganzen
Tag.

8 Denn meine Lenden sind voller
Brand,
und nichts Heiles ist an meinem
Fleisch.

9 Kraftlos bin ich und zerschlagen,
in der Qual meines Herzens schreie
ich auf.

10 Herr, vor dir liegt all mein Sehnen,
und mein Seufzen ist dir nicht
verborgen.

11 Heftig pocht mein Herz, meine Kraft
hat mich verlassen,
und das Licht meiner Augen ist mir
erloschen.

12 Meine Freunde und Gefährten
wenden sich ab von meiner Plage,
und meine Nächsten halten sich
fern.

13 Die mir nach dem Leben trachten,
legen Schlingen,
und die mein Unheil suchen, drohen
mit Verderben
und sinnen Arges den ganzen Tag.

14 Ich aber bin wie ein Tauber, ich höre
nicht,
wie ein Stummer, der seinen Mund
nicht auftut.

15 Ich wurde wie einer, der nicht hört
und keine Widerrede hat in seinem
Mund.

16 Doch auf dich, HERR, harre ich,
du wirst antworten, Herr, mein Gott.

17 Denn ich spreche: Sie sollen sich
nicht freuen über mich,
nicht grosstun gegen mich, wenn
mein Fuss wankt.

18 Dem Sturz bin ich nahe,
und stets gegenwärtig ist mir mein
Schmerz.

19 Ich bekenne meine Schuld,
bekümmert bin ich meiner Sünde
wegen.

20 Meine Feinde aber leben und sind
stark,
zahlreich sind, die mich grundlos
hassen.

21 Die Gutes mit Bösem vergelten,
klagen mich an, weil ich nach dem
Guten jage.

22 Verlass mich nicht, HERR,
mein Gott, sei nicht fern von mir.

23 Eile zu meiner Hilfe,
Herr, meine Rettung.

|2: 6,2! |3: Hiob 6,4 · 32,4 |12: 88,9.19:
Hiob 19,13–19 |17: 13,5! |19: 32,5! |21: 35,12! |22–23:
22,20! |22: 22,12!

Lass mich erkennen, HERR, mein Ende

39 1 Für den Chormeister. Von Jedutun. Ein Psalm Davids.

2 Ich dachte: Ich will achthaben auf
meine Wege,
dass ich nicht sündige mit meiner
Zunge.
Ich will meinen Mund im Zaum halten,
solange der Frevler vor mir steht.

3 Und ich blieb stumm und schwieg,
blieb still, fern vom Glück.
Doch Schmerz erfasste mich,
4 mein Herz glühte in meiner Brust,
bei meinem Seufzen entbrannte ein
Feuer.
Da sprach ich mit eigener Zunge:

5 Lass mich erkennen, HERR, mein
Ende
und was das Mass meiner Tage ist.
Ich will erkennen, wie vergänglich
ich bin.

6 Sieh, nur handbreit hast du meine
Tage gemacht,
wie nichts ist meine Lebenszeit
vor dir.
Nur ein Hauch ist der Mensch. *Sela*

7 Nur als Schatten geht er einher,
um ein Nichts macht er Lärm, häuft
zusammen
und weiss nicht, wer es einbringen
wird.

8 Und nun, was habe ich zu hoffen,
Herr?
Meine Hoffnung ist allein bei dir.

9 Errette mich von allen meinen Sünden
     und mache mich nicht zum Spott
     des Toren.
10 Ich bin verstummt, will meinen
Mund nicht auftun,
     denn du hast es getan.
11 Nimm deine Plage weg von mir,
     unter der Wucht deiner Hand
     vergehe ich.
12 Mit Strafen züchtigst du jeden für
seine Schuld
     und zerstörst wie die Motte, was ihm
     kostbar ist.
     Nur ein Hauch ist der Mensch. *Sela*
13 Höre mein Gebet, HERR,
     und vernimm mein Schreien,
     schweige nicht zu meinen Tränen.
Denn ein Fremder bin ich bei dir,
     ein Beisasse, wie alle meine
     Vorfahren.
14 Blicke weg von mir, damit ich heiter
werde,
     bevor ich dahingehe und nicht
     mehr bin.

| 5: 90,12 | 6: 39,12! | 7: 102,12! | 12: 39,6; 62,10;
144,4; Hiob 7,7; Jak 4,14 | 13: 119,19; Lev 25,23;
1Chr 29,15; Hebr 11,13 | 14: Hiob 7,19; 14,6

Deine Weisung trage ich im Herzen

40 1 Für den Chormeister. Von
     David. Ein Psalm.
2 Sehnlichst hoffte ich auf den HERRN,
     da neigte er sich zu mir und hörte
     mein Schreien.
3 Er zog mich herauf aus der Grube des
Grauens,
     aus Morast und Schlamm,
und stellte meine Füsse auf Felsgrund,
     machte meine Schritte fest.
4 Er legte mir in den Mund ein neues
Lied,
     einen Lobgesang auf unseren Gott.
Viele werden es sehen und sich fürchten
     und auf den HERRN vertrauen.
5 Wohl dem, der auf den HERRN
     sein Vertrauen setzt,
sich nicht zu den Trotzigen wendet
     noch zu denen, die sich in Lügen
     verstricken.

6 Zahlreich sind deine Wunder und
Pläne,
     die du, HERR, mein Gott, für uns
     vollbracht hast,
     nichts ist dir zu vergleichen.
Wollte ich davon künden und reden,
     zu viele sind es, sie zu zählen.
7 An Schlachtopfern und Speiseopfern
hast du kein Gefallen,
     aber Ohren hast du mir aufgetan,
     Brandopfer und Sündopfer hast du
     nicht verlangt.
8 Da sprach ich: Sieh, ich bin
gekommen,
     in der Schriftrolle steht geschrieben,
     was für mich gilt.
9 Deinen Willen zu tun, mein Gott, ist
mir eine Lust,
     und deine Weisung trage ich im
     Herzen.
10 Froh künde ich Gerechtigkeit
     in grosser Versammlung,
sieh, meine Lippen verschliesse ich
nicht.
     HERR, du weisst es:
11 Deine Gerechtigkeit habe ich nicht
verborgen
     in meinem Herzen,
von deiner Treue und Hilfe habe ich
geredet,
     deine Güte und Treue habe ich nicht
     verschwiegen
     vor grosser Versammlung.
12 Du, HERR, wirst mir dein Erbarmen
     nicht verschliessen,
deine Güte und Treue
     werden mich immer behüten.
13 Denn Leiden umfangen mich
     ohne Zahl,
meine Sünden haben mich eingeholt,
     ich kann nicht mehr aufsehen,
zahlreicher sind sie als die Haare
meines Hauptes,
     und verlassen hat mich mein Mut.
14 Möge es dir gefallen, HERR, mich zu
retten,
     HERR, eile mir zu Hilfe.
15 In Schmach und Schande sollen
geraten alle,
     die mir nach dem Leben trachten,

es sollen zurückweichen und sich
schämen,
   die mein Unglück wollen.

16 Erstarren sollen in ihrer Schande,
   die mich verlachen.

17 Frohlocken sollen und deiner sich
freuen
   alle, die dich suchen.

Die sich nach deiner Hilfe sehnen,
   sollen allezeit sagen: Gross ist der
   HERR!

18 Ich aber bin elend und arm,
   der Herr rechne es mir an.

Meine Hilfe und mein Retter bist du,
   mein Gott, säume nicht.

|3: 69,3! |4: 52,8; 64,10 |5: 1,1–2; Jer 17,7 |6: 92,6;
139,17–18 |7: 50,8–9.13; 51,18; 69,32; Jes 1,11; Jer 6,20;
7,22; Hos 6,6; Am 5,21–22; Mi 6,6–7 |9: 1,2!; 37,31!
|10: 22,23! |13: 69,5 |14–18: 70,2–6 |14: 22,20! |15:
35,4! |16: 35,21.25 |17: 5,12!; 35,27

*Wohl dem, der sich des Schwachen
annimmt*

41 1 Für den Chormeister. Ein Psalm
Davids.

2 Wohl dem, der sich des Schwachen
annimmt.
   Am Tag des Unheils wird der HERR
   ihn retten.

3 Der HERR wird ihn behüten und am
Leben erhalten,
   und glücklich wird er gepriesen im
   Land.
   Gib ihn nicht preis der Gier seiner
   Feinde.

4 Der HERR wird ihn stützen auf dem
Krankenbett,
   auf seinem Lager hebst du seine
   Krankheit auf.

5 Ich sprach: HERR, sei mir gnädig,
   heile mich, denn ich habe gegen dich
   gesündigt.

6 Meine Feinde reden Böses über mich:
   Wann wird er sterben, wann wird
   sein Name vergehen?

7 Und kommt einer zu Besuch, so redet
falsch sein Herz,
   er sammelt sich Bosheit, geht hinaus
   und trägt es weiter.

8 Einmütig zischeln sie gegen mich,
alle, die mich hassen,
   Böses führen sie gegen mich im
   Schilde:

9 Verderben ist über ihn ausgegossen,
   und wer einmal liegt, steht nicht
   wieder auf.

10 Selbst mein Freund, dem ich
vertraute,
   der mein Brot ass, tritt mich mit
   Füssen.

11 Du aber, HERR, sei mir gnädig und
richte mich auf,
   ich will es ihnen vergelten.

12 Daran erkenne ich, dass du Gefallen
an mir hast,
   dass mein Feind nicht über mich
   frohlocken darf.

13 Mich aber hältst du fest um meiner
Unschuld willen
   und lässt mich für immer vor
   deinem Angesicht stehen.

14 Gepriesen sei der HERR, der Gott
Israels,
   von Ewigkeit zu Ewigkeit.

Amen, Amen.

|2: Spr 14,21 |5: 6,3! |10: 55,13!–14; Joh 13,18 |14:
72,18–19; 89,53; 106,48

ZWEITES BUCH (PS 42–72)

Meine Seele dürstet nach Gott
(Ps 42 und 43)

42 1 Für den Chormeister. Ein
Weisheitslied der Korachiter.

2 Wie die Hindin lechzt
an versiegten Bächen,
so lechzt meine Seele,
Gott, nach dir.

3 Meine Seele dürstet nach Gott,
dem lebendigen Gott.
Wann darf ich kommen
und Gottes Angesicht schauen?

4 Meine Tränen sind mein Brot
bei Tag und bei Nacht,
denn allezeit sagen sie zu mir:
Wo ist dein Gott?

5 Daran will ich denken
und mich in meiner Seele erinnern,
dass ich einherging in dichtem
Gedränge, mit ihnen ging
zum Haus Gottes
mit lautem Jubel und Dank
in feiernder Menge.

6 Was bist du so gebeugt, meine Seele,
und so unruhig in mir?
Harre auf Gott, denn ich werde ihn
wieder preisen,
ihn, meine Hilfe und meinen Gott.

7 Meine Seele ist gebeugt in mir,
darum gedenke ich deiner
vom Land des Jordan und vom Hermon
her,
vom Berg Mizar.

8 Flut ruft zur Flut
beim Tosen deiner Wasserfälle,
alle deine Brandungen und Wogen
gehen über mich hin.

9 Am Tag erweist
der HERR seine Gnade,
und des Nachts ist sein Lied bei mir,
ein Gebet zum Gott meines Lebens.

10 Ich spreche zu Gott, meinem Fels:
Warum hast du mich vergessen?
Warum muss ich trauernd
umhergehen,
bedrängt vom Feind?

11 Wie Mord ist es in meinen
Gebeinen,
wenn meine Gegner mich
verhöhnen,
da sie allezeit zu mir sagen:
Wo ist dein Gott?

12 Was bist du so gebeugt, meine Seele,
und so unruhig in mir?
Harre auf Gott, denn ich werde ihn
wieder preisen,
ihn, meine Hilfe und meinen Gott.

43 1 Schaffe mir Recht, Gott,
und führe meine Sache
gegen treuloses Volk,
errette mich vor falschen
und bösen Menschen.

2 Du bist der Gott meiner Zuflucht.
Warum hast du mich verstossen?
Warum muss ich trauernd
umhergehen,
bedrängt vom Feind?

3 Sende dein Licht und deine Wahrheit,
sie sollen mich leiten,
mich bringen zu deinem heiligen Berg
und zu deinen Wohnungen.

4 So will ich hineingehen zum Altar
Gottes,
zum Gott meiner Freude.
Jauchzend will ich dich mit der Leier
preisen,
Gott, mein Gott.

5 Was bist du so gebeugt, meine Seele,
und so unruhig in mir?
Harre auf Gott, denn ich werde ihn
wieder preisen,
ihn, meine Hilfe und meinen Gott.

|1: Num 26,11 |2–3: 63,2; 143,6 |4: 80,6; 102,10 ·
42,11; 79,10; 115,2; Joel 2,17; Mi 7,10; Mal 2,17 | 6:
Mt 26,38 |8: 69,2–3; 88,8; 124,4–5; Jona 2,6 |10: 13,2!
|11: 42,4! |1: 26,1

Ps 42 und 43: Die beiden Psalmen bilden, wie der
Kehrvers 42,6.12 und 43,5 zeigt, ein zusammenhän-
gendes Lied.
42,3: Der Massoretische Text wurde korrigiert; er
lautet übersetzt: «… kommen und erscheinen vor Gott?»
43,4: Der Massoretische Text wurde korrigiert; er
lautet übersetzt: «…, zum Gott der Freude meines Jubels und dich … preisen, …»

Warum schläfst du, HERR?

44 1 Für den Chormeister. Von den Korachitern. Ein Weisheitslied.

2 Gott, mit eigenen Ohren haben wir es gehört,
> unsere Vorfahren haben es uns erzählt:

Eine Tat hast du getan in ihren Tagen,
> in den Tagen der Vorzeit,
> 3 du mit deiner Hand.

Nationen hast du vertrieben, sie aber eingepflanzt,
> Völker hast du zerschlagen, sie aber ausgebreitet.

4 Denn nicht mit ihrem Schwert gewannen sie das Land,
> und nicht ihr Arm schaffte ihnen den Sieg,

sondern deine Rechte und dein Arm
> und das Licht deines Angesichts,
> denn du hattest Gefallen an ihnen.

5 Du allein bist mein König, Gott,
> sende deine Hilfe für Jakob.

6 Mit dir stossen wir unsere Feinde nieder,
> in deinem Namen zertreten wir, die sich gegen uns erheben.

7 Denn nicht auf meinen Bogen vertraue ich,
> und mein Schwert hilft mir nicht,

8 sondern du hast uns geholfen vor unseren Feinden,
> und die uns hassen, hast du zuschanden gemacht.

9 Wir rühmen uns Gottes den ganzen Tag,
> und deinen Namen preisen wir immerdar. *Sela*

10 Und doch hast du uns verstossen und mit Schmach bedeckt,
> du ziehst nicht aus mit unseren Heeren.

11 Du lässt uns zurückweichen vor dem Feind,
> und die uns hassen, haben sich Beute genommen.

12 Du gibst uns hin wie Schlachtvieh,
> unter die Nationen hast du uns zerstreut.

13 Du verkaufst dein Volk um ein Spottgeld
> und hast keinen Gewinn aus seinem Erlös.

14 Du machst uns zum Gespött bei unseren Nachbarn,
> zu Spott und Hohn bei allen ringsum.

15 Du machst uns zum Sprichwort unter den Nationen,
> die Völker schütteln den Kopf über uns.

16 Den ganzen Tag steht meine Schande mir vor Augen,
> und Scham bedeckt mein Angesicht

17 vom Lärm der Lästerer und Spötter,
> vom Blick des rachgierigen Feindes.

18 All dies ist über uns gekommen, doch wir haben dich nicht vergessen
> und deinen Bund nicht verraten.

19 Unser Herz ist nicht abtrünnig geworden,
> auch sind unsere Schritte nicht abgewichen von deinem Pfad.

20 Du aber hast uns zermalmt am Ort der Schakale
> und mit Finsternis uns bedeckt.

21 Hätten wir den Namen unseres Gottes vergessen
> und zu einem fremden Gott unsere Hände ausgestreckt,

22 würde Gott es nicht ergründen?
> Denn er kennt die Geheimnisse des Herzens.

23 Um deinetwillen werden wir getötet Tag für Tag,
> sind wir geachtet wie Schafe, zum Schlachten bestimmt.

24 Wach auf! Warum schläfst du, Herr? Erwache! Verstosse nicht auf ewig!

25 Warum verbirgst du dein Angesicht,
> vergisst unsere Not und Bedrängnis?

26 Denn unsere Seele ist in den Staub gebeugt,
> unser Leib klebt an der Erde.

27 Steh auf, uns zur Hilfe,
> und erlöse uns um deiner Gnade willen.

|2: 78,3 |3: 78,55; 80,9; 105,44 |4: 4,7! |5: 5,3!
| 6: 60,14 |7: 20,8!; Jos 24,12 |10: 60,12 |12: Lev 26,33;

Dtn 28,64 |13: Jes 52,3 |14: 79,4; 80,7; 89,42 |15:
22,8! |16: 69,8 |23: Röm 8,36 |24: 35,23 · 74,1; 77,8
|25: 13,2! |26: 7,6; 119,25

Ein Gedicht zur Ehre des Königs

45 1 Für den Chormeister. Nach der
Weise «Lilien». Von den Korachitern. Ein Weisheitslied. Ein Liebeslied.

2 Mein Herz ist bewegt von schöner
Rede,
> vortragen will ich mein Gedicht zur
> Ehre des Königs.
Meine Zunge ist der Griffel
> eines gewandten Schreibers.

3 Du bist der Schönste unter den
Menschen,
> Anmut ist ausgegossen über deine
> Lippen;
darum hat Gott dich
> für immer gesegnet.

4 Gürte dein Schwert um die Hüfte, du
Held,
> deine Hoheit und deine Pracht.

5 In deiner Pracht triumphiere,
> besteige den Wagen zum Kampf für
> Wahrheit, Demut und Recht.
> Und furchterregende Taten lehre
> dich deine Rechte.

6 Geschärft sind deine Pfeile, dass
Völker dir unterliegen,
> sie dringen in das Herz der Feinde
> des Königs.

7 Dein Thron, Gott, steht immer und
ewig,
> das Zepter des Rechts ist das Zepter
> deines Reichs.

8 Du liebst Gerechtigkeit
> und hasst den Frevel;
darum hat dich Gott, dein Gott, gesalbt
> mit Freudenöl wie keinen deiner
> Gefährten.

9 Von Myrrhe und Aloe,
> von Kassia duften alle deine
> Gewänder,
> aus Elfenbeinpalästen erfreut dich
> das Saitenspiel.

10 Königstöchter stehen da in deinen
Kleinodien,
> an deine Rechte tritt die Gemahlin in
> Ofirgold.

11 Höre, Tochter, sieh und neige dein
Ohr:
> Vergiss dein Volk und das Haus
> deines Vaters.

12 Und begehrt der König deine
Schönheit,
> er, dein Herr,
> so verneige dich vor ihm.

13 Auch die Tochter Tyros kommt mit
Gaben,
> deine Gunst suchen die Reichsten
> im Volk.

14 Lauter Pracht ist die Königstochter
in den Gemächern,
> goldgewirkt ist ihr Gewand.

15 In bunt gestickten Kleidern wird sie
zum König geleitet,
> Jungfrauen in ihrem Gefolge, ihre
> Gespielinnen werden dir gebracht.

16 Mit Freudenrufen und Jubel geleitet,
> ziehen sie ein in den Palast des
> Königs.

17 An deiner Vorfahren Statt werden
deine Söhne treten,
> zu Fürsten wirst du sie machen im
> ganzen Land.

18 Ich will deinen Namen verkünden
von Generation zu Generation,
> darum werden die Völker dich
> preisen immer und ewig.

|4: 21,6 |7: 9,8! |8: 11,7 |13: 72,10!

45,14: «in den Gemächern» ist wörtlich «drinnen».

Eine Burg ist uns der Gott Jakobs

46 1 Für den Chormeister. Von den
Korachitern. Nach Mädchenweise. Ein Lied.

2 Gott ist uns Zuflucht und Schutz,
> eine Hilfe in Nöten, wohl bewährt.

3 Darum fürchten wir uns nicht, wenn
die Erde schwankt
> und die Berge wanken in der Tiefe
> des Meeres.

4 Toben mag, schäumen mag sein
Wasser,
> Berge mögen erzittern, wenn es sich
> bäumt. *Sela*

5 Eines Stromes Arme erfreuen die
Gottesstadt,

die heiligste der Wohnungen des Höchsten.

6 Gott ist in ihrer Mitte, sie wird nicht wanken,
  Gott hilft ihr, wenn der Morgen anbricht.

7 Nationen toben, Königreiche wanken,
  er lässt seine Stimme erschallen,
  und die Erde erbebt.

8 Der HERR der Heerscharen ist mit uns,
  eine Burg ist uns der Gott Jakobs. *Sela*

9 Kommt und schaut die Taten des HERRN,
  der Entsetzen verbreitet auf Erden.

10 Der den Kriegen Einhalt gebietet
   bis ans Ende der Erde,
   der Bogen zerbricht, Speere zerschlägt
   und Wagen im Feuer verbrennt.

11 Lasst ab und erkennt, dass ich Gott bin,
   erhaben unter den Nationen,
   erhaben auf Erden.

12 Der HERR der Heerscharen ist mit uns,
   eine Burg ist uns der Gott Jakobs. *Sela*

|2: 9,10! |3: Jes 54,10 |6: 125,1! · 5,4! |8: Jes 7,14; 8,10 · 9,10! |9: 66,5 |10: 76,4; Sach 9,10 |11: 59,14; 83,19 |12: 9,10!

Der HERR, der König der ganzen Erde

47 1 Für den Chormeister. Von den Korachitern. Ein Psalm.

2 Ihr Völker alle, klatscht in die Hände,
  jauchzet Gott mit Jubelschall.

3 Denn der HERR, der Höchste, ist furchterregend,
  ein grosser König über die ganze Erde.

4 Er zwingt Völker unter uns
  und Nationen unter unsere Füsse.

5 Er erwählt uns unseren Erbbesitz,
  den Stolz Jakobs, den er liebt. *Sela*

6 Gott stieg empor unter Jubelklang,
  der HERR beim Hörnerschall.

7 Singt Gott, singt!
  Singt unserem König, singt!

8 Denn König der ganzen Erde ist Gott.
  Singt ein festliches Lied!

9 Gott ist König über die Nationen,
  Gott sitzt auf seinem heiligen Thron.

10 Die Fürsten der Völker sind versammelt
   als Volk des Gottes Abrahams.
   Denn Gott gehören die Schilde der Erde,
   hoch ist er erhaben.

|3: 95,3! |6: 68,19 · 98,6 |8: 93,1!; Jer 10,7 |10: 89,19

Die Stadt unseres Gottes

48 1 Ein Lied. Ein Psalm der Korachiter.

2 Gross ist der HERR und hoch zu preisen
  in der Stadt unseres Gottes.
  Sein heiliger Berg,

3 schönster Gipfel,
  der ganzen Welt Wonne,
  der Berg Zion, äusserster Norden,
  ist die Stadt eines grossen Königs.

4 Gott ist in ihren Palästen,
  als Schutzburg hat er sich kundgetan.

5 Denn sieh, Könige taten sich zusammen,
  zogen gemeinsam heran.

6 Sie sahen es und erstarrten,
  flohen entsetzt davon.

7 Zittern ergriff sie dort,
  Wehen wie eine Gebärende.

8 Mit dem Oststurm zerschmetterst du
  die Schiffe von Tarschisch.

9 Wie wir es gehört, so haben wir es gesehen
  in der Stadt des HERRN der Heerscharen, in der Stadt unseres Gottes:
  Auf ewig lässt Gott sie bestehen. *Sela*

10 Wir bedenken, Gott, deine Güte,
   mitten in deinem Tempel.

11 Wie dein Name, Gott, so reicht dein Ruhm
   bis an die Enden der Erde,
   voller Gerechtigkeit ist deine Rechte.

12 Es freue sich der Berg Zion,
   die Töchter Judas sollen frohlocken
   über deine Gerichte.

13 Umkreist den Zion, umschreitet ihn,
   zählt seine Türme.
14 Bewundert sein Bollwerk,
   erkundet seine Paläste,
damit ihr erzählen könnt
   einer künftigen Generation:
15 Dies ist Gott,
   unser Gott immer und ewig,
   er wird uns leiten.

| 2: 96,4; 99,2; 145,3; 147,5 | 3: Klgl 2,15 · 78,68! ·
Mt 5,35 | 7: Jes 13,8 | 9: 87,5 | 12: 97,8 | 13–14: 122,3;
147,13; Jes 26,1

48,15: Am Versende folgt im Massoretischen Text
eine Formulierung, die entweder als musikalische
Anweisung («Nach der Weise Stirb») zu verstehen ist
oder «bis an den Tod» bedeutet.

Was ist der Mensch in seiner Pracht?

49 1 Für den Chormeister. Von den
   Korachitern. Ein Psalm.
2 Hört dies, ihr Völker alle,
   merkt auf, alle Bewohner der Welt,
3 ihr Geringen wie auch ihr
Vornehmen,
   allesamt, Reiche und Arme.
4 Mein Mund spricht Weisheit,
   und das Sinnen meines Herzens ist
   Einsicht.
5 Dem Weisheitsspruch neige ich mein
Ohr,
   zur Leier löse ich mein Rätsel.
6 Was soll ich mich fürchten in bösen
Tagen,
   wenn der Frevel meiner tückischen
   Feinde mich umgibt,
7 die auf ihren Besitz vertrauen
   und sich ihres grossen Reichtums
   rühmen?
8 Niemals kann einer den anderen
loskaufen,
   keiner sich freikaufen bei Gott,
9 zu hoch ist der Preis für ihr Leben,
   für immer muss er es lassen.
10 Sonst lebte er weiter auf ewig
   und schaute die Grube nicht.
11 Denn jeder kann es sehen: Es sterben
die Weisen,
   Tor und Narr, allesamt kommen
   sie um,
   und anderen lassen sie ihren Besitz.

12 Gräber sind ihre Behausung auf
ewig,
   ihre Wohnstatt von Generation zu
   Generation,
wenn sie auch Länder
   nach ihren Namen benannten.
13 Der Mensch in seiner Pracht ist ohne
Bestand,
   er gleicht dem Vieh, das verstummt.
14 Das ist der Weg derer, die sich selbst
vertrauen,
   und die Zukunft derer, denen das
   eigene Reden gefällt. *Sela*
15 Wie Schafe ziehen sie ins
Totenreich,
   der Tod weidet sie,
und die Aufrichtigen herrschen über sie
am Morgen.
Ihre Gestalt zerfällt,
   das Totenreich ist ihre Bleibe.
16 Gott aber wird mein Leben
loskaufen,
   aus der Gewalt des Totenreichs
   nimmt er mich auf. *Sela*
17 Fürchte dich nicht, wenn einer reich
wird,
   wenn die Pracht seines Hauses sich
   mehrt.
18 Denn nichts nimmt er mit, wenn er
stirbt,
   seine Herrlichkeit folgt ihm nicht
   hinab.
19 Mag er sich selbst glücklich preisen
in seinem Leben,
   mögen sie dich loben, dass du dir
   Gutes schaffst,
20 dennoch kommt er zum Geschlecht
seiner Vorfahren,
   die das Licht nie mehr sehen.
21 Der Mensch in Pracht, doch ohne
Verstand,
   er gleicht dem Vieh, das verstummt.

| 7: 52,9; Spr 10,15 | 8–9: Mt 16,26 | 11: Koh 2,16
| 13: 49,21; Koh 3,19 | 16: 73,24! | 18: Lk 12,20; 1Tim 6,7
| 21: 49,13!

49,6: Der Massoretische Text wurde korrigiert; er
lautet übersetzt: «… der Frevel meiner Fersen mich
umgibt.»
49,12: Der Massoretische Text wurde korrigiert;
er lautet übersetzt: «Ihr Inneres ist ihre Behausung …»

Wer Dank opfert, ehrt mich

50 1 Ein Psalm Asafs.
Der Gott der Götter, der HERR,
spricht und ruft die Erde
vom Aufgang der Sonne bis zu ihrem
Niedergang.
2 Vom Zion her, der Krone der
Schönheit, erstrahlt Gott.
3 Unser Gott kommt und schweigt
nicht.
Feuer frisst vor ihm her,
und rings um ihn stürmt es mit
Gewalt.
4 Dem Himmel oben ruft er zu
und der Erde, zu richten sein Volk:
5 Versammelt mir meine Getreuen,
die beim Opfer den Bund mit mir
schlossen.
6 Die Himmel sollen seine
Gerechtigkeit verkünden,
Gott selbst ist Richter. *Sela*
7 Höre, mein Volk, ich will reden,
Israel, ich will dich ermahnen.
Ich bin Gott, dein Gott.
8 Nicht deiner Schlachtopfer wegen
klage ich dich an,
und deine Brandopfer sind immer
mir vor Augen.
9 Ich will keinen Stier aus deinem Haus
noch Böcke aus deinen Hürden.
10 Denn alles Wild des Waldes ist mein
eigen,
die Tiere auf den Bergen zu
Tausenden.
11 Alle Vögel der Berge kenne ich,
und was sich auf dem Felde regt, ist
mein eigen.
12 Hätte ich Hunger, ich brauchte es dir
nicht zu sagen,
denn mir gehört der Erdkreis und
was ihn erfüllt.
13 Sollte ich das Fleisch von Stieren
essen
und das Blut von Böcken trinken?
14 Bringe Gott Dank als Opfer dar
und erfülle dem Höchsten deine
Gelübde.
15 Und rufe zu mir am Tag der Not,
ich will dich erretten, und du wirst
mich ehren.

16 Zum Frevler aber spricht Gott:
Was zählst du meine Satzungen her,
was redest du von meinem Bund,
17 da du doch Zucht hasst
und meine Worte hinter dich wirfst?
18 Siehst du einen Dieb, so hast du
Gefallen an ihm,
und mit Ehebrechern hältst du
Gemeinschaft.
19 Dein Maul lässt du Böses reden,
und deine Zunge brauchst du zum
Betrug.
20 Du setzt dich hin, redest gegen
deinen Bruder,
auf den Sohn deiner Mutter häufst
du Verleumdung.
21 Das hast du getan, und ich sollte
schweigen?
Denkst du, ich sei wie du?
Nun klage ich dich an
und halte es dir vor Augen.
22 Merket doch dies, die ihr Gott
vergesst,
damit ich nicht zerreisse, und keiner
ist da, der rettet.
23 Wer Dank opfert, ehrt mich
und wählt den Weg, auf dem ich ihn
Gottes Hilfe schauen lasse.

|3: 35,22! · 18,9! |6: 19,2; 97,6 |8–9: 40,7! |12:
24,1! |13: 40,7! |14: 22,26! |15: 86,7; 91,15 |22: 9,18
|23: 91,16

Schaffe mir, Gott, ein reines Herz

51 1 Für den Chormeister. Ein Psalm
Davids, 2 als der Prophet Natan
zu ihm kam, nachdem er zu Batseba gegangen war.
3 Sei mir gnädig, Gott, nach deiner
Güte,
nach dem Mass deines Erbarmens
tilge meine Freveltaten.
4 Wasche mich rein von meiner Schuld,
und reinige mich von meiner Sünde.
5 Denn meine Freveltaten kenne ich
wohl,
und immer steht meine Sünde mir
vor Augen.
6 An dir allein habe ich gesündigt,
und ich habe getan, was dir missfällt;

so bist du gerecht in deinem Spruch,
  rein stehst du da, wenn du richtest.
7 Sieh, in Schuld bin ich geboren,
  und in Sünde hat mich meine
  Mutter empfangen.
8 Sieh, an Wahrheit hast du Gefallen,
tief im Verborgenen,
  und im Geheimen tust du mir
  Weisheit kund.
9 Entsündige mich mit Ysop, und ich
werde rein,
  wasche mich, und ich werde weisser
  als Schnee.
10 Lass mich Freude und Wonne hören,
  frohlocken werden die Gebeine, die
  du zerschlagen hast.
11 Verbirg dein Angesicht vor meinen
Sünden,
  und tilge alle meine Vergehen.
12 Schaffe mir, Gott, ein reines Herz,
  und gib mir einen neuen,
  beständigen Geist.
13 Verstosse mich nicht von deinem
Angesicht,
  und deinen heiligen Geist nimm
  nicht von mir.
14 Bringe mir wieder die Freude deiner
Hilfe,
  und stärke mich mit einem willigen
  Geist.
15 Die Abtrünnigen will ich deine
Wege lehren,
  und die Sünder kehren um zu dir.
16 Rette mich vor Blutschuld, Gott, du
Gott meiner Rettung,
  so wird meine Zunge jubeln über
  deine Gerechtigkeit.
17 Herr, tue meine Lippen auf,
  und mein Mund wird deinen Ruhm
  verkünden.
18 Denn an Schlachtopfern hast du kein
Gefallen,
  und wollte ich Brandopfer bringen,
  so willst du sie nicht.
19 Das Opfer, das Gott gefällt, ist ein
zerbrochener Geist,
  ein zerbrochenes und zerschlagenes
  Herz wirst du, Gott, nicht verachten.
20 Tue Zion Gutes nach deinem
Wohlgefallen,

baue die Mauern Jerusalems.
21 Dann wirst du Gefallen haben an
rechten Opfern,
  an Brandopfern und Ganzopfern,
  dann wird man Stiere darbringen
  auf deinem Altar.

| 2: 2Sam 11,1–12,25 | 3: Lk 18,13 | 5: Jes 59,12 | 6: 33,4 · Röm 3,4 | 9: Num 19,18 · Jes 1,18 | 12: Ez 11,19; 36,26; Mt 5,8 | 18: 40,7! | 19: 34,19! | 20: 69,36; 102,17; 126,1; 147,2 | 21: 4,6

Was rühmst du dich der Bosheit?

52 1 Für den Chormeister. Ein Weisheitslied, 2 als der Edomiter
Doeg kam und Saul meldete und zu ihm sprach: «David ist in Achimelechs Haus gekommen.»
3 Was rühmst du dich der Bosheit, du Held?
  Gottes Güte währt allezeit.
4 Verderben planst du,
  deine Zunge ist wie ein scharfes
  Messer,
  du Ränkeschmied.
5 Du liebst das Böse mehr als das Gute,
  die Lüge mehr als wahrhaftige Rede.
  Sela
6 Du liebst jedes Wort, das Verwirrung
stiftet,
  du falsche Zunge.
7 Doch Gott wird dich zerstören für alle
Zeit,
  dich packen und herausreissen aus
  dem Zelt
  und dich entwurzeln aus dem Land
  der Lebenden. *Sela*
8 Und die Gerechten werden es sehen
und sich fürchten,
  über ihn aber werden sie lachen:
9 Seht, das ist der Mann, der nicht Gott
  zu seiner Zuflucht macht.
Auf seinen grossen Reichtum vertraute
er,
  suchte Zuflucht bei seinem
  Verderben.
10 Ich aber bin wie ein üppiger Ölbaum
  im Hause Gottes,
ich vertraue auf Gottes Güte
  immer und ewig.
11 Ewig will ich dich preisen,
  denn du hast es getan,

ich hoffe auf deinen Namen mit deinen
Getreuen,
    denn er ist gut.

|2: 1Sam 21,8; 22,9–19 |4–6: 12,3! |7: 27,13!
|8: 40,4! |9: 49,7! |10: 1,3!; 92,14 |11: 54,8

Die Torheit der Gottlosen

53 1 Für den Chormeister. Nach der
Weise «machalat». Ein Weisheitslied Davids.

2 Der Tor spricht in seinem Herzen:
    Es gibt keinen Gott!
Verderbt, abscheulich handeln sie,
    keiner ist, der Gutes tut.
3 Gott schaut herab vom Himmel
    auf die Menschen,
zu sehen, ob da ein Verständiger sei,
    einer, der nach Gott fragt.
4 Alle sind sie abtrünnig,
    alle verdorben,
keiner ist, der Gutes tut,
    auch nicht einer.
5 Haben denn keine Einsicht die
Übeltäter,
    die mein Volk verzehren, wie man
    Brot isst,
    die Gott nicht anrufen?
6 Da trifft sie gewaltiger Schrecken,
    wie es noch nie einen Schrecken gab,
denn Gott zerstreut die Gebeine dessen,
    der dich bedrängt.
Du machst sie zuschanden,
    denn Gott hat sie verworfen.
7 Möge von Zion Israels Hilfe kommen.
Wenn Gott das Geschick seines Volkes
wendet,
    jauchze Jakob, freue sich Israel.

|1–7: Ps 14,1–7

53,1: Die Bedeutung des hebräischen Begriffs
«machalat» ist ungeklärt.

Gott, hilf mir durch deinen Namen

54 1 Für den Chormeister. Mit Saitenspiel. Ein Weisheitslied Davids, 2 als die Sifiter kamen und zu Saul
sagten: «David hält sich bei uns verborgen.»
3 Gott, hilf mir durch deinen Namen,
    und schaffe mir Recht durch deine
    Macht.

4 Gott, höre mein Gebet,
    vernimm die Worte meines
    Mundes.
5 Denn Fremde sind gegen mich
aufgestanden,
    und Gewalttätige trachten mir nach
    dem Leben,
    sie haben Gott nicht vor Augen. *Sela*
6 Sieh, Gott ist mein Helfer,
    der Herr ist es, der mein Leben
    erhält.
7 Das Unheil falle zurück auf meine
Feinde,
    in deiner Treue vernichte sie.
8 Freudig will ich dir Opfer bringen,
    will deinen Namen preisen, HERR,
    denn er ist gut.
9 Aus aller Not hat er mich errettet,
    und an meinen Feinden weidet sich
    mein Auge.

|2: 1Sam 23,19; 26,1 |5: 86,14 |6: 118,7 |8: 52,11
|9: 59,11; 91,8; 92,12; 118,7

54,7: In einer anderen hebräischen Tradition
lautet der Text: «Er lasse das Unheil zurückfallen auf
meine Feinde, …»

Gewalttat und Hader in der Stadt

55 1 Für den Chormeister. Mit
Saitenspiel. Ein Weisheitslied
Davids.

2 Vernimm, Gott, mein Gebet,
    und verbirg dich nicht vor meinem
    Flehen.
3 Höre auf mich und antworte mir.
    Ich irre umher in meiner Klage.
4 Ich bin verstört vom Lärmen des
Feindes,
    vom Geschrei des Frevlers.
Denn Unheil wälzen sie auf mich,
    und sie befehden mich voller
    Grimm.
5 Mein Herz bebt in meiner Brust,
    und Todesschrecken haben mich
    befallen.
6 Furcht und Zittern kommt über mich,
    und Grauen bedeckt mich.
7 Da sprach ich: Hätte ich doch Flügel
wie die Taube,
    ich wollte fliegen und mir eine
    Bleibe suchen.

8 Sieh, weit weg wollte ich flüchten,
   in der Wüste bleiben über Nacht.
   Sela
9 An einen sicheren Ort möchte ich eilen
   vor dem tobenden Wind, vor dem Sturm.
10 Verwirre, Herr,
   entzweie ihre Sprache.
Denn ich sehe Gewalttat
   und Hader in der Stadt.
11 Tag und Nacht umkreisen sie die Stadt
   auf ihren Mauern,
Frevel und Unheil sind in ihrer Mitte,
   12 Verderben ist in ihrer Mitte,
und von ihrem Markt weichen nicht
   Unterdrückung und Betrug.
13 Denn nicht der Feind ist es, der mich schmäht,
   das würde ich ertragen.
Nicht einer, der mich hasst, hat
grossgetan gegen mich,
   vor ihm könnte ich mich verbergen.
14 Nein, du bist es, ein Mensch meinesgleichen,
   mein Freund und mein Vertrauter,
15 die wir enge Gemeinschaft hatten
   im Hause Gottes,
   zusammen gingen bei festlichem Treiben.
16 Verwüstung über sie!
   Bei lebendigem Leib sollen sie
   hinabfahren ins Totenreich,
   denn Bosheit ist in ihrem Herzen, in ihrer Brust.
17 Ich aber rufe zu Gott,
   und der HERR wird mir helfen.
18 Abends und morgens und mittags
   will ich klagen und seufzen,
   und er wird meine Stimme hören.
19 Er befreit mich,
   birgt mich in Sicherheit,
dass sie mir nicht nahen können,
   denn viele sind gegen mich.
20 Gott wird erhören und sie demütigen,
   er, der da thront von Urzeit her. *Sela*
Denn sie ändern sich nicht
   und fürchten Gott nicht.

21 Er legt Hand an seine Freunde,
   entweiht seinen Bund.
22 Glatt wie Butter ist seine Rede,
   doch Krieg ist sein Sinnen,
seine Worte sind milder als Öl
   und sind doch gezückte Schwerter.
23 Wirf deine Last auf den HERRN,
   er wird dich versorgen,
den Gerechten lässt er
   niemals wanken.
24 Du aber, Gott, wirst sie hinabstürzen
   tief in die Grube;
Mörder und Betrüger,
   sie werden nicht die Hälfte ihrer
   Tage erreichen.
Ich aber vertraue auf dich.

| 8: Jer 9,1 | 13–14: 41,10!; Jer 9,3.7 | 18: Dan 6,10 | 22: 5,10; 12,3!; 57,5! | 23: 1Petr 5,7 | 24: 5,7

55,4: Möglich ist auch die Übersetzung: «... des Feindes, von der Bedrängung durch den Frevler. ...»
55,21: Mit ‹er› ist der Feind gemeint.

Steht nicht alles in deinem Buch?

56 1 Für den Chormeister. Nach der Weise «Taube der fernen Terebinthen». Von David, ein Lied, als die Philister ihn in Gat ergriffen.
2 Sei mir gnädig, Gott, denn Menschen stellen mir nach,
   Krieger bedrängen mich jeden Tag,
3 täglich stellen mir meine Feinde nach;
   viele sind es, die mich voller Hochmut bekämpfen.
4 Wenn ich mich fürchte,
   vertraue ich auf dich.
5 Auf Gott, ich preise sein Wort,
   auf Gott vertraue ich, und ich fürchte mich nicht.
Was kann ein Sterblicher mir tun?
6 Jeden Tag fechten sie meine Worte an,
   auf mein Verderben geht ihr ganzes Sinnen.
7 Sie greifen an, sie lauern,
   sie beobachten meine Spuren,
   denn sie trachten mir nach dem Leben.
8 Sollen sie trotz des Frevels entkommen?

Im Zorn, Gott, stürze die Völker
hinab.
9 Mein Elend hast du aufgezeichnet,
meine Tränen sind verwahrt bei dir.
Steht nicht alles in deinem Buch?
10 Es weichen meine Feinde zurück,
wenn ich rufe,
denn ich weiss,
dass Gott für mich ist.
11 Auf Gott – ich preise sein Wort –,
auf den HERRN – ich preise sein
Wort –,
12 auf Gott vertraue ich, und ich fürchte
mich nicht.
Was kann ein Mensch mir tun?
13 Was ich dir gelobt habe, Gott, liegt
auf mir,
Dankopfer will ich dir darbringen.
14 Denn du hast mein Leben vom Tod
errettet
und meine Füsse vor dem Sturz,
damit ich wandle vor Gott
im Licht des Lebens.

|1: 1Sam 21,11–16 |5: 56,11 · 118,6! |10: 118,6.7
|11: 56,5 |12: 118,6! |14: 116,8–9

56,1: Der Massoretische Text wurde korrigiert; er
lautet übersetzt: «Nach der Weise Stumme Taube
unter den Fernen».
56,9: Wörtlich: «…, meine Tränen sind verwahrt
in deinem Schlauch. …»

Gross bis zum Himmel ist deine Güte

57 1 Für den Chormeister. Nach der
Weise «Zerstöre nicht». Von
David. Ein Lied, als er vor Saul in die
Höhle floh.
2 Sei mir gnädig, Gott, sei mir gnädig,
denn bei dir suche ich Zuflucht.
Im Schatten deiner Flügel suche ich
Zuflucht,
bis das Verderben vorüber ist.
3 Ich rufe zu Gott, dem Höchsten,
zu Gott, der für mich eintritt.
4 Er wird vom Himmel senden und mir
helfen
vor der Schmähung dessen, der mir
nachstellt. *Sela*
Seine Güte und Treue
wird Gott senden.
5 Mitten unter Löwen muss ich liegen,
die Menschen verschlingen,

ihre Zähne sind Spiesse und Pfeile,
und ihre Zunge ist ein scharfes
Schwert.
6 Erhebe dich über den Himmel, Gott,
und über die ganze Erde in deiner
Herrlichkeit.
7 Ein Netz haben sie meinen Schritten
gelegt,
niedergebeugt meine Seele.
Sie haben mir eine Grube gegraben
und fielen selbst hinein. *Sela*
8 Mein Herz ist bereit, Gott,
mein Herz ist bereit,
ich will singen und spielen.
9 Wache auf, meine Seele.
Wacht auf, Harfe und Leier,
ich will das Morgenrot wecken.
10 Ich will dich preisen unter den
Völkern, Herr,
will dir singen unter den Nationen.
11 Denn gross bis zum Himmel ist
deine Güte,
und bis an die Wolken reicht deine
Treue.
12 Erhebe dich über den Himmel, Gott,
und über die ganze Erde in deiner
Herrlichkeit.

|1: 142,1; 1Sam 22,1 |2: 17,8! |5: 11,2!; 55,22; 59,8;
64,4 |6: 57,12; 113,4! |7: 7,16! |8–12: 108,2–6 |10:
18,50! |11: 36,6!

57,4: Möglich ist auch die Übersetzung: «… mir
helfen, indem er den verwirrt, der mir nachstellt. …»

Sprecht ihr wirklich Recht?

58 1 Für den Chormeister. Nach der
Weise «Zerstöre nicht». Von
David. Ein Lied.
2 Sprecht ihr wirklich Recht, ihr
Mächtigen,
richtet ihr die Menschen gerecht?
3 Mit Absicht übt ihr Frevel im Land,
der Gewalttat eurer Hände lasst ihr
freien Lauf.
4 Abtrünnig sind die Frevler vom
Mutterschoss an,
vom Mutterleib an gehen in die Irre
die Lügner.
5 Gift haben sie gleich dem Gift der
Schlange,

wie eine taube Viper, die ihr Ohr
verschliesst,
6 die nicht hört die Stimme der
Beschwörer,
den Bann des Zauberers.
7 Gott, zerbrich ihnen die Zähne im
Mund,
zerschlage, HERR, das Löwengebiss.
8 Wie Wasser, das verrinnt, sollen sie
zergehen,
verdorren wie Gras auf dem Weg,
9 wie eine Schnecke, die in Schleim
zerfliesst,
wie eine Fehlgeburt, die nie die
Sonne schaut.
10 Ehe eure Töpfe warm sind,
fegt der Sturm den Dornstrauch,
frisch oder brennend, hinweg.
11 Der Gerechte wird sich freuen, wenn
er Rache schaut,
seine Füsse wird er baden im Blut
des Frevlers.
12 Und die Menschen werden sagen:
Lohn wird dem Gerechten zuteil,
es gibt einen Gott, der auf Erden
richtet.

|5: 140,4; Dtn 32,33 |7: 3,8 |9: Hiob 3,16;
Koh 6,3–4 |11: 32,11! · 68,24

58,2: Der Massoretische Text wurde korrigiert; er
lautet übersetzt: «Es ist wahr, stumm ist die Gerechtigkeit, wenn ihr redet, richtet ihr ...»
58,8: Der Massoretische Text wurde korrigiert; er
lautet übersetzt in etwa: «... zergehen, er (Gott)
spanne seine Pfeile, da verdorren sie wie ...»
58,10: Wörtlich: «Ehe eure Töpfe den Dornstrauch bemerken, fegt der Sturm ihn ... hinweg.»

Rette mich vor meinen Feinden

59 1 Für den Chormeister. Nach der
Weise «Zerstöre nicht». Von David. Ein Lied, als Saul hinsandte und
man das Haus bewachte, um ihn zu töten.
2 Rette mich vor meinen Feinden, mein
Gott,
vor meinen Widersachern beschütze
mich.
3 Rette mich vor den Übeltätern,
und hilf mir vor den Mördern.
4 Denn sieh, sie trachten mir nach dem
Leben,

Mächtige greifen mich an.
An mir ist kein Frevel und keine Sünde,
HERR.
5 Schuldlos bin ich, doch sie
stürmen heran und stellen sich auf.
Wache auf, komm und sieh.
6 Du bist der HERR, der Gott der
Heerscharen,
der Gott Israels.
Wache auf, alle Völker heimzusuchen.
Sei keinem gnädig, der treulos
frevelt. *Sela*
7 Am Abend kommen sie wieder,
und kläffend wie die Hunde
durchstreifen sie die Stadt.
8 Sieh, ihr Mund geifert,
Schwerter sind ihre Lippen:
Wer wird es schon hören?
9 Du aber, HERR, lachst über sie,
du spottest aller Nationen.
10 Meine Stärke, an dich will ich mich
halten,
denn Gott ist meine Burg.
11 Der Gott meiner Gnade kommt mir
entgegen,
Gott gönnt mir den Anblick meiner
Feinde.
12 Töte sie nicht, damit mein Volk es
nicht vergisst,
zerstreue sie mit deinem Heer und
stürze sie nieder,
Herr, unser Schild.
13 Ihr Mund versündigt sich mit jedem
Wort, das über ihre Lippen kommt,
sie sollen sich verfangen in ihrem
Hochmut.
Des Fluches wegen und der Lüge, die sie
reden,
14 vertilge sie im Zorn, vertilge sie,
dass sie nicht mehr sind.
Sie sollen erkennen, dass Gott
Herrscher ist in Jakob
bis an die Enden der Erde. *Sela*
15 Am Abend kommen sie wieder,
und kläffend wie die Hunde
durchstreifen sie die Stadt.
16 Sie streunen umher nach Frass
und knurren, wenn sie nicht satt
werden.

17 Ich aber will deine Macht besingen
   und jubeln am Morgen über deine
   Gnade,
denn du bist meine Burg
   und eine Zuflucht am Tag meiner
   Not.
18 Meine Stärke, dir will ich singen,
   denn Gott ist meine Burg,
   der Gott meiner Gnade.

|1: 1Sam 19,11 |8: 57,5! |9: 2,4! |11: 54,9! |14: 46,11!; Ez 5,13

59,10: Der Massoretische Text wurde korrigiert; er lautet übersetzt: «Seine Stärke, ...»

Gott, du hast uns verstossen

60 1 Für den Chormeister. Nach der Weise «Lilie des Zeugnisses». Ein Lied. Von David. Zum Lehren, 2 als er gegen Aram-Naharajim und gegen Aram-Zoba stritt und als Joab umkehrte und Edom im Salztal schlug, zwölftausend Mann.

3 Gott, du hast uns verstossen, unsere Reihen durchbrochen,
   du hast gezürnt, stelle uns wieder her.
4 Du hast die Erde erschüttert, hast sie gespalten.
   Heile ihre Risse, denn sie wankt.
5 Hartes hast du dein Volk erfahren lassen,
   du hast uns getränkt mit Taumelwein.
6 Denen aber, die dich fürchten, hast du ein Zeichen aufgestellt,
   damit sie fliehen können vor dem Bogen. *Sela*
7 Damit gerettet werden, die dir lieb sind,
   hilf mit deiner Rechten und erhöre uns.
8 Gott hat gesprochen in seinem Heiligtum:
   Ich will frohlocken, ich will Schechem verteilen
   und ausmessen das Tal von Sukkot.
9 Mein ist Gilead, mein ist Manasse,
   Efraim ist der Schutz meines Hauptes,
   Juda mein Herrscherstab.

10 Moab ist mein Waschbecken,
   auf Edom werfe ich meinen Schuh,
   Philistäa, jauchze mir zu.
11 Wer führt mich hin zu der befestigten Stadt,
   wer geleitet mich nach Edom?
12 Bist nicht du es, Gott, der uns verstossen hat?
   Du, Gott, ziehst nicht aus mit unseren Heeren.
13 Schaffe uns Hilfe vor dem Feind,
   denn Menschenhilfe ist nichtig.
14 Mit Gott werden wir Machttaten vollbringen,
   er ist es, der unsere Feinde zertritt.

|2: 2Sam 8,3–14; 10,6–19 |5: 75,9; Jes 51,17.21–22; Jer 25,15–26 |7–14: 108,7–14 |9: Gen 49,10 · Jes 11,13 |10: Jes 11,14; Obd 19–20 |12: 44,10 |14: 44,6

Führe mich hinauf auf den Felsen

61 1 Für den Chormeister. Zum Saitenspiel. Von David.

2 Höre, Gott, mein Flehen,
   achte auf mein Gebet.
3 Vom Ende der Erde
   rufe ich zu dir,
   da mein Herz verzagt.
Führe mich hinauf auf den Felsen,
   der mir zu hoch ist.
4 Denn du bist meine Zuflucht,
   ein starker Turm vor dem Feind.
5 Lass mich Gast sein in deinem Zelt auf ewig,
   Zuflucht suchen im Schutz deiner Flügel. *Sela*
6 Denn du, Gott, hast auf meine Gelübde gehört,
   hast denen das Erbe gegeben, die deinen Namen fürchten.
7 Füge den Tagen des Königs Tage hinzu,
   seine Jahre mögen dauern wie Generation um Generation.
8 Ewig throne er vor Gottes Angesicht,
   lass Gnade und Treue ihn behüten.
9 So will ich deinem Namen singen allezeit,
   um meine Gelübde zu erfüllen Tag für Tag.

|5: 17,8! |7–8: 72,15 |9: 22,26!

Meine Seele ist still zu Gott

62 1 Für den Chormeister. Nach Jedutun. Ein Psalm Davids.

2 Zu Gott allein ist meine Seele still,
  von ihm kommt meine Hilfe.

3 Er allein ist mein Fels und meine Hilfe,
  meine Burg, nie werde ich wanken.

4 Ihr alle, wie lange wollt ihr morden,
  anstürmen gegen einen Mann
wie gegen eine eingestossene Wand,
  eine umgestürzte Mauer?

5 Sie planen, ihn von seiner Höhe zu vertreiben,
  sie lieben den Trug.
Sie segnen mit ihrem Mund,
  aber in ihrem Herzen fluchen sie.
  Sela

6 Zu Gott allein sei still, meine Seele,
  denn von ihm kommt meine Hoffnung.

7 Er allein ist mein Fels und meine Hilfe,
  meine Burg, ich werde nicht wanken.

8 Meine Rettung ist bei Gott und meine Ehre,
  mein schützender Fels, meine Zuflucht ist in Gott.

9 Vertraue auf ihn, Volk, zu jeder Zeit.
  Schüttet euer Herz vor ihm aus.
  Gott ist unsere Zuflucht. *Sela*

10 Nur Hauch sind die Menschen,
  Trug die Sterblichen.
Auf der Waage schnellen sie empor,
  allesamt leichter als Hauch.

11 Vertraut nicht auf erpresstes Gut
  und setzt nicht eitle Hoffnung auf Raub.
Wenn der Reichtum wächst,
  hängt euer Herz nicht daran.

12 Eines hat Gott geredet,
  zwei Dinge sind es, die ich hörte:
Bei Gott ist die Macht
  13 und bei dir, Herr, die Güte,
denn du vergiltst
  einem jeden nach seinem Tun.

|2: 37,7; 62,6 |5: 12,3! |6: 62,2! |8: 3,4 |10: 39,12! |11: Hiob 31,24–25.28; Koh 5,9–10; Mt 6,19–21; 1Tim 6,17 |13: 28,4; 31,24; Jer 17,10; Mt 16,27; Röm 2,6; 2Tim 4,14

An dir hängt meine Seele

63 1 Ein Psalm Davids, als er in der Wüste Juda war.

2 Gott, du bist mein Gott, den ich suche,
  meine Seele dürstet nach dir.
Mein Leib schmachtet nach dir
  im dürren, lechzenden Land ohne Wasser.

3 So schaue ich dich im Heiligtum
  und sehe deine Macht und Herrlichkeit.

4 Denn deine Gnade ist besser als das Leben,
  meine Lippen sollen dich rühmen.

5 So will ich dich preisen mein Leben lang,
  in deinem Namen meine Hände erheben.

6 Wie an Mark und Fett wird meine Seele satt,
  und mit jubelnden Lippen singt mein Mund,

7 wenn ich deiner gedenke auf meinem Lager,
  nächtelang über dich sinne.

8 Denn du bist mir Hilfe geworden,
  und im Schatten deiner Flügel will ich jubeln.

9 An dir hängt meine Seele,
  deine Rechte hält mich fest.

10 Sie aber trachten zum eigenen Verderben mir nach dem Leben
  und fahren hinab in die Tiefen der Erde.

11 Der Gewalt des Schwertes werden sie preisgegeben,
  Beute der Schakale werden sie sein.

12 Der König aber wird sich freuen über Gott,
  rühmen wird sich jeder, der bei ihm schwört,
  denn den Lügnern wird der Mund gestopft.

|1: 1Sam 23,14; 24,2 |2: 42,2!–3 |3: 27,4 |5: 134,2! |7: 119,148! |8: 17,8! |12: 21,2

Bewahre mein Leben

64 ¹ Für den Chormeister. Ein Psalm Davids.

² Höre, Gott, meine Stimme, wenn ich klage,
> bewahre mein Leben vor dem Schrecken des Feindes.

³ Verbirg mich vor dem Anschlag der Bösen,
> vor dem Aufruhr der Übeltäter.

⁴ Sie haben ihre Zunge geschärft wie ein Schwert,
> ihren Pfeil angelegt zu bitterer Rede,

⁵ um aus dem Versteck auf den Schuldlosen zu schiessen,
> unvermutet schiessen sie auf ihn und fürchten sich nicht.

⁶ Sie sind fest entschlossen zu böser Tat,
> sie sinnen darauf, Fallen zu stellen, und sagen: Wer wird sie sehen?

⁷ Freveltaten hecken sie aus:
> Wir haben einen tückischen Plan gefasst.

Unergründlich sind Herz und Sinn.

⁸ Gott aber traf sie mit Pfeilen,
> unvermutet kam ihre Verwundung.

⁹ Die eigene Zunge brachte sie zu Fall,
> es höhnen alle, die sie sehen.

¹⁰ Da fürchten sich alle Menschen
> und verkünden Gottes Tun und verstehen sein Werk.

¹¹ Der Gerechte freut sich über den HERRN und sucht Zuflucht bei ihm,
> und alle, die aufrichtigen Herzens sind, werden sich rühmen.

|4: 11,2! ; 57,5! | 6: 10,11! | 10: 40,4! | 11: 5,12! ; 32,11!

Du hast das Jahr mit deiner Güte gekrönt

65 ¹ Für den Chormeister. Ein Psalm Davids. Ein Lied.

² Lobpreis gebührt dir,
> du Gott auf dem Zion,

und dir erfülle man Gelübde,
> ³ der du das Gebet erhörst.

Zu dir kommt alles Fleisch
> ⁴ um der Sünden willen.

Zu schwer lasten unsere Vergehen auf uns,
> du allein kannst sie vergeben.

⁵ Wohl dem, den du erwählst und nahen lässt,
> der in deinen Vorhöfen wohnen darf.

Sättigen wollen wir uns an den guten Gaben deines Hauses,
> an der Heiligkeit deines Tempels.

⁶ Mit furchterregenden Taten antwortest du uns in Gerechtigkeit,
> Gott unserer Hilfe,

du Zuversicht aller Enden der Erde und des fernsten Meeres,
⁷ der die Berge gründet in seiner Kraft,
> sich mit Macht umgürtet,

⁸ der das Brausen der Meere stillt,
> das Brausen ihrer Wellen und das Tosen der Völker.

⁹ Darum fürchten sich die Bewohner der Enden der Erde
> vor deinen Zeichen,
> die Pforten des Morgens und Abends lässt du jubeln.

¹⁰ Du hast dich des Landes angenommen und ihm Überfluss geschenkt,
> du machtest es überreich.

Voll Wasser ist der Bach Gottes;
> du bereitest ihnen ihr Getreide, so richtest du es her.

¹¹ Du wässerst seine Furchen, ebnest seine Schollen,
> mit Regenschauern weichst du es auf und segnest sein Gewächs.

¹² Du hast das Jahr mit deiner Güte gekrönt,
> und deine Spuren triefen von Fett.

¹³ Es triefen die Auen der Steppe,
> und mit Jubel gürten sich die Hügel.

¹⁴ Die Weiden kleiden sich mit Herden,
> und die Täler hüllen sich in Korn, sie jauchzen sich zu, und sie singen.

|3: Jes 66,23 |5: 27,4! ; 36,9; 84,3.5 |6: Jes 66,19 |8: 89,10; 107,29! ; Jes 17,12 |10–14: 144,13–14 |13: 96,12!

65,4: Der Massoretische Text wurde korrigiert; er lautet übersetzt: «... lasten unsere Vergehen auf mir, ...»

Kommt und seht die Taten Gottes

66 1 Für den Chormeister. Ein Lied. Ein Psalm.

Jauchzet Gott, alle Länder.

2 Singt zur Ehre seines Namens, macht herrlich sein Lob.

3 Sprecht zu Gott: Wie furchterregend sind deine Werke.

Deiner gewaltigen Macht schmeicheln deine Feinde.

4 Alle Länder werfen sich nieder vor dir und singen dir, singen deinem Namen. *Sela*

5 Kommt und seht die Taten Gottes, er waltet furchterregend über die Menschen.

6 Das Meer wandelte er in trockenes Land, zu Fuss schritten sie durch den Strom; wir wollen uns seiner freuen.

7 Ewig herrscht er in seiner Macht, seine Augen prüfen die Nationen; die Empörer können sich nicht erheben. *Sela*

8 Preist, ihr Völker, unseren Gott, lasst laut sein Lob erschallen,

9 der uns das Leben gab und unseren Fuss nicht wanken liess.

10 Denn du hast uns geprüft, Gott, hast uns geläutert, wie man Silber läutert.

11 Du hast uns ins Netz geraten lassen, hast drückende Last auf unsere Hüften gelegt.

12 Du hast Menschen über unser Haupt dahinfahren lassen, durch Feuer und Wasser sind wir gegangen, aber du hast uns herausgeführt zu reichem Überfluss.

13 Ich komme in dein Haus mit Brandopfern, ich erfülle dir meine Gelübde,

14 zu denen sich meine Lippen geöffnet haben,

die mein Mund gesprochen hat in meiner Not.

15 Brandopfer von fetten Schafen bringe ich dir dar mit Opferrauch von Widdern, Rinder und Böcke will ich zubereiten. *Sela*

16 Kommt, hört, ihr, die ihr Gott fürchtet, alle, ich will erzählen, was er an mir getan hat.

17 Zu ihm rief ich mit meinem Mund, und Lobgesang war auf meiner Zunge.

18 Hätte ich Frevel geplant in meinem Herzen, so würde der Herr nicht hören.

19 Aber Gott hat gehört, er hat geachtet auf mein Gebet.

20 Gepriesen sei Gott, der mein Gebet nicht abgewiesen und seine Gnade mir nicht entzogen hat.

|1: 98,4! |3: 18,45 |5: 46,9 |6: 114,3!; Ex 14,21–22; Jos 3,16–17; Jes 44,27; 50,2 |9: 121,3 |10: Spr 17,3; Jes 48,10 |12: Jes 43,2 |13: 22,26! |18: Joh 9,31

Gott sei uns gnädig und segne uns

67 1 Für den Chormeister. Mit Saitenspiel. Ein Psalm. Ein Lied.

2 Gott sei uns gnädig und segne uns, er lasse sein Angesicht leuchten bei uns, *Sela*

3 dass man auf Erden deinen Weg erkenne, unter allen Nationen deine Hilfe.

4 Preisen sollen dich die Völker, Gott, preisen sollen dich die Völker alle.

5 Freuen sollen sich die Nationen und jubeln, denn du richtest die Völker gerecht und leitest die Nationen auf Erden. *Sela*

6 Preisen sollen dich die Völker, Gott, preisen sollen dich die Völker alle.

7 Das Land hat seinen Ertrag gegeben, es segne uns Gott, unser Gott.

8 Es segne uns Gott, und es sollen ihn fürchten alle Enden der Erde.

|2: 4,7!; Num 6,24–25 |5: 9,9! |7: 85,13;
Lev 26,4

Der Gott vom Sinai in seinem Heiligtum

68 1 Für den Chormeister. Von
David. Ein Psalm. Ein Lied.
2 Gott steht auf, und seine Feinde
zerstieben,
und die ihn hassen, fliehen sein
Angesicht.
3 Du verwehst sie wie Rauch;
wie Wachs vor dem Feuer schmilzt,
so vergehen die Frevler vor Gottes
Angesicht.
4 Die Gerechten aber freuen sich,
frohlocken vor Gott
und jauchzen voll Freude.
5 Singt Gott, spielt seinem Namen,
baut eine Strasse dem, der auf den
Wolken dahinfährt,
Jah ist sein Name, frohlockt vor ihm.
6 Ein Vater der Waisen und ein Anwalt
der Witwen
ist Gott in seiner heiligen Wohnung.
7 Den Einsamen gibt Gott ein Zuhause,
die Gefangenen führt er heraus ins
Glück,
die Empörer aber bleiben in der Öde.
8 Gott, als du auszogst vor deinem Volk,
als du einherschrittest durch die
Wüste, *Sela*
9 da bebte die Erde,
die Himmel troffen
vor Gott, dem vom Sinai,
vor Gott, dem Gott Israels.
10 Reichen Regen spendest du, Gott,
dein erschöpftes Erbland hast du
gefestigt.
11 Deine Wohnstatt, darin sie sich
niederliessen,
richtest du für die Elenden her,
Gott, in deiner Güte.
12 Ein Wort ging aus vom Herrn,
Freudenbotinnen in grosser Schar.
13 Die Könige der Heere fliehen, sie
fliehen,
und auf der Tempelflur verteilt man
Beute.
14 Wollt ihr bei den Hürden bleiben?

Die Flügel der Taube sind mit Silber
überzogen
und ihre Schwingen mit gelbem
Gold.
15 Als der Allmächtige
dort Könige zerstreute,
fiel Schnee auf dem Zalmon.
16 Berg Gottes, Baschansberg,
Berg vieler Gipfel, Baschansberg:
17 Warum blickt ihr scheel,
Berge vieler Gipfel,
auf den Berg, den Gott zum Thronsitz
begehrt hat?
Dort wird der HERR ewig wohnen.
18 Die Wagen Gottes, vielmal tausend
und abertausend,
der Herr ist unter ihnen, der vom
Sinai ist im Heiligtum.
19 Du bist emporgestiegen zur Höhe,
hast Gefangene weggeführt,
du hast Gaben empfangen unter den
Menschen;
auch Empörer
sollen wohnen beim HERRN, Gott.
20 Gepriesen sei der Herr Tag für Tag,
der uns trägt, der Gott, der unsere
Hilfe ist. *Sela*
21 Gott ist uns ein Gott der Rettung,
Gott der HERR kann herausführen
aus dem Tod.
22 Gott wird zerschmettern das Haupt
seiner Feinde,
den Schädel dessen, der in Schuld ist.
23 Der Herr hat gesprochen: Aus dem
Baschan bringe ich sie zurück,
ich bringe sie zurück aus den Tiefen
des Meeres,
24 damit dein Fuss im Blute bade,
die Zungen deiner Hunde an den
Feinden ihren Teil haben.
25 Man schaute deine Festzüge, Gott,
die Festzüge meines Gottes, meines
Königs, im Heiligtum:
26 Voran die Sänger, dann die
Saitenspieler,
inmitten von Mädchen, die die
Trommel schlagen.
27 Preist Gott in den Versammlungen,
den HERRN, die ihr vom Quell Israels
seid.

28 Da schreitet voran Benjamin, der Jüngste,
>   die Fürsten Judas mit ihrer lärmenden Schar,
>   die Fürsten von Sebulon, die Fürsten von Naftali.

29 Biete auf, Gott, deine Macht,
>   erweise dich mächtig, Gott, der du für uns gewaltet hast,

30 von deinem Tempel aus hoch über Jerusalem.
>   Könige sollen dir Gaben bringen.

31 Bedrohe das Tier im Schilf,
>   die Horde der Stiere unter den Kälbern, den Völkern;

tritt denen entgegen, die nach Silber rennen,
>   zerstreue die Völker, die ihre Lust an Kriegen haben.

32 Aus Ägypten kommen bronzene Geräte,
>   Kusch bringt Gaben eilends zu Gott.

33 Ihr Königreiche der Erde,
>   singt Gott,
>   spielt dem Herrn, *Sela*

34 ihm, der dahinfährt am höchsten, am ewigen Himmel.
>   Sieh, er lässt seine Stimme erschallen, die mächtige Stimme.

35 Gebt Gott Macht,
>   dessen Hoheit über Israel und dessen Macht in den Wolken ist.

36 Furchterregend bist du, Gott, von deinem Heiligtum aus.
>   Israels Gott, Kraft und Stärke gibt er dem Volk.

Gepriesen sei Gott.

|2: Num 10,35! Jes 33,3 |3: 37,20 · 97,5! |4: 32,11! |5: 18,11! |6: 146,9! |7: 107,14! |8–9: Dtn 33,2; Ri 5,4–5; Hab 3,3 |9: Ex 19,16.18 · 68,18 |13: Ri 5,19 |14: Ri 5,16 |18: 2Kön 2,11; 6,17 · 68,9 |19: 47,6; Eph 4,8–10 |20: Dtn 32,11 |21: Jes 43,3–4 |24: 58,11 |28: Jes 8,23b |30: 72,10! |32: 72,10!; Jes 18,7; 45,14; Zef 3,10 |34: 18,11! |36: 29,11

68,5: ‹Jah› ist eine Kurzform für Jahwe, den Eigennamen des Gottes Israels; vgl. auch Gen 4,26.
    68,24: Der Massoretische Text wurde korrigiert; er lautet übersetzt: «damit dein Fuss sie im Blut zerschmettere, …»
    68,29: Der Massoretische Text wurde korrigiert; er lautet übersetzt: «Aufgeboten hat dein Gott, …»
    68,31: Der Massoretische Text wurde korrigiert.

Schmach und Schande bedecken mein Angesicht

69 1 Für den Chormeister. Nach der Weise «Lilien». Von David.

2 Hilf mir, Gott, das Wasser
>   steht mir bis zum Hals.

3 Ich bin versunken in tiefem Schlamm,
>   wo kein Grund ist.

In Wassertiefen bin ich geraten,
>   und die Flut reisst mich fort.

4 Ich bin erschöpft von meinem Rufen,
>   meine Kehle brennt,

meine Augen ermatten,
>   da ich harre auf meinen Gott.

5 Zahlreicher als die Haare auf meinem Haupt
>   sind, die mich grundlos hassen,

mächtig sind, die mich verderben wollen,
>   die mich ohne Ursache anfeinden;

was ich nicht geraubt habe,
>   soll ich erstatten.

6 Gott, du allein weisst um meine Torheit,
>   und meine Schuld ist vor dir nicht verborgen.

7 Mögen durch mich nicht zuschanden werden, die auf dich hoffen,
>   Herr, du HERR der Heerscharen.

Mögen durch mich nicht in Schande geraten, die dich suchen,
>   Gott Israels.

8 Denn um deinetwillen trage ich Schmach,
>   bedeckt Schande mein Angesicht.

9 Entfremdet bin ich meinen Brüdern,
>   ein Fremder den Söhnen meiner Mutter.

10 Denn der Eifer für dein Haus hat mich verzehrt,
>   und die Schmähungen derer, die dich schmähen, sind auf mich gefallen.

11 Ich weinte und fastete,
>   und es brachte mir Schmach.

12 Ich nahm als Kleid den Sack
>   und wurde ihnen zum Gespött.

13 Es reden über mich, die im Tor sitzen,

und mit Liedern die Zecher beim
Wein.

14 Ich aber komme mit meinem Gebet
zu dir,
HERR, zur Zeit deines
Wohlgefallens;
Gott, in deiner grossen Güte erhöre
mich
mit deiner treuen Hilfe.

15 Rette mich aus dem Schlamm, dass
ich nicht versinke,
dass ich gerettet werde vor denen,
die mich hassen, und aus den
Wassertiefen,

16 dass die Wasserflut mich nicht
fortreisse
und die Tiefe mich nicht verschlinge,
noch der Brunnen seinen Mund
über mir schliesse.

17 Erhöre mich, HERR, denn deine Güte
ist köstlich,
in deinem grossen Erbarmen wende
dich mir zu.

18 Verbirg dein Angesicht nicht vor
deinem Diener,
denn mir ist bange, erhöre mich
bald.

19 Sei mir nah, erlöse mich,
um meiner Feinde willen befreie
mich.

20 Du kennst meine Schmach und
meine Schande,
vor Augen sind dir alle meine
Widersacher.

21 Die Schmach hat mir das Herz
gebrochen,
ich sieche dahin.
Ich hoffte auf Mitleid, doch da war
keines,
auf Tröster, doch ich fand sie nicht.

22 Gift gaben sie mir zur Speise
und Essig zu trinken für meinen
Durst.

23 Es werde ihr Tisch vor ihnen zur
Falle
und ihren Freunden zum Fallstrick.

24 Ihre Augen sollen dunkel werden,
dass sie nicht sehen,
und ihre Hüften lass immerfort
wanken.

25 Giess aus über sie deinen Grimm,
und die Glut deines Zornes
erfasse sie.

26 Veröden möge ihr Lagerplatz,
und niemand wohne in ihren Zelten.

27 Denn sie haben verfolgt, den du
selbst geschlagen hast,
und vom Schmerz derer, die du
trafst, erzählen sie mit Lust.

28 Häufe ihnen Schuld auf Schuld,
dass sie nicht eingehen in deine
Gerechtigkeit.

29 Sie sollen getilgt werden aus dem
Buch des Lebens,
sie sollen nicht aufgeschrieben
werden bei den Gerechten.

30 Ich aber bin elend und voller
Schmerzen,
deine Hilfe, Gott, beschütze mich.

31 Ich will den Namen Gottes preisen
im Lied,
will ihn rühmen mit Lobgesang.

32 Das gefällt dem HERRN besser als ein
Opferstier,
als ein Rind mit Hörnern und
Klauen.

33 Die Gebeugten haben es gesehen
und freuen sich;
ihr, die ihr Gott sucht, euer Herz
lebe auf.

34 Denn der HERR erhört die Armen,
und seine Gefangenen verachtet er
nicht.

35 Himmel und Erde sollen ihn preisen,
die Meere und alles, was sich in
ihnen regt.

36 Denn Gott wird Zion helfen
und die Städte Judas aufbauen,
und dort werden sie sich
niederlassen und es in Besitz
nehmen;

37 und die Nachkommen seiner Diener
werden es erben,
und die seinen Namen lieben,
werden darin wohnen.

|2–3: 42,8!; Jona 2,6 |3: 40,3; 69,15 |5: 40,13 ·
35,19; Joh 15,25 |8: Jer 15,15 · 44,16 |9: Hiob 19,13–14
|10: 119,139; Joh 2,17 · Röm 15,3 |14: Jes 49,8 |15: 69,3!
|18: 102,3; 143,7 |21: Klgl 1,2.9 |22: Mt 27,34.48;
Joh 19,28–29 |23–24: Röm 11,9–10 |26: Apg 1,20
|29: Ex 32,32.33; Jes 4,3; Dan 12,1; Offb 3,5 |32: 40,7!

|33: 22,27 |36: 51,20!; Jes 44,26 · 37,9! |37: 102,29;
Jes 57,13; 65,9 · 5,12; 119,132

69,29: Möglich ist auch die Übersetzung: «... aus
dem Buch der Lebenden, ...»

Eile, Gott, mich zu retten

70 1 Für den Chormeister. Von
David. Zur Verkündigung.

2 Eile, Gott, mich zu retten,
HERR, eile mir zu Hilfe.

3 In Schmach und Schande sollen
geraten,
die mir nach dem Leben trachten,
es sollen zurückweichen und sich
schämen,
die mein Unglück wollen.

4 Weichen sollen in ihrer Schande,
die mich verlachen.

5 Frohlocken sollen und deiner sich
freuen
alle, die dich suchen;
und die sich nach deiner Hilfe sehnen,
sollen allezeit sagen: Gross ist Gott!

6 Ich aber bin elend und arm,
eile, Gott, zu mir.
Meine Hilfe und mein Retter bist du,
HERR, säume nicht.

|2–6: 40,14–18

Verwirf mich nicht in der Zeit des Alters

71 1 Bei dir, HERR, suche ich Zuflucht,
ich will nicht zuschanden werden
auf ewig.

2 In deiner Gerechtigkeit rette und
befreie mich,
neige zu mir dein Ohr und hilf mir.

3 Sei mir ein Fels, eine Wohnung,
zu der ich immer kommen kann.
Du hast zugesagt, mir zu helfen,
denn du bist mein Fels und meine
Burg.

4 Mein Gott, befreie mich aus der Hand
des Frevlers,
aus der Faust des Gewalttäters und
Unterdrückers.

5 Denn du bist meine Hoffnung, Herr,
HERR, mein Gott,
meine Zuversicht von Jugend an.

6 Auf dich habe ich mich verlassen vom
Mutterleib an,
vom Schoss meiner Mutter hast du
mich getrennt,
dir gilt mein Lobpreis allezeit.

7 Ein Zeichen bin ich für viele,
du bist meine starke Zuflucht.

8 Mein Mund sei voll deines Lobes,
deines Ruhms den ganzen Tag.

9 Verwirf mich nicht in der Zeit des
Alters,
wenn meine Kraft schwindet,
verlass mich nicht.

10 Denn meine Feinde reden über
mich,
und die meinem Leben auflauern,
ratschlagen miteinander.

11 Sie sagen: Gott hat ihn verlassen,
verfolgt und greift ihn, denn da ist
keiner, der rettet.

12 Gott, sei nicht fern von mir,
eile, mein Gott, mir zu Hilfe.

13 In Schmach sollen enden,
die mein Leben anfeinden,
in Schimpf und Schande sich hüllen,
die mein Unglück suchen.

14 Ich aber will allezeit harren
und mehren all deinen Ruhm.

15 Mein Mund tue deine Gerechtigkeit
kund,
deine Hilfe den ganzen Tag,
ich kann sie nicht ermessen.

16 Dank der Grosstaten Gottes des
HERRN gehe ich hin,
deine Gerechtigkeit allein will ich
rühmen.

17 Gott, du hast mich gelehrt von
Jugend an,
bis heute verkünde ich deine
Wunder.

18 Auch bis ins hohe Alter,
Gott, verlass mich nicht,
damit ich der Nachwelt deine Taten
verkünde,
allen, die noch kommen werden,
deine Macht.

19 Denn hoch reicht, Gott, deine
Gerechtigkeit,
der du Grosses getan hast.
Gott, wer ist dir gleich?

20 Der du uns viel Angst und Not hast erfahren lassen,
> du wirst uns wieder beleben,

und aus den Fluten der Unterwelt
> wirst du mich wieder heraufführen.

21 Bring mich zu Ehren,
> und tröstend wende dich mir zu.

22 Auch ich will dich preisen mit Harfenspiel,
> deine Treue, mein Gott;

ich will dir spielen auf der Leier,
> Heiliger Israels.

23 Jubeln sollen meine Lippen, wenn ich dir spiele,
> und meine Seele, die du erlöst hast.

24 Auch meine Zunge soll reden von deiner Gerechtigkeit
> den ganzen Tag,

denn in Schmach und Schande sind,
> die mein Unglück suchen.

|1–3: 31,2–4 |3: 18,3! |6: 22,11 |9: Jes 46,4 |12: 22,20! · 22,12! |13: 35,4!; 71,24 |18: 22,31!–32 |19: 86,8; Jer 10,6 |20: 85,7; 1Sam 2,6 |24: 35,4!; 71,13

Gott, gib dein Recht dem König

72 1 Von Salomo.
> Gott, gib dein Recht dem König
> und deine Gerechtigkeit dem Königssohn,

2 dass er dein Volk richte in Gerechtigkeit
> und deine Elenden nach dem Recht.

3 Die Berge mögen Frieden tragen für das Volk
> und die Hügel Gerechtigkeit.

4 Er schaffe Recht den Elenden des Volkes,
> helfe den Armen
> und zermalme die Unterdrücker.

5 Er möge leben, solange die Sonne scheint
> und der Mond, Generation um Generation.

6 Er komme herab wie Regen auf die gemähte Flur,
> wie Regengüsse, die die Erde tränken.

7 Es sprosse in seinen Tagen der Gerechte
> und Frieden in Fülle, bis der Mond nicht mehr ist.

8 Er herrsche von Meer zu Meer
> und vom Strom bis an die Enden der Erde.

9 Vor ihm müssen sich beugen die Bewohner der Wüste,
> und seine Feinde sollen den Staub lecken.

10 Die Könige von Tarschisch und den Inseln
> müssen Geschenke bringen,

die Könige von Saba und Seba
> Tribut entrichten.

11 Vor ihm sollen sich niederwerfen alle Könige,
> alle Nationen sollen ihm dienen.

12 Denn er rettet den Armen, der um Hilfe schreit,
> den Elenden, dem keiner hilft.

13 Er erbarmt sich des Schwachen und Armen,
> das Leben der Armen rettet er.

14 Aus Bedrückung und Gewalttat erlöst er ihr Leben,
> und kostbar ist ihr Blut in seinen Augen.

15 So möge er leben, und man gebe ihm Gold aus Saba,
allezeit bete man für ihn
> und wünsche ihm Segen den ganzen Tag.

16 Korn in Fülle möge es geben im Land,
> auf dem Gipfel der Berge rausche es,

wie der Libanon sei seine Frucht,
> und seine Halme mögen blühen wie das Kraut der Erde.

17 Ewig soll sein Name bestehen,
> solange die Sonne scheint, sprosse sein Name.

Und in ihm sollen sich Segen wünschen,
> ihn sollen glücklich preisen alle Nationen.

18 Gepriesen sei der HERR, Gott, der Gott Israels,
> der allein Wunder tut.

19 Und gepriesen sei sein herrlicher Name in Ewigkeit,
> und die ganze Erde werde voll seiner Herrlichkeit.

Amen, Amen.

20 Zu Ende sind die Gebete Davids, des Sohnes Isais.

|5: 89,37–38 |6: Hos 6,3 |8–11: 2,8 |8: Sach 9,10 |9: Mi 7,17 |10: 45,13; 68,30.32! |1Kön 10,1–13; Jes 49,23; 60,5–6 |11: 2,10–11 |12: Hiob 29,12 |14: 116,15! |15: 61,7–8 |17: 21,7; Gen 12,2 |18–19: 41,14!; 136,3–4 |19: Jes 6,3

72,5: Der Massoretische Text wurde korrigiert; er lautet übersetzt: «Man möge dich fürchten, so-lange …»

72,16: Der Massoretische Text wurde korrigiert; er lautet übersetzt: «…, und sie sollen hervorblühen aus der Stadt wie das Kraut …»

DRITTES BUCH (PS 73–89)

Nun aber bleibe ich stets bei dir

73 1 Ein Psalm Asafs.
Lauter Güte ist Gott gegen Israel, gegen die, die reinen Herzens sind.
2 Ich aber wäre beinahe ausgeglitten mit meinen Füssen,
um ein Haar wären meine Schritte ins Wanken geraten.
3 Denn ich ereiferte mich über die Prahler,
als ich sah, dass es den Frevlern gut geht.
4 Sie leiden keine Qualen bis zu ihrem Tod,
und fett ist ihr Leib.
5 Von der Mühsal der Sterblichen sind sie frei,
sie werden nicht geplagt wie andere Menschen.
6 Darum ist Hochmut ihr Halsgeschmeide,
Gewalttat das Gewand, das sie umhüllt.
7 Sie sehen kaum aus den Augen vor Fett,
ihr Herz quillt über von bösen Plänen.
8 Bösartig höhnen und reden sie,
gewalttätig reden sie von oben herab.
9 Sie reissen ihr Maul auf bis an den Himmel,
und ihre Zunge hat auf Erden freien Lauf.
10 Darum wendet sich sein Volk ihnen zu,
in vollen Zügen schlürfen sie Wasser.

11 Sie sagen: Wie sollte Gott es wissen, gibt es ein Wissen beim Höchsten?
12 Sieh, das sind die Frevler,
immer im Glück häufen sie Reichtum.
13 Ganz umsonst hielt ich mein Herz rein,
wusch ich meine Hände in Unschuld.
14 Ich war geplagt jeden Tag,
Morgen für Morgen traf mich Züchtigung.
15 Hätte ich gesagt: So will auch ich reden,
dann hätte ich die Generation deiner Söhne verraten.
16 Da sann ich nach, es zu verstehen,
Qual war es in meinen Augen,
17 bis ich zum Heiligtum Gottes kam und achthatte auf ihr Ende.
18 Du stellst sie auf schlüpfrigen Boden,
du lässt sie ins Leere fallen.
19 Wie werden sie zum Entsetzen im Nu!
Sie verschwinden, nehmen ein Ende mit Schrecken.
20 Wie einen Traum nach dem Erwachen, Herr,
so verachtest du, wenn du aufwachst, ihr Bild.
21 Als mein Herz verbittert war und ich stechenden Schmerz in den Nieren spürte,
22 da war ich ein Narr und hatte keine Einsicht,
dumm wie ein Vieh war ich vor dir.
23 Nun aber bleibe ich stets bei dir,

du hältst mich an meiner rechten
Hand.

24 Nach deinem Ratschluss leitest du
mich,
    und hernach nimmst du mich auf in
Herrlichkeit.

25 Wen hätte ich im Himmel!
    Bin ich bei dir, so begehre ich nichts
    auf Erden.

26 Mögen mein Leib und mein Herz
verschmachten,
    der Fels meines Herzens und mein
    Teil ist Gott auf ewig.

27 Denn sieh, die dir fern sind,
kommen um,
    du vernichtest jeden, der treulos
    dich verlässt.

28 Mein Glück aber ist es, Gott nahe zu
sein;
    bei Gott dem HERRN habe ich meine
    Zuflucht.
    Alle deine Werke will ich verkünden.

|1: Mt 5,8 |3: 37,1; Hiob 21,7; Jer 12,1 |13: 26,6!
|18: 35,6 |19: 104,35 |24: 49,16; Gen 5,24;
2Kön 2,3.5.11 |26: 16,5!

*Warum, Gott, hast du uns für immer
verstossen?*

74 1 Ein Weisheitslied Asafs.
    Warum, Gott, hast du uns für
immer verstossen,
    warum raucht dein Zorn gegen die
    Schafe deiner Weide?

2 Denke an deine Gemeinde, die du vor
alters erworben,
    die du erlöst hast zum Stamm deines
    Erbteils,
des Bergs Zion,
    auf dem du Wohnung genommen
    hast.

3 Richte deine Schritte zu den ewigen
Trümmern,
    alles im Heiligtum hat der Feind
    verheert.

4 Deine Widersacher brüllten inmitten
deiner heiligen Stätte,
    stellten ihre Feldzeichen auf als
    Zeichen des Sieges.

5 Es war, wie wenn einer im dichten
Gehölz
    die Axt schwingt,

6 so zerschlugen sie das ganze
Schnitzwerk
    mit Hacke und Beil.

7 An dein Heiligtum legten sie Feuer,
    bis auf den Grund entweihten sie die
    Wohnstatt deines Namens.

8 Sie sprachen in ihrem Herzen: Wir
zwingen sie nieder allesamt;
    und sie verbrannten alle
    Gottesstätten im Land.

9 Unsere Zeichen sehen wir nicht, kein
Prophet ist mehr da,
    und niemand ist bei uns, der wüsste,
    wie lange.

10 Wie lange, Gott, soll der Gegner
schmähen,
    soll der Feind deinen Namen ewig
    lästern?

11 Warum ziehst du deine Hand zurück
    und hältst deine Rechte im Busen
    verborgen?

12 Aber Gott ist mein König von alters
her,
    der Heilstaten vollbringt auf Erden.

13 Du hast in deiner Kraft das Meer
aufgestört,
    die Häupter der Ungeheuer über
    dem Wasser zerschmettert.

14 Du hast die Köpfe des Leviatan
zerschlagen,
    ihn den Seeleuten zur Speise
    gegeben.

15 Du hast Quelle und Bach
aufgebrochen,
    nie versiegende Ströme
    ausgetrocknet.

16 Dein ist der Tag, dein auch die Nacht,
    du hast Leuchte und Sonne
    hingestellt.

17 Du bist es, der alle Grenzen der Erde
festgesetzt hat,
    Sommer und Winter, du hast sie
    geschaffen.

18 Denke daran: Der Feind schmäht
den HERRN,
    und ein törichtes Volk lästert deinen
    Namen.

19 Gib nicht dem Raubtier preis das
Leben deiner Taube,
  das Leben deiner Elenden vergiss
  nicht für immer.
20 Blick auf den Bund, denn die
Schlupfwinkel des Landes
  sind Stätten voll von Gewalt.
21 Der Unterdrückte soll nicht wieder
beschämt werden,
  Elende und Arme sollen deinen
  Namen loben.
22 Steh auf, Gott, führe deinen Streit,
  gedenke der Schmach, die der Tor dir
  bereitet jeden Tag.
23 Vergiss nicht das Geschrei deiner
Widersacher,
  das Toben deiner Gegner, das
  ständig emporsteigt.

|1: 44,24! · 79,13; 80,2; 95,7; 100,3 |2: Jes 63,17;
Jer 10,16; 51,19 · Ex 15,17 |7: Ex 64,10 |9: Klgl 2,9;
Ez 7,26 |13: 89,10–11; Ex 14,21; Jes 51,9–10 |14: 104,26
|15: 104,10; Ex 17,6; Jos 3,15–16 |16: 104,19!

74,14: Möglicherweise ist statt «den Seeleuten»
mit «dem Volk der Wüstenbewohner» zu übersetzen.

Wenn die Zeit gekommen ist

75 1 Für den Chormeister. Nach der
Weise «Zerstöre nicht». Ein Psalm
Asafs. Ein Lied.
2 Wir preisen dich, Gott, wir preisen
dich,
  nahe ist dein Name denen, die deine
  Wunder verkünden.
3 Wenn die Zeit gekommen ist,
  halte ich gerechtes Gericht.
4 Mag die Erde wanken mit all ihren
Bewohnern,
  ich selbst habe ihre Säulen fest
  gesetzt. *Sela*
5 Ich spreche zu den Prahlern: Lasst
euer Prahlen,
  und zu den Frevlern: Erhebt nicht
  das Horn.
6 Erhebt nicht zur Höhe euer Horn,
  redet nicht aus frechem Hals.
7 Denn nicht vom Aufgang und nicht
vom Niedergang
  und nicht von Wüste und Berg
  kommt es,

8 sondern Gott ist Richter.
  Er erniedrigt den einen, den andern
  erhöht er.
9 Ein Kelch ist in der Hand des HERRN
  mit schäumendem Wein voller
  Würze,
und er schenkt davon ein;
  auch seine Hefe müssen schlürfen,
  müssen trinken alle Frevler der Erde.
10 Ich aber will es immerdar
verkünden,
  will singen dem Gott Jakobs.
11 Und alle Hörner der Frevler schlage
ich ab,
  aber hoch erhoben werden die
  Hörner des Gerechten.

|5–6: 89,18! |6: 94,4 |8: 1Sam 2,7 |9: 60,5!
|11: 89,18!

Wer kann vor dir bestehen?

76 1 Für den Chormeister. Mit Saitenspiel. Ein Psalm Asafs. Ein Lied.
2 Bekannt ist Gott in Juda,
  gross sein Name in Israel.
3 In Salem war seine Hütte
  und seine Wohnstatt auf dem Zion.
4 Dort zerbrach er die Blitze des Bogens,
  Schild und Schwert und Krieg. *Sela*
5 Von Glanz bist du umgeben,
  gewaltiger als die ewigen Berge.
6 Zur Beute wurden die beherzten
Streiter,
  sanken hin in Schlaf,
und allen Helden
  versagten die Hände.
7 Von deinem Schelten, Gott Jakobs,
  wurden Wagen und Ross betäubt.
8 Furchterregend bist du,
  wer kann vor dir bestehen,
  wenn dein Zorn losbricht?
9 Vom Himmel her hast du das Urteil
verkündet;
  die Erde geriet in Furcht und
  verstummte,
10 da Gott aufstand zum Gericht,
  um allen Gebeugten der Erde zu
  helfen. *Sela*
11 Selbst der Grimm des Menschen
muss dich preisen,

die dem grimmigen Wüten
entkommen, gürtest du dir um.

12 Tut Gelübde und erfüllt sie dem
HERRN, eurem Gott,
alle rings um ihn sollen Gaben
bringen dem Furchterregenden.

13 Er demütigt Fürstensinn,
Furchterregend begegnet er den
Königen der Erde.

|3: 132,13! |4: 46,10!

76,5: Der Massoretische Text wurde korrigiert; er
lautet übersetzt: «..., gewaltiger als die Beuteberge.»

Durch das Meer ging dein Weg

77 1 Für den Chormeister. Nach
Jedutun. Von Asaf. Ein Psalm.

2 Laut will ich schreien zu Gott,
laut zu Gott, dass er auf mich höre.

3 Am Tag meiner Not suche ich den
Herrn,
meine Hand ist ausgestreckt des
Nachts und ermattet nicht,
meine Seele will sich nicht trösten
lassen.

4 Ich denke an Gott und seufze,
ich sinne nach, und mein Geist will
verzagen. *Sela*

5 Du hältst meine Augen wach,
ich bin voller Unruhe und kann
nicht reden.

6 Ich denke nach über die Tage von
einst,
die längst vergangenen Jahre.

7 Ich denke an mein Saitenspiel des
Nachts,
in meinem Herzen sinne ich nach,
und es forscht mein Geist.

8 Wird der Herr auf ewig verstossen
und nie mehr gnädig sein?

9 Hat seine Güte für immer ein Ende,
ist sein Wort verstummt für alle
Zeit?

10 Hat Gott seine Gnade vergessen,
hat er im Zorn sein Erbarmen
verschlossen? *Sela*

11 Und ich sprach: Das ist mein
Schmerz,
dass so anders geworden ist das
Handeln des Höchsten.

12 Ich will gedenken der Werke des
HERRN,
will gedenken deiner früheren
Wunder.

13 Ich will bedenken all dein Tun,
und über deine Taten will ich
nachsinnen.

14 Gott, dein Weg ist heilig.
Wer ist ein Gott, so gross wie unser
Gott?

15 Du allein bist der Gott, der Wunder
tut,
du hast deine Macht unter den
Völkern kundgetan.

16 Mit deinem Arm hast du dein Volk
erlöst,
die Söhne Jakobs und Josefs. *Sela*

17 Die Wasser sahen dich, Gott,
die Wasser sahen dich und erbebten,
die Urfluten erzitterten.

18 Die Wolken gossen Wasser,
es donnerte das Gewölk,
und deine Pfeile blitzten hin und
her.

19 Rollend erdröhnte dein Donner,
Blitze erhellten den Erdkreis,
es erzitterte und bebte die Erde.

20 Durch das Meer ging dein Weg
und dein Pfad durch gewaltige
Wasser,
doch deine Spuren waren nicht zu
erkennen.

21 Wie Schafe führtest du dein Volk
durch Moses und Aarons Hand.

|4: 119,148! |6: 143,5; Dtn 32,7 |8: 44,24! |17:
114,3! |18–19: 18,14 |19: 29,3! · 97,4! |20: Ex 14–15
|21: 78,52!

77,12: Nach einer anderen hebräischen Tradition
lautet der Text: «Ich will verkünden die Werke ...»

Was unsere Vorfahren uns erzählten

78 1 Ein Weisheitslied Asafs.
Höre, mein Volk, meine Weisung,
neigt euer Ohr den Worten meines
Mundes.

2 Ich will meinen Mund auftun zu
einem Spruch,
will Rätsel kundtun aus der Vorzeit.

3 Was wir gehört und erfahren haben,
was unsere Vorfahren uns erzählten,

4 wollen wir ihren Söhnen nicht
verschweigen,
> sondern erzählen der künftigen
> Generation
die Ruhmestaten des HERRN und seine
Stärke
> und seine Wunder, die er getan hat.
5 Er stellte ein Zeugnis auf in Jakob,
> und Weisung gab er in Israel,
als er unseren Vorfahren gebot,
> sie ihren Söhnen kundzutun,
6 damit eine künftige Generation sie
erfahre,
> die Nachkommen, die geboren
> würden,
dass sie aufstünden und es ihren
Nachkommen erzählten
> 7 und auf Gott ihr Vertrauen
> setzten,
die Taten Gottes nicht vergässen
> und seine Gebote hielten,
8 und nicht wie ihre Vorfahren würden,
> eine störrische und trotzige
> Generation,
eine Generation, die nicht festen Sinnes
war
> und deren Geist nicht treu zu Gott
> hielt.
9 Die Söhne Efraims, wohl gerüstete
Bogenschützen,
> wandten sich ab am Tag der Schlacht.
10 Sie hielten den Bund Gottes nicht
> und weigerten sich, nach seiner
> Weisung zu wandeln.
11 Sie vergassen seine Taten
> und seine Wunder, die er sie hatte
> schauen lassen.
12 Vor ihren Vorfahren hatte er
Wunder getan
> im Land Ägypten, im Gefilde Zoan.
13 Er spaltete das Meer und führte sie
hindurch,
> liess die Wasser stehen wie einen
> Damm.
14 Er leitete sie mit der Wolke bei Tag
> und die ganze Nacht mit
> Feuerschein.
15 Er spaltete Felsen in der Wüste
> und tränkte sie reichlich wie mit
> Urfluten.

16 Bäche liess er hervorbrechen aus
dem Stein
> und Wasser herabfliessen wie
> Ströme.
17 Sie aber fuhren fort zu sündigen
gegen ihn,
> zu trotzen dem Höchsten im dürren
> Land.
18 Sie versuchten Gott in ihrem
Herzen,
> forderten Speise in ihrer Gier.
19 Sie redeten gegen Gott
> und sprachen: Kann Gott
> einen Tisch in der Wüste decken?
20 Sieh, er hat einen Felsen geschlagen,
> und Wasser flossen
> und Bäche strömten,
aber wird er auch Brot geben können
> oder Fleisch verschaffen seinem
> Volk?
21 Darum, als der HERR das hörte,
wurde er zornig,
> Feuer entzündete sich gegen Jakob,
> und Zorn stieg auf gegen Israel,
22 weil sie Gott nicht glaubten
> und nicht auf seine Hilfe vertrauten.
23 Er gebot den Wolken droben,
> und die Türen des Himmels
> öffnete er.
24 Er liess Manna auf sie regnen, dass
sie zu essen hatten,
> gab ihnen Himmelskorn.
25 Menschen assen Engelsbrot,
> Nahrung sandte er ihnen, dass sie
> satt wurden.
26 Er liess den Ostwind losbrechen am
Himmel
> und trieb in seiner Kraft den
> Südwind heran,
27 liess Fleisch auf sie regnen wie Staub
> und Vögel wie Sand am Meer,
28 mitten in sein Lager liess er sie
fallen,
> rings um seine Wohnungen.
29 Da assen sie und wurden mehr als
satt,
> und was sie begehrten, brachte er
> ihnen.
30 Noch hatten sie von ihrer Gier nicht
gelassen,

noch war die Speise in ihrem Mund,

31 da stieg der Zorn Gottes auf gegen sie
und tötete die Stattlichsten unter
ihnen,
und die Besten Israels streckte er
nieder.

32 Trotz allem aber sündigten sie
weiter
und glaubten nicht an seine
Wunder.

33 Da liess er ihre Tage in Nichtigkeit
vergehen
und ihre Jahre in jähem Schrecken.

34 Tötete er sie, so fragten sie nach ihm,
kehrten um und suchten Gott.

35 Sie erinnerten sich, dass Gott ihr
Fels,
Gott, der Höchste, ihr Erlöser ist.

36 Doch sie betrogen ihn mit ihrem
Mund,
und mit ihrer Zunge belogen sie ihn.

37 Ihr Herz hielt nicht fest an ihm,
und seinem Bund blieben sie nicht
treu.

38 Er aber, voll Erbarmen,
vergibt die Schuld
und vertilgt nicht;
immer wieder hält er seinen Zorn
zurück
und erweckt nicht all seinen Grimm.

39 Er dachte daran, dass sie Fleisch sind,
ein Hauch, der vergeht und nicht
wiederkehrt.

40 Wie oft trotzten sie ihm in der
Wüste,
kränkten ihn in der Einöde.

41 Immer wieder versuchten sie Gott
und betrübten den Heiligen Israels.

42 Sie gedachten nicht seiner Hand,
des Tages, da er sie vom Feind
erlöste,

43 als er in Ägypten seine Zeichen tat
und seine Wunder im Gefilde Zoan.

44 Er verwandelte in Blut ihre Flüsse
und ihre Bäche, dass sie nicht
trinken konnten.

45 Er liess Stechfliegen auf sie los, die
sie frassen,
und Frösche, die ihnen Verderben
brachten.

46 Ihren Ertrag gab er der Grille
und die Frucht ihrer Arbeit der
Heuschrecke.

47 Er zerschlug mit Hagel ihren
Weinstock
und ihre Maulbeerbäume mit
Gewitter.

48 Er gab ihr Vieh dem Hagel preis
und ihre Herden den Blitzen.

49 Er liess die Glut seines Zorns gegen
sie los,
Grimm und Wut und Bedrängnis,
eine Schar Unheil bringender Boten.

50 Er liess seinem Zorn freien Lauf,
ersparte ihnen nicht den Tod,
und der Pest gab er ihr Leben preis.

51 Er schlug alle Erstgeburt in Ägypten,
die Erstlinge der Manneskraft in den
Zelten Hams.

52 Er liess sein Volk aufbrechen wie
Schafe
und leitete sie wie eine Herde durch
die Wüste.

53 Er führte sie sicher, sie fürchteten
sich nicht,
ihre Feinde aber bedeckte das Meer.

54 Er brachte sie in seinen heiligen
Bezirk,
zu dem Berg, den seine Rechte
erworben hat.

55 Er vertrieb vor ihnen die Nationen,
verteilte sie mit der Messschnur als
Erbe,
und in ihren Zelten liess er die
Stämme Israels wohnen.

56 Doch sie versuchten Gott, den
Höchsten, und trotzten ihm,
und seine Gesetze hielten sie nicht.

57 Sie wurden abtrünnig und waren
treulos wie ihre Vorfahren,
versagten wie ein schlaffer Bogen.

58 Sie erzürnten ihn mit ihren
Kulthöhen,
und mit ihren Götzen reizten sie ihn
zur Eifersucht.

59 Gott hörte es und wurde zornig,
und er verwarf Israel ganz und gar.

60 Er verliess die Wohnung von Schilo,
das Zelt, das er unter den Menschen
aufgeschlagen hatte.

61 Er gab seine Kraft in Gefangenschaft
und seine Zier in die Hand des
Feindes.

62 Er überlieferte sein Volk dem
Schwert,
und über sein Erbe zürnte er.

63 Seine jungen Männer frass das
Feuer,
und seine jungen Frauen wurden
nicht besungen.

64 Seine Priester fielen durch das
Schwert,
und seine Witwen konnten nicht
weinen.

65 Da erwachte wie ein Schlafender der
Herr,
wie ein Held, der betäubt war vom
Wein.

66 Er schlug seine Feinde zurück,
ewige Schmach verhängte er
über sie.

67 Er verwarf das Zelt Josefs,
den Stamm Efraim erwählte er nicht.

68 Er erwählte den Stamm Juda,
den Berg Zion, den er liebt.

69 Er baute den Höhen gleich sein
Heiligtum,
fest wie die Erde, die er auf ewig
gegründet hat.

70 Er erwählte David, seinen Diener,
und nahm ihn weg von den Hürden
der Schafe.

71 Von den Muttertieren holte er ihn
fort,
zu weiden Jakob, sein Volk,
und Israel, sein Erbe.

72 Und er weidete sie mit reinem
Herzen,
und er führte sie mit kluger Hand.

|2: Mt 13,35 |3–4: 145,4 |3: 44,2 |5–6: Dtn 4,9;
6,6–7 |5: 147,19; Dtn 33,4 |6: 22,31!–32 |8:
Dtn 32,5.20 |9: Hos 7,16 |11: 106,7 |13: Ex 14,21–22;
15,8 |14: 105,39; Ex 13,21 |15–16: 105,41; 114,8;
Ex 17,1–7; Num 20,2–13; Jes 48,21 |18: 106,14; Ex 16;
Num 11 |20: 78,15!.16 · Ex 16,3.8; Num 11,4–6.13
|21–22: Num 11,1.10 |23–24: Ex 16,4.13–15.31;
Num 11,9 |24: 105,40; Neh 9,15; Joh 6,31 |26–28:
Ex 16,13; Num 11,31–32 |30–31: Num 11,33–34 |32:
Num 14,11 |33: Num 14,22–23 |34: Jes 26,16; Hos 5,15
|38: 85,4 |42: 106,21 |43–52: 105,27–37 |43: 135,9 |44:
Ex 7,14–25 |45: Ex 7,26–8,11.16–28 |46: Ex 10,1–20
|47: Ex 9,13–35 |50: Ex 9,1–7 |51: 135,8!; Ex 11,4–8;
12,29 |52: 77,21; Ex 12,37; 13,21 |53: Ex 14–15 |54:
114,1!–2 |55: 44,3! |57: Hos 7,16 |58: Dtn 32,16.21

|60: 1Sam 1,3; Jer 7,12.14 |68: 48,3; 87,2; 132,13! |70:
89,21; 1Sam 16,11–13; 2Sam 7,8 |71: 28,9

78,25: «Engelsbrot» ist wörtlich «Brot der Starken».

Völker sind in dein Erbe eingedrungen

79 1 Ein Psalm Asafs.
Gott, Nationen sind in dein Erbe
eingedrungen,
haben deinen heiligen Tempel
entweiht,
Jerusalem zum Trümmerhaufen
gemacht.

2 Sie haben die Leichen deiner Diener
den Vögeln des Himmels zum Frass
gegeben,
das Fleisch deiner Getreuen den
Tieren des Feldes.

3 Sie haben ihr Blut vergossen wie
Wasser
rings um Jerusalem, und niemand
hat sie begraben.

4 Wir sind zur Schande geworden vor
unseren Nachbarn,
zu Spott und Hohn bei denen, die
rings um uns wohnen.

5 Wie lange, HERR – willst du
immerfort zürnen?
Soll wie Feuer dein Eifer brennen?

6 Giess aus deinen Grimm über die
Nationen,
die dich nicht kennen,
und über die Königreiche,
die deinen Namen nicht anrufen.

7 Denn sie haben Jakob aufgezehrt
und seine Wohnstatt verwüstet.

8 Rechne uns nicht an die Schuld der
Vorfahren,
schnell komme dein Erbarmen uns
entgegen,
denn wir sind sehr schwach
geworden.

9 Hilf uns, Gott unserer Hilfe,
um der Ehre deines Namens willen,
rette uns und vergib unsere Sünden
um deines Namens willen.

10 Warum sollen die Nationen sagen:
Wo ist ihr Gott?
Vor unseren Augen möge kundwerden
an den Nationen

die Rache für das vergossene Blut
deiner Diener.

11 Es dringe zu dir das Stöhnen des
Gefangenen,
    durch die Macht deines Armes
    verschone die dem Tod Geweihten.

12 Und auf unsere Nachbarn lass
siebenfach zurückfallen
    die Schmach, mit der sie dich
    schmähten, Herr.

13 Wir aber, dein Volk und die Schafe
deiner Weide,
    wir wollen dich ewig preisen,
    von Generation zu Generation
    deinen Ruhm verkünden.

|1: Jer 9,10; Klgl 1,10 |2: Jer 7,33 |3: Zef 1,17 ·
Jer 14,16 |4: 44,14! |5: 85,6; 89,47 |6: Jer 10,25 |8:
142,7 |10: 42,4! |11: 102,21 |13: 74,1!

79,7: Der Massoretische Text wurde korrigiert; er
lautet übersetzt: «Denn er hat Jakob aufgezehrt ...»

Gott, nimm dich deines Weinstocks an

80 1 Für den Chormeister. Nach der
Weise «Lilien». Ein Zeugnis. Von
Asaf. Ein Psalm.

2 Hirt Israels, höre,
    der du Josef leitest wie Schafe.
Der du auf den Kerubim thronst,
erstrahle
    3 vor Efraim, Benjamin und
    Manasse.
Erwecke deine Macht
    und komm uns zu Hilfe.

4 Gott, lass uns zurückkehren,
    und lass dein Angesicht leuchten, so
    ist uns geholfen.

5 HERR, Gott der Heerscharen,
    wie lange noch zürnst du beim Gebet
    deines Volks?

6 Du hast sie mit Tränenbrot gespeist
    und sie mit Tränen getränkt über die
    Massen.

7 Du setzt uns dem Streit unserer
Nachbarn aus,
    und unsere Feinde treiben ihren
    Spott.

8 Gott der Heerscharen, lass uns
zurückkehren,
    und lass dein Angesicht leuchten, so
    ist uns geholfen.

9 Einen Weinstock hast du in Ägypten
ausgehoben,
    hast Nationen vertrieben und ihn
    eingepflanzt.

10 Raum hast du ihm geschaffen,
    und er schlug Wurzeln
    und füllte das Land.

11 Berge wurden bedeckt von seinem
Schatten,
    von seinen Ranken die Zedern
    Gottes.

12 Seine Triebe hat er ausgestreckt bis
ans Meer
    und bis zum Strom seine Schosse.

13 Warum hast du seine Mauern
eingerissen,
    so dass alle, die des Weges kommen,
    von ihm pflücken?

14 Das Wildschwein aus dem Wald
frisst ihn kahl,
    und was sich auf dem Feld regt,
    weidet ihn ab.

15 Gott der Heerscharen, wende
dich um,
    blicke vom Himmel herab und sieh,
nimm dich dieses Weinstocks an
    16 und des Stamms, den deine
    Rechte gepflanzt hat,
    des Sprosses, den du dir gezogen
    hast.

17 Er ist abgeschnitten und im Feuer
verbrannt,
    vor dem Drohen deines Angesichts
    kommen sie um.

18 Deine Hand sei über dem Menschen
zu deiner Rechten,
    über dem, den du dir grossgezogen
    hast.

19 Von dir werden wir nicht weichen,
    erhalte uns am Leben, so wollen wir
    deinen Namen anrufen.

20 HERR, Gott der Heerscharen, lass uns
zurückkehren,
    lass dein Angesicht leuchten, so ist
    uns geholfen.

|2: 74,1! · 99,1 |4: 4,7! |6: 42,4! |7: 44,14!
|9: Jes 5,1–2; Jer 2,21; Hos 10,1 · 44,3! |12: Dtn 11,24
|13: 89,41–42

80,6: «über die Massen» ist wörtlich: «mit dem
Drittelmass».

80,17: Möglich ist auch die Übersetzung: «Er ist wie Kehrricht im Feuer verbrannt, ...»

Höre, mein Volk, ich will dich ermahnen

81 1 Für den Chormeister. Ein Kelterlied. Von Asaf.

2 Jubelt Gott zu, unserer Stärke,
    jauchzt dem Gott Jakobs zu.
3 Stimmt an den Gesang und schlagt die Trommel,
    die liebliche Leier samt der Harfe.
4 Stosst ins Horn am Neumond,
    am Vollmond, zum Tag unseres Fests.
5 Denn das ist Satzung für Israel,
    Ordnung des Gottes Jakobs.
6 Als Gesetz hat er es in Josef erlassen,
    als er auszog gegen das Land Ägypten.
Eine Sprache, die ich nicht kenne, vernehme ich:
7 Ich habe die Last von seiner Schulter genommen,
    seine Hände sind vom Tragkorb befreit.
8 In der Not hast du gerufen, und ich habe dich gerettet,
    ich antwortete dir aus dem Donnergewölk,
    prüfte dich an den Wassern von Meriba. *Sela*
9 Höre, mein Volk, ich will dich ermahnen,
    Israel, wolltest du doch auf mich hören.
10 Kein anderer Gott soll bei dir sein,
    nicht sollst du dich niederwerfen vor einem fremden Gott.
11 Ich bin der HERR, dein Gott,
    der dich heraufgeführt hat aus dem Land Ägypten.
    Öffne weit deinen Mund, und ich will ihn füllen.
12 Aber mein Volk hörte nicht auf meine Stimme,
    Israel gehorchte mir nicht.
13 Da überliess ich sie der Verstocktheit ihres Herzens,
    sie folgten ihren eigenen Plänen.

14 Wenn doch mein Volk auf mich hörte,
    Israel auf meinen Wegen ginge.
15 Wie bald wollte ich ihre Feinde bezwingen
    und meine Hand wenden gegen ihre Bedränger.
16 Die den HERRN hassen, müssten ihm zu Füssen kriechen,
    das wäre ihr Los auf ewig.
17 Ich aber würde es speisen mit bestem Weizen
    und aus dem Felsen dich mit Honig sättigen.

|4: Num 10,10 |7: Ex 1,14; 6,6 |8: Ex 19,19 · 95,8!–9; 106,32; Ex 17,1–7; Num 20,2–13 |9: 95,7 |10: Dtn 32,12 · Ex 20,3.4–5; 23,24; Dtn 5,7.8–9 |11: Ex 20,2; Dtn 5,6 |14: Jes 48,18 |17: 147,14; Dtn 32,13

81,17: Der Massoretische Text wurde korrigiert; er lautet übersetzt: «Er aber würde es speisen ...»

Inmitten der Götter hält er Gericht

82 1 Ein Psalm Asafs.
    Gott steht in der Gottesversammlung,
    inmitten der Götter hält er Gericht:
2 Wie lange wollt ihr ungerecht richten
    und die Frevler begünstigen? *Sela*
3 Schafft Recht dem Geringen und der Waise,
    dem Elenden und Bedürftigen verhelft zum Recht.
4 Rettet den Geringen und den Armen,
    befreit ihn aus der Hand der Frevler.
5 Sie wissen nichts und verstehen nichts,
    im Finstern tappen sie umher,
    es wanken alle Grundfesten der Erde.
6 Ich habe gesprochen: Götter seid ihr
    und Söhne des Höchsten allesamt.
7 Doch fürwahr, wie Menschen sollt ihr sterben
    und wie einer der Fürsten fallen.
8 Steh auf, Gott, richte die Erde,
    denn dein Eigentum sind die Nationen alle.

|1: Jes 3,13 |3: Jes 1,17 |6: Joh 10,34

Schrecke die Völker mit deinem Sturm

83 1 Ein Lied. Ein Psalm Asafs.

2 Gott, sei nicht stumm,
schweige nicht und ruhe nicht, Gott.

3 Denn sieh, deine Feinde toben,
und die dich hassen, haben das
Haupt erhoben.

4 Gegen dein Volk planen sie
Anschläge,
und sie beraten sich gegen die, die
unter deinem Schutz sind.

5 Sie sagen: Kommt, wir tilgen sie aus,
dass sie kein Volk mehr sind,
des Namens Israel werde nicht mehr
gedacht.

6 Einmütig haben sie sich beraten,
einen Bund gegen dich zu
schliessen:

7 die Zelte Edoms und die Ismaeliter,
Moab und die Hagriter,

8 Gebal und Ammon und Amalek,
Philistäa samt den Bewohnern
von Tyros.

9 Auch Assur hat sich mit ihnen
verbündet,
leiht seinen Arm den Söhnen Lots.
Sela

10 Tu ihnen wie Midian, wie Sisera,
wie Jabin am Bach Kischon:

11 Sie wurden vernichtet bei En-Dor,
wurden zu Dünger für den Acker.

12 Verfahre mit ihren Edlen wie mit
Oreb und Seeb,
wie mit Sebach und Zalmunna, mit
allen ihren Fürsten,

13 die sprachen: Wir wollen
die Wohnstätten Gottes erobern.

14 Mein Gott, mache sie der Distel
gleich,
wie Spreu vor dem Wind.

15 Wie Feuer, das den Wald verbrennt,
wie die Flamme, die Berge versengt,

16 so verfolge sie mit deinem Wetter
und schrecke sie mit deinem Sturm.

17 Erfülle ihr Angesicht mit Schmach,
dass sie deinen Namen suchen,
HERR.

18 Für immer sollen sie zuschanden
werden und erschrecken,
sie sollen beschämt zugrunde gehen.

19 Und sie werden erkennen:
HERR ist dein Name,
du allein bist der Höchste über die
ganze Erde.

| 2: 35,22! | 10: Ri 4,1–24; 7,15.23; Jes 9,3; 10,26 | 12:
Ri 7,25; 8,21 | 14: 1,4! | 19: 46,11! · 97,9

Wie lieblich sind deine Wohnungen

84 1 Für den Chormeister. Nach
dem Kelterlied. Von den Korachitern. Ein Psalm.

2 Wie lieblich sind deine Wohnungen,
HERR der Heerscharen.

3 Meine Seele sehnt sich, sie
schmachtet
nach den Vorhöfen des HERRN,
mein Herz und mein Leib, sie rufen
zum lebendigen Gott.

4 Auch der Sperling hat ein Haus
gefunden
und die Schwalbe ein Nest,
wohin sie ihre Jungen gelegt hat –
deine Altäre, HERR der Heerscharen,
mein König und mein Gott.

5 Wohl denen, die in deinem Hause
wohnen,
sie werden dich immerdar loben.
Sela

6 Wohl dem Menschen, dessen
Zuflucht bei dir ist,
denen, die sich zur Wallfahrt rüsten.

7 Ziehen sie durch das Bachtal,
machen sie es zum Quellgrund,
und in Segen hüllt es der Frühregen.

8 Sie schreiten dahin mit wachsender
Kraft,
bis sie vor Gott erscheinen auf Zion.

9 HERR, Gott der Heerscharen, höre
mein Gebet,
vernimm es, Gott Jakobs. *Sela*

10 Schau, Gott, auf unseren Schild,
und blicke auf das Angesicht deines
Gesalbten.

11 Denn besser ist ein Tag in deinen
Vorhöfen
als tausend nach meinem Gefallen,
lieber an der Schwelle zum Haus meines
Gottes stehen
als in den Zelten des Frevels wohnen.

12 Denn Sonne und Schild ist Gott der
HERR,
Gnade und Ehre gibt der HERR;
kein Glück versagt er denen,
die in Vollkommenheit
einhergehen.

13 HERR der Heerscharen,
wohl dem Menschen,
der auf dich vertraut.

|3: 65,5! |4: 5,3! |5: 65,5! |12: 15,2!

84,6: Möglich ist auch die Übersetzung: «Wohl
dem Menschen, dessen Kraft in dir gründet, …»

Du hast dein Land begnadigt

85 1 Für den Chormeister. Von den
Korachitern. Ein Psalm.

2 Du hast dein Land begnadigt, HERR,
hast Jakobs Geschick gewendet.

3 Du hast die Schuld deines Volkes
vergeben,
getilgt all ihre Sünde. *Sela*

4 Du hast zurückgezogen all deinen
Grimm,
abgewendet die Glut deines Zorns.

5 Wende dich zurück zu uns, Gott
unseres Heils,
und lass ab von deinem Unmut
gegen uns.

6 Willst du uns ewig zürnen,
deinen Zorn hinziehen von
Generation zu Generation?

7 Bist du nicht der, der uns das Leben
wiedergeben kann,
dass dein Volk sich deiner freut?

8 Lass uns, HERR, deine Güte schauen,
und schenke uns deine Hilfe.

9 Ich will hören, was Gott spricht;
der HERR, er verkündet Frieden
seinem Volk und seinen Getreuen,
damit sie nicht wieder der Torheit
verfallen.

10 Nahe ist denen seine Hilfe, die ihn
fürchten,
dass Herrlichkeit wohne in unserem
Land.

11 Gnade und Treue finden zusammen,
es küssen sich Gerechtigkeit und
Friede.

12 Treue sprosst aus der Erde,
und Gerechtigkeit schaut vom
Himmel hernieder.

13 Der HERR gibt das Gute
und unser Land seinen Ertrag.

14 Gerechtigkeit geht vor ihm her
und bestimmt den Weg seiner
Schritte.

|2: 14,7! |3: 32,1 |4: 78,38 |6: 79,5! |7: 71,20!
|11: 89,15 |12: Jes 45,8 |13: 67,7! |14: Jes 58,8

Reich an Güte und Treue

86 1 Ein Gebet Davids.
Neige, HERR, dein Ohr, erhöre
mich,
denn ich bin elend und arm.

2 Bewahre mein Leben, denn ich bin
getreu,
hilf du, mein Gott, deinem Diener,
der auf dich vertraut.

3 Sei mir gnädig, Herr,
denn zu dir rufe ich allezeit.

4 Erfreue das Herz deines Dieners,
denn zu dir, Herr, erhebe ich meine
Seele.

5 Denn du, Herr, bist gut und bereit zu
vergeben,
reich an Gnade gegen alle, die dich
anrufen.

6 Höre, HERR, mein Gebet
und achte auf den Ruf meines
Flehens.

7 Am Tag der Not rufe ich zu dir,
denn du erhörst mich.

8 Keiner ist dir gleich unter den
Göttern, Herr,
und nichts gleicht deinen Werken.

9 Alle Völker, die du geschaffen hast,
werden kommen und vor dir sich
niederwerfen, Herr,
und deinen Namen ehren.

10 Denn du bist gross und tust Wunder,
du allein bist Gott.

11 Weise mir, HERR, deinen Weg, dass
ich in deiner Wahrheit gehe,
richte mein Herz darauf, deinen
Namen zu fürchten.

12 Ich will dich preisen, Herr, mein
Gott, von ganzem Herzen
und ewig deinen Namen ehren.

13 Denn gross ist über mir deine
Gnade,
   und aus tiefem Totenreich hast du
   mich errettet.
14 Gott, vermessene Menschen haben
sich gegen mich erhoben,
   und eine Rotte von Gewalttätigen
   trachtet mir nach dem Leben,
   dich haben sie nicht vor Augen.
15 Du aber, Herr, bist ein barmherziger
und gnädiger Gott,
   langmütig und reich an Güte und
   Treue.
16 Wende dich zu mir und sei mir
gnädig,
   gib deinem Diener deine Kraft,
   und hilf dem Sohn deiner Magd.
17 Tu an mir ein Zeichen zum Guten,
   und die mich hassen, sollen es sehen
   und zuschanden werden,
   denn du, HERR, hast mir geholfen
   und mich getröstet.

|2:16,1! |4:25,1! |5:130,4! |6:5,2!–3 |7:50,15!
|8:71,19! |9:22,28! |11:25,4!–5 · 26,3 |14:54,5
|15:103,8;111,4;112,4;116,5;145,8;Ex 34,6;Neh 9,17;
Joel 2,13;Jona 4,2 |16:25,16! · 116,16

In Zion geboren

87 1 Von den Korachitern. Ein
     Psalm. Ein Lied.
Seine Gründung
   liegt auf heiligen Bergen,
2 der HERR liebt die Tore Zions
   mehr als alle Wohnungen Jakobs.
3 Herrliches redet man von dir,
   du Stadt Gottes. *Sela*
4 Ich rechne Rahab und Babel zu denen,
die mich kennen,
   Philistäa und Tyros samt Kusch,
   diese sind dort geboren.
5 Vom Zion aber wird man sagen:
   Ein jeder ist da geboren,
   und er selbst, der Höchste, gibt ihm
   Bestand.
6 Der HERR schreibt auf, wenn er die
Völker verzeichnet:
   Diese sind dort geboren. *Sela*
7 Und man singt beim Reigentanz:
   Alle meine Quellen sind in dir.

|2:78,68! |5:48,9

Elend bin ich und dem Tode nahe

88 1 Ein Lied. Ein Psalm der Korachi-
     ter. Für den Chormeister. Nach
der Weise «machalat» zu singen. Ein
Weisheitslied Hemans, des Esrachiters.
2 HERR, Gott meiner Rettung,
   bei Tage schreie ich,
   des Nachts stehe ich vor dir.
3 Mein Gebet gelange zu dir,
   neige dein Ohr meinem Flehn.
4 Denn ich bin mit Leiden gesättigt,
   und mein Leben ist dem Totenreich
   nahe.
5 Ich zähle zu denen, die zur Grube
hinabsteigen,
   bin wie ein kraftloser Mann,
6 ausgestossen unter die Toten,
   Erschlagenen gleich,
   die im Grabe liegen,
deren du nicht mehr gedenkst;
   von deiner Hand sind sie getrennt.
7 Du hast mich hinunter in die Grube
gebracht,
   in Finsternis und Tiefe.
8 Dein Grimm lastet auf mir,
   und mit allen deinen Brandungen
   hast du mich niedergeworfen. *Sela*
9 Meine Vertrauten hast du mir
entfremdet,
   hast mich ihnen zum Abscheu
   gemacht.
Eingeschlossen bin ich, komme nicht
hinaus,
   10 mein Auge vergeht vor Elend.
Ich rufe zu dir, HERR, allezeit,
   strecke meine Hände aus nach dir.
11 Tust du an den Toten Wunder,
   stehen Schatten auf, dich zu preisen?
   Sela
12 Wird deine Güte im Grab verkündet,
   deine Treue im Abgrund?
13 Werden deine Wunder in der
Finsternis kund
   und deine Gerechtigkeit im Land des
   Vergessens?
14 Ich aber schreie zu dir, HERR,
   mein Gebet kommt vor dich am
   Morgen.
15 Warum, HERR, verstösst du mich,
   verbirgst dein Angesicht vor mir?

16 Elend bin ich und krank zum Tode
von Jugend auf,
>schutzlos deinem Schrecken
>ausgesetzt.

17 Deine Zornesgluten sind über mich
gekommen,
>deine Schrecknisse haben mich
>vernichtet.

18 Sie umgeben mich wie Wasser den
ganzen Tag,
>umfluten mich ganz und gar.

19 Entfremdet hast du mir Freund und
Gefährten,
>mein Vertrauter ist die Finsternis.

|8: 42,8! |9: 38,12! |11–13: 6,6! |14: 5,4! |19: 38,12!

88,1: Siehe die Anm. zu Ps 53,1.

Wo sind deine Gnadentaten?

89

1 Ein Weisheitslied Etans, des Esrachiters.

2 Die Gnadentaten des HERRN will ich
ewig besingen,
>von Generation zu Generation deine
>Treue kundtun mit meinem Mund.

3 Ich bekenne: Auf ewig ist Gnade
erbaut,
>im Himmel gründest du fest deine
>Treue.

4 Ich habe einen Bund geschlossen mit
meinem Erwählten,
>habe David, meinem Diener,
>geschworen:

5 Für ewig gründe ich deine
Nachkommenschaft,
>und für alle Generationen erbaue ich
>deinen Thron. *Sela*

6 Die Himmel sollen preisen deine
Wunder, HERR,
>und deine Treue in der
>Versammlung der Heiligen.

7 Denn wer in den Wolken kann sich
messen mit dem HERRN,
>wer unter den Gottessöhnen gleicht
>dem HERRN?

8 Ein Gott, gefürchtet im Kreis der
Heiligen,
>gross und furchterregend über allen
>rings um ihn her.

9 HERR, Gott der Heerscharen, wer ist
wie du?
>Stark bist du, HERR, und deine Treue
>ist rings um dich her.

10 Du bist es, der über das Ungestüm
des Meeres herrscht,
>wenn seine Wellen sich erheben, du
>besänftigst sie.

11 Du hast Rahab zermalmt wie einen
Erschlagenen,
>mit deinem starken Arm deine
>Feinde zerstreut.

12 Dein ist der Himmel, dein auch die
Erde,
>der Erdkreis und was ihn erfüllt, du
>hast sie gegründet.

13 Du hast Nord und Süd erschaffen,
Tabor und Hermon jubeln über
deinen Namen.

14 Du hast einen Arm voller Kraft,
stark ist deine Hand, hoch erhoben
deine Rechte.

15 Gerechtigkeit und Recht sind die
Stütze deines Throns,
>Gnade und Treue stehen vor deinem
>Angesicht.

16 Wohl dem Volk, das zu jubeln weiss,
HERR, sie gehen im Licht deines
Angesichts.

17 Über deinen Namen jauchzen sie
allezeit,
>und in deiner Gerechtigkeit richten
>sie sich auf.

18 Denn du bist ihnen Stolz und Kraft,
und in deinem Wohlgefallen erhebst
du unser Horn.

19 Dem HERRN gehört unser Schild,
dem Heiligen Israels unser König.

20 Einst hast du geredet in einer
Schauung,
>zu deinen Getreuen gesprochen:
Einem Helden habe ich Hilfe gewährt,
>einen jungen Mann aus dem Volk
>erhöht.

21 Ich habe David, meinen Diener,
gefunden,
>mit meinem heiligen Öl ihn gesalbt,

22 an dem meine Hand festhalten wird,
mein Arm wird ihn stärken.

23 Kein Feind soll je ihn überlisten,
   kein Ruchloser ihn bezwingen.
24 Vor ihm zerschmettere ich seine
Gegner,
   und die ihn hassen, schlage ich
   nieder.
25 Meine Treue und meine Gnade
werden mit ihm sein,
   und in meinem Namen ist sein Horn
   erhoben.
26 Ich lasse ihn die Hand auf das Meer
legen
   und auf die Ströme seine Rechte.
27 Er wird mich anrufen: Mein Vater
bist du,
   mein Gott und der Fels meiner
   Rettung.
28 Ich aber will ihn zum Erstgeborenen
machen,
   zum Höchsten unter den Königen
   der Erde.
29 Ewig bewahre ich ihm meine Gnade,
   und mein Bund hat für ihn Bestand.
30 Für immer setze ich seine
Nachkommen ein
   und seinen Thron, solange der
   Himmel steht.
31 Wenn seine Söhne meine Weisung
verlassen
   und ihren Weg nicht nach meinen
   Vorschriften gehen,
32 wenn sie meine Satzungen
entweihen
   und meine Gebote nicht halten,
33 werde ich ihr Vergehen ahnden mit
dem Stock
   und mit Schlägen ihre Schuld.
34 Doch meine Gnade will ich ihm
nicht entziehen,
   und meine Treue will ich nicht
   brechen.
35 Ich will meinen Bund nicht
entweihen
   und den Spruch meiner Lippen nicht
   ändern.
36 Ein für alle Mal habe ich bei meiner
Heiligkeit geschworen,
   und wie sollte ich David belügen:
37 Ewig soll seine Nachkommenschaft
bestehen

und sein Thron wie die Sonne vor
mir,
38 wie der Mond, der ewig fest steht,
   ein treuer Zeuge in den Wolken. *Sela*
39 Aber du hast verstossen, verworfen,
   zürnst gegen deinen Gesalbten.
40 Widerrufen hast du den Bund mit
deinem Diener,
   zu Boden geworfen, entweiht sein
   Diadem.
41 Du hast alle seine Mauern
eingerissen,
   seine Festungen in Trümmer gelegt.
42 Alle, die des Weges kommen, haben
ihn geplündert,
   seinen Nachbarn ist er zum Spott
   geworden.
43 Die Rechte seiner Gegner hast du
erhoben,
   hast alle seine Feinde erfreut.
44 Stumpf gemacht hast du sein
scharfes Schwert
   und hast ihn nicht bestehen lassen
   im Kampf.
45 Du hast seinem Glanz ein Ende
gemacht
   und seinen Thron zu Boden gestürzt.
46 Du hast die Tage seiner Jugend
verkürzt,
   hast ihn mit Schande umhüllt. *Sela*
47 Wie lange, HERR! Willst du dich
immerzu verbergen?
   Soll dein Grimm wie Feuer brennen?
48 Bedenke, Herr, was ist das Leben,
   wie nichtig hast du alle Menschen
   erschaffen.
49 Wo ist einer, der lebt und den Tod
nicht schaut,
   der sein Leben rettet vor der Macht
   des Totenreichs? *Sela*
50 Wo sind deine früheren
Gnadentaten, Herr,
   die du David in deiner Treue
   geschworen hast?
51 Bedenke, Herr, die Schmach deiner
Diener,
   dass ich in meiner Brust trage den
   Hohn der Völker,
52 mit dem deine Feinde schmähen,
HERR,

mit dem sie schmähen die Spuren
deines Gesalbten.

53 Gepriesen sei der HERR in Ewigkeit.
Amen, Amen.

|4–5: 132,11; 2Sam 7,12–13; Jes 55,3 |10: 65,8!
|11: Jes 51,9 |12: 24,1! · 24,2; 102,26 |15: 97,2 · 85,11
|18: 75,5–6.11; 89,25; 92,11; 112,9; 132,17; 148,14;
1Sam 2,1.10 |19: 47,10 |21–22: Jes 42,1 |21: 78,70!;
1Sam 16,13 |25: 89,18! |27–28: 2,7; 2Sam 7,14 |28:
Offb 1,5 |29–30: 18,51; Jes 55,3; Jer 33,20–21 |30:
2Sam 7,12–13 |31–34: 1Chr 28,7 |32–34: 2Sam 7,14–15
|36: 110,4 |37–38: 72,5.7.17 |41–42: 80,13 |42: 44,14!
|46: 102,24–25 |47: 79,5! |48: 90,3! |53: 41,14!

89,18: In einer anderen hebräischen Tradition
lautet der Text: «… erhebt sich unser Horn.»
89,48: Der Massoretische Text wurde in
Angleichung an den Versanfang von Ps 89,51
korrigiert.
89,51: Der Massoretische Text wurde korrigiert;
er lautet übersetzt: «…, dass ich in meiner Brust all die
vielen Völker trage,»

VIERTES BUCH (PS 90–106)

*All unsere Tage gehen dahin unter
deinem Zorn*

90 1 Ein Gebet des Mose, des
Gottesmanns.
Herr, ein Hort
warst du uns
von Generation zu Generation.

2 Noch ehe Berge geboren wurden
und Erde und Erdkreis in Wehen
lagen,
bist du, Gott, von Ewigkeit zu Ewigkeit.

3 Du lässt den Menschen zum Staub
zurückkehren
und sprichst: Kehrt zurück, ihr
Menschen.

4 Denn in deinen Augen sind tausend
Jahre
wie der gestrige Tag, wenn er
vorüber ist,
und wie eine Wache in der Nacht.

5 Du raffst sie dahin,
ein Schlaf am Morgen sind sie
und wie das Gras, das vergeht.

6 Am Morgen blüht es, doch es vergeht,
am Abend welkt es und verdorrt.

7 Denn wir schwinden dahin durch
deinen Zorn,
und durch deinen Grimm werden
wir hinweggeschreckt.

8 Du hast unsere Sünden vor dich
gestellt,
unsere verborgene Schuld ins Licht
deines Angesichts.

9 All unsere Tage gehen dahin unter
deinem Zorn,
unsere Jahre beenden wir wie einen
Seufzer.

10 Unser Leben währt siebzig Jahre,
und wenn es hoch kommt, achtzig
Jahre.
Und was an ihnen war, ist Mühsal und
Trug.
Denn schnell ist es vorüber, im Flug
sind wir dahin.

11 Wer erkennt die Gewalt deines
Zorns
und deinen Grimm, wie es die
Furcht vor dir verlangt?

12 Unsere Tage zu zählen, lehre uns,
damit wir ein weises Herz
gewinnen.

13 Kehre zurück, HERR! Wie lange
noch?
Habe Mitleid mit deinen Dienern.

14 Sättige uns am Morgen mit deiner
Gnade,
so werden wir jubeln und uns freuen
alle unsere Tage.

15 Erfreue uns so viele Tage, wie du uns
beugtest,
so viele Jahre, wie wir Unglück
schauten.

16 Lass deine Diener dein Walten
schauen
und ihre Kinder deine Herrlichkeit.

17 Und die Freundlichkeit des Herrn,
unseres Gottes, sei über uns,
gib dem Werk unserer Hände
Bestand,

ja, gib dem Werk unserer Hände
Bestand.

|3: 89,48; 103,14; 104,29; Gen 3,19; Koh 12,7 |4:
2Petr 3,8 |5–6: 37,2; 102,12; 103,15–16; Jes 40,6–8 |12:
39,5 |14: 143,8

Wer im Schutz des Höchsten wohnt

91 1 Wer im Schutz des Höchsten
wohnt,
der ruht im Schatten des
Allmächtigen.

2 Ich spreche zum HERRN:
Meine Zuflucht und meine Burg,
mein Gott, auf den ich vertraue.

3 Er rettet dich
aus der Schlinge des Jägers,
vor Pest und Verderben.

4 Mit seinen Schwingen bedeckt er
dich,
und unter seinen Flügeln findest du
Zuflucht,
Schild und Mauer ist seine Treue.

5 Du musst dich nicht fürchten vor dem
Schrecken der Nacht,
vor dem schwirrenden Pfeil am Tag,

6 nicht vor der Pest, die umgeht im
Finstern,
vor der Seuche, die wütet am Mittag.

7 Mögen tausend fallen an deiner Seite,
zehntausend zu deiner Rechten,
dich trifft es nicht.

8 Mit eigenen Augen wirst du es
schauen
und sehen, dass den Frevlern
vergolten wird.

9 Du, HERR, bist meine Zuflucht.
Den Höchsten hast du zu deinem
Hort gemacht,

10 dir wird kein Unheil begegnen,
und keine Plage naht sich deinem
Zelt.

11 Denn er wird seinen Boten gebieten,
dich zu behüten auf allen deinen
Wegen.

12 Auf den Händen werden sie dich
tragen,
damit dein Fuss nicht an einen Stein
stosse.

13 Über Löwen und Vipern wirst du
schreiten,

wirst zertreten Löwen und Drachen.

14 Weil er zu mir hält, will ich ihn
retten,
ich will ihn schützen, denn er kennt
meinen Namen.

15 Ruft er zu mir, erhöre ich ihn,
ich bin bei ihm in der Not,
ich befreie ihn und bringe ihn zu
Ehren.

16 Ich sättige ihn mit langem Leben
und lasse ihn meine Rettung sehen.

|3: 124,7! |4: 17,8! |5: Spr 3,25 |8: 54,9! |10:
Hiob 5,19.24 |11–12: Mt 4,6 |11: 34,8 |12: Spr 3,23 |13:
Lk 10,19 |14: 9,11 |15: 50,15! |16: 50,23

Gepflanzt im Haus des HERRN

92 1 Ein Psalm. Ein Lied für den Sabbattag.

2 Gut ist es, den HERRN zu preisen
und deinem Namen, Höchster, zu
singen,

3 am Morgen deine Güte zu verkünden
und deine Treue in den Nächten,

4 zur zehnsaitigen Laute und zur Harfe,
zum Klang der Leier.

5 Denn du hast mich erfreut, HERR,
durch dein Walten,
über die Werke deiner Hände juble
ich.

6 Wie gross sind deine Werke, HERR,
wie tief deine Gedanken!

7 Ein Narr, der es nicht erkennt,
ein Tor, der es nicht begreift.

8 Auch wenn die Frevler wie Unkraut
wuchern
und alle Übeltäter blühen,
sie werden vernichtet für immer.

9 Du aber, HERR, bist in der Höhe
auf ewig.

10 Denn sieh, deine Feinde, HERR,
sieh, deine Feinde müssen vergehen,
und alle Übeltäter werden zerstreut.

11 Doch du hast mein Horn erhoben
wie das eines Wildstiers,
du hast mich mit frischem Öl
übergossen.

12 Mit Lust blickt mein Auge auf die,
die mich belauern,
hören meine Ohren vom Geschick
der Übeltäter,
die gegen mich aufstehen.

13 Der Gerechte sprosst wie die Palme,
   er wächst wie die Zeder auf dem
   Libanon.
14 Gepflanzt im Haus des HERRN,
   blühen sie auf in den Vorhöfen
   unseres Gottes.
15 Noch im Alter tragen sie Frucht,
   bleiben saftig und frisch,
16 um kundzutun: Gerecht ist der
HERR,
   mein Fels, und an ihm ist kein
   Unrecht.

|2: 147,1 |4: 33,2! |6: 40,6! |11: 89,18! · 23,5 |12.
54,9! |13–15: 1,3! |14: 52,10 |16: Dtn 32,4

92,11: Der Massoretische Text wurde korrigiert;
er lautet übersetzt: «..., ich habe mich mit frischem Öl
übergossen.»

Der HERR ist König

93 1 Der HERR ist König. Mit Hoheit
   ist bekleidet,
   ist bekleidet der HERR, er hat sich
   gegürtet mit Macht.
Fest steht der Erdkreis, er wankt nicht.
   2 Fest steht dein Thron von
   Anbeginn,
   von Ewigkeit her bist du.
3 Ströme erhoben, HERR,
   Ströme erhoben ihre Stimme,
   Ströme erheben ihr Tosen.
4 Mächtiger als das Donnern
gewaltiger Wasser,
   mächtiger als die Brandungen des
   Meeres
   ist mächtig der HERR in der Höhe.
5 Wahrhaft verlässlich sind deine
Zeugnisse,
   Heiligkeit gebührt deinem Haus,
   HERR, für alle Zeit.

|1: 10,16!; 47,8; 96,10; 97,1; 99,1; Jes 52,7 · 104,1 |2:
9,8!

Erhebe dich, Richter der Erde

94 1 Gott der Rache, HERR,
   Gott der Rache, erscheine.
2 Erhebe dich, Richter der Erde,
   vergilt den Stolzen ihr Tun.
3 Wie lange sollen die Frevler, HERR,
   wie lange sollen die Frevler
   frohlocken?

4 Sie geifern, reden frech daher,
   es brüsten sich alle Übeltäter.
5 Dein Volk, HERR, zermalmen sie,
   und dein Erbe bedrücken sie.
6 Witwe und Fremdling töten sie,
   und sie ermorden die Waisen,
7 und sie sagen: Der HERR sieht es
nicht,
   der Gott Jakobs merkt es nicht.
8 Merkt es, ihr Narren im Volk,
   ihr Toren, wann werdet ihr klug?
9 Der das Ohr einpflanzt, sollte der
nicht hören?
   Der das Auge bildet, sollte der nicht
   sehen?
10 Der die Völker unterweist, sollte der
nicht zurechtweisen,
   er, der die Menschen Erkenntnis
   lehrt?
11 Der HERR kennt die Gedanken der
Menschen,
   denn sie sind Hauch.
12 Wohl dem,
   den du, HERR, erziehst,
   den du aus deiner Weisung belehrst,
13 um ihm Ruhe zu schaffen vor bösen
Tagen,
   bis dem Frevler die Grube gegraben
   ist.
14 Denn der HERR wird sein Volk nicht
verstossen
   und sein Erbe nicht verlassen.
15 Zur Gerechtigkeit wird
zurückkehren das Recht,
   und alle werden ihm folgen, die
   aufrichtigen Herzens sind.
16 Wer steht auf für mich gegen die
Bösen,
   wer tritt ein für mich gegen die
   Übeltäter?
17 Wäre der HERR nicht meine Hilfe,
   wohnte ich schon im Lande des
   Schweigens.
18 Wenn ich auch denke: Jetzt wankt
mein Fuss,
   stützt mich doch, HERR, deine
   Gnade.
19 Wenn dunkle Gedanken in meinem
Herzen mächtig werden,
   erheitert dein Trost meine Seele.

20 Kann mit dir der Thron des
Verderbens verschworen sein,
    der Unheil schafft gegen das Gesetz?
21 Sie rotten sich zusammen gegen das
Leben des Gerechten
    und verurteilen unschuldiges Blut.
22 Doch der HERR ist mir zur Burg
geworden
    und mein Gott zum Fels meiner
    Zuflucht.
23 Er vergilt ihnen ihren Frevel,
    und er vernichtet sie durch ihre
    eigene Bosheit,
    es vernichtet sie der HERR, unser
    Gott.

|1: Nah 1,2 |2: Gen 18,25 |4: 75,6 |6: Ex 22,21;
Dtn 5,17; Ez 22,7 · 146,9! |7: 10,11! |9: Ex 4,11;
Spr 20,12 |11: 1Kor 3,20 |12: 1,1–2; Hiob 5,17 |14:
1Sam 12,22 |17: 115,17 |19: 2Kor 1,4 |22: 18,3!

94,17: Wörtlich: «..., wohnte ich schon im
Schweigen.»

Verhärtet nicht euer Herz
95 1 Kommt, lasst uns dem HERRN
jubeln
    und jauchzen dem Fels unserer
    Hilfe.
2 Lasst uns mit Lobpreis vor sein
Angesicht treten,
    mit Gesängen ihm jauchzen.
3 Denn ein grosser Gott ist der HERR
    und ein grosser König über alle
    Götter.
4 In seiner Hand sind die Tiefen der
Erde,
    und ihm gehören die Gipfel der
    Berge.
5 Sein ist das Meer, er hat es gemacht,
    sein auch das Land, das seine Hände
    gebildet haben.
6 Kommt, wir werfen uns nieder und
wollen uns beugen,
    niederknien vor dem HERRN,
    unserem Schöpfer.
7 Denn er ist unser Gott,
    und wir sind das Volk seiner Weide,
    die Schafe seiner Hand.
Wenn ihr doch heute
    auf seine Stimme hörtet.

8 Verhärtet nicht euer Herz wie in
Meriba,
    wie am Tag von Massa in der Wüste,
9 als eure Vorfahren mich versuchten,
    mich prüfen wollten, obgleich sie
    mein Tun sahen.
10 Vierzig Jahre ekelte mir vor dieser
Generation,
    und ich sprach: Sie sind ein Volk
    verwirrten Sinnes,
    meine Wege haben sie nicht
    erkannt.
11 So habe ich geschworen in meinem
Zorn:
    Sie sollen nicht eingehen in meine
    Ruhe.

|1: Dtn 32,15 |2: 100,2 |3: 47,3; 96,4–5; 97,9;
135,5!; Dan 2,47 |7–11: Hebr 3,7–11 |7: 100,3 · 74,1! ·
81,9 |8: 81,8!; Dtn 6,16; 33,8 |10: Num 14,34 |11:
132,8.14; Num 14,23.30; Dtn 12,9

*Tut kund seine Herrlichkeit unter den
Völkern*
96 1 Singt dem HERRN ein neues
Lied,
    singt dem HERRN, alle Länder.
2 Singt dem HERRN, preist seinen
Namen,
    verkündet seine Hilfe von Tag zu
    Tag.
3 Tut kund seine Herrlichkeit unter den
Nationen,
    unter allen Völkern seine Wunder.
4 Denn gross ist der HERR und hoch zu
loben,
    Furchterregend ist er über allen
    Göttern.
5 Denn alle Götter der Völker sind
Nichtse,
    der HERR aber hat den Himmel
    gemacht.
6 Hoheit und Pracht sind vor ihm,
    Macht und Glanz in seinem
    Heiligtum.
7 Gebt dem HERRN, ihr Sippen der
Völker,
    gebt dem HERRN Ehre und Macht.
8 Gebt dem HERRN die Ehre seines
Namens,
    bringt Gaben und kommt in seine
    Vorhöfe.

9 Werft euch nieder vor dem HERRN in
heiliger Pracht,
  zittert vor ihm, alle Länder.
10 Sprecht unter den Nationen: Der
HERR ist König.
  Fest steht der Erdkreis, er wankt
  nicht.
  Gerechtes Urteil spricht er den
  Völkern.
11 Der Himmel freue sich, und es
jauchze die Erde,
  es brause das Meer und was es
  erfüllt.
12 Es frohlocke das Feld und alles, was
es trägt;
  jubeln sollen alle Bäume des Waldes
13 vor dem HERRN, denn er kommt,
  denn er kommt, die Erde zu richten;
er richtet den Erdkreis in Gerechtigkeit
  und die Völker in seiner Treue.

|1–13: 1Chr 16,23–33 |1: 33,3!; 98,1 |2: 98,2 |3:
105,1–2 |4–5: 95,3! |4: 48,2! |5: 97,7 |7: 29,1 |8–9:
29,2 |9: 97,4! |10: 93,1! |11: 98,7; Jes 44,23; 49,13 |12:
65,13; 98,8; Jes 55,12 |13: 9,9!; 98,9

96,4: Möglich ist auch die Übersetzung: «... zu
loben, mehr zu fürchten als alle Götter.»

Hoch erhaben über alle Götter

97 1 Der HERR ist König. Es jauchze
die Erde,
  freuen sollen sich die vielen Inseln.
2 Gewölk und Wolkendunkel ist rings
um ihn her,
  Gerechtigkeit und Recht sind die
  Stütze seines Throns.
3 Feuer geht vor ihm her
  und versengt seine Feinde ringsum.
4 Seine Blitze erhellen den Erdkreis,
  die Erde sieht es und bebt.
5 Berge schmelzen wie Wachs vor dem
HERRN,
  vor dem Herrn der ganzen Erde.
6 Die Himmel verkünden seine
Gerechtigkeit,
  und alle Völker schauen seine
  Herrlichkeit.
7 Zuschanden werden alle
Götzendiener,
  die sich der Nichtse rühmen,

alle Götter werfen sich nieder vor
ihm.
8 Zion hört es und freut sich,
  und es jauchzen die Töchter Judas,
  weil du, HERR, gerecht regierst.
9 Denn du, HERR, bist der Höchste über
der ganzen Erde,
  hoch erhaben über alle Götter.
10 Die ihr den HERRN liebt, hasset das
Böse.
  Der das Leben seiner Getreuen
  behütet,
  wird sie retten aus der Hand der
  Frevler.
11 Licht breitet sich aus über dem
Gerechten
  und Freude über denen, die
  aufrichtigen Herzens sind.
12 Freut euch des HERRN, ihr
Gerechten,
  und preist seinen heiligen Namen.

|1: 93,1! |2: 89,15 |3: 18,9! |4: 77,19; 96,9; 114,7
|5: 68,3; Mi 1,4 |6: 50,6! |7: 96,5 |8: 48,12 |9: 83,19 ·
95,3! |10: 121,7–8 |11: 112,4! |12: 30,5; 32,11!

97,7: Möglich ist auch die Übersetzung: «..., werft
euch vor ihm nieder, all ihr Götter.»

Er kommt, um die Erde zu richten

98 1 Ein Psalm.
  Singt dem HERRN ein neues Lied,
  denn er hat Wunder getan.
Geholfen hat ihm seine Rechte
  und sein heiliger Arm.
2 Der HERR hat seine Hilfe kundgetan,
  vor den Augen der Völker seine
  Gerechtigkeit offenbart.
3 Er gedachte seiner Gnade und seiner
Treue
  zum Haus Israel.
Alle Enden der Erde
  haben die Hilfe unseres Gottes
  gesehen.
4 Jauchzt dem HERRN, alle Länder,
  seid fröhlich, jubelt und spielt.
5 Spielt dem HERRN auf der Leier,
  auf der Leier mit frohem Gesang.
6 Mit Trompeten und Hörnerschall
  jauchzt vor dem König, dem HERRN.
7 Es brause das Meer und was es erfüllt,
  der Erdkreis und die darauf wohnen.

8 Die Ströme sollen in die Hände klatschen,
   die Berge jubeln im Chor
9 vor dem HERRN, denn er kommt,
   um die Erde zu richten;
er richtet den Erdkreis in Gerechtigkeit
   und die Völker nach dem Recht.

|1: 96,1! · Jes 52,10 |2: 96,2 |4: 66,1; 100,1; Jes 52,9 |6: 47,6 |7: 96,11 |8: 96,12! |9: 9,9!; 96,13

Heilig ist der HERR

99 1 Der HERR ist König, es erzittern die Völker,
   er thront auf Kerubim, es wankt die Erde.
2 Gross ist der HERR in Zion
   und erhaben über alle Völker.
3 Deinen Namen sollen sie preisen,
   den grossen und furchterregenden,
   heilig ist er.
4 Es ist die Stärke des Königs, dass er das Recht liebt.
   Du bist es, der das Recht gegründet hat,
Recht und Gerechtigkeit in Jakob
   hast du allein geschaffen.
5 Erhebt den HERRN, unseren Gott,
   und werft euch nieder vor dem Schemel seiner Füsse,
   heilig ist er.
6 Mose und Aaron von seinen Priestern,
   und von denen, die seinen Namen anrufen, Samuel,
sie riefen zum HERRN,
   und er erhörte sie.
7 Aus der Wolkensäule redete er zu ihnen,
   sie bewahrten seine Gesetze und die Satzung, die er ihnen gab.
8 HERR, unser Gott, du hast sie erhört,
   du warst ihnen ein vergebender Gott,
   aber ein Rächer ihrer Vergehen.
9 Erhebt den HERRN, unseren Gott,
   und werft euch nieder vor seinem heiligen Berg,
   denn heilig ist der HERR, unser Gott.

|1: 93,1! · 80,2 |2: 48,2! |3: 111,9 |5: 132,7; Ez 43,7 |7: Ex 33,9

Kommt zu seinen Toren mit Dank

100 1 Ein Psalm zum Lobopfer.
   Jauchzt dem HERRN, alle Länder.
2 Dient dem HERRN mit Freuden,
   kommt vor sein Angesicht mit Jubel.
3 Erkennt, dass der HERR allein Gott ist.
   Er hat uns gemacht, und nicht wir selbst,
   sein Volk sind wir und die Schafe seiner Weide.
4 Kommt zu seinen Toren mit Dank,
   in seine Vorhöfe mit Lobgesang,
   dankt ihm, preist seinen Namen.
5 Denn der HERR ist gut, ewig währt seine Gnade
   und seine Treue von Generation zu Generation.

|1: 98,4! |2: 95,2 |3: 95,7 · 74,1! |4–5: 135,1–3 |5: 106,1!; 117,2; 119,90; Dtn 7,9

100,3: In einer anderen hebräischen Tradition lautet der Text: «... Er hat uns gemacht, und sein sind wir, ...»

Wer auf dem Weg der Vollkommenheit geht

101 1 Von David. Ein Psalm.
   Gnade und Recht will ich besingen,
   dir, HERR, will ich spielen.
2 Ich will mich halten an den Weg der Vollkommenheit,
   wann kommst du zu mir?
Ich lebe mit reinem Herzen
   in meinem Haus.
3 Nichts Unwürdiges
   will ich vor meine Augen lassen,
Böses tun ist mir widerwärtig,
   nichts davon soll an mir haften.
4 Falschheit des Herzens bleibt mir fern,
   Böses kenne ich nicht.
5 Wer seinen Nächsten heimlich verleumdet,
   den bringe ich zum Schweigen;
wer hochmütige Augen hat und ein anmassendes Herz,
   den kann ich nicht ertragen.
6 Meine Augen ruhen auf den Treuen im Land,

sie sollen bei mir wohnen;
wer auf dem Weg der Vollkommenheit
geht,
　der dient mir.
7 In meinem Haus soll keiner wohnen,
　der Ränke schmiedet;
wer Lügen redet, besteht nicht
　vor meinen Augen.
8 Morgen für Morgen bringe ich zum
Schweigen
　alle Frevler im Lande,
rotte ich aus alle Übeltäter
　aus der Stadt des HERRN.

|2: 15,2! |4: Spr 11,20; 17,20 |5: Spr 21,4 |6: 15,2!
|7: 5,5!

Aufgeschrieben für eine künftige Generation

102 1 Gebet eines Elenden, wenn
er verzagt und vor dem HERRN
seine Sorge ausschüttet.
2 HERR, höre mein Gebet,
　mein Schreien dringe zu dir.
3 Verbirg dein Angesicht nicht vor mir
　am Tag meiner Not.
Neige dein Ohr zu mir;
　wenn ich rufe, erhöre mich bald.
4 Denn im Rauch sind meine Tage
entschwunden,
　wie im Feuer glühen meine Gebeine.
5 Versengt wie Kraut und verdorrt ist
mein Herz,
　ich vergesse gar, mein Brot zu essen.
6 Vor lauter Seufzen
　bin ich nur Haut und Knochen.
7 Ich gleiche der Eule in der Wüste,
　bin wie das Käuzchen in den Ruinen.
8 Ich liege wach und bin
　wie ein Vogel, einsam auf dem Dach.
9 Den ganzen Tag schmähen mich
meine Feinde,
　die mich zum Gespött machen,
　fluchen mit meinem Namen.
10 Staub muss ich essen wie Brot,
　und mit Tränen mische ich meinen
　Trank
11 unter deinem Zorn und deinem
Grimm,
　denn du hast mich aufgehoben und
　mich hingeworfen.

12 Meine Tage sind wie lange Schatten,
　und wie Kraut muss ich verdorren.
13 Du aber, HERR, thronst ewig,
　und dein Name bleibt von
　Generation zu Generation.
14 Du wirst aufstehen, dich Zions
erbarmen.
　Die Zeit ist da, ihm gnädig zu sein,
　die Stunde ist gekommen.
15 Denn deine Diener lieben seine
Steine,
　und um seinen Schutt tragen sie
　Leid.
16 Dann werden die Völker den Namen
des HERRN fürchten
　und alle Könige der Erde deine
　Herrlichkeit,
17 wenn der HERR Zion wieder gebaut
hat
　und erschienen ist in seiner
　Herrlichkeit,
18 wenn er sich zuwendet dem Gebet
der Entblössten
　und ihr Gebet nicht verachtet.
19 Das sei aufgeschrieben für eine
künftige Generation,
　und ein neu geschaffenes Volk wird
　den HERRN preisen,
20 wenn der HERR von seiner heiligen
Höhe herabschaut,
　vom Himmel auf die Erde blickt,
21 das Stöhnen der Gefangenen zu
hören,
　die dem Tod Geweihten zu befreien.
22 Dann wird man in Zion den Namen
des HERRN verkünden
　und sein Lob in Jerusalem,
23 wenn sich die Völker alle
versammeln
　und die Königreiche, um dem
　HERRN zu dienen.
24 Auf meinem Weg hat er mir die Kraft
gebrochen,
　meine Tage verkürzt.
25 Ich spreche: Mein Gott,
　nimm mich nicht hinweg in der
　Hälfte meiner Tage,
　du, dessen Jahre Generation um
　Generation überdauern.

26 Vor Zeiten hast du die Erde
gegründet,
   und der Himmel ist das Werk deiner
   Hände.
27 Sie werden vergehen, du aber
bleibst,
   sie alle zerfallen wie ein Gewand.
Wie ein Kleid wechselst du sie,
   und sie gehen dahin.
28 Du aber bleibst derselbe,
   und deine Jahre nehmen kein Ende.
29 Die Söhne deiner Diener werden
wohnen bleiben,
   und ihre Nachkommen werden
   Bestand haben vor dir.

|3: 69,18! |6: Hiob 19,20 |10: 42,4! |12: 39,7;
109,23;144,4; Hiob 14,2 · 90,5!-6 |13: 9,8! ·135,13 |15:
Jes 52,2 |16: Jes 59,19 |17: 51,20! · Jes 60,1 |19:
22,31!-32 |20: 11,4! |21: 79,11 |24–25: 89,46 |26–28:
Hebr 1,10–12 |26: 89,12! · 8,4! |27: Jes 51,6; 65,17;
66,22; Lk 21,33; 2Petr 3,10; Offb 21,1 |29: 69,37!

Lobe den HERRN, *meine Seele*

103

1 Von David.
   Lobe den HERRN, meine Seele,
   und alles, was in mir ist, seinen
   heiligen Namen.
2 Lobe den HERRN, meine Seele,
   und vergiss nicht, was er dir Gutes
   getan hat.
3 Der all deine Schuld vergibt
   und alle deine Krankheiten heilt,
4 der dein Leben aus der Grube erlöst,
   der dich krönt mit Gnade und
   Erbarmen,
5 der dich mit Gutem sättigt dein Leben
lang.
   Dem Adler gleich erneuert sich
   deine Jugend.
6 Taten der Gerechtigkeit vollbringt der
HERR
   und Recht für alle Unterdrückten.
7 Seine Wege hat er Mose kundgetan,
   den Israeliten seine Taten.
8 Barmherzig und gnädig ist der HERR,
   langmütig und reich an Güte.
9 Nicht für immer klagt er an,
   und nicht ewig verharrt er im Zorn.
10 Nicht nach unseren Sünden handelt
er an uns,

und er vergilt uns nicht nach unserer
Schuld.
11 So hoch der Himmel über der Erde,
   so mächtig ist seine Gnade über
   denen, die ihn fürchten.
12 So fern der Aufgang ist vom
Untergang,
   so fern lässt er unsere Verfehlungen
   von uns sein.
13 Wie ein Vater sich der Kinder
erbarmt,
   so erbarmt der HERR sich derer, die
   ihn fürchten.
14 Denn er weiss, welch ein Gebilde wir
sind,
   bedenkt, dass wir Staub sind.
15 Des Menschen Tage sind wie Gras,
   er blüht wie eine Blume des Feldes:
16 Wenn der Wind darüber fährt, ist er
dahin,
   und seine Stätte weiss nicht mehr
   von ihm.
17 Aber die Gnade des HERRN währt
von Ewigkeit zu Ewigkeit
   über denen, die ihn fürchten,
   und seine Gerechtigkeit über
   Kindeskindern,
18 über denen, die seinen Bund halten
   und seiner Gebote gedenken in der
   Tat.
19 Der HERR hat im Himmel seinen
Thron errichtet,
   und sein Königtum herrscht über
   das All.
20 Lobt den HERRN, ihr seine Boten,
   ihr starken Helden, die ihr sein Wort
   vollbringt,
   gehorsam seinem gebietenden
   Wort.
21 Lobt den HERRN, all seine
Heerscharen,
   ihr seine Diener, die ihr seinen
   Willen tut.
22 Lobt den HERRN, all seine Werke,
   an allen Orten seiner Herrschaft.
Lobe den HERRN, meine Seele.

|3: 130,4! |5: Jes 40,31 |6: 146,7–8 |8: 86,15! |9:
Jes 57,16; Jer 3,12 |13: Lk 1,50 |14: 90,3! |15–16:
90,5!-6 |17–18: 25,10; Ex 20,6; Lk 1,50 |19: 145,13!
|20–22: Ps 148 |22: 104,1!; 145,10

103,5: Der Massoretische Text wurde korrigiert; er lautet übersetzt: «der mit Gutem sättigt deinen Schmuck. ...»

Wie zahlreich sind deine Werke

104 1 Lobe den HERRN, meine Seele.

HERR, mein Gott, du bist so gross. In Hoheit und Pracht bist du gekleidet,
2 der du dich hüllst in Licht wie in einen Mantel,
der den Himmel ausspannt wie ein Zelt,
3 der im Wasser seine Gemächer baut,
der Wolken zu seinem Wagen macht, auf Flügeln des Sturms dahinfährt,
4 der Winde zu seinen Boten bestellt, zu seinen Dienern lohendes Feuer.
5 Der die Erde auf ihre Pfeiler gegründet hat,
dass sie niemals mehr wankt.
6 Mit der Urflut bedecktest du sie wie mit einem Kleid,
hoch über den Bergen standen die Wasser.
7 Vor deinem Schelten flohen sie,
vor deiner Donnerstimme wichen sie zurück.
8 Sie stiegen an Bergen hinan und sanken in Täler hinab,
an den Ort, den du ihnen bestimmt hast.
9 Du hast eine Grenze gesetzt, die sie nicht überschreiten;
nie dürfen sie wieder die Erde bedecken.
10 Quellen schickt er in die Täler,
zwischen den Bergen fliessen sie dahin.
11 Sie tränken alle Tiere des Feldes, Wildesel stillen ihren Durst.
12 An ihren Ufern wohnen die Vögel des Himmels,
aus dem Gezweig erschallt ihre Stimme.
13 Von seinen Gemächern aus tränkt er die Berge,
von der Frucht deiner Werke wird die Erde satt.

14 Gras lässt er sprossen für das Vieh und Kraut dem Menschen zunutze,
damit er Brot hervorbringe aus der Erde
15 und Wein, der des Menschen Herz erfreut,
damit er das Angesicht erglänzen lasse von Öl
und Brot das Herz des Menschen stärke.
16 Die Bäume des HERRN trinken sich satt,
die Zedern des Libanon, die er gepflanzt hat;
17 dort nisten die Vögel,
der Storch hat in den Zypressen sein Haus.
18 Die Gebirge gehören den Steinböcken,
die Felsen bieten den Klippschliefern Zuflucht.
19 Er hat den Mond gemacht zur Bestimmung der Zeiten,
die Sonne, die ihren Untergang weiss.
20 Du bringst Finsternis, und es wird Nacht,
in ihr regen sich alle Tiere des Waldes.
21 Die Löwen brüllen nach Beute und fordern von Gott ihren Frass.
22 Strahlt die Sonne auf, ziehen sie sich zurück
und lagern in ihren Verstecken.
23 Der Mensch geht hinaus an sein Werk,
an seine Arbeit bis zum Abend.
24 Wie zahlreich sind deine Werke, HERR.
Du hast sie alle in Weisheit gemacht, die Erde ist voll von deinen Geschöpfen.
25 Da ist das Meer, so gross und so weit,
darin ein Gewimmel ohne Zahl, Tiere gross und klein.
26 Schiffe ziehen dahin,
der Leviatan, den du gebildet hast, um mit ihm zu spielen.
27 Sie alle warten auf dich,
dass du ihnen Speise gibst zur rechten Zeit.

28 Gibst du ihnen, so sammeln sie ein,
tust du deine Hand auf, so werden
sie satt von Gutem.

29 Verbirgst du dein Angesicht,
erschrecken sie,
nimmst du ihren Atem weg,
kommen sie um
und werden wieder zu Staub.

30 Sendest du deinen Atem aus, werden
sie erschaffen,
und du erneuerst das Angesicht der
Erde.

31 Ewig währe die Herrlichkeit des
HERRN,
der HERR freue sich seiner Werke.

32 Er blickt die Erde an, und sie erbebt,
er rührt die Berge an, und sie
rauchen.

33 Ich will dem HERRN singen mein
Leben lang,
will meinem Gott spielen, solange
ich bin.

34 Möge mein Dichten ihm gefallen,
ich freue mich des HERRN.

35 Mögen die Sünder verschwinden
von der Erde
und die Frevler nicht mehr sein.
Lobe den HERRN, meine Seele.
Hallelujah.

P: Gen 1; Spr 8,22–31 |1: 103,22; 104,35 · 93,1
|2: Gen 1,6–8; Jes 44,24 |3: 18,11! |4: Hebr 1,7 |6:
Gen 1,9–10 |7: 29,3! |9: Hiob 26,10; 38,10–11;
Spr 8,29; Jer 5,22 |10: 74,15 |13–14: 147,8–9 |14:
Gen 1,11–12.29–30; 3,17–19 |15: Gen 9,20 |19: 74,16;
Gen 1,14–19 |21: Hiob 38,39 |22: Hiob 37,8; 38,40
|26: 107,23 · 74,14 |27–28: 145,15!–16 |29: 30,8 ·
146,4; Hiob 34,14–15 · 90,3! |30: Gen 2,7; Hiob 33,4
|32: 144,5 |33: 146,2 |34: 19,15 |35: 73,19 · 104,1!

104,8: Möglich ist auch die Übersetzung: «Berge
stiegen empor, es senkten sich Täler, …»

Ewig gedenkt er seines Bundes mit Abraham

105 1 Preist den HERRN, ruft seinen Namen an,
tut kund seine Taten unter den
Völkern.

2 Singt ihm, spielt ihm,
redet von all seinen Wundern.

3 Rühmt euch seines heiligen Namens;
das Herz derer, die den HERRN
suchen, freue sich.

4 Fragt nach dem HERRN und seiner
Macht,
sucht sein Angesicht allezeit.

5 Gedenkt seiner Wunder, die er getan
hat,
seiner Zeichen und der Sprüche
seines Mundes,

6 ihr Nachkommen Abrahams, seines
Dieners,
ihr Söhne Jakobs, seines Erwählten.

7 Der HERR ist unser Gott,
über die ganze Erde hin gilt sein
Urteil.

8 Ewig gedenkt er seines Bundes,
auf tausend Generationen des
Wortes, das er geboten hat,

9 des Bundes, den er mit Abraham
geschlossen hat,
und seines Schwurs für Isaak.

10 Er setzte ihn fest für Jakob als Recht,
für Israel als ewigen Bund.

11 Er sprach: Dir gebe ich das Land
Kanaan,
euer zugemessenes Erbe.

12 Da sie noch wenige waren,
erst kurz im Lande und Fremdlinge
dort,

13 da sie umherzogen von Volk zu Volk,
von einem Königreich zum anderen,

14 erlaubte er niemandem, sie zu
bedrücken,
und um ihretwillen wies er Könige
zurecht:

15 Meine Gesalbten tastet nicht an,
und meinen Propheten tut kein Leid.

16 Doch dann rief er Hunger ins Land
und nahm allen Vorrat an Brot.

17 Er sandte einen vor ihnen her,
als Sklave wurde Josef verkauft.

18 Sie zwangen seine Füsse in Fesseln,
in Eisen wurde sein Hals gelegt

19 bis zu der Zeit, da sein Wort sich
erfüllte,
der Spruch des HERRN ihn läuterte.

20 Er sandte einen König, ihn
loszubinden,
einen Herrscher der Völker, ihn
freizulassen.

21 Der setzte ihn zum Herrn über sein
Haus

und zum Herrscher über all seinen
Besitz,

22 damit er seine Fürsten unterweise
nach seinem Sinn
und seine Ältesten Weisheit lehre.

23 Und Israel kam nach Ägypten,
Jakob weilte als Fremdling im Lande
Hams.

24 Er aber machte sein Volk sehr
fruchtbar,
machte es stärker als seine Feinde;

25 deren Herz verdrehte er, damit sie
sein Volk hassten,
mit Arglist handelten an seinen
Dienern.

26 Er sandte Mose, seinen Diener,
und Aaron, den er erwählt hatte.

27 Die taten seine Zeichen unter ihnen
und Wunder im Lande Hams.

28 Er sandte Finsternis, und es wurde
finster,
doch sie trotzten seinem Wort.

29 Er verwandelte ihre Gewässer
in Blut,
und ihre Fische liess er sterben.

30 Ihr Land wimmelte von Fröschen
bis in die Gemächer ihrer Könige.

31 Er sprach, und es kamen
Stechfliegen,
Mücken über ihr ganzes Gebiet.

32 Hagel gab er ihnen statt Regen,
flammendes Feuer über ihr Land.

33 Und er schlug ihren Weinstock und
ihren Feigenbaum
und zerbrach die Bäume ihres
Gebiets.

34 Er sprach, und es kamen
Heuschrecken
und Grillen ohne Zahl,

35 die frassen alles Kraut in ihrem Land
und frassen die Frucht ihres Ackers.

36 Und er schlug alle Erstgeburt in
ihrem Land,
die Erstlinge all ihrer Manneskraft.

37 Dann führte er sie hinaus mit Silber
und Gold,
und es war keiner, der strauchelte, in
ihren Stämmen.

38 Ägypten freute sich, als sie auszogen,
denn Schrecken vor ihnen hatte sie
befallen.

39 Er breitete eine Wolke aus als Decke
und Feuer als Licht in der Nacht.

40 Sie baten, und er brachte Wachteln,
und mit Himmelsbrot sättigte er sie.

41 Er öffnete einen Felsen, und Wasser
floss heraus
und ergoss sich als ein Strom ins
dürre Land.

42 Denn er gedachte seines heiligen
Wortes
zu Abraham, seinem Diener.

43 So führte er sein Volk in Freude
heraus,
mit Jubel seine Erwählten.

44 Und er gab ihnen die Länder der
Völker,
und sie nahmen in Besitz, was sich
Nationen erworben,

45 damit sie seine Satzungen hielten
und seine Weisungen bewahrten.
Hallelujah.

|1–15: 1Chr 16,8–22 |1–2: 96,3 |1: 18,50!;
Jes 12,4–5 |2: 145,5 |4: 24,6! |6: Jes 41,8; 51,2 |9:
Gen 15; 17; 26,3 |11: Gen 15,18 |12–13: Gen 12,1; 13,1
|14: Gen 12,10–20; 20; 26,1–11 |16: Gen 41,54 |17:
Gen 37,28; 45,4–5 |18: Gen 39,20 |19: Gen 40–41
|20: Gen 41,14 |21: Gen 41,40–41 |23: Gen 46,1–47,12
|24: Gen 47,27; Ex 1,7 |25: Ex 1,8–10 |26: Ex 3,1–10;
4,14–16.27 |27–37: 78,43–52 |28: Ex 10,21–29 |29:
Ex 7,14–25 |30: Ex 7,26–8,11 |31: Ex 8,12–15.16–28
|32: Ex 9,13–35 |34: Ex 10,1–20 |36: 78,51!; Ex 11,4–8;
12,29 |37: Ex 12,35–36 |38: Ex 12,33 |39: 78,14! |40:
78,24!.27; Ex 16,4.13–15.31 |41: 78,15!–16; Ex 17,1–7
|44–45: Dtn 4,37–40; 11,24 |44: 44,3!

105,20: Möglich ist auch die Übersetzung: «Es
sandte der König, ..., der Herrscher der Völker, ...»
105,40: Der Massoretische Text wurde korrigiert;
er lautet übersetzt: «Er bat, ...»

Wir haben gesündigt wie unsere Vorfahren

106
1 Hallelujah.
Preist den HERRN, denn er
ist gut,
ewig währt seine Gnade.

2 Wer kann die machtvollen Taten des
HERRN erzählen,
all seinen Ruhm verkünden?

3 Wohl denen, die das Recht beachten,
dem, der Gerechtigkeit übt allezeit.

4 Gedenke meiner, HERR, in der Liebe
zu deinem Volk,
wende dich mir zu mit deiner Hilfe,

5 damit ich das Glück deiner Erwählten
schaue,

an der Freude deines Volks mich
freue,
gemeinsam mit deinem Erbe mich
rühme.

6 Wir haben gesündigt wie unsere
Vorfahren,
wir haben Unrecht getan und
gefrevelt.

7 Unsere Vorfahren in Ägypten
achteten nicht auf deine Wunder,
sie gedachten nicht deiner vielen
Gnadentaten,
und schon am Meer, am Schilfmeer
trotzten sie dir.

8 Er aber rettete sie um seines Namens
willen,
um kundzutun seine Macht.

9 Er schalt das Schilfmeer, da wurde es
trocken,
und er führte sie durch die Fluten
wie durch eine Wüste.

10 Er rettete sie aus der Hand des
Hassers
und erlöste sie aus der Hand des
Feindes.

11 Wasser bedeckte ihre Gegner,
nicht einer von ihnen blieb übrig.

12 Da glaubten sie seinen Worten
und sangen seinen Lobpreis.

13 Doch schnell vergassen sie seine
Taten
und warteten nicht auf seinen Rat.

14 Voller Gier waren sie in der Wüste,
und sie versuchten Gott in der
Einöde.

15 Er gab ihnen, was sie begehrten,
und sandte die Schwindsucht gegen
sie.

16 Sie eiferten gegen Mose im Lager,
gegen Aaron, den Heiligen des
HERRN.

17 Die Erde tat sich auf und verschlang
Datan
und bedeckte die Rotte Abirams.

18 Ein Feuer entbrannte gegen ihre
Rotte,
eine Flamme verzehrte die Frevler.

19 Am Choreb machten sie ein Kalb
und warfen sich nieder vor einem
Bild;

20 sie tauschten ihre Herrlichkeit
gegen das Bild eines Stiers, der Gras
frisst.

21 Sie vergassen Gott, ihren Retter,
der Grosses getan hatte in Ägypten,

22 Wunder im Lande Hams,
furchterregende Taten am
Schilfmeer.

23 Da gedachte er, sie zu verderben,
wäre nicht Mose, sein Erwählter,
vor ihm in die Bresche getreten,
um seinen Grimm von der
Vernichtung abzuhalten.

24 Und sie verschmähten das köstliche
Land,
und seinem Wort glaubten sie nicht.

25 Sie murrten in ihren Zelten
und hörten nicht auf die Stimme des
HERRN.

26 Da erhob er seine Hand gegen sie,
um sie niederzustrecken in der
Wüste,

27 ihre Nachkommen unter die Völker
zu werfen
und sie in die Länder zu zerstreuen.

28 Sie unterwarfen sich dem Joch des
Baal-Peor
und assen Totenopfer.

29 Sie reizten ihn mit ihren Taten.
Da brach eine Plage über sie herein.

30 Doch Pinechas trat auf und hielt
Gericht,
und der Plage wurde Einhalt
geboten.

31 Das wurde ihm als Gerechtigkeit
angerechnet,
von Generation zu Generation auf
ewig.

32 Dann erzürnten sie ihn an den
Wassern von Meriba,
und Mose erging es übel um
ihretwillen.

33 Denn sie trotzten seinem Geist,
er aber redete unbedacht mit seinen
Lippen.

34 Sie vertilgten die Völker nicht,
wie der HERR ihnen gesagt hatte,

35 sondern vermischten sich mit den
Nationen
und lernten ihre Werke.

36 Sie dienten ihren Götzen,
und die wurden ihnen zum
Fallstrick.

37 Sie opferten ihre Söhne
und ihre Töchter den Dämonen

38 und vergossen unschuldiges Blut,
das Blut ihrer Söhne und Töchter,
die sie den Götzen Kanaans opferten.
So wurde durch Blutschuld das Land
entweiht.

39 Durch ihre Werke wurden sie
unrein,
und in ihren Taten trieben sie
Hurerei.

40 Da entbrannte der Zorn des HERRN
gegen sein Volk,
und er verabscheute sein Erbe.

41 Er gab sie in die Hand der Völker,
und die sie hassten, herrschten
über sie.

42 Ihre Feinde bedrängten sie,
und sie mussten sich beugen unter
ihre Hand.

43 Viele Male befreite er sie,
sie aber blieben widerspenstig bei
ihrem Plan
und versanken in ihrer Schuld.

44 Er aber sah ihre Not,
sooft er ihr Flehen hörte.

45 Ihnen zuliebe erinnerte er sich
seines Bundes,
und in seiner grossen Gnade erfasste
ihn Reue.

46 Er liess sie Erbarmen finden
bei allen, die sie gefangen hielten.

47 Rette uns, HERR, unser Gott,
und sammle uns aus den Völkern,
damit wir deinen heiligen Namen
preisen
und uns rühmen, dass wir dich loben
dürfen.

48 Gepriesen sei der HERR, der Gott
Israels,
von Ewigkeit zu Ewigkeit.
Und alles Volk spreche: Amen.
Hallelujah.

| 1: 100,5!; 107,1; 118,1-4.29; 135,3; 136,1-3; 138,8
| 2: Joh 21,25 | 3: Jes 56,1-2 | 6: 1Kön 8,47; Dan 9,5 | 7:
78,11; Ex 14,11-12; Ez 20,8-9.13-14 | 9: Ex 14,21-22;
15,8 | 10-11: Ex 14-15 | 11: Ex 14,28 | 12: Ex 14,31; 15,1-21
| 14: 78,18; Num 11,4-6.18-20 | 15: Num 11,33 | 16:
Num 16 | 17: Dtn 11,6 | 19: Ex 32; Dtn 9,7-21 | 20:
Jer 2,11 | 21: 78,42 | 23: Ex 32,9-14; Dtn 9,24-29
| 26-27: Ez 20,23 | 26: Num 14,26-38 | 28-29: Num 25
| 30: Num 25,6-11 | 31: Num 25,12-13 · Gen 15,6 | 32:
81,8! | 34: Dtn 20,16-18; Ri 1 | 35: Lev 18,3; Ri 2,1-5
| 36: Ex 23,33; Ri 2,11-14 | 37-38: Lev 18,21; Dtn 32,17;
2Kön 17,17 | 38: Num 35,33 | 39-45: Ri 2,13-22 | 46:
1Kön 8,50; Esra 9,9 | 47-48: 1Chr 16,35-36 | 47:
Dtn 30,3 | 48: 41,14!

FÜNFTES BUCH (PS 107–150)

So sollen sprechen die Erlösten des HERRN

107 1 Preist den HERRN, denn er ist
gut,
ewig währt seine Gnade.

2 So sollen sprechen die Erlösten des
HERRN,
die er erlöst hat aus der Hand des
Feindes

3 und die er aus den Ländern
gesammelt hat,
vom Aufgang und vom Niedergang,
vom Norden und vom Meer.

4 Sie irrten umher in der Wüste, auf
verödetem Weg,
fanden keine Stadt, in der sie
wohnen konnten,

5 waren hungrig und durstig,
und ihre Seele verzagte in ihnen.

6 Da schrien sie zum HERRN in ihrer
Not,
und er befreite sie aus ihrer
Bedrängnis

7 und führte sie auf dem richtigen Weg,
dass sie zu einer Stadt gelangten, in
der sie wohnen konnten.

8 Preisen sollen sie den HERRN für
seine Gnade
und für seine Wunder an den
Menschen.

9 Denn er hat die lechzende Seele
gesättigt

und die hungrige Seele mit Gutem gelabt.

10 Die in Dunkel und Finsternis sassen, gefangen in Elend und Eisen,

11 weil sie den Worten Gottes getrotzt und verachtet hatten den Ratschluss des Höchsten.

12 Ihr Herz beugte er durch Mühsal, sie strauchelten, und keiner war da, der half.

13 Da schrien sie zum HERRN in ihrer Not, und er rettete sie aus ihrer Bedrängnis.

14 Er führte sie heraus aus Dunkel und Finsternis und zerriss ihre Fesseln.

15 Preisen sollen sie den HERRN für seine Gnade und für seine Wunder an den Menschen.

16 Denn eherne Türen hat er zerbrochen und eiserne Riegel zerschlagen.

17 Die Toren wurden geplagt um ihres sündigen Wegs und ihrer Vergehen willen.

18 Jede Speise wurde ihnen zum Abscheu, und sie gerieten an die Pforten des Todes.

19 Da schrien sie zum HERRN in ihrer Not, und er rettete sie aus ihrer Bedrängnis.

20 Er sandte sein Wort und heilte sie und bewahrte sie vor ihren Gräbern.

21 Preisen sollen sie den HERRN für seine Gnade und für seine Wunder an den Menschen.

22 Opfer des Dankes sollen sie darbringen und jubelnd seine Werke verkünden.

23 Die auf Schiffen das Meer befuhren, Handel trieben auf mächtigen Wassern,

24 sie sahen die Werke des HERRN und seine Wunder in der Tiefe.

25 Er sprach und liess einen Sturmwind entstehen, der hoch seine Wellen türmte.

26 Zum Himmel stiegen sie empor, sanken hinab in die Fluten, und ihre Seele verging vor Qual.

27 Sie tanzten und schwankten einem Trunkenen gleich, und alle ihre Weisheit wurde zunichte.

28 Da schrien sie zum HERRN in ihrer Not, und er führte sie heraus aus ihrer Bedrängnis.

29 Er machte den Sturm zur Stille, und es schwiegen die Wellen.

30 Da freuten sie sich, dass es still geworden war, und er führte sie zum ersehnten Hafen.

31 Preisen sollen sie den HERRN für seine Gnade und für seine Wunder an den Menschen.

32 Sie sollen ihn erheben in der Versammlung des Volkes und ihn loben im Kreis der Alten.

33 Er machte Ströme zur Wüste und Wasserquellen zu dürstendem Ödland,

34 fruchtbares Land zur salzigen Steppe wegen der Bosheit derer, die darin wohnten.

35 Er machte die Wüste zum Wasserteich und dürres Land zu Wasserquellen.

36 Dort siedelte er Hungernde an, und sie gründeten eine Stadt, in der sie wohnen konnten.

37 Sie besäten Felder und pflanzten Weinberge und erzielten reichen Ertrag.

38 Und er segnete sie, und sie mehrten sich sehr, auch an Vieh liess er es nicht fehlen.

39 Ihre Zahl aber nahm ab, und sie mussten sich beugen unter der Last von Unglück und Gram.

40 Der Verachtung ausgiesst über Edle,
  liess sie umherirren in wegloser
  Öde.

41 Den Armen aber schützte er vor dem
Elend,
  und seine Sippen machte er einer
  Herde gleich.

42 Die Aufrichtigen sehen es und
freuen sich,
  alle Bosheit aber muss ihren Mund
  schliessen.

43 Wer ist weise? Der merke sich dies
  und achte auf die Gnadentaten des
  HERRN.

|1: 106,1! |2: Jes 62,12 |3: 106,47; Jes 43,5–6;
49,12; Sach 8,7–8 |4: 107,7.36 |5: Jes 49,10 |6:
107,13.19.28 |7: 107,4! · Jes 35,8; 40,3; 43,19 |8:
107,15.21.31 |9: Jes 49,10; 55,1; Lk 1,53 |10–11:
106,42–43; Hiob 36,8–9; Jes 42,7.22 |13: 107,6! |14:
68,7; 146,7–8; Jes 42,7.16; 49,9; 51,14; 52,2; 61,1 |15:
107,8! |16: Jes 45,2 |18: Hiob 6,6–7 |19: 107,6!
|20: 147,15.18; Jes 55,11 |21: 107,8! |23: 104,26
|25: Jona 1,4 |28: 107,6! · Jona 1,14–15 |29: 65,8!;
Mt 8,26–27 |31: 107,8! |33: Jes 42,15 |34: Gen 13,10; 19
|35: 114,8; Jes 41,18 |36: 107,4! |37–38: Dtn 7,13–14
|40–41: 113,7–8 |40: Hiob 12,21.24 |42: Hiob 22,19 ·
Hiob 5,16 |43: Hos 14,10

Ich will dich preisen unter den Völkern

108 1 Ein Lied. Ein Psalm Davids.
  2 Mein Herz ist bereit, Gott,
  ich will singen und spielen.
Auf, meine Seele!

3 Wacht auf, Harfe und Leier,
  ich will das Morgenrot wecken.

4 Ich will dich preisen unter den
Völkern, HERR,
  will dir singen unter den Nationen.

5 Denn gross, über den Himmel hinaus,
ist deine Güte,
  und bis an die Wolken reicht deine
  Treue.

6 Erhebe dich über den Himmel, Gott,
  und über die ganze Erde mit deiner
  Herrlichkeit.

7 Damit gerettet werden, die dir lieb
sind,
  hilf mit deiner Rechten und erhöre
  uns.

8 Gott hat gesprochen in seinem
Heiligtum:
  Ich will frohlocken, ich will
  Schechem verteilen

und ausmessen das Tal von Sukkot.

9 Mein ist Gilead, mein auch Manasse,
  Efraim ist der Schutz meines
  Hauptes,
  Juda mein Herrscherstab.

10 Moab ist mein Waschbecken,
  auf Edom werfe ich meinen Schuh,
  über Philistäa will ich jauchzen.

11 Wer führt mich hin zu der
befestigten Stadt,
  wer geleitet mich nach Edom?

12 Bist nicht du es, Gott, der uns
verstossen hat?
  Du, Gott, ziehst nicht aus mit
  unseren Heeren.

13 Schaffe uns Hilfe vor dem Feind,
  denn Menschenhilfe ist nichtig.

14 Mit Gott werden wir Machttaten
vollbringen,
  er ist es, der unsere Feinde zertritt.

|2–6: 57,8–12 |4: 18,50! |5: 36,6! |6: 113,4 |7–15:
60,7–14

Handle an mir um deines Namens willen

109 1 Für den Chormeister. Ein
  Psalm Davids.
Gott, du mein Lobpreis, schweige nicht.

2 Denn Frevelmund und Lügenmaul
haben sie gegen mich aufgetan,
  und mit falscher Zunge haben sie zu
  mir geredet.

3 Mit Worten voll Hass umringen sie
mich,
  und ohne Grund bekämpfen sie
  mich.

4 Meiner Liebe wegen klagen sie
mich an,
  während ich im Gebet verharre.

5 Gutes vergalten sie mir mit Bösem
  und meine Liebe mit Hass:

6 Man bestelle gegen ihn einen Frevler,
  und ein Ankläger trete zu seiner
  Rechten.

7 Aus dem Gericht gehe er als
Schuldiger hervor,
  selbst sein Gebet werde zur Sünde.

8 Seine Tage sollen wenige werden,
  ein anderer nehme sein Amt ein.

9 Seine Kinder sollen Waisen werden
  und seine Frau eine Witwe.

10 Heimatlos sollen seine Kinder
umherziehn und nichts mehr besitzen,
   betteln von ihren Trümmerstätten
   aus.
11 Der Gläubiger bemächtige sich all
seiner Habe,
   und Fremde sollen den Ertrag seiner
   Arbeit rauben.
12 Keiner sei da, der ihm Gnadenfrist
gibt,
   und keiner, der sich seiner Waisen
   erbarmt.
13 Seine Nachkommenschaft sei zur
Vernichtung bestimmt,
   in der nächsten Generation schon
   erlösche ihr Name.
14 Die Schuld seiner Väter bleibe
erinnert beim HERRN,
   und die Sünde seiner Mutter werde
   nicht gelöscht.
15 Stets seien sie dem HERRN
gegenwärtig,
   und er tilge ihr Andenken von der
   Erde,
16 weil er nicht daran dachte, Gutes zu
tun,
   sondern den Elenden und Armen
   verfolgte
   und zu töten trachtete den, der
   verzagten Herzens war.
17 Er liebte den Fluch, und er kam über
ihn,
   er verschmähte den Segen, und er
   wich von ihm.
18 Den Fluch zog er an wie sein
Gewand,
   und er drang ein in sein Inneres wie
   Wasser
   und wie Öl in seine Gebeine.
19 So werde er ihm wie das Kleid, in das
er sich hüllt,
   und zum Gürtel, mit dem er stets
   sich gürtet.
20 Dies sei der Lohn des HERRN für
meine Ankläger,
   für die, die Böses gegen mich reden.
21 Du aber, Gott, mein HERR,
   handle an mir um deines Namens
   willen,

   denn gut ist deine Gnade, errette
   mich.
22 Denn ich bin elend und arm,
   und mein Herz ist durchbohrt in
   meiner Brust.
23 Wie ein Schatten, der sich neigt,
schwinde ich dahin,
   wie eine Heuschrecke bin ich
   abgeschüttelt.
24 Meine Knie wanken vom Fasten,
   und mein Fleisch nimmt ab und
   zerfällt.
25 Ich bin ihnen zum Gespött
geworden,
   sehen sie mich, so schütteln sie ihr
   Haupt.
26 Hilf mir, HERR, mein Gott,
   rette mich nach deiner Gnade.
27 Erkennen sollen sie, dass deine
Hand es war,
   dass du es, HERR, getan hast.
28 Sie mögen fluchen, du aber wirst
segnen,
   erheben sie sich, werden sie
   zuschanden,
   dein Diener aber darf sich freuen.
29 Meine Ankläger müssen sich
kleiden in Schmach,
   in ihre Schande sich hüllen wie in
   einen Mantel.
30 Ich will den HERRN laut preisen mit
meinem Mund
   und inmitten vieler ihn loben.
31 Denn er tritt zur Rechten des Armen,
   um ihn zu retten vor denen, die ihn
   verdammen.

|1: 35,22! |5: 35,12! |8: Apg 1,20 |9–10: Jer 18,21
|10: 37,25; Hiob 24,12 |13: 21,11; Hiob 18,17; Spr 10,7
|14: Ex 20,5; Jer 18,23 |15: 34,17! |23: 102,12! |25: 22,8!
|28: Num 22–24 |30: 22,23!

Du bist Priester in Ewigkeit

110 1 Von David. Ein Psalm.
   Spruch des HERRN an meinen
Herrn:
   Setze dich zu meiner Rechten,
   bis ich hinlege deine Feinde
   als Schemel deiner Füsse.
2 Das Zepter deiner Macht
   wird der HERR ausstrecken vom
   Zion;

herrsche inmitten deiner Feinde.

3 Dein Volk ist bereit
am Tag, da deine Macht erscheint;
in heiliger Pracht, aus dem Schoss der
Morgenröte,
kommt dir der Tau deiner Jugend zu.

4 Der HERR hat geschworen,
und es wird ihn nicht reuen:
Du bist Priester in Ewigkeit
nach der Weise Melchisedeks.

5 Der Herr ist zu deiner Rechten,
er zerschmettert Könige am Tag
seines Zorns.

6 Er hält Gericht unter den Völkern, es
häufen sich die Leichen,
er zerschmettert Häupter weithin
auf Erden.

7 Auf dem Weg trinkt er vom Bach,
darum erhebt er das Haupt.

| 1: Mt 22,44; Apg 2,33.34–35; Hebr 1,13 | 4:
89,36 · Hebr 5,6; 7,17 · Gen 14,18 | 5:2 | 7:3,4

*Der Anfang der Weisheit ist die Furcht
des HERRN*

111 1 Hallelujah.
Ich will den HERRN preisen von
ganzem Herzen,
im Kreis der Aufrichtigen und der
Gemeinde.

2 Gross sind die Werke des HERRN,
allen erkennbar, die an ihnen
Gefallen haben.

3 Hoheit und Pracht ist sein Tun,
und seine Gerechtigkeit bleibt für
immer bestehen.

4 Ein Gedächtnis hat er seinen
Wundern gestiftet,
gnädig und barmherzig ist der HERR.

5 Speise gibt er denen, die ihn fürchten,
er gedenkt seines Bundes auf ewig.

6 Die Macht seiner Werke hat er
seinem Volk kundgetan,
da er ihnen das Erbe der Völker gab.

7 Die Werke seiner Hände sind Treue
und Recht,
verlässlich sind alle seine Gebote,

8 gültig auf immer und ewig,
in Treue geschaffen und gerecht.

9 Er hat seinem Volk Erlösung gesandt,
seinen Bund auf ewig bestimmt,

heilig und furchterregend ist sein
Name.

10 Der Anfang der Weisheit ist die
Furcht des HERRN,
heilsame Einsicht für alle, die so
handeln,
sein Ruhm bleibt für immer
bestehen.

| 3: 112,3 | 4: 86,15!; 112,4 | 9: 99,3 | 10: Hiob 28,28;
Spr 1,7; 9,10

Wohl dem, der den HERRN fürchtet

112 1 Hallelujah.
Wohl dem, der den HERRN
fürchtet,
an seinen Geboten grosses Gefallen
hat.

2 Mächtig werden seine Nachkommen
sein im Land,
das Geschlecht der Aufrichtigen
wird gesegnet.

3 Wohlstand und Reichtum sind in
seinem Haus,
und seine Gerechtigkeit bleibt für
immer bestehen.

4 In der Finsternis erstrahlt den
Aufrichtigen ein Licht,
gnädig, barmherzig und gerecht.

5 Gut ist, wer freigebig und zu leihen
bereit ist
und seine Geschäfte gerecht besorgt.

6 Denn niemals wird er wanken,
ewig wird der Gerechte im
Gedächtnis sein.

7 Vor bösem Gerücht fürchtet er sich
nicht,
fest ist sein Herz, voll Vertrauen auf
den HERRN.

8 Getrost ist sein Herz, er fürchtet sich
nicht,
bis sein Blick sich weidet an seinen
Feinden.

9 Er verteilt und gibt den Armen,
seine Gerechtigkeit bleibt für immer
bestehen,
hoch in Ehren ragt sein Horn.

10 Der Frevler sieht es voller Wut,
er knirscht mit den Zähnen und
vergeht,

zunichte wird das Verlangen der Frevler.

|1: 1,1–2!; 128,1 |2: 115,13–15; 128,3–4 |3: 111,3 |4: 37,6!; 97,11 · 86,15!; 111,4 |9: 89,18! |10: 1,6!

Der auf Himmel und Erde schaut

113 1 Hallelujah.
Lobt, ihr Diener des HERRN,
lobt den Namen des HERRN.

2 Der Name des HERRN sei gepriesen
von nun an bis in Ewigkeit.

3 Vom Aufgang der Sonne bis zu ihrem Niedergang
sei gelobt der Name des HERRN.

4 Der HERR ist erhaben über alle Nationen
und seine Herrlichkeit über die Himmel.

5 Wer ist dem HERRN gleich, unserem Gott,
der hoch droben thront,

6 der tief hinunterschaut
auf Himmel und Erde!

7 Der aus dem Staub den Geringen aufrichtet,
aus dem Kot den Armen erhebt,

8 um ihn neben Edle zu setzen,
neben die Edlen seines Volkes.

9 Der der Unfruchtbaren Hausrecht gibt
als fröhliche Mutter von Kindern.
Hallelujah.

|1: 134,1! |4: 57,6.12; 108,6 |7–8: 107,40–41; 1Sam 2,8 |9: 1Sam 2,5

Als Israel auszog aus Ägypten

114 1 Als Israel auszog aus Ägypten, das Haus Jakob aus
barbarischem Volk,

2 da wurde Juda sein Heiligtum,
Israel sein Reich.

3 Das Meer sah es und floh,
der Jordan wich zurück.

4 Die Berge hüpften wie Widder,
die Hügel wie Lämmer.

5 Was hast du, Meer, dass du fliehst,
du, Jordan, dass du zurückweichst?

6 Ihr Berge, was hüpft ihr wie Widder,
ihr Hügel wie Lämmer?

7 Vor dem Herrn erbebe, Erde,

vor dem Gott Jakobs,

8 der den Felsen verwandelt in einen Wasserteich,
den Kiesel in einen Wasserquell.

|1–2: 78,54; Ex 15,17–18; 19,6 |3: 66,6!; 77,17; Ex 14,21; Jos 3,16–17 |4: 29,6 |6: 29,6 |7: 97,4! |8: 78,15!–16; 107,35

Gesegnet seid ihr vom HERRN

115 1 Nicht uns, HERR, nicht uns,
sondern deinem Namen gib Ehre,
um deiner Gnade, um deiner Treue willen.

2 Warum sollen die Völker sagen:
Wo ist denn ihr Gott?

3 Unser Gott ist im Himmel,
er vollbringt, was ihm gefällt.

4 Ihre Götzen sind Silber und Gold,
Machwerk von Menschenhand.

5 Sie haben einen Mund und sprechen nicht,
haben Augen und sehen nicht.

6 Sie haben Ohren und hören nicht,
haben eine Nase und riechen nicht.

7 Mit ihren Händen fühlen sie nicht,
mit ihren Füssen gehen sie nicht,
mit ihrer Kehle geben sie keinen Laut.

8 Ihnen werden gleich sein, die sie machen,
jeder, der ihnen vertraut.

9 Israel, vertraue auf den HERRN.
Er ist ihre Hilfe und ihr Schild.

10 Haus Aaron, vertraut auf den HERRN.
Er ist ihre Hilfe und ihr Schild.

11 Die ihr den HERRN fürchtet, vertraut auf den HERRN.
Er ist ihre Hilfe und ihr Schild.

12 Der HERR hat unser gedacht, er segnet.
Er segnet das Haus Israel,
er segnet das Haus Aaron.

13 Er segnet, die den HERRN fürchten,
die Kleinen und die Grossen.

14 Der HERR mehre euch,
euch und eure Kinder.

15 Gesegnet seid ihr vom HERRN,
der Himmel und Erde gemacht hat.

16 Der Himmel ist der Himmel des
HERRN,
> die Erde aber hat er den Menschen
> gegeben.

17 Nicht die Toten loben den HERRN,
> keiner von allen, die hinabfuhren
> ins Schweigen.

18 Wir aber, wir preisen den HERRN
> von nun an bis in Ewigkeit.
Hallelujah.

|2: 42,4! |3: 135,6 |4–7: 135,15–17 · Dtn 4,28;
Jes 44,9–20; Jer 10,1–16 |8: 135,18 |9–11: 118,2–4;
135,19–20 · 33,20 |13–15: 112,2! |15: 134,3 |17: 6,6! ·
94,17

Ich liebe den HERRN

116

1 Ich liebe den HERRN, denn er
hört
> meine Stimme, mein Flehen.

2 Er hat sein Ohr zu mir geneigt,
> ich will ihn anrufen mein Leben
> lang.

3 Stricke des Todes hatten mich
umfangen,
> Ängste des Totenreichs mich
> befallen,
> ich geriet in Not und Kummer.

4 Da rief ich den Namen des HERRN an:
> Ach, HERR, rette mein Leben.

5 Gnädig ist der HERR und gerecht,
> und unser Gott ist barmherzig.

6 Der HERR behütet die Einfältigen;
> bin ich schwach, so hilft er mir.

7 Finde wieder Ruhe, meine Seele,
> denn der HERR hat dir Gutes getan.

8 Du hast mein Leben vom Tod errettet,
> mein Auge vor Tränen bewahrt,
> meinen Fuss vor dem Sturz.

9 Ich darf einhergehen vor dem HERRN
> im Land der Lebenden.

10 Ich habe den Glauben bewahrt, auch
wenn ich sprach:
> Ich bin tief gebeugt.

11 Ich sprach in meiner Bestürzung:
> Alle Menschen sind Lügner.

12 Wie kann ich wiedergeben dem
HERRN,
> was er mir Gutes getan hat?

13 Den Kelch der Rettung will ich
erheben
> und den Namen des HERRN anrufen.

14 Meine Gelübde will ich dem HERRN
erfüllen
> vor seinem ganzen Volk.

15 Teuer ist in den Augen des HERRN
> der Tod seiner Getreuen.

16 Ach, HERR, ich bin dein Diener,
> ich bin dein Diener, der Sohn deiner
> Magd,
> du hast meine Fesseln gelöst.

17 Ich will dir ein Opfer des Dankes
darbringen
> und anrufen den Namen des HERRN.

18 Meine Gelübde will ich dem HERRN
erfüllen
> vor seinem ganzen Volk,

19 in den Vorhöfen am Haus des
HERRN,
> in deiner Mitte, Jerusalem.
Hallelujah.

|3–4: 18,5–7 |5: 86,15! |7: 13,6 |8–9: 56,14 |8:
Jes 25,8; Offb 21,4 |9: 27,13! |14: 22,26! |15: 72,14;
Jes 43,4 |16: 86,16; 143,12 |18: 22,26!

Lobt den HERRN, alle Völker

117

1 Lobt den HERRN, alle Völker!
Rühmt ihn, ihr Nationen alle!

2 Denn mächtig waltet über uns seine
Güte,
> und die Treue des HERRN währt in
> Ewigkeit.
Hallelujah.

|1: Röm 15,11 |2: 100,5!

Tut mir auf die Tore der Gerechtigkeit

118

1 Preist den HERRN, denn er ist
gut,
> ewig währt seine Gnade.

2 Es spreche Israel:
> Ewig währt seine Gnade.

3 Es spreche das Haus Aaron:
> Ewig währt seine Gnade.

4 Sprechen sollen, die den HERRN
fürchten:
> Ewig währt seine Gnade.

5 Aus der Bedrängnis rief ich zum
HERRN,
> der Herr erhörte mich und schuf mir
> weiten Raum.

6 Der HERR ist für mich, ich fürchte
mich nicht,

was können Menschen mir antun?

7 Der HERR ist für mich, ist mir Helfer,
  weiden wird sich mein Blick an
  denen, die mich hassen.

8 Besser ist es, beim HERRN Zuflucht zu
suchen,
  als Menschen zu vertrauen.

9 Besser ist es, beim HERRN Zuflucht zu
suchen,
  als Fürsten zu vertrauen.

10 Alle Nationen umringen mich,
  im Namen des HERRN aber wehre
  ich sie ab.

11 Sie umkreisen, sie umringen mich,
  im Namen des HERRN aber wehre
  ich sie ab.

12 Wie Bienen umkreisen sie mich;
  wie ein Dornenfeuer verlöschen sie,
  im Namen des HERRN wehre ich
  sie ab.

13 Man hat mich gestossen, damit ich
falle,
  der HERR aber hat mir geholfen.

14 Meine Kraft und meine Stärke ist
der HERR,
  und er wurde mir zur Rettung.

15 Jubel und Siegesruf erschallen
  in den Zelten der Gerechten.
Machttaten vollbringt die Rechte des
HERRN.

16 Die Rechte des HERRN erhöht,
  Machttaten vollbringt die Rechte des
  HERRN.

17 Ich werde nicht sterben, sondern
leben
  und die Taten des HERRN
  verkünden.

18 Der HERR hat mich hart gezüchtigt,
  dem Tod aber nicht preisgegeben.

19 Tut mir auf die Tore der
Gerechtigkeit.
  Ich will durch sie einziehen, um den
  HERRN zu preisen.

20 Dies ist das Tor zum HERRN,
  die Gerechten ziehen hier ein.

21 Ich will dich preisen, denn du hast
mich erhört
  und bist mir zur Rettung geworden.

22 Der Stein, den die Bauleute
verworfen haben,

ist zum Eckstein geworden.

23 Durch den HERRN ist es geschehen,
  wunderbar ist es in unseren Augen.

24 Dies ist der Tag, den der HERR
gemacht hat,
  wir wollen jauchzen und uns an ihm
  freuen.

25 Ach, HERR, hilf!
  Ach, HERR, lass gelingen!

26 Gesegnet sei, wer kommt, im
Namen des HERRN.
  Wir segnen euch vom Haus des
  HERRN.

27 Der HERR ist Gott, er gab uns Licht.
  Schmückt das Fest mit Zweigen
  bis zu den Hörnern des Altars.

28 Du bist mein Gott, ich will dich
preisen,
  mein Gott, ich will dich erheben.

29 Preist den HERRN, denn er ist gut,
  ewig währt seine Gnade.

|1: 106,1!; 118,29 |2–4: 115,9!–11 |2: 124,1! |5: 4,2
|6: 27,1; 56,5.10.12; Röm 8,31; Hebr 13,6 |7: 54,6 ·
54,9! |9: 146,3 |12: Dtn 1,44 |14: Ex 15,2; Jes 12,2 |19:
24,7.9; Jes 26,2 |22–23: Mt 21,42 · Jes 28,16 |22:
Apg 4,11 |25–26: Mt 21,9 |25: Neh 1,11 |26: Mt 23,39 ·
129,8 |27: Lev 23,40; Neh 8,15 |29: 118,1!

Ewig gilt die Weisung deiner
Gerechtigkeit

119 1 Wohl denen, deren Weg vollkommen ist, *(Alef)*
  die leben in der Weisung des HERRN.

2 Wohl denen, die seine Vorschriften
befolgen,
  die ihn von ganzem Herzen suchen,

3 die auch kein Unrecht tun,
  auf seinen Wegen gehen.

4 Du selbst hast deine Befehle erlassen,
  dass man sie genau beachte.

5 Wären doch meine Wege darauf
gerichtet,
  deine Satzungen zu halten!

6 Dann werde ich nicht zuschanden,
  wenn ich auf alle deine Gebote
  schaue.

7 Ich will dich mit aufrichtigem Herzen
preisen,
  wenn ich die Gesetze deiner
  Gerechtigkeit lerne.

8 Deine Satzungen will ich halten,
verlass mich nie.

9 Wie kann einer seinen Pfad
unsträflich gehen? *(Bet)*
Indem er sich an dein Wort hält.

10 Von ganzem Herzen suche ich dich,
lass mich nicht abirren von deinen
Geboten.

11 In meinem Herzen berge ich dein
Wort,
damit ich nicht gegen dich sündige.

12 Gepriesen seist du, HERR,
lehre mich deine Satzungen.

13 Mit meinen Lippen zähle ich auf
alle Gesetze deines Mundes.

14 Ich freue mich, meinen Weg nach
deinen Vorschriften zu gehen,
wie über allen Reichtum.

15 Über deine Befehle will ich sinnen
und auf deine Pfade will ich schauen.

16 An deinen Satzungen erfreue ich
mich,
dein Wort will ich nicht vergessen.

17 Tue Gutes deinem Diener, dass ich
am Leben bleibe, *(Gimel)*
so will ich dein Wort halten.

18 Öffne meine Augen, und ich will
schauen
die Wunder aus deiner Weisung.

19 Ein Fremder bin ich auf Erden,
verbirg deine Gebote nicht vor mir.

20 Meine Seele verzehrt sich in
Sehnsucht
nach deinen Gesetzen allezeit.

21 Du hast gescholten die Verfluchten,
die von deinen Geboten abirren.

22 Nimm weg von mir Schmach und
Verachtung,
denn deine Vorschriften habe ich
befolgt.

23 Sitzen auch Fürsten und beraten sich
gegen mich,
dein Diener sinnt über deine
Satzungen.

24 Deine Vorschriften sind meine
Wonne,
sind meine Berater.

25 Meine Seele klebt am Staub, *(Dalet)*
schenke mir Leben nach deinem
Wort.

26 Ich erzählte von meinen Wegen, und
du erhörtest mich,
lehre mich deine Satzungen.

27 Lass mich den Weg deiner Befehle
verstehen,
und ich will über deine Wunder
sinnen.

28 Meine Seele zerfliesst vor Kummer,
richte mich auf nach deinem Wort.

29 Halte fern von mir den Weg der
Lüge,
und begnade mich nach deiner
Weisung.

30 Den Weg der Wahrheit habe ich
erwählt,
deine Gesetze stehen mir vor Augen.

31 Ich hange an deinen Vorschriften,
HERR, lass mich nicht zuschanden
werden.

32 Ich laufe den Weg deiner Gebote,
denn du machst mein Herz weit.

33 Weise mir, HERR, den Weg deiner
Satzungen, *(He)*
und ich will ihn beachten bis ans
Ende.

34 Gib mir Einsicht, und ich will deine
Weisung befolgen
und sie halten von ganzem Herzen.

35 Leite mich auf dem Pfad deiner
Gebote,
denn daran habe ich Gefallen.

36 Neige mein Herz deinen
Vorschriften zu
und nicht dem Gewinn.

37 Halte meine Augen davon ab, nach
Nichtigem zu schauen,
schenke mir Leben auf deinen
Wegen.

38 Erfülle an deinem Diener dein Wort,
dass man dich fürchte.

39 Wende ab meine Schmach, vor der
mir graut,
denn deine Gesetze sind gut.

40 Sieh, ich sehne mich nach deinen
Befehlen,
schenke mir Leben durch deine
Gerechtigkeit.

41 Auf mich möge kommen die Fülle
deiner Gnade, HERR, *(Waw)*
deine Hilfe nach deinem Wort.

42 So kann ich Antwort geben dem, der
mich schmäht,
> denn ich vertraue auf dein Wort.

43 Nimm nicht meinem Mund das
Wort der Wahrheit,
> denn ich hoffe auf deine Gesetze.

44 Und stets will ich deine Weisung
halten,
> immer und ewig.

45 In weitem Raum will ich gehen,
> denn deine Befehle suche ich.

46 Von deinen Vorschriften will ich vor
Königen reden
> und mich nicht scheuen.

47 Ich will mich ergötzen an deinen
Geboten,
> die ich liebe.

48 Ich will meine Hände erheben zu
deinen Geboten, die ich liebe,
> und über deine Satzungen sinnen.

49 Gedenke des Wortes an deinen
Diener, *(Sajin)*
> wie du mich hast hoffen lassen.

50 Das ist mein Trost in meinem Elend,
> dass dein Wort mich am Leben
> erhält.

51 Vermessene Menschen haben mich
frech verhöhnt,
> doch von deiner Weisung bin ich
> nicht abgewichen.

52 Ich gedenke deiner ewigen Gesetze,
> HERR, und ich finde Trost.

53 Wut hat mich gepackt wegen der
Frevler,
> die deine Weisung verlassen.

54 Lieder sind mir deine Satzungen
geworden
> im Haus meiner Fremdlingschaft.

55 Des Nachts gedenke ich deines
Namens, HERR,
> und ich halte deine Weisung.

56 Das ist mir zuteil geworden,
> dass ich deine Befehle befolge.

57 Mein Teil, HERR, sprach ich, ist es,
(Chet)
> deine Worte zu halten.

58 Ich habe mich um deine Gunst
bemüht von ganzem Herzen,
> sei mir gnädig nach deinem Wort.

59 Ich habe meine Wege überdacht
> und meine Schritte zu deinen
> Vorschriften zurückgelenkt.

60 Ich eile und säume nicht,
> deine Gebote zu halten.

61 Stricke von Frevlern umfangen
mich,
> deine Weisung aber habe ich nicht
> vergessen.

62 Mitten in der Nacht stehe ich auf,
dich zu preisen
> für die Gesetze deiner Gerechtigkeit.

63 Ich bin ein Freund aller, die dich
fürchten,
> und derer, die deine Befehle halten.

64 Von deiner Gnade, HERR, ist die Erde
voll,
> lehre mich deine Satzungen.

65 Gutes hast du deinem Diener getan,
(Tet)
> HERR, nach deinem Wort.

66 Lehre mich rechtes Urteil und
Erkenntnis,
> denn ich vertraue deinen Geboten.

67 Ehe ich mich beugte, ging ich in die
Irre,
> nun aber halte ich dein Wort.

68 Du bist gut und tust Gutes,
> lehre mich deine Satzungen.

69 Vermessene haben mich mit Lügen
besudelt,
> ich aber befolge deine Befehle von
> ganzem Herzen.

70 Fühllos wie Fett ist ihr Herz,
> ich aber ergötze mich an deiner
> Weisung.

71 Es war gut für mich, dass ich gebeugt
wurde,
> damit ich deine Satzungen lerne.

72 Die Weisung deines Mundes ist mir
lieber
> als Tausende von Gold- und
> Silberstücken.

73 Deine Hände haben mich gemacht
und bereitet, *(Jod)*
> gib mir Einsicht, ich will deine
> Gebote lernen.

74 Die dich fürchten, werden mich
sehen und sich freuen,
> denn auf dein Wort hoffe ich.

75 Ich habe erkannt, HERR, dass deine
Gesetze gerecht sind
> und du mich aus Treue gebeugt hast.

76 Deine Gnade werde mir zum Trost,
> getreu deinem Wort an deinen
> Diener.

77 Dein Erbarmen komme über mich,
so werde ich leben,
> denn deine Weisung ist meine
> Wonne.

78 Es sollen zuschanden werden die
Vermessenen, die mich mit Lügen
bedrücken,
> ich aber will über deine Befehle
> sinnen.

79 Mir mögen sich zuwenden, die dich
fürchten
> und die deine Vorschriften kennen.

80 Mein Herz richte sich ganz nach
deinen Satzungen,
> damit ich nicht zuschanden werde.

81 Meine Seele schmachtet nach deiner
Hilfe, *(Kaf)*
> auf dein Wort hoffe ich.

82 Meine Augen schmachten nach
deinem Wort,
> sie fragen: Wann wirst du mich
> trösten?

83 Fürwahr, ich bin wie ein
Weinschlauch im Rauch,
> deine Satzungen aber habe ich nicht
> vergessen.

84 Wie viele Tage noch bleiben deinem
Diener?
> Wann wirst du Gericht halten über
> meine Verfolger?

85 Vermessene haben mir Gruben
gegraben,
> sie, die nicht nach deiner Weisung
> leben.

86 Alle deine Gebote sind Wahrheit;
> sie aber verfolgen mich mit Lügen.
> Hilf mir!

87 Fast hätten sie mich vernichtet im
Land,
> ich aber habe nicht abgelassen von
> deinen Befehlen.

88 Schenke mir Leben nach deiner
Gnade,
> und ich will halten, was dein Mund
> mir gebietet.

89 Auf ewig, HERR, *(Lamed)*
> steht dein Wort im Himmel.

90 Von Generation zu Generation
währt deine Treue,
> du hast die Erde gegründet, und sie
> stand.

91 Nach deinen Gesetzen bestehen sie
bis heute,
> denn das All ist dir dienstbar.

92 Wäre deine Weisung nicht meine
Wonne,
> ich wäre umgekommen in meinem
> Elend.

93 Nie will ich deine Befehle vergessen,
> denn durch sie hast du mir Leben
> geschenkt.

94 Dein bin ich, rette mich,
> denn deine Befehle suche ich.

95 Frevler lauern mir auf, mich zu
verderben,
> ich aber achte auf deine
> Vorschriften.

96 Ich sah, dass alles Vollkommene eine
Grenze hat,
> aber grenzenlos weit reicht dein
> Gebot.

97 Wie liebe ich deine Weisung! *(Mem)*
> Allezeit bestimmt sie mein Sinnen.

98 Dein Gebot macht mich weiser, als
meine Feinde sind,
> denn ewig ist es mein.

99 Ich bin klüger geworden als alle
meine Lehrer,
> denn deine Vorschriften bestimmen
> mein Sinnen.

100 Ich bin einsichtiger als die Alten,
> denn ich befolge deine Befehle.

101 Von jedem bösen Pfad hielt ich
meine Schritte zurück,
> um dein Wort zu halten.

102 Von deinen Gesetzen bin ich nicht
abgewichen,
> denn du hast mich unterwiesen.

103 Wie süss sind deine Worte meinem
Gaumen,
> süsser als Honig meinem Mund.

104 Aus deinen Befehlen schöpfe ich
Einsicht,
> darum hasse ich jeden Pfad der Lüge.

105 Dein Wort ist eine Leuchte
meinem Fuss *(Nun)*
 und ein Licht auf meinem Pfad.
106 Ich habe geschworen und
bekräftigt,
 zu halten die Gesetze deiner
 Gerechtigkeit.
107 Ich bin tief gebeugt,
 HERR, schenke mir Leben nach
 deinem Wort.
108 Nimm, HERR, die Opfer meines
Mundes gnädig an,
 und lehre mich deine Gesetze.
109 Ständig ist mein Leben in Gefahr,
 aber deine Weisung vergesse ich
 nicht.
110 Frevler haben mir eine Falle
gestellt,
 ich aber bin nicht abgeirrt von
 deinen Befehlen.
111 Deine Vorschriften habe ich auf
ewig zum Erbe erhalten,
 sie sind meines Herzens Freude.
112 Ich neige mein Herz, deine
Satzungen zu befolgen,
 auf ewig, bis ans Ende.
113 Wankelmütige hasse ich, *(Samech)*
 deine Weisung aber habe ich lieb.
114 Mein Schutz und mein Schild
bist du,
 auf dein Wort hoffe ich.
115 Weicht von mir, ihr Übeltäter,
 ich will die Gebote meines Gottes
 befolgen.
116 Stütze mich nach deinem Wort, so
werde ich leben,
 und lass mich nicht zuschanden
 werden in meiner Hoffnung.
117 Halte mich, damit ich gerettet
werde,
 und stets will ich auf deine
 Satzungen schauen.
118 Du verwirfst alle, die von deinen
Satzungen abirren,
 denn Lüge sind ihre
 Machenschaften.
119 Wie Schlacken wirfst du alle Frevler
der Erde weg,
 darum liebe ich deine Vorschriften.
120 Mein Leib erschauert aus Angst
vor dir,

 und vor deinen Gesetzen fürchte ich
 mich.
121 Recht und Gerechtigkeit habe ich
geübt, *(Ajin)*
 gib mich nicht meinen
 Unterdrückern preis.
122 Tritt ein für das Wohl deines
Dieners,
 Vermessene sollen mich nicht
 unterdrücken.
123 Meine Augen sehnen sich nach
deiner Hilfe
 und nach deinem Wort der
 Gerechtigkeit.
124 Handle an deinem Diener nach
deiner Gnade,
 und lehre mich deine Satzungen.
125 Ich bin dein Diener, gib mir
Einsicht,
 damit ich deine Vorschriften
 verstehe.
126 Es ist Zeit zu handeln, HERR,
 sie haben deine Weisung gebrochen.
127 Darum liebe ich deine Gebote
 mehr als Gold und Feingold.
128 Darum folge ich allen deinen
Befehlen,
 jeden Pfad der Lüge aber hasse ich.
129 Wunder sind deine Vorschriften,
(Pe)
 darum befolgt sie meine Seele.
130 Die Kundgabe deiner Worte
erleuchtet,
 Einfältige macht sie verständig.
131 Ich habe meinen Mund geöffnet
und lechze,
 mich verlangt nach deinen Geboten.
132 Wende dich zu mir und sei mir
gnädig,
 wie es denen gebührt, die deinen
 Namen lieben.
133 Festige meine Schritte durch dein
Wort,
 und lass kein Unrecht über mich
 herrschen.
134 Erlöse mich von Unterdrückung
durch Menschen,
 und ich will deine Befehle halten.
135 Lass dein Angesicht leuchten über
deinem Diener,

und lehre mich deine Satzungen.

136 Wasserbäche strömen aus meinen Augen,

weil man deine Weisung nicht hält.

137 Du, HERR, bist gerecht, *(Zade)*
und recht sind deine Gesetze.

138 Du hast in Gerechtigkeit deine Vorschriften erlassen

und in grosser Treue.

139 Mein Eifer verzehrt mich,
denn meine Feinde haben deine Worte vergessen.

140 Dein Wort ist rein und lauter,
und dein Diener hat es lieb.

141 Ich bin gering und verachtet,
doch deine Befehle habe ich nicht vergessen.

142 Deine Gerechtigkeit bleibt ewig Gerechtigkeit,

und deine Weisung ist Wahrheit.

143 Not und Drangsal haben mich getroffen,

doch deine Gebote sind meine Wonne.

144 Deine Vorschriften sind auf ewig gerecht,

gib mir Einsicht, so werde ich leben.

145 Ich rufe von ganzem Herzen, erhöre mich, HERR, *(Qof)*

ich will deine Satzungen befolgen.

146 Ich rufe zu dir, hilf mir,
so will ich deine Vorschriften einhalten.

147 Schon in der Dämmerung stehe ich auf und schreie,

auf dein Wort hoffe ich.

148 Meine Augen eilen den Nachtwachen voraus,

um über dein Wort zu sinnen.

149 Höre meine Stimme in deiner Gnade,

schenke mir Leben, HERR, nach deinen Gesetzen.

150 Niederträchtige Verfolger nahen,
sie haben sich entfernt von deiner Weisung.

151 Du bist nahe, HERR,
und alle deine Gebote sind Wahrheit.

152 Schon immer weiss ich von deinen Vorschriften,

dass du sie für ewig gegründet hast.

153 Sieh mein Elend an und rette mich, *(Resch)*

denn ich habe deine Weisung nicht vergessen.

154 Führe meine Sache und erlöse mich,

schenke mir Leben nach deinem Wort.

155 Fern von den Frevlern ist die Hilfe,
denn sie fragen nicht nach deinen Satzungen.

156 Reich ist dein Erbarmen, HERR,
schenke mir Leben nach deinen Gesetzen.

157 Zahlreich sind meine Verfolger und Feinde,

doch von deinen Vorschriften bin ich nicht abgewichen.

158 Ich habe Abtrünnige gesehen, und mich widerte an,

dass sie dein Wort nicht halten.

159 Sieh, wie ich deine Befehle liebe,
HERR, schenke mir Leben nach deiner Gnade.

160 Die Summe deines Wortes ist Wahrheit,

und ewig gilt das ganze Gesetz deiner Gerechtigkeit.

161 Fürsten verfolgen mich ohne Grund, *(Schin)*

doch nur vor deinen Worten bebt mein Herz.

162 Ich freue mich über dein Wort
wie einer, der reiche Beute findet.

163 Lüge hasse und verabscheue ich,
deine Weisung habe ich lieb.

164 Siebenmal des Tages lobe ich dich
um der Gesetze deiner Gerechtigkeit willen.

165 Die deine Weisung lieben, haben Wohlergehen in Fülle,

und nichts lässt sie straucheln.

166 Ich warte auf deine Hilfe, HERR,
und deine Gebote erfülle ich.

167 Meine Seele hält deine Vorschriften,

und ich liebe sie innig.

168 Ich halte deine Befehle und
Vorschriften,
> denn alle meine Wege liegen offen
> vor dir.

169 Meine Klage dringe zu dir, HERR,
(Taw)
> gib mir Einsicht, getreu deinem
> Wort.

170 Mein Flehen gelange vor dich,
> rette mich nach deinem Wort.

171 Meine Lippen sollen sprudeln von
Lob,
> denn du lehrst mich deine
> Satzungen.

172 Meine Zunge soll dein Wort
besingen,
> denn alle deine Gebote sind gerecht.

173 Deine Hand sei da, mir zu helfen,
> denn deine Befehle habe ich erwählt.

174 Ich sehne mich nach deiner Hilfe,
HERR,
> und deine Weisung ist meine Lust.

175 Meine Seele möge leben und dich
loben,
> und deine Gesetze mögen mir
> helfen.

176 Ich irre umher wie ein verlorenes
Schaf;
> suche deinen Diener!
> Deine Gebote habe ich nicht vergessen.

|1: 1,1!–2! · 15,2! |2: Dtn 4,29; 2Chr 31,21;
Jer 29,13–14 |19: 39,13! |25: 44,26 |64: 33,5 |72: 19,11;
119,103.127 |73: 139,14; Hiob 10,8 |74: 130,5 |85: 7,16!
|90–91: 148,5–6 |90: 100,5! |101: 1,1!–2 |103: 119,72!
|105: Spr 6,23; Joh 8,12 |110: 140,6 |115: 6,9; Mt 7,23
|127: 119,72! |130: 19,8 |132: 25,16! · 69,37! |135: 4,7!;
31,17 |139: 69,10 |140: 19,9 |148: 63,7; 77,4 |166:
Gen 49,18

119: Der Psalm gehört zu den sogenannten alpha-
betischen Liedern (siehe die Anm. zu Ps 9–10). Der
Reihenfolge des hebräischen Alphabets folgend, haben
in diesem Fall je acht Verse den gleichen Anfangsbuch-
staben.
119,9: Wörtlich: «Wie kann ein junger Mann seinen Pfad ...»
119,128: Der Massoretische Text wurde korrigiert.

Rette mein Leben vor falscher Zunge

120 1 Ein Wallfahrtslied.
> Zum HERRN rief ich in meiner
Not,
> und er erhörte mich.

2 HERR, rette mein Leben vor
lügnerischer Lippe,
> vor falscher Zunge.

3 Was soll er dir geben und was dir
dazutun,
> du falsche Zunge?

4 Scharfe Pfeile eines Kriegers
> mit glühenden Kohlen vom
> Ginsterstrauch.

5 Weh mir, dass ich als Fremdling in
Meschech weilen,
> dass ich bei den Zelten von Kedar
> wohnen muss.

6 Zu lange schon habe ich gewohnt
> bei dem, der den Frieden hasst.

7 Ich will Frieden, und so rede ich,
> sie aber sind für den Krieg.

|2: 12,3! |7: 140,3

Ich hebe meine Augen auf zu den Bergen

121 1 Ein Wallfahrtslied.
> Ich hebe meine Augen auf zu
den Bergen:
> Woher wird mir Hilfe kommen?

2 Meine Hilfe kommt vom HERRN,
> der Himmel und Erde gemacht hat.

3 Er lässt deinen Fuss nicht wanken;
> der dich behütet, schlummert nicht.

4 Sieh, nicht schlummert noch schläft
> der Hüter Israels.

5 Der HERR ist dein Hüter,
> der HERR ist dein Schatten zu deiner
> Rechten.

6 Bei Tage wird dich die Sonne nicht
stechen
> noch der Mond des Nachts.

7 Der HERR behütet dich vor allem
Bösen,
> er behütet dein Leben.

8 Der HERR behütet deinen Ausgang
und Eingang
> von nun an bis in Ewigkeit.

|1: 25,15!; 123,1–2 · 125,2 · 14,7! |2: 124,8; 146,5–6
|3: 66,9 |5: 127,1 |7–8: 97,10 |8: Dtn 28,6

Wünscht Jerusalem Frieden

122 1 Ein Wallfahrtslied. Von
> David.
Ich war voller Freude, als sie zu mir sprachen:

Wir gehen zum Haus des HERRN.
2 Nun stehen unsere Füsse
     in deinen Toren, Jerusalem.
3 Jerusalem, gebaut
     als fest gefügte Stadt,
4 wohin die Stämme hinaufziehen,
     die Stämme des HERRN,
getreu dem Gesetz für Israel,
     den Namen des HERRN zu preisen.
5 Denn dort stehen Throne für das
Gericht,
     Throne für das Haus David.
6 Wünscht Jerusalem Frieden!
     Sicher mögen leben, die dich lieben.
7 Friede wohne in deinen Mauern,
     Sicherheit in deinen Palästen.
8 Um meiner Brüder und Freunde
willen
     will ich dir Frieden wünschen.
9 Um des Hauses des HERRN, unseres
Gottes, willen
     suche ich dein Bestes.

|1: Jes 2,3 |3: 48,13!–14

Unsere Augen blicken auf den HERRN
123 1 Ein Wallfahrtslied.
     Zu dir erhebe ich meine Augen,
     der du im Himmel thronst.
2 Sieh, wie die Augen der Diener
     auf die Hand ihres Herrn,
wie die Augen der Magd
     auf die Hand ihrer Herrin,
so blicken unsere Augen auf den HERRN,
unseren Gott,
     bis er uns gnädig ist.
3 Sei uns gnädig, HERR, sei uns gnädig,
     denn übersatt sind wir der
     Verachtung.
4 Übersatt ist unsere Seele
     vom Spott der Selbstsicheren,
     von der Verachtung der
     Hochmütigen.

|1–2: 25,15!; 121,1

Unsere Hilfe steht im Namen des HERRN
124 1 Ein Wallfahrtslied. Von
     David.
Wäre es nicht der HERR gewesen, der für
uns war,
     so spreche Israel,

2 wäre es nicht der HERR gewesen, der
für uns war,
     als Menschen gegen uns aufstanden,
3 so hätten sie uns bei lebendigem Leib
verschlungen,
     als ihr Zorn gegen uns entbrannte.
4 Dann hätte das Wasser uns
fortgerissen,
     ein Wildbach hätte sich ergossen
     über uns,
5 über uns hätten sich ergossen
     die tobenden Wasser.
6 Gepriesen sei der HERR,
     der uns nicht ihren Zähnen zur
     Beute gab.
7 Unser Leben ist wie ein Vogel
     dem Netz der Vogelsteller
     entkommen,
das Netz ist zerrissen,
     und wir sind entkommen.
8 Unsere Hilfe steht im Namen des
HERRN,
     der Himmel und Erde gemacht hat.

|1: 118,2; 129,1 |3: Spr 1,12 |4–5: 42,8! |7: 91,3 ·
Spr 6,5 |8: 121,2!

Von Bergen rings umgeben
125 1 Ein Wallfahrtslied.
     Die auf den HERRN vertrauen,
sind wie der Berg Zion,
     der nicht wankt, der ewig bleibt.
2 Von Bergen rings umgeben ist
Jerusalem;
     so umgibt der HERR sein Volk,
     von nun an bis in Ewigkeit.
3 Denn das Zepter des Frevels wird
nicht lasten
     auf dem Erbteil der Gerechten,
damit die Gerechten ihre Hände
     nicht nach dem Unrecht
     ausstrecken.
4 Tue Gutes, HERR, den Guten
     und denen, die aufrichtig sind in
     ihrem Herzen.
5 Die aber ihre krummen Wege gehen,
     die lasse der HERR dahinfahren samt
     den Übeltätern.
Friede über Israel!

|1: 46,6; Spr 10,30 |2: 121,1 |4: 18,26–27 |5: 128,6;
Gal 6,16

Als der HERR Zions Geschick wandte

126 1 Ein Wallfahrtslied.
Als der HERR wandte Zions
Geschick,
  waren wir wie Träumende.
2 Da war unser Mund voll Lachen
  und unsere Zunge voll Jubel.
Da sprach man unter den Nationen:
  Der HERR hat Grosses an ihnen
  getan.
3 Grosses hat der HERR an uns getan,
  wir waren voll Freude.
4 Wende, HERR, unser Geschick,
  versiegten Bächen im Südland
  gleich.
5 Die mit Tränen säen,
  werden mit Jubel ernten.
6 Weinend geht hin,
  der den Saatbeutel trägt,
doch mit Jubel kommt heim,
  der seine Garben trägt.

|1: 14,7!; 51,20! |2: Hiob 8,21 |3: Lk 1,49 |4:
Dtn 30,3 |5: 30,6; Jes 65,18.19; Lk 6,21; Joh 16,20

Dem Seinen gibt er es im Schlaf

127 1 Ein Wallfahrtslied. Von
Salomo.
Wenn nicht der HERR das Haus baut,
  mühen sich umsonst, die daran
  bauen;
wenn nicht der HERR die Stadt behütet,
  wacht der Hüter umsonst.
2 Umsonst ist es, dass ihr früh aufsteht
  und spät euch niedersetzt,
dass ihr Brot der Mühsal esst.
  Dem Seinen gibt er es im Schlaf.
3 Sieh, das Erbteil des HERRN sind
Söhne,
  ein Lohn ist die Frucht des Leibes.
4 Wie Pfeile in der Hand des Helden,
  so sind die Söhne der Jugendzeit.
5 Wohl dem,
  der seinen Köcher mit ihnen gefüllt
  hat.
Sie werden nicht zuschanden,
  wenn sie mit Feinden rechten im
  Tor.

|1: 121,5.7.8 · Spr 10,22 |3: 115,14; 128,3–4;
Gen 33,5; Dtn 28,11

Wohl dir, du hast es gut

128 1 Ein Wallfahrtslied.
Wohl jedem, der den HERRN
fürchtet,
  der auf seinen Wegen geht.
2 Was deine Hände erarbeitet haben,
darfst du geniessen,
  wohl dir, du hast es gut.
3 Wie ein fruchtbarer Weinstock ist
deine Frau
  im Innern deines Hauses,
wie Triebe des Ölbaums sind deine
Söhne
  rings um deinen Tisch.
4 Sieh, so wird gesegnet,
  wer den HERRN fürchtet.
5 Es segne dich der HERR vom Zion her.
  Schaue das Glück Jerusalems
  alle deine Tage,
6 und sieh die Söhne deiner Söhne.
Friede über Israel!

|1: 112,1! |3–4: 112,2!; 127,3 |3: 144,12; Hiob 29,5
|5: 134,3 |6: 125,5!

Oft haben sie mich bedrängt

129 1 Ein Wallfahrtslied.
Oft haben sie mich bedrängt,
von Jugend an,
  so spreche Israel,
2 oft haben sie mich bedrängt, von
Jugend an,
  doch sie haben mich nicht
  bezwungen.
3 Auf meinem Rücken haben Pflüger
gepflügt,
  ihre Furchen lang gezogen.
4 Der HERR aber ist gerecht, den Strick
der Frevler
  hat er zerhauen.
5 Es sollen zuschanden werden und
zurückweichen
  alle, die Zion hassen.
6 Sie sollen sein wie das Gras auf den
Dächern,
  das verdorrt, noch ehe man es
  ausreisst.
7 Ein Schnitter füllt nicht seine Hand
damit,
  noch ein Ährensammler den Bausch
  seines Kleids.

8 Und die vorübergehen, sprechen nicht:
> Der Segen des HERRN über euch.
> Wir segnen euch im Namen des HERRN.

|1: 124,1! |3: Jes 51,23 |6: 2Kön 19,26; Jes 37,27 |8: 118,26

Aus der Tiefe rufe ich, HERR, zu dir

130 1 Ein Wallfahrtslied.
> Aus der Tiefe rufe ich, HERR, zu dir,

2 Herr, höre meine Stimme,
> lass deine Ohren vernehmen
>> den Ruf meines Flehens.

3 Wenn du Sünden anrechnest, HERR,
> Herr, wer kann bestehen?

4 Doch bei dir ist die Vergebung,
> damit man dich fürchte.

5 Ich hoffe auf den HERRN, meine Seele hofft,
> ich harre auf sein Wort.

6 Meine Seele harrt auf den Herrn,
> mehr als die Wächter auf den Morgen,
> mehr als die Wächter auf den Morgen.

7 Harre, Israel, auf den HERRN.
> Denn beim HERRN ist die Gnade,
> und bei ihm ist Erlösung in Fülle.

8 Er wird Israel erlösen
> von allen seinen Sünden.

|1–2: 5,2!–3 |1: Klgl 3,55 |3: Nah 1,6 |4: 25,11–12; 86,5; 103,3; Neh 9,17; Dan 9,9 |5: 119,74 |6: Jes 21,11–12 |7: 33,18; 131,3 |8: 25,22 · Mt 1,21

Meine Seele ist ruhig in mir

131 1 Ein Wallfahrtslied. Von David.
> HERR, mein Herz will nicht hoch hinaus,
>> und meine Augen blicken nicht hochmütig,
> ich gehe nicht mit grossen Dingen um,
>> mit Dingen, die mir zu wunderbar sind.

2 Fürwahr, ich habe meine Seele
> besänftigt und beruhigt;
> wie ein entwöhntes Kind bei seiner Mutter,

> wie das entwöhnte Kind ist meine Seele ruhig in mir.

3 Harre, Israel, auf den HERRN
> von nun an bis in Ewigkeit.

|1: 139,6 |3: 130,7

Um Davids willen

132 1 Ein Wallfahrtslied.
> Rechne, HERR, dem David
> alle seine Entbehrungen an,

2 da er dem HERRN schwor,
> dem Starken Jakobs gelobte:

3 Ich will das Zelt meines Hauses nicht betreten,
> will mich nicht zur Ruhe legen,

4 ich will meinen Augen keinen Schlaf gönnen,
> meinen Wimpern keinen Schlummer,

5 bis ich eine Stätte finde für den HERRN,
> eine Wohnung für den Starken Jakobs.

6 Seht, wir hörten von ihr in Efrata,
> fanden sie in den Gefilden von Jaar.

7 Lasst uns einziehen in seine Wohnung,
> uns niederwerfen vor dem Schemel seiner Füsse.

8 Steh auf, HERR, von deiner Ruhestatt,
> du und deine machtvolle Lade.

9 Deine Priester sollen sich in Gerechtigkeit kleiden,
> jubeln sollen deine Getreuen.

10 Um Davids, deines Dieners, willen
> weise deinen Gesalbten nicht ab.

11 Der HERR hat David geschworen,
> gewiss rückt er davon nicht ab:
> Einen Spross aus deinem Geschlecht
>> will ich auf deinen Thron setzen.

12 Wenn deine Söhne meinen Bund halten
> und mein Gesetz, das ich sie lehre,
> sollen auch ihre Söhne für immer
>> auf deinem Thron sitzen.

13 Denn der HERR hat den Zion erwählt,
> ihn zu seinem Wohnsitz erkoren:

14 Dies ist meine Ruhestatt für immer,

hier will ich wohnen, denn ich habe
sie erkoren.
15 Mit Nahrung will ich sie reichlich
segnen,
    ihre Armen sättigen mit Brot.
16 Ihre Priester will ich mit Heil
bekleiden,
    und laut sollen ihre Getreuen jubeln.
17 Dort will ich David ein Horn
sprossen lassen,
    für meinen Gesalbten halte ich eine
    Leuchte bereit.
18 Seine Feinde will ich in Schande
kleiden,
    doch ihm soll auf dem Haupt sein
    Diadem erglänzen.

| 2: Gen 49,24 | 3–5: 2Sam 7,1–2; 1Chr 28,2 | 4:
Spr 6,4 | 6: 1Sam 7,1–2 | 7: 99,5! | 8–11: 2Chr 6,41–42
| 8: Num 10,35–36 | 9: 89,4!–5.36–37; 110,4 | 12:
89,30–34 | 13: 76,3; 78,68! | 16: 2Chr 6,41; Jes 61,10
| 17: 89,18!; Lk 1,69 · 1Kön 11,36 | 18: 21,4

132,11: Wörtlich: «... Einen von der Frucht deines
Leibes ...»

Der HERR gewährt Segen

133 1 Ein Wallfahrtslied. Von
David.
Sieh, wie gut und schön ist es,
    wenn Brüder beieinander wohnen.
2 Wie das köstliche Öl auf dem Haupt,
    das herabrinnt in den Bart,
in den Bart Aarons,
    der herabwallt auf den Saum seiner
    Gewänder.
3 Wie der Tau des Hermon, der
herabfällt
    auf die Berge Zions.
Denn dort gewährt der HERR den Segen,
    Leben bis in Ewigkeit.

| 2: Ex 29,7; 30,30

Preist den HERRN in den Nächten

134 1 Ein Wallfahrtslied.
Wohlan, preist den HERRN,
    all ihr Diener des HERRN,
die ihr steht im Haus des HERRN
    in den Nächten.
2 Erhebt eure Hände zum Heiligtum
    und preist den HERRN.
3 Es segne dich vom Zion her der HERR,
    der Himmel und Erde gemacht hat.

| 1: 113,1; 135,1–2 | 2: 28,2; 63,5; 141,2 | 3: 128,5;
115,15

Gepriesen sei der HERR vom Zion her

135 1 Hallelujah.
Lobt den Namen des HERRN,
    lobt ihn, ihr Diener des HERRN,
2 die ihr steht im Haus des HERRN,
    in den Vorhöfen des Hauses unseres
    Gottes.
3 Lobt den HERRN, denn der HERR ist
gut,
    singt seinem Namen, denn er ist
    lieblich.
4 Denn der HERR hat sich Jakob
erwählt,
    Israel zu seinem Eigentum.
5 Ich weiss: Gross ist der HERR,
    unser Herr ist grösser als alle Götter.
6 Alles, was dem HERRN gefällt,
    vollbringt er im Himmel und auf
    Erden,
    in den Meeren und in allen Tiefen.
7 Der Wolken heraufführt vom Ende
der Erde,
    Blitze zu Regen macht,
    der den Wind hervorholt aus seinen
    Kammern.
8 Der die Erstgeborenen Ägyptens
schlug,
    vom Menschen bis zum Vieh,
9 der Zeichen und Wunder sandte
    in deine Mitte, Ägypten,
    gegen den Pharao und alle seine
    Diener.
10 Der viele Nationen schlug
    und mächtige Könige tötete:
11 Sichon, den König der Amoriter,
    und Og, den König des Baschan,
    und alle Königreiche Kanaans.
12 Und er gab ihr Land zum Erbe,
    zum Erbe Israel, seinem Volk.
13 HERR, dein Name währt ewig,
    dein Ruhm, HERR, von Generation
    zu Generation.
14 Denn der HERR schafft Recht seinem
Volk
    und erbarmt sich seiner Diener.
15 Die Götzen der Nationen sind Silber
und Gold,

Machwerk von Menschenhand.

16 Sie haben einen Mund und sprechen nicht,

haben Augen und sehen nicht.

17 Sie haben Ohren und hören nicht,

auch ist kein Atem in ihrem Mund.

18 Ihnen werden gleich sein, die sie machen,

jeder, der ihnen vertraut.

19 Haus Israel, preist den HERRN!

Haus Aaron, preist den HERRN!

20 Haus Levi, preist den HERRN!

Die ihr den Herrn fürchtet, preist den HERRN!

21 Gepriesen sei vom Zion her der HERR,

der in Jerusalem wohnt.

Hallelujah.

|1–3: 100,4–5 |1–2: 134,1! |3: 106,1! |4: Dtn 7,6 |5: 95,3!; Ex 18,11 |6: 115,3; Mt 6,10 |7: Jer 10,13; 51,16 |8: 78,51; 105,36; 136,10; Ex 11,4–8; 12,29 |9: 78,43 |10–12: 136,17–22; Jos 12 |11: Num 21,21–24.33–35 |12: Jos 11,23 |13: 102,13 |14: Dtn 32,36 |15–18: 115,4–6.8 |19–20: 115,9!–11

Ewig währt seine Gnade

136 1 Preist den HERRN, denn er ist gut,

ewig währt seine Gnade.

2 Preist den Gott der Götter,

ewig währt seine Gnade.

3 Preist den Herrn der Herren,

ewig währt seine Gnade.

4 Der alleine grosse Wunder tut,

ewig währt seine Gnade.

5 Der den Himmel in Weisheit gemacht hat,

ewig währt seine Gnade.

6 Der die Erde über den Wassern gefestigt hat,

ewig währt seine Gnade.

7 Der grosse Lichter gemacht hat,

ewig währt seine Gnade,

8 die Sonne zur Herrschaft über den Tag,

ewig währt seine Gnade,

9 den Mond und die Sterne zur Herrschaft über die Nacht,

ewig währt seine Gnade.

10 Der die Erstgeborenen schlug in Ägypten,

ewig währt seine Gnade,

11 und Israel herausführte aus ihrer Mitte,

ewig währt seine Gnade,

12 mit starker Hand und ausgestrecktem Arm,

ewig währt seine Gnade.

13 Der das Schilfmeer in Stücke zerteilte,

ewig währt seine Gnade,

14 und Israel mitten hindurchziehen liess,

ewig währt seine Gnade,

15 und den Pharao und sein Heer ins Schilfmeer trieb,

ewig währt seine Gnade.

16 Der sein Volk durch die Wüste führte,

ewig währt seine Gnade.

17 Der grosse Könige schlug,

ewig währt seine Gnade,

18 und mächtige Könige tötete,

ewig währt seine Gnade,

19 Sichon, den König der Amoriter,

ewig währt seine Gnade,

20 und Og, den König des Baschan,

ewig währt seine Gnade,

21 und ihr Land zum Erbe gab,

ewig währt seine Gnade,

22 zum Erbe Israel, seinem Diener,

ewig währt seine Gnade.

23 Der unser gedachte in unserer Erniedrigung,

ewig währt seine Gnade,

24 und uns unseren Feinden entriss,

ewig währt seine Gnade.

25 Der Speise gibt allem Fleisch,

ewig währt seine Gnade.

26 Preist den Gott des Himmels,

ewig währt seine Gnade.

|1: 106,1! |2: Dtn 10,17 |3–4: 72,18–19 |5: Spr 3,19; 8,27; Jer 10,12; 51,15 |7: Gen 1,16 |10: 135,8! |11–12: Dtn 4,34 |13–15: Ex 14,15–31 |16: Dtn 8,2.15 |17–22: 135,10–12 |25: 145,15!–16

An den Strömen Babels

137 1 An den Strömen Babels, da sassen wir und weinten, als wir an Zion dachten.

2 Unsere Leiern hängten wir an die Weiden im Land.

3 Denn dort verlangten,
   die uns gefangen hielten, Lieder
   von uns,
   und die uns quälten,
   Freudengesänge:
Singt uns
   Zionslieder.
4 Wie könnten wir Lieder des HERRN
singen
   auf fremdem Boden.
5 Wenn ich dich vergesse, Jerusalem,
   soll meine Rechte verdorren.
6 Meine Zunge soll an meinem
Gaumen kleben,
   wenn ich deiner nicht mehr
   gedenke,
wenn ich Jerusalem nicht erhebe
   über die höchste meiner Freuden.
7 Den Tag Jerusalems, HERR,
   rechne den Edomitern an,
die sprachen: Nieder, nieder mit ihr
   bis auf den Grund.
8 Tochter Babel, der Vernichtung
geweiht,
   wohl dem, der dir die Untat
   heimzahlt,
   die du an uns getan hast.
9 Wohl dem, der deine Kinder packt
   und am Felsen zerschmettert.

| 1: Ez 1,1; 3,15 | 5: Jer 51,50 | 7: Klgl 4,21–22;
Ez 25,12–14; 35; Obd 8–15 | 8–9: Jes 14,22; 47;
Jer 50–51; 50,29

Du gabst meiner Seele Kraft
138 1 Von David.
   Ich will dich preisen von
ganzem Herzen,
   vor Göttern will ich dir singen.
2 Zu deinem heiligen Tempel hin will
ich mich niederwerfen
   und deinen Namen preisen um
   deiner Gnade und Treue willen,
denn du hast dein Wort gross gemacht
um deines Namens willen.
3 Am Tag, da ich rief, erhörtest du mich,
   du gabst meiner Seele Kraft.
4 Preisen sollen dich, HERR, alle Könige
der Erde,
   denn sie haben die Worte deines
   Mundes gehört.

5 Sie sollen singen von den Wegen des
HERRN,
   denn gross ist die Herrlichkeit des
   HERRN.
6 Erhaben ist der HERR, doch den
Niedrigen sieht er,
   und den Hochmütigen erkennt er
   von fern.
7 Gehe ich auch mitten durch
Bedrängnis,
   du erhältst mich am Leben, dem
   Zorn meiner Feinde zum Trotz,
du streckst deine Hand aus,
   und deine Rechte rettet mich.
8 Der HERR wird es vollenden für mich.
   HERR, deine Gnade währt ewig,
   lass nicht fahren die Werke deiner
   Hände.

| 1: 9,2 | 2: 5,8 | 8: 106,1!

138,2: Möglich ist auch die Übersetzung: «...,
denn du hast gross gemacht dein Wort über deinen
ganzen Ruhm hinaus.»

Erforsche mich, Gott
139 1 Für den Chormeister. Von
   David. Ein Psalm.
HERR, du hast mich erforscht, und du
kennst mich.
   2 Ob ich sitze oder stehe, du
   weisst es,
   du verstehst meine Gedanken von
   fern.
3 Ob ich gehe oder liege, du hast es
bemessen,
   und mit allen meinen Wegen bist du
   vertraut.
4 Kein Wort ist auf meiner Zunge,
   das du, HERR, nicht ganz und gar
   kennst.
5 Hinten und vorne hältst du mich
umschlossen,
   und deine Hand hast du auf mich
   gelegt.
6 Zu wunderbar ist es für mich, dies zu
erkennen,
   zu hoch, ich kann es nicht fassen.
7 Wohin soll ich gehen vor deinem
Geist
   und wohin fliehen vor deinem
   Angesicht?

8 Stiege ich hinauf zum Himmel, du bist dort,
 und schlüge ich mein Lager auf im Totenreich, sieh, du bist da.

9 Nähme ich die Flügel der Morgenröte
 und liesse mich nieder am äussersten Ende des Meeres,

10 auch dort würde deine Hand mich leiten
 und deine Rechte mich fassen.

11 Und spräche ich: Finsternis breche über mich herein,
 und Nacht sei das Licht um mich her,

12 so wäre auch die Finsternis nicht finster für dich,
 und die Nacht wäre licht wie der Tag, Finsternis wie das Licht.

13 Denn du bist es, der meine Nieren geschaffen,
 der mich im Leib meiner Mutter gewoben hat.

14 Ich preise dich, dass ich so herrlich, so wunderbar geschaffen bin;
 wunderbar sind deine Werke, meine Seele weiss dies wohl.

15 Mein Gebein war dir nicht verborgen,
 als ich im Dunkeln gemacht wurde, kunstvoll gewirkt in den Tiefen der Erde.

16 Noch bevor ich geboren war, sahen mich deine Augen,
 in deinem Buch war alles verzeichnet,
die Tage waren schon geformt, als noch keiner von ihnen da war.

17 Mir aber, wie schwer sind mir deine Gedanken, Gott,
 wie gewaltig ist ihre Zahl.

18 Wollte ich sie zählen, es wären mehr als der Sand,
 wache ich auf, ist mein Sinn noch bei dir.

19 Wolltest du, Gott, doch den Frevler töten!
 Ihr Mörder, weicht von mir.

20 Sie sprechen von dir voller Tücke, es erheben sich deine Feinde im Wahn.

21 Sollte ich nicht hassen, HERR, die dich hassen,
 sollten mich nicht ekeln, die sich gegen dich auflehnen?

22 Ich hasse sie mit glühendem Hass,
 auch mir sind sie zu Feinden geworden.

23 Erforsche mich, Gott, und erkenne mein Herz,
 prüfe mich und erkenne meine Gedanken.

24 Sieh, ob ein gottloser Weg mich verführt,
 und leite mich auf ewigem Weg.

|1: Jer 12,3 |2: 2Kön 19,27; Jes 37,27–28 |3: Hiob 31,4 |6: 131,1 |8: Spr 15,11; Am 9,2 |11–12: Hiob 34,22 |14: 119,73! |17–18: 40,6! |23: 26,2! |24: 25,4!-5

Rette mich, HERR, vor bösen Menschen

140
1 Ein Psalm Davids.

2 Rette mich, HERR, vor bösen Menschen,
 bewahre mich vor Gewalttätigen,

3 die Böses im Herzen ersinnen,
 die allezeit Krieg anzetteln.

4 Sie schärfen ihre Zungen wie eine Schlange,
 Viperngift ist auf ihren Lippen. *Sela*

5 Behüte mich, HERR, vor den Händen des Frevlers,
 bewahre mich vor Gewalttätigen, die darauf sinnen, mich zu Fall zu bringen.

6 Hochmütige haben mir heimlich Schlingen gelegt
 und Stricke zu einem Netz gespannt, den Weg entlang mir Fallen gestellt. *Sela*

7 Ich spreche zum HERRN: Du bist mein Gott,
 vernimm, HERR, den Ruf meines Flehens.

8 HERR, mein Herr, du Hort meiner Hilfe,
 du beschirmst mein Haupt am Tag der Waffen.

9 HERR, gib dem Drängen der Frevler nicht nach,
 lass ihren Plan nicht gelingen, wenn sie sich überheben. *Sela*

10 Das Unheil ihrer Lippen bedecke
das Haupt derer, die mich umringen.
11 Feurige Kohlen sollen auf sie fallen,
in Gruben stürze er sie, nie wieder
sollen sie sich erheben.
12 Der Verleumder wird nicht bestehen
im Land,
den Gewalttätigen wird Unglück
jagen, Schlag auf Schlag.
13 Ich weiss, der HERR vertritt
die Sache der Elenden, das Recht der
Armen.
14 Die Gerechten werden deinen
Namen preisen,
die Aufrichtigen werden vor deinem
Angesicht wohnen.

|3: 120,7 |4: 58,5; Röm 3,13 |6: 31,5!; 141,9; 142,4
|7: 31,15 |11: 11,6! |14: 11,7

Vor dir stehe mein Gebet

141 1 Ein Psalm Davids.
HERR, zu dir rufe ich, eile
zu mir,
vernimm meine Stimme, wenn ich
zu dir rufe.
2 Als Rauchopfer stehe mein Gebet
vor dir,
als Abendopfer das Erheben meiner
Hände.
3 Setze, HERR, meinem Mund eine
Wache,
hüte die Tür meiner Lippen.
4 Lass mein Herz sich nicht neigen zu
böser Rede
und zu frevelndem Tun
mit den Übeltätern;
von ihren Leckerbissen will ich nicht
kosten.
5 Schlägt mich der Gerechte aus Güte
und züchtigt er mich,
so ist es Öl für das Haupt, mein
Haupt soll sich nicht sträuben.
Gegen ihre Bosheit steht mein
Gebet.
6 Fallen sie in die steinharte Hand ihrer
Richter,
werden sie hören, wie freundlich
meine Worte sind.
7 Wie beim Pflügen und Aufreissen
der Erde

liegen unsere Gebeine zerstreut im
Rachen des Totenreichs.
8 Doch auf dich, Gott, mein HERR, sind
meine Augen gerichtet,
bei dir suche ich Zuflucht,
schütte mein Leben nicht weg.
9 Behüte mich vor der Schlinge, die sie
mir legten,
und vor den Fallen der Übeltäter.
10 Die Frevler sollen in ihre eigenen
Netze fallen,
ich aber gehe sicher daran vorbei.

|2: 134,2! |5: Spr 27,6.9 |8: 25,15! |9: 140,6! |10:
7,16!

Wenn mein Geist in mir verzagt

142 1 Ein Weisheitslied Davids, als
er in der Höhle war. Ein Gebet.
2 Laut schreie ich zum HERRN,
laut flehe ich zum HERRN.
3 Meine Sorge schütte ich vor ihm aus,
tue kund vor ihm meine Not.
4 Wenn mein Geist in mir verzagt,
kennst doch du meinen Pfad;
auf dem Weg, den ich gehe,
haben sie mir Schlingen gelegt.
5 Blicke zur Rechten und sieh,
niemand will mich kennen,
verloren ist mir die Zuflucht,
niemand fragt nach mir.
6 HERR, ich schreie zu dir,
ich spreche: Du bist meine Zuflucht,
mein Teil im Land der Lebenden.
7 Vernimm mein Flehen,
denn ich bin sehr schwach.
Rette mich vor meinen Verfolgern,
denn sie sind mir zu mächtig.
8 Führe mich hinaus aus dem Kerker,
damit ich deinen Namen preise.
Die Gerechten werden sich um mich
scharen,
weil du mir Gutes tust.

|1: 57,1; 1Sam 22,1 |4: 143,4 · 140,6! |6: 16,5! ·
27,13! |7: 79,8 |8: 143,11!

Dein guter Geist leite mich

143 1 Ein Psalm Davids.
HERR, höre mein Gebet,
vernimm mein Flehen,

in deiner Treue erhöre mich, in
deiner Gerechtigkeit.

2 Geh nicht ins Gericht mit deinem
Diener,
  denn kein Lebender ist gerecht vor
  dir.

3 Denn der Feind verfolgt mich,
  er tritt mein Leben zu Boden,
  in Finsternis lässt er mich wohnen,
  ewig Verstorbenen gleich.

4 Mein Geist verzagt in mir,
  das Herz erstarrt in meiner Brust.

5 Ich gedenke vergangener Tage,
  ich sinne über all dein Tun,
  erwäge das Werk deiner Hände.

6 Ich breite meine Hände aus zu dir,
  meine Seele dürstet nach dir wie
  lechzendes Land. *Sela*

7 HERR, erhöre mich bald,
  es verschmachtet mein Geist,
verbirg dein Angesicht nicht vor mir,
  damit ich denen nicht gleich werde,
  die hinabfahren zur Grube.

8 Lass mich am Morgen deine Gnade
hören,
  denn auf dich vertraue ich.
Tue mir kund den Weg, den ich gehen
soll,
  denn zu dir erhebe ich meine Seele.

9 Rette mich vor meinen Feinden,
HERR,
  zu dir hin fliehe ich.

10 Lehre mich, deinen Willen zu tun,
  denn du bist mein Gott,
dein guter Geist leite mich
  auf ebenem Grund.

11 Um deines Namens willen, HERR,
erhalte mich am Leben,
  in deiner Gerechtigkeit führe meine
  Seele aus der Not.

12 In deiner Güte vertilge meine
Feinde,
  und lass umkommen alle, die mich
  bedrängen,
  denn ich bin dein Diener.

| 2: Hiob 4,17; 9,2; Koh 7,21; Röm 3,19–20 | 3: 7,6 ·
Klgl 3,6 | 4: 142,4 | 5: 77,6! | 6: 42,2!–3 | 7: 69,18! · 28,1
| 8: 90,14 · 25,4!–5 · 25,1! | 10: 5,9! | 11: 25,17; 142,8 | 12:
116,16

Wohl dem Volk, dessen Gott der HERR ist

144

1 Von David.
Gepriesen sei der HERR,
mein Fels,
  der meine Hände den Kampf lehrt,
  meine Finger den Krieg.

2 Meine Gnade und meine Festung,
  meine Burg und mein Retter,
mein Schild, bei dem ich Zuflucht suche,
  der mein Volk unter mich zwingt.

3 HERR, was ist der Mensch, dass du ihn
kennst,
  des Menschen Kind, dass du es
  beachtest?

4 Der Mensch gleicht einem Hauch,
  seine Tage sind wie ein flüchtiger
  Schatten.

5 HERR, neige deinen Himmel und
fahre herab,
  rühre die Berge an, dass sie rauchen.

6 Lass Blitze zucken und zerstreue sie,
  schiesse deine Pfeile und schrecke
  sie.

7 Strecke deine Hand herab aus der
Höhe,
  rette mich und reisse mich heraus
  aus gewaltigen Wassern,
  aus der Hand der Fremden,

8 deren Mund Falsches redet
  und deren Rechte sich zum Meineid
  erhebt.

9 Gott, ein neues Lied will ich dir
singen,
  auf zehnsaitiger Harfe will ich dir
  spielen,

10 dir, der den Königen Hilfe schenkt,
  der David, seinen Diener, vor bösem
  Schwert errettet.

11 Rette mich und reisse mich heraus
  aus der Hand der Fremden,
deren Mund Falsches redet
  und deren Rechte sich zum Meineid
  erhebt.

12 Unsere Söhne sind wie Pflanzen,
  grossgezogen in ihrer Jugend,
unsere Töchter sind wie Säulen, fein
geschnitzt,
  ein Abbild des Palasts.

13 Unsere Speicher sind gefüllt,
  spenden Vorrat jeglicher Art.

Unsere Schafe mehren sich tausendfach,
> vieltausendmal auf unseren Fluren.

14 Unsere Rinder sind trächtig,
> ohne Schaden und ohne Fehlgeburt,
> kein Wehgeschrei ist auf unseren
> Gassen.

15 Wohl dem Volk, dem es so ergeht,
> wohl dem Volk, dessen Gott der
> HERR ist.

|1: 18,47 · 18,35 |2: 18,3! · 18,48 |3: 8,5! |4:
39,12! · 102,12! |5: 18,10 · 104,32 |6: 18,15 |7: 18,17–18
|9: 33,3! · 33,2! |10: 18,51 |12: 128,3 |13–14: 65,10–14
|15: 33,12

Dein ist das Reich

145 1 Ein Loblied Davids.
Ich will dich erheben, mein
Gott und König,
> und deinen Namen preisen immer
> und ewig.

2 Allezeit will ich dich preisen
> und deinen Namen loben immer
> und ewig.

3 Gross ist der HERR und hoch zu loben,
> unerforschlich ist seine Grösse.

4 Eine Generation rühmt der andern
deine Werke,
> und deine mächtigen Taten
> verkünden sie.

5 Pracht und Glanz deiner Hoheit
> und die Kunde deiner Wunder will
> ich bedenken.

6 Von der Macht deiner
furchterregenden Taten sollen sie
sprechen,
> deine Grosstaten will ich erzählen.

7 Den Ruhm deiner grossen Güte sollen
sie ausbreiten
> und deine Gerechtigkeit bejubeln.

8 Gnädig und barmherzig ist der HERR,
> langmütig und reich an Gnade.

9 Der HERR ist gut gegen alle,
> und sein Erbarmen waltet über allen
> seinen Werken.

10 Es preisen dich, HERR, alle deine
Werke,
> und deine Getreuen loben dich.

11 Sie sprechen von der Herrlichkeit
deines Reichs
> und reden von deiner Macht,

12 um den Menschen kundzutun deine
mächtigen Taten,
> Glanz und Pracht deines Reichs.

13 Dein Reich ist ein Reich für alle
Zeiten,
> und deine Herrschaft währt von
> Generation zu Generation.

14 Der HERR stützt alle, die fallen,
> und richtet alle Gebeugten auf.

15 Aller Augen warten auf dich,
> und du gibst ihnen Speise zur
> rechten Zeit.

16 Du tust deine Hand auf
> und sättigst alles, was lebt, mit
> Wohlgefallen.

17 Der HERR ist gerecht auf allen seinen
Wegen
> und getreu in allen seinen Werken.

18 Der HERR ist nahe allen, die ihn
anrufen,
> allen, die ihn wahrhaft anrufen.

19 Er erfüllt das Verlangen derer, die
ihn fürchten,
> er hört ihr Schreien und rettet sie.

20 Der HERR behütet alle, die ihn
lieben,
> alle Frevler aber wird er vertilgen.

21 Mein Mund verkünde das Lob des
HERRN,
> und alles Fleisch preise seinen
> heiligen Namen,
> immer und ewig.

|1: 5,3! |3: 48,2!; 147,5 |4: 78,3–4 |5: 105,2 |8:
86,15! |10: 103,22 |13: 22,29; 103,19; 1Chr 29,11–12;
Dan 3,33; Mt 6,10 |14: 37,24; 146,8; 147,6 |15–16:
104,27–28; 136,25; 146,7; 147,9!; Mt 6,11.25–26
|17: Dtn 32,4 |18: Dtn 4,7

Wohl dem, dessen Hilfe der Gott Jakobs ist

146 1 Hallelujah.
Lobe den HERRN, meine Seele.

2 Ich will den HERRN loben mein Leben
lang,
> will meinem Gott singen, solange
> ich bin.

3 Vertraut nicht auf Fürsten,
> nicht auf den Menschen, bei dem
> keine Hilfe ist.

4 Schwindet sein Atem, wird er wieder
zur Erde,

gleichentags sind seine Pläne
zunichte.

5 Wohl dem, dessen Hilfe der Gott
Jakobs ist,
der seine Hoffnung auf den HERRN
setzt, seinen Gott,

6 der Himmel und Erde gemacht hat
und das Meer und alles, was in ihnen
ist,
der Treue bewahrt auf ewig,

7 der Recht schafft den Unterdrückten,
der den Hungrigen Brot gibt.
Der HERR befreit die Gefangenen.

8 Der HERR macht Blinde sehend,
der HERR richtet die Gebeugten auf,
der HERR liebt die Gerechten.

9 Der HERR behütet die Fremdlinge,
Waisen und Witwen hilft er auf,
doch in die Irre führt er den Weg der
Frevler.

10 Der HERR ist König in Ewigkeit,
dein Gott, Zion, von Generation zu
Generation.
Hallelujah.

|2: 104,33 |3: 118,9; Jes 2,22 |4: 104,29! |5–6:
121,2! |7–8: 68,7; 103,6; 107,14! |7: 145,15!–16 |8:
145,14! |9: 10,14; 68,6; 94,6! |10: 10,16!; 145,13

Jerusalem, rühme den HERRN

147 1 Hallelujah.
Gut ist es, unserem Gott zu
singen,
schön ist es, ein Loblied
anzustimmen.

2 Der HERR baut Jerusalem auf,
er sammelt die Versprengten Israels.

3 Er heilt, die gebrochenen Herzens
sind,
und verbindet ihre Wunden.

4 Er bestimmt den Sternen die Zahl,
ruft sie alle mit Namen.

5 Gross ist unser Herr und reich an
Kraft,
unermesslich ist seine Weisheit.

6 Der HERR hilft den Gebeugten auf,
erniedrigt die Frevler in den Staub.

7 Antwortet dem HERRN mit Dank,
spielt unserem Gott auf der Leier.

8 Der den Himmel mit Wolken
bedeckt,

der Erde den Regen schafft,
der auf Bergen Gras spriessen lässt,

9 der dem Vieh Nahrung gibt,
den Raben, wonach sie krächzen.

10 An der Kraft des Rosses hat er keine
Freude,
kein Gefallen an den Schenkeln des
Mannes.

11 Gefallen hat der HERR an denen, die
ihn fürchten,
an denen, die auf seine Gnade
harren.

12 Jerusalem, rühme den HERRN,
lobe, Zion, deinen Gott.

13 Denn die Riegel deiner Tore hat er
festgemacht,
deine Söhne in deiner Mitte
gesegnet.

14 Deinen Grenzen schafft er Frieden,
mit dem besten Weizen sättigt er
dich.

15 Er sendet sein Wort zur Erde,
schnell eilt sein Wort.

16 Er spendet Schnee wie Wolle,
streut aus den Reif wie Asche.

17 Wie Brocken wirft er das Eis,
wer könnte bestehen vor seinem
Frost?

18 Er sendet sein Wort und bringt alles
zum Schmelzen,
er lässt den Wind wehen, und es
rinnt das Wasser.

19 Er verkündet Jakob sein Wort,
Israel seine Satzungen und Gesetze.

20 An keinem Volk hat er gleich
gehandelt,
und seine Gesetze kennen sie nicht.
Hallelujah.

|1: 33,1; 92,2 |2: 51,20! · Jes 11,12; 56,8; Jer 31,10 |3:
Hiob 5,18; Jes 61,1; Jer 33,6; Hos 6,1 |4: Jes 40,26 |5:
145,3! |6: 145,14!; 1Sam 2,7.8 |8–9: 104,13–14 |9:
145,15!–16; Hiob 38,41; Lk 12,24 |10: 20,8! |11: 33,18;
149,4 |13: 48,13!–14 · 107,16 · Jes 54,13 |14: 81,17
|15–18: 148,8! |15: 107,20! |16: Hiob 38,22 |17:
Hiob 37,10 |18: 107,20! |19: 78,5! |20: Dtn 4,7–8

147,19: Nach einer anderen hebräischen Tradition lautet der Text: «… seine Worte, …»
147,20: Der Massoretische Text wurde korrigiert;
er lautet übersetzt: «…, und die Gesetze kennen sie
nicht. …»

Sein Name allein ist erhaben

148

1 Hallelujah.
Lobt den HERRN vom Himmel her,
 lobt ihn in den Höhen.
2 Lobt ihn, alle seine Boten,
 lobt ihn, alle seine Heerscharen.
3 Lobt ihn, Sonne und Mond,
 lobt ihn, all ihr leuchtenden Sterne.
4 Lobt ihn, ihr Himmel der Himmel
 und ihr Wasser über dem Himmel.
5 Sie sollen loben den Namen des HERRN,
 denn er gebot, und sie wurden geschaffen.
6 Er setzte sie für immer und ewig,
 er gab eine Ordnung, und niemand darf sie verletzen.
7 Lobt den HERRN von der Erde her,
 ihr Ungeheuer und alle Fluten.
8 Feuer und Hagel, Schnee und Nebel,
 du Sturmwind, der sein Wort vollzieht,
9 ihr Berge und all ihr Hügel,
 ihr Fruchtbäume und alle Zedern,
10 ihr wilden Tiere und alles Vieh,
 Kriechtiere und gefiederte Vögel.
11 Ihr Könige der Erde und all ihr Nationen,
 ihr Fürsten und alle Richter der Erde,
12 ihr jungen Männer und auch ihr jungen Frauen,
 ihr Alten und Jungen.
13 Sie sollen loben den Namen des HERRN,
 denn sein Name allein ist erhaben,
 seine Hoheit über Erde und Himmel.
14 Er hat seinem Volk das Horn erhoben,
 zum Ruhm für alle seine Getreuen,
 für die Israeliten, das Volk, das ihm nahe ist.
Hallelujah.

| 1–14: Ps 103,20–22 | 5–6: 119,90–91 | 5: 33,9 | 6: Jer 31,35–36 | 8: 147,15–18; Jes 55,10–11 | 9: Jes 44,23 | 10: Jes 43,20 | 14: 89,18!

Lobpreisungen Gottes

149

1 Hallelujah.
Singt dem HERRN ein neues Lied,
 sein Lob in der Versammlung der Getreuen.
2 Es freue Israel sich seines Schöpfers,
 die Söhne Zions sollen jauchzen über ihren König.
3 Seinen Namen sollen sie loben beim Reigentanz,
 mit Trommel und Leier ihm spielen.
4 Denn der HERR hat Gefallen an seinem Volk,
 die Gebeugten schmückt er mit Heil.
5 Frohlocken sollen die Getreuen in Herrlichkeit,
 jubeln auf ihren Lagern,
6 Lobpreisungen Gottes im Munde
 und ein zweischneidiges Schwert in der Hand,
7 Rache zu vollziehen an den Völkern,
 Strafgerichte an den Nationen,
8 ihre Könige mit Ketten zu binden
 und ihre Edlen mit eisernen Fesseln,
9 an ihnen zu vollstrecken das geschriebene Urteil.
 Ehre ist dies allen seinen Getreuen.
Hallelujah.

| 1: 33,3! | 3: 87,7; 150,3–4 | 4: 147,11!; Jes 61,2–3 | 8: 2,3

Hallelujah

150

1 Hallelujah.
Lobt Gott in seinem Heiligtum,
 lobt ihn in seiner starken Feste.
2 Lobt ihn um seiner machtvollen Taten willen,
 lobt ihn in seiner gewaltigen Grösse.
3 Lobt ihn mit Hörnerschall,
 lobt ihn mit Harfe und Leier.
4 Lobt ihn mit Trommel und Reigentanz,
 lobt ihn mit Saiten und Flöte.
5 Lobt ihn mit klingenden Zimbeln,
 lobt ihn mit schallenden Zimbeln.
6 Alles, was Atem hat, lobe den HERRN.
Hallelujah.

| 3–4: 149,3!

Das Buch der Sprüche

Die Furcht des HERRN ist der Anfang der Erkenntnis

1 1 Die Sprüche Salomos,
des Sohns Davids, des Königs von Israel.

2 Sie lehren Weisheit und Unterweisung,
verständige Worte zu verstehen,

3 Unterweisung anzunehmen, die verständig macht,
Gerechtigkeit, Recht und Geradheit.

4 Einfältigen verleihen sie Klugheit,
einem jungen Mann Wissen und Umsicht.

5 Der Weise hört und lernt dazu,
und der Verständige erwirbt Kenntnisse,

6 so dass er Spruch und Anspielung versteht,
die Worte der Weisen und ihre Rätsel.

7 Die Furcht des HERRN ist der Anfang der Erkenntnis,
Toren verachten Weisheit und Unterweisung.

| 1: 10,1a; 25,1; 1Kön 5,12 · Koh 1,1 | 2: 4,1 · 19,20 | 3: 2,9; 8,33 | 4: Tit 2,6 | 5: 9,9; 21,11; Hiob 34,2 | 7: 29; 9,10; 15,33; Ps 111,10 · 15.5

Warnung vor Verführung

8 Höre, mein Sohn, auf die Unterweisung durch deinen Vater,
und verwirf nicht die Weisung deiner Mutter,

9 denn sie sind ein schöner Kranz für dein Haupt
und eine Schmuckkette für deinen Hals.

10 Mein Sohn, wenn die Sünder dich verführen wollen,
lass dich nicht darauf ein,

11 wenn sie sagen: Komm mit uns,
wir wollen im Hinterhalt liegen, um Blut zu vergiessen,
grundlos dem Unschuldigen nachstellen.

12 Wie das Totenreich wollen wir sie lebendig verschlingen,
ganz und gar, wie solche, die hinab in die Grube steigen.

13 Viel kostbares Gut werden wir finden,
unsere Häuser werden wir mit Beute füllen.

14 Du kannst dein Los mit uns werfen,
wir alle werden nur einen Beutel haben.

15 Mein Sohn, geh ihren Weg nicht mit,
lass deinen Fuss nicht auf ihren Pfad treten.

16 Denn ihre Füsse laufen zum Bösen
und eilen, Blut zu vergiessen.

17 Vergeblich ist das Netz ausgebreitet
vor den Augen aller Vögel.

18 Sie aber lauern darauf, ihr eigenes Blut zu vergiessen,
und trachten sich selbst nach dem Leben.

19 So sind die Pfade aller, die hinter Gewinn her sind:
Er nimmt denen das Leben, die ihn an sich bringen.

| 8: 4,1; 6,20; 13,1; 23,22 · 31,1 | 9: 3,22 | 10: 16,29 | 11: 12,6 | 12: Ps 124,3 | 15: 3,31; 4,14; 5,8; 22,25; Ps 1,1 | 16: 6,18; Jes 59,7; Röm 3,15 | 19: 15,27 · Ps 7,16

Der Ruf der Weisheit

20 Die Weisheit ruft auf der Strasse,
auf den Plätzen erhebt sie ihre Stimme.

21 Im grössten Lärm ruft sie,
am Eingang der Stadttore spricht sie ihre Worte:

22 Wie lange noch, ihr Einfältigen, liebt
ihr die Einfalt,
> und wie lange gefällt den Spöttern
> ihr Spott
> und verschmähen die Dummen die
> Erkenntnis?
23 Wenn ihr umkehrt auf meine
Ermahnung hin,
> dann will ich meinen Geist strömen
> lassen für euch,
> meine Worte will ich euch kundtun.
24 Weil ich gerufen habe und ihr nicht
wolltet,
> weil ich meine Hand ausgestreckt
> habe und niemand darauf acht gab,
25 und weil ihr jeden Rat von mir in
den Wind geschlagen habt
> und meine Ermahnung nicht
> wolltet,
26 darum will auch ich lachen bei
eurem Unglück;
> wenn Schrecken über euch kommt,
> will ich spotten,
27 wenn Schrecken über euch kommt
wie ein Unwetter
> und euer Unglück wie ein Sturm
> heranzieht,
> wenn Not und Angst euch
> überfallen.
28 Dann werden sie mich rufen, ich
aber werde nicht antworten,
> sie werden mich suchen und nicht
> finden,
29 weil sie die Erkenntnis verachtet
und sich nicht für die Furcht des
HERRN entschieden haben.
30 Meinen Rat haben sie nicht gewollt,
jede Ermahnung von mir haben sie
verschmäht,
31 darum müssen sie essen von der
Frucht ihres Weges
> und satt werden von ihren Plänen.
32 Denn ihre Untreue bringt die
Einfältigen um,
> und die Dummen richtet ihre
> Sorglosigkeit zugrunde.
33 Wer aber auf mich hört, wohnt
sicher
und hat Ruhe vor dem Schrecken des
Unheils.

|20: 8,1.4; 9,3.15 |21: 8,3 |24: Jes 50,2! |25:
2Chr 33,10; 36,16; Ps 107,11 |26: Dtn 28,63 · 3,34;
19,29 |27: 10,25; Jer 23,19 |28: Jes 1,15! |29: 7! |30:
5,12 |31: 14,14; Jes 3,10 |32: 2,18; 5,23; 8,36; 10,21; 21,16
|33: Lev 25,18

Wenn du der Weisheit dein Ohr leihst

2 1 Mein Sohn, wenn du meine
Worte annimmst
> und meine Gebote bei dir bewahrst,
2 wenn du der Weisheit dein Ohr
leihst,
> dein Herz der Einsicht zuneigst,
3 wenn du nach Verstand rufst,
> mit erhobener Stimme nach
> Einsicht,
4 wenn du sie wie Silber suchst
> und wie nach Schätzen nach ihr
> forschst,
5 dann wirst du die Furcht des HERRN
verstehen,
> und Gotteserkenntnis wirst du
> finden.
6 Denn der HERR gibt Weisheit,
> aus seinem Mund kommen
> Erkenntnis und Einsicht,
7 für die Rechtschaffenen hält er Hilfe
bereit,
> ein Schild ist er denen, die schuldlos
> ihren Weg gehen.
8 Er schützt die Pfade des Rechts,
> und den Weg seiner Getreuen
> bewacht er.
9 Dann wirst du verstehen, was
Gerechtigkeit ist und Recht,
> Geradheit und jede Bahn des Guten.
10 Denn die Weisheit wird in dein Herz
einziehen,
> und das Wissen wird deiner Seele
> wohltun.
11 Die Umsicht wird über dir wachen,
> die Einsicht wird dich beschützen.
12 Sie werden dich bewahren vor dem
Weg des Bösen,
> vor dem Mann, der Falsches redet,
13 vor denen, die die geraden Pfade
verlassen,
> um auf den Wegen der Finsternis zu
> gehen,

14 die sich freuen, Böses zu tun,
   die die Verkehrtheit des Bösen
   bejubeln,
15 deren Pfade krumm sind
   und die auf ihren Bahnen in die Irre
   gehen.
16 Sie werden dich bewahren vor der
fremden Frau,
   vor der Fremden, die
   schmeichlerisch redet,
17 die den Freund ihrer Jugendzeit
verlässt
   und den Bund ihres Gottes
   vergessen hat.
18 Ihr Haus neigt sich dem Tode zu,
   und zu den Schatten führen ihre
   Bahnen.
19 Wer zu ihr geht, kehrt nicht zurück
   und gelangt nicht wieder auf die
   Pfade des Lebens.
20 So gehst du auf dem Weg der Guten
   und bleibst auf den Pfaden der
   Gerechten.
21 Die Rechtschaffenen werden das
Land bewohnen,
   und die Schuldlosen werden darin
   bleiben.
22 Die Frevler aber werden aus dem
Land getilgt,
   und die Treulosen werden aus ihm
   vertrieben.

|1: 7,1 |2: Ps 119,112 |4: 16,16; Kol 2,3 |5: Jes 33,6
|6: 1Kön 10,24; Dan 2,21; Jak 1,5 |7: Ps 3,4; 7,11 |8:
1Sam 2,9 |9: 15 · 1,3! · 4,12 |11: 4,6 |12: 6,12! |14: 4,16;
Röm 1,32 |15: 14,2; 21,8; Ps 125,5; Jes 59,8! · 9 |16: 5,3;
6,24; 7,5.21 · Ps 12,4 · 26,28 |17: Mal 2,14 |18: 1,32! ·
5,5; 7,27; 9,18; Koh 7,26 |20: 4,11; 8,20 |21:
Ps 37,9.18.29 |22: 10,30

Fürchte den HERRN und meide das Böse

3 1 Mein Sohn, vergiss nicht meine
   Weisung,
   und dein Herz bewahre meine
   Gebote,
2 denn sie werden die Tage und Jahre
deines Lebens vermehren
   und dir reichlich Wohlergehen
   bringen.
3 Güte und Treue sollen dich nicht
verlassen.
   Binde sie dir um den Hals,

schreibe sie auf die Tafel deines
   Herzens,
4 und finde so Gunst und Anerkennung
   in den Augen Gottes und bei den
   Menschen.
5 Vertraue auf den HERRN mit deinem
ganzem Herzen,
   und verlass dich nicht auf deinen
   eigenen Verstand.
6 Erkenne ihn auf allen deinen Wegen,
   dann wird er deine Pfade gerade
   machen.
7 Sei nicht weise in deinen eigenen
Augen,
   fürchte den HERRN und meide das
   Böse.
8 Das wird heilsam sein für deinen
Leib
   und eine Erfrischung für deine
   Glieder.
9 Ehre den HERRN mit deinem Gut
   und mit den Erstlingen deines
   ganzen Ertrags,
10 dann füllen sich deine Speicher bis
an den Rand,
   und deine Keltern laufen über von
   Most.
11 Verachte nicht, mein Sohn, die
Unterweisung durch den HERRN
   und sei nicht unwillig, wenn er dich
   ermahnt.
12 Denn wen der HERR liebt, den weist
er zurecht,
   und er ist ihm zugetan wie ein Vater
   dem Sohn.

|1: 4,4; Lev 18,5 · 4,21; Dtn 6,6 |2: 16; 4,10;
Dtn 5,16; 11,21 |3: 20,28 · 6,21; Dtn 6,8 · 7,3; Jer 17,1
|4: Gen 39,4; 1Sam 2,26 |5: 28,26 |6: Ps 25,4; Jes 26,7
|7: 12,15; 26,12; Jes 5,21 · 14,16 |8: 4,22; 12,18; 16,24 |9:
Ex 23,16–19; Num 15,20 |10: Dtn 28,8 |11–12:
Hebr 12,5–6 |11: Hiob 5,17

3,8: Die Übersetzung «für deinen Leib» beruht
auf der griechischen Überlieferung; der Massoretische Text lautet: «für deinen Nabel».

Das Lob der Weisheit

13 Wohl dem Menschen, der Weisheit
gefunden hat,
   und dem Menschen, dem Einsicht
   zuteil wird.

14 Sie zu erwerben ist besser, als Silber zu erwerben,
  und besser ist es, sie zu gewinnen als Gold.
15 Sie ist wertvoller als Perlen,
  und keine deiner Kostbarkeiten kommt ihr gleich.
16 Langes Leben ist in ihrer Rechten,
  in ihrer Linken sind Reichtum und Ehre.
17 Ihre Wege sind angenehme Wege,
  und all ihre Strassen sind friedlich.
18 Ein Baum des Lebens ist sie denen, die sie ergreifen,
  und wer sie festhält, ist glücklich zu preisen.
19 Der HERR hat mit Weisheit die Erde gegründet,
  mit Einsicht hat er den Himmel befestigt.
20 Seine Kenntnis liess die Fluten hervorbrechen,
  und die Wolken Tau träufeln.

|13: 8,34! |14: 8,10! |16: 2! · 35; 4,8; 1Kön 3,13 |18: 11,30; 13,12; 15,4 · 8,32 |19: 8,29; Jer 10,12 |20: Hiob 36,27

Weigere dich nicht, Gutes zu tun
21 Mein Sohn, lass nicht aus deinen Augen
  Klugheit und Umsicht, achte darauf.
22 Dann werden sie Leben sein für dich
  und ein Schmuck für deinen Hals.
23 Dann wirst du deinen Weg sicher gehen,
  und dein Fuss wird nirgends anstossen.
24 Legst du dich nieder, wirst du nicht aufschrecken,
  und wenn du liegst, wird dein Schlaf süss sein.
25 Fürchte dich nicht vor plötzlichem Schrecken
  und vor dem Verderben der Frevler, wenn es hereinbricht,
26 denn der HERR wird deine Zuversicht sein,
  und er wird deinen Fuss vor der Falle bewahren.

27 Weigere dich nicht, dem Gutes zu tun, der ein Anrecht darauf hat,
  wenn es in deiner Macht steht, es zu tun.
28 Sage nicht zu deinem Nächsten: Geh und komm später wieder,
  morgen will ich dir etwas geben – wenn du es jetzt vermagst.
29 Plane nichts Böses gegen deinen Nächsten,
  der friedlich bei dir wohnt.
30 Streite mit niemandem ohne Grund, wenn er dir nichts Böses getan hat.
31 Einen Gewalttätigen beneide nicht,
  und wähle keinen seiner Wege,
32 denn wer Irrwege geht, den verabscheut der HERR,
  die Rechtschaffenen aber sind seine Freunde.
33 Der Fluch des HERRN ist im Haus des Frevlers,
  aber die Wohnung der Gerechten segnet er.
34 Er spottet über die Spötter,
  den Demütigen aber erweist er seine Gunst.
35 Die Weisen werden Ehre erben,
  die Dummen aber Schande davontragen.

|22: 1,9 |23: 4,12; 6,22; Ps 91,12 |24: 19,23; Lev 26,6 · Ps 3,6 |25: Ps 91,5 |26: 10,29! |27: Koh 9,10 |28: Mt 5,42 |29: Sach 7,10 |31: 24,1; Ps 37,1; 73,3 · 1,15! |32: Ps 25,14 |33: Sach 5,4 · 10,6; 14,11 |34: 1,26! · Jak 4,6; 1Petr 5,5 |35: 16!

Erwirb Weisheit, erwirb Verstand
4 1 Hört, ihr Söhne, auf die Unterweisung durch den Vater,
  und gebt acht, damit ihr lernt, verständig zu sein,
2 denn ich habe euch gute Lehre gegeben.
  Lasst meine Weisung nicht ausser acht.
3 Da ich als Sohn bei meinem Vater war, als zartes und einziges Kind bei meiner Mutter,
4 da lehrte er mich und sprach zu mir: Dein Herz nehme meine Worte auf.
  Halte meine Gebote, so wirst du leben.

5 Erwirb Weisheit, erwirb Verstand;
vergiss sie nicht und weiche nicht ab
von den Worten meines Mundes.
6 Verlasse sie nicht, und sie wird dich
beschützen,
liebe sie, und sie wird dich behüten.
7 Der Anfang der Weisheit ist: Erwirb
Weisheit,
und erwirb Verstand mit deinem
ganzen Besitz.
8 Halte sie hoch, und sie wird dich
erhöhen,
sie bringt dich zu Ehren, wenn du sie
umarmst.
9 Sie legt einen schönen Kranz auf dein
Haupt,
eine prächtige Krone schenkt sie dir.

|1:1,8! · 1,2 |2:8,6; Hiob 33,3 |4:3,1! · 7,2
|5:23,23 |6:2,11 |8:3,16! |9:14,18

Betritt nicht den Pfad der Frevler

10 Höre, mein Sohn, und nimm meine
Worte an,
so wirst du viele Jahre leben.
11 Den Weg der Weisheit habe ich dich
gelehrt,
ich habe dich auf geraden Bahnen
geleitet.
12 Wenn du gehst, wird dein Schritt
nicht gehemmt,
und wenn du läufst, wirst du nicht
straucheln.
13 Halte dich an die Unterweisung, lass
nicht von ihr ab,
bewahre sie, denn sie ist dein Leben.
14 Betritt nicht den Pfad der Frevler,
und geh nicht auf dem Weg der
Bösen.
15 Meide ihn, folge ihm nicht,
beachte ihn nicht und geh weiter.
16 Denn sie können nicht schlafen,
wenn sie nichts Böses tun,
und es raubt ihnen den Schlaf, wenn
sie niemanden zu Fall bringen
können.
17 Sie essen das Brot des Frevels
und trinken den Wein der Gewalttat.
18 Doch der Pfad der Gerechten ist wie
der Glanz am Morgen,

er wird immer heller bis zum vollen
Tag.
19 Der Weg der Frevler ist wie die
dunkle Nacht;
sie erkennen nicht einmal, worüber
sie straucheln.

|10:3,2! |11:2,10! |12:2,9 · 3,23! |13:6,23;10,17;
15,32;Ez 20,11 |14:1,15! |16:2,14! |18:2Sam 23,4!;
Ps 97,11 · 13,9; Ri 5,31 |19:24,20; Hiob 5,14; Ps 82,5;
Jer 23,12

Geh auf gerader Bahn

20 Mein Sohn, achte auf meine Worte,
zu meinen Reden neige dein Ohr.
21 Lass sie nicht aus deinen Augen,
bewahre sie in deinem Herzen.
22 Denn sie sind Leben für die, die sie
finden,
und Heilung sind sie für den ganzen
Leib.
23 Mehr als auf alles gib acht auf dein
Herz,
denn aus ihm strömt das Leben.
24 Halte fern von dir die Verkehrtheit
des Mundes,
und meide die Falschheit der Lippen.
25 Geradeaus sollen deine Augen
blicken,
und deine Wimpern sollen nach
vorn gerichtet sein.
26 Achte auf die Bahn deiner Füsse,
und alle deine Wege werden sicher
sein.
27 Biege nicht ab nach rechts oder links,
halte deinen Fuss vom Bösen fern.

|20:5,1;22,17; Ps 34,12 |21:3,1! |22:3,8! |24:
Ps 34,14;1Petr 3,10;Eph 4,25 |25:17,24 |26:21,29 ·
15,21;23,19; Hebr 12,13 |27:Dtn 5,32

Halte dich fern von der fremden Frau

5 1 Mein Sohn, gib acht auf meine
Weisheit,
zu meiner Einsicht neige dein Ohr,
2 damit du die Umsicht behältst
und deine Lippen das Wissen
bewahren.
3 Denn Honigseim träufelt von den
Lippen der fremden Frau,
und glatter als Öl ist ihr Gaumen.
4 Zuletzt aber ist sie bitter wie Wermut,

scharf wie ein zweischneidiges
Schwert.
5 Ihre Füsse gehen hinab zum Tod,
   ins Totenreich führen ihre Schritte.
6 Sie achtet nicht auf den Pfad des
Lebens,
   ihre Bahnen gehen in die Irre, sie
   merkt es nicht.
7 So hört nun auf mich, ihr Söhne,
   und weicht nicht ab von den Worten
   meines Mundes.
8 Halte dich fern von ihr auf deinem
Weg,
   und nähere dich nicht der Tür ihres
   Hauses,
9 damit du nicht anderen dein Gut
überlassen musst
   und deine Jahre einem Grausamen,
10 damit nicht andere sich sättigen
durch deine Kraft
   und du dich abmühst im Haus eines
   Fremden
11 und du am Ende stöhnst,
   wenn dir Leib und Fleisch
   dahinschwinden,
12 und du sagst: Warum habe ich die
Unterweisung abgelehnt
   und hat mein Herz die Mahnung
   verschmäht,
13 so dass ich auf die Stimme meiner
Erzieher nicht gehört
   und mein Ohr nicht geneigt habe zu
   meinen Lehrern.
14 Fast wäre ich tief ins Unglück
geraten
   in der Versammlung und der
   Gemeinde.
15 Trink Wasser aus deiner eigenen
Zisterne
   und frisches Wasser aus deinem
   Brunnen.
16 Sollen sich deine Quellen auf die
Strasse ergiessen,
   die Wasserbäche auf die freien
   Plätze?
17 Dir allein sollen sie gehören
   und nicht den Fremden neben dir.
18 Deine Quelle sei gesegnet,
   und freue dich an der Frau deiner
   Jugendzeit,

19 am lieblichen Reh und der
   anmutigen Gemse.
Ihre Brüste sollen dich allezeit trunken
machen,
   an ihrer Liebe sollst du dich immer
   berauschen.
20 Warum, mein Sohn, willst du dich
an einer anderen berauschen
   und den Busen einer Fremden
   umarmen?
21 Vor den Augen des HERRN liegen die
Wege eines jeden,
   und er achtet auf alle seine Bahnen.
22 Seine eigenen Vergehen fangen den
Frevler,
   und er wird gefesselt von den
   Fesseln seiner Sünde.
23 Er stirbt, weil er keine
Unterweisung hat,
   und seiner grossen Torheit wegen
   taumelt er.

|1: 4,20! |2: 16,23 |3: 2,16! |5: 2,18! |7: 7,24 |8:
1,15! |12: 1,30 |14: Ps 73,2 |18: Koh 9,9 |19: Hld 2,9 ·
Hld 4,5 |20: Mal 2,14 |21: 15,3; Ps 139,3; Jer 16,17;
2Chr 16,9 |23: 1,32!

Vier Warnungen

6 1 Mein Sohn, wenn du für deinen
   Nächsten eine Bürgschaft geleistet
hast,
   dich durch Handschlag verpflichtet
   hast für einen anderen,
2 wenn du dich gebunden hast durch
die Worte deines Mundes,
   durch die Worte deines Mundes
   gefangen bist,
3 dann tu dies, mein Sohn, und rette
dich so,
   denn du bist in die Gewalt deines
   Nächsten geraten:
Geh eilends und bestürme deinen
Nächsten.
4 Gönne deinen Augen keinen Schlaf
   und deinen Wimpern keinen
   Schlummer.
5 Rette dich wie eine Gazelle aus seiner
Gewalt
   und wie ein Vogel aus der Gewalt des
   Fängers.
6 Geh zur Ameise, du Fauler,

sieh dir ihre Wege an, und werde weise.

7 Obwohl sie keinen Anführer hat, keinen Aufseher und Herrscher,

8 sorgt sie im Sommer für ihr Futter, sammelt sie in der Erntezeit ihre Nahrung.

9 Wie lange, du Fauler, willst du liegen bleiben, wann willst du aufstehen von deinem Schlaf?

10 Noch ein wenig schlafen, noch ein wenig schlummern, noch ein wenig die Hände ineinander legen und liegen bleiben –

11 da kommt wie ein Räuber die Armut über dich und wie ein bewaffneter Mann der Mangel.

12 Ein nichtsnutziger Mensch, ein Frevler ist, wer Verkehrtheit im Mund führt,

13 wer mit den Augen zwinkert, mit den Füssen Zeichen gibt, mit den Fingern deutet.

14 Mit falschem Herzen plant er Böses, allezeit entfacht er Streit.

15 Darum wird plötzlich das Unglück über ihn kommen, im Nu wird er zerschmettert, ohne Heilung.

16 Sechs Dinge hasst der HERR, und sieben sind ihm ein Abscheu:

17 hochmütige Augen, eine verlogene Zunge und Hände, die das Blut Unschuldiger vergiessen,

18 ein Herz, das tückische Pläne entwirft, Füsse, die eilends zum Bösen laufen,

19 wenn einer Lügen vorbringt als falscher Zeuge und wenn einer Streit entfacht zwischen Brüdern.

|1: 11,15; 17,18; 20,16; 22,26 |4: Ps 132,4 |5: Ps 124,7 |6: 10,26; 15,19; 19,24; 26,13–15 |8: 20,4 · 10,5; 30,25 |9: 26,14 |10–11: 24,33–34 |11: 10,4; 12,24; 19,15; 20,13 |12: 2,12; 16,27; 6,12; Jak 3,6 |13: 10,10; 16,30 · Jes 58,9 |14: 14,22 |15: 24,22; 29,1 |16: Hiob 5,19 |17: 8,13; 13,10; 16,5; 21,4 · 12,22 ·

2Kön 21,16 |18: 11,20; 15,26; 24,8 · 1,16! |19: 12,17; 14,5.25; 19,5.9; 25,18 · 16,28

Warnung vor Ehebruch

20 Bewahre, mein Sohn, das Gebot deines Vaters, und verwirf nicht die Weisung deiner Mutter.

21 Binde sie für immer auf dein Herz, lege sie dir um den Hals.

22 Wenn du gehst, leitet sie dich, wenn du dich niederlegst, wacht sie über dir, und wachst du auf, spricht sie mit dir.

23 Denn das Gebot ist eine Leuchte und die Weisung ein Licht, und die Ermahnungen der Unterweisung sind ein Weg zum Leben,

24 Sie bewahren dich vor der bösen Frau, vor der glatten Zunge der Fremden.

25 Begehre in deinem Herzen nicht ihre Schönheit, und lass nicht zu, dass sie dich fängt mit ihren Wimpern.

26 Denn eine Hure kostet nicht mehr als einen Laib Brot, die Frau eines anderen Mannes aber trachtet nach dem kostbaren Leben.

27 Kann einer Feuer tragen in den Falten seines Gewandes, ohne sich die Kleider zu verbrennen?

28 Oder kann man auf glühenden Kohlen gehen, ohne sich die Füsse zu versengen?

29 So ist es bei dem, der zur Frau seines Nächsten geht, wer sie berührt, bleibt nicht ungestraft.

30 Man verachtet den Dieb nicht, wenn er stiehlt, um sein Verlangen zu stillen, weil er Hunger hat.

31 Und wird er ertappt, muss er es siebenfach ersetzen, den ganzen Besitz seines Hauses muss er geben.

32 Wer aber Ehebruch begeht mit einer
Frau, dem fehlt der Verstand,
  wer sein Leben zerstören will, der
  tut das.
33 Schaden und Schande handelt er
sich ein,
  und nie wird seine Schmach getilgt.
34 Voll Eifersucht glüht der Zorn des
Mannes,
  und am Tag der Rache kennt er keine
  Schonung.
35 Er nimmt kein Sühnegeld an
  und gibt auch nicht nach, wenn du
  ihn grosszügig beschenkst.
    |20: 1,8! |21: 3,3 |22: 3,23! |23: Ps 119,105 · 4,13!
  |24: 2,16! |25: Dtn 5,21 · Hld 4,9 |26: 29,3 |27–28:
  Hiob 31,9–12 |29: Lev 18,20! |31: Ex 21,37
  |32: Hos 4,11 |34: 27,4

Warnung vor der fremden Frau

7 1 Mein Sohn, beachte meine Worte,
  und meine Gebote bewahre bei dir.
2 Achte auf meine Gebote, so wirst du
leben,
  und auf meine Weisung wie auf
  deinen Augapfel.
3 Binde sie dir um die Finger,
  schreibe sie auf die Tafel deines
  Herzens.
4 Sprich zur Weisheit: Du bist meine
Schwester!,
  und nenne die Einsicht: Vertraute!
5 So wird sie dich bewahren vor der
fremden Frau,
  vor der Fremden, die
  schmeichlerisch redet.
6 Durch das Fenster meines Hauses,
  durch mein Gitter schaute ich
  hinaus.
7 Da sah ich bei den Einfältigen,
  bemerkte ich unter den Söhnen
  einen jungen Mann, dem fehlte der
  Verstand.
8 Er ging über die Strasse bei ihrer Ecke
  und nahm den Weg zu ihrem Haus,
9 in der Dämmerung, am Abend des
Tages,
  in der Stunde der Nacht und des
  Dunkels.
10 Und sieh, da kommt ihm eine Frau
entgegen,

gekleidet wie eine Hure und mit
listiger Absicht.
11 Unruhig ist sie und zügellos,
  zu Hause finden ihre Füsse keine
  Ruhe.
12 Bald auf der Strasse, bald auf den
Plätzen,
  und an jeder Ecke lauert sie.
13 Und sie packt ihn und küsst ihn,
  mit dreister Miene spricht sie
  ihn an:
14 Zu Heilsopfern war ich verpflichtet,
  heute habe ich meine Gelübde
  erfüllt.
15 Deshalb bin ich ausgegangen, dir
entgegen,
  ich wollte dich suchen, und ich habe
  dich gefunden.
16 Mit Decken habe ich mein Lager
bereitet,
  mit Tüchern aus ägyptischem
  Leinen.
17 Mein Bett habe ich besprengt
  mit Myrrhe, Aloe und Zimt.
18 Komm, wir wollen uns berauschen
an der Liebe bis zum Morgen,
  wir wollen schwelgen in Liebeslust.
19 Denn der Mann ist nicht in seinem
Haus,
  er ist auf Reisen unterwegs, weit
  weg.
20 Den Geldbeutel hat er
mitgenommen,
  erst am Tag des Vollmonds kehrt er
  heim.
21 Mit vielen Überredungen hat sie ihn
verleitet,
  mit ihren glatten Lippen verführt sie
  ihn.
22 Er folgt ihr ohne Verzug,
  so wie ein Rind zur Schlachtbank
  läuft
und wie ein Hirsch in die Schlinge geht,
  23 bis ein Pfeil ihm die Leber
  durchbohrt,
wie ein Vogel in die Falle fliegt
  und nicht merkt, dass es ihn das
  Leben kostet.
24 So hört nun auf mich, ihr Söhne,

und gebt acht auf die Worte meines
Mundes.

25 Dein Herz biege nicht ab auf ihre
Wege,
verirre dich nicht auf ihren Strassen.

26 Denn viele sind umgekommen, die
sie zu Fall gebracht hat,
und unzählige hat sie getötet.

27 Ihr Haus ist der Weg ins Totenreich,
hinab zu den Kammern des Todes.

|1: 2,1 |2: 4,4 · Ps 17,8 |3: Dtn 6,8! · 3,3 |5: 2,16!
|6: Ri 5,28 |9: Hiob 24,15 |10: Gen 38,15; 2Kön 9,30
|11: 9,13 |12: 23,28 |14: Lev 7,15–17 |17: Hld 3,6; 4,14
|20: Num 5,13; Ez 16,32 |21: 2,16! |24: 5,7 |27: 2,18!

7,22: Die Übersetzung «und wie ein Hirsch in die
Schlinge geht» beruht auf einer Korrektur des
Massoretischen Texts; dieser lautet übersetzt: «und
wie eine Fussfessel zur Erziehung des Toren»

Die Weisheit ruft

8 1 Ruft nicht die Weisheit,
und erhebt nicht die Einsicht ihre
Stimme?

2 Oben auf den Höhen, am Weg,
wo die Strassen sich kreuzen,
steht sie.

3 Bei den Pforten, am Zugang zur Stadt,
am Eingang der Tore ruft sie:

4 Euch, Männer, rufe ich,
und an die Menschen richtet sich
meine Rede.

5 Werdet klug, ihr Einfältigen,
und ihr Dummen, werdet
verständig!

6 Hört zu, denn Richtiges will ich reden
und meine Lippen öffnen für das,
was recht ist.

7 Meine Zunge spricht Wahrheit,
und Frevel verabscheuen meine
Lippen.

8 Gerecht sind alle Worte meines
Mundes,
nichts Hinterlistiges und Falsches
ist in ihnen.

9 Recht sind sie alle für den
Verständigen
und richtig für die, die Wissen
erlangen wollen.

10 Statt Silber nehmt meine
Unterweisung an,
und Wissen lieber als reines Gold.

11 Denn Weisheit ist besser als Perlen,
und keine Kostbarkeit kommt ihr
gleich.

12 Ich, die Weisheit, wohne bei der
Klugheit
und finde umsichtiges Wissen.

13 Den HERRN fürchten heisst das Böse
hassen.
Hochmut, Anmassung, Weg des
Bösen
und einen falschen Mund hasse ich.

14 Ich verfüge über Rat und Klugheit,
ich bin die Einsicht, ich habe Macht.

15 Durch mich herrschen Könige,
und Mächtige setzen fest, was
Recht ist.

16 Durch mich regieren Fürsten
und Edle, alle gerechten Richter.

17 Ich liebe, die mich lieben,
und die mich suchen, werden mich
finden.

18 Bei mir sind Reichtum und Ehre,
stattliches Vermögen und
Gerechtigkeit.

19 Besser als Gold und Feingold ist
meine Frucht,
und mein Ertrag besser als reines
Silber.

20 Ich gehe auf dem Pfad der
Gerechtigkeit,
auf den Strassen des Rechts.

21 Denen, die mich lieben, verschaffe
ich Besitz,
und ihre Schatzkammern fülle ich.

22 Der HERR hat mich geschaffen am
Anfang seines Wegs,
vor seinen anderen Werken, vor
aller Zeit.

23 In fernster Zeit wurde ich gebildet,
am Anfang, in den Urzeiten der Erde.

24 Als es noch keine Fluten gab, wurde
ich geboren,
als es noch keine wasserreichen
Quellen gab.

25 Bevor die Berge eingesenkt wurden,
vor den Hügeln wurde ich geboren,

26 als er die Erde noch nicht geschaffen
hatte und die Fluren
und die ersten Schollen des
Erdkreises.

27 Als er den Himmel befestigte, war
ich dabei,
  als er den Horizont festsetzte über
  der Flut,
28 als er die Wolken droben befestigte,
  als die Quellen der Flut mächtig
  waren,
29 als er dem Meer seine Grenze setzte,
  und die Wasser seinen Befehl nicht
  übertraten,
als er die Grundfesten der Erde
festsetzte,
30 da stand ich als Werkmeisterin ihm
zur Seite
  und war seine Freude Tag für Tag,
  spielte vor ihm allezeit.
31 Ich spielte auf seinem Erdkreis
  und hatte meine Freude an den
  Menschen.
32 So hört nun auf mich, ihr Söhne!
  Wohl denen, die auf meinen Wegen
  bleiben.
33 Hört auf die Unterweisung und
werdet weise,
  und schlagt sie nicht in den Wind.
34 Wohl dem Menschen, der auf mich
hört,
  der Tag für Tag an meinen Türen
  wacht,
  die Pfosten meiner Tore hütet.
35 Denn wer mich gefunden hat, hat
das Leben gefunden
  und Wohlgefallen erlangt beim
  HERRN.
36 Aber wer mich verfehlt, schädigt
sich selbst,
  alle, die mich hassen, lieben den Tod.

|1: 1,20! |2: 9,3 |3: 1,21 |4: 1,20! |6: 4,2! |7:
Hiob 36,4 |10: 19; 3,14; 16,16; 20,15 |13: Ps 97,10;
Röm 12,9 · 6,17! |14: Hiob 12,13 |15: 16,12; 25,5; 29,4;
1Kön 3,28 |17: Joh 14,21 · Jes 55,6 |18: 24,4 |19: 10!
|20: 2,20! |22: Hiob 28,23–27; Joh 1,1 |25: Ps 104,8 ·
Hiob 15,7; Ps 90,2 |27: Hiob 26,10! |28: Gen 7,11 |29:
Gen 1,9; Hiob 38,8–11!; Ps 104,9 · 3,19! |32: 3,18 |33:
1,3! |34: 3,13; 1Kön 10,8 |36: 1,32!

8,22: Wörtlich: «Der HERR hat mich erworben …»
8,30: Möglicherweise ist «da stand ich als
Werkmeisterin ihm zur Seite» zu übersetzen als: «da
stand ich ihm beständig zur Seite».

Frau Weisheit und Frau Torheit

9 1 Die Weisheit hat ihr Haus gebaut,
  ihre sieben Säulen hat sie
  aufgerichtet.
2 Sie hat ihr Vieh geschlachtet, ihren
Wein gemischt,
  auch ihren Tisch hat sie gedeckt.
3 Ihre jungen Frauen hat sie
ausgesandt, sie ruft
  oben auf den Höhen der Stadt:
4 Wer einfältig ist, kehre hier ein!
  Zu dem, dem es an Verstand fehlt,
  spricht sie:
5 Kommt, esst von meiner Speise
  und trinkt vom Wein, den ich
  gemischt habe.
6 Lasst ab von der Einfalt, so werdet ihr
leben,
  und geht auf dem Weg des
  Verstandes.
7 Wer einen Spötter zurechtweist, trägt
Schande davon,
  und einen Makel, wer den Frevler
  rügt.
8 Rüge nicht einen Spötter, sonst wird
er dich hassen,
  rüge einen Weisen, und er wird dich
  lieben.
9 Gib dem Weisen, und er wird noch
weiser,
  belehre den Gerechten, und er lernt
  dazu.
10 Der Anfang der Weisheit ist die
Furcht des HERRN,
  und das Erkennen des Heiligen ist
  Verstand.
11 Durch mich werden deine Tage
zahlreich,
  und deine Lebensjahre mehren sich.
12 Bist du weise, so bist du weise für
dich selbst,
  und bist du ein Spötter, musst du
  allein es tragen.
13 Frau Torheit ist unruhig,
  einfältig und versteht nichts.
14 Sie sitzt an der Tür ihres Hauses
  auf einem Sessel auf den Höhen der
  Stadt
15 und ruft jene, die auf dem Weg
vorüberziehen,

die auf geraden Pfaden gehen:

16 Wer einfältig ist, kehre hier ein!
Und zum Unvernünftigen
spricht sie:

17 Gestohlenes Wasser ist süss,
und im Verborgenen schmeckt das
Brot köstlich.

18 Er aber weiss nicht, dass dort die
Schatten wohnen,

in den Tiefen des Totenreichs sind,
die sie gerufen hat.

|2: Mt 22,4 |3: 8,2 · 1,20! · Mt 13,12 |4: 16 |5:
Jes 55,1 |8: 23,9 |9: 1,5! |10: 1,7! · 30,3 |11: 10,27;
Dtn 6,2 |12: 11,17 · Hiob 19,4 |13: 7,11 |16: 4 |17: 20,17;
Hiob 20,12 |18: 2,18! · 15

9,1: Die Übersetzung «aufgerichtet» beruht auf
den antiken Übersetzungen; der Massoretische Text
lautet übersetzt: «ausgehauen».

ZWEITER TEIL (SPR 10, 1 – 22, 16)

10 ¹ Die Sprüche Salomos.
|1a: 1,1!

Der Gerechte hat für immer Bestand
Ein weiser Sohn macht seinem Vater
Freude,

ein dummer Sohn aber ist der
Kummer seiner Mutter.

2 Unrecht erworbene Schätze nützen
nichts,

Gerechtigkeit aber rettet vor dem
Tod.

3 Den Gerechten lässt der HERR nicht
hungern,

aber die Gier der Frevler stösst er
weg.

4 Wer mit träger Hand arbeitet, wird
arm,

die Hand der Fleissigen aber macht
reich.

5 Wer im Sommer sammelt, ist ein
verständiger Sohn,

wer die Erntezeit verschläft, ist ein
schändlicher Sohn.

6 Segenswünsche kommen auf das
Haupt eines Gerechten,

aber der Mund der Frevler verbirgt
Gewalttat.

7 Man gedenkt des Gerechten, um
Segen zu wünschen,

der Name der Frevler aber verwest.

8 Wer ein weises Herz hat, nimmt
Gebote an,

ein törichter Schwätzer aber kommt
zu Fall.

9 Wer schuldlos seinen Weg geht, geht
sicher,

wer aber krumme Wege geht, wird
ertappt.

10 Wer mit den Augen zwinkert,
verursacht Schmerz,

und ein törichter Schwätzer kommt
zu Fall.

11 Eine Quelle des Lebens ist der Mund
des Gerechten,

der Mund der Frevler aber verdeckt
Gewalttat.

12 Hass erweckt Streit,
aber Liebe verdeckt alle Vergehen.

13 Auf den Lippen eines Verständigen
findet man Weisheit,

auf den Rücken eines
Unvernünftigen aber gehört der
Stock.

14 Die Weisen halten ihr Wissen
zurück,

aber der Mund eines Toren führt
schnell ins Verderben.

15 Der Besitz des Reichen ist seine feste
Burg,

ihre Armut ist das Verderben der
Geringen.

16 Der Lohn des Gerechten erhält ihn
am Leben,

der Ertrag des Frevlers verführt ihn
zur Sünde.

17 Wer die Unterweisung beachtet,
weist den Pfad zum Leben,

wer aber der Ermahnung nicht folgt,
führt andere in die Irre.

18 Wer seinen Hass verdeckt, hat Lügen auf den Lippen,
> wer aber eine Verleumdung verbreitet, ist dumm.

19 Wo viel geredet wird, bleiben Vergehen nicht aus,
> wer aber seine Lippen im Zaum hält, ist verständig.

20 Reines Silber ist die Zunge eines Gerechten,
> das Herz der Frevler ist wenig wert.

21 Die Lippen eines Gerechten leiten viele,
> aber die Toren sterben an ihrer Unvernunft.

22 Der Segen des HERRN macht reich,
> und eigene Mühe fügt ihm nichts hinzu.

23 Dem Dummen bereitet eine Schandtat Vergnügen,
> Weisheit aber dem einsichtigen Mann.

24 Was dem Frevler Angst macht, kommt über ihn,
> und was die Gerechten wünschen, geschieht.

25 Wenn der Sturm vorüber ist, ist der Frevler nicht mehr da,
> der Gerechte aber hat für immer Bestand.

26 Wie Essig für die Zähne und Rauch für die Augen
> ist der Faule für die, die ihm einen Auftrag geben.

27 Die Furcht des HERRN vermehrt die Lebenstage,
> die Jahre der Frevler aber werden vermindert.

28 Die Gerechten erwartet Freude,
> aber die Hoffnung der Frevler wird zunichte.

29 Der Weg des HERRN ist Zuflucht für den Schuldlosen,
> aber den Übeltätern bringt er Verderben.

30 Ein Gerechter wird niemals wanken,
> aber die Frevler werden im Lande nicht wohnen bleiben.

31 Der Mund des Gerechten lässt die Weisheit spriessen,
> eine falsche Zunge aber wird abgeschnitten.

32 Die Lippen des Gerechten wissen, was Gefallen findet,
> der Mund der Frevler aber weiss Dinge zu verdrehen.

11 1 Eine falsche Waage verabscheut der HERR,
> ein volles Gewicht aber gefällt ihm.

2 Kommt der Hochmut, kommt auch die Schande,
> bei den Bescheidenen aber ist Weisheit.

3 Die Rechtschaffenen leitet ihre Unschuld,
> die Abtrünnigen aber richtet ihre Verkehrtheit zugrunde.

4 Besitz nützt nichts am Tag des Zorns,
> Gerechtigkeit aber rettet vor dem Tod.

5 Die Gerechtigkeit des Schuldlosen macht seinen Weg gerade,
> der Frevler aber kommt durch seinen Frevel zu Fall.

6 Die Rechtschaffenen rettet ihre Gerechtigkeit,
> die Abtrünnigen aber werden gefangen durch ihre Gier.

7 Wenn ein böser Mensch stirbt, ist seine Hoffnung verloren,
> und die falsche Erwartung ist dahin.

8 Ein Gerechter wird aus der Not gerettet,
> und ein Frevler muss an seine Stelle treten.

9 Mit dem Mund richtet ein Ruchloser seinen Nächsten zugrunde,
> durch Wissen aber werden die Gerechten gerettet.

10 Über das Glück der Gerechten freut sich die Stadt,
> und über den Untergang der Frevler herrscht Jubel.

11 Durch den Segen der Rechtschaffenen steigt eine Stadt auf,
> durch den Mund der Frevler aber wird sie niedergerissen.

12 Wer seinen Nächsten verachtet, dem fehlt der Verstand,
> der einsichtige Mann aber schweigt.

13 Wer als Verleumder umhergeht, gibt
Vertrauliches preis,
 wer aber verlässlich ist, behält
 Geheimnisse für sich.

14 Wo die Führung fehlt, kommt ein
Volk zu Fall,
 wo aber viele Ratgeber sind, gibt es
 Rettung.

15 Wer für einen anderen gebürgt hat,
dem ergeht es übel,
 wer aber den Handschlag meidet, ist
 sicher.

16 Eine anmutige Frau erlangt Ehre,
 Gewalttätige aber erlangen nur
 Reichtum.

17 Wer gütig ist, nützt auch sich selbst,
 ein Grausamer aber schneidet sich
 ins eigene Fleisch.

18 Der Frevler verschafft sich einen
trügerischen Lohn,
 wer aber Gerechtigkeit sät, hat ein
 beständiges Einkommen.

19 Wer fest steht in der Gerechtigkeit,
dem gereicht es zum Leben,
 wer aber dem Bösen nachjagt, dem
 gereicht es zum Tod.

20 Der HERR verabscheut, die ein
falsches Herz haben,
 die aber untadelig leben, gefallen
 ihm.

21 Die Hand darauf: Kein Böser bleibt
ungestraft,
 die Nachkommen der Gerechten
 aber werden gerettet.

22 Wie ein Schwein mit einem
goldenen Ring im Rüssel,
 so ist eine schöne Frau ohne
 Geschmack.

23 Was die Gerechten wünschen, führt
zum Guten,
 was die Frevler hoffen, führt zum
 Zorngericht.

24 Der eine ist freigiebig und gewinnt
noch dazu,
 der andere ist sparsam, mehr als
 nötig, und hat doch Mangel.

25 Wer wohltätig ist, wird gesättigt,
 und wer zu trinken gibt, dem gibt
 man zu trinken.

26 Wer Getreide zurückhält, den
verwünschen die Leute,
 wer es aber auf den Markt bringt,
 dessen Haupt wird gesegnet.

27 Wer Gutes erstrebt, findet
Wohlgefallen,
 wer aber nach Bösem trachtet, über
 den wird es kommen.

28 Wer auf seinen Reichtum vertraut,
kommt zu Fall,
 aber wie Blätter sprossen die
 Gerechten.

29 Wer sein Haus verkommen lässt,
behält nur den Wind,
 und der Tor wird ein Sklave des
 Weisen.

30 Der Gerechte isst vom Baum des
Lebens,
 Unrecht aber raubt das Leben.

31 Wenn dem Gerechten auf Erden
vergolten wird,
 wie viel mehr dem Frevler und
 Sünder.

|1b: 15,20; 17,21.25; 19,13; 23,24 |2: 11,4! |3: 13,25;
Jes 65,13 |4: 18,9! · 6,11! · 12,27; 13,4; 21,5 |5: 6,8! |6:
3,33! · 11,26; 28,20 |7: Hiob 18,17! |8: 12,1 |10: 6,13!
|11: 13,14; 14,27; 16,22 |12: 17,9; 1Petr 4,8 |13: 19,29;
26,3 |14: 13,3 |15: 18,11 |16: 21,21; 22,4 |17: 4,13! |18:
26,24–26 · Lev 19,16 |19: 11,12–13; 12,23; 17,27–28
|20: 20,15 |21: Koh 12,11 · 1,32! · 15,7 |22: Ps 127,1 |23:
15,21; 26,19 |24: Ez 11,8 · Ps 37,4 |25: Mt 7,24–27 ·
1,27! · 12,3! |26: 6,6! |27: 9,11! · Hiob 15,32 |28: 11,7;
Hiob 8,13! |29: 3,26; 21,15 |30: Ps 15,5 · 2,22 |31:
Ps 37,30 · Ps 12,4 |32: Koh 10,12 · 15,28 |1: 20,10.23;
Hos 12,8 · 16,11; Lev 19,36! |2: 16,18 |4: Hiob 20,28 ·
6,19; 10,2; 12,28 |5: 15,19; Jes 26,7 · 13,6; 14,32 |6: 4!
|7: 10,28! |8: 21,18 |10: 28,12 |12–13: 10,19! |12: 14,21;
Ps 15,3 |13: 20,19; 25,9 |14: 15,22; 20,18; 24,6 |15: 6,1!
|17: 9,12 |18: Gal 6,8 |19: 19,23; 21,21; Dtn 16,20 · 4!
|20: 6,18! · 12,22 |21: 12,21 |22: 31,30 |23: 12,5 ·
13,2 |24: Mt 25,29; Lk 6,38; 2Kor 9,6 |25: Jes 58,10
|26: 28,27 · 10,6! |28: Hiob 31,24! · Ps 1,3 |30: 3,18!
|31: Ps 58,12 · Jes 3,11

10,29: Die Übersetzung «für den Schuldlosen»
beruht auf einer Umvokalisierung des
Massoretischen Texts; dieser lautet übersetzt: «für
die Rechtschaffenheit».

11,16: Im hebräischen Text sind möglicherweise
zwei Halbzeilen ausgefallen; die griechische
Übersetzung liest: «Eine anmutige Frau erlangt Ehre,
aber ein Thron der Schande ist eine Frau, die
Gerechtigkeit hasst. Die Faulen haben kein
Vermögen, Mutige aber erlangen Reichtum.»

11,30: Die Übersetzung «Unrecht aber raubt das
Leben» beruht auf der griechischen Überlieferung;
der Massoretische Text lautet wohl: «und der Weise
gewinnt Seelen».

Dem Gerechten widerfährt kein Unheil

12 1 Wer die Unterweisung liebt,
liebt Erkenntnis,
wer aber die Ermahnung
verschmäht, ist ein Narr.

2 Wer gut ist, erlangt Wohlgefallen
beim HERRN,
den Heimtückischen aber spricht er
schuldig.

3 Durch Frevel gewinnt kein Mensch
Bestand,
aber fest bleibt die Wurzel der
Gerechten.

4 Eine tüchtige Frau ist die Krone ihres
Mannes,
eine schändliche aber ist wie Fäulnis
in seinen Knochen.

5 Die Gerechten trachten nach dem
Recht,
die Frevler planen Betrug.

6 Hinterhältig reden die Frevler, um
Blut zu vergiessen,
die Rechtschaffenen aber rettet der
Mund.

7 Die Frevler werden gestürzt und sind
nicht mehr da,
das Haus der Gerechten aber bleibt
bestehen.

8 Für seinen Verstand wird ein Mann
gelobt,
einer mit verkehrtem Sinn aber wird
zum Gespött.

9 Besser, gering geachtet sein und
einen Sklaven besitzen,
als vornehm tun und nichts zu essen
zu haben.

10 Der Gerechte kümmert sich um sein
Vieh,
das Erbarmen der Frevler aber ist
grausam.

11 Wer seinen Acker bebaut, hat genug
Brot,
wer aber Nichtigem nachjagt, dem
fehlt der Verstand.

12 Der Frevler verstrickt sich im Netz
seiner Wünsche,
die Gerechten aber sind fest
verwurzelt.

13 Der Böse verfängt sich in den
falschen Worten seiner Lippen,
der Gerechte aber entgeht der Not.

14 Von der Frucht seines Mundes wird
man satt,
und was seine Hände tun, wird dem
Menschen vergolten.

15 Dem Toren erscheint sein Weg
gerade,
aber weise ist, wer auf Rat hört.

16 Ein Tor zeigt seinen Unmut auf der
Stelle
ein Kluger aber steckt eine
Schmähung ein.

17 Wer die Wahrheit spricht, sagt, was
recht ist,
ein falscher Zeuge aber betrügt.

18 Mancher Schwätzer verletzt wie ein
Schwert,
die Zunge der Weisen aber bringt
Heilung.

19 Wahrhaftige Lippen haben für
immer Bestand,
eine falsche Zunge aber nur für
einen Augenblick.

20 Betrug ist im Herzen derer, die Böses
planen,
aber wer zum Frieden rät, wird
Freude erfahren.

21 Dem Gerechten widerfährt kein
Unheil,
aber die Frevler trifft das Unglück
voll.

22 Lügnerische Lippen verabscheut der
HERR,
wer aber für die Wahrheit eintritt,
gefällt ihm.

23 Ein kluger Mensch verbirgt sein
Wissen,
das Herz der Dummen aber schreit
die Torheit hinaus.

24 Die Hand der Fleissigen wird
herrschen,
die träge aber muss Frondienst tun.

25 Sorge drückt das Herz eines Mannes
nieder,
ein gutes Wort aber erfreut es.

26 Der Gerechte findet seine Weide,
die Frevler aber führt ihr Weg in die
Irre.

27 Der Träge erjagt sich kein Wild,

ein fleissiger Mensch aber gewinnt
kostbares Gut.

28 Auf dem Pfad der Gerechtigkeit ist
Leben,

der schändliche Weg aber führt zum
Tod.

|1: 13,18 · 10,8 · 15,10! |2: 14,17 |3: 7; 10,25;
Ps 125,1 |4: 18,22; 19,14; 31,10.25 · 30,23 · 14,30 |5:
11,23 · 14,8 |6: 14,3 · 1,11 |7: 14,11! · 3! |10: 27,23;
Ex 23,5; Dtn 25,4 |11: 20,13; 28,19 |12: 21,10 |13:
Ps 34,20 |14: 13,2; 18,20 |15: 3,7! · 13,10 |16: 29,11 |17:
6,19! |18: Ps 57,5 · 3,8! |20: 26,24 · Mt 5,9 |21:
11,21 |22: 6,17 · 11,20 |23: 10,19! · 13,16; 18,2 |24: 6,11!
|25: 15,13; 17,22 · 15,23! |26: 14,22 |27: 10,4! |28: 11,4!

12,12: Die Übersetzung des Verses beruht auf
einer Korrektur des Massoretischen Texts.

12,13: Die Übersetzung «verfängt sich» beruht
auf einer Korrektur des Massoretischen Texts.

12,16: Die Übersetzung «zeigt» beruht auf einer
Umvokalisierung des Massoretischen Texts.

12,26: Der hebräische Text von 12,26–28 ist
problematisch, die Übersetzung deshalb schwierig
und an manchen Stellen unsicher. Der Text wurde
stellenweise korrigiert.

Die Lehre des Weisen ist eine Quelle
des Lebens

13 1 Zum weisen Sohn wird man
mit der Unterweisung durch den
Vater,

zum Spötter wird, wer nicht auf
Warnungen hört.

2 Von der Frucht seines Mundes kann
man Gutes essen,

aber die Abtrünnigen gieren nach
Gewalttat.

3 Wer seine Lippen hütet, schützt sein
Leben,

wer seinen Mund aufreisst, den trifft
das Verderben.

4 Der Faule ist gierig und kommt
dennoch zu nichts,

aber das Verlangen der Fleissigen
wird gestillt.

5 Ein Gerechter hasst verlogene Worte,
ein Frevler aber handelt schimpflich
und schändlich.

6 Die Gerechtigkeit schützt den, der
schuldlos wandelt,

den Frevel aber bringt die Sünde zu
Fall.

7 Manch einer gibt sich reich und
besitzt nichts,

manch einer gibt sich arm und hat
grossen Besitz.

8 Wer Reichtum hat, kann Lösegeld
zahlen für sein Leben,

ein Armer aber kann sich nicht
loskaufen.

9 Das Licht der Gerechten erstrahlt,
aber die Leuchte der Frevler erlischt.

10 Hochmut führt nur zu Streit,
Weisheit aber ist bei denen, die sich
beraten lassen.

11 Erjagtes Vermögen schwindet
dahin,

wer aber bedächtig sammelt, wird
reich.

12 Unerfüllte Hoffnung macht das Herz
krank,

ein Baum des Lebens aber ist ein
erfüllter Wunsch.

13 Wer das Wort verachtet, erleidet
Schaden,

wer Achtung hat vor dem Gebot,
wird belohnt.

14 Die Weisung des Weisen ist eine
Quelle des Lebens,

mit ihr entgeht man den Fallen des
Todes.

15 Richtige Einsicht bringt Gunst,
aber der Weg der Abtrünnigen ist
ihr Verderben.

16 Ein Kluger tut alles mit Verstand,
ein Dummer aber verbreitet Torheit.

17 Ein frevlerischer Bote stürzt ins
Unglück,

aber ein zuverlässiger Gesandter
bringt Heilung.

18 Wer die Unterweisung in den Wind
schlägt, erntet Armut und Schande,

aber wer die Ermahnung beachtet,
wird geehrt.

19 Ein erfüllter Wunsch tut der Seele
gut,

die Dummen aber wollen das Böse
nicht meiden.

20 Wer mit Weisen geht, wird weise,
wer aber mit Dummen verkehrt,
dem wird es übel ergehen.

21 Unheil verfolgt die Sünder,
die Gerechten aber belohnt das
Glück.

22 Der Gute hinterlässt sein Erbe den Enkeln,
aber das Vermögen des Sünders ist aufgespart für den Gerechten.
23 Der Acker der Vornehmen gibt reichlich Nahrung,
aber durch Unrecht wird es hinweggerafft.
24 Wer seinen Stock schont, hasst seinen Sohn,
wer ihn aber liebt, sorgt für seine Unterweisung.
25 Der Gerechte kann essen, bis sein Hunger gestillt ist,
der Bauch der Frevler aber muss darben.

|1: 1,8! · 15,12 |2: 12,14! · 11,23 |3: 10,14 · 18,21 · 21,23 |4: 20,4; 21,25; 24,30 · 10,4! |5: 30,8; Ps 119,163 · 18,3 |6: 11,5! |7: Offb 2,9; 3,17 |9: 4,18! · 20,20; 24,20; Hiob 21,13! |10: 6,17! · 12,15 |11: 21,6; 28,20 |12: 19 · 3,18 |13: 16,20 |14: 10,11! |16: 12,23! |17: 25,13 |18: 12,1 · 15,31 |19: 12 · 29,27 |20: 22,24–25; 1Kor 15,33 |22: Ps 112,2 · 28,8; Hiob 27,17; Koh 2,26 |24: 19,18; 22,15; 23,13; 29,17; Hebr 12,6 |25: 10,3!

13,8: Die Übersetzung «ein Armer aber kann sich nicht loskaufen» beruht auf einer Korrektur des Massoretischen Texts; dieser lautet: «ein Armer aber hört nicht auf Warnungen».
13,11: Die Übersetzung «Erjagtes Vermögen schwindet dahin» beruht auf einer Korrektur des Massoretischen Texts.
13,15: Die Übersetzung «ihr Verderben» beruht auf einer Korrektur des Massoretischen Texts.
13,16: Die Übersetzung «Ein Kluger tut alles mit Verstand» beruht auf einer Umvokalisierung des Massoretischen Texts; dieser lautet übersetzt: «Jeder Kluge handelt mit Verstand».

Die Weisheit der Frauen hat ihr Haus gebaut

14 1 Die Weisheit der Frauen hat ihr Haus gebaut,
aber Torheit reisst es nieder mit ihren Händen.
2 Wer aufrichtig geht, fürchtet den HERRN,
wer aber krumme Wege geht, verachtet ihn.
3 Was der Tor im Mund führt, kommt als Rute auf seinen Rücken,
aber den Weisen bewahren seine Lippen.
4 Wo keine Rinder sind, spart man das Futter,
aber die Kraft des Ochsen bringt reichen Ertrag.
5 Ein zuverlässiger Zeuge lügt nicht,
aber ein falscher Zeuge bringt Lügen vor.
6 Der Spötter sucht Weisheit, aber vergeblich,
doch dem Verständigen fällt das Erkennen leicht.
7 Geh einem dummen Mann aus dem Weg –
du lernst keine verständigen Lippen kennen.
8 Die Weisheit des Klugen lässt ihn seinen Weg verstehen,
aber die Torheit der Dummen ist trügerisch.
9 Die Schuld macht die Toren zu Spöttern,
zwischen Rechtschaffenen aber herrscht gutes Einvernehmen.
10 Das Herz allein kennt die eigene Bitterkeit,
und seine Freude kann kein anderer teilen.
11 Das Haus der Frevler wird vernichtet,
das Zelt der Rechtschaffenen aber gedeiht.
12 Da ist ein Weg, der einem gerade erscheint,
aber am Ende sind es Wege des Todes.
13 Auch beim Lachen kann das Herz voller Schmerzen sein,
und am Ende wird aus Freude Bitterkeit.
14 Wer ein abtrünniges Herz hat, wird die Frucht seiner Wege ernten –
und ein guter Mann die Frucht seiner Taten.
15 Der Einfältige glaubt jedes Wort,
aber der Kluge achtet auf seinen Schritt.
16 Der Weise fürchtet und meidet das Böse,
der Dumme aber braust auf und fühlt sich sicher.
17 Ein Jähzorniger begeht eine Torheit,

ein Umsichtiger aber macht sich verhasst.

18 Die Einfältigen haben die Unwissenheit geerbt,

aber die Klugen schmücken sich mit Erkenntnis.

19 Böse mussten sich beugen vor Guten und Frevler an den Toren des Gerechten.

20 Selbst seinem Nächsten ist der Arme verhasst,

der Reiche aber hat viele Freunde.

21 Wer seinen Nächsten verachtet, ist ein Sünder,

aber wohl dem, der sich der Elenden erbarmt.

22 Gehen nicht in die Irre, die Böses planen?

Wer aber Gutes plant, erfährt Güte und Treue.

23 Alle Mühe führt zu Gewinn,

leeres Geschwätz aber führt nur zu Mangel.

24 Die Krone der Weisen ist ihr Reichtum,

aber der Kranz der Dummen ist Torheit.

25 Ein ehrlicher Zeuge rettet Leben,

wer aber Lügen vorbringt, ist ein Betrüger.

26 In der Furcht des HERRN liegt feste Zuversicht,

es wird auch den Kindern eine Zuflucht sein.

27 Die Furcht des HERRN ist eine Quelle des Lebens,

mit ihr entgeht man den Fallen des Todes.

| 1: 24,3; 31,16 | 2: 2,15 | 3: 18,7 · 26,3 · 12,6 | 5: 6,19! | 6: 17,16; 24,7; 28,5 | 8: 12,5 | 11: 12,7; 15,25 · 3,33! | 12: 16,25 | 14: 1,31! | 16: 3,7 | 17: 29 · 20,3 · 12,2 | 18: 4,9 | 20: 19,4! | 21: 11,12! · 22,9; Ps 41,2; Mt 5,7 | 22: 12,26 · 6,14 | 23: Koh 3,9 | 25: 6,19! | 26: 18,10; Ps 20,2; 61,4 · 20,7 | 27: 10,11!

14,14: Die Übersetzung «und ein guter Mann die Frucht seiner Taten» beruht auf einer Korrektur des Massoretischen Texts.

14,24: Die Übersetzung «aber der Kranz der Dummen ist Torheit» beruht auf der griechischen Überlieferung; der Massoretische Text lautet übersetzt: «die Torheit der Dummen ist Torheit».

Die Gerechtigkeit erhöht eine Nation

28 Die Ehre eines Königs ist ein grosses Volk,

und ohne Nation geht ein Mächtiger zugrunde.

29 Ein Langmütiger hat viel Einsicht,

aber ein Ungeduldiger stellt seine Torheit zur Schau.

30 Ein gelassenes Herz ist Leben für den Leib,

Leidenschaft aber ist Knochenfrass.

31 Wer einen Geringen unterdrückt, schmäht seinen Schöpfer,

aber wer Erbarmen hat mit einem Armen, ehrt ihn.

32 Durch seine Bosheit wird ein Frevler gestürzt,

aber ein Gerechter ist selbst im Tod geborgen.

33 Weisheit bleibt im Herzen des Verständigen,

bei den Dummen aber zeigt sie sich nicht.

34 Die Gerechtigkeit erhöht eine Nation,

aber die Sünde ist die Schande der Nationen.

35 Ein verständiger Diener findet das Wohlgefallen des Königs,

sein Zorn aber trifft den, der schändlich handelt.

| 29: 15,18; 16,32; 19,11; Koh 7,8 · 17 | 30: 12,4 | 31: 17,5; 22,2; 29,13; Hiob 31,1 | 32: 11,5! | 34: 29,4; Dtn 4,6 | 35: Lk 19,17–27 · 16,13; 22,11

14,33: Die Übersetzung «bei den Dummen aber zeigt sie sich nicht» beruht auf einer Korrektur des Massoretischen Texts.

Die Augen des HERRN sind überall

15 1 Eine sanfte Antwort beschwichtigt die Erregung,

aber ein kränkendes Wort steigert den Zorn.

2 Die Zunge der Weisen fördert das Wissen,

aus dem Mund der Dummen aber sprudelt Torheit.

3 Die Augen des HERRN sind überall,

sie wachen über Böse und Gute.

4 Eine sanfte Zunge ist ein Baum des Lebens,

    eine falsche aber bricht den Lebensmut.

5 Ein Tor verschmäht die Unterweisung durch seinen Vater,

    wer aber die Ermahnung beachtet, ist klug.

6 Im Haus des Gerechten gibt es reichlich Vorrat,

    im Ertrag des Frevlers aber liegt Verderben.

7 Die Lippen der Weisen streuen das Wissen aus,

    das Herz der Dummen aber ist falsch.

8 Das Opfer der Frevler verabscheut der HERR,

    aber das Gebet der Rechtschaffenen gefällt ihm.

9 Der HERR verabscheut den Weg des Frevlers,

    aber er liebt den, der nach Gerechtigkeit trachtet.

10 Wer den Pfad verlässt, wird schwer bestraft,

    wer Ermahnung verschmäht, muss sterben.

11 Totenreich und Abgrund liegen offen vor dem HERRN,

    wie viel mehr die Herzen der Menschen.

12 Der Spötter liebt es nicht, dass man ihn rügt,

    zu den Weisen geht er nicht.

|1: 25,15; 29,8 · 1Kön 12,14 |3: 5,21! |4: 3,18! |5: 1,7 |6: 21,20 |7: 10,21 |8: 29! · 21,27; 28,9 |9: Ps 5,5–7 · Ps 11,7 |10: 12; 12,1 |11: Hiob 26,6! · 1Sam 16,7!; 2Chr 6,30 |12: 10! · 13,1

Ein frohes Herz macht das Gesicht heiter

13 Ein frohes Herz macht das Gesicht heiter,

    wenn aber das Herz leidet, wird der Lebensmut getrübt.

14 Das Herz eines Verständigen sucht nach Erkenntnis,

    der Mund der Dummen aber ist auf Torheit aus.

15 Wer bedrückt ist, hat lauter böse Tage,

    wer aber ein frohes Herz hat, feiert ständig.

16 Besser wenig in der Furcht des HERRN

    als ein grosser Schatz und keine Ruhe.

17 Besser ein Gericht von Gemüse mit Liebe,

    als ein gemästetes Rind mit Hass.

18 Ein zorniger Mann erregt Zwietracht,

    aber ein Langmütiger schlichtet den Streit.

19 Der Weg eines Faulen ist wie eine Dornenhecke,

    aber der Pfad der Rechtschaffenen ist wohl gebahnt.

|13: 17,22 · 12,25! |14: 18,15 |16: 16,8; 17,1; Ps 37,16; Koh 4,6 |18: 22,24; 26,21; 29,22 · 14,29! |19: 22,5; 24,30–31 · 6,6! · 11,5!

Das gute Wort zur rechten Zeit

20 Ein weiser Sohn macht seinem Vater Freude,

    aber ein dummer Mensch verachtet seine Mutter.

21 Torheit macht dem Einfältigen Freude,

    ein einsichtiger Mann aber geht geradeaus.

22 Pläne scheitern, wo Beratung fehlt,

    wo aber viele Rat geben, kommt der Erfolg.

23 Einem Mann macht es Freude, wenn er zu antworten weiss,

    und wie gut ist ein Wort zur rechten Zeit!

24 Der Pfad des Lebens führt den Verständigen nach oben,

    so dass er dem Totenreich unten entgeht.

|20: 10,1b! |21: 10,23! · 4,26! |22: 11,14! |23: 30; 12,25; 16,24; 24,26; 25,11

Die Furcht des HERRN ist Unterweisung zur Weisheit

25 Das Haus der Stolzen reisst der HERR nieder,

    aber er sichert die Grenze der Witwe.

26 Der HERR verabscheut die Pläne des Bösen,

 aber freundliche Worte sind rein.

27 Wer Gewinn macht, zerstört sein Haus,

 wer aber Bestechung hasst, wird leben.

28 Das Herz des Gerechten überlegt, was zu antworten ist,

 aus dem Mund der Frevler aber sprudeln Bosheiten.

29 Fern ist der HERR den Frevlern,

 aber er hört das Gebet der Gerechten.

30 Ein freundlicher Blick erfreut das Herz,

 eine gute Botschaft stärkt die Glieder.

31 Das Ohr, das auf eine heilsame Ermahnung hört,

 verweilt unter Weisen.

32 Wer die Unterweisung in den Wind schlägt, verachtet sich selbst,

 wer aber auf die Ermahnung hört, erwirbt Vernunft.

33 Die Furcht des HERRN ist Unterweisung zur Weisheit,

 und vor der Ehre kommt die Demut.

|25: 14,11! · Dtn 19,14 |26: 6,18! |27: 1,19 · 28,16; Ps 15,5 |28: 10,32 · 19,28 |29: 8; Ps 34,16; Joh 9,31 |30: 23! · 25,25 |31: 13,18 |32: 4,13! |33: 1,7! · 16,18; 18,12; 22,4; 29,23

Vertraue dem HERRN deine Werke an

16 1 Der Mensch überlegt in seinem Herzen,

 vom HERRN aber kommt, was die Zunge spricht.

2 Einem Mann erscheinen alle seine Wege rein,

 aber der HERR prüft den Geist.

3 Vertraue dem HERRN deine Werke an,

 so werden deine Pläne gelingen.

4 Der HERR hat alles für seinen Zweck erschaffen,

 so auch den Frevler für den Tag des Unheils.

5 Der HERR verabscheut jeden Hochmütigen.

 Die Hand darauf: Er bleibt nicht ungestraft.

6 Durch Güte und Treue wird Schuld gesühnt,

 und in der Furcht des HERRN meidet man das Böse.

7 Wenn dem HERRN die Wege eines Mannes gefallen,

 versöhnt er mit ihm auch seine Feinde.

8 Besser wenig mit Gerechtigkeit

 als reichen Ertrag mit Unrecht.

9 Das Herz des Menschen plant seinen Weg,

 aber der HERR lenkt seinen Schritt.

10 Auf den Lippen des Königs ist Weissagung,

 sein Mund verfehlt sich nicht, wenn er Recht spricht.

11 Waage und gerechte Waagschalen gehören dem HERRN,

 alle Gewichtssteine im Beutel sind sein Werk.

12 Könige verabscheuen Freveltaten,

 denn durch Gerechtigkeit wird ein Thron gefestigt.

13 Königen gefallen gerechte Lippen,

 denn man liebt den, der aufrichtig redet.

14 Der Zorn eines Königs ist ein Bote des Todes,

 aber ein weiser Mann kann ihn besänftigen.

15 Im heiteren Gesicht eines Königs liegt Leben,

 und sein Wohlgefallen ist wie die Regenwolke im Frühling.

16 Es ist besser, Weisheit zu erwerben als Gold,

 und Verstand zu erwerben ist wertvoller als Silber.

17 Böses zu meiden, ist die Strasse der Rechtschaffenen,

 wer auf seinen Weg achtet, bewahrt sein Leben.

18 Stolz kommt vor dem Sturz

 und Hochmut vor dem Fall.

19 Besser bescheiden sein mit den Elenden,

 als Beute teilen mit den Stolzen.

20 Wer auf das Wort achtet, findet Glück,

und wohl dem, der auf den HERRN
vertraut.
21 Wer ein weises Herz hat, den nennt
man verständig,
   und die gefällige Rede fördert die
   Belehrung.
22 Dem Verständigen ist der Verstand
Quelle des Lebens,
   und den Toren ist die Torheit Strafe.
23 Das Herz des Weisen macht seinen
Mund klug
   und mehrt auf seinen Lippen die
   Belehrung.
24 Freundliche Worte sind
Honigwaben,
   süss für die Seele und heilsam für die
   Glieder.
25 Da ist ein Weg, der einem gerade
erscheint,
   aber am Ende sind es Wege des
   Todes.
26 Der Hunger des Arbeiters arbeitet
für ihn,
   denn sein Mund treibt ihn an.
27 Ein Nichtsnutziger gräbt nach
Bösem,
   und auf seinen Lippen ist es wie
   versengendes Feuer.
28 Ein Falscher entfacht Streit,
   und ein Verleumder entzweit
   Freunde.
29 Ein Gewalttätiger verführt seinen
Nächsten
   und bringt ihn auf einen Weg, der
   nicht gut ist.
30 Wer mit den Augen zwinkert, plant
Falsches,
   wer die Lippen verzieht, hat das Böse
   schon getan.
31 Graues Haar ist eine prächtige
Krone,
   man findet sie auf dem Weg der
   Gerechtigkeit.
32 Besser langmütig sein als ein
Kriegsheld,
   und besser sich selbst beherrschen
   als Städte bezwingen.
33 In den Falten des Gewandes
schüttelt man das Los,

aber jeder Entscheid kommt vom
HERRN.

|1: 9! |2: 17,3; 21,2; 24,12 |3: Ps 37,5 |5: 6,17! · 11,21
|8: 15,16! |9: 1.33; 19,21; 20,24 |10: 25,2! |11: 11,1! |12:
8,15! · 20,28! |13: 14,35! |14–15: 19,12; 20,2 |15: 29,26
|16: 2,4! · 8,10! |17: 19,16 |18: 11,2 · 15,33! |20: 13,13 ·
Ps 2,12 |22: 10,11! |23: 5,2 |24: 15,23! · 27,9 · 3,8! |25:
14,12 |26: Koh 6,7 |27: 6,12! |28: 6,19 · 26,20 · 17,9
|29: 1,10 |30: 6,13! |31: 20,29 |32: 14,29! |33: 9!

16,2: Wörtlich: «... prüft die Geister.»

Der HERR prüft die Herzen

17 1 Besser ein trockener Bissen in
Ruhe
   als ein Haus voller Festspeisen mit
   Streit.
2 Ein verständiger Sklave wird Herr
über einen schändlichen Sohn
   und teilt mit den Brüdern das Erbe.
3 Der Schmelztiegel ist für das Silber da
und der Ofen für das Gold,
   der HERR aber prüft die Herzen.
4 Der Übeltäter hängt an trügerischen
Lippen,
   der Lügner hört auf die Zunge, die
   Verderben bringt.
5 Wer den Armen verspottet, schmäht
seinen Schöpfer,
   wer sich freut über ein Unglück,
   bleibt nicht ungestraft.
6 Kindeskinder sind die Krone der
Alten,
   und Väter sind der Stolz ihrer
   Kinder.
7 Gehobene Sprache passt nicht zu
einem Toren,
   noch weniger passt verlogene
   Sprache zu einem Edlen.
8 Ein Geschenk ist ein Zauberstein in
den Augen des Gebers,
   wohin er sich wendet, hat er Erfolg.
9 Wer eine Verfehlung zudeckt,
trachtet nach Liebe,
   wer aber eine Sache aufrührt,
   vertreibt den Freund.
10 Tadel trifft einen Verständigen
härter
   als hundert Schläge einen Dummen.
11 Ein Böser trachtet nur nach Aufruhr,

aber gegen ihn wird ein grausamer Bote gesandt.

12 Lieber einer Bärin begegnen, der man die Jungen geraubt hat,
 als einem Dummen in seiner Torheit.

13 Wenn einer Gutes mit Bösem vergilt,
 weicht das Unglück nicht von seinem Haus.

14 Wer Streit anfängt, entfesselt eine Wasserflut,
 darum lass ab vom Streit, bevor er losbricht!

15 Wer Frevler freispricht und wer Gerechte für schuldig erklärt –
 beide verabscheut der Herr.

16 Was nützt das Geld in der Hand des Dummen?
 Kann er Weisheit kaufen, wenn er keinen Verstand hat?

17 Ein Freund ist jederzeit liebevoll,
 und für die Bedrängnis wird ein Bruder geboren.

18 Ein Mensch ohne Verstand verpflichtet sich durch Handschlag
 und leistet Bürgschaft bei seinem Nächsten.

19 Wer die Verfehlung liebt, liebt den Streit,
 wer seine Tür zu hoch macht, führt den Einsturz herbei.

20 Wer ein verkehrtes Herz hat, findet kein Glück,
 und wer sich verstellt mit seiner Zunge, stürzt ins Unglück.

21 Wer einen Dummen zeugt, dem bringt es Kummer,
 und der Vater eines Toren hat keine Freude.

22 Ein frohes Herz ist die beste Medizin,
 aber ein niedergeschlagener Geist lässt die Glieder verdorren.

23 Der Frevler nimmt heimliche Geschenke an,
 um die Wege des Rechts zu beugen.

24 Der Verständige wendet sich der Weisheit zu,

aber die Augen des Dummen schweifen ab bis ans Ende der Erde.

25 Ein dummer Sohn bereitet seinem Vater Verdruss
 und Kummer seiner Mutter, die ihn geboren hat.

26 Eine Geldstrafe für den Gerechten ist nicht gut,
 Edle zu schlagen ist gegen das Recht.

27 Wer seine Worte zurückhält, hat Erkenntnis,
 und wer kühl überlegt, ist ein einsichtiger Mann.

28 Auch einen Toren hält man für weise, solange er schweigt,
 für verständig, solange er seine Lippen verschliesst.

|1: 15,16! |3: 27,21 · Ps 66,10; 1Petr 1,7 · 16,2! |5: 14,31! · 24,17; Hiob 31,29 |8: 18,16; 19,6; 21,14 |9: 10,12! · 16,28 |10: 19,25! |12: 2Sam 17,8! · 27,3 |13: Jer 18,20 |14: 20,3 |15: 18,5; 24,24; Dtn 25,1; Jes 5,23 |16: 14,6! |17: 18,24; 27,10 |18: 6,1! |19: Jak 3,16 |21: 10,1b! |22: 15,13 · 18,14 · 12,25! |23: Ex 23,8 |24: 4,25 |25: 10,1b! |27-28: 10,19! |27: Jak 1,19 |28: Hiob 13,5

Der Dumme hat kein Gefallen an Erkenntnis

18 1 Wer sich absondert, folgt seinen eigenen Wünschen,
 er widersetzt sich aller Klugheit.

2 Der Dumme hat kein Gefallen an Erkenntnis,
 sondern daran, sein Inneres zur Schau zu stellen.

3 Kommt ein Frevler, kommt auch Verachtung,
 und mit der Schandtat kommt die Schmach.

4 Die Worte aus dem Mund eines Mannes sind ein tiefes Wasser,
 ein sprudelnder Bach ist die Quelle der Weisheit.

5 Es ist nicht gut, für einen Schuldigen Partei zu ergreifen
 und einen Unschuldigen abzuweisen vor Gericht.

6 Die Lippen eines Dummen bringen Streit,
 und sein Mund ruft nach Schlägen.

7 Der Mund eines Dummen bringt ihm Verderben,

und seine Lippen werden ihm selbst zur Falle.

8 Die Worte des Verleumders sind wie Leckerbissen

und gleiten hinab in die Kammern des Leibes.

9 Auch wer nur nachlässig ist bei seiner Arbeit,

ist schon ein Bruder dessen, der alles verderben lässt.

10 Der Name des HERRN ist ein starker Turm,

der Gerechte eilt dorthin und findet Schutz.

11 Der Besitz des Reichen ist seine feste Burg

und wie eine hohe Mauer – denkt er.

12 Hochmütig ist das Herz eines Mannes vor dem Sturz,

und vor der Ehre kommt die Demut.

13 Wenn einer Antwort gibt, bevor er zugehört hat,

ist das töricht und schändlich für ihn.

14 Der menschliche Geist hält der Krankheit stand,

ein zerbrochener Geist aber – wer kann ihn aufrichten?

15 Das Herz des Verständigen verschafft sich Erkenntnis,

und Erkenntnis sucht das Ohr der Weisen.

16 Die Geschenke eines Menschen schaffen ihm Raum

und führen ihn vor die Grossen.

17 Wer als erster eine Sache vertritt, bekommt Recht,

aber dann kommt ein anderer und prüft nach.

18 Das Los macht Streitigkeiten ein Ende

und trennt Mächtige voneinander.

19 Ein getäuschter Bruder ist verschlossener als eine Festung,

und Streitigkeiten sind wie der Riegel an einer festen Burg.

20 Von der Frucht seines Mundes nährt sich der Leib des Mannes,

vom Ertrag seiner Lippen sättigt er sich.

21 Tod und Leben sind in der Gewalt der Zunge,

und wer sie liebevoll gebraucht, nährt sich von ihrer Frucht.

22 Wer eine Frau gefunden hat, der hat das Glück gefunden

und Wohlgefallen erlangt beim HERRN.

23 Bittend redet der Arme,

aber der Reiche antwortet mit Härte.

24 Es gibt Gefährten, die sich zugrunde richten,

manch ein Freund aber ist anhänglicher als ein Bruder.

|2: 12,23! |3: 13,5 |4: 20,5 |5: 17,15! · 24,23; 28,21 |7: 14,3 |8: 26,22 |9: 10,4; Koh 10,18 · 28,24 |10: 14,26! |11: 10,15 |12: 15,33! |14: 17,22 |15: 15,14 |16: 17,8! |19: Gen 27,41! |20: 12,14! |21: 13,3 |22: 12,4! |23: 22,7 |24: 17,17!

Wer einsichtig bleibt, findet Glück

19 1 Besser ein Armer, der schuldlos seinen Weg geht,

als ein Dummer mit verlogenen Lippen.

2 Unvernünftige Begierde ist nicht gut, und wer hastig läuft, tritt fehl.

3 Seine eigene Torheit führt den Menschen in die Irre,

sein Herz aber zürnt über den HERRN.

4 Vermögen vermehrt die Zahl der Freunde,

der Arme aber wird von seinem Freund verlassen.

5 Ein falscher Zeuge bleibt nicht ungestraft,

und wer Lügen vorbringt, wird nicht entkommen.

6 Viele schmeicheln dem Vornehmen, und wer Geschenke verteilt, hat jeden zum Freund.

7 Den Armen verschmähen alle seine Brüder,

und auch seine Freunde bleiben ihm fern.

8 Wer sich Verstand erwirbt, liebt sein Leben,

wer einsichtig bleibt, findet Glück.

9 Ein falscher Zeuge bleibt nicht ungestraft,

und wer Lügen vorbringt, geht zugrunde.

10 Einem Dummen steht es nicht zu, in Wohlstand zu leben,

noch weniger einem Sklaven, über Fürsten zu herrschen.

11 Einsicht macht einen Menschen geduldig,

und ehrenvoll ist es für ihn, über Verfehlungen hinwegzugehen.

12 Wie das Knurren des Löwen ist der Zorn des Königs,

und wie Tau auf dem Gras ist seine Gunst.

13 Ein dummer Sohn ist ein Unglück für den Vater,

und die Streitsucht einer Frau ist wie ein ständig tropfendes Dach.

14 Haus und Habe sind das Erbe der Väter,

eine verständige Frau aber ist ein Geschenk des HERRN.

15 Faulheit lässt in tiefen Schlaf fallen, und wer träge ist, wird Hunger leiden.

16 Wer das Gebot hält, schützt sein Leben,

wer nicht auf seine Wege achtet, wird sterben.

17 Wer sich des Armen erbarmt, leiht dem HERRN,

und der wird ihm seine gute Tat vergelten.

18 Züchtige deinen Sohn, solange noch Hoffnung ist,

doch lass dich nicht hinreissen, ihn zu töten.

19 Wer jähzornig ist, muss bestraft werden,

denn wenn du ihn schonst, machst du es noch schlimmer.

20 Höre auf den Rat und nimm die Unterweisung an,

damit du weise wirst für die Zukunft.

21 Im Herzen eines Mannes sind viele Pläne,

aber der Ratschluss des HERRN wird Wirklichkeit.

22 Die Güte eines Menschen macht ihn begehrenswert,

und ein Armer ist besser als ein Lügner.

23 Die Furcht des HERRN führt zum Leben:

satt geht man schlafen, erfährt nichts Böses.

24 Hat ein Fauler mit seiner Hand in die Schüssel gegriffen,

so bringt er sie nicht einmal zum Mund zurück.

25 Schlägst du einen Spötter, wird ein Einfältiger klug,

und weist man einen Verständigen zurecht, gewinnt er Erkenntnis.

26 Wer den Vater misshandelt, die Mutter verstösst,

ist ein schändlicher und verkommener Sohn.

27 Hör auf, mein Sohn, dir Unterweisung anzuhören

und dann doch abzuirren von den Worten der Erkenntnis.

28 Ein nichtsnutziger Zeuge verspottet das Recht,

und der Mund der Frevler verbreitet Unheil.

29 Auf die Spötter warten Strafen, und auf den Rücken der Dummen gehören Schläge.

|1: 28,6 |2: 21,5; 29,20 |4: 6–7; 14,20 |5: 6,19! · 21,28 |6–7: 4! |6: 17,8 |9: 6,15! |10: 26,1; 30,22; Koh 10,6–7 |11: 14,29! · 20,22! |12: 16,14–15! |13: 10,1b! · 21,9! |14: 12,4! |15: 6,11! |16: 16,17 |17: 22,9; 28,27; Mt 10,42 |18: 13,24! · Dtn 21,18–21 |19: 6,19! |20: 1,2 |21: 21,30; Ps 33,10 · 16,9! |23: 11,19! · 3,24! |24: 6,6! · 26,15 |25: 17,10; 21,11 |26: 20,20; 28,24; 30,11.17; Ex 21,17 |28: 15,28 |29: 1,26! · 10,13!

19,7: Im Massoretischen Text folgt am Versende: «Er jagt Worten nach, die nicht sind.»
19,28: Möglich ist für «und der Mund der Frevler verbreitet Unheil» auch die Übersetzung: «und der Mund der Frevler verschlingt Unheil».

Sag nicht: Ich will Böses heimzahlen

20 1 Ein Spötter ist der Wein, ein Lärmer das Bier,

und keiner, der davon berauscht ist, wird weise.

2 Wie das Knurren eines Löwen ist das Drohen des Königs,

wer seinen Zorn erregt, verwirkt
sein Leben.

3 Es ehrt einen Mann, dem Streit
fernzubleiben,
  jeder Tor aber fängt Streit an.

4 Im Herbst will der Faule nicht
pflügen;
  wenn er dann in der Erntezeit sucht,
  findet er nichts.

5 Die Pläne im Herzen eines Mannes
sind tiefe Wasser,
  ein einsichtiger Mann aber weiss
  daraus zu schöpfen.

6 Viele Menschen rühmen ihre Treue,
  wer aber findet einen zuverlässigen
  Mann?

7 Ein Gerechter geht schuldlos seinen
Weg,
  wohl seinen Kindern, die nach ihm
  kommen.

8 Ein König, der auf dem Richterstuhl
sitzt,
  zerstreut schon mit seinen Augen
  alles Böse.

9 Wer darf sagen: Ich habe mein Herz
geläutert,
  ich bin rein geworden von meiner
  Sünde?

10 Zweierlei Gewicht und zweierlei
Mass –
  der HERR verabscheut beides.

11 Ein junger Mann zeigt mit seinem
Verhalten,
  ob sein Tun rein ist und recht.

12 Das Ohr, das hört, und das Auge, das
sieht –
  der HERR hat beide geschaffen.

13 Liebe nicht den Schlaf, damit du
nicht verarmst,
  halte deine Augen offen, so kannst
  du dich satt essen.

14 Schlecht, schlecht!, sagt der Käufer,
  doch wenn er weggeht, rühmt er
  sich.

15 Gold gibt es und viele Perlen,
  der kostbarste Schmuck aber sind
  verständige Lippen.

16 Nimm dem das Kleid, der für einen
Fremden gebürgt hat,
  und pfände ihn statt der Ausländer.

17 Süss schmeckt dem Mann erlogene
Speise,
  danach aber füllt sein Mund sich mit
  Kieseln.

18 Durch Beratung kommen Pläne
zustande;
  und mit Überlegung führe Krieg.

19 Wer als Verleumder umhergeht, gibt
Vertrauliches preis,
  darum lass dich nicht mit einem
  Schwätzer ein.

20 Wer seinen Vater und seine Mutter
verflucht,
  dessen Leuchte wird erlöschen,
  wenn es finster wird.

21 Ein Erbe, zu Anfang verachtet,
  wird nicht gesegnet sein am Ende.

22 Sag nicht: Ich will Böses heimzahlen.
  Hoffe auf den HERRN, dass er dir
  hilft.

23 Zweierlei Gewichte verabscheut der
HERR,
  und eine falsche Waage ist nicht gut.

24 Die Schritte des Mannes lenkt der
HERR;
  wie könnte der Mensch seinen Weg
  verstehen?

25 Vorschnell zu geloben und erst
danach zu überlegen,
  ist eine Falle für den Menschen.

26 Ein weiser König zerstreut die
Frevler
  und drischt sie mit dem Rad.

27 Der Atem des Menschen ist eine
Leuchte des HERRN,
  er erforscht alle Kammern des
  Leibes.

28 Güte und Treue behüten den König,
  und durch Güte stützt er seinen
  Thron.

29 Der Stolz der jungen Männer ist ihre
Kraft,
  und der Schmuck der Alten ist das
  graue Haar.

30 Blutige Striemen läutern den Bösen
  und Schläge die Kammern des
  Leibes.

|1: 23,20–35; Jes 28,7; Hos 4,11 |2: 16,14–15! |3:
17,14 · 14,17 |4: 6,8 · 13,4! |5: 18,4 |6: 27,2 · Ps 12,2;
Jer 5,1 |7: Ps 15,2–5 · 14,26 |8: 26 |9: 30,12;

1Kön 8,46!; Hiob 9,2 |10:11,1! |11:22,6 · Mt 7,16 |12:
Ex 4,11 |13:6,11! · 12,11! |15:10,20 · 8,10! |16:27,13 ·
6,1! |17:9,17! · Klgl 3,16 |18:11,14! · 24,6; Lk 14,31 |19:
11,13 |20:19,26! · 13,9! |22:19,11; 24,29; Lev 19,18 ·
Ps 37,40 |23:11,1! |24:16,9! |25: Dtn 23,22; Ri 11,25;
Koh 5,3 |26: 8 |28: Ps 61,8 · 3,3 · 16,12; 29,14 |29:16,31

Kein Rat kann bestehen gegen den HERRN

21 1 Wie Wasserbäche ist das Herz
des Königs in der Hand des
HERRN,
> er kann es lenken, wohin er will.

2 Jedem Mann erscheint sein Weg
richtig,
> der HERR aber prüft die Herzen.

3 Gerechtigkeit und Recht zu üben,
> gefällt dem HERRN besser als Opfer.

4 Hochmütige Augen und ein
überhebliches Herz,
> die Leuchte der Frevler, sind Sünde.

5 Was ein Fleissiger plant, bringt
Gewinn,
> wer aber hastet, macht nur Verlust.

6 Wer Schätze erwirbt mit verlogener
Zunge,
> ist flüchtig wie der Atem derer, die
> den Tod suchen.

7 Die Gewalt der Frevler rafft sie
hinweg,
> denn sie wollen nicht das Rechte
> tun.

8 Krumm ist der Weg eines Schuldigen,
> das Tun eines Reinen aber ist gerade.

9 Besser in einer Ecke auf dem Dach
wohnen
> als mit einer streitsüchtigen Frau im
> gleichen Haus.

10 Der Frevler verlangt nach Bösem,
> sein Nächster findet bei ihm kein
> Erbarmen.

11 Bestraft man einen Spötter, wird ein
Einfältiger weise,
> und belehrt man einen Weisen,
> gewinnt er Erkenntnis.

12 Der Gerechte handelt klug am Haus
des Frevlers:
> Er stürzt die Frevler ins Verderben.

13 Wer sein Ohr verschliesst vor dem
Hilferuf eines Armen,
> erhält auch keine Antwort, wenn er
> selbst um Hilfe ruft.

14 Eine heimliche Gabe besänftigt den
Zorn
> und ein Geschenk im Verborgenen
> die heftige Wut.

15 Recht zu üben, macht einem
Gerechten Freude,
> für Übeltäter aber ist es schrecklich.

16 Ein Mensch, der abirrt vom Weg der
Einsicht,
> wird bald in der Versammlung der
> Schatten ruhen.

17 Einer, der das Vergnügen liebt, wird
Mangel leiden,
> wer Wein und Öl liebt, wird nicht
> reich.

18 Der Frevler muss für den Gerechten
bezahlen,
> und der Abtrünnige muss für die
> Rechtschaffenen büssen.

19 Besser in der Wüste hausen
> als Verdruss haben mit einer
> streitsüchtigen Frau.

20 In der Wohnung des Weisen ist ein
kostbarer Schatz und Öl,
> aber ein dummer Mensch vergeudet
> es.

21 Wer nach Gerechtigkeit und Güte
strebt,
> der findet auch Leben, Gerechtigkeit
> und Ehre.

22 Ein Weiser hat die Stadt der Helden
erobert
> und das Bollwerk niedergerissen,
> auf das sie vertraute.

23 Wer seinen Mund und seine Zunge
hütet,
> behütet sein Leben vor der Not.

24 Wer stolz und überheblich ist, heisst
ein Spötter,
> er handelt in masslosem Hochmut.

25 Was sich der Faule wünscht, bringt
ihm den Tod,
> denn seine Hände wollen nichts tun.

26 Der Gierige giert den ganzen Tag,
> aber der Gerechte gibt und geizt
> nicht.

27 Das Opfer der Frevler ist
abscheulich,
> erst recht, wenn man es in
> schändlicher Absicht darbringt.

28 Ein lügnerischer Zeuge geht zugrunde,

ein Mann aber, der zuhört, kann für immer reden.

29 Ein Frevler macht ein freches Gesicht,

aber ein Rechtschaffener geht auf festen Wegen.

30 Keine Weisheit und keine Einsicht und kein Rat kann bestehen gegen den HERRN.

31 Das Ross ist gerüstet für den Tag der Schlacht,

aber die Rettung kommt vom HERRN.

|1: Esra 1,1 |2: 16,2! |3: 1Sam 15,22! |4: 30,13 · 6,17! |5: 10,4! · 19,2! |6: 13,11! |8: 2,15! · Jes 26,7 |9: 19; 19,13; 25,24; 27,15 |10: 12,12 |11: 19,25! · 1,5! |14: 17,8! |15: 10,29! · Ps 119,16 |16: 1,32! |17: 23,21 |18: 11,8 |19: 9! |20: 15,6 |21: 11,19! · 10,16! |22: 24,5; Koh 9,18 |23: 13,3 |26: Ps 37,26 |27: 15,8! |28: 19,5 |29: 4,25 |30: 19,21! |31: Ps 20,8

21,26: Die Übersetzung «Der Gierige» beruht auf einer Korrektur des Massoretischen Texts.

Erzieh den jungen Mann am Anfang seines Wegs

22 1 Ein guter Ruf ist wertvoller als grosser Reichtum,

Ansehen ist besser als Silber und Gold.

2 Reiche und Arme begegnen sich, erschaffen hat sie alle der HERR.

3 Ein Kluger sieht das Unheil kommen und verbirgt sich,

die Einfältigen aber gehen weiter und müssen es büssen.

4 Der Lohn der Demut und der Furcht des HERRN

ist Reichtum, Ehre und Leben.

5 Dornen und Schlingen sind auf dem Weg des Falschen,

wer sein Leben schützen will, bleibt ihnen fern.

6 Erzieh den jungen Mann am Anfang seines Wegs,

dann weicht er auch im Alter nicht davon ab.

7 Der Reiche herrscht über die Armen, und der Schuldner ist der Sklave des Gläubigers.

8 Wer Unrecht sät, wird Unheil ernten, und mit dem Stock seines Zorns hat es ein Ende.

9 Wer ein gütiges Auge hat, wird gesegnet,

denn er gibt dem Armen von seinem Brot.

10 Vertreibe den Spötter, so geht auch der Hader,

und Streiten und Schmähen hören auf.

11 Wer ein reines Herz liebt und anmutige Lippen hat,

dessen Freund ist der König.

12 Die Augen des HERRN wachen über die Erkenntnis,

aber die Worte des Abtrünnigen verwirrt er.

13 Der Faule sagt: Draussen ist ein Löwe,

auf offener Strasse könnte ich getötet werden.

14 Eine tiefe Grube ist der Mund fremder Frauen,

wem der HERR zürnt, der fällt hinein.

15 Torheit haftet am Herzen des jungen Mannes,

der Stock der Unterweisung treibt sie ihm aus.

16 Wer einen Armen unterdrückt, macht ihn reich,

wer einem Reichen gibt, macht nur Verlust.

|1: Koh 7,1 |2: 14,31! |3: 27,12 |4: 15,33! · 10,16! |5: 15,19! |6: 20,11 |7: 18,23 |8: Hiob 4,8; Hos 8,7; Gal 6,7 |9: 14,21! · 19,17! |10: 26,20 |11: 14,35! |12: Hiob 5,12 |13: 26,13 |14: 23,27 · Koh 7,26 |15: 13,24! · 29,15

22,16: Möglich ist auch die Übersetzung: «..., macht sich reich, ...»

DRITTER TEIL (SPR 22,17–24,34)

Neige dein Ohr den Worten der Weisen

17 Neige dein Ohr den Worten der Weisen und höre sie,
> und nimm dir mein Wissen zu Herzen.

18 Schön ist es, wenn du sie in dir bewahrst,
> wenn sie bereitstehen auf deinen Lippen.

19 Damit du auf den HERRN vertraust, unterweise ich dich heute.

20 Habe ich dir nicht dreissig Sprüche aufgeschrieben,
> mit Ratschlägen und Erkenntnissen,

21 um dich die Wahrheit zu lehren, zuverlässige Worte,
> so dass du denen zuverlässig antworten kannst, die dich gesandt haben?

22 Beraube nicht einen Geringen, weil er gering ist,
> und unterdrücke nicht einen Elenden im Tor.

23 Denn ihren Rechtsstreit wird der HERR führen,
> und er wird denen das Leben rauben, die sie berauben.

24 Befreunde dich nicht mit einem Jähzornigen,
> und verkehre nicht mit einem Hitzkopf,

25 damit du dich nicht an seine Pfade gewöhnst
> und dir nicht selbst eine Falle stellst.

26 Sei nicht einer, der sich durch Handschlag verpflichtet,
> der Bürgschaft leistet für Schulden,

27 Soll man dir dein Bett nehmen, wenn du nicht zahlen kannst?

28 Verrücke nicht die uralte Grenze, die deine Väter gesetzt haben.

29 Siehst du einen Mann, der gewandt ist in seinem Beruf:
> Er darf vor Könige treten,
> vor Niedrige muss er nicht treten.

23 1 Wenn du dich setzt, um mit einem Herrscher zu essen,
> so achte darauf, wen du vor dir hast,

2 und setze dir ein Messer an die Kehle, wenn du hungrig bist.

3 Begehre nicht seine Leckerbissen,
> denn sie sind eine trügerische Speise.

4 Mühe dich nicht ab um Reichtum, da spar dir deine Klugheit!

5 Lässt du deine Augen darüber gleiten, ist er schon weg;
> denn er macht sich Flügel,
> wie ein Adler entfliegt er zum Himmel.

6 Iss nicht das Brot eines Missgünstigen,
> und begehre nicht seine Leckerbissen.

7 Er ist einer, der bei sich nachrechnet. Iss und trink!, sagt er zu dir.
> aber sein Herz ist nicht mit dir.

8 Den Bissen, den du gegessen hast, musst du erbrechen,
> und deine schönen Worte hast du vergeudet.

9 Rede nicht in die Ohren eines Dummen,
> denn er wird deine klugen Worte verachten.

10 Verrücke nicht die uralte Grenze, und dring nicht ein in die Felder der Waisen.

11 Denn ihr Anwalt ist stark,
> er wird ihren Rechtsstreit gegen dich führen.

12 Öffne dein Herz für die Unterweisung
> und dein Ohr für die Worte der Erkenntnis.

13 Du sollst dem jungen Mann die Unterweisung nicht vorenthalten:
> Er wird nicht sterben, wenn du ihn mit dem Stock schlägst.

14 Du schlägst ihn zwar mit dem Stock, aber du rettest sein Leben vor dem Totenreich.

15 Mein Sohn, wenn dein Herz weise ist,
   freut sich auch mein Herz,

16 und meine Nieren jubeln,
   wenn deine Lippen reden, was recht ist.

17 Dein Herz eifere nicht gegen die Sünder,
   sondern jederzeit nach der Furcht des HERRN.

18 Denn sie haben keine Zukunft,
   aber deine Hoffnung wird nicht zerschlagen werden.

19 Höre, mein Sohn, und werde weise,
   und leite dein Herz auf geradem Weg!

20 Sei nicht einer, der Wein säuft,
   der unmässig Fleisch isst.

21 Denn Säufer und Schlemmer verarmen,
   und Schläfrigkeit kleidet in Lumpen.

22 Höre auf deinen Vater, der dich gezeugt hat,
   und verachte deine Mutter nicht,
   wenn sie alt geworden ist.

23 Erwirb Wahrheit, und gib nicht preis
   Weisheit und Unterweisung und Verstand.

24 Der Vater eines Gerechten hat allen Grund zum Jubeln,
   wer einen Weisen gezeugt hat, der kann sich über ihn freuen!

25 Dein Vater und deine Mutter sollen sich freuen,
   und jubeln soll, die dich geboren hat.

26 Mein Sohn, gib mir dein Herz,
   und meine Wege mögen deinen Augen gefallen.

27 Denn eine tiefe Grube ist die Hure
   und ein enger Brunnen die fremde Frau.

28 Wie ein Räuber liegt sie auf der Lauer
   und macht noch mehr Menschen abtrünnig.

29 Wer hat Ach, wer hat Weh,
   wer hat Streit, wer hat Klage?
Wer hat Wunden ohne Grund,
   wer hat trübe Augen?

30 Die spät noch beim Wein sitzen,
   die kommen, um den Mischwein zu kosten.

31 Schau nicht hin, wie der Wein rot schimmert,
   wie er funkelt im Becher.
Sanft rinnt er hinunter,
   32 aber am Ende beisst er wie eine Schlange
   und sticht wie eine Viper.

33 Deine Augen sehen seltsame Dinge,
   und dein Herz redet verworren.

34 Und du bist wie einer, der schläft auf hoher See,
   wie einer, der im Mastkorb schläft.

35 Sie haben mich geschlagen, es hat mir nicht wehgetan,
   sie haben mich geprügelt, ich habe es nicht gespürt.
Wann wache ich auf?
   Ich will noch mehr haben!

24 1 Sei nicht neidisch auf böse Menschen,
   und sehne dich nicht nach ihrer Gesellschaft.

2 Denn ihr Herz denkt an Gewalt,
   und ihre Lippen reden Unheil.

3 Durch Weisheit wird ein Haus gebaut,
   und durch Einsicht gewinnt es Bestand,

4 und durch Erkenntnis werden die Kammern gefüllt
   mit vielen kostbaren und angenehmen Gütern.

5 Ein weiser Mann ist stark,
   und ein Mann der Erkenntnis wird kräftig.

6 Denn mit Überlegung gewinnst du den Krieg,
   und viele Ratgeber verhelfen zum Sieg.

7 Die Weisheit ist dem Narren zu hoch,
   im Tor macht er den Mund nicht auf.

8 Wer plant, Böses zu tun,
   den nennt man einen Ränkeschmied.

9 Die Ränke der Torheit sind Sünde,
   und den Spötter verabscheuen die Menschen.

10 Bist du mutlos am Tag der Not,
　　wird deine Kraft versagen.
11 Befreie, die zum Tod geschleppt
werden,
　　und rette, die zur Hinrichtung
　　wanken!
12 Wenn du sagst: Sieh, wir haben das
nicht gewusst! –
　　wird er, der die Herzen prüft, es
　　nicht durchschauen?
Und der über dein Leben wacht, er weiss
es,
　　und er vergilt dem Menschen nach
　　seinem Tun.
13 Iss Honig, mein Sohn, denn er ist
gut,
　　und Honigseim ist süss für deinen
　　Gaumen.
14 Erkenne, dass so auch die Weisheit
für dein Leben ist.
　　Wenn du sie findest, hast du eine
　　Zukunft,
　　und deine Hoffnung wird nicht
　　zerschlagen.
15 Belaure nicht als Frevler die
Wohnung des Gerechten,
　　zerstöre nicht seinen Lagerplatz!
16 Denn siebenmal fällt der Gerechte
und steht wieder auf,
　　aber die Frevler stürzen nieder im
　　Unglück.
17 Freue dich nicht, wenn dein Feind
fällt,
　　und dein Herz soll nicht jubeln,
　　wenn er strauchelt.
18 Sonst sieht es der HERR, und es ist
böse in seinen Augen,
　　und er wendet seinen Zorn von
　　ihm ab.
19 Entrüste dich nicht über die
Übeltäter,
　　ereifere dich nicht über die Frevler!
20 Denn der Böse hat keine Zukunft,
die Leuchte der Frevler erlischt.
21 Fürchte den HERRN, mein Sohn, und
den König,
　　lass dich nicht mit Aufrührern ein.
22 Denn plötzlich geht Verderben aus
von ihnen,

und unversehens kommt Unheil
von beiden.

|17: 4,20! · 24,23 |22: Ex 23,6–7; Lev 19,13 |23:
23,11; Ps 12,6 · Jes 33,1! |24–25: 13,20! |24: 15,18! |25:
1,15! |26: 6,1! |28: 23,10; Dtn 19,14! |4: 28,22; Jer 9,22;
1Tim 6,9 |5: 27,24; Hiob 27,19; Mt 6,19 |7: 26,25;
Jer 12,6 |8: 25,16 |9: 9,8 |10: 22,28! · Jer 7,6 |11: 22,23!
|13: 13,24! |15: 29,3! · 24 |16: 3Joh 4 |17:
24,19; Ps 37,1 |18: 24,14 |19: 4,26! |20–35: 20,1! |20:
28,7; Dtn 21,20 |21: 21,17 |22: 1,8! |23: 4,5 |24: 15 ·
10,1b! |27: 22,14 |28: 7,12 |35: Jes 56,12 |1: 3,31! |3:
14,1! |4: 31,10–31 · 8,18 |5: 21,22! |6: 20,18! · 11,14! |7:
14,6! · 31,23 |8: 6,18! |12: 16,2! · Jer 17,10 |13:
25,16.27; Ri 14,9; 1Sam 14,27 |14: Ps 19,10–11 · 23,18
|16: Ps 37,24 · Am 8,14 |17: 17,5! |19: 23,17! |20: 4,19! ·
13,9! |21: Koh 8,2; 1Petr 2,17 |22: 6,15!

24,21: Möglich sind auch die Übersetzungen: «...,
lass dich nicht mit Andersgesinnten ein.» oder «...,
lass dich nicht mit Leuten von hohem Rang ein.»

Weitere Worte von Weisen
23 Auch dies sind Worte von Weisen.
Die Person ansehen im Gericht, ist nicht
gut.
24 Wer zum Schuldigen sagt: Du bist
im Recht,
　　den verfluchen die Völker,
　　verwünschen die Nationen.
25 Doch denen, die für das Recht
eintreten, geht es gut,
　　und über sie kommt Segen und
　　Glück.
26 Einen Kuss auf die Lippen gibt,
　　wer richtig antwortet.
27 Verrichte draussen deine Arbeit
und bestelle dein Feld,
　　danach erst baue dir dein Haus.
28 Tritt nicht grundlos als Zeuge auf
gegen deinen Nächsten,
　　oder willst du irreführen mit deinen
　　Lippen!
29 Sage nicht: Was er mir angetan hat,
will ich ihm antun,
　　ich will ihm vergelten nach seinem
　　Tun.
30 Am Feld eines Faulen ging ich
vorüber
　　und am Weinberg eines Menschen,
　　der keinen Verstand hat.
31 Und sieh, er war ganz überwuchert
von Nesseln,
　　sein Boden war mit Unkraut
　　bedeckt,

und die Steine seiner Mauer waren
heruntergerissen.

32 Und ich sah es, nahm es mir zu
Herzen,
    ich betrachtete es, zog daraus die
    Lehre:

33 Noch ein wenig schlafen, noch ein
wenig schlummern,
    noch ein wenig die Hände
    ineinander legen und ausruhen –

34 da kommt wie ein Räuber die Armut
über dich
    und wie ein bewaffneter Mann der
    Mangel.

|23: 22,17 · 18,5! |24: 17,15! |26: 15,23! |28:
Ex 20,16; Dtn 5,20 |29: 20,22! |30–31: 15,19! |30: 13,4!
|33–34: 6,10–11

24,32: Möglich ist auch die Übersetzung: «…, ich
betrachtete es, nahm es als Unterweisung an:»

VIERTER TEIL (SPR 25–29)

25 1 Auch dies sind Sprüche
Salomos, die die Männer
Chiskijas, des Königs von Juda,
zusammengestellt haben.

|1: 1,1! · 2Kön 18,1

Brüste dich nicht vor dem König

2 Gottes Ehre ist es, eine Sache zu
verbergen,
    und die Ehre der Könige, eine Sache
    zu ergründen.

3 Die Höhe des Himmels und die Tiefe
der Erde
    und das Herz der Könige sind nicht
    zu ergründen.

4 Entferne die Schlacke vom Silber,
    so gelingt dem Feinschmied ein
    Schmuckstück.

5 Entferne den Frevler vom König,
    so wird sein Thron durch
    Gerechtigkeit gefestigt.

6 Brüste dich nicht vor dem König,
    und stelle dich nicht auf den Platz
    der Grossen.

7 Denn besser man sagt zu dir: Komm
hier herauf!,
    als dass man dich vor einem Edlen
    herabsetzt.

Wenn deine Augen etwas gesehen
haben,
    8 geh damit nicht zu schnell vor
    Gericht.

Denn was willst du später tun,
    wenn dein Nächster dich beschämt?

9 Führe deinen Rechtsstreit mit
deinem Nächsten,
    und verrate nicht, was ein anderer
    dir anvertraut hat,

10 damit dich nicht beschimpft, wer es
hört,
    und das Gerede gegen dich kein Ende
    nimmt.

11 Goldene Äpfel in silbernen Schalen,
    so ist ein Wort, das zur rechten Zeit
    gesprochen wird.

12 Ein goldener Ring, ein Geschmeide
aus Feingold,
    so ist ein weiser Mahner für ein Ohr,
    das hört.

13 Wie kühlender Schnee an einem
Sommertag
    ist ein zuverlässiger Bote für den, der
    ihn sendet:
    Er erquickt die Seele seines Herrn.

14 Wolken, Wind und doch kein Regen,
    so ist ein Mann, der mit einem
    Geschenk prahlt, ohne es zu geben.

15 Mit Geduld kann man einen Fürsten
überreden,
    und eine sanfte Zunge kann
    Knochen zerbrechen.

16 Hast du Honig gefunden, iss nicht
mehr, als du verträgst,
    sonst hast du ihn satt und musst ihn
    erbrechen.

17 Betritt nur selten das Haus deines
Nächsten,

sonst hat er dich satt und
verschmäht dich.

18 Ein Hammer, ein Schwert, ein
spitzer Pfeil,

so ist ein Mann, der falsch aussagt
gegen seinen Nächsten.

19 Ein brüchiger Zahn, ein wankender
Fuss,

so ist das Vertrauen auf einen
Treulosen am Tag der Not.

20 Wie einer, der sein Kleid ablegt an
einem kalten Tag,

wie einer, der Essig auf eine Wunde
giesst,

so ist einer, der einem missmutigen
Herzen Lieder singt.

21 Wenn dein Feind hungrig ist, gib
ihm zu essen,

und wenn er durstig ist, gib ihm zu
trinken.

22 Denn so häufst du glühende Kohlen
auf sein Haupt,

und der HERR wird es dir vergelten.

23 Der Nordwind bringt Regen
und eine heimtückische Zunge
erzürnte Gesichter.

24 Besser in einer Ecke auf dem Dach
wohnen

als mit einer streitsüchtigen Frau im
gleichen Haus.

25 Kühles Wasser für eine lechzende
Kehle,

so ist eine gute Nachricht aus
fernem Land.

26 Eine trübe Quelle, ein
verschmutzter Brunnen,

so ist ein Gerechter, der vor einem
Frevler wankt.

27 Zu viel Honig essen ist nicht gut,
und sei sparsam mit ehrenden
Worten.

28 Eine Stadt mit eingerissener Mauer –
so ist ein Mann, der sich selbst nicht
beherrscht.

|2: 16,10; Dtn 29,28 |4: Ps 66,10; Jes 1,25; Mal 3,3
|5: 8,15! |7: Lk 14,10 |9: 11,13! |11: 15,23! |13: 13,17 |14:
Jud 12 |15: 15,1! |16: 24,13! · 23,8 |18: 6,19! |20:
Ps 137,3 |21–22: Röm 12,20 |21: Lk 6,27.35 |22:
1Sam 24,18–20 |23: Hiob 37,9 |24: 21,9! |25: 15,30
|27: 24,13! |28: 29,11

25,19: Möglich ist auch die Übersetzung: «…, so
ist das Vertrauen, das trügt am Tag der Not.»

25,27: Die Übersetzung «und sei sparsam mit
ehrenden Worten» beruht auf der griechischen
Überlieferung; der Sinn des Massoretischen Texts
(«und das Suchen nach ihrer Ehre ist Ehre») ist
unklar.

Wer eine Grube gräbt, fällt hinein

26 1 So wenig wie Schnee zum
Sommer und Regen zur Ernte,
passt Ehre zu einem Dummen.

2 Wie der Sperling wegflattert, wie die
Schwalbe entfliegt,

so ist ein Fluch ohne Grund: Er trifft
nicht ein.

3 Für das Pferd gibt es die Peitsche, für
den Esel den Zaum

und für den Rücken der Dummen
den Stock.

4 Antworte dem Dummen nicht nach
seiner Torheit,

damit du nicht wirst wie er.

5 Antworte dem Dummen nach seiner
Torheit,

damit er sich nicht selbst für weise
hält.

6 Die Füsse schlägt sich ab, Unheil muss
schlucken,

wer eine Botschaft durch einen
Dummen sendet.

7 Kraftlos sind die Beine eines
Gelähmten,

so auch ein Spruch aus dem Mund
der Dummen.

8 Wie ein Beutel mit Edelsteinen auf
einem Steinhaufen,

so ist es, wenn man einem Dummen
Ehre erweist.

9 Ein Dorn geriet in die Hand eines
Betrunkenen

und ein Spruch in den Mund der
Dummen.

10 Ein Bogenschütze, der alle
verletzt, ist,

wer einen Dummen anstellt
und wer den ersten Besten, der
vorübergeht, anstellt.

11 Wie ein Hund, der zu seinem
Erbrochenen zurückkehrt,

so ist ein Dummer, der seine Torheit
wiederholt.

12 Hast du jemanden gesehen, der sich selbst für weise hält –
für einen Dummen gibt es mehr Hoffnung als für ihn.

13 Der Faule sagt: Auf dem Weg ist ein Raubtier,
ein Löwe ist auf den Strassen.

14 Die Tür dreht sich in ihrer Angel,
und der Faule dreht sich in seinem Bett.

15 Hat ein Fauler mit seiner Hand in die Schüssel gegriffen,
ist er zu träge, sie zum Mund zurückzuführen.

16 Der Faule hält sich selbst für weiser als sieben, die verständig antworten.

17 Einen Hund packt bei den Ohren,
wer sich im Vorübergehen über einen Streit ereifert, der ihn nichts angeht.

18 Wie ein Wahnsinniger,
der brennende Pfeile schleudert und Tod,

19 so ist einer, der seinen Nächsten betrogen hat
und dann sagt: Ich mache nur Spass!

20 Ohne Holz geht das Feuer aus,
und ohne Verleumder erlischt der Streit.

21 Kohle braucht es für die Glut und Holz für das Feuer
und einen zänkischen Mann, um Streit zu entfachen.

22 Die Worte des Verleumders sind wie Leckerbissen
und gleiten hinab in die Kammern des Leibes.

23 Wie Silberglasur auf Tongeschirr,
so sind feurige Lippen und ein böses Herz.

24 Wer hasst, verstellt sich mit seinen Lippen,
aber in seinem Inneren hegt er Betrug.

25 Wenn er freundlich redet, trau ihm nicht,
denn siebenfach ist Abscheuliches in seinem Herzen.

26 Mag Hass sich auch betrügerisch verhüllen,
in der Versammlung wird seine Bosheit doch offenbar.

27 Wer eine Grube gräbt, fällt hinein,
und wer einen Stein wälzt, auf den rollt er zurück.

28 Eine falsche Zunge hasst ihre Opfer,
und ein glatter Mund schafft Verderben.

|1: 1Sam 12,17 · 19,10! |2: Num 23,8 |3: 14,3 · Ps 32,9 · 10,13! |11: 2Petr 2,22 |12: 3,7! · 29,20 |13–15: 6,6! |13: 22,13 |14: 6,9 |15: 19,24 |17: 1Petr 4,15 |19: 10,23! |20: 16,28 · 22,10 |21: 15,18! · 29,22; 30,33 |22: 18,8 |24–26: 10,18 |24: 12,20 |25: 23,7! |27: 28,10; Ps 7,16; Koh 10,8 |28: 29,5; Hiob 18,7–10

Lass deinen Freund nicht im Stich

27

1 Rühme dich nicht des morgigen Tages,
denn du weisst nicht, was ein Tag gebärt.

2 Ein anderer soll dich rühmen, und nicht dein eigener Mund,
ein Fremder, und nicht deine eigenen Lippen.

3 Der Stein ist schwer, und der Sand ist eine Last,
aber Ärger über einen Toren ist schwerer als beide.

4 Die Wut ist grausam, und der Zorn schäumt über,
wer aber kann vor der Eifersucht bestehen?

5 Offene Ermahnung ist besser als Liebe, die verborgen bleibt.

6 Gut gemeint sind die Schläge eines Freundes,
die Küsse eines Feindes aber sind zahlreich.

7 Ein Satter tritt Honigseim mit Füssen,
einem Hungrigen aber schmeckt alles Bittere süss.

8 Wie ein Vogel, der fern irrt von seinem Nest,
so ist ein Mann, der fern irrt von seiner Heimat.

9 Salböl und Räucherwerk erfreuen das Herz,
und die Herzlichkeit eines Freundes ist mehr wert als der eigene Rat.

10 Lass deinen Freund nicht im Stich und den Freund deines Vaters,

und geh nicht in das Haus deines
Bruders, wenn du in Not bist.
Besser ein Nachbar in der Nähe
als ein Bruder in der Ferne.

11 Sei weise, mein Sohn, und erfreue
mein Herz,
damit ich dem antworten kann, der
mich schmäht.

12 Ein Kluger sieht das Unheil kommen
und verbirgt sich,
die Einfältigen gehen weiter und
müssen es büssen.

13 Nimm dem das Kleid, der für einen
Fremden gebürgt hat,
und pfände ihn statt der
Ausländerin.

14 Wer seinem Nächsten allzu laut
Glück wünscht in der Frühe,
dem wird es als Verwünschung
ausgelegt.

15 Ein ständig tropfendes Dach in der
Regenzeit
und eine streitsüchtige Frau
gleichen einander.

16 Wer sie aufhalten will, will den
Wind aufhalten,
und seine Rechte will nach Öl
greifen.

17 Eisen schleift man mit Eisen,
und ein Mann schleift den anderen.

18 Wer einen Feigenbaum pflegt, kann
seine Frucht essen,
und wer auf seinen Herrn achtet,
wird geehrt.

19 Wie das Wasser ein Spiegel ist für
das Gesicht,
so ist das Herz ein Spiegel für den
Menschen.

20 Totenreich und Abgrund sind
unersättlich,
und unersättlich sind die Augen des
Menschen.

21 Der Schmelztiegel ist für das Silber
da und der Ofen für das Gold,
und ein Mann muss sich vor dem
Mund dessen bewähren, der ihn
lobt.

22 Auch wenn du den Toren im Mörser
zerstampfst

samt den Körnern mit dem Stössel,
weicht seine Torheit nicht von ihm.

23 Achte auf das Aussehen deiner
Schafe,
und richte dein Herz auf deine
Herden!

24 Denn kein Vorrat hält ewig,
und keine Krone bleibt von
Geschlecht zu Geschlecht.

25 Ist das Heu eingebracht und frisches
Grün erschienen
und sind die Kräuter der Berge
gesammelt,

26 dann gibt es Lämmer für deine
Kleidung
und Böcke als Kaufpreis für ein Feld,

27 und reichlich Ziegenmilch ist da als
Nahrung
für dich und dein Haus
und genug zum Leben für deine
jungen Frauen.

|1: 1Kön 20,11! | Jak 4,14 | 2: 20,6 | 3: 17,12 | 4: 6,34
|5: Lev 19,17 | 6: Ps 141,5 · 2Sam 20,9; Mt 26,49 | 7:
Lk 15,16 | 9: 16,24 | 10: 17,17! | 11: 29,3! · Ps 119,42 | 12:
22,3 | 13: 20,16 | 15: 21,9! | 18: 1Kor 9,7 | 20: 30,16;
Jes 5,14; Hab 2,5 · Koh 1,8! | 21: 17,3 | 23: 12,10! | 24:
23,5! | 26: Ez 27,21

Wer die Weisung beachtet, ist verständig

28 1 Der Frevler flieht, auch wenn
ihn niemand verfolgt,
der Gerechte aber fühlt sich sicher
wie ein Löwe.

2 Ein aufrührerisches Land bringt viele
Herrscher hervor,
aber ein verständiger, einsichtiger
Mensch
verschafft der Ordnung Bestand.

3 Ein Mann, der ein Haupt ist und die
Geringen unterdrückt,
ist wie ein Regen, der die Nahrung
fortschwemmt und vernichtet.

4 Wer von der Weisung abweicht,
rühmt den Frevler,
wer aber die Weisung beachtet,
bekämpft ihn.

5 Böse Menschen verstehen nicht, was
recht ist,
die aber den HERRN suchen,
verstehen alles.

6 Besser ein Armer, der schuldlos
seinen Weg geht,
  als ein Reicher, der auf krummen
  Wegen geht.
7 Wer die Weisung befolgt, ist ein
verständiger Sohn,
  wer aber mit Verschwendern
  verkehrt, macht seinem Vater
  Schande.
8 Wer sein Vermögen durch Zins und
Wucher vermehrt,
  häuft es an für einen, der sich der
  Geringen erbarmt.
9 Wenn einer sein Ohr abwendet und
nicht auf die Weisung hört,
  ist auch sein Gebet abscheulich.
10 Wer Rechtschaffene irreführt auf
einen bösen Weg,
  fällt in seine eigene Grube,
  die Schuldlosen aber werden Glück
  erlangen.
11 Der Reiche hält sich selbst für weise,
  ein Geringer aber, der einsichtig ist,
  durchschaut ihn.
12 Wenn die Gerechten triumphieren,
ist der Jubel gross,
  wenn aber die Frevler sich erheben,
  halten sich die Menschen versteckt.
13 Wer seine Vergehen verbergen will,
hat keinen Erfolg,
  wer sie aber bekennt und meidet,
  findet Erbarmen.
14 Wohl dem Menschen, der die Furcht
nie verlernt;
  wer aber sein Herz verhärtet, stürzt
  ins Unglück.
15 Ein knurrender Löwe, ein
gieriger Bär,
  so ist ein ungerechter Herrscher
  über ein armes Volk.
16 Ein Fürst, dem es an Einsicht fehlt,
unterdrückt viele,
  doch wer ungerechten Gewinn
  verabscheut, wird lange leben.
17 Ein Mensch, den Blutschuld
bedrückt,
  muss bis zur Grube fliehen, man soll
  ihn nicht aufhalten.
18 Wer schuldlos seinen Weg geht,
dem wird geholfen,

wer aber krumme Wege geht,
  kommt plötzlich zu Fall.
19 Wer seinen Acker bebaut, hat genug
Brot,
  wer aber Nichtigem nachjagt, hat
  genug Armut.
20 Ein zuverlässiger Mann wird oft
gesegnet,
  wer aber schnell reich werden will,
  bleibt nicht ungestraft.
21 Es ist nicht gut, die Person
anzusehen,
  schon für ein Stück Brot kann einer
  zum Verbrecher werden.
22 Ein missgünstiger Mann will
schnell zu Vermögen gelangen
  und weiss nicht, dass Mangel über
  ihn kommen wird.
23 Wer einen Menschen zurechtweist,
findet schliesslich Dank,
  mehr als einer, der mit glatter Zunge
  spricht.
24 Wer seinen Vater und seine Mutter
beraubt und sagt: Es ist kein Unrecht!,
  der verbündet sich mit dem
  Verbrecher.
25 Der Habgierige erregt Streit,
  wer aber auf den HERRN vertraut,
  wird gesättigt.
26 Wer auf seinen eigenen Verstand
vertraut, ist ein Dummer,
  wer aber seinen Weg in Weisheit
  geht, wird gerettet.
27 Wer einem Armen gibt, hat keinen
Mangel,
  aber viele Flüche treffen den, der
  seine Augen verschliesst.
28 Wenn die Frevler sich erheben,
verbergen sich die Menschen,
  wenn sie aber zugrunde gehen,
  nimmt die Zahl der Gerechten zu.

|1: Lev 26,17 |5: 14,6! · 1Kor 2,14 |6: 19,1 |7:
23,20! |8: 13,22! |9: 15,8! |10: 26,27! |12: 28;29,2 ·
11,10 |13: Hiob 31,33 |14: Koh 8,12 · 29,1 |15: Zef 3,3
|16: 15,27! |17: Gen 4,12 |19: 12,11! |20: 10,6! · 13,11!
|21: 18,5! · Ez 13,19 |22: 23,4! |24: Mt 15,5 · 19,26! ·
18,9 |26: 3,5 |27: 19,17! · 11,26 |28: 12!

28,3: Möglich ist auch die Übersetzung: «Ein
Mann, der arm ist und …»

Ohne Offenbarung wird ein Volk zügellos

29

1 Wer ermahnt wird und halsstarrig bleibt,
> wird im Nu zerschmettert, ohne Rettung.

2 Wenn die Gerechten an der Macht sind, freut sich das Volk,
> aber wenn ein Frevler herrscht, stöhnt das Volk.

3 Wer die Weisheit liebt, macht seinem Vater Freude,
> wer aber mit Huren verkehrt, verschleudert das Vermögen.

4 Durch Recht gibt ein König dem Land Bestand,
> wer aber Steuern erhebt, richtet es zugrunde.

5 Ein Mann, der seinem Nächsten schmeichelt,
> breitet ein Netz aus vor seinen Füssen.

6 Ein böser Mann verstrickt sich in seinem Vergehen,
> aber ein Gerechter jubelt und freut sich.

7 Der Gerechte kennt das Recht der Geringen,
> der Frevler hat kein Verständnis.

8 Spötter bringen eine Stadt in Aufruhr,
> Weise aber beschwichtigen den Zorn.

9 Wenn ein Weiser mit einem Toren vor Gericht geht,
> dann tobt der und lacht, und es gibt keine Ruhe.

10 Blutgierige hassen den Schuldlosen,
> die Rechtschaffenen aber bemühen sich um sein Leben.

11 Ein Dummer lässt seiner ganzen Wut freien Lauf,
> ein Weiser aber hält ihn bis zuletzt zurück.

12 Wenn ein Herrscher auf verlogene Worte hört,
> werden alle seine Diener zu Frevlern.

13 Der Arme und der Unterdrücker begegnen einander,
> der HERR gibt beiden das Augenlicht.

14 Wenn ein König in Treue das Recht des Geringen sichert,
> steht sein Thron für immer fest.

15 Stock und Ermahnung verleihen Weisheit,
> ein Knabe aber, der sich selbst überlassen bleibt, macht seiner Mutter Schande.

16 Wenn die Frevler an der Macht sind, nimmt das Vergehen zu,
> die Gerechten aber werden sehen, wie sie stürzen.

17 Züchtige deinen Sohn, so wird er dich zufrieden machen
> und dir Freude bereiten.

18 Ohne Offenbarung wird ein Volk zügellos,
> doch wohl ihm, wenn es die Weisung beachtet.

19 Durch Worte lässt sich ein Sklave nicht zurechtweisen,
> er versteht sie zwar, aber er fügt sich nicht.

20 Siehst du einen Mann, der übereilt redet –
> für einen Dummen gibt es mehr Hoffnung als für ihn.

21 Wenn einer seinen Sklaven von Jugend an verwöhnt,
> so wird der schliesslich aufsässig.

22 Ein zorniger Mann entfacht Streit,
> und ein Hitzkopf begeht viele Sünden.

23 Der Hochmut eines Menschen erniedrigt ihn,
> aber ein Demütiger wird Ehre erlangen.

24 Wer mit einem Dieb teilt, hasst sich selbst,
> er hört den Fluch und zeigt es nicht an.

25 Die Angst eines Menschen wird ihm zur Falle,
> wer aber auf den HERRN vertraut, findet Schutz.

26 Viele wenden sich an den Herrscher,
> beim HERRN aber bekommt jeder sein Recht.

27 Die Gerechten verabscheuen den, der Unrecht tut,

und der Frevler verabscheut den, der
auf geradem Wege geht.

|1: 28,14 · 6,15! |2: 28,12! |3: 23,15; 27,11 · 6,26 |4:
14,34! · 8,15! |5: 26,28! |7: Hiob 29,16 |8: 15,1! |11:

12,16 · 25,28 |13: 14,31! · Ps 13,4 |14: 20,28! |15: 22,15 ·
21; 1Kön 1,6 |16: Ps 37,34 |17: 13,24! |20: Koh 5,1 ·
19,2! · 26,12 |21: 15! |22: 26,21! · 15,18! |23: 15,33! ·
1Petr 5,5 |24: Lev 5,1 |25: 30,5! |26: 16,15 |27: 13,19

FÜNFTER TEIL (SPR 30; 31)

Die Worte Agurs

30 1 Die Worte Agurs, des Sohns des
Jake, von Massa, der Ausspruch
des Mannes:
Ich bin erschöpft, o Gott,
    ich bin erschöpft, o Gott, und ich bin
    am Ende.
2 Ich bin zu töricht, um ein Mann zu
sein,
    und habe keinen
    Menschenverstand.
3 Und ich habe keine Weisheit
erworben
    und keine Erkenntnis des Heiligen
    gewonnen.
4 Wer ist hinaufgestiegen in den
Himmel und wieder herab?
    Wer hat mit seinen Händen den
    Wind eingefangen?
Wer hat das Wasser in ein Gewand
gebunden?
    Wer hat alle Enden der Erde
    festgesetzt?
Wie ist sein Name und wie der Name
seines Sohnes?
    Weisst du das?
5 Jedes Wort Gottes ist im Feuer
geläutert.
    Ein Schild ist er denen, die bei ihm
    Zuflucht suchen.
6 Füge seinen Worten nichts hinzu,
    damit er dich nicht zurechtweist
    und du nicht als Lügner dastehst.
7 Zwei Dinge erbitte ich von dir,
    verwehre sie mir nicht, bevor ich
    sterbe:
8 Halte Falschheit und Lüge fern von
mir,
    gib mir weder Armut noch
    Reichtum,
    gib mir zu essen, soviel ich brauche,

9 damit ich nicht satt werde und dich
verleugne
    und sage: Wer ist der HERR?,
und damit ich nicht verarme und stehle
    und den Namen meines Gottes nicht
    missbrauche.
10 Verleumde nicht einen Knecht bei
seinem Herrn,
    sonst verflucht er dich, und du musst
    es büssen.
11 Eine Generation, die ihren Vater
verflucht
    und ihre Mutter nicht segnet,
12 eine Generation, die sich selbst für
rein hält,
    obwohl von ihrem Schmutz nichts
    abgewaschen ist,
13 eine Generation mit so
hochmütigen Augen
    und stolzen Wimpern,
14 eine Generation mit Zähnen wie
Schwertern,
    mit einem Gebiss wie aus Messern,
um die Elenden auf der Erde zu
verschlingen
    und die Armen unter den Menschen.
15 Der Blutegel hat zwei Töchter: Gib
her, gib her!
Drei sind es, die nicht satt werden,
    Vier, die nie sagen: Es ist genug!
16 Das Totenreich und der
verschlossene Mutterleib,
    die Erde, die nicht satt wird von
    Wasser,
    und das Feuer, das nie sagt: Es ist
    genug!
17 Ein Auge, das den Vater verspottet
    und der Mutter nicht gehorchen
    will,
das werden die Raben am Bach
aushacken,

und die jungen Geier werden es
fressen.

18 Drei Dinge sind es, die mir zu
wunderbar sind,
und vier, die ich nicht begreife:

19 den Weg des Geiers am Himmel,
den Weg der Schlange auf dem
Felsen,
den Weg des Schiffs auf hoher See
und den Weg des Mannes bei der
jungen Frau.

20 Dies ist der Weg einer Ehebrecherin:
Sie isst und wischt sich den Mund ab
und sagt: Ich habe kein Unrecht
getan.

21 Unter dreien erzittert die Erde,
und vier kann sie nicht ertragen:

22 einen Sklaven, der König wird,
einen Toren, der sich satt essen
kann,

23 eine Verstossene, die wieder
geheiratet wird,
eine Sklavin, die ihre Herrin
verdrängt.

24 Vier sind die Kleinsten auf der Erde,
und doch sind sie äusserst gewitzt:

25 Die Ameisen sind kein starkes Volk,
und doch sorgen sie im Sommer für
ihr Futter.

26 Die Klippschliefer sind kein
mächtiges Volk,
und doch legen sie im Felsen ihre
Wohnung an.

27 Die Heuschrecken haben keinen
König,
und doch ziehen sie alle geordnet
aus.

28 Die Eidechse kannst du mit den
Händen fangen,
und doch ist sie in Königspalästen.

29 Drei sind es, die stattlich schreiten,
und vier, die stattlich einhergehen:

30 Der Löwe, das mächtigste unter den
Tieren,
der vor niemandem zurückweicht,

31 Der stolze Hahn und der Ziegenbock
und der König vor seinen Leuten.

32 Ob du töricht und überheblich
gehandelt hast

oder ob du Pläne gemacht hast im
Geheimen –
lege die Hand auf den Mund!

33 Denn Druck auf die Milch erzeugt
Butter,
und Druck auf die Nase erzeugt Blut,
und Druck auf den Zorn erzeugt
Streit.

|1: 31,1 · Gen 25,14; Ex 17,7 |2: 1Kor 3,18 |3: 9,10
|4: Joh 3,13 · Hiob 26,8; Jes 40,12 |5: Ps 12,7;
Ps 119,140 · 29,25; Ps 18,31 |6: Dtn 4,2 |8: 13,5! ·
Mt 6,11; 1Tim 6,8 |9: Hos 13,6 · Ex 5,2; Hiob 21,15;
Ps 12,5 |11: 19,26! |12: 20,9! |13: 21,4 |14: Ps 57,5 ·
Ps 14,4; Jes 3,15; Mi 3,3 |16: 27,20 · Gen 30,1 |17:
19,26! |18: Ps 139,6 |20: Jer 2,23 |22: 19,10! |23: 12,4 ·
Gen 16,4 |24: Hiob 12,7 |25: 6,8! |26: Lev 11,5;
Ps 104,18 |27: Ex 10,15 |28: Lev 11,29 |30: 2Sam 1,23
|32: Hiob 21,5! |33: 26,21!

30,1: Die Übersetzung «… der Ausspruch des
Mannes: … am Ende.» beruht auf einer Korrektur des
Massoretischen Texts und ist unsicher; der
Massoretische Text lautet übersetzt: «…, der
Ausspruch des Mannes an Itiel, an Itiel und Uchal.»
   30,21: Möglich ist auch die Übersetzung: «Unter
dreien erzittert das Land, …»
   30,31: Die Übersetzung «und der König vor
seinen Leuten» ist unsicher.

Die Worte Lemuels

31 1 Die Worte Lemuels, des Königs
von Massa,
die ihn seine Mutter gelehrt hat.

2 Mein Sohn, was soll ich dich lehren,
Sohn meines Leibes,
Sohn meiner Gelübde?

3 Gib deine Kraft nicht den Frauen hin,
und widme dich nicht der
Vernichtung von Königen.

4 Könige, Lemuel, sollen keinen Wein
trinken
und Mächtige nicht nach Bier
verlangen.

5 Sonst trinken sie und vergessen die
Satzung
und beugen das Recht aller Elenden.

6 Dem, der zugrunde geht, gebt Bier,
und Wein denen, die verbittert sind.

7 Sie sollen trinken und ihre Armut
vergessen
und nicht mehr an ihr Elend denken.

8 Öffne deinen Mund für den
Stummen,
für das Recht aller Schwachen.

9 Öffne deinen Mund, richte gerecht,
   und schaffe Recht dem, der elend ist
   und arm.

|1: 30,1 · 1,8 |2: 1Sam 1,11 |3: Dtn 17,17 |4:
1Kön 20,12; Est 1,10; Koh 10,17 |5: Jes 5,22–23 |6:
Mk 15,23 |7: Ps 104,15 |8: Hiob 29,12

Die tüchtige Frau

10 Eine tüchtige Frau – wer findet sie?
   Ihr Wert ist weit höher als der von
   Perlen.

11 Das Herz ihres Mannes vertraut
auf sie,
   und an Einkommen fehlt es ihm
   nicht.

12 Sie tut ihm Gutes und nicht Böses
   alle Tage ihres Lebens.

13 Sie sorgt für Wolle und Flachs
   und arbeitet, was ihren Händen
   gefällt.

14 Sie gleicht den Schiffen eines
Kaufmanns,
   von weit her bringt sie ihre Speisen.

15 Noch in der Nacht steht sie auf
   und versorgt ihr Haus mit Nahrung
   und weist ihren Mägden die
   Arbeit zu.

16 Sie will einen Acker haben und
nimmt ihn sich,
   vom Ertrag ihrer Hände pflanzt sie
   einen Weinberg.

17 Sie gürtet ihre Hüften mit Kraft
   und macht ihre Arme stark.

18 Sie sieht, dass ihr Handel Gewinn
bringt,
   in der Nacht erlischt ihre Lampe
   nicht.

19 Mit ihren Händen greift sie nach
dem Spinnrocken,
   und ihre Finger fassen die Spindel.

20 Ihre Hand öffnet sie für den Elenden,
   und dem Bedürftigen reicht sie ihre
   Hände.

21 Sie fürchtet nicht den Schnee für ihr
Haus,
   denn ihr ganzes Haus ist gekleidet in
   Karmesin.

22 Decken hat sie für sich gemacht,
   aus feinem Leinen und rotem
   Purpur ist ihr Gewand.

23 Ihr Mann ist geachtet in den Toren,
   wenn er bei den Ältesten des Landes
   sitzt.

24 Sie stellt Hemden her und verkauft
sie,
   und an die Händler liefert sie Gürtel.

25 Kraft und Hoheit sind ihr Gewand,
   und dem kommenden Tag lacht sie
   entgegen.

26 Sie öffnet ihren Mund mit Weisheit,
   und auf ihrer Zunge ist gütige
   Weisung.

27 Das Tun und Treiben in ihrem Haus
überwacht sie,
   und das Brot des Müssiggangs isst
   sie nicht.

28 Ihre Söhne stehen auf und preisen
sie,
   auch ihr Mann erhebt sich und
   rühmt sie:

29 Es gibt viele Frauen, die sich als
tüchtig erwiesen haben,
   du aber übertriffst sie alle.

30 Anmut ist trügerisch und Schönheit
flüchtig,
   aber eine Frau, die den HERRN
   fürchtet, darf sich rühmen.

31 Gebt ihr Anteil vom Ertrag ihrer
Hände,
   und ihre Werke sollen ihren Ruhm
   verkünden in den Toren!

|10–31: 24,4 |10: 12,4! |15: Lk 12,42 |16: 14,1! |17:
Lk 12,35; 1Petr 1,13 |19: Ex 35,25–26 |23: 24,7 |25:
12,4! |26: Tit 2,3 |29: Rut 3,11 |30: 11,22

Das Buch Kohelet

(DER PREDIGER)

Nichtig und flüchtig

1 1 Die Worte Kohelets, des Sohnes Davids, des Königs in Jerusalem.

2 Nichtig und flüchtig, sprach Kohelet, nichtig und flüchtig, alles ist nichtig.

| 1: 12; Spr 1,1 | 2: Ps 12,8; 39,6; 62,10; 144,4

Was einmal geschah, wird wieder geschehen

3 Welchen Gewinn hat der Mensch von seiner ganzen Mühe und Arbeit unter der Sonne?

4 Ein Geschlecht geht, und ein Geschlecht kommt,
und die Erde bleibt ewig bestehen.

5 Und die Sonne geht auf, und die Sonne geht unter
und strebt nach dem Ort,
wo sie aufgeht.

6 Es weht nach Süden und dreht nach Norden,
dreht, dreht, weht, der Wind.
Und weil er sich dreht, kommt er wieder, der Wind.

7 Alle Flüsse fliessen zum Meer,
und das Meer wird nicht voll.
Zum Ort, dahin die Flüsse fliessen,
fliessen sie und fliessen.

8 Alles Reden müht sich ab,
keiner kommt damit zum Ziel.
Das Auge sieht sich niemals satt,
und das Ohr wird vom Hören
nicht voll.

9 Was einmal geschah, wird wieder geschehen,
und was einmal getan wurde, wieder getan,
und nichts ist wirklich neu unter der Sonne.

10 Wohl sagt man:
Sieh dies an! Es ist neu! –
Es war längst schon einmal da,
in den Zeiten, die vor uns waren.

11 An die Früheren erinnert man sich nicht,
und an die Späteren, die kommen werden,
auch an sie wird man sich nicht erinnern
bei denen, die zuletzt sein werden.

| 3: 2,22; 3,9; 6,11 | 4: 3,14 | 5: Ps 19,5–7 | 8: 4,8; 5,9; 6,7; Spr 27,20 | 9: 3,15; 6,10 | 11: 2,16; 7,24; 9,5; Ps 49,11

Ich, Kohelet, wurde König

12 Ich, Kohelet, wurde König über Israel in Jerusalem. 13 Da nahm ich mir vor, in Weisheit alles zu erforschen und zu erkunden, was unter dem Himmel getan wird. Das ist eine leidige Mühe. Gott hat es den Menschen überlassen, sich damit abzumühen. 14 Ich betrachtete alle Werke, die unter der Sonne vollbracht wurden, und siehe, alles war nichtig und ein Greifen nach Wind. 15 Was krumm ist, kann nicht gerade werden, und was fehlt, kann man nicht zählen.

16 Ich dachte mir: Sieh, ich bin grösser und weiser als jeder, der vor mir über Jerusalem geherrscht hat, und mein Herz hat viel Weisheit und Erkenntnis gesehen. 17 So nahm ich mir vor zu erkennen, was Weisheit ist, und zu erkennen, was Verblendung ist und Torheit. Ich erkannte, dass auch dies ein Greifen nach Wind war. 18 Denn mit viel Weisheit kommt viel Verdruss, und wer mehr erkennt, hat mehr zu leiden.

2 1 Ich dachte mir: Versuch es doch mit der Freude und geniesse etwas Gutes! Und siehe, auch dies war nichtig. 2 Vom Lachen sagte ich: töricht! Und von der Freude: Was kann sie bewirken? 3 Ich dachte mir aus, meinen Leib im Wein zu baden, doch sollte mein Ver-

stand in Weisheit die Führung behalten.
Und nach der Torheit wollte ich greifen,
bis ich sehen würde, was gut ist für die
Menschen, was sie tun sollten unter
dem Himmel, solange sie leben. 4 Ich
vollbrachte grosse Werke: Ich baute mir
Häuser, ich pflanzte mir Weinberge.
5 Ich legte mir Gärten an und Haine und
pflanzte darin Fruchtbäume jeglicher
Art. 6 Ich machte mir Wasserteiche, um
aus ihnen den Wald zu tränken, voller
spriessender Bäume. 7 Ich kaufte Sklaven und Sklavinnen und besass auch im
Haus geborene. Auch Herden, Rinder
und Schafe hatte ich mehr als alle, die
vor mir in Jerusalem waren. 8 Auch
häufte ich mir Silber an und Gold und
den Besitz von Königen und Ländern.
Ich verschaffte mir Sänger und Sängerinnen und die Lust der Männer: Frauen
und nochmals Frauen. 9 So wurde ich
grösser und reicher als jeder, der vor mir
in Jerusalem war. Auch blieb mir meine
Weisheit erhalten. 10 Und was immer
meine Augen begehrten, verwehrte ich
ihnen nicht. Keine Freude versagte ich
meinem Herzen. Mein Herz freute sich
nach all meiner Mühe, und das war
mein Teil nach all meiner Mühe. 11
Doch als ich alle meine Werke ansah, die
meine Hände vollbracht hatten, und alles, was ich mit Mühe und Arbeit geschaffen hatte, siehe, da war alles nichtig und ein Greifen nach Wind, und es
gab keinen Gewinn unter der Sonne.

|2:1 |3:8 · 4,4 · 3,10 |4:2,11.17 |5:7,13 |16:
2,9;1Kön 5,9–10;10,23;2Chr 9,22 |17:2,12;7,25;8,16
|18:12,12;2,22–23 |1:3,12;7,4 |3:Spr 31,4 |4:1Kön 7,1
|7:1Kön 5,3 |8:1Kön 9,28 · 1Kön 11,1–3 |9:1,16! |11:
1,14

2,7: Mit «im Haus geborene» sind ebenfalls Sklaven gemeint.

Was hat der Mensch von all seinem
Mühen?
12 Da ging ich daran, Weisheit, Verblendung und Torheit zu betrachten.
Was bleibt dem Menschen zu tun, der
nach dem König kommt? Was man
schon längst getan hat!
13 Und ich sah, dass die Weisheit

mehr Gewinn bringt als die Torheit, wie
das Licht mehr Gewinn bringt als die
Dunkelheit. 14 Der Weise hat Augen im
Kopf, aber der Tor tappt im Dunkeln.
Doch erkannte ich auch, dass ein und
dasselbe Geschick beide treffen kann.
15 So dachte ich: Wie dem Toren kann es
auch mir ergehen. Wozu bin ich denn so
weise geworden? Da dachte ich, dass
auch dies nichtig war. 16 Denn weder an
den Weisen noch an den Toren wird
man sich ewig erinnern: In den Tagen,
die kommen, werden alle längst vergessen sein. Ach, der Weise muss sterben
genau wie der Tor! 17 Da hasste ich das
Leben, denn übel erschien mir alles Tun
unter der Sonne: Alles war nichtig und
ein Greifen nach Wind.

18 Und ich hasste alles, was ich mir
mühevoll erarbeitet hatte unter der
Sonne, denn dem Menschen, der nach
mir kommt, muss ich es hinterlassen.
19 Und wer weiss, ob es ein Weiser oder
ein Tor sein wird? Und doch wird er
über alles verfügen, wofür ich Mühe
und Weisheit aufgewandt habe unter
der Sonne. Auch das ist nichtig. 20 So
kam ich dazu, an allem zu verzweifeln,
wofür ich mich abgemüht hatte unter
der Sonne. 21 Denn da müht sich nun
einer ab mit Weisheit und Erkenntnis
und mit Geschick, und dann muss er es
einem Menschen als Erbteil überlassen,
der sich nicht dafür abgemüht hat. Auch
das ist nichtig und ein grosses Übel.

22 Was hat denn der Mensch von all
seinem Mühen und Streben, davon dass
er sich abmüht unter der Sonne? 23 Sein
Leben bringt ihm nur Leiden und seine
Mühe Verdruss, und selbst bei Nacht
kommt sein Herz nicht zur Ruhe. Auch
das ist nichtig. 24 Nichts Gutes bringt
der Mensch selbst zustande: Dass er essen und trinken und sich etwas Gutes
gönnen kann bei seiner Mühe, auch das
kommt, so sah ich, aus Gottes Hand.
25 Wer kann essen und wer muss sich
sorgen, wenn nicht ich? 26 Einem Menschen, der ihm gefällt, gibt er Weisheit
und Einsicht und Freude. Den aber, des-

sen Leben verfehlt ist, lässt er sammeln und anhäufen, um es dann dem zu geben, der Gott gefällt. Auch das ist nichtig und ein Greifen nach Wind.

|12: 1,17! · 1,9! |13: 7,11–12 |14: 9,2; Ps 49,11; Hiob 9,22! |15: 6,8 |16: 1,11! |17: 1,14! |18: 21 |21: 18 |22: 1,3! |23: 8,16 |24: 5,17; 8,15; 9,7 |26: Spr 13,22!

Zeit und Stunde

3 1 Für alles gibt es eine Stunde,
    und Zeit gibt es für jedes Vorhaben
    unter dem Himmel:
2 Zeit zum Gebären
    und Zeit zum Sterben,
Zeit zum Pflanzen
    und Zeit zum Ausreissen des
    Gepflanzten,
3 Zeit zum Töten
    und Zeit zum Heilen,
Zeit zum Einreissen
    und Zeit zum Aufbauen,
4 Zeit zum Weinen
    und Zeit zum Lachen,
Zeit des Klagens
    und Zeit des Tanzens,
5 Zeit, Steine zu werfen,
    und Zeit, Steine zu sammeln,
Zeit, sich zu umarmen,
    und Zeit, sich aus der Umarmung
    zu lösen,
6 Zeit zum Suchen
    und Zeit zum Verlieren,
Zeit zum Bewahren
    und Zeit zum Wegwerfen,
7 Zeit zum Zerreissen
    und Zeit zum Nähen,
Zeit zum Schweigen
    und Zeit zum Reden,
8 Zeit zum Lieben
    und Zeit zum Hassen,
Zeit des Kriegs
    und Zeit des Friedens.
9 Welchen Gewinn hat, wer etwas tut, davon, dass er sich abmüht?

|1: 8,6 |5: 1Kor 7,5 |7: Spr 25,11; 15,23 |9: 1,3!

Gott hat alles schön gemacht

10 Ich sah, was Gott den Menschen zu tun überlassen hat. 11 Alles hat er so gemacht, dass es schön ist zu seiner Zeit.

Auch die ferne Zeit hat er den Menschen ins Herz gelegt, nur dass der Mensch das Werk, das Gott gemacht hat, nicht von Anfang bis Ende begreifen kann. 12 Ich erkannte, dass sie nichts Besseres zustande bringen, als sich zu freuen und Gutes zu tun im Leben. 13 Und wenn irgendein Mensch bei all seiner Mühe isst und trinkt und Gutes geniesst, ist auch dies ein Geschenk Gottes. 14 Ich erkannte, dass alles, was Gott schafft, endgültig ist. Nichts ist ihm hinzuzufügen, und nichts ist davon wegzunehmen. Und Gott hat es so gemacht, dass man sich vor ihm fürchtet. 15 Was einmal geschah, ist längst wieder geschehen, und was geschehen wird, ist längst schon geschehen. Gott aber sucht, was verloren ging.

|11: Gen 1,31 · 8,17; 11,5 |12: 22; 7,14 |13: 5,18 |14: 1,4; Ps 33,11 · Dtn 4,2; 13,1 |15: 1,9!

Den Gerechten und den Frevler wird Gott richten

16 Und weiter sah ich unter der Sonne: Zur Stätte des Rechts dringt das Unrecht vor, und zur Stätte der Gerechtigkeit das Unrecht. 17 Ich sagte mir: Den Gerechten und den Frevler wird Gott richten. Denn Zeit gibt es für jegliches Vorhaben und so auch für alles, was dort geschieht. 18 Ich dachte über die Menschen: Gott hob sie heraus und sah, dass sie doch nur Tiere sind. 19 Das Geschick der Menschen gleicht dem Geschick der Tiere, es trifft sie dasselbe Geschick. Jene müssen sterben wie diese, beide haben denselben Lebensgeist, und nichts hat der Mensch dem Tier voraus, denn nichtig und flüchtig sind sie alle. 20 Alle gehen an ein und denselben Ort, aus dem Staub sind alle entstanden, und alle kehren zurück zum Staub. 21 Wer weiss denn, ob der Lebensgeist des Menschen nach oben steigt und der Lebensgeist der Tiere hinab in die Erde? 22 So sah ich, dass es nichts Besseres gibt, als dass der Mensch sich freut bei seinem Tun, denn das ist sein Teil. Wer

würde ihn denn dazu bringen zu sehen, was künftig sein wird?

|16: 4,1; 5,7 |17: 11,9; 12,14 |19: Ps 49,13.21 |20: 12,7; Gen 3,19! |21: Hiob 14,10! |22: 12! · 6,12; 7,14; 8,7; 9,2; 10,14

3,19: Die Übersetzung beruht auf einer Umvokalisierung des Massoretischen Texts; dieser lautet: «Die Menschen sind vom Schicksal bestimmt, und die Tiere sind vom Schicksal bestimmt, es trifft sie dasselbe Geschick. ...»

3,21: Die Übersetzung beruht auf einer Umvokalisierung des Massoretischen Texts; dieser lautet: «Wer kennt den Lebensgeist des Menschen, der nach oben aufsteigt, und den Lebensgeist der Tiere, der hinabsteigt, hinab in die Erde?»

Die Tränen der Unterdrückten

4 1 Und wiederum sah ich all die Unterdrückung, die unter der Sonne verübt wird. Und sieh: die Tränen der Unterdrückten, und sie haben keinen, der sie tröstet. Und von der Hand ihrer Unterdrücker geht Gewalt aus, und sie haben keinen, der sie tröstet. 2 Da pries ich die Toten, die schon gestorben sind, glücklicher als die Lebenden, die noch da sind. 3 Besser als beide aber hat es, wer noch nicht da war, wer das böse Tun noch nicht gesehen hat, das unter der Sonne verübt wird.

|1: 3,16! · Ps 69,21; Klgl 1,16–17 |3: 7,1; 6,3; Hiob 3,16; Jer 20,14–18

Besser eine Hand voll Ruhe als beide Hände voll Mühe

4 Und ich sah, dass alle Mühe und alles geschickte Tun Neid des einen auf den anderen ist. Auch das ist nichtig und ein Greifen nach Wind. 5 Der Tor legt seine Hände ineinander und verzehrt sein eigenes Fleisch. 6 Besser eine Hand voll Ruhe als beide Hände voll Mühe und Greifen nach Wind.

|4: 1,13 |5: Spr 6,9 |6: 6,4–5; Spr 15,16!

Zwei haben es besser als einer allein

7 Und wiederum sah ich Nichtiges unter der Sonne: 8 Da ist einer allein, ohne einen anderen, hat weder einen Sohn noch einen Bruder. Und all seine Mühe hat kein Ende. Auch kann sein Auge nicht genug Reichtum sehen. Und

für wen mühe ich mich ab und versage mir jeden Genuss? Auch das ist nichtig und eine leidige Mühe. 9 Zwei haben es besser als einer allein, denn sie haben einen guten Lohn für ihre Mühe. 10 Wenn sie fallen, kann der eine seinem Gefährten aufhelfen. Doch wehe dem, der allein ist und fällt, und keiner ist da, der ihm aufhelfen kann. 11 Auch ist zweien warm, wenn sie sich schlafen legen. Doch einer allein, wie kann ihm warm werden? 12 Und wenn einer den überwältigt, der allein ist, so halten die zwei jenem stand. Und der dreifache Faden zerreisst nicht so bald.

|8: 1,8! · Lk 12,20 · 1,13 |9: Gen 2,18 |11: 1Kön 1,2

Der König und die Armen

13 Besser ein Kind, arm aber weise, als ein König, alt aber töricht, der nicht mehr die Einsicht hat, sich warnen zu lassen. 14 Selbst wenn einer aus dem Gefängnis auf den Thron kam, wurden doch auch unter seiner Herrschaft Arme geboren. 15 Ich sah, wie all die Lebenden, die unter der Sonne wandeln, schon auf der Seite eines nächsten Kindes standen, das an seine Stelle treten sollte. 16 Wer immer sich an ihre Spitze stellte, hatte zahlloses Volk hinter sich. Doch die Späteren hatten keine Freude mehr an ihm. Denn auch das ist nichtig und ein Greifen nach Wind.

Fürchte Gott

17 Gib acht auf deine Füsse, wenn du zum Hause Gottes gehst. Und tritt hinzu, um zu hören, und nicht, um ein Schlachtopfer zu stiften wie die Toren. Sie verstehen nicht, dass sie Schlechtes tun.

5 1 Sei nicht vorschnell mit deinem Mund, und dein Herz übereile sich nicht, etwas vor Gott zu bringen. Denn Gott ist im Himmel, und du bist auf der Erde. Darum mach nicht viele Worte. 2 Denn wer viel Mühe hat, fängt an zu träumen, und wer viel spricht, fängt an, töricht zu reden. 3 Wenn du Gott ein Gelübde ablegst, erfülle es ohne Verzug.

Denn die Toren gefallen ihm nicht. Was du gelobst, das halte. 4 Besser du gelobst gar nichts, als dass du gelobst und es nicht hältst. 5 Lass nicht zu, dass dein Mund dich in Schuld bringt, und sage nicht vor dem Boten: Es war ein Versehen. Warum soll Gott zornig werden über dein Reden und das Werk deiner Hände verderben? 6 Wo Träume sich mehren und Nichtigkeiten und viele Worte, da fürchte Gott!

|17: 1Sam 15,22!; Ps 40,7 |1: Mt 6,7 |2: 10,14; Spr 10,19 |3: Num 6,3!; Spr 20,25! |5: Mal 2,7 |6: 3,14; 12,13

5,5: Mit dem Boten ist wahrscheinlich der Priester gemeint (vgl. Mal 2,7).

Die Armen und der König

7 Siehst du, dass in der Provinz die Armen unterdrückt und Recht und Gerechtigkeit verweigert werden, so wundere dich nicht darüber. Denn ein Höherer gibt von oben acht auf einen Hohen, und über ihnen sind noch Höhere. 8 So ist es für ein Land allemal ein Gewinn, wenn jedes bebaute Feld einen König hat.

|7: 3,16!; Ex 23,6 |8: 2Chr 26,10

Reichtum und Armut

9 Wer das Geld liebt, wird des Geldes nicht satt. Und wer liebt Reichtum ohne Ertrag? Auch das ist nichtig. 10 Mehrt sich das Gut, so mehren sich, die es verzehren. Und welchen Gewinn hat der Besitzer außer dem Zusehen? 11 Süss ist der Schlaf des Arbeiters, ob er wenig oder viel zu essen hat. Doch die Sättigung des Reichen lässt ihn nicht schlafen.

12 Es gibt ein schlimmes Übel, das ich unter der Sonne sah: Da wurde Reichtum von seinem Besitzer aufgespart für einen Unglücksfall. 13 Doch durch ein Unglück ging der Reichtum verloren. Er aber hatte einen Sohn gezeugt, und nun hat er nichts mehr in der Hand. 14 Wie er aus dem Leib seiner Mutter kam, so muss er wieder gehen, so nackt wie er kam. Und nichts bleibt

ihm von seiner Mühe, das er weitergeben könnte.

15 Auch dies aber ist ein schlimmes Übel: Wie einer kam, so muss er wieder gehen, und welchen Gewinn hat er, wenn er sich abmüht für den Wind? 16 All seine Tage muss er in der Finsternis fristen, er hat viel Verdruss, ist krank und zornig.

17 Sieh, was ich Gutes sah: Es ist schön, zu essen und zu trinken und Gutes zu geniessen für all die Mühe und Arbeit unter der Sonne in der ganzen Zeit seines Lebens, die Gott einem gegeben hat. Das steht einem jeden zu als sein Teil. 18 Auch wenn Gott einem Menschen Reichtum und Vermögen gibt und ihm gestattet, davon zu essen und seinen Teil davonzutragen und sich zu freuen an dem, wofür er sich abgemüht hat, so ist das ein Geschenk Gottes. 19 Nicht oft denkt er an die Frist seines Lebens, denn Gott erfreut sein Herz.

6 1 Es gibt ein Übel, das ich unter der Sonne sah, und schwer lastet es auf dem Menschen: 2 Da gibt Gott einem Mann Reichtum, Vermögen und Ehre, und es mangelt ihm an nichts von allem, was er begehrt. Doch Gott erlaubt es ihm nicht, davon zu essen, sondern ein Fremder verzehrt es. Das ist nichtig und ein schlimmes Leiden.

3 Wenn ein Mann hundert Kinder zeugte und viele Jahre lebte und ein hohes Alter erreichte, sich aber nicht sättigen könnte von seinem Gut – selbst wenn er nicht begraben wäre, sage ich: Die Fehlgeburt hat es besser als er. 4 Denn in Nichtigkeit kam sie, und im Dunkel geht sie dahin, und im Dunkel bleibt ihr Name verborgen. 5 Auch hat sie die Sonne nicht gesehen und nicht gekannt. Sie hat mehr Ruhe als er. 6 Und wenn einer zweimal tausend Jahre gelebt, aber nicht Gutes genossen hätte – gehen nicht alle an denselben Ort?

7 Alles Mühen des Menschen ist für seinen Mund, und doch wird sein Verlangen nie gestillt. 8 Denn was hat der Weise dem Toren voraus? Was nützt es

dem Armen, wenn er zu leben versteht?
9 Besser geniessen, was man vor Augen
hat, als das Verlangen schweifen lassen.
Auch das ist nichtig und ein Greifen
nach Wind.

|9: 1,8! |10: Spr 19,6 |13: Spr 27,24 |14: Hiob 1,21;
1Tim 6,7; Ps 49,18 |15: 1,3 |16: 2,22–23 |17: 2,24!; 3,12
|18: 3,13 |1: 8,6 |2: Lk 12,20 |3: 4,3! |6: 3,20 |7: 1,8!;
Spr 16,26 |8: 2,15

Wer weiss, was gut ist für den Menschen?

10 Was war, ist längst mit Namen
benannt, und bekannt ist, was ein
Mensch ist, und dass er nicht rechten
kann mit dem, der mächtiger ist als er.
11 Doch es gibt viele Worte, die das
Nichtige vermehren. Was hat der
Mensch davon? 12 Wer weiss denn, was
gut ist für den Menschen im Leben, in
der Zeit seines flüchtigen Lebens, die er
verbringt wie ein Schatten? Wer könnte
dem Menschen kundtun, was künftig
sein wird unter der Sonne?

7 1 Besser ein guter Ruf als guter Geruch – und der Tag des Todes als der
Tag der Geburt. 2 Besser, in ein Haus zu
gehen, wo man trauert, als in ein Haus
zu gehen, wo man feiert; denn da zeigt
sich das Ende jedes Menschen, und der
Lebende nimmt es sich zu Herzen.
3 Besser verdriesslich sein als lachen,
denn bei trauriger Miene geht es dem
Herzen gut. 4 Das Herz der Weisen ist
in einem Haus, wo man trauert, das
Herz der Toren aber im Haus, wo man
sich freut. 5 Besser, man hört einen
Weisen schelten als die Toren singen.
6 Denn wie das Knistern der Dornen
unter dem Topf, so ist das Lachen des Toren. Doch auch das ist nichtig. 7 Denn
Unterdrückung macht einen Weisen
töricht, und Geschenke verderben den
Verstand.

8 Besser der Ausgang einer Sache als
ihr Anfang, besser langmütig als hochmütig. 9 Werde nicht zu rasch verdriesslich, denn Toren tragen in sich
Verdruss. 10 Sage nicht: Wie kommt es,
dass die früheren Zeiten besser waren
als die jetzigen? Denn nicht aus Weisheit fragst du so. 11 Weisheit ist so gut

wie Besitz und ein Vorteil für jene, die
die Sonne schauen; 12 denn Weisheit
beschirmt und Geld beschirmt, doch
dies ist der Vorteil des Wissens: Wer
Weisheit hat, den erhält sie am Leben.

13 Betrachte das Werk Gottes: Wer
kann gerade machen, was er gekrümmt
hat? 14 Am Tag des Glücks sei guter
Dinge, und am Tag des Unglücks bedenke: Auch diesen wie jenen hat Gott
gemacht, und was künftig sein wird,
kann der Mensch nicht wissen.

|10: 1,9!; Jer 1,5; Hiob 9,32! |12: 1Chr 29,15;
Ps 144,4 · 3,22! |1: Spr 22,1 · 4,2 |2: 9,5 |4: 2,2 |5:
Spr 13,1; 15,32 |7: Ex 23,8; Dtn 16,19 |8: Spr 14,29 |9:
Spr 22,24; Jak 1,19 |10: Dtn 4,32 |12: Spr 3,2.14; 16,16
|13: 1,15 |14: Hiob 2,10 · 3,22!

*Sei nicht übergerecht, und gib dich nicht
gar zu weise*

15 Beides sah ich in meinen flüchtigen Tagen: Da ist ein Gerechter, der zugrunde geht in seiner Gerechtigkeit,
und da ist ein Ungerechter, der lange
lebt in seiner Bosheit. 16 Sei nicht übergerecht, und gib dich nicht gar zu weise.
Warum willst du scheitern? 17 Sei nicht
zu oft ungerecht, und sei kein Tor.
Warum willst du sterben vor deiner
Zeit? 18 Gut ist es, wenn du dich an das
eine hältst und auch vom anderen nicht
lässt. Wer Gott fürchtet, wird beidem
gerecht.

19 Die Weisheit macht den Weisen
stärker als zehn Machthaber in der
Stadt. 20 Doch kein Mensch auf Erden
ist so gerecht, dass er nur Gutes tut und
niemals sündigt. 21 Achte auch nicht auf
all die Worte, die man redet, damit du
nicht hörst, wie dein Knecht dich
schmäht. 22 Denn du weisst, dass auch
du selbst oft andere geschmäht hast.

|15: 8,14; Hiob 12,6; Ps 73,12 |16: 2,15 |19:
Spr 24,5; 9,16 |20: 1Kön 8,46!; Ps 14,3; Hiob 4,16!

Sie suchten grosse Erkenntnisse

23 All dies versuchte ich mit der
Weisheit. Ich sprach: Ich will Weisheit
erlangen. Sie aber blieb mir fern.

24 Fern ist, was war, und tief, tief –
wer könnte es begreifen? 25 Ich nahm

mir vor, Weisheit und Erkenntnis zu verstehen, zu erkennen und zu suchen, zu verstehen, dass Unrecht Torheit ist und Unverstand Verblendung. 26 Und nun finde ich: Die Frau ist bitterer als der Tod, sie ist eine Schlinge, ihr Herz ist ein Netz, ihre Hände sind Fesseln. Wer Gott gefällt, entkommt ihr, der Sünder aber wird von ihr gefangen. 27 Sieh, dies fand ich, sprach Kohelet: Alles in allem findet sich die Erkenntnis, 28 dass ich ständig suchte, aber nicht fand. Unter tausend fand ich einen einzigen Mann, eine Frau aber fand ich bei all diesen nicht. 29 Nur dies fand ich, sieh: Gott hat den Menschen recht gemacht, sie aber suchten grosse Erkenntnisse.

| 24: 1,11 | 25: 1,17! | 26: Spr 22,14

Wenn der Mensch Macht hat über den Menschen

8 1 Wer ist wie der Weise, und wer versteht es, ein Wort zu deuten? Die Weisheit eines Menschen lässt sein Gesicht leuchten, und seine harten Züge lösen sich. 2 Gehorche dem Befehl eines Königs, denn du hast ihm einen Eid geschworen bei Gott. 3 Geh nicht vorschnell weg von ihm, lass dich nicht auf Schlechtes ein, denn alles, was er will, kann er tun. 4 Denn das Wort eines Königs hat Macht, und wer könnte zu ihm sagen: Was tust du? 5 Wer dem Befehl gehorcht, lernt nichts Schlechtes kennen, und das Herz eines Weisen kennt Zeit und Gericht.

6 Für jedes Vorhaben gibt es Zeit und Gericht, denn die Bosheit des Menschen lastet schwer auf ihm. 7 Er weiss ja nicht, was geschehen wird; denn wer könnte ihm kundtun, was sein wird? 8 Kein Mensch hat Macht über den Wind, so dass er den Wind aufhalten könnte, und keiner hat Macht über den Tag des Todes. Und im Krieg gibt es keine Entlassung, und Unrecht kann seinen Täter nicht retten. 9 All dies sah ich, und ich achtete auf alles, was unter der Sonne getan wurde: Schlecht ist für

den Menschen eine Zeit, in der der Mensch Macht hat über den Menschen.

| 2: Spr 24,21 | 3: 10,4; Spr 20,2; Dan 5,19 | 5–6: 3,1 | 5: Spr 19,16 | 6: 6,1 | 7: 3,22! | 8: 9,12 | 9: 5,7

8,2–3: Möglich ist auch die Übersetzung: «2 Gehorche dem Befehl eines Königs, doch wenn du einen Schwur bei Gott leisten sollst, 3 handle nicht vorschnell. Geh weg von ihm, lass dich nicht auf Schlechtes ein, denn alles, was er will, kann er tun.»
8,5: Möglich ist auch die Übersetzung: «Wer das Gebot beachtet, ...»

Frevler und Gerechte

10 Sodann sah ich, wie Frevler begraben wurden und zur Ruhe eingingen; die aber Recht getan hatten, mussten von der heiligen Stätte weichen und wurden in der Stadt vergessen. Auch das ist nichtig. 11 Weil das Urteil über die böse Tat nicht sogleich vollstreckt wird, wächst in den Menschen die Lust, Böses zu tun. 12 Denn ein Sünder tut hundertmal Böses und lebt doch lange. Ich aber weiss: Es ist gut für die Gottesfürchtigen, dass sie sich fürchten vor Gott. 13 Und es ist nicht gut für den Frevler und er wird nicht länger leben als ein Schatten, wenn er sich nicht fürchtet vor Gott. 14 Es gibt Nichtiges, das auf Erden geschieht: Es gibt Gerechte, denen es ergeht, als hätten sie gehandelt wie Frevler, und es gibt Frevler, denen es ergeht, als hätten sie gehandelt wie Gerechte. Ich dachte: Auch dies ist nichtig. 15 So pries ich die Freude: Es gibt für den Menschen nichts Gutes unter der Sonne ausser zu essen und zu trinken und sich zu freuen. Das kann ihn begleiten bei seiner Mühe in der Zeit seines Lebens, die Gott ihm gegeben hat unter der Sonne.

| 12b–15: 3,16–22 · Ps 37,17–18; Spr 10,27 | 13: 6,12! | 14: 7,15; Jer 12,1 | 15: 2,24!

Der Mensch kann die Werke Gottes nicht begreifen

16 Als ich mir vornahm, Weisheit zu verstehen und das Treiben zu betrachten, das auf der Erde geschah – bei Tag und bei Nacht gönnt man seinen Augen keinen Schlaf –, 17 sah ich das ganze

Werk Gottes: dass der Mensch das Geschehen unter der Sonne nicht begreifen kann. Auch wenn der Mensch sich abmüht zu suchen, so findet er doch nicht. Und wenn der Weise behauptet, es zu verstehen, so kann er es doch nicht begreifen.

| 16: 1,17 · 2,23 | 17: 3,11!

Ein lebender Hund hat es besser als ein toter Löwe

9 1 All dies nahm ich mir zu Herzen, um all dies zu prüfen: Die Gerechten und die Weisen und ihre Werke sind in Gottes Hand. Sei es Liebe, sei es Hass, alles, was vor ihnen liegt, können die Menschen nicht erkennen. 2 Jeden trifft, was ihm gebührt. Dasselbe Geschick trifft den Gerechten und den Frevler, den Guten und Reinen und den Unreinen, den, der opfert, und den, der nicht opfert; den Guten wie den Sünder, den, der schwört, wie den, der sich scheut zu schwören. 3 Das ist schlimm bei allem, was unter der Sonne geschieht, dass alle dasselbe Geschick trifft. Auch ist das Herz der Menschen voll Bosheit, und Verblendung ist in ihrem Herzen, solange sie leben, und danach – zu den Toten.

4 Doch wer zu den Lebenden gehört, hat Hoffnung; denn ein lebender Hund hat es besser als ein toter Löwe. 5 Die Lebenden wissen, dass sie sterben werden, die Toten aber wissen gar nichts, und sie haben keinen Lohn mehr, denn die Erinnerung an sie ist geschwunden. 6 Ihre Liebe, ihr Hass, ihre Eifersucht sind längst dahin, und auf ewig haben sie keinen Anteil mehr an all dem, was unter der Sonne getan wird.

| 1: 3,22! | 2: 2,14! | 3: 8,11; Gen 6,5 | 5: 7,2 · 1,11!; Hiob 14,21; Ps 88,13 | 6: Hiob 3,18; Ps 146,4

Geniesse das Leben

7 Auf, iss dein Brot mit Freude, und trink deinen Wein mit frohem Herzen; denn längst schon hat Gott dieses Tun gebilligt. 8 Jederzeit seien deine Kleider weiss, und an Öl auf deinem Haupt soll es nicht fehlen. 9 Geniesse das Leben mit einer Frau, die du liebst, all die Tage deines flüchtigen Lebens, die er dir gegeben hat unter der Sonne, all deine flüchtigen Tage. Das ist dein Teil im Leben, bei deiner Mühe und Arbeit unter der Sonne. 10 Was immer du zu tun vermagst, das tu. Denn weder Tun noch Planen, weder Wissen noch Weisheit gibt es im Totenreich, dahin du gehst.

| 7: 2,24! | 9: Spr 5,18 | 10: Jes 38,18

Nicht die Schnellen gewinnen den Wettlauf

11 Wiederum sah ich unter der Sonne: Nicht die Schnellen gewinnen den Wettlauf und nicht die Helden den Kampf, auch nicht die Weisen das Brot und nicht die Verständigen Reichtum und die Einsichtigen Gunst. Denn Zeit und Zufall treffen sie alle. 12 Auch kennt der Mensch nicht seine Zeit: Wie die Fische, die ins tückische Netz geraten, wie die Vögel, die gefangen werden, so werden die Menschen verstrickt zur Zeit des Unglücks, wenn es sie plötzlich überfällt.

| 12: 8,8 · Spr 24,22

Die Weisheit des Armen wird verachtet

13 Auch dieses Beispiel von Weisheit sah ich unter der Sonne, und es erschien mir bedeutend: 14 Es gab einmal eine kleine Stadt mit wenig Leuten darin, und gegen sie zog ein grosser König heran, schloss sie ein und errichtete gewaltige Belagerungstürme gegen sie. 15 Da fand er in ihr einen armen, weisen Mann, und der rettete durch seine Weisheit die Stadt. Aber niemand hat sich jenes Armen erinnert. 16 Da dachte ich: Weisheit ist besser als Stärke, doch die Weisheit des Armen wird verachtet, und auf seine Worte hört man nicht. 17 Auf ruhige Worte von Weisen hört man eher als auf das Geschrei eines Herrschers unter den Toren. 18 Weisheit ist besser als Kriegsgerät, aber ein Einziger, der fehlgeht, kann viel Gutes zerstören.

| 16: 7,19! | 18: 10,10

Wertvoller als viel Weisheit ist wenig Torheit

10 1 Tote Fliegen lassen das Öl des Salbenmischers stinken und gären. Wertvoller als Weisheit und Ehre ist wenig Torheit. 2 Der Weise hat den Verstand zu seiner Rechten, der Tor hat den Verstand zu seiner Linken. 3 Und wenn der Tor unterwegs ist, fehlt es ihm an Verstand. Er aber denkt von jedem: Er ist ein Tor.

| 2: 2,14!

Die Torheit ist in höchste Würden eingesetzt

4 Wenn der Unmut des Herrschers sich gegen dich erhebt, gib deinen Platz nicht auf; denn Gelassenheit deckt grosse Verfehlungen zu. 5 Da ist ein Übel, das ich sah unter der Sonne, ein Fehler, wie ihn ein Machthaber begeht: 6 Die Torheit ist in höchste Würden eingesetzt, und Reiche sitzen unten. 7 Ich sah Knechte hoch zu Ross und Fürsten, die wie Knechte zu Fuss gehen mussten.

| 4: 8,3 | 6: Spr 30,22

Wer eine Grube gräbt, kann hineinfallen

8 Wer eine Grube gräbt, kann hineinfallen, und wer eine Mauer einreisst, den kann eine Schlange beissen. 9 Wer Steine bricht, kann sich wehtun dabei, wer Holz spaltet, bringt sich in Gefahr. 10 Wird das Eisen stumpf, und man schärft seine Schneide nicht, so braucht man mehr Kraft. Weisheit aber ist der Vorteil dessen, der kundig ist. 11 Doch wenn die Schlange vor der Beschwörung beisst, so hat der Beschwörer keinen Gewinn.

| 8: Spr 26,27! | 10: 9,18

10,10: Die Übersetzung der zweiten Vershälfte beruht auf einer Umvokalisierung des Massoretischen Texts; dieser lautet: «... Ein Vorteil ist es, Weisheit richtig anzuwenden.»

Die Mühe des Toren ermüdet ihn

12 Dem Weisen bringen die Worte seines Mundes Gunst, den Toren aber verschlingen seine eigenen Lippen.

13 Mit Torheit beginnt er zu reden, mit schlimmer Verblendung hört er zu reden auf. 14 Und der Tor macht viele Worte. Der Mensch weiss nicht, was geschehen wird. Und was künftig sein wird, wer würde es ihm kundtun? 15 Den Toren ermüdet seine Mühe, den Weg zur Stadt findet er nicht.

| 12: Spr 10,32; 15,2 | 14: 5,2! · 3,22!

Das Geld macht alles möglich

16 Weh dir, du Land, dessen König ein Knabe ist und dessen Fürsten schon am Morgen tafeln. 17 Wohl dir, du Land, dessen König ein Edler ist und dessen Fürsten zur rechten Zeit tafeln, um sich zu stärken und nicht, um sich zu betrinken. 18 Wo Trägheit wohnt, senkt sich das Gebälk, und wo die Hände müssig sind, tropft es ins Haus. 19 Zum Vergnügen bereiten sie das Mahl, und der Wein erfreut das Leben, und das Geld macht alles möglich. 20 Auch in Gedanken schmähe nicht den König, auch in deiner Schlafkammer schmähe nicht den Reichen; denn die Vögel des Himmels könnten den Laut forttragen, und was Flügel hat, könnte das Wort verraten.

| 16: Jes 3,4 · Jes 5,11 | 17: Spr 31,4! | 18: Spr 19,15 | 19: Ps 104,15 | 20: Ex 22,27!

Wirf dein Brot ins Wasser

11 1 Wirf dein Brot ins Wasser, nach vielen Tagen kannst du es wiederfinden. 2 Teile mit sieben oder acht, denn du weisst nicht, was für ein Unglück kommen mag auf Erden. 3 Wenn die Wolken schwer sind, giessen sie Regen auf die Erde. Und fällt ein Holz nach Süden oder nach Norden – wohin das Holz auch fällt, da bleibt es liegen. 4 Wer auf den Wind achtet, sät nicht, und wer nach den Wolken schaut, erntet nicht. 5 Den Weg des Windes kennst du nicht, noch das Werden des Kindes im Leib der Schwangeren; so kennst du auch nicht das Tun Gottes, der all dies erschafft. 6 Am Morgen säe deinen Samen, und am Abend lass deine Hand nicht ruhen; denn du weisst nicht, was gedeihen

wird, ob dieses oder jenes oder ob beides
gleich gut gerät.

| 5: 3,11! · 1,6; Joh 3,8 · Ps 139,15

Freue dich in deiner Jugend

7 Süss aber ist das Licht, und für die
Augen ist es gut, die Sonne zu schauen.
8 Wenn der Mensch viele Jahre lebt,
freut er sich darüber, denkt aber auch
an die dunklen Tage, denn sie sind zahlreich. Alles, was kommt, ist flüchtig.
9 Freue dich, junger Mann, in deiner Jugend, und dein Herz erfreue dich in deinen Jugendtagen. Geh deinen Weg mit
Verstand und mit offenen Augen. Und
wisse, dass über all dies Gott mit dir ins
Gericht gehen wird. 10 Lass dein Herz
frei sein von Verdruss, und halte deinem Leib das Übel fern. Denn Jugend
und schwarzes Haar sind flüchtig.

12 1 Und denke an deinen Schöpfer
in deinen Jugendtagen,
bevor die schlechten Tage sich nahen
und Jahre kommen, von denen du
sagen wirst:
Sie gefallen mir nicht.
2 Bevor sich die Sonne verfinstert
und das Licht und der Mond und
die Sterne,
und die Wolken wiederkehren nach
dem Regen.
3 Wenn die Wächter des Hauses zittern
und die starken Männer sich
krümmen,
die Müllerinnen ruhen, weil sie nur
noch wenige sind,
und dunkel werden, die aus den
Fenstern schauen,
4 die Türen zur Strasse hin
geschlossen werden.
Wenn das Geräusch der Mühle leise
wird
und hoch wie das Zwitschern der
Vögel
und alle Lieder still verklingen.
5 Selbst vor einer Anhöhe fürchtet man
sich,
und Schrecknisse sind auf dem Weg,
und der Mandelbaum blüht,

und die Heuschrecke wird schwer,
und die Kaper bricht auf.
Denn der Mensch geht in sein ewiges
Haus,
und durch die Strasse ziehen die
Klagenden.
6 Bevor der silberne Faden zerreisst
und die goldene Schale zerspringt
und der Krug an der Quelle
zerschellt
und das Schöpfrad zerbrochen in die
Zisterne fällt
7 und der Staub zurückkehrt zur
Erde, wie es gewesen ist,
und der Lebensgeist zurückkehrt zu
Gott, der ihn gegeben hat.

| 7: 12,2 | 8: Hiob 10,21 | 9: 3,12 · 12,14 | 2: 11,7 | 5:
Jer 9,16; Mk 5,38 | 7: 3,20!

Flüchtig und nichtig

8 Flüchtig und nichtig, sprach Kohelet,
alles ist flüchtig.

| 8: 1,2

Das viele Studieren ermüdet den Leib

9 Kohelet war nicht nur ein Weiser,
sondern lehrte auch das Volk Erkenntnis. Er wog ab und prüfte und berich-
tigte viele Sprüche. 10 Kohelet suchte
gefällige Worte zu finden und wahre
Worte richtig aufzuschreiben. 11 Worte
von Weisen sind wie Ochsenstacheln,
und wie eingeschlagene Nägel sind ge-
sammelte Sprüche. Sie sind von einem
einzigen Hirten gegeben. 12 Und über
diese hinaus – mein Sohn, lass dich warnen! – werden viele Bücher gemacht,
ohne Ende, doch das viele Studieren ermüdet den Leib. 13 Ist alles gehört, lautet der Schluss: Fürchte Gott und halte
seine Gebote. Das gilt für alle Menschen. 14 Denn alles Tun bringt Gott vor
ein Gericht über alles Verborgene, es sei
gut oder böse.

| 12: Spr 10,21 · 1,18 | 13: 5,6!; Dtn 6,2 | 14: 11,9;
Röm 2,16

Das Hohelied

1 ¹ Das Lied der Lieder Salomos
² Er küsse mich mit Küssen seines
Mundes!
Köstlicher als Wein ist deine Liebe,
³ köstlicher als der Duft deiner Salböle.
Ausgegossenes Salböl ist dein Name,
darum lieben dich die jungen Frauen.
⁴ Zieh mich mit dir! Lass uns eilen!
Der König hat mich in seine Gemächer
geführt.
Lass uns jauchzen und uns erfreuen
an dir,
deine Liebe rühmen mehr als den Wein.
Mit Recht lieben sie dich.

|1: 1Kön 5,12 |2: 5,16; 7,10 |3: Joh 12,3 · Koh 7,1
|4: 12; 3,9–11; 7,6 · Ps 45,15–16

⁵ Dunkel bin ich und anmutig,
ihr Töchter Jerusalems,
wie die Zelte Kedars,
wie die Zeltdecken Salomos.
⁶ Seht nicht darauf, dass ich dunkel bin,
dass auf mich die Sonne schien.
Die Söhne meiner Mutter zürnten mir,
sie machten mich zur Wächterin der
Weinberge;
meinen eigenen Weinberg habe ich
nicht bewacht.

|5: 5,10; Klgl 4,7 |6: 8,8–10 · 2,15; 8,12; Jes 5,1

⁷ Sag mir, du, den meine Seele liebt:
Wo weidest du,
wo lässt du lagern am Mittag?
Warum soll ich sein wie eine, die
umherirrt
bei den Herden deiner Gefährten?
⁸ Weisst du es nicht,
du schönste unter den Frauen,
so geh hinaus auf den Spuren der Schafe
und weide deine Zicklein
bei den Wohnungen der Hirten.

|8: 5,9; 6,1 · 4,5; 7,4

⁹ Einer Stute bei den Wagen des Pharao
vergleiche ich dich, meine Freundin.

¹⁰ Anmutig sind deine Wangen mit
den Bändern,
dein Hals mit den Ketten.
¹¹ Bänder aus Gold wollen wir dir
machen,
mit silbernen Punkten.

|10: Ez 16,11

¹² Solange der König bei seiner Tafel
weilte,
verströmte meine Narde ihren Duft.

|12: 4,10–11; 7,9.14

¹³ Ein Myrrhenbeutel ist mir mein
Geliebter,
er ruht zwischen meinen Brüsten.
¹⁴ Eine Hennablüte ist mir mein
Geliebter,
in den Weinbergen von En-Gedi.

|14: 1Sam 24,1!

¹⁵ Du bist so schön, meine Freundin!
Du bist so schön! Deine Augen sind
Tauben.
¹⁶ Du bist so schön, mein Geliebter, so
anziehend!
Unser Lager ist grün,
¹⁷ Zedern sind die Balken unseres
Hauses,
Wacholder unsere Dachsparren.

|15: 4,1.7; 6,4 |16: 5,10–16

2 ¹ Ich bin die Lilie des Scharon,
die Lotosblume der Täler.
² Wie eine Lotosblume unter den
Dornen,
so ist meine Freundin unter den jungen
Frauen.
³ Wie ein Apfelbaum unter den
Bäumen des Waldes,
so ist mein Geliebter unter den jungen
Männern.
In seinem Schatten begehrte ich zu
sitzen,

und seine Frucht war meinem Gaumen
süss.
4 Er führte mich ins Weinhaus,
und sein Zeichen über mir war die
Liebe.
5 Stärkt mich mit Rosinenkuchen,
erfrischt mich mit Äpfeln,
denn krank bin ich vor Liebe.
6 Seine Linke liegt unter meinem
Haupt,
und seine Rechte umarmt mich.
7 Ich beschwöre euch, ihr Töchter
Jerusalems,
bei den Gazellen oder bei den Hinden
des Feldes:
Weckt nicht, stört nicht
die Liebe, solange die Lust währt.

| 1: 4,5; 6,2–3; 7,3 | 3: 8,5 · 4,6 | 5: 2Sam 13,5 | 6: 8,3
| 7: 3,5; 8,4–5; 5,2

8 Horch, mein Geliebter!
Sieh, da kommt er,
springend über die Berge,
hüpfend über die Hügel.
9 Einer Gazelle gleicht mein Geliebter
oder dem jungen Hirsch.
Sieh, da steht er
hinter unserer Mauer,
schaut herein durch die Fenster,
späht durch die Gitter.
10 Mein Geliebter hob an und sprach
zu mir:
Steh auf, meine Freundin,
meine Schöne, und komm!
11 Sieh doch, dahin ist der Winter,
vorbei, vorüber der Regen.
12 Die Blumen sind im Land zu sehen,
die Zeit des Singens ist gekommen,
und das Gurren der Taube hört man in
unserem Land.
13 Der Feigenbaum lässt seine Früchte
reifen,
und die Weinstöcke blühen und duften.
Steh auf, meine Freundin,
meine Schöne, und komm!
14 Meine Taube in den Felsenklüften,
im Versteck an der Bergwand,
lass mich geniessen deinen Anblick,
lass mich hören deine Stimme,

denn angenehm ist deine Stimme,
und anmutig dein Anblick.

| 9: 17; 8,14 | 10: 13 | 13: 10 | 14: 5,2; 6,9 · 8,13

15 Fangt uns die Füchse,
die kleinen Füchse,
die Weinberge verwüsten,
denn unsere Weinberge blühen. ((908))

16 Mein Geliebter gehört mir, und ich
gehöre ihm,
auf der Weide in den Lotosblumen.
17 Bis der Tagwind weht
und die Schatten fliehen,
komm her, mein Geliebter, gleich einer
Gazelle
oder dem jungen Hirsch
auf den Bergen von Beter.

| 16: 6,3; 7,11 | 17: 9; 4,6

3 1 Des Nachts auf meinem Lager
suchte ich,
den meine Seele liebt.
Ich suchte ihn und fand ihn nicht.
2 Ich will aufstehen und die Stadt
durchstreifen,
die Strassen und Plätze,
will suchen, den meine Seele liebt.
Ich suchte ihn und fand ihn nicht.
3 Mich fanden die Wächter,
die die Stadt durchstreifen.
Habt ihr ihn gesehen, den meine
Seele liebt?
4 Kaum war ich an ihnen vorüber,
da fand ich ihn,
den meine Seele liebt.
Ich fasste ihn und liess ihn nicht,
bis ich ihn führte ins Haus meiner
Mutter
und ins Gemach derer, die mich gebar.
5 Ich beschwöre euch, ihr Töchter
Jerusalems,
bei den Gazellen oder bei den Hinden
des Feldes:
Weckt nicht, stört nicht
die Liebe, solange die Lust währt.

| 1–4: 5,2–8; 1,7–8 | 4: 8,2 | 5: 2,7; 8,4

6 Wer steigt da herauf aus der Wüste
wie Säulen von Rauch,

umräuchert von Myrrhe und
Weihrauch,
von jedem Gewürz des Händlers?
7 Sieh, es ist Salomos Sänfte.
Sechzig Helden sind rings um sie her
von den Helden Israels.
8 Sie alle tragen ein Schwert,
sind geschult im Kampf.
Jeder hat sein Schwert an der Hüfte
gegen den Schrecken des Nachts.
9 Eine Sänfte machte der König sich,
Salomo, aus Hölzern vom Libanon.
10 Ihre Säulen machte er aus Silber,
ihre Lehne aus Gold,
ihren Sitz aus rotem Purpur.
Ihr Inneres ist ausgelegt mit Liebe
von den Töchtern Jerusalems.
11 Kommt heraus und seht ihn an,
ihr Töchter Zions,
König Salomo mit dem Kranz,
den seine Mutter ihm flocht
am Tag seiner Hochzeit,
am Tag, da sein Herz sich freute.

| 6: 8,5; 6,10 | 11: Jes 61,10

4 1 Du bist so schön, meine Freundin!
Du bist so schön!
Deine Augen sind Tauben
hinter deinem Schleier.
Dein Haar ist wie die Herde der Ziegen,
die vom Gebirge Gileads
herabsprangen.
2 Deine Zähne sind wie die Herde
geschorener Schafe,
die von der Schwemme heraufstiegen.
Sie alle werfen Zwillinge,
und keines von ihnen ist ohne Junge.
3 Wie ein Karmesinband sind deine
Lippen,
und lieblich ist dein Mund.
Wie die Scheibe des Granatapfels ist
deine Schläfe
hinter deinem Schleier.
4 Wie der Turm Davids ist dein Hals,
Schicht um Schicht gebaut.
Tausend Schilde sind daran aufgehängt,
alle Köcher der Helden.
5 Deine beiden Brüste sind wie zwei
Kitze,
Zwillinge einer Gazelle,

die in den Lotosblumen weiden.
6 Bis der Tagwind weht
und die Schatten fliehen,
will ich zum Myrrhenberg gehen
und zum Weihrauchhügel.
7 Alles an dir ist schön, meine
Freundin,
und kein Makel ist an dir.

| 1–3: 6,5–7 | 1: 7; 1,15; 6,4 · Gen 24,65; 38,14 | 4:
7,5 · 1,10; 4,9 | 5: 7,4; Spr 5,19 | 6: 2,17; 8,14 | 7: 1;
2Sam 14,25

8 Mit mir vom Libanon, Braut,
mit mir vom Libanon wirst du kommen,
herabsteigen vom Gipfel des Amana,
vom Gipfel des Senir und des Hermon,
von den Verstecken der Löwen,
von den Bergen der Panther.
9 Du hast mich betört, meine
Schwester, Braut,
mit einem einzigen deiner Blicke hast
du mich betört,
mit einer einzigen Kette von deinem
Halsschmuck.
10 Wie schön ist deine Liebe, meine
Schwester, Braut,
wie viel köstlicher als Wein ist deine
Liebe
und der Duft deiner Salböle
als alle Balsamdüfte.
11 Honigseim träufelt von deinen
Lippen, Braut,
Honig und Milch sind unter deiner
Zunge,
und der Duft deiner Gewänder
ist wie der Duft des Libanon.

| 8: 2,14 · Dtn 3,9! | 10: 1,2.4 | 11: Hos 14,7

12 Ein verschlossener Garten ist meine
Schwester, Braut,
ein verschlossener Brunnen, ein
versiegelter Quell.
13 Aus dir gehen hervor ein Hain von
Granatbäumen
mit köstlichen Früchten,
Hennasträucher samt Nardenkräutern,
14 Narde und Safran,
Gewürzrohr und Zimt
samt allen Weihrauchhölzern,
Myrrhe und Aloe

samt allen besten Balsamsträuchern,
15 ein Gartenquell, ein Brunnen
lebendigen Wassers,
Bäche vom Libanon.
16 Nordwind wach auf, und Südwind
komm!
Weh durch meinen Garten! Seine
Balsamdüfte sollen verströmen!
In seinen Garten komme mein
Geliebter
und esse seine köstlichen Früchte.

5 1 In meinen Garten kam ich, meine
Schwester, Braut,
pflückte meine Myrrhe samt meinem
Balsam.
Ich ass meine Wabe samt meinem
Honig,
trank meinen Wein samt meiner Milch.
Esst, ihr Freunde,
trinkt und seid trunken von Liebe!

| 12: Spr 5,15–17 | 1: 4,9 · 4,16 · 4,11

2 Ich schlief, doch wach war mein Herz.
Horch, mein Geliebter klopft:
Öffne mir, meine Schwester, meine
Freundin,
meine Taube, meine Makellose!
Voll Tau ist mein Haupt,
meine Locken voll Tropfen der Nacht.
3 Ich habe mein Kleid abgelegt,
wie könnte ich es wieder anziehen?
Ich habe meine Füsse gewaschen,
wie könnte ich sie wieder beschmutzen?
4 Mein Geliebter streckte seine Hand
durch die Öffnung,
da bebte mein Inneres ihm entgegen.
5 Ich stand auf, meinem Geliebten zu
öffnen,
und meine Hände troffen von Myrrhe
und meine Finger von flüssiger Myrrhe
an den Griffen des Riegels.
6 Ich öffnete meinem Geliebten,
doch mein Geliebter war gegangen,
war fort.
Ausser mir war ich, dass er sich
weggewandt hatte.
Ich suchte ihn und fand ihn nicht,
rief ihn, doch er gab nicht Antwort.
7 Mich fanden die Wächter,
die die Stadt durchstreifen.

Sie schlugen mich, verwundeten mich.
Meinen Überwurf nahmen mir weg
die Wächter der Mauern.

| 2–8: 3,1–4; 1,7–8 | 2: 2,14; 6,9

8 Ich beschwöre euch,
ihr Töchter Jerusalems:
Wenn ihr meinen Geliebten findet,
was sollt ihr ihm sagen?
Dass ich krank bin vor Liebe!
9 Was hat dein Geliebter einem
anderen voraus,
du schönste unter den Frauen?
Was hat dein Geliebter einem anderen
voraus,
dass du uns so beschwörst?
10 Mein Geliebter ist glänzend und rot,
unter Zehntausend ragt er heraus.
11 Sein Haupt ist feines, gediegenes
Gold,
seine Locken sind Palmwedel,
schwarz wie der Rabe.
12 Seine Augen sind wie Tauben
an Wasserbächen,
sie baden in Milch,
sitzen am Teich.
13 Seine Wangen sind wie ein
Balsambeet,
Gewürzkräuter lassen sie sprossen.
Seine Lippen sind Lotosblumen,
flüssige Myrrhe träufelt von ihnen.
14 Seine Arme sind goldene Walzen,
besetzt mit Topas.
Sein Bauch ist eine Platte aus Elfenbein,
bedeckt mit Lapislazuli.
15 Seine Schenkel sind
Alabastersäulen,
gegründet auf Sockel von gediegenem
Gold.
Sein Anblick gleicht dem Libanon,
erlesen wie die Zedern.
16 Sein Gaumen ist Süsse,
und alles an ihm ist begehrenswert.
Das ist mein Geliebter, das ist mein
Freund,
ihr Töchter Jerusalems!

6 1 Wohin ist dein Geliebter
gegangen,
du schönste unter den Frauen?
Wohin hat dein Geliebter sich gewandt?

Suchen wollen wir ihn mit dir!

2 Mein Geliebter ist hinabgestiegen in
seinen Garten,
zu den Balsambeeten,
auf die Weide in den Gärten,
um Lotosblumen zu pflücken.

3 Ich gehöre meinem Geliebten, und
mein Geliebter gehört mir,
auf der Weide in den Lotosblumen.

| 9: 1,8; 6,1 | 10: Ps 104,15; 1Sam 16,12; Klgl 4,7 | 13:
Ps 133,2 | 16: 1,2; 7,10 | 1: 1,8; 5,9 | 2–3: 2,1; 4,5; 7,3 | 3:
2,16; 7,11

4 Schön bist du, meine Freundin,
wie Tirza,
anmutig wie Jerusalem,
erschreckend wie die Sternbilder.

5 Wende deine Augen ab von mir,
denn sie haben mich verwirrt.
Dein Haar ist wie die Herde der Ziegen,
die herabsprangen von Gilead.

6 Deine Zähne sind wie die Herde der
Mutterschafe,
die von der Schwemme heraufstiegen.
Sie alle werfen Zwillinge,
und keines von ihnen ist ohne Junge.

7 Wie die Scheibe des Granatapfels ist
deine Schläfe
hinter deinem Schleier.

| 4: 1,15; 4,1.7 · Klgl 2,15 | 5–6: 4,1–3 | 7: 4,1!

8 Sechzig sind Königinnen
und achtzig Nebenfrauen,
und zahllos sind die jungen Frauen.

9 Eine ist meine Taube, meine
Makellose,
einzigartig war sie für ihre Mutter,
rein für die, die sie gebar.
Junge Frauen sahen sie und priesen
sie glücklich,
Königinnen und Nebenfrauen, und
rühmten sie.

10 Wer blickt da herab wie die
Morgenröte,
schön wie der weisse Mond,
rein wie die glühende Sonne,
erschreckend wie die Sternbilder?

| 9: 2,14; 5,2 | 10: 3,6; 8,5 · Jes 30,26

11 In den Nussgarten stieg ich hinab,
zu sehen nach den Sprossen der Palme,
zu sehen, ob der Weinstock trieb,
ob die Granatbäume blühten.

12 Ich wusste nicht wie, meine Seele
brachte mich
zu den Wagen Ammi-Nadibs.

| 11: 7,13

7

1 Dreh dich um, dreh dich um,
Schulammit!
Dreh dich um, dreh dich um, dass wir
dich anschauen können!
Was wollt ihr Schulammit anschauen
wie beim Reigentanz von Machanajim?

2 Wie schön sind deine Füsse in den
Sandalen,
du Fürstentochter!
Die Rundungen deiner Schenkel sind
wie Geschmeide,
ein Werk von Künstlerhänden.

3 Dein Schoss ist eine runde Schale,
an Mischwein soll es nicht fehlen!
Dein Bauch ist ein Weizenhaufen,
von Lotosblumen umsäumt.

4 Deine beiden Brüste sind wie zwei
Kitze,
Zwillinge einer Gazelle.

5 Dein Hals ist wie der Elfenbeinturm.
Deine Augen sind die Teiche bei
Cheschbon,
am Tor von Bat-Rabbim.
Deine Nase ist wie der Libanonturm,
der nach Damaskus schaut.

6 Dein Haupt ragt auf wie der Karmel,
und das Haar deines Hauptes ist wie
Purpur,
ein König wird von den Locken
gefangen.

7 Wie schön du bist und wie anziehend!
Liebe, voller Wollust!

8 Dein Wuchs gleicht einer Palme
und deine Brüste Trauben.

9 Ich sprach: Ich will die Palme
besteigen,
will greifen nach ihren Rispen,
und deine Brüste sollen sein
wie die Trauben des Weinstocks
und der Duft deines Atems wie Äpfel,

10 und dein Gaumen wie der
köstlichste Wein,
sanft rinnt er bei meinen
Liebkosungen,
benetzt die Lippen der
Schlummernden.

| 1: Gen 32,3! | 2: 7 | 3: 4,5; 2,1; 6,2–3 | 4: 4,5;
Spr 5,19 | 5: 4,4 | 7: 2 | 10: 1,2; 5,16

11 Ich gehöre meinem Geliebten,
und sein Verlangen steht nach mir.
12 Komm, mein Geliebter,
lass uns hinausgehen aufs Feld,
bei den Hennasträuchern die Nacht
verbringen.
13 Früh wollen wir uns aufmachen
zu den Weinbergen,
wollen sehen, ob der Weinstock
getrieben hat,
die Knospen aufgesprungen,
die Granatbäume erblüht sind.
Dort will ich dir
meine Liebe schenken!
14 Die Liebesäpfel duften,
und an unseren Türen gibt es alle
köstlichen Früchte,
neue wie alte.
Dir habe ich sie aufbewahrt, mein
Geliebter.

| 11: 2,16; 6,3 · Gen 3,16 | 13: 6,11 | 14: Gen 30,14–19

8 1 Könntest du doch mein Bruder
sein,
der an den Brüsten meiner Mutter sog!
Fände ich dich draussen, so küsste ich
dich,
und niemand dürfte mich verachten.
2 Ich führte dich, brächte dich
ins Haus meiner Mutter, die mich
lehrte.
Vom Würzwein gäbe ich dir zu trinken,
von meinem Granatapfelmost.
3 Seine Linke liegt unter meinem
Haupt,
und seine Rechte umarmt mich.
4 Ich beschwöre euch,
ihr Töchter Jerusalems:

Weckt nicht, stört nicht
die Liebe, solange die Lust währt!

| 2: 3,3 | 3: 2,6 | 4: 2,7; 3,5

5 Wer steigt da herauf aus der Wüste,
an ihren Geliebten gelehnt?
Unter dem Apfelbaum weckte ich dich.
Dort hat deine Mutter dich empfangen,
dort kam in Wehen, die dich gebar.

| 5: 3,6 · 2,7!

6 Leg mich auf dein Herz wie ein Siegel,
wie ein Siegel an deinen Arm!
Denn stark wie der Tod ist die Liebe,
hart wie das Totenreich die
Leidenschaft.
Feuerglut ist ihre Glut,
Flamme des HERRN.
7 Gewaltige Wasser können
die Liebe nicht löschen,
und Ströme schwemmen sie nicht fort.
Wollte einer sein ganzes Gut
hingeben für die Liebe,
man würde ihn nur verachten.

| 6: Gen 38,18; 41,42; Jer 22,24 · Dtn 4,24 | 7:
Ps 29,3

8 Wir haben eine kleine Schwester,
die hat noch keine Brüste.
Was tun wir mit unserer Schwester,
wenn man um sie wirbt?
9 Ist sie eine Mauer, so bauen wir
auf ihr
eine silberne Zinne,
und ist sie eine Tür,
verschliessen wir sie
mit einem Zedernbrett.
10 Ich bin eine Mauer,
und meine Brüste sind wie Türme.
So wurde ich in seinen Augen
zu einer, die das Glück fand.

| 8–10: 1,6

11 Einen Weinberg hatte Salomo
in Baal-Hamon.
Er gab den Weinberg den Wächtern,
für seine Frucht musste jeder tausend
Silberstücke bringen.
12 Vor mir steht mein eigener
Weinberg.

Die tausend gehören dir, Salomo,
und zweihundert denen, die seine
Frucht bewachen.

| 11: Jes 7,23 | 12: 1,6

13 Die du wohnst in den Gärten,
wo Gefährten lauschen,
deine Stimme lass mich hören!

14 Flieh, mein Geliebter,
gleich einer Gazelle
oder dem jungen Hirsch
auf den Balsambergen!

| 13: 2,14 | 14: 2,9 · 4,6

Das Buch Jesaja

Buchüberschrift

1 1 Die Schauung des Jesaja, des Sohns
von Amoz, die er geschaut hat über
Juda und Jerusalem in den Tagen des
Ussijahu, des Jotam, des Achas und des
Jechiskijahu, der Könige von Juda.

| 1: 2Chr 26,22 · 2,1 · Hos 1,1; Mi 1,1

1,1: Die hebräische Form des Namens Jesaja ist
Jeschajahu.

Anklage gegen das treulose Volk

2 Himmel, höre,
und Erde, horch auf!
Denn der HERR hat gesprochen:
Kinder habe ich aufgezogen und gross
werden lassen,
sie aber haben mit mir gebrochen.
3 Noch immer hat ein Ochse seinen
Besitzer gekannt
und ein Esel den Futtertrog seines
Herrn –
Israel hat nichts erkannt,
uneinsichtig ist mein Volk.
4 Wehe der Nation, die sündigt,
dem Volk, das belastet ist mit Schuld,
der Brut von Übeltätern,
denen, die Verderben bringen.
Sie haben den HERRN verlassen,
den Heiligen Israels verworfen,
ihm haben sie den Rücken zugewandt.
5 Wohin könntet ihr noch geschlagen
werden –
noch immer seid ihr widerspenstig!
Das ganze Haupt ist krank,
und das ganze Herz ist von
Krankheit befallen.

6 Von der Fusssohle bis zum Kopf ist
nichts Gesundes an ihm,
Wunden, Striemen und frische
Verletzungen,
nicht versorgt und nicht verbunden
und nicht mit Öl gelindert.
7 Verwüstet ist euer Land,
im Feuer sind eure Städte verbrannt;
den Ertrag eures Ackers – vor euren
Augen verzehren ihn Fremde:
eine Verwüstung, wie sie Fremde
bewirken.
8 Und übrig geblieben ist die Tochter
Zion
wie eine Hütte im Weinberg,
wie eine Nachthütte im Gurkenfeld,
wie eine belagerte Stadt.
9 Hätte der HERR der Heerscharen
nicht einige wenige Entronnene für
uns übrig gelassen,
wir wären wie Sodom geworden,
wir wären Gomorra gleich.

| 2: Dtn 32,1; Mi 1,2; Jer 6,19 · Jer 13,15 | 3: 27,11;
Jer 4,22 | 4: 30,9; 57,4 · Dtn 32,15 · Jer 2,13!; Zef 1,6 | 6:
Jer 2,30; 6,7; 8,22 | 7: Dtn 28,33 | 8: 24,20 · Jer 10,5 | 9:
10,20; 37,4; Jer 42,2 · Gen 19,24; Röm 9,29

1,6: Mit ‹ihm› ist das Volk gemeint.

Nutzlose Gaben

10 Hört das Wort des HERRN, ihr
Oberhäupter von Sodom!
Horcht auf die Weisung unseres
Gottes, Volk von Gomorra.
11 Was soll ich mit euren vielen
Schlachtopfern?,
spricht der HERR.

Die Brandopfer von Widdern und das
Fett der Mastkälber habe ich satt,
  und am Blut der Stiere, der Lämmer
  und der Böcke habe ich kein
  Gefallen.
12 Wenn ihr kommt, um mein
Angesicht zu schauen –
  wer hat denn von euch verlangt, dass
  ihr meine Vorhöfe zertretet?
13 Bringt nicht länger nutzlose Gaben –
  mir ein abscheulicher Gestank!
Neumond und Sabbat, Versammlungen
einberufen –
  Unrecht und Festtag ertrage ich
  nicht!
14 Eure Neumonde und eure Feste
hasse ich;
  sie sind mir zur Last geworden,
ich bin es müde, sie zu ertragen.
15 Und wenn ihr eure Hände
ausbreitet,
  schliesse ich meine Augen vor euch.
Auch wenn ihr noch so viel betet,
  ich höre nicht hin!
Eure Hände triefen von Blut.
16 Wascht euch, reinigt euch!
  Schafft mir eure bösen Taten aus den
  Augen!
Hört auf, Böses zu tun!
17 Lernt Gutes tun, sucht das Recht,
  weist den, der unterdrückt, in seine
  Schranken!
Verschafft der Waise Recht,
  führt den Rechtsstreit für die Witwe!
18 So kommt denn, und lasst uns
miteinander rechten, spricht der HERR.
Wenn eure Sünden wie Purpur sind,
  sind sie dann weiss wie Schnee?
Wenn sie rot sind wie Karmesin,
  sind sie dann wie Wolle?
19 Wenn ihr guten Willen zeigt und
gehorcht,
  werdet ihr das Beste des Landes
  essen.
20 Wenn ihr euch aber weigert und
widerspenstig seid,
  werdet ihr vom Schwert gefressen.
Der Mund des HERRN hat gesprochen!

| 10: Dtn 32,32; Jer 23,14 | 11: Ps 40,7–9; Jer 6,20; Am 5,22; Hos 8,13 | 13: 66,3 · Num 10,10; 28,10.14 | 14:

Am 5,21 · 29,1 | 15: Spr 1,28; Jer 14,12 · 59,3 | 16: Jer 4,14; Jak 4,8 · 55,7 | 17: Ez 45,9 · 23; 10,2; Ez 22,7 | 18: 3,13; 41,21; 43,26 · Ps 51,9 | 19: 55,2; Lev 26,3–5 | 20: Lev 26,25 · 40,5; 58,14

Die Läuterung Jerusalems

21 Wie ist sie zur Hure geworden, die
treue Stadt,
  die erfüllt war von Recht;
Gerechtigkeit war da in der Nacht,
  und nun Mörder!
22 Dein Silber ist zu Schlacke
geworden,
  dein Wein ist mit Wasser gepanscht.
23 Deine Anführer sind störrisch
und Kumpane von Dieben.
Jeder liebt Bestechung
  und jagt Geschenken nach.
Der Waise verschaffen sie nicht Recht,
  und der Rechtsstreit der Witwe
  gelangt nicht vor sie.
24 Darum, Spruch des Herrn, des
HERRN der Heerscharen, des Starken
Israels:
Wehe! Ich werde mich an meinen
Gegnern rächen,
  und an meinen Feinden werde ich
  Rache nehmen!
25 Und ich will meine Hand gegen
dich wenden,
  um deine Schlacke wie mit Lauge zu
  läutern,
und all dein Blei will ich wegschaffen.
26 Und ich will deine Richter
zurückbringen, wie es war,
  und deine Ratgeber, wie am Anfang.
Danach wird man dich Stadt-der-
Gerechtigkeit nennen,
  treue Stadt.
27 Zion wird losgekauft werden durch
Recht,
  und seine Bekehrten mit
  Gerechtigkeit.
28 Die Abtrünnigen und die Sünder
aber brechen zusammen!
  Und die den HERRN verlassen,
  kommen um!
29 Ihr werdet euch schämen wegen der
Terebinthen,
  die ihr so gern habt,

und ihr werdet beschämt sein wegen
der Gärten,
> die euer Gefallen gefunden haben!

30 Denn ihr werdet sein wie eine
Terebinthe, deren Blätter welken,
> und wie ein Garten, dem das Wasser
> fehlt.

31 Und der Starke wird eine Schnur aus
Hanf sein
> und sein Werk ein Funke,

und gemeinsam werden beide
verbrennen,
> und da wird niemand sein, der
> löscht.

|21: Jer 2,20 · 5,7 |22: Jer 6,30; Ez 22,18.22 |23:
17! · Hos 9,15 · 1Sam 8,3! |25: 4,4; 48,10; Spr 25,4!;
Ps 119,119 |26: Sach 8,3 |28: 64,6 |29: 57,5! · 17,10;
65,3; 66,17 |30: 64,5 |31: 66,24

1,25: Mit ‹dich› ist Jerusalem gemeint.
1,27: Das mit ‹Bekehrten› wiedergegebene Wort
kann auch «Rückkehrer» bedeuten.

Vom Zion geht Weisung aus

2 1 Das Wort, das Jesaja, der Sohn des
Amoz, geschaut hat über Juda und Jerusalem:

2 In fernen Tagen wird der Berg des
Hauses des HERRN fest gegründet sein,
der höchste Gipfel der Berge,
> und erhoben über die Hügel.

Und alle Nationen werden zu ihm
strömen,
> 3 und viele Völker werden hingehen
> und sagen:

Kommt und lasst uns hinaufziehen zum
Berg des HERRN,
> zum Haus des Gottes Jakobs,

damit er uns in seinen Wegen
unterweise
> und wir auf seinen Pfaden gehen.

Denn vom Zion wird Weisung ausgehen
> und das Wort des HERRN von
> Jerusalem.

4 Und er wird für Recht sorgen
zwischen den Nationen
> und vielen Völkern Recht sprechen.

Dann werden sie ihre Schwerter zu
Pflugscharen schmieden
> und ihre Speere zu Winzermessern.

Keine Nation wird gegen eine andere
das Schwert erheben,
> und das Kriegshandwerk werden sie
> nicht mehr lernen.

5 Haus Jakob, kommt und lasst uns
gehen im Licht des HERRN!

|1: 1,1 |2: Mi 4,1–5 · 60,3; 66,23; Jer 3,17; 16,19 |3:
Sach 8,21–22 · Sach 2,15 · 51,4 |4: Ps 110,6 · 42,1 ·
Joel 4,10 |5: 60,1–2; Ps 89,16

Gegen Abgötterei und Hochmut

6 Aufgegeben hast du dein Volk, das
Haus Jakob!

Denn überall bei ihnen waren Leute aus
dem Osten
> und Wahrsager wie die Philister,

und Kinder von Fremden hatten sie
mehr als genug.

7 Und ihr Land wurde voll von Silber
und Gold,
> und sie hatten unendlich viele
> Schätze,

und ihr Land wurde voll von Pferden,
> und sie hatten unendlich viele
> Wagen.

8 Und ihr Land wurde voll von Götzen;
> das Werk ihrer Hände beteten sie an,
> das, was ihre Finger gemacht hatten.

9 Da wurde der Mensch gebeugt,
> und ein jeder war niedrig.

Vergib ihnen nicht!

10 Geh hinein in den Felsen,
> und halte dich verborgen in der Erde

vor dem Schrecken des HERRN
> und vor der Pracht seiner Hoheit!

11 Niedergeschlagen sind die
hochmütigen Augen des Menschen,
> und der Stolz eines jeden wird sich
> beugen,

und erhaben ist an jenem Tag allein der
HERR.

12 Denn ein Tag des HERRN der
Heerscharen kommt
> über alles Stolze und Hohe

und über alles, was sich erhebt,
> und es wird niedrig sein:

13 über alle hohen und sich
erhebenden Zedern des Libanon
> und über alle Eichen des Baschan,

14 und über alle hohen Berge

und über alle Hügel, die sich
erheben,

15 und über jeden hohen Turm
und über jede feste Mauer,

16 und über alle Tarschisch-Schiffe
und über alle kostbaren Boote.

17 Und der Hochmut des Menschen
wird sich beugen,
und der Stolz aller wird niedrig sein,
und erhaben ist an jenem Tag allein der
HERR.

18 Und die Götzen – sie werden samt
und sonders vergehen!

19 Dann geht in Felshöhlen und in
Erdgruben
vor dem Schrecken des HERRN und
vor der Pracht seiner Hoheit,
wenn er sich erhebt, um die Erde in
Angst zu versetzen!

20 An jenem Tag wird der Mensch
seine Götzen aus Silber
und seine Götzen aus Gold,
die er sich gemacht hat, um sie
anzubeten
den Spitzmäusen hinwerfen und
den Fledermäusen,

21 und er wird in die Felsspalten und in
die Steinklüfte gehen
vor dem Schrecken des HERRN und
vor der Pracht seiner Hoheit,
wenn er sich erhebt, um die Erde in
Angst zu versetzen.

22 Kümmert euch nicht um den
Menschen,
denn in seiner Nase ist Hauch.
Was ist von ihm schon zu halten!

| 6: 2 Kön 17,20 · 3,3; Dtn 18,14 | 7: 31,1; Mi 5,9 | 8:
Jer 1,16 | 9: Jos 24,19 | 10: 19! | 11: 17; 5,15–16; 10,12;
Ps 18,28 · 5,16 | 12: 10,33! | 13: 10,34; Ps 29,5 · Sach 11,2
| 15: 30,25 | 16: 23,1.14; 60,9; Ps 48,8 | 17: 11! | 18:
Jer 51,18 | 19: 10; Offb 6,15 | 20: 10,3! · 30,22; 31,7 | 22:
31,3; Ps 146,3–4

2,6: Die Bewohner des Ostens galten als
Sterndeuter.

Jerusalem ist gestürzt, und Juda ist gefallen

3 1 Denn sieh, der Herr, der HERR der
Heerscharen,
nimmt Stütze und Stab aus
Jerusalem und aus Juda,

den ganzen Vorrat an Brot
und den ganzen Vorrat an Wasser,

2 den Helden und den Krieger,
den Richter und den Propheten, den
Wahrsager und den Ältesten,

3 den Anführer einer Fünfzigschaft und
den Angesehenen
und den Ratgeber und den
Zauberkundigen
und den, der sich auf Beschwörung
versteht.

4 Dann werde ich ihnen Knaben als
Anführer geben,
und Willkür wird über sie
herrschen.

5 Und im Volk wird man sich
bedrängen,
einer den anderen und jeder seinen
Nächsten,
der Junge wird dem Alten zusetzen
und der Verachtete dem, der geehrt
wird.

6 Wenn dann einer seinen Bruder in
dessen Vaterhaus ergreift und sagt: Du
hast einen Mantel, du sollst unser
Oberhaupt sein, und dieser Trümmerhaufen wird dir untertan sein!, 7 wird
dieser an jenem Tag die Stimme erheben, um zu sagen: Ich kann nicht Wunden verbinden, in meinem Haus gibt es
weder Brot noch einen Mantel! Macht
mich nicht zum Oberhaupt des Volks!
8 Jerusalem ist gestürzt, und Juda ist gefallen! Denn ihre Zungen und ihre Taten
waren gegen den HERRN, sie waren widerspenstig gegen die Blicke seiner
Herrlichkeit. 9 Der Ausdruck ihrer Gesichter hat gegen sie gezeugt, und wie
Sodom haben sie ihre Sünde hinauspo-
saunt, sie haben sie nicht verhehlt.
Wehe ihnen: Sich selbst haben sie Böses
angetan! 10 Sagt vom Gerechten, dass es
ihm gut gehen wird: Die Frucht seiner
Taten wird er geniessen. 11 Wehe dem
Frevler! Ihm wird es schlecht ergehen:
Was seine Hände tun, wird ihm angetan
werden. 12 Mein Volk – seine Bedränger
halten Nachlese, und Frauen beherrschen es. Mein Volk – die dich führen
sind Verführer, und auf dem Weg, den

du ziehen musst, führen sie dich in die Irre.

13 Der HERR steht bereit, den Rechtsstreit zu führen,
    und er steht da, um Völker zu richten.

14 Der HERR wird ins Gericht gehen
    mit den Ältesten seines Volks und mit dessen Fürsten:
Ihr habt den Weinberg kahl gefressen!
    Was dem Armen geraubt wurde, ist in euren Häusern.

15 Was ist mit euch! Ihr zerschlagt mein Volk,
    und das Gesicht der Armen zermalmt ihr.
Spruch des Herrn, des HERRN der Heerscharen.

|1: Lev 26,26! |3: 2,6! |4: Koh 10,16 |5: 9,18; 19,2; 2Chr 15,6 · Mi 7,6 |9: Dtn 1,17 · Gen 18,20 · Jer 2,19 |10: Ps 58,12; 128,2 |11: 13,11 |12: 9,15 · Mi 3,5 |13: 1,18! |14: 5,7; Jer 12,10 · Jer 5,27 |15: Am 2,7

3,9: Möglich ist auch die Übersetzung: «Dass sie die Person angesehen haben, hat …»

Die hochmütigen Frauen von Jerusalem

16 Und der HERR sprach:
Weil die Töchter Zions hochmütig geworden sind
    und mit gestrecktem Hals und mit geschminkten Augen spazieren,
weil sie trippeln, wenn sie daherstolzieren,
    und mit den Spangen an ihren Füssen klimpern,

17 wird der Herr den Scheitel der Töchter Zions kahl machen,
    und ihre Stirn wird der HERR entblössen.

18 An jenem Tag wird der Herr den Schmuck wegnehmen: die Fussspangen, die kleinen Sonnen und die Möndchen, 19 die Ohrgehänge, die Armketten und die Schleier, 20 den Kopfschmuck und die Fusskettchen, die Brustschärpen, die Riechfläschchen und die Amulette, 21 die Fingerringe und die Nasenringe, 22 die Festkleider und die Überkleider, die Überwürfe und die Täschchen 23 und die feinen Gewänder und die Hemden, die Kopfbinden und die Kopftücher.

24 Und wo Balsamduft war, wird Modergeruch sein,
    und wo ein Gürtel war, ein Strick,
und wo Haarkunst war, wird eine Glatze sein,
    und wo ein Prunkgewand war, ein umgürteter Sack –
das wird sein, wo Schönheit war!

25 Deine Männer werden durch das Schwert fallen,
    und dein Heldenmut geht im Kampf verloren.

26 Dann werden ihre Pforten klagen und trauern,
    und verlassen wird sie am Boden kauern.

4 1 Und sieben Frauen werden sich an jenem Tag
    an einen einzigen Mann klammern und sagen:
Unsere eigene Speise werden wir essen,
    und mit unserem eigenen Gewand werden wir uns kleiden,
aber lass uns deinen Namen tragen,
    nimm die Schande von uns!

|16: 32,9 |17: 47,3 |18: Ri 8,21.26 |19: Ex 32,2 |21: Gen 24,47; Ez 16,12 |24: 15,2! · Jer 6,26 |26: Klgl 1,4 |1: 54,4; Gen 30,23

3,18: Bei den Sonnen und Monden handelt es sich um Amulette.

3,26: Hier und im vorangehenden Vers ist Jerusalem gemeint. Städte sind im Hebräischen grammatikalisch weiblich, weshalb von Städten häufig wie von Frauen gesprochen wird.

Rettung für den Rest Israels

2 An jenem Tag wird, was der HERR spriessen lässt,
    eine Zierde sein und herrlich,
und die Frucht des Landes wird Hoheit sein und Schmuck
    für die Geretteten Israels.

3 Und wer zum Rest gehört in Zion
    und wer übrig ist in Jerusalem,
wird heilig genannt werden,
    alle, die für das Leben aufgeschrieben sind in Jerusalem.

4 Wenn der Herr den Kot abgewaschen hat von den Töchtern Zions

und wenn er das Blut von Jerusalem
abspült aus seiner Mitte,
durch den Geist des Gerichts
   und durch den Geist des Kahlfrasses,
5 dann wird der HERR eine Wolke für
den Tag
   und Rauch und flammenden
   Feuerglanz für die Nacht erschaffen
über der ganzen Stätte des Bergs Zion
   und über dessen Versammlungen –
ein Schutzdach über all der Herrlichkeit,
6 und dies wird als Hütte Schatten
spenden vor der Hitze am Tag,
   und es wird eine Zuflucht und ein
   Obdach sein vor Unwetter und
   Regen.

| 2: 11,1; 53,2; Jer 23,5; Sach 3,8; 6,12 | 3: 6,13! ·
Ex 32,33!; Ps 69,29; Mal 3,16 | 4: 1,25! · Jer 50,20 | 5:
Ex 13,21; Sach 2,9 | 6: 25,4; 32,2

Das Lied vom Weinberg

5 1 Erlaubt, dass ich singe von
    meinem Freund,
   das Lied meines lieben Freundes von
   seinem Weinberg.
Mein Freund hatte einen Weinberg,
   an steiler Höhe,
   überaus fruchtbar.
2 Und er grub ihn um und befreite ihn
von Steinen, und er bepflanzte ihn mit
edlen Reben, und in seiner Mitte baute
er einen Turm, und auch eine Kelter
schlug er darin aus. Und so hoffte er,
dass er Trauben trage, doch er brachte
stinkende Fäulnis hervor.
   3 Und nun, Bewohner von Jerusalem
und Männer aus Juda, richtet doch
zwischen mir und meinem Weinberg.
4 Was bliebe noch zu tun für meinen
Weinberg, das ich nicht getan hätte?
Wie konnte ich hoffen, er würde Trauben tragen – stinkende Fäulnis hat er
hervorgebracht!
   5 Und nun erlaubt, dass ich euch
wissen lasse, was ich mit meinem Weinberg mache:
Seine Hecke ausreissen,
   dann soll er kahl gefressen werden;
seinen Zaun einreissen,
   dann soll er zertreten werden.

6 Und ich habe ihn zur Verwüstung
freigegeben,
   er wird nicht geschneitelt werden
   und nicht behackt,
und Dornen und Disteln werden
aufspriessen in ihm.
Und was die Wolken betrifft, so werde
ich Befehl geben,
   keinen Regen mehr auf ihn fallen zu
   lassen.
7 Der Weinberg des HERRN der
Heerscharen ist das Haus Israel,
   und die Männer aus Juda sind, was er
   aus Leidenschaft gepflanzt hat.
Und er hoffte auf Rechtsspruch, doch
seht: Rechtsbruch!
   Und auf Gerechtigkeit, doch seht:
   Schlechtigkeit!

| 1: 27,2; Ez 19,10 | 2: Ps 80,9; Jer 2,21! · Mt 21,33
| 5: Ps 89,41; Jer 45,4; Hos 2,14 | 6: 7,23–25; 32,13; 34,13;
Hos 9,6 | 7: Hos 10,1 · 3,14! · 1,21

Wehrufe

8 Wehe denen, die Haus an Haus
reihen,
   die Feld an Feld rücken,
bis kein Platz mehr ist
   und bis ihr allein noch im Herzen
   des Landes wohnt.
9 In meinen Ohren ist der Schwur des
HERRN der Heerscharen:
Viele Häuser werden verheert sein,
   grosse und schöne,
dass niemand in ihnen wohnen kann!
10 Zehn Zemed Reben werden ein Bat
bringen,
   und ein Chomer Samen wird ein Efa
   bringen.
11 Wehe denen, die schon früh am
Morgen dem Bier nachjagen,
   die der Wein erhitzt bis tief in die
   Nacht.
12 Und da sind Leier, Harfe,
Handpauke, Flöte
   und Wein bei ihren Gelagen;
das Tun des HERRN aber beachten sie
nicht,
   und das Werk seiner Hände haben
   sie nicht gesehen.

13 Darum ist mein Volk in die
Verbannung gekommen
aus Mangel an Erkenntnis.
Seine Herrlichkeit sind Hungermänner,
und seine Massen sind ausgedörrt
vor Durst.

14 Darum hat das Totenreich seinen
Rachen weit geöffnet
und sein Maul masslos aufgesperrt,
so dass hinunterfahren wird ihre Pracht
und ihr Getümmel
und ihr Lärmen und wer darin
frohlockt.

15 Und der Mensch wurde gebeugt,
und ein jeder wurde erniedrigt,
und die Hohen mussten die Augen
niederschlagen.

16 Der HERR der Heerscharen aber war
erhaben durch das Gericht,
und durch Gerechtigkeit hat sich der
heilige Gott als heilig erwiesen.

17 Und Schafe werden weiden, als
wären sie auf ihrer Trift,
und auf den Trümmerstätten der
Fettschafe werden Zicklein äsen.

18 Wehe denen, die die Schuld
herbeiziehen mit den Stricken der
Nichtigkeit
und die Sünde wie mit Wagenseilen!

19 Die sagen:
Er soll sich beeilen, er soll sein Werk
beschleunigen,
damit wir es sehen.
Es nahe, es soll kommen der Ratschluss
des Heiligen Israels,
damit wir ihn erfahren.

20 Wehe denen, die das Böse gut
nennen
und das Gute böse,
die Finsternis zu Licht machen
und Licht zu Finsternis,
die Bitteres süss machen
und Süsses bitter!

21 Wehe denen, die in ihren eigenen
Augen weise sind
und sich selbst für verständig
halten!

22 Wehe denen, die Helden sind im
Weintrinken
und tüchtige Kerle im Brauen von
Bier!

23 Die aus einem Schuldigen einen
Gerechten machen gegen Bestechung
und Gerechten ihre Gerechtigkeit
absprechen!

24 Darum – wie die Zunge des Feuers
Stroh verzehrt
und wie dürres Gras in der Flamme
zusammensinkt:
Ihre Wurzel wird wie Moder sein,
und ihre Blüte wird zerstieben wie
Staub,
denn die Weisung des HERRN der
Heerscharen haben sie verworfen,
und das Wort des Heiligen Israels
haben sie verschmäht.

|8: Dtn 5,21; Mi 2,2; Hab 2,6 |9: 6,11; Lev 26,33;
Mi 7,13 |10: Hag 1,6 |11: 22! |12: 22,13; Am 6,4;
Hiob 21,12 · Ps 28,5 |14: Spr 27,20! |15: 2,11! |16: 2,11 ·
Ez 28,22 |17: 7,25 |19: 66,5; Jer 17,15; Am 5,18 |20:
32,5 |21: 10,13; Spr 3,7! · Röm 12,16 |22: 11; 28,1,7;
56,12 |23: 10,2; 29,21; Ex 23,6–8; Spr 17,15! |24: 9,17;
Hiob 18,16 · Jer 6,19; Am 2,4

5,14: Mit ‹ihrer› Pracht ist die Pracht Jerusalems
gemeint.

Der HERR ruft ein fremdes Volk herbei

25 Darum ist der Zorn des HERRN
entbrannt über sein Volk,
und er hat seine Hand dagegen
ausgestreckt und es geschlagen,
und die Berge bebten,
und wie Kot waren ihre Leichen in
den Gassen.
Bei alledem hat sein Zorn sich nicht
abgewandt,
und seine Hand ist noch immer
ausgestreckt.

26 Und er wird ein Feldzeichen erheben
für die Nationen in der Ferne.
Und er wird es herbeipfeifen vom
Ende der Erde.
Und sieh: Rasend schnell wird es
kommen.

27 In seinen Reihen ist keiner, der
müde ist, und niemand, der strauchelt,
es schläft nicht und schlummert
nicht;
und der Schurz um seine Lenden löst
sich nicht,
und der Riemen seiner Sandalen
zerreisst nicht.

28 Seine Pfeile sind gespitzt,
und alle seine Bogen sind gespannt;
die Hufschläge seiner Pferde werden für
Kieselsteine gehalten
und seine Wagenräder für
Sturmwind.
29 Sein Brüllen ist wie das der Löwin,
und wie junge Löwen brüllt er,
und er grollt und packt die Beute
und bringt sie in Sicherheit,
und da ist niemand, der rettet.
30 Dann aber wird er dagegen grollen
an jenem Tag,
wie das Meer grollt.
Dann wird er auf die Erde blicken,
und sieh: bedrohliche Finsternis,
und das Licht ist verfinstert durch
ihr Gewölk.

|25: Ez 6,14 · Jer 4,24 · 9,11.16.20; 10,4 |26: 7,18;
Ps 105,31 |29: Jer 2,15 · 42,22 |30: 17,12; Jer 6,23 · 8,22;
Jer 4,23

Der HERR beruft Jesaja

6 1 Im Todesjahr des Königs Ussijahu
sah ich den Herrn auf einem Thron
sitzen, hoch und erhaben, und der Saum
seines Gewandes füllte den Tempel.
2 Über ihm standen Serafim; sechs Flügel hatte ein jeder, mit zweien hielt ein
jeder sein Angesicht bedeckt, mit
zweien hielt ein jeder seine Füsse bedeckt, und mit zweien hielt ein jeder
sich in der Luft. 3 Und unablässig rief
der eine dem anderen zu und sprach:
Heilig, heilig, heilig ist der HERR
der Heerscharen!
Die Fülle der ganzen Erde ist seine
Herrlichkeit.
4 Und von der Stimme dessen, der rief,
erzitterten die Türzapfen in den
Schwellen, und das Haus füllte sich mit
Rauch. 5 Da sprach ich: Wehe mir, ich
bin verloren! Denn ich bin ein Mensch
mit unreinen Lippen, und ich wohne in
einem Volk mit unreinen Lippen, und
meine Augen haben den HERRN der
Heerscharen gesehen! 6 Da flog einer
der Serafim zu mir, eine glühende Kohle
in seiner Hand, die er mit einer Docht-
schere vom Altar genommen hatte.

7 Und die liess er meinen Mund berühren, und er sprach: Sieh, hat das deine
Lippen berührt, so verschwindet deine
Schuld, und deine Sünde wird gesühnt.
8 Und ich hörte die Stimme des Herrn
sagen: Wen werde ich senden? Und wer
von uns wird gehen? Da sprach ich: Hier
bin ich, sende mich! 9 Und er sprach:
Geh, und sprich zu diesem Volk: Hören
sollt ihr, immerzu hören, begreifen aber
sollt ihr nicht! Und sehen sollt ihr, immerzu sehen, verstehen aber sollt ihr
nicht! 10 Mach das Herz dieses Volks
träge, mach seine Ohren schwer, und
verklebe seine Augen, damit es mit seinen Augen nicht sieht und mit seinen
Ohren nicht hört und damit sein Herz
nicht begreift und damit es nicht umkehrt und sich Heilung verschafft. 11 Da
sprach ich: Herr, bis wann? Und er
sprach: Bis die Städte verödet sind und
niemand mehr in ihnen wohnt und die
Häuser menschenleer sind und der Boden völlig verwüstet wird. 12 Und der
HERR wird die Menschen weit fortfüh-
ren, und die Einsamkeit wird gross sein
im Herzen des Landes. 13 Und ist noch
ein Zehntel darin, so soll es noch einmal
kahl gefressen werden, wie es bei der
Terebinthe und wie es bei der Eiche ist,
von denen beim Fällen etwas stehen
bleibt. Ein heiliger Same ist, was von
ihm stehen bleibt.

|1: 2Kön 15,7; 2Chr 26,23 · 1Kön 22,19 |2: Ez 1,11
|3: Offb 4,8 · Ps 8,2; Ez 43,2; Joh 12,41 |4: Am 9,1 ·
1Kön 8,10!; Ez 10,4; Offb 15,8 |5: 24,16 · Ex 6,12 ·
Ex 3,6; Ri 6,22 |7: Dan 10,16 · Zef 3,9 |8: 1Kön 22,20
|9–10: 63,17 |9: 42,20!; 43,8; 48,8; Mt 13,14–15 |10:
Ps 119,70 · 29,10; 32,3; 44,18 · Joh 12,40 |11: 17,9! ·
5,9! |13: Am 5,3 · Hiob 14,7–9; Ez 6,8 · 4,3; 65,8

6,10: Möglich ist auch die Übersetzung: «… und
damit sein Herz nicht begreift. Dann aber wird es
umkehren, und er wird es heilen.»

Der HERR ermutigt König Achas

7 1 Und in den Tagen des Achas, des
Sohns des Jotam, des Sohns des Ussijahu, des Königs von Juda, zogen Rezin,
der König von Aram, und Pekach, der
Sohn des Remaljahu, der König von Israel, hinauf nach Jerusalem zum Krieg

gegen die Stadt, angreifen aber konnten sie sie nicht. 2 Und dem Haus David wurde berichtet: Aram hat in Efraim sein Lager aufgeschlagen! Da erzitterte sein Herz und das Herz seines Volks, wie die Bäume im Wald zittern vor dem Wind. 3 Und der HERR sprach zu Jesaja: Geh doch hinaus, Achas entgegen, du mit Schear-Jaschub, deinem Sohn, ans Ende des Kanals des oberen Teichs, zur Strasse am Walkerfeld. 4 Dann sprich zu ihm: Fasse dich, und bewahre die Ruhe! Fürchte dich nicht, verzage nicht vor diesen zwei rauchenden Holzstummeln, trotz des glühenden Zorns Rezins, Arams und des Sohns von Remaljahu! 5 Weil Aram Böses gegen dich geplant hat, weil Efraim und der Sohn des Remaljahu gesagt haben: 6 Wir werden hinaufziehen nach Juda und ihm Furcht einjagen und es in unsere Gewalt bringen. Dann werden wir in ihm einen anderen zum König machen: den Sohn des Tabal. 7 So spricht Gott der HERR: Das wird nicht gelingen, und das wird nicht geschehen! 8 Denn das Haupt von Aram ist Damaskus, und das Haupt von Damaskus ist Rezin, und binnen fünfundsechzig Jahren wird Efraim zerschlagen und kein Volk mehr sein. 9 Und das Haupt von Efraim ist Samaria, und das Haupt von Samaria ist der Sohn des Remaljahu. Glaubt ihr nicht, so bleibt ihr nicht!

|1: 2Kön 16,1.5 · 8,6; 2Kön 15,27 |3: 22,11! · 2Kön 18,17 |4: 28,12! · 8,6 |7: 8,10; Ps 33,10 |8: 2Kön 17,23; Hos 13,1 |9: 2Kön 15,27 · 2Chr 20,20

7,1: Wörtlich: «… zum Krieg gegen sie, …»
7,3: Der hebräische Name Schear-Jaschub bedeutet: Ein Rest wird zurückkehren.
7,4: Wörtlich: «… Fürchte dich nicht, dein Herz muss keine Angst haben …»

Immanu-El als Zeichen

10 Und der HERR fuhr fort, zu Achas zu sprechen: 11 Erbitte dir ein Zeichen vom HERRN, sei es tief unten oder weit oben. 12 Achas aber sagte: Ich werde nichts erbitten, und ich werde den HERRN nicht versuchen! 13 Da sprach er: Hört doch, Haus David, reicht

es euch nicht, Menschen zu ermüden, dass ihr auch noch meinen Gott ermüdet? 14 Deshalb wird der Herr selbst euch ein Zeichen geben: Seht, die junge Frau ist schwanger, und sie gebärt einen Sohn. Und sie wird ihm den Namen Immanu-El geben. 15 Dickmilch und Honig wird er essen, bis er versteht, das Böse zu verwerfen und das Gute zu wählen. 16 Denn bevor der Knabe versteht, das Böse zu verwerfen und das Gute zu wählen, wird das Land verlassen sein, vor dessen zwei Königen du dich fürchtest.

|11: 2Kön 19,29 |13: 43,24! |14: 37,30; 38,7.22 · Mi 5,2; Lk 1,31 · Mt 1,23 |15: 22 |16: 8,4 · 2Kön 15,29

7,14: Der Name Immanu-El bedeutet: Gott ist bei uns.

Das drohende Gericht

17 Über dich, über dein Volk und über das Haus deines Vaters wird der HERR Tage bringen, wie sie nicht gekommen sind seit dem Tag, an dem Efraim von Juda abgewichen ist – den König von Assur! 18 Und an jenem Tag wird der HERR die Fliege herbeipfeifen, die am Ende der Kanäle Ägyptens ist, und die Biene, die im Land Assur ist. 19 Dann werden sie kommen, und sie alle werden sich niederlassen in den Schluchten zwischen den Felswänden und in den Felsspalten, in allen Dornensträuchern und auf allen Triften. 20 Mit dem Schermesser, das von jenseits des Stroms in Dienst genommen ist, mit dem König von Assur, wird der Herr an jenem Tag das Haupt scheren und das Haar an den Füssen, und auch den Bart wird es abschneiden. 21 Und an jenem Tag wird sich jeder eine junge Kuh und zwei Schafe halten. 22 Und wegen der vielen Milch, die man gewinnt, wird er Dickmilch essen. Denn Dickmilch und Honig wird jeder essen, der übrig geblieben ist im Herzen des Landes. 23 Und an jenem Tag wird jeder Ort, an dem jetzt tausend Reben tausend Schekel Silber kosten, den Dornen und den Disteln gehören. 24 Nur mit Pfeilen und

mit Bogen wird man dorthin gelangen,
denn mit Dornen und Disteln wird das
ganze Land überwuchert sein. 25 Und
aus Furcht vor den Dornen und Disteln
wirst du keinen der Berge betreten, die
man mit der Hacke behackt, und es wird
eine Trift sein für die Stiere und Land,
das Schafe zertreten.

|17: 1Kön 12,19 · 8,7 |18: 5,26! |20: Ez 5,1 · 36,1
|22: 15 |23–25: 5,6! |23: Hld 8,11 |25: 5,17

7,20: ‹Haar an den Füssen› ist eine Umschreibung für das Schamhaar.

Der Sohn des Propheten als Zeichen

8 1 Und der HERR sprach zu mir:
Nimm dir eine grosse Tafel, und
schreibe darauf mit menschlichem
Griffel: Besitz von Eilebeute-Raschge-
raubt. 2 Dann will ich mir Urija, den
Priester, und Secharjahu, den Sohn des
Jeberechjahu, als vertrauenswürdige
Zeugen bestellen. 3 Und ich kam der
Prophetin nahe, und sie wurde schwan-
ger und gebar einen Sohn. Da sprach der
HERR zu mir: Gib ihm den Namen Eile-
beute-Raschgeraubt. 4 Denn noch bevor
der Knabe rufen kann: Mein Vater!, und:
Meine Mutter!, wird man den Reichtum
von Damaskus und die Beute aus Samaria vor den König von Assur tragen.

|1: 30,8; Jer 30,2; Hab 2,2 |2: Dtn 19,15 ·
2Kön 16,10–11 |3: Hos 1,4 |4: 17,1; Am 1,5 · 9,10;
2Kön 17,6!

Das Gericht über Juda und die Völker

5 Und der HERR fuhr fort und sprach
weiter zu mir: 6 Weil dieses Volk die
sanft fliessenden Wasser des Schiloach
verworfen hat und Freude hat an Rezin
und dem Sohn des Remaljahu, 7 darum,
sieh, lässt der Herr die reissenden Wassermassen des Stroms – den König von
Assur und seine ganze Herrlichkeit –
über sie emporsteigen.
Und er wird emporsteigen über alle
seine Flussarme,
    und er wird über alle seine Ufer
    treten.
8 Dann wird er sich auf Juda
zubewegen,

er überschwemmt und überflutet,
bis zum Hals wird er reichen,
    und seine ausgebreiteten Ränder
werden die Weite deines Landes füllen,
Immanu-El!
9 Tobt, ihr Völker, und erschreckt!
Und horcht auf,
    all ihr fernen Orte der Erde!
Gürtet euch, und erschreckt!
    Gürtet euch, und erschreckt!
10 Plant einen Plan, so wird er vereitelt!
    Beschliesst einen Beschluss, so wird
    er nicht ausgeführt!
Denn Gott ist bei uns!
11 Denn so sprach der HERR zu mir, als
die Hand mich ergriff und er mich ermahnte, nicht auf dem Weg dieses Volks
zu gehen: 12 Nennt nicht alles Verschwörung, was dieses Volk Verschwörung nennt. Und wovor es sich fürchtet,
davor sollt ihr euch nicht fürchten, und
davor sollt ihr nicht erschrecken. 13 Den
HERRN der Heerscharen, ihn sollt ihr
heilig halten: Er ist es, der euch das
Fürchten lehrt, und er ist es, der euch erschreckt. 14 Und er wird ein Heiligtum
sein und ein Stein des Anstosses und ein
Fels, an dem man strauchelt, für die beiden Häuser Israels, ein Netz und eine
Falle für den, der in Jerusalem wohnt.
15 Und viele von ihnen werden straucheln, fallen und zerbrechen, und sie
werden sich verstricken und gefangen
werden.

|7: 7,17 · 59,19; Jer 46,7! |8: 28,15 |9: Jer 46,3–4;
Ez 38,7 |10: 7,7! |11: Jer 20,7; Ez 3,14 |13: 29,23;
1Sam 11,7 |14: Mt 21,44; Lk 2,34; Röm 9,32–33;
1Petr 2,8 |15: 28,13; Jer 6,21

Allein die Weisung gilt

16 Was bezeugt ist, einschliessen!
Die Weisung versiegeln in meinen
Schülern! 17 Und ich werde auf den
HERRN warten, der sein Angesicht verbirgt vor dem Haus Jakob, und auf ihn
werde ich hoffen. 18 Sieh, ich und die
Kinder, die der HERR mir gegeben hat,
sind Zeichen und Wahrzeichen in Israel,
vom HERRN der Heerscharen, der auf
dem Berg Zion wohnt. 19 Und wenn sie
zu euch sagen: Befragt die Totengeister

und die Wahrsager, die wispernden und
murmelnden! Befragt ein Volk nicht
seine Götter, nicht die Toten für die Lebenden? – 20 Allein die Weisung und allein, was bezeugt ist! Wenn sie anders
sprechen, gibt es für keinen von ihnen
ein Morgenlicht. 21 Dann wird man sie
durchstreifen, bedrückt und hungrig,
und ist man hungrig, wird man in Zorn
geraten und seinen König verfluchen
und seinen Gott. Dann wird man sich
nach oben wenden 22 und auf die Erde
blicken. Aber sieh: Not und Finsternis,
kein Licht schimmert in der Bedrängnis, und ins Dunkel ist man gestossen.
23 Denn kein Licht schimmert für den,
der in Drangsal ist.

|16: Dan 12,4 |17: Ps 27,14 · 33,2; 54,8; 57,17; 64,6
|18: Hebr 2,13 · Sach 3,8 |19: Lev 19,31; Jer 27,9 ·
1Sam 28,8 |20: Mi 3,6 |22: 5,30!

8,21: Mit ‹sie› ist die Stadt Jerusalem gemeint.

Der Friedensfürst

In früheren Zeiten hat er das Land
Sebulon und das Land Naftali unbedeu-
tend gemacht, zuletzt aber hat er dem
Weg zum Meer Ehre verliehen, von jen-
seits des Jordan bis zum Galiläa der
Nationen.

9 1 Das Volk, das in der Finsternis geht,
hat ein grosses Licht gesehen,
die im Land tiefsten Dunkels leben,
über ihnen ist ein Licht aufgestrahlt.
2 Du hast die Nation zahlreich werden
lassen,
hast die Freude für sie gross
gemacht.
Sie haben sich vor dir gefreut,
wie man sich freut in der Erntezeit,
wie man jubelt, wenn man Beute
verteilt.
3 Denn das Joch, das auf ihnen lastet,
und den Stab auf ihrer Schulter,
den Stock dessen, der sie treibt,
hast du zerschmettert wie am Tag
Midians.
4 Denn jeder Stiefel, der dröhnend
aufstampft,
und der Mantel, der im Blut
geschleift ist,

der wird brennen,
wird ein Frass des Feuers sein.
5 Denn ein Kind ist uns geboren,
ein Sohn ist uns gegeben,
und auf seine Schulter ist die Herrschaft
gekommen.
Und er hat ihm seinen Namen gegeben:
Wunderbarer Ratgeber, Heldengott,
Vater für alle Zeit, Friedensfürst.
6 Die Herrschaft wird grösser und
grösser,
und der Friede ist grenzenlos
auf dem Thron Davids
und in seinem Königreich;
er gründet es fest
und stützt es durch Recht und durch
Gerechtigkeit,
von nun an für immer.
Dies vollbringt der Eifer des HERRN
der Heerscharen.

|23b: 2Kön 15,29 · Mt 4,15–16 |1: 60,2; Mt 4,16;
Lk 1,79; 2Kor 4,6 |2: Lk 2,10 · Ps 4,8 |3: 10,27; 14,25 ·
14,5! · 10,26; Ri 7,12; Ps 83,10 |5–6: Jer 23,5 |5:
Sach 6,13 · 22,22 · Hebr 7,2

Zorn über das Nordreich Israel

7 Ein Wort hat der Herr gegen Jakob
gesandt,
und es ist auf Israel gefallen,
8 damit das Volk zur Erkenntnis
komme, das ganze Volk:
Efraim und wer in Samaria wohnt.
In Hochmut und Überheblichkeit hat
man geredet:
9 Ziegelmauern sind gefallen,
mit Quadersteinen werden wir
bauen;
Maulbeerfeigenbäume wurden
abgehauen,
durch Zedern werden wir sie
ersetzen.
10 Und der HERR hat die Gegner Rezins
gross gemacht gegen ihn,
und seine Feinde hat er aufgereizt:
11 Aram von Osten und die Philister
von hinten,
und sie frassen Israel mit gierigem
Maul.
Bei alledem hat sein Zorn sich nicht
abgewandt,

und seine Hand ist noch immer
ausgestreckt.

12 Das Volk aber hat sich nicht dem
zugewandt, der es geschlagen hat,
und nach dem HERRN der
Heerscharen haben sie nicht gefragt.

13 Und der HERR schnitt Israel den
Kopf ab und den Schwanz,
Spross und Binse des Schilfs an
einem einzigen Tag.

14 Der Älteste und Angesehene, der ist
der Kopf,
und der Prophet, der Lüge lehrt, das
ist der Schwanz.

15 Und die dieses Volk führten, waren
Verführer,
und die Geführten wurden in die
Irre geführt.

16 Deshalb freut sich der Herr nicht an
seinen jungen Männern,
erbarmt sich nicht seiner Waisen
und seiner Witwen.
Denn jeder Einzelne ist gottlos und tut
Böses,
und jeder Mund redet törichtes
Geschwätz.
Bei alledem hat sein Zorn sich nicht
abgewandt,
und seine Hand ist noch immer
ausgestreckt.

17 Wie Feuer brannte die Schuld,
sie verzehrte Dornen und Disteln
und entzündete das Gestrüpp des
Waldes,
und in Rauchsäulen wirbelten sie
empor!

18 Durch den Zorn des HERRN der
Heerscharen krümmte sich das Land,
und das Volk war wie Feuerfrass,
keiner hat seinen Bruder verschont.

19 Und man frass zur Rechten und
blieb hungrig,
und man ass zur Linken und wurde
nicht satt,
jeder nagte das Fleisch von seinem Arm,

20 Manasse frass Efraim,
und Efraim frass Manasse,
und zusammen waren sie gegen Juda.
Bei alledem hat sein Zorn sich nicht
abgewandt,

und seine Hand ist noch immer
ausgestreckt.

|10: 8,4! |11: 5,25! |13: 10,33; 19,15 |15: 3,12 |16:
Jer 18,21 · 5,25! |17: 5,24! · 33,12 |18: 3,5! |19:
Lev 26,26 · Sach 11,9 |20: 11,13! · 5,25!

9,18: Statt «krümmte sich das Land» übersetzen
andere: «wurde das Land finster» oder «wurde das
Land verbrannt»; die genaue Bedeutung des hebräischen Worts ist unsicher.
9,20: «frass» wurde in der Übersetzung ergänzt.

Wehe den ungerechten Richtern

10 1 Wehe denen, die Satzungen des
Unrechts setzen,
und den Schreibern, die die Qual
festschreiben,

2 um die Machtlosen aus dem Gericht
zu drängen
und die Elenden meines Volks um
das Recht zu bringen,
damit die Witwen ihre Beute werden
und sie die Waisen berauben.

3 Und was werdet ihr tun am Tag der
Heimsuchung
und beim Unheil, das heraufzieht
von ferne?
Zu wem werdet ihr fliehen, um Hilfe zu
finden,
und wo werdet ihr eure Herrlichkeit
lassen?

4 Wer nicht mit den Gefangenen in die
Knie gegangen ist,
wird fallen mit denen, die
erschlagen werden!
Bei alledem hat sein Zorn sich nicht
abgewandt,
und seine Hand ist noch immer
ausgestreckt.

|2: 5,23! · 1,17! |3: 2,20; Zef 1,18 |4: 5,25! · Jer 15,2

Assur wird heimgesucht

5 Wehe Assur, dem Knüppel meines
Zorns:
Es ist ein Stock in ihrer Hand –
meine Wut.

6 Auf eine gottlose Nation lasse ich ihn
niederfahren,
und gegen das Volk meines Zorns
befehlige ich ihn,

um Beute zu erbeuten
   und Raub zu rauben
und um es zu zertreten wie Dreck in den
Gassen.
7 Er aber denkt nicht so,
   und sein Herz urteilt anders:
In seinem Herzen trägt er den Wunsch,
zu vernichten
   und nicht wenige Nationen
   auszurotten.
8 Denn er spricht: Sind meine Fürsten
nicht allesamt Könige?
9 Ist nicht Kalno wie Karkemisch
   oder Chamat wie Arpad
oder Samaria wie Damaskus?
10 Da meine Hand nach den Königreichen der Götzen gegriffen hat – und
ihre Bilder waren zahlreicher als die in
Jerusalem und in Samaria –, 11 werde
ich da nicht Jerusalem und seinen
Götzenbildern antun, was ich Samaria
und seinen Götzen angetan habe?
   12 Wenn aber der Herr sein ganzes
Werk am Berg Zion und an Jerusalem
beendet, werde ich heimsuchen die
Frucht der Überheblichkeit des Königs
von Assur und die hochmütige Schönheit seiner Blicke. 13 Denn er hat
gesagt:
Durch die Kraft meiner Hand habe ich
es vollbracht
   und durch meine Weisheit, denn ich
   bin klug.
Und die Grenzen der Völker entferne ich
   und ihre Vorräte habe ich
   geplündert,
und Thronende stürze ich wie der
Starke.
14 Und nach dem Reichtum der Völker
hat meine Hand gegriffen wie nach
einem Vogelnest,
   und wie man verlassene Eier
   einsammelt, habe ich die ganze Erde
   eingesammelt,
und niemand hat mit dem Flügel
geschlagen,
   und niemand hat den Schnabel
   aufgerissen und gepiepst.
15 Rühmt sich das Beil vor dem, der mit
ihm schlägt?

Oder brüstet sich die Säge vor dem,
der sie zieht?
Als schwänge der Knüppel die, die ihn
aufheben,
   als höbe der Stock den auf, der nicht
   aus Holz ist!
16 Deshalb wird der Herr, der HERR der
Heerscharen,
   die Schwindsucht schicken gegen
   seine Fetten,
und unter seiner Herrlichkeit wird ein
Brand brennen
   wie der Brand des Feuers.
17 Und das Licht Israels wird zu Feuer
   und sein Heiliger zur Flamme.
Und sie wird brennen und seine Dornen
und seine Disteln verzehren –
   an einem einzigen Tag.
18 Und der Herrlichkeit seines Waldes
und seines Weinbergs
   wird er ein Ende bereiten, Seele
   und Leib,
so, als ob ein Verzagter zerflösse.
19 Und was übrig bleibt von den
Bäumen seines Waldes, wird man
zählen können,
   und ein Knabe kann es aufschreiben.

|5:15 |6:2Sam 22,43 |9: Am 6,2 · 2Chr 35,20 ·
Jer 49,23 |10: 37,19; 2Kön 18,33–35 |11:36,19 |12:2,11!
|13: 5,21! · 37,25; 2Kön 19,23 |15: Röm 9,20 · 5 |16:
17,4 |19: 13,12

Ein Rest wird zurückkehren

20 Und an jenem Tag werden der
Rest Israels und die Entronnenen vom
Haus Jakob sich nicht mehr auf den stützen, der sie schlägt. Sondern auf den
HERRN, den Heiligen Israels, werden sie
sich in Treue stützen. 21 Ein Rest wird
zurückkehren, der Rest Jakobs, zum
Heldengott. 22 Denn mag dein Volk Israel auch sein wie der Sand am Meer,
nur ein Rest davon wird zurückkehren.
Vernichtung ist beschlossen, überflutet
alles mit Gerechtigkeit. 23 Denn die Ver-
tilgung und was beschlossen ist, führt
der Herr aus, der HERR der Heerscharen,
inmitten der ganzen Erde. 24 Darum, so
spricht der Herr, der HERR der Heerscharen: Mein Volk, das du in Zion
wohnst, fürchte dich nicht vor Assur,

das dich mit dem Knüppel schlägt und das seinen Stock gegen dich erhebt wie Ägypten es tat. 25 Denn es fehlt nur noch wenig, dann ist der Zorn erloschen, und meine Wut gilt ihrer Vernichtung.

26 Und der HERR der Heerscharen wird eine Peitsche schwingen über ihm

wie damals, als er Midian schlug am Rabenfelsen,

und seinen Stab über dem Meer, er wird ihn erheben

wie einst gegen Ägypten.

27 Und an jenem Tag wird seine Last von deiner Schulter weichen

und sein Joch von deinem Hals.

Und weggerissen wird das Joch vom Nacken.

28 Er zieht heran gegen Ajjat,

hat Migron durchzogen,

nach Michmas befiehlt er seine Waffen.

29 Durch den Engpass sind sie gezogen: Geba ist unser Nachtquartier!

Rama ist erschrocken,

das Gibea Sauls geflohen.

30 Schreie laut, Tochter Gallim!

Gib acht, Laischa!

Antworte ihr, Anatot!

31 Madmena ist geflüchtet,

die Bewohner Gebims haben sich in Sicherheit gebracht.

32 Am selben Tag noch steht er in Nob,

schwingt seine Hand gegen den Berg der Tochter Zion,

gegen den Hügel Jerusalems.

33 Sieh, der Herr, der HERR der Heerscharen,

haut die Äste ab mit Schreckensgewalt,

und die Höhen der Hügel sind in Stücke geschlagen,

und was hoch ist, wird niedrig sein.

34 Und das Gestrüpp des Waldes zerfetzt er mit dem Eisen,

und es fällt der Libanon durch einen Starken.

|20: 1,9! · 17,7 |22: Gen 22,17; Röm 9,27 ·
Jer 44,28 |23: 28,22 |24: 37,6 |25: 14,25; 31,8; 37,36
|26: 30,31 · 9,3! · Ex 14,16.26 |27: 9,3! |28: 1Sam 14,2 ·
1Sam 13,2 |29: 1Sam 13,23 · Hos 5,8 ·1Sam 14,2 |32:
1Sam 21,2! · 2Chr 32,1–2; Mi 1,9 |33: 9,13! · 2,12; 32,19;
Jer 22,7

10,21: Bei «Ein Rest wird zurückkehren» klingt hebräisch der Name Schear-Jaschub aus 7,3 an.

Das kommende Friedensreich

11 1 Und aus dem Baumstumpf Isais wird ein Schössling hervorgehen, und ein Spross aus seinen Wurzeln wird Frucht tragen.

2 Und auf ihm wird der Geist des HERRN ruhen,

der Geist der Weisheit und der Einsicht,

der Geist des Rates und der Kraft,

der Geist des Wissens und der Furcht des HERRN.

3 Und er wird die Furcht des HERRN atmen,

und er wird nicht richten nach dem, was seine Augen sehen,

und nicht entscheiden nach dem, was seine Ohren hören:

4 Den Machtlosen wird er Recht verschaffen in Gerechtigkeit,

und für die Elenden im Land wird er einstehen in Geradheit.

Und mit dem Knüppel seines Mundes wird er das Land schlagen

und mit dem Hauch seiner Lippen den Frevler töten.

5 Und Gerechtigkeit wird der Schurz an seinen Hüften sein

und Treue der Gurt um seine Lenden.

6 Und der Wolf wird beim Lamm weilen,

und die Raubkatze wird beim Zicklein liegen.

Und Kalb, junger Löwe und Mastvieh sind beieinander,

und ein junger Knabe leitet sie.

7 Und Kuh und Bärin werden weiden,

und ihre Jungen werden beieinander liegen,

und der Löwe wird Stroh fressen wie das Rind.

8 Und der Säugling wird sich vergnügen an der Höhle der Viper,

und zur Höhle der Otter streckt ein Kleinkind die Hand aus.

9 Nirgendwo wird man Böses oder
Zerstörerisches tun
   auf meinem heiligen Berg,
denn das Land ist voll von Erkenntnis
des HERRN,
   wie von Wasser, das das Becken des
   Meeres füllt.
10 Und an jenem Tag werden Nationen
nach der Wurzel Isais fragen, die dasteht als Feldzeichen für die Völker, und
ihr Ruheort wird Herrlichkeit sein.
   11 Und an jenem Tag wird der Herr
noch einmal, zum zweiten Mal, mit
seiner Hand den Rest seines Volks
freikaufen, der übrig geblieben ist in
Assur und in Ägypten, in Patros, in
Kusch und in Elam, in Schinar und in
Chamat und auf den Inseln im
Meer.
12 Und er wird ein Feldzeichen
aufrichten für die Nationen,
   und die Versprengten Israels wird er
   zusammenbringen,
   und die Zerstreuten Judas wird er
   sammeln
   von den vier Säumen der Erde.
13 Dann wird die Eifersucht Efraims
weichen,
   und die Bedränger Judas werden
   ausgerottet.
Efraim wird nicht eifersüchtig sein auf
Juda,
   und Juda wird Efraim nicht
   bedrängen.
14 Und sie werden zum Bergrücken der
Philister fliegen, zum Meer hin,
   gemeinsam werden sie die im Osten
   ausplündern.
Edom und Moab sind im Machtbereich
ihrer Hand,
   und die Ammoniter gehorchen
   ihnen.
15 Dann wird der HERR die Zunge des
ägyptischen Meers der Vernichtung
weihen,
   und unter der Gewalt seines Hauchs
   wird er seine Hand schwingen über
   dem Strom,
und in sieben Bäche wird er ihn
zerschlagen,

so dass man ihn in Sandalen
betreten kann.
16 Und dort wird eine Strasse sein
für den Rest seines Volks,
   der übrig geblieben ist in Assur,
wie es eine gab für Israel
   an dem Tag, als es hinaufzog aus dem
   Land Ägypten.

|1: 4,2! |2: 42,1; 61,1; Mt 3,16 · 1Kön 3,12 |3:
Joh 7,24 |4: Offb 1,16 · Hiob 4,9! |5: Hiob 29,14! |7:
65,25; Ez 34,25 |8: Gen 3,15 |9: 65,25 · 33,6; Hab 2,14
|10: 12! · Röm 15,12 |11: 27,13; Hos 11,11 · Jer 44,1 ·
Dan 1,2 |12: 13,2; 18,3; 49,22; 62,10 · 43,6; 49,12 |13:
9,20; Jer 3,18 |14: Jer 49,2 |15: 19,16; Sach 2,13 |16:
19,23 · 40,3; Ex 14,22.29

11,15: Die genaue Bedeutung des mit ‹Gewalt›
wiedergegebenen hebräischen Worts ist nicht
gesichert.

Dank für die Rettung

12 1 An jenem Tag wirst du sagen:
HERR, ich preise dich! Du hast mir
gezürnt!
   Möge dein Zorn sich wenden, dass
   du mich tröstest.
2 Sieh, Gott ist meine Rettung! Ich bin
voll Vertrauen und habe keine Angst,
   denn meine Stärke und meine Kraft
   ist Jah, der HERR:
   Er war meine Rettung.
3 Dann werdet ihr jubelnd Wasser
schöpfen
   aus den Quellen der Rettung.
4 Und an jenem Tag werdet ihr
sprechen:
Danket dem HERRN! Ruft seinen
Namen aus,
   macht seine Taten bekannt bei den
   Völkern,
erinnert daran, dass sein Name
erhaben ist!
5 Singt dem HERRN!
   Denn Erhabenes hat er vollbracht,
   und das soll bekannt sein in aller
   Welt.
6 Jauchze und juble, Bewohnerin
von Zion!
   Denn gross ist in deiner Mitte der
   Heilige Israels!

| 1: Hos 14,5 | 2: Ex 15,2; Ps 118,14 · 49,5 · Jer 3,23
| 3: 55,1; Ps 87,7; Sach 13,1 | 4–5: Ps 105,1 | 4: Ps 148,13
| 6: 52,9

12,2: «Jah»: Siehe die Anm. zu Ps 68,5.

Gericht über Babel

13 1 Ausspruch über Babel, den Jesaja, der Sohn des Amoz, geschaut hat:

2 Errichtet ein Feldzeichen auf kahlem Berg,
> ruft laut ihnen zu!

Winkt mit der Hand,
> damit sie einziehen durch die Tore der Edlen!

3 Ich selbst habe meine Geweihten aufgeboten,
> auch habe ich meine Helden
> herbeigerufen zum Zorngericht,

die frohlocken über meine Hoheit.

4 Horch! In den Bergen ein Tosen wie von mächtigem Volk.
> Horch! Ein Lärmen von Königreichen, von versammelten Nationen:

Der HERR der Heerscharen mustert das Kriegsheer!

5 Aus fernem Land, vom Ende des Himmels kommen sie:
> der HERR und die Werkzeuge seines Zorns,

um die ganze Erde zugrunde zu richten.

6 Heult auf! Denn nah ist der Tag des HERRN,
> er kommt wie eine Verheerung durch Schaddai!

7 Darum werden alle Hände schlaff,
> und mutlos wird eines jeden Menschen Herz.

8 Und sie werden sich entsetzen,
> Krämpfe und Wehen werden sie packen,

wie eine Gebärende werden sie sich winden.

Einer starrt den anderen an:
> Ihre Gesichter sind entflammt.

9 Sieh, der Tag des HERRN kommt,
> grausam und mit Wut und glühendem Zorn,

um die Erde entsetzlich zu verwüsten
> und ihre Sünder von ihr zu tilgen.

10 Die Sterne des Himmels und seine Orione lassen ihr Licht nicht strahlen,
> finster ist die Sonne bei ihrem Aufgang,

und der Mond lässt sein Licht nicht scheinen!

11 Dann werde ich die Bosheit heimsuchen am Erdkreis
> und an den Frevlern ihre Schuld.

Und ich werde der Überheblichkeit der Vermessenen ein Ende setzen
> und den Hochmut der Tyrannen erniedrigen.

12 Rarer als Feingold werde ich die Menschen machen,
> und rarer als Golderz aus Ofir die Menschen.

13 Darum werde ich den Himmel erzittern lassen,
> und die Erde wird aufschrecken von ihrem Ort,

unter der Wut des HERRN der Heerscharen,
> am Tag seines glühenden Zorns.

14 Und wie eine aufgescheuchte Gazelle
> und wie Schafe, wenn niemand da ist, der sie sammelt,

wird jeder sich zu seinem Volk wenden
> und jeder in sein Land fliehen.

15 Jeder, der gefunden wird, wird durchbohrt,
> und jeder, der aufgegriffen wird, fällt durch das Schwert.

16 Vor ihren Augen werden ihre Kinder zerschmettert,
> ihre Häuser geplündert

und ihre Frauen vergewaltigt.

17 Sieh, ich hetze die Meder auf sie,
> die von Silber nichts halten
> und kein Gefallen haben am Gold.

18 Und Bogen werden junge Männer niederstrecken,
> und mit der Frucht des Leibes
> werden sie kein Erbarmen kennen,

und um die Kinder werden sie keine Träne vergiessen.

19 Und Babel, die Zierde der
Königreiche,
    die stolze Pracht der Kasdäer,
wird sein wie Sodom und wie Gomorra,
    als Gott sie verwüstete.
20 Nie wieder wird es bewohnt sein
    und in keiner Generation besiedelt,
und kein Araber wird dort sein Zelt
aufschlagen,
    und Hirten werden dort nicht lagern
lassen.
21 Wüstentiere werden dort lagern,
    und ihre Häuser werden voller
Eulen sein,
dort werden Strausse wohnen
    und Bocksgeister werden dort
tanzen.
22 Und in ihren Prachtbauten werden
Wildhunde heulen
    und Schakale in den Palästen der
Lust.
Und bald, sehr bald kommt ihre Zeit,
    und ihre Tage verzögern sich nicht.

| 1: Jer 23,33 | 2: 11,12! · 45,2 | 3: Joel 4,11 | 5:
Jer 50,25 | 6: 9; Ez 30,3; Joel 1,15; 2,1; Obd 15 | 7:
Ez 21,12; Nah 2,11 | 8: 21,3; 26,17; Jer 4,31; Ps 48,7
| 9: 6! | 10: 24,23; 50,3; Ez 32,7; Joel 2,10; Am 8,9;
Mt 24,29 | 11: Gen 6,5–6 · 3,11 | 12: 10,19
| 13: Hiob 9,6; Jer 4,24; Hag 2,6 | 16: Ps 137,9; Nah 3,10
Klgl 5,11 | 17: 21,2! | 19: Gen 19,24–25; Jer 49,18 | 20:
25,2 | 21: 14,23; Jer 50,39; Zef 2,14; Offb 18,2 | 22:
34,14 · Dtn 32,35

13,6: «Schaddai»: Siehe die Anm. zu Num 24,4.
13,21: Die genaue Bedeutung des mit ‹Eulen›
wiedergegebenen hebräischen Worts ist nicht
gesichert.

Spott über den König von Babel

14 1 Der HERR wird sich Jakobs erbarmen und Israel noch einmal erwählen, und er wird sie lagern lassen in
ihrem Heimatland. Und der Fremde
wird sich ihnen anschliessen und sich
zum Haus Jakob gesellen. 2 Und Völker
werden sie tragen und an ihren Ort
bringen. Im Land des HERRN aber wird
das Haus Israel sich diese zum Erbbesitz
machen, zu Sklaven und zu Sklavinnen.
Und sie werden die gefangen halten, deren Gefangene sie waren, und sie werden herrschen über ihre Treiber. 3 Und
am Tag, an dem der HERR dir Ruhe ver-

schafft von deiner Mühsal, von deinem
Ungemach und von der harten Knechtschaft, mit der du geknechtet worden
bist, 4 wirst du dieses Spottlied anstimmen auf den König von Babel und
sagen:
Wie still ist der Treiber geworden,
    wie still das Stürmen!
5 Der HERR hat den Stock der Frevler
zerbrochen,
    den Knüppel der Herrschenden,
6 der Völker schlägt in Wut,
    sie ohne Unterlass schlägt,
der Nationen niedertritt im Zorn,
    sie schonungslos verfolgt.
7 Die ganze Welt ist zur Ruhe
gekommen, in Ruhe liegt sie da,
    man bricht in Jubel aus.
8 Selbst die Wacholderbäume freuen
sich über dich,
    die Zedern des Libanon:
Seit du dich niedergelegt hast,
    steigt niemand herauf, um uns zu
fällen.
9 Deinetwegen bebte tief unten das
Totenreich,
    es hat deine Ankunft erwartet.
Deinetwegen hat er die Schatten
geweckt,
    alle Mächtigen der Erde,
von ihren Thronen liess er sich erheben
    alle Könige der Nationen.
10 Sie alle heben an und sprechen
zu dir:
Auch dir wurde die Kraft genommen
wie uns,
    uns bist du gleich geworden!
11 Ins Totenreich hinabgestürzt wurde
deine Überheblichkeit,
    der Klang deiner Harfen,
als Lager ausgebreitet sind unter dir
Maden,
    und Würmer sind deine Decke.
12 Wie bist du vom Himmel gestürzt,
    du Morgenstern, Sohn der
Morgenröte!
Wie bist du zu Boden geschmettert,
    der du Nationen besiegt hast!
13 Du aber hattest in deinem Herzen
gesprochen:

Zum Himmel empor will ich steigen,
    hoch über den Sternen Gottes werde
    ich meinen Thron aufrichten,
und ich werde auf dem Berg der
Versammlung sitzen, im höchsten
Norden!
14 Über Wolkenhöhen will ich
emporsteigen,
    dem Höchsten mich gleichmachen!
15 Doch du wirst ins Totenreich
hinabgestürzt,
    in die tiefsten Tiefen der Gruft.
16 Die dich sehen, betrachten dich,
    schauen dich prüfend an:
Ist das der, der die Erde erbeben,
    der Königreiche erzittern liess,
17 der den Erdkreis der Wüste
gleichgemacht
    und seine Städte zerstört hat,
der seine Gefangenen nicht nach Hause
entliess?
18 Alle Könige der Nationen, sie alle
    haben sich niedergelegt in Ehren,
    ein jeder in seinem Haus;
19 du aber liegst hingeworfen, fern von
deinem Grab
    wie ein Spross, den niemand will,
bedeckt mit Erschlagenen,
    vom Schwert Durchbohrten,
    die hinabsteigen zu den Steinen der
    Gruft,
wie ein zertretener Leichnam.
20 Mit ihnen wirst du nicht vereint
werden im Grab, denn zugrunde
gerichtet hast du dein Land, umgebracht
dein Volk. Das Geschlecht derer, die
Unrecht begehen, soll nie mehr genannt
werden. 21 Bereitet die Schlachtbank
vor für seine Söhne, der Schuld ihrer
Vorfahren wegen, damit sie sich nicht
aufmachen und die Welt in Besitz nehmen und den Erdkreis mit Städten füllen. 22 Und ich werde mich gegen sie erheben, Spruch des HERRN der Heerscharen, und ich werde Babel Ruhm und
Rest, Nachkommenschaft und Nachfahren nehmen, Spruch des HERRN. 23 Und
ich werde es zum Besitz des Igels machen und zu Wassertümpeln, und mit
dem Besen der Vernichtung will ich es

wegfegen, Spruch des HERRN der Heerscharen.

|1: Lev 26,42; Ez 39,25 · Sach 1,17 · 56,3 |2: 60,4! ·
66,12 · 61,5 · 60,14 |3: 40,2 |5: 9,3; Jer 48,17 |10:
Ez 32,21 |11: Hiob 7,5! |12: Offb 8,10 |13: Hiob 20,6!;
Jer 51,53!; Dan 8,10 |14: Ez 28,2 |15: Ez 31,16; 32,23;
Obd 3; Mt 11,23 |19: 34,3! |21: Ex 20,5 |22: Ps 12,6
|23: 34,11 · 13,21!

14,2: Mit ‹diese› sind die Völker gemeint.
14,4: Die Übersetzung «Stürmen» beruht auf
mehreren Textzeugen; das schwierige Wort im Massoretischen Text lautet übersetzt möglicherweise:
«Schrecken».
14,13: Mit ‹Berg der Versammlung› ist der Berg
der Götterversammlung gemeint.

Gericht über Assur
24 Der HERR der Heerscharen hat
geschworen:
Fürwahr, wie ich es geplant habe, so ist
es gekommen,
    und was ich beschlossen habe, das
    geschieht:
25 Zerschmettern will ich Assur in
meinem Land,
    und auf meinen Bergen werde ich es
    zertreten,
dann wird sein Joch von ihnen weichen
    und seine Last weichen von ihrer
    Schulter.
26 Dies ist der Beschluss, der
beschlossen ist über die ganze Erde,
    und dies ist die Hand, die
    ausgestreckt ist über alle Nationen.
27 Der HERR der Heerscharen hat es
beschlossen,
    wer könnte es vereiteln?
Und seine Hand ist ausgestreckt,
    wer könnte sie zurückstossen?

|24: 46,10 |25: 10,25! · 9,3! |26: 23,11 · 60,17 |27:
43,13

Über die Philister
28 Im Todesjahr des Königs Achas
erging dieser Ausspruch:
29 Freue dich nicht, Philisterland, in
keiner deiner Ortschaften,
    dass der Knüppel zerbrochen
    worden ist, der dich geschlagen hat,
denn aus der Wurzel der Schlange
kommt eine Giftschlange,

und ein fliegender Seraf wird ihre
Frucht sein.

30 Und auf meinen Bergen werden die
Erstgeborenen der Machtlosen weiden
und die Armen sicher lagern,
deine Wurzel aber werde ich durch
Hunger töten,
und deinen Rest wird er umbringen.

31 Tor, heul auf! Stadt, schrei auf!
Philisterland, verzage, in allen
deinen Ortschaften!
Denn Rauch zieht heran von Norden,
und niemand kann sich absetzen
von seinen Scharen.

32 Und was wird man den Boten der
Nation antworten?
Der HERR hat die Grundmauern Zions
gelegt,
und dort finden Zuflucht die Elenden
seines Volks!

|28: 2Kön 16,20; 2Chr 28,27 |29: 30,6; Num 21,6;
Dtn 8,15 |32: 28,16 · 25,4

Über Moab

15 1 Ausspruch: Moab
Über Nacht wurde Ar-Moab
verheert, es ist verloren!
Über Nacht wurde Kir-Moab
verheert, es ist verloren!

2 Es ist hinaufgestiegen zum Haus,
Dibon ist hinaufgestiegen auf die
Kulthöhen, um zu weinen.
Über den Nebo und über Medeba heult
Moab,
all seine Häupter sind kahl,
abgeschnitten ist jeder Bart.

3 Auf seinen Gassen haben sie den Sack
umgegürtet,
auf ihren Dächern und auf ihren
Plätzen heult ein jeder,
in Tränen zerfliessend.

4 Und Cheschbon und Elale schrien auf,
bis Jahaz war ihre Stimme zu hören.
Darum bebten die Lenden Moabs,
zitterte in ihm seine Seele!

5 Mein Herz schreit auf über Moab,
seine Flüchtlinge – bis nach Zoar, bis
Eglat-Schelischija.
Den Pass von Luchit –
unter Tränen zieht man ihn hinauf!

Auf dem Weg nach Choronajim
schreit man ohne Unterlass über den
Zusammenbruch!

6 Die Wasser von Nimrim werden zur
Öde,
verdorrt ist das Gras, verschwunden
das frische Kraut,
es gibt kein Grün!

7 Darum trägt man, was geblieben ist
und was sie aufbewahrt haben,
über den Pappeln-Fluss.

8 Durch das Gebiet Moabs ist das
Schreien gedrungen,
bis Eglajim ist sein Jammern
gedrungen
und bis Beer-Elim sein Jammern.

9 Die Gewässer von Dimon sind voll
Blut,
für Dimon mache ich es noch
schlimmer:
einen Löwen für die Entronnenen
Moabs
und für den Rest des Landes!

16 1 Sendet einen Widder für den
Herrscher des Landes, von Sela
durch die Wüste zum Berg der Tochter
Zion. 2 Und wie ein fliehender Vogel,
wie ein aufgescheuchtes Nest, so werden die Töchter Moabs sein an den Furten des Arnon. 3 Gib Rat, triff die Entscheidung, mach deinen Schatten zur
Mittagszeit, wie er in der Nacht ist, verbirg die Versprengten, verrate den
nicht, der flieht! 4 Die Versprengten
Moabs werden bei dir zu Gast sein, vor
dem Verwüster sei ihnen Versteck.
Wenn es ein Ende nimmt mit dem Unterdrücker, wenn es aus ist mit dem Verwüster, wenn der aus dem Land verschwunden ist, der zertritt, 5 wird fest
aufgerichtet werden ein Thron durch
Güte, so dass auf ihm, im Zelt Davids, in
Treue einer sitzt, der richtet, der das
Recht sucht und nach Gerechtigkeit
strebt.

6 Wir haben gehört von der un-
glaublichen Überheblichkeit Moabs,
von seinem Hochmut, seiner Überheblichkeit und seiner Anmassung, von seinem Geschwätz, das nicht wahr ist.

7 Darum wird Moab heulen um Moab, jeder wird heulen! Um den Traubenkuchen von Kir-Chareset wimmern sie, ganz und gar geschlagen. 8 Denn vertrocknet sind die Gefilde von Cheschbon, der Weinstock von Sibma: Die Herren der Nationen haben seine Trauben abgeschlagen, diese reichten bis Jaser, in die Wüste verirrten sie sich, seine Ranken wucherten, bis ans Meer sind sie vorgedrungen. 9 Darum werde ich mit Jaser weinen um den Weinstock Sibmas, mit meinen Tränen werde ich dich tränken, Cheschbon und Elale, denn über deinen Sommer und über deine Ernte war Jauchzen ausgebrochen. 10 Und Freude und Jubel im Baumgarten wird abgeerntet, und in den Weinbergen wird nicht gejubelt, frohlockt man nicht, kein Kelterer tritt Wein in den Keltern, dem Jauchzen habe ich ein Ende gesetzt. 11 Darum gibt mein Inneres einer Leier gleich keine Ruhe wegen Moab, und mein Innerstes wegen Kir-Cheres. 12 Und wenn Moab erscheint, wenn es sich abmüht auf der Kulthöhe und in sein Heiligtum kommt, um zu beten, dann richtet es nichts aus. 13 Dies ist das Wort, das der HERR damals gesprochen hat über Moab. 14 Nun aber spricht der HERR: Binnen dreier Jahre, den Jahren eines Söldners gleich, wird die Herrlichkeit Moabs verachtet sein, bei all dem gewaltigen Tosen, und der Rest wird winzig klein sein, machtlos.

| 1: Num 21,28 | 2: Num 21,30 · 3,24; Jer 48,37 | 3: Jer 48,38; Klgl 2,10 | 4: 16,9 · Num 21,23 | 5: Gen 19,22 | 8: Num 21,16 | 9: Num 21,30 | 1: 2 Kön 3,4 · 2 Kön 14,7 | 2: Num 21,13 | 5: 9,6; 11,5 | 6: 25,10! | 7: 2 Kön 3,25 | 8: Num 21,32 | 9: 15,4 | 10: 32,15! · Jer 48,33; Ez 7,7 | 14: 21,16; Hiob 7,1

15,2: Möglicherweise ist zu übersetzen: «Auf die Kulthöhen gestiegen ist das Haus Dibon, um zu weinen. ...»
15,9: Möglicherweise ist statt ‹Land› ein Name, Adama (übersetzt: Land), zu lesen.
16,4: Die Übersetzung beruht auf einer leichten Änderung der Vokalisation des Massoretischen Texts; dieser lautet übersetzt: «Meine Versprengten werden bei dir zu Gast sein, Moab, vor ...»

Über Damaskus und das Nordreich Israel

17 1 Ausspruch: Damaskus
Sieh, Damaskus hört auf, eine Stadt zu sein,
und wird zur Trümmerstätte, zum Trümmerhaufen!
2 Verlassen sind die Städte von Aroer,
den Herden werden sie gehören,
und die werden dort lagern, und da wird niemand sein, der aufschreckt.
3 Und verschwinden werden die befestigte Stadt aus Efraim
und das Königtum aus Damaskus
und der Rest von Aram;
wie der Herrlichkeit der Israeliten wird es diesen ergehen,
Spruch des HERRN der Heerscharen.
4 Und an jenem Tag
wird die Herrlichkeit Jakobs armselig sein,
und das Fett seines Fleisches wird schwinden.
5 Und es wird sein, als fasste ein Schnitter die Halme
und als schnitte sein Arm die Ähren
und als läse man Ähren im Tal Refaim.
6 Und es wird an ihm eine Nachlese übrig bleiben, wie beim Abschlagen der Oliven,
zwei, drei reife Oliven ganz oben im Geäst,
vier, fünf an seinen Zweigen, am Fruchtbaum,
Spruch des HERRN, des Gottes Israels.
7 An jenem Tag wird der Mensch zu dem blicken, der ihn gemacht hat, zum Heiligen Israels werden seine Augen schauen. 8 Zu den Altären aber, zum Werk seiner Hände, wird er nicht blicken, und zu dem, was seine Finger gemacht haben, wird er nicht schauen, auch nicht zu den Ascheren und den Altären für die Rauchopfer. 9 An jenem Tag werden die Städte seiner Zuflucht wie ein verlassener Wald sein, wie verlassenes Geäst, denn man hat sie verlassen vor den Israeliten, und da wird eine Wüstenei sein. 10 Denn du hast den Gott deiner Hilfe vergessen, und an den Fels deiner Zuflucht hast du

nicht gedacht. Darum magst du Pflanzungen des Lieblichen pflanzen und mit Reben eines Fremden sie besäen: 11 Am Tag, an dem du pflanzt, magst du es grossziehen, und am Morgen, an dem du säst, magst du es zum Sprossen bringen – hin ist die Ernte am Tag des Siechtums und des unheilbaren Schmerzes!

|1: 8,4! |2: Jos 13,25 · Ez 25,5 |4: 10,16 |5: Jer 51,33; Joel 4,13 · Lev 19,9–10 · Jos 15,8 |6: 24,13 |7: 10,20 |8: 27,9 · Hos 14,9 |9: 6,11; Mi 7,13 |10: 51,13 · 30,29; 44,8; 1Sam 2,2 · 1,29!

17,10: Mit dem ‹Lieblichen› ist vermutlich ein Fruchtbarkeitsgott gemeint.

Wehruf über die Völker

12 Wehe! Ein Tosen vieler Völker;
    wie das Tosen des Meeres tosen sie!
Und ein Brausen von Völkerschaften;
    wie das Brausen gewaltiger
    Wassermengen brausen sie!
13 Völkerschaften brausen wie das
Brausen grosser Wassermengen,
    er aber weist sie zurecht, und noch
    fern, fliehen sie schon,
und sie werden gejagt wie die Spreu auf
den Bergen vom Wind
    und wie ein Dornenstrauch vom
    Sturmwind!
14 Zur Abendzeit, sieh: Schrecken!
    Ehe der Morgen kommt, sind sie
    nicht mehr.
Das fällt denen zu, die uns ausrauben,
    und das ist das Los derer, die uns
    ausplündern.

|12: 5,30! |13: 33,3; Ps 65,8! · 29,5; 40,24; Ps 83,14 |14: 37,36

Über Kusch

18 1 Wehe dem Land der geflügelten
    Schiffe,
    das jenseits der Flüsse von Kusch
    liegt,
2 das Boten entsendet auf dem Meer
    und auf dem Wasser in
    Papyruskähnen.
Geht hin, ihr leichtfüssigen Boten,
    zu einer hochgewachsenen Nation
    mit glatter Haut,

zu einem Volk, weit und breit
gefürchtet,
    zu einer Nation, die mit
    unglaublicher Kraft zertritt,
    deren Land von Flüssen durchzogen
    wird!
3 All ihr Bewohner des Erdkreises
    und die ihr wohnt auf der Erde:
Wenn man das Feldzeichen aufrichtet
auf den Bergen, seht hin!
    Und wenn man den Schofar bläst,
    hört her!
4 Denn so hat der HERR zu mir
gesprochen:
In aller Ruhe will ich von meiner Stätte
aus zuschauen
    wie die flimmernde Hitze über dem
    Licht,
    wie das Taugewölk in der Hitze der
    Ernte.
5 Denn vor der Ernte, wenn das
Sprossen vorüber ist
    und bevor das Unreife reift und zur
    Blüte wird,
schneidet er mit Messern die Reben
    und entfernt die Ranken, reisst
    sie ab.
6 Sie alle werden den Raubvögeln auf
den Bergen überlassen
    und den Tieren des Landes,
und die Raubvögel verbringen darauf
den Sommer
    und alle Tiere des Landes den
    Winter.
7 Zu jener Zeit werden dem HERRN der
Heerscharen Gaben dargebracht
    von einem hochgewachsenen Volk
    mit glatter Haut,
und von einem Volk, weit und breit
gefürchtet,
    einer Nation, die mit unglaublicher
    Kraft zertritt,
    deren Land von Flüssen durchzogen
    wird,
hin zur Stätte des Namens des HERRN
der Heerscharen, zum Berg Zion.

|1: Ez 30,9 · Zef 3,10 |3: 11,12! |4: Ps 33,13–14; 2Chr 6,21 |6: Ez 31,13 |7: 45,14; Ps 68,32; Zef 3,10

18,1: Statt «Land der geflügelten Schiffe» übersetzen andere: «Land des Flügelgeschwirrs».

19 1 Ausspruch: Ägypten
Sieh, auf schneller Wolke reitet
der HERR,
   und er kommt nach Ägypten.
Da erbeben vor ihm die Götzen
Ägyptens,
      und Ägyptens Herz zerfliesst in
      seinem Innern.
2 Dann werde ich Ägypten gegen
Ägypten aufstacheln,
      und jeder kämpft gegen seinen
      Bruder
und jeder gegen seinen Nächsten,
      Stadt gegen Stadt,
Reich gegen Reich.
3 Und verstört wird in seinem Innern
der Geist Ägyptens,
      und seinen Ratschlag werde ich
      verwirren.
Und sie werden sich an die Götzen
wenden und an die Totengeister,
      an die Geister der Verstorbenen und
      an die Wahrsager.
4 Und ich werde Ägypten ausliefern
      in die Hand eines harten Herrn,
und ein starker König wird sie
beherrschen,
      Spruch des Herrn, des HERRN der
      Heerscharen.
5 Und das Wasser wird aus dem Meer
verschwinden,
      und versiegen wird der Fluss und
      austrocknen.
6 Und die Kanäle werden stinken;
armselig und verödet sind die
Ströme Mazors.
Rohr und Schilf sind verwelkt,
      7 die Binsen im Nil, an der Mündung
      des Nil;
und alles Saatland des Nil
      wird verdorren, wird verweht und
      ist nicht mehr.
8 Dann werden die Fischer klagen und
trauern,
      alle, die den Angelhaken in den Nil
      halten;
und die das Fischernetz auswerfen auf
dem Wasser, sind verkümmert.

9 Und zuschanden werden, die den
Flachs verarbeiten, die ihn kämmen,
      und die Weber sind bleich
      geworden.
10 Und die ihn verweben, werden
niedergeschlagen sein,
      bekümmert sind alle, die für Lohn
      arbeiten.
11 Dummköpfe sind die Fürsten von
Zoan,
      die weisen Ratgeber des Pharao,
als dumm hat sich der Rat erwiesen!
Wie könnt ihr zum Pharao sagen:
Ein Sohn von Weisen bin ich,
      ein Sohn aus uraltem
      Königsgeschlecht?
12 Wo sind denn deine Weisen?
Sollen doch sie dir kundtun
      und dich wissen lassen,
was der HERR der Heerscharen über
Ägypten beschlossen hat.
13 Die Fürsten von Zoan haben sich als
Toren erwiesen,
      falschen Hoffnungen hingegeben
      haben sich die Fürsten von Nof;
die Ecksteine seiner Stämme bringen
Ägypten ins Taumeln.
14 In seiner Mitte hat der HERR einen
Geist der Verwirrung gebraut,
      und sie bringen Ägypten ins
      Taumeln bei all seinem Tun,
wie ein Trunkener taumelt in sein
Erbrochenes.
15 Und nichts wird für Ägypten getan
werden, das Kopf und Schwanz, Spross
und Binse des Schilfs noch tun könnten.
16 An jenem Tag werden die Ägypter
wie Frauen sein, und man wird erschrecken und Furcht haben vor der
erhobenen Hand des HERRN der
Heerscharen, die er gegen sie erhebt.
17 Und das Land Juda wird Ägypten
beschämen: Jeder, den man daran
erinnert, wird erschrecken über den
Ratschluss des HERRN der Heerscharen,
den er über Ägypten beschliesst.
18 An jenem Tag werden fünf Städte
im Land Ägypten die Sprache Kanaans
sprechen und sich mit dem HERRN der
Heerscharen im Schwur verbinden;

eine wird man Stadt-der Zerstörung nennen. 19 An jenem Tag wird ein Altar des HERRN mitten im Land Ägypten stehen und an seiner Grenze eine Mazzebe des HERRN. 20 Und das wird Zeichen und Zeuge sein für den HERRN der Heerscharen im Land Ägypten: Wenn sie zum HERRN schreien im Angesicht derer, die sie quälen, damit er ihnen einen Retter sendet, dann wird er den Streit führen und sie retten. 21 Und der HERR wird sich Ägypten zu erkennen geben, und an jenem Tag werden die Ägypter den HERRN erkennen, und sie werden ihm dienen mit Schlachtopfern und Speiseopfern und dem HERRN Gelübde ablegen und sie erfüllen. 22 Und der HERR wird Ägypten schlagen, schlagen und heilen. Dann werden sie zurückkehren zum HERRN, und er wird sich von ihren Bitten bewegen lassen und sie heilen. 23 An jenem Tag wird eine Strasse von Ägypten nach Assur führen; und Assur wird nach Ägypten kommen und Ägypten nach Assur, und zusammen mit Assur wird Ägypten dienen. 24 An jenem Tag wird Israel der Dritte sein, neben Ägypten und Assur, ein Segen im Mittelpunkt der Welt, 25 denn der HERR der Heerscharen hat es gesegnet, indem er sprach: Gesegnet ist mein Volk, Ägypten, und das Werk meiner Hände, Assur, und mein Erbbesitz, Israel!

| 1: Ps 18,11! | 2: 3,5! | 3: Hiob 5,12 · 47,12 | 4: 20,3–4 | 5: Jer 51,36 | 6: 37,25 | 7: 2Kön 19,24 | 8: Ex 7,21! | 11: 30,4 · 1Kön 5,10 | 12: 1Kor 1,20 | 13: Jer 44,1 | 14: 28,8; 29,9; 1Kön 24,21; Jer 48,26 | 15: 9,13! | 16: Jer 51,30!; Nah 3,13 · 11,15! | 18: 65,16; Jer 4,2 | 21: 66,19 | 23: 11,16 | 24: Gen 12,2; Sach 8,13 | 25: 63,17; Dtn 4,20; 32,9; Sach 2,16

19,6: Mazor ist ein anderer Name für Ägypten.
19,9: Wörtlich: «..., die den Flachs zu Gekämmtem verarbeiten, ...»
19,17: Wörtlich: «..., den er über es beschliesst.»
19,18: Manche meinen, der Text müsse statt «Stadt-der-Zerstörung» (hebräisch: Ir-Haheres) «Stadt-der-Sonne» (hebräisch: Ir-Hacheres) lauten, womit Heliopolis gemeint wäre.

Über Ägypten und Kusch

20 1 In dem Jahr, als der Tartan nach Aschdod kam, als Sargon, der König von Assur, ihn sandte, bekämpfte er Aschdod und nahm es ein. 2 Zu jener Zeit hat der HERR durch Jesaja, den Sohn des Amoz, gesprochen: Geh, und löse das Trauergewand von deinen Hüften, und ziehe deine Sandalen von deinen Füssen! Und so machte er es, nackt ging er und barfuss. 3 Da sprach der HERR: Wie mein Diener Jesaja drei Jahre lang nackt und barfuss gegangen ist, als Zeichen und Wunderzeichen gegen Ägypten und gegen Kusch, 4 so wird der König von Assur die Gefangenen Ägyptens und die Weggeführten von Kusch forttreiben, Junge und Alte, nackt und barfuss und mit entblösstem Gesäss, zur Schande Ägyptens. 5 Dann werden sie erschrecken, und sie werden sich schämen wegen Kusch, ihrer Hoffnung, und wegen Ägypten, ihres Schmucks. 6 Und wer an jenem Tag an dieser Küste wohnt, wird sprechen: Seht, so steht es um unsere Hoffnung, zu der wir geflohen sind, um Hilfe zu finden, um uns zu retten vor dem König von Assur. Und wie könnten wir da entrinnen?

| 1: 2Kön 18,17 · 1Sam 5,1 | 2: 1Sam 19,24; Mi 1,8 | 3–4: 19,4 | 3: Jer 13,1; Ez 4,1–3 | 4: 2Sam 10,4! | 5: 30,3–5

20,1: Der Tartan war ein hoher Befehlshaber im assyrischen Heer.
20,4: Statt «zur Schande Ägyptens» ist auch die Übersetzung möglich: «mit entblösster Scham Ägyptens».

Babel fällt

21 1 Ausspruch: Die Wüste des Meeres
Wie Sturmwinde aus dem Negev daherbrausen,
    so kommt es aus der Wüste,
aus einem Land, das Furcht erregt.
2 Eine harte Schau wurde mir gewährt:
Der Betrüger betrügt,
    und der Verwüster verwüstet!
Elam, ziehe herauf!
    Medien, belagere!

All ihrem Seufzen habe ich ein Ende
gesetzt.
3 Darum ist ein Zittern in meinen
Hüften,
Wehen haben mich gepackt
wie die Wehen einer Gebärenden.
Ich bin so verstört, dass ich nicht hören,
so entsetzt, dass ich nicht sehen
kann.
4 Wild schlägt mein Herz,
Entsetzen hat mich überfallen,
hat mir die Dämmerung, an der ich
meine Freude hatte,
zum Schrecken gemacht.
5 Den Tisch bereiten, die Sitzordnung
bestimmen, essen, trinken!
Auf, ihr Fürsten, salbt den Schild!
6 Denn so hat der Herr zu mir
gesprochen:
Geh, stell den Späher auf!
Was er sieht, soll er melden.
7 Und sieht er Reiter, Pferdegespanne,
einen Zug Esel, einen Zug Kamele,
so soll er aufmerksam acht geben, mit
grosser Aufmerksamkeit!
8 Und der, der Ausschau hielt, rief:
Auf der Warte, Herr, stehe ich beständig
am Tag,
und auf meinem Wachtposten bin
ich jede Nacht.
9 Und sieh da, ein Menschenzug kam,
Pferdegespanne!
Daraufhin sprach er:
Gefallen, gefallen ist Babel!
Und alle Bilder ihrer Götter hat er auf
dem Boden zerschmettert!
10 Mein zertretenes Volk, du Sohn
meiner Tenne!
Was ich gehört habe vom HERRN der
Heerscharen, dem Gott Israels,
das habe ich euch berichtet.

| 1: Hiob 37,9 | 2: 24,16; 33,1 · 13,17; Jer 49,35; 51,11
| 3: 13,8! | 4: Jer 4,19 · Ps 55,6 | 5: 2Sam 1,21 | 6:
2Sam 18,25; Hab 2,1 | 9: Jer 51,8; Offb 14,8 · 46,1;
Jer 51,47

21,5: Die genaue Bedeutung der mit ‹die Sitzordnung bestimmen› wiedergegebenen hebräischen
Formulierung ist unsicher.
21,8: Die Übersetzung von «Und der, der Ausschau hielt, rief» beruht auf mehreren Textzeugen;

der Massoretische Text lautet übersetzt: ‹und der
Löwe rief› oder ‹und er rief als Löwe›.

Über Edom und Arabien

11 Ausspruch: Duma
Von Seir ruft man mir zu:
Wächter, wie weit ist die Nacht?
Wächter, wie weit ist die Nacht?
12 Der Wächter hat gesprochen:
Es kommt der Morgen und auch die
Nacht!
Wollt ihr fragen, so fragt! Kommt
wieder!
13 Ausspruch: In der Wüste
Im Gestrüpp in der Wüste werdet ihr
übernachten,
Karawanen der Dedaniter!
14 Dem Durstigen bringt Wasser,
ihr Bewohner des Landes Tema,
mit Brot für ihn begegnet dem, der
flieht!
15 Denn vor Schwertern sind sie
geflohen,
vor gezücktem Schwert
und vor gespanntem Bogen
und vor der Last des Kriegs.
16 Denn so hat der Herr zu mir gesprochen: Binnen dreier Jahre, den Jahren eines Söldners gleich, wird es aus sein mit
aller Herrlichkeit Kedars, 17 und was an
Bogen übrig bleibt bei den Helden der
Kedariter, wird wenig sein. Der HERR,
der Gott Israels, hat gesprochen!

| 11: Gen 32,4 | 12: Röm 13,12 | 13–17: Gen 25,3!;
Jer 49,28–33 | 13: Jer 25,24 | 16: 16,14! · 60,7

21,11: Die erste Zeile lautet in manchen Handschriften: «Ausspruch: Edom»

Der Frevel Jerusalems

22 1 Ausspruch: Das Tal der
Schauung
Was ist denn mit dir,
dass alle deine Bewohner auf die
Dächer gestiegen sind,
2 du von Lärm erfüllte, lärmende Stadt,
du frohlockende Stadt?
Nicht vom Schwert sind deine
Erschlagenen erschlagen worden,
und nicht im Kampf sind sie
umgekommen.

3 Alle deine Machthaber sind
miteinander geflohen,
    ohne Bogen wurden sie gefangen;
alle, die bei dir gefunden wurden, sind
auf einen Schlag gefangen worden,
    in die Ferne wollten sie fliehen.
4 Darum habe ich gesprochen:
Schaut mich nicht an, ich weine
bitterlich.
    Versucht nicht, mich zu trösten
über die Verwüstung der Tochter
meines Volks.
5 Denn es ist ein Tag der Verwirrung,
    der Zertretung und des
        Umherirrens,
ein Tag des Herrn, des HERRN der
Heerscharen, im Tal der Schauung.
Lärm lässt er erschallen
    und Schreie hin zum Gebirge.
6 Und Elam erhob den Köcher,
    da waren bemannte Wagen, Reiter,
und Kir zog die Hülle vom Schild.
7 Und deine erlesenen Täler waren
voller Wagen,
    und die Reiter bezogen Stellung
        gegen das Tor.
8 Und er zog die Decke weg von Juda.
Und du hast an jenem Tag deine Blicke
auf die Waffen im Waldhaus gerichtet.
9 Und ihr habt gesehen, dass die
Schäden in der Stadt Davids zahlreich
waren, und ihr habt das Wasser des
unteren Teichs gesammelt. 10 Und ihr
habt die Häuser Jerusalems gezählt, und
dann habt ihr die Häuser abgebrochen,
um die Mauer unzugänglich zu machen.
11 Und zwischen den beiden Mauern
habt ihr ein Sammelbecken angelegt für
das Wasser des alten Teichs.
Auf den aber, der das verursacht hat,
habt ihr nicht geblickt,
    und auf den, der es seit langem
        vorbereitet hat, habt ihr nicht
        geschaut.
12 Und an jenem Tag rief der Herr, der
HERR der Heerscharen, auf
    zum Weinen und Trauern,
    zum Kahlscheren und dazu, sich das
        Trauergewand umzugürten.

13 Aber sieh, Jubel und Freude:
    Rindertöten und Schafeschlachten,
    Fleischessen und Weintrinken!
Lasst uns essen und trinken,
    denn morgen sind wir tot!
14 Der HERR der Heerscharen aber
offenbart sich meinen Ohren: Diese
Schuld wird euch nicht vergeben, bis ihr
sterbt!, spricht der Herr, der HERR der
Heerscharen.

| 1: 2 Kön 23,12; Jer 19,13; Zef 1,5 | 2: 32,13 | 3:
2 Kön 25,4; Jer 39,4 | 4: 33,7; Jer 8,23 | 5: Zef 1,15 | 6:
2 Kön 16,9 | 8: 1 Kön 10,17 | 9: 2 Chr 32,4 | 10: Jer 33,4
| 11: 7,3; 2 Kön 20,20 · 37,26 | 12: 37,1–2; Am 8,10 | 13:
5,12! · 1 Kor 15,32 | 14: Am 8,7

22,5: Die Bedeutung der mit ‹Lärm lässt er
erschallen› wiedergegebenen hebräischen
Formulierung ist unsicher. Möglicherweise ist zu
übersetzen: «er bringt die Mauer (hebräisch: ‹kir›)
zum Einsturz», wobei Kir auch der Name der Stadt
ist, die im folgenden Vers genannt wird.

Schebna und Eljakim

15 So spricht der Herr, der HERR der
Heerscharen: Auf, geh zu diesem Verwalter, zu Schebna, der dem Haus vor-
steht. 16 Was hast du hier, und wen hast
du hier, dass du dir hier ein Grab ausgehauen hast? Der in der Höhe sein Grab
aushaut, der in den Fels sich eine Wohnung meisselt: 17 Sieh, der HERR wird
dich kräftig ausschütteln, du Kerl, und
dich gründlich entlausen. 18 Wie ein
Knäuel wird er dich fortschleudern,
weit hinein in ein nach jeder Seite
offenes Land. Dort wirst du sterben, und
dorthin kommen deine prächtigen
Wagen, die Schande des Hauses deines
Herrn. 19 Und ich werde dich aus deinem Amt jagen und von dort, wo du
stehst, herunterreissen.

20 An jenem Tag aber werde ich meinen Diener Eljakim rufen, den Sohn des
Chilkijahu. 21 Und mit deinem Leibrock
bekleide ich ihn, und deine Schärpe
binde ich ihm um, und in seine Hand
gebe ich deine Herrschaft, und er wird
ein Vater sein für den, der in Jerusalem
wohnt, und für das Haus Juda. 22 Und
auf seine Schulter lege ich die Schlüssel-
gewalt des Hauses David, und er wird
öffnen, und da wird niemand sein, der

verschliesst, und er wird verschliessen, und da wird niemand sein, der öffnet. 23 Und an einem festen Ort werde ich ihn als Pflock einschlagen, und er wird ein gewichtiger Thron sein für das Haus seines Vaters. 24 Dann aber wird sich das ganze Gewicht des Hauses seines Vaters an ihn hängen, die Sprösslinge und was dazukommt, alles Kleingeschirr, von den Schalen bis hin zu allen möglichen Krügen. 25 An jenem Tag, Spruch des HERRN der Heerscharen, wird der Pflock wanken, der an einem festen Ort eingeschlagen wurde, und er wird abgeschlagen werden und stürzen, und die Last, die an ihm hängt, wird zerschlagen, denn der HERR hat gesprochen!

|15: 36,3; 37,2; 2Kön 18,18 |17: Jer 10,18 |18: Am 7,17 |20: 15! |21: Gen 45,8 |22: 9,5 · Mt 16,19; Offb 3,7 |23: Esra 9,8; Sach 10,4

22,24: Die genaue Bedeutung des mit ‹was dazukommt› wiedergegebenen hebräischen Worts ist nicht gesichert; möglicherweise bedeutet es ‹die Blätter›.

Über Tyros und Sidon

23 1 Ausspruch: Tyros Heult, ihr Tarschisch-Schiffe, denn drinnen wurde Verwüstung angerichtet, man kommt nicht mehr hinein. Vom Land der Kittim her wurde es ihnen kundgetan. 2 Es wehklagten die Bewohner der Küste, die Händler aus Sidon, die daherzogen über das Meer … 3 und über gewaltige Wassermassen. Die Saat des Schichor, die Ernte des Nil war ihr Ertrag, und das ergab den Gewinn aus dem Handel mit den Nationen. 4 Schäme dich, Sidon, denn das Meer spricht, die Festung, das Meer sagt: Ich hatte keine Wehen und habe nicht geboren, ich habe keine jungen Männer grossgezogen, keine jungen Frauen aufgezogen. 5 Wenn die Nachricht nach Ägypten kommt, werden sie Wehen haben, wie bei der Nachricht über Tyros. 6 Fahrt hinüber nach Tarschisch! Heult, ihr Bewohner der Küste! 7 Ist dies eure frohlockende Stadt, deren Ursprung in frühester Zeit liegt, deren Füsse sie hinaustragen, damit sie auch weit weg in der

Fremde sein kann? 8 Wer hat dies beschlossen über Tyros, die andere krönte, deren Händler Fürsten waren und deren Kaufleute angesehen waren auf der Erde? 9 Der HERR der Heerscharen hat es beschlossen, um der Überheblichkeit all des Zierrats die Weihe zu nehmen, um unbedeutend zu machen alle, die angesehen sind auf der Erde. 10 Überflute dein Land wie der Nil, Tochter Tarschisch, es gibt keine Werft mehr. 11 Über das Meer hat er seine Hand ausgestreckt, Königreiche hat er erschüttert, über Kanaan hat der HERR verhängt, dass seine Zufluchtsorte zerstört werden. 12 Und er sprach: Du sollst nicht mehr frohlocken, du Jungfrau, Tochter Sidon, die du vergewaltigt wurdest! Mach dich doch auf zu den Kittim, fahr hinüber! Auch dort wirst du keine Ruhe finden! 13 Sieh, das Land der Kasdäer, dies ist das Volk, das nie war. Assur hat es den Schiffen zugewiesen. Man hat die Belagerungstürme errichtet, seine Paläste hat man geschleift, zu einem Trümmerhaufen hat er es gemacht. 14 Heult, ihr Tarschisch-Schiffe! Denn eure Festung ist verwüstet.

15 Und von jenem Tag an wird Tyros siebzig Jahre lang vergessen sein, solange das Leben eines Königs währt. Nach siebzig Jahren wird für Tyros gelten, was gesagt wird im Lied von der Hure: 16 Nimm die Leier, zieh deine Kreise in der Stadt, du vergessene Hure! Spiel gut, singe fleissig, damit man sich deiner erinnert! 17 Und nach siebzig Jahren wird der HERR sich der Stadt Tyros annehmen, und sie wird wieder zu ihrem Hurenlohn kommen, und sie wird Hurerei treiben mit allen Königreichen der Erde auf dem Erdboden. 18 Ihr Gewinn aber und ihr Lohn werden dem HERRN heilig sein. Nichts wird angehäuft oder aufgespart: Ihr Gewinn wird denen zukommen, die vor dem HERRN wohnen, damit sie sich satt essen und prächtig kleiden!

|1: 2,16! · 12; Gen 10,4; Jer 2,10; Ez 27,6 |3: Jer 2,18 |4: Ez 28,21 |8: Sach 9,3 |11: 14,26 |12: 1! |14: 1 · 2,16! |15: Jer 25,11–12; 29,10 |17: Offb 17,2

23,1: ‹drinnen› bezieht sich auf die Stadt Tyros. Die Übersetzung des Verses ist unsicher.

23,2: Am Ende des Verses folgt im Massoretischen Text: «sie haben dich (die Stadt) angefüllt».

23,3: Schichor ist ein Teil des Nil. Mit ‹ihr› Ertrag ist der Ertrag der Stadt Tyros gemeint.

23,8: Möglich ist auch die Übersetzung: «..., die die Krone trug, ...»

23,13: Wörtlich: «... seine Belagerungstürme ...», womit entweder die Belagerungstürme gegen das Volk gemeint sind oder aber die Belagerungstürme Gottes.

23,17: «der Stadt» wurde in der Übersetzung ergänzt.

Die Erde wird verheert

24 1 Sieh, der HERR verheert die Erde
und verwüstet sie,
entstellt ihr Antlitz
und zerstreut ihre Bewohner.
2 Und wie das Volk wird der Priester sein,
wie der Sklave dessen Herr,
wie die Sklavin deren Gebieterin,
wie der Käufer der Verkäufer,
wie der Verleiher der, der sich leiht,
wie der Gläubiger sein Schuldner.
3 Entsetzlich verheert wird die Erde
und restlos geplündert,
denn dieses Wort hat der HERR gesprochen!
4 Vertrocknet, verwelkt ist die Erde,
verkümmert, verwelkt der Erdkreis,
verkümmert die Höhe des Volks der Erde.
5 Ist doch die Erde unter ihren Bewohnern entweiht,
denn sie haben die Weisungen übertreten,
die Satzung verletzt,
den ewigen Bund gebrochen.
6 Darum frass ein Fluch die Erde,
und die sie bewohnten, mussten es büssen.
Darum schwanden die Bewohner der Erde,
und wenige Menschen sind übrig.
7 Vertrocknet ist der junge Wein,
der Weinstock verkümmert,
ins Seufzen geraten sind alle, die frohen Herzens waren.

8 Vorbei ist es mit der Freude der Handpauken,
aufgehört hat das Lärmen derer, die frohlockten,
vorbei ist es mit der Freude der Leier.
9 Beim Gesang trinkt man keinen Wein,
bitter schmeckt das Bier denen, die es trinken.
10 Die verödete Stadt ist zertrümmert,
verschlossen ist jedes Haus,
man kommt nicht hinein.
11 Klagegeschrei um den Wein in den Gassen!
Untergegangen ist alle Freude,
verbannt wurde von der Erde der Jubel.
12 Verwüstung ist in der Stadt geblieben,
und verödet liegt das zerschlagene Tor.
13 So wird es sein auf der Erde, unter den Völkern:
Wie beim Abschlagen der Oliven,
wie bei der Nachlese, wenn die Weinlese vorbei ist.
14 Sie werden ihre Stimme erheben,
werden jubeln,
vom Meer her jauchzen über die Hoheit des HERRN.
15 Darum ehrt den HERRN in den Ländern des Ostens,
ehrt auf den Inseln im Meer den Namen des HERRN, des Gottes Israels.
16 Vom Rand der Erde hörten wir Gesänge:
Herrlichkeit dem Gerechten!
Ich aber sprach:
Es ist aus mit mir! Es ist aus mit mir! Wehe mir!
Betrüger haben betrogen,
und Betrug haben Betrüger begangen.
17 Grauen und Grube und Greifnetz über dich, Bewohner der Erde!
18 Und wer vor der Stimme des Grauens flieht,
wird in die Grube stürzen,

und wer aus der Grube steigt,
    wird sich im Greifnetz verfangen,
denn in der Höhe haben sich die
Schleusen geöffnet,
    und die Grundmauern der Erde
    haben gebebt.
19 Ein Bersten,
    die Erde ist geborsten,
ein Beben,
    die Erde hat gebebt,
ein Wanken,
    die Erde hat gewankt.
20 Wie ein Betrunkener taumelt die
Erde,
    und wie eine Nachthütte schwankt
    sie.
Und schwer lastet ihr Vergehen auf ihr,
    und sie fällt und steht nicht wieder
    auf.
21 Und an jenem Tag fordert der HERR
Rechenschaft
    vom Heer der Höhe in der Höhe
und von den Königen der Erde auf der
Erde.
22 Und sie werden eingesperrt, als
Gefangene einsperrt in einer Zisterne,
    und sie werden eingeschlossen im
    Verschlossenen,
und nach vielen Tagen wird
Rechenschaft von ihnen gefordert.
23 Dann wird der helle Mond beschämt
sein,
    und die glühende Sonne wird sich
    schämen,
denn König geworden ist der HERR der
Heerscharen
    auf dem Berg Zion und in Jerusalem,
und vor seinen Ältesten ist Herrlichkeit.

|2: Ez 7,12–13; Hos 4,9 |3: 42,22 |4: 51,6;
2Petr 3,10 · 33,9; Jer 12,4; Hos 4,3 |5: Jer 3,2.9 ·
Jer 11,10; Ez 16,59; Hos 6,7 |7: 32,10 |8: Jer 7,34;
Ez 26,13; Am 6,7 |10: 25,2.12; 26,5; 27,10; 32,14 |11:
Joel 1,12 |12: Klgl 2,9 |13: 17,6 |15: 42,10; Ps 97,1 |16:
6,5 · 21,2! |17–18: Jer 48,43–44 |18: Hiob 20,24;
Am 5,19 · Klgl 3,47 · Gen 7,11 |20: Jer 4,24; 51,29 |23:
13,10! · 60,19! · 33,23; 52,7; Mi 4,7

24,5: Wörtlich: «..., die Satzung verändert, ...»
24,12: Möglich ist auch die Übersetzung: «In der
Stadt übrig geblieben sind Verwüstung und
Verödung, zerbrochen ist das Tor.»
24,15: «in den Ländern des Ostens»: wörtlich:
«in den Ländern des Lichts»

Danklied der Erlösten

25 1 HERR, du bist mein Gott!
    Dich will ich erheben,
    deinen Namen will ich preisen,
denn du hast Wunder vollbracht,
    hast Rat gegeben seit langem schon,
    wahr und wahrhaftig.
2 Aus der Stadt hast du einen
Steinhaufen gemacht,
    die befestigte Stadt hast du zu einem
    Trümmerhaufen gemacht.
Die Palastanlage der Fremden ist keine
Stadt mehr,
    nie wieder wird sie aufgebaut!
3 Darum ehrt dich das starke Volk,
    fürchtet dich die Stadt der
    gewalttätigen Nationen.
4 Denn für den Machtlosen warst du
eine Festung,
    eine Festung für den Armen in
    seiner Not,
eine Zuflucht vor dem Unwetter,
    ein Schatten vor der Hitze,
denn das Schnauben der Tyrannen ist
wie ein Unwetter an einer Mauer,
    5 wie Hitze in trockenem Land.
Das Lärmen der Fremden demütigst du;
wie die Hitze durch den Schatten der
Wolke,
    dämpft er den Gesang der Tyrannen.

|1: Ps 31,15 · Ex 15,2; Ps 118,28 · 46,10 |2: 24,10! ·
13,20 |4: 14,32 · 4,6!

Das Freudenmahl

6 Auf diesem Berg aber wird der
HERR der Heerscharen allen Völkern ein
fettes Mahl zubereiten, ein Mahl mit alten Weinen, mit fettem Mark, mit alten,
geläuterten Weinen.
7 Und verschlingen wird er auf
diesem Berg
    die Hülle, die Hülle über allen
    Völkern,
    und die Decke, die über alle
    Nationen gedeckt ist.
8 Den Tod hat er für immer
verschlungen,
    und die Tränen wird Gott der HERR
    von allen Gesichtern wischen,

und die Schmach seines Volks wird er
verschwinden lassen von der ganzen
Erde,
>denn der HERR hat gesprochen.
9 Und an jenem Tag wird man sagen:
Seht, das ist unser Gott,
>auf ihn haben wir gehofft, dass er
>uns hilft!
Das ist der HERR, auf ihn haben wir
gehofft.
>Lasst uns jubeln und froh sein über
>seine Hilfe!
10 Denn die Hand des HERRN ruht auf
diesem Berg.
Moab aber wird an Ort und Stelle
zertreten,
>wie Stroh zertreten wird in der
>Jauche des Misthaufens.
11 Und breitet es seine Hände darin aus,
>wie der Schwimmer sie ausbreitet,
>um zu schwimmen,
dann wird er seinen Hochmut
erniedrigen,
>bei allem Bemühen seiner Hände.
12 Und die befestigten, unzugänglichen
Mauern,
>hat er niedergeworfen,
>hat er erniedrigt,
er hat sie zu Boden gestossen, in den
Staub.

> |6: Mt 8,11; Offb 19,9 |7: 2Kor 3,16 |8:
1Kor 15,54 · Offb 7,17 · 60,15 |9: 40,9! |10: 16,6;
Zef 2,9 |12: 24,10!

Jubellied des Volks

26 1 An jenem Tag wird dieses Lied
gesungen im Land Juda:
Wir haben eine starke Stadt,
>zum Schutz stellt er Mauern und
>Wall bereit.
2 Öffnet die Tore,
>damit die gerechte Nation einzieht,
>die Treue bewahrt!
3 Frieden bewahrst du dem
unerschütterlichen Sinnen, Frieden,
>denn dieses vertraut auf dich.
4 Vertraut für immer auf den HERRN,
>denn Jah, der HERR,
>ist ein ewiger Fels!

5 Denn die Bewohner der Höhe warf er
nieder,
>die unzugängliche Stadt;
er erniedrigt sie, erniedrigt sie, bis sie
am Boden liegt,
>stösst sie in den Staub.
6 Füsse zertreten sie,
>die Füsse des Armen,
die Tritte der Machtlosen.

> |1: 60,18 |2: Ps 118,19–20 |4: Ps 62,9 · Dtn 32,4;
Ps 18,3! |5: 24,10! |6: Mal 3,21

Hoffnung auf den HERRN

7 Der Pfad für den Gerechten ist eine
gerade Bahn,
>gerade ist der Weg des Gerechten, du
>bahnst ihn.
8 Auch auf dem Pfad deiner
Gerichtstaten, HERR,
>haben wir auf dich gehofft.
Nach deinem Namen und danach, zu dir
zu rufen,
>steht das Verlangen der Seele.
9 Mit meiner Seele verlange ich nach
dir in der Nacht,
>ja, ich suche nach dir mit meinem
>Geist in meinem Innern.
Denn wenn immer deine Gerichtstaten
über die Erde gekommen sind,
>haben die Bewohner des Erdkreises
>gelernt,
>was Gerechtigkeit ist.
10 Wird einem Frevler Gnade gewährt,
so hat er nicht gelernt, was
Gerechtigkeit ist;
>Unrecht begeht er im Land des
>Rechts,
und die Hoheit des HERRN sieht er
nicht.
11 HERR, hoch erhoben ist deine Hand –
>sie sehen es nicht!
Der Eifer für das Volk –
>sie werden ihn sehen und sich
>schämen!
Das Feuer –
>es wird deine Feinde verzehren!
12 HERR, du wirst uns Heil schaffen,
>denn auch all unsere Taten hast du
>für uns vollbracht.
13 HERR, unser Gott,

neben dir haben andere Herren uns
beherrscht,
dich allein, deinen Namen preisen wir!
14 Tote werden nicht lebendig,
    Schatten stehen nicht auf.
Darum hast du sie heimgesucht und
vernichtet
    und jede Erinnerung an sie getilgt.
15 Noch mehr hast du der Nation
gegeben, HERR,
    du hast die Nation zahlreicher
    gemacht, hast dich verherrlicht
und alle Grenzen des Landes erweitert.
16 HERR, in der Not haben sie dich
aufgesucht,
    sie haben geschrien, entkräftet –
du hast sie gezüchtigt.
17 Wie eine Schwangere sich kurz vor
dem Gebären windet,
    in ihren Wehen schreit,
so waren wir, fern von deinem
Angesicht, HERR:
18 Wir waren schwanger,
    wir wanden uns –
es war, als hätten wir Wind geboren:
Dem Land bringen wir keine Rettung,
    und dem Erdkreis werden keine
    Bewohner geboren.
19 Deine Toten aber werden leben,
    ihre Leichname stehen wieder auf.
Wacht auf, und jubelt, ihr Bewohner des
Staubs!
Denn ein Tau von Lichtern ist dein Tau,
    und die Erde wird die Schatten
    gebären.

|7: Spr 11,5 |9: Ps 63,7; 119,55 |11: 66,5; Ex 15,6 ·
Mal 3,19; Hebr 10,27 |12: Num 6,26 |14: Hiob 7,9 ·
Hiob 18,17; 24,20; Ps 9,6–7 |15: Jer 30,19 · 33,17; 54,2
|16: Ps 77,3; Hos 5,15 |17: 13,8! |19: Ps 88,11; Ez 37,12;
Hos 6,2 · Dan 12,2

26,14: Mit ‹sie› sind die ‹Herren› im vorangehenden V. 13 gemeint.
  26,15: Die beiden ersten Verszeilen, «Noch mehr
hast du der Nation gegeben, HERR» und «du hast die
Nation zahlreicher gemacht, hast dich verherrlicht»,
lauten im Hebräischen gleich; dabei hört man sowohl
‹noch mehr hast du der Nation gegeben› als auch ‹du
hast die Nation zahlreicher gemacht›.
  26,16: Die zweite Hälfte des hebräischen Verses
ist kaum übersetzbar; die obige Wiedergabe ist ein
Übersetzungsversuch.
  26,19: Der hebräische Text wurde auf der Grundlage antiker Übersetzungen korrigiert, vom Konsonantenbestand her ist auch die Lesart «meine Leichname» möglich.

Die Vernichtung der Weltmächte.
Israels Rettung
20 Geh, mein Volk, geh hinein in deine
Kammern,
    und verschliess deine Türen hinter
    dir;
verbirg dich einen kurzen Augenblick,
    bis der Zorn vorüber ist.
21 Denn sieh, der HERR zieht aus von
seiner Stätte, um die Schuld der Bewohner der Erde an ihnen heimzusuchen. Und die Erde wird ihr Blut
offenlegen und ihre Getöteten nicht
mehr zudecken.

27 1 An jenem Tag wird der HERR mit
seinem schweren, grossen und
starken Schwert den Leviatan heimsuchen, die flüchtige Schlange, den Leviatan, die gewundene Schlange, und er
wird das Ungeheuer umbringen, das im
Meer ist.
2 An jenem Tag:
ein anmutiger Weinberg!
    Singt von ihm!
3 Ich, der HERR, bin sein Hüter,
    ich tränke ihn alle Zeit.
Damit man ihn nicht heimsucht,
    hüte ich ihn bei Nacht und bei Tag.
4 Ich hege keinen Zorn.
Zeigte man mir Dornen, Disteln im
Kampf,
    ich wollte darauf losgehen,
    sie alle auf einmal verbrennen;
5 es sei denn, man suchte Zuflucht bei
mir,
    man schlösse Frieden mit mir,
    man schlösse mit mir Frieden.
6 In den Tagen, die kommen, wird
Jakob Wurzeln schlagen,
    wird Israel blühen und sprossen,
und den Boden des Erdkreises werden
sie ertragreich machen.
7 Hat er es geschlagen, wie er die
geschlagen hat,
    die es geschlagen haben?
Oder wurde es umgebracht, wie die
umgebracht wurden,
    die es umgebracht haben?
8 Während du es aufgescheucht,
während du es verjagt hast,

hast du den Rechtsstreit geführt
mit ihm.
Mit seinem schweren Sturm hat er es
fortgetrieben
am Tag des Winds aus dem
Osten.
9 Darum wird die Schuld Jakobs so
gesühnt; und all dies ist die Frucht
davon, dass seine Sünde entfernt wird:
Wenn es alle Altarsteine zerschlagenen
Kalksteinen gleichmacht, werden
Ascheren und Altäre für Rauchopfer sich
nicht mehr erheben.
10 Einsam liegt die befestigte Stadt,
eine Wohnstätte, entvölkert und
verlassen wie die Wüste.
Dort weidet das Kalb,
und es lagert dort,
und es verzehrt ihre Zweige.
11 Wenn ihr Geäst vertrocknet ist, wird
es abgebrochen,
Frauen kommen, lassen die Stadt in
Flammen aufgehen.
Denn dies ist kein Volk, das Einsicht
hätte;
darum erbarmt sich seiner nicht, der
es gemacht hat,
und der es gebildet hat, ist ihm nicht
gnädig.
12 Und an jenem Tag wird der HERR Ähren ausklopfen, vom Strom bis zum
Fluss Ägyptens, und ihr werdet aufgelesen werden, einer nach dem anderen,
ihr Israeliten. 13 Und an jenem Tag wird
der grosse Schofar geblasen werden,
und dann kommen die im Land Assur
Verlorenen und die im Land Ägypten
Versprengten, und sie werden sich niederwerfen vor dem HERRN auf dem heiligen Berg in Jerusalem.

|20: Ex 12,22 |21: Mi 1,3; Sach 2,17 · Hiob 16,18!;
Ez 24,7 |1: 51,9; Hiob 26,13; Ps 74,13–14!; Ez 29,3 |2:
5,1! |3: 44.3 |6: 37,31; Hos 14,6 |8: 64,5 |9: 17,8 |10:
24,10! |11: Ez 15,6 · 1,3! |12: 1Kön 8,65 · 28,27;
Dtn 30,3–4; Jer 3,14 |13: Mt 24,31 · 11,11!

26,21: Mit ‹ihr› Blut ist das Blut der Erde gemeint.
27,6: Die Übersetzung ‹wird Wurzeln schlagen›
beruht auf mehreren Textzeugen; im Massoretischen
Text wird der Wunsch formuliert: ‹möge Jakob Wurzeln schlagen›.
27,7: Mit ‹es› ist Jakob/Israel gemeint. Die Übersetzung beruht auf einer Umvokalisierung des Mas-

soretischen Texts, der übersetzt «... Oder wurde es
umgebracht, wie seine Umgebrachten umgebracht
wurden» lautet.
27,11: Wörtlich: «..., lassen sie in Flammen
aufgehen. ...»

Das Nordreich wird zertreten

28 1 Wehe der hochmütigen Krone
der Betrunkenen von Efraim
und der welkenden Blume, seiner
prachtvollen Zierde,
auf dem Gipfel über dem fruchtbaren
Tal
der vom Wein Bezwungenen!
2 Sieh, ein Starker und Gewaltiger des
Herrn,
wie Unwetter mit Hagel, Sturm des
Verderbens,
wie ein Unwetter mit gewaltigen,
flutenden Wassermassen,
mit Macht wirft er zu Boden.
3 Mit Füssen wird zertreten werden
die hochmütige Krone der
Betrunkenen von Efraim.
4 Und die welkende Blume seines
prachtvollen Schmucks,
die auf dem Gipfel über dem
fruchtbaren Tal ist,
wird sein wie die Frühfeige dort, vor der
Ernte im Sommer,
die, wer sie sieht, verschluckt,
kaum dass sie in seiner Hand ist.
5 An jenem Tag wird der HERR der
Heerscharen eine zierende Krone sein
und ein schmückender Kranz
für den Rest seines Volks
6 und Geist des Rechts
für den, der zu Gericht sitzt,
und Heldenkraft
für die, die den Kampf zurücktreiben
zum Tor.

|1: 5,22! |4: Nah 3,12

Über die Priester und Propheten in Jerusalem

7 Und auch diese schwanken vom Wein
und taumeln vom Bier,
Priester und Prophet schwanken vom
Bier,
vom Wein sind sie benommen,
sie taumeln vom Bier,

schwanken beim Schauen,
ein Spruch – sie wanken.
8 Voll mit ekelhaftem Erbrochenen
  sind alle Tische,
alles ist voll!
9 Wen will er Wissen lehren
  und wem das Gehörte begreiflich
  machen?
Denen, die von der Milch entwöhnt,
  die abgesetzt sind von der Brust?
10 Ja, Zaw Lazaw, Zaw Lazaw,
  Qaw Laqaw, Qaw Laqaw.
Hier ein wenig,
  dort ein wenig.
11 Ja, mit Unverständlichem von der
Lippe
  und in fremder Zunge
wird er zu diesem Volk sprechen;
  12 er, der ihnen gesagt hatte:
Dies ist die Ruhe. Verschafft dem
Müden Ruhe!
  Und dies ist der Ruheplatz.
Sie aber wollten nicht hören.
13 Und es wird das Wort des HERRN an
sie ergehen:
Zaw Lazaw, Zaw Lazaw,
  Qaw Laqaw, Qaw Laqaw.
Hier ein wenig,
  dort ein wenig –
damit sie gehen und rücklings
straucheln und zerbrechen,
  damit sie sich verstricken und
  gefangen werden.
14 Darum hört das Wort des HERRN, ihr
Schwätzer,
  ihr Herrscher dieses Volks in
  Jerusalem.
15 Denn ihr habt gesagt:
Mit dem Tod haben wir einen Bund
geschlossen,
  und mit dem Totenreich haben wir
  einen Vertrag.
Die knallende Peitsche – wenn sie
niederfährt,
  wird sie uns nicht erreichen,
denn Lüge haben wir zu unserer
Zuflucht gemacht,
  und in der Täuschung haben wir uns
  versteckt.

| 7: 5,22! | 8: 19,14! | 9: Jer 6,10 | 11–12: 1Kor 14,21 | 11: 33,19; Dtn 28,49; Jer 5,15; Ez 3,5 | 12: 7,4; 30,15; Jer 6,16; Mt 11,28 | 13: 8,15! | 14: 46,12 | 15: 18; 8,8 · 30,12; Jer 13,25

28,10: Es handelt sich um eine spöttische Nachahmung prophetischer Rede.

Der Grundstein in Zion

16 Darum, so spricht Gott der HERR:
Sieh, in Zion lege ich einen Grundstein,
  einen harten Stein,
einen kostbaren Eckstein als festen
Grund.
Wer glaubt, wird nicht weichen!
17 Und das Recht mache ich zur
Richtschnur
  und Gerechtigkeit zur Waage.
Und Hagel wird die Zuflucht der Lüge
wegfegen
  und Wasser das Versteck
  fortschwemmen.
18 Und euer Bund mit dem Tod wird
aufgehoben werden,
  und euer Vertrag mit dem
  Totenreich hat keinen Bestand.
Die knallende Peitsche – wenn sie
niederfährt,
  werdet ihr von ihr zerschlagen.
19 So oft sie niederfährt, wird sie euch
packen:
  Morgen für Morgen fährt sie nieder,
  bei Tag und bei Nacht.
Dann aber wird man die Kunde nur
noch mit Entsetzen begreifen.
20 Denn das Ruhelager ist zu kurz, um
sich auszustrecken,
  und die Decke zu schmal, wenn man
  sich umhüllen will.
21 Denn wie am Berg Perazim wird der
HERR sich erheben,
  rasen wird er wie im Tal von Gibeon,
um seine Tat zu tun –
  befremdlich, was er tut! –
und sein Werk zu vollbringen –
  fremd ist sein Werk!
22 Und nun spielt euch nicht auf, damit
eure Fesseln nicht noch strammer
werden, denn ich habe gehört, dass
Vernichtung und Ende beschlossen
sind, vom HERRN, dem HERRN der
Heerscharen, über die ganze Erde.

23 Horcht auf, und hört meine Stimme!
   Gebt acht, und hört, was ich sage!
24 Pflügt der Pflüger den ganzen Tag,
um zu säen?
   Zieht er den ganzen Tag Furchen, um
   seinen Ackerboden zu eggen?
25 Ist es nicht so: Wenn er ihn geebnet
hat, streut er dann nicht Schwarzkümmel aus, streut er dann nicht Kümmel,
und sät er nicht Weizen, Hirse und
Gerste … und Emmer an seinem Rand?
26 Und er unterweist ihn, damit er recht
handelt, sein Gott lehrt ihn.
27 Denn nicht mit dem Dreschwagen
wird Schwarzkümmel gedroschen,
   und das Wagenrad wird nicht über
   den Kümmel geführt,
sondern mit dem Stock wird
Schwarzkümmel ausgeklopft,
   und Kümmel mit dem Knüppel.
28 Fein zermahlen wird das Korn. Aber
nicht endlos drischt er darauf ein und
treibt er das Rad seines Wagens und
seine Pferde darüber; er zermalmt es
nicht. 29 Auch dies geht aus vom HERRN
der Heerscharen, er weiss wunderbaren
Rat, handelt mit grosser Umsicht.

|16: Ps 118,22! · 14,32 |17: Hiob 38,22–23; Mt 7,27
|18: 15! |21: 2Sam 5,20 · Jos 10,11! · 29,14; 64,2 |22:
10,23 |27: 27,12! |28: Jer 10,24 |29: Jer 32,19

28,17: Das hebräische Wort für ‹Richtschnur› ist
identisch mit dem Buchstabennamen Qaw, der in
V. 10 und 13 verwendet wird. Möglich ist auch die
Übersetzung: «… und Gerechtigkeit zum
Gewichtsstein. …»
28,25: Die genaue Bedeutung des mit ‹Hirse›
wiedergegebenen hebräischen Worts ist nicht
gesichert. Auf ‹Gerste› folgt im Massoretischen Text
ein Wort, dessen Bedeutung unbekannt ist.

Strafe und Rettung

29 1 Wehe dir, Ariel, Ariel,
   Stadt, wo David lagerte!
Reiht Jahr an Jahr,
   die Feste kommen wieder!
2 Dann aber werde ich Ariel bedrängen,
   und Traurigkeit wird herrschen und
   Trauer,
und wie ein Brandopferaltar wird es für
mich sein.
3 Und von allen Seiten werde ich dich
belagern,

und die Stellungen werde ich gegen
   dich zusammenziehen,
und Schanzen werde ich gegen dich
errichten.
4 Dann wirst du niedrig sein, auf dem
Boden wirst du sprechen,
   und aus dem Staub dringen
   undeutlich deine Worte,
und geisterhaft klingt deine Stimme aus
der Erde,
   und aus dem Staub werden deine
   Worte wispern.
5 Und die Menge deiner Fremden wird
wie feiner Staub sein
   und die Menge der Tyrannen wie
   Spreu, die vorüberweht.
Dann aber geschieht es, plötzlich,
überraschend:
6 Vom HERRN der Heerscharen wirst
du heimgesucht
   unter Donnern und Beben und
   grossem Lärm,
mit Sturmwind und Stürmen
   und Flammen, mit verzehrendem
   Feuer.
7 Und wie ein Traum, wie eine
Schauung in der Nacht wird die Menge
all der Nationen sein, die Ariel bekämpfen, und all derer, die es und seine Burg
bekämpfen und es bedrängen. 8 Und es
wird sein, wie wenn der Hungrige
träumt, und sieh: Er isst! Erwacht er
dann, ist seine Kehle leer. Und es wird
sein, wie wenn der Durstige träumt,
und sieh: Er trinkt! Erwacht er dann,
sieh, ist er erschöpft, und seine Kehle
lechzt. So wird es der Menge all der Nationen ergehen, die den Berg Zion bekämpfen.
9 Haltet inne, und staunt,
   seid wie Blinde, und erblindet!
Sie sind betrunken geworden, aber
nicht vom Wein,
   sie sind ins Taumeln geraten, aber
   nicht vom Bier!
10 Denn einen Geist der Betäubung hat
der HERR über euch ausgegossen,
   und eure Augen hat er verschlossen,
die Propheten und eure Häupter, die
Seher, hat er verhüllt.

11 Und die Schau von alledem war für euch wie die Worte des versiegelten Buchs. Gibt man es einem, der lesen kann, und sagt man ihm: Lies dies doch!, so wird der sagen: Ich kann nicht, denn es ist versiegelt. 12 Und gibt man das Buch einem, der nicht lesen kann, und sagt: Lies dies doch!, so wird er sagen: Ich kann nicht lesen.

|1: Ez 43,15–16 · 1,14 |2: 33,7 |3: Ez 4,1–3; Lk 19,43 |5: 17,13! |6: 30,30; Ez 38,22; Hebr 12,29 |7: Hiob 20,8 |9: Jer 2,12 · 51,21 · 19,14! |10: Röm 11,8 · 6,10! |11: Dan 12,4; Offb 5,1.5

29,2: Es liegt ein Wortspiel vor: Das hebräische Wort ‹Ariel› bedeutet ‹Brandopferaltar›.

29,7: Die Übersetzung «und seine Burg» basiert auf mehreren Textzeugen; der Massoretische Text lautet übersetzt: «und sein Netz».

Die Verkehrtheit des Volks und die Antwort des HERRN

13 Und der Herr sprach: Weil dieses Volk sich mit seinem Mund und mit seinen Lippen genähert hat, weil sie mich so zwar geehrt haben, sein Herz aber fern ist von mir und ihre Furcht vor mir nur angelernter Befehl von Menschen war, 14 darum, sieh, werde ich an diesem Volk weiterhin wundersam handeln, wundersam und überraschend, und die Weisheit seiner Weisen wird zunichte werden, und der Verstand seiner Verständigen wird sich verstecken.

15 Wehe denen, die ihren Plan in der Tiefe verbergen vor dem HERRN
und ihre Taten an finsterer Stätte verüben
und sagen:
Wer sieht uns, und wer weiss von uns?
16 Eure Verkehrtheit!
Soll denn der Töpfer geachtet werden wie der Ton,
dass das Werk von dem, der es gemacht hat, sagen könnte: Er hat mich nicht gemacht!,
und das Gebilde von seinem Bildner: Nichts hat er begriffen!
17 Nicht wahr? Nur noch eine kleine Weile,

dann verwandelt sich der Libanon in einen Baumgarten,
und der Karmel wird dem Wald gleich geachtet.
18 Und die taub sind, werden an jenem Tag die Worte des Buchs hören,
und befreit von Dunkel und Finsternis werden die Augen der Blinden sehen.
19 Und die Armen werden sich wieder freuen über den HERRN,
und die Ärmsten der Menschen werden jubeln über den Heiligen Israels.
20 Denn es ist aus mit dem Tyrannen,
und der Schwätzer ist am Ende,
und ausgerottet werden alle, die auf Unheil aus sind,
21 die in einer Rechtssache Menschen zur Sünde verleiten
und dem, der sie im Tor zurechtweist, eine Falle stellen
und den Gerechten mit Nichtigem verdrängen.
22 Darum, so spricht der HERR, der Abraham erlöst hat, zum Haus Jakob:
Nun wird Jakob nicht mehr zuschanden werden,
und sein Angesicht wird nun nicht mehr erbleichen.
23 Denn wenn er seine Kinder, das Werk meiner Hände, in seiner Mitte sieht,
wird man meinen Namen heilig halten,
und man wird den Heiligen Jakobs heilig halten,
und vor dem Gott Israels wird man sich fürchten.
24 Und die irren Geistes sind, werden erkennen, was Erkenntnis ist,
und die Nörgler werden lernen, was Einsicht ist.

|13: Jer 3,10; 12,2; Hos 7,14 · Mt 15,8–9 |14: 28,21! · 1Kor 1,19 · 44,25 |15: 47,10; Ez 8,12 |16: 45,9; 64,7; Röm 9,20 |17: 32,15! |18: 32,3; 35,5; 42,7; Mt 11,5; Apg 26,18 |19: 41,16; Ps 22,27 |20: Mi 2,1–3 |21: Am 5,10 · 5,23! |22: 45,17; 54,4 |23: 8,13! |24: 32,4

29,17: Es liegt ein Wortspiel vor: Das hebräische Wort für ‹Baumgarten› lautet ‹Karmel›, was zugleich der Name eines Gebirges ist.

Vom HERRN allein kommt Hilfe

30 ¹ Wehe den störrischen Kindern,
Spruch des HERRN,
die einen Plan ausführen, der nicht der
meine ist,
und ein Trankopfer spenden ohne
meinen Geist,
um Sünde auf Sünde zu häufen,
2 die unterwegs sind, um
hinabzuziehen nach Ägypten
und meinen Mund nicht befragt
haben,
um Zuflucht zu suchen in der Zuflucht
des Pharao
und sich zu bergen im Schatten
Ägyptens!
3 Die Zuflucht des Pharao wird eure
Schande sein,
und sich im Schatten Ägyptens zu
bergen, wird zur Schmach.
4 Mögen seine Fürsten auch in Zoan
gewesen
und seine Boten bis Chanes gelangt
sein,
5 alle sind zuschanden geworden an
dem sie nutzlosen Volk,
das keine Hilfe ist und nichts nutzt,
sondern nur Schande und auch noch
Hohn einbringt.
6 Ausspruch: Die Tiere des Negev
Durch ein Land der Not und der
Bedrängnis,
woher Löwin und Löwe kommen,
die Giftschlange und der fliegende
Saraf,
tragen sie ihre Güter auf dem Rücken
von Eselshengsten
und auf dem Höcker von Kamelen
ihre Schätze
zu dem nutzlosen Volk:
7 Vergeblich und nichtig wird Ägyptens
Hilfe sein.
Darum nenne ich es: Rahab sind sie!
Untätigkeit!
8 Nun komm, schreib es auf eine Tafel
bei ihnen,
und verzeichne es in einem Buch,
damit es an einem künftigen Tag Zeuge
ist für alle Zeiten.

9 Denn es ist ein widerspenstiges Volk,
verlogene Kinder,
Kinder, die nicht hören wollen auf die
Weisung des HERRN,
10 die zu den Sehern sprechen: Seht
nicht!
und zu denen, die schauen: Erschaut
für uns nicht, was wahr ist,
sagt uns Schmeichelhaftes, schaut
Täuschungen!
11 Weicht ab vom Weg,
biegt ab vom Pfad,
lasst uns in Ruhe mit dem Heiligen
Israels!
12 Darum, so spricht der Heilige Israels:
Weil ihr dieses Wort verworfen habt
und auf Gewalt vertraut habt und auf
Arglist
und weil ihr euch darauf verlassen habt,
13 darum wird diese Schuld für euch
sein wie ein Riss, der zum Einsturz
führt, der aufbricht an einer hohen
Mauer: Überraschend, plötzlich kommt
ihr Zusammenbruch. 14 Und wenn er
sie zerbricht, wird es sein, als zerbreche
ein getöpferter Krug, in Stücke
zerschlagen, rücksichtslos. Und in
seinen zerschlagenen Stücken wird
man keine Scherbe finden, um Feuer
von der Feuerstelle zu nehmen oder
Wasser aus dem Tümpel zu schöpfen.
15 Denn so spricht Gott der HERR, der
Heilige Israels:
In Umkehr und Gelassenheit werdet ihr
gerettet,
in der Ruhe und im Vertrauen liegt
eure Stärke.
Ihr aber wolltet nicht
16 und sagtet: Nein! Auf Pferden
werden wir fliehen!
Darum werdet ihr fliehen.
Und auf Rennpferden werden wir
reiten!
Darum werden eure Verfolger
rennen.
17 Tausend werden fliehen vor dem
Drohen eines Einzigen,
vor dem Drohen von fünfen werdet
ihr fliehen,
bis ihr ein Rest seid,

wie ein Heereszeichen auf dem
Gipfel des Bergs
und wie ein Feldzeichen auf dem
Hügel.
18 Und darum wartet der HERR darauf,
euch gnädig zu sein,
und darum erhebt er sich, um sich
eurer zu erbarmen,
denn der HERR ist ein Gott des Rechts.
Wohl allen, die auf ihn warten!
19 Du Volk, das in Zion wohnt, in
Jerusalem,
nie mehr wirst du weinen!
Er wird sich deiner erbarmen, wenn du
schreist;
sobald er dich hört, wird er dir
antworten.
20 Und der Herr wird euch Brot der Not
geben
und Wasser der Bedrängnis,
und deine Lehrer werden sich nicht
mehr verbergen,
und deine Augen werden deine
Lehrer sehen.
21 Und wenn ihr nach rechts oder nach
links gehen wollt, werden deine Ohren
hinter dir das Wort hören: Dies ist der
Weg, geht ihn! 22 Und ihr werdet deine
mit Silber überzogenen Bilder und
deine mit Gold umkleideten gegossenen Bilder verunreinigen; wie etwas
Unreines wirst du sie wegwerfen. Hinaus!, wirst du dazu sagen. 23 Und deiner
Saat, die du auf den Ackerboden säst,
wird er Regen geben, und das Korn, der
Ertrag des Ackerbodens, wird füllig und
fruchtbar sein. Auf weiter Weide werden deine Herden weiden an jenem Tag.
24 Und die Rinder und Esel, die den
Ackerboden bearbeiten, werden Futter
mit Sauerampfer fressen, das ausgeteilt
wird mit Schaufel und mit Gabel.
25 Und auf jedem hohen Berg und auf
jedem Hügel, der sich erhebt, werden
Wassergräben, Wasserläufe sein am Tag
des grossen Mordens, wenn die Türme
fallen. 26 Dann wird das Licht des blei-
chen Monds wie das Licht der glühenden Sonne sein, und das Licht der Sonne
wird siebenfach sein, wie das Licht von

sieben Tagen, an dem Tag, an dem der
HERR die Verletzung seines Volks verbindet und die Wunde heilt, die ihm
geschlagen wurde.
27 Sieh, der Name des HERRN
kommt aus der Ferne mit brennendem
Zorn und mit Wucht, auffahrend, mit
seinen Lippen voller Wut und mit seiner Zunge wie verzehrendem Feuer
28 und mit seinem Schnauben wie mit
einem flutenden Fluss, der bis zum Hals
reicht, um Nationen zu schwingen mit
der Schwinge des Nichts und Völkern
Zügel anzulegen, die sie in die Irre leiten. 29 Für euch wird das Lied sein wie
ein Lied in der Nacht der Festweihe, und
ihr werdet Freude im Herzen tragen wie
der, der mit Flötenspiel dahinzieht, um
auf den Berg des HERRN zu kommen,
zum Fels Israels.
30 Und der HERR wird die Hoheit
seiner Stimme hören lassen,
und das Niederfahren seines Arms
wird er sehen lassen,
in grimmigem Zorn und mit Flammen,
verzehrendem Feuer,
mit prasselndem Regen und
Unwetter und Hagelsteinen.
31 Assur wird erschrecken vor der
Stimme des HERRN,
mit dem Knüppel schlägt er zu!
32 Und jeder Hieb des Stocks der
Züchtigung, den der HERR auf ihn
niederfahren lässt, wird begleitet von
Trommelwirbeln und Leierklang, und
beim Reigentanz zur geschwungenen
Weihegabe bekämpft er sie. 33 Denn
längst schon ist die Brandstätte vorbereitet, auch für den König errichtet, tief
hat er sie gemacht und breit. Ihr Schei-
terhaufen hat Feuer und Holz in Fülle.
Wie ein Strom aus Schwefel entzündet
ihn der Atem des HERRN.

31 1 Wehe denen, die hinabziehen
nach Ägypten, um Hilfe zu suchen,
die sich auf Pferde verlassen!
Sie haben auf Streitwagen vertraut,
denn es waren viele,
und auf Reiter, weil sie so zahlreich
waren,

auf den Heiligen Israels aber haben sie
nicht geschaut,
>und den HERRN haben sie nicht
>befragt.
2 Doch auch er ist weise, und er hat
Unheil herbeigeführt,
>und seine Worte hat er nicht
>zurückgenommen.
Und so wird er sich erheben gegen das
Haus der Übeltäter
>und gegen die Hilfe derer, die Böses
>tun.
3 Denn die Ägypter sind Menschen und
nicht Gott,
>und ihre Pferde sind Fleisch und
>nicht Geist!
Und der HERR wird seine Hand
ausstrecken,
>und der Helfer strauchelt,
und es fällt der, dem geholfen wird,
>und gemeinsam gehen sie alle
>zugrunde.
4 Denn so hat der HERR zu mir
gesprochen:
Wie der Löwe knurrt,
>der junge Löwe über seinem Raub,
gegen den die ganze Hirtenschar
gerufen wird,
>vor deren Stimmen er aber nicht
>erschrickt
>und vor deren Lärmen er sich nicht
>duckt,
so wird der HERR der Heerscharen
herabfahren,
>um zu kämpfen auf dem Berg Zion,
>auf seinem Hügel.
5 Wie schwebende Vögel
>wird der HERR der Heerscharen
>Jerusalem beschützen,
beschützen und retten,
>verschonen und davonkommen
>lassen.
6 Kehrt zurück zu dem, gegen den die
Israeliten so widerspenstig waren!
7 An jenem Tag wird jeder seine
silbernen Götzen verwerfen
>und seine goldenen Götzen,
die eure Hände für euch gemacht
haben – eine Sünde!

8 Und Assur fällt durch ein Schwert,
>doch nicht durch das eines
>Menschen.
Und das Schwert – nicht das eines
Menschen – wird ihn fressen,
>und er wird fliehen vor dem
>Schwert,
und seine jungen Männer werden
Fronknechte.
9 Und vor Grauen wird sein Fels
vergehen,
>und erschreckt werden seine Führer
>das Feldzeichen verlassen,
Spruch des HERRN,
>der ein Feuer in Zion
>und der einen Ofen hat in Jerusalem.

|1–2: 31,1; Dtn 17,16 |1: Ez 2,3-4 |2: 2Kön 18,21
|3–5: 20,5 |3: 36,6! |4: 19,11 |6: Sach 6,6 · 14,29! |7:
31,3; Jer 37,7 · Ps 89,11; Ez 29,3 |8: 8,1! · Jer 36,2! |9:
Dtn 31,27; Apg 7,51 · 1,4! |10: Am 2,12; Mi 2,6 ·
2Tim 4,3 |12: 28,15! |13: Ps 62,4; Ez 13,14 |14:
Jer 19,11! |15: 28,12! |17: Lev 26,36; Dtn 32,30 |18:
Jer 31,20 · Ps 2,12; Jer 17,7; Klgl 3,25 |19: 35,10! · 58,9;
65,24; Jer 29,12 |21: 48,17; Dtn 5,32; Jer 6,16 |22: 2,20
|23: Lev 26,3-5; Joel 2,23 · 32,20 |25: Joel 4,18 · 2,15
|26: Mal 3,20 · Jer 30,17 |27: Ri 5,4-5 |29: Ps 42,5 ·
17,10! |30: Ps 29,3-9 · 29,6! · 52,10; 53,1 · Jos 10,11!
|31: 10,26 |33: Offb 19,20 · 33,14; Nah 1,6; Hebr 12,29
|1: 30,1-2! · Ps 20,8 · 2,7! |2: Jos 9,14 |3: Ez 28,2 ·
30,7! · 2,22! |4: 19,11 |5: 35,4; 37,35; 2Kön 19,34 |6:
Jer 3,12!; Sach 1,3 |7: 2,20! |8: 10,25! |9: Dtn 32,31

30,1: Das Spenden eines Trankopfers ist hier
Umschreibung für einen Vertragsschluss.
30,7: Rahab ist ein mythisches Ungetüm; hier
verwendet als Bild für die Ägypter.
30,22: Möglicherweise bedeutet die mit
‹Hinaus!› wiedergegebene hebräische Formulierung:
‹Dreck!›.
30,32: Die Übersetzung «beim Reigentanz»
beruht auf einer Korrektur des Massoretischen Texts,
der übersetzt ‹in Kriegen› lautet.
31,8: Mit ‹ihn› ist Assur gemeint.

Das künftige Reich der Gerechtigkeit

32 1 Sieh, wie es der Gerechtigkeit
entspricht,
>wird ein König herrschen,
und wie es das Recht verlangt,
>werden sie als Fürsten regieren.
2 Und jeder wird sein wie ein Schutz
vor dem Wind
>und wie ein Versteck vor dem
>Unwetter,
wie Wasserbäche in trockenem Land,

wie der Schatten eines mächtigen
Felsens in lechzendem Land.

3 Und die Augen der Sehenden werden
nicht verklebt sein,
und die Ohren der Hörenden
werden aufmerksam sein.

4 Und das Herz der Voreiligen wird
begreifen, was rechte Erkenntnis ist,
und die Zunge der Stammler wird
fliessend reden und deutlich.

5 Der Tor wird nicht mehr edel
genannt,
und vom Schurken wird nicht
gesagt: ein Vornehmer.

6 Denn der Tor redet Törichtes,
und Unheil bringt sein Herz:
Er handelt gottlos und redet Falsches
über den HERRN,
die Kehle des Hungrigen lässt er leer,
und dem Durstigen verweigert er
den Trank.

7 Und der Schurke – seine Waffen sind
böse,
er schmiedet Ränke,
um mit Lügenworten die Elenden zu
verderben,
während der Arme redet, was recht ist.

8 Der Edle aber plant Edles,
und auf Edlem wird er bestehen.

|1: Jer 23,5 |2: 4,6! |3: 6,10! · 29,18! |4: 29,23 ·
35,6 |5: 5,20 |6–8: Mt 12,34 |6: Mt 25,42 |7: Mi 2,1

32,1–2: Möglich ist auch die Übersetzung:
«Wenn, wie es der ... entspricht, ein König herrscht,
und sie, wie es das Recht verlangt, als Fürsten regieren, 2 dann wird jeder sein wie ein Schutz vor dem
Wind ...»

32,3: Die Übersetzung «werden nicht verklebt
sein» beruht auf einer Umvokalisierung des Massoretischen Texts, der übersetzt «werden nicht sehen»
lautet.

Über die sorglosen Frauen

9 Ihr sorglosen Frauen,
auf, hört meine Stimme!
Vertrauensselige Töchter,
horcht auf das, was ich sage!

10 Über Jahr und Tag werdet ihr zittern,
ihr Vertrauensseligen!
Denn mit der Weinlese ist es aus,
eine Ernte wird es nicht geben.

11 Ihr Sorglosen, erbebt!
Zittert, ihr Vertrauensseligen!

Zieht euch aus und entblösst euch
und gürtet die Lenden!

12 Klagend schlagen sie sich auf die
Brust
der anmutigen Felder,
des fruchtbaren Weinstocks wegen,

13 des Ackerbodens meines Volks
wegen,
der aufgeht in Dornengestrüpp,
ja, all der Häuser wegen, in denen
Freude herrschte,
in der frohlockenden Stadt!

14 Denn verlassen liegt der Palast,
verebbt ist das Lärmen der Stadt;
als Höhle dienen Ofel und Wachturm,
für immer,
eine Freude für die Wildesel,
eine Weide für die Herden,

15 bis über uns ausgegossen wird der
Geist aus der Höhe.
Dann wird die Wüste zum Baumgarten,
und der Karmel wird geachtet gleich
dem Wald.

16 Und das Recht wird in der Wüste
wohnen,
und auf dem Karmel wird
Gerechtigkeit sein.

17 Und das Werk der Gerechtigkeit
wird Friede sein
und der Ertrag der Gerechtigkeit
Ruhe und Sicherheit für immer.

18 Und mein Volk wird an der
Wohnstätte des Friedens weilen,
an sicheren Orten und sorgenfreien
Ruheplätzen.

19 Und beim Sturz des Waldes wird
Hagel niedergehen,
und die Stadt wird in Niedrigkeit
versinken.

20 Wohl euch, die ihr an allen Wassern
sät,
die ihr Rind und Esel freien Lauf
lasst.

|9: 3,16 |10: 24,7 |11–12: Joel 1,7–8 |13: 5,6! · 22,2
|14: 24,10! · 2Chr 27,3 |15: 16,10; 29,17 · 44,3; Ez 36,27;
Joel 3,1 |17: 54,14 |18: 33,20; Jer 33,16; Ez 34,28 |19:
10,33! |20: 30,23

32,14: Ofel war ein Stadtteil Jerusalems.
32,15: Siehe die Anm. zu 29,17.

Der HERR ist Retter und König

33 1 Wehe dir, Verwüster, der du
selbst nicht verwüstet bist,
und dir, Betrüger, den man nicht
betrogen hat!
Wenn du das Verwüsten beendet hast,
wirst du verwüstet werden.
Wenn du aufgehört hast zu
betrügen, wird man dich betrügen.
2 HERR, sei uns gnädig,
auf dich hoffen wir!
Sei ihr Arm an jedem Morgen,
ja, unsere Hilfe in der Zeit der Not!
3 Vor dem Getöse flüchten Völker,
wenn du dich erhebst, zerstreuen
sich Nationen.
4 Und eure Beute wird eingesammelt,
wie die Heuschrecke einsammelt,
wie der Überfall der
Heuschreckenschwärme
fällt man darüber her.
5 Erhaben ist der HERR,
er wohnt in der Höhe,
mit Recht und Gerechtigkeit
hat er Zion gefüllt.
6 Dann wirst du sichere Zeiten haben.
Ein Vorrat an Hilfe sind Weisheit und
Erkenntnis,
die Furcht des HERRN, sie ist sein
Schatz.
7 Sieh, draussen schreien verzweifelt
die Helden,
bitterlich weinen die Friedensboten.
8 Verödet sind die Strassen,
niemand zieht mehr des Wegs.
Man hat den Bund gebrochen,
die Städte hat man verworfen,
den Menschen achtet man nicht.
9 Man trauert, das Land ist
ausgetrocknet,
beschämt ist der Libanon, verwelkt.
Wie die Araba ist die Ebene von Scharon
geworden,
und der Baschan und der Karmel
werfen ihr Laub ab.
10 Nun werde ich aufstehen, spricht
der HERR,
nun mich aufrichten,
nun mich erheben.

11 Mit dürrem Gras geht ihr
schwanger,
Stoppeln werdet ihr gebären,
euer Schnauben ist ein Feuer, das euch
verzehren wird.
12 Und Völker werden verbrannt zu
Kalk,
abgehauene Dornen, die man im
Feuer verbrennt.
13 Ihr in der Ferne, hört, was ich getan
habe,
und ihr in der Nähe, erkennt meine
Kraft!
14 In Zion sind die Sünder erschrocken,
Zittern hat die Gottlosen ergriffen:
Wer von uns könnte sich aufhalten bei
dem verzehrenden Feuer?
Wer von uns könnte sich aufhalten
bei den ewigen Gluten?
15 Wer gerecht lebt
und aufrichtig redet,
wer erpressten Gewinn verwirft,
wer mit seinen Händen abwehrt und
keine Bestechung annimmt,
wer sein Ohr verstopft, damit er nichts
hört von Blutschuld,
und wer seine Augen verschliesst,
damit er nichts Böses sieht,
16 der wird auf Höhen wohnen.
Schutzburgen in den Felsen sind
seine Zuflucht,
sein Brot wird ihm gereicht,
sein Wasser versiegt nicht.
17 Deine Augen werden den König in
seiner Schönheit schauen,
ein weites Land werden sie sehen.
18 Dein Herz wird an den Schrecken
denken:
Wo ist, der zählte? Wo der, der wog?
Wo ist, der die Türme zählte?
19 Das freche Volk wirst du nicht sehen,
das Volk mit einer Sprache, so
unverständlich, dass man sie
nicht hören kann,
mit stammelnder Zunge, nicht zu
verstehen.
20 Schau auf Zion,
die Stadt unserer Feste,
deine Augen werden Jerusalem sehen,
die sorgenfreie Wohnstatt,

das Zelt, das man nicht abbricht,
nie werden seine Pflöcke
herausgerissen,
und keiner seiner Stricke wird
zerrissen.
21 Dort ist ein Mächtiger für uns da,
der HERR!
Es ist ein Ort mit Flüssen, breiten
Strömen,
kein Ruderschiff fährt darauf,
und kein protzendes Schiff zieht
dahin.
22 Der HERR ist unser Richter,
der HERR führt uns,
der HERR ist unser König,
er hilft uns!
23 Schlaff sind deine Taue,
das Gestell ihres Mastbaums können
sie nicht halten,
die Flagge haben sie nicht entrollt.
Dann wird viel Raubgut aufgeteilt,
Lahme haben Beute erbeutet.
24 Und kein Einwohner wird sagen:
Ich leide.
Dem Volk, das darin wohnt, ist die
Schuld vergeben.

|1: 21,2! · Hab 2,8; Mt 7,2 |2: 8,17! |3: 17,13! |5:
Ps 97,9 |6: 11,9! |7: 29,2 · 22,4! |8: Ri 5,6 |9: 24,4! ·
65,10! · Am 1,2; Nah 1,4 |10: Ps 12,6; 76,10; 82,8; 94,2
|11: 59,4; Hiob 15,35; Ps 7,15 |12: 9,17 |13: 52,10 |14:
30,33! |15: Ps 15,2; 24,3–5 · Ex 23,8; Ps 15,5 |16:
Dtn 33,29; Ps 62,8 |17: 26,15! |19: 28,11! |20:
Ps 48,14; 128,5 · 32,18! |22: Ps 50,6 · 24,23! |23:
Ps 68,13 · 24,23! |24: Joel 4,10; Sach 12,8 · 44,22

33,7: Die Übersetzung «Helden» beruht auf
mehreren alten Handschriften. Beim schwierigen
Wort im Massoretischen Text handelt es sich
möglicherweise um eine Bezeichnung für die
Bewohner von Ariel/Jerusalem.

Edom wird der Vernichtung geweiht

34 1 Kommt her, ihr Nationen, und
hört,
und ihr Völker, gebt acht!
Es höre die Erde und was sie erfüllt,
der Erdkreis und alles, was auf ihm
wächst.
2 Denn der HERR ist zornig über alle
Nationen
und wütend über ihr ganzes Heer;
er hat sie der Vernichtung geweiht,
hat sie zur Schlachtung freigegeben.

3 Dann werden ihre Erschlagenen
hingeworfen,
und ihre Leichen – ihr Gestank wird
aufsteigen,
und die Berge werden aufgeweicht sein
von ihrem Blut.
4 Und das ganze Heer des Himmels
verfault,
und wie eine Schriftrolle rollt sich
der Himmel zusammen,
und sein ganzes Heer verwelkt,
wie das Blatt am Weinstock verwelkt
und wie welkes Laub am
Feigenbaum.
5 Denn trunken ist im Himmel mein
Schwert,
sieh, auf Edom fährt es nieder,
auf das Volk, das ich der Vernichtung
geweiht habe, zum Gericht;
6 ein Schwert des HERRN,
blutverschmiert, triefend vom Fett,
vom Blut der Lämmer und der Böcke,
vom Nierenfett der Widder,
denn ein Schlachtopfer veranstaltet der
HERR in Bozra,
ein grosses Schlachtfest im Land
Edom.
7 Und mit ihnen werden Wildtiere
fallen
und junge Bullen gemeinsam mit
starken Stieren,
und mit Blut wird ihr Land getränkt,
und mit Fett wird ihre Erde gedüngt.
8 Denn es ist ein Tag der Rache des
HERRN,
ein Jahr der Vergeltung für den Streit
um Zion.
9 Und seine Flusstäler verwandeln sich
in Pech
und seine Erde in Schwefel,
und sein Land wird zu brennendem
Pech.
10 Nacht und Tag wird es nicht
erlöschen,
sein Rauch steigt auf für immer,
von Generation zu Generation wird es
in Trümmern liegen,
nie mehr wird man es durchstreifen.
11 Und Eule und Igel nehmen es in
Besitz,

und Ibis und Rabe hausen darin,
und die Messschnur der Verödung
spannt er darüber aus
und das Senkblei der Leere.

12 Seine Edlen: Dort ruft man kein
Königtum aus,
und alle seine Fürsten sind am Ende.

13 Und in seinen Palästen werden
Dornen aufspriessen,
Unkraut und Dornensträucher in
seinen befestigten Städten,
und es wird eine Wohnstatt für
Schakale sein,
eine Wiese für junge Strausse.

14 Und Wüstentiere werden auf
Wildhunde treffen,
und Bocksgeister begegnen
einander,
nur Lilit kann dort noch verweilen
und eine Stätte der Ruhe finden
für sich.

15 Dort baut die Schlange ihr Nest und
legt Eier
und brütet sie in ihrem Schatten aus,
dort können nur Raubvögel sich noch
versammeln
und sich ihr Stelldichein geben.

16 Forscht nach im Buch des HERRN
und lest:
Nichts von dem bleibt aus,
eines muss das andere nicht suchen,
denn sein Mund hat es geboten,
und sein Geist, er hat all das
angesammelt.

17 Und er hat das Los für sie geworfen,
und mit der Messschnur hat seine
Hand es ihnen zugeteilt,
sie werden es besitzen für immer,
von Generation zu Generation
werden sie darin wohnen.

| 1: Ps 49,2 | 2: 63,6; Jer 25,15; Zef 3,8 · 66,16;
Jer 25,31 | 3: 14,19; Ez 32,5–6; Nah 3,3; Joel 2,20 | 4:
Hebr 1,12; Offb 6,14 | 5–17: Jer 49,7–22! | 5–6:
Dtn 32,42; Jer 46,10; Zef 1,7 | 6: 63,1 | 7: Jer 50,27 ·
Ez 39,18 | 8: 35,4; 47,3; 61,2; 63,4 | 9: Gen 19,24 | 10:
Offb 14,11; 19,3 · Jer 49,18; 50,40 | 11: 14,23 | 13: 5,6!
| 14: Zef 2,14 · 13,22 · 2 Kön 21,13 | 17: 60,21; Joel 4,20;
Ez 37,25

34,9: Mit ‹seine Flusstäler› sind die Flusstäler
Edoms gemeint.
34,14: Lilit ist eine nichtisraelitische Dämonin.

34,15: Statt «Schlange» ist möglicherweise
«Wüstenhuhn» zu übersetzen.

Die Geretteten kehren zurück

35 1 Wüste und trockenes Land werden sich freuen,
und die Steppe wird jauchzen und
blühen wie die Lilie.

2 Üppig wird sie blühen und jauchzen,
jauchzen und jubeln!
Die Herrlichkeit des Libanon wird ihr
gegeben,
die Pracht des Karmel und der Ebene
von Scharon.
Diese werden die Herrlichkeit des
HERRN sehen,
die Pracht unseres Gottes.

3 Stärkt die schlaffen Hände
und macht die weichen Knie stark!

4 Sagt denen, die bestürzt sind:
Seid stark, fürchtet euch nicht!
Seht, euer Gott! Die Rache kommt,
die Vergeltung Gottes,
er selbst kommt, um euch zu retten.

5 Dann werden die Augen der Blinden
aufgetan
und die Ohren der Tauben geöffnet.

6 Dann wird der Lahme springen wie
der Hirsch,
und die Zunge des Stummen wird
jubeln,
denn in der Wüste brechen Wasser
hervor
und Flüsse in der Steppe.

7 Und die glühende Hitze wird zum
Schilfteich,
und aus dem Trockenland wird ein
Land voller Quellen.
An der Stätte, wo Schakale lagerten,
wird das Gras zu Schilfrohr und
Papyrus.

8 Und dort wird eine Strasse sein und
ein Weg:
Weg-der-Heiligkeit wird er genannt
werden.
Kein Unreiner wird ihn betreten,
ihnen wird er gehören,
die auf dem Weg gehen,
und Toren werden nicht in die Irre
gehen.

9 Dort wird kein Löwe sein,
und kein reissendes Tier zieht auf
ihm hinauf,
kein Einziges wird dort gefunden.
Erlöste werden darauf gehen,
10 und die Ausgelösten des HERRN
werden zurückkehren
und nach Zion kommen unter Jubel,
und über ihrem Haupt wird ewige
Freude sein.
Frohlocken und Freude holen sie ein,
und Kummer und Seufzen fliehen.

|1: 51,3 |2: 55,12; Ps 65,14; 96,12 · 60,13 · 40,5 |3:
Hebr 12,12 |4: 31,5! · 40,9! · 34,8! |5: 29,18! |6: 32,4 ·
41,18; 43,19; Ps 107,35; 114,8 |8: 52,1; Ez 44,9;
Offb 21,27 |9: Ez 34,25 · 51,10; 62,12 |10: 61,7 · 30,19;
51,11; 65,19

35,8: Mit ‹ihnen› sind die zurückkehrenden Israeliten gemeint.

Sanherib sendet den Rab-Schake nach Jerusalem

36 1 Und im vierzehnten Jahr des Königs Chiskijahu zog Sanherib, der
König von Assur, herauf gegen alle befestigten Städte Judas und eroberte sie.
2 Und der König von Assur sandte den
Rab-Schake von Lachisch aus nach Jerusalem zu König Chiskijahu mit einem
gewaltigen Heer. Und am Kanal des oberen Teichs, an der Strasse am Walkerfeld, stellte er sich auf. 3 Und Eljakim,
der Sohn des Chilkijahu, der dem Haus
vorstand, und Schebna, der Schreiber,
und Joach, der Sohn des Asaf, der Kanzler, kamen zu ihm heraus.

4 Und der Rab-Schake sprach zu ihnen: Sagt doch Chiskijahu: So spricht
der Grosskönig, der König von Assur:
Was ist das für eine Zuversicht, die du da
hast? 5 Du sagst: Ach, schon ein Wort
von den Lippen ist Rat und Kraft für den
Kampf. Nun, auf wen vertraust du, dass
du dich aufgelehnt hast gegen mich?
6 Sieh, du setzt dein Vertrauen auf diesen abgeknickten Rohrstab, auf Ägypten, der jedem, der sich auf ihn stützt, in
die Hand dringt und sie durchbohrt. So
macht es der Pharao, der König von
Ägypten, mit allen, die auf ihn vertrauen. 7 Und wenn du zu mir sagst: Auf

den HERRN, unseren Gott, vertrauen
wir! – Ist das nicht der, dessen Kulthöhen und Altäre Chiskijahu beseitigt hat?
Hat er doch zu Juda und zu Jerusalem
gesprochen: Vor diesem Altar sollt ihr
euch niederwerfen! 8 Und nun, geh
doch eine Wette ein mit meinem Herrn,
dem König, mit Assur: Ich will dir zweitausend Pferde geben. Ob du dir wohl
die Reiter dazu stellen kannst? 9 Wie
willst du denn auch nur einen einzigen
Statthalter, einen der geringsten Diener
meines Herrn, vertreiben? Du hast auf
Ägypten vertraut wegen der Wagen und
der Reiter. 10 Und nun, bin ich etwa gegen den Willen des HERRN hinaufgezogen gegen dieses Land, um es zu verderben? Der HERR hat zu mir gesprochen:
Zieh hinauf gegen dieses Land, und
verdirb es!

11 Da sagten Eljakim, Schebna und
Joach zum Rab-Schake: Sprich doch Aramäisch zu deinen Dienern, denn wir
verstehen es, und sprich doch nicht Judäisch zu uns vor den Ohren des Volks,
das auf der Mauer ist. 12 Der Rab-Schake
aber sprach: Hat mein Herr mich denn,
um diese Worte zu sprechen, zu deinem
Herrn und zu dir gesandt, und nicht
vielmehr zu den Männern, die auf der
Mauer sitzen, um bei euch ihren Kot zu
essen und ihren Urin zu trinken? 13 Da
stellte der Rab-Schake sich hin, und mit
lauter Stimme rief er auf Judäisch und
sprach: Hört die Worte des Grosskönigs,
des Königs von Assur! 14 So spricht der
König: Lasst euch von Chiskijahu nicht
verführen, denn er kann euch nicht retten. 15 Und Chiskijahu soll euch nicht
zum Vertrauen auf den HERRN verleiten, wenn er sagt: Gewiss wird der HERR
uns retten, diese Stadt wird nicht in die
Hand des Königs von Assur gegeben
werden! 16 Hört nicht auf Chiskijahu.
Denn so spricht der König, der von Assur: Schliesst Frieden mit mir, und
kommt heraus zu mir, und esst, ein jeder von eurem Weinstock und ein jeder
von eurem Feigenbaum, und trinkt, ein
jeder das Wasser aus eurem Brunnen,

17 bis ich komme und euch in ein Land hole, das eurem Land gleich ist, ein Land mit Getreide und Wein, ein Land mit Brot und Weinbergen, 18 damit Chiskijahu euch nicht täuschen kann, wenn er sagt: Der HERR wird uns retten! Hat denn irgendeiner von den Göttern der Nationen sein Land aus der Hand des Königs von Assur gerettet? 19 Wo sind die Götter von Chamat und von Arpad? Wo sind die Götter von Sefarwajim? Haben denn sie etwa Samaria aus meiner Hand gerettet? 20 Welche von allen Göttern dieser Länder sind es denn, die ihr Land aus meiner Hand gerettet hätten, dass der HERR nun Jerusalem aus meiner Hand retten sollte? 21 Sie aber schwiegen und antworteten ihm mit keinem Wort, denn der Befehl des Königs lautete: Antwortet ihm nicht!

22 Da kamen Eljakim, der Sohn des Chilkijahu, der dem Haus vorstand, Schebna, der Schreiber, und Joach, der Sohn des Asaf, der Kanzler, mit zerrissenen Kleidern zu Chiskijahu und berichteten ihm von den Worten des Rab-Schake.

|1–22: 2Kön 18,13–37 |1: 7,20 |2: 2Kön 8,17 |3: 22,15! |6: 30,3; Ez 29,6–7 |7: 2Kön 18,4 |11: Dan 2,4 |15: 37,10 |16: 1Kön 5,5; Mi 4,4 |18: 37,12 |19: 10,11

36,1: Siehe die Anm. zu 2Kön 18,13.
36,2: Rab-Schake ist der Titel des obersten königlichen Mundschenks.

Jesaja verheisst Rettung

37 1 Und als König Chiskijahu das hörte, zerriss er seine Kleider, zog das Trauergewand über und kam in das Haus des HERRN. 2 Dann sandte er Eljakim, der dem Haus vorstand, Schebna, den Schreiber, und die Ältesten der Priester, die sich Trauergewänder übergezogen hatten, zu Jesaja, dem Sohn des Amoz, dem Propheten. 3 Und zu ihm sprachen sie: So spricht Chiskijahu: Ein Tag der Not, der Zurechtweisung und der Schmach ist dieser Tag! Bis zum Muttermund sind die Kinder gelangt, und nun fehlt die Kraft, um zu gebären! 4 Vielleicht hört der HERR, dein Gott,

die Worte des Rab-Schake, den der König von Assur, sein Herr, gesandt hat, um den lebendigen Gott zu verhöhnen, und vielleicht weist er ihn dann zurecht, der Worte wegen, die der HERR, dein Gott, gehört hat. So sprich ein Gebet für den Rest, der noch da ist.

5 Und die Diener des Königs Chiskijahu kamen zu Jesaja, 6 und Jesaja sprach zu ihnen: So sollt ihr zu eurem Herrn sprechen: So spricht der HERR: Fürchte dich nicht vor den Worten, die du gehört hast, mit denen die Buben des Königs von Assur mich gelästert haben! 7 Sieh, ich gebe ihm einen Geist ein, dann wird er eine Nachricht hören und in sein Land zurückkehren, und in seinem Land werde ich ihn durch das Schwert zu Fall bringen.

8 Der Rab-Schake aber kehrte zurück und traf den König von Assur im Kampf gegen Libna, denn er hatte gehört, dass dieser von Lachisch abgezogen war. 9 Da aber hörte er über Tirhaka, den König von Kusch: Er ist ausgezogen, um gegen dich zu kämpfen!

|1–35: 2Kön 19,1–37 |1–2: 22,12! |1: 14 |2: 22,15! |3: 66,9; Hos 13,13 |4: 1,9! |6: 10,24 · 51,7 |7: 37–38

37,9: Siehe die Anm. zu 2Kön 19,9a.

Die zweite Gesandtschaft Sanheribs

Und er hörte davon und sandte Boten zu Chiskijahu und sprach: 10 So sollt ihr zu Chiskijahu, dem König von Juda, sprechen: Dein Gott, auf den du vertraust, möge dich nicht verführen, da du sagst: Jerusalem wird nicht in die Hand des Königs von Assur gegeben werden. 11 Sieh, du hast selbst gehört, was die Könige von Assur allen Ländern angetan haben, wie man sie der Vernichtung geweiht hat, und da solltest du gerettet werden? 12 Haben die Götter der Nationen, die von meinen Vorfahren vernichtet worden sind, diese ihre Völker gerettet? Gosan, Charan, Rezef und die aus Eden, das in Telassar ist? 13 Wo sind der König von Chamat und der König von Arpad und ein König der Stadt Sefarwajim, von Hena und von Iwwa? 14 Und

Chiskijahu nahm den Brief aus der Hand der Boten und las ihn. Dann ging er hinauf in das Haus des HERRN, und vor dem HERRN breitete Chiskijahu ihn aus.

|10:36,15 |12:36,18 |14:1

37,12: Siehe die Anm. zu 2Kön 19,12.
37,14: Siehe die Anm. zu 2Kön 19,14.

Das Gebet Chiskijahus

15 Und Chiskijahu betete zum HERRN und sprach: 16 HERR der Heerscharen, Gott Israels, der du über den Kerubim thronst, du allein bist Gott über alle Königreiche der Erde! Du hast den Himmel und die Erde gemacht. 17 Neige, HERR, dein Ohr und höre! Öffne, HERR, dein Auge und sieh! Und höre all die Worte Sanheribs, der gesandt hat, um den lebendigen Gott zu verhöhnen. 18 Es ist wahr, HERR: Die Könige von Assur haben alle Nationen und deren Land verwüstet, 19 und ihre Götter haben sie dem Feuer preisgegeben; aber das waren keine Götter, sondern das war Werk von Menschenhand, Holz und Stein. Und so hat man sie vernichtet. 20 Und nun, HERR, unser Gott, rette uns aus seiner Hand, damit alle Königreiche der Erde wissen, dass du allein der HERR bist!

|15:1Kön 8,28-30 |16:1Sam 4,4;Ps 80,2 |17: Dan 9,18 |19:10,10! |20:45,6

37,18: Wörtlich: «… haben alle Länder und deren Land verwüstet,»

Der HERR verurteilt Sanherib

21 Da sandte Jesaja, der Sohn des Amoz, zu Chiskijahu und sprach: So spricht der HERR, der Gott Israels: Was du wegen Sanherib, des Königs von Assur, zu mir gebetet hast – 22 Dies ist das Wort, das der HERR über ihn gesprochen hat:
Es verachtet dich, es verspottet dich
    die Jungfrau Tochter Zion;
hinter dir schüttelt den Kopf
    die Tochter Jerusalem.
23 Wen hast du verhöhnt und gelästert,

    und gegen wen bist du laut geworden,
und zu wem hast du deine Augen hoch erhoben?
    Zum Heiligen Israels!
24 Den Herrn hast du verhöhnt durch deine Diener,
    und du hast gesagt:
Mit der Menge meiner Wagen
    habe ich die höchsten Berge erklommen,
    die entlegensten Gegenden des Libanon;
und seine hohen Zedern werde ich schlagen,
    seine besten Wacholderbäume,
und zu seiner fernsten Höhe werde ich vordringen,
    in das Dickicht seiner Wälder.
25 Ich habe gegraben
    und konnte Wasser trinken,
und mit meinen Fusssohlen werde ich trockenlegen
    alle Ströme Mazors.
26 Hast du es nicht gehört?
Vor Zeiten schon habe ich es so gefügt
    und in den Tagen der Vorzeit, da
    schon habe ich es vorgebildet.
Nun habe ich es kommen lassen:
Zu verwüsteten Steinhaufen
    musstest du befestigte Städte
    machen.
27 Und die darin wohnten, Machtlose,
    sie waren entsetzt und gerieten in
    Schande,
zu Kraut des Feldes wurden sie,
    zu grünem Kraut,
zu Gras auf den Dächern
    und auf den Terrassen,
bevor es ein stehender Halm wird.
28 Aber ich weiss, wo du sitzt,
    wohin du gehst und woher du
    kommst
und wie du getobt hast gegen mich.
29 Weil du gegen mich getobt hast
    und dein Übermut mir zu Ohren
    gekommen ist,
werde ich dir meinen Haken in die Nase legen
    und meinen Zaum an deine Lippen,

und ich werde dich zurückführen auf
dem Weg,

auf dem du gekommen bist.
30 Und dies ist das Zeichen für dich: In
diesem Jahr isst man, was von selbst
wächst, und im zweiten Jahr, was auch
dann noch wild wächst. Im dritten Jahr
aber sät und erntet, pflanzt Weinberge,
und esst ihre Frucht! 31 Und was vom
Haus Juda entronnen ist, was übrig geblieben ist, wird unten wieder Wurzel
schlagen, und oben wird es Frucht
bringen.
32 Denn ein Rest wird entkommen
aus Jerusalem,

Entronnene vom Berg Zion.
Der Eifer des HERRN der Heerscharen
wird dies bewirken.

33 Darum, so spricht der HERR über
den König von Assur: In diese Stadt wird
er nicht hineinkommen, keinen Pfeil
wird er dort hineinschiessen, mit
keinem Schild wird er gegen sie
anrücken, und keine Rampe wird er
gegen sie aufschütten. 34 Auf dem Weg,
auf dem er gekommen ist, wird er zurückkehren, in diese Stadt aber wird er
nicht hineinkommen, Spruch des
HERRN. 35 Und ich werde diese Stadt
beschützen und sie retten, um meinetwillen und um Davids, meines Dieners,
willen. 36 Und der Bote des HERRN ging
hinaus und erschlug hundertfünfundachtzigtausend Mann im Lager Assurs.
Und als man sich früh am Morgen aufmachte, sieh, da lag alles voll mit Leichen, Toten. 37 Da brach Sanherib, der
König von Assur, auf und ging und
kehrte zurück und blieb in Ninive.
38 Und als er sich niederwarf im Haus
des Nisroch, seines Gottes, da erschlugen ihn Adrammelech und Sarezer,
seine Söhne, mit dem Schwert, sie aber
entkamen ins Land Ararat. Und Esar-
Chaddon, sein Sohn, wurde König an
seiner Statt.

|21: 38,5 |24: Ez 21,2 |25: 10,13! · 19,6 |26: 22,11
|27: Ps 129,6 |29: Hiob 40,26; Ez 29,4 |30: 7,14! |31:
27,6! |32: 9,6 |35: 31,5! · 19,6 · 43,25! |36: 17,14 ·
10,25! |37–38: 7

37,24: Siehe die Anm. zu 2Kön 19,23.
37,25: «Mazor»: siehe die Anm. zu 2Kön 19,6.
37,30: Siehe die Anm. zu 2Kön 19,29.

Chiskijahus Krankheit und Genesung

38 1 In jenen Tagen wurde Chiskijahu todkrank. Da kam Jesaja, der
Sohn des Amoz, der Prophet, zu ihm und
sprach zu ihm: So spricht der HERR: Bestell dein Haus, denn du stirbst und
wirst nicht überleben. 2 Da drehte Chiskijahu sein Angesicht zur Wand und
betete zum HERRN 3 und sprach: Ach
HERR, denk doch daran, dass ich treu
und mit ungeteiltem Herzen vor dir gelebt habe und dass ich getan habe, was
gut ist in deinen Augen. Und Chiskijahu
weinte heftig. 4 Und das Wort des
HERRN erging an Jesaja: 5 Geh, und
sprich zu Chiskijahu: So spricht der
HERR, der Gott Davids, deines Vorfahren: Ich habe dein Gebet gehört, deine
Tränen habe ich gesehen. Sieh, fünfzehn
Jahre werde ich hinzufügen zu deinen
Tagen, 6 und dich und diese Stadt werde
ich retten aus der Hand des Königs von
Assur, und ich werde diese Stadt beschützen. 7 Und dies ist das Zeichen
vom HERRN für dich, dass der HERR dieses Wort, das er gesprochen hat, ausführen wird: 8 Sieh, ich lasse den Schatten
zurückgehen auf den Stufen, nachdem
er schon hinabgegangen ist auf den Stufen des Achas, ich lasse die Sonne zehn
Stufen zurückgehen. Und die Sonne
ging zehn Stufen zurück auf den Stufen,
nachdem sie schon hinabgegangen war.

9 Eine Aufzeichnung Chiskijahus,
des Königs von Juda, als er krank
war und dann seine Krankheit
überlebte:
10 Ich sprach: In der Hälfte meiner Tage
muss ich durch die Tore des Totenreichs
gehen,

dorthin wurde ich aufgeboten für
den Rest meiner Jahre.
11 Ich sprach: Ich werde Jah nicht mehr
sehen,

Jah im Land der Lebenden,
keinen Menschen mehr erblicken
bei dem, was die Erde bewohnt.

12 Herausgerissen wurde mein
Wohnzelt
und abgedeckt über mir
wie das Zelt eines Hirten.
Wie ein Weber habe ich mein Leben
zusammengerollt,
     vom Faden schneidet er mich ab.
Vom Tag bis in die Nacht hast du mich
preisgegeben,
     13 bis zum Morgen habe ich
     versucht, ihn zu besänftigen.
Wie ein Löwe, so bricht er mir alle
Knochen,
     vom Tag bis in die Nacht hast du
     mich preisgegeben.
14 Wie ein Mauersegler, eine Schwalbe,
so piepse ich,
     ich gurre wie eine Taube.
Nach der Höhe verzehren sich meine
Augen:
Herr, ich werde bedrängt,
     tritt ein für mich!
15 Was soll ich reden, und was wird er
mir sagen,
     da doch er es getan hat?
Ständig wandle ich im Schlaf,
     meiner Verbitterung wegen.
16 Herr, dadurch lebt man,
     und durch alles, was darin ist, lebt
     mein Geist –
du wirst mich wieder stark machen und
leben lassen!
17 Sieh, Bitteres ist mir zum Heil
geworden, Bitteres,
     und in deiner Liebe hast du mich
     gerettet
     vor dem Grab des Verderbens,
denn hinter deinen Rücken hast du alle
meine Sünden geworfen.
18 Denn nicht die Totenwelt preist dich,
     nicht der Tod lobt dich,
auf deine Treue hoffen nicht die, die
hinabsteigen in die Grube.
19 Der Lebende, der Lebende,
     er ist es, der dich preist,
wie ich es heute tue.
Ein Vater lässt die Kinder von deiner
Treue wissen.
20 Gewiss rettet mich der HERR!
Dann werden wir mein Saitenspiel
erklingen lassen

alle Tage unseres Lebens, beim Haus
des HERRN!
21 Und Jesaja sprach: Man soll einen Feigenkuchen nehmen und ihn auf das Geschwür streichen, dann wird er gesund.
22 Da sprach Chiskijahu: Was ist das
Zeichen, dass ich hinaufgehen werde in
das Haus des HERRN?

|1–8: 2Kön 20,1–11! |3: 2Kön 18,3–6 |5: 37,21 ·
Ps 6,9 |7: 7,14! |10: Ps 102,25 |11: Ps 27,13; 116,9; 142,6
|12: 2Kor 5,1; Hiob 7,6–7! |14: Hiob 10,16 ·
Klgl 3,4 · Ps 90,6 |14: 59,11; Nah 2,8 · Hiob 17,3 |17:
Jona 2,7 · Ps 103,3–4; Mi 7,19 |18: Ps 6,6 |19: Ex 10,2;
Dtn 4,9! |22: 7,14!

38,10: «dorthin» wurde in der Übersetzung ergänzt.
38,11: «Jah»: siehe die Anm. zu Ps 68,5.
38,12: Der Massoretische Text lautet übersetzt:
«… wie das Zelt meines Hirten. …»
38,16: Die Übersetzung von «Herr, dadurch …
mein Geist –» ist unsicher.

Chiskijahu und die Gesandtschaft aus Babel

39 1 In jener Zeit sandte Merodach-
Baladan, der Sohn des Baladan, der
König von Babel, Briefe und Geschenke
an Chiskijahu, und hörte, dass Chiskijahu krank gewesen und genesen war.
2 Und Chiskijahu freute sich darüber,
und so zeigte er den Boten sein Schatzhaus, das Silber und das Gold, den Balsam, das beste Öl und sein ganzes
Zeughaus und alles, was sich in seinen
Schatzkammern befand. In seinem
Haus und in seinem ganzen Reich gab es
nichts, was Chiskijahu ihnen nicht
zeigte. 3 Da kam Jesaja, der Prophet, zu
König Chiskijahu und sprach zu ihm:
Was haben diese Männer gesagt? Und
woher kommen sie zu dir? Und Chiskijahu sagte: Aus einem fernen Land sind
sie zu mir gekommen, aus Babel. 4 Da
sagte er: Was haben sie in deinem Haus
gesehen? Und Chiskijahu sagte: Alles,
was in meinem Haus ist, haben sie gesehen. In meinen Schatzkammern war
nichts, das ich ihnen nicht gezeigt hätte.
5 Da sprach Jesaja zu Chiskijahu: Höre
das Wort des HERRN der Heerscharen!
6 Sieh, es kommen Tage, da wird alles,
was in deinem Haus ist und was deine

Vorfahren angesammelt haben bis zum heutigen Tag, nach Babel weggetragen werden. Nichts wird übrig bleiben, spricht der HERR. 7 Und von deinen Söhnen, die von dir abstammen, die du zeugen wirst, wird man einige nehmen, und sie werden Eunuchen sein im Palast des Königs von Babel. 8 Da sprach Chiskijahu zu Jesaja: Das Wort des HERRN, das du gesprochen hast, ist gut. Aber er dachte: Solange ich lebe, werden Friede und Sicherheit herrschen!

|1–8: 2Kön 20,12–19 |1: 2Sam 8,10! |3: Jer 4,16 |6. 2Kön 24,13 |7: Dan 1,3

39,2: Wörtlich: «... zeigte er ihnen sein Schatzhaus, ...»

Zion wird getröstet

40 1 Tröstet, tröstet mein Volk!, spricht euer Gott.
2 Redet zum Herzen Jerusalems und ruft ihr zu,
dass ihr Frondienst vollendet,
dass ihre Schuld abgetragen ist.
Aus der Hand des HERRN musste sie nehmen
das Doppelte für all ihre Sünden.
3 Horch, ein Rufer:
Bahnt den Weg des HERRN in der Wüste,
in der Steppe macht die Strasse gerade für unseren Gott!
4 Jedes Tal wird sich heben,
und senken werden sich alle Berge und Hügel,
und das Unebene wird flach,
und was hügelig ist, wird zur Ebene.
5 Und die Herrlichkeit des HERRN wird sich offenbaren,
und gemeinsam wird alles Fleisch es sehen.
Der Mund des HERRN hat gesprochen!
6 Horch, einer spricht: Rufe!
Und er sagt: Was soll ich rufen?
Alles Fleisch ist Gras,
und alles, was gut ist daran, ist wie die Blume auf dem Feld.
7 Das Gras vertrocknet,
die Blume verwelkt,

wenn der Atem des HERRN darüberweht.
Wahrlich, das Volk ist Gras!
8 Das Gras vertrocknet,
die Blume verwelkt,
das Wort unseres Gottes aber besteht für immer.
9 Steig auf einen hohen Berg, du Freudenbotin Zion!
Erhebe deine Stimme mit Kraft,
du Freudenbotin Jerusalem!
Erhebe sie, fürchte dich nicht!
Sag den Städten Judas: Seht, euer Gott!
10 Sieh, Gott der HERR, er kommt als ein Starker,
und sein Arm übt die Herrschaft aus für ihn.
Sieh, sein Lohn ist bei ihm,
und seine Belohnung zieht vor ihm her.
11 Wie ein Hirt weidet er seine Herde,
die Lämmer sammelt er auf seinen Arm,
und er trägt sie an seiner Brust,
die Muttertiere leitet er.

|1: 49,13; 51,3.12; 66,13; Sach 1,17 |2: 14,3 · Klgl 4,22 · Ex 22,3; Jer 16,18 |3: 11,16! · Mal 3,1; Mt 3,3; Joh 1,23 |4: 42,16; 49,11; 57,14; 62,10 |5: 35,2 · 66,18 · 1,20! |6: 51,12 |7: Ps 103,15 |8: Ps 119,89 |9: 41,27! · 25,9; 35,4 |10: Sach 2,14; Mal 3,1 · 51,5.9 · 62,11 |11: 46,4; Ps 23,1; Ez 34,12

40,3: Möglich ist auch die Übersetzung: «Die Stimme eines Rufers: ...»
40,6: Möglich ist auch die Übersetzung: «Die Stimme von einem, der spricht: ...»
40,10: Mit ‹Lohn› und ‹Belohnung› sind die aus Babel heimkehrenden Israeliten gemeint.

Der Gott Israels ist unvergleichlich

12 Wer hat mit der hohlen Hand das Wasser gemessen
und mit der Spanne seiner Hand den Himmel abgemessen?
Und wer erfasst mit dem Drittelmass den Staub der Erde
und wiegt mit der Waage die Berge und mit Waagschalen die Hügel?
13 Wer hätte den Geist des HERRN geprüft,
und welcher Mensch wäre sein Ratgeber, würde ihn unterweisen?

14 Mit wem könnte er sich beraten, der
ihm Einsicht verschafft
    und ihn belehrt hätte über den Pfad
    des Rechts
und ihn Erkenntnis gelehrt hätte
    und ihm nun den Weg der Einsicht
    wiese?
15 Sieh, wie ein Tropfen in einem Eimer
sind die Nationen,
    und wie Staub auf Waagschalen
    werden sie geachtet.
Sieh, Inseln hebt er empor, als wären sie
ohne Gewicht.
16 Und der Libanon reicht nicht aus für
den Brand,
    und sein Wild reicht nicht aus für
    das Brandopfer.
17 Vor ihm sind alle Nationen, als gäbe
es sie nicht,
    wie das Nichts, wie das, was nicht ist,
    werden sie von ihm geachtet.
18 Und mit wem wollt ihr Gott
vergleichen
    und was als Ebenbild ihm
    gegenüberstellen?
19 Das Standbild giesst der Handwerker, und der Schmied überzieht es
mit Gold und schmiedet daran silberne
Ketten. 20 Wer nicht so viel geben
kann, wählt ein Holz, das nicht fault, er
sucht sich einen geschickten Handwerker, um das Standbild zu befestigen, es
soll ja nicht wackeln.
21 Wisst ihr es nicht, hört ihr es nicht?
    Ist es euch nicht von Anfang an
    verkündet worden?
Habt ihr es, seit die Erde gegründet
wurde, nicht begriffen?
22 Er thront über dem Kreis der Erde,
    und wie Heuschreckenschwärme
    sind ihre Bewohner,
wie einen Schleier breitet er den
Himmel aus,
    und wie ein Zelt hat er ihn
    ausgespannt, um darin zu wohnen.
23 Fürsten macht er zunichte,
Richter der Erde macht er zu dem,
was wie das Nichts ist.
24 Kaum sind sie gepflanzt, kaum sind
sie gesät,

kaum hat ihr Baumstumpf Wurzeln
geschlagen in der Erde,
da hat er sie auch schon angehaucht,
und sie sind verdorrt,
    und wie Stoppeln trägt der Sturm sie
    davon.
25 Und mit wem wollt ihr mich
vergleichen, dass ich ihm gleich wäre?,
    spricht der Heilige.
26 Blickt nach oben
    und seht: Wer hat diese geschaffen?
Er, der ihr Heer hervortreten lässt,
abgezählt,
    sie alle ruft er mit Namen herbei.
Der Fülle an Kraft wegen, und weil er
vor Kraft strotzt,
    geht kein Einziger verloren.
27 Warum, Jakob, sagst du,
    und, Israel, warum sprichst du:
Mein Weg ist dem HERRN verborgen,
    und mein Recht entgeht meinem
    Gott?
28 Hast du es nicht erkannt, hast du es
nicht gehört:
Ein ewiger Gott ist der HERR,
    der die Enden der Erde geschaffen
    hat!
Er ermattet nicht und wird nicht müde,
    seine Einsicht ist unerforschlich.
29 Dem Ermatteten gibt er Kraft,
    und wo keine Kraft ist, gibt er
    grosse Stärke.
30 Und junge Männer ermatten und
werden müde,
    Männer straucheln unvermeidlich.
31 Die aber, die auf den HERRN hoffen,
empfangen neue Kraft,
    wie Adlern wachsen ihnen
    Schwingen,
sie laufen und werden nicht müde,
    sie gehen und ermatten nicht.

|13: Hiob 21,22 · Röm 11,34; 1Kor 2,16 |15:
Ps 62,10; Dan 4,32 |18: 25; 46,5; Ps 89,7 |19: 41,7;
46,6 |20: Jer 10,4 |22: 42,5; 44,24; 45,11; 48,13; 51,13;
Hiob 9,8 |24: 17,13 |25: 18! |26: Ps 147,4 |27: 49,14
|28: Gen 21,33 |29: 50,4; Hiob 4,4 |31: Ps 103,5

40,19: Siehe die Anm. zu 1Kön 6,21.
40,20: Die Übersetzung «wer nicht so viel geben
kann» ist umstritten.
40,22: Die genaue Bedeutung des mit ‹Schleier›
wiedergegebenen hebräischen Worts ist nicht gesichert.

40,26: Mit ‹diese› sind die Sterne gemeint.
40,31: Möglich ist auch die Übersetzung: «..., erheben sie die Schwingen, ...»

Die Macht des HERRN

41 1 Hört mir zu, und schweigt, ihr Inseln,
und die Völker werden neue Kraft empfangen!
Sie sollen kommen, dann können sie reden!
Miteinander wollen wir vor Gericht treten.
2 Wer hat ihn vom Aufgang der Sonne her erweckt?
Gerechtigkeit begegnet ihm auf Schritt und Tritt,
Nationen wirft er vor sich nieder, und Könige unterwirft er.
Sein Schwert macht sie wie Staub, wie verwehte Stoppeln sein Bogen.
3 Er verfolgt sie, zieht siegreich dahin, den Boden berührt er nicht mit seinen Füssen.
4 Wer hat dies getan und vollbracht? Der von Anfang an die Generationen gerufen hat:
Ich, der HERR, bin der Erste, und ich bin es noch bei den Letzten.
5 Die Inseln haben es gesehen und fürchten sich,
die Enden der Erde zittern, sie haben sich genähert und sind herangekommen.
6 Einer steht dem anderen bei und sagt zu seinem Bruder: Sei stark!
7 Und so hat der Handwerker den Schmied ermutigt,
der mit dem Hammer glättet, den, der mit dem Klöppel schlägt.
Von der Nahtstelle sagt er: Das ist gut so!
Hat er es doch mit Nägeln befestigt, es soll ja nicht wackeln.

|1: 49,1 · 21 |2: 45,13; 46,11; Esra 1,2 · 25; 45,1 |4: 20 · 44,6; 48,12; Offb 1,17 |7: 40,19!

41,2: Mit ‹ihn› ist der Perserkönig Kyros gemeint.

Israel, Diener des HERRN

8 Du aber, Israel, mein Diener, Jakob, den ich erwählt habe,
Nachkomme Abrahams, meines Freundes,
9 du, den ich mit festem Griff von den Enden der Erde geholt habe
und den ich herbeigerufen habe aus ihren entlegensten Winkeln
und zu dem ich gesprochen habe:
Du bist mein Diener,
ich habe dich erwählt,
und ich habe dich nicht verworfen.
10 Fürchte dich nicht, denn ich bin bei dir!
Hab keine Angst, denn ich bin dein Gott!
Ich mache dich stark, ja, ich stehe dir bei!
Ja, ich halte dich mit der rechten Hand meiner Gerechtigkeit!
11 Sieh, alle, die dir zürnen, müssen sich schämen und geraten in Schande;
die mit dir streiten werden sein, als gäbe es sie nicht, und gehen zugrunde;
12 die mit dir hadern – du wirst sie suchen und nicht finden;
die gegen dich Krieg führen werden sein, als gäbe es sie nicht,
und wie das, was nicht ist.
13 Denn ich, der HERR, bin dein Gott, der deine rechte Hand stark macht,
der zu dir spricht: Fürchte dich nicht, ich stehe dir bei!
14 Fürchte dich nicht, Jakob, du kleiner Wurm,
ihr Israeliten,
ich stehe dir bei, Spruch des HERRN, und dein Erlöser ist der Heilige Israels.
15 Sieh, ich mache dich zum Dreschschlitten, schneidend scharf, neu,
mit Klingen,
Berge wirst du dreschen und zermalmen,
und Hügel wirst du machen wie Spreu.
16 Du wirst sie worfeln, und der Wind wird sie forttragen,
und der Sturm wird sie zerstreuen;
du aber wirst jubeln über den HERRN,

des Heiligen Israels wirst du dich
rühmen.

17 Die Elenden und die Armen suchen
Wasser, aber es gibt keines,
 ihre Zunge vertrocknet vor Durst:
Ich, der HERR, ich erhöre sie,
 ich, der Gott Israels, verlasse sie
nicht.

18 Auf kahlen Höhen lasse ich Flüsse
entspringen
 und in Tälern Quellen,
die Wüste mache ich zum Schilfteich
 und das trockene Land zu
Wasserquellen.

19 In die Wüste bringe ich Zedern,
Akazien, Myrten und Ölbäume,
 in der Steppe setze ich Wacholder,
Ulmen und Zypressen dazu,

20 damit sie sehen und erkennen,
 es aufnehmen und auch einsehen,
dass die Hand des HERRN dies getan
 und dass der Heilige Israels es
geschaffen hat.

21 Tretet an mit eurem Rechtsstreit!,
spricht der HERR.
 Bringt eure Beweise vor!, spricht der
König Jakobs.

22 Sie sollen es vorbringen und uns
kundtun, was nahe bevorsteht!
 Das Frühere, was war es? Tut es
kund, dann wollen wir es uns zu Herzen
nehmen, damit wir erkennen, wie es
enden wird. Oder lasst ihr uns hören,
was kommt! 23 Tut kund, was künftig
kommt, damit wir erkennen können, ob
ihr Götter seid. Tut doch etwas Gutes
oder etwas Böses, dann wollen wir
Ehrfurcht haben und es miteinander
betrachten.

24 Seht, ihr seid nichts,
 und wertlos ist euer Tun.
Abscheulich, wer euch erwählt!

25 Aus dem Norden habe ich ihn
erweckt, und er ist gekommen,
 vom Aufgang der Sonne her ruft er
meinen Namen an,
und Statthalter hat er zertreten wie Ton,
 wie der Töpfer den Töpferlehm
zerstampft.

26 Wer hat das von Anfang an
kundgetan, dass wir es hätten wissen
können,
 und im Voraus, dass wir hätten
sagen können: Richtig!
Da war keiner, der es verkündet hätte!
 Da war keiner, der es hätte hören
lassen!
Da war keiner, der von euch Worte
gehört hätte.

27 Ich habe es Zion als Erster verkündet:
Sieh, da sind sie,
 und Jerusalem werde ich einen
Freudenboten geben!

28 Und ich schaue mich um, doch da ist
keiner,
 und von diesen weiss ja niemand
Rat,
dass ich sie fragen könnte und sie mir
Antwort gäben.

29 Sieh, sie alle sind nichtig,
 nichts sind ihre Werke,
Wind und Nichts ihre gegossenen
Bilder.

| 8: 43,10; 44,1–2.21; 45,4; Dtn 7,6 · Jak 2,23 | 10:
43,5; Gen 26,24 · Sach 10,6 · Ps 18,36 | 11: 45,24 ·
54,17; 60,12 | 13: 45,1 | 14: Lk 12,32 · 59,20 · 43,3.14;
47,4; 48,17 | 15: Mi 4,13 | 16: Jer 15,7; 51,2 · 29,19! | 17:
55,1! | 18: 35,6! | 19: 55,13; 60,13 | 20: 4 | 21: 1,18! · 1
| 22: 42,9; 43,9; 44,7 | 23: Jer 10,5 | 24: 44,9! ·
Dtn 7,25–26 | 25: 2! | 27: 40,9; 52,7; Nah 2,1

41,19: Die genaue Bedeutung des mit ‹Ulmen›
wiedergegebenen hebräischen Worts ist nicht gesichert; möglicherweise handelt es sich um eine Nadel-
baumart.

 41,25: Die Übersetzung «hat er zertreten» beruht
auf einer Korrektur des Massoretischen Texts, der
übersetzt «er kommt» lautet.

 41,29: Der Massoretische Text lautet übersetzt:
«…, sie alle sind Unrecht, …»

Der Gottesknecht, das Licht der Nationen

42 1 Seht meinen Diener, ich halte
ihn,
 meinen Erwählten, an ihm habe ich
Gefallen.
Ich habe meinen Geist auf ihn gelegt,
 das Recht trägt er hinaus zu den
Nationen.

2 Er schreit nicht und wird nicht laut
 und lässt seine Stimme nicht hören
auf der Gasse.

3 Das geknickte Rohr zerbricht er nicht,

und den verglimmenden Docht
löscht er nicht aus,
treu trägt er das Recht hinaus.
4 Er erlischt nicht
und wird nicht geknickt,
bis er das Recht in Kraft gesetzt hat auf
der Erde;
auf seine Weisung warten die
Inseln.
5 So spricht der Gott, der HERR,
der den Himmel geschaffen hat und
ihn ausspannt,
der die Erde ausbreitet und was auf
ihr wächst,
der den Menschen auf ihr Atem gibt
und Odem denen, die auf ihr gehen:
6 In Gerechtigkeit habe ich, der HERR,
dich gerufen,
und ich ergreife deine Hand,
und ich behüte dich und mache dich
zum Zeichen des Bundes mit dem Volk,
zum Licht der Nationen,
7 um blinde Augen zu öffnen,
um Gefangene hinauszuführen aus
dem Gefängnis
und aus dem Kerker, die in der
Finsternis sitzen.
8 Ich bin der HERR, das ist mein Name,
und keinem anderen werde ich
meine Ehre geben
und meinen Ruhm nicht den
Bildern.
9 Das Frühere – sieh, es ist eingetroffen,
und das Neue – ich tue es kund.
Noch ehe es sprosst, lasse ich es euch
hören.
10 Singt dem HERRN ein neues Lied,
seinem Ruhm vom Ende der Erde
her,
die ihr hinabreicht in das Meer und die
ihr darin seid,
ihr Inseln und ihr, die ihr auf ihnen
wohnt!
11 Die Wüste und ihre Städte werden
einstimmen,
die Gehöfte, die Kedar bewohnt,
die Felsenbewohner werden frohlocken,
laut jauchzen vom Gipfel der Berge.
12 Dem HERRN werden sie die Ehre
geben

und seinen Ruhm auf den Inseln
verkünden.
13 Der HERR zieht aus wie ein Held,
wie ein Kriegsmann weckt er die
Kampfeslust,
stimmt den Schlachtruf an,
stösst das Feldgeschrei aus,
gegen seine Feinde erweist er sich als
Held.
14 Lange bin ich still gewesen,
habe ich geschwiegen, habe ich mich
zurückgehalten,
wie die Gebärende werde ich nun
schreien,
werde so sehr schnauben, dass ich
um Luft ringen muss.
15 Berge und Hügel werde ich
ausdörren,
und all ihr Grün lasse ich
vertrocknen,
aus Flüssen mache ich Inseln
und Schilfteiche lasse ich
austrocknen.
16 Und Blinde lasse ich einen Weg
gehen, den sie nicht kannten,
Pfade, die sie nicht kannten, lasse ich
sie betreten,
die Dunkelheit vor ihnen mache ich zu
Licht,
und holpriges Gelände wird flach.
Dies sind die Dinge, die ich tue und von
denen ich nicht lasse.
17 Zurückgewichen, tief in Schande
sind, die auf Standbilder vertrauen,
die zu Gussbildern sagen: Ihr seid
unsere Götter!

|1–6: Mt 12,18–21 |1: 49,3; 50,10; 52,13 · 11,2! · 2,4
|4: 60,9 |5: Ps 96,5 · 40,22! |6: 49,6.8; 51,4; Lk 2,32 |7:
29,18! · 45,13; 49,9; 61,1 |8: Ex 3,14; Ps 83,19 · 48,11
|9: 41,22! |10: Ps 33,3 · 24,15! |11: 60,7; Ez 27,21 |13:
59,17; Ex 15,3 · Ps 78,65 |14: Ps 50,21 |15: 50,2;
Ps 107,33 |16: Jer 31,8 · 40,4! |17: 44,11; Ps 97,7

42,1: ‹Gottesknecht› ist eine traditionelle
Bezeichnung, die deshalb in dieser Übersetzung in
den folgenden Überschriften beibehalten wird; im
Text wird ‹Diener› verwendet.

Die Strafe kommt vom HERRN
18 Die ihr taub seid, hört,
und ihr Blinden, schaut her, damit
ihr seht!

19 Wer ist blind, wenn nicht mein Diener,
> und taub wie mein Bote, den ich sende?

Wer ist blind wie Meschullam
> und blind wie der Diener des HERRN?

20 Viel zu sehen – du aber hast nie darauf geachtet.
> Die Ohren offen – aber nie hat er zugehört.

21 Um seiner Gerechtigkeit willen hat es dem HERRN gefallen,
> der Weisung Grösse und Herrlichkeit zu verleihen.

22 Doch es ist ein ausgeraubtes und ausgeplündertes Volk,
> gefangen in Höhlen sind sie alle
> und in Kerkern versteckt,

zur Beute geworden, und da ist keiner, der rettet,
> Plünderung – und da ist keiner, der sagt: Gib zurück!

23 Wer von euch wird darauf horchen, wird acht geben,
damit er hört für die Zeit, die kommt?

24 Wer hat Jakob der Plünderung preisgegeben
> und Israel denen, die Beute machen?

War es nicht der HERR, gegen den wir gesündigt haben
> und auf dessen Wegen sie nicht gehen wollten

und auf dessen Weisung sie nicht gehört haben?

25 Da hat er Zorn ausgegossen über ihn, seine Wut,
> und die Gewalt des Kriegs,

und diese hat ihn von allen Seiten versengt,
> er aber hat nicht erkannt,

und sie hat ihn in Brand gesetzt,
> er aber nimmt es sich nicht zu Herzen.

|20: 6,9! · 53,1 |22: 24,3 · 5,29 |25: Jer 12,11

42,19: Der hebräische Name Meschullam bedeutet: Als Ersatz gegeben.

42,21: Möglicherweise bedeutet der Text: «Um seiner Gerechtigkeit willen hat er (der Diener?) dem HERRN gefallen, er macht die Weisung gross und herrlich.»

42,25: Mit ‹ihm› ist Jakob/Israel gemeint, der von Gott gestraft wird.

Der HERR erlöst sein Volk

43 1 Und nun, so spricht der HERR, dein Schöpfer, Jakob,
> und der dich gebildet hat, Israel:

Fürchte dich nicht,
> denn ich habe dich erlöst,

ich habe dich bei deinem Namen gerufen,
> du gehörst zu mir.

2 Wenn du durch Wasser gehst – ich bin bei dir,
> und durch Flüsse – sie überfluten dich nicht.

Wenn du durch Feuer schreitest, wirst du nicht verbrannt,
> und die Flamme versengt dich nicht.

3 Denn ich, der HERR, bin dein Gott,
> der Heilige Israels, dein Retter.

Ägypten habe ich als Lösegeld für dich hingegeben,
> für dich Kusch und Saba.

4 Weil du teuer bist in meinen Augen, geachtet bist, und weil ich dich liebe,
gebe ich Menschen für dich
> und Völker für dein Leben.

5 Fürchte dich nicht, denn ich bin bei dir!

Vom Aufgang der Sonne bringe ich deine Nachkommen herbei,
> und vom Untergang her sammle ich dich.

6 Zum Norden sage ich: Gib her!
> Und zum Süden: Halte nicht zurück!

Bring meine Söhne aus der Ferne
> und meine Töchter vom Ende der Erde,

7 alle, die nach meinem Namen benannt sind
> und die ich zu meiner Ehre geschaffen habe!

Ich habe sie gebildet, ja, ich habe sie gemacht.

|1: 44,2.24; 45,11 · 48,20 |2: Ex 14,21; Ps 32,6; 66,12; Dan 3,27 |3: 41,14! · 45,15 |5: 41,10! · 54,7 |6: 11,12!

Der HERR ist der Retter

8 Das blinde Volk hat er herausgeführt,
das doch Augen hat,
und die Tauben, die doch Ohren
haben.

9 Alle Nationen haben sich versammelt,
und die Völker kommen zusammen.
Wer unter ihnen verkündet solches?
Das Frühere sollen sie uns hören
lassen!
Sie sollen ihre Zeugen aufbieten, damit
sie Recht behalten,
damit man es hört und sagt: Es ist
wahr!

10 Ihr seid meine Zeugen, Spruch des
HERRN,
und mein Diener, den ich erwählt
habe,
damit ihr erkennt und mir glaubt
und begreift, dass ich es bin!
Vor mir ist kein Gott gebildet worden,
und nach mir wird keiner sein.

11 Ich, ich bin der HERR,
und keinen Retter gibt es ausser mir.

12 Ich war es, der es verkündet hat,
und ich habe gerettet, und ich habe
es hören lassen,
und kein fremder Gott war bei euch.
Und ihr seid meine Zeugen, Spruch des
HERRN,
und ich bin Gott.

13 Auch künftig bin ich es,
und keinen gibt es, der aus meiner
Hand rettet.
Ich mache es, und wer könnte es
wenden?

|8: 6,9! |9: 41,22! |10: 12; 44,8; 55,4 · 41,8! · 44,6
|11: Hos 13,4 |12: Dtn 32,12 · 10! |13: Dtn 32,39 · 14,24

43,12: «kein fremder Gott»: wörtlich: «kein
Fremder».

Der HERR legt einen Weg durch die Wüste

14 So spricht der HERR,
euer Erlöser, der Heilige Israels:
Um euretwillen habe ich nach Babel
gesandt,
und als Flüchtlinge treibe ich sie alle
hinab,
die Kasdäer auf den Schiffen, auf denen
sie gejubelt haben.

15 Ich bin der HERR, euer Heiliger,
der Schöpfer Israels, euer König.

16 So spricht der HERR, der einen Weg
bahnt im Meer
und einen Pfad in mächtigen
Wassern,

17 der Wagen und Pferde ausziehen
lässt, Heer und Starke,
gemeinsam liegen sie da, nie mehr
stehen sie auf,
sind ausgelöscht, verloschen wie ein
Docht.

18 Denkt nicht an das, was früher war,
und was vormals war – kümmert
euch nicht darum.

19 Seht, ich schaffe Neues,
schon spriesst es,
erkennt ihr es nicht?
Ja, durch die Wüste lege ich einen Weg
und Flüsse durch die Einöde.

20 Die Tiere des Feldes werden mich
ehren,
die Schakale und die Strausse,
denn in die Wüste bringe ich Wasser,
in die Einöde Flüsse,
um mein Volk, meine Erwählten, trinken zu lassen,

21 das Volk, das ich für mich
gebildet habe.
Von meinem Ruhm werden sie erzählen.

|14: 41,14! |15: Hab 1,12 |16: 51,10; Ex 14,22;
Jos 3,16; Ps 77,20 |18: 65,17 · 46,9 |19: 48,6; Offb 21,5 ·
35,6! |20: Ps 148,10 · 48,21

Israels Untreue

22 Doch nicht mich hast du gerufen,
Jakob,
um mich hast du dich nicht bemüht,
Israel.

23 Nicht mir hast du die Schafe deiner
Brandopfer dargebracht,
und nicht mich hast du mit deinen
Schlachtopfern geehrt.
Ich habe es dir nicht schwer gemacht
mit Speiseopfern,
und mit Weihrauch habe ich dich
nicht ermüdet.

24 Mir hast du kein Gewürzrohr
gekauft für Silber,
    und das Fett deiner Schlachtopfer –
    mich hast du damit nicht gesättigt.
Mit deinen Sünden hast du es mir
wahrlich schwer gemacht,
    mit deinen Verschuldungen hast du
    mich ermüdet.
25 Ich, ich bin es, der deine Vergehen
tilgt, um meinetwillen,
    und an deine Sünden werde ich
    nicht mehr denken.
26 Zeige mich an! Wir wollen
miteinander rechten,
    berichte du, damit du Recht
    bekommst.
27 Schon dein frühester Vorfahr hat
gesündigt,
    und deine Wortführer haben mit
    mir gebrochen.
28 Und so habe ich die Fürsten des
Heiligtums entweiht,
    um Jakob der Vernichtung
    preiszugeben
    und Israel den Schandreden.

|22: 64,6; Hos 7,7 |23: 1,11–15 |24: Ex 30,13! · 7,13;
Mi 6,3; Mal 2,17 |25: 44,22 · 37,35; 48,11 · 64,8;
Jer 31,34 |26: 1,18! |27: Hos 12,4 |28: Ps 79,4; Jer 24,9

Der HERR segnet Israel

44 1 Nun aber höre, Jakob, mein Diener,
    Israel, den ich erwählt habe!
2 So spricht der HERR, der dich gemacht
    und gebildet hat vom Mutterleib an,
    der dir hilft:
Fürchte dich nicht, mein Diener Jakob,
    Jeschurun, den ich erwählt habe,
3 denn über den Durstigen werde ich
Wasser giessen
    und Bäche über die Trockenheit.
Meinen Geist werde ich ausgiessen über
deine Nachkommen
    und über deine Nachfahren meinen
    Segen,
4 und sie werden spriessen zwischen
dem Gras
    wie Weiden an Wasserläufen.
5 Dieser wird sprechen: Ich gehöre zum
HERRN!

Und jenen wird man nach dem
    Namen Jakobs benennen,
und ein anderer schreibt auf seine
Hand: Dem HERRN zugehörig!
    Und man wird ihm den Ehrennamen
    Israel geben.
6 So spricht der HERR, der König Israels
    und sein Erlöser, der HERR der
    Heerscharen:
Ich bin der Erste, und ich bin der Letzte,
    und es gibt keinen Gott ausser mir.
7 Und wer ist wie ich? Laut soll er es
sagen,
    dass er es kundtut und mir darlegt,
    für die Zeit, seit ich ein ewiges Volk
eingesetzt habe.
Und das Kommende und das, was
kommen wird,
    sollen sie ihnen kundtun!
8 Erschreckt nicht und fürchtet euch
nicht!
    Habe ich es dir nicht schon damals
    verkündet und kundgetan?
    Und ihr seid meine Zeugen.
Gibt es einen Gott ausser mir?
    Und es gibt keinen Fels! Ich weiss
    von keinem.

|1–2: 41,8! |1: 48,12 |2: 43,1! · Dtn 32,15 |3: 27,3 ·
32,15! · Apg 2,17 |4: Ps 1,3 |6: 41,4! · 43,10 |7: 41,22!
|8: 43,10 · 17,10!

44,2: Im Namen Jeschurun klingt hebräisch
‹aufrecht› an. Der Name wird hier auf Israel/Jakob
bezogen.
44,7: Die Übersetzung «für die Zeit, seit ich ein
ewiges Volk eingesetzt habe» ist unsicher.

Die nutzlosen Götzen

9 Die Bildner der Bilder sind alle
nichtig,
    und ihre Lieblinge nützen nichts,
und ihre Zeugen, sie sehen nichts und
verstehen nichts,
    damit sie zuschanden werden.
10 Wer hat je einen Gott gebildet und
ein Bild gegossen,
    damit es nichts nützt?
11 Sieh, alle seine Gefährten werden
zuschanden,
    und die Handwerker, sie sind
    Menschen!

Sollen sie sich doch alle versammeln,
sich aufstellen,
> sie werden erschrecken, allesamt
> werden sie zuschanden.

12 Man hat Eisen zum Messer
geschmiedet
> und es in der Kohlenglut bearbeitet,
und unermüdlich hat man es mit
Hämmern geformt,
> und mit starkem Arm hat man es
> schliesslich angefertigt.

Sogar gehungert hat man, und die Kraft
ist geschwunden,
> man hat kein Wasser getrunken und
> ist ermattet.

13 Der Zimmermann hat die
Richtschnur ausgespannt,
> unermüdlich hat er mit dem Griffel
> vorgezeichnet,

es mit den Schnitzmessern ausgeführt
> und mit dem Zirkel vorgezeichnet,

und wie das Bild eines Menschen hat er
es schliesslich ausgeführt,
> wie ein Prachtstück von einem
> Menschen, damit es in einem
> Haus stehe.

14 Er ist gegangen, um sich Zedern zu
fällen,
> und hat eine Steineiche genommen
> oder eine Eiche,

und unter den Bäumen des Waldes hat
er ihn kräftig werden lassen für sich.
Er hat Lorbeer gepflanzt,
> und der Regen hat ihn gross
> gemacht,

15 und dann hat er einem Menschen als
Brennholz gedient.
> Und dieser hat davon genommen
> und hat sich damit gewärmt.

Er zündet es an und backt Brot!
> Er macht einen Gott daraus!

Und schliesslich hat er sich
niedergeworfen,
> hat es zum Bild gemacht und sich
> vor ihm verbeugt.

16 Die eine Hälfte davon hat er im Feuer
verbrannt,
> auf dieser Hälfte isst er Fleisch,

brät einen Braten, damit er satt wird.
Auch wärmt er sich und sagt dann: Ah,
mir ist warm geworden, ich habe das
Feuer gesehen.

17 Und was davon übrig ist, hat er zu
einem Gott gemacht, zu seinem Bild,
> vor ihm verbeugt er sich und wirft
> sich nieder,

und zu ihm betet er
> und spricht: Rette mich,
> denn du bist mein Gott!

18 Sie haben nichts erkannt und
begreifen nichts,
> denn ihre Augen sind so verklebt,
> dass sie nichts sehen,

und ihr Herz ist so, dass sie keine
Einsicht haben!

19 Und er nimmt es sich nicht zu
Herzen
> und hat keine Erkenntnis und keine
> Einsicht, dass er sagen würde:

Die eine Hälfte davon habe ich im Feuer
verbrannt,
> und auf seinen Kohlen habe ich Brot
> gebacken,
> nun brate ich Fleisch und esse es.

Und was davon übrig ist, sollte ich zu
einer solchen Abscheulichkeit machen?
> Vor einem Holzklotz sollte ich mich
> verbeugen?

20 Wer sich mit Asche abgibt,
> dessen Herz wurde getäuscht, es hat
> ihn verführt;

sich selbst rettet er nicht, und er sagt
nicht:
> Ist das nicht Lüge, woran ich mich
> halte?

| 9: 41,24; 45,16 | 10: 45,20; 46,7; Jer 10,5; Hab 2,18
| 11: Hos 13,2 · 42,17! | 13: Dtn 4,16; Röm 1,23 ·
Dtn 27,15 | 18: 45,20 · 6,10! | 20: Hos 4,12

44,20: Wörtlich: «…: Ist das nicht Lüge in meiner
Rechten?»

Der HERR hat Israel erlöst

21 Denk daran, Jakob,
> Israel, denn du bist mein Diener!

Ich habe dich gebildet, mein Diener
bist du.
> Israel, vergiss mich nicht.

22 Wie eine Wolke habe ich deine
Vergehen weggewischt
> und deine Sünden wie Gewölk.

Kehr zurück zu mir, denn ich habe
dich erlöst.
23 Juble, Himmel, denn der HERR hat
es getan!
Jauchzt, ihr Tiefen der Erde!
Brecht in Jubel aus, ihr Berge,
du Wald und jeder Baum darin!
Denn der HERR hat Jakob erlöst,
und in Israel verherrlicht er sich.
24 So spricht der HERR, dein Erlöser,
der dich schon im Mutterleib
gebildet hat:
Ich bin der HERR, der alles macht,
der den Himmel ausspannt, ganz
allein,
der die Erde ausbreitet – es kommt
von mir –,
25 der die Zeichen der Orakelpriester
ungültig macht
und die Wahrsager zum Gespött,
der die Weisen zurückdrängt
und ihr Wissen lächerlich macht,
26 der das Wort seines Dieners erfüllt
und den Plan seiner Boten vollendet,
der zu Jerusalem spricht: Werde
bewohnt!,
und zu den Städten Judas: Werdet
aufgebaut!
Und ihre Trümmer richte ich auf!,
27 der zur Tiefe spricht: Versiege!
Und deine Ströme trockne ich aus!,
28 der zu Kyros spricht: Mein Hirt!
Und alles, was mir gefällt, wird er
vollenden.
Und zu Jerusalem wird er sagen: Es wird
aufgebaut werden!,
und zum Tempel: Werde gegründet!

|21: 41,8! |22: 43,25 · 55,7; Jer 3,14.22; Hos 14,2 ·
33,24 |23: 49,13; 55,12; 1Chr 16,33 · 49,3 |24: 40,22!
|25: 29,14 |26: Ps 69,36; 102,17; Jer 30,18 |27: 50,2;
63,12; Jer 50,38 |28: 45,1! · 45,13; Esra 1,3!

44,24: In manchen alten Handschriften lautet der
Text mit anderer Vokalisierung: «... – wer war (oder:
ist) bei mir? –, ...»
44,28: Die hebräische Form des Namens Kyros ist
Koräsch.

Der HERR stärkt Kyros

45 1 So spricht der HERR zu seinem
Gesalbten, zu Kyros,
den ich bei seiner Rechten ergriffen
habe,
um Nationen vor ihm zu unterwerfen –
und Königen werde ich den Gürtel
von den Hüften reissen –,
um Türen vor ihm zu öffnen,
und Tore werden nicht verschlossen
bleiben:
2 Ich selbst werde vor dir herziehen,
und bergiges Gelände mache ich
flach,
Türen aus Bronze zerbreche ich,
und eiserne Riegel schlage ich in
Stücke.
3 Und ich werde dir Schätze aus der
Finsternis geben
und versteckte Reichtümer,
damit du erkennst, dass ich es bin, der
HERR,
der dich bei deinem Namen ruft, der
Gott Israels.
4 Um meines Dieners Jakob willen,
um Israels, meines Erwählten,
willen,
deshalb habe ich dich bei deinem
Namen gerufen.
Ich gebe dir einen Ehrennamen,
auch wenn du mich nicht erkannt
hast.
5 Ich bin der HERR und keiner sonst,
ausser mir gibt es keinen Gott.
Ich gürte dich,
auch wenn du mich nicht erkannt
hast,
6 damit sie erkennen, vom Aufgang der
Sonne
und von ihrem Untergang her,
dass es keinen gibt ausser mir.
Ich bin der HERR und keiner sonst.
7 Der das Licht bildet
und die Finsternis schafft,
der Heil vollbringt
und Unheil schafft,
ich, der HERR, bin es, der all dies
vollbringt.
8 Ergiesse dich, Himmel, von oben,
und die Wolken sollen überfliessen
vor Recht!

Die Erde soll sich öffnen, damit sie Heil tragen als Frucht,
  und zugleich lasse sie Gerechtigkeit spriessen!
Ich, der HERR, habe es erschaffen.

| 1: 44,28; 2Chr 36,22 · 41,2! · 41,13 | 2: 13,2 · Ps 107,16; Jer 51,30 | 4: 41,8! | 5: Ps 18,33 | 6: 59,19 · 37,20 · 46,9; Joel 2,27 | 7: Klgl 3,38; Am 3,6; 5,8 | 8: Ps 72,6; 85,12; Hos 10,12 · 61,11

45,8: Mit ‹sie› sind wohl die Bewohner gemeint.

Der HERR allein ist Gott

9 Wehe dem, der rechtet mit dem, der ihn gestaltet hat:
  eine Tonscherbe unter irdenen Scherben!
Sagt denn der Lehm zu dem, der ihn gestaltet: Was tust du?
  Und sagt dein Werk: Er hat keine Hände?
10 Wehe dem, der zum Vater sagt: Was zeugst du?,
  und zur Frau: Was liegst du in Wehen?
11 So spricht der HERR, der Heilige Israels und sein Schöpfer:
Die Dinge, die kommen – man befragt mich über meine Kinder,
  und für das Werk meiner Hände macht ihr mir Vorschriften.
12 Ich – ich habe die Erde gemacht und den Menschen auf ihr geschaffen.
Ich – meine Hände haben den Himmel ausgespannt,
  und all sein Heer habe ich befehligt.
13 Ich – in Gerechtigkeit habe ich ihn erweckt,
  und alle seine Wege mache ich eben.
Er ist es, der meine Stadt aufbauen wird
  und meine Weggeführten befreit,
  ohne Kaufpreis und nicht für Geschenke,
spricht der HERR der Heerscharen.
14 So spricht der HERR:
Der Ertrag Ägyptens und der Gewinn von Kusch
  und die Sabäer, hochgewachsene Männer,
sie werden herüberkommen zu dir

und dir gehören,
hinter dir her werden sie gehen,
  in Fesseln dahinziehen,
und vor dir werden sie sich niederwerfen,
  und sie werden zu dir flehen:
Nur bei dir ist ein Gott, und sonst gibt es keinen,
  die Götter sind nichts.
15 Fürwahr, du bist ein Gott, der sich verbirgt,
  der Gott Israels, der rettet!
16 Sie alle müssen sich schämen und sind auch in Schande geraten,
  allesamt sind die Schmiede der Götterbilder in Schmach einhergegangen.
17 Durch den HERRN ist Israel gerettet worden,
  eine Rettung für alle Zeiten,
nie wieder werdet ihr euch schämen müssen,
  nie wieder werdet ihr in Schande geraten.
18 Denn so spricht der HERR, der Schöpfer des Himmels,
  er, der Gott, der die Erde gebildet und sie gemacht hat, er gründet sie fest –
nicht als Leere hat er sie erschaffen,
  damit man auf ihr wohne, hat er sie gebildet –:
Ich bin der HERR und keiner sonst.
19 Nicht im Verborgenen habe ich gesprochen,
  nicht an einem Ort im Land der Finsternis,
zur Nachkommenschaft Jakobs habe ich nicht gesagt:
Sucht mich im Leeren!
Ich, der HERR, ich sage, was gerecht,
  tue kund, was recht ist.
20 Versammelt euch, und kommt her, tretet heran allesamt,
die ihr entronnen seid von den Nationen!
Die das Holz ihres Standbilds tragen,
  die zu einem Gott flehen, der nicht hilft,
sie haben nichts erkannt.
21 Tut es kund, und bringt es vor!

Sollen sie sich doch untereinander
beraten:
Wer hat solches seit je hören lassen,
    schon damals es kundgetan?
Bin nicht ich es, der HERR?
Und ausser mir gibt es sonst keinen
Gott,
    einen gerechten, rettenden Gott gibt
    es nicht ausser mir!
22 Wendet euch zu mir, und lasst euch
retten, alle Enden der Erde,
    denn ich bin Gott und keiner sonst.
23 Bei mir selbst habe ich geschworen,
    von meinem Mund ist Gerechtigkeit
    ausgegangen,
    ein Wort, und es wird nicht
    rückgängig gemacht:
Mir wird sich jedes Knie beugen,
    jede Zunge wird mir schwören:
24 Nur beim HERRN – er hat es mir
gesagt – ist die Fülle von Gerechtigkeit
und die Stärke. Zu ihm wird man
kommen, und schämen müssen sich
alle, die mit ihm gehadert haben. 25
Die ganze Nachkommenschaft Israels
wird gerecht sein durch den HERRN und
sich preisen.

| 9: Hiob 40,2 · 29,16! | 11: 43,1! · 63,16; 64,7;
Ex 4,22; Dtn 32,6 | 12: 40,22! | 13: 41,2! · 44,28! · 42,7! ·
52,3; 1Petr 1,18 | 14: Hiob 1,15 · 18,7! · 60,14! | 15:
Röm 11,33 · 43,3 | 16: 44,9! | 17: 29,22! | 18: Ps 115,16
| 19: 48,16; Dtn 30,11–14 · Jer 29,13–14 | 20: 44,18 ·
44,10! | 22: Ps 22,28; 65,6 | 23: Gen 22,16! · Röm 14,11
| 24: 41,11 | 25: Jer 9,22–23

Babels Götter stürzen

46 ¹ Bel ist in die Knie gegangen,
    Nebo krümmte sich,
den Tieren waren ihre Götzenbilder
anvertraut worden, dem Vieh;
    eure Bilder, die man tragen muss,
    waren den Erschöpften als Last
    aufgeladen worden.
2 Sie krümmten sich, gingen allesamt
in die Knie,
    sie konnten die Last nicht retten,
und sie selbst gingen in die
Gefangenschaft.
3 Hört auf mich, Haus Jakob,
    und ihr, der ganze Rest des Hauses
    Israel,

die ihr mir schon im Leib eurer Mutter
aufgeladen worden seid
    und die ihr vom Mutterschoss an
    getragen worden seid:
4 Bis in euer Alter bin ich es
    und bis ins hohe Alter: Ich bin es, der
    euch schleppt.
Ich habe es getan, und ich werde tragen,
    und ich werde euch schleppen und
    euch retten.
5 Mit wem wollt ihr mich vergleichen
und gleichstellen
    und wem mich ähnlich machen, dass
    wir uns glichen?
6 Die Gold aus dem Beutel anbieten und
Silber abwiegen mit der Waage, sie
stellen einen Schmied an, damit er
einen Gott daraus mache, sie beugen
sich, werfen sich sogar nieder! 7 Sie
tragen ihn auf der Schulter, sie
schleppen ihn, um ihn an seinem Ort
abzusetzen, und dann steht er da: Er
rührt sich nicht von der Stelle. Auch
schreit man zu ihm, aber er antwortet
nicht, niemandem hilft er aus der Not.
8 Denkt daran, und verhaltet
euch wie Männer,
    ihr Abtrünnigen, nehmt es zu
    Herzen!
9 Denkt an den Anfang, an das, was
schon immer war:
Ich bin Gott und keiner sonst,
    ich bin Gott, und meinesgleichen
    gibt es nicht:
10 Der von Anfang an kundtut, wie es
endet,
    und schon in frühester Zeit, was
    noch ungeschehen ist,
der sagt: Was ich geplant habe, wird sich
erfüllen,
    und was immer mir gefällt, das führe
    ich aus,
11 der ich den Raubvogel rufe vom
Aufgang der Sonne,
    aus einem Land in der Ferne den
    Mann meines Plans.
Ich habe gesprochen! Ich lasse es
kommen!
    Ich habe es entworfen, ich führe es
    aus!

12 Hört mir zu, die ihr trotzig seid,
die ihr fern seid von der
Gerechtigkeit:
13 Ich habe meine Gerechtigkeit nahe
gebracht, sie ist nicht fern,
und meine Rettung verzögert sich
nicht.
Und in Zion werde ich Rettung schaffen
für Israel, meine Zier.

| 1: 21,9! · Jer 51,44! · Jer 10,5 | 2: 2Sam 5,21 | 3:
63,9; Dtn 1,31; Hos 11,3 | 4: Ps 71,18 · 40,11! | 5: 40,18!
| 6: Ri 17,4 · 40,19! | 7: 44,10! · 1Kön 18,26 | 9: 43,18 ·
Jer 6,16 · 45,6! · Ex 15,11 | 10: 25,1 · 14,24 · 48,3 | 11:
41,2! | 12: 28,14 | 13: 51,5; 56,1

46,1: Bel und Nebo sind babylonische Gottheiten.

Babel fällt

47 1 Steig herab, und setz dich in den
Staub, Jungfrau Tochter Babel!
Setz dich auf die Erde, ohne Thron,
Tochter der Kasdäer!
Man wird dich nicht mehr zart und
verwöhnt nennen!
2 Nimm die Mühle, und mahle Mehl,
hebe deinen Schleier, raffe den
Rock,
entblösse den Schenkel, wate durch
Flüsse!
3 Deine Scham wird aufgedeckt,
auch deine Schande kann man
sehen!
Ich nehme Rache
und komme den Menschen nicht
entgegen.
4 Unser Erlöser, HERR der Heerscharen
ist sein Name,
der Heilige Israels.
5 Setze dich wortlos, und geh in die
Finsternis, Tochter der Kasdäer!
Man wird dich nicht mehr
Gebieterin der Königreiche nennen!
6 Ich war zornig auf mein Volk,
entweihte meinen Erbbesitz
und gab sie in deine Hand.
Du hast kein Erbarmen mit ihnen
gezeigt,
dem Greis hast du dein schweres
Joch aufgebürdet.
7 Und du hast gesagt: Immer werde ich
eine Gebieterin sein,
auf ewig!

Dies hast du dir nicht zu Herzen
genommen:
Du hast nicht bedacht, wie es
ausgeht.
8 Und nun höre dies, du Liebreizende,
die sorglos thront,
die in ihrem Herzen spricht:
Ich und niemand sonst!
Ich werde nicht als Witwe dasitzen,
und Kinderlosigkeit werde ich nicht
kennen!
9 Aber dieses, beides, kommt über dich,
auf einen Schlag, an einem einzigen Tag:
Kinderlosigkeit und Witwenschaft. In
vollem Mass kommen sie über dich,
trotz deiner vielen Zaubereien und trotz
der grossen Macht deiner Beschwörun-
gen. 10 Du aber hast auf deine Bosheit
vertraut, hast gesagt: Niemand sieht
mich! Deine Weisheit und dein Wissen,
sie haben dich verführt, und in deinem
Herzen hast du gesagt: Ich und niemand
sonst!
11 Aber Schlimmes wird über dich
kommen –
du wirst nicht wissen, wie es zu
bannen ist,
und Verderben überfällt dich –
du kannst es nicht abwenden,
und Unheil kommt über dich, plötzlich –
du ahnst nichts.
12 Tritt doch her mit deinen Beschwö-
rungen, mit deinen vielen Zaubereien,
mit denen du dich abgemüht hast seit
deiner Jugend! Vielleicht kannst du helfen, vielleicht wirst du Furcht einflössen. 13 Mit deinen vielen Beratern hast
du dich herumgequält – sollen sie doch
hertreten! Und sollen dir doch helfen,
die den Himmel einteilen, die in die
Sterne schauen, die an jedem Neumond
wissen lassen, was über dich kommen
wird.
14 Sieh, wie Stoppeln sind sie
geworden,
das Feuer hat sie verbrannt,
sie können ihr Leben nicht retten aus
der Gewalt der Flamme;
es gibt keine Glut, um sich zu wärmen,
kein Feuer, um davor zu sitzen.

15 So sind dir die geworden, um die du
dich bemüht hast – deine Händler – seit
deiner Jugend. Ein jeder taumelt nach
seiner Seite. Da ist keiner, der dich
rettet!

|1: Dtn 28,56 |2: 2Sam 10,4! |3: 3,17 · Jer 13,26;
Nah 3,5 · 34,8! |4: 48,2; 51,15; 54,5 · 41,14! |6:
Sach 1,15 · Dtn 28,50; Klgl 4,16 |7: Dtn 32,29; Klgl 1,9
|8: 10; Zef 2,15 · Offb 18,7 |9: Nah 3,4 |10: 29,15! · 8!
|12: 19,3 |14: Nah 1,10

47,2: Die genaue Bedeutung des mit ‹Rock› wiedergegebenen hebräischen Worts ist nicht gesichert.
47,13: Wörtlich: «Mit deinen vielen Plänen ...»

Der HERR wirbt um das Volk

48 1 Hört dies, Haus Jakob,
die sich nach dem Namen Israels
nennen
und hervorgegangen sind aus den
Wassern Judas,
die beim Namen des HERRN schwören
und den Gott Israels preisen –
aber nicht in Wahrheit und nicht in
Gerechtigkeit,
2 denn aus der Stadt des Heiligtums
sind sie herausgerufen worden –
und die sich gestützt haben auf den
Gott Israels,
HERR der Heerscharen ist sein Name:
3 Schon längst habe ich das, was damals
geschehen ist, verkündet,
aus meinem Mund ist es
hervorgegangen,
und ich habe es sie hören lassen.
Überraschend habe ich es getan,
und es ist eingetroffen.
4 Weil ich wusste, dass du hartnäckig
bist,
dass dein Nacken eine Sehne aus
Eisen
und deine Stirn aus Bronze ist,
5 habe ich es dir schon damals
verkündet,
ehe es eintraf, habe ich es dich hören
lassen,
damit du nicht sagst:
Mein Götze hat es getan,
und mein Standbild, mein Gussbild
hat es befohlen.
6 Du hast es gehört, sieh dir das alles an!

Und ihr, wollt ihr es nicht
verkünden?
Von nun an lasse ich dich Neues hören
und das, was wohlgehütet ist, wovon
du nichts weisst.
7 Jetzt erst ist es geschaffen worden und
nicht schon damals,
und vor dem heutigen Tag hast du
nichts davon gehört,
damit du nicht sagst: Sieh, ich habe es
gewusst!
8 Weder hast du davon gehört, noch
hast du es gewusst,
auch hat dein Ohr sich nicht schon
damals geöffnet,
denn ich wusste, wie treulos du bist
und vom Mutterleib an abtrünnig
genannt wirst.
9 Um meines Namens willen halte ich
meinen Zorn zurück,
und um meines Ruhmes willen
bezähme ich mich zu deinen
Gunsten,
dass ich dich nicht ausrotte.
10 Sieh, ich habe dich geläutert, aber
nicht wie Silber,
im Ofen des Elends habe ich dich
geprüft.
11 Um meinetwillen, um meinetwillen
werde ich es tun,
denn welch eine Entweihung!
Und keinem anderen werde ich meine
Ehre geben.
12 Hör mir zu, Jakob,
und Israel, mein Berufener!
Ich bin es! Ich bin der Erste,
bin auch der Letzte!
13 Hat doch meine Hand die Erde
gegründet
und meine Rechte den Himmel
ausgespannt.
Ich rufe ihnen zu – miteinander stehen
sie da!
14 Versammelt euch alle, und hört!
Wer von ihnen hat solches
verkündet?
Der HERR liebt ihn, er wird seinen
Willen an Babel vollstrecken
und seine Macht zeigen an den
Kasdäern.

15 Ich, ich habe gesprochen,
    ja, ich habe ihn gerufen,
habe ihn kommen lassen,
    und seinen Weg lasse ich gelingen.
16 Kommt heran zu mir, hört dies!
Von Anfang an habe ich nie im
Verborgenen gesprochen,
    ich bin da seit der Zeit, da es
    geschieht.
Und nun hat Gott der HERR mich
gesandt und seinen Geist.
17 So spricht der HERR, dein Erlöser,
    der Heilige Israels:
Ich, der HERR, dein Gott, bin es, der dich
lehrt, zu deinem Nutzen,
    der dich den Weg betreten lässt, den
    du gehen sollst.
18 Hättest du doch auf meine Gebote
acht gegeben!
Dann wäre dein Heil wie ein Strom
geworden
    und deine Gerechtigkeit wie die
    Wogen des Meers.
19 Dann wäre deine
Nachkommenschaft wie der Sand,
    und wie dessen Körner wären die
    Sprösslinge deines Leibes,
ihr Name würde nicht ausgerottet und
nicht getilgt vor mir.
20 Zieht fort aus Babel,
    flieht, fort aus Kasdäa!
Verkündet es unter Jubelrufen,
    lasst es hören,
bis ans Ende der Erde tragt es hinaus,
    sagt: Der HERR hat seinen Diener
    Jakob erlöst!
21 Und als er sie durch trockenes Land
führte,
    verspürten sie keinen Durst,
aus dem Felsen liess er für sie Wasser
fliessen:
Er spaltete den Felsen,
    und das Wasser strömte.
22 Keinen Frieden für die Frevler!,
sprich der HERR.

| 1: 51,1–2; Ps 68,27 · Lev 19,12!; Zef 1,5 | 2:
Jer 7,4 · Mi 3,11 · 47,4! | 3: 46,10 | 4: Jer 5,3 | 6: 43,19!
| 8: 6,9 | 10: Ps 66,10; Sach 13,9 · 1,25 · Dtn 4,20! | 11:
43,25! · 42,8 | 12: 44,1 · 41,4! | 13: 40,22! · Ps 33,9 | 16:
45,19! · 61,1; Mt 12,18 | 17: 41,14! · 30,21! | 18:
Dtn 5,29 · 66,12 | 19: Gen 22,17 | 20: 52,11; Jer 50,8;

Sach 2,10 · 43,1 | 21: 43,20 · Ex 17,6; Neh 9,15 | 22:
57,21; Spr 28,1

48,21: Die Übersetzung «durch trockenes Land»
beruht auf einer Umvokalisierung des
Massoretischen Texts, der übersetzt «durch
Trümmerstätten» lautet.

Der Gottesknecht, das Licht für die Nationen

49 1 Hört mich, ihr Inseln,
    und ihr Völker in der Ferne,
    gebt acht!
Schon im Mutterleib hat der HERR mich
berufen,
    im Schoss meiner Mutter schon
    meinen Namen genannt.
2 Und wie ein scharfes Schwert hat er
meinen Mund gemacht,
    im Schatten seiner Hand hält er
    mich verborgen,
und zu einem spitzen Pfeil hat er mich
gemacht,
    in seinem Köcher hat er mich
    versteckt.
3 Und er sprach zu mir: Du bist mein
Diener,
    Israel, an dir werde ich meine
    Herrlichkeit zeigen.
4 Ich aber sprach: Vergeblich habe ich
mich abgemüht,
    für nichts und wieder nichts meine
    Kraft verbraucht.
Doch mein Recht ist beim HERRN
    und mein Lohn bei meinem Gott.
5 Nun aber hat der HERR gesprochen,
    der mich schon im Mutterleib zum
    Diener gebildet hat für sich,
    damit ich Jakob zurückbringe
    zu ihm
    und Israel zu ihm gesammelt wird.
Dann werde ich geehrt in den Augen des
HERRN,
    und mein Gott ist meine Kraft
    geworden.
6 Und er sprach: Zu wenig ist es, dass du
mein Diener bist,
    um die Stämme Jakobs aufzurichten
    und die von Israel zurückzubringen,
    die bewahrt worden sind:
Zum Licht für die Nationen werde ich
dich machen,

damit mein Heil bis an das Ende der Erde reicht.

7 So spricht der HERR, der Erlöser Israels, sein Heiliger,
zu dem, der verachtet wird,
der von der Nation verabscheut wird,
zu dem, der Herrschenden dient:
Könige werden es sehen und sich erheben,
Fürsten – und sie werden sich niederwerfen,
um des HERRN willen, der treu ist,
um des Heiligen Israels willen.
Und dieser hat dich erwählt.

8 So spricht der HERR:
In der Zeit des Wohlwollens habe ich dich erhört
und am Tag des Siegs habe ich dir geholfen,
um dich zu behüten und dich zum Bundeszeichen zu machen für das Volk,
um das Land aufzurichten,
um verwüsteten Erbbesitz zu verteilen

9 und den Gefangenen zu sagen: Geht hinaus!,
zu denen, die in der Finsternis sind: Zeigt euch!
An Wegen werden sie weiden,
und ihre Weide ist auf allen kahlen Höhen.

10 Sie werden nicht hungern und nicht dürsten,
und Hitze und Sonne werden ihnen nichts anhaben,
denn der sich ihrer erbarmt, wird sie leiten
und sie zu Wasserquellen führen.

11 Und alle meine Berge mache ich gangbar,
und meine Strassen werden hoch dahinführen.

12 Sieh diese, sie kommen aus der Ferne,
und sieh, diese aus dem Norden und vom Meer her
und diese aus dem Land der Sinim.

13 Frohlocke, Himmel, und juble, Erde!
Ihr Berge, brecht in Jubel aus,

denn der HERR tröstet sein Volk,
und seiner Elenden erbarmt er sich.

|1: 41,1 |2: Jer 1,5 |2: Hebr 4,12; Offb 1,16 · 51,16 |3: 42,1! · 44,23 |4: 1Kor 15,58 |5: 12,2 |6: 42,6! |7: 53,3 |8: 61,2! · Ps 69,14; 2Kor 6,2 · 42,6! · 59,12! |9: 42,7! · Ez 34,13 · 60,9 |10: Ps 121,6; Offb 7,16–17 |11: 40,4! |12: 11,12! · Lk 13,29 |13: 40,1! · 44,23!

49,7: Die Übersetzung von «zu dem, der … verabscheut wird» beruht auf mehreren Textzeugen; der Massoretische Text lautet übersetzt: «zu dem, der das Leben verachtet und die Nation verabscheut».

Verheissung für Zion

14 Zion aber hat gesagt: Der HERR hat mich verlassen,
und vergessen hat mich der Herr.

15 Würde eine Frau ihren Säugling vergessen,
ohne Erbarmen mit dem Kind ihres Leibs?
Selbst wenn diese es vergessen würden,
werde doch ich dich nicht vergessen!

16 Sieh, ich habe dich in die Handflächen geritzt,
stets sind deine Mauern mir vor Augen.

17 Deine Söhne sind herbeigeeilt.
Die dich niedergerissen und verwüstet haben, ziehen weg von dir.

18 Blicke auf, ringsum, und sieh:
Sie alle haben sich versammelt, zu dir sind sie gekommen.
So wahr ich lebe, Spruch des HERRN:
Wie Schmuck wirst du sie alle anlegen,
und wie eine Braut wirst du sie dir umbinden.

19 Denn deine Trümmerstätten, deine verwüsteten Orte und dein verheertes Land,
nun wird es zu eng sein für den Bewohner!
Und die dir Verderben bringen, werden fern sein.

20 Eines Tages werden die Kinder deiner Kinderlosigkeit zu dir sagen:
Der Ort ist mir zu eng,
schaff mir doch Raum, damit ich wohnen kann.

21 Dann wirst du in deinem Herzen sagen:

Wer hat mir diese geboren?
> Bin ich doch kinderlos und
unfruchtbar!
> Gefangen und verstossen!
Und diese – wer hat sie grossgezogen?
> Sieh, ich allein bin übrig geblieben.
Diese – wo sind sie gewesen?

22 So spricht Gott der HERR:
Sieh, ich hebe meine Hand zu den
Nationen,
> und mein Feldzeichen richte ich auf
> für die Völker,
dann werden sie deine Söhne auf den
Armen bringen,
> und deine Töchter werden auf der
> Schulter getragen.
23 Und Könige werden deine Betreuer
sein
> und ihre Fürstinnen deine Ammen.
Mit dem Gesicht zur Erde werden sie
sich niederwerfen vor dir,
> und von deinen Füssen werden sie
> den Staub lecken,
Dann wirst du erkennen, dass ich der
HERR bin,
> dass sich nicht schämen müssen, die
> auf mich hoffen.
24 Kann man einem Helden die Beute
entreissen,
> oder entkommt der Gefangene eines
> Gerechten?
25 So spricht der HERR:
Ja, auch einem Helden wird der
Gefangene entrissen,
> und auch die Beute eines Mächtigen
> entkommt!
Und ich selbst werde mit deinem
Gegner streiten,
> und deine Kinder werde ich retten.
26 Und die dich bedrängen, lasse ich ihr
eigenes Fleisch essen,
> und an ihrem eigenen Blut werden
> sie sich satt trinken wie am Saft der
> Traube,
dann wird alles Fleisch erkennen, dass
ich, der HERR, dein Retter bin,
> und dein Erlöser, der Starke Jakobs.

| 14: 60,15 · 40,27 | 15: 1Kön 3,26; Ps 27,10;
Jer 31,20 | 17–18: 60,4 | 19: 54,3; Sach 10,10 | 20: 54,1!
| 21: 66,8 | 22: 14,2! · 11,12! | 23: 60,16! · 60,14; Ps 72,9 ·
Ex 6,7 · 50,7 | 25: Mt 12,29 | 26: Offb 16,6

49,17: Der Konsonantenbestand des hebräischen
‹deine Söhne› lässt auch die Lesung ‹deine Erbauer›
zu.

49,22: Wörtlich: «… deine Söhne an der Brust
bringen, …»

Der HERR erwartet Umkehr

50 1 So spricht der HERR:
> Wo wäre denn der Scheidebrief
eurer Mutter,
> mit dem ich sie verstossen hätte?
Oder wer von meinen Gläubigern sollte
es sein,
> an den ich euch verkauft hätte?
Seht, eurer Verschuldungen wegen seid
ihr verkauft worden,
> und eurer Vergehen wegen wurde
> eure Mutter verstossen.
2 Warum war niemand da, als ich kam,
> gab keiner Antwort, als ich rief?
Ist meine Hand etwa zu fern, um zu
befreien?
> Oder ist keine Kraft in mir, um zu
> retten?
Seht, mit meinem Schelten lasse ich das
Meer versiegen,
> mache ich Flüsse zur Wüste;
ihre Fische stinken aus Mangel an
Wasser
> und sterben vor Durst.
3 Ich kleide den Himmel in Schwärze,
> und ein Trauerkleid mache ich zu
> seinem Gewand.

| 1: 54,6; 59,2; Dtn 24,1! · 52,3; Mt 18,25 | 2: 65,12;
66,4; Spr 1,24 · 59,1 · 42,15! · 44,27! | 3: 13,10!

Der geschmähte Gottesknecht ist treu

4 Gott der HERR hat mir die Zunge eines
Schülers gegeben,
> damit ich den Müden zu helfen
> weiss mit einem Wort.
Er weckt auf, Morgen für Morgen weckt
er mir das Ohr,
> damit ich höre wie ein Schüler.
5 Gott der HERR hat mir das Ohr
aufgetan,
> und ich bin nicht widerspenstig
> gewesen,
> bin nicht zurückgewichen.
6 Denen, die schlugen, habe ich meinen
Rücken dargeboten,

und meine Wangen denen, die mich
an den Haaren rissen,
gegen Schmähungen und Speichel habe
ich mein Angesicht nicht verdeckt.
7 Gott der HERR aber steht mir bei!
Darum bin ich nicht zuschanden
geworden.
Darum habe ich mein Angesicht wie
Kieselstein gemacht,
ich wusste, dass ich nicht in Schande
geraten würde.
8 Er, der mir Recht schafft, ist nahe!
Wer will mit mir streiten? Lasst uns
zusammen hintreten!
Wer ist Herr über mein Recht? Er soll
zu mir kommen!
9 Seht, Gott der HERR steht mir bei,
wer ist es, der mich schuldig
sprechen will?
Seht, wie ein Gewand zerfallen sie alle,
Motten fressen sie.
10 Wer unter euch fürchtet den HERRN,
hört auf die Stimme seines Dieners?
Wer in der Finsternis geht
und wem kein Lichtstrahl scheint,
der vertraue auf den Namen des HERRN
und stütze sich auf seinen Gott!
11 Seht, ihr alle, die ihr Feuer entfacht,
die ihr euch Brandpfeile umgürtet,
lauft ins Licht eures Feuers
und in die Brandpfeile, die ihr in
Brand gesetzt habt!
Von meiner Hand ist euch dies
widerfahren,
in Qualen werdet ihr
darniederliegen!

|4: 40,29! |6: 53,7 · Hiob 30,10! · Klgl 3,30;
Mt 26,67 |7: 49,23 · Ez 3,8! |8: Röm 8,33 |9: 51,8 |10:
42,1! |11: Jer 17,4 · 65,14

50,4: Die genaue Bedeutung des mit ‹helfen›
wiedergegebenen hebräischen Worts ist unsicher.

Heil und Gerechtigkeit für alle Zeiten
51 1 Hört auf mich, die ihr der Gerechtigkeit folgen wollt,
die ihr den HERRN sucht.
Schaut auf den Felsen, aus dem ihr
gehauen,
und auf den Stein, aus dem ihr
gebrochen seid!

2 Schaut auf Abraham, euren Vater,
und auf Sara, die euch geboren hat.
Denn als ich ihn rief, war er nur einer,
dann aber habe ich ihn gesegnet und
zahlreich gemacht.
3 Der HERR hat Zion getröstet,
getröstet all ihre Trümmerstätten,
und wie Eden hat er ihre Wüste gemacht
und ihre Steppe wie den Garten des
HERRN!
Dort findet sich Frohlocken und Freude,
Dank und lauter Lobgesang.
4 Hört mir gut zu, mein Volk,
schenkt mir Gehör, meine Leute!
Denn Weisung wird von mir ausgehen
und mein Recht als Licht der Völker.
Ich schaffe Ruhe.
5 Meine Gerechtigkeit ist nahe, mein
Heil ist hinausgegangen,
und meine Arme verschaffen den
Völkern Recht.
Die Inseln hoffen auf mich
und warten auf meinen Arm.
6 Blickt auf zum Himmel,
und schaut auf die Erde unten,
denn wie Rauch ist der Himmel zerfetzt,
und wie ein Gewand zerfällt die
Erde,
und ihre Bewohner sterben wie
Mücken.
Mein Heil aber besteht für alle Zeiten,
und meine Gerechtigkeit wird nicht
zerschmettert.
7 Hört auf mich, die ihr die
Gerechtigkeit kennt!
Volk, das meine Weisung im Herzen
trägt!
Fürchtet euch nicht vor dem Schmähen
der Menschen,
und erschreckt nicht vor ihrem
Lästern.
8 Denn wie ein Kleid wird die Motte sie
fressen,
und wie Wolle wird die Schabe sie
fressen.
Meine Gerechtigkeit aber besteht für
alle Zeiten
und mein Heil von Generation zu
Generation.

|1–2: 48,1! |1: Spr 15,9 · Dtn 32,18 · 2Chr 15,2 |2:
Röm 4,1 · Ez 33,24 · 24,1! |3: 40,1! · Gen 2,8 · 35,1 ·
Jer 31,13; 33,11 |4: 2,3 · 42,6! |5: 46,13! · 40,10! |6:
24,4! · Ps 102,27; Mt 5,18 · Hebr 1,11 |7: Dtn 6,6;
Jer 31,33 · 37,6 |8: 50,9

51,1: «und auf den Stein»: wörtlich: «und auf den
Steinbruch» oder «und auf den Schacht»

Der grosse Aufbruch

9 Wach auf! Wach auf! Kleide dich mit
Kraft, Arm des HERRN!
> Wach auf wie in den Tagen der
> Vorzeit,
> der Generationen längst
> vergangener Zeiten!
Bist nicht du es, der Rahab zerhauen,
> der das Ungeheuer durchbohrt hat?
10 Bist nicht du es, der das Meer
versiegen liess,
> die Wasser der gewaltigen Urflut,
der die Tiefen des Meeres gangbar
machte,
> damit die Erlösten hindurchziehen
> konnten?
11 Und die Befreiten des HERRN
werden zurückkehren
> und nach Zion kommen unter Jubel,
und über ihrem Haupt wird ewige
Freude sein.
> Frohlocken und Freude werden bei
> ihnen sein,
Kummer und Seufzen aber werden
fliehen.
12 Ich, ich bin es, der euch tröstet.
Wer bist du, dass du dich gefürchtet hast
vor Menschen, die ja dahinsterben,
> und vor Menschen, die
> dahingegeben werden wie Gras,
13 und dass du den HERRN vergessen
hast, der dich gemacht hat,
> der den Himmel ausgespannt und
> die Erde gegründet hat,
und dass du alle Zeit, dauernd, zitterst
vor dem Zorn des Bedrängers,
> wenn er zielt, um zu vernichten?
Wo ist denn der Zorn des Bedrängers?
14 Rasch wird befreit, wer gekrümmt in
seinen Fesseln liegt,
> er muss nicht sterben, nicht ins
> Grab,
und an Brot hat er keinen Mangel.

15 Und ich bin der HERR, dein Gott,
> der das Meer in Bewegung brachte,
> dass seine Wogen brausten.
HERR der Heerscharen ist sein Name.
16 Und in deinen Mund habe ich meine
Worte gelegt,
> und im Schatten meiner Hand habe
> ich dich geborgen,
den Himmel spanne ich aus, und die
Erde gründe ich,
> und zu Zion spreche ich: Du bist
> mein Volk.
17 Raff dich auf! Raff dich auf! Erhebe
dich, Jerusalem,
> die du den Becher seines Zorns
> getrunken hast aus der Hand des
> HERRN,
aus dem Kelch, dem Taumelbecher, hast
du getrunken, geschlürft!
18 Keines von all den Kindern, die sie
geboren hat, leitet sie,
> und von all den Kindern, die sie
> aufzogen hat, fasst keines sie bei
> der Hand.
19 Dies beides ist dir widerfahren –
> wer bekundet dir seine
> Anteilnahme?
Verheerung und Zusammenbruch,
Hunger und Schwert –
> wer tröstet dich?
20 Deine Kinder sind ohnmächtig
geworden,
> wie eine Antilope im Netz liegen sie
> überall an den Enden der Gassen,
voll vom Zorn des HERRN,
> vom Schelten deines Gottes.
21 Darum höre doch dies, du
Gedemütigte
> und die du trunken bist, und nicht
> vom Wein:
22 So spricht dein Herr, der HERR, und
dein Gott – er streitet für sein Volk:
Sieh, ich nehme dir den Taumelbecher
aus der Hand,
> den Kelch, den Becher meines Zorns,
nie mehr wirst du aus ihm trinken.
23 Und ich gebe ihn in die Hand deiner
Peiniger,
> die zu dir gesagt haben:

Bück dich, wir wollen über dich
hinwegschreiten!
Und so hast du deinen Rücken dem
Boden gleichgemacht
> und wie eine Strasse für die, die
> vorüberziehen.

52 1 Wach auf! Wach auf! Kleide
dich in deine Stärke, Zion!
> Kleide dich mit den Kleidern deiner
> Herrlichkeit,
Jerusalem, heilige Stadt!
> Denn kein Unbeschnittener und
> kein Unreiner wird dich jemals
> mehr betreten.
2 Schüttle den Staub von dir,
> komm, setz dich, Jerusalem!
Befrei dich von den Fesseln an deinem
Hals,
> du Gefangene, Tochter Zion!
3 Denn so spricht der HERR:
Ohne Gegenwert seid ihr verkauft
worden,
> und nicht gegen Silber werdet ihr
> ausgelöst.
4 Denn so spricht Gott der HERR:
Vor langer Zeit ist mein Volk hinabgezogen nach Ägypten, um sich dort
in der Fremde aufzuhalten, und ohne
Grund hat Assur ihm Gewalt angetan.
5 Aber nun, was hält mich hier? Spruch
des HERRN.
> Denn ohne Gegenwert ist mein Volk
> fortgenommen worden.
Seine Herrscher wehklagen, Spruch des
HERRN,
> aber immerfort, dauernd, wird mein
> Name verlästert.
6 Darum soll mein Volk meinen Namen
erkennen,
> darum, an jenem Tag,
> dass ich es bin, der spricht: Hier bin
> ich!

| 9: 17! · 40,10! · 27,1! | 10: 35,9 · 43,16! | 11: 35,10!
| 12: 40,1! · Ps 56,5 · 40,6 | 13: 17,10 · 40,22! | 14: 52,2
| 15: Hiob 26,12 · 47,4! | 16: 59,21; Ex 4,15! · Hos 2,25
| 17: 9; 60,1; Ps 44,24 · 63,6; Ps 60,5; Offb 14,10 | 18:
Ez 34,6 | 19: Jer 15,5; Nah 3,7 · Ez 14,21 | 20:
Klgl 2,11.19 | 21: 29,9 | 22: Jer 50,34; Klgl 3,58 | 23:
Ps 66,12; 129,3 | 1: 51,17! · 35,8! | 2: 51,14 | 3: 50,1! ·
45,13! | 4: Gen 46,6 · 2Kön 17,6 | 5: Ez 36,20;
Röm 2,24 | 6: Ex 3,14!

51,12: «du»: Angesprochen ist eine weibliche
Person, wohl Zion/Jerusalem.
51,18: Mit ‹sie› ist die Frau Jerusalem gemeint,
die nicht geleitet wird.
51,19: Die Übersetzung «... – wer tröstet dich?»
beruht auf mehreren Textzeugen; der Massoretische
Text lautet übersetzt wohl: «... – wie könnte ich dich
trösten?»

Gute Botschaft für Zion

7 Wie lieblich klingen die Schritte des
Freudenboten auf den Bergen,
> der Frieden verkündet, der gute
> Botschaft bringt, der Rettung
> verkündet,
der zu Zion spricht: Dein Gott ist König
geworden!
8 Horch, deine Wächter haben die
Stimme erhoben,
> allesamt jubeln sie,
denn Auge in Auge werden sie sehen,
> wie der HERR zurückkehrt nach
> Zion.
9 Freut euch, jubelt allesamt,
> ihr Trümmerstätten Jerusalems!
Denn der HERR hat sein Volk getröstet,
hat Jerusalem erlöst.
10 Vor den Augen aller Nationen hat
der HERR seinen heiligen Arm
entblösst,
> und alle Enden der Erde werden das
> Heil unseres Gottes sehen.
11 Flieht! Flieht! Zieht weg von dort!
> Rührt nichts Unreines an.
Zieht weg aus ihrer Mitte!
> Haltet euch rein, die ihr die Geräte
> des HERRN tragt!
12 Nicht in Hast werdet ihr ausziehen,
und nicht als Flüchtlinge werdet ihr
gehen,
denn der HERR zieht vor euch her,
> und der Gott Israels ist eure
> Nachhut!

| 7: 61,1; Nah 2,1; Röm 10,15 · 41,27! · 24,23!
| 8: 62,6 | 9: 12,6 | 10: 30,30! · 33,13 | 11: 48,20! ·
Num 16,26 | 12: Ex 12,11; Dtn 16,3 · 58,8; Ex 13,21

52,11: Mit ‹ihrer› ist die Stadt Babel gemeint.

Das Leiden des Gottesknechts

13 Sieh, mein Diener wird Erfolg haben,

er wird emporsteigen, wird hoch erhoben und sehr erhaben sein.

14 Wie sich viele über dich entsetzt haben –

so entstellt, nicht mehr menschlich war sein Aussehen,

und seine Gestalt war nicht wie die eines Menschen –,

15 so wird er viele Nationen besprengen,

und Könige werden ihren Mund vor ihm verschliessen.

Denn was ihnen nie erzählt wurde, werden sie gesehen haben,

und was sie nie hörten, werden sie verstanden haben.

53 1 Wer hat geglaubt, was uns verkündet wurde;

und der Arm des HERRN, über wem ist er offenbar geworden?

2 Und wie ein Säugling wuchs er auf vor ihm

und wie eine Wurzel aus dürrem Land.

Er hatte keine Gestalt und keine Pracht,

dass wir ihn angesehen hätten,

und sein Aussehen war nicht so,

dass er uns gefallen hätte.

3 Verachtet war er und von Menschen verlassen,

ein Mann der Schmerzen und mit Krankheit vertraut

und wie einer, vor dem man das Gesicht verhüllt,

ein Verachteter, und wir haben ihn nicht geachtet.

4 Doch unsere Krankheiten, er hat sie getragen,

und unsere Schmerzen hat er auf sich genommen.

Wir aber hielten ihn für einen Gezeichneten,

für einen von Gott Geschlagenen und Gedemütigten.

5 Durchbohrt aber wurde er unseres Vergehens wegen,

unserer Verschuldungen wegen wurde er zerschlagen,

auf ihm lag die Strafe, die unserem Frieden diente,

und durch seine Wunden haben wir Heilung erfahren.

6 Wie Schafe irrten wir alle umher,

ein jeder von uns wandte sich seinem eigenen Weg zu,

der HERR aber liess ihn unser aller Schuld treffen.

7 Er wurde bedrängt,

und er ist gedemütigt worden,

seinen Mund aber hat er nicht aufgetan

wie ein Lamm, das zur Schlachtung gebracht wird,

und wie ein Schaf vor seinen Scherern verstummt.

Und seinen Mund hat er nicht aufgetan.

8 Aus Drangsal und Gericht wurde er herausgenommen,

doch sein Geschick – wen kümmert es?

Denn aus dem Land der Lebenden wurde er herausgeschnitten,

der Schuld meines Volks wegen hat es ihn getroffen.

9 Und bei Frevlern gab man ihm sein Grab

und bei Reichen, als er starb,

obwohl er keine Gewalttat verübt hatte

und kein Trug in seinem Mund war.

10 Dem HERRN aber gefiel es, ihn mit Krankheit zu schlagen.

Wenn du ihn zur Tilgung der Schuld einsetzt,

wird er Nachkommen sehen, wird er lange leben,

und die Sache des HERRN wird Erfolg haben durch ihn.

11 Der Mühsal seines Lebens wegen wird er sich satt sehen,

durch seine Erkenntnis wird er, der Gerechte, mein Diener, den Vielen Gerechtigkeit verschaffen,

und ihre Verschuldungen, er wird sie auf sich nehmen.

12 Darum werde ich ihm Anteil geben bei den Vielen,

und mit Starken wird er Beute teilen

dafür, dass er sein Leben dem Tod
hingegeben hat
    und sich den Übeltätern zurechnen
    liess.
Er hat die Sünde vieler getragen,
    und für die Übeltäter trat er ein.

|13: 42,1! |14: 53,2 |15: Röm 15,21 |1: Joh 12,38;
Röm 10,16 · 42,20 · 30,30! |2: 4,2! · 52,14 |3: 49,7 ·
Phil 2,7 |4: Mt 8,17 |5: Röm 4,25 · 1Petr 2,24 |6:
56,11; 66,3; Jer 50,6 |7: 50,6 · 1Petr 2,23 · Apg 8,32 |8:
Klgl 3,54 |9: 1Petr 2,22 |10: Sach 13,7 · Lev 5,15 ·
Gal 1,4; Hebr 9,26 |11: Joh 1,29 |12: Mt 27,38;
Lk 22,37 · Hebr 9,28 · Lk 23,34

52,15: Mit dem Besprengen ist möglicherweise
eine kultische Handlung gemeint. Viele korrigieren
den Text zu: «so werden sich viele Nationen über ihn
wundern, ...»

53,8: Die Übersetzung von «doch sein Geschick –
wen kümmert es?» ist unsicher.

53,9: Möglicherweise steht ‹der Reiche› hier als
Inbegriff des Übeltäters.

Der Gnadenbund

54 1 Juble, du Unfruchtbare,
    die nicht geboren hat!
Brich in Jubel aus und jauchze,
    du, die nicht in Wehen gelegen hat!
Denn die Kinder einer Verwüsteten
sind zahlreicher
    als die Kinder einer Verheirateten,
    spricht der HERR.
2 Den Raum deines Zelts mach weit,
    und spann die Zeltdecken deiner
    Wohnungen aus, spare nicht,
mach deine Zeltstricke lang
    und deine Pflöcke fest!
3 Denn nach rechts und nach links
wirst du dich ausbreiten,
    und deine Nachkommen werden
    Nationen enteignen
    und verwüstete Städte besiedeln.
4 Fürchte dich nicht, denn du wirst
nicht zuschanden werden,
    und schäme dich nicht, denn du
    wirst nicht beschämt werden.
Denn die Schande deiner Jugendzeit
wirst du vergessen,
    und an die Schmach deiner
    Witwenschaft wirst du nicht mehr
    denken.
5 Denn der dich gemacht hat, ist dein
Gemahl,

HERR der Heerscharen ist sein
    Name,
und der Heilige Israels ist dein Erlöser,
    der Gott der ganzen Erde wird er
    genannt.
6 Denn wie eine verlassene Frau und
eine, die tief gekränkt ist,
    hat dich der HERR gerufen.
Und die Frau der Jugendzeit, kann man
sie verwerfen?,
    spricht dein Gott.
7 Eine kleine Weile habe ich dich
verlassen,
    mit grossem Erbarmen aber werde
    ich dich sammeln.
8 Im Auffluten der Wut habe ich mein
Angesicht eine Weile vor dir verborgen,
    mit immerwährender Güte aber
    habe ich mich deiner erbarmt,
spricht dein Erlöser, der HERR.
9 Denn dies ist für mich wie die Wasser
Noahs:
Wie ich geschworen habe,
    dass die Wasser Noahs nicht mehr
    über die Erde kommen,
so habe ich geschworen,
    dir nicht zu zürnen und dich nicht
    zu schelten.
10 Denn die Berge werden weichen
    und die Hügel wanken,
meine Gnade aber wird nicht von dir
weichen,
    und mein Friedensbund wird nicht
    wanken,
spricht, der sich deiner erbarmt, der
HERR.
11 Du Gedemütigte, Sturmzerzauste,
Nichtgetröstete,
    sieh, ich lege deine Steine mit
    hartem Mörtel
und deine Grundmauern mit Saphiren.
12 Und deine Schilde mache ich wie
Edelsteine
    und deine Tore zu Feuersteinen
und deinen ganzen Wall zu kostbarem
Gestein.
13 Und all deine Kinder sind Schüler
des HERRN,
    und das Heil deiner Kinder wird
    gross sein.

14 Und du wirst fest gegründet sein in Gerechtigkeit.
Von Gewalt halte dich fern,
> du musst dich nicht fürchten,
und von Schrecken,
> er wird dir nicht nahe kommen!
15 Sollte man angreifen, es kommt nicht von mir!
> Wer hat dich angegriffen? Gegen dich wird er fallen!
16 Sieh, ich selbst habe den Schmied geschaffen,
> der das Kohlenfeuer anfacht
und eine Waffe hervorbringt zu ihrem Zweck.
Und ich selbst habe den Zerstörer geschaffen,
> damit er Verderben bringt.
17 Keine gegen dich geschmiedete Waffe wird Erfolg haben,
> und jede Zunge, die sich anschickt,
> mit dir ins Gericht zu gehen, wirst du ins Unrecht setzen.
Dies ist der Erbbesitz der Diener des HERRN:
> Ihre Gerechtigkeit kommt von mir,
> Spruch des HERRN.

|1: 49,20 · 60,22| Gal 4,27 |2: 26,15! |3: 61,6 · 49,19! |4: 29,22! · 47,4! · 65,16 · 4,1! |5: Hos 2,18 |6: 50,1! · 62,4; Jer 30,17 |7: Ps 30,6; Klgl 3,31 · 43,5 |8: 8,17! · 60,10 |9: Gen 9,15 |10: Ez 34,25 |11–12: Offb 21,18–21 |12: Sach 9,16 |13: Joh 6,45 |14: 32,17 |17: 41,11!

54,11: Die genaue Bedeutung des mit ‹harter Mörtel› wiedergegebenen hebräischen Worts ist unsicher; möglicherweise ist auch ein Auftragen von Farbe auf die Steine gemeint.
54,12: Gedacht ist an sonnenförmige Schilde, die aussen an den Stadtmauern angebracht waren.

Der HERR verspricht Heil

55 1 Auf, geht zum Wasser, all ihr Dürstenden,
> und die ihr kein Silber habt,
geht, kauft Getreide, und esst,
> und geht, kauft Getreide, nicht für Silber,
> und Wein und Milch, nicht für Geld!
2 Warum bietet ihr Silber für etwas, das kein Brot ist,
> und euren Verdienst für das, was nicht sättigt?

So hört mir zu, und esst Gutes,
> damit ihr eure Freude habt am Fett.
3 Neigt euer Ohr, und kommt zu mir!
> Hört, dann werdet ihr leben,
und ich will einen ewigen Bund mit euch schliessen:
> die unverbrüchlichen Gnadenerweise für David.
4 Sieh, zum Zeugen für Völker habe ich ihn gemacht,
> zum Fürsten und Gebieter von Völkern.
5 Sieh, du wirst eine Nation rufen, die du nicht kennst,
> und eine Nation, die dich nicht kannte – sie werden zu dir eilen,
um des HERRN, deines Gottes,
> um des Heiligen Israels willen,
denn er hat dich verherrlicht.
6 Sucht den HERRN, da er sich finden lässt,
> ruft ihn, da er nahe ist!
7 Der Frevler verlasse seinen Weg
> und der Mann des Unheils seine Gedanken,
und zum HERRN kehre er zurück,
> dann wird dieser sich seiner erbarmen,
zu unserem Gott,
> denn er ist reich an Vergebung.
8 Denn meine Gedanken sind nicht eure Gedanken,
> und eure Wege sind nicht meine Wege, Spruch des HERRN,
9 denn so hoch der Himmel über der Erde ist,
> so viel höher sind meine Wege als eure Wege
und meine Gedanken als eure Gedanken.
10 Denn wie der Regen und der Schnee herabkommen vom Himmel
> und nicht dorthin zurückkehren,
sondern die Erde tränken
> und sie fruchtbar machen und sie zum Spriessen bringen
und Samen geben dem, der sät,
> und Brot dem, der isst,
11 so ist mein Wort, das aus meinem Mund hervorgeht:

Nicht ohne Erfolg kehrt es zu mir
zurück,
    sondern es vollbringt, was mir
    gefällt,
    und lässt gelingen, wozu ich es
    gesandt habe.
12 Denn mit Freude werdet ihr
ausziehen,
    und in Frieden werdet ihr geleitet.
Vor euch werden die Berge und die
Hügel in Jubel ausbrechen,
    und alle Bäume des Feldes werden
    in die Hände klatschen.
13 Wacholder wird spriessen statt der
Dornen,
    Myrte wird spriessen statt der
    Nessel.
Und dem HERRN zum Ruhm wird es
geschehen,
    als ewiges Zeichen; nie wird es
    getilgt.

| 1: 41,17; Joh 7,37; Offb 21,6 · 12,3! | 3: 61,8;
2Sam 23,5!; Jer 32,40 · Apg 13,34 | 4: 43,10! | 5:
Sach 8,23 · 60,9 | 6: Ps 32,6; Jer 29,13–14; Mt 7,8 | 7:
1,16 · Ez 18,27 · 44,22! | 8: Röm 11,33 | 9: 1Sam 16,7!
| 10–11: Mk 4,8; 2Kor 9,10; Kol 1,6 | 12: 44,23! · 35,2!
| 13: 60,17 · 41,19!

Der HERR nimmt auch die Fremden an

56 1 So spricht der HERR:
    Wahrt das Recht, und übt
Gerechtigkeit,
    denn bald schon kommt mein Heil,
    und meine Gerechtigkeit wird
    offenbar.
2 Wohl dem Menschen, der so handelt,
und dem Menschen, der daran
festhält:
der den Sabbat hält und ihn nicht
entweiht
    und der auf seine Hand achtet, dass
    sie nichts Böses tut.
3 Und der Fremde, der sich dem HERRN
angeschlossen hat, soll nicht sagen:
    Gewiss wird der HERR mich
    ausschliessen aus seinem Volk!
Und der Eunuch soll nicht sagen:
    Sieh, ich bin ein vertrockneter
    Baum!
4 Denn so spricht der HERR:

Den Eunuchen, die meine Sabbate
halten
    und wählen, woran ich Gefallen
    habe,
und die an meinem Bund festhalten,
5 ihnen gebe ich in meinem Haus und
in meinen Mauern Denkmal und
Name,
    was mehr ist als Söhne und als
    Töchter.
Einen ewigen Namen werde ich ihnen
geben,
    der nicht getilgt wird.
6 Und die Fremden, die sich dem
HERRN anschliessen, um ihm zu dienen
    und um den Namen des HERRN zu
    lieben,
um ihm Diener zu sein,
alle, die den Sabbat halten und ihn nicht
entweihen
    und die an meinem Bund festhalten,
7 sie werde ich zu meinem heiligen
Berg bringen,
    und in meinem Bethaus werde ich
    sie erfreuen.
Ihre Brandopfer und ihre Schlachtopfer
werden ein Wohlgefallen sein auf
meinem Altar,
    denn mein Haus soll Bethaus
    genannt werden – für alle Völker.
8 Spruch Gottes des HERRN,
    der die Versprengten Israels
    sammelt:
Noch mehr werde ich zu ihm sammeln,
zu seinen Gesammelten.

| 1: Ps 106,3; Hos 12,7 · 46,13! | 2: Lk 11,28 · 58,13;
Ex 20,8 | 3: 14,1 · Dtn 23,2.4.8 | 7: 57,13; 65,11 ·
1Kön 8,41–43 · Mt 21,13 | 8: Ps 147,2

56,5: «Denkmal und Name»: wörtlich: «Hand
und Name», hebräisch: ‹jad waschem›; so lautet der
Name der Gedenkstätte Yad Vashem in Jerusalem.
    56,8: Mit ‹ihm› ist das Haus gemeint.

Ohne Einsicht kein Heil
9 All ihr Tiere des Feldes, kommt, um zu
fressen,
    all ihr Tiere im Wald.
10 Blind sind alle seine Wächter, nichts
nehmen sie wahr,
    sie alle sind stumme Hunde, sie
    können nicht bellen,

sie hecheln, liegen da, sie lieben es, zu schlafen.

11 Und die Hunde sind gierig, kennen keine Sättigung.

Und das sind die Hirten!

Sie haben keine Einsicht.

Sie alle haben sich ihrem eigenen Weg zugewandt,

ein jeder seinem Gewinn, einer wie der andere:

12 Kommt, ich will Wein holen,

und mit Bier wollen wir uns betrinken.

Und morgen wird es ebenso sein,

über alle Massen herrlich!

57 1 Wer gerecht ist, kommt um,

und nicht einer nimmt es sich zu Herzen.

Und die Treuen werden dahingerafft,

ohne dass jemand darauf achtet.

Von der Bosheit wird der Gerechte dahingerafft!

2 Er geht ein zum Frieden,

auf ihren Lagern ruhen sie,

ein jeder, der seinen geraden Weg geht.

3 Ihr aber, kommt her, ihr Kinder einer Zauberin,

Nachkommen eines Ehebrechers,

hat sie doch Hurerei getrieben!

4 Über wen macht ihr euch lustig?

Gegen wen reisst ihr das Maul auf,

wem streckt ihr die Zunge heraus?

Seid ihr nicht Kinder des Vergehens,

Nachkommen der Lüge:

5 die ihr in Erregung geratet bei den Terebinthen,

unter jedem grünen Baum,

die ihr die Kinder schlachtet in den Bachtälern

unter den Felsenklüften.

6 Bei den glatten Steinen im Bachtal ist dein Anteil,

sie, sie sind dein Losanteil,

auch hast du ihnen Trankopfer geopfert,

hast Opfer dargebracht.

Sollte es mich deshalb reuen?

7 Auf einem hohen und hoch sich erhebenden Berg

hast du dein Lager bereitet,

auch bist du dort hinaufgestiegen,

um Schlachtopfer darzubringen.

8 Und hinter der Tür und dem Türpfosten hast du dein Erinnerungszeichen angebracht. Denn von mir abgewandt hast du dein Lager aufgedeckt und bist du hinaufgestiegen, hast es breit gemacht und hast dir von ihnen abgeschnitten. Ihr Lager hast du geliebt, hast die Hand angeschaut.

9 Du bist zum König gezogen mit Öl,

und viele Salben hast du dir angerührt,

und deine Boten hast du in die Ferne geschickt

und tief hinab bis ins Totenreich.

10 Von deinem weiten Weg bist du müde geworden,

du hast nicht gesagt: Es ist zum Verzweifeln!

Du hast Belebung deiner Hand gefunden,

darum bist du nicht schwach geworden.

11 Wen hast du denn gescheut und gefürchtet, dass du gelogen

und nicht an mich gedacht hast, es dir nicht zu Herzen genommen hast?

Nicht wahr, ich schweige und das seit langer Zeit,

und mich musst du ja nicht fürchten!

12 Ich selbst werde deine Gerechtigkeit kundtun

und deine Taten, und sie werden dir nichts nützen.

13 Wenn du schreist, sollen die dich retten, die du dir angesammelt hast;

der Wind aber wird sie alle forttragen,

ein Hauch wird sie hinwegnehmen.

Wer aber bei mir Zuflucht sucht, der wird das Land erben

und meinen heiligen Berg.

| 9: Jer 12,9 | 10: Ez 33,6; Mt 15,14 | 11: 53,6! · Ez 34,2 · Jer 6,13; 1Petr 5,2 | 12: Am 4,1 · 5,22! | 1: Mi 7,2 | 2: Jer 6,16 | 3–8: Jer 3,6–9 | 3: Hos 2,4; Joh 8,41 | 4: 1,4! | 5: 1,29; Jer 2,20!; Hos 4,13 · Ez 16,21 | 9: Ez 16,33; 23,16 | 11: Ps 50,21 | 13: Jer 2,28 · Ps 37,9 · 56,7!

57,5: Im Hintergrund der mit «die ihr in Erregung geratet bei den Terebinthen» erwähnten Vorgänge stehen kultische sexuelle Handlungen.

57,8: Die Formulierung ‹und hast dir von ihnen abgeschnitten› ist möglicherweise ein Ausdruck dafür, dass etwas ausgehandelt wurde. Vermutlich ist ‹die Hand› hier ein umschreibender Ausdruck für das männliche Geschlechtsteil.

57,9: Die genaue Bedeutung des mit ‹gezogen› wiedergegebenen hebräischen Worts ist nicht gesichert.

57,13: Mit «die ..., die du dir angesammelt hast» sind Götzen gemeint.

Frieden dem Fernen und dem Nahen

14 Und er spricht: Legt einen Weg an,
legt einen Weg an, räumt den Weg frei!
Räumt meinem Volk die
Hindernisse aus dem Weg!

15 Denn so spricht der Hohe und
Erhabene,
der ewig wohnt und dessen Name
Der-Heilige ist:
In der Höhe und als Heiliger wohne ich,
bei den Zerschlagenen und
Erniedrigten,
um den Geist der Erniedrigten zu
beleben
und das Herz der Zerschlagenen zu
beleben.

16 Denn nicht für immer werde ich
streiten
und nicht ohne Ende zürnen,
denn ihr Geist würde vor mir
verschmachten
und die, die atmen –
habe doch ich sie gemacht!

17 Über die Schuld, über ihre Habsucht
war ich zornig,
so dass ich sie geschlagen habe,
mein Angesicht habe ich verborgen,
und ich war zornig,
sie aber gingen abtrünnig auf dem
Weg ihres eigenen Herzens.

18 Ihre Wege habe ich gesehen,
und ich werde sie heilen.
Und ich werde sie leiten
und es ihnen mit Tröstungen
vergelten,
ihnen und ihren Trauernden.

19 Ich schaffe Frucht der Lippen,
Frieden, Frieden dem Fernen und
dem Nahen,

spricht der HERR.
Und ich werde sie heilen.

20 Die Frevler aber sind wie das
aufgewühlte Meer,
es kann keine Ruhe finden,
und seine Wasser wühlen Schlamm auf
und Dreck.

21 Kein Frieden für die Frevler!, spricht
mein Gott.

|14: 40,4! |15: Ps 111,9; Lk 1,49 · 66,2; Ps 34,19 |16: 64,8; Ps 103,9; Jer 3,12 |17: 8,17! |18: Hos 14,5 · 58,11 · 61,2 |19: Eph 2,17 |20: Jer 49,23; Jud 13 |21: 48,22!|

57,16: «ihr» wurde in der Übersetzung ergänzt.

57,17: «mein Angesicht» wurde in der Übersetzung ergänzt. Zur Vereinfachung wurde in diesem und im folgenden Vers die Mehrzahl ‹sie› gesetzt, wo im hebräischen Text die Einzahl ‹es› (das Volk) steht.

Wahres Fasten

58 1 Rufe aus voller Kehle, halte dich
nicht zurück!
Einem Schofar gleich erhebe deine
Stimme,
und verkünde meinem Volk sein
Vergehen
und dem Haus Jakob seine Sünden!

2 Tag für Tag suchen sie mich,
und es gefällt ihnen, meine Wege zu
erkennen.
Wie eine Nation, die Gerechtigkeit übt
und das Recht ihres Gottes nicht
verlassen hat,
fragen sie mich nach den Satzungen der
Gerechtigkeit,
es gefällt ihnen, wenn Gott sich
nähert.

3 Warum haben wir gefastet, und du
hast es nicht gesehen,
haben wir uns gedemütigt, und du
weisst nichts davon?
Seht, an eurem Fastentag geht ihr
anderen Dingen nach,
und alle eure Arbeiter treibt ihr an.

4 Seht, ihr fastet so, dass es zu Streit
kommt und zu Zank
und dass man zuschlägt mit der
Faust des Unrechts.
Ihr fastet heute nicht so,
dass ihr eure Stimme in der Höhe zu
Gehör bringt.

5 Soll das ein Fasten sein, wie ich es
will:
  Ein Tag, an dem der Mensch sich
  demütigt?
Soll man seinen Kopf hängen lassen wie
die Binse
  und sich in Sack und Asche betten?
Soll man das ein Fasten nennen
  und einen Tag, dem HERRN
  wohlgefällig?
6 Ist nicht dies ein Fasten, wie ich
es will:
Ungerechte Fesseln öffnen,
  die Stricke der Jochstange lösen
und Misshandelte freilassen
  und dass ihr jedes Joch zerbrecht?
7 Bedeutet es nicht, dem Hungrigen
dein Brot zu brechen
  und dass du Arme, Obdachlose ins
  Haus bringst?
Wenn du einen Nackten siehst, dann
bedeck ihn,
  und deinen Brüdern sollst du dich
  nicht entziehen!
8 Dann wird dein Licht hervorbrechen
wie das Morgenrot,
  und rasch wird deine Heilung
  gedeihen,
vor dir her zieht deine Gerechtigkeit,
  und deine Nachhut ist die
  Herrlichkeit des HERRN.
9 Dann wirst du rufen, und der HERR
wird antworten,
  du wirst um Hilfe rufen, und er wird
  sprechen: Sieh, hier bin ich!
Wenn du aus deiner Mitte das Joch
entfernst,
  das Zeigen mit dem Finger
  und die unrechte Rede
10 und dem Hungrigen gewährst, was
du selbst zum Leben brauchst,
  und satt machst den, der gedemütigt
  ist,
dann wird dein Licht aufstrahlen in der
Finsternis,
  und deine Dunkelheit wird sein wie
  der Mittag.
11 Und allezeit wird der HERR dich
leiten,

und in dürrem Land macht er dich
satt,
und deine Knochen macht er stark.
Und du wirst sein wie ein bewässerter
Garten
  und wie eine Wasserquelle, deren
  Wasser nicht trügen.
12 Und die von dir abstammen, werden
die uralten Trümmerstätten aufbauen,
  die Grundmauern vergangener
  Generationen wirst du aufrichten.
Und du wirst Der-die-Bresche-
zumauert genannt werden,
  Der-Pfade-wieder-herstellt-
  damit-man-wohnen-kann.
13 Wenn du am Sabbat deinen Fuss
zurückhältst,
  deine Dinge nicht erledigst an
  meinem heiligen Tag
und den Sabbat eine Lust,
  das Heilige des HERRN ehrwürdig
  nennst,
und ihn ehrst und nicht deine Gänge
machst,
  deinen Dingen nicht nachgehst und
  keine Worte machst,
14 dann wirst du deine Freude haben
am HERRN,
  und ich werde dich einherfahren
  lassen über die Höhen der Erde,
und den Erbbesitz Jakobs, deines Vaters,
werde ich dich geniessen lassen.
  Der Mund des HERRN hat
  gesprochen!

|1: Ez 16,2; Mi 3,8 |3: Jer 14,12 |5: Mt 6,16 |7:
Dtn 15,11; Hiob 31,19; Ez 18,7; Mt 25,35 |8: 10;
Hiob 11,17; Ps 37,6 · 62,1! · 52,12! |9: 30,19! |10: 8! |11:
57,18 · Jer 31,12 |12: 61,4; Esra 9,9; Neh 3,34 · 49,8!
|13: 56,2! |14: Hiob 22,26; Ps 37,4 · Dtn 32,13 · 1,20!

58,7: Wörtlich: «... deinem Fleisch sollst du dich
nicht entziehen!»

Durch Schuld vom HERRN getrennt

59 1 Seht, die Hand des HERRN ist
nicht zu fern, um zu helfen,
  und sein Ohr ist nicht schwerhörig,
  dass er nicht hörte,
2 sondern eure Verschuldungen haben
euch von eurem Gott getrennt,
  und eure Sünden haben sein
  Angesicht vor euch verdeckt,

so dass er nicht hört.

3 Denn eure Hände sind mit Blut
besudelt
   und eure Finger mit Schuld,
eure Lippen haben Lüge geredet,
   eure Zunge murmelt Schlechtes.

4 Keiner spricht laut in Gerechtigkeit,
   und niemand tritt in Treue vor
Gericht.
Auf Nichtiges vertrauen und Sinnloses
reden,
   mit Mühsal schwanger gehen und
Unheil gebären!

5 Viperneier haben sie ausgebrütet,
   und Spinnenfäden weben sie.
Wer von ihren Eiern isst, stirbt,
   und aus dem zerdrückten Ei schnellt
eine giftige Schlange.

6 Ihre Fäden taugen nicht für ein Kleid,
   und mit dem, was sie wirken, kann
man sich nicht bedecken;
ihre Werke sind Werke des Unheils,
   und in ihren Händen ist Gewalttat.

7 Ihre Füsse laufen zum Bösen,
   und sie eilen, um unschuldiges Blut
zu vergiessen,
ihre Gedanken sind Gedanken des
Unheils,
   Verheerung und Zusammenbruch
sind auf ihren Strassen.

8 Den Weg des Friedens kennen sie
nicht,
   und in ihren Spuren ist kein Recht,
ihre Pfade haben sie sich krumm
gemacht,
   niemand, der darauf geht, weiss, was
Frieden ist.

9 Darum ist das Recht fern von uns,
   und die Gerechtigkeit erreicht uns
nicht.
Wir hoffen auf das Licht, und sieh:
Finsternis,
   auf Lichtglanz, aber wir gehen im
Dunkel umher.

10 Wie die Blinden an der Wand
müssen wir tasten
   und tasten, als hätten wir keine
Augen!
Am Mittag sind wir gestrauchelt wie in
der Dämmerung,

unter den Wohlgenährten sind wir
wie die Toten.

11 Wir knurren alle wie die Bären,
   und wie die Tauben gurren wir,
wir hoffen auf das Recht, und es ist
nicht da,
   auf das Heil – es ist fern von uns.

12 Denn zahlreich sind unsere
Vergehen vor dir,
   und unsere Sünden haben gegen uns
ausgesagt;
denn unsere Vergehen sind mit uns,
   und unsere Verschuldungen kennen
wir:

13 Verbrecherisch handeln und den
HERRN verleugnen
   und abtrünnig sein von unserem
Gott,
von Gewalt reden und Falschheit,
   mit Lügenworten schwanger gehen
und sie aus dem Herzen
hervorbringen.

14 Und das Recht wird zurückgedrängt,
   und die Gerechtigkeit verharrt in der
Ferne,
denn die Wahrheit ist gestrauchelt auf
dem Platz,
   und das, was recht ist, kann keinen
Eingang finden.

15 Und so ist es dahin gekommen, dass
die Wahrheit vermisst wird,
   und wer das Böse meidet, der macht
sich zur Beute.
Und der HERR sah es,
   und es war böse in seinen Augen,
dass es kein Recht gab.

16 Und er sah, dass niemand da war,
   und er war entsetzt, dass niemand
einstand.
Da half ihm sein Arm,
   und seine Gerechtigkeit, sie stützte
ihn.

|1: 50,2! |2: 50,1! |3: 1,15 · Jer 9,2; Mi 6,12 |4:
33,11! |7–8: Röm 3,15–17 |7: Spr 1,16! |8: Spr 2,15!;
Ps 125,5 |9: Hiob 30,26 |10: Dtn 28,29 · Spr 4,19;
Jer 13,16! · Klgl 3,6 |11: 38,14! |12: Jer 14,7 · 49,8; 61,4;
Am 9,11 |15: 65,12; 66,4 |16: 63,5

Vergeltung und Erlösung

17 Und wie einen Schuppenpanzer zog
er Gerechtigkeit an,

und auf sein Haupt setzte er den
Helm des Heils,
und die Kleider der Rache zog er an als
Gewand,
und er hüllte sich in Eifer wie in
einen Mantel.
18 Gemäss den Taten wird er vergelten:
Zorn für seine Gegner,
Vergeltung für seine Feinde.
An den Inseln übt er Vergeltung.
19 Und so wird man den Namen des
HERRN fürchten,
wo die Sonne untergeht,
und seine Herrlichkeit,
wo die Sonne aufgeht,
denn er wird kommen wie ein
eingeengter Strom,
den der Atem des HERRN
vorantreibt.
20 Und der Erlöser wird nach Zion
kommen
und zu denen, die sich abwenden
von den Vergehen in Jakob,
Spruch des HERRN.
21 Ich aber – dies ist mein Bund mit
ihnen, spricht der HERR: Mein Geist, der
auf dir ist, und meine Worte, die ich in
deinen Mund gelegt habe, werden nicht
weichen aus deinem Mund und aus dem
Mund deiner Nachkommen und aus
dem Mund der Nachkommen deiner
Nachkommen, spricht der HERR, von
nun an für alle Zeit.

| 17: Hiob 29,14!; 1Thess 5,8 · 42,13! | 18: Jer 32,19 ·
66,6 | 19: Ps 67,8 · 8,7! | 20–21: Röm 11,26–27 | 20:
41,14 | 21: Jer 31,33 · 51,16!

59,19: Das mit ‹Atem› wiedergegebene
hebräische Wort kann auch ‹Geist› bedeuten.

Zions Herrlichkeit

60 1 Mach dich auf, werde licht!
Denn dein Licht kommt,
und die Herrlichkeit des HERRN ist
aufgestrahlt über dir.
2 Denn sieh, Finsternis bedeckt die
Erde
und Wolkendunkel die Völker,
über dir aber wird der HERR aufstrahlen,
und seine Herrlichkeit wird
erscheinen über dir.

3 Und Nationen werden zu deinem
Licht gehen
und Könige zu deinem strahlenden
Lichtglanz.
4 Blicke auf, ringsum, und sieh:
Alle haben sie sich versammelt,
sind zu dir gekommen.
Von ferne kommen deine Söhne,
und deine Töchter werden auf der
Hüfte getragen.
5 Dann wirst du es sehen und strahlen,
und dein Herz wird beben und sich
öffnen,
denn die Schätze des Meeres wenden
sich dir zu,
die Reichtümer der Nationen
kommen zu dir.
6 Eine Menge von Kamelen wird dich
bedecken,
die Kamelhengste von Midian
und Efa,
aus Saba kommen sie alle,
und sie tragen Gold und Weihrauch
und verkünden die Ruhmestaten des
HERRN.
7 Alle Schafe von Kedar werden sich bei
dir versammeln,
die Widder von Nebajot werden dir
zu Diensten sein,
zum Wohlgefallen werden sie auf
meinen Altar kommen,
und das Haus meiner Herrlichkeit
werde ich verherrlichen.
8 Wer sind diese? Sie fliegen wie eine
Wolke
und wie Tauben zu ihren Schlägen.
9 Denn auf mich hoffen die Inseln
und die Tarschisch-Schiffe schon
längst,
um deine Kinder aus der Ferne zu
bringen,
ihr Gold und Silber ist bei ihnen,
für den Namen des HERRN, deines
Gottes,
für den Heiligen Israels,
denn er hat dich verherrlicht.
10 Und Fremde werden deine Mauern
bauen,
und ihre Könige werden dir zu
Diensten sein,

denn in meinem Zorn habe ich dich geschlagen,

in meinem Wohlwollen aber habe ich mich deiner erbarmt.

11 Und allezeit werden deine Tore offenstehen,

Tag und Nacht werden sie nicht geschlossen,

damit man die Reichtümer der Nationen hineinbringt zu dir

und ihre Könige, die vertrieben wurden.

12 Die Nation und das Königreich aber, die dir nicht dienen, werden untergehen,

und die Nationen werden verheert!

13 Die Herrlichkeit des Libanon wird zu dir kommen,

Zypresse, Ulme und Wacholder allesamt,

um die Stätte meines Heiligtums zu verherrlichen,

und so werde ich die Stätte meiner Füsse ehren.

14 Die Kinder deiner Unterdrücker aber werden gebückt zu dir gehen,

und alle, die dich geschmäht haben, werden sich zu deinen Füssen niederwerfen,

dann wird man dich Stadt-des-HERRN nennen,

Zion-des-Heiligen-Israels.

15 Statt dass du verlassen bist und verhasst

und dass niemand hindurchzieht,

werde ich dich zu immerwährendem Stolz machen,

zur Freude von Generation zu Generation.

16 Und du wirst die Milch der Nationen trinken,

und an der Brust von Königen wirst du trinken.

Dann wirst du erkennen, dass ich, der HERR, dein Retter bin,

und dein Erlöser, der Starke Jakobs.

17 Statt Bronze bringe ich Gold,

und statt Eisen bringe ich Silber,

und statt Holz Bronze

und statt Steinen Eisen.

Und Frieden mache ich zu deiner Wache und Gerechtigkeit zu deiner Obrigkeit.

18 In deinem Land wird nichts mehr zu hören sein von Gewalttat,

nichts von Verheerung und Zusammenbruch in deinen Grenzen,

und deine Mauern wirst du Heil nennen und deine Tore Ruhm.

19 Nicht mehr wird die Sonne für dich Licht sein am Tag,

und nicht der Mond wird als Lichtglanz für dich leuchten:

Der HERR wird ewiges Licht sein für dich

und dein Gott deine Herrlichkeit.

20 Deine Sonne wird nicht mehr untergehen,

und dein Mond wird nicht verschwinden,

denn der HERR wird ewiges Licht sein für dich,

und die Tage deiner Trauer werden ein Ende haben.

21 Und dein Volk, sie alle werden Gerechte sein

und das Land für immer besitzen,

als Spross meiner Pflanzung,

als Werk meiner Hände,

damit ich mich selbst verherrliche.

22 Der Kleinste wird zur Tausendschaft und der Geringste zur starken Nation.

Überraschend werde ich, der HERR, es herbeiführen zu seiner Zeit.

|1–2: 2,5! |1: 51,17! · Lk 2,32 |2: 62,1! · 9,1! |3–7: 66,20 |3: 2,2! · Offb 21,24 |4: 49,17–18 · 14,2! |5: Jer 33,9 · 61,6 |6: Gen 25,4 · 1Kön 10,1! · Jer 6,20 |7: Ez 27,21 · 42,11! · 21,16 · Hag 2,7–9 |9: 51,5 · 42,4 · 2,16! · 55,5 |10: Sach 6,15 · 54,8 |11: Offb 21,25 |12: 41,11! |13: 35,2 · 1Kön 5,22–24 · 41,19! |14: 14,2; 45,14; Offb 3,9 · 49,23! |15: 49,14 · 25,8 |16: 49,23; 66,11 |17: 55,13 · 14,26 |18: 26,1 |19: 24,23; Offb 21,23; 22,5 |20: Sach 14,7 |21: Zef 3,13 · Am 9,15 · 34,17! · 61,3 |22: 54,1!

Der HERR schafft Gerechtigkeit

61

1 Der Geist Gottes des HERRN ist
auf mir.
Denn der HERR hat mich gesalbt,
 um den Elenden frohe Botschaft zu
 bringen,
er hat mich gesandt,
 um die zu heilen, die gebrochenen
 Herzens sind,
um Freilassung auszurufen für die
Gefangenen
 und Befreiung für die Gefesselten,
2 um ein Jahr des Wohlwollens des
HERRN auszurufen
 und einen Tag der Rache unseres
 Gottes,
um alle Trauernden zu trösten,
 3 um dies bereitzustellen für die,
 die um Zion trauern:
um ihnen einen Kopfschmuck zu geben
statt Asche,
 Freudenöl statt Trauer,
ein Gewand des Ruhms
 statt trüben Geists.
Dann werden sie Terebinthen-der-
Gerechtigkeit genannt werden,
 Pflanzung-des-HERRN,
damit er sich selbst verherrlicht.
4 Und die uralten Trümmerstätten
werden sie aufbauen,
 die Ruinen der Früheren aufrichten
und die Städte der Verwüstung
erneuern,
 die Ruinen früherer Generationen.
5 Und Fremde werden dastehen und
eure Schafe weiden,
 und andere werden eure
 Landarbeiter und Weingärtner sein.
6 Ihr aber werdet Priester-des-HERRN
genannt werden,
 Diener-unseres-Gottes wird von
 euch gesagt werden.
Die Reichtümer der Nationen werdet
ihr geniessen,
 und mit ihrer Herrlichkeit werdet
 ihr euch rühmen.
7 Dafür dass eure Schmach eine
doppelte war
 und man die Schmähung als ihren
 Anteil bejubelte,

deshalb werden sie in ihrem Land
doppelt so viel besitzen,
 immerwährende Freude werden sie
 haben.
8 Denn ich, der HERR, liebe das Recht,
 hasse Raub und Unrecht.
Und in Treue werde ich ihnen ihre
Belohnung geben
 und einen ewigen Bund mit ihnen
 schliessen.
9 Und ihre Nachkommen werden
bekannt sein bei den Nationen
 und ihre Sprösslinge bei den
 Völkern,
alle, die sie sehen, werden von ihnen
wissen,
 dass sie Nachkommen sind, die der
 HERR gesegnet hat.
10 Wie werde ich mich freuen am
HERRN!
 Meine Seele jauchze über meinen
 Gott,
denn mit Gewändern des Heils hat er
mich bekleidet,
 in den Mantel der Gerechtigkeit
 hüllt er mich,
wie der Bräutigam nach Priesterart den
Kopfschmuck trägt
 und wie die Braut sich schmückt mit
 ihrem Geschmeide.
11 Denn wie die Erde hervorbringt, was
spriesst,
 und wie der Garten seine Saaten
 spriessen lässt,
so wird Gott der HERR Gerechtigkeit
spriessen lassen
 und Ruhm vor allen Nationen.

|1: 48,16! · 52,7! · 11,2! · 42,7! |2: 49,8; Lev 25,10! ·
34,8! · 57,18 |3: Ps 30,12; Joh 16,20 · 60,21 |4: 59,12! ·
58,12! |5: 14,2 |6: Ex 19,6 · 54,3 · 60,5 |7: 35,10 ·
Sach 9,12 |8: Ps 11,7; 37,28 · 55,3! |9: 65,23 |10:
Ps 132,9.16 · Offb 21,2 |11: 45,8

61,6: Die Übersetzung «Diener-unseres-Gottes
wird von euch gesagt werden» ist unsicher.
61,7: Die Übersetzung «Dafür dass ... bejubelte»
ist unsicher.

Zions Heil kommt

62

1 Um Zions willen werde ich
nicht schweigen und um Jerusalems willen nicht still sein,

bis seine Gerechtigkeit hervorbricht
wie ein Lichtglanz
     und sein Heil wie eine brennende
     Fackel.
2 Dann werden die Nationen deine
Gerechtigkeit sehen
     und alle Könige deine Herrlichkeit,
und du wirst mit einem neuen Namen
benannt werden,
     den der Mund des HERRN bestimmt.
3 Und du wirst eine herrliche Krone
sein in der Hand des HERRN
     und ein königlicher Kopfschmuck in
     der Hand deines Gottes.
4 Von dir wird nicht mehr gesagt
werden: eine Verlassene,
     und von deinem Land wird nicht
     mehr gesagt werden:
     verwüstet!,
sondern Mein-Gefallen-an-ihr wirst du
genannt werden
     und dein Land In-Besitz-genommen,
denn der HERR hat Gefallen an dir,
     und dein Land wird in Besitz
     genommen werden.
5 Denn wie ein junger Mann eine
Jungfrau in Besitz nimmt,
     so werden deine Söhne dich in Besitz
     nehmen,
und wie der Bräutigam sich an der Braut
freut,
     so freut sich dein Gott an dir.
6 Auf deinen Mauern, Jerusalem, habe
ich Wächter eingesetzt,
     den ganzen Tag und die ganze Nacht,
     niemals schweigen sie!
Die ihr den HERRN erinnert, gönnt euch
keine Ruhe,
7 und lasst ihm keine Ruhe,
     bis er es fest gründet
     und bis er Jerusalem ruhmreich
     macht auf der Erde.
8 Der HERR hat geschworen mit seiner
Rechten
     und mit seinem starken Arm:
Ich werde dein Korn nicht mehr deinen
Feinden als Speise geben,
     und Fremde werden deinen Wein
     nicht trinken, um den du dich
     abgemüht hast!

9 Sondern die es ernten, sollen es essen
     und den HERRN loben,
und die ihn einbringen, sollen ihn
trinken
     in den Vorhöfen meines Heiligtums.
10 Zieht hin, zieht hin durch die Tore!
     Räumt meinem Volk den Weg frei!
Legt die Strasse an, legt sie an,
     befreit sie von Steinen,
richtet den Völkern ein Feldzeichen auf!
11 Seht, bis ans Ende der Erde lässt der
HERR es hören:
Sagt der Tochter Zion:
     Sieh, dein Heil kommt!
Sieh, sein Lohn ist bei ihm,
     und seine Belohnung zieht vor
     ihm her.
12 Dann wird man sie nennen:
Heiliges-Volk,
     Erlöste-des-HERRN.
Und du wirst genannt werden:
Gesuchte,
     Nie-mehr-verlassene-Stadt.

|1: 58,8; 60,2; Mal 3,20 |2: 57,15! · 65,15;
Offb 2,17; 3,12 |3: Sach 9,16; 2Tim 4,8 |4: 54,6! ·
Ez 36,35 · Ps 16,3 · Hos 2,22 |5: 65,19; Zef 3,17 |6:
Jer 6,17; Ez 3,17 · 52,8 |8: 65,22! |9: Jer 31,5 |10:
Ps 24,7 · 40,4! · 11,12! |11: Sach 9,9; Mt 21,5 · 40,10
|12: 63,18; 1Petr 2,9 · 35,9

62,5: «deine Söhne»: siehe die Anm. zu 49,17.
62,6: Gemeint ist das Erinnern an das Schicksal
Jerusalems.
62,11: Siehe die Anm. zu 40,10.

Gericht über Edom

63 1 Wer ist es, der da aus Edom
     kommt,
aus Bozra in grellen Kleidern,
so auffallend in seinem Gewand,
     einherschreitend in der Fülle seiner
     Kraft?
Ich bin es, der ich in Gerechtigkeit
spreche,
     stark genug, um zu retten.
2 Warum ist dein Gewand so rot
     und sind deine Kleider wie bei
     einem, der in der Kelter tritt?
3 Allein habe ich im Keltertrog
getreten,
     und niemand war bei mir von den
     Völkern.

Da trat ich sie in meiner Wut,
    und in meinem Zorn zerstampfte ich
    sie,
und ihr Saft spritzte auf meine Kleider,
    und ich besudelte alle meine
    Gewänder.
4 Denn in meinem Herzen war ein Tag
der Rache,
    und mein Jahr der Besudelung war
    gekommen.
5 Da schaute ich mich um, und da war
keiner, der half,
    und ich war entsetzt, aber da war
    keiner, der mich stützte.
Da half mir mein Arm,
    und mein Zorn, er stützte mich.
6 Und so zertrat ich die Völker in
meiner Wut,
    und in meinem Zorn machte ich sie
    betrunken,
    und ihren Saft liess ich zur Erde
    fliessen.

|1–6: Jer 49,7–22! |1: Gen 36,33! · Offb 19,13 ·
34,6 |3: Klgl 1,15; Joel 4,13 · Gen 49,11 |4: 34,8! |5:
59,16 |6: 34,2! · 51,17!

Klage und Bittgebet
7 An die Gnadentaten des HERRN werde
ich erinnern,
    an die Ruhmestaten des HERRN,
an alles, was der HERR für uns getan hat,
    und an die Fülle des Guten für das
    Haus Israel,
was er für sie getan hat, wie es seinem
Erbarmen
    und der Fülle seiner Gnadentaten
    entspricht.
8 Und er sprach: Sie sind mein Volk!
    Kinder, die nicht treulos handeln!
Und so wurde er ihr Retter.
9 All ihre Not war auch seine Not,
    und der Bote seines Angesichts hat
    sie gerettet.
In seiner Liebe und in seinem Mitleid
hat er sie erlöst,
    und er hat sie emporgehoben,
    und alle Tage der längst vergangenen
    Zeit hat er sie getragen.
10 Sie aber waren widerspenstig
    und kränkten seinen heiligen Geist.

Da verwandelte er sich in ihren Feind,
    er selbst bekämpfte sie.
11 Dann aber erinnerte man sich der
Tage der längst vergangenen Zeit,
    an Mose, an sein Volk:
Wo ist der, der sie heraufgeführt hat aus
dem Meer
    mit den Hirten seiner Schafe?
Wo ist der, der seinen heiligen Geist in
sein Inneres gelegt hat,
    12 der den Arm seiner Herrlichkeit
    zur Rechten des Mose einherziehen
    liess,
der das Wasser vor ihnen teilte,
    um sich einen ewigen Namen zu
    machen?
13 Der sie durch die Fluten gehen liess
    wie ein Pferd in der Wüste:
    ohne Straucheln.
14 Wie dem Vieh, das hinabsteigt
ins Tal,
    verschafft der Geist des HERRN ihm
    Ruhe.
So hast du dein Volk geleitet,
    um dir einen herrlichen Namen zu
    machen.
15 Schau herab vom Himmel und sieh
herab
    von der Wohnung deiner Heiligkeit
    und deiner Herrlichkeit!
Wo sind dein Eifer und deine Kraft?
Das Aufwallen deiner Gefühle und dein
Erbarmen –
    mir hast du es nicht gezeigt.
16 Du bist doch unser Vater!
Abraham hat nichts von uns gewusst,
    und Israel kennt uns nicht.
Du, HERR, bist unser Vater,
    Unser-Erlöser-seit-uralten-Zeiten ist
    dein Name.
17 Warum, HERR, lässt du uns
umherirren, fern von deinen Wegen,
    verhärtest unser Herz, so dass wir
    dich nicht fürchten?
Kehre zurück um deiner Diener,
    um der Stämme deines Erbbesitzes
    willen.
18 Für eine kurze Zeit haben sie dein
heiliges Volk enteignet,

dein Heiligtum haben unsere Feinde zertreten.

19 Wir sind wie die geworden,
über die du nie geherrscht hast,
über denen dein Name nicht ausgerufen wurde.

Hättest du doch schon den Himmel zerrissen,
wärst schon herabgestiegen,
so dass die Berge vor dir erbebt wären,

64 1 wie Feuer Reisig entzündet,
wie Feuer Wasser zum Aufwallen bringt,
um deinen Namen bekannt zu machen bei deinen Feinden.

Die Nationen zittern vor dir,
2 wenn du wunderbare Dinge tust,
auf die wir nicht zu hoffen wagen.

Wenn du herabsteigst, beben die Berge vor dir.

3 Und nie zuvor hat man davon gehört,
nie haben wir davon gehört:
Kein Auge hat je einen Gott ausser dir gesehen,
der solches tut für die, die auf ihn warten.

4 Du kommst dem entgegen, der freudig Gerechtigkeit übt,
denen, die auf deinen Wegen an dich denken.

Aber sieh, du warst zornig, und wir haben auf ihnen lange gesündigt
und werden doch gerettet.

5 Und wie der Unreine sind wir alle geworden,
und all unsere Gerechtigkeit ist wie ein von der monatlichen Blutung beflecktes Gewand,
und wie Laub sind wir alle verwelkt,
und wie der Wind trug unsere Schuld uns davon.

6 Und da ist niemand, der deinen Namen anruft,
der sich aufrafft, an dir festzuhalten,
denn du hast dein Angesicht vor uns verborgen
und hast uns zergehen lassen in der Macht unserer Schuld.

7 Nun aber bist doch du, HERR, unser Vater!

Wir sind der Ton und du unser Bildner,
und wir alle sind das Werk deiner Hand.

8 Zürne nicht zu sehr, HERR,
und denke nicht für immer an die Schuld.

Sieh, schau doch: Wir alle sind dein Volk.

9 Deine heiligen Städte sind zur Wüste geworden,
Zion ist zur Wüste geworden,
Jerusalem ist verwüstet.

10 Unser heiliges und herrliches Haus,
wo unsere Vorfahren dich gelobt haben,
ist ein Raub des Feuers geworden,
und all unsere Kostbarkeit ist verwüstet.

11 Willst du, HERR, bei all dem dich zurückhalten,
schweigen und uns demütigen über die Massen?

| 7: Ps 77,12; 89,2; 103,2 | 8: 64,8; Dtn 7,6; 1Sam 12,22 · Dtn 32,5 | 9: Ex 33,14 · 46,3! | 10: Dtn 1,26.43; Ps 107,11 · Eph 4,30 | 11: Ps 77,12.21 · Num 11,17 | 12: Neh 9,20 · Ex 14,29 · 44,27! | 13: Ps 105,37 | 14: 2Sam 7,23; Jer 32,20 | 15: Dtn 26,15 · 64,11; Ps 77,10 | 16: 45,11! | 17: 6,9–10 · 19,25! | 18: 62,12! · 64,10; Ps 79,1; Offb 11,2 | 19: 65,1 · Ri 5,5 | 2: 28,21! | 3: 2Sam 7,22; 1Kor 2,9 | 4: Esra 9,7 | 5: Sach 3,3 · 1,30 · 27,8 | 6: Hos 7,7 · 43,22! · 8,17! · 1,28 | 7: 45,11! · 29,16! | 8: 57,16! · 43,25! · 63,8! | 9: Lev 26,31 | 10: 63,18! | 11: 63,15 · Sach 1,12

Die Antwort des HERRN: Vergeltung und Segen

65 1 Ich war erfragbar für die, die nicht nach mir fragten,
ich liess mich finden von denen, die mich nicht suchten.

Hier bin ich! Hier bin ich!, sprach ich zu einer Nation, die nicht nach meinen Namen benannt war.

2 Immerfort habe ich meine Hände ausgestreckt zu einem widerspenstigen Volk,
zu denen, die den Weg gehen, der nicht gut ist,
ihren eigenen Gedanken folgend;

3 das Volk, das mich ohne Unterlass ins Angesicht kränkt,

die Schlachtopfer darbringen in den
Gärten
und Rauchopfer auf den
Ziegelsteinen,
4 die in den Gräbern sitzen
und in den Höhlen die Nacht
verbringen,
die Schweinefleisch essen
und unreines Zeug in ihren Töpfen
haben,
5 die sagen: Bleib, wo du bist!
Komm mir nicht nah. Sonst könnte
ich dich heiligen.
Rauch sind sie in meiner Nase,
ein Feuer, das den ganzen Tag lodert!
6 Sieh, es ist aufgeschrieben vor mir,
ich werde nicht schweigen, bis ich es
vergolten habe!
Und in ihren Gewandbausch werde ich
es ihnen vergelten:
7 eure Verschuldungen zusammen mit
den Verschuldungen eurer Vorfahren,
spricht der HERR,
die auf den Bergen Rauchopfer
dargebracht haben
und mich auf den Hügeln geschmäht
haben.
Auch den Lohn für ihre damaligen Taten
werde ich ihnen in ihren
Gewandbausch zumessen.
8 So spricht der HERR: Wie wenn sich
Saft in der Traube findet
und man sagt: Verdirb sie nicht,
denn es ist ein Segen darin!,
so werde ich um meiner Diener willen
handeln,
dass ich nicht das Ganze verderbe.
9 Und ich werde aus Jakob
Nachkommen hervorgehen lassen
und aus Juda den Besitzer meiner
Berge.
Und meine Auserwählten werden es
besitzen,
und meine Diener werden dort
wohnen.
10 Und die Ebene von Scharon wird
eine Weide für Schafe sein
und das Tal Achor ein Lagerplatz für
Rinder,
für mein Volk, das nach mir fragt.

11 Ihr aber, die ihr den HERRN
verlassen,
meinen heiligen Berg vergessen
habt,
die ihr dem Glück den Tisch bereitet
und dem Schicksal den Krug füllt:
12 Euch werde ich dem Schwert
übergeben,
und in die Knie gehen werdet ihr alle
für die Schlachtung!
Denn ich habe gerufen, und ihr habt
keine Antwort gegeben,
ich habe gesprochen, und ihr habt
nicht gehört,
sondern ihr habt getan, was böse ist in
meinen Augen,
und was mir nicht gefällt, das habt
ihr gewählt.
13 Darum, so spricht Gott der HERR:
Seht, meine Diener werden essen,
ihr aber werdet hungern!
Seht, meine Diener werden trinken,
ihr aber werdet dürsten!
Seht, meine Diener werden fröhlich
sein,
ihr aber werdet zuschanden!
14 Seht, meine Diener werden jubeln
aus Herzenslust,
ihr aber werdet schreien aus
Herzensleid,
und vor Verzweiflung werdet ihr
aufheulen!
15 Und euren Namen werdet ihr
meinen Auserwählten als Fluchschwur
hinterlassen:
Gott der HERR wird dich töten!
Meine Diener aber wird man mit einem
anderen Namen rufen:
16 Wer sich im Land segnet, wird sich
segnen beim Gott der Treue,
und wer im Land schwört, wird
schwören beim Gott der Treue.
Die früheren Nöte sind vergessen
und mir aus den Augen!

| 1–2: Röm 10,20–21 | 1: 63,19 | 2: Mt 23,37 ·
Ps 36,5 | 3: Dtn 32,21 · 1,29! | 4: Lev 19,31 · 66,17;
Lev 11,7 · Dtn 14,3 | 5: Ez 44,19 | 6: Ps 79,12 | 7:
Jer 16,18 | 8: 6,13! · Gen 18,26–33 | 9: Ps 69,37; Obd 17
| 10: 33,9; 1Chr 27,29 · Jos 7,26 · Jer 33,12 | 11: 56,7! ·
Jer 7,18 | 12: 59,15! · 50,2! · 66,4 | 13: Spr 13,25 | 14:
50,11 | 15: Jer 24,9; 29,22 · 62,2! | 16: 19,18! · 54,4

65,6: Der Gewandbausch diente als Tasche. Er steht hier als Hinweis auf die grosse Menge der Vergeltung bzw. des Lohns.

65,11: Glück und Schicksal (hebräisch: Gad und Mani) sind nichtisraelitische Gottheiten.

Verheissung eines neuen Himmels und einer neuen Erde

17 Denn seht, ich schaffe einen neuen Himmel und eine neue Erde,

> und dessen, was früher war, wird nicht mehr gedacht werden,
> und man wird es nicht mehr bedenken.

18 Vielmehr frohlockt und jubelt endlos

> über das, was ich schaffe!

Denn seht, ich schaffe Jerusalem als Jubel

> und ihr Volk als Frohlocken.

19 Und über Jerusalem werde ich jubeln,

> und frohlocken werde ich über mein Volk.

Und Weinen und Schreien

> wird in ihr nicht mehr zu hören sein.

20 Dort wird es keinen Säugling mehr geben, der nur wenige Tage lebt,

> und keinen Greis, der sein Leben nicht vollendet,

denn ein junger Mann wird sein, wer mit hundert Jahren stirbt,

> und wer hundert Jahre nicht erreicht, gilt als mit dem Fluch belegt.

21 Und sie werden Häuser bauen und darin wohnen

> und Weinberge pflanzen und deren Früchte essen.

22 Sie werden nicht bauen, damit ein anderer wohnt,

> sie werden nicht pflanzen, damit ein anderer isst,

denn das Alter meines Volks wird sein wie das Alter des Baums,

> und was ihre Hände erarbeitet haben, werden meine Auserwählten geniessen.

23 Sie werden sich nicht vergeblich abmühen

und nicht in entsetzlicher Angst Kinder gebären,

denn sie sind die Nachkommen der Gesegneten des HERRN,

> und ihre Sprösslinge werden ihnen bleiben.

24 Und noch ehe sie rufen, antworte ich,

> noch während sie reden, erhöre ich sie.

25 Wolf und Lamm werden einträchtig weiden,

> und der Löwe wird Stroh fressen wie das Rind,

und die Schlange – ihre Nahrung ist der Staub.

Nirgendwo auf meinem heiligen Berg wird man Böses tun oder Zerstörendes, spricht der HERR.

|17: 66,22; Gen 1,1; 2Petr 3,13; Offb 21,1 · 43,18 |18: 66,10 |19: 62,5! · 35,10! |20: Sach 8,4 |21: Jer 31,5; Ps 128,2; Am 9,14 |22: 62,8; Dtn 28,30; Am 9,14 |23: Hiob 21,8 |24: 30,19! |25: 11,7! · Gen 3,14 · 11,9

65,18: Mit ‹ihr› Volk ist das Volk Jerusalems gemeint. Siehe die Anm. zu 3,26.

65,23: Möglich ist für «…, und ihre Sprösslinge werden ihnen bleiben.» auch die Übersetzung: «…, und ihre Sprösslinge mit ihnen.»

Der HERR straft und tröstet

66 1 So spricht der HERR:

> Der Himmel ist mein Thron,
> und die Erde ist der Schemel meiner Füsse.

Was für ein Haus wollt ihr mir bauen

> und was für eine Stätte, an der ich meine Ruhe finden soll?

2 Hat doch meine Hand dies alles gemacht,

> und so ist all dies entstanden!, Spruch des HERRN.

Und auf den werde ich blicken:

> auf den, der arm ist und der zerschlagenen Geistes ist und der zittert vor meinem Wort.

3 Man schlachtet einen Stier und erschlägt einen Menschen,

> man opfert ein Schaf und bricht einem Hund das Genick,

man bringt Speiseopfer dar, aber auch Schweineblut,

man preist mit Weihrauch und lobt
einen Götzen.

Wie sie selbst sich ihre Wege gewählt
haben
    und Gefallen haben an ihren
    Scheusslichkeiten,
4 so werde ich für sie Misshandlungen
wählen
    und ihnen bringen, wovor ihnen
    graut.

Denn ich habe gerufen, und niemand
hat Antwort gegeben,
    ich habe gesprochen, und sie haben
    nicht gehört,
sondern sie haben getan, was böse ist in
meinen Augen,
    und was mir nicht gefällt, haben sie
    gewählt.

5 Hört das Wort des HERRN, die ihr
zittert vor seinem Wort!

Es spotten eure Brüder, die euch hassen,
    die euch meines Namens wegen
    verstossen:
Der HERR ehre euch, damit wir eure
Freude sehen!
    Sie aber werden zuschanden
    werden.

6 Horch! Getöse von der Stadt.
    Horch! Vom Tempel!
Horch! Der Herr übt Vergeltung an
seinen Feinden.

7 Noch bevor sie in Wehen liegt, hat sie
geboren,
    noch bevor die Wehen über sie
    kommen,
    wird sie einen Knaben geboren
    haben.

8 Wer hat solches gehört?
    Wer hat dergleichen gesehen?
Wird ein Land an einem einzigen Tag
zur Welt gebracht?
    Oder wird eine Nation auf einmal
    geboren?
Kaum in Wehen, hat Zion ihre Kinder
auch schon geboren!

9 Sollte ich es bis zur Geburt kommen
und sie nicht gebären lassen?,
    spricht der HERR.

Oder sollte ich, der ich gebären lasse,
den Schoss verschliessen?,
    spricht dein Gott.

10 Freut euch mit Jerusalem, und
jauchzt über sie, alle, die ihr sie liebt!
    Frohlockt von Herzen mit ihr, alle,
    die ihr um sie trauert!

11 Damit ihr trinkt und satt werdet an
der Brust ihres Trosts,
    damit ihr schlürft und euch erquickt
    an ihrer prall gefüllten Mutterbrust.

12 Denn so spricht der HERR:
Sieh, wie einen Strom leite ich den
Frieden zu ihr
    und den Reichtum der Nationen wie
    einen flutenden Fluss,
    und ihr werdet trinken,
auf der Hüfte werdet ihr getragen,
    und auf den Knien werdet ihr
    geschaukelt.

13 Wie einen, den seine Mutter tröstet,
    so werde ich euch trösten,
und getröstet werdet ihr in Jerusalem.

14 Und ihr werdet es sehen, und euer
Herz wird frohlocken,
    und eure Knochen werden erstarken
    wie junges Grün.

Und die Hand des HERRN wird sich
bekannt machen bei seinen Dienern
    und sein Zorn bei seinen Feinden.

15 Denn sieh, der HERR wird im Feuer
kommen,
    und wie der Sturmwind kommen
    seine Wagen,
um seinen Zorn zurückzubringen unter
Wüten
    und mit Feuerflammen sein
    Schelten.

16 Denn mit Feuer und mit seinem
Schwert geht der HERR ins Gericht
    mit allem Fleisch,
und die der HERR erschlagen hat,
werden zahlreich sein.

17 Die sich weihen und sich reinigen
für die Gärten,
    dem einen folgend, der in der
    Mitte ist,
die Schweinefleisch essen
    und was abscheulich ist und Mäuse –

allesamt gehen sie zugrunde, Spruch
des HERRN.

18 Ich aber, ich kenne ihre Werke und
ihre Gedanken,
      ich komme, um alle Nationen und
      Zungen zu versammeln,
und sie werden kommen und meine
Herrlichkeit sehen.

19 Und bei ihnen richte ich ein Zeichen
auf,
      und die von ihnen entkommen sind,
      werde ich zu den Nationen senden,
nach Tarschisch, Pul und Lud, zu den
Bogenschützen in Tubal und nach
Jawan,
      an die fernsten Inseln, die keine
      Kunde von mir gehört
      und meine Herrlichkeit nicht
      gesehen haben,
und sie werden meine Herrlichkeit
kundtun bei den Nationen.

20 Und auf Pferden und Wagen und in
Sänften und auf Maultieren und
Kamelstuten werden sie all eure Brüder
aus allen Nationen dem HERRN als Gabe
bringen, auf meinen heiligen Berg, nach
Jerusalem, spricht der HERR, wie die
Israeliten die Gaben in reinen Gefässen

in das Haus des HERRN bringen. 21 Und
von ihnen werde ich sogar etliche als levitische Priester nehmen, spricht der
HERR. 22 Denn wie der neue Himmel
und die neue Erde, die ich mache, vor
mir bestehen bleiben, Spruch des
HERRN, so bleiben eure Nachkommen
und euer Name bestehen. 23 Und Neumond für Neumond und Sabbat für Sabbat wird alles Fleisch kommen, um sich
vor mir niederzuwerfen, spricht der
HERR.

      24 Und sie werden hinausgehen und
die Leichen der Menschen sehen, die
mit mir gebrochen haben, denn ihr
Wurm wird nicht sterben, und ihr Feuer
wird nicht erlöschen, und sie werden
ein Abscheu sein für alles Fleisch.

| 1: Apg 7,49 · 1Chr 28,2; Mt 5,35 · 1Kön 8,27! | 2:
57,15! | 3: 1,13 · Hag 2,14 · 53,6! | 4: 59,15! · 50,2! ·
65,12 | 5: 5,19! · 26,11! | 6: Offb 16,1 · Joel 4,16 · 59,18
| 8: 49,21 | 9: 37,3! | 10: 65,18 | 11: 60,16! | 12: 48,18 ·
14,2! | 13: 40,1! · Ps 131,2 | 14: Joh 16,22 | 15: Ps 50,3 ·
Sach 6,1 | 16: 34,2! | 17: Lev 11,29 · 65,4! · 1,29! | 18:
Ps 94,11 · 40,5 | 19: Mt 28,19 · Gen 10,2! · 19,21 | 20:
60,3–7 | 22: 65,17! | 23: 2,2! · 61,9 | 24: 1,31 · Mk 9,48

66,20: Möglicherweise bedeutet das mit ‹Kamelstuten› wiedergegebene Wort: ‹Wagen›.

Das Buch Jeremia

Buchüberschrift

1 1 Die Worte Jeremias, des Sohns von
Chilkijahu, einem der Priester in
Anatot im Land Benjamin, 2 an den das
Wort des HERRN erging in den Tagen Jo-
schijahus, des Sohns von Amon, des Kö-
nigs von Juda, im Jahr dreizehn seiner
Königsherrschaft, 3 und es erging auch
in den Tagen Jehojakims, des Sohns von
Joschijahu, des Königs von Juda, bis zum
Ende des Jahres elf von Zidkijahu, des
Sohns von Joschijahu, des Königs von
Juda, bis zur Verbannung Jerusalems,
im fünften Monat.

| 1: 11,21–23; 32,7; 37,12 | 2: 2Kön 22,1 | 3:
2Kön 23,34; 24,17 · 52,12–15

1,1: Die hebräische Form des Namens Jeremia
lautet Jirmejahu.

Die Berufung Jeremias

4 Und das Wort des HERRN erging
an mich:

5 Bevor ich dich gebildet habe im
Mutterleib,
      habe ich dich gekannt,
und bevor du aus dem Mutterschoss
gekommen bist,
      habe ich dich geweiht,
zum Propheten für die Nationen habe
ich dich bestimmt.

6 Und ich sprach: Ach, Herr, HERR, sieh, ich weiss nicht, wie man redet, ich bin ja noch jung! 7 Der HERR aber sprach zu mir: Sag nicht: Ich bin noch jung. Wohin ich dich auch sende, dahin wirst du gehen, und was immer ich dir gebiete, das wirst du sagen. 8 Fürchte dich nicht vor ihnen, denn ich bin bei dir, um dich zu retten! Spruch des HERRN. 9 Dann streckte der HERR seine Hand aus und berührte meinen Mund, und der HERR sprach zu mir: Sieh, ich lege meine Worte in deinen Mund. 10 Sieh, am heutigen Tag setze ich dich über die Nationen und über die Königreiche, um auszureissen und niederzureissen, um zu zerstören und zu vernichten, um zu bauen und zu pflanzen.

11 Und das Wort des HERRN erging an mich: Was siehst du, Jeremia? Und ich sprach: Ich sehe den Zweig eines Mandelbaums. 12 Und der HERR sprach zu mir: Du hast richtig gesehen: Ich wache über mein Wort und führe es aus. 13 Und zum zweiten Mal erging das Wort des HERRN an mich: Was siehst du? Und ich sprach: Ich sehe einen eingeheizten Kessel, und er neigt sich von Norden her. 14 Da sprach der HERR zu mir: Von Norden her wird das Unheil eröffnet über alle Bewohner des Landes. 15 Denn sieh, ich rufe alle Sippen der Königreiche des Nordens, Spruch des HERRN, und sie werden kommen, und jeder stellt seinen Thron auf am Eingang der Tore von Jerusalem und gegen alle seine Mauern ringsum und gegen alle Städte Judas. 16 Und ich werde meine Urteile über sie sprechen all ihrer Bosheit wegen: dass sie mich verlassen und anderen Göttern Rauchopfer dargebracht und sich niedergeworfen haben vor den Machwerken ihrer Hände. 17 Du aber, gürte deine Hüften und mach dich auf und sage ihnen alles, was ich dir gebiete. Erschrick nicht vor ihnen, damit nicht ich dich vor ihnen in Schrecken versetze. 18 Und ich, sieh, ich mache dich heute zur befestigten Stadt, zur Säule aus Eisen und zu Mauern aus

Bronze gegen das ganze Land, gegen die Könige von Juda, seine Fürsten, seine Priester und das Volk des Landes. 19 Und sie werden dich bekämpfen, überwältigen aber werden sie dich nicht, denn ich bin bei dir, Spruch des HERRN, um dich zu retten.

| 5: Jes 49,1 · Jes 42,1; Ez 3,4–6 | 6: Ex 4,10! | 7: Ex 6,29! | 8: 15,20; 30,10–11; 39,11–12; 42,11 | 9: Jes 6,7 · Dtn 18,18 | 10: 12,14–17; 18,7.9; 24,6; 31,28; 42,10; 45,4 | 12: 31,28; 51,12; Jes 55,11; Ez 12,28 | 14–15: 4,6; 6,1.22; 10,22; 13,20; 25,9; 46,24; 50,41 | 16: 2,13! | 17: 7 | 18: Ez 3,8! | 19: 11,19; 15,10; 18,18.23; 36,26

1,11–12: Im Hebräischen sind sich die Worte ‹Mandel› und ‹wachen› sehr ähnlich.

Israels Untreue

2 1 Und das Wort des HERRN erging an mich: 2 Geh und rufe in die Ohren Jerusalems: So spricht der HERR: Ich erinnere mich an dich – an die Treue deiner Jugend,
    die Liebe deiner Brautzeit,
du folgtest mir in der Wüste,
    im nicht besäten Land.
3 Heilig war Israel dem HERRN,
    das Beste seiner Ernte;
alle, die davon assen, wurden schuldig,
    Unheil kam über sie. Spruch des
    HERRN.
4 Hört das Wort des HERRN, Haus Jakob
    und all ihr Sippen des Hauses Israel.
5 So spricht der HERR:
Was haben eure Vorfahren Schlechtes gefunden an mir,
    dass sie sich von mir entfernten
und denen nachliefen, die nichts sind,
    um selbst zunichte zu werden?
6 Und sie haben nicht gefragt:
Wo ist der HERR,
    der uns heraufgeführt hat aus dem
    Land Ägypten,
der uns geführt hat in der Wüste,
    im Land von Steppe und Schlucht,
im Land von Dürre und tiefster
Dunkelheit,
    im Land, das niemand durchwandert
und in dem kein Mensch wohnt?
7 Und ins Land der Baumgärten habe ich euch gebracht,

damit ihr seine Früchte und, was es
Gutes bietet, essen konntet.
Ihr aber seid gekommen und habt mein
Land unrein
und meinen Erbbesitz abscheulich
gemacht.
8 Die Priester haben nicht gefragt: Wo
ist der HERR?
Und die Hüter der Weisung haben
mich nicht gekannt,
und die Hirten sind von mir abgefallen,
und die Propheten weissagten im
Namen des Baal
und liefen denen nach, die nichts
nützen.
9 Darum werde ich weiterhin mit euch
rechten, Spruch des HERRN,
und auch mit den Kindern eurer
Kinder werde ich rechten.
10 Geht hinüber zu den Inseln der
Kittäer und seht,
und sendet nach Kedar und gebt
sorgsam acht!
Und seht, ob es je dergleichen
gegeben hat:
11 Hat je eine Nation Götter
eingetauscht?
Und das sind nicht einmal Götter!
Mein Volk aber hat seine Herrlichkeit
eingetauscht
gegen das, was nichts nützt.
12 Entsetze dich, Himmel, darüber,
und erschaudere über die Massen!
Spruch des HERRN.
13 Denn eine doppelte Bosheit hat
mein Volk begangen:
Mich haben sie verlassen, die Quelle
lebendigen Wassers,
um sich dann Brunnen auszuhauen,
rissige Brunnen, die das Wasser
nicht halten.
14 Ist Israel ein Sklave
oder ein unfrei Geborener?
Warum ist er zur Beute geworden?
15 Immerfort haben die Löwen gegen
ihn gebrüllt,
haben ihre Stimme erhoben
und sein Land zur Wüste gemacht,
seine Städte sind verbrannt, sind
ohne Bewohner.

16 Auch die von Nof und Tachpanches
werden dir den Scheitel abweiden.
17 Hast du dir dies nicht selbst angetan,
da du den HERRN, deinem Gott,
verlassen hast
in der Zeit, als er dich leitete auf dem
Weg?
18 Und nun, was bringt dir der Weg
nach Ägypten –
um Wasser des Schichor zu trinken?
Und was bringt dir der Weg nach Assur –
um Wasser des Stroms zu trinken?
19 Deine eigene Bosheit wird dich
züchtigen,
und deine Abtrünnigkeit wird dich
strafen.
Erkenne und sieh: Böse und bitter ist es,
dass du den HERRN, deinen Gott,
verlassen hast
und dass du keine Furcht vor mir hast!
Spruch des Herrn, des HERRN der
Heerscharen.
20 Denn schon vor langer Zeit habe ich
dein Joch zerbrochen,
habe ich deine Fesseln zerrissen,
du aber hast gesagt: Ich diene nicht!
Auf jedem hohen Hügel und unter
jedem saftig-grünen Baum
hast du dich als Hure geräkelt!
21 Ich aber hatte dich als edle Rebe
gepflanzt,
als ganz und gar ehrliches Gewächs,
und wie hast du dich mir verändert
zum abartigen Weinstock –
fremd!
22 Selbst wenn du dich mit Lauge
schrubbtest
und dir noch so viel Laugensalz
nähmst,
der Schmutz deiner Schuld bleibt
vor mir!
Spruch Gottes des HERRN.
23 Wie kannst du sagen: Ich habe mich
nicht unrein gemacht,
bin nicht den Baalen nachgelaufen!
Sieh dir deinen Weg an im Tal,
erkenne, was du getan hast:
eine leichtfüssige junge Kamelstute,
die hin und her läuft auf ihren
Wegen.

24 Eine wilde Eselin, an die Wüste
gewöhnt,
>   in ihrer Gier schnappt sie nach Luft.
Ihre Brunst, wer kann sie hemmen?
Wer immer sie sucht, braucht sich nicht
anzustrengen,
>   in ihrer Brunstzeit findet man sie.
25 Bewahre deinen Fuss vor dem
Barfussgehen
>   und deine Kehle vor dem Dürsten.
Du aber hast gesagt: Verflucht! Nein!
>   Denn ich liebe die Fremden, und
>   ihnen werde ich nachlaufen.
26 In Schande, wie der Dieb, wenn er
ertappt wird,
>   so sind sie beschämt, das Haus Israel:
sie, ihre Könige, ihre Fürsten
>   und ihre Priester und ihre
>   Propheten,
27 die zum Holz sagen: Du bist mein
Vater!,
>   und zum Stein: Du hast mich
>   geboren!
Mir haben sie den Rücken zugekehrt
>   und nicht das Gesicht!
In der Zeit ihrer Not aber sagen sie:
>   Mach dich doch auf und hilf uns!
28 Wo sind denn deine Götter,
>   die du dir gemacht hast?
Sollen doch sie sich aufmachen!
>   Ob sie dir helfen in der Zeit
>   deiner Not?
So zahlreich wie deine Städte
>   sind deine Götter geworden, Juda!
29 Warum streitet ihr mit mir?
>   Ihr alle seid von mir abgefallen!
>   Spruch des HERRN.
30 Vergeblich habe ich eure Kinder
geschlagen,
>   sie haben die Unterweisung nicht
>   angenommen.
Wie ein reissender Löwe
>   hat euer Schwert eure Propheten
>   gefressen.
31 Welch eine Generation seid ihr!
>   Seht das Wort des HERRN.
Bin ich eine Wüste geworden für Israel
oder ein Land der Finsternis?
Warum spricht mein Volk: Immer sind
wir frei umhergeschweift,

zu dir werden wir nicht mehr
kommen.
32 Vergisst eine Jungfrau ihren
Schmuck,
>   eine Braut ihre Brustbänder?
Mein Volk aber hat mich vergessen,
>   schon vor unendlich langer Zeit.
33 Wie geschickt du es anstellst,
Liebschaft zu suchen.
>   Darum hast du dein Leben selbst an
>   Übeltaten gewöhnt.
34 Selbst an deinen Säumen findet sich
das Blut von unschuldigen, armen
Menschen.
Nicht bei Einbrechern habe ich es
gefunden,
>   sondern an diesen allen.
35 Du aber hast gesagt: Ich bin
unschuldig,
>   hat doch sein Zorn sich von mir
>   abgewandt!
Sieh, ich werde mit dir ins Gericht
gehen,
>   weil du sagst: Ich habe nicht
>   gesündigt.
36 Wie leicht es dir fällt,
>   deinen Weg zu ändern!
Auch an Ägypten wirst du zuschanden
werden,
>   wie du an Assur zuschanden
>   geworden bist.
37 Auch von dort wirst du ausziehen,
>   mit den Händen auf dem Kopf,
denn der HERR hat die verworfen, auf
die du vertraust,
>   und mit ihnen wirst du keinen
>   Erfolg haben.

|2: 7,2! · 51,5; Hos 2,17 · Dtn 2,7 |3: 31,40;
Dtn 7,6 · 10,25! |5: Mi 6,3 · 10,3! |6: 7,22; 32,21; 34,13;
Dtn 8,15 |7: 3,1.9; Jes 24,5 |8: 5,5 · 8,8–9 · 23,1–2! |9:
2,29.35; Hos 4,1; Mi 6,2 |10: 18,13! |11: 5,7; 16,20;
Dtn 32,21 · Ps 106,20 |13: 17; 1,16; 5,19; 16,11; 19,4;
22,9; Jes 1,4 |15: 4,26–27; 9,10; 10,22; 12,10–11; 22,6;
34,22 |17: 4,18; 5,25; 13,22; 44,2–3.7 |18: 36; Hos 7,11
|20: 3,1–13; 5,7–8; 13,27; 17,2; Jes 57,5! |21: 5,10; 6,9;
Jes 5,2 |22: 15,1; 22,24; Hiob 9,30; Jes 1,15–16 |26: 4,9;
5,5; 32,32 |27: 3,4.19 · 7,24; 18,17; 32,33 |28:
Dtn 32,37–38 · 11,13 |29: 2,8.17; 3,13; 5,6 |30: 5,3;
17,23; 32,33 |31: 8,5! |32: 13,25; 18,15; 23,27; Dtn 32,18
|34: 7,6; 19,4; 22,3.17; 26,15 |35: 16,10 |36: 18; 37,7;
Jes 31,1–3

2,12: Die Übersetzung «..., und erschaudere über die Massen! ...» beruht auf der griechischen Überlieferung; der Massoretische Text lautet übersetzt: «..., und erschaudere, sehr tief heftig erschüttert! ...»

2,14: Mit «ein unfrei Geborener» (wörtlich: «ein im Haus Geborener») ist das Kind eines Sklaven gemeint.

2,20: Von Israel wird häufig im Bild einer Frau gesprochen.

2,27: In einer anderen hebräischen Tradition lautet der Text: «...: Du hast uns geboren! ...»

2,34: Möglicherweise ist zu übersetzen: «Nicht bei einem Einbruch hast du sie ertappt, sondern bei all diesem.»

Anklage und Aufforderung zur Umkehr

3 1 Folgendes: Wenn ein Mann seine Frau verstösst und sie fortgeht von ihm und dann einem anderen Mann gehört – wird er dann noch zu ihr zurückkehren? Ist jenes Land nicht vollkommen entweiht? Du aber hast mit vielen Liebhabern gehurt, und da solltest du zu mir zurückkehren? Spruch des HERRN. 2 Blick auf zu den kahlen Höhen und sieh: Wo wärest du nicht beschlafen worden? An den Wegen hast du für sie gesessen wie ein Araber in der Wüste. Und durch deine Hurerei und durch deine Bosheit hast du das Land entweiht.
3 Da wurde der Frühlingsregen zurückgehalten,
    und der Spätregen kam nicht.
Du aber hattest die Stirn einer Hure,
    hast dich nicht geschämt.
4 Hast du mir nicht gerade noch zugerufen: Mein Vater,
    du bist der Freund aus meiner Jugend!
5 Wird er ewig zürnen,
    wird er für immer nachtragen?
Sieh, so hast du geredet
    und hast Böses getan und es durchgesetzt.
6 Und in den Tagen Joschijahus, des Königs, sprach der HERR zu mir: Hast du gesehen, was die Abtrünnige, Israel, getan hat: Sie ist auf jeden hohen Berg gegangen und unter jeden saftig-grünen Baum und hat dort Hurerei getrieben. 7 Da sagte ich mir: Nachdem sie all dies getan hat, wird sie zurückkehren zu mir, aber sie ist nicht zurückgekehrt. Und die Treulose, ihre Schwester Juda, hat es gesehen. 8 Und sie sah, dass ich die Abtrünnige, Israel, gerade wegen ihres Ehebruchs verstossen und dass ich ihr den Scheidebrief gegeben hatte. Die Treulose aber, Juda, ihre Schwester, scheute sich nicht, sondern ging, und auch sie hurte. 9 Und so führte ihr lärmendes Huren dazu, dass sie das Land entweihte; und mit Stein und Holz trieb sie Ehebruch. 10 Und selbst bei alledem ist die Treulose, ihre Schwester Juda, nicht mit ganzem Herzen zu mir zurückgekehrt, sondern heuchlerisch. Spruch des HERRN.

11 Und der HERR sprach zu mir: Die Abtrünnige, Israel, ist gerechter als die Treulose, Juda. 12 Geh und rufe diese Worte nach Norden und sprich:
Kehre zurück, du Abtrünnige, Israel!
    Spruch des HERRN.
Ich werde nicht finster auf euch blicken,
    denn ich bin gütig, Spruch des
    HERRN,
ich werde nicht ewig zürnen.
13 Erkenne doch deine Schuld! Vom HERRN, deinem Gott, bist du abgefallen, und unter jedem saftig-grünen Baum hast du dich den Fremden willig hingegeben, auf meine Stimme aber habt ihr nicht gehört! Spruch des HERRN. 14 Kehrt zurück, abtrünnige Kinder, Spruch des HERRN, denn ich bin Herr über euch, und ich werde euch holen, einen aus jeder Stadt und zwei aus jeder Sippe, und ich werde euch nach Zion bringen. 15 Und ich werde euch Hirten nach meinem Herzen geben, und mit Erkenntnis und Einsicht werden sie euch weiden. 16 Und wenn ihr euch in jenen Tagen mehrt und fruchtbar werdet im Land, Spruch des HERRN, wird man nicht mehr sagen: Die Lade des Bundes des HERRN! Und sie wird niemandem mehr in den Sinn kommen, und man wird nicht mehr an sie denken, und man wird sie nicht vermissen, und sie wird nicht wieder hergestellt werden. 17 In jener Zeit wird

man Jerusalem Thron-des-HERRN
nennen. Und dort werden sich alle
Nationen versammeln, beim Namen
des HERRN, in Jerusalem, und dem
Starrsinn ihres bösen Herzens werden
sie nicht mehr folgen. 18 In jenen Tagen
werden die vom Haus Juda zu denen
vom Haus Israel gehen, und gemeinsam
werden sie aus dem Land des Nordens
kommen in das Land, das ich euren
Vorfahren als Erbbesitz gegeben habe.

19 Und ich hatte mir gesagt:
Wie gern nehme ich dich auf unter die
Kinder
> und gebe dir ein kostbares Land,
> einen Erbbesitz, die prächtigste
> Zierde unter den Nationen!
Und ich sagte mir, dass du mich: Mein
Vater! nennen
> und dich nicht von mir abwenden
> würdest.

20 Wahrlich, wie eine Frau ihrem
Freund die Treue bricht,
> so habt ihr mir die Treue gebrochen,
Haus Israel! Spruch des HERRN.

21 Auf kahlen Höhen hört man ein
Geräusch,
> flehendes Weinen der Israeliten,
denn sie haben verkehrte Wege
genommen,
> den HERRN, ihren Gott, haben sie
> vergessen.

22 Kehrt zurück, abtrünnige Kinder,
> ich werde eure Abtrünnigkeiten
> heilen. –
Da sind wir, wir sind zu dir gekommen,
denn du bist der HERR, unser Gott. –

23 Wahrlich, trügerisch kommt es von
den Hügeln,
> der Lärm auf den Bergen.
Wahrlich, beim HERRN, unserem Gott,
ist die Rettung Israels.

24 Und die Schande hat den Besitz
unserer Vorfahren gefressen,
> seit unserer Jugend:
ihre Schafe und ihre Rinder,
> ihre Söhne und ihre Töchter.

25 In unsere Schande wollen wir uns
betten,
> und unsere Schmach soll uns
> bedecken.
Denn gegen den HERRN, unseren Gott,
haben wir und unsere Vorfahren
gesündigt,
> seit unserer Jugend bis auf den
> heutigen Tag,
und auf die Stimme des HERRN, unseres
Gottes,
> haben wir nicht gehört.

4 1 Willst du zurückkehren, Israel,
Spruch des HERRN,
> kehre zurück zu mir,
und willst du mir deine Scheusale aus
den Augen schaffen,
> so wirst du nicht heimatlos sein.

2 Und schwörst du in Treue, in Recht
und in Gerechtigkeit:
> So wahr der HERR lebt!,
werden sich Nationen in ihm segnen
> und seiner sich rühmen.

3 Denn so spricht der HERR zum Mann
aus Juda
> und zu Jerusalem:
Pflügt euch einen neuen Acker,
> und sät nicht unter die Dornen.

4 Beschneidet euch für den HERRN
> und entfernt die Vorhaut eures
> Herzens,
Mann aus Juda und ihr Bewohner
Jerusalems,
> damit mein Zorn nicht ausbricht wie
> Feuer und brennt,
> und keiner ist da, der löscht,
wegen der Bosheit eurer Taten.

|1–13: 2,20! |1: Dtn 24,1–4 |3: 14,1–6! · 6,15 |4:
19; 2,27; 31,9 |5: Ps 85,6 |6: 2,20; 1Kön 14,23 |7: 15,7;
23,14 · Ez 16,46; 23,2–4 |8: 5,7; 7,9; 9,1; 13,27; 23,10;
29,23 |11: Ez 16,51; 23,11 |12: 22; 4,1; 18,11; 25,5; 31,21;
Jes 31,6 |13: 2,29! · 2,25 · 32,23! |14: 31,32 · 29,14! |15:
23,4; Ez 34,23 |16: 23,3; 29,6; 30,19 |17: 14,21; 17,12;
Ez 43,7 · Jes 2,2! |18: 23,6–8; 50,4; Jes 11,12; Hos 2,2
|19: 4; 2,27 |20: 5,11; Ez 16,32 |21: 9,17; 31,15.18;
Klgl 1,2! |22: 12! · 30,17! |24–25: 6,15! |25: 8,14;
14,7.20; 22,21!; Klgl 5,16 |1: 3,12! |2: 5,2; 12,16; 16,14;
44,26 · Mal 1,11 |3: Hos 10,12 |4: 9,25; Dtn 10,16! ·
15,14!

3,8: In einer anderen hebräischen Tradition
lautet der Text: «Und ich sah, dass …»

Ankündigung des Untergangs

5 Verkündet es in Juda,
  und lasst es in Jerusalem hören und
  sprecht,
blast den Schofar im Land,
  ruft aus voller Kehle und sprecht:
Versammelt euch, und lasst uns ziehen
  in die befestigten Städte!
6 Erhebt ein Feldzeichen nach Zion hin,
  bringt euch in Sicherheit, bleibt
  nicht stehen,
denn von Norden her führe ich Unheil
heran
  und grossen Zusammenbruch.
7 Aus seinem Gestrüpp ist ein Löwe
aufgesprungen,
  einer, der Nationen vernichtet,
ist aufgebrochen, ist von seiner Stätte
gekommen,
  um dein Land zu verwüsten;
deine Städte werden verfallen,
  niemand wird mehr darin wohnen.
8 Deshalb: Gürtet die Trauergewänder
um,
  stimmt die Totenklage an und heult!
Denn nicht abgewandt von uns
  hat sich der glühende Zorn des
  HERRN.
9 Und an jenem Tag, Spruch des HERRN,
  wird der Mut des Königs und der
  Mut der Fürsten zergehen,
und die Priester werden entsetzt sein,
  und die Propheten werden erstarren.
10 Und ich sprach:
Ach Herr, HERR, wahrlich,
  bitter getäuscht hast du dieses Volk
  und Jerusalem:
Frieden werdet ihr haben! –
  Wir aber haben das Schwert an der
  Kehle.
11 In jener Zeit
  wird diesem Volk und Jerusalem
  gesagt:
Von kahlen Höhen in der Wüste rollt ein
heisser Sturm
  auf die Tochter meines Volkes zu,
nicht um zu worfeln und nicht um zu
läutern,
  12 ein Sturm, viel stärker, wird
  kommen für mich;

nun werde auch ich ihnen Urteile
sprechen.
13 Sieh, wie Wolken zieht er herauf,
  und wie Sturmwind sind seine
  Wagen,
schneller als Adler seine Pferde.
  Wehe uns, wir sind vernichtet!
14 Reinige dein Herz von Bosheit,
Jerusalem,
  damit du gerettet wirst.
Wie lange noch sollen in dir nisten
  deine Unrechtsgedanken?
15 Eine Stimme bringt Bericht aus Dan
  und lässt Unheil hören vom Gebirge
  Efraim!
16 Erinnert die Nationen,
  seht, über Jerusalem lasst es hören:
Aus fernem Land kommen Belagerer,
  und gegen die Städte Judas haben sie
  ihre Stimme erhoben.
17 Wie Wachen auf dem Feld sind sie
rings um sie,
  denn sie war widerspenstig gegen
  mich. Spruch des HERRN.
18 Dein Weg und deine Taten
  haben dir dies beschert.
Das kommt von deiner Bosheit, dass es
so bitter ist,
  dass es dir nach dem Herzen greift.
19 Mein Inneres, meine Eingeweide!
  Ich muss mich winden.
Die Wände meines Herzens –
  mein Herz ist mir unruhig,
ich kann nicht schweigen!
Denn ich höre den Klang des Schofar,
  Kriegsgeschrei.
20 Zusammenbruch über
Zusammenbruch wird ausgerufen,
  verwüstet ist das ganze Land!
Ohne Ankündigung sind meine Zelte
verwüstet,
  meine Zeltdecken, wie aus dem
  Nichts.
21 Wie lange noch muss ich das
Feldzeichen sehen,
  hören den Klang des Schofar?
22 Dumm ist mein Volk, mich kennen
sie nicht,
  törichte Kinder sind sie und ohne
  Einsicht!

Weise sind sie nur, um Böses zu tun,
  doch wie man Gutes tut, wissen sie
  nicht.
23 Ich sah die Erde, und sieh: wüst und
  öde!,
  und sah zum Himmel: Sein Licht ist
  erloschen!
24 Ich sah die Berge, und sieh, sie
wankten,
  und alle Hügel schwankten.
25 Ich sah hin, und sieh, da war kein
Mensch,
  und alle Vögel des Himmels waren
  geflohen.
26 Ich sah hin, und sieh, der Baumgarten war eine Wüste,
  und all seine Städte waren
  niedergerissen vor dem HERRN,
  vor seinem glühenden Zorn.
27 Denn so spricht der HERR:
Das ganze Land wird verwüstet,
  doch will ich es nicht ganz
  vernichten.
28 Darüber wird die Erde trauern
  und der Himmel oben sich
  verfinstern,
denn ich habe gesprochen, habe es
geplant
  und bedaure es nicht und lasse nicht
  ab davon.
29 Vor dem Lärm von Reiter und
Bogenschütze
  flieht die ganze Stadt,
in die Wälder sind sie gezogen
  und auf die Felsen gestiegen.
Verlassen ist jede Stadt,
  und kein Mensch wohnt mehr darin.
30 Und du, Verwüstete, was wirst du
tun?
Selbst wenn du dich in Purpur kleidest,
  dich schmückst mit Schmuck aus
  Gold,
  die Augen gross machst mit
  Schminke –
vergeblich machst du dich schön!
Die Liebhaber haben dich verschmäht,
  sie fordern dein Leben.
31 Denn eine Stimme höre ich wie von
einer, die sich in Schmerzen windet,

Schreie wie von einer, die zum
  ersten Mal gebärt,
die Stimme der Tochter Zion, sie stöhnt,
breitet ihre Hände aus:
  Wehe mir, mein Leben erliegt den
  Mördern!

|5: 19; 6,1; 51,27 · 8,14 |6: 1,14–15! |7: 49,19! ·
2,15! |8: 6,26; 49,3; Jes 32,11 · Jes 5,25 |9: 2,26! |10:
14,13! |11–12: 23,19; 25,32; 30,23 |13: 6,23; 48,40;
Klgl 4,19 |14: 2,22; Jes 1,16 · 13,27 |15: 8,16 |16: 6,18 ·
5,15! |17: 5,23; 6,28; Dtn 9,24; Ez 2,7 |18: 2,17! |19:
8,18; Klgl 1,20 |20: 9,18; 10,20 |22: 5,4.21; 8,7;
9,2.5; Dtn 32,28 |23: Gen 1,2 · Jes 5,30 |24: Jes 5,25;
Ez 38,19–20 |25: 9,9–10; 12,4!; 33,10 |26: 2,15! |27:
5,10.18; 10,24; 30,11; 46,28; Am 9,8 |29: 25!; 2,6; 51,43!
|30: 30,14 |31: 6,24; 13,21; 22,23; 30,6; 48,41; 50,43

4,19: In einer anderen hebräischen Tradition
lautet der Text: «… Eingeweide! Ich will warten. …»

*Untreue des Volks und Ankündigung
der Strafe*

5 1 Durchstreift die Gassen
  Jerusalems,
  und seht doch und erkundet
und sucht auf ihren Plätzen, ob ihr einen
findet,
  ob es einen gibt, der Recht übt, der
  Treue sucht,
damit ich ihr vergebe.
2 Und wenn sie sagen: So wahr der
HERR lebt!
  Sie schwören falsch!
3 HERR, deine Augen, sind sie nicht auf
Treue gerichtet?
Du hast sie geschlagen,
  aber es schmerzt sie nicht,
du hast sie aufgerieben,
  sie haben sich geweigert, die
  Unterweisung anzunehmen.
Härter als Fels haben sie ihr Angesicht
gemacht,
  sie weigern sich zurückzukehren.
4 Ich aber, ich sagte mir:
Das sind die Geringen, sie sind töricht,
  denn sie verstehen nicht den Weg
  des HERRN,
  das Recht ihres Gottes.
5 Ich will zu den Grossen gehen,
  und mit ihnen will ich reden,
denn sie verstehen den Weg des HERRN,
  das Recht ihres Gottes.

Aber zusammen haben sie das Joch
zerbrochen,
   die Stricke zerrissen.
6 Deshalb schlägt sie der Löwe im Wald,
   in den Steppen verstümmelt sie der
   Wolf,
vor ihren Städten lauert der Panther,
   wer immer sie verlässt, wird
   zerrissen.
Denn zahlreich sind ihre Vergehen,
   und oft sind sie abgefallen.
7 Wie sollte ich dir da verzeihen?
Deine Kinder haben mich verlassen,
   und sie haben bei denen
   geschworen, die nicht Gott sind.
Und ich habe sie satt gemacht,
   sie aber haben die Ehe gebrochen,
   und immer wieder waren sie zu Gast
   im Hurenhaus.
8 Brünstige Hengste sind sie geworden,
geil,
   ein jeder wiehert nach der Frau des
   anderen.
9 Sollte ich dies nicht ahnden, Spruch
des HERRN,
   und mich nicht rächen an einer
   Nation wie dieser?
10 Steigt hinauf in ihre Pflanzungen
und verwüstet sie,
   doch vernichtet sie nicht ganz.
Entfernt ihre Ranken,
   denn sie gehören nicht zum HERRN.
11 Wie treulos sie an mir gehandelt
haben,
   das Haus Israel und das Haus Juda!
   Spruch des HERRN.
12 Sie haben den HERRN verleugnet
   und haben gesagt: Er nicht!
Und kein Unheil wird über uns
kommen,
   und Schwert und Hunger werden
   wir nicht sehen.
13 Und die Propheten werden zu Wind,
   und das Wort ist nicht in ihnen.
So wird es ihnen selbst ergehen!
14 Darum, so spricht der HERR, der Gott
der Heerscharen:
Weil ihr dies sagt –
   sieh, zu Feuer mache ich meine
   Worte in deinem Mund,

und dieses Volk ist Brennholz, und
   es wird sie fressen.
15 Seht, ich bringe über euch, Haus
Israel, Spruch des HERRN,
   eine Nation aus der Ferne.
Es ist eine Nation, die Bestand hat,
   es ist eine Nation, die es schon
   immer gab,
eine Nation, deren Sprache du nicht
kennst,
   und was sie redet, kannst du nicht
   verstehen.
16 Wie ein offenes Grab ist ihr Köcher,
   sie alle sind Helden.
17 Und sie wird deine Ernte fressen
und dein Brot,
   sie werden deine Söhne fressen und
   deine Töchter,
sie wird deine Schafe fressen und deine
Rinder,
   sie wird deinen Weinberg kahl
   fressen und deinen Feigenbaum.
Deine befestigten Städte, auf die du dich
verlässt,
   zerschlägt sie mit dem Schwert.
18 Doch auch in jenen Tagen, Spruch
des HERRN,
   will ich euch nicht ganz vernichten.
19 Und wenn ihr sagt: Wofür hat der
HERR, unser Gott, uns all dies angetan?,
dann sage ihnen: Wie ihr mich verlassen und fremden Göttern gedient
habt in eurem eigenen Land, so werdet
ihr Fremden dienen in einem Land, das
euch nicht gehört.
20 Verkündet dies im Haus Jakob
   und lasst es hören in Juda:
21 Hört doch dies,
   dummes Volk ohne Verstand.
Augen haben sie und sehen nicht,
   Ohren haben sie und hören nicht!
22 Mich wollt ihr nicht fürchten,
Spruch des HERRN,
   vor mir nicht zittern,
der ich dem Meer den Sand als Grenze
gesetzt habe,
   als ewige Schranke, die es nicht
   überschreiten darf?
Und wogten die Wellen auch hin
und her,

nichts können sie erreichen,
und brausen auch seine Wogen,
sie werden sie nicht überschreiten.

23 Dieses Volk aber hatte ein
störrisches und widerspenstiges Herz,
abgewichen sind sie und
fortgegangen.

24 Und nie haben sie in ihrem Herzen
gesagt:
Lasst uns den HERRN, unseren Gott,
fürchten,
der Regen gibt, Frühregen und
Spätregen zur rechten Zeit,
die Wochen der Erntefrist sichert er
uns.

25 Eure Verschuldungen haben dies
gestört,
und eure Sünden haben das Gute
von euch fern gehalten.

26 Denn in meinem Volk finden sich
Frevler;
wie der Vogelfänger lauert man im
Versteck,
Fallen stellen sie,
fangen Menschen.

27 Wie ein Käfig voller Vögel,
so sind ihre Häuser voller Trug,
darum sind sie gross geworden und
reich.

28 Fett sind sie geworden, feist,
selbst das Mass des Bösen haben sie
überschritten,
das Recht haben sie nicht durchgesetzt,
das Recht der Waise, sie haben sie
nicht zum Erfolg geführt,
und den Rechtsanspruch der Armen
haben sie nicht eingelöst.

29 Sollte ich dies nicht ahnden, Spruch
des HERRN,
mich nicht rächen an einer Nation
wie dieser?

30 Entsetzliches und Grässliches
hat sich ereignet im Land:

31 Verlogen haben die Propheten
geweissagt,
und die Priester herrschten mit ihrer
Unterstützung,
und meinem Volk hat es so gefallen.
Was aber werdet ihr tun danach?

| 1: Gen 18,16.32; Ps 14,2–3 | 2: 4,2! · 7,9 | 3: 2,30! ·
8,5 | 4: 4,22! | 5: 2,8; 2,26!; Mi 3,1 · 2,20 | 6: 2,15 · 2,29!
| 7: 2,13! · 2,11! · 3,8! | 8: Ez 22,11 | 9: 29; 9,8 | 10: 4,27! ·
2,21 | 11: 3,20 | 12: 14,13!; Jes 28,15 · 11,22! | 13: 14,14!
| 14: 1,9! · 20,9; 23,29 | 15: 4,16; 6,22; Dtn 28,49 ·
Jes 28,11! | 17: 6,12; Dtn 28,33 | 18: 4,27! | 19: 9,11–15;
13,22; 16,10–13; 22,8–9 | 21: 4,22! · 6,10; 7,13!; Ez 12,2!
| 22: 31,35; Spr 8,29 | 23: 4,17! | 24: 10,13!; Dtn 11,14;
Joel 2,23; Jak 5,7 | 25: 2.17!; 14,1–6! | 27: 6,13! | 28:
22,3!.17; Jes 1,23; Mal 3,5 | 29: 9! | 30: 6,15; 7,10; 18,13;
23,14; 44,4; Ez 8,6 | 31: 14,13!–14! · Jes 10,3

5,1: Mit «ihren Plätzen» sind die Plätze
Jerusalems gemeint.

5,10: Die genaue Bedeutung des mit
‹Pflanzungen› wiedergegebenen hebräischen Worts
ist unsicher.

5,22: «die Wellen» wurde in der Übersetzung
ergänzt. Mit «sie nicht überschreiten» ist gemeint,
dass die Grenze oder Schranke nicht überschritten
wird.

5,28: Die Bedeutung des mit ‹feist›
wiedergegebenen hebräischen Worts ist unsicher.

Das Unheil aus dem Norden

6 1 Bringt euch in Sicherheit, ihr
Benjaminiten,
fort aus Jerusalem!
Und blast den Schofar in Tekoa,
und lasst Rauchzeichen aufsteigen
über Bet-Kerem,
denn von Norden blickt Unheil herab
und grosser Zusammenbruch.

2 Die Schöne und Verzärtelte,
die Tochter Zion vernichte ich.

3 Zu ihr kommen Hirten mit ihren
Herden,
sie schlagen ihre Zelte auf, ringsum,
gegen sie,
sie weiden ab, ein jeder seinen Teil.

4 Erklärt den Kampf gegen sie für
heilig!
Auf, und lasst uns hinaufziehen am
Mittag.
Wehe uns, der Tag neigt sich,
die Schatten des Abends werden
länger.

5 Auf, und lasst uns hinaufziehen in
der Nacht,
und dann lasst uns ihre Paläste
zerstören!

6 Denn so spricht der HERR der
Heerscharen:
Fällt Bäume
und schüttet eine Sturmrampe auf
gegen Jerusalem.

Sie ist die Stadt, von der man weiss:
   Überall in ihr herrscht Gewalt.
7 Wie ein Brunnen sein Wasser
sprudeln lässt,
   so lässt sie ihre Bosheit sprudeln,
man hört von Gewalttat und
Vernichtung in ihr,
   ständig vor Augen sind mir Wunden
   und Schläge.
8 Lass dich zurechtweisen, Jerusalem,
   damit ich mich nicht von dir
   abwende mit einem Schlag,
damit ich dich nicht verwüste,
   zum unbewohnten Land mache.
9 So spricht der HERR der Heerscharen:
Nachlese – am Rest Israels wird man
Nachlese halten
   wie im Weinberg.
Lass deine Hand noch einmal lesen,
   wie ein Winzer an den Ranken.
10 Wem soll ich noch zureden
   und wen ermahnen, damit sie
   hören?
Sieh, ihr Ohr ist nicht beschnitten,
   und sie können nicht hinhören.
Sieh, zum Hohn geworden ist ihnen das
Wort des HERRN,
   es gefällt ihnen nicht.
11 Ich bin voll vom Zorn des HERRN,
   bin zu müde, ihn zurückzuhalten.
Giesse ihn aus über das Kind auf der
Gasse
   wie auch über den Kreis der jungen
   Männer.
Getroffen wird auch der Mann mit der
Frau,
   der Alte und der Hochbetagte!
12 Und ihre Häuser werden in den
Besitz anderer übergehen,
   die Felder wie auch die Frauen.
Gegen die Bewohner des Landes strecke
ich meine Hand aus!
   Spruch des HERRN.
13 Denn von ihrem Kleinsten bis zu
ihrem Grössten
   sind sie alle nur hinter Gewinn her,
und vom Propheten bis zum Priester
   sind sie alle Betrüger.
14 Und nur scheinbar geheilt haben sie
   den Zusammenbruch meines Volks,

als sie sagten: Friede! Friede!
   Doch da ist kein Friede.
15 In Schande stehen sie da,
   denn sie haben Abscheuliches getan,
sie schämen sich nicht im Geringsten,
   begreifen nicht, dass sie auch
   Schande bringen.
Darum werden sie mit denen fallen, die
fallen.
   Zur Zeit, da ich sie heimsuche,
   werden sie stürzen!,
   spricht der HERR.
16 So spricht der HERR:
Stellt euch an die Wege und schaut,
   und fragt nach den uralten Pfaden,
   welches denn der Weg des Guten sei,
und nehmt ihn
   und findet einen Ruheplatz für euch.
Sie aber sagten: Wir gehen ihn nicht!
17 Und immer wieder habe ich
Wächter über sie bestellt:
   Achtet auf den Klang des Schofar!
Sie aber sagten: Wir achten nicht
darauf!
18 Darum hört, ihr Nationen,
   und Versammlung, erkenne, was
   mit ihnen geschieht.
19 Höre, Erde:
Sieh, ich bringe diesem Volk Unheil,
   die Frucht ihrer Gedanken,
denn auf meine Worte haben sie nicht
geachtet,
   und meine Weisung, sie haben sie
   verachtet.
20 Was soll ich denn mit Weihrauch
aus Saba
   und mit köstlichem Gewürzrohr aus
   fernem Land?
Eure Brandopfer gefallen mir nicht,
   und eure Schlachtopfer sind mir
   nicht genehm.
21 Darum, so spricht der HERR:
Sieh, ich lege diesem Volk Steine in den
Weg,
   und sie werden darüber stürzen,
die Väter mit den Kindern,
   der Nachbar und sein Nächster,
sie werden zugrunde gehen.
22 So spricht der HERR:

Sieh, aus dem Land des Nordens kommt
ein Volk,
und eine grosse Nation wird
geweckt von den Enden der Erde.
23 Bogen führen sie und Sichelschwert,
grausam ist es, und sie haben kein
Erbarmen.
Sie tönen wie das Meer, wenn es tost,
und reiten auf Pferden,
gerüstet wie ein Mann für den Krieg,
gegen dich, Tochter Zion.
24 Wir haben die Kunde von ihm
gehört,
unsere Hände sind erschlafft,
Not hat uns ereilt,
Wehen wie die Gebärende.
25 Geht nicht hinaus auf das Feld,
und geht nicht auf dem Weg,
denn da ist das Schwert des Feindes,
Grauen ringsum!
26 Tochter meines Volks, gürte das
Trauergewand um
und wälze dich im Staub.
Trauere wie um den einzigen Sohn,
bitterste Trauer.
Denn plötzlich
wird der Verwüster über uns
kommen.
27 Zum Prüfer in meinem Volk habe ich
dich gemacht,
zu einer befestigten Stadt,
damit du ihren Weg erkennst und
prüfst.
28 Die Störrischsten der Störrischen
sind sie alle,
als Verleumder sind sie unterwegs,
sind Bronze und Eisen,
sie alle bringen Verderben.
29 Der Blasebalg hat geschnaubt,
unversehrt vom Feuer ist das Blei,
vergeblich hat man geschmolzen und
geschmolzen,
die Bösen lassen sich nicht
ausscheiden.
30 Verworfenes Silber nennt man sie,
denn der HERR hat sie verworfen.

|1: 4,5! · 1,14–15! |2: 2,23; 4,31 |3: 4,17; 52,4 |4: 22,7;
Joel 4,9; Mi 3,5 |5: 17,27; 52,7.13 |6: 32,24; 33,4 |7:
8,22; 10,19; 14,17; 15,18; 30,12; 46,11 |9: 2,21! |10: 5,21!
|11: 5,14; 20,9 · 14,16; 51,22 |12–15: 8,10–12 |12: 5,17;
Dtn 28,30 · 15,6; 51,25; Jes 5,25 |13: 5,27–28; 23,11 |14:

14,13! |15: 9,18; 11,13; 15,9; 20,11 · 3,3 |16: 7,3; 31,21 ·
Mt 11,29 |17: Ez 3,17 · 8,5! |18: 4,16; Jes 34,1 |19:
22,29; Jes 1,2! · 11,11! · 21,14 |20: 7,21–22; 14,12;
Ps 40,7; Hos 8,13 |21: Jes 8,14–15 |22–24: 50,41–43
|22: 5,15!; 25,32 |23: 5,16 · 50,42! |24: 4,31! |25:
20,3.10; 46,5; 49,29 |26: 4,8!; 25,34 · 15,8 |28: 4,17! ·
9,3 · Ez 22,18 |29: 13,23; 17,1; Ez 24,11–12 |30: Jes 1,22 ·
7,15!

6,2: Die Bedeutung des mit ‹vernichten›
wiedergegebenen hebräischen Worts ist unsicher.
6,18: Die Übersetzung «und Versammlung, …
geschieht» ist unsicher.
6,25: In einer anderen hebräischen Tradition
lautet der Text: «Geh nicht hinaus auf das Feld, und
geh nicht auf den Weg, …»», womit wohl die ‹Tochter
meines Volks› angesprochen ist, von der in V. 27 die
Rede ist.

Jeremias Tempelrede

7 1 Das Wort, das vom HERRN an Jere-
mia erging: 2 Stell dich ins Tor zum
Haus des HERRN und rufe dort dieses
Wort aus und sprich: Hört das Wort des
HERRN, ganz Juda, die ihr durch diese
Tore hineingeht, um euch vor dem
HERRN niederzuwerfen.

3 So spricht der HERR der Heerscharen, der Gott Israels: Macht eure Wege
besser und eure Taten, dann will ich
euch wohnen lassen an dieser Stätte.
4 Verlasst euch nicht auf verlogene
Worte wie diese: Der Tempel des
HERRN, der Tempel des HERRN, das ist
der Tempel des HERRN. 5 Macht vielmehr eure Wege besser und eure Taten.
Wenn ihr wirklich Recht schafft untereinander 6 und den Fremden, die Waise
und die Witwe nicht unterdrückt – und
kein unschuldiges Blut an dieser Stätte
vergiesst – und nicht anderen Göttern
nachlauft, zu eurem eigenen Unheil,
7 dann werde ich euch wohnen lassen
an dieser Stätte, in dem Land, das ich euren Vorfahren gegeben habe, vor langer
Zeit für immer. 8 Seht, ihr verlasst euch
auf die verlogenen Worte – ohne Nutzen. 9 Stehlen, töten und ehebrechen
und falsch schwören und dem Baal
Rauchopfer darbringen und anderen
Göttern nachlaufen, die ihr nicht kennt!
10 Und da kommt ihr und tretet vor
mich in diesem Haus, über dem mein
Name ausgerufen ist, und sprecht: Wir

sind gerettet!, um dann all diese Abscheulichkeiten zu begehen? 11 Ist denn
dieses Haus, über dem mein Name ausgerufen ist, in euren Augen eine Räuberhöhle geworden? Auch ich, seht, ich
habe es gesehen! Spruch des HERRN.

12 Geht doch zu meiner Stätte in
Schilo, wo ich anfangs meinen Namen
habe wohnen lassen, und seht, was ich
ihr angetan habe wegen der Bosheit
meines Volks Israel. 13 Und nun, weil
ihr all diese Taten begeht, Spruch des
HERRN, obwohl ich zu euch geredet
habe, immer wieder eifrig geredet habe,
und ihr nicht gehört habt und ich euch
rief und ihr nicht geantwortet habt:
14 Was ich Schilo angetan habe, werde
ich dem Haus antun, über dem mein
Name ausgerufen ist und auf das ihr vertraut, und der Stätte, die ich euch und
euren Vorfahren gegeben habe. 15 Und
ich werde euch von meinem Angesicht
verstossen, wie ich all eure Brüder verstossen habe, alle Nachkommen
Efraims.

|2: 2,2; 17,19–20; 19,2–3; 22,1–2; 26,2–3 |3: 6,16!;
18,11; 25,5; 26,13; 35,15 |4: Mi 3,11 |5–9: 26,13;
Ez 18,5–9 |6: 22,3! · 16,11! |7: 17,25 |8: 13,25; 14,14! |9:
Ex 20,3.13–16 · 3,8! · 5,2 · 11,13! |10: 32,34; 34,15;
1Kön 8,43 |11: Mt 21,13 · 16,17! |13: 11,8; 13,10; 17,23;
32,23! |14: 26,6.9; Ps 78,60 · 12,7! |15: 29; 6,30;
23,33.39; 33,24

7,4: Wörtlich: «…, sie sind der Tempel …»

Bestrafung für Götzendienst

16 Und du, bitte nicht für dieses
Volk! Und flehe nicht und bete nicht für
sie, und dränge mich nicht, denn ich
werde dich nicht anhören! 17 Siehst du
nicht, was sie in den Städten Judas tun
und in den Gassen Jerusalems? 18 Die
Kinder sammeln Holz, die Väter zünden
das Feuer an, und die Frauen kneten den
Teig, um für die Himmelskönigin Opferkuchen zu machen, und fremden
Göttern spendet man Trankopfer, um
mir zu schaden. 19 Schaden sie mir,
Spruch des HERRN, und nicht vielmehr
sich selbst, zu ihrer eigenen Schande?
20 Darum, so spricht Gott der HERR:
Seht, mein Zorn, meine Wut wird sich

über diese Stätte ergiessen, über
Mensch und über Tier und über die
Bäume auf dem Feld und über die
Früchte des Bodens, und er wird brennen und nicht erlöschen. 21 So spricht
der HERR der Heerscharen, der Gott Israels: Eure Brandopfer – häuft sie nur
auf eure Schlachtopfer, und esst Fleisch!
22 Über Brandopfer und Schlachtopfer
habe ich euren Vorfahren nichts gesagt
und ihnen nichts geboten an dem Tag,
da ich sie herausgeführt habe aus dem
Land Ägypten! 23 Vielmehr habe ich ihnen dies geboten: Hört auf meine
Stimme, dann werde ich euch Gott sein,
und ihr werdet mir Volk sein. Und geht
getreu auf dem Weg, den ich euch gebiete, damit es euch gut geht. 24 Sie aber
haben nicht gehorcht und mir kein Gehör geschenkt. Und sie lebten störrisch
nach den Ratschlägen ihres bösen Herzens, und sie zeigten mir den Rücken
und nicht das Gesicht.

25 Seit dem Tag, an dem eure Vorfahren ausgezogen sind aus dem Land
Ägypten, bis auf den heutigen Tag habe
ich alle meine Diener, die Propheten, zu
euch gesandt, täglich, mit Eifer habe ich
sie immer wieder gesandt. 26 Sie aber
haben nicht auf mich gehört und mir
kein Gehör geschenkt, und sie haben ihren Nacken hart gemacht, sie waren
schlimmer als ihre Vorfahren.

27 Und du wirst ihnen alle diese
Worte sagen, sie aber werden nicht auf
dich hören. Und du wirst sie rufen, sie
aber werden dir nicht antworten.
28 Und du wirst ihnen sagen: Dies ist
die Nation, die auf die Stimme des
HERRN, ihres Gottes, nicht gehört hat
und die Unterweisung nicht angenommen hat. Die Treue ist verloren gegangen, und aus ihrem Mund ist sie getilgt.
29 Schneide dir die Haare ab
und wirf sie weg,
   und auf kahlen Höhen stimm die
   Klage an,
denn der HERR hat verworfen
   und aufgegeben die Generation
   seines Zorns.

30 Denn die Judäer haben getan, was böse ist in meinen Augen! Spruch des HERRN. In das Haus, über dem mein Name ausgerufen ist, haben sie ihre Scheusale gestellt, um es unrein zu machen. 31 Und sie haben die Kulthöhen des Tofet gebaut, die im Tal Ben-Hinnom sind, um ihre Söhne und ihre Töchter im Feuer zu verbrennen, was ich ihnen niemals geboten habe und was nie in meinen Sinn gekommen wäre.

32 Darum, sieh, es kommen Tage, Spruch des HERRN, da wird nicht mehr gesagt: Tofet und Tal Ben-Hinnom, sondern: Tal des Mordens! Und im Tofet wird man so viele begraben, dass kein Platz mehr ist. 33 Und die Leichen dieses Volks werden den Vögeln des Himmels und den Tieren der Erde als Nahrung dienen, und da wird niemand sein, der sie verscheucht. 34 Und in den Städten Judas und in den Gassen Jerusalems mache ich dem Jubelschreien und den Freudenrufen ein Ende, der Stimme des Bräutigams und der Stimme der Braut, denn das Land wird verwüstet.

8 1 In jener Zeit, Spruch des HERRN, wird man die Gebeine der Könige von Juda und die Gebeine seiner Fürsten und die Gebeine der Priester und die Gebeine der Propheten und die Gebeine der Bewohner Jerusalems aus ihren Gräbern holen. 2 Und der Sonne und dem Mond wird man sie hinwerfen und dem ganzen Heer des Himmels, denen, sie geliebt haben und denen sie gedient haben und denen sie nachgelaufen sind und die sie befragt und vor denen sie sich niedergeworfen haben. Sie werden nicht eingesammelt und nicht begraben, als Dünger auf dem Acker werden sie dienen. 3 Und dem ganzen Rest derer, die übrig bleiben von dieser bösen Sippe an all den Orten, wohin ich die Übriggebliebenen verstoße, wird der Tod besser erscheinen als das Leben! Spruch des HERRN der Heerscharen.

|16: 11,14; 14,11–12; 15,1 |18: 44,17–19 · 19,4! |19: 2,17! |20: 15,14! |22: 2,6! · 6,20! |23: 11,4; 30,21!;

38,20!; Ex 19,5–6 · 42,6 |24: 11,8 · 9,13! · 2,27! |25: 11,7; 35,15; 44,4; 2Chr 36,15! |26: 19,15 · 16,12 |27: 1,17; Ez 3,7 |28: 2,30! |29: Mi 1,16 · 15! |30: 4,1; 16,18; 23,11; 32,34 |31–33: 19,5–7 |31: 32,35; 2Chr 28,3; Ez 22,33 : 16,4!; 19,7; 34,20; Dtn 28,26 |34: 16,9; 25,10 · 25,9–11; 44,2.6 |2: 19,13; 2Kön 21,5 · Ez 6,5! · 16,4!

7,31: Tofet bedeutet wohl ‹Kochherd›, zugleich klingt hebräisch aber das abfällige ‹Speichel› mit. Im Text bezieht sich Tofet auf eine Opferstätte.

Fehlende Einsicht

4 Und du sollst zu ihnen sagen:
So spricht der HERR:
Wenn man fällt,
steht man dann nicht wieder auf?
Oder wendet sich einer weg
und wendet sich nicht wieder hin?
5 Warum wendet dieses Volk,
Jerusalem, sich ab,
sich fortwährend ab?
Am Trug halten sie fest,
sie weigern sich, sich wieder
hinzuwenden.
6 Ich gab acht und hörte hin:
Es ist nicht so, wie sie sagen!
Keiner bereut seine Bosheit,
dass er sagte: Was habe ich getan!
Jeder wendet sich ab in seinem Lauf,
wie ein Pferd, das in die Schlacht
stürmt.
7 Selbst der Storch am Himmel kennt
seine Zeiten,
und Taube, Mauersegler und
Schwalbe halten die Zeit ihrer
Heimkehr ein,
mein Volk aber kennt nicht die
Ordnung des HERRN.
8 Wie könnt ihr sagen: Wir sind weise,
und bei uns ist die Weisung des
HERRN!
Wahrlich, seht, das hat der Griffel zur
Lüge gemacht,
zur Lüge der Schreiber.
9 Weise werden zuschanden,
werden von Schrecken erfüllt und
gefangen.
Sieh, das Wort des HERRN haben sie
verachtet.
Und welche Weisheit ist ihnen
geblieben?

10 Deshalb werde ich ihre Frauen
anderen geben
und ihre Felder anderen Besitzern,
denn vom Kleinsten bis zum Grössten
sind sie alle nur hinter Gewinn her,
vom Propheten bis zum Priester
sind sie alle Betrüger.
11 Und nur scheinbar geheilt haben sie
den Zusammenbruch der Tochter
meines Volks,
als sie sagten: Friede! Friede!
Doch da ist kein Friede.
12 In Schande stehen sie da,
denn sie haben Abscheuliches getan,
sie schämen sich nicht im Geringsten
und kennen keine Scham.
Darum werden sie mit denen fallen, die
fallen.
Zur Zeit ihrer Heimsuchung werden
sie stürzen!,
spricht der HERR.
13 Einsammeln werde ich sie! Spruch
des HERRN.
Am Weinstock sind keine Trauben mehr
und am Feigenbaum keine Feigen,
und die Blätter sind verwelkt.
So habe ich es für sie bestimmt,
man wird über sie herfallen!
14 Wozu bleiben wir sitzen?
Versammelt euch,
und lasst uns in die befestigten
Städte ziehen
und uns dort still verhalten!
Der HERR, unser Gott, hat uns
untergehen lassen
und uns giftiges Wasser zu trinken
gegeben,
denn wir haben gesündigt gegen den
HERRN!
15 Auf Wohlergehen hat man gehofft,
doch da ist nichts Gutes,
auf eine Zeit der Heilung,
doch sieh: Schrecken!
16 Von Dan her ist das Schnauben
seiner Pferde zu hören,
vom lauten Wiehern seiner starken
Hengste
erbebt das ganze Land,
und sie sind gekommen und haben das
Land gefressen und was darin ist,

die Stadt und die darin wohnen.
17 Denn sieh, ich werde Schlangen
gegen euch loslassen,
Giftschlangen, gegen die keine
Beschwörung hilft,
und sie werden euch beissen! Spruch
des HERRN.

| 5: 2,31; 5,3; 6,17; 15,7 | 6: 5,1 | 7: 4,22! | Jes 1,3 | 8–9:
2,8 | 9: 6,19 | 10–12: 6,12–15 | 10: 22,17 | 11: 14,13! | 12:
6,15; 9,24–25; 11,23; 23,12; 46,21! | 14: 9,14! · 3,25! | 15:
12,12; 14,19; 30,5; Ez 7,25 | 16: 4,15 · 6,23 | 17:
Num 21,6!

8,7: Möglicherweise ist statt mit «Schwalbe» mit
«Drossel» zu übersetzen.
8,14: Möglich ist auch die Übersetzung: «... und
lasst uns dort untergehen! ...»

Jeremias Verzweiflung

18 Erheiterung anstelle meines
Kummers!
Mein Herz in mir ist krank.
19 Sieh, horch, der Hilferuf der Tochter
meines Volks
aus dem hintersten Winkel des
Landes:
Ist denn der HERR nicht in Zion?
Ist ihr König nicht in ihr?
Warum haben sie mich gereizt mit
ihren Götzenbildern,
mit den Nichtsen aus der Fremde?
20 Die Ernte ist vorbei,
die Sommerernte zu Ende,
und wir sind nicht gerettet worden.
21 Über dem Zusammenbruch der
Tochter meines Volks
bin ich zerbrochen.
Ich trauere,
Entsetzen hat mich ergriffen.
22 Gibt es im Gilead keinen Balsam?
Und gibt es dort keinen Arzt?
Warum ist die Heilung der Tochter
meines Volks
nicht vorangeschritten?
23 Dass doch mein Haupt zerflösse
und mein Auge zur Tränenquelle
würde,
dann wollte ich Tag und Nacht weinen
um die Erschlagenen der Tochter
meines Volks!

| 18: 4,19; Klgl 1,22 | 19: 11,17; 25,6–7; 32,29–32;
44,3.8 | 22: 6,7! | 23: 9,9; 13,17; 14,17; Klgl 3,48–49

Betrug und Vernichtung

9 1 Gäbe man mir ein Nachtquartier
für Reisende in der Wüste,
so wollte ich mein Volk verlassen
und fortgehen von ihnen.
Denn sie alle sind Ehebrecher,
eine Gesellschaft von Betrügern!

2 Und wie ihren Bogen haben sie ihre
Zunge gespannt:
Mit Lüge und nicht in Treue sind sie
stark geworden im Land.
Von einer Bosheit kommen sie zur
nächsten Bosheit!
Mich aber kennen sie nicht! Spruch
des HERRN.

3 Jeder hüte sich vor seinem Nächsten!
Und keinem Bruder solltet ihr
trauen.
Denn jeder Bruder ist hinterhältig,
und als Verleumder ist jeder Nächste
unterwegs.

4 Und alle betrügen einander,
und was wahr ist, sagen sie nicht,
sie haben ihre Zunge das Lügen gelehrt,
haben sich bemüht, falsch zu
handeln.

5 Du lebst im Betrug!
Sie sind betrügerisch,
haben sich geweigert, mich zu
erkennen.
Spruch des HERRN.

6 Darum, so spricht der HERR der
Heerscharen:
Sieh, ich werde sie läutern
und sie prüfen.
Was bleibt mir zu tun,
wenn ich die Tochter meines Volks
ansehe?

7 Ihre Zunge ist ein spitzer Pfeil,
man redet betrügerisch,
mit seinem Mund redet man friedfertig
zum anderen,
im Innern aber legt man ihm einen
Hinterhalt.

8 Sollte ich dies nicht ahnden an ihnen,
Spruch des HERRN,
mich nicht rächen an einer Nation
wie dieser?

9 Über die Berge stimme ich Weinen an
und Wehklagen
und über die Weiden in der Steppe
ein Klagelied,
denn sie sind verwüstet und niemand
zieht hindurch,
und keinen Laut hört man von
Herden.
Von den Vögeln des Himmels bis zum
Vieh:
Geflohen sind sie, fortgezogen.

10 Und Jerusalem werde ich zu
Steinhaufen machen,
zur Behausung für Schakale,
und die Städte Judas werde ich
verwüsten,
sie werden ohne Bewohner sein.

11 Wer ist der Mann, so weise,
dass er dies versteht,
und zu dem der Mund des HERRN
gesprochen hat,
damit er kundtut,
warum das Land zugrunde gegangen,
verwüstet worden ist wie die Wüste,
und niemand zieht hindurch.

12 Und der HERR sprach:
Weil sie meine Weisung verlassen
haben,
die ich ihnen vorgelegt habe,
und nicht auf meine Stimme gehört
und nicht danach gelebt haben

13 und dem Starrsinn ihres Herzens
gefolgt
und den Baalen nachgelaufen sind,
an die ihre Vorfahren sie gewöhnt
hatten:

14 Darum, so spricht der HERR der
Heerscharen, der Gott Israels:
Sieh, ich werde ihnen, diesem Volk,
Wermut zu essen
und giftiges Wasser zu trinken
geben.

15 Und ich werde sie unter die
Nationen zerstreuen,
die sie und ihre Vorfahren nicht
gekannt haben,

und hinter ihnen her werde ich das
Schwert senden,
    bis ich sie ganz vernichtet habe.
16 So spricht der HERR der
Heerscharen:
Gebt acht und ruft die Klagefrauen,
    sie sollen kommen,
und schickt nach den weisen Frauen,
    sie sollen kommen.
17 Und sie sollen sich beeilen
    und die Wehklage anstimmen über
    uns,
damit unsere Augen überfliessen vor
Tränen
    und unsere Wimpern zerfliessen in
    Wasser.
18 Denn laute Wehklage ist aus Zion zu
hören:
Wie sind wir vernichtet!
    Wir sind in grosse Schande geraten,
wir mussten das Land verlassen,
    unsere Wohnungen hat man
    niedergestossen!
19 So hört, ihr Frauen, das Wort des
HERRN,
    und euer Ohr nehme das Wort
    seines Mundes auf!
Und lehrt eure Töchter die Wehklage,
    und eine jede lehre die andere das
    Klagelied:
20 Durch unsere Fenster ist der Tod
eingestiegen,
    in unsere Paläste ist er gekommen,
um das Kind auf der Gasse zu
vernichten,
    die jungen Männer auf den Plätzen.
21 Rede: So lautet der Spruch des
HERRN:
Die Leichen der Menschen werden
herumliegen
    wie Dünger auf dem Feld
und wie abgeschnittene Ähren
    hinter dem Schnitter,
und da ist niemand, der sie sammelt.
22 So spricht der HERR:
Wer weise ist, rühme sich nicht seiner
Weisheit,
    und der Starke rühme sich nicht
    seiner Stärke,
wer reich ist, rühme sich nicht seines
Reichtums.

23 Sondern dessen rühme sich, wer
sich rühmt:
    einsichtig zu sein und mich zu
    erkennen,
dass ich, der HERR, es bin,
    der Gnade, Recht und Gerechtigkeit
    übt auf Erden,
denn daran habe ich Gefallen. Spruch
des HERRN.
24 Sieh, es kommen Tage, Spruch des
HERRN, da suche ich alle heim, die an
der Vorhaut beschnitten sind: 25 Ägypten und Juda und Edom und die Ammoniter und Moab und alle mit gestutztem
Haarrand, die in der Wüste wohnen,
denn alle Nationen sind unbeschnitten,
und das ganze Haus Israel hat ein unbeschnittenes Herz.

|1: 3,8! |2: 4,22! |3: 12,6; Mi 7,5 · 6,28 |6: Jes 1,25;
Sach 13,9 |7: Jes 59,3; Ps 12,3 |8: 5,9.29 |9: 8,23!;
Am 5,1 · 4,25! |10: 26,18! · 10,22; 49,33! · 2,15! |11–15:
5,19! |12: 2,8; 32,23; 44,10 |13: 7,24; 11,8; 13,10; 16,12
|14: 8,14; 23,15; Klgl 3,15 |15: 13,24; 18,17; Lev 26,33 ·
24,10; 25,16 |17: 3,21! |18: 6,15! · 4,20! |20: 6,11! |21:
16,4! |23: 1Kor 1,31; 2Kor 10,17 · 31,34! · Mi 6,8
|24–25: 8,12!; 46,21! |25: 4,4!

9,3: Im hebräischen Wort für ‹hinterhältig sein›
klingt der Name Jakob an, der seinen Bruder hintergangen hat (Gen 27).
9,7: Die genaue Bedeutung des mit ‹spitz› wiedergegebenen hebräischen Worts ist unsicher.
9,23: Möglich ist auch die Übersetzung: «..., denn
an diesen habe ich Gefallen. ...», was sich auf jene
Menschen bezieht, die einsichtig sind.

Nichtige Götzen. Der wahrhaftige Gott
10 1 Hört das Wort, das der HERR
über euch gesprochen hat, Haus
Israel!
2 So spricht der HERR:
An den Weg der Nationen sollt ihr euch
nicht gewöhnen,
    und vor den Zeichen am Himmel
    sollt ihr nicht erschrecken,
denn vor ihnen erschrecken die
Nationen.
3 Denn was bei den Völkern gilt – das
ist Nichts!
Es ist Holz, das einer im Wald
geschlagen hat,
    das Werk der Hände eines
    Handwerkers,
    mit dem Beil geschlagen!

4 Mit Silber und mit Gold verziert er es,
  mit Nägeln und mit Hämmern
  befestigt man es,
es darf nicht wackeln.
5 Sie sind wie ein Pfahl im Gurkenfeld
  und reden nicht;
sie müssen getragen werden,
  denn sie bewegen sich nicht.
Fürchtet euch nicht vor ihnen,
  denn sie tun nichts Böses;
  aber auch Gutes – sie tun es nicht.
6 Dir, HERR, ist keiner gleich.
Gross bist du,
  und gross ist dein Name durch
  Stärke.
7 Wer wird dich nicht fürchten, du
König der Nationen?
  Dir gebührt es!
Denn von allen Weisen der Nationen
und in all ihren Königreichen
  ist keiner dir gleich!
8 Und allesamt sind sie dumm und
töricht;
  was man von den Nichtsen lernt:
  Es ist Holz.
9 Gehämmertes Silber, aus Tarschisch
wird es gebracht,
  und Gold aus Ufas,
das Werk eines Handwerkers
  und der Hände des Schmieds,
aus blauem und rotem Purpur ist ihr
Kleid,
  sie alle sind das Werk von Künstlern.
10 Der HERR aber ist wahrhaftig Gott,
  er ist ein lebendiger Gott und ewiger
  König.
Vor seinem Zorn erbebt die Erde,
  und gegen seine Wut kommen die
  Nationen nicht an.
11 Dies sollt ihr ihnen sagen:
Die Götter, die weder den Himmel noch
die Erde gemacht haben,
  werden verschwinden von der Erde
  und unter diesem Himmel.
12 Er ist es, der die Erde gemacht hat
durch seine Kraft,
  den Erdkreis fest gegründet hat in
  seiner Weisheit
und den Himmel ausgespannt in seiner
Einsicht.

13 Ertönt sein Befehl, finden sich
Wassermassen am Himmel ein,
  und Nebelschwaden lässt er
  aufsteigen vom Ende der Erde,
zum Regen schafft er Blitze,
  und den Sturm holt er hervor aus
  seinen Kammern.
14 Dumm steht da ein jeder Mensch,
ohne Erkenntnis,
  zuschanden wird jeder Schmied an
  seinen Bildern,
denn sein gegossenes Bild ist Lüge,
  und kein Atem ist darin.
15 Sie sind Nichts,
  ein lächerliches Machwerk,
zur Zeit ihrer Heimsuchung gehen sie
unter.
16 Nicht wie diese ist der Anteil Jakobs,
  denn er ist es, der alles gestaltet,
und Israel ist der Stamm seines
Erbbesitzes,
  HERR der Heerscharen ist sein
  Name.

| 2: Jes 44,8 | 3: 8; 8,19; 14,22; 51,18 · Jes 44,13–17
| 4: Jes 40,19; 41,7 | 5: Ps 115,4–7; Jes 46,1.7 | 6–7:
49,19; Jes 40,18 | 7: 5,22; Offb 15,4 | 10: 23,36 · 51,29
| 11: Jes 44,9 | 12–16: 51,15–19; Jes 40,12–26 | 12: 27,5;
32,17; 51,15; Ps 104,24 | 13: 5,24; 14,22 | 14: Jes 44,10–11
| 15: 11; 43,12–13; 50,2; 51,18.44.47.52 | 16: 51,19;
Dtn 32,9

10,3: Mit «Nichts» ist ein Götterbild gemeint.
10,5: Die genaue Bedeutung des mit ‹Pfahl› wiedergegebenen hebräischen Worts ist unsicher.
10,8: Die Übersetzung «was man von den
Nichtsen lernt: Es ist Holz!» ist unsicher.
10,9: Möglicherweise handelt es sich bei ‹Ufas›
nicht um den Namen einer Region, sondern um ein
Wort, das die entferntesten Gegenden bezeichnet.
10,11: Jer 10,11 ist in Aramäisch verfasst.
10,16: Mit dem «Anteil Jakobs» ist der Gott Israels gemeint.

Jeremias Trauer. Bitte um Bestrafung der Feinde

17 Hebe dein Bündel auf von der Erde,
  die du in der Bedrängnis kauerst.
18 Denn so spricht der HERR:
Sieh, dieses Mal werde ich die Bewohner
des Landes fortschleudern
  und sie in Bedrängnis bringen – man
  soll sie finden!

19 Wehe mir, denn ich bin
zusammengebrochen,
   unheilbar ist meine Wunde!
Und ich hatte mir gesagt: Das ist nun
mein Leiden,
   und ich werde es ertragen.
20 Verwüstet ist mein Zelt,
   und alle meine Zeltstricke sind
zerrissen,
meine Kinder sind fortgezogen von mir
   und sind nicht mehr da.
Da ist keiner mehr, der mein Zelt
aufschlägt
   und meine Zeltdecken befestigt.
21 Denn als dumm haben sich die
Hirten erwiesen,
   und den HERRN haben sie nicht
gesucht;
darum hatten sie keinen Erfolg,
   und ihre ganze Herde hat sich
zerstreut.
22 Horch! Eine Nachricht, sieh, sie
kommt
   mit gewaltigem Beben aus dem
Land des Nordens,
um die Städte Judas zu verwüsten,
   sie zur Behausung für Schakale zu
machen.
23 Ich habe erkannt, HERR, dass der
Mensch nicht über seinen Weg
bestimmt,
   dass der, der geht, nicht seinen
Schritt bestimmt.
24 Weise mich zurecht, HERR –,
   aber im Gerichtsverfahren,
nicht in deinem Zorn,
   damit du mich nicht auslöschst.
25 Giess deinen Zorn aus über die
Nationen,
   die dich nicht kennen,
und über die Sippen,
   die deinen Namen nicht anrufen,
denn sie haben Jakob gefressen,
   sie haben ihn gefressen und
aufgerieben,
und seine Weide haben sie verwüstet.

|17: 46,19; Ez 12,3 |18: 16,13; 22,26 |19: 6,7! |20:
4,20! · 31,15; Jes 51,18 |21: 2,8; 12,10; 23,1–2!; 50,6;
Ez 34,6 |22: 1,14–15! · 2,15! · 9,10! |24: 4,27! |25: 2,3;
30,16; Ps 79,6–7

10,19: Die Übersetzung «mein Leiden» beruht
auf den antiken Übersetzungen; der Massoretische
Text lautet übersetzt: «ein Leiden».

Bruch des Bundes

11 1 Das Wort, das vom HERRN an Jeremia erging: 2 Hört die Worte
dieses Bundes. Und du sollst sie den
Männern von Juda und den Bewohnern
Jerusalems sagen. 3 Und du sollst ihnen
sagen: So spricht der HERR, der Gott Israels: Verflucht ist, wer den Worten dieses Bundes nicht gehorcht, 4 die ich euren Vorfahren geboten habe an dem Tag,
als ich sie herausgeführt habe aus dem
Land Ägypten, aus dem Schmelzofen, als
ich sprach: Hört auf meine Stimme und
handelt danach, all dem gemäss, was ich
euch gebiete! Dann werdet ihr mir Volk
sein, und ich werde euch Gott sein, 5 damit ich den Schwur erfülle, den ich euren Vorfahren geschworen habe: ihnen
ein Land zu geben, wo Milch und Honig
fliessen, wie es heute der Fall ist. Daraufhin sprach ich: Amen, HERR!

6 Und der HERR sprach zu mir: Rufe
alle diese Worte aus in den Städten Judas und in den Gassen Jerusalems: Hört
die Worte dieses Bundes und handelt
danach! 7 Denn eindringlich habe ich
eure Vorfahren ermahnt an dem Tag, da
ich sie heraufgeführt habe aus dem Land
Ägypten, bis auf den heutigen Tag; eifrig
habe ich sie ermahnt: Hört auf meine
Stimme! 8 Sie aber haben nicht gehört
und haben mir kein Gehör geschenkt,
und sie lebten, ein jeder, im Starrsinn
ihres bösen Herzens, und ich habe alle
Worte dieses Bundes über sie gebracht,
nach denen zu handeln ich ihnen geboten habe, sie aber haben es nicht getan.

9 Und der HERR sprach zu mir: Eine
Verschwörung wurde aufgedeckt unter
den Männern von Juda und unter den
Bewohnern Jerusalems. 10 Sie sind zurückgekehrt zu den Vergehen ihrer Vorfahren, der Früheren, die sich geweigert
haben, meine Worte zu hören; auch sind
sie anderen Göttern nachgelaufen, um
ihnen zu dienen. Das Haus Israel und
das Haus Juda haben meinen Bund ge-

brochen, den ich mit ihren Vorfahren geschlossen habe. 11 Darum, so spricht der HERR: Sieh, ich bringe ihnen Unheil, dem sie nicht entrinnen können. Und sie werden zu mir schreien, ich aber werde nicht auf sie hören. 12 Und die Städte Judas und die Bewohner Jerusalems werden gehen und zu den Göttern schreien, denen sie Rauchopfer darbringen, sie aber werden ihnen nicht helfen in der Zeit ihres Unheils. 13 Denn so zahlreich wie deine Städte sind deine Götter geworden, Juda, und so viele Gassen Jerusalem hat, so viele Altäre hast ihr der Schande errichtet, Altäre, um dem Baal Rauchopfer darzubringen.

14 Und du, bitte nicht für dieses Volk! Und flehe nicht und bete nicht für sie, denn ich werde nicht hören, wenn sie mich rufen in ihrem Unheil.

15 Was will die von mir Geliebte in meinem Haus?
> Dunkle Pläne führt sie aus!
Werden Gelübde und heiliges Fleisch von dir abwenden,
> dass dies dein Unheil ist?
Dann könntest du jubeln!

16 Einen saftig-grünen Ölbaum, schön, voller Früchte,
> hat der HERR dich genannt.
Der Lärm einer grossen Volksmenge:
Feuer hat er an ihn gelegt,
> und schlecht wird es seinen Zweigen ergehen.

17 Und der HERR der Heerscharen, der dich gepflanzt hat, hat Unheil über dich verkündet, der Bosheit des Hauses Israel und des Hauses Juda wegen, die sie sich selbst angetan haben, als sie mich reizten, indem sie dem Baal Rauchopfer darbrachten.

|3: Dtn 27,26! |4: 34,13; 5,2–3 · Dtn 4,20! · 7,23! |5: 32,22; Dtn 11,9 |7: 7,25! · Dtn 4,1 |8: 7,13!.24 |10: 16,11! · 31,32; 33,20 |11: 6,19; 18,11; 19,3; 23,12; 45,5 · 14,12 |12: 19,4! |13: 2,28 · 7,9; 19,5; 32,29.35 |14: 7,16! |16: 2,21; Röm 11,17 |17: 1,10! · 8,19!

11,15–16: Diese Verse sind im Massoretischen Text vieldeutig. Die Wiedergabe «Gelübde» beruht auf antiken Übersetzungen; der Massoretische Text lautet übersetzt: «die Vielen».

Jeremias Klage

18 Und der HERR hat es mich erkennen lassen, und ich habe es erkannt. Damals hast du mir ihre Taten gezeigt.

19 Ich aber war wie ein zutrauliches Lamm, das zur Schlachtung geführt wird. Und ich wusste nicht, dass sie Pläne gegen mich geschmiedet hatten: Lasst uns den Baum in seiner Blüte verderben und ihn tilgen aus dem Land der Lebenden, dann wird seines Namens nicht mehr gedacht.

20 Der HERR der Heerscharen aber richtet gerecht,
> er prüft Nieren und Herz.
Deine Rache an ihnen werde ich sehen,
> denn dir habe ich meinen Rechtsstreit anvertraut.

21 Darum, so spricht der HERR über die Männer von Anatot, die dir nach dem Leben trachten und sagen: Im Namen des HERRN darfst du nicht weissagen, sonst stirbst du durch unsere Hand!

22 Darum, so spricht der HERR der Heerscharen: Sieh, ich suche sie heim: Die jungen Männer werden durch das Schwert sterben, ihre Söhne und ihre Töchter werden sterben vor Hunger.

23 Und von ihnen wird kein Rest bleiben, denn ich werde den Männern von Anatot Unheil bringen, das Jahr ihrer Heimsuchung.

12 1 Du, HERR, bist gerecht,
> wenn ich mit dir streite.
Dennoch befrage ich dich zum Recht:
Warum führt der Weg der Frevler zum Erfolg,
> haben Ruhe alle, die treulos handeln?

2 Du hast sie gepflanzt, auch sind sie fest verwurzelt,
> sie wachsen, auch haben sie Frucht gebracht;
ihrem Mund bist du nahe,
> ihrem Innern aber fern.

3 Und du, HERR, du kennst mich,
> du siehst mich und prüfst, ob mein Herz bei dir ist.
Sondere sie aus wie Schafe zur Schlachtung,

und weihe sie für den Tag der
Tötung.

4 Wie lange soll das Land trauern
und überall auf dem Feld das Kraut
verdorren?

Der Bosheit seiner Bewohner wegen
wurden Vieh und Vögel dahingerafft,
denn sie haben gesagt: Er sieht
unsere Pfade nicht.

5 Wenn du mit denen, die zu Fuss
gehen, gelaufen bist und sie dich müde
gemacht haben,
wie willst du da mit den Pferden um
die Wette laufen?

Und fühlst du dich nur sicher in
friedlichem Land,
was willst du da tun im Dickicht am
Jordan?

6 Denn selbst deine Brüder und das
Haus deines Vaters,
auch sie haben treulos an dir
gehandelt,
auch sie haben laut hinter dir her
geschrien.

Traue ihnen nicht, wenn sie freundlich
mit dir reden.

| 19: 1,19! · Jes 53,7 | 20: 12,3; 15,15; 17,18; 18,21–23;
20,11–12 | 21: 12,6 · Jes 30,10 | 22: 5,12; 14,15,18;
Klgl 4,9 | 23: 44,14! · 8,12! | 1: Hiob 21,7! | 3: Ps 17,3;
139,1–3 · 11,20! | 4: 14,1–6! · 4,25!; 32,43; 36,29;
Hos 4,3 | 6: 9,3; 11,21

11,19: Wörtlich: «... den Baum mit seiner
Frucht ...»

12,4: Die Übersetzung «...: Er sieht unsere Pfade
nicht.» beruht auf der griechischen Überlieferung.
Der Massoretische Text ist möglicherweise zu
verstehen als «...: Er sieht nicht, was hinter uns
geschieht.»

Klage des HERRN

7 Ich habe mein Haus verlassen,
meinen Erbbesitz aufgegeben,
in die Hand ihrer Feinde habe ich die
von mir Geliebte gegeben.

8 Wie ein Löwe im Wald ist mir mein
Erbbesitz geworden,
seine Stimme hat er gegen mich
erhoben,
darum hasse ich ihn.

9 Ist mir mein Erbbesitz zum Lager der
Hyäne geworden?
Die Raubvögel kreisen über ihm.

Kommt, versammelt alle Tiere des
Feldes,
bringt sie herbei zum Fressen.

10 Viele Hirten haben meinen
Weinberg verwüstet,
meinen Anteil zertreten,
meinen kostbaren Anteil zur verödeten
Wüste gemacht.

11 Man hat ihn veröden lassen,
verödet trauert er vor mir.

Das ganze Land ist verödet,
denn niemand hat es sich zu Herzen
genommen.

| 7: 7,14; 22,5; Klgl 2,7 | 9: 7,33!; Jes 56,9 | 10: 6,3 ·
2,21! | 11: 2,15!

Kein Friede!

12 Über alle kahlen Höhen in der Wüste
sind Verwüster gekommen.

Ein Schwert des HERRN frisst
vom einen Ende des Landes bis zum
anderen Ende des Landes.

Kein Friede für alles Fleisch!

13 Sie haben Weizen gesät und Dornen
geerntet,
haben sich abgemüht, hatten keinen
Nutzen.

Schämt euch für euren Ertrag,
vor dem glühenden Zorn des
HERRN!

14 So spricht der HERR über alle meine
bösen Nachbarn, die den Besitz
antasten, den ich meinem Volk, Israel,
als Erbe gegeben habe: Sieh, aus ihrem
Boden werde ich sie ausreissen, und das
Haus Juda reisse ich aus ihrer Mitte.

15 Aber nachdem ich sie ausgerissen
habe, werde ich mich ihrer wieder erbarmen, und ich werde sie zurückbringen, einen jeden auf seinen Erbbesitz
und einen jeden in sein Land. 16 Und
wenn sie wirklich die Wege meines
Volks lernen, so dass sie bei meinem Namen schwören: So wahr der HERR lebt! –
wie sie mein Volk gelehrt haben, beim
Baal zu schwören –, sollen sie aufgebaut
werden mitten in meinem Volk.

17 Wenn sie aber nicht hören, werde ich
diese Nation ausreissen, ausreissen und
vernichten! Spruch des HERRN.

|12: 6,26! · 25,29; 47,6–7; 48,10 · 8,15 |13: 15,14!
|14–17: 1,10! |15: 24,6; 29,10.14!; 30,3; 31,10; 32,37 |16:
4,2!; Dtn 6,13

Das Bild vom verrotteten Schurz

13 1 So hat der HERR zu mir gesprochen: Geh und kaufe dir einen
Schurz aus Leinen und leg ihn dir um
die Hüften, lass aber kein Wasser daran
kommen. 2 Und nach dem Wort des
HERRN kaufte ich den Schurz und legte
ihn mir um die Hüften. 3 Und zum
zweiten Mal erging das Wort des
HERRN an mich: 4 Nimm den Schurz,
den du gekauft hast, den du dir um die
Hüften gelegt hast, und mach dich auf,
geh zum Eufrat und verbirg ihn dort in
der Felsspalte. 5 Und ich ging und verbarg ihn am Eufrat, wie der HERR es mir
geboten hatte. 6 Und nach langer Zeit
sprach der HERR zu mir: Auf, geh zum
Eufrat und hole von dort den Schurz,
den ich dir dort zu verbergen geboten
habe. 7 Und ich ging zum Eufrat und
grub und nahm den Schurz von der
Stelle, wo ich ihn verborgen hatte. Und
sieh, der Schurz war verrottet, zu nichts
mehr nütze. 8 Und das Wort des HERRN
erging an mich: 9 So spricht der HERR:
Genau so werde ich den Hochmut Judas
und den grossen Hochmut Jerusalems
verrotten lassen. 10 Dieses böse Volk,
das sich weigert, meine Worte anzuhören, das im Starrsinn seines Herzens
lebt und fremden Göttern nachgelaufen
ist, um ihnen zu dienen und sich vor ihnen niederzuwerfen – es wird wie dieser Schurz sein, der zu nichts nütze ist.
11 Denn wie der Schurz sich an die Hüften eines Mannes schmiegt, so habe ich
das ganze Haus Israel und das ganze
Haus Juda sich an mich schmiegen lassen, Spruch des HERRN, damit sie mein
Volk, Ruhm, Lobpreis und Schmuck
würden, sie aber haben nicht gehört.

12 Und sage ihnen dieses Wort: So
spricht der HERR, der Gott Israels: Jeder
Krug wird mit Wein gefüllt. Sie aber
werden zu dir sagen: Als wüssten wir
nicht selbst, dass jeder Krug mit Wein
gefüllt wird! 13 Dann wirst du zu ihnen

sagen: So spricht der HERR: Sieh, mit
Trunkenheit fülle ich alle Bewohner dieses Landes, die Könige, die für David auf
seinem Thron sitzen, und die Priester
und die Propheten und alle Bewohner
Jerusalems. 14 Und ich werde sie zerschmettern, einen am anderen, und die
Väter zusammen mit den Kindern!
Spruch des HERRN. Ich werde kein Mitleid haben, und es wird mir nicht leidtun, ohne Erbarmen werde ich sie vernichten.

|1: 18,2; 19,1.10; 27,2; 43,9; 51,63 |4: 51,63 |7: 18,4,
24,8 |9: 25,18 |10: 7,13! · 9,13! · 16,11! |11: 33,9 |13:
25,15–29! |14: 15,5–6; 16,5.13; 21,7; Klgl 3,43!

Unheil über Juda und Jerusalem

15 Hört und horcht, seid nicht
hochmütig,
    denn der HERR hat gesprochen!
16 Gebt dem HERRN, eurem Gott, die
Ehre,
    bevor es finster werden lässt,
und bevor eure Füsse anstossen
    auf Bergen in der Dunkelheit.
Dann hofft ihr auf Licht,
    er aber wird es zu tiefster Finsternis
    machen,
    zu Wolkendunkel macht er es.
17 Wenn ihr aber nicht darauf hört,
    weine ich im Verborgenen über den
    Hochmut,
und vergiesse Tränen ohne Ende,
    und vor Tränen zerfliesst mein Auge,
dass die Herde des HERRN fortgeführt
worden ist in die Gefangenschaft.
18 Sage dem König und der Gebieterin:
    Setzt euch auf den Boden!
Denn eure prächtige Krone
    ist euch vom Kopf gefallen.
19 Die Städte im Negev sind
verschlossen,
    und da ist niemand, der öffnet;
ganz Juda ist in die Verbannung geführt,
    vollzählig ist es in die Verbannung
    geführt worden.
20 Blickt auf und seht hin,
    sie kommen von Norden.

Wo ist die Herde, die dir gegeben
worden war,
   deine schmucken Schafe?
21 Was wirst du sagen, wenn er die als
Oberhaupt über dich setzt,
   die du selbst als Vertraute an dich
   gewöhnt hast?
Werden nicht Wehen dich ergreifen
   wie eine Frau, die gebärt?
22 Und sprichst du in deinem Herzen:
   Warum hat mich dies getroffen?
Der Menge deiner Vergehen wegen
   wurde dein Gewand hochgehoben,
wurde deinen Fersen Gewalt angetan.
23 Kann ein Kuschit seine Hautfarbe
ändern
   oder ein Panther die Flecken auf
   seinem Fell?
Dann könntet auch ihr Gutes tun,
   die ihr das Böse gewohnt seid.
24 Und ich werde sie zerstreuen wie
Stroh,
   das zerstiebt im Wüstenwind.
25 Dies ist dein Los, dein Anteil,
   dir zugemessen von mir, Spruch des
   HERRN,
weil du mich vergessen
   und auf Lüge vertraut hast.
26 Und auch ich hebe dein Gewand
hoch,
   bis über dein Gesicht,
dass man deine Schmach sieht.
27 Dein Ehebrechen und dein Wiehern,
   die Schande deiner Hurerei,
auf Hügeln, im Feld –
   ich habe deine Scheusslichkeiten
   gesehen.
Wehe dir, Jerusalem!
Du wirst nicht rein werden. –
   Wie lange noch?

|17: 8,23! |18: 22,26 · Klgl 5,16 |19: 52,28–29! |20:
1,14–15! |21: 4,31! |22: 5,19! · 2,17! |23: 6,29 |24: 9,15!;
Ps 1,4 |25: 2,32! · 7,8 |26: Jes 47,2–3; Ez 16,37 |27:
3,8! · 2,20! · 4,14

13,22: ‹Ferse› ist an dieser Stelle ein
umschreibendes Wort für die weiblichen
Geschlechtsteile.

Klage in der Dürre. Antwort des HERRN

14 1 Das war das Wort des HERRN an
Jeremia aus Anlass der Dürre:
2 Juda trauert,
   und seine Tore sind verfallen,
trauernd sind sie zu Boden gesunken,
   und Jerusalems Schreie steigen
   empor.
3 Und ihre Mächtigen schicken ihre
Diener nach Wasser,
   sie kommen zu den Zisternen,
sie finden kein Wasser,
   sie kehren zurück, ihre Krüge sind
   leer,
sie stehen in Schande und sind
beschämt
   und verhüllen ihr Haupt.
4 Wegen des Ackers voller Risse,
   weil kein Regen auf das Land fiel,
stehen die Landarbeiter in Schande da,
   haben sie ihr Haupt verhüllt.
5 Sogar die Hirschkuh auf dem Feld:
   Sie verlässt das Junge, das sie
   geworfen hat,
denn da ist kein Gras.
6 Und Wildesel stehen auf kahlen
Höhen,
   wie die Schakale schnappen sie nach
   Luft,
ihre Augen sind erloschen,
   denn da ist kein Kraut.
7 Wenn unsere Vergehen gegen uns
zeugen,
   HERR, so handle, um deines Namens
   willen!
Oft sind wir treulos gewesen,
   wir haben gesündigt gegen dich!
8 Du, Hoffnung Israels,
   sein Retter in der Zeit der Not!
Warum bist du wie ein Fremder im Land
   und wie ein Wanderer, der einkehrt,
   nur um zu übernachten?
9 Warum bist du wie ein Hilfloser,
   wie ein Held, der nicht helfen kann?
Du bist doch in unserer Mitte, HERR,
   und dein Name ist ausgerufen über
   uns!
Verlass uns nicht!
10 So spricht der HERR zu diesem Volk:

Hierhin und dorthin zu laufen, so haben sie es geliebt,
> sie haben ihre Füsse nicht geschont.

Der HERR aber hat kein Gefallen an ihnen,
> nun wird er an ihre Verschuldung denken
> und ihre Sünden heimsuchen.

11 Und der HERR sprach zu mir: Bitte nicht für dieses Volk, nicht um Wohlergehen!

12 Denn wenn sie fasten, höre ich nicht auf ihr Flehen,
> und wenn sie Brandopfer und Gaben darbringen, habe ich kein Gefallen an ihnen.

Mit dem Schwert und mit dem Hunger und mit der Pest vernichte ich sie!

13 Da sprach ich: Ach, Herr, HERR, sieh, die Propheten sagen ihnen: Ihr werdet kein Schwert sehen, und Hunger wird nicht über euch kommen, sondern beständigen Frieden gebe ich euch an diesem Ort. 14 Und der HERR sprach zu mir: Lüge prophezeien die Propheten in meinem Namen! Ich habe sie nicht gesandt und sie nicht beauftragt, und ich habe nicht zu ihnen gesprochen. Sie prophezeien euch Lügenschauung und leere Weissagung und selbst ersonnenen Betrug. 15 Darum, so spricht der HERR über die Propheten, die in meinem Namen prophezeien, obwohl ich sie nicht gesandt habe, und die sagen: Schwert und Hunger wird es nicht geben in diesem Land! – Durch das Schwert und durch Hunger werden diese Propheten ihr Ende finden. 16 Und das Volk, dem sie weissagen, wird auf den Gassen Jerusalems liegen, niedergestreckt vom Hunger und vom Schwert, und da ist keiner, der sie begräbt – sie, ihre Frauen und ihre Söhne und ihre Töchter; und ihre eigene Bosheit werde ich über sie ausschütten. 17 Und sage ihnen dieses Wort:

Tag und Nacht zerfliessen meine Augen vor Tränen
> und dürfen nicht ruhen,

denn gebrochen ist die Jungfrau, die Tochter meines Volks,
> grosser Zusammenbruch,
> schwerste Verwundung!

18 Gehe ich hinaus aufs Feld,
> sieh: vom Schwert Durchbohrte.

Und komme ich in die Stadt,
> sieh: Hungerqualen.

Ja, auch Prophet und Priester ziehen in ein Land
> und kennen es nicht.

19 Hast du Juda ganz verworfen?
> Bist du Zions überdrüssig geworden?

Warum hast du uns so geschlagen,
> dass es keine Heilung gibt für uns?

Man hofft auf Frieden, aber da ist nichts Gutes,
> und auf eine Zeit der Heilung, aber sieh: Schrecken.

20 Unseren Frevel, HERR, haben wir erkannt,
> die Schuld unserer Vorfahren;

wir haben gesündigt gegen dich!

21 Verachte uns nicht, um deines Namens willen,
> missachte nicht den Thron deiner Herrlichkeit.

Erinnere dich, brich nicht deinen Bund mit uns.

22 Gibt es unter den Nichtsen der Völker solche, die regnen lassen?
> Oder ist es der Himmel, der Regen gibt?

Bist nicht du es, HERR, unser Gott,
> und hoffen wir nicht auf dich?

Denn du hast all dies getan.

15 1 Und der HERR sprach zu mir: Selbst wenn Mose und Samuel vor mich träten, diesem Volk würde ich mich nicht zuwenden! Schick sie weg von mir, damit sie fortgehen. 2 Und wenn sie zu dir sagen: Wohin sollen wir gehen?, dann sage ihnen: So spricht der HERR:

Was dem Tod gehört, zum Tod,
> und was dem Schwert gehört, zum Schwert,

und was dem Hunger gehört, zum Hunger,

und was der Gefangenschaft gehört,
in die Gefangenschaft!

3 Und vier Sippen werde ich gegen sie
aufbieten, Spruch des HERRN: das
Schwert, um sie umzubringen, und die
Hunde, um sie zu verschleppen, und die
Vögel des Himmels und die Tiere der
Erde, um sie zu fressen und zu vernichten. 4 Und ich mache sie zum Schrecken für alle Königreiche der Erde, wegen Manasse, des Sohns des Jechiskijahu, des Königs von Juda, um dessen
willen, was er in Jerusalem getan
hat.

5 Jerusalem, wer wird Mitleid haben
mit dir
     und wer dir sein Beileid bezeugen?
Und wer wird abweichen von seinem
Weg,
     um nach deinem Wohl zu fragen?
6 Du hast mich aufgegeben, Spruch des
HERRN,
     wendest mir immerfort den Rücken
     zu.
Da habe ich meine Hand gegen dich
ausgestreckt
     und habe dich vernichtet,
ich war es leid, nachsichtig zu sein.
7 Und mit der Worfschaufel habe ich
sie geworfelt,
     in den Toren des Landes;
kinderlos habe ich mein Volk gemacht,
     habe es zugrunde gehen lassen.
Sie sind nicht zurückgekehrt von ihren
Wegen.
8 Seine Witwen sind mir zahlreicher
geworden
     als der Sand am Meer.
Am hellen Mittag habe ich ihnen,
     auch der Mutter des jungen Mannes,
     den Verwüster gebracht,
aus dem Nichts habe ich Schrecken und
Entsetzen auf sie fallen lassen.
9 Verwelkt ist, die sieben geboren hat,
     sie hat ihr Leben ausgehaucht,
ihre Sonne ging unter, als es noch Tag
war,
     in Schande und Schmach ist sie
     geraten.

Und was übrig ist von ihnen, liefere ich
ans Schwert, im Angesicht ihrer Feinde!
     Spruch des HERRN.

|1–6: 3,3; 5,24–25; 12,4; 23,10; Am 4,7 |3: 2,13 ·
Am 4,8 |4: Joel 1,11 |7: 20–21; 3,25! |8: 17,13; 50,7 ·
16,19! |9: 20,11! · 15,16; Dtn 28,10 |10: 2,23–25.31 ·
8,12! |11: 7,16! |12: 11,11; Jes 1,15 · 15,1–3 |13: 5,12–13;
6,14; 23,17; Ez 13,10 |14: 23,9–40; 27,9–10.14–18;
28,1–17; 29,8–9 |15: 23,30–32; 28,15–17; Dtn 18,20
|16: 16,4! |17: 8,23! · 6,7! |19: 7,15!; Klgl 5,22 · 8,15
|20: 3,25! |21: 7; Ps 25,11 · 3,17! |22: 10,3! · 10,13! |1:
Ex 32,11–14; 1Sam 7,8–10 |2: 43,11; Sach 11,9 |3:
Dtn 32,24–25 · 7,33! |4: 18,16!; 24,9; 29,18; 34,17;
Dtn 28,37! |5: Klgl 1,17! |6: 2,13!; 7,24! · 6,12! |7:
51,2! · 3,7! |8: 6,26 |9: Am 8,9

14,2: Mit ‹sie› sind die Bewohner gemeint.
15,3: «vier Sippen» steht bildlich für ‹vier Arten›.

Jeremias zweite Klage. Antwort des HERRN

10 Wehe mir, dass du, meine Mutter,
mich geboren hast,
     einen Mann des Streits,
einen Mann, der zerstritten ist mit dem
ganzen Land,
     niemand ist mir etwas schuldig,
     und ich schulde niemandem etwas:
Jeder verflucht mich.
11 Der HERR spricht:
Ich erlöse dich
     zu deinem Besten,
ich trete ein für dich
     in der Zeit des Unheils
     und in der Zeit der Not
beim Feind.
12 Zerbricht man Eisen,
     Eisen aus dem Norden und Bronze?
13 Dein Vermögen und deine Schätze
gebe ich dem Raub preis,
     ohne Gegenwert zu verlangen,
für all deine Sünden
     und überall in deinen Gebieten.
14 Und deine Feinde werde ich
durchziehen lassen
     in ein Land, das du nicht kennst,
denn ein Feuer hat sich entzündet an
meinem Zorn,
     es lodert gegen euch.
15 Du weisst es, HERR:
Gedenke meiner und nimm dich
meiner an
     und nimm Rache für mich an denen,
     die mich verfolgen,

der du langmütig bist, raffe mich nicht
hinweg,
    erkenne, dass ich deinetwegen
    Schmach auf mich genommen habe.
16 Empfing ich deine Worte,
    so habe ich sie verschlungen,
und deine Worte wurden meine
Wonne,
    die Freude meines Herzens,
denn dein Name ist ausgerufen über
mir,
    HERR, Gott der Heerscharen.
17 Nie habe ich im Kreis derer
gesessen, die ihren Spass hatten,
    und nie war ich fröhlich,
aus Furcht vor deiner Hand sass ich
einsam,
    denn mit Groll hast du mich erfüllt.
18 Warum nimmt mein Schmerz kein
Ende
    und ist meine Wunde unheilbar?
Sie will nicht heilen.
Wie ein trügerischer Bach, so bist du für
mich,
    Wasser, auf das kein Verlass ist.
19 Darum, so spricht der HERR:
Wenn du umkehrst,
    lasse ich dich wieder vor mir stehen,
und wenn du Wertvolles hervorbringst,
nicht Leichtfertiges,
    wirst du sein wie mein Mund.
Sie werden zurückkehren zu dir,
    du aber wende dich ihnen nicht zu!
20 Und zur unüberwindbaren Mauer
aus Bronze
    mache ich dich für dieses Volk,
und sie werden dich bekämpfen,
    aber sie können nichts ausrichten
    gegen dich,
denn ich bin bei dir, um dir zu helfen
und dich zu retten!
    Spruch des HERRN.
21 Und ich rette dich aus der Hand der
Übeltäter
    und erlöse dich aus der Faust der
    Gewalttäter.

| 10: 20,14! · 1,19! | 13: 17,3; 20,5 | 14: 4,4; 7,20; 17,4;
44,6; Dtn 32,22; Klgl 4,11! | 15: 11,20! | 16: 1,9; Ez 3,3! ·
14,9 | 17: 16,8 · 6,11 | 19: 3,12! · 1,9!; Ex 4,15–16 | 20:
1,8.18 · Ez 3,8! | 21: 20,13; 26,24; 36,26

15,11: Die Übersetzung «beim Feind» ist
unsicher.
15,14: Einige Handschriften lauten: «Und mit
deinen Feinden lasse ich dich ziehen in ein Land, …»

Jeremias Ehelosigkeit. Vernichtung und Verbannung

16 1 Und das Wort des HERRN erging
an mich: 2 Nimm dir keine Frau,
und du sollst keine Söhne und Töchter
haben an diesem Ort. 3 Denn so spricht
der HERR über die Söhne und über die
Töchter, die geboren werden an diesem
Ort und über ihre Mütter, die sie gebären, und über ihre Väter, die sie zeugen,
in diesem Land: 4 Eines qualvollen Todes werden sie sterben, sie werden nicht
beklagt und nicht begraben, sie werden
zu Dünger auf dem Acker; und durch das
Schwert und durch den Hunger werden
sie umkommen, und ihre Leichen werden den Vögeln des Himmels und den
Tieren der Erde zum Frass werden.

5 Denn so spricht der HERR: Betritt
kein Haus, in dem ein Trauermahl
stattfindet, und geh nicht hin, um zu beklagen, und bekunde ihnen kein Beileid,
denn diesem Volk habe ich meinen Frieden entzogen, Spruch des HERRN, die
Gnade und das Erbarmen! 6 Und Grosse
wie Kleine werden sterben in diesem
Land, sie werden nicht begraben werden, und man wird sie nicht beklagen:
Man wird sich keine Schnittwunden zufügen und sich ihretwegen keine Glatze
scheren. 7 Und man wird ihnen kein
Trauerbrot brechen, um jemanden eines
Toten wegen zu trösten, und man wird
ihnen ihres Vaters oder ihrer Mutter
wegen keinen Trostbecher zu trinken
geben. 8 Und ein Haus, in dem ein Festmahl stattfindet, sollst du nicht betreten, um bei ihnen zu sitzen, zu essen
und zu trinken. 9 Denn so spricht der
HERR der Heerscharen, der Gott Israels:
Seht, vor euren Augen und in euren Tagen lasse ich an diesem Ort die Stimme
des Jubels und die Stimme der Freude,
die Stimme des Bräutigams und die
Stimme der Braut verstummen. 10 Und

wenn du diesem Volk alle diese Worte verkündest, werden sie zu dir sagen: Warum hat der HERR dieses ganze grosse Unheil gegen uns angekündigt? Und was ist unser Vergehen und was unsere Sünde, die wir begangen haben gegen den HERRN, unseren Gott?

11 Dann sage ihnen: Weil eure Vorfahren mich verlassen haben, Spruch des HERRN, und anderen Göttern nachgelaufen sind und weil sie ihnen gedient und sich vor ihnen niedergeworfen, mich aber verlassen und meine Weisung nicht befolgt haben 12 und weil ihr es noch schlimmer getrieben habt als eure Vorfahren – seht, ihr folgt, ein jeder, dem Starrsinn eures bösen Herzens und hört nicht auf mich –, 13 werde ich euch fortschleudern aus diesem Land, in ein Land, das ihr nicht kennt und das eure Vorfahren nicht gekannt haben, und dort werdet ihr Tag und Nacht anderen Göttern dienen, denn ich werde euch keine Gnade gewähren!

14 Darum, sieh, es kommen Tage, Spruch des HERRN, da wird nicht mehr gesagt werden: So wahr der HERR lebt, der die Israeliten heraufgeführt hat aus dem Land Ägypten!, 15 sondern: So wahr der HERR lebt, der die Israeliten heraufgeführt hat aus dem Land des Nordens und aus allen Ländern, in die er sie verjagt hat! Und ich werde sie zurückbringen auf ihren Boden, den ich ihren Vorfahren gegeben habe.

16 Sieh, nach vielen Fischern sende ich, Spruch des HERRN,
    und diese werden sie herausfischen,
    und danach sende ich nach vielen Jägern,
    und diese werden sie erjagen
auf jedem Berg und auf jedem Hügel und in den Felsspalten.

17 Denn meine Augen sind auf alle ihre Wege gerichtet,
    sie können sich nicht verstecken vor mir,
und meinen Augen ist ihre Schuld nicht verborgen.

18 Zuerst aber vergelte ich ihre Schuld und ihre Sünde doppelt,
    denn sie haben mein Land entweiht
    mit dem Aas ihrer Scheusale
und meinen Erbbesitz angefüllt mit ihren Scheusslichkeiten.

19 HERR, meine Stärke und meine Burg
    und meine Zuflucht am Tag der Not.
Von den Enden der Erde werden Nationen zu dir kommen
    und sagen:
Nur Lüge haben unsere Vorfahren geerbt,
    Nichtigkeiten, und darunter ist nichts, das nützt.

20 Kann ein Mensch sich Götter machen?
    Das sind doch keine Götter!

21 Darum, sieh, dieses Mal lasse ich sie es erkennen,
    ich werde sie meine Hand und
    meine Macht erkennen lassen,
und sie werden erkennen, dass mein Name HERR ist.

|4:21,6 · 7,33!; 8,2; 9,21; 14,16; 25,33 |5:13,14! |6: 41,5; 47,5; 48,37; Dtn 14,1 |7:Ez 24,16–23 |8:15,17 |9: 7,34! |10–13:5,19! |10:2,35 |11:2,13! · 11,10; 13,10; 25,6; 44,3 |12:7,26 · 9,13! |13:10,18! · 15,14 · Dtn 28,64 |14–15:23,7–8 |14:2,6! |15:12,15! |16: Ez 12,13; Hab 1,15 |17:7,11; 23,24; 32,19; Hiob 34,21–22 |18:Jes 40,2 · 7,30! |19:14,8; 17,17 · Jes 2,2! |20:2,11! |21:31,34!; 33,2; Ex 3,15

16,6: Das Zufügen von Schnittwunden und das Scheren von Glatzen waren Trauerbräuche.

Falsches und richtiges Vertrauen

17 1 Mit eisernem Griffel ist die Sünde Judas aufgeschrieben,
    mit einer Spitze aus Diamant,
eingeritzt in die Tafel ihres Herzens
    und in die Hörner ihrer Altäre.

2 Wie an ihre Kinder denken sie an ihre Altäre
    und an ihre Ascheren bei
    saftig-grünen Bäumen,
    auf hohen Hügeln.

3 Mein Berg, im offenen Land,
    dein Vermögen, all deine Schätze
    gebe ich dem Raub preis,
auch deine Kulthöhen,

für die Sünde in deinen Gebieten
überall.
4 Und lassen musst du – durch eigenes
Verschulden – deinen Erbbesitz,
den ich dir gegeben habe.
Und ich mache dich deinen Feinden
dienstbar
in einem Land, das du nicht kennst,
denn in meinem Zorn habt ihr ein Feuer
entzündet,
es lodert unaufhörlich.
5 So spricht der HERR:
Verflucht der Mann, der auf Menschen
vertraut
und Fleisch zu seiner Kraft macht
und dessen Herz sich vom HERRN
entfernt:
6 Wie Wacholder in der Steppe wird
er sein,
nichts Gutes wird er kommen sehen,
und im Glutland, in der Wüste wird er
wohnen,
im Salzland, dort aber kannst du
nicht bleiben.
7 Gesegnet der Mann, der auf den
HERRN vertraut
und dessen Zuversicht der HERR ist:
8 Er wird sein wie ein Baum, am Wasser
gepflanzt,
und zum Bach streckt er seine
Wurzeln aus.
Und nichts hat er zu befürchten, wenn
die Hitze kommt,
das Laub bleibt ihm;
und im Jahr der Dürre muss er sich
nicht sorgen,
er hört nicht auf, Frucht zu bringen.
9 Verschlagener als alles andere ist das
Herz,
und unheilbar ist es,
wer kann das verstehen?
10 Ich, der HERR, erforsche das Herz,
prüfe die Nieren,
um jedem zu geben nach seinen
Wegen,
nach der Frucht seiner Taten.
11 Ein Rebhuhn, das brütet und nicht
gelegt hat,
ist, wer Reichtum erwirbt, doch
nicht zu Recht.

In der Mitte seiner Tage muss er ihn
zurücklassen,
und an seinem Ende steht er da als
Tor.

|1: 6,29 · Hiob 19,24 |2: 2,20! |3: 15,13! |4:
Klgl 5,2 · 16,13 · 15,14! |5: Ps 118,8 · 2Chr 32,8 |6:
48,6 |7: Ps 84,13 |8: Ps 1,3 |9: 9,13!; Gen 6,5 |10:
11,20; 20,12; Ps 7,10 · 32,19!

17,4: Die Übersetzung «durch eigenes Verschulden» ist unsicher.

Jeremias dritte Klage

12 Ein Thron der Herrlichkeit,
seit Anbeginn erhaben,
ist die Stätte unseres Heiligtums.
13 Du, Hoffnung Israels, HERR,
alle, die dich verlassen, werden
zuschanden.
In den Staub geschrieben werden, die
sich von mir entfernen im Land,
denn die Quelle lebendigen Wassers
haben sie verlassen:
den HERRN.
14 Heile mich, HERR, damit ich geheilt
werde,
hilf mir, damit mir geholfen wird,
denn du bist mein Ruhm.
15 Sieh, sie sagen mir:
Wo ist das Wort des HERRN?
Möge es doch kommen.
16 Und ich habe mich dem
Hirtendienst nicht entzogen,
bin dir gefolgt,
und den Tag des Unglücks habe ich nie
herbeigesehnt,
du weisst es.
Was über meine Lippen kommt,
liegt vor dir.
17 Werde mir nicht zum Schrecken,
du bist meine Zuflucht am Tag des
Unheils.
18 Meine Verfolger sollen zuschanden
werden,
ich aber will nicht zuschanden
werden;
sie sollen sich entsetzen,
ich aber will mich nicht entsetzen.
Bring den Tag des Unheils über sie,
zerschmettere sie mit doppelter
Wucht.

|12: 3,17!; Ez 43,7 |13: 14,8! · 2,13!; Jes 1,28 |14: 31,18; Ps 6,3 |15: Jes 5,19! |16: 18,20; 20,7 |17: 1,17.19; 16,19! |18: 11,20!; Ps 35,4

Ermahnung zur Heiligung des Sabbats

19 So hat der HERR zu mir gesprochen: Geh und stell dich in das Tor derer, die zum Volk gehören, durch das die Könige Judas einziehen und durch das sie ausziehen, und in alle Tore Jerusalems, 20 und sprich zu ihnen: Hört das Wort des HERRN, ihr Könige von Juda und ganz Juda und all ihr Bewohner Jerusalems, die ihr durch diese Tore einzieht. 21 So spricht der HERR: Hütet euch um eures Lebens willen, und tragt am Sabbattag keine Last und bringt sie nicht hinein durch die Tore Jerusalems. 22 Und bringt am Sabbattag auch keine Last heraus aus euren Häusern: Ihr sollt überhaupt keine Arbeit verrichten, sondern den Sabbattag sollt ihr heilig halten, wie ich es euren Vorfahren geboten habe! 23 Sie aber haben nicht gehört und haben mir kein Gehör geschenkt, und sie waren hartnäckig und haben nicht gehört und haben keine Unterweisung angenommen. 24 Wenn ihr aber wirklich hört, Spruch des HERRN, und am Sabbattag keine Last durch die Tore dieser Stadt bringt und den Sabbattag heilig haltet und an ihm keine Arbeit verrichtet, 25 dann werden durch die Tore dieser Stadt in Wagen und auf Pferden Könige und Fürsten einziehen, die auf dem Thron Davids sitzen, sie und ihre Fürsten, der Mann aus Juda und die Bewohner Jerusalems, und diese Stadt wird für immer bewohnt sein. 26 Und aus den Städten Judas und dem Umkreis Jerusalems und aus dem Land Benjamin und aus der Schefela und vom Gebirge und aus dem Negev werden sie kommen und Brandopfer und Schlachtopfer und Speiseopfer und Weihrauch bringen, und auch Dankopfer bringen sie in das Haus des HERRN. 27 Wenn ihr aber nicht auf mich hört und den Sabbattag nicht heilig haltet und Lasten tragt und hineingeht durch die Tore Jerusalems am Sabbattag, werde ich Feuer an seine

Tore legen, und es wird die Paläste Jerusalems fressen, und es wird nicht erlöschen.

|19–20: 7,2! |21: Neh 13,19 |22: Ex 20,8–11 |23: 7,13!.26; 19,15 · 2,30! |24–25: 22,4 |25: 7,7 |26: 32,44; 33,13 |27: Ez 20,12–13 · 6,5; 7,20; 21,14!

Das Gleichnis vom Töpfer

18 1 Das Wort, das vom HERRN an Jeremia erging: 2 Mach dich auf und geh hinab in das Haus des Töpfers, und dort werde ich dich meine Worte hören lassen. 3 Und ich ging hinab in das Haus des Töpfers, und sieh, er war gerade mit Arbeit an der Töpferscheibe beschäftigt. 4 Und wenn das Gefäss, das er aus dem Ton machte, in den Händen des Töpfers missriet, machte er daraus ein anderes Gefäss; der Töpfer machte es so, wie er es für richtig hielt. 5 Und das Wort des HERRN erging an mich: 6 Kann ich mit euch nicht verfahren wie dieser Töpfer, Haus Israel? Spruch des HERRN. Seht, wie der Ton in der Hand des Töpfers, so seid ihr in meiner Hand, Haus Israel. 7 Einmal rede ich über ein Volk und über ein Königreich, dass ich es ausreissen und niederreissen und vernichten will. 8 Kehrt aber jenes Volk, über das ich geredet habe, zurück von seiner Bosheit, so bereue ich das Unheil, das ich ihnen anzutun geplant habe. 9 Und ein anderes Mal rede ich über ein Volk und über ein Königreich, dass ich es aufbauen und pflanzen will. 10 Tut es dann aber, was böse ist in meinen Augen, und hört es nicht auf meine Stimme, so bereue ich das Gute, das ich ihm zu erweisen zugesagt habe. 11 Und nun rede doch zum Mann aus Juda und zu den Bewohnern Jerusalems: So spricht der HERR: Seht, ich bilde Unheil gegen euch und schmiede gegen euch einen Plan. Kehrt doch zurück, ein jeder von seinem bösen Weg, und macht eure Wege besser und eure Taten! 12 Sie aber werden sagen: Verflucht! Nein, wir werden unseren Plänen folgen! Und ein jeder wird nach dem Starrsinn seines bösen Her-

zens handeln! 13 Darum, so spricht der
HERR:
Fragt doch nach unter den Nationen:
> Wer hat dergleichen je gehört?
Ganz Abscheuliches hat die Jungfrau
Israel getan.
14 Schwindet der Schnee des Libanon
vom Fels im Feld?
> Oder versiegt das kalte, rieselnde
> Wasser, das aus der Fremde kommt?
15 Mich aber hat mein Volk vergessen,
> den Nichtsen bringen sie Rauchop-
fer dar,
und diese haben sie straucheln lassen
auf ihren Wegen,
> auf den uralten Pfaden,
sie liessen sie Wege gehen,
> einen ungebahnten Weg,
16 damit sie ihr Land zum Entsetzen
machen,
> zu immer während em Spott;
jeder, der es durchwandert, entsetzt sich
und schüttelt den Kopf.
17 Wie der Ostwind zerstreue ich sie
vor dem Feind,
> den Rücken und nicht das Angesicht
> lasse ich sie sehen
am Tag ihres Unglücks.

|2: 13,1! |4: 13,7 |6: Jes 64,7; Röm 9,21 |7: 1,10! |8:
26,3.13; 36,3; 42,10; Ez 33,11; Joel 2,13 |10: 32,23! ·
Gen 6,6! |11–12: 2Kön 17,13–14 |11: 11,11! · 3,12!; 7,3!
|12: 2,25; 6,16 |13: 2,10; 30,6 · 5,30! |15: 2,32! · 19,4!
|16: 15,4!; 19,8; 29,18; Klgl 2,15 |17: 9,15! · 2,27!

18,11: Das hebräische Wort für ‹bilden› an dieser
Stelle liegt auch dem hebräischen Wort für ‹Töpfer›
zugrunde.
18,14: Die Übersetzung «versiegt» beruht auf
einer Korrektur des Massoretischen Texts.

Jeremias vierte Klage

18 Sie aber haben gesagt: Kommt,
wir wollen Pläne schmieden gegen Jeremia! Denn niemals wird dem Priester
die Weisung oder dem Weisen der Rat
oder dem Propheten das Wort ausgehen. Kommt, wir wollen ihn schlagen
mit Sprache und auf keines seiner
Worte achten.
19 Achte du, HERR, auf mich,
> und höre die Stimme derer, die mit
> mir streiten.

20 Soll Gutes mit Bösem vergolten
werden?
> Sie haben mir eine Grube gegraben!
Erinnere dich, wie ich vor dir gestanden
habe,
> um Gutes über sie zu reden,
> um deinen Zorn von ihnen
> abzuwenden.
21 Darum, gib ihre Kinder dem Hunger
preis
> und übergib sie der Gewalt des
> Schwerts:
Ihre Frauen sollen kinderlos sein und
Witwen werden,
> und ihre Männer ereile der Tod,
ihre jungen Männer sollen vom Schwert
erschlagen werden in der Schlacht.
22 Aus ihren Häusern ertönen Schreie,
> wenn du die Kriegsschar über sie
> kommen lässt aus dem Nichts.
Denn sie haben eine Grube gegraben,
um mich zu fangen,
> und Netze ausgelegt für meine
> Füsse.
23 Du aber, HERR, weisst von all dem,
> was sie gegen mich beschlossen
> haben, um mich zu töten.
Vergib ihnen nicht ihre Schuld,
> und ihre Sünde lösche nicht aus vor
> dir,
damit sie zu Fall gebracht werden vor
dir,
> tu es ihnen an in der Zeit deines
> Zorns!

|18: 1,19! · 44,16 |20: Ps 35,7.12 · 7,16! |21–23:
11,20! |21: 11,22; 24,10! |23: 1,19!; Klgl 3,60–66

Das Bild vom zerbrochenen Krug

19 1 So sprach der HERR: Geh und
kaufe dir einen Krug, gebildet aus
Ton, und nimm mit dir einige von den
Ältesten des Volks und von den Ältesten
der Priester. 2 Dann geh hinaus ins Tal
Ben-Hinnom, das am Eingang des
Scherben-Tors liegt, und dort rufe die
Worte aus, die ich dir sagen werde,
3 und sprich: Hört das Wort des HERRN,
Könige von Juda und Bewohner Jerusa-
lems! So spricht der HERR der Heerscha-
ren, der Gott Israels: Seht, ich bringe

Unheil über diese Stätte, dass jedem, der davon hört, die Ohren gellen. 4 Darum, weil sie mich verlassen und diese Stätte missbraucht haben und an ihr anderen Göttern Rauchopfer dargebracht haben, die sie und ihre Vorfahren und die Könige von Juda nicht kannten, und weil sie diesen Ort mit dem Blut Unschuldiger überschwemmt 5 und die Kulthöhen des Baal gebaut haben, um ihre Kinder im Feuer zu verbrennen als Brandopfer für den Baal, was ich ihnen niemals geboten habe und wovon ich nichts gesagt habe und was nie in meinen Sinn gekommen wäre! 6 Darum, sieh, es kommen Tage, Spruch des HERRN, da wird diese Stätte nicht mehr Tofet und Tal Ben-Hinnom genannt werden, sondern: Tal des Mordens! 7 Und das Planen Judas und Jerusalems werde ich vereiteln an diesem Ort, und durch das Schwert werde ich sie fallen lassen vor ihren Feinden, durch die, die ihnen nach dem Leben trachten. Und ihre Leichen werfe ich den Vögeln des Himmels und den Tieren der Erde zum Frass vor. 8 Und diese Stadt werde ich entsetzlich zurichten und zu einem Anlass zum Zischen machen; jeder, der an ihr vorübergeht, wird sich entsetzen, so dass er zischt, wenn er das Ausmass ihrer Zerstörung sieht. 9 Und ich werde sie das Fleisch ihrer Söhne und das Fleisch ihrer Töchter essen lassen, und jeder wird das Fleisch seines Nächsten essen in der Bedrängnis und in der Drangsal, in die ihre Feinde, die ihnen nach dem Leben trachten, sie bringen. 10 Und vor den Augen der Männer, die mit dir gehen, sollst du den Krug zerbrechen, 11 und du sollst zu ihnen sagen: So spricht der HERR der Heerscharen: Ebenso werde ich dieses Volk zerbrechen und diese Stadt, wie man das Gefäss des Töpfers zerbricht, das man nicht mehr ganz machen kann. Und im Tofet wird man so viele begraben, dass kein Platz mehr ist zum Begraben. 12 So werde ich es mit diesem Ort machen, Spruch des HERRN, und mit seinen Be-

wohnern, um diese Stadt dem Tofet gleich zu machen. 13 Und die Häuser Jerusalems und die Häuser der Könige von Juda werden wie die Stätte des Tofet sein – die unreinen! –, all die Häuser, auf deren Dächern sie dem ganzen Heer des Himmels Rauchopfer dargebracht und anderen Göttern Trankopfer gespendet haben.

| 1: 13,1! | 2–3: 7,2! | 3: 11,11!; 2 Kön 21,12 | 4: 2,13! · 1,16; 7,18; 18,15; 44,3 · 2,34! | 5–7: 7,31–33 | 5: 11,13! | 7: 21,7 · 7,33!; 15,3 | 8: 18,16! · 50,13 | 9: Lev 26,29! | 10: 13,1! | 11: 25,34; 48,12.38; 51,20; Jes 30,14 | 13: 4 · 8,2

19,1: «nimm mit dir» ist nach der griechischen Überlieferung ergänzt.

19,6: Siehe die Anm. zu 7,31.

19,8: Das Zischen sollte das Unglück fernhalten, das man sah.

Misshandlung Jeremias

14 Und Jeremia kam vom Tofet, wohin der HERR ihn gesandt hatte, um zu weissagen, und er stellte sich in den Vorhof des Hauses des HERRN und sprach zum ganzen Volk: 15 So spricht der HERR der Heerscharen, der Gott Israels: Seht, dieser Stadt und über all ihre Ortschaften bringe ich das ganze Unheil, das ich gegen sie angesagt habe, denn sie sind hartnäckig und hören nicht auf meine Worte.

20 1 Und Paschchur, der Sohn des Immer, der Priester, der oberste Aufseher im Haus des HERRN, hörte, wie Jeremia diese Worte weissagte. 2 Und Paschchur schlug Jeremia, den Propheten, und sperrte ihn in den Block, der sich im oberen Benjamin-Tor beim Haus des HERRN befand. 3 Und am nächsten Tag entliess Paschchur den Jeremia aus dem Block, und Jeremia sprach zu ihm: Nicht Paschchur nennt dich der HERR, sondern: Grauenringsum! 4 Denn so spricht der HERR: Sieh, ich mache dich zum Grauen für dich und für alle deine Freunde; und durch das Schwert ihrer Feinde werden sie fallen, und deine Augen müssen es mitansehen. Und ganz Juda gebe ich in die Hand des Königs von Babel, und dieser wird sie nach Babel in die Verban-

nung führen, und mit dem Schwert wird er sie erschlagen. 5 Und alle Vorräte dieser Stadt und den ganzen Ertrag ihrer Arbeit und all ihre Kostbarkeiten und alle Schätze der Könige von Juda gebe ich in die Hand ihrer Feinde, und diese werden sie ausplündern und sie mitnehmen, und man wird sie nach Babel bringen. 6 Und du, Paschchur, und alle, die in deinem Haus wohnen, ihr werdet in die Gefangenschaft gehen: Nach Babel wirst du kommen, und dort wirst du sterben, und dort wirst du begraben werden, du und alle deine Freunde, denen du verlogen geweissagt hast.

|15: 3; 7,26; 17,23 |2: 26,8; 32,2; 37,15–16; 38,6; 39,15 |3: 6,25! |4: 21,7!; 52,28–29! |5: 15,13!; Jes 39,6 |6: 14,14!

Jeremias fünfte Klage

7 Du hast mich überredet, HERR,
    und ich habe mich überreden lassen;
du bist stärker als ich,
    und du hast gewonnen;
den ganzen Tag lang bin ich ein Gespött,
    jeder macht sich lustig über mich.
8 Denn wenn immer ich rede, schreie ich auf.
    Gewalttat und Unterdrückung!,
    rufe ich.
Denn den ganzen Tag lang
    gereicht mir das Wort des HERRN zu
    Hohn und Spott.
9 Und wenn ich sage: Ich werde nicht an ihn denken
    und nicht mehr in seinem Namen
    sprechen!,
dann wird es in meinem Herzen wie brennendes Feuer,
    eingeschlossen in meinem Gebein.
Und ich habe mich abgemüht, es zu ertragen,
    und ich kann es nicht.
10 Von vielen habe ich Gerede gehört:
    Grauen ringsum! Erstattet Bericht!
    Lasst uns Bericht erstatten!
Alle, mit denen ich Frieden hielt, lauern auf meinen Fall:

Vielleicht lässt er sich verleiten, dann wollen wir ihn überwältigen
    und unsere Rache an ihm nehmen!
11 Der HERR aber ist bei mir, wie ein mächtiger Held,
    deshalb werden meine Verfolger
    straucheln,
    und sie können nicht gewinnen.
In tiefer Schande stehen sie da
    und ohne Erfolg!
Eine ewige Schmach,
    sie wird nicht vergessen werden!
12 Der HERR der Heerscharen aber prüft den Gerechten,
    er sieht Nieren und Herz.
Deine Rache an ihnen werde ich sehen,
    denn dir habe ich meinen
    Rechtsstreit anvertraut.
13 Singt dem HERRN,
    lobt den HERRN,
denn aus der Hand der Übeltäter
    hat er das Leben des Armen gerettet.
14 Verflucht ist der Tag,
    an dem ich geboren wurde;
der Tag, an dem meine Mutter mich geboren hat,
    er sei nicht gesegnet.
15 Verflucht ist der Mann, der meinem Vater die Botschaft brachte:
    Ein Sohn ist dir geboren worden!
Wie glücklich hat er ihn gemacht!
16 Und jener Mann soll sein
    wie die Städte, die der HERR
    umgestürzt
    und deren er sich nicht erbarmt hat.
Dann wird er Schreie hören am Morgen
    und Kriegslärm zur Mittagszeit.
17 Denn er hat mir nicht den Todesstoss gegeben im Mutterleib,
    und meine Mutter wurde nicht mein
    Grab,
und ihr Leib blieb nicht schwanger für immer.
18 Warum nur kam ich aus dem Mutterleib?
    Um Mühsal zu sehen und Qual?
In Schande sind meine Tage vergangen.

|7: 1,4–8; 17,16 |8: 6,7 · 15,10.15 |9: 4,19; 5,14! |10–11: 1,19! |10: 3; 6,25!; 18,18 |11: 14,9; 32,18 |12:

11,20!; 17,10! |13: 15,21! |14: 17–18; 15,10; Hiob 3,3 |16: 49,18! |17: Hiob 3,11 |18: Hiob 3,10; 10,18

Ankündigung des Falls von Jerusalem

21 1 Das Wort, das vom HERRN an Jeremia erging, als König Zidkijahu den Paschchur, den Sohn des Malkija, und Zefanja, den Sohn des Maaseja, den Priester, zu ihm sandte, um zu sagen: 2 Befrage doch den HERRN für uns, denn Nebukadrezzar, der König von Babel, führt Krieg gegen uns. Vielleicht handelt der HERR so wunderbar an uns, wie er es so oft getan hat, so dass er wegzieht von uns. 3 Da sprach Jeremia zu ihnen: So sollt ihr zu Zidkijahu reden: 4 So spricht der HERR, der Gott Israels: Sieh, ich wende die Kriegswaffen, die in eurer Hand sind, mit denen ihr den König von Babel und die Kasdäer, die euch belagern, ausserhalb der Mauer bekämpft, und ziehe sie zusammen in der Mitte dieser Stadt. 5 Und ich selbst werde euch bekämpfen mit ausgestreckter Hand und starkem Arm und voller Grimm und Wut und grossem Zorn. 6 Und die Bewohner dieser Stadt werde ich schlagen, Mensch und Tier; an einer schrecklichen Pest werden sie sterben. 7 Und danach, Spruch des HERRN, gebe ich Zidkijahu, den König von Juda, und seine Diener und das Volk, die, die in dieser Stadt verschont geblieben sind von der Pest, vom Schwert und vom Hunger, in die Hand Nebukadrezzars, des Königs von Babel, und in die Hand ihrer Feinde, in die Hand derer, die ihnen nach dem Leben trachten, und mit der Schärfe des Schwerts wird er sie erschlagen. Er wird sie nicht verschonen, und er wird kein Mitleid haben, und er wird sich nicht erbarmen.

8 Und zu diesem Volk sollst du sagen: So spricht der HERR: Seht, den Weg des Lebens und den Weg des Todes lege ich euch vor. 9 Wer in dieser Stadt bleibt, wird sterben durch das Schwert, vor Hunger oder an der Pest. Wer aber hinausgeht und überläuft zu den Kasdäern, die euch belagern, bleibt am Leben, und er wird als Beute sein Leben haben. 10 Denn zum Bösen und nicht zum Guten habe ich mein Angesicht auf diese Stadt gerichtet, Spruch des HERRN, in die Hand des Königs von Babel wird sie gegeben werden, und er wird sie im Feuer verbrennen.

11 Und an das Haus des Königs von Juda: Hört das Wort des HERRN. 12 Haus David, so spricht der HERR:

Sorgt für Recht, an jedem Morgen,
und rettet den Beraubten aus der Hand des Unterdrückers,
damit nicht mein Grimm ausbricht wie das Feuer
und brennt, und da ist keiner, der löscht,
wegen der Bosheit eurer Taten.
13 Sieh, ich gehe gegen dich vor, die du im Tal wohnst,
du Fels in der Ebene, Spruch des HERRN,
die ihr sagt: Wer sollte herabfahren gegen uns?
Und wer eindringen in unsere Verstecke?
14 Und wie es der Frucht eurer Taten gebührt
werde ich euch heimsuchen,
Spruch des HERRN,
und ich werde Feuer legen an ihren Wald,
und alles, was rings um sie ist, wird es fressen.

|1: 38,1 · 29,25! |2: 37,3! · 34,1! |3: 27,12 |4: 37,9! |5: Jes 63,10; Klgl 2,4; Ez 20,33 |6: 16,4; Ez 14,19 |7: 10!; 22,25; 32,3; 34,20; 38,3 |8: Dtn 30,15 |9: 38,2! · 39,18! |10: 39,16! · 7!; 32,28–29; 34,2; 39,8! |12: 22,3! · 15,14! |13: 49,4 |14: 6,19; 32,19! · 17,27!; 22,7

21,2: Im Buch Jeremia werden für den babylonischen König die Namensformen Nebukadnezzar und Nebukadrezzar verwendet.
21,14: Mit ‹ihren› ist die Stadt gemeint.

Drohung gegen den König

22 1 So spricht der HERR: Geh hinab in das Haus des Königs von Juda und sprich dort dieses Wort 2 und sage: Höre das Wort des HERRN, König von Juda, der du auf dem Thron Davids sitzt, du und deine Diener und dein Volk, die ihr durch diese Tore einzieht: 3 So spricht der HERR: Übt Recht und Gerechtigkeit, und rettet den Beraubten aus der Hand des Unterdrückers, und unterdrückt nicht den Fremden, die Waise und die Witwe, und tut ihnen keine Gewalt an, und vergiesst kein unschuldiges Blut an dieser Stätte. 4 Wenn ihr wirklich nach diesem Wort handelt, dann werden durch die Tore des Hauses in Wagen und auf Pferden Könige einziehen, die auf dem Thron Davids sitzen, sie und ihre Diener und ihr Volk. 5 Wenn ihr aber nicht auf diese Worte hört, habe ich mir geschworen, Spruch des HERRN, dass dieses Haus ein Trümmerhaufen wird. 6 Denn so spricht der HERR über das Haus des Königs von Juda:

Gilead bist du für mich,
> der Gipfel des Libanon.
Ich mache dich zur Wüste,
> zu unbewohnten Städten!
7 Und ich werde gegen dich Zerstörer weihen,
> einen jeden mit seinen Waffen,
und sie werden deine erlesenen Zedern fällen
> und sie ins Feuer werfen.

8 Und viele Nationen werden an dieser Stadt vorübergehen, und ein jeder wird zu seinem Nächsten sagen: Warum hat der HERR so an dieser grossen Stadt gehandelt? 9 Dann wird man sagen: Weil sie den Bund des HERRN, ihres Gottes, verlassen und sich vor anderen Göttern niedergeworfen und ihnen gedient haben.

10 Weint nicht um den, der tot ist,
> und trauert nicht um ihn!
Weint, weint um den, der fortgeht,
> denn er kehrt nicht mehr zurück,
> und sieht sein Heimatland nicht
> wieder.

11 Denn so spricht der HERR über Schallum, den Sohn des Joschijahu, den König von Juda, der König ist an Joschijahus, seines Vaters, Statt, der fortgezogen ist von diesem Ort: Nie mehr wird er dahin zurückkehren, 12 sondern an dem Ort, wohin man ihn in die Verbannung geführt hat, wird er sterben, dieses Land aber wird er nicht wiedersehen.

13 Wehe dem, der sein Haus nicht auf Gerechtigkeit baut
> und seine Obergemächer nicht auf
> Recht,
der seinen Nächsten ohne Entgelt arbeiten lässt
> und ihm seinen Lohn nicht gibt!
14 Der sagt: Ich will mir ein geräumiges Haus bauen
> und luftige Obergemächer!
Und der sich darin Fenster ausbricht –
> mit Zedernholz ist es getäfelt –
und es mit Mennige streicht.
15 Bist du dafür König, dass du wetteiferst um Zedernholz? Dein Vater, hat nicht auch er gegessen und getrunken? Er aber hat Recht und Gerechtigkeit geübt. Ihm ging es damals gut. 16 Er sorgte für das Recht des Elenden und des Armen. Damals war es gut. Heisst nicht dies, mich zu erkennen? Spruch des HERRN.
17 Deine Augen aber und dein Herz
> sind auf nichts gerichtet als auf
> deinen Gewinn
und darauf, unschuldiges Blut zu vergiessen,
> und darauf, zu unterdrücken und zu
> erpressen.

18 Darum, so spricht der HERR über Jehojakim, den Sohn des Joschijahu, den König von Juda:
Man wird nicht um ihn klagen:
> Ach, mein Bruder! Und: Ach,
> Schwester!
Man wird nicht um ihn klagen:
> Ach, Herr! Und: Ach, seine Hoheit!
19 Wie ein Esel begraben wird,
> wird er begraben werden,
fortschleifen und hinwerfen wird man ihn
> weit draussen vor die Tore
> Jerusalems.
20 Steig auf den Libanon und schreie,
> und im Baschan lass deine Stimme
> hören,

und schreie vom Abarim,
    denn alle deine Liebhaber sind
    zerbrochen!

21 Ich habe dir zugeredet, als du keine
Sorgen kanntest.
    Du hast gesagt: Ich werde nicht
    hören!
Das ist dein Weg seit deiner Jugend:
    Du hast nicht auf meine Stimme
    gehört!

22 Der Sturm wird alle deine Hirten
weiden,
    und deine Liebhaber werden in die
    Gefangenschaft gehen.
Dann wirst du dich schämen und
zuschanden werden
    all deiner Bosheit wegen.

23 Die du auf dem Libanon thronst,
    eingenistet in den Zedern,
wie wirst du stöhnen, wenn Wehen dich
ereilen –
    Schmerzen wie die einer
    Gebärenden!

24 So wahr ich lebe, Spruch des HERRN:
Selbst wenn Konjahu, der Sohn des Jehojakim, der König von Juda, ein
Siegelring wäre an meiner rechten
Hand, ich würde dich von der Hand
reissen. 25 Und ich werde dich in die
Hand derer geben, die dir nach dem Leben trachten, und in die Hand derer, vor
denen dir graut, und in die Hand Nebukadrezzars, des Königs von Babel, in die
Hand der Kasdäer. 26 Und dich und
deine Mutter, die dich geboren hat,
werde ich in ein anderes Land schleudern, in dem ihr nicht geboren wurdet,
und dort werdet ihr sterben. 27 In das
Land aber, in das sie sich zurücksehnen,
dahin werden sie nicht zurückkehren.

28 Ist dieser Mann, Konjahu, ein
verachtetes Tongefäss,
    das man zerschlagen kann?
Ist er ein Gefäss,
    an dem niemand Gefallen hat?
Warum sind sie fortgeschleudert
worden,
    er und seine Nachkommen,
und in das Land geworfen worden,
    das sie nicht kannten?

29 Land, Land, Land, höre das
Wort des HERRN!

30 So spricht der HERR: Schreibt diesen
Mann auf als kinderlos, als einen Mann,
dem nichts gelingt sein Leben lang,
denn keinem seiner Nachkommen wird
es gelingen, auf dem Thron Davids zu
sitzen und noch einmal zu herrschen
über Juda!

|1–2: 7,2!;21,11–12 |3: 16; 7,6; 21,12; Jes 1,17 · 2,34!
|4: 17,24–25 |5: 12,7!; 1Kön 9,8 |6: 8,22 · 2,15! |7: 6,4 ·
21,14! |8–9: 5,19!; Dtn 29,24–28; 1Kön 9,8–9 |9:
16,11! |10: 2Kön 23,29–30.34; 2Chr 35,24–25 |12:
2Chr 36,1–4 |13: 16; Mi 3,10; Hab 2,12 · Lev 19,13
|15–16: 2Kön 23,25 · 3; 23,5 |16: 31,34!; Hos 6,6 |17:
8,10 · 2,34! · 5,28 |18: 34,5 · 16,6! |19: 36,30 |20:
30,14 |21: 2,25; 32,23! · 35,14; 32,30 |22: 23,1–2! ·
6,15! |23: Ez 17,3 · 4,31! |24: 2,22! · Hag 2,23 |25: 21,7!;
32,28!; 52,28! |26: 2Kön 24,15; 25,30 · 10,18! |28:
19,11! |29: 6,19 |30: 36,30

22,14: Der Massoretische Text lautet übersetzt:
«meine Fenster».
    22,20: Abarim ist eine Bezeichnung für das
Hochland.
    22,24: Konjahu ist ein anderer Name für
Jehojachin.

Schlechte und gute Hirten. Der Davidsspross

23 1 Wehe den Hirten, die die Schafe
meiner Weide zugrunde richten
und zerstreuen! Spruch des HERRN.
2 Darum, so spricht der HERR, der Gott
Israels, über die Hirten, die mein Volk
weiden: Ihr habt meine Schafe zerstreut
und versprengt und euch nicht um sie
gekümmert. Seht, ich werde mich um
die Bosheit eurer Taten kümmern!
Spruch des HERRN. 3 Und ich selbst
werde den Rest meiner Schafe sammeln
aus allen Ländern, wohin ich sie versprengt habe, und ich werde sie zurückbringen auf ihren Weideplatz, und sie
werden fruchtbar sein und sich mehren.
4 Dann lasse ich Hirten über sie auftreten, und diese werden sie weiden, und
sie werden sich nicht mehr fürchten
und nicht mehr erschrecken, und keines wird vermisst werden. Spruch des
HERRN. 5 Sieh, es kommen Tage, Spruch
des HERRN, da lasse ich für David einen
gerechten Spross auftreten, und dieser
wird als König herrschen und einsichtig

handeln und Recht und Gerechtigkeit
üben im Land. 6 In seinen Tagen wird
Juda gerettet werden, und Israel wird sicher wohnen. Und dies ist sein Name,
den man ihm geben wird: Der HERR ist
unsere Gerechtigkeit! 7 Darum, sieh, es
kommen Tage, Spruch des HERRN, da
wird man nicht mehr sagen: So wahr der
HERR lebt, der die Israeliten heraufgeführt hat aus dem Land Ägypten!, 8 sondern: So wahr der HERR lebt, der die
Nachkommen des Hauses Israel heraufgeführt und hergebracht hat aus dem
Land des Nordens und aus allen Ländern, wohin er sie versprengt hat! Dann
werden sie auf ihrem eigenen Boden
wohnen.

|1–2: 10,21!; 22,22; 25,34–36; Ez 34,2–10 |3–4:
Ez 34,11–23 |3: 29,14!; 50,19 · 3,16! |4: 3,15 |5: 30,9;
33,14–17 · Jes 9,6; 11,1–5 |6: 30,10; 32,37; 33,16; 46,27
|7–8: 16,14–15 |8: 1,14–15!; 3,18

23,6: «Der HERR ist unsere Gerechtigkeit»: Vermutlich liegt ein Wortspiel mit dem Namen des Königs Zidkijahu zugrunde, dessen Bedeutung ‹Der
HERR ist meine Gerechtigkeit› ist.

Falsche Propheten
9 Über die Propheten:
Mein Herz ist gebrochen in meinem
Innern,
    mir zittern alle Gebeine;
wie ein Betrunkener bin ich geworden
    und wie einer, den der Wein
    überwältigt hat,
wegen des HERRN und seiner heiligen
Worte.
10 Das Land ist voller Ehebrecher,
    wegen des Fluchs ist das Land
    vertrocknet,
sind die Weideplätze in der Steppe
verdorrt.
Und ihr Streben war Bosheit,
    und ihre Stärke war nicht rechtens.
11 Sogar Prophet und Priester sind
gottlos,
    sogar in meinem Haus bin ich auf
    ihre Bosheit gestossen!
Spruch des HERRN.
12 Darum wird ihr Weg für sie wie ein
rutschiger Pfad im Dunkel,

sie werden versprengt und kommen
    auf ihm zu Fall,
denn Unheil bringe ich über sie, das Jahr
    ihrer Heimsuchung!
    Spruch des HERRN.
13 Auch bei den Propheten Samarias
habe ich Ärgerliches gesehen:
Im Namen des Baal haben sie
geweissagt,
    und mein Volk, Israel, haben sie in
    die Irre geführt.
14 Bei den Propheten Jerusalems aber
habe ich Grässliches gesehen:
Ehebruch und Leben in Lüge,
    und den Übeltätern stärken sie die
    Hände,
damit sie nicht zurückkehren, jeder von
seiner Bosheit.
Wie Sodom sind sie mir alle geworden
    und seine Bewohner wie Gomorra.
15 Darum, so spricht der HERR der
Heerscharen über die Propheten:
Sieh, ich gebe ihnen Wermut zu essen
    und lasse sie giftiges Wasser
    trinken,
denn von den Propheten Jerusalems
    ist Gottlosigkeit ausgegangen über
    das ganze Land.
16 So spricht der HERR der
Heerscharen:
Hört nicht auf die Worte der Propheten,
die euch weissagen!
    Sie täuschen euch,
sie verkünden die Schauung ihres
eigenen Herzens,
    nicht das, was aus dem Mund des
    HERRN kommt.
17 Immer wieder sagen sie zu denen,
die mich verachten:
    Der HERR hat gesagt: Ihr werdet
    Frieden haben!
Und zu jedem, der im Starrsinn seines
Herzens lebt, sagen sie:
    Es wird kein Unheil über euch
    kommen!
18 Wer hat denn in der Versammlung
des HERRN gestanden,
    dass er sein Wort gesehen und
    gehört hätte?

Wer hat auf sein Wort geachtet und hat es gehört?

19 Sieh, der Sturm des HERRN ist losgebrochen als Zorn,
    ein wirbelnder Sturm,
gegen das Haupt der Frevler
wirbelt er.

20 Die Wut des HERRN wird sich nicht legen, bis er die Pläne seines Herzens ausgeführt und verwirklicht hat. In ferner Zukunft werdet ihr es ganz begreifen.

21 Ich habe die Propheten nicht gesandt,
    und dennoch sind sie gelaufen,
ich habe nicht zu ihnen gesprochen,
    und dennoch haben sie geweissagt.

22 Wenn sie aber in meiner Versammlung gestanden haben,
    sollen sie mein Volk meine Worte hören lassen
und sie zurückbringen von ihrem bösen Weg
    und von der Bosheit ihrer Taten.

23 Bin ich denn ein Gott der Nähe, Spruch des HERRN,
    und nicht auch ein Gott der Ferne?

24 Kann sich einer in Verstecken verstecken,
    und ich würde ihn nicht sehen?
    Spruch des HERRN.
Fülle ich nicht den Himmel und die Erde?
    Spruch des HERRN.

25 Ich habe gehört, was die Propheten gesagt haben, die in meinem Namen Lüge weissagen: Ich habe geträumt, ich habe geträumt! 26 Wie lange noch? Haben die Propheten, die Lüge weissagen und die den Trug ihres Herzens weissagen, überhaupt Verstand; 27 sie, die planen, mit ihren Träumen, die sie einander erzählen, meinen Namen in Vergessenheit zu bringen bei meinem Volk, wie ihre Vorfahren meinen Namen vergessen haben über dem Baal? 28 Der Prophet, der einen Traum hat, soll einen Traum erzählen, der aber, der mein Wort hat, soll treu mein Wort sagen. Was hat das

Stroh mit dem Getreide gemein? Spruch des HERRN. 29 Ist mein Wort nicht so: wie Feuer, Spruch des HERRN, und wie ein Hammer, der Felsen zerschmettert?

30 Darum:
Sieh, ich gehe gegen die Propheten vor, Spruch des HERRN,
    von denen einer dem anderen meine Worte stiehlt!

31 Sieh, ich gehe gegen die Propheten vor, Spruch des HERRN,
    die ihre Zunge brauchen und sprechen: Spruch!

32 Sieh, ich gehe gegen die vor, die Lügenträume weissagen, Spruch des HERRN, und diese erzählen und mein Volk irreführen mit ihren Lügen und ihrem Geflunker! Ich aber habe sie nicht gesandt und habe sie nicht beauftragt. Und diesem Volk nützen sie nichts! Spruch des HERRN.

33 Und wenn dieses Volk oder der Prophet oder ein Priester dich fragt: Was ist der Ausspruch des HERRN?, dann sage ihnen, was die Last ist: Ich werfe euch ab! Spruch des HERRN. 34 Und den Propheten, den Priester oder das Volk, wer dann noch sagt: Ausspruch des HERRN!, diesen Mann und sein Haus werde ich heimsuchen! 35 So sollt ihr ein jeder zu seinem Nächsten und ein jeder zu seinem Bruder sagen: Was hat der HERR geantwortet und was hat der HERR gesagt? 36 Aber ihr sollt nicht mehr denken an: Ausspruch des HERRN!, denn dieses Wort wird jedem, der es ausspricht, zur Last, und damit verdreht ihr die Worte des lebendigen Gottes, des HERRN der Heerscharen, unseres Gottes. 37 So sollst du zum Propheten sagen: Was hat der HERR dir geantwortet und was hat der HERR gesagt? 38 Solltet ihr aber sagen: Ausspruch des HERRN! – dann, so spricht der HERR: Weil ihr dieses Wort: Ausspruch des HERRN! ausgesprochen habt, obwohl ich zu euch gesandt habe, um zu sagen: Ihr dürft nicht sagen: Ausspruch des HERRN!, 39 darum, seht, will ich euch loswerden, loswerden, und dann werde

ich euch und die Stadt, die ich euch und euren Vorfahren gegeben habe, abwerfen, weg von meinem Angesicht.

40 Und ewige Schande werde ich auf euch legen und ewige Schmach, die nicht vergessen wird.

| 9–40: 14,14! | 10: 3,8!; 9,2 · 14,1–6! | 11: 5,31; 6,13 | 12: 13,16 · 11,11! · 8,12! | 13: 2,8 | 14: 3,7!; Ez 13,22 · 49,18!; Dtn 32,32 | 15: 9,14! | 16: 14,14!; 27,9! | 17: 14,13! | 18: 1Kön 22,19; Hiob 15,8; Jes 6 | 19–20: 30,23–24 | 19: 4,11–12! | 20: 1,12! | 21: 14,14! | 22: 18,11 | 23: Ps 139,7–12; Am 9,2 | 24: 16,17!; 49,10 · Jes 6,3 | 25: 29,8 | 27: 2,32!; Ri 3,7 | 28: 42,4 | 29: 5,14!; Hebr 4,12 | 30–32: 14,15! | 32: Mi 3,5 | 33: 7,15! | 36: 10,10 | 39: 7,15!; 32,31

23,31: Mit «Spruch!» ist gemeint: ‹Spruch des HERRN›.

23,33–39: Für ‹Ausspruch› und für ‹Last› steht im Hebräischen dasselbe Wort. In V.33–39 liegt somit ein Wortspiel vor, das sich in der Übersetzung nicht wiedergeben lässt.

Das Bild von guten und schlechten Feigen

24 1 Der HERR liess mich sehen, und sieh: Zwei Körbe mit Feigen waren vor den Tempel des HERRN bestellt. Dies geschah, nachdem Nebukadrezzar, der König von Babel, den Jechonjahu, den Sohn des Jehojakim, den König von Juda, und die Fürsten von Juda und die Schmiede und Metallarbeiter aus Jerusalem in die Verbannung geführt und sie nach Babel gebracht hatte. 2 In einem Korb waren sehr gute Feigen, wie Frühfeigen, im anderen Korb aber waren sehr schlechte Feigen, so schlecht, dass sie ungeniessbar waren. 3 Und der HERR sprach zu mir: Was siehst du, Jeremia? Und ich sagte: Feigen. Die guten Feigen sind sehr gut, die schlechten aber sind sehr schlecht, so schlecht, dass sie ungeniessbar sind.

4 Da erging das Wort des HERRN an mich: 5 So spricht der HERR, der Gott Israels: Wie diese guten Feigen, so wohlwollend werde ich die Verbannten aus Juda ansehen, die ich von dieser Stätte in das Land der Kasdäer geschickt habe. 6 Und wohlwollend werde ich mein Auge auf sie richten, und ich werde sie zurückbringen in dieses Land, und ich werde sie aufbauen und nicht niederreissen, und ich werde sie einpflanzen

und nicht ausreissen. 7 Und ich werde ihnen ein Herz geben, damit sie mich erkennen – dass ich der HERR bin. Dann werden sie mir Volk sein, und ich, ich werde ihnen Gott sein, denn mit ihrem ganzen Herzen werden sie zurückkehren zu mir. 8 Und wie die schlechten Feigen, die so schlecht sind, dass sie ungeniessbar sind, so spricht der HERR, so werde ich Zidkijahu machen, den König von Juda, und seine Fürsten und den Rest von Jerusalem, die übrig geblieben sind in diesem Land, und die, die im Land Ägypten wohnen. 9 Und auf Unheil bedacht werde ich sie zum Schrecken machen für alle Königreiche der Erde, zum Hohn und zum sprichwörtlichen Gespött und zur Verfluchung an allen Orten, wohin ich sie versprenge. 10 Und ich werde ihnen das Schwert, den Hunger und die Pest schicken, bis sie ausgemerzt sind auf dem Boden, den ich ihnen und ihren Vorfahren gegeben habe.

| 1: Am 8,1 · 52,28! | 3: 1,11; Am 7,8; Sach 4,2 | 5: 29,11; Lev 26,44–45 | 6: 12,15! · 1,10!; 33,7 | 7: 31,33–34!; 32,39; Ez 11,19 · 30,22! | 8: 29,17 · 13,7 | 9: 15,4! | 10: 9,15!; 14,12; 15,2; 29,17–18; Ez 5,12

Die siebzigjährige Herrschaft Babels

25 1 Das Wort, das an Jeremia erging über das ganze Volk von Juda im vierten Jahr des Jehojakim, des Sohns von Joschijahu, des Königs von Juda – das war das erste Jahr Nebukadrezzars, des Königs von Babel –, 2 das Jeremia, der Prophet, zum ganzen Volk von Juda und zu allen Bewohnern Jerusalems gesprochen hat:

3 Seit dem dreizehnten Jahr des Joschijahu, des Sohns von Amon, des Königs von Juda, bis auf den heutigen Tag, das sind dreiundzwanzig Jahre, ist das Wort des HERRN an mich ergangen, und ich habe zu euch gesprochen, mit Eifer gesprochen, ihr aber habt nicht gehört. 4 Und immer wieder hat der HERR alle seine Diener, die Propheten, zu euch gesandt, mit Eifer gesandt, ihr aber habt nicht gehört und ihnen euer Ohr nicht geneigt, dass ihr gehört hättet. 5 Er hat

gesagt: Kehrt doch zurück, ein jeder von seinem bösen Weg und von der Bosheit eurer Taten! Dann bleibt ihr auf dem Boden, den der HERR euch und euren Vorfahren vor langer Zeit für immer gegeben hat. 6 Und lauft nicht anderen Göttern nach, um ihnen zu dienen und um euch vor ihnen niederzuwerfen, und reizt mich nicht mit dem Machwerk eurer Hände, damit ich euch kein Unheil antue. 7 Ihr aber habt nicht auf mich gehört, Spruch des HERRN, um mich zu reizen mit dem Machwerk eurer Hände, zu eurem eigenen Unheil.

8 Darum, so spricht der HERR der Heerscharen: Weil ihr nicht auf meine Worte gehört habt, 9 seht, sende ich hin und hole alle Sippen des Nordens, Spruch des HERRN, – auch zu Nebukadrezzar, dem König von Babel, meinem Diener –
und lasse sie über dieses Land kommen
und über die, die darin wohnen,
und über alle diese Nationen ringsum.
Und ich werde sie verwüsten
und entsetzlich zurichten,
ich mache sie zu einem Anlass zum Zischen
und zu Trümmerhaufen für immer.
10 Und ich lasse bei ihnen zu Ende gehen Jubelschreie und Freudenrufe,
die Stimme des Bräutigams und die Stimme der Braut,
das Geräusch der Handmühle und das Licht der Lampe.
11 Und dieses ganze Land wird verwüstet,
wird zur Einöde,
und diese Nationen werden dem König von Babel dienen,
siebzig Jahre lang.
12 Und wenn siebzig Jahre erfüllt sind, werde ich am König von Babel und an jener Nation, Spruch des HERRN, ihre Schuld heimsuchen, auch am Land der Kasdäer, und ich werde sie für immer verwüsten. 13 Und über jenes Land lasse ich all meine Worte kommen, die ich darüber gesprochen habe, all das, was geschrieben steht in diesem Buch, was

Jeremia geweissagt hat über alle Nationen. 14 Denn auch sie werden vielen Nationen und grossen Königen dienen, und nach ihrem Tun und nach dem Machwerk ihrer Hände werde ich ihnen vergelten.

|3–4: 7,13!; 26,5; 29,19; 35,14–15; 37,2! |5: 18,11 |6: 16,11! · 8,19! |7: 7,13! |9–11: 7,34!; 22,5 |9: 1,14–15! · 27,6; 43,10; Jes 44,28 |10: 7,34! |11: 2Chr 36,20–21! |12: 50,12–13.39; 51,26.55–56.62 |14: 27,7 · 50,15!

Der Kelch des Zorns

15 Denn so hat der HERR, der Gott Israels, zu mir gesprochen: Nimm diesen Kelch mit Wein, mit Zorn, aus meiner Hand und lass alle Nationen daraus trinken, zu denen ich dich sende. 16 Und sie werden trinken und sich erbrechen und sich wie Wahnsinnige verhalten vor dem Schwert, das ich unter sie sende. 17 Und ich nahm den Kelch aus der Hand des HERRN und gab allen Nationen daraus zu trinken, zu denen der HERR mich sandte: 18 Jerusalem und den Städten Judas und seinen Königen und seinen Fürsten, um sie zu verwüsten, sie entsetzlich zuzurichten, sie zu einem Anlass zum Zischen und zur Verfluchung zu machen, wie es am heutigen Tag der Fall ist; 19 dem Pharao, dem König von Ägypten, und seinen Dienern und seinen Fürsten und seinem ganzen Volk 20 und allen Beduinen und allen Königen des Landes Uz und allen Königen im Land der Philister: denen von Aschkelon, von Gaza, von Ekron und vom Rest von Aschdod; 21 Edom und Moab und den Ammonitern, 22 und allen Königen von Tyros und allen Königen von Sidon und den Königen der Küste jenseits des Meeres 23 und Dedan und Tema und Bus und allen mit gestutztem Haarrand 24 und allen Königen der Araber und allen Königen Arabiens, die in der Wüste leben, 25 und allen Königen von Simri und allen Königen von Elam und allen Königen von Madai; 26 und allen Königen des Nordens, den nahen und den fernen, einem nach dem anderen, und allen Königreichen der Erde, die auf dem Erdboden sind, und

nach ihnen wird der König von Scheschach trinken.

27 Und zu ihnen sollst du sagen: So spricht der HERR der Heerscharen, der Gott Israels: Trinkt und werdet betrunken und übergebt euch! Stürzt und steht nicht wieder auf vor dem Schwert, das ich unter euch sende! 28 Wenn sie sich aber weigern, den Kelch aus deiner Hand zu nehmen, um zu trinken, sage ihnen: So spricht der HERR der Heerscharen: Ihr werdet trinken! 29 Denn seht, in der Stadt, über der mein Name ausgerufen ist, beginne ich mit dem Unheil, und da solltet ihr ungestraft bleiben? Ihr werdet nicht ungestraft bleiben, denn ich rufe das Schwert gegen alle Bewohner der Erde! Spruch des HERRN der Heerscharen. 30 Und du, du wirst ihnen alle diese Worte weissagen und zu ihnen sprechen:

Der HERR wird brüllen aus der Höhe
und aus seiner heiligen Wohnung
seine Stimme hören lassen,
entsetzlich brüllen wird er über dem
Platz seiner Weide,
ein Jauchzen wie die Keltertreter
stimmt er an
über alle Bewohner der Erde.

31 Bis ans Ende der Erde dringt das Tosen,
denn einen Rechtsstreit hat der
HERR mit den Nationen.
Er hält Gericht mit allem Fleisch,
die Frevler – er hat sie dem Schwert
übergeben!
Spruch des HERRN.

32 So spricht der HERR der Heerscharen:
Sieh, Unheil geht aus, von Nation zu
Nation,
und ein gewaltiger Sturm bricht los
aus den entlegensten Winkeln der Erde.

33 Und an jenem Tag werden die vom HERRN Durchbohrten daliegen
von einem Ende der Erde bis zum
anderen Ende der Erde;
sie werden nicht betrauert und nicht
eingesammelt und nicht begraben,

sie werden zu Dünger auf dem
Acker.

34 Heult, ihr Hirten, und schreit auf!
Wälzt euch im Staub, ihr Herren der
Schafe!
Denn eure Tage sind erfüllt: Es kann
geschlachtet werden!
Und ich werde euch zerstreuen!
Und wie ein kostbares Gefäss werdet ihr
fallen!

35 Und für die Hirten wird es keine
Zuflucht geben
und kein Entrinnen für die Herren
der Schafe.

36 Horch, der Aufschrei der Hirten
und das Heulen der Herren der
Schafe!
Der HERR verwüstet ihre Weide!

37 Und verwüstet sind die friedlichen
Weideplätze
vom glühenden Zorn des HERRN.

38 Wie ein Löwe hat er sein Dickicht
verlassen,
ihr Land ist verwüstet
von der gewalttätigen Glut
und von seinem glühenden Zorn.

| 15–29: 13,13; 48,26; 49,12; 51,7.39 | 15: Jes 51,17; Ez 23,32; Offb 14,10 | 16: 9,15! | 18: 18,16!; 24,9 | 19: 43,9–13; 46,2–26 | 20: 47,1–7 | 21: 27,2–6 · 49,7–22 · 48,1–47 · 49,1–6 | 22: Ez 26–28 | 23: 49,7–8 · 9,25; 49,32 | 25: 49,34–39 | 26: 51,41 | 28–29: 49,12 | 29: 19,3; Ez 9,6 · 12,12! | 30: Joel 4,16; Am 1,2 | 31: 51,36; Jes 3,13 · 45,5; Gen 6,13 | 32: 4,11–12! · 6,22 | 33: 51,4! · 16,4! | 34: 23,1–2! · 19,11! | 36: Sach 11,3 | 38: 49,19! · 12,12!; 46,16!

25,20: Die Übersetzung des mit ‹Beduinen› wiedergegebenen hebräischen Worts ist unsicher.
25,34: Die Übersetzung «Und ich werde euch zerstreuen!» beruht auf einer Korrektur des Massoretischen Texts.

Jeremias Tempelrede und seine Gefangennahme. Ermordung des Urija

26 1 Zu Beginn der Königsherrschaft des Jehojakim, des Sohns von Joschijahu, des Königs von Juda, erging dieses Wort vom HERRN: 2 So spricht der HERR: Stell dich in den Vorhof des Hauses des HERRN und sprich zu allen Städten von Juda, die kommen, um sich niederzuwerfen im Haus des HERRN, alle Worte, die ihnen zu sagen ich dir befohlen habe; lass kein Wort aus. 3 Vielleicht hören sie und kehren zurück, ein jeder von seinem bösen Weg; dann bedaure ich das Unheil, das ich ihnen anzutun plane wegen der Bosheit ihrer Taten. 4 Und sage ihnen: So spricht der HERR: Wenn ihr nicht auf mich hört und nicht nach meiner Weisung lebt, die ich euch vorgelegt habe, 5 und nicht hört auf die Worte meiner Diener, der Propheten, die ich zu euch sende, eifrig sende – und ihr habt nicht gehört! –, 6 dann werde ich dieses Haus zurichten wie Schilo, und diese Stadt werde ich zur Verfluchung machen bei allen Nationen der Erde.

7 Und die Priester und die Propheten und alles Volk hörten, wie Jeremia diese Worte sprach im Haus des HERRN. 8 Und als Jeremia alles gesagt hatte, was der HERR ihm geboten hatte, dem ganzen Volk zu sagen, ergriffen ihn die Priester und die Propheten und alles Volk, und sie sagten: Du musst sterben! 9 Warum hast du im Namen des HERRN geweissagt: Wie Schilo wird dieses Haus werden, und diese Stadt wird zerstört sein, niemand wird mehr darin wohnen! Und alles Volk versammelte sich um Jeremia im Haus des HERRN. 10 Und die Fürsten Judas hörten von diesen Dingen, und sie zogen hinauf vom Haus des Königs zum Haus des HERRN und setzten sich in den Eingang des neuen Tors vom Haus des HERRN. 11 Dann sprachen die Priester und die Propheten zu den Fürsten und zu allem Volk: Dieser Mann ist des Todes schuldig! Er hat gegen diese Stadt geweissagt, wie ihr mit eigenen Ohren gehört habt. 12 Da sprach Jeremia zu allen Fürsten und zum ganzen Volk: Der HERR hat mich gesandt, damit ich gegen dieses Haus und gegen diese Stadt all die Worte weissage, die ihr gehört habt. 13 Und nun macht eure Wege und eure Taten besser und hört auf die Stimme des HERRN, eures Gottes, damit der HERR das Unheil bedauert, das er über euch angekündigt hat. 14 Ich aber, seht, ich

bin in eurer Hand. Verfahrt mit mir, wie es gut und rechtens ist in euren Augen. 15 Doch ihr müsst wissen: Wenn ihr mich tötet, bringt ihr unschuldiges Blut über euch und über diese Stadt und ihre Bewohner! Denn es ist wahr, dass mich der HERR zu euch gesandt hat, damit ich alle diese Worte in eure Ohren sage. 16 Da sagten die Fürsten und alles Volk zu den Priestern und zu den Propheten: Dieser Mann ist nicht des Todes schuldig, denn im Namen des HERRN, unseres Gottes, hat er zu uns gesprochen! 17 Und es erhoben sich Männer von den Ältesten des Landes, und sie sprachen zur ganzen Volksversammlung: 18 In den Tagen des Chiskijahu, des Königs von Juda, hat Micha, der Moraschtiter, geweissagt, und er sprach zum ganzen Volk von Juda: So spricht der HERR der Heerscharen:

Zion wird umgepflügt zum Feld,
    und Jerusalem wird zu
    Trümmerhaufen
und der Tempelberg zu
überwucherten Höhen!

19 Haben etwa Chiskijahu, der König von Juda, und ganz Juda ihn getötet? Hat er nicht den HERRN gefürchtet und das Angesicht des HERRN besänftigt, und hat der HERR nicht das Unheil bedauert, das er über sie angekündigt hatte? Und da wollen wir ein so grosses Unheil über uns selbst bringen!

20 Und da war noch ein Mann, der als Prophet im Namen des HERRN auftrat: Urijahu, der Sohn des Schemajahu aus Kirjat-Jearim, und er weissagte gegen diese Stadt und gegen dieses Land, ganz den Worten Jeremias entsprechend. 21 Und König Jehojakim und alle seine Helden und alle Fürsten hörten seine Worte, und der König wollte ihn töten. Urijahu aber hörte davon und fürchtete sich und floh und kam nach Ägypten. 22 Da sandte König Jehojakim Männer nach Ägypten: Elnatan, den Sohn des Achbor, und mit ihm sandte er weitere Männer nach Ägypten. 23 Und sie holten Urijahu aus Ägypten

und brachten ihn zu König Jehojakim, und er erschlug ihn mit dem Schwert, und seinen Leichnam warf er zu den Gräbern des einfachen Volks. 24 Achikam jedoch, der Sohn des Schafan, stand Jeremia bei, so dass man ihn nicht in die Hand des Volks gab, um ihn zu töten.

|2–3: 7,2! |2: 1,7 |3: 18,8! |4: Dtn 28,15 |5: 25,3–4! |6: 7,12–14 · 15,4! |8: 20,2! · 1,19! |9: 32,3 · 4–6; 6,8 |10: 36,12; 39,3 |11: 38,4; Am 7,10–13 |13: 7,3! · 18,8! |14: Jos 9,25 |15: 2,34! · 1,17; 28,9 |18: Mi 1,1; 3,12 · 9,10; 22,5; 25,9 |19: 3; Ex 32,14 |22: 36,12.25 |23: 2,30! |24: 39,14; 40,5; 2Kön 22,12 · 15,21!

Aufforderung, sich dem Joch Babels zu beugen

27 1 Zu Beginn der Königsherrschaft des Jehojakim, des Sohns von Joschijahu, des Königs von Juda, erging dieses Wort vom HERRN an Jeremia. 2 So hat der HERR zu mir gesprochen: Mach dir Stricke und Jochstangen und lege sie dir auf den Nacken 3 und dann sende den König von Edom und dem König von Moab und dem König der Ammoniter und dem König von Tyros und dem König von Sidon durch Boten, die nach Jerusalem zu Zidkijahu, dem König von Juda, gekommen sind. 4 Und befiehl ihnen, ihren Herren zu sagen: So spricht der HERR der Heerscharen, der Gott Israels: So sollt ihr zu euren Herren reden: 5 Ich bin es, der die Erde gemacht hat, die Menschen und die Tiere, die auf der Erde sind, durch meine grosse Kraft und durch meinen ausgestreckten Arm, und ich gebe sie dem, der aufrecht ist in meinen Augen. 6 Und nun: Ich bin es, der alle diese Länder in die Hand Nebukadnezzars, des Königs von Babel, meines Dieners, gegeben hat. Und auch die Tiere des Feldes habe ich ihm gegeben, damit sie ihm dienen. 7 Und alle Nationen sollen ihm und seinem Sohn und dem Sohn seines Sohns dienen, bis auch für sein Land die Zeit kommt. Dann werden viele Nationen und grosse Könige ihn dienstbar machen. 8 Die Nation und das Königreich aber, die ihm, Nebukadnezzar, dem König von Babel, nicht

dient und die den eigenen Nacken nicht unter das Joch des Königs von Babel legt, diese Nation werde ich heimsuchen mit dem Schwert und dem Hunger und der Pest, Spruch des HERRN, bis ich sie ganz in seine Hand gebe! 9 Und ihr, hört doch nicht auf eure Propheten und auf eure Wahrsager und auf eure Träume und auf eure Zeichendeuter und auf eure Zauberer, die euch sagen: Ihr werdet dem König von Babel nicht dienen müssen! 10 Denn Lüge ist, was sie euch weissagen, um euch von eurem Boden zu entfernen und damit ich euch versprenge und ihr umkommt. 11 Die Nation aber, die ihren Nacken dem Joch des Königs von Babel fügt und ihm dient, werde ich auf ihrem Boden belassen, Spruch des HERRN, und sie wird ihn bearbeiten und auf ihm wohnen.

12 Und zu Zidkijahu, dem König von Juda, habe ich, all diesen Worten gemäss, gesprochen: Fügt eure Nacken dem Joch des Königs von Babel und dient ihm und seinem Volk, dann werdet ihr am Leben bleiben. 13 Warum wollt ihr, du und dein Volk, durch das Schwert, den Hunger und die Pest sterben, wie der HERR es der Nation angekündigt hat, die dem König von Babel nicht dient? 14 Und hört doch nicht auf die Worte der Propheten, die euch sagen: Ihr werdet dem König von Babel nicht dienen müssen! Denn Lüge ist, was sie euch weissagen. 15 Denn ich habe sie nicht gesandt, Spruch des HERRN, und verlogen weissagen sie in meinem Namen, damit ich euch versprenge und ihr umkommt, ihr und die Propheten, die euch weissagen. 16 Und zu den Priestern und zu diesem ganzen Volk habe ich gesprochen: So spricht der HERR: Hört doch nicht auf die Worte eurer Propheten, die euch weissagen: Seht, in Kürze werden die Geräte des Hauses des HERRN zurückgebracht aus Babel! Denn Lüge ist, was sie euch weissagen. 17 Hört nicht auf sie. Dient dem König von Babel, dann werdet ihr am Leben bleiben. Warum soll diese Stadt eine

Trümmerstätte werden? 18 Und wenn sie Propheten sind und wenn das Wort des HERRN bei ihnen ist, sollen sie doch den HERRN der Heerscharen drängen, dass nicht die Geräte nach Babel kommen, die übrig geblieben sind im Haus des HERRN und im Haus des Königs von Juda und in Jerusalem. 19 Denn so spricht der HERR der Heerscharen über die Säulen und über das Meer und über die Kesselwagen und über den Rest der Geräte, die übrig geblieben sind in dieser Stadt, 20 die Nebukadnezzar, der König von Babel, nicht mitgenommen hat, als er Jechonja, den Sohn des Jehojakim, den König von Juda, aus Jerusalem nach Babel in die Verbannung geführt hat, mit allen Vornehmen Judas und Jerusalems; 21 so also spricht der HERR der Heerscharen, der Gott Israels, über die Geräte, die übrig geblieben sind im Haus des HERRN und im Haus des Königs von Juda und in Jerusalem: 22 Nach Babel werden sie gebracht werden, und dort werden sie bleiben bis zu dem Tag, an dem ich mich ihrer annehme, Spruch des HERRN, und sie wieder heraufbringe, zurück an diese Stätte.

|2: 13,1! |3: 25,21–22 |5: 10,12!; Jes 45,12 · Dan 4,14! |6: 28,14; Ez 26,7; Dan 2,38 · 25,9! |7: 25,11–12.14 |8: 38,2! |9: 23,16; 29,8 |10: 14,14!; Sach 10,2 · 13,25 |11: 40,9 |12: 21,3 |13: 38,2! |14–18: 14,14! |14: 14,15! |16: 28,3 |17: 9,10 |18: 7,16! |19: 1Kön 7,15.23.27 |20: 22,24–27; 29,2 · 52,28! |22: 15,13!; 2Chr 36,18 · Esra 1,7–11

27,1: In manchen Handschriften lautet der Text: «... Königsherrschaft des Zidkijahu, ...»
27,5: Mit ‹sie› ist die Erde gemeint.

Jeremia und der falsche Prophet Chananja

28 1 Und in jenem Jahr, am Anfang der Königsherrschaft des Zidkija, des Königs von Juda, im vierten Jahr, im fünften Monat, sprach Chananja, der Sohn des Asur, der Prophet aus Gibeon, im Haus des HERRN vor den Augen der Priester und des ganzen Volks zu mir: 2 So spricht der HERR der Heerscharen, der Gott Israels: Zerbrochen habe ich das Joch des Königs von Babel! 3 Alle Geräte des Hauses des HERRN, die Nebukad-

nezzar, der König von Babel, von dieser Stätte weggenommen und die er nach Babel gebracht hat, bringe ich binnen zweier Jahre an diese Stätte zurück. 4 Und Jechonja, den Sohn des Jehojakim, den König von Juda, und alle Verbannten aus Juda, die nach Babel gekommen sind, bringe ich zurück an diese Stätte, Spruch des HERRN, denn das Joch des Königs von Babel werde ich zerbrechen. 5 Da sprach Jeremia, der Prophet, zu Chananja, dem Propheten, vor den Augen der Priester und vor den Augen des ganzen Volks, aller, die im Haus des HERRN standen – 6 Jeremia, der Prophet, sprach: Amen! So soll der HERR handeln! Möge der HERR deine Worte, die du geweissagt hast, erfüllen und die Geräte des Hauses des HERRN und alle Verbannten aus Babel zurückbringen an diese Stätte! 7 Aber höre doch dieses Wort, das ich in deine Ohren und in die Ohren des ganzen Volks spreche: 8 Die Propheten, die schon lange Zeit vor mir und vor dir gewesen sind, sie haben über viele Länder und über grosse Königreiche geweissagt von Krieg und Unheil und Pest. 9 Der Prophet, der von Frieden weissagt – wenn das Wort des Propheten eintrifft, wird der Prophet erkannt werden, den wirklich der HERR gesandt hat. 10 Da nahm Chananja, der Prophet, die Jochstange vom Nacken Jeremias, des Propheten, und zerbrach sie. 11 Und Chananja sprach vor den Augen des ganzen Volks: So spricht der HERR: Ebenso werde ich binnen zweier Jahre das Joch Nebukadnezzars, des Königs von Babel, vom Nacken aller Nationen brechen. Jeremia aber, der Prophet, ging seines Wegs.

12 Und das Wort des HERRN erging an Jeremia, nachdem Chananja, der Prophet, die Stange vom Nacken Jeremias, des Propheten, gebrochen hatte: 13 Geh und sage zu Chananja: So spricht der HERR: Stangen aus Holz hast du zerbrochen, an ihrer Statt aber werde ich Stangen aus Eisen machen. 14 Denn so spricht der HERR der Heerscharen, der

Gott Israels: Ein eisernes Joch habe ich auf den Nacken all dieser Nationen gelegt, damit sie Nebukadnezzar, dem König von Babel, dienen. Und sie werden ihm dienen! Und selbst die Tiere des Feldes habe ich ihm gegeben. 15 Und Jeremia, der Prophet, sprach zu Chananja, dem Propheten: Höre doch, Chananja. Der HERR hat dich nicht gesandt, du aber, du hast dieses Volk auf Lüge vertrauen lassen. 16 Darum, so spricht der HERR: Sieh, ich schicke dich weg vom Erdboden, noch in diesem Jahr bist du ein toter Mann, denn du hast Abtrünnigkeit gepredigt gegen den HERRN.

17 Und Chananja, der Prophet, starb in jenem Jahr, im siebten Monat.

| 1: 27,1 | 2: Lev 26,13! | 3: 27,16 | 4: 27,20! · 52,28! | 6: 11,5 · 17,16 | 8: 26,18.20 | 9: 14,13! · Dtn 18,21–22 | 10: 27,2 | 14: Dtn 28,48 · 27,6 | 15: 14,14!; 29,31 | 16: 29,32; Dtn 13,6! | 17: 14,15!

28,13: Die Übersetzung «werde ich … machen.» beruht auf der griechischen Überlieferung; der Massoretische Text lautet übersetzt: «wirst du … machen.»

Jeremias Brief an die Verbannten

29 1 Und dies sind die Worte des Briefs, den Jeremia, der Prophet, aus Jerusalem gesandt hat an den Rest der Ältesten der Verbannten und an die Priester und an die Propheten und an alles Volk, das Nebukadnezzar in die Verbannung geführt hatte von Jerusalem nach Babel, 2 nachdem Jechonja, der König, und die Gebieterin und die Eunuchen, die Fürsten von Juda und Jerusalem und die Handwerker und die Schlosser fortgezogen waren aus Jerusalem. 3 Er hat ihn gesandt durch Elasa, den Sohn des Schafan, und durch Gemarja, den Sohn des Chilkija, die Zidkija, der König von Juda, nach Babel gesandt hatte zu Nebukadnezzar, dem König von Babel; er lautete:

4 So spricht der HERR der Heerscharen, der Gott Israels, zu allen Verbannten, die ich in die Verbannung geführt habe, von Jerusalem nach Babel: 5 Baut Häuser und wohnt darin, pflanzt Gärten und esst ihre Frucht, 6 nehmt Frauen und zeugt Söhne und Töchter, und nehmt Frauen für eure Söhne und gebt eure Töchter Männern, damit sie Söhne und Töchter gebären, damit ihr dort zahlreicher werdet und nicht weniger. 7 Und sucht das Wohl der Stadt, in die ich euch in die Verbannung geführt habe, und betet für sie zum HERRN, denn in ihrem Wohl wird euer Wohl liegen. 8 So spricht der HERR der Heerscharen, der Gott Israels: Eure Propheten, die in eurer Mitte sind, und eure Wahrsager sollen euch nicht täuschen; und hört nicht auf die Träume, die ihr euch von ihnen träumen lasst. 9 Denn verlogen weissagen sie euch in meinem Namen. Ich habe sie nicht gesandt! Spruch des HERRN.

10 Denn so spricht der HERR: Erst wenn siebzig Jahre erfüllt sind für Babel, werde ich mich um euch kümmern. Dann werde ich mein gutes Wort an euch einlösen und euch zurückbringen an diese Stätte. 11 Denn ich, ich kenne die Gedanken, die ich über euch denke, Spruch des HERRN, Gedanken des Friedens und nicht zum Unheil, um euch eine Zukunft zu geben und Hoffnung. 12 Und ihr werdet mich rufen, und ihr werdet kommen und ihr werdet zu mir beten, und ich werde euch erhören. 13 Und ihr werdet mich suchen, und ihr werdet mich finden, wenn ihr nach mir fragt mit eurem ganzen Herzen. 14 Dann werde ich mich für euch finden lassen, Spruch des HERRN, und ich werde euer Geschick wenden und euch sammeln aus allen Nationen und aus allen Orten, wohin ich euch versprengt habe, Spruch des HERRN, und ich werde euch zurückbringen an die Stätte, von der ich euch in die Verbannung geführt habe.

15 Ja, wenn ihr sagt: Der HERR hat für uns Propheten auftreten lassen in Babel – 16 so spricht der HERR zum König, der auf dem Thron Davids sitzt, und zu allem Volk, das in dieser Stadt wohnt, zu euren Brüdern, die nicht mit euch in die Verbannung fortgegangen sind,

17 so spricht der HERR der Heerscharen: Seht, das Schwert und den Hunger und die Pest schicke ich ihnen, und ich mache sie wie die verdorbenen Feigen, die so schlecht sind, dass man sie nicht geniessen kann. 18 Und ich werde sie verfolgen mit dem Schwert, mit dem Hunger und mit der Pest, und ich werde sie zum Schrecken machen für alle Königreiche der Erde und zum Fluchwort, und ich werde sie entsetzlich zurichten und zu einem Anlass zum Zischen machen und zum Hohn bei allen Nationen, unter die ich sie versprengt habe, 19 dafür, dass sie nicht auf meine Worte gehört haben, Spruch des HERRN, mit denen ich meine Diener, die Propheten, zu ihnen gesandt habe, immer wieder mit Eifer gesandt habe, auf die ihr aber nicht gehört habt! Spruch des HERRN.

20 Und ihr, hört das Wort des HERRN, all ihr Verbannten, die ich von Jerusalem nach Babel geschickt habe: 21 So spricht der HERR der Heerscharen, der Gott Israels, über Achab, den Sohn des Kolaja, und über Zidkijahu, den Sohn des Maaseja, die euch in meinem Namen Lüge weissagen: Seht, ich gebe sie in die Hand Nebukadrezzars, des Königs von Babel, und vor euren Augen wird er sie erschlagen. 22 Und sie werden zum Anlass genommen werden für ein Fluchwort bei allen Verbannten aus Juda, die in Babel sind, und man wird sagen: Der HERR behandle dich wie Zidkijahu und wie Achab, die der König von Babel im Feuer geröstet hat! 23 Denn Schändliches haben sie begangen in Israel, und mit den Frauen ihrer Nächsten haben sie Ehebruch begangen, und in meinem Namen haben sie ein Wort geredet – Lüge –, das ich ihnen nicht befohlen habe. Und ich weiss davon und bin Zeuge! Spruch des HERRN.

|1: 52,28! |2: 27,20! |3: 26,24 |5: Jes 65,21; Am 9,14 |6: 3,16! |8: 23,25; 27,9! |9: 14,14 |10: 2Chr 36,20–21! · 33,14 |11: 24,5–6; 33,6 · 31,17 |12: 33,3 |13: 50,4; Dtn 4,29 · 24,7 |14: 33,7! · 3,14; 23,3; 31,8; 32,37 |17: 24,10! · 24,8 |18: 15,4! · 42,18! · 18,16! |19: 25,3–4! |21: 14,14! |22: 24,9 · 14,15! |23: Gen 34,7 · 23,14

Drohung gegen Schemajahu

24 Und zu Schemajahu, dem Nechelamiter, sage: 25 So spricht der HERR der Heerscharen, der Gott Israels: Weil du an alles Volk, das in Jerusalem ist, und an Zefanja, den Sohn des Maaseja, den Priester, und an alle Priester in deinem Namen Briefe gesandt hast, um ihnen mitzuteilen: 26 Der HERR hat dich zum Priester gemacht an Jehojadas, des Priesters, Statt, damit es Aufseher gibt im Haus des HERRN für jeden Verrückten, für jeden, der sich als Prophet aufspielt und damit du ihn in den Block und ins Halseisen schliesst. 27 Und nun, warum hast du Jeremia, den Anatotiter, nicht zurechtgewiesen, der sich bei euch als Prophet aufspielt? 28 Denn zu uns nach Babel hat er die Botschaft gesandt: Es dauert noch lange! Baut Häuser und wohnt darin, pflanzt Gärten und esst ihre Frucht. 29 Und Zefanja, der Priester, las diesen Brief Jeremia, dem Propheten, vor. 30 Und das Wort des HERRN erging an Jeremia: 31 Sende an alle Verbannten die Botschaft: So spricht der HERR über Schemaja, den Nechelamiter: Weil euch Schemaja geweissagt hat und ich ihn nicht gesandt habe und er euch auf Lüge vertrauen liess, 32 darum, so spricht der HERR: Seht, Schemaja, den Nechelamiter, und seine Nachkommen suche ich heim: Niemand, der zu ihm gehört, wird in diesem Volk wohnen bleiben und das Gute sehen, das ich für mein Volk tue, Spruch des HERRN, denn er hat Abtrünnigkeit gepredigt gegen den HERRN.

|25: 21,1; 37,3; 52,24 |26: 20,1 · 20,2 |31: 13,25; 14,14!; 28,15 |32: 28,16!

Ankündigung der Erlösung

30 1 Das Wort, das vom HERRN an Jeremia erging: 2 So spricht der HERR, der Gott Israels: Schreibe dir alle Worte, die ich zu dir gesprochen habe, in ein Buch. 3 Denn sieh, es kommen Tage, Spruch des HERRN, da wende ich das Geschick meines Volkes Israel und Juda, spricht der HERR. Dann werde ich sie zurückbringen in das Land, das ich ihren Vorfahren gegeben habe, damit sie es besitzen. 4 Und dies sind die Worte, die der HERR gesprochen hat über Israel und Juda:

5 Fürwahr, so spricht der HERR:
Angstgeschrei haben wir gehört!
Schrecken und kein Friede!
6 Fragt doch und seht,
ob ein Mann gebären kann!
Warum sehe ich jeden Mann
mit seinen Händen auf den Hüften
wie eine, die gebärt,
und warum werden alle Gesichter blass?
7 Wehe! Gross ist jener Tag,
keiner ist ihm gleich!
Und eine Zeit der Not ist es für Jakob,
er aber wird aus ihr errettet!

8 Und an jenem Tag, Spruch des HERRN der Heerscharen, breche ich sein Joch von deinem Nacken, und deine Stricke werde ich zerreissen, und Fremde werden ihn nicht mehr knechten. 9 Dann werden sie dem HERRN, ihrem Gott, dienen und David, ihrem König, den ich für sie auftreten lasse.

10 Und du, fürchte dich nicht, mein Diener Jakob,
Spruch des HERRN,
und erschrick nicht, Israel!
Denn sieh, dich rette ich aus der Ferne
und deine Nachkommen aus dem Land ihrer Gefangenschaft,
und Jakob wird zurückkehren und Ruhe haben
und keine Sorgen kennen,
und da wird keiner sein, der ihn aufschreckt.
11 Denn ich bin bei dir, Spruch des HERRN, um dir zu helfen. Ich werde allen Nationen, unter die ich dich zerstreut habe, ein Ende bereiten. Nur dir werde ich nicht ein Ende bereiten, damit ich dich zurechtweisen kann, wie es rechtens ist. Ganz ungestraft werde ich dich nicht lassen. 12 Denn so spricht der HERR.
Deine Verletzung ist nicht zu heilen,
unheilbar ist deine Wunde.

13 Da ist keiner, der deine Rechtssache führt – für das Geschwür,
es gibt für dich kein verheiltes Fleisch.
14 All deine Liebhaber haben dich vergessen,
nach dir fragen sie nicht.
Denn wie ein Feind zuschlägt, habe ich dich geschlagen
mit grausamer Unterweisung,
weil deine Schuld gross ist,
weil deine Sünden zahlreich sind.
15 Was schreist du deiner Verletzung wegen,
über deinen nicht heilbaren Schmerz?
Weil deine Schuld gross ist,
weil deine Sünden zahlreich sind,
habe ich dir dies angetan.
16 Darum werden alle gefressen, die dich fressen,
und alle deine Bedränger, sie alle
gehen in die Gefangenschaft,
und die dich plündern, fallen der Plünderung anheim,
und alle, die dich berauben, gebe ich dem Raub preis.
17 Denn ich bringe dir Genesung,
und von deinen Wunden werde ich dich heilen, Spruch des HERRN,
denn sie nennen dich: Versprengte.
Das ist Zion, niemand fragt nach ihr.
18 So spricht der HERR:
Sieh, ich wende das Geschick der Zelte Jakobs,
und seiner Wohnungen werde ich mich erbarmen.
Und die Stadt wird aufgebaut werden auf ihrem Schutthügel,
und der Palast wird stehen an seinem rechtmässigen Platz.
19 Und Dank wird ausgehen von ihnen
und lautes Lachen.
Und ich werde sie zahlreich machen,
und sie werden nicht weniger werden,
und ich werde sie zu Ehren bringen,
und sie werden nicht unbedeutend sein.

20 Und seine Kinder werden sein wie
zuvor,
     und seine Gemeinde bleibt bestehen
     vor mir,
alle seine Peiniger aber suche ich heim.
21 Und aus ihm selbst wird sein
Machthaber stammen,
     und sein Herrscher wird
     hervorgehen aus seiner Mitte.
Und ihn werde ich mir nahen lassen,
     und er wird sich mir nähern,
denn wer sonst würde sein Leben dafür
einsetzen,
     sich mir zu nähern? Spruch des
     HERRN.
22 Dann werdet ihr mir Volk sein,
     und ich, ich werde euch Gott sein.
23 Seht, der Sturm des HERRN, Zorn, ist
losgebrochen,
     ein wirbelnder Sturm,
auf das Haupt der Frevler stürmt er
herab.
24 Der glühende Zorn des HERRN
wendet sich nicht,
     bis er ausgeführt, in die Tat
     umgesetzt hat
     die Pläne seines Herzens.
In ferner Zukunft werdet ihr es
begreifen.

31 1 In jener Zeit, Spruch des HERRN,
        werde ich allen Sippen Israels
        Gott sein,
und sie, sie werden mir Volk sein.

|2: 36,2!; Jes 8,1! |3: 12,15!; 33,7! |5: 8,15! |6:
18,13! · 4,31! |7: 47,4; Joel 2,11; Zef 1,14–15 |8:
28,11.13; Jes 10,27 |9: 23,5!; Ez 34,23; Hos 3,5 |10:
46,27; Jes 43,1.5 · 23,6! |11: 1,8!; 46,28 · 4,27!; Ex 34,7
|12: 6,7!; Jes 1,6 |14: 4,30 · 2,30! |16: 10,25!; 51,35;
Jes 33,1 |17: 3,22; 33,6; Jes 57,18–19 |18: 33,7! · 31,4;
Am 9,11 |19: 33,11! · 3,16! |20: Jes 1,26 · 46,21! |21: 9;
23,5!; Dtn 17,15; Mi 5,2 |22: 7,23!; 24,7; 31,1.33; 32,38
|23–24: 23,19–20 |1: 30,22!

30,23: Die Wiedergabe «ein wirbelnder Sturm»
beruht auf einer hebräischen Handschrift; der
Massoretische Text lautet wohl übersetzt: «ein
Sturm, der sich als Fremder aufhält».

Rettung durch den HERRN
2 So spricht der HERR:
Gnade gefunden hat in der Wüste
     ein Volk: dem Schwert
     Entkommene.

Ich ging, um Israel Ruhe zu schaffen.
3 Aus der Ferne ist mir der HERR
erschienen:
Mit unendlicher Liebe habe ich dich
geliebt,
     darum habe ich dich zu mir gezogen
     aus Güte.
4 Ich werde dich wieder aufbauen,
     und du wirst aufgebaut sein,
Jungfrau Israel!
Du wirst dich noch mit deinen Pauken
schmücken
     und wirst ausziehen im Reigentanz
     der Lachenden.
5 Du wirst noch Weingärten pflanzen
     auf den Bergen Samarias;
Pflanzer pflanzen sie,
     und man wird sie in Gebrauch
     nehmen.
6 Denn es gibt einen Tag,
     da rufen die Wächter auf dem
     Gebirge Efraim:
Auf, und lasst uns hinaufziehen nach
Zion,
     zum HERRN, unserem Gott!
7 Denn so spricht der HERR:
Jubelt über Jakob voller Freude,
     und jauchzt über das Haupt der
     Nationen!
Lasst es hören, lobt und sagt:
Rette, HERR, dein Volk,
     den Rest Israels!
8 Seht, ich bringe sie aus dem Land des
Nordens,
     und aus den hintersten Winkeln der
     Erde sammle ich sie,
unter ihnen Blinde und Lahme,
     Schwangere und Gebärende
     miteinander.
Als grosse Versammlung kehren sie
hierher zurück.
9 Weinend kommen sie,
     und ich leite sie, während sie flehen,
ich führe sie zu Wasserbächen auf
ebenem Weg,
     sie straucheln nicht auf ihm,
denn ich bin für Israel zum Vater
geworden,
     und Efraim, er ist mein
     Erstgeborener.

10 Hört das Wort des HERRN, ihr
Nationen,
    und verkündet es auf den Inseln in
    der Ferne
und sprecht:
Der Israel zerstreut hat, sammelt es
    und hütet es wie ein Hirt seine
    Herde.
11 Denn der HERR hat Jakob losgekauft
    und hat ihn ausgelöst aus der Hand
    von einem,
    der stärker war als er.
12 Und sie werden kommen,
    und auf der Höhe des Zion werden
    sie jubeln,
und sie werden strahlen über die
Wohltaten des HERRN:
    über das Getreide und den Wein und
    das Öl
    und über die Schafe und das Vieh.
Und sie werden wie ein bewässerter
Garten sein,
    und sie werden nicht mehr
    verschmachten.
13 Dann wird sich die Jungfrau beim
Reigentanz freuen,
    Junge und Alte zusammen;
und ihre Trauer werde ich in Freude
verwandeln,
    und ich werde sie trösten und
    glücklich machen,
    frei von ihrem Kummer.
14 Und die Seele der Priester tränke ich
mit Fett,
    und an meinen Wohltaten isst mein
    Volk sich satt.
Spruch des HERRN.
15 So spricht der HERR:
Horch! In Rama wird Wehklagen
vernommen,
    bitteres Weinen.
Rachel weint um ihre Kinder,
    sie will sich nicht trösten lassen über
    ihre Kinder –
    dass sie nicht mehr da sind.
16 So spricht der HERR:
Verwehre deiner Stimme das Weinen
    und deinen Augen die Tränen,
denn es gibt einen Lohn für deine
Mühe,

Spruch des HERRN:
Sie werden zurückkehren aus dem Land
des Feindes.
17 Und es gibt Hoffnung auf Zukunft für
dich,
    Spruch des HERRN:
Die Kinder werden zurückkehren in ihr
Gebiet.
18 Deutlich habe ich es gehört:
    Efraim klagt um sich selbst:
Du hast mich zurechtgewiesen,
    und wie ein junger, ungebändigter
    Stier
    bin ich zurechtgewiesen worden.
Bringe mich zurück, damit ich
zurückkehre,
    denn du bist der HERR, mein Gott.
19 Denn nach meiner Rückkehr bereue
ich,
    und nachdem ich zur Erkenntnis
    gebracht worden bin,
    schlage ich mir auf die Hüfte.
Ich schäme mich und bin auch
zuschanden geworden,
    denn ich trage die Schmach meiner
    Jugend. –
20 Ist mir Efraim ein teurer Sohn,
    ist er ein Kind, an dem man Freude
    hat?
Denn so oft ich gegen ihn rede –
    immer wieder muss ich an ihn
    denken!
Darum ist mein Innerstes seinetwegen
in Unruhe,
    ich muss mich seiner erbarmen!
    Spruch des HERRN.
21 Stell dir Wegmarken auf,
    setz dir Wegzeichen,
achte auf die Strasse,
    auf den Weg, den du gegangen bist!
Kehre zurück, Jungfrau Israel,
    kehre zurück zu diesen deinen
    Städten!
22 Wie lange willst du
umherschweifen,
    du abtrünnige Tochter?
Der HERR schafft Neues im Land:
    Die Frau wird beim Mann sein.
23 So spricht der HERR der Heerscharen,
der Gott Israels: Wenn ich ihr Geschick

wende, wird man dieses Wort wieder sagen im Land Juda und in seinen Städten: Der HERR segne dich, du Weide der Gerechtigkeit, du heiliger Berg.

24 Und gemeinsam werden Juda und all seine Städte in dir wohnen,
die Landarbeiter und die mit der Herde ziehen.

25 Den Erschöpften gebe ich zu trinken,
und reichlich gebe ich all den Schmachtenden.

26 Darüber erwachte ich und sah hin, und mein Schlaf war mir angenehm gewesen.

27 Sieh, es kommen Tage, Spruch des HERRN, da besäe ich das Haus Israel und das Haus Juda mit Menschensaat und Tiersaat. 28 Und wie ich über sie gewacht habe, um auszureissen und niederzureissen, zu vernichten und zu zerstören und Unheil anzurichten, so werde ich über sie wachen, um aufzubauen und zu pflanzen! Spruch des HERRN. 29 In jenen Tagen wird man nicht mehr sagen: Die Vorfahren haben unreife Früchte gegessen, den Kindern aber werden die Zähne stumpf!, 30 sondern jeder wird für seine eigene Schuld sterben; jedem Menschen, der die unreifen Früchte isst, werden die eigenen Zähne stumpf.

|2: Dtn 12,9 |3: 2,2; Hos 11,4 |4: 30,18 · 30,19 |5: 29,5; Jes 65,21! |6: 50,5; Jes 27,13 |7: 44,14! |8: 29,14! · Jes 42,16; Mi 4,6–7 |9: 50,4 · Jes 49,10 · 3,4.19 · Ex 4,22! |10: 12,15! · Jes 40,11 |11: Jes 48,20 |12: Jes 35,10 · Jes 58,11 |13: Jes 51,12 |14: 33,9; Ez 34,14 |15: Mt 2,18 · 3,21! · 10,20 |16: Jes 40,10 · 29,14! |17: 29,11 · Ez 37,21 |18: Hos 4,16 · 17,14; Klgl 5,21! |19: 22,21! |20: Jes 11,8; Hos 11,8 |21: 6,16! · 3,12! |22: 2,18.23 · Jes 43,19 |23: 33,7! · 50,7; Jes 1,26; 11,9 |24: 33,13 |25: Ps 107,9 |27: 3,16!; Ez 36,11 |28: 1,12! · 1,10!; 32,41–42; Sach 8,14–15 |29: Ez 18,2–3 |30: Dtn 24,16!

31,3: Möglich ist auch die Übersetzung: «..., darum war ich geduldig mit dir, aus Güte.»
31,11: Mit ‹er› ist Jakob gemeint.

Der neue Bund

31 Sieh, es kommen Tage, Spruch des HERRN, da schliesse ich einen neuen Bund mit dem Haus Israel und mit dem Haus Juda, 32 nicht wie der Bund, den ich mit ihren Vorfahren geschlossen habe an dem Tag, da ich sie bei der Hand nahm, um sie herauszuführen aus dem Land Ägypten; denn sie, sie haben meinen Bund gebrochen, obwohl doch ich mich als Herr über sie erwiesen hatte! Spruch des HERRN. 33 Dies ist der Bund, den ich mit dem Haus Israel schliessen werde nach jenen Tagen, Spruch des HERRN: Meine Weisung habe ich in ihre Mitte gegeben, und in ihr Herz werde ich sie ihnen schreiben. Und ich werde ihnen Gott sein, und sie, sie werden mir Volk sein. 34 Dann wird keiner mehr seinen Nächsten und keiner seinen Bruder belehren und sagen: Erkennt den HERRN! Sondern vom Kleinsten bis zum Grössten werden sie mich alle erkennen, Spruch des HERRN, denn ich werde ihre Schuld verzeihen, und an ihre Sünden werde ich nicht mehr denken.

35 So spricht der HERR,
der die Sonne zum Licht am Tag gemacht hat,
die Ordnungen des Monds und der Sterne zum Licht in der Nacht,
der das Meer in Bewegung versetzt hat,
dass seine Wellen brausten,
HERR der Heerscharen ist sein Name:

36 Könnten diese Ordnungen vor mir verschwinden,
Spruch des HERRN,
so könnten auch die Nachkommen Israels für immer aufhören,
vor mir eine Nation zu sein.

37 So spricht der HERR:
Könnte der Himmel oben vermessen werden,
und könnten die Grundmauern der Erde bis in die Tiefe erforscht werden,
könnte auch ich alle Nachkommen Israels verwerfen
wegen all dem, was sie getan haben!
Spruch des HERRN.

38 Sieh, es kommen Tage, Spruch des HERRN, da wird die Stadt wieder aufge-

baut werden für den HERRN, vom Turm des Chananel bis zum Eck-Tor, 39 und die Messschnur wird noch weiter reichen, geradeaus über den Hügel Gareb, und dann wird sie sich nach Goa ziehen. 40 Und das ganze Tal, die Leichen und die Asche und alle Felder bis zum Kidrontal, bis zur Ecke des Ross-Tors nach Osten hin, werden dem HERRN heilig sein.

Nie wird wieder ausgerissen und niedergerissen werden.

|31–34: 32,40; 50,5; Ez 37,26; Lk 22,20; Hebr 8,8–12 |32: Dtn 5,2 · 11,10! |33: Ez 11,19; Hebr 10,16–17 · 30,22! |34: 9,23; 16,21; 24,7!; Jes 11,9 · 33,8! |36–37: 33,25–26; Jes 54,9–10 |38: Sach 14,10 |39: Sach 2,5–6 |40: 7,32 · 23 · Ps 48,9

Der Feldkauf in Anatot als Zeichen

32 1 Das Wort, das vom HERRN an Jeremia erging im zehnten Jahr des Zidkijahu, des Königs von Juda, das war das achtzehnte Jahr Nebukadrezzars. 2 Und damals belagerte das Heer des Königs von Babel Jerusalem. Jeremia aber, der Prophet, wurde gefangen gehalten im Wachhof, der sich im Haus des Königs von Juda befand. 3 Denn Zidkijahu, der König von Juda, hatte ihn gefangen genommen und gesagt: Warum weissagst du: So spricht der HERR: Seht, in die Hand des Königs von Babel gebe ich diese Stadt, und er wird sie einnehmen. 4 Und Zidkijahu, der König von Juda, wird sich nicht retten können aus der Hand der Kasdäer, vielmehr wird er in die Hand des Königs von Babel gegeben werden, und er wird von Angesicht zu Angesicht mit ihm reden und ihm Auge in Auge gegenüberstehen. 5 Und er wird Zidkijahu nach Babel führen, und dort wird dieser bleiben, bis ich mich seiner annehme! Spruch des HERRN. Wenn ihr gegen die Kasdäer kämpft, werdet ihr keinen Erfolg haben!

6 Und Jeremia sprach: Das Wort des HERRN ist an mich ergangen: 7 Sieh, Chanamel, der Sohn von Schallum, deinem Onkel, kommt zu dir, um zu sagen: Kaufe dir mein Feld in Anatot, denn du hast das Recht des Lösens, es zu kaufen.

8 Und dem Wort des HERRN gemäss kam Chanamel, der Sohn meines Onkels, zu mir in den Wachhof und sagte zu mir: Kaufe doch mein Feld in Anatot, im Land Benjamin; denn du hast das Eigentumsrecht und dir steht die Auslösung zu. Kaufe es dir! Da wusste ich, dass es das Wort des HERRN gewesen war. 9 Und so kaufte ich von Chanamel, dem Sohn meines Onkels, das Feld in Anatot und wog ihm das Silber ab, siebzehn Schekel Silber. 10 Und ich unterzeichnete die Urkunde und versiegelte sie und zog Zeugen bei und wog das Silber auf der Waage ab. 11 Dann nahm ich die Kaufurkunde, die versiegelte mit der Abmachung und den Bestimmungen und die nicht versiegelte, 12 und ich gab die Kaufurkunde Baruch, dem Sohn des Nerija, des Sohns von Machseja, vor den Augen Chanamels, des Sohns meines Onkels, und vor den Augen der Zeugen, die die Kaufurkunde unterzeichnet hatten, vor den Augen aller Judäer, die sich im Wachhof aufhielten. 13 Und vor ihren Augen befahl ich Baruch: 14 So spricht der HERR der Heerscharen, der Gott Israels: Nimm diese Urkunden, diese Kaufurkunde, die versiegelte und diese nicht versiegelte Urkunde, und lege sie in ein Gefäss aus Ton, damit sie lange Zeit erhalten bleiben. 15 Denn so spricht der HERR der Heerscharen, der Gott Israels: In diesem Land werden wieder Häuser und Felder und Weinberge gekauft werden.

16 Und nachdem ich die Kaufurkunde Baruch, dem Sohn des Nerija, übergeben hatte, betete ich zum HERRN: 17 Ach, Herr, HERR, sieh, du hast den Himmel und die Erde gemacht mit deiner grossen Kraft und deinem ausgestreckten Arm; nichts ist dir zu wunderbar, 18 der du Tausenden Gnade erweist und die Schuld der Vorfahren heimzahlst an der Brust ihrer Kinder, die nach ihnen kommen, du grosser und heldenhafter Gott, HERR der Heerscharen ist sein Name, 19 gross an Rat und mächtig an Tat. Deine Augen sind offen

über allen Wegen der Menschen, um
jedem seinen Wegen gemäss zu geben
und entsprechend der Frucht seiner Taten; 20 der du Zeichen und Wunder getan hast im Land Ägypten, bis auf den
heutigen Tag, an Israel und an der
Menschheit und dir so einen Namen
gemacht hast, wie es heute der Fall ist.
21 Und dein Volk, Israel, hast du herausgeführt aus dem Land Ägypten mit Zeichen und Wundern, mit starker Hand
und ausgestrecktem Arm und grossem
Schrecken. 22 Und du hast ihnen dieses
Land gegeben, wie du ihren Vorfahren
geschworen hast, es ihnen zu geben, ein
Land, in dem Milch und Honig fliessen.
23 Und sie sind gekommen und haben
es in Besitz genommen, auf deine
Stimme aber haben sie nicht gehört,
und nach deiner Weisung haben sie
nicht gelebt; von alledem, was du ihnen
zu tun geboten hast, haben sie nichts getan. Und so hast du dafür gesorgt, dass
ihnen all dieses Unheil widerfährt.
24 Sieh, die Sturmrampen reichen bis
an die Stadt, um sie einzunehmen, und
durch das Schwert und den Hunger und
die Pest ist die Stadt in die Hand der Kasdäer gegeben, die gegen sie kämpfen.
Und was du angekündigt hast, ist eingetroffen: Sieh, du siehst es! 25 Und du,
Herr, HERR, sagst zu mir: Kaufe dir das
Feld für Silber und ziehe Zeugen bei! Die
Stadt aber ist in die Hand der Kasdäer
gegeben!

26 Da erging das Wort des HERRN an
Jeremia: 27 Sieh, ich bin der HERR, der
Gott allen Fleisches. Sollte mir etwas un-
möglich sein? 28 Darum, so spricht der
HERR: Sieh, ich gebe diese Stadt in die
Hand der Kasdäer und in die Hand Ne-
bukadrezzars, des Königs von Babel,
und er wird sie einnehmen. 29 Und die
Kasdäer, die diese Stadt bekämpfen,
werden kommen und diese Stadt in
Brand stecken und sie verbrennen: die
Häuser, auf deren Dächern man dem
Baal Rauchopfer und anderen Göttern
Trankopfer dargebracht hat, um mich zu
reizen. 30 Denn von Jugend auf haben

die Israeliten und die Judäer immer nur
getan, was böse ist in meinen Augen; ja,
die Israeliten reizen mich mit dem
Machwerk ihrer Hände! Spruch des
HERRN. 31 Denn Grund für meinen
Zorn und für meine Wut war mir diese
Stadt von dem Tag an, da man sie erbaut
hat, bis auf den heutigen Tag, so dass ich
sie mir aus den Augen schaffen muss
32 wegen all der Bosheit der Israeliten
und der Judäer, die sie begangen haben,
um mich zu reizen, sie, ihre Könige, ihre
Fürsten, ihre Priester und ihre Propheten, der Mann aus Juda und die Bewohner Jerusalems. 33 Und den Rücken haben sie mir zugekehrt und nicht das Gesicht. Und immer wieder habe ich sie
belehrt, mit Eifer belehrt, sie aber hören
nicht und nehmen keine Unterweisung
an. 34 Und in dem Haus, über dem mein
Name ausgerufen ist, haben sie ihre
Scheusale aufgestellt, um es zu verunreinigen. 35 Und die Kulthöhen des
Baal, die im Tal Ben-Hinnom sind, haben sie gebaut, um ihre Söhne und ihre
Töchter dem Moloch darzubringen: niemals habe ich ihnen geboten – und nie
wäre es in meinen Sinn gekommen –,
diese Scheusslichkeit zu verüben und
Juda so zur Sünde zu verleiten.

36 Und darum, so spricht nun der
HERR, der Gott Israels, zu dieser Stadt,
von der ihr sagt, dass sie in die Hand des
Königs von Babel gegeben ist durch das
Schwert und den Hunger und die Pest:
37 Sieh, ich sammle sie aus allen Ländern, in die ich sie versprengt habe in
meinem Zorn und in meiner Wut und
in meinem grossen Groll, und ich werde
sie zurückbringen an diese Stätte und
sie sicher wohnen lassen. 38 Und sie
werden mir Volk sein, und ich, ich
werde ihnen Gott sein. 39 Und ich
werde ihnen ein einmütiges Herz und
ein einmütiges Verhalten geben, damit
sie mich alle Tage fürchten, ihnen zum
Besten und ihren Kindern nach ihnen.
40 Und einen ewigen Bund werde ich
mit ihnen schliessen, dass ich mich
nicht von ihnen abwende und nicht auf-

höre, ihnen Gutes zu tun; und die Furcht vor mir werde ich ihnen ins Herz legen, damit sie nicht abtrünnig werden von mir. 41 Dann werde ich meine Freude an ihnen haben und ihnen Gutes tun, und in beständiger Treue werde ich sie in dieses Land einpflanzen, mit meinem ganzen Herzen und mit meiner ganzen Seele. 42 Denn so spricht der HERR: Wie ich all dies grosse Unheil über dieses Volk gebracht habe, so bringe ich über sie all das Gute, das ich ihnen zusage. 43 Und das Feld wird gekauft werden in diesem Land, von dem ihr sagt: Es ist verwüstet, ohne Mensch und Tier, in die Hand der Kasdäer ist es gegeben! 44 Für Silber wird man Felder kaufen, und die Urkunde wird man unterzeichnen und versiegeln, und man wird Zeugen beiziehen im Land Benjamin und in der Umgebung Jerusalems, in den Städten Judas und in den Städten auf dem Gebirge, in den Städten der Schefela und in den Städten des Negev. Denn ich werde ihr Geschick wenden! Spruch des HERRN.

|2:34,1! · 20,2! |3:26,9 · 21,7! |4–5:34,21;37,17; 38,23;39,1–10;52,1–11 |7–9: Lev 25,25!;Rut 4,3–4 |8: Sach 11,11 |10: Rut 4,11 |12:36,4;43,3;45,1 · 51,59 |15: 43–44 |17:10,12!;Neh 9,6 · Hiob 42,2 |18: Ex 20,5–6 |19:16,17! · 17,10;21,14;25,14 |20: Dtn 11,3 |21:2,6!; Dtn 26,8 |22:11,5! |23:7,13!;22,21;40,3;42,21 |24:36; 24,10!;38,2! |27: Num 16,22 · 17! |28:22,25;38,18; 43,3 |29:19,13;39,8! |30:22,21! · 8,19! |31:15,14! · 23,39;52,3 |32:2,26! |33:2,27! · 7,13! · 2,30! |34: 7,10! · 7,30!;2Kön 21,4–5 |35: 11,13! · 7,31!;2Kön 23,10 |37:12,15! · 23,6!;Ez 28,25–26 |38:30,22! |39:24,7!; Ez 11,19–20 |40:31,31–34! · Ez 36,27 |41:1,10!; Ez 36,36;Am 9,15 |42:31,28;33,14! |43:12,4! |44: 17,26! · 33,7!

Verheissungen

33 1 Und das Wort des HERRN erging zum zweiten Mal an Jeremia, noch während er im Wachhof eingeschlossen war: 2 So spricht der HERR, der es ausführt, der HERR, der es bildet, um es zu verwirklichen; sein Name ist HERR: 3 Rufe zu mir, dann werde ich dir antworten, und ich werde dir Grosses und Unfassbares kundtun, wovon du nichts gewusst hast. 4 Denn so spricht der HERR, der Gott Israels, über die Häuser in dieser Stadt und über die Häuser der Könige von Juda, die niedergerissen worden sind wegen der Rampen und wegen des Schwerts. 5 Sie kommen, um gegen die Kasdäer zu kämpfen und um die Häuser zu füllen mit den Leichen der Menschen, die ich erschlagen habe in meinem Zorn und in meiner Wut und um all deren Bosheit willen ich mein Angesicht vor dieser Stadt verborgen habe. 6 Sieh, ich bringe ihr Genesung und Heilung, und ich werde sie heilen, und reichen Frieden und Treue werde ich ihnen offenbaren.

7 Und ich wende das Geschick Judas und das Geschick Israels, und ich baue sie auf, es wird sein wie früher. 8 Und ich werde sie reinigen von all ihrer Schuld, mit der sie sich an mir versündigt haben, und ich werde ihnen all ihre Verschuldungen verzeihen, mit denen sie sich an mir versündigt und durch die sie mit mir gebrochen haben. 9 Und das wird ein Name der Freude, Ruhm und Ehre sein für mich bei allen Nationen der Erde, die von all dem Guten hören, das ich für sie tue, und sie werden zittern und beben all des Guten und all des Heils wegen, das ich für sie wirke.

10 So spricht der HERR: An dieser Stätte, von der ihr sagt: Sie ist verwüstet, ist ohne Mensch und Tier!, in den Städten Judas und in den Gassen Jerusalems, die verwüstet sind, ohne Menschen und ohne Bewohner und ohne Tiere, 11 werden wieder Jubelrufe und Freudenschreie vernommen werden, die Stimme des Bräutigams und die Stimme der Braut, die Stimme derer, die sagen: Dankt dem HERRN der Heerscharen, denn der HERR ist gut, ewig währt seine Gnade!, derer, die Dankopfer bringen in das Haus des HERRN. Denn ich wende das Geschick des Landes, es wird sein wie früher, spricht der HERR.

12 So spricht der HERR der Heerscharen: An dieser Stätte, die verwüstet ist, ohne Mensch und Tier, und in allen ihren Städten wird wieder eine Weide sein für Hirten, die die Schafe lagern las-

sen. 13 In den Städten auf dem Gebirge, in den Städten der Schefela und in den Städten des Negev und im Land Benjamin und in der Umgebung Jerusalems und in den Städten Judas werden die Schafe wieder unter den Händen dessen durchgehen, der sie zählt, spricht der HERR.

14 Sieh, es kommen Tage, Spruch des HERRN, da löse ich das gute Wort ein, das ich dem Haus Israel und dem Haus Juda zugesagt habe. 15 In jenen Tagen und in jener Zeit werde ich für David einen Spross der Gerechtigkeit sprossen lassen, und dieser wird Recht und Gerechtigkeit üben im Land. 16 In jenen Tagen wird Juda Hilfe erfahren, und Jerusalem wird sicher wohnen; und so wird man es nennen: Der-HERR-ist-unsere-Gerechtigkeit! 17 Denn so spricht der HERR: Nie wird es David an einem Nachfolger fehlen, der auf dem Thron des Hauses Israel sitzt. 18 Und den levitischen Priestern wird es nie an einem Mann fehlen, der vor mir steht und alle Tage Brandopfer darbringt und Speiseopfer verbrennt und Schlachtopfer opfert.

19 Und das Wort des HERRN erging an Jeremia: 20 So spricht der HERR: Wenn ihr meinen Bund mit dem Tag und meinen Bund mit der Nacht aufheben könntet, so dass es Tag und Nacht nicht mehr gäbe zu ihrer Zeit, 21 könnte auch mein Bund mit David, meinem Diener, aufgehoben werden, so dass er keinen Nachkommen hätte, der auf seinem Thron König wäre, und auch mein Bund mit den Leviten, den Priestern, die meine Diener sind. 22 Unzählbar wie das Heer des Himmels und unmessbar wie der Sand am Meer, so zahlreich werde ich die Nachkommen Davids, meines Dieners, machen und die Leviten, die mir zu Diensten sind.

23 Und das Wort des HERRN erging an Jeremia: 24 Hast du nicht gesehen, was dieses Volk redet: Die zwei Sippen, die der HERR erwählt hat, die hat er verworfen! Und mein Volk verachten sie, so

dass es nicht mehr als Nation gilt bei ihnen. 25 So spricht der HERR: Wenn mein Bund mit Tag und Nacht nicht bestünde, wenn ich die Ordnungen des Himmels und der Erde nicht festgesetzt hätte, 26 dann würde ich auch die Nachkommen Jakobs und Davids, meines Dieners, verwerfen, so dass ich von seinen Nachkommen keine Herrscher mehr nähme über die Nachkommen Abrahams, Isaaks und Jakobs. Aber ich werde ihr Geschick wenden und mich ihrer erbarmen!

| 1: 32,2 | 2: 16,21! | 3: 29,12 · Jes 48,6 | 4: Jes 22,10 | 5: 15,14! · Dtn 31,17–18! | 6: 30,17! | 7: 26; 29,14; 30,3; 32,44 · 24,6 | 8: 31,34; 50,20; Lev 16,30 | 9: 31,14 | 10: 2,15!; 32,43 | 11: 7,34!; 30,19 · 17,26 | 12: Jes 65,10 | 13: 17,26! · 31,24 | 14: 29,10; 32,42 | 15: 23,5! | 16: 23,6! | 17: 1Kön 2,4; Ps 89,30 | 20–21: 25–26 | 20: Gen 8,22 | 21: 2Sam 23,5 · Num 25,12–13 | 22: Gen 15,5; 22,17 | 24: 7,15! | 25–26: 31,35–37 | 26: 7! · 31,20

33,5: Wörtlich: «… und um sie zu füllen …»

Ankündigung für König Zidkija

34 1 Das Wort, das vom HERRN an Jeremia erging, als Nebukadrezzar, der König von Babel, und sein ganzes Heer und alle Königreiche seines Herrschaftsgebiets und alle Völker gegen Jerusalem und alle seine Städte kämpften: 2 So spricht der HERR, der Gott Israels: Geh und sprich zu Zidkijahu, dem König von Juda, und sage ihm: So spricht der HERR: Sieh, ich gebe diese Stadt in die Hand des Königs von Babel, und er wird sie im Feuer verbrennen. 3 Und du selbst wirst dich nicht retten können aus seiner Hand, sondern du wirst ergriffen und in seine Hand gegeben werden, und du wirst dem König von Babel Auge in Auge gegenüberstehen, und er wird von Angesicht zu Angesicht mit dir reden, und du wirst nach Babel kommen! 4 Höre doch das Wort des HERRN, Zidkijahu, König von Juda! So spricht der HERR über dich: Du wirst nicht durch das Schwert sterben, 5 in Frieden wirst du sterben. Und wie es die Feuer gab für deine Vorfahren, die früheren Könige, die vor dir gewesen sind, so wird man für dich das Feuer entzünden

und dich betrauern: Ach, Herr! – Ich
habe ein Wort gesprochen! Spruch des
HERRN. 6 Und Jeremia, der Prophet,
sprach alle diese Worte zu Zidkijahu,
dem König von Juda, in Jerusalem, 7 als
das Heer des Königs von Babel Jerusalem bekämpfte und alle Städte Judas, die
übrig waren: Lachisch und Aseka; denn
von den Städten Judas waren nur sie übrig geblieben als befestigte Städte.

|1: 32,2; 39,1; 52,4; 2Kön 25,1! |2: 21,10!; 32,3 |3:
32,4–5! |4: 38,17; 52,11 |5: 2Chr 16,14 · 22,18 |7: 4,5;
2Chr 11,5.9

Wortbruch gegenüber den Freigelassenen

8 Das Wort, das vom HERRN an Jeremia erging, nachdem König Zidkijahu
mit dem ganzen Volk, das in Jerusalem
war, einen Bund geschlossen hatte, für
sie eine Freilassung auszurufen, 9 dass
jeder seinen Sklaven und jeder seine
Sklavin, sofern Hebräer oder Hebräerin,
als Freie entlasse, so dass keiner sie – einen Judäer, seinen Bruder – versklave.
10 Und alle Oberen und das ganze Volk,
die in den Bund eintraten, hörten, dass
jeder seinen Sklaven und jeder seine
Sklavin als Freie entlassen solle, so dass
er sie nicht mehr versklave; sie hörten es
und entliessen sie. 11 Danach aber
wandten sie sich davon ab und holten
die Sklaven und die Sklavinnen zurück,
die sie als Freie entlassen hatten, und
machten sie sich dienstbar als Sklaven
und Sklavinnen. 12 Und das Wort vom
HERRN erging vom HERRN an Jeremia:
13 So spricht der HERR, der Gott Israels:
Ich selbst habe mit euren Vorfahren einen Bund geschlossen an dem Tag, als
ich sie herausgeführt habe aus dem
Land Ägypten, aus einem Sklavenhaus:
14 Nach sieben Jahren sollt ihr ein jeder
seinen hebräischen Bruder, der sich dir
verkauft hat, entlassen; sechs Jahre lang
aber soll er dir dienen, dann sollst du
ihn als einen Freigelassenen aus deinem
Dienst entlassen. Eure Vorfahren aber
haben nicht auf mich gehört und mir ihr
Ohr nicht geneigt. 15 Ihr aber seid heute
zurückgekehrt und habt getan, was

recht ist in meinen Augen, und habt
eine Freilassung ausgerufen, jeder für
seinen Nächsten, und vor mir habt ihr
einen Bund geschlossen in dem Haus,
über dem mein Name ausgerufen ist.
16 Dann aber habt ihr euch davon abgewandt und habt meinen Namen entweiht, und ein jeder hat seinen Sklaven
und ein jeder hat seine Sklavin zurückgeholt, die ihr als Freie, auf sich selbst
gestellt, entlassen hattet, und ihr habt
sie euch dienstbar gemacht, so dass sie
zu Sklaven und Sklavinnen für euch
wurden. 17 Darum, so spricht der HERR:
Ihr habt nicht auf mich gehört und habt
keine Freilassung ausgerufen, ein jeder
für seinen Bruder und ein jeder für seinen Nächsten. Seht, ich rufe über euch
eine Freilassung aus, Spruch des
HERRN, für das Schwert, für die Pest und
für den Hunger, und ich mache euch
zum Schrecken für alle Königreiche der
Erde. 18 Und die Männer, die meinen
Bund übertreten, die die Worte des Bundes nicht eingehalten haben, den sie vor
mir geschlossen haben, mache ich zu
dem Rind, das sie entzweigeschnitten
haben und zwischen dessen Stücken sie
hindurchgegangen sind, 19 die Fürsten
Judas und die Fürsten Jerusalems, die
Eunuchen und die Priester und das
ganze Volk des Landes, die hindurchgegangen sind zwischen den Stücken des
Rinds. 20 Und ich gebe sie in die Hand
ihrer Feinde und in die Hand derer, die
ihnen nach dem Leben trachten, und
ihre Leichen werden zum Frass für die
Vögel des Himmels und die Tiere der
Erde. 21 Auch Zidkijahu, den König von
Juda, und seine Fürsten werde ich in die
Hand ihrer Feinde geben, in die Hand
derer, die ihnen nach dem Leben trachten, in die Hand des Heers des Königs
von Babel, das von euch abzieht. 22 Seht,
ich gebe Befehl, Spruch des HERRN, und
lasse sie zurückkehren in diese Stadt,
und sie werden sie bekämpfen und sie
einnehmen und sie im Feuer verbrennen; und die Städte Judas werde ich ver-

wüsten, niemand wird mehr darin wohnen.

|13: 11,4! · 2,6!; Ex 13,3 |14: Ex 21,2! · 11,7–8 |15: 31,31 · 7,10! |17: 15,4! |18: 11,2 · Gen 15,10.17 |20: 21,7!; 39,6 · 7,33! |21: 32,3!.4–5! · 37,5 |22: 21,10!; 37,8 · 2,15!

34,14: Möglich ist auch die Übersetzung «..., der dir verkauft wird, ...»

Die Treue der Rechabiten

35 1 Das Wort, das vom HERRN an Jeremia erging in den Tagen Jehojakims, des Sohns von Joschijahu, des Königs von Juda: 2 Geh zur Sippe der Rechabiten und sprich zu ihnen und bringe sie ins Haus des HERRN, in eine der Kammern, und gib ihnen Wein zu trinken. 3 Da holte ich den Jaasanja, den Sohn des Jeremia, des Sohns von Chabazzinja, und seine Brüder und alle seine Söhne, die ganze Sippe der Rechabiten. 4 Und ich brachte sie in das Haus des HERRN, in die Kammer der Söhne des Chanan, des Sohns von Jigdaljahu, des Gottesmannes, die neben der Kammer der Fürsten ist, die über der Kammer des Maasejahu, des Sohns von Schallum, dem Hüter der Schwelle, liegt. 5 Und ich setzte den Angehörigen der Sippe der Rechabiten mit Wein gefüllte Trinkschalen und Becher vor und sprach zu ihnen: Trinkt Wein! 6 Sie aber sagten: Wir trinken keinen Wein! Denn Jonadab, der Sohn des Rechab, unser Vorfahr, hat uns geboten: Ihr sollt niemals Wein trinken, weder ihr noch eure Kinder! 7 Und ihr sollt kein Haus bauen und keine Saat aussäen und keinen Weinberg pflanzen oder besitzen; sondern euer Leben lang sollt ihr in Zelten wohnen, damit ihr lange lebt auf dem Boden, auf dem ihr euch als Fremde aufhaltet. 8 Und in allem, was er uns geboten hat, haben wir auf die Stimme des Jehonadab gehört, des Sohns von Rechab, unseres Vorfahren, und so trinken wir unser Leben lang keinen Wein, wir, unsere Frauen, unsere Söhne und unsere Töchter, 9 und wir bauen keine Häuser, um darin zu wohnen, und Weinberg

und Acker und Saat besitzen wir nicht. 10 Und wir haben in Zelten gewohnt und haben gehorcht, und gemäss all dem, was Jonadab, unser Vorfahr, uns geboten hat, haben wir gehandelt. 11 Und als Nebukadrezzar, der König von Babel, heraufzog in das Land, sagten wir: Kommt, dass wir hineingehen nach Jerusalem vor dem Heer der Kasdäer und vor dem Heer von Aram! Und in Jerusalem sind wir geblieben.

12 Und das Wort des HERRN erging an Jeremia: 13 So spricht der HERR der Heerscharen, der Gott Israels: Geh und sage zu dem Mann aus Juda und zu den Bewohnern von Jerusalem: Wollt ihr nicht Unterweisung annehmen und auf meine Worte hören? Spruch des HERRN. 14 Die Worte des Jehonadab, des Sohns von Rechab, der seinen Söhnen geboten hat, keinen Wein zu trinken, wurden eingehalten, und bis auf den heutigen Tag haben sie keinen getrunken, denn sie haben auf das Gebot ihres Vorfahren gehört. Und ich, ich habe zu euch gesprochen, immer wieder mit Eifer gesprochen, ihr aber habt nicht auf mich gehört! 15 Und ich habe alle meine Diener, die Propheten, zu euch gesandt, immer wieder mit Eifer gesandt, um euch zu sagen: Kehrt doch zurück, ein jeder von seinem bösen Weg, und macht eure Taten besser und lauft nicht anderen Göttern nach, um ihnen zu dienen; dann bleibt ihr auf dem Boden, den ich euch und euren Vorfahren gegeben habe. Ihr aber habt mir euer Ohr nicht geneigt und habt nicht auf mich gehört! 16 Die Söhne des Jehonadab, des Sohns von Rechab, haben das Gebot ihres Vorfahren eingehalten, das dieser ihnen geboten hat, dieses Volk aber hat nicht auf mich gehört! 17 Darum, so spricht der HERR, der Gott der Heerscharen, der Gott Israels: Seht, Juda und allen Bewohnern von Jerusalem bringe ich all das Unheil, das ich gegen sie angekündigt habe, denn ich habe zu ihnen gesprochen, sie aber haben nicht gehört, und ich habe sie gerufen, sie aber haben

nicht geantwortet. 18 Und zur Sippe der Rechabiten sprach Jeremia: So spricht der HERR der Heerscharen, der Gott Israels: Weil ihr auf das Gebot Jehonadabs, eures Vorfahren, gehört habt und alle seine Gebote gehalten habt und gemäss allem gehandelt habt, was er euch geboten hat, 19 darum, so spricht der HERR der Heerscharen, der Gott Israels: Niemals wird es Jonadab, dem Sohn von Rechab, an einem fehlen, der vor mir steht.

|2: 1Chr 7,55 · 1Chr 28,12 | 4: 29,25! · 52,24; 1Chr 26,1–19! | 6: 2Kön 10,15 · Num 6,2–3 | 7: 29,5; 32,15 | 11: 34,1; 2Kön 24,1–2 | 13: 2,30! | 14–15: 25,3–4! · 7,25!.26!; 25,3 | 15: 7,3! · 16,11! | 17: 11,11! · Jes 65,12 | 19: 33,18

35,19: «der vor mir steht» bedeutet hier: der als Diener vor ihm steht.

Jehojakim verbrennt die Schriftrolle

36 1 Und im vierten Jahr des Jehojakim, des Sohns von Joschijahu, des Königs von Juda, erging dieses Wort vom HERRN an Jeremia: 2 Nimm dir eine Schriftrolle und schreibe darauf alle Worte, die ich zu dir gesprochen habe über Israel und über Juda und über alle Nationen, von dem Tag an, an dem ich zu dir gesprochen habe, seit den Tagen des Joschijahu bis zum heutigen Tag. 3 Vielleicht hört das Haus Juda von all dem Unheil, das ich vorhabe, ihnen anzutun, damit sie umkehren, ein jeder von seinem bösen Weg, und damit ich ihnen ihre Schuld und ihre Sünde verzeihe. 4 Und Jeremia rief Baruch, den Sohn des Nerija, und auf Diktat Jeremias schrieb Baruch alle Worte des HERRN, die dieser zu ihm gesprochen hatte, auf die Schriftrolle. 5 Und Jeremia gebot Baruch: Ich werde aufgehalten, ich kann nicht in das Haus des HERRN kommen. 6 Du aber sollst kommen, und am Fastentag sollst du dem Volk im Haus des HERRN die Worte des HERRN vorlesen aus der Rolle, die du nach meinem Diktat geschrieben hast, und auch ganz Juda, die aus ihren Städten kommen, sollst du sie vorlesen. 7 Vielleicht gelangt ihr Flehen vor den HERRN, so dass sie zurückkehren, ein jeder von seinem bösen Weg. Denn gross ist der Zorn, die Wut, die der HERR diesem Volk angekündigt hat. 8 Und Baruch, der Sohn des Nerija, handelte all dem gemäss, was Jeremia, der Prophet, ihm geboten hatte, und verlas die Worte des HERRN aus der Schrift im Haus des HERRN. 9 Und im fünften Jahr des Jehojakim, des Sohns von Joschijahu, des Königs von Juda, im neunten Monat, rief man das ganze Volk in Jerusalem und alles Volk, das aus den Städten Judas nach Jerusalem kam, zu einem Fasten auf vor dem HERRN. 10 Und im Haus des HERRN, in der Kammer des Gemarjahu, des Sohns von Schafan, dem Schreiber, im oberen Vorhof, am Eingang zum neuen Tor des Hauses des HERRN, las Baruch dem ganzen Volk die Worte Jeremias aus der Schrift vor.

11 Und Michajehu, der Sohn des Gemarjahu, des Sohns von Schafan, hörte alle Worte des HERRN aus der Schrift. 12 Und er ging hinab zum Haus des Königs, in die Kammer des Schreibers, und sieh, dort sassen alle Oberen: Elischama, der Schreiber, und Delajahu, der Sohn des Schemajahu, und Elnatan, der Sohn von Achbor, und Gemarjahu, der Sohn des Schafan, und Zidkijahu, der Sohn von Chananjahu, alle Oberen. 13 Und Michajehu berichtete ihnen alle Worte, die er gehört hatte, als Baruch dem Volk aus der Schrift vorlas. 14 Da sandten all die Oberen Jehudi, den Sohn des Netanjahu, des Sohns von Schelemjahu, dem Sohn von Kuschi, zu Baruch um zu sagen: Die Rolle, aus der du dem Volk vorgelesen hast, nimm sie in deine Hand und komm! Und Baruch, der Sohn des Nerija, nahm die Rolle in seine Hand und kam zu ihnen. 15 Und sie sagten zu ihm: Setz dich doch und lies sie uns vor. Und Baruch las sie ihnen vor. 16 Und als sie alle Worte gehört hatten, sahen sie einander erschrocken an und sagten zu Baruch: Wir müssen dem König alle diese Worte berichten! 17 Und Baruch baten sie: Berichte uns doch, wie du all

diese Worte nach seinem Diktat aufgeschrieben hast. 18 Da sagte Baruch zu ihnen: Als Diktat hat er mir alle diese Worte vorgesagt, während ich sie mit Tinte aufgeschrieben habe. 19 Da sagten die Oberen zu Baruch: Geh, versteckt euch, du und Jeremia, und niemand soll erfahren, wo ihr seid.

20 Dann kamen sie zum König in den Hof, die Rolle aber hatten sie in der Kammer des Elischama, des Schreibers, hinterlegt. Und sie berichteten dem König alle Worte. 21 Da sandte der König den Jehudi, um die Rolle zu holen, und dieser nahm sie aus der Kammer des Elischama, des Schreibers. Und Jehudi las sie dem König und allen Oberen, die beim König standen, vor. 22 Und der König sass im Winterhaus, im neunten Monat, und das Kohlenbecken vor ihm war angezündet. 23 Und immer wenn Jehudi drei oder vier Spalten vorgelesen hatte, zerschnitt er sie mit dem Schreibermesser und warf sie in das Feuer, das im Kohlenbecken brannte, bis die ganze Rolle im Feuer vernichtet war, das im Kohlenbecken brannte. 24 Und der König und alle seine Diener, die alle diese Worte hörten, erschraken nicht und zerrissen auch nicht ihre Kleider. 25 Auch drängten Elnatan, Delajahu und Gemarjahu den König, die Rolle nicht zu verbrennen, er aber hörte nicht auf sie. 26 Und Jerachmeel, dem Königssohn, und Serajahu, dem Sohn des Asriel, und Schelemjahu, dem Sohn des Abdeel, befahl der König, Baruch, den Schreiber, und Jeremia, den Propheten, zu holen. Der HERR aber verbarg sie.

27 Und das Wort des HERRN erging an Jeremia, nachdem der König die Rolle mit den Worten, die Baruch nach dem Diktat Jeremias geschrieben hatte, verbrannt hatte: 28 Nimm dir eine andere Rolle und schreibe alle früheren Worte darauf, die auf der früheren Rolle waren, die Jehojakim, der König von Juda, verbrannt hat. 29 Und über Jehojakim, den König von Juda, sollst du sagen: So spricht der HERR: Du hast diese Rolle verbrannt und gesagt: Warum hast du darauf geschrieben: Der König von Babel wird kommen, und dieses Land wird er verwüsten, und Mensch und Tier in ihm wird er ein Ende bereiten. 30 Darum, so spricht der HERR über Jehojakim, den König von Juda: Ihm wird niemand bleiben, der auf dem Thron Davids sässe! Und sein Leichnam wird weggeworfen daliegen in der Hitze am Tag und im Frost bei Nacht. 31 Und an ihm, an seinen Nachkommen und an seinen Dienern werde ich ihre Schuld heimsuchen, über sie und über die Bewohner Jerusalems und über den Mann aus Juda werde ich all das Unheil bringen, das ich ihnen angekündigt habe. Sie aber haben nicht gehört. 32 Und Jeremia nahm eine andere Rolle und gab sie Baruch, dem Sohn des Nerijahu, dem Schreiber, und nach dem Diktat Jeremias schrieb dieser darauf alle Worte der Schrift, die Jehojakim, der König von Juda, im Feuer verbrannt hatte, und viele ähnliche Worte wurden ihnen hinzugefügt.

| 2: 30,2; 51,60; Jes 30,8 | 3: 11,11! · 18,8! | 4: 32,12! · 18; 45,1 | 6: 7,2 | 7: 31,21 · 15,14!; 2Kön 22,13 | 9: 2Chr 20,3; Joel 1,14; Jona 3,5 | 10: 26,24 | 12: 26,10 · 26,22 | 16: 24! | 18: 4! | 19: 26,24 | 21: 2Kön 22,10 | 24: 16; 2Kön 22,11 | 26: 1,19!; 15,21! | 28: Ex 34,1 | 29: 32,3 · 25,9.11! · 12,4! | 30: 22,30 · 16,4!; 22,19 | 31: 8,12! · 11,11! · 7,13!

Jeremias Gefangennahme

37 1 Und Zidkijahu, der Sohn des Joschijahu, wurde König anstelle von Konjahu, dem Sohn von Jehojakim, den Nebukadrezzar, der König von Babel, zum König gemacht hatte im Land Juda. 2 Und weder er noch seine Diener, noch das Volk des Landes hörten auf die Worte des HERRN, die dieser durch Jeremia, den Propheten, gesprochen hatte. 3 Und König Zidkijahu sandte Jehuchal, den Sohn des Schelemja, und Zefanjahu, den Sohn des Maaseja, den Priester, zu Jeremia, dem Propheten, um zu sagen: Bete doch für uns zum HERRN, unserem Gott! 4 Damals ging Jeremia ein und aus im Volk, und man hatte ihn noch nicht in den Kerker geworfen. 5 Das Heer des Pharao aber war ausgezogen aus Ägypten, und die Kasdäer, die Jerusalem belagerten, hörten die Kunde von ihnen und zogen ab von Jerusalem. 6 Und das Wort des HERRN erging an Jeremia, den Propheten: 7 So spricht der HERR, der Gott Israels: So sollt ihr zum König von Juda sprechen, der euch zu mir sendet, um mich zu befragen: Sieh, das Heer des Pharao, das auszieht, um euch zu helfen, kehrt zurück in sein Land, nach Ägypten. 8 Die Kasdäer aber werden zurückkommen und gegen diese Stadt kämpfen, und sie werden sie einnehmen und sie im Feuer verbrennen! 9 So spricht der HERR: Betrügt euch nicht selbst, indem ihr sagt: Gewiss werden die Kasdäer abziehen von uns! – Sie werden nicht abziehen! 10 Selbst wenn ihr das ganze Heer der Kasdäer, die gegen euch kämpfen, schlagen würdet und von ihnen nur schwer verletzte Männer übrig blieben – sie würden sich erheben, ein jeder in seinem Zelt, und diese Stadt im Feuer verbrennen.

11 Und als das Heer der Kasdäer von Jerusalem wegzog vor dem Heer des Pharao, 12 verliess Jeremia Jerusalem, um ins Land Benjamin zu gehen und dort an einer Erbschaftsteilung teilzunehmen, im Kreis des Volks. 13 Als er aber im Benjamin-Tor war, war dort ein Wachhabender, und dessen Name war Jirija, der Sohn des Schelemja, des Sohns von Chananja, und dieser ergriff Jeremia, den Propheten, und sagte: Du willst überlaufen zu den Kasdäern! 14 Jeremia aber sagte: Lüge! Ich will nicht zu den Kasdäern überlaufen! Er aber hörte nicht auf ihn, und so ergriff Jirija Jeremia und brachte ihn zu den Oberen. 15 Und die Oberen waren zornig über Jeremia und schlugen ihn und warfen ihn ins Gefängnis im Haus des Jehonatan, des Schreibers, denn dieses hatte man zum Kerker gemacht. 16 So kam Jeremia in das Zisternenhaus, in die Gewölbe, und dort blieb Jeremia lange Zeit.

17 König Zidkijahu aber sandte hin und holte ihn. Und in seinem Haus befragte der König ihn im Verborgenen und sagte: Gibt es ein Wort vom HERRN? Und Jeremia sagte: Es gibt eines! Und er sprach: In die Hand des Königs von Babel wirst du gegeben werden! 18 Dann aber sagte Jeremia zu König Zidkijahu: Wodurch bin ich an dir, an deinen Dienern und an diesem Volk schuldig geworden, dass ihr mich in den Kerker geworfen habt? 19 Wo sind denn eure Propheten, die euch geweissagt haben: Der König von Babel wird nicht über euch und über dieses Land kommen? 20 Und nun höre doch, mein Herr und König! Möge mein Flehen vor dich gelangen, und schick mich nicht zurück in das Haus Jehonatans, des Schreibers, damit ich dort nicht sterbe. 21 Da gab König Zidkijahu Befehl, und man verwahrte Jeremia im Wachhof und gab ihm täglich ein Rundbrot aus der Bäckergasse, bis alles Brot in der Stadt aufgebraucht war. Und Jeremia blieb im Wachhof.

|1: 2Kön 24,17! |2: 25,3–4!; 2Chr 36,11–16 |3: 38,1 · 29,25! · 2,27; 7,16!; 21,2; 42,2–3 |5: Ez 17,15 · 34,21 |7: 2,36; 46,17; Jes 36,6 |8: 34,22 · 39,8! |9: 21,4; 32,5 |12: 1,1; 32,8 |15: 20,2! · 38,26 |17: 38,14 · 21,7!; 32,4–5! |19: 14,13! |20: 38,26 · 15 |21: 38,9! · 32,2; 38,28

Anschlag auf Jeremia. Seine Rettung

38 1 Schefatja aber, der Sohn des Mattan, und Gedaljahu, der Sohn des Paschchur, und Juchal, der Sohn des Schelemjahu, und Paschchur, der Sohn des Malkija, hörten von den Worten, die Jeremia zum ganzen Volk sprach, als er sagte: 2 So spricht der HERR: Wer in dieser Stadt bleibt, wird durch das Schwert, den Hunger oder die Pest sterben; wer aber hinausgeht zu den Kasdäern, bleibt am Leben, er wird als Beute sein Leben haben und überleben. 3 So spricht der HERR: Diese Stadt wird in die Gewalt des Heers des Königs von Babel gegeben werden, und er wird sie einnehmen! 4 Da sagten die Oberen zum König: Dieser Mann sollte getötet werden, denn er entmutigt die Krieger, die übrig geblieben sind in dieser Stadt, und das ganze

Volk, wenn er Worte wie diese zu ihnen redet. Nicht das Wohlergehen dieses Volkes will dieser Mann, sondern das Unheil! 5 Und König Zidkijahu sprach: Seht, er ist in eurer Hand, denn der König kann euch nichts entgegensetzen. 6 Da nahmen sie Jeremia und warfen ihn in die Zisterne des Malkijahu, des Königssohns, die sich im Wachhof befand, und an Stricken liessen sie Jeremia hinab. In der Zisterne aber war kein Wasser, sondern Schlamm, und Jeremia sank ein im Schlamm.

7 Ebed-Melech aber, der Kuschit, ein Eunuch, der gerade im Haus des Königs war, hörte, dass man Jeremia in die Zisterne geworfen hatte; der König aber hielt sich gerade im Benjamin-Tor auf. 8 Und Ebed-Melech verliess das Haus des Königs und redete mit dem König, um ihm zu sagen: 9 Mein Herr und König, diese Männer haben übel gehandelt mit allem, was sie Jeremia, dem Propheten, angetan haben; sie haben ihn in die Zisterne geworfen, damit er da, wo er ist, vor Hunger sterbe. Denn es gibt kein Brot mehr in der Stadt! 10 Da gebot der König dem Ebed-Melech, dem Kuschiten: Nimm von hier drei Männer mit dir und hole Jeremia, den Propheten, aus der Zisterne, bevor er stirbt. 11 Und Ebed-Melech nahm die Männer mit sich und kam in das Haus des Königs, unter die Vorratskammer, und von dort nahm er Lumpen, zerschlissene Kleider und Kleiderfetzen, und diese liess er an Stricken hinab zu Jeremia in die Zisterne. 12 Und Ebed-Melech, der Kuschit, sagte zu Jeremia: Lege die Lumpen, die zerschlissenen Kleider und die Kleiderfetzen in deine Achselhöhlen, über die Seile. Und Jeremia machte es so. 13 Dann zog man Jeremia an den Seilen heraus, und so holte man ihn aus der Zisterne. Und Jeremia blieb im Wachhof.

14 König Zidkijahu aber sandte hin und holte Jeremia, den Propheten, zu sich, an den dritten Eingang im Haus des HERRN. Und der König sagte zu Jere-

mia: Ich stelle dir eine Frage; verheimliche nichts vor mir. 15 Jeremia aber sagte zu Zidkijahu: Wenn ich dir Auskunft gebe, wirst du mich dann nicht mit Sicherheit töten? Und wenn ich dir einen Rat gebe, wirst du ja doch nicht auf mich hören. 16 Da schwor König Zidkijahu dem Jeremia im Verborgenen: So wahr der HERR lebt, der uns dieses Leben erschaffen hat, ich werde dich nicht töten und dich nicht in die Hand dieser Männer geben, die dir nach dem Leben trachten! 17 Und Jeremia sprach zu Zidkijahu: So spricht der HERR, der Gott der Heerscharen, der Gott Israels: Wenn du hinausgehst zu den Fürsten des Königs von Babel, bleibt dir das Leben erhalten, und diese Stadt wird nicht im Feuer verbrannt, und du bleibst am Leben, du und dein Haus. 18 Wenn du aber nicht hinausgehst zu den Fürsten des Königs von Babel, wird diese Stadt in die Hand der Kasdäer gegeben werden, und sie werden sie im Feuer verbrennen, und du selbst wirst dich nicht retten können aus ihrer Hand. 19 Da sagte König Zidkijahu zu Jeremia: Mir ist bange wegen der Judäer, die zu den Kasdäern übergelaufen sind, dass man mich in ihre Hand gibt und sie mir übel mitspielen. 20 Jeremia aber sagte: Man wird dich nicht ausliefern! Höre doch auf die Stimme des HERRN in dem, was ich dir sage, damit es dir gut geht und du am Leben bleibst. 21 Wenn du dich aber weigerst, hinauszugehen – dies ist, was der HERR mich hat sehen lassen: 22 Sieh, alle Frauen, die übrig geblieben sind im Haus des Königs von Juda, werden hinausgeführt zu den Fürsten des Königs von Babel, und dabei sagen sie:
Hinters Licht geführt und überwältigt haben dich
    die Männer deines Vertrauens,
im Sumpf haben sie deine Füsse versinken lassen,
    sie aber sind entwichen.
23 Und alle deine Frauen und deine Kinder werden hinausgebracht zu den Kasdäern, und du selbst wirst dich nicht ret-

ten können aus ihrer Hand, sondern von der Hand des Königs von Babel wirst du ergriffen werden, und diese Stadt wird im Feuer verbrannt werden. 24 Da sagte Zidkijahu zu Jeremia: Von diesen Worten soll niemand etwas erfahren, damit du nicht stirbst. 25 Wenn aber die Oberen hören, dass ich mit dir geredet habe, werden sie zu dir kommen und zu dir sagen: Berichte uns doch, was du dem König gesagt hast; verheimliche nichts vor uns, dann werden wir dich nicht töten. Und was hat der König dir gesagt? 26 Dann sage ihnen: Ich habe mein Flehen niedergelegt vor dem König, er möge mich nicht zurückschicken in das Haus des Jehonatan, dass ich dort nicht sterbe. 27 Und es kamen alle Fürsten zu Jeremia und befragten ihn. Und er gab ihnen Auskunft gemäss all jenen Worten, die ihm der König aufgetragen hatte. Da verstummten sie vor ihm, denn niemand hatte das Gespräch mitgehört. 28 Und Jeremia blieb im Wachhof bis zu dem Tag, an dem Jerusalem eingenommen wurde. – Und dies geschah, als Juda eingenommen wurde.

|1: 37,3 · 21,1 |2: 17–18; 21,9; 27,12–13; 32,24! · 39,18! |3: 21,7! |4–6: 1,19! |4: 26,11; Am 7,10 · 14,13! |6: 20,2!; Gen 37,24 |7: 39,16 · 9: 19,9; 37,20–21; 52,6; Klgl 1,11! |13: Gen 37,28 · 37,21 |14: 37,17 |16: 4,2! |17: 44,7 · 2!; 34,4 |18: 32,28!; 39,8! · 32,4–5! |20: 7,23!; 42,6 |23: 18 |26: 37,15.20 |28: 13; 37,21; 39,14

38,4: Wörtlich: «…, denn er macht die Hände der Kriegsleute schlaff, …»

38,23: Die Wiedergabe «wird … verbrannt werden.» beruht auf mehreren Textzeugen; der Massoretische Text lautet übersetzt: «wirst du …verbrennen.»

Die Eroberung Jerusalems durch den König von Babel

39 1 Im neunten Jahr des Zidkijahu, des Königs von Juda, im zehnten Monat, zog Nebukadrezzar, der König von Babel, mit seinem ganzen Heer gegen Jerusalem, und sie belagerten es. 2 Im elften Jahr des Zidkijahu, im vierten Monat, am neunten des Monats, wurde die Stadt aufgebrochen, 3 und alle Obersten des Königs von Babel kamen und blieben im mittleren Tor: Ner-

gal-Sar-Ezer, Samgar-Nebu-Sar-Sechim, der Oberste der Eunuchen, Nergal-Sar-Ezer, der Rab-Mag, und alle übrigen Fürsten des Königs von Babel. 4 Und als Zidkijahu, der König von Juda, und alle Krieger sie sahen, flohen sie, und in der Nacht machten sie einen Ausfall aus der Stadt auf dem Weg zum Garten des Königs durch ein Tor zwischen den beiden Mauern, und der König zog hinaus auf dem Weg zur Araba. 5 Das Heer der Kasdäer aber verfolgte sie, und in den Steppen von Jericho holten sie Zidkijahu ein. Da fassten sie ihn und führten ihn hinauf zu Nebukadrezzar, dem König von Babel, nach Ribla im Land Chamat, und dieser sprach die Urteile über ihn. 6 Und in Ribla schlachtete der König von Babel die Söhne Zidkijahus vor dessen Augen ab, und auch alle Vornehmen von Juda schlachtete der König von Babel ab. 7 Und die Augen Zidkijahus blendete er, dann legte er ihn in doppelte Ketten, um ihn nach Babel zu bringen. 8 Und das Haus des Königs und die Häuser des Volks verbrannten die Kasdäer im Feuer, und die Mauern von Jerusalem rissen sie nieder. 9 Und den Rest des Volks, jene, die übrig geblieben waren in der Stadt, und die Überläufer, die übergelaufen waren zu ihm, und den Rest des Volks, jene, die übrig geblieben waren, führte Nebusar-Adan, der Befehlshaber der Leibgarde, nach Babel in die Verbannung. 10 Vom Volk aber, von den Ärmsten, die nichts besassen, liess Nebusaradan, der Befehlshaber der Leibgarde, an jenem Tag einige zurück im Land Juda und gab ihnen Weinberge und Äcker.

|1–10: 52,1–27; 2Kön 25,1–12 |1: 34,1! |2: 21,4 |3: 26,10 |4: Ez 12,12 |5: 38,18 |6: 34,19–20 |7: 32,4–5!; Ez 12,13 |8: 21,10!; 32,29; 37,8; 38,18; 52,13 |9: 44,14! · 40,1 |10: 40,7; 2Kön 24,14

39,3: Rab-Mag ist Titel eines babylonischen Amtsträgers.

Die Rettung Jeremias und Ebed-Melechs

11 Und Jeremia betreffend befahl Nebukadrezzar, der König von Babel, durch

Nebusaradan, den Befehlshaber der Leibgarde, das Folgende: 12 Nimm ihn und achte auf ihn und tu ihm kein Leid an, sondern verfahre mit ihm so, wie er es dir sagen wird! 13 Da sandten Nebusaradan, der Befehlshaber der Leibgarde, Nebuschasban, der Oberste der Eunuchen, Nergal-Sar-Ezer, der Rab-Mag, und alle Obersten des Königs von Babel, 14 sie also sandten hin und holten Jeremia aus dem Wachhof und übergaben ihn Gedaljahu, dem Sohn des Achikam, des Sohns von Schafan, um ihn in das Haus zu holen. Und er wohnte beim Volk.

15 An Jeremia aber war das Wort des HERRN ergangen, als er im Wachhof eingeschlossen war: 16 Geh und sage zu Ebed-Melech, dem Kuschiten: So spricht der HERR der Heerscharen, der Gott Israels: Sieh, zum Bösen und nicht zum Guten bringe ich dieser Stadt meine Worte, und sie werden vor dir liegen an jenem Tag. 17 Dich aber werde ich retten an jenem Tag, Spruch des HERRN, und du wirst nicht in die Hand der Männer gegeben werden, vor denen du dich fürchtest. 18 Denn ich werde dich entkommen lassen, und du wirst nicht durch das Schwert fallen, sondern du wirst als Beute dein Leben haben, denn du hast mir vertraut! Spruch des HERRN.

|12: 1,8!; 40,4 |14: 38,28 · 40,5 · 26,24 |16: 38,7 · 21,10; 44,11.27; Am 9,4 |17: 20,13 |18: 21,9; 38,2; 45,5

Gedaljas Statthalterschaft und seine Ermordung

40 1 Das Wort, das vom HERRN an Jeremia erging, nachdem Nebusaradan, der Befehlshaber der Leibgarde, ihn aus Rama entlassen hatte, als er ihn holte und er mit Handfesseln gebunden unter all den Verbannten aus Jerusalem und Juda war, die nach Babel in die Verbannung geführt wurden. 2 Und der Befehlshaber der Leibgarde nahm Jeremia und sprach zu ihm: Der HERR, dein Gott, hat dieser Stätte dieses Unheil angekündigt. 3 Und er hat es gebracht, und der HERR hat gehandelt, wie er es angekündigt hat, denn ihr habt euch am HERRN versündigt und nicht auf seine Stimme gehört, und darum geschieht euch dies. 4 Und nun, sieh, heute befreie ich dich von den Fesseln an deiner Hand. Wenn es in deinen Augen gut ist, mit mir nach Babel zu kommen, so komm, dann werde ich auf dich achten; wenn es in deinen Augen aber schlecht ist, mit mir nach Babel zu kommen, so lass es! Schau das ganze Land vor dir; wohin zu gehen gut und recht ist in deinen Augen, dorthin geh. 5 – Er aber wollte noch nicht zurückkehren. – Kehre zurück zu Gedalja, dem Sohn des Achikam, des Sohns von Schafan, den der König von Babel eingesetzt hat über die Städte von Juda, und bleib bei ihm unter dem Volk, oder geh, wohin immer zu gehen recht ist in deinen Augen. Und der Befehlshaber der Leibgarde gab ihm Wegzehrung und ein Geschenk und entliess ihn. 6 Und Jeremia kam zu Gedalja, dem Sohn des Achikam, nach Mizpa und blieb bei ihm unter dem Volk, das übrig geblieben war im Land.

7 Und alle Anführer der Heere, die mit ihren Männern im Feld waren, hörten, dass der König von Babel Gedaljahu, den Sohn des Achikam, über das Land eingesetzt und dass er ihm Männer, Frauen und Kinder anvertraut hatte, von den Ärmsten im Land, von denen, die nicht in die Verbannung nach Babel geführt worden waren, 8 und sie kamen zu Gedalja nach Mizpa: Jischmael, der Sohn des Netanjahu, und Jochanan und Jonatan, die Söhne des Kareach, und Seraja, der Sohn des Tanchumet, die Söhne des Efai, des Netofatiters, und Jesanjahu, der Sohn des Maachatiters, sie und ihre Männer. 9 Und Gedaljahu, der Sohn des Achikam, des Sohns von Schafan, schwor ihnen und ihren Männern: Fürchtet euch nicht, den Kasdäern zu dienen. Bleibt im Land und dient dem König von Babel, damit es euch gut geht. 10 Und ich, seht, ich bleibe in Mizpa, um vor den Kasdäern zu stehen, die zu uns kommen werden. Ihr aber, erntet ihr

Wein und Obst und Öl und füllt es in eure Gefässe und wohnt in euren Städten, die in eurem Besitz sind. 11 Und auch alle Judäer, die in Moab und bei den Ammonitern und in Edom waren, und jene, die in all den übrigen Ländern waren, hörten, dass der König von Babel Juda einen Rest gelassen und dass er Gedaljahu, den Sohn des Achikam, des Sohns von Schafan, über sie eingesetzt hatte. 12 Da kehrten alle Judäer zurück von allen Orten, wohin sie versprengt worden waren, und kamen ins Land Juda zu Gedaljahu nach Mizpa und ernteten Wein und Obst in sehr grosser Menge.

13 Auch Jochanan, der Sohn des Kareach, und alle Anführer der Heere, die im Feld waren, kamen zu Gedaljahu nach Mizpa. 14 Und sie sagten zu ihm: Weisst du nicht, dass Baalis, der König der Ammoniter, Jischmael, den Sohn des Netanja, gesandt hat, um dich umzubringen? Gedaljahu aber, der Sohn des Achikam, glaubte ihnen nicht.

15 Und im Verborgenen in Mizpa sagte Jochanan, der Sohn des Kareach, zu Gedaljahu: Lass mich gehen, dass ich Jischmael, den Sohn des Netanja, erschlage, und niemand wird davon erfahren. Warum soll er dich erschlagen? Ganz Juda, das sich um dich sammelt, würde zerstreut, und der Rest Judas ginge zugrunde! 16 Gedaljahu aber, der Sohn des Achikam, sagte zu Jochanan, dem Sohn des Kareach: Tu das nicht, denn was du über Jischmael sagst, ist Lüge.

41 1 Und im siebten Monat kamen Jischmael, der Sohn des Netanja, des Sohns von Elischama, aus der königlichen Nachkommenschaft, und die Grossen des Königs und mit ihm zehn Männer zu Gedaljahu, dem Sohn des Achikam, nach Mizpa, und dort, in Mizpa, assen sie zusammen. 2 Da erhoben sich Jischmael, der Sohn des Netanja, und die zehn Männer, die bei ihm waren, und stachen mit dem Schwert auf Gedaljahu ein, den Sohn des Achi-

kam, des Sohns von Schafan, und so töteten sie ihn, den der König von Babel im Land eingesetzt hatte. 3 Auch alle Judäer, die bei ihm, bei Gedaljahu, in Mizpa waren, und die Kasdäer, die sich dort befanden, die Krieger, erschlug Jischmael.

| 1: 39,9 | 2: 11,11! | 3: 39,16; Sach 1,6 · 32,23! | 4: 39,12 | 5: 39,14 · 26,24 | 6: 1Sam 7,5 | 7–9: 2Kön 25,22–24 | 7: 41,10; 43,6 · 39,10 | 8: 41,1 · 41,11; 42,1; 43,2 | 9: 27,11–12 | 11: 44,14! | 14: 41,1–3.10 | 1: 40,7–8 | 2–3: 40,14; 2Kön 25,25

40,7: Möglich ist auch die Übersetzung: «... anvertraut hatte und einige von den Ärmsten im Land, ...», womit eine zusätzliche Gruppe gemeint wäre.

Anschläge gegen Judäer

4 Und am zweiten Tag nach der Ermordung Gedaljahus, als noch niemand etwas erfahren hatte, 5 kamen Männer aus Schechem, aus Schilo und aus Samaria, achtzig Mann, mit abgeschnittenem Bart und zerrissenen Kleidern und Schnittwunden, die sie sich selbst beigebracht hatten, und sie hatten Opfergaben und Weihrauch bei sich, um sie zum Haus des HERRN zu bringen. 6 Und Jischmael, der Sohn des Netanja, ging ihnen von Mizpa aus entgegen, wobei er ohne Unterlass weinte. Und als er ihnen begegnete, sagte er zu ihnen: Kommt zu Gedaljahu, dem Sohn des Achikam! 7 Als sie aber in die Mitte der Stadt gekommen waren, schlachtete Jischmael, der Sohn des Netanja, sie ab und warf sie in die Zisterne, er und die Männer, die bei ihm waren. 8 Zehn Männer aber, die sich unter ihnen befanden, die sagten zu Jischmael: Töte uns nicht, denn wir haben verborgene Vorräte auf dem Feld: Weizen und Gerste und Öl und Honig! Da liess er ab und tötete sie nicht inmitten ihrer Brüder. 9 Die Zisterne aber, in die Jischmael all die Leichen der Männer warf, die er hatte erschlagen können aufgrund der Sache mit Gedaljahu, das war die, die König Asa angelegt hatte wegen Bascha, dem König von Israel; diese füllte Jischmael, der Sohn des Netanjahu, mit Erschlagenen. 10 Dann führte Jischmael den ganzen Rest des

Volks, der in Mizpa war, in die Gefangenschaft: die Töchter des Königs und alles Volk, das übrig geblieben war in Mizpa, über das Nebusaradan, der Befehlshaber der Leibgarde, Gedaljahu, den Sohn des Achikam, eingesetzt hatte. Jischmael also, der Sohn des Netanja, führte sie in die Gefangenschaft, dann aber ging er fort, um zu den Ammonitern überzulaufen.

11 Und Jochanan, der Sohn des Kareach, und alle Anführer der Heere, die bei ihm waren, hörten von all dem Bösen, das Jischmael, der Sohn des Netanja, verübt hatte. 12 Da nahmen sie alle Männer und gingen, um gegen Jischmael, den Sohn des Netanja, zu kämpfen, und sie trafen auf ihn am grossen Wasser von Gibeon. 13 Und alles Volk, das bei Jischmael war, freute sich, als es Jochanan sah, den Sohn des Kareach, und alle Heerführer, die bei ihm waren. 14 Und alles Volk, das Jischmael von Mizpa in die Gefangenschaft geführt hatte, wandte sich, und sie kehrten zurück und gingen zu Jochanan, dem Sohn des Kareach.

15 Jischmael aber, der Sohn des Netanja, entkam dem Jochanan mit acht Mann und ging zu den Ammonitern.

16 Und Jochanan, der Sohn des Kareach, und alle Heerführer, die bei ihm waren, nahmen den ganzen Rest des Volks, den er zurückgebracht hatte von Jischmael, dem Sohn des Netanja, von Mizpa, nachdem dieser den Gedalja, den Sohn des Achikam, erschlagen hatte – Männer, Krieger und Frauen und Kinder und Eunuchen, die er zurückgebracht hatte aus Gibeon –, 17 und sie gingen und blieben in Gerut-Kimham, das bei Betlehem liegt, um weiterzuziehen und nach Ägypten zu kommen, 18 um den Kasdäern zu entkommen, denn sie fürchteten sich vor ihnen, da Jischmael, der Sohn des Netanja, Gedaljahu, den Sohn des Achikam, erschlagen hatte, der vom König von Babel im Land eingesetzt worden war.

| 5: 16,6! | 9: 1Kön 15,16–22 | 10: 40,7! · 40,14 | 11: 40,8!.13–16 | 12: 2Sam 2,13 | 16: 40,7 | 17: 42,14; 43,5–7; 2Kön 25,26 | 18: 42,11 · 44,12–13!

41,16: Mit ‹er› ist Jochanan gemeint.

Vergebliche Warnung vor der Auswanderung nach Ägypten

42 1 Und es kamen alle Anführer der Heere und Jochanan, der Sohn des Kareach, und Jesanja, der Sohn des Hoschaja, und das ganze Volk, vom Kleinsten bis zum Grössten, 2 und sie sprachen zu Jeremia, dem Propheten: Möge doch unser Flehen zu dir gelangen! Und bete für uns zum HERRN, deinem Gott, für diesen ganzen Rest – denn wie du es mit eigenen Augen siehst, sind von uns nur wenige übrig geblieben von den vielen –, 3 damit der HERR, dein Gott, uns mitteilt, welchen Weg wir gehen und was wir tun sollen. 4 Da sprach Jeremia, der Prophet, zu ihnen: Ich habe es gehört. Seht, ich werde zum HERRN, eurem Gott, beten, wie ihr es gesagt habt. Und jedes Wort, das der HERR euch antwortet, werde ich euch mitteilen; nichts werde ich euch vorenthalten. 5 Da sagten sie zu Jeremia: Der HERR sei ein treuer und verlässlicher Zeuge gegen uns, wenn wir nicht nach jedem Wort handeln, mit dem der HERR, dein Gott, dich zu uns sendet! 6 Es sei Gutes oder Schlechtes – auf die Stimme des HERRN, unseres Gottes, zu dem wir dich senden, werden wir hören, damit es uns gut geht, weil wir auf die Stimme des HERRN, unseres Gottes, hören.

7 Und nach zehn Tagen erging das Wort des HERRN an Jeremia. 8 Da rief er Jochanan, den Sohn des Kareach, und alle Heerführer, die bei ihm waren, sowie das ganze Volk, vom Kleinsten bis zum Grössten, 9 und sprach zu ihnen: So spricht der HERR, der Gott Israels, zu dem ihr mich gesandt habt, um ihm euer Flehen nahe zu bringen: 10 Wenn ihr wirklich in diesem Land bleibt, werde ich euch aufbauen und nicht niederreissen, und ich werde euch einpflanzen und nicht ausreissen, denn ich

bedaure das Unheil, das ich euch angetan habe. 11 Fürchtet euch nicht vor dem König von Babel, vor dem ihr euch jetzt fürchtet. Fürchtet euch nicht vor ihm, Spruch des HERRN, denn ich bin bei euch, um euch zu helfen und euch aus seiner Hand zu retten. 12 Und ich werde euch Barmherzigkeit widerfahren lassen, und er wird sich eurer erbarmen und euch zurückbringen auf euren Boden. 13 Wenn ihr aber sagt: Wir bleiben nicht in diesem Land!, und nicht auf die Stimme des HERRN, eures Gottes, hört 14 und sagt: Nein! Ins Land Ägypten werden wir ziehen, wo wir keinen Krieg sehen und den Klang des Schofar nicht hören werden und auch nicht nach Brot hungern, und dort werden wir bleiben! – 15 nun denn, darum hört das Wort des HERRN, Rest von Juda: So spricht der HERR der Heerscharen, der Gott Israels: Wenn ihr wirklich entschlossen seid, nach Ägypten zu ziehen, und ihr zieht hin, um dort als Fremde zu bleiben, 16 wird euch dort das Schwert, vor dem ihr euch fürchtet, einholen, im Land Ägypten, und der Hunger, vor dem euch bange ist, wird euch dort, in Ägypten, verfolgen, und ihr werdet dort sterben. 17 Und all die Männer, die entschlossen sind, nach Ägypten zu ziehen, um dort als Fremde zu bleiben, werden durch das Schwert, vor Hunger oder an der Pest sterben, und keiner von ihnen wird entrinnen, und keiner wird sich retten können vor dem Unheil, das ich über sie bringe. 18 Denn so spricht der HERR der Heerscharen, der Gott Israels: Wie meine Wut, mein Zorn, sich ergossen hat über die Bewohner Jerusalems, so wird mein Zorn sich über euch ergiessen, wenn ihr nach Ägypten zieht. Und ihr werdet zum Fluchwort werden und verwüstet sein, ihr werdet zur Verfluchung und zum Hohn, und niemals wieder werdet ihr diese Stätte sehen!

19 Der HERR hat zu euch gesprochen, Rest von Juda: Zieht nicht nach Ägypten. Ihr wisst sehr gut, dass ich euch heute ermahnt habe! 20 Denn um den Preis eures Lebens habt ihr versucht, abzulenken, da ihr mich zum HERRN, eurem Gott, gesandt habt mit den Worten: Bete für uns zum HERRN, unserem Gott! Und alles, was der HERR, unser Gott, sagt, teile uns mit, und wir werden es tun! 21 Und heute habe ich es euch mitgeteilt, ihr aber habt nicht auf die Stimme des HERRN, eures Gottes, gehört und nicht auf all das, womit er mich zu euch gesandt hat. 22 Und nun wisst ihr sehr gut, dass ihr sterben werdet durch das Schwert, vor Hunger oder an der Pest, an der Stätte, wohin ihr ziehen wolltet, um dort als Fremde zu bleiben.

| 1: 40,8! · 43,2 | 2: 37,3! · 44,14! | 3: 7,23 | 4: 23,28 | 5: Dtn 5,27 | 6: 38,20! | 10: 1,10! · 18,8! | 11: 1,8!; 20,13; 41,18 | 12: 31,20; 1Kön 8,50 | 13: 43,4 | 14: 41,17! –18 · 4,5! · Ex 16,3 | 16–17: 44,12–13! | 16: Ez 11,8 | 17: 44,14!; Klgl 2,22 | 18: 7,20 · 18,16!; 24,9; 29,18; 44,12 | 19: Dtn 17,16 | 21: 32,23! | 22: 15–16

Auswanderung nach Ägypten

43 1 Und als Jeremia zum ganzen Volk alle Worte des HERRN, ihres Gottes, gesprochen hatte, all jene Worte, mit denen der HERR, ihr Gott, ihn zu ihnen gesandt hatte, 2 da sagten Asarja, der Sohn des Hoschaja, und Jochanan, der Sohn des Kareach, und all die vermessenen Männer – sie sagten zu Jeremia: Lüge ist, was du sagst! Der HERR, unser Gott, hat dich nicht gesandt, um zu sagen: Ihr sollt nicht nach Ägypten ziehen, um dort als Fremde zu bleiben! 3 Vielmehr stachelt Baruch, der Sohn des Nerija, dich gegen uns auf, damit man uns in die Hand der Kasdäer gibt, dass sie uns töten oder uns nach Babel in die Verbannung führen. 4 Und Jochanan, der Sohn des Kareach, und alle Anführer der Heere und das ganze Volk hörten nicht auf die Stimme des HERRN, im Land Juda zu bleiben. 5 Und Jochanan, der Sohn des Kareach, und alle Anführer der Heere nahmen den ganzen Rest von Juda, alle, die zurückgekehrt waren aus all den Nationen, unter die sie versprengt worden waren, um im Land Juda zu bleiben: 6 die Männer und die Frauen und die Kinder und die Töchter des Königs, alle, die Nebusaradan, der Befehlshaber der Leibgarde, bei Gedaljahu gelassen hatte, dem Sohn des Achikam, des Sohns von Schafan, auch Jeremia, den Propheten, und Baruch, den Sohn des Nerijahu. 7 Und sie kamen ins Land Ägypten, denn sie hatten nicht auf die Stimme des HERRN gehört. Und sie kamen nach Tachpanches.

8 Und das Wort des HERRN erging an Jeremia in Tachpanches: 9 Nimm grosse Steine mit und vergrabe sie im Lehmboden bei der Ziegelterrasse, die am Eingang des Hauses des Pharao in Tachpanches ist, vor den Augen judäischer Männer, 10 und sprich zu ihnen: So spricht der HERR der Heerscharen, der Gott Israels: Seht, ich sende hin und hole Nebukadrezzar, den König von Babel, meinen Diener, und über diesen Steinen, die ich verborgen habe, werde ich seinen Thron aufstellen, und er wird darüber seinen Prachtteppich ausbreiten. 11 Und er wird kommen und das Land Ägypten schlagen:
Was dem Tod gehört, gehört dem Tod,
    und was der Gefangenschaft gehört,
    gehört der Gefangenschaft,
und was dem Schwert gehört, gehört
dem Schwert.
12 Und an die Häuser der Götter von Ägypten werde ich Feuer legen, und er wird sie verbrennen und sie in die Gefangenschaft führen. Und er wird das Land Ägypten entlausen, wie ein Hirt sein Gewand entlaust, und dann wird er wohlbehalten fortziehen von dort. 13 Und die Mazzeben von Bet-Schemesch im Land Ägypten wird er zerbrechen, und die Häuser der Götter von Ägypten wird er im Feuer verbrennen.

|2: 42,1 · 40,8! · 14,14!–15 · 42,19 |3: 32,12! |4: 42,13.21 |5: 40,11–12 |6: 40,7! |7: 41,16–17! · 42,21 |9: 13,1! |10: 25,9! |11: 44,30; 46,13; Ez 29,19 · 15,2; 44,12–13! |12: 10,11.15!; 46,25–26; Ez 30,13

43,9: Die genaue Übersetzung der mit ‹Ziegelterrasse› wiedergegebenen Ortsangabe ist unsicher.

43,10: Möglicherweise ist das mit «Prachtteppich» wiedergegebene hebräische Wort mit «Prachtzelt» zu übersetzen.

43,12: Mit ‹er› ist Nebukadnezzar und mit ‹sie› sind die Ägypter gemeint.

43,13: Mit den Mazzeben sind an dieser Stelle Obelisken gemeint.

Heimsuchung in Ägypten

44 1 Das Wort, das an Jeremia erging für alle Judäer, die im Land Ägypten wohnten, die in Migdol und in Tachpanches und in Nof und im Land Patros wohnten: 2 So spricht der HERR der Heerscharen, der Gott Israels: Ihr selbst habt all das Unheil gesehen, das ich über Jerusalem und über alle Städte von Juda gebracht habe: Seht, heute sind sie eine Trümmerstätte, und niemand wohnt darin 3 wegen ihrer Bosheit, die sie verübt haben, da sie mich gereizt haben und gegangen sind, Rauchopfer darzubringen und anderen Göttern zu dienen, die sie nicht kannten, die ihr nicht kennt und die eure Vorfahren nicht gekannt haben. 4 Und ich habe alle meine Diener, die Propheten, zu euch gesandt, immer wieder mit Eifer gesandt, um zu sagen: Verübt doch nicht diese Abscheulichkeit, die ich hasse! 5 Sie aber haben nicht gehört und haben mir ihr Ohr nicht geneigt, so dass sie von ihrer Bosheit zurückgekehrt wären und anderen Göttern keine Rauchopfer dargebracht hätten. 6 Da hat mein Zorn, meine Wut, sich ergossen, und in den Städten Judas und in den Gassen von Jerusalem hat er gelodert, und sie sind zur Trümmerstätte geworden, sind verwüstet worden, wie es heute der Fall ist. 7 Und nun, so spricht der HERR, der Gott der Heerscharen, der Gott Israels: Warum tut ihr euch selbst so grosses Unheil an, dass ihr bei euch Mann und Frau, Kind und Säugling ausrottet aus Juda und euch keinen Rest übrig lasst, 8 indem ihr mich reizt durch die Machwerke eurer Hände, indem ihr anderen Göttern Rauchopfer darbringt im Land Ägypten, wohin ihr gehen wollt, um dort als Fremde zu bleiben, und euch so selbst ausrottet und zur Verfluchung und zum Hohn werdet bei allen Nationen der Erde? 9 Habt ihr die Bosheiten eurer

Vorfahren und die Bosheiten der Könige von Juda und die Bosheiten seiner Fürsten und eure eigenen Bosheiten und die Bosheiten eurer Frauen vergessen, die sie im Land Juda begangen haben und in den Gassen von Jerusalem? 10 Auch heute noch sind sie nicht zerknirscht, und sie haben sich nicht gefürchtet und haben nicht nach meiner Weisung gelebt und in meinen Satzungen, die ich euch und euren Vorfahren vorgelegt habe. 11 Darum, so spricht der HERR der Heerscharen, der Gott Israels: Seht, im Bösen richte ich mein Angesicht auf euch: Ganz Juda will ich ausrotten! 12 Und den Rest von Juda werde ich nehmen, jene, die entschlossen sind, ins Land Ägypten zu ziehen, um dort als Fremde zu bleiben, und sie alle werden umkommen, im Land Ägypten werden sie fallen, durch das Schwert, vor Hunger werden sie umkommen, vom Kleinsten bis zum Grössten, durch das Schwert und vor Hunger werden sie sterben. Und sie werden zum Fluchwort, werden verwüstet sein, und sie werden zur Verfluchung und zum Hohn. 13 Und die im Land Ägypten wohnen, werde ich heimsuchen, wie ich Jerusalem heimgesucht habe: mit dem Schwert, dem Hunger und der Pest. 14 Und vom Rest Judas, von denen, die kommen, um dort, im Land Ägypten, als Fremde zu bleiben, wird keiner gerettet werden und keiner entrinnen, um zurückzukehren ins Land Juda, wohin sie sich zurückzukehren sehnen, um dort zu wohnen. Sie werden nicht zurückkehren, bis auf die Geretteten! 15 Und alle Männer, die wussten, dass ihre Frauen anderen Göttern Rauchopfer darbrachten, und alle Frauen, die dabeistanden, eine grosse Versammlung, und alles Volk, das im Land Ägypten, in Patros, wohnte, sie antworteten Jeremia: 16 Das Wort, das du zu uns gesprochen hast im Namen des HERRN – wir hören nicht auf dich! 17 Vielmehr werden wir jedes Wort ausführen, das hervorgegangen ist aus unserem Mund: Der Himmelskönigin wollen wir Rauchopfer darbringen, und ihr wollen wir Trankopfer spenden, wie wir es getan haben, wir und unsere Vorfahren, unsere Könige und unsere Fürsten, in den Städten Judas und in den Gassen von Jerusalem. Da konnten wir uns satt essen mit Brot, und wir waren glücklich und haben kein Unheil gesehen! 18 Seit wir aber aufgehört haben, der Himmelskönigin Rauchopfer darzubringen und ihr Trankopfer zu spenden, mangelt es uns an allem, und wir kommen um durch das Schwert und vor Hunger. 19 Und wenn wir der Himmelskönigin Rauchopfer darbringen und ihr Trankopfer spenden, haben wir ihr etwa ohne das Wissen unserer Männer Opferkuchen zubereitet, um sie nachzubilden, und ihr Trankopfer gespendet?

20 Da sprach Jeremia zum ganzen Volk, zu den Männern und zu den Frauen, zum ganzen Volk, das ihm antwortete: 21 Das Rauchopfer, das ihr dargebracht habt in den Städten Judas und in den Gassen von Jerusalem, ihr und eure Vorfahren, eure Könige und eure Fürsten und das Volk des Landes – hat der HERR sich nicht daran erinnert, und ist es nicht aufgestiegen in sein Herz? 22 Und der HERR konnte es nicht länger ertragen, wegen der Bosheit eurer Taten, wegen der Abscheulichkeiten, die ihr verübt habt, und so ist euer Land zur Trümmerstätte geworden und verwüstet worden und zur Verfluchung geworden, niemand wohnt mehr darin, wie es heute der Fall ist. 23 Weil ihr Rauchopfer dargebracht und gegen den HERRN gesündigt und nicht auf die Stimme des HERRN gehört habt und nicht nach seiner Weisung, nach seinen Satzungen und nach seinen Mahnungen gelebt habt, darum ist euch dieses Unheil widerfahren, wie es heute der Fall ist!

24 Und Jeremia sprach zum ganzen Volk und zu allen Frauen: Hört das Wort des HERRN, ganz Juda, die ihr im Land Ägypten seid! 25 So spricht der HERR der Heerscharen, der Gott Israels: Ihr und

eure Frauen, mit eurem Mund habt ihr
gesprochen, und mit euren Händen
habt ihr es ausgeführt; ihr habt gesagt:
Unsere Gelübde, die wir gelobt haben,
werden wir erfüllen: Wir wollen der
Himmelskönigin Rauchopfer darbringen und ihr Trankopfer spenden! Eure
Gelübde wollt ihr halten, und eure Gelübde wollt ihr erfüllen! 26 Darum hört
das Wort des HERRN, ganz Juda, die ihr
im Land Ägypten wohnt! Seht, bei meinem grossen Namen habe ich es geschworen, spricht der HERR: Nie wieder
soll irgendwo im Land Ägypten mein
Name genannt werden im Mund irgendeines Mannes aus Juda, der sagt: So
wahr Gott der HERR lebt! 27 Sieh, im Bösen und nicht im Guten wache ich über
sie. Und alle Männer aus Juda, die im
Land Ägypten sind, werden umkommen
durch das Schwert und vor Hunger, bis
sie ganz ausgerottet sind. 28 Vor dem
Schwert Gerettete aber werden zurückkehren aus dem Land Ägypten in das
Land Juda, wenige, damit der ganze Rest
von Juda, die, die ins Land Ägypten gekommen sind, um dort als Fremde zu
bleiben, erkennt, wessen Wort sich erfüllt, meines oder das ihre. 29 Und dies
wird das Zeichen für euch sein, Spruch
des HERRN, dass ich euch heimsuche an
dieser Stätte, damit ihr erkennt, dass
meine Worte sich erfüllen zu eurem Unheil: 30 So spricht der HERR: Sieh, ich
gebe Pharao Chofra, den König von
Ägypten, in die Hand seiner Feinde und
in die Hand derer, die ihm nach dem Leben trachten, wie ich Zidkijahu, den König von Juda, in die Hand Nebukadrezzars gegeben habe, des Königs von Babel, seines Feinds – dessen, der ihm
nach dem Leben trachtete.

| 1: 2,16; 43,7.9 | 2: 11,11! · 2,15!; 27,17 | 3: 4,18! ·
19,4! · 16,11! | 4: 7,25! · 5,30! | 5: 7,26! | 6: 15,14! | 7:
2,17! · 14! | 8: 18,16!; 24,9 | 9: 7,17 | 10: 2,30! · 9,12! | 11:
27; 21,10 | 12–13: 27; 38,2!; 42,16–19.22; 43,11 | 14: 28;
11,23; 24,8; 31,7; 39,9; 40,11; 42,2.17 | 16: 18,18; 25,3–4!
| 17: 19,4! · 7,18 | 21: 16,17! | 22: 15,6 · 4,4 · 2 | 23: 3 · 10
| 26: 22,5 · 4,2! | 27–29: 1,12! | 27: 11; 39,16! · 12–13! | 28:
14!; 51,50; Ez 34 | 29: Jes 38,7 | 30: 43,10–11; 46,25–26

44,19: Mit ‹sie› ist die Himmelskönigin gemeint.

Trost für Baruch

45 1 Das Wort, das Jeremia, der Prophet, zu Baruch, dem Sohn des
Nerija, gesprochen hat, als Baruch diese
Worte nach dem Diktat Jeremias in ein
Buch schrieb, im vierten Jahr des Jehojakim, des Sohns von Joschijahu, des Königs von Juda: 2 So spricht der HERR, der
Gott Israels, über dich, Baruch: 3 Du hast
gesagt: Wehe mir, denn zu meinem
Schmerz hat der HERR noch Kummer
hinzugefügt. Müde geworden bin ich
von meinem Seufzen, und Ruhe finde
ich nicht. 4 So sollst du zu ihm sagen: So
spricht der HERR: Sieh, was ich gebaut
habe, reisse ich nieder, und was ich gepflanzt habe, reisse ich aus – das ganze
Land! 5 Und du trachtest nach Grossem
für dich! Trachte nicht danach. Denn
sieh, ich bringe Unheil über alles
Fleisch, Spruch des HERRN, dir aber
gebe ich als Beute dein Leben, an allen
Orten, wohin du auch gehst.

| 1: 32,12! · 36,4.18 | 4: 1,10! | 5: 11,11! · 25,31! ·
39,18!

Über Ägypten

46 1 Das war das Wort des HERRN an
Jeremia, den Propheten, gegen die
Nationen:

2 Über Ägypten

Gegen das Heer von Pharao Necho,
dem König von Ägypten, das am Strom
Eufrat in Karkemisch lag, das Nebukadrezzar, der König von Babel, schlug
im vierten Jahr des Jehojakim, des
Sohns von Joschijahu, dem König von
Juda:

3 Macht Kleinschild und Setzschild
bereit
    und rückt aus in die Schlacht!
4 Spannt die Pferde an
    und sitzt auf, ihr Reiter!
Und tretet an, behelmt!
    Poliert die Lanzen,
    legt die Panzer um!
5 Warum sind sie schreckerfüllt, wie
ich es gesehen habe,
    warum weichen sie zurück,

und warum werden ihre Helden
versprengt?
Und in hastiger Flucht sind sie geflohen,
und sie sehen sich nicht um.
Grauen ringsum! Spruch des HERRN.
6 Der Schnelle versuche nicht, zu
fliehen,
und der Held versuche nicht, sich zu
retten.
Im Norden, am Ufer des Stroms Eufrat,
sind sie gestrauchelt und gefallen.
7 Wer ist das, der anschwillt wie der Nil,
und dessen Wasser wogt wie
Ströme?
8 Ägypten – wie der Nil schwillt es an,
und wie Ströme wogt das Wasser.
Und es sprach: Anschwellen will ich,
will das Land bedecken,
will die Stadt vernichten und die
Bewohner in ihr!
9 Bäumt euch auf, ihr Pferde!
Und rast wie von Sinnen, ihr Wagen!
Und die Helden sollen ausrücken:
Kusch und Put, die den Schild tragen,
und Luditer, die den Bogen tragen,
ihn spannen!
10 Jener Tag aber gehört dem Herrn,
dem HERRN der Heerscharen,
ein Tag der Rache,
um sich zu rächen an seinen
Feinden.
Und das Schwert wird sich satt fressen
und sich satt trinken an ihrem Blut,
denn der Herr, der HERR der
Heerscharen, feiert ein Schlachtfest
im Land des Nordens, am Strom
Eufrat.
11 Steig hinauf nach Gilead und hole
Balsam,
du Jungfrau, Tochter Ägypten!
Vergebens hast du Heilmittel
angehäuft,
es gibt keine Heilung für dich!
12 Von deiner Schmach haben die
Nationen gehört,
und dein Klagegeschrei hat die Erde
erfüllt,
denn ein Held ist über den anderen
Helden gestürzt,
miteinander sind beide gefallen.

13 Das Wort, das der HERR zu Jeremia,
dem Propheten, gesprochen hat, dass
Nebukadrezzar, der König von Babel,
kommen werde, um das Land Ägypten
zu schlagen:
14 Verkündet es in Ägypten, und in
Migdol lasst es hören,
und lasst es hören in Nof und in
Tachpanches!
Sagt: Tritt an und mach dich bereit!
Denn schon hat rings um dich her
das Schwert gefressen.
15 Warum wurde dein Starker
weggeschwemmt?
Er hielt nicht stand,
denn der HERR stiess ihn weg.
16 Massenhaft straucheln sie,
auch ist einer über den anderen
gefallen.
Da haben sie gesagt:
Auf und lasst uns zurückkehren zu
unserem Volk
und in das Land unserer Herkunft,
um dem gewalttätigen Schwert zu
entkommen!
17 Dort hat man ausgerufen:
Der Pharao, der König von Ägypten,
ist einer, der lärmt,
den rechten Zeitpunkt hat er
verstreichen lassen.
18 So wahr ich lebe, Spruch des Königs –
HERR der Heerscharen ist sein
Name –,
wie der Tabor unter den Bergen
und wie der Karmel am Meer,
so wird er kommen!
19 Für die Verbannung mach dir die
Sachen bereit,
du Sesshafte, Tochter Ägypten!
Denn Nof wird verwüstet
und wird zerstört,
niemand wohnt mehr darin.
20 Eine sehr schöne junge Kuh ist
Ägypten,
von Norden fliegt eine Bremse
heran, sie kommt.
21 Auch seine Söldner in seiner Mitte
sind wie Mastkälber,
aber auch sie haben sich abgewandt,
allesamt sind sie geflohen,
sie haben nicht standgehalten,

denn der Tag ihres Unglücks ist über sie
gekommen,
    die Zeit ihrer Heimsuchung.
22 Es macht Geräusche wie die
Schlange,
    die sich davonmacht,
denn mit dem Heer ziehen sie heran,
    und mit Äxten sind sie zu ihm
    gekommen
    wie Holzfäller.
23 Seinen Wald haben sie gefällt,
Spruch des HERRN,
    obgleich er undurchdringlich war!
Denn zahlreicher als die Heuschrecken
sind sie,
    sie sind ohne Zahl.
24 Zuschanden geworden ist die
Tochter Ägypten,
    in die Hand des Volks aus dem
    Norden ist sie gegeben.
25 Der HERR der Heerscharen, der Gott
Israels, spricht: Sieh, den Amon von No
suche ich heim und den Pharao und
Ägypten und seine Götter und seine Könige, den Pharao und jene, die auf ihn
vertrauen. 26 Und ich werde sie in die
Hand derer geben, die ihnen nach dem
Leben trachten: in die Hand Nebukadrezzars, des Königs von Babel, und in die
Hand seiner Diener. Danach aber wird
es bewohnt sein wie in früheren Tagen!
Spruch des HERRN.
27 Und du, fürchte dich nicht,
mein Diener Jakob,
    und erschrick nicht, Israel!
Denn sieh, dich rette ich aus der Ferne
    und deine Nachkommen aus dem
    Land ihrer Gefangenschaft.
Und Jakob wird zurückkehren
    und Ruhe haben und sicher sein,
und da wird keiner sein, der ihn
aufschreckt.
28 Du musst dich nicht fürchten, mein
Diener Jakob, Spruch des HERRN, denn
ich bin bei dir. Ich werde allen Nation-
en, unter die ich dich versprengt habe,
ein Ende bereiten. Dir aber werde ich
nicht ein Ende bereiten, damit ich dich
zurechtweisen kann, wie es rechtens ist.
Ganz ungestraft werde ich dich nicht
lassen.

| 1: 25,15 | 2–26: Jes 19–20; Ez 29–32 | 2: 25,19 ·
2Kön 23,29; 24,7 | 3–4: 51,11 | 5: 6,25! | 6: Am 2,14–16
| 7: 47,2; 50,42!; 51,42; Jes 8,7 | 10: 12,12!; 50,15!;
Jes 34,5–6!; Zef 1,7 | 11: 8,22; 51,8; Ez 30,21 | 12: 6; 48,14
| 13: 43,11! | 14: 2,16; 44,1 | 16: Lev 26,37 · 25,38!; 50,16
| 17: 37,7! | 18: 48,15; 51,57 | 19: 10,17! · Jes 20,4 | 21:
8,12!; 9,24–25; 48,44; 49,8; 50,27.31 | 23: Jes 10,34 ·
51,14.27 | 24: 1,14–15! | 25: 43,12–13; Ez 30,14; Nah 3,8
| 26: 44,30! · Ez 29,13–14 | 27: 30,10! · 12,15! | 28: 30,11;
Jes 43,5 · 10,24; 30,11

46,4: Möglich ist für «und sitzt auf ihr, Reiter!»
auch die Übersetzung: «und besteigt die Pferde!»

46,5: Möglich ist für «Und in hastiger Flucht sind
sie geflohen, ...» auch die Übersetzung: «Und sie sind
zum Fluchtort geflohen, ...»

Über die Philister

47 1 Das war das Wort des HERRN an
Jeremia, den Propheten, über die
Philister, bevor der Pharao Gaza schlug.
2 So spricht der HERR:
Sieh, von Norden her steigt Wasser an
    und wird zum Fluss, der überflutet,
so dass es das Land überflutet und was
darin ist,
    die Stadt und die in ihr wohnen.
Und die Menschen werden schreien,
    und wehklagen werden alle
    Bewohner der Erde.
3 Wegen des Stampfens der Hufe seiner
Starken,
    des Getöses seiner Wagen,
    des Lärmens seiner Räder
sehen die Väter sich nicht nach den
Kindern um,
    sind die Hände erschlafft,
4 wegen des Tags, der kommt, um alle
Philister zu vernichten,
    um Tyros und Sidon zu vernichten,
    jeden Entkommenen, der helfen
    will.
Der HERR vernichtet die Philister,
    den Rest der Insel Kaftor!
5 Kahlheit ist über Gaza gekommen,
    Aschkelon wurde zum Schweigen
    gebracht.
Du Rest aus ihrer Tiefebene,
    wie lange willst du dich blutig
    ritzen?
6 Wehe! Schwert des HERRN,
    wann kommst du zur Ruhe?
Zieh dich zurück in deine Scheide,
    verhalte dich ruhig und still!

7 Wie solltest du Ruhe finden?
  Hat doch der HERR ihm Befehl
  erteilt!
Nach Aschkelon und an die Küste des
Meeres,
  dorthin hat er es aufgeboten.

|1–7: 25,20; Jes 14,29–32; Ez 25,15–17; Am 1,6–8
|2: 6,22 · 46,7 |3: 4,13!; 46,9 |4: 30,7; Joel 1,15 |5:
Zef 2,4; Sach 9,5 |6–7: 12,12!; Ez 14,17

47,5: ‹Kahlheit› steht hier für Trauer; als Zeichen
der Trauer schnitt man sich die Haupthaare ab.

Über Moab

48 1 Über Moab.
   So spricht der HERR der Heerscharen, der Gott Israels:
Wehe über Nebo, denn es ist verwüstet,
  zuschanden geworden,
  eingenommen ist Kirjatajim.
zuschanden geworden ist die Zuflucht
und zerbrochen.
2 Moabs Ruhm ist nicht mehr,
  in Cheschbon hat man sein Unheil
  geplant:
Kommt und lasst es uns ausrotten,
  dass es keine Nation mehr ist!
Auch du, Madmen, wirst untergehen,
  hinter dir läuft das Schwert.
3 Horch: Verzweifeltes Schreien aus
Choronajim,
  Verwüstung und grosser
  Zusammenbruch!
4 Moab ist zusammengebrochen!
  Man hört das Geschrei seiner
  Jüngsten.
5 Den Pass von Luchit
  zieht man hinauf mit Weinen, mit
  Weinen.
Beim Abstieg von Choronajim
  hat man verzweifelte Schreie gehört
  über den Zusammenbruch.
6 Flieht, rettet euer Leben,
  und seid wie Wacholder in der
  Wüste!
7 Denn weil du auf deine Taten und auf
deine Vorräte vertraut hast,
  wirst auch du eingenommen
  werden.
Und Kemosch wird hinausziehen in die
Verbannung,

seine Priester zusammen mit seinen
Fürsten.
8 Und in jede Stadt kommt der
Verwüster,
  und keine Stadt wird gerettet,
und das Tal geht unter,
  und die Ebene wird unbrauchbar
  gemacht,
wie der HERR es gesagt hat.
9 Gebt Moab Salz,
  denn es wird verfallen!
Und seine Städte werden verwüstet
sein,
  niemand wohnt mehr in ihnen.
10 Verflucht ist,
  wer die Arbeit für den HERRN
  nachlässig verrichtet,
und verflucht ist,
  wer seinem Schwert das Blut
  verweigert!
11 Seit seiner Jugend war Moab
ungestört,
  und ruhig lag es auf seinen Hefen,
und nie wurde es umgeschüttet von
einem Gefäss ins andere Gefäss,
  und es musste nicht in die
  Verbannung gehen.
Deshalb hat es seinen Geschmack
behalten,
  und sein Geruch hat sich nicht
  verändert.
12 Darum, sieh, es kommen Tage,
Spruch des HERRN,
  da werde ich ihm Küfer senden,
und die werden es umfüllen,
  und seine Gefässe werden sie leeren,
und ihre Krüge werden sie zerschlagen.
13 Und Moab wird an Kemosch
zuschanden werden,
  wie das Haus Israel zuschanden
  geworden ist
  an Bet-El, seiner Zuversicht.
14 Wie könnt ihr sagen:
Helden sind wir,
  Krieger für die Schlacht?
15 Verwüstet ist Moab,
  und seine Städte hat man
  erklommen,
und die Besten seiner jungen Männer

sind niedergesunken zur
Schlachtung.
Spruch des Königs, HERR der
Heerscharen ist sein Name.
16 Bald ist Moabs Unglück da,
     und rasend schnell eilt sein Unheil
     herbei.
17 Bekundet ihm eure Teilnahme, ihr
alle, seine Nachbarn,
     und alle, die ihr seinen Namen
     kennt!
Sprecht: Wie ist das Zepter der Macht
zerbrochen,
     der Stab der Pracht!
18 Steige herab von der Herrlichkeit
und setze dich in den Schmutz,
     Bewohnerin der Tochter Dibon!
Denn der Verwüster Moabs ist
hinaufgestiegen zu dir,
     hat deine Befestigungen zerstört.
19 Stell dich an den Weg und halte
Ausschau,
     Bewohnerin von Aroer,
frage den Flüchtling und die
Entronnene,
     sprich: Was ist geschehen?
20 Zuschanden geworden ist Moab,
denn es ist zerbrochen!
     Heult und schreit!
Berichtet am Arnon,
     dass Moab verwüstet ist!
21 Das Gericht ist gekommen in das
Land in der Ebene, nach Cholon, nach
Jahza und über Mefaat, 22 über Dibon,
über Nebo und über Bet-Diblatajim,
23 über Kirjatajim, über Bet-Gamul und
über Bet-Meon, 24 über Kerijot, über
Bozra und über alle Städte des Landes
Moab, die fernen und die nahen.
25 Moabs Horn ist abgehauen
     und sein Arm zerbrochen!
Spruch des HERRN.
26 Macht es betrunken, denn gegen den
HERRN hat es gross getan. In seinem
eigenen Erbrochenen aber wird Moab
sich übergeben und dann selbst zum
Gespött werden.
27 Oder ist dir Israel nicht zu einem
Gespött geworden?

Ist es denn unter Dieben ertappt
worden,
     dass du dich schüttelst, sooft du von
     ihm sprichst?
28 Verlasst die Städte und wohnt in den
Felsen,
     ihr Bewohner von Moab,
und werdet wie die Taube,
     die an den Rändern des Abgrunds
     nistet!
29 Von der Vermessenheit Moabs
haben wir gehört,
     der allzu hochmütigen,
von seinem Hochmut, seiner
Vermessenheit, seiner Anmassung
     und von der Überheblichkeit seines
     Herzens.
30 Ich, ich kenne, Spruch des HERRN,
     seine Überheblichkeit – es ist nicht
     so!,
     sein Geschwätz – nie haben sie so
     gehandelt!
31 Darum wehklage ich über Moab,
     und wegen Moab, ganz Moab,
     schreie ich voller Verzweiflung,
wegen der Männer von Kir-Cheres
wimmert man.
32 Mehr als um Jaser weine ich um
dich,
     Weinstock von Sibma.
Deine Ranken wuchsen hinüber bis ans
Meer,
     sie reichten bis ans Meer, bis Jaser.
Über dein Sommerobst und deine
Weinlese
     ist der Verwüster hergefallen.
33 Und abgeerntet werden Freude und
Jubel
     im Baumgarten und im Land Moab.
Und den Wein in den Kelterbecken habe
ich verschwinden lassen,
     keiner tritt ihn mit einem Jauchzen,
     das Jauchzen ist kein Jauchzen!
34 Vom Geschrei von Cheschbon bis
Elale:
Bis Jahaz haben sie ihre Stimme
erhoben,
     von Zoar bis Choronajim und
     Eglat-Schelischija,

denn auch das Wasser von Nimrim wird zur Wüstenei.

35 Und ich beseitige in Moab, Spruch des HERRN, den, der Rauchopfer auf eine Kulthöhe trägt und seinem Gott darbringt.

36 Darum klagt mein Herz wie Flöten Moabs wegen,
und klagt mein Herz wie Flöten um die Männer von Kir-Cheres.
Darum ist verloren, was es erspart hat.

37 Denn jeder Kopf ist kahlgeschoren und jeder Bart ist abgeschnitten,
alle Hände sind blutig geritzt,
und um die Hüften ist das Trauergewand gelegt.

38 Auf allen Dächern Moabs und auf seinen Plätzen,
überall herrscht Trauer,
denn ich habe Moab zerbrochen wie ein Gefäss,
das niemandem gefällt. Spruch des HERRN.

39 Wie schreckerfüllt es ist! Heult!
Wie hat Moab sich abgewandt,
ist es zuschanden geworden!
Und zum Gespött und zum Schrecken wird Moab
bei allen seinen Nachbarn.

40 Denn so spricht der HERR:
Sieh, wie ein Adler stösst er herab,
und über Moab spannt er seine Flügel aus.

41 Eingenommen sind die Städte,
und die Festungen sind erobert.
Und an jenem Tag wird das Herz der Helden von Moab
wie das Herz einer Frau in den Wehen sein.

42 Und Moab wird getilgt,
so dass es kein Volk mehr ist,
denn gegen den HERRN hat es gross getan.

43 Schrecken und Grube und Netz für dich, Bewohner von Moab!
Spruch des HERRN.

44 Wer vor dem Schrecken flieht,
fällt in die Grube,
und wer aus der Grube steigt,

verfängt sich im Netz.
Denn ihm, Moab, bringe ich
das Jahr seiner Heimsuchung!
Spruch des HERRN.

45 Im Schatten von Cheschbon
sind kraftlos Flüchtlinge stehen geblieben.
Denn Feuer ging aus von Cheschbon
und eine Flamme mitten aus Sichon,
und es frass die Schläfe Moabs
und den Scheitel derer, die lärmen.

46 Wehe dir, Moab!
Verloren ist das Volk des Kemosch,
denn deine Söhne sind in die Gefangenschaft geholt worden
und deine Töchter in die Unfreiheit.

47 In ferner Zukunft aber wende ich das Geschick Moabs! Spruch des HERRN.
So weit das Gericht über Moab.

| 1–47: 25,21; Jes 15–16; Ez 25,8–11; Am 2,1–3; Zef 2,8–11 | 2: 47,6–7 | 3: Jes 15,5 | 6: 49,8.30; 51,6 | 7: 46; Num 21,29 · 49,3 | 8: 18.32; 6,26!; 51,48.53.56 | 9: 2,15! | 10: 12,12! | 11: Zef 1,12 | 12: 38! | 13: 2,36 · 1Kön 12,29!; Am 5,5 | 14: 41; 46,12; 51,30.56 | 15: 11,19! · 46,18! | 17: Jes 14,4–5 | 18: Jes 47,1 · 8! | 20: 38 | 24: Gen 36,33! | 25: Ps 75,11 · Ez 30,21 | 26: 25,15–29! · 42; 50,29 · Jes 19,14! | 27: 2,26 · 39; 24,9 | 28: 49,16; Hld 2,14 | 29–36: Jes 16,6–11 | 29: 13,9; 49,16 | 32: 2,21 · 8! | 33: Jes 24,7; Joel 1,12.16 | 34: Jes 15,4–6 | 37: 16,6!; Jes 15,2 | 38: 20; 19,11! | 40–41: 4,13; 49,22 · 14 · 4,31! | 42: 26 | 43: Jes 24,17; Klgl 3,47 | 44: Jes 24,18; Am 5,19 · 46,21! | 45–46: Num 21,28–29; 24,17 | 46: 7 | 47: 33,7!; 49,6.39

48,2: Im Hebräischen klingen Cheschbon und ‹planen› ähnlich.

48,18: «Steige herab … Schmutz, …»: Der Massoretische Text («Nimm Wohnung, wo Durst herrscht, …») wurde korrigiert.

Über die Ammoniter

49 1 Über die Ammoniter
So spricht der HERR:
Hat Israel keine Kinder,
hat es keinen Erben?
Warum hat ihr König Gad in Besitz genommen
und warum wohnt sein Volk in dessen Städten?

2 Darum, sieh, es kommen Tage,
Spruch des HERRN, da lasse ich Kriegsgeschrei ertönen über das Rabba der Ammoniter, und es wird zum Trümmerhügel, und seine Tochterstädte werden im Feuer verbrannt, und Israel wird die

in Besitz nehmen, die es in Besitz genommen haben!, spricht der HERR.

3 Wehklage, Cheschbon,
    denn Ai ist verwüstet!
Schreit auf, ihr Töchter von Rabba,
    gürtet euch Trauerkleider um!
Stimmt die Totenklage an,
    und lauft hin und her in den
    Mauern!
Denn ihr König geht in die Verbannung,
    seine Priester zusammen mit seinen
    Fürsten.

4 Was rühmst du dich der Täler,
    deines überfliessenden Tals,
du abtrünnige Tochter,
    die auf ihre Vorräte vertraut und
    sagt:
Wer kann an mich herankommen?

5 Sieh, ich bringe Schrecken über dich,
    Spruch des Herrn, des HERRN der
    Heerscharen,
von überall rings um dich her,
    und ihr werdet versprengt werden,
    ein jeder für sich,
und da ist keiner, der die Flüchtenden
sammelt.

6 Danach aber werde ich das Geschick
der Ammoniter wenden! Spruch des
HERRN.

|1–6: 25,21; Ez 21,33–37; Am 1,13–15; Zef 2,8–11 |2:
Jes 14,2 |3: 4,8! · 48,7 |4: 21,13; 48,7 |5: Nah 3,18 |6:
48,47!

49,1: Die antiken Übersetzungen lesen «ihr
König» als den Namen des Gottes Milkom; die
Konsonanten der Worte ‹ihr König› und Milkom
sind im Hebräischen identisch.

Über Edom

7 Über Edom
So spricht der HERR der Heerscharen:
Ist denn keine Weisheit mehr in Te-
man?
Den Verständigen ist der Rat ausgegan-
gen,
    verrottet ist ihre Weisheit.

8 Flieht, wendet euch, versteckt euch in
der Tiefe,
    Bewohner von Dedan!
Denn das Unglück Esaus habe ich über
ihn gebracht,
    die Zeit, da ich ihn heimsuche.

9 Wenn Winzer über dich kommen,
    werden sie keine Nachlese lassen;
wenn Diebe in der Nacht kommen,
    werden sie vernichten, was ihnen
    beliebt.

10 Denn ich, ich habe Esau entblösst,
    seine Verstecke habe ich aufgedeckt,
und er kann sich nicht verbergen.
Vernichtet sind seine Nachkommen,
seine Brüder und seine Nachbarn,
    und er ist nicht mehr.

11 Verlass du deine Waisen,
    ich selbst erhalte sie am Leben,
und deine Witwen,
    mir können sie vertrauen.

12 Denn so spricht der HERR: Sieh, die
nicht verurteilt sind, aus dem Kelch zu
trinken, die werden trinken! Und du, du
solltest ungestraft bleiben? Du wirst
nicht ungestraft bleiben, du wirst
trinken! 13 Denn bei mir habe ich geschworen, Spruch des HERRN, dass
Bozra verwüstet wird, zum Hohn wird,
zertrümmert und zur Verfluchung wird
und dass alle seine Städte zu ewigen
Trümmerstätten werden.

14 Vom HERRN habe ich eine Botschaft
gehört,
    und ein Bote ist unter die Nationen
    gesandt:
Versammelt euch und kommt über sie,
    und macht euch auf zum Kampf!

15 Denn sieh, klein mache ich dich
unter den Nationen,
    verachtet bei den Menschen.

16 Getäuscht hat dich die Furcht, die du
verbreitest,
    die Vermessenheit deines Herzens,
der du in den Felsenklüften wohnst
    und die Höhe des Hügels besetzt
    hast.
Baust du dein Nest auch in der Höhe wie
der Adler –
    selbst von dort stürze dich hinab!
    Spruch des HERRN.

17 Und Edom wird entsetzlich zugerichtet werden, jeder, der es durchzieht,
wird sich entsetzen, so dass er zischt,
wenn er das Ausmass seiner Zerstörung
sieht. 18 Wie damals, als Sodom und Go-

morra und seine Nachbarn umgestürzt wurden, spricht der HERR, wird niemand dort wohnen, und kein Mensch wird sich darin aufhalten. 19 Sieh, wie ein Löwe aus dem Dickicht am Jordan heraufsteigt zur Weide, wo es stets Wasser gibt – wie aus dem Nichts vertreibe ich es daraus und setze den darüber ein, der auserwählt ist. Denn wer ist mir gleich? Und wer will mich vorladen? Und wer ist der Hirt, der vor mir bestehen könnte?

20 Darum hört den Beschluss des HERRN,
> was er beschlossen hat über Edom,
und seine Pläne,
> die er geplant hat für die Bewohner von Teman:
Man wird sie fortschleppen, die Kleinsten der Herde!
> Ihretwegen wird man ihre Weide verwüsten!
21 Vor ihrem lauten Fall
> erbebt die Erde,
verzweifelte Schreie, am Schilfmeer werden sie vernommen.
22 Sieh, wie ein Adler steigt er auf und fliegt,
> und über Bozra spannt er seine Flügel aus.
Und an jenem Tag wird das Herz der Helden von Edom
> wie das Herz einer Frau in den Wehen sein.

|7–22: 25,21; Jes 34,5–17; 63,1–6; Ez 25,12–14; Obd 1–21; Am 1,11–12 |8: 48,6! · 46,21! |9: 48,32 |10: 23,24 |11: 22,3!; Dtn 10,17–18 |12: 25,28–29; Klgl 4,21 |13: 33; 22,5; 44,22 · Am 1,12 |14: 46,3–4; Jes 13,4 |16: 48,29 · 51,25.53 |17: 51,37 |18: 23,14; 50,40; Dtn 29,22 · 51,43! |19–21: 50,44–46 |19: 2,15; 4,7; 25,38 · 10,6–7 |20: 30; 50,45; Jes 14,26–27 |22: 48,40–41

Über Damaskus

23 Über Damaskus
Zuschanden geworden sind Chamat und Arpad,
> eine schlechte Nachricht haben sie gehört, sie sind verzagt.
Besorgnis herrscht am Meer,
> keine Ruhe kann man finden.
24 Damaskus ist ermattet, hat sich zur Flucht gewandt,
> und Schrecken hat es gepackt,
Angst und Wehen haben es ergriffen
> wie eine Gebärende.
25 Wieso ist die ruhmreiche Stadt nicht verlassen,
> die Stadt meiner Freude?
26 Darum werden auf ihren Plätzen ihre jungen Männer fallen,
> und alle Krieger werden umkommen an jenem Tag!
Spruch des HERRN der Heerscharen.
27 Und an die Mauer von Damaskus werde ich Feuer legen,
> und es wird die Paläste Ben-Hadads fressen.

|23–27: Jes 17,1–3; Am 1,3–5 |24: 4,31!; Jes 13,8 |26: 50,30 |27: 17,27!

Über Kedar und die Königreiche von Chazor

28 Über Kedar und über die Königreiche von Chazor, die Nebukadrezzar, der König von Babel, schlug.
So spricht der HERR:
Auf, zieht herauf nach Kedar
> und vernichtet die aus dem Osten!
29 Ihre Zelte und ihre Schafe wird man nehmen,
> ihre Zeltdecken und alle ihre Geräte,
auch ihre Kamele wird man ihnen nehmen,
> und über sie wird man ausrufen: Grauen ringsum!
30 Flieht, flüchtet, so schnell ihr könnt,
> versteckt euch in der Tiefe,
> Bewohner von Chazor,
> Spruch des HERRN,
denn Nebukadrezzar, der König von Babel,
> hat einen Beschluss gegen euch beschlossen
> und einen Plan gegen euch geplant!
31 Auf, zieht herauf gegen die sorglose Nation,
> die sicher wohnt, Spruch des HERRN,
sie hat weder Türen noch Riegel –
> sie wohnen für sich.

32 Und ihre Kamele werden zum Raub
werden
    und ihre zahlreichen Herden zur
    Beute,
und in alle Winde werde ich sie
zerstreuen,
    die mit gestutztem Haarrand,
und von allen Seiten bringe ich ihr
Unglück über sie!
Spruch des HERRN.
33 Und Chazor wird zur Behausung für
Schakale werden,
    verwüstet für alle Zeiten,
niemand wird dort wohnen,
    und kein Mensch wird sich darin
    aufhalten.

|28–33: 25,24; Jes 21,13–17! |29: 4,20 · 6,25! |30:
48,6! · 20! |31: Ez 38,11 |32: 36; 51,2! · 9,25; 25,23 |33:
13; 9,10!; 51,37 · 51,43!

Über Elam

34 Das war das Wort des HERRN an
Jeremia, den Propheten, über Elam, am
Anfang der Königsherrschaft des Zidkija, des Königs von Juda:
35 So spricht der HERR der
Heerscharen:
Sieh, ich zerbreche den Bogen Elams,
    ihre wichtigste Kraft.
36 Und von den vier Enden des Himmels lasse ich vier Winde über Elam
kommen, und in alle diese Winde zerstreue ich sie, und es wird keine Nation
geben, zu der nicht die Versprengten
aus Elam kommen.
37 Und ich werde Elam Angst einflössen
vor ihren Feinden,
    vor denen, die ihnen nach dem
    Leben trachten,
und ich werde Unheil über sie bringen,
    meinen glühenden Zorn, Spruch des
    HERRN,
und hinter ihnen her werde ich das
Schwert senden,
    bis ich sie ausgerottet habe.
38 Und in Elam werde ich meinen
Thron aufstellen,
    und König und Fürsten lasse ich dort
    umkommen!
Spruch des HERRN.

39 In ferner Zukunft aber wende ich das
Geschick Elams! Spruch des HERRN.

|34–39: 25,25; Ez 32,24–25 |36: 32 |37: 44,30 |39:
48,47!

Über Babel

50 1 Das Wort, das der HERR durch
Jeremia, den Propheten, gesprochen hat, über Babel, über das Land der
Kasdäer:
2 Tut es kund unter den Nationen
    und lasst es hören
und erhebt das Feldzeichen,
    lasst es hören, verbergt es nicht.
Sagt: Babel ist eingenommen!
    Bel ist zuschanden geworden,
    Merodach ist zerbrochen!
Zuschanden geworden sind seine
Bilder,
    seine Mistgötzen sind zerbrochen!
3 Denn von Norden zieht eine Nation
herauf gegen Babel,
    sie wird sein Land verwüsten,
und niemand wird mehr darin wohnen,
    kein Mensch und kein Tier,
sie sind geflohen, sind weggezogen.
4 In jenen Tagen und in jener Zeit,
Spruch des HERRN,
    werden die Israeliten kommen,
    sie und mit ihnen die Judäer,
weinend werden sie einherziehen,
    und den HERRN, ihren Gott, werden
    sie suchen.
5 Nach Zion werden sie fragen,
    ihr Angesicht dorthin gewandt:
Kommt, wir wollen uns dem HERRN
anschliessen –
    ein ewiger Bund, der nicht vergessen
    wird!
6 Eine Schafherde, die verloren ging,
war mein Volk,
    ihre Hirten haben sie in die Irre
    geführt,
auf Bergen sie abtrünnig gemacht,
    von Berg zu Hügel sind sie gezogen,
ihre Lagerstätte haben sie vergessen.
7 Wer immer sie fand, hat sie gefressen,
    und ihre Gegner sagten: Wir werden
    nicht schuldig!

Denn sie haben gesündigt gegen den
HERRN,
  die Weide der Gerechtigkeit,
und die Hoffnung ihrer Vorfahren: den
HERRN.
8 Flüchtet aus Babels Mitte,
  und verlasst das Land der Kasdäer,
und seid wie Leitböcke vor den Schafen!
9 Denn sieh, eine Sammlung grosser
Nationen setze ich in Bewegung, aus
dem Land des Nordens,
  und ich führe sie herauf gegen Babel;
und sie werden gegen Babel zum Kampf
antreten,
  von dort wird es eingenommen
  werden.
Ihre Pfeile sind wie ein siegreicher
Held:
  Er kehrt nicht mit leeren Händen
  zurück.
10 Und Kasdäa wird zum Raub;
  alle, die es berauben, werden satt!
  Spruch des HERRN.
11 Ja, ihr freut euch, ja, ihr frohlockt,
  die ihr meinen Erbbesitz plündert;
ja, ihr macht Sprünge wie ein Kalb, das
drischt,
  und ihr wiehert wie Starke.
12 Wie ist eure Mutter zuschanden
geworden,
  beschämt ist, die euch geboren hat!
Sieh, die letzte unter den Nationen
  ist eine Wüste, ein dürres Land, eine
  Steppe!
13 Wegen des Zorns des HERRN wird es
nicht bewohnt sein,
  und es wird ganz verwüstet.
Jeder, der an Babel vorübergeht,
  wird sich entsetzen,
  so dass er zischt, wenn er das
  Ausmass seiner Zerstörung sieht.
14 Tretet an gegen Babel ringsum,
  alle, die ihr den Bogen spannt!
Beschiesst es, spart nicht mit Pfeilen,
  es hat gesündigt gegen den HERRN.
15 Erhebt das Kriegsgeschrei
  ringsum gegen Babel!
Es hat sich ergeben,
  seine Türme sind gefallen,
  niedergerissen sind seine Mauern!

Das ist die Rache des HERRN!
  Rächt euch an Babel!
Verfahrt mit ihm, wie Babel verfahren
ist!
16 Rottet in Babel den aus, der sät,
  und den, der die Sichel ergreift in der
  Erntezeit.
Um dem gewalttätigen Schwert zu
entkommen,
  wendet ein jeder sich zu seinem Volk
und jeder flieht in sein Land.
17 Israel ist ein versprengtes Schaf,
  Löwen haben es auseinander
  getrieben.
Der erste hat es gefressen: der König von
Assur,
  und dieser, der letzte, hat seine
  Knochen abgenagt:
  Nebukadrezzar, der König von Babel.
18 Darum, so spricht der HERR der
Heerscharen, der Gott Israels:
Sieh, den König von Babel und sein Land
suche ich heim,
  wie ich den König von Assur
  heimgesucht habe.
19 Israel aber werde ich zurückführen
auf seine Weide,
  und auf dem Karmel und im Baschan
  wird es weiden,
und auf dem Gebirge Efraim und im Gilead wird es sich sättigen.
20 In jenen Tagen und in jener Zeit,
  Spruch des HERRN,
wird gesucht nach der Schuld Israels,
  aber sie ist nicht mehr da,
und nach den Sünden Judas,
  aber sie werden nicht gefunden
  werden,
denn ich vergebe denen, die ich übrig
lasse.
21 Gegen das Land Meratajim – ziehe
dagegen herauf
  und gegen die Bewohner von Pekod!
Mache sie nieder,
  und weihe der Vernichtung, die nach
  ihnen kommen! Spruch des HERRN.
  Und handle, wie ich es dir geboten
  habe!
22 Kriegslärm ist im Land
  und grosser Zusammenbruch!

23 Wie wurde in Stücke geschlagen und zerbrochen
    der Schmiedehammer der ganzen Welt!
Wie ist Babel zum Entsetzen geworden
    unter den Nationen!
24 Mit dem Stellholz habe ich dir aufgelauert,
    auch bist du gefangen worden, Babel,
    und hast es nicht bemerkt;
du bist ertappt und ergriffen worden,
    denn mit dem HERRN wolltest du dich messen.
25 Der HERR hat seinen Waffenschrank geöffnet
    und die Waffen seines Zorns hervorgeholt.
Denn auf den Herrn, den HERRN der Heerscharen,
    wartet Arbeit im Land der Kasdäer.
26 Kommt herein, von überall her!
    Öffnet seine Speicher!
Häuft es auf wie Getreidehaufen
    und weiht es der Vernichtung!
Kein Rest soll davon bleiben.
27 Macht alle seine Stiere nieder,
    zur Schlachtung sollen sie niedersinken!
Wehe über sie,
    denn ihr Tag ist gekommen,
    die Zeit ihrer Heimsuchung.
28 Horch! Flüchtlinge und Gerettete aus dem Land Babel!
    In Zion verkünden sie die Rache des HERRN, unseres Gottes, in Zion,
    die Rache für seinen Tempel.
29 Bietet Schützen auf nach Babel,
    alle, die den Bogen spannen!
Lagert rings um es herum,
    keiner soll daraus entkommen.
Vergeltet ihm nach seinem Tun,
    nach allem, was es getan hat, so verfahrt mit ihm!
Denn gegen den HERRN war es frech,
    gegen den Heiligen Israels.
30 Darum werden auf ihren Plätzen ihre jungen Männer fallen,
    und an jenem Tag kommen alle Krieger um!

Spruch des HERRN.
31 Sieh, ich gehe gegen dich vor, Vermessenheit,
    Spruch des Herrn, des HERRN der Heerscharen,
denn dein Tag ist gekommen,
    die Zeit deiner Heimsuchung!
32 Und Vermessenheit wird straucheln und fallen,
    und da wird niemand sein, der sie aufrichtet.
Und an ihre Städte werde ich Feuer legen,
    und es wird alles verzehren, was sie umgibt.
33 So spricht der HERR der Heerscharen:
Unterdrückt werden die Israeliten
    und die Judäer mit ihnen.
Und alle, die sie in die Gefangenschaft geführt haben,
    halten sie fest,
weigern sich, sie freizulassen.
34 Ihr Anwalt ist stark,
    HERR der Heerscharen ist sein Name!
Zuverlässig wird er ihren Rechtsstreit führen,
    um dem Land Ruhe zu verschaffen,
den Bewohnern von Babel aber wird er Unruhe bereiten.
35 Das Schwert über die Kasdäer,
Spruch des HERRN,
    und für die Bewohner von Babel
    und für seine Fürsten und Weisen!
36 Das Schwert den Orakelpriestern,
    dann werden sie sich als Toren erweisen!
Das Schwert seinen Helden,
    dann werden sie von Schrecken erfüllt sein!
37 Das Schwert seinen Pferden und seinen Wagen
    und allem fremden Volk in seiner Mitte,
    dann werden sie sein wie Frauen!
Das Schwert seinen Vorräten,
    dann werden sie geplündert!
38 Trockenheit seinen Gewässern,
    dann werden sie vertrocknen!

Denn es ist ein Land voller
Götzenbilder,
 und angesichts der Schrecken
 verhalten sie sich, als wären sie von
 Sinnen.
39 Darum werden Wüstentiere mit
Wildhunden dort hausen,
 und Strausse werden darin wohnen,
und nie wieder wird es bewohnt sein,
 und keine Generation wird dort
 wohnen.
40 Wie damals, als Gott Sodom und
Gomorra und seine Nachbarn
umgestürzt hat,
 Spruch des HERRN,
wird niemand dort wohnen,
 und kein Mensch wird sich darin
 aufhalten.
41 Sieh, von Norden kommt ein Volk,
 eine grosse Nation und viele Könige
 brechen auf von den Rändern der
 Erde.
42 Bogen und Sichelschwert führen sie,
 grausam sind sie und ohne
 Erbarmen.
Sie machen Geräusche wie das Meer,
wenn es braust,
 und sie reiten auf Pferden,
gerüstet wie ein Mann für die Schlacht –
 gegen dich, Tochter Babel!
43 Der König von Babel hat die Kunde
von ihnen gehört,
 und seine Hände sind erschlafft,
Angst hat ihn gepackt,
 Wehen, wie die, die gebärt.
44 Sieh, wie ein Löwe aus dem
Dickicht am Jordan heraufsteigt zur
Weide, wo es stets Wasser gibt – wie aus
dem Nichts vertreibe ich sie daraus und
setze den darüber ein, der auserwählt
ist. Denn wer ist mir gleich? Und wer
will mich vorladen? Und wer ist der
Hirt, der vor mir bestehen könnte?
45 Darum hört den Beschluss des
HERRN,
 was er beschlossen hat über Babel,
und seine Pläne,
 die er geplant hat für das Land der
 Kasdäer:

Man wird sie fortschleppen, die
Kleinsten der Herde!
 Ihretwegen wird man die Weide
 verwüsten!
46 Vom Ruf: Babel ist genommen!
 wird die Erde erschüttert,
und Geschrei wird bei den Nationen
vernommen.

51
1 So spricht der Herr:
 Sieh, ich erwecke gegen Babel
 und gegen die Bewohner von
 Leb-Kamai
den Geist eines Vernichters.
2 Und ich schicke Fremde nach Babel,
 und sie werden es zerstreuen
 und sein Land verwüsten.
Von überall her gehen sie dagegen vor
 am Tag des Unheils.
3 Wer seinen Bogen spannt, spanne ihn
gegen den, der den Bogen spannt,
 und gegen den, der sich erhebt in
 seinem Panzer!
Und schont nicht seine jungen Männer,
 sein ganzes Heer weiht der
 Vernichtung!
4 Und durchbohrt werden sie daliegen
im Land der Kasdäer
 und tödlich getroffen auf seinen
 Strassen.
5 Denn nicht durch die Schuld ihres
Gottes sind Israel und Juda verwitwet,
 nicht durch die Schuld des HERRN
 der Heerscharen,
sondern weil ihr Land voll ist von
Schuld
 gegenüber dem Heiligen Israels.
6 Flieht aus Babel, und rettet euch, jeder
sein Leben,
 ihr müsst nicht umkommen wegen
 seiner Bestrafung,
denn es ist eine Zeit der Rache für den
HERRN.
 Vergeltung! Er zahlt es ihm heim.
7 Ein goldener Kelch ist Babel in der
Hand des HERRN,
 die ganze Erde macht er betrunken.
Von seinem Wein haben die Nationen
getrunken,
 darum verhalten sich die Nationen,
 als wären sie von Sinnen.

8 Plötzlich ist Babel gefallen und
zerbrochen.
    Wehklagt seinetwegen!
Holt Balsam für seinen Schmerz,
    vielleicht ist er zu heilen.
9 Wir wollten Babel heilen, aber es war
nicht zu heilen.
    Verlasst es, und lasst uns gehen, ein
    jeder in sein Land!
Denn bis zum Himmel reicht das
Gericht an ihm,
    und bis zu den Wolken erhebt es
    sich.
10 Der HERR hat unsere gerechte Sache
ans Licht gebracht.
Kommt und lasst uns in Zion erzählen
    von der Tat des HERRN, unseres
    Gottes!
11 Schärft die Pfeile,
    füllt die Köcher!
Der Herr hat den Geist der Könige der
Meder erweckt,
    denn gegen Babel richtet sich sein
    Plan, es zu vernichten.
Ja, das ist die Rache des HERRN,
    die Rache für seinen Tempel!
12 Gegen die Mauern von Babel erhebt
das Feldzeichen,
    verstärkt die Wache,
    stellt Wächter auf,
legt die Hinterhalte!
Denn der HERR hat geplant und auch
ausgeführt,
    was er den Bewohnern von Babel
    angekündigt hat.
13 Die du wohnst an Wassermassen,
    reich bist an Schätzen,
dein Ende ist gekommen,
    dein Mass ist voll!
14 Der HERR der Heerscharen hat bei
sich selbst geschworen:
Wie mit Heuschrecken fülle ich dich mit
Menschen,
    und sie werden in Kriegsgeschrei
    ausbrechen gegen dich.
15 Er ist es, der die Erde gemacht hat
durch seine Kraft,
    den Erdkreis fest gegründet hat in
    seiner Weisheit

und den Himmel ausgespannt in seiner
Einsicht.
16 Ertönt sein Befehl, finden sich
Wassermassen am Himmel ein,
    und Nebelschwaden lässt er
    aufsteigen vom Ende der Erde,
zum Regen schafft er Blitze,
    und den Sturm holt er hervor aus
    seinen Kammern.
17 Dumm steht da ein jeder Mensch,
ohne Erkenntnis,
    zuschanden wird jeder Schmied an
    seinen Bildern,
denn sein gegossenes Bild ist Lüge,
    und kein Atem ist darin.
18 Sie sind Nichts,
    ein lächerliches Machwerk,
zur Zeit ihrer Heimsuchung gehen sie
unter.
19 Nicht wie diese ist der Anteil Jakobs,
    denn er ist es, der alles gestaltet,
und er ist der Stamm seines Erbbesitzes,
    HERR der Heerscharen ist sein
    Name.
20 Ein Hammer bist du mir,
    Waffen für den Krieg.
Und mit dir zerschlage ich Nationen,
    und mit dir vernichte ich
    Königreiche.
21 Und mit dir zerschlage ich das Pferd
und seinen Reiter,
    und mit dir zerschlage ich den
    Wagen und seinen Fahrer.
22 Und mit dir zerschlage ich Mann
und Frau,
    und mit dir zerschlage ich Alt und
    Jung,
und mit dir zerschlage ich den jungen
Mann und die junge Frau.
23 Und mit dir zerschlage ich den Hirt
und seine Herde,
    und mit dir zerschlage ich den
    Landarbeiter und sein Gespann,
und mit dir zerschlage ich Statthalter
und Vorsteher.
24 Und Babel und allen Bewohnern
von Kasdäa werde ich vor euren Augen
all das Böse vergelten, das sie in Zion
verübt haben! Spruch des HERRN.

25 Sieh, ich gehe gegen dich vor, Berg
des Verderbens, Spruch des HERRN,
> der du die ganze Erde verdirbst.
Und ich strecke meine Hand aus gegen
dich
> und wälze dich herab von den Felsen
und mache dich zu einem Berg des
Brandes.
26 Und weder Eckstein noch
Grundstein kann man dir nehmen,
> denn du wirst in Trümmern liegen,
> für immer!
> Spruch des HERRN.
27 Erhebt das Feldzeichen auf der Erde!
Blast den Schofar unter den
Nationen!
Weiht Nationen gegen sie!
> Bietet die Königreiche Ararat, Minni
> und Aschkenas gegen sie auf!
Setzt gegen sie einen Heerschreiber ein!
> Lasst Rosse heraufkommen wie
> borstige Heuschrecken!
28 Weiht gegen sie Nationen: die
Könige von Medien,
> seine Statthalter und alle seine
> Vorsteher
und sein gesamtes Herrschaftsgebiet.
29 Da bebte die Erde und erzitterte,
> denn an Babel haben sich die Pläne
> des HERRN erfüllt,
> das Land Babel zu verwüsten,
> niemand mehr wohnt darin.
30 Die Helden von Babel haben
aufgehört zu kämpfen,
> sie sitzen in den Festungen,
ihre Kraft ist versiegt,
> wie Frauen sind sie geworden.
Seine Wohnstätten hat man
angezündet,
> seine Riegel sind zerbrochen.
31 Ein Läufer läuft dem anderen Läufer
entgegen
> und ein Melder dem anderen
> Melder,
um dem König von Babel zu melden,
> dass seine Stadt eingenommen
> worden ist von allen Seiten
32 und dass die Furten besetzt
> und die Vorwerke im Feuer
> verbrannt

und die Krieger von Sinnen sind.
33 Denn so spricht der HERR der
Heerscharen, der Gott Israels:
Die Tochter Babel ist wie ein
Dreschplatz
> in der Zeit, da man ihn feststampft,
noch eine kleine Weile,
> dann kommt für sie die Zeit der
> Ernte.
34 Gefressen, ausgesaugt hat mich
Nebukadrezzar, der König von Babel,
> als leeres Gefäss hat er mich
> abgestellt,
wie ein Ungeheuer hat er mich
verschlungen,
> hat seinen Bauch gefüllt mit dem,
> was mir gefiel,
hat mich fortgestossen.
35 Die an mir begangene Gewalttat und
mein Zusammenbruch über Babel!,
> soll die Bewohnerin von Zion sagen.
Und mein Blut über die Bewohner im
Land der Kasdäer!,
> soll Jerusalem sagen.
36 Darum, so spricht der HERR:
Sieh, ich führe deinen Rechtsstreit
> und werde die Rache für dich
> vollziehen.
Und sein Meer werde ich versiegen
lassen,
> und seine Quelle lasse ich
> austrocknen.
37 Und Babel wird zu Steinhaufen,
> zur Behausung für Schakale,
wird verwüstet und wird ein Anlass
zum Zischen,
> niemand wohnt mehr darin.
38 Sie alle brüllen wie die Löwen,
> knurren wie Löwenjunge.
39 Wenn sie erhitzt sind, richte ich ihre
Gelage aus
> und mache sie betrunken, damit sie
> fröhlich werden
und einen ewigen Schlaf schlafen und
nicht mehr erwachen!
> Spruch des HERRN.
40 Wie Lämmer zur Schlachtung lasse
ich sie niedersinken,
> wie Widder und Böcke.
41 Wie ist Scheschach eingenommen

und erobert der Ruhm der ganzen
Welt!
Wie ist Babel zum Anlass des Entsetzens
geworden
    unter den Nationen!
42 Aufgestiegen über Babel ist das
Meer,
    von seinen tosenden Wogen wurde
    es bedeckt.
43 Seine Städte sind verwüstet,
    ein Land der Dürre und eine Steppe,
ein Land – niemand wohnt mehr darin,
    und kein Mensch wandert hindurch.
44 Und in Babel suche ich Bel heim,
    und was er verschlungen hat,
    reisse ich ihm aus dem Rachen.
Und die Nationen werden ihm nicht
mehr zuströmen.
    Auch Babels Mauer ist gefallen.
45 Mein Volk, zieh fort von dort,
    und rettet euch, ein jeder,
vor dem glühenden Zorn des HERRN,
46 dass euer Herz nicht verzagt und ihr
euch nicht fürchtet
    wegen der Kunde, die vernommen
    wird im Land –
in einem Jahr kommt diese Kunde
    und danach, im nächsten Jahr, jene
    Kunde –,
dass Gewalttat herrscht im Land
    und Herrscher gegen Herrscher
    steht.
47 Darum, sieh, es kommen Tage,
    da suche ich die Götzenbilder von
    Babel heim,
und sein ganzes Land wird zuschanden,
    und in seiner Mitte liegen all seine
    Erschlagenen.
48 Und Himmel und Erde und alles,
was darin ist,
    wird jubeln über Babel,
denn von Norden her ziehen die
Verwüster gegen Babel heran!
    Spruch des HERRN.
49 Auch Babel muss fallen, ihr
Erschlagenen Israels,
    sind doch überall auf der Erde für
    Babel Erschlagene gefallen.
50 Die ihr dem Schwert entkommen
seid,

bewegt euch, bleibt nicht stehen.
Denkt an den HERRN in der Ferne,
    und Jerusalem komme in euren
    Sinn!
51 Wir sind zuschanden geworden,
    Schändliches haben wir uns anhören
    müssen,
    Scham bedeckt unsere Gesichter.
Denn Fremde sind gekommen
    über die heiligen Dinge im Haus des
    HERRN.
52 Darum, sieh, es kommen Tage,
Spruch des HERRN,
    da suche ich seine Götzenbilder
    heim,
und überall in seinem Land werden
Durchbohrte stöhnen.
53 Wenn Babel hinaufstiege in den
Himmel
    und seine starke Höhe unzugänglich
    machte –
von mir her zögen die Verwüster gegen
Babel!
    Spruch des HERRN.
54 Horch! Geschrei aus Babel
    und grosser Zusammenbruch im
    Land der Kasdäer!
55 Denn der HERR verwüstet Babel
    und macht dem lauten Lärmen in
    ihm ein Ende.
Und wie Wassermassen brausen ihre
Wogen,
    es ertönt der Lärm ihrer Stimmen.
56 Ja, der Verwüster kommt über es,
über Babel,
    und seine Helden werden gefangen;
    zerbrochen sind ihre Bogen.
Denn ein Gott der Vergeltung ist der
HERR,
    er zahlt es heim!
57 Und seine Fürsten und seine Weisen, seine Statthalter, seine Vorsteher
und seine Helden mache ich betrunken,
dass sie einen ewigen Schlaf schlafen
und nicht mehr erwachen! Spruch des
Königs, HERR der Heerscharen ist sein
Name.
58 So spricht der HERR der Heerscharen:

Die breite Mauer Babels wird geschleift
bis auf den Grund,
    und seine hohen Tore werden im
    Feuer verbrannt,
so dass Völker sich mühen für nichts
    und Nationen sich abmühen für das
    Feuer.

59 Das Wort, das Jeremia, der Prophet,
dem Seraja, dem Sohn des Nerija, des
Sohns von Machseja, gebot, als dieser
mit Zidkijahu, dem König von Juda,
nach Babel ging im vierten Jahr seiner
Königsherrschaft. Und Seraja war
Quartiermeister. 60 Und in einem Buch
schrieb Jeremia all das Unheil auf, das
über Babel kommen sollte, alle diese
Worte, die über Babel aufgeschrieben
sind. 61 Und Jeremia sagte zu Seraja:
Wenn du nach Babel kommst, dann sieh
zu und verlies all diese Worte 62 und
sprich: HERR, du hast dieser Stätte angekündigt, sie zu vernichten, dass kein Bewohner in ihr bleiben soll, kein Mensch
und auch kein Tier, da sie für immer in
Trümmern liegen wird. 63 Und wenn
du diese Schrift ganz verlesen hast, binde einen Stein daran und wirf sie in den
Eufrat 64 und sprich: So wird Babel versinken, und es wird nicht wieder auftau-
chen wegen des Unheils, das ich über es
bringe. Und sie werden sich abmühen.
So weit die Worte Jeremias.

|50,1–51,64: 25,12; Jes 13–14; 21,1–10; 47 |2: 51,31 ·
51,44! |3: 41; 1,14–15!; 51,27–29! · 39; 4,25!; 51,24 |4:
3,18! · 29,13–14; Hos 3,5 |5: 32,40 |6: 17; Jes 53,6! ·
10,21! |7: 10,25! · 40,3 · 31,23 |8: 51,6; Jes 48,20! |11:
10,16 |12: 51,43 |13: 25,12!; 51,37 · 19,8; 49,17! |14:
51,3.11 |15: 28; 46,10; 51,6 · 25,14; 51,24.56 |16: 46,16!
|17: 2,15 · 2Kön 17,6 · 51,34.28–29! |18: 27 |19: 23,3;
33,12; Ez 34,13 |20: 33,8! |21: 25,9; 51,3; Jes 34,2 |22:
51,54 |23: 51,20 · 51,41 |25: Jes 13,5 |27: 48,15;
Jes 34,6–8 · 18; 46,21! |28: 51,10–11 |29: 48,26 |30:
49,26; 51,3 |31: 51,25; Jes 2,12 |32: 51,64 · 21,14! |33:
Jes 14,17 |34: Jes 41,14 · 51,36; Jes 50,34 |35:
12,12! |36: Jes 44,25 |37: 51,21 · 51,30! · 10 |39: 3!;
25,12!; 51,37! |40: 49,18! · 51,43! |41–43: 6,22–24 |41:
3! |42: 6,23; 46,7!; 51,55; Jes 17,12 |43: 4,31! · Dan 5,6
|44–46: 49,19–21 |1: 11 |2: 4,11; 15,7; 49,32.36 |3: 11;
50,14 · 50,21! |4: 25,33; 51,47.49; Jes 66,16 |5: 2,2;
Jes 54,4–6 · 50,9! |6: 45; 48,6; 50,8! · 50,15! |7: 39:
25,15–29!; Offb 18,3 |8: Jes 21,9; Offb 14,8 |9: 50,16
|10: 50,28; Ps 73,28 |11: 51,1.28; Jes 13,17 · 50,28 |12:
1,12!; 49,20!; Klgl 2,1 |13: Ez 7,2; Am 8,2 |14: 44,26 ·
46,23! |15–19: 10,12–16 |15: Jes 44,24 |20: 50,23 ·
19,11! |21: 50,37 |22: 2Chr 36,17; Klgl 2,21 |24: 6 |25:
50,31 · 6,12! · 49,16 |26: 25,12! |27: 4,5! |28: 11;
Dan 5,28 |29: 10,10 · 12 · 43 |30: 48,14!; 50,37;

Jes 19,16! |31: 50,2 |33: Joel 4,13; Mi 4,12 |34: 44;
50,7!.17 |35: 30,16; Klgl 1,22 |36: 50,34; 25,31! · 50,15!
|37: 49,33; 50,13.39 |38: 2,15 |39: 57; 25,15–29! |40:
12,3; Jes 34,6 |41: 25,26 · 50,23; Jes 13,19 |43:
49,18.33; 50,12.40; 51,37.62 |44: 10,15!; 50,23; Jes 46,1 ·
58! |45: 6!; Jes 48,20 |48: Jes 44,23 · 48,8!; 50,3 |50:
44,28 · Ez 6,9 |51: 31,19 · Ps 79,1; Klgl 1,10 |52: 44! ·
4! |53: 49,16; Gen 11,4; Jes 14,13! |54: 50,22 |55:
50,42! |56: 48,8! · 6! |57: 39! · 46,18! |58: 44; 50,15 ·
Hab 2,13 |59: 32,12 |60: 36,2! |62: 43!; 50,3!; 25,12!
|63: 13,1!.4 |64: 50,32; Offb 18,21

50,3: Hier und an etlichen anderen Stellen in diesem und im folgenden Kapitel steht statt Babel ‹es›.

50,6: Möglich ist auch die Übersetzung
«‹…›, Berge haben sie abtrünnig gemacht, …»

50,9: Die Übersetzung «siegreicher Held» beruht
auf einer Umvokalisierung des Massoretischen
Texts, der übersetzt «eines Helden, der fehlgebärt»
lautet.

50,21: Meratajim (Doppeltrotz) und Pekod
(Heimsuchung) sind symbolhafte Ortsnamen.

50,31: ‹Vermessenheit› ist hier ein Symbolname
für Babel.

50,39: Möglicherweise bezeichnet das mit ‹Wüstentiere› wiedergegebene hebräische Wort Dämonen
und das mit ‹Strausse› wiedergegebene Eulen.

50,44: Mit ‹sie› sind die Babylonier gemeint.

51,3: Die Übersetzung des Verses ist unsicher.

51,13: Babel kann, wie alle Städte, wie eine Frau
angesprochen werden.

51,19: Siehe die Anm. zu 10,16.

51,27: Mit ‹sie› ist die Stadt Babel gemeint.

51,30: Mit ‹seine› ist Babel gemeint.

51,35: Die Übersetzung «mein Zusammenbruch»
beruht auf einer Korrektur des Massoretischen Texts
(«mein Fleisch»).

Eroberung und Zerstörung Jerusalems

52 1 Einundzwanzig Jahre alt war
Zidkijahu, als er König wurde, und
elf Jahre lang war er König in Jerusalem.
Und der Name seiner Mutter war Chamutal, Tochter des Jirmejahu aus Libna.
2 Und er tat, was böse war in den Augen
des HERRN, genau wie Jehojakim es getan hatte. 3 Wegen des Zorns des HERRN
kam es so weit in Jerusalem und Juda,
dass er sie wegsandte von seinem Angesicht. Aber Zidkijahu lehnte sich gegen
den König von Babel auf.

4 Und im neunten Jahr seiner Königsherrschaft, im zehnten Monat, am
Zehnten des Monats, zog Nebukadnezzar, der König von Babel, gegen Jerusalem, er mit seinem ganzen Heer, und sie
belagerten es, und ringsum bauten sie
einen Belagerungswall. 5 Und die Stadt
geriet in Bedrängnis, bis ins elfte Jahr

des Königs Zidkijahu. 6 Im vierten Monat, am Neunten des Monats war der Hunger gross in der Stadt, und es gab kein Brot mehr für das Volk des Landes. 7 Da brachen sie in die Stadt ein, und alle Krieger flohen. Und sie machten nachts einen Ausfall aus der Stadt auf dem Weg durch das Tor zwischen den beiden Mauern, das am Garten des Königs lag, während die Kasdäer rings um die Stadt lagen, und sie nahmen den Weg zur Araba. 8 Das Heer der Kasdäer aber verfolgte den König, und in den Steppen von Jericho holten sie Zidkijahu ein, sein ganzes Heer aber hatte sich zerstreut und hatte ihn verlassen. 9 Und sie ergriffen den König und führten ihn hinauf zum König von Babel, nach Ribla im Land Chamat, und dieser sprach die Urteile über ihn. 10 Und der König von Babel schlachtete die Söhne Zidkijahus vor dessen Augen ab, und auch alle Fürsten Judas schlachtete er in Ribla ab. 11 Und die Augen Zidkijahus blendete er, dann legte er ihn in doppelte Ketten, und der König von Babel brachte ihn nach Babel und sperrte ihn in den Kerker bis zum Tag seines Todes.

|1–27: 39,1–10; 2Kön 24,18–25,21 |2: 18,10 |3: 32,31 |4: 4,17; 6,3 |6: 38,9! |8–11: 32,4–5!

Wegführung in die Verbannung
12 Und im fünften Monat, am Zehnten des Monats – das war das neunzehnte Jahr von König Nebukadrezzar, dem König von Babel – kam Nebusaradan, der Befehlshaber der Leibgarde; er diente in Jerusalem vor dem König von Babel. 13 Und er verbrannte das Haus des HERRN und das Haus des Königs; alle Häuser Jerusalems, jedes grosse Haus, verbrannte er im Feuer. 14 Und das ganze Heer der Kasdäer, das beim Befehlshaber der Leibgarde war, riss alle Mauern rings um Jerusalem nieder. 15 Und etliche von den Ärmsten des Volks und den Rest des Volks, jene, die übrig geblieben waren in der Stadt, und die Überläufer, die übergelaufen waren zum König von Babel, und den Rest der Handwerker führte Nebusaradan, der Befehlshaber der Leibgarde, in die Verbannung. 16 Von den Ärmsten des Landes aber liess Nebusaradan, der Befehlshaber der Leibgarde, einige zurück als Weingärtner und Ackerbauern. 17 Und die Kasdäer zerschlugen die bronzenen Säulen, die im Haus des HERRN waren, und die Kesselwagen und das bronzene Meer, die im Haus des HERRN waren; deren gesamte Bronze aber brachte man nach Babel. 18 Und sie nahmen auch die Töpfe und die Schaufeln und die Messer und die Sprengschalen und die Schüsseln und alle Geräte aus Bronze, mit denen man den Dienst verrichtet hatte. 19 Und der Befehlshaber der Leibgarde nahm auch die Schalen und die Pfannen und die Sprengschalen und die Töpfe und die Leuchter und die Schüsseln und die Spendeschalen, die aus reinem Gold waren und aus reinem Silber. 20 Die beiden Säulen, das eine Meer und die zwölf Rinder aus Bronze, die unter den Kesselwagen waren, die König Salomo für das Haus des HERRN gemacht hatte – das Gewicht ihrer Bronze, der Bronze all dieser Geräte, konnte man nicht bestimmen. 21 Und die Säulen: Achtzehn Ellen betrug die Höhe der einen Säule, und ein zwölf Ellen langer Faden konnte sie umspannen, und sie war vier Finger dick, hohl. 22 Und darauf befand sich ein Kapitell aus Bronze. Und die Höhe des einen Kapitells betrug fünf Ellen, und ringsum an dem Kapitell waren Flechtwerk und Granatäpfel, alles aus Bronze. Und ebenso war es an der zweiten Säule, mit Granatäpfeln. 23 Und an den Seiten waren sechsundneunzig Granatäpfel; insgesamt waren es hundert Granatäpfel ringsum am Flechtwerk. 24 Und der Befehlshaber der Leibgarde nahm Seraja, den ersten Priester, und Zefanja, den zweiten Priester, und die drei Hüter der Schwelle, 25 und aus der Stadt nahm er einen Kämmerer, der die Aufsicht über die Krieger hatte, und sieben Männer von den Vertrauten des Königs, die sich in der Stadt fanden, und

den Schreiber des Heerführers, der das Volk des Landes für den Kriegsdienst aushob, und sechzig Männer vom Volk des Landes, die sich mitten in der Stadt fanden. 26 Und diese nahm Nebusaradan, der Befehlshaber der Leibgarde, und brachte sie zum König von Babel nach Ribla. 27 Und der König von Babel erschlug sie, er tötete sie in Ribla im Land Chamat. Und so führte man Juda von seinem Boden fort in die Verbannung.

28 Dies ist das Volk, das Nebukadrezzar in die Verbannung geführt hat: Im siebten Jahr dreitausenddreiundzwanzig Judäer, 29 im achtzehnten Jahr Nebukadrezzars achthundertzweiunddreissig Menschen aus Jerusalem; 30 im dreiundzwanzigsten Jahr Nebukadrezzars führte Nebusaradan, der Befehlshaber der Leibgarde, siebenhundertfünfundvierzig von den Judäern in die Verbannung – alle Menschen zusammen: viertausendsechshundert.

|12-27: 20,4! |12: 39,9 |13: 6,5; 39,8! |17: 27,19-22! |24: 29,25! · 35,4 |27: 21,7! |28-29: 13,19; 20,4 |28:

22,25; 24,1; 27,20!; 28,4; 29,1; 2Kön 24,14 |29: 2Kön 25,11

52,23: Die genaue Bedeutung des mit ‹Und an den Seiten› wiedergegebenen hebräischen Worts ist unsicher (‹Zum Wind hin›?).

Begnadigung Jehojachins

31 Und im siebenunddreissigsten Jahr nach der Verbannung Jehojachins, des Königs von Juda, im zwölften Monat, am Fünfundzwanzigsten des Monats, begnadigte Evil-Merodach, der König von Babel, im ersten Jahr seiner Königsherrschaft, Jehojachin, den König von Juda, und entliess ihn aus dem Kerker. 32 Und er sprach freundlich mit ihm und setzte ihn höher als die Könige, die bei ihm in Babel waren. 33 Und er legte seine Kerkerkleidung ab, und solange er lebte, durfte er stets vor ihm essen. 34 Und was er zum Leben brauchte, wurde ihm als ständiger Unterhalt vom König von Babel gegeben, wie der jeweilige Tag es erforderte, bis zum Tag seines Todes, alle Tage seines Lebens.

|31-34: 2Kön 25,27-30

Die Klagelieder

Das erste Klagelied

1 1 Ach, wie liegt sie einsam da, *(Alef)*
die Stadt, einst reich an Volk,
nun einer Witwe gleich!
Eine Grosse unter den Nationen,
    eine Fürstin unter den Provinzen,
nun in Fronarbeit!
2 Bitter weint sie in der Nacht, *(Bet)*
    und ihre Tränen sind auf ihren
    Wangen,
keinen hat sie, der tröstet,
    unter all denen, die sie geliebt
    haben;
all ihre Freunde haben treulos an ihr
gehandelt,
    sind nun ihre Feinde.

3 Juda ist in die Verbannung gegangen *(Gimel)*
    seines Elends und der harten Arbeit
    wegen;
unter den Nationen weilt es,
    es findet keine Ruhe,
alle seine Verfolger haben es eingeholt
    mitten in den Bedrängnissen.
4 Die Wege nach Zion trauern, *(Dalet)*
    denn da ist keiner, der zum Fest
    kommt,
alle ihre Tore sind verwüstet,
    ihre Priester seufzen,
ihre Jungfrauen sind voller Kummer,
    und sie selbst ist voll von Bitterkeit.

5 Ihre Gegner haben die Oberhand
gewonnen, *(He)*
    ihre Feinde sind zufrieden,
denn der HERR hat Jerusalem in
Kummer gestürzt,
    ihrer vielen Vergehen wegen.
Gefangen mussten ihre Jüngsten vor
dem Gegner hinziehen.
6 Und all ihre Pracht ist aus der Tochter
Zion fortgezogen, *(Waw)*
    ihre Fürsten sind wie Hirsche
    geworden, die keine Weide finden,
    und ohne Kraft sind sie weggelaufen
    vor ihren Verfolgern.
7 Jerusalem erinnert sich *(Sajin)*
    in den Tagen ihres Elends und ihrer
    Heimatlosigkeit
all ihrer Kostbarkeiten
    aus den Tagen vor der Zeit,
da ihr Volk in die Hand des Gegners fiel
    und keiner da war, der ihr half.
Die Gegner sahen sie,
    lachten darüber, dass es zu Ende war
    mit ihr.
8 Schwer hat Jerusalem gesündigt,
(Chet)
    darum ist sie zum Gespött
    geworden.
All ihre Verehrer verachten sie,
    denn sie haben ihre Blösse gesehen.
Sie selbst seufzt und hat sich
abgewendet.
9 Ihre Unreinheit klebt an ihren
Säumen, *(Tet)*
    sie hat nicht bedacht, wie es mit ihr
    enden könnte,
und ist entsetzlich heruntergekommen;
    da ist keiner, der sie tröstet.
Sieh dir, HERR, mein Elend an,
    der Feind tut sich gross!
10 Der Gegner hat seine Hand
ausgestreckt *(Jod)*
    nach all ihren Kostbarkeiten.
Sie musste mitansehen, wie Nationen
in ihr Heiligtum kamen,
    denen du geboten hattest,
    nicht in deine Versammlung zu
    kommen!
11 Ihr ganzes Volk seufzt, sie suchen
Brot, *(Kaf)*

ihre Kostbarkeiten haben sie für
Nahrung hergegeben,
    um wieder zu Kräften zu kommen.
Sieh, HERR, und schau doch,
    wie verachtet ich nun bin!
12 Euch bedeutet es nichts, *(Lamed)*
    euch allen, die ihr vorüberzieht auf
    dem Weg.
Schaut her und seht, ob es einen
Schmerz gibt wie den Schmerz,
    der mir zugefügt worden ist,
mit dem der HERR mich in Kummer
gestürzt hat
    am Tag seines glühenden Zorns.
13 Aus der Höhe sandte er Feuer in
meine Gebeine, *(Mem)*
    und dann zertrat er sie.
Meinen Füssen hat er ein Netz gelegt,
    er hat mich zurückgedrängt,
mich entsetzlich zugerichtet,
    er hat mich krank gemacht für alle
    Zeit.
14 Das Joch meiner Vergehen lässt mir
keine Ruhe, *(Nun)*
    zusammengefügt von seiner Hand.
Man hat es auf meinen Nacken gelegt,
    das hat meine Kraft gebrochen.
Der Herr hat mich jenen in die Hände
gegeben,
    denen ich nicht standhalten kann.
15 Wertlos machte der Herr alle meine
Starken in meiner Mitte, *(Samech)*
    eine Festversammlung hat er gegen
    mich einberufen,
    um meine jungen Männer zu
    brechen.
Der Herr trat die Kelter:
    die Jungfrau Tochter Juda!
16 Darüber weine ich, *(Ajin)*
    mein Auge, mein Auge zerfliesst von
    Wasser,
denn fern von mir ist, wer trösten
könnte,
    mich wieder zu Kräften brächte.
Entsetzlich sind meine Kinder
zugerichtet worden,
    denn der Feind war überlegen!
17 Zion hat ihre Hände ausgestreckt,
(Pe)
    da ist keiner, der sie tröstet.

Gegen Jakob hat der HERR
ringsum dessen Gegner aufgeboten.
Unter ihnen ist Jerusalem unrein
geworden.

18 Gerecht ist er, der HERR, *(Zade)*
ich aber war widerspenstig gegen
sein Wort.
Hört doch, all ihr Völker,
und seht meinen Schmerz!
Meine jungen Frauen und meine
jungen Männer
mussten in die Gefangenschaft!

19 Ich rief nach denen, die mich geliebt
haben, *(Qof)*
sie haben mich im Stich gelassen,
meine Priester und meine Ältesten sind
umgekommen in der Stadt –
sie hatten sich Nahrung gesucht,
um wieder zu Kräften zu kommen.

20 Sieh, HERR, dass ich in Not bin,
(Resch)
mein Inneres steht in Flammen,
mein Herz dreht sich mir,
denn ich war so widerspenstig!
Draussen raubt das Schwert die Kinder,
im Haus ist es wie tot.

21 Man hörte mich seufzen, *(Schin)*
da war keiner, der mich tröstete.
Alle meine Feinde haben von meinem
Unglück gehört,
sie haben sich gefreut,
dass du es warst, der es getan hat!
Bringst du den Tag, den du ausgerufen
hast,
wird es ihnen ergehen wie mir!

22 All ihre Bosheit soll vor dich
kommen, *(Taw)*
dann verfahre mit ihnen
wie du mit mir verfahren bist
all meiner Vergehen wegen!
Denn zahlreich sind meine Seufzer,
und mein Herz ist krank.

|2: 2,11.18; 3,48–49; Jer 31,15! |3: 4,15; Dtn 28,65
|4: 5,15 · 2,6 |5: 1,7.21; 2,17 · 1,8!.22 |6: 5,16 · 4,19! |7:
3,19 |8: 5,7.16 · Jer 24,9 |9: 4,15 · Jes 47,7 |10:
2Kön 24,13 · Jer 51,51 |11: 2,19; 4,4–5.9; 5,10 |12: 4,11!
|13: 2,3 · Hiob 19,6 |14: Jer 28,14 |15: 2,21 · Jes 63,3
|16: 2 · 5 |17: 1,2.9.21; Jer 15,5 · 2Kön 24,2 |18: 3,42;
Jer 4,17 · Jer 13,17 |19: 2 · 11! |20: 2,11; Jer 4,19 ·
Dtn 32,25 |21: 5! · Jer 30,7 |22: Jer 51,35! · 5,17;
Jer 8,18

1,1: In den Klageliedern finden sich mehrere
sogenannte alphabetische Lieder, deren Aufbau am
hebräischen Alphabet ausgerichtet ist.
1,3: Möglich ist auch die Übersetzung: «… fort aus
seinem Elend und weg von der harten Arbeit; …»
1,4: Mit ‹ihre Tore› sind die Tore Jerusalems
gemeint. Von Jerusalem wird wie von einer Frau
gesprochen.
1,5: Wörtlich: «…, denn der HERR hat sie in
Kummer gestürzt, …»

Das zweite Klagelied

2 1 Ach, wie taucht in seinem Zorn
der Herr *(Alef)*
ins Wolkenschwarz die Tochter
Zion.
Vom Himmel zur Erde gestürzt hat er
die Zierde Israels,
und des Schemels seiner Füsse hat er
nicht gedacht
am Tag seines Zorns.

2 Verschlungen hat der Herr – ohne
Mitleid – *(Bet)*
alle Weideplätze Jakobs,
niedergerissen hat er in seiner Wut
die befestigten Städte der Tochter
Juda,
er hat sie zu Boden geschleudert.
Das Königreich hat er entweiht und
dessen Fürsten.

3 Abgeschlagen hat er in glühendem
Zorn *(Gimel)*
jedes Horn Israels,
seine rechte Hand hat er
zurückgezogen,
im Angesicht des Feindes.
Und in Jakob hat er gebrannt wie das
Feuer einer Flamme,
die ringsum gefressen hat.

4 Wie ein Feind hat er seinen Bogen
gespannt, *(Dalet)*
wie ein Gegner hat er sich aufgestellt
mit seiner erhobenen Rechten,
und alles hat er umgebracht,
was dem Auge kostbar war.
Im Zelt der Tochter Zion
hat er seinen Zorn ausgegossen wie
Feuer.

5 Der Herr war wie ein Feind, Israel hat
er verschlungen, *(He)*
all ihre Paläste hat er verschlungen,
seine befestigten Städte hat er zerstört,

und in der Tochter Juda hat er
Traurigkeit und Trauer gross
gemacht.
6 Und seine Hütte hat er verwüstet wie
einen Garten, *(Waw)*
    seine Festversammlung hat er
    vernichtet.
Vergessen machte der HERR in Zion Fest
und Sabbat,
    und in seinem wütenden Zorn hat er
    König und Priester verschmäht.
7 Seinen Altar hat der Herr verstossen,
(Sajin)
    sein Heiligtum hat er verworfen;
die Mauern ihrer Paläste
    hat er preisgegeben der Hand des
    Feindes.
Im Haus des HERRN hat man gelärmt
    wie am Tag des Fests.
8 Der HERR hat geplant, *(Chet)*
    die Mauer der Tochter Zion zu
    zerstören.
Er hat die Messschnur angelegt,
    hat seine Hand nicht davon
    abgehalten, wegzureissen.
Und Heer und Mauer hat er in Trauer
gestürzt,
    zusammen sind sie
    dahingeschwunden.
9 In die Erde eingesunken sind ihre
Tore, *(Tet)*
    ihre Riegel hat er zerstört und
    zerbrochen.
Ihr König und ihre Fürsten sind unter
den Nationen.
    Es gibt keine Weisung!
Auch haben ihre Propheten keine
Schauung empfangen vom HERRN.
10 Die Ältesten der Tochter Zion sitzen
auf der Erde, sie schweigen, *(Jod)*
    auf ihr Haupt haben sie Staub
    gestreut,
Trauergewänder haben sie umgürtet.
Die Jungfrauen von Jerusalem
    haben ihr Haupt zur Erde gesenkt.
11 In Tränen sind meine Augen
erloschen, *(Kaf)*
    mein Inneres steht in Flammen,
meine Leber hat sich auf die Erde
ergossen

denn die Tochter meines Volks ist
zusammengebrochen,
als Kind und Säugling verschmachteten
    auf den Plätzen der Stadt.
12 Zu ihren Müttern sagen sie: *(Lamed)*
    Wo sind Getreide und Wein?,
während sie wie Verwundete
verschmachten
    auf den Plätzen der Stadt,
während sich ihr Leben verflüchtigt
    im Schoss ihrer Mütter.
13 Was soll ich dir bezeugen, womit
dich vergleichen, *(Mem)*
    Tochter Jerusalem,
wem dich gleichstellen, um dich zu
trösten,
    Jungfrau, Tochter Zion?
Denn gewaltig wie das Meer ist dein
Zusammenbruch!
    Wer könnte dich heilen?
14 Deine Propheten haben für dich
(Nun)
    Lüge und Tünche geschaut.
Deine Schuld aber haben sie nicht
aufgedeckt,
    so dass sie dein Geschick hätten
    wenden können.
Und sie schauten für dich
    Aussprüche, die verlogen waren und
    zur Verstossung führten.
15 Alle, die des Wegs ziehen, *(Samech)*
    schlagen die Hände zusammen über
    dich,
sie zischen und schütteln ihren Kopf
    über die Tochter Jerusalem:
Ist das die Stadt, von der man sagt:
    Vollkommene Schönheit!
    Eine Wonne für die ganze Welt!
16 Alle deine Feinde haben ihr Maul
aufgerissen über dich, *(Pe)*
    sie haben gezischt und mit den
    Zähnen geknirscht,
sie sagten: Wir haben verschlungen!
Ja, dies ist der Tag, auf den wir gehofft
haben,
    wir haben ihn erlebt, wir haben es
    gesehen!
17 Der HERR hat ausgeführt, was er
geplant hat, *(Ajin)*
    sein Wort hat er erfüllt,

was er angeordnet hat seit den Tagen der
Vorzeit:
Er hat niedergerissen, und er hatte
kein Mitleid!
Und den Feind hat er sich freuen lassen
über dich,
das Horn deiner Gegner hat er
erhöht.

18 Ihr Herz schrie zum Herrn! *(Zade)*
Du, Mauer der Tochter Zion,
lass deine Tränen fliessen wie einen
Fluss
bei Tag und in der Nacht,
gönne dir keine Ruhe,
dein Augapfel stehe nicht still.

19 Auf, wimmere in der Nacht, *(Qof)*
zu Beginn der Nachtwachen,
schütte dein Herz aus wie Wasser
vor dem Angesicht des Herrn.
Zu ihm erhebe deine Hände
um des Lebens deiner Jüngsten
willen,
die vor Hunger verschmachten
an allen Strassenenden.

20 Schau, HERR, und sieh doch, *(Resch)*
mit wem du so verfahren bist!
Sollen denn Frauen ihre Leibesfrucht
essen,
die gesund geborenen Jüngsten?
Sollen denn Priester und Prophet
umgebracht werden
im Heiligtum des Herrn?

21 Auf dem Boden, auf den Strassen
liegen Junge und Alte, *(Schin)*
meine jungen Frauen und Männer
sind gefallen durch das Schwert!
Du hast sie umgebracht am Tag deiner
Wut,
hast sie abgeschlachtet, ohne
Mitleid!

22 Wie am Festtag hast du von ringsum
herbeigerufen, *(Taw)*
wovor mir graute,
und es gab keinen Geretteten und
keinen Entkommenen
am Tag des Zorns des HERRN.
Die ich gesund geboren und
grossgezogen habe,

ihnen hat mein Feind ein Ende
bereitet!

|1: 3,43–44; 4,11! · 1Chr 28,2 |2: 2,21; 3,43 |3:
Ps 74,11 · 4,11 |4: 3,12; Hiob 19,11; Jer 21,5! |5: 5,15 |6:
Jer 45,4 · 1,4; Hos 2,13 |7: Jer 12,7!; Ez 24,21 · Ps 74,4
|8: Jes 22,5 · 2Kön 21,13! |9: Jes 24,12 · 2Chr 15,3 |10:
Jes 15,3; Jer 6,26 |11: 1,16 · 1,20 · 3,48! · 2,19; 4,4 |12:
1,11! |13: 3,47 · Jer 30,13 |14: Ez 13,10 |15: Jer 18,16! ·
Ps 48,3; Ez 16,14 |16: 3,46; Jer 51,34 |17: Jer 51,12! · 1,5
|18: 1,2! |19: Ps 62,9 · 11! |20: 4,10! |21: 1,15 · 3,43! |22:
4,11! · Hos 9,12–13

2,8: Wörtlich: «… davon abgehalten, zu
verschlingen. …»

Das dritte Klagelied

3 1 Ich bin der Mann, der das Elend
gesehen hat, *(Alef)*
das Werk des Stocks seines Zorns.

2 Mich hat er vertrieben und
fortgeführt *(Alef)*
in die Finsternis und nicht ins Licht.

3 Ja, gegen mich wendet er wieder und
wieder seine Hand, *(Alef)*
jeden Tag.

4 Mein Fleisch und meine Haut hat er
schwinden lassen, *(Bet)*
meine Knochen hat er zerbrochen.

5 Gegen mich hat er gebaut, und mich
hat er eingeschlossen *(Bet)*
mit Gift und mit Mühsal.

6 In tiefster Finsternis hat er mich
wohnen lassen, *(Bet)*
wie jene, die lange schon tot sind.

7 Er hat mich eingemauert, und ich
komme nicht heraus, *(Gimel)*
mit bronzenen Ketten hat er mich
beschwert.

8 Auch wenn ich schreie und um Hilfe
rufe – *(Gimel)*
er hat sich meinem Gebet
verschlossen.

9 Meinen Weg hat er mit
Quadersteinen vermauert, *(Gimel)*
meine Pfade hat er verdreht.

10 Ein lauernder Bär ist er für mich,
(Dalet)
ein Löwe im Verborgenen.

11 Meine Wege hat er mit Dornen
versperrt, *(Dalet)*
und er hat mich zerrissen,
übel hat er mich zugerichtet!

12 Er spannte seinen Bogen und stellte mich auf *(Dalet)*
  wie die Zielscheibe für den Pfeil.

13 In meine Nieren liess er eindringen *(He)*
  die Söhne seines Köchers.

14 Für mein ganzes Volk bin ich zum Hohn geworden, *(He)*
  ihr Spottlied für jeden Tag.

15 Mit bitteren Kräutern hat er mich gesättigt, *(He)*
  mit Wermut hat er meinen Durst gestillt.

16 Und auf Kies liess er meine Zähne sich zerreiben, *(Waw)*
  in den Staub trat er mich nieder.

17 Und aus dem Frieden hast du mich verstossen, *(Waw)*
  was Glück ist, habe ich vergessen!

18 Und ich sagte: Verloren ist mein Ruhm *(Waw)*
  und meine Hoffnung auf den HERRN.

19 An mein Elend und meine Heimatlosigkeit denken *(Sajin)*
  ist Wermut und Gift.

20 Ständig denke ich daran, *(Sajin)*
  und tief bin ich gebeugt!

21 Dies werde ich zurückbringen in mein Herz, *(Sajin)*
  darum werde ich hoffen:

22 Es sind die Gnadenerweise des HERRN, *(Chet)*
  dass es nicht ganz und gar zu Ende ist mit uns,
denn sein Erbarmen hat sich nicht erschöpft.

23 An jedem Morgen ist es neu. *(Chet)*
  Deine Treue ist gross!

24 Mein Anteil ist der HERR!, habe ich gesagt. *(Chet)*
  Darum werde ich auf ihn hoffen.

25 Der HERR ist gut zu dem, der auf ihn hofft, *(Tet)*
  zu dem, der nach ihm fragt.

26 Gut ist es, schweigend zu warten *(Tet)*
  auf die Rettung durch den HERRN.

27 Gut ist es für den Mann, *(Tet)*
wenn er das Joch in seiner Jugend trägt.

28 Allein soll er sitzen, und er soll schweigen, *(Jod)*
  wenn er es ihm auferlegt.

29 Er tue seinen Mund in den Staub, *(Jod)*
  vielleicht gibt es Hoffnung!

30 Er halte dem die Wange hin, der ihn schlägt, *(Jod)*
  der sich sättigt an der Schmach.

31 Denn er verstösst nicht für immer, *(Kaf)*
  der Herr.

32 Vielmehr: Hat er in Kummer gestürzt, dann erbarmt er sich, *(Kaf)*
  wie es der grossen Zahl seiner Gnadenerweise entspricht.

33 Denn nicht von Herzen hat er erniedrigt *(Kaf)*
  und die Menschen in Kummer gestürzt.

34 Dass man unter seinen Füssen *(Lamed)*
  alle Gefangenen des Landes zertritt,

35 dass man das Recht eines Mannes beugt *(Lamed)*
  vor dem Angesicht des Höchsten,

36 dass man einen Menschen behindert bei seinem Rechtsstreit *(Lamed)* –
  das sollte der Herr nicht sehen?

37 Wer sollte das sein, der sprach und es geschah, *(Mem)*
  ohne dass der Herr es geboten hätte?

38 Kommt nicht aus dem Mund des Höchsten *(Mem)*
  das Schlimme und das Gute?

39 Was beklagt sich der Mensch, der lebt, *(Mem)*
  was beklagt sich ein Mann über seine Sünden?

40 Lasst uns unsere Wege prüfen und erforschen, *(Nun)*
  und lasst uns zurückkehren zum HERRN!

41 Wir erheben unser Herz und unsere Hände *(Nun)*
  zu Gott im Himmel.

42 Wir, wir haben uns vergangen und waren widerspenstig, *(Nun)*
  du, du hast es nicht verziehen.

43 Du hast dich in Zorn gehüllt und hast uns verfolgt, *(Samech)*
  du hast uns umgebracht, ohne Mitleid.

44 In eine Wolke hast du dich gehüllt, *(Samech)*
  so dass kein Gebet hindurchdrang.

45 Zu Kehricht und Unrat hast du uns gemacht *(Samech)*
  inmitten der Völker.

46 Alle unsere Feinde *(Pe)*
  haben ihr Maul gegen uns aufgerissen.

47 Grauen und Grube sind uns zuteil geworden, *(Pe)*
  Verheerung und Zusammenbruch.

48 Bäche stürzen aus meinem Auge *(Pe)*
  über den Zusammenbruch der Tochter meines Volks.

49 Mein Auge ergiesst sich und findet keine Ruhe, *(Ajin)*
  es hört und hört nicht auf,

50 bis der HERR vom Himmel *(Ajin)*
  herabblickt und hinsieht.

51 Mein Auge schmerzt mich *(Ajin)*
  all der Töchter meiner Stadt wegen.

52 Gejagt, gejagt wie einen Vogel haben mich *(Zade)*
  meine Feinde, ohne Grund!

53 In der Grube wollten sie mein Leben zum Schweigen bringen, *(Zade)*
  und Steine haben sie auf mich geworfen.

54 Wasser flutete über mein Haupt, *(Zade)*
  ich sagte: Ich bin vom Leben abgeschnitten!

55 Ich rief deinen Namen, HERR, *(Qof)*
  von tief unten aus der Grube.

56 Du hast meine Stimme gehört, *(Qof)*
  verschliesse nicht dein Ohr,
  zu meiner Erleichterung, zu meiner Rettung!

57 Am Tag, da ich dich rief, hast du dich genaht, *(Qof)*
  du sprachst: Fürchte dich nicht.

58 Du, Herr, hast um mich die Rechtsstreite geführt, *(Resch)*
  hast mein Leben erlöst.

59 HERR, du hast gesehen, wie man mir das Recht beugt, *(Resch)*
  verschaffe du mir mein Recht!

60 Du hast all ihre Rachegelüste gesehen, *(Resch)*
  all ihre Pläne gegen mich.

61 Ihr Schmähen hast du vernommen, HERR, *(Schin)*
  all ihre Pläne gegen mich,

62 das Reden jener, die sich gegen mich erheben, und ihr Gerede *(Sin)*
  gegen mich, jeden Tag.

63 Ob sie sitzen oder sich erheben – schau hin: *(Schin)*
  Ich bin ihr Spottlied!

64 Zahle es ihnen heim, HERR, *(Taw)*
  wie es dem Tun ihrer Hände entspricht.

65 Gib ihnen Verblendung ins Herz. *(Taw)*
  Dein Fluch über sie!

66 Verfolge sie voller Zorn und zerschmettere sie *(Taw)*
  unter dem Himmel des HERRN!

|1: Jer 20,18 |4: 1,13; Hiob 30,30 |6: Ps 143,3 |7: Hiob 3,23! |8: 44; Hiob 19,7; Ps 22,3 |9: Hiob 19,8 |10: Hiob 10,16; Jer 25,38; Hos 13,7 |11: 1,13 |12: 2,4; Hiob 6,4 |14: 63; Hiob 30,9!; Jer 20,7 |15: 19 |17: Jer 15,17; 16,5 |18: 2,15; Ez 37,11 |19: 1,7 · 3,5.15 |22: Neh 9,31; Ps 89,2 |24: Ps 73,26 |25: Esra 8,22; Jes 30,18! |26: Ps 62,2 |27: 1,14 |28: 1,1; 2,10; Jer 15,17 |30: Jes 50,6 |31: Jer 3,12 |32: Jes 63,7 |35: Dtn 27,19 |36: Ps 94,5–9 |38: Hiob 2,10; Jes 45,7! |39: 4,6! |40: 5,21; Hos 6,1 |41: 2,19 |42: 1,18 |43: 4,11! · 2,21; Jer 13,14 |44: 2,1 · 8 |46: 2,16; Ps 22,14 |47: Jes 24,17 |48–49: 1,2!; Jer 8,23! · 2,11; 4,10 |50: Ps 80,15; Jes 63,15 |52: Ps 35,19 |54: Ps 69,2–3 · Ps 88,6 |55: Ps 130,1 |56: Ps 55,2 |57: Ps 138,3 · Jer 1,8! |58: Jer 50,34! |59: Ps 10,14 |60: Jer 18,23 |63: 14 |64: Ps 28,4; Jer 11,20; 50,15

3,11: Die genaue Bedeutung des durch ‹mit Dornen versperren› wiedergegebenen hebräischen Worts ist nicht gesichert.

3,54: «vom Leben» wurde in der Übersetzung ergänzt.

Das vierte Klagelied

4 1 Ach, wie färbt das Gold sich schwarz, *(Alef)*
  wie verändert sich das Feingold!

Die Steine des Heiligtums liegen herum
   an allen Strassenenden.
2 Die kostbaren Kinder Zions, *(Bet)*
   wertvoll wie reines Gold,
ach, sie werden geachtet wie Krüge
aus Ton,
   wie ein Werk von Töpferhänden!
3 Selbst Schakale reichen die Brust,
(Gimel)
   säugen ihre Jungen!
Die Tochter meines Volks aber ist
grausam geworden
   wie die Strausse in der Wüste.
4 Die Zunge des Säuglings haftet *(Dalet)*
   an seinem Gaumen vor Durst.
Die Jüngsten haben nach Brot gefragt,
   da ist keiner, der es ihnen bricht.
5 Die Leckerbissen verzehrten, *(He)*
   sind auf den Strassen zugrunde
   gegangen;
die auf Karmesin getragen wurden,
   klammern sich an Abfallhaufen.
6 Und die Schuld der Tochter meines
Volks war grösser *(Waw)*
   als die Sünde Sodoms,
das umgestürzt wurde wie aus dem
Nichts,
   ohne dass sich darin Hände gerührt
   hätten.
7 Ihre Geweihten waren reiner als
Schnee, *(Sajin)*
   strahlten heller als Milch,
ihr Leib war röter als Korallenperlen,
   ihre Gestalt war Saphir.
8 Dunkler als Schwärze ist nun ihr
Aussehen, *(Chet)*
   auf den Strassen erkennt man sie
   nicht,
ihre Haut hat sich zusammengezogen
auf ihren Knochen,
   ist trocken geworden wie Holz.
9 Die vom Schwert Dahingerafften
hatten es besser *(Tet)*
   als die vom Hunger Dahingerafften,
die dahinsiechend verenden,
   ohne die Erträge des Feldes.
10 Die Hände barmherziger Frauen
(Jod)
   haben die eigenen Kinder gekocht;
sie dienten ihnen als Speise

beim Zusammenbruch der Tochter
meines Volks.
11 Der HERR hat sein Zornwerk
vollendet, *(Kaf)*
   seinen glühenden Zorn hat er
   ausgegossen
und ein Feuer in Zion entzündet,
   und es hat seine Grundmauern
   gefressen.
12 Die Könige der Erde glaubten es
nicht, *(Lamed)*
   und keiner der Bewohner des
   Erdkreises glaubte es,
dass Gegner und Feind eindringen
würden
   in die Tore von Jerusalem
13 der Sünden ihrer Propheten, *(Mem)*
   der Verschuldungen ihrer Priester
   wegen,
die in ihrer Mitte
   das Blut von Gerechten vergossen.
14 Blind wankten sie auf den Strassen,
(Nun)
   mit Blut waren sie befleckt,
was sie nicht anrühren dürfen,
   berührten sie mit ihren Kleidern.
15 Weg von hier! Unrein!, rief man
ihnen zu. *(Samech)*
   Weg von hier, weg von hier, berührt
   es nicht.
Ja, sie sind geflohen, mussten
umherirren.
Unter den Nationen hat man gesagt:
   Sie dürfen nicht länger bleiben!
16 Das Angesicht des HERRN hat sie
zerstreut, *(Pe)*
   er sieht sie nicht länger an.
Das Angesicht der Priester hat man
nicht erhoben,
   den Ältesten war man nicht gnädig.
17 Noch verzehren sich unsere Augen
(Ajin)
   auf der Suche nach Hilfe für uns –
   vergeblich!
Auf unserer Warte hielten wir Ausschau
   nach einer Nation – die nicht helfen
   kann.
18 Auf unsere Schritte hat man Jagd
gemacht, *(Zade)*

so dass wir auf unseren Plätzen nicht
gehen konnten,
unser Ende ist nahe,
    unsere Tage sind abgelaufen,
ja, unser Ende ist gekommen.
19 Unsere Verfolger waren schneller
(Qof)
    als Adler am Himmel,
auf den Bergen haben sie uns verfolgt
mit Feuereifer,
    in der Wüste haben sie uns
    aufgelauert.
20 Unser Lebensatem – der Gesalbte
des HERRN – (Resch)
    ist in ihren Gruben gefangen,
er, von dem wir gesagt haben:
    In seinem Schatten werden wir
    leben unter den Nationen!
21 Sei fröhlich und freue dich, Tochter
Edom, (Sin)
    die du wohnst im Lande Uz!
Auch zu dir wird der Kelch kommen,
du wirst dich betrinken und dich
entblössen!
22 Tochter Zion, deine Schuld ist
getilgt, (Taw)
    nicht länger lässt er dich in der
    Verbannung!
Tochter Edom, deine Schuld sucht er
heim,
    deine Sünden hat er aufgedeckt!

|2: Jer 19,11; Hos 8,8 |3: Jes 43,20 · Hiob 39,13–16
|4: 1,11!; 2,11!; Jes 41,17 |5: Hiob 2,8 |6: 13 ·
Gen 19,24–25; Jer 23,14 |7: Hld 5,10! |8: 5,10;
Hiob 30,30! |9: 1,11!; Jer 11,22! |10: 2,20; Jer 19,9! ·
3,48! |11: 1,12; 2,1–6; 3,43; Jer 15,14! |12: 1,7 |13: 2,14;
Jer 23,11; Ez 22,26–28 |14: Jes 59,3 · Hag 2,12 |15: 1,9;
Lev 13,45 · 1,3 |16: 5,12 |17: 5,6 |18: Ez 7,2; Am 8,2 |19:
1,3,6; 5,5 · Jer 4,13! |20: 2Kön 25,6–7; Ps 2,2 |21:
Ez 35,14; Obd 16 |22: Jes 40,2; Jer 50,20

4,13: Mit «ihrer Mitte» ist die Mitte Jerusalems
gemeint.

Das fünfte Klagelied

5 1 Erinnere dich, HERR, was mit uns
  geschehen ist,
    schau her und sieh unsere Schande!
2 Unser Erbbesitz ist Fremden
zugefallen,
    unsere Häuser gehören den anderen.
3 Wir sind Waisen geworden, da ist
kein Vater,

    Witwen gleich sind unsere Mütter.
4 Gegen Silber dürfen wir von unserem
Wasser trinken,
    gegen Bezahlung kommt unser Holz.
5 Die uns verfolgen, sitzen uns im
Nacken,
    wir sind erschöpft, keine Ruhe wird
    uns zuteil.
6 Ägypten haben wir die Hand gereicht,
    Assur, um genug Brot zu haben.
7 Unsere Vorfahren haben gesündigt
und sind nicht mehr,
    ihre Verschuldungen tragen wir!
8 Knechte herrschen über uns,
    da ist keiner, der uns ihrer Hand
    entreisst.
9 Unter Einsatz unseres Lebens holen
wir unser Brot
    in der Wüste im Angesicht des
    Schwerts.
10 Glühend wie ein Ofen ist unsere
Haut geworden,
    der Hungerqualen wegen.
11 In Zion hat man Frauen Gewalt
angetan,
    Jungfrauen in den Städten von Juda.
12 Fürsten sind erhängt worden von
ihrer Hand,
    den Ältesten hat man die Ehre
    verweigert.
13 Junge Männer hat man genommen,
damit sie die Handmühle bedienen,
    und unter der Last des Holzes sind
    Knaben gestrauchelt.
14 Die Ältesten bleiben dem Tor fern,
    die jungen Männer dem Saitenspiel.
15 Die Freude unseres Herzens hat
aufgehört,
    in Trauer hat sich unser Reigentanz
    verwandelt.
16 Unsere Krone ist vom Kopf gefallen.
    Wehe uns, wir haben gesündigt!
17 Darum ist unser Herz krank
geworden,
    deshalb sind unsere Augen
    verdüstert:
18 wegen des Bergs Zion, der verödet
ist;
    Schakale streunen auf ihm.

19 Du, HERR, bleibst in Ewigkeit,
dein Thron bleibt von Generation zu
Generation.

20 Warum willst du uns für immer
vergessen,
uns verlassen für alle Zeit?

21 Bring uns zurück, HERR, zu dir, wir
wollen umkehren.
Mach unsere Tage neu, wie sie einst
waren.

22 Oder hast du uns ganz und gar
verworfen,

bist du über alle Massen zornig auf
uns?

|2: 1,10; Ez 7,24 |3: Ex 22,23 |5: 4,19! |6: 4,17;
Jer 2,18; Hos 12,2 |7: 1,8; Ex 20,5; Ez 18,2 |8: Sach 11,6
|10: 4,8 · 1,11! |11: Sach 14,2 |12: 4,16 |14: 1,4 · Jer 7,34!
|15: 2,8.10; Hiob 30,31 |16: Hiob 19,9 · 1,8; Jer 3,25!
|17: 1,22 · Dtn 28,65 |18: 1,4; Jes 64,9; Jer 9,10! |20:
Ps 42,10; Jes 49,14 |21: 3,40; Jes 44,22; Jer 31,18 |22:
2,7; Jer 14,9

5,18: Statt «Schakale» übersetzen andere:
«Füchse».
5,20: Möglicherweise ist zu übersetzen: «..., uns
verlassen, solange wir leben?»

Das Buch Ezechiel

*Ezechiels erste Schauung der Herrlichkeit
des HERRN*

1 1 Und im dreissigsten Jahr, im vierten Monat, am Fünften des Monats,
als ich unter den Verbannten am Fluss
Kebar war, öffnete sich der Himmel, und
ich sah göttliche Schauungen. 2 Am
Fünften des Monats – es war das fünfte
Jahr der Verbannung des Königs Jojachin – 3 erging wahrhaftig das Wort des
HERRN an Ezechiel, den Sohn des Busi,
den Priester, im Land der Kasdäer, am
Fluss Kebar, und dort kam die Hand des
HERRN über ihn.

4 Und ich sah, und sieh: Vom Norden kam ein Sturmwind, eine grosse
Wolke und flackerndes Feuer, und rings
um sie war ein Glänzen, und darin, im
Feuer, sah es aus wie Bernstein. 5 Und
mitten darin war die Gestalt von vier
Wesen, und dies war ihr Aussehen: Sie
hatten Menschengestalt. 6 Und jedes
hatte vier Gesichter, und jedes von ihnen hatte vier Flügel. 7 Und ihre Beine
waren aufrechte Beine, und ihre Fusssohlen waren wie die Fussohle eines
jungen Stiers, und sie funkelten, es war
wie der Anblick blanker Bronze. 8 Und
unter ihren Flügeln waren Menschenhände, an ihren vier Seiten, und alle vier

hatten ihre Gesichter und ihre Flügel.
9 Ihre Flügel berührten einander. Wenn
sie sich bewegten, änderten sie nicht die
Richtung, jedes bewegte sich geradeaus.
10 Und das war die Gestalt ihrer Gesichter: Sie hatten ein Menschengesicht,
und auf der rechten Seite hatten alle vier
ein Löwengesicht, und auf der linken
Seite hatten alle vier das Gesicht eines
Stiers, und alle vier hatten ein Adlergesicht. 11 Das waren ihre Gesichter. Und
ihre Flügel waren nach oben hin ausgespannt; jedes hatte zwei, die sich berührten, und zwei, die ihre Leiber bedeckten.
12 Und jedes bewegte sich geradeaus.
Wohin der Geiststurm sich bewegen
wollte, bewegten sie sich; wenn sie sich
bewegten, änderten sie nicht die Richtung. 13 Und das war die Gestalt der Wesen: Ihr Aussehen war wie das brennender Feuerkohlen; was sich zwischen den
Wesen hin und her bewegte, hatte das
Aussehen von Fackeln. Und das Feuer
verbreitete einen Glanz, und aus dem
Feuer zuckten Blitze. 14 Und die Wesen
bewegten sich vorwärts und zurück, es
sah aus wie ein Blitzen.

15 Und ich sah die Wesen, und sieh:
Da war je ein Rad auf der Erde neben den
Wesen, an ihren vier Vorderseiten.

16 Das Aussehen der Räder und ihre Machart war wie der Anblick von Topas, und alle vier hatten die gleiche Gestalt. Und sie sahen aus und waren gemacht, als wäre ein Rad mitten im anderen Rad. 17 Wenn sie sich bewegten, bewegten sie sich nach ihren vier Seiten; wenn sie sich bewegten, änderten sie nicht die Richtung. 18 Und ihre Felgen, sie waren hoch, und sie waren Furcht erregend: Ihre Felgen waren ringsum voller Augen, bei allen vieren. 19 Und wenn die Wesen sich bewegten, bewegten sich die Räder neben ihnen, und wenn die Wesen sich von der Erde erhoben, erhoben sich die Räder. 20 Wohin der Geist sich bewegen wollte, bewegten sie sich: dahin, wohin der Geist sich bewegen wollte. Und genau wie sie erhoben sich die Räder, denn der Geist des Wesens war in den Rädern. 21 Wenn diese sich bewegten, bewegten sich jene, und wenn diese stehen blieben, blieben jene stehen, und wenn diese sich von der Erde erhoben, erhoben sich die Räder genau wie sie, denn der Geist des Wesens war in den Rädern.

22 Und was über den Köpfen der Wesen war, hatte die Gestalt eines Gewölbes, es war wie der Anblick eines Furcht erregenden Kristalls, ausgespannt oben über ihren Köpfen. 23 Und unter dem Gewölbe waren ihre Flügel gerade ausgestreckt, jeder hin zum anderen; jedes hatte zwei, die sie bedeckten, und jedes hatte zwei, die ihnen ihre Leiber bedeckten. 24 Und ich hörte das Geräusch ihrer Flügel: Es war wie das Geräusch grosser Wassermassen; wie die Stimme von Schaddai war es, wenn sie sich bewegten, der Lärm einer Volksmenge, wie das Lärmen eines Heerlagers. Wenn sie stehen blieben, liessen sie ihre Flügel sinken.

25 Und es kam eine Stimme von oberhalb des Gewölbes, das sich über ihren Köpfen befand. Wenn sie stehen blieben, liessen sie ihre Flügel sinken. 26 Und oberhalb des Gewölbes, das sich über ihren Köpfen befand, war, dem Aussehen von Saphirgestein gleich, die Gestalt eines Throns, und auf der Gestalt des Throns, oben auf ihm, war die Gestalt von einem, der das Aussehen eines Menschen hatte. 27 Und ich sah: Es war wie der Anblick von Bernstein, es hatte das Aussehen von Feuer in einem Gehäuse, aufwärts von dem, was aussah wie seine Hüften, und abwärts von dem, was aussah wie seine Hüften, ich sah etwas, das das Aussehen von Feuer hatte, und ringsum war ein Glanz. 28 Wie das Aussehen des Bogens, der am Regentag in der Wolke ist, so war das Aussehen des Glanzes ringsum.

Das war das Aussehen der Gestalt der Herrlichkeit des HERRN. Und ich sah und fiel nieder auf mein Angesicht. Dann hörte ich die Stimme von einem, der redete.

| 1: 3; 3,11.15.23; 10,15; 43,3 · 8,3; 11,24; 40,2 | 2: 19,9 | 3–28: 10,1–22; Jes 6; Offb 4 | 3: 1Chr 24,16 · 1! · 3,14.22; 8,1; 33,22; 37,1 | 4: Ex 13,21; 19,18; Hiob 40,6 · 13.27; 10,3.4 | 5: 10,15.20; Offb 4,6–8 | 6: 10 | 8: 10,8.21 | 9: 11.23 | 10: 10,14; 41,18–19; Offb 4,7 | 23: 9,23; Jes 6,2 | 12: 17.20 | 13: 4! | 15–21: 3,13; 10,2.9–17 | 16: 10,9.10; 28,13; Dan 10,5–6 | 17: 12; 10,17 | 18: 10,12; Offb 4,8 | 20: 12; 10,16 | 22: 10,1; Gen 1,6–8; Ex 24,10; Offb 4,6 | 23: 9.11 | 24: 3,13; 10,5; 43,2; Offb 1,15 · Gen 17,1 | 26–28: 8,2; Dan 10,5–6 | 26: 10,1; Jes 6,1; Dan 7,9; Offb 4,3 | 27: 4! · 8,2 | 28: Gen 9,13 · 8,4! · 3,23!

1,4: Die genaue Bedeutung des mit ‹Bernstein› wiedergegebenen hebräischen Worts ist unsicher; möglicherweise handelt es sich um ein Metall.
1,12: Für ‹Geist› und ‹Sturm› oder ‹Wind› verwendet das Hebräische dasselbe Wort.
1,24: Siehe die Anm. zu Num 24,4.

Die Sendung Ezechiels

2 1 Und er sprach zu mir: Du Mensch, stelle dich auf deine Füsse, und ich will zu dir sprechen! 2 Und sobald er zu mir sprach, kam Geist in mich und stellte mich auf meine Füsse, und ich hörte den, der zu mir sprach. 3 Und er sprach zu mir: Mensch, ich sende dich zu den Israeliten, zu Nationen, die sich auflehnen, die sich aufgelehnt haben gegen mich. Sie und ihre Vorfahren haben mit mir gebrochen, so ist es bis auf diesen heutigen Tag. 4 Und zu den Nachkommen mit verhärteten Gesichtern

und hartem Herzen, zu ihnen sende ich dich, und du wirst ihnen sagen: So spricht Gott der HERR! 5 Und sie – mögen sie hören oder es lassen, denn sie sind ein Haus der Widerspenstigkeit! –, sie sollen wissen, dass ein Prophet unter ihnen gewesen ist. 6 Und du, Mensch, fürchte dich nicht vor ihnen und vor ihren Worten. Fürchte dich nicht, auch wenn sie dir widersprechen und Dornen für dich sind und du auf Skorpionen sitzt. Vor ihren Worten fürchte dich nicht, und vor ihren Gesichtern hab keine Angst! Sie sind ein Haus der Widerspenstigkeit! 7 Und du wirst ihnen meine Worte sagen, mögen sie hören oder es lassen! Sie sind ein Haus der Widerspenstigkeit!

8 Du aber, Mensch, höre, was ich zu dir rede. Sei nicht widerspenstig wie das Haus der Widerspenstigkeit, öffne deinen Mund, und iss, was ich dir gebe. 9 Und ich sah, und sieh: Zu mir hin war eine Hand ausgestreckt, und sieh, in ihr war eine Schriftrolle. 10 Und er breitete sie vor mir aus, und sie war auf der Vorderseite und auf der Rückseite beschrieben, und auf ihr aufgeschrieben waren Klagen und Seufzer und Wehrufe.

3 1 Und er sprach zu mir: Du Mensch, iss, was du vorfindest, iss diese Schriftrolle, und geh, sprich zum Haus Israel! 2 Und ich öffnete meinen Mund, und er liess mich jene Rolle essen. 3 Und er sprach zu mir: Mensch, gib deinem Bauch zu essen und fülle dein Inneres mit dieser Schriftrolle, die ich dir gebe! Da ass ich sie, und in meinem Mund wurde sie wie Honig, süss.

4 Und er sprach zu mir: Auf, du Mensch, geh zum Haus Israel, und sprich zu ihnen mit meinen Worten. 5 Denn nicht zu einem Volk mit schwieriger Sprache und schwerer Zunge wirst du gesandt – zum Haus Israel! –, 6 nicht zu vielen Völkern mit schwieriger Sprache und schwerer Zunge, deren Worte du nicht verstehst. Hätte ich dich zu diesen gesandt, sie würden dich anhören! 7 Das Haus Israel aber wird dich nicht

hören wollen, denn sie wollen mich nicht hören. Das ganze Haus Israel hat eine harte Stirn, und sie haben ein verhärtetes Herz! 8 Sieh, ich mache dein Angesicht hart, genau wie ihr Angesicht, und deine Stirn hart, genau wie ihre Stirn. 9 Wie Diamant, härter als Fels, mache ich deine Stirn. Fürchte dich nicht vor ihnen, und hab keine Angst vor ihrem Angesicht. Sie sind ein Haus der Widerspenstigkeit! 10 Und er sprach zu mir: Du Mensch, alle meine Worte, die ich dir sage, nimm sie auf in dein Herz, und höre sie mit deinen Ohren. 11 Und auf, geh zu den Verbannten, zu denen aus deinem Volk, und sprich zu ihnen und sage ihnen: So spricht Gott der HERR! – Mögen sie hören oder es lassen!

|1: Dan 8,17 |2: 3,24; 37,10.14; Dan 8,18 |3: 3,4 · 5,6; 11,12; 16,47; 20,1–44 |4: 3,7; Ex 4,21; Ex 7,3 |5: 3,11.27 · 33,33 |6: 3,9; Jer 1,8.17 · 28,24 |8: Jer 1,6 · 3,1; Jer 1,9; Offb 10,8–11 |9: 8,3 · Sach 5,2; Offb 5,1; Offb 10,2 |1: 2,8; Jer 1,9; Offb 10,8–11 |3: Offb 10,10 · Ps 19,11; Jer 15,16 |4: 2,3 |5: Jes 28,11! |7: 2,4; Jes 6,10 |8: Jes 50,7; Jer 1,18; 15,20 |9: 2,6 |11: 1,1! · 33,2.17.30; 37,18 · 27

3,6: Die Übersetzung «Hätte ich dich zu diesen gesandt, ...» beruht auf der griechischen Überlieferung.

Die Einsetzung Ezechiels zum Wächter: Vom Ungerechten und vom Gerechten. Ezechiels Verstummen

12 Da hob Geist mich empor, und hinter mir hörte ich von ihrer Stätte her ein lautes Dröhnen: Gepriesen sei die Herrlichkeit des HERRN! 13 Und das war das Geräusch der Flügel der Wesen, die einander berührten, und zugleich das Geräusch der Räder, ein lautes Dröhnen. 14 Und Geist hatte mich emporgehoben und nahm mich fort, und ich ging, bitter, aufgewühlt, und schwer lag die Hand des HERRN auf mir. 15 Und ich kam zu den Verbannten nach Tel Abib, die am Fluss Kebar wohnten, und ich blieb, während sie dort wohnten, und dort sass ich sieben Tage lang, unter ihnen Entsetzen verbreitend.

16 Nach Ablauf von sieben Tagen

aber, da erging das Wort des HERRN an mich: 17 Mensch, zum Wächter für das Haus Israel habe ich dich gemacht: Du wirst ein Wort aus meinem Mund hören und sie vor mir warnen! 18 Wenn ich zum Ungerechten spreche: Du musst sterben!, und du hast ihn nicht gewarnt und hast nicht geredet, um den Ungerechten vor seinem ungerechten Weg zu warnen und ihn am Leben zu erhalten, wird er, der Ungerechte, seiner Schuld wegen sterben, sein Blut aber fordere ich aus deiner Hand. 19 Hast du aber den Ungerechten gewarnt, und er hat sich nicht abgekehrt von seinem Unrecht und von seinem ungerechten Weg, wird er seiner Schuld wegen sterben, du aber hast dein Leben gerettet. 20 Und wenn sich ein Gerechter von seiner Gerechtigkeit abkehrt und Unrecht begeht und ich ihn stürzen lasse, muss er sterben. Wenn du ihn nicht gewarnt hast, wird er seiner Sünde wegen sterben, und seine gerechten Taten, die er getan hat, wird nicht gedacht werden, sein Blut aber fordere ich aus deiner Hand. 21 Wenn aber du ihn, den Gerechten, gewarnt hast, damit der Gerechte nicht sündigt, und er sündigt nicht, so wird er am Leben bleiben, denn er hat sich warnen lassen, und du hast dein Leben gerettet.

22 Und dort kam die Hand des HERRN über mich, und er sprach zu mir: Steh auf, geh hinaus in die Ebene, und dort will ich zu dir sprechen. 23 Und ich stand auf und ging hinaus in die Ebene, und sieh, dort stand die Herrlichkeit des HERRN, wie die Herrlichkeit, die ich am Fluss Kebar gesehen hatte. Da fiel ich nieder auf mein Angesicht. 24 Und Geist kam in mich und stellte mich auf meine Füsse. Und er sprach zu mir und sagte zu mir: Geh, schliess dich in deinem Haus ein! 25 Und du, Mensch, sieh, man wird dir Stricke anlegen, um dich damit zu fesseln, und du wirst nicht hinausgehen können in ihre Mitte. 26 Und ich werde deine Zunge an deinem Gaumen haften lassen, damit du verstummst und ihnen nicht zu einem wirst, der sie zurechtweist. Sie sind ein Haus der Widerspenstigkeit! 27 Aber wenn ich zu dir spreche, werde ich deinen Mund öffnen, und du wirst ihnen sagen: So spricht Gott der HERR! Wer hört, wird hören, und wer es lässt, wird es lassen. Sie sind ein Haus der Widerspenstigkeit!

| 12: Ps 29,9; Jes 6,3–4; Lk 2,13–14 | 13: 1,24; 10,5; 43,2; Offb 1,15 · 1,15–21! | 14: Jer 15,17 · 1,3! | 15: 1,1! · Esra 9,3–4 | 17–21: 33,2–9 · 13,22; 14,12–23; 18,1–32; 33,10–20 | 17: 33,2.7 | 18: Gen 9,5 | 20: 18,24; 33,13; 2Petr 2,21 · Gen 9,5 | 21: 1Tim 4,16; Jak 5,19–20 | 22: 1,3! · 8,4; 37,1 | 23: 1,1! · 9,8; 11,13; 43,3; 44,4; Offb 1,17 | 24: 2,2 | 25: 4,8 | 27: 24,27; 33,22 · 11

3,15: In einer anderen hebräischen Tradition lautet der Text: «..., die am Fluss Kebar wohnten, die dort wohnten, und dort ...»

3,18: «sein Blut aber fordere ich aus deiner Hand» bedeutet, dass der Prophet die Verantwortung für das Ergehen des Ungerechten übernehmen muss.

Prophetische Zeichen gegen Jerusalem und gegen Israel und Juda

4 1 Und du, Mensch, nimm dir einen Ziegelstein und lege ihn vor dich hin, und ritze eine Stadt darauf: Jerusalem. 2 Und verhänge eine Belagerung gegen sie, und baue einen Belagerungswall gegen sie, und schütte eine Sturmrampe gegen sie auf, und errichte Heerlager gegen sie, und stelle ringsum Sturmböcke gegen sie bereit. 3 Und du, nimm dir eine Eisenplatte und stelle sie als eiserne Mauer zwischen dich und die Stadt und richte dein Angesicht gegen sie: Sie soll unter Belagerung sein, und du wirst sie belagern. Ein Zeichen ist dies für das Haus Israel!

4 Und du, lege dich auf deine linke Seite, und lege die Schuld des Hauses Israel darauf. So viele Tage du auf ihr liegst, so lange wirst du ihre Schuld tragen. 5 Und ich, ich auferlege dir die Jahre ihrer Schuld in einer Zahl von Tagen, dreihundertneunzig Tagen, und du wirst die Schuld des Hauses Israel tragen. 6 Und du wirst diese vollenden und dich ein zweites Mal niederlegen, auf deine rechte Seite, und du wirst die Schuld des Hauses Juda tragen, vierzig

Tage lang; je einen Tag für jedes Jahr auferlege ich dir. 7 Und richte dein Angesicht und deinen entblössten Arm auf die Belagerung Jerusalems und weissage gegen es. 8 Und sieh, ich lege dir Stricke an, und du wirst dich nicht von einer Seite auf die andere wenden können, bis du die Tage deiner Belagerung vollendet hast.

9 Und du, nimm dir Weizen und Gerste und Bohnen und Linsen und Hirse und Emmer, und schütte dies in ein Gefäss und mache dir Brot daraus. So viele Tage du auf deiner Seite liegst, dreihundertneunzig Tage, so lange wirst du davon essen. 10 Und dein Essen, das du isst, wird abgewogen sein: zwanzig Schekel am Tag; von Zeit zu Zeit wirst du davon essen. 11 Auch das Wasser wirst du abgemessen trinken: ein Sechstel Hin; von Zeit zu Zeit wirst du trinken. 12 Als Gerstenbrot wirst du es essen; in Menschenkot sollst du es backen, vor ihren Augen. 13 Und der HERR sprach: So werden die Israeliten ihr Brot essen: unrein, unter den Nationen, wohin ich sie versprengen werde. 14 Ich aber sprach: Ach Herr, HERR, sieh, ich bin noch nie verunreinigt worden, und seit meiner Kindheit bis jetzt habe ich kein Aas und kein zerrissenes Tier gegessen, und verdorbenes Fleisch ist nicht in meinen Mund gekommen. 15 Da sprach er zu mir: Schau, statt Menschenkot gebe ich dir Kuhdreck: Mache dein Brot darauf. 16 Dann sprach er zu mir: Mensch, sieh, ich zerbreche den Brotstab in Jerusalem: Abgewogen werden sie das Brot essen, voller Kummer, und abgemessen werden sie das Wasser trinken, mit Entsetzen, 17 damit sie Mangel leiden an Brot und an Wasser und sich entsetzen, einer wie der andere, und ihrer Schuld wegen verfaulen!

5 1 Und du, Mensch, nimm dir ein scharfes Schwert! Nimm es dir als Schermesser und lass es über deinen Kopf und durch deinen Bart fahren. Dann nimm dir eine Waage und teile die Haare: 2 Ein Drittel sollst du im Feuer verbrennen, mitten in der Stadt, wenn die Tage der Belagerung vollendet sind. Dann nimm ein Drittel, schlage mit dem Schwert darauf ein, rings um die Stadt. Und ein Drittel streue in den Wind, und ich werde hinter ihnen her sein und das Schwert ziehen. 3 Dann nimm einen kleinen Teil davon, und den binde in deinen Gewandbausch. 4 Und von diesen sollst du noch einige nehmen und sie ins Feuer werfen und sie im Feuer verbrennen. Feuer wird davon überspringen auf das ganze Haus Israel!

5 So spricht Gott der HERR: Dies ist Jerusalem! Mitten unter die Nationen und die Länder ringsum habe ich es gesetzt. 6 Aber es ist schuldig geworden, war gegen meine Rechtssätze widerspenstiger als die Nationen und gegen meine Satzungen widerspenstiger als die Länder, die es rings umgeben. Denn meine Rechtssätze haben sie verworfen, und meine Satzungen – nach ihnen haben sie nicht gelebt! 7 Darum, so spricht Gott der HERR: Weil es bei euch wilder zuging als bei den Nationen, die rings um euch sind, weil ihr nicht nach meinen Satzungen gelebt habt und nicht nach meinen Rechtssätzen gehandelt habt und auch nicht nach den Rechtssätzen der Nationen gehandelt habt, die rings um euch sind, 8 darum, so spricht Gott der HERR: Sieh, auch ich gehe gegen dich vor! Und in deiner Mitte werde ich Urteile vollstrecken vor den Augen der Nationen. 9 Und wegen all deiner Abscheulichkeiten werde ich dir antun, was ich noch nie getan habe und was ich niemals wieder tun werde. 10 Darum werden Väter in deiner Mitte Kinder essen, und Kinder werden ihre Väter essen. Und ich werde Urteile in dir vollstrecken, und was übrig bleibt von dir, werde ich in alle Winde streuen.

11 Darum, so wahr ich lebe, Spruch Gottes des HERRN: Weil du mein Heiligtum mit all deinen Scheusalen und mit all deinen Abscheulichkeiten unrein gemacht hast, werde auch ich dich kahl-

scheren. Und kalt wird mein Auge blicken, und auch ich werde kein Mitleid haben! 12 Ein Drittel von dir wird an der Pest sterben und vor Hunger zugrunde gehen in deiner Mitte, und ein Drittel wird durch das Schwert fallen in deinem Umland, und ein Drittel werde ich in alle Winde streuen, und ich werde hinter ihnen her sein und das Schwert ziehen. 13 Und meine Wut wird sich austoben, und ich werde meinen Zorn an ihnen stillen und mich rächen. Und sie werden erkennen, dass ich, der HERR, in meiner Eifersucht geredet habe, wenn ich meinen Zorn an ihnen auslasse! 14 Und ich werde dich zur Trümmerstätte machen und zum Hohn unter den Nationen, die rings um dich sind, vor den Augen eines jeden, der vorübergeht. 15 Und für die Nationen, die rings um dich sind, wirst du zum Hohn und zur Schmähung, zur Warnung und zum Entsetzen, wenn ich Urteile an dir vollstrecke, voller Wut und voll Zorn und mit zornigen Züchtigungen. Ich, der HERR, habe gesprochen! 16 Wenn ich die schrecklichen Pfeile des Hungers gegen dich sende, die Vernichtung bedeuten, die ich sende, um euch zu vernichten, lasse ich den Hunger für euch immer schlimmer werden, und ich zerbreche euch den Brotstab. 17 Und ich werde Hunger und böse Tiere gegen euch senden, und sie werden dich der Kinder berauben, und Pest und Blut werden durch dich hindurchziehen, und ich werde das Schwert über dich bringen. Ich, der HERR, habe gesprochen!

|2: 17,17; 21,27; 26,8 |3: Lev 2,5 · 2Kön 25,1! · 14,8; 20,12.20 |4: 9,9; 39,23 |5: 9 |6: 9,9 |7: 3 |8: 3,25 |9: Lev 19,19 · 4,5 |10: 16–17; 5,16; 12,18–19; 14,13; Lev 26,26! |12: Dtn 23,13–14 · 12,3–7; 21,11; 37,20; 43,11 |13: Hos 9,3; Am 7,17 |14: 44,31; Ex 22,30; Lev 22,8; Apg 10,14 |16–17: 10! |17: 24,23; 33,10; Lev 26,39; Sach 14,12 |1–4: 21,13–22 |1: Lev 21,5; Jes 7,20 |2: 12,15; 17,21; 20,23; 22,15 · 12; 12,14; 21,8–10 |3: 6,8; 9,8; 12,16; 14,22 |4: 9,14 |5: 38,12 |6: 2,3! |7: 11,12 |8: 10.15; 11,9; 16,41; 25,11; 28,22; 30,14 |10: Lev 26,29 · 8! · Lev 26,33; Jer 49,36 |11: 7,20; 11,18.21 · 7,4.9; 8,18; 9,5.10; 24,14 |12: 2! |13: 7,8! · 16,42; 21,22; 24,13 · 24,8; 25,14 · 35,11! |14: 22,4; 29,9; 33,28; 35,4 |15: 22,4 · 8! |16: 4,10!; Dtn 32,23 |17: 6,3; 11,8; 14,17 · 33,27!

5,1: Wörtlich: «... und teile sie:»

5,2: Wörtlich: «... rings um sie.»

5,7: Die Übersetzung der mit «Weil es bei euch wilder zuging» wiedergegebenen hebräischen Formulierung ist unsicher.

5,8: Mit ‹dich› und ‹deiner› ist Jerusalem gemeint.

Ankündigung der Verwüstung der Berge Israels

6 1 Und das Wort des HERRN erging an mich: 2 Mensch, richte dein Angesicht gegen die Berge Israels und weissage ihnen 3 und sprich: Berge Israels, hört das Wort Gottes des HERRN! So spricht Gott der HERR zu den Bergen und den Hügeln, zu den Flussbetten und den Tälern: Seht, ich bringe das Schwert über euch, und eure Kulthöhen werde ich zerstören! 4 Und eure Altäre werden verwüstet und eure Räucheraltäre werden zerbrochen werden, und eure Erschlagenen lasse ich vor euren Mistgötzen zu Boden gehen. 5 Und die Leichen der Israeliten werfe ich vor ihre Mistgötzen, und eure Knochen streue ich rings um eure Altäre. 6 Und wo immer ihr wohnt, werden die Städte in Trümmern liegen und die Kulthöhen verödet sein, damit eure Altäre in Trümmern liegen und die Schuld büssen und eure Mistgötzen zerbrochen werden und es ein Ende mit ihnen hat und eure Räucheraltäre in Stücke geschlagen und eure Machwerke getilgt werden. 7 Und in eurer Mitte werden Erschlagene liegen, und ihr werdet erkennen, dass ich der HERR bin! 8 Und ich werde einen Rest übrig lassen: Wenn von euch solche, die dem Schwert entkommen sind, unter den Nationen sind, wenn ihr in die Länder verstreut werdet, 9 werden die von euch, die entkommen sind, an mich denken bei den Nationen, wohin sie in die Gefangenschaft geführt worden sind. Zerbrochen habe ich ihr Hurenherz, das von mir abgewichen ist, und ihre Augen, die hinter ihren Mistgötzen hergehurt haben. Und sie werden sich vor sich selbst ekeln, der Bosheiten wegen, die sie begangen haben, all ihrer Abscheulichkeiten wegen.

10 Und sie werden erkennen, dass ich der HERR bin. Nicht ohne Grund habe ich angekündigt, ihnen dieses Unheil anzutun!

11 So spricht Gott der HERR: Klatsche in deine Hände und stampfe auf mit deinem Fuss, und sprich: Wehe über all die schlimmen Abscheulichkeiten des Hauses Israel! Durch das Schwert, vor Hunger und durch die Pest werden sie fallen! 12 Wer fern ist, wird an der Pest sterben, und wer nah ist, wird durch das Schwert fallen, und wer übrig bleibt und bewahrt worden ist, wird vor Hunger sterben: Ich werde meinen Zorn an ihnen auslassen! 13 Und sie werden erkennen, dass ich der HERR bin, wenn ihre Erschlagenen inmitten ihrer Mistgötzen liegen, rings um ihre Altäre, auf jedem hohen Hügel, auf allen Berggipfeln und unter jedem saftig-grünen Baum und unter jeder dicht belaubten Terebinthe, dort, wo sie all ihren Mistgötzen beschwichtigenden Duft dargebracht haben. 14 Und ich werde meine Hand gegen sie ausstrecken, und ich werde das Land verwüsten und zur Einöde machen, von der Wüste bis nach Dibla, wo immer sie wohnen, und sie werden erkennen, dass ich der HERR bin.

|1–7: 36,1–12 |3: 31,12; 35,8; 36,4 · 5,17; 11,8; 14,17 · 20,29! |4: Jes 17,8 · 6; 8,11; 16,18; 23,41 |5: 9,7; 2Kön 23,16; Jer 8,2 |6: Mi 1,7 · 20,29! · 30,13 · 4.13; 8,5 |8: 5,3! · 36,19! |9: 16,1–63; 23,1–49 · 20,43; 36,31 |10: 14,23 |11: 21,19; 25,6 · 8,6 · 33,27! |12: 5,12 · 7,8! |13: 8,5 · 20,28! · 16,19; 20,28.41 |14: 13,9; 14,9; 25,7 · 15,8!

Das Ende kommt

7 1 Und das Wort des HERRN erging an mich:

2 Und du, Mensch – so spricht Gott der HERR zu Israels Boden:
Es ist zu Ende,
   das Ende kommt
   über die vier Ränder des Landes!
3 Nun ist das Ende für dich gekommen:
Ich werde meinen Zorn gegen dich senden
   und dich richten nach deinen Wegen
und all deine Abscheulichkeiten über dich bringen.

4 Und kalt wird mein Auge auf dich blicken,
   und ich werde kein Mitleid haben:
Deine Taten werde ich über dich bringen,
   und deine Abscheulichkeiten
   werden in deiner Mitte sein,
und ihr werdet erkennen, dass ich der HERR bin.
5 So spricht Gott der HERR:
Unheil über Unheil!
   Sieh, es kommt!
6 Es nimmt ein Ende,
   das Ende kommt,
   gegen dich ist es erwacht,
sieh, es kommt!
7 Nun geht es gegen dich, Bewohner des Landes!
Es kommt die Zeit,
   nah ist der Tag:
Bestürzung und kein Jauchzen auf den Bergen!
8 Schon bald giesse ich nun meinen Zorn aus über dich,
   und ich lasse meine Wut aus an dir
und richte dich nach deinen Wegen
   und lasse all deine
   Abscheulichkeiten über dich
   kommen.
9 Und kalt wird mein Auge blicken,
   und ich werde kein Mitleid haben:
Nach deinen Wegen werde ich es dir heimzahlen,
   und deine Abscheulichkeiten
   werden in deiner Mitte sein,
und ihr werdet erkennen, dass ich es bin, der zuschlägt, der HERR.
10 Sieh, der Tag,
   sieh, er kommt!
Das Verhängnis nimmt seinen Lauf,
   erblüht ist der Stab,
aufgeblüht die Vermessenheit.
11 Die Gewalttat hat sich erhoben,
   ist Zepter des Unrechts geworden.
Nichts bleibt von ihnen,
   und nichts bleibt von ihrer Menge
   und von ihrem Lärmen,
und nichts Erhabenes bleibt an ihnen.
12 Es kommt die Zeit,
   es naht der Tag!

Wer kauft, soll sich nicht freuen,
und wer verkaufen muss, soll nicht
traurig sein,
denn über alles auf ihm kommt
glühender Zorn.
13 Wer verkauft, kehrt nicht zurück zu
dem, was verkauft ist,
selbst wenn sie noch unter den
Lebenden sind,
denn über alles auf ihm kommt eine
Schauung,
er kehrt nicht zurück,
und seiner Schuld wegen kann keiner
sein Leben festhalten.
14 Man bläst das Horn und stellt alles
bereit –
niemand zieht in den Kampf.
Denn über seine gesamte Menge
kommt mein glühender Zorn.
15 Draussen das Schwert
und drinnen die Pest und der
Hunger!
Wer auf dem offenen Land ist, stirbt
durch das Schwert,
und wer in der Stadt ist, den
verzehren Hunger und Pest.
16 Aber von ihnen werden Gerettete
entkommen,
und sie werden auf den Bergen sein
wie die Tauben in den Schluchten,
sie alle stöhnen,
ein jeder seiner Schuld wegen.
17 Alle Hände werden schlaff,
und alle Knie zergehen wie Wasser.
18 Und sie werden die Trauergewänder
umgürten,
und Schrecken wird sie eindecken,
und auf allen Gesichtern liegt Schande,
und all ihre Häupter sind kahl.
19 Sie werden ihr Silber auf die Gassen
werfen,
und ihr Gold wird zu Unrat.
Ihr Silber und Gold kann sie nicht retten
am Tag des Zorns des HERRN,
sie werden sich nicht sättigen
und ihren Bauch nicht füllen.
Denn es ist ihnen Anstoss zur
Verschuldung geworden!

20 Und das Schönste seines Schmucks
haben sie für ihren Hochmut
missbraucht,
und sie haben daraus ihre
abscheulichen Bilder, ihre
Scheusale, gemacht.
Darum mache ich es für sie unrein, ganz
und gar!
21 Und ich gebe es in die Hand der
Fremden als Beute
und den schlimmsten Übeltätern der
Erde zum Raub,
und sie werden es entweihen.
22 Ich aber wende mein Angesicht von
ihnen ab.
Und man wird entweihen, was mir
wertvoll ist,
und Räuber werden eindringen und
es entweihen.
23 Fertige die Kette an,
denn das Land ist voll von Blutschuld
und die Stadt ist voll von Gewalttat!
24 Und ich werde die schlimmsten
Nationen bringen,
und sie nehmen ihre Häuser in
Besitz.
Und dem Hochmut der Starken bereite
ich ein Ende,
und ihre Heiligtümer werden
entweiht.
25 Beklemmende Angst kommt,
und sie werden Frieden suchen,
doch es wird keinen Frieden geben.
26 Unglück kommt auf Unglück,
und es wird Nachricht auf Nachricht
geben.
Und beim Propheten werden sie
Schauung suchen,
und der Priester wird keine Weisung
haben
und die Ältesten keinen Rat.
27 Der König wird trauern, und der
Fürst wird sich mit Entsetzen bekleiden,
und die Hände des Volks des Landes
werden von Schrecken ergriffen. Wie es
ihrem Weg entspricht, werde ich mit
ihnen verfahren, und nach ihren eigen-
en Urteilen werde ich über sie richten.
Und sie werden erkennen, dass ich der
HERR bin.

|2: 21,7–8; 36,6; Am 8,2 · Offb 7,1 |3–4: 8–9 |3:
18,30; 33,20 |4: 5,11! |5: 26 |7: 10.12.19; 13,5; 22,24;
30,3; 39,8 · 22,5 |8–9: 3–4 |8: 5,13; 6,12; 13,15; 20,8;
Klgl 4,11! · 12,23! |9: 5,11! |10: 7! · Jes 28,5 ·
Num 17,20 |11: 23,42; 26,13 |12: 7! · 14 |13:
Lev 25,8–17 · 12,21–28; 13,16 |14: 33,3; Jer 6,1; Hos 5,8;
Am 3,6 · 12 |15: 33,27! |16: Mk 13,14 · Jer 48,28 |17:
27; 21,12; 2Sam 4,1; Jes 13,7; Jer 6,24 |18: 27,31;
Jes 15,2–3; Jer 48,37; Am 8,10 |19: 18,6! · 7! · 14,3;
18,30; 44,12 |20: 5,11! · 16,17 |21: 24; 28,7; 31,12 |22:
39,10 |23: 8,17; 9,9; Mi 3,10 |24: 21 · 16,56 |26: 5 ·
Jes 29,14; Jer 18,18; Klgl 2,9; Mi 3,6 |27: 17,12.16 ·
19,1! · 17! · 3!

7,7: Die Übersetzung «Nun geht es gegen dich,
Bewohner des Landes!» ist unsicher.
7,7: Der Massoretische Text («... und nicht des
Donnerns auf den Bergen!») wurde korrigiert.
7,11: Die Bedeutung des mit ‹Erhabenes›
wiedergegebenen hebräischen Worts ist unsicher.
7,12: Mit ‹ihm› ist der Boden Israels gemeint.
7,22: Wörtlich: «... Und man wird entweihen, was
ich verborgen halte, ...»

Ezechiels Entrückung. Seine Schauungen in Jerusalem

8 1 Und im sechsten Jahr, im sechsten Monat, am Fünften des Monats, als ich in meinem Haus sass und die Ältesten von Juda vor mir sassen, fiel dort auf mich die Hand Gottes des HERRN. 2 Und ich sah, und sieh: Da war eine Gestalt, die das Aussehen von Feuer hatte; abwärts von dem, was aussah wie seine Hüften, war Feuer, und von seinen Hüften an aufwärts sah es aus wie Glanz, wie der Anblick von Bernstein. 3 Und er streckte etwas wie eine Hand aus und nahm mich bei meinen Haaren, und Geist hob mich empor zwischen Himmel und Erde und brachte mich mit göttlichen Schauungen nach Jerusalem, an den Eingang des Tors zum Inneren, das nach Norden gerichtet ist, wo der Ort des Bilds der Eifersucht ist, das Eifersucht weckt. 4 Und sieh: Dort war die Herrlichkeit des Gottes Israels; es war wie die Erscheinung, die ich in der Ebene gesehen hatte. 5 Und er sprach zu mir: Du Mensch, richte deine Blicke nach Norden! Da richtete ich meine Blicke nach Norden, und sieh: Nördlich vom Tor stand der Altar, am Eingang stand dieses Bild der Eifersucht. 6 Da sprach er zu mir: Mensch, siehst du, was sie tun? Grosse Abscheulichkeiten sind

es, die das Haus Israel hier verübt: Von meinem Heiligtum halten sie sich fern! Aber du wirst weitere grosse Abscheulichkeiten sehen.

7 Und er brachte mich an den Eingang zum Vorhof, und ich sah, und sieh: Da war ein Loch in der Wand. 8 Und er sprach zu mir: Mensch, durchbrich die Wand. Da durchbrach ich die Wand, und sieh: Da war ein Eingang. 9 Und er sprach zu mir: Geh hinein, und sieh dir die schlimmen Abscheulichkeiten an, die sie hier verüben. 10 Und ich ging hinein und sah, und sieh: Da waren all die Abbilder von Kriechtieren und von grossen Tieren, Scheusale, und all die Mistgötzen des Hauses Israel, eingeritzt ringsum in die Wand. 11 Und vor ihnen standen siebzig Männer von den Ältesten des Hauses Israel, und mitten unter ihnen stand Jaasanjahu, der Sohn des Schafan. Und jeder hielt seine Rauchopferpfanne in der Hand, und der Geruch vom Qualm des Rauchopfers stieg auf. 12 Da sprach er zu mir: Hast du gesehen, Mensch, was die Ältesten des Hauses Israel im Finstern tun, jeder in der Kammer, in der sein Götzenbild steht? Denn sie sagen: Der HERR sieht uns nicht, der HERR hat das Land verlassen! 13 Und er sprach zu mir: Du wirst noch weitere grosse Abscheulichkeiten sehen, die sie verüben.

14 Und er brachte mich an den Eingang des Tors zum Haus des HERRN, das nach Norden gerichtet ist, und sieh, dort sassen die Frauen und weinten um Tammuz. 15 Und er sprach zu mir: Hast du es gesehen, du Mensch? Du wirst noch grössere Abscheulichkeiten als diese sehen.

16 Und er brachte mich in den inneren Vorhof des Hauses des HERRN, und sieh: Am Eingang des Tempels des HERRN, zwischen der Vorhalle und dem Altar, waren etwa fünfundzwanzig Männer, mit dem Rücken zum Tempel des HERRN und den Gesichtern nach Osten, und sie warfen sich nieder gegen Osten, vor der Sonne. 17 Und er sprach

zu mir: Hast du es gesehen, Mensch? Reicht es dem Haus Juda nicht, die Abscheulichkeiten zu verüben, die sie hier verübt haben? Das Land haben sie mit Gewalttat erfüllt, und immer wieder haben sie mich gereizt. Und sieh, sie halten sich die Weinranke unter ihre Nasen! 18 Aber auch ich werde zornerfüllt handeln! Kalt wird mein Auge blicken, und ich werde kein Mitleid haben! Und sie werden mir mit lauter Stimme in die Ohren rufen, ich aber werde sie nicht hören!

9 1 Und mit lauter Stimme rief er in meine Ohren: Nahe gekommen sind die Heimsuchungen der Stadt, und jeder hält in seiner Hand sein Werkzeug, um zu zerstören! 2 Und sieh: Sechs Männer kamen vom oberen Tor her, das nach Norden gerichtet ist, und in seiner Hand hielt jeder sein Werkzeug, um zu zerschlagen, und unter ihnen war ein Mann, der in Leinen gekleidet war, die Schreibertafel an seiner Hüfte, und sie kamen und stellten sich neben den bronzenen Altar. 3 Die Herrlichkeit des Gottes Israels aber hatte sich erhoben von dem Kerub, über dem sie gewesen war, hin zur Schwelle des Hauses. Und er rief den Mann, der in Leinen gekleidet war, der die Schreibertafel an seiner Hüfte trug. 4 Und der HERR sprach zu ihm: Schreite mitten durch die Stadt, mitten durch Jerusalem, und mache ein Taw-Zeichen auf die Stirn der Männer, die seufzen und stöhnen über all die Abscheulichkeiten, die in ihr begangen werden. 5 Zu jenen aber hörte ich ihn vor meinen Ohren sprechen: Schreitet durch die Stadt, hinter diesem her, und schlagt zu! Kalt sollen eure Augen blicken, und ihr sollt kein Mitleid haben! 6 Greise, junge Männer und junge Frauen und Kinder und Frauen – bringt sie um, vernichtet sie! All denen aber, die das Taw-Zeichen tragen, sollt ihr euch nicht nähern. Und bei meinem Heiligtum sollt ihr beginnen. Und sie begannen mit den Männern, den Ältesten, die vor dem Haus waren. 7 Und er

sprach zu ihnen: Macht das Haus unrein und füllt die Vorhöfe mit Erschlagenen! Geht hinaus! Da gingen sie hinaus, und immer wieder schlugen sie zu in der Stadt. 8 Und als sie zugeschlagen hatten, so dass ich allein übrig blieb, fiel ich nieder auf mein Angesicht und schrie auf und sprach: Ach, Herr, HERR, vernichtest du den gesamten Rest Israels, indem du deinen Zorn ausgiesst über Jerusalem? 9 Da sprach er zu mir: Über die Massen gross ist die Schuld des Hauses Israel und Juda. Mit Blut hat sich das Land gefüllt, und die Stadt ist voll von Rechtsbeugung. Denn sie sagen: Der HERR hat das Land verlassen, der HERR sieht es nicht! 10 Und so wird auch mein Auge kalt blicken, und ich werde kein Mitleid haben! Ihre Taten lasse ich zurückfallen auf ihr Haupt. 11 Und sieh: Der Mann, der in Leinen gekleidet war, der die Schreibertafel an seiner Hüfte trug, erstattete Bericht: Ich habe es gemacht, wie du es mir geboten hast.

|1: 14,1; 20,1; 2Kön 6,32 · 1,3! |2: 1,26–28; Dan 10,5–6 |3: 6,9 · 1,1; 11,24; 40,2 · 5 · 35,11! |4: 9,3; 10,19; 11,22; 43,2 · 1,28!; 3,22.23 |5: 3; 6,4.6.13; Dtn 32,16.21; 2Kön 21,4–5 |6–17: 2Chr 36,14 |6: 9.13.15; 6,11 |8: 12,5 |9: 6.13.15; 6,11; 43,8 |10: 18,6.15; 23,14; Dtn 4,16 |11: 14,1; 20,1 · 2Kön 22,3 · 6,4! |12: Lev 26,1 · 9,9; Jes 29,15; Hiob 22,13–14! |13: 6.9.15; 6,11 |14: Jes 17,10–11; Sach 12,11 |15: 6.9.13; 6,11 |16: Dtn 17,3; 2Kön 23,5; 2Chr 29,6 |17: 7,23; 9,9 · 16,50; 18,12 · 15,2; 17,6 |18: 5,11!; 9,1; Jer 11,11; Mi 3,4 |1: 8,18 · 12,23! |2: 2Kön 15,35 · Jer 51,20 · 10,2 |3: 8,4!; 10,4; 11,23; 43,2–5 · 10,2; 28,14; 41,18 |4: 6; Gen 4,15; Offb 7,3 |5: Ex 32,27; Num 25,5 · 5,11! |6: 4!; Offb 9,4 · Jer 25,29; 1Petr 4,17 · 8,16 |7: 6.5 · 11,6 |8: 11,13 · 3,23! · 5,3! · Ex 32,11–13 |9: 7,23; 8,17; Mi 3,10 · 4,4; 39,23 · 8,12! |10: 5,11! · 11,21

8,2: Siehe die Anm. zu 1,4.

8,14: Gemeint ist ein kultisches Weinen um den Fruchtbarkeitsgott Tammuz.

8,17: «sie halten sich die Weinranke unter ihre Nasen» bezieht sich auf einen nichtisraelitischen kultischen Brauch.

9,4: Taw ist ein hebräischer Buchstabe, der ursprünglich die Form eines Markierungskreuzes hatte.

Erneute Schauung der Herrlichkeit des HERRN

10 1 Und ich sah, und sieh: Über dem Gewölbe, das über dem Haupt der Kerubim war, war etwas wie Saphirgestein; etwas, das aussah wie die Gestalt eines Throns, war über ihnen zu sehen. 2 Und er sprach zu dem Mann, der in Leinen gekleidet war; er sprach: Geh hinein in das Räderwerk, unter den Kerub, und nimm zwei Hände voll von den glühenden Kohlen, die zwischen den Kerubim sind, und streue sie über die Stadt. Und vor meinen Augen ging er hinein. 3 Und als der Mann hineinging, standen die Kerubim südlich des Hauses, und die Wolke füllte den inneren Vorhof. 4 Da erhob sich die Herrlichkeit des HERRN von dem Kerub hin zur Schwelle des Hauses, und das Haus wurde von der Wolke erfüllt, und der Vorhof war erfüllt vom Glanz der Herrlichkeit des HERRN. 5 Und bis in den äusseren Vorhof war das Geräusch der Flügel der Kerubim zu hören, gleich der Stimme von El-Schaddai, wenn er spricht. 6 Und als er dem Mann, der in Leinen gekleidet war, gebot: Nimm von dem Feuer zwischen dem Räderwerk, zwischen den Kerubim!, ging er hinein und stellte sich neben das Rad. 7 Da streckte der Kerub seine Hand zwischen den Kerubim hervor nach dem Feuer, das zwischen den Kerubim war, nahm davon und gab es in die Hände dessen, der in Leinen gekleidet war, und dieser nahm es und kam heraus.

8 Und an den Kerubim war etwas wie eine Menschenhand zu sehen, unter ihren Flügeln. 9 Und ich sah, und sieh: Neben den Kerubim waren vier Räder, je ein Rad neben je einem Kerub, und das Aussehen der Räder war wie der Anblick von Topasgestein. 10 Und dies war ihr Aussehen: Alle vier hatten dieselbe Gestalt, als wäre ein Rad mitten im anderen Rad. 11 Wenn sie sich bewegten, bewegten sie sich nach ihren vier Seiten. Wenn sie sich bewegten, änderten sie nicht die Richtung, sondern dorthin, wohin das Haupt sich wandte, bewegten sie sich, ihm nach; wenn sie sich bewegten, änderten sie nicht die Richtung. 12 Und ihr ganzer Leib und ihr Rücken und ihre Hände und ihre Flügel

und die Räder waren ringsum voller Augen, bei allen ihren vier Rädern. 13 Die Räder, sie wurden vor meinen Ohren Galgal genannt. 14 Und jedes hatte vier Gesichter: Das Gesicht des einen war das Gesicht eines Kerubs, das Gesicht des Zweiten war ein Menschengesicht, und das dritte war ein Löwengesicht, und das vierte war ein Adlergesicht. 15 Und die Kerubim erhoben sich. Das war das Wesen, das ich am Fluss Kebar gesehen hatte. 16 Und wenn die Kerubim sich bewegten, bewegten sich die Räder neben ihnen, und wenn die Kerubim ihre Flügel hoben, um sich vom Boden zu erheben, wichen auch die Räder nicht von ihrer Seite. 17 Wenn jene stehen blieben, blieben diese stehen, und wenn jene sich erhoben, erhoben diese sich mit ihnen, denn der Geist des Wesens war in ihnen.

18 Und die Herrlichkeit des HERRN verliess die Schwelle des Hauses und blieb über den Kerubim stehen. 19 Und die Kerubim hoben ihre Flügel, und vor meinen Augen erhoben sie sich vom Boden, als sie sich entfernten, und die Räder genau wie sie. Und am Eingang des östlichen Tors am Haus des HERRN blieb die Herrlichkeit des Gottes Israels stehen, und sie war oben über ihnen. 20 Das war das Wesen, das ich unter dem Gott Israels am Fluss Kebar gesehen hatte. Und ich erkannte, dass es Kerubim waren. 21 Jeder hatte vier Gesichter, und jeder hatte vier Flügel, und unter ihren Flügeln war die Gestalt von Menschenhänden. 22 Und die Gestalt ihrer Gesichter – es waren die Gesichter, die ich am Fluss Kebar gesehen hatte, ihr Aussehen und sie selbst. Jeder bewegte sich geradeaus.

|1–22: 1,3–28 |1: 1,22; Jes 6,1; Offb 4,3 · 20! |2: 9,2 · 13; 1,15–21 · 9,3! · Offb 8,5 |4: 9,3! · 1,4 · 1,24; 3,13; 1Kön 8,10! |5: 43,2; Offb 1,15 |6: 9,2! · 2 |7: 9,3! · 20! · 35,8 |8: 21; 1,8 |9–17: 1,15–21; 3,13 |9: 1,16; 28,13; Dan 10,6 |11: 1,17 |12: 1,18 |13,2 |14: 22; 1,10 |15: 20! · 20.22; 1,1! · 1,5 |16: 1,20 |17: 1,21 |19: 8,4! · 9,3! · 11,1; 43,4 |20: 1,1! · 15; 1,5 · 1.7.15; 11,22; 41,18.25 |21: 8; 1,8 |22: 1,1! · 14; 1,6.10

10,5: Siehe die Anm. zu Gen 17,1.
10,13: Galgal bedeutet ‹Räderwerk›; vgl. 10,2.

Weissagung gegen die Obersten der Stadt

11 1 Und Geist hob mich empor und brachte mich zum östlichen Tor am Haus des Herrn, das nach Osten gerichtet ist. Und sieh: Am Eingang des Tors waren fünfundzwanzig Männer, und unter ihnen sah ich Jaasanja, den Sohn des Asur, und Pelatjahu, den Sohn des Benajahu, die Obersten des Volks. 2 Da sprach er zu mir: Du Mensch, das sind die Männer, die Unheil planen und schlechten Rat erteilen in dieser Stadt, 3 die sagen: In nächster Zeit müssen keine Häuser gebaut werden! Sie ist der Kessel, und wir sind das Fleisch. 4 Darum weissage gegen sie! Weissage, Mensch! 5 Da fiel der Geist des Herrn auf mich, und er sprach zu mir: Sage: So spricht der Herr: So habt ihr geredet, Haus Israel! Und was in eurem Geist aufsteigt – ich weiss es! 6 Viele habt ihr erschlagen in dieser Stadt, und ihre Gassen habt ihr mit Erschlagenen gefüllt. 7 Darum, so spricht Gott der Herr: Die ihr erschlagen habt, die ihr niedergemacht habt in ihrer Mitte, jene sind das Fleisch, und diese ist der Kessel. Euch aber werde ich aus ihr vertreiben. 8 Das Schwert fürchtet ihr, und das Schwert werde ich über euch bringen! Spruch Gottes des Herrn. 9 Und ich werde euch aus ihr vertreiben und euch in die Hand von Fremden geben, und ich werde Urteile an euch vollstrecken! 10 Durch das Schwert werdet ihr fallen, an der Grenze Israels werde ich euch richten, und ihr werdet erkennen, dass ich der Herr bin! 11 Sie wird für euch kein Kessel sein, und ihr werdet nicht das Fleisch darin sein; an der Grenze Israels werde ich euch richten. 12 Und ihr werdet erkennen, dass ich der Herr bin, nach dessen Satzungen ihr nicht gelebt und nach dessen Geboten ihr nicht gehandelt habt. Vielmehr habt ihr nach den Gebräuchen der Nationen gehandelt, die rings um euch sind. 13 Und als ich geweissagt hatte, war Pelatjahu, der Sohn des Benajahu, gestorben. Da fiel ich nieder auf mein Angesicht und

schrie mit lauter Stimme und sprach: Ach, Herr, Herr, du löschst den Rest Israels aus!

14 Und das Wort des Herrn erging an mich: 15 Mensch, deine Brüder, deine Brüder, deine Verwandten und das ganze Haus Israel, sie alle sind es, von denen die Bewohner Jerusalems sagen: Sie sind fern vom Herrn! Uns gehört es, uns ist das Land zum Besitz gegeben! 16 Darum sprich: So spricht Gott der Herr: Obwohl ich sie weit fort unter die Nationen gebracht habe, und obwohl ich sie in die Länder zerstreut habe, bin ich ihnen kaum zum Heiligtum geworden in den Ländern, in die sie gekommen sind. 17 Darum sprich: So spricht Gott der Herr: Ich werde euch sammeln aus den Völkern und euch zusammenbringen aus den Ländern, in die ihr zerstreut worden seid, und ich werde euch Israels Boden geben. 18 Dann werden sie dorthin kommen und all seine Scheusale und all seine Abscheulichkeiten von ihm entfernen. 19 Und ich werde ihnen ein einmütiges Herz geben, und in ihr Inneres werde ich einen neuen Geist legen. Das Herz aus Stein aber werde ich entfernen aus ihrem Leib, und ich werde ihnen ein Herz aus Fleisch geben, 20 damit sie nach meinen Satzungen leben und meine Rechtssätze halten und danach handeln. Dann werden sie mir Volk sein, und ich werde ihnen Gott sein. 21 Ihr Herz aber folgt dem Herzen ihrer Scheusale und ihrer Abscheulichkeiten. Ihre Taten lasse ich zurückfallen auf ihr Haupt! Spruch Gottes des Herrn.

|1–12: 24,1–14; Jer 1,13; Mi 3,3 |1: 8,3 · 10,19; 43,4 · 13 · 22,27 |2: Mi 2,1 |3: 28,26 | 6: 9,7; 22,1–12; 35,8 |8: 5,17; 6,3; 14,17 |9: 2Kön 25,18–21 · 5,8! |12: 2,3! · Lev 18,3; Dtn 12,30 |13: 1 · 3,23! · 9,8 |14–21: Jer 32,37–41 |15: 33,24; 36,2; Lev 25,23–25 |16: 36,19! · Jes 8,14 |17: 20,34; 28,25; 34,13; 36,24; 37,21; 38,8; 39,27 |18: 5,11! |19: 18,31; 36,26; Jer 24,7!; 2Kor 3,3 |20: 14,11; 34,24; 36,28; 37,23 |21: 5,11! · 9,10

11,18: Mit ‹seine Scheusale› sind die Scheusale des Bodens Israels gemeint.

Der Auszug der Herrlichkeit des HERRN

22 Und die Kerubim hoben ihre Flügel, und die Räder bewegten sich genau wie sie, und die Herrlichkeit des Gottes Israels war oben über ihnen. 23 Und die Herrlichkeit des HERRN stieg auf aus der Mitte der Stadt, und über dem Berg, der im Osten der Stadt liegt, blieb sie stehen. 24 Geist aber hatte mich emporgehoben und brachte mich in einer Erscheinung durch den Geist Gottes nach Kasdäa, zu den Verbannten. Und die Erscheinung, die ich gesehen hatte, stieg auf, hinweg von mir. 25 Und ich sprach zu den Verbannten alle Worte des HERRN, die er mich hatte sehen lassen.

|22: 8,4! · 10,20! |23: 9,3! · Sach 14,4 |24: 1,1; 8,3; 40,2

Ezechiels Auszug als Zeichen kommender Verbannung

12 1 Und das Wort des HERRN erging an mich: 2 Du Mensch, du lebst mitten im Haus der Widerspenstigkeit, bei denen, die Augen haben, um zu sehen, und nicht sehen, die Ohren haben, um zu hören, und nicht hören. Sie sind ein Haus der Widerspenstigkeit! 3 Und du, Mensch, mach dir Gepäck für die Verbannung bereit, und zieh in die Verbannung, bei Tag, vor ihren Augen! Und zieh in die Verbannung, fort von deiner Stätte an einen anderen Ort, vor ihren Augen! Vielleicht sehen sie es. Sie sind ein Haus der Widerspenstigkeit! 4 Und wie Gepäck für die Verbannung sollst du dein Gepäck hinausschaffen, bei Tag, vor ihren Augen. Du selbst aber sollst am Abend hinausgehen, vor ihren Augen, wie man hinausgeht, wenn man in die Verbannung zieht. 5 Durchbrich dir vor ihren Augen die Mauer, und schaff das Gepäck dort hinaus. 6 Hebe es vor ihren Augen auf die Schulter, schaff es in der Dunkelheit hinaus, verhülle dein Angesicht, und blicke nicht auf das Land, denn ich habe dich zu einem Zeichen gemacht für das Haus Israel! 7 Und ich machte es so, wie es mir geboten worden war: Wie Gepäck für die Verban-

nung schaffte ich mein Gepäck bei Tag hinaus, und am Abend durchbrach ich mir die Mauer mit der Hand; in der Dunkelheit schaffte ich es weg, und vor ihren Augen hob ich es auf die Schulter.

8 Und am Morgen erging das Wort des HERRN an mich: 9 Du Mensch, hat nicht das Haus Israel, das Haus der Widerspenstigkeit, zu dir gesagt: Was tust du da? 10 Sprich zu ihnen: So spricht Gott der HERR: Der Fürst ist diese Last in Jerusalem und das ganze Haus Israel, alle, die bei ihnen sind. 11 Sprich: Ich bin das Zeichen für euch. Wie ich gehandelt habe, so wird an ihnen gehandelt werden: In die Verbannung, in die Gefangenschaft werden sie gehen. 12 Und der Fürst, der in ihrer Mitte ist, wird in der Dunkelheit die Schulter beladen und hinausgehen. Die Mauer wird man durchbrechen, um es dort hinauszuschaffen. Sein Angesicht wird er verhüllen, denn er selbst wird das Land nicht zu Gesicht bekommen. 13 Und ich werde mein Fangnetz über ihn ausspannen, und in meinem Netz wird er gefangen werden. Und ich werde ihn nach Babel bringen, ins Land der Kasdäer, sehen aber wird er es nicht, und dort wird er sterben! 14 Und alle, die um ihn sind, seine Helfer und all seine Scharen, werde ich in alle Winde streuen, und ich werde hinter ihnen her sein und das Schwert ziehen. 15 Und sie werden erkennen, dass ich der HERR bin, wenn ich sie unter die Nationen zerstreue und sie in die Länder streue. 16 Eine Anzahl von ihnen aber werde ich übrig lassen, fern vom Schwert, von Hunger und von Pest, damit sie von all ihren Abscheulichkeiten erzählen unter den Nationen, zu denen sie kommen. Und sie werden erkennen, dass ich der HERR bin.

17 Und das Wort des HERRN erging an mich: 18 Du Mensch, zitternd wirst du dein Brot essen, und von Angst gepackt und voller Sorge wirst du dein Wasser trinken! 19 Und zum Volk des Landes wirst du sprechen: So spricht Gott der HERR über die Bewohner Jeru-

salems auf Israels Boden: Sie werden ihr Brot voller Sorge essen und voller Entsetzen ihr Wasser trinken! Ihr Land wird verwüstet, so dass nichts mehr darin ist, wegen der Gewalttätigkeit all derer, die darin wohnen! 20 Und die bewohnten Städte werden in Trümmern liegen, und das Land wird zur Einöde, und ihr werdet erkennen, dass ich der HERR bin.

21 Und das Wort des HERRN erging an mich: 22 Du Mensch, was soll diese Redensart bei euch, auf Israels Boden: Die Tage ziehen sich in die Länge, und keine Schauung bringt etwas! 23 Darum sprich zu ihnen: So spricht Gott der HERR: Dieser Redensart mache ich ein Ende, und man wird sie in Israel nicht mehr als Redensart verwenden. Sprich vielmehr zu ihnen: Nahe sind die Tage und das Wort jeder Schauung! 24 Denn es wird keine nichtige Schauung und keine schmeichlerische Wahrsagung mehr geben im Haus Israel, 25 denn ich, der HERR, werde sagen, was ich sagen werde: Ein Wort, und es wird ausgeführt, es wird sich nicht mehr hinziehen. Noch in euren Tagen, Haus der Widerspenstigkeit, werde ich ein Wort sagen und es ausführen! Spruch Gottes des HERRN.

26 Und das Wort des HERRN erging an mich: 27 Mensch, sieh, das Haus Israel, sie sagen: Die Schauung, die er schaut, gilt weit entfernten Tagen, und er weissagt für ferne Zeiten. 28 Darum sprich zu ihnen: So spricht Gott der HERR: Keins meiner Worte wird sich mehr hinziehen. Was ich sagen werde: Ein Wort, und es wird ausgeführt! Spruch Gottes des HERRN.

|2: Jes 6,9; Jer 5,21!; Mk 8,18 |3–7: 4,12! |5: 8,8 |6: 11; 24,24.27; Jes 8,18; Jes 20,3 |9: 17,12; 24,19; 37,18 |10: 19,1! |11: 6! |12: 2Kön 25,7; Jer 39,7; Jer 52,11 |13: 17,20; 19,8; 32,3; Jes 8,14 |14: 5,2.12; 21,8–10; Lev 26,33 |15: 5,2!; 36,19! |16: 5,3! · 33,27! |18: 4,10! |20: 14,15; 29,9; 30,7; 35,15; 36,34 |21–28: 7,13; 13,16 |22: 14,8; 18,2; Dtn 28,37 · Jes 5,19; 2Petr 3,4 |23: 18,3 · 27;7,8; 9,1; 30,3; 36,8; Offb 22,20 |24: 13,10; 22,28; Jes 30,10 |25: 24,14; Num 11,23; Jes 50,2 |27: 23!; Hab 2,3 |28: Num 23,19; Jer 1,12!

12,5: Wörtlich: «..., und schaff es dort hinaus.»

Gegen falsche Propheten und Prophetinnen

13 1 Und das Wort des HERRN erging an mich: 2 Du Mensch, weissage für die Propheten Israels, die da weissagen! Und sprich zu denen, die aus sich heraus weissagen: Hört das Wort des HERRN! 3 So spricht Gott der HERR: Wehe den törichten Propheten, die ihrem eigenen Geist folgen, ohne etwas gesehen zu haben! 4 Wie Schakale in den Trümmern sind die Propheten geworden, Israel. 5 Ihr habt euch nicht in die Bresche geworfen und habt keinen Wall errichtet um das Haus Israel, damit es standhalten könnte im Kampf am Tag des HERRN. 6 Nichtiges haben sie geschaut und verlogene Wahrsagung, sie, die sagen: Spruch des HERRN!, obwohl der HERR sie nicht gesandt hat. Und dann erwarten sie, dass er ein Wort erfüllt! 7 Ist es nicht nichtige Schauung, was ihr geschaut, und verlogene Wahrsagung, was ihr geredet habt? Und sie sagen: Spruch des HERRN! Ich aber habe nicht gesprochen! 8 Darum, so spricht Gott der HERR: Weil ihr Nichtiges geredet und Lüge geschaut habt, darum, seht, gehe ich gegen euch vor! Spruch Gottes des HERRN. 9 Und meine Hand wird gegen die Propheten sein, die Nichtiges schauen und Lüge wahrsagen! Sie werden nicht im Kreis meines Volkes sein, und im Verzeichnis des Hauses Israel werden sie nicht verzeichnet, und auf Israels Boden werden sie nicht kommen, und ihr werdet erkennen, dass ich Gott der HERR bin. 10 Darum, weil sie mein Volk in die Irre geführt haben, als sie sagten: Friede!, und da war kein Friede – und baut man eine Wand, sieh, dann verputzen diese sie mit Tünche –, 11 sprich zu denen, die sie mit Tünche verputzen, so dass sie einstürzt: Flutartiger Regen kommt; und ihr Hagelsteine sollt fallen; und ein gewaltiger Sturmwind wird losbrechen! 12 Und seht: Schon ist die Mauer eingestürzt! Wird man dann nicht zu euch sagen: Wo ist der Putz, mit dem ihr verputzt habt? 13 Darum, so spricht Gott der HERR: Einen gewaltigen Sturmwind lasse ich losbrechen in meinem Zorn, und flutartiger Regen wird kommen mit meiner Wut und Hagelsteine mit meinem Zorn, um zu vernichten. 14 Und die Mauer, die ihr mit Tünche verputzt habt, werde ich niederreissen und zu Boden stürzen lassen, und ihre Grundmauer wird blossgelegt werden, und sie wird einstürzen, und mitten darin werdet ihr euer Ende finden, und ihr werdet erkennen, dass ich der HERR bin. 15 Und ich werde meinen Zorn auslassen an der Mauer und an denen, die sie mit Tünche verputzen, und ich werde euch sagen: Die Mauer ist nicht mehr, und auch jene, die sie verputzen, sind nicht mehr: 16 die Propheten Israels, die für Jerusalem weissagen und für Jerusalem eine Friedensschauung schauen, und da ist kein Friede! Spruch Gottes des HERRN.

17 Und du, Mensch, richte dein Angesicht gegen die Töchter deines Volks, die aus sich heraus weissagen, und weissage gegen sie, 18 und sprich: So spricht Gott der HERR: Wehe denen, die Zauberbinden nähen für jedes Handgelenk und Kopfbedeckungen machen für Köpfe jeder Grösse, um Jagd zu machen auf Menschenleben! Auf die Menschen in meinem Volk macht ihr Jagd, und Menschen, die zu euch gehören, lasst ihr am Leben! 19 Und für ein paar Handvoll Gerste und für einige Bissen Brot habt ihr mich entweiht bei meinem Volk, da ihr Menschen tötet, die nicht sterben sollten, und Menschen am Leben lasst, die nicht leben sollten, und mein Volk belügt, das auf Lüge hört. 20 Darum, so spricht Gott der HERR: Seht, ich gehe gegen eure Zauberbinden vor, mit denen ihr Jagd macht auf die Menschen als wären sie Vögel, und ich werde sie euch von den Armen reissen! Und ich werde die Menschen freilassen, die Menschen, auf die ihr Jagd macht, als wären sie Vögel. 21 Und eure Kopfbedeckungen werde ich zerreissen, und mein Volk

werde ich retten aus eurer Hand, und sie werden keine Beute mehr sein in eurer Hand, und ihr werdet erkennen, dass ich der HERR bin. 22 Weil ihr das Herz des Gerechten mit Lüge peinigt – nicht ich habe ihn gepeinigt! –, indem ihr die Hände des Ungerechten stärkt, so dass dieser nicht zurückkehrt von seinem bösen Weg, um am Leben zu bleiben, 23 darum werdet ihr nicht mehr Nichtiges schauen und keine Wahrsagerei mehr treiben: Ich werde mein Volk aus eurer Hand retten, und ihr werdet erkennen, dass ich der HERR bin!

|1–16: Jer 23,9–40 |2: 17 |3: Jer 23,26 |4: Klgl 5,18 |5: 22,30; Ps 106,23 · 7,7! |6: 23; 21,34; 22,28 · Jer 23,32; Jer 27,12 |7: Dtn 18,21–22 |9: 6,14!; 14,9 · 20,38; Jes 4,3 |10: 16; 12,24; 22,28; 1Thess 5,3 · Mt 23,27; Apg 23,3 |11: 38,22; Mt 7,27 |14: Mi 1,6 |15: 7,8! |16: 10!; 7,13; 12,21–28 |17–23: Lev 19,26.31; Dtn 18,10–14 |17: 2 |19: Num 22,7; Mi 3,5 |21: 34,10; 37,23 |22: 3,18–21; Jer 23,14 |23: 6

13,10: Im Hebräischen klingt im Wort für ‹Tünche› wohl das Wort ‹Unsinniges› an.

13,16: Wörtlich «... und für es eine Friedensschauung schauen, ...»

Gegen die Götzendiener des Hauses Israel

14 1 Und von den Ältesten Israels kamen Männer zu mir und liessen sich vor mir nieder. 2 Und das Wort des HERRN erging an mich: 3 Du Mensch, diese Männer haben ihre Mistgötzen in ihr Herz dringen lassen und haben den Anstoss zu ihrer Verschuldung vor sich hingestellt. Sollte ich mich da von ihnen befragen lassen? 4 Darum rede zu ihnen und sprich zu ihnen: So spricht Gott der HERR: Jeder Einzelne vom Haus Israel, der seine Mistgötzen in sein Herz dringen lässt und den Anstoss zu seiner Verschuldung vor sich hinstellt und dann zum Propheten kommt – ich selbst, der HERR, lasse mich dadurch zur Antwort an ihn bewegen, trotz seiner vielen Mistgötzen, 5 um dem Haus Israel ans Herz zu greifen, denen, die sich ihrer Mistgötzen wegen von mir abgewendet haben, ihnen allen. 6 Darum sprich zum Haus Israel: So spricht Gott der HERR: Kehrt zurück und wendet euch ab von euren Mistgötzen und wendet eure Gesichter ab von all euren Abscheulichkeiten! 7 Wenn irgendeiner vom Haus Israel oder von den Fremden, die als Fremde in Israel sind, sich von mir abwendet und seine Mistgötzen in sein Herz dringen lässt und den Anstoss zu seiner Verschuldung vor sich hinstellt und dann zum Propheten kommt, um mich für sich zu befragen – ich selbst, der HERR, ich lasse mich zur Antwort an ihn bewegen. 8 Und ich werde mein Angesicht gegen jenen Mann richten, und ich werde veranlassen, dass man ihn zu einem Zeichen macht und dass man Redensarten über ihn prägt, und ich werde ihn ausrotten aus meinem Volk, und ihr werdet erkennen, dass ich der HERR bin. 9 Wenn aber der Prophet sich überreden lässt und ein Wort spricht, habe ich, der HERR, jenen Propheten überredet, und ich werde meine Hand gegen ihn ausstrecken und ihn tilgen aus meinem Volk Israel. 10 Und sie werden ihre Schuld tragen; die Schuld dessen, der fragt, wird sein wie die Schuld des Propheten, 11 damit das Haus Israel nicht mehr von mir abirrt und sie sich nicht mehr unrein machen mit all ihren Vergehen. Und sie werden mir Volk sein, und ich werde ihnen Gott sein! Spruch Gottes des HERRN.

| 1: 8,1.11; 20,1; 2Kön 6,32 | 3: 7,19! · 20,3 | 4: 7 | 5: Jes 1,4 | 6: 1.30; 33,11; Jer 3,14 | 7: 4 · 7,19! · 47,22 | 8: 15,7 · 4,3; 20,12.20 · 12,22; 18,2 | 9: 6,14!; 13,9 | 11: 20,43; 36,17 · 11,20!

Der Gerechte rettet nur sich selbst. Die Schlechtigkeit der Überlebenden im Land

12 Und das Wort des HERRN erging an mich: 13 Du Mensch, wenn ein Land gegen mich sündigt, indem es die Treue bricht, und ich meine Hand gegen es ausstrecke und ihm den Brotstab zerbreche und Hunger hineinsende und Mensch und Tier darin ausrotte, 14 und es wären diese drei Männer in seiner Mitte: Noah, Daniel und Hiob – selbst sie würden durch ihre Gerechtigkeit nur ihr eigenes Leben retten! Spruch Gottes des HERRN. 15 Oder wenn ich reissende Tiere durch das Land streifen

lasse und diese es seiner Kinder berauben, und es wird zur Wüstenei, da der Tiere wegen niemand mehr hindurchzieht – 16 wären diese drei Männer in seiner Mitte, so wahr ich lebe, Spruch Gottes des HERRN, sie würden weder Söhne noch Töchter retten; nur sie, sie würden gerettet werden, das Land aber würde zur Wüstenei. 17 Oder wenn ich ein Schwert über jenes Land bringe und spreche: Ein Schwert fahre durch das Land!, und ich Mensch und Tier darin ausrotte, 18 und diese drei Männer wären in seiner Mitte: So wahr ich lebe, Spruch Gottes des HERRN, sie würden weder Söhne noch Töchter retten, sondern nur sie, sie würden gerettet werden. 19 Oder wenn ich jenem Land die Pest sende und meinen Zorn darüber ausschütte und Blut vergiesse, so dass ich Mensch und Tier darin ausrotte, 20 und Noah, Daniel und Hiob wären in seiner Mitte: So wahr ich lebe, Spruch Gottes des HERRN, sie würden weder Sohn noch Tochter retten, selbst sie würden durch ihre Gerechtigkeit nur ihr eigenes Leben retten. 21 Ja, so spricht Gott der HERR: Wenn ich nun meine vier schrecklichen Strafen, Schwert und Hunger und reissende Tiere und Pest, nach Jerusalem sende, um Mensch und Tier darin auszurotten, 22 seht, dann werden darin Gerettete übrig bleiben, die herausgeführt werden, Söhne und Töchter. Seht, sie kommen heraus zu euch, und ihr werdet ihren Weg und ihre Taten sehen, und ihr werdet euch trösten über das Unheil, das ich über Jerusalem gebracht habe, über all das, was ich über es gebracht habe. 23 Und sie werden euer Trost sein, denn ihr werdet ihren Weg und ihre Taten sehen, und ihr werdet erkennen, dass ich all das, was ich Jerusalem angetan habe, nicht ohne Grund getan habe! Spruch Gottes des HERRN.

| 12–23: 3,17–21; 18,1–32; 33,10–20 | 13: 19 · 4,10! · 6,14! · 25,13; 29,8 | 14: 20; Jer 15,1 · Gen 6–9 · 28,3 | 15: 33,27! · 12,20! | 17: 5,17; 6,3; 11,8 | 19: 13 · 28,23; 38,22 | 20: 14 | 21: 33,27! | 22: 5,3!; 9,4; 16,54; 31,16 | 23: 6,10

14,15: Die Übersetzung «Oder» beruht auf der griechischen Überlieferung.
14,23: Wörtlich: «... was ich ihr angetan habe, ... »

Das Gleichnis vom Holz des Weinstocks

15 1 Und das Wort des HERRN erging an mich:

2 Du Mensch, welchen Vorteil hat das Holz des Weinstocks gegenüber allem anderen Holz – die Ranke, die unter den Bäumen des Waldes war?

3 Wird davon Holz genommen,
um es zu bearbeiten?
Oder nimmt man davon einen Zapfen,
um etwas daran aufzuhängen?

4 Sieh, dem Feuer ist es zum Frass gegeben worden:
Seine beiden Enden hat das Feuer gefressen,
und seine Mitte ist angebrannt.
Taugt es zur Bearbeitung?

5 Sieh, wenn es unversehrt ist,
wird es nicht bearbeitet.
Wenn aber Feuer es gefressen hat
und es angebrannt ist,
wird es dann bearbeitet werden?

6 Darum, so spricht Gott der HERR: Wie unter dem Holz des Waldes das Holz des Weinstocks, das ich dem Feuer zum Frass gegeben habe, so mache ich die Bewohner Jerusalems. 7 Und ich werde mein Angesicht gegen sie richten: Aus dem Feuer sind sie herausgekommen, aber das Feuer wird sie fressen. Und ihr werdet erkennen, dass ich der HERR bin, wenn ich mein Angesicht gegen sie richte! 8 Und das Land werde ich zur Wüstenei machen, weil sie die Treue gebrochen haben! Spruch Gottes des HERRN.

|1–8: 19,10–14; Jes 5,1–7 |2: 8,17; 17,6; 19,10 |3: Jes 22,23–25 |4: 19,12; Jes 9,13; Joh 15,6 |7: 14,8 |8: 6,14; 29,12; 32,15; 33,28; 35,3

Jerusalem, die treulose Frau

16 1 Und das Wort des HERRN erging an mich: 2 Du Mensch, halte Jerusalem ihre Abscheulichkeiten vor, 3 und sprich: So spricht Gott der HERR zu Jerusalem: Nach deiner Herkunft und deiner Geburt kommst du aus dem Land der Kanaaniter, dein Vater ist der Amoriter und deine Mutter eine Hetiterin. 4 Und bei deiner Geburt, am Tag, als du geboren wurdest, wurde deine Nabelschnur nicht durchgeschnitten, und du wurdest nicht mit Wasser gewaschen für das Einsalben, und du wurdest nicht mit Salz abgerieben und nicht in Windeln gewickelt. 5 Kein Auge blickte mitleidig auf dich, dass man eins von diesen Dingen für dich getan und sich deiner erbarmt hätte. Und du wurdest auf das offene Feld geworfen ohne Achtung für dein Leben, an dem Tag, als du geboren wurdest. 6 Da aber ging ich bei dir vorüber und sah dich strampeln in deinem Blut, und ich sprach zu dir in deinem Blut: Lebe, 7 wachse heran! Wie den Spross auf dem Feld habe ich dich gemacht. Und du bist herangewachsen und bist gross geworden und kamst zu schönstem Schmuck: Die Brüste wurden prall und dein Haar wuchs; doch du warst nackt und bloss. 8 Da aber ging ich bei dir vorüber und sah dich, und sieh, deine Zeit war die Zeit der Liebe. Da breitete ich den Saum meines Gewands über dich und bedeckte deine Scham. Und ich schwor dir und trat ein in einen Bund mit dir, Spruch Gottes des HERRN, und du gehörtest zu mir. 9 Und ich wusch dich mit Wasser und spülte dein Blut von dir ab und salbte dich mit Öl. 10 Und ich kleidete dich in bunte Stoffe und zog dir Sandalen an aus Tachasch, und ich hüllte dich in Leinen und bedeckte dich mit feinem Kleiderstoff. 11 Und ich schmückte dich mit Schmuck, und an deine Handgelenke legte ich Armbänder und um deinen Hals eine Kette. 12 Und ich hängte einen Ring an deine Nase und Ringe an deine Ohren und setzte dir eine prächtige Krone auf das Haupt. 13 Und du schmücktest dich mit Gold und Silber und mit deinem Kleid aus Leinen und feinen und bunten Stoffen. Weizengriess und Honig und Öl hast du gegessen, und du wurdest sehr, sehr schön und wurdest tauglich zum Königtum.

14 Und dein Ruhm ging hinaus unter die Nationen, deiner Schönheit wegen, denn sie war vollkommen durch meine Pracht, die ich dir verliehen hatte. Spruch Gottes des HERRN.

15 Du aber hast dich auf deine Schönheit verlassen und hast Hurerei getrieben, da du berühmt warst, und jeden, der vorbeiging, hast du mit deiner Hurerei übergossen; für ihn geschah es. 16 Und du hast von deinen Gewändern genommen und dir bunt gemusterte Kulthöhen gemacht, und auf ihnen hast du Hurerei getrieben; ... 17 Und du hast deine Schmuckstücke aus meinem Gold und aus meinem Silber genommen, das ich dir gegeben hatte, und du hast dir daraus Figuren von Männern gemacht und mit ihnen Hurerei getrieben.

18 Und deine Gewänder aus bunten Stoffen hast du genommen und sie damit eingekleidet, und mein Öl und mein Räucherwerk hast du ihnen vorgelegt. 19 Und meine Speise, die ich dir gegeben habe – Weizengriess und Öl und Honig habe ich dir zu essen gegeben –, die hast du ihnen vorgelegt als beschwichtigenden Duft. Und so war es! Spruch Gottes des HERRN. 20 Und deine Söhne und Töchter, die du mir geboren hast, hast du genommen und sie geschlachtet, jenen zum Frass. War es dir zu wenig, Hurerei zu treiben, 21 dass du meine Kinder geschlachtet und sie dahingegeben und sie für jene verbrannt hast? 22 Und bei all deinen Abscheulichkeiten und deiner Hurerei hast du nicht der Tage gedacht, da du jung warst, da du nackt und bloss strampelnd in deinem Blut lagst. 23 Und nach all deiner Bosheit – wehe, wehe dir! Spruch Gottes des HERRN –, 24 da hast du dir einen Sockel gebaut und dir eine Kultstätte gemacht, auf jedem Platz. 25 An jeder Strassenecke hast du deine Kultstätte gebaut und deine Schönheit geschändet: Du hast deine Beine gespreizt für jeden, der vorüberging, und hast viel Hurerei getrieben! 26 Und du hast Hurerei getrieben mit den Ägyptern, deinen Nachbarn mit

dem grossen Glied, und du hast viel Hurerei getrieben, um mich zu reizen. 27 Und sieh, ich habe meine Hand gegen dich ausgestreckt und dir entzogen, was dir zugestanden hätte, und ich habe dich der Gier derer preisgegeben, die dich hassten, den Philisterinnen, die sich schämten wegen deines schändlichen Wegs. 28 Und du hast Hurerei getrieben mit den Assyrern, weil du nicht genug bekommen konntest. Und du hast mit ihnen Hurerei getrieben, aber auch dann hast du nicht genug gehabt. 29 Und du hast viel Hurerei getrieben mit dem Land der Händler, mit Kasdäer, aber auch das war dir nicht genug. 30 Wie fiebrig war dein Herz, Spruch Gottes, der HERRN, wenn du all dies getan hast nach Art einer gewaltigen Hure, 31 wenn du dir einen Sockel gebaut hast an jeder Strassenecke und dir eine Hochstätte gemacht hast auf jedem Platz. Aber du warst nicht wie eine gewöhnliche Hure, du hast Geschenke verschmäht! 32 Die Frau, die die Ehe bricht, nimmt sich Fremde statt ihres Mannes. 33 Allen Huren gibt man Lohn, du aber hast deinen Lohn all deinen Liebhabern gegeben und hast sie beschenkt, damit sie von ringsum zu dir kamen und du Hurerei treiben konntest. 34 Und bei dir war es das Gegenteil von dem, was sonst der Fall ist bei den Frauen; bei deiner Hurerei wurde dir nicht nachgehurt; und da du Geschenke gabst, dir aber keine Geschenke gegeben wurden, bist du zum Gegenteil geworden.

35 Darum, Hure, höre das Wort des HERRN! 36 So spricht Gott der HERR: Weil deine Monatsblutung sich ergossen hat und bei deiner Hurerei deine Scham aufgedeckt wurde vor deinen Liebhabern und allen deinen abscheulichen Mistgötzen, und wegen des Bluts deiner Kinder, die du ihnen gegeben hast, 37 darum, sieh, sammle ich alle deine Liebhaber, denen du gefallen hast, und all jene, die du geliebt hast, zusammen mit allen, die du gehasst hast! Und ich werde sie von ringsum gegen dich

versammeln und deine Scham vor ihnen aufdecken, und sie werden deine ganze Blösse sehen! 38 Und ich werde dich richten nach dem Recht für Ehebrecherinnen und Frauen, die Blut vergiessen, und ich tauche dich in das Blut des Zorns und der Eifersucht. 39 Und ich werde dich in ihre Hand geben, und sie werden deinen Sockel niederreissen und deine Kultstätten abbrechen, und sie werden dir deine Kleider ausziehen und deine Schmuckstücke nehmen und dich nackt und bloss liegen lassen. 40 Und sie werden eine Versammlung gegen dich heranführen und dich steinigen und dich mit ihren Schwertern in Stücke schlagen. 41 Und deine Häuser werden sie im Feuer verbrennen, und an dir werden sie Urteile vollstrecken, vor den Augen vieler Frauen. Und ich werde dir ein Ende bereiten, so dass du keine Hure mehr sein kannst und auch keine Geschenke mehr verteilst. 42 Und ich werde meinen Zorn an dir stillen! Dann wird meine Eifersucht von dir weichen, und ich werde meine Ruhe finden und nicht mehr zürnen. 43 Weil du nicht der Tage gedacht hast, da du jung warst, und weil du aufgebracht warst gegen mich bei all dem, sieh, lasse auch ich deine Taten zurückfallen auf dein Haupt. Spruch Gottes des HERRN. Hast du nicht Schandtaten verübt zu all deinen Abscheulichkeiten hinzu?

44 Sieh, jeder, der Reden über dich macht, wird als Redensart brauchen: Wie die Mutter, so ihre Tochter! 45 Du bist die Tochter deiner Mutter, des Mannes und der Kinder überdrüssig, und du bist die Schwester deiner Schwestern, die ihrer Männer und ihrer Kinder überdrüssig geworden sind. Eure Mutter ist eine Hetiterin, und euer Vater ist ein Amoriter! 46 Und deine grosse Schwester ist Samaria, sie mit ihren Töchtern, die nördlich von dir wohnt, und deine Schwester, die kleiner ist als du, die südlich von dir wohnt, ist Sodom mit ihren Töchtern. 47 Und du bist nicht nur auf ihren Wegen gegangen und du hast nicht nur ihre Abscheulichkeiten begangen – eine kurze Zeit, und du hast auf allen deinen Wegen verdorbener gehandelt als sie! 48 So wahr ich lebe, Spruch Gottes des HERRN: Sodom, deine Schwester, sie mit ihren Töchtern, hat nicht gehandelt, wie du gehandelt hast, du mit deinen Töchtern! 49 Sieh, dies war die Verschuldung von Sodom, deiner Schwester: Stolz, Nahrung im Überfluss und sorglose Ruhe hatten sie und ihre Töchter, aber die Hand des Elenden und Armen hat sie nicht gestärkt, 50 vielmehr wurden sie hochmütig und begingen Abscheulichkeiten vor mir. Und da ich es gesehen habe, habe ich sie beseitigt. 51 Und Samaria hat nicht halb so viel gesündigt wie du, und du hast mehr Abscheulichkeiten begangen als sie und hast deine Schwestern als Gerechte dastehen lassen bei all deinen Abscheulichkeiten, die du begangen hast. 52 Nun trage auch du deine Schande, du, die du eingetreten bist für deine Schwestern. Durch deine Sünden stehen sie gerechter da als du, da du abscheulicher gehandelt hast als sie. Und schäme auch du dich und trage deine Schande, denn du hast deine Schwestern als Gerechte dastehen lassen! 53 Dann aber werde ich ihr Geschick wenden, das Geschick Sodoms und ihrer Töchter und das Geschick Samarias und ihrer Töchter, und auch dein Geschick werde ich wenden, in ihrer Mitte, 54 damit du deine Schande trägst und dich schämst wegen all dem, was du getan hast, als du ihnen zum Trost geworden bist. 55 Und deine Schwestern: Sodom und ihre Töchter werden wieder sein, was sie einst waren, und Samaria und ihre Töchter werden wieder sein, was sie einst waren. Auch du und deine Töchter, ihr werdet wieder sein, was ihr einst wart. 56 Und war nicht Sodom, deine Schwester, als abschreckendes Beispiel in deinem Mund in der Zeit deines Hochmuts, 57 bevor deine Bosheit aufgedeckt worden ist, zur Zeit da die Töchter Arams und alle um sie herum

gehöhnt haben, die Töchter der Philister, die dich verachten ringsum?
58 Deine Schandtat und deine Abscheulichkeiten, du wirst sie tragen! Spruch des HERRN.

59 Denn so spricht Gott der HERR: Ich werde an dir handeln, wie du gehandelt hast: Du hast die angedrohte Verfluchung missachtet, hast den Bund gebrochen. 60 Dann aber werde ich mich an meinen Bund mit dir erinnern, aus den Tagen, als du jung warst, und ich werde für dich einen ewigen Bund in Kraft setzen. 61 Und du wirst an deine Wege denken und dich schämen, wenn ich dich nehme mit deinen Schwestern, die grösser sind als du, und mit denen, die kleiner sind als du, und sie dir als Töchter gebe, aber nicht weil du den Bund gehalten hättest! 62 Und ich werde meinen Bund mit dir in Kraft setzen, und du wirst erkennen, dass ich der HERR bin, 63 damit du dich daran erinnerst und dich schämst und deiner Schande wegen den Mund nicht mehr auftust, wenn ich dir all das vergebe, was du getan hast! Spruch Gottes des HERRN.

|1–63: 6,9; 23,1–49; Hos 1–3 |2: 20,4; 22,2; Jer 2,2 |3: 45; Ri 1,21 |6: 22; 20,17; Dtn 32,10 |7: Ex 1,7 · Hld 4 · 16,39; Hos 2,5 |8: Rut 3,9; Jes 54,4–8 · Hos 2,10 · 60 |10: 18; Ps 45,14–15 |11: 17; 23,42; Jes 3,18–23 |13: 19; Dtn 32,13 |14: Klgl 2,15 |15: 25; Dtn 13,8; Jes 1,21; Jes 57,8 |16: 20,29! |17: 11; 7,20; Ex 32,2; Hos 2,10 · Hos 8,4 |18: 6,4! · 10 · 23,41; Ex 27,20; Ex 30,7 |19: 13 · 6,13; 20,28; 44,7; Lev 2,11 |20: 36; 23,37; 2Kön 3,27; Jes 57,5 |22: 6; Jes 54,4 |23: 57 |24: 31.39; Dtn 12,2 |25: 15; Jer 11,13 |26: 17,15; 20,28; Jes 30,2 · 20,7; 23,20 |27: 37; 25,15; Ps 27,12 · 57 |28: 23,5.12; 2Kön 16,7; Hos 5,13 |29: 17,4; 23,16 |31: 24.39 |33: Hos 8,9; 2Kön 16,8 |36: 20 |37: 27; 23,29; Offb 17,16 · Jer 13,26 |38: 23,45; Gen 9,6; Lev 20,10 · 35,11! |39: 24.31 · 7; 23,26; Hos 2,5 |40: 23,47; Dtn 22,21 |41: 5,8!; 2Kön 25,9 |42: 35,11! |43: 8 · 58 |45: 3 |46: 55.61 · 23,4; Jer 3,8 · 21,2 |47: 52; 2,3!; 23,11; Klgl 4,6 |49: Gen 18,20; Obd 3 |50: 8,17; 18,12.13 · Gen 19,24–25 |51: Jer 3,11 |52: 47 |53: 29,14; 39,25; Dtn 30,3 |54: 14,22 |55: 46; 36,11 |56: 7,24 |57: 23.27 |58: 43; 23,35.49 |59: 17,16 |60: 8 · 37,26; Jer 31,31–34 |61: 46 · 20,43; 36,31 |63: Jes 52,15; Hiob 21,5

16,2: Mit ‹ihre Abscheulichkeiten› sind die Abscheulichkeiten Jerusalems gemeint: Im Hebräischen sind Städte weiblich, weshalb in diesem Text von Jerusalem als Frau gesprochen werden kann.
16,6: Manche übersetzen: «... Blut und sprach zu dir: Durch dein Blut lebe! 7 Wachse heran! Wie ...»

16,7: Die Übersetzung «wachse heran! Wie den ...» beruht auf der griechischen Überlieferung. Der Massoretische Text lautet übersetzt: «Zu vielen tausend, wie den Spross auf dem Feld habe ich dich gemacht. ...»
16,16: Am Ende des Verses folgen noch die schwer verständlichen Worte: «... nicht durch das Zeichen, und es wird nicht sein.»
16,61: Wörtlich: «..., aber nicht wegen deines Bundes!»

Das Gleichnis von Adler und Weinstock

17 1 Und das Wort des HERRN erging an mich: 2 Du Mensch, gib dem Haus Israel ein Rätsel auf, und erzähle ein Gleichnis, 3 und sage: So spricht Gott der HERR: Der grosse Adler mit grossen Flügeln, langer Schwinge, mit vollem Gefieder, der so farbenprächtig war, kam zum Libanon und nahm den Wipfel der Zeder fort. 4 Den obersten ihrer Schösslinge riss er ab und brachte ihn in das Land der Händler, er setzte ihn in eine Kaufmannsstadt. 5 Und er nahm vom Samen des Landes und legte ihn in ein Saatfeld, als Weide, an reichlichem Wasser setzte er ihn als Ufergewächs. 6 Und er sprosste und wurde zu einem wuchernden Weinstock von niedrigem Wuchs, seine Ranken wandten sich ihm zu, und seine Wurzeln blieben unter ihm. Und er wurde zum Weinstock und trieb Schosse und streckte Zweige aus. 7 Aber da war noch ein grosser Adler mit grossen Flügeln und dichtem Gefieder. Und sieh, ihm wandte jener Weinstock seine Wurzeln zu, und nach ihm streckte er seine Ranken aus, damit er ihm zu trinken gebe, besser als die Beete, in die er gepflanzt war. 8 Auf ein gutes Feld, an reichlich Wasser war er gepflanzt, damit er Zweige treiben und Frucht tragen und ein prächtiger Weinstock werden konnte. 9 Sprich: So spricht Gott der HERR: Wird er etwas taugen? Wird man nicht seine Wurzeln ausreissen, und wird seine Frucht nicht verfaulen, und werden nicht alle seine sprossenden jungen Zweige vertrocknen? Er wird vertrocknen, aber nicht, weil ein starker Arm und viel Volk ihn aus seiner Verwurzelung risse. 10 Und sieh, er ist gepflanzt – wird er etwas taugen? Wird er nicht vertrocknen, sobald der Ostwind ihn berührt? In den Beeten, in denen er sprosste, wird er vertrocknen!

11 Und das Wort des HERRN erging an mich: 12 Sprich doch zum Haus der Widerspenstigkeit: Versteht ihr nicht, was dies bedeutet? Sprich: Seht, der König von Babel kam nach Jerusalem und nahm dessen König und dessen Fürsten und brachte sie zu sich nach Babel. 13 Und er nahm einen von den Nachkommen des Königshauses und schloss einen Bund mit ihm und stellte ihn unter eine Verfluchung und nahm die Gewalthaber des Landes mit sich, 14 damit das Königtum niedrig blieb und sich nicht erheben konnte, damit es den Bund mit ihm einhielt und so bestehen bleiben konnte. 15 Dieser aber lehnte sich gegen ihn auf und sandte seine Boten nach Ägypten, damit man ihm Pferde und viel Volk gebe. Taugt das etwas? Wird er davonkommen, der dies tut? Und wird davonkommen, wer einen Bund bricht? 16 So wahr ich lebe, Spruch Gottes des HERRN: Am Ort des Königs, der ihn zum König gemacht hat und dessen Verfluchung er missachtet und dessen Bund er gebrochen hat, bei ihm in Babel wird er sterben! 17 Und der Pharao wird ihm im Krieg nicht mit grossem Heer und zahlreicher Schar beistehen, wenn man eine Sturmrampe aufschüttet und einen Belagerungswall baut, um viele Menschen zu vernichten. 18 Er hat ja die Verfluchung missachtet, da er den Bund gebrochen hat. Und sieh, er hat seine Hand gegeben, aber all dies getan – er wird nicht davonkommen! 19 Darum, so spricht Gott der HERRN: So wahr ich lebe, meine Verfluchung, die er missachtet, und meinen Bund, den er gebrochen hat – ich werde es zurückfallen lassen auf sein Haupt! 20 Und ich werde mein Fangnetz über ihn ausspannen, und er wird in meinem Netz gefangen werden. Und ich werde ihn nach Babel bringen, und dort werde ich mit ihm

ins Gericht gehen, seines Treuebruchs wegen, den er an mir verübt hat. 21 Und alle seine besten Männer in all seinen Scharen werden durch das Schwert fallen, und jene, die übrig bleiben, werden in alle Winde zerstreut werden. Und ihr werdet erkennen, dass ich, der HERR, gesprochen habe.

22 So spricht Gott der HERRN: Ich selbst werde etwas vom hohen Wipfel der Zeder nehmen und einsetzen. Von den obersten ihrer Schösslinge werde ich einen zarten abreissen. Und ich selbst werde ihn einpflanzen auf einem hohen und aufragenden Berg, 23 auf dem hohen Berg Israels werde ich ihn einpflanzen. Und er wird Zweige treiben und Frucht tragen und eine prächtige Zeder werden. Und unter ihr werden Vögel aller Art leben, alles, was Flügel hat; im Schatten ihrer Zweige werden sie leben. 24 Dann werden alle Bäume des Feldes erkennen, dass ich, der HERR, den hohen Baum erniedrigt und den niedrigen Baum erhöht habe, dass ich den grünen Baum habe vertrocknen lassen und dass ich den vertrockneten Baum zum Blühen bringe. Ich, der HERR, habe es angekündigt, und ich führe es aus.

|2: 21,5;24,3; Ri 14,12; 1Kön 10,1 |3: Offb 12,14 · 22;31,3; Jer 22,6 |4: 12 · 16,29 |5: 13 |6: 8,17;15,2;19,10 |7: 15;31,4 |8: Dtn 8,7 |9: 15 · 10; 19,12;27,26; Hos 13,15 |11–21: 2Kön 24,10–20 |12: 16;7,27 · 12,9; 24,19;37,18 |13: 2Kön 24,17! · 31,11 |15: 16,26!; Jes 31,1–3 · 29,6.16 |16: 12;7,27 · 16,59 |17: 4,2;21,27; 26,8 |18: 13 · 2Kön 10,15 |20: 12,13! |21: 5,2! · 36,19! |22: 3 · 34,23; Jes 11,1; Jer 23,5 |23: 20,40;34,14; 36,8 · 31,6; Mt 13,32 |24: 21,31;36,36;37,14

17,5: Die Bedeutung des mit ‹als Weide› wiedergegebenen hebräischen Worts ist unsicher.

17,9: Möglicherweise ist zu übersetzen: «..., und wird man seine Frucht nicht abreissen, ...»

17,13: Für ‹Nachkommen› hat das Hebräische das gleiche Wort wie für ‹Same›, das in V. 5 verwendet wird.

17,21: In einer anderen hebräischen Tradition lautet der Text: «Und alle seine Flüchtlinge in all ...»

Vom Gerechten und vom Ungerechten

18 1 Und das Wort des HERRN erging an mich: 2 Was soll das bei euch, dass ihr diese Redensart braucht auf Is

raels Boden: Die Vorfahren essen unreife Früchte, den Kindern aber werden die Zähne stumpf! 3 So wahr ich lebe, Spruch Gottes des HERRN, diese Redensart werdet ihr nicht mehr verwenden in Israel!

4 Seht, alle Menschenleben gehören mir! Das Leben des Vaters wie das Leben des Sohns – mir gehören sie! Derjenige, der sündigt, der muss sterben! 5 Wenn aber einer gerecht ist und nach Recht und Gerechtigkeit handelt, 6 auf den Bergen nicht isst und nicht aufblickt zu den Mistgötzen des Hauses Israel und die Frau seines Nächsten nicht unrein macht und sich keiner Frau nähert, die ihre Monatsblutung hat, 7 und niemanden unterdrückt, der, was er gepfändet hat, schuldpflichtig zurückgibt, keinen Raub begeht, sein Brot dem Hungrigen gibt und den Nackten bekleidet, 8 nichts gegen Zins gibt und keinen Aufschlag nimmt, seine Hand von Unrecht fernhält, rechte Urteile fällt zwischen allen, 9 nach meinen Satzungen lebt und meine Rechtssätze hält und treu danach handelt – der ist gerecht, er wird am Leben bleiben! Spruch Gottes des HERRN.

10 Zeugt er aber einen gewalttätigen Sohn, der Blut vergiesst und – ach! – eins von diesen Dingen tut 11 – obwohl er selbst all diese Dinge nicht getan hat –, wenn dieser sogar auf den Bergen isst und die Frau seines Nächsten unrein macht, 12 den Elenden und Armen unterdrückt, Raub begeht, Gepfändetes nicht zurückgibt und aufblickt zu den Mistgötzen, Abscheuliches tut, 13 gegen Zins gibt und Aufschlag nimmt – sollte der am Leben bleiben? Er wird nicht am Leben bleiben! Er hat all diese Abscheulichkeiten begangen, er muss sterben! Blutschuld lastet auf ihm!

14 Und seht, hat er einen Sohn gezeugt, und dieser hat all die Sünden gesehen, die sein Vater begangen hat, und er hat es gesehen und handelt nicht so: 15 Er isst nicht auf den Bergen und blickt nicht auf zu den Mistgötzen des Hauses Israel, die Frau seines Nächsten macht er nicht unrein, 16 und er unterdrückt niemanden, er pfändet nichts und begeht keinen Raub, er gibt sein Brot dem Hungrigen und bekleidet den Nackten, 17 vom Armen hält er seine Hand fern, er nimmt weder Zins noch Aufschlag, hält meine Rechtssätze, lebt nach meinen Satzungen – er muss nicht sterben für die Schuld seines Vaters, er wird am Leben bleiben!

18 Sein Vater, wenn er Erpressung verübt, den Bruder beraubt und unter seinen Verwandten getan hat, was nicht gut ist – seht, er stirbt für seine eigene Schuld!

19 Ihr aber werdet sagen: Warum trägt nicht auch der Sohn die Schuld des Vaters? – Der Sohn hat nach Recht und Gerechtigkeit gehandelt, hat alle meine Satzungen gehalten und danach gehandelt; er wird am Leben bleiben! 20 Der Mensch, der sündigt, der muss sterben! Ein Sohn trägt nicht die Schuld des Vaters, und ein Vater trägt nicht die Schuld des Sohns. Die Gerechtigkeit des Gerechten kommt nur ihm selbst zugute, und die Ungerechtigkeit eines Ungerechten lastet nur auf ihm selbst.

21 Wenn aber der Ungerechte sich abkehrt von all seinen Sünden, die er begangen hat, und alle meine Satzungen hält und nach Recht und Gerechtigkeit handelt, wird er am Leben bleiben, er muss nicht sterben. 22 Alle seine Vergehen, die er begangen hat, werden ihm nicht angerechnet; der Gerechtigkeit wegen, die er geübt hat, wird er am Leben bleiben. 23 Habe ich etwa Gefallen am Tod eines Ungerechten?, Spruch Gottes des HERRN. Nicht vielmehr daran, dass er zurückkehrt von seinen Wegen und am Leben bleibt? 24 Wenn aber ein Gerechter sich abkehrt von seiner Gerechtigkeit und Unrecht begeht, alle möglichen Abscheulichkeiten, wie der Ungerechte sie begeht – kann er sie begehen und am Leben bleiben? –, wird all seiner gerechten Taten, die er getan hat, nicht gedacht; seines Treuebruchs

wegen, den er begangen hat, und seiner Sünde wegen, die er begangen hat, ihretwegen muss er sterben.

25 Ihr aber werdet sagen: Der Weg des Herrn ist nicht gerecht! Hört doch, Haus Israel: Mein Weg ist nicht gerecht? Sind nicht eure Wege nicht gerecht? 26 Wenn ein Gerechter sich abkehrt von seiner Gerechtigkeit und Unrecht begeht, muss er deswegen sterben; wegen seines Unrechts, das er begangen hat, muss er sterben. 27 Und wenn ein Ungerechter sich abkehrt von seiner Ungerechtigkeit, die er begangen hat, und nach Recht und Gerechtigkeit handelt, erhält er sich sein Leben. 28 Und hat er es eingesehen und sich abgekehrt von all seinen Vergehen, die er begangen hat, wird er am Leben bleiben, er muss nicht sterben.

29 Das Haus Israel aber wird sagen: Der Weg des Herrn ist nicht gerecht! – Meine Wege sind nicht gerecht, Haus Israel? Sind nicht eure Wege nicht gerecht? 30 Darum werde ich einen jeden von euch nach seinen Wegen richten, Haus Israel! Spruch Gottes des HERRN. Kehrt um und wendet euch ab von all euren Vergehen, dann werden sie euch nicht Anstoss zur Verschuldung! 31 Werft all eure Vergehen von euch, mit denen ihr euch vergangen habt, und schafft euch ein neues Herz und einen neuen Geist! Warum denn wollt ihr sterben, Haus Israel? 32 Ich habe kein Gefallen am Tod dessen, der sterben muss! Spruch Gottes des HERRN. Kehrt um und bleibt am Leben!

|1–32: 3,17–21; 14,12–23; 33,10–20 |2: 12,22; 14,8 · Jer 31,29–30; Klgl 5,7 |3: 12,23 |4: 20! |5–9: 22,6–12; Lev 19,4–18; Ps 15 |6: 11,15; 22,9 · 7,19; 22,10; 36,17 · 8,10 · Lev 18,20! |7: 22,29 · Lev 19,13 · Ex 22,25! · Jes 58,7! |8: 13; 22,12 · Lev 19,35 · Lev 19,15 |9: 20,11.13.21; Lev 18,5 |10: 22,9; Gen 9,6 |11: 6.15 |12: 7 · 8,17; 16,50 |13: 8; 22,12 · 33,4; Lev 20,9 |15: 6.11; 22,9 · 8,10 |16: 7 |17: 8–9 · 11,20! |18: 7 |19: Ex 20,5 |20: 4; Dtn 24,16! |21: 27; 33,19; Jer 18,8 |22: 33,16 |23: 32; 33,11; Lk 15,7 |24–27: 33,12 |24: 3,20; 33,13; 2 Petr 2,21 |25: 29; 33,17 |26: 24 |27: 21; 33,19; Jer 18,8 |29: 25; 33,17 |30: 7,3; 33,20 · 7,19! · 14,6; 33,11 |31: 11,19; 36,26; Jer 24,7; 2 Kor 3,3 |32: 23; 33,11; Lk 15,7

18,6: Mit dem Essen auf den Bergen ist der kultische Verzehr von Opferfleisch gemeint.
18,11: Mit ‹er selbst› ist der Vater gemeint.

Klage über Israels Fürsten

19 1 Und du, stimme eine Klage an über die Fürsten von Israel, 2 und sprich:
Welch eine Löwin war deine Mutter,
    zwischen Löwen lagerte sie!
Inmitten von jungen Löwen
    zog sie ihre Jungen auf.
3 Und eins von ihren Jungen hob sie heraus,
    es wurde ein junger Löwe,
und er lernte Beute zu reissen,
    er frass Menschen.
4 Da hörten Nationen von ihm,
    in ihrer Grube wurde er gefangen,
und an Haken brachten sie ihn ins Land Ägypten.
5 Und sie sah, dass sie töricht gewesen war,
    dass ihre Hoffnung dahin war.
Und sie nahm eins von ihren Jungen,
    machte es zu einem jungen Löwen.
6 Und er schritt einher inmitten von Löwen,
    wurde ein junger Löwe,
und er lernte Beute zu reissen,
    er frass Menschen.
7 Und in ihren Palästen richtete er Unheil an,
    und ihre Städte legte er in Trümmer,
und das Land und was darin war, war entsetzt
    über sein lautes Gebrüll.
8 Da setzte man Nationen auf ihn an,
    ringsum aus den Provinzen.
Und sie spannten ihr Netz über ihn,
    in ihrer Grube wurde er gefangen.
9 Und an Haken legten sie ihn in ein Halseisen
    und brachten ihn zum König von Babel,
    brachten ihn in Netzen,
damit seine Stimme nicht mehr zu hören war
    auf den Bergen von Israel.
10 Deine Mutter war wie ein Weinstock im Weinberg,

am Wasser gepflanzt.
Voller Früchte und Zweige war er
   des reichlichen Wassers wegen.
11 Und starke Äste wurden an ihm
   zu Zeptern für Herrscher,
und er wuchs empor im Geäst,
   und er war gut zu sehen seiner
   Grösse
und der Menge seiner Reben wegen.
12 Dann aber wurde er ausgerissen im
Zorn,
   auf den Boden geworfen,
und der Ostwind liess seine Frucht
vertrocknen;
   abgerissen und vertrocknet, sein
   starker Ast –
Feuer hat ihn gefressen.
13 Und nun ist er in die Wüste
gepflanzt,
   in trockenes und durstiges Land.
14 Und Feuer ging aus von einem Ast,
   es frass seine Ranken, seine Frucht,
und an ihm blieb kein starker Ast,
   kein Zepter zum Herrschen.
Dies ist eine Klage, es ist eine Klage
geworden.

|1: 14! · 7,27; 12,10; 21,17; 22,6; 34,24; 37,25; 44,3;
45,9; 46,2; 48,21 |2–9: Gen 49,9 |3: 6; 22,25; 32,2 |4:
8 · 29,4; 38,4; 2Kön 23,31–34; Jer 22,11 |5: 2Kön 24,8
|6: 3 |7: 2Kön 24,9 |8: 4 · 12,13! |9: 29,4 · 1,2;
2Kön 24,15 |10–14: 15,1–8; Jes 5,1–7 |10: 15,2; 17,6;
Ps 1,3 |11: 14; 31,3 |12: 15,4!; 17,10; 27,26 |14: 11 · 1;
26,17; 27,2.32; 28,12; 32,2.16

  19,7: Der Massoretische Text («Und er erkannte
seine Witwen, ...») wurde korrigiert.
  19,10: Der Massoretische Text («... wie ein
Weinstock in deinem Blut, ...») wurde korrigiert.

Die Geschichte von Israels Untreue und der Langmut des HERRN

20 1 Und im siebten Jahr, im fünften
Monat, am Zehnten des Monats,
kamen von den Ältesten Israels Männer,
um den HERRN zu befragen, und sie liessen sich vor mir nieder. 2 Da erging das
Wort des HERRN an mich: 3 Du Mensch,
rede mit den Ältesten Israels und sprich
zu ihnen: So spricht Gott der HERR: Um
mich zu befragen, seid ihr gekommen?
So wahr ich lebe, von euch werde ich
mich nicht befragen lassen! Spruch Gottes des HERRN. 4 Wirst du für ihr Recht

sorgen? Wirst du für Recht sorgen,
Mensch? Lass sie die Abscheulichkeiten
ihrer Vorfahren erkennen, 5 und sprich
zu ihnen: So spricht Gott der HERR: Am
Tag als ich Israel erwählte, habe ich für
die Nachkommen des Hauses Jakob
meine Hand erhoben, und ich habe
mich von ihnen erkennen lassen im
Land Ägypten, und ich habe für sie
meine Hand erhoben: Ich bin der HERR,
euer Gott! 6 An jenem Tag habe ich für
sie meine Hand erhoben, sie herauszuführen aus dem Land Ägypten in ein
Land, das ich für sie erkundet hatte, in
dem Milch und Honig fliessen, das eine
Zierde ist für alle Länder. 7 Und ich
sprach zu ihnen: Werft die Scheusale
weg, die ihr vor Augen habt, ein jeder,
und macht euch nicht unrein mit den
Mistgötzen Ägyptens! Ich bin der HERR,
euer Gott! 8 Sie aber waren widerspenstig gegen mich und wollten nicht auf
mich hören: Keiner warf die Scheusale
weg, die sie vor Augen hatten, und sie
haben die Mistgötzen Ägyptens nicht
verlassen. Da gedachte ich, meinen Zorn
über sie auszugiessen, meine Wut an ihnen auszulassen, mitten im Land Ägypten. 9 Um meines Namens willen aber
verfuhr ich so, dass er nicht entweiht
würde vor den Augen der Nationen, unter denen sie waren, vor deren Augen
ich mich ihnen kundgetan hatte: Ich
führte sie hinaus aus dem Land Ägypten.

10 Und ich führte sie aus dem Land
Ägypten und brachte sie in die Wüste.
11 Und ich gab ihnen meine Satzungen
und tat ihnen meine Rechtssätze kund,
die der Mensch halten soll und durch
die er am Leben bleibt. 12 Und auch
meine Sabbate habe ich ihnen gegeben;
sie sollten ein Zeichen sein zwischen
mir und ihnen, damit man erkennt, dass
ich, der HERR, es bin, der sie heiligt.
13 Das Haus Israel aber war widerspenstig gegen mich in der Wüste, sie haben
nicht nach meinen Satzungen gelebt,
und meine Rechtssätze, nach denen der
Mensch handeln soll und durch die er
am Leben bleibt, haben sie missachtet.

Und wie haben sie meine Sabbate entweiht! Da gedachte ich, meinen Zorn über sie auszugiessen in der Wüste und ihnen ein Ende zu bereiten. 14 Um meines Namens willen aber verfuhr ich so, dass er nicht entweiht würde vor den Augen der Nationen, vor deren Augen ich sie herausgeführt hatte. 15 Und ich, ich habe meine Hand für sie erhoben in der Wüste, sie nicht in das Land zu bringen, das ich ihnen gegeben hatte, in dem Milch und Honig fliessen, das eine Zierde ist für alle Länder, 16 weil sie meine Rechtssätze missachtet haben und meine Satzungen – nach ihnen haben sie nicht gelebt, und meine Sabbate haben sie entweiht, denn ihren Mistgötzen ist ihr Herz nachgelaufen. 17 Mein Auge aber blickte voller Mitleid auf sie, so dass ich sie nicht vernichtet habe, und so habe ich sie nicht ausgelöscht in der Wüste.

18 Und ich sprach zu ihren Nachkommen in der Wüste: Nach den Satzungen eurer Vorfahren sollt ihr nicht leben, und ihre Rechtssätze sollt ihr nicht halten, und mit ihren Mistgötzen sollt ihr euch nicht unrein machen. 19 Ich bin der HERR, euer Gott: Nach meinen Satzungen habt ihr zu leben, und meine Rechtssätze habt ihr zu halten, und nach ihnen habt ihr zu handeln! 20 Und meine Sabbate habt ihr heilig zu halten; dann werden sie ein Zeichen sein zwischen mir und euch, damit man erkennt, dass ich der HERR bin, euer Gott. 21 Die Nachkommen aber waren widerspenstig gegen mich: Sie haben nicht nach meinen Satzungen gelebt und haben meine Rechtssätze nicht gehalten, dass sie nach ihnen gehandelt hätten, nach denen der Mensch handeln soll und durch die er am Leben bleibt; meine Sabbate haben sie entweiht. Da dachte ich daran, meinen Zorn über sie auszugiessen und meine Wut an ihnen auszulassen in der Wüste. 22 Aber ich zog meine Hand zurück, und um meines Namens willen verfuhr ich so, dass er nicht entweiht würde vor den

Augen der Nationen, vor deren Augen ich sie herausgeführt hatte. 23 Ich, ich habe für sie meine Hand erhoben in der Wüste, sie unter die Nationen zu zerstreuen und sie in die Länder zu streuen, 24 weil sie nicht nach meinen Rechtssätzen gehandelt und weil sie meine Satzungen missachtet und meine Sabbate entweiht haben und weil ihre Augen hinter den Mistgötzen ihrer Vorfahren her waren. 25 Da habe ich selbst ihnen Satzungen gegeben, die nicht gut waren, und Rechtssätze, durch die sie nicht am Leben bleiben konnten. 26 Und wenn sie jede Erstgeburt aus dem Mutterleib durchs Feuer gehen liessen, habe ich sie unrein werden lassen durch ihre Gaben, um sie in Schrecken zu versetzen, damit sie erkannten, dass ich der HERR bin!

27 Darum rede zum Haus Israel, du Mensch, und sprich zu ihnen: So spricht Gott der HERR: Auch noch dadurch haben eure Vorfahren mich verhöhnt, dass sie mir die Treue gebrochen haben. 28 Und ich habe sie in das Land gebracht: Ich hatte meine Hand erhoben, dass ich es ihnen geben werde. Dann aber haben sie irgendeinen hohen Hügel und irgendeinen dicht belaubten Baum gesehen und haben dort ihre Schlachtopfer geschlachtet und dort ihre widerwärtigen Gaben dargebracht und dort ihr Räucherwerk für den beschwichtigenden Duft niedergelegt und dort ihre Trankopfer dargebracht. 29 Da sprach ich zu ihnen: Was soll die Kulthöhe, zu der ihr geht? Und bis auf diesen heutigen Tag nennt man sie: Bama.

30 Darum sprich zum Haus Israel: So spricht Gott der HERR: Auf dem Weg eurer Vorfahren wollt ihr euch unrein machen, und ihren Scheusalen hurt ihr nach? 31 Dadurch dass ihr eure Gaben darbringt, indem ihr eure Kinder durchs Feuer gehen lasst, macht ihr euch unrein an allen euren Mistgötzen, bis auf den heutigen Tag! Und da soll ich mich von euch befragen lassen, Haus Israel! So wahr ich lebe, Spruch Gottes des

HERRN, von euch werde ich mich nicht befragen lassen! 32 Und es darf nie geschehen, was aufsteigt in eurem Geist, dass ihr sagt: Wir wollen sein wie die Nationen, wie die Sippen der Länder, und Holz und Steinen dienen! 33 So wahr ich lebe, Spruch Gottes des HERRN: Mit starker Hand und mit ausgestrecktem Arm und mit ausgegossenem Zorn werde ich über euch herrschen. 34 Und ich werde euch herausführen aus den Völkern und euch sammeln aus den Ländern, in die ihr zerstreut worden seid, mit starker Hand und mit ausgestrecktem Arm und mit ausgegossenem Zorn. 35 Und ich werde euch in die Wüste der Völker bringen, und dort werde ich mit euch ins Gericht gehen, von Angesicht zu Angesicht! 36 Wie ich mit euren Vorfahren ins Gericht gegangen bin in der Wüste des Landes Ägypten, so werde ich mit euch ins Gericht gehen! Spruch Gottes des HERRN. 37 Und ich werde euch unter dem Stab hindurchgehen lassen und euch in den überlieferten Bund aufnehmen. 38 Die aber von euch, die sich auflehnen und die mit mir brechen, werde ich aussondern! Aus dem Land, in dem sie als Fremde leben, werde ich sie herausführen, auf Israels Boden aber werden sie nicht kommen. Und ihr werdet erkennen, dass ich der HERR bin. 39 Und ihr, Haus Israel, so spricht Gott der HERR: Geht doch, ein jeder zu seinen Mistgötzen, dient ihnen! Danach aber werdet ihr auf mich hören und meinen heiligen Namen nicht mehr entweihen mit euren Gaben und euren Mistgötzen. 40 Denn auf meinem heiligen Berg, auf dem hohen Berg Israels, Spruch Gottes des HERRN, dort werden sie mir dienen im Land, das ganze Haus Israel, alle! Dort werde ich sie annehmen, und dort werde ich eure Abgaben einfordern: das Beste eurer Gaben, all eure heiligen Gaben. 41 Beim beschwichtigenden Duft werde ich euch annehmen, wenn ich euch herausführe aus den Völkern und euch sammle aus den Ländern, in die ihr

zerstreut worden seid, und ich werde mich an euch als heilig erweisen vor den Augen der Nationen. 42 Und ihr werdet erkennen, dass ich der HERR bin, wenn ich euch auf Israels Boden bringe, in das Land, das euren Vorfahren zu geben ich meine Hand erhoben habe. 43 Und dort werdet ihr an eure Wege denken und an all eure Taten, mit denen ihr euch unrein gemacht habt. Und ihr werdet euch ekeln vor euch selbst all der Untaten wegen, die ihr begangen habt. 44 Und ihr werdet erkennen, dass ich der HERR bin, wenn ich an euch handle um meines Namens willen, nicht nach euren bösen Wegen und euren verdorbenen Taten, Haus Israel! Spruch Gottes des HERRN.

| 1–44: 2,3!; Ps 106 | 1: 8,1.11; 14,1; 2Kön 6,32 | 3: 31; 14,3 | 4: 16,2–3; 22,2; 23,36 | 5: Ex 3,7–9 · 36,7; 44,12; 47,14 · Ex 20,2 | 6: 15 · Num 13 · Dtn 8,10; Jer 3,19 | 7: 18.31; 23,7; 36,18; 37,23 · 16,26; 23,3 | 8: 7,8! · 13 | 9: 14.22; 36,20–22; 39,25; Jes 48,11 | 10: Ex 12,37–42; Jer 2,6 | 11: 13,21; 18,9; Lev 18,5! · 20,25 | 12: Ex 31,13 · 20; 4,3; 14,8 · Lev 20,8 | 13: 11,21; 18,9 · 16.24; 22,8; 23,38 · 8 | 14: 9! · 44 | 15: 6 · Num 14,28–30; Ps 106,26 | 16: 13,24; 22,8.26; 23,38 · Dtn 6,14 | 17: 16,6 | 18: 7! | 19: 11 | 20: 12; 4,3; 14,8 · 44,24 | 21: 7,8! · 11.13; 18,9; Lev 18,5 | 22: 9! · Num 17,25 | 23: 5,2! · 36,19! · 12,15; Lev 26,33 | 24: 13.16; 22,8.26; 23,38 | 25: 11! | 26: 31; 23,37; Jer 19,5 · Ex 13,2.12 | 28: 6,13; Jes 57,5 · 41; 16,19 · 16,26! | 29: 6,3.6; 16,16; 36,2; 43,7; Lev 26,30 | 30: 6,9 | 31: 26! · 7! · 3 | 32: 25,8 · Dtn 4,28; 28,64 | 33: Dtn 4,34; Jer 21,5 | 34: 41 · 6,8! · 11,17! | 35: Hos 2,16 | 36: 17 | 37: Lev 27,32; Mi 7,14 · 16,60 | 38: 13,9 | 39: 36,20; 43,8 · 40: 17,23; 34,14; 36,8 · 40,2 · 44,30 | 41: 28; 6,13 · 6,8! · 11,17! · 28,22; 36,23; 38,16; 39,27 | 42: 5.28 | 43: 6,9; 36,31 · 14,11; 36,17 · 16,61; 36,31 | 44: 14

20,29: Bama bedeutet ‹Kulthöhe›.

Gegen Israels Boden

21 1 Und das Wort des HERRN erging an mich: 2 Du Mensch, richte dein Angesicht nach Teman und lass die Worte nach Süden strömen und weissage gegen den Wald des offenen Landes im Negev. 3 Und sprich zum Wald des Negev: Höre das Wort des HERRN! So spricht Gott der HERR: Sieh, ich entzünde ein Feuer in dir, und es wird jeden grünen Baum und jeden trockenen Baum in dir fressen. Die lodernde Flamme wird nicht erlöschen, und vom Negev bis in den Norden werden von ihr

alle Gesichter versengt. 4 Und alles
Fleisch wird sehen, dass ich, der HERR,
es entfacht habe; es wird nicht erlö-
schen! 5 Da sprach ich: Ach, Herr, HERR!
Sie sagen von mir: Spricht er nicht in
Rätseln?

6 Und das Wort des HERRN erging
an mich: 7 Du Mensch, richte dein Angesicht gegen Jerusalem und lass die
Worte strömen gegen Heiligtümer, und
weissage gegen Israels Boden. 8 Und
sprich zu Israels Boden: So spricht der
HERR: Sieh, ich gehe gegen dich vor: Ich
werde mein Schwert aus seiner Scheide
ziehen und Gerechte und Ungerechte
auf dir vernichten! 9 Weil ich Gerechte
und Ungerechte auf dir vernichte, darum wird mein Schwert aus seiner
Scheide kommen gegen alles Fleisch
vom Negev bis in den Norden. 10 Und
alles Fleisch wird erkennen, dass ich, der
HERR, mein Schwert aus seiner Scheide
gezogen habe. Es wird nicht mehr dorthin zurückkehren!

|2: 16,46 |3: Jes 9,17; Jer 21,14 · Lk 23,31 · 9 |4:
Jes 40,5 |5: 17,2 |7: 7,2; 36,6 |8–10: 5,2; 12,14 |8:
Hiob 9,22! |9: 3

21,2: Im Hebräischen sind Teman und Negev
nicht nur Namen von Regionen, sondern bedeuten
zugleich ‹Süden›.

Das Schwert der Bestrafung

11 Und du, Mensch, stöhne! Mit bre-
chenden Hüften und vor Verbitterung
sollst du vor ihren Augen stöhnen!
12 Und wenn sie zu dir sagen: Worüber
stöhnst du?, dann sage: Über eine Nachricht! Wenn sie sich erfüllt, löst jedes
Herz sich auf, und alle Hände werden
schlaff, und jeder Geist verzagt, und alle
Knie zergehen wie Wasser. Seht, es
kommt und wird sich ereignen! Spruch
Gottes des HERRN.

13 Und das Wort des HERRN erging
an mich: 14 Du Mensch, weissage
und sprich: So spricht der Herr. – Sprich:
Ein Schwert, ein Schwert ist geschärft
und auch geschliffen!
15 Für ein grosses Schlachten ist es
geschärft,

um zum Blitz zu werden, ist es
geschliffen!
Oder sollten wir uns freuen:
Das Zepter meines Sohns verachtet
jedes Holz!
16 Und er hat es übergeben, damit es
geschliffen wird,
damit man es mit der Faust ergreift.
Ein Schwert, es ist geschärft,
und es ist geschliffen
für die Hand eines Scharfrichters.
17 Schrei auf und wehklage, du Mensch,
denn gegen mein Volk hat es sich
gerichtet,
es ist gegen alle Fürsten Israels;
sie und mein Volk sind vor das
Schwert geworfen.
Darum schlage dir auf die Hüfte!
18 Denn die Probe ist gemacht.
Was aber, wenn nicht dieses Zepter
wäre,
das andere verachtet?
Spruch Gottes des HERRN.
19 Und du, Mensch, weissage
und schlag die Hände zusammen!
Dann wird das Schwert sich
verdoppeln!
Und noch ein Drittel dazu!
Ein Schwert für Erschlagene,
es ist ein Schwert für einen
Erschlagenen – den Grössten –,
das sie umkreist.
20 Das Herz soll wanken,
und viele werden straucheln;
an alle ihre Tore
habe ich das Schlachten des Schwerts
gebracht!
Ach, zum Blitzen gemacht,
geschliffen für das Schlachten.
21 Wende dich nach hinten, nach
rechts, nach links,
wohin deine Schneide befohlen ist!
22 Und auch ich werde meine Hände
zusammenschlagen,
und meinen Zorn werde ich stillen!
Ich, der HERR, habe gesprochen.
23 Und das Wort des HERRN erging an
mich: 24 Und du, Mensch, bestimme dir
zwei Wege, damit das Schwert des Königs von Babel kommen kann; von ei-

nem einzigen Land sollen sie beide ausgehen. Und schaffe Platz für ein Zeichen, am Anfang des Weges zu jeder Stadt schaffe ihm Platz. 25 Einen Weg sollst du bestimmen, damit das Schwert kommen kann über das Rabba der Ammoniter und über Juda, das nur noch in Jerusalem Befestigungen hat. 26 Denn der König von Babel hat sich am Scheideweg aufgestellt, am Anfang der beiden Wege, um das Losorakel zu befragen: Die Pfeile hat er geschüttelt, die Terafim befragt, die Leber beschaut. 27 In seiner Rechten war das Losorakel für Jerusalem, dass er Sturmböcke aufstelle, dass er den Mund auftue beim Losschlagen, dass er die Stimme erhebe mit Kriegsgeschrei, dass er Sturmböcke aufstelle gegen Tore, dass er eine Sturmrampe aufschütte, dass er einen Belagerungswall baue. 28 Für sie aber, in ihren Augen, wird es wie ein Losorakel sein, das keine Bedeutung hat; sie haben die heiligsten Schwüre, er aber bringt Schuld in Erinnerung, damit sie ergriffen werden.

29 Darum, so spricht Gott der HERR: Weil ihr eure Schuld in Erinnerung bringt, da eure Vergehen offenbar und eure Sünden sichtbar werden in allen euren Taten, weil an euch erinnert worden ist, werdet ihr mit der Faust ergriffen werden. 30 Und du, Entweihter, Verbrecher, Fürst Israels, dessen Tag kommt zur Zeit der letzten Verschuldung! 31 So spricht Gott der HERR: Weg mit dem Kopfschmuck,
und herunter mit der Krone!
Nichts ist, was es ist:
Das Niedrige erhöht,
und das Hohe erniedrigt!
32 Trümmer, Trümmer, Trümmer mache ich aus der Stadt! Auch dies geschieht nicht, bis der kommt, dem das Recht zusteht und dem ich es gebe.

33 Und du, Mensch, weissage und sprich: So spricht Gott der HERR über die Ammoniter und ihr Höhnen. Sprich:
Ein Schwert, ein Schwert ist gezückt,
um zu schlachten ist es geschliffen,

dass man es ergreift,
damit es zum Blitz wird –
34 während man Nichtiges schaut für dich,
während man Lüge wahrsagt für dich –,
um es an den Hals der entweihten Verbrecher zu legen,
deren Tag kommt zur Zeit der letzten Verschuldung.
35 Stecke es zurück in seine Scheide!
Dort, wo du erschaffen worden bist, im Land deiner Herkunft,
werde ich dich richten.
36 Und ich werde meine Wut über dich ausgiessen,
das Feuer meines Zorns werde ich gegen dich anfachen,
und ich werde dich in die Hand roher Männer geben,
Künstler der Vernichtung.
37 Ein Frass des Feuers sollst du werden, mitten im Land wird dein Blut fliessen, deiner wird nicht mehr gedacht werden! Ich, der HERR, habe gesprochen.

|11: 24,17 · 4,12! |12: 20 · 7,17; Jes 13,7; Jer 6,24 · 39,8 |13–22: 5,1–4; Dtn 32,41; Offb 6,4 |14: 33 |15: 18 |17: 19,1! |18: 15 · Jer 31,19 |19: 22; 6,11; 25,6 |20: 12 · Jer 18,23 |22: 5,13! · 19; 6,11; 25,6 |24–25: 30,24–25; 32,11 |25: 25,5; Dtn 3,11; Jer 49,2; Am 1,14 |26: Ri 17,5; Hos 3,4 |27: 4,2; 26,8 |29: 39,24 |30: 19,1! · 35,5 · 34 |31: Ex 28,4 · 17,24; 36,36; 37,14; Lk 1,52 · 14 |33–37: 25,1–7; Jer 49,1–6! |33: 14 |34: 13,6.23; 22,28 · 30 |36: 22,21.31; 36,5; 38,19

21,17: Schlagen auf die Hüfte war entweder Ausdruck der Trauer oder Abwehr von Unheil.
21,18: Die Übersetzung des Verses ist unsicher.
21,19: Möglicherweise ist statt «das sie umkreist» zu übersetzen: «das tief in sie eindringt».
21,20: Der schwierige hebräische Text wurde korrigiert.
21,21: Die Übersetzung «Wende dich nach hinten» beruht auf einer Korrektur des Massoretischen Textes.
21,25: Rabba war eine ammonitische Stadt.
21,32: Wörtlich: «... mache ich aus ihr! ...». Mit ‹es› ist in diesem Vers das Recht gemeint.

Gegen die Stadt des vergossenen Bluts

22 1 Und das Wort des HERRN erging an mich: 2 Und du, Mensch, wirst du für Recht sorgen, wirst du für Recht sorgen für die Stadt des vergossenen Bluts? Lass sie all ihre Abscheulichkei-

ten erkennen, 3 und sprich: So spricht
Gott der HERR:
Stadt, die Blut vergiesst in ihrer Mitte,
    so dass ihre Zeit kommt,
und die sich Mistgötzen macht,
    so dass sie unrein wird!
4 Durch dein Blut, das du vergossen
hast,
    bist du schuldig geworden,
und durch deine Mistgötzen, die du
gemacht hast,
    bist du unrein geworden,
und du hast deine Zeit nahe
herangebracht
    und bist an das Ende deiner Jahre
    gekommen.
Darum mache ich dich für die Nationen
zum Hohn
    und für alle Länder zum Gespött!
5 Ob nah oder fern von dir,
    sie werden sich lustig machen über
    dich,
die du einen unreinen Namen hast;
    die Bestürzung ist gross!
6 Sieh, die Fürsten Israels:
In dir hat jeder sein Bestes getan,
    um Blut zu vergiessen.
7 In dir hat man Vater und Mutter
verachtet,
    mitten in dir war man zum Fremden
    gewalttätig,
in dir hat man Waisen und Witwen
unterdrückt.
8 Was mir heilig ist, hast du verachtet,
    und meine Sabbate hast du entweiht.
9 In dir sind Verleumder gewesen, um
Blut zu vergiessen,
    und in dir hat man auf den Bergen
    gegessen,
mitten in dir hat man Schandtaten
begangen.
10 In dir hat man die Blösse des Vaters
aufgedeckt,
    in dir hat man die gedemütigt, die
    unrein ist in der Monatsblutung.
11 Und mit der Frau seines Nächsten hat
ein jeder
    Abscheuliches getan,
und seine Schwiegertochter hat jeder
unrein gemacht durch Schandtaten,

und seine Schwester, die Tochter
    seines Vaters,
hat jeder gedemütigt in dir!
12 In dir hat man Bestechung
angenommen,
    damit Blut vergossen wird,
Zins und Aufschlag hast du genommen,
    und deinen Nächsten hast du durch
    Bestechung Schaden zugefügt,
und mich hast du vergessen!
    Spruch Gottes des HERRN.
13 Aber sieh, ich schlage meine Hand auf
deinen Gewinn, den du gemacht hast,
und auf dein Blut in deiner Mitte.
14 Wird dein Herz standhalten, und
werden deine Hände stark sein in den
Tagen, da ich gegen dich vorgehe? Ich,
der HERR, habe gesprochen, und ich
führe es aus. 15 Und ich werde dich unter die Nationen zerstreuen und dich in
die Länder streuen und deine Unreinheit von dir tilgen. 16 Und durch dich
selbst wirst du entweiht vor den Augen
der Nationen, und du wirst erkennen,
dass ich der HERR bin.

17 Und das Wort des HERRN erging
an mich: 18 Du Mensch, das Haus Israel
ist mir zu Schlacke geworden! Sie alle
sind Bronze und Zinn und Eisen und
Blei mitten im Schmelzofen; Schlacken
sind sie, Silber sind sie gewesen.
19 Darum, so spricht Gott der HERR:
Weil ihr alle zu Schlacken geworden
seid, darum seht, sammle ich euch mitten in Jerusalem. 20 Silber und Bronze
und Eisen und Blei und Zinn werden in
einem Schmelzofen gesammelt, um ein
Feuer darunter anzufachen und es zu
schmelzen. So werde ich euch in meiner
Wut und in meinem Zorn sammeln und
hineinwerfen und schmelzen. 21 Und
ich werde euch zusammenraffen und
das Feuer meines Zorns gegen euch anfachen, und darin werdet ihr geschmolzen. 22 Wie Silber im Schmelzofen geschmolzen wird, so werdet ihr darin geschmolzen werden, und ihr werdet erkennen, dass ich, der HERR, meinen
Zorn über euch ausgegossen habe.

|1–12: 9,7; 11,6; 35,8 |2: 16,2 · 20,4; 23,36 · 24,6.9;
Nah 3,1 |3: 33,25 |4: 5,14! · 36,18 · 21,30 |5: 43,7 · 7,7
|6: 18,27; 19,1!; Jes 1,23 |7: Ex 20,12 · Ex 22,21 · Ex 22,22
|8: 26; 20.13.16.24; 23,38; Lev 19,30 |9: Lev 19,16 ·
18,6.11.15 |10: Lev 18,6–7; Lev 20,11 · 18,6! |11:
Lev 18,9! |12: Dtn 27,25; Jer 22,17 · 18,8.13 · 23,35 |15:
5,2!; 36,19! |17–22: Jes 1,22.25; Jer 6,28–30 |18:
Ps 119,119 |20: Mal 3,2–3 |21: 31; 21,36; 36,5; 38,19
|22: Sach 13,9

Gegen das Land und seine Bevölkerung

23 Und das Wort des HERRN erging
an mich: 24 Du Mensch, sprich zu ihm:
Du bist ein Land, das nicht rein gemacht
wurde, auf das kein Regen fiel am Tag
des Zorns. 25 Die Zusammenrottung
seiner Propheten in ihm gleicht einem
brüllenden Löwen, der Beute reisst: Sie
haben Menschen gefressen, haben
Schätze und Kostbarkeiten an sich genommen, seine Witwen haben sie zahlreich gemacht in ihm. 26 Seine Priester
haben meiner Weisung Gewalt angetan
und entweiht, was mir heilig war; zwischen heilig und nicht heilig haben sie
nicht unterschieden, und den Unterschied zwischen dem Unreinen und
dem Reinen haben sie nicht gelehrt, und
vor meinen Sabbaten haben sie ihre Augen verschlossen. Und so wurde ich in
ihrer Mitte entweiht. 27 Seine Fürsten
in seiner Mitte sind wie Wölfe, die
Beute reissen: Sie vergiessen Blut, vernichten Leben, um Gewinn zu machen.
28 Und seine Propheten haben es ihnen
noch immer mit Tünche verputzt,
schauen Nichtiges und wahrsagen Lüge
für sie, sie sagen: So spricht Gott der
HERR!, aber der HERR hat nicht gesprochen! 29 Das Volk des Landes hat Erpressung verübt und Raub begangen, den
Armen und Elenden haben sie unterdrückt, und gegen jedes Recht haben sie
dem Fremden Gewalt angetan. 30 Und
ich habe unter ihnen einen gesucht, der
einen Wall gebaut hätte und vor mir in
die Bresche gesprungen wäre für das
Land, damit ich es nicht vernichten
muss, aber ich habe keinen gefunden.
31 Da habe ich meine Wut über sie ausgegossen, habe ihnen ein Ende bereitet
im Feuer meines Zorns. Ihre Taten lasse
ich zurückfallen auf ihr Haupt! Spruch
Gottes des HERRN.

|24: 7,7! |25: 19,3; Zef 3,3–4; 1Petr 5,8 |26: 42,19;
44,23; Lev 10,10! · 8; 20,13.16.24; 23,38 |27: 6.12; 11,1;
Zef 3,3 |28: 13,10–16 |29: 18,7.12.17 |30: 13,5;
Ps 106,23; Jes 59,16 |31: 21,36; 36,5; 38,19

Das Gleichnis von Ohola und Oholiba

23 1 Und das Wort des HERRN erging
an mich: 2 Du Mensch, es waren
zwei Frauen, Töchter derselben Mutter.
3 Und sie trieben Hurerei in Ägypten, in
ihrer Jugend trieben sie Hurerei; dort
wurden ihre Brüste befingert, und dort
griff man nach ihren jungfräulichen
Brüsten. 4 Und dies waren ihre Namen:
Ohola war die ältere, und Oholiba war
ihre Schwester. Und sie gehörten zu mir
und gebaren Söhne und Töchter. Und
dies waren ihre Namen: Ohola ist Samaria, und Oholiba ist Jerusalem.

5 Und Ohola trieb Hurerei, wurde
mir untreu und hatte Verlangen nach
ihren Liebhabern, nach Assur, nach
Kämpfern, 6 gekleidet in blauen Purpur, nach Statthaltern und Vorstehern;
hübsche Kerle sie alle, Reiter, hoch zu
Ross. 7 Und ihnen schenkte sie ihre Hu-
renlust; sie alle waren die Besten der Assyrer. Bei allem aber, wonach sie Verlangen hatte, machte sie sich unrein mit all
ihren Mistgötzen. 8 Auch von ihrer Hurerei, die sie in Ägypten getrieben hatte,
liess sie nicht ab, denn in ihrer Jugend
hatten diese mit ihr geschlafen, und sie
waren es, die nach ihren jungfräulichen
Brüsten gegriffen und die ihre Hurerei
über sie gebracht hatten.

9 Darum habe ich sie in die Hand ihrer Liebhaber gegeben, in die Hand der
Assyrer, nach denen sie Verlangen hatte.
10 Sie deckten ihre Blösse auf, nahmen
ihr die Söhne und Töchter, und sie selbst
erschlugen sie mit dem Schwert, und so
kam sie zu ihrem Ruf bei den Frauen,
und man vollstreckte Strafgerichte an
ihr.

11 Und ihre Schwester Oholiba sah
es, aber sie trieb es mit ihrem Verlangen

noch schlimmer als jene und mit ihrer Hurerei noch weiter als ihre Schwester mit ihrer Hurerei. 12 Nach den Assyrern hatte sie Verlangen, nach Statthaltern und Vorstehern, die sich ihr näherten, makellos gekleidet, Reiter, hoch zu Ross, hübsche Kerle sie alle.

13 Und ich sah, dass sie sich unrein gemacht hatte; ein und denselben Weg hatten sie beide. 14 Und sie trieb ihre Hurerei noch weiter: Sie sah sich Männer an, Bilder von Kasdäern, die in die Wand eingeritzt waren, eingeritzt mit Mennige, 15 gegürtet mit einem Schurz um ihre Hüften, einen herabhängenden Turban auf ihren Köpfen, sie alle mit dem Aussehen von hoch gestellten Kämpfern nach Art der Babylonier; Kasdäa war das Land ihrer Herkunft. 16 Und sie hatte Verlangen nach ihnen, danach, sie mit ihren eigenen Augen zu sehen, und so sandte sie Boten zu ihnen, nach Kasdäa. 17 Und die Babylonier kamen zu ihr auf das Liebeslager und machten sie unrein mit ihrer Hurerei, und sie wurde unrein durch sie. Dann aber wandte sie sich jäh von ihnen ab. 18 Und sie machte ihre Hurerei offenbar und deckte ihre Blösse auf. Da wandte ich mich jäh von ihr ab, wie ich mich von ihrer Schwester abgewandt hatte. 19 Sie aber trieb noch mehr Hurerei und dachte an die Tage ihrer Jugend, als sie Hurerei getrieben hatte im Land Ägypten. 20 Und sie hatte Verlangen nach ihren Liebhabern, deren Glied das Glied von Eseln war und deren Penis der Penis von Hengsten war. 21 Und du hast dich gesehnt nach der Schandtat deiner Jugend, als die Ägypter nach deinen Brüsten griffen, deiner jugendlichen Brüste wegen.

22 Darum, Oholiba, so spricht Gott der HERR: Sieh, ich hetze deine Liebhaber auf dich, die, von denen du dich jäh abgewandt hast, und von ringsum führe ich sie heran gegen dich, 23 die Babylonier und alle Kasdäer, Pekod und Schoa und Koa, alle Assyrer mit ihnen, hübsche Kerle, Statthalter und Vorsteher,

sie alle, hoch gestellte Kämpfer und Berufene, sie alle hoch zu Ross. 24 Und sie werden über dich kommen mit Waffen, mit Wagen und Rädern und mit einer Menge von Völkern; Setzschild und Rundschild und Helm setzen sie ringsum gegen dich ein. Und ich werde ihnen den Rechtsfall vorlegen, und sie werden dich richten nach ihren Gesetzen. 25 Und ich werde meine Eifersucht gegen dich richten, und voller Zorn werden sie mit dir verfahren: Deine Nase und deine Ohren werden sie abschneiden, und alle, die du zurücklässt, werden durch das Schwert fallen: Sie werden es sein, die dir deine Söhne und Töchter nehmen, und was du zurücklässt, wird vom Feuer gefressen werden. 26 Und sie werden dir die Kleider ausziehen und deine Schmuckstücke nehmen. 27 Und deinem schändlichen Verhalten werde ich ein Ende setzen und deiner Hurerei, die du seit der Zeit im Land Ägypten getrieben hast, und du wirst nicht mehr aufblicken zu ihnen und nicht mehr an Ägypten denken.

28 Denn so spricht Gott der HERR: Sieh, ich gebe dich in die Hand derer, die du hasst, in die Hand derer, von denen du dich jäh abgewandt hast. 29 Und voll Hass werden sie mit dir verfahren: Alles was du erarbeitet hast, werden sie wegnehmen, und dich werden sie nackt und bloss zurücklassen, und deine hurerische Blösse wird aufgedeckt werden wie auch deine Schandtaten und deine Hurerei. 30 Dies wird dir widerfahren, weil du Nationen nachgehurt hast, weil du dich verunreinigt hast mit ihren Mistgötzen.

31 Auf dem Weg deiner Schwester bist du gegangen, und ihren Kelch gebe ich in deine Hand.

32 So spricht Gott der HERR:
Den Kelch deiner Schwester wirst du trinken,

den tiefen und weiten –
lachen und spotten wird man über dich –,
der so viel fasst!

33 Von Trunkenheit und Qual wirst du
voll werden;
> ein Kelch des Entsetzens und der
> Vernichtung
> ist der Kelch deiner Schwester
> Samaria.

34 Und du wirst ihn austrinken und
ausschlürfen, und seine Scherben wirst
du abnagen und dir dabei die Brüste
aufreissen. Ich habe gesprochen! Spruch
Gottes des HERRN.

35 Darum, so spricht Gott der HERR:
Weil du mich vergessen und hinter dich
geworfen hast, trage auch du deine
Schandtat und deine Hurerei!

36 Und der HERR sprach zu mir: Du
Mensch, wirst du für Recht sorgen für
Ohola und Oholiba? Dann lege ihnen
ihre Abscheulichkeiten vor! 37 Denn sie
haben Ehebruch begangen, und an ihren Händen ist Blut: Mit ihren Mistgötzen haben sie Ehebruch begangen, und
auch ihre Kinder, die sie mir geboren
hatten, haben sie für jene durch das
Feuer gehen lassen, als Frass. 38 Auch
noch das haben sie mir angetan: An jenem Tag haben sie mein Heiligtum unrein gemacht, und meine Sabbate haben
sie entweiht. 39 Und wenn sie ihre Kinder für ihre Mistgötzen geschlachtet haben, sind sie am selben Tag in mein Heiligtum gekommen, um es zu entweihen.
Und sieh, mitten in meinem Haus haben sie es so getrieben!

40 Und sie haben auch immer wieder zu Männern gesandt, die aus der
Ferne kamen. Zu ihnen ist ein Bote gesandt worden, und sieh, sie sind gekommen, sie, für die du dich gebadet, dir die
Augen geschminkt und Schmuck angelegt hast. 41 Und dann hast du dich auf
ein prachtvolles Lager gesetzt, und davor war ein Tisch zurechtgemacht, und
darauf hast du mein Räucherwerk und
mein Öl gelegt. 42 Und bei ihr war das
Lärmen einer sorglosen Menge. Und zu
Männern aus der Menge wurden Zecher
aus der Wüste gebracht. Und man legte
Armspangen an ihre Hände und eine
prächtige Krone auf ihre Köpfe. 43 Und

von der durch Ehebrecherei Verbrauch-
ten sprach ich: Nun treibt man Hurerei
mit ihr, und sie –! 44 Und man kam zu
ihr, wie man zu einer Frau kommt, die
Hurerei treibt, so sind sie zu Ohola und
zu Oholiba gekommen, zu Frauen der
Schande! 45 Gerechte Männer aber, sie
werden sie richten, nach dem Recht für
Ehebrecherinnen und dem Recht für
Frauen, die Blut vergiessen, denn sie begehen Ehebruch, und an ihren Händen
ist Blut! 46 Denn so spricht Gott der
HERR: Führe eine Versammlung gegen
sie heran, und gib sie dem Schrecken
und der Plünderung preis! 47 Und eine
Versammlung wird sie steinigen und
sie zurechtstutzen mit ihren Schwertern. Ihre Söhne und ihre Töchter wird
man umbringen, und ihre Häuser wird
man im Feuer verbrennen. 48 Und ich
werde der Schandtat im Land ein Ende
bereiten, und alle Frauen werden sich
warnen lassen und nicht schändlich
handeln, wie ihr es getan habt. 49 Und
man wird eure Schandtat auf euch zurückfallen lassen, und ihr werdet die
Sünden mit euren Mistgötzen tragen,
und ihr werdet erkennen, dass ich Gott
der HERR bin.

| 1–49: 6,9; 16,1–63; Jer 3,6–13; Hos 1–3 | 3:
8.19–21; 20,7 | 4: 16,46 | 5: 16,28; Hos 5,13 | 6: 12.23 | 7:
20,7! | 8: 3.19–21; 20,7 · 17 | 10: 48 | 11: 16,47; Jer 3,11
| 12: 6.23; 16,28 | 14: 8,10 | 15: 23 | 16: 40; 16,29 | 18: 10
| 19: 3.8; 20,7 | 20: 16,26; Jer 2,24; Jer 5,8 | 22: 28–29;
16,37 | 23: 15 · Jer 50,21 · 6.12 | 24: 38,15; 39,2 | 25:
35,11! | 26: 16,7.39; Hos 2,5 | 27: 3 | 28: 9 | 29: 16,37 | 30:
6,9; 20,7! | 31–34: Ps 75,9; Jes 51,17; Jer 25,15–17; 49,12
| 33: 4 | 35: 49; 16,58 · 22,12 · 1Kön 14,9 | 36: 16,2–3;
20,4; 22,2 | 37: 16,20; 20,26! | 38: 38; 20,13; 22,8.26 | 39:
44,7 | 40: 16; Jer 4,30 | 41: 6,4! · 16,18 | 42: 7,11; 26,13 ·
16,11–12 | 45: 16,38; Gen 9,3; Lev 20,10 | 46: 7,21 | 47:
16,40; Dtn 22,21 · 24,21 | 48: 10 | 49: 35; 16,58

23,4: Der Name Ohola bedeutet ‹ihr eigenes Zelt›,
und der Name Oholiba bedeutet ‹mein Zelt ist in ihr›.

23,15: «hoch gestellte Kämpfer»: Siehe die Anm.
zu 2Kön 7,2; siehe auch Ez 23,23.

23,24: Die Übersetzung «mit Waffen» ist unsicher; die griechische Überlieferung lautet übersetzt:
«von Norden».

Das Gleichnis vom Kessel

24 1 Und das Wort des HERRN erging
an mich im neunten Jahr, im
zehnten Monat, am Zehnten des Mo-

nats: 2 Du Mensch, schreibe dir den Namen des Tages auf, genau dieses Tages:
An eben diesem Tag hat der König von Babel sich auf Jerusalem gestürzt. 3 Und lege dem Haus der Widerspenstigkeit ein Gleichnis vor, und sprich zu ihnen:
So spricht Gott der HERR:
Setz den Kessel auf, setz ihn auf,
    und giesse auch Wasser hinein!
4 Lege seine Fleischstücke zusammen hinein,
    jedes Stück ein gutes, Schenkel und Schulter,
mit dem Besten an Knochen fülle ihn.
5 Nimm die Besten der Schafe,
    und auch schichte unter ihm die Knochen auf,
bring ihn zum Sieden,
    auch sollen seine Knochen in ihm kochen.
6 Darum, so spricht Gott der HERR:
Wehe der Stadt des vergossenen Bluts,
    dem Kessel, an dem Rost ist
    und dessen Rost sich nicht abgelöst hat!
Nimm Fleischstück für Fleischstück heraus,
    ohne auszulosen.
7 Denn ihr Blut war in ihrer Mitte,
    auf nackten Fels hat sie es gegossen,
nicht auf die Erde hat sie es gegossen,
    dass der Staub es bedecke.
8 Um Zorn heraufzuführen,
    um Rache zu nehmen,
habe ich ihr Blut auf nackten Fels gegossen,
    dass es nicht bedeckt wird.
9 Darum, so spricht Gott der HERR:
Wehe der Stadt des vergossenen Bluts:
    Auch ich mache den Scheiterhaufen gross!
10 Sorge für reichlich Holz,
    entzünde das Feuer,
koche das Fleisch gar
    und rühre das Angerührte um.
Und die Knochen sollen glühen!
11 Dann stelle ihn leer auf seine Kohlen,
damit seine Bronze heiss wird und glüht
und seine Unreinheit in ihm zum

Schmelzen gebracht wird, sein Rost muss weg.
12 Welche Anstrengungen, wie ermüdend! Sein starker Rost aber löst sich nicht ab, auch im Feuer bleibt sein Rost. 13 Wegen deiner Unreinheit, der Schandtat, weil ich dich reinigen wollte und du nicht rein geworden bist: Von deiner Unreinheit wirst du nicht mehr rein werden, bis ich meinen Zorn an dir gestillt habe! 14 Ich, der HERR, habe gesprochen. Es kommt, und ich werde es tun, ich werde nicht davon absehen, und ich werde kalt blicken und es nicht bereuen. Wie es deinen Wegen und deinen Taten entspricht, so wird man dich richten! Spruch Gottes des HERRN.

|1–14: 11,1–12; Jer 1,13; Mi 3,3 |1: 2 Kön 25,1!; Jer 52,4 |3: 17,2 |4: 10 |6: 9; 22,2; Nah 3,1 · 11–12 |7: Lev 17,13; Jes 26,21! |8: 5,13! |9: 6; 22,2; Nah 3,1 · Jes 30,33 |10: 4–5 |11: 6 |13: 5,13! |14: 12,25; Num 11,23; Jes 50,2 · 5,11!

24,3: Im Hebräischen klingt ‹setz auf› ähnlich wie ‹sprich das Urteil›, und ‹Kessel› klingt ähnlich wie ‹Stadt›.
24,7: Mit ‹ihr› ist die Stadt gemeint.
24,12: «Welche Anstrengungen, wie ermüdend!»: Die Übersetzung dieses ersten Versteils ist unsicher.

Der Tod von Ezechiels Frau. Sein Verhalten als Zeichen für Israels Zukunft

15 Und das Wort des HERRN erging an mich: 16 Du Mensch, sieh, mit einem Schlag nehme ich dir deine Augenweide, du aber darfst nicht trauern und nicht weinen und keine Träne vergiessen! 17 Stöhne, bleib regungslos, keine Trauerbräuche für Tote! Deinen Kopfschmuck leg dir an und deine Sandalen zieh an deine Füsse und verhülle nicht den Lippenbart und iss das Brot nicht, das dir Menschen reichen!
18 Und am Morgen sprach ich zum Volk, und am Abend starb meine Frau. Und am nächsten Morgen verhielt ich mich, wie es mir geboten worden war. 19 Und das Volk sprach zu mir: Willst du uns nicht sagen, was es für uns bedeutet, dass du dich so verhältst? 20 Und ich sprach zu ihnen: Das Wort des HERRN ist an mich ergangen: 21 Sprich zum

Haus Israel: So spricht Gott der HERR: Seht, ich entweihe mein Heiligtum, euren Schutz, auf den ihr stolz seid, eure Augenweide, und das, wonach ihr euch sehnt; und eure Söhne und eure Töchter, die ihr verlassen habt, werden durch das Schwert fallen. 22 Dann werdet ihr euch verhalten, wie ich mich verhalten habe: Den Lippenbart werdet ihr nicht verhüllen, und Brot, das die Menschen euch reichen, werdet ihr nicht essen. 23 Und euer Kopfschmuck wird auf euren Köpfen und eure Sandalen werden an euren Füssen sein, ihr werdet nicht trauern und nicht weinen, und eurer Schuld wegen werdet ihr vergehen, und ihr werdet aufstöhnen, wenn ihr einander anseht. 24 Und Ezechiel wird für euch ein Zeichen sein: So wie er sich verhalten hat, werdet ihr euch verhalten. Wenn es eintrifft, dann werdet ihr erkennen, dass ich Gott der HERR bin.

| 16: 21,25 | 17: 21,11 · 2Sam 15,30 · Jer 16,7; Hos 9,4 | 19: 12,9; 17,12; 37,18 | 21: Klgl 2,7 · 16.25 · 23,47 | 22: 17 | 23: 4,17; 33,10; Lev 26,39; Sach 14,12 | 24: 12,6!

Ankündigungen: Der Entkommene und das Ende der Verstummung

25 Und du, Mensch, an dem Tag, da ich ihnen die Stätte ihrer Zuflucht nehme, ihre Pracht, an der sie Freude haben, ihre Augenweide und wonach sie sich sehnen, ihre Söhne und ihre Töchter, wird da nicht –? 26 An jenem Tag wird der Entkommene zu dir kommen, um es deine Ohren hören zu lassen. 27 An jenem Tag, mit dem Entkommenen, wird dein Mund geöffnet werden, und du wirst reden und nicht mehr stumm sein. Und du wirst für sie ein Zeichen sein, und sie werden erkennen, dass ich der HERR bin.

| 25: 16,21 | 26: 33,21 | 27: 3,27; 33,22 · 12,6!

Gegen die Ammoniter, gegen Moab, Edom und die Philister

25 1 Und das Wort des HERRN erging an mich: 2 Du Mensch, richte dein Angesicht gegen die Ammoniter und weissage gegen sie, 3 und sprich zu den Ammonitern: Hört das Wort Gottes des HERRN! So spricht Gott der HERR: Weil du Ha! gesagt hast über mein Heiligtum, da es entweiht ist und über Israels Boden, da er verwüstet wurde, und über das Haus Juda, da sie in die Verbannung gegangen sind, 4 darum, sieh: Ich gebe dich denen aus dem Osten zum Besitz, und sie werden in dir ihre Zeltlager aufschlagen und ihre Wohnungen in dir errichten. Sie sind es, die deine Früchte essen, und sie sind es, die deine Milch trinken werden. 5 Und Rabba mache ich zur Kamelweide und die Ammoniter zum Ruheplatz für Schafe. Und ihr werdet erkennen, dass ich der HERR bin!

6 Denn so spricht Gott der HERR: Weil du in die Hände geklatscht und mit dem Fuss aufgestampft und dich gefreut hast mit deiner ganzen Verachtung für Israels Boden im Herzen, 7 darum, sieh, strecke ich meine Hand aus gegen dich und mache dich zur Beute für die Nationen und rotte dich aus unter den Völkern und tilge dich aus den Ländern. Ich werde dich vernichten, und du wirst erkennen, dass ich der HERR bin.

8 So spricht Gott der HERR: Weil Moab und Seir sagen: Seht, das Haus Juda ist wie alle Nationen!, 9 darum, seht, nehme ich die Städte vom Bergrücken Moabs, seine Städte, ohne Ausnahme, die Zierde des Landes, Bet-Jeschimot, Baal-Meon, bis nach Kirjatajim. 10 Denen aus dem Osten gebe ich es zu den Ammonitern hinzu zum Besitz, damit der Ammoniter nicht gedacht wird unter den Nationen. 11 Und an Moab werde ich Urteile vollstrecken, und sie werden erkennen, dass ich der HERR bin.

12 So spricht Gott, der HERR: Weil Edom am Haus Juda rachsüchtig gehandelt und mehr und mehr Schuld auf sich geladen und sich immer wieder an ihnen gerächt hat, 13 darum, so spricht Gott, der HERR: Ich werde meine Hand ausstrecken gegen Edom und Mensch und Tier darin ausrotten, und von Teman an werde ich es in Trümmer legen,

und bis nach Dedan hin werden sie fallen durch das Schwert. 14 Meine Rache an Edom aber werde ich in die Hand meines Volks Israel legen, und wie es meiner Wut und meinem Zorn entspricht, werden sie mit Edom verfahren, und sie werden meine Rache erfahren! Spruch Gottes, des HERRN.

15 So spricht Gott, der HERR: Weil die Philister aus Rache gehandelt und sich gerächt haben mit Verachtung im Herzen, um Verderben zu bringen in ewiger Feindschaft, 16 darum, so spricht Gott, der HERR: Seht, ich strecke meine Hand aus gegen die Philister, und die Kreter rotte ich aus, und den Rest an der Küste des Meeres vernichte ich. 17 Und mit zornigen Züchtigungen werde ich meine schreckliche Rache an ihnen vollziehen. Und sie werden erkennen, dass ich der HERR bin, wenn ich ihnen meine Rache bringe.

|1–7: 21,33–37; Jer 49,1–6; Am 1,13–15 |3: 26,2; 36,2 |4: 10 |5: 21,25; Dtn 3,11; Jer 49,2; Am 1,14 |6: 6,11; 21,19 |7: 6,14! · 26,5; 34,8; 36,4 |8–11: Jer 48,1–47! |8: 35,1–14 · 20,32 |9: Jos 12,3; 13,20 · Num 32,38 · Jos 13,19 |10: 4 |11: 5,8! |12–14: 32,29; 35,15; Jer 49,7–22! |13: 6,14! · 14,13; 29,8 · 27,15.20; 38,13 |14: 5,13! |15–17: Jer 47,1–7! |15: 16,27 · Ri 15–16 · 35,5 |16: 6,14! · Zef 2,5 |17: 5,13!

Gegen Tyros

26 1 Und im elften Jahr, am Ersten des Monats, erging das Wort des HERRN an mich: 2 Du Mensch, weil Tyros von Jerusalem gesagt hat: Ha, zerbrochen ist das Tor der Völker, mir fällt es zu, ich werde reich, sie aber ist verwüstet!, 3 darum, so spricht Gott, der HERR:
Sieh, ich gehe gegen dich vor, Tyros,
    und lasse viele Nationen gegen dich
        ansteigen,
wie das Meer seine Wogen ansteigen
lässt.
4 Und sie werden die Mauern von Tyros
zerstören
    und seine Türme niederreissen,
    und ich werde sein Erdreich wegfegen
        von ihm
    und es zum nackten Fels machen.

5 Ein Ort, wo die Netze trocknen, soll er sein, mitten im Meer, denn ich habe gesprochen, Spruch Gottes, des HERRN, und es wird zur Beute für die Nationen. 6 Und seine Töchter, die auf dem offenen Land sind, werden umgebracht mit dem Schwert, und sie werden erkennen, dass ich der HERR bin.

7 Denn so spricht Gott, der HERR: Sieh, von Norden her bringe ich Nebukadrezzar nach Tyros, den König von Babel, den König der Könige, mit Pferden und Wagen und mit Reitern und einer Menschenmenge, mit zahlreichem Gefolge. 8 Deine Töchter auf dem offenen Land wird er mit dem Schwert umbringen, und gegen dich wird er einen Belagerungswall errichten, und er wird eine Sturmrampe aufschütten gegen dich und ein Schilddach gegen dich aufstellen. 9 Und mit seinem Rammbock wird er den Stoss gegen deine Mauern führen, und mit seinen Brecheisen wird er deine Türme einreissen. 10 Seine Pferde sind so zahlreich, dass ihr Staub dich bedecken wird; vom Getöse der Reiter und der Räder und der Wagen werden deine Mauern erbeben, wenn er durch deine Tore kommt, wie man in eine aufgebrochene Stadt kommt. 11 Alle deine Strassen wird er mit den Hufen seiner Pferde zerstampfen; dein Volk wird er mit dem Schwert umbringen, und die Mazzeben, die dir Kraft geben sollten, wird er zu Boden stürzen. 12 Und man wird deinen Reichtum rauben und deine Handelsgüter plündern und deine Mauern niederreissen und deine kostbaren Häuser einreissen, und deine Steine und deine Balken und dein Erdreich werden sie ins Wasser werfen.

13 Und dem Lärm deiner Lieder werde ich ein Ende bereiten,
    und der Klang deiner Leiern wird
        nicht mehr zu hören sein.
14 Und ich werde dich zu einem
nackten Fels machen,
    du wirst zum Ort, wo Netze
        trocknen,

und nie mehr wirst du aufgebaut,
    denn ich, der HERR, habe
    gesprochen!
Spruch Gottes des HERRN.

15 So spricht Gott der HERR, zu Tyros:
Werden vom Getöse deines Sturzes,
    wenn der Erschlagene aufstöhnt,
wenn gemetzelt wird in deiner Mitte,
    nicht die Inseln erbeben?

16 Und alle Fürsten des Meeres werden
von ihren Thronen steigen, und sie werden ihre Mäntel ablegen und ihre bunten Gewänder ausziehen. Sie kleiden
sich in Angst, setzen sich auf den Boden
und zittern und zittern und sind entsetzt über dich.

17 Und sie stimmen eine Klage an über
dich und sagen zu dir:
Wie bist du verschwunden, du vom
Meer Umspülte,
    gepriesene Stadt,
die mächtig war im Meer,
    sie und ihre Bewohner,
die du Angst eingeflösst hast allen, die
daran wohnten!

18 Nun werden die Inseln zittern
    am Tag deines Sturzes,
und die Inseln im Meer werden entsetzt
sein
    über dein Ende.

19 Denn so spricht Gott der HERR:
Wenn ich dich zur verwüsteten Stadt
mache, den Städten gleich, die nicht
mehr bewohnt sind, wenn ich die Flut
über dich steigen lasse und die Wassermassen dich bedecken, 20 dann lasse
ich dich hinabsteigen zusammen mit
denen, die hinabsteigen in die Grube, zu
dem uralten Volk, und ich lasse dich
wohnen in der Tiefe der Erde, wie uralte
Trümmer, zusammen mit denen, die
hinabsteigen in die Grube, damit du
nicht mehr bewohnt wirst. Dem Land
der Lebenden aber werde ich eine Zierde
schenken. 21 Ich werde dich zum
Schrecknis machen, und du wirst nicht
mehr sein! Und nach dir wird gesucht,
aber du wirst nie mehr gefunden
werden! Spruch Gottes des HERRN.

|1–21: 27,1–36; 28,1–19; Jes 23,1–18; Am 1,9–10
|2: 25,3; 36,2 |3: 27,3 |4: 14 |5: 25,7! |7: 29,17–21;
Jer 46,26 |8: 4,2; 21,27 · 2Kön 25,1; Jes 23,13 |11:
Gen 28,18 |13: 7,11; 23,42 · Jes 24,8!; Am 5,23;
Offb 18,22 |14: 4–5 |15: Jer 49,21 |16: 27,35; 32,10 ·
Jona 3,6 |17: 19,14! |18: Jes 41,5 |19: 27,34 |20: 31,14;
32,18 |21: 27,36; 28,19 · Dan 11,19; Offb 18,21

26,15: Die Übersetzung «wenn gemetzelt wird»
beruht auf einer Korrektur des Massoretischen Texts.

Klage über den Untergang von Tyros

27 1 Und das Wort des HERRN erging
    an mich:

2 Und du, Mensch, stimme eine
Klage an über Tyros, 3 und sprich zu Tyros, die an den Zugängen zum Meer
wohnt, die unter den Völkern Handel
treibt mit vielen Inseln: So spricht Gott
der HERR:
Tyros, du selbst hast gesagt:
    Ich bin von vollkommener
    Schönheit!

4 Im Herzen der Meere verlaufen deine
Grenzen,
    vollkommen haben deine Erbauer
    deine Schönheit gemacht.

5 Aus Wacholder vom Senir haben sie
dir alle Planken gebaut
    beidseits;
eine Zeder vom Libanon haben sie
genommen,
    um auf dir einen Mast zu machen.

6 Aus Eichen vom Baschan
    haben sie deine Ruder gemacht,
dein Deck haben sie aus Elfenbein
gemacht, aus dem Holz von Zypressen,
    von den Küsten der Kittäer.

7 Von buntem Leinen aus Ägypten war
dein Segel,
    damit es dir als Zeichen diente;
aus blauem und rotem Purpur von den
Inseln Elischas
    war deine Überdachung.

8 Die Bewohner von Sidon und Arwad
    dienten dir als Ruderer,
deine Weisen waren an dir, Tyros,
    sie waren deine Schiffsleute.

9 Die Ältesten von Gebal und seine
Weisen waren in dir,
    sie besserten dein Leck aus.

Alle Schiffe des Meeres und deren Seeleute waren in dir,
    um Tauschhandel mit dir zu treiben.
10 Paras und Lud und Put waren in deinem Heer
    als deine Krieger;
Schild und Helm hängten sie auf in dir,
    sie verliehen dir Erhabenheit.
11 Die Arwaditer und die aus deinem Heer waren ringsum auf deinen Mauern, und Gammaditer waren auf deinen Türmen. Ihre Schilde hängten sie ringsum an deine Mauern; sie machten deine Schönheit vollkommen. 12 Tarschisch war deine Händlerin wegen der Grösse deines gesamten Besitzes: Für Silber, Eisen, Zinn und Blei lieferte man deine Waren. 13 Jawan, Tubal und Meschech, sie waren deine Handelsleute: Für Menschen und bronzene Geräte lieferte man deine Tauschware. 14 Aus Bet-Togarma lieferten sie Zugpferde und Reitpferde und Maultiere als deine Waren. 15 Die Dedaniter waren deine Handelsleute, viele Küsten waren deine Einkäufer an deiner Seite; Elfenbeinzähne und Ebenholz entrichteten sie dir als Abgabe. 16 Aram war dein Einkäufer wegen der Menge deiner Erzeugnisse: Für Halbedelsteine, roten Purpur und bunte Stoffe und Byssus und Perlen und Edelsteine lieferte man deine Waren. 17 Juda und das Land Israel, sie waren deine Händler: Für Reis und Pannag und Honig und Öl und Balsam lieferten sie deine Tauschware. 18 Damaskus war dein Ankäufer wegen der Menge deiner Erzeugnisse, wegen der Grösse all deines Besitzes: für Wein aus Chelbon und Wolle aus Zachar. 19 Wedan und Jawan aus Usal lieferten für deine Waren: Bearbeitetes Eisen, Zimtblüte und Gewürzrohr gab es für deine Tauschware. 20 Dedan war deine Händlerschaft für Satteldecken. 21 Arabien und alle Fürsten von Kedar, sie waren Einkäufer an deiner Seite für Lämmer und Widder und Böcke, dafür waren sie deine Einkäufer. 22 Die Händler von Saba und Ragma, sie waren deine Händler: Für das Beste von allerlei Balsamölen und für allerlei Edelsteine und Gold lieferten sie deine Waren. 23 Charan und Kanne und Eden, die Händler von Saba, Assur, Kilmad waren deine Händlerschaft, 24 sie waren deine Händler: Für Prachtgewänder, für Mäntel aus blauem Purpur und bunten Stoffen, für Teppiche aus zweifarbigem Gewebe, für geflochtene und gedrehte Taue, dafür waren sie deine Händlerschaft. 25 Die Schiffe aus Tarschisch zogen für dich dahin mit deiner Tauschware. Und du wurdest reich und überaus bedeutend im Herzen der Meere. 26 Über weite Wasser brachten dich jene, die für dich ruderten. –

Im Herzen der Meere hat der Ostwind dich zerbrochen: 27 Dein Besitz und deine Waren, deine Tauschware, deine Seeleute und deine Matrosen, jene, die dein Leck ausbessern, und jene, die deine Tauschware tauschen, und alle deine Krieger auf dir und deine ganze Menge auf dir, sie stürzen ins Herz der Meere, am Tag deines Sturzes. 28 Beim lauten Geschrei deiner Matrosen werden die Weidegebiete beben, 29 und alle Steuermänner steigen herab von ihren Schiffen: Seeleute, alle Matrosen des Meeres, sie stehen auf dem Festland.
30 Und über dich lassen sie ihre Stimme hören,
    und bitter schreien sie auf,
und auf ihre Häupter streuen sie Staub,
    sie wälzen sich in der Asche.
31 Und deinetwegen scheren sie sich eine Glatze
    und gürten Trauergewänder um,
und voller Verbitterung weinen sie um dich,
    bittere Trauer.
32 Und bei ihrem Trauern werden sie eine Klage anstimmen über dich und um dich klagen:
Wer ist wie Tyros,
    wie eine Vernichtete, mitten im Meer?

33 Wenn deine Waren heraufkamen
vom Meer,
    hast du viele Völker satt gemacht;
mit der Fülle deines Besitzes und deiner
Tauschwaren
    hast du die Könige der Erde reich
    gemacht.
34 Nun bist du zerbrochen,
    verschwunden von den Meeren, in
    den Tiefen des Wassers,
deine Tauschware und dein ganzes
Aufgebot sind hinabgestürzt von dir.
35 Alle Bewohner der Inseln
    sind entsetzt über dich,
und ihre Könige schaudert es,
    verstört sind die Gesichter.
36 Die Ankäufer unter den Völkern
    zischen über dich;
zum Schrecknis bist du geworden,
    und für immer bist du dahin!

| 1–36: 26,1–21; 28,1–19; Jes 23,1–18; Am 1,9–10;
Offb 18,9–24 | 2: 19,14! | 3: 26,3 · 9 · 28,12 | 4: 25;
28,2.8 | 5: Dtn 3,9! · 17,3 | 6: Jes 2,13 · 39,18 · Jes 24,1!
| 7: Spr 7,16 · Gen 10,4 | 8: 28,20–23 · Gen 10,18 | 9:
Jos 13,15 · 3 | 10: 30,5; 38,5; Jer 46,9 · Gen 10,6.13 | 11:
Hld 4,4 | 12: 25; 38,13; Gen 10,4; Jes 23,1 | 13: 32,26;
38,2; 39,1 · Gen 10,2! | 14: 38,6 | 15: 20; 25,13; 38,13;
Gen 10,7 · 21 | 18: Hos 14,8 | 19: Gen 10,27 | 20: 15;
25,13; 38,13; Gen 10,7 | 21: Gen 25,13; Jer 49,28 · 15 | 22:
38,13; Gen 10,7; 1Kön 10,1! | 23: Gen 11,31 · Jes 37,12
| 25: 12; 38,13; Gen 10,4 · 4; 28,2.8 | 26: 17,10; 19,12 | 30:
Offb 18,19; Jos 7,6 | 31: 7,18; Jes 15,2–3; Jer 48,37;
Am 8,10 | 32: 19,14! | 34: 26,19 | 35: 26,16; 32,10 | 36:
26,21; 28,19 · Jer 18,16; Klgl 2,16

27,6: Die Übersetzung «dein Deck haben sie aus
Elfenbein gemacht, aus dem Holz von Zypressen»
beruht auf einer Korrektur des Massoretischen Texts.
    27,16: Möglicherweise ist das mit «Perlen»
wiedergegebene hebräische Wort als «Korallen» zu
übersetzen.
    27,17: Pannag ist wahrscheinlich ein Gebäck.
    27,24: »..., dafür waren sie deine Händlerschaft.»:
Die Übersetzung des Versendes beruht auf antiken
Übersetzungen.
    27,34: Die Übersetzung «nun» beruht auf einer
Korrektur des Massoretischen Texts.

Klage über den Fürsten von Tyros

28 1 Und das Wort des HERRN erging
an mich: 2 Du Mensch, sprich
zum Fürsten von Tyros: So spricht Gott
der HERR: Weil dein Herz hochmütig
geworden ist und du gesagt hast: Ich bin
ein Gott! Auf einem Göttersitz wohne
ich im Herzen der Meere! – Doch du bist
ein Mensch und kein Gott, dein Herz
aber hast du dem Herzen eines Gottes
gleichgestellt. 3 Sieh, du bist weiser als
Daniel, kein Geheimnis bereitet dir
Kummer. 4 Durch deine Weisheit und
deine Klugheit hast du dir Reichtum erworben und Gold und Silber in deine
Schatzkammern geschafft. 5 Durch
deine grosse Weisheit bei deinem Handel hast du deinen Reichtum vermehrt,
dein Herz aber ist hochmütig geworden
wegen deines Reichtums!

6 Darum, so spricht Gott der HERR:
Weil du dein Herz dem Herzen eines
Gottes gleichgestellt hast, 7 darum sieh,
lasse ich Fremde über dich kommen, die
gewalttätigsten Nationen, und sie werden ihre Schwerter ziehen gegen die
Schönheit deiner Weisheit, und deinen
strahlenden Glanz werden sie entweihen. 8 In den Abgrund werden sie dich
hinabsteigen lassen, und du wirst den
Tod eines Erschlagenen sterben im Herzen der Meere.
9 Wirst du auch dann noch sagen:
Ich bin göttlich!,
    im Angesicht dessen, der dich
    umbringt –
und du bist ein Mensch und kein Gott! –,
    in der Hand derer, die dich
    erschlagen?
10 Den Tod von Unbeschnittenen wirst
du sterben durch die Hand von Fremden. Ich habe gesprochen! Spruch
Gottes des HERRN.
11 Und das Wort des HERRN erging
an mich:
12 Du Mensch, stimme eine Klage an
über den König von Tyros und sprich zu
ihm: So spricht Gott der HERR:
Du warst ein Siegel,
    ein vollendetes Urbild
voller Weisheit
    und von vollkommener Schönheit.
13 In Eden, dem Gottesgarten, warst du,
aus vielerlei Edelsteinen war, was
dich umgab:
Rubin, Topas und Johalom,
    Topas aus Tarschisch, Karneol und
Jaspis,

Lapislazuli, Malachit und Beryll,
und mit Gold waren deine
Verzierungen ausgearbeitet
und deine Vertiefungen an dir.
Am Tag, als du erschaffen wurdest,
wurde es festgemacht.

14 Ein Kerub warst du mit
ausgebreiteten Flügeln,
der Beschirmende.
Und ich stellte dich auf den heiligen
Berg,
göttlich warst du,
inmitten von feurigen Steinen hast du
dich bewegt.

15 Untadelig warst du auf deinen
Wegen
seit dem Tag, an dem du erschaffen
wurdest,
bis Unrecht an dir gefunden wurde.

16 Bei der Menge deines Handels
hat man dein Inneres mit Gewalttat
gefüllt,
und du hast gesündigt.
Da habe ich dich entweiht, dich vom
Gottesberg verstossen
und dich vernichtet, du
beschirmender Kerub,
weit weg von den feurigen Steinen.

17 Dein Herz war hochmütig geworden
deiner Schönheit wegen,
deine Weisheit hattest du zunichte
gemacht
um deines strahlenden Glanzes
willen.
Ich habe dich auf den Boden geworfen,
dich Königen preisgegeben,
damit sie sich an dir ergötzten.

18 Durch die Grösse deiner Schuld,
durch das Unrecht bei deinem
Handel
hast du entweiht, was dir heilig war.
Da liess ich Feuer hervorbrechen aus
deiner Mitte,
es hat dich gefressen,
und so habe ich dich zu Asche gemacht
auf der Erde
vor den Augen aller, die dich sehen.

19 Alle unter den Völkern, die dich kennen, sind entsetzt über dich, zu einem

Schrecknis bist du geworden, und für
immer bist du dahin!

|1–19: 26,1–21; 27,1–36; Jes 23,1–18; Am 1,9–10 |2:
16,50 · 9; 2Thess 2,4 · 8; 27,4.25 |3: 14,14.20 |4:
Sach 9,2–3 |7: 30,11; 32,12 · 7.21.24; 31,12 |8: 9,7 ·
27,4.25 |9: 2 |10: 31,18; 32,19.28.32 |12: 19,14! ·
Hag 2,23 · 27,3 |13: 31,8; 36,35; Gen 2,8! · 1,16; 10,9
|14: 9,3! · Ex 25,20 · 20,40; Jes 14,13 · 1,13 |16: 27,9 ·
9,3! |17: Jes 14,12 |18: Am 1,10; Sach 9,4 |19: 26,21;
27,36

28,12–19: Die Übersetzung der Verse 12–19 ist an
manchen Stellen unsicher.

28,13: Welche Edelsteine genau gemeint sind, ist
nicht in jedem Fall klar. Die Übersetzung «deine Verzierungen» beruht auf einer Korrektur des Massoretischen Texts, der übersetzt «deine Handpauken»
lautet. Statt mit «Vertiefungen an dir» ist möglicherweise mit «Bohrungen an dir» zu übersetzen.

28,14: Möglicherweise bedeutet das als ‹mit ausgebreiteten Flügeln› wiedergegebene hebräische
Wort ‹voller Glanz›.

Gegen Sidon. Verheissung für das Haus Israel

20 Und das Wort des HERRN erging
an mich: 21 Du Mensch, richte dein Angesicht gegen Sidon und weissage gegen
es, 22 und sprich: So spricht Gott der
HERR:
Sieh, ich gehe gegen dich vor, Sidon,
und werde mich verherrlichen in
deiner Mitte.
Und ihr werdet erkennen, dass ich der
HERR bin,
wenn ich an dir Urteile vollstrecke
und mich als heilig erweise an dir.

23 Und in die Stadt sende ich die Pest
und auf ihre Strassen Blut,
und in ihrer Mitte werden Erschlagene
liegen,
wenn von allen Seiten ein Schwert
über sie kommt.
Und sie werden erkennen, dass ich der
HERR bin.

24 Für das Haus Israel aber wird es
keinen Dorn mehr geben,
der Schmerzen zufügt,
und keinen Stachel,
der Schmerz verursacht,
von allen rings um sie,
von denen sie verachtet werden.
Und sie werden erkennen, dass ich
Gott der HERR, bin.

25 So spricht Gott der HERR: Wenn ich das Haus Israel sammle aus den Völkern, unter die sie zerstreut worden sind, werde ich mich an ihnen als heilig erweisen vor den Augen der Nationen, und sie werden auf ihrem Boden wohnen, den ich meinem Diener, Jakob, gegeben habe. 26 Und sie werden in Sicherheit darauf wohnen und Häuser bauen und Weinberge pflanzen, sicher werden sie wohnen; wenn ich Urteile vollstrecke an all denen rings um sie her, von denen sie verachtet werden, werden sie erkennen, dass ich der HERR bin, ihr Gott.

|20–23: 27,8; 32,30; Gen 10,15; Joel 4,4–8 |22: 20,41! |23: 14,19; 38,21–22 |24: 2,6 |25: 36,19! · 11,17! · 20,41! · 37,25 |26: 34,27–28; 38,8.11.14; 39,26 · 11,3 · 5,8!

28,23: Wörtlich: «Und in sie sende ich …»

Gegen den Pharao und Ägypten

29 1 Im zehnten Jahr, im zehnten Monat, am Zwölften des Monats, erging das Wort des HERRN an mich: 2 Du Mensch, richte dein Angesicht gegen den Pharao, den König von Ägypten, und weissage gegen ihn und gegen ganz Ägypten. 3 Rede und sage: So spricht Gott der HERR: Sieh, ich gehe gegen dich vor, Pharao, König von Ägypten, du grosses Krokodil, das in den Armen seines Nil liegt, das sagt: Mir gehört mein Nil, und ich habe ihn gemacht. 4 Und ich werde Haken in deinen Kiefer schlagen und die Fische in den Armen deines Nil an deinen Schuppen haften lassen, und ich werde dich heraufholen aus den Armen deines Nil, zusammen mit allen Fischen in den Armen deines Nil; an deinen Schuppen werden sie haften. 5 Und ich werde dich in die Wüste werfen, zusammen mit allen Fischen aus den Armen deines Nil. Auf dem offenen Land wirst du liegen, du wirst nicht aufgehoben und nicht aufgenommen; den Tieren des Landes und den Vögeln des Himmels überlasse ich dich zum Frass. 6 Und alle Bewohner von Ägypten werden erkennen, dass ich der HERR bin.

Weil sie dem Haus Israel nur eine Stütze aus Schilfrohr gewesen sind – 7 wenn sie dich mit der Hand ergreifen, knickst du ein und reisst ihnen die ganze Schulter auf, und wenn sie sich auf dich stützen, zerbrichst du und machst allen die Hüften steif –, 8 darum, so spricht Gott der HERR: Sieh, ich lasse ein Schwert über dich kommen und rotte Mensch und Tier in dir aus. 9 Und das Land Ägypten wird zur Einöde und zum Trümmerfeld, und sie werden erkennen, dass ich der HERR bin.

Weil er gesagt hat: Der Nil gehört mir, und ich bin es, der ihn gemacht hat!, 10 darum, sieh, gehe ich gegen dich vor und gegen deinen Nil und seine Arme. Und das Land Ägypten mache ich zu Trümmerfeldern der Verwüstung, zur Einöde, von Migdol bis nach Syene und bis an die Grenze von Kusch. 11 Keines Menschen Fuss wird es durchqueren, und keines Tieres Fuss wird es durchqueren, und vierzig Jahre lang wird es nicht bewohnt sein. 12 Und ich mache das Land Ägypten zur Einöde inmitten veröder Länder, und seine Städte werden öde sein inmitten zertrümmerter Städte, vierzig Jahre lang. Und die Ägypter werde ich unter die Nationen zerstreuen und in die Länder streuen.

13 Denn so spricht Gott der HERR: Nach vierzig Jahren werde ich die Ägypter sammeln aus den Völkern, unter die sie zerstreut worden sind. 14 Und ich werde das Geschick Ägyptens wenden und sie zurückbringen in das Land Patros, das Land ihrer Herkunft, und dort werden sie ein niedriges Königtum sein. 15 Niedriger als die anderen Königreiche wird es sein, und über die Nationen wird es sich nicht mehr erheben. Und ihre Zahl werde ich verringern, damit sie nicht herrschen über die Nationen. 16 Und es wird dem Haus Israel nie mehr Grund zum Vertrauen geben, so dass Schuld in Erinnerung käme, wenn es sich ihnen anschliessen würde. Und

sie werden erkennen, dass ich Gott der HERR bin.

17 Und im siebenundzwanzigsten Jahr, im ersten Monat, am Ersten des Monats, erging das Wort des HERRN an mich: 18 Du Mensch, der König von Babel, Nebukadrezzar, hat sein Heer schwere Arbeit leisten lassen gegen Tyros. Jeder Kopf ist kahl geschoren, und jede Schulter ist zerschunden, Lohn aber ist aus Tyros weder ihm noch seinem Heer zuteil geworden für die Arbeit, die er gegen Tyros geleistet hat. 19 Darum, so spricht Gott der HERR: Sieh, Nebukadrezzar, dem König von Babel, gebe ich das Land Ägypten, und er wird dessen Reichtum forttragen, und er wird plündern, was es dort zu plündern gibt, und rauben, was es dort zu rauben gibt, und das wird seinem Heer als Lohn zuteil werden. 20 Als seinen Lohn, für den er gearbeitet hat, gebe ich ihm das Land Ägypten, denn für mich haben sie es getan! Spruch Gottes des HERRN. 21 An jenem Tag lasse ich dem Haus Israel ein Horn spriessen, und dir gewähre ich in ihrer Mitte die Öffnung des Mundes, und sie werden erkennen, dass ich der HERR bin.

30 1 Und das Wort des HERRN erging an mich: 2 Du Mensch, weissage und sprich: So spricht Gott der HERR: Wehklagt: Ach, welch ein Tag! 3 Denn nah ist ein Tag,
nah ist ein Tag des HERRN,
ein Tag des Gewölks,
     Zeit für die Nationen!
4 Und nach Ägypten kommt ein Schwert,
     und in Kusch herrscht Zittern,
          wenn Erschlagene in Ägypten fallen;
und seinen Reichtum nimmt man weg,
     und seine Grundmauern werden niedergerissen.
5 Kusch und Put und Lud und das ganze Völkergemisch und Kuw und die aus dem Land des Bundes fallen mit ihnen durch das Schwert.
6 So spricht der HERR: Die Ägypten stützen, werden fallen, und der

Hochmut seiner Macht kommt herab! Von Migdol bis nach Syene werden sie darin fallen durch das Schwert! Spruch Gottes des HERRN. 7 Und sie werden verwüstet sein inmitten verwüsteter Länder, und seine Städte werden inmitten zertrümmerter Städte sein. 8 Und sie werden erkennen, dass ich der HERR bin, wenn ich Feuer lege an Ägypten und alle seine Helfer zerbrechen. 9 An jenem Tag werden Boten von mir auf Schiffen ausfahren, um das sichere Kusch in Schrecken zu versetzen. Und bei ihnen wird Zittern herrschen am Tag von Ägypten. Sieh, es kommt!

10 So spricht Gott der HERR: Dem Reichtum Ägyptens werde ich ein Ende bereiten durch die Hand Nebukadrezzars, des Königs von Babel. 11 Er und mit ihm sein Volk, die gewalttätigsten Nationen, werden herangeführt, um das Land zu verwüsten. Und sie werden ihre Schwerter gegen Ägypten ziehen und das Land mit Erschlagenen füllen. 12 Und die Arme des Nil lege ich trocken, und das Land liefere ich aus in die Hand von Übeltätern. Und das Land und was darin ist, werde ich durch die Hand von Fremden verwüsten lassen. Ich, der HERR, habe gesprochen.

13 So spricht Gott der HERR: Die Mistgötzen lasse ich verschwinden, und in Nof bereite ich den Götzen ein Ende; und einen Fürsten aus dem Land Ägypten, den wird es nicht mehr geben! Und ins Land Ägypten bringe ich Furcht! 14 Und Patros verwüste ich, und an Zoan lege ich Feuer, und an No vollstrecke ich Urteile. 15 Und über Sin, die Zuflucht Ägyptens, giesse ich meinen Zorn aus, und die Volksmenge von No rotte ich aus. 16 Und ich lege Feuer an Ägypten, Sin wird sich winden und No wird aufgebrochen, und Nof – Gegner am helllichten Tag! 17 Die jungen Männer von Awen und Pi-Beset fallen durch das Schwert, und die Frauen gehen in die Gefangenschaft. 18 Und in Tachpanches wird es nicht Tag werden, wenn ich dort

die Jochstangen Ägyptens zerbreche, und der Hochmut seiner Macht findet darin ein Ende. Gewölk wird es bedecken, und seine Töchter gehen in die Gefangenschaft. 19 Und die Urteile gegen Ägypten werde ich vollstrecken, und sie werden erkennen, dass ich der HERR bin.

20 Und im elften Jahr, im ersten Monat, am Siebten des Monats, erging das Wort des HERRN an mich: 21 Du Mensch, ich habe den Arm des Pharao, des Königs von Ägypten, zerbrochen, und sieh: Er ist nicht verbunden worden, dass man ihm Heilmittel gegeben und ihm einen Verband angelegt und ihn verbunden hätte, damit er wieder stark würde, um das Schwert zu ergreifen.

22 Darum, so spricht Gott der HERR: Sieh, ich gehe gegen den Pharao vor, den König von Ägypten, und zerbreche seine Arme, den starken und den gebrochenen, und lasse das Schwert aus seiner Hand fallen. 23 Und die Ägypter werde ich unter die Nationen zerstreuen und in die Länder streuen. 24 Die Arme des Königs von Babel aber mache ich stark, und mein Schwert gebe ich in seine Hand. Die Arme des Pharao aber werde ich zerbrechen, und wie ein tödlich Verwundeter wird er vor ihm stöhnen. 25 Und die Arme des Königs von Babel werde ich stark machen, die Arme des Pharao aber sinken herab. Und sie werden erkennen, dass ich der HERR bin, wenn ich mein Schwert in die Hand des Königs von Babel gebe und er es ausstreckt gegen das Land Ägypten. 26 Und ich werde die Ägypter unter die Nationen zerstreuen und sie in die Länder streuen, und sie werden erkennen, dass ich der HERR bin.

|1–21: Jes 19,1–25; Jer 46,2–28 |2: 31,2; 32,2.16.18 |3: 32,12; Jes 27,1! |4: 19,4.9; 38,4; Jes 37,29!; Hab 1,14–15 |5: 32,4; 39,4; Jer 7,33; Jer 8,2 |6: 2Kön 18,21; Jes 36,6 · 16 |8: 30,4; 33,2–6 · 14,13; 25,13 |9: 5,14! · 12,20! |10: 30,6 · Ex 14,2 · Gen 2,13 |11: 32,13 |12: 15,8!; 30,7 · 30,23; 36,19! |13: 11,17! · Jes 19,21–25 |14: 16,53; 39,25 · 30,14; Gen 10,14 |16: 6!; 17,15 |17–21: 26,7; Jer 46,26 |19: 30,10–11; 32,11; Jer 43,11! · 30,4 |21: 1Sam 2,1; Ps 132,17 · 3,27 |3: 7,7!; 12,23! · 34,12 ·

Lk 21,24 |4: 11; 29,8 · Zef 2,12 · 29,19 |5: 27,10; 38,5; Jer 46,9 · Jer 25,20 |6: 29,10; 32,12 |7: 12,20!; 29,12 |9: Jes 18,2 |10: 29,19 |11: 28,7; 32,12 · 29,8 |12: Jes 19,5 · 7,21 |13: 6,6 · Jer 46,25 |14: 29,14 · Jes 19,11 · Jer 46,25! · 5,8! |17: Gen 41,45 |18: 34,27 · Jer 2,16 |19: 5,8! |23: 26; 29,12; 36,19! |24: 21,24–25; 32,11 · 29,19 |25: Jos 8,18 |26: 23; 29,12; 36,19!|

29,3: Die Übersetzung «und ich habe ihn gemacht» beruht auf der griechischen Überlieferung.

29,18: Wörtlich: «…, die er gegen es geleistet hat.»

Klagen über den Pharao

31 1 Und im elften Jahr, im dritten Monat, am Ersten des Monats, erging das Wort des HERRN an mich: 2 Du Mensch, sprich zum Pharao, dem König von Ägypten, und zu seiner Menschenmenge: Wem warst du gleich in deiner Grösse?

3 Sieh, Assur war eine Zeder auf dem Libanon
    mit schönen Zweigen –
ein Wald, der Schatten spendete –
    und von hohem Wuchs,
und ihr Wipfel war zwischen den Wolken.
4 Wasser hatte sie gross werden lassen,
    die Flut hatte sie aufschiessen lassen,
deren Ströme umspülten seine Pflanzung,
    und zu allen Bäumen auf dem Feld
    sandte sie ihre Kanäle.
5 Darum war ihr Wuchs höher
    als der aller anderen Bäume auf dem Feld.
Und ihre Zweige wurden zahlreich
    und ihre Äste lang
vom vielen Wasser,
    als sie sich ausbreitete.
6 In ihren Zweigen nisteten all die Vögel des Himmels,
    und unter ihren Ästen warfen all die Tiere des Feldes;
und in ihrem Schatten wohnten alle grossen Nationen.
7 Und sie war schön in ihrer Grösse,
    wegen der Länge ihrer Zweige,
denn ihre Wurzel war an reichlichem Wasser.

8 Die Zedern verdeckten sie nicht im
Gottesgarten,
    die Zweige der Wacholder waren den
    ihren nicht gleich,
und die Platanen hatten keine Äste wie
sie,
    kein Baum im Gottesgarten war ihr
    gleich
in ihrer Schönheit.
9 Ich hatte sie schön gemacht
    mit ihren vielen Zweigen,
und es beneideten sie alle Bäume in
Eden,
    im Gottesgarten.
10 Darum, so sprach Gott der HERR:
Weil du so hoch gewachsen bist
    und sie sich mit ihrem Wipfel bis in
    die Wolken gereckt hat
    und ihr Herz hochmütig geworden
    ist ihrer Höhe wegen,
11 gebe ich sie in die Hand von einem,
    der mächtig ist unter den Nationen;
ihrer Bosheit gemäss wird er mit ihr
verfahren;
    ich verstosse sie!
12 Und Fremde, die gewalttätigsten
Nationen, haben sie gefällt und
weggeworfen:
Auf die Berge und in alle Täler fielen ihre
Zweige,
    und überall zerbrachen ihre Äste in
    den Flussbetten des Landes,
und alle Völker der Erde zogen fort aus
ihrem Schatten
    und liessen sie liegen.
13 Auf ihrem gefällten Stamm liessen
sich all die Vögel des Himmels nieder,
    und auf ihren Ästen waren all die
    Tiere des Feldes.
14 Dies geschah, damit kein Baum am
Wasser hochmütig würde seiner Höhe
wegen und sich mit seinem Wipfel bis
in die Wolken reckte und damit nicht
die Mächtigen unter ihnen, alle vom
Wasser Getränkten, sich ihrer Höhe
wegen überheben würden!
Denn sie alle sind dem Tod geweiht,
    müssen hinab in die Tiefe der Erde
    inmitten von Menschen,
zu denen, die hinabsteigen in die Grube.

15 So spricht Gott der HERR:
Am Tag, als sie hinabstieg ins
Totenreich,
    rief ich eine Trauer aus:
Ihretwegen verhüllte ich die Flut
    und hielt ihre Ströme zurück,
und die Wassermassen wurden
ferngehalten.
Und ihretwegen hüllte ich den Libanon
in Trauer,
    und ihretwegen verloren alle Bäume
    auf dem Feld ihre Kraft.
16 Mit dem Getöse ihres Falls liess ich
Nationen erbeben,
    als ich sie hinabsteigen liess ins
    Totenreich
    mit denen, die hinabsteigen in die
    Grube.
Und in der Tiefe der Erde trösteten sich
alle Bäume aus Eden,
    das Auserlesene und Beste des
    Libanon,
alle, die vom Wasser getränkt worden
waren.
17 Mit ihr sind auch sie hinabgestiegen
ins Totenreich,
    zu den vom Schwert Erschlagenen:
ihre Helfer, die in ihrem Schatten
gewohnt hatten
    inmitten von Nationen.
18 Wem warst du gleich an Herrlichkeit
und Grösse
    unter den Bäumen in Eden?
Mit den Bäumen aus Eden aber wirst du
hinabgesandt
    in die Tiefe der Erde,
inmitten von Unbeschnittenen wirst du
liegen,
    mit den vom Schwert Erschlagenen.
Das ist der Pharao und seine gesamte
Menschenmenge! Spruch Gottes des
HERRN.

32 1 Und im zwölften Jahr, im
zwölften Monat, am Ersten des
Monats, erging das Wort des HERRN an
mich: 2 Du Mensch, stimme eine Klage
an über den Pharao, den König von
Ägypten, und sprich zu ihm:
Einem jungen Löwen unter den
Nationen warst du gleich!

Und du warst wie das Krokodil im
Wasser
    und hast es aufgewühlt in deinen
    Strömen
und hast das Wasser trübe gemacht mit
deinen Füssen
    und hast ihre Ströme eingetrübt.
    3 So spricht Gott der HERR:
Ich werde mein Netz über dich
ausspannen
    durch eine Menge vieler Völker,
und in meinem Schleppnetz werden sie
dich heraufziehen.
4 Dann werfe ich dich aufs Land,
    aufs offene Feld werde ich dich
    schleudern,
und ich werde dafür sorgen,
    dass alle Vögel des Himmels sich auf
    dir niederlassen
    und dass die Tiere der ganzen Erde
    sich an dir sättigen.
5 Und dein Fleisch lege ich auf die
Berge,
    und mit deinen Bergen von Leichen
    fülle ich die Täler.
6 Und mit deinem Blut, das du verlierst,
tränke ich das Land
    bis zu den Bergen,
und die Schluchten werden sich damit
füllen.
7 Und wenn ich dich auslösche,
    verhülle ich den Himmel
    und verdunkle ich seine Sterne,
die Sonne verhülle ich mit Gewölk,
    und der Mond wird sein Licht nicht
    leuchten lassen.
8 Alle leuchtenden Lichter am Himmel
    verdunkle ich über dir,
und über dein Land bringe ich
Finsternis!
    Spruch Gottes des HERRN.
9 Und das Herz vieler Völker versetze
ich in Unruhe,
    wenn ich deinen Zusammenbruch
    unter die Nationen bringe
    in Länder, die du nicht kennst.
10 Und viele Völker lasse ich entsetzt
sein über dich,
    und deinetwegen wird es ihre
    Könige schaudern,

    wenn ich mein Schwert vor ihnen
    schwinge,
und sie werden zittern und zittern, ein
jeder um sein Leben,
    am Tag deines Falls. 11 Denn so
    spricht Gott der HERR:
Das Schwert des Königs von Babel wird
über dich kommen!
12 Durch die Schwerter von Helden
bringe ich deine Menschenmenge zu
Fall,
    die gewalttätigsten Nationen sind
    sie alle,
und den Stolz Ägyptens macht man
zunichte,
    und vernichtet wird seine gesamte
    Menschenmenge.
13 Und alle seine Tiere tilge ich
    aus den Wassermassen,
und keines Menschen Fuss macht sie
mehr trüb,
    und trüb macht sie keines Tieres
    Klaue.
14 Dann lasse ich ihre Wasser absinken,
    und zäh wie Öl lasse ich ihre Ströme
    fliessen.
Spruch Gottes des HERRN.
15 Wenn ich das Land Ägypten verwüste
    und wenn das Land verödet ist, ohne
    seine Fülle,
wenn ich alle Bewohner darin erschlage,
    werden sie erkennen, dass ich der
    HERR bin.
16 Dies ist ein Klagelied, und man wird
es singen,
    die Töchter der Nationen werden es
    singen,
über Ägypten und über seine gesamte
Menschenmenge werden sie es singen.
    Spruch Gottes, des HERRN.
17 Und im zwölften Jahr, am Fünfzehnten des Monats, erging das Wort
des HERRN an mich:
18 Du Mensch, wehklage über die
Menschenmenge von Ägypten, und lass
sie hinabsteigen,
    Ägypten und die Töchter der
    Nationen;
ich lasse sie hinabsteigen in die Tiefen
der Erde,

mit denen, die hinabsteigen in die
Grube!

19 Wen übertriffst du nun an
Lieblichkeit?
Steig hinab, und leg dich nieder
    mit den Unbeschnittenen!

20 Inmitten derer, die vom Schwert
erschlagen sind, werden sie fallen;
    das Schwert wurde übergeben,
ergriffen wurden Ägypten und alle seine
Menschenmengen!

21 Aus dem Totenreich heraus, bei
seinen Helfern, werden jene, die
gottähnlich sind unter den Helden, von
ihm sagen:
Herabgestiegen sind,
    niedergelegt haben sich
die Unbeschnittenen,
    die vom Schwert Erschlagenen!

22 Da ist Assur und sein gesamtes
Aufgebot –
    rings um sie sind ihre Gräber,
alle sind sie erschlagen,
    gefallen durch das Schwert –,

23 dem seine Gräber zugewiesen
wurden
    in den hintersten Winkeln der
    Grube,
und rings um seine Grabstätten hat sein
Aufgebot sich eingefunden,
    alle sind sie erschlagen,
gefallen durch das Schwert,
    sie, die Schrecken verbreitet haben
    im Land der Lebenden.

24 Da ist Elam und seine gesamte
Menschenmenge,
    ringsum sind seine Grabstätten,
alle sind sie erschlagen,
    gefallen durch das Schwert,
sie, die unbeschnitten hinabgestiegen
sind in die Tiefen der Erde,
    die Schrecken vor sich verbreitet
    haben im Land der Lebenden
und die ihre Schande tragen mussten,
    mit denen, die hinabsteigen in die
    Grube.

25 Inmitten von Erschlagenen gab man
ihm ein Lager,
    bei seiner gesamten
    Menschenmenge,

rings um sie sind seine Grabstätten,
    sie alle sind Unbeschnittene,
erschlagen vom Schwert.
    Denn der Schrecken vor ihnen war
verbreitet im Land der Lebenden, und
ihre Schande mussten sie tragen mit
denen, die hinabsteigen in die Grube;
inmitten von Erschlagenen sind sie
niedergelegt worden.

26 Da sind Meschech und Tubal und
ihre gesamte Menschenmenge,
    rings um sie sind ihre Grabstätten,
sie alle sind Unbeschnittene,
    erschlagen vom Schwert.
Sie haben Schrecken vor sich verbreitet
    im Land der Lebenden!

27 Und sie liegen nicht bei Helden –
    Gefallene unter Unbeschnittenen! –,
die mit ihren Kriegswaffen
hinabgestiegen sind ins Totenreich
    und deren Schwerter man unter ihre
    Häupter gelegt hat.
Auf ihren Gebeinen lasten ihre
Vergehen,
    denn vor ihrer Heldenkraft
    herrschte Schrecken im Land der
    Lebenden!

28 Inmitten von Unbeschnittenen
wirst auch du zerbrechen
    und daliegen mit vom Schwert
    Erschlagenen.

29 Da ist Edom, seine Könige und alle
seine Fürsten,
    die trotz ihrer Heldenkraft zu den
    vom Schwert Erschlagenen gelegt
    worden sind.
Sie, sie liegen bei Unbeschnittenen,
    bei denen, die hinabgestiegen sind
    in die Grube!

30 Da sind die Stammesfürsten des
Nordens,
    sie alle und alle Sidonier,
die hinabgestiegen sind mit
Erschlagenen,
    obwohl Schrecken vor ihnen
    herrschte,
zuschanden geworden ohne ihre
Heldenkraft.

Und unbeschnitten haben sie sich
niedergelegt
 mit den vom Schwert Erschlagenen
und mussten ihre Schande tragen,
 mit denen, die hinabgestiegen sind
 in die Grube.
31 Sie wird der Pharao sehen, und er
wird sich hinwegtrösten über seine
ganze eigene verlorene Pracht. Vom
Schwert Erschlagene sind der Pharao
und sein ganzes Heer! Spruch Gottes
des HERRN.
32 Denn ich habe Schrecken vor mir
verbreitet
 im Land der Lebenden.
Und inmitten von Unbeschnittenen
wird er niedergelegt,
 mit vom Schwert Erschlagenen,
der Pharao und seine gesamte
Menschenmenge!
 Spruch Gottes des HERRN.

|2:18 · 29,2;32,2 · 32,18 |3:32,22 · 17,3 · 19,11;
Dan 4,7 |4:17,7;34,29 |6:12;17,23 |8:16.18;28,13;
36,35;Gen 2,8 |10:14;Ps 37,35;Jes 2,12–13 |11:17,13
|12:7,21;28,7;30,11 · 6,3! · 6 |13:32,4 |14:10 · 26,20
|15:32,18 |16:8.18;28,13;36,35;Gen 2,8 · 14,22 |17:
35,8 · 6 |18:2 · 28,10;32,19 · 8.16;28,13;36,35 |2:
19,14! · 16.18;29,2;31,2 · 19,3 · 29,3–5 · 34,18 |3:12,13!
|4:29,5;31,13;39,4;Jer 7,33;Jer 8,2 |7:Jes 13,10!;
Offb 6,12 |8:Gen 1,14 |10:26,16;27,35;Jes 52,14 |11:
21,24–25;29,19;30,24–25 |12:28,7;30,11 · 31;30,6 |13:
29,11 |15:15,8! |16:19,14! · 2.18;29,2;31,2 |18:32·
2.16;29,2;31,2 · 26,20;31,14–15 |19:28.32;28,10;31,18
|20:35,8 |21:27;39,18;Gen 6,4 |22:31,3 |24:
Gen 10,22 |26:27,13;38,2;39,1 |27:21;Gen 6,4 |28:
19.32;28,10;31,18 |29:25,12–14 |30:28,20–23 |31:12;
30,6 |32:18–19

31,3: Die Übersetzung «zwischen den Wolken»
beruht auf der griechischen Überlieferung; der
Massoretische Text lautet übersetzt: «zwischen den
Ästen».
 32,18: Wörtlich «..., es und die Töchter der
Nationen; ...»
 32,20: Wörtlich: «..., ergriffen wurden es und
alle ...»

Ezechiel als Wächter: Vom Ungerechten und vom Gerechten

33 1 Und das Wort des HERRN erging
an mich: 2 Du Mensch, sprich zu
denen von deinem Volk und sage zu ihnen: Wenn ich das Schwert über ein
Land kommen lasse, und das Volk des
Landes nimmt einen aus den eigenen
Reihen und macht ihn sich zum Wächter, 3 und dieser sieht, dass das Schwert
über das Land kommt, und bläst den
Schofar und warnt das Volk, 4 und es
hört einer den Klang des Schofar, lässt
sich aber nicht warnen, und das Schwert
kommt und nimmt ihn weg, so wird
sein Blut über sein eigenes Haupt kommen. 5 Den Klang des Schofar hat er gehört, aber er hat sich nicht warnen lassen; sein Blut wird auf ihm sein. Lässt jener sich aber warnen, so hat er sein Leben gerettet. 6 Und wenn der Wächter
sieht, dass das Schwert kommt und er
bläst nicht den Schofar, und das Volk
wird nicht gewarnt, und das Schwert
kommt und nimmt einen von ihnen
weg, so wird dieser seiner Schuld wegen
weggenommen, sein Blut aber fordere
ich aus der Hand des Wächters.

7 Und dich, Mensch, habe ich zum
Wächter für das Haus Israel gemacht:
Du wirst ein Wort aus meinem Mund
hören und sie vor mir warnen! 8 Wenn
ich zum Ungerechten spreche: Ungerechter, du musst sterben!, und du hast
nicht geredet, um einen Ungerechten
vor seinem Weg zu warnen, so wird er
als Ungerechter seiner Schuld wegen
sterben, sein Blut aber fordere ich aus
deiner Hand. 9 Hast du aber den Ungerechten vor seinem Weg gewarnt, damit
er sich von ihm abkehrt, und er kehrt
sich nicht ab von seinem Weg, so wird
er seiner Schuld wegen sterben, du aber
hast dein Leben gerettet.

10 Und du, Mensch, sprich zum
Haus Israel: Das habt ihr gesagt: Unsere
Vergehen und unsere Sünden lasten auf
uns, und darum vergehen wir! Wie
könnten wir am Leben bleiben?
11 Sprich zu ihnen: So wahr ich lebe,
Spruch Gottes des HERRN, ich habe kein
Gefallen am Tod des Ungerechten, sondern daran, dass ein Ungerechter sich
abkehrt von seinem Weg und am Leben
bleibt. Kehrt zurück, kehrt zurück von
euren bösen Wegen! Warum denn wollt
ihr sterben, Haus Israel?
12 Und du, Mensch, sprich zu denen
von deinem Volk: Die Gerechtigkeit des

Gerechten wird diesen nicht retten an dem Tag, da er sich vergeht. Und die Ungerechtigkeit des Ungerechten – er wird durch sie nicht zu Fall gebracht werden an dem Tag, da er sich abkehrt von seiner Ungerechtigkeit. Und ein Gerechter wird nicht am Leben bleiben können durch seine Gerechtigkeit an dem Tag, da er sündigt. 13 Wenn ich zum Gerechten sage: Du wirst am Leben bleiben!, und er verlässt sich auf seine Gerechtigkeit und begeht Unrecht, so wird all seiner gerechten Taten nicht mehr gedacht werden, und seines Unrechts wegen, das er begangen hat, dafür muss er sterben. 14 Und wenn ich zum Ungerechten sage: Du musst sterben!, und er kehrt sich ab von seiner Sünde und handelt nach Recht und Gerechtigkeit 15 – gibt ein Ungerechter zurück, was er gepfändet, erstattet er, was er geraubt hat, und lebt er nach den Satzungen des Lebens und begeht kein Unrecht –, so wird er am Leben bleiben, er muss nicht sterben! 16 All seine Sünden, die er begangen hat, werden ihm nicht angerechnet. Er hat nach Recht und Gerechtigkeit gehandelt, er wird am Leben bleiben! 17 Die aus deinem Volk aber werden sagen: Der Weg des Herrn ist nicht gerecht! – Euer eigener Weg ist nicht gerecht! 18 Wenn ein Gerechter sich abkehrt von seiner Gerechtigkeit und Unrecht begeht, so muss er deswegen sterben. 19 Und wenn ein Ungerechter sich abkehrt von seiner Ungerechtigkeit und nach Recht und Gerechtigkeit handelt, so bleibt er deswegen am Leben. 20 Ihr aber werdet sagen: Der Weg des Herrn ist nicht gerecht! – Einen jeden von euch werde ich nach seinen Wegen richten, Haus Israel!

|2–9: 3,17–21! |2: 17,30; 3,11; 37,18 · 29,8 · 7; 3,17 |3: 7,14; Jes 18,3; Jer 6,1; Hos 5,8; Am 3,6 |4: 18,13; Apg 18,6 |6: 3 · 8 |7: 2; 3,17 |8: 6 |10–20: 3,17–21; 14,12–23; 18,1–32 |10: 4,17; 24,23; Lev 26,39; Sach 14,12 |11: 18,23.32; Lk 15,7 · 14,6; 18,30; Jer 3,14 |12: 18,24–27 |13: 18; 3,20; 18,24; 2Petr 2,21 |15: 18,7; Lev 19,13 |16: 18,22 |17: 20 · 2.30; 3,11; 37,18 · 18,25 |18: 13 |19: 18,21.27; Jer 18,8 |20: 17 · 20; 7,3; 18,30; Jer 17,10

33,12: Wörtlich: «... nicht am Leben bleiben können durch sie ...»

Die Ankunft des Entkommenen und das Ende der Verstummung

21 Und im zwölften Jahr unserer Verbannung, im zehnten Monat, am Fünften des Monats, kam der aus Jerusalem Entkommene zu mir und sprach: Die Stadt ist geschlagen! 22 Und am Abend, bevor der Entkommene kam, war die Hand des HERRN auf mich gekommen, und bevor jener am Morgen zu mir kam öffnete er meinen Mund; und er öffnete meinen Mund, und ich war nicht mehr stumm.

|21: 24,26 |22: 1,3! · 3,27; 24,27

Der überhebliche Anspruch der im Land Verbliebenen

23 Und das Wort des HERRN erging an mich: 24 Du Mensch, die Bewohner dieser Trümmer auf Israels Boden sagen: Abraham war ein Einzelner und hat das Land besessen. Und wir sind viele – uns ist das Land zum Besitz gegeben! 25 Darum sprich zu ihnen: So spricht Gott der HERR: Ihr esst Blutiges, blickt auf zu euren Mistgötzen und vergiesst Blut, und da wollt ihr das Land besitzen? 26 Ihr Männer habt euch auf euer Schwert gestützt, ihr Frauen habt Abscheuliches verübt, und ihr habt, ein jeder, die Frau eures Nächsten unrein gemacht, und da wollt ihr das Land besitzen? 27 So wirst du zu ihnen sprechen: So spricht Gott der HERR: So wahr ich lebe, die auf den Trümmern werden durch das Schwert fallen, und die auf dem offenen Land gebe ich den Tieren zum Frass, und die in den Festungen und in den Höhlen werden an der Pest sterben! 28 Und ich verwüste das Land und mache es zur Einöde, und seine hochmütige Macht wird ein Ende haben. Und die Berge Israels werden verödet sein, niemand wird sie durchstreifen. 29 Und sie werden erkennen, dass ich der HERR bin, wenn ich das Land verwüste und zur Einöde mache all ihrer

Abscheulichkeiten wegen, die sie verübt haben.

30 Und du, Mensch, über dich reden die von deinem Volk, an den Wänden und in den Eingängen der Häuser, und einer redet mit dem anderen, jeder mit seinem Bruder: Kommt doch und hört, was für ein Wort ausgeht vom HERRN! 31 Und sie kommen zu dir, wie Volk zusammenkommt, und als mein Volk setzen sie sich nieder vor dir und hören deine Worte, aber nicht danach! Denn ihr Mund ist voller Verlangen, danach handeln sie, und ihr Herz ist hinter ihrem Gewinn her! 32 Und sieh, du bist für sie wie einer, der vom Verlangen nach Liebe singt, mit schöner Stimme und gut im Saitenspiel, und sie hören deine Worte, aber sie handeln nicht danach! 33 Wenn es aber kommt – sieh, es kommt! –, werden sie erkennen, dass ein Prophet unter ihnen war.

|24: 2Kön 25,12 · Gen 12,7; Jes 51,2 · 11,15; 36,2 |25: 1Sam 14,32 · 22,3–4 |26: 18,6 |27: 5,17; 6,11; 7,15; 12,16; 14,15; Offb 6,1–8 · 39,5 |28: 5,14! · 15,8! |29: 5,13 |30: 2.17; 3,11; 37,18 |31: Jes 29,13; Jak 1,22–25 |32: Lk 7,32 |33: 2,5

Gegen die treulosen Hirten

34 1 Und das Wort des HERRN erging an mich: 2 Du Mensch, weissage gegen die Hirten Israels, weissage und sprich zu ihnen, zu den Hirten: So spricht Gott, der HERR: Wehe den Hirten Israels, die sich selbst geweidet haben! Sollten die Hirten nicht die Schafe weiden? 3 Das Fett esst ihr und mit der Wolle bekleidet ihr euch und die fetten Schafe schlachtet ihr – ihr weidet die Schafe nicht! 4 Die Schwachen habt ihr nicht gestärkt, und was krank war, habt ihr nicht geheilt, und was gebrochen war, habt ihr nicht verbunden, und was versprengt war, habt ihr nicht zurückgeholt, und was verloren gegangen war, habt ihr nicht gesucht, und mit Macht habt ihr sie niedergetreten mit Gewalt. 5 Und weil kein Hirt da war, haben sie sich zerstreut und sind sie zum Frass geworden für alle Tiere des Feldes, und so haben sie sich zerstreut. 6 Auf allen

Bergen und auf jedem hohen Hügel irren meine Schafe umher, über das ganze Land sind meine Schafe zerstreut, und da ist niemand, der nach ihnen fragt, und niemand ist da, der nach ihnen sucht.

7 Darum, Hirten, hört das Wort des HERRN! 8 So wahr ich lebe, Spruch Gottes, des HERRN, weil meine Schafe zur Beute und meine Schafe zum Frass geworden sind für alle Tiere des Feldes, ohne Hirt, und meine Hirten nicht nach meinen Schafen gefragt haben und die Hirten sich selbst geweidet und meine Schafe nicht geweidet haben, 9 darum, Hirten, hört das Wort des HERRN! 10 So spricht Gott, der HERR: Seht, ich gehe gegen die Hirten vor und fordere meine Schafe aus ihrer Hand und sorge dafür, dass sie keine Schafe mehr weiden, und auch sich selbst werden die Hirten nicht mehr weiden. Und ich werde meine Schafe vor ihrem Rachen retten, und sie werden ihnen nicht zum Frass werden.

11 Denn so spricht Gott, der HERR: Seht, ich selbst, ich werde nach meinen Schafen fragen und mich um sie kümmern. 12 Wie ein Hirt sich um seine Herde kümmert am Tag, da er inmitten seiner Schafe ist, die aufgeteilt worden sind, so werde ich mich um meine Schafe kümmern und sie retten aus allen Orten, wohin sie zerstreut worden sind am Tag des Gewölks und des Wolkendunkels. 13 Und ich werde sie herausführen aus den Völkern und sie sammeln aus den Ländern, und ich werde sie auf ihren Boden bringen, und auf den Bergen Israels, an den Flussbetten und an allen Wohnorten im Land werde ich sie weiden. 14 Auf guter Weide werde ich sie weiden, und auf den hohen Bergen Israels wird ihr Weideplatz sein; dort werden sie auf gutem Weideplatz lagern, und auf fetter Weide werden sie weiden auf den Bergen Israels. 15 Ich selbst werde meine Schafe weiden, und ich selbst werde sie lagern lassen! Spruch Gottes, des HERRN. 16 Was verloren gegangen ist, werde ich su-

chen, und was versprengt worden ist, werde ich zurückholen, und was gebrochen ist, werde ich verbinden, und was krank ist, werde ich stärken. Was aber fett und kräftig ist, werde ich vernichten; ich werde sie weiden und für Recht sorgen.

17 Und ihr, meine Schafe, so spricht Gott, der HERR: Seht, ich sorge für Recht zwischen den Schafen, den Widdern und den Böcken! 18 Reicht es euch nicht, die beste Weide abzuweiden? Was dann übrig bleibt von eurem Weideland, zertretet ihr mit euren Füssen! Und das klare Wasser trinkt ihr, und was übrig ist, macht ihr mit euren Füssen trüb. 19 Und meine Schafe – was eure Füsse zertreten haben, müssen sie abweiden, und was eure Füsse trüb gemacht haben, müssen sie trinken!

20 Darum, so spricht Gott der HERR zu ihnen: Seht, ich selbst, ich sorge für Recht zwischen den fetten Schafen und den mageren Schafen: 21 Weil ihr all die Schwachen mit Seite und Schulter wegdrängt und mit euren Hörnern niederstosst, bis ihr sie zerstreut und vertrieben habt, 22 komme ich meinen Schafen zu Hilfe, und sie werden nicht mehr zur Beute werden, und ich werde für Recht sorgen zwischen den Schafen. 23 Und ich werde einen einzigen Hirten über sie auftreten lassen, und dieser wird sie weiden, meinen Diener David, er wird sie weiden, und er wird ihnen Hirt sein. 24 Und ich, der HERR, werde ihnen Gott sein, und mein Diener David wird Fürst sein in ihrer Mitte. Ich, der HERR, habe gesprochen. 25 Und ich werde einen Friedensbund mit ihnen schliessen und den bösen Tieren im Land ein Ende bereiten, und in Sicherheit werden sie in der Wüste wohnen und in den Wäldern schlafen können. 26 Und sie und das Gelände rings um meinen Hügel mache ich zum Segen, und ich lasse den Regen fallen zu seiner Zeit: Regen des Segens wird es sein! 27 Und die Bäume auf dem Feld werden ihre Früchte tragen, und das Land wird

seinen Ertrag geben; und sie werden auf ihrem Boden in Sicherheit sein. Und sie werden erkennen, dass ich der HERR bin, wenn ich die Stangen ihres Jochs zerbreche und sie rette aus der Hand derer, die sie knechten. 28 Und sie werden nicht mehr Beute sein für die Nationen, und die Tiere des Landes werden sie nicht fressen, und sie werden sicher wohnen, und da wird niemand sein, der sie aufschreckt. 29 Und ich werde ihnen zum Ruhm eine Pflanzung einrichten, und sie werden nicht mehr Opfer des Hungers sein im Land, und die Schmähung durch die Nationen werden sie nicht mehr ertragen müssen. 30 Und sie werden erkennen, dass ich, der HERR, ihr Gott, bei ihnen bin und dass sie mein Volk sind, das Haus Israel. Spruch Gottes des HERRN. 31 Und ihr, meine Schafe, die Schafe meiner Weide, ihr seid Menschen; ich bin euer Gott! Spruch Gottes des HERRN.

|1–31: Jer 23,1–4; 1Petr 5,2–4 |2: Sach 11,16 |3: Jes 56,11; Sach 11,4–5 |4: 16 · 45,9; Jer 23,2 |5: Num 27,17; Sach 10,2; Mt 9,36 |6: Jes 53,6 |8: 25,7! |10: 13,21; Sach 10,3 |11: Jes 40,11 · Mt 18,12–14; Joh 10,1–5 |12: Jer 31,10 · 30,3; Joel 2,2; Zef 1,15 |13: 11,17! |14: 17,23; 20,40; 36,8 · Jer 50,19 |16: 4 |17: Mt 25,32–33 |18: 32,2 |22: 25,7! |23: 17,22; Jes 11,1; Jer 23,5 · 37,24; Jer 3,15 |24: 11,20! · 19,1! |25: 37,26; Num 25,12! · Lev 26,6; Hos 2,20 |26: 20,40! · Lev 26,4; Jer 5,24 |27: 36,30; Lev 25,19 · 28,26! · 30,18; Jer 30,8 |28: 25,7! · 28,26! |30: Lev 26,6; Jer 30,10 |29: 31,4; 39,26 · 36,15 |30: 37,27

34,6: Möglich ist auch die Übersetzung: «..., über die ganze Erde sind meine Schafe zerstreut, ...»
34,31: Möglich ist auch die Übersetzung: «Und ihr seid meine Schafe, die Schafe ...»

Gegen das Gebirge von Seir

35 1 Und das Wort des HERRN erging an mich: 2 Du Mensch, richte dein Angesicht gegen das Gebirge von Seir und weissage gegen dieses, 3 und sprich zu ihm: So spricht Gott der HERR: Sieh, ich gehe gegen dich vor, Gebirge von Seir, und ich strecke meine Hand gegen dich aus und verwüste dich und mache dich zur Einöde. 4 Deine Städte lege ich in Trümmer, und du wirst verwüstet sein, und du wirst erkennen, dass ich der HERR bin. 5 Weil du ewige Feindschaft hegst und die Israeliten ausgeliefert hast in die Gewalt des Schwerts in der Zeit ihres Unheils, zur Zeit der letzten Verschuldung, 6 darum, so wahr ich lebe, Spruch Gottes des HERRN, werde ich dich bluten lassen, und Blut wird dich verfolgen! Du hast dich nicht vor dem Blut gescheut, und Blut wird dich verfolgen! 7 Und ich verwüste das Gebirge von Seir, und es wird verwüstet sein, und ich werde in ihm ausrotten den, der dort hin und her zieht. 8 Und seine Berge werde ich mit seinen Erschlagenen anfüllen: Auf deinen Hügeln und in deinen Tälern und in all deinen Schluchten, dort werden vom Schwert Erschlagene liegen. 9 Für immer werde ich dich verwüsten, und deine Städte werden nicht bewohnt sein, und ihr werdet erkennen, dass ich der HERR bin.

10 Weil du gesagt hast: Die beiden Nationen und die beiden Länder werden mir gehören, und wir werden sie besitzen! – obwohl der HERR dort war, 11 darum, so wahr ich lebe, Spruch Gottes des HERRN: So zornig und eifrig wie du aus deinem Hass heraus mit ihnen verfahren bist, so werde ich verfahren. Bei ihnen aber werde ich mich zu erkennen geben, wenn ich dich richte, 12 und du wirst erkennen, dass ich der HERR bin. Ich habe all deine Schmähreden gehört, die du über die Berge von Israel gesprochen hast, als du gesagt hast: Sie sind verwüstet! Uns sind sie zum Frass gegeben! 13 Und mit eurem Mund habt ihr gross getan gegen mich, und eure Frechheiten habt ihr gegen mich geäussert. Ich habe es gehört!

14 So spricht Gott der HERR: Wenn das ganze Land sich freut, werde ich dich verwüsten! 15 So wie du dich gefreut hast über den Erbbesitz des Hauses Israel, darüber dass er verwüstet worden ist, so werde ich mit dir verfahren: Verwüstet wirst du sein, Gebirge von Seir, und ganz Edom – alles! –, und sie werden erkennen, dass ich der HERR bin!

|1–15: 25,8 |3: 15,8! |4: 9 · 5,14! |5: 25,15 · 21,30 |6: Offb 16,6 |7: Sach 7,14 |8: 6,3! · 31,17; 32,20–32 · 9,7; 11,6; 22,1–12 |9: 4 · 15,8! |10: 37,16 · 48,35 |11: 5,13; 8,3; 16,38; 23,25 · Obd 15 |15: 12,20! · 25,12–14; 36,5

35,9: In einer anderen hebräischen Tradition lautet der Text übersetzt: «..., und deine Städte werden nicht wiederhergestellt werden, ...»

35,13: Die Übersetzung «und eure Frechheiten habt ihr gegen mich geäussert» beruht auf einer Korrektur des Massoretischen Texts; dieser lautet übersetzt: «und ihr habt eure Worte gebetet gegen mich».

Weissagung für die Berge Israels

36 1 Und du, Mensch, weissage über die Berge Israels und sprich: Ihr Berge Israels, hört das Wort des HERRN! 2 So spricht Gott der HERR: Weil der Feind über euch gesagt hat: Ha!, und: Uralte Höhen sind übergegangen in unseren Besitz!, 3 darum weissage und sprich: So spricht Gott der HERR: Darum, weil man euch verwüstet hat und von ringsum nach euch greift, damit ihr in den Besitz des Rests der Nationen übergeht, und weil ihr ins Gerede der Zungen und ins Geschwätz der Leute gekommen seid, 4 darum, ihr Berge von Israel, hört das Wort Gottes des HERRN! So spricht Gott der HERR zu den Bergen und Hügeln, zu den Schluchten und Tälern und zu den verwüsteten Trümmern und den verlassenen Städten, die zur Beute geworden sind und zum Gespött beim Rest der Nationen ringsum, 5 darum, so spricht Gott der HERR: Im Feuer meines Eifers habe ich gegen den Rest der Nationen und gegen ganz Edom gesprochen, die sich mein Land zu ihrem Besitz gemacht haben, voller Freude im Herzen und mit Verachtung in der Seele, damit sein Weideland zur Beute würde.

6 Darum weissage über Israels Boden und sprich zu den Bergen und Hügeln, zu den Schluchten und Tälern: So spricht Gott der HERR: Seht, in meinem Eifer und in meinem Zorn spreche ich: Weil ihr den Hohn der Nationen ertragen musstet, 7 darum, so spricht Gott der HERR: Ich erhebe meine Hand: Die

Nationen, die rings um euch sind, sie werden ihre Schmach ertragen müssen! 8 Ihr aber, Berge von Israel, werdet eure Zweige treiben und eure Frucht tragen für mein Volk Israel, denn es kommt schon bald. 9 Denn seht, ich komme zu euch und wende mich euch zu, und ihr werdet bestellt und besät. 10 Und die Menschen mache ich zahlreich auf euch, das ganze Haus Israel – das ganze! –, und die Städte werden bewohnt sein, und die Trümmerstätten werden aufgebaut. 11 Und Menschen und Tiere mache ich zahlreich auf euch, und sie werden sich mehren und fruchtbar sein. Und ich lasse euch bewohnt sein wie in euren früheren Zeiten, und ich erweise euch mehr Gutes als während eurer Anfänge, und ihr werdet erkennen, dass ich der HERR bin. 12 Und ich lasse Menschen auf euch gehen, mein Volk Israel. Und sie werden dich besitzen, und ihnen wirst du als Erbbesitz gehören, und du wirst sie nicht mehr ihrer Kinder berauben.

13 So spricht Gott der HERR: Weil sie zu euch sagen: Du bist eine Menschenfresserin, und deine Nation hast du kinderlos gemacht!, 14 darum wirst du keine Menschen mehr fressen und deine Nation nicht mehr kinderlos machen! Spruch Gottes des HERRN. 15 Und ich werde dich den Hohn der Nationen nicht mehr hören lassen, und den Spott der Völker wirst du nicht mehr ertragen müssen, und deine Nation wirst du nicht mehr zu Fall bringen Spruch Gottes des HERRN.

16 Und das Wort des HERRN erging an mich: 17 Du Mensch, als das Haus Israel auf seinem Boden wohnte, machten sie ihn unrein durch ihren Weg und durch ihre Taten; wie die Unreinheit der Monatsblutung war ihr Weg vor mir. 18 Da habe ich meinen Zorn über sie ausgegossen wegen des Bluts, das sie auf das Land gegossen hatten, und weil sie es unrein gemacht hatten mit ihren Mistgötzen. 19 Und ich habe sie zerstreut unter die Nationen, und sie wur-

den verstreut in die Länder. Wie es ihrem Weg und ihren Taten entspricht, so habe ich sie gerichtet! 20 Und sie kamen zu den Nationen, wohin immer sie kamen, und entweihten meinen heiligen Namen, da man von ihnen sagte: Diese sind das Volk des HERRN, und aus seinem Land mussten sie ausziehen! 21 Da tat es mir leid um meinen heiligen Namen, den das Haus Israel entweihte unter den Nationen, wohin sie gekommen waren.

22 Darum, sprich zum Haus Israel: So spricht Gott der HERR: Nicht euretwegen greife ich ein, Haus Israel, sondern für meinen heiligen Namen, den ihr entweiht habt unter den Nationen, wohin immer ihr gekommen seid. 23 Und ich werde meinen grossen Namen wieder heilig machen, der entweiht ist unter den Nationen, den ihr unter ihnen entweiht habt. Und die Nationen werden erkennen, dass ich der HERR bin, Spruch Gottes des HERRN, wenn ich mich vor ihren Augen an euch als heilig erweise. 24 Und ich werde euch aus den Nationen holen und aus allen Ländern sammeln und euch auf euren Boden bringen. 25 Und ich werde euch mit reinem Wasser besprengen, und ihr werdet rein werden; von all euren Unreinheiten und von all euren Mistgötzen werde ich euch rein machen. 26 Und ich werde euch ein neues Herz geben, und in euer Inneres lege ich einen neuen Geist. Und ich entferne das steinerne Herz aus eurem Leib und gebe euch ein Herz aus Fleisch. 27 Und meinen Geist werde ich in euer Inneres legen, und ich werde bewirken, dass ihr nach meinen Satzungen lebt und meine Rechtssätze haltet und nach ihnen handelt. 28 Und ihr werdet wohnen in dem Land, das ich euren Vorfahren gegeben habe, und ihr werdet mir Volk sein, und ich, ich werde euch Gott sein. 29 Und ich werde euch retten aus all euren Unreinheiten. Und ich werde das Getreide rufen und es vermehren und euch keinen Hunger bringen. 30 Auch die

Früchte der Bäume und den Ertrag des Feldes werde ich vermehren, damit ihr die Schmach des Hungers nicht mehr auf euch nehmen müsst unter den Nationen. 31 Und ihr werdet eurer bösen Wege gedenken und eurer Taten, die nicht gut waren, und ihr werdet euch ekeln vor euch selbst eurer Verschuldungen und eurer Abscheulichkeiten wegen. 32 Nicht euretwegen handle ich, Spruch Gottes des HERRN, das sei euch kundgetan! Tragt eure Schande und schämt euch eurer Wege, Haus Israel!

33 So spricht Gott der HERR: An dem Tag, da ich euch reinige von all euren Verschuldungen, lasse ich die Städte bewohnt sein, und die Trümmerstätten werden aufgebaut. 34 Und das verwüstete Land wird bestellt werden und nicht mehr verwüstet sein vor den Augen eines jeden, der vorübergeht. 35 Und man wird sagen: Dieses Land, das verwüstet war, ist wie der Garten Eden geworden, und die Städte, die in Trümmern lagen und die verwüstet und niedergerissen waren, sind befestigt, werden bewohnt. 36 Und die Nationen, die dann rings um euch übrig geblieben sind, werden erkennen, dass ich, der HERR, aufgebaut habe, was niedergerissen war, bepflanzt habe, was verwüstet war. Ich, der HERR, habe gesprochen, und ich werde es tun.

37 So spricht Gott der HERR: Ich werde mich von Haus Israel bitten lassen, auch noch dies für sie zu tun: Ich werde sie zahlreich an Menschen machen, wie eine Herde an Schafen. 38 Wie Schafe für Weihegaben, wie die Schafe Jerusalems zu seinen Festzeiten, so werden die Städte, die in Trümmern liegen, voll sein von Menschenherden, und sie werden erkennen, dass ich der HERR bin.

|1–12: 6,1–7 |1: 20,29! |2: 25,3; 26,2 · 11,15; 33,24 |3: Jer 20,10 |4: 6,3! · 25,7! |5: 21,36; 22,21; 38,19 · 35,15 |6: 6,3! · 7,2; 21,7–8 |7: 20,5; 44,12; 47,14; Ex 6,8 |8: 12,23! · 17,23; 20,40; 34,14 |10: 33; Jes 58,12; Jer 30,19; Ps 69,36 |11: 37 · 16,55 |13: Num 13,32 |15: 34,29 |17: 18,6! · 14,11; 20,43; Esra 9,11 |18: 22,4; 20,7! |19: 6,8; 11,16; 12,15; 17,21; 20,23; 22,15; 28,25; 29,12;

30,23 |20: 20,39; 43,8; Jes 52,5 |22: 32 · 20,9! |23: 20,41! · 38,16 |24: 11,17! |25: 37,23; Num 8,7; Jes 4,4; Jer 33,8 |26: 11,19; 18,31; Jer 24,7; 2Kor 3,3 |28: 28,25 · 11,20! |29: 2Kön 8,1 |30: 34,27 |31: 6,9; 20,43 · 16,61; 20,43 |32: 22 |33: 10 |34: 12,20! |35: 35; 28,13; 31,8; Gen 2,8; Jes 51,3 |36: 17,24; 21,31; 37,14 |37: 11

36,34: Möglicherweise ist zu übersetzen: «... wird neu bestellt werden, dafür dass es verwüstet war vor den Augen eines jeden, der vorüberging.»

Die Schauung von den Gebeinen und ihrer Belebung

37 1 Die Hand des HERRN war auf mir, und durch den Geist des HERRN führte er mich hinaus, und mitten in der Ebene liess er mich nieder, und diese war voller Gebeine. 2 Und er führte mich an ihnen vorbei, rings um sie herum, und sieh, in der Ebene waren sehr viele, und sieh, sie waren völlig vertrocknet. 3 Und er sprach zu mir: Du Mensch, werden diese Gebeine wieder lebendig werden? Und ich sprach: Herr, HERR, du weisst es. 4 Und er sprach zu mir: Weissage über diese Gebeine und sprich zu ihnen: Ihr vertrockneten Gebeine, hört das Wort des HERRN! 5 So spricht Gott der HERR, zu diesen Gebeinen: Seht, ich lasse Geist in euch kommen, und ihr werdet leben. 6 Und ich gebe euch Sehnen und lasse Fleisch wachsen an euch, und ich überziehe euch mit Haut und lege Geist in euch, und ihr werdet leben, und ihr werdet erkennen, dass ich der HERR bin. 7 Und ich weissage, wie es mir geboten worden war, und als ich geweissagt hatte, war da ein Lärmen, und sieh, ein Beben, und Gebeine rückten aneinander, eines an das andere. 8 Und ich schaute hin, und sieh, auf ihnen waren Sehnen, und Fleisch war gewachsen, und darüber zog er Haut, Geist aber war nicht in ihnen. 9 Und er sprach zu mir: Weissage über den Geist, weissage, Mensch, und sprich zum Geist: So spricht Gott der HERR: Geist, komm herbei von den vier Winden und hauche diese Getöteten an, damit sie leben. 10 Und ich weissagte, wie er es mir geboten hatte, und der Geist kam in sie, und sie wurden lebendig und stellten sich auf ihre Füsse, ein sehr, sehr grosses Heer.

11 Und er sprach zu mir: Du Mensch, diese Gebeine sind das ganze Haus Israel! Sieh, sie sagen: Unsere Gebeine sind vertrocknet, und unsere Hoffnung ist dahin. Wir sind abgeschnitten! 12 Darum weissage und sprich zu ihnen: So spricht Gott der HERR: Seht, ich öffne eure Gräber, und ich lasse euch, mein Volk, aus euren Gräbern steigen und bringe euch auf Israels Boden. 13 Und ihr werdet erkennen, dass ich der HERR bin, wenn ich eure Gräber öffne und euch, mein Volk, aus euren Gräbern steigen lasse. 14 Und ich werde meinen Geist in euch legen, und ihr werdet leben, und ich werde euch auf euren Boden bringen, und ihr werdet erkennen, dass ich der HERR bin. Ich habe gesprochen, und ich werde es tun! Spruch des HERRN.

|1: 1,3! · Offb 1,10 · 3,22 · Jer 25,33 |3: Offb 7,13–14 |5: Gen 2,7! |7: 3,12 |9: Offb 7,1 |10: 2,2; Offb 11,11 |11: 16 · Jes 53,8; Klgl 3,54 |12: Jes 26,19!; Dan 12,2; Mt 27,52 |14: 2,2; 39,29 · 17,24; 21,31; 36,36

37,5: Siehe die Anm. zu 1,12.

Die zwei Holzstücke als Zeichen der Vereinigung von Israel und Juda

15 Und das Wort des HERRN erging an mich: 16 Und du, Mensch, nimm dir ein Stück Holz und schreibe darauf: Juda und die Israeliten, die mit ihm verbunden sind. Und nimm ein Stück Holz und schreibe darauf: Josef, das Holzstück Efraims, und das ganze Haus Israel, das mit ihm verbunden ist. 17 Dann füge sie dir zusammen, eines an das andere, zu einem einzigen Holzstück, und sie sollen eins werden in deiner Hand. 18 Und wenn die von deinem Volk zu dir sagen: Willst du uns nicht sagen, was sie für dich bedeuten?, 19 so sage ihnen: So spricht Gott der HERR: Seht, ich nehme das Holzstück Josefs, das in der Hand Efraims ist, und die Stämme Israels, die mit ihm verbunden sind, und lege sie darauf, das Holz Judas, und mache sie zu einem einzigen Stück Holz, und sie werden eins in meiner Hand. 20 Und die Hölzer, auf die du schreibst, sollen vor ihren Augen in deiner Hand sein, 21 und du sollst zu ihnen sprechen: So spricht Gott der HERR: Seht, ich hole die Israeliten aus den Nationen, wohin sie gegangen sind, und sammle sie von ringsum und bringe sie auf ihren Boden. 22 Und ich mache sie zu einer einzigen Nation im Land, auf den Bergen von Israel, und ein einziger König wird für sie alle König sein. Und sie werden nicht mehr zu zwei Nationen werden und sich nicht mehr in zwei Königreiche teilen. 23 Und sie werden sich nicht mehr unrein machen mit ihren Mistgötzen und ihren Scheusalen und durch all ihre Vergehen, und ich werde sie retten aus all ihren Wohnorten, in denen sie sich versündigt haben, und ich mache sie rein. Und sie werden mir Volk sein, und ich werde ihnen Gott sein. 24 Und mein Diener David wird König sein über sie, und sie alle werden einen einzigen Hirten haben. Und sie werden nach meinen Rechtssätzen leben, und meine Satzungen werden sie einhalten und danach handeln. 25 Und sie werden in dem Land wohnen, das ich meinem Diener, Jakob, gegeben habe, in dem eure Vorfahren gewohnt haben. Und darin werden sie wohnen, sie und ihre Kinder und die Kinder ihrer Kinder, für immer; und David, mein Knecht, wird ihnen Fürst sein für immer. 26 Und ich werde einen Friedensbund mit ihnen schliessen, es wird ein ewiger Bund mit ihnen sein. Und dazu mache ich sie: Ich mache sie zahlreich. Und ich setze mein Heiligtum für immer in ihre Mitte. 27 Und meine Wohnung wird über ihnen sein, und ich werde ihnen Gott sein, und sie, sie werden mir Volk sein. 28 Und die Nationen werden erkennen, dass ich es bin, der HERR, der Israel heilig macht, wenn mein Heiligtum für immer in ihrer Mitte ist.

|16: Sach 11,7 · 11; 35,10 · Gen 41,50–52 |18: 3,11; 33,2.17.30 · 12,9; 17,12; 24,19 |19: Sach 11,14 |20: 4,12!

|21: 11,17! · Mi 2,12 |22: Jes 11,13; Jer 3,18 |23: 20,7 ·
13,21 · 36,25 · 11,20! |24: 34,23 |25: 28,25–26; Jer 17,25;
Joel 4,20 · 19,1! |26: 16,60; 34,25; Jer 31,31–34! · 43,7
|27: 43,7; Offb 21,3 · 11,20!; 34,30

37,18: Mit ‹sie› sind die Hölzer gemeint.

Gegen Gog und Magog

38 1 Und das Wort des HERRN erging an mich: 2 Du Mensch, richte dein Angesicht gegen Gog, gegen das Land Magog, gegen den Grossfürsten von Meschech und Tubal, und weissage gegen ihn, 3 und sprich: So spricht Gott der HERR: Sieh, ich gehe gegen dich vor, Gog, Grossfürst von Meschech und Tubal! 4 Und ich werde dich herumreissen und Haken in deinen Kiefer schlagen! Aber ich lasse dich und dein ganzes Heer ausziehen, Pferde und Reiter, alle makellos gekleidet, ein grosses Aufgebot mit Setzschild und Rundschild, sie alle führen das Schwert. 5 Bei ihnen sind Paras, Kusch und Put, alle mit Rundschild und Helm, 6 Gomer und alle seine Scharen, das Haus Togarma aus dem äussersten Norden und alle seine Scharen; viele Völker sind bei dir. 7 Bereite dich vor und halte dich bereit, du mit deinem ganzen Aufgebot und die, die sich um dich versammelt haben, und sei du wachsam für sie. 8 Nach langer Zeit wirst du aufgeboten werden, in fernen Jahren kommst du in ein Land, das wiederhergestellt ist, fern vom Schwert, gesammelt aus vielen Völkern, auf den Bergen von Israel, die so lange eine Trümmerstätte waren. Und sie sind herausgeführt worden aus Völkern, und sie alle wohnen in Sicherheit.

9 Und du wirst heraufziehen wie das Unwetter,

du wirst kommen,

du wirst sein wie die Wolke, um das Land zu bedecken,

du und all deine Scharen und viele Völker mit dir.

10 So spricht Gott der HERR: In jener Zeit werden Dinge in dein Herz aufsteigen, und du wirst einen bösen Plan schmieden 11 und sagen: Ich will hin-aufziehen gegen ein offenes Land, ich werde herfallen über jene, die ihre Ruhe gefunden haben, die in Sicherheit wohnen – ohne Mauer wohnen sie alle und haben weder Riegel noch Tore –, 12 um zu plündern, was zu plündern, und um zu rauben, was zu rauben ist!, um deine Hand zurückkehren zu lassen gegen bewohnte Trümmerstätten und zu einem Volk, das aus Nationen gesammelt ist, das sich Vieh und Besitz verschafft; auf dem Nabel der Erde wohnen sie. 13 Saba und Dedan und die Händler von Tarschisch und alle seine Löwen werden zu dir sagen: Du kommst, um zu plündern, was zu plündern ist? Du hast dein Aufgebot aufgeboten, um zu rauben, was zu rauben ist? Um Silber und Gold fortzutragen, um Vieh und Besitz wegzunehmen und viel Plündergut zu plündern!

14 Darum weissage, Mensch, und sprich zu Gog: So spricht Gott der HERR: Ist es nicht so: In jener Zeit, wenn mein Volk Israel in Sicherheit wohnt, dann wirst du es erfahren. 15 Dann wirst du kommen von deinem Ort, aus dem äussersten Norden, du und viele Völker mit dir, sie alle hoch zu Ross, ein grosses Aufgebot, ein grosses Heer. 16 Und du wirst heraufziehen gegen mein Volk Israel wie eine Wolke, um das Land zu bedecken. Nach langer Zeit wird es geschehen: Da lasse ich dich über mein Land kommen, damit die Nationen mich erkennen, wenn ich mich an dir als heilig erweise vor ihren Augen, Gog.

17 So spricht Gott der HERR: Bist du nicht der, von dem ich in früheren Tagen gesprochen habe durch meine Diener, die Propheten Israels, die in jenen Tagen, in jenen Jahren, geweissagt haben, dass ich dich kommen lassen werde gegen sie!

18 Und an jenem Tag, am Tag, da Gog über Israels Boden kommt, Spruch Gottes des HERRN, wird mein Zorn in mir aufsteigen. 19 Und in meinem Eifer, im Feuer meines Zorns spreche ich: Wahrlich, an jenem Tag wird es ein grosses Beben geben auf Israels Boden! 20 Da er-

beben vor mir die Fische im Meer und die Vögel am Himmel und die Tiere auf dem Feld und alle Kriechtiere, die auf dem Boden kriechen, und alle Menschen, die auf dem Erdboden sind. Und die Berge werden niedergerissen, und die Berghänge rutschen ab, und jede Mauer stürzt zu Boden. 21 Und für alle meine Berge rufe ich das Schwert herbei gegen ihn! Spruch Gottes des HERRN. Das Schwert eines jeden wird sich gegen den eigenen Bruder richten! 22 Und mit Pest und mit Blut werde ich mit ihm ins Gericht gehen. Und Regenflut und Hagelsteine, Feuer und Schwefel lasse ich auf ihn regnen und auf all seine Scharen und auf die vielen Völker, die bei ihm sind. 23 Und ich werde mich als gross und heilig erweisen und mich erkennen lassen vor den Augen vieler Nationen, und sie werden erkennen, dass ich der HERR bin.

39 1 Und du, Mensch, weissage gegen Gog und sprich: So spricht Gott der HERR: Sieh, ich gehe gegen dich vor, Gog, Grossfürst von Meschech und Tubal! 2 Und ich reisse dich herum und lasse dich kommen und führe dich herauf aus dem äussersten Norden, und ich bringe dich auf die Berge Israels. 3 Und ich schlage dir deinen Bogen aus deiner linken Hand, und aus deiner rechten Hand lasse ich deine Pfeile fallen. 4 Auf den Bergen Israels wirst du fallen, du mit allen deinen Scharen und den Völkern, die bei dir sind. Raubvögeln, allem, was Flügel hat, und den Tieren des Feldes werfe ich dich zum Frass vor! 5 Auf dem offenen Feld wirst du fallen, denn ich habe gesprochen! Spruch Gottes des HERRN. 6 Und ich sende Feuer gegen Magog und gegen jene, die an den Küsten sicher wohnen, und sie werden erkennen, dass ich der HERR bin. 7 Meinen heiligen Namen aber mache ich bekannt inmitten meines Volks Israel, und ich werde meinen heiligen Namen nicht mehr entweihen! Und die Nationen werden erkennen, dass ich der HERR bin, heilig in Israel. 8 Sieh, es

kommt und wird geschehen! Spruch Gottes des HERRN. Dies ist der Tag, von dem ich gesprochen habe. 9 Und die in den Städten Israels wohnen, werden hinausgehen, und sie werden Feuer machen und heizen mit Waffen, Rundschilden und Setzschilden, mit Bogen und mit Pfeilen und mit Schlagstöcken und mit Speeren. Sieben Jahre lang werden sie damit Feuer machen. 10 Und sie brauchen kein Holz vom Feld zu holen oder in den Wäldern zu schlagen, denn mit den Waffen werden sie Feuer machen. Und sie werden jene plündern, von denen sie geplündert worden sind, und jene ausrauben, von denen sie ausgeraubt worden sind. Spruch Gottes des HERRN.

11 Und an jenem Tag weise ich Gog dort eine Stätte zu, wo in Israel eine Grabstätte ist: im Tal Oberim östlich des Meeres; und denen, die hindurchziehen wollen, wird es den Weg versperren. Und dort wird man Gog und seine ganze Menschenmenge begraben, und man wird es Tal Hamon-Gog nennen. 12 Und um das Land rein zu machen, wird das Haus Israel sie begraben – sieben Monate lang! 13 Und das ganze Volk des Landes wird Gräber ausheben, und das wird ihnen zum Ruhm gereichen an dem Tag, da ich mich verherrliche. Spruch Gottes des HERRN. 14 Und um das Land rein zu machen, wird man Männer aussondern, die unablässig durch das Land ziehen und jene begraben, die hindurchgezogen sind, die auf dem Boden des Landes liegen geblieben sind. Nach Ablauf von sieben Monaten sollen sie damit beginnen. 15 Und die, die durch das Land ziehen, sollen hindurchziehen, und sieht einer Gebein eines Menschen, soll er neben diesem ein Steinmal bauen, bis die Totengräber es begraben haben im Tal Hamon-Gog. 16 – Hamona ist auch der Name einer Stadt. – Und sie werden das Land rein machen.

17 Und du, Mensch, so spricht Gott der HERR: Sprich zu den Vögeln, zu al-

lem, was Flügel hat, und zu allen Tieren des Feldes: Versammelt euch und kommt herbei, von ringsum kommt zusammen zu meinem Schlachtopfer, das ich für euch schlachte, ein grosses Schlachtopfer auf den Bergen von Israel! Und ihr werdet Fleisch fressen und Blut trinken. 18 Fleisch von Helden werdet ihr fressen, und das Blut der Fürsten der Erde werdet ihr trinken: Widder, Lämmer und Böcke, Stiere – Mastvieh aus dem Baschan sind sie alle. 19 Und ihr werdet Fett essen, bis ihr satt seid, und Blut trinken, bis ihr betrunken seid von meinem Schlachtopfer, das ich für euch schlachte. 20 Und an meinem Tisch werdet ihr euch satt essen an Pferden und Reitern, an Helden und allen möglichen Kriegern. Spruch Gottes des HERRN.

21 Und ich werde meine Herrlichkeit unter die Nationen bringen, und alle Nationen werden mein Gericht sehen, das ich vollstrecke, und meine Hand, die ich an sie gelegt habe. 22 Und das Haus Israel wird erkennen, dass ich, der HERR, ihr Gott bin, von jenem Tag an und darüber hinaus. 23 Und die Nationen werden erkennen, dass das Haus Israel seiner Schuld wegen in die Verbannung musste, darum, weil sie mir die Treue gebrochen haben und ich mein Angesicht vor ihnen verborgen und sie in die Hand ihrer Gegner gegeben habe; und sie alle sind durch das Schwert gefallen. 24 Wie es ihrer Unreinheit entspricht und ihren Vergehen, so bin ich mit ihnen verfahren, und mein Angesicht habe ich vor ihnen verborgen.

|2: Gen 10,2! · 27,13; 32,26; 39,1 · Offb 20,8–10 |4: 19,4.9; 29,4 |5: 27,10; 30,5; Jer 46,9 |6: 27,14 |8: 11,7! · 28,26! |9: 16; Jer 4,13 |11: 28,26!; Sach 2,8 |12: 5,5 |13: 27,22 · 25,13; 27,15; Gen 10,7 · 27,12 |14: 28,26! |15: 23,24; 39,2 |16: 9 · 36,23 · 20,41! |17: Jes 34,6; Jer 1,14 |19: 21,36; 22,21; 36,5 · Jer 4,24; Offb 6,12 |20: Gen 1,20–26 · 30,4 |21: 28,23; Jer 25,29 · Ri 7,22 |22: 14,19; 28,23 · 13,11 · Gen 19,24; Offb 20,9 |23: 20,41! |1: 27,13; 32,26; 38,2 |2: 23,24; 38,15 |4: 6,2! · 29,5; 32,4; Jer 7,33; Jer 8,2 |5: 33,27 |7: 20,41; 36,22 |8: 21,12 · 7,7! |9: Ps 46,10 |10: 7,22; Jes 33,1; Jer 30,16 |12: Num 19,16 |15: 12 |17: Jes 56,9; Offb 19,17 · Jer 46,10 · 6,2! |18! 32,21 · 27,6; Dtn 32,14; Am 4,1 |20: Offb 19,21 |21: Ex 7,4 |22: Joel 2,27 |23: 4,4; 9,9 |24: 21,29

38,2: Manche übersetzen «..., gegen den Fürsten von Rosch, Meschech und Tubal, ...»

38,8: Wörtlich: «... Und es ist herausgeführt ...», womit das Land gemeint ist, das hier für die Bewohner steht.

38,9: Möglich ist auch die Übersetzung: «Du aber wirst heraufziehen, wie das Unwetter kommt, ...»

39,11: Tal Oberim bedeutet ‹Tal derer, die hindurchziehen› oder ‹Tal für die, die hindurchziehen›. Tal Hamon-Gog bedeutet ‹Tal der Menschenmenge Gogs›.

39,14: Wörtlich: «Und um es rein zu machen ...»

39,16: Hamona ist eine Form des Worts, das im Namen Tal Hamon-Gog enthalten ist.

Die Verheissung der Rückkehr Israels

25 Darum, so spricht Gott der HERR: Nun werde ich das Geschick Jakobs wenden und mich des ganzen Hauses Israel erbarmen, und für meinen heiligen Namen werde ich eifern. 26 Und sie werden ihre Schmach ertragen müssen und das ganze Ausmass ihres Treuebruchs, den sie an mir begangen haben, wenn sie in Sicherheit auf ihrem Boden wohnen; und da wird keiner sein, der sie aufschreckt. 27 Wenn ich sie zurückbringe aus den Völkern, werde ich sie sammeln aus den Ländern ihrer Feinde und mich an ihnen als heilig erweisen vor den Augen vieler Nationen. 28 Und sie werden erkennen, dass ich, der HERR, ihr Gott bin, wenn ich sie zu den Nationen in die Verbannung führe und sie dann auf ihrem eigenen Boden versammle, und ich werde keinen von ihnen je dort zurücklassen. 29 Und ich werde nie mehr vor ihnen verbergen, denn ich giesse meinen Geist aus über das Haus Israel. Spruch Gottes des HERRN.

|25: 16,53; 29,14; Dtn 30,3 · 20,5 · 20,9! |26: 28,26! · 34,29 |27: 11,17! · 20,41! |29: 37,14; Jes 44,3; Joel 3,1

Ezechiels Schauung der Vermessung des Tempels

40 1 Im fünfundzwanzigsten Jahr unserer Verbannung, am Anfang des Jahres, am Zehnten des Monats, im vierzehnten Jahr nachdem die Stadt geschlagen worden war, an ebendiesem Tag kam die Hand des HERRN über mich, und er brachte mich dorthin: 2 Mit göttlichen Schauungen brachte er mich ins Land Israel, und auf einem sehr hohen Berg liess er mich nieder, und auf diesem war, im Süden, etwas wie der Bau einer Stadt. 3 Und dorthin brachte er mich. Und sieh, da war ein Mann, dessen Aussehen war wie das Aussehen von Kupfer, und in seiner Hand waren eine Schnur aus Leinen und das Messrohr. Und er stand im Tor. 4 Und der Mann sprach zu mir: Du Mensch, sieh mit deinen Augen und höre mit deinen Ohren, und richte dein Herz auf alles, was ich dich sehen lasse, denn du bist hierher gebracht worden, damit ich dich sehen lasse. Berichte dem Haus Israel alles, was du siehst!

5 Und sieh, da war eine Mauer, aussen rings um das Haus. Und in der Hand des Mannes war das Messrohr von sechs Ellen, nach dem Mass einer üblichen Elle und einer Handbreite. Und er mass die Breite des Bauwerks: ein Messrohr; und die Höhe: ein Messrohr. 6 Dann betrat er das Tor, dessen Vorderseite nach Osten gerichtet war, und stieg auf dessen Stufen hinauf. Und er vermass die Schwelle des Tors: ein Messrohr in der Breite; jede Schwelle war ein Messrohr breit. 7 Und die Nische: ein Messrohr in der Länge und ein Messrohr in der Breite. Und zwischen den Nischen war ein Abstand von fünf Ellen. Und die Schwelle des Tors bei der Vorhalle des Tors: ein Messrohr. 8 Und er vermass die Vorhalle des Tors im Innern der Anlage: ein Messrohr. 9 Und er vermass die Vorhalle des Tors: acht Ellen, und deren Pfeiler: zwei Ellen. Und die Vorhalle des Tors lag im Innern der Anlage. 10 Und die Nischen des nach Osten gerichteten Tors – drei auf der einen und drei auf der anderen Seite –: die drei hatten das gleiche Mass. Und auch die Pfeiler auf der einen und die auf der anderen Seite hatten das gleiche Mass. 11 Dann vermass er die Breite der Toröffnung: zehn Ellen; die Länge des Tors: dreizehn Ellen. 12 Und vor den Nischen war eine

Schranke von einer Elle: eine Elle mass die Schranke auf der einen und die auf der anderen Seite. Und die Nischen: sechs Ellen auf der einen und sechs Ellen auf der anderen Seite. 13 Dann vermass er das Tor vom Deckenansatz einer Nische bis zum Deckenansatz der anderen: fünfundzwanzig Ellen in der Breite; Tür gegenüber Tür. 14 Dann ging er an die Pfeiler: sechzig Ellen, bis zum Pfeiler des Vorhofs, ringsum im Tor. 15 Und von der äusseren Vorderseite des Tors bis zur inneren Vorderseite der Vorhalle des Tors: fünfzig Ellen. 16 Und in den Nischen und an ihren Pfeilern waren ringsum im Tor verschlossene Fenster, die in das Innere der Anlage blickten; und ebenso war es bei den Vorhallen: Fenster ringsum, ins Innere blickend, und an jedem Pfeiler waren Palmenverzierungen.

17 Dann brachte er mich in den äusseren Vorhof, und sieh, da waren Kammern und ein Steinpflaster, angelegt für den Vorhof, ringsum; auf dem Steinpflaster waren dreissig Kammern. 18 Und das Steinpflaster war seitlich an den Toren, der Tiefe der Tore entsprechend: Das war das untere Steinpflaster. 19 Dann mass er die Breite von der Vorderseite des unteren Tors bis zur äusseren Vorderseite des inneren Vorhofs: hundert Ellen nach Osten und nach Norden. 20 Und das Tor am äusseren Vorhof, dessen Vorderseite nach Norden gerichtet war: Er vermass seine Länge und seine Breite. 21 Und mit seinen Nischen – drei auf der einen und drei auf der anderen Seite – und seinen Pfeilern und seiner Vorhalle war es so: Die Masse waren wie die des ersten Tors. Fünfzig Ellen war seine Länge und fünfundzwanzig die Breite, in Ellen. 22 Und seine Fenster und seine Vorhalle und seine Palmen hatten Masse wie das Tor, dessen Vorderseite nach Osten gerichtet war. Und sieben Stufen steigt man in ihm hinauf, und vor diesen liegt seine Vorhalle. 23 Und ein Tor am inneren Vorhof lag gegenüber dem Tor im Nor-

den, und eines lag gegenüber dem Tor
im Osten. Und er mass von Tor zu Tor:
hundert Ellen. 24 Dann liess er mich
nach Süden gehen, und sieh, da war ein
nach Süden gerichtetes Tor. Und er vermass seine Pfeiler und seine Vorhalle:
Die Masse waren wie die der anderen.
25 Und das Tor und seine Vorhalle hatten ringsum Fenster, den Fenstern der
anderen gleich: Fünfzig Ellen in der
Länge und fünfundzwanzig Ellen in der
Breite. 26 Und sieben Stufen bildeten
seinen Aufgang, und vor diesen lag
seine Vorhalle. Und an seinen Pfeilern
hatte es Palmen, eine auf einer und eine
auf der anderen Seite. 27 Und der innere
Vorhof hatte ein Tor, das nach Süden gerichtet war, und er mass von dem einen
Tor zum Tor, das nach Süden wies: hundert Ellen.

28 Dann brachte er mich zum inneren Vorhof in das Südtor, und er vermass das Südtor: Die Masse waren wie
die der anderen. 29 Und seine Nischen
und seine Pfeiler und seine Vorhalle: Die
Masse waren wie die der anderen. Und
das Tor und seine Vorhalle hatten
ringsum Fenster. Fünfzig Ellen war die
Länge und fünfundzwanzig Ellen die
Breite. 30 Und ringsum waren Vorhallen: fünfundzwanzig Ellen in der Länge
und fünf Ellen in der Breite. 31 Und
seine Vorhalle lag am äusseren Vorhof,
und an seinen Pfeilern waren Palmen,
und acht Stufen führten hinauf.
32 Dann brachte er mich in den inneren
Vorhof, in den östlichen Bereich, und er
vermass das Tor: Die Masse waren wie
die der anderen. 33 Und seine Nischen
und seine Pfeiler und seine Vorhalle: Die
Masse waren wie die der anderen. Und
das Tor und seine Vorhallen hatten
ringsum Fenster. Fünfzig Ellen war die
Länge und fünfundzwanzig Ellen die
Breite. 34 Und seine Vorhalle lag am
äusseren Vorhof, und an seinen Pfeilern
waren Palmen, auf der einen Seite und
auf der anderen Seite, und acht Stufen
führten hinauf. 35 Dann brachte er
mich zum Nordtor, und er vermass es:

Die Masse waren wie die der anderen –
36 seine Nischen, seine Pfeiler und
seine Vorhalle; und das Tor hatte
ringsum Fenster. Fünfzig Ellen war die
Länge und fünfundzwanzig Ellen die
Breite. 37 Und seine Pfeiler waren am
äusseren Vorhof, und an seinen Pfeilern
waren Palmen, auf der einen und auf der
anderen Seite, und acht Stufen führten
hinauf.

38 Und da war eine Kammer, und
deren Eingang lag an den Pfeilern der
Tore; dort spült man das Brandopfer ab.
39 Und in der Vorhalle des Tors waren
zwei Tische auf der einen und zwei Tische auf der anderen Seite, damit man
darauf das Brandopfer, das Sündopfer
und das Schuldopfer schlachtet.
40 Auch aussen an der Seitenwand,
beim Aufstieg zum Eingang des Nord-
tors, waren zwei Tische, und an der anderen Seitenwand der Vorhalle des Tors
waren zwei Tische. 41 Vier Tische waren
an der einen Seite, und vier Tische waren an der anderen Seite an der Seitenwand des Tors: acht Tische, auf denen
man schlachtet. 42 Und vier Tische für
das Brandopfer: aus Quadersteinen, eineinhalb Ellen in der Länge, eineinhalb
Ellen in der Breite und eine Elle in der
Höhe; darauf legte man die Geräte, mit
denen man das Brandopfer schlachtet
und das Schlachtopfer. 43 Und die Ablageleiste, eine Hand breit, war ringsum
im Haus befestigt. Und auf die Tische
kam das Opferfleisch.

44 Und aussen am inneren Tor waren Kammern für Sänger im inneren
Vorhof, an der Seitenwand des Nord-
tors, und ihre Vorderseiten waren nach
Süden gerichtet; eine war an der Seitenwand des Osttors, ihre Vorderseite war
nach Norden gerichtet. 45 Und er
sprach zu mir: Diese, die Kammer, deren Vorderseite nach Süden gerichtet
ist, ist für die Priester bestimmt, die den
Dienst am Haus wahrnehmen. 46 Und
die Kammer, deren Vorderseite nach
Norden gerichtet ist, ist für die Priester
bestimmt, die den Dienst am Altar

wahrnehmen: Das sind die Zadokiden, diejenigen von den Leviten, die sich dem HERRN nähern dürfen, um ihm zu dienen. 47 Und er vermass den Vorhof: hundert Ellen in der Länge und hundert Ellen in der Breite, ein Viereck. Und der Altar stand vor dem Haus.

48 Dann brachte er mich in die Vorhalle des Hauses, und er vermass die Pfeiler der Vorhalle: fünf Ellen die auf der einen und fünf Ellen die auf der anderen Seite. Und die Breite des Tors: drei Ellen auf der einen und drei Ellen auf der anderen Seite. 49 Die Länge der Vorhalle: zwanzig Ellen; und die Breite: elf Ellen. Und auf den Stufen, die man zu ihr hinaufsteigt, waren Pfeiler bei den Säulen, einer auf der einen und einer auf der anderen Seite.

41 1 Dann brachte er mich in die Tempelhalle, und er vermass die Pfeiler: sechs Ellen in der Breite auf der einen Seite und sechs Ellen in der Breite auf der anderen Seite. Das war die Breite des Zelts. 2 Und die Breite des Eingangs: zehn Ellen; und die der Seitenwände des Eingangs: fünf Ellen auf der einen und fünf Ellen auf der anderen Seite. Und er mass seine Länge: vierzig Ellen; und die Breite: zwanzig Ellen. 3 Dann betrat er das Innere und vermass die Pfeiler am Eingang: zwei Ellen; und den Eingang: sechs Ellen; und die Breite des Eingangs: sieben Ellen. 4 Und er mass seine Länge: zwanzig Ellen; und die Breite: zwanzig Ellen bis an die Vorderseite der Tempelhalle. Und er sprach zu mir: Dies ist das Allerheiligste.

5 Und er vermass die Wand des Hauses: sechs Ellen; und die Breite des Seitenbaus: vier Ellen, rings um das Haus, ringsum. 6 Und die Seitenräume: Seitenraum an Seitenraum, je dreissig in drei Stockwerken. Und an der Wand des Hauses waren Absätze für die Seitenräume ringsum, damit es Auflageflächen gab, ohne dass Auflageflächen in die Wand des Hauses eingelassen waren. 7 Und der Umgang wurde nach oben hin, bei den Seitenräumen, brei-

ter, denn die Umbauung des Hauses verlief nach oben hin rings um das Haus. Deshalb hatte das Haus nach oben hin eine Verbreiterung. Und so stieg man vom unteren über das mittlere zum oberen hinauf. 8 Und ringsum sah ich eine Erhöhung am Haus. Die Grundmauern der Seitenräume entsprachen einem ganzen Messrohr, sechs Ellen im Seitenmass. 9 Die Tiefe der Aussenwand, die zum Seitenbau gehörte: fünf Ellen; und sie lag an einem unbebauten Streifen bei den Seitenbauten, die am Haus waren. 10 Und zwischen den Kammern war ein Abstand von zwanzig Ellen in der Breite, rings um das Haus, ringsum. 11 Und die Türen des Seitenbaus gingen auf den unbebauten Streifen, eine Tür wies nach Norden, und eine Tür ging nach Süden. Und die Breite des Bereichs, der unbebaut war: ringsum fünf Ellen.

12 Und das Gebäude, das an der Vorderseite des abgetrennten Platzes stand, auf der Westseite, mass siebzig Ellen in der Breite. Und die Mauer des Gebäudes war ringsum fünf Ellen tief, und seine Länge betrug neunzig Ellen. 13 Dann vermass er das Haus: hundert Ellen in der Länge; und den abgetrennten Platz und den Bau und dessen Mauern: hundert Ellen in der Länge; 14 und die Breite der Vorderseite des Hauses und den abgetrennten Platz nach Osten hin: hundert Ellen. 15 Und er vermass die Länge des Gebäudes an der Vorderseite des abgetrennten Platzes auf seiner Rückseite und dessen Absätze auf der einen und auf der anderen Seite: hundert Ellen. Und das Innere der Tempelhalle und die Hallen des Vorhofs 16 waren getäfelt. Und ringsum hatten die verschlossenen Fenster und die Absätze in ihren drei Teilen gegenüber der Schwelle eine Verkleidung aus Holz, ringsum: vom Boden bis an die Fenster – die Fenster aber waren verhängt – 17 bis über den Eingang. Und bis ins Haus hinein, im Inneren und aussen, an der ganzen Wand ringsum, im Inneren und aussen, waren abgemessene Flächen. 18 Und auf ihnen waren

Kerubim und Palmen angebracht, je eine Palme zwischen zwei Kerubim, und jeder Kerub hatte zwei Gesichter: 19 Ein Menschengesicht war auf der einen Seite zur Palme hin angebracht und ein Löwengesicht auf der anderen Seite zur Palme hin, ringsum am ganzen Haus. 20 Vom Boden bis über den Eingang waren die Kerubim und die Palmen angebracht, an der Wand der Tempelhalle. 21 Die Tempelhalle hatte viereckige Türpfosten. Und bei der Vorderseite des Heiligsten war die Erscheinung von etwas, das aussah wie 22 ein Altar aus Holz. Drei Ellen betrug die Höhe und zwei Ellen seine Länge, und er hatte Ecken. Und sein Sockel und seine Wände waren aus Holz. Und er sprach zu mir: Das ist der Tisch, der vor dem HERRN steht. 23 Und die Tempelhalle und das Heiligste hatten zwei Türen. 24 Und die Türen hatten zwei Türflügel, zwei drehbare Türflügel: zwei hatte die eine Tür, und zwei Türflügel hatte die andere. 25 Und an ihnen, an den Türen der Tempelhalle, waren Kerubim und Palmen angebracht, wie sie an den Wänden angebracht waren. Und aussen an der Vorderseite der Vorhalle war ein Aw aus Holz. 26 Und verschlossene Fenster und Palmen waren an der einen Seite und an der anderen Seite, an den Seitenwänden der Vorhalle und in den Seitenräumen des Hauses und an den Ubbim.

42 1 Dann führte er mich hinaus in den äusseren Vorhof, auf dem Weg nach Norden, und er brachte mich zu den Kammern, die gegenüber dem abgetrennten Platz und dem Gebäude gegenüber im Norden lagen. 2 An der Vorderseite: hundert Ellen in der Länge am Eingang im Norden und fünfzig Ellen in der Breite. 3 Gegenüber den zwanzig Ellen des inneren Vorhofs und gegenüber dem Steinpflaster, das zum äusseren Vorhof gehörte, war Absatz vor Absatz, in drei Abstufungen. 4 Und vor den Kammern war ein Gang von zehn Ellen in der Breite, zum Inneren hin war ein Weg von einer Elle. Und ihre Türen

waren nach Norden gerichtet. 5 Und die oberen Kammern waren kleiner, denn die unteren und die mittleren Absätze des Gebäudes nahmen ihnen Raum. 6 Denn sie waren in drei Stockwerken angelegt und hatten keine Säulen wie die Säulen in den Vorhöfen; darum hatte man sie gegenüber den unteren und den mittleren von unten her kleiner angelegt. 7 Und da war eine Mauer, die aussen an den Kammern entlang auf den äusseren Vorhof zulief, an der Vorderseite der Kammern: Ihre Länge war fünfzig Ellen. 8 Denn die Länge der Kammern am äusseren Vorhof betrug fünfzig Ellen, und sieh, an der Vorderseite der Tempelhalle waren es hundert Ellen. 9 Und unterhalb dieser Kammern war der Eingang von Osten her, wenn man vom äusseren Vorhof zu ihnen kam, 10 in der Tiefe der Mauer des Vorhofs. An der östlichen Vorderseite des abgetrennten Platzes und an der Vorderseite des Gebäudes waren Kammern, 11 und vor ihnen war ein Weg. Ihr Aussehen entsprach dem der Kammern, die nach Norden lagen – wie ihre Länge, so war ihre Breite –, und alle ihre Ausgänge und ihre Einrichtungen und ihre Türen waren wie die der anderen. 12 Und wie bei den Türen der Kammern, die nach Süden lagen, so war eine Tür am Anfang eines Wegs, eines Wegs an der Vorderseite der Schutzmauer nach Osten hin, wenn man hineinkam. 13 Und er sprach zu mir: Die Kammern im Norden, die Kammern im Süden, die an den Stirnseiten des abgetrennten Platzes liegen, sie sind die Kammern der Heiligkeit, wo die Priester, die sich dem HERRN nähern dürfen, die hochheiligen Gaben essen. Dort legt man die hochheiligen Gaben nieder, das Speiseopfer und das Sündopfer und das Schuldopfer, denn der Ort ist heilig. 14 Wenn die Priester hineingegangen sind, dürfen sie aus dem Heiligen nicht in den äusseren Vorhof hinausgehen; erst müssen sie dort ihre Kleider ablegen, in denen sie den Dienst verrichten, denn sie sind heilig; sie müssen andere Kleider anziehen, und erst dann dürfen sie sich dem nähern, was zum Volk gehört.

15 Und er beendete die Vermessung des inneren Hauses und führte mich hinaus auf dem Weg durch das Tor, das nach Osten gerichtet war. Dann vermass er die Anlage ringsum. 16 Er mass die Ostseite mit dem Messrohr: fünfhundert Messrohre, ringsum mit dem Messrohr. 17 Er mass die Nordseite: fünfhundert Messrohre, ringsum mit dem Messrohr. 18 Die Südseite mass er: fünfhundert Messrohre, mit dem Messrohr. 19 Er wandte sich nach Westen; er mass fünfhundert Messrohre mit dem Messrohr. 20 Auf vier Seiten vermass er die Anlage. Ringsum hatte sie eine Mauer: fünfhundert in der Länge und fünfhundert in der Breite, um zu trennen zwischen dem, was heilig ist, und dem, was nicht heilig ist.

|1: Ex 12,2–3 · 33,21 · 1,3! |2: 1,1; 8,3; 11,24 · 20,40; Mt 4,8; Offb 21,10 |3: 1,7 · 5; 43,6; 47,3 · Offb 11,1; Offb 21,15 |4: 43,11; 44,5 · Ex 25,9.40 |5: 42,20 · 3! · 41,8 |6: 42,15; 43,1; 44,1 |7: 10 |10: 7 |11: 41,2 |16: 41,16.26; 1Kön 6,4 · 26.31; 41,18.26 |17: 42,1; 1Chr 28,12 |21: 13 |24: 13.21 |26: 16.31; 41,18.26; 1Kön 6,29 |31: 16.26; 41,18.26; 1Kön 6,29 |35: 28; 47,2 |38: Lev 1,9; 2Chr 4,6 |39: Lev 4–5 |43: 42,13; 46,20 |44: 1Chr 6,16–17 |46: 43,19; 44,10.15; 48,11; 2Sam 8,17 |47: 1Kön 8,64 |48: 1Kön 6,3; 2Chr 3,4 |49: 1Kön 7,21; 2Chr 3,15–17 |2: 40,11 · 1Kön 6,17 |3: 1Kön 6,20; 2Chr 3,8 |4: 1Kön 6,16 |5: 1Kön 6,5–6 |8: 40,5 |16: 1Kön 6,14–18 |18: 1,10; 9,3!; 10,20! · 26; 40,16.26.31; 1Kön 6,29 |22: Ex 30,1!; 1Kön 6,20–21 · Ex 25,30; Lev 24,6 |23: 1Kön 6,34 |25: 10,20! |26: 18; 40,16.26.31; 1Kön 6,29 |1: 40,17; 46,19; 1Chr 28,12 |13: 40,43; 46,20 · Lev 2,3 · 44,29 |14: 44,19 |15: 40,6; 43,1.4; 44,1 |20: 40,5 · 22,26; Lev 10,10

40,6: Manche übersetzen «...; die erste Schwelle war ein Messrohr breit.»

40,8: In der Übersetzung der V. 8, 9 und 16 ist «der Anlage» jeweils ergänzt.

40,12: In der Übersetzung von V.12 wurde «und die auf der anderen Seite» nach der griechischen Überlieferung ergänzt.

40,14: Die Übersetzung des Verses ist unsicher.

40,15: Die Übersetzung beruht auf der griechischen Überlieferung.

40,15: Mit der «äusseren Vorderseite des Tors» ist die dem Inneren der Anlage zugewandte Seite des Tors gemeint.

40,22: Mit ‹vor diesen› ist vor den Stufen gemeint.

40,25: In diesem und den folgenden Versen findet sich im hebräischen Text statt «das Tor» an manchen Stellen «es».

40,43: Die Bedeutung des mit ‹Ablageleiste› wiedergegebenen hebräischen Worts ist umstritten; andere übersetzen mit ‹Haken›.

41,7–9: Die Übersetzung der Verse 7–9 ist zum Teil unsicher.

41,15: Statt «Absätze» ist möglicherweise «Durchgänge» zu übersetzen.

41,22: Die Übersetzungen «ein Altar aus Holz» und «Und sein Sockel» beruhen auf der griechischen Überlieferung.

41,25: Die Bedeutung des hebräischen Worts Aw ist unbekannt.

41,26: Die Bedeutung des hebräischen Worts Ubbim ist unbekannt; es handelt sich um den Mehrzahl des Wortes Aw in 41,25.

42,10: «östlichen Vorderseite»: Vermutlich muss der Text hier mit der griechischen Überlieferung «südlichen Vorderseite» lauten.

42,14: Mit ‹dort› sind die nördlichen Kammern gemeint.

42,15: In diesem Vers und in V. 20 lautet der Text wörtlich «... vermass er sie. ...»

Weitere Schauung der Herrlichkeit des HERRN

43 1 Dann liess er mich zu dem Tor gehen, das nach Osten gerichtet war. 2 Und sieh, die Herrlichkeit des Gottes Israels kam von Osten, und das Geräusch war wie das Geräusch von Wassermassen, und von seiner Herrlichkeit leuchtete das Land. 3 Und das Aussehen der Erscheinung, die ich sah, war wie die Erscheinung, die ich gesehen hatte, als ich kam, um die Stadt zu vernichten, und das waren Erscheinungen wie die Erscheinung, die ich am Fluss Kebar gesehen hatte. Da fiel ich nieder auf mein Angesicht. 4 Und die Herrlichkeit des HERRN kam in das Haus auf dem Weg durch das Tor, das nach Osten lag. 5 Und Geist hob mich empor und brachte mich in den inneren Vorhof, und sieh, das Haus war erfüllt von der Herrlichkeit des HERRN. 6 Und ich hörte einen, der aus dem Haus zu mir redete, während neben mir ein Mann stand. 7 Und er sprach zu mir: Du Mensch, das ist die Stätte meines Throns und die Stätte meiner Fusssohlen, wo ich inmitten der Israeliten für immer wohnen werde! Und das Haus Israel wird meinen heiligen Namen nicht mehr unrein machen – weder sie noch ihre Könige – durch ihre Hurerei und mit den Leichen ihrer Könige auf ihren Kulthöhen, 8 als sie ihre Schwelle an meine Schwelle und ihren Türpfosten neben meinen Türpfosten gesetzt haben, so dass zwischen mir und ihnen nur die Mauer war. Und so haben sie meinen heiligen Namen unrein gemacht mit ihren Abscheulichkeiten, die sie verübt haben, und ich habe sie in meinem Zorn vertilgt. 9 Nun werden sie ihre Hurerei und die Leichen ihrer Könige von mir fernhalten, und ich werde für immer in ihrer Mitte wohnen.

10 Du, Mensch, berichte dem Haus Israel von dem Haus, damit sie sich aller ihrer Vergehen schämen und die Anlage vermessen. 11 Und wenn sie sich all dessen schämen, was sie getan haben, dann unterrichte sie über das Bild des Hauses und seine Ausstattung und seine Ausgänge und seine Eingänge und alle entsprechenden Bilder und alle seine Satzungen und alle entsprechenden Bilder und alle seine Weisungen, und schreib es vor ihren Augen auf, damit sie all seine Bilder und seine Satzungen umsetzen und danach handeln. 12 Dies ist die Weisung für das Haus: Sein gesamtes Gebiet auf dem Gipfel des Berges ist ringsum hochheilig. Sieh, das ist die Weisung für das Haus.

| 1: 4; 40,6; 42,15; 44,1 | 2–5: 9,3! · Jes 52,8 | 2: 8,4! · 1,24; 3,13; 10,5; Offb 1,15 · Offb 18,1 | 3: 1,1! · 3,23! · 8,2 | 4: 8,4; 9,3; 10,4.18; 11,1.22 · 1; 42,15; 44,1 | 5: 3,12! · 44,4; Ex 40,34 | 6: 1,28 · 40,3! | 7: Jer 3,17! · Jes 60,13 · 37,26 · 20,29! | 8: 20,39; 36,20 · 8,7–11; 1Kön 7,1–12 | 9: 7 | 11: 40,4; 44,5 · 4,12! | 12: 45,1

43,3: In manchen Handschriften lautet der Text: «..., als er kam, ...»

43,6: Der Massoretische Text («Und ich hörte einen von Haus her, ohne dass er zu mir redete, ...) wurde leicht korrigiert.»

43,7: Möglich ist aber auch die Übersetzung: «... – durch ihre Hurerei und durch die Totenopfer ihrer Könige auf ihren Kulthöhen,» (vgl. auch V. 9).

Der Altar und seine Satzungen

13 Und dies sind die Masse des Altars in Ellen, eine Elle gerechnet als eine gewöhnliche Elle und eine Handbreite: Da ist ein Graben von einer Elle und einer Elle in der Breite, und ringsum an seinem Rand ist eine Begrenzung von einer Spanne. Und dies ist der Sockelwulst des Altars: 14 vom Graben, vom Boden, bis zur unteren Einfassung: zwei Ellen, und eine Elle in der Breite. Und von der kleineren Einfassung bis zur grösseren Einfassung: vier Ellen, und eine Elle in der Breite. 15 Der Opferherd: vier Ellen; und die Hörner auf dem Opferherd: vier. 16 Und der Opferherd: zwölf Ellen in der Länge auf zwölf Ellen in der Breite, an allen vier Seiten gleich lang. 17 Und die Einfassung: vierzehn in der Länge auf vierzehn in der Breite, an allen vier Seiten; und ringsum seine Begrenzung: die halbe Elle; und der Graben an ihm: eine Elle ringsum. Und seine Stufen sind an der Seite gegen Osten.

18 Und er sprach zu mir: Du Mensch, so spricht Gott der HERR: Dies sind die Satzungen für den Altar: Am Tag, da er bereit ist, damit man Brandopfer auf ihm darbringt und Blut an ihn sprengt, 19 sollst du den levitischen Priestern – die aus der Nachkommenschaft Zadoks sind, die sich mir nähern dürfen, Spruch Gottes des HERRN, um mir zu dienen – einen jungen Stier als Sündopfer geben. 20 Und du sollst von seinem Blut nehmen und es an die vier Hörner des Altars streichen und an die vier Ecken der Einfassung und ringsum an die Begrenzung, und du sollst ihn entsündigen und ihn entsühnen. 21 Dann sollst du den Stier nehmen, das Sündopfer, und man soll ihn auf dem dafür vorgesehenen Platz am Haus verbrennen, ausserhalb des Heiligtums. 22 Und am zweiten Tag soll man einen makellosen Ziegenbock als Sündopfer darbringen und den Altar entsündigen, wie man ihn mit dem Stier entsündigt hat. 23 Wenn du die Entsündigung vollzogen hast, sollst du einen makellosen jungen Stier und einen makellosen Widder von den Schafen darbringen. 24 Und du sollst sie vor dem HERRN darbringen, und die Priester sollen Salz auf sie streuen und sie dem HERRN als Brandopfer darbringen. 25 Sieben Tage lang sollst du täglich ei-

nen Bock als Sündopfer darbringen; und einen jungen Stier und einen Widder von den Schafen, makellose Tiere, soll man darbringen. 26 Sieben Tage lang soll man den Altar entsühnen und ihn rein machen und ihn weihen 27 und so diese Tage vollenden. Und vom achten Tag an sollen die Priester eure Brandopfer und eure Heilsopfer auf dem Altar darbringen. Dann werde ich euch gnädig sein. Spruch Gottes des HERRN.

|13–17: Ex 27,1–2!; 1Kön 8,64 |18: 45,18; Ex 29,36–37; Lev 5,9 |19: 44,15 · 40,46! · Ex 29,1 |20: 45,19; Lev 8,15 |21: Ex 29,14! |22: Lev 16,5 |24: Lev 2,13 |25: 45,23; Lev 8,33–35 |26: Ex 29,37 |27: 20,40

43,20: Wörtlich: «... und es an seine vier Hörner streichen ...»

Anweisungen für den Dienst im Haus des HERRN

44 1 Dann führte er mich zurück zum äusseren Tor des Heiligtums, das nach Osten wies, und es war geschlossen. 2 Da sprach der HERR zu mir: Dieses Tor bleibt geschlossen, es wird nicht geöffnet, und niemand wird hier hineingehen, denn hier ist der HERR, der Gott Israels, eingezogen, und es wird geschlossen bleiben. 3 Der Fürst, als Fürst darf er sich hier aufhalten, zum Opfermahl vor dem HERRN; auf dem Weg durch die Vorhalle des Tors wird er hereinkommen, und auf demselben Weg wird er hinausgehen.

4 Dann brachte er mich durch das Nordtor zur Vorderseite des Hauses. Und ich sah hin, und sieh, die Herrlichkeit des HERRN erfüllte das Haus des HERRN. Da fiel ich nieder auf mein Angesicht. 5 Und der HERR sprach zu mir: Du Mensch, nimm dir alles zu Herzen, und sieh mit deinen Augen, und höre mit deinen Ohren auf alles, was ich dir sage zu allen Satzungen des Hauses des HERRN und allen seinen Weisungen, und richte dein Herz in allen Ausgängen des Heiligtums auf das, was gilt für den Zutritt zum Haus. 6 Und sprich zur Widerspenstigkeit, zum Haus Israel: So spricht Gott der HERR: Lasst es genug

sein mit all euren Abscheulichkeiten, Haus Israel! 7 Als ihr Fremde, unbeschnitten am Herzen und unbeschnitten am Fleisch, habt hereinkommen lassen, so dass sie in meinem Heiligtum waren, um mein Haus zu entweihen, als ihr meine Speise, Fett und Blut, dargebracht habt, hat man meinen Bund gebrochen mit all euren Abscheulichkeiten! 8 Und ihr habt den Dienst an dem, was mir heilig ist, nicht wahrgenommen, sondern habt jene eingesetzt, dass sie an eurer Stelle den Dienst für mich wahrnehmen im Heiligtum.

9 So spricht Gott der HERR: Kein Fremder, unbeschnitten am Herzen und unbeschnitten am Fleisch, darf mein Heiligtum betreten, keiner von all den Fremden, die unter den Israeliten sind! 10 Die Leviten aber, die sich von mir entfernt haben, als Israel in die Irre ging, als sie in die Irre gingen, weg von mir, hinter ihren Mistgötzen her, sie werden ihre Schuld tragen: 11 Sie werden in meinem Heiligtum Dienst tun als Wachen an den Toren des Hauses, und sie werden den Dienst am Haus verrichten. Sie sind es, die das Brandopfer und das Schlachtopfer für das Volk schlachten, und sie sind es, die vor ihnen stehen werden, um ihnen zu dienen. 12 Weil sie ihnen immer wieder vor ihren Mistgötzen gedient haben und dem Haus Israel Anstoss zur Verschuldung geworden sind, darum habe ich meine Hand gegen sie erhoben, Spruch Gottes des HERRN. Und sie werden ihre Schuld tragen. 13 Und sie dürfen mir nicht nahe kommen, um mir als Priester zu dienen und um all dem nahe zu sein, was mir heilig ist, dem, was hochheilig ist. Sondern sie werden ihre Schande tragen und ihre Abscheulichkeiten, die sie begangen haben! 14 Und ich lasse sie den Dienst am Haus wahrnehmen, für alle Arbeit in ihm und für alles, was in ihm getan werden muss.

15 Die levitischen Priester aber, die Zadokiden, die den Dienst an meinem Heiligtum wahrgenommen haben, als

die Israeliten in die Irre gingen, weg von mir, sie sind es, die sich mir nähern dürfen, um mir zu dienen, und sie werden vor mir stehen, um mir Fett und Blut darzubringen. Spruch Gottes des HERRN. 16 Sie sind es, die mein Heiligtum betreten dürfen, und sie sind es, die sich meinem Tisch nähern dürfen, um mir zu dienen, und sie werden den Dienst für mich wahrnehmen. 17 Und wenn sie die Tore des inneren Vorhofs betreten, sollen sie Kleider aus Leinen tragen; und es soll keine Wolle auf ihnen sein, wenn sie Dienst tun in den Toren des inneren Vorhofs und im Haus. 18 Auf ihren Köpfen sollen Kopfbinden aus Leinen sein, und an ihren Hüften sollen Beinkleider aus Leinen sein; sie dürfen sich nicht mit etwas gürten, das sie zum Schwitzen bringt. 19 Und wenn sie hinausgehen in den äusseren Vorhof, in den äusseren Vorhof zum Volk, müssen sie ihre Kleider, in denen sie Dienst tun, ausziehen und sie niederlegen in den Kammern der Heiligkeit, und sie müssen andere Kleider anziehen, damit sie durch ihre Kleider nicht Heiligkeit übertragen auf das Volk. 20 Und ihre Köpfe dürfen sie nicht kahl scheren, sie dürfen das Haupthaar aber auch nicht frei wachsen lassen; kurz sollen sie ihr Haupthaar schneiden. 21 Und kein Priester darf Wein trinken, wenn er den inneren Vorhof betritt. 22 Und eine Witwe oder eine, die verstossen worden ist, sollen sie nicht zur Frau nehmen, sondern Jungfrauen aus der Nachkommenschaft des Hauses Israel. Die Witwe aber, die eine Priesterwitwe ist, dürfen sie nehmen. 23 Und sie sollen mein Volk den Unterschied lehren zwischen dem, was heilig, und dem, was nicht heilig ist, und sie sollen sie den Unterschied erkennen lassen zwischen dem, was unrein, und dem, was rein ist. 24 Und bei einem Rechtsstreit sollen sie bereitstehen, um für Recht zu sorgen, nach meinen Rechtssätzen sollen sie richten. Und zu allen meinen Festzeiten sollen sie meine Weisungen und meine

Satzungen einhalten, und meine Sabbate sollen sie heilig halten. 25 Und zu einem toten Menschen darf er nicht hineingehen, er würde unrein. Unrein machen dürfen sie sich nur an Vater und Mutter und Sohn und Tochter und Bruder und an einer Schwester, die zu keinem Mann gehört hat. 26 Und nach seiner Reinigung soll man für ihn sieben Tage abzählen. 27 Und an dem Tag, da er in das Heiligtum kommt, in den inneren Vorhof, um Dienst zu tun im Heiligtum, muss er sein Sündopfer darbringen. Spruch Gottes, der HERRN. 28 Und das wird ihr Erbbesitz sein: Ich bin ihr Erbbesitz. Und Eigentum sollt ihr ihnen in Israel nicht geben; ich bin ihr Eigentum. 29 Das Speiseopfer und das Sündopfer und das Schuldopfer, das ist es, was sie essen werden; und ihnen soll alles gehören, was in Israel der Vernichtung geweiht wird. 30 Und das Beste aller Erstlingsgaben von allem und jede Abgabe von allem, von allen euren Abgaben, wird den Priestern gehören. Und das beste eures Schrotmehls sollt ihr dem Priester geben, damit Segen auf eurem Haus ruht. 31 Aas oder ein zerrissenes Tier, sei es ein Vogel oder ein grosses Tier, dürfen die Priester nicht essen.

|1: 40,6; 42,15; 43,1 |2: 43,4; 46,1 |3: 19,1!; 46,2.12 |4: 43,5 · 3,23! |5: 40,4; 43,11 |6: 45,9 |7: 9; Jer 4,4 · 23,39 · 16,19 · Jes 56,6–7 |8: 2Chr 13,9–11 |9:7 |10: 40,46! · 20,16 |11: Num 3,6–9 |12: 7,19! · 20,5; 36,7; 47,14; Ex 6,8 |14: 48,18 |15: 43,19; Num 25,13 · 40,46! |17: Ex 28,40–43 |19: 42,14; 46,20; Ex 30,29 |20: Lev 19,27; Lev 21,5.10 |21: Lev 10,9 |22: Lev 21,7.13–14 |23: 22,26; 42,19; Lev 10,10 |24: 20,20 · Dtn 17,8–9 |25: Lev 21,1–4 |26: Num 19,12 |28: Num 18,20! |29: 42,13 · Lev 7,7 |30: 20,40 · Ex 23,19 |31: 4,14; Lev 22,8

44,5: Die Übersetzung «…, was gilt für den Zutritt zum Haus.» ist unsicher.

44,29: Möglich auch die Übersetzung: «…, sie sind es, die es essen werden; …»

44,30: Wörtlich: «… auf deinem Haus …»

Anweisungen für die Aufteilung des Landes, für Abgaben, Opfer und Passa

45 1 Und wenn ihr das Land als Erbbesitz verlost, sollt ihr eine Abgabe für den HERRN entrichten, einen heiligen Bereich vom Land; die Länge:

fünfundzwanzigtausend Ellen in der Länge, und zehntausend Ellen in der Breite. In ihrem ganzen Gebiet ringsum ist die Abgabe heilig. 2 Dem Heiligtum wird davon ein Viereck, fünfhundert auf fünfhundert gehören, ringsum; und fünfzig Ellen ringsum werden ihm als Weideland gehören. 3 Und von dieser Fläche sollst du eine Länge von fünfundzwanzigtausend und eine Breite von zehntausend abmessen, und darin wird das Heiligtum als Hochheiliges sein. 4 Ein heiliger Bereich vom Land ist das; er wird den Priestern gehören, die den Dienst verrichten im Heiligtum, die sich nähern dürfen, um dem HERRN zu dienen, und es wird ihnen als Platz für Häuser und als heilige Stätte für das Heiligtum dienen. 5 Und fünfundzwanzigtausend in der Länge und zehntausend in der Breite wird den Leviten gehören, die den Dienst am Haus verrichten, ihnen wird es als Eigentum gehören, für zwanzig Kammern. 6 Und als Eigentum der Stadt sollt ihr fünftausend in der Breite und fünfundzwanzigtausend in der Länge abgeben, entlang der Abgabe für das Heiligtum; dem ganzen Haus Israel wird es gehören. 7 Und dem Fürsten gehört Land auf der einen Seite und auf der anderen Seite der Abgabe für das Heiligtum und des Eigentums der Stadt, neben der Abgabe für das Heiligtum und neben dem Eigentum der Stadt, auf der Westseite westwärts und auf der Ostseite ostwärts, in der Länge entsprechend einem der Anteile von der Westgrenze bis zur Ostgrenze 8 des Landes. Als Eigentum in Israel wird es ihm gehören. Und meine Fürsten werden mein Volk nicht mehr bedrücken, und nach seinen Stämmen werden sie dem Haus Israel das Land geben.

9 So spricht Gott der HERR: Lasst es genug sein, ihr Fürsten Israels! Beseitigt Gewalt und Unterdrückung, und handelt nach Recht und Gerechtigkeit! Hört auf, mein Volk zu vertreiben! Spruch Gottes des HERRN. 10 Gerechte Waage und gerechtes Efa und gerechtes Bat

sollt ihr haben. 11 Ein einheitliches Mass sollen das Efa und das Bat haben: Das Bat soll den zehnten Teil des Chomer fassen, und das Efa soll den Zehnten des Chomer fassen; nach dem Chomer soll sich ihre Massbestimmung richten. 12 Der Schekel sind zwanzig Gera. Zwanzig Schekel, fünfundzwanzig Schekel, fünfzehn Schekel sollen die Mine bei euch sein. 13 Dies ist die Abgabe, die ihr entrichten sollt: Ein sechstel Efa vom Chomer Weizen und ein sechstel Efa vom Chomer Gerste; 14 und als Gebühr an Öl, das Öl in Bat: den zehnten Teil eines Bat vom Kor; zehn Bat sind ein Chomer, ja, zehn Bat sind ein Chomer; 15 und ein Tier von den Schafen, eins von je zweihundert, vom wasserreichen Land Israels, als Speiseopfer und als Brandopfer und als Heilsopfer, um sie zu entsühnen. Spruch Gottes des HERRN. 16 Zu dieser Abgabe an den Fürsten in Israel ist das ganze Volk, das Land, verpflichtet. 17 Dem Fürsten aber obliegen die Brandopfer und das Speiseopfer und das Trankopfer an den Festen und an den Neumonden und an den Sabbaten, zu allen Festzeiten des Hauses Israel. Er ist es, der das Sündopfer und das Speiseopfer und das Brandopfer und das Heilsopfer darbringt, um Sühne zu erwirken für das Haus Israel.

18 So spricht Gott der HERR: Im ersten Monat, am Ersten des Monats, sollst du einen makellosen jungen Stier nehmen und das Heiligtum entsündigen. 19 Und der Priester soll vom Blut des Sündopfers nehmen und es an die Türpfosten des Hauses und an die vier Ecken der Einfassung des Altars und an den Türpfosten des Tors zum inneren Vorhof streichen. 20 Und ebenso sollst du am Siebten in jenem Monat verfahren um dessentwillen, der sich aus Versehen vergeht, und wegen des Einfältigen. So werdet ihr das Haus entsühnen. 21 Im ersten Monat, am vierzehnten Tag des Monats, wird für euch das Passa sein; ein Fest von sieben Tagen, da soll man ungesäuerte Brote essen. 22 Und

an jenem Tag soll der Fürst für sich und für das ganze Volk des Landes einen Stier als Sündopfer darbringen. 23 Und während der sieben Tage des Fests soll er als Brandopfer für den HERRN täglich, die sieben Tage lang, sieben junge Stiere und sieben Widder, makellose Tiere, darbringen und als Sündopfer täglich einen Ziegenbock. 24 Und als Speiseopfer soll er ein Efa zu jedem Stier und ein Efa zu jedem Widder darbringen und an Öl ein Hin zu jedem Efa. 25 Im siebten Monat, am fünfzehnten Tag des Monats, am Fest, soll er die sieben Tage lang ebenso verfahren: das entsprechende Sündopfer, das entsprechende Brandopfer und das entsprechende Speiseopfer und die entsprechende Menge Öl.

|1: 43,12; 47,13; 48,8–22; Num 26,55 |2: 42,15–20; Num 35,2 |4: 44,28 |5: 44,11; 48,13 |6: 48,15 |7: 19,1!; 48,21 |8: 47,13 |9: 19,1!; 44,6; 46,18; Jer 22,1–5 |10: Lev 19,36 |12: Lev 27,25 |13: Ex 30,13–16 |15: 42,13 |17: 2Chr 31,3 |18: 43,18 · Lev 16,16 |19: 43,20; Lev 8,15 |20: Lev 4,2 |21: Ex 12,3–15; Lev 23,5 |23: 43,25 |24: 46,5 |25: Lev 23,34

45,1: Wörtlich: «… ringsum ist sie heilig.»

Anweisungen für den Fürsten

46 1 So spricht Gott der HERR: Das Tor des inneren Vorhofs, das nach Osten gerichtet ist, bleibt während der sechs Werktage geschlossen; am Sabbattag aber wird es geöffnet, und am Neumondtag wird es geöffnet. 2 Und der Fürst wird von aussen auf dem Weg durch die Vorhalle des Tors kommen und beim Türpfosten des Tors stehen bleiben. Dann werden die Priester sein Brandopfer und sein Heilsopfer darbringen, er aber wird sich auf der Schwelle des Tors niederwerfen und dann hinausgehen, und das Tor soll bis zum Abend nicht geschlossen werden. 3 Und am Eingang dieses Tors soll das Volk des Landes sich an den Sabbaten und an den Neumonden niederwerfen vor dem HERRN. 4 Und das Brandopfer, das der Fürst dem HERRN darbringen wird: am Sabbattag sechs makellose Lämmer und einen makellosen Widder. 5 Und als Speiseopfer: ein Efa zum Wid-

der; und als Speiseopfer zu den Lämmern so viel er geben kann, und an Öl ein Hin zu jedem Efa. 6 Und am Neumondtag: einen makellosen jungen Stier und sechs Lämmer und einen Widder; makellos sollen sie sein. 7 Und als Speiseopfer soll er ein Efa zum Stier und ein Efa zum Widder darbringen und zu den Lämmern, wie er es sich leisten kann, und an Öl ein Hin zu jedem Efa. 8 Und wenn der Fürst kommt, soll er auf dem Weg durch die Vorhalle des Tors kommen, und auf diesem Weg soll er hinausgehen. 9 Wenn aber das Volk des Landes zu den Festzeiten vor den HERRN kommt, soll, wer auf dem Weg durch das Nordtor hereinkommt, um sich niederzuwerfen, auf dem Weg durch das Südtor hinausgehen, und wer auf dem Weg durch das Südtor hereinkommt, soll auf dem Weg durch das Tor im Norden hinausgehen. Niemand darf durch das Tor zurückkehren, durch das er gekommen ist, sondern durch das gegenüberliegende soll er hinausgehen. 10 Und in ihrer Mitte soll der Fürst hereinkommen, wenn sie hereinkommen; und wenn sie hinausgehen, soll er hinausgehen. 11 Und an den Festen und den Festzeiten ist das Speiseopfer ein Efa zu jedem Stier und ein Efa zu jedem Widder, und zu den Lämmern so viel man geben kann, und an Öl ein Hin zu jedem Efa. 12 Und wenn der Fürst eine freiwillige Gabe darbringen will, ein Brandopfer oder Heilsopfer als freiwillige Gabe für den HERRN, soll man ihm das Tor öffnen, das nach Osten gerichtet ist, und er soll sein Brandopfer und seine Heilsopfer darbringen, wie er es am Sabbattag zu tun pflegt. Dann soll er hinausgehen, und nachdem er hinausgegangen ist, soll man das Tor schliessen. 13 Und als Brandopfer soll er dem HERRN täglich ein makelloses einjähriges Lamm darbringen; Morgen für Morgen soll er es darbringen. 14 Und als Speiseopfer soll er dazu Morgen für Morgen ein sechstel Efa darbringen, und an Öl ein drittel Hin, um das Feinmehl zu besprengen als Speiseopfer für den HERRN – ständige Satzungen auf ewig. 15 Und Morgen für Morgen soll man das Lamm und das Speiseopfer und das Öl darbringen als regelmässiges Brandopfer.

16 So spricht Gott der HERR: Wenn der Fürst einem seiner Söhne ein Geschenk macht: Es ist sein Erbbesitz, es wird seinen Söhnen gehören, es ist ihr Eigentum als Erbbesitz. 17 Wenn er aber einem seiner Diener ein Geschenk von seinem Erbbesitz macht, wird es diesem bis zum Jahr der Freilassung gehören und dann zurückfallen an den Fürsten. Nur seinen Söhnen, ihnen wird es als sein Erbbesitz bleiben. 18 Der Fürst darf aber nichts vom Erbbesitz des Volks nehmen, indem er sie mit Gewalt von ihrem Besitz vertreibt. Von seinem eigenen Besitz soll er seine Söhne erben lassen, damit mein Volk sich nicht zerstreut und damit niemand seinen Besitz verliert.

19 Dann brachte er mich durch den Eingang, der an der Seite des Tors zu den heiligen Kammern ist, die nach Norden ausgerichtet sind, zu den Priestern, und sieh, da war eine Stätte auf der Hinterseite, gegen Westen. 20 Und er sprach zu mir: Dies ist die Stätte, wo die Priester das Schuldopfer und das Sündopfer kochen, wo sie das Speiseopfer backen, damit man es nicht hinausbringt in den äusseren Vorhof und Heiligkeit auf das Volk überträgt. 21 Dann führte er mich hinaus in den äusseren Vorhof und liess mich an den vier Ecken des Vorhofs vorübergehen, und sieh, in jeder Ecke des Vorhofs war ein Hof. 22 In den vier Ecken des Vorhofs waren kleine Höfe, vierzig Ellen in der Länge und dreissig in der Breite; alle vier hatten dasselbe Mass. 23 Und in ihnen verlief ringsum eine Steinlage, ringsum in allen vieren, und unten an den Steinlagen waren ringsum Kochstellen angelegt. 24 Und er sprach zu mir: Dies sind die Häuser der Köche, wo die Diener des Hauses das Schlachtopfer des Volks kochen.

| 1: 44,2 · 45,17 | 2: 12; 19,1!; 44,3 | 3: Jes 66,23 | 4–7: Num 28,9–14 | 5: 45,24 | 7: Lev 5,11 | 8: 2; 19,1!; 44,3 | 9: Ex 23,14–17 | 11: 5 | 12: Lev 7,16 · 2; 44,3 | 13: Ex 29,39 | 16: Lev 25,10! | 18: 45,9 | 19: 42,1 | 20: 40,3!; 42,13; 44,19

46,22: Die Übersetzung «kleine Höfe» beruht auf der griechischen Überlieferung. Die Bedeutung der hebräischen Formulierung an dieser Stelle ist umstritten; möglicherweise bezeichnet sie Höfe, von denen Rauch aufsteigt.

46,22: Im Massoretischen Text folgt noch ein Wort («Ecken»?), das nach Anweisung der Massoreten nicht beachtet werden sollte.

Die Schauung des heilenden Wassers aus dem Tempel

47 1 Dann brachte er mich zurück an den Eingang des Hauses. Und sieh, Wasser quoll unter der Schwelle des Hauses hervor, nach Osten, denn die Vorderseite des Hauses war nach Osten gerichtet. Und unter der südlichen Seite des Hauses, südlich vom Altar, floss das Wasser hinab. 2 Dann führte er mich hinaus auf dem Weg durch das Nordtor und liess mich aussen herumgehen zum äusseren Tor, das nach Osten gerichtet ist, und sieh, aus der südlichen Seite sprudelte Wasser. 3 Während der Mann hinausging nach Osten, hielt er eine Messschnur in seiner Hand, und er mass tausend Ellen ab. Dann liess er mich durch das Wasser gehen: Das Wasser reichte mir bis an die Knöchel. 4 Und er mass tausend ab und liess mich durch das Wasser gehen: Das Wasser reichte mir bis an die Knie. Und er mass tausend und liess mich hindurchgehen: Das Wasser reichte mir bis an die Hüften. 5 Und er mass tausend ab: Da war es ein Fluss, durch den ich nicht gehen konnte, denn das Wasser war so tief, dass man im Wasser hätte schwimmen müssen, ein Fluss, der nicht durchschritten werden konnte. 6 Und er sprach zu mir: Hast du gesehen, du Mensch? Dann führte er mich zurück an das Ufer des Flusses. 7 Als ich zurückkam, sieh, da waren sehr viele Bäume am Ufer des Flusses, auf der einen wie auf der anderen Seite. 8 Und er sprach zu mir: Dieses Wasser fliesst hinaus in

den östlichen Bezirk, strömt hinab in die Araba und fliesst dann ins Meer, ins Meer fliesst das hinausgeleitete Wasser, und das Wasser wird geheilt. 9 Und alle Lebewesen, von denen es dort überall wimmelt, wohin die beiden Flussarme kommen, werden leben, und die Fische werden überaus zahlreich sein. Wenn dieses Wasser dorthin kommt, dann wird es geheilt werden, und wohin der Fluss kommt, da wird Leben sein. 10 Und es wird geschehen, dass Fischer an ihm stehen von En-Gedi bis En-Egla-jim; es wird ein einziger Trockenplatz für Schleppnetze sein. Aller Art werden seine Fische sein, wie die Fische des grossen Meeres, überaus zahlreich. 11 Seine sumpfigen Stellen und Tümpel, diese werden nicht geheilt werden; sie dienen der Gewinnung von Salz. 12 Und am Fluss, an seinen Ufern auf der einen und auf der anderen Seite, werden Bäume aller Art mit essbaren Früchten wachsen; ihre Blätter werden nicht welken, und ihre Früchte werden nicht auf-gebraucht. In ihren Monaten werden sie Früchte tragen, denn ihr Wasser kommt aus dem Heiligtum. Und ihre Früchte werden als Speise dienen und ihre Blät-ter als Heilmittel.

|1–12: Offb 22,1–2 |1: Joel 4,18; Sach 14,8 |2: 40,35 |3: 40,3! |6: 8,12.15.17 |7: 12 |8: Dtn 1,1; Sach 14,8 |10: 1Sam 24,1! |12: 7; Offb 22,2

47,8: Mit dem Wasser, das geheilt wird, ist das Salzwasser des Toten Meers gemeint.

Das Land und seine Aufteilung

13 So spricht Gott der HERR: Dies ist die Umgrenzung, in der ihr das Land als Erbbesitz zuteilen werdet an die zwölf Stämme Israels; Josef erhält zwei Teile. 14 Und ihr werdet es als Erbbesitz erhal-ten, ein jeder wie sein Bruder, denn ich habe meine Hand erhoben, es euren Vorfahren zu geben, und so wird euch dieses Land als Erbbesitz zufallen. 15 Und dies ist die Grenze des Landes: Auf der Seite im Norden vom grossen Meer Richtung Chetlon bis da, wo es nach Zedad geht, 16 Chamat, Berota,

Sibrajim, das zwischen dem Gebiet von Damaskus und dem Gebiet von Chamat liegt, das mittlere Chazer, das an der Grenze zum Chauran liegt. 17 Die Grenze wird also vom Meer bis Chazar-Enon und dem Gebiet von Damaskus verlaufen. Und der Norden: Nördlich ist das Gebiet von Chamat. Das ist die Nordseite. 18 Und die Ostseite: Zwi-schen dem Chauran, Damaskus, dem Gi-lead und dem Land Israels verläuft der Jordan. Von der Grenze bis zum östli-chen Meer werdet ihr sie ausmessen. Das ist die Seite im Osten. 19 Und die Südseite nach Teman hin: von Tamar bis Me-Meriba bei Kadesch, hin zum Fluss, bis zum grossen Meer. Das ist die Seite nach Teman hin, im Süden. 20 Und die Westseite: das grosse Meer von der Grenze bis gegenüber von dort, wo es nach Chamat geht. Dies ist die West-seite.

21 Und dieses Land werdet ihr unter euch verteilen, nach den Stämmen Isra-els. 22 Und so wird es sein: Dem Los ent-sprechend werdet ihr es als Erbbesitz unter euch verteilen und unter den Fremden, die bei euch leben, die Kinder gezeugt haben bei euch. Und sie werden für euch wie Einheimische sein unter den Israeliten; zusammen mit euch werden sie es durch das Los als Erbbesitz erhalten. 23 Und in dem Stamm, bei dem der Fremde lebt, dort werdet ihr ihm seinen Erbbesitz geben. Spruch Gottes des HERRN.

48 1 Und dies sind die Namen der Stämme: Vom äussersten Norden entlang dem Weg nach Chetlon, wo es nach Chamat geht, nach Chazar-Enan – das Gebiet von Damaskus im Norden, neben Chamat – das wird ihm gehören, von der Ostseite nach Westen: Dan, ein Anteil. 2 Und neben dem Gebiet von Dan, von der Ostseite bis zur Seite im Westen: Asser, ein Anteil. 3 Und neben dem Gebiet von Asser, von der Seite im Osten bis zur Seite im Westen: Naftali, ein Anteil. 4 Und neben dem Gebiet von Naftali, von der Seite im Osten bis zur

Seite im Westen: Manasse, ein Anteil.
5 Und neben dem Gebiet von Manasse, von der Seite im Osten bis zur Seite im Westen: Efraim, ein Anteil. 6 Und neben dem Gebiet von Efraim, von der Ostseite bis zur Seite im Westen: Ruben, ein Anteil. 7 Und neben dem Gebiet von Ruben, von der Ostseite bis zur Seite im Westen: Juda, ein Anteil.

8 Und neben dem Gebiet von Juda, von der Ostseite bis zur Seite im Westen, wird die Abgabe liegen, die ihr entrichten werdet: Fünfundzwanzigtausend Ellen in der Breite, und in der Länge wie einer der Anteile, von der Seite im Osten bis zur Seite im Westen, und in der Mitte wird das Heiligtum sein. 9 Die Abgabe, die ihr für den HERRN entrichten werdet: Fünfundzwanzigtausend in der Länge und zwanzigtausend in der Breite. 10 Und diesen wird die heilige Abgabe zukommen: den Priestern. Nach Norden hin fünfundzwanzigtausend. Und nach Westen hin zehntausend in der Breite. Und nach Osten hin zehntausend in der Breite. Und nach Süden hin fünfundzwanzigtausend in der Länge. Und in der Mitte wird das Heiligtum des HERRN sein. 11 Den geweihten Priestern von den Zadokiden, die den Dienst für mich wahrgenommen haben, die nicht wie die Leviten in die Irre gegangen sind, als die Israeliten in die Irre gegangen sind, 12 ihnen wird es zukommen als besondere Abgabe von der Abgabe vom Land, als Hochheiliges, neben dem Gebiet der Leviten. 13 Und die Leviten, entsprechend dem Gebiet der Priester: fünfundzwanzigtausend in der Länge und zehntausend in der Breite. Die gesamte Länge: fünfundzwanzigtausend; und die Breite: zehntausend. 14 Und sie dürfen davon nichts verkaufen, und man darf es nicht eintauschen, und das Beste des Landes darf nicht in andere Hände übergehen, denn es ist dem HERRN heilig. 15 Und die fünftausend, die übrig sind in der Breite, entlang den fünfundzwanzigtausend, sind nichtheiliges Gebiet für die

Stadt als Wohngebiet und als Weideland. Und in der Mitte wird die Stadt sein. 16 Und dies sind ihre Masse: die Nordseite viertausendfünfhundert und die Südseite viertausendfünfhundert und an der Ostseite viertausendfünfhundert und die Seite im Westen viertausendfünfhundert. 17 Und als Weideland wird zur Stadt gehören: nach Norden hin zweihundertfünfzig und nach Süden hin zweihundertfünfzig und nach Osten hin zweihundertfünfzig und nach Westen hin zweihundertfünfzig. 18 Und was der heiligen Abgabe entsprechend in der Länge übrig ist, zehntausend nach Osten und zehntausend nach Westen, der heiligen Abgabe entsprechend, dessen Ertrag wird denen als Speise dienen, die in der Stadt arbeiten. 19 Und die in der Stadt arbeiten, diese werden es bearbeiten, aus allen Stämmen Israels. 20 Die gesamte Abgabe: fünfundzwanzigtausend auf fünfundzwanzigtausend. Ein Quadrat werdet ihr als die heilige Abgabe entrichten, den Besitz der Stadt eingeschlossen. 21 Und was übrig ist, gehört dem Fürsten: Auf dieser und auf jener Seite von der heiligen Abgabe und vom Besitz der Stadt, entlang den fünfundzwanzigtausend der Abgabe bis zur Grenze im Osten. Und im Westen entlang den fünfundzwanzigtausend bis zur Grenze im Westen; den Anteilen entsprechend gehört es dem Fürsten. Und in der Mitte werden die heilige Abgabe und das Tempelheiligtum sein. 22 Und abgesehen vom Eigentum der Leviten und vom Eigentum der Stadt, die zwischen dem liegen, was dem Fürsten gehören wird, soll dem Fürsten gehören, was zwischen dem Gebiet von Juda und dem Gebiet von Benjamin liegt.

23 Und die übrigen Stämme: von der Seite im Osten bis zur Seite im Westen: Benjamin, ein Anteil. 24 Und neben dem Gebiet von Benjamin, von der Seite im Osten bis zur Seite im Westen: Simeon, ein Anteil. 25 Und neben dem Gebiet von Simeon, von der Seite im Osten

bis zur Seite im Westen: Issaschar, ein Anteil. 26 Und neben dem Gebiet von Issaschar, von der Seite im Osten bis zur Seite im Westen: Sebulon, ein Anteil. 27 Und neben dem Gebiet von Sebulon, von der Seite im Osten bis zur Seite im Westen: Gad, ein Anteil. 28 Und neben dem Gebiet von Gad, auf der Südseite, nach Teman hin, wird die Grenze von Tamar nach Me-Meriba bei Kadesch, hin zum Fluss, bis zum grossen Meer verlaufen. 29 Das ist das Land, das ihr den Stämmen Israels durch das Los zuteilen werdet vom Erbbesitz, und das sind ihre Anteile. Spruch Gottes des HERRN.

|13–21: Num 34,1–12 |13: 45,1; Num 26,55 |14: 20,5; 36,7; 44,12; Ex 6,8 |15: Num 34,2–12; Jos 1,1–14 |19: 48,28 |22: 14,7; Ex 12,48; Lev 19,34 |1–7: 48,23–29; Ex 1,1–5; Jos 14–19 |8–22: 45,1–6 |11: 40,46! |13: 45,5 |14: Lev 25,32–34 |15: 45,6 |16: Offb 21,15–17 |18: 44,14 |20: 45,1 |21: 19,1!; 45,7 |23–29: 1–7 |28: 47,19 |29: Jos 11,23

47,18: Mit der ‹Grenze› ist die Nordgrenze gemeint.

47,20: Mit der ‹Grenze› ist die Südgrenze gemeint.

47,22: Möglich ist auch die Übersetzung: «... werden sie es durch das Los verteilen unter den Stämmen Israels.»

48,11: Die Übersetzung «den geweihten Priestern» beruht auf einer Korrektur des Massoretischen Texts.

Die Tore und der Name der Stadt

30 Und dies sind die Ausgänge der Stadt: auf der Nordseite, die viertausendfünfhundert misst 31 – die Stadttore nach den Namen der Stämme Israels –, drei Tore im Norden, das Ruben-Tor eines, das Juda-Tor eines, das Levi-Tor eines; 32 und auf der Seite im Osten – viertausendfünfhundert mit drei Toren, das Josef-Tor eines, das Benjamin-Tor eines, das Dan-Tor eines; 33 und auf der Seite im Süden, die viertausendfünfhundert misst, mit drei Toren, das Simeon-Tor eines, das Issaschar-Tor eines, das Sebulon-Tor eines; 34 auf der Seite im Westen – viertausendfünfhundert; ihre Tore: drei, das Gad-Tor eines, das Asser-Tor eines, das Naftali-Tor eines. 35 Ein Umfang von achtzehntausend. Und fortan lautet der Name der Stadt: Hier-ist-der-HERR.

|31: Offb 21,12–13 |35: 35,10 · Jes 1,26; Jer 3,17; Offb 3,12

Das Buch Daniel

Daniel und seine Gefährten am Hof von Babel

1 1 Im Jahr drei der Königsherrschaft des Jehojakim, des Königs von Juda, kam Nebukadnezzar, der König von Babel, nach Jerusalem und belagerte es. 2 Und der Herr gab Jehojakim, den König von Juda, und einen Teil der Geräte des Hauses Gottes in seine Hand, und er brachte diese in das Land Schinar, in das Haus seines Gottes; in das Schatzhaus seines Gottes brachte er die Geräte. 3 Und der König befahl Aschpenas, dem Wichtigsten seiner Eunuchen, Israeliten herzubringen, und zwar aus der königlichen Nachkommenschaft und von den Vornehmsten, 4 Knaben, an denen kein Makel war und die von schönem Aussehen waren und begabt für jede Wissenschaft, reich an Kenntnissen und von rascher Auffassung und die fähig waren, im Palast des Königs in den Dienst zu treten. Und er sollte sie unterrichten in den Schriften und der Sprache der Kasdäer, 5 – und die tägliche Versorgung teilte der König ihnen zu von der Speise des Königs und von dem Wein, den er selbst trank –, und er sollte sie drei Jahre lang aufziehen, und danach sollten sie vor den König treten.

6 Und unter ihnen waren Judäer: Daniel, Chananja, Mischael und Asarja. 7 Der Oberste der Eunuchen aber gab ihnen diese Namen: Daniel nannte er Beltschazzar, Chananja Schadrach, Mischael Meschach und Asarja Abed-Nego. 8 Und Daniel war entschlossen, sich nicht unrein zu machen mit der Speise des Königs und mit dem Wein, den dieser trank. Und so erbat er sich vom Obersten der Eunuchen, sich nicht unrein machen zu müssen. 9 Und Gott liess Daniel Gnade und Erbarmen finden vor dem Obersten der Eunuchen. 10 Aber der Oberste der Eunuchen sagte zu Daniel: Ich fürchte meinen Herrn, den König, der euch die Speise und die Getränke zugeteilt hat: Warum soll er sehen, dass eure Gesichter schmaler sind als die der Knaben, die gleich alt sind wie ihr? Ihr würdet mein Haupt vor dem König mit Schuld beladen. 11 Da sprach Daniel zu dem Aufseher, den der Oberste der Eunuchen über Daniel, Chananja, Mischael und Asarja eingesetzt hatte: 12 Versuche es doch zehn Tage lang mit deinen Dienern: Man soll uns Gemüse zu essen und Wasser zu trinken geben. 13 Dann soll unser Aussehen und das Aussehen der Knaben, die die Speise des Königs essen, vor dir geprüft werden, und je nach dem, was du dann siehst, magst du mit deinen Dienern verfahren. 14 Und er hörte auf sie in dieser Sache und versuchte es zehn Tage lang mit ihnen. 15 Und nach zehn Tagen sahen sie besser aus und wohlgenährter als alle Knaben, die die Speise des Königs assen. 16 Und der Aufseher trug jeweils ihre Speise weg und auch den Wein, den sie trinken sollten, und gab ihnen Gemüse. 17 Und diesen vier Knaben gab Gott Kenntnisse und Begabung für alle Schriften und jede Wissenschaft: Und Daniel verstand sich auf Schauungen und Träume jeder Art.

18 Und nach Ablauf der Frist, die der König gesetzt hatte, um sie danach vorzuführen, brachte sie der Oberste der Eunuchen vor Nebukadnezzar. 19 Und der König sprach mit ihnen, und unter ihnen allen fand sich keiner wie Daniel, Chananja, Mischael und Asarja. Und so traten sie in den Dienst des Königs. 20 Und immer, wenn der König von ihnen ein Wort weiser Einsicht einholte, fand er sie allen Wahrsagepriestern und Beschwörern, die in seinem ganzen Königreich waren, zehnfach überlegen. 21 Und Daniel blieb bis zum Jahr eins von Kyros, dem König.

| 1: 2Kön 23,36; 24,1–2 | 2: 2Kön 24,12–13 · Gen 10,10! | 5: 5,1; 2Kön 25,29–30 | 6: Ez 14,14; 28,3 | 7: Gen 41,45; 2Kön 23,34; 24,17 | 8: Dtn 14,3–21 | 9: Gen 39,4.21; Est 2,9 | 16: 5,1 | 17: 2,19; 4,5–6; 5,12; 6,4; 10,1; Gen 41,12 | 19: Gen 41,37–46 | 21: 6,29; 10,1; 2Chr 36,22

1,21: Der Name Kyros lautet im hebräischen Text Koräsch.

Nebukadnezzars Traum von den vier Weltreichen

2 1 Und im Jahr zwei der Königsherrschaft Nebukadnezzars hatte Nebukadnezzar Träume, und sein Geist fühlte sich umgetrieben, und um seinen Schlaf war es geschehen. 2 Da befahl der König, die Magier und die Zauberer und die Hexer und die Sterndeuter zu rufen, um dem König seine Träume kundzutun. Und sie kamen und traten vor den König. 3 Und der König sprach zu ihnen: Ich hatte einen Traum, und mein Geist wurde umgetrieben, wollte den Traum verstehen. 4 Und die Sterndeuter sprachen auf Aramäisch zum König: Ewig lebe der König! Erzähle deinen Dienern den Traum, dann werden wir die Deutung kundtun. 5 Daraufhin sprach der König zu den Sterndeutern: Die Sache ist bei mir entschieden: Wenn ihr mir den Traum und seine Deutung nicht eröffnet, werdet ihr in Stücke gehauen, und eure Häuser werden zu Dreckshaufen gemacht. 6 Wenn ihr mir aber den Traum und seine Deutung kundtut, werdet ihr Gaben und Geschenke und grosse Ehre von mir empfangen. Deshalb tut mir den Traum und seine Deutung kund. 7 Daraufhin sprachen sie wiederum: Der König möge seinen Die-

nern den Traum erzählen, dann werden wir die Deutung kundtun. 8 Daraufhin sprach der König: Ich weiss genau, dass ihr nur Zeit gewinnen wollt, weil ihr seht, dass die Sache bei mir entschieden ist: 9 Wenn ihr mir den Traum nicht eröffnet, kann das Urteil über euch nur eines sein! Ihr habt euch doch verabredet, Lug und Trug vor mir zu reden, bis die Zeiten sich ändern. Darum erzählt mir den Traum, damit ich weiss, ob ihr mir seine Deutung kundtun könnt.

10 Daraufhin sprachen die Sterndeuter vor dem König: Es gibt keinen Menschen auf der Erde, der kundtun könnte, was der König verlangt. Deshalb hat noch kein König, wie gross und mächtig er auch war, solches von irgendeinem Magier oder Zauberer oder Sterndeuter verlangt. 11 Was der König verlangt, ist schwer, und es gibt niemanden, der es vor dem König kundtun könnte, ausser allein den Göttern; deren Wohnung aber ist nicht beim Fleisch. 12 Darüber ärgerte sich der König, und er wurde sehr zornig und befahl, alle Weisen Babels umzubringen. 13 Und das Urteil erging, und die Weisen sollten getötet werden. Und man suchte Daniel und seine Gefährten, um sie zu töten.

14 Da begegnete Daniel mit Rat und Einsicht dem Arjoch, dem Obersten der Vollstrecker des Königs, der ausgezogen war, um die Weisen Babels zu töten. 15 Dabei sprach er zu Arjoch, dem Bevollmächtigten des Königs: Warum der strenge Befehl vom König? Da erklärte Arjoch Daniel die Sache, 16 und Daniel ging hinein und bat den König, ihm eine Frist zu gewähren, um dem König die Deutung kundzutun.

17 Danach ging Daniel in sein Haus und erklärte Chananja, Mischael und Asarja, seinen Gefährten, die Sache, 18 um dieses Geheimnisses wegen Erbarmen zu erbitten vom Gott des Himmels, damit Daniel und seine Gefährten nicht umgebracht würden mit den übrigen Weisen Babels. 19 Da wurde Daniel in einer nächtlichen Schauung das Geheimnis enthüllt. Da pries Daniel den Gott des Himmels. 20 Dabei sprach Daniel: Gepriesen sei der Name Gottes von Ewigkeit zu Ewigkeit! Denn die Weisheit und die Stärke, sie gehören ihm. 21 Und er ist es, der Zeiten und Fristen wechseln lässt, er setzt Könige ab und setzt Könige ein. Er gibt Weisen die Weisheit und Verständigen den Verstand. 22 Er ist es, der das Tiefe und das Verborgene enthüllt; er weiss, was in der Finsternis ist, und bei ihm wohnt das Licht. 23 Dich, Gott meiner Vorfahren, preise und lobe ich, dass du mir die Weisheit und die Stärke gegeben hast und mich nun hast wissen lassen, was wir von dir erbeten haben: Was der König verlangt, hast du uns wissen lassen.

24 Daraufhin ging Daniel hinein zu Arjoch, der vom König beauftragt war, die Weisen Babels umzubringen; er ging, und so sprach er zu ihm: Was die Weisen Babels angeht, bring sie nicht um! Führe mich hinein vor den König, dann werde ich dem König die Deutung kundtun. 25 Da führte Arjoch Daniel eilends hinein vor den König, und so sprach er zu ihm: Ich habe unter den Weggeführten aus Juda einen Mann gefunden, der dem König die Deutung eröffnen wird. 26 Daraufhin sprach der König zu Daniel, dessen Name Beltschazzar war: Bist du imstande, mir den Traum, den ich hatte, zu eröffnen und auch seine Deutung? 27 Daraufhin sprach Daniel vor dem König: Keine Weisen, Zauberer, Magier oder Seher können dem König das Geheimnis kundtun, nach dem der König fragt. 28 Aber es gibt einen Gott im Himmel, der Geheimnisse enthüllt, und er hat den König Nebukadnezzar wissen lassen, was am Ende der Tage sein wird.

Dein Traum und was du auf deinem Lager in deinem Kopf geschaut hast, ist dies: 29 Dir, König, sind auf deinem Lager Gedanken aufgestiegen über das, was künftig sein wird. Und der die Geheimnisse enthüllt, hat dich wissen lassen, was sein wird. 30 Mir aber ist dieses

Geheimnis nicht durch Weisheit, die ich allem Lebenden voraus hätte, enthüllt worden, sondern damit man dem König die Deutung eröffnet und du die Gedanken in deinem Herzen verstehst. 31 Du, König, hattest eine Schauung, und sieh: Ein sehr grosses Standbild! Dieses Standbild war gewaltig und sein Glanz ausserordentlich; es stand vor dir, und furchterregend war sein Anblick. 32 Dieses Standbild – sein Kopf aus gediegenem Gold, seine Brust und seine Arme aus Silber, sein Bauch und seine Lenden aus Bronze, 33 seine Schenkel aus Eisen, seine Füsse, teils aus Eisen und teils aus Ton. 34 Das hast du geschaut; da löste sich ein Stein, nicht durch Menschenhand, und traf das Standbild, seine Füsse aus Eisen und aus Ton, und zermalmte sie. 35 Da waren das Eisen, der Ton, die Bronze, das Silber und das Gold auf einen Schlag zermalmt, und sie waren wie die Spreu auf den Tennen im Sommer, und der Wind trug sie fort, und es fand sich keine Spur mehr von ihnen. Der Stein aber, der das Standbild zerschlagen hatte, wurde zu einem gewaltigen Felsen und bedeckte die ganze Erde.

36 Das ist der Traum, und seine Deutung werden wir vor dem König darlegen. 37 Du, König, König der Könige, der dir der Gott des Himmels die Königsherrschaft, die Macht, die Stärke und die Ehre gegeben hat 38 – und in deine Hand hat er die Menschen gegeben, wo immer sie wohnen, die Tiere des Feldes und die Vögel des Himmels, und über sie alle hat er dich zum Herrscher gemacht –, der Kopf aus Gold, das bist du! 39 Und nach dir wird ein anderes Königreich erstehen, geringer als das deine, und ein drittes Königreich, ein anderes, aus Bronze, das über die ganze Erde herrschen wird. 40 Und ein viertes Königreich wird stark sein wie Eisen, denn Eisen zermalmt und zertrümmert alles, und wie Eisen, das alles zerschmettert, wird es zermalmen und zerschmettern. 41 Und dass du die Füsse

und die Zehen teils aus Ton vom Töpfer und teils aus Eisen geschaut hast: Es wird ein geteiltes Königreich sein. Und es wird etwas an sich haben von der Härte des Eisens, denn, wie du es geschaut hast, war das Eisen mit Tonerde gemischt. 42 Und die Zehen der Füsse, teils aus Eisen und teils aus Ton: Einerseits wird die Königsherrschaft stark und andererseits wird sie zerbrechlich sein. 43 Dass du das Eisen vermischt mit Tonerde geschaut hast: Sie vermischen sich untereinander durch menschliche Nachkommenschaft, und doch wird keiner am anderen haften bleiben, so wie sich das Eisen nicht mit dem Ton vermischt. 44 Und in den Tagen jener Könige wird der Gott des Himmels ein Königreich erstehen lassen für immer, es wird nicht untergehen, und das Königtum wird keinem anderen Volk überlassen werden. Es wird alle diese Königreiche zermalmen und ihnen ein Ende bereiten, selbst aber wird es Bestand haben bis in alle Ewigkeit, 45 wie du geschaut hast, dass sich von dem Fels, nicht durch Menschenhand, ein Stein gelöst und das Eisen, die Bronze, den Ton, das Silber und das Gold zermalmt hat. Ein grosser Gott hat den König wissen lassen, was künftig sein wird. Und der Traum ist wahr, und verlässlich ist seine Deutung.

46 Da fiel König Nebukadnezzar auf sein Angesicht und huldigte Daniel und befahl, ihm Opfergaben und Rauchopfer darzubringen. 47 Daraufhin sprach der König zu Daniel: Es ist wahr, dass euer Gott der Gott der Götter ist und der Herr der Könige und der Enthüller von Geheimnissen, denn du konntest dieses Geheimnis enthüllen. 48 Dann machte der König Daniel gross, und er gab ihm viele grosse Geschenke, und er machte ihn zum Herrscher über die ganze Provinz Babel und zum Obersten der Vorsteher, über alle Weisen Babels. 49 Und Daniel trug dem König eine Bitte vor, und so setzte dieser Schadrach, Meschach und Abed-Nego ein über die Verwal-

tung der Provinz Babel. Und Daniel blieb im Tor des Königs.

| 1: 4,2!; 7,1; Gen 41,1 | 2: 4,3–4; 5,7–8; Gen 41,8!; Ex 7,11 | 4: 3,9; 5,10; 6,7.22 | 5: 3,29; Esra 6,11 | 6: 5,7.16 | 10: 27; 4,4; 5,8; Gen 41,8.24 | 11: 19 | 17: 1,6 | 18: 2,19.37.44; Gen 24,3 | 19: 1,17 · 2,11.27–30.47 · 7.2.7 | 20: Hiob 12,13 | 21: 7,12 · 4,14! | 22: Dtn 29,28; Hiob 12,22! | 24: 12–13 | 25: 1,6 · 5,13; Gen 41,14 | 26: 1,7 · 5–7 | 27: 10! | 28: 2,11.19; Gen 40,8 · 10,14! | 31: 3,1 | 32–33: 7,3! | 33: 7,7! | 34: Lk 20,18 · 8,25; Hiob 34,20; Klgl 4,6 | 36: 4,21; 5,26; 7,16; Gen 40,12! | 37: 5,18; Esra 1,2 | 38: 4,18–19; Jer 27,6! · 7,4! | 39: 7,5! · 7,6! | 40: 7,7! | 41–42: 7,7! | 43: 11,6.17 | 44: 3,33; 4,31; 6,27; 7,14.18.27; Ps 145,13 | 45: Gen 41,28 | 47: 3,28–29.31–33; 4,31–34; 6,26–28 | 48: 6; 4,6; 5,11.29; Gen 41,41 | 49: 1,7

2,2: Das hebräische Wort für Sterndeuter lautet ‹kasdim›, und dies ist zugleich der Name der Babylonier, die als in der Sterndeutung bewandert galten.

2,4: Bis 7,28 ist der Text des Buchs Daniel aramäisch.

Daniels Gefährten im Feuerofen

3 1 Nebukadnezzar, der König, machte ein Standbild aus Gold, sechzig Ellen war seine Höhe, sechs Ellen seine Breite. In der Ebene von Dura in der Provinz Babel stellte er es auf. 2 Und Nebukadnezzar, der König, sandte aus, um die Satrapen, die Vorsteher, die Statthalter, die Ratgeber, die Schatzmeister, die Richter und die Gerichtsbeamten, alle Machthaber der Provinzen, zu versammeln, damit sie zur Einweihung des Standbilds kämen, das Nebukadnezzar, der König, aufgestellt hatte.

3 Da versammelten sich die Satrapen, die Vorsteher und die Statthalter, die Ratgeber, die Schatzmeister, die Richter, die Gerichtsbeamten, alle Machthaber aus den Provinzen, zur Einweihung des Standbilds, das Nebukadnezzar, der König, aufgestellt hatte. Und vor dem Standbild, das Nebukadnezzar aufgestellt hatte, stellten sie sich auf. 4 Und laut rief der Herold: Euch, Völker, Nationen und Sprachen, wird gesagt: 5 Sobald ihr den Klang des Horns, der Pfeife, einer Zither, der Harfe, von Hackbrettern, einer Doppelflöte oder irgendeiner Art von Musik hört, sollt ihr niederfallen und dem goldenen Standbild huldigen, das Nebukadnezzar, der König, aufgestellt hat! 6 Und wer nicht

niederfällt und huldigt, wird umgehend in den lodernden Feuerofen geworfen. 7 Deshalb fielen damals, als man den Klang des Horns, der Pfeife, einer Zither, der Harfe, von Hackbrettern oder irgendeiner Art von Musik hörte, alle Völker, Nationen und Sprachen nieder. Sie huldigen dem goldenen Standbild, das Nebukadnezzar, der König, aufgestellt hatte.

8 Deshalb kamen damals kasdäische Männer und verleumdeten die Judäer. 9 Dabei sagten sie zu Nebukadnezzar, dem König: Ewig lebe der König! 10 Du, König, hast einen Befehl erlassen: Jeder, der den Klang des Horns, der Pfeife, einer Zither, der Harfe, von Hackbrettern oder einer Doppelflöte oder irgendeiner Art von Musik hört, soll niederfallen und dem goldenen Standbild huldigen! 11 Und wer nicht niederfällt und huldigt, wird in den lodernden Feuerofen geworfen. 12 Es gibt judäische Männer, die du eingesetzt hast über die Verwaltung der Provinz Babel: Schadrach, Meschach und Abed-Nego. Diese Männer scheren sich nicht um dich, König! Deinen Göttern dienen sie nicht, und dem goldenen Standbild, das du aufgestellt hast, huldigen sie nicht. 13 Da befahl Nebukadnezzar voller Zorn und Wut, Schadrach, Meschach und Abed-Nego herzubringen.

Da wurden jene Männer vor den König gebracht. 14 Daraufhin sprach Nebukadnezzar zu ihnen: Ist es wahr, Schadrach, Meschach und Abed-Nego, dass ihr meinen Göttern nicht dient und dem goldenen Standbild, das ich aufgestellt habe, nicht huldigt? 15 Nun, wenn ihr bereit seid, euch niederzuwerfen und dem Standbild, das ich gemacht habe, zu huldigen, sobald ihr den Klang des Horns, der Pfeife, einer Zither, der Harfe, von Hackbrettern und einer Doppelflöte oder irgendeiner Art von Musik hört – wenn ihr aber nicht huldigt, werdet ihr umgehend in den lodernden Feuerofen geworfen. Und wer sollte der Gott sein, der euch aus meinen Händen retten könnte? 16 Daraufhin sprachen Schadrach, Meschach und Abed-Nego zum König: Nebukadnezzar, darauf müssen wir dir keine Antwort geben. 17 Wenn der Gott, dem wir dienen, uns retten kann, wird er uns aus dem lodernden Feuerofen und aus deiner Hand, König, retten. 18 Und wenn nicht – es sollte dir bekannt sein, König, dass wir deinen Göttern nicht dienen und dem goldenen Standbild, das du aufgestellt hast, nicht huldigen werden!

19 Da schäumte Nebukadnezzar vor Wut, und der Ausdruck seines Gesichts änderte sich gegenüber Schadrach, Meschach und Abed-Nego. Daraufhin befahl er, den Ofen einzuheizen, siebenmal stärker als man ihn üblicherweise einheizte. 20 Und einigen Männern, tüchtigen Kriegern, die in seinem Heer waren, befahl er, Schadrach, Meschach und Abed-Nego zu fesseln, um sie in den lodernden Feuerofen zu werfen.

21 Da wurden diese Männer in ihren Hosen, ihren Kleidern und mit ihren Mützen und Gewändern gefesselt und in den lodernden Feuerofen geworfen. 22 Weil das Wort des Königs streng war und der Ofen ungewöhnlich stark geheizt war, tötete die Flamme des Feuers jene Männer, die Schadrach, Meschach und Abed-Nego hinaufbrachten. 23 Und diese drei Männer, Schadrach, Meschach und Abed-Nego, fielen gefesselt in den lodernden Feuerofen.

24 Da erschrak Nebukadnezzar, der König, und erhob sich eilends. Daraufhin sagte er zu seinen Staatsräten: Haben wir die drei Männer nicht gefesselt in den Feuerofen geworfen? Daraufhin sagten sie zum König: Gewiss, König! 25 Daraufhin sagte er: Seht, ich sehe vier Männer frei umhergehen im Feuer, und sie haben keine Verletzung, und das Aussehen des Vierten gleicht dem einer Gottheit. 26 Da trat Nebukadnezzar an die Tür des lodernden Feuerofens. Daraufhin sagte er: Schadrach, Meschach und Abed-Nego, ihr Diener des höchsten Gottes, kommt heraus und kommt

her! Da gingen Schadrach, Meschach und Abed-Nego hinaus aus dem Feuer. 27 Und es versammelten sich die Satrapen, die Vorsteher, die Statthalter und die Staatsräte des Königs. Sie sahen diese Männer, über deren Körper das Feuer keine Macht hatte. Und das Haar auf ihren Köpfen war nicht versengt und ihre Kleider waren unversehrt, und nicht einmal der Hauch eines Feuers war an sie gekommen. 28 Daraufhin sagte Nebukadnezzar: Gepriesen ist der Gott von Schadrach, Meschach und Abed-Nego, der seinen Engel geschickt und seine Diener gerettet hat, die ihm vertraut haben und die das Wort des Königs übertreten und ihre Körper hingegeben haben, um keinem Gott dienen und huldigen zu müssen ausser allein ihrem Gott. 29 Und so wird ein Befehl von mir erlassen, der an jedes Volk, jede Nation und jede Sprache ergeht: Wer nachlässig redet über den Gott von Schadrach, Meschach und Abed-Nego, der wird in Stücke gehauen, und sein Haus wird zu einem Dreckshaufen gemacht, denn es gibt keinen anderen Gott, der so retten kann wie dieser. 30 Dann sorgte der König dafür, dass es Schadrach, Meschach und Abed-Nego in der Provinz Babel wieder gut ging.

| 1: 2,31 | 2: 27; 4,33; 5,1; 6,8 | 4: 3,7.31; 5,19; 6,26; 7,14 | 6: 6,8; Offb 13,15 | 8: 2,2 | 9: 2,4! | 10: 6,13 | 11: 6,13 | 12: 2,48–49 · 6,14 | 15: 5–6 · Jes 36,20 | 17: 6,28! | 18: Ex 20,3–5 | 19: Est 3,5 | 24: 4,2! | 26: 6,21 · 32; 4,21–22.29; 5,18.21; 7,25 | 27: 6,24 | 28–29: 2,47! | 28: 6,23 | 29: 2,5 · 6,28! | 30: 2,48–49

3,7: Wörtlich: «… damals, als alle Völker den Klang des Horns, …»

3,21: Welche Kleidungsstücke mit dem als ‹ihren Kleidern› wiedergegebenen aramäischen Wort bezeichnet werden, ist unklar.

Nebukadnezzar berichtet von seiner Erniedrigung

31 Nebukadnezzar, der König, an alle Völker, Nationen und Sprachen, die irgendwo auf der Erde wohnen: Allumfassend sei euer Friede! 32 Es hat mir gefallen, die Zeichen und Wunder kundzutun, die der höchste Gott an mir getan hat. 33 Wie gross sind seine Zeichen und

wie gewaltig seine Wunder! Seine Königsherrschaft ist eine ewige Königsherrschaft, und seine Herrschaft währt von Generation zu Generation.

4 1 Ich, Nebukadnezzar, war sorglos in meinem Haus und glücklich in meinem Palast. 2 Ich hatte einen Traum, und der erschreckte mich: Erscheinungen, die ich auf meinem Lager hatte, und die Schauungen in meinem Kopf ängstigten mich. 3 Und ein Befehl wurde von mir erlassen, alle Weisen Babels vor mich zu bringen, damit sie mir die Deutung des Traums eröffneten.

4 Da kamen die Magier, die Zauberer, die Sterndeuter und die Wahrsager, und vor ihnen erzählte ich den Traum, sie aber eröffneten mir seine Deutung nicht, 5 bis zuletzt Daniel vor mich trat, dessen Name Beltschazzar ist, wie der Name meines Gottes, und in dem der Geist der heiligen Götter ist. Auch vor ihm erzählte ich den Traum: 6 Beltschazzar, Oberster der Magier, von dem ich weiss, dass der Geist der heiligen Götter in dir ist und dass kein Geheimnis dich bedrängt, erkläre mir die Schauungen in meinem Traum, die ich gesehen habe, und seine Deutung. 7 Und die Schauungen in meinem Kopf, die ich auf meinem Lager hatte: Ich schaute, und sieh, ein Baum, im Mittelpunkt der Welt, und seine Grösse war gewaltig! 8 Der Baum wuchs und wurde stark: Sein Wipfel reichte bis an den Himmel und seine Krone bis ans Ende der ganzen Erde. 9 Seine Blätter waren schön, und er trug reiche Frucht, und Nahrung war an ihm für alle. Die Tiere des Feldes suchten Schutz unter ihm, und in seinen Zweigen wohnten die Vögel des Himmels, und von ihm ernährte sich alles Fleisch. 10 In den Schauungen in meinem Kopf, die ich auf meinem Lager hatte, schaute ich, und sieh: Ein Wächter, ein Heiliger, stieg herab vom Himmel, 11 er rief laut, und so sprach er: Fällt den Baum und haut seine Zweige ab, schüttelt seine Blätter herunter und verstreut seine Früchte! Die Tiere sollen

unter ihm weg fliehen und die Vögel aus seinen Zweigen! 12 Seinen Wurzelstock aber lasst in der Erde, in Fesseln aus Eisen und Bronze im Gras des Feldes. Und mit dem Tau vom Himmel soll er benetzt werden, und mit den Tieren soll er seinen Anteil haben an den Kräutern der Erde. 13 Sein Verstand wird verwandelt, dass er nicht mehr der eines Menschen ist, und der Verstand eines Tieres wird ihm gegeben, und sieben Zeiten werden über ihn dahingehen. 14 Diese Botschaft beruht auf dem Beschluss der Wächter, und die Entscheidung ist das Wort der Heiligen, damit die Lebenden erkennen, dass der Höchste Macht hat über die menschliche Königsherrschaft, und dass er sie gibt, wem er will, und dass er den Niedrigsten der Menschen darüber setzen kann. 15 Diesen Traum hatte ich, König Nebukadnezzar; du aber, Beltschazzar, sage mir seine Deutung. Denn alle Weisen in meinem Königreich können mir die Deutung nicht eröffnen, du aber bist imstande dazu, denn in dir ist der Geist der heiligen Götter.

16 Da erstarrte Daniel, dessen Name Beltschazzar war, einen Augenblick lang vor Entsetzen, und seine Gedanken erschreckten ihn. Daraufhin sprach der König: Beltschazzar, der Traum und seine Deutung müssen dich nicht erschrecken! Daraufhin sprach Beltschazzar: Mein Herr, der Traum denen, die dich hassen, und seine Deutung deinen Widersachern! 17 Der Baum, den du geschaut hast, der wuchs und stark wurde und dessen Wipfel bis an den Himmel reichte und dessen Krone die ganze Erde überwölbte 18 und dessen Blätter schön waren und der reiche Frucht trug und an dem Nahrung war für alle, unter dem die Tiere des Feldes wohnten und in dessen Zweigen die Vögel des Himmels lebten, 19 das bist du, König, der du gross bist und stark; und deine Grösse ist gewachsen, und sie reicht bis an den Himmel und deine Herrschaft bis ans Ende der Erde. 20 Und dass der König einen

Wächter, einen Heiligen, geschaut hat, der vom Himmel herabstieg und sprach: Fällt den Baum und zerstört ihn! Seinen Wurzelstock aber lasst in der Erde, in Fesseln aus Eisen und Bronze im Gras des Feldes! Und mit dem Tau vom Himmel soll er benetzt werden, und mit den Tieren des Feldes soll er seinen Anteil haben, bis sieben Zeiten dahingegangen sind über ihm! – 21 Dies ist die Deutung, König, und es ist der Beschluss des Höchsten, der ergangen ist über meinen Herrn, den König: 22 Aus der Gemeinschaft der Menschen vertreibt man dich, und bei den Tieren des Feldes wird deine Bleibe sein, und wie dem Vieh gibt man dir Kräuter zu essen, und mit dem Tau des Himmels benetzt man dich, und sieben Zeiten werden dahingehen über dich, bis du erkennst, dass der Höchste Macht hat über die menschliche Königsherrschaft und dass er sie gibt, wem er will. 23 Und dass man befahl, den Wurzelstock des Baums zu belassen: Deine Königsherrschaft bleibt dir, sobald du erkennst, dass der Himmel die Macht ausübt. 24 Darum, König, möge dir mein Rat gefallen: Tilge deine Sünden durch Gerechtigkeit und deine Verschuldungen durch Barmherzigkeit gegen die Elenden, wenn dein Glück von Dauer sein soll.

25 All dies widerfuhr Nebukadnezzar, dem König: 26 Als der König zwölf Monate später auf dem königlichen Palast auf und ab schritt, 27 sprach der König: Ist das nicht das grosse Babel, das ich gebaut habe als Sitz der Herrschaft durch meine gewaltige Macht und zur Ehre meiner Herrlichkeit? 28 Das Wort war noch im Mund des Königs, da kam eine Stimme vom Himmel: Dir, Nebukadnezzar, dem König, wird gesagt: Die Königsherrschaft ist dir genommen, 29 und aus der Gemeinschaft der Menschen vertreibt man dich, und bei den Tieren des Feldes ist deine Bleibe. Wie dem Vieh wird man dir Kräuter zu essen geben, und sieben Zeiten werden dahingehen über dir, bis

du erkennst, dass der Höchste Macht hat über die menschliche Königsherrschaft und dass er sie gibt, wem er will. 30 In diesem Augenblick erfüllte sich das Wort an Nebukadnezzar: Aus der Gemeinschaft der Menschen wurde er vertrieben, und wie das Vieh ass er Kräuter, und sein Leib wurde benetzt vom Tau des Himmels, bis sein Haar lang war wie Adlerfedern und seine Nägel lang waren wie Vogelkrallen.

31 Nach diesen Zeiten aber blickte ich, Nebukadnezzar, auf zum Himmel, und mein Verstand kehrte zurück zu mir. Und ich lobte den Höchsten und pries und verherrlichte den Ewiglebenden: Seine Herrschaft ist eine ewige Herrschaft, und seine Königsherrschaft währt von Generation zu Generation. 32 Und alle Bewohner der Erde werden wie nichts geachtet, und nach seinem Belieben verfährt er mit dem Heer des Himmels und mit den Bewohnern der Erde, und da ist niemand, der ihm in den Arm fällt und zu ihm sagt: Was tust du? 33 Zur selben Zeit kehrte mein Verstand zurück zu mir, und meine Herrlichkeit und mein Glanz kehrten zurück zu mir zur Ehre meiner Königsherrschaft. Und meine Staatsräte und meine Grossen suchten mich auf, und ich wurde wieder eingesetzt in meine Königsherrschaft, und gewaltige Grösse wurde mir hinzugegeben. 34 Ich, Nebukadnezzar, preise und erhebe und verherrliche nun den König des Himmels, dessen Taten allesamt Wahrheit sind und dessen Weg das Recht ist und der die erniedrigen kann, die hochmütig daherkommen.

|31-33: 2,47! |31: 4! · 6,26 |32: 26! |33: 2,44! |2: 16!; 2,1; 3,24; 5,6.9 |3: 2,2! |4: 2,10! |5: 1,7 · 15; 5,11.14 |6: 2,48! · 1,17! |7: Ps 37,35; Ez 31,3 |9: Ez 31,6 |10: 8,13 |11: Ez 31,12 |13: Hiob 12,24 |14: 2,21; 5,21; 7,12.27; Jer 27,5; Röm 13,1 |16: 7,15.28; 8,17.27; 10,8-9 |19: 2,37-38; 5,18-19 |21: 2,36! · 3,26! |22: 14! |27: Gen 11,4; Dtn 8,17; Ez 29,3 |28: 5,20 |29: 22; 5,21 · 14! |31-34: 2,47! |31: 12,7 · 2,44! |32: Jes 40,15-17 · Hiob 9,12; Jes 45,9 |33: 3,2! |34: 9,14

4,5: Im Namen Beltschazzar hörte man wohl einen Anklang an den babylonischen Gott Bel.
4,10: Mit dem Wächter ist ein Engel gemeint.
4,13: Wörtlich: «Sein Herz wird verwandelt, ...»;

das Herz galt als Sitz des Verstandes. Möglich ist auch die Übersetzung «... wird verwandelt, dass er kein Mensch mehr ist, ...»

Belschazzars Mahl

5 1 Belschazzar, der König, veranstaltete ein üppiges Mahl für seine tausend Grossen, und vor den Tausend trank er Wein. 2 In Weinlaune befahl Belschazzar, die goldenen und die silbernen Gefässe herzubringen, die Nebukadnezzar, sein Vater, aus dem Tempel in Jerusalem weggenommen hatte, damit der König und seine Grossen, seine Frauen und seine Nebenfrauen daraus trinken konnten. 3 Da brachte man die goldenen Gefässe, die man aus dem Tempel, dem Haus Gottes in Jerusalem, weggenommen hatte, und der König und seine Grossen, seine Frauen und seine Nebenfrauen tranken daraus. 4 Sie tranken den Wein und priesen die goldenen und silbernen, bronzenen, eisernen, hölzernen und steinernen Götter.

5 In diesem Augenblick erschienen Finger einer Menschenhand, und sie schrieben dem Leuchter gegenüber auf die getünchte Wand des Königspalasts, und der König sah den Rücken der Hand, die schrieb. 6 Da erbleichte der König, und seine Gedanken erschreckten ihn, und seine Hüftgelenke wurden kraftlos, und seine Knie schlugen aneinander. 7 Der König rief laut, man solle die Zauberer, die Sterndeuter und die Wahrsager hereinbringen. Daraufhin sprach der König zu den Weisen Babels: Wer diese Schrift lesen und mir ihre Deutung kundtun kann, wird Purpur tragen, und um den Hals wird er die goldene Kette tragen, und als Dritter wird er im Königreich herrschen. 8 Da kamen all die Weisen des Königs herein, aber sie waren weder imstande, die Schrift zu lesen, noch dem König ihre Deutung zu eröffnen. 9 Da erschrak König Belschazzar sehr, und er erbleichte, und seinen Grossen wurde angst und bange.

10 Auf die Worte des Königs und seiner Grossen hin kam die Königin in das Haus des Gelages. Da sprach die Königin: Ewig lebe der König! Deine Gedanken müssen dich nicht erschrecken, und du musst nicht erbleichen. 11 In deinem Königreich gibt es einen Mann, in dem der Geist der heiligen Götter ist, und in den Tagen deines Vaters fand sich bei ihm Erleuchtung und Einsicht und Weisheit, der Weisheit der Götter gleich. Und König Nebukadnezzar, dein Vater, hat ihn eingesetzt als Obersten der Magier, Zauberer, Sterndeuter und Wahrsager, dein Vater, der König; 12 denn ein aussergewöhnlicher Geist, Verstand und die Fähigkeit, Träume zu deuten, Rätsel kundzutun und Knoten zu lösen, haben sich bei Daniel gefunden, dem der König den Namen Beltschazzar gegeben hatte. Nun soll Daniel gerufen werden, dann wird er die Deutung kundtun.

13 Da wurde Daniel hereingeführt vor den König. Daraufhin sprach der König zu Daniel: Du bist dieser Daniel, einer von den Weggeführten aus Juda, die der König, mein Vater, aus Juda hergebracht hat. 14 Und ich habe von dir gehört, dass der Geist der Götter in dir sei und dass sich in dir Erleuchtung und Einsicht und aussergewöhnliche Weisheit gefunden haben. 15 Und nun sind die Weisen, die Zauberer vor mich geführt worden, damit sie diese Schrift lesen und mir ihre Deutung eröffnen, aber sie sind nicht imstande, die Deutung der Sache kundzutun. 16 Ich aber habe von dir gehört, dass du Deutungen geben und Knoten lösen kannst. Nun, wenn du die Schrift lesen und mir ihre Deutung eröffnen kannst, sollst du Purpur tragen, und um deinen Hals sollst du die goldene Kette tragen, und als Dritter sollst du im Königreich herrschen.

17 Da sprach Daniel daraufhin vor dem König: Behalte deine Gaben für dich und gib deine Geschenke einem anderen. Die Schrift jedoch werde ich dem König vorlesen, und die Deutung werde

ich ihm eröffnen. 18 Du bist der König! Der höchste Gott gab Nebukadnezzar, deinem Vater, die Königsherrschaft, die Grösse, die Würde und die Herrlichkeit. 19 Und wegen der Grösse, die er ihm gegeben hat, zitterten und erschraken vor ihm alle Völker, Nationen und Sprachen: Er tötete, wen er wollte, und liess am Leben, wen er wollte, und er erhöhte, wen er wollte, und erniedrigte, wen er wollte. 20 Als sein Herz sich aber überhob und sein Geist hochmütig geworden war bis zur Vermessenheit, wurde er vom Thron seiner Königsherrschaft gestürzt, und seine Würde hat man ihm genommen. 21 Und aus der Gemeinschaft der Menschen wurde er vertrieben, und sein Verstand wurde dem eines Tieres gleich gemacht, und bei den Wildeseln war seine Bleibe; wie dem Vieh gab man ihm Kräuter zu essen, und mit dem Tau vom Himmel wurde sein Leib benetzt, bis er erkannte, dass der höchste Gott Macht hat über die menschliche Königsherrschaft und dass er darüber einsetzen kann, wen er will. 22 Und du, sein Sohn Belschazzar, hast dein Herz nicht bescheiden gehalten, obwohl du all dies gewusst hast! 23 Und über den Herrn des Himmels hast du dich erhoben, und man hat die Gefässe seines Hauses vor dich gebracht, und du und deine Grossen, deine Frauen und deine Nebenfrauen, ihr trinkt daraus Wein. Und die silbernen und goldenen, bronzenen, eisernen, hölzernen und steinernen Götter, die nichts sehen und nichts hören und nichts wissen, hast du gepriesen, dem Gott aber, in dessen Hand dein Atem ist und bei dem dein ganzes Geschick liegt, hast du keine Ehre erwiesen. 24 Da wurde von ihm die Hand gesandt, und diese Schrift wurde geschrieben.

25 Und dies ist die Schrift, die geschrieben worden ist: Mene, Mene, Tekel u Parsin 26 Dies ist die Deutung des Wortes:

Mene – gezählt hat Gott deine Königsherrschaft, und er hat sie beendet. 27 Tekel – gewogen worden bist du auf der Waage, und für zu leicht bist du befunden worden. 28 Peres – zerteilt ist deine Königsherrschaft, und den Medern und den Persern ist sie gegeben.

29 Da gab Belschazzar Befehl, und man bekleidete Daniel mit Purpur und legte ihm die goldene Kette um den Hals; und öffentlich rief man über ihn aus, dass er der Drittmächtigste im Königreich sei.

30 In derselben Nacht wurde Belschazzar, der kasdäische König, getötet.

|1: 7,1; 8,1 · Est 1,3! |2: 1,2! |4: Jes 40,19 |6: 4,2!; Jer 50,43 |7: 2,2! · 16; 2,6 |8: 2,10! |9: 6 |10: 2,4! · 5,1–2 |11: 4,5! · 2,48! |12: 1,17! · 1,7 |13: 1,6 · 2,25 |14: 4,5! |16: Gen 41,15 · 7 |18: 2,37–38; 4,19 · 3,26! |19: 3,4! · 4,14 |20: 4,28 |21: 4,13–14.22.29–30 |23: 1–4 · Ps 115,5–7 · 8,11.25 · Hiob 12,10 |24: 5 |26: 2,36! |28: 7,5!–6! |29: 7; 2,48!; Est 10,3

5,7: «Dritter» bezeichnet einen hohen Machthaber im Land.
5,25: Mene, Tekel und Parsin (die Einzahl lautet Peres, wie es in V. 28 begegnet) sind Gewichtseinheiten: Mine, Schekel und Halbschekel.
5,26: Im Aramäischen klingen die Worte ‹Mene› und ‹zählen› fast gleich.
5,27: Im Aramäischen klingen die Worte ‹Tekel› und ‹wiegen› fast gleich. Wörtlich: «… und für mangelhaft bist du befunden worden.»
5,28: Im Aramäischen klingen die Worte ‹Peres›, ‹zerteilen› und Perser fast gleich.

Daniel in der Löwengrube

6 1 Und Darius der Meder empfing die Königsherrschaft, als er zweiundsechzig Jahre alt war. 2 Darius hielt es für gut, hundertzwanzig Satrapen über das Königreich einzusetzen, verteilt im ganzen Königreich, 3 und über sie drei hohe Amtsträger – von denen einer Daniel war –, damit jene Satrapen ihnen Rechenschaft ablegten und der König nicht zu Schaden käme.

4 Da zeichnete sich dieser Daniel unter den hohen Amtsträgern und den Satrapen aus, denn in ihm war ein aussergewöhnlicher Geist. Und der König hatte die Absicht, ihn über das ganze Königreich zu setzen. 5 Da versuchten die

hohen Amtsträger und die Satrapen gegen Daniel einen Vorwand zu finden, der die Königsherrschaft betraf, sie konnten aber weder einen Vorwand noch etwas Schlechtes finden, weil er treu war, und es wurde weder eine Nachlässigkeit noch sonst etwas Schlechtes gegen ihn gefunden. 6 Da sagten jene Männer: Wir werden an diesem Daniel keinen Vorwand finden, es sei denn, wir fänden im Gesetz seines Gottes etwas gegen ihn. 7 Dann stürmten jene hohen Amtsträger und Satrapen zum König hinein, und so sprachen sie zu ihm: Ewig lebe Darius, der König! 8 Alle hohen Amtsträger des Königreichs, die Vorsteher und die Satrapen, die Staatsräte und die Statthalter haben sich beraten, es sei eine Verordnung des Königs zu erlassen und ein Verbot in Kraft zu setzen, dass jeder in die Löwengrube geworfen werde, der innerhalb von dreissig Tagen etwas von irgendeinem Gott oder Menschen erbittet, ausser von dir, König. 9 Nun, König, setze das Verbot in Kraft und setze das Schriftstück auf, das nicht geändert werden darf, dem Gesetz der Meder und Perser entsprechend, das unwiderruflich ist. 10 Daraufhin setzte König Darius das Schriftstück auf und erliess das Verbot. 11 Und als Daniel erfahren hatte, dass das Schriftstück aufgesetzt war, ging er in sein Haus. Und in seinem Obergemach hatte er Fenster, die in Richtung Jerusalem geöffnet waren, und dreimal am Tag kniete er nieder, betete und sprach Preisungen vor seinem Gott, wie er es auch zuvor getan hatte.

12 Da stürmten jene Männer herein und fanden Daniel bittend und flehend vor seinem Gott. 13 Dann kamen sie zum König und sprachen vor ihm über das Verbot des Königs: Hast du nicht ein Verbot erlassen, dass jeder in die Löwengrube geworfen wird, der innerhalb von dreissig Tagen von irgendeinem Gott oder Menschen etwas erbittet, ausser von dir, König? Daraufhin sprach der König: Die Sache ist entschieden nach dem Gesetz der Meder und Perser, das unwiderruflich ist. 14 Da sprachen sie daraufhin vor dem König: Daniel, einer von den Weggeführten aus Juda, schert sich nicht um dich, König, und nicht um das Verbot, das du erlassen hast: Dreimal am Tag verrichtet er sein Gebet. 15 Als der König von der Sache hörte, missfiel es ihm sehr, aber er sann darauf, Daniel zu helfen, und so war er bis zum Sonnenuntergang bemüht, ihn zu retten. 16 Da stürmten jene Männer zum König herein und sprachen zum König: Beachte, König, dass es Gesetz ist bei den Medern und Persern, dass kein Verbot und keine Verordnung, die der König erlässt, geändert werden darf. 17 Da gab der König Befehl, und man brachte Daniel und warf ihn in die Löwengrube. Daraufhin sprach der König zu Daniel: Dein Gott, dem du unerschütterlich dienst, er möge dir helfen! 18 Und ein Stein wurde herbeigebracht und über die Öffnung der Grube gelegt, und der König versiegelte sie mit seinem Siegelring und mit den Siegelringen seiner Grossen, damit im Fall Daniel nichts geändert würde. 19 Danach ging der König in seinen Palast und verbrachte die Nacht mit Fasten, und ... brachte man nicht hinein vor ihn, und der Schlaf floh ihn.

20 In der Morgendämmerung, bei Tagesanbruch, stand der König sogleich auf, und eilends ging er zur Löwengrube. 21 Und als er sich der Grube näherte, rief er mit betrübter Stimme Daniel zu; dabei sprach der König zu Daniel: Daniel, Diener des lebendigen Gottes, dein Gott, dem du unerschütterlich dienst – hat er dich retten können vor den Löwen? 22 Da redete Daniel mit dem König: Ewig lebe der König! 23 Mein Gott hat seinen Engel gesandt und hat den Löwen das Maul verschlossen, und sie haben mir kein Leid angetan. Denn vor ihm bin ich für unschuldig befunden worden, und auch dir gegenüber, König, habe ich kein Verbrechen begangen. 24 Da war der König

hoch erfreut, und er befahl, Daniel aus der Grube heraufzuholen. Und Daniel wurde aus der Grube heraufgeholt, und es wurde keine Verletzung an ihm gefunden, denn er hatte seinem Gott vertraut. 25 Und der König gab Befehl, und man holte jene Männer, die Daniel verleumdet hatten, und warf sie, ihre Kinder und ihre Frauen in die Löwengrube. Und sie waren noch nicht auf dem Boden der Grube aufgeschlagen, da waren die Löwen schon über sie hergefallen und hatten ihnen alle Knochen zermalmt.

26 Da schrieb Darius, der König, an alle Völker, Nationen und Sprachen, die auf der ganzen Erde wohnten: Allumfassend sei euer Friede! 27 Es ergeht von mir der Befehl, dass man vor dem Gott Daniels zittere und sich fürchte im ganzen Machtbereich meiner Königsherrschaft.

Denn er ist der lebendige Gott,
und er bleibt in alle Ewigkeit,
und seine Königsherrschaft wird nicht untergehen,
und seine Herrschaft hat kein Ende.
28 Er rettet und er befreit,
und er tut Zeichen und Wunder
im Himmel und auf der Erde,
er, der Daniel gerettet hat
aus der Gewalt der Löwen.

29 Und dieser Daniel war erfolgreich unter der Königsherrschaft des Darius und unter der Königsherrschaft von Kyros, dem Perser.

| 1: 9,1; 11,1 | 3: 5,29 | 4: 1,17!.19–20 | 7: 2,4! | 8: 3,2! · 3,6 | 9: Est 1,19 | 11: 9,3 · 1Kön 8,48 | 13: 8–9; 3,8–11 | 14: 1,6 · 3,12; Est 3,8 | 17: 28! | 18: Mt 27,66 | 21: 3,26 | 22: 2,4! | 23: 3,28 · Ps 22,22; 2Tim 4,17 | 24: 3,27 | 25: Dtn 19,19; Spr 11,8 | 26–28: 2,47 | 26: 3,4! · 3,31 | 27: 2,44! | 28: 17; 3,17.29 | 29: 1,21!

6,19: Die Bedeutung des aramäischen Worts vor «brachte man nicht …» ist unbekannt; es bezeichnet wohl etwas Wohlriechendes, ein Tablett mit Speisen oder Frauen.

Die Schauung von den vier Tieren

7 1 Im Jahr eins des Belschazzar, des Königs von Babel, hatte Daniel einen Traum, und auf seinem Lager hatte er in seinem Kopf Schauungen. Da schrieb er den Traum auf; was wichtig war, erwähnte er: 2 Daniel hob an und sprach: Ich schaute in meiner nächtlichen Schauung, und sieh: Die vier Winde des Himmels wühlten das grosse Meer auf, 3 und vier grosse Tiere stiegen herauf aus dem Meer, jedes anders als das andere. 4 Das erste war einem Löwen gleich, und es hatte Adlerflügel. Ich schaute, da wurden ihm die Flügel ausgerissen und es wurde von der Erde hochgehoben und wie ein Mensch auf zwei Füsse gestellt, und es wurde ihm der Verstand eines Menschen gegeben. 5 Und sieh, ein anderes Tier, ein zweites, es glich einem Bären, und es war auf einer Seite aufgerichtet, und in seinem Maul hatte es drei Rippen zwischen seinen Zähnen, und so redete man zu ihm: Auf, friss viel Fleisch! 6 Danach schaute ich, und sieh, ein anderes, einem Panther gleich, und an seinen Seiten hatte es vier Vogelflügel, und vier Köpfe hat das Tier, und ihm wurde Macht gegeben. 7 Danach schaute ich in den nächtlichen Schauungen, und sieh: Ein viertes Tier, Furcht einflössend und schrecklich und aussergewöhnlich stark. Und es hatte grosse Zähne aus Eisen, es frass und zermalmte, und was übrig blieb, zertrat es mit seinen Füssen. Und es war anders als all die Tiere vor ihm, und es hatte zehn Hörner. 8 Ich achtete auf die Hörner, und sieh, ein anderes Horn, ein kleines, wuchs zwischen ihnen, und drei von den ersten Hörnern wurden vor ihm ausgerissen. Und sieh, an diesem Horn waren Augen, den Augen eines Menschen gleich, und ein Mund, der grossmäulig redete. 9 Ich schaute: Da wurden Throne aufgestellt, und ein Hochbetagter setzte sich. Sein Gewand war weiss wie Schnee und das Haar auf seinem Kopf wie reine Wolle, sein Thron Feuerflammen, die Räder daran waren loderndes Feuer. 10 Ein Feuerstrom ergoss sich und brach vor ihm hervor. Tausendmal Tausende dienten ihm, und Unzählige erhoben sich vor ihm. Das Gericht setzte sich, und Bücher wurden aufgeschlagen. 11 Da schaute ich wegen des Lärms der grossmäuligen Worte, die das Horn redete. Ich schaute: Da wurde das Tier getötet, und sein Körper wurde vernichtet, und es wurde dem lodernden Feuer übergeben. 12 Und den übrigen Tieren wurde ihre Macht genommen, und auf Frist und Zeit wurde ihnen Lebensdauer gegeben. 13 Ich schaute in den nächtlichen Schauungen, und sieh: Mit den Wolken des Himmels kam einer, der einem Menschen glich, und er kam vor die Hochbetagten, und vor diesen führte man ihn. 14 Und ihm wurde Macht gegeben und Ehre und Königsherrschaft, und alle Völker, Nationen und Sprachen dienen ihm. Seine Macht ist eine ewige Macht, die nie vergeht, und seine Königsherrschaft wird nicht untergehen. 15 Mir, Daniel, wurde mein Geist im Innern betrübt, und die Schauungen in meinem Kopf erschreckten mich.

16 Ich trat zu einem von denen, die dastanden, und erbat von ihm verlässliche Auskunft über all dies. Und er sprach zu mir und liess mich die Bedeutung der Dinge wissen: 17 Diese grossen Tiere, jene vier: Vier Könige werden sich über die Erde erheben, 18 und die Heiligen des Allerhöchsten werden die Königsherrschaft empfangen, und für immer und alle Zeiten werden sie die Königsherrschaft besitzen. 19 Dann wollte ich Genaueres wissen über das vierte Tier, das anders war als all die anderen, überaus Furcht einflössend – seine Zähne waren aus Eisen und seine Krallen aus Bronze –, das frass, zermalmte und mit seinen Füssen zerstampfte, was übrig bleibt, 20 und über die zehn Hörner auf seinem Kopf und über das andere, das wuchs und vor dem drei ausfielen, jenes Horn, das Augen hatte und einen Mund, der grossmäulig redete, und dessen Erscheinung grösser war als die der anderen. 21 Ich schaute, und jenes Horn führte Krieg gegen die Heiligen, und es besiegte sie, 22 bis der

Hochbetagte kam und das Gericht den Heiligen des Allerhöchsten gegeben wurde und die Zeit da war und die Heiligen die Königsherrschaft in Besitz nahmen. 23 Er sprach so: Das vierte Tier: Ein viertes Königreich wird auf Erden sein, das anders ist als alle anderen Königreiche, und es wird die ganze Erde fressen und sie zerstampfen und zermalmen. 24 Und die zehn Hörner: Aus dem Königreich werden sich zehn Könige erheben, und nach ihnen wird sich ein anderer erheben, und er wird anders sein als die früheren, und er wird drei Könige stürzen. 25 Und gegen den Höchsten wird er Reden führen und die Heiligen des Allerhöchsten wird er aufreiben, und er wird danach trachten, Zeiten und Gesetz zu ändern; und sie werden in seine Hand gegeben werden für eine Zeit und für Zeiten und eine halbe Zeit. 26 Und das Gericht wird sich setzen, und man wird ihm seine Macht nehmen, um ihn endgültig zu vertilgen und zu vernichten. 27 Dem Volk der Heiligen des Allerhöchsten aber wird das Königreich und die Macht und die Grösse der Königreiche unter dem ganzen Himmel gegeben werden. Seine Königsherrschaft ist eine ewige Königsherrschaft, und alle Mächte dienen ihm und sind ihm gehorsam.

28 Hier endet der Bericht. Mich, Daniel, erschreckten meine Gedanken sehr, und ich erbleichte, und ich bewahrte die Sache in meinem Herzen.

|1: 2,1; 4,2 |3: 17; 2,32–33.38–40; Offb 12,18–13,10 |4: 2,32.38 |5: 2,32.39; 5,28; 8,3–4.20; 11,2 |6: 2,32.39; 5,28; 8,3–4.20 |7: 2,33.40; 8,5–6.21; 10,20; 11,3 · 8,8; 11,4 |8: 9; 11,21 · 11,36; Offb 13,5–6 |9: Offb 1,14 · 10,5–6; Ez 1,26! |10: 10,21; 12,1; Offb 20,12 |12: 2,21 |13: 8,15; 10,16.18; Ez 1,26–28; Offb 1,13 |15: 4,16! |18: 8,24 · 2,44!; Offb 22,5 |21: 8,9; 9,26; 11,28; 12,7; Offb 13,7 |22: Offb 20,4 |24: 8,23! |25: 3,26! · 9,27! · 8,14; 12,7 |26: 11,45! |27: 4,14! |28: 4,16!

7,1: Die Übersetzung «was wichtig war, erwähnte er» ist unsicher.

7,13: Die traditionelle Wiedergabe für «der einem Menschen glich» ist «der einem Menschensohn glich».

7,25: Viele verstehen hier und in 12,7 ‹Zeiten› im Sinn von ‹zwei Zeiten›.

Die Schauung vom Widder und vom Ziegenbock

8 1 Im Jahr drei der Königsherrschaft von Belschazzar, dem König, wurde mir, Daniel, eine Schauung zuteil, nach dem, was mir zuerst zuteil geworden war. 2 Und in der Schauung sah ich, und als ich sah, da war ich in Schuschan, in der Burg, die sich in Elam, der Provinz, befindet. Und in der Schauung sah ich, und da war ich am Kanal Ulai. 3 Und ich blickte auf und sah hin. Und sieh: Ein Widder stand vor dem Kanal, und er hatte zwei Hörner. Und die zwei Hörner waren lang, und das eine war länger als das andere, und das längere wuchs später. 4 Ich sah, wie der Widder nach Westen und nach Norden und nach Süden stiess, und kein Tier hielt ihm stand, und da war niemand, der aus seiner Hand rettete, und er tat, was er wollte, und er tat gross. 5 Und ich gab acht, und sieh: Von Westen kam ein Ziegenbock über die ganze Erde, ohne den Boden zu berühren, und zwischen seinen Augen hatte der Ziegenbock ein ansehnliches Horn. 6 Und er kam auf den Widder mit den zwei Hörnern zu, den ich vor dem Kanal hatte stehen sehen, und mit grimmiger Wucht rannte er gegen ihn an. 7 Und ich sah, wie er den Widder erreichte, und er war erbittert gegen ihn und stiess den Widder und zerbrach ihm die beiden Hörner, und der Widder hatte nicht die Kraft, ihm standzuhalten. Und er warf ihn zu Boden und zertrat ihn, und es gab niemanden, der den Widder aus seiner Hand rettete. 8 Und der Ziegenbock tat über die Massen gross; doch als er stark geworden war, wurde das grosse Horn abgebrochen, und an seiner Stelle wuchsen vier ansehnliche, in die vier Winde des Himmels. 9 Und aus dem einen von ihnen kam ein Horn hervor, aus dem kleinsten, und es wurde übermässig gross, gegen Süden und gegen Osten und gegen die Zierde. 10 Und es wurde gross, bis an das Heer des Himmels, und es warf etliche vom Heer und von den Sternen

hinab auf die Erde und zertrat sie. 11 Auch gegen den Fürsten des Heeres tat es gross, und diesem wurde das regelmässige Opfer entzogen, und die Stätte seines Heiligtums wurde niedergetreten, 12 und unrechtmässig wurde für das regelmässige Opfer ein anderer Opferdienst eingesetzt. Und die Wahrheit warf es zu Boden, und was es unternahm, das tat es mit Erfolg.

13 Und ich hörte einen Heiligen reden, und ein anderer Heiliger sprach zu dem, der redete: Bis wann gilt die Schauung vom regelmässigen Opfer und vom Unrecht, von der Verwüstung, dass Heiligtum und Opferdienst preisgegeben und zertreten werden? 14 Da sprach er zu mir: Bis zu zweitausenddreihundert Abenden und Morgen; dann wird das Heiligtum zu seinem Recht kommen.

15 Und als ich, Daniel, die Schauung sah, suchte ich zu verstehen, und sieh, da stand mir einer gegenüber, der aussah wie ein Mann. 16 Und ich hörte eine Menschenstimme aus dem Ulai, und sie rief und sprach: Gabriel! Lass diesen die Erscheinung verstehen! 17 Und er trat neben mich. Und als er kam, erschrak ich und fiel auf mein Angesicht. Und er sprach zu mir: Gib acht, du Mensch: Die Schauung gilt der Zeit des Endes. 18 Und als er mit mir redete, sank ich betäubt nieder, mit dem Angesicht zur Erde. Da berührte er mich und stellte mich an meinen Platz. 19 Und er sprach: Sieh, ich eröffne dir, was sein wird in der letzten Zeit des Zorns, denn es gilt der festgesetzten Zeit des Endes. 20 Der Widder mit den zwei Hörnern, den du gesehen hast, das sind die Könige von Medien und Persien. 21 Und der langhaarige Ziegenbock ist der König von Jawan, und das grosse Horn zwischen seinen Augen, das ist der erste König. 22 Und das zerbrochene – und dass an seine Stelle vier traten: Vier Königreiche werden aus einer Nation auftreten, aber nicht in seiner Stärke. 23 Und in der letzten Zeit ihrer Königsherrschaft, wenn die, die Unrecht tun, das Mass voll gemacht ha-

ben, wird ein König auftreten mit hartem Angesicht und erfahren im Betrügen. 24 Und seine Macht ist gewaltig, doch nicht aus eigener Kraft, und in unglaublichem Ausmass wird er Vernichtung bringen, und er wird Erfolg haben, wenn er etwas unternimmt, und Gewaltige und ein Volk von Heiligen wird er vernichten. 25 Und dank seines Verstands und mit hinterlistiger Hand wird er Erfolg haben, und in seinem Herzen wird er gross tun, und während Sorglosigkeit herrscht, wird er viele vernichten. Und gegen den Fürsten der Fürsten wird er auftreten, aber ohne dass Hand angelegt würde, wird er zerbrochen. 26 Und die Erscheinung von den Abenden und den Morgen: Was gesagt wurde, ist wahr. Du aber halte die Schauung geheim, denn sie gilt fernen Tagen.

27 Und ich, Daniel, war erschöpft, und eine Zeit lang war ich krank. Dann aber erhob ich mich und kam den Pflichten beim König nach. Und ich war bestürzt über die Erscheinung und verstand sie nicht.

| 1: 5,1; 7,1 | 2: Neh 1,1; Est 1,2 | 3–4: 7,5!.6! | 5–6: 7,7! | 8: 7,7! | 9–12: 7,21! | 9: 7,8! · 11,16.41.45 | 10: Jes 14,13!; Offb 12,4 | 11–12: 9,27!; Ex 29,38–42 | 11: 25; 5,23 | 13: 4,10 · 11,31 | 14: 7,25 | 15–16: 9,21–23; 10,5–6.11–21; 11,2; Offb 1,1 | 15: 7,13! | 16: 9,21; Lk 1,19 | 17: 4,16! · 10,14!; 11,27.35.40; 12,4.7–13 | 20: 7,5!–6! | 22: 8 | 23: 7,24; 11,21 | 24: 7,18 · 7,21! | 25: 11; 5,23 · 2,34! · 11,45! | 26: 12,4! · 10,14! | 27: 4,16! · 12,8

8,1: Von 8,1 an ist der Text wieder hebräisch.
8,9: Mit «die Zierde» ist das Land Israel gemeint.
8,12: Die Bedeutung des mit «anderer Opferdienst» wiedergegebenen hebräischen Worts ist an dieser Stelle unsicher.
8,21: Jawan ist ein Name für Griechenland.
8,24: Möglich ist auch folgendes Verständnis: «Und seine Macht ist gewaltig, aber er kommt nicht in seiner Kraft, ...», wobei mit «seiner Kraft» die Kraft des ersten Königs gemeint wäre.

Die Deutung der siebzig Jahre aus dem Buch Jeremia

9 1 Im Jahr eins des Darius, des Sohns von Xerxes aus dem Geschlecht der Meder, der zum König gemacht worden war über das Königreich der Kasdäer, 2 im Jahr eins seines Königtums erfasste ich, Daniel, in den Schriften die Zahl der Jahre, die sich erfüllen sollten über den Trümmern Jerusalems, nach dem Wort des HERRN, das an Jeremia, den Propheten, ergangen war: siebzig Jahre. 3 Und ich wandte mein Angesicht zum Herrn, Gott, um ihn zu bitten im Gebet und mit Flehen, unter Fasten und in Sack und Asche. 4 Und ich betete zum HERRN, meinem Gott, und sprach ein Bekenntnis und sagte: Ach Herr, du grosser und Furcht einflössender Gott, der den Bund und die Gnade bewahrt denen, die ihn lieben und seine Gebote halten, 5 wir haben gesündigt und sind schuldig geworden, wir haben gefrevelt und sind abgefallen, und von deinen Geboten und deinen Rechtssatzungen sind wir abgewichen. 6 Und wir haben nicht auf deine Diener, die Propheten, gehört, die in deinem Namen geredet haben zu unseren Königen, unseren Fürsten und unseren Vorfahren und zum ganzen Volk des Landes. 7 Du, Herr, bist im Recht, uns aber steht die Schande ins Gesicht geschrieben, wie es heute der Fall ist, uns, den Männern Judas und den Bewohnern Jerusalems und ganz Israel, seien sie nah oder fern, in allen Ländern, in die du sie versprengt hast für den Treuebruch, den sie an dir begangen haben. 8 HERR, uns steht die Schande ins Gesicht geschrieben, uns, unseren Königen, unseren Fürsten und unseren Vorfahren, weil wir gegen dich gesündigt haben. 9 Beim Herrn, unserem Gott, ist das Erbarmen und die Vergebung; gegen ihn haben wir uns aufgelehnt. 10 Und auf die Stimme des HERRN, unseres Gottes, haben wir nicht gehört, so dass wir nach seinen Weisungen gelebt hätten, die er uns vorgelegt hat durch seine Diener, die Propheten. 11 Und ganz Israel hat deine Weisung übertreten und ist abgewichen, hat nicht auf deine Stimme gehört. Und ergossen hat sich über uns der Fluch, der Schwur, der geschrieben steht in der Weisung des Mose, des Dieners Gottes, denn gegen ihn haben wir gesündigt.

12 Und er hat sein Wort wahr gemacht, das er gegen uns gesprochen hat und gegen unsere Richter, die Recht gesprochen haben über uns: Grosses Unheil hat er über uns gebracht, das nirgendwo unter dem Himmel so geschehen ist, wie es geschehen ist in Jerusalem. 13 Wie es geschrieben steht in der Weisung des Mose, so ist all dies Unheil über uns gekommen. Wir aber haben das Angesicht des HERRN, unseres Gottes, nicht besänftigt und haben uns nicht abgewandt von unserem Vergehen und haben auf deine Wahrheit nicht geachtet. 14 Und so war der HERR auf das Unheil bedacht und liess es über uns kommen, denn der HERR, unser Gott, ist gerecht in allen seinen Taten, die er vollbringt. Wir aber haben nicht auf seine Stimme gehört. 15 Und nun, Herr, unser Gott, der du dein Volk mit starker Hand aus dem Land Ägypten geführt und dir einen Namen gemacht hast, wie es heute der Fall ist: Wir haben gesündigt, haben gefrevelt! 16 Herr, möge doch, wie es all deinen gerechten Taten entspricht, deine Wut und dein Zorn sich abwenden von deiner Stadt Jerusalem, deinem heiligen Berg! Denn unserer Sünden und der Vergehen unserer Vorfahren wegen sind Jerusalem und dein Volk zum Hohn geworden bei allen rings um uns. 17 Und nun, unser Gott, höre auf das Gebet deines Dieners und auf sein Flehen und lass dein Angesicht leuchten über dein verwüstetes Heiligtum, um des Herrn willen! 18 Neige, mein Gott, dein Ohr und höre, öffne deine Augen und sieh unsere Verwüstungen und die Stadt, über der dein Name ausgerufen ist! Nicht unserer gerechten Taten wegen bringen wir unser Flehen vor dich, sondern deiner grossen Barmherzigkeit wegen! 19 Herr, höre! Herr, vergib! Herr, höre hin und handle, zögere nicht, um deinetwillen, mein Gott! Denn dein Name ist ausgerufen über deiner Stadt und über deinem Volk.

20 Und während ich noch redete und betete und meine Sünde und die Sünde meines Volks Israel bekannte und mein Flehen für den heiligen Berg meines Gottes niederlegte vor dem HERRN, meinem Gott, 21 während ich noch im Gebet redete, eilte im Flug der Mann, Gabriel, herbei, den ich zuvor bei der Schauung gesehen hatte, er berührte mich um die Zeit des Abendopfers.

22 Und er liess mich verstehen und redete mit mir und sprach: Daniel, nun bin ich ausgezogen, um dich Verständnis erlangen zu lassen. 23 Als dein Flehen begann, erging ein Wort, und ich bin gekommen, um es kundzutun, denn du wirst geliebt. Nun achte auf das Wort und begreife die Erscheinung: 24 Siebzig Jahrwochen sind verhängt über dein Volk und über deine heilige Stadt, um das Unrecht zu beenden und das Mass der Sünden voll zu machen, um das Vergehen zu sühnen und ewige Gerechtigkeit zu bringen und um Schauung und Prophet zu versiegeln und um zu salben, was hochheilig ist. 25 Und du sollst wissen und verstehen: Von der Zeit an, da das Wort erging, Jerusalem wiederherzustellen und aufzubauen, bis ein Gesalbter, ein Fürst, kommt, sind es sieben Wochen; und zweiundsechzig Wochen lang werden Plätze und Strassen wiederhergestellt und gebaut werden, in der Bedrängnis der Zeiten. 26 Nach den zweiundsechzig Wochen aber wird der Gesalbte vernichtet werden, und nichts wird ihm bleiben. Und das Volk des Fürsten, der kommt, wird die Stadt und das Heiligtum vernichten. Und sein Ende kommt mit einer Flut, und bis zum Ende ist Krieg: beschlossene Verwüstungen. 27 Und einen Bund für die Vielen wird er stark machen, für eine Woche, und in der Mitte der Woche wird er Schlachtopfer und Speiseopfer aufhören lassen. Und auf dem Flügel der Greuel kommt einer, der verwüstet, bis sich beschlossene Vernichtung über den Verwüster ergiesst.

|1: 6,1; 11,1 |2: 2Chr 36,20–21! |3: 6,11 |4–19: Lev 26,40! |4: Ex 20,6; Dtn 7,9 |5: Dtn 1,41;

1Kön 8,47 |6: 2Chr 36,15–16; Neh 9,30; Sach 1,4 |7:
Neh 1,8 |9: Neh 9,17; Ps 130,4 |10: Jer 32,23 |11:
Dtn 8,20 · Dtn 27,15–26; 28,15–68 |12: Klgl 2,17;
Ez 5,9 |15: Ex 13,3 · Neh 9,10; Jes 63,12; Jer 32,20–21
|16: Ps 79,4; Ez 22,4 |17: 1Kön 8,28 · Num 6,25! |18:
2Kön 19,16 · Dtn 12,5; Jer 7,11 |19: 1Kön 8,30 ·
Ez 36,22 · Jes 63,19; Jer 14,9 |21: 8,16! |23: 10,11.19
|24: Jes 51,16 |26: 7,21!; 11,10! |27: 7,25;
8,11–12; 11,31; 12,11 · 11,31! · 11,45!

9,1: Der Name Xerxes lautet im hebräischen Text
Achaschwerosch.

9,26: Wörtlich: «... ein Gesalbter ...»

Die Zeit des Endes

10 1 Im Jahr drei von Kyros, dem König von Persien, wurde Daniel, der Beltschazzar genannt wurde, etwas offenbart, und es ist wahr und bedeutet grosse Mühsal. Und er verstand es und konnte die Erscheinung verstehen. 2 In jenen Tagen trauerte ich, Daniel, drei Wochen lang. 3 Köstliche Speise ass ich nicht, und Fleisch und Wein kamen nicht in meinen Mund, und ich salbte mich nicht, bis drei volle Wochen um waren.

4 Und am vierundzwanzigsten Tag des ersten Monats, als ich am Ufer des grossen Flusses, des Chiddekel, war, 5 blickte ich auf und sah hin, und sieh: Ein Mann, in Leinen gekleidet, und seine Hüften waren umgürtet mit Feingold, 6 und sein Leib war wie Topas, und sein Angesicht sah aus wie ein Blitz, und seine Augen waren wie Feuerfackeln, und seine Arme und seine Füsse sahen aus wie blanke Bronze, und der Klang seiner Worte war wie das Lärmen einer Menschenmenge. 7 Und nur ich, Daniel, sah die Erscheinung, und die Männer, die bei mir waren, sahen die Erscheinung nicht, aber es befiel sie grosse Furcht, und sie flohen und verbargen sich. 8 Und ich blieb allein zurück und sah diese gewaltige Erscheinung, und mir blieb keine Kraft. Und die Farbe wich aus meinem Gesicht bis zur Unkenntlichkeit, und ich behielt keine Kraft. 9 Und ich hörte den Klang seiner Worte, und als ich den Klang seiner Worte gehört hatte, lag ich betäubt auf meinem Angesicht, mit dem Angesicht zur Erde. 10 Und sieh, eine Hand berührte mich und rüttelte mich auf, und ich kam auf meine Knie und meine Handflächen.

11 Und er sprach zu mir: Daniel, du Mann, der du geliebt wirst, achte auf die Worte, die ich dir sage, und steh an deinem Platz, denn nun bin ich zu dir gesandt worden. Und als er mir dieses Wort sagte, stand ich zitternd da. 12 Und er sprach zu mir: Fürchte dich nicht, Daniel! Denn vom ersten Tag an, als du dich bemüht hast, zu verstehen und dich vor deinem Gott zu demütigen, sind deine Worte erhört worden, und deiner Worte wegen bin ich gekommen. 13 Einundzwanzig Tage lang aber stand der Fürst des Königreichs Persien mir gegenüber, und sieh, Michael, einer der obersten Fürsten, kam, um mir zu helfen. Und ich war dort zurückgelassen worden bei den Königen von Persien. 14 Und ich komme, um dich verstehen zu lassen, was deinem Volk widerfahren wird in den letzten Tagen, denn erst jenen Tagen gilt die Schauung. 15 Und als er so mit mir redete, richtete ich mein Angesicht zur Erde und verstummte. 16 Und sieh, einer, der den Menschen ähnlich war, berührte meine Lippen, und ich öffnete meinen Mund, und ich redete und sprach zu dem, der vor mir stand: Mein Herr, bei der Erscheinung kamen Krämpfe über mich, und ich behielt keine Kraft. 17 Und wie könnte der Diener dieses meines Herrn mit diesem meinem Herrn reden? Und ich – von nun an wird keine Kraft mehr in mir sein, und kein Atem ist mir geblieben. 18 Und der aussah wie ein Mensch, berührte mich abermals und gab mir Mut. 19 Und er sprach: Fürchte dich nicht, du liebenswerter Mann. Friede sei mit dir! Sei stark, sei stark! Und als er mit mir geredet hatte, fühlte ich mich ermutigt und sprach: Mein Herr, rede, denn du hast mir Mut gegeben. 20 Da sprach er: Weisst du, warum ich zu dir gekommen bin? Nun aber werde ich zurückkehren, um gegen den Fürsten Persiens zu

kämpfen. Und wenn ich ihn verlasse, sieh, dann kommt der Fürst von Jawan. 21 – Aber ich werde dir kundtun, was aufgezeichnet ist in der Schrift der Wahrheit! – Und da ist nicht einer, der mir stark zur Seite steht gegen jene, ausser Michael, eurem Fürsten.

11 1 Und ich – im Jahr eins von Darius, dem Meder, war es meine Aufgabe, ihn zu stärken und zu schützen. 2 Und nun werde ich dir Wahrheit kundtun: Sieh, noch drei Könige treten für Persien auf, und der vierte wird es zu grösserem Reichtum bringen als alle anderen. Und wenn er durch seinen Reichtum stark geworden ist, wird er alles in Bewegung setzen gegen das Königreich von Jawan. 3 Dann wird ein heldenhafter König auftreten, und er wird eine gewaltige Herrschaft ausüben, und er wird tun, was er will. 4 Nachdem er aber aufgetreten ist, wird sein Königtum zerbrochen, und es wird verteilt werden an die vier Winde des Himmels und nicht an seine Nachkommen, und sie wird nicht mehr sein wie die Herrschaft, die er ausgeübt hat, denn sein Königtum wird ausgerissen und anderen zuteil werden, aber nicht jenen. 5 Und der König des Südens wird stark werden, aber auch einer von seinen Fürsten wird stark werden, und dieser wird stärker sein als jener, und er wird herrschen, seine Herrschaft wird eine gewaltige Herrschaft sein. 6 Und nach einigen Jahren werden sie sich verbünden, und die Tochter des Königs des Südens wird zum König des Nordens kommen, um ein Abkommen zu treffen. Aber sie wird die Kraft der Streitmacht nicht behalten, und auch er wird nicht bestehen und auch seine Streitmacht nicht. Und sie wird dahingegeben werden, sie und die sie gebracht haben, der sie gezeugt hat, und jener, der sie stark gemacht hat in jenen Zeiten. 7 Und an seiner Stelle wird einer auftreten aus einem Spross aus ihren Wurzeln. Und er wird gegen das Heer ziehen und in die Festung des Königs des Nordens eindringen, und

mit aller Härte wird er gegen sie vorgehen. 8 Und auch ihre Götter mit ihren gegossenen Bildern und ihren kostbaren Geräten, Silber und Gold, wird er als Beutegut nach Ägypten bringen, danach aber wird er sich jahrelang fernhalten vom König des Nordens. 9 Und dann wird dieser in das Reich des Königs des Südens kommen, aber er wird zurückkehren müssen in sein Land.

10 Und seine Söhne werden sich rüsten und eine gewaltige Heeresmasse versammeln, und sie kommt und kommt und überflutet und überschwemmt, dann aber wird man zurückkehren und sich rüsten für den Sturm auf die Festung. 11 Und der König des Südens wird unerbittlich sein, und er wird ausziehen und gegen ihn kämpfen, gegen den König des Nordens. Und dieser wird eine gewaltige Menge aufstellen, doch die Menge wird in seine Hand gegeben werden. 12 Und die Menge wird weggeschafft, und sein Herz wird überheblich werden, und Unzählige wird er niederwerfen, dann aber wird er sich nicht als stark erweisen. 13 Und der König des Nordens wird abermals eine Menge aufstellen, grösser als die erste, und nach Ablauf der Zeiten, nach einigen Jahren, wird er wieder und wieder kommen, mit grosser Heeresmacht und gewaltigem Tross. 14 Und in jenen Zeiten werden viele gegen den König des Südens auftreten, und aus deinem Volk werden sich Gewalttätige erheben, um die Schauung wahr zu machen, sie aber werden zu Fall gebracht. 15 Und der König des Nordens wird kommen, und er wird eine Sturmrampe aufschütten und eine befestigte Stadt einnehmen. Und die Streitkräfte des Südens werden nicht standhalten und auch nicht das Volk seiner Auserlesenen, und da wird keine Kraft sein, um standzuhalten. 16 Und der, der gegen ihn zieht, wird tun, was er will, und niemand wird ihm standhalten. Dann wird er im Land der Zierde stehen, und in seiner Hand wird Vernichtung sein.

17 Und er wird sich zum Ziel setzen, sein ganzes Königreich in seine Gewalt zu bekommen, und er wird eine Abmachung mit ihm treffen und ihm eine Frau geben, um es zu verderben. Aber das wird keinen Bestand haben, und es wird ihm nicht gelingen. 18 Dann wird er sich die Inseln zum Ziel setzen, und viele wird er einnehmen. Ein Feldherr aber wird ihm, seinem Schmähen, ein Ende bereiten, sein Schmähen wird er ihm vergelten. 19 Dann wird er sich die Festungen seines Landes zum Ziel setzen, aber er wird zu Fall gebracht und wird stürzen und nicht mehr gefunden werden. 20 Und an seiner Stelle wird einer auftreten, der einen Eintreiber durch die Pracht des Königreichs ziehen lässt, aber in wenigen Tagen wird er zerbrochen werden, und das nicht durch Zorn und nicht im Krieg.

21 Und an seiner Stelle wird ein Verachteter auftreten, dem man die Würde der Königsherrschaft nicht gegeben hat. Und während Sorglosigkeit herrscht, wird er kommen, und durch Heucheleien wird er die Königsherrschaft an sich reissen. 22 Und heranflutende Streitkräfte werden vor ihm weggeschwemmt, und sie werden zerbrochen, und so auch ein Fürst des Bundes. 23 Nachdem er sich aber mit ihm verbündet hat, handelt er mit Hinterlist und zieht herauf, und mit wenig Volk wird er mächtig werden. 24 Während Sorglosigkeit herrscht, dann wird er in die fruchtbarsten Gegenden einer Provinz einfallen, und er wird tun, was weder seine Vorfahren noch die Vorfahren seiner Vorfahren getan haben. Beutegut, Raub und Habe wird er an sie verteilen, und gegen Festungen wird er seine Pläne schmieden, doch nur bis zu einem gewissen Zeitpunkt. 25 Dann wird er mit grossem Heer seine Kraft und seinen Mut aufbieten gegen den König des Südens, und der König des Südens rüstet zum Krieg mit grossem und überaus mächtigem Heer. Und er wird nicht standhalten, denn man schmiedet Pläne gegen ihn. 26 Und die von seiner Speise essen, werden ihn zerbrechen, und sein Heer verläuft sich, und viele werden erschlagen daliegen. 27 Die beiden Könige aber sinnen auf Böses, und am selben Tisch reden sie Lüge. Doch es wird ihnen nicht gelingen, denn das Ende kommt erst zur festgesetzten Zeit.

28 Und mit grossem Gewinn kehrt er zurück in sein Land, und sein Herz ist gegen den heiligen Bund, und so handelt er auch und kehrt zurück in sein Land. 29 Zur festgesetzten Zeit wird er erneut gegen den Süden ziehen; beim zweiten Mal aber wird es nicht sein wie beim ersten Mal. 30 Und kittäische Schiffe werden heranziehen gegen ihn, und er wird erschrecken; dann wird er wieder Verwünschungen ausstossen gegen den heiligen Bund und entsprechend handeln. Und er wird wiederum denen Beachtung schenken, die den heiligen Bund verlassen. 31 Und Teile seiner Streitkräfte werden da sein, und sie werden das Heiligtum, die Burg, entweihen und das regelmässige Opfer abschaffen und den Greuel aufstellen, der Verwüstung bringt. 32 Und die frevelhaft gegen den Bund handeln, wird er durch Heucheleien zum Abfall verleiten, das Volk derer aber, die ihren Gott kennen, wird stark bleiben und entsprechend handeln. 33 Und die Verständigen im Volk werden viele zur Einsicht bringen; für eine gewisse Zeit aber werden sie zu Fall gebracht durch Schwert und durch Flamme, durch Gefangenschaft und durch Raub. 34 Und wenn sie zu Fall gebracht werden, wird ihnen durch eine kleine Hilfe geholfen, und viele werden sich ihnen heuchlerisch anschliessen. 35 Und von den Verständigen werden manche zu Fall gebracht, damit eine Läuterung unter ihnen erwirkt wird und eine Sichtung und eine Reinigung bis zur Zeit des Endes, denn noch wird es dauern bis zur festgesetzten Zeit.

36 Und der König wird tun, was er will, und er wird sich überheben und

gross tun gegen jeden Gott, und gegen den Gott der Götter wird er unglaubliche Reden führen, und er wird Erfolg haben, bis der Zorn endet. Denn was beschlossen ist, wird ausgeführt. 37 Und dem Gott seiner Vorfahren schenkt er keine Beachtung, und auch dem Liebling der Frauen oder sonst einem Gott schenkt er keine Beachtung. Allen gegenüber tut er gross! 38 Und statt dessen ehrt er den Gott der Burgen; und einen Gott, den seine Vorfahren nicht kannten, ehrt er mit Gold und mit Silber, mit Edelgestein und mit Kostbarkeiten. 39 Und mit einem fremden Gott geht er vor gegen die befestigten Burgen. Viel Ehre verleiht er denen, die ihn anerkennen, und er lässt sie herrschen über viele, und als Belohnung verteilt er Land an sie.

40 In der Zeit des Endes aber wird der König des Südens mit ihm zusammenstossen, und mit Wagen und Reitern und vielen Schiffen wird der König des Nordens gegen jenen anstürmen. Und er wird in die Länder einfallen und sie überfluten und überschwemmen. 41 Und auch in das Land der Zierde wird er kommen, und viele werden zu Fall gebracht werden. Diese aber werden sich aus seiner Hand retten: Edom und Moab und der Rest der Ammoniter. 42 Und er wird seine Hand nach den Ländern ausstrecken, und für das Land Ägypten wird es kein Entrinnen geben. 43 Und er wird herrschen über die Gold- und Silberschätze und über alle Kostbarkeiten Ägyptens; und Lubier und Kuschiten werden in seinem Gefolge sein. 44 Gerüchte aus dem Osten und dem Norden aber werden ihn erschrecken, und in grossem Zorn wird er ausziehen, um viele auszumerzen und sie der Vernichtung zu weihen. 45 Und zwischen dem Meer und dem Berg der heiligen Zierde wird er seine Prunkzelte aufschlagen. Dann wird er sein Ende finden, und da wird niemand sein, der ihm hilft.

12 1 Und in jener Zeit wird Michael auftreten, der grosse Fürst, der schützend über den Kindern deines Volks steht. Und es wird eine Zeit der Bedrängnis sein, wie noch keine gewesen ist, seit es Nationen gibt, bis zu jener Zeit. Und in jener Zeit wird dein Volk gerettet werden, jeder, der sich aufgezeichnet findet in dem Buch. 2 Und viele von denen, die im Erdenstaub schlafen, werden erwachen, die einen zu ewigem Leben und die anderen zu Schmach, zu ewigem Abscheu. 3 Die Verständigen aber werden glänzen wie der Glanz der Himmelsfeste, und wie die Sterne diejenigen, die viele zur Gerechtigkeit geführt haben, für immer und ewig. 4 Du aber, Daniel, halte die Worte geheim und versiegle das Buch bis zur Zeit des Endes. Viele werden umherstreifen, damit die Erkenntnis sich mehre.

5 Und ich, Daniel, sah, und sieh: Da standen zwei andere, einer am diesseitigen Ufer des Stroms und einer am jenseitigen Ufer des Stroms. 6 Und einer sprach zu dem Mann, der in Leinen gekleidet war, der über dem Wasser des Stroms war: Wann kommt das Ende dieser wundersamen Dinge? 7 Da hörte ich den Mann, der in Leinen gekleidet war, der über dem Wasser des Stroms war. Und er erhob seine Rechte und seine Linke zum Himmel und schwor beim Ewiglebenden: Eine festgesetzte Zeit, festgesetzte Zeiten und eine halbe, und wenn die Zerschlagung der Kraft des heiligen Volks ein Ende hat, wird sich all dies erfüllen. 8 Und ich hörte es, verstand es aber nicht und sprach: Mein Herr, was ist das letzte dieser Dinge? 9 Und er sprach: Geh, Daniel, denn die Dinge werden geheim gehalten und sind versiegelt bis zur Zeit des Endes. 10 Viele werden gesichtet, gereinigt und geläutert werden, die Frevler aber werden frevlerisch handeln, und kein Frevler wird es verstehen; die Verständigen aber werden es verstehen. 11 Und von der Zeit an, da das regelmässige Opfer abgeschafft worden ist, damit der

Greuel der Verwüstung aufgestellt werde, sind es tausendzweihundertneunzig Tage. 12 Wohl dem, der Geduld hat und tausenddreihundertfünfunddreissig Tage erreicht! 13 Und du, geh dem Ende entgegen! Und lege dich zur Ruhe; und du wirst in deinem Erbteil stehen, am Ende der Tage.

|1: 1,21! · 9,22–23 |5–6: 7,9; 8,15–16!; 12,6; Ez 1,7!; 9,2; Offb 1,13–16 |7: Apg 22,9 |8: 16; 4,16! |9–10: 8,18 |11: 9,23 · Ez 2,1 |12: Offb 1,17 |13: 21; 12,1 |14: 8,15–16!; 9,22–23 · 2,28; 8,17!.26; 12,13 |16: 7,13! · Jes 6,7; Jer 1,9 |18: 16; 8,18 |19: 12 |20: 13 |21: 7,10! |1: 6,1; 9,1 |2: 8,15–16!; 10,21 · 7,5! |3: 7,7! |4: 7,7! |6: 17; 2,43 |10: 11,22.40; 9,26 |12: 5,20; Ez 28,2 |16: 11,41.45; 8,9 |17: 6 |21: 7,8!; 8,23! |22: 10! · 9,25 |23: 8,24 |24: 8,25 |27: 8,17! |28: 7,21! |30: Num 24,24 |31: 9,27! · 9,27; 12,11; Mt 24,15 |33: 35; 12,3.10 |35: 12,10 · 8,17! |36: 7,8! · 8,19 · 9,26–27 |37: Jes 14,14; 2Thess 2,4 · Ez 8,14 |40:

8,17! · 10! |41: 16 |45: 16; 9,16.20 · 7,26; 8,25; 9,27 |1: 10,13.21; Offb 12,7 · Mt 24,21 · 7,10! |2: Jes 26,19; Mt 25,46; Joh 5,29 |3: 11,33.35 · Mt 13,43 |4: 9; 8,26; Jes 8,16; Offb 10,4 · Am 8,12 |6: 10,5 · 8,13 |7: 4,31 · 7,25 · 7,21! |8: 8,27 |10: 11,35 |11: 9,27! · 11,31! |13: 10,14! · Joh 11,24

10,1: Möglich ist auch die Übersetzung: «… und bei der Erscheinung verstand er.»

10,4: Der Chiddekel ist der Tigris.

10,5: Andere übersetzen: «… mit Gold aus Ufas,»

10,13: Mit «einer der obersten Fürsten» ist ein Engelfürst gemeint.

11,11: Mit «seine Hand» ist die Hand des Königs des Südens gemeint.

11,16: Siehe die Anm. zu 8,9.

11,45: Mit dem «Berg der heiligen Zierde» ist der Zion gemeint.

12,7: Siehe die Anm. zu 7,25.

12,13: «in deinem Erbteil» ist wörtlich «in deinem Los», wie es im Buch Josua im Zusammenhang mit der Landverteilung begegnet.

Das Buch Hosea

Buchüberschrift

1 1 Das Wort des HERRN, das an Hosea erging, den Sohn des Beeri, in den Tagen des Ussija, des Jotam, des Achas, des Jechiskija, der Könige von Juda, und in den Tagen von Jerobeam, dem Sohn des Joasch, dem König von Israel.

|1: 2Kön 14,23–29; 15,32–16,20; 18,1–20,21; 1Chr 26,1–23

Hoseas Frau und ihre Kinder als Bild für Israels Untreue

2 Der Anfang des Redens des HERRN durch Hosea: Der HERR sprach zu Hosea: Geh, nimm dir eine hurerische Frau und Hurenkinder, denn das Land treibt entsetzliche Hurerei, ist dem HERRN fern! 3 Da ging er und nahm Gomer, die Tochter des Diblajim, und sie wurde schwanger und gebar ihm einen Sohn. 4 Und der HERR sprach zu ihm: Gib ihm den Namen Jesreel, denn nur noch kurze Zeit, dann suche ich das Haus des Jehu heim, der Blutschuld Jesreels wegen, und dem Königtum des Hauses Israel mache ich ein Ende. 5 Und an jenem Tag zerbreche ich den Bogen Israels in der Ebene von Jesreel.

6 Und sie wurde nochmals schwanger und gebar eine Tochter. Und er sprach zu ihm: Gib ihr den Namen Lo-Ruchama, denn ich werde mich des Hauses Israel nicht mehr erbarmen und ihnen nicht vergeben. 7 Des Hauses Juda aber werde ich mich erbarmen, und ich werde sie retten durch den HERRN, ihren Gott. Und ich werde sie nicht retten durch Bogen und Schwert und Krieg, durch Pferde und Reiter.

8 Und sie entwöhnte Lo-Ruchama und wurde schwanger und gebar einen Sohn. 9 Und er sprach: Gib ihm den Namen Lo-Ammi, denn ihr seid nicht mein Volk, und ich gehöre nicht zu euch!

|2: 4,12; 9,1; Nah 3,4 |4: 2,2 · 2Kön 9,15–27; 10,11; Am 7,9.11 |6: 2,3 |7: 14,4; Ps 20,8!; Sach 4,6 |9: 2,3!

1,6: Der Name Lo-Ruchama bedeutet ‹Die kein Erbarmen findet›.

1,9: Der Name Lo-Ammi bedeutet ‹Nicht mein Volk›.

1,9: Möglicherweise hörte man bei «ich gehöre nicht zu euch» im Hebräischen eine Anspielung an die Erklärung des Gottesnamens JHWH aus Ex 3,14 («ich werde sein»).

Aussicht auf Versöhnung

2 1 Dann aber werden die Israeliten zahlreich sein wie der Sand am Meer, der nicht gemessen und nicht gezählt werden kann.
Und an einem Ort, wo man von ihnen sagt:
   Ihr seid nicht mein Volk!,
wird man von ihnen sagen:
   Kinder des lebendigen Gottes!
2 Und die Judäer werden sich versammeln,
   zusammen mit den Israeliten,
und sie werden für sich ein einziges Haupt bestimmen,
   und sie werden heraufziehen aus dem Land,
denn gross ist der Tag von Jesreel!
3 Sagt zu euren Brüdern: Mein Volk!,
   und zu euren Schwestern: Sie hat Erbarmen gefunden!

   |1: Gen 22,17 |2: Jer 3,18; Ez 37,15–28 · 1,4; 2,25 · 3,5! |3: 1,6.9

   2,3: In diesem Vers werden die Namen der Kinder aus Hos 1 ins Gute gewendet.

Ehe und Hurerei als Bild für das Verhältnis von Gott und Israel

4 Führt einen Rechtsstreit mit eurer Mutter,
   führt einen Rechtsstreit –
denn sie ist nicht meine Frau,
   und ich bin nicht ihr Mann –,
damit sie ihre Hurerei aus ihrem Gesicht beseitigt
   und die Zeichen ihrer Ehebrecherei zwischen ihren Brüsten.
5 Sonst ziehe ich sie nackt aus
   und lasse sie dastehen
wie am Tag, als sie geboren wurde,
   und mache sie wie die Wüste
und lasse sie sein wie trockenes Land
und lasse sie sterben vor Durst!
6 Und ihrer Kinder werde ich mich nicht erbarmen:
   Es sind Hurenkinder!

7 Denn ihre Mutter hat Hurerei getrieben;
   die mit ihnen schwanger war, hat schändlich gehandelt,
denn sie hat gesagt:
Meinen Liebhabern will ich nachlaufen,
   die mir mein Brot geben und mein Wasser,
meine Wolle und meinen Flachs,
   mein Öl und was ich trinke.
8 Darum, sieh, ich versperre deinen Weg mit Dornen
   und baue eine Mauer vor ihr,
und sie wird ihre Pfade nicht finden!
9 Dann wird sie ihren Liebhabern nachrennen, aber sie nicht einholen,
   und sie wird sie suchen, aber nicht finden,
und sie wird sagen:
Ich will gehen und zurückkehren zu meinem ersten Mann,
   denn damals ging es mir besser als jetzt!
10 Sie selbst aber hat nicht erkannt,
   dass ich es war,
der ihr das Getreide und den Wein und das Öl gegeben hat;
und ich habe ihr viel Silber gegeben und Gold –
   sie haben es für den Baal verwendet!
11 Darum werde ich mein Getreide wieder nehmen zu seiner Zeit
   und meinen Wein, wenn er so weit ist,
und ich entreisse ihr meine Wolle und meinen Flachs,
   womit sie ihre Blösse bedecken sollte.
12 Nun aber decke ich ihre Scham auf vor den Augen ihrer Liebhaber,
   und niemand wird sie retten aus meiner Hand.
13 Und all ihrer Freude mache ich ein Ende:
   ihrem Fest, ihrem Neumond und ihrem Sabbat
   und all ihren Festzeiten.
14 Und ich verwüste ihren Weinstock und ihren Feigenbaum,

von denen sie gesagt hat: Das ist
mein Lohn,
den meine Liebhaber mir gegeben
haben.
Und ich mache sie zum Gestrüpp,
und die Tiere des Feldes fressen
sie ab.
15 Und sie selbst werde ich heimsuchen der Tage der Baale wegen, da sie
ihnen Rauchopfer dargebracht und sich
geschmückt hat mit ihrem Ring und
ihrem Schmuck und da sie ihren Liebhabern nachgelaufen ist. Mich aber hat
sie vergessen! Spruch des HERRN.

|4: 4,1! |5: 2,12; Ez 16,37; Nah 3,5! |6: 1,2 |7: 1,2 ·
2,9.15; Jer 2,25; Ez 16,33; 23,16.40 |9: 2,7! |10: 8,4;
Ez 16,10–13.16–19 |11: Ez 16,10 |12: 2,5! |13: Am 5,21!––
23 |14: Mi 1,7 |15: 11,2 · 2,7 · 4,6

Der HERR will sich Israel zur Braut machen

16 Darum, sieh, ich locke sie
und lasse sie in die Wüste gehen,
und dann werde ich ihr zu Herzen
reden.
17 Und von dort aus werde ich ihr ihre
Weinberge geben
und das Tal Achor als Pforte der
Hoffnung.
Und dort wird sie antworten wie in den
Tagen ihrer Jugendzeit
und wie am Tag, als sie heraufzog aus
dem Land Ägypten.
18 Und an jenem Tag, Spruch des
HERRN,
wirst du sagen: Mein Mann!,
und du wirst nicht mehr zu mir
sagen: Mein Baal!
19 Und die Namen der Baale entferne
ich aus ihrem Mund,
und an ihren Namen wird nicht
mehr gedacht werden.
20 Und an jenem Tag schliesse ich
einen Bund mit ihnen,
mit den Tieren des Feldes und mit
den Vögeln des Himmels
und mit den Kriechtieren auf dem
Erdboden.
Und Bogen und Schwert und Krieg
werde ich zerbrechen im Land,

und in Sicherheit lasse ich sie
schlafen.
21 Dann mache ich dich für immer zu
meiner Verlobten,
und ich mache dich zu meiner
Verlobten für Recht und
Gerechtigkeit als Brautpreis
und für Gnade und Erbarmen.
22 Und ich mache dich zu meiner
Verlobten für Treue als Brautpreis,
und du wirst den HERRN erkennen.
23 Und an jenem Tag werde ich
Antwort geben,
Spruch des HERRN,
ich antworte dem Himmel,
und dieser antwortet der Erde.
24 Und die Erde antwortet
dem Korn und dem Wein und
dem Öl,
und diese antworten Jesreel.
25 Und ich werde sie für mich aussäen
im Land,
und über Lo-Ruchama werde ich
mich erbarmen,
und zu Lo-Ammi werde ich sagen: Du
bist mein Volk!,
und es wird sagen: Mein Gott!

|17: Jes 65,10 · Jer 2,2; Ez 16,22.43 |18: Jes 54,5
|19: Sach 13,2 |20: Gen 1,20 · Mi 4,3 |21–22: Sach 8,8
|24: Joel 2,19 · 2,2! |25: 2,2! · 2,3! · 1Petr 2,10

Die Liebe zur Ehebrecherin. Israels Rückkehr zum HERRN und zu David

3 1 Und der HERR sprach zu mir: Geh
noch einmal, liebe eine Frau, die von
einem anderen geliebt wird und die
eine Ehebrecherin ist – wie der HERR die
Israeliten liebt, während sie sich anderen Göttern zuwenden und Traubenkuchen lieben! 2 Und für fünfzehn Schekel
Silber und einen Chomer Gerste und
einen Letech Gerste kaufte ich sie für
mich. 3 Und ich sagte zu ihr: Lange Zeit
wirst du für mich da sein, du darfst
keine Hurerei treiben und keinem anderen Mann gehören! Und auch ich
werde nicht zu dir kommen. 4 Denn
lange Zeit werden die Israeliten ohne
König und ohne Fürst bleiben und ohne
Schlachtopfer und ohne Mazzebe und

ohne Efod und Terafim. 5 Danach werden die Israeliten zurückkehren und den HERRN, ihren Gott, suchen und David, ihren König. Und in fernen Tagen werden sie zitternd zum HERRN kommen und zu seiner Güte.

|1: 1,2 |4: 10,3 |5: 6,1 · 2,2; Jer 30,9; Ez 34,24 · 11,11; Mi 7,17

3,3: Die Übersetzung der mit «Und auch ich werde nicht zu dir kommen.» wiedergegebenen hebräischen Formulierung ist unsicher; möglicherweise ist sie zu übersetzen: «Und nur ich werde zu dir kommen.»

Der Rechtsstreit des HERRN mit Israel, den Priestern und dem Königshaus

4 1 Hört das Wort des HERRN, ihr Israeliten! Der HERR hat einen Rechtsstreit mit den Bewohnern des Landes, denn es gibt keine Wahrhaftigkeit und keine Treue und keine Gotteserkenntnis im Land! 2 Verfluchen und Lügen und Töten und Stehlen und Ehebrechen haben sich ausgebreitet, und Blutschuld reiht sich an Blutschuld! 3 Darum wird das Land trauern, und hinfällig ist alles, was auf ihm lebt: die Tiere des Feldes und die Vögel des Himmels; und auch die Fische im Meer gehen zugrunde.

4 Doch niemand soll streiten und jemanden zurechtweisen, ist dein Volk doch wie jene, die mit dem Priester streiten!

5 Aber du wirst straucheln am Tag,
und mit dir wird auch der Prophet
straucheln in der Nacht.
Auch deine Mutter lösche ich aus!
6 Mein Volk wird ausgelöscht, denn es ist ohne Erkenntnis!
Du hast die Erkenntnis verworfen,
und nun verwerfe ich dich,
so dass du nicht mehr Priester bist
für mich!
Und du hast die Weisung deines Gottes vergessen,
so werde auch ich deine Kinder
vergessen!
7 Je zahlreicher sie wurden, desto mehr haben sie gesündigt gegen mich –
ihre Ehre werde ich tauschen gegen
Schmach!

8 Von der Sünde meines Volks ernähren sie sich,
und nach ihrer Schuld haben sie
Verlangen.
9 Und wie das Volk, so der Priester:
Seiner Wege wegen werde ich ihn heimsuchen,
und seine Taten werde ich ihm
vergelten.
10 Und sie werden essen und nicht satt werden,
Hurerei treiben und sich nicht
ausbreiten,
denn sie haben den HERRN verlassen,
um festzuhalten
11 an Hurerei und Wein und Most –
sie rauben den Verstand!
12 Mein Volk – es befragt seinen Baum,
und sein Stab soll ihm Auskunft
geben.
Denn der Geist der Hurerei hat sie in die Irre geführt,
und sie haben Hurerei getrieben,
weg von ihrem Gott.
13 Auf den Höhen der Berge bringen sie Schlachtopfer dar
und auf den Hügeln Rauchopfer
unter Eiche und Pappel und Terebinthe,
ihr Schatten ist ja so angenehm!
Darum treiben eure Töchter Hurerei
und brechen eure Schwiegertöchter
die Ehe.
14 Ich werde eure Töchter nicht heimsuchen,
weil sie Hurerei treiben,
und eure Schwiegertöchter nicht,
weil sie die Ehe brechen,
denn die Männer sondern sich ab mit den Huren
und bringen Opfer dar mit den
geweihten Frauen.
Und das Volk hat keine Einsicht,
es kommt zu Fall!
15 Wenn du, Israel, Hurerei treibst,
soll Juda sich nicht schuldig machen.
Und ihr sollt nicht nach Gilgal kommen
und nicht hinaufziehen nach
Bet-Awen
und nicht schwören: So wahr der HERR
lebt!

16 Denn störrisch wie eine störrische Kuh
> ist Israel geworden.

Und nun soll der HERR sie weiden
> wie ein Lamm auf grosser Weide?

17 Efraim ist mit Götzen im Bund –
> lass ihn nur machen!

18 Ist ihr Zechen vorüber,
> treiben sie Hurerei,

sie lieben – her damit! –, was man ihnen schenkt, Schande!

19 Ein Wind wickelt sie in seine Flügel,
> und ihrer Schlachtopfer wegen
> werden sie zuschanden!

5 1 Hört dies, ihr Priester,
> und gebt acht, Haus Israel,

und Haus des Königs, horcht auf:
> Euch gilt das Urteil!

Denn ihr seid eine Falle geworden für Mizpa
> und ein ausgespanntes Netz auf dem Tabor.

2 Und Abtrünnige haben es weit getrieben mit dem Abschlachten,
> ich aber bin eine Züchtigung für sie alle!

3 Mir ist Efraim bekannt,
> und Israel ist nicht vor mir verborgen.

Nun hast du Hurerei getrieben, Efraim!
> Israel hat sich unrein gemacht!

4 Ihre Taten lassen es nicht zu,
> dass sie zurückkehren zu ihrem Gott,

denn in ihnen ist ein Geist der Hurerei,
> und den HERRN anerkennen sie nicht!

5 Und der Hochmut Israels legt Zeugnis ab, ihm selbst ins Angesicht,
> und Israel und Efraim straucheln
> durch eigene Schuld;
> mit ihnen strauchelt auch Juda.

6 Mit ihren Schafen und ihren Rindern ziehen sie hin,
> um den HERRN zu suchen,

aber sie finden ihn nicht,
> er hat sich ihnen entzogen!

7 Treulos haben sie gehandelt gegenüber dem HERRN,

denn sie haben fremde Kinder geboren.

Nun wird ein einziger Monat sie fressen,
> zusammen mit ihren Feldern!

8 Stosst ins Horn in Gibea,
> in die Trompete in Rama,

stimmt das Kriegsgeschrei an in Bet-Awen.
> Benjamin – hinter dir!

9 Efraim wird verwüstet
> am Tag der Zurechtweisung,

unter den Stämmen Israels
> verkündige ich, was gilt.

10 Die Fürsten von Juda sind denen gleich geworden,
> die Grenzen verrücken,

wie Wasser werde ich meinen Zorn ausgiessen über sie.

11 Efraim wird unterdrückt,
misshandelt wird das Recht,
> denn er hat sich entschlossen, dem
> Nichtigen nachzulaufen.

12 Ich aber bin für Efraim wie die Motte
> und wie die Fäulnis für das Haus Juda.

13 Und Efraim sah seine Krankheit
> und Juda sein Geschwür,

und Efraim ging nach Assur
> und sandte zu einem grossen König.

Er aber kann euch nicht gesund machen,
> und kein Geschwür an euch wird heilen!

14 Denn ich bin wie ein Löwe für Efraim
> und wie ein junger Löwe für das Haus Juda:

Ich, ich bin es, der reisst und weiterzieht,
> ich trage fort, und da ist niemand,
> der rettet!

15 Ich gehe, kehre zurück an meine Stätte, bis sie ihre Schuld büssen und mein Angesicht suchen. Wenn sie in Not sind, werden sie nach mir suchen!

|1: 2,4; 12,3; Mi 6,2 · 8,2 |2: Jer 7,9; Ex 20,13–15; Dtn 5,17–19 · Nah 3,3 |3: Zef 1,3 |6: 4,1! · Mal 2,8 · 2,15 |10: Mi 6,14 |12: Jer 2,27 · 1,2! |13: Dtn 12,2 |15: 5,5 · Am 4,4! · Am 8,14 |16: 10,11 |17: 14,9 |18: Nah 1,10! · Am 4,1 |19: Jer 4,11–13 |1: 4,1 |3: 6,10 |5: 7,10 · 14,2 · 4,15 |6: Am 8,12 |8: 8,1; Joel 2,1! |9: Jes 37,3 |10: Dtn 19,14 |12: Hab 3,16 |13: 7,11; 8,9; 10,6 |14: 13,7 |15: Zef 2,2; Dtn 4,30; Am 5,4

4,14: «denn die Männer sondern sich ab» ist wörtlich: «denn sie sondern sich ab».

5,13: Andere verstehen die mit «zu einem grossen König» wiedergegebene Formulierung als Spott: «zu einem König, der Streit sucht».

Aufruf zur Umkehr. Israels Treulosigkeit

6 1 Auf und lasst uns zurückkehren zum HERRN,

denn er hat gerissen, und er wird uns heilen,

er hat geschlagen, und er wird uns verbinden.

2 Nach zwei Tagen wird er uns beleben,
am dritten Tag wird er uns aufrichten,

und wir werden leben vor ihm.

3 So lasst uns ihn erkennen,
lasst uns jagen nach der Erkenntnis des HERRN.

So sicher wie die Morgenröte bricht er hervor,

und er kommt zu uns wie der Regen,
wie der Spätregen herabfällt auf die Erde.

4 Was soll ich machen mit dir, Efraim?
Was soll ich machen mit dir, Juda?

Eure Treue ist wie eine Wolke am Morgen

und wie der Tau, die bald verschwinden!

5 Darum habe ich zugeschlagen durch die Propheten,

habe ich sie umgebracht durch die Worte meines Mundes.

Dein Recht aber bricht hervor als Licht.

6 Denn an Treue habe ich Gefallen und nicht an Schlachtopfern

und an Gotteserkenntnis mehr als an Brandopfern!

7 Sie aber haben den Bund übertreten wie in Adam,

dort haben sie treulos gehandelt gegen mich.

8 Gilead ist eine Stadt von Übeltätern,
unwegsam vor Blut.

9 Und wie Banden einem auflauern,
so die Gemeinschaft der Priester:

Auf dem Weg nach Schechem morden sie,

Schändliches haben sie begangen!

10 Im Haus Israel habe ich Grässliches gesehen,

Efraim treibt dort Hurerei,
Israel hat sich unrein gemacht.

11 Auch für dich, Juda, ist eine Ernte angesetzt,

wenn ich das Geschick meines Volkes wende!

| 1: 3,5 | 2: 13,14 | 3: Ps 72,6 | 4: 13,3! | 5: 12,11 | 6: 8,13; Am 5,21–22; Mi 6,7.8; Mt 9,13; 12,7 | 10: 5,3

6,7: Adam ist ein Ortsname.

6,8: Die genaue Bedeutung des mit ‹unwegsam› wiedergegebenen hebräischen Worts ist nicht gesichert.

Die Schuld Efraims und Samarias

7 1 Wenn ich Israel geheilt habe,
werden die Schuld Efraims

und die Übeltaten von Samaria aufgedeckt:

Sie haben Betrug begangen,
und der Dieb steigt ein;

draussen hat die Bande zugeschlagen.

2 Sie aber bedenken in ihrem Herzen nicht,

dass ich mich an ihre ganze Bosheit erinnere.

Nun umringen ihre Taten sie,
sie waren vor meinem Angesicht.

3 Mit ihrer Bosheit erfreuen sie den König

und mit ihren Lügen die Fürsten.

4 Sie alle sind Ehebrecher,
sind wie ein Backofen,
der brennt, doch ohne Bäcker.

Er hört auf, das Feuer zu schüren,
vom Kneten des Teigs bis zu dessen Säuerung.

5 Am Tag unseres Königs hat man die Fürsten krank gemacht

mit der Hitze des Weins,

seine Kraft hat die Aufbegehrenden weggerafft.

6 Denn sie haben den Wein gebracht,
in ihrer Hinterhältigkeit ist ihr Herz wie ein Ofen,

ihr Bäcker schläft die ganze Nacht,
wie Feuerflammen brennt er am Morgen.

7 Sie alle glühen wie der Ofen
und fressen ihre Richter,
all ihre Könige sind gefallen,
unter ihnen ist keiner, der zu mir
ruft.
8 Efraim –
unter den Völkern wird es hin und
her geschüttelt,
Efraim ist zu einem Fladen geworden,
der nicht gewendet wurde.
9 Fremde haben seine Kraft verzehrt,
und Efraim hat es nicht bemerkt,
auch hat graues Haar sich bei ihm
eingeschlichen,
und Efraim hat es nicht bemerkt.
10 Und der Hochmut Israels legt
Zeugnis ab, ihm selbst ins Angesicht,
sie aber sind nicht zurückgekehrt
zum HERRN, ihrem Gott,
und haben ihn trotz alledem nicht
gesucht.
11 Und Efraim war wie eine arglose
Taube,
ohne Verstand,
Ägypten rufen sie,
nach Assur laufen sie.
12 Sobald sie hinlaufen, spanne ich
mein Fangnetz über ihnen auf,
wie einen Vogel vom Himmel hole
ich sie herab,
ich weise sie zurecht,
wie es ihrer Gemeinde angekündigt
worden ist.
13 Wehe ihnen,
denn sie sind vor mir geflohen!
Verwüstung über sie,
denn sie haben mit mir gebrochen!
Ich will sie loskaufen,
sie aber verbreiten Lügen über mich!
14 Und sie haben nicht nach mir
geschrien in ihrem Herzen,
sondern jammern auf ihren Lagern.
Wegen Getreide und Wein treiben sie
sich herum,
von mir halten sie sich fern!
15 Ich aber bin es, der sie unterrichtet,
der ihre Arme gestärkt hat,
sie aber haben Böses gegen mich
ersonnen.

16 Sie kehren zurück – nicht zu
Hohem! -,
wie ein schlaffer Bogen sind sie
geworden.
Ihre Fürsten fallen durch das Schwert,
wegen der Verwünschung aus ihrem
Mund.
Das ist ihr Gestammel im Land Ägypten!

|2: Jer 14,10 |5–6: Nah 1,10! |10: 5,5 |11: 5,13!;
12,2; Jes 31,1 |12: Ez 12,13 |14: Nah 1,10! |16: 11,7 ·
Ps 78,57

7,6: «den Wein» wurde in der Übersetzung, die
in diesem Vers unsicher ist, ergänzt.
7,9: Statt Efraim hat der hebräische Text in diesem Vers ‹er›.
7,16: Die Übersetzung «nicht zu Hohem!» ist unsicher.

Israel hat das Gute verworfen

8 1 Das Horn an deine Lippen! Wie
ein Adler schwebt es über dem Haus
des HERRN, denn sie haben meinen
Bund gebrochen und sind abgefallen
von meiner Weisung.
2 Zu mir werden sie schreien:
Mein Gott! Wir, Israel, haben dich
erkannt!
3 Israel hat das Gute verworfen,
der Feind wird es verfolgen!
4 Sie selbst haben sich Könige gemacht,
und es kam nicht von mir!
Sie haben Fürsten gemacht,
und ich habe nichts davon gewusst.
Ihr Silber und ihr Gold haben sie für sich
verwendet,
für Götzenbilder.
Darum wird es vernichtet!
5 Er hat dein Kalb verworfen, Samaria!
Mein Zorn ist gegen sie entbrannt!
Wie lange sind sie noch unfähig,
schuldlos zu werden?
6 Es kommt von Israel,
ein Handwerker hat es gemacht,
und es ist kein Gott!
Zersplittern wird
das Kalb von Samaria!
7 Sie säen Wind und ernten Sturm!
Ein Halm, der keinen Spross hat,
bringt kein Mehl!
Brächte er etwas –
Fremde würden es verschlingen!

8 Israel wurde verschlungen:
Nun sind sie unter den Nationen
geworden
  wie ein Ding, an dem man keine
  Freude hat.
9 Sie selbst sind hinaufgezogen nach
Assur –
  ein Wildesel bleibt für sich allein,
Efraim wirbt mit Liebesgaben.
10 Auch wenn sie diese unter den
Nationen verteilen,
  werde ich sie nun sammeln,
sind sie doch schon geringer geworden
  unter der Last des Königs, der
  Fürsten.
11 Denn um zu sündigen, hat Efraim
die Altäre zahlreich gemacht,
  Altäre zum Sündigen sind sie ihm
  geworden.
12 Wieder und wieder schreibe ich
meine Weisung auf für ihn –
  wie Fremdes wird sie betrachtet.
13 Als Opfergaben für mich bringen
sie Fleisch dar,
  und sie essen es selbst.
Der HERR hat kein Gefallen daran!
Nun denkt er an ihre Schuld und nimmt
sich ihre Sünden vor.
  Sie müssen zurück nach Ägypten!
14 Und Israel hat den vergessen, der es
geschaffen hat, und hat Prachtbauten
gebaut,
  und Juda hat viele befestigte Städte
  angelegt,
ich aber werde Feuer in seine Städte
werfen,
  und es wird seine Paläste fressen.

|1: 5,8 |2: 4,1.6 |4: 2,10! |5: 10,5; 1Kön 12,28–30
|6: 13,2; Jes 40,18–20 |7: 10,13; Spr 22,8 |9: 5,13! |13:
6,6! · 9,3; 11,5 · Am 3,2 |14: Dtn 32,18 · Am 2,5

8,9: Die Bedeutung des mit ‹werben›
wiedergegebenen hebräischen Worts ist umstritten.

Efraim muss zurück nach Ägypten. Die
Anfeindungen gegen den Propheten
9 1 Freue dich nicht, Israel,
  juble nicht wie die Völker,
denn du hast Hurerei getrieben,
  bist deinem Gott fern.
Den Hurenlohn hast du geliebt,

wo immer Getreide gedroschen
wurde.
2 Dreschplatz und Kelter werden sie
nicht ernähren,
  und der Wein wird sie im Stich
  lassen.
3 Sie werden nicht im Land des HERRN
bleiben,
  und Efraim wird zurückkehren nach
  Ägypten,
und in Assur werden sie essen, was
unrein ist.
4 Sie werden keinen Wein ausgiessen
für den HERRN
  und ihm ihre Schlachtopfer nicht
  darbringen.
Diese sind für sie wie Trauerbrot,
  alle, die es essen, machen sich
  unrein,
denn für sie selbst ist ihr Brot bestimmt,
  in das Haus des HERRN gelangt es
  nicht.
5 Was werdet ihr tun am Tag der
Festversammlung
  und am Tag des Fests des HERRN?
6 Denn sieh, wenn sie fortgezogen sind
aus der Verwüstung,
  wird Ägypten sie einsammeln, Mof
  sie begraben;
Unkraut wird in Besitz nehmen, was sie
Kostbares haben an Silber,
  in ihren Zelten werden Dornen sein.
7 Die Tage der Heimsuchung sind
gekommen,
  gekommen die Tage, an denen
  vergolten wird,
Israel wird es erfahren!
Der Prophet ist ein Narr,
  der Mann, der den Geist hat, ist
  verrückt;
wegen der Grösse deiner Schuld,
  wird die Anfeindung gross sein.
8 An meinem Gott vorbei hält Efraim
Ausschau.
Der Prophet –
  das Netz des Vogelfängers liegt aus
  auf allen seinen Wegen;
Anfeindung ist im Haus seines Gottes!
9 Tief verdorben haben sie gehandelt,
  wie in den Tagen von Gibea.

Er denkt an ihre Schuld,
    sucht sie heim ihrer Sünden wegen.
10 Wie Trauben in der Wüste fand ich
Israel,
    wie eine Frühfeige am Feigenbaum,
    als dessen erste Frucht,
habe ich eure Vorfahren angesehen.
Sie aber sind zum Baal-Peor gegangen
    und haben sich der Schande geweiht
und sind zu Scheusalen geworden,
    wie es ihrer Liebe entsprach.
11 Efraim ist wie ein Vogel,
    seine Herrlichkeit fliegt davon,
kein Gebären und kein Mutterleib und
keine Empfängnis!
12 Selbst wenn sie ihre Kinder
grossziehen könnten,
    machte ich sie kinderlos, es bliebe
    kein Mensch!
Und wehe auch ihnen selbst, wenn ich
von ihrer Seite weiche!
13 Efraim –
    wie ich es gesehen hatte: bis nach
    Tyros gepflanzt auf einer Weide –,
Efraim muss seine Kinder hinausführen
zu dem, der sie umbringt.
14 Gib ihnen, HERR!
    Was wirst du geben?
Gib ihnen einen Mutterleib, der
Fehlgeburten hervorbringt
    und vertrocknete Brüste.
15 Das Ausmass ihrer Bosheit in Gilgal!
    Dort habe ich gelernt, sie zu hassen!
Der Bosheit ihrer Taten wegen
    werde ich sie vertreiben aus meinem
    Haus.
Ich werde sie nicht länger lieben:
    All ihre Fürsten sind störrisch!
16 Efraim ist geschlagen,
    ihre Wurzel ist verdorrt, sie bringen
    keine Frucht.
Auch wenn sie gebären könnten,
    würde ich die Lieblinge ihres Leibes
    töten.
17 Mein Gott verwirft sie,
    denn sie haben nicht auf ihn gehört,
und sie werden Flüchtlinge sein unter
den Nationen.

|1: 1,2! |2: Am 5,11! |3: 8,13! · Ez 4,12–13 |4:
Dtn 26,14 |6: 10,8; Jes 34,13 |9: 10,9 |10: Dtn 32,10 ·

Jes 28,4; Nah 3,12 · Num 25,3 |12: 9,16 |15: 12,12! |16:
9,12

9,4: Mit dem Ausgiessen des Weins sind Trankopfer gemeint.

9,11: Wörtlich: «... ihre Herrlichkeit ...»

Der Untergang von Kult und Königtum

10 1 Israel – ein üppiger Weinstock,
    es hatte seine Frucht,
je zahlreicher seine Frucht wurde,
    desto zahlreicher machte es die
    Altäre,
je schöner sein Land wurde,
    desto schöner machte es seine
    Mazzeben.
2 Ihr Herz ist geteilt, jetzt werden sie es
büssen!
Er selbst wird ihre Altäre zerbrechen,
    ihre Mazzeben wird er verwüsten.
3 Ja, jetzt werden sie sagen:
    Wir haben keinen König!
Wir haben den HERRN nicht gefürchtet;
    und der König – was könnte er für
    uns tun?
4 Sie haben Worte gemacht,
    sprechen nutzlose Verwünschungen
    aus,
    schliessen einen Bund,
und ihr Urteil wuchert
    wie giftiges Kraut in den Furchen
    des Feldes.
5 Um das Kälbergeschmeiss von
Bet-Awen
    haben die Bewohner von Samaria
    Angst,
nachgetrauert hat ihm sein Volk!
Seine Priester aber umjubeln es noch,
    seine Herrlichkeit –
sie ist fort von ihm in die Verbannung
gegangen!
6 Auch dieses wird nach Assur gebracht
werden
    als Gabe für den grossen König.
Scham wird Efraim ergreifen,
    und Israel wird sich schämen für
    seinen Ratschlag.
7 Vernichtet ist Samaria, sein König –
    wie Schaum auf dem Wasser!
8 Und die Kulthöhen von Awen werden
zerstört,

die Sünde Israels.
Dornen und Disteln
    werden ihre Altäre überwuchern.
Dann sagen sie zu den Bergen: Kommt
über uns!,
    und zu den Hügeln: Stürzt über uns
    zusammen!
9 Seit den Tagen von Gibea
    hast du gesündigt, Israel.
Dort sind sie stehengeblieben.
Wird sie in Gibea nicht der Krieg
erreichen
    gegen die Kinder der Bosheit?
10 Ich werde sie in Zucht nehmen, wie
es mir beliebt,
    und Völker werden gegen sie
    versammelt werden,
wenn sie verstrickt sind in ihre doppelte
Schuld.
11 Und Efraim – eine junge Kuh, ans
Joch gewöhnt,
    die es liebte, zu dreschen.
Und ich, ich fuhr mit der Hand
    über ihren schönen Nacken,
immer wieder wollte ich Efraim
anspannen,
    Juda sollte pflügen,
Jakob für sich eggen:
12 Sät für euch, wie es der Gerechtigkeit
entspricht,
    erntet nach Massgabe der Gnade!
Macht euch neues Land urbar!
Und es ist an der Zeit, den HERRN zu
suchen,
    bis er kommt, um Gerechtigkeit auf
    euch regnen zu lassen.
13 Unrecht habt ihr gepflügt, Bosheit
geerntet, die Frucht der Lüge gegessen,
    denn du hast auf deinen Weg
    vertraut,
    auf die Menge deiner Helden.
14 Aber in deinem Volk wird sich
Kriegslärm erheben,
    und alle deine Festungen werden
    verwüstet,
wie Schalman am Tag der Schlacht
Bet-Arbel verwüstete,
    Mutter und Kinder sind
    zerschmettert!

15 So hat man es mit euch gemacht,
Bet-El,
    des Bösen eurer Bosheit wegen.
Wenn der Morgen graut, ist es zu Ende
mit dem König von Israel!

|1: Jes 5,1; Jer 2,21 |3: 3,4 |5: 8,5 |6: 5,13! |8: 9,6! ·
4,13 · Lk 23,30; Offb 6,16 |9: 9,9 |11: 4,16 |12: Jer 4,3
|13: 8,7 |14: 14,1 |15: 13,11

10,6: Siehe die Anm. zu 5,13.
10,7: Die Übersetzung mit «wie Schaum» ist
nicht gesichert; möglich ist auch: «wie ein
abgeknickter Zweig».

Liebe und Mitleid des HERRN

11 1 Als Israel jung war, habe ich es
    geliebt,
    und ich rief meinen Sohn aus
    Ägypten.
2 Sooft man sie rief,
    haben sie sich abgewandt von ihnen;
den Baalen bringen sie Schlachtopfer
dar
    und den Götterbildern Rauchopfer!
3 Dabei war ich es, der Efraim das
Gehen beigebracht hat –
    er hob sie auf seine Arme –,
sie aber haben nicht erkannt, dass ich
sie geheilt habe.
4 Mit menschlichen Seilen habe ich sie
gezogen,
    mit Stricken der Liebe,
und ich war für sie wie jene, die das
Kleinkind an ihre Wangen heben,
    und ich neigte mich ihm zu, ich gab
    ihm zu essen.
5 Es muss nicht zurück ins Land
Ägypten!
Aber Assur wird sein König sein,
    denn sie haben sich geweigert,
    umzukehren.
6 Und in seinen Städten wird das
Schwert seine Runden ziehen
    und seinen Schwätzern ein Ende
    bereiten,
und es wird sie fressen,
    ihrer Pläne wegen.
7 Mein Volk aber ist verstrickt in die
Abkehr von mir.
Und man ruft es auf zu Hohem,
    bringt und bringt sie aber nicht
    dazu, zu preisen.

8 Wie könnte ich dich preisgeben,
Efraim,
    wie dich ausliefern, Israel?
Wie könnte ich dich preisgeben wie
Adma,
    wie dich behandeln wie Zebojim?
Mein Herz sträubt sich,
    all mein Mitleid ist erregt.
9 Meinem glühenden Zorn werde ich
nicht freien Lauf lassen,
    Efraim werde ich nicht noch einmal
    vernichten,
denn ich bin Gott und nicht irgendwer,
    heilig in deiner Mitte,
und ich werde in keine Stadt
eindringen.
10 Hinter dem HERRN werden sie
herziehen,
    wie ein Löwe wird er brüllen.
Wenn er brüllt,
    werden sie zitternd vom Meer her
    kommen.
11 Zitternd wie ein Vogel werden sie
aus Ägypten kommen
    und wie eine Taube aus dem Land
    Assur.
Und ich werde sie in ihren Häusern
wohnen lassen! Spruch des HERRN.

|1: Dtn 7,8 · Ex 4,22 |2: 2,15 |3: Dtn 1,31 |5: 8,13!
|7: 7,16 |8: Jer 31,20 |9: Num 23,19 |10: Am 1,2;
Joel 4,16 |11: 3,5

11,4: Möglich ist auch die Übersetzung: «...jene,
die ein Joch von ihren Kinnbacken anheben, ...»
    11,7: Die Übersetzung dieses Verses ist unsicher.

Efraims Lüge und Hinterlist. Erinnerung an Jakobs Betrug

12 1 Efraim hat mich umzingelt mit
Lüge,
    und das Haus Israel tat es mit
    Hinterlist.
Juda aber ist noch bei Gott,
    und dem, was heilig ist, hält es die
    Treue.
2 Efraim weidet Wind und jagt dem
Ostwind nach,
    den ganzen Tag mehrt es Lüge und
    Gewalttat.
Und mit Assur schliessen sie einen
Bund,

nach Ägypten wird Öl gebracht.
3 Und mit Juda hat der HERR einen
Rechtsstreit,
    und Jakob muss er heimsuchen, wie
    es seinen Wegen entspricht,
    nach seinen Taten zahlt er es ihm
    zurück.
4 Im Mutterleib hat er seinen Bruder
betrogen,
    und als er stark war, kämpfte er mit
    Gott.
5 Und er kämpfte mit einem Boten und
bezwang ihn,
    er weinte und flehte ihn um Gnade
    an,
in Bet-El fand er ihn,
    und dort begann er, mit uns zu
    reden.
6 Und der HERR ist der Gott der
Heerscharen,
    als HERRN ruft man ihn an!
7 Und du wirst mit deinem Gott
zurückkehren.
Achte auf Gnade und Recht,
    und hoffe immer auf deinen Gott!
8 Ein Händler mit einer betrügenden
Waage in seiner Hand –
    er liebt es, auszubeuten.
9 Efraim aber sagte:
Wie reich bin ich geworden!
    Ich habe mir ein Vermögen
    verschafft.
Bei all meinem Erwerb wird man keine
Schuld an mir finden,
    die Sünde wäre.
10 Und ich bin der HERR, dein Gott vom
Land Ägypten her.
Ich werde dich wieder in Zelten wohnen
lassen
    wie in den Tagen der Begegnung.
11 Und ich werde zu den Propheten
reden,
    und ich selbst habe die Schauungen
    zahlreich gemacht,
und durch die Propheten rede ich in
Gleichnissen.
12 Wenn Gilead schon Frevel war –
    wie sind sie zunichte geworden! –:
In Gilgal haben sie Stiere als Schlachtopfer dargebracht,

darum sollen auch ihre Altäre wie
Steinhaufen sein
an den Furchen des Feldes.

13 Jakob aber floh in die Gefilde von
Aram,
und Israel diente um eine Frau
und hütete Schafe um einer Frau
willen.

14 Und durch einen Propheten führte
der HERR Israel herauf aus Ägypten,
und von einem Propheten wurde es
gehütet.

15 Efraim hat ihn mit bitteren
Kränkungen gereizt,
sein Herr aber lässt seine Blutschuld
auf ihm lasten,
und seine Schande zahlt er ihm
zurück.

|2: 7,11! |3: 4,1! |4: Gen 25,24–26 · Gen 32,23–33
|5: Gen 28,10–22 |6: Jes 42,8 |8: Am 8,5; Mi 6,11 |9:
Offb 3,17 |10: 13,4 |11: 6,5 |12: 4,15; 6,8; 9,15 |13:
Gen 29,15–20 |14: Ex 3,10; Dtn 18,15

12,4: Der Name Jakob klingt hebräisch wie ‹er
betrügt›.
12,12: Im Namen Gilgal klingt hebräisch ‹Steinhaufen› an.
12,13: «Schafe» wurde in der Übersetzung ergänzt.

Gottes Gericht. Keine Rettung vor dem Tod

13 1 Hatte Efraim gesprochen,
machte sich Schrecken breit,
er erhob sich in Israel.
Und er wurde schuldig durch Baal und
starb.

2 Und nun fahren sie fort zu sündigen:
Sie haben sich ein gegossenes Bild
gemacht,
Götzenbilder aus ihrem Silber,
ihrer Kunstfertigkeit entsprechend.
Das alles ist Werk von
Handwerkern.
Von ihnen sagt man:
Wer Menschen als Schlachtopfer
darbringt,
küsst Kälber.

3 Darum werden sie wie eine Wolke am
Morgen sein
und wie der Tau, die bald
verschwinden,

wie Spreu, die verweht wird von der
Tenne,
und wie Rauch aus einer Luke.

4 Ich aber bin der HERR, dein Gott vom
Land Ägypten her,
und ausser mir kennst du keinen
Gott,
und es gibt keinen Retter ausser mir.

5 Ich habe dich schon in der Wüste
gekannt,
im Land der Dürre.

6 Dank ihrem Weideplatz wurden sie
satt;
da sie satt wurden, hat ihr Herz sich
erhoben.
Deshalb haben sie mich vergessen!

7 Ich aber bin für sie wie ein Löwe
geworden,
wie eine Raubkatze lauere ich am
Weg.

8 Ich falle über sie her wie eine Bärin,
der man die Jungen genommen hat,
und ich zerreisse die Brust über ihrem
Herzen.
Und dort fresse ich sie wie eine Löwin,
die Tiere des Feldes reissen sie in
Stücke.

9 Es hat dich zugrunde gerichtet, Israel,
dass du gegen mich, deine Hilfe, bist.

10 Wo ist denn dein König,
dass er dich retten könnte in allen
deinen Städten,
und wo sind deine Richter,
von denen du gesagt hast:
Gib mir doch einen König und Fürsten!

11 Einen König gebe ich dir, wenn ich
zornig bin,
und wenn ich wütend bin, nehme
ich ihn weg.

12 Eingeschnürt ist die Schuld Efraims,
aufbewahrt ist seine Sünde.

13 Die Wehen setzen ein für seine
Geburt,
er aber ist kein weiser Sohn,
wenn es Zeit ist, tritt er nicht ein in den
Muttermund.

14 Erst aus der Hand des Totenreichs
löse ich sie aus,
erst vom Tod erlöse ich sie.

Wo sind deine Seuchen, Tod?
>Wo ist dein Stachel, Totenreich?
Meine Augen werden kein Mitleid
kennen!
15 Mag er gedeihen zwischen Brüdern –
der Ostwind kommt, der Sturm des
HERRN,
>von der Wüste zieht er herauf,
und sein Brunnen versiegt,
>und seine Quelle vertrocknet.
Er selbst plündert
>den Vorrat von alldem, was kostbar
ist.

14 1 Samaria wird büssen,
>dass es widerspenstig war gegen
seinen Gott!
Durch das Schwert werden sie fallen,
>ihre Jüngsten werden zerschmettert
und ihre Schwangeren aufgeschlitzt.

|2: 8,6! |3: 6,4; Zef 2,2 |4: 12,10 · Jes 43,11; 45,21;
Joel 2,27 |6: Dtn 32,15 |7: 5,14 |11: 10,15 |12:
Dtn 32,34–35 |14: 6,2 · 1Kor 15,55 |1: 10,14

13,2: Möglich ist auch die Übersetzung: «…: Während sie Menschen als Schlachtopfer darbringen, küssen sie Kälber.»

13,14: Möglicherweise ist der Anfang des Verses als Frage zu verstehen: «Aus der Hand des Totenreichs soll ich sie auslösen, vom Tod sie erlösen? …»

14,1: Der hebräische Text lautet: «… und seine Schwangeren …»

Mahnung zur Umkehr. Verheissung künftigen Heils

2 Kehre zurück, Israel,
>zum HERRN, deinem Gott!
Denn durch deine Schuld bist du zu Fall
gekommen.
3 Wählt eure Worte
>und kehrt zurück zum HERRN,
sagt zu ihm:
Vergib alle Schuld und nimm das Gute
an,
>und wir wollen Ersatz leisten mit
Stieren,

mit unseren Lippen.
4 Assur wird uns nicht retten,
>wir wollen nicht auf Pferden reiten,
und zum Werk unserer Hände werden
wir nicht mehr sagen:
>Unser Gott!
Denn bei dir findet das Waisenkind
Erbarmen.
5 Ich werde ihre Abtrünnigkeit heilen;
>weil ich es will, liebe ich sie,
denn mein Zorn hat sich abgekehrt von
ihm.
6 Ich werde für Israel sein wie der Tau,
>es wird sprossen wie die Lilie,
damit es seine Wurzeln schlägt wie der
Libanon.
7 Seine Triebe werden sich ausbreiten,
>dass seine Pracht wird wie der
Ölbaum
>und sein Duft wie der des Libanon.
8 Die in seinem Schatten wohnen,
kehren zurück,
>sie werden das Getreide erneuern,
und sie sprossen wie der Weinstock;
>sein Ruf ist wie der des Weins vom
Libanon.
9 Efraim:
>Was soll ich noch mit den Götzen?
Ich selbst habe ihm geantwortet und
schaue ihn an.
Ich bin wie üppiger Wacholder,
>an mir ist Frucht für dich zu finden.

|2: 5,5 |4: 1,7!; Jes 31,1 |7: Ps 52,10 |9: 4,17

Nachwort

10 Wer ist weise, dass er dies begriffe,
>so gelehrt, dass er es verstünde?
Die Wege des HERRN sind gerade,
>und die Gerechten gehen auf ihnen,
aber die sich vergehen,
>kommen auf ihnen zu Fall.

|10: Ps 107,43

Das Buch Joel

Aufruf zu Klage und Busse: Es kommt der grosse Tag des HERRN

1 1 Das Wort des HERRN, das an Joel
erging, den Sohn des Petuel:

2 Hört dies, ihr Ältesten!
  Und horcht auf, all ihr Bewohner des
  Landes!
Gab es das in euren Tagen
  oder in den Tagen eurer Vorfahren?
3 Davon erzählt euren Kindern,
  und eure Kinder sollen es ihren
  Kindern erzählen
und deren Kinder einer späteren
Generation!
4 Was nach der Raupe übrig blieb,
  hat die Heuschrecke gefressen,
und was nach der Heuschrecke übrig
blieb,
  hat die Heuschreckenbrut gefressen,
und was nach der Heuschreckenbrut
übrig blieb,
  hat die Schabe gefressen.
5 Wacht auf, ihr Betrunkenen, und
weint,
  und heult, alle, die ihr Wein trinkt,
über den Saft der Traube,
  denn er ist eurem Mund entrissen.
6 Denn eine Nation ist über mein Land
gekommen,
  stark und unzählbar,
ihre Zähne sind Löwenzähne,
  und sie hat die Kiefer einer Löwin.
7 Meinen Weinstock hat sie verwüstet,
  und meinen Feigenbaum hat sie
  abgeknickt,
restlos hat sie ihn abgeschält und
hingeworfen,
  weiss geworden sind seine Ranken.
8 Wehklage wie eine Jungfrau,
  die umgürtet ist mit dem
  Trauergewand,
um den Mann ihrer Jugendzeit klagt.
9 Speiseopfer und Trankopfer
  sind dem Haus des HERRN entrissen,

die Priester trauern,
  die Diener des HERRN.
10 Verwüstet ist das Feld,
  der Boden vertrocknet.
Ja, verwüstet ist das Getreide,
  verdorrt der Wein,
  verschwunden das Öl.
11 Schämt euch, ihr Bauern,
  heult, ihr Winzer,
über den Weizen und über die Gerste,
  denn die Ernte des Felds ist
  zugrunde gegangen.
12 Der Weinstock ist verdorrt
  und der Feigenbaum verschwunden.
Granatapfelbaum, auch Palme und
Apfelbaum,
  alle Bäume des Felds sind
  vertrocknet.
Ja, verdorrt ist die Freude,
  den Menschen ist sie entzogen.
13 Gürtet euch und klagt, ihr Priester,
  heult, ihr Diener des Altars!
Kommt, tragt das Trauergewand in der
Nacht,
  ihr Diener meines Gottes!
Denn Speiseopfer und Trankopfer
  werden dem Haus eures Gottes
  vorenthalten.
14 Erklärt das Fasten für heilig,
  ruft einen Busstag aus!
Versammelt die Ältesten, alle Bewohner
des Landes
  beim Haus des HERRN, eures Gottes,
und schreit zum HERRN:
15 Ach, dieser Tag!
Nah ist der Tag des HERRN,
  er kommt wie eine Verheerung
  durch Schaddai!
16 Ist nicht vor unseren Augen die
Nahrung entrissen worden,
  Freude und Jubel dem Haus unseres
  Gottes?
17 Verrottet sind die Saatkörner unter
ihren Schaufeln,
  die Speicher sind verödet,

die Vorratsgruben eingefallen,
   denn das Getreide ist verdorrt!
18 Wie das Vieh stöhnt!
Aufgeregt sind die Rinderherden,
   denn sie haben keine Weide,
auch die Schafherden tragen an der
Schuld.
19 Zu dir, HERR, rufe ich.
Denn Feuer hat die Weideplätze in der
Steppe gefressen,
   und auf dem Feld hat die Flamme alle
   Bäume verbrannt.
20 Auch die Tiere des Feldes haben
Verlangen nach dir,
   denn ausgetrocknet sind die
   Flussbetten,
   und Feuer hat die Weideplätze in der
   Steppe gefressen.

2 1 Stosst ins Horn in Zion
und brecht in Kriegsgeschrei aus
   auf meinem heiligen Berg;
alle Bewohner des Landes zittern,
   denn der Tag des HERRN kommt, er
   ist nah:
2 ein Tag der Finsternis und des
Dunkels,
   ein Tag des Gewölks und des
   Wolkendunkels,
ausgebreitet über den Bergen wie die
Morgendämmerung.
Ein grosses und starkes Volk,
   nie hat es seinesgleichen gegeben,
und nach ihm wird seinesgleichen nie
wieder sein
   bis zu den Jahren der fernsten
   Generationen:
3 Vor ihm her frisst Feuer,
   und hinter ihm wütet die Flamme.
Wie der Garten Eden ist das Land vor
ihm,
   hinter ihm aber ist öde Wüste,
und es gibt kein Entrinnen vor ihm.
4 Ihr Aussehen ist wie das Aussehen
von Pferden,
   und wie Rennpferde, so rasen sie.
5 Mit einem Lärm wie von
Kriegswagen
   springen sie über die Höhen der
   Berge,

dem Prasseln der Feuerflamme gleich,
   die das Stoppelfeld frisst,
wie ein starkes Volk,
   aufgestellt zur Schlacht.
6 Vor ihm winden sich Völker,
   alle Gesichter sind erblasst.
7 Wie Helden rennen sie,
   wie Krieger ersteigen sie die Mauer,
und jeder geht seinen Weg,
   und sie kommen nicht ab von ihren
   Wegen.
8 Und keiner steht seinem Bruder im
Weg,
   jeder zieht dahin auf seiner Strasse,
und zwischen den Waffen fallen sie ein,
ohne Unterlass.
9 Sie fallen über die Stadt her,
   laufen über die Mauer,
steigen in die Häuser ein,
   kommen durch die Fenster wie der
   Dieb.
10 Vor ihm bebt die Erde,
   erzittert der Himmel,
haben sich Sonne und Mond verfinstert,
   und die Sterne haben ihren Glanz
   verloren.
11 Und vor seinem Heer hat der HERR
seine Stimme erhoben,
   sehr gross ist sein Heerlager,
stark ist, wer sein Wort vollstreckt!
Gross ist der Tag des HERRN
   und überaus furchtbar!
Und wer könnte an ihm bestehen?

| 4: 2,25; Am 4,9; 7,1–2 | 6: Offb 9,8 | 7: Hos 10,1!
| 12: Am 4,7–9 | 14: 2,12.15 · 2,16 | 15: 2,1; 3,4; 4,14;
Am 5,18.20; Obd 15; Zef 1,7!; Mal 3,23; Ez 7,7.10 | 16:
1,9.13 | 19: 2,3 | 1–2: Zef 1,14–16 | 1: 2,15; Hos 5,8 · 4,17;
Zef 3,11 · 1,15! | 2: 2,10!; Am 5,18.20; Sach 14,6 | 3: 1,19 ·
Gen 2,8 | 4–5: Nah 3,2 | 4: Offb 9,7 | 5: Offb 9,9 | 6:
Nah 2,11; Jes 13,8 | 10: 2,2!; 3,4; 4,15; Offb 9,2 | 11:
Mal 3,23 · Nah 1,6; Mal 3,2

1,4: Möglicherweise ist mit ‹Raupe›
wiedergegebenen hebräischen Wort eine
Heuschrecke gemeint.
1,10: Möglich ist auch die Übersetzung:
«Verwüstet ist das Feld, der Boden trauert. ...»
1,11: Im Hebräischen klingt ‹schämen› ähnlich
wie ‹verdorren›.
1,15: ‹Schaddai›: Siehe die Anm. zu Num 24,4.
1,17: Die Bedeutung des mit ‹Saatkörner›
wiedergegebenen hebräischen Worts ist unsicher;
möglicherweise bedeutet es ‹Vorräte› oder
‹Dörrfeigen›.

Aufruf zur Umkehr

12 Und nun endlich, Spruch des
HERRN,
      kehrt zurück zu mir mit eurem
      ganzen Herzen
und mit Fasten und unter Tränen und in
Trauer.

13 Und zerreisst euer Herz und nicht
eure Gewänder,
      und kehrt zurück zum HERRN,
      eurem Gott,
denn er ist gnädig und barmherzig,
      langmütig und reich an Gnade,
und einer, dem das Unheil leidtut.

14 Wer weiss – er könnte sich besinnen
und sich erbarmen,
      und er könnte Segen hinterlassen.
Speiseopfer und Trankopfer
      für den HERRN, euren Gott!

15 Stosst ins Horn in Zion,
      erklärt das Fasten für heilig,
ruft einen Busstag aus!

16 Versammelt das Volk, heiligt die
Versammlung, holt die Ältesten
zusammen,
      versammelt die Kinder
      und jene, die noch an der Brust
      saugen.
Der Bräutigam komme aus seiner Kammer
      und die Braut aus ihrem Gemach.

17 Zwischen Vorhalle und Altar
      sollen die Priester weinen,
      die Diener des HERRN,
und sprechen: HERR, hab Mitleid mit
deinem Volk
      und mache deinen Erbbesitz nicht
      zum Gespött,
      dass Nationen sich nicht lustig
      machen über sie.
Warum soll man unter den Völkern
sagen:
      Wo ist ihr Gott?

|12: 1,14 |13: Ex 34,6–7; Am 5,14–15; Jona 4,2;
Nah 1,3 |14: Am 5,15; Jona 3,9 |15: 2,1 · 1,14 |16: 1,14
|17: Ps 42,11; 79,10; Mi 7,10

Der HERR sagt seine Hilfe zu

18 Da erwachte der Eifer des HERRN
für sein Land, und er hatte Mitleid mit
seinem Volk. 19 Und der HERR antwortete und sprach zu seinem Volk: Seht,
ich sende euch das Getreide und den
Wein und das Öl, und ihr werdet davon
satt werden. Und ich werde euch nicht
mehr zum Spott machen unter den
Nationen!

20 Und den aus dem Norden treibe ich
weit fort, weg von euch,
      und ich verjage ihn in ein dürres und
      verwüstetes Land,
seine Vorhut ins östliche Meer
      und seine Nachhut ins westliche
      Meer.
Und sein Gestank wird aufsteigen,
      und sein Verwesungsgeruch wird
      aufsteigen,
denn er hat grossgetan.

21 Fürchte dich nicht, du Erdboden,
      juble und freue dich,
denn der HERR hat Grosses getan!

22 Fürchtet euch nicht, ihr Tiere des
Feldes,
      denn die Weideflächen in der Steppe
      sind ergrünt,
denn der Baum trägt seine Frucht,
      Feigenbaum und Weinstock geben
      mit voller Kraft.

23 Und ihr, Kinder Zions,
      jubelt und freut euch am HERRN,
      eurem Gott,
denn im rechten Mass hat er euch die
Regengüsse gegeben,
      und er hat Regen fallen lassen für
      euch,
Regengüsse und Spätregen am ersten
Tag.

24 Und die Tennen werden sich füllen
mit Getreide,
      und die Keltern werden überfliessen
      von Wein und Öl.

25 Und ich werde euch die Jahre
erstatten,
      die die Heuschrecke gefressen hat,
      die Heuschreckenbrut und die
      Schabe und die Raupe,
mein grosses Heer,

das ich gegen euch gesandt habe.

26 Dann werdet ihr essen und essen
und satt werden
und den Namen des HERRN, eures
Gottes, preisen,
der wunderbar an euch gehandelt
hat.
Und mein Volk wird niemals mehr
zuschanden werden.

27 Und ihr werdet erkennen, dass ich in
Israels Mitte bin
und dass ich, der HERR, euer Gott bin
und keiner sonst.
Und mein Volk wird niemals mehr
zuschanden werden.

|18: Dtn 4,24; Nah 1,2; Sach 1,14! |19: 1,10.17 ·
Dtn 11,14; Hos 2,24; Sach 8,12! |20: Jer 1,14–15! ·
Jes 34,3; Am 4,10 |23–24: 2,19; Sach 10,1 |23: Zef 3,14!
|25: 1,4 |26: 2,19 |27: Hos 13,4!

Ankündigung zur Ausgiessung des Geistes

3 1 Und danach werde ich meinen
Geist ausgiessen über alles Fleisch,
und eure Söhne und eure Töchter
werden weissagen,
eure Alten werden Träume,
eure jungen Männer werden
Schauungen haben.

2 Und auch über die Diener und die
Dienerinnen
giesse ich in jenen Tagen meinen
Geist aus.

3 Und ich werde Wunderzeichen
wirken
am Himmel und auf der Erde:
Blut und Feuer
und Rauchsäulen.

4 Die Sonne wird sich in Finsternis
verwandeln
und der Mond in Blut,
bevor der Tag des HERRN kommt,
der grosse und furchtbare.

5 Jeder aber, der den Namen des HERRN
anruft, wird gerettet,
denn auf dem Berg Zion und in
Jerusalem wird Rettung sein,
wie der HERR es gesagt hat,
und bei den Entronnenen,
die der HERR ruft.

|1–5: Apg 2,17–21 |4: 2,10!.11!; Offb 6,12 · 1,15! |5:
Obd 17 · 4,16! · Röm 10,13

Das Gericht gegen die Nationen und Heil für Juda und Jerusalem

4 1 Denn sieh, in jenen Tagen und in
jener Zeit,
da ich das Geschick Judas und
Jerusalems wende,

2 versammle ich alle Nationen,
und ich werde sie hinabführen in das
Tal Jehoschafat,
und dort werde ich mit ihnen ins
Gericht gehen
wegen meines Volks und Erbbesitzes
Israel,
den sie unter die Nationen zerstreut
haben.
Und mein Land haben sie verteilt,

3 und über mein Volk haben sie das
Los geworfen,
und den Knaben haben sie eingetauscht
gegen die Hure,
und das Mädchen haben sie verkauft
für Wein,
und dann haben sie getrunken!

4 Als würdet ihr mir etwas bedeuten,
Tyros und Sidon,
und all ihr Bezirke von Philistäa!
Wollt ihr mir eine Tat vergelten
oder mir etwas antun?
Bald schon, ohne Verzug,
lasse ich euer Tun zurückfallen auf
euer Haupt!

5 Die ihr mein Silber und mein Gold
genommen
und meine schönen Kostbarkeiten
in eure Paläste gebracht habt!

6 Und die Kinder aus Juda und die
Kinder aus Jerusalem
habt ihr an die Jawaniten verkauft,
um sie weit weg zu bringen von ihrem
Gebiet.

7 Seht, ich setze sie in Bewegung
von dem Ort aus,
wohin ihr sie verkauft habt,
und euer Tun lasse ich zurückfallen auf
euer Haupt.

8 Dann verkaufe ich eure Söhne und
eure Töchter in die Hand der Judäer,
und diese werden sie an die Sabäer
verkaufen, an eine ferne Nation.
Der HERR hat gesprochen!

9 Ruft dies aus unter den Nationen:
Erklärt den Krieg für heilig!
    Setzt die Helden in Bewegung!
Herkommen, heraufkommen
    sollen alle Krieger!
10 Schmiedet eure Pflugscharen zu
Schwertern
    und eure Winzermesser zu Speeren!
Der Schwächling sage: Ich bin ein Held!
11 Beeilt euch und kommt, all ihr
Nationen ringsumher!
    Dann werden sie sich versammeln.
Dorthin, HERR, führe deine Helden
hinab.
12 Die Nationen werden in Bewegung
gesetzt, damit sie hinaufziehen
    ins Tal Jehoschafat.
Denn dort werde ich Platz nehmen, um
zu richten
    all die Nationen von ringsum.
13 Legt die Sichel an,
    denn die Ernte ist reif,
kommt, steigt herab,
    denn die Kelter ist gefüllt.
Die Becken fliessen über,
    denn ihre Bosheit ist gross.
14 Menschenmenge an
Menschenmenge
    im Tal der Entscheidung,
denn nahe ist der Tag des HERRN
    im Tal der Entscheidung.
15 Sonne und Mond haben sich
verfinstert,
    und ihren Glanz haben die Sterne
    verloren.
16 Und der HERR wird brüllen vom
Zion,
    und von Jerusalem her lässt er seine
    Stimme erschallen,
und Himmel und Erde erbeben.

Der HERR aber ist Zuflucht für sein Volk
    und eine Burg für die Israeliten.
17 Und ihr werdet erkennen, dass ich
der HERR bin, euer Gott,
    der auf dem Zion wohnt, auf
    meinem heiligen Berg.
Und Jerusalem wird heilig sein,
    und Fremde werden nicht mehr
    hindurchziehen.
18 Und an jenem Tag triefen die Berge
vom Saft der Trauben,
    und die Hügel fliessen über von
    Milch,
und in allen Flussbetten von Juda strömt
Wasser.
Und eine Quelle geht aus vom Haus des
HERRN
    und tränkt das Akaziental.
19 Ägypten wird verwüstet
    und Edom wird zur öden Wüste
wegen der Gewalttat gegen die Judäer,
    denn sie haben unschuldiges Blut
    vergossen in deren Land.
20 Juda aber wird für immer bleiben
    und Jerusalem von Generation zu
    Generation.
21 Und ich werde ihr Blut für
unschuldig erklären,
    noch habe ich es nicht für
    unschuldig erklärt!
Und auf dem Zion wohnt der HERR.

|1: Am 9,14 |2: 4,14 |3: Nah 3,10 |4: Am 1,6–10
|6: Am 1,9; Ez 27,13 |7: Obd 15 |9: 1,14 |10: Jes 2,4;
Mi 4,4 |13: Offb 14,15.18.20 · Jes 17,5 · Jes 63,1–6 |14:
4,2 · 1,15! |15: 2,10! |16: Jer 25,30; Hos 11,10; Am 1,2 ·
3,5; Ps 46,2; Nah 1,7 |17: 2,1! · Nah 2,1 |18: Am 9,13
|19: Obd 10 |20: Jer 17,25 |21: Mi 4,7; Obd 21

4,6: Jawaniten sind Griechen.
4,11: Möglicherweise ist statt «Beeilt euch» zu
übersetzen: «Eilt zu Hilfe».

Das Buch Amos

Überschrift und Leitspruch des Buchs

1 1 Die Worte des Amos – er war unter den Schafzüchtern von Tekoa –, die er geschaut hat über Israel, in den Tagen des Ussija, des Königs von Juda, und in den Tagen Jerobeams, des Sohns von Joasch, des Königs von Israel, zwei Jahre vor dem Erdbeben.

2 Und er sprach:
Der HERR wird brüllen vom Zion,
> und von Jerusalem her lässt er seine
> Stimme erschallen,
und die Weiden der Hirten werden verdorren,
> und der Gipfel des Karmel
> vertrocknet.

| 1: 2Kön 14,23–29; 2Chr 26,1 · Sach 14,5 | 2: Joel 4,16!

Drohung gegen die Nachbarvölker

3 So spricht der HERR:
Wegen der drei Vergehen von Damaskus
> und wegen der vier
nehme ich es nicht zurück,
> denn mit eisernen Dreschschlitten
> haben sie das Gilead gedroschen:
4 Ich sende Feuer in das Haus des Chasael,
> und es wird die Paläste Ben-Hadads
> fressen!
5 Und ich zerbreche den Riegel von Damaskus,
> und in der Ebene von Awen rotte ich
> den aus, der dort thront
> und in Bet-Eden den, der das Zepter
> trägt,
und das Volk von Aram geht in die Verbannung nach Kir!,
> spricht der HERR.
6 So spricht der HERR:
Wegen der drei Vergehen von Gaza
> und wegen der vier
nehme ich es nicht zurück,

denn sie haben alle und alles in die Verbannung geführt,
> um sie an Edom auszuliefern:
7 Ich sende Feuer an die Mauer von Gaza,
> und es wird seine Paläste fressen!
8 Und in Aschdod rotte ich den aus, der dort thront
> und in Aschkelon den, der das Zepter
> trägt;
dann lasse ich meine Hand zurückkehren gegen Ekron,
> und der Rest der Philister kommt
> um!,
spricht Gott der HERR.
9 So spricht der HERR:
Wegen der drei Vergehen von Tyros
> und wegen der vier
nehme ich es nicht zurück,
denn sie haben alle und alles an Edom ausgeliefert,
> und des Bundes unter Brüdern
> haben sie nicht gedacht:
10 Ich sende Feuer an die Mauer von Tyros,
> und es wird seine Paläste fressen! 11
> So spricht der HERR:
Wegen der drei Vergehen von Edom
> und wegen der vier
nehme ich es nicht zurück,
denn es hat seinen Bruder mit dem Schwert verfolgt
> und sein Erbarmen unterdrückt,
und immerfort hat sein Zorn zerfleischt,
> und seine Wut hat dauerhaft
> gewacht:
12 Ich sende Feuer gegen Teman,
> und es wird die Paläste von Bozra
> fressen!
13 So spricht der HERR:
Wegen der drei Vergehen der Ammoniter
> und wegen der vier
nehme ich es nicht zurück,

denn sie haben die Schwangeren des Gilead aufgeschlitzt,
um ihr eigenes Gebiet zu erweitern:
14 Ich lege Feuer an die Mauer von Rabba,
und es wird seine Paläste fressen
beim Kriegslärm am Tag der Schlacht,
beim Sturm am Tag des Gewitters.
15 Und ihr König wird in die Verbannung gehen,
er, zusammen mit seinen Obersten!,
spricht der HERR.

2 1 So spricht der HERR:
Wegen der drei Vergehen von Moab
und wegen der vier
nehme ich es nicht zurück,
denn die Gebeine des Königs von Edom hat es zu Kalk verbrannt:
2 Ich sende Feuer gegen Moab,
und es wird die Paläste von Kerijot fressen!
Und Moab kommt um unter Getöse,
beim Kriegslärm, zum Klang des Horns!
3 Und ich tilge den Richter aus seiner Mitte,
und mit ihm töte ich alle seine Obersten!,
spricht der HERR.

|3: 2Kön 8,12 |4: 2Kön 8,7–8 |5: 9,7 |6–8: Zef 2,4–7; Sach 9,5–7 |6: 2Chr 21,16–17 |9–10: Sach 9,2–4 |9: Joel 4,6! · 1Kön 5,26 |10: Sach 9,4 |11–12: Obd 10! |13–15: Zef 2,8–11 |14: 2,2 |1–3: Zef 2,8–11 |2: 1,14; Joel 2,1!; Zef 1,16

Drohung gegen Juda und Israel
4 So spricht der HERR:
Wegen der drei Vergehen von Juda
und wegen der vier
nehme ich es nicht zurück,
denn die Weisung des HERRN haben sie verworfen,
und seine Satzungen haben sie nicht gehalten.
Ihre Lügen aber haben sie in die Irre geführt,
jene, denen schon ihre Vorfahren nachgelaufen sind!
5 Ich sende Feuer gegen Juda,
und es wird die Paläste Jerusalems fressen! 6 So spricht der HERR:

Wegen der drei Vergehen Israels
und wegen der vier
nehme ich es nicht zurück,
denn den Gerechten verkaufen sie für Geld
und den Armen für ein Paar Schuhe.
7 Im Staub der Erde treten sie nach dem Kopf der Hilflosen,
und die Elenden drängen sie ab.
Und ein Mann und sein Vater gehen zur selben jungen Frau,
um meinen heiligen Namen zu entweihen.
8 Und auf gepfändeten Kleidern räkeln sie sich
neben jedem Altar,
und sie trinken den Wein derer, die eine Busse zahlen müssen,
im Haus ihres Gottes.
9 Dabei habe doch ich die Amoriter vor ihnen vernichtet,
deren Grösse wie die Grösse der Zedern war
und die stark waren wie die Eichen;
und oben habe ich ihre Frucht vernichtet
und unten ihre Wurzeln!
10 Und ich war es doch, der euch heraufgeführt hat aus dem Land Ägypten
und euch vierzig Jahre lang in der Wüste geleitet hat,
damit ihr das Land der Amoriter in Besitz nehmen konntet!
11 Und Kinder von euch habe ich als Propheten auftreten lassen
und junge Männer von euch als Geweihte.
Ist es nicht so, ihr Israeliten?
Spruch des HERRN.
12 Ihr aber habt den Geweihten Wein zu trinken gegeben
und den Propheten befohlen: Ihr dürft nicht weissagen!
13 Seht, ich lasse es unter euch wanken,
wie der Wagen wankt,
der voller Ähren ist.
14 Und für den Schnellen schwindet die Zuflucht,
und dem Starken versagt seine Kraft,

und der Held wird sein Leben nicht
retten,

15 und der Bogenschütze hält nicht
stand,

und der Schnellfüssige wird sich nicht
retten,

und wer ein Pferd reitet, rettet sein
Leben nicht.

16 Auch wer mutig ist unter den
Helden,

flieht nackt an jenem Tag!
Spruch des HERRN.

|4: Jes 5,24 |5: Hos 8,14 |6: 8,6 |7: 4,1; 5,11; 8,4 ·
Dtn 27,20 |8: Ex 22,25–26 · 4,1 |9: Dtn 7,1; Jos 24,8 ·
Hos 9,16 |10: 3,1 · Dtn 2,7 |11: Ri 13,7 |12: Num 6,1–21 ·
7,13.16; Jes 30,10; Mi 2,6 |14–16: 9,1; Zef 1,14

2,7: Möglich ist auch die Übersetzung: «Selbst
nach dem Staub der Erde auf dem Kopf der Hilflosen
gieren sie, …»

2,11: Mit den Geweihten sind Gott Geweihte gemeint.

Der Auftrag des Propheten

3 1 Hört dieses Wort, das der HERR
über euch gesprochen hat, ihr Israeliten, über die ganze Sippe, die ich
heraufgeführt habe aus dem Land
Ägypten:

2 Allein um euch habe ich mich
gekümmert

von allen Sippen des Erdbodens.
Darum werde ich an euch

all eure Verschuldungen
heimsuchen.

3 Gehen zwei miteinander,
wenn sie sich nicht getroffen haben?

4 Brüllt ein Löwe im Wald,
ohne Beute zu haben?

Erhebt ein junger Löwe in seinem
Versteck seine Stimme,

wenn er nicht geschlagen hat?

5 Fällt der Vogel in das Klappnetz am
Boden,

wenn da kein Stellholz ist für ihn?
Schnellt das Klappnetz vom Boden
empor,

ohne etwas zu fangen?

6 Wird das Horn geblasen in einer
Stadt,

ohne dass das Volk erschrickt?
Geschieht ein Unglück in einer Stadt,

ohne dass der HERR es bewirkt hat?

7 Gott der HERR tut nichts,
ohne seinen Dienern, den
Propheten,

seinen Plan offenbart zu haben!

8 Ein Löwe hat gebrüllt –
wer würde sich nicht fürchten?

Gott der HERR hat gesprochen –
wer würde nicht weissagen?

|1: 2,10 |2: Dtn 7,6; 10,15 · Hos 8,13 |6: Joel 2,1! ·
Jes 45,7 |8: 1,2 · 7,15

3,2: Wörtlich: «Allein euch habe ich gekannt …»

Gericht über Samaria

9 Lasst es hören über den Palästen in
Aschdod

und über den Palästen im Land
Ägypten

und sprecht: Versammelt euch auf den
Bergen von Samaria

und seht die grosse Bestürzung in
seiner Mitte

und die Gewalt, die darin herrscht!

10 Sie haben es nicht verstanden, das
Rechte zu tun,

Spruch des HERRN,
sie, die Gewalttat und Vernichtung
anhäufen in ihren Palästen.

11 Darum, so spricht Gott der HERR:
Ein Feind ist da

und umzingelt das Land,
und deine Befestigung reisst er nieder,

und deine Paläste werden
geplündert.

12 So spricht der HERR:
Wie der Hirt zwei Schenkel oder ein
Ohrläppchen aus dem Rachen des
Löwen rettet,

so werden die Israeliten gerettet,
die in Samaria in der Ecke des Lagers
und auf dem Damast des Ruhebetts
sitzen.

13 Hört es und sagt aus gegen das Haus
Jakob!

Spruch Gottes des HERRN, des Gottes
der Heerscharen.

14 An dem Tag, da ich die Vergehen
Israels an ihm heimsuche,

suche ich sie heim an den Altären
von Bet-El!

Und die Hörner des Altars werden abgehauen
  und fallen zu Boden.
15 Und das Winterhaus zertrümmere ich
  zusammen mit dem Sommerhaus,
dann verschwinden die Häuser aus Elfenbein,
  und mit den vielen Häusern hat es eine Ende!
Spruch des HERRN.

4 1 Hört dieses Wort, ihr Kühe des Baschan,
  die ihr auf dem Berg von Samaria seid,
die ihr den Hilflosen Gewalt antut,
  die ihr die Armen unterdrückt,
die ihr zu ihren Herren sagt:
  Her damit, wir wollen saufen!
2 Bei seiner Heiligkeit hat Gott der HERR geschworen:
Seht, es kommen Tage über euch,
  da holt er euch mit Haken
  und, was von euch bleibt, mit Angeln.
3 Und ihr werdet durch Mauerlücken nach draussen gelangen,
  jede, wo sie gerade ist.
Und dann werdet ihr zum Hermon geworfen.
  Spruch des HERRN.

|9: 4,1 |12: 6,4 |14: 1Kön 12,32; 2Kön 23,15 |15: Jer 36,22 · 1Kön 22,39 · 5,11; 6,11 |1: 3,9 · 2,7.8; 5,12; Hos 4,18; Nah 1,10! |2: Jer 16,16

4,3: : Die Wiedergabe «Und dann werdet ihr zum Hermon geworfen» beruht auf einer Korrektur des Massoretischen Texts; dieser lautet übersetzt: «Und dann sendet ihr zum Harmon».

Israels Hartnäckigkeit

4 Kommt nach Bet-El und vergeht euch,
  nach Gilgal, vergeht euch noch mehr!
Und bringt eure Schlachtopfer am Morgen,
  am dritten Tag eure Zehnten.
5 Und bringt Rauchopfer dar vom Gesäuerten als Dank,
  und kündigt freiwillige Gaben an,
  lasst es hören!

So habt ihr es doch immer geliebt, ihr Israeliten!
  Spruch Gottes des HERRN.
6 Und so habe dann ich euren Zähnen nichts zu kauen gegeben
  in allen euren Städten
und euch Mangel gegeben an Brot
  an allen euren Orten.
Dennoch seid ihr nicht zurückgekehrt zu mir! Spruch des HERRN.
7 Und so habe dann ich euch den Regen vorenthalten,
  als es noch drei Monate waren bis zur Ernte.
Und auf die eine Stadt liess ich es regnen,
  auf die andere aber liess ich es nie regnen.
Ein Feld erhielt Regen,
  ein anderes aber, auf das es nie regnete, vertrocknete.
8 Da wankten zwei, drei Städte zur selben Stadt hin,
  um Wasser zu trinken,
aber sie wurden nicht satt.
Dennoch seid ihr nicht zurückgekehrt zu mir! Spruch des HERRN.
9 Mit Kornbrand und mit Vergilben habe ich euch geschlagen;
  eure Gärten und eure Weinberge habe ich zahlreich gemacht,
eure Feigen und eure Oliven aber hat die Raupe gefressen.
Dennoch seid ihr nicht zurückgekehrt zu mir! Spruch des HERRN.
10 Ich habe euch die Pest gesandt,
  wie ich sie Ägypten gesandt habe.
Eure jungen Männer habe ich umgebracht mit dem Schwert,
  und auch eure gefangenen Pferde,
und den Gestank von euren Lagern habe ich aufsteigen lassen in eure Nase.
Dennoch seid ihr nicht zurückgekehrt zu mir! Spruch des HERRN.
11 Ich habe eine Zerstörung unter euch angerichtet
  wie die Zerstörung von Sodom und Gomorra durch Gott,
und ihr wart wie ein Holzscheit,
  das aus dem Brand gerettet wurde.

Dennoch seid ihr nicht zurückgekehrt zu mir! Spruch des HERRN.

12 Darum werde ich so mit dir verfahren, Israel!

Weil ich dir dies antun werde,
    mache dich bereit für die Begegnung
    mit deinem Gott, Israel!

13 Denn sieh, der die Berge gebildet und den Wind geschaffen hat
    und der dem Menschen seinen Plan kundtut,
der die Morgendämmerung zu Finsternis macht
    und seinen Fuss auf die Höhen der Erde setzt:
HERR, Gott der Heerscharen, ist sein Name!

> | 4: 5,5; Hos 4,15 | 6–11: Zef 3,7 | 7–9: Jer 3,3; Joel 1,12 | 9: Hag 2,17 · Joel 1,4 · 7,1 | 10: Joel 2,20! | 11: Zef 2,9! · Sach 3,2 | 13: 5,8; 9,3; Jer 10,13; Mi 1,3 · 5,8; Jer 10,13 · Mi 1,3 · 5,8.27

> 4,9: «Raupe»: Siehe die Anm. zu Joel 1,4.

Totenklage über das Haus Israel

5 1 Hört dieses Wort, das ich über euch anstimme
    als Totenklage, Haus Israel:

2 Sie ist gefallen, sie steht nicht wieder auf,
    die Jungfrau Israel!
Niedergestreckt liegt sie auf ihrem Boden,
    da ist keiner, der sie aufrichtet. 3 Denn so spricht Gott der HERR:
Von der Stadt, die ausrückt mit tausend,
    bleiben hundert übrig,
und von der, die ausrückt mit hundert,
    bleiben dem Haus Israel zehn.

4 Denn so spricht der HERR zum Haus Israel:
Sucht mich und bleibt am Leben!

5 Und sucht nicht Bet-El auf,
und geht nicht nach Gilgal,
    und zieht nicht hinüber nach Beer-Scheba!
Denn Gilgal muss in die Verbannung,
    und Bet-El wird zunichte!

6 Sucht den HERRN und bleibt am Leben,

damit er im Haus Josef nicht aufflammt wie das Feuer,
    das um sich frisst und dann keiner da ist von Bet-El, der löscht.

7 Die das Recht in Wermut verkehren
    und die Gerechtigkeit zu Boden geworfen haben!

8 Der das Siebengestirn und den Orion gemacht hat
    und tiefste Dunkelheit in Morgen verwandelt
    und den Tag verfinstert zu Nacht,
der das Wasser des Meeres rief
    und es ausgegossen hat über den Erdboden:
HERR ist sein Name!

9 Verwüstung lässt er hereinbrechen über das, was stark ist,
    und Verwüstung kommt über das, was befestigt ist.

10 Sie hassen den, der den Entscheid fällt im Tor,
    und verabscheuen den, der untadelig redet.

11 Darum, weil ihr dem Hilflosen Pachtzins auferlegt
    und Abgaben vom Getreide von ihm nehmt:
Häuser aus Quadersteinen habt ihr gebaut,
    doch darin wohnen werdet ihr nicht;
prächtige Weinberge habt ihr gepflanzt,
    doch ihren Wein werdet ihr nicht trinken!

12 Denn ich weiss, dass eure Vergehen zahlreich
    und eure Sünden gewaltig sind,
die ihr den Gerechten bedrängt,
    Bestechung annehmt
und die Armen wegstosst im Tor.

13 Darum schweigt, wer klug ist, in jener Zeit,
    denn es ist eine böse Zeit.

14 Sucht das Gute und nicht das Böse,
    damit ihr am Leben bleibt!
Dann wird der HERR, der Gott der Heerscharen, bei euch sein,
    so wie ihr es immer gesagt habt.

15 Hasst das Böse und liebt das Gute
und bringt das Recht zur Geltung im
Tor.
Vielleicht ist der HERR, der Gott der
Heerscharen,
dem Rest Josefs gnädig.
16 Darum, so spricht der HERR, der Gott
der Heerscharen, der Herr:
Auf allen Plätzen herrscht Trauer,
und auf allen Gassen schreit man:
Ach! Weh!
Und den Landarbeiter ruft man zur
Klage
und zur Trauer, zu denen, die des
Klagens kundig sind.
17 Und in allen Weinbergen herrscht
Trauer,
denn ich werde durch dich
hindurchschreiten!,
spricht der HERR.
18 Wehe denen, die hoffen auf den Tag
des HERRN!
Was erwartet ihr denn vom Tag des
HERRN?
Er ist Finsternis und nicht Licht:
19 wie wenn einer vor dem Löwen
flieht,
und der Bär fällt über ihn her,
und er ins Haus kommt
und sich mit der Hand an die Wand
stützt,
und die Schlange beisst ihn.
20 Ist der Tag des HERRN nicht
Finsternis und ohne Licht,
Dunkel und ohne Glanz?
21 Ich hasse, ich verabscheue eure
Feste,
und eure Feiern kann ich nicht
riechen! –
22 Es sei denn, ihr brächtet mir Brandopfer dar! –
Und eure Speiseopfer –
sie gefallen mir nicht!
Und das Heilsopfer von eurem
Mastvieh –
ich sehe nicht hin!
23 Weg von mir mit dem Lärm deiner
Lieder!
Und das Spiel deiner Harfen – ich
höre es mir nicht an!

24 Möge das Recht heranrollen wie
Wasser
und die Gerechtigkeit wie ein Fluss,
der nicht versiegt.
25 Habt ihr mir in der Wüste vierzig
Jahre lang Schlachtopfer und Speiseopfer dargebracht, Haus Israel?
26 Ihr werdet Sikkut, euren König, forttragen und Kijun, eure Bilder, den Stern
eurer Götter, die ihr euch gemacht
habt! 27 Und ich werde euch in die Verbannung führen, über Damaskus hinaus!, spricht der HERR, Gott der Heerscharen ist sein Name.

|2: 8,14 |4: Zef 2,3! |5: 4,4; 8,14 · 6,7 |7: 6,12;
Mi 3,9 |8: 9,6; Hiob 9,9 · 4,13! |10: 7,10–13 |11: 2,7 ·
3,15! · Dtn 28,39; Hos 9,2; Mi 6,15; Zef 1,13; Hag 2,16 ·
9,14 |12: 4,1!; Ex 23,6 |13: Mi 2,3 |14: Mi 3,2; Zef 2,3! ·
Mi 3,11 |15: Joel 2,14! |16: Joel 1,11 |17: Ex 11,4 |18:
Joel 1,15! · Joel 2,2! |20: 5,18! |21–23: 8,10; Jes 1,13–14;
11,10–14; Hos 2,13; Mal 1,10 · Hos 6,6! |25–26:
Apg 7,42–43 |27: 7,11! · 4,13!

5,26: Bei Sikkut und Kijun handelt es sich um ab-
sichtlich verunstaltete Namensformen der babylonischen Gottheiten Sakkut und Kewan (Saturn).

Ankündigung des Gerichts

6 1 Wehe den Sorglosen in Zion
und denen, die sich in Sicherheit
glauben auf dem Berg von Samaria,
den Vornehmen der ersten unter den
Nationen,
zu denen das Haus Israel kommt!
2 Zieht hinüber nach Kalne und seht,
und geht von dort nach
Chamat-Rabba!
Und steigt hinab nach Gat im
Philisterland!
Sind sie besser als diese Königreiche,
ist ihr Gebiet grösser als euer Gebiet?
3 Die ihr meint, der Tag des Unheils sei
fern,
und die ihr dafür gesorgt habt,
dass die Herrschaft der Gewalt nahe
gerückt ist!
4 Die auf Lagern aus Elfenbein liegen,
hingefläzt auf ihren Ruhebetten,
und die Widder essen von der Herde
und Rinder aus der Mast,
5 die sich zum Klang der Harfe
versuchen

und sich für David halten an den
Instrumenten,

6 die Wein aus Schalen trinken
und sich salben mit dem besten Öl,
aber nicht erschüttert sind über den
Zusammenbruch Josefs!

7 Darum gehen sie nun in die
Verbannung,
an der Spitze derer, die weggeführt
werden,
und das Feiern vergeht denen, die sich
fläzen!

8 Gott der HERR hat bei sich
geschworen, Spruch des HERRN, des
Gottes der Heerscharen:
Worauf Jakob stolz ist, das mache ich
verächtlich,
und seine Paläste hasse ich,
und die Stadt mit allem, was darin ist,
liefere ich aus!

9 Und wenn zehn Menschen übrig
gelassen werden in einem einzigen
Haus, dann müssen sie sterben! 10
Und hebt einen dann der eigene Verwandte auf – einer, der ihn verbrennt –,
um die Gebeine aus dem Haus zu
schaffen, und sagt er zu dem, der in den
hintersten Winkeln des Hauses ist: Ist
noch jemand bei dir?, und jener sagt:
Niemand!, dann wird er sagen: Stille!
Denn den Namen des HERRN darf man
nicht nennen!

11 Denn sieh, der HERR gebietet,
und man schlägt das grosse Haus in
Trümmer
und das kleine Haus in Stücke.

12 Rennen Pferde über Felsen,
oder pflügt man dort mit Rindern?
Ihr habt das Recht in Gift verwandelt
und die Frucht der Gerechtigkeit in
Wermut!

13 Die ihr euch freut über Lo-Dabar,
die ihr sagt:
Haben wir uns Karnajim
nicht durch eigene Kraft
genommen?

14 Doch seht, ich lasse eine Nation gegen euch aufstehen, Haus Israel, Spruch
des HERRN, des Gottes der Heerscharen.
Und sie werden euch bedrängen von

dort, wo es nach Chamat geht, bis zum
Bachtal in der Araba.

| 1: 9,10; Jes 32,9 | 2: Nah 3,8 | 3: 9,10; Ez 12,27 | 4:
3,12 | 5: Jes 5,12 | 7: 7,11! | 8: 8,7 | 10: 8,3; Hab 2,20;
Zef 1,7; Sach 2,17 | 11: 3,15! | 12: 5,7 | 13: Dtn 8,17;
Hab 1,11!

6,3: Möglich ist auch die Übersetzung: «..., dass
ein gewaltsames Ende nahe gerückt ist!»

6,3: Möglicherweise ist zu übersetzen: «... der
eigene Onkel auf oder ein anderer Verwandter, um
die Gebeine ...»

6,13: Der Name Lo-Dabar bedeutet ‹Nichts›.

Drei Schauungen von Amos

7 1 Dies liess Gott der HERR mich sehen: Sieh, er formte einen Schwarm
Heuschrecken, als die Spätsaat zu wachsen begann. Und sieh, die Spätsaat
kommt, nachdem der König gemäht hat.
2 Und als er das Kraut des Landes abge-
fressen hatte, sprach ich: Herr, HERR,
vergib doch. Wie könnte Jakob bestehen? Er ist doch so schwach! 3 Da tat es
dem HERRN leid. Es wird nicht geschehen!, sprach der HERR.

4 Dies liess Gott der HERR mich sehen: Sieh, Gott der HERR rief, um mit
Feuer in den Streit zu ziehen. Und es
frass die grosse Flut, und es frass das
Feld. 5 Ich aber sprach: Herr, HERR, lass
doch ab. Wie könnte Jakob bestehen? Er
ist doch so schwach! 6 Da tat es dem
HERRN leid. Auch dies wird nicht
geschehen!, sprach Gott der HERR.

7 Dies liess er mich sehen: Sieh, der
Herr stand über einer Mauer aus Zinn,
und in seiner Hand war Zinn. 8 Und der
HERR sprach zu mir: Was siehst du,
Amos? Und ich sagte: Zinn. Da sprach
der Herr: Sieh, mitten in mein Volk
Israel bringe ich Zinn, ich werde nicht
länger an ihm vorbeigehen!

9 Und die Kulthöhen Isaaks werden
verwüstet,
und die Heiligtümer Israels werden
in Trümmern liegen,
und gegen das Haus Jerobeam erhebe
ich mich mit dem Schwert.

| 1: 4,9! | 2: Ez 9,8 | 3: Jona 3,10 | 4: Joel 1,19–20 | 8:
Sach 4,2 | 9: 9,1

Amos und der Priester Amazja

10 Und Amazja, der Priester von Bet-El, sandte zu Jerobeam, dem König von Israel, um ihm zu sagen: Amos hat sich gegen dich verschworen, mitten im Haus Israel! Das Land kann seine Worte nicht ertragen!

11 Denn so hatte Amos gesprochen:
Jerobeam stirbt durch das Schwert,
    und Israel muss in die Verbannung,
    fort von seinem Boden!

12 Da sagte Amazja zu Amos: Seher, geh, fliehe ins Land Juda und iss dort dein Brot, und dort magst du weissagen! 13 In Bet-El aber darfst du nicht mehr weissagen, denn es ist ein königliches Heiligtum und ein königliches Haus. 14 Daraufhin sprach Amos zu Amazja: Ich bin kein Prophet, und ich bin kein Schüler eines Propheten, sondern ich bin ein Viehhirt und ritze Maulbeerfeigen. 15 Der HERR aber hat mich weggenommen von den Schafen, und der HERR hat zu mir gesprochen: Geh, weissage meinem Volk Israel! 16 Und nun, höre das Wort des HERRN! Du sagst: Du darfst nicht weissagen gegen Israel und deinen Worten nicht freien Lauf lassen gegen das Haus Isaak! 17 Darum, so spricht der HERR: Deine Frau wird Hurerei treiben in der Stadt, und deine Söhne und deine Töchter fallen durch das Schwert, und dein Boden wird mit der Messschnur verteilt. Und du wirst auf unreinem Boden sterben, und Israel muss in die Verbannung, fort von seinem Boden.

|11: 5,27; 6,7; 7,17; 9,4 |13: 2,12; 5,10 |14: 1,1 |15: 3,8 · Ps 78,70–71 |16: Mi 2,6–11 |17: 7,11!

Die vierte Schauung

8 1 Dies liess Gott der HERR mich sehen: Sieh, ein Korb mit reifem Obst. 2 Und er sprach: Was siehst du, Amos? Und ich sagte: Einen Korb mit reifem Obst. Da sprach der HERR zu mir: Reif für das Ende ist mein Volk Israel. Ich werde nicht länger an ihm vorbeigehen!

3 Und an jenem Tag werden die Lieder im Tempel zu Geheul, Spruch Gottes des HERRN, Massen von Leichen, überallhin hat man sie geworfen. Stille!

4 Hört dies, die ihr dem Armen nachstellt
    und die Elenden im Land beseitigt
5 und sagt: Wann ist der Neumond vorüber,
    dass wir Getreide verkaufen können?
Und wann der Sabbat,
    dass wir Korn anbieten können?
Dann machen wir das Efa kleiner
    und den Schekel grösser
und fälschen die Waage für den Betrug,
6 um Hilflose zu kaufen für Geld
    und den Armen für ein Paar Schuhe;
und den Abfall vom Korn verkaufen wir.
7 Beim Stolz Jakobs hat der HERR geschworen:
    Niemals werde ich all das vergessen,
    was sie getan haben!
8 Sollte darüber nicht die Erde erbeben
    und jeder Bewohner auf ihr trauern,
und sollte sich nicht die ganze Erde heben wie der Nil
    und aufgewühlt sein und sich
    senken wie der Strom Ägyptens?
9 Und an jenem Tag, Spruch Gottes des HERRN,
    lasse ich die Sonne untergehen am Mittag,
da bringe ich Finsternis über die Erde am helllichten Tag.
10 Und eure Feste verwandle ich in Trauer
    und alle eure Lieder in Klage,
und um alle Hüften lege ich ein Trauergewand,
    und jeder Kopf wird kahl sein.
Und ich mache es wie bei der Trauer um den Einzigen,
    und das Ende davon mache ich wie
    einen Tag der Verbitterung.
11 Seht, es kommen Tage,
    Spruch Gottes des HERRN,
da sende ich Hunger ins Land,
    nicht Hunger nach Nahrung
    und nicht Durst nach Wasser,
sondern danach, die Worte des HERRN zu hören.

12 Dann werden sie schwanken von Meer zu Meer
> und von Norden nach Osten,

sie werden umherstreifen, um das Wort des HERRN zu suchen,
> aber sie werden es nicht finden.

13 An jenem Tag brechen die schönen Jungfrauen und die jungen Männer zusammen vor Durst. 14 Die bei der Schuld von Samaria schwören und sagen: So wahr dein Gott lebt, Dan!, und: So wahr der Weg nach Beer-Scheba lebt!, sie werden fallen und sich nicht mehr erheben!

|2: Gen 6,13; Ez 7,2–3; Zef 1,2 · Joel 4,13 |3: 6,10! |4: 2,7! |5: Neh 13,15 · Dtn 25,13–16; Hos 12,8! |6: 2,6 |7: 6,8 |8: 9,5 |10: 5,21; Hos 2,13 · Jes 3,24; Jer 6,26 · Sach 12,10 |12: Dan 12,4; Hos 5,6 |13: Sach 9,17 |14: 5,5; Hos 4,14 · 5,2

8,2: Das mit «reifem Obst» wiedergegebene hebräische Wort ist wörtlich: «Sommerobst». Im Hebräischen klingen die Worte für ‹Sommer› und ‹Ende› fast gleich.
8,8: Die hier und in 9,5 mit «die ganze Erde» wiedergegebene hebräische Formulierung ist wörtlich: «sie als Ganze».

Die fünfte Schauung

9 1 Ich sah den Herrn über dem Altar stehen, und er sprach:
Schlage auf das Kapitell,
> dass die Schwellen beben,

schneidet ihnen allen den Lebensfaden ab, am Kopf!
Und was von ihnen bleibt,
> bringe ich um mit dem Schwert.

Keiner von ihnen wird entkommen,
> und keiner von ihnen wird sich retten!

2 Würden sie es mit Verbissenheit bis ins Totenreich schaffen,
> holte meine Hand sie auch von dort,

und stiegen sie hinauf in den Himmel,
> holte ich sie auch von dort herab.

3 Und verstecken sie sich auf dem Gipfel des Karmel,
> spüre ich sie auch dort auf und hole sie,

und verbergen sie sich vor meinen Blicken auf dem Meeresgrund,
> gebiete ich auch dort der Schlange,
> und sie wird sie beissen.

4 Und gehen sie gefangen vor ihren Feinden her,
> gebiete ich auch dort dem Schwert,
> und es bringt sie um:

Zum Bösen und nicht zum Guten richte ich mein Auge auf sie!

5 Und der Herr, der HERR der Heerscharen,
> der die Erde berührt hat, dass sie wankte

und alle Bewohner auf ihr trauern,
> und die ganze Erde hebt sich wie der Nil

und senkt sich wie der Strom Ägyptens –,

6 der im Himmel seine Stufen gebaut hat
> und sein Gewölbe – auf der Erde hat er es festgemacht,

der das Wasser des Meeres rief
> und es ausgegossen hat über den Erdboden –

HERR ist sein Name!

|1: 2,14–16 · 7,9.11 |2: Obd 4 · Ps 139,8–10 |3: Jona 2,1–11; Ps 68,23 |4: 7,11! · Zef 2,12 |5: 8,8; Mi 1,3.4; Nah 1,5 |6: 5,8!

9,1: Die Übersetzung «... schneidet ihnen ..., am Kopf!» ist unsicher.

Die Wende zum Heil

7 Seid ihr für mich nicht wie die Kuschiter, ihr Israeliten?,
> Spruch des HERRN.

Habe ich Israel nicht heraufgeführt aus dem Land Ägypten
> und die Philister aus Kaftor und Aram aus Kir?

8 Seht, die Augen Gottes des HERRN
> sind auf das sündige Königreich gerichtet:

Ich werde es vom Erdboden tilgen!
> Doch werde ich das Haus Jakob nicht völlig tilgen. Spruch des HERRN.

9 Denn seht, ich gebiete
> und schüttle das Haus Israel unter allen Nationen,

wie man etwas im Sieb schüttelt,
> und es fällt kein Kiesel auf die Erde.

10 Durch das Schwert sterben alle Sünder in meinem Volk,

alle, die sagen: Du wirst kein Unheil
über uns bringen
und es nicht an uns herankommen
lassen!

11 An jenem Tag richte ich die
verfallene Hütte Davids auf,
    und ihre Risse werde ich vermauern,
und ihre Trümmer richte ich auf,
    und ich werde sie bauen wie in
    früheren Tagen,
12 damit sie in Besitz nehmen,
    was von Edom übrig ist,
und dazu alle Nationen,
    über denen mein Name ausgerufen
    ist.
Spruch des HERRN, der dies tut.
13 Sieh, es kommen Tage,
    Spruch des HERRN,
da geht, wer pflügt, hinter dem, der
erntet,
    und wer die Trauben tritt, hinter
    dem, der sät,

und die Berge triefen vom Saft der
Trauben,
    und alle Hügel fliessen über davon.
14 Und das Geschick meines Volks
Israel werde ich wenden:
Sie werden verwüstete Städte aufbauen
    und darin wohnen
und Weinberge pflanzen
    und ihren Wein trinken
und Gärten anlegen
    und ihre Früchte essen.
15 Und ich pflanze sie ein in ihren
Boden,
    und nie wieder werden sie
    ausgerissen aus ihrem Boden,
den ich ihnen gegeben habe!,
    spricht der HERR, dein Gott.

| 7: 1,5 | 10: 6,1.3; Mi 3,11 | 11-12: Apg 15,15-16 ·
Obd 17 | 12: Obd 19 | 13: Lev 26,5; Hos 2,24;
Joel 2,23-25; 4,18 | 14: Joel 4,1 · 5,11

Das Buch Obadja

Das Gericht über Edom. Die Rettung Israels
1 Die Schauung Obadjas. So spricht
Gott der HERR über Edom: –
Vom HERRN haben wir eine Botschaft
gehört,
    und ein Bote ist ausgesandt unter die
    Nationen:
Macht euch auf,
    wir wollen aufbrechen in den Krieg
    gegen Edom! –
2 Sieh, klein habe ich dich gemacht
unter den Nationen,
    tief wirst du verachtet!
3 Die Vermessenheit deines Herzens
hat dich getäuscht,
    dich, der in Felsenklüften wohnt,
    der in der Höhe seinen Sitz hat,
    der in seinem Herzen spricht:
Wer könnte mich zu Boden stürzen?
4 Würdest du dein Nest auch in der
Höhe bauen wie der Adler,

und wäre es zwischen die Sterne
gesetzt –
selbst von dort würde ich dich
hinabstürzen!
    Spruch des HERRN.
5 Wären Diebe über dich gekommen
oder Verwüster in der Nacht –
    wie bist du vernichtet worden! –,
    hätten sie nicht nur geraubt, was sie
    brauchen?
Wären Winzer über dich gekommen,
    hätten sie nicht eine Nachlese übrig
    gelassen?
6 Wie wurde Esau durchsucht!
    Wie wurden seine Verstecke
    durchwühlt!
7 Bis an die Grenze haben dich all jene
getrieben,
    mit denen du im Bund warst,
betrogen, überwältigt haben dich die,
    mit denen du Frieden hattest;

die dein Brot essen, legen unter dir eine
Fussangel.

Es ist keine Einsicht in ihm!

8 Wird es an jenem Tag nicht so sein,
Spruch des HERRN:

Die Weisen lasse ich aus Edom
verschwinden

und die Einsicht aus dem Bergland
Esaus.

9 Und deine Helden, Teman, werden
verzagen;

dann werden alle niedergemacht im
Bergland Esaus
wegen des Mordens.

10 Wegen der Gewalttat an deinem
Bruder Jakob

wird Schande dich bedecken,
und du wirst niedergemacht für
immer.

11 Am Tag, als du abseits standest,
am Tag, als Fremde sein Heer in die
Gefangenschaft führten

und Fremdländische in seine Tore
kamen

und das Los warfen über Jerusalem,
warst auch du wie einer von ihnen.

12 Doch weide dich nicht am Tag deines
Bruders,

am Tag seines Unglücks,
und freue dich nicht über die Judäer
am Tag ihres Untergangs,
und reiss dein Maul nicht auf
am Tag der Not.

13 Tritt nicht ein in das Tor meines
Volks

am Tag ihres Verderbens,
weide du dich nicht an seinem Unheil
am Tag seines Verderbens,
und greift nicht nach seinem Vermögen
am Tag seines Verderbens.

14 Und stell dich nicht auf am
Scheideweg,

um seine Flüchtlinge umzubringen,
und liefere seine Überlebenden nicht
aus

am Tag der Not.

15 Denn nahe ist der Tag des HERRN
über alle Nationen.

Wie du verfahren bist,
wird mit dir verfahren werden,

deine Tat fällt zurück auf dein Haupt.

16 Denn wie ihr getrunken habt auf
meinem heiligen Berg,

werden alle Nationen ohne
Unterlass trinken,

und sie werden trinken und schlürfen,
und sie werden sein, als wären sie
nie gewesen.

17 Auf dem Berg Zion aber wird
Rettung sein,

und er wird heilig sein,
und die vom Haus Jakob werden in
Besitz nehmen,

was ihnen gehört.

18 Und das Haus Jakob wird Feuer,
und das Haus Josef wird zur Flamme,
das Haus Esau aber wird zum
Stoppelfeld,

und man setzt sie in Brand und frisst
sie,

und dem Haus Esau wird kein
Überlebender bleiben!

Der HERR hat gesprochen.

19 Und sie werden den Negev mit
dem Bergland Esaus und die Schefela
und die Philister in Besitz nehmen, und
sie werden das Gefilde Efraims und das
Gefilde Samarias und Benjamin mit
dem Gilead in Besitz nehmen. 20 Und
die Verbannten dieses Heeres der Israeliten nehmen in Besitz, was den Kanaanitern gehört, bis Zarefat, und die
Verbannten Jerusalems, die in Sefarad
sind, nehmen die Städte des Negev in
Besitz. 21 Und Retter werden hinaufziehen auf den Berg Zion, um das Bergland Esaus zu richten. Und das Königs-
tum wird dem HERRN gehören!

| 1–21: Jes 21,11–12; 34,1–17; Jer 49,7–22;
Ez 25,12–14; 35,1–15; Am 1,11–12 | 1–4: Jer 49,14–16 | 3:
Gen 36,8 | 4: Hab 2,9 · Am 9,2 | 5: Jer 49,9 · Mal 1,3
| 6: Jer 49,10 | 7–8: Jer 49,7 | 9: Jer 49,22 | 10: Joel 4,19;
Am 1,11–12 · Gen 25,19–34; Dtn 23,8; Mal 1,2.4 | 11:
Ps 137,7; Joel 4,3 | 12: Ez 36,5; Mi 4,11 | 15: Joel 1,15! ·
Joel 4,7 · Ps 137,7 | 16: Joel 4,17! · Klgl 4,21;
Jer 25,15–17.27–28 | 17: Joel 3,5 · Am 9,11–12 | 18:
Sach 12,6 | 19: Am 9,12; Zef 2,6–7 | 20: Jer 13,19; 32,44
| 21: Mi 4,7; Ps 22,29

1: Wörtlich: «... in den Krieg gegen es! –»
6: Möglich ist auch die Übersetzung: «... Wie
wurden seine verborgenen Schätze aufgespürt!»
7: Möglich ist auch die Übersetzung: «...; dein

legen sie aus als Fussangel unter dir. ...»
   11: Möglich ist auch die Übersetzung: «..., als
Fremde sein Vermögen wegschleppten ...»
   14: Die Bedeutung des mit ‹Scheideweg› wieder-

gegebenen hebräischen Worts ist umstritten.
   20: Die Übersetzung «dieses Heeres» beruht auf
einer leichten Korrektur des Massoretischen Texts;
dieser lautet: «dieser Festungsvormauer».

Das Buch Jona

Jonas Flucht vor dem HERRN

1 1 Und das Wort des HERRN erging an Jona, den Sohn des Amittai: 2 Mach dich auf, geh nach Ninive, in die grosse Stadt, und rufe gegen sie aus, denn ihre Bosheit ist vor mir aufgestiegen. 3 Jona aber machte sich auf, um vor dem HERRN nach Tarschisch zu fliehen. Und er ging hinab nach Jafo und fand ein Schiff, das nach Tarschisch fuhr. Und er zahlte sein Fährgeld und stieg hinab in das Schiff, um mit ihnen nach Tarschisch zu fahren, weg vom HERRN.

4 Der HERR aber warf einen gewaltigen Wind auf das Meer, und über dem Meer zog ein schwerer Sturm auf, und das Schiff drohte auseinander zu brechen. 5 Und die Seeleute fürchteten sich, und jeder schrie zu seinem Gott. Und die Ladung, die auf dem Schiff war, warfen sie ins Meer, um es davon zu erleichtern. Jona aber war hinabgestiegen in die hintersten Winkel des Schiffs und hatte sich niedergelegt und war eingeschlafen. 6 Da kam der Kapitän auf ihn zu und sagte zu ihm: Was ist mit dir? Du schläfst ja! Mach dich auf, rufe zu deinem Gott, vielleicht erinnert der Gott sich unser, und wir gehen nicht zugrunde. 7 Und sie sagten, ein jeder zu seinem Nächsten: Kommt und lasst uns Lose werfen, wir wollen erfahren, um wessen willen uns dieses Unglück trifft. Und sie warfen Lose, und das Los fiel auf Jona. 8 Da sagten sie zu ihm: Sag uns doch, um wessen willen uns dieses Unglück trifft. Was ist dein Gewerbe, und woher kommst du, welches ist dein Land, und aus welchem Volk bist du?

9 Und er sagte zu ihnen: Ich bin ein Hebräer, und ich fürchte den HERRN, den Gott des Himmels, der das Meer und das Trockene gemacht hat. 10 Da gerieten die Männer in grosse Furcht und sagten zu ihm: Was hast du da getan! Denn die Männer wussten, dass er vor dem HERRN floh, er hatte es ihnen gesagt. 11 Und sie sagten zu ihm: Was sollen wir mit dir machen, damit das Meer sich beruhigt und von uns ablässt?, denn das Meer wurde immer stürmischer. 12 Und er sagte zu ihnen: Packt mich und werft mich ins Meer, damit das Meer sich beruhigt und von euch ablässt! Denn ich weiss, dass dieser schwere Sturm meinetwegen über euch gekommen ist. 13 Die Männer aber ruderten verbissen, um das Schiff zurück ans Trockene zu bringen, aber sie schafften es nicht, denn das Meer wurde immer stürmischer gegen sie. 14 Da riefen sie zum HERRN und sprachen: Ach HERR, bitte lass uns nicht zugrunde gehen, wenn wir diesem Mann das Leben nehmen, und rechne uns unschuldiges Blut nicht an, denn du, HERR, hast gehandelt, wie es dir gefallen hat. 15 Dann nahmen sie Jona und warfen ihn ins Meer, und das Meer wurde still und tobte nicht mehr. 16 Da kam grosse Furcht vor dem HERRN über die Männer, und sie schlachteten ein Opfer für den HERRN und legten Gelübde ab.

|1–2: Jona 3,1–2 |1: 2Kön 14,25 |2: Nah 3,19 |4: 2,1! · Ps 107,25 |6: 3,9! |7: 1Sam 14,41–42 |9: Esra 1,2! · Ps 95,5 |12: 2Sam 24,17 |14–15: Ps 107,28–29 |14: Dtn 21,8

1,3: Wörtlich: «... und stieg in es hinab, ...»
1,13: «das Schiff» wurde in der Übersetzung ergänzt.

Jonas Gebet. Seine Rettung

2 1 Und der HERR liess einen grossen Fisch kommen, der Jona verschlingen sollte. Und drei Tage und drei Nächte lang war Jona im Bauch des Fisches. 2 Und aus dem Bauch des Fisches betete Jona zum HERRN, seinem Gott, 3 und er sprach:

Als ich in Not war, rief ich zum HERRN,
und er hat mich erhört.
Aus dem Innern des Totenreichs rief ich um Hilfe,
du hast meine Stimme gehört.
4 Du hattest mich in die Tiefe geworfen,
mitten ins weite Meer,
und die Strömung umspülte mich,
all deine Wogen und deine Wellen
gingen über mich hinweg.
5 Und ich, ich sprach: Ich bin verstossen,
deinen Augen entzogen!
Doch ich werde wieder aufblicken
zu deinem heiligen Tempel!
6 Das Wasser stand mir bis zum Hals,
die Flut umspülte mich,
Schilf hatte sich um meinen Kopf gewickelt.
7 Zum Fuss der Berge war ich hinabgefahren,
die Erde – ihre Riegel schlossen sich hinter mir für immer.
Da hast du mein Leben aus der Grube gezogen,
HERR, mein Gott!
8 Als meine Lebenskraft sich mir versagte,
erinnerte ich mich des HERRN,
und mein Gebet kam zu dir
in deinen heiligen Tempel.
9 Die nichtige Götzen verehren,
lassen ihre Gnade fahren.
10 Ich aber will dir Opfer schlachten mit lautem Danken,
was ich gelobt habe, will ich erfüllen!
Die Hilfe ist beim HERRN!

11 Und der HERR sprach zum Fisch, und dieser spie Jona aufs Trockene.

| 1: 1,4; 4,6.7.8 · Mt 12,40 |3: Ps 120,1 ·
Klgl 3,55–56 |4: Ps 42,8! |5: Ps 31,23 · Mi 1,2;
Hab 2,20; Ps 5,8; 138,2 | 6: Ps 69,2–3! | 7: Ps 30,4;
Jes 38,17 | 8: Ps 142,4 · Ps 69,14 | 9: Ps 31,7 |10:
Ps 22,26; 116,17–18 · Ps 3,9

2,9: «nichtige Götzen» ist wörtlich: «Nichtse des Nichts».

Jonas Entsendung nach Ninive. Die Wirkung seiner Busspredigt

3 1 Und das Wort des HERRN erging zum zweiten Mal an Jona: 2 Mach dich auf, geh nach Ninive, in die grosse Stadt, und rufe ihr die Botschaft zu, die ich dir sage. 3 Und Jona machte sich auf, und dem Wort des HERRN gemäss ging er nach Ninive. Ninive aber war selbst für einen Gott eine grosse Stadt, man benötigte drei Tagesreisen, um sie zu durchqueren. 4 Und Jona begann die Stadt zu durchwandern, eine Tagesreise weit, und er rief und sprach: Noch vierzig Tage, dann ist Ninive zerstört! 5 Da glaubten die Menschen von Ninive an Gott und riefen ein Fasten aus und legten Trauergewänder an, ihre Grössten wie ihre Kleinsten. 6 Und das Wort gelangte zum König von Ninive, und er erhob sich von seinem Thron und legte seinen Mantel ab. Dann hüllte er sich in ein Trauergewand und setzte sich in den Staub. 7 Und er liess in Ninive ausrufen und sprach: Auf Befehl des Königs und seiner Grossen: Mensch und Tier, Rind und Schaf sollen nichts zu sich nehmen, nicht weiden und kein Wasser trinken. 8 Und sie sollen sich in Trauergewänder hüllen – Mensch und Tier – und mit Inbrunst zu Gott rufen, und sie sollen sich abkehren, ein jeder von seinem bösen Weg und von der Gewalt an ihren Händen. 9 Wer weiss: Der Gott könnte umkehren, es könnte ihm leidtun, und er könnte sich abkehren von seinem glühenden Zorn. Dann gehen wir nicht zugrunde. 10 Und Gott sah, was sie taten, dass sie zurückgekehrt waren von ihrem bösen Weg. Und Gott tat das Unheil leid, das über sie zu bringen er angekündigt hatte, und er führte es nicht aus.

|1–2: 1,1–2 |2: Jer 1,7.17 |5: Mt 12,41 |6: Jer 6,26 |7: Joel 2,15 |8: Jes 58,6 |9: 1,6; Joel 2,14! |10: Am 7,3; Jer 18,7–8

Jonas Hader mit dem HERRN. *Die Antwort des* HERRN

4 1 Da kam grosser Unmut über Jona, und er wurde zornig. 2 Und er betete zum HERRN und sprach: Ach, HERR, war nicht eben das meine Rede, als ich in meiner Heimat war? Darum bin ich zuvor nach Tarschisch geflohen! Denn ich wusste, dass du ein gnädiger und barmherziger Gott bist, langmütig und reich an Gnade, und einer, dem das Unheil leidtut. 3 Und nun, HERR, bitte nimm mir mein Leben, denn besser als mein Leben ist mein Tod.

4 Da sprach der HERR: Ist es recht, dass du zornig bist? 5 Und Jona ging aus der Stadt, und östlich der Stadt liess er sich nieder. Und dort baute er sich eine Hütte, und er sass darin im Schatten, bis er sehen würde, was in der Stadt geschah. 6 Und der HERR, Gott, liess einen Rizinus wachsen, und dieser wuchs über Jona empor, um seinem Kopf Schatten zu geben und ihn von seinem Unmut zu befreien. Und Jona freute sich sehr über den Rizinus. 7 Als aber am nächsten Tag der Morgen dämmerte, liess Gott einen Wurm kommen, und dieser stach den Rizinus, und er verdorrte. 8 Und als die Sonne aufgegangen war, liess Gott einen sengenden Ostwind kommen, und die Sonne stach Jona auf den Kopf, und er brach zusammen. Da wünschte er zu sterben und sprach: Besser als mein Leben wäre mein Tod. 9 Gott aber sprach zu Jona: Ist es recht, dass du des Rizinus wegen zornig bist? Und er sagte: Es ist recht, dass ich zornig bin bis auf den Tod! 10 Da sprach der HERR: Dir tut es leid um den Rizinus, um den du dich nicht bemüht und den du nicht grossgezogen hast, der in einer Nacht geworden und in einer Nacht zugrunde gegangen ist. 11 Und da sollte es mir nicht leidtun um Ninive, die grosse Stadt, in der über hundertzwanzigtausend Menschen sind, die nicht unterscheiden können zwischen ihrer Rechten und ihrer Linken, und um die vielen Tiere?

|2: Joel 2,13! |3: 1Kön 19,4 |6: 2,1!

4,6: Die genaue Bedeutung des mit «Rizinus» wiedergegebenen Pflanzennamens ist unsicher.

Das Buch Micha

Buchüberschrift

1 1 Das Wort des HERRN, das an Micha, den Morascheter, erging in den Tagen des Jotam, des Achas, des Jechiskija, der Könige von Juda, das er geschaut hat über Samaria und Jerusalem.

|1: 2Kön 15,32–20,21

Aufruf an die Völker der Erde. Die drohende Vernichtung von Samaria und Jerusalem
2 Hört, ihr Völker, alle!
    Gib acht, Erde und was sie erfüllt!
Und Gott der HERR sei Zeuge gegen euch,
    der Herr von seinem heiligen
    Tempel aus!
3 Denn seht, der HERR zieht aus von seiner Stätte
    und steigt herab und tritt auf die
    Höhen der Erde.
4 Da werden die Berge unter ihm zerfliessen,
    und die Täler sich spalten –
wie Wachs vor dem Feuer,
    wie Wasser, das an einen Abhang
    gegossen wird.
5 All das wegen Jakobs Vergehen

und wegen der Sünden des Hauses
Israel!
Was ist das Vergehen Jakobs?
    Ist es nicht Samaria?
Und was sind die Kulthöhen des Hauses
Juda?
    Sind sie nicht Jerusalem?
6 Und so werde ich Samaria zum
Trümmerhaufen machen auf dem Feld,
    zum Pflanzland für Reben,
und seine Steine lasse ich ins Tal
stürzen,
    und seine Grundmauern lege ich
    frei.
7 Und alle seine Bilder werden in
Stücke geschlagen
    und alle seine Geschenke im Feuer
    verbrannt,
    und alle seine Götzen verwüste ich,
denn mit Hurenlohn hat Samaria das
angesammelt,
    und zu Hurenlohn wird es wieder
    werden!
8 Darum will ich wehklagen und
jammern,
    barfuss gehen und nackt,
will ein Wehklagen anstimmen wie die
Schakale
    und ein Trauern wie die Strausse.
9 Denn unheilbar sind seine Wunden,
    bis nach Juda ist es gekommen,
ans Tor meines Volks ist es gelangt, nach
Jerusalem.
10 In Gat sollt ihr es nicht kundtun,
    ihr müsst nicht weinen.
In Bet-Leafra
    wälze dich im Staub!
11 Geh vorüber, du Bewohnerin von
Schafir, nackt, in Schande;
    die Bewohnerin von Zaanan ist nicht
    hinausgezogen.
Die Wehklage von Bet-Haezel
    zieht euch den Boden unter den
    Füssen weg.
12 Denn die Bewohnerin von Marot
bangt um ihr Glück.
Ja, Unheil vom HERRN fährt herab
    auf das Tor von Jerusalem.
13 Spanne die Pferde vor den Wagen,
Bewohnerin von Lachisch!

Das war der Anfang der Sünde für die
Tochter Zion,
    denn in dir fanden sich die Vergehen
    Israels.
14 Darum übergib die Abschiedsgaben
    an Moreschet-Gat.
Die Häuser von Achsib werden zur
Täuschung
    für die Könige von Israel.
15 Ich werde noch den Eroberer zu dir
bringen,
    Bewohnerin von Marescha.
Bis nach Adullam wird die Herrlichkeit
Israels kommen.
16 Mache dir eine Glatze und schere
dich kahl,
    der Kinder wegen, die dich
    erfreuten!
Mache deine Glatze gross wie die des
Geiers,
    denn sie mussten in die
    Verbannung, fort von dir!

|2: 3,1! · Zef 3,8! · Jona 2,5!; Hab 2,20 |3: Am 4,13
|4: Ps 97,5; Hab 3,6 · Am 9,5! |6: 3,12 |7: Hos 2,14 |9:
Nah 3,19! |16: Jer 7,29

1,7: Wörtlich: «... hat es das angesammelt, ...»
1,11: Von den Bewohnern der Städte wird in
diesem Text im Bild einer Frau gesprochen.
1,14: Es liegt ein Wortspiel vor: Der Name Achsib
und das hier verwendete hebräische Wort für
‹Täuschung› klingen sehr ähnlich.

Drohung gegen die Mächtigen

2 1 Wehe denen, die auf ihren Lagern
Unheil planen und böse Taten!
Wenn der Morgen anbricht führen sie
es aus,
    weil es in ihrer Macht steht:
2 Sie gieren nach Äckern und rauben sie
    und nach Häusern und nehmen sie
    weg,
und sie unterdrücken einen Mann und
sein Haus,
    einen Mann und seinen Erbbesitz!
3 Darum, so spricht der HERR:
Seht, gegen diese Sippe plane ich
Unheil,
    aus dem ihr euren Hals nicht ziehen
    werdet,
und ihr werdet nicht aufrecht
umherstolzieren,

denn es ist eine Zeit des Unheils!

4 An jenem Tag wird man über euch
einen Spruch machen
und mit bitterer Klage klagen;
man wird sagen: Wir sind ganz und gar
verwüstet!
Den Anteil meines Volks tauscht er
ein!
Wie entreisst er ihn mir!
Er teilt ihn dem zu, der unser Feld
zerstückelt!

5 Darum wirst du niemanden haben,
der die Messschnur spannt für den
Losanteil
in der Versammlung des HERRN.

6 Ihr solltet euren Worten nicht freien
Lauf lassen!,
sagen sie und lassen ihren Worten
freien Lauf.
Über diese Dinge darf man seinen
Worten nicht freien Lauf lassen!
Uns wird keine Schmach erreichen.

7 Darf so etwas gesagt werden, Haus
Jakob?
Ist der HERR ungeduldig geworden?
Sind dies seine Taten?
Sind meine Worte nicht gütig
gegenüber dem,
der rechtschaffen lebt?

8 Aber längst schon erhebt sich mein
Volk als Feind:
Von der Seite reisst ihr denen den
Mantel herunter,
den Rock denen,
die friedlich vorüberziehen,
die sich abwenden vom Krieg.

9 Die Frauen meines Volks vertreibt ihr
aus dem Haus, in dem es ihnen gut
geht;
ihren Jüngsten
nehmt ihr meinen Schmuck für
immer.

10 Macht euch auf und geht,
denn hier ist keine Ruhe
der Unreinheit wegen, die Verderben
bringt
und schmerzhaften Schaden.

11 Käme einer daher, der Windiges und
Lügen von sich gäbe:

Für dich lasse ich meinen Worten freien
Lauf
über Wein und Bier! –,
das wäre einer, der seinen Worten
freien Lauf lassen dürfte in diesem Volk.

| 1: Ps 36,5 | 2: Jes 5,8 | 3: Am 5,13 | 6: 2,11 ·
Am 2,12!; 7,16 | 10: Mi 1,9 | 11: 2,6; Nah 1,10!

2,6: «sagen sie» wurde in der Übersetzung
ergänzt.
2,8: Möglich ist auch die Übersetzung: «..., die
zurückkehren vom Krieg.»

Die künftige Sammlung des Rests
von Israel

12 Dich, ganz Jakob, werde ich
einsammeln,
sammeln werde ich den Rest von
Israel.
Wie Schafe im Pferch führe ich sie
zusammen,
wie eine Herde auf ihrer Trift:
eine lärmende Menschenmenge.

13 Vor ihnen zog der Durchbrecher
hinauf,
sie haben durchbrochen und sind
vorübergezogen,
da war ein Tor, und sie zogen hinaus.
Und vor ihnen schritt ihr König daher,
und der HERR war an ihrer Spitze.

| 12: 4,7; 5,2; 7,14; Zef 3,13; Sach 10,8–10

2,12: Die Übersetzung «Wie Schafe im Pferch»
beruht auf einer veränderten Vokalisation des Massoretischen Texts, der übersetzt «Wie die Schafe von
Bozra» lautet.

Drohung gegen die Häupter Jakobs
und die Propheten

3 1 Und ich habe gesagt:
Hört doch, ihr Häupter Jakobs
und ihr Oberen des Hauses Israel!
Müsstet denn ihr nicht wissen,
was Recht ist?

2 Sie hassen Gutes und lieben Böses,
sie reissen ihnen die Haut herunter
und das Fleisch von den Knochen!

3 Und wenn sie das Fleisch meines
Volkes gefressen
und ihnen die Haut abgezogen
und ihre Knochen zertrümmert haben,
dann zerstückeln sie es wie im Topf

und wie Fleisch im Kessel!

4 Dereinst werden sie zum HERRN schreien,

er aber wird ihnen nicht antworten
und verbirgt sein Angesicht vor ihnen
in jener Zeit,

weil sie schlecht gehandelt haben.

5 So spricht der HERR
über die Propheten, die mein Volk in
die Irre führen:

Haben ihre Zähne etwas zu beissen,
rufen sie: Frieden!,

gegen den aber, der ihnen nichts ins
Maul steckt,

erklären sie den Krieg für heilig!

6 Darum ist Nacht für euch, ohne
Schauung,

und Finsternis für euch, ohne
Wahrsagerei!

Und die Sonne wird untergehen über
den Propheten,

und über ihnen wird der Tag sich
verfinstern.

7 Dann werden die Seher beschämt
und die Wahrsager zuschanden,
und sie alle verhüllen ihren Bart,

denn Gott antwortet nicht.

8 Doch ich bin erfüllt von Kraft, durch
den Geist des HERRN,

und von Recht und von Stärke,
um Jakob sein Vergehen kundzutun
und Israel seine Sünde.

9 Hört doch dies, ihr Häupter des
Hauses Jakob

und ihr Oberen des Hauses Israel,
die ihr das Recht verabscheut
und alles, was gerade ist, verdreht,

10 wer Zion baut mit vergossenem Blut
und Jerusalem mit Unrecht!

11 Seine Häupter sprechen Recht für
Bestechung,

und seine Priester unterweisen für
Geld,

und seine Propheten wahrsagen für
Silber!

Aber sie verlassen sich auf den HERRN
und sagen:

Ist nicht der HERR in unserer Mitte?
Es wird kein Unheil über uns
kommen!

12 Darum wird euretwegen der Zion
umgepflügt zum Feld,

und Jerusalem wird zu
Trümmerhaufen

und der Tempelberg zu überwucherten
Höhen!

| 1: 1,2!; 3,9; 6,1 | 2: Am 5,14!.15 | 4: Jer 14,12;
Sach 7,13 · Hos 2,23–24 | 5: Jer 6,14; Ez 13,19 | 6:
Ez 13,23 | 8: Jes 58,1 | 9: 3,1! · Am 5,7 | 10: Hab 2,12 | 11:
Jes 1,23; Am 9,10!; Mal 2,9! | 12: Jer 26,18 · 1,6

Vom Zion wird Weisung ausgehen.
Weltweiter Friede

4 1 Und in fernen Tagen wird der
Berg des Hauses des HERRN fest
gegründet sein,

der höchste Gipfel der Berge,
und er wird sich erheben über die
Hügel.

Und Völker werden zu ihm strömen,

2 und viele Nationen werden
hingehen und sagen:

Kommt und lasst uns hinaufziehen zum
Berg des HERRN,

zum Haus des Gottes Jakobs,
damit er uns in seinen Wegen
unterweise

und wir auf seinen Pfaden gehen.

Denn vom Zion wird Weisung ausgehen
und das Wort des HERRN von
Jerusalem.

3 Und er wird für Recht sorgen
zwischen vielen Völkern

und mächtigen Nationen Recht
sprechen, bis in die Ferne.

Dann werden sie ihre Schwerter zu
Pflugscharen schmieden

und ihre Speere zu Winzermessern.

Sie werden das Schwert nicht erheben,
keine Nation gegen eine andere,

und das Kriegshandwerk werden sie
nicht mehr lernen.

4 Und ein jeder wird unter seinem
Weinstock sitzen

und unter seinem Feigenbaum,
und da wird keiner sein, der sie
aufschreckt,

denn der Mund des HERRN der
Heerscharen hat gesprochen!

5 Denn alle Völker

gehen, ein jedes, im Namen des
eigenen Gottes,
wir aber, wir gehen im Namen des
HERRN, unseres Gottes,
für immer und alle Zeit!
6 An jenem Tag, Spruch des HERRN,
will ich das Hinkende aufnehmen
und das Versprengte sammeln:
jene, über die ich Unheil gebracht
habe.
7 Dann mache ich das Hinkende zum
Rest
und das Versprengte zur mächtigen
Nation,
und der HERR wird König sein über sie
auf dem Berg Zion
von nun an bis in Ewigkeit.
8 Und du, Turm der Herde,
Ofel der Tochter Zion,
zu dir wird sie gelangen
und kommen, die frühere
Herrschaft,
die Königsherrschaft für die Tochter
Jerusalem.

|1–4: Jes 2,1–4 |2: Sach 8,21 |3: Joel 4,10 |4: 5,3
|5: Sach 10,12 |6–7: Ez 34,16; Zef 3,19! |7: 2,12 ·
Joel 4,21; Obd 21

4,7: Die Bedeutung des mit ‹Versprengte› wiedergegebenen hebräischen Worts ist nicht gesichert.
4,8: Ofel war der Name eines Stadtteils in Jerusalem.

Die vorangehende Bestrafung Israels
9 Nun – warum schreist du so laut?
Ist kein König bei dir? Ist dein Berater
verschwunden,
dass dich Wehen gepackt haben wie
eine Gebärende?
10 Winde dich und brich in Geschrei
aus, Tochter Zion,
wie eine Gebärende!
Denn nun wirst du hinausziehen aus
der Stadt
und wohnen auf dem Feld!
Und du wirst nach Babel kommen,
dort wirst du gerettet,
dort erlöst dich der HERR
aus der Hand deiner Feinde.
11 Nun aber haben sich viele Nationen
gegen dich versammelt;
sie, die sagen: Sie soll entweiht werden,

und unsere Augen schauen Zion zu!
12 Sie aber kennen nicht die Pläne des
HERRN
und verstehen nicht seinen
Beschluss,
sie zu sammeln wie Ähren auf einer
Tenne.
13 Steh auf und drisch, Tochter Zion;
dein Horn mache ich zu Eisen,
und deine Hufe mache ich zu Bronze,
und viele Völker wirst du
zermalmen!
Und was bei ihnen erbeutet wird, weihe
ich dem HERRN
und ihren Reichtum dem Herrn der
ganzen Erde.
14 Nun füge dir Schnittwunden zu,
Tochter der Streifschar,
man hat eine Belagerung gegen uns
verhängt!
Mit dem Stock schlagen sie ihn auf die
Wange,
den Richter Israels.

|11: Obd 12 |13: 5,7; Sach 9,13

4,13: Möglich ist statt «drisch» auch die Übersetzung: «tritt zu».
4,14: Das Wort ‹Streifschar› klingt im Hebräischen ähnlich wie ‹sich Schnittwunden zufügen›.

*Der künftige Herrscher aus Betlehem. Der
Rest Jakobs. Die Bestrafung der Nationen*
5 1 Und du, Betlehem-Efrata,
zu klein, um zu den
Tausendschaften von Juda zu zählen,
aus dir wird er für mich hervorgehen,
um Herrscher zu sein über Israel.
Und seine Ursprünge liegen in der
Vorzeit,
in längst vergangenen Tagen.
2 Darum gibt er sie hin
bis zu der Zeit, da jene, die gebären
soll, geboren hat.
Dann wird der Rest seiner Brüder
zurückkehren zu den Israeliten.
3 Und er wird auftreten,
und mit der Kraft des HERRN wird er
sie weiden,
mit der Hoheit des Namens des
HERRN, seines Gottes.

Dann werden sie wohnen bleiben,
    denn nun wird er gross sein bis an
    die Enden der Erde.
4 Und mit ihm wird der Friede
kommen.
Wenn Assur in unser Land kommt
    und unsere Paläste betritt,
so stellen wir ihm sieben Hirten
entgegen
    und acht Menschenfürsten.
5 Und diese weiden das Land Assur mit
dem Schwert
    und das Land Nimrods in dessen
    Toren.
Und er wird uns vor Assur retten,
    wenn es in unser Land kommt
und wenn es unser Gebiet betritt.
6 Dann wird der Rest Jakobs inmitten
vieler Völker
    wie Tau sein vom HERRN,
wie Regen auf dem Kraut,
    der auf keinen Menschen hofft
    und nicht auf Menschen wartet.
7 Und der Rest Jakobs unter den
Nationen,
    inmitten vieler Völker,
wird wie ein Löwe unter den Tieren des
Waldes sein,
    wie ein junger Löwe inmitten von
    Schafherden,
der, wenn er hindurchzieht, niedertritt
und reisst –
    und da ist keiner, der rettet!
8 Hoch erhoben sei deine Hand über
deinen Bedrängern,
    und alle deine Feinde sollen
    ausgerottet werden!
9 Und an jenem Tag, Spruch des HERRN,
    rotte ich deine Pferde aus in deiner
    Mitte
und vernichte ich deine Wagen.
10 Da vernichte ich die Städte deines
Landes,
    und alle deine befestigten Städte
    reisse ich nieder.
11 Und ich vernichte die Zaubermittel
in deiner Hand,
    und du wirst keine Zeichendeuter
    haben.

12 Und ich vernichte deine Bilder und
deine Mazzeben in deiner Mitte,
    und vor dem Machwerk deiner
    Hände wirst du dich nicht mehr
    niederwerfen.
13 Und ich reisse deine Ascheren aus
deiner Mitte
    und merze deine Städte aus.
14 Und voller Wut und Zorn nehme ich
Rache an den Nationen,
    die nicht gehört haben!

| 1: Mt 2,6 | 2: Jes 7,14 · 2,12 | 3: 2,12; 4,4;
Sach 10,6 | 6: Hos 14,6 | 7: 4,13 | 9: 4,3; Sach 9,10
| 12: Sach 13,2

*Der Rechtsstreit des HERRN mit seinem
Volk. Drohung gegen Jerusalem*

6 1 Hört doch, was der HERR spricht:
    Auf, führe einen Rechtsstreit vor den
Bergen,
    und die Hügel sollen deine Stimme
    hören!
2 Hört, ihr Berge, den Rechtsstreit des
HERRN,
    und ihr Uralten, ihr Grundfesten der
    Erde!
Denn der HERR hat einen Rechtsstreit
mit seinem Volk,
    und mit Israel rechtet er.
3 Mein Volk, was habe ich dir angetan?
    Und womit habe ich dich ermüdet?
Sage gegen mich aus!
4 Ich habe dich doch heraufgeführt aus
dem Land Ägypten
    und dich erlöst aus einem
    Sklavenhaus!
Und vor dir her
    habe ich Mose, Aaron und Mirjam
    gesandt.
5 Mein Volk, erinnere dich doch, was
Balak, der König von Moab, beschlossen
    und was Bileam, der Sohn von Beor,
    ihm geantwortet hat,
was von Schittim bis Gilgal geschah,
    damit du die gerechten Taten des
    HERRN erkennst!
6 Mit welcher Gabe soll ich vor den
HERRN treten,
    mich beugen vor dem Gott der
    Höhe?

Soll ich mit Brandopfern vor ihn treten,
     mit einjährigen Kälbern?
7 Gefallen dem HERRN Tausende von
Widdern,
     ungezählte Bäche von Öl?
Soll ich meinen Erstgeborenen
hingeben für mein Vergehen,
     die Frucht meines Leibes als Sündop-
     fer für mein Leben?
8 Er hat dir kundgetan, Mensch, was
gut ist,
     und was der HERR von dir fordert:
Nichts anderes, als Recht zu üben und
Güte zu lieben
     und in Einsicht mit deinem Gott zu
     gehen.
9 Horch! Der HERR ruft der Stadt zu –
     und es ist klug, deinen Namen zu
     fürchten –,
hört auf den Stock und den, der ihn
einberuft!
10 Sind im Haus des Ungerechten noch
immer
     Schätze des Unrechts
und das verwünschte, geschrumpfte
Efa?
11 Bleibe ich rein trotz ungerechter
Waage
     und trotz des Beutels mit
     trügerischen Gewichten?
12 Da ihre Reichen voll Gewalttat sind
     und ihre Bewohner Lüge verbreiten
und ihre Zunge trügerisch ist in ihrem
Mund,
13 mache auch ich dich krank, ich
schlage dich,
     richte dich schrecklich zu, deiner
     Sünden wegen.
14 Du wirst essen und nicht satt
werden,
     und dein Kot bleibt in dir.
Du wirst hinwegschaffen und nichts
retten,
     denn was du rettest, übergebe ich
     dem Schwert.
15 Du wirst säen und nichts ernten,
     du wirst Oliven keltern und dich
     nicht mit Öl salben
und Most keltern und keinen Wein
trinken.

16 Und man hält sich an die Satzungen
Omris
     und an jede Tat des Hauses Achab,
und nach ihren Ratschlägen seid ihr
gegangen,
damit ich dich verwüste
     und ihre Bewohner zu einem Anlass
     des Zischens mache:
Die Schmach meines Volks werdet ihr
tragen!

|1: 3,1! |2: Hos 4,1! |4: Dtn 5,6 · Ex 6,27 |5:
Num 22,1–24,25 |7: Hos 6,6! · Lev 18,21 |8: Hos 6,6!;
Zef 2,3! |11: Hos 12,8! |14: Hos 4,10 · Dtn 32,25 |15:
Am 5,11! |16: 1Kön 16,25

6,2: Die Übersetzung des mit ‹ihr Uralten›
wiedergegebenen hebräischen Worts ist unsicher.
6,7: Möglich ist auch die Übersetzung: «...,die
Frucht meines Leibes für meine Sünde.»
6,14: Möglicherweise ist das mit «Kot»
wiedergegebene hebräische Wort mit «Hunger» zu
übersetzen.

Klage und Verheissung

7 1 Wehe mir, es ist mir ergangen wie
     bei der Obsternte,
     wie bei der Nachlese zur Weinernte:
keine Traube zum Essen,
     keine Frühfeige, nach der ich
     begehre.
2 Verschwunden ist der Getreue aus
dem Land,
     und kein Aufrechter ist unter den
     Menschen.
Sie alle lauern auf Blut,
     und auf den eigenen Bruder macht
     jeder Jagd mit dem Netz.
3 Besonders gut wollen ihre Hände das
Böse tun,
     der Fürst stellt Forderungen,
und wer Recht spricht, tut es gegen
Bezahlung,
     und der Grosse redet, wozu seine
     Gier ihn treibt,
und schon immer haben sie alles
verdreht.
4 Der Beste von ihnen ist wie ein
Dornenstrauch,
     selbst ein Aufrechter ist schlimmer
     als eine Dornenhecke.
Der Tag deiner Späher, deine
Heimsuchung, ist gekommen,

nun wird Verwirrung unter ihnen herrschen!

5 Dem Nächsten sollt ihr nicht glauben,
    vertraut nicht dem, der euch vertraut ist.
Vor ihr, die an deiner Brust liegt,
    bewache die Pforten deines Mundes!
6 Denn der Sohn hält nichts vom Vater,
    die Tochter erhebt sich gegen ihre Mutter,
die Schwiegertochter gegen ihre Schwiegermutter,
    des Menschen Feinde sind die Menschen im eigenen Haus.
7 Ich aber will Ausschau halten nach dem HERRN,
    will warten auf den Gott meiner Rettung!
Mein Gott wird mich hören.
8 Freue dich nicht über mich, die du mir Feind bist!
Wenn ich gefallen bin,
    stehe ich auf,
wenn ich in der Finsternis sitze,
    ist der HERR mir Licht.
9 Ich werde die Wut des HERRN ertragen,
    denn ich habe gesündigt gegen ihn,
bis er meinen Rechtsstreit führt
    und mir Recht verschafft;
er wird mich hinausführen an das Licht,
    ich werde seine Gerechtigkeit sehen!
10 Und die mir Feind ist, soll es sehen,
    und Schande soll sie bedecken,
sie, die zu mir sagt:
    Wo ist der HERR, dein Gott?
Meine Augen werden es sehen:
    Nun wird sie zertreten wie Kot in den Gassen!
11 Ein Tag, um deine Mauern aufzubauen!
    An jenem Tag rückt die Grenze in die Ferne.
12 An jenem Tag, da wird man zu dir kommen
    von Assur und den Städten Mazors
und von Mazor bis zum Strom
    und von Meer zu Meer
und von Gebirge zu Gebirge.

13 Die Erde aber wird zur Wüstenei,
ihrer Bewohner wegen,
    der Frucht ihrer Taten wegen.
14 Weide dein Volk mit deinem Stab,
    die Schafe deines Erbbesitzes,
die in Einsamkeit leben,
    im Wald, mitten im Fruchtland.
Im Baschan und im Gilead werden sie weiden
    wie in den Tagen der Vorzeit.
15 Wie in den Tagen deines Auszugs aus dem Land Ägypten,
    lasse ich es Wunder sehen!
16 Nationen werden es sehen und zuschanden werden,
    werden all ihre Macht verlieren;
sie werden die Hand auf den Mund legen,
    ihre Ohren werden taub.
17 Wie die Schlange lecken sie Staub,
    wie jene, die auf der Erde kriechen.
Zitternd kommen sie aus ihren Gefängnissen,
    ängstlich nähern sie sich dem HERRN, unserem Gott,
und sie fürchten sich vor dir.
18 Wer wäre ein Gott wie du,
    der Schuld vergibt
und hinwegschreitet über Vergehen
    für den Rest seines Erbbesitzes?
Nicht für immer hält er fest an seinem Zorn,
    denn er hat Gefallen an Gnade!
19 Er wird sich wieder über uns erbarmen,
    unsere Schuld wird er niedertreten.
Und in die Tiefen des Meeres wirst du all ihre Sünden werfen.
20 Jakob erweist du Treue,
    Abraham Güte,
wie du es unseren Vorfahren geschworen hast
    seit den Tagen der Vorzeit.

| 1: Jes 28,4 | 2: Ps 14,3; Jer 5,1 | 3: Zef 3,3 | 7: Hab 3,18 | 8: Ps 27,1 | 9: Hiob 19,25; 35,14 | 10: Joel 2,17! | 11: Jes 61,4 | 14: Sach 11,7 · 2,12; Ps 95,7 · Obd 19 | 17: Gen 3,14 · Hos 3,5! | 18: Jer 3,12 | 19: Ps 85,3; Jes 33,24 | 20: Gen 22,16; Lk 1,73

7,12: Mazor ist ein anderer Name für Ägypten.

Das Buch Nahum

Buchüberschrift

1 1 Ausspruch über Ninive. Das Buch der Schauung des Nahum, des Elko-schiters.

|1: Jona 1,2

Der HERR, seine Kraft, seine Rache, seine Güte, seine Feinde

2 Ein eifersüchtiger Gott und ein Rächer ist der HERR, *(Alef)*
> ein Rächer ist der HERR und voller Zorn.

Der HERR rächt sich an seinen Widersachern,
> und er ist nachtragend gegenüber seinen Feinden.

3 Der HERR ist langmütig und gross an Kraft,
> aber nichts und niemanden lässt er ungestraft.

Der HERR – in Gewitter und Sturm ist sein Weg, *(Bet)*
> und Gewölk ist der Staub an seinen Füssen.

4 Er wies das Meer zurecht und liess es versiegen, *(Gimel)*
> und alle Flüsse trocknete er aus.

Baschan und Karmel sind vertrocknet, *(Dalet)*
> und vertrocknet ist die Blüte des Libanon.

5 Vor ihm erbebten Berge, *(He)*
> und die Hügel sind in Bewegung geraten,

und vor seinem Angesicht hat die Erde sich gehoben *(Waw)*
> und der Erdkreis und alle, die darauf wohnen.

6 Vor seiner Wut, wer könnte da bestehen? *(Sajin)*
> Und wer könnte es wagen, sich zu erheben bei seinem glühenden Zorn?

Wie Feuer ergiesst sich sein Groll, *(Chet)*
> und vor ihm stürzen die Felsen ein.

7 Der HERR ist gütig, *(Tet)*
> eine Zuflucht am Tag der Not,

und er kennt jene, die Zuflucht suchen bei ihm.

8 Aber mit überschwemmender Flut bereitet er ihrem Ort ein Ende, *(Kaf)*
und seine Feinde jagt er in die Finsternis.

9 Was plant ihr gegen den HERRN?
> Er macht ihm ein Ende!

Keine Drangsal wird sich zweimal erheben.

10 Zu Dornengestrüpp sind sie verflochten,
> und wie es ihrem Zechen entspricht sind sie betrunken,

wie das trockene Stoppelfeld werden sie gefressen, ganz und gar!

11 Aus dir ist jener hervorgegangen,
> der Böses plante gegen den HERRN,
> ein ruchloser Ratgeber.

|2: Joel 2,18! |3: Joel 2,13! · Hiob 38,1 |4: Ex 14,21–22; Ps 106,9 · Jes 33,9 |5: Ps 68,9; Am 9,5! |6: Joel 2,11! |7: Ps 100,5 · Joel 4,16! |10: 3,11; Hos 4,18; 7,5–6.14; Joel 1,5; Mi 2,11 · Jes 47,14

1,2: Nah 1,1–8 ist im Hebräischen ein Gedicht, dessen Aufbau am hebräischen Alphabet ausgerichtet ist.

1,10: Die Übersetzung «und wie es ihrem Zechen entspricht sind sie betrunken» ist unsicher.

Der Untergang Ninives und die Hoheit Israels

12 So spricht der HERR:
Wenn sie auch unversehrt sind und noch so zahlreich,
> sie werden doch abgeschnitten, und es ist vorbei!

Und habe ich dich auch gedemütigt,
> so werde ich dich nicht mehr demütigen!

13 Und nun werde ich sein Joch auf dir zerbrechen
> und deine Fesseln zerreissen.

14 Und der HERR gibt Befehl gegen dich:

Von deinem Namen darf nichts
mehr ausgesät werden.
Aus dem Haus deines Gottes tilge ich
das geschnitzte und das gegossene
Bild.
Ich bereite dir dein Grab,
denn du bist ohne Wert.

2 1 Sieh, auf den Bergen die Füsse
eines Boten,
der Frieden verkündet!
Feiere, Juda, deine Feste,
erfülle deine Gelübde!
Denn kein Ruchloser wird mehr durch
dich hindurchziehen,
ausgerottet ist er, ganz und gar.
2 Einer, der zerstreut, ist gegen dich
heraufgezogen,
bewache die Befestigung!
Beobachte den Weg,
gürte deine Hüften,
nimm alle Kraft zusammen!
3 Der HERR stellt die Hoheit Jakobs
wieder her
wie die Hoheit Israels,
denn Verwüster haben sie verwüstet
und ihre Ranken vernichtet.

| 13: Jes 9,3 | 1: Jes 40,9; 52,7–9 · Ps 65,2 · Joel 4,17
| 2: 3,14 | 3: Hos 10,1! · Ps 80,13

Erstürmung und Verwüstung Ninives
4 Rot ist der Schild seiner Helden
gefärbt,
in Scharlach sind die Krieger
gekleidet
im Glühen der Wagenbeschläge
am Tag, da er sie bereitstellt;
und die Speerschäfte wurden
geschwungen.
5 Wie von Sinnen rasen die Wagen
durch die Gassen,
überrennen sich auf den Plätzen,
wie Fackeln sehen sie aus,
wie Blitze fahren sie daher.
6 Er denkt an seine Edlen,
die aber kommen auf ihren Wegen
zu Fall,
sie eilen zur Mauer von Ninive,
doch das Sturmdach wird
aufgerichtet.

7 Die Flusstore sind geöffnet,
und der Palast zittert.
8 Und es steht fest: Sie wird
weggeführt, hinaufgeführt,
und ihre Mägde schluchzen, es hört
sich an wie Tauben,
sie schlagen sich an die Brust.
9 Und Ninive ist schon lange wie ein
Teich.
Und sie fliehen.
Halt! Bleibt stehen!
Aber keiner wendet sich um.
10 Plündert Silber, plündert Gold!
Und unbegrenzt ist der Vorrat!
Überfluss an all dem, was kostbar ist!
11 Leere und Öde und Verwüstung!
Und ein mutloses Herz und
wankende Knie!
Und ein Zittern in allen Hüften,
und die Gesichter aller sind erblasst!
12 Wo ist die Behausung der Löwen,
wo die Weide der jungen Löwen,
wohin der Löwe sich zurückzog,
wo der Löwe sich aufhielt und keiner
ihn aufschreckte?
13 Der Löwe riss für seine Jungen,
und für seine Löwinnen würgte er,
und seine Höhlen füllte er mit Raub
und seine Behausungen mit
gerissener Beute!
14 Sieh, ich gehe gegen dich vor!
Spruch des HERRN der Heerscharen.
Und ihre Wagen lasse ich in Rauch
aufgehen.
Und deine jungen Löwen frisst das
Schwert!
Und deinem Reissen mache ich ein
Ende im Land,
und die Stimme deiner Boten wird
nicht mehr gehört!

| 4: Ez 23,14–15 | 5: Hab 1,8 | 7: 3,13 | 8: Jes 38,14;
59,11 | 9: 3,17 · Jer 46,5 | 11: Joel 2,6! | 13: Ez 19,2–3.6
| 14: 3,5 · 3,15 · 3,1

2,4: Die Übersetzung «am Tag, da er sie
bereitstellt» ist unsicher; möglicherweise ist mit
Korrektur des Massoretischen Texts zu lesen: «und
die Pferde sind geschmückt».
2,6: Wörtlich: «…, sie eilen zu ihrer Mauer …»

Schuld und Bestrafung Ninives

3 1 Wehe, Stadt des vergossenen Bluts,
  bis oben hin voll von Lüge, von Beute,
niemand beendet das Reissen!
2 Peitschenknall
  und Räderdröhnen
und dahinjagende Pferde
  und springende Wagen,
3 wilde Reiter und flammende Schwerter und blitzende Speere
  und Erschlagene zuhauf und Leichen massenhaft,
und endlos viele Leichname,
  man stolpert über ihre Körper:
4 wegen der entsetzlichen Hurerei der Hure,
  voller Anmut und der Zauberei mächtig,
die Nationen verkauft hat durch ihre Hurerei
  und Sippen durch ihre Zauberei!
5 Sieh, ich gehe gegen dich vor,
  Spruch des HERRN der Heerscharen,
und ich hebe dein Gewand hoch,
  bis über dein Gesicht,
und lasse Nationen deine Blösse sehen
  und Königreiche deine Schande.
6 Und ich werfe nach dir mit Abscheulichem
  und mache dich zuschanden
und stelle dich zur Schau.
7 Und jeder, der dich sieht, wird Reissaus nehmen vor dir
  und sagen: Ninive ist verwüstet!
Wer wird ihr sein Beileid bezeugen?
  Wo soll ich Tröster suchen für dich?
8 Verhältst du dich besser als No-Amon,
  das an den Strömen lag,
das umgeben war von Wasser,
  dessen Kraft das Meer,
dessen Mauer das Wasser war?
9 Kusch war seine Stärke und auch Ägypten,
  und das grenzenlos!
Put und Libyer waren deine Helfer.
10 Auch No-Amon musste in die Verbannung,
  ist in die Gefangenschaft gegangen.

Auch seine Jüngsten wurden zerschmettert
  an allen Strassenecken,
und über seine Vornehmen hat man das Los geworfen,
  und all seine Grossen sind gefesselt worden.
11 Auch du wirst trunken,
  wirst ratlos sein,
auch du wirst Zuflucht suchen vor dem Feind.
12 Alle deine befestigten Städte
  sind Feigenbäume mit Frühfeigen:
Wenn sie geschüttelt werden,
  fallen sie dem Esser in den Mund.
13 Sieh, dein Volk –
  nichts als Frauen in deiner Mitte!
Weit geöffnet sind die Tore deines Landes
  für deine Feinde.
Feuer hat deine Riegel gefressen.
14 Schöpfe dir Wasser für die Belagerung,
  verstärke deine befestigten Städte:
Tritt den Lehm und stampfe den Ton,
  greife zur Ziegelform!
15 Dort wird Feuer dich fressen,
  das Schwert dich ausrotten.
Es wird dich fressen wie die Heuschreckenbrut.
Vermehre dich wie die Heuschreckenbrut,
  vermehre dich wie die Heuschrecke.
16 Deine Kaufleute hast du zahlreicher gemacht
  als die Sterne am Himmel.
Die Heuschreckenbrut hat sich gehäutet
  und ist davongeflogen!
17 Deine Höflinge sind wie die Heuschrecken,
  und deine Schreiber wie ein Heuschreckenschwarm,
der sich an einem kalten Tag an den Mauern niederlässt:
Ist die Sonne aufgegangen,
  verschwinden sie,
  und ihr Ort ist unbekannt.
Wo sie sind?
18 Deine Hirten, König von Assur, sind eingeschlafen,

deine Edlen liegen da,
dein Volk ist zerstreut auf den Bergen,
    und da ist niemand, der sie sammelt.
19 Für deine Verletzung gibt es keine
Milderung,
    deine Wunde ist unheilbar.
Alle, die die Nachricht von dir hören,
    klatschen in die Hände über dich,
denn wen hat nicht allezeit deine
Bosheit getroffen?

|1: Ez 24,6.9; Hos 4,2; Hab 1,12 · 2,14 |2: Joel 2,4–5
|4: Hos 1,2! · Jes 47,9; Offb 18,23 |5: 2,14 · Hos 2,5! ·
Jer 13,22.26 |6: Mal 2,3 |7: Jes 51,19 |8: Jer 46,25 ·

Am 6,2 |9: Jer 46,9.25; Ez 30,5 |10: Jes 20,4–5 ·
Hos 10,14 · Joel 4,3 |11: 1,10! |12: Jes 28,4 |13:
Jer 51,30 · 2,7 |14: 2,2 |15: 2,14 · Joel 1,4 |16:
Ez 27,9–36 |17: 2,9 |18: Ez 34,6 |19: Jer 30,12;
Klgl 2,13; Zef 2,15; Mi 1,9 · Klgl 2,15 · Jona 1,2

3,1: Statt «Beute» ist möglicherweise
«Rechtsbruch» zu übersetzen.
3,9: Die Übersetzung «seine Stärke» beruht auf
der griechischen Überlieferung; der Massoretische
Text lautet übersetzt: «Stärke».
3,10: Wörtlich: «Auch es musste in die
Verbannung, ...»
3,11: Die Übersetzung «wirst ratlos sein» ist
unsicher.

Das Buch Habakuk

Buchüberschrift

1 1 Der Ausspruch, den Habakuk, der
Prophet, geschaut hat.

|1: Nah 1,1

Die Klage des Propheten

2 Wie lange, HERR, rufe ich schon um
Hilfe,
    du aber hörst nicht!
Ich schreie zu dir: Gewalttat!
    Du aber hilfst nicht!
3 Warum lässt du mich Unrecht sehen
und schaust dem Unheil zu:
    Vor mir ist Unterdrückung und
    Gewalttat!
Und Streit ist entstanden, und es erhebt
sich Zank.
4 Darum wird die Weisung kraftlos,
    und niemals mehr strahlt das Recht
    aus.
Denn der Übeltäter umstellt den
Gerechten.
    Darum strahlt verdrehtes Recht aus!

|2–3: Ps 55,10–12 |2: Hiob 19,7

Die Antwort des HERRN

5 Seht euch um unter den Nationen
und schaut hin,
    und entsetzt euch, erstarrt!

Denn in euren Tagen tut einer ein Werk,
    ihr werdet es nicht glauben, wenn es
    euch erzählt wird.
6 Denn seht, ich lasse die Kasdäer
aufstehen,
    die unerbittliche und ungestüme
    Nation,
die die Weiten der Erde durchzieht,
    um Wohnstätten in Besitz zu
    nehmen –
    sie gehören ihr nicht!
7 Schrecklich und furchterregend ist
sie,
    von ihr strahlt ihr eigenes Recht aus
    und ihre Hoheit.
8 Und schneller als Leoparden sind ihre
Pferde
    und wilder als Wölfe am Abend.
Und ihre Rosse galoppieren daher,
    und ihre Rosse kommen aus der
    Ferne,
fliegen herbei wie ein Adler,
    der in den Sturzflug geht, um zu
    schlagen.
9 Sie alle kommen, um Gewalt zu üben,
    entschlossen ist ihr Angesicht nach
    vorn gerichtet,
und Gefangene hat die Nation
eingesammelt als wären sie Sand.

10 Und sie, sie macht sich lustig über
Könige,
   und Würdenträger sind ihr ein
   Gelächter.
Sie, sie lacht über jede befestigte Stadt,
   hat sie doch Erde aufgeschüttet und
   sie eingenommen!
11 Dann fährt ein Sturm daher,
   und sie ist weitergezogen und wird
   schuldig:
Sie, deren Gott die eigene Kraft ist!

|6: Ez 21,36 · 2,6 |8: Klgl 4,19 · Nah 2,5; Zef 3,3
|11: Am 6,13; Hiob 12,6; Jes 10,13; Jer 9,22

1,9: Wörtlich: «... hat sie eingesammelt ...»

Erneute Klage des Propheten

12 Bist nicht du, HERR, seit je
   mein Gott, mein Heiliger?
Wir werden nicht sterben!
HERR, als Werkzeug des Gerichts hast
du sie eingesetzt,
   und du, Fels, hast sie zur
   Zurechtweisung bestimmt.
13 Zu rein sind deine Augen, um das
Böse anzusehen,
   und Unheil kannst du nicht
   anschauen.
Warum schaust du denen zu, die treulos
handeln,
   schweigst, wenn ein Übeltäter den
   verschlingt,
   der gerechter ist als er?
14 Und die Menschen hast du gemacht
wie die Fische des Meeres,
   wie die Kriechtiere – niemand
   herrscht über sie.
15 Er hat sie alle am Angelhaken
herausgezogen,
   in seinem Schleppnetz schleppt er
   sie fort,
und mit seinem Fischernetz sammelt er
sie ein.
   Deshalb freut er sich und jubelt!
16 Deshalb schlachtet er für sein
Schleppnetz
   und bringt Rauchopfer dar für sein
   Fischernetz,
denn durch sie wird sein Anteil fett
   und seine Speise saftig.

17 Darf er darum sein Schleppnetz
leeren,
   immerfort, um Nationen
   umzubringen, ohne Erbarmen?

|12: Mal 3,6! · Jes 43,15 · Ps 118,17 · Jes 10,5–6 |13:
Dtn 23,15 · Jer 12,1 |15: Jer 16,16

Die Antwort des HERRN

2 1 Auf meinem Posten will ich
   stehen
und auf die Befestigung mich
stellen,
und ich will Ausschau halten, um zu
sehen,
   was er zu mir reden wird
und was ich zu antworten habe auf
meine Vorhaltung.
2 Und der HERR hat mir geantwortet
und gesagt:
Schreibe auf, was du geschaut hast,
   und schreibe es deutlich auf die
   Tafeln,
damit, wer es liest, keine Zeit verliert.
3 Denn die Schauung gilt für die
festgesetzte Zeit,
   und sie spricht vom Ende und lügt
   nicht!
Wenn es sich verzögert, warte darauf,
   denn es wird kommen, es bleibt
   nicht aus!
4 Sieh, seine Seele ist dahin,
   sie war nicht rechtschaffen in ihm!
Der Gerechte aber wird durch seine
Treue am Leben bleiben!
5 Wie trügerisch ist der Wein!
   Ein anmassender Mann, er wird
   nicht ans Ziel gelangen!
Er, der seinen Rachen aufgerissen hat
wie das Totenreich
   und der selbst wie der Tod ist und
   nicht satt wird
und sich alle Nationen eingesammelt
   und bei sich alle Völker versammelt
   hat.

|1: Jes 21,6; Ez 33,7 |2: Jes 8,1 |3: Dan 8,19 ·
2Petr 3,9 |4: Röm 1,17; Gal 3,11; Hebr 10,38 · Jes 7,9
|5: Spr 27,20 · 1,15

2,3: Die Übersetzung «und sie spricht vom Ende»
ist unsicher; manche übersetzen: «eilt auf das Ende
zu».

Wehrufe

6 Werden nicht all diese einen Spruch
über ihn machen
  und eine Anspielung,
  Doppelsinniges, auf ihn?
Und man wird sagen:
Wehe dem, der anhäuft, was ihm nicht
gehört! –
  Wie lange noch? –
Und der sich belastet mit
Pfandgeschäften!
7 Werden nicht plötzlich die sich
erheben, die Zinsen von dir wollen,
  und die erwachen, die dich
  bedrängen?
Und sie werden dich ausplündern!
8 Denn du selbst hast viele Nationen
ausgeplündert;
  ausplündern werden dich alle, die
  übrig geblieben sind von den
  Völkern,
wegen des Menschenbluts, das
vergossen wurde, und der Gewalttat am
Land,
  an der Stadt und an all ihren
  Bewohnern.
9 Wehe dem, der aus Bosheit Gewinn
schlägt für sein Haus,
  um sein Nest in die Höhe zu setzen
  und sich vor der Hand des Unheils zu
  retten.
10 Schande für dein Haus hast du
beschlossen,
  da du viele Völker ausgemerzt hast:
Damit sündigst du gegen dich selbst!
11 Ja, der Stein aus der Mauer schreit
um Hilfe,
  und der Sparren aus dem Holz gibt
  ihm Antwort!
12 Wehe dem, der eine Stadt auf
vergossenes Blut baut
  und eine Siedlung auf Unrecht
  gründet!
13 Ist es nicht so: Sieh, es kommt vom
HERRN der Heerscharen,
  so dass Völker sich abmühen fürs
  Feuer
  und Völker müde werden für nichts.

14 Denn die Erde wird erfüllt sein
  von der Erkenntnis der Herrlichkeit
  des HERRN,
so wie Wasser den Meeresgrund
bedeckt.
15 Wehe dem, der seinem Nächsten zu
trinken gibt,
  dabei deinen Zorn beimischt und
  ihn dann betrunken macht,
damit er dessen Scham anschauen kann.
16 An Schande hast du dich gesättigt
statt an Ehre,
  trinke auch du und zeig deine
  Vorhaut!
Zu dir kommt der Kelch aus der Rechten
des HERRN,
  und Dreck ergiesst sich auf deine
  Ehre!
17 Denn die Gewalttat am Libanon
wird über dich kommen,
  und die Vernichtung der Tiere wird
  dich erschrecken lassen
wegen des Menschenbluts, das
vergossen wurde, und der Gewalttat am
Land,
  an der Stadt und an all ihren
  Bewohnern.
18 Was nützt ein Bild?
  Sein Bildner hat es gestaltet!
Was nützt ein gegossenes Bild und ein
Lehrer?
  Lüge!
Was nützt es, dass der Bildner auf sein
eigenes Gebilde vertraut
  und dann stumme Götzen herstellt?
19 Wehe dem, der zum Holz sagt: Wach
auf!,
  zum schweigenden Stein: Erwache!
Kann der lehren?
Sieh, es ist überzogen mit Gold und
Silber,
  in seinem Innern aber ist kein Atem!
20 Der HERR aber ist im Tempel seiner
Heiligkeit.
  Stille vor ihm, ganze Erde!

| 6: Mi 2,4 · 1,6 | 8: Jes 33,1; Ez 39,10 · 3,17 | 9:
Obd 4 | 12: Jer 22,13; Mi 3,10 · Nah 3,1! | 14: 3,3;
Jes 11,9 | 16: Klgl 4,21 | 17: 2,8 | 18–19: Ps 115,4–7!;
Jer 10,8; Sach 10,2 | 19: Jer 2,27 | 20: Mi 1,2! · Am 6,10!;
Sach 2,17

2,7: Im Hebräischen hört man zugleich: «Werden nicht plötzlich die sich erheben, die dich beissen, und die erwachen, die dich anbellen? ...»

2,8: «das vergossen wurde» wurde in der Übersetzung ergänzt.

2,15: Wörtlich: «... ihre Scham ...»

2,17: Der Übersetzung «und ... wird dich erschrecken lassen» liegen mehrere Textzeugen zugrunde; der Massoretische Text lautet übersetzt: «und ... wird sie erschrecken lassen».

Habakuks Gebet

3 1 Ein Gebet Habakuks, des Propheten, nach Art der Schigjonot:
2 HERR, ich habe deine Botschaft
gehört,
  ich habe, HERR, um dein Werk
  gefürchtet.
Lass es lebendig werden inmitten der
Jahre,
  inmitten der Jahre mach es bekannt.
Im Zorn denke an das Erbarmen.
3 Gott kommt aus Teman
  und der Heilige vom Berg Paran. *Sela.*
Seine Hoheit bedeckt den Himmel,
  und sein Ruhm erfüllt die Erde.
4 Und da wird ein Glänzen sein wie das
Licht,
  ein doppelter Strahl geht aus von
  seiner Hand,
und dort ist seine Kraft verborgen.
5 Vor ihm her zieht die Pest,
  und auf dem Fuss folgt ihm die
  Seuche.
6 Er trat auf und mass die Erde ab,
  er sah hin und schreckte Nationen
  auf,
und die ewigen Berge brachen
auseinander,
  die ewigen Hügel duckten sich.
Die ewigen Pfade sind sein!
7 Unter dem Unrecht
  sah ich die Zelte von Kuschan:
Sie zitterten,
  die Zeltdecken des Landes Midian.
8 Ist dein Zorn, HERR, gegen Ströme,
  gegen die Ströme entbrannt,
deine Wut gegen das Meer,
  dass du daherfährst mit deinen
  Pferden,
  in deinen siegreichen Wagen?

9 Bereitgemacht, geweckt wird dein
Bogen,
  Flüche von Geschossen ist die
  Kunde! *Sela.*
Du spaltest das Land, dass Ströme
hervorbrechen.
10 Haben sie dich gesehen, so erbebten
die Berge,
  Sturzregen ist herangezogen,
die Urflut lässt ihre Stimme hören,
  in die Höhe hat sie ihre Hände
  erhoben.
11 Die Sonne, der Mond stehen still in
ihrer erhabenen Wohnung,
  im Licht bewegen sich deine Pfeile,
im Glanz das Blitzen deines Speers.
12 Voller Wut schreitest du über die
Erde,
  voller Zorn zertrittst du Nationen.
13 Zur Rettung deines Volks bist du
ausgezogen,
  zur Rettung deines Gesalbten,
du hast den First vom Haus des
Übeltäters geschlagen,
  den Sockel freigelegt bis auf den
  Fels. *Sela.*
14 Mit seinen eigenen Pfeilen hast du
den Kopf seiner Anführer durchbohrt,
  sie sind losgestürmt, um mich zu
  zerstreuen
in ihrem Übermut,
  als wollten sie den Armen
  verschlingen im Versteck.
15 Mit deinen Pferden hast du dir einen
Weg gebahnt durch das Meer,
  durch das Brausen grosser
  Wassermassen.
16 Ich hörte es, und mein Leib zitterte,
  wegen des Lärms erzitterten meine
  Lippen,
Fäulnis dringt in meine Knochen,
  und schwankend ist mein Schritt,
der ich abwarte bis zum Tag der Not,
  dass er aufzieht gegen das Volk, das
  uns angreift.
17 Denn der Feigenbaum blüht nicht,
  und in den Weinbergen gibt es
  keinen Ertrag,
die Leistung des Ölbaums bleibt aus,

und die Felder bringen keine
  Nahrung.
Die Schafe sind von der Hürde getrennt,
  und in den Stallungen ist kein Vieh.
18 Ich aber will frohlocken über den
  HERRN,
    will jubeln über den Gott meiner
    Rettung!
19 Der HERR, der Herr ist meine Stärke,
    und er hat meine Füsse gemacht wie
    die der Hirschkuh,
und über meine Höhen lässt er mich
schreiten.

Für den Chormeister. Zu meinem
Saitenspiel.

| 2: Ps 25,6 | 3: Dtn 33,2 · 2,14 | 4: Ps 104,2 | 6:
Mi 1,4!; Ps 104,32 | 8: Dtn 33,26; Ps 68,18; Jes 66,15
| 9: Ps 78,16 | 10: Ps 77,17–18 | 12: Ps 110,5; Sach 1,15
| 15: Ps 77,20 | 16: Jes 21,3–4 · Hos 5,12 · Zef 1,15 | 18:
Zef 3,14! · Mi 7,7! | 19: Ps 18,33–34 · Jes 58,14

3,1: Schigjonot sind vermutlich sehr bewegt
vorgetragene Klagelieder.
3,4: Möglich ist auch die Übersetzung: «... Strahl
aus seiner Hand umgibt ihn, ...»
3,13: Wörtlich: «... bis auf den Hals.»

Das Buch Zefanja

Buchüberschrift

1 Das Wort des HERRN, das an Ze-
  fanja erging, den Sohn des Kuschi,
des Sohns des Gedalja, des Sohns des
Amarja, des Sohns des Chiskija in den
Tages des Joschijahu, des Sohns von
Amon, des Königs von Juda.

| 1: 2Kön 21,24–23,30

Drohworte gegen Juda und Jerusalem

2 Weg mit ihnen, allem will ich ein
Ende machen
  auf dem Erdboden! Spruch des
  HERRN.
3 Ein Ende machen will ich Mensch und
Tier,
  ein Ende machen den Vögeln des
  Himmels und den Fischen des
  Meers –
dem, was die Frevler zu Fall bringt.
Und ich werde die Menschen ausrotten
  auf dem Erdboden! Spruch des
  HERRN.
4 Und ich werde meine Hand
ausstrecken gegen Juda
  und gegen alle Bewohner von
  Jerusalem.
Und an diesem Ort werde ich ausrotten,
  was übrig geblieben ist vom Baal,

den Namen der Götzenpriester samt
den Priestern
5 und jene, die sich niederwerfen auf
den Dächern
  vor dem Heer des Himmels,
und jene, die sich niederwerfen,
schwören vor dem HERRN
  und zugleich bei ihrem König
  schwören,
6 und jene, die abtrünnig sind vom
HERRN
  und die nicht nach dem HERRN
  fragen und ihn nicht suchen.
7 Stille vor Gott dem HERRN!
  Denn nah ist der Tag des HERRN.
Der HERR hat ein Schlachtopfer bereitet,
  seine Gäste hat er geweiht!
8 Und am Tag des Schlachtopfers des
HERRN
  suche ich die Fürsten und die Söhne
  des Königs heim
  und alle, die fremdländische Kleider
  tragen.
9 Und ich suche jeden heim, der über
die Schwelle springt
  an jenem Tag,
jene, die das Haus ihres Herrn mit
Gewalt und Betrug füllen.

10 Und an jenem Tag, Spruch des
HERRN:
Horch! Geschrei vom Fisch-Tor
   und Heulen aus Mischne
und ein gewaltiger Zusammenbruch
von den Hügeln.
11 Heult, ihr Bewohner von Machtesch,
   denn ausgelöscht ist das ganze
   Händlervolk,
ausgerottet sind alle, die Silber
abwiegen.
12 Und in jener Zeit
   durchsuche ich Jerusalem mit
   Leuchten,
und ich suche die Männer heim,
   die starr auf ihren Hefen liegen,
   die in ihrem Herzen sagen:
   Der HERR tut nichts Gutes, und er tut
   nichts Böses!
13 Und ihr Vermögen wird Plündergut,
   und ihre Häuser werden verwüstet.
Und sie werden Häuser bauen,
   doch darin wohnen werden sie
   nicht,
und Weinberge pflanzen,
   doch deren Wein werden sie nicht
   trinken.
14 Nah ist der grosse Tag des HERRN,
   nah, und schon bald ist er da!
Der Klang am Tag des HERRN:
   Bitter schreit da der Held um Hilfe.
15 Ein Tag des Zorns ist jener Tag,
   ein Tag der Not und der Bedrängnis,
ein Tag des Unheils und der
Vernichtung,
   ein Tag der Finsternis und des
   Dunkels,
ein Tag des Gewölks und des
Wolkendunkels,
16 ein Tag des Hörnerklangs und
Kriegsgeschreis
   gegen die befestigten Städte
   und gegen die hochragenden
   Zinnen!
17 Da werde ich die Menschen in
Bedrängnis bringen,
   und sie werden umherlaufen wie
   Blinde,
denn gegen den HERRN haben sie
gesündigt.

Dann wird ihr Blut verschüttet wie
Staub
   und ihr Lebenssaft wie Kot.
18 Weder ihr Silber noch ihr Gold
   kann ihnen helfen
   am Tag des Zorns des HERRN.
Und im Feuer seiner Eifersucht
   wird die ganze Erde gefressen,
denn Vernichtung, ja Entsetzen wirkt er
   für alle Bewohner der Erde.
2 1 Kommt zusammen und sammelt
   euch,
   du Nation, die keine Scham kennt,
2 bevor ausgeführt wird, was
beschlossen ist –
   wie Spreu zieht der Tag vorüber!,
bevor über euch kommt
   der glühende Zorn des HERRN,
bevor über euch kommt
   der Tag des Zorns des HERRN.
3 Sucht den HERRN, all ihr Demütigen
des Landes,
   die ihr sein Recht übt.
Sucht Gerechtigkeit, sucht Demut,
   vielleicht werdet ihr versteckt
   am Tag des Zorns des HERRN.

|2–3: Gen 6,7 |3: 1,18; Hos 4,3 |4–5: 2Kön 23,5 |4:
2,13 · Jes 14,22 |5: Dtn 4,19; Jer 19,13 · 2Kön 17,30–32
|6: 2,3 |7: Am 6,10! · 1,14.18; 2,2.3; 3,8; Joel 1,15! ·
Jes 34,6 |9: 1Sam 5,5 |10: Jer 25,36 |11: Sach 14,21 |12:
Jer 48,11 · Jes 29,15 |13: Am 5,11! |14–16: Joel 2,1–2
|14: 1,7! · Am 2,14.16 |15: Klgl 4,11!; Ez 22,24 · Joel 2,2!
|16: Joel 2,1!; Am 2,2 · 3,6 |18: 1,7 · 1,3; Ez 7,19;
Ps 49,8–9 · Jes 10,23 |2: Hos 13,3! |3: 1,6; Jes 51,1 ·
Mi 6,8 · 3,12; Joel 2,14! · 1,7!

1,3: Bei «dem, ... bringt» handelt es sich wohl um
eine spätere Zufügung, die möglicherweise die zuvor
genannte Reihe der Lebewesen im Sinn von
Abbildern versteht, vgl. Dtn 4,16–18.
1,10: Mischne war der Name eines Stadtteils von
Jerusalem.
1,11: Machtesch war der Name eines Stadtteils
von Jerusalem. Hebräisch ist «das ganze
Händlervolk» zugleich ‹das ganze Volk von Kanaan›.
2,2: Möglicherweise ist zu übersetzen: «... – wie
Spreu, die vorüberzieht an einem einzigen Tag, ...»

Drohworte gegen die fremden Völker
4 Denn Gaza wird verlassen sein
   und Aschkelon verwüstet,
Aschdod wird man zur Mittagszeit
vertreiben,
   und Ekron wird entwurzelt.

5 Wehe den Bewohnern des
Landstrichs am Meer,
　　der Nation der Kreter.
Das Wort des HERRN über euch,
　　Kanaan, Land der Philister:
Ich lasse dich zugrunde gehen, so dass
keiner dort wohnt.
6 Und aus dem Landstrich am Meer
werden Weideflächen an Zisternen für
Hirten
　　und Steinpferche für Schafe.
7 Und es wird ein Landstrich sein für
den Rest des Hauses Juda,
　　darauf werden sie weiden,
in den Häusern von Aschkelon lagern
sie am Abend,
　　denn der HERR, ihr Gott, wird sich
　　ihrer annehmen
　　und ihr Geschick wenden.
8 Ich habe das Höhnen Moabs gehört
　　und das Schmähen der Ammoniter,
wie sie mein Volk verhöhnt
　　und grossgetan haben gegen sein
　　Gebiet.
9 Deshalb, so wahr ich lebe,
　　Spruch des HERRN der Heerscharen,
　　des Gottes Israels:
Moab wird sein wie Sodom,
　　und die Ammoniter werden sein wie
　　Gomorra:
von Unkraut überwucherter Boden und
eine Salzgrube
　　und eine Wüstenei für immer!
Der Rest meines Volks wird sie
ausplündern,
　　und was übrig ist von meiner
　　Nation, wird sie beerben.
10 Das steht ihnen zu für ihren
Hochmut,
　　denn sie haben gehöhnt und
　　grossgetan
　　gegen das Volk des HERRN der
　　Heerscharen.
11 Furchtbar ist der HERR gegen sie,
　　denn er lässt dahinschwinden
　　alle Götter der Erde,
so dass man sich vor ihm niederwirft,
jeder an seinem Ort,
　　an allen Küsten der Nationen.
12 Auch ihr Kuschiter –

von meinem Schwert werden sie
durchbohrt sein.
13 Und er wird seine Hand ausstrecken
nach Norden,
　　um Assur zugrunde zu richten
und Ninive zur Wüstenei zu machen,
　　trocken wie die Wüste.
14 Und in seiner Mitte werden Herden
lagern
　　alle möglichen Tiere einer Nation,
sowohl Dohle als auch Eule,
　　auf seinen Kapitellen werden sie die
　　Nacht verbringen.
Ein Laut, im Fenster krächzt es,
　　Verwüstung auf der Schwelle –
er hat die Holztäfelung freigelegt!
15 Das ist die übermütige Stadt, die in
Sicherheit lebt,
　　die in ihrem Herzen sagt:
Ich und keine sonst!
Wie wurde sie verwüstet,
　　ein Lagerplatz für die Tiere!
Jeder, der an ihr vorübergeht,
　　wird zischen, wird seine Hand
　　schwenken.

|4–7: Am 1,6–8; Sach 9,5–7 |5: Ez 25,16 · Zef 3,6
|6–7: 3,13; Ez 25,5 · Obd 19 |7: Zef 3,20! |8–11:
Ez 25,1–11 |8: Ez 35,12–13; Am 1,13–15 |9: Dtn 29,22;
Am 4,11 · Jer 49,2 · Gen 19,1–29.30–38 |10: Jes 16,6;
Jer 48,29; Ez 21,33 |11: Ps 96,4–5 · Zef 3,9;
Jes 19,18–25; Sach 2,15; 8,23; 14,16–19; Mal 1,11 |12:
Ez 21,13–22; Am 9,4 |13: 1,4 · Jes 10,5 |14: Jes 13,22;
34,13–15 · Lev 11,13–18 · Am 9,1 |15: Jes 47,8.10 ·
Ez 25,5 · Jer 18,16!; Nah 3,19

2,4: Im Hebräischen liegt ein Wortspiel vor: Gaza
ist dem Wort ‹verlassen› ähnlich und Ekron dem
Wort ‹entwurzelt›.
2,15: Das Zischen und das Schwenken der Hand
sind Gesten, die das Unheil fern halten sollen.

Wehruf gegen Jerusalem

3 1 Wehe der Widerspenstigen und
Besudelten,
　　der unterdrückenden Stadt.
2 Auf keine Stimme hat sie gehört,
　　keine Mahnung hat sie
　　angenommen,
auf den HERRN hat sie nicht vertraut,
　　ihrem Gott hat sie sich nicht
　　genähert.
3 Ihre Fürsten in ihrer Mitte
　　sind brüllende Löwen,

ihre Richter sind Wölfe am Abend,
    nichts lassen sie übrig bis zum
    Morgen.
4 Ihre Propheten sind leichtfertig,
    sind Männer der Treulosigkeit,
ihre Priester entweihen, was heilig ist,
    der Weisung tun sie Gewalt an.
5 Der HERR ist gerecht in ihrer Mitte,
    er begeht kein Unrecht.
Morgen für Morgen schenkt er bei
Tagesanbruch sein Recht,
    es bleibt nicht aus.
Der Übeltäter aber kennt keine Scham!
6 Nationen habe ich ausgerottet,
    ihre Zinnen sind verwüstet,
ihre Strassen habe ich in Trümmer
gelegt,
    so dass niemand hindurchzieht,
ihre Städte habe ich verheert,
    so dass dort kein Mensch ist,
    so dass keiner dort wohnt.
7 Ich habe gesagt: Ach, du wirst mich
fürchten,
    du wirst Mahnung annehmen.
Und ihre Wohnung wird nicht zerstört
werden müssen. –
    All das, was ich ihr auferlegt hatte.
Doch voller Eifer haben sie schlecht
gehandelt
    bei all ihren Taten!
8 Darum wartet auf mich, Spruch des
HERRN,
    auf den Tag, da ich mich erhebe als
    Zeuge,
denn es ist mein Recht, Nationen zu
versammeln,
    Königreiche einzusammeln,
um meine Wut über ihnen
auszugiessen,
    die Fülle meines glühenden Zorns.
Im Feuer meiner Eifersucht
    wird die ganze Erde gefressen!

|1–4: Ez 22,25–29 |2: Jer 2,30 |3: Hab 1,8; Mi 7,3 ·
Am 3,4 |4: Mi 3,11 |5: Klgl 1,18 · Ps 5,4! |6: 1,16 ·
Zef 2,5 |7: Jer 3,19–20; Am 4,6–11 |8: 1,7! · Mi 1,2;
Mal 3,5 · Sach 14,2 · Ps 69,25; Ez 21,36; 22,31 · Zef 1,18

3,8: Die Übersetzung «als Zeuge» beruht auf der
Änderung eines Vokals im Massoretischen Text; dieser lautet: «der Beute wegen».

Aufruf zur Freude
9 Dann aber werde ich den Völkern
reine Lippen geben,
    damit sie alle den Namen des HERRN
    anrufen
    und ihm Schulter an Schulter
    dienen.
10 Von jenseits der Ströme von Kusch
werden sie jene, die mich anbeten –
    die Tochter meiner Verstreuung –
    als Gabe für mich bringen.
11 An jenem Tag musst du dich nicht
mehr all deiner Taten schämen,
    durch die du mit mir gebrochen hast.
Denn dann entferne ich deine
herablassenden Prahler aus deiner
Mitte,
    und du wirst nicht mehr hochmütig
    sein auf meinem heiligen Berg.
12 Und in deiner Mitte werde ich übrig
lassen
    ein armes und geringes Volk,
und sie werden Zuflucht suchen beim
Namen des HERRN.
13 Der Rest Israels wird kein Unrecht
begehen und keine Lüge reden,
    und keine betrügerische Zunge wird
    sich in ihrem Mund finden.
Sie werden weiden und sich lagern,
    und da wird niemand sein, der sie
    aufschreckt!
14 Juble, Tochter Zion,
    jauchze, Israel.
Freue dich und sei von ganzem Herzen
glücklich,
    Tochter Jerusalem.
15 Aufgehoben hat der HERR die Urteile
über dich,
    deinen Feind hat er fortgeschafft.
Der König von Israel, der HERR, ist in
deiner Mitte,
    du wirst kein Unheil mehr fürchten!
16 An jenem Tag
    wird zu Jerusalem gesagt:
Fürchte dich nicht!
    Zion, mögen deine Hände nicht
    erschlaffen!
17 Der HERR, dein Gott, ist in deiner
Mitte,
    ein rettender Held,

voller Freude frohlockt er über dich,
    in seiner Liebe schweigt er,
mit Begeisterung jubelt er über dich.
18 Die traurig sind, fern von der
Festversammlung,
    habe ich gesammelt,
sie waren fern von dir,
    dir eine Last, eine Schande.
19 Sieh, in jener Zeit nehme ich mir all
die vor, die dich unterdrücken,
    und das Hinkende werde ich retten,
    und was versprengt ist, sammle ich,
und zu Lobpreis und zu Ruhm mache
ich
    ihre Schande im ganzen Land.
20 In jener Zeit bringe ich euch heim,

und in eben jener Zeit sammle ich
euch,
denn ich werde euch einen Namen und
Ruhm verschaffen
    bei allen Völkern der Erde,
wenn ich euer Geschick wende vor euren Augen!,
    spricht der HERR.

| 9: 2,11! · Jes 6,5–7 | 10: Jes 11,11; 18,1–2.7 ·
Jes 49,22; 60,4.9; 66,20 · Hag 2,7 |11–12: Ps 25,20; 71,1;
Jes 14,32 |11: Hos 10,6; Joel 2,26–27 · Jes 1,2 · Joel 2,1!
|12: 2,3 |13: Jes 11,9 · Jes 53,9 · 2,6–7; Mi 2,12! · Mi 4,4
|14–15: Jes 52,7–10 |14: Joel 2,23; Sach 2,14; 9,9 ·
Klgl 2,13 |15: Nah 2,1 · Jes 52,7; Ps 46,6; Mi 4,7 |16:
Klgl 3,57; Joel 2,21; Hag 2,5; Sach 8,13 |17: Jes 65,19
|18: 2,8 |19: Mi 4,6–7; Ez 34,16 · Sach 10,8.10 ·
Dtn 26,18–19 |20: Dtn 30,3; Jer 33,7–11 · Zef 2,7;
Hos 6,11!

Das Buch Haggai

Aufruf zum Wiederaufbau des Tempels

1 1 Im zweiten Jahr von Darius, dem
König, im sechsten Monat, am ersten Tag des Monats, erging das Wort des
HERRN durch Haggai, den Propheten, an
Serubbabel, den Sohn des Schealtiel, den
Statthalter von Juda, und an Jehoschua,
den Sohn des Jehozadak, den Hohen
Priester:
2 So spricht der HERR der Heerscharen: Dieses Volk sagt: Es ist nicht an der
Zeit zu kommen, nicht die Zeit, dass das
Haus des HERRN aufgebaut werden
müsste! 3 Und das Wort des HERRN
erging durch Haggai, den Propheten:
4 Für euch selbst ist es die Zeit, in euren
gedeckten Häusern zu wohnen, während dieses Haus verödet daliegt? 5 Und
nun, so spricht der HERR der Heerscharen: Bedenkt eure Wege!
6 Ihr habt reichlich gesät und wenig
eingebracht,
    ihr habt zu essen und werdet nicht
satt,

zu trinken, und euren Durst könnt ihr
nicht löschen,
    anzuziehen, und keinem wird warm.
Und wer Lohn verdient, legt den Lohn
    in einen durchlöcherten Beutel.
7 So spricht der HERR der
Heerscharen: Bedenkt eure Wege!
8 Geht hinauf ins Gebirge und holt Holz
und baut das Haus, dann will ich Wohlgefallen daran haben und mich in meiner Herrlichkeit zeigen!, spricht der
HERR. 9 Viel habt ihr erwartet, aber seht,
es ist wenig! Und bringt ihr es heim,
blase ich es weg! Warum ist das so?
Spruch des HERRN der Heerscharen.
Wegen meines Hauses, das verödet daliegt, während ihr Gefallen habt an euren Häusern, ein jeder! 10 Darum hat
der Himmel über euch den Tau zurückgehalten, und die Erde hat ihren Ertrag
zurückgehalten, 11 und ich habe eine
Trockenheit über das Land gerufen und
über die Berge und über das Getreide
und über den Wein und über das Öl und
über all das, was der Boden hervor-

bringt, und über Mensch und Tier und über alle Arbeit der Hände.

12 Da hörten Serubbabel, der Sohn des Schealtiel, und Jehoschua, der Sohn des Jehozadak, der Hohe Priester, und der ganze Rest des Volks auf die Stimme des HERRN, ihres Gottes, und auf die Worte Haggais, des Propheten, so wie der HERR, ihr Gott, sie durch ihn gesandt hatte. Und das Volk fürchtete sich vor dem HERRN. 13 Und Haggai, der Bote des HERRN, sprach im Auftrag des HERRN zum Volk: Ich bin bei euch! Spruch des HERRN. 14 Und der HERR erweckte den Geist Serubbabels, des Sohns von Schealtiel, des Statthalters von Juda, und den Geist Jehoschuas, des Sohns von Jehozadak, des Hohen Priesters, und den Geist des ganzen Rests des Volks, und sie kamen und machten sich an die Arbeit am Haus des HERRN der Heerscharen, ihres Gottes, 15 am vierundzwanzigsten Tag des Monats, im sechsten Monat, im zweiten Jahr von Darius, dem König.

|1: 2,1.10.20; Sach 1,1.7; 7,1 · Esra 2,2; 3,2; 5,1–2; 6,14; Sach 3,1; 4,6 |6: 2,15–19; Sach 8,10 |9–11: Sach 8,9–12 |10: Lev 26,19–20; Sach 8,12! |13: Mal 3,1 · Hag 2,4 |14: Sach 4,6; Esra 1,5; 5,2

1,1: Siehe die Anm. zu Esra 4,5.
1,8: Möglich ist auch die Übersetzung «... will ich Wohlgefallen daran haben und mich verherrlichen lassen!, ...»
1,10: Möglich ist auch die Übersetzung «Deshalb hat euretwegen der Himmel ...»

Die Herrlichkeit des neuen Tempels

2 1 Im siebten Monat, am einundzwanzigsten Tag des Monats, erging das Wort des HERRN durch Haggai, den Propheten: 2 Sprich doch zu Serubbabel, dem Sohn des Schealtiel, dem Statthalter von Juda, und zu Jehoschua, dem Sohn des Jehozadak, dem Hohen Priester, und zum Rest des Volks: 3 Wer von euch ist noch da, der dieses Haus in seiner früheren Herrlichkeit gesehen hat? Und in welchem Zustand seht ihr es nun? Ist es in euren Augen nicht wie nichts? 4 Nun aber, sei mutig, Serubbabel, Spruch des HERRN, und sei mutig,

Jehoschua, Sohn des Jehozadak, Hoher Priester, und sei mutig, du ganzes Volk des Landes, Spruch des HERRN, und handelt! Denn ich bin bei euch! Spruch des HERRN der Heerscharen. 5 Das ist es, was ich mit euch vereinbart habe, als ihr ausgezogen seid aus Ägypten. Mein Geist bleibt in eurer Mitte! Fürchtet euch nicht. 6 Denn so spricht der HERR der Heerscharen: Nur wenig noch, nur eine kurze Zeit, dann erschüttere ich den Himmel und die Erde und das Meer und das Festland! 7 Dann erschüttere ich alle Nationen, und die Kostbarkeiten aller Nationen werden kommen, und ich erfülle dieses Haus mit Herrlichkeit!, spricht der HERR der Heerscharen. 8 Mir gehört das Silber, und mir gehört das Gold! Spruch des HERRN der Heerscharen. 9 Die künftige Herrlichkeit dieses Hauses wird grösser sein als die frühere!, spricht der HERR der Heerscharen. Und an dieser Stätte werde ich Frieden schenken! Spruch des HERRN der Heerscharen.

|1: 1,1! |3: Sach 4,10; Esra 3,12 |4: 1,13; Jos 1,9 |5: Sach 4,6; 8,15; Zef 3,16 |6: Hebr 12,26 |7: Jes 60,5–7

Das unreine Volk

10 Am Vierundzwanzigsten des neunten Monats, im zweiten Jahr des Darius, erging das Wort des HERRN an Haggai, den Propheten: 11 So spricht der HERR der Heerscharen: Frage doch die Priester nach Weisung: 12 Wenn einer heiliges Fleisch im Bausch seines Gewandes trägt und er berührt mit seinem Bausch das Brot oder das Gekochte oder den Wein oder das Öl oder irgendetwas zum Essen, wird es dann heilig? Und die Priester antworteten und sprachen: Nein! 13 Dann sagte Haggai: Wenn einer, der durch einen Leichnam unrein geworden ist, mit irgendetwas davon in Berührung kommt, wird es dann unrein? Und die Priester antworteten und sprachen: Es wird unrein! 14 Daraufhin sprach Haggai: So ist es mit diesem Volk, und so ist es mit dieser Nation vor mir, Spruch des HERRN, und so ist es mit je-

dem Werk ihrer Hände und mit dem,
was sie dort darbringen: Es ist unrein!
15 Und nun, bedenkt doch, was von diesem Tag an geschieht! Bevor man Stein
auf Stein legte am Tempel des HERRN,
16 vor dieser Zeit war es so: Kam einer
zu einem Getreidehaufen, der zwanzig
Mass haben sollte, so waren es zehn;
kam einer zur Kelter, um fünfzig Mass
aus dem Keltertrog abzuschöpfen, so
waren es zwanzig. 17 Ich habe euch, das
ganze Werk eurer Hände, mit Getreidebrand geschlagen und mit Mehltau
und mit Hagel, euch aber hat das nicht
zu mir getrieben. Spruch des HERRN.
18 Bedenkt doch, was von diesem Tag an
geschieht; vom Vierundzwanzigsten
des neunten Monats an, von dem Tag
an, da der Grundstein des Tempels des
HERRN gelegt worden ist, bedenkt es:
19 Ist die Saat noch in der Getreidegrube
und haben Weinstock und Feigenbaum
und Granatapfelbaum und Ölbaum
noch nicht getragen? Von diesem Tag an
segne ich!

|10: 1,1! |11: Mal 2,7 |13: Num 19,11–13 |15–19:
1,6; Sach 8,9–12 |16: Am 5,11! |17: Am 4,6

2,16: «vor dieser Zeit war es so» ist wörtlich: «bevor sie da waren»

Verheissung an Serubbabel
20 Und am Vierundzwanzigsten des
Monats erging das Wort des HERRN
zum zweiten Mal an Haggai: 21 Sprich
zu Serubbabel, dem Statthalter von Juda:
Ich erschüttere
    den Himmel und die Erde!
22 Und den Thron von Königsreichen
werde ich umstürzen,
    und die Macht der Königreiche der
    Nationen zerschmettere ich,
und die Wagen und ihre Fahrer stürze
ich um,
    und zu Boden gehen die Pferde und
    ihre Reiter,
    ein jeder durch das Schwert seines
    Bruders!
23 An jenem Tag, Spruch des HERRN
der Heerscharen, nehme ich dich,
Serubbabel, Sohn des Schealtiel, als
meinen Diener, Spruch des HERRN, und
ich mache dich wie einen Siegelring,
denn dich habe ich erwählt! Spruch des
HERRN der Heerscharen.

|20: 1,1! |22: Sach 9,1–6; 12,9 |23: Sach 6,12–13

Das Buch Sacharja

Aufruf zur Umkehr

1 1 Im achten Monat, im zweiten Jahr
des Darius, erging das Wort des
HERRN an Sacharja, den Sohn des Berechja, des Sohns des Iddo, den Propheten: 2 Über eure Vorfahren war der
HERR zornig, sehr zornig! 3 Und du
wirst ihnen sagen: So spricht der HERR
der Heerscharen:
Kehrt zurück zu mir,
    Spruch des HERRN der Heerscharen,
dann kehre ich zurück zu euch!,
    spricht der HERR der Heerscharen.

4 Seid nicht wie eure Vorfahren,
denen die früheren Propheten zugerufen haben: So spricht der HERR der
Heerscharen: Kehrt euch doch ab von
euren bösen Wegen und von euren
bösen Taten. Sie aber haben nicht gehört
und haben nicht auf mich geachtet.
Spruch des HERRN. 5 Eure Vorfahren –
wo sind sie? Und die Propheten – leben
sie ewig? 6 Doch meine Worte und
meine Satzungen, die ich meinen Dienern, den Propheten, befohlen habe –
haben sie eure Vorfahren etwa nicht erreicht? Sie sind zurückgekehrt und haben gesagt: Wie der HERR der Heerscha-

ren geplant hatte, an uns zu handeln, unseren Wegen und unseren Taten entsprechend, so ist er mit uns verfahren!

|1: Hag 1,1! |3: Mal 3,7 |4: 7,7! · Jer 3,12–14 · 7,11 |6: Jer 23,20

Die erste Schauung

7 Am vierundzwanzigsten Tag des elften Monats, das war der Monat Schebat, im zweiten Jahr des Darius, erging das Wort des HERRN an Sacharja, den Sohn des Berechjahu, des Sohns von Iddo, den Propheten: 8 In der Nacht sah ich, und sieh: Ein Mann sass auf einem roten Pferd und war zwischen den Myrten, die in der Tiefebene standen. Und hinter ihm waren rote, fuchsrote und weisse Pferde. 9 Und ich sagte: Was hat es mit diesen auf sich, mein Herr? Und der Bote, der durch mich redet, sprach zu mir: Ich selbst werde dich sehen lassen, was es mit diesen auf sich hat! 10 Daraufhin sagte der Mann, der zwischen den Myrten stand: Diese sind es, die der HERR gesandt hat, damit sie das Land durchstreifen. 11 Daraufhin sagten sie zu dem Boten des HERRN, der zwischen den Myrten stand: Wir haben das Land durchstreift, und sieh, das ganze Land liegt ruhig da. 12 Daraufhin sagte der Bote des HERRN: HERR der Heerscharen, wann endlich wirst du dich erbarmen über Jerusalem und über die Städte von Juda, die du verflucht hast für diese siebzig Jahre? 13 Und der HERR antwortete dem Boten, der durch mich redet, gute Worte, tröstliche Worte. 14 Und der Bote, der durch mich redet, sprach zu mir: Rufe: So spricht der HERR der Heerscharen:
Ich bin voller Eifer für Jerusalem
und für Zion voll von grossem Eifer!
15 Aber ich bin voll grossen Zorns
auf die sorglosen Nationen:
Als ich nur wenig zornig war,
haben sie dem Unheil nachgeholfen!
16 Darum, so spricht der HERR:
Voller Erbarmen kehre ich zurück nach Jerusalem. Dort wird mein Haus gebaut, Spruch des HERRN der Heerscharen, und über Jerusalem wird eine Schnur

gespannt. 17 Rufe ausserdem: So spricht der HERR der Heerscharen: Meine Städte werden noch überfliessen von Gutem! Und der HERR wird Zion noch trösten und Jerusalem noch erwählen!

|8: 6,2 |9: Dan 8,15–16 |12: Ps 79,5 · 7,5; Jer 25,11; Dan 9,2.23–26 |14: Joel 2,18! |15: Nah 1,2 · Hab 3,12 |16: 8,3 · 2,5–6 |17: 2,16

Die zweite Schauung

2 1 Und ich blickte auf und sah hin, und sieh: vier Hörner! 2 Und ich sagte zu dem Boten, der durch mich redet: Was hat es mit diesen auf sich? Und er sprach zu mir: Das sind die Hörner, die Juda, Israel und Jerusalem zerstreut haben.

3 Dann liess mich der HERR vier Handwerker sehen. 4 Und ich sagte: Wozu kommen diese? Und er sprach: Das sind die Hörner, die Juda zerstreut haben, so dass niemand mehr sein Haupt erhoben hat. Und jene sind gekommen, um sie aufzuschrecken und um die Hörner jener Nationen niederzuwerfen, die das Horn erheben gegen das Land Juda, um es zu zerstreuen.

|1: Dan 7,7

Die dritte Schauung

5 Und ich blickte auf und sah hin, und sieh: ein Mann! Und in seiner Hand war eine Messschnur. 6 Und ich sagte: Wohin gehst du? Und er sprach zu mir: Jerusalem zu vermessen und zu sehen, was wohl seine Breite und was wohl seine Länge wäre.

7 Und sieh, als der Bote, der durch mich redet, hinausging, kam ihm ein anderer Bote entgegen. 8 Und er sagte zu ihm: Lauf, rede zu diesem jungen Mann da: Jerusalem soll ein offener Ort bleiben, wegen der Menge von Menschen und Vieh in seiner Mitte. 9 Und ich selbst werde für Jerusalem, Spruch des HERRN, zu einem Feuerwall ringsum. Und in seiner Mitte werde ich herrlich sein.

10 Wehe, wehe: Flieht aus dem Land des Nordens, Spruch des HERRN, denn

ich habe euch auseinander getrieben wie die vier Winde des Himmels! Spruch des HERRN. 11 Wehe, Zion, rette dich, die du wohnst bei der Tochter Babel! 12 Denn so sprach der HERR der Heerscharen, nachdem die Herrlichkeit mich zu den Nationen gesandt hatte, die euch ausplündern: Wer euch antastet, tastet seinen eigenen Augapfel an! 13 Denn seht, ich schwinge meine Hand gegen sie, und sie werden zu Plündergut für ihre eigenen Diener! Und ihr werdet erkennen, dass der HERR der Heerscharen mich gesandt hat. 14 Juble und freue dich, Tochter Zion, denn sieh, ich komme und wohne in deiner Mitte! Spruch des HERRN. 15 Und an jenem Tag werden sich viele Nationen dem HERRN anschliessen, und sie werden mir zum Volk. Und ich werde in deiner Mitte wohnen. Und du wirst erkennen, dass der HERR der Heerscharen mich zu dir gesandt hat. 16 Und der HERR wird Juda als sein Erbteil besitzen auf heiligem Boden, und Jerusalem wird er noch erwählen. 17 Stille, alles Fleisch, vor dem HERRN! Denn er ist aufgebrochen aus der Wohnung seiner Heiligkeit.

| 5–6: 1,16 | 6: Jer 31,38–39 | 8: Ez 38,11 · 8,5; Jes 49,19 | 9: 9,15! | 11: Jes 48,20; Jer 50,8 | 12: Jes 17,14 | 13: Jes 19,16 | 14: 9,9; Zef 3,14! · 8,3 | 15: 4,9; 6,15; 8,23; 14,16–19; Mal 1,11; Zef 2,11! | 16: 1,17 | 17: Am 6,10!

2,9: Wörtlich: «Und ich selbst werde für es, …»

Die vierte Schauung. Jehoschua, der Hohe Priester

3 1 Und er liess mich Jehoschua, den Hohen Priester, sehen, der vor dem Boten des HERRN stand, und zu dessen Rechten stand der Satan, um ihn anzufeinden. 2 Und der HERR sprach zum Satan:

Der HERR weist dich zurecht, Satan; der HERR, der Jerusalem erwählt hat, weist dich zurecht!

Ist jener nicht ein Holzscheit, das aus dem Feuer gerettet wurde?

3 Jehoschua aber war bekleidet mit verdreckten Kleidern, als er vor dem Boten stand. 4 Daraufhin sagte dieser zu denen, die vor ihm standen: Nehmt die verdreckten Kleider von ihm! Dann sprach er zu ihm: Schau, ich habe deine Schuld von dir genommen und werde dir Festkleider anlegen. 5 Und ich sprach: Man setze einen reinen Kopfbund auf sein Haupt! Und sie setzten den reinen Kopfbund auf sein Haupt und legten ihm Kleider an, während der Bote des HERRN dastand. 6 Dann bezeugte der Bote des HERRN dem Jehoschua: 7 So spricht der HERR der Heerscharen: Wenn du auf meinen Wegen gehst und wenn du einhältst, wozu ich dich verpflichtet habe, dann wirst du meinem Haus Recht verschaffen und auch die Aufsicht haben über meine Vorhöfe. Und ich werde dir Zutritt gewähren zu jenen, die hier stehen. 8 Höre doch, Jehoschua, Hoher Priester, du mit deinen Gefährten, die vor dir sitzen, denn sie sind zeichenhafte Männer: Seht, ich lasse meinen Diener kommen, den Spross! 9 Denn seht, der Stein, den ich vor Jehoschua niedergelegt habe: sieben Augen auf einem einzigen Stein! Seht, ich graviere seine Gravur, Spruch des HERRN der Heerscharen, und an einem einzigen Tag werde ich die Schuld jenes Landes entfernen! 10 An jenem Tag, Spruch des HERRN der Heerscharen, werdet ihr, ein jeder, euren Nächsten unter den Weinstock und unter den Feigenbaum rufen.

| 1: Hag 1,1 | 2: Jud 9 · Am 4,11 · Ez 15,2–5 | 4: Jes 6,7 | 5: 6,11 | 8: 6,12 | 9: 4,10

3,1: Satan bedeutet ‹Anfeinder›.

Die fünfte Schauung

4 1 Und der Bote, der durch mich redet, kehrte zurück und weckte mich wie einen, der aus seinem Schlaf geweckt wird. 2 Und er sprach zu mir: Was siehst du? Da sagte ich: Ich habe gesehen: ein Leuchter, ganz aus Gold, und oben auf ihm seine Schale! Und an ihm waren seine sieben Lichter: je sieben Röhren für die Lichter, die oben auf ihm waren. 3 Und bei ihm wa-

ren zwei Ölbäume, einer rechts neben
der Schale und einer zu seiner Linken.
4 Daraufhin sagte ich zu dem Boten, der
durch mich redet: Was hat es mit diesen
auf sich, mein Herr? 5 Und der Bote, der
durch mich redet, antwortete und
sprach zu mir: Du weisst nicht, was es
mit diesen auf sich hat? Und ich sagte:
Nein, mein Herr.

6 Daraufhin sagte er zu mir: Dies
ist das Wort des Herrn an Serubbabel:
Nicht durch Kraft und nicht durch
Stärke,

sondern mit meinem Geist!,
spricht der Herr der Heerscharen.

7 Wer bist du, grosser Berg? Vor
Serubbabel wirst du zur Ebene! Er wird
den letzten Stein bringen; da werden
Rufe erschallen: Gnade, Gnade sei mit
ihm!

8 Und das Wort des Herrn erging
an mich: 9 Die Hände Serubbabels haben den Grundstein zu diesem Haus
gelegt, und seine Hände werden es zu
Ende führen! Und du wirst erkennen,
dass der Herr der Heerscharen mich zu
euch gesandt hat. 10 Wer hat da den Tag
der kleinen Dinge verachtet? Man wird
sich freuen und den Stein mit Zinn sehen in der Hand Serubbabels! Sieben
sind es, die Augen des Herrn, sie
schweifen über die ganze Erde. 11 Daraufhin sagte ich zu ihm: Was hat es mit
diesen zwei Ölbäumen auf sich, rechts
vom Leuchter und zu seiner Linken?
12 Und zum Zweiten sagte ich daraufhin
zu ihm: Was hat es mit den beiden Öl-
baum-Ähren auf sich, die an der Seite
der zwei Röhren aus Gold sind, die das
Gold an sich herabfliessen lassen? 13 Da
sprach er zu mir: Du weisst nicht, was es
mit diesen auf sich hat? Und ich sagte:
Nein, mein Herr. 14 Da sprach er: Das
sind die beiden Gesalbten, die beim
Herrn der ganzen Erde stehen.

| 1: Dan 8,18 | 2: 5,2; Am 7,8 | 3: Ex 25,31; Offb 1,12
| 6: Esra 2,2 · Hos 1,7! · Hag 2,5 | 9: 2,15! | 10: Hag 2,3
| 11: 3,9 | 14: 6,5

4,10: Mit ‹Stein mit Zinn› ist wohl ein Bleilot gemeint.

Die sechste Schauung

5 1 Und wieder blickte ich auf und sah
hin, und sieh: eine fliegende Schriftrolle! 2 Und er sprach zu mir: Was siehst
du? Da sagte ich: Ich sehe eine fliegende
Schriftrolle; ihre Länge ist zwanzig Ellen
und ihre Breite zehn Ellen. 3 Und er
sprach zu mir: Das ist der Fluch, der auszieht über den ganzen Erdboden, denn
jeder, der stiehlt, ist – wie lange nun
schon! – ungestraft geblieben, und jeder, der schwört, ist – wie lange nun
schon! – ungestraft geblieben! 4 Ich
habe ihn hinausziehen lassen, Spruch
des Herrn der Heerscharen, und er
wird in das Haus des Diebs kommen
und in das Haus dessen, der falsch
schwört bei meinem Namen, und er
wird in seinem Haus über Nacht bleiben, und er wird es vernichten samt seinen Balken und seinen Steinen.

| 2: 4,2! | 3-4: 8,17

Die siebte Schauung

5 Und der Bote, der durch mich redet, ging hinaus und sprach zu mir: Blicke doch auf und sieh! Was ist das, was
da hinauszieht? 6 Da sagte ich: Was ist
es? Und er sprach zu mir: Das ist das Efa,
das hinauszieht. Und er sprach: Das ist
ihre Schuld im ganzen Land. 7 Und sieh,
ein Bleideckel hob sich, und da war eine
Frau, die sass im Efa. 8 Da sprach er: Das
ist die Bosheit! Und er drängte sie zurück ins Efa. Dann warf er den Brocken
aus Blei auf dessen Öffnung.

9 Und ich blickte auf und sah hin,
und sieh: Zwei Frauen kamen hervor,
und in ihren Flügeln war Wind, und sie
hatten Flügel wie Storchenflügel. Und
sie hoben das Efa empor zwischen Erde
und Himmel. 10 Da sagte ich zu dem Boten, der durch mich redet: Wohin lassen
sie das Efa ziehen? 11 Und er sprach zu
mir: Ins Land Schinar, um ihm ein Haus
zu bauen. Und ist es errichtet, so wird es
dort niedergelassen an seine Stätte.

| 11: Gen 10,10

5,6: Die Übersetzung «ihre Schuld» beruht auf
mehreren Textzeugen; der Massoretische Text lautet

übersetzt: «ihr Auge», was manche als ‹ihr Aussehen›
interpretieren.

Die achte Schauung

6 1 Und wieder blickte ich auf und sah
hin, und sieh: Vier Wagen kamen
hervor zwischen den zwei Bergen, und
die Berge waren Berge aus Bronze! 2 Am
ersten Wagen waren rote Pferde, und
am zweiten Wagen waren schwarze
Pferde, 3 und am dritten Wagen waren
weisse Pferde, und am vierten Wagen
waren gefleckte, gescheckte Pferde.
4 Daraufhin sagte ich zu dem Boten, der
durch mich redet: Was hat es mit diesen
auf sich, mein Herr? 5 Und der Bote antwortete und sprach zu mir: Das sind die
vier Winde des Himmels, sie ziehen
hinaus, nachdem sie beim Herrn der
ganzen Erde gestanden haben. 6 Die
schwarzen Pferde, die daran sind, ziehen hinaus ins Land des Nordens, und
die weissen sind hinter ihnen hergezogen, und die gefleckten sind ins Land
Teman gezogen. 7 Und die gefleckten
sind ausgezogen, und sie wollen gehen,
um die Erde zu durchstreifen. Und er
sprach: Geht, durchstreift die Erde! Und
sie durchstreiften die Erde. 8 Und er rief
mir zu und sprach zu mir: Schau, jene,
die hinausziehen ins Land des Nordens,
beruhigen meinen Geist im Land des
Nordens!

|2:1,8 |3: Offb 6,2–8 |5: 4,14 |7:1,10

Der Spross, der den Tempel bauen wird

9 Und das Wort des HERRN erging
an mich: 10 Nimm es von den Verbannten, von Cheldai und von Tobija und von
Jedaja. Du selbst aber wirst an jenem Tag
kommen; ins Haus des Joschija, des
Sohns von Zefanja, die aus Babel gekommen sind, wirst du kommen! 11 Und du
wirst Silber und Gold nehmen und Kronen anfertigen. Und du wirst sie auf das
Haupt Jehoschuas, des Sohns von Jehozadak, des Hohen Priesters, setzen.
12 Und du wirst zu ihm sagen: So spricht
der HERR der Heerscharen: Sieh: ein
Mann, Spross ist sein Name, unter ihm

wird es sprossen, und er wird den Tempel des HERRN bauen! 13 Er ist es, der
den Tempel des HERRN bauen wird, und
er ist es, der Hoheit tragen wird, und er
wird sich setzen und auf seinem Thron
herrschen. Und bei seinem Thron wird
ein Priester sein, und zwischen ihnen
beiden wird friedvolles Einvernehmen
herrschen. 14 Und die Kronen werden
Chelem und Tobija und Jedaja und
Chen, dem Sohn des Zefanja, gehören,
zur Erinnerung im Tempel des HERRN.
15 Und jene, die fern sind, werden kommen und am Tempel des HERRN bauen;
und ihr werdet erkennen, dass der HERR
der Heerscharen mich zu euch gesandt
hat. Und das wird geschehen, wenn ihr
wirklich auf die Stimme des HERRN,
eures Gottes, hört.

|11: 3,5 |12–13: Hag 2,23 |12: 3,8 |15: Jes 49,12;
60,10 · 2,15!

Die Fastenfrage

7 1 Und im vierten Jahr von Darius,
dem König, erging das Wort des
HERRN an Sacharja, am Vierten des
neunten Monats, im Monat Kislew.
2 Und Bet-El sandte Sar-Ezer und Re-
gem-Melech und seine Männer, um das
Angesicht des HERRN zu besänftigen.
3 Und so fragte man die Priester, die
zum Haus des HERRN der Heerscharen
gehörten, und die Propheten: Soll ich im
fünften Monat weinen und enthaltsam
sein, wie ich es schon so viele Jahre getan habe? 4 Und das Wort des HERRN
der Heerscharen erging an mich:
5 Sprich zum ganzen Volk des Landes
und zu den Priestern: Wenn ihr gefastet
und geklagt habt im fünften und im
siebten Monat, und dies seit siebzig Jahren, habt ihr dann wirklich für mich gefastet? 6 Und wenn ihr esst und wenn
ihr trinkt, seid dann nicht ihr die, die essen, und seid dann nicht ihr die, die trinken? 7 Sind das nicht die Worte, die der
HERR ausgerufen hat durch die früheren
Propheten, als Jerusalem bewohnt und
ohne Sorge war mit seinen Städten

ringsum und als der Negev und die Schefela bewohnt waren?

8 Und das Wort des HERRN erging an Sacharja: 9 So spricht der HERR der Heerscharen: Fällt gerechte Urteile und übt Gnade und Barmherzigkeit, ein jeder gegenüber seinem Bruder! 10 Und unterdrückt nicht die Witwe und die Waise, den Fremden und den Armen. Und keiner ersinne in seinem Herzen Unheil gegen seinen Bruder. 11 Sie aber haben sich geweigert, darauf zu achten, und störrisch haben sie mit der Schulter gezuckt, und ihre Ohren haben sie schwerhörig gemacht, um nicht hören zu müssen. 12 Und ihr Herz haben sie zu Diamant gemacht, um die Weisung nicht hören zu müssen und die Worte, die der HERR der Heerscharen durch seinen Geist gesandt hat, durch die früheren Propheten. Da ging grosser Zorn aus vom HERRN der Heerscharen. 13 Und so, wie er gerufen hat und sie nicht gehört haben, so werden sie rufen, und ich werde nicht hören!, spricht der HERR der Heerscharen. 14 Und im Sturm wirble ich sie in alle möglichen Nationen, die sie nicht kennen, und hinter ihnen wird das Land verwüstet, so dass niemand hindurchzieht und niemand mehr dort wohnt: Ein wunderbares Land haben sie zur Wüstenei gemacht!

|1: 1,1 |3: 8,19 · Mal 2,7! |5: 1,12! |6: Hos 8,13 · Jes 58,3–4 |7: 1,4; 7,12 · Jer 13,19 |9: Hos 12,7; Mi 6,8 |10: 8,17 |11: 1,4 |12: 7,7! |13: Mi 3,4!

7,3: Mit ‹weinen› ist ein rituelles Weinen gemeint.

Verheissende Worte des HERRN

8 1 Und das Wort des HERRN der Heerscharen erging: 2 So spricht der HERR der Heerscharen:
Mit grossem Eifer eifere ich für Zion,
    und mit grossem Zorn eifere ich für Zion.
3 So spricht der HERR:
Ich kehre zurück nach Zion,
    und in deiner Mitte werde ich wohnen, Jerusalem.

Und Jerusalem wird Die-Stadt-der-Treue genannt
    und der Berg des HERRN der Heerscharen Der-heilige-Berg.
4 So spricht der HERR der Heerscharen: Alte Männer und alte Frauen werden noch auf den Plätzen von Jerusalem sitzen, und weil sie so betagt sind, wird jeder seine Stütze in seiner Hand haben. 5 Und die Plätze der Stadt werden voller Knaben und Mädchen sein, die fröhlich spielen auf ihren Plätzen. 6 So spricht der HERR der Heerscharen: Selbst wenn das zu wunderbar ist in den Augen des Rests dieses Volks in jenen Tagen – muss es darum auch in meinen Augen zu wunderbar sein? Spruch des HERRN der Heerscharen. 7 So spricht der HERR der Heerscharen: Sieh, ich rette mein Volk aus dem Land des Aufgangs und aus dem Land des Untergangs der Sonne.
8 Und ich lasse sie kommen,
    und sie werden mitten in Jerusalem wohnen,
und sie werden mir Volk sein,
    und ich, ich werde ihnen Gott sein,
in Treue und Gerechtigkeit.

9 So spricht der HERR der Heerscharen: Eure Hände sollen stark sein, die ihr in diesen Tagen diese Worte hört aus dem Mund der Propheten, am Tag, da der Grundstein zum Haus des HERRN der Heerscharen gelegt worden ist, damit der Tempel erbaut würde.
10 Denn vor jenen Tagen
    gab es keinen Lohn für den Menschen,
    und es gab keinen Lohn für das Vieh;
und für den, der hinauszog, und für den, der hineinging,
    gab es keine Sicherheit vor dem Feind,
und ich habe alle Menschen aufeinander gehetzt,
    einen jeden gegen den eigenen Bruder.
11 Nun aber bin ich für den Rest dieses Volks nicht wie in den früheren Tagen! Spruch des HERRN der Heerscharen. 12 Denn das ist die Saat des Friedens: Der Weinstock gibt seine Frucht,

und die Erde gibt ihren Ertrag, und der Himmel gibt seinen Tau, und all dies lasse ich den Rest dieses Volks als Erbe besitzen! 13 Und wie ihr ein Fluch geworden seid unter den Nationen, Haus Juda und Haus Israel, so werde ich euch retten, und ihr werdet ein Segen sein. Fürchtet euch nicht, eure Hände sollen stark sein. 14 Denn so spricht der HERR der Heerscharen: Wie ich geplant habe, euch Böses anzutun, als eure Vorfahren mich erzürnten, spricht der HERR der Heerscharen, und wie ich kein Mitleid hatte, 15 so habe ich in diesen Tagen geplant, wieder Gutes zu tun für Jerusalem und für das Haus Juda. Fürchtet euch nicht. 16 Dies sind die Dinge, die ihr tun sollt: Redet die Wahrheit, ein jeder mit seinem Nächsten; aufrichtig und mit dem Recht des Friedens fällt das Urteil in euren Toren! 17 Und keiner soll in seinem Herzen auf das Unglück seines Bruders sinnen; und liebt nicht den verlogenen Schwur, denn all dies hasse ich! Spruch des HERRN.

18 Und das Wort des HERRN der Heerscharen erging an mich: 19 So spricht der HERR der Heerscharen: Das Fasten im vierten und das Fasten im fünften Monat und das Fasten im siebten und das Fasten im zehnten Monat wird für das Haus Juda zum Jubel und zur Freude und zu wunderbaren Festzeiten werden. Liebt die Wahrheit und den Frieden!

20 So spricht der HERR der Heerscharen: Es werden noch Völker kommen und Bewohner vieler Städte. 21 Und die Bewohner der einen werden zur anderen gehen und sagen: Lasst uns hingehen, um das Angesicht des HERRN zu besänftigen und um den HERRN der Heerscharen zu suchen! Auch ich will gehen! 22 Und viele Völker und mächtige Nationen werden kommen, um den HERRN der Heerscharen in Jerusalem zu suchen und um das Angesicht des HERRN zu besänftigen. 23 So spricht der HERR der Heerscharen: In jenen Tagen, da werden zehn Männer zugreifen aus allen Sprachen der Nationen, sie ergreifen den Saum eines Judäers und sagen: Wir wollen mit euch gehen, denn wir haben gehört: Gott ist bei euch!

|2: 1,14! |3: 1,16; 2,14 · Jes 1,26 · Ez 48,35 · 14,20–21 |4: Jes 65,20 |5: 2,8 |8: Ps 147,2 · 13,9 · Hos 2,21–22 |9–15: Hag 1,6.9–11; 2,15–19 |9: 8,13 · Esra 5,1–2 |12: Joel 2,19!; Hag 2,10; Mal 3,11 |13: Zef 3,16 · 8,9 |14: 1,2 |15: Hag 2,5 |17: 7,10 · 5,3–4 |19: 7,3 · Ps 34,15 |21: Jes 2,3; Mi 4,2 |22: 14,16 |23: 2,15!

8,2: Wörtlich: «..., und mit grossem Zorn eifere ich für es.»

Die Herrschaft des HERRN.
Der Friedenskönig

9 1 Ausspruch.
Das Wort des HERRN ist im Land Chadrach,
und Damaskus ist sein Ruheplatz.
Denn dem HERRN gehören das Auge des Menschen
und alle Stämme Israels,
2 und auch Chamat – es grenzt daran –,
Tyros und Sidon,
ja, diese sind sehr weise:
3 Tyros hat sich eine Festung gebaut
und Silber angehäuft wie Staub
und Gold wie Kot in den Gassen.
4 Sieh, der Herr wird ihm den Besitz nehmen
und seine Macht im Meer schlagen.
Und es selbst wird vom Feuer gefressen!
5 Aschkelon wird es sehen und sich fürchten,
so auch Gaza, und es wird sich winden vor Angst,
und Ekron, denn zuschanden geworden ist seine Hoffnung.
Und aus Gaza wird der König verschwinden,
und Aschkelon wird unbewohnt sein.
6 Und in Aschdod werden Mischlinge wohnen,
und den Hochmut der Philister werde ich brechen!
7 Und ich entferne das Blutige aus seinem Mund
und die Scheusslichkeiten von seinen Zähnen.

Und auch er wird übrig bleiben für
unsern Gott.
Und er wird wie ein Stammeshaupt in
Juda sein
und Ekron wie ein Jebusiter.
8 Und ich werde vor meinem Haus
lagern zum Schutz vor dem Heer,
vor dem, der vorüberzieht, und dem,
der zurückkehrt;
und keiner, der Gewalt übt, wird mehr
über sie kommen,
denn nun habe ich es mit eigenen
Augen gesehen!
9 Juble laut, Tochter Zion,
jauchze, Tochter Jerusalem,
sieh, dein König kommt zu dir,
gerecht und siegreich ist er,
demütig und auf einem Esel reitend,
auf einem Fohlen, einem
Eselsfohlen.
10 Und ich werde die Streitwagen
ausrotten in Efraim
und die Pferde in Jerusalem.
Und der Kriegsbogen wird ausgerottet.
Und er verheisst den Nationen
Frieden.
Und seine Herrschaft reicht von Meer
zu Meer
und vom Strom bis an die Enden der
Erde.
11 Auch du – um des Bluts deines
Bundes willen
entlasse ich deine Gefangenen aus
der Grube;
kein Wasser ist darin.
12 Kehrt zurück zur Befestigung,
ihr Gefangenen, die ihr hoffen
durftet.
Auch heute tue ich kund:
Das Zweifache werde ich dir
zurückgeben!
13 Denn ich spanne mir Juda,
lege Efraim als Pfeil an den Bogen.
Und ich erwecke deine Kinder, Zion,
gegen deine Kinder, Jawan,
und ich mache dich wie das Schwert
eines Helden.
14 Und über ihnen wird der HERR
erscheinen,

und wie ein Blitz schiesst sein Pfeil
hervor,
und Gott der HERR stösst ins Horn
und fährt daher in den Sturmwinden
von Teman.
15 Der HERR der Heerscharen wird sie
beschirmen,
und die Schleudersteine werden
fressen und unterwerfen,
und sie werden trinken, lärmen, als
wäre es Wein,
und wie die Sprengschale werden sie
voll davon,
wie die Ecken am Altar.
16 Und der HERR, ihr Gott, wird sie
retten an jenem Tag,
wie Schafe, als sein Volk,
denn sie sind Steine am Stirnreif,
sie funkeln auf seinem Boden.
17 Wie gut es ist, und wie schön es ist!
Getreide lässt junge Männer
und Wein lässt junge Frauen
gedeihen.

|1–6: Hag 2,22 |1: 12,1; Mal 1,1 |3–4: Am 1,9–10 |3:
Ez 28,4–5 |5–7: Am 1,6–8; Zef 2,4–7 |5: Zef 2,4 |7:
Jes 65,4 |8: 9,15!; 12,4 |9: 2,14! · Mi 4,8 · Mt 21,5 |10:
Mi 5,9 |12: Jes 61,7 |13: Mi 4,13 |14: Ps 18,15 |15: 2,9;
9,8; 12,8 |16: Ez 34,11.31 · Jes 54,12 |17: Am 8,13

9,1: Möglicherweise handelt es sich bei der mit
«Auge des Menschen» wiedergegebenen Wendung
um einen Ort, der En-Adam (übersetzt:
‹Menschenauge›) hiess.
9,16: Für «sie funkeln auf seinem Boden» ist auch
die Übersetzung möglich: «sie kommen zusammen
auf seinem Boden».

Rückkehr und Erstarkung Israels

10 1 Erbittet Regen vom HERRN, zur
Zeit des Spätregens,
vom HERRN, der Wetterwolken
schafft.
Er wird euch auch Regengüsse geben,
einem jeden Kräuter auf dem Feld.
2 Die Terafim reden Nichtiges,
und die Wahrsager schauen Lüge
und verkünden nichtssagende Träume,
spenden nichtigen Trost!
Darum mussten sie weiterziehen wie
Schafe,
sie sind im Elend, denn da ist kein
Hirt.

3 Über die Hirten ist mein Zorn
entbrannt,
> und die Böcke werde ich
> heimsuchen,
denn der HERR der Heerscharen
kümmert sich um seine Herde,
> das Haus Juda,
und er stattet sie aus
> wie seine Prachtpferde in der
> Schlacht.
4 Aus ihnen kommt der Eckstein, aus
ihnen der Pflock,
> aus ihnen der Kriegsbogen,
aus ihnen geht zugleich jeder hervor,
der Gewalt hat.
5 Und sie werden sein wie Helden,
> im Kot in den Gassen zertreten sie
> ihre Gegner in der Schlacht,
und sie kämpfen,
> denn der HERR ist bei ihnen!
Und die Reiter hoch zu Ross werden
zuschanden.
6 Und das Haus Juda mache ich
heldenhaft,
> und das Haus Josef lasse ich siegen,
und ich lasse sie wohnen, denn ich habe
mich ihrer erbarmt,
> und sie werden sein, als hätte ich sie
> nie verstossen,
denn ich, der HERR, bin ihr Gott, und ich
werde sie erhören.
7 Und die von Efraim werden sein wie
ein Held,
> und ihr Herz wird sich freuen wie
> beim Wein.
Und ihre Kinder werden es sehen und
sich freuen,
> ihr Herz wird jubeln über den
> HERRN.
8 Ich will sie herbeipfeifen und sie
sammeln,
> denn ich habe sie losgekauft.
Und sie werden so zahlreich sein, wie
sie zahlreich waren.
9 Und ich streue sie unter die Völker,
> und in der Ferne werden sie an mich
> denken,
und sie werden am Leben bleiben, sie
und ihre Kinder,
> und dann kehren sie zurück.

10 Und ich werde sie zurückführen aus
dem Land Ägypten,
> und aus Assur werde ich sie
> sammeln,
und ich bringe sie in das Land Gilead
und zum Libanon,
> und es wird zu eng sein für sie.
11 Und in der Bedrängnis werden sie
durch das Meer ziehen,
> und er schlägt Wellen nieder im
> Meer,
und alle Tiefen des Stroms legt er
trocken,
> und der Hochmut Assurs wird zu
> Boden geworfen,
und das Zepter Ägyptens muss weichen.
12 Und durch den HERRN mache ich sie
heldenhaft,
> und in seinem Namen werden sie
> dahinziehen!
Spruch des HERRN.

11 1 Öffne, Libanon, deine Türen,
> dass Feuer in deinen Zedern frisst!
2 Wehklage, Wacholder, denn die Zeder
ist gefallen,
> die Herrlichen sind verwüstet.
Wehklagt, ihr Eichen des Baschan,
> denn der unzugängliche Wald ist zu
> Boden gegangen.
3 Horch, das Wehklagen der Hirten –
> ihre Herrlichkeit ist verwüstet!
Horch, Löwengebrüll –
> die Pracht des Jordan ist verwüstet!

| 1: Joel 2,23!–24 | 2: Jer 23,25; Ez 13,6; Hab 2,18 ·
Ez 34,5–6.8 | 3: 11,4.17; Jer 23,1–2 · Ez 34,7–10.11 | 4:
Jes 28,16 · Jes 22,23 | 5: Mal 3,21 | 6: Mi 5,3 · 13,9 | 8:
Mi 2,12 | 10: Hos 11,11 · 2,8; Jes 49,19 | 12: 12,5; Mi 4,5

10,5: «ihre Gegner» wurde in der Übersetzung
ergänzt.

Falsche Hirten

4 So spricht der HERR, mein Gott:
Weide die Schlachtschafe! 5 Ihre Käufer
schlachten sie, ohne es zu büssen, und
ihre Verkäufer sagen: Gelobt sei der
HERR: Ich bin reich geworden!, und ihre
Hirten, sie haben kein Mitleid mit ihnen. 6 Ich werde kein Mitleid mehr
haben mit den Bewohnern der Erde!
Spruch des HERRN. Sondern sieh, ich

lasse jeden einzelnen Menschen in die Hand seines Nächsten fallen und in die Hand seines Königs, und sie werden die Erde verheeren, und ich werde sie nicht aus ihrer Hand retten! 7 Und ich weidete die Schlachtschafe, wahrhaftig die ärmsten der Schafe. Und ich nahm mir zwei Stäbe; einen nannte ich: Freundlichkeit. Und einen nannte ich: Zusammenhalt. Und ich weidete die Schafe. 8 Und in einem einzigen Monat habe ich die drei Hirten ausgemerzt. Und ich verlor die Geduld mit ihnen, und auch sie waren meiner überdrüssig geworden. 9 Und ich sprach: Ich werde euch nicht weiden! Was stirbt, soll sterben, und was verkommt, soll verkommen; und was jene angeht, die übrig bleiben: Eines soll das Fleisch des anderen fressen! 10 Und ich nahm meinen Stab, die Freundlichkeit, und zerbrach ihn, um meinen Bund aufzulösen, den ich mit allen Völkern geschlossen hatte. 11 Und noch am selben Tag wurde er aufgelöst, und so erkannten die ärmsten der Schafe, die auf mich achteten, dass es das Wort des HERRN war. 12 Und ich sagte zu ihnen: Wenn es gut ist in euren Augen, so gebt mir meinen Lohn, und wenn nicht, so lasst es bleiben. Da wogen sie meinen Lohn ab: dreissig Schekel Silber. 13 Der HERR aber sprach zu mir: Wirf es dem hin, der einschmelzt, die wertvolle Pracht, deren ich von ihnen für wert erachtet wurde. Da nahm ich die dreissig Schekel Silber und warf sie ins Haus des HERRN, zu dem hin, der einschmelzt. 14 Dann zerbrach ich meinen zweiten Stab, den Zusammenhalt, um die Verbrüderung aufzulösen zwischen Juda und Israel. 15 Und der HERR sprach zu mir: Nimm dir nochmals das Gerät eines ruchlosen Hirten. 16 Denn sieh, ich lasse einen Hirten im Land auftreten: Um die Verkommenen wird er sich nicht kümmern, das Junge wird er nicht suchen und das Zerbrochene nicht heilen, das Erschöpfte wird er nicht versorgen, das Fleisch des Fetten aber wird

er verzehren, und ihre Klauen reisst er auseinander.

17 Wehe dem nichtsnutzigen Hirten,
  der die Schafe verlässt!
Ein Schwert gegen seinen Arm
  und gegen sein rechtes Auge!
Sein Arm soll ganz und gar verdorren
  und sein rechtes Auge völlig
  erlöschen!

| 5: Jer 50,7 · Hos 12,9 · 10,3 | 6: Ez 9,10 | 7: Mi 7,14 · Ez 37,15–28 | 13: Mt 27,9–10 | 16: Ez 34,3–4 | 17: 10,3

11,16: Die Übersetzung «das Junge» ist an dieser Stelle unsicher.

Rettung Jerusalems und Klage um den Durchbohrten

12 1 Ausspruch. Das Wort des HERRN über Israel, Spruch des HERRN, der den Himmel ausspannt und die Erde gründet und den Geist im Innern des Menschen bildet: 2 Seht, ich mache Jerusalem zur Schale des Taumelns für alle Völker ringsum. Und auch über Juda wird es kommen, bei der Belagerung von Jerusalem. 3 Und an jenem Tag mache ich Jerusalem zum Stemmstein für alle Völker. Alle, die es hochstemmen wollen, werden sich verheben. Alle Nationen der Erde aber werden sich gegen die Stadt zusammentun. 4 An jenem Tag, Spruch des HERRN, schlage ich jedes Pferd mit Verwirrtheit und seinen Reiter mit Wahn. Über dem Haus Juda aber halte ich meine Augen offen; und jedes Pferd der Völker schlage ich mit Blindheit. 5 Dann werden die Stammeshäupter von Juda in ihrem Herzen sagen: Durch den HERRN der Heerscharen, ihren Gott, sind die Bewohner von Jerusalem Stärke für mich! 6 An jenem Tag mache ich die Stammeshäupter von Juda wie einen Feuerherd im Holzhaufen und wie eine Feuerfackel inmitten von Ähren; und zur Rechten und zur Linken fressen sie alle Völker ringsum! Jerusalem aber bleibt weiterhin an seiner Stätte, in Jerusalem.

7 Und zuerst wird der HERR die Zelte von Juda retten, damit die Pracht des

Hauses David und die Pracht dessen, der in Jerusalem wohnt, nicht zu gross wird gegenüber Juda. 8 An jenem Tag wird der HERR den beschirmen, der in Jerusalem wohnt, und wer von ihnen strauchelt, wird an jenem Tag sein wie David, und die vom Haus David werden Gott ähnlich sein, wie der Bote des HERRN vor ihnen. 9 Und an jenem Tag werde ich darauf sinnen, all die Nationen zu zerschmettern, die heranziehen gegen Jerusalem. 10 Aber über das Haus David und über den, der in Jerusalem wohnt, werde ich einen Geist der Gnade und des Flehens ausgiessen, und sie werden aufblicken zu mir, den sie durchbohrt haben. Und sie werden um ihn trauern, wie man um das einzige Kind trauert, und bitter um ihn weinen, wie man weint um den Erstgeborenen. 11 An jenem Tag wird in Jerusalem die Trauer gross sein, wie die Trauer um Hadad-Rimmon in der Ebene von Megiddo: 12 Das Land wird trauern, jede Sippe für sich, die Sippe des Hauses David für sich und ihre Frauen für sich, die Sippe des Hauses Natan für sich und ihre Frauen für sich, 13 die Sippe des Hauses Levi für sich und ihre Frauen für sich, die Sippe des Schimiters für sich und ihre Frauen für sich, 14 alle Sippen, die noch übrig sind, jede Sippe für sich und ihre Frauen für sich.

| 1: 9,1! | 3: 14,2 | 4: 9,8 | 5: 10,12 | 6: Obd 18 · 14,10–11 | 8: 9,15! | 9: Hag 2,22; Offb 20,9 | 10: Joh 19,37 · Am 8,10 | 12: 2Sam 5,14 | 13: Num 3,21

12,3: Wörtlich: «... werden sich gegen sie zusammentun.»

Das Ende der Prophetie. Die Läuterung des Rests

13 1 An jenem Tag wird dem Haus David und den Bewohnern von Jerusalem eine Quelle geöffnet gegen Sünde und gegen Unreinheit. 2 Und an jenem Tag, Spruch des HERRN der Heerscharen, rotte ich die Namen der Götzen aus im Land, und ihrer wird nicht mehr gedacht. Und auch die Propheten und den Geist der Unreinheit schaffe ich aus dem Land. 3 Und wenn künftig noch einer als Prophet auftritt, dann werden sein Vater und seine Mutter, die ihn gezeugt haben, zu ihm sprechen: Du wirst nicht am Leben bleiben, denn du hast Lügen verbreitet im Namen des HERRN! Und sein Vater und seine Mutter, die ihn gezeugt haben, werden ihn durchbohren, wenn er als Prophet auftritt. 4 Und an jenem Tag, wenn er als Prophet auftritt, werden die Propheten, jeder Einzelne, sich für ihre Schauungen schämen, und niemand wird sich mehr mit dem Fellmantel bekleiden, um etwas vorzutäuschen, 5 sondern er wird sagen: Ich bin kein Prophet! Ich bin einer, der den Ackerboden bebaut, denn Ackerboden besitze ich seit meiner Jugend. 6 Und man wird zu ihm sagen: Was sind das für Wunden auf deiner Brust? Und er wird sagen: Ich bin geschlagen worden im Haus meiner Lieben!

7 Schwert, erwache gegen meinen Hirten

und gegen den Mann, der mir nahe steht!

Spruch des HERRN der Heerscharen. Schlag den Hirten, dass die Schafe sich zerstreuen.

Dann werde ich meine Hand wieder den Geringen zuwenden.

8 Und im ganzen Land,

Spruch des HERRN,

darin werden zwei Teile ausgerottet werden, sie kommen um,

der dritte Teil aber bleibt darin übrig. 9 Dann bringe ich den dritten Teil ins Feuer,

und ich schmelze sie, wie man das Silber schmelzt,

und prüfe sie, wie man das Gold prüft. Es selbst wird meinen Namen anrufen,

und ich, ich werde ihm antworten. Ich sage: Es ist mein Volk!,

und es wird sagen: Der HERR ist mein Gott!

| 2: Hos 2,19; Mi 5,12 | 3: Dtn 13,6! | 4: Mi 3,7 · 2Kön 1,8 | 5: Am 7,14 | 7: Mt 26,31 | 8: Ez 5,1–4 | 9: Mal 3,2–3 · 10,6 · 8,8

13,4: Möglich ist auch die Übersetzung «…, sich
für seine Schauungen schämen, …»
13,5: Die Übersetzung «Ackerboden besitze ich»
beruht auf einer leichten Korrektur des
Massoretischen Texts, der übersetzt «ein Mensch
kaufte mich» lautet.

Jerusalem in der Endzeit

14 1 Sieh, ein Tag kommt für den
HERRN, da wird in deiner Mitte
die Beute aus dir verteilt. 2 Da versammle ich alle Nationen gegen Jerusalem zum Krieg, und die Stadt wird eingenommen, und die Häuser werden geplündert und die Frauen vergewaltigt.
Und die Hälfte der Stadt zieht hinaus in
die Verbannung, der Rest des Volks aber
wird in der Stadt nicht ausgerottet.
3 Dann wird der HERR ausziehen und
gegen jene Nationen kämpfen wie an
dem Tag, da er kämpfte, am Tag der
Schlacht. 4 Und an jenem Tag treten
seine Füsse auf den Ölberg, der gegenüber von Jerusalem liegt, im Osten, und
der Ölberg spaltet sich von seiner Mitte
her nach Osten und nach Westen: ein
sehr weites Tal. Und die eine Hälfte des
Berges weicht nach Norden und seine
andere Hälfte nach Süden. 5 Und ihr
werdet in das Tal meiner Berge fliehen,
denn das Tal der Berge reicht bis nach
Azal. Und ihr werdet fliehen, wie ihr geflohen seid vor dem Erdbeben in den Tagen des Ussija, des Königs von Juda. Und
der HERR, mein Gott, wird kommen, alle
Heiligen werden bei ihm sein. 6 Und an
jenem Tag wird kein Licht sein, und was
kostbar ist, wird erstarren. 7 Und es
wird ein einziger Tag sein – er ist dem
HERRN bekannt – ohne Wechsel von Tag
und Nacht: Auch zur Abendzeit wird
Licht sein! 8 Und an jenem Tag wird lebendiges Wasser ausgehen von Jerusalem, eine Hälfte hin zum östlichen Meer
und eine Hälfte hin zum westlichen
Meer. Im Sommer und im Winter wird
es so sein. 9 Und der HERR wird König
sein über die ganze Erde. An jenem Tag
wird der HERR einzig sein, und sein
Name wird einzig sein. 10 Das ganze
Land wird sich verwandeln, es wird sein
wie die Ebene von Geba bis nach Rimmon, südlich von Jerusalem. Dieses aber
wird hochragen und an seiner Stätte
bleiben, vom Benjamin-Tor bis zur
Stätte des ersten Tors, bis zum Eck-Tor
und dem Chananel-Turm, bis zu den
Keltern des Königs. 11 Und man wird
darin wohnen, und nichts wird mehr
der Vernichtung geweiht werden, und
Jerusalem wird in Sicherheit wohnen.

12 Und dies ist der Schlag, mit dem
der HERR all die Völker schlagen wird,
die gegen Jerusalem in den Krieg gezogen sind: Ihr Fleisch lässt er verfaulen,
während sie noch auf ihren Füssen stehen, und ihre Augen verfaulen in den
Augenhöhlen, und ihre Zunge verfault
in ihrem Mund. 13 Und an jenem Tag, da
herrscht unter ihnen durch den HERRN
eine gewaltige Verwirrung, und ein jeder ergreift die Hand seines Nächsten,
und seine Hand erhebt sich gegen die
Hand seines Nächsten. 14 Und auch
Juda wird Jerusalem bekämpfen. Und
der Reichtum aller Nationen ringsum
wird zusammengerafft: Gold und Silber
und Kleider in grosser Menge. 15 Und
so wird auch der Schlag sein gegen die
Pferde, die Maultiere, die Kamele und
die Esel und alles Vieh, das in jenen Lagern sein wird, so wie dieser Schlag.
16 Und alle, die übrig bleiben von all
den Nationen, die gegen Jerusalem gezogen sind, werden Jahr für Jahr hinaufziehen, um sich niederzuwerfen vor
dem König, dem HERRN der Heerscharen, und um das Laubhüttenfest zu
feiern. 17 Jene aber von den Sippen der
Erde, die nicht hinaufziehen nach Jerusalem, um sich niederzuwerfen vor dem
König, dem HERRN der Heerscharen –
auf sie wird kein Regen fallen! 18 Und
wenn die Sippe Ägyptens nicht hinaufzieht und nicht kommt, wird er auf sie
nicht fallen! Das wird der Schlag sein,
mit dem der HERR die Nationen schlägt,
die nicht hinaufziehen, um das Laubhüttenfest zu feiern. 19 Das wird die
Strafe sein für Ägypten und die Strafe

für alle Nationen, die nicht hinaufziehen, um das Laubhüttenfest zu feiern. 20 An jenem Tag wird auf den Schellen der Pferde stehen: Dem HERRN heilig! Und die Kessel im Haus des HERRN werden sein wie die Sprengschalen vor dem Altar. 21 Und jeder Kessel in Jerusalem und in Juda wird dem HERRN der Heerscharen heilig sein, und alle, die Schlachtopfer darbringen, werden kommen und von ihnen nehmen und darin kochen. Und im Haus des HERRN der Heerscharen wird kein Händler mehr sein an jenem Tag.

|1: Joel 1,15! |2: 12,3; Zef 3,8 |4: Mi 1,4 |5: Am 1,1 · Mt 25,31 |6: Joel 2,2 |7: Mt 24,36 |8: Ez 47,1–12 |9: Mal 1,14 · Dtn 6,4 |10–11: 12,6 |10: Mi 4,1 |12: 2,4 |13: Ri 7,22; Ez 38,21 |16–19: 2,15! |16: 8,22; Jes 66,23 · Lev 23,34 |20–21: 8,3 |21: Zef 1,11

14,10: ‹Dieses› bezieht sich auf Jerusalem.
14,21: «kein Händler»: Kann auch verstanden werden als: «kein Kanaaniter».

Das Buch Maleachi

Buchüberschrift

1 1 Ausspruch. Das Wort des HERRN an Israel durch Maleachi.

|1: Sach 9,1!

Über die Liebe Gottes

2 Ich habe euch geliebt, spricht der HERR, ihr aber werdet sagen: Wie hast du uns geliebt? Ist nicht Esau ein Bruder Jakobs? Spruch des HERRN. Und Jakob habe ich geliebt, 3 Esau aber habe ich gehasst, und seine Berge habe ich verwüstet, und sein Erbbesitz gehört den Schakalen der Wüste. 4 Wenn Edom sagt: Wir sind zerschlagen worden, aber wir werden die Trümmerstätten wieder aufbauen! So spricht der HERR der Heerscharen: Sie mögen aufbauen, ich aber werde niederreissen! Und man wird sie nennen: Gebiet-der-Bosheit, und: Das-Volk-über-das-der-HERR-für-immer-zornig-ist. 5 Und eure Augen werden es sehen, und ihr selbst werdet sagen: Gross ist der HERR, weit hinaus über das Gebiet von Israel!

|2–3: Röm 9,13 |2: Obd 10! |3: Obd 5; Jes 34,13 |4: Obd 10

Über die Priester

6 Ein Sohn ehrt den Vater und ein Diener seinen Herrn. Und wenn ich Vater bin, wo ist meine Ehre? Und wenn ich Herr bin, wo ist die Furcht vor mir?, spricht der HERR der Heerscharen zu euch, ihr Priester, die ihr meinen Namen gering schätzt. Ihr aber werdet sagen: Wie haben wir deinen Namen gering geschätzt? 7 Auf meinem Altar bringt ihr besudelte Speise dar, und dann sagt ihr: Womit haben wir dich besudelt? Dadurch, dass ihr sagt: Der Tisch des HERRN ist nicht wichtig! 8 Und wenn ihr blinde Tiere bringt, um sie als Opfer zu schlachten – ist das nichts Schlechtes? Und wenn ihr Lahmes und Krankes bringt – ist das nichts Schlechtes? Bring es doch deinem Statthalter dar! Wird er Gefallen an dir haben oder dein Angesicht erheben?, spricht der HERR der Heerscharen. 9 Und nun besänftigt doch das Angesicht Gottes, damit er uns gnädig sei. Dieses kam aus eurer Hand – wird er euretwegen das Angesicht erheben?, spricht der HERR der Heerscharen. 10 Gibt es bei euch auch nur einen, der die Türen verschlösse, damit ihr meinen Altar nicht vergeblich erstrahlen lasst? Ich habe kein Gefallen an euch, spricht der HERR der Heerscharen, und Gaben aus eurer Hand gefallen mir nicht! 11 Denn vom Aufgang der Sonne bis hin zu ihrem Untergang ist mein Name gross bei den Nationen, und an jedem Ort werden

meinem Namen Rauchopfer dargebracht und reine Gaben, denn mein
Name ist gross bei den Nationen!,
spricht der HERR der Heerscharen.
12 Ihr aber entweiht ihn, wenn ihr sagt:
Der Tisch des Herrn, er ist ohnehin besudelt, und seine Frucht, seine Speise,
ist nicht wichtig! 13 Und ihr sagt: Seht,
wie mühsam! Und ihr feuert ihn an,
spricht der HERR der Heerscharen, und
bringt, was entwendet wurde, und das
Lahme und das Kranke, das bringt ihr
als Gabe! Gefällt mir, was da aus eurer
Hand kommt?, spricht der HERR.
14 Aber verflucht ist, wer betrügt, in
dessen Herde es ein männliches Tier
gibt, das er darzubringen gelobt, und
der dann ein Schlechtes schlachtet für
den Herrn. Ich bin ein grosser König!,
spricht der HERR der Heerscharen. Und
unter den Nationen ist mein Name
gefürchtet!

2 1 Und an euch nun dieses Gebot, ihr
Priester! 2 Wenn ihr nicht hört und
wenn ihr es euch nicht zu Herzen
nehmt, meinem Namen Ehre zu erweisen, spricht der HERR der Heerscharen,
so schicke ich die Verfluchung unter
euch und belege eure Segenssprüche
mit einem Fluch! Und fürwahr, ich habe
sie schon mit einem Fluch belegt, denn
ihr nehmt es euch nicht zu Herzen!
3 Seht, ich vernichte euch die Saat und
schleudere euch Kot ins Gesicht, den
Kot eurer Feste! Und man wird euch zu
ihm tragen. 4 Und ihr werdet erkennen,
dass ich euch dieses Gebot gesandt habe,
damit mein Bund mit Levi in Kraft
bleibt!, spricht der HERR der Heerscharen. 5 Mit ihm war mein Bund Leben
und Frieden. Und das habe ich ihm gegeben als Anlass zur Furcht, und er hat
mich gefürchtet, und er hat gezittert vor
meinem Namen. 6 Verlässliche Weisung war in seinem Mund, und auf seinen Lippen fand sich kein Unrecht. In
Frieden und Aufrichtigkeit ist er mit
mir gegangen, und viele brachte er zur
Abkehr von der Schuld. 7 Die Lippen des
Priesters müssen Erkenntnis bewahren,

aus seinem Mund sucht man Weisung,
denn er ist der Bote des HERRN der
Heerscharen! 8 Ihr aber seid abgewichen vom Weg, habt viele strauchen
lassen an der Weisung, habt den Bund
Levis zerstört!, spricht der HERR der
Heerscharen. 9 Und so wie ihr meine
Wege nicht einhaltet und bei der Ertei-
lung der Weisung auf die Person achtet,
so habe auch ich euch beim ganzen Volk
verächtlich und niedrig gemacht.

| 6: Ex 20,12; Dtn 5,16 · Dtn 32,6; Jes 64,7 · 2,2;
3,16 | 7: Lev 21,6 | 8: Lev 22,18–25 | 10: Am 5,21–23 | 11:
Zef 2,11!; Ps 113,3 | 14: Ps 47,9; Sach 14,9 · Ps 102,16 | 2:
1,6! · 3,9; Dtn 28,15 | 3: Nah 3,6 | 4: Num 18,2 | 7:
Lev 10,10–11; Dtn 21,5; Hag 2,11; Sach 7,3 | 8: Jer 2,8;
Ez 22,26; Hos 4,6 · Neh 13,29 | 9: Dtn 16,19; Mi 3,11;
Zef 3,3–4

1,7: Möglich ist auch die Übersetzung: «... Wenn
ihr nur sagt: Der Tisch des HERRN!, wird er gering geschätzt!»

2,3: Die Übersetzung «ich vernichte» beruht auf
einer leichten Korrektur des Massoretischen Texts,
der übersetzt «ich weise zurecht» lautet; vgl. Mal
3,11.

Über Mischehe und Scheidung

10 Haben wir nicht alle denselben
Vater? Hat nicht ein und derselbe Gott
uns geschaffen? Warum handeln wir
treulos, ein jeder an seinem Bruder, und
entweihen den Bund unserer Vorfahren? 11 Juda hat treulos gehandelt, und
in Israel und in Jerusalem wurde Abscheuliches verübt, denn Juda hat das
Heiligtum des HERRN entweiht, das er
liebt, und die Tochter eines fremden
Gottes geheiratet. 12 Dem Mann, der das
tut, dem möge der HERR in den Zelten
Jakobs den nehmen, der ihn schützt und
der sich um ihn kümmert, und auch
den, der dem HERRN der Heerscharen
Gaben darbringt. 13 Und zum Zweiten
tut ihr dies: den Altar des HERRN mit
Tränen bedecken, mit Weinen und
Stöhnen, da er sich der Gabe nicht mehr
zuwendet und sie nicht mehr mit Wohlgefallen aus eurer Hand nimmt. 14 Ihr
aber werdet sagen: Warum dies? – Weil
der HERR zum Zeugen geworden ist zwischen dir und der Frau deiner Jugend, an
der du treulos gehandelt hast. Sie aber

ist deine Gefährtin und die Frau deines Bundes! 15 Und das hat keiner getan, der einen Rest von Geist hatte. Und was wollte dieser eine? Er wollte Nachkommenschaft von Gott. Und so hütet euch um eures Geistes willen: An der Frau deiner Jugend sollst du nicht treulos handeln. 16 Denn ich hasse es, wenn man sich scheidet, spricht der HERR, der Gott Israels, und wenn man seine Kleidung mit Gewalttat bedeckt, spricht der HERR der Heerscharen, und so hütet euch um eures Geistes willen und handelt nicht treulos!

| 10: Jes 64,7; Eph 4,6 | 11: Esra 9,1–4; Neh 13,25–27 | 13: 1,10 | 14: 3,5! | 15: Gen 2,24

2,15: Wörtlich: «... soll man ...»
2,16: Möglich ist auch die Übersetzung: «..., und dass man die Spuren von Gewalttat auf seiner Kleidung überdeckt, ...»

Über Lüge und Unterdrückung

17 Mit euren Worten ermüdet ihr den HERRN. Ihr aber werdet sagen: Womit haben wir ihn ermüdet? – Dadurch, dass ihr gesagt habt: Jeder, der Böses tut, ist gut in den Augen des HERRN, und an solchen hat er Gefallen!, oder: Wo ist der Gott des Gerichts?

3 1 Seht, ich sende meinen Boten, und er wird den Weg freiräumen vor mir. Und unversehens kommt der Herr, den ihr sucht, zu seinem Tempel. Und der Bote des Bundes, an dem ihr Gefallen habt, seht, er kommt!, spricht der HERR der Heerscharen. 2 Wer aber könnte den Tag ertragen, da er kommt? Und wer könnte bestehen bei seinem Erscheinen? Denn er ist wie das Feuer eines Schmelzers und wie das Laugensalz der Walker. 3 Und er wird sich niedersetzen und schmelzen und das Silber rein machen, und er wird die Leviten rein machen und sie läutern wie das Gold und wie das Silber. Und sie werden dem HERRN Gaben darbringen in Gerechtigkeit. 4 Und die Gabe Judas und Jerusalems wird dem HERRN gefallen, wie in alten Tagen und wie in weit zurückliegenden Jahren. 5 Und ich werde mich

euch nähern zum Gericht und werde ein schneller Zeuge sein gegen Zauberer und gegen Ehebrecher und gegen jene, die schwören und dabei lügen, und gegen jene, die den Tagelöhner um seinen Lohn bringen, Witwe und Waise unterdrücken und den Fremden wegdrängen und mich nicht fürchten!, spricht der HERR der Heerscharen.

| 17: Jes 43,24 | 1: Mt 11,10 | 2–3: Sach 13,9 | 2: Joel 2,11! | 3: Jes 1,25 | 5: 2,14; Zef 3,8! · Lev 19,13

3,1: ‹Mein Bote› heisst hebräisch «malachi», was dem Buch in leicht abgeänderter Form seinen Namen gegeben hat.
3,3: Möglich ist auch die Übersetzung «... Und sie werden zum HERRN gehören, sie werden Gaben darbringen in Gerechtigkeit.»

Über die Treue Gottes

6 Ich, der HERR, habe mich nicht verändert! Und ihr, ihr Nachkommen Jakobs, habt damit nicht aufgehört: 7 Seit den Tagen eurer Vorfahren seid ihr abgewichen von meinen Satzungen, und ihr habt sie nicht gehalten. Kehrt zurück zu mir, dann will ich zu euch zurückkehren!, spricht der HERR der Heerscharen. Ihr aber werdet sagen: Wovon sollen wir zurückkehren? 8 Darf ein Mensch Gott betrügen? Ihr betrügt mich! Ihr aber werdet sagen: Womit haben wir dich betrogen? – Mit dem Zehnten und der Abgabe! 9 Ihr seid verflucht mit dem Fluch, und da betrügt ihr mich – ihr, die ganze Nation. 10 Bringt den ganzen Zehnten ins Schatzhaus, damit Nahrung in meinem Haus ist! Und so prüft mich doch, spricht der HERR der Heerscharen, ob ich euch nicht die Fenster des Himmels öffne und für euch Segen ausschütte bis zum Überfluss. 11 Und ich werde für euch den Fresser zurechtweisen, und er wird euch nicht die Frucht des Ackerbodens verderben. Und der Weinstock auf dem Feld wird nicht ohne Frucht bleiben für euch!, spricht der HERR der Heerscharen. 12 Und alle Nationen werden euch glücklich preisen, denn ihr werdet ein Land des Wohlgefallens sein!, spricht der HERR der Heerscharen.

| 6: Ps 74,12; 90,1; Jes 46,4; Hab 1,12 | 7: Ez 2,3 ·
Sach 1,3 | 9: 2,2! | 10: Lev 27,30–33; Dtn 14,22–29;
Neh 10,36 · Dtn 28,8.12 | 11: Joel 1,4 · Sach 8,12! | 12:
Jes 62,4

3,11: Mit «Fresser» ist eine Heuschreckenart
gemeint.

Über das künftige Heil

13 Heftig waren eure Worte gegen
mich!, spricht der HERR. Ihr aber werdet
sagen: Was haben wir gegen dich geredet? 14 Ihr habt gesagt: Es ist vergeblich,
Gott zu dienen! Und was bringt es, dass
wir den Dienst für ihn verrichten und
dass wir mit Trauermiene umherlaufen
vor dem HERRN der Heerscharen?
15 Und nun preisen wir die Vermessenen glücklich! Jene, die Unrecht begehen, sind nicht nur aufgebaut worden;
mehr noch: Sie haben Gott auf die Probe
gestellt und wurden gerettet. 16 Damals
redeten die miteinander, die den
HERRN fürchteten, ein jeder mit seinem
Nächsten. Und der HERR achtete darauf
und hörte es, und es wurde aufgeschrieben in einem Buch als Erinnerung vor
ihm an jene, die den HERRN fürchten
und die seinen Namen achten. 17 Und
sie werden zu mir gehören als Eigentum, spricht der HERR der Heerscharen,
an dem Tag, da ich handle. Und ich
werde sie verschonen wie einer sein
Kind verschont, das ihm dient. 18 Dann
werdet ihr wieder den Unterschied sehen zwischen einem Gerechten und einem Ungerechten, zwischen einem, der
Gott dient, und einem, der ihm nicht
dient.

19 Denn seht, der Tag kommt, er
brennt wie ein Ofen. Und alle Vermessenen und jeder, der Unrecht begeht –
sie werden Strohstoppeln sein. Und der
Tag, der kommt, wird sie verbrennen!,
spricht der HERR der Heerscharen. Weder Wurzel noch Zweig lässt er an ihnen
zurück. 20 Für euch aber, die ihr meinen
Namen fürchtet, wird die Sonne der Gerechtigkeit aufgehen, und in ihren Flügeln ist Heilung. Und ihr werdet hinausgehen und umherspringen wie Mastkälber. 21 Und ihr werdet die Ungerechten zertreten, ja sie werden Staub sein
unter euren Fusssohlen an dem Tag, da
ich handle!, spricht der HERR der Heerscharen.

| 13: Jes 3,8 | 14: Jes 58,3 | 15: 2,17 · Ps 73,3 | 16:
Ps 69,29! · 1,6! | 17: Ps 103,13 | 19: 3,23! · Obd 18 | 21:
Sach 10,5

3,16: Möglich ist auch die Übersetzung: «... in einem Buch der Erinnerung ...»

Letzte Ermahnung

22 Denkt an die Weisung des Mose,
meines Dieners, die ich ihm am Choreb
geboten habe für ganz Israel: Satzungen
und Rechte! 23 Seht, ich sende euch
Elija, den Propheten, bevor der Tag des
HERRN kommt, der grosse und furchtbare. 24 Und er wird das Herz der Vorfahren wieder zu den Nachkommen
bringen und das Herz der Nachkommen
zu den Vorfahren, damit ich nicht
komme und das Land schlage mit der
Weihe der Vernichtung.

| 22: Jos 1,7 | 23: 2Kön 2,11 · 3,19; Joel 1,15! ·
Mk 6,15; Mt 11,14!; 16,14 | 24: Lk 1,17

Das Neue Testament

Das Evangelium nach Matthäus

Der Stammbaum Jesu

1 1 Stammbaum Jesu Christi, des Sohnes Davids, des Sohnes Abrahams:

2 Abraham zeugte Isaak, Isaak zeugte Jakob, Jakob zeugte Juda und seine Brüder. 3 Juda zeugte Perez und Serach mit Tamar, Perez zeugte Hezron, Hezron zeugte Ram, 4 Ram zeugte Amminadab, Amminadab zeugte Nachschon, Nachschon zeugte Salmon, 5 Salmon zeugte Boas mit Rachab, Boas zeugte Obed mit Rut, Obed zeugte Isai, 6 Isai zeugte den König David.

David zeugte Salomo mit der Frau des Urija, 7 Salomo zeugte Rehabeam, Rehabeam zeugte Abija, Abija zeugte Asaf, 8 Asaf zeugte Joschafat, Joschafat zeugte Joram, Joram zeugte Usija, 9 Usija zeugte Jotam, Jotam zeugte Ahas, Ahas zeugte Hiskija, 10 Hiskija zeugte Manasse, Manasse zeugte Amon, Amon zeugte Joschija, 11 Joschija zeugte Jechonja und seine Brüder zur Zeit der babylonischen Verbannung.

12 Nach der babylonischen Verbannung zeugte Jechonja Schealtiel, Schealtiel zeugte Serubbabel, 13 Serubbabel zeugte Abihud, Abihud zeugte Eljakim, Eljakim zeugte Azor, 14 Azor zeugte Zadok, Zadok zeugte Achim, Achim zeugte Eliud, 15 Eliud zeugte Elasar, Elasar zeugte Mattan, Mattan zeugte Jakob, 16 Jakob zeugte Josef, den Mann Marias; von ihr wurde Jesus geboren, welcher der Christus genannt wird.

17 Im Ganzen also sind es vierzehn Generationen von Abraham bis David, vierzehn Generationen von David bis zur babylonischen Verbannung und vierzehn Generationen von der babylonischen Verbannung bis zum Christus.

P: Lk 3,23–38 | 2: Gen 25,19–26; 29,31–30,24 | 3: Rut 4,12.18–19; 1Chr 2,4–5.9 · Gen 38 | 4: Rut 4,19–20; 1Chr 2,10–11 | 5: Rut 4,21–22.13–17; 1Chr 2,11–15 · Jos 2; Rut 1,4 | 6: Rut 4,22; 1Chr 2,13–15 · 2Sam 12,24; 1Chr 3,1.5 · 2Sam 11 | 7: 1Chr 3,10 | 8: 1Chr 3,10–12 | 9: 1Chr 3,12–13 | 10: 1Chr 3,13–14 | 11: 1Chr 3,15–16 | 12: 1Chr 3,17; Esra 3,2

Die Geburt Jesu

18 Mit der Geburt Jesu Christi aber verhielt es sich so: Maria, seine Mutter, war mit Josef verlobt. Noch bevor sie zusammengekommen waren, zeigte es sich, dass sie schwanger war vom heiligen Geist. 19 Josef, ihr Mann, der recht war und sie nicht blossstellen wollte, erwog, sie in aller Stille zu entlassen. 20 Während er noch darüber nachdachte, da erschien ihm ein Engel des Herrn im Traum und sprach: Josef, Sohn Davids, fürchte dich nicht, Maria, deine Frau, zu dir zu nehmen, denn was sie empfangen hat, ist vom heiligen Geist. 21 Sie wird einen Sohn gebären, und du sollst ihm den Namen Jesus geben, denn er wird sein Volk von ihren Sünden retten. 22 Dies alles ist geschehen, damit in Erfüllung gehe, was der Herr durch den Propheten gesagt hat:

23 *Siehe, die Jungfrau wird schwanger werden und einen Sohn gebären, und man wird ihm den Namen Immanuel geben.*

Das heisst: ‹Gott mit uns›.

24 Als Josef vom Schlaf erwachte, tat er, wie der Engel des Herrn ihm befohlen hatte, und nahm seine Frau zu sich. 25 Er erkannte sie aber nicht, bis sie einen Sohn geboren hatte; und er gab ihm den Namen Jesus.

P: Lk 2,1–7 | 18: Lk 1,27.35 | 20: 2,12.13.19.22 | 21: Gen 17,19; Lk 1,31 · Ps 130,8 | 23: Jes 7,14 | 25: Lk 2,21

Die Huldigung der Sterndeuter

2 1 Als Jesus in Betlehem in Judäa zur Zeit des Königs Herodes zur Welt gekommen war, da kamen Sterndeuter aus dem Morgenland nach Jerusalem 2 und fragten: Wo ist der neugeborene

König der Juden? Wir haben seinen
Stern aufgehen sehen und sind gekommen, ihm zu huldigen. 3 Als der König
Herodes davon hörte, geriet er in Aufregung und ganz Jerusalem mit ihm.
4 Und er liess alle Hohen Priester und
Schriftgelehrten des Volkes zusammenkommen und erkundigte sich bei ihnen,
wo der Messias geboren werden solle.
5 Sie antworteten ihm: In Betlehem in
Judäa, denn so steht es durch den Propheten geschrieben:
6 *Und du, Betlehem, Land Juda,*
 bist keineswegs die geringste unter
 den Fürstenstädten Judas;
denn aus dir wird ein Fürst hervorgehen,
 der mein Volk Israel weiden wird.
 7 Darauf rief Herodes die
Sterndeuter heimlich zu sich und wollte
von ihnen genau erfahren, wann der
Stern erschienen sei. 8 Und er schickte
sie nach Betlehem mit den Worten:
Geht und forscht nach dem Kind! Sobald
ihr es gefunden habt, meldet es mir, damit auch ich hingehen und ihm huldigen kann. 9 Auf das Wort des Königs hin
machten sie sich auf den Weg, und siehe
da: Der Stern, den sie hatten aufgehen
sehen, zog vor ihnen her, bis er über
dem Ort stehen blieb, wo das Kind war.
10 Als sie den Stern sahen, überkam sie
grosse Freude. 11 Und sie gingen ins
Haus hinein und sahen das Kind mit
Maria, seiner Mutter; sie fielen vor ihm
nieder und huldigten ihm, öffneten ihre
Schatztruhen und brachten ihm Geschenke dar: Gold, Weihrauch und Myrrhe. 12 Weil aber ein Traum sie angewiesen hatte, nicht zu Herodes zurückzukehren, zogen sie auf einem anderen
Weg heim in ihr Land.

|2: Lk 2,15 · Num 24,17 |5: Lk 2,11; Joh 7,42
|6: Mi 5,1.3 · 2Sam 5,2; 1Chr 11,2 |10: Lk 2,10
|11: Lk 2,16 · Jes 60,6

Die Flucht nach Ägypten

13 Als sie aber fortgezogen waren, da
erscheint dem Josef ein Engel des Herrn
im Traum und spricht: Steh auf, nimm
das Kind und seine Mutter, flieh nach
Ägypten und bleib dort, bis ich dir Bescheid sage! Denn Herodes wird das
Kind suchen, um es umzubringen.
14 Da stand er auf in der Nacht, nahm
das Kind und seine Mutter und zog fort
nach Ägypten. 15 Dort blieb er bis zum
Tod des Herodes; so sollte in Erfüllung
gehen, was der Herr durch den Propheten gesagt hat: *Aus Ägypten habe ich meinen Sohn gerufen.*

|13: 1,20! · Ex 2,15 |15: Hos 11,1

Der Kindermord in Betlehem

16 Als Herodes nun sah, dass er von
den Sterndeutern hintergangen worden
war, geriet er in Zorn und liess in Betlehem und der ganzen Umgebung alle
Knaben bis zum Alter von zwei Jahren
umbringen, entsprechend der Zeit, die
er von den Sterndeutern erfragt hatte.
17 Da ging in Erfüllung, was durch den
Propheten Jeremia gesagt ist:
18 *Ein Geschrei war zu hören in Rama,*
 lautes Weinen und Wehklagen,
Rahel weinte um ihre Kinder
 und wollte sich nicht trösten lassen,
denn da sind keine mehr.

|16: Ex 1,15–16.22 |18: Jer 31,15

Die Rückkehr aus Ägypten

19 Als Herodes gestorben war, da erscheint dem Josef in Ägypten ein Engel
des Herrn im Traum 20 und spricht:
Steh auf, nimm das Kind und seine Mutter und geh ins Land Israel. Denn die
dem Kind nach dem Leben trachteten,
sind tot. 21 Da stand er auf, nahm das
Kind und seine Mutter und zog ins Land
Israel.
22 Als er aber hörte, dass Archelaus
anstelle seines Vaters Herodes König geworden war über Judäa, fürchtete er
sich, dorthin zu gehen. Weil aber ein
Traum ihn angewiesen hatte, zog er sich
in die Gegend von Galiläa zurück 23 und
liess sich in einer Stadt namens Nazaret
nieder; so sollte in Erfüllung gehen, was
durch die Propheten gesagt ist: Er wird
Nazarener genannt werden.

|19: 1,20! |20: Ex 4,19 |22: 1,20! |23: Lk 2,39

Das Auftreten des Täufers

3 1 In jenen Tagen aber trat Johannes der Täufer auf und verkündete in der judäischen Wüste: 2 Kehrt um! Denn nahe gekommen ist das Himmelreich.

3 Er ist es, von dem durch den Propheten Jesaja gesagt ist:
Stimme eines Rufers in der Wüste:
Bereitet den Weg des Herrn,
   macht gerade seine Strassen!
4 Er aber, Johannes, trug ein Gewand aus Kamelhaaren und einen ledernen Gürtel um seine Hüften; seine Nahrung waren Heuschrecken und wilder Honig. 5 Da zog Jerusalem, ganz Judäa und das ganze Land am Jordan hinaus zu ihm. 6 Und sie liessen sich von ihm im Jordan taufen und bekannten ihre Sünden.

7 Als er aber viele Pharisäer und Sadduzäer zur Taufe kommen sah, sagte er zu ihnen: Schlangenbrut! Wer machte euch glauben, dass ihr dem kommenden Zorn entgehen werdet? 8 Bringt also Frucht, die der Umkehr entspricht! 9 Und meint nicht, ihr könntet sagen: Wir haben Abraham zum Vater. Denn ich sage euch: Gott kann dem Abraham aus diesen Steinen Kinder erwecken. 10 Schon ist die Axt an die Wurzel der Bäume gelegt: Jeder Baum, der nicht gute Frucht bringt, wird gefällt und ins Feuer geworfen.

11 Ich taufe euch mit Wasser zur Umkehr; der aber nach mir kommt, ist stärker als ich; mir steht es nicht zu, ihm die Schuhe zu tragen. Er wird euch mit heiligem Geist und mit Feuer taufen. 12 In seiner Hand ist die Wurfschaufel, und er wird seine Tenne säubern. Seinen Weizen wird er in die Scheune einbringen, die Spreu aber wird er in unauslöschlichem Feuer verbrennen.

P: Mk 1,2–8; Lk 3,3–9.15–18; Joh 1,19–23.26–27 |1: Joh 1,6 |2: 4,17! |3: Jes 40,3; Joh 1,23 · 11,3! |9: Lk 3,8! |10: 7,19; Lk 13,6–9 |11: 11,3! · Joh 1,33 |12: 13,30

Die Taufe Jesu

13 Zu jener Zeit kam Jesus von Galiläa an den Jordan zu Johannes, um sich von ihm taufen zu lassen. 14 Johannes aber wollte ihn davon abhalten und sagte: Ich hätte es nötig, von dir getauft zu werden, und du kommst zu mir? 15 Jesus entgegnete ihm: Lass es jetzt zu! Denn so gehört es sich; so sollen wir alles tun, was die Gerechtigkeit verlangt. Da liess er ihn gewähren.

16 Nachdem Jesus getauft worden war, stieg er sogleich aus dem Wasser. Und siehe da: Der Himmel tat sich auf, und er sah den Geist Gottes wie eine Taube niedersteigen und auf ihn herabkommen. 17 Und siehe da: Eine Stimme aus dem Himmel sprach: Das ist mein geliebter Sohn, an dem ich Wohlgefallen habe.

P: Mk 1,9–11; Lk 3,21–22; Joh 1,29–34 |15: 5,17.20! |17: 12,18; 17,5; Ps 2,7; Jes 42,1 · 16,16!

Die Versuchung Jesu

4 1 Danach wurde Jesus vom Geist in die Wüste geführt, um vom Teufel versucht zu werden. 2 Vierzig Tage und vierzig Nächte fastete er, danach hungerte ihn. 3 Da trat der Versucher an ihn heran und sagte zu ihm: Wenn du Gottes Sohn bist, dann sag diesen Steinen da, sie sollen zu Brot werden. 4 Er entgegnete: Es steht geschrieben: *Nicht vom Brot allein lebt der Mensch, sondern von jedem Wort, das aus Gottes Mund kommt.*

5 Dann nahm ihn der Teufel mit in die heilige Stadt, und er stellte ihn auf die Zinne des Tempels. 6 Und er sagte zu ihm: Wenn du Gottes Sohn bist, dann stürze dich hinab. Denn es steht geschrieben:
Seine Engel ruft er für dich herbei,
und sie werden dich auf Händen tragen,
damit dein Fuss nicht an einen Stein stosse.
7 Da sagte Jesus zu ihm: Wiederum steht geschrieben: *Du sollst den Herrn, deinen Gott, nicht versuchen.*

8 Wieder nimmt ihn der Teufel mit auf einen sehr hohen Berg und zeigt ihm alle Königreiche der Welt und ihre Pracht. 9 Und er sagt zu ihm: Dies alles werde ich dir geben, wenn du dich niederwirfst und mich anbetest. 10 Da sagt Jesus zu ihm: Fort mit dir, Satan. Denn

es steht geschrieben: *Zum Herrn, deinem Gott, sollst du beten und ihm allein dienen.* 11 Da lässt der Teufel von ihm ab. Und es kamen Engel und dienten ihm.

P: Mk 1,12–13; Lk 4,1–13 | 3: 4,6; 27,40.43 · 16,16! | 4: Dtn 8,3 | 6: 4,3! · Ps 91,11–12 | 7: Dtn 6,16 | 9: Ps 2,8 | 10: Dtn 6,13; 10,20 | 11: 26,53!

Erstes Auftreten in Galiläa

12 Als er hörte, dass man Johannes gefangen genommen hatte, zog er sich nach Galiläa zurück. 13 Und er verliess Nazaret und liess sich in Kafarnaum am See nieder, im Gebiet von Sebulon und Naftali; 14 so sollte in Erfüllung gehen, was durch den Propheten Jesaja gesagt ist:

15 *Land Sebulon* und *Land Naftali,*
das zum Meer hin liegt, jenseits des Jordan,
du heidnisches Galiläa,
16 *das Volk, das in der Finsternis sass,*
hat ein grosses Licht gesehen,
und die im Schattenreich des Todes sassen,
ihnen ist ein Licht erschienen.

17 Von da an begann Jesus zu verkündigen und sprach: Kehrt um! Denn nahe gekommen ist das Himmelreich.

P: Mk 1,14–15; Lk 4,14–15 | 12: 14,3 | 13: 9,1 | 15–16: Jes 8,23b–9,1 | 17: 3,2; 10,7 · 7,21!

Die Berufung der ersten Jünger

18 Als Jesus den See von Galiläa entlangging, sah er zwei Brüder, Simon, der Petrus heisst, und seinen Bruder Andreas, wie sie die Netze auswarfen in den See; sie waren nämlich Fischer. 19 Und er sagt zu ihnen: Kommt, mir nach! Ich werde euch zu Menschenfischern machen. 20 Und sie liessen auf der Stelle die Netze liegen und folgten ihm. 21 Und er ging von dort weiter und sah zwei andere Brüder: Jakobus, den Sohn des Zebedäus, und seinen Bruder Johannes, die mit ihrem Vater Zebedäus im Boot ihre Netze herrichteten; und er rief sie. 22 Und sie liessen auf der Stelle das Boot und ihren Vater zurück und folgten ihm.

P: Mk 1,16–20; Lk 5,4–11; Joh 1,35–51 | 18: 16,18 | 19: 13,47

Lehren und Heilen in Galiläa

23 Und er zog in ganz Galiläa umher, lehrte in ihren Synagogen, verkündigte das Evangelium vom Reich und heilte jede Krankheit und jedes Gebrechen im Volk.

24 Und die Kunde von ihm verbreitete sich in ganz Syrien. Und man brachte alle Kranken zu ihm, von den verschiedensten Gebrechen und Beschwerden Gezeichnete: Besessene, Mondsüchtige und Gelähmte; und er heilte sie. 25 Und es folgten ihm viele Leute, aus Galiläa, der Dekapolis, aus Jerusalem und Judäa und von jenseits des Jordan.

| 23: 9,35; 24,14 · Mk 1,39; Lk 4,44 | 24–25: Mk 3,7–12; Lk 6,17–19 | 24: 11,5!

Die Einleitung zur Bergpredigt

5 1 Als er nun die vielen Menschen sah, stieg er auf den Berg; und als er sich gesetzt hatte, traten seine Jünger zu ihm. 2 Und er tat seinen Mund auf und lehrte sie:

Seligpreisungen

3 Selig die Armen im Geist –
ihnen gehört das Himmelreich.
4 Selig die Trauernden –
sie werden getröstet werden.
5 Selig die Gewaltlosen –
sie werden das Land erben.
6 Selig, die hungern und dürsten nach der Gerechtigkeit –
sie werden gesättigt werden.
7 Selig die Barmherzigen –
sie werden Barmherzigkeit erlangen.
8 Selig, die reinen Herzens sind –
sie werden Gott schauen.
9 Selig, die Frieden stiften –
sie werden Söhne und Töchter Gottes genannt werden.
10 Selig, die verfolgt sind um der Gerechtigkeit willen –
ihnen gehört das Himmelreich.
11 Selig seid ihr,
wenn sie euch schmähen und verfolgen und euch das Ärgste nachsagen um

meinetwillen und dabei lügen. 12 Freut euch und frohlockt, denn euer Lohn im Himmel ist gross. Denn so haben sie auch die Propheten vor euch verfolgt.

P: Lk 6,20–23 | 3: 5,10; 19,14! · Jes 61,1 | 4: Jes 61,2 | 5: 21,5! · Ps 37,11 | 6: 5,20! | 7: 9,13! · 9,36! · 15,22! | 8: Ps 73,1 | 9: 5,45; Lk 20,36 | 10: 10,23! · 1Petr 3,14 · 5,20! · 5,3! | 11: 10,22; 1Petr 4,14 | 12: 1Petr 4,13 · 23,31!

5,3: Im Unterschied zu Lk 6,20 enthält Mt 5,3 die komplexere Wendung «die Armen im Geist». Die Erweiterung ‹im Geist› bezeichnet die Beziehung des Menschen zu Gott. Der Gesamtausdruck bezieht sich auf Menschen, die arm sind an göttlichem Geist und die vor Gott mit leeren Händen dastehen.

Salz der Erde. Licht der Welt

13 Ihr seid das Salz der Erde. Wenn aber das Salz fade wird, womit soll man dann salzen? Es taugt zu nichts mehr, man wirft es weg und die Leute zertreten es.

14 Ihr seid das Licht der Welt. Eine Stadt, die oben auf einem Berg liegt, kann nicht verborgen bleiben. 15 Man zündet auch nicht ein Licht an und stellt es unter den Scheffel, sondern auf den Leuchter; dann leuchtet es allen im Haus. 16 So soll euer Licht leuchten vor den Menschen, damit sie eure guten Taten sehen und euren Vater im Himmel preisen.

| 13: Mk 9,50; Lk 14,34–35 | 15: Mk 4,21; Lk 8,16; 11,33 | 16: 13,43; 1Petr 2,12

Gesetz und Gerechtigkeit

17 Meint nicht, ich sei gekommen, das Gesetz oder die Propheten aufzulösen. Nicht um aufzulösen, bin ich gekommen, sondern um zu erfüllen. 18 Denn, amen, ich sage euch: Bis Himmel und Erde vergehen, soll vom Gesetz nicht ein einziges Jota oder ein einziges Häkchen vergehen, bis alles geschieht. 19 Wer also auch nur eines dieser Gebote auflöst, und sei es das kleinste, und die Menschen so lehrt, der wird der Geringste sein im Himmelreich. Wer aber tut, was das Gebot verlangt, und so lehrt, der wird gross sein im Himmelreich. 20 Denn ich sage euch: Wenn eure Gerechtigkeit die der Schriftgelehrten

und Pharisäer nicht weit übertrifft, werdet ihr nicht ins Himmelreich hineinkommen.

| 17: 3,15 | 18: 24,35; Lk 16,17 | 19: Jak 2,10 · 11,11! | 20: 3,15; 5,6.10; 6,1.33; 21,31–32 · 7,21!

Vom Töten und von der Versöhnung

21 Ihr habt gehört, dass zu den Alten gesagt wurde: *Du sollst nicht töten!* Wer aber tötet, der sei dem Gericht übergeben. 22 Ich aber sage euch: Jeder, der seinem Bruder zürnt, sei dem Gericht übergeben. Und wer zu seinem Bruder sagt: Du Trottel, der sei dem Hohen Rat übergeben. Und wer sagt: Du Narr, der sei der Feuerhölle übergeben.

23 Wenn du nun deine Opfergabe zum Altar bringst und dir dort einfällt, dass dein Bruder etwas gegen dich hat, 24 dann lass deine Gabe dort vor dem Altar liegen und geh, versöhne dich zuerst mit deinem Bruder; dann komm und bring deine Gabe dar.

25 Verständige dich mit deinem Gegner in einem Rechtsstreit unverzüglich, solange du mit ihm unterwegs bist, damit er dich nicht dem Richter übergibt und der Richter dem Gerichtsdiener und man dich ins Gefängnis wirft. 26 Amen, ich sage dir: Du wirst von dort nicht herauskommen, bis du den letzten Heller bezahlt hast.

| 21: Ex 20,13; Dtn 5,17 | 23–24: Mk 11,25 | 25–26: Lk 12,57–59 | 26: 18,34

Vom Ehebruch

27 Ihr habt gehört, dass gesagt wurde: *Du sollst nicht ehebrechen!* 28 Ich aber sage euch: Jeder, der eine Frau ansieht und sie begehrt, hat in seinem Herzen schon Ehebruch mit ihr begangen. 29 Wenn dein rechtes Auge dich zu Fall bringt, reiss es aus und wirf es von dir. Es ist besser für dich, eines deiner Glieder geht verloren, als dass dein ganzer Leib in die Hölle geworfen wird. 30 Und wenn deine rechte Hand dich zu Fall bringt, hau sie ab und wirf sie von dir. Es ist besser für dich, eines deiner

Glieder geht verloren, als dass dein ganzer Leib zur Hölle fährt.

|27: Ex 20,14; Dtn 5,18 |29: 18,9 |30: 18,8

Von der Ehescheidung

31 Es wurde auch gesagt: Wer seine Frau entlässt, soll ihr einen Scheidebrief geben. 32 Ich aber sage euch: Jeder, der seine Frau entlässt – ausser sie sei der Unzucht schuldig –, treibt sie in den Ehebruch. Und wer eine entlassene Frau heiratet, bricht ihre Ehe.

P: 19,3–12 |31: Dtn 24,1–3 |32: 19,9!

Vom Schwören

33 Weiter habt ihr gehört, dass zu den Alten gesagt wurde: Du sollst keinen Meineid schwören, sondern dem Herrn deine Eide einlösen. 34 Ich aber sage euch: Ihr sollt überhaupt nicht schwören. Nicht beim Himmel, denn er ist Gottes Thron, 35 nicht bei der Erde, denn sie ist der Schemel seiner Füsse, nicht bei Jerusalem, denn sie ist die Stadt des grossen Königs, 36 und auch bei deinem Haupt sollst du nicht schwören, denn es steht nicht in deiner Macht, auch nur ein einziges Haar weiss oder schwarz werden zu lassen. 37 Euer Ja sei ein Ja, und euer Nein sei ein Nein. Jedes weitere Wort ist von Übel.

P: 23,16–22 |33: Lev 19,12; Num 30,3 |34: 23,22 · Jes 66,1 |35: Jes 66,1 · Ps 48,3 |37: Jak 5,12

Von der Vergeltung

38 Ihr habt gehört, dass gesagt wurde: Auge um Auge und Zahn um Zahn. 39 Ich aber sage euch: Leistet dem, der Böses tut, keinen Widerstand! Nein! Wenn dich einer auf die rechte Backe schlägt, dann halte ihm auch die andere hin. 40 Und wenn dich einer vor Gericht ziehen will, um dein Gewand zu nehmen, dann lass ihm auch den Mantel. 41 Und wenn dich einer nötigt, eine Meile mitzugehen, dann geh mit ihm zwei. 42 Gib dem, der dich bittet, und wende dich nicht ab von dem, der von dir borgen will!

P: Lk 6,29–30 |38: Ex 21,24; Lev 24,20; Dtn 19,21 |39: Jes 50,6; Klgl 3,30 |42: Dtn 15,7–8

5,39: Andere Übersetzungsmöglichkeit: «…: Leistet dem Bösen (verstanden als ‹das Böse›) keinen Widerstand! …»

Von der Feindesliebe

43 Ihr habt gehört, dass gesagt wurde: Du sollst deinen Nächsten lieben und deinen Feind hassen. 44 Ich aber sage euch: Liebt eure Feinde und betet für die, die euch verfolgen, 45 so werdet ihr Söhne und Töchter eures Vaters im Himmel; denn er lässt seine Sonne aufgehen über Böse und Gute und lässt regnen über Gerechte und Ungerechte. 46 Denn wenn ihr die liebt, die euch lieben, welchen Lohn könnt ihr da erwarten? Tun das nicht auch die Zöllner? 47 Und wenn ihr nur eure Brüder grüsst, was tut ihr da Besonderes? Tun das nicht auch die Heiden? 48 Ihr sollt also vollkommen sein, wie euer himmlischer Vater vollkommen ist.

P: Lk 6,27–28.32–36 |43: 22,39!; Lev 19,18 |44: Röm 12,14 |45: 5,9! |48: 19,21; Lev 19,2

Vom Almosengeben

6 1 Seht zu, dass ihr eure Gerechtigkeit nicht vor den Leuten dartut, um von ihnen gesehen zu werden, sonst könnt ihr keinen Lohn erwarten von eurem Vater im Himmel.

2 Wenn du nun Almosen gibst, so posaune es nicht aus, wie die Heuchler es machen in den Synagogen und auf den Strassen, um von den Leuten gepriesen zu werden. Amen, ich sage euch: Sie haben ihren Lohn schon bezogen. 3 Wenn du aber Almosen gibst, lass deine Linke nicht wissen, was die Rechte tut, 4 damit dein Almosen im Verborgenen bleibt. Und dein Vater, der ins Verborgene sieht, wird es dir vergelten.

|1: 5,20! · 23,5! |2: 23,13! |4: 6,18

Vom Beten. Das Grundmuster eines Gebets

5 Und wenn ihr betet, sollt ihr es nicht machen wie die Heuchler: Die ste-

hen gern in den Synagogen und an den Strassenecken und beten, um sich den Leuten zu zeigen. Amen, ich sage euch: Sie haben ihren Lohn schon bezogen. 6 Wenn du aber betest, geh in deine Kammer, schliess die Tür und bete zu deinem Vater, der im Verborgenen ist. Und dein Vater, der ins Verborgene sieht, wird es dir vergelten.

7 Wenn ihr aber betet, sollt ihr nicht plappern wie die Heiden; sie meinen nämlich, sie werden ihrer vielen Worte wegen erhört. 8 Tut es ihnen nicht gleich! Euer Vater weiss, was ihr braucht, noch ehe ihr ihn bittet.

9 So sollt ihr beten:
Unser Vater im Himmel.
Dein Name werde geheiligt.
10 Dein Reich komme.
Dein Wille geschehe,
wie im Himmel, so auf Erden.
11 Das Brot, das wir nötig haben, gib uns heute!
12 Und vergib uns unsere Schuld,
wie auch wir vergeben haben jenen, die an uns schuldig geworden sind.
13 Und führe uns nicht in Versuchung,
sondern erlöse uns von dem Bösen.
14 Denn wenn ihr den Menschen ihre Verfehlungen vergebt, dann wird euer himmlischer Vater auch euch vergeben. 15 Wenn ihr aber den Menschen nicht vergebt, dann wird auch euer Vater eure Verfehlungen nicht vergeben.

|5: 23,5! · 6.13! | 8: 6,32 | 9–15: Lk 11,1–4 | 9: 7,11; 23,9 · Jes 63,15–16 · Jes 29,23 | 10: Ps 145,11.13!; Jes 52,7 · 26,39.42 · Ps 135,6 | 11: Ps 145,15 | 12: 6,15! | 13: 26,41 · Joh 17,15; 2Thess 3,3 | 14: Mk 11,25 | 15: 5,7; 6,12; 7,2; 18,21–35

6,13: Die wichtigsten Handschriften enthalten nur den oben wiedergegebenen Text. Viele fügen jedoch an: «Denn dein ist das Reich und die Kraft und die Herrlichkeit in Ewigkeit. Amen.»

Vom Fasten

16 Wenn ihr aber fastet, macht kein saures Gesicht wie die Heuchler, denn sie machen ein saures Gesicht, um den Leuten zu zeigen, dass sie fasten. Amen, ich sage euch: Sie haben ihren Lohn schon bezogen. 17 Wenn du aber fastest, salbe dein Haupt und wasche dein Gesicht, 18 um nicht den Leuten zu zeigen, dass du fastest, sondern deinem Vater, der im Verborgenen ist. Und dein Vater, der ins Verborgene sieht, wird es dir vergelten.

|16: 23,5! · 13! | 18: 6,4

Vom Umgang mit dem Besitz

19 Sammelt euch nicht Schätze auf Erden, wo Motte und Rost sie zerfressen, wo Diebe einbrechen und stehlen. 20 Sammelt euch vielmehr Schätze im Himmel, wo weder Motte noch Rost sie zerfressen, wo keine Diebe einbrechen und stehlen. 21 Denn wo dein Schatz ist, da ist auch dein Herz.

22 Das Licht des Leibes ist das Auge. Wenn dein Auge lauter ist, wird dein ganzer Leib von Licht erfüllt sein. 23 Wenn dein Auge böse ist, wird dein ganzer Leib finster sein. Wenn nun das Licht, das in dir ist, Finsternis ist, wie gross ist dann die Finsternis!

24 Niemand kann zwei Herren dienen. Denn entweder wird er diesen hassen und jenen lieben, oder er wird sich an jenen halten und diesen verachten. Ihr könnt nicht Gott dienen und dem Mammon.

|19–21: Lk 12,33–34 | 20: 19,21! | 22–23: Lk 11,34–36 | 24: Lk 16,13

Von falscher und echter Sorge

25 Darum sage ich euch: Sorgt euch nicht um euer Leben, was ihr essen werdet, noch um euren Leib, was ihr anziehen werdet. Ist nicht das Leben mehr als die Nahrung und der Leib mehr als die Kleidung?

26 Schaut auf die Vögel des Himmels: Sie säen nicht, sie ernten nicht, sie sammeln nicht in Scheunen – euer himmlischer Vater ernährt sie. Seid ihr nicht mehr wert als sie? 27 Wer von euch vermag durch Sorgen seiner Lebenszeit auch nur eine Elle hinzuzufügen?

28 Und was sorgt ihr euch um die Kleidung? Lernt von den Lilien auf dem

Feld, wie sie wachsen: Sie arbeiten nicht und spinnen nicht, 29 ich sage euch aber: Selbst Salomo in all seiner Pracht war nicht gekleidet wie eine von ihnen. 30 Wenn Gott aber das Gras des Feldes, das heute steht und morgen in den Ofen geworfen wird, so kleidet, wie viel mehr dann euch, ihr Kleingläubigen!

31 Sorgt euch also nicht und sagt nicht: Was werden wir essen? Oder: Was werden wir trinken? Oder: Was werden wir anziehen? 32 Denn um all das kümmern sich die Heiden. Euer himmlischer Vater weiss nämlich, dass ihr das alles braucht. 33 Trachtet vielmehr zuerst nach seinem Reich und seiner Gerechtigkeit, dann wird euch das alles dazugegeben werden. 34 Sorgt euch also nicht um den morgigen Tag, denn der morgige Tag wird für sich selber sorgen. Jeder Tag hat genug an seiner eigenen Last.

P: Lk 12,22–32 |25: Ps 145,15–16 |26: Hiob 38,41; Ps 147,9 · 10,31! |30: 8,26! |32: 6,8 |33: 5,20!

Vom Richten

7 1 Richtet nicht, damit ihr nicht gerichtet werdet! 2 Denn wie ihr richtet, so werdet ihr gerichtet werden, und mit dem Mass, mit dem ihr messt, wird euch zugemessen werden.

3 Was siehst du den Splitter im Auge deines Bruders, den Balken in deinem Auge aber nimmst du nicht wahr? 4 Oder wie kannst du zu deinem Bruder sagen: Lass mich den Splitter aus deinem Auge herausziehen, und dabei ist in deinem Auge der Balken? 5 Du Heuchler! Zieh zuerst den Balken aus deinem Auge. Dann wirst du klar genug sehen, um den Splitter aus dem Auge deines Bruders herauszuziehen.

|1–2: Lk 6,37–38 |2: 6,15!; Mk 4,24 |3–5: Lk 6,41–42 |5: 23,13!

Von der Entweihung des Heiligen

6 Gebt das Heilige nicht den Hunden und werft eure Perlen nicht vor die Säue, damit sie nicht mit den Füssen auf ihnen herumtreten und sich umwenden und euch in Stücke reissen.

|6: 10,14

Vom Bitten und vom Empfangen

7 Bittet, so wird euch gegeben; sucht, so werdet ihr finden; klopft an, so wird euch aufgetan. 8 Denn wer bittet, empfängt; wer sucht, der findet; wer anklopft, dem wird aufgetan. 9 Wer unter euch gäbe seinem Sohn, wenn er ihn um Brot bittet, einen Stein, 10 und wenn er ihn um einen Fisch bittet, eine Schlange? 11 Wenn also ihr, die ihr böse seid, euren Kindern gute Gaben zu geben wisst, wie viel mehr wird euer Vater im Himmel denen, die ihn bitten, Gutes geben.

P: Lk 11,9–13 |8: 18,19; 21,22; Mk 11,24; Joh 14,13! · Spr 8,17 |11: 6,9!

Die goldene Regel

12 Also: Wie immer ihr wollt, dass die Leute mit euch umgehen, so geht auch mit ihnen um! Denn darin besteht das Gesetz und die Propheten.

P: Lk 6,31 |12: 22,34–40

Das Bild vom engen Tor

13 Tretet ein durch das enge Tor! Denn weit ist das Tor und breit der Weg, der ins Verderben führt, und viele sind es, die da hineingehen. 14 Wie eng ist das Tor und wie schmal der Weg, der ins Leben führt, und wenige sind es, die ihn finden!

P: Lk 13,23–24

Die Warnung vor falschen Propheten

15 Hütet euch vor den falschen Propheten, die in Schafspelzen zu euch kommen – darunter aber sind reissende Wölfe! 16 An ihren Früchten werdet ihr sie erkennen. Lassen sich etwa Trauben ernten von Dornen oder Feigen von Disteln? 17 So trägt jeder gute Baum gute Früchte, jeder faule Baum aber trägt schlechte Früchte. 18 Ein guter Baum kann nicht schlechte Früchte tragen,

und ein fauler Baum kann nicht gute
Früchte tragen. 19 Jeder Baum, der nicht
gute Frucht bringt, wird gefällt und ins
Feuer geworfen. 20 So werdet ihr sie an
ihren Früchten erkennen.

21 Nicht jeder, der zu mir sagt: Herr,
Herr!, wird ins Himmelreich hineinkommen, sondern wer den Willen meines Vaters im Himmel tut. 22 Viele werden an jenem Tag zu mir sagen: Herr,
Herr, haben wir nicht in deinem Namen
als Propheten geredet, in deinem Namen Dämonen ausgetrieben und in deinem Namen viele Wunder getan?
23 Dann sollen sie von mir hören: Ich
habe euch nie gekannt! Geht weg von
mir, die ihr das Gesetz missachtet!

p: Lk 6,43–46 | 15: 24,11.24; 2Petr 2,1; 1Joh 4,1 ·
10,16 | 17: 12,33 | 19: 3,10! | 21: 4,17; 5,3.10.20; 18,3;
19,14.23; 21,28–32 · 12,50 · Jak 1,22 | 23: 25,12.41;
Lk 13,27 · Ps 119,115

Das Bild vom Hausbau

24 Jeder, der diese meine Worte hört
und danach handelt, ist einem klugen
Mann gleich, der sein Haus auf Fels gebaut hat. 25 Da gingen Regengüsse nieder, Sturzbäche kamen, und Winde
wehten und warfen sich gegen das
Haus, und es stürzte nicht ein. Denn
Fels war sein Fundament. 26 Und jeder,
der diese meine Worte hört und nicht
danach handelt, ist einem törichten
Mann gleich, der sein Haus auf Sand gebaut hat. 27 Da gingen Regengüsse nieder, Sturzbäche kamen, Winde wehten
und schlugen gegen das Haus, und es
stürzte ein, und sein Sturz war gewaltig.

p: Lk 6,47–49

Die Wirkung der Bergpredigt

28 Und es geschah, als Jesus diese
Rede abgeschlossen hatte, dass die Leute
überwältigt waren von seiner Lehre.
29 Denn er lehrte sie wie einer, der Vollmacht hat, und nicht wie ihre Schriftgelehrten.

| 28: 13,54; 19,25; 22,22.33 | 29: 28,18!; Mk 1,22

Die Heilung eines Aussätzigen

8 1 Als er vom Berg herabstieg, folgten
ihm viele Leute. 2 Und da kam ein
Aussätziger auf ihn zu, warf sich vor
ihm nieder und sagte: Herr, wenn du
willst, kannst du mich rein machen!
3 Und er streckte die Hand aus, berührte
ihn und sprach: Ich will es, sei rein! Und
auf der Stelle wurde er von seinem Aussatz geheilt. 4 Und Jesus sagt zu ihm:
Sieh zu, dass du niemandem etwas
sagst, sondern geh, zeig dich dem Priester und bring die Opfergabe dar, die
Mose angeordnet hat – das soll ihnen
ein Beweis sein.

p: Mk 1,40–45; Lk 5,12–16 | 4: 9,30; 12,16; 16,20;
17,9 · Lev 14,2–32

Der Hauptmann von Kafarnaum

5 Als er aber nach Kafarnaum kam,
trat ein Hauptmann an ihn heran und
bat ihn: 6 Herr, mein Knecht liegt gelähmt im Haus und wird von furchtbaren Schmerzen gepeinigt. 7 Und er sagt
zu ihm: Ich werde kommen und ihn heilen. 8 Da entgegnete der Hauptmann:
Herr, es steht mir nicht zu, dich in mein
Haus zu bitten, doch sprich nur ein
Wort, und mein Knecht wird gesund.
9 Denn auch ich bin einer, für den Befehle gelten, und ich habe Soldaten unter mir. Sage ich zu einem: Geh, so geht
er; sage ich zu einem anderen: Komm,
so kommt er; und sage ich zu meinem
Knecht: Tu das, so tut er es. 10 Als Jesus
das hörte, staunte er und sagte zu denen,
die ihm folgten: Amen, ich sage euch:
Solchen Glauben habe ich bei niemandem in Israel gefunden. 11 Ich sage euch
aber: Viele werden kommen aus Ost und
West und sich mit Abraham, Isaak und
Jakob im Himmelreich zu Tisch setzen.
12 Die Söhne des Reichs aber werden in
die äusserste Finsternis hinausgeworfen werden; dort wird Heulen und Zähneklappern sein. 13 Und Jesus sagte
zum Hauptmann: Geh! Dir geschehe,
wie du geglaubt hast. Und in eben jener
Stunde wurde der Knecht gesund.

P: Lk 7,1–10; Joh 4,43–54 |11: Lk 13,29! · 28,19!
|12: 13,42.50; 22,13; 24,51; 25,30; Lk 13,28 |13: 9,22.29;
15,28! 21,22; Mk 5,34!; Lk 7,50! · 17,20!

Die Heilung der Schwiegermutter des Petrus

14 Und als Jesus in das Haus des
Petrus kam, sah er, dass dessen Schwiegermutter im Fieber lag. 15 Und er
nahm ihre Hand, und das Fieber wich
von ihr; und sie stand auf und bewirtete
ihn.

P: Mk 1,29–31; Lk 4,38–39

Weitere Heilungen

16 Am Abend brachten sie viele Besessene zu ihm; und er trieb die Geister
aus durch die Macht des Wortes und
heilte alle Kranken. 17 So sollte in Erfüllung gehen, was durch den Propheten
Jesaja gesagt ist: *Er nahm unsere
Schwachheit auf sich, und unsere Krankheiten trug er.*

P: Mk 1,32–34; Lk 4,40–41 |17: Jes 53,4

Vom Ernst der Nachfolge

18 Als Jesus das Gedränge um sich
herum sah, befahl er, ans andere Ufer zu
fahren. 19 Da kam ein Schriftgelehrter
zu ihm und sagte: Meister, ich will dir
folgen, wohin du auch gehst. 20 Jesus
sagt zu ihm: Die Füchse haben Höhlen,
und die Vögel des Himmels haben Nester, der Menschensohn aber hat keinen
Ort, wo er sein Haupt hinlegen kann.
21 Ein anderer von den Jüngern sagte
zu ihm: Herr, erlaube mir, dass ich zuerst heimgehe und meinen Vater begrabe. 22 Jesus aber sagt zu ihm: Folge
mir! Und lass die Toten ihre Toten begraben.

P: Lk 9,57–62 |22: 16,24!

Die Stillung des Seesturms

23 Dann stieg er in das Boot, und
seine Jünger folgten ihm. 24 Da erhob
sich ein grosser Sturm auf dem See, so
dass das Boot von den Wellen überrollt
wurde; er aber schlief. 25 Da traten sie
zu ihm, weckten ihn und sagten: Herr,
rette uns, wir gehen unter! 26 Und er

sagt zu ihnen: Was seid ihr so furchtsam, ihr Kleingläubigen! Dann stand er
auf und schrie die Winde an und den
See; da trat eine grosse Windstille ein.
27 Die Menschen aber wunderten sich
und sagten: Was ist das für einer, dass
ihm selbst Wind und Wellen gehorchen?

P: Mk 4,35–41; Lk 8,22–25 |26: 6,30; 14,31; 16,8;
17,20 |27: Ps 65,8; 89,10; 107,29

Die Heilung der Besessenen von Gadara

28 Als er ans andere Ufer kam, in das
Gebiet der Gadarener, liefen ihm zwei
Besessene über den Weg, die aus den
Grabhöhlen hervorkamen. Die sahen so
furchterregend aus, dass niemand auf
dem Weg gehen wollte, der dort vorbei-
führte. 29 Und sie schrien: Was haben
wir mit dir zu schaffen, Sohn Gottes?
Bist du hergekommen, um uns zu quälen, bevor es Zeit ist? 30 Weit weg von
ihnen aber weidete eine grosse Herde
Schweine. 31 Da baten ihn die Dämonen: Wenn du uns austreibst, dann
schick uns in die Schweineherde. 32 Er
sagte zu ihnen: Fort mit euch! Da fuhren
sie aus und fuhren in die Schweine, und
siehe da: Die ganze Herde stürzte sich
den Abhang hinunter in den See und
kam im Wasser um.

33 Die Hirten aber ergriffen die
Flucht, eilten in die Stadt und erzählten
alles, auch was mit den Besessenen geschehen war. 34 Und die ganze Stadt zog
hinaus, Jesus entgegen, und als sie ihn
sahen, baten sie ihn, ihr Gebiet zu verlassen.

P: Mk 5,1–20; Lk 8,26–39 |29: 16,16!

Die Heilung eines Gelähmten

9 1 Und er stieg in ein Boot, fuhr über
den See und kam in seine Vaterstadt.
2 Da brachten sie einen Gelähmten zu
ihm, der auf einem Bett lag. Und als Jesus ihren Glauben sah, sagte er zu dem
Gelähmten: Sei getrost, Kind, dir sind
die Sünden vergeben. 3 Da dachten einige der Schriftgelehrten bei sich: Der
lästert! 4 Jesus, der sie durchschaute,

sprach: Was sinnt ihr Böses? 5 Was ist leichter? Zu sagen: Dir sind die Sünden vergeben, oder zu sagen: Steh auf und zeig, dass du gehen kannst? 6 Damit ihr aber wisst, dass der Menschensohn Vollmacht hat, auf Erden Sünden zu vergeben – sagt er zu dem Gelähmten: Steh auf, nimm dein Bett und geh nach Hause! 7 Und der stand auf und ging nach Hause. 8 Als die Leute das sahen, erschraken sie und priesen Gott, der den Menschen solche Vollmacht gegeben hat.

P: Mk 2,1–12; Lk 5,17–26 |1: 4,13 |2: Lk 7,48 |3: 26,65 · Lk 7,49 |6: 28,18! · Joh 5,27

Die Berufung eines Zöllners

9 Und als Jesus von dort weiterzog, sah er einen Mann, der Matthäus hiess, am Zoll sitzen. Und er sagt zu ihm: Folge mir! Und der stand auf und folgte ihm.

10 Und es geschah, als er im Haus bei Tisch sass, dass viele Zöllner und Sünder kamen und mit Jesus und seinen Jüngern bei Tisch sassen. 11 Als die Pharisäer das sahen, sagten sie zu seinen Jüngern: Warum isst euer Meister mit den Zöllnern und Sündern? 12 Er hörte es und sprach: Nicht die Gesunden brauchen den Arzt, sondern die Kranken. 13 Geht aber und lernt, was es heisst: *Barmherzigkeit will ich und nicht Opfer.* Ich bin nicht gekommen, Gerechte zu rufen, sondern Sünder.

P: Mk 2,13–17; Lk 5,27–32 |11: 11,19; Lk 5,30! |13: 5,7!; 12,7; 18,33; Hos 6,6 · Lk 5,32!

Zur Frage nach dem Fasten

14 Da kamen die Jünger des Johannes zu ihm und sagten: Warum fasten wir und die Pharisäer, deine Jünger aber fasten nicht? 15 Da sagte Jesus zu ihnen: Können denn die Hochzeitsgäste trauern, solange der Bräutigam bei ihnen ist? Doch es werden Tage kommen, da ihnen der Bräutigam entrissen wird, und dann werden sie fasten. 16 Niemand näht ein Stück neuen Stoff auf einen alten Mantel; denn der Flicken reisst etwas ab von dem Mantel,

und es entsteht ein noch schlimmerer Riss. 17 Auch füllt man nicht neuen Wein in alte Schläuche, sonst reissen die Schläuche, der Wein läuft aus, und die Schläuche sind hin. Nein, neuen Wein füllt man in neue Schläuche, so bleibt beides erhalten.

P: Mk 2,18–22; Lk 5,33–39 |15: 22,2! · 26,11

Die Auferweckung der Tochter des Jairus und die Heilung der Frau mit den Blutungen

18 Während er so mit ihnen redete, kam ein vornehmer Mann, fiel vor ihm nieder und sagte: Meine Tochter ist soeben gestorben. Aber komm, leg ihr die Hand auf, so wird sie wieder lebendig. 19 Da stand Jesus auf und folgte ihm mit seinen Jüngern.

20 Und da war eine Frau, die seit zwölf Jahren an Blutungen litt. Die trat von hinten an ihn heran und berührte den Saum seines Mantels. 21 Denn sie sagte sich: Wenn ich auch nur seinen Mantel berühre, werde ich gerettet. 22 Jesus aber wandte sich um, sah sie und sprach: Sei getrost, Tochter, dein Glaube hat dich gerettet. Und die Frau war von Stund an gerettet. 23 Als Jesus in das Haus des vornehmen Mannes kam und die Flötenspieler und das Gedränge um sich herum sah, 24 sprach er: Geht hinaus! Das Mädchen ist nicht gestorben, es schläft. Da lachten sie ihn aus. 25 Als man die Leute hinausgeschickt hatte, ging er hinein, nahm ihre Hand, und das Mädchen stand auf. 26 Und das sprach sich in jener ganzen Gegend herum.

P: Mk 5,21–43; Lk 8,40–56 |20: Lev 15,25 |22: 8,13!

9,20: Das mit «Saum» übersetzte griechische Wort bezeichnet sowohl die Quaste des Gebetsmantels als auch den Saum eines Kleides. Da es an der vorliegenden Stelle um den Kontakt zum anderen Menschen geht, wurde das Wort ‹Saum› verwendet (anders Mt 23,5).

Die Heilung von zwei Blinden

27 Und als Jesus von dort weiterzog, folgten ihm zwei Blinde, die schrien:

Hab Erbarmen mit uns, Sohn Davids! 28 Als er ins Haus hineinging, traten die Blinden auf ihn zu, und Jesus sagt zu ihnen: Glaubt ihr, dass ich dies tun kann? Sie sagen zu ihm: Ja, Herr. 29 Da berührte er ihre Augen und sprach: Euch geschehe, wie ihr geglaubt habt. 30 Und ihre Augen taten sich auf. Und Jesus fuhr sie an: Seht zu, dass es niemand erfährt! 31 Sie aber gingen hinaus und machten ihn in der ganzen Gegend bekannt.

P: 20,29–34 |27: 12,23; 15,22!; 20,30–31; 21,9 15; 22,42 |29: 8,13! |30: 8,4!

Die Heilung eines Stummen

32 Als sie hinausgegangen waren, da brachten sie einen Stummen zu ihm, der von einem Dämon besessen war. 33 Und als der Dämon ausgetrieben war, begann der Stumme zu reden. Und die Leute staunten und sagten: Noch nie hat man in Israel so etwas gesehen! 34 Die Pharisäer aber sagten: Mit dem Fürsten der Dämonen treibt er die Dämonen aus.

P: 12,22–24 |33: Lk 11,14 |34: 10,25; 12,24.27; Lk 11,15; Joh 7,20! · 11,18

Die grosse Ernte

35 Und Jesus zog umher in allen Städten und Dörfern, lehrte in ihren Synagogen, verkündigte das Evangelium vom Reich und heilte jede Krankheit und jedes Gebrechen. 36 Als er die vielen Menschen sah, taten sie ihm leid, denn sie waren erschöpft und schutzlos, *wie Schafe, die keinen Hirten haben.* 37 Da sagt er zu seinen Jüngern: Die Ernte ist gross, Arbeiter aber sind wenige. 38 Darum bittet den Herrn der Ernte, dass er Arbeiter in seine Ernte sende.

|35: 4,23! |36: Mk 6,34 · Num 27,17; 2Chr 18,16 · 5,7!; 14,14; 15,32; 20,34 · 10,6! |37–38: Lk 10,2

Die Aussendung der Zwölf

10 1 Und er rief seine zwölf Jünger herbei und gab ihnen Vollmacht, unreine Geister auszutreiben und jede Krankheit und jedes Gebrechen zu heilen.

2 Dies sind die Namen der zwölf Apostel: zuerst Simon, der Petrus heisst, und Andreas, sein Bruder, und Jakobus, der Sohn des Zebedäus, und Johannes, sein Bruder, 3 Philippus und Bartolomäus, Thomas und Matthäus, der Zöllner, Jakobus, der Sohn des Alfäus, und Thaddäus, 4 Simon Kananäus, und Judas Iskariot, der ihn dann auslieferte.

5 Diese Zwölf sandte Jesus aus und gebot ihnen: Nehmt nicht den Weg zu den Heiden und betretet keine samaritanische Stadt. 6 Geht vielmehr zu den verlorenen Schafen aus dem Hause Israel.

7 Geht und verkündigt: Nahe gekommen ist das Himmelreich. 8 Kranke macht gesund, Tote weckt auf, Aussätzige macht rein, Dämonen treibt aus! Umsonst habt ihr es empfangen, umsonst sollt ihr es geben. 9 Füllt eure Gürtel nicht mit Gold-, Silber- oder Kupfermünzen! 10 Nehmt keinen Sack mit auf den Weg, kein zweites Kleid, keine Schuhe, keinen Stab! Denn der Arbeiter ist seines Lohnes wert. 11 Kommt ihr aber in eine Stadt oder in ein Dorf, dann fragt nach, wer da würdig ist; dort bleibt, bis ihr weiterzieht. 12 Wenn ihr aber in das Haus eintretet, so grüsst es. 13 Wenn das Haus es wert ist, kehre euer Friede dort ein, wenn das Haus es aber nicht wert ist, kehre euer Friede zu euch zurück. 14 Wenn man euch nicht aufnimmt und eure Worte nicht hören will, dann geht fort aus jenem Haus oder jener Stadt und schüttelt den Staub von euren Füssen. 15 Amen, ich sage euch: Dem Land Sodom und Gomorra wird es am Tag des Gerichts besser ergehen als jener Stadt.

|1: Mk 6,7; Lk 9,1 |2–4: Mk 3,13–19; Lk 6,12–16 |6: 9,36; 15,24 · 28,19! |7–15: Mk 6,8–11; Lk 9,2–5; 10,1–12 |7: 4,17! |14: Lk 10,11! |15: 11,22.24; Gen 19,24–25

10,4: Der Beiname Kananäus leitet sich von einem hebräischen Verb ab, das ‹eifern› bedeutet, und kennzeichnet seinen Träger als Sympathisanten oder als Mitglied der zelotischen Partei.

Standhalten in Verfolgungen

16 Seht, ich sende euch wie Schafe mitten unter die Wölfe; seid also klug wie die Schlangen und ohne Falsch wie die Tauben.

17 Hütet euch aber vor den Menschen! Denn sie werden euch an Gerichte ausliefern, in ihren Synagogen werden sie euch auspeitschen, 18 vor Statthalter und Könige werdet ihr geführt werden um meinetwillen, um Zeugnis abzulegen vor ihnen und den Völkern. 19 Wenn sie euch aber vor Gericht stellen, dann sorgt euch nicht darum, wie oder was ihr reden sollt, denn es wird euch in jener Stunde gegeben werden, was ihr reden sollt.

20 Denn nicht ihr seid es, die dann reden werden, sondern der Geist eures Vaters ist es, der durch euch reden wird. 21 Es wird aber ein Bruder den andern dem Tod ausliefern und ein Vater das Kind, und Kinder werden gegen ihre Eltern auftreten und sie in den Tod schicken. 22 Und ihr werdet gehasst werden von allen um meines Namens willen. Wer aber standhält bis ans Ende, der wird gerettet werden.

23 Wenn sie euch in der einen Stadt verfolgen, dann flieht in die andere. Denn, amen, ich sage euch: Ihr werdet mit den Städten Israels nicht zu Ende kommen, bevor der Menschensohn kommt.

24 Ein Jünger steht nicht über dem Meister und ein Knecht nicht über seinem Herrn. 25 Es genügt dem Jünger, dass er wie sein Meister wird, und dem Knecht, dass er wie sein Herr wird. Wenn man schon den Hausherrn Beelzebul nennt, wie viel mehr dann seine Hausgenossen.

| 16: 7,15 · Lk 10,3 | 17–22: 24,9–14; Mk 13,9–13; Lk 21,12–19 | 17: 23,34 | 19: Lk 12,11 | 20: Lk 12,12 | 22: 5,11 · 24,13 · Joh 15,18–19.21 | 23: 5,10; 23,34 · 16,27! · 16,28 | 24: Lk 6,40; Joh 13,16; 15,20 | 25: 9,34!

Die Aufforderung zu furchtlosem Bekenntnis

26 Darum fürchtet sie nicht! Denn nichts ist verhüllt, was nicht enthüllt,

und nichts geheim, was nicht bekannt werden wird. 27 Was ich euch im Dunkeln sage, das sagt im Licht. Und was ihr ins Ohr geflüstert bekommt, das ruft aus auf den Dächern. 28 Fürchtet euch nicht vor denen, die den Leib töten, die Seele aber nicht töten können. Fürchtet euch mehr vor dem, der Seele und Leib in der Hölle verderben kann. 29 Verkauft man nicht zwei Spatzen für einen Fünfer? Und nicht einer von ihnen fällt zu Boden, ohne dass euer Vater bei ihm ist. 30 Bei euch aber sind sogar die Haare auf dem Kopf alle gezählt. 31 Fürchtet euch also nicht! Ihr seid mehr wert als viele Spatzen.

32 Jeder nun, der sich vor den Menschen zu mir bekennt, zu dem werde auch ich mich bekennen vor meinem Vater im Himmel. 33 Wer mich aber vor den Menschen verleugnet, den werde auch ich verleugnen vor meinem Vater im Himmel.

| 27: Lk 12,1–12 | 26: Mk 4,22; Lk 8,17 | 31: 6,26; 12,12 | 33: Mk 8,38; Lk 9,26!

10,29: Andere Übersetzungsmöglichkeit: «..., ohne dass euer Vater es will.» oder: «..., ohne dass euer Vater es weiss.»

Von der notwendigen Zwietracht

34 Meint nicht, ich sei gekommen, Frieden auf die Erde zu bringen. Ich bin nicht gekommen, Frieden zu bringen, sondern das Schwert. 35 Denn ich bin gekommen, *einen Mann mit dem Vater zu entzweien und eine Tochter mit der Mutter und eine Schwiegertochter mit der Schwiegermutter; 36 und zu Feinden werden dem Menschen die eigenen Hausgenossen.*

37 Wer Vater oder Mutter mehr liebt als mich, ist meiner nicht wert, und wer Sohn oder Tochter mehr liebt als mich, ist meiner nicht wert. 38 Und wer nicht sein Kreuz auf sich nimmt und hinter mir hergeht, ist meiner nicht wert. 39 Wer sein Leben findet, wird es verlieren; wer sein Leben verliert um meinetwillen, wird es finden.

|34–36: Lk 12,51–53 |35–36: Mi 7,6 |37: 19,29!;
Lk 14,26 |38: 16,24! |39: 16,25!

Vom Aufnehmen der Jünger

40 Wer euch aufnimmt, nimmt
mich auf, und wer mich aufnimmt,
nimmt den auf, der mich gesandt hat.
41 Wer einen Propheten aufnimmt,
weil er ein Prophet ist, wird den Lohn
eines Propheten empfangen, und wer
einen Gerechten aufnimmt, weil er ein
Gerechter ist, wird den Lohn eines Gerechten empfangen. 42 Und wer einem
dieser Geringen auch nur einen Becher
frischen Wassers reicht, weil er ein Jünger ist – amen, ich sage euch: Er wird
nicht um seinen Lohn kommen.

|40: 18,5; 25,40; Mk 9,37; Lk 9,48; 10,16;
Joh 13,20! |42: 25,40; Mk 9,41

Die Frage des Täufers

11 1 Und es geschah, als Jesus seinen
zwölf Jüngern seine Anweisungen
gegeben hatte, dass er von dort weiterzog, um in ihren Städten zu lehren und
zu verkündigen.

2 Als Johannes nun im Gefängnis
von den Taten des Christus hörte, sandte
er seine Jünger zu ihm 3 und liess ihn
fragen: Bist du es, der da kommen soll,
oder sollen wir auf einen anderen warten? 4 Jesus antwortete ihnen: Geht und
erzählt Johannes, was ihr hört und seht:
5 *Blinde sehen* und Lahme gehen, Aussätzige werden rein und *Taube hören*,
und *Tote werden auferweckt*, und Armen
wird das Evangelium verkündigt; 6 und
selig ist, wer an mir keinen Anstoss
nimmt.

P: Lk 7,18–23 |2: 14,3–4 |3: 3,3.11 |5: 4,23–24;
15,30–31; 21,14 · Jes 29,18; 35,5–6 · Jes 26,19 · Jes 61,1
|6: 13,57; Joh 6,61

Das Urteil Jesu über den Täufer

7 Als diese sich wieder auf den Weg
machten, begann Jesus zu den Leuten
über Johannes zu reden: Was habt ihr zu
sehen gehofft, als ihr in die Wüste hinauszogt? Ein Schilfrohr, das im Wind
schwankt? 8 Oder was habt ihr zu sehen

gehofft, als ihr hinauszogt? Einen Menschen, der in feine Gewänder gehüllt
ist? Die feine Gewänder tragen, die wohnen in Palästen. 9 Oder was habt ihr zu
sehen gehofft, als ihr hinauszogt? Einen
Propheten? Ja, ich sage euch, mehr als einen Propheten habt ihr gesehen! 10 Er
ist es, von dem geschrieben steht:
Siehe, ich sende meinen Boten vor dir her,
    der vor dir deinen Weg bereiten wird.
11 Amen, ich sage euch: Unter denen, die
von einer Frau geboren wurden, ist
keiner aufgetreten, der grösser wäre als
Johannes der Täufer. Doch noch der
Geringste im Himmelreich ist grösser
als er. 12 Von den Tagen des Täufers
Johannes bis heute wird dem
Himmelreich Gewalt angetan, und
Gewalttätige reissen es an sich. 13 Alle
Propheten nämlich und das Gesetz und
auch Johannes haben das geweissagt.
14 Und wenn ihr es annehmen wollt: Er
ist Elija, der kommen soll. 15 Wer Ohren
hat, der höre!

16 Mit wem aber soll ich dieses Geschlecht vergleichen? Kindern ist es
gleich, die auf dem Marktplatz sitzen
und den andern 17 zurufen:
Wir haben euch aufgespielt,
und ihr habt nicht getanzt,
wir haben Klagelieder gesungen,
und ihr habt nicht geklagt.
18 Denn Johannes kam, ass nicht und
trank nicht, und sie sagen: Er hat einen
Dämon! 19 Der Menschensohn kam, ass
und trank, und sie sagen: Seht, ein Fresser und Säufer, ein Freund von Zöllnern
und Sündern! Und doch wurde der
Weisheit Recht gegeben durch das, was
sie getan hat.

P: Lk 7,24–35 |7: 3,1.5 |8: 3,4 |9: 21,26!
|10: Mk 1,2; Ex 23,20; Mal 3,1 · Lk 1,76 |11: 5,19; 18,1.4;
20,21–23 |13: Lk 16,16 |14: 17,10–13; Mal 3,23 |15: 13,9!
|18: 3,4; 9,14; Lk 1,15 · 9,34! |19: 9,11!

Wehruf über galiläische Städte

20 Dann begann er die Städte anzuklagen, in denen die meisten seiner
Wunder geschehen waren, denn sie hatten nicht Busse getan. 21 Wehe dir, Chorazin! Wehe dir, Betsaida! Wären in Ty-

rus und Sidon die Wunder geschehen, die bei euch geschehen sind, sie hätten längst in Sack und Asche Busse getan. 22 Doch ich sage euch: Tyrus und Sidon wird es am Tag des Gerichts besser ergehen als euch. 23 Und du, Kafarnaum, willst du etwa in den Himmel erhoben werden? Bis ins Totenreich wirst du hinabfahren! Wären in Sodom die Wunder geschehen, die bei dir geschehen sind, so stünde es noch heute. 24 Doch ich sage euch: Dem Land Sodom wird es am Tag des Gerichts besser ergehen als dir.

P: Lk 10,13–16 | 21: Joh 5,36! | 22: 10,15! | 23: Jes 14,13–15 | 24: 10,15!

Der Lobpreis des Vaters

25 In jenen Tagen ergriff Jesus das Wort und sprach: Ich preise dich, Vater, Herr des Himmels und der Erde, dass du dies vor Weisen und Klugen verborgen, es Einfältigen aber offenbart hast. 26 Ja, Vater, so hat es dir gefallen. 27 Alles ist mir übergeben worden von meinem Vater, und niemand kennt den Sohn ausser der Vater, und niemand kennt den Vater ausser der Sohn und der, dem der Sohn es offenbaren will.

P: Lk 10,21–22 | 25: 21,16! · Jes 29,14; 1Kor 2,6–8 | 27: 28,18! · 16,16! · Joh 1,18!; 8,55!

Das Bild vom Joch

28 Kommt zu mir, all ihr Geplagten und Beladenen: Ich will euch erquicken. 29 Nehmt mein Joch auf euch und lernt von mir, denn ich bin sanft und demütig; und *ihr werdet Ruhe finden für eure Seele.* 30 Denn mein Joch drückt nicht, und meine Last ist leicht.

| 29: 21,5! · Jer 6,16 | 30: 23,4

Das Ährenraufen der Jünger am Sabbat

12 1 In jenen Tagen ging Jesus am Sabbat durch die Kornfelder. Und seine Jünger waren hungrig und begannen, Ähren zu raufen und zu essen. 2 Als die Pharisäer das sahen, sagten sie zu ihm: Sieh her, deine Jünger tun, was am Sabbat nicht erlaubt ist! 3 Da sagte er zu ihnen: Habt ihr nicht gelesen, was David

tat, als er hungrig war, er und seine Gefährten? 4 Wie er in das Haus Gottes hineinging, und wie sie die Schaubrote assen, die weder er noch seine Gefährten essen durften, sondern nur die Priester? 5 Habt ihr nicht im Gesetz gelesen, dass die Priester im Tempel am Sabbat den Sabbat entweihen, ohne sich schuldig zu machen? 6 Ich sage euch aber: Hier ist Grösseres als der Tempel! 7 Hättet ihr begriffen, was es heisst: *Barmherzigkeit will ich und nicht Opfer,* so hättet ihr die Unschuldigen nicht verurteilt. 8 Ja, der Menschensohn ist Herr über den Sabbat.

P: Mk 2,23–28; Lk 6,1–5 | 2: Ex 20,8–11; Dtn 5,12–15 | 3: 1Sam 21,1–7 | 4: Lev 24,5–9 | 5: Num 28,9–10; Joh 7,23! | 6: 11,9; 12,41.42 | 7: 9,13!

Die Heilung eines behinderten Mannes am Sabbat

9 Und er ging von dort weiter und kam in ihre Synagoge. 10 Und da war einer mit einer verkümmerten Hand. Da fragten sie ihn, ob es am Sabbat erlaubt sei zu heilen, um ihn anklagen zu können. 11 Er aber sagte zu ihnen: Wer unter euch, der ein einziges Schaf besitzt, würde es nicht, wenn es am Sabbat in eine Grube fällt, packen und herausziehen? 12 Wie viel mehr wert ist doch ein Mensch als ein Schaf! Also ist es erlaubt, am Sabbat Gutes zu tun. 13 Dann sagt er zu dem Menschen: Streck deine Hand aus! Und der streckte sie aus, und sie war wiederhergestellt, gesund wie die andere. 14 Die Pharisäer aber gingen hinaus und fassten den Beschluss, ihn umzubringen.

P: Mk 3,1–6; Lk 6,6–11 | 11: Lk 13,15; 14,5 | 12: 10,31! | 14: Ex 31,14; Joh 5,18

Der Gottesknecht Jesus

15 Als aber Jesus davon erfuhr, zog er sich von dort zurück. Und viele Leute folgten ihm, und er heilte sie alle. 16 Und er gebot ihnen streng, ihn nicht offenbar zu machen; 17 so sollte in Erfüllung gehen, was durch den Propheten Jesaja gesagt ist:

18 *Siehe, mein Knecht, den ich erwählt habe,*

> *mein Geliebter, an dem meine Seele Wohlgefallen hat.*

Ich werde meinen Geist auf ihn legen, und den Völkern wird er das Recht verkünden.

19 *Er wird nicht streiten und nicht schreien,*

> *und auf den Gassen wird man seine Stimme nicht hören.*

20 *Geknicktes Rohr wird er nicht zerbrechen*

> *und glimmenden Docht nicht auslöschen,*

bis er dem Recht *zum Sieg* verholfen hat.

21 *Und auf seinen Namen werden die Völker hoffen.*

|16: 8,4!| Mk 3,12 |18–21: Jes 42,1–4 |18: 3,17!

Jesu Macht über die Dämonen

22 Dann brachte man einen Besessenen zu ihm, der war blind und stumm. Und er heilte ihn, so dass der Stumme reden und sehen konnte. 23 Und alle Leute waren fassungslos und sagten: Ist das etwa der Sohn Davids? 24 Als die Pharisäer das hörten, sagten sie: Der treibt doch die Dämonen nur durch Beelzebul aus, den Fürsten der Dämonen!

25 Weil er sie aber durchschaute, sagte er zu ihnen: Jedes Reich, das in sich gespalten ist, wird verwüstet, und jede Stadt oder jede Familie, die in sich gespalten ist, hat keinen Bestand. 26 Und wenn der Satan den Satan austreibt, ist er in sich gespalten. Wie kann dann sein Reich Bestand haben? 27 Wenn nun ich durch Beelzebul die Dämonen austreibe, durch wen treiben dann eure Söhne und Töchter sie aus? Darum werden *sie* eure Richter sein. 28 Wenn ich jedoch durch den Geist Gottes die Dämonen austreibe, dann ist das Reich Gottes zu euch gelangt. 29 Wie kann jemand in das Haus des Starken eindringen und seine Habe rauben, wenn er nicht zuvor den Starken gefesselt hat? Dann erst wird er sein Haus ausrauben. 30 Wer nicht für mich ist, ist gegen mich, und wer nicht sammelt mit mir, der zerstreut.

31 Darum sage ich euch: Jede Sünde und Lästerung wird den Menschen vergeben werden, die Lästerung des Geistes aber wird nicht vergeben werden. 32 Wenn jemand etwas gegen den Menschensohn sagt, wird ihm vergeben werden, wenn aber jemand etwas gegen den heiligen Geist sagt, wird ihm nicht vergeben werden, weder in dieser noch in der kommenden Welt.

P: Mk 3,22–30; Lk 11,14–23 |22–24: 9,32–34 |23: 9,27! |24: 9,34! |28: 4,17! |30: Mk 9,40; Lk 9,50 |32: Lk 12,10

Das Bild vom Baum

33 Entweder der Baum ist gut, dann ist auch seine Frucht gut! Oder der Baum ist faul, dann ist auch seine Frucht faul! Denn an der Frucht erkennt man den Baum. 34 Schlangenbrut! Wie könnt ihr Gutes reden, die ihr doch böse seid? Spricht doch der Mund nur aus, wovon das Herz überquillt. 35 Der gute Mensch holt aus dem Schatz des Guten Gutes hervor, der böse Mensch holt aus dem Schatz des Bösen Böses hervor.

36 Ich sage euch aber: Über jedes unnütze Wort, das die Menschen reden, werden sie Rechenschaft ablegen müssen am Tag des Gerichts. 37 Denn aufgrund deiner Worte wirst du freigesprochen werden, und aufgrund deiner Worte wirst du verurteilt werden.

|33–35: Lk 6,43–45 |33: 7,16–17 |36: 1Petr 4,5

Die Verweigerung eines Zeichens

38 Da wandten sich einige von den Schriftgelehrten und Pharisäern an ihn: Meister, wir wollen von dir ein Zeichen sehen! 39 Er aber entgegnete ihnen: Ein böses und ehebrecherisches Geschlecht fordert ein Zeichen, und ihm wird kein Zeichen gegeben werden ausser dem Zeichen des Propheten Jona. 40 Denn wie *Jona im Bauch des Fisches war, drei Tage und drei Nächte,* so wird der Menschensohn im Schoss der Erde sein, drei Tage und drei Nächte. 41 Die Männer

Ninives werden im Gericht aufstehen gegen dieses Geschlecht und es verurteilen, denn sie sind auf die Predigt des Jona hin umgekehrt. Und hier: Hier ist mehr als Jona! 42 Die Königin des Südens wird im Gericht auftreten gegen dieses Geschlecht und es verurteilen, denn sie kam vom Ende der Erde, um Salomos Weisheit zu hören. Und hier: Hier ist mehr als Salomo!

P: 16,1–4; Mk 8,11–13; Lk 11,29–32 |38: 27,42–43; Lk 23,8; Joh 4,48!; 1Kor 1,22–24 |39: 16,4! |40: Jona 2,1 · 16,21! |41: Jona 3,5 · 12,6! |42: 1Kön 10,1–9

Von der Rückkehr der unreinen Geister

43 Wenn aber der unreine Geist aus dem Menschen ausfährt, streift er durch wasserlose Gegenden, sucht Ruhe und findet sie nicht. 44 Dann sagt er: Ich will in mein Haus zurückkehren, wo ich herkomme. Und wenn er es betritt, findet er es leer, gefegt und geschmückt. 45 Dann geht er und holt sieben weitere Geister, die schlimmer sind als er; und sie ziehen ein und lassen sich dort nieder. Und es steht um jenen Menschen am Ende schlimmer als zuvor. So wird es auch diesem bösen Geschlecht ergehen.

P: Lk 11,24–26 |45: 2Petr 2,20

Die wahren Verwandten Jesu

46 Während er noch mit den Leuten redete, da standen seine Mutter und seine Geschwister draussen und wollten mit ihm reden. 47 Da sagte jemand zu ihm: Schau, deine Mutter und deine Geschwister stehen draussen und wollen mit dir reden. 48 Er aber entgegnete dem, der ihm das gesagt hatte: Wer ist meine Mutter, und wer sind meine Geschwister? 49 Und er wies mit der Hand auf seine Jünger und sprach: Das hier ist meine Mutter, und das sind meine Brüder und Schwestern! 50 Denn wer den Willen meines Vaters im Himmel tut, der ist mir Bruder und Schwester und Mutter.

P: Mk 3,31–35; Lk 8,19–21 |50: 7,21

12,47: Dieser Vers fehlt in einigen der wichtigsten Handschriften.

Das Gleichnis vom vierfachen Acker und seine Deutung

13 1 An jenem Tag verliess Jesus das Haus und setzte sich an den See. 2 Und es versammelten sich so viele Menschen um ihn, dass er in ein Boot stieg und sich setzte; und das ganze Volk stand am Ufer. 3 Und er sagte ihnen vieles in Gleichnissen:

Seht, der Sämann ging aus, um zu säen. 4 Und beim Säen fiel etliches auf den Weg; und die Vögel kamen und frassen es auf. 5 Anderes fiel auf felsigen Boden, wo es nicht viel Erde fand, und ging sogleich auf, weil die Erde nicht tief genug war. 6 Als aber die Sonne aufging, wurde es versengt, und weil es keine Wurzeln hatte, verdorrte es. 7 Anderes fiel unter die Dornen, und die Dornen schossen auf und erstickten es. 8 Wieder anderes fiel auf guten Boden und brachte Frucht: das eine hundertfach, das andere sechzigfach, das dritte dreissigfach. 9 Wer Ohren hat, der höre!

10 Da traten die Jünger zu ihm und fragten: Warum redest du in Gleichnissen zu ihnen? 11 Er antwortete ihnen: Euch ist es gegeben, die Geheimnisse des Himmelreichs zu verstehen, jenen aber ist es nicht gegeben. 12 Denn wer hat, dem wird gegeben werden, und er wird haben im Überfluss. Wer aber nicht hat, dem wird auch das genommen werden, was er hat. 13 Darum rede ich in Gleichnissen zu ihnen, dass sie sehend nicht sehen und hörend nicht hören und nicht verstehen. 14 So geht an ihnen die Weissagung Jesajas in Erfüllung, die lautet:

Hörend werdet ihr hören, und verstehen werdet ihr nicht,

und sehend werdet ihr sehen, und einsichtig werdet ihr nicht.

15 *Denn das Herz dieses Volkes ist verfettet,*

und mit den Ohren hören sie schwer,

und ihre Augen halten sie geschlossen,

damit sie mit den Augen nicht sehen

und mit den Ohren nicht hören

und mit dem Herzen nicht verstehen

und nicht umkehren und nicht wollen,
dass ich sie heile.

16 Selig aber eure Augen, weil sie sehen, und eure Ohren, weil sie hören.
17 Denn, amen, ich sage euch: Viele Propheten und Gerechte haben sich gesehnt, zu sehen, was ihr seht, und haben es nicht gesehen, und zu hören, was ihr hört, und haben es nicht gehört.

18 So hört *ihr* nun das Gleichnis vom Sämann: 19 Immer wenn jemand das Wort vom Reich hört und es nicht versteht, kommt der Böse und raubt, was in sein Herz gesät ist: Hier ist der Same auf den Weg gefallen. 20 Der Same, der auf den felsigen Boden gesät wurde: Hier hört einer das Wort und nimmt es sogleich freudig auf, 21 doch er hat keine Wurzeln, sondern ist unbeständig. Wenn es dann zu Bedrängnis und Verfolgung kommt um des Wortes willen, kommt er gleich zu Fall. 22 Der Same, der unter die Dornen fiel: Hier hört einer das Wort, und die Sorge dieser Welt und der trügerische Reichtum ersticken das Wort, und es bleibt ohne Frucht. 23 Der Same, der auf guten Boden gesät wurde: Hier ist einer, der das Wort hört und versteht. Der trägt dann Frucht – sei es hundertfach, sei es sechzigfach, sei es dreissigfach.

P: Mk 4,1–20; Lk 8,4–15 |1: 4,13! |9: 11,15; 13,43; Mk 4,23; Lk 14,35 |12: 25,29; Mk 4,25; Lk 8,18; 19,26 |14–15: Jes 6,9-10 · Joh 12,39–40 |16–17: Lk 10,23–24 |16: 11,4–5 |22: 19,23!

Das Gleichnis vom Unkraut unter dem Weizen

24 Ein anderes Gleichnis legte er ihnen vor: Mit dem Himmelreich ist es wie mit einem, der guten Samen auf seinen Acker säte. 25 Doch während die Leute schliefen, kam sein Feind, säte Unkraut unter den Weizen und machte sich davon. 26 Als die Saat aufging und Frucht brachte, da kam auch das Unkraut zum Vorschein. 27 Da kamen die Knechte zum Hausherrn und sagten: Herr, war es nicht guter Same, den du auf deinen Acker gesät hast? Woher kommt nun das Unkraut? 28 Er antwortete ihnen: Das hat ein Feind getan! Da fragten ihn die Knechte: Sollen wir also hingehen und es ausreissen? 29 Er sagt: Nein, damit ihr nicht, wenn ihr das Unkraut ausreisst, auch den Weizen mit herauszieht. 30 Lasst beides miteinander wachsen bis zur Ernte. Und zur Zeit der Ernte werde ich den Schnittern sagen: Reisst zuerst das Unkraut aus und schnürt es zu Bündeln, um es zu verbrennen, den Weizen aber bringt ein in meine Scheune!

|30: 3,12

Das Gleichnis vom Senfkorn und das Gleichnis vom Sauerteig

31 Ein anderes Gleichnis legte er ihnen vor: Mit dem Himmelreich ist es wie mit einem Senfkorn, das einer nahm und auf seinen Acker säte. 32 Es ist zwar das kleinste unter allen Samenkörnern, aber sobald es hochgewachsen ist, ist es grösser als alle anderen Gewächse und wird ein Baum, so dass *die Vögel des Himmels* kommen *und in seinen Zweigen nisten.*

33 Ein anderes Gleichnis nannte er ihnen: Mit dem Himmelreich ist es wie mit einem Sauerteig, den eine Frau nahm und unter drei Scheffel Mehl mischte, bis alles durchsäuert war.

34 Dies alles sagte Jesus zu den Leuten in Gleichnissen, und anders als im Gleichnis redete er nicht zu ihnen. 35 So sollte in Erfüllung gehen, was durch den Propheten gesagt ist:
Ich werde meinen Mund auftun zu Gleichnissen,
ich werde aussprechen, was seit der Grundlegung der Welt verborgen ist.

P: Mk 4,30–34; Lk 13,18–21 |32: Ps 104,12; Dan 4,9.18 |35: Ps 78,2

Die Deutung des Gleichnisses vom Unkraut

36 Dann liess er die Leute gehen und ging ins Haus. Und seine Jünger traten zu ihm und sagten: Erkläre uns das Gleichnis vom Unkraut im Acker! 37 Er antwortete: Der den guten Samen sät,

das ist der Menschensohn; 38 der Acker, das ist die Welt; der gute Same, das sind die Söhne des Reichs; das Unkraut, das sind die Söhne des Bösen; 39 der Feind, der es gesät hat, das ist der Teufel; die Ernte, das ist das Ende der Welt; die Schnitter, das sind die Engel. 40 Wie nun das Unkraut ausgerissen und im Feuer verbrannt wird, so wird es sein, wenn diese Welt zu Ende geht. 41 Der Menschensohn wird seine Engel aussenden, und sie werden aus seinem Reich alle Verführung und alle, die das Gesetz missachteten, herausreissen, 42 und *sie werden sie in den Feuerofen werfen;* dort wird Heulen und Zähneklappern sein. 43 Dann werden die Gerechten im Reich ihres Vaters leuchten wie die Sonne. Wer Ohren hat, der höre!

|36: 13,24–30 |39: 24,3! |41: 24,31 · 25,32! |42: Dan 3,6 · 8,12! |43: 5,16!; 17,2; 2Sam 23,3–4; Phil 2,15 · 13,9!

Das Gleichnis vom Schatz und das Gleichnis von der Perle

44 Mit dem Himmelreich ist es wie mit einem Schatz, der im Acker vergraben war; den fand einer und vergrub ihn wieder. Und in seiner Freude geht er hin und verkauft alles, was er hat, und kauft jenen Acker.

45 Weiter: Mit dem Himmelreich ist es wie mit einem Händler, der schöne Perlen suchte. 46 Als er aber eine besonders kostbare Perle fand, ging er hin, verkaufte alles, was er hatte, und kaufte sie.

|44: 19,21!

Das Gleichnis vom Fischnetz

47 Weiter: Mit dem Himmelreich ist es wie mit einem Netz, das ins Meer geworfen wurde und Fische aller Art fing. 48 Als es voll war, zogen sie es an Land, setzten sich, sammelten die guten in Körbe und warfen die schlechten weg. 49 So wird es sein, wenn diese Welt zu Ende geht: Die Engel werden ausziehen und die Bösen mitten aus den Gerechten herausnehmen, 50 und *sie werden sie in*

den Feuerofen werfen; dort wird Heulen und Zähneklappern sein.

|47: 4,19 |49: 25,32! |50: Dan 3,6 · 8,12!

Der Abschluss der Gleichnisrede

51 Habt ihr das alles verstanden? Sie antworten ihm: Ja. 52 Da sagte er zu ihnen: Darum ist jeder Schriftgelehrte, der ein Jünger des Himmelreichs geworden ist, einem Hausherrn gleich, der Neues und Altes aus seiner Schatzkammer hervorholt.

Ablehnung in Nazaret

53 Und es geschah, als Jesus diese Gleichnisrede abgeschlossen hatte, dass er von dort wegzog. 54 Und als er in seine Vaterstadt kam, lehrte er sie in ihrer Synagoge, und sie waren überwältigt und sagten: Woher hat der diese Weisheit und diese Kräfte? 55 Ist das nicht der Sohn des Zimmermanns? Heisst seine Mutter nicht Maria, und sind nicht Jakobus, Josef, Simon und Judas seine Brüder? 56 Und leben nicht alle seine Schwestern bei uns? Woher also hat der das alles? 57 Und sie nahmen Anstoss an ihm. Jesus aber sagte zu ihnen: Nirgends gilt ein Prophet so wenig wie in seiner Vaterstadt und in seiner Familie. 58 Und er tat dort nicht viele Wunder wegen ihres Unglaubens.

P: Mk 6,1–6; Lk 4,16–30 |54: 7,28! · 14,2 |55: Joh 6,42 |57: 11,6! · Joh 4,44

Herodes und der Täufer

14 1 Zu jener Zeit hörte Herodes, der Tetrarch, was man über Jesus erzählte, 2 und sagte zu seinem Gefolge: Das ist Johannes der Täufer! Er ist von den Toten auferweckt worden, und darum wirken solche Kräfte in ihm.

3 Herodes hatte nämlich Johannes gefangen nehmen, in Ketten legen und ins Gefängnis werfen lassen wegen Herodias, der Frau seines Bruders Philippus. 4 Denn Johannes hatte zu ihm gesagt: Es ist dir nicht erlaubt, sie zu haben. 5 Darum wollte er ihn töten lassen,

fürchtete aber das Volk, weil es ihn für einen Propheten hielt.

6 Als dann aber der Geburtstag des Herodes gefeiert wurde, tanzte die Tochter der Herodias vor ihnen und gefiel dem Herodes so sehr, 7 dass er schwor, ihr zu geben, was immer sie sich wünschte. 8 Da sagte sie, von ihrer Mutter gedrängt: Gib mir hier auf einer Schale den Kopf des Täufers Johannes! 9 Das schmerzte den König, doch wegen seines Schwurs und wegen der Gäste befahl er, ihr den Kopf zu geben, 10 und er liess den Johannes im Gefängnis enthaupten. 11 Und sein Kopf wurde auf einer Schale gebracht und dem Mädchen gegeben, und sie brachte ihn ihrer Mutter. 12 Und seine Jünger kamen, holten den Leichnam und begruben ihn; dann gingen sie und erzählten es Jesus.

P: Mk 6,14–29; Lk 9,7–9 |2: 16,14! · 13,54 |3–5: Lk 3,19–20 |4: Lev 18,16 |5: 21,26! · 21,46 |10: 23,37!

Die Speisung der fünftausend

13 Jesus, der davon gehört hatte, fuhr in einem Boot von dort weg und zog sich an einen einsamen Ort zurück, wo er für sich war. Als die Leute das erfuhren, folgten sie ihm zu Fuss aus den Städten. 14 Als er ausstieg, sah er viel Volk versammelt. Da hatte er Mitleid mit ihnen, und er heilte die Kranken unter ihnen.

15 Als es Abend wurde, traten seine Jünger zu ihm und sagten: Abgelegen ist der Ort und die Stunde vorgerückt. Schick die Leute in die Dörfer, damit sie sich etwas zu essen kaufen können! 16 Jesus aber sagte zu ihnen: Sie brauchen nicht wegzugehen, gebt ihr ihnen zu essen! 17 Sie aber sagten zu ihm: Wir haben hier nichts ausser fünf Broten und zwei Fischen. 18 Er sagte: Bringt sie zu mir! 19 Und er befahl den Leuten, sich im Gras niederzulassen, nahm die fünf Brote und die zwei Fische, blickte zum Himmel auf, sprach den Lobpreis, brach die Brote und gab sie den Jüngern, und die Jünger gaben sie den Leuten. 20 Und alle assen und wurden satt. Und sie sammelten die übrig gebliebenen Brocken, zwölf Körbe voll. 21 Es waren an die fünftausend Männer, die gegessen hatten, Frauen und Kinder nicht mitgezählt.

P: 15,32–39; Mk 6,30–44; Lk 9,10–17; Joh 6,1–15 |14: 9,36! |15–21: 2Kön 4,42–44 |19: 26,26!

Der Gang auf dem Wasser

22 Gleich darauf drängte er seine Jünger, ins Boot zu steigen und ihm ans andere Ufer vorauszufahren, während er die Leute entlasse. 23 Und als er die Leute entlassen hatte, stieg er auf den Berg, um ungestört zu beten. Am Abend war er allein dort. 24 Das Boot aber war schon viele Stadien vom Land entfernt, als es von den Wellen hart bedrängt wurde, denn der Wind stand ihnen entgegen.

25 In der vierten Nachtwache kam er zu ihnen; er ging über den See. 26 Als die Jünger ihn auf dem See gehen sahen, erschraken sie, weil sie meinten, es sei ein Gespenst, und sie schrien vor Angst. 27 Sogleich aber redete Jesus mit ihnen: Seid getrost, ich bin es. Fürchtet euch nicht! 28 Petrus aber entgegnete ihm: Herr, wenn du es bist, so heisse mich über das Wasser zu dir kommen! 29 Er sprach: Komm! Da stieg Petrus aus dem Boot, und er konnte auf dem Wasser gehen und ging auf Jesus zu. 30 Als er aber den Wind spürte, fürchtete er sich, und als er zu sinken begann, schrie er: Herr, rette mich! 31 Sogleich streckte Jesus seine Hand aus, hielt ihn fest, und er sagt zu ihm: Du Kleingläubiger! Warum hast du gezweifelt? 32 Und als sie ins Boot stiegen, legte sich der Wind. 33 Die aber im Boot waren, fielen vor ihm nieder und sagten: Ja, du bist wirklich Gottes Sohn!

P: Mk 6,45–52; Joh 6,16–21 |25: Hiob 9,8 |31: 8,26! |33: 16,16!

Heilungen in Gennesaret

34 Und sie fuhren über den See und gingen in Gennesaret an Land. 35 Und als die Leute an jenem Ort ihn erkannten, schickten sie in die ganze Umge-

bung, und man brachte alle Kranken zu ihm, 36 und die baten ihn, wenigstens den Saum seines Mantels berühren zu dürfen; und alle, die ihn berührten, wurden gerettet.

P: Mk 6,53–56

Von Reinheit und Unreinheit

15 1 Da kommen von Jerusalem Pharisäer und Schriftgelehrte zu Jesus und sagen: 2 Warum übertreten deine Jünger die Überlieferung der Alten? Sie waschen nämlich die Hände nicht, wenn sie Brot essen.

3 Da antwortete er ihnen: Warum übertretet denn ihr das Gebot Gottes zugunsten eurer Überlieferung? 4 Denn Gott hat gesagt: *Ehre Vater und Mutter,* und: *Wer Vater oder Mutter verflucht, der sei des Todes.* 5 Ihr aber sagt: Wer zu Vater oder Mutter sagt: Dem Tempel soll geweiht sein, was dir von mir zusteht, 6 der braucht seinen Vater nicht zu ehren! Damit habt ihr das Wort Gottes ausser Kraft gesetzt zugunsten eurer Überlieferung. 7 Ihr Heuchler! Wie zutreffend ist doch, was Jesaja über euch geweissagt hat:
8 *Dieses Volk ehrt mich mit den Lippen,*
  ihr Herz aber hält sich fern von mir.
9 *Nichtig ist, wie sie mich verehren;*
  was sie an Lehren vortragen,
  sind Satzungen von Menschen.
10 Und er rief das Volk herbei und sagte zu ihnen: Hört und versteht! 11 Nicht was in den Mund hineingeht, macht den Menschen unrein, sondern was aus dem Mund herauskommt, das macht den Menschen unrein.

12 Da kommen seine Jünger zu ihm und sagen: Weisst du, dass die Pharisäer Anstoss genommen haben, als sie dieses Wort hörten? 13 Da antwortete er ihnen: Jede Pflanze, die nicht mein himmlischer Vater gepflanzt hat, wird ausgerissen werden. 14 Lasst sie! Sie sind blinde Führer. Wenn aber ein Blinder einen Blinden führt, werden beide in die Grube fallen.

15 Da entgegnete Petrus: Erkläre uns dieses Gleichnis! 16 Er aber sprach: Seid auch ihr noch immer unverständig? 17 Begreift ihr nicht, dass alles, was in den Mund hineingeht, in den Bauch geht und in die Grube ausgeschieden wird? 18 Was aber aus dem Mund herauskommt, das kommt aus dem Herzen, und das macht den Menschen unrein. 19 Denn aus dem Herzen kommen böse Gedanken, Mord, Ehebruch, Unzucht, Diebstahl, falsches Zeugnis und Lästerung. 20 Das ist es, was den Menschen unrein macht; aber mit ungewaschenen Händen zu essen, macht den Menschen nicht unrein.

P: Mk 7,1–23 |1–2: Lk 11,37–38 |2: Mk 7,3–4 |4: Ex 20,12; Dtn 5,16 · Ex 21,17; Lev 20,9 |7: 23,13! |8–9: Jes 29,13 |11: 12,34 |14: 23,16.24; Lk 6,39 |18: 12,34 |19: Röm 1,29–31; Gal 5,19–21

Die Begegnung mit der kanaanitischen Frau

21 Und Jesus ging von dort weg und zog sich in die Gegend von Tyrus und Sidon zurück. 22 Und da kam eine kanaanitische Frau aus jenem Gebiet und schrie: Hab Erbarmen mit mir, Herr, Sohn Davids! Meine Tochter wird von einem Dämon furchtbar gequält. 23 Er aber antwortete ihr mit keinem Wort. Da traten seine Jünger zu ihm und baten: Stell sie zufrieden, denn sie schreit hinter uns her! 24 Er antwortete: Ich bin nur zu den verlorenen Schafen des Hauses Israel gesandt. 25 Doch sie kam, fiel vor ihm nieder und sagte: Herr, hilf mir! 26 Er antwortete: Es ist nicht recht, den Kindern das Brot wegzunehmen und es den Hunden hinzuwerfen. 27 Sie sagte: Stimmt, denn die Hunde fressen ja ohnehin von den Brotbrocken, die vom Tisch ihrer Herren fallen. 28 Darauf antwortete ihr Jesus: Frau, dein Glaube ist gross! Dir geschehe, wie du willst. Und von Stund an war ihre Tochter geheilt.

P: Mk 7,24–30 |22: 5,7!; 9,27!; 17,15; 20,30–31 |24: 10,6! |28: 8,13!

Die Heilung vieler Kranker

29 Und Jesus ging weg von dort und kam an den See von Galiläa; und er stieg

auf den Berg und setzte sich dort.
30 Und es kamen viele Leute zu ihm, die hatten Lahme, Blinde, Krüppel, Stumme und viele andere Kranke bei sich, und sie legten sie ihm zu Füssen, und er heilte sie. 31 Und das Volk staunte, als es sah, wie Stumme redeten, Krüppel gesund wurden, Lahme gingen und Blinde sahen; und sie priesen den Gott Israels.

|31: 11,5!; Mk 7,37

Die Speisung der viertausend

32 Jesus rief nun seine Jünger herbei und sprach: Das Volk tut mir leid, denn drei Tage sind sie schon bei mir und haben nichts zu essen. Ich will sie nicht hungrig gehen lassen, sonst brechen sie unterwegs zusammen. 33 Da sagten die Jünger zu ihm: Woher sollen wir in dieser Einöde so viele Brote nehmen, um so viel Volk satt zu machen? 34 Und Jesus fragte sie: Wie viele Brote habt ihr? Sie antworteten: Sieben und ein paar Fische. 35 Da forderte er das Volk auf, sich zu lagern, 36 nahm dann die sieben Brote und die Fische, sprach das Dankgebet, brach sie und gab sie den Jüngern, und die Jünger gaben sie den Leuten. 37 Und alle assen und wurden satt. Und sie sammelten die übrig gebliebenen Brocken, sieben Körbe voll. 38 Es waren aber viertausend Männer, die gegessen hatten, Frauen und Kinder nicht mitgezählt.

39 Dann liess er die Leute gehen, stieg in das Boot und kam in die Gegend von Magadan.

|P: 14,13–21; Mk 8,1–10 |32: 9,36! |36: 26,26!

Die Verweigerung eines Zeichens

16 1 Da kamen die Pharisäer und Sadduzäer zu ihm. Um ihn zu versuchen, baten sie ihn, ihnen ein Zeichen vom Himmel vorzuweisen. 2 Er aber antwortete ihnen: 4 Ein böses und ehebrecherisches Geschlecht fordert ein Zeichen, und ihm wird kein Zeichen gegeben werden ausser dem Zeichen des Jona. Und er liess sie stehen und ging.

P: 12,38–42; Mk 8,11–13 |1: 12,38!; Lk 11,16 |4: 12,39; 17,17; Dtn 32,5

16,2: Verschiedene Handschriften ergänzen V.2 und fügen V.3 ein (möglicherweise in Anlehnung an Lk 12,54–56): «Am Abend sagt ihr: Das Wetter wird schön, denn der Himmel ist rot. 3 Und am Morgen: Heute wird es regnen, denn der Himmel ist rot und trüb. Das Aussehen des Himmels wisst ihr zu deuten, die Zeichen der Zeit aber versteht ihr nicht.»

Das Unverständnis der Jünger

5 Und die Jünger kamen ans andere Ufer. Sie hatten aber vergessen, Brot mitzunehmen. 6 Da sagte Jesus zu ihnen: Gebt acht, hütet euch vor dem Sauerteig der Pharisäer und Sadduzäer! 7 Sie machten sich Gedanken und sagten, einer zum andern: Wir haben kein Brot mitgenommen. 8 Als Jesus das merkte, sprach er: Was macht ihr euch Gedanken darüber, dass ihr kein Brot habt, ihr Kleingläubigen? 9 Begreift ihr immer noch nicht? Erinnert ihr euch nicht an die fünf Brote für die fünftausend und daran, wie viele Körbe voll ihr eingesammelt habt? 10 Auch nicht an die sieben Brote für die viertausend und daran, wie viele Körbe voll ihr eingesammelt habt? 11 Warum begreift ihr nicht, dass ich nicht von Broten zu euch gesprochen habe? Hütet euch vor dem Sauerteig der Pharisäer und Sadduzäer! 12 Da verstanden sie, dass er nicht gemeint hatte, sie sollten sich vor dem Sauerteig für das Brot hüten, sondern vor der Lehre der Pharisäer und der Sadduzäer.

P: Mk 8,14–21 |6: Lk 12,1 |8: 8,26! |9: 14,15–21; Mk 6,52 |10: 15,32–38

Das Bekenntnis des Petrus

13 Als Jesus in die Gegend von Cäsarea Philippi kam, fragte er seine Jünger: Für wen halten die Leute den Menschensohn? 14 Sie antworteten: Die einen für Johannes den Täufer, andere für Elija, wieder andere für Jeremia oder sonst einen der Propheten. 15 Er fragt sie: Ihr aber, für wen haltet ihr mich? 16 Da antwortete Simon Petrus: Du bist

der Messias, der Sohn des lebendigen Gottes!

17 Da entgegnete ihm Jesus: Selig bist du, Simon Barjona, denn nicht Fleisch und Blut hat dir das offenbart, sondern mein Vater im Himmel. 18 Und ich sage dir: Du bist Petrus, und auf diesen Felsen werde ich meine Kirche bauen, und die Tore des Totenreichs werden sie nicht überwältigen. 19 Ich werde dir die Schlüssel des Himmelreichs geben, und was du auf Erden bindest, wird auch im Himmel gebunden sein, und was du auf Erden löst, wird auch im Himmel gelöst sein. 20 Dann befahl er den Jüngern, niemandem zu sagen, dass er der Messias sei.

P: Mk 8,27–30; Lk 9,18–21; Joh 6,66–71 | 14: 14,2; 21,11!; Mk 6,15 | 16: 3,17; 4,3.6; 8,29; 11,27; 14,33; 26,63–64; 27,40.54 · Joh 11,27! | 18: Joh 1,42; 21,15–19 | 19: 18,18! | 20: 8,4!

Die erste Leidensankündigung

21 Von da an begann Jesus seine Jünger darauf hinzuweisen, dass er nach Jerusalem gehen und von den Ältesten und Hohen Priestern und Schriftgelehrten vieles erleiden und dass er getötet und am dritten Tag auferweckt werden müsse. 22 Da nahm ihn Petrus beiseite und fing an, ihn zu beschwören: Das möge Gott verhüten, Herr! Niemals soll dir das geschehen! 23 Er aber wandte sich um und sagte zu Petrus: Fort mit dir, Satan, hinter mich! Du willst mich zu Fall bringen, denn nicht Göttliches, sondern Menschliches hast du im Sinn.

P: Mk 8,31–33; Lk 9,22 | 21: 17,12.22–23; 20,17–19 · 12,40

Nachfolge und Lebensgewinn

24 Darauf sagte Jesus zu seinen Jüngern: Wenn einer mir auf meinem Weg folgen will, verleugne er sich und nehme sein Kreuz auf sich, und so folge er mir. 25 Denn wer sein Leben retten will, wird es verlieren; wer aber sein Leben verliert um meinetwillen, wird es finden. 26 Denn was hilft es dem Menschen, wenn er die ganze Welt gewinnt, dabei aber Schaden nimmt an seinem

Leben? Was kann einer dann geben als Gegenwert für sein Leben? 27 Der Menschensohn wird kommen in der Herrlichkeit seines Vaters mit seinen Engeln, und dann *wird er jedem vergelten nach seinem Tun.* 28 Amen, ich sage euch: Einige von denen, die hier stehen, werden den Tod nicht schmecken, bevor sie den Menschensohn kommen sehen in seinem Reich.

P: Mk 8,34–9,1; Lk 9,23–27 | 24: 8,22; 10,38; 19,21; Lk 9,23! | 25: 10,39; Lk 17,33; Joh 12,25 | 26: Lk 12,20; Ps 49,8–9 | 27: 10,23; 19,28; 24,30; 25,31; 26,64 · Ps 62,13 | 28: 10,23

Die Verklärung Jesu

17 1 Und nach sechs Tagen nimmt Jesus den Petrus, den Jakobus und dessen Bruder Johannes mit und führt sie abseits auf einen hohen Berg. 2 Da wurde er vor ihren Augen verwandelt, und sein Angesicht strahlte wie die Sonne, und seine Kleider wurden weiss wie das Licht. 3 Und siehe da: Es erschienen ihnen Mose und Elija, und sie redeten mit ihm. 4 Da ergriff Petrus das Wort und sagte zu Jesus: Herr, es ist schön, dass wir hier sind. Wenn du willst, werde ich hier drei Hütten bauen, eine für dich, eine für Mose und eine für Elija.

5 Während er noch redete, da warf eine lichte Wolke ihren Schatten auf sie, und eine Stimme sprach aus der Wolke: Dies ist mein geliebter Sohn, an dem ich Wohlgefallen habe. Auf ihn sollt ihr hören! 6 Als die Jünger das hörten, fielen sie auf ihr Angesicht und fürchteten sich sehr. 7 Da trat Jesus zu ihnen, rührte sie an und sprach: Steht auf und fürchtet euch nicht! 8 Als sie wieder aufblickten, sahen sie niemanden mehr ausser Jesus. 9 Während sie vom Berg hinunterstiegen, gebot ihnen Jesus: Sagt niemandem, was ihr gesehen habt, bis der Menschensohn von den Toten auferweckt worden ist.

10 Da fragten ihn die Jünger: Warum sagen denn die Schriftgelehrten: *Elija muss zuerst kommen?* 11 Er aber antwortete: Ja, *Elija kommt und wird* alles wie-

derherstellen. 12 Ich sage euch aber: Elija ist schon gekommen, und sie haben ihn nicht erkannt, sondern haben mit ihm gemacht, was sie wollten. Ebenso wird auch der Menschensohn unter ihnen leiden. 13 Da verstanden die Jünger, dass er von Johannes dem Täufer zu ihnen sprach.

P: Mk 9,2–13; Lk 9,28–36 |2:13,43!; Ex 34,29–30 |5:3,17! |9:8,4! |10: Mal 3,23 |12:11,14 · 16,21!

Die Heilung eines besessenen Knaben

14 Und als sie zu den Leuten zurückgekehrt waren, trat einer zu ihm, fiel vor ihm auf die Knie 15 und sagte: Herr, hab Erbarmen mit meinem Sohn! Er ist mondsüchtig und leidet schrecklich. Oft fällt er nämlich ins Feuer und oft ins Wasser. 16 Ich habe ihn zu deinen Jüngern gebracht, aber sie vermochten nicht, ihn zu heilen. 17 Jesus aber antwortete: Du ungläubiges und verkehrtes Geschlecht! Wie lange muss ich noch bei euch sein? Wie lange muss ich euch noch ertragen? Bringt ihn her zu mir! 18 Und Jesus schrie ihn an. Da fuhr der Dämon aus, und von Stund an war der Knabe geheilt.

19 Da traten die Jünger zu Jesus, und als sie unter sich waren, sagten sie: Warum konnten *wir* ihn nicht austreiben? 20 Er antwortet ihnen: Wegen eures Kleinglaubens! Denn, amen, ich sage euch: Wenn ihr Glauben habt wie ein Senfkorn, werdet ihr zu diesem Berg sagen: Bewege dich von hier nach dort, und er wird sich wegbewegen; und nichts wird euch unmöglich sein.

P: Mk 9,14–29; Lk 9,37–43a |15:15,22! |17:16,4! |19:10,1 |20:8,26! · 21,21; Mk 11,23; Lk 17,6 · 8,13!

17,20: Viele Handschriften fügen nach V.20 ein (wohl in Anlehnung an Mk 9,29): 21 Diese Art aber fährt nicht aus, es sei denn durch Gebet und Fasten.»

Die zweite Leidensankündigung

22 Als sie zusammen nach Galiläa kamen, sagte Jesus zu ihnen: Der Menschensohn wird ausgeliefert werden in die Hände von Menschen, 23 und sie werden ihn töten, und am dritten Tag wird er auferweckt werden. Da wurden sie sehr traurig.

P: Mk 9,30–32; Lk 9,43b–45 |23:16,21!

Von der Tempelsteuer

24 Als sie nach Kafarnaum kamen, traten die Einnehmer der Tempelsteuer an Petrus heran und fragten: Zahlt euer Meister die Doppeldrachme nicht? 25 Er antwortet: Doch! Und als er ins Haus hineingegangen war, kam ihm Jesus zuvor und fragte: Was meinst du, Simon, von wem erheben die Könige der Erde Zölle oder Steuern? Von den Söhnen oder von den Fremden? 26 Da jener antwortete: Von den Fremden, sagte Jesus zu ihm: Also sind die Söhne davon befreit. 27 Damit wir aber bei ihnen keinen Anstoss erregen, geh an den See und wirf die Angel aus und nimm den ersten Fisch, der anbeisst. Und wenn du ihm das Maul öffnest, wirst du ein Vierdrachmenstück finden. Das nimm und gib es ihnen als Steuer für mich und dich.

Der Rangstreit unter den Jüngern

18 1 In jener Stunde traten die Jünger zu Jesus und sagten: Wer ist nun der Grösste im Himmelreich? 2 Da rief er ein Kind herbei, stellte es in ihre Mitte 3 und sprach: Amen, ich sage euch, wenn ihr nicht umkehrt und werdet wie die Kinder, werdet ihr nicht ins Himmelreich hineinkommen. 4 Wer sich also zu den Geringen zählt wie das Kind hier, der ist der Grösste im Himmelreich. 5 Und wer ein Kind wie dieses in meinem Namen aufnimmt, nimmt mich auf.

P: Mk 9,33–37; Lk 9,46–48 |1:11,11! |3:7,21!; 19,14; Lk 18,17 |5:10,40!

Fall und Verführung

6 Wer aber einen dieser Geringen, die an mich glauben, zu Fall bringt, für den wäre es gut, wenn ihm ein Mühlstein um den Hals gehängt und er in der Tiefe des Meeres versenkt würde. 7 Wehe der Welt um der Verführungen

willen! Verführung muss zwar sein, doch wehe dem Menschen, durch den die Verführung kommt!

8 Wenn aber deine Hand oder dein Fuss dich zu Fall bringt, hau sie ab und wirf sie von dir. Es ist besser für dich, verstümmelt oder lahm ins Leben einzugehen, als mit beiden Händen oder beiden Füssen ins ewige Feuer geworfen zu werden. 9 Und wenn dein Auge dich zu Fall bringt, reiss es aus und wirf es von dir. Es ist besser für dich, einäugig ins Leben einzugehen, als mit beiden Augen in die Feuerhölle geworfen zu werden.

7: Mk 9,42–48 | 6–7: Lk 17,1–2 | 7: 26,24 | 8: 5,30 | 9: 5,29

Das Gleichnis vom verlorenen Schaf

10 Seht zu, dass ihr nicht eins dieser Geringen verachtet! Denn ich sage euch: Ihre Engel im Himmel schauen allezeit das Angesicht meines Vaters im Himmel.

12 Was meint ihr? Wenn einer hundert Schafe hat, und es verirrt sich eines von ihnen, wird er nicht die neunundneunzig auf den Bergen zurücklassen und sich aufmachen, das verirrte zu suchen? 13 Und wenn es geschieht, dass er es findet, amen, ich sage euch: Er freut sich über dieses eine mehr als über die neunundneunzig, die sich nicht verirrt haben. 14 So ist es nicht der Wille eures Vaters im Himmel, dass auch nur eins dieser Geringen verloren gehe.

| 12–14: Lk 15,3–7 | 12: Ez 34,16 | 14: Joh 6,39

18,10: Viele Handschriften fügen nach V.10 ein (wohl von Lk 19,10 übernommen): 11 Denn der Menschensohn ist gekommen zu retten, was verloren ist.»

Von der Verantwortung in der Gemeinde

15 Wenn dein Bruder an dir schuldig wird, dann geh und weise ihn unter vier Augen zurecht. Hört er auf dich, so hast du deinen Bruder gewonnen. 16 Hört er nicht auf dich, so nimm noch einen oder zwei mit dir, damit *alles durch zweier oder dreier Zeugen Mund festgestellt werde.*

17 Hört er nicht auf sie, so sag es der Gemeinde. Hört er auch nicht auf die Gemeinde, so sei er für dich wie ein Heide und ein Zöllner. 18 Amen, ich sage euch: Was immer ihr auf Erden bindet, wird auch im Himmel gebunden sein, und was immer ihr auf Erden löst, wird auch im Himmel gelöst sein.

19 Weiter sage ich euch: Wenn zwei von euch auf Erden übereinkommen, um etwas zu bitten, dann wird es ihnen von meinem Vater im Himmel zuteil werden. 20 Denn wo zwei oder drei in meinem Namen versammelt sind, da bin ich mitten unter ihnen.

| 15: Lk 17,3; Lev 19,17 | 16: Dtn 19,15 | 18: 16,19; Joh 20,23 | 19: 7,8! | 20: 28,20!

18,15: Andere Textüberlieferung: «Wenn dein Bruder sündigt, dann geh ...»

Das Gleichnis vom unbarmherzigen Knecht

21 Dann trat Petrus zu ihm und sagte: Herr, wie oft kann mein Bruder an mir schuldig werden, und ich muss ihm vergeben? Bis zu siebenmal? 22 Jesus sagt zu ihm: Ich sage dir, nicht bis zu siebenmal, sondern bis zu siebenundsiebzigmal.

23 Darum ist es mit dem Himmelreich wie mit einem König, der mit seinen Knechten abrechnen wollte. 24 Als er abzurechnen begann, wurde einer vor ihn gebracht, der ihm zehntausend Talent schuldig war. 25 Weil er sie nicht zurückzahlen konnte, befahl der Herr, ihn mit Frau und Kind und seiner ganzen Habe zu verkaufen und so die Schuld zu begleichen. 26 Da warf sich der Knecht vor ihm auf die Knie und flehte: Hab Geduld mit mir, und ich werde dir alles zurückzahlen! 27 Da hatte der Herr Mitleid mit jenem Knecht und liess ihn gehen, und die Schuld erliess er ihm. 28 Als aber der Knecht wegging, traf er einen seiner Mitknechte, der ihm hundert Denar schuldig war; und er packte ihn, würgte ihn und sagte: Bezahle, wenn du etwas schuldig bist! 29 Da fiel sein Mitknecht

vor ihm nieder und bat ihn: Hab Geduld mit mir, und ich werde es dir zurückzahlen! 30 Er aber wollte nicht, sondern ging und liess ihn ins Gefängnis werfen, bis er die Schuld beglichen hätte. 31 Als nun seine Mitknechte sahen, was geschehen war, überkam sie grosse Trauer, und sie gingen und berichteten ihrem Herrn alles, was geschehen war. 32 Da liess sein Herr ihn zu sich rufen und sagte zu ihm: Du böser Knecht! Die ganze Schuld habe ich dir erlassen, weil du mich gebeten hast! 33 Hättest nicht auch du Erbarmen haben müssen mit deinem Mitknecht, so wie ich Erbarmen hatte mit dir? 34 Und voller Zorn übergab ihn sein Herr den Folterknechten, bis er ihm die ganze Schuld bezahlt hätte. 35 So wird es auch mein himmlischer Vater mit euch machen, wenn ihr nicht vergebt, ein jeder seinem Bruder von Herzen.

| 21–22: Lk 17,4 | 23: 25,19 | 33: 5,7!; 9,13 | 34: 5,26 | 35: 6,15!

Aufbruch nach Judäa

19 1 Und es geschah, als Jesus diese Rede abgeschlossen hatte, dass er von Galiläa aufbrach und in das Gebiet von Judäa jenseits des Jordan kam. 2 Und viele Leute folgten ihm, und er heilte sie dort.

P: Mk 10,1; Lk 9,51

Zur Frage nach der Ehescheidung

3 Und es kamen Pharisäer zu ihm, um ihn auf die Probe zu stellen, und sagten: Ist es einem Mann erlaubt, seine Frau zu entlassen, aus welchem Grund auch immer? 4 Er aber antwortete: Habt ihr nicht gelesen, dass der Schöpfer *sie von Anfang an als Mann und Frau geschaffen hat*? 5 Und dass er gesagt hat: *Darum wird ein Mann Vater und Mutter verlassen und seiner Frau anhangen, und die beiden werden ein Fleisch sein.* 6 Also sind sie nicht mehr zwei, sondern sie sind ein Fleisch. Was nun Gott zusammengefügt hat, soll der Mensch nicht scheiden. 7 Sie sagen zu ihm: Warum

hat dann Mose geboten, ihr einen Scheidebrief zu geben und sie zu entlassen? 8 Er sagt zu ihnen: Mose hat euch angesichts eurer Hartherzigkeit erlaubt, eure Frauen zu entlassen; doch ursprünglich ist es nicht so gewesen. 9 Ich sage euch aber: Wer seine Frau entlässt – ausser wegen Unzucht – und eine andere heiratet, der begeht Ehebruch.

10 Da sagen die Jünger zu ihm: Wenn die Sache des Mannes mit der Frau so steht – wozu dann heiraten? 11 Er aber sagte zu ihnen: Nicht alle fassen dieses Wort, sondern nur die, denen es gegeben ist: 12 Ja, es gibt Eunuchen, die von Geburt an so waren, und es gibt Eunuchen, die von Menschen zu solchen gemacht wurden, und es gibt Eunuchen, die sich um des Himmelreiches willen selbst zu solchen gemacht haben. Wer das fassen kann, fasse es!

P: 5,31–32; Mk 10,2–12 | 4: Gen 1,27; 5,2 | 5: Gen 2,24 | 7: Dtn 24,1–3 | 9: 5,32; Mk 10,11; Lk 16,18; 1Kor 7,10–11

Jesus und die Kinder

13 Dann brachte man Kinder zu ihm, damit er ihnen die Hände auflege und bete. Die Jünger aber fuhren sie an. 14 Doch Jesus sprach: Lasst die Kinder und hindert sie nicht, zu mir zu kommen, denn solchen gehört das Himmelreich. 15 Und er legte ihnen die Hände auf und ging weg von dort.

P: Mk 10,13–16; Lk 18,15–17 | 14: 18,3!

Nachfolge und Reichtum

16 Da kam einer zu ihm und sagte: Meister, was muss ich Gutes tun, um ewiges Leben zu erlangen? 17 Er sagte zu ihm: Was fragst du mich nach dem Guten? Einer ist der Gute. Willst du aber ins Leben eingehen, so halte die Gebote. 18 Da sagte er zu ihm: Welche? Jesus sagte: *Du sollst nicht töten, du sollst nicht ehebrechen, du sollst nicht stehlen, du sollst nicht falsches Zeugnis ablegen,* 19 *ehre Vater und Mutter* und: *Liebe deinen Nächsten wie dich selbst.* 20 Da sagte der junge Mann zu ihm: Das alles habe

ich befolgt. Was fehlt mir noch? 21 Da sagte Jesus zu ihm: Willst du vollkommen sein, so geh, verkaufe deinen Besitz und gib ihn den Armen, und du wirst einen Schatz im Himmel haben, und komm und folge mir! 22 Als der junge Mann das hörte, ging er traurig fort, denn er hatte viele Güter.

23 Jesus aber sagte zu seinen Jüngern: Amen, ich sage euch: Ein Reicher wird nur schwer ins Himmelreich kommen. 24 Weiter sage ich euch: Eher geht ein Kamel durch ein Nadelöhr als ein Reicher in das Reich Gottes. 25 Als die Jünger das hörten, waren sie bestürzt und sagten: Wer kann dann gerettet werden? 26 Jesus blickte sie an und sprach: Bei Menschen ist das unmöglich, bei Gott aber ist alles möglich!

P: Mk 10,17–27; Lk 18,18–27 |18: Ex 20,13–16; Dtn 5,17–20 |19: Ex 20,12; Dtn 5,16 · 22,39!; Lev 19,18 |21: 5,48! · 6,20; 13,44 · 16,24! |23: 7,21!; 13,22 |25: 7,28! |26: Gen 18,14

Vom Lohn der Nachfolge

27 Da wandte sich Petrus an ihn und sagte: Wir hier haben alles verlassen und sind dir gefolgt. Was wird mit uns werden? 28 Jesus sagte zu ihnen: Amen, ich sage euch: Ihr, die ihr mir gefolgt seid, werdet bei der Neuschöpfung, wenn der Menschensohn sich auf den Thron seiner Herrlichkeit setzt, auch auf zwölf Thronen sitzen und die zwölf Stämme Israels richten. 29 Und jeder, der um meines Namens willen Häuser, Brüder, Schwestern, Vater, Mutter, Kinder oder Äcker verlassen hat, wird hundertfach empfangen und ewiges Leben erben. 30 Viele Erste aber werden Letzte sein und Letzte Erste.

P: Mk 10,28–31; Lk 18,28–30 |27: 4,20.22 |28: 16,27! · Lk 22,28–30; Offb 3,21 |29: 4,22; 10,37 |30: 20,16; Lk 13,30

Das Gleichnis von den Arbeitern im Weinberg

20 1 Denn mit dem Himmelreich ist es wie mit einem Gutsherrn, der am frühen Morgen ausging, um Arbeiter für seinen Weinberg einzustellen.

2 Nachdem er sich mit den Arbeitern auf einen Denar für den Tag geeinigt hatte, schickte er sie in seinen Weinberg. 3 Und als er um die dritte Stunde ausging, sah er andere ohne Arbeit auf dem Marktplatz stehen, 4 und er sagte zu ihnen: Geht auch ihr in den Weinberg, und was recht ist, will ich euch geben. 5 Sie gingen hin. Wiederum ging er aus um die sechste und neunte Stunde und tat dasselbe. 6 Als er um die elfte Stunde ausging, fand er andere dastehen, und er sagte zu ihnen: Was steht ihr den ganzen Tag hier, ohne zu arbeiten? 7 Sie sagten zu ihm: Es hat uns niemand eingestellt. Er sagte zu ihnen: Geht auch ihr in den Weinberg! 8 Es wurde Abend und der Herr des Weinbergs sagte zu seinem Verwalter: Ruf die Arbeiter und zahl ihnen den Lohn aus, angefangen bei den Letzten bis zu den Ersten. 9 Und als die von der elften Stunde kamen, erhielten sie jeder einen Denar. 10 Und als die Ersten kamen, meinten sie, dass sie mehr erhalten würden; und auch sie erhielten jeder einen Denar. 11 Als sie ihn erhalten hatten, beschwerten sie sich beim Gutsherrn 12 und sagten: Diese Letzten haben nur eine Stunde gearbeitet, und du hast sie uns gleichgestellt, die wir die Last des Tages und die Hitze ertragen haben. 13 Er aber entgegnete einem von ihnen: Freund, ich tue dir nicht unrecht. Hast du dich nicht mit mir auf einen Denar geeinigt? 14 Nimm, was dein ist, und geh! Ich will aber diesem Letzten gleich viel geben wie dir. 15 Oder ist es mir etwa nicht erlaubt, mit dem, was mein ist, zu tun, was ich will? Machst du ein böses Gesicht, weil ich gütig bin? 16 So werden die Letzten Erste sein und die Ersten Letzte.

|16: 19,30!

Die dritte Leidensankündigung

17 Und als Jesus nach Jerusalem hinaufzog, nahm er die Zwölf beiseite und sagte unterwegs zu ihnen: 18 Seht, jetzt ziehen wir hinauf nach Jerusalem, und

der Menschensohn wird den Hohen Priestern und Schriftgelehrten ausgeliefert werden, und sie werden ihn zum Tode verurteilen 19 und ihn den Heiden ausliefern, und die werden ihn verspotten und auspeitschen und kreuzigen; und am dritten Tag wird er auferweckt werden.

P: Mk 10,32–34; Lk 18,31–34 |19: 16,21!

Der Wunsch nach einem Platz im Himmel
    20 Da kam die Mutter der Söhne des Zebedäus mit ihren Söhnen zu ihm, fiel vor ihm nieder und wollte ihn um etwas bitten. 21 Er sagte zu ihr: Was willst du? Sie sagt zu ihm: Sag, dass diese meine beiden Söhne in deinem Reich sitzen werden, einer zu deiner Rechten und einer zu deiner Linken. 22 Jesus aber antwortete: Ihr wisst nicht, worum ihr bittet! Könnt ihr den Kelch trinken, den ich trinken werde? Sie sagen zu ihm: Wir können es. 23 Er sagt zu ihnen: Meinen Kelch zwar werdet ihr trinken, aber über den Platz zu meiner Rechten und Linken zu verfügen, steht mir nicht zu, sondern er wird denen zuteil, für die er von meinem Vater bereitet ist.
    24 Als die zehn das hörten, wurden sie immer unwilliger über die beiden Brüder. 25 Jesus aber rief sie zu sich und sprach: Ihr wisst, dass die Herrscher ihre Völker unterdrücken und die Grossen ihre Macht gegen sie einsetzen. 26 Unter euch soll es nicht so sein, sondern: Wer unter euch gross sein will, sei euer Diener, 27 und wer unter euch der Erste sein will, sei euer Knecht, 28 so wie der Menschensohn nicht gekommen ist, um sich dienen zu lassen, sondern um zu dienen und sein Leben hinzugeben als Lösegeld für viele.

P: Mk 10,35–45 |21: 19,28 · 11,11! |22: 26,39 · 26,33 |23: 25,34 |24–28: Lk 22,24–27 |26: 23,11; Mk 9,35! |28: 26,28; Jes 53,10–12

Die Heilung von zwei Blinden
    29 Und als sie aus Jericho hinauszogen, folgte ihm viel Volk. 30 Und da sassen zwei Blinde am Weg und hörten,

dass Jesus vorbeizog, und sie riefen laut: Hab Erbarmen mit uns, Herr, Sohn Davids! 31 Die Leute fuhren sie an und hiessen sie schweigen. Sie aber riefen noch lauter: Hab Erbarmen mit uns, Herr, Sohn Davids! 32 Und Jesus blieb stehen, rief sie zu sich und sprach: Was soll ich für euch tun? 33 Sie sagen zu ihm: Herr, mach, dass unsere Augen sich auftun! 34 Da fühlte Jesus Mitleid, und er berührte ihre Augen; und auf der Stelle sahen sie wieder, und sie folgten ihm.

P: 9,27–31; Mk 10,46–52; Lk 18,35–43 |31: 15,22! · 9,27! |34: 9,36!

Der Einzug in Jerusalem
21 1 Und als sie sich Jerusalem näherten und nach Betfage an den Ölberg kamen, da sandte Jesus zwei Jünger aus 2 und sagte zu ihnen: Geht in das Dorf, das vor euch liegt, und gleich werdet ihr eine Eselin angebunden finden und ein Füllen bei ihr. Bindet sie los und bringt sie zu mir! 3 Und wenn jemand euch Fragen stellt, so sagt: Der Herr braucht sie, er wird sie aber gleich zurückschicken. 4 Das ist geschehen, damit in Erfüllung gehe, was durch den Propheten gesagt ist:
5 *Sagt der Tochter Zion:*
    Siehe, dein König kommt zu dir,
sanft, und auf einem Esel reitend,
    auf einem Füllen, dem Jungen eines
    Lasttiers.
6 Die Jünger gingen und taten, was Jesus ihnen befohlen hatte, 7 brachten die Eselin und das Füllen und legten ihre Kleider auf sie, und er setzte sich darauf.
    8 Eine riesige Menschenmenge hatte auf dem Weg ihre Kleider ausgebreitet, einige schnitten Zweige von den Bäumen und breiteten sie auf dem Weg aus. 9 Und die Scharen, die ihm vorausgingen und die ihm folgten, schrien:
    Hosanna dem Sohn Davids!
Gepriesen sei, der da kommt im Namen des Herrn,
    Hosanna in der Höhe!

10 Und als er in Jerusalem einzog, geriet die ganze Stadt in Aufregung, und man sagte: Wer ist das? 11 Die Leute aber sagten: Das ist der Prophet Jesus aus Nazaret in Galiläa.

P: Mk 11,1–11; Lk 19,28–40; Joh 12,12–19
|5: Jes 62,11 · Sach 9,9 · 5,5; 11,29 |8: 2Kön 9,13
|9: Ps 118,25–26 · 9,27! |11: 16,14!; 21,46; Mk 6,15;
8,28; Lk 7,16!; Joh 4,19!

Die Tempelreinigung

12 Und Jesus ging in den Tempel und trieb alle hinaus, die im Tempel verkauften und kauften, und die Tische der Geldwechsler und die Stände der Taubenverkäufer stiess er um, 13 und er sagt zu ihnen: Es steht geschrieben: *Mein Haus soll Haus des Gebets heissen*, ihr aber macht es zu *einer Räuberhöhle.*

14 Und es kamen Blinde und Lahme im Tempel zu ihm, und er heilte sie. 15 Als aber die Hohen Priester und Schriftgelehrten die Wunder sahen, die er tat, und die Kinder, die im Tempel schrien: Hosanna dem Sohn Davids!, wurden sie unwillig 16 und sagten zu ihm: Hörst du, was die da sagen? Jesus sagt zu ihnen: Ja! Habt ihr nie gelesen: *Aus dem Munde von Unmündigen und Säuglingen hast du dir Lob bereitet?*

17 Und er liess sie stehen, ging aus der Stadt hinaus nach Betanien und blieb dort über Nacht.

P: Mk 11,15–19; Lk 19,45–48; Joh 2,13–17
|12: Sach 14,21 |13: Jes 56,7 · Jer 7,11 |14: 11,5!
|15: 9,27! |16: 11,25; Ps 8,3 |17: Mk 11,11

Die Verfluchung des Feigenbaums

18 Als er früh am Morgen in die Stadt zurückkehrte, hungerte ihn. 19 Und er sah einen Feigenbaum am Weg, ging auf ihn zu und fand an ihm nichts als Blätter. Und er sagt zu ihm: Nie mehr soll Frucht aus dir hervorgehen in Ewigkeit; und der Feigenbaum verdorrte auf der Stelle.

P: Mk 11,12–14.20–25 |19: Lk 13,6–7

Die Kraft des Glaubens

20 Als die Jünger das sahen, staunten sie und sagten: Wie konnte der Feigen-

baum so plötzlich verdorren? 21 Jesus antwortete ihnen: Amen, ich sage euch, wenn ihr Glauben habt und nicht zweifelt, so werdet ihr nicht nur tun, was ich mit dem Feigenbaum getan habe, sondern ihr könnt sogar zu diesem Berg sagen: Hebe dich hinweg und wirf dich ins Meer, und es wird geschehen. 22 Und alles, worum ihr bittet im Gebet, werdet ihr empfangen, wenn ihr glaubt.

|21: 17,20! |22: 7,8! · 8,13!

Zur Frage nach der Vollmacht Jesu

23 Und als er in den Tempel hineingegangen war, kamen, während er lehrte, die Hohen Priester und die Ältesten des Volkes zu ihm und sagten: Aus was für einer Vollmacht tust du das, und wer hat dir diese Vollmacht gegeben? 24 Jesus aber antwortete ihnen: Auch ich will euch eine einzige Frage stellen; wenn ihr mir darauf antwortet, werde auch ich euch sagen, aus was für einer Vollmacht ich das tue. 25 Die Taufe des Johannes – woher stammte sie? Vom Himmel oder von Menschen? Sie überlegten und sagten zueinander: Sagen wir, vom Himmel, so wird er uns sagen: Warum habt ihr ihm dann nicht geglaubt? 26 Sagen wir aber, von Menschen, so müssen wir uns vor dem Volk fürchten, denn alle halten Johannes für einen Propheten. 27 Und sie antworteten Jesus: Wir wissen es nicht. Da sagte auch er zu ihnen: Dann sage auch ich euch nicht, aus welcher Vollmacht ich dies tue.

P: Mk 11,27–33; Lk 20,1–8 |26: 11,9; 14,5

Das Bild von den ungleichen Söhnen

28 Was meint ihr? Es hatte einer zwei Söhne; und er ging zum ersten und sagte: Geh, mein Sohn, und arbeite heute im Weinberg! 29 Der aber entgegnete: Ich will nicht; später aber reute es ihn, und er ging hin. 30 Da ging er zum anderen und sagte dasselbe. Der entgegnete: Ja, Herr!, und ging nicht hin. 31 Wer von den beiden hat den Willen des Vaters getan? Sie sagen: Der erste!

Da sagt Jesus zu ihnen: Amen, ich sage euch: Die Zöllner und Dirnen kommen vor euch ins Reich Gottes. 32 Johannes kam zu euch auf dem Weg der Gerechtigkeit, und ihr habt ihm nicht geglaubt, die Zöllner und Dirnen aber haben ihm geglaubt. Ihr aber, die ihr das gesehen habt, habt euch auch hinterher nicht eines Besseren besonnen und ihm geglaubt.

|31: 7,21! · Lk 18,9–14 |32: Lk 3,12; 7,29–30 · 5,20!

21,29–31: In einer Reihe wichtiger Textzeugen sagt der erste Sohn «Ja», geht dann aber nicht. Der zweite Sohn sagt «Nein», geht dann aber doch.

Die Geschichte von den bösen Weinbauern

33 Hört ein anderes Gleichnis: Es war ein Gutsherr, der pflanzte einen Weinberg, zog einen Zaun ringsum, grub eine Kelter darin und baute einen Turm. Dann verpachtete er ihn an Weinbauern und ging ausser Landes. 34 Als aber die Zeit der Weinlese kam, schickte er seine Knechte zu den Weinbauern, seine Ernte einzuholen. 35 Und die Weinbauern packten seine Knechte; den einen verprügelten sie, den andern töteten sie, den dritten steinigten sie. 36 Darauf schickte er andere Knechte, mehr als das erste Mal, und mit ihnen taten sie dasselbe. 37 Zuletzt schickte er seinen Sohn zu ihnen und sagte: Vor meinem Sohn werden sie Respekt haben. 38 Als aber die Weinbauern den Sohn sahen, sagten sie zueinander: Das ist der Erbe. Kommt, wir wollen ihn töten und sein Erbe an uns bringen! 39 Und sie packten ihn und stiessen ihn aus dem Weinberg und erschlugen ihn. 40 Wenn nun der Herr des Weinbergs kommt, was wird er mit jenen Weinbauern machen? 41 Sie sagen zu ihm: Er wird den Bösen ein böses Ende bereiten und den Weinberg an andere Weinbauern verpachten, die ihm den Ertrag zur rechten Zeit abliefern. 42 Jesus sagt zu ihnen: Habt ihr nie in den Schriften gelesen:
Der Stein, den die Bauleute verworfen haben,

der ist zum Eckstein geworden,
durch den Herrn ist er das geworden,
und wunderbar ist er in unseren Augen.
43 Darum sage ich euch: Das Reich Gottes wird euch weggenommen und einem Volk gegeben werden, das dessen Ernte abgibt. 44 Und wer auf diesen Stein fällt, der wird zerschellen; auf wen er aber fällt, den wird er zermalmen.

45 Und die Hohen Priester und Pharisäer, die seine Gleichnisse hörten, merkten, dass er von ihnen redete, 46 und sie hätten ihn gern festgenommen, doch sie fürchteten das Volk, weil es ihn für einen Propheten hielt.

P: Mk 12,1–12; Lk 20,9–19 |33: Jes 5,1–2 |34: 22,3 |35: 22,6; 23,37! |36: 22,4 |37: Hebr 1,1–2 |42: Ps 118,22–23 |46: 21,11! · 14,5

Die Geschichte vom grossen Gastmahl

22 1 Und Jesus begann wiederum in Gleichnissen zu ihnen zu reden: 2 Mit dem Himmelreich ist es wie mit einem König, der für seinen Sohn die Hochzeit ausrichtete. 3 Und er sandte seine Knechte aus, die Geladenen zur Hochzeit zu rufen, doch die wollten nicht kommen. 4 Darauf sandte er andere Knechte aus und sprach: Sagt den Geladenen: Seht, mein Mahl habe ich bereitet, meine Ochsen und das Mastvieh sind geschlachtet, und alles ist bereit. Kommt zur Hochzeit! 5 Sie aber achteten nicht darauf und gingen ihres Wegs, der eine auf seinen Acker, der andere an sein Geschäft. 6 Die übrigen aber ergriffen seine Knechte, misshandelten und töteten sie.

7 Da wurde der König zornig und schickte seine Heere aus, liess jene Mörder umbringen und ihre Stadt anzünden. 8 Dann sagte er zu seinen Knechten: Die Hochzeit ist zwar bereit, die Geladenen aber waren es nicht wert. 9 Geht also an die Ecken der Strassen und ruft zur Hochzeit, wen immer ihr findet. 10 Da gingen die Knechte auf die Strassen hinaus und brachten alle, die sie fanden, Böse und Gute, und der Hochzeitssaal füllte sich mit Gästen.

11 Als aber der König eintrat, sich die Gäste anzusehen, sah er da einen, der kein Hochzeitskleid trug. 12 Und er sagte zu ihm: Freund, wie bist du hier hereingekommen ohne ein Hochzeitskleid? Der aber blieb stumm. 13 Da sagte der König zu seinen Dienern: Bindet ihm Hände und Füsse und werft ihn hinaus in die äusserste Finsternis; dort wird Heulen und Zähneklappern sein. 14 Denn viele sind berufen, wenige aber auserwählt.

P: Lk 14,15–24 |2: 9,15; Offb 19,9 |3: 21,34 · 23,37 |4: 21,36 |6: 21,35! |9: 28,19! |10: 13,47 |13: 8,12!

Zur Frage nach der kaiserlichen Steuer

15 Da machten sich die Pharisäer auf und beschlossen, ihm eine Fangfrage zu stellen. 16 Und sie schickten ihre Jünger zusammen mit den Herodianern aus, um ihm zu sagen: Meister, wir wissen, dass du der Wahrheit verpflichtet bist und den Weg Gottes lehrst, wie es richtig ist, und auf niemanden Rücksicht nimmst, denn du achtest nicht auf das Ansehen der Person. 17 Sag uns also, was dir richtig scheint: Ist es erlaubt, dem Kaiser Steuern zu zahlen, oder nicht? 18 Jesus aber erkannte ihre böse Absicht und sprach: Was versucht ihr mich, ihr Heuchler! 19 Zeigt mir die Münze für die Steuer! Da hielten sie ihm einen Denar hin. 20 Und er sagt zu ihnen: Wessen Bild und Inschrift ist das? 21 Sie sagen zu ihm: Des Kaisers. Da sagt er zu ihnen: So gebt dem Kaiser, was des Kaisers ist, und Gott, was Gottes ist! 22 Als sie das hörten, wunderten sie sich; und sie liessen ihn stehen und gingen fort.

P: Mk 12,13–17; Lk 20,20–26 |15: 12,14 |18: 23,13! |21: Röm 13,7 |22: 7,28!

Zur Frage nach der Auferstehung der Toten

23 Am selben Tag kamen Sadduzäer zu ihm, die behaupten, es gebe keine Auferstehung, und sie fragten ihn: 24 Meister, Mose hat gesagt: *Wenn einer stirbt, ohne Kinder zu haben, dann soll sein Bruder als ihr Schwager die Frau heiraten und seinem Bruder Nachkommen erwecken.* 25 Bei uns gab es einmal sieben Brüder. Der erste heiratete und starb, und da er keine Nachkommen hatte, hinterliess er seine Frau dem Bruder; 26 ebenso der zweite und der dritte, bis zum siebten. 27 Zuletzt, nach allen andern, starb die Frau. 28 In der Auferstehung nun – wer von den sieben wird sie bekommen? Sie alle haben sie doch zur Frau gehabt.

29 Jesus entgegnete ihnen: Ihr irrt, weil ihr weder die Schriften noch die Macht Gottes kennt. 30 Denn in der Auferstehung heiraten sie nicht, noch werden sie verheiratet, sondern wie Engel im Himmel sind sie. 31 Was aber die Auferstehung der Toten betrifft – habt ihr nicht gelesen, was euch von Gott gesagt ist: 32 *Ich bin der Gott Abrahams und der Gott Isaaks und der Gott Jakobs?* Er ist nicht ein Gott von Toten, sondern von Lebenden.

33 Und die Leute, die das hörten, waren überwältigt von seiner Lehre.

P: Mk 12,18–27; Lk 20,27–40 |23: Apg 23,8 |24: Dtn 25,5 |32: Ex 3,6 · 8,11 |33: 7,28!

Zur Frage nach dem höchsten Gebot

34 Als aber die Pharisäer hörten, dass er die Sadduzäer zum Schweigen gebracht hatte, versammelten sie sich am selben Ort. 35 Und in der Absicht, ihn auf die Probe zu stellen, fragte ihn einer von ihnen, ein Gesetzeslehrer: 36 Meister, welches Gebot ist das höchste im Gesetz? 37 Er sagte zu ihm: *Du sollst den Herrn, deinen Gott, lieben mit deinem ganzen Herzen und mit deiner ganzen Seele und mit deinem ganzen Verstand.* 38 Dies ist das höchste und erste Gebot. 39 Das zweite aber ist ihm gleich: *Du sollst deinen Nächsten lieben wie dich selbst.* 40 An diesen beiden Geboten hängt das ganze Gesetz und die Propheten.

P: Mk 12,28–34; Lk 10,25–28 |37: Dtn 6,5; Jos 22,5 |39: 5,43; 19,19; Lev 19,18 |40: 7,12

Der Sohn Davids

41 Da nun die Pharisäer beisammen waren, fragte Jesus sie: 42 Was ist eure

Meinung über den Messias? Wessen Sohn ist er? Sie sagen zu ihm: Davids Sohn! 43 Er sagt zu ihnen: Wie kann ihn dann David im Geist Herr nennen, wenn er sagt:

44 *Der Herr sprach zu meinem Herrn:*
Setze dich zu meiner Rechten,
bis ich deine Feinde
    unter deine Füsse gelegt habe.

45 Wenn David ihn also Herr nennt, wie kann er da sein Sohn sein? 46 Und niemand konnte ihm darauf antworten; auch wagte von jenem Tag an keiner mehr, ihm eine Frage zu stellen.

P: Mk 12,35–37; Lk 20,41–44 | 42: Joh 7,42 · 9,27! | 44: Ps 110,1 · 26,64 | 46: Mk 12,34; Lk 20,40

Das Urteil Jesu über Schriftgelehrte und Pharisäer

23 1 Dann redete Jesus zum Volk und zu seinen Jüngern: 2 Auf den Stuhl des Mose haben sich die Schriftgelehrten und Pharisäer gesetzt. 3 Was immer sie euch sagen, das tut und haltet! Nach dem, was sie tun, aber richtet euch nicht; sie reden nur, aber tun nicht danach. 4 Sie schnüren schwere und unerträgliche Lasten und legen sie den Menschen auf die Schultern, sie selbst aber wollen dafür keinen Finger rühren.

5 Alles, was sie tun, tun sie nur, um von den Leuten gesehen zu werden; denn sie machen ihre Gebetsriemen breit und ihre Quasten lang. 6 Sie legen Wert auf den Ehrenplatz bei den Gastmählern und den Ehrensitz in den Synagogen 7 und wollen auf den Marktplätzen gegrüsst und von den Leuten Rabbi genannt werden.

8 Ihr aber sollt euch nicht Rabbi nennen lassen, denn einer ist euer Meister, ihr alle aber seid Brüder. 9 Und niemanden auf Erden sollt ihr euren Vater nennen; denn einer ist euer Vater, der im Himmel. 10 Und ihr sollt euch nicht Lehrer nennen lassen; denn einer ist euer Lehrer, der Christus. 11 Der Grösste unter euch aber soll euer Diener sein. 12 Wer sich selbst erhöht, wird erniedrigt werden, und wer sich selbst erniedrigt, wird erhöht werden.

| 4: 11,28–30 | 5–7: Mk 12,38–40; Lk 11,43; 20,45–47 | 5: 6,1.2.5.16 · Dtn 6,8; 11,18 · Num 15,38–39 | 6: 6,5 | 9: 6,9!; Mal 2,10 | 11: 20,26! | 12: Lk 14,11!

Wehrufe über Schriftgelehrte und Pharisäer

13 Wehe euch, ihr Schriftgelehrten und Pharisäer, ihr Heuchler! Ihr verschliesst den Menschen das Himmelreich. Ihr selbst nämlich geht nicht hinein, und die hineingehen möchten, die lasst ihr nicht hinein.

15 Wehe euch, ihr Schriftgelehrten und Pharisäer, ihr Heuchler! Ihr zieht über Meer und Land, um einen einzigen zum Proselyten zu machen; und wenn er es geworden ist, macht ihr einen Sohn der Hölle aus ihm, doppelt so schlimm wie ihr.

16 Wehe euch, ihr blinden Führer, die ihr sagt: Wenn einer beim Tempel schwört, gilt es nicht. Wenn aber einer beim Gold des Tempels schwört, so bindet es. 17 Ihr Toren, ihr Blinden! Was ist denn mehr, das Gold oder der Tempel, der das Gold heiligt? 18 Und: Wenn einer beim Altar schwört, gilt es nicht. Wenn aber einer beim Opfer schwört, das darauf liegt, so bindet es. 19 Ihr Blinden, was ist denn mehr, das Opfer oder der Altar, der das Opfer heiligt? 20 Wer also beim Altar schwört, schwört bei ihm und bei allem, was darauf liegt. 21 Und wer beim Tempel schwört, schwört bei ihm und bei dem, der darin wohnt. 22 Und wer beim Himmel schwört, schwört beim Thron Gottes und bei dem, der darauf sitzt.

23 Wehe euch, ihr Schriftgelehrten und Pharisäer, ihr Heuchler! Ihr gebt den Zehnten von Minze, Dill und Kümmel, lasst aber ausser acht, was schwerer wiegt im Gesetz: das Recht, die Barmherzigkeit und die Treue. Dies aber sollte man tun und jenes nicht lassen. 24 Ihr blinden Führer, die ihr die Mücke aussiebt, das Kamel aber verschluckt.

25 Wehe euch, ihr Schriftgelehrten und Pharisäer, ihr Heuchler! Aussen haltet ihr Becher und Schüssel rein, inwendig aber sind sie voller Raub und Gier. 26 Du blinder Pharisäer, mach zuerst den Becher innen rein, dann wird er auch aussen rein sein.

27 Wehe euch, ihr Schriftgelehrten und Pharisäer, ihr Heuchler! Ihr gleicht getünchten Gräbern, die von aussen schön anzusehen sind, inwendig aber sind sie voller Totengebein und Unrat. 28 So erscheint auch ihr den Leuten von aussen als gerecht, innen aber seid ihr voller Heuchelei und Verachtung für das Gesetz.

29 Wehe euch, ihr Schriftgelehrten und Pharisäer, ihr Heuchler! Ihr baut den Propheten Grabstätten und pflegt die Denkmäler der Gerechten 30 und sagt: Hätten wir in den Tagen unserer Väter gelebt, wir wären nicht mit ihnen schuldig geworden am Blut der Propheten. 31 Damit stellt ihr euch selbst das Zeugnis aus, dass ihr Söhne derer seid, die die Propheten getötet haben. 32 Und ihr, ihr macht das Mass eurer Väter noch voll! 33 Nattern, Schlangenbrut! Wie wollt ihr dem Gericht der Hölle entgehen?

34 Eben darum sende ich Propheten, Weise und Schriftgelehrte zu euch; einige von ihnen werdet ihr töten und kreuzigen, und einige von ihnen werdet ihr auspeitschen in euren Synagogen und sie verfolgen von Stadt zu Stadt; 35 so soll über euch kommen all das gerechte Blut, das immer wieder vergossen wird auf Erden, vom Blut Abels, des Gerechten, bis zum Blut des Zacharias, des Sohnes des Barachion, den ihr getötet habt zwischen Tempel und Altar. 36 Amen, ich sage euch: Dies alles wird über dieses Geschlecht kommen.

P: Lk 11,39–52 |13: 6,2.5.16;7,5;15,7;22,18 |16–22: 5,33–37 |16: 15,14! |19: Ex 29,37 |22: 5,34! |23: Lev 27,30; Dtn 14,22–23 · Mi 6,8; Sach 7,9 |24: 15,14! |31: 5,12;23,37!; Lk 11,47! · Neh 9,26 |34: 10,17 · 10,23!; 1Thess 2,15 |35: 27,25!; Gen 4,8–11

23,13: Verschiedene Handschriften fügen nach V.13 ein (wohl von Mk 12,40 übernommen): 14Wehe euch, ihr Schriftgelehrten und Pharisäer, ihr Heuchler!

Ihr fresst die Häuser der Witwen leer und verrichtet zum Schein lange Gebete. Deswegen werdet ihr ein umso härteres Urteil empfangen.»

Die Ankündigung des Gerichts über Jerusalem

37 Jerusalem, Jerusalem, die du tötest die Propheten und steinigst, die zu dir gesandt sind! Wie oft habe ich deine Kinder um mich sammeln wollen, wie eine Henne ihre Küken unter ihre Flügel sammelt, und ihr habt nicht gewollt. 38 Seht, man wird euch das Haus verwüstet hinterlassen! 39 Denn ich sage euch: Ihr werdet mich von jetzt an nicht mehr sehen, bis ihr sagen werdet: *Gepriesen sei, der da kommt im Namen des Herrn.*

P: Lk 13,34–35 |37: 14,10; 21,35–36; 23,31! · Jer 7,25–26; 25,4 · Dtn 32,11; Ps 91,4 |39: Ps 118,26

Die Ankündigung der Tempelzerstörung

24 1 Und Jesus verliess den Tempel und ging weiter. Und seine Jünger traten zu ihm, um ihm die Bauten des Tempels zu zeigen. 2 Er aber sagte zu ihnen: Nicht wahr, das alles seht ihr? Amen, ich sage euch: Hier wird kein Stein auf dem andern bleiben, jeder wird herausgebrochen.

P: Mk 13,1–2; Lk 21,5–6 |2: Lk 19,44

Zur Frage nach dem Anfang der Endzeit

3 Als er nun auf dem Ölberg sass, traten seine Jünger zu ihm und sagten, als sie unter sich waren: Sag uns, wann wird das sein, und was ist das Zeichen für dein Kommen und für das Ende dieser Welt?

4 Und Jesus antwortete ihnen: Gebt acht, dass niemand euch in die Irre führt! 5 Denn viele werden kommen unter meinem Namen und sagen: Ich bin der Messias, und sie werden viele in die Irre führen. 6 Ihr werdet aber von Kriegen und Kriegsgerüchten hören: Seht zu, dass ihr euch nicht erschrecken lasst! Denn das muss geschehen, aber das Ende ist es noch nicht. 7 Denn erheben wird sich Volk gegen Volk und Reich gegen Reich, und Hungersnöte und Erd-

beben wird es geben da und dort. 8 Das alles aber ist erst der Anfang der Wehen.

p: Mk 13,3–8; Lk 21,7–11 |3: 24,30 · 13,39; 28,20 |4: 24,24! |7: Jes 19,2

Die Ankündigung von Verfolgungen

9 Dann werden sie euch der Bedrängnis ausliefern und werden euch töten, und ihr werdet gehasst werden von allen Völkern um meines Namens willen. 10 Dann werden viele zu Fall kommen, und sie werden einander ausliefern und einander hassen. 11 Und viele falsche Propheten werden aufstehen, und sie werden viele in die Irre führen. 12 Und da die Missachtung des Gesetzes überhand nehmen wird, wird die Liebe in den meisten erkalten. 13 Wer aber standhält bis ans Ende, der wird gerettet werden. 14 Und dieses Evangelium vom Reich wird auf dem ganzen Erdkreis verkündigt werden als ein Zeichen für alle Völker, und dann wird das Ende kommen.

p: 10,16–25; Mk 13,9–13 |9: Lk 21,17! |11: 24,24! |13: 10,22 |14: 4,23! · 28,19!

Von der grossen Bedrängnis

15 Wenn ihr nun *den Greuel der Verwüstung,* von dem der Prophet Daniel gesprochen hat, an heiliger Stätte stehen seht – wer es liest, merke auf! –, 16 dann sollen die in Judäa in die Berge fliehen. 17 Wer auf dem Dach ist, steige nicht hinab, um seine Habe aus dem Haus zu holen; 18 und wer auf dem Feld ist, kehre nicht zurück, um seinen Mantel zu holen. 19 Wehe aber den Schwangeren und den Stillenden in jenen Tagen!

20 Betet, dass eure Flucht nicht im Winter geschehe oder an einem Sabbat. 21 Denn es wird dann eine Bedrängnis geben, wie es noch keine gegeben hat vom Anfang der Welt bis jetzt und wie auch keine mehr sein wird. 22 Und würden jene Tage nicht verkürzt, es würde kein Mensch gerettet werden; um der Erwählten willen aber werden jene Tage verkürzt werden.

p: Mk 13,14–20 |15: Dan 9,27; 11,31; 12,11 |16: Lk 21,21 |18: Lk 17,31 |19: Lk 21,23; 23,29

24,15: Der Ausdruck «Greuel der Verwüstung» spielt auf die Aufrichtung einer Zeusstatue im Jerusalemer Tempel oder auf die Zerstörung Jerusalems an.

Vom Auftreten falscher Propheten

23 Wenn dann einer zu euch sagt: Da ist der Messias oder dort, so glaubt es nicht. 24 Denn es wird mancher falsche Messias und mancher falsche Prophet aufstehen, und sie werden grosse Zeichen und Wunder tun, um wenn möglich sogar die Erwählten in die Irre zu führen. 25 Seht, ich habe es euch vorhergesagt. 26 Wenn sie also zu euch sagen: Da, in der Wüste ist er, so geht nicht hin! Da, in den Gemächern ist er, so glaubt es nicht! 27 Denn wie der Blitz im Osten zuckt und bis in den Westen leuchtet, so wird das Kommen des Menschensohnes sein. 28 Wo das Aas ist, da sammeln sich die Geier.

p: Mk 13,21–23 |24: 7,15! · 24,4.11 |26: Lk 17,23! |27: Lk 17,24 |28: Lk 17,37

Die Zeichen für das Kommen des Menschensohns

29 Sogleich aber nach der Bedrängnis jener Tage
wird sich die Sonne verfinstern
und der Mond seinen Schein nicht
mehr geben,
und die Sterne werden vom Himmel
fallen,
und die Mächte des Himmels werden
erschüttert werden.
30 Und dann wird das Zeichen des Menschensohnes am Himmel erscheinen, und dann werden alle Stämme auf der Erde klagen, und sie werden *den Menschensohn auf den Wolken des Himmels kommen* sehen mit grosser Macht und Herrlichkeit. 31 Und er wird seine Engel aussenden mit lautem Posaunenschall, und sie werden seine Erwählten zusammenführen von den vier Winden her, von einem Ende des Himmels zum anderen.

P: Mk 13,24–27; Lk 21,25–28 |29: Jes 13,10;
Joel 2,10 · Jes 34,4 |30: 24,3 · 26,64; Dan 7,13–14 ·
16,27! |31: 13,41

Das nahe Ende

32 Vom Feigenbaum aber lernt das
Gleichnis: Sobald sein Zweig saftig geworden ist und Blätter treibt, wisst ihr,
dass der Sommer nahe ist. 33 So auch
ihr: Wenn ihr dies alles seht, dann wisst
ihr, dass er nahe ist und vor der Tür
steht. 34 Amen, ich sage euch: Dieses
Geschlecht wird nicht vergehen, bevor
dies alles geschieht. 35 Himmel und
Erde werden vergehen, meine Worte
aber werden nicht vergehen.

36 Jenen Tag aber und jene Stunde
kennt niemand, die Engel im Himmel
nicht, der Sohn nicht, nur der Vater.

P: Mk 13,28–32; Lk 21,29–33 |35: 5,18 · Ps 102,27;
Jes 40,8; 51,6

Die Mahnung zur Wachsamkeit

37 Denn wie in den Tagen des Noah,
so wird es sein beim Kommen des Menschensohnes. 38 So wie sie in den Tagen
vor der Sintflut weiter assen und tranken, weiter heirateten und verheiratet
wurden bis zu dem Tag, da Noah in die
Arche ging, 39 und nichts merkten, bis
die Sintflut kam und alle wegraffte – so
wird es auch sein beim Kommen des
Menschensohnes.

40 Da werden zwei auf dem Feld
sein, einer wird mitgenommen, einer
wird zurückgelassen; 41 zwei werden an
der Mühle mahlen, eine wird mitgenommen, eine wird zurückgelassen.

42 Seid also wachsam, denn ihr
wisst nicht, an welchem Tag euer Herr
kommt. 43 Das aber bedenkt: Wenn der
Hausherr wüsste, in welcher Nachtwache der Dieb kommt, wäre er wachsam
und liesse nicht zu, dass in sein Haus
eingebrochen wird. 44 Darum haltet
auch ihr euch bereit, denn der Menschensohn kommt zu einer Stunde, da
ihr es nicht vermutet.

|37–39: Lk 17,26–27 |39: Gen 7,17–22
|40–41: Lk 17,34–35 |42–44: Lk 12,39–40 |42: 25,13!
|43: 1Thess 5,2; 2Petr 3,10; Offb 3,3; 16,15

Das Bild vom treuen und vom bösen Knecht

45 Wer ist nun der treue und kluge
Knecht, den der Herr über sein Gesinde
setzt, damit er ihnen Speise gebe zur
rechten Zeit? 46 Selig der Knecht, den
sein Herr, wenn er kommt, solches tun
sieht. 47 Amen, ich sage euch: Er wird
ihn über alle seine Güter setzen.

48 Wenn sich aber der böse Knecht sagt:
Mein Herr kommt noch lange nicht,
49 und anfängt, seine Mitknechte zu
schlagen, mit den Betrunkenen aber isst
und trinkt, 50 dann wird der Herr jenes
Knechtes kommen an einem Tag, da er
es nicht vermutet, und zu einer Stunde,
die er nicht kennt. 51 Und er wird ihn in
Stücke hauen lassen und ihm seinen
Platz bei den Heuchlern zuweisen; dort
wird Heulen und Zähneklappern sein.

P: Lk 12,41–46 |48: 2Petr 3,3–4 |51: 8,12!

Die Geschichte von den klugen und den törichten Jungfrauen

25 1 Dann wird es mit dem Himmelreich sein wie mit zehn Jungfrauen, die ihre Lampen nahmen und
hinausgingen, den Bräutigam zu empfangen. 2 Fünf von ihnen waren töricht,
und fünf waren klug. 3 Die törichten
nahmen wohl ihre Lampen, nahmen
aber kein Öl mit. 4 Die klugen aber nahmen ausser ihren Lampen auch Öl in ihren Gefässen mit. 5 Als nun der Bräutigam ausblieb, wurden sie alle müde und
schliefen ein. 6 Mitten in der Nacht aber
erhob sich ein Geschrei: Der Bräutigam
ist da! Geht hinaus, ihn zu empfangen!
7 Da standen die Jungfrauen alle auf
und machten ihre Lampen bereit. 8 Die
törichten aber sagten zu den klugen:
Gebt uns von eurem Öl, denn unsere
Lampen sind am Erlöschen. 9 Da antworteten die klugen: Nein, es würde
niemals für uns und euch reichen. Geht
lieber zu den Händlern und kauft selber
Öl! 10 Doch während sie unterwegs waren, um es zu kaufen, kam der Bräutigam, und die bereit waren, gingen mit
ihm in den Hochzeitssaal; und die Tür

wurde verschlossen. 11 Später kamen auch die andern Jungfrauen und sagten: Herr, Herr, mach uns auf! 12 Er aber entgegnete: Amen, ich sage euch, ich kenne euch nicht! 13 Seid also wachsam! Denn ihr kennt weder den Tag noch die Stunde.

| 1: Lk 12,35–36 | 12: 7,23!; Lk 13,25 | 13: 24,42.44; Mk 13,35!

Die Geschichte vom anvertrauten Geld

14 Es ist wie mit einem, der seine Knechte rief, bevor er ausser Landes ging, und ihnen sein Vermögen anvertraute; 15 und dem einen gab er fünf Talent, dem andern zwei, dem dritten eines, jedem nach seinen Fähigkeiten, und er ging ausser Landes. Sogleich 16 machte sich der, der die fünf Talent erhalten hatte, auf, handelte damit und gewann fünf dazu, 17 ebenso gewann der, der die zwei hatte, zwei dazu. 18 Der aber, der das eine erhalten hatte, ging hin, grub ein Loch und verbarg das Geld seines Herrn. 19 Nach langer Zeit aber kommt der Herr jener Knechte und rechnet mit ihnen ab. 20 Und der, der die fünf Talent erhalten hatte, trat vor und brachte fünf weitere Talent und sagte: Herr, fünf Talent hast du mir anvertraut; fünf Talent habe ich dazugewonnen. 21 Da sagte sein Herr zu ihm: Recht so, du bist ein guter und treuer Knecht! Über weniges warst du treu, über vieles will ich dich setzen. Geh ein in die Freude deines Herrn! 22 Da trat auch der mit den zwei Talent vor und sagte: Herr, zwei Talent hast du mir anvertraut; zwei Talent habe ich dazugewonnen. 23 Da sagte sein Herr zu ihm: Recht so, du bist ein guter und treuer Knecht! Über weniges warst du treu, über vieles will ich dich setzen. Geh ein in die Freude deines Herrn! 24 Da kam auch der, der das eine Talent erhalten hatte, und sagte: Herr, ich wusste von dir, dass du ein harter Mensch bist. Du erntest, wo du nicht gesät hast, und du sammelst ein, wo du nicht ausgestreut hast, 25 und weil ich mich fürchtete,

ging ich hin und verbarg dein Talent in der Erde; da hast du das Deine. 26 Da antwortete ihm sein Herr: Du böser und fauler Knecht! Du hast gewusst, dass ich ernte, wo ich nicht gesät habe, und einsammle, wo ich nicht ausgestreut habe? 27 Dann hättest du mein Geld den Wechslern bringen sollen, und ich hätte bei meiner Rückkehr das Meine mit Zinsen zurückerhalten. 28 Darum nehmt ihm das Talent weg und gebt es dem, der die zehn Talent hat. 29 Denn jedem, der hat, wird gegeben werden, und er wird haben im Überfluss; wer aber nicht hat, dem wird auch das genommen werden, was er hat. 30 Und den unnützen Knecht werft hinaus in die äusserste Finsternis! Dort wird Heulen und Zähneklappern sein.

P: Lk 19,11–27 | 14: Mk 13,34 | 19: 18,23 | 21: Lk 16,10 | 29: 13,12! | 30: 8,12!

Das Weltgericht

31 Wenn aber der Menschensohn in seiner Herrlichkeit kommt und alle Engel mit ihm, dann wird er sich auf den Thron seiner Herrlichkeit setzen. 32 Und alle Völker werden sich vor ihm versammeln, und er wird sie voneinander scheiden, wie der Hirt die Schafe von den Böcken scheidet. 33 Und er wird die Schafe zu seiner Rechten stellen, die Böcke aber zur Linken. 34 Dann wird der König denen zu seiner Rechten sagen: Kommt her, ihr Gesegneten meines Vaters, empfangt als Erbe das Reich, das euch bereitet ist von Grundlegung der Welt an. 35 Denn ich war hungrig, und ihr habt mir zu essen gegeben. Ich war durstig, und ihr habt mir zu trinken gegeben. Ich war fremd, und ihr habt mich aufgenommen. 36 Ich war nackt, und ihr habt mich bekleidet. Ich war krank, und ihr habt euch meiner angenommen. Ich war im Gefängnis, und ihr seid zu mir gekommen. 37 Dann werden ihm die Gerechten antworten: Herr, wann haben wir dich hungrig gesehen und haben dir zu essen gegeben, oder durstig und haben dir zu trinken gege-

ben? 38 Wann haben wir dich als Fremden gesehen und haben dich aufgenommen, oder nackt und haben dich bekleidet? 39 Wann haben wir dich krank gesehen oder im Gefängnis und sind zu dir gekommen? 40 Und der König wird ihnen zur Antwort geben: Amen, ich sage euch: Was ihr einem dieser meiner geringsten Brüder getan habt, das habt ihr mir getan.

41 Dann wird er denen zur Linken sagen: Geht weg von mir, ihr Verfluchten, in das ewige Feuer, das bereitet ist für den Teufel und seine Engel! 42 Denn ich war hungrig, und ihr habt mir nicht zu essen gegeben. Ich war durstig, und ihr habt mir nicht zu trinken gegeben. 43 Ich war fremd, und ihr habt mich nicht aufgenommen. Ich war nackt, und ihr habt mich nicht bekleidet. Ich war krank und im Gefängnis, und ihr habt euch meiner nicht angenommen. 44 Dann werden auch sie antworten: Herr, wann haben wir dich hungrig oder durstig gesehen oder fremd oder nackt oder krank oder im Gefängnis und haben nicht für dich gesorgt? 45 Dann wird er ihnen antworten: Amen, ich sage euch: Was ihr einem dieser Geringsten nicht getan habt, das habt ihr mir nicht getan. 46 Und diese werden in die ewige Strafe gehen, die Gerechten aber ins ewige Leben.

P: |31: 16,27! |32: 13,41.49 · Ez 34,17.20 |34: 20,23 · Ps 37,22 |38: Jes 58,7 |40: 10,40!; 10,42 · Spr 14,31; 19,17 |41: 7,23! · Offb 20,10.15 |46: Dan 12,2

Der Tötungsplan des Hohen Rats

26 1 Und es geschah, als Jesus alle diese Reden beendet hatte, dass er zu seinen Jüngern sagte: 2 Ihr wisst, dass in zwei Tagen Passa ist; dann wird der Menschensohn ausgeliefert und gekreuzigt werden. 3 Da versammelten sich die Hohen Priester und die Ältesten des Volkes im Palast des Hohen Priesters, der Kajafas hiess, 4 und sie beschlossen, Jesus mit List festzunehmen und zu töten. 5 Sie sagten aber: Nicht am Fest, damit kein Aufruhr entsteht im Volk.

P: Mk 14,1–2; Lk 22,1–2; Joh 11,45–54 |2: 16,21! |5: 14,5; 21,26

Die Salbung in Betanien

6 Als nun Jesus in Betanien im Hause Simons des Aussätzigen war, 7 kam eine Frau zu ihm mit einem Alabastergefäss voll kostbaren Öls und goss es über sein Haupt, als er bei Tisch sass. 8 Als die Jünger das sahen, wurden sie unwillig und sagten: Wozu diese Verschwendung? 9 Es hätte doch teuer verkauft werden können und wäre Armen zugute gekommen. 10 Als Jesus das merkte, sagte er zu ihnen: Was bringt ihr die Frau in Verlegenheit? Sie hat eine schöne Tat an mir vollbracht. 11 Arme habt ihr ja allezeit bei euch, mich aber habt ihr nicht allezeit. 12 Dass sie nämlich dieses Öl auf meinen Leib goss, das hat sie für mein Begräbnis getan. 13 Amen, ich sage euch: Wo immer in der ganzen Welt dieses Evangelium verkündigt wird, da wird auch erzählt werden, was sie getan hat, zu ihrem Gedächtnis.

P: Mk 14,3–9; Lk 7,36–50; Joh 11,55–12,11 |11: Dtn 15,11 · 9,15 |13: 28,19!

Der Plan des Judas

14 Da ging einer von den Zwölfen, der Judas Iskariot hiess, zu den Hohen Priestern 15 und sagte: Was wollt ihr mir geben, wenn ich ihn an euch ausliefere? Und sie vereinbarten mit ihm dreissig Silberstücke. 16 Von da an suchte er eine günstige Gelegenheit, ihn auszuliefern.

P: Mk 14,10–11; Lk 22,3–6 |15: 27,3–10 · Sach 11,12

Die Vorbereitung des letzten Mahls

17 Am ersten Tag der ungesäuerten Brote kamen die Jünger zu Jesus und sagten: Wo willst du, dass wir dir das Passamahl bereiten? 18 Er sprach: Geht in die Stadt zu dem und dem und sagt zu ihm: Der Meister lässt dir sagen: Meine Zeit ist nahe, bei dir will ich mit meinen Jüngern das Passa feiern. 19 Und die

Jünger taten, wie Jesus ihnen befohlen hatte. Und sie bereiteten das Passamahl.

P: Mk 14,12–16; Lk 22,7–13 | 17: Ex 12,15–20

Die Ankündigung der Auslieferung

20 Am Abend sass er mit den Zwölfen bei Tisch. 21 Und während sie assen, sprach er: Amen, ich sage euch: Einer von euch wird mich ausliefern. 22 Und sie wurden sehr traurig und begannen, einer nach dem andern, ihn zu fragen: Bin etwa ich es, Herr? 23 Er aber antwortete: Der die Hand mit mir in die Schüssel taucht, der wird mich ausliefern. 24 Der Menschensohn geht zwar dahin, wie über ihn geschrieben steht, doch wehe dem Menschen, durch den der Menschensohn ausgeliefert wird. Es wäre besser, er wäre nicht geboren, dieser Mensch! 25 Da entgegnete Judas, der ihn ausliefern sollte: Bin etwa ich es, Rabbi? Da antwortet er ihm: Du sagst es!

P: Mk 14,17–21; Lk 22,21–23; Joh 13,21–30 | 20: Lk 22,14 | 24: 18,7

Das letzte Mahl

26 Während sie aber assen, nahm Jesus Brot, sprach den Lobpreis, brach es und gab es den Jüngern und sprach: Nehmt, esst! Das ist mein Leib. 27 Und er nahm einen Kelch und sprach das Dankgebet, gab ihnen den und sprach: Trinkt alle daraus! 28 Denn das ist mein Blut des Bundes, das für viele vergossen wird zur Vergebung der Sünden. 29 Ich sage euch aber: Ich werde von dieser Frucht des Weinstocks nicht mehr trinken von nun an bis zu dem Tag, da ich aufs Neue mit euch davon trinken werde im Reich meines Vaters.

P: Mk 14,22–25; Lk 22,14–20 | 26: 14,19; 15,36; 1Kor 10,16; 11,23–24 | 28: 1Kor 10,16; 11,25 · Ex 24,8 · 20,28!

Die Ankündigung der Verleugnung

30 Und als sie den Lobgesang gesungen hatten, gingen sie hinaus auf den Ölberg. 31 Da sagt Jesus zu ihnen: Ihr alle werdet in dieser Nacht an mir zu Fall kommen, denn es steht geschrieben: Ich

werde den Hirten schlagen, und die Schafe der Herde werden sich zerstreuen. 32 Nach meiner Auferweckung aber werde ich euch nach Galiläa vorausgehen.
33 Petrus antwortete ihm: Wenn alle an dir zu Fall kommen – ich werde niemals zu Fall kommen! 34 Jesus sagt zu ihm: Amen, ich sage dir: In dieser Nacht, ehe der Hahn kräht, wirst du mich dreimal verleugnet haben. 35 Da sagt Petrus zu ihm: Selbst wenn ich mit dir sterben müsste – ich werde dich nicht verleugnen. Ebenso redeten auch alle anderen Jünger.

P: Mk 14,26–31; Lk 22,31–34; Joh 13,36–38 | 30: Lk 22,39; Joh 18,1 | 31: Sach 13,7 · 26,56 · Joh 16,32 | 32: 28,7 | 33: 20,22 | 34: 26,69–75 | 35: Joh 11,16

In Getsemani

36 Da kommt Jesus mit ihnen an einen Ort namens Getsemani und sagt zu den Jüngern: Bleibt hier sitzen, solange ich weg bin und dort bete. 37 Und er nahm Petrus und die zwei Söhne des Zebedäus mit sich, und er wurde immer trauriger und mutloser. 38 Da sagt er zu ihnen: Meine Seele ist zu Tode betrübt, bleibt hier und wacht mit mir. 39 Und er ging ein wenig weiter, fiel auf sein Angesicht und betete: Mein Vater, wenn es möglich ist, so gehe dieser Kelch an mir vorüber. Doch nicht wie ich will, sondern wie du willst. 40 Und er kommt zu den Jüngern zurück und findet sie schlafend. Und er sagt zu Petrus: So vermochtet ihr denn nicht eine Stunde mit mir wach zu bleiben? 41 Wacht und betet, dass ihr nicht in Versuchung kommt! Der Geist ist willig, das Fleisch aber schwach. 42 Wieder ging er weg, ein zweites Mal, und betete: Mein Vater, wenn dieser Kelch nicht an mir vorübergehen kann, ohne dass ich ihn trinke, so geschehe dein Wille. 43 Und er kam wieder zurück und fand sie schlafend, denn die Augen waren ihnen schwer geworden. 44 Und er verliess sie, ging wieder weg und betete zum dritten Mal, wieder mit denselben Worten. 45 Dann kommt er zu den Jüngern zurück und

sagt zu ihnen: Schlaft nur weiter und
ruht euch aus! Seht, die Stunde ist gekommen, da der Menschensohn in die
Hände von Sündern ausgeliefert wird.
46 Steht auf, lasst uns gehen! Seht, der
mich ausliefert, ist da.

P: Mk 14,32–42; Lk 22,39–46 |36: Joh 18,1
|38: Ps 42,6.12; 43,5; Joh 12,27 |39: 20,22; Joh 18,11 ·
6,10 |41: 6,13 |42: 6,10

Die Gefangennahme

47 Und während er noch redete, da
kam Judas, einer von den Zwölfen, und
mit ihm eine grosse Schar mit Schwertern und Knüppeln im Auftrag der Hohen Priester und der Ältesten des Volkes.
48 Der ihn aber auslieferte, hatte mit ihnen ein Zeichen verabredet: Den ich
küssen werde, der ist es. Den nehmt
fest! 49 Und sogleich ging er auf Jesus
zu und sagte: Sei gegrüsst, Rabbi, und
küsste ihn. 50 Jesus sagte zu ihm:
Freund, dazu bist du gekommen! Da kamen sie auf ihn zu, ergriffen ihn und
nahmen ihn fest. 51 Da hob einer von
denen, die mit Jesus waren, seine Hand
und zog sein Schwert, schlug nach dem
Knecht des Hohen Priesters und hieb
ihm das Ohr ab. 52 Da sagt Jesus zu ihm:
Steck dein Schwert an seinen Ort! Denn
alle, die zum Schwert greifen, werden
durch das Schwert umkommen.
53 Oder meinst du, ich könnte meinen
Vater nicht bitten und er würde mir
nicht sogleich mehr als zwölf Legionen
Engel zur Seite stellen? 54 Doch wie
würden dann die Schriften in Erfüllung
gehen, nach denen es so geschehen
muss?

55 Zu jener Stunde sagte Jesus zu
den Leuten: Wie gegen einen Räuber
seid ihr ausgezogen, mit Schwertern
und Knüppeln, mich gefangen zu nehmen? Tag für Tag sass ich im Tempel und
lehrte, und ihr habt mich nicht festgenommen.
56 Dies alles aber ist geschehen, damit die Schriften der Propheten in Erfüllung gehen. Da verliessen ihn die Jünger
alle und flohen.

P: Mk 14,43–52; Lk 22,47–53; Joh 18,2–11
|49: 27,29 |52: Gen 9,6 |53: 4,11; Ps 91,11–12
|54: Jes 53,7 |55: 21,23; Lk 19,47; Joh 18,20! |56: 26,31!

Die Verhandlung vor dem Hohen Rat

57 Die aber, die Jesus festgenommen
hatten, führten ihn vor den Hohen
Priester Kajafas, wo sich die Schriftgelehrten und die Ältesten versammelt
hatten. 58 Petrus aber folgte ihm von
weitem bis zum Palast des Hohen Priesters; und er ging hinein und setzte sich
zu den Gerichtsdienern, um zu sehen,
wie es enden würde.

59 Die Hohen Priester aber und der
ganze Hohe Rat suchten nach einer falschen Zeugenaussage gegen Jesus, um
ihn töten zu können; 60 doch sie fanden
keine, obwohl viele falsche Zeugen auf-
traten. Zuletzt aber traten zwei auf
61 und sagten: Dieser hat behauptet: Ich
kann den Tempel Gottes niederreissen
und in drei Tagen wieder aufbauen.
62 Und der Hohe Priester erhob sich
und sagte zu ihm: Antwortest du nichts
auf das, was diese gegen dich vorbringen? 63 Jesus aber schwieg. Und der
Hohe Priester sagte zu ihm: Ich beschwöre dich bei dem lebendigen Gott,
uns zu sagen, ob du der Messias bist, der
Sohn Gottes. 64 Da sagt Jesus zu ihm:
Du sagst es. Doch ich sage euch: Von nun
an werdet ihr den *Menschensohn* sitzen
sehen zur Rechten der Macht und *kommen auf den Wolken des Himmels.* 65 Da
zerriss der Hohe Priester seine Kleider
und sagte: Er hat gelästert. Was brauchen wir noch Zeugen? Jetzt habt ihr die
Lästerung gehört! 66 Was meint ihr?
Sie antworteten: Er ist des Todes schuldig!

67 Da spuckten sie ihm ins Gesicht
und schlugen ihn mit den Fäusten, andere aber ohrfeigten ihn 68 und sagten:
Weissage uns, Messias: Wer ist es, der
dich geschlagen hat?

P: Mk 14,53–65; Lk 22,54–55.66–71.63–65;
Joh 18,12–24 |59: Ps 27,12 |61: Joh 2,19; Apg 6,14
|63: 16,16! |64: 27,11 · 22,44; Ps 110,1 · 24,30; Dan 7,13 ·
16,27! |65: 9,3 |66: Lev 24,16 |67: 27,30; Jes 50,6

Die Verleugnung durch Petrus

69 Petrus aber sass draussen im Hof.
Und eine Magd trat zu ihm und sagte:
Auch du warst mit Jesus, dem Galiläer.
70 Er aber leugnete es vor allen und
sagte: Ich weiss nicht, wovon du
sprichst! 71 Als er aber in die Torhalle
hinausging, sah ihn eine andere, und
sagte zu denen, die dort waren: Dieser
war mit Jesus, dem Nazarener! 72 Und
wieder leugnete er es und schwor: Ich
kenne den Menschen nicht. 73 Nach einer Weile traten die Umstehenden auf
Petrus zu und sagten: Natürlich, auch du
bist einer von ihnen, deine Sprache ver-
rät dich ja. 74 Da begann er zu fluchen
und zu schwören: Ich kenne den Menschen nicht. Und dann krähte der Hahn.
75 Da erinnerte sich Petrus an das Wort
Jesu, der zu ihm gesagt hatte: Ehe der
Hahn kräht, wirst du mich dreimal verleugnen. Und er ging hinaus und weinte
bitterlich.

P: Mk 14,66–72; Lk 22,56–62; Joh 18,15–18.25–27
| 69: 26,58 | 75: 26,34

Der Todesbeschluss des Hohen Rats

27 1 Als es Morgen wurde, fassten
alle Hohen Priester und die Ältesten des Volkes den Beschluss, Jesus zu
töten. 2 Und sie fesselten ihn, führten
ihn ab und lieferten ihn an den Statthalter Pilatus aus.

| 1: 26,3–4; Mk 14,64 | 2: Mk 15,1; Lk 23,1

Das Ende des Judas

3 Als nun Judas, der ihn ausgeliefert
hatte, sah, dass er verurteilt war, reute es
ihn, und er brachte die dreissig Silberstücke den Hohen Priestern und Ältesten zurück 4 und sagte: Ich habe gesündigt, unschuldiges Blut habe ich ausgeliefert. Sie aber sagten: Was geht das uns
an? Sieh du zu! 5 Da warf er die Silberstücke in den Tempel, machte sich davon, ging und erhängte sich. 6 Die Hohen Priester aber nahmen die Silberstücke und sagten: Es ist nicht erlaubt, sie
zum Tempelschatz zu legen, weil es
Blutgeld ist. 7 Sie beschlossen, davon

den Töpferacker zu kaufen als Begräb-
nisstätte für die Fremden. 8 Darum
heisst jener Acker bis heute Blutacker.
9 Da ging in Erfüllung, was durch den
Propheten Jeremia gesagt ist: *Und sie
nahmen die dreissig Silberstücke, den Preis
des Geschätzten, den sie geschätzt hatten,
von den Söhnen Israels,* 10 und sie gaben sie für den Töpferacker, *wie der Herr
mir befohlen hatte.*

| 3: 26,15! | 4: Dtn 27,25 · 27,24 | 9–10: Sach 11,13
| 10: Jer 18,2–3; 32,7–9

Die Verhandlung vor Pilatus

11 Jesus aber wurde vor den Statthalter gebracht, und der Statthalter fragte
ihn: Du bist der König der Juden? Jesus
sprach: Das sagst du! 12 Und solange die
Hohen Priester und Ältesten ihre
Anklagen vorbrachten, antwortete
er nichts. 13 Da sagte Pilatus zu ihm:
Hörst du nicht, was sie alles gegen dich
vorbringen? 14 Und er antwortete ihm
auf keine einzige Frage, so dass sich der
Statthalter sehr wunderte.

P: Mk 15,2–5; Lk 23,2–5; Joh 18,28–38a
| 11: 26,63–64 | 12: Lk 23,9 | 13–14: Joh 19,8–10

Die Freilassung des Barabbas

15 Jeweils zum Fest aber pflegte der
Statthalter dem Volk einen Gefangenen
freizugeben nach ihrer Wahl. 16 Sie hatten damals aber einen berüchtigten Gefangenen namens Barabbas. 17 Als sie
nun versammelt waren, sagte Pilatus zu
ihnen: Wen soll ich euch freigeben, Barabbas oder Jesus, den sogenannten
Messias? 18 Er wusste nämlich, dass sie
ihn aus Neid ausgeliefert hatten.

19 Als er nun auf dem Richterstuhl
sass, liess ihm seine Frau sagen: Lass die
Hände von diesem Gerechten, denn seinetwegen habe ich heute im Traum viel
gelitten.

20 Die Hohen Priester und die Ältesten aber überredeten die Leute, um Barabbas zu bitten, Jesus aber hinrichten
zu lassen. 21 Der Statthalter nun fragte
sie: Welchen von den beiden soll ich
euch freigeben? Sie sagten: Barabbas!

22 Da sagte Pilatus zu ihnen: Was soll ich dann mit Jesus machen, dem sogenannten Messias? Sie alle sagten: Gekreuzigt soll er werden! 23 Er aber sagte: Was hat er denn Böses getan? Da schrien sie noch lauter: Gekreuzigt soll er werden!

24 Als Pilatus sah, dass er nichts erreichte, vielmehr die Unruhe wuchs, nahm er Wasser, wusch sich vor den Augen des Volkes die Hände und sagte: Ich bin unschuldig an diesem Blut. Seht ihr zu! 25 Und das ganze Volk entgegnete: Sein Blut über uns und unsere Kinder! 26 Da gab er ihnen Barabbas frei; Jesus aber liess er auspeitschen und lieferte ihn aus zur Kreuzigung.

P: Mk 15,6–15; Lk 23,13–25; Joh 18,38b–40; 19,6–16a |17: 1,16 |24: Dtn 21,6–8; Ps 26,6; 73,13 · 27,4 |25: 23,35; 2Sam 1,16 |26: Joh 19,1

Die Verspottung im Prätorium

27 Da nahmen die Soldaten des Statthalters Jesus mit sich ins Prätorium und versammelten um ihn die ganze Kohorte. 28 Und sie zogen ihn aus, legten ihm einen purpurroten Mantel um 29 und flochten eine Krone aus Dornen, setzten sie ihm aufs Haupt und gaben ihm ein Rohr in die rechte Hand. Und sie fielen vor ihm auf die Knie und verspotteten ihn: Sei gegrüsst, König der Juden!, 30 und spuckten ihn an, nahmen das Rohr und schlugen ihn aufs Haupt.

31 Und nachdem sie ihn verspottet hatten, zogen sie ihm den Mantel aus, zogen ihm seine Kleider wieder an und führten ihn ab, um ihn zu kreuzigen.

P: Mk 15,16–20a |28–30: Joh 19,2–3 |28: Lk 23,11 |29: 20,19 · 26,49 |30: 26,67!

Die Kreuzigung

32 Während sie hinausgingen, trafen sie einen aus Kyrene mit Namen Simon; den zwangen sie, ihm das Kreuz zu tragen.

33 Und als sie an den Ort namens Golgota kamen – das heisst ‹Schädelstätte› –, 34 gaben sie ihm Wein zu trinken, der mit Wermut vermischt war, und als er gekostet hatte, wollte er nicht trinken. 35 Nachdem sie ihn aber gekreuzigt hatten, *teilten sie* seine *Kleider unter sich, indem sie das Los warfen;* 36 und sie sassen dort und bewachten ihn. 37 Und sie brachten über seinem Haupt die Inschrift an, die seine Schuld angab: Das ist Jesus, der König der Juden. 38 Dann wurden mit ihm zwei Räuber gekreuzigt, einer zur Rechten und einer zur Linken.

39 Die aber vorübergingen, verwünschten ihn, schüttelten den Kopf 40 und sagten: Der du den Tempel niederreissen und in drei Tagen wieder aufbauen willst, rette dich selbst, wenn du der Sohn Gottes bist, und steig herab vom Kreuz! 41 Ebenso spotteten die Hohen Priester mit den Schriftgelehrten und den Ältesten und sagten: 42 Andere hat er gerettet, sich selbst kann er nicht retten. Der König Israels ist er doch: So steige er jetzt vom Kreuz herab, und wir werden an ihn glauben. 43 *Er hat auf Gott vertraut; der soll ihn jetzt retten, wenn er will,* er hat ja gesagt: Ich bin Gottes Sohn. 44 Ebenso verhöhnten ihn die Räuber, die mit ihm gekreuzigt wurden.

P: Mk 15,20b–32; Lk 23,33–43; Joh 19,16b–24 |32: Lk 23,26 |34: 27,48; Lk 23,36 · Ps 69,22 |35: Ps 22,19 |37: Lk 23,38 |38: Jes 53,12 |39: Ps 22,8; 109,25 |40: 26,61 · 4,3! |42: 12,38! |43: 4,3!; Ps 22,9 · 26,64

Der Tod Jesu

45 Von der sechsten Stunde an kam eine Finsternis über das ganze Land bis zur neunten Stunde. 46 Um die neunte Stunde aber schrie Jesus mit lauter Stimme: *Eli, Eli, lema sabachtani!,* das heisst: *Mein Gott, mein Gott, warum hast du mich verlassen!* 47 Als einige von denen, die dort standen, das hörten, sagten sie: Der ruft nach Elija. 48 Und sogleich lief einer von ihnen hin und nahm einen Schwamm, tränkte ihn mit Essig, steckte ihn auf ein Rohr und gab ihm zu trinken. 49 Die anderen aber sagten: Lass doch, wir wollen sehen, ob Elija kommt und ihn rettet. 50 Jesus

aber schrie noch einmal mit lauter Stimme und verschied.

51 Und siehe da: Der Vorhang im Tempel riss entzwei von oben bis unten, und die Erde bebte, und die Felsen barsten, 52 und die Gräber taten sich auf, und die Leiber vieler entschlafener Heiliger wurden auferweckt. 53 Nach der Auferweckung Jesu kamen sie aus den Gräbern hervor und zogen in die heilige Stadt und erschienen vielen.

54 Als aber der Hauptmann und seine Leute, die Jesus bewachten, das Erdbeben sahen und was da geschah, fürchteten sie sich sehr und sagten: Ja, der war wirklich Gottes Sohn!

55 Es waren dort viele Frauen, die von ferne zuschauten; sie waren Jesus aus Galiläa gefolgt und hatten ihn unterstützt. 56 Unter ihnen waren Maria aus Magdala und Maria, die Mutter des Jakobus und des Josef, und die Mutter der Söhne des Zebedäus.

P: Mk 15,33–41; Lk 23,44–49; Joh 19,28–30 |46: Ps 22,2 |48: 27,34! |51: Ex 26,31–33 |53: 1Kor 15,20 |54: 16,16! |56: 27,61; 28,1; Lk 8,2–3!; Joh 19,25

27,46: Andere Übersetzungsmöglichkeit: «... Mein Gott, mein Gott, wozu hast du mich verlassen?»

Die Grablegung

57 Als es aber Abend wurde, kam ein reicher Mann von Arimatäa mit Namen Josef, der selbst auch ein Jünger Jesu geworden war. 58 Der ging zu Pilatus und bat um den Leichnam Jesu. Da befahl Pilatus, dass er ihm gegeben werde. 59 Und Josef nahm den Leichnam, wickelte ihn in ein reines Leinentuch 60 und legte ihn in ein neues Grab, das er für sich in den Felsen hatte hauen lassen, wälzte einen grossen Stein vor den Eingang des Grabes und entfernte sich. 61 Es waren dort Maria aus Magdala und die andere Maria; die sassen dem Grab gegenüber.

P: Mk 15,42–47; Lk 23,50–56; Joh 19,38–42 |58: Dtn 21,22–23 |61: 27,56!

Die Bewachung des Grabes

62 Am nächsten Tag nun, dem Tag nach dem Rüsttag, versammelten sich die Hohen Priester und die Pharisäer bei Pilatus 63 und sagten: Herr, wir haben uns erinnert, dass jener Betrüger, als er noch lebte, gesagt hat: Nach drei Tagen werde ich auferweckt. 64 Befiehl also, dass das Grab bewacht werde bis zum dritten Tag, damit nicht seine Jünger kommen und ihn stehlen und dem Volk sagen: Er ist von den Toten auferweckt worden. Der letzte Betrug wäre dann schlimmer als der erste. 65 Da sagte Pilatus zu ihnen: Ihr sollt eine Wache haben! Geht und bewacht es, so gut ihr könnt. 66 Sie gingen, versiegelten den Stein und sicherten das Grab mit einer Wache.

|63: 16,21! |64: 28,13

Das leere Grab

28 1 Nach dem Sabbat aber, beim Anbruch des ersten Wochentages, kamen Maria aus Magdala und die andere Maria, um nach dem Grab zu sehen. 2 Und siehe da: Es gab ein starkes Erdbeben, denn ein Engel des Herrn stieg vom Himmel herab, kam und wälzte den Stein weg und setzte sich darauf. 3 Seine Erscheinung war wie ein Blitz und sein Gewand weiss wie Schnee. 4 Die Wächter zitterten vor Angst und erstarrten. 5 Der Engel aber sagte zu den Frauen: Fürchtet euch nicht! Denn ich weiss, ihr sucht Jesus, den Gekreuzigten. 6 Er ist nicht hier, denn er ist auferweckt worden, wie er gesagt hat. Kommt, seht die Stelle, wo er gelegen hat. 7 Und macht euch eilends auf den Weg und sagt seinen Jüngern, dass er von den Toten auferweckt worden ist; und jetzt geht er euch voraus nach Galiläa, dort werdet ihr ihn sehen. Ich habe es euch gesagt. 8 Und sie gingen eilends weg vom Grab voller Furcht und mit grosser Freude und liefen, um es seinen Jüngern zu berichten.

P: Mk 16,1–8; Lk 24,1–8; Joh 20,1–10 |1: 27,56! |3: Dan 10,6 |6: 16,21! |7: 26,32

*Das Erscheinen des Auferstandenen vor
den Frauen*

9 Und siehe da: Jesus kam ihnen entgegen und sprach: Seid gegrüsst! Sie gingen auf ihn zu, umfassten seine Füsse und warfen sich vor ihm nieder. 10 Da sagt Jesus zu ihnen: Fürchtet euch nicht! Geht und sagt meinen Brüdern, dass sie nach Galiläa gehen sollen, dort werden sie mich sehen.

P: Joh 20,11–18

Der Betrug der Hohen Priester

11 Während sie weggingen, da trafen einige von der Wache in der Stadt ein und berichteten den Hohen Priestern alles, was geschehen war. 12 Und diese versammelten sich mit den Ältesten und fassten einen Beschluss: Sie gaben den Soldaten reichlich Geld 13 und wiesen sie an, zu sagen, seine Jünger seien in der Nacht gekommen und hätten ihn gestohlen, während sie schliefen. 14 Und wenn der Statthalter davon hört,

so werden wir ihn beschwichtigen und dafür sorgen, dass ihr nichts zu befürchten habt. 15 Sie nahmen das Geld und taten, wie sie angewiesen wurden. Und so hat sich dieses Gerücht bei den Juden verbreitet und gehalten bis auf den heutigen Tag.

| 11: 28,4 | 13: 27,64

Der Auftrag des Auferstandenen

16 Die elf Jünger aber gingen nach Galiläa, auf den Berg, wohin Jesus sie befohlen hatte. 17 Und als sie ihn sahen, warfen sie sich nieder; einige aber zweifelten. 18 Und Jesus trat zu ihnen und sprach: Mir ist alle Macht gegeben im Himmel und auf Erden. 19 Geht nun hin und macht alle Völker zu Jüngern: Tauft sie auf den Namen des Vaters und des Sohnes und des heiligen Geistes, 20 und lehrt sie alles halten, was ich euch geboten habe. Und seid gewiss: Ich bin bei euch alle Tage bis an der Welt Ende.

| 18: 7,29; 9,6; 11,27; Joh 3,35 · Dan 7,14; Phil 2,10
| 19: Lk 24,47 · 10,5–6! · 8,11; 22,9; 24,14; 26,13

Das Evangelium nach Markus

Das Auftreten des Täufers

1 1 Anfang des Evangeliums von Jesus Christus, dem Sohn Gottes. 2 Wie geschrieben steht beim Propheten Jesaja:
*Siehe, ich sende meinen Boten vor dir her,
    der deinen Weg bereiten wird.*
3 *Stimme eines Rufers in der Wüste:
Bereitet den Weg des Herrn,
macht gerade seine Strassen!*
4 So trat Johannes der Täufer auf in der Wüste und verkündigte eine Taufe der Umkehr zur Vergebung der Sünden. 5 Und das ganze judäische Land und alle Bewohner Jerusalems zogen hinaus zu ihm. Und sie liessen sich von ihm taufen im Jordan und bekannten ihre Sünden. 6 Und Johannes trug ein Ge-

wand aus Kamelhaaren und einen ledernen Gürtel um seine Hüften, und er ass Heuschrecken und wilden Honig.

7 Und er verkündete: Nach mir kommt, der stärker ist als ich; mir steht es nicht zu, mich zu bücken und ihm die Schuhriemen zu lösen. 8 Ich habe euch mit Wasser getauft, er aber wird euch mit heiligem Geist taufen.

P: Mt 3,3–6.11–12; Lk 3,3–6.15–18;
Joh 1,19–23.26–27 | 1: 1,15! · 8,29! · 1,11! | 2: 9,12;
Ex 23,20; Mal 3,1; Mt 11,10; Lk 7,27 | 3: Jes 40,3
| 4: Lk 3,3! | 6: 2Kön 1,8; Mt 11,8 | 8: Joh 1,33

Die Taufe Jesu

9 Und es geschah in jenen Tagen, dass Jesus aus Nazaret in Galiläa kam und sich von Johannes im Jordan taufen liess. 10 Und sogleich, als er aus dem

Wasser stieg, sah er den Himmel sich teilen und den Geist wie eine Taube auf sich herabsteigen. 11 Und eine Stimme kam aus dem Himmel: Du bist mein geliebter Sohn, an dir habe ich Wohlgefallen.

P: Mt 3,13–17; Lk 3,21–22; Joh 1,29–34 | 11: 1,1; 9,7; 14,61; 15,39; Ps 2,7; Jes 42,1 · 1,24!

Die Versuchung Jesu

12 Und sogleich treibt ihn der Geist in die Wüste. 13 Und er war vierzig Tage in der Wüste und wurde vom Satan versucht. Und er war bei den wilden Tieren, und die Engel dienten ihm.

P: Mt 4,1–11; Lk 4,1–13 | 13: Hiob 5,22–23 · Ps 91,11

Erstes Auftreten in Galiläa

14 Nachdem man Johannes gefangen genommen hatte, kam Jesus nach Galiläa und verkündigte das Evangelium Gottes: 15 Erfüllt ist die Zeit, und nahe gekommen ist das Reich Gottes. Kehrt um und glaubt an das Evangelium!

P: Mt 4,12–17; Lk 4,14–15 | 14: 6,17 · 1,38.39 · 1,15! | 15: Gal 4,4 · Lk 10,9! · 1,1.14; 8,35; 10,29; 13,10; 14,9

Die Berufung der ersten Jünger

16 Und als er den See von Galiläa entlangging, sah er Simon und Andreas, den Bruder des Simon, auf dem See die Netze auswerfen; sie waren nämlich Fischer. 17 Und Jesus sagte zu ihnen: Kommt, mir nach! Ich werde euch zu Menschenfischern machen. 18 Und sogleich liessen sie die Netze liegen und folgten ihm. 19 Und als er ein paar Schritte weiterging, sah er Jakobus, den Sohn des Zebedäus, und seinen Bruder Johannes, wie sie im Boot die Netze herrichteten. 20 Und sogleich rief er sie. Und sie liessen ihren Vater Zebedäus mit den Tagelöhnern im Boot zurück und gingen fort, ihm nach.

P: Mt 4,18–22; Lk 5,4–11; Joh 1,35–51 | 17: Jer 16,16 | 18: 1,20! | 20: 1,18; 2,14; 8,34; 10,21.28

Die Heilung eines Besessenen

21 Und sie kommen nach Kafarnaum. Und sogleich ging er am Sabbat in die Synagoge und lehrte. 22 Und sie waren überwältigt von seiner Lehre, denn er lehrte sie wie einer, der Vollmacht hat, und nicht wie die Schriftgelehrten.

23 Und sogleich war da in ihrer Synagoge einer mit einem unreinen Geist, der schrie laut: 24 Was haben wir mit dir zu schaffen, Jesus von Nazaret! Bist du gekommen, uns zu vernichten? Ich weiss, wer du bist: der Heilige Gottes! 25 Und Jesus schrie ihn an und sprach: Verstumme und fahr aus! 26 Und der unreine Geist zerrte ihn hin und her, schrie mit lauter Stimme und fuhr aus. 27 Und sie erschraken alle so sehr, dass einer den andern fragte: Was ist das? Eine neue Lehre aus Vollmacht? Selbst den unreinen Geistern gebietet er, und sie gehorchen ihm. 28 Und die Kunde von ihm drang sogleich hinaus ins ganze Umland von Galiläa.

P: Lk 4,31–37 | 22: 1,27; 6,2; 7,37; 11,18.28 | 24: 3,11; 5,7 · 1,11! | 25: 9,25 | 26: 9,20.26 | 27: 1,22! · 4,41

Die Heilung der Schwiegermutter des Petrus

29 Und sogleich verliessen sie die Synagoge und gingen mit Jakobus und Johannes in das Haus des Simon und des Andreas. 30 Die Schwiegermutter des Simon aber lag mit hohem Fieber im Bett; und sogleich erzählten sie ihm von ihr. 31 Und er trat herzu, nahm ihre Hand und richtete sie auf. Da wich das Fieber von ihr, und sie bewirtete sie.

P: Mt 8,14–15; Lk 4,38–39

Weitere Heilungen

32 Am Abend aber, als die Sonne untergegangen war, brachten sie alle Kranken und Besessenen zu ihm. 33 Und die ganze Stadt war vor der Tür versammelt. 34 Und er heilte viele, die an mancherlei Krankheiten litten, und trieb viele Dä-

monen aus. Und die Dämonen liess er
nicht reden, weil sie ihn kannten.

P: Mt 8,16–17; Lk 4,40–41 |33: 2,2! |34: 1,44!

Aufbruch aus Kafarnaum

35 Und in der Frühe, als es noch
finster war, stand er auf, ging hinaus
und begab sich an einen einsamen Ort,
und dort betete er. 36 Simon aber und
seine Gefährten eilten ihm nach. 37 Und
sie fanden ihn, und sie sagen zu ihm:
Alle suchen dich! 38 Und er sagt zu
ihnen: Lasst uns anderswohin gehen, in
die benachbarten Weiler, damit ich
auch dort verkündige. Denn dazu bin
ich gekommen.

39 Und er ging und verkündigte in
ihren Synagogen in ganz Galiläa und
trieb die Dämonen aus.

P: Lk 4,42–44 |38: 1,14! |39: 1,14!; Mt 4,23; 9,35

Die Heilung eines Aussätzigen

40 Und es kommt ein Aussätziger
zu ihm, fällt auf die Knie, bittet ihn und
sagt: Wenn du willst, kannst du mich
rein machen. 41 Und er fühlte Mitleid,
streckte seine Hand aus und berührte
ihn, und er sagt zu ihm: Ich will es, sei
rein! 42 Und sogleich wich der Aussatz
von ihm, und er wurde rein. 43 Und er
fuhr ihn an und schickte ihn auf der
Stelle weg, 44 und er sagt zu ihm: Sieh
zu, dass du niemandem etwas sagst,
sondern geh, zeig dich dem Priester,
und bring für deine Reinigung dar, was
Mose angeordnet hat – das soll ihnen
ein Beweis sein. 45 Der ging weg und
fing an, es überall kundzutun und die
Sache bekannt zu machen, so dass Jesus
sich kaum mehr in einer Stadt sehen lassen konnte, sondern draussen an abgelegenen Orten blieb. Und sie kamen zu
ihm von überall her.

P: Mt 8,1–4; Lk 5,12–16 |41: 6,34; 8,2; 9,22 |44:
1,34; 3,12; 5,43; 7,36; 8,30; 9,9 · Lev 14,2–32 |45: 7,36

Die Heilung eines Gelähmten

2 1 Und als er nach einigen Tagen wieder nach Kafarnaum ging, wurde bekannt, dass er in einem Haus sei. 2 Und
viele versammelten sich, so dass nicht
einmal mehr vor der Tür Platz war. Und
er sagte ihnen das Wort. 3 Da kommen
einige, die einen Gelähmten zu ihm
bringen; vier von ihnen trugen ihn.
4 Und weil sie ihn wegen des Gedränges
nicht bis zu ihm hinbringen konnten,
deckten sie dort, wo er war, das Dach ab,
rissen es auf und liessen die Bahre, auf
der der Gelähmte lag, hinab. 5 Und als
Jesus ihren Glauben sieht, sagt er zu
dem Gelähmten: Kind, dir sind die Sünden vergeben!

6 Es sassen dort aber einige Schriftgelehrte, die dachten bei sich: 7 Was redet der so? Er lästert! Wer kann Sünden
vergeben ausser Gott? 8 Und sogleich
erkennt Jesus in seinem Geist, dass sie
solche Gedanken hegen, und spricht zu
ihnen: Warum hegt ihr solche Gedanken? 9 Was ist leichter? Zu dem Gelähmten zu sagen: Dir sind die Sünden vergeben, oder zu sagen: Steh auf, nimm
deine Bahre und geh umher? 10 Damit
ihr aber wisst, dass der Menschensohn
Vollmacht hat, auf Erden Sünden zu vergeben – sagt er zu dem Gelähmten:
11 Ich sage dir, steh auf, nimm deine
Bahre und geh nach Hause! 12 Und der
stand auf, nahm sogleich die Bahre und
ging vor aller Augen hinaus, und alle waren fassungslos und priesen Gott und
sagten: Nie haben wir solches gesehen!

P: Mt 9,1–8; Lk 5,17–26 |2: 1,33; 3,20; 6,31
|5: 5,34! |7: Jes 43,25 |11: Joh 5,8

Die Berufung eines Zöllners

13 Und er ging wieder hinaus, den
See entlang, und alles Volk kam zu ihm,
und er lehrte sie. 14 Und im Vorübergehen sah er Levi, den Sohn des Alfäus, am
Zoll sitzen. Und er sagt zu ihm: Folge
mir! Und der stand auf und folgte ihm.

15 Und es geschieht, dass er in dessen Haus bei Tisch sitzt. Und viele Zöllner und Sünder sassen mit Jesus und
seinen Jüngern bei Tisch. Es waren nämlich viele, und sie folgten ihm. 16 Und
als die Schriftgelehrten unter den Pharisäern sahen, dass er mit den Sündern

und Zöllnern ass, sagten sie zu seinen Jüngern: Mit den Zöllnern und Sündern isst er! 17 Und als Jesus das hört, sagt er zu ihnen: Nicht die Gesunden brauchen den Arzt, sondern die Kranken. Ich bin nicht gekommen, Gerechte zu rufen, sondern Sünder.

P: Mt 9,9–13; Lk 5,27–32 | 13: 4,1 | 14: 1,20! | 16: Lk 5,30! | 17: Lk 5,32!

Zur Frage nach dem Fasten

18 Und die Jünger des Johannes und die Pharisäer pflegten zu fasten. Und sie kommen und sagen zu ihm: Warum fasten die Jünger des Johannes und die Jünger der Pharisäer, deine Jünger aber fasten nicht? 19 Da sagte Jesus zu ihnen: Können denn die Hochzeitsgäste fasten, solange der Bräutigam bei ihnen ist? Solange sie den Bräutigam bei sich haben, können sie nicht fasten. 20 Doch es werden Tage kommen, da ihnen der Bräutigam entrissen wird, und dann werden sie fasten, an jenem Tag.

21 Niemand näht ein Stück neuen Stoff auf einen alten Mantel, sonst reisst der Flicken etwas von ihm ab, das Neue vom Alten, und es entsteht ein noch schlimmerer Riss. 22 Und niemand füllt neuen Wein in alte Schläuche, sonst wird der Wein die Schläuche zerreissen, und der Wein geht verloren, und die Schläuche sind hin. Nein, neuen Wein in neue Schläuche!

P: Mt 9,14–17; Lk 5,33–39 | 20: 14,7

Das Ährenraufen am Sabbat

23 Und es geschah, dass er am Sabbat durch die Kornfelder ging, und unterwegs begannen seine Jünger, Ähren zu raufen. 24 Und die Pharisäer sagten zu ihm: Schau her, warum tun sie, was am Sabbat nicht erlaubt ist? 25 Und er sagt zu ihnen: Habt ihr nie gelesen, was David tat, als er Mangel litt und hungrig war, er und seine Gefährten? 26 Wie er in das Haus Gottes hineinging zur Zeit des Hohen Priesters Abiatar und die Schaubrote ass, die niemand essen darf ausser den Priestern, und wie er auch

seinen Gefährten davon gab? 27 Und er sagt zu ihnen: Der Sabbat ist um des Menschen willen geschaffen, nicht der Mensch um des Sabbats willen. 28 Also: Der Menschensohn ist Herr auch über den Sabbat.

P: Mt 12,1–8; Lk 6,1–5 | 24: Ex 31,13–17 | 26: 1Sam 21,1–7 · Lev 24,5–9

Die Heilung eines behinderten Mannes am Sabbat

3 1 Und er ging wieder in die Synagoge. Und dort war einer mit einer verkümmerten Hand. 2 Und sie beobachteten ihn genau, ob er ihn am Sabbat heilen würde, um ihn anklagen zu können. 3 Und er sagt zu dem Menschen mit der verkümmerten Hand: Steh auf, tritt in die Mitte! 4 Und er sagt zu ihnen: Ist es erlaubt, am Sabbat Gutes zu tun oder Böses zu tun, Leben zu retten oder zu vernichten? Sie aber schwiegen. 5 Und voller Zorn schaut er sie einen nach dem andern an, betrübt über die Verstocktheit ihres Herzens, und sagt zu dem Menschen: Streck deine Hand aus! Und der streckte sie aus – und seine Hand wurde wiederhergestellt. 6 Da gingen die Pharisäer hinaus und fassten zusammen mit den Herodianern sogleich den Beschluss, ihn umzubringen.

P: Mt 12,9–14; Lk 6,6–11 | 5: 6,52; 8,17; Joh 12,40; Röm 11,25 | 6: Ex 31,14 · 11,18!

Zustrom von weit her

7 Und Jesus zog sich mit seinen Jüngern an den See zurück, und eine grosse Menschenmenge aus Galiläa folgte; auch aus Judäa 8 und aus Jerusalem, aus Idumäa und von jenseits des Jordan und aus der Gegend um Tyrus und Sidon kam eine grosse Menschenmenge zu ihm, als sie hörten, was er tat. 9 Und er sagte zu seinen Jüngern, man möge ein Boot für ihn bereitmachen, damit man ihn im Gedränge nicht erdrücke. 10 Denn er heilte so viele, dass alle, die von Leiden geplagt waren, sich auf ihn stürzten, um ihn zu berühren. 11 Und die unreinen Geister warfen sich

vor ihm nieder, sobald sie ihn sahen,
und schrien: Du bist der Sohn Gottes!
12 Und er schrie zurück, sie sollten ihn
nicht offenbar machen.

P: Mt 4,24–25; Lk 6,17–19 | 9: 4,1 | 11: 1,24!
| 12: 1,44!

Die Berufung der Zwölf

13 Und er steigt auf den Berg und
ruft zu sich, die er um sich haben wollte;
und sie traten zu ihm hin. 14 Und er bestimmte zwölf, die er auch Apostel
nannte, die mit ihm sein sollten und die
er aussenden wollte, zu verkündigen
15 und mit Vollmacht die Dämonen auszutreiben. 16 Und er bestimmte die
Zwölf: Simon, dem er den Beinamen
Petrus gab, 17 und Jakobus, den Sohn
des Zebedäus, und Johannes, den Bruder
des Jakobus, denen er den Beinamen
Boanerges gab, das heisst ‹Donnersöhne›,
18 und Andreas und Philippus und Bartolomäus und Matthäus und Thomas
und Jakobus, den Sohn des Alfäus, und
Thaddäus und Simon Kananäus, 19 und
Judas Iskariot, der ihn dann auslieferte.

P: Mt 10,2–4; Lk 6,12–16 | 15: 6,7! | 19: 14,11!

3,18: Zum Beinamen Kananäus vgl. die Anm. zu
Mt 10,4.

Die besorgten Verwandten

20 Und er geht in ein Haus. Und wieder strömt das Volk zusammen, und sie
kamen nicht einmal dazu, etwas zu essen. 21 Und als seine Verwandten davon
hörten, machten sie sich auf, um sich
seiner zu bemächtigen, denn sie sagten:
Er ist von Sinnen.

| 20: 2,2! | 21: 3,22; Ps 69,9; Joh 10,20

Jesu Macht über die Dämonen

22 Und die Schriftgelehrten, die von
Jerusalem herabgekommen waren, sagten: Er hat den Beelzebul, und: Durch
den Fürsten der Dämonen treibt er die
Dämonen aus.

23 Da rief er sie zu sich und redete zu
ihnen in Gleichnissen: Wie kann der Satan den Satan austreiben? 24 Wenn ein
Reich in sich gespalten ist, dann kann

dieses Reich keinen Bestand haben.
25 Und wenn eine Familie in sich gespalten ist, dann wird diese Familie keinen Bestand haben. 26 Und wenn der
Satan sich gegen sich selbst erhebt und
gespalten ist, kann er nicht bestehen,
sondern es hat ein Ende mit ihm.
27 Niemand aber kann in das Haus des
Starken eindringen und seine Habe rauben, wenn er nicht zuvor den Starken
gefesselt hat; dann erst wird er sein
Haus ausrauben.
28 Amen, ich sage euch: Alles wird
den Menschenkindern vergeben werden, alle Sünden und alle Lästerungen,
so viel sie auch lästern mögen. 29 Wer
aber den heiligen Geist lästert, für den
gibt es in Ewigkeit keine Vergebung,
sondern er ist ewiger Sünde schuldig.
30 Denn sie hatten gesagt: Er hat einen
unreinen Geist.

P: Mt 12,22–32; Lk 11,14–23; 12,10 | 22: 3,21;
Mt 9,34! | 30: 3,22

Die wahren Verwandten Jesu

31 Da kommen seine Mutter und
seine Geschwister, und sie blieben
draussen stehen, schickten zu ihm und
liessen ihn rufen. 32 Und das Volk sass
um ihn herum, und sie sagen zu ihm:
Schau, deine Mutter und deine Brüder
und Schwestern sind draussen und suchen dich. 33 Und er entgegnet ihnen:
Wer ist meine Mutter, und wer sind
meine Geschwister? 34 Und er schaut,
die im Kreis um ihn sitzen, einen nach
dem andern an und spricht: Das hier ist
meine Mutter, und das sind meine Brüder und Schwestern! 35 Denn wer den
Willen Gottes tut, der ist mir Bruder
und Schwester und Mutter.

P: Mt 12,46–50; Lk 8,19–21 | 32: 6,3

Das Gleichnis vom vierfachen Acker und seine Deutung

4 1 Und wieder fing er an, am See zu
lehren. Und es versammelt sich so
viel Volk um ihn, dass er in ein Boot
stieg und sich dann setzte auf dem See;
und alles Volk war am Ufer des Sees.

2 Und er lehrte sie vieles in Gleichnissen und sagte ihnen in seiner Lehre:

3 Hört! Der Sämann ging aus, um zu säen. 4 Und beim Säen geschah es, dass etliches auf den Weg fiel, und die Vögel kamen und frassen es. 5 Anderes fiel auf felsigen Boden, wo es nicht viel Erde fand, und es ging sogleich auf, weil die Erde nicht tief genug war. 6 Und als die Sonne aufging, wurde es versengt; und weil es keine Wurzeln hatte, verdorrte es. 7 Anderes fiel unter die Dornen, und die Dornen schossen auf und erstickten es, und es brachte keine Frucht. 8 Wieder anderes fiel auf guten Boden und brachte Frucht. Es ging auf und wuchs. Und das eine trug dreissigfach, das andere sechzigfach, das dritte hundertfach. 9 Und er sprach: Wer Ohren hat zu hören, der höre!

10 Und als er allein war, fragten ihn die, die mit den Zwölfen um ihn waren, nach dem Sinn der Gleichnisse. 11 Und er sagte zu ihnen: Euch ist das Geheimnis des Reiches Gottes gegeben. Denen aber, die draussen sind, wird alles in Gleichnissen zuteil,

12 *damit sie sehend sehen und nicht erkennen,*

und hörend hören und nicht verstehen,
damit sie nicht umkehren und ihnen vergeben werde.

13 Und er sagt zu ihnen: Dieses Gleichnis versteht ihr nicht? Wie wollt ihr dann die Gleichnisse überhaupt verstehen? 14 Der Sämann sät das Wort. 15 Die auf dem Weg aber sind die, bei denen das Wort gesät wird, doch wenn sie es gehört haben, kommt sogleich der Satan und nimmt das Wort weg, das in sie gesät ist. 16 Und die auf felsigen Boden gesät sind, das sind die, welche das Wort, wenn sie es gehört haben, sogleich freudig aufnehmen. 17 Doch sie haben keine Wurzeln, sondern sind unbeständig. Wenn es danach zu Bedrängnis oder Verfolgung kommt um des Wortes willen, kommen sie gleich zu Fall. 18 Und wieder andere sind die, welche unter die Dornen gesät sind. Das

sind die, welche das Wort gehört haben, 19 doch die Sorgen dieser Welt und der trügerische Reichtum und die Gier nach all den anderen Dingen dringen in sie ein und ersticken das Wort, und es bleibt ohne Frucht. 20 Und die auf guten Boden gesät sind, das sind jene, welche das Wort hören und aufnehmen und Frucht tragen: das eine dreissigfach, das andere sechzigfach, das dritte hundertfach.

P: Mt 13,1–23; Lk 8,4–15 | 9: 4,23; Mt 13,9! | 12: Jes 6,9–10; Joh 12,40 · 8,18 | 19: Lk 12,22!

Vom Sehen, Hören und Messen

21 Und er sagte zu ihnen: Kommt denn das Licht, damit man es unter den Scheffel oder unter das Bett stellt? Nein, damit man es auf den Leuchter stellt! 22 Denn es gibt nichts Verborgenes, das nicht offenbar werden, und nichts Geheimes, das nicht an den Tag kommen soll. 23 Wer Ohren hat zu hören, der höre!

24 Und er sagte zu ihnen: Achtet auf das, was ihr hört! Mit dem Mass, mit dem ihr messt, wird euch zugemessen werden, und es wird euch noch dazugegeben werden. 25 Denn wer hat, dem wird gegeben werden; und wer nicht hat, dem wird auch das genommen werden, was er hat.

P: Lk 8,16–18 | 21: Mt 5,15; Lk 11,33 | 22: Mt 10,26; Lk 12,2 | 23: 4,9; Mt 13,9! | 24: Mt 7,2; Lk 6,38 | 25: Mt 13,12!

Das Gleichnis von der selbst wachsenden Saat

26 Und er sprach: Mit dem Reich Gottes ist es so, wie wenn einer Samen aufs Land wirft; 27 er schläft und steht auf, Nacht und Tag. Und der Same sprosst und wächst empor, er weiss nicht wie. 28 Von selbst bringt die Erde Frucht, zuerst den Halm, dann die Ähre, dann das volle Korn in der Ähre. 29 Wenn aber die Frucht es zulässt, schickt er sogleich die Sichel, denn die Ernte ist da.

| 29: Joel 4,13; Offb 14,15

Das Gleichnis vom Senfkorn

30 Und er sprach: Wie sollen wir das Reich Gottes abbilden? In welchem Gleichnis sollen wir es darstellen? 31 Es ist wie ein Senfkorn, das kleinste unter allen Samenkörnern auf Erden, das in die Erde gesät wird. 32 Ist es gesät, geht es auf und wird grösser als alle anderen Gewächse und treibt so grosse Zweige, dass in seinem Schatten *die Vögel des Himmels nisten* können.

33 Und in vielen solchen Gleichnissen sagte er ihnen das Wort, so wie sie es zu hören vermochten. 34 Anders als im Gleichnis redete er nicht zu ihnen; war er aber mit seinen Jüngern allein, löste er ihnen alles auf.

p: Mt 13,31–32.34–35; Lk 13,18–19 |32: Ps 104,12; Dan 4,9.18

Die Stillung des Seesturms

35 Und er sagt zu ihnen am Abend dieses Tages: Lasst uns ans andere Ufer fahren. 36 Und sie liessen das Volk gehen und nahmen ihn, wie er war, im Boot mit. Auch andere Boote waren bei ihm. 37 Da erhob sich ein heftiger Sturmwind, und die Wellen schlugen ins Boot, und das Boot hatte sich schon mit Wasser gefüllt. 38 Er aber lag schlafend hinten im Boot auf dem Kissen. Und sie wecken ihn und sagen zu ihm: Meister, kümmert es dich nicht, dass wir untergehen? 39 Da stand er auf, schrie den Wind an und sprach zum See: Schweig, verstumme! Und der Wind legte sich, und es trat eine grosse Windstille ein. 40 Und er sagte zu ihnen: Was seid ihr so furchtsam? Habt ihr noch keinen Glauben? 41 Und sie gerieten in grosse Furcht, und sie sagten zueinander: Wer ist denn dieser, dass ihm selbst Wind und Wellen gehorchen?

p: Mt 8,18.23–27; Lk 8,22–25 |37: Jona 1,4 |38: Jona 1,5 |39: 6,51; Ps 65,8; 89,10; 107,29 |40: 5,34! |41: 1,27

Der Besessene von Gerasa

5 ¹ Und sie kamen ans andere Ufer des Sees in das Gebiet der Gerasener. 2 Und kaum war er aus dem Boot gestiegen, lief ihm sogleich von den Gräbern her einer mit einem unreinen Geist über den Weg. 3 Der hauste in den Grabhöhlen, und niemand mehr vermochte ihn zu fesseln, auch nicht mit einer Kette. 4 Denn oft war er in Fussfesseln und Ketten gelegt worden, doch er hatte die Ketten zerrissen und die Fussfesseln zerrieben, und niemand war stark genug, ihn zu bändigen. 5 Und die ganze Zeit, Tag und Nacht, schrie er in den Grabhöhlen und auf den Bergen herum und schlug sich mit Steinen. 6 Und als er Jesus von weitem sah, lief er auf ihn zu und warf sich vor ihm nieder 7 und schrie mit lauter Stimme: Was habe ich mit dir zu schaffen, Jesus, Sohn des höchsten Gottes? Ich beschwöre dich bei Gott: Quäle mich nicht! 8 Er hatte nämlich zu ihm gesagt: Fahr aus, unreiner Geist, aus dem Menschen! 9 Und er fragte ihn: Wie heisst du? Und er sagt zu ihm: Legion heisse ich, denn wir sind viele. 10 Und sie flehten ihn an, sie nicht aus der Gegend zu vertreiben. 11 Nun weidete dort am Berg eine grosse Schweineherde. 12 Da baten sie ihn: Schick uns in die Schweine, lass uns in sie fahren! 13 Und er erlaubte es ihnen. Da fuhren die unreinen Geister aus und fuhren in die Schweine. Und die Herde stürzte sich den Abhang hinunter in den See, an die zweitausend, und sie ertranken im See.

14 Und ihre Hirten ergriffen die Flucht und erzählten es in der Stadt und auf den Gehöften. Und die Leute kamen, um zu sehen, was geschehen war. 15 Und sie kommen zu Jesus und sehen den Besessenen dasitzen, bekleidet und bei Sinnen, ihn, der die Legion gehabt hat. Da fürchteten sie sich. 16 Und die es gesehen hatten, erzählten ihnen, wie es dem Besessenen ergangen war, und die Sache mit den Schweinen. 17 Da baten

sie ihn immer dringlicher, aus ihrem Gebiet wegzuziehen.

18 Und als er ins Boot stieg, bat ihn der Besessene, bei ihm bleiben zu dürfen. 19 Aber er liess es nicht zu, sondern sagt zu ihm: Geh nach Hause zu den Deinen und erzähle ihnen, was der Herr mit dir gemacht hat und dass er Erbarmen hatte mit dir. 20 Und der ging weg und fing an, in der Dekapolis kundzutun, was Jesus mit ihm gemacht hatte. Und alle staunten.

P: Mt 8,28–34; Lk 8,26–39 | 7: 1,24!

Die Auferweckung der Tochter des Jairus. Die Frau mit den Blutungen

21 Und als Jesus im Boot wieder ans andere Ufer hinübergefahren war, strömte viel Volk bei ihm zusammen; und er war am See. 22 Da kommt einer von den Synagogenvorstehern mit Namen Jairus, und als er ihn sieht, fällt er ihm zu Füssen 23 und fleht ihn an: Mein Töchterchen ist todkrank. Komm und leg ihr die Hand auf, damit sie gerettet wird und am Leben bleibt. 24 Und er ging mit ihm. Und viel Volk folgte ihm und drängte sich um ihn.

25 Und da war eine Frau, die hatte seit zwölf Jahren Blutungen 26 und hatte viel gelitten unter vielen Ärzten und ihr ganzes Vermögen ausgegeben. Aber es hatte ihr nichts genützt, es war nur noch schlimmer geworden mit ihr. 27 Als sie nun von Jesus hörte, kam sie im Gedränge von hinten an ihn heran und berührte seinen Mantel. 28 Denn sie sagte sich: Wenn ich auch nur seine Kleider berühre, werde ich gerettet. 29 Und sogleich versiegte die Quelle ihrer Blutungen, und sie spürte an ihrem Körper, dass sie von der Plage geheilt war. 30 Und sogleich spürte Jesus, dass eine Kraft von ihm ausgegangen war, und er wandte sich im Gedränge um und sprach: Wer hat meine Kleider berührt? 31 Da sagten seine Jünger zu ihm: Du siehst doch, wie das Volk sich um dich drängt, und da sagst du: Wer hat mich berührt? 32 Und er schaute umher,

um die zu sehen, die das getan hatte. 33 Die Frau aber kam, verängstigt und zitternd, weil sie wusste, was ihr geschehen war, und warf sich vor ihm nieder und sagte ihm die ganze Wahrheit. 34 Er aber sagte zu ihr: Tochter, dein Glaube hat dich gerettet. Geh in Frieden und sei geheilt von deiner Plage.

35 Noch während er redet, kommen Leute des Synagogenvorstehers und sagen: Deine Tochter ist gestorben! Was bemühst du den Meister noch? 36 Doch Jesus, der hörte, was geredet wurde, sagt zu dem Synagogenvorsteher: Fürchte dich nicht, glaube nur! 37 Und er liess niemanden mit sich gehen ausser Petrus, Jakobus und Johannes, den Bruder des Jakobus. 38 Und sie kommen in das Haus des Synagogenvorstehers. Und er sieht die Aufregung, wie sie weinen und laut klagen. 39 Und er geht hinein und sagt zu ihnen: Was lärmt und weint ihr? Das Kind ist nicht gestorben, es schläft. 40 Da lachten sie ihn aus. Er aber schickt alle hinaus, nimmt den Vater des Kindes und die Mutter und seine Begleiter mit und geht hinein, wo das Kind ist. 41 Und er nimmt die Hand des Kindes und spricht zu ihm: Talita kum! Das heisst: Mädchen, ich sage dir, steh auf! 42 Und sogleich stand das Mädchen auf und ging umher. Es war zwölf Jahre alt. Da waren sie fassungslos vor Entsetzen. 43 Und er schärfte ihnen ein, dies niemanden wissen zu lassen. Und er sagte, man solle ihr zu essen geben.

P: Mt 9,18–26; Lk 8,40–56 | 25: Lev 15,25 | 30: Lk 6,19! | 34: 2,5; 4,40; 10,52; 11,22; Mt 8,13! | 37: 9,2! | 41: Lk 7,14! | 43: 1,44!

Ablehnung in Nazaret

6 1 Und er ging weg von dort. Und er kommt in seine Vaterstadt, und seine Jünger folgten ihm. 2 Und als es Sabbat geworden war, begann er, in der Synagoge zu lehren. Und viele, die zuhörten, waren überwältigt und sagten: Woher hat der das, und was für eine Weisheit ist das, die ihm gegeben ist? Und solche Wunder geschehen durch

seine Hände! 3 Ist das nicht der Zimmermann, der Sohn der Maria, der Bruder des Jakobus, des Joses, des Judas und des Simon, und leben nicht seine Schwestern hier bei uns? Und sie nahmen Anstoss an ihm. 4 Und Jesus sagt zu ihnen: Nirgends gilt ein Prophet so wenig wie in seiner Vaterstadt und bei seinen Verwandten und in seiner Familie. 5 Und er konnte dort kein einziges Wunder tun, ausser dass er einigen Kranken die Hand auflegte und sie heilte. 6 Und er wunderte sich über ihren Unglauben.

Dann zog er in den umliegenden Dörfern umher und lehrte.

P: Mt 13,53–58; Lk 4,16–30 |2: 1,22! |3: 3,32 |4: Joh 4,44 |6: Mt 9,35

Die Aussendung der Zwölf

7 Und er ruft die Zwölf herbei. Und er begann, sie zu zweien auszusenden, und gab ihnen Vollmacht über die unreinen Geister. 8 Und er gebot ihnen, nichts auf den Weg mitzunehmen ausser einem Stab, kein Brot, keinen Sack, kein Geld im Gürtel, 9 nur Sandalen an den Füssen, und: Zieht euch kein zweites Kleid an! 10 Und er sagte zu ihnen: Wo ihr in ein Haus eintretet, da bleibt, bis ihr von dort weiterzieht. 11 Wo ein Ort euch nicht aufnimmt und man euch nicht zuhört, von dort geht wieder weg und schüttelt den Staub von euren Füssen – das soll ihnen ein Zeichen sein!

12 Und sie zogen aus und verkündigten, man solle umkehren. 13 Und sie trieben viele Dämonen aus und salbten viele Kranke mit Öl und heilten sie.

P: Mt 10,1.5–15; Lk 9,1–6; 10,1–12 |7: 3,15; 6,13; 16,17 · 6,30 |11: Lk 10,11! |12: 1,15 · 6,30 |13: 6,7! · Jak 5,14–15

Herodes und der Täufer

14 Auch der König Herodes hörte von ihm, denn sein Name war bekannt geworden, und es hiess, Johannes der Täufer sei von den Toten auferweckt worden, darum wirkten solche Kräfte in ihm. 15 Andere aber sagten: Er ist Elija,

wieder andere sagten: Er ist ein Prophet wie einer der Propheten. 16 Als Herodes das hörte, sagte er: Johannes, den ich enthaupten liess, der ist auferweckt worden.

17 Herodes selbst hatte Johannes nämlich gefangen nehmen und in Ketten legen lassen wegen Herodias, der Frau seines Bruders Philippus, weil er sie geheiratet hatte. 18 Denn Johannes hatte zu Herodes gesagt: Es ist dir nicht erlaubt, deines Bruders Frau zu haben. 19 Herodias aber trug ihm das nach und wollte ihn töten lassen, konnte es aber nicht. 20 Denn Herodes fürchtete Johannes, weil er wusste, dass er ein gerechter und heiliger Mann war, und er liess ihn bewachen. Und wenn er ihm zuhörte, geriet er in grosse Verlegenheit, und doch hörte er ihm gern zu.

21 Doch an einem günstigen Tag, als Herodes zu seinem Geburtstag ein Gastmahl gab für seine Grossen, die Befehlshaber und die einflussreichsten Leute Galiläas, 22 trat seine Tochter – die von der Herodias – herein und tanzte. Und sie gefiel dem Herodes und den Gästen. Da sagte der König zu dem Mädchen: Verlange von mir, was du willst, und ich werde es dir geben. 23 Und er schwor ihr: Was immer du von mir verlangst, ich werde es dir geben, bis zur Hälfte meines Reichs. 24 Da ging sie hinaus und sagte zu ihrer Mutter: Was soll ich verlangen? Die aber sagte: Den Kopf des Täufers Johannes. 25 Und sogleich eilte sie hinein zum König und erklärte: Ich will, dass du mir auf der Stelle auf einer Schale den Kopf des Täufers Johannes gibst! 26 Da bedauerte der König seinen Schwur vor den Gästen, doch er wollte sie nicht abweisen. 27 Und sogleich entsandte der König einen Henker und befahl, den Kopf zu bringen. Und der ging und enthauptete ihn im Gefängnis, 28 brachte seinen Kopf auf einer Schale und gab ihn dem Mädchen, und das Mädchen gab ihn seiner Mutter. 29 Als die Jünger des Johannes davon hörten,

kamen sie und holten seinen Leichnam und legten ihn in ein Grab.

P: Mt 14,1–12; Lk 9,7–9 |14: 8,28 |15: 8,28; Mt 21,11! |16: 6,27 |17–20: Lk 3,19–20 |17: 1,14 |18: Lev 18,16 |23: Est 5,3.6; 7,2 |27: 6,16

Die Speisung der fünftausend

30 Und die Apostel versammeln sich bei Jesus. Und sie berichteten ihm alles, was sie getan und gelehrt hatten. 31 Und er sagt zu ihnen: Kommt, ihr allein, an einen einsamen Ort, und ruht euch ein wenig aus. Denn es war ein Kommen und Gehen, und sie hatten nicht einmal Zeit zum Essen.

32 Und sie fuhren im Boot an einen einsamen Ort, wo sie für sich waren. 33 Aber man sah sie wegfahren, und viele erfuhren es. Und sie liefen zu Fuss aus allen Städten dort zusammen und kamen noch vor ihnen an. 34 Als er ausstieg, sah er die vielen Menschen, und sie taten ihm leid, denn sie waren *wie Schafe, die keinen Hirten haben.* Und er fing an, sie vieles zu lehren.

35 Und als die Stunde schon vorgerückt war, traten seine Jünger zu ihm und sagten: Abgelegen ist der Ort und vorgerückt die Stunde. 36 Schick die Leute in die umliegenden Gehöfte und Dörfer, damit sie sich etwas zu essen kaufen können. 37 Er aber antwortete ihnen: Gebt ihr ihnen zu essen! Und sie sagen zu ihm: Sollen wir gehen und für zweihundert Denar Brote kaufen und ihnen zu essen geben? 38 Er aber sagt zu ihnen: Wie viele Brote habt ihr? Geht und seht nach! Sie sehen nach und sagen: Fünf, und zwei Fische. 39 Und er forderte sie auf, sie sollten sich alle zu Tischgemeinschaften niederlassen im grünen Gras. 40 Und sie lagerten sich in Gruppen zu hundert und zu fünfzig. 41 Und er nahm die fünf Brote und die zwei Fische, blickte zum Himmel auf, sprach den Lobpreis und brach die Brote und gab sie den Jüngern zum Verteilen, und auch die zwei Fische teilte er für alle. 42 Und alle assen und wurden satt. 43 Und sie sammelten die Brocken,

zwölf Körbe voll, und auch die Reste von den Fischen. 44 Und es waren fünftausend Männer, die gegessen hatten.

P: 8,1–10; Mt 14,13–21; Lk 9,10–17; Joh 6,1–15 |30: 6,7.12 |31: 2,2! |34: Mt 9,36 · 1,41! · Num 27,17; 2Chr 18,16 |35–44: 2Kön 4,42–44 |41: 8,19 · 14,22!

6,44: Andere Textüberlieferung: «Und es waren fünftausend Männer, die von den Broten gegessen hatten.»

Der Gang auf dem Wasser

45 Gleich darauf drängte er seine Jünger, ins Boot zu steigen und vorauszufahren, hinüber nach Betsaida; er selbst wollte inzwischen das Volk entlassen. 46 Und er nahm Abschied von ihnen und ging auf den Berg, um zu beten. 47 Am Abend war das Boot mitten auf dem See und er allein an Land.

48 Und als er sieht, wie sie sich beim Rudern abmühen – denn der Wind stand ihnen entgegen –, kommt er um die vierte Nachtwache auf dem See gegangen, und er wollte an ihnen vorübergehen. 49 Als sie ihn auf dem See gehen sahen, meinten sie, es sei ein Gespenst, und schrien auf. 50 Denn alle sahen ihn und erschraken. Doch sogleich redete er mit ihnen, und er sagt zu ihnen: Seid getrost, ich bin es. Fürchtet euch nicht! 51 Und er stieg zu ihnen ins Boot, und der Wind legte sich. Und sie waren entsetzt und fassungslos. 52 Denn sie waren nicht zur Einsicht gekommen über den Broten, sondern ihr Herz war verstockt.

P: Mt 14,22–33; Joh 6,16–21 |48: Hiob 9,8 |51: 4,39! |52: 3,5!

Heilungen in Gennesaret

53 Und sie kamen ans andere Ufer, nach Gennesaret, und legten dort an. 54 Als sie aus dem Boot stiegen, erkannte man ihn sogleich. 55 Und sie zogen durch die ganze Gegend und fingen an, die Kranken auf den Bahren dorthin zu bringen, wo sie hörten, dass er gerade sei. 56 Und wo er auch hinkam, in Dörfer oder in Städte oder in Gehöfte, legten sie die Kranken auf die Marktplätze,

und die baten ihn, wenigstens den Saum seines Mantels berühren zu dürfen. Und alle, die ihn berührten, wurden gerettet.

P: Mt 14,34–36 | 56: Apg 19,11–12

Zur Frage nach der Reinheit

7 1 Da versammelten sich bei ihm die Pharisäer und ein paar Schriftgelehrte, die von Jerusalem kamen. 2 Und sie sehen, wie einige seiner Jünger mit unreinen, das bedeutet mit ungewaschenen Händen ihr Brot essen. 3 Die Pharisäer nämlich und die Juden überhaupt essen nicht, ohne sich die Hände mit einer Handvoll Wasser gewaschen zu haben, um so an der Überlieferung der Alten festzuhalten. 4 Auch wenn sie vom Markt kommen, essen sie nicht, ohne sie gewaschen zu haben, und vieles andere mehr gibt es, was zu halten sie übernommen haben: das Abwaschen von Bechern und Krügen und Kupfergeschirr. 5 Da fragen ihn die Pharisäer und Schriftgelehrten: Warum leben deine Jünger nicht nach der Überlieferung der Alten, sondern essen ihr Brot mit unreinen Händen? 6 Er aber sagte zu ihnen: Wie zutreffend ist doch, was Jesaja geweissagt hat über euch Heuchler, wie geschrieben steht:
*Dieses Volk ehrt mich mit den Lippen,
  ihr Herz aber hält sich fern von mir.*
7 *Nichtig ist, wie sie mich verehren;
  was sie als Lehren vortragen,
  sind Satzungen von Menschen.*
8 Das Gebot Gottes lasst ihr ausser acht und haltet fest an der Überlieferung der Menschen. 9 Und er sagte zu ihnen: Schön, wie ihr das Gebot Gottes ausser Kraft setzt, um eure Überlieferung an seine Stelle zu setzen. 10 Mose hat nämlich gesagt: *Ehre deinen Vater und deine Mutter,* und: *Wer über Vater oder Mutter schlecht redet, der sei des Todes.* 11 Ihr aber sagt: Wenn einer zu Vater oder Mutter spricht: Korban, das meint: dem Tempel soll geweiht sein, was dir von mir zusteht, 12 so lasst ihr zu, dass er nichts

mehr tut für Vater oder Mutter. 13 Damit setzt ihr das Wort Gottes ausser Kraft durch eure Überlieferung, die ihr weitergegeben habt; und dergleichen tut ihr noch manches.

14 Und wieder rief er das Volk herbei und sagte zu ihnen: Hört mir alle zu und versteht! 15 Nichts, was von aussen in den Menschen hineingeht, kann ihn unrein machen, sondern was aus dem Menschen herauskommt, das ist es, was den Menschen unrein macht.

17 Und als er in ein Haus hineinging, weg aus dem Gedränge, befragten ihn seine Jünger über das Gleichnis. 18 Und er sagt zu ihnen: So seid auch ihr unverständig? Begreift ihr nicht, dass alles, was von aussen in den Menschen hineingeht, ihn nicht unrein machen kann? 19 Denn es geht nicht ins Herz, sondern in den Bauch, und von dort in die Grube. Damit erklärte er alle Speisen für rein. 20 Er sprach: Was aus dem Menschen herauskommt, das macht den Menschen unrein. 21 Denn von innen, aus dem Herzen der Menschen, kommen die bösen Gedanken, Unzucht, Diebstahl, Mord, 22 Ehebruch, Habgier, Bosheit, List, Ausschweifung, Missgunst, Lästerung, Hochmut, Unverstand. 23 All dies Böse kommt aus dem Innern heraus und macht den Menschen unrein.

P: Mt 15,1–20 | 2: Lk 11,38 | 4: Mt 23,25; Lk 11,39 | 6–7: Jes 29,13 | 10: Ex 20,12; Dtn 5,16 · Ex 21,17; Lev 20,9 | 19: Lk 11,41 | 22: Röm 1,29–31; Gal 5,19–21

7,15: Viele Handschriften fügen von V.15 ein (wohl von Mk 4,23 übernommen): 16 Wer Ohren hat zu hören, der höre!»

Die Begegnung mit der Syrophönizierin

24 Von dort aber brach er auf und begab sich in das Gebiet von Tyrus. Und er ging in ein Haus hinein und wollte, dass niemand es erfahre. Doch er konnte nicht verborgen bleiben, 25 sondern sogleich hörte eine Frau von ihm, deren Töchterchen einen unreinen Geist hatte. Die kam und warf sich ihm zu Füssen. 26 Die Frau aber war Griechin, Sy-

rophönizierin von Herkunft. Und sie
bat ihn, den Dämon aus ihrer Tochter
auszutreiben. 27 Da sagte er zu ihr: Lass
zuerst die Kinder satt werden, denn es
ist nicht recht, den Kindern das Brot
wegzunehmen und es den Hunden hinzuwerfen. 28 Sie aber entgegnet ihm
und sagt: Herr, die Hunde unter dem
Tisch fressen ja ohnehin von dem, was
die Kinder fallen lassen. 29 Und er sagte
zu ihr: Um dieses Wortes willen geh, der
Dämon ist aus deiner Tochter ausgefahren. 30 Da ging sie nach Hause und fand
das Kind auf dem Bett liegen, und der
Dämon war ausgefahren.

P: Mt 15,21–28 |30: Joh 4,51

Die Heilung eines Taubstummen

31 Und wieder kam er, als er das Gebiet von Tyrus verlassen hatte, durch Sidon an den See von Galiläa mitten hinein in das Gebiet der Dekapolis. 32 Da
bringen sie einen Taubstummen zu ihm
und bitten ihn, ihm die Hand aufzule-
gen. 33 Und er nahm ihn beiseite, weg
aus dem Gedränge, legte die Finger in
seine Ohren und berührte seine Zunge
mit Speichel, 34 blickte auf zum Himmel und seufzte, und er sagt zu ihm:
Effata! Das heisst: Tu dich auf! 35 Und
sogleich taten seine Ohren sich auf, und
das Band seiner Zunge löste sich, und er
konnte richtig reden. 36 Und er befahl
ihnen, niemandem etwas zu sagen,
doch je mehr er darauf bestand, desto
mehr taten sie es kund. 37 Und sie waren völlig überwältigt und sagten: Gut
hat er alles gemacht, die Tauben macht
er hören und die Stummen reden.

|33: 8,23 |36: 1,44! · 1,45 |37: 1,22! · Jes 35,5–6;
Mt 11,5; 15,31; Lk 7,22

Die Speisung der viertausend

8 1 In jenen Tagen ist wieder viel Volk
da und sie haben nichts zu essen. Da
ruft er die Jünger herbei und sagt zu ihnen: 2 Das Volk tut mir leid, denn drei
Tage sind sie schon bei mir und haben
nichts zu essen. 3 Und wenn ich sie
hungrig nach Hause gehen lasse, wer-

den sie unterwegs zusammenbrechen,
einige von ihnen sind ja von weit her gekommen. 4 Und seine Jünger antworteten ihm: Wie sollte einer diese Leute mit
Brot satt machen können hier in der
Einöde? 5 Und er fragte sie: Wie viele
Brote habt ihr? Sie sagten: Sieben. 6 Da
fordert er das Volk auf, sich zu lagern.
Und er nahm die sieben Brote, sprach
das Dankgebet, brach sie und gab sie seinen Jüngern zum Verteilen, und die verteilten sie unter das Volk. 7 Sie hatten
auch ein paar Fische, und er sprach den
Lobpreis über sie und liess auch diese
verteilen. 8 Und sie assen und wurden
satt. Und sie sammelten die übrig gebliebenen Brocken, sieben Körbe voll.
9 Viertausend waren es gewesen. Und er
entliess sie.

10 Und sogleich stieg er mit seinen
Jüngern ins Boot und kam in das Gebiet
von Dalmanuta.

P: 6,30–44; Mt 15,32–39 |2: 1,41! |6: 8,20 · 14,22!

Die Verweigerung eines Zeichens

11 Und die Pharisäer kamen zu ihm
hinaus und begannen mit ihm zu streiten: Sie forderten von ihm ein Zeichen
vom Himmel, um ihn zu versuchen.
12 Da seufzt er auf in seinem Geist und
spricht: Was fordert dieses Geschlecht
ein Zeichen! Amen, ich sage euch: Diesem Geschlecht wird kein Zeichen gegeben! 13 Und er liess sie stehen, stieg wieder ins Boot und fuhr ans andere Ufer.

P: Mt 12,38–42; 16,1–4; Lk 11,29–32 |11: Lk 11,16;
Joh 4,48!; 1Kor 1,22–24 · 15,30

8,12: Andere Übersetzungsmöglichkeit:
«... Meint denn dieses Geschlecht, ihm würde ein
Zeichen gegeben werden?»

Das Unverständnis der Jünger

14 Und sie hatten vergessen, Brot
mitzunehmen, nur ein einziges Brot
hatten sie bei sich im Boot. 15 Und er befahl ihnen: Gebt acht, hütet euch vor
dem Sauerteig des Pharisäer und vor
dem Sauerteig des Herodes! 16 Sie aber
machten sich Gedanken darüber, dass
sie kein Brot hatten. 17 Und er merkt es

und sagt zu ihnen: Was macht ihr euch Gedanken darüber, dass ihr kein Brot habt? Begreift ihr noch nicht und versteht ihr nicht? Ist euer Herz verstockt? 18 *Augen habt ihr und seht nicht, und Ohren habt ihr und hört nicht?* 19 Erinnert ihr euch nicht? Als ich die fünf Brote für die fünftausend brach: Wie viele Körbe voll Brocken habt ihr da eingesammelt? Sie sagen zu ihm: Zwölf. 20 Und bei den sieben für die viertausend: Wie viele Körbe voll Brocken habt ihr da eingesammelt? Sie sagen: Sieben. 21 Und er sagte zu ihnen: Versteht ihr noch immer nicht?

P: Mt 16,5–12 |15: Lk 12,1 |17: 3,5! |18: Jer 5,21; Ez 12,2; Mt 13,13 · 4,12 |19: 6,41–44 |20: 8,6–9

Die Heilung eines Blinden

22 Und sie kommen nach Betsaida. Da bringen sie einen Blinden zu ihm und bitten ihn, er möge ihn berühren. 23 Und er nahm den Blinden bei der Hand, führte ihn vor das Dorf hinaus, spuckte in seine Augen und legte ihm die Hände auf und fragte ihn: Siehst du etwas? 24 Der blickte auf und sprach: Ich sehe Menschen – wie Bäume sehe ich sie umhergehen. 25 Da legte er ihm noch einmal die Hände auf die Augen. Und er sah klar und war wiederhergestellt und sah alles deutlich. 26 Und er schickte ihn nach Hause und sprach: Geh aber nicht ins Dorf hinein!

|23: 7,33; Joh 9,6

Das Bekenntnis des Petrus

27 Und Jesus und seine Jünger zogen weg in die Dörfer bei Cäsarea Philippi. Unterwegs fragte er seine Jünger: Für wen halten mich die Leute? 28 Sie sagten zu ihm: Für Johannes den Täufer, andere für Elija, wieder andere für einen der Propheten. 29 Da fragte er sie: Und ihr? Für wen haltet ihr mich? Petrus antwortet ihm: Du bist der Messias! 30 Da schärfte er ihnen ein, niemandem etwas über ihn zu sagen.

P: Mt 16,13–20; Lk 9,18–21; Joh 6,66–71 |28: 6,14 · 6,15 |29: 1,1; 9,41; 12,35; 13,21; 14,61; 15,32 |30: 8,32 · 1,44!

Die erste Leidensankündigung

31 Und er begann sie zu lehren: Der Menschensohn muss vieles erleiden und von den Ältesten und den Hohen Priestern und den Schriftgelehrten verworfen und getötet werden und nach drei Tagen auferstehen. 32 Und er sprach das ganz offen aus. Da nahm ihn Petrus beiseite und fing an, ihm Vorwürfe zu machen. 33 Er aber wandte sich um, blickte auf seine Jünger und fuhr Petrus an: Fort mit dir, Satan, hinter mich! Denn nicht Göttliches, sondern Menschliches hast du im Sinn.

P: Mt 16,21–23; Lk 9,22 |31: 9,12.31; 10,33–34; 12,10 |32: 8,30 |33: Mt 4,10

Nachfolge und Lebensgewinn

34 Und er rief das Volk samt seinen Jüngern herbei und sagte zu ihnen: Wenn einer mir auf meinem Weg folgen will, verleugne er sich und nehme sein Kreuz auf sich, und so folge er mir. 35 Denn wer sein Leben retten will, wird es verlieren, wer aber sein Leben verliert um meinetwillen und um des Evangeliums willen, wird es retten. 36 Denn was hilft es dem Menschen, die ganze Welt zu gewinnen und dabei Schaden zu nehmen an seinem Leben? 37 Was hätte ein Mensch denn zu geben als Gegenwert für sein Leben? 38 Wer sich meiner und meiner Worte schämt in diesem ehebrecherischen und sündigen Geschlecht, dessen wird auch der Menschensohn sich schämen, wenn er kommt in der Herrlichkeit seines Vaters mit den heiligen Engeln.

9 1 Und er sagte zu ihnen: Amen, ich sage euch: Einige von denen, die hier stehen, werden den Tod nicht schmecken, bevor sie das Reich Gottes sehen, wenn es gekommen ist mit Macht.

P: Mt 16,24–28; Lk 9,23–27 |34: Mt 10,38; Lk 14,27; 1Kor 15,31; Gal 6,14 · 1,20! |35: Mt 10,39; Lk 17,33; Joh 12,25 · 1,15! |37: Ps 49,8–9 |38: Mt 10,33; Lk 12,9; Röm 1,16; 2Tim 2,12 · 13,26–27 |1: 13,30

Die Verklärung Jesu

2 Und sechs Tage danach nimmt Jesus den Petrus, den Jakobus und den Johannes mit und führt sie auf einen hohen Berg, sie allein. Da wurde er vor ihren Augen verwandelt, 3 und seine Kleider wurden glänzend, ganz weiss, wie kein Färber auf Erden sie weiss machen kann. 4 Und es erschien ihnen Elija mit Mose, und sie redeten mit Jesus. 5 Da ergreift Petrus das Wort und sagt zu Jesus: Rabbi, es ist schön, dass wir hier sind. Wir wollen drei Hütten bauen, eine für dich, eine für Mose und eine für Elija. 6 Er wusste nämlich nicht, was er sagen sollte, denn sie waren in Furcht geraten. 7 Da kam eine Wolke und warf ihren Schatten auf sie, und aus der Wolke kam eine Stimme: Dies ist mein geliebter Sohn. Auf ihn sollt ihr hören! 8 Und auf einmal, als sie um sich blickten, sahen sie niemanden mehr bei sich ausser Jesus.

9 Während sie vom Berg hinunterstiegen, befahl er ihnen, niemandem zu erzählen, was sie gesehen hatten, bis der Menschensohn von den Toten auferstanden sei. 10 Und sie griffen dieses Wort auf und diskutierten darüber, was das bedeute: von den Toten auferstehen. 11 Da fragten sie ihn: Sagen nicht die Schriftgelehrten: *Elija muss zuerst kommen?* 12 Er sagte zu ihnen: Ja, Elija kommt zuerst und stellt alles wieder her. Doch wie kann dann über den Menschensohn geschrieben stehen, er werde vieles erleiden und verworfen werden? 13 Aber ich sage euch: Elija ist gekommen, und sie haben mit ihm gemacht, was sie wollten, wie über ihn geschrieben steht.

p: Mt 17,1–13; Lk 9,28–36 | 2: Ex 24,16 · 5,37; 13,3; 14,33 · 2Petr 1,18 | 4: Mal 3,22–24 · 15,35 | 6: 14,40 | 7: Ex 40,34 · 1,11!; 2Petr 1,17–18 | 9: 1,44! | 11: 9,4; Mal 3,23 | 12: 1,2; Mal 3,24 · Jes 53,3; Ps 22,7 · 8,31! | 13: 1Kön 19,2.10 · 6,17–29

9,12: Andere Übersetzungsmöglichkeit: «... Und was steht dann über den Menschensohn geschrieben? Dass er vieles erleiden müsse und verworfen werde.»

Die Heilung eines besessenen Knaben

14 Und als sie zu den andern Jüngern zurückkamen, sahen sie viel Volk um sie herum versammelt und Schriftgelehrte, die mit ihnen diskutierten. 15 Und sogleich kam alles Volk, als es ihn sah, in grosser Erregung herbeigelaufen und begrüsste ihn. 16 Und er fragte sie: Was verhandelt ihr da? 17 Da antwortete ihm einer aus der Menge: Meister, ich habe meinen Sohn zu dir gebracht, er hat einen stummen Geist. 18 Und wenn er ihn packt, reisst er ihn zu Boden, und er schäumt, knirscht mit den Zähnen und wird starr. Und ich habe deinen Jüngern gesagt, sie sollten ihn austreiben, aber sie vermochten es nicht. 19 Er aber antwortet ihnen: Du ungläubiges Geschlecht! Wie lange muss ich noch bei euch sein? Wie lange muss ich euch noch ertragen? Bringt ihn zu mir! 20 Und sie brachten ihn zu ihm.

Und als der Geist ihn sah, zerrte er ihn sogleich hin und her, und er fiel zu Boden, wälzte sich und schäumte. 21 Da fragte er seinen Vater: Wie lange hat er das schon? Der sagte: Von Kind auf. 22 Und oft hat er ihn ins Feuer geworfen und ins Wasser, um ihn zu vernichten. Jedoch – wenn du etwas vermagst, so hilf uns und hab Mitleid mit uns. 23 Jesus aber sagte zu ihm: Was soll das heissen: Wenn du etwas vermagst? Alles ist möglich dem, der glaubt. 24 Sogleich schrie der Vater des Kindes: Ich glaube! Hilf meinem Unglauben! 25 Als Jesus nun sah, dass das Volk zusammenlief, schrie er den unreinen Geist an und sagte zu ihm: Stummer und tauber Geist! Ich befehle dir, fahr aus und fahr nie wieder in ihn hinein! 26 Der schrie und zerrte ihn heftig hin und her und fuhr aus. Da lag er da wie tot, so dass alle sagten: Er ist gestorben. 27 Jesus aber ergriff seine Hand und richtete ihn auf. Und er stand auf.

28 Dann ging er in ein Haus; und seine Jünger fragten ihn, als sie mit ihm allein waren: Warum konnten wir ihn nicht austreiben? 29 Und er sagte zu ih-

nen: Diese Art lässt sich nicht anders austreiben als durch Gebet.

P: Mt 17,14–20; Lk 9,37–43a |20: 1,26! |22: 1,41! |23: 11,23 |24: Lk 17,5 |25: 1,25 |26: 1,26! |27: Lk 7,14! |28: 9,33; 10,10

Die zweite Leidensankündigung

30 Und sie gingen weg von dort und zogen durch Galiläa, und er wollte nicht, dass jemand es erfahre. 31 Er lehrte nämlich seine Jünger und sagte zu ihnen: Der Menschensohn wird ausgeliefert in die Hände von Menschen, und sie werden ihn töten, und wenn er getötet worden ist, wird er nach drei Tagen auferstehen. 32 Sie aber verstanden das Wort nicht, doch sie fürchteten sich, ihn danach zu fragen.

P: Mt 17,22–23; Lk 9,43b–45 |31: 8,31!

Der Rangstreit unter den Jüngern

33 Und sie kamen nach Kafarnaum. Und als er dann im Haus war, fragte er sie: Was habt ihr unterwegs diskutiert? 34 Sie aber schwiegen. Sie hatten nämlich unterwegs miteinander darüber gesprochen, wer der Grösste sei. 35 Und er setzte sich und rief die Zwölf, und er sagt zu ihnen: Wenn jemand der Erste sein will, dann soll er der Letzte von allen und der Diener aller sein. 36 Und er nahm ein Kind, stellte es in die Mitte, schloss es in die Arme und sagte zu ihnen: 37 Wer in meinem Namen ein Kind aufnimmt wie dieses, nimmt mich auf, und wer mich aufnimmt, nimmt nicht mich auf, sondern den, der mich gesandt hat.

P: Mt 18,1–5; Lk 9,46–48 |33: 9,28! |35: 10,43–44; Mt 23,11; 1Kor 9,19; 2Kor 4,5 |36: 10,16 |37: Mt 10,40!

Ein fremder Wundertäter

38 Johannes sagte zu ihm: Meister, wir sahen einen in deinem Namen Dämonen austreiben, und wir hinderten ihn daran, weil er uns nicht folgt. 39 Jesus aber sprach: Hindert ihn nicht, denn niemand wird in meinem Namen Wunder tun und bald danach schlecht

von mir reden können. 40 Denn wer nicht gegen uns ist, ist für uns. 41 Wer euch einen Becher Wasser zu trinken gibt in meinem Namen, weil ihr zu Christus gehört – amen, ich sage euch: Der wird nicht um seinen Lohn kommen.

P: Lk 9,49–50; Num 11,26–29 |39: 1Kor 12,3 |40: Mt 12,30; Lk 11,23 |41: Mt 10,42 · 8,29!

Fall und Verführung

42 Wer einen dieser Geringen, die glauben, zu Fall bringt, für den wäre es weit besser, wenn ihm ein Mühlstein um den Hals gehängt und er ins Meer geworfen würde. 43 Und wenn dich deine Hand zu Fall bringt, dann hau sie ab. Es ist besser für dich, verstümmelt ins Leben einzugehen, als mit beiden Händen zur Hölle zu fahren, ins unauslöschliche Feuer. 45 Und wenn dich dein Fuss zu Fall bringt, dann hau ihn ab. Es ist besser für dich, lahm ins Leben einzugehen, als mit beiden Füssen in die Hölle geworfen zu werden. 47 Und wenn dein Auge dich zu Fall bringt, dann reiss es aus. Es ist besser für dich, einäugig ins Reich Gottes einzugehen, als mit beiden Augen in die Hölle geworfen zu werden, 48 *wo ihr Wurm nicht stirbt und das Feuer nicht erlischt.*

P: Mt 18,6–9 |42: Lk 17,2 |43: Mt 5,30 |47: Mt 5,29 |48: Jes 66,24

9,43: Viele Handschriften fügen nach V. 43 ein (wohl von Mk 9,48 übernommen): «*Feuer, 44 wo ihr Wurm nicht stirbt und das Feuer nicht erlischt.*»
9,45: Viele Handschriften fügen am Schluss von V. 45 ein (wohl von Mk 9,43 und Mk 9,48 übernommen): «*... zu werden, ins unauslöschliche Feuer, 46 wo ihr Wurm nicht stirbt und das Feuer nicht erlischt.*»

Vom Salz

49 Denn jeder wird mit Feuer gesalzen werden. 50 Salz ist etwas Gutes. Wenn aber das Salz salzlos wird, womit wollt ihr es wieder salzig machen? Habt Salz bei euch, und haltet Frieden untereinander!

P: Mt 5,13; Lk 14,34–35 |50: Röm 12,18

Der Aufbruch nach Judäa

10 1 Und er bricht von dort auf und kommt in das Gebiet von Judäa jenseits des Jordan, und wieder strömen ihm die Leute zu. Und wie es seine Gewohnheit war, lehrte er sie wieder.

P: Mt 19,1–2; Lk 9,51

10,1: Andere Textüberlieferung: «... und kommt in das Gebiet von Judäa und von jenseits des Jordan, ...»

Zur Frage nach der Ehescheidung

2 Und es kamen Pharisäer zu ihm und fragten, um ihn auf die Probe zu stellen, ob es einem Mann erlaubt sei, seine Frau zu entlassen. 3 Er antwortete ihnen: Was hat Mose euch geboten? 4 Sie sagten: Mose hat erlaubt, einen Scheidebrief zu schreiben und sie zu entlassen. 5 Jesus aber sagte zu ihnen: Angesichts eurer Hartherzigkeit hat er für euch dieses Gebot aufgeschrieben. 6 *Doch vom Anfang der Schöpfung an hat er sie als Mann und Frau geschaffen.* 7 *Darum wird ein Mann seinen Vater und seine Mutter verlassen und seiner Frau anhangen,* 8 *und die beiden werden ein Fleisch sein.* Also sind sie nicht mehr zwei, sondern sie sind ein Fleisch. 9 Was nun Gott zusammengefügt hat, soll der Mensch nicht scheiden.

10 Im Haus fragten ihn die Jünger ihrerseits danach. 11 Und er sagt zu ihnen: Wer seine Frau entlässt und eine andere heiratet, der begeht Ehebruch an ihr. 12 Und wenn sie ihren Mann entlässt und einen anderen heiratet, begeht sie Ehebruch.

P: Mt 19,3–12 | 4: Dtn 24,1.3; Mt 5,31 | 6: Gen 1,27; 5,2 | 8: Gen 2,24; 1Kor 6,16 | 10: 9,28! | 11: Mt 19,9! | 12: 1Kor 7,13

Die Segnung der Kinder

13 Und man brachte Kinder zu ihm, damit er sie berühre. Die Jünger aber fuhren sie an. 14 Als Jesus das sah, wurde er unwillig und sagte zu ihnen: Lasst die Kinder zu mir kommen, hindert sie nicht, denn solchen gehört das Reich Gottes. 15 Amen, ich sage euch: Wer das Reich Gottes nicht annimmt wie ein Kind, wird nicht hineinkommen. 16 Und er schliesst sie in die Arme und legt ihnen die Hände auf und segnet sie.

P: Mt 19,13–15; Lk 18,15–17 | 15: Mt 18,3 | 16: 9,36

Nachfolge und Reichtum

17 Und als er sich auf den Weg machte, kam einer gelaufen und warf sich vor ihm auf die Knie und fragte ihn: Guter Meister, was muss ich tun, um ewiges Leben zu erben? 18 Jesus sagte zu ihm: Was nennst du mich gut? Niemand ist gut ausser Gott. 19 Du kennst die Gebote: *Du sollst nicht töten, du sollst nicht ehebrechen, du sollst nicht stehlen, du sollst nicht falsches Zeugnis ablegen, du sollst niemanden berauben, ehre deinen Vater und deine Mutter.* 20 Er sagte zu ihm: Meister, das alles habe ich befolgt von Jugend an. 21 Jesus blickte ihn an, gewann ihn lieb und sagte zu ihm: Eines fehlt dir. Geh, verkaufe, was du hast, und gib es den Armen, so wirst du einen Schatz im Himmel haben, und komm und folge mir! 22 Der aber war entsetzt über dieses Wort und ging traurig fort; denn er hatte viele Güter.

23 Da blickt Jesus um sich und sagt zu seinen Jüngern: Wie schwer kommen doch die Begüterten ins Reich Gottes! 24 Die Jünger aber erschraken über seine Worte. Jesus aber sagte noch einmal zu ihnen: Kinder, wie schwer ist es, in das Reich Gottes zu kommen! 25 Eher geht ein Kamel durch ein Nadelöhr als ein Reicher in das Reich Gottes. 26 Sie aber waren bestürzt und sagten zueinander: Ja, wer kann dann gerettet werden? 27 Jesus blickt sie an und spricht: Bei Menschen ist es unmöglich, nicht aber bei Gott. Denn alles ist möglich bei Gott.

P: Mt 19,16–26; Lk 18,18–27 | 17: 10,30 | 19: Ex 20,12–16; Dtn 5,16–20; 24,14–15 | 21: Lk 12,33! · 1,20! | 23: Lk 6,24! | 27: 14,36; Gen 18,14; Hiob 42,2

Der Lohn der Nachfolge

28 Da ergriff Petrus das Wort und sagte zu ihm: Wir hier haben alles ver-

lassen und sind dir gefolgt. 29 Jesus aber sprach: Amen, ich sage euch: Da ist keiner, der um meinetwillen und um des Evangeliums willen Haus, Brüder, Schwestern, Mutter, Vater, Kinder oder Äcker verlässt 30 und der nicht hundertfach empfängt, jetzt in dieser Zeit Häuser, Brüder und Schwestern, Mütter und Kinder und Äcker inmitten von Verfolgungen, und in der kommenden Welt ewiges Leben. 31 Viele Erste aber werden Letzte sein und Letzte Erste.

P: Mt 19,27–30; Lk 18,28–30 |28: 1,20! |29: 1,15! · Mt 10,37; Lk 14,26 |30: 10,17 |31: Mt 20,16; Lk 13,30

Die dritte Leidensankündigung

32 Sie waren aber auf dem Weg hinauf nach Jerusalem. Und Jesus ging ihnen voran, und sie erschraken, und die ihm folgten, fürchteten sich. Da nahm er die Zwölf wieder beiseite und begann davon zu reden, was auf ihn zukommen werde: 33 Seht, wir ziehen jetzt hinauf nach Jerusalem, und der Menschensohn wird den Hohen Priestern und Schriftgelehrten ausgeliefert werden, und sie werden ihn zum Tod verurteilen und ihn den Heiden ausliefern, 34 und sie werden ihn verspotten und anspucken, auspeitschen und töten. Und nach drei Tagen wird er auferstehen.

P: Mt 20,17–19; Lk 18,31–34 |34: 8,31!

Der Wunsch nach einem Platz im Himmel

35 Da kommen Jakobus und Johannes, die Söhne des Zebedäus, auf ihn zu und sagen: Meister, wir wollen, dass du für uns tust, worum wir dich bitten. 36 Er sagte zu ihnen: Was soll ich für euch tun? 37 Sie sagten zu ihm: Gewähre uns, dass wir einer zu deiner Rechten und einer zu deiner Linken sitzen werden in deiner Herrlichkeit. 38 Jesus aber sagte zu ihnen: Ihr wisst nicht, worum ihr bittet. Könnt ihr den Kelch trinken, den ich trinke, oder euch taufen lassen mit der Taufe, mit der ich getauft werde? 39 Sie sagten zu ihm: Wir können es. Da sagte Jesus zu ihnen: Den Kelch, den ich trinke, werdet ihr trinken, und mit der Taufe, mit der ich getauft werde, werdet ihr getauft werden, 40 doch über den Platz zu meiner Rechten oder Linken zu verfügen steht mir nicht zu, sondern er wird denen zuteil, für die er bereitet ist.

41 Als die zehn das hörten, wurden sie immer unwilliger über Jakobus und Johannes. 42 Und Jesus ruft sie zu sich und sagt zu ihnen: Ihr wisst, die als Herrscher der Völker gelten, unterdrücken sie, und ihre Grossen setzen ihre Macht gegen sie ein. 43 Unter euch aber sei es nicht so, sondern: Wer unter euch gross sein will, sei euer Diener, 44 und wer unter euch der Erste sein will, sei der Knecht aller. 45 Denn auch der Menschensohn ist nicht gekommen, um sich dienen zu lassen, sondern um zu dienen und sein Leben hinzugeben als Lösegeld für viele.

P: Mt 20,20–28 |38: 14,36! · Lk 12,50; Röm 6,3 |39: Apg 12,2 |41–45: Lk 22,24–27 |44: 9,35! |45: Joh 13,4–5 · Jes 53,10.12; 1Tim 2,6 · 14,24

Die Heilung des blinden Bartimäus

46 Und sie kommen nach Jericho. Und als er und seine Jünger und etliches Volk von Jericho weiterzogen, sass Bartimäus, der Sohn des Timäus, ein blinder Bettler, am Weg. 47 Und als er hörte, dass es Jesus von Nazaret sei, begann er laut zu rufen: Sohn Davids, Jesus, hab Erbarmen mit mir! 48 Da fuhren ihn viele an, er solle schweigen. Er aber rief noch viel lauter: Sohn Davids, hab Erbarmen mit mir! 49 Und Jesus blieb stehen und sprach: Ruft ihn her! Und sie rufen den Blinden und sagen zu ihm: Sei guten Mutes, steh auf! Er ruft dich. 50 Da warf er seinen Mantel ab, sprang auf und kam zu Jesus. 51 Und Jesus wandte sich ihm zu und sagte: Was soll ich für dich tun? Da sagte der Blinde zu ihm: Rabbuni, mach, dass ich wieder sehen kann. 52 Und Jesus sagte zu ihm: Geh, dein Glaube hat dich gerettet. Und sogleich sah er wieder und folgte ihm auf dem Weg.

P: Mt 20,29–34; Lk 18,35–43 |47: 10,48; 11,10;
12,35.37 |48: 10,47! |52: 5,34!

Der Einzug in Jerusalem

11 1 Und als sie in die Nähe von Jerusalem kommen, nach Betfage und Betanien an den Ölberg, sendet er zwei seiner Jünger aus 2 und sagt zu ihnen: Geht in das Dorf, das vor euch liegt, und gleich wenn ihr hineinkommt, werdet ihr ein Füllen angebunden finden, auf dem noch nie ein Mensch gesessen hat. Bindet es los und bringt es her! 3 Und wenn jemand zu euch sagt: Was tut ihr da?, so sagt: Der Herr braucht es und schickt es sogleich wieder zurück. 4 Da gingen sie und fanden ein Füllen, angebunden an einer Tür draussen an der Strasse, und sie banden es los. 5 Und einige von denen, die dort standen, sagten zu ihnen: Was führt euch dazu, das Füllen loszubinden? 6 Sie aber gaben zur Antwort, was Jesus ihnen gesagt hatte, und man liess sie gewähren. 7 Und sie bringen das Füllen zu Jesus und legen ihre Kleider darüber, und er setzte sich darauf.

8 Und viele breiteten auf dem Weg ihre Kleider aus, andere streuten Zweige, die sie auf den Feldern abgeschnitten hatten. 9 Und die vorausgingen und die hinterhergingen, riefen:

Hosanna,
gepriesen sei, der da kommt im Namen des Herrn!

10 Gepriesen sei das Reich unseres Vaters David, das da kommt,

Hosanna in der Höhe!

11 Und er kam nach Jerusalem in den Tempel. Er schaute sich ringsum alles an und ging, da es schon spät war, mit den Zwölfen nach Betanien hinaus.

P: Mt 21,1–11; Lk 19,28–40; Joh 12,12–19
|2: Sach 9,9 |3: 14,14 |8: 2Kön 9,13 |9: Ps 118,25–26
|10: Lk 1,32! · 10,47! |11: Mt 21,17

Die Verfluchung des Feigenbaums

12 Und als sie am nächsten Tag von Betanien aufbrachen, hungerte ihn. 13 Und er sah von weitem einen Feigenbaum, der Blätter hatte, und er ging hin, um zu sehen, ob er vielleicht etwas an ihm fände. Und als er zu ihm hinkam, fand er nichts als Blätter, denn es war nicht die Zeit für Feigen. 14 Und er sagt zu ihm: In Ewigkeit soll niemand mehr eine Frucht von dir essen. Und seine Jünger hörten es.

P: Mt 21,18–19 |13: Lk 13,6–7 |14: 11,20–21

Die Tempelreinigung

15 Und sie kommen nach Jerusalem. Und als er in den Tempel hineinging, begann er, alle hinauszutreiben, die im Tempel verkauften und kauften. Die Tische der Geldwechsler und die Stände der Taubenverkäufer stiess er um 16 und liess nicht zu, dass man irgendetwas über den Tempelplatz trug. 17 Und er lehrte sie und sprach: Steht nicht geschrieben: *Mein Haus soll Haus des Gebets heissen für alle Völker?* Ihr aber habt es zu einer *Räuberhöhle* gemacht!

18 Und die Hohen Priester und Schriftgelehrten hörten davon und suchten Mittel und Wege, wie sie ihn umbringen könnten. Denn sie fürchteten ihn, weil das ganze Volk überwältigt war von seiner Lehre. 19 Und als es Abend wurde, gingen sie aus der Stadt hinaus.

P: Mt 21,12–17; Lk 19,45–48; Joh 2,13–17
|15: Sach 14,21 |17: Jes 56,7 · Jer 7,11 |18: 3,6; 12,12;
14,1 · 1,22!

Die Kraft des Glaubens

20 Und als sie am anderen Morgen vorübergingen, sahen sie, dass der Feigenbaum von den Wurzeln her verdorrt war. 21 Und Petrus erinnert sich und sagt zu ihm: Rabbi, schau, der Feigenbaum, den du verflucht hast, ist verdorrt. 22 Und Jesus entgegnet ihnen: Habt Glauben an Gott! 23 Amen, ich sage euch: Wer zu diesem Berg sagt: Hebe dich hinweg und wirf dich ins Meer!, und in seinem Herzen nicht zweifelt, sondern glaubt, dass geschieht, was er sagt, dem wird es zuteil werden. 24 Darum sage ich euch: Alles, worum

ihr betet und bittet, glaubt nur, dass ihr es empfangt, so wird es euch zuteil werden. 25 Und wenn ihr dasteht und betet, so vergebt, wenn ihr etwas gegen jemanden habt, damit auch euer Vater im Himmel euch eure Verfehlungen vergibt.

P: Mt 21,20–22 |21: 14,72 · 11,14 |22: 5,34! |23: Mt 17,20! |24: Mt 7,8! |25: Mt 5,23–24; 6,14

11,25: Viele Handschriften fügen nach V.25 ein (wohl von Mt 6,15 übernommen): 26 Wenn ihr aber nicht vergebt, dann wird auch euer Vater im Himmel eure Verfehlungen nicht vergeben.»

Zur Frage nach der Vollmacht Jesu

27 Und sie kommen wieder nach Jerusalem. Und während er im Tempel umhergeht, treten die Hohen Priester, Schriftgelehrten und Ältesten an ihn heran, 28 und sie sagten zu ihm: Aus welcher Vollmacht tust du das? Wer hat dich bevollmächtigt, das zu tun? 29 Jesus sagte zu ihnen: Ich will euch eine einzige Frage stellen. Antwortet mir, dann werde ich euch sagen, aus welcher Vollmacht ich dies tue. 30 Die Taufe des Johannes – stammte sie vom Himmel, oder stammte sie von Menschen? Antwortet mir! 31 Da besprachen sie sich miteinander: Sagen wir, vom Himmel, so wird er sagen: Warum habt ihr ihm dann nicht geglaubt? 32 Sagen wir aber, von Menschen, ... Doch sie fürchteten sich vor dem Volk, denn alle hielten Johannes für einen echten Propheten. 33 Und sie antworten Jesus: Wir wissen es nicht. Da sagt Jesus zu ihnen: Dann sage auch ich euch nicht, aus welcher Vollmacht ich das tue.

P: Mt 21,23–27; Lk 20,1–8 |28: 1,22! |32: 12,12! · Lk 1,76!

Die Geschichte von den bösen Weinbauern

12 1 Und er begann in Gleichnissen zu ihnen zu reden: Es pflanzte einer einen Weinberg, zog einen Zaun ringsum, grub eine Kelter und baute einen Turm. Dann verpachtete er ihn an Weinbauern und ging ausser Landes. 2 Und zu gegebener Zeit schickte er einen Knecht zu den Weinbauern, um von den Weinbauern seinen Anteil am Ertrag des Weinbergs einzuholen. 3 Sie aber packten ihn und schlugen ihn und schickten ihn mit leeren Händen fort. 4 Da schickte er einen anderen Knecht zu ihnen; den schlugen sie auf den Kopf und misshandelten ihn. 5 Und er schickte einen anderen, und den töteten sie, und viele andere, die einen schlugen sie, die anderen töteten sie. 6 Einen hatte er noch: den geliebten Sohn. Den schickte er als letzten zu ihnen, denn er sagte sich: Vor meinem Sohn werden sie Respekt haben. 7 Jene Weinbauern aber sagten zueinander: Das ist der Erbe. Kommt, wir wollen ihn töten, dann wird das Erbe uns gehören. 8 Und sie packten ihn und töteten ihn und warfen ihn aus dem Weinberg.

9 Was wird nun der Herr des Weinbergs tun? Er wird kommen und die Weinbauern umbringen und den Weinberg anderen geben. 10 Habt ihr dieses Schriftwort nicht gelesen:
Der Stein, den die Bauleute verworfen haben,
   er ist zum Eckstein geworden,
11 *durch den Herrn ist er das geworden,*
   und wunderbar ist er in unseren Augen.
12 Da hätten sie ihn gerne festgenommen, doch sie fürchteten das Volk. Sie hatten nämlich erkannt, dass er das Gleichnis auf sie hin gesagt hatte. Und sie liessen ihn stehen und gingen fort.

P: Mt 21,33–46; Lk 20,9–19 |1: Jes 5,1–2 · 13,34 |5: Jer 7,25–26; 25,4 |10–11: Ps 118,22–23 |10: 8,31! |12: 11,18! · 11,32; 12,37; 14,2

Zur Frage nach der kaiserlichen Steuer

13 Und sie schicken einige von den Pharisäern und den Herodianern zu ihm, um ihm eine Fangfrage zu stellen. 14 Und sie kommen und sagen zu ihm: Meister, wir wissen, dass du der Wahrheit verpflichtet bist und auf niemanden Rücksicht nimmst; denn du achtest nicht auf das Ansehen der Person, sondern lehrst den Weg Gottes, wie es richtig ist. Ist es erlaubt, dem Kaiser Steuern

zu zahlen, oder nicht? Sollen wir zahlen oder nicht zahlen? 15 Er aber kannte ihre Heuchelei und sagte zu ihnen: Was stellt ihr mich auf die Probe? Bringt mir einen Denar, damit ich ihn ansehe! 16 Und sie brachten ihm einen. Da sagt er zu ihnen: Wessen Bild und Inschrift ist das? Sie sagten zu ihm: Des Kaisers. 17 Da sagte Jesus zu ihnen: Gebt dem Kaiser, was des Kaisers ist, und Gott, was Gottes ist! Und sie wunderten sich sehr über ihn.

<small>P: Mt 22,15–22; Lk 20,20–26 | 17: Röm 13,7; 1Petr 2,17</small>

Zur Frage nach der Auferstehung der Toten

18 Und es kommen Sadduzäer zu ihm, die behaupten, es gebe keine Auferstehung; und sie fragten ihn: 19 Meister, Mose hat uns vorgeschrieben: *Wenn einem der Bruder stirbt* und *eine Frau zurücklässt und kein Kind hinterlässt,* dann *soll sein Bruder die Frau nehmen und seinem Bruder Nachkommen erwecken.* 20 Nun waren da sieben Brüder. Der erste nahm eine Frau, und als er starb, hinterliess er keine Nachkommen. 21 Da nahm sie der zweite und starb, ohne Nachkommen zu hinterlassen, und ebenso der dritte. 22 Und alle sieben hinterliessen keine Nachkommen. Zuletzt, nach allen andern, starb auch die Frau. 23 In der Auferstehung nun, wenn sie auferstehen – wessen Frau wird sie sein? Alle sieben haben sie ja zur Frau gehabt.

24 Jesus sagte zu ihnen: Irrt ihr nicht darum, weil ihr weder die Schriften noch die Macht Gottes kennt? 25 Wenn sie nämlich von den Toten auferstehen, heiraten sie nicht, noch werden sie verheiratet, sondern sie sind wie Engel im Himmel. 26 Was aber die Toten betrifft, wenn sie auferweckt werden – habt ihr nicht gelesen im Buch des Mose, in der Geschichte vom Dornbusch, wie Gott zu ihm gesagt hat: *Ich bin der Gott Abrahams und der Gott Isaaks und der Gott Jakobs?* 27 Er ist nicht ein Gott von Toten, sondern von Lebenden. Ihr irrt sehr.

<small>P: Mt 22,23–33; Lk 20,27–40 | 18: Apg 23,8 | 19: Dtn 25,5 | 26: Ex 3,6</small>

Zur Frage nach dem höchsten Gebot

28 Und einer der Schriftgelehrten, der gehört hatte, wie sie miteinander stritten, trat zu ihm. Und da er sah, dass er ihnen gut geantwortet hatte, fragte er ihn: Welches Gebot ist das erste von allen? 29 Jesus antwortete: Das erste ist: *Höre, Israel, der Herr, unser Gott, ist allein Herr,* 30 und *du sollst den Herrn, deinen Gott, lieben mit deinem ganzen Herzen und mit deiner ganzen Seele und mit deinem ganzen Verstand und mit all deiner Kraft.* 31 Das zweite ist dieses: *Du sollst deinen Nächsten lieben wie dich selbst.* Höher als diese beiden steht kein anderes Gebot. 32 Und der Schriftgelehrte sagte zu ihm: Schön hast du das gesagt, Meister, und du hast Recht! *Einer ist er, und einen anderen ausser ihm gibt es nicht* 33 und *ihn lieben mit ganzem Herzen und mit ganzem Verstand und mit aller Kraft* und *den Nächsten lieben wie sich selbst –* das ist weit mehr als alle Brandopfer und Rauchopfer. 34 Und Jesus sah, dass er verständig geantwortet hatte, und sagte zu ihm: Du bist nicht fern vom Reich Gottes. Und keiner wagte mehr, ihm eine Frage zu stellen.

<small>P: Mt 22,34–40; Lk 10,25–28 | 29: Dtn 6,4 | 30: Dtn 6,5; Jos 22,5 | 31: Lev 19,18 | 32: Dtn 4,35; 6,4; Jes 45,21 | 33: Dtn 6,5; Jos 22,5 · Lev 19,18 · 1Sam 15,22; Hos 6,6 | 34: 6; Lk 20,40</small>

Der Sohn Davids

35 Und Jesus sprach, während er im Tempel lehrte: Warum sagen die Schriftgelehrten, der Messias sei Davids Sohn? 36 David selbst hat doch durch den heiligen Geist gesagt:
Der Herr sprach zu meinem Herrn:
  Setze dich zu meiner Rechten,
bis ich deine Feinde
  unter deine Füsse gelegt habe.
37 David selbst nennt ihn Herr, wie kann er da sein Sohn sein? Und viele Leute hörten ihm gerne zu.

P: Mt 22,41–46; Lk 20,41–44 |35: Joh 7,42 ·
8,29! · 10,47! |36: Ps 110,1 |37: 10,47! · Lk 19,48;
21,38 · 12,12!

Die Warnung vor den Schriftgelehrten

38 Und er lehrte sie und sprach: Hütet euch vor den Schriftgelehrten, denen
es gefällt, in langen Gewändern einherzugehen und auf den Marktplätzen gegrüsst zu werden 39 und in den Synagogen den Ehrensitz und bei den Gastmählern die Ehrenplätze einzunehmen,
40 die die Häuser der Witwen leer fressen und zum Schein lange Gebete verrichten – sie werden ein umso härteres
Urteil empfangen.

P: Mt 23,5–7; Lk 20,45–47 |38: Lk 11,43
|39: Lk 11,43; 14,7 |40: Jes 10,2

Die Gabe der Witwe

41 Und er setzte sich der Schatzkammer gegenüber und sah zu, wie die
Leute Geld in den Opferstock warfen.
Und viele Reiche warfen viel ein. 42 Da
kam eine arme Witwe und warf zwei
Lepta ein, das ist ein Quadrant. 43 Und
er rief seine Jünger herbei und sagte zu
ihnen: Amen, ich sage euch: Diese arme
Witwe hat mehr eingeworfen als alle,
die etwas in den Opferstock eingeworfen haben. 44 Denn alle haben aus ihrem Überfluss etwas eingeworfen, sie
aber hat aus ihrem Mangel alles hergegeben, was sie hatte, ihren ganzen Le-
bensunterhalt.

P: Lk 21,1–4

Die Ankündigung der Tempelzerstörung

13 1 Und als er aus dem Tempel hinausgeht, sagt einer seiner Jünger
zu ihm: Meister, schau, was für Steine
und was für Bauten! 2 Und Jesus sagte
zu ihm: Siehst du diese grossen Bauten?
Hier wird kein Stein auf dem andern
bleiben, jeder wird herausgebrochen.

P: Mt 24,1–2; Lk 21,5–6 |2: Lk 19,44

Die Frage nach dem Anfang der Endzeit

3 Und als er auf dem Ölberg sass,
dem Tempel gegenüber, fragten ihn
Petrus und Jakobus und Johannes und
Andreas, als sie unter sich waren: 4 Sag
uns: Wann wird das sein, und was für
ein Zeichen zeigt an, wann es mit dem
allem ein Ende haben wird? 5 Jesus aber
begann ihnen zu sagen: Gebt acht, dass
niemand euch in die Irre führt! 6 Viele
werden kommen unter meinem Namen
und sagen: Ich bin es, und sie werden
viele in die Irre führen. 7 Wenn ihr aber
von Kriegen und Kriegsgerüchten hört,
so erschreckt nicht! Das muss geschehen, aber das Ende ist es noch nicht.
8 Denn erheben wird sich Volk gegen
Volk und Reich gegen Reich, Erdbeben
wird es geben da und dort, und Hungersnöte werden kommen. Das ist der
Anfang der Wehen.

P: Mt 24,3–8; Lk 21,7–11 |3: 9,2! |8: Jes 19,2

13,4: Andere Übersetzungsmöglichkeit:
«..., wann sich dies alles vollenden wird?»

Die Ankündigung von Verfolgungen

9 Ihr aber, gebt acht auf euch! Man
wird euch an Gerichte ausliefern, in
Synagogen wird man euch prügeln, vor
Statthalter und Könige wird man euch
stellen um meinetwillen – um Zeugnis
abzulegen vor ihnen. 10 Und unter allen
Völkern muss zuvor das Evangelium
verkündigt werden. 11 Und wenn man
euch abführt und vor Gericht stellt,
dann sorgt euch nicht im Voraus, was
ihr reden sollt, sondern was euch in jener Stunde eingegeben wird, das redet.
Denn nicht ihr seid es, die reden, sondern der heilige Geist. 12 Und es wird
ein Bruder den andern dem Tod ausliefern und ein Vater das Kind, und Kinder
werden gegen die Eltern auftreten und
sie in den Tod schicken. 13 Und ihr werdet gehasst werden von allen um meines Namens willen. Wer aber standhält
bis ans Ende, der wird gerettet werden.

P: Mt 10,17–22; 24,9–14; Lk 21,12–19 |10: 1,15!
|11: Lk 12,11–12; Joh 15,26–27 |13: Joh 15,18–19.21

Von der grossen Bedrängnis

14 Wenn ihr aber *den Greuel der Verwüstung* steht seht, wo er nicht stehen
darf – wer es liest, merke auf! –, dann

sollen die in Judäa in die Berge fliehen. 15 Wer auf dem Dach ist, steige nicht hinab und gehe nicht hinein, um etwas aus seinem Haus zu holen; 16 und wer auf dem Feld ist, kehre nicht zurück, um seinen Mantel zu holen. 17 Wehe aber den Schwangeren und den Stillenden in jenen Tagen!

18 Betet aber, dass es nicht im Winter geschehe. 19 Denn jene Tage werden eine Bedrängnis sein, wie noch keine gewesen ist vom Anfang, als Gott die Welt schuf, bis jetzt, und wie auch keine mehr sein wird. 20 Und hätte der Herr die Tage nicht verkürzt, es würde kein Mensch gerettet werden. Doch um der Erwählten willen, die er erwählt hat, hat er die Tage verkürzt.

P: Mt 24,15–22 |14: Dan 9,27; 11,31; 12,11 · Lk 21,21 |16: Lk 17,31 |17: Lk 21,23; 23,29 |19: Dan 12,1; Joel 2,2

13,14: Zum Ausdruck «Greuel der Verwüstung» vgl. die Anm. zu Mt 24,15.

Vom Auftreten falscher Propheten
21 Und wenn dann einer zu euch sagt: Schau, da ist der Messias, schau, dort ist er, so glaubt es nicht. 22 Denn es wird mancher falsche Messias und mancher falsche Prophet aufstehen, und sie werden Zeichen und Wunder tun, um wenn möglich die Erwählten in die Irre zu führen. 23 Ihr aber, gebt acht! Ich habe euch alles vorhergesagt.

P: Mt 24,23–28 |21: Lk 17,23! · 8,29!

Die Zeichen für das Kommen des Menschensohnes
24 Aber in jenen Tagen, nach jener Bedrängnis,
wird die Sonne sich verfinstern,
und der Mond seinen Schein nicht geben,
25 *und die Sterne werden* vom Himmel *fallen,*
und die Mächte im Himmel werden erschüttert werden.
26 Und dann werden sie *den Menschensohn auf den Wolken kommen* sehen mit grosser Macht *und*

Herrlichkeit. 27 Und dann wird er die Engel aussenden und die Erwählten zusammenführen von den vier Winden her, vom Ende der Erde bis zum Ende des Himmels.

P: Mt 24,29–31; Lk 21,25–28 |24: Jes 13,10; Joel 2,10 |25: Jes 34,4; Offb 6,13 |26: 14,62; Dan 7,13–14

Das nahe Ende
28 Vom Feigenbaum aber lernt das Gleichnis: Sobald sein Zweig saftig geworden ist und Blätter treibt, wisst ihr, dass der Sommer nahe ist. 29 So sollt ihr auch, wenn ihr dies geschehen seht, wissen, dass er nahe ist und vor der Tür steht. 30 Amen, ich sage euch: Dieses Geschlecht wird nicht vergehen, bevor dies alles geschieht. 31 Himmel und Erde werden vergehen, meine Worte aber werden nicht vergehen.

32 Jenen Tag oder jene Stunde kennt niemand, die Engel im Himmel nicht, der Sohn nicht, nur der Vater.

P: Mt 24,32–36; Lk 21,29–33 |30: 9,1 |31: Jes 40,8; 51,6

Die Mahnung zur Wachsamkeit
33 Gebt acht, bleibt wach! Denn ihr wisst nicht, wann der Zeitpunkt da ist. 34 Es ist wie bei einem Menschen, der ausser Landes ging: Er verliess sein Haus, gab seinen Knechten Vollmacht, jedem seine Aufgabe, und dem Türhüter befahl er, wachsam zu sein. 35 Seid also wachsam, denn ihr wisst nicht, wann der Herr des Hauses kommt: ob am Abend oder um Mitternacht oder beim Hahnenschrei oder am frühen Morgen, 36 damit er, wenn er auf einmal kommt, euch nicht schlafend finde. 37 Was ich aber euch sage, das sage ich allen: Seid wachsam!

|33: 13,35! |34: 12,1; Mt 25,14; Lk 19,12 |35: 13.33.37; Mt 24,42.44; 25,13; Lk 12,37–38.40; 21,36 |37: 13,35!

Der Tötungsplan des Hohen Rates

14 1 Es war aber zwei Tage vor dem Fest des Passa und der ungesäuerten Brote. Und die Hohen Priester und Schriftgelehrten suchten Mittel und Wege, wie sie ihn mit List festnehmen und töten könnten. 2 Sie sagten nämlich: Nicht am Fest, damit kein Aufruhr entsteht im Volk.

P: Mt 26,1–5; Lk 22,1–2; Joh 11,45–54 | 1: 11,18! | 2: 12,12!

Die Salbung in Betanien

3 Als er in Betanien im Haus Simons des Aussätzigen war und bei Tisch sass, kam eine Frau mit einem Alabastergefäss voll echten, kostbaren Nardenöls; sie zerbrach das Gefäss und goss es ihm über das Haupt. 4 Da wurden einige unwillig und sagten zueinander: Wozu geschah diese Verschwendung des Öls? 5 Dieses Öl hätte man für mehr als dreihundert Denar verkaufen und den Erlös den Armen geben können. Und sie fuhren sie an. 6 Jesus aber sprach: Lasst sie! Was bringt ihr sie in Verlegenheit? Sie hat eine schöne Tat an mir vollbracht. 7 Arme habt ihr ja allezeit bei euch und könnt ihnen Gutes tun, sooft ihr wollt; mich aber habt ihr nicht allezeit. 8 Was sie vermochte, hat sie getan. Sie hat meinen Leib im Voraus zum Begräbnis gesalbt. 9 Amen, ich sage euch: Wo immer in der ganzen Welt das Evangelium verkündigt wird, da wird auch erzählt werden, was sie getan hat, zu ihrem Gedächtnis.

P: Mt 26,6–13; Lk 7,36–50; Joh 11,55–12,11 | 7: Dtn 15,11 · 2,20 | 8: 16,1 | 9: 1,15!

Der Plan des Judas

10 Und Judas Iskariot, dieser eine von den Zwölfen, ging zu den Hohen Priestern, um ihn an sie auszuliefern. 11 Als sie dies hörten, freuten sie sich und versprachen, ihm Geld zu geben. Und er suchte nach einer günstigen Gelegenheit, ihn auszuliefern.

P: Mt 26,14–16; Lk 22,3–6 | 11: 3,19; 14,42.44

Die Vorbereitung zum letzten Mahl

12 Und am ersten Tag der ungesäuerten Brote, als man das Passalamm schlachtete, sagen seine Jünger zu ihm: Wo sollen wir hingehen und das Passamahl für dich bereiten? 13 Und er schickt zwei seiner Jünger und sagt zu ihnen: Geht in die Stadt, da wird euch einer entgegenkommen, der einen Krug Wasser trägt. Folgt ihm, 14 und wo er hineingeht, da sagt zu dem Hausherrn: Der Meister lässt fragen: Wo ist der Raum, in dem ich mit meinen Jüngern das Passalamm essen kann? 15 Und er wird euch ein grosses Obergemach zeigen, das bereit ist, mit Polstern ausgelegt; dort bereitet es für uns. 16 Da gingen die Jünger, kamen in die Stadt und fanden alles so, wie er ihnen gesagt hatte. Und sie bereiteten das Passamahl.

P: Mt 26,17–19; Lk 22,7–13 | 12: Ex 12,15–20.21 | 14: 11,3

Die Ankündigung der Auslieferung

17 Am Abend kommt er mit den Zwölfen. 18 Und da sie bei Tisch sassen und assen, sprach Jesus: Amen, ich sage euch: Einer von euch wird mich ausliefern, einer, der mit mir isst. 19 Da wurden sie traurig und fingen an, einer nach dem andern, ihn zu fragen: Doch nicht ich? 20 Er aber sagte zu ihnen: Einer von den Zwölfen, der mit mir das Brot in die Schüssel taucht. 21 Der Menschensohn geht zwar dahin, wie über ihn geschrieben steht, doch wehe dem Menschen, durch den der Menschensohn ausgeliefert wird. Für diesen Menschen wäre es besser, wenn er nicht geboren wäre.

P: Mt 26,20–25; Lk 22,21–23; Joh 13,21–30 | 17: Lk 22,14 | 18: Ps 41,10

Das letzte Mahl

22 Und während sie assen, nahm er Brot, sprach den Lobpreis, brach es und gab es ihnen und sprach: Nehmt, das ist mein Leib. 23 Und er nahm einen Kelch, sprach das Dankgebet und gab ihnen den, und sie tranken alle daraus. 24 Und er sagte zu ihnen: Das ist mein Blut des

Bundes, das vergossen wird für viele. 25 Amen, ich sage euch: Ich werde von der Frucht des Weinstocks nicht mehr trinken bis zu dem Tag, da ich aufs Neue davon trinken werde im Reich Gottes.

P: Mt 26,26–29; Lk 22,14–20 | 22: 6,41; 8,6; 1Kor 10,16; 11,23–24 | 24: 1Kor 10,16; 11,25 · Ex 24,8 · 10,45

Die Ankündigung der Verleugnung

26 Und als sie den Lobgesang gesungen hatten, gingen sie hinaus auf den Ölberg. 27 Und Jesus sagt zu ihnen: Ihr werdet alle zu Fall kommen, denn es steht geschrieben: *Ich werde den Hirten schlagen, und die Schafe werden sich zerstreuen.* 28 Nach meiner Auferweckung aber werde ich euch nach Galiläa vorausgehen. 29 Petrus sagte zu ihm: Und wenn alle zu Fall kommen – ich nicht! 30 Und Jesus sagt zu ihm: Amen, ich sage dir: Noch heute, in dieser Nacht, ehe der Hahn zweimal kräht, wirst du mich dreimal verleugnet haben. 31 Er aber ereiferte sich nur noch mehr: Selbst wenn ich mit dir sterben müsste – ich werde dich nicht verleugnen. Und so redeten sie alle.

P: Mt 26,30–35; Lk 22,31–34; Joh 13,36–38 | 26: Lk 22,39; Joh 18,1 | 27: 14,50; Sach 13,7; Joh 16,32 | 28: 16,7 | 30: 14,72

In Getsemani

32 Und sie kommen an einen Ort, der Getsemani heisst. Und er sagt zu seinen Jüngern: Bleibt hier sitzen, solange ich bete. 33 Und er nahm Petrus und Jakobus und Johannes mit sich, und er begann zu zittern und zu zagen. 34 Und er sagt zu ihnen: *Meine Seele ist* zu Tode *betrübt,* bleibt hier und wacht! 35 Und er ging ein paar Schritte weiter, fiel zu Boden und betete, dass, wenn es möglich sei, die Stunde an ihm vorübergehe. 36 Und er sprach: Abba, Vater, alles ist dir möglich. Lass diesen Kelch an mir vorübergehen! Doch nicht, was ich will, sondern was du willst. 37 Und er kommt zurück und findet sie schlafend. Und er sagt zu Petrus: Simon, du schläfst? Ver-

mochtest du nicht eine Stunde wach zu bleiben? 38 Wacht und betet, damit ihr nicht in Versuchung kommt! Der Geist ist willig, das Fleisch aber schwach. 39 Und wieder ging er weg und betete mit denselben Worten. 40 Und wieder kam er zurück und fand sie schlafend, denn die Augen waren ihnen schwer geworden, und sie wussten nicht, was sie ihm antworten sollten. 41 Und er kommt zum dritten Mal und sagt zu ihnen: Schlaft nur weiter und ruht euch aus! Genug, die Stunde ist gekommen, jetzt wird der Menschensohn in die Hände von Sündern ausgeliefert. 42 Steht auf, lasst uns gehen! Seht, der mich ausliefert, ist da.

P: Mt 26,36–46; Lk 22,39–46 | 32: Joh 18,1 | 33: 9,2! | 34: Ps 42,6,12; 43,5; Joh 12,27 | 35: Joh 12,27; Hebr 5,7 | 36: 10,27! · 10,38; Jes 51,17.22; Joh 18,11 | 38: Mt 6,13; Lk 11,4 | 40: 9,6 | 42: Joh 14,31 · 14,11!

Die Gefangennahme

43 Und sogleich, noch während er redet, kommt Judas herbei, einer von den Zwölfen, und mit ihm eine Schar mit Schwertern und Knüppeln, im Auftrag der Hohen Priester und Schriftgelehrten und Ältesten. 44 Der ihn aber auslieferte, hatte mit ihnen ein Zeichen verabredet: Den ich küssen werde, der ist es. Den nehmt fest und führt ihn sicher ab. 45 Und er kommt und geht sogleich auf ihn zu und sagt: Rabbi!, und küsste ihn. 46 Sie aber ergriffen ihn und nahmen ihn fest. 47 Doch einer von denen, die dabeistanden, zog das Schwert, schlug nach dem Knecht des Hohen Priesters und hieb ihm das Ohr ab.

48 Da sagte Jesus zu ihnen: Wie gegen einen Räuber seid ihr ausgezogen, mit Schwertern und Knüppeln, mich gefangen zu nehmen? 49 Tag für Tag war ich bei euch im Tempel und lehrte, und ihr habt mich nicht festgenommen. Aber die Schriften sollen erfüllt werden. 50 Da verliessen sie ihn und flohen.

51 Ein junger Mann folgte ihm, bekleidet mit einem leinenen Tuch auf blossem Leib, und sie greifen nach ihm.

52 Er aber liess das Tuch fahren und floh nackt.

P: Mt 26,47–56; Lk 22,47–53; Joh 18,2–11 |44: 14,11! |49: Lk 19,47!; Joh 18,20 · Jes 53,7 |50: 14,27; Joh 16,32 |52: Am 2,16

Das Verhör vor dem Hohen Rat

53 Und sie führten Jesus vor den Hohen Priester. Und es kommen alle Hohen Priester, Ältesten und Schriftgelehrten zusammen. 54 Petrus war ihm von weitem gefolgt bis hinein in den Hof des hohepriesterlichen Palastes, und er sass mit den Gerichtsdienern zusammen und wärmte sich am Feuer.

55 Die Hohen Priester aber und der ganze Hohe Rat suchten nach einer Zeugenaussage gegen Jesus, die ihnen die Möglichkeit gäbe, ihn zu töten, doch sie fanden keine. 56 Zwar traten viele falsche Zeugen auf, doch ihre Aussagen stimmten nicht überein. 57 Und einige traten auf und legten falsches Zeugnis ab und behaupteten: 58 Wir haben ihn sagen hören: Ich werde diesen Tempel, der von Menschenhand gemacht ist, niederreissen und in drei Tagen einen anderen aufbauen, der nicht von Menschenhand gemacht ist. 59 Doch auch darin stimmte ihr Zeugnis nicht überein. 60 Und der Hohe Priester erhob sich, trat in die Mitte und fragte Jesus: Antwortest du nichts auf das, was diese gegen dich vorbringen? 61 Er aber schwieg und antwortete nichts. Da fragte ihn der Hohe Priester noch einmal, und er sagt zu ihm: Bist du der Messias, der Sohn des Hochgelobten? 62 Da sprach Jesus: Ich bin es, und ihr werdet *den Menschensohn* sitzen sehen zur Rechten der Macht und *kommen mit den Wolken des Himmels.* 63 Da zerreisst der Hohe Priester seine Kleider und sagt: Was brauchen wir noch Zeugen? 64 Ihr habt die Lästerung gehört. Was meint ihr? Da fällten sie alle das Urteil, dass er den Tod verdiene.

65 Und einige fingen an, ihn anzuspucken und ihm das Gesicht zu verhüllen und ihn dann mit den Fäusten zu schlagen und zu ihm zu sagen: Sag, wer war's! Und die Gerichtsdiener empfingen ihn mit Schlägen.

P: Mt 26,57–68; Lk 22,54–55.66–71.63–65; Joh 18,12–24 |57: Dtn 17,6; 19,15 |58: 15,29; Joh 2,19–21; Apg 6,14 |61: 15,5; Jes 53,7 · 8,29! · 1,11! |62: 13,26 · Dan 7,13 · Ps 110,1 |64: Mt 27,1 · Lev 24,16 |65: 15,19

Die Verleugnung durch Petrus

66 Während nun Petrus unten im Hof ist, kommt eine von den Mägden des Hohen Priesters. 67 Und als sie Petrus sieht, wie er sich wärmt, schaut sie ihn an und sagt zu ihm: Auch du warst mit dem Nazarener, mit Jesus. 68 Er aber leugnete es und sagte: Ich weiss nicht und verstehe nicht, wovon du sprichst. Und er ging hinaus in den Vorhof.

69 Als aber die Magd ihn sah, fing sie wieder an und sagte zu denen, die dabeistanden: Der ist einer von ihnen. 70 Er aber leugnete es wieder. Und nach einer Weile sagten die, welche dabeistanden, noch einmal zu Petrus: Natürlich bist du einer von ihnen, du bist ja auch ein Galiläer. 71 Da begann er zu fluchen und zu schwören: Ich kenne den Menschen nicht, von dem ihr redet. 72 Und sogleich krähte der Hahn zum zweiten Mal. Da erinnerte sich Petrus an das Wort, das Jesus zu ihm gesagt hatte: Ehe der Hahn zweimal kräht, wirst du mich dreimal verleugnet haben. Und er brach in Tränen aus.

P: Mt 26,69–75; Lk 22,56–62; Joh 18,15–18.25–27 |72: 11,21 · 14,30

14,68: Viele Handschriften fügen am Ende des Verses ein: «Und der Hahn krähte.»

Die Verhandlung vor Pilatus

15 1 Und sogleich in der Frühe fassten die Hohen Priester mit den Ältesten und Schriftgelehrten, der ganze Hohe Rat, Beschluss. Sie fesselten Jesus, brachten ihn weg und lieferten ihn an Pilatus aus.

2 Und Pilatus fragte ihn: Bist du der König der Juden? Er aber antwortete ihm: Das sagst du! 3 Und die Hohen

Priester brachten viele Anschuldigungen gegen ihn vor. 4 Pilatus jedoch fragte ihn: Antwortest du nichts? Siehst du denn nicht, was sie alles gegen dich vorbringen? 5 Doch Jesus antwortete nichts mehr, und Pilatus wunderte sich sehr.

P: Mt 27,1–2.11–14; Lk 23,1–5; Joh 18,28–38a
|1: Lk 22,66 |2: 15,9.12.18.26.32 |5: 14,61; Jes 53,7

Die Freilassung des Barabbas

6 Zum Fest aber pflegte er ihnen einen Gefangenen freizugeben, den sie sich ausbitten durften. 7 Es war nun unter den Gefangenen, die einen Aufstand gemacht und dabei einen Mord begangen hatten, einer mit Namen Barabbas. 8 Und das Volk zog hinauf und begann, um das zu bitten, was er ihnen gewöhnlich gewährte. 9 Pilatus aber fragte sie: Wollt ihr, dass ich euch den König der Juden freigebe? 10 Er hatte nämlich erkannt, dass die Hohen Priester ihn aus Neid ausgeliefert hatten. 11 Die Hohen Priester aber überredeten das Volk, um die Freilassung des Barabbas zu bitten. 12 Da fragte Pilatus sie noch einmal: Was soll ich dann mit dem machen, den ihr den König der Juden nennt? 13 Da schrien sie wieder und wieder: Kreuzige ihn! 14 Pilatus aber sagt zu ihnen: Was hat er denn Böses getan? Da schrien sie noch lauter: Kreuzige ihn!

15 Weil aber Pilatus dem Volk Genüge tun wollte, gab er ihnen Barabbas frei. Und Jesus liess er auspeitschen und lieferte ihn aus zur Kreuzigung.

P: Mt 27,15–26; Lk 23,13–25; Joh 18,38b–40;
19,6–16a |9: 15,2! |12: 15,2! |15: Joh 19,1

Die Verspottung im Prätorium

16 Die Soldaten aber führten ihn ab, in den Palast hinein – das ist das Prätorium –, und sie rufen die ganze Kohorte zusammen. 17 Dann ziehen sie ihm einen Purpurmantel an und setzen ihm eine Dornenkrone auf, die sie geflochten haben. 18 Und sie fingen an, ihn zu grüssen: Sei gegrüsst, König der Juden! 19 Und sie schlugen ihn mit einem Rohr

aufs Haupt, spuckten ihn an, beugten die Knie und huldigten ihm. 20 Und nachdem sie ihn verspottet hatten, zogen sie ihm den Purpurmantel aus und zogen ihm seine Kleider wieder an.

P: Mt 27,27–31 |17: Lk 23,11; Joh 19,2
|18: Joh 19,3 · 15,2! |19: 14,65

Die Kreuzigung

Und sie führen ihn hinaus, um ihn zu kreuzigen. 21 Und sie zwingen einen, der gerade vorbeigeht, Simon aus Kyrene, der vom Feld kommt, den Vater des Alexander und des Rufus, ihm das Kreuz zu tragen.

22 Und sie bringen ihn an den Ort Golgota, das heisst ‹Schädelstätte›. 23 Und sie gaben ihm Wein, der mit Myrrhe gewürzt war; er aber nahm ihn nicht. 24 Und sie kreuzigen ihn und *teilen seine Kleider unter sich, indem sie das Los darüber werfen*, wer sich was nehmen dürfe. 25 Es war aber die dritte Stunde, als sie ihn kreuzigten. 26 Und die Inschrift, die seine Schuld angab, lautete: König der Juden.

27 Und mit ihm kreuzigen sie zwei Räuber, einen zu seiner Rechten und einen zu seiner Linken.

29 Und die vorübergingen, verwünschten ihn, schüttelten den Kopf und sagten: Ha, der du den Tempel niederreisst und in drei Tagen aufbaust, 30 rette dich selbst und steig herab vom Kreuz! 31 Ebenso spotteten die Hohen Priester untereinander mit den Schriftgelehrten und sagten: Andere hat er gerettet, sich selbst kann er nicht retten. 32 Der Messias, der König Israels, steige jetzt vom Kreuz herab, damit wir sehen und glauben. Und die mit ihm gekreuzigt waren, verhöhnten ihn.

P: Mt 27,32–44; Lk 23,33–43; Joh 19,16b–24 |21:
Lk 23,26 |23: Ps 69,22 · 15,36; Lk 23,36 |24: Ps 22,19
|25: 15,33.34 |26: Lk 23,38 · 15,2! |27: Jes 53,12
|29: Ps 22,8; 109,25 · 14,58! |30: 8,11! |32: 8,29! · 15,2!

15,27: Viele Handschriften fügen nach V.27 ein (wohl von Lk 22,37 übernommen): 28 Da ging das Schriftwort in Erfüllung: *Und zu den Missetätern wurde er gerechnet.*»

Der Tod Jesu

33 Und zur sechsten Stunde kam eine Finsternis über das ganze Land bis zur neunten Stunde. 34 Und in der neunten Stunde schrie Jesus mit lauter Stimme: *Eloi, eloi, lema sabachtani!*, das heisst: *Mein Gott, mein Gott, warum hast du mich verlassen!* 35 Und einige von denen, die dabeistanden und es hörten, sagten: Hört, er ruft nach Elija! 36 Da lief einer hin, tränkte einen Schwamm mit Essig, steckte ihn auf ein Rohr und gab ihm zu trinken, und er sagte: Lasst mich, wir wollen sehen, ob Elija kommt und ihn herabnimmt. 37 Da stiess Jesus einen lauten Schrei aus und verschied.

38 Und der Vorhang im Tempel riss entzwei von oben bis unten. 39 Als aber der Hauptmann, der ihm gegenüberstand, ihn so sterben sah, sagte er: Ja, dieser Mensch war wirklich Gottes Sohn!

40 Es waren aber auch Frauen da, die von ferne zuschauten, unter ihnen Maria aus Magdala und Maria, die Mutter des Jakobus des Kleinen und des Jose, und Salome, 41 die ihm gefolgt waren und ihn unterstützt hatten, als er in Galiläa war, und noch viele andere Frauen, die mit ihm nach Jerusalem hinaufgezogen waren.

P: Mt 27,45–56; Lk 23,44–49; Joh 19,28–30 |33: 15,25 |34: 15,25 · Ps 22,2 |35: 9,4 |36: 15,23! |38: Ex 26,31–33 |39: 1,11! |40: 15,47; 16,1; Lk 8,2–3!; Joh 19,25

15,34: Andere Übersetzungsmöglichkeit: «…, wozu hast du mich verlassen?»

Die Grablegung

42 Und schon war es Abend geworden – es war nämlich Rüsttag, das ist der Tag vor dem Sabbat –, 43 da kam Josef von Arimatäa, ein angesehener Ratsherr, der selbst auch das Reich Gottes wartete, wagte es, ging zu Pilatus hinein und bat um den Leichnam Jesu. 44 Pilatus aber wunderte sich, dass er bereits gestorben sei. Er liess den Hauptmann zu sich rufen und fragte ihn, ob er schon lange tot sei. 45 Und als er es vom Hauptmann erfahren hatte, überliess er Josef den Leichnam. 46 Dieser kaufte ein Leinentuch, nahm ihn herab, wickelte ihn in das Tuch und legte ihn in ein Grab, das aus einem Felsen gehauen war, und wälzte einen Stein vor den Eingang des Grabes. 47 Maria aus Magdala aber und Maria, die Mutter des Jose sahen, wohin er gelegt worden war.

P: Mt 27,57–61; Lk 23,50–56; Joh 19,38–42 |43: Lk 2,25! |47: 15,40!

Das leere Grab

16 1 Als der Sabbat vorüber war, kauften Maria aus Magdala und Maria, die Mutter des Jakobus, und Salome wohlriechende Öle, um hinzugehen und ihn zu salben. 2 Und sehr früh am ersten Tag der Woche kommen sie zum Grab, eben als die Sonne aufging. 3 Und sie sagten zueinander: Wer wird uns den Stein vom Eingang des Grabes wegwälzen? 4 Doch wie sie hinschauen, sehen sie, dass der Stein weggewälzt ist. Er war sehr gross.

5 Und sie gingen in das Grab hinein und sahen auf der rechten Seite einen jungen Mann sitzen, der mit einem langen, weissen Gewand bekleidet war; da erschraken sie sehr. 6 Er aber sagt zu ihnen: Erschreckt nicht! Jesus sucht ihr, den Nazarener, den Gekreuzigten. Er ist auferweckt worden, er ist nicht hier. Das ist die Stelle, wo sie ihn hingelegt haben. 7 Doch geht, sagt seinen Jüngern und dem Petrus, dass er euch vorausgeht nach Galiläa. Dort werdet ihr ihn sehen, wie er euch gesagt hat. 8 Da gingen sie hinaus und flohen weg vom Grab, denn sie waren starr vor Angst und Entsetzen. Und sie sagten niemandem etwas, denn sie fürchteten sich.

P: Mt 28,1–8; Lk 24,1–8; Joh 20,1–10 |1: 15,40! · 14,8 |7: 14,28

Das Erscheinen des Auferstandenen

9 Als er aber frühmorgens am ersten Tag der Woche auferstanden war, erschien er zuerst Maria aus Magdala, aus der er sieben Dämonen ausgetrieben

hatte. 10 Die ging und berichtete es denen, die mit ihm gewesen waren und
jetzt nur noch weinten und klagten.
11 Und als sie hörten, dass er lebe und
von ihr gesehen worden sei, glaubten
sie es nicht.

12 Danach aber zeigte er sich in anderer Gestalt zweien von ihnen, die unterwegs waren aufs Feld hinaus. 13 Und
die gingen und berichteten es den Übrigen, und auch denen glaubten sie nicht.

14 Zuletzt zeigte er sich den elfen, als
sie bei Tisch sassen, und tadelte ihren
Unglauben und ihre Hartherzigkeit,
weil sie denen, die ihn als Auferweckten
gesehen hatten, nicht geglaubt hatten.
15 Und er sagte zu ihnen: Geht hin in
alle Welt und verkündigt das Evangelium aller Kreatur. 16 Wer zum Glauben
kommt und getauft wird, wird gerettet
werden, wer aber nicht zum Glauben
kommt, wird verurteilt werden. 17 Denen aber, die zum Glauben kommen,
werden diese Zeichen folgen: In meinem Namen werden sie Dämonen austreiben, in neuen Sprachen werden sie

reden, 18 Schlangen werden sie mit
blossen Händen aufheben, und tödli-
ches Gift, das sie trinken, wird ihnen
nicht schaden, Kranke, denen sie die
Hände auflegen, werden gesund werden.

19 Nachdem nun der Herr, Jesus, zu
ihnen geredet hatte, wurde er in den
Himmel emporgehoben und setzte sich
zur Rechten Gottes. 20 Sie aber zogen
aus und verkündigten überall. Und der
Herr wirkte mit und bekräftigte das
Wort durch die Zeichen, die dabei geschahen.

| 9-11: Lk 24,9-11; Joh 20,11-18 | 9: Mt 28,9
| 12-13: Lk 24,13-15 | 14-18: Lk 24,36-43; Joh 20,19-23
| 14: Lk 24,25 | 15: 13,10; 14,9; Mt 28,18-20 | 17: 6,7! ·
1Kor 14,2-5 | 18: Lk 10,19 | 19-20: Lk 24,50-53;
Apg 1,9-11 | 19: 14,62; Ps 110,1; 1Tim 3,16

16,9: Die Verse 16,9-20 fehlen in den wichtigsten
Handschriften. Sie gehören nicht zum ursprünglichen Text des Evangeliums nach Markus.

16,20: Einige Handschriften fügen zusätzlich zu
den Versen Mk 16,9-20 noch den folgenden Text vor
Mk 16,9 ein: «Sie aber berichteten sogleich alles, was
ihnen aufgetragen war, denen um Petrus. Danach
sandte Jesus selbst durch sie vom Osten bis in den
Westen die heilige und unvergängliche Botschaft vom
ewigen Heil. Amen.»

Das Evangelium nach Lukas

Vorwort

1 1 Schon viele haben es unternommen, über das, was unter uns geschehen und in Erfüllung gegangen ist,
einen Bericht abzufassen 2 nach der
Überlieferung derer, die von Anfang an
Augenzeugen und Diener des Wortes
waren. 3 So beschloss auch ich, nachdem ich allem von Anfang an sorgfältig
nachgegangen war, es der Reihe nach
für dich aufzuschreiben, verehrter
Theophilus, 4 damit du die Zuverlässig-
keit der Lehren erkennst, in denen du
unterrichtet wurdest.

P: Apg 1,1-2 | 2: Joh 15,27; Apg 6,4

Die Ankündigung der Geburt des Johannes

5 In den Tagen des Herodes, des Kö-
nigs von Judäa, gab es einen Priester mit
Namen Zacharias aus der Abteilung des
Abija; der hatte eine Tochter aus dem
Geschlecht Aarons zur Frau, und ihr
Name war Elisabet. 6 Sie waren beide
gerecht vor Gott, da sie ihren Weg gin-
gen in allen Geboten und Satzungen des
Herrn. 7 Und sie hatten kein Kind, denn
Elisabet war unfruchtbar, und beide wa-
ren schon betagt.

8 Und es geschah, als seine Abteilung an der Reihe war und er seinen
Priesterdienst vor Gott verrichten sollte,
9 dass er nach dem Brauch der Priester-

schaft durch das Los dazu bestimmt wurde, das Räucheropfer darzubringen; und er ging in den Tempel des Herrn hinein, 10 die ganze Volksmenge aber betete draussen zur Stunde des Räucheropfers. 11 Da erschien ihm ein Engel des Herrn, der stand auf der rechten Seite des Räucheraltars. 12 Und als Zacharias ihn sah, erschrak er, und Furcht überfiel ihn. 13 Der Engel aber sagte zu ihm: Fürchte dich nicht, Zacharias!
Denn dein Gebet ist erhört worden,
und Elisabet, deine Frau, wird dir einen Sohn gebären,
und du sollst ihm den Namen Johannes geben.
14 Und Freude und Jubel wird dir zuteil werden,
und viele werden sich freuen über seine Geburt.
15 Denn er wird gross sein vor dem Herrn,
und Wein und Bier wird er nicht trinken,
    und schon im Mutterleib
wird er erfüllt werden von heiligem Geist,
16 und viele von den Söhnen und Töchtern Israels wird er zurückführen
    zum Herrn, ihrem Gott,
17 und er wird vor ihm hergehen
    in Elijas Geist und Kraft,
um die Herzen der Väter zu den Kindern zurückzuführen
und Ungehorsame zur Gesinnung Gerechter,
    um dem Herrn ein wohlgerüstetes Volk zu bereiten.
18 Und Zacharias sagte zu dem Engel: Woran soll ich das erkennen? Ich selbst bin ja alt, und meine Frau ist schon betagt. 19 Und der Engel antwortete ihm: Ich bin Gabriel, der vor Gott steht; und ich wurde gesandt, um mit dir zu reden und dir dies als gute Botschaft zu überbringen. 20 Und jetzt sollst du stumm sein und nicht reden können bis zu dem Tag, da dies geschieht, weil du meinen Worten nicht geglaubt hast, die in Erfüllung gehen werden zu ihrer Zeit.

21 Und das Volk wartete auf Zacharias, und alle wunderten sich, dass er so lange im Tempel verweilte. 22 Als er aber heraustrat, konnte er nicht mit ihnen reden. Und sie merkten, dass er im Tempel eine Erscheinung gehabt hatte. Er gab ihnen nur Zeichen und blieb stumm. 23 Und es geschah, als die Tage seines Priesterdienstes zu Ende waren, dass er nach Hause zurückkehrte. 24 Nach diesen Tagen aber wurde Elisabet, seine Frau, schwanger, und sie zog sich für fünf Monate zurück und sagte: 25 Dies hat der Herr an mir getan in den Tagen, als er darauf bedacht war, meine Schmach unter den Menschen von mir zu nehmen.

|5: 1Chr 24,10 | 6: Gen 26,5 | 7: 1,18.36; Gen 18,11 | 13: Dan 10,12 · Gen 17,19 · 1,60.63 | 15: 7,28 · 7,33!; Num 6,3 | 17: Mal 3,23–24; Mt 11,14 | 18: 1,7! | 19: 1,26; Dan 8,16; 9,21 | 20: 1,64 | 25: Gen 30,23

Die Ankündigung der Geburt Jesu

26 Im sechsten Monat aber wurde der Engel Gabriel von Gott in eine Stadt in Galiläa mit Namen Nazaret gesandt, 27 zu einer Jungfrau, die verlobt war mit einem Mann aus dem Hause David mit Namen Josef, und der Name der Jungfrau war Maria. 28 Und er trat bei ihr ein und sprach: Sei gegrüsst, du Begnadete, der Herr ist mit dir! 29 Sie aber erschrak über dieses Wort und sann darüber nach, was dieser Gruss wohl zu bedeuten habe. 30 Und der Engel sagte zu ihr: Fürchte dich nicht, Maria, denn du hast Gnade gefunden bei Gott:
31 Du wirst schwanger werden und einen Sohn gebären,
und du sollst ihm den Namen Jesus geben.
32 Dieser wird gross sein und Sohn des Höchsten genannt werden,
und Gott, der Herr, wird ihm den Thron seines Vaters David geben,
33 und er wird König sein über das Haus Jakob in Ewigkeit,
und seine Herrschaft wird kein Ende haben.

34 Da sagte Maria zu dem Engel: Wie soll das geschehen, da ich doch von kei-

nem Mann weiss? 35 Und der Engel antwortete ihr:
Heiliger Geist wird über dich kommen,
   und Kraft des Höchsten wird dich
   überschatten.
Darum wird auch das Heilige, das
gezeugt wird, Sohn Gottes genannt
werden.
36 Schau auf Elisabet, deine Verwandte,
auch sie hat einen Sohn empfangen in
ihrem Alter; und dies ist der sechste Monat für sie, die doch als unfruchtbar galt.
37 Denn bei Gott ist kein Ding unmöglich. 38 Da sagte Maria: Ja, ich bin des
Herrn Magd; mir geschehe, wie du gesagt hast! Und der Engel verliess sie.

|26:1,19! · 2,39! |27:2,5; Mt 1,18 · 1,32; 2,4; 3,31;
18,38; 20,41.44 |28: Ri 6,12 |31: Gen 16,11; Jes 7,14;
Mt 1,21–23 · 2,5–7 · 2,21 |32: 19,38; 2Sam 7,12; Jes 9,5 ·
1,27! |33: 2Sam 7,13.16; Jes 9,6 |35: Mt 1,18.20 · 3,22!
|36: 1,24 · 1,7! |37: 18,27; Gen 18,14; Hiob 42,2

Der Besuch der Maria bei Elisabet.
Der Lobgesang der Maria

   39 Maria aber machte sich auf in diesen Tagen und ging eilends hinauf ins
Bergland in eine Stadt in Judäa; 40 und
sie trat in das Haus des Zacharias ein
und grüsste Elisabet. 41 Und es geschah,
als Elisabet den Gruss Marias vernahm,
dass das Kind in ihrem Leib hüpfte; und
Elisabet wurde von heiligem Geist erfüllt 42 und rief mit lauter Stimme:
Gesegnet bist du unter den Frauen,
   und gesegnet ist die Frucht deines
   Leibes!
43 Wie geschieht mir, dass die Mutter
meines Herrn zu mir kommt? 44 Denn
als der Klang deines Grusses an mein
Ohr drang, da hüpfte das Kind vor
Freude in meinem Leib. 45 Ja, selig, die
geglaubt hat, dass in Erfüllung geht, was
ihr vom Herrn gesagt wurde.
   46 Und Maria sprach:
Meine Seele erhebt den Herrn,
   47 und mein Geist jubelt über Gott,
   meinen Retter,
48 denn hingesehen hat er auf die
Niedrigkeit seiner Magd.
   Siehe, von nun an werden mich
   seligpreisen alle Geschlechter,

49 denn Grosses hat der Mächtige an
mir getan.
   Und heilig ist sein Name,
50 und seine Barmherzigkeit gilt von
Geschlecht zu Geschlecht
   denen, die ihn fürchten.
51 Gewaltiges hat er vollbracht mit
seinem Arm,
   zerstreut hat er, die hochmütig sind
   in ihrem Herzen,
52 Mächtige hat er vom Thron gestürzt
   und Niedrige erhöht,
53 Hungrige hat er gesättigt mit Gutem
   und Reiche leer ausgehen lassen
54 Er hat sich Israels, seines Knechtes,
angenommen
   und seiner Barmherzigkeit gedacht,
55 wie er es unseren Vätern
versprochen hat,
   Abraham und seinen Nachkommen
   in Ewigkeit.
56 Maria blieb etwa drei Monate bei ihr
und kehrte dann nach Hause zurück.

|42: 11,27 |46–56: 1Sam 2,1–10 |46: Ps 34,3–4
|47: Jes 61,10; Hab 3,18 |48: 1Sam 1,11 |49: Ps 126,3 ·
11,2 |50: Ps 103,13.17 |52: Hiob 12,19 · Hiob 5,11
|53: Ps 107,9 |54: Ps 98,3; Jes 41,8–9 |55: Mi 7,20

Die Geburt des Johannes

   57 Für Elisabet nun kam die Zeit, da
sie gebären sollte, und sie brachte einen
Sohn zur Welt. 58 Und ihre Nachbarn
und Verwandten hörten, dass der Herr
ihr so grosse Barmherzigkeit erwiesen
hatte, und freuten sich mit ihr.
   59 Und es geschah am achten Tag,
dass sie kamen, um das Kind zu beschneiden und ihm den Namen seines
Vaters Zacharias zu geben. 60 Da wider-
sprach seine Mutter und sagte: Nein,
Johannes soll er heissen! 61 Und sie sagten zu ihr: Es gibt niemanden in deiner
Verwandtschaft, der diesen Namen
trägt. 62 Und sie machten Zeichen, um
seinen Vater zu fragen, wie er ihn genannt haben wolle. 63 Und er verlangte
eine kleine Tafel und schrieb: Sein
Name ist Johannes. Und alle wunderten
sich. 64 Und auf der Stelle tat sich sein
Mund auf, und seine Zunge löste sich;
und er redete und pries Gott. 65 Und

Furcht überkam alle ihre Nachbarn; und im ganzen Bergland von Judäa erzählte man sich diese Geschichten, 66 und alle, die davon hörten, behielten es im Herzen und sagten: Was wird wohl aus diesem Kind werden? Und die Hand des Herrn war mit ihm.

| 59: 2,21; Gen 17,12; Lev 12,3 | 60: 1,13! | 63: 1,13! | 64: 1,20 | 65: 5,26; 7,16; 8,37 | 66: 2,19!

Der Lobgesang des Zacharias

67 Und sein Vater Zacharias wurde von heiligem Geist erfüllt und weissagte:

68 Gepriesen sei der Herr, der Gott Israels!

Denn er hat sich seines Volkes angenommen und ihm Erlösung verschafft

69 und uns aufgerichtet ein Horn des Heils

im Hause Davids, seines Knechtes,

70 wie er es versprochen hat durch den Mund seiner heiligen Propheten von Ewigkeit her,

71 uns zu retten vor unseren Feinden und aus der Hand aller, die uns hassen,

72 Barmherzigkeit zu erweisen unseren Vätern

und seines heiligen Bundes zu gedenken,

73 des Eides, den er unserem Vater Abraham geschworen hat,

uns zu gewähren,

74 dass wir, errettet aus der Hand der Feinde, ihm ohne Furcht dienen

75 in Heiligkeit und Gerechtigkeit vor ihm all unsere Tage.

76 Und du, Kind, wirst Prophet des Höchsten genannt werden,

denn du wirst vor dem Herrn hergehen, seine Wege zu bereiten,

77 Erkenntnis des Heils zu geben seinem Volk

durch die Vergebung ihrer Sünden,

78 aufgrund des herzlichen Erbarmens unseres Gottes,

mit dem das aufgehende Licht aus der Höhe uns besuchen will,

79 um zu leuchten denen, die in Finsternis und Todesschatten sitzen,

um zu lenken unsere Füsse auf den Weg des Friedens.

80 Das Kind aber wuchs heran und wurde stark im Geist. Und er war in der Wüste bis zu dem Tag, an dem er vor Israel treten sollte.

| 68: Ps 41,14; 106,48 · 7,16; 19,44; Ex 4,31; Ps 111,9 | 69: 1Sam 2,10; Ps 132,17 | 71: Ps 18,18; 106,10 | 72: Ps 105,8 | 73: Gen 26,3; Ps 105,9; Mi 7,20 | 76: 7,26; 20,6 · 7,16! · 7,27! | 77: 3,3! | 78: Jes 60,1–2 | 79: Ps 107,10.14; Jes 9,1; Mt 4,16 | 80: 2,40 · 3,2

Die Geburt Jesu

2 1 Es geschah aber in jenen Tagen, dass ein Erlass ausging vom Kaiser Augustus, alle Welt solle sich in Steuerlisten eintragen lassen. 2 Dies war die erste Erhebung; sie fand statt, als Quirinius Statthalter in Syrien war. 3 Und alle machten sich auf den Weg, um sich eintragen zu lassen, jeder in seine Heimatstadt. 4 Auch Josef ging von Galiläa aus der Stadt Nazaret hinauf nach Judäa in die Stadt Davids, die Betlehem heisst, weil er aus dem Haus und Geschlecht Davids war, 5 um sich eintragen zu lassen mit Maria, seiner Verlobten, die war schwanger. 6 Und es geschah, während sie dort waren, dass die Zeit kam, da sie gebären sollte. 7 Und sie gebar ihren ersten Sohn und wickelte ihn in Windeln und legte ihn in eine Futterkrippe, denn in der Herberge war kein Platz für sie.

8 Und es waren Hirten in jener Gegend auf freiem Feld und hielten in der Nacht Wache bei ihrer Herde. 9 Und ein Engel des Herrn trat zu ihnen, und der Glanz des Herrn umleuchtete sie, und sie fürchteten sich sehr. 10 Da sagte der Engel zu ihnen: Fürchtet euch nicht! Denn seht, ich verkündige euch grosse Freude, die allem Volk widerfahren wird: 11 Euch wurde heute der Retter geboren, der Gesalbte, der Herr, in der Stadt Davids. 12 Und dies sei euch das Zeichen: Ihr werdet ein neugeborenes Kind finden, das in Windeln gewickelt ist und in einer Futterkrippe liegt.

13 Und auf einmal war bei dem Engel die ganze himmlische Heerschar, die lobten Gott und sprachen:

14 Ehre sei Gott in der Höhe
und Friede auf Erden
unter den Menschen seines
Wohlgefallens.

15 Und es geschah, als die Engel von ihnen weggegangen waren, in den Himmel zurück, dass die Hirten zueinander sagten: Lasst uns nach Betlehem gehen und die Geschichte sehen, die der Herr uns kundgetan hat! 16 Und sie gingen eilends und fanden Maria und Josef und das neugeborene Kind, das in der Futterkrippe lag. 17 Und als sie es sahen, taten sie das Wort kund, das ihnen über dieses Kind gesagt worden war. 18 Und alle, die es hörten, staunten über das, was ihnen von den Hirten gesagt wurde. 19 Maria aber behielt alle diese Worte und bewegte sie in ihrem Herzen. 20 Und die Hirten kehrten zurück und priesen und lobten Gott für alles, was sie gehört und gesehen hatten, so wie es ihnen gesagt worden war.

|1–7: Mt 1,18–25 |4: 1,27! |5: 1,27! ·1,31.35 |7: 1,31 |11: Mt 2,4–6; Apg 5,31; 13,23; Joh 4,42 · 9,20! |14: 19,38 · 3,22 |16: Mt 2,11 |18: 2,33 |19: 1,66; 2,51 |20: 5,25–26; 17,15; 18,43; 19,37; 23,47

Die Beschneidung Jesu. Seine Darbringung im Tempel

21 Und als acht Tage vorüber waren und er beschnitten werden sollte, da wurde ihm der Name Jesus gegeben, der von dem Engel genannt worden war, bevor er im Mutterleib empfangen wurde.

22 Und als für sie die Tage der Reinigung, die das Gesetz des Mose vorschreibt, vorüber waren, brachten sie ihn nach Jerusalem hinauf, um ihn dem Herrn zu weihen, 23 wie es im Gesetz des Herrn geschrieben steht: *Alles Männliche, das den Mutterschoss öffnet, soll als dem Herrn geheiligt gelten.*

24 Auch wollten sie ein Opfer darbringen, wie es im Gesetz des Herrn geschrieben steht: *ein Paar Turteltauben oder zwei junge Tauben.*

25 Und da war in Jerusalem einer mit Namen Simeon, und dieser Mann war gerecht und gottesfürchtig; er wartete auf den Trost Israels, und heiliger Geist ruhte auf ihm. 26 Ihm war vom heiligen Geist geweissagt worden, er werde den Tod nicht schauen, bevor er den Gesalbten des Herrn gesehen habe. 27 Nun kam er, vom Geist geführt, in den Tempel. Und als die Eltern das Kind Jesus hereinbrachten, um an ihm zu tun, was das Gesetz des Herrn vorschreibt, 28 da nahm er es auf die Arme und pries Gott und sprach:

29 Nun lässt du deinen Diener gehen, Herr,
in Frieden, wie du gesagt hast,
30 denn meine Augen haben das Heil gesehen,
31 das du vor den Augen aller Völker bereitet hast,
32 ein Licht zur Erleuchtung der Heiden
und zur Verherrlichung deines Volkes Israel.

33 Und sein Vater und seine Mutter staunten über das, was über ihn gesagt wurde. 34 Und Simeon segnete sie und sagte zu Maria, seiner Mutter: Dieser hier ist dazu bestimmt, viele in Israel zu Fall zu bringen und viele aufzurichten, und er wird ein Zeichen sein, dem widersprochen wird – 35 ja, auch durch deine Seele wird ein Schwert dringen –, damit aus vielen Herzen die Gedanken offenbar werden.

36 Und da war eine Prophetin, Hanna, eine Tochter Phanuels, aus dem Stamm Asser, die war schon hochbetagt. Nach ihrer Zeit als Jungfrau war sie sieben Jahre verheiratet 37 und danach Witwe gewesen bis zum Alter von vierundachtzig Jahren. Sie verliess den Tempel nie, weil sie Tag und Nacht Gott diente mit Fasten und Beten. 38 Zur selben Stunde trat auch sie auf und pries Gott und sprach von ihm zu allen, die auf die Erlösung Jerusalems warteten.

39 Und als sie alles getan hatten, was das Gesetz des Herrn vorschreibt, kehrten sie nach Galiläa in ihre Stadt Nazaret

zurück. 40 Das Kind aber wuchs heran und wurde stark und mit Weisheit erfüllt, und Gottes Gnade ruhte auf ihm.

|21: 1,59! · 1,31 |22: Lev 12,2–4 · Röm 12,1 |23: Ex 13,2.12.15 |24: Lev 12,8 |25: 2,38; 23,51; 24,21; Jes 40,1; 49,13; 52,9 |26: 9,20! |30: 3,6; Ps 98,2–3; Jes 40,5; 52,10 |32: Jes 42,6; 49,6 |33: 2,18 |34: 20,17; Jes 8,14; Apg 28,22 |35: 2,48 |38: 2,25! |39: 1,26–27; 2,4.51; Mt 2,23 |40: 2,52 · 1,80

Der zwölfjährige Jesus im Tempel

41 Und seine Eltern zogen jedes Jahr zum Passafest nach Jerusalem. 42 Auch als er zwölf Jahre alt war, gingen sie hinauf, wie es an diesem Fest der Brauch war, 43 und verbrachten die Tage dort.

Als sie heimkehrten, da blieb der junge Jesus in Jerusalem zurück, und seine Eltern merkten es nicht. 44 Da sie meinten, er befinde sich unter den Reisenden, gingen sie eine Tagereise weit und suchten ihn unter den Verwandten und Bekannten. 45 Und als sie ihn nicht fanden, kehrten sie nach Jerusalem zurück, um ihn zu suchen. 46 Und es geschah nach drei Tagen, dass sie ihn fanden, wie er im Tempel mitten unter den Lehrern sass und ihnen zuhörte und Fragen stellte. 47 Alle aber, die ihn hörten, waren verblüfft über seinen Verstand und seine Antworten. 48 Und als sie ihn sahen, waren sie bestürzt, und seine Mutter sagte zu ihm: Kind, warum hast du uns das angetan? Dein Vater und ich haben dich mit Schmerzen gesucht. 49 Und er sagte zu ihnen: Warum habt ihr mich gesucht? Wusstet ihr nicht, dass ich im Haus meines Vaters sein muss? 50 Doch sie verstanden das Wort nicht, das er zu ihnen sagte.

51 Und er zog mit ihnen hinab, zurück nach Nazaret, und war ihnen gehorsam. Und seine Mutter behielt alle diese Worte in ihrem Herzen. 52 Und Jesus nahm zu an Weisheit und Alter und Gnade bei Gott und den Menschen.

|47: 4,32! |48: 8,20 · 2,35 |51: 2,39! · 2,19! |52: 2,40; 1Sam 2,26

Das Auftreten des Täufers und seine Gefangennahme

3 1 Im fünfzehnten Jahr der Regierung des Kaisers Tiberius – als Pontius Pilatus Statthalter von Judäa war und Herodes Tetrarch von Galiläa, sein Bruder Philippus Tetrarch von Ituräa und der Trachonitis, Lysanias Tetrarch von Abilene, 2 unter dem Hohen Priester Hannas und Kajafas – erging das Wort Gottes an Johannes, den Sohn des Zacharias, in der Wüste.

3 Und er zog durch die ganze Gegend am Jordan und verkündigte eine Taufe der Umkehr zur Vergebung der Sünden, 4 wie es geschrieben steht im Buch der Worte des Propheten Jesaja:

Stimme eines Rufers in der Wüste:
Bereitet den Weg des Herrn,
*   macht gerade seine Strassen.*
5 *Jede Schlucht soll aufgefüllt*
*   und jeder Berg und jeder Hügel soll*
*   eingeebnet werden;*
und was krumm ist, soll gerade werden,
*   und was uneben, zu ebenen Wegen*
*   werden.*
6 *Und schauen wird alles Fleisch Gottes*
Heil.

7 Und er sagte zu denen, die in Scharen hinauszogen, um sich von ihm taufen zu lassen: Schlangenbrut! Wer machte euch glauben, dass ihr dem kommenden Zorn entgehen werdet? 8 Bringt also Früchte, die der Umkehr entsprechen! Und fangt nicht an, euch zu sagen: Wir haben Abraham zum Vater. Denn ich sage euch: Gott kann dem Abraham aus diesen Steinen Kinder erwecken. 9 Schon ist die Axt an die Wurzel der Bäume gelegt: Jeder Baum, der nicht gute Frucht bringt, wird gefällt und ins Feuer geworfen.

10 Und die Leute fragten ihn: Was also sollen wir tun? 11 Er antwortete ihnen: Wer zwei Hemden hat, teile mit dem, der keines hat, und wer zu essen hat, tue desgleichen. 12 Es kamen aber auch Zöllner, um sich taufen zu lassen, und sagten zu ihm: Meister, was sollen wir tun? 13 Er sagte ihnen: Treibt nicht

mehr ein, als euch vorgeschrieben ist! 14 Und es fragten ihn auch Soldaten: Was sollen wir denn tun? Und ihnen sagte er: Misshandelt niemanden, erpresst niemanden und begnügt euch mit eurem Sold.

15 Da nun das Volk voller Erwartung war und alle sich über Johannes Gedanken machten, ob er am Ende gar der Messias sei, 16 wandte sich Johannes an alle: Ich taufe euch mit Wasser; es kommt aber einer, der stärker ist als ich; mir steht es nicht zu, ihm die Schuhriemen zu lösen. Er wird euch mit heiligem Geist und mit Feuer taufen. 17 In seiner Hand ist die Wurfschaufel; er wird seine Tenne säubern und den Weizen in seine Scheune einbringen, die Spreu aber wird er verbrennen in einem Feuer, das nie erlischt.

18 Mit diesen und andern Mahnungen verkündigte er dem Volk das Evangelium.

19 Herodes aber, der Tetrarch, den er zurechtgewiesen hatte wegen der Sache mit Herodias, der Frau seines Bruders, und wegen aller Schandtaten, die er, Herodes, begangen hatte, 20 fügte dem allem noch dies hinzu: Er liess Johannes ins Gefängnis werfen.

P: Mt 3,3–12; Mk 1,2–8; Joh 1,19–23.25–27 |2: 1,80 |3: 1,77; Apg 13,24; 19,4 |4–6: Jes 40,3–5 |6: 2,30 |8: 16,24; Joh 8,33.39 · 19,9! · Röm 4,11–12; Gal 3,7 |9: 13,6–9; Mt 7,19 |12: 7,29; Mt 21,31–32 |13: 19,8 |16: 7,19 · Joh 1,33; Apg 13,25 · Apg 1,5; 19,4 |19–20: Mt 14,3–4; Mk 6,17–18

Die Taufe Jesu

21 Es geschah aber, als das ganze Volk sich taufen liess und auch Jesus getauft wurde und betete, dass der Himmel sich auftat und der heilige Geist in Gestalt einer Taube auf ihn herabschwebte und eine Stimme aus dem Himmel kam: 22 Du bist mein geliebter Sohn, an dir habe ich Wohlgefallen.

P: Mt 3,13–17; Mk 1,9–11; Joh 1,29–34 |22: 1,35; 9,35; 22,70; Ps 2,7; Jes 42,1 · 4,3.9 · 4,34!

Der Stammbaum Jesu

23 Und er, Jesus, war etwa dreissig Jahre alt, als er zu wirken begann. Er war, wie man annahm, ein Sohn des Josef, der war Sohn des Eli, 24 der war Sohn des Mattat, der war Sohn des Levi, der war Sohn des Melchi, der war Sohn des Jannai, der war Sohn des Josef, 25 der war Sohn des Mattatias, der war Sohn des Amos, der war Sohn des Nahum, der war Sohn des Hesli, der war Sohn des Naggai, 26 der war Sohn des Maat, der war Sohn des Mattatias, der war Sohn des Semein, der war Sohn des Josech, der war Sohn des Joda, 27 der war Sohn des Johanan, der war Sohn des Resa, der war Sohn des Serubbabel, der war Sohn des Schealtiel, der war Sohn des Neri, 28 der war Sohn des Melchi, der war Sohn des Addi, der war Sohn des Kosam, der war Sohn des Elmadam, der war Sohn des Er, 29 der war Sohn des Jesus, der war Sohn des Elieser, der war Sohn des Jorim, der war Sohn des Mattat, der war Sohn des Levi, 30 der war Sohn des Simeon, der war Sohn des Juda, der war Sohn des Josef, der war Sohn des Jonam, der war Sohn des Eljakim, 31 der war Sohn des Melea, der war Sohn des Menna, der war Sohn des Mattata, der war Sohn des Natam, der war Sohn des David, 32 der war Sohn des Isai, der war Sohn des Obed, der war Sohn des Boas, der war Sohn des Salmon, der war Sohn des Nachschon, 33 der war Sohn des Amminadab, der war Sohn des Admin, der war Sohn des Arni, der war Sohn des Hezron, der war Sohn des Perez, der war Sohn des Juda, 34 der war Sohn des Jakob, der war Sohn des Isaak, der war Sohn des Abraham, der war Sohn des Terach, der war Sohn des Nahor, 35 der war Sohn des Serug, der war Sohn des Regu, der war Sohn des Peleg, der war Sohn des Eber, der war Sohn des Schelach, 36 der war Sohn des Kainam, der war Sohn des Arpachschad, der war Sohn des Sem, der war Sohn des Noah, der war Sohn des Lamech, 37 der war Sohn des Metuschelach, der war

Sohn des Henoch, der war Sohn des Je-
red, der war Sohn des Mahalalel, der war
Sohn des Kenan, 38 der war Sohn des
Enosch, der war Sohn des Schet, der war
Sohn des Adam – der war Sohn Gottes.

P: Mt 1,1–17 |23: 4,22 |27: Esra 3,2; 5,2 |31: 1,27!;
2Sam 5,14; 1Chr 3,5 |32: 1Sam 16,1.13; 1Chr 2,11–15;
Rut 4,20–22 |33: Rut 4,18–20; 1Chr 2,4–5.9–10
|34: Gen 29,35; 25,26; 21,3; 11,26; 11,24
|35: Gen 11,14–23 |36: Gen 5,28–32; 11,10–13
|37: Gen 5,12–27 |38: Gen 5,1–11

Die Versuchung Jesu

4 1 Jesus kehrte nun, erfüllt von heiligem Geist, vom Jordan zurück und
wurde vom Geist in der Wüste umher-
geführt, 2 wo er vierzig Tage lang vom
Teufel versucht wurde. Und er ass nichts
in jenen Tagen, und als sie vorüber waren, hungerte ihn. 3 Der Teufel aber
sagte zu ihm: Wenn du Gottes Sohn bist,
dann sag diesem Stein, er solle zu Brot
werden. 4 Und Jesus entgegnete ihm: Es
steht geschrieben: *Nicht vom Brot allein
lebt der Mensch.*

5 Und er führte ihn hinauf und
zeigte ihm in einem einzigen Augenblick alle Königreiche der Welt. 6 Und
der Teufel sagte zu ihm: Dir werde ich
diese ganze Macht und Herrlichkeit geben, denn mir ist sie übergeben, und ich
gebe sie, wem ich will. 7 Wenn du nie-
derkniest vor mir, wird sie ganz dein
sein. 8 Und Jesus entgegnete ihm: Es
steht geschrieben: *Zum Herrn, deinem
Gott, sollst du beten und ihm allein dienen.*

9 Und er führte ihn nach Jerusalem
und stellte ihn auf die Zinne des Tempels und sagte zu ihm: Wenn du Gottes
Sohn bist, dann stürze dich von hier
hinab. 10 Denn es steht geschrieben:
*Seine Engel ruft er für dich herbei,
    dich zu behüten,*
11 und:
*Auf Händen werden sie dich tragen,
    damit du deinen Fuss nicht an einen
    Stein stösst.*
12 Und Jesus entgegnete ihm: Es ist
gesagt: *Du sollst den Herrn, deinen Gott,
nicht versuchen.*

13 Und als der Teufel alle Versuchungen zu Ende gebracht hatte, liess er
von ihm ab bis zu gelegener Zeit.

P: Mt 4,1–11; Mk 1,12–13 |1: 3,21–22 |3: 3,22!
|4: Dtn 8,3 |6: Ps 2,8 |8: Dtn 6,13; 10,20 |9: 3,22!
|10: Ps 91,11 |11: Ps 91,12 |12: Dtn 6,16 |13: 22,3

Zustimmung in Galiläa. Ablehnung in Nazaret

14 Jesus aber kehrte in der Kraft des
Geistes nach Galiläa zurück. Und die
Kunde von ihm verbreitete sich in der
ganzen Umgebung. 15 Und er lehrte in
ihren Synagogen und wurde von allen
gepriesen.

16 Und er kam nach Nazaret, wo er
aufgewachsen war, und ging, wie er es
gewohnt war, am Sabbat in die Synagoge und stand auf, um vorzulesen.
17 Und man reichte ihm das Buch des
Propheten Jesaja. Und als er das Buch
auftat, fand er die Stelle, wo geschrieben
steht:
18 *Der Geist des Herrn ruht auf mir,
    weil er mich gesalbt hat,
Armen das Evangelium zu verkündigen.
    Er hat mich gesandt,
Gefangenen Freiheit
    und Blinden das Augenlicht zu
    verkündigen,
Geknechtete in die Freiheit zu entlassen,
19 zu verkünden ein Gnadenjahr des
    Herrn.*

20 Und er tat das Buch zu, gab es dem
Diener zurück und setzte sich. Und aller
Augen in der Synagoge waren auf ihn
gerichtet. 21 Da begann er, zu ihnen zu
sprechen: Heute ist dieses Schriftwort
erfüllt – ihr habt es gehört. 22 Und alle
stimmten ihm zu und staunten über die
Worte der Gnade, die aus seinem Mund
kamen, und sagten: Ist das nicht der
Sohn Josefs?

23 Und er sagte zu ihnen: Gewiss
werdet ihr mir jetzt das Sprichwort entgegenhalten: Arzt, heile dich selbst! Wir
haben gehört, was in Kafarnaum geschehen ist. Tu solches auch hier in deiner Vaterstadt! 24 Er sprach aber: Amen,
ich sage euch: Kein Prophet ist willkom-

men in seiner Vaterstadt. 25 Es entspricht der Wahrheit, wenn ich euch
sage: Es gab viele Witwen in Israel in
den Tagen Elijas, als der Himmel drei
Jahre und sechs Monate verschlossen
war und eine grosse Hungersnot über
das ganze Land kam, doch 26 zu keiner
von ihnen wurde Elija geschickt, sondern zu einer Witwe nach Zarefat bei Sidon. 27 Und es gab viele Aussätzige in
Israel in Zeit des Propheten Elischa,
doch keiner von ihnen wurde rein, sondern Naaman, der Syrer. 28 Da gerieten
alle in der Synagoge in Wut, als sie das
hörten.

29 Und sie standen auf und trieben
ihn aus der Stadt hinaus und führten
ihn an den Rand des Felsens, auf den
ihre Stadt gebaut war, um ihn hinunter-
zustossen. 30 Er aber schritt mitten
durch sie hindurch und ging seines Weges.

P: Mt 4,12–17; 13,53–58; Mk 1,14–15; 6,1–6
|14: 4,37; 5,15.17; 7,17 |16: 2,39–40.52 |18–19: 7,22;
Jes 58,6; 61,1–2 |22: 3,23; Joh 6,42 |23: 23,35.37
|24: Joh 4,44 |25: 1Kön 17,1; 18,1; Jak 5,17
|26: 1Kön 17,9 |27: 2Kön 5,14 |28: 6,11

Die Heilung eines Besessenen

31 Und er ging hinab nach Kafarnaum, einer Stadt in Galiläa. Und dort
lehrte er sie am Sabbat. 32 Und sie waren überwältigt von seiner Lehre, denn
sein Wort erging in Vollmacht.

33 Nun war in der Synagoge ein
Mann, der den Geist eines unreinen
Dämons hatte. Der schrie mit lauter
Stimme: 34 He, was haben wir mit dir
zu schaffen, Jesus von Nazaret! Bist du
gekommen, uns zu vernichten? Ich
weiss, wer du bist: der Heilige Gottes!
35 Doch Jesus schrie ihn an und sprach:
Verstumme und fahr aus! Und der Dämon riss ihn in die Mitte und fuhr aus,
ohne ihm Schaden zuzufügen. 36 Und
Schrecken überkam alle, und einer sagte
zum anderen: Wie kann der so reden? In
Vollmacht und Kraft gebietet er den unreinen Geistern, und sie fahren aus.
37 Und die Kunde von ihm drang in jeden Ort der Umgebung.

P: Mk 1,21–28 |32: 2,47; 9,43 |34: 4,41; 8,28 ·
3,22! |37: 4,14!

Die Heilung der Schwiegermutter des Petrus

38 Er nun stand auf, verliess die Synagoge und trat in das Haus des Simon.
Die Schwiegermutter des Simon aber
war von hohem Fieber befallen, und sie
wandten sich ihretwegen an ihn.
39 Und er trat zu ihr, beugte sich über
sie, schrie das Fieber an, und es wich von
ihr. Und auf der Stelle stand sie auf und
bewirtete sie.

P: Mt 8,14–15; Mk 1,29–31

Weitere Heilungen

40 Als die Sonne unterging, brachten sie alle ihre Kranken, die an Krankheiten aller Art litten, zu ihm. Und er
legte jedem einzelnen von ihnen die
Hände auf und heilte sie. 41 Bei vielen
fuhren auch Dämonen aus, die schrien:
Du bist der Sohn Gottes! Doch er schrie
sie an und liess sie nicht reden, weil sie
wussten, dass er der Gesalbte war.

P: Mt 8,16–17; Mk 1,32–34 |41: 4,34! · 5,14! ·
9,20!

Aufbruch aus Kafarnaum

42 Als es aber Tag wurde, ging er weg
an einen einsamen Ort; doch die Leute
suchten ihn, bis sie ihn fanden, und
wollten ihn zurückhalten, damit er
nicht von ihnen wegginge. 43 Er aber
sagte zu ihnen: Ich muss auch den anderen Städten das Evangelium vom Reich
Gottes verkündigen, denn dazu bin ich
gesandt worden.

44 Und er verkündigte in den Synagogen Judäas.

P: Mk 1,35–39 |43: 8,1; 9,6; Mt 4,23 |44: Mt 4,23;
9,35 · 23,5

Die Berufung des Petrus

5 1 Es geschah aber, während das Volk
sich um ihn drängte und das Wort
Gottes hörte und er am See Gennesaret
stand, 2 dass er zwei Boote am Ufer liegen sah. Die Fischer waren ausgestiegen

und wuschen die Netze. 3 Da stieg er in eines der Boote, das Simon gehörte, und bat ihn, ein wenig vom Land wegzufahren. Dann setzte er sich und lehrte die Menge vom Boot aus.

4 Als er aufgehört hatte zu reden, sagte er zu Simon: Fahr hinaus ins Tiefe, und werft eure Netze zum Fang aus! 5 Und Simon entgegnete: Meister, die ganze Nacht hindurch haben wir gearbeitet und nichts gefangen, aber auf dein Wort hin will ich die Netze auswerfen. 6 Das taten sie und fingen eine grosse Menge Fische, ihre Netze aber drohten zu reissen. 7 Da winkten sie den Gefährten im anderen Boot, sie sollten kommen und mit ihnen Hand anlegen. Die kamen, und sie machten beide Boote so voll, dass sie beinahe versanken. 8 Als Simon Petrus das sah, fiel er Jesus zu Füssen und sagte: Geh weg von mir, Herr, denn ich bin ein sündiger Mensch. 9 Denn er und alle mit ihm erschraken über den Fang, den sie getan hatten; 10 so auch Jakobus und Johannes, die Söhne des Zebedäus, die Simons Gefährten waren. Da sagte Jesus zu Simon: Fürchte dich nicht! Von jetzt an wirst du Menschen fangen. 11 Und sie brachten die Boote an Land, liessen alles zurück und folgten ihm.

|1–3: Mt 13,1–3a; Mk 4,1–2 |4–11: Mt 4,18–22; Mk 1,16–20; Joh 21,1–11 |8: 18,13; 19,7 |10: Mt 4,19; Mk 1,17 |11: 5,28; 9,59–62; 14,26.33; 18,22.28–30

Die Heilung eines Aussätzigen

12 Und es geschah, als er in einer der Städte war, dass auf einmal ein Mann erschien, der über und über von Aussatz befallen war. Als er Jesus sah, fiel er auf sein Angesicht nieder und bat ihn: Herr, wenn du willst, kannst du mich rein machen. 13 Und der streckte die Hand aus, berührte ihn und sprach: Ich will es, sei rein! Und sofort wich der Aussatz von ihm. 14 Und er befahl ihm: Sag niemandem etwas, sondern geh, zeig dich dem Priester, und bring für deine Reinigung ein Opfer dar, wie Mose es angeordnet hat – es soll ihnen ein Beweis sein.

15 Die Kunde von ihm aber breitete sich immer weiter aus, und viel Volk strömte zusammen, um ihn zu hören und von Krankheiten geheilt zu werden. 16 Er aber zog sich immer wieder in einsame Gegenden zurück und betete.

F: Mt 8,1–4; Mk 1,40–45 |14: 4,41; 8,56; 9,21 · 17,14; Lev 14,2–32 |15: 4,14!

Die Heilung eines Gelähmten

17 Und es geschah an einem der Tage, als er im Beisein von Pharisäern und Schriftgelehrten, die aus allen Dörfern Galiläas und aus Judäa und aus Jerusalem gekommen waren, lehrte und die Kraft des Herrn bewirkte, dass er heilen konnte, 18 dass Männer auf einem Bett einen Menschen brachten, der gelähmt war. Sie versuchten, ihn ins Haus zu bringen und ihn vor ihn hinzulegen, 19 und da sie wegen des Gedränges keine Möglichkeit fanden, ihn hineinzubringen, stiegen sie auf das Dach und liessen ihn mitsamt dem Bett durch die Ziegel hinab mitten vor Jesus hin. 20 Und als Jesus ihren Glauben sah, sprach er: Mensch, dir sind deine Sünden vergeben.

21 Und die Schriftgelehrten und Pharisäer begannen sich Gedanken zu machen und sagten: Wer ist das, der so gotteslästerlich redet? Wer kann Sünden vergeben ausser Gott? 22 Jesus aber durchschaute sie und antwortete ihnen: Was für Gedanken macht ihr euch da? 23 Was ist leichter? Zu sagen: Dir sind deine Sünden vergeben, oder zu sagen: Steh auf und zeig, dass du gehen kannst? 24 Damit ihr aber wisst, dass der Menschensohn Vollmacht hat, auf Erden Sünden zu vergeben – sprach er zu dem Gelähmten: Ich sage dir, steh auf, nimm dein Bett und geh nach Hause! 25 Und der stand auf der Stelle auf, vor ihren Augen, nahm sein Lager, ging nach Hause und pries Gott. 26 Und Entsetzen ergriff alle, und sie priesen Gott und sagten voller Furcht: Unglaubliches haben wir heute gesehen.

P: Mt 9,1–8; Mk 2,1–12 |17: 4,14!; 6,17 · 6,19!
|20: 7,48 |21: 7,49; Jes 43,25 |24: Joh 5,8 |25: Joh 5,9
|26: 1,65! · 2,20!

Die Berufung eines Zöllners

27 Danach ging er hinaus und sah einen Zöllner mit Namen Levi am Zoll sitzen und sagte zu ihm: Folge mir! 28 Und der liess alles zurück, stand auf und folgte ihm.

29 Und Levi gab ein grosses Gastmahl für ihn in seinem Haus. Und eine grosse Schar von Zöllnern und anderen Leuten war da, die mit ihnen bei Tisch sassen. 30 Da murrten die Pharisäer und ihre Schriftgelehrten und sagten zu seinen Jüngern: Warum esst und trinkt ihr mit Zöllnern und Sündern? 31 Und Jesus entgegnete ihnen: Nicht die Gesunden brauchen den Arzt, sondern die Kranken. 32 Ich bin nicht gekommen, Gerechte zu rufen, sondern Sünder zur Umkehr.

P: Mt 9,9–13; Mk 2,13–17 |28: 5,11! |29: 19,6 · 15,1
|30: 7,34; 15,2; 19,7 |32: 15,7.10 · 15,24.32; 19,10

Zur Frage nach dem Fasten

33 Sie aber sagten zu ihm: Die Jünger des Johannes fasten oft und beten viel, ebenso auch die der Pharisäer, deine aber essen und trinken. 34 Jesus antwortete ihnen: Könnt ihr denn die Hochzeitsgäste zum Fasten anhalten, solange der Bräutigam bei ihnen ist? 35 Es werden aber Tage kommen, da ihnen der Bräutigam entrissen wird; dann werden sie fasten, in jenen Tagen.

36 Er gab ihnen auch ein Gleichnis: Niemand schneidet einen Flicken von einem neuen Mantel ab und setzt ihn auf einen alten Mantel, sonst ist der neue zerschnitten, und zum alten passt das Stück vom neuen nicht. 37 Und niemand füllt neuen Wein in alte Schläuche, sonst zerreisst der neue Wein die Schläuche und läuft aus, und die Schläuche sind hin. 38 Nein, neuen Wein muss man in neue Schläuche füllen! 39 Und niemand, der alten trinkt, will neuen, denn er sagt: Der alte ist gut.

P: Mt 9,14–17; Mk 2,18–22 |33: 7,33! · 18,12 · 7,34
|35: 17,22

Das Ährenraufen der Jünger am Sabbat

6 1 Es geschah nun an einem Sabbat, dass er durch die Kornfelder ging, und seine Jünger rissen Ähren ab, zerrieben sie mit den Händen und assen sie. 2 Einige von den Pharisäern aber sagten: Warum tut ihr, was am Sabbat nicht erlaubt ist? 3 Und Jesus antwortete ihnen: Habt ihr nicht gelesen, was David tat, als er hungrig war, er und seine Gefährten? 4 Wie er in das Haus Gottes hineinging und die Schaubrote nahm und ass und seinen Gefährten davon gab, die Brote, die niemand essen darf ausser die Priester? 5 Und er sagte zu ihnen: Der Menschensohn ist Herr über den Sabbat.

P: Mt 12,1–8; Mk 2,23–28 |2: Ex 20,8–11;
Dtn 5,12–15 |4: 1Sam 21,1–7 · Lev 24,5–9

Die Heilung eines behinderten Mannes am Sabbat

6 Es geschah an einem anderen Sabbat, dass er in die Synagoge ging und lehrte. Und dort war einer, dessen rechte Hand lahm war. 7 Die Schriftgelehrten und Pharisäer aber beobachteten ihn genau, ob er am Sabbat heilen würde, damit sie einen Grund fänden, ihn anzuklagen. 8 Er kannte ihre Gedanken, sagte aber zu dem Mann mit der lahmen Hand: Steh auf und stell dich in die Mitte! Und der stand auf und stellte sich hin. 9 Jesus aber sagte zu ihnen: Ich frage euch, ist es erlaubt, am Sabbat Gutes zu tun oder Böses zu tun, Leben zu retten oder zu vernichten? 10 Und er schaute alle an, einen nach dem andern, und sagte zu ihm: Streck deine Hand aus! Und der tat es, und seine Hand wurde wiederhergestellt. 11 Sie aber in ihrem Unverstand beredeten miteinander, was sie Jesus antun könnten.

P: 13,10–17; 14,1–6; Mt 12,9–14; Mk 3,1–6
|7: Ex 20,8–11; Dtn 5,12–15 |11: 4,28

Die Berufung der Zwölf

12 Es geschah in diesen Tagen, dass er wegging auf den Berg, um zu beten. Und er verbrachte die ganze Nacht im Gebet zu Gott. 13 Und als es Tag wurde, rief er seine Jünger herbei und wählte zwölf von ihnen aus, die er auch Apostel nannte: 14 Simon, den er auch Petrus nannte, und Andreas, seinen Bruder, und Jakobus und Johannes und Philippus und Bartolomäus 15 und Matthäus und Thomas und Jakobus, den Sohn des Alfäus, und Simon, den man den Zeloten hiess, 16 und Judas, den Sohn des Jakobus, und Judas Iskariot, der zum Verräter wurde.

P: Mt 10,2–4; Mk 3,13–19; Apg 1,13 | 16: 22,4!

Zustrom von weit her

17 Und er stieg mit ihnen hinab und stellte sich auf ein ebenes Feld. Und eine grosse Schar seiner Jünger und eine grosse Menschenmenge aus ganz Judäa und Jerusalem und aus dem Küstenland von Tyrus und Sidon war da. 18 Die waren gekommen, um ihn zu hören und von ihren Krankheiten geheilt zu werden; auch die von unreinen Geistern Geplagten wurden geheilt. 19 Und alles Volk wollte ihn berühren, denn eine Kraft ging von ihm aus, die alle heilte.

P: Mt 4,24–25; Mk 3,7–12 | 17: 5,17 | 19: 5,17; 8,46; Mk 5,30

Seligpreisungen

20 Und er richtete die Augen auf seine Jünger und sprach:
Selig ihr Armen –
euch gehört das Reich Gottes.
21 Selig, die ihr jetzt hungert –
ihr werdet gesättigt werden.
Selig, die ihr jetzt weint –
ihr werdet lachen.
22 Selig seid ihr, wenn euch die Menschen hassen und wenn sie euch ausschliessen, beschimpfen und euren Namen in den Dreck ziehen um des Menschensohnes willen.
23 Freut euch an jenem Tag und tanzt! Denn seid gewiss, euer Lohn im Himmel ist gross. Denn so haben es ihre Väter den Propheten gemacht.

P: Mt 5,1–12 | 20: 4,18; Jes 61,1; Jak 2,5 | 21: Jes 61,2 | 22: 21,17; Joh 15,18–19; 1Petr 4,14 | 23: 11,47!; 1Petr 4,13

Wehrufe

24 Doch wehe euch, ihr Reichen –
ihr habt euren Trost schon empfangen.
25 Wehe euch, die ihr jetzt satt seid –
ihr werdet hungern.
Wehe euch, die ihr jetzt lacht –
ihr werdet trauern und weinen.
26 Wehe, wenn alle Menschen gut von euch reden,
denn so haben es ihre Väter mit den falschen Propheten gemacht.

| 24: 16,25; Jak 5,1 · 18,24.25 | 26: Jer 5,31

Von Feindesliebe, Gewaltlosigkeit, Freigiebigkeit und Zurückhaltung im Urteil

27 Euch aber, die ihr zuhört, sage ich: Liebt eure Feinde! Tut wohl denen, die euch hassen! 28 Segnet, die euch verfluchen! Betet für die, die euch misshandeln!

29 Wer dich auf die eine Backe schlägt, dem halte auch die andere hin; und wer dir den Mantel nimmt, dem verweigere auch das Gewand nicht. 30 Gib jedem, der dich bittet; und wenn einer dir etwas nimmt, dann fordere es nicht zurück.

31 Und wie ihr wollt, dass die Leute mit euch umgehen, so geht auch mit ihnen um.

32 Wenn ihr die liebt, die euch lieben, was für ein Dank steht euch dann zu? Auch die Sünder lieben ja die, von denen sie geliebt werden. 33 Und wenn ihr denen Gutes tut, die euch Gutes tun, was für ein Dank steht euch dann zu? Dasselbe tun auch die Sünder. 34 Und wenn ihr denen leiht, von denen ihr etwas zu erhalten hofft, was für ein Dank steht euch dann zu? Auch Sünder leihen Sündern, um ebenso viel zurückzuerhalten. 35 Vielmehr: Liebt eure Feinde

und tut Gutes und leiht, wo ihr nichts zurückerhofft. Dann wird euer Lohn gross sein, und ihr werdet Söhne und Töchter des Höchsten sein, denn er ist gütig gegen die Undankbaren und Bösen.

36 Seid barmherzig, wie euer Vater barmherzig ist!

37 Richtet nicht, und ihr werdet nicht gerichtet. Verurteilt nicht, und ihr werdet nicht verurteilt. Lasst frei, und ihr werdet freigelassen werden!

38 Gebt, und es wird euch gegeben werden: ein gutes, festgedrücktes, gerütteltes und übervolles Mass wird man euch in den Schoss schütten. Denn mit dem Mass, mit dem ihr messt, wird auch euch zugemessen werden.

39 Er gab ihnen auch ein Gleichnis: Kann etwa ein Blinder einen Blinden führen? Werden sie nicht beide in die Grube fallen? 40 Kein Jünger steht über dem Meister. Jeder aber wird, wenn er ausgebildet ist, sein wie sein Meister.

41 Was siehst du den Splitter im Auge deines Bruders, den Balken im eigenen Auge aber nimmst du nicht wahr? 42 Wie kannst du zu deinem Bruder sagen: Bruder, komm, ich will den Splitter in deinem Auge herausziehen, während du den Balken in deinem Auge nicht siehst? Du Heuchler! Zieh zuerst den Balken aus deinem Auge, dann wirst du klar genug sehen, um den Splitter im Auge deines Bruders herauszuziehen.

P: Mt 5,38–42.43–48; 7,1–5 |27: 6,35 |28: Röm 12,14; 1Kor 4,12; 1Petr 3,9 |29: Jes 50,6; Klgl 3,30 |31: Mt 7,12 |34: 14,12; Lev 25,35–36 |35: 6,27 |38: Mk 4,24 |39: Mt 15,14 |40: Mt 10,24! · Mt 10,25

Das Bild vom Baum und den Früchten

43 Denn es gibt keinen guten Baum, der faule Frucht bringt, und wiederum keinen faulen Baum, der gute Frucht bringt. 44 Denn jeden Baum erkennt man an seiner Frucht. Von Dornen erntet man ja keine Feigen, und vom Dornbusch liest man keine Trauben. 45 Der gute Mensch bringt aus dem guten Schatz seines Herzens das Gute hervor,

der böse bringt aus dem bösen das Böse hervor. Spricht doch der Mund nur aus, wovon das Herz überquillt.

46 Was nennt ihr mich Herr, Herr! und tut nicht, was ich sage?

P: Mt 7,15–23; 12,33–35 |46: Mt 7,21!

Das Bild vom Hausbau

47 Jeder, der zu mir kommt und meine Worte hört und danach handelt – ich will euch zeigen, wem er gleich ist. 48 Er ist einem Menschen gleich, der, als er ein Haus baute, tief aushob und das Fundament auf Fels legte. Als dann Hochwasser kam, riss die Flut an jenem Haus, und sie vermochte es nicht zu erschüttern, weil es gut gebaut war. 49 Wer sie aber hört und nicht danach handelt, ist einem Menschen gleich, der ein Haus auf den Erdboden baute, ohne Fundament. Als dann die Flut daran riss, stürzte es sogleich ein; und der Einsturz jenes Hauses war gross.

P: Mt 7,24–27 |47: 8,21!

Der Hauptmann von Kafarnaum

7 1 Nachdem er zu Ende war mit allem, was er vor den Ohren des Volkes sagen wollte, ging er nach Kafarnaum.

2 Der Knecht eines Hauptmanns aber, den dieser sehr schätzte, war auf den Tod krank. 3 Als der nun von Jesus hörte, sandte er Älteste der jüdischen Gemeinde zu ihm und liess ihn bitten, er möge kommen und seinen Knecht retten. 4 Als diese zu Jesus kamen, baten sie ihn inständig und sagten: Er ist es wert, dass du ihm dies gewährst, 5 denn er liebt unser Volk, und er hat uns die Synagoge gebaut. 6 Da machte sich Jesus mit ihnen auf den Weg.

Als er aber nicht mehr weit entfernt von dem Haus war, schickte der Hauptmann Freunde und liess ihm sagen: Herr, bemühe dich nicht, denn es steht mir nicht zu, dich in mein Haus zu bitten. 7 Darum habe ich mich auch nicht für würdig gehalten, selbst zu dir zu kommen. Aber sprich nur ein Wort, und mein Knecht wird gesund. 8 Ich bin nämlich auch einer, für den Befehle gelten, und habe Soldaten unter mir. Sage ich zu einem: Geh, so geht er; sage ich zu einem anderen: Komm, so kommt er; und sage ich zu meinem Knecht: Tu das, so tut er es. 9 Als Jesus das hörte, wunderte er sich über ihn, und zum Volk gewandt, das ihm folgte, sprach er: Ich sage euch: In Israel habe ich keinen solchen Glauben gefunden! 10 Und als die Boten ins Haus zurückkehrten, fanden sie den Knecht gesund.

P: Mt 8,5–13; Joh 4,43–54 | I: Mt 7,28 | 5: Apg 10,2 | 6: 8,49 | 9: 8,25; 18,8 · 7,50!

Die Auferweckung eines jungen Mannes in Nain

11 Und danach geschah es, dass er in eine Stadt mit Namen Nain zog; und seine Jünger und viel Volk zogen mit ihm. 12 Als er sich dem Stadttor näherte, da wurde gerade ein Toter herausgetragen, der einzige Sohn seiner Mutter, und die war Witwe. Und eine stattliche Zahl von Leuten aus der Stadt war bei ihr. 13 Und als der Herr sie sah, hatte er Mitleid mit ihr und sagte zu ihr: Weine nicht! 14 Und er trat zur Bahre und fasste ihn an. Da blieben die Träger stehen, und er sprach: Junger Mann, ich sage dir: Steh auf! 15 Und der Tote richtete sich auf und begann zu reden. Und er gab ihn seiner Mutter wieder. 16 Furcht ergriff alle, und sie priesen Gott und sagten: Ein grosser Prophet ist erweckt worden unter uns, und: Gott hat sich seines Volkes angenommen. 17 Und die Kunde von ihm verbreitete sich in ganz Judäa und in der ganzen Umgebung.

|12: 8,42 |13: 10,33; 15,20 · 8,52 |14: 8,54; Mk 5,41; 9,27; Apg 9,40 |15: 9,42; 1Kön 17,23 |16: 1,65! · 7,39; 24,19; Mt 21,11! · 1,76! · 1,68! |17: 4,14!

Die Frage des Täufers

18 Von all dem berichteten die Jünger des Johannes ihrem Meister. Da rief Johannes zwei seiner Jünger herbei und 19 sandte sie zum Herrn mit der Frage: Bist du es, der da kommen soll, oder sollen wir auf einen anderen warten? 20 Als nun die Männer zu ihm kamen, sagten sie: Johannes der Täufer schickt uns zu dir und lässt fragen: Bist du es, der da kommen soll, oder sollen wir auf einen anderen warten? 21 In eben jener Stunde heilte er viele von Krankheiten, Plagen und von bösen Geistern und schenkte vielen Blinden das Augenlicht. 22 Und er antwortete ihnen: Geht und erzählt dem Johannes, was ihr gesehen und gehört habt: *Blinde sehen,* Lahme gehen, Aussätzige werden rein, und *Taube hören, Tote werden auferweckt,* Armen wird das Evangelium verkündigt; 23 und selig ist, wer an mir keinen Anstoss nimmt.

P: Mt 11,2–6 | 19: 3,16; Mal 3,1 | 22: 4,18–19; 10,23 · Jes 29,18; 35,5–6 · Jes 26,19 · Jes 61,1 | 23: Mt 13,57; Mk 6,3; Joh 6,61

Das Urteil Jesu über den Täufer

24 Als dann die Boten des Johannes gegangen waren, begann er zu den Leuten über Johannes zu reden: Was habt ihr zu sehen gehofft, als ihr in die Wüste hinauszogt? Ein Schilfrohr, das im Wind schwankt? 25 Oder was habt ihr zu sehen gehofft, als ihr hinauszogt? Einen Menschen, der in feine Gewänder gehüllt ist? Die im Prachtgewand und in Üppigkeit leben, die wohnen in Palästen. 26 Oder was habt ihr zu sehen gehofft, als ihr hinauszogt? Einen Propheten? Ja, sage ich euch: Weit mehr als einen Propheten habt ihr gesehen! 27 Er ist es, von dem geschrieben steht: *Siehe, ich sende meinen Boten vor* dir *her, der vor* dir *deinen Weg bereiten wird.* 28 Ich sage euch: Grösser als Johannes ist keiner unter denen, die von einer Frau geboren wurden. Doch noch der Geringste im Reich Gottes ist grösser als er. 29 Und das ganze Volk, das zuhörte, selbst die Zöllner, haben Gott Recht gegeben, indem sie sich taufen liessen mit der Taufe des Johannes. 30 Die Pharisäer aber und die Gesetzeslehrer haben zu ihrem eigenen Schaden den

Ratschluss Gottes verworfen, indem sie sich nicht von ihm taufen liessen.

31 Mit wem soll ich die Menschen dieses Geschlechts vergleichen, wem sind sie gleich? 32 Kindern sind sie gleich, die auf dem Marktplatz sitzen und einander zurufen und sagen:
Wir haben euch aufgespielt,
und ihr habt nicht getanzt,
wir haben Klagelieder gesungen,
und ihr habt nicht geweint.
33 Denn Johannes der Täufer ist gekommen, ass kein Brot und trank keinen Wein, und ihr sagt: Er hat einen Dämon. 34 Der Menschensohn ist gekommen, ass und trank, und ihr sagt: Seht, ein Fresser und Säufer, ein Freund von Zöllnern und Sündern. 35 Doch der Weisheit wurde Recht gegeben durch alle ihre Kinder.

P: Mt 11,7–19 |25: Mt 3,4; Mk 1,6 |26: 1,76! |27: 1,76; Ex 23,20; Mal 3,1; Mk 1,2 |28: 1,15 |29: 3,12! |30: Röm 10,3 |33: 1,15; 5,33 · Joh 7,20! |34: 5,30!

Die Salbung durch eine Sünderin

36 Einer der Pharisäer aber bat ihn, mit ihm zu essen. Und er ging in das Haus des Pharisäers und setzte sich zu Tisch. 37 Und da war eine Frau, die galt in der Stadt als Sünderin. Als sie erfuhr, dass er im Haus des Pharisäers bei Tisch sass, brachte sie ein Alabastergefäss voll Balsam. 38 Und sie kam von hinten, beugte sich über seine Füsse, weinte und begann mit ihren Tränen seine Füsse zu benetzen. Und sie trocknete sie mit ihrem Haar, küsste seine Füsse und salbte sie mit dem Balsam.

39 Als der Pharisäer, der ihn eingeladen hatte, das sah, sagte er sich: Wäre dieser ein Prophet, so wüsste er, wer das ist, was für eine Frau ihn da berührt, nämlich eine Sünderin. 40 Und Jesus antwortete ihm: Simon, ich habe dir etwas zu sagen. Er erwidert: Meister, sprich! 41 Ein Geldverleiher hatte zwei Schuldner; der eine schuldete ihm fünfhundert Denar, der andere fünfzig. 42 Da beide es nicht zurückzahlen konnten, schenkte er es beiden. Welcher von ihnen wird ihn nun mehr lieben? 43 Simon antwortete: Ich nehme an, der, dem er mehr geschenkt hat. Da sagte er zu ihm: Du hast Recht. 44 Und indem er sich zur Frau umwandte, sagte er zu Simon: Siehst du diese Frau? Ich bin in dein Haus gekommen: Wasser für die Füsse hast du mir nicht gegeben, sie aber hat meine Füsse mit ihren Tränen benetzt und mit ihrem Haar getrocknet. 45 Einen Kuss hast du mir nicht gegeben, sie aber hat, seit sie hereingekommen ist, nicht aufgehört, meine Füsse zu küssen. 46 Mit Öl hast du mein Haupt nicht gesalbt, sie aber hat mit Balsam meine Füsse gesalbt. 47 Darum sage ich dir: Ihre vielen Sünden sind vergeben, denn sie hat viel geliebt; wem aber wenig vergeben wird, der liebt wenig. 48 Zu ihr aber sagte er: Dir sind die Sünden vergeben. 49 Da begannen die Gäste untereinander zu sagen: Wer ist dieser, dass er sogar Sünden vergibt? 50 Er aber sagte zu der Frau: Dein Glaube hat dich gerettet. Geh in Frieden!

P: Mt 26,6–13; Mk 14,3–9; Joh 11,55–12,11 |36: 11,37; 14,1 |39: 7,16!; Joh 4,19 |42: Mt 18,27 |44: 1Sam 25,41; Joh 13,5; 1Tim 5,10 |48: 5,20 |49: 5,21! |50: 8,48; 17,19; 18,42; Apg 16,31; Röm 10,9 · 8,17 · 7,9!

Jüngerinnen

8 1 Und danach geschah es, dass er von Stadt zu Stadt und von Dorf zu Dorf zog und das Evangelium vom Reich Gottes verkündigte. Und die Zwölf waren mit ihm, 2 auch einige Frauen, die von bösen Geistern und Krankheiten geheilt worden waren: Maria, genannt Magdalena, aus der sieben Dämonen ausgefahren waren, 3 und Johanna, die Frau des Chuza, eines Verwalters des Herodes, und Susanna und viele andere, die ihn unterstützten mit dem, was sie besassen.

|1: 4,43! |3: 23,49; 24,10; Mk 15,40!; Apg 1,14

Das Gleichnis vom vierfachen Acker und seine Deutung

4 Als nun viel Volk zusammenkam und Leute aus allen Städten ihm zu-

strömten, sprach er in einem Gleichnis:
5 Der Sämann ging aus, seinen Samen
zu säen. Und beim Säen fiel etliches auf
den Weg und wurde zertreten, und die
Vögel des Himmels frassen es auf. 6 Anderes fiel auf Fels, ging auf und verdorrte, weil es keine Feuchtigkeit hatte.
7 Anderes fiel mitten unter die Dornen,
und mit ihm wuchsen die Dornen und
erstickten es.

8 Wieder anderes fiel auf guten Boden, ging auf und brachte hundertfach
Frucht. Als er dies gesagt hatte, rief er:
Wer Ohren hat zu hören, der höre!

9 Seine Jünger aber fragten ihn, was
dieses Gleichnis bedeute. 10 Er sprach:
Euch ist es gegeben, die Geheimnisse
des Reiches Gottes zu verstehen, zu den
anderen aber wird in Gleichnissen geredet, damit sie sehend nicht sehen und
hörend nicht verstehen.

11 Das Gleichnis aber bedeutet dies:
Der Same ist das Wort Gottes. 12 Die auf
dem Weg sind die, welche es hören.
Dann kommt der Teufel und nimmt das
Wort aus ihren Herzen, damit sie nicht
zum Glauben kommen und gerettet
werden. 13 Die auf dem Fels sind die,
welche das Wort hören und freudig aufnehmen. Doch sie haben keine Wurzeln: Eine Zeit lang glauben sie, in der
Zeit der Versuchung aber fallen sie ab.
14 Das unter die Dornen Gefallene, das
sind die, welche es gehört haben und
dann hingehen und von Sorgen und
Reichtum und Freuden des Lebens erstickt werden und die Frucht nicht zur
Reife bringen. 15 Das auf dem guten Boden, das sind die, welche das Wort mit
rechtem und gutem Herzen gehört haben, es bewahren und Frucht bringen in
Geduld.

P: Mt 13,3b–23; Mk 4,3–20 |8: 14,35; Mt 13,9!
|10: Jes 6,9–10; Joh 12,40; Apg 28,26–27 |12: 7,50!
|14: 12,22! |15: 21,19

Vom Sehen und Hören

16 Niemand zündet ein Licht an und
deckt es mit einem Gefäss zu oder stellt
es unter ein Bett. Vielmehr stellt man es
auf einen Leuchter, damit die Eintretenden das Licht sehen. 17 Denn es gibt
nichts Verborgenes, das nicht offenbar
wird, und nichts Geheimes, das nicht
bekannt wird und an den Tag kommt.

18 Gebt also acht, dass ihr genau zuhört! Denn wer hat, dem wird gegeben
werden, und wer nicht hat, dem wird
auch das genommen werden, was er zu
haben meint.

P: Mk 4,21–25 |16: 11,33; Mt 5,15 |17: 12,2;
Mt 10,26 |18: 19,26; Mt 13,12!

Die wahren Verwandten Jesu

19 Es kamen aber seine Mutter und
seine Geschwister zu ihm, doch konnten sie wegen des Gedränges nicht zu
ihm gelangen. 20 Da wurde ihm gesagt:
Deine Mutter und deine Geschwister
stehen draussen und wollen dich sehen.
21 Er aber antwortete ihnen: Meine
Mutter und meine Brüder und Schwestern, das sind die, die das Wort Gottes
hören und danach handeln.

P: Mt 12,46–50; Mk 3,31–35 |20: 2,48 · Apg 1,14
|21: 6,47; 11,28

Die Stillung des Seesturms

22 Es geschah aber an einem jener
Tage, dass er mit seinen Jüngern in ein
Boot stieg und zu ihnen sagte: Lasst uns
ans andere Ufer des Sees fahren. Und sie
stiessen ab. 23 Während der Fahrt aber
schlief er ein. Da fuhr ein Sturmwind
auf den See herab, das Boot füllte sich
mit Wasser, und sie gerieten in Gefahr.
24 Da traten sie zu ihm, weckten ihn
und sagten: Meister, Meister, wir gehen
unter! Er aber stand auf, schrie den
Wind an und die Wogen des Wassers.
Und sie legten sich, und es trat eine
Windstille ein. 25 Da sagte er zu ihnen:
Wo ist euer Glaube? Sie aber fürchteten
sich und sagten staunend zueinander:
Wer ist denn dieser, dass er selbst dem
Wind und dem Wasser gebietet, und sie
gehorchen ihm?

P: Mt 8,18.23–27; Mk 4,35–41 |23: Jona 1,4–5
|24: Ps 65,8; 89,10; 107,29 |25: 17,5–6 · 7,9!

Die Heilung des Besessenen von Gerasa

26 Und sie fuhren in das Gebiet der Gerasener, das Galiläa gegenüberliegt. 27 Als er an Land ging, kam ihm ein Mann aus der Stadt entgegen, der von Dämonen besessen war. Seit langer Zeit trug er keine Kleider mehr und hielt sich auch nicht in einem Haus auf, sondern in den Grabhöhlen. 28 Als er nun Jesus sah, schrie er auf, warf sich vor ihm nieder und rief mit lauter Stimme: Was habe ich mit dir zu schaffen, Jesus, Sohn des höchsten Gottes? Ich bitte dich: Quäle mich nicht! 29 Er hatte nämlich dem unreinen Geist geboten, aus dem Menschen auszufahren. Denn dieser hatte ihn seit langer Zeit in seiner Gewalt. Und man hatte ihn in Ketten und Fussfesseln gelegt und in Gewahrsam gehalten, doch er hatte die Fesseln zerrissen und war vom Dämon in die Wüste getrieben worden. 30 Da fragte ihn Jesus: Wie heisst du? Er sagte: Legion! Denn viele Dämonen waren in ihn gefahren. 31 Und sie flehten ihn an, sie nicht zur Hölle zu schicken. 32 Nun weidete dort auf dem Berg eine grosse Herde Schweine. Und sie flehten ihn an, sie in diese fahren zu lassen. Und er erlaubte es ihnen. 33 Da fuhren die Dämonen aus dem Menschen aus und in die Schweine. Und die Herde stürzte sich den Abhang hinunter in den See und ertrank.

34 Als nun die Hirten sahen, was geschehen war, ergriffen sie die Flucht und erzählten es in der Stadt und in den Gehöften. 35 Da zogen sie hinaus, um zu sehen, was geschehen war. Und sie kamen zu Jesus und fanden den Menschen, aus dem die Dämonen ausgefahren waren, bekleidet und bei Sinnen Jesus zu Füssen sitzend; da fürchteten sie sich. 36 Die es aber gesehen hatten, erzählten ihnen, wie der Besessene gerettet worden war. 37 Und die ganze Bevölkerung aus dem Gebiet von Gerasa bat ihn wegzugehen, denn grosse Furcht überkam sie. Da stieg er in ein Boot und fuhr zurück.

38 Der Mann aber, aus dem die Dämonen ausgefahren waren, bat ihn, bei ihm bleiben zu dürfen. Doch er schickte ihn weg und sprach: 39 Kehr in dein Haus zurück und erzähle, was Gott an dir getan hat. Und der ging weg und tat in der ganzen Stadt kund, was Jesus an ihm getan hatte.

P: Mt 8,28–34; Mk 5,1–20 | 28: 4,34! | 29: 13,16 | 31: 10,15 | 37: 1,65!

Die Auferweckung der Tochter des Jairus. Die Frau mit den Blutungen

40 Als Jesus zurückkehrte, empfing ihn viel Volk; sie hatten nämlich alle auf ihn gewartet. 41 Da kam ein Mann mit Namen Jairus, der war Vorsteher der Synagoge. Er fiel Jesus zu Füssen und bat ihn, in sein Haus zu kommen. 42 Denn er hatte eine einzige Tochter von etwa zwölf Jahren, und die lag im Sterben. Als Jesus hinging, erdrückten ihn die Leute beinahe.

43 Und da war eine Frau, die seit zwölf Jahren an Blutungen litt, ihr ganzes Vermögen für Ärzte aufgebracht hatte und doch von niemandem geheilt werden konnte. 44 Die näherte sich ihm von hinten und berührte den Saum seines Mantels. Und auf der Stelle hörten ihre Blutungen auf. 45 Und Jesus sprach: Wer hat mich berührt? Als nun alle es abstritten, sagte Petrus: Meister, die Leute drängen sich um dich und stossen dich. 46 Jesus aber sprach: Jemand hat mich berührt! Denn ich habe gespürt, dass eine Kraft von mir ausgegangen ist. 47 Als nun die Frau sah, dass sie nicht unentdeckt bleiben konnte, kam sie zitternd herbei, warf sich vor ihm nieder und erzählte vor dem ganzen Volk, warum sie ihn berührt hatte und wie sie auf der Stelle geheilt worden war. 48 Er aber sagte zu ihr: Tochter, dein Glaube hat dich gerettet. Geh in Frieden!

49 Noch während er redet, kommt einer aus dem Haus des Synagogenvorstehers und sagt: Deine Tochter ist gestorben! Bemühe den Meister nicht wei-

ter! 50 Als Jesus das hörte, antwortete er ihm: Fürchte dich nicht, glaube nur, und sie wird gerettet werden! 51 Er ging ins Haus und liess niemanden mit sich hinein ausser Petrus und Johannes und Jakobus und den Vater des Kindes und die Mutter. 52 Alle weinten und klagten um sie. Er aber sprach: Weint nicht! Sie ist nicht gestorben, sie schläft. 53 Da lachten sie ihn aus, weil sie wussten, dass sie gestorben war. 54 Er aber ergriff ihre Hand und rief: Kind, steh auf! 55 Da kehrte ihr Geist zurück, und sogleich stand sie auf. Und er befahl, man solle ihr zu essen geben. 56 Ihre Eltern waren fassungslos. Er aber gebot ihnen, niemandem zu sagen, was geschehen war.

P: Mt 9,18–26; Mk 5,21–43 |42: 7,12 |43: Lev 15,25 |46: 6,19! |48: 7,50! |49: 7,6 |51: 9,28 |52: 7,13 |54: 7,14! |55: 1Kön 17,22 |56: 5,14!

Die Aussendung der Zwölf

9 1 Er rief nun die Zwölf zusammen und gab ihnen Gewalt und Vollmacht über alle Dämonen und die Kraft, Krankheiten zu heilen. 2 Und er sandte sie aus, das Reich Gottes zu verkündigen und die Kranken zu heilen. 3 Und er sagte zu ihnen: Nehmt nichts mit auf den Weg, weder Stab noch Sack, weder Brot noch Geld, noch sollt ihr ein zweites Kleid haben. 4 Wo ihr in ein Haus eingekehrt seid, da bleibt, und von dort zieht weiter. 5 Und wenn man euch nicht aufnimmt, dann geht fort aus dieser Stadt und schüttelt den Staub von euren Füssen – es soll ihnen ein Zeichen sein!

6 Da gingen sie fort und zogen von Dorf zu Dorf. Und überall verkündigten sie das Evangelium und heilten.

P: 10,1–12; Mt 10,1.7–15; Mk 6,7–13 |1: 10,17; Mk 16,17 |2: 10,9! |3: 22,35–36 |5: 10,11! |6: 4,43!

Die Ratlosigkeit des Herodes

7 Es hörte aber Herodes, der Tetrarch, von all diesen Geschehnissen. Und es beunruhigte ihn, dass von einigen gesagt wurde, Johannes sei von den Toten auferweckt worden, 8 von anderen, Elija sei erschienen, von wieder anderen, einer der alten Propheten sei auferstanden. 9 Und Herodes sagte: Den Johannes habe ich doch selbst enthaupten lassen. Wer aber ist das, über den ich solches höre? Und er wollte ihn sehen.

P: Mt 14,1–2; Mk 6,14–16 |7: 9,19 |8: 9,19! |9: 3,20; Mt 14,10; Mk 6,27 · 23,8

Die Speisung der fünftausend

10 Und die Apostel kehrten zurück und erzählten ihm, was sie getan hatten. Und er nahm sie beiseite und zog sich mit ihnen zurück in eine Stadt mit Namen Betsaida. 11 Als die Leute aber davon erfuhren, folgten sie ihm. Und er liess sie zu sich kommen und sprach zu ihnen über das Reich Gottes und heilte, die der Heilung bedurften.

12 Und der Tag begann sich zu neigen. Da kamen die Zwölf zu ihm und sagten: Entlass die Leute, damit sie in die umliegenden Dörfer und Gehöfte gehen und ein Nachtlager und etwas zu essen finden können. Denn hier sind wir an einem abgelegenen Ort. 13 Da sagte er zu ihnen: Gebt ihr ihnen zu essen! Sie aber sagten: Wir haben nicht mehr als fünf Brote und zwei Fische, es sei denn, wir würden uns aufmachen und für alle diese Leute etwas zu essen kaufen. 14 Es waren nämlich die Männer allein schon an die fünftausend. Da sagte er zu seinen Jüngern: Lasst sie sich lagern in Gruppen zu etwa fünfzig. 15 Und so taten sie und liessen alle sich lagern. 16 Da nahm er die fünf Brote und die zwei Fische, blickte zum Himmel auf, sprach den Lobpreis über sie und brach sie und liess sie von den Jüngern dem Volk vorsetzen. 17 Und sie assen und wurden alle satt. Und man sammelte die Brocken, die übrig geblieben waren, zwölf Körbe voll.

P: Mt 14,13–21; Mk 6,30–44; Joh 6,1–15 |12–17: 2Kön 4,42–44 |16: 22,19!

Das Bekenntnis des Petrus. Die erste Leidensankündigung

18 Und es geschah, als er für sich allein betete und nur seine Jünger bei ihm waren, dass er sie fragte: Für wen halten mich die Leute? 19 Sie antworteten: Für Johannes den Täufer, andere für Elija, wieder andere meinen, einer der alten Propheten sei auferstanden. 20 Da sagte er zu ihnen: Ihr aber, für wen haltet ihr mich? Da antwortete Petrus: Für den Gesalbten Gottes. 21 Da fuhr er sie an und gebot ihnen, dies niemandem zu sagen, 22 und er sprach: Der Menschensohn muss vieles erleiden und von den Ältesten und Hohen Priestern und Schriftgelehrten verworfen und getötet werden, und am dritten Tag muss er auferweckt werden.

P: Mt 16,13–20.21–23; Mk 8,27–30.31–33; Joh 6,66–71 |19: 9,7–8; Mal 3,23 |20: 2,11.26; 4,41; 20,41; 22,67; 23,2.35.39; 24,46 |21: 5,14! |22: 9,31.44; 17,25; 18,32–33; 24,7.46

Nachfolge und Lebensgewinn

23 Zu allen aber sprach er: Wenn einer mir auf meinem Weg folgen will, verleugne er sich und nehme sein Kreuz auf sich, Tag für Tag, und so folge er mir! 24 Denn wer sein Leben retten will, wird es verlieren; wer aber sein Leben verliert um meinetwillen, wird es retten. 25 Denn was hilft es dem Menschen, wenn er die ganze Welt gewinnt, dabei aber sich selbst verliert oder Schaden nimmt? 26 Wer sich meiner und meiner Worte schämt, dessen wird auch der Menschensohn sich schämen, wenn er kommt in seiner Herrlichkeit und in der Herrlichkeit des Vaters und der heiligen Engel. 27 Ich sage euch, und das ist wahr: Einige von denen, die hier stehen, werden den Tod nicht schmecken, bevor sie das Reich Gottes sehen.

P: Mt 16,24–28; Mk 8,34–9,1 |23: 14,27; Mt 10,38; 1Kor 15,31; Gal 6,14 |24: 17,33; Mt 10,39; Joh 12,25 |25: 12,20 |26: 12,9; Mt 10,33; Röm 1,16; 2Tim 2,12 |27: 17,20; 19,11; 21,31.32; 24,21; Apg 1,6 · 10,9!

Die Verklärung Jesu

28 Etwa acht Tage nach diesen Reden geschah es, dass er Petrus, Johannes und Jakobus mit sich nahm und auf einen Berg stieg, um zu beten. 29 Und es geschah, während er betete, dass sich das Aussehen seines Gesichtes veränderte und sein Gewand strahlend weiss wurde. 30 Und auf einmal waren da zwei Männer, die mit ihm redeten; es waren Mose und Elija. 31 Sie erschienen im Lichtglanz, und sie sprachen von seinem Ende, das sich in Jerusalem erfüllen sollte. 32 Petrus aber und die mit ihm waren, wurden vom Schlaf überwältigt. Als sie aber aufwachten, sahen sie den Lichtglanz um ihn und die zwei Männer, die bei ihm standen. 33 Und es geschah, als diese sich von ihm trennen wollten, dass Petrus zu Jesus sagte: Meister, es ist schön, dass wir hier sind. Wir wollen drei Hütten bauen, eine für dich, eine für Mose und eine für Elija; er wusste aber nicht, was er sagte.

34 Noch während er dies sagte, kam eine Wolke und warf ihren Schatten auf sie. Sie aber fürchteten sich, als sie in die Wolke hineingerieten. 35 Und aus der Wolke kam eine Stimme und sprach: Dies ist mein auserwählter Sohn. Auf ihn sollt ihr hören! 36 Und während die Stimme sprach, fand es sich, dass Jesus wieder allein war. Und sie schwiegen und erzählten in jenen Tagen niemandem etwas von dem, was sie gesehen hatten.

P: Mt 17,1–9; Mk 9,2–10 |28: 8,51 · 2Petr 1,18 |29: Ex 34,29–30 |31: 9,22! |32: 22,45 |34: Ex 24,18 |35: 3,22!; 2Petr 1,17–18

Die Heilung eines besessenen Knaben

37 Es geschah aber, als sie am nächsten Tag vom Berg hinunterstiegen, dass ihm viel Volk entgegenkam. 38 Und da war ein Mann in der Menge, der schrie: Meister, ich bitte dich, nimm dich meines Sohnes an, denn er ist mein einziger. 39 Auf einmal packt ihn ein Geist, und plötzlich schreit der und zerrt ihn hin und her, dass er schäumt, und will

nicht von ihm ablassen und nimmt ihm alle Kraft. 40 Und ich habe deine Jünger gebeten, ihn auszutreiben, aber sie vermochten es nicht. 41 Da antwortete Jesus: Du ungläubiges und verkehrtes Geschlecht! Wie lange muss ich noch bei euch sein und euch ertragen? Bring deinen Sohn her! 42 Aber noch während er auf ihn zuging, riss ihn der Dämon zu Boden und zerrte ihn hin und her. Jesus aber schrie den unreinen Geist an; und er heilte den Knaben und gab ihn seinem Vater wieder. 43 Und alle waren überwältigt von der Grösse Gottes.

P: Mt 17,14–20; Mk 9,14–29 |41: 11,29 |42: 7,15! |43: 4,32!

Die zweite Leidensankündigung

Während alle sich wunderten über alles, was er tat, sprach er zu seinen Jüngern: 44 Lasst diese Worte in euer Ohr dringen: Der Menschensohn wird ausgeliefert werden in die Hände von Menschen. 45 Sie aber verstanden das Wort nicht, es war ihnen verborgen, und sie begriffen es nicht. Doch sie fürchteten sich, ihn nach dessen Bedeutung zu fragen.

P: Mt 17,22–23; Mk 9,30–32 |44: 9,22! |45: 18,34; 24,25 · 24,45!

Der Rangstreit unter den Jüngern

46 Es kam aber unter ihnen die Frage auf, wer von ihnen der Grösste sei. 47 Jesus nun, der wusste, welche Frage sie umtrieb, nahm ein Kind, stellte es neben sich 48 und sagte zu ihnen: Wer dieses Kind aufnimmt in meinem Namen, nimmt mich auf; und wer mich aufnimmt, nimmt den auf, der mich gesandt hat. Denn wer der Geringste ist unter euch allen, der ist gross.

P: Mt 18,1–5; Mk 9,33–37 |46: 22,24 |48: 10,16; Mt 10,40! · 22,26

Ein fremder Wundertäter

49 Da wandte sich Johannes an ihn: Meister, wir sahen einen in deinem Namen Dämonen austreiben, und wir hinderten ihn daran, weil er nicht gemein-

sam mit uns dir folgt. 50 Da sagte Jesus zu ihm: Hindert ihn nicht daran, denn wer nicht gegen euch ist, ist für euch.

P: Mk 9,38–41; Num 11,26–29 |50: 11,23

Die ungastlichen Samaritaner

51 Es geschah aber, als die Zeit erfüllt war und die Tage, da er in den Himmel aufgenommen werden sollte, gekommen waren, dass er den festen Entschluss fasste, nach Jerusalem zu ziehen. 52 Und er sandte Boten vor sich her. Die machten sich auf und kamen in ein samaritanisches Dorf, um ihm ein Nachtlager zu richten. 53 Doch man nahm ihn nicht auf, weil er fest entschlossen war, nach Jerusalem zu ziehen. 54 Als nun die Jünger Jakobus und Johannes das sahen, sagten sie: Herr, sollen wir sagen, *Feuer falle vom Himmel und verzehre sie?* 55 Da wandte er sich um und fuhr sie an. 56 Und sie zogen in ein anderes Dorf.

P: Mt 19,1–2; Mk 10,1 |51: 13,22; 17,11; 18,31; 19,11.28 |54: 17,4 · 2Kön 1,10.12

Vom Ernst der Nachfolge

57 Und als sie so ihres Weges zogen, sagte einer zu ihm: Ich will dir folgen, wohin du auch gehst. 58 Jesus sagte zu ihm: Die Füchse haben Höhlen, und die Vögel des Himmels haben Nester, der Menschensohn aber hat keinen Ort, wo er sein Haupt hinlegen kann.

59 Zu einem anderen sagte er: Folge mir! Der aber sagte: Herr, erlaube mir, zuerst nach Hause zu gehen und meinen Vater zu begraben. 60 Er aber sagte zu ihm: Lass die Toten ihre Toten begraben. Du aber geh und verkündige das Reich Gottes.

61 Wieder ein anderer sagte: Ich will dir folgen, Herr; zuerst aber erlaube mir, Abschied zu nehmen von denen, die zu meiner Familie gehören. 62 Jesus aber sagte zu ihm: Niemand, der die Hand an den Pflug legt und zurückschaut, taugt für das Reich Gottes.

P: Mt 8,18–22 |61: 5,11!; 1Kön 19,20

Die Aussendung der zweiundsiebzig

10 1 Danach bestimmte der Herr weitere zweiundsiebzig und sandte sie zu zweien vor sich her in jede Stadt und jede Ortschaft, in die er gehen wollte. 2 Er sagte zu ihnen: Die Ernte ist gross, Arbeiter aber sind nur wenige. Darum bittet den Herrn der Ernte, dass er Arbeiter in seine Ernte sende. 3 Geht! Seht, ich sende euch wie Schafe mitten unter die Wölfe. 4 Nehmt keinen Geldbeutel mit, keinen Sack, keine Schuhe, und grüsst niemanden unterwegs!

5 Tretet ihr in ein Haus ein, so sagt zuerst: Friede diesem Haus! 6 Und wenn dort ein Sohn des Friedens ist, wird euer Friede auf ihm ruhen, wenn aber nicht, wird er zu euch zurückkehren. 7 In diesem Haus bleibt, esst und trinkt, was ihr von ihnen bekommt. Denn der Arbeiter ist seines Lohnes wert. Geht nicht von einem Haus ins andere.

8 Kommt ihr in eine Stadt, wo man euch aufnimmt, so esst, was euch vorgesetzt wird, 9 und heilt die Kranken, die dort sind, und sagt ihnen: Nahe gekommen ist das Reich Gottes, bis zu euch. 10 Kommt ihr aber in eine Stadt, wo man euch nicht aufnimmt, so geht hinaus auf ihre Strassen und sagt: 11 Selbst den Staub aus eurer Stadt, der an unseren Füssen klebt, schütteln wir ab vor euch; doch das sollt ihr wissen: Nahe gekommen ist das Reich Gottes. 12 Ich sage euch: Sodom wird es an jenem Tag besser ergehen als dieser Stadt.

P: 9,1–6; Mt 10,7–15; Mk 6,7–13 |1: 10,17 |2: Mt 9,37–38 |3: Mt 10,16 |4: 22,35–36 · 2Kön 4,29 |7: 1Kor 9,4–14; 1Tim 5,18 |9: 9,2; 11,2.20; 17,21; Mk 1,15 · 9,27! |11: Apg 13,51; 18,6 |12: 17,29!

Wehruf über galiläische Städte

13 Wehe dir, Chorazin! Wehe dir, Betsaida! Denn wären in Tyrus und Sidon die Wunder geschehen, die bei euch geschehen sind, sie hätten längst in Sack und Asche gesessen und Busse getan. 14 Ja, Tyrus und Sidon wird es im Gericht besser ergehen als euch. 15 Und du, Kafarnaum, willst du etwa in den Himmel erhoben werden? Bis ins Totenreich wirst du hinabfahren.

16 Wer euch hört, hört mich; und wer euch verachtet, verachtet mich. Wer aber mich verachtet, verachtet den, der mich gesandt hat.

P: Mt 11,20–24 |13: Joh 5,36! |15: 8,31; Jes 14,13–15 |16: 9,48!; Joh 5,23!

Der Lohn der Jünger. Das Dankgebet Jesu

17 Die zweiundsiebzig kehrten zurück mit Freude und sagten: Selbst die Dämonen, Herr, sind uns durch deinen Namen untertan. 18 Da sagte er zu ihnen: Ich sah den Satan wie einen Blitz vom Himmel fallen. 19 Seht, ich habe euch die Vollmacht gegeben, auf Schlangen und Skorpione zu treten, und Vollmacht über alle Gewalt des Feindes, und nichts wird euch schaden. 20 Doch freut euch nicht darüber, dass euch die Geister untertan sind; freut euch vielmehr darüber, dass eure Namen im Himmel aufgeschrieben sind.

21 In dieser Stunde frohlockte er, erfüllt vom heiligen Geist: Ich preise dich, Vater, Herr des Himmels und der Erde, dass du dies vor Weisen und Klugen verborgen, Einfältigen aber offenbart hast. Ja, Vater, denn so hat es dir gefallen. 22 Alles ist mir übergeben worden von meinem Vater, und niemand weiss, wer der Sohn ist, ausser der Vater, und niemand weiss, wer der Vater ist, ausser der Sohn und der, dem es der Sohn offenbaren will.

23 Und nur zu den Jüngern gewandt sprach er: Selig die Augen, die sehen, was ihr seht. 24 Denn ich sage euch: Viele Propheten und Könige wollten sehen, was ihr seht, und haben es nicht gesehen, und hören, was ihr hört, und haben es nicht gehört.

P: Mt 11,25–27; 13,16–17 |17: 10,1 · 9,1! |18: Joh 12,31; Offb 12,9 |19: Ps 91,13; Mk 16,18; Apg 28,6 |20: 12,7 |21: Jes 29,14 · 1Kor 2,6–8 |22: Joh 1,18! |23: 7,22

Die Geschichte vom barmherzigen Samaritaner

25 Da stand ein Gesetzeslehrer auf und sagte, um ihn auf die Probe zu stellen: Meister, was muss ich tun, damit ich ewiges Leben erbe? 26 Er sagte zu ihm: Was steht im Gesetz geschrieben? Was liest du da? 27 Der antwortete: *Du sollst den Herrn, deinen Gott, lieben mit deinem ganzen Herzen und mit deiner ganzen Seele und mit all deiner Kraft und mit deinem ganzen Verstand, und deinen Nächsten wie dich selbst.* 28 Er sagte zu ihm: Recht hast du; tu das, und du wirst leben. 29 Der aber wollte sich rechtfertigen und sagte zu Jesus: Und wer ist mein Nächster?

30 Jesus gab ihm zur Antwort: Ein Mensch ging von Jerusalem nach Jericho hinab und fiel unter die Räuber. Die zogen ihn aus, schlugen ihn nieder, machten sich davon und liessen ihn halb tot liegen. 31 Zufällig kam ein Priester denselben Weg herab, sah ihn und ging vorüber. 32 Auch ein Levit, der an den Ort kam, sah ihn und ging vorüber. 33 Ein Samaritaner aber, der unterwegs war, kam vorbei, sah ihn und fühlte Mitleid. 34 Und er ging zu ihm hin, goss Öl und Wein auf seine Wunden und verband sie ihm. Dann hob er ihn auf sein Reittier und brachte ihn in ein Wirtshaus und sorgte für ihn. 35 Am andern Morgen zog er zwei Denare hervor und gab sie dem Wirt und sagte: Sorge für ihn! Und was du darüber hinaus aufwendest, werde ich dir erstatten, wenn ich wieder vorbeikomme.

36 Wer von diesen dreien, meinst du, ist dem, der unter die Räuber fiel, der Nächste geworden? 37 Der sagte: Derjenige, der ihm Barmherzigkeit erwiesen hat. Da sagte Jesus zu ihm: Geh auch du und handle ebenso.

|25–29: Mt 22,34–40; Mk 12,28–34 |25: 18,18 |27: Dtn 6,5; Jos 22,5 · Lev 19,18 |29: Lev 19,16.33–34 |33: 7.13!

Maria und Marta

38 Als sie weiterzogen, kam er in ein Dorf, und eine Frau mit Namen Marta nahm ihn auf. 39 Und diese hatte eine Schwester mit Namen Maria; die setzte sich dem Herrn zu Füssen und hörte seinen Worten zu. 40 Marta aber war ganz mit der Bewirtung beschäftigt. Sie kam nun zu ihm und sagte: Herr, kümmert es dich nicht, dass meine Schwester die Bewirtung mir allein überlässt? Sag ihr doch, sie solle mir zur Hand gehen. 41 Der Herr aber antwortete ihr: Marta, Marta, du sorgst und mühst dich um vieles; 42 doch eines ist nötig: Maria hat das gute Teil erwählt; das soll ihr nicht genommen werden.

|38: Joh 11,1; 12,2–3 |40: Joh 12,2

10,42: Andere Textüberlieferung: «doch weniges ist nötig oder nur eines: Maria hat ...»

Das Grundmuster eines Gebets

11 1 Und es geschah, nachdem er an einem Ort lange gebetet hatte, dass einer seiner Jünger zu ihm sagte: Herr, lehre uns beten, wie auch Johannes seine Jünger beten gelehrt hat. 2 Da sagte er zu ihnen: Wenn ihr betet, so sprecht:
Vater,
Dein Name werde geheiligt.
Dein Reich komme.
3 Das Brot, das wir nötig haben, gib uns Tag für Tag.
4 Und vergib uns unsere Sünden; denn auch wir vergeben jedem, der an uns schuldig wird.
Und führe uns nicht in Versuchung.

P: Mt 6,9–13 |2: Jes 63,16 · 1,49; Jes 29,23 · Ps 145,11.13; Jes 52,7 · 10,9! |3: Ps 145,15 |4: 17,3–4 · 22,40

11,2: Viele Handschriften fügen am Ende von V. 2 ein (wohl von Mt 6,10 übernommen): «Dein Wille geschehe, wie im Himmel, so auf Erden.»

Vom Bitten und vom Empfangen

5 Und er sagte zu ihnen: Stellt euch vor, ihr habt einen Freund und geht mitten in der Nacht zu ihm und sagt: Freund, leih mir drei Brote, 6 denn ein

Freund, der auf Reisen ist, ist zu mir gekommen, und ich habe nichts, was ich ihm vorsetzen könnte. 7 Und jener drinnen würde antworten: Belästige mich nicht! Die Tür ist schon verschlossen, und meine Kinder liegen bei mir im Bett. Ich kann nicht aufstehen und dir etwas geben. 8 Ich sage euch: Wenn er schon nicht aufsteht und ihm etwas gibt, weil er sein Freund ist, so wird er doch seines unverschämten Bittens wegen aufstehen und ihm geben, so viel er braucht.

9 Und ich sage euch: Bittet, so wird euch gegeben; sucht, so werdet ihr finden; klopft an, so wird euch aufgetan. 10 Denn wer bittet, empfängt; wer sucht, der findet; wer anklopft, dem wird aufgetan. 11 Wer von euch gibt seinem Sohn, wenn der ihn, den Vater, um einen Fisch bittet, statt des Fisches eine Schlange, 12 oder wer gibt, wenn er ihn um ein Ei bittet, einen Skorpion? 13 Wenn also ihr, die ihr böse seid, euren Kindern gute Gaben zu geben wisst, wie viel mehr wird der Vater den heiligen Geist vom Himmel herab denen geben, die ihn bitten.

P: Mt 7,7–11 | 8: 18,5 | 10: Mt 7,8! | 13: Röm 8,15

Jesu Macht über die Dämonen

14 Und er war dabei, einen stummen Dämon auszutreiben. Und es geschah, als der Dämon ausfuhr, dass der Stumme zu reden begann, und die Leute wunderten sich.

15 Einige von ihnen aber sagten: Durch Beelzebul, den Fürsten der Dämonen, treibt er die Dämonen aus. 16 Andere forderten von ihm ein Zeichen vom Himmel, um ihn in Versuchung zu führen.

17 Er aber wusste, was in ihnen vorging, und sagte zu ihnen: Jedes Reich, das in sich gespalten ist, wird verwüstet, und ein Haus fällt über das andere. 18 Wenn nun auch der Satan in sich gespalten ist, wie kann dann sein Reich Bestand haben? Ihr sagt ja, dass ich die Dämonen durch Beelzebul austreibe.

19 Wenn ich nun die Dämonen durch Beelzebul austreibe, durch wen treiben dann eure Söhne sie aus? Darum werden sie eure Richter sein. 20 Wenn ich jedoch durch den Finger Gottes die Dämonen austreibe, dann ist das Reich Gottes zu euch gelangt.

21 Wenn ein Starker mit Waffen in der Hand seinen Hof bewacht, ist sein Besitz in Sicherheit. 22 Wenn aber ein Stärkerer ihn angreift und ihn besiegt, nimmt er ihm die Rüstung, auf die er sich verlassen hat, und verteilt die Beute. 23 Wer nicht mit mir ist, der ist gegen mich, und wer nicht mit mir sammelt, der zerstreut.

P: Mt 12,22–30; Mk 3,22–27 | 14: Mt 9,32–33 | 15: Mt 9,34! | 16: 11,29! | 20: Ex 8,15 · 10,9! | 23: 9,50; Mk 9,40

Von der Rückkehr der unreinen Geister

24 Wenn der unreine Geist aus dem Menschen ausgefahren ist, streift er durch wasserlose Gegenden, sucht Ruhe und findet sie nicht. Dann sagt er: Ich will in mein Haus zurückkehren, von wo ich herkam. 25 Und wenn er zurückkommt, findet er es gefegt und geschmückt. 26 Dann geht er und holt sieben weitere Geister, die schlimmer sind als er, und sie ziehen ein und lassen sich dort nieder. Und es steht um jenen Menschen am Ende schlimmer als zuvor.

P: Mt 12,43–45

Zweierlei Seligpreisungen

27 Und es geschah, als er das sagte, dass eine Frau aus der Menge ihre Stimme erhob und zu ihm sagte: Selig der Schoss, der dich getragen hat, und die Brüste, an denen du gesogen hast. 28 Er aber sprach: Selig vielmehr, die das Wort Gottes hören und bewahren.

| 27: 1,42 | 28: 8,21!

Die Verweigerung eines Zeichens

29 Als aber noch mehr Leute dazukamen, begann er zu reden und sprach: Dieses Geschlecht ist ein böses Geschlecht! Es fordert ein Zeichen, doch

ihm wird kein Zeichen gegeben werden ausser dem Zeichen des Jona. 30 Denn wie Jona zum Zeichen geworden ist für die Leute von Ninive, so wird es auch der Menschensohn werden für dieses Geschlecht. 31 Die Königin des Südens wird im Gericht auftreten gegen die Männer dieses Geschlechts und sie verurteilen. Denn sie kam vom Ende der Erde, um Salomos Weisheit zu hören. Hier aber ist mehr als Salomo! 32 Die Männer Ninives werden im Gericht auftreten gegen dieses Geschlecht und es verurteilen, denn sie sind dem Ruf des Jona gefolgt und umgekehrt. Hier aber ist mehr als Jona!

P: Mt 12,38–42; 16,1–4; Mk 8,11–13 | 29: 9,41 · 11,16; 23,8; Joh 4,48!; 1Kor 1,22–24 | 31: 1Kön 10,1–9 | 32: Jona 3,5

Das Bild vom Licht und vom Auge

33 Niemand zündet ein Licht an und stellt es in ein Versteck und auch nicht unter den Scheffel, sondern auf den Leuchter, damit die Eintretenden das Licht sehen.

34 Das Licht des Leibes ist dein Auge. Wenn dein Auge lauter ist, ist auch dein ganzer Leib von Licht erfüllt. Wenn es aber böse ist, ist auch dein Leib finster. 35 Gib also acht, dass das Licht in dir nicht Finsternis ist. 36 Wenn nun dein Leib ganz von Licht erfüllt ist und nichts Finsteres in ihm ist, dann wird er ganz von Licht erfüllt sein, wie wenn das Licht dich mit einem Blitz durchleuchtete.

| 33: 8,16! | 34–36: Mt 6,22–23

Wehrufe über Pharisäer und Gesetzeslehrer

37 Während er noch redete, bat ihn ein Pharisäer, bei ihm zu essen. Und er trat ein und setzte sich zu Tisch. 38 Als der Pharisäer das sah, wunderte er sich, dass er sich vor dem Essen nicht gewaschen hatte.

39 Da sagte der Herr zu ihm: Nun, ihr Pharisäer, das Äussere von Bechern und Schüsseln haltet ihr rein, euer Inneres aber ist voller Raub und Bosheit.

40 Ihr Toren! Hat nicht der, welcher das Äussere geschaffen hat, auch das Innere geschaffen? 41 Gebt lieber, was in den Schüsseln drin ist, als Almosen – dann ist euch alles rein. 42 Doch wehe euch, ihr Pharisäer! Ihr gebt den Zehnten von Minze, Raute und jedem Kraut, aber am Recht und an der Liebe Gottes geht ihr vorbei. Dies aber sollte man tun und jenes nicht lassen. 43 Wehe euch, ihr Pharisäer! Ihr liebt es, die Ehrenplätze in den Synagogen innezuhaben und auf den Marktplätzen gegrüsst zu werden. 44 Wehe euch! Ihr seid wie die unkenntlich gewordenen Gräber; die Leute gehen über sie hinweg, ohne es zu wissen.

45 Da entgegnet ihm einer von den Gesetzeslehrern: Meister, mit diesen Worten beleidigst du auch uns. 46 Er aber sprach: Wehe auch euch, ihr Gesetzeslehrer! Ihr bürdet den Menschen unerträgliche Lasten auf, doch ihr selbst rührt mit keinem Finger an die Lasten. 47 Wehe euch! Ihr baut den Propheten Denkmäler, eure Väter aber haben sie getötet. 48 So seid ihr Zeugen für die Taten eurer Väter und heisst sie gut. Denn sie haben sie getötet, und ihr baut ihnen Denkmäler. 49 Darum hat auch die Weisheit Gottes gesprochen: Ich will Propheten und Apostel zu ihnen senden; einige von ihnen werden sie verfolgen und töten, 50 und darum soll das Blut aller Propheten, das vergossen wurde seit Grundlegung der Welt, von diesem Geschlecht gefordert werden, 51 von dem Blut Abels bis zum Blut des Zacharias, der umgebracht wurde zwischen Altar und Tempel. Ja, ich sage euch: Es wird von diesem Geschlecht gefordert werden! 52 Wehe euch, ihr Gesetzeslehrer! Ihr habt den Schlüssel zur Erkenntnis weggenommen. Ihr selbst seid nicht hineingegangen, und denen, die hineingehen wollten, habt ihr es verwehrt.

53 Und als er von dort wegging, fingen die Schriftgelehrten und Pharisäer an, ihn mit immer neuen Fragen zu

bedrängen. 54 Und sie stellten ihm nach, um etwas aus seinem Mund zu erjagen.

P: Mt 23,13–36 |37: 7,36! |38: Mt 15,2; Mk 7,2–5 |39: Mk 7,4 |41: 12,33! · Mk 7,19 |42: 18,12; Lev 27,30; Dtn 14,22–23 · Mi 6,8; Sach 7,9 |43: 14,7; 20,46; Mt 23,6–7; Mk 12,38–39 |46: Apg 15,10 |47: 6,22–23; 13,34; Mt 23,31!; Apg 7,52 |49: Jer 7,25–26 |51: Gen 4,8–11

Die Aufforderung zu furchtlosem Bekenntnis

12 1 Unterdessen hatten sich die Leute zu Tausenden versammelt, so dass sie einander fast niedertraten. Da wandte er sich an seine Jünger und sprach: Vor allem hütet euch vor dem Sauerteig – gemeint ist die Heuchelei – der Pharisäer!

2 Nichts ist verhüllt, was nicht enthüllt, und nichts ist geheim, was nicht bekannt werden wird. 3 Darum wird alles, was ihr im Dunkeln gesagt habt, im Licht gehört werden, und was ihr in den Kammern ins Ohr geflüstert habt, auf den Dächern ausgerufen werden.

4 Und euch, meinen Freunden, sage ich: Fürchtet euch nicht vor denen, die den Leib töten, darüber hinaus aber nichts tun können. 5 Ich will euch zeigen, wen ihr fürchten sollt: Fürchtet den, der, nachdem er getötet hat, die Macht hat, in die Hölle zu stossen. Ja, ich sage euch: Den fürchtet! 6 Verkauft man nicht fünf Spatzen für zwei Fünfer? Und nicht einer von ihnen ist bei Gott vergessen. 7 Und ihr erst – bei euch sind sogar die Haare auf dem Kopf alle gezählt! Fürchtet euch nicht! Ihr seid mehr wert als viele Spatzen.

8 Ich sage euch aber: Zu jedem, der sich vor den Menschen zu mir bekennt, wird sich auch der Menschensohn bekennen vor den Engeln Gottes. 9 Wer mich aber vor den Menschen verleugnet, der wird verleugnet werden vor den Engeln Gottes. 10 Und jedem, der etwas gegen den Menschensohn sagt, wird vergeben werden. Dem aber, der den heiligen Geist lästert, wird nicht vergeben werden.

11 Wenn sie euch aber vor die Gerichte der Synagogen und vor die Machthaber und vor die Behörden führen, dann sorgt euch nicht, wie oder womit ihr euch verteidigen oder was ihr sagen sollt, 12 denn der heilige Geist wird euch in jener Stunde lehren, was ihr sagen müsst.

P: Mt 10,26–33 |1: Mt 16,6; Mk 8,15 |2: 8,17; Mk 4,22 |4: Joh 15,14–15 |6: 12,24 |7: 21,18 · 10,20 · 12,24 |9: 9,26! |10: Mt 12,32; Mk 3,28–29 |11: 21,12! |12: 21,15!

Die Geschichte vom reichen Kornbauern

13 Es sagte aber einer aus der Menge zu ihm: Meister, sag meinem Bruder, er solle das Erbe mit mir teilen. 14 Er sagte zu ihm: Mensch, wer hat mich zum Richter oder Erbteiler über euch gesetzt? 15 Er sagte aber zu ihnen: Seht euch vor und hütet euch vor jeder Art Habgier! Denn auch dem, der im Überfluss lebt, wächst sein Leben nicht aus dem Besitz zu.

16 Er erzählte ihnen aber ein Gleichnis: Das Land eines reichen Mannes hatte gut getragen. 17 Da dachte er bei sich: Was soll ich tun? Ich habe keinen Raum, wo ich meine Ernte lagern kann. 18 Und er sagte: Das werde ich tun: Ich werde meine Scheunen abbrechen und grössere bauen, und dort werde ich all mein Getreide und meine Vorräte lagern. 19 Dann werde ich zu meiner Seele sagen können: Seele, du hast reichen Vorrat daliegen für viele Jahre. Ruh dich aus, iss, trink, sei fröhlich! 20 Gott aber sagte zu ihm: Du Tor! Noch in dieser Nacht fordert man deine Seele von dir zurück. Was du aber zurückgelegt hast – wem wird es gehören? 21 So geht es dem, der für sich Schätze sammelt und nicht reich ist vor Gott.

|15: 12,22! |19: 16,19; Koh 8,15 |20: 9,25; Ps 49,18

Von falscher und echter Sorge

22 Und er sagte zu seinen Jüngern: Darum sage ich euch: Sorgt euch nicht um das Leben, was ihr essen werdet, noch um den Leib, was ihr anziehen werdet. 23 Denn das Leben ist mehr als

die Nahrung und der Leib mehr als die Kleidung.

24 Achtet auf die Raben: Sie säen nicht, sie ernten nicht, sie haben weder Vorratskammer noch Scheune: Gott ernährt sie. Ihr seid doch viel mehr wert als die Vögel! 25 Wer von euch vermag mit seinem Sorgen seiner Lebenszeit auch nur eine Elle hinzuzufügen? 26 Wenn ihr also nicht einmal das Mindeste vermögt, was sorgt ihr euch dann um das Übrige?

27 Achtet auf die Lilien, wie sie wachsen. Sie arbeiten nicht und spinnen nicht; doch ich sage euch: Selbst Salomo in all seiner Pracht war nicht gekleidet wie eine von ihnen. 28 Wenn Gott aber das Gras, das heute auf dem Felde steht und morgen in den Ofen geworfen wird, so kleidet, wie viel mehr dann euch, ihr Kleingläubigen!

29 So kümmert euch auch ihr euch nicht darum, was ihr essen und trinken werdet, und ängstigt euch nicht. 30 Denn um all das kümmern sich die Völker der Welt. Euer Vater weiss doch, dass ihr das braucht. 31 Trachtet vielmehr nach seinem Reich, dann werden euch diese Dinge dazugegeben werden. 32 Fürchte dich nicht, du kleine Herde, denn es hat eurem Vater gefallen, euch das Reich zu geben.

33 Verkauft euren Besitz und gebt Almosen! Macht euch Geldbeutel, die nicht verschleissen: einen unerschöpflichen Schatz im Himmel, wo kein Dieb naht und keine Motte frisst. 34 Denn wo euer Schatz ist, da wird auch euer Herz sein.

P: Mt 6,25–34.19–21 |22: 8,14; 12,15; 21,34 · Ps 145,15–16 |24: Hiob 38,41; Ps 147,9 · 12,6–7 |32: Jes 41,14 · 22,29 |33: 11,41; 16,9; 18,22

Das Bild von den wachsamen Knechten

35 *Eure Hüften sollen gegürtet* und eure Lichter angezündet sein! 36 Und ihr sollt Menschen gleich sein, die auf ihren Herrn warten, um ihm, wenn er von der Hochzeit aufbricht und kommt und anklopft, sogleich zu öffnen. 37 Selig jene Knechte, die der Herr wach findet, wenn er kommt! Amen, ich sage euch: Er wird sich gürten, sie zu Tisch bitten und ihnen aufwarten. 38 Auch wenn er in der zweiten oder erst in der dritten Nachtwache kommt und sie so findet, selig sind sie!

39 Das aber versteht ihr: Wenn der Hausherr wüsste, zu welcher Stunde der Dieb kommt, liesse er ihn nicht in sein Haus einbrechen. 40 Auch ihr sollt bereit sein, denn der Menschensohn kommt zu einer Stunde, da ihr es nicht erwartet.

41 Petrus aber sagte: Herr, sagst du dieses Gleichnis uns oder auch allen anderen? 42 Und der Herr sprach: Wer ist nun der treue und kluge Verwalter, den der Herr über seine Dienerschaft setzen wird, damit er ihnen die Speise zuteile zur rechten Zeit? 43 Selig der Knecht, den sein Herr, wenn er kommt, solches tun sieht. 44 Ich sage euch: Er wird ihn über alle seine Güter setzen! 45 Wenn aber dieser Knecht in seinem Herzen sagt: Mein Herr kommt noch lange nicht, und anfängt, die Knechte und die Mägde zu schlagen, zu essen und zu trinken und sich zu betrinken, 46 dann wird der Herr dieses Knechtes kommen an einem Tag, da er es nicht erwartet, und zu einer Stunde, die er nicht kennt. Und er wird ihn in Stücke hauen lassen und ihm sein Teil bei den Ungläubigen zuweisen.

47 Der Knecht, der den Willen des Herrn kennt und nichts nach seinem Willen bereitgemacht oder getan hat, wird viele Schläge erhalten. 48 Der aber, der ihn nicht kennt, und etwas getan hat, das Schläge verdient, wird wenige erhalten. Wem aber viel gegeben wurde, von dem wird viel gefordert werden; und wem viel anvertraut wurde, von dem wird man umso mehr verlangen.

|35: Ex 12,11; 1Petr 1,13 |36: Mt 25,1–13 |38: Mk 13,35! |39–40: Mt 24,42–44 |39: 1Thess 5,2; 2Petr 3,10; Offb 3,3; 16,15 · 21,35 |40: 12,46; Mk 13,35! |41–46: Mt 24,45–51 |45: Mt 25,5 · 21,34 |46: 12,40! |47: Jak 4,17

Von der notwendigen Zwietracht

49 Ich bin gekommen, Feuer auf die Erde zu werfen, und wie sehr wünschte ich, es wäre schon entfacht! 50 Aber ich muss eine Taufe empfangen, und wie ist mir bange, bis sie vollzogen ist.

51 Meint ihr, ich sei gekommen, Frieden auf die Erde zu bringen? Nein, sage ich euch, sondern Zwietracht. 52 Denn von nun an werden in einem Haus fünf entzweit sein, drei mit zweien und zwei mit dreien; 53 entzweit sein werden Vater und Sohn, und *Sohn* und *Vater*, Mutter und Tochter, und *Tochter und Mutter*, Schwiegermutter und Schwiegertochter, und *Schwiegertochter und Schwiegermutter*.

|50: Mk 10,38 |51–53: Mt 10,34–36 |51: 22,36 |53: 21,16; Mi 7,6

Das Bild vom Wetter

54 Und zu den Leuten sagte er: Wenn ihr eine Wolke im Westen aufsteigen seht, sagt ihr sogleich: Es kommt Regen; und so geschieht es. 55 Und wenn ihr spürt, dass der Südwind weht, sagt ihr: Es wird sehr heiss werden; und es geschieht. 56 Ihr Heuchler, das Aussehen der Erde und des Himmels wisst ihr zu deuten; wie kommt es dann, dass ihr diese Stunde nicht zu deuten wisst?

|56: 7,22

Von der Bereitschaft zur Versöhnung

57 Warum könnt ihr nicht auch selber beurteilen, was recht ist? 58 Wenn du mit deinem Gegner in einem Rechtsstreit vor Gericht gehst, dann gib dir unterwegs Mühe, ihn gütlich loszuwerden, damit er dich nicht vor die Richter zieht und der Richter dich dem Gerichtsdiener übergibt und der Gerichtsdiener dich ins Gefängnis wirft. 59 Ich sage dir: Du wirst von dort nicht herauskommen, bis du auch den letzten Heller bezahlt hast.

P: Mt 5,25–26 |59: Mt 18,34

Die Mahnung zur Umkehr

13 1 Es waren aber zur selben Zeit einige zugegen, die ihm von den Galiläern berichteten, deren Blut Pilatus mit dem ihrer Opfertiere vermischt hatte. 2 Und er wandte sich an sie und sagte: Meint ihr, diese Galiläer seien grössere Sünder gewesen als alle anderen Galiläer, weil ihnen dies widerfahren ist? 3 Nein, sage ich euch; aber wenn ihr nicht umkehrt, werdet ihr alle ebenso zugrunde gehen. 4 Oder jene achtzehn, auf die der Turm am Teich Schiloach stürzte und sie tötete, meint ihr, sie seien schuldiger gewesen als alle anderen Bewohner Jerusalems? 5 Nein, sage ich euch; aber wenn ihr nicht umkehrt, werdet ihr alle ebenso zugrunde gehen.

|2: Joh 9,2

Das Bild vom Feigenbaum

6 Er erzählte aber das folgende Gleichnis: Es hatte einer in seinem Weinberg einen Feigenbaum stehen. Und er kam und suchte Frucht an ihm und fand keine. 7 Da sagte er zu dem Weinbauern: Seit drei Jahren komme ich nun und suche Frucht an diesem Feigenbaum und finde keine. Hau ihn um! Wozu soll er auch noch den Boden aussaugen? 8 Der aber antwortet ihm: Herr, lass ihn noch dieses Jahr, bis ich rings um ihn umgegraben und Mist ausgelegt habe. 9 Vielleicht bringt er in Zukunft doch Frucht; wenn aber nicht, dann lass ihn umhauen.

P: Jes 5,1–7 |7: 3,9; Mt 21,19; Mk 11,13–14

Die Heilung einer verkrümmten Frau am Sabbat

10 Er lehrte aber am Sabbat in einer der Synagogen. 11 Und da war eine Frau, die hatte seit achtzehn Jahren einen Geist, der sie krank machte; sie war verkrümmt und konnte sich nicht mehr aufrichten. 12 Als nun Jesus sie sah, rief er sie herbei und sagte zu ihr: Frau, du bist von deiner Krankheit erlöst. 13 Und er legte ihr die Hände auf. Und auf der Stelle richtete sie sich auf und pries Gott.

14 Der Synagogenvorsteher aber, aufgebracht darüber, dass Jesus am Sabbat heilte, sagte zu den Leuten: Sechs Tage sind es, an denen man arbeiten soll; kommt also an diesen Tagen, um euch heilen zu lassen, nicht an einem Sabbat! 15 Der Herr aber antwortete ihm: Ihr Heuchler, bindet nicht jeder von euch am Sabbat seinen Ochsen oder Esel von der Krippe los und führt ihn zur Tränke? 16 Diese aber, eine Tochter Abrahams, die der Satan volle achtzehn Jahre in Fesseln gehalten hat, musste sie nicht am Sabbat von dieser Fessel losgebunden werden? 17 Und als er dies sagte, schämten sich alle seine Gegner. Und alles Volk freute sich über all die herrlichen Taten, die durch ihn geschahen.

P: 6,6–11; 14,1–6 | 14: Ex 20,8–11; Dtn 5,12–15 | 16: 19,9! · 8,29

Das Gleichnis vom Senfkorn und das Gleichnis vom Sauerteig

18 Nun sprach er: Wem ist das Reich Gottes gleich, womit soll ich es vergleichen? 19 Es ist einem Senfkorn gleich, das einer nahm und in seinen Garten säte. Und es wuchs und wurde zu einem Baum, und *die Vögel des Himmels nisteten in seinen Zweigen.*

20 Und wiederum sprach er: Womit soll ich das Reich Gottes vergleichen? 21 Es ist einem Sauerteig gleich, den eine Frau nahm und mit drei Scheffel Mehl vermengte, bis alles durchsäuert war.

P: Mt 13,31–33; Mk 4,30–32 | 19: Ps 104,12; Dan 4,9.18

Das Bild von der engen Tür und von der verschlossenen Tür

22 Und er zog von Stadt zu Stadt und von Dorf zu Dorf und lehrte und nahm so seinen Weg nach Jerusalem.

23 Da sagte einer zu ihm: Herr, ob es wohl wenige sind, die gerettet werden? Er sagte zu ihnen: 24 Setzt alles daran, durch die enge Tür einzutreten! Denn viele, sage ich euch, werden es versuchen, und es wird ihnen nicht gelingen. 25 Wenn sich der Hausherr erhoben und die Tür verschlossen hat und ihr noch draussen steht und erst dann anfangt, an die Tür zu klopfen und zu sagen: Herr, öffne uns!, wird er euch antworten: Ich weiss nicht, woher ihr seid! 26 Dann werdet ihr anfangen zu sagen: Wir haben doch vor deinen Augen gegessen und getrunken, und du hast auf unseren Strassen gelehrt. 27 Und er wird zu euch sagen: Ich weiss nicht, woher ihr seid. *Weg von mir, all ihr Übeltäter!* 28 Da wird Heulen und Zähneklappern sein, wenn ihr dann seht, wie Abraham, Isaak und Jakob und alle Propheten im Reich Gottes sind, ihr aber hinausgeworfen werdet. 29 Und sie werden kommen von Osten und Westen und von Norden und Süden und bei Tisch sitzen im Reich Gottes. 30 Da gibt es Letzte, die Erste sein werden, und es gibt Erste, die Letzte sein werden.

| 22: 9,51! | 23–24: Mt 7,13–14 | 25: Mt 25,11–12 | 27: Ps 6,9; Mt 7,23 | 28: Mt 8,12! | 29: Ps 107,3; Jes 49,12; Mt 8,11 · 14,15 | 30: Mt 19,30; 20,16; Mk 10,31

Jerusalem, der Ort des Leidens

31 Zur selben Stunde kamen einige Pharisäer zu ihm und sagten: Geh weg, zieh fort von hier, denn Herodes will dich töten. 32 Und er sagte zu ihnen: Geht und sagt diesem Fuchs: Gib acht! Ich treibe Dämonen aus und vollbringe Heilungen heute und morgen, und am dritten Tag bin ich am Ziel. 33 Doch heute und morgen und am folgenden Tag muss ich weiterziehen, denn es geht nicht an, dass ein Prophet ausserhalb von Jerusalem umkommt.

34 Jerusalem, Jerusalem, die du tötest die Propheten und steinigst, die zu dir gesandt sind! Wie oft habe ich deine Kinder sammeln wollen wie eine Henne ihre Küken unter ihre Flügel, und ihr habt nicht gewollt. 35 Euch wird das Haus noch veröden. Ich sage euch: Ihr werdet mich nicht mehr sehen, bis die Zeit kommt, da ihr sagt: *Gepriesen sei, der da kommt im Namen des Herrn.*

P: Mt 23,37–39 | 34: 11,47! · Dtn 32,11; Ps 91,4 | 35: Jer 12,7 · 19,38!

Die Heilung eines Wassersüchtigen am Sabbat

14 1 Und es geschah, als er an einem Sabbat in das Haus eines angesehenen Pharisäers zum Essen kam, dass man ihn sehr genau beobachtete.

2 Da stand auf einmal ein wassersüchtiger Mensch vor ihm. 3 Und Jesus wandte sich an die Gesetzeslehrer und Pharisäer: Ist es erlaubt, am Sabbat zu heilen oder nicht? 4 Sie aber schwiegen. Da fasste er ihn an, heilte ihn und entliess ihn. 5 Und zu ihnen sagte er: Wer von euch, dem der Sohn oder der Ochse am Sabbat in einen Brunnen fällt, wird ihn nicht sogleich herausziehen – auch an einem Sabbat? 6 Und sie vermochten nichts dagegen einzuwenden.

P: 6,6–11; 13,10–17 |1: 7,36! |5: Mt 12,11

Von Eitelkeit und Eigennutz

7 Er erzählte aber den Geladenen ein Gleichnis – er hatte nämlich beobachtet, wie sie die Ehrenplätze auswählten –, und er sagte zu ihnen: 8 Wenn du von jemandem zu einem Hochzeitsmahl eingeladen wirst, dann setz dich nicht auf den Ehrenplatz. Es könnte nämlich einer eingeladen sein, der angesehener ist als du, 9 und der, der dich und ihn eingeladen hat, könnte kommen und zu dir sagen: Mach diesem Platz! Dann müsstest du voller Scham den untersten Platz einnehmen. 10 Nein, wenn du eingeladen wirst, dann geh und lass dich auf dem untersten Platz nieder, damit dein Gastgeber, wenn er kommt, zu dir sagen wird: Freund, rücke weiter nach oben! Dann wird dir Ehre zuteil werden in den Augen aller, die mit dir zu Tisch sitzen. 11 Denn wer sich selbst erhöht, wird erniedrigt werden, und wer sich selbst erniedrigt, wird erhöht werden.

12 Zu dem aber, der ihn eingeladen hatte, sagte er: Wenn du ein Mittagessen oder ein Abendessen gibst, so lade weder deine Freunde noch deine Brüder noch deine Verwandten noch reiche Nachbarn ein, damit sie nicht Gegenrecht halten und dich ihrerseits wieder einladen. 13 Nein, wenn du ein Gastmahl gibst, dann lade Arme, Verkrüppelte, Lahme und Blinde ein. 14 Und du wirst selig sein, weil sie nichts haben, es dir zu vergelten. Denn es wird dir vergolten werden in der Auferstehung der Gerechten.

|7–11: Spr 25,6–7 |7: 11,43! |11: 18,14; Hiob 22,29; Mt 23,12; Jak 4,10 · Phil 2,8–9 |12: 6,34 |13: 14,21

Die Geschichte vom grossen Gastmahl

15 Als aber einer der Tischgenossen das hörte, sagte er zu ihm: Selig, wer im Reich Gottes essen wird.

16 Er aber sagte zu ihm: Ein Mensch gab ein grosses Essen und lud viele ein. 17 Und zur Stunde des Mahls sandte er seinen Knecht aus, um den Geladenen zu sagen: Kommt, alles ist schon bereit!

18 Da begannen auf einmal alle, sich zu entschuldigen. Der erste sagte zu ihm: Ich habe einen Acker gekauft und muss unbedingt hingehen, um ihn zu besichtigen. Ich bitte dich, betrachte mich als entschuldigt. 19 Und ein anderer sagte: Ich habe fünf Joch Ochsen gekauft und bin unterwegs, sie zu prüfen. Ich bitte dich, betrachte mich als entschuldigt. 20 Und wieder ein anderer sagte: Ich habe geheiratet und kann deshalb nicht kommen. 21 Und der Knecht kam zurück und berichtete dies seinem Herrn.

Da wurde der Hausherr zornig und sagte zu seinem Knecht: Geh schnell hinaus auf die Strassen und Gassen der Stadt und bring die Armen und Verkrüppelten und Blinden und Lahmen herein. 22 Und der Knecht sagte: Herr, was du angeordnet hast, ist geschehen, und es ist noch Platz. 23 Und der Herr sagte zum Knecht: Geh hinaus auf die Landstrassen und an die Zäune und dränge sie hereinzukommen, damit mein Haus voll wird! 24 Doch das sage ich euch: Von jenen Leuten, die zuerst eingeladen waren, wird keiner mein Mahl geniessen.

P: Mt 22,1–10 |15: 13,29! |21: 14,13

Von den Kosten der Nachfolge

25 Es zogen aber viele Leute mit ihm.
Und er wandte sich um und sagte zu ihnen: 26 Wer zu mir kommt und nicht
Vater und Mutter, Frau und Kinder, Brüder und Schwestern und dazu auch sein
eigenes Leben hasst, kann nicht mein
Jünger sein. 27 Wer nicht sein Kreuz
trägt und in meine Nachfolge tritt, kann
nicht mein Jünger sein.

28 Wer von euch wird sich, wenn er
einen Turm bauen will, nicht zuerst hinsetzen und die Kosten berechnen, ob er
auch genug habe zur Ausführung. 29 Es
könnten sonst, wenn er das Fundament
gelegt, den Bau aber nicht fertig gestellt
hat, alle, die es sehen, sich über ihn lustig machen: 30 Dieser Mensch hat zu
bauen angefangen und war nicht in der
Lage, es fertig zu stellen. 31 Oder welcher König wird sich, wenn er auszieht,
um mit einem anderen König Krieg zu
führen, nicht zuerst hinsetzen und
überlegen, ob er imstande ist, mit zehntausend Mann dem entgegenzutreten,
der mit zwanzigtausend Mann gegen
ihn anrückt? 32 Andernfalls schickt er
eine Gesandtschaft, solange jener noch
weit weg ist, und bittet um Frieden.
33 So kann denn keiner von euch, der
sich nicht von allem lossagt, was er hat,
mein Jünger sein.

34 Salz ist etwas Gutes. Wenn aber
auch das Salz fade wird, womit soll es
wieder salzig gemacht werden? 35 Es ist
weder für den Acker noch für den Mist-
haufen zu gebrauchen; man wirft es
fort. Wer Ohren hat zu hören, der höre!

|26: Mt 10,37 · 9,24 · 5,11! |27: 9,23! |33: 5,11!
|34–35: Mt 5,13; Mk 9,49–50 |35: 8,8!

*Das Gleichnis vom verlorenen Schaf und
das Gleichnis von der verlorenen Drachme*

15 1 Alle Zöllner und Sünder suchten
seine Nähe, um ihn zuzuhören.
2 Und die Pharisäer und Schriftgelehrten murrten: Der nimmt Sünder auf
und isst mit ihnen.

3 Er aber erzählte ihnen das folgende
Gleichnis: 4 Wer von euch, der hundert

Schafe hat und eines von ihnen verliert,
lässt nicht die neunundneunzig in der
Wüste zurück und geht dem verlorenen
nach, bis er es findet? 5 Und wenn er es
findet, nimmt er es voller Freude auf
seine Schultern 6 und geht nach Hause,
ruft die Freunde und die Nachbarn zusammen und sagt zu ihnen: Freut euch
mit mir, denn ich habe mein verlorenes
Schaf gefunden. 7 Ich sage euch: So wird
man sich auch im Himmel mehr freuen
über *einen* Sünder, der umkehrt, als
über neunundneunzig Gerechte, die
keiner Umkehr bedürfen.

8 Oder welche Frau, die zehn Drachmen besitzt und eine davon verloren
hat, zündet nicht ein Licht an, kehrt das
Haus und sucht eifrig, bis sie sie findet?
9 Und wenn sie sie gefunden hat, ruft
sie ihre Freundinnen und Nachbarinnen zusammen und sagt: Freut euch mit
mir, denn ich habe die Drachme gefunden, die ich verloren hatte. 10 So, sage
ich euch, wird man sich freuen im Beisein der Engel Gottes über *einen* Sünder,
der umkehrt.

|1: 5,29 |2: 5,30! |3–7: Mt 18,12–14 |4: Ez 34,16
|7: 5,32! |10: 5,32!

Die Geschichte vom verlorenen Sohn

11 Und er sprach: Ein Mann hatte
zwei Söhne. 12 Und der jüngere von ihnen sagte zum Vater: Vater, gib mir den
Teil des Vermögens, der mir zusteht. Da
teilte er alles, was er hatte, unter ihnen.
13 Wenige Tage danach machte der jüngere Sohn alles zu Geld und zog in ein
fernes Land. Dort lebte er in Saus und
Braus und verschleuderte sein Vermögen. 14 Als er aber alles aufgebraucht
hatte, kam eine schwere Hungersnot
über jenes Land, und er geriet in Not.
15 Da ging er und hängte sich an einen
der Bürger jenes Landes, der schickte
ihn auf seine Felder, die Schweine zu hüten. 16 Und er wäre zufrieden gewesen,
sich den Bauch zu füllen mit den Scho-
ten, die die Schweine frassen, doch niemand gab ihm davon. 17 Da ging er in
sich und sagte: Wie viele Tagelöhner

meines Vaters haben Brot in Hülle und Fülle, ich aber komme hier vor Hunger um. 18 Ich will mich aufmachen und zu meinem Vater gehen und zu ihm sagen: Vater, ich habe gesündigt gegen den Himmel und vor dir. 19 Ich bin es nicht mehr wert, dein Sohn zu heissen; stelle mich wie einen deiner Tagelöhner. 20 Und er machte sich auf und ging zu seinem Vater.

Er war noch weit weg, da sah ihn sein Vater schon und fühlte Mitleid, und er eilte ihm entgegen, fiel ihm um den Hals und küsste ihn. 21 Der Sohn aber sagte zu ihm: Vater, ich habe gesündigt gegen den Himmel und vor dir. Ich bin es nicht mehr wert, dein Sohn zu heissen. 22 Da sagte der Vater zu seinen Knechten: Schnell, bringt das beste Gewand und zieht es ihm an! Und gebt ihm einen Ring an die Hand und Schuhe für die Füsse. 23 Holt das Mastkalb, schlachtet es, und wir wollen essen und fröhlich sein! 24 Denn dieser mein Sohn war tot und ist wieder lebendig geworden, er war verloren und ist gefunden worden. Und sie fingen an zu feiern.

25 Sein älterer Sohn aber war auf dem Feld. Und als er kam und sich dem Haus näherte, hörte er Musik und Tanz. 26 Und er rief einen von den Knechten herbei und erkundigte sich, was das sei. 27 Der sagte zu ihm: Dein Bruder ist gekommen, und dein Vater hat das Mastkalb geschlachtet, weil er ihn gesund wiederbekommen hat. 28 Da wurde er zornig und wollte nicht hineingehen. Sein Vater aber kam heraus und redete ihm zu. 29 Er aber entgegnete seinem Vater: All die Jahre diene ich dir nun, und nie habe ich ein Gebot von dir übertreten. Doch mir hast du nie einen Ziegenbock gegeben, dass ich mit meinen Freunden hätte feiern können. 30 Aber nun, da dein Sohn heimgekommen ist, der da, der dein Vermögen mit Huren verprasst hat, hast du für ihn das Mastkalb geschlachtet. 31 Er aber sagte zu ihm: Kind, du bist immer bei mir, und alles, was mein ist, ist dein. 32 Feiern

muss man jetzt und sich freuen, denn dieser dein Bruder war tot und ist lebendig geworden, war verloren und ist gefunden worden.

| 13: 15,30; 16,1 | 20: 7,13! | 24: 15,32 · 5,32!
| 30: 15,13 | 32: 15,24 · 5,32!

15,13: Andere Übersetzungsmöglichkeit: «Wenige Tage danach packte der jüngere Sohn alles zusammen und zog ...»

Die Geschichte vom gerissenen Verwalter

16 1 Und zu den Jüngern sprach er: Es war einmal ein reicher Mann, der hatte einen Verwalter. Der wurde bei ihm verklagt, er verschleudere sein Vermögen. 2 Da rief er ihn zu sich und sagte: Was höre ich da über dich? Leg die Schlussabrechnung vor, denn du kannst nicht länger Verwalter sein! 3 Der Verwalter aber sagte sich: Was soll ich tun, da mein Herr mir die Verwaltung wegnimmt? Zu graben bin ich nicht stark genug, und zu betteln schäme ich mich. 4 Ich weiss, was ich tun werde, damit sie mich, wenn ich als Verwalter abgesetzt bin, in ihre Häuser aufnehmen. 5 Und er rief die Schuldner seines Herrn, einen nach dem andern, zu sich und sagte zum ersten: Wie viel bist du meinem Herrn schuldig? 6 Der sprach: Hundert Fass Öl. Er aber sagte zu ihm: Da, nimm deinen Schuldschein, setz dich hin und schreib schnell fünfzig! 7 Darauf sagte er zum zweiten: Und du, wie viel bist du schuldig? Der sagte: Hundert Sack Weizen. Er sagte zu ihm: Da, nimm deinen Schuldschein und schreib achtzig.

8 Und der Herr lobte den ungetreuen Verwalter, weil er klug gehandelt hatte. Ja, die Söhne dieser Welt sind im Verkehr mit ihresgleichen klüger als die Söhne des Lichts! 9 Und ich sage euch: Macht euch Freunde mit dem ungerechten Mammon, damit man euch, wenn er ausgeht, aufnimmt in die ewigen Wohnungen.

| 1: 15,13 | 9: 12,33!

Vom rechten Umgang mit Besitz

10 Wer im Kleinsten treu ist, ist auch im Grossen treu; und wer im Kleinsten nicht treu ist, ist auch im Grossen nicht treu. 11 Wenn ihr also mit dem ungerechten Mammon nicht treu gewesen seid, wer wird euch dann das wahre Gut anvertrauen? 12 Und wenn ihr mit fremdem Gut nicht treu gewesen seid, wer wird euch dann euer eigenes geben?

13 Kein Knecht kann zwei Herren dienen. Denn entweder wird er den einen hassen und den anderen lieben, oder er wird sich an den einen halten und den anderen verachten. Ihr könnt nicht Gott dienen und dem Mammon.

|10: 19,17 |13: Mt 6,24

Von der Geltung des Gesetzes

14 Das alles aber hörten die Pharisäer, die am Geld hingen, und sie spotteten über ihn. 15 Und er sagte zu ihnen: Ihr pflegt euch selbst vor den Menschen als gerecht darzustellen, Gott aber kennt eure Herzen. Denn was bei den Menschen hoch angesehen ist, ist ein Greuel vor Gott.

16 Das Gesetz und die Propheten reichen bis zu Johannes; von da an wird das Evangelium vom Reich Gottes verkündigt, und jeder drängt mit Gewalt hinein. 17 Doch eher werden Himmel und Erde vergehen, als dass vom Gesetz auch nur ein Häkchen wegfällt.

18 Jeder, der seine Frau entlässt und eine andere heiratet, bricht die Ehe. Auch wer eine heiratet, die von ihrem Mann entlassen worden ist, bricht die Ehe.

|15: 18,9 · 1Kön 8,39; Spr 24,12 |16: Mt 11,12–13; Apg 10,37–38; 13,23–24 |17: Mt 5,18 · 21,33 |18: Mt 19,9!

Die Geschichte vom reichen Mann und vom armen Lazarus

19 Es war einmal ein reicher Mann, der sich in Purpur und feines Leinen kleidete und Tag für Tag prächtige Feste feierte. 20 Vor seiner Tür aber lag ein Armer mit Namen Lazarus, der war über und über bedeckt mit Geschwüren. 21 Und er wäre zufrieden gewesen, sich den Bauch zu füllen mit den Brosamen vom Tisch des Reichen; stattdessen kamen die Hunde und leckten an seinen Geschwüren.

22 Es geschah aber, dass der Arme starb und von den Engeln in Abrahams Schoss getragen wurde. Aber auch der Reiche starb und wurde begraben. 23 Und wie er im Totenreich, von Qualen gepeinigt, seine Augen aufhebt, sieht er von ferne Abraham und Lazarus in seinem Schoss. 24 Und er schrie: Vater Abraham, hab Erbarmen mit mir und schicke Lazarus, damit er seine Fingerspitze ins Wasser tauche und meine Zunge kühle, denn ich leide Pein in dieser Glut. 25 Aber Abraham sagte: Kind, denk daran, dass du dein Gutes zu deinen Lebzeiten empfangen hast und Lazarus in gleicher Weise das Schlechte. Doch jetzt wird er hier getröstet, du aber leidest Pein. 26 Und zu alledem besteht zwischen uns und euch eine so tiefe Kluft, dass die, die von hier zu euch hinübergehen wollen, es nicht können und dass die von dort nicht zu uns herübergelangen. 27 Er aber sagte: So bitte ich dich denn, Vater, ihn in das Haus meines Vaters zu schicken. 28 Ich habe nämlich fünf Brüder; die soll er warnen, damit nicht auch sie an diesen Ort der Qual kommen. 29 Abraham aber sagt: Sie haben Mose und die Propheten, auf die sollen sie hören. 30 Da sagte er: Nein, das werden sie nicht, Vater Abraham! Aber wenn einer von den Toten zu ihnen kommt, werden sie umkehren. 31 Da sagte er zu ihm: Wenn sie auf Mose und die Propheten nicht hören, so werden sie sich auch nicht überzeugen lassen, wenn einer von den Toten aufersteht.

|19: 12,19 |24: 3,8! |25: 6,24! · 6,21

Von Verführung und Vergebung

17 1 Er sagte zu seinen Jüngern: Verführung wird kommen, sie ist unabwendbar, aber wehe dem, durch den sie kommt! 2 Es wäre besser für ihn, wenn ihm ein Mühlstein um den Hals gehängt und er ins Meer geworfen würde, als dass er einen von diesen Geringen zu Fall bringt. 3 Seht euch vor!

Wenn dein Bruder sündigt, so weise ihn zurecht; und wenn er umkehrt, so vergib ihm. 4 Und wenn er siebenmal am Tag an dir schuldig wird und siebenmal zu dir umkehrt und sagt: Ich will umkehren, sollst du ihm vergeben.

| 1: Mt 18,7 | 2: Mt 18,6; Mk 9,42 | 3: Mt 18,15 · Lev 19,17 | 4: Mt 18,21–22 · 9,54–55; 11,4

Von der Kraft des Glaubens

5 Und die Apostel sagten zum Herrn: Gib uns mehr Glauben! 6 Der Herr aber sprach: Hättet ihr Glauben wie ein Senfkorn, würdet ihr zu diesem Maulbeerbaum sagen: Reiss dich samt den Wurzeln aus und verpflanze dich ins Meer! – und er würde euch gehorchen.

| 5: 8,25!; Mk 9,24 | 6: Mt 17,20!

Vom Stand eines Knechts

7 Wer von euch, der einen Knecht zum Pflügen oder Viehhüten hat, wird, wenn der vom Feld heimkommt, zu ihm sagen: Komm her und setz dich gleich zu Tisch? 8 Wird er nicht vielmehr zu ihm sagen: Bereite mir etwas zu essen, binde die Schürze um und bediene mich, solange ich esse und trinke, danach magst du essen und trinken? 9 Dankt er etwa seinem Knecht dafür, dass er getan hat, was ihm aufgetragen war? 10 So sollt auch ihr, wenn ihr alles getan habt, was euch aufgetragen ist, sagen: Wir sind weiter nichts als Knechte; wir haben getan, was wir zu tun schuldig waren.

Der dankbare Samaritaner

11 Und es geschah, während er nach Jerusalem unterwegs war, dass er durch das Grenzgebiet von Samaria und Galiläa zog.

12 Und als er in ein Dorf hineinging, kamen ihm zehn aussätzige Männer entgegen. Sie blieben in einiger Entfernung stehen 13 und erhoben ihre Stimme und riefen: Jesus, Meister, hab Erbarmen mit uns! 14 Und als er sie sah, sagte er zu ihnen: Geht und zeigt euch den Priestern! Und es geschah, während sie hingingen, dass sie rein wurden. 15 Einer von ihnen aber kehrte, als er sah, dass er geheilt worden war, zurück, pries Gott mit lauter Stimme, 16 fiel ihm zu Füssen auf das Angesicht nieder und dankte ihm. Und das war ein Samaritaner. 17 Jesus aber antwortete: Sind nicht zehn rein geworden? Wo sind die übrigen neun? 18 Hat sich keiner gefunden, der zurückgekehrt wäre, um Gott die Ehre zu geben, ausser diesem Fremden? 19 Und er sagte zu ihm: Steh auf und geh! Dein Glaube hat dich gerettet.

| 11: 9,51! | 14: 5,14! | 15: 2,20! | 19: 7,50!

Vom Kommen des Menschensohnes

20 Als er von den Pharisäern gefragt wurde, wann das Reich Gottes komme, antwortete er ihnen: Das Reich Gottes kommt nicht so, dass man es beobachten könnte. 21 Man wird auch nicht sagen können: Hier ist es! oder: Dort ist es! Denn seht, das Reich Gottes ist mitten unter euch.

22 Zu den Jüngern aber sagte er: Es werden Tage kommen, da werdet ihr danach verlangen, auch nur einen der Tage des Menschensohnes zu sehen, und ihr werdet ihn nicht sehen. 23 Und man wird zu euch sagen: Dort ist er! oder: Hier ist er! Geht nicht hin, lauft nicht hinterher! 24 Denn wie der Blitz, wenn er aufflammt, von einem Ende des Himmels bis zum anderen leuchtet, so wird es mit dem Menschensohn sein an seinem Tag. 25 Zuvor aber muss er viel leiden und verworfen werden von diesem Geschlecht.

26 Und wie es war in den Tagen Noahs, so wird es auch sein in den Tagen des Menschensohnes: 27 Sie assen, tranken, heirateten und wurden verheiratet bis zu dem Tag, da Noah in die Arche ging und die Sintflut kam und alle zugrunde richtete. 28 Und es wird sein,

wie es war in den Tagen Lots: Sie assen, tranken, kauften, verkauften, pflanzten und bauten. 29 An dem Tag aber, als Lot von Sodom wegging, regnete es Feuer und Schwefel vom Himmel, und alle wurden zugrunde gerichtet. 30 So wird es auch sein an dem Tag, da der Menschensohn sich offenbaren wird.

31 Wer an jenem Tag auf dem Dach ist und sein Hab und Gut im Haus hat, der steige nicht hinunter, um es zu holen; auch kehre, wer auf dem Feld ist, nicht nach Hause zurück. 32 Denkt an Lots Frau! 33 Wer sein Leben zu bewahren sucht, wird es verlieren, und wer es verliert, wird es neu erhalten. 34 Ich sage euch: In jener Nacht werden zwei in einem Bett sein, der eine wird mitgenommen, der andere wird zurückgelassen werden. 35 Zwei werden zusammen mahlen, die eine wird mitgenommen, die andere aber wird zurückgelassen werden.

37 Und sie entgegnen ihm: Wo, Herr? Er aber sagte zu ihnen: Wo das Aas ist, da sammeln sich auch die Geier.

P: 21,25–28 |20: 9,27! |21: 17,23! · 10,9! |22: 5,35 |23: 17,21; 21,8! Mt 24,23.26; Mk 13,21 |24: Mt 24,27 |25: 9,22! |26: Mt 24,37 |27: Mt 24,38–39; Gen 7,17–22; 2Petr 2,5 |29: 10,12; Gen 19,24–25; 2Petr 2,6–7 |31: Mt 24,17–18; Mk 13,15–16 |32: Gen 19,17.26 |33: 9,24! |35: Mt 24,40–41 |37: Mt 24,28

17,35: Verschiedene Handschriften fügen nach V.35 ein (wohl von Mt 24,40 übernommen): 36 Da werden zwei auf dem Feld sein, der eine wird mitgenommen, der andere wird zurückgelassen werden.»

Die Geschichte von der hartnäckigen Witwe

18 1 Er erzählte ihnen aber ein Gleichnis, um ihnen zu sagen, dass sie allezeit beten und darin nicht nachlassen sollten: 2 In einer Stadt gab es einen Richter, der Gott nicht fürchtete und keinen Menschen scheute. 3 Und in dieser Stadt gab es auch eine Witwe, die immer wieder zu ihm kam und sagte: Verschaffe mir Recht gegenüber meinem Gegner! 4 Eine Zeit lang wollte er nicht. Danach aber sagte er sich: Wenn ich auch Gott nicht fürchte

und keinen Menschen scheue – 5 dieser Witwe will ich, weil sie mir lästig ist, Recht verschaffen, damit sie am Ende nicht noch kommt und mich ins Gesicht schlägt.

6 Und der Herr sprach: Hört, was der ungerechte Richter da sagt! 7 Sollte nun Gott seinen Auserwählten, die Tag und Nacht zu ihm schreien, nicht Recht verschaffen, und sollte er mit ihrer Sache aufschieben? 8 Ich sage euch: Er wird ihnen Recht verschaffen, und zwar unverzüglich. Bloss – wird der Menschensohn, wenn er kommt, den Glauben antreffen auf Erden?

|5: 11,8 |8: 7,9!

Die Geschichte vom Pharisäer und vom Zöllner im Tempel

9 Er erzählte aber auch einigen, die überzeugt waren, gerecht zu sein, und die anderen verachteten, das folgende Gleichnis: 10 Zwei Menschen gingen hinauf in den Tempel, um zu beten, der eine war ein Pharisäer und der andere ein Zöllner. 11 Der Pharisäer stellte sich hin und betete, in sich gekehrt, so: Gott, ich danke dir, dass ich nicht wie die anderen Menschen bin, wie Räuber, Betrüger, Ehebrecher oder auch wie dieser Zöllner. 12 Ich faste zweimal in der Woche, ich gebe den Zehnten von allem, was ich einnehme. 13 Der Zöllner aber stand ganz abseits und wagte nicht einmal seine Augen zum Himmel zu erheben, sondern schlug sich an die Brust und sagte: Gott, sei mir Sünder gnädig! 14 Ich sage euch: Dieser ging befreit in sein Haus zurück, jener nicht. Denn wer sich selbst erhöht, wird erniedrigt werden; wer sich aber selbst erniedrigt, wird erhöht werden.

|9: 16,15 · Röm 10,3 |12: 5,33 · 11,42! |13: Ps 51,3 · 5,8! |14: Mt 21,31 · 14,11!

Jesus und die Kinder

15 Man brachte auch die kleinen Kinder zu ihm, damit er sie in die Arme nehme. Als die Jünger das sahen, fuhren sie an. 16 Jesus aber rief sie herbei

und sprach: Lasst die Kinder zu mir kommen und hindert sie nicht, denn solchen gehört das Reich Gottes. 17 Amen, ich sage euch: Wer das Reich Gottes nicht annimmt wie ein Kind, wird nicht hineinkommen.

P: Mt 19,13–15; Mk 10,13–16 |16: 9,47–48 |17: Mt 18,3

Nachfolge und Reichtum

18 Und ein vornehmer Mann fragte ihn: Guter Meister, was muss ich tun, um ewiges Leben zu erben? 19 Jesus sagte zu ihm: Was nennst du mich gut? Niemand ist gut ausser Gott. 20 Du kennst die Gebote: *Du sollst nicht ehebrechen, du sollst nicht töten, du sollst nicht stehlen, du sollst kein falsches Zeugnis ablegen; ehre deinen Vater und deine Mutter.* 21 Er sagte: Dies alles habe ich gehalten von Jugend an. 22 Als Jesus das hörte, sagte er zu ihm: Eines fehlt dir noch. Verkaufe alles, was du hast, und verteile es unter die Armen, und du wirst einen Schatz im Himmel haben, und komm und folge mir! 23 Der aber wurde sehr traurig, als er das hörte, denn er war sehr reich.

24 Jesus aber sah ihn an und sprach: Wie schwer kommen die Begüterten ins Reich Gottes! 25 Ja, eher geht ein Kamel durch ein Nadelöhr als ein Reicher ins Reich Gottes. 26 Die das hörten, sagten: Wer kann dann gerettet werden? 27 Er sprach: Was unmöglich ist bei Menschen, ist möglich bei Gott.

P: Mt 19,16–26; Mk 10,17–27 |18: 10,25 · 18,30 |20: Ex 20,12–16; Dtn 5,16–20 |22: 12,33! · 5,11! |24: 6,24! |27: 1,37!

Vom Lohn der Nachfolge

28 Petrus aber sagte: Wir hier haben unser Eigentum zurückgelassen und sind dir gefolgt. 29 Da sagte er zu ihnen: Amen, ich sage euch, da ist keiner, der um des Reiches Gottes willen Haus, Frau, Geschwister, Eltern oder Kinder verlassen hat 30 und nicht ein Vielfaches wieder empfängt hier in dieser Zeit und in der kommenden Welt ewiges Leben.

P: Mt 19,27–30; Mk 10,28–31 |28: 5,11! |29: 5,11! |30: 18,18

Die dritte Leidensankündigung

31 Er nahm nun die Zwölf beiseite und sagte zu ihnen: Wir ziehen jetzt hinauf nach Jerusalem, und es wird alles vollendet werden, was durch die Propheten über den Menschensohn geschrieben worden ist. 32 Denn er wird den Heiden ausgeliefert und verspottet und misshandelt und angespuckt werden. 33 Sie werden ihn auspeitschen und töten, und am dritten Tag wird er auferstehen. 34 Doch sie verstanden nichts von alledem, der Sinn dieses Wortes blieb ihnen verborgen, und sie begriffen das Gesagte nicht.

P: Mt 20,17–19; Mk 10,32–34 |31: 9,51! · 22,37; 24,25–27.44; Joh 5,39 |33: 9,22! |34: 9,45!

Die Heilung eines Blinden

35 Es geschah aber, als er in die Nähe von Jericho kam, dass ein Blinder am Wegrand sass und bettelte. 36 Als der das Volk vorbeiziehen hörte, erkundigte er sich, was da los sei. 37 Man sagte ihm, Jesus von Nazaret gehe vorbei. 38 Da rief er: Jesus, Sohn Davids, hab Erbarmen mit mir! 39 Und die vorausgingen, fuhren ihn an, er solle schweigen. Er aber rief noch lauter: Sohn Davids, hab Erbarmen mit mir! 40 Da blieb Jesus stehen und befahl, man möge ihn zu ihm führen. Als er näher kam, fragte er ihn: 41 Was soll ich für dich tun? Er sagte: Herr, mach, dass ich wieder sehen kann! 42 Und Jesus sagte zu ihm: Du sollst wieder sehen! Dein Glaube hat dich gerettet. 43 Und auf der Stelle sah er wieder, und er folgte ihm und pries Gott. Und das ganze Volk sah es und lobte Gott.

P: Mt 20,29–34; Mk 10,46–52 |38: 1,27! |42: 7,50! |43: 2,20!

Jesus und der Zöllner Zachäus

19 1 Und er kam nach Jericho und zog durch die Stadt. 2 Und da war ein Mann, der Zachäus hiess; der war Oberzöllner und sehr reich. 3 Und er wollte unbedingt sehen, wer dieser Jesus sei, konnte es aber wegen des Gedränges nicht, denn er war klein von Gestalt. 4 So lief er voraus und kletterte auf einen Maulbeerfeigenbaum, um ihn sehen zu können; denn dort sollte er vorbeikommen. 5 Als Jesus an die Stelle kam, schaute er nach oben und sagte zu ihm: Zachäus, los, komm herunter, denn heute muss ich in deinem Haus einkehren. 6 Und der kam eilends herunter und nahm ihn voller Freude auf. 7 Und alle, die es sahen, murrten und sagten: Bei einem sündigen Mann ist er eingekehrt, um Rast zu machen. 8 Zachäus aber trat vor den Herrn und sagte: Hier, die Hälfte meines Vermögens gebe ich den Armen, Herr, und wenn ich von jemandem etwas erpresst habe, will ich es vierfach zurückgeben. 9 Da sagte Jesus zu ihm: Heute ist diesem Haus Heil widerfahren, denn auch er ist ein Sohn Abrahams. 10 Denn der Menschensohn ist gekommen zu suchen und zu retten, was verloren ist.

|6: 5,29 |7: 5,30! · 5,8! |8: 3,13 · Ex 21,37; Num 5,6–7 |9: 3,8!; 13,16 |10: 5,32!; Joh 3,17

Die Geschichte vom anvertrauten Geld

11 Sie waren nicht mehr weit von Jerusalem entfernt, und da seine Zuhörer meinten, das Reich Gottes werde auf der Stelle erscheinen, erzählte er ihnen ein weiteres Gleichnis: 12 Er sprach also: Ein Mann von vornehmer Herkunft ging in ein fernes Land, um dort die Königswürde in Empfang zu nehmen und dann zurückzukehren. 13 Er rief nun zehn seiner Knechte, gab ihnen zehn Minen und sagte zu ihnen: Handelt damit, bis ich wiederkomme. 14 Die Bürger seines Landes aber hassten ihn und schickten eine Gesandtschaft hinter ihm her und liessen sagen: Wir wollen nicht, dass dieser König wird über uns.

15 Und es geschah, als er im Besitz der Königswürde zurückkehrte, dass er die Knechte, denen er das Geld gegeben hatte, zu sich rufen liess, um zu erfahren, was ein jeder damit gemacht hatte. 16 Da trat der erste vor und sagte: Herr, deine Mine hat zehn weitere Minen eingebracht. 17 Und er sagte zu ihm: Recht so, du bist ein guter Knecht! Weil du im Kleinsten treu gewesen bist, sollst du Macht haben über zehn Städte. 18 Dann kam der zweite und sagte: Deine Mine, Herr, hat fünf Minen erbracht. 19 Auch zu ihm sprach er: Und du sollst herrschen über fünf Städte. 20 Dann kam wieder ein anderer und sagte: Herr, da hast du deine Mine, die ich in einem Tuch verwahrt habe. 21 Denn ich fürchtete mich vor dir, weil du ein harter Mann bist; du nimmst, was du nicht angelegt, und erntest, was du nicht gesät hast. 22 Zu ihm sagt er: Nach deinen eigenen Worten will ich dich richten, du böser Knecht. Du hast also gewusst, dass ich ein harter Mann bin, dass ich nehme, was ich nicht angelegt, und ernte, was ich nicht gesät habe? 23 Warum hast du dann mein Geld nicht zum Wechsler gebracht? Dann hätte ich es bei meiner Rückkehr mit Zinsen abholen können. 24 Und zu denen, die dabeistanden, sagte er: Nehmt ihm die Mine weg und gebt sie dem, der die zehn Minen hat. 25 Und sie sagten zu ihm: Herr, der hat doch schon zehn Minen. 26 Ich sage euch: Jedem, der hat, wird gegeben werden; dem aber, der nicht hat, wird auch das noch genommen werden, was er hat. 27 Diese meine Feinde aber, die nicht wollten, dass ich König über sie bin, führt hierher und macht sie vor meinen Augen nieder.

p: Mt 25,14–30 |11: 9,51! · 9,27! |12: Mk 13,34 |14: 19,27 |17: 16,10 |26: 8,18! |27: 19,14

Der Einzug in Jerusalem

28 Nachdem er das gesagt hatte, zog er weiter auf dem Weg nach Jerusalem hinauf.

29 Und es geschah, als er in die Nähe

von Betfage und Betanien kam, an den Berg, der Ölberg genannt wird, dass er zwei seiner Jünger voraussandte 30 und sprach: Geht in das Dorf, das vor euch liegt, und wenn ihr hineinkommt, werdet ihr einen jungen Esel angebunden finden, auf dem noch nie ein Mensch gesessen hat. Bindet ihn los und bringt ihn her! 31 Und wenn euch jemand fragt: Warum bindet ihr ihn los?, so sagt: Der Herr braucht ihn. 32 Und die er gesandt hatte, gingen und fanden es so, wie er ihnen gesagt hatte. 33 Als sie nun das Füllen losbanden, sagten seine Besitzer zu ihnen: Was bindet ihr das Füllen los? 34 Sie sagten: Der Herr braucht es. 35 Und sie brachten es zu Jesus und warfen ihre Kleider auf das Füllen und liessen Jesus aufsitzen.

36 Während er so dahinzog, breiteten sie auf dem Weg ihre Kleider vor ihm aus. 37 Als er schon nahe am Abhang des Ölbergs war, begann die ganze Jüngerschar voll Freude mit gewaltiger Stimme Gott zu loben um all der Wunder willen, die sie gesehen hatten, 38 und sie riefen:
Gepriesen sei, der da kommt,
    der König, im Namen des Herrn.
Im Himmel Friede
    und Herrlichkeit in der Höhe!

39 Und einige von den Pharisäern, die unter dem Volk waren, sagten zu ihm: Meister, bring deine Jünger zum Schweigen! 40 Und er antwortete: Ich sage euch: Wenn diese schweigen, werden die Steine schreien.

P: Mt 21,1–11; Mk 11,1–11; Joh 12,12–19 |28: 9,51! |32: 22,13 |36: 2Kön 9,13 |37: 2,20! |38: 13,35; Ps 118,26 · 1,32! · 2,14 |39: Mt 21,15–16

Jesu Trauer über Jerusalem

41 Und als er näher kam und die Stadt sah, da weinte er über sie 42 und sprach: Wenn doch an diesem Tag auch du erkenntest, was zum Frieden führt. Jetzt aber bleibt es vor deinen Augen verborgen. 43 Denn es werden Tage über dich kommen, da werden deine Feinde einen Wall um dich aufwerfen

und dich umzingeln und dich von allen Seiten bedrängen; 44 und sie werden dich samt deinen Kindern zerschmettern, und sie werden keinen Stein in dir auf dem andern lassen, weil du die Zeit der Zuwendung nicht erkannt hast.

|41: 23,28 |43: 21,20; Jes 29,3 |44: 21,24 · 21,6 · 1,68!

Die Tempelreinigung

45 Und er ging in den Tempel und begann, die Händler hinauszutreiben, 46 und sagte zu ihnen: Es steht geschrieben:
Mein Haus soll ein Haus des Gebets sein,
    ihr aber habt es zu einer Räuberhöhle gemacht.

47 Und er lehrte täglich im Tempel. Die Hohen Priester und Schriftgelehrten aber und die einflussreichsten Männer des Volkes suchten Mittel und Wege, ihn umzubringen, 48 doch fanden sie nichts, was sie hätten tun können, denn das ganze Volk hing ihm an und hörte auf ihn.

P: Mt 21,12–17; Mk 11,15–19; Joh 2,13–17 |46: Jes 56,7 · Jer 7,11 |47: 21,37; 22,53 · 20,19! |48: 21,38; Mk 12,37

Zur Frage nach der Vollmacht Jesu

20 1 Und es geschah an einem der Tage, als er das Volk im Tempel lehrte und das Evangelium verkündigte, da kamen die Hohen Priester und Schriftgelehrten mit den Ältesten zu ihm 2 und sagten: Sag uns, aus welcher Vollmacht du das tust oder wer dich dazu bevollmächtigt hat. 3 Er antwortete ihnen: Auch ich will euch eine Frage stellen; sagt mir: 4 Die Taufe des Johannes – stammte sie vom Himmel oder von Menschen? 5 Sie aber berieten sich und sagten zueinander: Sagen wir, vom Himmel, so wird er sagen: Warum habt ihr ihm dann nicht geglaubt? 6 Sagen wir, von Menschen, so wird das ganze Volk uns steinigen, denn es ist überzeugt, dass Johannes ein Prophet war. 7 Und sie antworteten, sie wüssten

nicht woher. 8 Da sagte Jesus zu ihnen: Dann sage auch ich euch nicht, aus welcher Vollmacht ich dies tue.

P: Mt 21,23–27; Mk 11,27–33 | 6: 20,19! · 1,76! | 7: 22,68

Die Geschichte von den bösen Weinbauern

9 Er begann aber, dem Volk das folgende Gleichnis zu erzählen: Ein Mann pflanzte einen Weinberg und verpachtete ihn an Weinbauern und ging für einige Zeit ausser Landes.

10 Und als es Zeit war, schickte er einen Knecht zu den Weinbauern, seinen Anteil am Ertrag des Weinbergs zu holen. Die Weinbauern aber verprügelten ihn und schickten ihn mit leeren Händen fort. 11 Da schickte er einen zweiten Knecht. Sie verprügelten und misshandelten aber auch den und schickten ihn mit leeren Händen fort. 12 Da schickte er noch einen dritten. Aber auch den schlugen sie blutig und warfen ihn hinaus. 13 Da sagte der Herr des Weinbergs: Was soll ich tun? Ich will meinen geliebten Sohn senden; vor ihm werden sie Respekt haben. 14 Als aber die Weinbauern ihn sahen, überlegten sie und sagten zueinander: Das ist der Erbe. Wir wollen ihn töten, damit das Erbe uns zufällt. 15 Und sie stiessen ihn aus dem Weinberg und töteten ihn. Was wird nun der Herr des Weinbergs mit ihnen tun? 16 Er wird kommen und diese Weinbauern umbringen und den Weinberg anderen geben.

Als sie das hörten, sagten sie: Das darf nicht sein! 17 Er aber blickte sie an und sprach: Was bedeutet denn dieses Schriftwort:
Der Stein, den die Bauleute verworfen haben,
   der ist zum Eckstein geworden.
18 Jeder, der auf diesen Stein fällt, wird zerschellen; auf wen er aber fällt, den wird er zermalmen.

19 Da hätten ihn die Schriftgelehrten und Hohen Priester am liebsten noch zur selben Stunde verhaftet, doch sie fürchteten das Volk;

sie hatten nämlich erkannt, dass dieses Gleichnis auf sie gemünzt war.

P: Mt 21,33–46; Mk 12,1–12 | 17: 2,34; Ps 118,22; Apg 4,11 | 18: Jes 8,14–15 · Dan 2,34 | 19: 19,47–48; 22,2.53 · 20,6

Zur Frage nach der kaiserlichen Steuer

20 Und sie liessen ihn beobachten und schickten Aufpasser, die sich als Gerechte ausgeben sollten. Die sollten ihn auf einem Ausspruch behaften, um ihn dann der Behörde und der Amtsgewalt des Statthalters ausliefern zu können. 21 Und sie fragten ihn: Meister, wir wissen, dass du korrekt redest und lehrst und die Person nicht ansiehst, sondern den Weg Gottes lehrst, wie es der Wahrheit entspricht. 22 Ist es uns erlaubt, dem Kaiser Steuern zu zahlen, oder nicht? 23 Er aber bemerkte ihre Arglist und sagte zu ihnen: 24 Zeigt mir einen Denar. Wessen Bild und Inschrift trägt er? Sie sagten: Des Kaisers. 25 Da sagte er zu ihnen: Also, gebt dem Kaiser, was des Kaisers ist, und Gott, was Gottes ist! 26 Und es gelang ihnen nicht, ihn vor dem Volk auf einem Ausspruch zu behaften, und sie wunderten sich über seine Antwort und schwiegen.

P: Mt 22,15–22; Mk 12,13–17 | 25: 23,2; Röm 13,7

Zur Frage nach der Auferstehung der Toten

27 Es kamen aber einige von den Sadduzäern zu ihm, die behaupten, es gebe keine Auferstehung, und fragten ihn: 28 Meister, Mose hat uns vorgeschrieben: *Wenn einem der Bruder stirbt, der eine Frau hatte und kinderlos geblieben war, dann soll sein Bruder die Frau nehmen und seinem Bruder Nachkommen erwecken.* 29 Nun gab es sieben Brüder. Der erste nahm eine Frau und starb kinderlos. 30 Und der zweite nahm sie 31 und der dritte und so fort: Alle sieben hinterliessen keine Kinder und starben. 32 Zuletzt starb auch die Frau. 33 Die Frau nun – wessen Frau wird sie in der Auferstehung sein? Die sieben haben sie ja alle zur Frau gehabt.

34 Da sagte Jesus zu ihnen: Die

Söhne und Töchter dieser Welt heiraten und werden verheiratet; 35 die aber gewürdigt werden, an jener Welt und an der Auferstehung von den Toten teilzuhaben, die heiraten nicht, noch werden sie verheiratet. 36 Sie können ja auch nicht mehr sterben, denn sie sind Engeln gleich und sind Söhne und Töchter Gottes, weil sie Söhne und Töchter der Auferstehung sind. 37 Dass aber die Toten auferweckt werden, darauf hat auch Mose beim Dornbusch hingedeutet, wenn er *den Herrn den Gott Abrahams und den Gott Isaaks und den Gott Jakobs* nennt. 38 Er aber ist nicht ein Gott von Toten, sondern von Lebenden, denn für ihn leben alle.

39 Da entgegneten einige von den Schriftgelehrten: Meister, gut hast du gesprochen. 40 Sie wagten nämlich nicht mehr, ihn etwas zu fragen.

P: Mt 22,23–33; Mk 12,18–27 | 27: Apg 23,8 | 28: Dtn 25,5 | 36: Mt 5,9! | 37: Ex 3,6; Apg 3,13; 7,32 | 38: Röm 14,8 | 40: Mt 22,46; Mk 12,34

Der Sohn Davids

41 Er aber fragte sie: Warum sagt man, der Gesalbte sei Davids Sohn? 42 Sagt doch David selbst im Buch der Psalmen:
Der Herr sprach zu meinem Herrn:
  Setze dich zu meiner Rechten,
43 *bis ich deine Feinde hingelegt habe*
  als Schemel für deine Füsse.
44 David nennt ihn also Herr, wie kann er da sein Sohn sein?

P: Mt 22,41–46; Mk 12,35–37 | 41: 9,20! · 1,27!; Joh 7,42 | 43: Ps 110,1; Apg 2,34–35 | 44: 1,27!

Die Warnung vor den Schriftgelehrten

45 Vor dem ganzen Volk sagte er zu seinen Jüngern: 46 Nehmt euch in acht vor den Schriftgelehrten, die Wert darauf legen, in langen Gewändern einherzugehen, und es schätzen, auf den Marktplätzen gegrüsst zu werden, und gerne die Ehrensitze in den Synagogen und die Ehrenplätze bei den Gastmählern einnehmen; 47 sie fressen die Häuser der Witwen leer und verrichten zum Schein lange Gebete. Sie werden ein umso härteres Urteil empfangen.

P: Mt 23,5–7; Mk 12,38–40 | 46: 11,43! | 47: Jes 5,8; 10,2

Die Gabe der Witwe

21 1 Als er aufschaute, sah er die Reichen ihre Gaben in den Opferstock einwerfen. 2 Und er sah auch eine arme Witwe zwei Lepta einwerfen. 3 Und er sprach: Ich sage euch, diese arme Witwe hat mehr eingeworfen als alle anderen. 4 Denn die haben alle aus ihrem Überfluss etwas zu den Gaben gelegt, sie aber hat aus ihrem Mangel alles, was sie zum Leben hatte, hergegeben.

P: Mk 12,41–44

Die Ankündigung der Tempelzerstörung

5 Und als einige vom Tempel sagten, er sei mit schönen Steinen und Weihegeschenken geschmückt, sprach er: 6 Was ihr da seht – es werden Tage kommen, da kein Stein auf dem andern bleibt, jeder wird herausgebrochen werden.

P: Mt 24,1–2; Mk 13,1–2 | 6: 19,44

Zur Frage nach dem Anfang der Endzeit

7 Sie fragten ihn: Meister, wann wird das sein, und was für ein Zeichen zeigt an, wann dies geschehen wird? 8 Er aber sprach: Seht euch vor, dass ihr nicht in die Irre geführt werdet! Denn viele werden kommen unter meinem Namen und sagen: Ich bin es! und: Die Zeit ist gekommen! Lauft ihnen nicht nach! 9 Wenn ihr aber von Kriegen und Unruhen hört, so erschreckt nicht! Denn das muss zuvor geschehen, aber das Ende kommt noch nicht so bald. 10 Dann sagte er zu ihnen: Erheben wird sich Volk gegen Volk und Reich gegen Reich, 11 gewaltige Erdbeben wird es geben und da und dort Seuchen und Hungersnöte, furchtbare Dinge werden geschehen und vom Himmel her gewaltige Zeichen erscheinen.

P: Mt 24,3–8; Mk 13,3–8 | 8: 17,23! | 10: Jes 19,2 | 11: Ez 38,19.22

Die Ankündigung von Verfolgungen

12 Bevor aber dies alles geschieht, werden sie gegen euch vorgehen und euch verfolgen, euch an die Synagogen und ins Gefängnis ausliefern, vor Könige und Statthalter führen um meines Namens willen. 13 Es wird dazu kommen, dass ihr Zeugnis ablegen müsst. 14 Verlasst euch darauf, dass ihr euch nicht im voraus um eure Verteidigung kümmern müsst, 15 denn ich selbst werde euch eine Sprache und Weisheit geben, der alle eure Gegner nicht widerstehen und widersprechen können. 16 Ihr werdet sogar von Eltern und Geschwistern, von Verwandten und Freunden ausgeliefert werden, und manche von euch werden sie in den Tod schicken. 17 Und ihr werdet gehasst werden von allen um meines Namens willen. 18 Doch kein Haar von eurem Kopf wird verloren gehen. 19 Durch eure Standhaftigkeit werdet ihr euer Leben gewinnen.

P: Mt 10,17–22; Mk 13,9–13 |12: 12,11; Apg 4,3; 5,18; 8,3; 12,2–5 |15: 12,12; Joh 15,26; Apg 6,10 |16: 12,53; Mt 24,10 |17: 6,22; Mt 24,9; Joh 15,18–19.21 |18: 12,7 |19: 8,15

Die Ankündigung des Gerichts über Jerusalem

20 Wenn ihr aber Jerusalem von Heeren umzingelt seht, dann erkennt, dass seine Verwüstung nahe gekommen ist. 21 Dann sollen die in Judäa in die Berge fliehen; und die in der Stadt sollen hinausgehen und die auf dem Land nicht hineingehen. 22 Denn das sind die Tage der Vergeltung, da alles erfüllt wird, was geschrieben steht. 23 Wehe den Schwangeren und den Stillenden in jenen Tagen! Denn grosse Not wird sein auf Erden und Zorn über diesem Volk. 24 Und durch die Schärfe des Schwertes werden sie fallen und als Kriegsgefangene unter die Völker zerstreut werden, und Jerusalem wird von den Völkern mit Füssen getreten werden, bis die Zeiten der Völker sich erfüllt haben.

|20: 19,43 |21: Mt 24,16; Mk 13,14 |23: 23,29; Mt 24,19; Mk 13,17 |24: 19,44; Dtn 28,64 · Dan 12,7; Röm 11,25

Die Zeichen für das Kommen des Menschensohnes

25 Und es werden Zeichen erscheinen an Sonne und Mond und Sternen und auf Erden ein Bangen unter den Völkern, die weder ein noch aus wissen vor dem Tosen und Wogen des Meeres. 26 Und den Menschen schwindet das Leben vor Furcht und in banger Erwartung der Dinge, die über den Erdkreis kommen. Denn *die Himmelskräfte* werden erschüttert werden. 27 Und dann werden sie *den Menschensohn kommen* sehen *auf einer Wolke* mit grosser Macht und Herrlichkeit. 28 Wenn aber das zu geschehen beginnt, richtet euch auf und erhebt eure Häupter, denn eure Erlösung naht.

P: 17,20–37; Mt 24,29–31; Mk 13,24–27 |25: Joel 3,3–4 |26: Jes 34,4; Joel 2,10 |27: Dan 7,13–14 · 22,69

Das nahe Ende

29 Und er erzählte ihnen ein Gleichnis: Seht den Feigenbaum und alle anderen Bäume! 30 Wenn sie ausschlagen, und ihr seht es, wisst ihr von selbst, dass der Sommer schon nahe ist. 31 Genau so sollt ihr, wenn ihr dies alles geschehen seht, wissen, dass das Reich Gottes nahe ist. 32 Amen, ich sage euch: Dieses Geschlecht wird nicht vergehen, bevor dies alles geschieht. 33 Himmel und Erde werden vergehen, meine Worte aber werden nicht vergehen.

P: Mt 24,32–36; Mk 13,28–32 |31: 9,27! |32: 9,27! |33: Ps 102,27; Jes 40,8; 51,6 · 16,17

Die Mahnung zur Wachsamkeit

34 Gebt acht auf euch, dass euer Herz nicht schwer werde vom Rausch und Trunkenheit und Sorge ums Leben und dass jener Tag nicht jäh über euch komme 35 wie eine Schlinge. Denn er wird über alle hereinbrechen, die den Erdkreis bewohnen. 36 Seid also allezeit wachsam und betet, damit ihr die Kraft

bekommt, all dem zu entrinnen, was geschehen wird, und vor den Menschensohn zu gelangen.

|34: 12,45 · 12,22! |35: 12,39! |36: Mk 13,35!

Jesu Wirken in Jerusalem

37 Tagsüber lehrte er im Tempel, nachts aber ging er hinaus und schlief auf dem Berg, der Ölberg genannt wird. 38 Und alles Volk kam schon frühmorgens zu ihm in den Tempel, um ihm zuzuhören.

|37: 19,47! · 22,39 |38: 19,48

Der Tötungsplan des Hohen Rates

22 1 Es nahte aber das Fest der ungesäuerten Brote, das Passa genannt wird. 2 Und die Hohen Priester und Schriftgelehrten überlegten, auf welche Art und Weise sie ihn beseitigen könnten, denn sie fürchteten das Volk.

P: Mt 26,1–5; Mk 14,1–2; Joh 11,45–54 |2: 20,19!

Der Plan des Judas

3 Es fuhr aber der Satan in Judas mit Namen Iskariot, der zum Kreis der Zwölf gehörte. 4 Und er ging und beriet sich mit den Hohen Priestern und Hauptleuten, wie er ihn an sie ausliefern könnte. 5 Sie freuten sich und kamen überein, ihm Geld zu geben. 6 Und er willigte ein und suchte eine günstige Gelegenheit, ihn an sie auszuliefern, ohne dass das Volk es merkte.

P: Mt 26,14–16; Mk 14,10–11 |3: Joh 13,2.27 · 4,13 |4: 6,16; 22,48 · 22,21–23 |6: Mt 26,5; Mk 14,2

Die Vorbereitung des letzten Mahls

7 Es kam der Tag der ungesäuerten Brote, an dem das Passalamm geschlachtet werden musste. 8 Und er schickte Petrus und Johannes voraus und sprach: Geht und trefft Vorbereitungen, damit wir das Passalamm essen können. 9 Sie sagten zu ihm: Wo sollen wir es bereiten? 10 Er sagte zu ihnen: Wenn ihr in die Stadt hineinkommt, wird euch einer entgegenkommen, der einen Krug Wasser trägt. Folgt ihm in das Haus, in das er geht, 11 und sagt zu dem Hausherrn: Der

Meister lässt dich fragen: Wo ist der Raum, in dem ich mit meinen Jüngern das Passalamm essen kann? 12 Und er wird euch ein grosses, mit Polstern ausgelegtes Obergemach zeigen; dort macht alles bereit. 13 Sie aber gingen und fanden es vor, wie er ihnen gesagt hatte. Und sie bereiteten das Passamahl.

P: Mt 26,17–19; Mk 14,12–16 |7: Ex 12,15–20.21 |13: 19,32

Das letzte Mahl

14 Und als die Stunde kam, setzte er sich zu Tisch, und die Apostel mit ihm. 15 Und er sagte zu ihnen: Mich hat sehnlich verlangt, vor meinem Leiden mit euch dieses Passalamm zu essen. 16 Denn ich sage euch: Ich werde es nicht mehr essen, bis es seine Erfüllung findet im Reich Gottes. 17 Und er nahm einen Kelch, sprach das Dankgebet und sprach: Nehmt ihn und teilt ihn unter euch. 18 Denn ich sage euch: Von jetzt an werde ich von der Frucht des Weinstocks nicht mehr trinken, bis das Reich Gottes kommt. 19 Und er nahm Brot, sprach das Dankgebet, brach es und gab es ihnen und sprach: Das ist mein Leib, der für euch gegeben wird. Dies tut zu meinem Gedächtnis. 20 Und ebenso nahm er den Kelch nach dem Mahl und sprach: Dieser Kelch ist der neue Bund in meinem Blut, das vergossen wird für euch.

P: Mt 26,26–29; Mk 14,22–25 |14: Mt 26,20; Mk 14,17 |19: 9,16; 24,30; 1Kor 10,16; 11,23–24 |20: 1Kor 10,16; 11,25 · Jer 31,31 · Ex 24,8

Die Ankündigung der Auslieferung

21 Doch seht, die Hand dessen, der mich ausliefert, ist bei mir auf dem Tisch. 22 Der Menschensohn geht zwar seinen Weg, wie es bestimmt ist, doch wehe dem Menschen, durch den er ausgeliefert wird. 23 Da fingen sie an, sich gegenseitig zu fragen, wer von ihnen es wohl sei, der das tun werde.

P: Mt 26,20–25; Mk 14,17–21; Joh 13,21–30

Vom Herrschen und Dienen

24 Es entstand auch ein Streit unter ihnen, wer von ihnen als der Grösste gelten könne. 25 Er aber sagte zu ihnen: Die Könige herrschen über ihre Völker, und die Macht über sie haben, lassen sich als Wohltäter feiern. 26 Unter euch aber soll es nicht so sein, sondern der Grösste unter euch werde wie der Jüngste, und wer herrscht, werde wie einer, der dient. 27 Denn wer ist grösser – einer, der bei Tisch sitzt, oder einer, der bedient? Doch der, der bei Tisch sitzt? Ich aber bin mitten unter euch als einer, der bedient.

28 Ihr, ihr habt ausgeharrt bei mir in meinen Versuchungen. 29 Und so übergebe ich euch, wie der Vater mir, das Reich, 30 damit ihr in meinem Reich an meinem Tisch esst und trinkt und auf Thronen sitzt, um die zwölf Stämme Israels zu richten.

|24–27: Mt 20,24–28; Mk 10,41–45 |24: 9,46 |26: 9,48 |27: Joh 13,4–5 |29: 12,32 |30: Mt 19,28

Die Ankündigung der Verleugnung

31 Simon, Simon: Der Satan hat sich ausgebeten, euch zu sieben wie den Weizen. 32 Ich aber habe für dich gebetet, dass dein Glaube nicht aufhöre; und du, wenn du dann umkehrst, stärke deine Brüder. 33 Er sagte zu ihm: Herr, ich bin bereit, mit dir in Gefangenschaft und Tod zu gehen. 34 Er aber sprach: Ich sage dir, Petrus, der Hahn wird heute nicht krähen, bevor du dreimal geleugnet hast, mich zu kennen.

P: Mt 26,30–35; Mk 14,26–31; Joh 13,36–38 |31: Hiob 1,6–12 |32: Joh 21,15–19 |34: 22,61

Die Stunde der Entscheidung

35 Und er sagte zu ihnen: Als ich euch aussandte ohne Geldbeutel und Sack und Schuhe, hat es euch da an irgendetwas gefehlt? Sie sagten: An nichts. 36 Er sagte zu ihnen: Aber jetzt – wer einen Geldbeutel hat, nehme ihn mit, wer einen Sack hat, desgleichen. Und wer nichts hat, verkaufe seinen Mantel und kaufe ein Schwert. 37 Denn ich sage euch: Dieses Schriftwort muss an mir erfüllt werden: *Und zu den Missetätern wurde er gerechnet.* Aber auch das, was mir widerfährt, hat ein Ende. 38 Sie sagten: Herr, hier sind zwei Schwerter! Er aber sagte zu ihnen: Lass gut sein!

|35: 9,3; 10,4 |36: 12,51 · 22,49–51 |37: 18,31! · 22,52; 23,33; Jes 53,12

Auf dem Ölberg

39 Und er ging hinaus und begab sich auf den Ölberg, wie es seine Gewohnheit war, und die Jünger folgten ihm. 40 Als er dort angelangt war, sagte er zu ihnen: Betet, dass ihr nicht in Versuchung kommt! 41 Und er selbst entfernte sich etwa einen Steinwurf weit von ihnen, kniete nieder und betete: 42 Vater, wenn du willst, lass diesen Kelch an mir vorübergehen. Doch nicht mein Wille, sondern der deine geschehe. 45 Und er erhob sich vom Gebet, ging zu den Jüngern und sah, dass sie vor lauter Kummer eingeschlafen waren. 46 Und er sagte zu ihnen: Was schlaft ihr? Steht auf und betet, damit ihr nicht in Versuchung kommt!

P: Mt 26,36–46; Mk 14,32–42 |39: 21,37; Mt 26,30; Mk 14,26; Joh 18,1 |40: 11,4 |42: Joh 18,11 |45: 9,32

22,42: Viele Handschriften fügen nach V.42 ein: 43 Da erschien ihm ein Engel vom Himmel und stärkte ihn. 44 Und er geriet in Todesangst und betete inständiger, und sein Schweiss tropfte wie Blut zur Erde.»

Die Gefangennahme

47 Während er noch redete, da kam eine Schar, und der, welcher Judas hiess, einer von den Zwölfen, ging ihnen voran; und er ging auf Jesus zu, um ihn zu küssen. 48 Da sagte Jesus zu ihm: Judas, mit einem Kuss lieferst du den Menschensohn aus? 49 Als nun seine Begleiter sahen, was da geschehen sollte, sagten sie: Herr, sollen wir mit dem Schwert dreinschlagen? 50 Und einer von ihnen schlug nach dem Knecht des Hohen Priesters und hieb ihm das rechte Ohr ab. 51 Jesus aber entgegnete:

Lasst das! Nicht weiter! Und er rührte das Ohr an und heilte ihn.

52 Dann sagte Jesus zu den Hohen Priestern und zu den Hauptleuten der Tempelwache und zu den Ältesten, die zu ihm gekommen waren: Wie gegen einen Räuber seid ihr ausgezogen, mit Schwertern und Knüppeln? 53 Tag für Tag war ich bei euch im Tempel, und ihr habt mich nicht festgenommen; aber das ist eure Stunde, und darin besteht die Macht der Finsternis.

P: Mt 26,47–56; Mk 14,43–52; Joh 18,2–11
| 48: 22,4! | 49: 22,36 | 52: 22,37! | 53: 19,47! · 20,19!

Die Verleugnung durch Petrus

54 Und sie nahmen ihn fest, führten ihn ab und brachten ihn in das Haus des Hohen Priesters. Petrus aber folgte von weitem. 55 Und sie hatten mitten im Hof ein Feuer entfacht und sich zusammengesetzt, und Petrus sass mitten unter ihnen.

56 Und eine Magd sah ihn am Feuer sitzen, und sie schaute ihn genau an und sagte: Dieser war auch mit ihm. 57 Er aber leugnete es und sagte: Ich kenne ihn nicht! 58 Und kurz darauf sah ihn ein anderer, der sagte: Auch du bist einer von ihnen! Petrus aber sagte: Mensch, ich bin es nicht! 59 Und als ungefähr eine Stunde vergangen war, behauptete wieder ein anderer: Es ist so, auch der war mit ihm; er ist ja auch ein Galiläer. 60 Da sprach Petrus: Mensch, ich weiss nicht, wovon du redest! Und im selben Augenblick, während er noch redete, krähte der Hahn. 61 Und der Herr wandte sich um und blickte Petrus an. Da erinnerte sich Petrus an das Wort des Herrn, wie er zu ihm gesagt hatte: Ehe der Hahn heute kräht, wirst du mich dreimal verleugnet haben. 62 Und er ging hinaus und weinte bitterlich.

P: Mt 26,57–58.69–75; Mk 14,53–54.66–72;
Joh 18,15–18.25–27 | 61: 22,34 · 24,8

Die Verspottung

63 Und die Männer, die ihn gefangen hielten, verspotteten und schlugen ihn, 64 verhüllten ihm das Gesicht und fragten ihn: Weissage! Wer ist es, der dich geschlagen hat? 65 Und noch viele andere Schmähreden führten sie gegen ihn.

P: Mt 26,67–68; Mk 14,65

Das Verhör vor dem Hohen Rat

66 Und als es Tag wurde, versammelte sich der Ältestenrat des Volkes – Hohe Priester und Schriftgelehrte –, und sie liessen ihn zu sich ins Synhedrium bringen 67 und sagten: Wenn du der Gesalbte bist, sag es uns! Er aber sagte zu ihnen: Wenn ich mit euch rede, glaubt ihr nicht. 68 Wenn ich frage, antwortet ihr nicht. 69 Doch von nun an wird der Menschensohn sitzen zur Rechten der Macht Gottes. 70 Da sagten sie alle: Du bist also der Sohn Gottes? Er aber sagte zu ihnen: Ihr sagt, dass ich es bin. 71 Sie aber sagten: Was brauchen wir noch Zeugenaussagen? Wir haben es ja selbst aus seinem Mund gehört.

P: Mt 26,59–66; Mk 14,55–64; Joh 18,19–24
| 66: Mt 26,57; 27,1; Mk 14,53; 15,1 | 67: 9,20! | 68: 20,7
| 69: Dan 7,13; Ps 110,1 · Apg 7,56 · 21,27 | 70: 3,22!

Die Verhandlung vor Pilatus

23 1 Und die ganze Versammlung stand auf, und sie führten ihn vor Pilatus.

2 Und sie erhoben Anklage gegen ihn und sagten: Wir haben festgestellt, dass dieser unser Volk verführt und es davon abhält, dem Kaiser Steuern zu zahlen, und dass er von sich behauptet, er sei der Gesalbte, ein König. 3 Pilatus aber fragte ihn: Du bist der König der Juden? Er aber antwortete ihm: Das sagst du! 4 Und Pilatus sagte zu den Hohen Priestern und der Menge: Ich finde keine Schuld an diesem Menschen. 5 Sie aber bestanden darauf und sagten: Er wiegelt das Volk auf, indem er überall in Judäa lehrt, von Galiläa bis hierher.

P: Mt 27,2.11–14; Mk 15,1–5; Joh 18,28–38a
| 2: 23,14; Apg 24,5 · 20,25 · 9,20! | 4: 23.14.22 | 5: 4,44;
Apg 10,37

Jesus vor Herodes

6 Als Pilatus das hörte, fragte er, ob dieser Mensch ein Galiläer sei. 7 Und als er erfuhr, dass er aus dem Herrschaftsbereich des Herodes komme, liess er ihn zu Herodes bringen, der in diesen Tagen ebenfalls in Jerusalem war.

8 Als Herodes Jesus sah, freute er sich sehr. Es war nämlich schon seit längerer Zeit sein Wunsch, ihn zu sehen, denn er hatte von ihm gehört; nun hoffte er, ein Zeichen zu sehen, das von ihm vollbracht würde. 9 So stellte er ihm mancherlei Fragen; er aber gab ihm keine Antwort. 10 Die Hohen Priester und Schriftgelehrten standen dabei und brachten schwere Anschuldigungen gegen ihn vor. 11 Herodes aber und seine Soldaten verhöhnten und verlachten ihn, legten ihm ein Prunkgewand um und schickten ihn zu Pilatus zurück. 12 Herodes und Pilatus aber wurden an ebendiesem Tag Freunde; vorher waren sie einander feind gewesen.

| 8: 9,9 · 11,29! | 9: Mt 27,12 | 11: Mt 27,28; Mk 15,17; Joh 19,2

Die Freilassung des Barabbas

13 Pilatus nun rief die Hohen Priester und die führenden Männer und das Volk zusammen 14 und sagte zu ihnen: Ihr habt mir diesen Menschen gebracht als einen, der das Volk aufwiegelt. Doch als ich ihn vor euren Augen verhörte, habe ich an diesem Menschen keinen Grund für eure Anklagen gefunden. 15 Auch Herodes nicht, denn er hat ihn zu uns zurückgeschickt. Er hat nichts getan, was den Tod verdient. 16 Ich werde ihn also züchtigen lassen und dann freigeben.

18 Sie aber schrien alle miteinander: Schaff diesen weg! Gib uns Barabbas frei! 19 Dieser war wegen irgendeines Aufruhrs, den es in der Stadt gegeben hatte, und wegen Mordes ins Gefängnis geworfen worden. 20 Und wieder redete Pilatus auf sie ein, weil er Jesus freigeben wollte. 21 Sie aber riefen: Kreuzige ihn, kreuzige ihn! 22 Und ein drittes Mal sagte er zu ihnen: Was hat dieser denn Böses getan? Ich habe keine Schuld an ihm gefunden, die den Tod verdient. Ich werde ihn also züchtigen lassen und dann freigeben. 23 Sie aber bedrängten ihn mit lautem Geschrei und forderten, dass er gekreuzigt werde; und ihr Geschrei setzte sich durch.

24 Und Pilatus entschied, es sei ihrer Forderung nachzukommen. 25 Er gab also den frei, der wegen Aufruhrs und Mordes ins Gefängnis geworfen worden war und den sie gefordert hatten. Jesus aber lieferte er ihrem Willen aus.

P: Mt 27,15–26; Mk 15,6–15; Joh 18,38b–40; 19,6–16a | 14: 23,2 · 23,4! | 22: 23,4! | 25: Apg 3,14

23,16: Viele Handschriften fügen nach V.16 ein: 17 Er musste ihnen aber an jedem Fest einen freigeben.»

Auf dem Weg zur Kreuzigung

26 Und als sie ihn abführten, ergriffen sie einen gewissen Simon aus Kyrene, der vom Feld kam, und luden ihm das Kreuz auf, damit er es Jesus nachtrage.

27 Es folgte ihm aber eine grosse Volksmenge und viele Frauen, die klagten und um ihn weinten. 28 Jesus wandte sich nach ihnen um und sprach: Töchter Jerusalems, weint nicht über mich! Weint vielmehr über euch und über eure Kinder! 29 Denn seht, es kommen Tage, da man sagen wird: Selig die Unfruchtbaren und der Mutterleib, der nicht geboren hat, und die Brüste, die nicht gestillt haben. 30 Dann wird man anfangen, *zu den Bergen zu sagen: Fallt auf uns!, und zu den Hügeln: Bedeckt uns!* 31 Denn wenn man solches am grünen Holze tut, was wird erst am dürren geschehen?

32 Es wurden aber auch noch zwei Verbrecher mit ihm zur Hinrichtung geführt.

| 26: Mt 27,32; Mk 15,21 · Joh 19,17 | 28: 19,41 | 29: 21,23! | 30: Hos 10,8

Die Kreuzigung

33 Und als sie an den Ort kamen, der Schädelstätte genannt wird, kreuzigten sie ihn und die Verbrecher, den einen zur Rechten, den anderen zur Linken. 34 Und Jesus sprach: Vater, vergib ihnen! Denn sie wissen nicht, was sie tun. *Sie aber teilten seine Kleider unter sich und warfen das Los darüber.*

35 Und das Volk stand dabei und sah zu. Und auch die vornehmen Leute spotteten: Andere hat er gerettet, er rette jetzt sich selbst, wenn er doch der Gesalbte Gottes ist, der Auserwählte. 36 Und auch die Soldaten machten sich lustig über ihn; sie traten vor ihn hin, reichten ihm Essig 37 und sagten: Wenn du der König der Juden bist, dann rette dich selbst! 38 Es war auch eine Inschrift über ihm angebracht: Dies ist der König der Juden.

39 Einer aber von den Verbrechern, die am Kreuz hingen, verhöhnte ihn und sagte: Bist du nicht der Gesalbte? Rette dich und uns! 40 Da fuhr ihn der andere an und hielt ihm entgegen: Fürchtest du Gott nicht einmal jetzt, da du vom gleichen Urteil betroffen bist? 41 Wir allerdings sind es zu Recht, denn wir empfangen, was unsere Taten verdienen; dieser aber hat nichts Unrechtes getan. 42 Und er sagte: Jesus, denk an mich, wenn du in dein Reich kommst. 43 Und er sagte zu ihm: Amen, ich sage dir: Heute noch wirst du mit mir im Paradies sein.

|33–34: Mt 27,33–38; Mk 15,22–27; Joh 19,17–18.23–24 |33: 22,37! |34: Ps 22,19 |35–38: Mt 27,39–43; Mk 15,29–32a |35: Ps 22,8–9 · 4,23 · 9,20! |36: Ps 69,22; Mt 27,34.48; Mk 15,23.36; Joh 19,28–29 |38: Mt 27,37; Mk 15,26; Joh 19,19–22 |39–43: Mt 27,44; Mk 15,32b |39: 9,20! |43: Phil 1,23

23,34: «Und Jesus sprach: …, was sie tun.»: Dieser Halbvers fehlt in einigen der wichtigsten Handschriften.

Der Tod Jesu

44 Und es war schon um die sechste Stunde, und eine Finsternis kam über das ganze Land bis zur neunten Stunde, 45 und die Sonne verfinsterte sich; und der Vorhang im Tempel riss mitten entzwei. 46 Und Jesus rief mit lauter Stimme: Vater, *in deine Hände lege ich meinen Geist.* Mit diesen Worten verschied er.

47 Als aber der Hauptmann sah, was da geschah, pries er Gott und sagte: Dieser Mensch war tatsächlich ein Gerechter! 48 Und alle, die sich zu diesem Schauspiel zusammengefunden und gesehen hatten, was da geschah, schlugen sich an die Brust und gingen nach Hause.

49 Alle aber, die ihn kannten, standen in einiger Entfernung, auch die Frauen, die ihm aus Galiläa gefolgt waren, und sahen alles.

P: Mt 27,45–56; Mk 15,33–41; Joh 19,28–30 |46: Ps 31,6; Apg 7,59 |47: 2,20! |49: 8,2–3!; Joh 19,25

Die Grablegung

50 Und da war ein Mann mit Namen Josef, der aus Arimatäa, einer jüdischen Stadt, stammte, ein guter und gerechter Mann, 51 der auf das Reich Gottes wartete. Er war ein Mitglied des Hohen Rats, war aber mit dessen Beschluss und Vorgehen nicht einverstanden gewesen. 52 Der ging zu Pilatus und bat um den Leichnam Jesu. 53 Und er nahm ihn herab, wickelte ihn in ein Leinentuch und legte ihn in ein Felsengrab, in dem noch nie jemand beigesetzt worden war. 54 Es war Rüsttag, und der Sabbat brach an.

55 Und die Frauen, die mit ihm aus Galiläa gekommen waren, folgten ihm. Sie sahen das Grab und sahen, wie sein Leichnam beigesetzt wurde. 56 Dann kehrten sie heim und bereiteten wohlriechende Öle und Salben zu. Und am Sabbat ruhten sie, wie das Gesetz es vorschreibt.

P: Mt 27,57–61; Mk 15,42–47; Joh 19,38–42 |56: Ex 20,10; Dtn 5,14

Das leere Grab

24 1 Am ersten Tag der Woche aber kamen sie noch im Morgengrauen zum Grab und brachten die

wohlriechenden Öle mit, die sie zubereitet hatten. 2 Da fanden sie den Stein weggewälzt vom Grab. 3 Als sie aber hineingingen, fanden sie den Leichnam des Herrn Jesus nicht. 4 Und es geschah, während sie ratlos dastanden, dass auf einmal zwei Männer in blitzendem Gewand zu ihnen traten. 5 Voller Furcht neigten sie das Gesicht zur Erde, und die Männer sagten zu ihnen: Was sucht ihr den Lebenden bei den Toten? 6 Er ist nicht hier, er ist auferweckt worden. Denkt daran, wie er zu euch gesagt hat, als er noch in Galiläa war: 7 Der Menschensohn muss in die Hände von sündigen Menschen ausgeliefert und gekreuzigt werden und am dritten Tag auferstehen. 8 Da erinnerten sie sich an seine Worte.

9 Und sie kehrten vom Grab zurück und berichteten alles den elfen und allen andern. 10 Es waren dies Maria aus Magdala und Johanna und Maria, die Mutter des Jakobus, und die anderen Frauen, die mit ihnen waren. Sie sagten es den Aposteln; 11 denen aber erschienen diese Worte wie leeres Geschwätz, und sie glaubten ihnen nicht.

12 Petrus aber stand auf und eilte zum Grab, und als er sich hineinbückt, sieht er nur die Leinentücher; und er ging nach Hause, voller Verwunderung über das, was geschehen war.

P: Mt 28,1–8; Mk 16,1–8; Joh 20,1–10 | 7: 9,22! | 8: 22,61 | 9: 24,22–23 | 10: 8,2–3!

24,12: Dieser Vers fehlt in einigen wichtigen Handschriften.

Auf dem Weg nach Emmaus

13 Und da waren am selben Tag zwei von ihnen unterwegs zu einem Dorf namens Emmaus, das sechzig Stadien von Jerusalem entfernt ist. 14 Und sie redeten miteinander über all das, was vorgefallen war.

15 Und es geschah, während sie miteinander redeten und sich besprachen, dass Jesus selbst sich zu ihnen gesellte und sie begleitete. 16 Doch ihre Augen waren gehalten, so dass sie ihn nicht erkannten. 17 Er aber sagte zu ihnen: Was sind das für Worte, die ihr da unterwegs miteinander wechselt? Da blieben sie mit düsterer Miene stehen. 18 Der eine aber, mit Namen Klopas, antwortete ihm: Du bist wohl der Einzige, der sich in Jerusalem aufhält und nicht erfahren hat, was sich in diesen Tagen dort zugetragen hat. 19 Und er sagte zu ihnen: Was denn? Sie sagten zu ihm: Das mit Jesus von Nazaret, der ein Prophet war, mächtig in Tat und Wort vor Gott und dem ganzen Volk, 20 und wie unsere Hohen Priester und führenden Männer ihn ausgeliefert haben, damit er zum Tod verurteilt würde, und wie sie ihn gekreuzigt haben. 21 Wir aber hofften, er sei es, der Israel erlösen werde; doch jetzt ist es schon drei Tage her, seit dies geschehen ist. 22 Doch dann haben uns einige Frauen, die zu uns gehören, in Schrecken versetzt. Sie waren frühmorgens am Grab, 23 und als sie den Leib nicht fanden, kamen sie und sagten, sie hätten gar eine Erscheinung von Engeln gehabt, die gesagt hätten, er lebe. 24 Da gingen einige der Unsrigen zum Grab und fanden es so, wie die Frauen gesagt hatten; ihn aber haben sie nicht gesehen. 25 Da sagte er zu ihnen: Wie unverständig seid ihr doch und trägen Herzens! Dass ihr nicht glaubt nach allem, was die Propheten gesagt haben! 26 Musste der Gesalbte nicht solches erleiden und so in seine Herrlichkeit eingehen? 27 Und er fing an bei Mose und allen Propheten und legte ihnen aus, was in allen Schriften über ihn steht.

28 Und sie näherten sich dem Dorf, wohin sie unterwegs waren, und er tat so, als wolle er weitergehen. 29 Doch sie bedrängten ihn und sagten: Bleibe bei uns, denn es will Abend werden, und der Tag hat sich schon geneigt. Und er ging hinein und blieb bei ihnen. 30 Und es geschah, als er sich mit ihnen zu Tisch gesetzt hatte, dass er das Brot nahm, den Lobpreis sprach, es brach und ihnen gab. 31 Da wurden ihnen die Augen aufgetan, und sie erkannten ihn. Und

schon war er nicht mehr zu sehen.
32 Und sie sagten zueinander: Brannte
nicht unser Herz, als er unterwegs mit
uns redete, als er uns die Schriften auf-
schloss?

33 Und noch zur selben Stunde standen sie auf und kehrten nach Jerusalem
zurück und fanden die elf versammelt
und die, welche zu ihnen gehörten;
34 die sagten: Der Herr ist tatsächlich
auferweckt worden und dem Simon erschienen. 35 Und auch sie erzählten,
was unterwegs geschehen war und wie
er von ihnen am Brechen des Brotes erkannt worden war.

|16: 24,31 |19: 7,16! |21: 2,25!; 9,27! |23: 24,3–6.9
|25: 9,45! |27: 18,31! |30: 22,19!; Joh 21,12–13 |31: 24,16
|32: 24,45! |34: 1Kor 15,4–5

*Das Erscheinen des Auferstandenen vor
den Zwölfen*

36 Während sie noch darüber redeten, trat er selbst in ihre Mitte, und er
sagt zu ihnen: Friede sei mit euch! 37 Da
gerieten sie in Angst und Schrecken und
meinten, einen Geist zu sehen. 38 Und
er sagte zu ihnen: Was seid ihr so verstört, und warum steigen solche Gedanken in euch auf? 39 Seht meine Hände
und Füsse: Ich selbst bin es. Fasst mich
an und seht! Ein Geist hat kein Fleisch
und keine Knochen, wie ihr es an mir
seht. 40 Und während er das sagte,
zeigte er ihnen seine Hände und Füsse.
41 Da sie aber vor lauter Freude noch
immer ungläubig waren und staunten,
sagte er zu ihnen: Habt ihr etwas zu essen hier? 42 Da gaben sie ihm ein Stück

gebratenen Fisch; 43 und er nahm es
und ass es vor ihren Augen.

44 Dann sagte er zu ihnen: Das sind
meine Worte, die ich zu euch gesagt
habe, als ich noch mit euch zusammen
war: Alles muss erfüllt werden, was im
Gesetz des Mose und bei den Propheten
und in den Psalmen über mich geschrieben steht. 45 Dann öffnete er ihren Sinn
für das Verständnis der Schriften
46 und sagte zu ihnen: So steht es geschrieben: Der Gesalbte wird leiden und
am dritten Tag von den Toten auferstehen, 47 und in seinem Namen wird allen Völkern Umkehr verkündigt werden
zur Vergebung der Sünden – in Jerusalem fängt es an –, 48 und ihr seid Zeugen dafür. 49 Und seid gewiss, ich
sende, was der Vater mir verheissen hat,
auf euch herab; ihr aber sollt in der Stadt
bleiben, bis ihr mit Kraft aus der Höhe
ausgerüstet werdet.

|36–43: Joh 20,19–23.24–29 |36: 1Kor 15,5
|44: 18,31! |45: 24,32 · 9,45! |46: 9,20! · 9,22!
|47: Mt 28,19–20 |49: Apg 1,4; 2,1–4; Joh 14,16

Die Himmelfahrt

50 Und er führte sie hinaus bis in die
Nähe von Betanien. Und er hob die
Hände und segnete sie. 51 Und es geschah, während er sie segnete, dass er
von ihnen schied und in den Himmel
emporgehoben wurde. 52 Sie aber fielen
vor ihm nieder und kehrten dann mit
grosser Freude nach Jerusalem zurück.
53 Und sie waren allezeit im Tempel
und priesen Gott.

p: Apg 1,4–14

Das Evangelium nach Johannes

Der Prolog

1 1 Im Anfang war das Wort, der Logos,
und der Logos war bei Gott,
und von Gottes Wesen war der Logos.
2 Dieser war im Anfang bei Gott.
3 Alles ist durch ihn geworden,
und ohne ihn ist auch nicht eines geworden,
das geworden ist.
4 In ihm war Leben,
und das Leben war das Licht der Menschen.
5 Und das Licht scheint in der Finsternis,
und die Finsternis hat es nicht erfasst.

6 Es trat ein Mensch auf, von Gott gesandt, sein Name war Johannes. 7 Dieser kam zum Zeugnis, um Zeugnis abzulegen von dem Licht, damit alle durch ihn zum Glauben kämen. 8 Nicht er war das Licht, sondern Zeugnis sollte er ablegen von dem Licht.

9 Er war das wahre Licht,
das jeden Menschen erleuchtet, der zur Welt kommt.
10 Er war in der Welt,
und die Welt ist durch ihn geworden,
und die Welt hat ihn nicht erkannt.
11 Er kam in das Seine,
und die Seinen nahmen ihn nicht auf.
12 Die ihn aber aufnahmen,
denen gab er Vollmacht,
Gottes Kinder zu werden,

denen, die an seinen Namen glauben, 13 die nicht aus Blut, nicht aus dem Wollen des Fleisches und nicht aus dem Wollen des Mannes, sondern aus Gott gezeugt sind.
14 Und das Wort, der Logos, wurde Fleisch
und wohnte unter uns,
und wir schauten seine Herrlichkeit,
eine Herrlichkeit, wie sie ein

Einziggeborener vom Vater hat,
voller Gnade und Wahrheit.

15 Johannes legt Zeugnis ab von ihm, er hat gerufen: Dieser war es, von dem ich gesagt habe: Der nach mir kommt, ist vor mir gewesen, denn er war, ehe ich war.
16 Aus seiner Fülle
haben wir ja alle empfangen,
Gnade um Gnade.

17 Denn das Gesetz wurde durch Mose gegeben, die Gnade und die Wahrheit ist durch Jesus Christus geworden. 18 Niemand hat Gott je gesehen. Als Einziggeborener, als Gott, der jetzt im Schoss des Vaters ruht, hat er Kunde gebracht.

|3: Ps 33,6; 1Kor 8,6; Kol 1,16–17 |4: 5,26 |5: 3,19; 8,12! |6: Mt 3,1 |7: 1,19–34; 10,41 |12: Gal 3,26 |17: Röm 10,4 · 11,27! |18: 5,37; 6,46; 8,55!; Mt 11,27

1,1: Für die Wendung «das Wort, der Logos» steht im griechischen Text nur der Begriff ‹logos›. Die Übersetzung gibt den griechischen Begriff doppelt wieder, um anzudeuten, dass dieser zwar ‹Wort› heissen, aber auch eine umfassende, bis ins Kosmologische reichende Bedeutung annehmen kann.
1,9: Andere Übersetzungsmöglichkeit: «... erleuchtet, wenn es zur Welt kommt.»

Das Zeugnis des Täufers

19 Und dies ist die Geschichte vom Zeugnis des Johannes: Als die Juden aus Jerusalem Priester und Leviten zu ihm sandten, um ihn zu fragen: Wer bist du?, 20 bekannte er und leugnete nicht; er bekannte: Ich bin nicht der Christus. 21 Und sie fragten ihn: Was dann? Bist du Elija? Und er sagt: Ich bin es nicht. Bist du der Prophet? Und er antwortete: Nein. 22 Da sagten sie zu ihm: Wer bist du dann? Damit wir denen eine Antwort geben können, die uns gesandt haben. Was sagst du über dich selbst? 23 Er sagte: Ich bin *die Stimme eines Rufers in der Wüste: Macht gerade den Weg des Herrn!,* wie der Prophet Jesaja gesagt hat.

24 Sie waren Abgesandte der Pharisäer. 25 Und sie fragten ihn und sagten
zu ihm: Warum taufst du denn, wenn du
nicht der Christus bist, nicht Elija und
nicht der Prophet? 26 Johannes antwortete ihnen: Ich taufe mit Wasser. Mitten
unter euch steht der, den ihr nicht
kennt, 27 der nach mir kommt; ich bin
nicht würdig, ihm die Schuhriemen zu
lösen. 28 Das geschah in Betanien jenseits des Jordan, wo Johannes taufte.

29 Am Tag darauf sieht er Jesus auf
sich zukommen, und er sagt: Seht, das
Lamm Gottes, das die Sünde der Welt
hinwegnimmt. 30 Dieser ist es, von
dem ich gesagt habe: Nach mir kommt
ein Mann, der vor mir gewesen ist, denn
er war, ehe ich war. 31 Und ich kannte
ihn nicht. Aber er sollte Israel offenbart
werden; darum kam ich und taufte mit
Wasser. 32 Und Johannes legte Zeugnis
ab und sagte: Ich habe den Geist wie eine
Taube vom Himmel herabkommen sehen, und er blieb auf ihm. 33 Und ich
kannte ihn nicht. Aber der mich gesandt
hatte, mit Wasser zu taufen, er sprach zu
mir: Auf wen du den Geist herabkommen und auf ihm bleiben siehst, der ist
es, der mit heiligem Geist tauft. 34 Gesehen habe ich, und Zeuge bin ich: Dieser ist der Sohn Gottes.

| 20: Lk 3,15 | 21: Mal 3,23 · 6,14; 7,40; Dtn 18,15
| 23: Jes 40,3; Mt 3,3 | 27: Mt 3,11 | 29–34: Mt 3,13–17
| 29: Jes 53,7.12 · Mt 8,17 | 33: Mt 3,11 | 34: 11,27! · 20,31

Die ersten Jünger

35 Am Tag darauf stand Johannes
wieder da und zwei seiner Jünger.
36 Und als Jesus vorübergeht, richtet er
seinen Blick auf ihn und sagt: Seht, das
Lamm Gottes. 37 Und die beiden Jünger
hörten ihn so reden und folgten Jesus.
38 Als Jesus sich umwendet und sie folgen sieht, sagt er zu ihnen: Was sucht
ihr? Sie aber sagten zu ihm: Rabbi – das
heisst ‹Meister› –, wo ist deine Bleibe?
39 Er sagt zu ihnen: Kommt, und ihr
werdet es sehen! Da kamen sie und sahen, wo er wohnt, und sie blieben an jenem Tag bei ihm. Das war um die zehnte

Stunde. 40 Andreas, der Bruder des
Simon Petrus, war einer von den beiden,
die auf Johannes gehört hatten und
Jesus gefolgt waren. 41 Dieser findet zuerst seinen Bruder Simon und sagt zu
ihm: Wir haben den Messias gefunden!
Messias heisst ‹der Gesalbte›. 42 Er
führte ihn zu Jesus. Jesus sah ihn an und
sprach: Du bist Simon, der Sohn des
Johannes, du sollst Kefas genannt werden! Kefas heisst ‹Fels›.

43 Am Tag darauf wollte er nach Galiläa aufbrechen, und er findet Philippus. Und Jesus sagt zu ihm: Folge mir!
44 Philippus war aus Betsaida, aus der
Stadt des Andreas und Petrus. 45 Philippus findet Natanael und sagt zu ihm:
Den, von dem Mose im Gesetz und auch
die Propheten geschrieben haben, den
haben wir gefunden, Jesus, den Sohn
Josefs, aus Nazaret. 46 Und Natanael
sagte zu ihm: Kann aus Nazaret etwas
Gutes kommen? Philippus sagt zu ihm:
Komm und sieh! 47 Jesus sah Natanael
auf sich zukommen, und er sagt von
ihm: Seht, ein echter Israelit, an dem
kein Falsch ist! 48 Natanael sagt zu ihm:
Woher kennst du mich? Jesus entgegnete ihm: Bevor Philippus dich rief, habe
ich dich gesehen, wie du unter dem Feigenbaum warst. 49 Natanael antwortete ihm: Rabbi, du bist der Sohn Gottes,
du bist der König Israels. 50 Jesus entgegnete ihm: Weil ich dir gesagt habe,
dass ich dich unter dem Feigenbaum
sah, glaubst du? Grösseres als das wirst
du sehen. 51 Und er sagt zu ihm: Amen,
amen, ich sage euch: Ihr werdet *den
Himmel* offen sehen *und die Engel Gottes
auf- und niedersteigen* auf dem Menschensohn.

P: Mt 4,18–22 | 41: 4,25; 11,27! | 42: 21,15–19;
Mt 16,18 | 46: 7,41 | 49: 11,27! · 12,15; 18,37
| 51: Gen 28,12

1,51: In der Vorstellung, auf die hier angespielt
wird, ist der Menschensohn die Leiter, auf der die Engel auf- und niedersteigen.

Die Hochzeit in Kana

2 1 Und am dritten Tag war eine Hochzeit in Kana in Galiläa, und die Mutter Jesu war dort. 2 Aber auch Jesus und seine Jünger waren zur Hochzeit geladen. 3 Und als der Wein ausging, sagt die Mutter Jesu zu ihm: Sie haben keinen Wein mehr. 4 Und Jesus sagt zu ihr: Was hat das mit dir und mir zu tun, Frau? Meine Stunde ist noch nicht da. 5 Seine Mutter sagt zu den Dienern: Was immer er euch sagt, das tut. 6 Es standen dort aber sechs steinerne Wasserkrüge, wie es die Reinigungsvorschriften der Juden verlangen, die fassten je zwei bis drei Mass. 7 Jesus sagt zu ihnen: Füllt die Krüge mit Wasser! Und sie füllten sie bis oben. 8 Und er sagt zu ihnen: Schöpft jetzt und bringt dem Speisemeister davon. Und sie brachten es. 9 Als aber der Speisemeister das Wasser kostete, das zu Wein geworden war, und nicht wusste, woher es war – die Diener aber, die das Wasser geschöpft hatten, wussten es –, da ruft der Speisemeister den Bräutigam 10 und sagt zu ihm: Jedermann setzt zuerst den guten Wein vor, und wenn sie betrunken sind, den schlechteren. Du hast den guten Wein bis jetzt zurückbehalten.

11 Das tat Jesus als Anfang der Zeichen in Kana in Galiläa, und er offenbarte seine Herrlichkeit, und seine Jünger glaubten an ihn.

12 Danach zog er nach Kafarnaum hinab, er und seine Mutter und seine Brüder und seine Jünger. Und sie blieben dort einige Tage.

| 4: 7,30; 8,20 · 12,23! | 6: Mk 7,3–4 | 11: 2,23!; 4,54; 20,30 · 1,14

2,4: Andere Übersetzungsmöglichkeit: «...: Was habe ich mit dir zu schaffen, Frau? ...»

Die Tempelreinigung

13 Das Passa der Juden war nahe, und Jesus zog nach Jerusalem hinauf.

14 Und im Tempel traf er auf die Verkäufer von Rindern, Schafen und Tauben und auf die Wechsler, die dasassen. 15 Da machte er eine Peitsche aus Stricken und trieb alle aus dem Tempel hinaus, auch die Schafe und die Rinder, und das Geld der Wechsler schüttete er aus, die Tische stiess er um; 16 und zu den Taubenverkäufern sprach er: Schafft das fort von hier! Macht das Haus meines Vaters nicht zur Markthalle! 17 Da dachten seine Jünger daran, dass geschrieben steht: *Der Eifer für dein Haus wird mich verzehren.*

18 Da entgegneten ihm die Juden: Was für ein Zeichen kannst du uns erweisen, dass du dies tun darfst? 19 Jesus entgegnete ihnen: Brecht diesen Tempel ab, und in drei Tagen werde ich ihn aufrichten. 20 Da sagten die Juden: Sechsundvierzig Jahre wurde an diesem Tempel gebaut, und du willst ihn in drei Tagen aufrichten? 21 Er aber sprach von seinem Leib als dem Tempel. 22 Als er dann von den Toten auferweckt worden war, erinnerten sich seine Jünger, dass er dies gesagt hatte, und sie glaubten der Schrift und dem Wort, das Jesus gesprochen hatte.

P: Mt 21,12–17 | 13: 5,1; 11,55 | 15: Sach 14,21 | 17: Ps 69,10 | 18: 4,48! | 19: Mt 26,61 | 21: 1Kor 6,19 | 22: 14,26!

Jesus auf dem Passafest

23 Als er aber zum Passafest in Jerusalem war, kamen viele zum Glauben an seinen Namen, da sie die Zeichen sahen, die er tat. 24 Jesus selbst aber vertraute sich ihnen nicht an. Er kannte sie alle 25 und brauchte von niemandem ein Zeugnis über den Menschen, denn er wusste, was im Menschen war.

| 23: 7,31; 11,45; 12,18; 20,30–31

Jesus und Nikodemus

3 1 Es war aber einer unter den Pharisäern, sein Name war Nikodemus, einer vom Hohen Rat der Juden. 2 Dieser kam zu ihm in der Nacht und sagte: Rabbi, wir wissen, dass du als Lehrer von Gott gekommen bist, denn niemand kann diese Zeichen tun, die du tust, wenn nicht Gott mit ihm ist. 3 Jesus entgegnete ihm: Amen, amen, ich sage dir: Wer nicht von oben geboren wird, kann das Reich Gottes nicht sehen. 4 Nikodemus sagt zu ihm: Wie kann denn ein Mensch geboren werden, wenn er alt ist? Er kann doch nicht ein zweites Mal in den Schoss der Mutter gelangen und geboren werden? 5 Jesus antwortete: Amen, amen, ich sage dir: Wer nicht aus Wasser und Geist geboren wird, kann nicht in das Reich Gottes gelangen. 6 Was aus dem Fleisch geboren ist, ist Fleisch, und was aus dem Geist geboren ist, ist Geist. 7 Wundere dich nicht, dass ich dir gesagt habe: Ihr müsst von oben geboren werden. 8 Der Wind weht, wo er will, und du hörst sein Sausen, weisst aber nicht, woher er kommt und wohin er geht. So ist es mit jedem, der aus dem Geist geboren ist. 9 Nikodemus entgegnete ihm: Wie kann das geschehen? 10 Jesus antwortete ihm: Du bist der Lehrer Israels und verstehst das nicht? 11 Amen, amen, ich sage dir: Was wir wissen, davon reden wir, und was wir gesehen haben, bezeugen wir, doch unser Zeugnis nehmt ihr nicht an. 12 Wenn ich vom Irdischen zu euch rede, und ihr glaubt nicht, wie werdet ihr da glauben, wenn ich vom Himmlischen zu euch rede? 13 Und niemand ist in den Himmel hinaufgestiegen ausser dem, der aus dem Himmel herabgestiegen ist, der Menschensohn. 14 Und wie Mose in der Wüste die Schlange erhöht hat, so muss der Menschensohn erhöht werden, 15 damit jeder, der glaubt, in ihm ewiges Leben hat. 16 Denn so hat Gott die Welt geliebt, dass er den einzigen Sohn gab, damit jeder, der an ihn glaubt, nicht verloren gehe, sondern ewiges Leben habe. 17 Denn Gott hat den Sohn nicht in die Welt gesandt, dass er die Welt richte, sondern dass die Welt durch ihn gerettet werde. 18 Wer an ihn glaubt, wird nicht gerichtet; wer aber nicht glaubt, ist schon gerichtet, weil er nicht an den Namen des einzigen Sohnes Gottes geglaubt hat. 19 Dies aber ist das Gericht: Das Licht ist in die Welt gekommen, und die Menschen liebten die Finsternis mehr als das Licht, denn ihre Werke waren böse. 20 Jeder, der Böses tut, hasst das Licht und kommt nicht zum Licht, damit seine Werke nicht aufgedeckt werden. 21 Wer aber tut, was der Wahrheit entspricht, kommt zum Licht, damit offenbar wird, dass seine Werke in Gott gewirkt sind.

|2: 2,23!; 5,36!; 9,16.33 |5: 1,12–13; 1Kor 15,50 |6: 6,63! |8: 7,27! |13: 6,62 |14: Num 21,8–9 · 8,28; 12,32.34 |16: 6,40!.47; 11,25–26; 20,31 · 6,39! |17: 8,15; 10,10; 12,47; Lk 19,10; 1Joh 4,9.14 |18: 3,36!; 5,24 · 16,9! |19: 1,5; 8,12! |20: 7,7

3,3: Der griechische Ausdruck, der mit der Wendung ‹von oben geboren werden› übersetzt ist, kann auch bedeuten: ‹von neuem geboren werden›. In diesem zweiten Sinn versteht ihn Nikodemus (siehe V. 4).

Der Täufer und der Christus

22 Danach ging Jesus mit seinen Jüngern in das judäische Land hinaus; und dort hielt er sich mit ihnen auf und taufte.

23 Aber auch Johannes taufte, in Änon, nahe bei Salim, weil es dort viel Wasser gab; und die Leute kamen und liessen sich taufen. 24 Johannes war nämlich noch nicht ins Gefängnis geworfen worden.

25 Da kam es zwischen den Jüngern des Johannes und einem Juden zu einem Streit über die Reinigung. 26 Und sie gingen zu Johannes und sagten zu ihm: Rabbi, der bei dir war jenseits des Jordan, für den du Zeugnis abgelegt hast – der tauft, und alle laufen ihm zu. 27 Johannes entgegnete: Keiner kann sich etwas nehmen, wenn es ihm nicht vom Himmel gegeben ist. 28 Ihr seid meine Zeugen, dass ich gesagt habe: Ich bin nicht der Christus, sondern ich bin vor ihm her gesandt. 29 Wer die Braut hat, der ist der Bräutigam. Der Freund des Bräutigams aber, der dabeisteht und ihn hört, freut sich von Herzen über die Stimme des Bräutigams. Diese meine Freude ist nun erfüllt. 30 Jener muss grösser werden, ich aber geringer.

|22: 4,1–2 |24: Mt 14,3!–5 |26: 1,7! |28: 1,20.23.30

Der vom Himmel Gekommene

31 Wer von oben kommt, der ist über allem; wer von der Erde ist, ist von der Erde und redet von der Erde her. Wer vom Himmel kommt, der ist über allem. 32 Was er gesehen und gehört hat, das bezeugt er, und niemand nimmt sein Zeugnis an. 33 Wer sein Zeugnis angenommen hat, bestätigt damit, dass Gott verlässlich ist. 34 Denn der, den Gott gesandt hat, redet die Worte Gottes – ohne zu messen, gibt er den Geist. 35 Der Vater liebt den Sohn, und er hat alles in seine Hand gegeben. 36 Wer an den Sohn glaubt, hat ewiges Leben; wer aber dem Sohn nicht gehorsam ist, wird das Leben nicht sehen, sondern der Zorn Gottes bleibt auf ihm.

|31: 8,23 |34: 7,16; 8,26.28.38; 12,49.50; 14,10.24 |35: 5,20; 10,17 · 13,3; Mt 28,18! |36: 3,18; 1Joh 5,12 · 17,3

Jesus und die Samaritanerin

4 1 Als nun Jesus erfuhr, dass die Pharisäer gehört hatten, Jesus gewinne und taufe mehr Jünger als Johannes 2 – allerdings taufte Jesus nicht selber, sondern seine Jünger tauften –, 3 verliess er Judäa und ging wieder nach Galiläa.

4 Er musste aber durch Samaria hindurchziehen. 5 Nun kommt er in die Nähe einer Stadt in Samarien namens Sychar, nahe bei dem Grundstück, das Jakob seinem Sohn Josef gegeben hatte. 6 Dort war der Brunnen Jakobs. Jesus war müde von der Reise, und so setzte er sich an den Brunnen; es war um die sechste Stunde. 7 Eine Frau aus Samaria kommt, um Wasser zu schöpfen. Jesus sagt zu ihr: Gib mir zu trinken! 8 Seine Jünger waren nämlich in die Stadt gegangen, um Essen zu kaufen. 9 Die Samaritanerin nun sagt zu ihm: Wie kannst du, ein Jude, von mir, einer Samaritanerin, zu trinken verlangen? Juden verkehren nämlich nicht mit Samaritanern. 10 Jesus antwortete ihr: Kenntest du die Gabe Gottes und wüsstest, wer es ist, der zu dir sagt: Gib mir zu trinken, so würdest du ihn bitten, und er gäbe dir lebendiges Wasser. 11 Die Frau sagt zu ihm: Herr, du hast kein Schöpfgefäss, und der Brunnen ist tief. Woher also hast du das lebendige Wasser? 12 Bist du etwa grösser als unser Vater Jakob, der uns den Brunnen gegeben hat? Er selbst hat aus ihm getrunken, er und seine Söhne und sein Vieh. 13 Jesus entgegnete ihr: Jeder, der von diesem Wasser trinkt, wird wieder Durst haben. 14 Wer aber von dem Wasser trinkt, das ich ihm geben werde, der wird in Ewigkeit nicht mehr Durst haben, nein, das Wasser, das ich ihm geben werde, wird in ihm zu einer Quelle werden, deren Wasser ins ewige Leben sprudelt. 15 Die Frau sagt zu ihm: Herr, gib mir dieses Wasser, damit ich nicht mehr Durst habe und hierher kommen muss, um zu schöpfen.

16 Er sagt zu ihr: Geh, rufe deinen Mann und komm hierher! 17 Die Frau entgegnete ihm: Ich habe keinen Mann. Jesus spricht zu ihr: Zu Recht hast du gesagt: Einen Mann habe ich nicht. 18 Denn fünf Männer hast du gehabt, und der, den du jetzt hast, ist nicht dein Mann. Damit hast du die Wahrheit gesagt. 19 Die Frau sagt zu ihm: Herr, ich sehe, du bist ein Prophet. 20 Unsere Väter haben auf diesem Berg gebetet, und ihr sagt, in Jerusalem sei der Ort, wo man beten soll. 21 Jesus sagt zu ihr: Glaube mir, Frau, die Stunde kommt, da ihr weder auf diesem Berg noch in Jerusalem zum Vater beten werdet. 22 Ihr betet zu dem, was ihr nicht kennt; wir beten zu dem, was wir kennen – denn das Heil kommt von den Juden. 23 Aber die Stunde kommt, und sie ist jetzt da, in der die wahren Beter in Geist und Wahrheit zum Vater beten werden, denn auch der Vater sucht solche, die auf diese Weise zu ihm beten. 24 Gott ist Geist, und die zu ihm beten, müssen in Geist und Wahrheit beten. 25 Die Frau sagt zu ihm: Ich weiss, dass der Messias kommt, den man den Gesalbten nennt; wenn jener kommt, wird er uns alles

kundtun. 26 Jesus sagt zu ihr: Ich bin es, ich, der mit dir spricht.

27 Unterdessen kamen seine Jünger und wunderten sich, dass er mit einer Frau redete. Niemand freilich sagte: Was hast du im Sinn? oder: Was redest du mit ihr? 28 Die Frau liess nun ihren Wasserkrug stehen und ging in die Stadt, und sie sagt zu den Leuten: 29 Kommt, da ist einer, der mir alles gesagt hat, was ich getan habe. Sollte dieser etwa der Christus sein? 30 Sie gingen aus der Stadt hinaus und kamen zu ihm.

31 Inzwischen baten ihn die Jünger: Rabbi, iss! 32 Er aber sagte zu ihnen: Ich habe eine Speise zu essen, die ihr nicht kennt. 33 Da sagten die Jünger zueinander: Hat ihm etwa jemand etwas zu essen gebracht? 34 Jesus sagt zu ihnen: Meine Speise ist es, den Willen dessen zu tun, der mich gesandt hat, und sein Werk zu vollenden. 35 Sagt ihr nicht: Noch vier Monate, und es kommt die Ernte? Ich aber sage euch: Macht die Augen auf und schaut die Felder an, sie sind weiss zur Ernte. 36 Schon empfängt der Erntende Lohn und sammelt Frucht zu ewigem Leben, damit der Säende sich freue mit dem Erntenden. 37 Denn hier ist das Wort wahr: Einer ist es, der sät, und ein anderer, der erntet. 38 Ich habe euch gesandt, um zu ernten, wofür ihr nicht gearbeitet habt; andere haben gearbeitet, und ihr seid in ihre Arbeit eingetreten.

39 Aus jener Stadt aber kamen viele Samaritaner zum Glauben an ihn auf das Wort der Frau hin, die bezeugte: Er hat mir alles gesagt, was ich getan habe. 40 Als nun die Samaritaner zu ihm kamen, baten sie ihn, bei ihnen zu bleiben; und er blieb dort zwei Tage. 41 Und noch viel mehr Leute kamen auf sein Wort hin zum Glauben, 42 und sie sagten zu der Frau: Wir glauben nicht mehr auf deine Aussage hin, denn wir selbst haben ihn gehört und wissen, dass dieser wirklich der Retter der Welt ist.

|2: 3,22 |5: Gen 48,22 |10: 7,37-38 |12: 8,53 |14: 6,35 |15: 6,34 |19: 9,17 |22: Röm 9,4-5 |25: 1,41; 11,27! |26: 9,37 |29: 11,27! |34: 5,30; 6,38.39! · 5,36; 17,4; 19,28.30 |42: 3,17!; Lk 2,11

Der königliche Beamte aus Kafarnaum

43 Nach den zwei Tagen aber ging er weg von dort nach Galiläa. 44 Jesus selbst bezeugte, dass ein Prophet nichts gilt in seiner Vaterstadt. 45 Als er nun nach Galiläa kam, nahmen ihn die Galiläer auf, denn sie hatten alles gesehen, was er in Jerusalem auf dem Fest getan hatte, denn auch sie waren zum Fest gegangen.

46 Nun kam er wieder nach Kana in Galiläa, wo er das Wasser zu Wein gemacht hatte.

Und in Kafarnaum war ein königlicher Beamter, dessen Sohn krank war. 47 Als der hörte, dass Jesus von Judäa nach Galiläa gekommen war, ging er zu ihm und bat, er möge herabkommen und seinen Sohn heilen, denn der lag im Sterben. 48 Da sagte Jesus zu ihm: Wenn ihr nicht Zeichen und Wunder seht, glaubt ihr nicht. 49 Der königliche Beamte sagt zu ihm: Herr, komm herab, bevor mein Kind stirbt! 50 Jesus sagt zu ihm: Geh, dein Sohn lebt. Der Mann glaubte dem Wort, das Jesus zu ihm gesprochen hatte, und ging. 51 Und noch während er hinabging, kamen ihm seine Knechte entgegen und sagten, sein Knabe lebe. 52 Da erkundigte er sich bei ihnen nach der Stunde, in der es besser geworden war mit ihm. Da sagten sie zu ihm: Gestern in der siebten Stunde ist das Fieber von ihm gewichen. 53 Nun erkannte der Vater, dass es zu jener Stunde geschehen war, in der Jesus zu ihm gesagt hatte: Dein Sohn lebt; und er kam zum Glauben, er und sein ganzes Haus. 54 Dies wiederum war das zweite Zeichen, das Jesus tat, nachdem er von Judäa nach Galiläa gekommen war.

P: Mt 8,5-13 |44: Mt 13,57 |45: 2,23 |46: 2,1-11 |48: 2,18; 6,30; Mt 12,38!; 1Kor 1,22 |54: 2,11!

Heilung am Teich Betesda

5 1 Danach war ein Fest der Juden, und Jesus zog hinauf nach Jerusalem.

2 In Jerusalem beim Schaftor ist ein Teich mit fünf Hallen, der auf hebräisch Betesda heisst. 3 In den Hallen lagen viele Kranke: Blinde, Lahme und Verkrüppelte. 5 Dort war auch ein Mensch, der seit achtunddreissig Jahren an seiner Krankheit litt. 6 Als Jesus diesen liegen sieht und erkennt, dass er schon eine lange Zeit leidet, sagt er zu ihm: Willst du gesund werden? 7 Der Kranke antwortete ihm: Herr, ich habe keinen Menschen, der mich, sobald das Wasser aufgewühlt wird, in den Teich trägt; und wenn ich versuche, selber hinzukommen, steigt ein anderer vor mir hinein. 8 Jesus sagt zu ihm: Steh auf, nimm deine Bahre und zeig, dass du gehen kannst! 9 Und sogleich wurde der Mensch gesund, er nahm seine Bahre und konnte gehen.

An jenem Tag aber war Sabbat. 10 Die Juden sagten nun zum Geheilten: Es ist Sabbat, es ist dir nicht erlaubt, deine Bahre zu tragen. 11 Er aber antwortete ihnen: Der mich gesund gemacht hat, hat zu mir gesagt: Nimm deine Bahre und zeig, dass du gehen kannst! 12 Sie fragten ihn: Wer ist der Mensch, der zu dir gesagt hat: Nimm sie und zeig, dass du gehen kannst? 13 Der Geheilte wusste aber nicht, wer es war, denn Jesus hatte sich zurückgezogen, da an dem Ort ein Gedränge entstanden war. 14 Später findet ihn Jesus im Tempel, und er sagt zu ihm: Du siehst, du bist gesund geworden. Sündige nicht mehr, damit dir nicht etwas Schlimmeres widerfährt! 15 Der Mensch ging fort und berichtete den Juden, es sei Jesus, der ihn gesund gemacht habe. 16 Und darum verfolgten die Juden Jesus, weil er solches an einem Sabbat tat.

17 Jesus aber entgegnete ihnen: Mein Vater ist bis heute am Werk, und auch ich bin am Werk. 18 Da suchten die Juden erst recht eine Gelegenheit, ihn zu töten, weil er nicht nur den Sabbat auflöste, sondern auch Gott seinen Vater nannte und sich selbst Gott gleichmachte.

|1: 2,13! |8: Mt 9,6 |10: Ex 20,8–11; Dtn 5,12–15 · 7,23! |18: Ex 31,14; Mt 12,14 · 19,7!

5,3: Verschiedene Handschriften ergänzen den V.3 und fügen V.4 ein: «3 In den Hallen lagen viele Kranke, die auf die Bewegung des Wassers warteten. 4 Denn ein Engel (des Herrn) stieg von Zeit zu Zeit in den Teich hinab und wühlte das Wasser auf. Wer nun als Erster hineinstieg nach dem Aufwallen des Wassers, wurde gesund, mit welcher Krankheit er auch behaftet war.»

Die Vollmacht des Sohnes

19 Da entgegnete ihnen Jesus: Amen, amen, ich sage euch: Der Sohn kann nichts von sich aus tun, es sei denn, er sehe den Vater etwas tun; denn was dieser tut, das tut in gleicher Weise auch der Sohn. 20 Denn der Vater liebt den Sohn und zeigt ihm alles, was er tut, und noch grössere Werke als diese wird er ihm zeigen, dass ihr euch wundern werdet. 21 Denn wie der Vater die Toten auferweckt und lebendig macht, so macht auch der Sohn lebendig, wen er will. 22 Auch richtet der Vater niemanden, sondern er hat das Richten ganz dem Sohn übergeben, 23 damit alle den Sohn ehren, wie sie den Vater ehren. Wer den Sohn nicht ehrt, ehrt auch den Vater nicht, der ihn gesandt hat.

24 Amen, amen, ich sage euch: Wer mein Wort hört und dem glaubt, der mich gesandt hat, hat ewiges Leben und kommt nicht ins Gericht, sondern ist hinübergegangen aus dem Tod in das Leben. 25 Amen, amen, ich sage euch: Die Stunde kommt, und sie ist jetzt da, in der die Toten die Stimme des Sohnes Gottes hören werden und leben werden, die hören. 26 Denn wie der Vater in sich Leben hat, so hat er auch dem Sohn verliehen, in sich Leben zu haben. 27 Und er gab ihm Vollmacht, Gericht zu halten, weil er der Menschensohn ist. 28 Wundert euch nicht, dass es heisst: Die Stunde kommt, in der alle, die in den Gräbern sind, seine Stimme hören 29 und herauskommen werden – die das Gute getan haben, zur Auferstehung

ins Leben, die aber das Böse verübt haben, zur Auferstehung ins Gericht.

30 Ich kann von mir aus nichts tun. Wie ich höre, so richte ich, und mein Gericht ist gerecht, weil ich nicht meinen Willen suche, sondern den Willen dessen, der mich gesandt hat.

|20: 3,35! |23: 15,23; Lk 10,16 |24: 3,18.36 |26: 1,4 |27: Mt 9,6 |29: Dan 12,2 |30: 5,19 · 4,34!

5,28: Andere Übersetzungsmöglichkeit: «Wundert euch nicht: Die Stunde kommt, ...»

Streit um das Zeugnis

31 Wenn ich über mich selbst Zeugnis ablege, ist mein Zeugnis nicht glaubwürdig; 32 ein anderer ist es, der über mich Zeugnis ablegt, und ich weiss, dass das Zeugnis, das er über mich ablegt, glaubwürdig ist. 33 Ihr habt zu Johannes geschickt, und er hat Zeugnis abgelegt für die Wahrheit. 34 Ich aber nehme von einem Menschen kein Zeugnis an; ich sage dies, damit ihr gerettet werdet. 35 Jener war die Fackel, die brennt und scheint; ihr aber wolltet nur eine kurze Zeit fröhlich sein in ihrem Licht.

36 Ich aber habe ein Zeugnis, das bedeutender ist als das des Johannes. Denn die Werke, die mir der Vater übergeben hat, damit ich sie vollende, eben die Werke, die ich tue, legen Zeugnis dafür ab, dass der Vater mich gesandt hat. 37 Und der Vater, der mich gesandt hat, er hat Zeugnis abgelegt über mich. Weder habt ihr seine Stimme gehört noch seine Gestalt je gesehen, 38 und sein Wort habt ihr nicht bleibend in euch, weil ihr dem nicht glaubt, den er gesandt hat. 39 Ihr erforscht die Schriften, weil ihr meint, in ihnen ewiges Leben zu haben – und sie sind es auch, die Zeugnis über mich ablegen –, 40 und doch wollt ihr nicht zu mir kommen, um Leben zu haben.

41 Ehre empfange ich nicht von Menschen, 42 aber ich habe euch erkannt und weiss, dass ihr die Liebe Gottes nicht in euch habt. 43 Ich bin im Namen meines Vaters gekommen, und ihr nehmt mich nicht auf; kommt aber ein anderer in eigenem Namen, so nehmt ihr ihn auf! 44 Wie könnt ihr zum Glauben kommen, wenn ihr Ehre voneinander empfangt und nicht die Ehre sucht, die vom alleinigen Gott kommt?

45 Meint nicht, dass ich euch beim Vater anklagen werde; euer Ankläger ist Mose, auf den ihr eure Hoffnung gesetzt habt. 46 Wenn ihr Mose glaubtet, würdet ihr mir glauben, denn er hat über mich geschrieben. 47 Wenn ihr aber seinen Schriften nicht glaubt, wie könnt ihr dann meinen Worten glauben?

|32: 5,37; 6,27; 8,18; 1Joh 5,9 |33: 1,19–34; 10,41 |36: 4,34! · 3,2!; 10,25.38 |37: 1,18! |39: 1,45 |43: 1,11 |44: 7,18; 8,50.54; 12,42–43

Die Speisung der fünftausend

6 1 Danach ging Jesus ans andere Ufer des Sees von Tiberias in Galiläa. 2 Viel Volk aber folgte ihm, weil sie die Zeichen sahen, die er an den Kranken tat. 3 Jesus aber stieg auf den Berg und setzte sich dort mit seinen Jüngern nieder. 4 Das Passa war nahe, das Fest der Juden.

5 Als nun Jesus seine Augen aufhebt und sieht, dass so viel Volk zu ihm kommt, sagt er zu Philippus: Wo sollen wir Brot kaufen, damit diese zu essen haben? 6 Dies sagte er aber, um ihn zu prüfen; er selbst wusste ja, was er tun wollte. 7 Philippus antwortete ihm: Brot für zweihundert Denar reicht nicht aus für sie, wenn jeder auch nur ein wenig bekommen soll. 8 Einer von seinen Jüngern, Andreas, der Bruder des Simon Petrus, sagt zu ihm: 9 Ein Kind ist hier, das fünf Gerstenbrote und zwei Fische hat, aber was ist das für so viele? 10 Jesus sprach: Lasst die Menschen sich setzen! An dem Ort war viel Gras. Da setzten sich die Männer, etwa fünftausend an der Zahl. 11 Jesus nahm nun die Brote, sprach das Dankgebet und teilte davon allen, die dasassen, aus, so viel sie wollten, ebenso von den Fischen.

12 Als sie aber satt waren, sagte er zu seinen Jüngern: Sammelt die übrig gebliebenen Brocken, damit nichts verlo-

ren geht. 13 Sie sammelten sie und füllten zwölf Körbe mit den Brocken, die von den fünf Gerstenbroten übrig blieben, nachdem sie gegessen hatten.

14 Als nun die Leute das Zeichen sahen, das er getan hatte, sagten sie: Das ist wirklich der Prophet, der in die Welt kommen soll. 15 Als Jesus nun erkannte, dass sie kommen und ihn in ihre Gewalt bringen wollten, um ihn zum König zu machen, zog er sich wieder auf den Berg zurück, er allein.

P: Mt 14,13–21 | 14: 1,21! | 15: 12,13; 18,33!; 19,3.12

Der Gang auf dem Wasser

16 Als es Abend wurde, gingen seine Jünger hinab an den See, 17 stiegen in ein Boot und fuhren ans andere Ufer des Sees nach Kafarnaum. Und es war schon dunkel geworden, und Jesus war noch nicht zu ihnen gekommen, 18 der See aber wurde aufgewühlt, denn es wehte ein starker Wind. 19 Als sie nun etwa fünfundzwanzig oder dreissig Stadien weit gerudert sind, sehen sie, dass Jesus auf dem See geht und nahe ans Boot kommt; und sie fürchteten sich. 20 Er aber sagt zu ihnen: Ich bin es, fürchtet euch nicht! 21 Da wollten sie ihn ins Boot nehmen, doch auf einmal war das Boot am anderen Ufer, da, wo sie hinfahren wollten.

P: Mt 14,22–33

Das Brot des Lebens

22 Am nächsten Tag – das Volk, das am jenseitigen Ufer des Sees geblieben war, hatte gesehen, dass kein anderes Boot mehr da war ausser dem einen und dass Jesus nicht mit seinen Jüngern ins Boot gestiegen war, sondern dass seine Jünger allein weggefahren waren – 23 kamen andere Boote von Tiberias in die Nähe des Ortes, wo sie das Brot gegessen hatten, nachdem der Herr das Dankgebet gesprochen hatte. 24 Als nun das Volk sah, dass Jesus nicht dort war und auch seine Jünger nicht, stiegen sie ihrerseits in die Boote und fuhren nach Kafarnaum und suchten Jesus.

25 Und als sie ihn am anderen Ufer des Sees fanden, sagten sie zu ihm: Rabbi, wann bist du hierher gekommen? 26 Jesus entgegnete ihnen: Amen, amen, ich sage euch, ihr sucht mich nicht, weil ihr Zeichen gesehen, sondern weil ihr von den Broten gegessen habt und satt geworden seid. 27 Müht euch nicht um die Speise, die verdirbt, sondern um die Speise, die sich ins ewige Leben hinein hält, die der Menschensohn euch geben wird; denn ihn hat Gott, der Vater, beglaubigt. 28 Da sagten sie zu ihm: Was sollen wir tun, damit wir die Werke Gottes wirken? 29 Jesus antwortete ihnen: Das ist das Werk Gottes, dass ihr an den glaubt, den er gesandt hat.

30 Da sagten sie zu ihm: Was für ein Zeichen tust denn du, dass wir sehen und dir glauben können? 31 Unsere Väter haben das Manna gegessen in der Wüste, wie geschrieben steht: *Brot vom Himmel gab er ihnen zu essen.* 32 Da sagte Jesus zu ihnen: Amen, amen, ich sage euch, nicht Mose hat euch das Brot vom Himmel gegeben, sondern mein Vater gibt euch das wahre Brot vom Himmel. 33 Denn Gottes Brot ist dasjenige, das vom Himmel herabkommt und der Welt Leben gibt. 34 Da sagten sie zu ihm: Herr, gib uns dieses Brot allezeit! 35 Jesus sagte zu ihnen: Ich bin das Brot des Lebens. Wer zu mir kommt, wird nicht mehr Hunger haben, und wer an mich glaubt, wird nie mehr Durst haben.

36 Aber ich habe euch gesagt: Ihr habt mich gesehen und glaubt doch nicht. 37 Alles, was der Vater mir gibt, wird zu mir finden, und wer zu mir kommt, den werde ich nicht hinausstossen, 38 denn ich bin vom Himmel herabgekommen, nicht um meinen Willen zu tun, sondern den Willen dessen, der mich gesandt hat. 39 Das aber ist der Wille dessen, der mich gesandt hat, dass ich nichts von allem, was er mir gegeben hat, verloren gehen lasse, sondern dass ich es auferwecke am Jüngsten Tag.

40 Denn das ist der Wille meines Vaters, dass jeder, der den Sohn sieht und an ihn glaubt, ewiges Leben habe; und ich werde ihn auferwecken am Jüngsten Tag.

41 Da murrten die Juden und wandten sich gegen ihn, weil er sagte: Ich bin das Brot, das vom Himmel herabgekommen ist, 42 und sie sagten: Ist das nicht Jesus, der Sohn Josefs, dessen Vater und Mutter wir kennen? Wie kann er jetzt sagen: Ich bin vom Himmel herabgekommen? 43 Jesus entgegnete ihnen: Murrt nicht! 44 Niemand kann zu mir kommen, es sei denn, ihn ziehe der Vater, der mich gesandt hat; und ich werde ihn auferwecken am Jüngsten Tag. 45 In den Propheten steht geschrieben: Und sie werden *alle von Gott gelehrt* sein; jeder, der auf den Vater gehört und von ihm gelernt hat, kommt zu mir. 46 Nicht dass jemand den Vater gesehen hätte! Nur der, der von Gott ist, der hat den Vater gesehen. 47 Amen, amen, ich sage euch: Wer glaubt, hat ewiges Leben. 48 Ich bin das Brot des Lebens. 49 Eure Väter haben in der Wüste das Manna gegessen und sind gestorben. 50 Dies ist das Brot, das vom Himmel herabkommt: Wer immer davon isst, stirbt nicht. 51 Ich bin das lebendige Brot, das vom Himmel herabgekommen ist. Wenn jemand von diesem Brot isst, wird er in Ewigkeit leben; und das Brot, das ich geben werde, ist mein Fleisch, für das Leben der Welt.

52 Da gab es Streit unter den Juden, und sie sagten: Wie kann uns der sein Fleisch zu essen geben? 53 Da sagte Jesus zu ihnen: Amen, amen, ich sage euch: Wenn ihr nicht das Fleisch des Menschensohnes esst und sein Blut trinkt, habt ihr kein Leben in euch. 54 Wer mein Fleisch verzehrt und mein Blut trinkt, hat ewiges Leben, und ich werde ihn auferwecken am Jüngsten Tag. 55 Denn mein Fleisch ist wahre Speise, und mein Blut ist wahrer Trank. 56 Wer mein Fleisch isst und mein Blut trinkt, bleibt in mir und ich in ihm.

57 Wie mich der lebendige Vater gesandt hat und ich durch den Vater lebe, so wird auch durch mich leben, wer mich isst. 58 Dies ist das Brot, das vom Himmel herabgekommen ist. Und mit diesem Brot ist es nicht wie mit dem, das die Väter gegessen haben und gestorben sind; wer dieses Brot isst, wird in Ewigkeit leben.

59 Das sagte er in der Synagoge, als er in Kafarnaum lehrte.

|27: 6,35 · 5,32! |30: 4,48! |31: Ex 16,1–31 · Ps 78,24 |34: 4,15 |35: 4,14 |38: 4,34! |39: 3,16; 10,28; 17,12; 18,9 |40: 3,16!; 12,50 |42: 4,44; Mt 13,55–56 |46: 1,18! |49: 6,31! |51: Lk 22,19 |56: 15,4 |57: 14,19

6,33: Andere Übersetzungsmöglichkeit: «Denn Gottes Brot ist derjenige, der vom Himmel herabkommt …»

Spaltung unter den Jüngern

60 Viele nun von seinen Jüngern, die das hörten, sagten: Dieses Wort ist unerträglich, wer kann sich das anhören? 61 Weil aber Jesus sehr wohl wusste, dass seine Jünger darüber murrten, sagte er zu ihnen: Daran nehmt ihr Anstoss? 62 Was aber, wenn ihr den Menschensohn hinaufgehen seht, dorthin, wo er vorher war? 63 Der Geist ist es, der lebendig macht, das Fleisch vermag nichts. Die Worte, die ich zu euch geredet habe, sind Geist und sind Leben. 64 Doch es sind einige unter euch, die nicht glauben. Jesus wusste nämlich von Anfang an, welche es waren, die nicht glaubten, und wer es war, der ihn ausliefern sollte. 65 Und er sprach: Darum habe ich euch gesagt: Niemand kann zu mir kommen, dem es nicht vom Vater gegeben ist.

|61: Mt 11,6 |62: 3,13 |63: 3,5–6; Röm 8,5–9; Gal 6,8 |65: 6,71!

Bekenntnis des Petrus

66 Von da an zogen sich viele seiner Jünger zurück und gingen nicht länger mit ihm. 67 Da sagte Jesus zu den Zwölf: Wollt vielleicht auch ihr weggehen? 68 Simon Petrus antwortete ihm: Herr, zu wem sollten wir gehen? Du hast

Worte ewigen Lebens, 69 und wir sind zum Glauben gekommen und haben erkannt, dass du der Heilige Gottes bist. 70 Jesus antwortete ihnen: Habe ich nicht euch, die Zwölf, erwählt? Und einer von euch ist ein Teufel. 71 Er sprach von Judas, dem Sohn des Simon Iskariot; denn dieser sollte ihn ausliefern, einer von den Zwölf.

P: Mt 16,13–16 | 71: 6,64; 13,21–30; 18,1–5

Vor dem Laubhüttenfest

7 1 Und danach zog Jesus in Galiläa umher; denn in Judäa wollte er nicht umherziehen, weil die Juden ihn töten wollten.

2 Das Laubhüttenfest der Juden aber war nahe. 3 Da sagten seine Brüder zu ihm: Brich auf von hier, und geh hinüber nach Judäa, damit auch deine Jünger die Werke sehen, die du tust. 4 Denn niemand wirkt im Verborgenen und strebt zugleich nach Öffentlichkeit. Wenn du das willst, dann offenbare dich der Welt. 5 Auch seine Brüder glaubten nämlich nicht an ihn. 6 Da sagt Jesus zu ihnen: Meine Zeit ist noch nicht da, eure Zeit aber ist immer schon da. 7 Euch kann die Welt nicht hassen, mich aber hasst sie, weil ich ihr das Zeugnis ausstelle, dass ihre Werke böse sind. 8 Geht ihr hinauf zum Fest; ich gehe nicht hinauf zu diesem Fest, denn meine Zeit ist noch nicht erfüllt. 9 Das sagte er und blieb in Galiläa.

10 Nachdem aber seine Brüder zum Fest hinaufgegangen waren, da ging auch er hinauf, nicht öffentlich, sondern heimlich. 11 Die Juden nun suchten ihn auf dem Fest und sagten: Wo ist er? 12 Und unter den Leuten war viel Gerede über ihn. Die einen sagten: Er ist gut. Andere sagten: Nein, er verführt das Volk. 13 Doch sprach niemand offen über ihn aus Furcht vor den Juden.

| 1: 5,18; 7,19–20; 8,37.40; 10,31–33!; 11,53 | 6: 2,4! | 13: 9,22; 19,38! 20,19

Auftreten im Tempel

14 Als aber das Fest schon zur Hälfte vorüber war, ging Jesus hinauf in den Tempel und lehrte. 15 Da staunten die Juden und sagten: Wie kann dieser die Schriften kennen, ohne unterrichtet worden zu sein? 16 Da antwortete ihnen Jesus: Meine Lehre stammt nicht von mir, sondern von dem, der mich gesandt hat. 17 Wer seinen Willen tun will, wird erkennen, ob diese Lehre aus Gott ist oder ob ich von mir aus rede. 18 Wer von sich aus redet, sucht die eigene Ehre; wer aber die Ehre dessen sucht, der ihn gesandt hat, der ist glaubwürdig, und keine Ungerechtigkeit ist in ihm.

19 Hat Mose euch nicht das Gesetz gegeben? Und niemand von euch tut, was das Gesetz verlangt. Was wollt ihr mich töten? 20 Das Volk antwortete: Du hast einen Dämon. Wer hat denn die Absicht, dich zu töten? 21 Jesus antwortete ihnen: Ein einziges Werk habe ich getan, und ihr wundert euch alle darüber. 22 Mose hat euch die Beschneidung gegeben – sie geht zwar nicht auf Mose, sondern auf die Väter zurück –, und ihr beschneidet einen Menschen am Sabbat. 23 Wenn nun ein Mensch am Sabbat die Beschneidung empfangen muss, damit das Gesetz des Mose nicht gebrochen wird, wie könnt ihr da mir zürnen, wenn ich einen ganzen Menschen am Sabbat gesund gemacht habe? 24 Urteilt nicht nach dem, was vor Augen liegt, sondern sprecht ein gerechtes Urteil.

| 16: 3,34! | 18: 5,44! | 20: 8,48.52; 10,20; Lk 7,33; Mt 9,34! – 7,1! | 22: Gen 17,9–13 | 23: Lev 12,3; Mt 12,5! – 5,10!; 9,16

Mutmassungen über Jesus

25 Da sagten einige aus Jerusalem: Ist das nicht der, den sie am liebsten töten möchten? 26 Und dabei redet er öffentlich, und sie lassen ihn gewähren. Sollten die Mitglieder des Hohen Rates wirklich erkannt haben, dass dieser der Christus ist? 27 Doch von dem da wissen wir, woher er ist; vom Christus aber,

wenn er kommt, weiss niemand, woher er ist. 28 Da rief Jesus, während er im Tempel lehrte: Mich kennt ihr und wisst, woher ich bin. Und ich bin nicht von mir aus gekommen, vielmehr ist der glaubwürdig, der mich gesandt hat, den ihr nicht kennt. 29 Ich kenne ihn, weil ich von ihm her komme und er mich gesandt hat. 30 Da wollten sie ihn festnehmen, und doch unternahm keiner etwas gegen ihn, denn seine Stunde war noch nicht gekommen.

31 Aus dem Volk aber kamen viele zum Glauben an ihn, und sie sagten: Wird der Christus, wenn er kommt, etwa mehr Zeichen tun, als dieser getan hat? 32 Die Pharisäer hörten, was im Volk über ihn gemunkelt wurde. Und die Hohen Priester und die Pharisäer schickten Gerichtsdiener aus, um ihn festzunehmen. 33 Da sprach Jesus: Noch eine kurze Zeit bin ich bei euch; dann gehe ich fort zu dem, der mich gesandt hat. 34 Ihr werdet mich suchen und mich nicht finden; und wo ich bin, da könnt ihr nicht hinkommen. 35 Da sagten die Juden zueinander: Wo will der hingehen, dass wir ihn nicht finden können? Will er etwa in die griechische Diaspora gehen und die Griechen lehren? 36 Was bedeutet das Wort, das er da gesagt hat: Ihr werdet mich suchen und mich nicht finden; und wo ich bin, da könnt ihr nicht hinkommen?

|25: 7,1! |26: 12,42 · 11,27! |27: 3,8; 8,14; 9,29 |28: 8,42! · 8,19! |29: 8,55! |30: 8,20 · 2,4! |31: 2,23! |33: 14,19; 16,16 |34: 8,21; 13,33.36 |36: 8,22; 16,17–18

Streit im Hohen Rat um Jesus

37 Am letzten, dem grossen Tag des Festes aber stand Jesus da und rief: Wenn jemand Durst hat, komme er zu mir und trinke! 38 Wer an mich glaubt, aus dessen Leib werden, wie die Schrift sagt, Ströme lebendigen Wassers fliessen. 39 Damit meinte er den Geist, den jene empfangen sollten, die an ihn glaubten. Denn der Geist war noch nicht da, weil Jesus noch nicht verherrlicht war.

40 Da sagten einige aus dem Volk, die diese Worte gehört hatten: Das ist wirklich der Prophet. 41 Andere sagten: Das ist der Christus. Wieder andere sagten: Soll denn der Christus aus Galiläa kommen? 42 Sagt nicht die Schrift, dass der Christus aus dem Geschlecht Davids und aus Betlehem kommt, dem Dorf, wo David war? 43 So kam es seinetwegen zu einer Spaltung im Volk. 44 Einige von ihnen aber wollten ihn festnehmen, doch legte keiner Hand an ihn.

45 Die Gerichtsdiener kamen nun zu den Hohen Priestern und Pharisäern zurück, und diese sagten zu ihnen: Warum habt ihr ihn nicht hergebracht? 46 Die Diener antworteten: Noch nie hat ein Mensch so geredet. 47 Da antworteten ihnen die Pharisäer: Habt etwa auch ihr euch verführen lassen? 48 Ist etwa einer vom Hohen Rat zum Glauben an ihn gekommen oder einer von den Pharisäern? 49 Aber dieses Volk, das nichts weiss vom Gesetz – verflucht sei es! 50 Nikodemus – der früher einmal zu Jesus gekommen war –, einer der Ihren, sagte zu ihnen: 51 Verurteilt denn unser Gesetz einen Menschen, ohne dass man ihn vorher angehört hätte und wüsste, was er getan hat? 52 Sie entgegneten ihm: Bist vielleicht auch du aus Galiläa? Forsche nach und du wirst sehen: Aus Galiläa ersteht kein Prophet.

|38: 4,10 |39: 14,16!–17.26; 20,22 · 12,23! |40: 1,21! |41: 11,27! · 1,46 |42: Mi 5,1; Mt 2,4–6; 22,42 |49: Dtn 27,26 |51: Dtn 1,16–17

7,37: Andere Übersetzungsmöglichkeit: «… Wenn jemand Durst hat, komme er zu mir, und es trinke, 38 wer an mich glaubt! Wie die Schrift sagt: Aus dessen Leib werden Ströme lebendigen Wassers fliessen.»

Jesus und die Ehebrecherin

53 Und sie gingen, jeder in sein Haus. 8 1 Jesus aber ging auf den Ölberg. 2 Am frühen Morgen war er wieder im Tempel, und das ganze Volk kam zu ihm. Und er setzte sich und lehrte sie. 3 Da bringen die Schriftgelehrten und die Pharisäer eine Frau, die beim Ehe-

bruch ertappt worden ist, stellen sie in die Mitte 4 und sagen zu ihm: Meister, diese Frau ist beim Ehebruch auf frischer Tat ertappt worden. 5 Im Gesetz aber hat Mose uns vorgeschrieben, solche Frauen zu steinigen. Du nun, was sagst du dazu? 6 Dies sagten sie, um ihn auf die Probe zu stellen, damit sie einen Grund hätten, ihn anzuklagen. Jesus aber bückte sich und schrieb mit dem Finger auf die Erde. 7 Als sie immer wieder fragten, richtete er sich auf und sagte zu ihnen: Wer unter euch ohne Sünde ist, werfe als Erster einen Stein auf sie! 8 Und er bückte sich wieder und schrieb auf die Erde. 9 Sie aber hörten es und entfernten sich, einer nach dem anderen, die Ältesten voran, und er blieb allein zurück mit der Frau, die in der Mitte stand. 10 Jesus aber richtete sich auf und sagte zu ihr: Frau, wo sind sie? Hat keiner dich verurteilt? 11 Sie sagte: Keiner, Herr. Da sprach Jesus: Auch ich verurteile dich nicht. Geh, und sündige von jetzt an nicht mehr!

| 5: Dtn 22,22–24 | 7: Röm 3,9–10 | 11: 3,17!

7,53: Die wichtigsten Handschriften enthalten Joh 7,53–8,11 nicht. Die entsprechenden Verse gehören nicht zum ursprünglichen Text des Evangeliums nach Johannes.

Das Licht der Welt

12 Ein andermal sagte Jesus zu ihnen: Ich bin das Licht der Welt. Wer mir folgt, wird nicht in der Finsternis umhergehen, sondern das Licht des Lebens haben. 13 Da sagten die Pharisäer zu ihm: Du legst ja über dich selbst Zeugnis ab. Dein Zeugnis ist nicht glaubwürdig. 14 Jesus entgegnete ihnen: Auch wenn ich über mich selbst Zeugnis ablege, ist mein Zeugnis glaubwürdig, denn ich weiss, woher ich gekommen bin und wohin ich gehe. Ihr aber wisst nicht, woher ich komme noch wohin ich gehe. 15 Ihr urteilt nach dem Fleisch, ich urteile über niemanden. 16 Und wenn ich urteile, ist mein Urteil gültig, denn nicht ich allein spreche das Urteil, sondern ich und der mich gesandt hat, der

Vater. 17 Und in eurem Gesetz steht geschrieben, dass das Zeugnis zweier Menschen gültig ist: 18 Ich bin es, der Zeugnis ablegt über mich, und der Vater, der mich gesandt hat, legt Zeugnis ab über mich. 19 Da sagten sie zu ihm: Wo ist dein Vater? Jesus antwortete: Weder mich noch meinen Vater kennt ihr. Würdet ihr mich kennen, würdet ihr auch meinen Vater kennen. 20 Diese Worte sprach er beim Opferstock, als er im Tempel lehrte. Und niemand nahm ihn fest, denn seine Stunde war noch nicht gekommen.

| 12: 1,5.9; 3,19; 9,5; 12,35.46; Jes 9,1; 1Joh 1,5 | 14: 7,27! | 15: 3,17! | 17: Dtn 19,15 | 18: 5,32! | 19: 7,28; 15,21; 16,3 | 20: 7,30 · 2,4!

Herkunft und Bestimmung Jesu

21 Nun sagte er wieder zu ihnen: Ich gehe fort, und ihr werdet mich suchen, und ihr werdet in eurer Sünde sterben. Wo ich hingehe, da könnt ihr nicht hinkommen. 22 Da sagten die Juden: Will er sich etwa selber töten, dass er sagt: Wo ich hingehe, da könnt ihr nicht hinkommen? 23 Und er sagte zu ihnen: Ihr seid von unten, ich bin von oben. Ihr seid von dieser Welt, ich bin nicht von dieser Welt. 24 Nun habe ich euch gesagt, dass ihr in euren Sünden sterben werdet. Denn wenn ihr nicht glaubt, dass ich es bin, werdet ihr in euren Sünden sterben. 25 Da sagten sie zu ihm: Wer bist du? Jesus sagte zu ihnen: Was rede ich überhaupt noch mit euch? 26 Ich hätte viel zu reden und zu richten über euch. Aber der mich gesandt hat, ist glaubwürdig, und was ich von ihm gehört habe, das rede ich zur Welt. 27 Sie erkannten nicht, dass er vom Vater zu ihnen sprach. 28 Da sagte Jesus zu ihnen: Wenn ihr den Menschensohn erhöht habt, dann werdet ihr erkennen, dass ich es bin und dass ich von mir aus nichts tue, sondern so rede, wie mich der Vater gelehrt hat. 29 Und der mich gesandt hat, ist mit mir. Er hat mich nicht allein gelassen, denn ich tue alle-

zeit, was ihm gefällt. 30 Als er so redete, kamen viele zum Glauben an ihn.

| 21: 7,34! | 22: 7,36! | 23: 3,31 · 17,14; 18,36
| 24: 16,9! | 26: 3,34! | 28: 3,14!

Jesus und Abraham

31 Da sagte Jesus zu den Juden, die ihm Vertrauen geschenkt hatten: Wenn ihr in meinem Wort bleibt, seid ihr wirklich meine Jünger, 32 und ihr werdet die Wahrheit erkennen, und die Wahrheit wird euch frei machen. 33 Sie antworteten ihm: Wir sind Nachkommen Abrahams und nie jemandes Sklaven gewesen. Wie kannst du sagen: Ihr werdet frei werden? 34 Jesus antwortete ihnen: Amen, amen, ich sage euch: Jeder, der tut, was die Sünde will, ist ein Sklave der Sünde. 35 Der Sklave aber bleibt nicht auf ewig im Haus, der Sohn bleibt auf ewig. 36 Wenn also der Sohn euch frei macht, werdet ihr wirklich frei sein.

37 Ich weiss, dass ihr Nachkommen Abrahams seid. Aber ihr wollt mich töten, weil mein Wort keinen Platz bei euch findet. 38 Ich spreche von dem, was ich beim Vater gesehen habe; und ihr tut, was ihr vom Vater gehört habt. 39 Sie entgegneten ihm: Unser Vater ist Abraham. Jesus sagt zu ihnen: Wärt ihr Abrahams Kinder, würdet ihr die Werke Abrahams tun. 40 Nun aber wollt ihr mich töten, einen Menschen, der euch die Wahrheit gesagt hat, die ich von Gott gehört habe. Das hat Abraham nicht getan. 41 Ihr tut die Werke eures eigentlichen Vaters. Da sagten sie zu ihm: Wir sind nicht aus Unzucht hervorgegangen; wir haben einen einzigen Vater, Gott. 42 Jesus sagt zu ihnen: Wäre Gott euer Vater, würdet ihr mich lieben. Denn von Gott bin ich ausgegangen und gekommen. Nicht von mir aus bin ich gekommen, sondern er hat mich gesandt. 43 Warum versteht ihr meine Rede nicht? Weil ihr mein Wort nicht hören könnt. 44 Ihr habt den Teufel zum Vater, und ihr wollt tun, was er begehrt. Jener war ein Mörder von Anfang

an und stand nicht in der Wahrheit, denn Wahrheit ist nicht in ihm. Wenn er lügt, redet er aus dem Eigenen, denn ein Lügner ist er und der Vater der Lüge. 45 Weil ich aber die Wahrheit sage, glaubt ihr mir nicht. 46 Wer von euch überführt mich der Sünde? Wenn ich die Wahrheit sage, warum glaubt ihr mir nicht? 47 Wer aus Gott ist, hört die Worte Gottes; ihr hört nicht, weil ihr nicht aus Gott seid.

48 Die Juden entgegneten ihm: Sagen wir nicht zu Recht, dass du ein Samaritaner bist und einen Dämon hast? 49 Jesus antwortete: Ich habe keinen Dämon, sondern ich ehre meinen Vater, und ihr nehmt mir die Ehre. 50 Ich aber suche nicht meine Ehre; doch es ist einer, der sie sucht und der richtet. 51 Amen, amen, ich sage euch: Wer mein Wort bewahrt, wird in Ewigkeit den Tod nicht schauen. 52 Da sagten die Juden zu ihm: Jetzt haben wir erkannt, dass du einen Dämon hast. Abraham ist gestorben, und auch die Propheten, und du sagst: Wer mein Wort bewahrt, wird den Tod in Ewigkeit nicht schmecken. 53 Bist du etwa grösser als unser Vater Abraham, der gestorben ist? Auch die Propheten sind gestorben. Zu wem machst du dich? 54 Jesus antwortete: Wenn ich mich selbst verherrlichte, wäre meine Herrlichkeit nichts. Mein Vater ist es, der mich verherrlicht, er, von dem ihr sagt: Er ist unser Gott. 55 Und ihr habt ihn nicht erkannt. Doch ich kenne ihn. Und wenn ich sagte: Ich kenne ihn nicht, wäre ich ein Lügner wie ihr. Aber ich kenne ihn und halte sein Wort. 56 Abraham, euer Vater, frohlockte, dass er meinen Tag sehen sollte. Und er sah ihn und freute sich. 57 Da sagten die Juden zu ihm: Du bist keine fünfzig Jahre alt und hast Abraham gesehen? 58 Jesus sagte zu ihnen: Amen, amen, ich sage euch: Ehe Abraham wurde, war ich. 59 Da hoben sie Steine auf, um sie nach ihm zu werfen. Jesus aber verbarg sich und verliess den Tempel.

|34: Röm 6,16 |36: Gal 5,1 |38: 3,11.34! |40: 7,1!
|42: 7,28; 16,27.30; 17,8 |43: 12,39–40 |47: 10,27!
|48: 7,20! |53: 4,12 |54: 5,44! |55: 1,18; 7,29; 17,25;
Mt 11,27

8,44: Die Aussage, dass die Gesprächspartner Jesu den Teufel zum Vater haben, ist eine der polemischsten Stellen des gesamten Neuen Testaments. Sie ist im Sinne des Evangeliums nach Johannes theologisch nur verständlich, wenn sie auf der Linie der in 12,31 und 16,11 folgenden Aussagen gelesen wird.

Heilung eines Blindgeborenen

9 1 Und im Vorübergehen sah er einen Menschen, der blind geboren war. 2 Und seine Jünger fragten ihn: Rabbi, wer hat gesündigt, er oder seine Eltern, dass er blind geboren wurde? 3 Jesus antwortete: Weder er noch seine Eltern haben gesündigt, sondern die Werke Gottes sollen an ihm offenbar werden. 4 Wir müssen die Werke dessen wirken, der mich gesandt hat, solange es Tag ist. Es kommt die Nacht, da niemand wirken kann. 5 Solange ich in der Welt bin, bin ich das Licht der Welt.

6 Als er das gesagt hatte, spuckte er auf die Erde und machte einen Brei aus dem Speichel und strich ihm den Brei auf die Augen 7 und sagte zu ihm: Geh, wasche dich im Teich Schiloach! Schiloach heisst ‹der Gesandte›. Da ging er und wusch sich und kam sehend zurück.

8 Die Nachbarn nun und die Leute, die ihn früher als Bettler gesehen hatten, sagten: Ist das nicht der, der dasass und bettelte? 9 Die einen sagten: Er ist es. Die anderen sagten: Nein, er sieht ihm bloss ähnlich. Er selbst sagte: Ich bin es. 10 Da sagten sie zu ihm: Wie also sind deine Augen aufgetan worden? 11 Er antwortete: Der Mensch, der Jesus heisst, machte einen Brei und strich ihn mir auf die Augen und sagte zu mir: Geh zum Teich Schiloach und wasche dich. Da ging ich hin, wusch mich und konnte sehen. 12 Und sie fragten ihn: Wo ist er? Er sagt: Ich weiss es nicht.

13 Sie führen ihn, den ehemals Blinden, zu den Pharisäern. 14 Es war aber Sabbat an dem Tag, als Jesus den Teig machte und ihm die Augen auftat.

15 Die Pharisäer nun fragten ihn ebenfalls, wie er sehend geworden sei. Er sagte zu ihnen: Er bestrich meine Augen mit einem Brei, und ich wusch mich, und ich sehe. 16 Da sagten einige von den Pharisäern: Dieser Mensch ist nicht von Gott, denn er hält den Sabbat nicht. Andere aber sagten: Wie kann ein sündiger Mensch solche Zeichen tun? Und es gab eine Spaltung unter ihnen. 17 Da sagen sie wieder zu dem Blinden: Und du, was sagst du dazu, dass er dir die Augen aufgetan hat? Er sagte: Er ist ein Prophet.

18 Die Juden nun wollten nicht glauben, dass er blind gewesen und sehend geworden war, bis sie die Eltern gesprochen hätten – die Eltern dessen, der sehend geworden war. 19 Und sie fragten sie: Ist das euer Sohn, von dem ihr sagt, dass er blind geboren wurde? Wieso sieht er denn jetzt? 20 Da entgegneten seine Eltern: Wir wissen, dass er unser Sohn ist und dass er blind geboren wurde. 21 Wieso er aber jetzt sieht, wissen wir nicht, und wer ihm die Augen aufgetan hat – wir wissen es nicht. Fragt doch ihn, er ist alt genug. Er kann selber über sich Auskunft geben. 22 Das sagten seine Eltern, weil sie sich vor den Juden fürchteten. Denn die Juden waren schon übereingekommen, dass aus der Synagoge ausgeschlossen werde, wer ihn als Christus bekenne. 23 Darum sagten seine Eltern: Er ist alt genug, fragt doch ihn.

24 Da riefen sie den Menschen, der blind gewesen war, ein zweites Mal und sagten zu ihm: Gib Gott die Ehre! Wir wissen, dass dieser Mensch ein Sünder ist. 25 Jener antwortete: Ob er ein Sünder ist, weiss ich nicht. Ich weiss bloss eines: Ich war blind, und jetzt sehe ich. 26 Da sagten sie zu ihm: Was hat er mit dir gemacht? Wie hat er dir die Augen aufgetan? 27 Er antwortete ihnen: Ich habe es euch schon gesagt, und ihr habt nicht zugehört. Warum wollt ihr es noch einmal hören? Wollt etwa auch ihr seine Jünger werden? 28 Und sie be-

schimpften ihn und sagten: Du bist einer seiner Jünger, wir aber sind Jünger des Mose. 29 Wir wissen, dass Gott mit Mose geredet hat. Von diesem aber wissen wir nicht, woher er ist. 30 Der Mensch entgegnete ihnen: Darin liegt ja das Erstaunliche, dass ihr nicht wisst, woher er ist, und er hat mir doch die Augen aufgetan. 31 Wir wissen, dass Gott keine Sünder erhört; wer aber gottesfürchtig ist und seinen Willen tut, den erhört er. 32 Von Ewigkeit her hat man nicht vernommen, dass jemand die Augen eines Blindgeborenen aufgetan hat. 33 Wäre dieser nicht von Gott, könnte er nichts tun. 34 Sie entgegneten ihm: In Sünden bist du geboren, ganz und gar, und du willst uns lehren? Und sie stiessen ihn aus.

35 Jesus hörte, dass sie ihn ausgestossen hatten; und als er ihn traf, sprach er: Glaubst du an den Menschensohn? 36 Jener entgegnete: Sag mir, wer es ist, Herr, damit ich an ihn glauben kann! 37 Jesus sagte zu ihm: Du hast ihn gesehen. Der mit dir redet, der ist es. 38 Er sagte: Ich glaube, Herr. Und er warf sich vor ihm nieder.

39 Und Jesus sprach: Zum Gericht bin ich in diese Welt gekommen, dass die, die nicht sehen, sehend und die Sehenden blind werden. 40 Das hörten einige von den Pharisäern, die bei ihm waren, und sie sagten zu ihm: Sind etwa auch wir blind? 41 Jesus sagte zu ihnen: Wärt ihr blind, hättet ihr keine Sünde. Jetzt aber sagt ihr: Wir sehen. Darum bleibt eure Sünde.

|2: Ex 34,6–7; Ez 18,2; Lk 13,1–5 |4: 11,9; 12,35 |5: 8,12! |16: 7,23! · 3,2! |17: 4,19 |22: 7,13! · 12,42; 16,2 · 11,27! |29: 7,27! |31: 11,22 · Ps 66,18 |33: 3,2! |34: 9,2! |37: 4,26 |39: 12,40; Mk 4,12

Der gute Hirt

10 1 Amen, amen, ich sage euch: Wer nicht durch die Tür in den Pferch der Schafe hineingeht, sondern anderswo hineinsteigt, der ist ein Dieb und ein Räuber. 2 Wer aber durch die Tür hineingeht, ist der Hirt der Schafe. 3 Ihm öffnet der Türhüter, und die Schafe hören auf seine Stimme, und er ruft die eigenen Schafe mit Namen und führt sie hinaus. 4 Wenn er die eigenen Schafe alle hinausgetrieben hat, geht er vor ihnen her, und die Schafe folgen ihm, weil sie seine Stimme kennen. 5 Einem Fremden aber werden sie nicht folgen, sondern sie werden ihm davonlaufen, weil sie die Stimme der Fremden nicht kennen. 6 Dieses Bildwort sprach Jesus zu ihnen. Sie aber verstanden den Sinn seiner Rede nicht.

7 Da sprach Jesus noch einmal: Amen, amen, ich sage euch: Ich bin die Tür zu den Schafen. 8 Alle, die vor mir gekommen sind, sind Diebe und Räuber. Aber die Schafe haben nicht auf sie gehört. 9 Ich bin die Tür. Wenn jemand durch mich hineingeht, wird er gerettet werden und wird ein- und ausgehen und eine Weide finden. 10 Der Dieb kommt nur, um zu stehlen, zu schlachten und zu vernichten. Ich bin gekommen, damit sie das Leben in Fülle haben.

11 Ich bin der gute Hirt. Der gute Hirt setzt sein Leben ein für die Schafe. 12 Der Lohnarbeiter, der nicht Hirt ist, dem die Schafe nicht gehören, der sieht den Wolf kommen und lässt die Schafe im Stich und flieht, und der Wolf reisst und versprengt sie. 13 Er ist eben ein Lohnarbeiter, und ihm liegt nichts an den Schafen.

14 Ich bin der gute Hirt und kenne die Meinen, und die Meinen kennen mich, 15 wie der Vater mich kennt und ich den Vater kenne. Und ich setze mein Leben ein für die Schafe. 16 Und ich habe andere Schafe, die nicht aus diesem Pferch sind; auch die muss ich leiten, und sie werden auf meine Stimme hören. Und sie werden *eine* Herde werden mit *einem* Hirten.

17 Darum liebt mich der Vater, weil ich mein Leben einsetze, um es wieder zu empfangen. 18 Niemand nimmt es mir, sondern ich setze es von mir aus ein. Ich habe Vollmacht, es einzusetzen, und ich habe Vollmacht, es wieder zu

empfangen. Diesen Auftrag habe ich von meinem Vater empfangen.

|3: 10,27! |9: 14,6 |10: 3,17! |11: Ps 23,1 · Ez 34,11–16 |13: Ez 34,2–6 |15: 15,13 |16: 11,52!; 17,20 · 10,27! · Ez 37,22 |17: 3,35!

Spaltung unter den Juden

19 Da kam es wegen dieser Worte wiederum zu einer Spaltung unter den Juden. 20 Viele von ihnen sagten: Er hat einen Dämon und ist von Sinnen. Warum hört ihr auf ihn? 21 Andere sagten: Das sind nicht die Worte eines Besessenen. Kann etwa ein Dämon die Augen von Blinden auftun?

|20: 7,20!

Auf dem Tempelweihfest

22 Damals fand in Jerusalem gerade das Tempelweihfest statt. Es war Winter. 23 Und Jesus ging im Tempel in der Halle Salomos auf und ab. 24 Da umringten ihn die Juden und sagten zu ihm: Wie lange willst du uns noch hinhalten? Wenn du der Christus bist, sag es uns frei heraus! 25 Jesus antwortete ihnen: Ich habe es euch gesagt, und ihr glaubt nicht. Die Werke, die ich im Namen meines Vaters tue, sie legen Zeugnis ab für mich. 26 Ihr aber glaubt nicht, weil ihr nicht zu meinen Schafen gehört. 27 Meine Schafe hören auf meine Stimme, und ich kenne sie, und sie folgen mir. 28 Und ich gebe ihnen ewiges Leben, und sie werden in Ewigkeit nicht verloren gehen, und niemand wird sie meiner Hand entreissen. 29 Was mein Vater mir gegeben hat, ist grösser als alles, und niemand kann es der Hand des Vaters entreissen. 30 Ich und der Vater sind eins.

31 Da hoben die Juden wiederum Steine auf, um ihn zu steinigen. 32 Jesus hielt ihnen entgegen: Viele gute Werke vom Vater habe ich euch sehen lassen. Für welches dieser Werke wollt ihr mich steinigen? 33 Die Juden antworteten ihm: Nicht eines guten Werkes wegen steinigen wir dich, sondern wegen Gotteslästerung, weil du, ein Mensch, dich

zu Gott machst. 34 Jesus antwortete ihnen: Steht nicht in eurem Gesetz geschrieben: *Ich habe gesagt: Ihr seid Götter?* 35 Wenn er jene Götter nannte, an die das Wort Gottes erging, und wenn die Schrift nicht aufgehoben werden darf, 36 wie könnt ihr dann zu dem, den der Vater geheiligt und in die Welt gesandt hat, sagen: Du lästerst Gott!, nur weil ich gesagt habe: Ich bin Gottes Sohn? 37 Tue ich nicht die Werke meines Vaters, so braucht ihr mir nicht zu glauben. 38 Tue ich sie aber und ihr glaubt mir nicht, so glaubt wenigstens den Werken, damit ihr erkennt und wisst, dass in mir der Vater ist und ich im Vater bin. 39 Da wollten sie ihn wiederum festnehmen, aber er entkam ihren Händen. 40 Und er ging wieder fort auf die andere Seite des Jordan, an den Ort, wo Johannes zuerst getauft hatte. Und dort blieb er. 41 Und viele kamen zu ihm und sagten: Johannes hat zwar kein Zeichen getan, aber alles, was Johannes über diesen gesagt hat, ist die Wahrheit. 42 Und viele kamen dort zum Glauben an ihn.

|24: 11,27! |25: 5,36! |27: 8,47; 10,3.16; 18,37 |28: 6,39! |30: 10,38! |33: 19,7! |34: Ps 82,6 |38: 5,36! · 10,30; 14,10–11.20 |40: 1,28 |41: 1,29–34

Auferweckung des Lazarus

11 1 Es war aber einer krank, Lazarus aus Betanien, aus dem Dorf der Maria und ihrer Schwester Marta. 2 Maria war die, welche dann den Herrn mit Öl salbte und seine Füsse mit ihren Haaren trocknete; ihr Bruder Lazarus war krank. 3 Da sandten die Schwestern zu ihm und liessen sagen: Herr, der, den du lieb hast, ist krank. 4 Als Jesus das hörte, sprach er: Diese Krankheit führt nicht zum Tod, sondern dient der Verherrlichung Gottes; durch sie soll der Sohn Gottes verherrlicht werden. 5 Jesus liebte Marta und ihre Schwester und Lazarus. 6 Als er nun hörte, dass dieser krank sei, blieb er noch zwei Tage an dem Ort, wo er war. 7 Danach, als diese Zeit vorüber war, sagt er zu den Jüngern:

Lasst uns wieder nach Judäa gehen!
8 Die Jünger sagen zu ihm: Rabbi, eben
noch wollten die Juden dich steinigen,
und du gehst wieder dorthin? 9 Jesus
antwortete: Hat der Tag nicht zwölf
Stunden? Wer bei Tag umhergeht, stösst
nicht an, weil er das Licht dieser Welt
sieht. 10 Wer aber bei Nacht umhergeht,
stösst an, weil das Licht nicht in ihm ist.
11 Dies sprach er, und dann sagt er zu
ihnen: Lazarus, unser Freund, schläft;
aber ich gehe, um ihn aufzuwecken.
12 Da sagten die Jünger zu ihm: Herr,
wenn er schläft, wird er gerettet werden.
13 Jesus aber hatte von seinem Tod gesprochen. Sie jedoch meinten, er rede
von der Ruhe des Schlafes. 14 Darauf
sagte ihnen Jesus offen heraus: Lazarus
ist gestorben. 15 Und ich freue mich für
euch, dass ich nicht dort gewesen bin,
damit ihr zum Glauben kommt. Aber
lasst uns zu ihm gehen! 16 Da sagte Thomas, der Didymus genannt wird, zu seinen Mitjüngern: Lasst uns auch hingehen, um mit ihm zu sterben.
17 Als Jesus dort eintraf, fand er ihn
schon vier Tage im Grab. 18 Betanien
aber war nahe bei Jerusalem, etwa fünfzehn Stadien entfernt. 19 Viele Juden
waren zu Marta und Maria gekommen,
um sie wegen ihres Bruders zu trösten.
20 Marta nun, als sie hörte, dass Jesus
komme, ging ihm entgegen. Maria aber
sass zu Hause. 21 Da sagte Marta zu
Jesus: Herr, wärst du hier gewesen, so
wäre mein Bruder nicht gestorben.
22 Aber auch jetzt weiss ich: Alles, was
du von Gott erbitten wirst, wird Gott dir
geben. 23 Jesus sagt zu ihr: Dein Bruder
wird auferstehen. 24 Marta sagt zu ihm:
Ich weiss, dass er auferstehen wird in
der Auferstehung am Jüngsten Tag.
25 Jesus sagte zu ihr: Ich bin die Auferstehung und das Leben. Wer an mich
glaubt, wird leben, auch wenn er stirbt,
26 und jeder, der lebt und an mich
glaubt, wird in Ewigkeit nicht sterben.
Glaubst du das? 27 Sie sagt zu ihm: Ja,
Herr, jetzt glaube ich, dass du der Chris-

tus bist, der Sohn Gottes, der in die Welt
kommt.
28 Und als sie dies gesagt hatte, ging
sie fort und rief Maria, ihre Schwester,
und sagte heimlich zu ihr: Der Meister
ist da und ruft dich. 29 Jene aber, als sie
das hörte, stand rasch auf und ging zu
ihm. 30 Jesus war noch nicht ins Dorf
gekommen, sondern befand sich noch
an dem Ort, wo Marta ihm begegnet
war. 31 Als nun die Juden, die bei ihr im
Haus waren und sie trösteten, sahen,
dass Maria rasch aufstand und hinaus
ging, folgten sie ihr, weil sie meinten,
sie gehe zum Grab, um dort zu weinen.
32 Maria nun, als sie dorthin kam,
wo Jesus war, und ihn sah, warf sich ihm
zu Füssen und sagte zu ihm: Herr, wärst
du hier gewesen, so wäre mein Bruder
nicht gestorben. 33 Als Jesus nun sah,
wie sie weinte und wie auch die Juden,
die mit ihr gekommen waren, weinten,
war er im Innersten empört und erschüttert 34 und sprach: Wo habt ihr
ihn hingelegt? Sie sagen zu ihm: Herr,
komm und sieh! 35 Jesus weinte. 36 Da
sagten die Juden: Seht, wie lieb er ihn gehabt hat! 37 Einige von ihnen aber sagten: Konnte er, der dem Blinden die
Augen aufgetan hat, nicht auch machen,
dass dieser nicht stirbt?
38 Jesus nun, von neuem zutiefst
empört, kommt zum Grab. Es war eine
Höhle, und davor lag ein Stein. 39 Jesus
spricht: Nehmt den Stein weg! Marta,
die Schwester des Verstorbenen, sagt zu
ihm: Herr, er stinkt schon, denn er ist
vier Tage tot. 40 Jesus sagt zu ihr: Habe
ich dir nicht gesagt: Wenn du glaubst,
wirst du die Herrlichkeit Gottes sehen?
41 Da nahmen sie den Stein weg. Jesus
aber hob seine Augen auf und sprach:
Vater, ich danke dir, dass du mich erhört
hast. 42 Ich wusste, dass du mich allezeit erhörst, jedoch um des Volkes willen, das da ringsum steht, habe ich es gesagt, damit sie glauben, dass du mich
gesandt hast. 43 Und als er dies gesagt
hatte, rief er mit lauter Stimme: Lazarus,
komm heraus! 44 Der Tote kam heraus;

seine Füsse und Hände waren mit Binden umwickelt, und sein Gesicht war mit einem Schweisstuch bedeckt. Jesus sagt zu ihnen: Befreit ihn und lasst ihn gehen!

|1: Lk 10,38–39 |2: 12,3 |4: 12,23! |8: 10,31 |9: 9,4! |15: 11,42; 12,30 |16: Mt 26,35 |22: 9,31 |25: 14,6 |26: 3,16! |27: 1,17.34.41.49; 4,25.29; 7,26.41; 9,22; 10,24; 17,3; 20,31; Mt 16,16! |37: 9,1–7 |42: 11,15!

Der Todesbeschluss des Hohen Rates

45 Viele nun von den Juden, die zu Maria gekommen waren und gesehen hatten, was er getan hatte, kamen zum Glauben an ihn. 46 Aber einige von ihnen gingen zu den Pharisäern und hinterbrachten ihnen, was Jesus getan hatte.

47 Da versammelten die Hohen Priester und die Pharisäer den Hohen Rat und sagten: Was sollen wir unternehmen? Dieser Mensch tut viele Zeichen. 48 Lassen wir ihn gewähren, so werden alle an ihn glauben, und die Römer werden kommen und uns Land und Leute wegnehmen. 49 Einer von ihnen aber, Kajafas, der in jenem Jahr Hoher Priester war, sagte zu ihnen: Ihr versteht nichts. 50 Auch bedenkt ihr nicht, dass es für euch von Vorteil wäre, wenn ein einzelner Mensch für das Volk stirbt und nicht das ganze Volk zugrunde geht. 51 Das aber sagte er nicht aus sich selbst, sondern als Hoher Priester jenes Jahres weissagte er, dass Jesus für das Volk sterben sollte, 52 und nicht nur für das Volk, sondern auch, um die zerstreuten Kinder Gottes zusammenzuführen. 53 Von jenem Tag an hielten sie es für beschlossen, dass sie ihn töten wollten.

54 Nun zeigte sich Jesus nicht mehr unter den Juden, sondern zog sich von dort in die Gegend nahe der Wüste zurück, in eine Stadt, die Efraim heisst. Und dort blieb er mit seinen Jüngern.

P: Mt 26,1–5 |45: 2,23! |52: 10,16!; 1Joh 2,2 |53: 7,1!

Salbung in Betanien

55 Das Passa der Juden aber war nahe. Viele zogen schon vor dem Passa aus dem Land hinauf nach Jerusalem, um sich zu heiligen. 56 Da suchte man nach Jesus, und die im Tempel beisammenstanden, sagten zueinander: Was meint ihr? Ob er wohl nicht zum Fest kommt? 57 Die Hohen Priester und die Pharisäer aber hatten angeordnet, wenn jemand wisse, wo er sei, solle er Anzeige erstatten, damit sie ihn festnehmen könnten.

12 1 Jesus nun kam sechs Tage vor dem Passa nach Betanien, wo Lazarus war, den er, Jesus, von den Toten auferweckt hatte. 2 Dort bereitete man ihm ein Mahl, und Marta trug auf; Lazarus aber war einer von denen, die mit ihm bei Tisch sassen.

3 Da nahm Maria ein Pfund echten, kostbaren Nardenöls, salbte Jesus die Füsse und trocknete seine Füsse mit ihrem Haar. Das Haus wurde erfüllt vom Duft des Öls. 4 Judas Iskariot aber – einer seiner Jünger –, der ihn ausliefern sollte, sagt: 5 Warum hat man dieses Öl nicht für dreihundert Denar verkauft und den Ertrag Armen zugute kommen lassen? 6 Das sagte er aber nicht, weil ihm die Armen am Herzen lagen, sondern weil er ein Dieb war und als Kassenverwalter Einnahmen auf die Seite schaffte. 7 Nun sprach Jesus: Lass sie, sie soll es bewahrt haben für den Tag meines Begräbnisses. 8 Arme habt ihr ja allezeit bei euch, mich aber habt ihr nicht allezeit.

9 Viele Juden nun hatten erfahren, dass er dort war, und sie kamen, nicht nur um Jesu willen, sondern auch um Lazarus zu sehen, den er von den Toten auferweckt hatte. 10 Die Hohen Priester aber beschlossen, auch Lazarus zu töten, 11 denn seinetwegen gingen viele Juden hin und glaubten an Jesus.

P: Mt 26,6–13 |55: 2,13! |1: 11,43–44 |2: Lk 10,40 |4: 6,71! |11: 11,45

Einzug in Jerusalem

12 Als am Tag darauf die grosse Volksmenge, die zum Fest gekommen war, hörte, dass Jesus nach Jerusalem

komme, 13 nahmen sie die Palmzweige und zogen hinaus, ihn zu empfangen, und riefen:

Hosanna,
gepriesen sei, der da kommt im Namen des Herrn,
der König Israels.

14 Jesus aber fand einen jungen Esel und setzte sich darauf, wie geschrieben steht:

15 *Fürchte dich nicht, Tochter Zion!*
Siehe, dein König kommt,
sitzend auf dem Füllen einer Eselin.

16 Dies verstanden seine Jünger zunächst nicht, aber nachdem Jesus verherrlicht worden war, da erinnerten sie sich, dass dies über ihn geschrieben stand und dass man ihm solches getan hatte.

17 Das Volk nun, das bei ihm gewesen war, als er Lazarus aus dem Grab gerufen und ihn von den Toten auferweckt hatte, legte davon Zeugnis ab. 18 Eben darum zog ihm das Volk entgegen, weil es gehört hatte, er habe dieses Zeichen getan. 19 Da sagten die Pharisäer zueinander: Ihr seht, dass ihr nichts ausrichtet. Alle Welt läuft ihm bereits nach.

P: Mt 21,1–11 |13: Ps 118,25–26 · 6,15! |15: Sach 9,9 · 1,49! |16: 14,26! |18: 2,23!

Die Stunde der Entscheidung

20 Es waren aber einige Griechen unter denen, die hinaufzogen, um am Fest teilzunehmen. 21 Die traten nun an Philippus heran, der aus Betsaida in Galiläa war, und baten ihn: Herr, wir möchten Jesus sehen. 22 Philippus geht und sagt es Andreas; Andreas und Philippus gehen und sagen es Jesus. 23 Jesus aber antwortet ihnen: Die Stunde ist gekommen, dass der Menschensohn verherrlicht werde. 24 Amen, amen, ich sage euch: Wenn das Weizenkorn nicht in die Erde fällt und stirbt, bleibt es allein; wenn es aber stirbt, bringt es viel Frucht. 25 Wer sein Leben liebt, verliert es; und wer sein Leben in dieser Welt hasst, wird es bewahren ins ewige Le-

ben. 26 Wenn einer mir dienen will, folge er mir; und wo ich bin, da wird auch mein Diener sein. Wenn einer mir dient, wird der Vater ihn ehren. 27 Jetzt *ist meine Seele erschüttert.* Und was soll ich sagen? Vater, *rette mich* aus dieser Stunde? Aber darum bin ich in diese Stunde gekommen. 28 Vater, verherrliche deinen Namen. Da kam eine Stimme vom Himmel: Ich habe verherrlicht, und ich werde von neuem verherrlichen.

29 Das Volk nun, das dabeistand und es hörte, sagte, es habe gedonnert. Andere sagten: Ein Engel hat mit ihm geredet. 30 Jesus entgegnete: Nicht um meinetwillen ist diese Stimme ergangen, sondern um euretwillen. 31 Jetzt ergeht das Gericht über diese Welt, jetzt wird der Herrscher dieser Welt hinausgeworfen werden. 32 Und ich, wenn ich von der Erde weggenommen und erhöht bin, werde alle zu mir ziehen. 33 Das aber sagte er, um anzudeuten, welchen Tod er sterben sollte.

34 Das Volk nun antwortete ihm: Wir haben aus dem Gesetz gehört, der Christus bleibe in alle Ewigkeit. Wie kannst du da sagen, der Menschensohn müsse erhöht werden? Wer ist dieser Menschensohn? 35 Da sagte Jesus zu ihnen: Noch kurze Zeit ist das Licht unter euch. Geht euren Weg, solange ihr das Licht habt, damit die Finsternis nicht über euch hereinbricht! Wer seinen Weg in der Finsternis geht, weiss nicht, wohin er geht. 36 Solange ihr das Licht habt, glaubt an das Licht, damit ihr Söhne und Töchter des Lichts werdet! So redete Jesus, dann ging er fort und verbarg sich vor ihnen.

|23: 13,1; 17,1 · 2,4! · 7,39; 11,4; 12,28; 13,31; 16,14 |25: Mt 16,25! |26: 14,3; 17,24 |27: Ps 6,4–5 · Mt 26,38–39 |28: 12,23! |30: 11,15! |31: 14,30; 16,11 · Lk 10,18 |34: Ps 89,37–38; Jes 9,6 · 8,35 · 3,14! |35: 8,12! · 9,4! |36: 1Thess 5,5

Abschluss des öffentlichen Auftretens

37 Obwohl er so viele Zeichen vor ihnen getan hatte, glaubten sie nicht an ihn. 38 So sollte das Wort des Propheten

Jesaja in Erfüllung gehen, das er gesagt
hatte:
Herr, wer hat unserer Botschaft geglaubt?
Und der Arm des Herrn, wem ist er
offenbart worden?

39 Darum gilt: Sie konnten nicht
glauben, weil Jesaja an anderer Stelle
gesagt hatte:
40 Er hat *ihre Augen* blind gemacht,
und ihr *Herz* hat er verstockt,
damit sie mit den Augen nicht sehen
und mit dem Herzen nicht verstehen
und nicht umkehren und nicht wollen,
dass ich sie heile.

41 Das hat Jesaja gesagt, weil er seine
Herrlichkeit sah, und von ihm hat er geredet. 42 Gleichwohl glaubten auch von
den Mitgliedern des Hohen Rates viele
an ihn, standen aber nicht dazu wegen
der Pharisäer, um nicht aus der Synagoge ausgeschlossen zu werden.
43 Denn sie liebten die Ehre der Menschen mehr als die Ehre Gottes.

44 Jesus aber rief: Wer an mich
glaubt, glaubt nicht an mich, sondern an
den, der mich gesandt hat, 45 und wer
mich sieht, sieht den, der mich gesandt
hat. 46 Ich bin als Licht in die Welt gekommen, damit jeder, der an mich
glaubt, nicht in der Finsternis bleibe.
47 Und wenn jemand meine Worte hört
und sie nicht bewahrt, dann richte nicht
ich ihn. Denn ich bin nicht gekommen,
die Welt zu richten, sondern die Welt zu
retten. 48 Wer mich verwirft und meine
Worte nicht annimmt, der hat schon
seinen Richter. Das Wort, das ich gesprochen habe, das wird ihn richten am
Jüngsten Tag. 49 Denn ich habe nicht
aus mir selbst geredet, sondern der Vater, der mich gesandt hat, hat mir aufgetragen, was ich sagen und was ich reden
soll. 50 Und ich weiss, dass sein Auftrag
ewiges Leben heisst. Was ich also sage,
sage ich so, wie es mir der Vater gesagt
hat.

| 37: 5,36!; 15,24 | 38: Jes 53,1 | 40: Jes 6,10;
Mt 13,14–15 · 9,39 · 8,43 | 41: Jes 6,1–3 | 42: 7,26 ·
9,22! | 43: 5,44! | 44: 14,1 · 13,20! | 45: 14,9 | 46: 8,12!
| 47: 3,17! | 50: 6,40 · 3,34!

Die Fusswaschung

13 1 Es war vor dem Passafest und
Jesus wusste, dass für ihn die
Stunde gekommen war, aus dieser Welt
zum Vater hinüberzugehen, und da er
die Seinen in der Welt liebte, erwies er
ihnen seine Liebe bis zur Vollendung.

2 Während eines Mahls, als der Teufel dem Judas Iskariot, dem Sohn des Simon, schon eingegeben hatte, ihn auszuliefern 3 – Jesus aber wusste, dass ihm
der Vater alles in die Hände gegeben
hatte und dass er von Gott ausgegangen
war und zu Gott weggehen würde –,
4 da steht er vom Mahl auf und zieht das
Obergewand aus, nimmt ein Leinentuch und bindet es sich um; 5 dann
giesst er Wasser in das Becken und fängt
an, den Jüngern die Füsse zu waschen
und sie mit dem Tuch, das er sich umge-
bunden hat, abzutrocknen. 6 Nun
kommt er zu Simon Petrus. Der sagt zu
ihm: Du, Herr, willst mir die Füsse waschen? 7 Jesus entgegnete ihm: Was ich
tue, begreifst du jetzt nicht, im Nach-
hinein aber wirst du es verstehen.
8 Petrus sagt zu ihm: Nie und nimmer
sollst du mir die Füsse waschen! Jesus
entgegnete ihm: Wenn ich dich nicht
wasche, hast du nicht teil an mir.
9 Simon Petrus sagt zu ihm: Herr, dann
nicht nur die Füsse, sondern auch die
Hände und den Kopf! 10 Jesus sagt zu
ihm: Wer vom Bad kommt, braucht sich
nicht zu waschen, nein, er ist ganz rein;
und ihr seid rein, aber nicht alle.
11 Denn er kannte den, der ihn ausslie-
fern sollte. Darum sagte er: Ihr seid
nicht alle rein.

12 Nachdem er ihnen nun die Füsse
gewaschen hatte, zog er sein Obergewand
wieder an und setzte sich zu Tisch.
Er sagte zu ihnen: Versteht ihr, was ich
an euch getan habe? 13 Ihr nennt mich
Meister und Herr, und ihr sagt es zu
Recht, denn ich bin es. 14 Wenn nun ich
als Herr und Meister euch die Füsse gewaschen habe, dann seid auch ihr verpflichtet, einander die Füsse zu waschen. 15 Denn ein Beispiel habe ich

euch gegeben: Wie ich euch getan habe, so tut auch ihr. 16 Amen, amen, ich sage euch: Ein Knecht ist nicht grösser als sein Herr und ein Bote nicht grösser als der, der ihn gesandt hat. 17 Wenn ihr das wisst – selig seid ihr, wenn ihr es tut.

18 Ich rede nicht von euch allen. Ich kenne die, die ich erwählt habe; aber die Schrift soll in Erfüllung gehen: *Der mein Brot verzehrt, hat mich mit Füssen getreten.* 19 Von jetzt an sage ich euch voraus, was geschehen wird, damit ihr, wenn es dann geschieht, glaubt, dass ich es bin. 20 Amen, amen, ich sage euch: Wer einen aufnimmt, den ich sende, nimmt mich auf, und wer mich aufnimmt, nimmt den auf, der mich gesandt hat.

|1: 12,23! · 15,13! |2: 6,71!; Lk 22,3 |3: 3,35! · 16,28 |5: Lk 7,44! |7: 14,26! |16: Mt 10,24! |18: 6,70 · Ps 41,10 |19: 14,29; 16,4a |20: 12,44; Mt 10,40!

13,2: Andere Textüberlieferung: «... dem Judas, dem Sohn des Simon Iskariot, schon eingegeben ...»
13,10: Andere Textüberlieferung: «..., braucht nicht mehr gewaschen zu werden ausser an den Füssen, nein ...»

Die Bestimmung des Judas

21 Nachdem Jesus dies gesagt hatte, geriet er in Erregung und sagte noch einmal mit Nachdruck: Amen, amen, ich sage euch, einer von euch wird mich ausliefern. 22 Die Jünger schauten einander ratlos an, weil sie nicht wussten, von wem er redete. 23 Einer von den Jüngern Jesu lag in seinem Schoss, der, den Jesus liebte. 24 Diesem nun gibt Simon Petrus einen Wink, er solle herausfinden, wer es sei, von dem er rede. 25 Da lehnt sich jener an die Brust Jesu zurück und sagt zu ihm: Herr, wer ist es? 26 Jesus antwortet: Der ist es, dem ich den Bissen eintauchen und geben werde. Dann taucht er den Bissen ein, nimmt ihn und gibt ihn Judas, dem Sohn des Simon Iskariot. 27 Und nachdem der den Bissen genommen hatte, fuhr der Satan in ihn. Da sagt Jesus zu ihm: Was du tun willst, tue bald! 28 Niemand am Tisch verstand, wozu er ihm das sagte. 29 Denn weil Judas die Kasse hatte, meinten einige, Jesus wolle ihm

sagen: Kaufe, was wir für das Fest brauchen, oder etwas für die Armen, damit ich ihnen etwas geben kann. 30 Als nun jener den Bissen genommen hatte, ging er sogleich hinaus. Und es war Nacht.

P: Mt 26,20–25 |21: 6,71! |27: Lk 22,3

Das neue Gebot

31 Als er nun hinausgegangen war, spricht Jesus: Jetzt wird der Menschensohn verherrlicht, und Gott wird herrlich in ihm. 32 Wenn Gott in ihm verherrlicht wird, dann wird auch Gott ihn in sich verherrlichen, und er wird ihn bald verherrlichen. 33 Kinder, eine Weile noch bin ich bei euch. Ihr werdet mich suchen, und wie ich zu den Juden gesagt habe, so sage ich jetzt auch zu euch: Wo ich hingehe, da könnt ihr nicht hinkommen. 34 Ein neues Gebot gebe ich euch: dass ihr einander liebt. Wie ich euch geliebt habe, so sollt auch ihr einander lieben. 35 Daran werden alle erkennen, dass ihr meine Jünger seid: Wenn ihr bei euch der Liebe Raum gebt.

|31: 12,23! |33: 7,34! |34: 13,1; 15,12; 1Joh 4,11

Ankündigung der Verleugnung

36 Simon Petrus sagt zu ihm: Herr, wohin gehst du? Jesus antwortete ihm: Wo ich hingehe, dahin kannst du mir jetzt nicht folgen; du wirst mir aber später folgen. 37 Petrus sagt zu ihm: Herr, warum kann ich dir jetzt nicht folgen? Mein Leben will ich für dich einsetzen. 38 Jesus antwortet: Dein Leben willst du für mich einsetzen? Amen, amen, ich sage dir: Der Hahn wird nicht krähen, bevor du mich dreimal verleugnet hast.

P: Mt 26,30–35 |36: 21,18–19 |38: 18,17.25–27

Jesus und der Vater

14 1 Euer Herz erschrecke nicht! Glaubt an Gott und glaubt an mich! 2 Im Haus meines Vaters sind viele Wohnungen; wäre es nicht so, hätte ich euch dann gesagt: Ich gehe, um euch eine Stätte zu bereiten? 3 Und wenn ich gegangen bin und euch eine

Stätte bereitet habe, komme ich wieder und werde euch zu mir holen, damit auch ihr dort seid, wo ich bin. 4 Und wohin ich gehe – ihr wisst den Weg.

5 Thomas sagt zu ihm: Herr, wir wissen nicht, wohin du gehst. Wie können wir da den Weg kennen? 6 Jesus sagt zu ihm: Ich bin der Weg und die Wahrheit und das Leben; niemand kommt zum Vater, es sei denn durch mich. 7 Wenn ihr mich erkannt habt, werdet ihr auch meinen Vater erkennen. Von jetzt an kennt ihr ihn, ihr habt ihn gesehen.

8 Philippus sagt zu ihm: Herr, zeig uns den Vater, und es ist uns genug. 9 Jesus sagt zu ihm: So lange schon bin ich bei euch, und du hast mich nicht erkannt, Philippus? Wer mich gesehen hat, hat den Vater gesehen. Wie kannst du sagen: Zeig uns den Vater? 10 Glaubst du denn nicht, dass ich im Vater bin und der Vater in mir ist? Die Worte, die ich euch sage, rede ich nicht aus mir: Der Vater, der in mir bleibt, vollbringt seine Werke. 11 Glaubt mir, dass ich im Vater bin und der Vater in mir ist; wenn nicht, dann glaubt es wenigstens um der Werke willen. 12 Amen, amen, ich sage euch: Wer an mich glaubt, der wird die Werke, die ich tue, auch tun, ja noch grössere wird er tun, denn ich gehe zum Vater. 13 Und worum ihr in meinem Namen bitten werdet, das werde ich tun, damit der Vater im Sohn verherrlicht werde. 14 Wenn ihr mich in meinem Namen um etwas bitten werdet: Ich werde es tun!

15 Wenn ihr mich liebt, werdet ihr meine Gebote halten. 16 Und ich werde den Vater bitten, und er wird euch einen anderen zum Fürsprecher geben, der für immer bei euch bleiben soll: 17 den Geist der Wahrheit, den die Welt nicht empfangen kann, weil sie ihn nicht sieht und nicht erkennt; ihr erkennt ihn, weil er bei euch bleibt und in euch sein wird. 18 Ich werde euch nicht als Waisen zurücklassen, ich komme zu euch. 19 Eine Weile noch, und die Welt sieht mich nicht mehr, ihr aber seht

mich, weil ich lebe und auch ihr leben werdet. 20 An jenem Tag werdet ihr erkennen, dass ich in meinem Vater bin und ihr in mir und ich in euch. 21 Wer meine Gebote hat und sie hält, der ist es, der mich liebt. Wer mich aber liebt, wird von meinem Vater geliebt werden, und ich werde ihn lieben und mich ihm offenbaren.

22 Judas – nicht der Iskariot – sagt zu ihm: Herr, und wie kommt es, dass du dich uns und nicht der Welt offenbaren willst? 23 Jesus entgegnete ihm: Wer mich liebt, wird mein Wort bewahren, und mein Vater wird ihn lieben, und wir werden zu ihm kommen und uns bei ihm eine Bleibe schaffen. 24 Wer mich nicht liebt, bewahrt meine Worte nicht. Und das Wort, das ihr hört, ist nicht meines, sondern das des Vaters, der mich gesandt hat.

25 Das habe ich euch gesagt, als meine Bleibe noch bei euch war. 26 Der Fürsprecher aber, der heilige Geist, den der Vater in meinem Namen senden wird, er wird euch alles lehren und euch an alles erinnern, was ich euch gesagt habe.

27 Frieden lasse ich euch zurück, meinen Frieden gebe ich euch. Nicht einen Frieden, wie die Welt gibt, gebe ich euch. Euer Herz erschrecke nicht und verzage nicht! 28 Ihr habt gehört, dass ich euch gesagt habe: Ich gehe weg, und ich komme zu euch zurück. Würdet ihr mich lieben, so hättet ihr euch gefreut, dass ich zum Vater gehe, denn der Vater ist grösser als ich. 29 Und ich habe es euch schon jetzt gesagt, bevor es geschieht, damit ihr glaubt, wenn es dann geschieht. 30 Ich kann euch nicht mehr viel sagen, denn es kommt der Fürst der Welt. Über mich hat er keine Macht, 31 sondern es geschieht, damit die Welt erkennt, dass ich den Vater liebe und tue, was mir der Vater geboten hat. Steht auf, lasst uns von hier aufbrechen!

|1: 12,44 |2: 2Kor 5,1 |3: 12,26!; 1Thess 4,16–17 |6: 10,9; 11,25 |9: 12,45 |10: 3,34! |11: 10,38! |13: 15,7.16; 16,23–24; Mt 7,8! · 15,8; 17,1.4 |16: 7,39! ·

15,26; 16,7! |17: 15,26; 16,13 |19: 7,33! |20: 10,38!; 17,11! |21: 16,27 |24: 3,34! |26: 7,39! · 2,22; 12,16; 13,7; 16,13; 20,9 |27: 16,33 |29: 13,19! |30: 12,31!

Der wahre Weinstock

15 1 Ich bin der wahre Weinstock, und mein Vater ist der Weinbauer. 2 Jede Rebe an mir, die nicht Frucht bringt, nimmt er weg, und jede, die Frucht bringt, reinigt er, damit sie noch mehr Frucht bringt. 3 Ihr seid schon rein um des Wortes willen, das ich euch gesagt habe. 4 Bleibt in mir, und ich bleibe in euch. Wie die Rebe aus sich heraus keine Frucht bringen kann, wenn sie nicht am Weinstock bleibt, so könnt auch ihr es nicht, wenn ihr nicht in mir bleibt. 5 Ich bin der Weinstock, ihr seid die Reben. Wer in mir bleibt und ich in ihm, der bringt viel Frucht, denn ohne mich könnt ihr nichts tun. 6 Wer nicht in mir bleibt, wird weggeworfen wie die Rebe und verdorrt; man sammelt sie und wirft sie ins Feuer, und sie verbrennen. 7 Wenn ihr in mir bleibt und meine Worte in euch bleiben, dann bittet um alles, was ihr wollt, und es wird euch zuteil werden. 8 Dadurch wird mein Vater verherrlicht, dass ihr viel Frucht bringt und meine Jünger werdet.

9 Wie mich der Vater geliebt hat, so habe ich euch geliebt. Bleibt in meiner Liebe! 10 Wenn ihr meine Gebote haltet, werdet ihr in meiner Liebe bleiben, so wie ich die Gebote meines Vaters gehalten habe und in seiner Liebe bleibe. 11 Das habe ich euch gesagt, damit meine Freude in euch sei und eure Freude vollkommen werde.

12 Das ist mein Gebot: Dass ihr einander liebt, wie ich euch geliebt habe. 13 Niemand hat grössere Liebe als wer sein Leben einsetzt für seine Freunde. 14 Ihr seid meine Freunde, wenn ihr tut, was ich euch gebiete. 15 Ich nenne euch nicht mehr Knechte, denn der Knecht weiss nicht, was sein Herr tut. Euch aber habe ich Freunde genannt, weil ich euch alles kundgetan habe, was ich von meinem Vater gehört habe. 16 Nicht ihr

habt mich erwählt, sondern ich habe euch erwählt und dazu bestimmt, dass ihr euch aufmacht und Frucht bringt und dass eure Frucht bleibt, damit euch der Vater gibt, worum ihr ihn in meinem Namen bittet. 17 Dies gebiete ich euch: dass ihr einander liebt.

|6: Ez 15,1–5 |7: 14,13! |12: 13,34! |13: 10,15; 13,1 |14: 8,31 |15: 3,34! |16: 14,13!

Der Hass der Welt

18 Wenn euch die Welt hasst, so bedenkt, dass sie mich vor euch gehasst hat. 19 Wärt ihr von der Welt, würde die Welt das ihr Eigene lieben. Da ihr aber nicht von der Welt seid, sondern ich euch aus der Welt heraus erwählt habe, darum hasst euch die Welt. 20 Erinnert euch an das Wort, das ich zu euch gesagt habe: Ein Knecht ist nicht grösser als sein Herr. Haben sie mich verfolgt, so werden sie auch euch verfolgen. Haben sie mein Wort bewahrt, so werden sie auch das eure bewahren. 21 Aber dies alles werden sie euch antun um meines Namens willen, weil sie den nicht kennen, der mich gesandt hat. 22 Wäre ich nicht gekommen und hätte ich nicht zu ihnen geredet, so hätten sie keine Sünde. Jetzt aber haben sie keine Entschuldigung für ihre Sünde. 23 Wer mich hasst, hasst auch meinen Vater. 24 Wenn ich unter ihnen nicht Werke getan hätte, die kein anderer getan hat, so hätten sie keine Sünde. Jetzt aber haben sie zwar gesehen und doch gehasst, sowohl mich wie meinen Vater. 25 Doch das Wort muss in Erfüllung gehen, das in ihrem Gesetz geschrieben steht: *Sie haben mich ohne Grund gehasst.*

26 Wenn der Fürsprecher kommt, den ich euch vom Vater aus senden werde, der Geist der Wahrheit, der vom Vater ausgeht, wird er Zeugnis ablegen über mich. 27 Und auch ihr legt Zeugnis ab, weil ihr von Anfang an bei mir gewesen seid.

16 1 Das habe ich euch gesagt, damit ihr nicht zu Fall kommt. 2 Sie werden euch aus der Synagoge ausschliessen, ja, es kommt sogar die Stunde, da jeder, der euch tötet, Gott einen Dienst zu erweisen meint. 3 Und das werden sie tun, weil sie weder den Vater noch mich erkannt haben. 4 Ich habe es euch aber gesagt, damit ihr, wenn deren Stunde kommt, euch daran erinnert, dass ich es euch gesagt habe.

|18: 7,7 |19: 17,14 |20: 13,16 · 5,16 |21: Mt 10,22; 24,9 · 8,19! |22: 16,9! |23: 5,23! |24: 12,37! |25: Ps 35,19; 69,5 |26: 14,16! · 14,17! |2: 9,22! |3: 8,19!

Der Geist als Beistand

Ich habe es euch nicht von Anfang an gesagt, weil ich ja bei euch war. 5 Jetzt aber gehe ich zu dem, der mich gesandt hat, und niemand von euch fragt mich: Wohin gehst du?, 6 sondern weil ich euch das gesagt habe, hat Trauer euer Herz erfüllt. 7 Doch ich sage euch die Wahrheit: Es ist zu eurem Wohl, dass ich weggehe. Denn wenn ich nicht weggehe, wird der Fürsprecher nicht zu euch kommen; wenn ich aber gehe, werde ich ihn zu euch senden.

8 Und wenn er kommt, wird er die Welt überführen und aufdecken, was Sünde, Gerechtigkeit und Gericht ist; 9 Sünde: dass sie nicht an mich glauben, 10 Gerechtigkeit: dass ich zum Vater gehe und ihr mich nicht mehr seht, 11 Gericht: dass der Fürst dieser Welt gerichtet ist.

12 Noch vieles hätte ich euch zu sagen, doch ihr könnt es jetzt nicht ertragen. 13 Wenn er aber kommt, der Geist der Wahrheit, wird er euch in der ganzen Wahrheit leiten; denn er wird nicht aus sich selbst reden, sondern was er hören wird, wird er reden, und was kommen wird, wird er euch kundtun. 14 Er wird mich verherrlichen, denn aus dem Meinen wird er empfangen und euch kundtun. 15 Alles, was der Vater hat, ist mein. Darum habe ich gesagt, dass er aus dem Meinen empfängt und euch kundtun wird.

|4b: 13,19! |5: 13,36; 14,5 |7: 14,16!; 20,22 |9: 8,24; 15,22 |11: 12,31! |13: 14,17! · 14,26! |14: 12,23!

16,13: Andere Textüberlieferung: «…, wird er euch in die ganze Wahrheit führen; …»

Abschied und Wiedersehen

16 Nur eine Weile, und ihr seht mich nicht mehr, und wiederum eine Weile, und ihr werdet mich sehen. 17 Da sagten einige seiner Jünger zueinander: Was meint er, wenn er zu uns sagt: Nur eine Weile, und ihr seht mich nicht, und wiederum eine Weile, und ihr werdet mich sehen? Und: Ich gehe zum Vater? 18 Sie sagten also: Was meint er, wenn er sagt: Nur eine Weile? Wir wissen nicht, wovon er redet.

19 Jesus merkte, dass sie ihn fragen wollten, und sagte zu ihnen: Darüber zerbrecht ihr euch den Kopf, dass ich gesagt habe: Nur eine Weile, und ihr seht mich nicht, und wiederum eine Weile, und ihr werdet mich sehen? 20 Amen, amen, ich sage euch: Ihr werdet weinen und klagen, die Welt aber wird sich freuen. Ihr werdet traurig sein, aber eure Trauer wird sich in Freude verwandeln. 21 Wenn eine Frau niederkommt, ist sie traurig, weil ihre Stunde gekommen ist. Wenn sie das Kind aber geboren hat, denkt sie nicht mehr an die Bedrängnis vor Freude, dass ein Mensch zur Welt gekommen ist. 22 So seid auch ihr jetzt traurig; aber ich werde euch wiedersehen, und euer Herz wird sich freuen, und die Freude, die ihr dann habt, nimmt euch niemand.

23 An jenem Tag werdet ihr mich nichts fragen. Amen, amen, ich sage euch: Wenn ihr den Vater in meinem Namen um etwas bittet, wird er es euch geben. 24 Bis jetzt habt ihr noch nie in meinem Namen um etwas gebeten. Bittet, und ihr werdet empfangen, damit eure Freude vollkommen sei.

25 Dies habe ich euch in verhüllter Sprache gesagt. Die Stunde kommt, da ich nicht mehr in verhüllter Sprache mit euch reden, sondern euch offen über den Vater Kunde geben werde. 26 An jenem Tag werdet ihr in meinem Namen bitten, und ich sage nicht, dass ich den

Vater für euch fragen werde. 27 Denn der Vater selbst liebt euch, weil ihr mich lieb gewonnen habt und zum Glauben gekommen seid, dass ich von Gott ausgegangen bin. 28 Ich bin vom Vater ausgegangen und in die Welt gekommen; ich verlasse die Welt wieder und gehe zum Vater.

29 Da sagen seine Jünger: Siehst du, jetzt redest du offen und sprichst nicht mehr in verhüllter Sprache. 30 Jetzt wissen wir, dass du alles weisst und es nicht nötig hast, dass jemand seine Fragen überhaupt ausspricht. Darum glauben wir, dass du von Gott ausgegangen bist. 31 Jesus antwortete ihnen: Jetzt glaubt ihr? 32 Doch die Stunde kommt, ja, sie ist gekommen, da ihr zerstreut werdet – jeder dorthin, wo er einmal war – und ihr mich allein lasst. Und doch bin ich nicht allein, denn der Vater ist bei mir. 33 Das habe ich euch gesagt, damit ihr Frieden habt in mir. In der Welt habt ihr Angst; aber seid getrost, ich habe die Welt überwunden.

|16: 7,33! |17: 7,36! |20: Lk 6,21 |22: 20,20 |23: 21,12 |24: 14,13! |27: 14,21 · 8,42; 17,8 |28: 13,3 |32: Mt 26,31 |33: 14,27 · 1Joh 5,4

Jesu Hinwendung zum Vater

17 1 So redete Jesus, und er erhob seine Augen zum Himmel und sprach: Vater, die Stunde ist gekommen, verherrliche deinen Sohn, damit der Sohn dich verherrliche. 2 Denn du hast ihm Macht gegeben über alle Sterblichen, damit er alles, was du ihm gegeben hast, ihnen gebe: ewiges Leben. 3 Das aber ist das ewige Leben: dass sie dich, den einzig wahren Gott, erkennen und den, den du gesandt hast, Jesus Christus. 4 Ich habe dich auf Erden verherrlicht, indem ich das Werk vollendet habe, das zu tun du mir aufgetragen hast. 5 Und nun, Vater, verherrliche du mich bei dir mit der Herrlichkeit, die ich bei dir hatte, ehe die Welt war.

6 Ich habe deinen Namen den Menschen offenbart, die du mir aus der Welt gegeben hast. Sie waren dein, und mir hast du sie gegeben, und sie haben dein Wort bewahrt. 7 Jetzt haben sie erkannt, dass alles, was du mir gegeben hast, von dir kommt. 8 Denn die Worte, die du mir gegeben hast, habe ich ihnen gegeben, und sie haben sie angenommen und haben wirklich erkannt, dass ich von dir ausgegangen bin, und sie sind zu dem Glauben gekommen, dass du mich gesandt hast.

9 Ich bitte für sie; nicht für die Welt bitte ich, sondern für die, die du mir gegeben hast, denn sie sind dein. 10 Und alles, was mein ist, ist dein, und was dein ist, ist mein, und in ihnen bin ich verherrlicht. 11 Ich bin nicht mehr in der Welt, sie aber sind in der Welt, und ich komme zu dir. Heiliger Vater, bewahre sie in deinem Namen, den du mir gegeben hast, damit sie eins seien wie wir. 12 Als ich bei ihnen war, war ich es, der sie in deinem Namen, den du mir gegeben hast, bewahrt und behütet hat, und keiner von ihnen ging verloren ausser der Sohn der Verlorenheit, damit die Schrift erfüllt werde. 13 Jetzt aber komme ich zu dir – doch ich sage das noch in der Welt, damit sie meine Freude in ihrer ganzen Fülle in sich haben. 14 Ich habe ihnen dein Wort gegeben, und die Welt hat sie gehasst, weil sie nicht von der Welt sind, wie auch ich nicht von der Welt bin. 15 Ich bitte nicht, dass du sie aus der Welt hinwegnimmst, sondern dass du sie vor dem Bösen bewahrst. 16 Sie sind nicht von der Welt, wie ich nicht von der Welt bin. 17 Heilige sie in der Wahrheit – dein Wort ist Wahrheit. 18 Wie du mich in die Welt gesandt hast, so habe auch ich sie in die Welt gesandt. 19 Und ich heilige mich für sie, damit auch sie geheiligt seien in der Wahrheit.

20 Doch nicht nur für diese hier bitte ich, sondern auch für die, welche durch ihr Wort an mich glauben: 21 dass sie alle eins seien, so wie du, Vater, in mir bist und ich in dir, damit auch sie in uns seien, und so die Welt glaubt, dass du mich gesandt hast. 22 Und ich habe

ihnen die Herrlichkeit gegeben, die du mir gegeben hast, damit sie eins seien, so wie wir eins sind: 23 ich in ihnen und du in mir. So sollen sie vollendet sein in der Einheit, damit die Welt erkennt, dass du mich gesandt und sie geliebt hast, so wie du mich geliebt hast.

24 Vater, ich will, dass dort, wo ich bin, auch all jene sind, die du mir gegeben hast, damit sie meine Herrlichkeit schauen, die du mir gegeben hast, denn du hast mich geliebt vor Grundlegung der Welt. 25 Die Welt, gerechter Vater, hat dich nicht erkannt, ich aber habe dich erkannt, und diese hier haben erkannt, dass du mich gesandt hast. 26 Und ich habe ihnen deinen Namen kundgetan und werde ihn kundtun, damit die Liebe, mit der du mich geliebt hast, in ihnen sei und ich in ihnen.

| 1: 12,23! · 14,13! | 3: 3,36! · 11,27! | 4: 14,13! · 4,34! | 5: 1,14; 17,24 | 8: 16,27!.30 | 10: 16,14–15 | 11: 10,30!; 17,21–22 | 12: 6,39! | 14: 15,19 | 15: Mt 6,13 | 18: 20,21 | 20: 10,16! | 22: 17,11! | 24: 12,26! · 17,5! | 25: 8,55! · 16,27!.30

Die Gefangennahme

18 1 Nachdem Jesus so gesprochen hatte, ging er mit seinen Jüngern hinaus, auf die andere Seite des Baches Kidron, wo ein Garten war; den betrat er mit seinen Jüngern.

2 Aber auch Judas, der ihn ausliefern sollte, kannte den Ort, denn Jesus war dort oft mit seinen Jüngern zusammengekommen. 3 Judas nun holt die Kohorte und die Gerichtsdiener der Hohen Priester und Pharisäer und kommt dorthin mit Fackeln und Lampen und Waffen. 4 Jesus, der alles wusste, was auf ihn zukommen würde, ging hinaus, und er sagt zu ihnen: Wen sucht ihr? 5 Sie antworteten ihm: Jesus von Nazaret. Er sagt zu ihnen: Ich bin es! Und Judas, der ihn ausliefern sollte, stand auch bei ihnen. 6 Als er nun zu ihnen sagte: Ich bin es!, wichen sie zurück und fielen zu Boden. 7 Da fragte er sie wieder: Wen sucht ihr? Und sie sagten: Jesus von Nazaret. 8 Jesus antwortete: Ich habe euch gesagt, dass ich es bin. Wenn ihr also

mich sucht, dann lasst diese gehen. 9 So sollte das Wort in Erfüllung gehen, das er gesprochen hatte: Von denen, die du mir gegeben hast, habe ich keinen verloren. 10 Simon Petrus nun hatte ein Schwert und zog es und schlug damit nach dem Knecht des Hohen Priesters und hieb ihm das rechte Ohr ab. Der Knecht hiess Malchus. 11 Da sagte Jesus zu Petrus: Steck das Schwert in die Scheide! Den Kelch, den mir mein Vater gegeben hat – soll ich ihn etwa nicht trinken?

P: Mt 26,47–56 | 1: Mt 26,36 | 2: 6,71! | 4: 6,64 | 9: 6,39! | 11: Mt 26,39

Verhör vor Hannas und Verleugnung durch Petrus

12 Die Kohorte nun und ihr Anführer und die Gerichtsdiener der Juden nahmen Jesus fest und fesselten ihn 13 und führten ihn zuerst vor Hannas. Der war nämlich der Schwiegervater des Kajafas, der in jenem Jahr Hoher Priester war. 14 Kajafas aber war es, der den Juden den Rat gegeben hatte, es sei von Vorteil, wenn ein Einzelner sterbe an Stelle des ganzen Volkes.

15 Simon Petrus und ein anderer Jünger folgten Jesus. Jener Jünger war mit dem Hohen Priester bekannt und war mit Jesus in den Palast des Hohen Priesters hineingegangen. 16 Petrus aber stand draussen vor der Tür. Da kam der andere Jünger, der mit dem Hohen Priester bekannt war, heraus und redete mit der Türhüterin und führte Petrus hinein. 17 Da sagt die Magd, die Türhüterin, zu Petrus: Bist denn auch du einer von den Jüngern dieses Menschen? Er sagt: Ich bin es nicht. 18 Die Knechte und die Gerichtsdiener hatten ein Kohlenfeuer gemacht, denn es war kalt, und sie standen da und wärmten sich. Auch Petrus stand bei ihnen und wärmte sich.

19 Der Hohe Priester befragte nun Jesus über seine Jünger und über seine Lehre. 20 Jesus antwortete ihm: Ich habe öffentlich vor aller Welt geredet und allezeit in der Synagoge und im Tempel gelehrt, wo alle Juden sich ver-

sammeln, und ich habe nichts im Geheimen geredet. 21 Was fragst du mich? Frage die, welche gehört haben, worüber ich mit ihnen geredet habe; die wissen, was ich gesagt habe. 22 Als er dies sagte, schlug einer der Gerichtsdiener, der dabeistand, Jesus ins Gesicht und sagte: Antwortest du so dem Hohen Priester? 23 Jesus antwortete ihm: Wenn ich etwas Falsches gesagt habe, so zeige auf, was daran falsch war; wenn es aber richtig war, was schlägst du mich? 24 Da sandte ihn Hannas gefesselt zum Hohen Priester Kajafas.

25 Simon Petrus aber stand da und wärmte sich. Da sagten sie zu ihm: Bist denn auch du einer von seinen Jüngern? Er leugnete es und sagte: Ich bin es nicht. 26 Einer von den Knechten des Hohen Priesters, ein Verwandter dessen, dem Petrus das Ohr abgehauen hatte, sagte: Habe ich dich nicht im Garten mit ihm gesehen? 27 Da leugnete Petrus noch einmal, und dann krähte der Hahn.

P: Mt 26,57–68.69–75 | 14: 11,49–50 | 20: 7,14.26; 8,2 | 27: 13,38

Verhör und Verurteilung durch Pilatus

28 Nun führen sie Jesus vom Haus des Kajafas zum Prätorium; es war früh am Morgen. Und sie selbst gingen nicht ins Prätorium hinein, um nicht unrein zu werden, denn sie wollten am Passamahl teilnehmen. 29 Also kam Pilatus zu ihnen heraus, und er sagte: Welche Anklage erhebt ihr gegen diesen Menschen? 30 Sie antworteten ihm: Wenn das kein Verbrecher wäre, hätten wir ihn nicht an dich ausgeliefert. 31 Da sagte Pilatus zu ihnen: Nehmt ihr ihn und richtet ihn nach eurem Gesetz. Die Juden sagten zu ihm: Uns ist nicht erlaubt, jemanden hinzurichten. 32 So sollte das Wort Jesu in Erfüllung gehen, das er gesprochen hatte, um anzudeuten, welchen Tod er sterben sollte.

33 Da ging Pilatus wieder ins Prätorium hinein, liess Jesus rufen und sagte zu ihm: Du bist der König der Juden? 34 Jesus antwortete: Sagst du das von dir

aus, oder haben es dir andere über mich gesagt? 35 Pilatus antwortete: Bin ich etwa ein Jude? Dein Volk und die Hohen Priester haben dich an mich ausgeliefert. Was hast du getan? 36 Jesus antwortete: Mein Reich ist nicht von dieser Welt. Wäre mein Reich von dieser Welt, würden meine Diener dafür kämpfen, dass ich nicht an die Juden ausgeliefert werde. Nun aber ist mein Reich nicht von hier. 37 Da sagte Pilatus zu ihm: Du bist also doch ein König? Jesus antwortete: Du sagst es. Ich bin ein König. Dazu bin ich geboren, und dazu bin ich in die Welt gekommen, dass ich für die Wahrheit Zeugnis ablege. Jeder, der aus der Wahrheit ist, hört auf meine Stimme. 38 Pilatus sagte zu ihm: Was ist Wahrheit?

Und nachdem er dies gesagt hatte, ging er wieder zu den Juden hinaus, und er sagte zu ihnen: Ich finde keine Schuld an ihm. 39 Ihr seid es aber gewohnt, dass ich euch zum Passafest einen freigebe. Wollt ihr nun, dass ich euch den König der Juden freigebe? 40 Da schrien sie wieder und wieder: Nicht diesen, sondern Barabas! Barabbas aber war ein Räuber.

19 1 Da nahm Pilatus Jesus und liess ihn auspeitschen. 2 Und die Soldaten flochten eine Krone aus Dornen und setzten sie auf sein Haupt und legten ihm einen Purpurmantel um, 3 und sie stellten sich vor ihn hin und sagten: Sei gegrüsst, König der Juden!, und schlugen ihn ins Gesicht. 4 Und Pilatus ging wieder hinaus, und er sagte zu ihnen: Seht, ich führe ihn zu euch hinaus, damit ihr erkennt, dass ich keine Schuld an ihm finde. 5 Da kam Jesus heraus; er trug die Dornenkrone und den Purpurmantel. Und Pilatus sagt zu ihnen: Da ist der Mensch!

6 Als ihn nun die Hohen Priester und die Gerichtsdiener sahen, schrien sie: Kreuzigen, kreuzigen! Pilatus sagte zu ihnen: Nehmt ihr ihn doch und kreuzigt ihn! Ich finde keine Schuld an ihm. 7 Die Juden antworteten ihm: Wir ha-

ben ein Gesetz, und nach dem Gesetz muss er sterben, denn er hat sich zum Sohn Gottes gemacht. 8 Als nun Pilatus dieses Wort hörte, fürchtete er sich noch mehr 9 und ging wieder ins Prätorium hinein, und er sagte zu Jesus: Woher bist du? Jesus aber gab ihm keine Antwort. 10 Da sagte Pilatus zu ihm: Redest du nicht mit mir? Weisst du nicht, dass ich die Macht habe, dich freizugeben, und die Macht, dich kreuzigen zu lassen? 11 Jesus antwortete ihm: Du hättest keine Macht über mich, wenn es dir nicht von oben gegeben wäre. Darum hat der, der mich dir ausgeliefert hat, grössere Schuld. 12 Daraufhin suchte Pilatus eine Möglichkeit, ihn loszuwerden. Die Juden aber schrien: Wenn du den da freigibst, bist du kein Freund des Kaisers. Jeder, der sich zum König macht, widersetzt sich dem Kaiser. 13 Als nun Pilatus diese Worte hörte, führte er Jesus noch einmal hinaus, und er setzte sich auf den Richterstuhl auf dem sogenannten Steinpflaster, das auf Hebräisch Gabbata heisst. 14 Es war Rüsttag für das Passa, um die sechste Stunde. Und er sagte zu den Juden: Da ist euer König! 15 Da schrien sie: Fort mit ihm, fort mit ihm, kreuzige ihn! Pilatus sagt zu ihnen: Euren König soll ich kreuzigen? Die Hohen Priester antworteten: Wir haben keinen König ausser dem Kaiser! 16 Da lieferte er ihnen Jesus zur Kreuzigung aus.

P: Mt 27,11–14.15–26.27–31 |28:19,14 · Ex 12,15–20 |32: 12,32–33 |33: 6,15! · 18,39; 19,14–15.19 |36: 8,23! |37: 1,49! · 10,27! |38: 14,6 |3: 6,15! |7: 5,18; 10,33.36; Lev 24,16 |11: 3,27 · 6,71! |12: 6,15! |14: 18,28! |15: 18,33!

19,5: Andere Übersetzungsmöglichkeit: «...: Das ist der Mensch!»

Kreuzigung und Tod Jesu
Sie übernahmen nun Jesus. 17 Er trug sein Kreuz selber und ging hinaus zu der sogenannten Schädelstätte, die auf Hebräisch Golgota heisst. 18 Dort kreuzigten sie ihn und mit ihm zwei andere, auf jeder Seite einen, in der Mitte aber Jesus. 19 Pilatus liess auch eine Ta-

fel beschriften und sie oben am Kreuz anbringen. Darauf stand geschrieben: Jesus von Nazaret, der König der Juden. 20 Diese Inschrift nun lasen viele Juden, denn die Stelle, wo Jesus gekreuzigt wurde, lag nahe bei der Stadt. Sie war in hebräischer, lateinischer und griechischer Sprache verfasst. 21 Da sagten die Hohen Priester der Juden zu Pilatus: Schreibe nicht: Der König der Juden, sondern dass er gesagt hat: Ich bin der König der Juden. 22 Pilatus antwortete: Was ich geschrieben habe, das habe ich geschrieben.

23 Nachdem nun die Soldaten Jesus gekreuzigt hatten, nahmen sie seine Kleider und machten vier Teile daraus, für jeden Soldaten einen Teil, dazu das Untergewand. Das Untergewand aber war ohne Naht, von oben an am Stück gewoben. 24 Da sagten sie zueinander: Wir wollen es nicht zerreissen, sondern darum losen, wem es gehören soll. So sollte die Schrift in Erfüllung gehen, die sagt: *Sie haben meine Kleider unter sich verteilt, und über mein Gewand haben sie das Los geworfen.* Das also taten die Soldaten.

25 Beim Kreuz Jesu aber standen seine Mutter und die Schwester seiner Mutter, Maria, die Frau des Klopas, und Maria von Magdala. 26 Als nun Jesus die Mutter und den Jünger, den er liebte, neben ihr stehen sieht, sagt er zur Mutter: Frau, da ist dein Sohn. 27 Dann sagt er zum Jünger: Da ist deine Mutter. Und von jener Stunde an nahm der Jünger sie zu sich. 28 Danach spricht Jesus im Wissen, dass schon alles vollbracht ist: Mich dürstet! So sollte die Schrift an ihr Ziel kommen. 29 Ein Gefäss voll Essig stand da, und so tränkten sie einen Schwamm mit Essig, steckten ihn auf ein Ysoprohr und führten ihn zu seinem Mund. 30 Als Jesus nun den Essig genommen hatte, sprach er: Es ist vollbracht. Und er neigte das Haupt und verschied.

P: Mt 27,32–38.45–56 |19: 18,33! |24: Ps 22,19 |29: Ps 69,22 |30: 4,34!

Bestätigung des Todes Jesu

31 Weil nun Rüsttag war und die Leiber am Sabbat nicht am Kreuz bleiben sollten – denn jener Sabbat war ein hoher Festtag –, baten die Juden Pilatus, man möge ihnen die Schenkel zerschlagen und sie herabnehmen. 32 So kamen die Soldaten und zerschlugen dem ersten die Schenkel, dann dem anderen, der mit ihm gekreuzigt worden war. 33 Als sie aber zu Jesus kamen und sahen, dass er schon gestorben war, zerschlugen sie ihm die Schenkel nicht, 34 sondern einer der Soldaten stiess ihn mit seiner Lanze in die Seite, und sogleich floss Blut und Wasser heraus. 35 Und der das gesehen hat, hat es bezeugt, und sein Zeugnis ist glaubwürdig, und er weiss, dass er die Wahrheit sagt, damit auch ihr zum Glauben kommt. 36 Denn dies ist geschehen, damit die Schrift in Erfüllung geht: *Kein Knochen wird ihm gebrochen werden.* 37 Und ein anderes Schriftwort sagt: *Sie werden auf den blicken, den sie durchbohrt haben.*

|31: Dtn 21,22–23 |35: 21,24 |36: Ex 12,46; Num 9,12; Ps 34,21 |37: Sach 12,10

Das Begräbnis

38 Josef von Arimatäa, der ein Jünger Jesu war – ein heimlicher zwar aus Furcht vor den Juden –, bat Pilatus, dass er den Leib Jesu herabnehmen dürfe; und Pilatus erlaubte es. Also ging er und nahm seinen Leib herab. 39 Es kam auch Nikodemus, der früher einmal nachts zu ihm gekommen war, und brachte eine Mischung aus Myrrhe und Aloe mit, etwa hundert Pfund. 40 Sie nahmen nun den Leib Jesu und wickelten ihn zusammen mit den wohlriechenden Salben in Leinenbinden ein, wie es bei einem jüdischen Begräbnis Sitte ist. 41 Es war aber an dem Ort, wo er gekreuzigt worden war, ein Garten, und in dem Garten ein neues Grab, in das noch niemand gelegt worden war. 42 Dort nun legten sie Jesus hin, weil die Juden Rüsttag hatten und das Grab in der Nähe lag.

P: Mt 27,57–61 |38: 7,13!

Das leere Grab

20 1 Am ersten Tag der Woche kommt Maria aus Magdala frühmorgens noch in der Dunkelheit zum Grab und sieht, dass der Stein vom Grab weggenommen ist. 2 Da eilt sie fort und kommt zu Simon Petrus und zu dem anderen Jünger, den Jesus lieb hatte, und sagt zu ihnen: Sie haben den Herrn aus dem Grab genommen, und wir wissen nicht, wo sie ihn hingelegt haben. 3 Da brachen Petrus und der andere Jünger auf und gingen zum Grab. 4 Die beiden liefen miteinander; doch der andere Jünger lief voraus, war schneller als Petrus und kam als Erster zum Grab. 5 Und als er sich vorbeugt, sieht er die Leinenbinden daliegen; er ging aber nicht hinein. 6 Nun kommt auch Simon Petrus, der ihm folgt, und er ging in das Grab hinein. Er sieht die Leinenbinden daliegen 7 und das Schweisstuch, das auf seinem Haupt gelegen hatte; es lag nicht bei den Leinenbinden, sondern zusammengerollt an einem Ort für sich. 8 Darauf ging nun auch der andere Jünger, der als Erster zum Grab gekommen war, hinein; und er sah, und darum glaubte er. 9 Denn noch hatten sie die Schrift, dass er von den Toten auferstehen müsse, nicht verstanden. 10 Dann kehrten die Jünger wieder zu den anderen zurück.

P: Mt 28,1–8 |9: 14,26!

Erscheinung vor Maria

11 Maria aber stand draussen vor dem Grab und weinte. Während sie nun weinte, beugte sie sich in das Grab hinein. 12 Und sie sieht zwei Engel sitzen in weissen Gewändern, einen zu Häupten und einen zu Füssen, dort, wo der Leib Jesu gelegen hatte. 13 Und sie sagen zu ihr: Frau, was weinst du? Sie sagt zu ihnen: Sie haben meinen Herrn weggenommen, und ich weiss nicht, wo sie ihn hingelegt haben. 14 Das sagte sie und wandte sich um, und sie sieht Jesus dastehen, weiss aber nicht, dass es Jesus ist. 15 Jesus sagt zu ihr: Frau, was weinst

du? Wen suchst du? Da sie meint, es sei
der Gärtner, sagt sie zu ihm: Herr, wenn
du ihn weggetragen hast, sag mir, wo du
ihn hingelegt hast, und ich will ihn holen. 16 Jesus sagt zu ihr: Maria! Da wendet sie sich um und sagt auf Hebräisch
zu ihm: Rabbuni! Das heisst ‹Meister›.
17 Jesus sagt zu ihr: Fass mich nicht an!
Denn noch bin ich nicht hinaufgegangen zum Vater. Geh aber zu meinen Brüdern und sag ihnen: Ich gehe hinauf zu
meinem Vater und zu eurem Vater, zu
meinem Gott und zu eurem Gott. 18 Maria aus Magdala geht und sagt zu den
Jüngern: Ich habe den Herrn gesehen,
und berichtet ihnen, was er ihr gesagt
hat.

P: Mt 28,9-10 |14: 21,4 |15: 19,41

Erscheinung vor den Jüngern

19 Es war am Abend eben jenes ersten Wochentages – die Jünger hatten
dort, wo sie waren, die Türen aus Furcht
vor den Juden verschlossen –, da kam
Jesus und trat in ihre Mitte, und er sagt
zu ihnen: Friede sei mit euch!

20 Und nachdem er dies gesagt
hatte, zeigte er ihnen die Hände und die
Seite; da freuten sich die Jünger, weil sie
den Herrn sahen. 21 Da sagte Jesus noch
einmal zu ihnen: Friede sei mit euch!
Wie mich der Vater gesandt hat, so
sende ich euch. 22 Und nachdem er dies
gesagt hatte, hauchte er sie an, und er
sagt zu ihnen: Heiligen Geist sollt ihr
empfangen! 23 Wem immer ihr die
Sünden vergebt, dem sind sie vergeben;
wem ihr sie festhaltet, dem sind sie festgehalten.

P: Lk 24,36-43 |19: 7,13! · 14,27 |20: 19,34 · 16,22
|21: 17,18 |22: 7,39!; 16,7 |23: Mt 18,18!

Erscheinung vor Thomas

24 Thomas aber, einer der Zwölf, der
auch Didymus genannt wird, war nicht
bei ihnen, als Jesus kam. 25 Da sagten
die anderen Jünger zu ihm: Wir haben
den Herrn gesehen. Er aber sagte zu ihnen: Wenn ich nicht das Mal der Nägel
an seinen Händen sehe und nicht mei-

nen Finger in das Mal der Nägel und
meine Hand in seine Seite legen kann,
werde ich nicht glauben. 26 Nach acht
Tagen waren seine Jünger wieder drinnen, und Thomas war mit ihnen. Jesus
kam, obwohl die Türen verschlossen waren, und er trat in ihre Mitte und sprach:
Friede sei mit euch! 27 Dann sagt er zu
Thomas: Leg deinen Finger hierher und
schau meine Hände an, und streck deine
Hand aus und leg sie in meine Seite, und
sei nicht ungläubig, sondern gläubig!
28 Thomas antwortete und sagte zu
ihm: Mein Herr und mein Gott! 29 Jesus
sagt zu ihm: Du glaubst, weil du mich
gesehen hast. Selig, die nicht sehen
und glauben!

P: Lk 24,36-43

20,29: Die Seligpreisung ist im griechischen Text
offener formuliert: ‹Selig, die nicht sehen und glauben!› Die Übersetzung präzisiert: Selig gepriesen
werden die Glaubenden der späteren Zeit, die Jesus
nicht mehr selber sehen, sondern auf das Zeugnis der
Augenzeugen bzw. des Evangeliums angewiesen
sind.

Der Epilog

30 Noch viele andere Zeichen hat Jesus vor den Augen seiner Jünger getan,
die in diesem Buch nicht aufgeschrieben sind. 31 Diese hier aber sind aufgeschrieben, damit ihr glaubt, dass Jesus
der Christus ist, der Sohn Gottes, und
dadurch, dass ihr glaubt, Leben habt in
seinem Namen.

|30: 21,25 · 2,11! |31: 11,27! · 3,16!

Erscheinung am See von Tiberias

21 1 Danach zeigte sich Jesus den
Jüngern noch einmal, am See von
Tiberias. Und er zeigte sich so: 2 Simon
Petrus und Thomas, der Didymus genannt wird, und Natanael aus Kana in
Galiläa und die Söhne des Zebedäus und
zwei andere von seinen Jüngern waren
beisammen. 3 Simon Petrus sagt zu ihnen: Ich gehe fischen. Sie sagen zu ihm:
Wir kommen auch mit dir. Sie gingen
hinaus und stiegen ins Boot und fingen
nichts in jener Nacht. 4 Als es aber
schon gegen Morgen ging, trat Jesus ans

Ufer; die Jünger wussten aber nicht, dass es Jesus war. 5 Da sagt Jesus zu ihnen: Kinder, ihr habt wohl keinen Fisch zum Essen? Sie antworteten ihm: Nein. 6 Er aber sagt zu ihnen: Werft das Netz auf der rechten Seite des Bootes aus, und ihr werdet einen guten Fang machen. Da warfen sie es aus, und vor lauter Fischen vermochten sie es nicht mehr einzuziehen. 7 Da sagt jener Jünger, den Jesus liebte, zu Petrus: Es ist der Herr. Als nun Simon Petrus hörte, dass es der Herr sei, legte er sich das Obergewand um, denn er war nackt, und warf sich ins Wasser. 8 Die anderen Jünger aber kamen mit dem Boot – sie waren nämlich nicht weit vom Ufer entfernt, nur etwa zweihundert Ellen – und zogen das Netz mit den Fischen hinter sich her. 9 Als sie nun an Land kamen, sahen sie ein Kohlenfeuer am Boden und Fisch darauf liegen und Brot. 10 Jesus sagt zu ihnen: Bringt von den Fischen, die ihr gerade gefangen habt. 11 Da stieg Simon Petrus aus dem Wasser und zog das Netz an Land, voll von grossen Fischen, hundertdreiundfünfzig. Und obwohl es so viele waren, riss das Netz nicht. 12 Jesus sagt zu ihnen: Kommt und esst! Keiner von den Jüngern aber wagte ihn auszuforschen: Wer bist du? Sie wussten ja, dass es der Herr war. 13 Jesus kommt und nimmt das Brot und gibt es ihnen, und ebenso den Fisch. 14 Das war schon das dritte Mal, dass Jesus sich den Jüngern zeigte, seit er von den Toten auferweckt worden war.

P: Lk 5,4–11 | 4: 20,14 | 12: 16,23 | 13: Lk 24,30 | 14: 20,19–23.26–29

Jesus und Petrus

15 Als sie nun gegessen haben, sagt Jesus zu Simon Petrus: Simon, Sohn des Johannes, liebst du mich mehr, als diese mich lieben? Er sagt zu ihm: Ja, Herr, du weisst, dass ich dich lieb habe. Er sagt zu ihm: Weide meine Lämmer! 16 Und er sagt ein zweites Mal zu ihm: Simon, Sohn des Johannes, liebst du mich? Der sagt zu ihm: Ja, Herr, du weisst, dass ich

dich lieb habe. Er sagt zu ihm: Hüte meine Schafe! 17 Er sagt zum dritten Mal zu ihm: Simon, Sohn des Johannes, hast du mich lieb? Petrus wurde traurig, weil er zum dritten Mal zu ihm sagte: Hast du mich lieb?, und er sagt zu ihm: Herr, du weisst alles, du siehst doch, dass ich dich lieb habe. Jesus sagt zu ihm: Weide meine Schafe! 18 Amen, amen, ich sage dir: Als du jünger warst, hast du dich selber gegürtet und bist gegangen, wohin du wolltest. Wenn du aber älter wirst, wirst du deine Hände ausstrecken, und ein anderer wird dich gürten und führen, wohin du nicht willst. 19 Das aber sagte er, um anzudeuten, durch welchen Tod er Gott verherrlichen werde. Und nachdem er dies gesagt hatte, sagte er zu ihm: Folge mir!

| 15: 13,37 · Lk 22,32 · Mt 16,18 | 19: 13,36

Petrus und der Lieblingsjünger

20 Da Petrus sich umwendet, sieht er den Jünger folgen, den Jesus liebte, der auch beim Mahl an seiner Brust gelegen und gesagt hat: Herr, wer ist es, der dich ausliefern wird? 21 Als nun Petrus ihn sieht, sagt er zu Jesus: Herr, was wird aus ihm? 22 Jesus sagt zu ihm: Wenn ich will, dass er bleibt, bis ich komme, was kümmert es dich? Folge du mir! 23 Von da an ging unter den Brüdern die Rede, dass jener Jünger nicht sterben werde. Aber Jesus hatte ihm nicht gesagt, er werde nicht sterben, sondern: Wenn ich will, dass er bleibt, bis ich komme, was kümmert es dich?

| 20: 13,25

Der zweite Epilog

24 Das ist der Jünger, der dies alles bezeugt und es aufgeschrieben hat. Und wir wissen, dass sein Zeugnis glaubwürdig ist. 25 Es gibt aber noch vieles andere, was Jesus getan hat. Wollte man das alles, eins ums andere, aufschreiben, so würde meines Erachtens die ganze Welt die Bücher nicht fassen, die dann zu schreiben wären.

| 24: 19,35

Die Apostelgeschichte

Einleitung

1 1 In meinem ersten Buch, lieber Theophilus, habe ich berichtet über alles, was Jesus zu tun und zu lehren begonnen hat, 2 bis zu dem Tag, da er seinen Aposteln, die er erwählt hatte, durch den heiligen Geist seine Weisung gab und in den Himmel aufgenommen wurde.

3 Ihnen hat er nach seinem Leiden auf vielfache Weise bewiesen, dass er lebt: Während vierzig Tagen hat er sich ihnen immer wieder gezeigt und vom Reich Gottes gesprochen. 4 Und beim gemeinsamen Mahl hat er ihnen geboten, nicht von Jerusalem wegzugehen, sondern zu warten auf die verheissene Gabe des Vaters, die ich – so sagte er – euch in Aussicht gestellt habe. 5 Denn Johannes hat mit Wasser getauft, ihr aber werdet mit heiligem Geist getauft werden, schon in wenigen Tagen. 6 Die, welche damals beisammen waren, fragten ihn: Herr, wirst du noch in dieser Zeit deine Herrschaft wieder aufrichten für Israel? 7 Er aber sagte zu ihnen: Euch gebührt es nicht, Zeiten und Fristen zu erfahren, die der Vater in seiner Vollmacht festgesetzt hat. 8 Ihr werdet aber Kraft empfangen, wenn der heilige Geist über euch kommt, und ihr werdet meine Zeugen sein, in Jerusalem, in ganz Judäa, in Samaria und bis an die Enden der Erde.

9 Als er dies gesagt hatte, wurde er vor ihren Augen emporgehoben, und eine Wolke nahm ihn auf und entzog ihn ihren Blicken. 10 Und während sie ihm unverwandt nachschauten, wie er in den Himmel auffuhr, da standen auf einmal zwei Männer in weissen Kleidern bei ihnen, 11 die sagten: Ihr Leute aus Galiläa, was steht ihr da und schaut hinauf zum Himmel? Dieser Jesus, der von euch weg in den Himmel aufgenommen wurde, wird auf dieselbe Weise wiederkommen, wie ihr ihn in den Himmel habt auffahren sehen.

12 Da kehrten sie vom Ölberg nach Jerusalem zurück; dieser liegt nahe bei Jerusalem, nur einen Sabbatweg weit weg. 13 Und als sie in die Stadt kamen, gingen sie in das Obergemach, wo sie sich aufzuhalten pflegten: Petrus, Johannes, Jakobus und Andreas; Philippus und Thomas; Bartolomäus und Matthäus; Jakobus, der Sohn des Alfäus, Simon der Eiferer und Judas, der Sohn des Jakobus. 14 Dort hielten sie alle einmütig fest am Gebet, zusammen mit den Frauen, mit Maria, der Mutter Jesu, und mit seinen Geschwistern.

| 1–2: Lk 1,1–3 | 2: Lk 6,13–16 · Lk 24,51 | 3: Lk 24,36–43 · 19,8! | 4: 2,33.39; Lk 24,49 | 5: 11,16; Lk 3,16 · 2,1–4 | 6: 3,21; Lk 9,27! | 7: Mk 13,32 | 8: Lk 24,47–49 · 8,15! · 1,22! · 2,14; 8,14; 11,1; 13,47 | 9: Lk 24,51; Mk 16,19 | 10: Lk 24,4 | 11: Lk 21,27! | 12: Lk 24,52 | 13: Lk 6,13–16 | 14: Lk 8,2–3! · Lk 8,20; Mt 13,55

1,4: Andere Übersetzungsmöglichkeit: «Und als er mit ihnen zusammen war, hat er ihnen geboten, ...»

Die Ergänzung des Zwölferkreises

15 Und in diesen Tagen stand Petrus im Kreis der Brüder – es waren etwa hundertzwanzig Personen versammelt – und sprach:

16 Brüder! Das Schriftwort musste in Erfüllung gehen, das der heilige Geist einst durch den Mund Davids gesagt hat über Judas, der zum Anführer derer geworden ist, die Jesus verhafteten, 17 da er ja zu uns gehörte und am gleichen Dienst teilhatte. 18 Dieser kaufte von dem Lohn für seine Untat ein Grundstück; dort stürzte er, riss sich den Leib auf, und alle seine Eingeweide quollen heraus. 19 Und das wurde allen Bewohnern Jerusalems bekannt; von daher heisst jenes Grundstück in der Sprache

der Einheimischen Hakeldama, das heisst ‹Blutacker›. 20 Es steht nämlich geschrieben im Buch der Psalmen:

Sein Gehöft bleibe leer,
und niemand wohne dort,

und:

Sein Amt erhalte ein anderer.

21 Es muss also einer von den Männern, die uns begleitet haben die ganze Zeit, da Jesus, der Herr, bei uns ein und aus ging, 22 vom Tag der Taufe durch Johannes bis zu dem Tag, da er von uns weg in den Himmel aufgenommen wurde, mit uns Zeugnis von seiner Auferstehung ablegen – einer von diesen hier.

23 Da stellten sie zwei auf, Josef, genannt Barsabbas, mit dem Beinamen Justus, und Matthias. 24 Und sie beteten: Du, Herr, der du die Herzen aller kennst, zeige uns, welchen von diesen beiden du erwählt hast, 25 diesen Dienst zu übernehmen, das Apostelamt, von dem sich Judas abgewandt hat, um dorthin zu gehen, wo sein Platz ist. 26 Und sie zogen das Los, und das Los fiel auf Matthias. Und er wurde zu den elf Aposteln hinzugewählt.

|16: Lk 22,47 |18: Mt 27,3–10 |20: Ps 69,26 · Ps 109,8 |22: 1,8; 2,32; 3,15; 5,32; 10,39.41; 13,31; Lk 24,48 |24: 15,8

Das Pfingstwunder

2 1 Als nun die Zeit erfüllt und der Tag des Pfingstfestes gekommen war, waren sie alle beisammen an einem Ort. 2 Da entstand auf einmal vom Himmel her ein Brausen, wie wenn ein heftiger Sturm daherfährt, und erfüllte das ganze Haus, in dem sie sassen; 3 und es erschienen ihnen Zungen wie von Feuer, die sich zerteilten, und auf jeden von ihnen liess eine sich nieder. 4 Und sie wurden alle erfüllt von heiligem Geist und begannen, in fremden Sprachen zu reden, wie der Geist es ihnen eingab.

5 In Jerusalem aber wohnten Juden, fromme Männer aus allen Völkern unter dem Himmel. 6 Als nun jenes Tosen entstand, strömte die Menge zusammen, und sie waren verstört, denn jeder hörte sie in seiner Sprache reden. 7 Sie waren fassungslos und sagten völlig verwundert: Sind das nicht alles Galiläer, die da reden? 8 Wie kommt es, dass jeder von uns sie in seiner Muttersprache hört? 9 Parther und Meder und Elamiter, Bewohner von Mesopotamien, von Judäa und Kappadokien, von Pontus und der Provinz Asia, 10 von Phrygien und Pamphylien, von Ägypten und dem kyrenischen Libyen, und in der Stadt weilende Römer, 11 Juden und Proselyten, Kreter und Araber – wir alle hören sie in unseren Sprachen von den grossen Taten Gottes reden. 12 Sie waren fassungslos, und ratlos fragte einer den andern: Was soll das bedeuten? 13 Andere aber spotteten und sagten: Die sind voll süssen Weins.

|1: Lev 23,15–21; Dtn 16,9–11 |3: Lk 3,16 |4: 4,8.31; 9,17; 13,9 · 19,6!; Jes 28,11; 1Kor 14,21–25 |11: 19,6!

Die Pfingstrede des Petrus

14 Petrus aber trat vor, zusammen mit den elfen, erhob seine Stimme und sprach:

Ihr Juden und all ihr Bewohner Jerusalems, dies sei euch kundgetan, vernehmt meine Worte! 15 Diese Männer sind nicht betrunken, wie ihr meint; es ist doch erst die dritte Stunde des Tages. 16 Nein, hier geschieht, was durch den Propheten Joel gesagt worden ist:

17 *Und es wird geschehen* in den letzten Tagen, spricht Gott,
da werde ich von meinem Geist ausgiessen über alles Fleisch,

und eure Söhne und eure Töchter werden weissagen,
und eure jungen Männer werden Gesichte sehen,

und eure Alten werden Träume träumen.

18 *Und auch über meine Knechte und über meine Mägde werde ich in jenen Tagen von meinem Geist ausgiessen,* und sie werden weissagen.

19 *Wunder oben am Himmel werde ich wirken*
  und Zeichen unten auf Erden:
Blut und Feuer und qualmenden Rauch.
20 *Die Sonne wird Finsternis werden*
  und der Mond Blut,
ehe der grosse und herrliche Tag des Herrn kommt.
21 *Und so wird es sein: Jeder, der den Namen des Herrn anruft, wird gerettet werden.*

22 Israeliten, hört diese Worte: Jesus von Nazaret, einen Mann, der sich vor euch als Gesandter Gottes ausgewiesen hat durch machtvolle Taten und Wunder und Zeichen, die Gott – wie ihr selbst wisst – mitten unter euch durch ihn getan hat, 23 ihn, der nach Gottes unumstösslichem Ratschluss und nach seiner Voraussicht preisgegeben werden sollte, habt ihr durch die Hand gesetzloser Menschen ans Kreuz geschlagen und getötet. 24 Ihn hat Gott auferweckt und aus den Wehen des Todes befreit, denn dass er in dessen Gewalt bleiben könnte, war ja unmöglich. 25 David sagt nämlich von ihm:
Ich habe den Herrn allezeit vor Augen,
  denn er ist zu meiner Rechten, dass ich nicht wanke.
26 *Darum freut sich mein Herz,*
  und meine Zunge jubelt,
mein ganzer Leib wird ruhen am Ort der Hoffnung.
27 *Denn du wirst meine Seele nicht der Unterwelt überlassen*
noch deinen Heiligen Verwesung schauen lassen.
28 *Du hast mir kundgetan Wege des Lebens,*
du wirst mich erfüllen mit Freude vor deinem Angesicht.

29 Brüder, zu euch kann ich ja offen reden über den Patriarchen David: Er starb, und er wurde begraben, und sein Grab ist da bei uns bis auf den heutigen Tag. 30 Da er nun ein Prophet war und wusste, dass Gott ihm mit einem Eid zugesagt hatte, einer von seinen Nach-

kommen werde auf seinem Thron sitzen, 31 redete er vorausschauend von der Auferstehung des Christus, als er sagte, er sei nicht der Unterwelt überlassen worden und sein Fleisch habe die Verwesung nicht geschaut. 32 Diesen Jesus hat Gott zum Leben erweckt; dessen sind wir alle Zeugen. 33 Er ist nun zur Rechten Gottes erhöht und hat vom Vater die verheissene Gabe, den heiligen Geist, empfangen, den er jetzt ausgegossen hat, wie ihr seht und hört. 34 Denn nicht David ist in den Himmel hinaufgestiegen, vielmehr sagt er ja selber:
Der Herr sprach zu meinem Herrn: Setze dich zu meiner Rechten,
35 *bis ich deine Feinde hingelegt habe als Schemel für deine Füsse.*

36 Klar und deutlich erkenne also das ganze Haus Israel, dass Gott ihn zum Herrn und zum Gesalbten gemacht hat, diesen Jesus, den ihr gekreuzigt habt.

37 Als sie dies hörten, traf es sie mitten ins Herz, und sie fragten Petrus und die übrigen Apostel: Was sollen wir tun, Brüder? 38 Petrus sagte zu ihnen: Kehrt um, und jeder von euch lasse sich taufen auf den Namen Jesu Christi zur Vergebung eurer Sünden, und ihr werdet die Gabe des heiligen Geistes empfangen. 39 Denn euch gilt die Verheissung und euren Kindern und allen in der Ferne, allen, die der Herr, unser Gott, herbeirufen wird. 40 Und auf vielerlei Weise beschwor und ermahnte er sie: Lasst euch retten aus diesem verkehrten Geschlecht! 41 Die nun sein Wort annahmen, liessen sich taufen. Und an jenem Tag wurden ungefähr dreitausend Menschen der Gemeinde zugeführt.

|15: 2,13 |17–21: Joel 3,1–5 |17: 10,45; Röm 5,5; Tit 3,6 |20: Lk 21,25 |21: 4,12; Röm 10,12–13 |22: 5,12! |23–24: 3,15! |23: 4,28 |24: 10,41; 13,34; 17,3.31; Lk 24,46 · 17,32! · Ps 116,3 |25–28: Ps 16,8–11 |27: 13,35 |29: 13,36; 1Kön 2,10 |30: Ps 89,4–5; 132,11 |31: Ps 16,10 |32: 2,24! · 1,22! |33: 5,31 · 1,4!; 2,1–13 · 8,15! |34–35: Ps 110,1!; Lk 20,42–43 |37–38: 16,30–31! |38: 17,30! · 8,16; 10,48; 19,5 · 5,31! · 8,15! |39: 1,4!

2,24: Die Wendung ‹Wehen des Todes› beruht wahrscheinlich auf einer Fehlübersetzung der griechischen Übersetzung des Alten Testaments; der entsprechende Ausdruck des hebräischen Textes lautet: ‹Stricke des Todes›.

2,40: Andere Übersetzungsmöglichkeit: «Und auf vielerlei Weise legte er Zeugnis ab und ermahnte sie: ...»

Das Leben der frühen Gemeinde

42 Sie aber hielten fest an der Lehre der Apostel und an der Gemeinschaft, am Brechen des Brotes und am Gebet. 43 Und Furcht erfasste alle: Viele Zeichen und Wunder geschahen durch die Apostel. 44 Alle Glaubenden aber hielten zusammen und hatten alles gemeinsam; 45 Güter und Besitz verkauften sie und gaben von dem Erlös jedem so viel, wie er nötig hatte. 46 Einträchtig hielten sie sich Tag für Tag im Tempel auf und brachen das Brot in ihren Häusern; sie assen und tranken in ungetrübter Freude und mit lauterem Herzen, 47 priesen Gott und standen in der Gunst des ganzen Volkes. Der Herr aber führte ihrem Kreis Tag für Tag neue zu, die gerettet werden sollten.

|43: 5,12!–16 |44: 4,32 |45: 4,34–35; Lk 12,33

Die Heilung des Gelähmten

3 1 Petrus und Johannes nun gingen hinauf in den Tempel zur Zeit des Gebets; es war um die neunte Stunde. 2 Und es wurde ein Mann herbeigetragen, der von Geburt an gelähmt war; den setzte man täglich vor das Tempeltor, welches ‹das Schöne› genannt wird, damit er die Tempelbesucher um ein Almosen bitten konnte.

3 Als der nun Petrus und Johannes sah, wie sie in den Tempel gehen wollten, bat er sie um ein Almosen. 4 Petrus aber sah ihm in die Augen, und mit Johannes zusammen sagte er: Schau uns an! 5 Er sah sie an in der Erwartung, etwas von ihnen zu erhalten. 6 Petrus aber sagte: Silber und Gold besitze ich nicht; was ich aber habe, das gebe ich dir: Im Namen Jesu Christi des Nazareners, steh auf und zeig, dass du gehen kannst! 7 Und er ergriff ihn bei der rechten Hand und richtete ihn auf; und auf der Stelle wurden seine Füsse und Knöchel

fest, 8 und er sprang auf, stellte sich auf die Füsse und konnte gehen; und er ging mit ihnen in den Tempel hinein, lief hin und her, sprang in die Höhe und lobte Gott.

9 Und das ganze Volk sah ihn umhergehen und Gott loben. 10 Sie erkannten aber in ihm den, der sonst beim Schönen Tor des Tempels sass und um Almosen bat, und sie waren erschrocken und entsetzt über das, was ihm widerfahren war.

|2: 14,8 |8: 14,10; Lk 5,25 |10: Lk 5,26

3,2: Dieses Tor wird in der antiken Literatur vor dem 5. Jahrhundert n. Chr. sonst nicht erwähnt. Der Name ist wohl volkstümlich und dürfte das Nikanor-Tor bezeichnen.

Die Rede des Petrus im Tempel

11 Da er sich an Petrus und Johannes klammerte, lief das ganze Volk, voller Schrecken, in die Nähe der Halle Salomos bei ihnen zusammen. 12 Als Petrus das sah, wandte er sich an das Volk und sprach:

Israeliten, was wundert ihr euch darüber? Was schaut ihr uns an, als hätten wir durch eigene Kraft oder Frömmigkeit bewirkt, dass er gehen kann? 13 *Der Gott Abrahams, der Gott Isaaks und der Gott Jakobs, der Gott unserer Väter* hat seinen Knecht Jesus verherrlicht, den ihr ausgeliefert und von dem ihr euch vor Pilatus losgesagt habt, als dieser beschlossen hatte, ihn freizulassen. 14 Von dem Heiligen und Gerechten habt ihr euch losgesagt und verlangt, dass euch ein Mörder geschenkt werde; 15 den Fürsten des Lebens habt ihr getötet – Gott aber hat ihn von den Toten auferweckt; dessen sind wir Zeugen. 16 Und weil er, den ihr hier seht und den ihr kennt, auf seinen Namen vertraut hat, hat dieser Name ihm Kraft gegeben; ja, der Glaube, der durch ihn gekommen ist, hat diesem die volle Gesundheit geschenkt vor euer aller Augen.

17 Nun, ich weiss, liebe Brüder, dass ihr aus Unwissenheit gehandelt habt, wie eure führenden Männer auch.

18 Gott aber hat, was er durch den Mund aller Propheten angekündigt hat – dass nämlich sein Gesalbter leiden werde –, auf diese Weise in Erfüllung gehen lassen. 19 Kehrt also um und richtet euch aus auf die Vergebung eurer Sünden, 20 damit vom Angesicht des Herrn her Zeiten der Erquickung kommen und er den Gesalbten sende, den er für euch bestimmt hat: Jesus. 21 Ihn muss der Himmel beherbergen bis zu den Zeiten der Wiederherstellung aller Dinge, von denen Gott durch den Mund seiner heiligen Propheten von Ewigkeit her gesprochen hat.

22 Mose hat gesagt: *Einen Propheten wie mich wird euch der Herr, euer Gott, erwecken aus der Mitte eurer Brüder; auf ihn sollt ihr hören in allem, was er zu euch sagen wird. 23 Es wird aber geschehen, dass jeder, der nicht auf jenen Propheten hört, ausgerottet wird aus dem Volk.* 24 Und alle Propheten, von Samuel und seinen Nachfolgern an, alle, die gesprochen haben, haben diese Tage ebenfalls angekündigt. 25 Ihr seid die Söhne der Propheten und des Bundes, den Gott mit euren Vätern geschlossen hat, als er zu Abraham sprach: *Und durch deinen Samen werden gesegnet werden alle Geschlechter der Erde.* 26 Für euch zuerst hat Gott seinen Knecht erweckt und ihn gesandt, euch zu segnen, wenn sich ein jeder von euch abwendet von seinen bösen Taten.

| 13: 7,32; Ex 3,6; Lk 20,37 · Lk 23,13–25
| 14: Lk 23,18.25 | 15: 5,31 · 2,23–24!; 4,10; 5,30; 10,39–40; 13,28–30; 1Kor 15,3–4 · 1,22! | 17: 17,30; Lk 23,34 | 18: 26,22–23! | 19: 17,30! | 21: 1,11 · 1,6 · Lk 1,70 | 22: 7,37; Dtn 18,15–20 | 23: Lev 23,29 | 25: Gen 22,18; 26,4; Gal 3,8 | 26: 13,46

3,19: Andere Übersetzungsmöglichkeit: «Kehrt also um und wendet euch Gott zu – so werden eure Sünden ausgelöscht –,»
3,21: Andere Übersetzungsmöglichkeit: «... bis zu den Zeiten der Verwirklichung alles dessen, wovon Gott durch ...»

Petrus und Johannes vor dem Hohen Rat

4 1 Während sie noch zum Volk sprachen, traten die Priester, der Hauptmann der Tempelwache und die Saddu-zäer zu ihnen. 2 Diese waren aufgebracht, weil sie das Volk lehrten und im Namen Jesu die Auferstehung von den Toten verkündigten. 3 Und man ergriff sie und nahm sie in Gewahrsam bis zum nächsten Tag, denn es war schon Abend. 4 Von denen aber, die das Wort hörten, kamen viele zum Glauben; die Zahl der Männer stieg auf ungefähr fünftausend.

5 Es geschah aber, dass sich am folgenden Tag ihre führenden Männer und Ältesten und Schriftgelehrten in Jerusalem versammelten, 6 unter ihnen Hannas, der Hohe Priester, und Kajafas, Johannes und Alexander und alle, die zum hohepriesterlichen Geschlecht gehörten. 7 Und man stellte sie in die Mitte und befragte sie: Durch welche Kraft oder in wessen Namen habt ihr das getan? 8 Da sagte Petrus, erfüllt von heiligem Geist, zu ihnen: Führer des Volkes und Älteste! 9 Wenn wir heute wegen der Wohltat an einem kranken Menschen verhört und gefragt werden, wodurch dieser gerettet worden sei, 10 dann sei euch allen und dem ganzen Volk Israel kundgetan: Durch den Namen Jesu Christi, des Nazareners, den ihr gekreuzigt habt und den Gott von den Toten auferweckt hat, durch ihn steht dieser hier gesund vor euch. 11 Er ist der Stein, der von euch Bauleuten verschmäht wurde und zum Eckstein geworden ist. 12 Und in keinem anderen ist das Heil; denn uns Menschen ist kein anderer Name unter dem Himmel gegeben, durch den wir gerettet werden sollen.

13 Als sie aber den Freimut des Petrus und des Johannes sahen und merkten, dass sie einfache Menschen waren ohne besondere Bildung, wunderten sie sich. Es wurde ihnen klar, dass sie zu Jesus gehörten, 14 doch da sie sahen, dass der Geheilte bei ihnen stand, konnten sie nichts entgegenhalten. 15 Man gebot ihnen, die Ratsversammlung zu verlassen; dann berieten sie miteinander 16 und sagten: Was sollen wir mit diesen Menschen

tun? Denn dass ein sichtbares Zeichen durch sie geschehen ist, steht allen Bewohnern Jerusalems vor Augen, und wir können es nicht leugnen. 17 Damit sich aber das alles im Volk nicht noch weiter verbreitet, wollen wir ihnen unter Androhung von Strafe verbieten, je wieder in diesem Namen einen Menschen anzusprechen.

18 Und man rief sie herein und befahl ihnen, nie mehr im Namen Jesu zu reden und zu lehren. 19 Petrus und Johannes aber entgegneten ihnen: Ob es vor Gott recht ist, mehr auf euch zu hören als auf Gott, das müsst ihr beurteilen. 20 Denn wir können nicht anders als von dem reden, was wir gesehen und gehört haben. 21 Man drohte ihnen nochmals und liess sie dann gehen, da niemand wusste, wie man sie hätte bestrafen können – des Volkes wegen, denn alle priesen Gott für das, was geschehen war. 22 Über vierzig Jahre alt war der Mensch, an dem sich dieses Wunder der Heilung ereignet hatte.

|2: 17,32! |3: Lk 21,12! |4: 2,41.47 |7: Lk 20,1–2 |8: 2,4!; Lk 12,11–12 |10: 3,15! · 3,6–8 |11: Ps 118,22; Lk 20,17 |12: 2,21 |16: 3,9–10 |18: 5,28 |19: 5,29 |21: 5,40

4,2: Andere Übersetzungsmöglichkeit: «... und an (dem Beispiel von) Jesus die Auferstehung ...»

Das Gebet der Gemeinde

23 Nach ihrer Freilassung gingen sie zu den Ihren und berichteten alles, was die Hohen Priester und Ältesten zu ihnen gesagt hatten. 24 Als diese es hörten, erhoben sie einmütig ihre Stimme zu Gott und sprachen:
Herr, unser Herrscher, *du hast den Himmel gemacht und die Erde und das Meer und alles, was darin ist;* 25 du hast durch den heiligen Geist, durch den Mund unseres Vaters David, deines Knechtes, gesagt:
Was tun die Völker so gross
und sinnen die Nationen Nichtiges?
26 *Die Könige der Erde sind herbeigekommen,*

und die Fürsten haben sich zusammengetan,
gegen den Herrn und seinen Gesalbten.
27 Ja, wirklich, zusammengetan haben sich in dieser Stadt Herodes und Pontius Pilatus, die Völker und die Stämme Israels, gegen deinen heiligen Knecht, Jesus, den du gesalbt hast. 28 Und sie haben getan, was deine Hand und dein Ratschluss im Voraus festgesetzt haben, dass es geschehe. 29 Und nun, Herr: Achte auf ihre Drohungen und gewähre deinen Knechten, in aller Freiheit dein Wort zu verkündigen, 30 während du deine Hand ausstreckst und Heilung bewirkst und Zeichen und Wunder geschehen lässt durch den Namen deines heiligen Knechtes Jesus.

31 Und als sie gebetet hatten, erbebte der Ort, an dem sie sich versammelt hatten, und sie wurden alle erfüllt von heiligem Geist und verkündigten das Wort Gottes in aller Freiheit.

|24: 14,15; Ex 20,11; Ps 146,6 |25–26: Ps 2,1–2 |27: Lk 23,12 · 10,38! |28: 2,23 |30: 5,12! |31: 2,4! · 4,29

Gemeinschaft in der frühen Gemeinde

32 Die ganze Gemeinde war ein Herz und eine Seele, und nicht einer nannte etwas von dem, was er besass, sein Eigentum, sondern sie hatten alles gemeinsam. 33 Und mit grosser Kraft legten die Apostel Zeugnis ab von der Auferstehung des Herrn Jesus, und grosse Gnade ruhte auf ihnen allen. 34 Ja, es gab niemanden unter ihnen, der Not litt, denn die, welche Land oder Häuser besassen, verkauften, was sie hatten, und brachten den Erlös des Verkauften 35 und legten ihn den Aposteln zu Füssen; und es wurde einem jeden zuteil, was er nötig hatte.

36 Josef aber, der von den Aposteln den Beinamen Barnabas erhalten hatte, das heisst ‹Sohn des Trostes›, ein Levit, der aus Zypern stammte 37 und einen Acker besass, verkaufte ihn, brachte das Geld und legte es den Aposteln zu Füssen.

| 32: 2,44 | 34: 2,45! | 36: 9,27; 11,22.30; 12,25;
13,1–15,41

Ananias und Saphira

5 1 Ein Mann aber mit Namen Ananias verkaufte mit seiner Frau Saphira zusammen ein Stück Land 2 und behielt mit Wissen seiner Frau etwas vom Erlös zurück. Einen Teil davon brachte er und legte ihn den Aposteln zu Füssen. 3 Da sagte Petrus: Ananias, warum hat der Satan dein Herz so besetzt, dass du den heiligen Geist belügst und etwas vom Erlös des Grundstücks unterschlägst? 4 War es nicht dein Eigentum, solange es unverkauft war, und konntest du über den Ertrag nicht frei verfügen, als es verkauft war? Wie konnte dir so etwas in den Sinn kommen? Nicht Menschen hast du belogen, sondern Gott. 5 Als Ananias diese Worte hörte, brach er zusammen und starb. Und grosse Furcht überkam alle, die es vernahmen. 6 Die jungen Männer aber standen auf und hüllten ihn ein, trugen ihn hinaus und begruben ihn.

7 Es geschah aber nach ungefähr drei Stunden, dass seine Frau hereinkam, ohne zu wissen, was geschehen war. 8 Petrus wandte sich an sie und sprach: Sag mir, habt ihr das Grundstück für diesen Betrag verkauft? Sie sagte: Ja, für diesen Betrag. 9 Petrus erwiderte ihr: Wie konntet ihr nur übereinkommen, den Geist des Herrn auf die Probe zu stellen? Schau, die Füsse derer, die deinen Mann begraben haben, stehen schon vor der Tür, und sie werden auch dich hinaustragen. 10 Und unmittelbar darauf fiel auch sie zu seinen Füssen nieder und starb. Als die jungen Männer eintraten, fanden sie sie tot; und sie trugen sie hinaus und begruben sie an der Seite ihres Mannes. 11 Und grosse Furcht überkam die ganze Gemeinde und alle, die es vernahmen.

| 2: 4,35.37 | 4: Dtn 23,21–23

5,6: Andere Übersetzungsmöglichkeit: «... auf und legten ihn zurecht, sie trugen ...»

Wundertaten der Apostel

12 Durch die Hand der Apostel aber geschahen viele Zeichen und Wunder im Volk. Und sie waren alle einträchtig beisammen in der Halle Salomos; 13 von den andern aber wagte niemand, sich zu ihnen zu gesellen; das Volk jedoch war des Lobes voll über sie. 14 Immer neue, die an den Herrn glaubten, wurden der Gemeinde zugeführt, Scharen von Männern und Frauen. 15 Es kam so weit, dass man die Kranken auf die Strassen hinaustrug und sie auf Bahren und Liegebetten hinstellte, damit, wenn Petrus vorbeikäme, wenigstens sein Schatten auf einen von ihnen fiele. 16 Aber auch die Bewohner der rings um Jerusalem liegenden Städte kamen und brachten Kranke und von unreinen Geistern Geplagte. Und sie wurden alle geheilt.

| 12: 2,22.43; 4,30; 6,8; 14,3; 15,12; 2Kor 12,12
| 14: 4,4! | 15: 19,11–12! | 16: 8,7; Lk 6,18–19

Verhaftung und Verhör der Apostel

17 Der Hohe Priester aber erhob sich samt allen seinen Anhängern, der Partei der Sadduzäer; erfüllt von wildem Eifer 18 ergriffen sie die Apostel und liessen sie vor den Augen des Volkes in Gewahrsam nehmen. 19 Ein Engel des Herrn aber öffnete nachts die Tore des Gefängnisses, führte sie hinaus und sprach: 20 Geht, tretet im Tempel auf und verkündigt dem Volk das volle Wort des Lebens, das sich euch jetzt eröffnet hat. 21 Sie hörten es und gingen noch in der Morgendämmerung in den Tempel und lehrten.

Als nun der Hohe Priester und seine Anhänger eintrafen, riefen sie den Hohen Rat zusammen und die gesamte Ratsversammlung Israels und schickten zum Gefängnis, um sie vorführen zu lassen. 22 Doch als die Gerichtsdiener hinkamen, fanden sie sie nicht im Gefängnis. Sie kehrten zurück und meldeten: 23 Wir haben das Gefängnis verschlossen vorgefunden; es war rundum gesichert, und die Wachen standen vor den Toren; doch als wir aufschlossen, fanden wir niemanden darin. 24 Als der Hauptmann der Tempelwache und die Hohen Priester diese Worte hörten, gerieten sie in grosse Verlegenheit, und sie fragten sich, was das noch werden sollte. 25 Da kam jemand und meldete ihnen: Passt auf, die Männer, die ihr ins Gefängnis geworfen habt, stehen im Tempel und lehren das Volk. 26 Da ging der Hauptmann mit den Gerichtsdienern hin und liess sie herbeiführen, ohne Gewalt anzuwenden; sie fürchteten nämlich, das Volk könnte sie steinigen.

27 Man führte sie herbei und stellte sie vor den Hohen Rat. Und der Hohe Priester befragte sie 28 und sprach: Haben wir euch nicht ausdrücklich befohlen, nicht mehr zu lehren in diesem Namen? Und was macht ihr? Ihr erfüllt Jerusalem mit eurer Lehre und wollt das Blut dieses Menschen über uns bringen. 29 Petrus aber und die Apostel antworteten: Man muss Gott mehr gehorchen als den Menschen. 30 Der Gott unserer Väter hat Jesus, den ihr ans Holz gehängt und umgebracht habt, auferweckt. 31 Gott hat ihn zu seiner Rechten erhöht und zum Fürsten und Retter gemacht, um Israel Umkehr zu schenken und Vergebung der Sünden. 32 Und wir sind Zeugen dieser Ereignisse, wir und der heilige Geist, den Gott denen gegeben hat, die ihm gehorchen.

33 Als sie dies hörten, wurden sie rasend vor Zorn und wollten sie töten. 34 In der Ratsversammlung aber stand ein Pharisäer namens Gamaliel auf, ein im ganzen Volk angesehener Gesetzeslehrer, und befahl, die Männer für kurze Zeit hinauszuschicken. 35 Und er sprach: Israeliten, überlegt euch genau, was ihr mit diesen Leuten tun wollt. 36 Vor einiger Zeit nämlich ist Theudas aufgetreten, der von sich behauptete, etwas Besonderes zu sein; ihm hat sich eine Schar von etwa vierhundert Männern angeschlossen. Er wurde getötet, und alle seine Anhänger wurden versprengt, und seine Bewegung löste sich in nichts auf. 37 Nach ihm, zur Zeit der

Steuereinschätzung, ist Judas der Galiläer aufgetreten, machte Leute abtrünnig und scharte sie um sich. Auch er ging zugrunde, und alle seine Anhänger zerstreuten sich in alle Winde. 38 Deshalb rate ich euch jetzt: Lasst ab von diesen Leuten und lasst sie gehen! Denn wenn das, was hier geplant und ins Werk gesetzt wird, von Menschen stammen sollte, dann wird es sich zerschlagen. 39 Wenn es aber von Gott kommt, dann werdet ihr sie nicht aufhalten können; ihr aber könntet als solche dastehen, die sogar gegen Gott kämpfen. Sie liessen sich von ihm überzeugen, 40 riefen die Apostel wieder herein, verabreichten ihnen Schläge und befahlen ihnen, nicht mehr im Namen Jesu zu reden; dann liess man sie frei.

41 Da gingen sie vom Hohen Rat fort, voll Freude darüber, dass sie gewürdigt worden waren, um des Namens willen Schmach zu erleiden. 42 Und jeden Tag lehrten und verkündigten sie ohne Unterlass, im Tempel und zu Hause, dass Jesus der Gesalbte sei.

|17: 4,1–2.6 |18–23: 12,4–10 |18: Lk 21,12! |19: 12,7! |26: 4,21 |28: 4,18 .18,6 |29: 4,19 |30: 3,15! |31: 2,33–35 . 3,15 . 13,23! . 11,18! . 2,38; 10,43; 13,38; 26,18; Lk 24,47 |32: 1,22!; Joh 15,26–27 |33: 7,54 |34: 22,3 |37: Lk 2,1–2 |40: 4,17–18.21 |41: Lk 6,22–23 |42: 9,22!

5,28: Andere Textüberlieferung: «... und sprach: Wir haben euch ausdrücklich befohlen, ...»

Die Wahl der Sieben

6 1 In diesen Tagen aber, als die Jünger immer zahlreicher wurden, kam dazu, dass die Hellenisten unter ihnen gegen die Hebräer aufbegehrten, weil ihre Witwen bei der täglichen Versorgung vernachlässigt wurden. 2 Die Zwölf beriefen nun die Versammlung der Jünger ein und sprachen: Es geht nicht an, dass wir die Verkündigung des Wortes Gottes beiseite lassen und den Dienst bei Tisch versehen. 3 Seht euch also um, Brüder, nach sieben Männern aus eurer Mitte, die einen guten Ruf haben und voll Geist und Weisheit sind; die wollen wir einsetzen für diese Aufgabe. 4 Wir aber werden festhalten am

Gebet und am Dienst des Wortes. 5 Der Vorschlag gefiel allen, die versammelt waren. Und sie wählten Stephanus, einen Mann erfüllt von Glauben und heiligem Geist, und Philippus und Prochorus und Nikanor und Timon und Parmenas und Nikolaus, einen Proselyten aus Antiochia, 6 führten sie vor die Apostel, und diese beteten und legten ihnen die Hände auf.

7 Und das Wort Gottes breitete sich aus, und in Jerusalem wuchs die Zahl der Jünger stetig; auch ein grosser Teil der Priester wurde dem Glauben gehorsam.

|1: 4,34–35 |5: 6,8–9; 7,59; 8,2 · 8,5–40; 21,8 |6: 8,17; 9,12.17; 13,3; 19,6; 28,8 |7: 5,14!

6,1: Mit ‹Hellenisten› sind vermutlich griechisch sprechende Diasporajuden gemeint, vgl. auch 6,9; mit dem Gegenbegriff ‹Hebräer›, aramäisch sprechende Juden.

Gefangennahme des Stephanus und Anklageerhebung

8 Stephanus, erfüllt von Gnade und Kraft, tat grosse Wunder und Zeichen im Volk. 9 Es traten aber einige auf von der sogenannten Synagoge der Libertiner, Kyrener und Alexandriner und einige von denen aus Kilikien und der Provinz Asia, die diskutierten mit Stephanus, 10 vermochten aber der Weisheit und dem Geist, durch den er sprach, nichts entgegenzusetzen.

11 Da stifteten sie einige Männer an zu sagen: Wir haben gehört, wie er Lästerreden gegen Mose und gegen Gott geführt hat. 12 Und sie wiegelten das Volk, die Ältesten und die Schriftgelehrten auf, machten sich an ihn heran, ergriffen ihn und führten ihn vor den Hohen Rat. 13 Und sie liessen falsche Zeugen auftreten, die behaupteten: Dieser Mensch hört nicht auf, Reden zu führen gegen diesen heiligen Ort und gegen das Gesetz. 14 Wir haben nämlich gehört, wie er gesagt hat: Dieser Jesus von Nazaret wird diese Stätte zerstören und die Bräuche ändern, die Mose uns überliefert hat.

15 Da blickten alle, die im Hohen Rat sassen, gespannt auf ihn. Und sie sahen, dass sein Antlitz wie das eines Engels war.

|8: 6,5! · 5,12! |10: Lk 21,15 |13: 21,28 |14: Mk 14,58; Mt 26,61

Die Verteidigungsrede des Stephanus

7 1 Der Hohe Priester fragte nun: Verhält es sich so? 2 Er aber sprach:

Brüder und Väter, hört! Der Gott der Herrlichkeit ist unserem Vater Abraham erschienen, als dieser noch in Mesopotamien lebte, bevor er sich in Haran niederliess. 3 Und er hat zu ihm gesagt: *Zieh weg aus deiner Heimat und fort von deiner Verwandtschaft, und geh in das Land, das ich dir zeigen werde.* 4 Da zog er weg aus dem Land der Kasdäer und liess sich in Haran nieder. Als sein Vater gestorben war, wies er ihn an, von dort weiterzuziehen in das Land, in dem ihr jetzt wohnt. 5 Und er gab ihm kein Erbteil daran, nicht einmal einen Fuss breit, doch er verhiess, *es ihm und nach ihm seinen Nachkommen zum Besitz zu geben* – dabei war er doch kinderlos. 6 Gott aber sprach so: *Seine Nachkommen werden Fremdlinge sein in fremdem Land, und man wird sie zu Sklaven machen und misshandeln vierhundert Jahre lang.* 7 *Aber das Volk, dem sie als Sklaven dienen, werde ich richten,* so sprach Gott, *und danach werden sie ausziehen* und mich verehren an diesem Ort. 8 Und er gab ihm den Bund der Beschneidung. So zeugte er den Isaak und beschnitt ihn am achten Tag, und Isaak beschnitt den Jakob, und Jakob die zwölf Patriarchen.

9 Und die Patriarchen waren eifersüchtig auf Josef und verkauften ihn nach Ägypten. Aber Gott war mit ihm. 10 Er befreite ihn aus all seiner Bedrängnis und gab ihm Gnade und Weisheit vor dem Pharao, dem König von Ägypten, und der setzte ihn als Statthalter über Ägypten und über sein ganzes Haus. 11 Es kam aber eine Hungersnot über ganz Ägypten und Kanaan, eine grosse Not, und unsere Väter hatten nichts zu essen. 12 Jakob aber vernahm,

dass es in Ägypten noch Getreide gab, und schickte unsere Väter ein erstes Mal dorthin. 13 Und beim zweiten Mal gab sich Josef seinen Brüdern zu erkennen, und der Pharao erfuhr von Josefs Herkunft. 14 Josef aber schickte nach seinem Vater und liess ihn und alle seine Verwandten zu sich kommen, fünfundsiebzig Leute. 15 Und Jakob zog hinab nach Ägypten; dort starb er, und unsere Väter auch. 16 Und sie wurden nach Sichem überführt und in dem Grab beigesetzt, das Abraham in Sichem von den Söhnen Hamors für Geld erworben hatte.

17 Als nun die Zeit der Verheissung, die Gott dem Abraham zugesagt hatte, nahte, da hatte sich das Volk vermehrt und in Ägypten ausgebreitet. 18 Dann *trat ein anderer König auf in Ägypten, der nichts von Josef wusste.* 19 Der ging gegen unser Geschlecht mit Arglist vor und fügte unseren Vorfahren Böses zu: Er liess die Säuglinge aussetzen, damit sie nicht am Leben blieben. 20 Zu dieser Zeit wurde Mose geboren, und er war anmutig in den Augen Gottes. Drei Monate wurde er aufgezogen im Hause seines Vaters; 21 als er nun ausgesetzt wurde, nahm ihn die Tochter des Pharao zu sich und zog ihn auf als ihren eigenen Sohn. 22 Und Mose wurde unterwiesen in aller Weisheit der Ägypter, und er war mächtig in Wort und Tat.

23 Als sich aber die Zeit erfüllte und er vierzig Jahre alt wurde, stieg in seinem Herzen der Gedanke auf, nach seinen Brüdern zu schauen, den Söhnen Israels. 24 Und als er sah, wie einem von ihnen Unrecht geschah, setzte er sich für ihn zur Wehr; er übte Rache für den, der bedrängt wurde, und erschlug den Ägypter. 25 Er dachte, seine Brüder würden verstehen, dass Gott ihnen durch seine Hand Rettung schaffen wollte; sie aber verstanden es nicht. 26 Am nächsten Tag kam er dazu, wie sie sich stritten, und er wollte sie bewegen, Frieden zu schliessen, und sprach: Männer, ihr seid Brüder. Warum fügt ihr einander Un-

recht zu? 27 Der aber, der seinem Nächsten Unrecht zufügte, stiess ihn weg und sagte: *Wer hat dich zum Herrscher und Richter über uns gesetzt? 28 Willst du mich etwa töten, wie du gestern den Ägypter getötet hast?* 29 Mose aber ergriff auf dieses Wort hin die Flucht. Und er ging als Fremdling ins Land Midian. Dort zeugte er zwei Söhne.

30 Als wiederum vierzig Jahre vergangen waren, erschien ihm in der Wüste des Berges Sinai ein Engel in der lodernden Flamme eines Dornbusches. 31 Als Mose das sah, staunte er über die Erscheinung, und er trat näher, um genauer hinzusehen. Da ertönte die Stimme des Herrn: 32 *Ich bin der Gott deiner Väter, der Gott Abrahams, Isaaks und Jakobs.* Mose aber begann zu zittern und wagte nicht hinzusehen. 33 Der Herr aber sagte zu ihm: *Zieh deine Schuhe aus, denn der Ort, an dem du stehst, ist heiliges Land. 34 Hingeschaut habe ich und gesehen, wie mein Volk in Ägypten unterdrückt wird, und gehört habe ich ihr Seufzen. Herabgestiegen bin ich, sie zu befreien. Und nun, geh, ich will dich nach Ägypten senden.*

35 Diesen Mose, den sie abgewiesen hatten mit den Worten: *Wer hat dich zum Herrscher und Richter eingesetzt?*, ihn hat Gott als Herrscher und Erlöser gesandt durch die Hand des Engels, der ihm im Dornbusch erschienen ist. 36 Er hat sie herausgeführt und Wunder und Zeichen vollbracht in Ägypten, am Roten Meer und in der Wüste, vierzig Jahre lang. 37 Dieser Mose ist es, der zu den Söhnen Israels gesagt hat: *Einen Propheten wie mich wird euch Gott erwecken aus der Mitte eurer Brüder.* 38 Er ist es, der in der Wüste vor versammeltem Volk zum Mittler geworden ist zwischen dem Engel, der auf dem Berg Sinai mit ihm sprach, und unseren Vätern. Er hat Worte des Lebens empfangen, um sie an uns weiterzugeben. 39 Unsere Väter aber wollten ihm nicht gehorsam sein, nein, sie stiessen ihn von sich und wandten sich im Herzen wieder Ägyp-

ten zu. 40 Sie sagten zu Aaron: *Mach uns Götter, welche vor uns herziehen, denn dieser Mose, der uns aus Ägypten herausgeführt hat – wir wissen nicht, was mit ihm geschehen ist.* 41 Und sie machten ein Stierkalb in jenen Tagen und brachten dem Götzenbild ein Opfer dar und freuten sich am Werk ihrer Hände. 42 Gott aber wandte sich ab und liess sie dem Heer des Himmels dienen, wie es geschrieben steht im Buch der Propheten: *Habt ihr mir etwa Schlachtopfer und Speiseopfer dargebracht,*

vierzig Jahre lang in der Wüste, Haus Israel?

43 *Nein, das Zelt des Moloch habt ihr mit euch geführt*

und das Sternbild eures Gottes Raifan, die Gebilde, die ihr gemacht habt, um vor ihnen niederzuknien.

Und ich werde euch in die Verbannung schicken, noch über Babylon *hinaus.*

44 Unsere Väter hatten das Zelt des Zeugnisses in der Wüste, so wie es den Anordnungen dessen entsprach, der mit Mose gesprochen hatte: Nach dem Urbild, das er gesehen hatte, sollte es gebaut werden. 45 Das haben unsere Väter übernommen und unter Josua ins Land gebracht, als sie das Hab und Gut der Völker in Besitz nahmen, die Gott vor dem Angesicht unserer Väter vertrieb – bis zu den Tagen Davids. 46 Dieser fand Gnade vor Gott und bat darum, ihn eine Wohnstätte finden zu lassen für den Gott Jakobs. 47 Salomo baute ihm dann ein Haus. 48 Doch der Höchste wohnt nicht in Wohnungen, die von Menschenhand gemacht sind, wie der Prophet sagt:

49 *Der Himmel ist mein Thron,*

die Erde aber der Schemel meiner Füsse.
Was für ein Haus wollt ihr mir bauen, spricht der Herr,

was soll meine Ruhestätte sein?

50 *Hat nicht meine Hand dies alles gemacht?*

51 Ihr Halsstarrigen, die ihr unbeschnitten seid an Herz und Ohren, stets von neuem widersetzt ihr euch dem hei-

ligen Geist, wie schon eure Väter, so auch ihr. 52 Welchen Propheten haben eure Väter nicht verfolgt? Getötet haben sie alle, die vom Kommen des Gerechten kündeten. Und an ihm seid *ihr* jetzt zu Verrätern und Mördern geworden, 53 ihr, die ihr das Gesetz durch Anordnungen von Engeln empfangen und euch nicht daran gehalten habt.

|2: Gen 11,31; 15,7 |3: Gen 12,1 |4: Gen 11,32 · Gen 12,1.5 |5: Gen 12,7; 17,8 · Gen 16,1 |6–7: Gen 15, 13–14 |8: Gen 17,10 · Gen 21,2–4 · Gen 25,26 · Gen 35, 23–26 |9: Gen 37,11.28 · Gen 39,2.21 |10: Gen 41, 39–45 |11: Gen 41,54; 42,5 |12: Gen 42,2 |13: Gen 45, 1–2.16 |14: Gen 45,9 · Gen 46,27 |15: Gen 46,1.6 · Gen 49,33 · Ex 1,6 |16: Gen 33,18–19; 50,13 |17: Ex 1,7 |18: Ex 1,8 |19: Ex 1,9–10 · Ex 1,22 |20: Ex 2,2 |21: Ex 2,3. 5.10 |23: Ex 2,11 |24: Ex 2,11–12 |26: Ex 2,13 |27–28: Ex 2,14 |29: Ex 2,15 · Ex 2,21–22; 18,3–4 |30: Ex 3,2 |31: Ex 3,3–4 |32: 3,13; Ex 3,6; Lk 20,37 |33: Ex 3,5 |34: Ex 3,7–8.10 |35: 7,27; Ex 2,14 |36: Ex 7,3 · Num 14,33 |37: 3,22; Dtn 18,15 |38: 7,53; Ex 31,18 |39: Ex 16,3; Num 14,3–4 |40: Ex 32,1.23 |41: Ex 32,4.6 |42–43: Am 5, 25–27 |42: Jer 8,2; 19,13 |44: Ex 25,8–9.40; 29,42 |45: Jos 18,1 |46: 2Sam 7,2; Ps 132,1–5 |47: 1Kön 6,1–38 |48: 17,24; 1Kön 8,27.30 |49–50: Jes 66,1–2 |51: Ex 32,9 · Jer 9,25; Ez 44,7 · Jer 6,10 |52: Lk 11,47! |53: 7,38!

7,13: Andere Übersetzungsmöglichkeit: «..., und dem Pharao wurde Josefs Familie bekannt gemacht.»
7,46: Andere Textüberlieferung: «... für das Haus Jakobs.»

Die Steinigung des Stephanus und der Ausbruch von Verfolgungen

54 Als sie dies hörten, wurden sie rasend vor Zorn und knirschten mit den Zähnen. 55 Er aber, erfüllt von heiligem Geist, blickte zum Himmel auf und sah die Herrlichkeit Gottes und Jesus zur Rechten Gottes stehen. 56 Und er sprach: Ja, ich sehe die Himmel offen und den Menschensohn zur Rechten Gottes stehen. 57 Sie aber überschrien ihn, hielten sich die Ohren zu und stürzten sich vereint auf ihn. 58 Sie stiessen ihn aus der Stadt hinaus und steinigten ihn. Und die Zeugen legten ihre Kleider ab, zu Füssen eines jungen Mannes namens Saulus. 59 Sie steinigten den Stephanus, er aber rief den Herrn an und sprach: Herr, Jesus, nimm meinen Geist auf! 60 Er fiel auf die Knie und rief mit lauter Stimme: Herr, rechne ihnen diese Sünde nicht an! Und als er dies gesagt hatte, verschied er.

8 1 Saulus war einverstanden mit dieser Hinrichtung. An jenem Tag nun kam eine grosse Verfolgung über die Gemeinde in Jerusalem. Alle wurden versprengt über das ganze Land, über Judäa und Samaria, nur die Apostel nicht.

2 Fromme Männer bestatteten den Stephanus und hielten eine grosse Totenklage für ihn. 3 Saulus aber fügte der Gemeinde grosses Leid zu: Er drang in ihre Häuser ein, schleppte Männer und Frauen fort und liess sie ins Gefängnis werfen.

|54: 5,33 |55: 6,5 |56: Lk 22,69! |58: Lev 24,14; Dtn 17,7 · 22,20 |59: 6,5! · Lk 23,46; Ps 31,6 |60: Lk 23,34 |1: 8,4! |2: 6,5! |3: 9,1–2; 22,4.19; 26,10–11; Gal 1,13! · Lk 21,12!

Philippus in Samaria

4 Die Vertriebenen nun zogen umher und verkündigten das Evangelium. 5 Philippus ging hinab in die Hauptstadt Samarias und verkündigte den Leuten dort den Christus. 6 Und sie kamen in Scharen und folgten aufmerksam den Ausführungen des Philippus; und sie stimmten ihm zu, als sie seine Worte hörten und die Zeichen sahen, die er tat. 7 Viele hatten unreine Geister, die laut brüllend ausfuhren, viele waren verkrüppelt oder gelähmt und wurden geheilt. 8 Und es kehrte grosse Freude ein in jener Stadt.

9 Ein Mann aber mit Namen Simon war zuvor in der Stadt als Magier aufgetreten und hatte die Bevölkerung von Samaria in Bann geschlagen mit der Behauptung, er sei etwas ganz Grosses, 10 und alle, Gross und Klein, hingen ihm an und sagten: Dieser Mann ist die Kraft Gottes, die man ‹die Grosse› nennt. 11 Sie hingen ihm an, weil sie lange Zeit gebannt waren von seinen Künsten. 12 Als sie nun Philippus Glauben schenkten, der das Evangelium verkündigte vom Reich Gottes und vom Namen Jesu Christi, liessen sie sich taufen, Männer und Frauen. 13 Auch Simon selbst kam zum Glauben; er liess sich taufen und hielt sich fortan an Philippus; und er war fassungslos angesichts

der grossen Zeichen und Wunder, die da geschahen.

14 Als aber die Apostel in Jerusalem vernahmen, dass Samaria das Wort Gottes angenommen hatte, sandten sie Petrus und Johannes zu ihnen. 15 Die kamen herab und beteten für sie, dass sie den heiligen Geist empfangen möchten 16 – er war nämlich noch auf keinen von ihnen herabgekommen, sie waren erst auf den Namen des Herrn Jesus getauft. 17 Dann legten sie ihnen die Hände auf, und sie empfingen den heiligen Geist.

18 Als nun Simon sah, dass durch die Handauflegung der Apostel der Geist gegeben wurde, bot er ihnen Geld an 19 und sagte: Gebt auch mir diese Vollmacht, dass jeder den heiligen Geist empfängt, dem ich die Hände auflege. 20 Petrus aber sprach zu ihm: Ins Verderben mit dir und deinem Geld! Du hast wohl gemeint, die Gabe Gottes mit Geld erwerben zu können. 21 Du hast weder Anteil an dieser Sache noch ein Anrecht darauf, denn deine Gesinnung gegenüber Gott ist nicht lauter. 22 Wende dich ab von deiner Bosheit und bete zum Herrn; vielleicht wird dir dieses Ansinnen vergeben werden. 23 Denn ich sehe dich hineingeraten in bittere Galle und in die Fänge des Unrechts. 24 Simon entgegnete: Betet ihr für mich zum Herrn, dass nichts von dem, was ihr gesagt habt, über mich komme.

25 Nachdem sie Zeugnis abgelegt und das Wort des Herrn verkündigt hatten, kehrten sie nach Jerusalem zurück; unterwegs verkündigten sie in vielen Dörfern Samarias das Evangelium.

|4: 8,1; 11,19 |5: 6,5! |7: 5,16! |12: 19,8! |14: 11,1 · 1,8 |15: 1,8; 2,33.38; 10,47; 19,2.6 |16: 19,2–6 |17: 6,6! |20: Mt 10,8 |22: 17,30! |23: Dtn 29,17

8,7: Andere Übersetzungsmöglichkeit: «Denn viele von denen, die unreine Geister hatten – die schrien mit lauter Stimme und fuhren aus, und viele Verkrüppelte und Gelähmte wurden geheilt.»

Philippus und der äthiopische Hofbeamte

26 Ein Engel des Herrn aber sprach zu Philippus: Mach dich auf und geh nach Süden auf die Strasse, die von Jerusalem nach Gaza hinabführt; sie ist menschenleer. 27 Und er machte sich auf und ging. Da kam ein äthiopischer Hofbeamter vorüber, ein Eunuch der Kandake, der Königin der Äthiopier; er war ihr Schatzmeister. Der war nach Jerusalem gereist, um dort zu beten. 28 Nun befand er sich auf dem Heimweg; er sass auf seinem Wagen und las im Propheten Jesaja.

29 Da sprach der Geist zu Philippus: Geh und folge diesem Wagen. 30 Philippus holte ihn ein und hörte, wie er im Propheten Jesaja las, und sagte: Verstehst du, was du da liest? 31 Der sagte: Wie könnte ich, wenn niemand mich anleitet? Und er bat Philippus, auf den Wagen zu steigen und sich zu ihm zu setzen. 32 Der Abschnitt der Schrift, den er las, war folgender:

Wie ein Schaf wurde er zur Schlachtbank geführt;

und wie ein Lamm, das vor seinem Scherer verstummt,

so tut er seinen Mund nicht auf.

33 *In seiner Erniedrigung wurde aufgehoben das Urteil gegen ihn;*

doch von seinem Geschlecht, wer wird davon erzählen?

Denn weggenommen von der Erde wird sein Leben.

34 Der Eunuch sagte nun zu Philippus: Ich bitte dich, sage mir, von wem spricht hier der Prophet? Von sich oder von einem anderen? 35 Da tat Philippus seinen Mund auf und begann, ihm von dieser Schriftstelle ausgehend das Evangelium von Jesus zu verkündigen. 36 Als sie weiterzogen, kamen sie zu einer Wasserstelle, und der Eunuch sagte: Schau, hier ist Wasser; was steht meiner Taufe noch im Weg? 38 Und er liess den Wagen anhalten, und sie stiegen beide ins Wasser hinab, Philippus und der Eunuch, und er taufte ihn. 39 Als sie aber aus dem Wasser stiegen, entrückte der Geist des Herrn den Philippus, und der Eunuch sah ihn nicht mehr; doch er zog voll Freude seines Weges.

40 Philippus aber wurde in Asdod gesehen. Und er zog durch alle Städte und verkündigte das Evangelium, bis er nach Cäsarea kam.

|26: 6,5! |27: Ps 68,32!; Jes 56,6–7 |29: 10,19! |32–33: Jes 53,7–8 |36: 10,47 |39: 1Kön 18,12; 2Kön 2,16; 2Kor 12,2–4 |40: 6,5! · 8,4

8,27: ‹Kandake› ist eine Titelbezeichnung, ähnlich wie ‹Pharao› in Ägypten.

8,36: Einige Handschriften fügen ein (in unterschiedlicher Formulierung): 37 Er sagte zu ihm: Wenn du von ganzem Herzen glaubst, ist es möglich. Er antwortete: Ich glaube, dass der Sohn Gottes Jesus Christus ist.»

Die Berufung des Saulus

9 1 Saulus aber schnaubte noch immer Drohung und Mord gegen die Jünger des Herrn. Er ging zum Hohen Priester 2 und bat ihn um Briefe an die Synagogen in Damaskus, dass er, wenn er Anhänger dieses neuen Weges dort finde – Männer und auch Frauen –, sie gefesselt nach Jerusalem bringen solle.

3 Als er unterwegs war, geschah es, dass er in die Nähe von Damaskus kam, und plötzlich umstrahlte ihn ein Licht vom Himmel; 4 er stürzte zu Boden und hörte eine Stimme zu ihm sagen: Saul, Saul, was verfolgst du mich? 5 Er aber sprach: Wer bist du, Herr? Und er antwortete: Ich bin Jesus, den du verfolgst. 6 Doch steh auf und geh in die Stadt, und es wird dir gesagt werden, was du tun sollst. 7 Die Männer aber, die mit ihm unterwegs waren, standen sprachlos da; sie hörten zwar die Stimme, sahen aber niemanden. 8 Da erhob sich Saulus vom Boden; doch als er die Augen öffnete, konnte er nicht mehr sehen. Sie mussten ihn bei der Hand nehmen und führten ihn nach Damaskus. 9 Und drei Tage lang konnte er nicht sehen, und er ass nicht und trank nicht.

10 In Damaskus aber war ein Jünger mit Namen Ananias, und zu diesem sprach der Herr in einer Vision: Ananias! Er sagte: Hier bin ich, Herr. 11 Der

Herr aber sagte zu ihm: Mach dich auf und geh in die Strasse, die man ‹die Gerade› nennt, und frag im Haus des Judas nach einem Mann aus Tarsus mit Namen Saulus! Du wirst sehen, er betet, 12 und er hat in einer Vision einen Mann namens Ananias gesehen, der zu ihm hereinkam und ihm die Hände auflegte, damit er wieder sehe. 13 Ananias aber antwortete: Herr, ich habe von vielen Seiten gehört, wie viel Böses dieser Mann deinen Heiligen in Jerusalem angetan hat. 14 Und von den Hohen Priestern hat er hier die Vollmacht, alle festzunehmen, die deinen Namen anrufen. 15 Der Herr aber sagte zu ihm: Geh hin, denn gerade er ist mein auserwähltes Werkzeug, meinen Namen zu tragen vor den Augen von Völkern und Königen und vor den Augen der Israeliten. 16 Ich werde ihm zeigen, wie viel er wird leiden müssen um meines Namens willen.

17 Da machte sich Ananias auf und ging in das Haus hinein, legte ihm die Hände auf und sprach: Saul, mein Bruder, der Herr hat mich gesandt, Jesus, der dir erschienen ist auf dem Weg, den du gekommen bist: Du sollst wieder sehen und erfüllt werden von heiligem Geist! 18 Da fiel es ihm wie Schuppen von den Augen, und er sah wieder; und er stand auf und liess sich taufen. 19 Und er nahm Speise zu sich und kam wieder zu Kräften.

|1–19: 22,3–16; 26,9–18 |1: 8,3! |3: 1Kor 15,8 |10: 10,3; 11,5; 16,9; 18,9; 22,17–18; 23,11; 27,23–24 |11: 21,39 |12: 6,6! |14: 9,2 · 2,21 |15: 13,2; 26,2; 27,24; Gal 1,15–16 |16: 2Kor 11,23–28 |17: 6,6! · 2,4!

9,2: Im griechischen Text steht als Bezeichnung für die neue Bewegung der Christen nur ‹der Weg›. Dies verweist auf alttestamentlich-jüdischen Hintergrund; um das Neue des Anspruchs der Christen wiederzugeben, wird hier die Übersetzung ‹neuer Weg› gewählt.

9,8: Andere Übersetzungsmöglichkeit: «Saulus aber wurde vom Boden aufgehoben; …»

Saulus in Damaskus und Jerusalem

Er blieb nun einige Tage bei den Jüngern in Damaskus 20 und verkündigte sofort in den Synagogen, dass Jesus der Sohn Gottes sei. 21 Alle, die davon hörten, waren fassungslos und sagten: Ist das nicht der, der alle, die diesen Namen anrufen, in Jerusalem ausrotten wollte? Und ist er nicht zu diesem Zweck hierher gekommen, um sie auch hier gefangen zu nehmen und vor die Hohen Priester zu führen? 22 Saulus aber trat umso entschiedener auf und versetzte die Juden, die in Damaskus wohnten, in grosse Verwirrung, indem er ihnen bewies: Dieser Mann ist der Gesalbte.

23 Nachdem darüber einige Tage vergangen waren, beschlossen die Juden, ihn zu töten. 24 Saulus aber erhielt Kenntnis von ihrem Plan; sie liessen sogar die Stadttore Tag und Nacht überwachen, in der Absicht, ihn zu töten. 25 Die Jünger aber nahmen ihn und liessen ihn nachts über die Mauer entkommen, indem sie ihn in einem Korb hinunterliessen.

26 Als er nach Jerusalem kam, versuchte er, sich zu den Jüngern zu halten; doch alle fürchteten ihn und glaubten nicht, dass er ein Jünger sei. 27 Barnabas aber nahm sich seiner an, führte ihn zu den Aposteln und erzählte ihnen, wie er unterwegs den Herrn gesehen und dass er mit ihm gesprochen habe und wie er dann in Damaskus öffentlich aufgetreten sei im Namen des Herrn. 28 Und so kam es, dass er bei ihnen in Jerusalem ein und aus gehen und öffentlich im Namen des Herrn auftreten konnte. 29 Und er sprach zu den Hellenisten und diskutierte mit ihnen; sie jedoch hatten vor, ihn zu töten. 30 Als die Brüder und Schwestern davon Kenntnis erhielten, geleiteten sie ihn nach Cäsarea hinab und schickten ihn weiter nach Tarsus.

31 Die Kirche hatte nun Frieden in ganz Judäa und Galiläa und Samaria; sie wurde auferbaut und ging ihren Weg in der Furcht des Herrn; und sie wuchs durch den Beistand des heiligen Geistes.

|20: Lk 3,22! |21: 2,21 · 8,3! |22: 5,42; 17,3; 18,5.28 |24–25: 2Kor 11,32–33 |26–30: 22,17–21 |26–27: Gal 1,17–18 |27: 4,36! |30: Gal 1,21

9,25: Andere Textüberlieferung: «Seine Jünger aber nahmen ihn ...»

9,31: «Kirche»: Das griechische Wort ‹ekklesia›, das in der Apostelgeschichte sonst mit ‹Gemeinde› übersetzt wird, hat hier und in 20,28 eine sehr weite Bedeutung und wird deshalb mit ‹Kirche› wiedergegeben.

Petrus in Lydda und Joppe

32 Es begab sich nun, dass Petrus, als er alle Gemeinden ringsum besuchte, auch zu den Heiligen hinabkam, die in Lydda wohnten. 33 Dort fand er einen Menschen mit Namen Äneas, der seit acht Jahren ans Bett gefesselt war, er war nämlich gelähmt. 34 Und Petrus sprach zu ihm: Äneas, Jesus Christus heilt dich. Steh auf und klappe deine Bahre zusammen! Und sogleich stand er auf. 35 Und alle Bewohner von Lydda und der Scharon-Ebene sahen ihn; und sie wandten sich dem Herrn zu.

36 In Joppe aber war eine Jüngerin mit Namen Tabita, das heisst ‹Gazelle›. Die tat viel Gutes und gab reichlich Almosen. 37 Es geschah aber in jenen Tagen, dass sie krank wurde und starb. Man wusch sie und bahrte sie im Obergemach auf. 38 Da Lydda nahe bei Joppe liegt, vernahmen die Jünger, dass Petrus dort sei, schickten zwei Männer zu ihm und liessen ihn bitten: Säume nicht, zu uns herüberzukommen. 39 Da machte sich Petrus auf und ging mit ihnen. Als er dort ankam, führten sie ihn in das Obergemach; alle Witwen traten zu ihm und zeigten ihm unter Tränen die Kleider und Gewänder, die die Gazelle gemacht hatte, als sie noch unter ihnen war. 40 Petrus aber wies alle hinaus. Und er kniete nieder und betete; und zu dem Leichnam gewandt sprach er: Tabita, steh auf! Sie öffnete ihre Augen, sah Petrus an und setzte sich auf. 41 Er gab ihr die Hand und half ihr auf. Dann rief er die Heiligen und die Witwen herein und zeigte ihnen, dass sie lebte. 42 Dies wurde in ganz Joppe bekannt, und viele kamen zum Glauben an den Herrn.

43 Und so blieb er einige Tage in Joppe bei einem Gerber namens Simon.

|33–34: Lk 5,18.24–25 |40: Lk 7,14!; Mk 5,41

Petrus und Kornelius

10 1 In Cäsarea aber war ein Mann mit Namen Kornelius, ein Hauptmann, der zur sogenannten Italischen Kohorte gehörte. 2 Der war fromm und gottesfürchtig samt seinem ganzen Haus; er gab reichlich Almosen für das Volk und betete stets zu Gott. 3 Um die neunte Stunde des Tages sah dieser in einer Vision deutlich, wie ein Engel Gottes bei ihm eintrat und zu ihm sagte: Kornelius! 4 Er sah ihn an und fragte voller Furcht: Was ist, Herr? Der aber sagte zu ihm: Deine Gebete und deine Almosen sind aufgestiegen vor Gott, und es wird ihrer gedacht. 5 Schicke nun Männer nach Joppe und lass einen gewissen Simon kommen, der den Beinamen Petrus trägt. 6 Er ist zu Gast bei einem Gerber namens Simon, dessen Haus am Meer liegt. 7 Als der Engel, der mit ihm sprach, weggegangen war, rief er zwei seiner Hausklaven und einen frommen Soldaten aus seiner Dienstmannschaft, 8 unterrichtete sie über alles und schickte sie nach Joppe.

9 Am folgenden Tag, als jene unterwegs waren und sich der Stadt näherten, stieg Petrus um die sechste Stunde auf das Dach des Hauses, um zu beten. 10 Da wurde er hungrig und wünschte etwas zu essen. Während man etwas zubereitete, geriet er in Ekstase, 11 und er sah den Himmel offen und eine Art Gefäss herabkommen, wie ein grosses Leinentuch, das an seinen vier Enden gehalten auf die Erde herabgelassen wird. 12 Darin befanden sich alle möglichen Vierfüssler und Kriechtiere der Erde und Vögel des Himmels. 13 Und eine Stimme ertönte und sagte zu ihm: Steh auf, Petrus, schlachte und iss! 14 Petrus aber sprach: Auf keinen Fall, Herr! Noch nie habe ich etwas Gemeines oder Unreines gegessen. 15 Und wiederum ertönte die Stimme und sagte ein zweites Mal zu ihm: Was Gott für rein erklärt hat, das nenne du nicht unrein. 16 Dies geschah noch ein drittes Mal, dann aber

wurde das Gefäss in den Himmel hochgezogen.

17 Während Petrus noch unschlüssig war, was die Vision, die er gehabt hatte, bedeuten sollte, da standen schon die Männer am Tor, die von Kornelius geschickt waren und sich zum Haus des Simon durchgefragt hatten, 18 und fragten mit lauter Stimme, ob ein gewisser Simon mit dem Beinamen Petrus hier zu Gast sei. 19 Petrus war wegen der Vision noch in Gedanken versunken; da sagte der Geist zu ihm: Da sind drei Männer, die dich suchen. 20 Wohlan, steh auf, geh hinunter und zieh ohne Bedenken mit ihnen, denn ich habe sie gesandt. 21 Petrus ging hinunter und sagte zu ihnen: Seht, ich bin der, den ihr sucht. Aus welchem Grund seid ihr da? 22 Sie sagten zu ihm: Der Hauptmann Kornelius, ein gerechter und gottesfürchtiger Mann, angesehen beim ganzen jüdischen Volk, hat von einem heiligen Engel die Weisung erhalten, dich in sein Haus kommen zu lassen und zu hören, was du zu sagen hast. 23 Er bat sie herein und nahm sie als Gäste auf. Am folgenden Tag brach er auf und zog mit ihnen; und einige von den Brüdern aus Joppe begleiteten ihn.

24 Am Tag darauf kam er nach Cäsarea. Kornelius, der seine Verwandten und seine engsten Freunde zusammengerufen hatte, erwartete sie schon. 25 Als Petrus unter der Tür stand, ging ihm Kornelius entgegen und warf sich voller Ehrfurcht ihm zu Füssen. 26 Petrus aber richtete ihn auf und sagte: Steh auf! Auch ich bin ein Mensch. 27 Und im Gespräch mit ihm trat er ein und fand viele Leute versammelt. 28 Und er sagte zu ihnen: Ihr wisst, wie unstatthaft es für einen Juden ist, mit einem Fremden aus einem anderen Volk zu verkehren oder gar in sein Haus zu gehen. Mir aber hat Gott gezeigt, dass ich keinen Menschen gewöhnlich oder unrein nennen soll. 29 Darum bin ich, ohne zu widersprechen, gekommen, als du nach mir

schicktest. Ich würde nun gerne erfahren, aus welchem Grund ihr mich habt kommen lassen. 30 Da sprach Kornelius: Vor vier Tagen um die gleiche Zeit, zur neunten Stunde, war ich beim Gebet in meinem Haus; da stand auf einmal ein Mann vor mir in einem leuchtenden Gewand, 31 und er sprach: Kornelius, dein Gebet ist erhört und deiner Almosen ist gedacht worden vor Gott. 32 Schicke nun nach Joppe und lass den Simon rufen, der den Beinamen Petrus trägt; er ist zu Gast im Haus des Gerbers Simon am Meer. 33 Da habe ich unverzüglich nach dir gesandt, und es ist gut, dass du gekommen bist. Wir sind jetzt alle hier vor Gott versammelt, um all das zu hören, was dir vom Herrn aufgetragen ist.

34 Petrus tat seinen Mund auf und sprach: Jetzt erkenne ich wirklich, dass bei Gott kein Ansehen der Person ist, 35 sondern dass ihm aus jedem Volk willkommen ist, wer ihn fürchtet und Gerechtigkeit übt. 36 Das ist das Wort, das er den Israeliten gesandt hat, als er die Botschaft des Friedens verkündigte durch Jesus Christus, der Herr ist über alle. 37 Ihr wisst ja, was sich zugetragen hat in ganz Judäa, seit den Tagen, da Johannes in Galiläa die Taufe verkündigte: 38 Ihr kennt Jesus von Nazaret und wisst, wie Gott ihn mit heiligem Geist und mit Kraft gesalbt hat; er zog umher und tat Gutes und heilte alle, die vom Teufel unterdrückt wurden, weil Gott mit ihm war. 39 Und wir sind Zeugen all dessen, was er im Land der Juden und in Jerusalem getan hat, er, den sie ans Holz gehängt und getötet haben. 40 Ihn hat Gott auferweckt am dritten Tag und hat ihn erscheinen lassen – 41 nicht dem ganzen Volk, sondern den Zeugen, die Gott vor langer Zeit bestimmt hatte, uns, die wir mit ihm gegessen und getrunken haben nach seiner Auferstehung von den Toten. 42 Und er hat uns aufgetragen, dem Volk zu verkündigen und zu bezeugen, dass er es ist, der von Gott zum Richter über Lebende und Tote bestellt ist. 43 Darum bezeugen alle Pro-

pheten, dass durch seinen Namen Vergebung der Sünden empfängt, wer immer an ihn glaubt.

44 Noch während Petrus diese Worte sprach, kam der heilige Geist herab auf alle, die das Wort hörten. 45 Und die Gläubigen aus der Beschneidung, die Petrus begleitet hatten, konnten es nicht fassen, dass die Gabe des heiligen Geistes auch über die Heiden ausgegossen sein sollte. 46 Sie hörten sie nämlich in Zungen reden und den grossen Gott preisen. Da sprach Petrus: 47 Wie könnte man denen, die doch wie wir den heiligen Geist empfangen haben, das Wasser zur Taufe vorenthalten? 48 Und er ordnete an, sie im Namen Jesu Christi zu taufen. Da baten sie ihn, einige Tage bei ihnen zu bleiben.

11 1 Die Apostel und die Brüder und Schwestern in Judäa hörten davon, dass auch die anderen Völker das Wort Gottes empfangen hatten. 2 Als Petrus nun nach Jerusalem hinaufkam, machten die aus der Beschneidung ihm Vorwürfe 3 und sagten: Bei Unbeschnittenen bist du eingekehrt und hast mit ihnen gegessen! 4 Petrus aber begann, ihnen alles der Reihe nach darzulegen, und sprach:

5 Ich bin in Joppe gewesen und habe gebetet. Da geriet ich in Ekstase und hatte eine Vision: Ich sah eine Art Gefäss herabkommen, wie ein grosses Leinentuch, das an seinen vier Enden vom Himmel herabgelassen wurde, und es kam bis zu mir herunter. 6 Ich schaute hinein und stutzte: Ich sah die Vierfüssler der Erde, die wilden Tiere, die Kriechtiere und die Vögel des Himmels. 7 Ich hörte aber auch eine Stimme, die zu mir sagte: Steh auf, Petrus, schlachte und iss! 8 Ich aber sagte: Niemals, Herr! Gemeines oder Unreines ist noch nie in meinen Mund gekommen. 9 Doch zum zweiten Mal sprach eine Stimme vom Himmel her: Was Gott für rein erklärt hat, das nenne du nicht unrein. 10 Dies geschah noch ein drittes Mal, dann wurde alles wieder in den Himmel hin-

aufgezogen. 11 Und siehe da: Drei Männer standen vor dem Haus, in dem wir uns befanden; die waren von Cäsarea aus zu mir geschickt worden. 12 Der Geist aber hiess mich, ohne Bedenken mit ihnen zu ziehen. Mit mir gingen auch die sechs Brüder hier, und wir kamen in das Haus jenes Mannes. 13 Er berichtete uns, wie er in seinem Haus den Engel gesehen habe, der zu ihm getreten sei und gesprochen habe: Schicke nach Joppe und lass Simon kommen, der den Beinamen Petrus trägt! 14 Er wird Worte zu dir sprechen, durch die du gerettet wirst, du und dein ganzes Haus. 15 Kaum hatte ich zu sprechen angefangen, kam der heilige Geist über sie, so wie er am Anfang auch über uns gekommen ist. 16 Ich aber erinnerte mich an das Wort des Herrn, wie er gesagt hatte: Johannes hat mit Wasser getauft, ihr aber werdet mit heiligem Geist getauft werden. 17 Wenn nun Gott ihnen, da sie zum Glauben an den Herrn Jesus Christus gekommen sind, dieselbe Gabe geschenkt hat wie uns, wer bin ich, dass ich Gott hätte in den Weg treten können?

18 Als sie dies gehört hatten, beruhigten sie sich, priesen Gott und sprachen: Nun hat Gott also auch den anderen Völkern die Umkehr zum Leben gewährt.

|2: Lk 7,5 |3: 10,30 · 9,10! |5: 11,13–14 |6: 9,43 |9–48: 11,5–17 |14: Lev 11,1–47; Ez 4,14 |15: Mk 7,15.19 |17: 9,10! |19: 8,29;13,2;21,11 |22: 10,2–6 |30–33: 10,3–8 |34: Dtn 10,17 |35: Ps 15,1–2 |36: Jes 52,7; Eph 2,17 |37–38: Lk 16,16! |37: 10,3.5! |38: Lk 4,14.18! |39–40: 3,15! |39: 1,22! |41: 1,22! · Lk 24,30.43 · 2,24! |42: 17,31; 2Tim 4,1! |43: 5,31! |44: 11,15 |45: 2,17! · 11,1.18; 13,47–48; 14,27; 15,7.14 |46: 19,6! |47: 8,15! · 8,36 |48: 2,38! |1: 8,14 · 1,8 · 10,45! |2: 15,5 |3: 10,28 |5–17: 10,9–48 |5: 9,10! |14: 16,15.31; 18,8 |15: 2,1–4; 10,44 |16: 1,5; Lk 3,16 |18: 10,45! · 5,31; 20,21; 26,20!; Lk 24,47

10,19: Andere Textüberlieferung: «... Da sind zwei Männer, ...»

10,30: Der Text von V. 30 ist in seiner ersten Hälfte verderbt. Er lautet: «Da sprach Kornelius: Vom vierten Tag an bis zur jetzigen Stunde war ich um die neunte Stunde beim Gebet ...»

10,36: Andere Textüberlieferung: «Das Wort hat er den Israeliten gesandt, ...»

10,36: Andere Übersetzungsmöglichkeit: «..., als er die Botschaft des Friedens, der durch Jesus Christus kommen sollte, verkündigte, der ...»

11,1: Andere Übersetzungsmöglichkeit: «... das Wort Gottes angenommen hatten.»

Die ersten Christen in Antiochia

19 Jene nun, die im Zuge der Verfolgung des Stephanus versprengt worden waren, gelangten bis nach Phönizien, Zypern und Antiochia; und sie verkündigten das Wort niemandem ausser den Juden. 20 Es waren aber unter ihnen auch einige Männer aus Zypern und Kyrene; die sprachen, als sie nach Antiochia gekommen waren, auch Griechen an und verkündigten ihnen die gute Botschaft, dass Jesus der Herr sei. 21 Und die Hand des Herrn war mit ihnen; viele kamen zum Glauben und wandten sich dem Herrn zu.

22 Die Kunde davon kam auch der Gemeinde in Jerusalem zu Ohren, und sie schickten Barnabas nach Antiochia. 23 Als dieser dort ankam und die Gnade Gottes sah, freute er sich und ermutigte alle, sich mit ganzem Herzen an den Herrn zu halten; 24 er war nämlich ein bewährter Mann, erfüllt von heiligem Geist und Glauben. Und eine stattliche Zahl von Menschen wurde für den Herrn gewonnen.

25 Er aber ging nach Tarsus, um Saulus aufzusuchen; 26 und als er ihn gefunden hatte, brachte er ihn nach Antiochia. Es fügte sich, dass sie ein ganzes Jahr lang zusammen in der Gemeinde wirkten und eine stattliche Zahl von Menschen lehrten. In Antiochia wurden die Jünger zum ersten Mal Christen genannt.

27 In diesen Tagen kamen auch Propheten von Jerusalem nach Antiochia herab. 28 Einer von ihnen mit Namen Agabus trat auf und kündigte durch den Geist eine grosse Hungersnot an, die über die ganze Erde kommen werde; diese trat dann unter Claudius ein. 29 Von den Jüngern aber stellte ein jeder zur Verfügung, was er zu geben imstande war, um es den in Judäa wohnhaften Brüdern und Schwestern zur Un-

terstützung zukommen zu lassen. 30 Und dann schickten sie es durch die Hand des Barnabas und des Saulus den Ältesten.

| 19: 8,4! | 22: 4,36! | 25: 9,30 | 28: 21,10–11 · 18,2 | 29: 24,17; Gal 2,10; 1Kor 16,1; 2Kor 8,3–6; Röm 15,25–27 | 30: 4,36!

11,20: Andere Textüberlieferung: «..., auch Hellenisten an ...»

11,29: Andere Übersetzungsmöglichkeit: «Man beschloss, dass von den Jüngern jeder gemäss seiner Vermögenslage etwas zur Unterstützung der in Judäa wohnhaften Brüder und Schwestern bereitstelle.»

Die Zeit der Verfolgung unter Herodes

12 1 Zu jener Zeit legte der König Herodes seine Hand auf einige aus der Gemeinde, um ihnen Böses zuzufügen. 2 Jakobus aber, den Bruder des Johannes, liess er durch das Schwert hinrichten. 3 Und als er sah, dass es den Juden gefiel, liess er auch Petrus gefangen nehmen; das war in den Tagen der ungesäuerten Brote. 4 Nach seiner Verhaftung liess er ihn ins Gefängnis werfen und übergab ihn zur Bewachung an vier Abteilungen von je vier Soldaten; nach dem Passa wollte er ihn dann dem Volk vorführen.

5 Petrus nun wurde im Gefängnis bewacht, die Gemeinde aber betete unablässig für ihn zu Gott. 6 In der Nacht, bevor Herodes ihn vorführen wollte, schlief Petrus zwischen zwei Soldaten, an die er mit zwei Ketten gefesselt war, während Posten vor der Tür das Gefängnis bewachten. 7 Und siehe da: Ein Engel des Herrn trat zu ihm, und Licht erstrahlte im Verlies. Er stiess Petrus in die Seite, weckte ihn und sprach: Steh eilends auf! Da fielen ihm die Ketten von den Händen. 8 Der Engel sagte zu ihm: Gürte dich und binde deine Sandalen. Er tat es. Und er sagte zu ihm: Leg dir den Mantel um und folge mir! 9 Und er ging hinaus und folgte ihm – er wusste jedoch nicht, dass es Wirklichkeit war, was durch den Engel geschah, er meinte, eine Vision zu haben. 10 Sie gingen nun an der ersten und zweiten Wache vorbei und kamen an das eiserne Tor, das in die

Stadt führt; es öffnete sich ihnen von selbst, und sie traten hinaus und gingen eine Strasse weit. Kurz danach schied der Engel von ihm.

11 Da kam Petrus zu sich und sagte: Jetzt weiss ich wirklich, dass der Herr seinen Engel gesandt und mich errettet hat aus der Hand des Herodes; er hat mich bewahrt vor allem, was das Volk der Juden sich versprach. 12 Als ihm das klar geworden war, ging er zum Haus der Maria, der Mutter des Johannes, der den Beinamen Markus trug, wo viele versammelt waren und beteten. 13 Als er nun an die Eingangstür klopfte, kam eine Magd namens Rhode, um nachzusehen, 14 und als sie die Stimme des Petrus erkannte, öffnete sie vor lauter Freude das Tor nicht, sondern lief ins Haus zurück und meldete, Petrus stehe an der Pforte. 15 Sie aber sagten zu ihr: Du bist nicht bei Verstand. Sie aber behauptete und fest, es sei so. Da sagten sie: Es ist sein Engel. 16 Petrus aber klopfte noch immer. Da öffneten sie ihm und sahen ihn und waren fassungslos. 17 Mit einer Handbewegung hiess er sie schweigen, erzählte ihnen, wie ihn der Herr aus dem Gefängnis herausgeführt hatte, und sagte: Berichtet es dem Jakobus und den Brüdern. Und er ging hinaus und begab sich an einen anderen Ort.

18 Als es Tag geworden war, herrschte unter den Soldaten nicht geringe Aufregung über das Verschwinden des Petrus. 19 Herodes liess nach ihm suchen; und da er ihn nicht fand, verhörte er die Wachen und liess sie abführen. Dann zog er von Judäa nach Cäsarea hinunter und blieb dort.

20 Seit langem schon zürnte er den Bewohnern von Tyrus und Sidon. Die fanden sich nun vereint bei ihm ein, gewannen Blastus, den Kämmerer des Königs, für sich und baten um Frieden, denn die Versorgung ihres Landes hing vom Land des Königs ab. 21 Am festgesetzten Tag liess sich Herodes, angetan mit dem königlichen Gewand, auf der Rednerbühne nieder und richtete das Wort an sie. 22 Das Volk jubelte ihm zu: Das ist die Stimme eines Gottes, nicht die eines Menschen! 23 Auf der Stelle aber schlug ihn ein Engel des Herrn, weil er Gott nicht die Ehre gegeben hatte; und er wurde von Würmern zerfressen und starb.

24 Das Wort Gottes aber gewann an Einfluss und breitete sich aus. 25 Barnabas und Saulus erfüllten in Jerusalem ihren Auftrag und kehrten zurück und nahmen den Johannes mit dem Beinamen Markus mit sich.

|1: Lk 21,12! |2: Lk 5,10 |4–10: 5,18–23 |7: 5,19; 16,26 |9: 9,10! |12: 12,25; 13,5.13; 15,37.39 |17: 15,13; 21,18; 1Kor 15,7; Gal 1,19; 2,9; Mt 13,55 |25: 4,36! · 11,29–30 · 12,12!

Die Erwählung des Barnabas und des Saulus

13 1 Es gab nun in Antiochia in der dortigen Gemeinde Propheten und Lehrer: Barnabas, Simeon, der auch ‹der Schwarze› genannt wurde, Lucius, der Kyrener, Manaen, ein Jugendgefährte des Tetrarchen Herodes, und Saulus. 2 Als sie Gottesdienst feierten und fasteten, sprach der heilige Geist: Bestimmt mir den Barnabas und den Saulus für das Werk, zu dem ich sie berufen habe.

3 Da fasteten und beteten sie, legten ihnen die Hände auf und liessen sie gehen.

|1: 11,20–27 · 4,36! |2: 10,19! · 4,36! · 14,26 |3: 14,23 · 6,6!

Barnabas und Saulus auf Zypern

4 Ausgesandt vom heiligen Geist, zogen sie nach Seleukia hinunter, von dort setzten sie über nach Zypern. 5 In Salamis angekommen, verkündigten sie in den Synagogen der Juden das Wort Gottes; zu ihrer Unterstützung hatten sie Johannes bei sich.

6 Nachdem sie die ganze Insel bis Paphos durchzogen hatten, trafen sie auf einen Magier, einen jüdischen Pseudopropheten mit Namen Barjesus. 7 Er gehörte zum Gefolge des Prokonsuls Ser-

gius Paulus, eines verständigen Mannes. Dieser liess Barnabas und Saulus rufen und wünschte, das Wort Gottes zu hören. 8 Doch Elymas, der Magier – so lautet sein Name auf Griechisch – trat ihnen entgegen und versuchte, den Prokonsul vom Glauben abzuhalten. 9 Saulus aber, der auch Paulus heisst, erfüllt von heiligem Geist, fasste ihn ins Auge 10 und sprach: Du, der du voller List und Tücke bist, du Sohn des Teufels, du Feind aller Gerechtigkeit, willst du nicht aufhören, die geraden Wege des Herrn zu verdrehen? 11 Pass auf, jetzt kommt die Hand des Herrn über dich, und du wirst blind werden und für eine gewisse Zeit die Sonne nicht mehr sehen. Und auf der Stelle fiel Dunkelheit und Finsternis über ihn, und er tastete umher und suchte Leute, die ihn führen würden. 12 Als der Prokonsul sah, was da geschehen war, kam er zum Glauben, überwältigt von der Lehre des Herrn.

|5:12,12! |7:4,36! |9:2,4!

Antiochia in Pisidien: Die Verkündigung des Paulus in der Synagoge

13 Paulus und seine Gefährten fuhren von Paphos ab und kamen nach Perge in Pamphylien. Dort trennte sich Johannes von ihnen und kehrte nach Jerusalem zurück. 14 Sie aber zogen von Perge weiter und gelangten nach Antiochia in Pisidien. Am Sabbat gingen sie in die Synagoge und setzten sich. 15 Nach der Lesung aus dem Gesetz und den Propheten schickten die Vorsteher der Synagoge zu ihnen und liessen ihnen sagen: Brüder, wenn ihr für das Volk ein Wort des Zuspruchs habt, so redet! 16 Da stand Paulus auf, gebot mit einer Handbewegung Schweigen und sprach:

Israeliten und Gottesfürchtige, hört! 17 Der Gott dieses Volkes hier, der Gott Israels, hat unsere Väter erwählt und dieses Volk gross gemacht in der Fremde, im Land Ägypten, und hat sie mit erhobenem Arm wieder herausgeführt von dort; 18 und an die vierzig Jahre lang hat er sie in der Wüste getra-

gen 19 und ihnen sieben Völker in Kanaan unterworfen und ihnen deren Land zum Erbteil gegeben, 20 für an die vierhundertfünfzig Jahre. Danach hat er ihnen Richter gegeben bis zu Samuel, dem Propheten. 21 Von da an begehrten sie einen König, und Gott gab ihnen Saul, den Sohn des Kis, einen Mann aus dem Stamm Benjamin, für vierzig Jahre. 22 Und als er ihn verworfen hatte, erhob er David zu ihrem König, dem er das Zeugnis ausstellte: Ich habe David gefunden, den Sohn Isais, einen Mann nach meinem Herzen, der in allem meinen Willen tun wird. 23 Aus seiner Nachkommenschaft hat Gott, wie er es verheissen hat, für Israel den Retter heraufgeführt: Jesus. 24 Vor dessen Auftreten hat Johannes dem ganzen Volk Israel eine Taufe der Umkehr verkündigt. 25 Als Johannes aber der Vollendung seines Laufes nahe war, sagte er: Ich bin nicht der, für den ihr mich haltet! Aber seht, nach mir kommt der, dessen Schuhe von den Füssen zu lösen ich nicht würdig bin.

26 Brüder, Söhne aus dem Geschlecht Abrahams und Gottesfürchtige, uns ist das Wort von diesem Heil gesandt worden! 27 Denn die Bewohner von Jerusalem und ihre führenden Männer haben ihn verkannt und so die Stimme der Propheten, deren Wort an jedem Sabbat vorgelesen wird, durch ihr eigenes Urteil zur Erfüllung gebracht. 28 Obwohl sie an ihm nichts fanden, was den Tod verdient hätte, baten sie Pilatus, ihn hinrichten zu lassen. 29 Als sie aber alles vollbracht hatten, was über ihn geschrieben steht, nahmen sie ihn vom Holz herab und legten ihn in ein Grab. 30 Gott aber hat ihn auferweckt von den Toten. 31 Und viele Tage hindurch ist er denen erschienen, die mit ihm von Galiläa nach Jerusalem hinaufgezogen waren; die sind nun seine Zeugen vor dem Volk. 32 So verkündigen wir euch die Verheissung, die an die Väter ergangen ist, als gute Botschaft: 33 Gott hat sie erfüllt an uns, ihren Kin-

dern, indem er Jesus auferstehen liess,
wie schon im zweiten Psalm geschrieben steht:
Mein Sohn bist du,
  heute habe ich dich gezeugt.

34 Dass er ihn aber von den Toten
auferstehen liess, um ihn nie mehr an
den Ort der Verwesung zurückkehren
zu lassen, das hat er so ausgesprochen:
Euch werde ich erfüllen *die*
Verheissungen Davids, auf die Verlass ist.
35 Darum sagt er auch an anderer Stelle:
Du wirst nicht zulassen, dass dein Heiliger
die Verwesung schaut. 36 David hat
seiner Generation gedient und ist nach
dem Ratschluss Gottes entschlafen; er
ist zu den Vätern gelegt worden und hat
die Verwesung geschaut. 37 Der aber,
den Gott auferweckt hat, hat die
Verwesung nicht geschaut.

38 So sei euch denn kundgetan,
Brüder: Durch ihn wird euch Vergebung
der Sünden verkündigt. Von allem,
wovon ihr durch das Gesetz des Mose
nicht freigesprochen werden konntet,
39 wird jetzt jeder, der glaubt, in ihm
freigesprochen. 40 Gebt also acht, dass
nicht über euch komme, was bei den
Propheten gesagt ist:
41 *Schaut hin, ihr Verächter,*
  wundert euch und geht dahin,
denn ein Werk wirke ich in euren Tagen,
  ein Werk, das ihr nicht für möglich
  halten werdet, wenn euch jemand
  davon erzählt.
42 Beim Hinausgehen bat man sie,
am nächsten Sabbat mehr von diesen
Dingen zu berichten. 43 Als sich die Versammlung aufgelöst hatte, folgten viele
Juden und fromme Proselyten dem Paulus und dem Barnabas; diese sprachen
mit ihnen und redeten ihnen zu, sich an
die Gnade Gottes zu halten.

| 13: 12,12! | 17: Ex 6,1.6 | 18: Ex 16,35 | 19: Dtn 7,1
| 20: Ri 2,16 · 1Sam 3,20 | 21: 1Sam 8,4–5; 9,1–2.16;
10,21.24 · 22: 1Sam 16,1.12–13 · Ps 89,21 | 23–24:
Lk 16,16! | 23: 2Sam 7,12; Jes 11,1 · 5,31; Lk 2,11
| 24: 19,4; Lk 3,3 | 28: Lk 3,16 | 28–30: 3,15!
| 28: Lk 23,22–23 | 29: Lk 18,31 · Lk 23,53 | 31: 1,3 · 1,22!
| 32–33: 13,23; 26,6–8 | 33: Ps 2,7! | 34: 2,24! · Jes 55,3
| 35: 2,27; Ps 16,10 | 36: 2,29! | 37: 2,31 | 38: 5,31!
| 39: Gal 2,16! | 41: Hab 1,5

13,18: Andere Textüberlieferung: «... hat er sie in
der Wüste ernährt»
13,43: Die Wendung ‹fromme Proselyten› ist ein
Pleonasmus; möglicherweise ist sie durch einen frühen Abschreiber entstanden. Der ursprüngliche Text
hätte dann nur ‹Fromme› enthalten, im Sinne von
‹Gottesfürchtige›.

Die Vertreibung aus Antiochia in Pisidien

44 Am folgenden Sabbat versammelte sich fast die ganze Stadt, um das
Wort des Herrn zu hören. 45 Als die Juden die Scharen sahen, wurden sie eifersüchtig; sie widersprachen dem, was
Paulus sagte, und lästerten. 46 Paulus
und Barnabas aber sagten offen heraus:
Euch musste das Wort Gottes zuerst verkündigt werden; da ihr es aber von euch
weist und euch damit des ewigen Lebens unwürdig erweist, nun – so wenden wir uns an die anderen Völker.
47 Denn so hat uns der Herr geboten:
Zum Licht für die Völker habe ich dich
bestellt,
  damit du zur Rettung werdest
  bis an die Enden der Erde.
48 Als die Heiden das hörten,
freuten sie sich und priesen das Wort
des Herrn; und alle, die zum ewigen
Leben bestimmt waren, kamen zum
Glauben. 49 Und das Wort des Herrn
wurde weitergetragen durch das ganze
Land.

50 Die Juden aber hetzten die angesehenen gottesfürchtigen Frauen und
die Vornehmen der Stadt auf und brachten es so weit, dass es zu einer Verfolgung von Paulus und Barnabas kam; und
man verjagte sie aus dem Gebiet. 51 Die
aber schüttelten vor ihren Augen den
Staub von ihren Füssen und zogen weiter nach Ikonium. 52 Und die Jünger
wurden erfüllt von Freude und heiligem
Geist.

| 46: 3,26 | 47: Jes 49,6; Lk 2,32 | 48: 10,45!
| 50: 2Tim 3,11 | 51: 18,6; Lk 10,10–11

Ikonium: Verkündigung und Flucht

14 1 Es geschah aber, dass sie in Ikonium ebenfalls in die Synagoge
der Juden gingen und das Wort so über-
zeugend verkündigten, dass eine grosse

Zahl von Juden und Griechen zum Glauben kam. 2 Diejenigen Juden aber, die sich dem Wort verschlossen, begannen die Heiden aufzuwiegeln und gegen die Brüder und Schwestern aufzuhetzen.

3 Sie aber verbrachten dort längere Zeit und verkündigten das Wort in aller Freiheit, im Vertrauen auf den Herrn, der das Wort seiner Gnade bekräftigte, indem er Zeichen und Wunder geschehen liess durch ihre Hand. 4 Die Bevölkerung der Stadt aber spaltete sich; die einen hielten zu den Juden, die anderen zu den Aposteln.

5 Als ihnen aber von Seiten der Juden und Heiden ein Übergriff drohte, der von den Behörden gebilligt wurde, und man sie misshandeln und mit Steinen bewerfen wollte, 6 erfuhren sie davon und flohen in die Städte von Lykaonien, nach Lystra und Derbe, und in deren Umgebung. 7 Und dort verkündigten sie das Evangelium.

|3: 20,32 · 5,12! |5: 2Tim 3,11

Lystra: Die Verehrung der Apostel und die Steinigung des Paulus

8 In Lystra nun gab es einen Mann, der sass da, ohne Kraft in den Füssen; er war von Geburt an gelähmt und hatte nie gehen können. 9 Der hörte Paulus reden; dieser fasste ihn ins Auge, und als er sah, dass er darauf vertraute, gerettet zu werden, 10 sprach er mit lauter Stimme: Stell dich auf deine Füsse, richte dich auf! Und der sprang auf, und er konnte gehen.

11 Als die Leute sahen, was Paulus getan hatte, erhoben sie ein Geschrei und riefen auf Lykaonisch: Die Götter haben Menschengestalt angenommen und sind zu uns herabgestiegen! 12 Und sie nannten Barnabas Zeus und Paulus Hermes, weil er das Wort führte. 13 Der Priester am Zeustempel vor der Stadt brachte Stiere und Kränze zu den Stadttoren und wollte zusammen mit dem Volk ein Opfer darbringen. 14 Als die Apostel Barnabas und Paulus davon hörten, zerrissen sie ihre Kleider, stürzten

sich in die Menge und riefen: 15 Männer, was tut ihr da? Wir sind Menschen wie ihr und verkündigen euch das Evangelium: Wendet euch ab von diesen nichtigen Göttern, dem lebendigen Gott zu, *der den Himmel gemacht hat und die Erde und das Meer und alles, was darin ist.* 16 Er hat in den vergangenen Zeiten alle Völker ihre eigenen Wege gehen lassen, 17 allerdings nicht ohne sich ihnen durch Wohltaten zu bezeugen: Er hat euch Regen gesandt vom Himmel herab und Zeiten der Ernte, er hat euch gesättigt mit Speise und euer Herz erfüllt mit Freude. 18 Doch obwohl sie dies sagten, konnten sie das Volk nur mit Mühe davon abbringen, ihnen zu opfern.

19 Nun kamen aber von Antiochia und Ikonium Juden herbei. Die brachten das Volk auf ihre Seite, und sie steinigten Paulus und schleiften ihn dann vor die Stadt hinaus in der Meinung, er sei tot. 20 Doch während die Jünger ihn umringten, stand er auf und ging in die Stadt zurück. Und am folgenden Tag ging er mit Barnabas fort nach Derbe.

|8: 3,2 |10: 3,8; 9,34 |11: 28,6 |15: 4,24; Ex 20,11; Ps 146,6 |19: 13,50; 14,5; 2Tim 3,11 · 2Kor 11,25

14,9: Andere Übersetzungsmöglichkeit: «... als er sah, dass er den Glauben hatte, der ihn retten konnte.»

Die Rückkehr nach Antiochia

21 Nachdem sie in jener Stadt das Evangelium verkündigt und viele zu Jüngern gemacht hatten, kehrten sie nach Lystra und dann nach Ikonium und Antiochia zurück. 22 Sie stärkten die Jünger und ermutigten sie, dem Glauben treu zu bleiben, mit den Worten: Nur durch viel Bedrängnis können wir in das Reich Gottes eingehen. 23 Sie setzten für sie in jeder Gemeinde Älteste ein, beteten und fasteten und vertrauten sie dem Herrn an, zu dem sie im Glauben gefunden hatten.

24 Und sie zogen durch Pisidien und kamen nach Pamphylien, 25 und nachdem sie in Perge das Wort verkündigt hatten, gingen sie hinab nach Attalia.

26 Von dort fuhren sie zu Schiff nach Antiochia, von wo sie im Vertrauen auf die Gnade des Herrn aufgebrochen waren zu dem Werk, das sie nun vollbracht hatten. 27 Als sie dort angekommen waren und die Gemeinde versammelt hatten, berichteten sie, was Gott alles durch sie getan und dass er allen Völkern die Tür zum Glauben aufgetan habe. 28 Und sie blieben für längere Zeit bei den Jüngern.

| 22: 19,8! | 23: 13,3 | 26: 13,2 | 27: 10,45!

Die grundlegende Vereinbarung in Jerusalem

15 1 Da kamen einige von Judäa herab und lehrten die Brüder: Wenn ihr euch nicht beschneiden lasst nach dem Brauch des Mose, könnt ihr nicht gerettet werden. 2 Es entstand aber ein heftiger Zwist und Paulus und Barnabas gerieten mit ihnen in Streit, worauf man anordnete, Paulus und Barnabas und ein paar andere von ihnen sollten mit dieser Streitfrage zu den Aposteln und Ältesten nach Jerusalem hinaufziehen. 3 Nachdem sie von der Gemeinde feierlich verabschiedet worden waren, zogen sie durch Phönizien und Samaria, wo sie von der Hinwendung der Heiden zum Glauben erzählten und damit allen Brüdern und Schwestern grosse Freude machten. 4 Sie kamen in Jerusalem an, wurden von der Gemeinde, den Aposteln und den Ältesten willkommen geheissen und berichteten, welch grosse Dinge Gott durch sie getan hatte. 5 Einige von der Partei der Pharisäer aber, die zum Glauben gekommen waren, standen auf und sagten, sie müssten die Leute beschneiden und von ihnen verlangen, dass sie das Gesetz des Mose hielten.

6 Da traten die Apostel und die Ältesten zusammen, um über diese Sache zu befinden. 7 Als es dabei zu einem heftigen Streit kam, stand Petrus auf und sagte zu ihnen: Brüder, ihr wisst, dass Gott von langer Hand die Entscheidung getroffen hat, durch meinen Mund alle Völker das Wort des Evangeliums hören und sie zum Glauben kommen zu lassen. 8 Und Gott, der die Herzen kennt, hat das beglaubigt, indem er ihnen den heiligen Geist gab, so wie er ihn uns gegeben hat. 9 Er hat zwischen uns und ihnen keinen Unterschied gemacht, denn er hat ihre Herzen durch den Glauben gereinigt. 10 Was also wollt ihr jetzt Gott noch auf die Probe stellen, indem ihr den Jüngern ein Joch auf den Nacken legt, das weder unsere Väter noch wir zu tragen vermochten? 11 Wir glauben doch, dass wir durch die Gnade des Herrn Jesus gerettet werden, auf die gleiche Weise wie sie. 12 Da schwieg die ganze Versammlung und hörte Barnabas und Paulus zu, wie sie erzählten, welch grosse Zeichen und Wunder Gott durch sie unter den Völkern gewirkt hatte.

13 Als sie geendet hatten, ergriff Jakobus das Wort und sprach: Brüder, hört mir zu! 14 Simeon hat erzählt, wie Gott von Anfang an darauf bedacht war, aus allen Völkern ein Volk für seinen Namen zu gewinnen. 15 Damit stimmen die Worte der Propheten überein; so steht geschrieben:

16 *Danach werde ich umkehren*
    und wieder aufbauen die Hütte Davids,
    die zerfallene.
Aus ihren Trümmern werde ich sie wieder
aufbauen
    und sie wieder aufrichten,
17 *damit den Herrn suchen, die überlebt*
haben unter den Menschen,
    alle Völker, über denen ausgerufen ist
    mein Name,
spricht der Herr, der dies tut.
18 *Bekannt ist es von Ewigkeit her.*

19 Darum halte ich es für richtig, denen aus den Völkern, die sich zum Herrn wenden, keine Lasten aufzubürden, 20 sie aber anzuweisen, sie sollten sich fernhalten von Verunreinigung durch fremde Götter, durch Unzucht oder durch Ersticktes und Blut. 21 Denn seit Menschengedenken hat Mose in jeder Stadt seine Verkündiger, da an je-

dem Sabbat in den Synagogen aus ihm vorgelesen wird.

22 Da beschlossen die Apostel und die Ältesten samt der ganzen Gemeinde, aus ihrer Mitte ausgewählte Männer zusammen mit Paulus und Barnabas nach Antiochia zu senden, nämlich Judas, den man auch Barsabbas nannte, und Silas, führende Männer unter den Brüdern. 23 Sie sollten das folgende Schreiben überbringen:

Wir, die Apostel und die Ältesten, in geschwisterlicher Verbundenheit, an die Brüder und Schwestern in Antiochia, in Syrien und Kilikien, die zu den Heiden gehören: Seid gegrüsst! 24 Da wir vernommen haben, dass einige von uns, denen wir keinen Auftrag erteilt haben, zu euch gekommen sind und mit ihren Worten Verwirrung gestiftet und euch beunruhigt haben, 25 haben wir einstimmig beschlossen, ausgewählte Männer zu euch zu senden, zusammen mit den von uns geliebten Brüdern Paulus und Barnabas, 26 die beide ihr Leben eingesetzt haben für den Namen unseres Herrn Jesus Christus. 27 Wir haben also Judas und Silas gesandt, die euch dasselbe mündlich mitteilen werden. 28 Denn der heilige Geist und wir haben beschlossen, euch keine weitere Last aufzubürden, ausser dem, was unerlässlich ist, nämlich: 29 euch fernzuhalten von Opferfleisch, Blut, Ersticktem und Unzucht; wenn ihr diese Grenze wahrt, handelt ihr richtig. Lebt wohl!

30 So wurden sie verabschiedet und reisten nach Antiochia. Dort beriefen sie die Gemeindeversammlung ein und übergaben den Brief. 31 Die lasen ihn und freuten sich über den Zuspruch. 32 Und Judas und Silas, die selbst Propheten waren, ermutigten die Brüder und Schwestern mit manchem Wort und stärkten sie. 33 Nachdem sie einige Zeit dort verbracht hatten, wurden sie von den Brüdern in Frieden entlassen und kehrten zu denen zurück, die sie gesandt hatten. 35 Paulus und Barnabas aber blieben in Antiochia und lehrten

und verkündigten mit vielen anderen zusammen das Wort des Herrn.

| 1–33: Gal 2,1–10 | 1: 21,21!; Gen 17,10–14 | 2: 4,36! · Gal 2,1 | 5: 11,2–3 · 15,1! | 7: 10,1–11,18 · 10,45! | 8: 1,24 · 11,17 | 9: 10,34–35 | 10: Lk 11,46; Gal 5,1 | 11: Gal 2,15–16; Eph 2,5.8 | 12: 5,12! | 13: 12,17! | 14: 15,7–9 · 10,45! | 16–18: Jer 12,15 · Am 9,11–12 | 20: 15,29; 21,25 · Ex 34,15–16 · Lev 18,6–18 · Gen 9,4; Lev 17,10–14 | 22: 4,36! · 15,27! | 24: 15,1 | 27: 15,22.32.40; 17,15; 18,5 | 29: 15,20! · 1Kor 8,1–13; 10,14–22 · 1Kor 6,13–20 | 32: 15,27! | 35: 4,36!

15,5: Andere Übersetzungsmöglichkeit: «... und sagten, man müsse sie beschneiden und darauf bestehen, dass sie das Gesetz des Mose beachteten.»

15,20: «durch Ersticktes»: durch den Genuss von Fleisch, das von Tieren stammt, die nicht geschächtet worden waren.

15,25: Andere Übersetzungsmöglichkeit: «... wir uns darauf geeinigt und beschlossen, ...»

15,33: Einige Handschriften fügen hier als V.34 in unterschiedlichen Varianten die Mitteilung ein, dass Silas beschloss, in Antiochia zu bleiben, und Judas allein nach Jerusalem zog.

Das Zerwürfnis zwischen Paulus und Barnabas

36 Einige Tage danach sprach Paulus zu Barnabas: Lass uns wieder zurückkehren und sehen, wie es den Brüdern und Schwestern in all den Städten geht, in denen wir das Wort des Herrn verkündigt haben. 37 Barnabas wollte auch Johannes mitnehmen, der Markus genannt wird. 38 Paulus aber hielt es nicht für richtig, jemanden mitzunehmen, der sie in Pamphylien im Stich gelassen und sich nicht an ihrem Werk beteiligt hatte.

39 Da kam es zu einem erbitterten Streit, der dazu führte, dass sie sich trennten. Barnabas nahm Markus mit sich und fuhr zu Schiff nach Zypern. 40 Paulus aber wählte Silas und machte sich, von den Brüdern und Schwestern der Gnade des Herrn anvertraut, auf den Weg, 41 zog durch Syrien und Kilikien und stärkte die Gemeinden.

| 37: 4,36! · 12,12! | 38: 13,13 | 39: 4,36! · 12,12! · 13,4 | 40: 15,27! | 41: 15,22–23

Paulus gewinnt Timotheus

16 ¹ So gelangte er auch nach Derbe und Lystra. Und dort war ein Jünger mit Namen Timotheus – Sohn einer

jüdischen Mutter, die zum Glauben gekommen war, und eines griechischen Vaters –, 2 der bei den Brüdern und Schwestern in Lystra und Ikonium einen guten Ruf hatte. 3 Ihn wollte Paulus als Begleiter mitnehmen; und er nahm ihn und beschnitt ihn mit Rücksicht auf die Juden, die in jener Gegend wohnten; denn alle wussten, dass sein Vater Grieche war.

4 Sie zogen nun zusammen durch die Städte und übergaben die Beschlüsse, die von den Aposteln und Ältesten in Jerusalem gefasst worden waren, mit der Weisung, sich daran zu halten. 5 So wurden die Gemeinden im Glauben gestärkt und wuchsen von Tag zu Tag.

| 1: 17,14–15; 18,5; 19,22; 20,4; Phil 2,19–22!; 2Tim 1,5; 3,15 | 4: 15,19–20.23–29

Der Weg nach Griechenland

6 Sie zogen weiter durch Phrygien und das galatische Land, da es ihnen vom heiligen Geist verwehrt wurde, das Wort in der Provinz Asia zu verkündigen. 7 Kurz vor Mysien versuchten sie, nach Bithynien weiterzuziehen, doch der Geist Jesu liess es nicht zu. 8 Da zogen sie an Mysien vorbei und kamen nach Troas hinab.

9 In der Nacht nun hatte Paulus eine Vision: Ein Mann aus Makedonien stand da und bat ihn: Komm herüber nach Makedonien und hilf uns! 10 Kaum hatte er die Vision gehabt, setzten wir alles daran, nach Makedonien hinüberzugelangen, in der Überzeugung, dass Gott uns gerufen hatte, den Menschen dort das Evangelium zu verkündigen.

| 9: 9,10!

16,8: Andere Übersetzungsmöglichkeit: «Da zogen sie durch Mysien hindurch und kamen nach ...»

Der Aufenthalt in Philippi

11 Wir legten von Troas ab und gelangten auf dem kürzesten Weg nach Samothrake; am folgenden Tag erreichten wir Neapolis, 12 und von dort kamen wir nach Philippi, einer Stadt im ersten Bezirk von Makedonien, einer römischen Kolonie. In dieser Stadt hielten wir uns einige Tage auf.

13 Am Sabbat gingen wir vor das Stadttor hinaus an einen Fluss; wir nahmen an, dass man sich dort zum Gebet treffe. Wir setzten uns nieder und sprachen mit den Frauen, die sich eingefunden hatten. 14 Auch eine Frau mit Namen Lydia, eine Purpurhändlerin aus Thyatira, eine Gottesfürchtige, hörte zu; ihr tat der Herr das Herz auf, und sie liess sich auf die Worte des Paulus ein. 15 Nachdem sie sich samt ihrem Haus hatte taufen lassen, bat sie: Wenn ihr überzeugt seid, dass ich an den Herrn glaube, so kommt zu mir in mein Haus und bleibt da; und sie bestand darauf.

16 Es geschah aber – wieder auf dem Weg zur Gebetsstätte –, dass eine Sklavin auf uns zukam, die einen Wahrsagegeist hatte und mit der Wahrsagerei ihren Herren grossen Gewinn einbrachte. 17 Die lief Paulus und uns hinterher und schrie: Diese Menschen sind Knechte des höchsten Gottes, sie verkündigen euch den Weg des Heils! 18 Das tat sie viele Tage lang. Als Paulus es satt hatte, wandte er sich um und sagte zu dem Geist: Ich gebiete dir im Namen Jesu Christi, aus ihr auszufahren. Und augenblicklich fuhr er aus.

19 Als aber ihre Herren sahen, dass ihre Hoffnung auf Gewinn dahin war, ergriffen sie Paulus und Silas und schleppten sie auf den Marktplatz vor die Behörden. 20 Sie führten sie den Richtern der Stadt vor und sagten: Diese Leute bringen unsere Stadt durcheinander. Es sind Juden, 21 und sie verkünden Sitten und Bräuche, die wir als Römer weder übernehmen noch beachten dürfen. 22 Auch die Menge stellte sich gegen sie, und die Richter der Stadt liessen ihnen die Kleider vom Leib reissen und befahlen, sie zu geisseln. 23 Nachdem man ihnen viele Schläge gegeben hatte, warf man sie ins Gefängnis und trug dem Gefängniswärter auf, sie in siche-

rem Gewahrsam zu halten. 24 Auf diesen Befehl hin führte der sie in den innersten Teil des Gefängnisses und legte ihnen die Füsse in den Block.

25 Um Mitternacht aber beteten Paulus und Silas zu Gott und stimmten Lobgesänge an, und die anderen Gefangenen hörten zu. 26 Da gab es auf einmal ein starkes Erdbeben, und die Grundmauern des Gefängnisses wankten; unversehens öffneten sich alle Türen, und allen Gefangenen fielen die Fesseln ab. 27 Der Gefängniswärter fuhr aus dem Schlaf auf, und als er sah, dass die Türen des Gefängnisses offen standen, zog er sein Schwert und wollte sich das Leben nehmen, da er meinte, die Gefangenen seien geflohen. 28 Paulus aber rief mit lauter Stimme: Tu dir nichts an, wir sind alle da! 29 Jener verlangte nach Licht, stürzte sich ins Innere und warf sich, am ganzen Leib zitternd, Paulus und Silas zu Füssen. 30 Er führte sie ins Freie und sagte: Grosse Herren, was muss ich tun, um gerettet zu werden? 31 Sie sprachen: Glaube an Jesus, den Herrn, und du wirst gerettet werden, du und dein Haus. 32 Und sie verkündigten ihm und allen, die zu seiner Familie gehörten, das Wort des Herrn. 33 Und er nahm sie noch zur gleichen Nachtstunde bei sich auf und wusch ihre Wunden und liess sich und alle seine Angehörigen unverzüglich taufen. 34 Dann führte er sie in seine Wohnung, liess den Tisch bereiten und freute sich mit seinem ganzen Haus, weil er zum Glauben an Gott gekommen war.

35 Als es Tag geworden war, schickten die Richter der Stadt die Gerichtsdiener vorbei und liessen sagen: Lass jene Männer frei! 36 Der Gefängniswärter richtete es dem Paulus aus: Die Richter haben die Meldung überbringen lassen, dass ihr frei seid. So geht nun und zieht in Frieden! 37 Paulus aber sagte zu ihnen: Ohne Urteilsspruch haben sie uns öffentlich prügeln lassen, obwohl wir römische Bürger sind, und uns ins Ge-

fängnis geworfen. Und jetzt wollen sie uns heimlich fortschicken? Nein! Sie sollen kommen und uns selber hinausgeleiten. 38 Die Gerichtsdiener meldeten diese Worte den Richtern. Die bekamen es mit der Angst zu tun, als sie hörten, dass es sich um römische Bürger handelte. 39 Und sie gingen zu ihnen und redeten ihnen zu, geleiteten sie hinaus und baten sie, aus der Stadt wegzuziehen. 40 Da verliessen sie das Gefängnis und gingen zu Lydia, trafen dort die Brüder und Schwestern, sprachen ihnen Mut zu und brachen dann auf.

|14–15: 16,40 |15: 11,14! |19: 15,40! |20: 24,5! |22: 1Thess 2,2; 2Kor 11,25 |26: 12,7! |30–31: 2,37–38; Lk 10,25–28 |31: Lk 7,50! · 11,14! |37: 22,25.28 |40: 16,14

16,12: Andere Textüberlieferung: «..., der ersten Stadt der Provinz Makedonien, ...»
16,37: Andere Übersetzungsmöglichkeit: «...: Ohne Verhör haben sie uns ...»

In Thessalonich und Beröa

17 1 Auf dem Weg über Amphipolis und Apollonia kamen sie nach Thessalonich, wo die Juden eine Synagoge hatten. 2 Wie er es gewohnt war, ging Paulus zu ihnen und sprach an drei Sabbattagen mit ihnen über die Schriften: 3 Er öffnete ihnen die Augen und legte ihnen dar, dass der Gesalbte leiden und von den Toten auferstehen musste, und er sagte: Dieser Jesus, den ich euch verkündige, ist der Gesalbte! 4 Einige von ihnen liessen sich überzeugen und schlossen sich Paulus und Silas an, ebenso eine grosse Zahl von gottesfürchtigen Griechen und nicht wenige Frauen aus den vornehmsten Familien.

5 Die Juden aber wurden eifersüchtig und holten sich einige nichtsnutzige Leute, die sich auf dem Marktplatz herumtrieben, verursachten einen Volksauflauf und erfüllten die Stadt mit ihrem Lärm; sie umstellten das Haus des Jason und wollten die beiden vor die Volksversammlung führen. 6 Da sie diese aber nicht fanden, schleppten sie den Jason und einige Brüder vor die Stadtpräfekten und schrien: Diese

Leute, die den ganzen Erdkreis in Aufruhr gebracht haben, die sind jetzt auch hier, 7 und Jason hat sie aufgenommen. Sie alle handeln den Anordnungen des Kaisers zuwider, denn sie behaupten, ein anderer sei König, nämlich Jesus. 8 Es gelang ihnen, die Volksmenge und die Stadtpräfekten, die das hörten, in Unruhe zu versetzen; 9 doch als Jason und die Übrigen ihnen Bürgschaft geleistet hatten, liess man sie frei.

10 Die Brüder und Schwestern aber schickten Paulus und Silas noch in der Nacht nach Beröa weiter. Als sie dort ankamen, begaben sie sich in die Synagoge der Juden. 11 Dort war man ihnen freundlicher gesinnt als in Thessalonich. Sie nahmen das Wort mit grosser Bereitschaft auf und forschten Tag für Tag in den Schriften, ob es sich so verhalte. 12 So kamen viele von ihnen zum Glauben und ebenso nicht wenige von den angesehenen griechischen Frauen und Männern.

13 Als nun die Juden in Thessalonich erfuhren, dass das Wort Gottes durch Paulus auch in Beröa verkündigt werde, gingen sie auch dorthin, um die Leute aufzuhetzen und Unruhe zu stiften. 14 Da schickten die Brüder und Schwestern den Paulus sogleich weiter, zum Meer hinunter; Silas und Timotheus aber blieben am Ort zurück. 15 Die aber, die Paulus das Geleit gaben, brachten ihn bis nach Athen und kehrten dann zurück mit dem Auftrag an Silas und Timotheus, ihm möglichst rasch nachzureisen.

|1: 1Thess 2,2 |3: 26,23; Lk 24,26 · 2,24! · 9,22! |4: 1Thess 2,1 |5: 1Thess 2,14 |6: 24,5! |7: Lk 23,2 |14: 15,27! · 16,1! |15: 1Thess 3,1–2

In Athen: Die Rede des Paulus auf dem Areopag

16 Während Paulus in Athen auf sie wartete, packte ihn die Wut beim Anblick der zahllosen Götterbilder, die es da in der Stadt gab. 17 In der Synagoge sprach er dann mit den Juden und den Gottesfürchtigen, und auf dem Marktplatz unterhielt er sich täglich mit den Vorübergehenden. 18 Auch etliche aus dem Kreis der epikureischen und stoischen Philosophen liessen sich auf ein Gespräch mit ihm ein, und einige sagten: Was will dieser Schwätzer eigentlich?, andere dagegen: Er scheint ein Verkünder fremder Gottheiten zu sein. Er verkündigte nämlich Jesus und die Auferstehung. 19 Sie nahmen ihn mit, führten ihn auf den Areopag und sagten: Können wir erfahren, was für eine neue Lehre das ist, die du da vorträgst? 20 Befremdliches bringst du uns zu Ohren; wir möchten erfahren, worum es da geht. 21 Alle Athener und die Fremden, die sich dort aufhalten, tun nämlich nichts lieber als letzte Neuigkeiten austauschen. 22 Da stellte sich Paulus hin, mitten auf dem Areopag, und sprach:

Männer von Athen! Ihr seid – allem Anschein nach – besonders fromme Leute! 23 Denn als ich umherging und mir eure Heiligtümer anschaute, fand ich auch einen Altar, auf dem geschrieben stand: Dem unbekannten Gott. Was ihr da verehrt, ohne es zu kennen, das verkündige ich euch.

24 Der Gott, der die Welt geschaffen hat und alles, was darin ist, er, der Herr des Himmels und der Erde, wohnt nicht in Tempeln, die von Menschenhand gemacht sind, 25 er lässt sich auch nicht von Menschenhänden dienen, als ob er etwas nötig hätte; er ist es ja, der allen Leben und Atem und überhaupt alles gibt. 26 Aus einem einzigen Menschen hat er das ganze Menschengeschlecht erschaffen, damit es die Erde bewohne, so weit sie reicht. Er hat ihnen feste Zeiten bestimmt und die Grenzen ihrer Wohnstätten festgelegt, 27 damit sie Gott suchen, indem sie sich fragen, ob er denn nicht zu spüren und zu finden sei; denn er ist ja jedem einzelnen unter uns nicht fern. 28 In ihm nämlich leben, weben und sind wir, wie auch einige eurer Dichter gesagt haben: Ja, wir sind auch von seinem Geschlecht. 29 Da wir also von Gottes Geschlecht sind, dürfen wir

nicht denken, das Göttliche sei vergleichbar mit etwas aus Gold oder Silber oder Stein, einem Gebilde menschlicher Kunst und Erfindungsgabe.

30 Doch über die Zeiten der Unwissenheit sieht Gott nun hinweg und ruft jetzt alle Menschen überall auf Erden zur Umkehr. 31 Denn er hat einen Tag festgesetzt, an dem er den Erdkreis richten wird in Gerechtigkeit durch einen Mann, den er dazu bestimmt hat, indem er ihn vor allen Menschen beglaubigte durch die Auferstehung von den Toten.

32 Als sie das von der Auferstehung der Toten hörten, begannen die einen zu spotten, die anderen aber sagten: Darüber wollen wir ein andermal mehr von dir hören. 33 So ging Paulus weg aus ihrer Mitte. 34 Einige aber schlossen sich ihm an und kamen zum Glauben, unter ihnen Dionysios, ein Mitglied des areopagitischen Rates, eine Frau mit Namen Damaris und einige andere.

|24: 4,24! · 7,48!-50 |25: Jes 42,5
|26: Gen 1,27-28 · Dtn 32,8 |29: 19,26! |30: 3,17 · 2,38; 3,19; 8,22; 26,20!; Lk 24,47 |31: 10,42; Ps 9,9! · 2,24!
|32: 4,2; 23,6-7; 24,21; 26,22-23; 1Kor 15,12-13! · 2,24!

17,22: Andere Übersetzungsmöglichkeit: «... Ihr seid – wie ich sehe – in jeder Hinsicht besonders fromme Leute!»
17,23: Andere Übersetzungsmöglichkeit: «...: Einem unbekannten Gott. ...»

Der Aufenthalt in Korinth

18 1 Danach verliess er Athen und ging nach Korinth. 2 Dort traf er einen Juden mit Namen Aquila, der aus dem Pontus stammte und erst kürzlich aus Italien gekommen war, und dessen Frau Priscilla; Claudius hatte nämlich angeordnet, dass alle Juden Rom zu verlassen hätten. Er ging zu ihnen, 3 und da er das gleiche Handwerk ausübte, blieb er bei ihnen und arbeitete dort; sie waren nämlich Zeltmacher von Beruf. 4 Sabbat für Sabbat sprach er in der Synagoge mit den Leuten und versuchte, Juden und Griechen zu überzeugen.

5 Als aber Silas und Timotheus von Makedonien gekommen waren, widmete sich Paulus ganz der Verkündigung des Wortes und legte Zeugnis ab vor den Juden, dass Jesus der Gesalbte sei. 6 Da sie aber nichts davon wissen wollten und lästerten, schüttelte er seine Kleider aus und sprach zu ihnen: Euer Blut komme über euer Haupt! Ich bin ohne Schuld; von jetzt an werde ich zu den Heiden gehen. 7 Und er verliess jenen Ort und ging in das Haus eines gewissen Titius Justus, eines Gottesfürchtigen; dessen Haus grenzte an die Synagoge.

8 Crispus aber, der Synagogenvorsteher, kam mit seiner ganzen Familie ebenfalls zum Glauben an den Herrn; und viele Bewohner von Korinth, die davon hörten, kamen zum Glauben und liessen sich taufen. 9 In der Nacht aber sprach der Herr in einer Vision zu Paulus: Fürchte dich nicht, sondern rede und schweige nicht! 10 Denn ich bin mit dir, niemand wird dich antasten und dir Böses antun; ich habe nämlich viel Volk in dieser Stadt. 11 So blieb er ein Jahr und sechs Monate dort und lehrte unter ihnen das Wort Gottes.

12 Als dann aber Gallio Prokonsul der Provinz Achaia war, traten die Juden vereint gegen Paulus auf, führten ihn vor den Richterstuhl 13 und sagten: Der da überredet die Leute, Gott auf eine Art zu verehren, die wider das Gesetz ist. 14 Als Paulus seinen Mund auftun wollte, sprach Gallio zu den Juden: Ginge es hier um ein Verbrechen oder um eine böswillige Tat, ihr Juden, so würde ich eure Klage ordnungsgemäss zulassen. 15 Geht es aber um Streitigkeiten über Lehre und Namen und das bei euch geltende Gesetz, dann seht selber zu! Darüber will ich nicht Richter sein. 16 Und er wies sie vom Richterstuhl weg. 17 Da stürzten sich alle auf den Synagogenvorsteher Sosthenes und verprügelten ihn vor dem Richterstuhl. Gallio aber kümmerte sich nicht darum.

|2: 18,18.26; 1Kor 16,19; Röm 16,3-5 · 11,28
|3: 20,34! |5: 15,27! · 16,1!; 1Thess 3,5-6 · 9,22!
|6: 13,51! · 5,28; Ez 33,4 · 13,46 |8: 11,14! |9: 9,10! · 1Kor 2,3 |13: 21,28 |14-15: 23,29!

18,6: Andere Übersetzungsmöglichkeit: «... nichts davon wissen wollten und ihn verwünschten, ...»

Rückreise nach Syrien und Kleinasien

18 Paulus blieb noch etliche Tage. Dann nahm er Abschied von den Brüdern und Schwestern und fuhr zu Schiff nach Syrien, zusammen mit Priscilla und Aquila, nachdem er sich in Kenchreä das Haupt hatte scheren lassen; er hatte nämlich ein Gelübde getan. 19 Sie erreichten Ephesus, wo er die beiden zurückliess; er selbst ging in die Synagoge und sprach zu den Juden. 20 Als diese ihn baten, längere Zeit bei ihnen zu bleiben, willigte er nicht ein, 21 sondern verabschiedete sich und sagte: Ich werde zu euch zurückkehren, wenn Gott es will. Dann fuhr er von Ephesus weg. 22 Und er gelangte nach Cäsarea, zog hinauf nach Jerusalem, begrüsste die Gemeinde und ging dann hinab nach Antiochia.

23 Und nach einiger Zeit brach er von dort auf, um zunächst durch das galatische Land, dann durch Phrygien zu ziehen und alle Jünger dort zu stärken.

|18: 18,2! · Röm 16,1 · 21,23–24! |23: 16,6

Das Wirken des Apollos

24 Ein Jude aber mit Namen Apollos, der aus Alexandria stammte, ein gebildeter Mann, der bewandert war in den Schriften, kam nach Ephesus. 25 Er war unterwiesen im Weg des Herrn, sprühte in seinen Reden vor Geist und lehrte sehr genau, was sich mit Jesus zugetragen hatte, kannte aber nur die Taufe des Johannes. 26 Der begann, in der Synagoge frei und offen zu reden. Als nun Priscilla und Aquila ihn reden hörten, nahmen sie ihn zu sich und legten ihm den Weg Gottes noch genauer dar.

27 Als er dann in die Achaia weiterziehen wollte, ermunterten ihn die Brüder und Schwestern dazu und schrieben an die Jünger dort, sie möchten ihn aufnehmen. Er kam zu ihnen und war denen, die zum Glauben gekommen waren, kraft der Gnade eine grosse Hilfe.

28 In eindrücklicher Weise nämlich widerlegte er die Juden in aller Öffentlichkeit und bewies aufgrund der Schriften, dass Jesus der Gesalbte ist.

|24: 19,1! |25: 19,3–4 |26: 18,2! |28: 9,22!

Das Wirken des Paulus in Ephesus

19 ¹ Während Apollos sich in Korinth aufhielt, geschah es, dass Paulus durch das Hochland zog, nach Ephesus hinabkam und dort einige Jünger antraf. 2 Und er fragte sie: Habt ihr den heiligen Geist empfangen, als ihr zum Glauben kamt? Sie erwiderten ihm: Nein, wir haben nicht einmal gehört, dass es einen heiligen Geist gibt. 3 Und er fragte: Worauf seid ihr denn getauft worden? Sie sagten: Mit der Taufe des Johannes wurden wir getauft. 4 Da sprach Paulus: Johannes hat mit einer Taufe der Umkehr getauft und zum Volk gesagt, sie sollten an den glauben, der nach ihm komme, das heisst: an Jesus. 5 Als sie das hörten, liessen sie sich auf den Namen des Herrn Jesus taufen. 6 Und als Paulus ihnen die Hände auflegte, kam der heilige Geist über sie; und sie redeten in Zungen und in prophetischen Worten. 7 Es waren insgesamt etwa zwölf Männer.

8 Und er ging in die Synagoge und konnte dort drei Monate lang ungehindert reden und sie vom Reich Gottes überzeugen. 9 Da aber einige sich verhärteten und verschlossen und vor den Leuten den neuen Weg schlechtmachten, trennte er sich von ihnen, nahm die Jünger mit sich und sprach fortan täglich im Lehrhaus des Tyrannus, 10 und das während zwei Jahren, so dass alle, die in der Provinz Asia wohnten, das Wort des Herrn hörten, Juden wie Griechen. 11 Auch aussergewöhnliche Wunder wirkte Gott durch die Hand des Paulus; 12 es kam so weit, dass man ihm sogar Schweisstücher und Arbeitsschürzen vom Leib nahm und den Kranken auflegte, und die Krankheiten wichen von ihnen, und die bösen Geister fuhren aus.

13 Aber auch einige jüdische Exorzisten, die durch das Land zogen, machten den Versuch, den Namen des Herrn Jesus über denen, die böse Geister hatten, anzurufen, und sprachen: Ich beschwöre euch bei dem Jesus, den Paulus verkündigt. 14 Solches taten die sieben Söhne eines gewissen Skevas, eines jüdischen Hohen Priesters. 15 Der böse Geist aber entgegnete ihnen: Jesus kenne ich, und auch Paulus ist mir bekannt, wer aber seid ihr? 16 Und der Mensch, in dem der böse Geist sass, stürzte sich auf sie, überwältigte alle und richtete sie so zu, dass sie nackt und zerschunden aus jenem Haus flohen. 17 Dies kam allen Juden und Griechen, die in Ephesus wohnten, zu Ohren, und Furcht überfiel alle, und der Name des Herrn Jesus wurde gepriesen.

18 Viele nun, die zum Glauben gefunden hatten, kamen, um ein Bekenntnis abzulegen und von ihren Praktiken zu erzählen. 19 Ja, etliche, die Zauberei getrieben hatten, brachten ihre Bücher herbei und verbrannten sie vor aller Augen; man schätzte ihren Wert und kam auf eine Summe von fünfzigtausend Silberstücken. 20 So breitete sich durch die Kraft des Herrn das Wort aus und erwies sich als stark.

|1: 18,24; 1Kor 1,12! · 18,19 |2: 8,15! |3: 18,25; Lk 3,3.16 |4: 13,24!–25 |5: 2,38! |6: 6,6! · 8,15! · 2,4.11; 10,46; 1Kor 14,2–5 |8: 1,3; 8,12; 14,22; 28,23.31; Lk 10,9! |11–12: 5,15!; Mk 6,56 |13: 16,16–18

Entschluss zur Reise nach Jerusalem und Rom

21 Als sich dies erfüllt hatte, nahm sich Paulus vor, über Makedonien und die Achaia nach Jerusalem zu reisen. Er sagte: Wenn ich dort gewesen bin, muss ich auch Rom sehen. 22 Und er schickte zwei seiner Helfer, Timotheus und Erastus, nach Makedonien voraus; er selbst blieb noch eine Zeit lang in der Provinz Asia.

|21: 1Kor 16,5 · 23,11; 28,14; Röm 1,10.15 |22: 16,1!

Der Aufruhr des Demetrius in Ephesus

23 Zu jener Zeit nun kam es wegen des neuen Weges zu heftigen Unruhen. 24 Da war nämlich ein gewisser Demetrius, ein Silberschmied, der Artemistempel aus Silber herstellte und damit den Kunsthandwerkern beträchtliche Einkünfte verschaffte. 25 Die rief er zusammen und mit ihnen die Arbeiter, die sie beschäftigten, und sagte:

Männer, ihr wisst, dass von diesem Gewerbe unser Wohlstand kommt, 26 und ihr seht und hört, dass nicht nur in Ephesus, sondern in fast der ganzen Provinz Asia dieser Paulus viele Leute überredet und aufhetzt mit der Behauptung, was von Menschenhand gemacht sei, das seien keine Götter. 27 Es besteht nun nicht nur die Gefahr, dass unser Handwerk in Verruf kommt, sondern auch, dass das Heiligtum der grossen Göttin Artemis seine Bedeutung verliert, ja, dass sie selbst ihre Hoheit einbüssen wird, sie, die man doch in der ganzen Asia, ja in der ganzen Welt verehrt! 28 Als sie das hörten, schrien sie voller Zorn: Gross ist die Artemis der Epheser!

29 Und die Stadt geriet in Aufruhr, und einmütig stürmte man ins Theater und schleppte Gaius und Aristarchus mit, Reisegefährten des Paulus aus Makedonien. 30 Paulus wollte sich auch in die Versammlung begeben, doch die Jünger hielten ihn zurück; 31 auch einige der Asiarchen, die ihm wohlgesinnt waren, schickten zu ihm und rieten ihm ab, sich ins Theater zu begeben. 32 Dort schrien die einen dies, die anderen das, denn die Versammlung war völlig durcheinander, und die meisten wussten gar nicht, weshalb man zusammengekommen war. 33 Aus der Menge gab man dem Alexander, den die Juden vorschickten, Hinweise und Ratschläge. Alexander nun gebot mit einer Handbewegung Schweigen und wollte vor dem Volk eine Verteidigungsrede halten. 34 Doch als sie merkten, dass er Jude war, schrien alle wie aus einem Mund

fast zwei Stunden lang: Gross ist die Artemis der Epheser!

35 Als der Stadtschreiber schliesslich die Menge beruhigt hatte, sprach er: Epheser! Wer in aller Welt wüsste nicht, dass die Stadt der Epheser Schutzherrin des Tempels der grossen Artemis und des vom Himmel gefallenen Bildes ist? 36 Da dies nicht zu bestreiten ist, gilt es, Ruhe zu bewahren und nichts Unüberlegtes zu tun. 37 Die Männer, die ihr hierhergebracht habt, haben ja weder Heiligtümer ausgeraubt noch unsere Göttin gelästert. 38 Sollten also Demetrius und seine Handwerker gegen irgendjemanden etwas vorzubringen haben, so gibt es dafür Gerichte und Statthalter. Da mögen sie einander verklagen! 39 Falls ihr sonst noch ein Begehren habt, wird es in einer ordentlichen Volksversammlung geregelt werden. 40 Wir laufen nämlich Gefahr, dass man uns aufgrund der heutigen Vorfälle beschuldigt, einen Aufstand gemacht zu haben, und es gäbe nichts, womit wir diesen Volksauflauf rechtfertigen könnten. Nachdem er dies gesagt hatte, löste er die Versammlung auf.

|26: 17,29; Ps 115,4! |29: 20,4 · 27,2!

19,31: Der Titel ‹Asiarchen› bezeichnet entweder Abgeordnete des Landtags der Provinz Asia oder eine Personengruppe mit repräsentativen, den Kult betreffenden Aufgaben.

Der Weg über Griechenland nach Troas

20 1 Als der Lärm sich gelegt hatte, schickte Paulus nach den Jüngern und sprach ihnen Mut zu. Dann nahm er Abschied und brach auf, um nach Makedonien zu reisen. 2 Auf der Reise durch jene Gebiete ermahnte und stärkte er die Jünger auf vielerlei Weise und kam schliesslich nach Griechenland, 3 wo er drei Monate blieb.

Da ihm von Seiten der Juden ein Anschlag drohte, als er sich nach Syrien einschiffen wollte, fasste er den Entschluss, über Makedonien zurückzureisen. 4 Es begleiteten ihn Sopater, der Sohn des Pyrrhus, aus Beröa, Aristar-

chus und Secundus aus Thessalonich, Gaius aus Derbe und Timotheus, sowie aus der Asia Tychikus und Trophimus. 5 Diese reisten voraus und erwarteten uns in Troas. 6 Nach den Tagen der ungesäuerten Brote bestiegen wir in Philippi ein Schiff und gelangten in fünf Tagen zu ihnen nach Troas, wo wir uns sieben Tage aufhielten.

|1: 16,9–10; 19,21 |4: 27,2! · 19,29 · 16,1! · 21,29 |6: 16,8

Die Auferweckung des Eutychus in Troas

7 Am ersten Tag der Woche, als wir uns versammelt hatten, um das Brot zu brechen, sprach Paulus zu ihnen, und da er am nächsten Tag aufbrechen wollte, zog sich seine Rede bis Mitternacht hin. 8 Es brannten viele Lampen in dem Obergemach, wo wir beisammen waren. 9 Ein junger Mann mit Namen Eutychus sass im offenen Fenster und sank, während Paulus weiter redete, in tiefen Schlaf und stürzte im Schlaf vom dritten Stock hinunter. Als man ihn aufhob, war er tot. 10 Paulus aber ging hinunter, legte sich auf ihn, umfasste ihn und sagte: Lasst das Geschrei! Er lebt! 11 Und er stieg wieder hinauf, brach das Brot und ass; und noch lange redete er mit ihnen, bis der Morgen anbrach; dann ging er fort. 12 Den jungen Mann aber holte man wieder herein; er lebte, und das erfüllte sie mit Zuversicht.

|7: 1Kor 16,2!

Die Reise nach Milet

13 Wir aber gingen voraus auf das Schiff und fuhren nach Assos, wo wir Paulus an Bord nehmen sollten; so hatte er es nämlich angeordnet, da er selbst zu Fuss gehen wollte. 14 Als er mit uns in Assos zusammentraf, nahmen wir ihn an Bord und fuhren nach Mitylene. 15 Von dort gelangten wir am nächsten Tag auf die Höhe von Chios, tags darauf legten wir in Samos an, und noch einen Tag später kamen wir nach Milet. 16 Paulus hatte sich entschlossen, an

Ephesus vorbeizufahren, um in der Asia keine Zeit zu verlieren; er war in Eile, weil er, wenn irgend möglich, an Pfingsten in Jerusalem sein wollte.

Die Abschiedsrede des Paulus in Milet
17 Von Milet aus schickte er nach Ephesus und liess die Ältesten der Gemeinde zu sich rufen. 18 Als sie bei ihm eintrafen, sagte er zu ihnen:

Ihr wisst, wie ich mich bei euch verhalten habe die ganze Zeit, vom ersten Tag an, da ich die Provinz Asia betreten habe: 19 Ich habe dem Herrn gedient in aller Demut, unter Tränen und in den Prüfungen, die mir durch die Anschläge von Seiten der Juden widerfahren sind; 20 ihr wisst, dass ich euch nichts vorenthalten habe von dem, was heilsam ist, vielmehr euch alles verkündigt und gelehrt habe, öffentlich und von Haus zu Haus. 21 Vor Juden und Griechen habe ich Zeugnis abgelegt von der Umkehr zu Gott und vom Glauben an Jesus, unseren Herrn.

22 Seht, nun reise ich als ein im Geist Gebundener nach Jerusalem, ohne zu wissen, was mir dort widerfahren wird; 23 nur dass der heilige Geist mir in jeder Stadt bezeugt, dass Fesseln und Drangsale auf mich warten. 24 Doch mein Leben ist mir nicht der Rede wert, wenn ich nur meinen Lauf vollenden und bis zuletzt den Dienst tun kann, den ich vom Herrn Jesus empfangen habe: Zeugnis abzulegen für das Evangelium von der Gnade Gottes.

25 Und nun seht, ich weiss, dass ihr mein Angesicht nicht mehr sehen werdet, ihr alle, zu denen ich gekommen bin, um euch das Reich zu verkündigen. 26 Daher will ich es euch am heutigen Tag gesagt haben, dass ich an niemandes Blut Schuld trage; 27 ich habe es nämlich versäumt, euch den ganzen Ratschluss Gottes mitzuteilen.

28 Gebt acht auf euch und auf die ganze Herde, in euch der heilige Geist als fürsorgliche Hirten eingesetzt hat, zu weiden die Kirche Gottes, die er

sich erworben hat durch sein eigenes Blut. 29 Ich weiss, dass nach meinem Weggang reissende Wölfe bei euch eindringen und die Herde nicht schonen werden. 30 Und aus eurer Mitte werden Männer aufstehen, die in ihren Reden alles verdrehen, um die Jünger hinter sich zu scharen. 31 Darum: Seid wachsam und erinnert euch stets daran, dass ich drei Jahre lang, Tag und Nacht, nicht aufgehört habe, einen jeden von euch unter Tränen zu ermahnen.

32 Und nun vertraue ich euch Gott an und dem Wort seiner Gnade, das die Kraft hat, aufzubauen und das Erbe auszuteilen an alle, die geheiligt worden sind. 33 Silber oder Gold oder Kleidung habe ich von niemandem begehrt. 34 Ihr wisst selbst, dass ich mit diesen meinen Händen für meinen Unterhalt und den meiner Begleiter aufgekommen bin. 35 In allem habe ich euch gezeigt, dass man sich mit solcher Arbeit der Schwachen annehmen und dabei der Worte des Herrn Jesus eingedenk sein soll. Er hat ja selbst gesagt: Geben ist seliger als nehmen.

36 Nachdem er dies gesagt hatte, kniete er nieder und betete mit ihnen allen. 37 Sie aber begannen alle, laut zu weinen, fielen dem Paulus um den Hals und küssten ihn. 38 Am meisten schmerzte sie, dass er gesagt hatte, sie würden sein Angesicht nicht mehr sehen. Dann begleiteten sie ihn zum Schiff.

|18: 19,1.10 |21: 11,18! |23: 21,4.11 · 21,33
|24: 21,13 · 2Tim 4,7 |25: 19,8! |26: Ez 3,18–21; 33,4
|27: 2,23 |28: 1Petr 5,2 |29: Mt 7,15 |32: 14,3 · 26,18!
|33: 1Kor 9,14–15.18; 2Kor 11,7 |34: 18,3; 1Kor 4,12!
|38: 20,25

20,28: «fürsorgliche Hirten»: Der griechische Begriff ‹episkopos› ist im vorliegenden Zusammenhang wohl (noch) nicht als Amtstitel (Bischof), sondern im Kontext des alttestamentlichen Hirtenbildes als Funktionsbezeichnung zu verstehen.

20,28: Zur Übersetzung ‹Kirche Gottes› siehe die Anm. zu 9,31.

Die Überfahrt nach Syrien

21 1 Als es so weit war, dass wir uns von ihnen trennten und in See stachen, fuhren wir auf geradem Kurs nach Kos, tags darauf nach Rhodos und von dort nach Patara; 2 und da wir gerade ein Schiff fanden, das nach Phönizien hinüberfuhr, gingen wir an Bord und stachen in See.

3 Wir sichteten Zypern, liessen es zur Linken, fuhren nach Syrien und legten in Tyrus an, denn hier sollte das Schiff seine Ladung löschen. 4 Nachdem wir die Jünger ausfindig gemacht hatten, blieben wir sieben Tage bei ihnen. Sie aber warnten Paulus, wie es der Geist ihnen eingab, vor einer Reise nach Jerusalem. 5 Als die Tage unseres Aufenthalts zu Ende gingen, brachen wir auf und zogen weiter; alle, auch Frauen und Kinder, gaben uns das Geleit bis vor die Stadt. Am Strand knieten wir nieder, beteten 6 und nahmen Abschied voneinander. Wir bestiegen das Schiff, sie kehrten nach Hause zurück. 7 Von Tyrus gelangten wir nach Ptolemais, wo wir unsere Seefahrt beendeten. Wir begrüssten die Brüder und Schwestern und blieben einen Tag bei ihnen.

|4:20,23!

Der Aufenthalt bei Philippus in Cäsarea

8 Am nächsten Tag brachen wir auf, kamen nach Cäsarea, gingen in das Haus des Evangelisten Philippus, der zu den Sieben gehörte, und blieben bei ihm. 9 Dieser hatte vier Töchter, prophetisch begabte Jungfrauen.

10 Wir waren schon mehrere Tage dort, als von Judäa ein Prophet mit Namen Agabus zu uns herabkam. 11 Der kam auf uns zu, nahm den Gürtel des Paulus, band sich Hände und Füsse damit und sagte: So spricht der heilige Geist: Den Mann, dem dieser Gürtel gehört, werden die Juden in Jerusalem auf eben diese Weise fesseln und in die Hände der Heiden geben. 12 Als wir das hörten, baten wir ihn, unterstützt von den Jüngern, die dort wohnten, nicht

nach Jerusalem hinaufzuziehen. 13 Da entgegnete Paulus: Was soll es, dass ihr klagt und mir das Herz schwer macht? Ich bin bereit, mich in Jerusalem nicht nur fesseln zu lassen, sondern auch zu sterben für den Namen des Herrn Jesus. 14 Da er sich nicht umstimmen liess, wurden wir ruhig und sagten: Des Herrn Wille geschehe!

|8: 6,5!; 8,40 |10:11,27–28 |11:10,19! · 20,23! |13: 20,24

Die Ankunft in Jerusalem

15 Nach diesen Tagen machten wir uns reisefertig und zogen nach Jerusalem hinauf. 16 Einige Jünger aus Cäsarea begleiteten uns und führten uns zu einem gewissen Mnason aus Zypern, einem Jünger der ersten Stunde, bei dem wir zu Gast sein sollten. 17 Als wir in Jerusalem eintrafen, nahmen uns die Brüder und Schwestern freundlich auf.

Beteiligung des Paulus an einem Gelübde

18 Am folgenden Tag ging Paulus mit uns zu Jakobus; auch alle Ältesten fanden sich ein. 19 Nachdem er sie begrüsst hatte, schilderte er ihnen in allen Einzelheiten, was Gott unter den Völkern durch seinen Dienst getan hatte.

20 Als sie das hörten, priesen sie Gott und sagten zu ihm: Du siehst, Bruder, dass Tausende und Abertausende unter den Juden zum Glauben gekommen sind, und alle sind voller Eifer für das Gesetz. 21 Über dich aber hat man ihnen berichtet, du lehrest alle Juden, die unter den Heiden wohnen, den Abfall von Mose, indem du sie aufforderst, ihre Kinder nicht zu beschneiden und nicht nach ihren Bräuchen zu leben. 22 Was ist jetzt? Man wird auf jeden Fall hören, dass du gekommen bist. 23 Tu nun, was wir dir sagen: Bei uns sind vier Männer, die ein Gelübde getan haben. 24 Nimm sie mit, lass dich mit ihnen heiligen und trage die Kosten für sie, damit sie sich das Haupt scheren lassen können, und alle werden erkennen, dass nichts ist an dem, was man über dich erzählt hat,

sondern dass auch du einer bist, der im Einklang mit dem Gesetz lebt. 25 Was aber die Heiden betrifft, die zum Glauben gekommen sind, so haben wir ja beschlossen und ihnen mitteilen lassen, sie sollten sich hüten vor Opferfleisch, Blut und Ersticktem und vor Unzucht.

26 Da nahm Paulus am folgenden Tag die Männer mit, liess sich mit ihnen heiligen und ging in den Tempel hinein und kündigte das Ende der Weihetage an, die erfüllt sind, wenn für einen jeden von ihnen das Opfer dargebracht wird.

|18:12,17! |21:15,1!.5; Gal 5,1–6.11 |23–24:18,18; Num 6,2.5.9.18 |25:15,20! |26:1Kor 9,20 · Num 6,9–20

Die Verhaftung des Paulus

27 Als die sieben Tage zu Ende gingen, sahen ihn die Juden aus der Asia im Tempel; und sie brachten das ganze Volk in Aufruhr, ergriffen ihn 28 und schrien: Israeliten, helft uns! Das ist der Mensch, der, wo immer er auftritt, mit dem, was er lehrt, alle Welt aufbringt gegen unser Volk, gegen das Gesetz und gegen diese Stätte. Sogar Griechen hat er in den Tempel geführt und diese heilige Stätte entweiht! 29 Sie hatten vorher nämlich Trophimus, den Epheser, mit ihm zusammen in der Stadt gesehen und meinten nun, Paulus habe ihn in den Tempel mitgenommen. 30 Da geriet die ganze Stadt in Aufregung, und das Volk lief zusammen; man ergriff Paulus und schleppte ihn aus dem Tempel, und gleich darauf wurden die Tore geschlossen.

31 Sie waren schon dabei, ihn zu töten, als den Oberst der Kohorte die Meldung erreichte, dass ganz Jerusalem in Aufruhr sei. 32 Dieser nahm sofort Soldaten und Hauptleute mit sich und eilte zu ihnen hinab. Als sie den Oberst und die Soldaten sahen, hörten sie auf, Paulus zu schlagen. 33 Der Oberst, als er dann da war, liess ihn festnehmen und befahl, ihn mit zwei Ketten zu fesseln; dann erkundigte er sich, wer das sei und

was er getan habe. 34 Aus der Menge schrien die einen dies, die anderen das. Da er bei dem Lärm nichts Zuverlässiges in Erfahrung bringen konnte, befahl er, ihn in die Kaserne zu bringen. 35 Als dieser aber an die Freitreppe kam, musste er von den Soldaten getragen werden, denn das Volk wurde gewalttätig. 36 Die Volksmenge lief hinterher und schrie: Weg mit ihm!

|28: 6,13; 18,13 · Ez 44,7 |29: 20,4 |31–32: 23,27 |36: 22,22; Lk 23,18

Die Rede des Paulus vor dem Volk

37 Als nun Paulus in die Kaserne hineingeführt werden sollte, sagte er zu dem Oberst: Darf ich etwas zu dir sagen? Der erwiderte: Du sprichst Griechisch? 38 Du bist also nicht der Ägypter, der vor einiger Zeit einen Aufstand angezettelt und die viertausend Sikarier in die Wüste hinausgeführt hat? 39 Paulus sagte: Ich bin ein Jude, aus Tarsus in Kilikien, und Bürger dieser nicht unbedeutenden Stadt. Ich bitte dich, gestatte mir, zum Volk zu sprechen. 40 Nachdem er die Erlaubnis erhalten hatte, stellte sich Paulus auf die Stufen der Treppe, und mit einer Handbewegung gebot er dem Volk zu schweigen. Da wurde es still, und er redete sie in ihrer Sprache an und sagte auf Hebräisch:

22 1 Brüder und Väter, hört, was ich euch jetzt zu meiner Verteidigung sagen werde! 2 Als sie hörten, dass er sie auf Hebräisch ansprach, wurde es totenstill. Und er sprach:

3 Ich bin ein Jude, geboren in Tarsus in Kilikien, aufgewachsen aber hier, in dieser Stadt, wo ich zu Füssen Gamaliels unterwiesen wurde, das Gesetz unserer Väter sorgfältig zu beachten. Ich war voller Eifer für Gott, wie ihr alle es heute noch seid. 4 Den neuen Weg verfolgte ich bis auf den Tod; festnehmen und ins Gefängnis werfen liess ich Männer und Frauen. 5 Dafür habe ich das Zeugnis der Hohen Priester und des ganzen Ältestenrates; mit Briefen von ihnen bin ich nämlich zu den Brüdern nach Damas-

kus gereist, um auch die, welche dort waren, gefesselt nach Jerusalem zu bringen, damit sie hier bestraft würden. 6 Unterwegs, als ich mich Damaskus näherte, geschah es, um die Mittagszeit, dass mich plötzlich vom Himmel her ein helles Licht umstrahlte. 7 Ich stürzte zu Boden und hörte eine Stimme, die zu mir sprach: Saul, Saul, was verfolgst du mich? 8 Ich antwortete: Wer bist du, Herr? Und er sagte zu mir: Ich bin Jesus von Nazaret, den du verfolgst. 9 Die mit mir waren, sahen zwar das Licht, die Stimme dessen aber, der zu mir sprach, hörten sie nicht. 10 Ich sagte: Was soll ich tun, Herr? Da sagte der Herr zu mir: Steh auf und geh nach Damaskus! Dort wird dir alles gesagt werden, was dir zu tun aufgetragen ist. 11 Da ich, geblendet vom Glanz jenes Lichtes, nicht mehr sehen konnte, wurde ich von meinen Begleitern geführt und kam so nach Damaskus.

12 Ein gewisser Ananias, der sich treu an das Gesetz hielt und bei allen Juden, die dort wohnten, in gutem Ruf stand, 13 kam auf mich zu, stellte sich vor mich hin und sagte zu mir: Saul, mein Bruder, du sollst wieder sehen! Und im selben Augenblick konnte ich ihn sehen. 14 Er aber sagte: Der Gott unserer Väter hat dich dazu bestimmt, seinen Willen zu erkennen, den Gerechten zu sehen und die Stimme aus seinem Mund zu vernehmen. 15 Denn du wirst sein Zeuge sein vor allen Menschen für das, was du gesehen und gehört hast. 16 Und nun, was zögerst du noch? Steh auf, lass dich taufen, rufe seinen Namen an und lass dir deine Sünden abwaschen!

17 Es geschah aber, als ich nach Jerusalem zurückgekehrt war und im Tempel betete, dass ich in Ekstase geriet 18 und ihn sah, wie er zu mir sprach: Beeile dich, geh sofort weg aus Jerusalem! Denn sie werden dein Zeugnis für mich nicht annehmen. 19 Und ich sagte: Herr, sie wissen doch, dass ich die, die an dich glauben, ins Gefängnis bringen und

prügeln liess in den Synagogen. 20 Und als das Blut des Stephanus, deines Zeugen, vergossen wurde, da stand ich selbst dabei, hiess alles gut und bewachte die Kleider derer, die ihn töteten. 21 Doch er sagte zu mir: Brich auf, ich will dich in die Ferne zu den anderen Völkern schicken.

|39: 22,3 |3–21: 9,1–30; 26,9–20 |3: 5,34 · 26,5; Gal 1,14 |4: 8,3! |16: 2,21 · 1Kor 6,11 |17: 9,10! |19: 8,3! |20: 7,58

21,38: Die Sikarier (‹Dolchtragende›) waren, ähnlich wie die Zeloten, eine jüdische Gruppierung, die sich gegen die römische Besatzung auflehnte.

Die Berufung auf das römische Bürgerrecht
22 Bis hierher hörten sie ihm zu; als er aber dies sagte, erhoben sie ihre Stimme und riefen: Schaff diesen aus der Welt; so einer darf nicht leben! 23 Und sie schrien laut, rissen sich die Kleider vom Leib und wirbelten Staub auf. 24 Da befahl der Oberst, ihn in die Kaserne zu führen, und ordnete an, ihn zu geisseln und ins Verhör zu nehmen. So wollte er herausfinden, weshalb sie seinetwegen ein solches Geschrei erhoben.

25 Als sie ihn aber zur Geisselung vornüberstreckten, sagte Paulus zu dem Hauptmann, der dabeistand: Dürft ihr einen römischen Bürger geisseln, ohne Gerichtsurteil? 26 Als der Hauptmann das hörte, ging er zum Oberst, erstattete Meldung und sagte: Was hast du vor? Dieser Mann ist ein römischer Bürger! 27 Da kam der Oberst und sagte zu ihm: Sag mir, bist du ein römischer Bürger? Er sagte: Ja. 28 Da erwiderte der Oberst: Ich habe dieses Bürgerrecht für eine hohe Summe erworben. Paulus sagte: Ich besitze es durch Geburt. 29 Sogleich liessen die, welche ihn verhören sollten, von ihm ab; der Oberst aber bekam es mit der Angst zu tun, als ihm bewusst wurde, dass er einen römischen Bürger hatte fesseln lassen.

|22: 21,36! |25: 16,37 |29: 16,38

22,25: Vgl. die Anm. zu 16,37.

Paulus vor dem Hohen Rat

30 Da er aber genau in Erfahrung bringen wollte, weshalb dieser von den Juden angeklagt wurde, liess er ihm anderntags die Fesseln lösen und befahl den Hohen Priestern und dem ganzen Hohen Rat, sich zu versammeln. Und er liess Paulus hinunterführen und vor sie treten.

23 1 Paulus schaute sie an und sagte zum Hohen Rat: Brüder, mit reinem Gewissen habe ich mein Leben vor Gott geführt bis auf den heutigen Tag. 2 Da befahl der Hohe Priester Ananias denen, die bei ihm standen, ihn auf den Mund zu schlagen. 3 Darauf sagte Paulus zu ihm: Dich wird Gott schlagen, du getünchte Wand! Du sitzt hier, um über mich zu richten nach dem Gesetz, und wider das Gesetz befiehlst du, mich zu schlagen? 4 Die Umstehenden sagten: Du willst den Hohen Priester Gottes schmähen? 5 Paulus erwiderte: Ich wusste nicht, Brüder, dass er Hoher Priester ist; es steht ja geschrieben: *Einem Fürsten deines Volkes sollst du nicht fluchen.*

6 Weil Paulus aber in den Sinn kam, dass der eine Teil zu den Sadduzäern, der andere zu den Pharisäern gehörte, rief er in den Hohen Rat hinein: Brüder, ich bin Pharisäer, ein Sohn von Pharisäern. Wegen der Hoffnung und wegen der Auferstehung der Toten stehe ich vor Gericht! 7 Kaum hatte er das gesagt, gab es Streit zwischen den Pharisäern und den Sadduzäern, und die Versammlung spaltete sich in zwei Lager. 8 Die Sadduzäer sagen nämlich, es gebe weder eine Auferstehung noch Engel noch einen Geist, die Pharisäer dagegen bejahen dies alles. 9 Es gab ein lautes Geschrei, und einige Schriftgelehrte von der Partei der Pharisäer erhoben sich, legten sich ins Zeug und sagten: Wir können an diesem Menschen nichts Böses finden. Wenn nun doch ein Geist oder ein Engel zu ihm gesprochen hat? 10 Als der Streit heftiger wurde, fürchtete der Oberst, Paulus könnte von

ihnen in Stücke gerissen werden, und befahl der Wachabteilung, herunterzukommen, ihn aus ihrer Mitte herauszuholen und in die Kaserne zu bringen.

11 In der folgenden Nacht aber trat der Herr zu ihm und sprach: Fasse Mut! Wie du in Jerusalem für mich Zeugnis abgelegt hast, so sollst du auch in Rom mein Zeuge sein.

|30: 23,28 |1: 24,16 |3: Dtn 1,16–17 |5: Ex 22,27 |6: 26,5; Phil 3,5 · 28,20! · 17,32! |8: Lk 20,27 |11: 9,10! · 19,21!; 27,24; 28,23

23,6: Andere Übersetzungsmöglichkeit: «...: Brüder, ich bin Pharisäer, ein Abkömmling von Pharisäern. ...»

Die Überführung nach Cäsarea

12 Als es Tag wurde, taten sich die Juden heimlich zusammen und schworen sich, weder zu essen noch zu trinken, bis sie Paulus getötet hätten. 13 Es waren mehr als vierzig Männer an dieser Verschwörung beteiligt. 14 Sie gingen zu den Hohen Priestern und Ältesten und sagten: Wir wollen verflucht sein, wenn wir Speise zu uns nehmen, bevor wir Paulus getötet haben. 15 Ihr aber sollt jetzt mit dem Hohen Rat zusammen beim Oberst vorstellig werden mit der Bitte, ihn zu euch hinunterzuführen, weil ihr seinen Fall genauer untersuchen möchtet. Wir aber halten uns bereit, ihn zu töten, bevor er sich dem Ort nähert.

16 Der Sohn der Schwester des Paulus aber hörte von dem geplanten Anschlag; er kam, verschaffte sich Zutritt zur Kaserne und berichtete Paulus davon. 17 Paulus liess einen der Hauptleute zu sich rufen und sagte zu ihm: Führe diesen jungen Mann zum Oberst, denn er hat ihm etwas mitzuteilen. 18 Der nahm ihn mit, führte ihn zum Oberst und sagte: Der Gefangene Paulus hat mich zu sich rufen lassen und mich gebeten, diesen jungen Mann zu dir zu führen, er habe dir etwas zu sagen. 19 Der Oberst nahm ihn bei der Hand, trat mit ihm zur Seite und erkundigte sich: Was hast du mir mitzuteilen?

20 Der sagte: Die Juden sind übereingekommen, dich zu bitten, Paulus morgen zum Hohen Rat hinunterführen zu lassen, man wolle dort Genaueres über ihn erfahren. 21 Du aber traue ihnen nicht! Denn unter ihnen sind mehr als vierzig Männer, die ihm auflauern; sie haben sich geschworen, weder zu essen noch zu trinken, bis sie ihn getötet haben. Sie stehen jetzt bereit und warten auf die Zusage von deiner Seite. 22 Da entliess der Oberst den jungen Mann und schärfte ihm ein: Sag niemandem, dass du mir dies hinterbracht hast.

23 Und er rief zwei Hauptleute zu sich und sagte: Stellt für die dritte Stunde der Nacht zweihundert Soldaten bereit zum Abmarsch nach Cäsarea, ebenso siebzig Reiter und zweihundert Leichtbewaffnete. 24 Auch Reittiere soll man bereithalten, damit Paulus aufsitzen und man ihn wohlbehalten zum Statthalter Felix bringen kann. 25 Und er schrieb einen Brief folgenden Inhalts: 26 Claudius Lysias an den edlen Statthalter Felix: Sei gegrüsst! 27 Dieser Mann wurde von den Juden in ihre Gewalt gebracht und sollte von ihnen umgebracht werden. Da bin ich mit der Wachmannschaft eingeschritten und habe ihn befreit; ich hatte nämlich vernommen, dass er römischer Bürger ist. 28 Und da ich den Grund für ihre Anschuldigungen erfahren wollte, liess ich ihn vor ihren Hohen Rat führen. 29 Dabei habe ich festgestellt, dass er nur wegen strittiger Fragen, die ihr Gesetz betreffen, angeklagt wird, dass ihm aber nichts vorgeworfen wird, worauf Tod oder Haft steht. 30 Da mir aber angezeigt wurde, auf den Mann sei ein Anschlag geplant, habe ich ihn sogleich zu dir geschickt; auch habe ich die Kläger angewiesen, sie sollten bei dir vorbringen, was sie ihm vorzuwerfen haben.

31 Die Soldaten übernahmen Paulus, wie ihnen befohlen war, und brachten ihn in der Nacht nach Antipatris. 32 Am andern Tag liessen sie die Reiter mit ihm weiterziehen und kehrten in die Kaserne zurück. 33 Jene aber kamen nach Cäsarea, übergaben dem Statthalter den Brief und führten ihm auch Paulus vor. 34 Der Statthalter las den Brief und fragte Paulus, aus welcher Provinz er stamme. Als er erfuhr, dass er aus Kilikien sei, 35 sagte er zu ihm: Ich werde dich verhören, sobald deine Ankläger eingetroffen sind. Und er gab Befehl, ihn im Prätorium des Herodes gefangen zu halten.

|20–21: 23,12–15 |27: 21,31–33 · 22,25–28
|28–29: 22,30 |29: 18,14–15; 25,18–20 |30: 23,20–21 ·
24,1–2 |34: 22,3

23,15: Andere Übersetzungsmöglichkeit: «…, weil ihr seinen Fall zur Entscheidung bringen möchtet. …»

Die Eröffnung des Prozesses vor Felix

24 1 Nach fünf Tagen kam der Hohe Priester Ananias mit einigen Ältesten und dem Anwalt Tertullus; sie reichten beim Statthalter ihre Klage gegen Paulus ein. 2 Nachdem man diesen hatte rufen lassen, begann Tertullus mit seiner Anklage und sagte: Frieden haben wir allerorten durch dich, und zum Besseren gewendet hat sich vieles für dieses Volk dank deiner Fürsorge, 3 edler Felix. Allezeit und allenthalben anerkennen wir dies mit grosser Dankbarkeit. 4 Um dich nun nicht über Gebühr zu beanspruchen, bitte ich dich, uns in deiner Güte kurz anzuhören. 5 Wir haben nämlich festgestellt, dass dieser Mann hier eine wahre Pest ist, Unruhe schürt bei allen Juden auf der ganzen Welt und als Anführer der Sekte der Nazarener auftritt. 6 Er hat sogar versucht, den Tempel zu entweihen. Wir haben ihn festgenommen, 8 und wenn du ihn in dieser Sache verhörst, wirst du selber in Erfahrung bringen können, warum wir ihn anklagen. 9 Die Juden bestätigten die Anklage und beteuerten, dass es sich so verhalte.

10 Als der Statthalter dem Paulus ein Zeichen gab, dass er jetzt reden könne, antwortete dieser: Da ich weiss, dass du seit vielen Jahren diesem Volk Recht

sprichst, bin ich zuversichtlich, wenn ich mich jetzt in eigener Sache verteidige. 11 Du kannst dich davon überzeugen, dass es keine zwölf Tage her ist, seit ich nach Jerusalem hinaufgezogen bin, um dort zu beten. 12 Weder im Tempel noch in den Synagogen noch sonst wo in der Stadt haben sie mich angetroffen, wie ich mit jemandem ein Streitgespräch geführt oder einen Volksauflauf verursacht hätte. 13 Sie können dir auch nicht beweisen, was sie jetzt gegen mich vorbringen. 14 Dies allerdings bekenne ich vor dir, dass ich dem Gott meiner Väter nach dem neuen Weg – den sie eine Sekte nennen – diene, indem ich in allem auf das vertraue, was im Gesetz und in den Propheten geschrieben steht, 15 und die gleiche Hoffnung, die auch diese hier teilen, auf Gott setze: dass es nämlich zu einer Auferstehung für Gerechte und Ungerechte kommen wird. 16 Darum übe auch ich mich darin, allezeit ein unangefochtenes Gewissen zu haben vor Gott und den Menschen. 17 Nach mehreren Jahren bin ich nun wieder zu meinem Volk gekommen, um Spenden zu überbringen und um zu opfern. 18 Dabei haben sie mich im Tempel angetroffen, wie ich mich hatte heiligen lassen: Kein Volk war da, und Tumult gab es keinen. 19 Nur einige Juden aus der Provinz Asia waren da. Die müssten vor dir erscheinen und Anklage erheben, wenn sie etwas gegen mich vorzubringen hätten. 20 Andernfalls sollen diese hier selber sagen, was für ein Unrecht sie festgestellt haben, als ich vor dem Hohen Rat stand, 21 es sei denn, man werfe mir diesen einen Satz vor, den ich, in ihrer Mitte stehend, ihnen zugerufen habe: Wegen der Auferstehung der Toten stehe ich heute bei euch vor Gericht!

22 Felix vertagte die Verhandlung, da er über den neuen Weg recht genau Bescheid wusste, und sagte zu ihnen: Wenn der Oberst Lysias hierher kommt, werde ich in eurer Sache entscheiden. 23 Und er befahl dem Hauptmann, ihn

weiterhin gefangen zu halten, jedoch in leichter Haft; zudem solle er niemanden von den Seinen daran hindern, sich um ihn zu kümmern.

| 1: 23,2 | 5: 17,6; Lk 23,2 · 28,22! · 2,22 | 6: 21,27–29 | 11: 21,17 | 14: 28,22! | 15: 28,20! · Dan 12,2 | 16: 23,1 | 17: 11,29! | 18–19: 21,27 | 21: 23,6; 17,32! | 22: 23,26

24,6: Verschiedene Handschriften ergänzen V.6, fügen V.7 ein und beginnen V.8 mit einer weiteren Ergänzung: «... festgenommen, und gemäss unserem Gesetz wollten wir ihn richten. 7 Doch der Oberst Lysias kam dazu, entriss ihn mit grosser Gewalt unseren Händen 8 und befahl seinen Anklägern, vor dir zu erscheinen, und wenn ...»

Felix und Paulus

24 Nach einigen Tagen erschien Felix zusammen mit seiner Frau Drusilla, einer Jüdin; er liess Paulus kommen und hörte ihm zu, wie er vom Glauben an Jesus, den Gesalbten, sprach. 25 Als er aber auf Gerechtigkeit und Selbstbeherrschung und das künftige Gericht zu sprechen kam, wurde es Felix angst und bang, und er entgegnete: Für diesmal kannst du gehen; wenn ich Zeit finde, werde ich dich wieder rufen lassen. 26 Dabei hoffte er, von Paulus Geld zu erhalten; deshalb liess er ihn auch öfter kommen und unterhielt sich mit ihm.

27 Nach zwei Jahren aber wurde Felix durch Porcius Festus ersetzt; und weil Felix den Juden einen Gefallen tun wollte, liess er Paulus als Gefangenen zurück.

| 25: 10,35.42; 17,31

Die Anrufung des Kaisers

25 1 Festus zog, drei Tage nachdem er in der Provinz eingetroffen war, von Cäsarea nach Jerusalem hinauf. 2 Dort wurden die Hohen Priester und die vornehmen Juden in Sachen Paulus bei ihm vorstellig und baten ihn, 3 er möge ihnen eine Gunst erweisen und ihn nach Jerusalem verlegen; sie wollten aber unterwegs einen Hinterhalt legen und ihn töten. 4 Festus jedoch antwortete, Paulus bleibe in Cäsarea in Haft, er selbst aber werde in Kürze dorthin zu-

rückkehren. 5 Dann, sagte er, können die Verantwortlichen unter euch mit mir hinabziehen und Anklage gegen diesen Mann erheben, falls etwas nicht in Ordnung ist mit ihm.

6 Er hielt sich bei ihnen nicht länger als acht oder zehn Tage auf, dann zog er wieder nach Cäsarea hinab, setzte sich tags darauf auf den Richterstuhl und liess Paulus vorführen. 7 Kaum war dieser erschienen, da umringten ihn die Juden, die von Jerusalem herabgekommen waren, und brachten viele schwere Anschuldigungen vor, die sie jedoch nicht beweisen konnten. 8 Paulus verteidigte sich und sagte: Ich habe weder gegen das Gesetz der Juden verstossen noch gegen die Heiligkeit des Tempels noch gegen den Kaiser. 9 Da Festus aber den Juden eine Gunst erweisen wollte, entgegnete er Paulus: Willst du nach Jerusalem hinaufziehen und dich dort in dieser Sache meinem Urteil unterziehen? 10 Paulus sagte: Ich stehe vor dem Richterstuhl des Kaisers, da muss ich gerichtet werden. Den Juden habe ich kein Unrecht angetan, wie auch du sehr wohl weisst. 11 Bin ich nun im Unrecht und habe ich etwas getan, das den Tod verdient, so will ich den Tod nicht scheuen; ist aber nichts an dem, was diese hier gegen mich vorbringen, so kann mich niemand an sie ausliefern: Ich rufe den Kaiser an! 12 Da besprach sich Festus mit seinen Ratgebern und antwortete: Den Kaiser hast du angerufen, zum Kaiser sollst du gehen.

|2: 24,1 |3: 23,15 |7: 24,12–13 |8: 21,28

Festus und Agrippa

13 Einige Tage danach kamen der König Agrippa und Berenike nach Cäsarea, um Festus ihre Aufwartung zu machen. 14 Da sie mehrere Tage dort verweilten, unterbreitete Festus dem König den Fall des Paulus und sagte:

Da ist mir ein gewisser Mann von Felix als Gefangener zurückgelassen worden. 15 Seinetwegen wurden die Hohen Priester und Ältesten der Juden, kaum war ich in Jerusalem angekommen, bei mir vorstellig und forderten seine Verurteilung. 16 Ich antwortete ihnen, es sei bei den Römern nicht Brauch, einen Menschen auszuliefern, bevor er als Angeklagter seine Ankläger zu Gesicht bekommen und Gelegenheit erhalten habe, sich gegen die Anschuldigungen zu verteidigen. 17 Als sie dann allesamt hierher gekommen waren, liess ich keinerlei Verzögerung zu, sondern setzte mich am nächsten Tag auf den Richterstuhl und liess den Mann vorführen. 18 Die Ankläger umringten ihn und brachten ihre Anschuldigungen vor, die sich aber auf ganz andere Vergehen bezogen, als ich vermutet hatte. 19 Es ging nur um gewisse Differenzen zwischen ihnen, ihre Religion betreffend und einen gewissen Jesus, der gestorben sei, von dem Paulus aber behauptete, er lebe. 20 Da ich mich auf die Untersuchung solcher Dinge nicht verstehe, habe ich ihm angeboten, nach Jerusalem zu ziehen, um sich dort in dieser Sache dem Gericht zu stellen. 21 Da sich Paulus aber auf das Recht berief, bis zur Entscheidung seiner kaiserlichen Majestät in Haft zu bleiben, befahl ich, ihn in Haft zu halten, bis ich ihn zum Kaiser schicken kann.

22 Da sagte Agrippa zu Festus: Ich möchte diesen Menschen auch selber einmal hören. Morgen, erwiderte jener, sollst du ihn hören.

|14: 24,27 |15: 25,1–2 |19: 23,29! |20: 25,9
|21: 25,11–12

25,16: «einen Menschen auszuliefern»: Die Wendung bedeutet entweder, einen Menschen dem Verderben resp. dem Tod auszuliefern, ihn also zu verurteilen, oder (im Sinne der vorangehenden Aussage des Paulus in 25,11) einen Menschen seinen Anklägern auszuliefern, d.h. ihn einem lokalen Gericht zu übergeben.

Paulus vor Festus und Agrippa

23 Am nächsten Tag nun kamen Agrippa und Berenike mit grossem Pomp daher und begaben sich samt den hohen Offizieren und Würdenträgern der Stadt in den Audienzsaal. Auf Befehl

des Festus wurde Paulus vorgeführt. 24 Festus sprach: König Agrippa und all ihr Männer, die ihr mit uns hier seid! Da seht ihr den Mann, um dessentwillen mich das ganze Judenvolk – sowohl in Jerusalem wie auch hier – bestürmt mit seinem Geschrei, er dürfe nicht länger am Leben bleiben. 25 Ich jedoch begriff, dass er nichts getan hat, was den Tod verdient; da er aber seine kaiserliche Majestät angerufen hat, habe ich beschlossen, ihn hinzuschicken. 26 Etwas Zuverlässiges über ihn weiss ich allerdings meinem Herrn nicht zu schreiben. Deshalb habe ich ihn euch und besonders dir, König Agrippa, vorführen lassen, damit ich nach einer Befragung durch euch weiss, was ich schreiben soll. 27 Es scheint mir nämlich unsinnig, einen Gefangenen zu überweisen, ohne anzugeben, was gegen ihn vorliegt.

26 1 Da sagte Agrippa zu Paulus: Es ist dir gestattet, in eigener Sache zu sprechen. Darauf hob Paulus die Hand zu seiner Verteidigungsrede:

2 Ich schätze mich glücklich, König Agrippa, dass ich mich heute vor dir gegen all die Vorwürfe von Seiten der Juden verteidigen darf, 3 zumal du ein Kenner aller jüdischen Bräuche und Streitfragen bist. Darum bitte ich dich, mich mit Wohlwollen anzuhören.

4 Das Leben, das ich von frühester Jugend an unter meinem Volk und in Jerusalem geführt habe, ist allen Juden bekannt. 5 Sie kennen mich von früher und wissen – und wenn sie wollen, können sie es auch bezeugen –, dass ich nach der strengsten Richtung unserer Religion gelebt habe, nämlich als Pharisäer. 6 Und jetzt stehe ich vor Gericht wegen der Hoffnung auf die Verheissung, die von Gott an unsere Väter ergangen ist; 7 sie zu erlangen, hofft unser Volk der zwölf Stämme in unablässigem Gottesdienst, Tag und Nacht. Wegen dieser Hoffnung werde ich von den Juden verklagt, mein König! 8 Warum sollte es bei euch als unglaubhaft gelten, wenn Gott Tote auferweckt?

9 Ich freilich meinte selbst einmal, ich müsse den Namen des Jesus von Nazaret mit allen Mitteln bekämpfen. 10 Das habe ich in Jerusalem auch getan: Viele von den Heiligen liess ich, ausgestattet mit der Vollmacht der Hohen Priester, in Gefängnisse einsperren, und wenn sie hingerichtet werden sollten, stimmte ich dafür. 11 In allen Synagogen nötigte ich sie, oftmals unter Anwendung von Folter, Gott zu lästern, ja in masslosem Wüten verfolgte ich sie sogar über Jerusalem hinaus in andere Städte.

12 Als ich in solcher Absicht mit Vollmacht und Erlaubnis der Hohen Priester nach Damaskus reiste, 13 sah ich unterwegs, mein König, mitten am Tag ein Licht, das mich und meine Begleiter vom Himmel her umstrahlte, heller als das Leuchten der Sonne. 14 Wir stürzten alle zu Boden, und ich hörte eine Stimme, die auf Hebräisch zu mir sagte: Saul, Saul, was verfolgst du mich? Es wird dich hart ankommen, gegen den Stachel auszuschlagen. 15 Ich sagte: Wer bist du, Herr? Der Herr sprach: Ich bin Jesus, den du verfolgst. 16 Aber nun steh auf und stell dich auf deine Füsse! Denn ich bin dir erschienen, um dich zu erwählen zum Diener und zum Zeugen für mich, so wie du mich jetzt gesehen hast und wie ich dir künftig erscheinen werde. 17 Ich will dich schützen vor deinem Volk und vor den andern Völkern, zu denen ich dich sende. 18 Du sollst ihnen die Augen öffnen, dass sie sich von der Finsternis zum Licht, von der Macht des Satans zu Gott hinwenden und dass sie Vergebung der Sünden und ihr Erbe in der Schar der Geheiligten empfangen durch den Glauben an mich.

19 Darum, König Agrippa, war ich der himmlischen Erscheinung nicht ungehorsam, 20 sondern ich verkündigte zuerst den Leuten in Damaskus und in Jerusalem, dann in ganz Judäa und unter den Heiden, es gelte umzukehren,

sich Gott zuzuwenden und zu tun, was
der Umkehr entspricht. 21 Das ist es,
weshalb mich einige Juden im Tempel
ergriffen und versucht haben, mich umzubringen. 22 Da mir nun bis auf den
heutigen Tag Hilfe von Gott zuteil geworden ist, stehe ich hier und lege Zeugnis ab vor Gross und Klein, indem ich
nichts anderes sage, als was nach den
Worten der Propheten und des Mose geschehen musste: 23 dass nämlich der
Gesalbte leiden muss und dass er als Erster von den Toten auferstehen und dem
Volk und allen Völkern das Licht verkündigen wird.

24 Als er dies zu seiner Verteidigung
anführte, rief Festus mit lauter Stimme:
Du bist von Sinnen, Paulus! Das viele
Studieren treibt dich in den Wahnsinn.
25 Paulus entgegnete: Ich bin nicht von
Sinnen, edler Festus, sondern was ich
sage, ist wahr und vernünftig. 26 Der
König, zu dem ich voller Zuversicht
spreche, versteht sich nämlich auf diese
Dinge; ich bin überzeugt, dass ihm
nichts davon verborgen geblieben ist –
es hat sich ja nicht in irgendeinem Winkel zugetragen. 27 Glaubst du den Propheten, König Agrippa? Ich weiss, dass
du ihnen glaubst. 28 Agrippa sagte zu
Paulus: Wenig fehlt, und du bringst
mich dazu, als Christ aufzutreten.
29 Paulus antwortete: Ich wünschte mir
von Gott, dass über kurz oder lang nicht
nur du, sondern alle, die mich heute hören, das werden, was ich bin – freilich
ohne diese Fesseln.

30 Da erhoben sich der König und
der Statthalter und auch Berenike und
die Übrigen, die bei ihnen sassen. 31 Sie
zogen sich zurück, besprachen sich miteinander und sagten: Dieser Mensch tut
nichts, was Tod oder Haft verdient,
32 und Agrippa sagte zu Festus: Dieser
Mensch könnte wieder frei sein, wenn
er nicht den Kaiser angerufen hätte.

|24: 22,22 |25: 23,29 |5: 22,3! · 23,6! |6–8: 28,20!
|6: 13,32! |8: 4,2 |9–20: 9,1–30; 22,3–21 |10–11: 8,3!
|16: Ez 2,1 |17: Jer 1,8.19 |18: Jes 42,7.16 · Kol 1,12–14 ·
5,31! · 20,32 |20: 11,18!; 17,30! |21: 21,30–31 |22–23:
3,18; 28,23; Lk 24,25–27 |23: 17,3! · Kol 1,18! · 17,32! ·
13,47; Lk 2,32 |30: 25,23 |31: 23,29; 25,25 |32: 25,11

26,28: Andere Übersetzungsmöglichkeit:
«..., den Christen zu spielen.»

Romreise und Schiffbruch

27 1 Als nun beschlossen war, dass
wir nach Italien abreisen sollten,
übergab man Paulus und einige andere
Gefangene einem Hauptmann der kaiserlichen Kohorte namens Julius. 2 Wir
gingen an Bord eines Schiffes aus Adramyttium, das die Ortschaften längs der
Küste der Provinz Asia anlaufen sollte,
und stachen in See. Zu uns gehörte auch
Aristarchus, ein Mann aus Thessalonich. 3 Am nächsten Tag liefen wir Sidon an. Julius behandelte Paulus wohlwollend und erlaubte ihm, zu seinen
Freunden zu gehen und sich versorgen
zu lassen. 4 Von dort legten wir wieder
ab und fuhren, weil die Winde uns ent-
gegenstanden, im Windschatten von
Zypern weiter. 5 Dann fuhren wir auf
dem Meer der Küste von Kilikien und
Pamphylien entlang und gelangten
nach Myra in Lykien.

6 Dort fand der Hauptmann ein
Schiff aus Alexandria, das unterwegs
nach Italien war, und brachte uns an
Bord. 7 Tagelang kamen wir nur langsam voran und erreichten kaum die
Höhe von Knidos. Da der Wind uns
nicht näher herankommen liess, fuhren
wir in den Windschatten von Kreta, auf
Kap Salmone zu. 8 Mit einiger Mühe
fuhren wir der Insel entlang und erreichten schliesslich einen Ort namens
Kaloi Limenes, in dessen Nähe die Stadt
Lasäa liegt.

9 Inzwischen war viel Zeit verstri-
chen, sogar das Fasten war schon vorüber. Die Seefahrt wurde bereits unsicher, und Paulus hatte Bedenken 10 und
sagte zu den Leuten: Männer, ich sehe,
dass die Fahrt nicht nur für die Ladung
und das Schiff Unbill und grossen Schaden mit sich bringen, sondern auch unser Leben gefährden wird. 11 Der Hauptmann jedoch verliess sich auf den
Steuermann und den Kapitän und hörte
nicht auf die Worte des Paulus, 12 und

da der Hafen zum Überwintern unge-
eignet war, beschloss die Mehrheit, von
dort weiterzufahren in der Hoffnung,
Phönix zu erreichen, einen Hafen auf
Kreta, der nach Südwesten und Nord-
westen hin offen ist, und dort zu überwintern.

13 Als ein leichter Südwind aufkam,
glaubten sie, ihr Vorhaben stehe unter
einem guten Stern, lichteten die Anker
und fuhren der Küste von Kreta entlang.
14 Kurz darauf jedoch brach von der Insel her ein Orkan los, der sogenannte
Euraquilo. 15 Da das Schiff mitgerissen
wurde und nicht mehr gegen den Wind
gedreht werden konnte, gaben wir auf
und liessen uns treiben. 16 Als wir bei
einer kleinen Insel namens Kauda
Schutz fanden, konnten wir das Beiboot
nur mit Mühe in unsere Gewalt bekommen. 17 Nachdem sie es gehievt hatten,
ergriffen sie weitere Massnahmen und
zogen Taue unter dem Schiff durch; und
weil sie befürchteten, in die Grosse
Syrte abgetrieben zu werden, liessen sie
den Treibanker hinunter und trieben so
dahin. 18 Da wir vom Sturm hart bedrängt waren, warfen sie am nächsten
Tag Ladung ab, 19 und am dritten Tag
warfen sie eigenhändig das Schiffsgerät
über Bord. 20 Mehrere Tage lang zeigten sich weder Sonne noch Sterne, und
der heftige Sturm hielt an; am Ende
schwand uns jede Hoffnung, noch gerettet zu werden.

21 Als niemand mehr essen mochte,
trat Paulus mitten unter sie und sagte:
Männer, man hätte eben auf mich hören
und nicht von Kreta wegfahren sollen;
dann wären uns jetzt Unglück und Schaden erspart geblieben. 22 Doch nun ermahne ich euch, guten Mutes zu sein.
Keiner von euch wird ums Leben kommen, nur das Schiff wird untergehen.
23 In dieser Nacht nämlich ist ein Engel
des Gottes, dem ich gehöre und dem ich
diene, zu mir getreten 24 und hat gesagt: Fürchte dich nicht, Paulus, du
musst vor den Kaiser treten. Und so hat
Gott dir alle anvertraut, die mit dir auf

dem Schiff sind. 25 Darum, Männer,
seid guten Mutes! Denn ich vertraue auf
Gott, dass es so geschehen wird, wie mir
gesagt worden ist. 26 Wir werden an
irgendeiner Insel stranden müssen.

27 Als wir nun schon die vierzehnte
Nacht auf dem Adriatischen Meer da-
hintrieben, glaubten die Matrosen mitten in der Nacht, Land zu sichten, das
auf sie zukam. 28 Sie warfen das Senkblei aus und massen zwanzig Faden;
und als sie ein wenig weiter gefahren
waren und dann das Senkblei nochmals
auswarfen, massen sie noch fünfzehn
Faden. 29 Da befürchteten sie, wir
könnten auf ein Riff auflaufen, warfen
vom Heck aus vier Anker und sehnten
den Morgen herbei. 30 Die Matrosen
aber versuchten, vom Schiff zu fliehen,
und liessen unter dem Vorwand, vom
Bug aus Anker auszuwerfen, das Beiboot
ins Wasser hinunter. 31 Paulus aber
sagte zum Hauptmann und zu den Soldaten: Wenn die nicht auf dem Schiff
bleiben, könnt ihr nicht gerettet werden. 32 Da kappten die Soldaten die
Taue des Bootes und liessen es treiben.

33 Bis in die Morgendämmerung
hinein ermunterte Paulus alle, wieder
Nahrung zu sich zu nehmen, und sagte:
Heute ist schon der vierzehnte Tag, dass
ihr ohne Essen ausharrt und nichts zu
euch nehmt. 34 Darum rate ich euch,
etwas zu essen, denn das kommt eurer
Rettung zugute. Keinem von euch nämlich wird auch nur ein Haar auf seinem
Kopf verloren gehen. 35 Nachdem er
dies gesagt und Brot genommen hatte,
dankte er Gott vor aller Augen, brach es
und begann zu essen. 36 Da fassten alle
neuen Mut und nahmen ebenfalls
Speise zu sich. 37 Wir waren insgesamt
zweihundertsechsundsiebzig Leute auf
dem Schiff. 38 Nachdem sie sich satt gegessen hatten, machten sie das Schiff
leichter, indem sie das Getreide ins
Meer warfen.

39 Als es Tag wurde, konnten sie
nicht erkennen, was für ein Land da vor
ihnen lag. Sie entdeckten aber eine

Bucht mit einem flachen Strand; da beschlossen sie, das Schiff nach Möglichkeit dort auflaufen zu lassen. 40 Sie machten die Anker los und liessen sie im Meer zurück; zugleich lösten sie die Haltetaue der Steuerruder, setzten das Vordersegel und hielten mit dem Wind im Rücken auf den Strand zu. 41 Sie gerieten aber auf eine Sandbank und liessen das Schiff auflaufen; der Bug bohrte sich in den Grund und sass fest, das Heck aber drohte unter der Gewalt der Wellen zu bersten. 42 Da beschlossen die Soldaten, die Gefangenen zu töten, damit keiner schwimmend entkommen könne. 43 Der Hauptmann jedoch wollte Paulus retten und hinderte sie an ihrem Vorhaben. Er befahl, dass zuerst diejenigen, die schwimmen konnten, ins Wasser springen und versuchen sollten, das Land zu erreichen; 44 die Übrigen sollten nachkommen, teils auf Planken, teils auf irgendwelchen Schiffstrümmern. Und so geschah es, dass alle an Land kamen und gerettet wurden.

| 2: 19,29; 20,4 | 9: Lev 16,29–31 | 21: 27,9–10 | 22: 27,41–44 | 23: 9,10! | 24: 9,15; 23,11 | 26: 28,1 | 33: 27,21 | 41: 2Kor 11,25

27,13: Andere Übersetzungsmöglichkeit: «..., glaubten sie schon, ihr Vorhaben sei geglückt, lichteten ...»
27,27: Zum Adriatischen Meer zählte man in der Antike auch das Meer zwischen Kreta und Sizilien.

Aufenthalt auf Malta

28 1 Nach unserer Rettung erfuhren wir, dass die Insel Malta hiess. 2 Die Einheimischen waren uns gegenüber von aussergewöhnlicher Freundlichkeit; sie machten Feuer und nahmen uns bei sich auf, denn es begann zu regnen und wurde kalt. 3 Als Paulus ein Bündel Reisig, das er gesammelt hatte, auf das Feuer legte, fuhr infolge der Hitze eine Natter heraus und biss sich an seiner Hand fest. 4 Als die Einheimischen das Tier an seiner Hand hängen sahen, sagten sie zueinander: Dieser Mensch ist gewiss ein Mörder; dem Meer ist er entronnen, aber dennoch

lässt ihn die Göttin der Gerechtigkeit nicht leben. 5 Er aber schüttelte das Tier ab, warf es ins Feuer, und es geschah ihm nichts. 6 Sie erwarteten, dass er nun Schwellungen bekommen oder plötzlich tot umfallen werde. Doch nachdem sie längere Zeit gewartet hatten, ohne etwas Ungewöhnliches an ihm wahrzunehmen, änderten sie ihre Meinung und sagten, er sei ein Gott.

7 In der Umgebung jenes Ortes lagen Landgüter, die dem vornehmsten Bürger der Insel namens Publius gehörten. Der nahm uns auf und erwies uns drei Tage lang seine Gastfreundschaft. 8 Es traf sich aber, dass der Vater des Publius mit Fieber und Durchfall darniederlag. Da ging Paulus zu ihm hinein und betete, legte ihm die Hände auf und machte ihn gesund. 9 Daraufhin kamen auch die übrigen Kranken der Insel herbei und liessen sich heilen. 10 Auf vielerlei Weise bezeugten sie uns ihre Ehrerbietung, und bei unserer Abfahrt gab man uns mit, was wir nötig hatten.

| 6: Lk 10,19! · 14,11 | 8–9: Lk 4,38–40 | 8: 6,6!

Von Malta nach Rom

11 Drei Monate später stachen wir mit einem Schiff, das auf der Insel überwintert hatte, in See; es war aus Alexandria und trug als Galionsfigur die Dioskuren. 12 Wir liefen in Syrakus ein und blieben dort drei Tage. 13 Dann lichteten wir die Anker und gelangten nach Rhegium. Tags darauf setzte Südwind ein, und so erreichten wir in zwei Tagen Puteoli. 14 Hier trafen wir Brüder und Schwestern, die uns baten, sieben Tage bei ihnen zu bleiben. Und so kamen wir schliesslich nach Rom.

15 Die Brüder und Schwestern, die gehört hatten, was uns zugestossen war, reisten uns von dort bis Forum Appii und Tres-Tabernae entgegen. Als Paulus sie sah, dankte er Gott und fasste Mut. 16 Nach unserer Ankunft in Rom bekam Paulus die Erlaubnis, für sich allein zu wohnen, zusammen mit dem Soldaten, der ihn bewachte.

Das Wirken des Paulus in Rom

17 Es geschah aber nach drei Tagen, dass er die Vorsteher der jüdischen Gemeinde zu sich rufen liess; als sie bei ihm versammelt waren, sprach er zu ihnen: Brüder! Obwohl ich nichts getan habe, was sich gegen unser Volk oder die Sitten unserer Väter richtet, bin ich von Jerusalem als Gefangener den Römern ausgeliefert worden. 18 Diese haben mich verhört und wollten mich freilassen, da nichts an mir zu finden war, was den Tod verdient. 19 Da aber die Juden Einspruch erhoben, war ich gezwungen, an den Kaiser zu appellieren – doch nicht in der Absicht, mein Volk in irgendeiner Weise zu verklagen. 20 Aus diesem Grund habe ich darum gebeten, euch sehen und sprechen zu dürfen; denn um der Hoffnung Israels willen trage ich diese Fesseln. 21 Da sagten sie zu ihm: Weder haben wir Briefe über dich aus Judäa erhalten noch ist einer von den Brüdern gekommen und hat uns Nachteiliges von dir berichtet oder schlecht über dich gesprochen. 22 Wir würden aber gerne von dir hören, wie du denkst; von dieser Sekte ist uns nämlich bekannt, dass sie überall auf Widerspruch stösst.

23 Nachdem sie mit ihm einen Tag vereinbart hatten, kamen sie in noch grösserer Zahl zu ihm in seine Unterkunft. Er legte ihnen alles dar, indem er Zeugnis gab vom Reich Gottes und sie, ausgehend vom Gesetz des Mose und von den Propheten, von Jesus zu überzeugen suchte, vom frühen Morgen bis zum Abend. 24 Einige liessen sich überzeugen von dem, was er sagte, andere aber schenkten ihm keinen Glauben. 25 Ohne sich einig geworden zu sein, brachen sie auf, nachdem Paulus noch dies eine Wort gesagt hatte: Wie zutreffend ist doch, was der heilige Geist durch den Propheten Jesaja zu euren Vätern gesprochen hat, 26 als er sagte:
Geh zu diesem Volk und sprich:
  Hörend werdet ihr hören und nicht
    verstehen,
sehend werdet ihr sehen und nicht
erkennen.

27 *Denn verfettet ist das Herz dieses*
    Volkes;
mit den Ohren hören sie schwer,
  und ihre Augen halten sie geschlossen,
damit sie mit den Augen nicht sehen
  und mit den Ohren nicht hören
  und mit dem Herzen nicht verstehen
und nicht umkehren und nicht wollen,
dass ich sie heile.

28 So sei euch denn kundgetan: Das Rettende, das von Gott kommt, ist zu den andern Völkern gesandt worden, und die werden hören.

30 Er blieb zwei Jahre lang in seiner eigenen Wohnung und empfing alle, die zu ihm kamen, 31 verkündigte das Reich Gottes und lehrte über Jesus Christus, den Herrn, in aller Offenheit und ungehindert.

|17:25,8 |18:26,32 |19:25,11 |20:23,6; 24,15; 26,6–8 |22:24,5.14 · Lk 2,34 |23:19,8! · 26,22–23! |26–27: Jes 6,9–10; Lk 8,10 |31:19,8!

28,22: Andere Übersetzungsmöglichkeit: «...; von dieser Partei ist uns nämlich bekannt, ...»
28,28: Einige Handschriften fügen am Versende ein: 29 Und als er dies gesagt hatte, gingen die Juden fort und stritten noch lange miteinander.»

Der Brief an die Römer

Anschrift

1 1 Paulus, Knecht des Christus Jesus, berufen zum Apostel, ausersehen, das Evangelium Gottes zu verkündigen, 2 das er durch seine Propheten in heiligen Schriften schon seit langem verheissen hat – 3 das Evangelium von seinem Sohn, der nach dem Fleisch aus dem Samen Davids stammt, 4 nach dem Geist der Heiligkeit aber eingesetzt ist als Sohn Gottes in Macht, seit der Auferstehung von den Toten: das Evangelium von Jesus Christus, unserem Herrn, 5 durch den wir Gnade und Apostelamt empfangen haben, Glaubensgehorsam zu erwirken und seinen Namen zu verbreiten unter allen Völkern, 6 zu denen auch ihr als in Jesus Christus Berufene gehört –, 7 an alle in Rom, die von Gott geliebt und zu Heiligen berufen sind: Gnade sei mit euch und Friede von Gott, unserem Vater, und dem Herrn Jesus Christus.

| 1: Phil 1,1 · 1Kor 1,1; Gal 1,1 · Gal 1,15 | 2: 16,26 | 3: Joh 7,42! | 4: Phil 3,10 · 1Kor 15,13! | 5: Gal 2,7-9 · 16,26 | 7: 1Kor 1,3; 2Kor 1,2; Gal 1,3; Phil 1,2; Phlm 3

1,4: Andere Übersetzungsmöglichkeit: «... eingesetzt ist in Macht, durch die Auferstehung von ...»

Die Sehnsucht des Apostels

8 Als Erstes danke ich meinem Gott durch Jesus Christus für euch alle; von eurem Glauben nämlich wird in der ganzen Welt gesprochen. 9 Denn Gott, dem ich mit allem, was in mir ist, diene durch die Verkündigung des Evangeliums von seinem Sohn, er ist mein Zeuge, dass ich unablässig an euch denke 10 und im Gebet immer wieder darum bitte, dass es mir endlich einmal durch Gottes Willen vergönnt sei, zu euch zu kommen. 11 Denn ich sehne mich danach, euch zu sehen, um euch teilhaben zu lassen an dieser und jener geistlichen Gabe zu eurer Stärkung,

12 und das heisst: um in eurer Mitte gemeinsam mit euch ermutigt zu werden durch unseren gemeinsamen Glauben, den euren wie den meinen.

13 Ihr sollt aber auch wissen, liebe Brüder und Schwestern, dass ich mir schon oft vorgenommen habe, zu euch zu kommen, bis heute aber daran gehindert wurde, auch bei euch, wie bei allen anderen Völkern, ein wenig Frucht zu ernten. 14 Griechen und Nichtgriechen, Gebildeten und Ungebildeten weiss ich mich verpflichtet. 15 So ist bei mir der klare Wille vorhanden, auch euch in Rom das Evangelium zu verkündigen.

| 8: 1Kor 1,4! | 13: 15,22! | 14: 1Kor 1,26-28

1,14: Andere Übersetzungsmöglichkeit: «... Nichtgriechen, Weisen und Toren weiss ich ...»

Das Evangelium als Kraft Gottes

16 Denn ich schäme mich des Evangeliums nicht; eine Kraft Gottes ist es zur Rettung für jeden, der glaubt, für die Juden zuerst und auch für die Griechen. 17 Gottes Gerechtigkeit nämlich wird in ihm offenbart, aus Glauben zu Glauben, wie geschrieben steht: *Der aus Glauben Gerechte aber wird leben.*

| 16: Lk 9,26! · 1Kor 1,18 · 10,9 | 17: 3,21-26; 10,3; 2Kor 5,21; Phil 3,9 · Hab 2,4; Gal 3,11

1,17: Andere Übersetzungsmöglichkeit: «...: *Der Gerechte aber wird aus Glauben leben.*»

Die Unentschuldbarkeit aller Menschen

18 Denn es offenbart sich Gottes Zorn vom Himmel her über alle Gottlosigkeit und Ungerechtigkeit der Menschen, die die Wahrheit unterdrücken durch Ungerechtigkeit. 19 Sie hätten ja vor Augen, was von Gott erkannt werden kann; Gott selbst hat es ihnen vor Augen geführt. 20 Denn was von ihm unsichtbar ist, seine unvergängliche Kraft und Gottheit, wird seit der Erschaffung der Welt mit der Vernunft an

seinen Werken wahrgenommen; es bleibt ihnen also keine Entschuldigung. 21 Denn obwohl sie Gott erkannten, haben sie ihm nicht die Ehre gegeben, die Gott gebührt, noch ihm Dank gesagt, sondern sie verfielen mit ihren Gedanken dem Nichtigen, und ihr unverständiges Herz verfinsterte sich.

22 Sie behaupteten, weise zu sein, und wurden zu Toren, 23 und sie tauschten die Herrlichkeit des unvergänglichen Gottes gegen das Abbild eines vergänglichen Menschen, gegen das Abbild von Vögeln, Vierfüsslern und Kriechtieren. 24 Darum hat Gott sie im Begehren ihres Herzens der Unreinheit preisgegeben, und so entehren sie selbst ihre Leiber.

25 Sie tauschten die Wahrheit Gottes gegen die Lüge und huldigten und dienten dem Geschöpf statt dem Schöpfer – gepriesen sei er in Ewigkeit, Amen. 26 Deshalb hat Gott sie unwürdigen Leidenschaften preisgegeben. Denn ihre Frauen vertauschten den natürlichen Umgang mit dem widernatürlichen. 27 Ebenso gaben die Männer den natürlichen Umgang mit der Frau auf und entflammten im Verlangen nacheinander; Männer mit Männern bringen Schande über sich und empfangen am eigenen Leib den Lohn für ihre Verirrung.

28 Und da es ihnen nichts bedeutete, Gott erkannt zu haben, hat Gott sie der Haltlosigkeit preisgegeben, und so tun sie, was sich nicht gebührt. 29 Sie strotzen vor Unrecht, Schlechtigkeit, Habsucht, Bosheit, sie sind voller Neid, Mord, Zank, Arglist, Verschlagenheit; Ohrenbläser sind sie, 30 Verleumder, Gotthasser, Frevler, Angeber, Prahler, erfinderisch im Bösen, ungehorsam den Eltern, 31 gedankenlos, haltlos, lieblos, ohne Erbarmen.

32 Sie kennen zwar die Rechtsordnung Gottes, die sagt, dass, wer es so treibt, den Tod verdient; und doch tun sie es nicht nur, nein, sie beklatschen auch noch, die es so treiben.

|21: 2Kön 17,15; Jer 2,5 |22: 1Kor 1,20
|23: Ps 106,20 · Dtn 4,15–18 |24: 6,19

Das Ende aller Entschuldigungen

2 1 Darum gibt es keine Entschuldigung für dich, Mensch, wer immer du bist, der du urteilst. Worin du über einen andern urteilst, darin verurteilst du dich selbst; denn du, der du urteilst, tust ja dasselbe. 2 Wir wissen aber, dass Gottes Urteil diejenigen, die solches tun, zu Recht trifft.

3 Du aber, Mensch, der du über die richtest, die solches tun, und doch dasselbe tust, rechnest du damit, dass du dem Gericht Gottes entrinnen wirst? 4 Oder verkennst du den Reichtum seiner Güte, Langmut und Geduld? Weisst du nicht, dass Gottes Güte dich zur Umkehr leitet? 5 Mit deinem Starrsinn und deinem unbussfertigen Herzen häufst du dir Zorn auf für den Tag des Zorns, an dem sich Gottes gerechtes Gericht offenbaren wird. 6 *Er wird einem jeden vergelten nach seinen Taten:* 7 ewiges Leben geben denen, die im geduldigen Tun guter Werke Herrlichkeit, Ehre und Unvergänglichkeit suchen, 8 Zorn und Grimm aber denen, die nur auf den eigenen Vorteil bedacht sind und nicht auf die Wahrheit hören, sondern dem Unrecht folgen.

9 Bedrängnis und Not über das Leben eines jeden Menschen, der das Böse tut, des Juden zuerst und auch des Griechen! 10 Herrlichkeit aber und Ehre und Frieden einem jeden, der das Gute tut, dem Juden zuerst und auch dem Griechen. 11 Denn bei Gott ist kein Ansehen der Person.

|5: Zef 1,14–15 |6: Spr 24,12; Ps 62,13; Mt 16,27
|11: Gal 2,6

2,4: Andere Übersetzungsmöglichkeit: «Oder verachtest du den Reichtum ...»

Kein Vorrang der Juden

12 Alle, die ohne Kenntnis des Gesetzes gesündigt haben, werden auch ohne Gesetz zugrunde gehen, und alle, die in Kenntnis des Gesetzes gesündigt haben,

werden durch das Gesetz gerichtet werden. 13 Denn nicht die, die das Gesetz hören, sind bei Gott gerecht, sondern diejenigen, die tun, was das Gesetz sagt, werden gerecht gesprochen werden. 14 Wenn nämlich die Heiden, die das Gesetz nicht haben, von Natur aus tun, was das Gesetz gebietet, dann sind sie – obwohl sie das Gesetz nicht haben – sich selbst das Gesetz. 15 Sie zeigen damit, dass ihnen das Gesetz mit allem, was es will und wirkt, ins Herz geschrieben ist; ihr Gewissen legt davon Zeugnis ab, und ihre Gedanken verklagen oder verteidigen sich gegenseitig – 16 offenbar wird dies an dem Tag, da Gott richtet über das, was im Menschen verborgen ist, nach meinem Evangelium durch Christus Jesus.

17 Wenn du dich aber einen Juden nennst und dich auf das Gesetz stützt und deinen Ruhm auf Gott gründest, 18 wenn du seinen Willen kennst und, da du gesetzeskundig bist, beurteilen kannst, worauf es ankommt, 19 wenn du dir also zutraust, ein Führer der Blinden zu sein, ein Licht für die in der Finsternis, 20 ein Erzieher der Unwissenden, ein Lehrer der Unmündigen, der im Gesetz die Verkörperung der Erkenntnis und Wahrheit hat – 21 du also belehrst den anderen und dich selbst belehrst du nicht? Du verkündest, man dürfe nicht stehlen, und stiehlst? 22 Du sagst, man dürfe die Ehe nicht brechen, und brichst sie? Du verabscheust die fremden Götter und begehst Tempelraub? 23 Du rühmst dich des Gesetzes und raubst Gott die Ehre durch die Übertretung des Gesetzes! 24 Denn, wie geschrieben steht: *Der Name Gottes wird um euretwillen in Verruf gebracht unter den Völkern.*

25 Die Beschneidung nützt dir nämlich nur dann, wenn du das Gesetz befolgst; übertrittst du aber das Gesetz, so ist aus deiner Beschneidung Unbeschnittensein geworden. 26 Wenn nun ein Unbeschnittener sich an die Forderungen des Gesetzes hält, wird ihm sein Unbeschnittensein dann nicht als Beschneidung angerechnet? 27 So wird, wer von Natur aus unbeschnitten ist, das Gesetz aber erfüllt, richten über dich, der du trotz Buchstabe und Beschneidung ein Übertreter des Gesetzes bist. 28 Denn nicht der ist ein Jude, der es nach aussen hin ist, und nicht das ist Beschneidung, was äusserlich am Fleisch geschieht, 29 nein, ein Jude ist, wer es im Verborgenen ist, und die Beschneidung ist eine Beschneidung des Herzens, nach dem Geist, nicht nach dem Buchstaben; eines solchen Lob kommt nicht von Menschen, sondern von Gott.

|15: Jer 31,33; Jes 51,7 |16: 1Kor 4,5 · 16,25
|19: Mt 15,14 |24: Jes 52,5 |29: Dtn 30,6; Phil 3,3

2,14: Andere Übersetzungsmöglichkeit:
«… Heiden, die kein Gesetz haben, …, dann sind sie – obwohl sie kein Gesetz haben – sich selbst …»

Die Treue Gottes

3 1 Was haben nun die Juden den anderen voraus? Was nützt ihnen die Beschneidung? 2 Viel, in jeder Hinsicht! Allem voran: Ihnen wurden die Worte Gottes anvertraut. 3 Denn was macht es schon aus: Wenn einige untreu geworden sind, wird ihre Untreue etwa die Treue Gottes aufheben? 4 Gewiss nicht! Es soll sich vielmehr herausstellen, dass Gott wahrhaftig ist, jeder Mensch aber ein Lügner, wie geschrieben steht: *damit du dich als gerecht erweist in deinen Worten*

und Recht behältst, wenn man mit dir rechtet.

5 Wenn aber unsere Ungerechtigkeit Gottes Gerechtigkeit an den Tag bringt, was heisst das dann? Ist Gott, der seinen Zorn über uns kommen lässt, etwa ungerecht? So reden Menschen. 6 Gewiss nicht! Denn wie könnte Gott dann die Welt richten? 7 Wenn aber Gottes Wahrhaftigkeit durch meine Lüge sich in ihrer ganzen Fülle gezeigt hat zu seiner Ehre, was werde ich dann noch als Sünder gerichtet? 8 Ist es etwa so, wie einige in verleumderischer

Weise von uns behaupten, dass wir nämlich sagen: Lasst uns doch das Böse tun, damit das Gute komme? Wer das behauptet, dem wird zu Recht das Urteil gesprochen.

|4: Ps 116,11 · Ps 51,6 |5: Gal 3,15

Die Schuld aller Menschen

9 Was gilt nun? Haben wir einen Vorteil? Nein, nicht unbedingt. Vorher haben wir ja die Anklage erhoben, dass alle, Juden wie Griechen, unter der Sünde sind, 10 wie geschrieben steht:
Da ist kein Gerechter, auch nicht einer,
     11 da ist keiner, der Verstand hätte,
     da ist keiner, der Gott suchte.
12 Alle sind sie vom Weg abgekommen,
allesamt taugen sie nichts;
     da ist keiner, der sich in Güte übte,
     keiner, auch nicht einer.
13 Ein offenes Grab ist ihr Schlund,
     mit ihrer Zunge verbreiten sie Lug und Trug,
Natterngift bergen ihre Lippen.
     14 Ihr Mund ist voller Fluch und Bitterkeit,
15 rasch sind ihre Füsse bereit, Blut zu vergiessen,
     16 Verwüstung und Elend säumen ihre Wege,
17 und den Weg des Friedens kennen sie nicht.
     18 Gottesfurcht gilt nichts in ihren Augen.
19 Wir wissen aber: Was das Gesetz sagt, das sagt es denen, die mit dem Gesetz leben, damit jeder Mund gestopft werde und alle Welt schuldig sei vor Gott. 20 Denn es gilt ja: Durch das Tun dessen, was im Gesetz geschrieben steht, wird kein Mensch vor ihm gerecht werden; denn durch das Gesetz kommt es bloss zur Erkenntnis der Sünde.

|10: Koh 7,20 |11–12: Ps 14,2–3 |13: Ps 5,10 · Ps 140,4 |14: Ps 10,7 |15: Jes 59,7; Spr 1,16 |17: Jes 58,8 |18: Ps 36,2 |20: Gal 2,16!

3,9: Andere Übersetzungsmöglichkeit: «... Nein, ganz und gar nicht. ...»

3,20: Andere Übersetzungsmöglichkeit: «... kommt es zur Erfahrung der Sünde.»

Die Gerechtigkeit Gottes

21 Jetzt aber ist unabhängig vom Gesetz die Gerechtigkeit Gottes erschienen – bezeugt durch das Gesetz und die Propheten –, 22 die Gerechtigkeit Gottes, die durch den Glauben an Jesus Christus für alle da ist, die glauben. Denn da ist kein Unterschied: 23 Alle haben ja gesündigt und die Herrlichkeit Gottes verspielt. 24 Gerecht gemacht werden sie ohne Verdienst aus seiner Gnade durch die Erlösung, die in Christus Jesus ist. 25 Ihn hat Gott dazu bestellt, Sühne zu schaffen – die durch den Glauben wirksam wird – durch die Hingabe seines Lebens. Darin erweist er seine Gerechtigkeit, dass er auf diese Weise die früheren Verfehlungen vergibt, 26 die Gott ertragen hat in seiner Langmut, ja, er zeigt seine Gerechtigkeit jetzt, in dieser Zeit: Er ist gerecht und macht gerecht den, der aus dem Glauben an Jesus lebt.

|21: 1,17! |22: 10,12 |23: 5,12 |24: 5,1

Der Glaube an den einen Gott

27 Wo bleibt da noch das Rühmen? Es ist ausgeschlossen. Durch was für ein Prinzip? Das der Leistung? Nein, durch das Prinzip des Glaubens! 28 Denn wir halten fest: Gerecht wird ein Mensch durch den Glauben, unabhängig von den Taten, die das Gesetz fordert. 29 Ist denn Gott nur der Gott der Juden? Nicht auch der Heiden? Doch, auch der Heiden! 30 Ist es doch der eine Gott, der die Beschnittenen aus Glauben und die Unbeschnittenen durch den Glauben gerecht macht. 31 Heben wir also das Gesetz durch den Glauben auf? Gewiss nicht! Im Gegenteil: Wir richten das Gesetz auf.

|27: 1Kor 1,29.31; 3,21 |28: Gal 2,16!

3,31: Andere Übersetzungsmöglichkeiten: «...: Wir bringen das Gesetz zur Geltung.» oder: «...: Wir geben dem Gesetz die rechte Stellung.»

Der Glaube Abrahams

4 1 Was sollen wir nun von Abraham sagen, was hat er erlangt, unser leiblicher Stammvater? 2 Da Abraham nämlich aufgrund seiner Taten für gerecht befunden wurde, hat er Grund, sich zu rühmen – aber nicht vor Gott. 3 Denn was sagt die Schrift: *Abraham glaubte Gott, und das wurde ihm als Gerechtigkeit angerechnet.* 4 Wer eine Leistung erbringt, dem wird der Lohn nicht aus Gnade ausbezahlt, sondern weil er ihm zusteht. 5 Wer jedoch keine Leistung vorzuweisen hat, aber an den glaubt, der den Gottlosen gerecht macht, dem wird sein Glaube als Gerechtigkeit angerechnet. 6 So preist auch David den Menschen selig, dem Gott Gerechtigkeit zugesteht, ohne auf seine Taten zu sehen:

7 *Selig, deren Missetaten vergeben und deren Sünden zugedeckt wurden.*
8 *Selig der Mann, dessen Sünde der Herr nicht anrechnet.*

9 Gilt diese Seligpreisung nur den Beschnittenen oder auch den Unbeschnittenen? Wir sagten ja: Abraham wurde der Glaube als Gerechtigkeit angerechnet. 10 Unter welchen Umständen wurde er ihm denn angerechnet? Als er beschnitten war oder als er noch unbeschnitten war? Nicht als er beschnitten war, sondern als er noch unbeschnitten war! 11 Das Zeichen der Beschneidung empfing er als Siegel der Gerechtigkeit, die aus Glauben kommt, aus der Zeit der Unbeschnittenheit. So ist er der Vater aller Glaubenden, die unbeschnitten sind – auch ihnen sollte die Gerechtigkeit zugestanden werden –, 12 und zugleich der Vater der Beschnittenen, die nicht nur beschnitten sind, sondern auch der Spur des Glaubens folgen, den unser Vater Abraham hatte, als er noch unbeschnitten war.

13 Denn nicht durch das Gesetz wurde die Verheissung, Erbe der Welt zu sein, Abraham und seinen Nachkommen gegeben, sondern durch die Gerechtigkeit, die aus dem Glauben kommt. 14 Wenn nämlich die, die aus dem Gesetz leben, Erben sind, dann ist der Glaube überflüssig, und die Verheissung gilt nicht mehr. 15 Denn das Gesetz schafft Zorn; wo aber kein Gesetz ist, da ist auch keine Übertretung.

16 Darum heisst es: aus Glauben, damit auch gilt: aus Gnade. So hat die Verheissung für jeden Nachkommen Bestand, nicht allein für die aus dem Gesetz, sondern erst recht für die aus dem Glauben Abrahams. Er ist unser aller Vater, 17 wie geschrieben steht: *Zum Vater vieler Völker habe ich dich gemacht* – im Angesicht des Gottes, an den er glaubte, des Gottes, der die Toten lebendig macht und was nicht ist, ins Dasein ruft.

18 Wider alle Hoffnung hat er auf Hoffnung hin geglaubt, und so wurde er zum Vater vieler Völker, wie es heisst: *So zahlreich werden deine Nachkommen sein.* 19 Und ohne im Glauben schwach zu werden, nahm er seine schon erstorbene Manneskraft wahr – etwa hundert Jahre war er alt – und den erstorbenen Mutterschoss Saras. 20 An der Verheissung Gottes liess er sich durch Unglauben nicht irremachen, sondern er wurde stark im Glauben, gab Gott die Ehre 21 und hatte die feste Gewissheit: Er vermag, was er verheissen hat, auch zu tun. 22 Eben darum wurde es ihm als Gerechtigkeit angerechnet.

23 Doch nicht allein um seinetwillen heisst es in der Schrift: *Es wurde ihm angerechnet,* 24 sondern auch um unsertwillen, denen es angerechnet werden soll, uns, die wir an den glauben, der Jesus, unseren Herrn, von den Toten auferweckt hat. 25 Wegen unserer Verfehlungen wurde er dahingegeben und um unseres Freispruchs willen wurde er auferweckt.

|3: Gen 15,6; Gal 3,6; Jak 2,23 |7: Ps 32,1–2 |9: 4,3! |13: Gen 22,17 |15: 5,13; 7,8–13; Gal 3,19 |17: Gen 17,5 · 2Kor 1,9 |18: Gen 15,5 |19: Gen 17,17 |22: 4,3 |23: 1Kor 9,10 |24: 8,11; 10,9; 1Petr 1,21

Versöhnung mit Gott

5 1 Sind wir nun aus Glauben gerecht gesprochen, so haben wir Frieden mit Gott durch unseren Herrn Jesus

Christus. 2 Durch ihn haben wir im Glauben auch Zutritt erhalten zu der Gnade, in der wir jetzt stehen, und seinetwegen rühmen wir uns der Hoffnung auf die Herrlichkeit Gottes. 3 Aber nicht nur dies: Wir sind auch stolz auf jegliche Bedrängnis, da wir wissen: Bedrängnis schafft Ausdauer, 4 Ausdauer aber Bewährung, Bewährung aber Hoffnung. 5 Die Hoffnung aber stellt uns nicht bloss, ist doch die Liebe Gottes ausgegossen in unsere Herzen durch den heiligen Geist, der uns gegeben wurde.

6 Denn Christus ist, als wir noch schwach waren, für die damals noch Gottlosen gestorben. 7 Nicht einmal für einen Gerechten will einer sterben – für eine gute Sache allenfalls mag einer sogar sein Leben aufs Spiel setzen –, 8 Gott jedoch zeigt seine Liebe zu uns gerade dadurch, dass Christus für uns gestorben ist, als wir noch Sünder waren.

9 Nun, da wir gerecht gemacht sind durch sein Blut, werden wir durch ihn erst recht bewahrt werden vor dem Zorn. 10 Denn wenn wir, als wir noch Feinde waren, mit Gott versöhnt wurden durch den Tod seines Sohnes, dann werden wir jetzt, da wir mit ihm versöhnt sind, erst recht gerettet werden durch seine Lebensmacht. 11 Aber nicht nur dies: Wir sind sogar stolz auf Gott durch unsern Herrn Jesus Christus, durch den wir jetzt die Versöhnung empfangen haben.

| 1: 3,21–28; Gal 2,16 | 2: Eph 2,18; 3,12 · Kol 1,27 | 3: 2Kor 4,17 | 5: 1Joh 3,24 | 8: 1Thess 5,10 | 9: 1Kor 11,25 · 1,18; 1Thess 1,10! | 10: 8,7 · 2Kor 5,18–19 | 11: Phil 3,3; Gal 6,14; 1Kor 1,31!

5,1: Andere Textüberlieferung: «..., so wollen wir Frieden halten mit Gott ...»

5,7: Andere Übersetzungsmöglichkeit: «... – für den Guten allenfalls mag einer ...»

Adam und Christus

12 Darum: Wie durch *einen* Menschen die Sünde in die Welt kam und durch die Sünde der Tod, und so der Tod zu allen Menschen gelangte, weil alle sündigten ...

13 Es gab nämlich, schon bevor das Gesetz kam, Sünde auf der Welt; Sünde wird aber nicht registriert, wo kein Gesetz ist. 14 Dennoch herrschte der Tod von Adam bis Mose auch über die, die nicht durch Übertreten eines Gebots gesündigt hatten wie Adam, der ein Gegenbild dessen ist, der kommen sollte.

15 Anders aber als mit dem Fall verhält es sich mit dem, was die Gnade wirkt: Sind nämlich durch des Einen Fall die Vielen dem Tod anheimgefallen, dann ist die Gnade Gottes, nämlich die in der Gnade des einen Menschen Jesus Christus beschlossene Gabe, erst recht den Vielen im Überfluss zuteil geworden. 16 Und anders als die Sünde des Einen wirkt die Gabe: Das Gericht führt von dem Fall des Einen zur Verurteilung, das Geschenk der Gnade jedoch von dem Fall vieler zum Freispruch. 17 Denn wenn durch den Fall des Einen der Tod zur Herrschaft gelangte durch diesen Einen, dann werden jene, die die Gnade und die Gabe der Gerechtigkeit in überfliessender Fülle empfangen, erst recht zur Herrschaft gelangen im Leben durch den Einen, Jesus Christus.

18 Also: Wie es durch den Fall des Einen für alle Menschen zur Verurteilung kam, so kommt es durch die Erfüllung der Rechtsordnung des Einen für alle Menschen zum Freispruch, der ins Leben führt. 19 Denn wie durch den Ungehorsam des einen Menschen die Vielen zu Sündern gemacht wurden, so werden durch den Gehorsam des Einen die Vielen zu Gerechten gemacht werden.

20 Das Gesetz aber ist hinzugekommen, damit der Fall noch grösser werde; wo aber die Sünde grösser wurde, da strömte die Gnade umso reichlicher. 21 So sollte, wie die Sünde durch den Tod herrschte, die Gnade durch die Gerechtigkeit herrschen, die ins ewige Leben führt, durch Jesus Christus, unseren Herrn.

| 12: Gen 3,1–19 · 6,23 · 3,23 | 13: 4,15! | 14: 1Kor 15,21–22 | 18: 1Kor 15,21–22 | 21: 6,23

5,12: Der Satz V.12 bricht unvollendet ab (keine Korrespondenz zum «wie»). Paulus führt den Vergleich erst nach zwei präzisierenden Erläuterungen (V. 13–14 und V. 15–17) in V. 18–19 durch.

Freiheit von der Macht der Sünde

6 1 Was folgt nun daraus? Etwa: Lasst uns der Sünde treu bleiben, damit die Gnade umso grösser werde? 2 Gewiss nicht! Wir, die wir für die Sünde tot sind, wie sollten wir noch in ihr leben können?

3 Wisst ihr denn nicht, dass wir, die wir auf Christus Jesus getauft wurden, auf seinen Tod getauft worden sind? 4 Wir wurden also mit ihm begraben durch die Taufe auf den Tod, damit, wie Christus durch die Herrlichkeit des Vaters von den Toten auferweckt worden ist, auch wir in der Wirklichkeit eines neuen Lebens unseren Weg gehen. 5 Wenn wir nämlich mit dem Abbild seines Todes aufs Engste verbunden sind, dann werden wir es gewiss auch mit dem seiner Auferstehung sein. 6 Das gilt es zu erkennen: Unser alter Mensch wurde mit ihm gekreuzigt, damit der von der Sünde beherrschte Leib vernichtet werde und wir nicht mehr Sklaven der Sünde seien. 7 Denn wer gestorben ist, ist von allen Ansprüchen der Sünde befreit.

8 Sind wir aber mit Christus gestorben, so glauben wir fest, dass wir mit ihm auch leben werden. 9 Denn wir wissen, dass Christus, einmal von den Toten auferweckt, nicht mehr stirbt; der Tod hat keine Macht mehr über ihn. 10 Sofern er starb, starb er der Sünde ein für alle Mal; sofern er aber lebt, lebt er für Gott. 11 Das gilt auch für euch: Betrachtet euch als solche, die für die Sünde tot, für Gott aber lebendig sind, in Christus Jesus.

| 1: 3,5–8 | 3: Gal 3,27; Mk 10,38 | 4: Kol 2,12 | 5: Phil 3,10 | 6: Gal 2,19 | 10: Gal 2,19

6,6: Andere Übersetzungsmöglichkeit: «Wir wissen: …»

Der neue Dienst

12 Lasst also die Sünde nicht herrschen in eurem sterblichen Leib, sonst werdet ihr seinem Begehren gehorchen. 13 Stellt auch nicht eure Glieder der Sünde zur Verfügung als Waffen der Ungerechtigkeit, sondern stellt euch vielmehr Gott zur Verfügung als solche, die unter den Toten waren und nun lebendig sind: Stellt eure Glieder Gott zur Verfügung als Waffen der Gerechtigkeit! 14 Die Sünde wird keine Macht über euch haben, denn ihr steht nicht unter dem Gesetz, sondern unter der Gnade.

15 Was heisst das nun? Sollen wir sündigen, weil wir nicht unter dem Gesetz stehen, sondern unter der Gnade? Gewiss nicht! 16 Wisst ihr nicht: Wem ihr euch als Sklaven zur Verfügung stellt und zum Gehorsam verpflichtet, dessen Sklaven seid ihr und dem gehorcht ihr, entweder der Sünde, die zum Tod führt, oder dem Gehorsam, der zur Gerechtigkeit führt. 17 Dank aber sei Gott! Ihr wart Sklaven der Sünde, seid aber von ganzem Herzen gehorsam geworden der Gestalt der Lehre, der ihr übergeben wurdet; 18 befreit von der Sünde, seid ihr in den Dienst der Gerechtigkeit gestellt worden. 19 Ich rede, wie Menschen reden, mit Rücksicht auf euer schwaches Fleisch: Wie ihr nämlich eure Glieder in den Dienst der Unreinheit und der Missachtung des Gesetzes, die zu weiterer Missachtung des Gesetzes führt, gestellt habt, so stellt jetzt eure Glieder in den Dienst der Gerechtigkeit, die zur Heiligung führt. 20 Denn als ihr Sklaven der Sünde wart, da hattet ihr mit der Gerechtigkeit nichts zu tun.

21 Nun, was habt ihr damals geerntet? Dinge, derer ihr euch jetzt schämt! Denn sie führten zum Tod. 22 Jetzt aber, befreit von der Sünde und in den Dienst Gottes gestellt, habt ihr die Frucht, die Heiligung schafft, und als Ziel ewiges Leben. 23 Denn der Sünde Sold ist Tod, die Gabe Gottes aber ist ewiges Leben in Christus Jesus, unserm Herrn.

| 13: 12,1 · 13,12 | 14: Gal 5,18 | 23: 5,12.21

6,17–18: Andere Übersetzungsmöglichkeit: «17 Dank aber sei Gott! Ihr wart Sklaven der Sünde, von ganzem Herzen gehorsam der Gestalt der Lehre, der ihr ausgeliefert wurdet; 18 jetzt aber, befreit von der Sünde, seid ihr in den Dienst der Gerechtigkeit getreten.»

6,20: Andere Übersetzungsmöglichkeit: «…, da hattet ihr Aussicht auf Gerechtigkeit.»

Das Ende der Herrschaft des Gesetzes

7 1 Wisst ihr denn nicht, liebe Brüder und Schwestern – ich spreche doch zu solchen, die das Gesetz kennen –, dass das Gesetz nur Macht hat über den Menschen, solange er lebt?

2 Die verheiratete Frau nämlich ist durch das Gesetz an ihren Mann gebunden, solange er lebt. Stirbt aber der Mann, ist sie befreit vom Gesetz, das sie an den Mann bindet. 3 Also gilt: Solange der Mann lebt, macht sie sich zur Ehebrecherin, wenn sie die Frau eines anderen Mannes wird. Stirbt aber der Mann, so ist sie frei vom Gesetz und gilt darum nicht als Ehebrecherin, wenn sie die Frau eines anderen Mannes wird.

4 So steht es auch mit euch, meine Brüder und Schwestern: Auch ihr seid für das Gesetz zu Tode gekommen durch den Leib des Christus, und so gehört ihr jetzt einem andern, dem, der von den Toten auferweckt worden ist, damit wir Frucht bringen für Gott. 5 Denn als wir noch im Banne des Fleisches lebten, wirkten in unseren Gliedern die durch das Gesetz geweckten Leidenschaften, die zu nichts als Sünde führen, und brachten Frucht für den Tod. 6 Jetzt aber sind wir dem gestorben, worin wir niedergehalten wurden, und frei geworden vom Gesetz; so tun wir nun unseren Dienst in der neuen Wirklichkeit des Geistes, nicht in der alten des Buchstabens.

| 2: 1Kor 7,39 | 6: 2Kor 3,6

7,5: Andere Übersetzungsmöglichkeit: «…, und wir brachten …»

Sünde und Gesetz

7 Was folgt nun daraus? Dass das Gesetz Sünde sei? Gewiss nicht! Sondern: Ohne das Gesetz hätte ich die Sünde nicht kennen gelernt. Denn ich wüsste nichts vom Begehren, wenn das Gesetz nicht sagte: *Du sollst nicht begehren.*

8 Die Sünde aber nutzte die Gelegenheit, die das Gebot ihr gab, und weckte in mir jegliches Begehren; ohne das Gesetz nämlich ist die Sünde tot. 9 Einst lebte ich, und es gab kein Gesetz; als aber das Gebot kam, erwachte die Sünde zum Leben, 10 ich aber starb und musste erfahren: Das Gebot, das doch zum Leben da war, eben das führte zum Tod. 11 Denn die Sünde nutzte die Gelegenheit, die das Gebot ihr gab, und täuschte mich und tötete mich durch das Gebot. 12 So gilt: Das Gesetz ist heilig, und das Gebot ist heilig, gerecht und gut.

13 Also hat das Gute mir den Tod gebracht? Gewiss nicht! Vielmehr bringt mir die Sünde, damit sie als Sünde in Erscheinung trete, durch das Gute den Tod. So sollte die Sünde über alle Massen sündig werden durch das Gebot.

| 7: Ex 20,17; Dtn 5,21 | 8–13: 4,15! | 10: Lev 18,5

7,8: Andere Übersetzungsmöglichkeit (vgl. V. 11): «Die Sünde aber nutzte die Gelegenheit und weckte durch das Gebot in mir jegliches Begehren; …»

7,11: Andere Übersetzungsmöglichkeit (vgl. V. 8): «… die Gelegenheit, täuschte mich durch das Gebot und …»

Die Zerrissenheit des alten Ich

14 Wir wissen ja, dass das Gesetz zum Geist gehört; ich dagegen bin vom Fleisch bestimmt – und verkauft unter die Sünde. 15 Was ich bewirke, begreife ich nicht; denn nicht, was ich will, treibe ich voran, sondern was ich hasse, das tue ich. 16 Wenn ich aber gerade das tue, was ich nicht will, gestehe ich dem Gesetz zu, dass es Recht hat.

17 Dann aber bin nicht mehr ich es, der handelt, sondern die Sünde, die in mir wohnt. 18 Denn ich weiss: In mir, das heisst in meinem Fleisch, wohnt nichts Gutes. Denn das Wollen liegt in

meiner Hand, das Vollbringen des Rechten und Guten aber nicht. 19 Denn nicht das Gute, das ich will, tue ich, sondern das Böse, das ich nicht will, das treibe ich voran. 20 Wenn ich aber gerade das tue, was ich selbst nicht will, dann bin nicht mehr ich es, der handelt, sondern die Sünde, die in mir wohnt.

21 Ich entdecke also folgende Gesetzmässigkeit: Dass mir, der ich das Gute tun will, das Böse naheliegt. 22 In meinem Innern freue ich mich am Gesetz Gottes, 23 in meinen Gliedern aber nehme ich ein anderes Gesetz wahr, das Krieg führt gegen das Gesetz meiner Vernunft und mich gefangen nimmt durch das Gesetz der Sünde, das in meinen Gliedern ist.

24 Ich elender Mensch! Wer wird mich erretten aus diesem Todesleib? 25 Dank sei Gott durch Jesus Christus, unseren Herrn! Also gilt: Mit der Vernunft diene ich dem Gesetz Gottes, mit dem Fleisch aber dem Gesetz der Sünde.

|23: Gal 5,17 · 8,2

7,25: Der ursprüngliche Text hört wahrscheinlich mit «... durch Christus, unseren Herrn!» auf. «Also gilt ... der Sünde.» ist aufgrund sprachlicher und inhaltlicher Merkmale als spätere Ergänzung nicht paulinischer Herkunft zu betrachten.

Leben im Geist

8 1 Es gibt jetzt also keine Verurteilung für die, die in Christus Jesus sind. 2 Denn das Gesetz des Geistes, der in Christus Jesus Leben spendet, hat dich befreit vom Gesetz der Sünde und des Todes. 3 Denn was dem Gesetz nicht möglich war, was es mit Hilfe des Fleisches nicht schaffte, das ist Wirklichkeit geworden: Gott hat seinen Sohn in Gestalt des von der Sünde beherrschten Fleisches gesandt, als Sühnopfer, und verurteilte damit die Sünde im Fleisch. 4 So sollte der Rechtsanspruch des Gesetzes erfüllt werden unter uns, die wir unseren Weg nicht nach dem Fleisch gehen, sondern nach dem Geist.

5 Die nämlich auf das Fleisch ausgerichtet sind, sinnen den Dingen des Fleisches nach, die aber auf den Geist ausgerichtet sind, den Dingen des Geistes. 6 Das Sinnen des Fleisches ist Tod, das Sinnen des Geistes aber ist Leben und Frieden; 7 ja, das Sinnen und Trachten des Fleisches ist Feindschaft gegen Gott, denn es unterzieht sich dem Gesetz Gottes nicht, ja, es vermag es nicht. 8 Die aber vom Fleisch bestimmt sind, können Gott nicht gefallen.

9 Ihr aber lasst euch nicht vom Fleisch bestimmen, sondern vom Geist, wenn wirklich der Geist Gottes in euch wohnt. Wer aber den Geist Christi nicht hat, der gehört nicht zu ihm. 10 Wenn aber Christus in euch ist, dann ist der Leib zwar tot um der Sünde willen, der Geist aber ist Leben um der Gerechtigkeit willen.

11 Wenn aber der Geist dessen in euch wohnt, der Jesus von den Toten auferweckt hat, dann wird er, der Christus von den Toten auferweckt hat, auch euren sterblichen Leib lebendig machen durch seinen Geist, der in euch wohnt.

|1: 31–39 |3: Gal 4,4 · Phil 2,6–8 |4: Gal 5,16.18 |7: 5,10 |9: 1Kor 3,16 |10: 2Kor 13,5 |11: 4,24; 6,14!; 1Kor 15,45

Leben in der Kindschaft

12 Wir sind also, liebe Brüder und Schwestern, nicht dem Fleisch verpflichtet und müssen nicht nach dem Fleisch leben. 13 Wenn ihr nämlich nach dem Fleisch lebt, müsst ihr sterben; wenn ihr aber durch den Geist tötet, was der Leib aus sich heraus tut, werdet ihr leben. 14 Denn die vom Geist Gottes getrieben werden, das sind Söhne und Töchter Gottes. 15 Ihr habt doch nicht einen Geist der Knechtschaft empfangen, um wiederum in Furcht zu leben; nein, ihr habt einen Geist der Kindschaft empfangen, in dem wir rufen: Abba, Vater! 16 Eben dieser Geist bezeugt unserem Geist, dass wir Kinder Gottes sind. 17 Sind wir aber Kinder, dann sind wir auch Erben: Erben Gottes, Miterben Christi, sofern wir mit ihm

leiden, um so auch mit ihm verherrlicht zu werden.

|14–15: Gal 5,18 · Gal 4,6 |17: Gal 4,7

Das Seufzen der Schöpfung

18 Ich bin nämlich überzeugt, dass die Leiden der gegenwärtigen Zeit nichts bedeuten im Vergleich zur Herrlichkeit, die an uns offenbar werden soll. 19 Denn in sehnsüchtigem Verlangen wartet die Schöpfung auf das Offenbarwerden der Söhne und Töchter Gottes. 20 Wurde die Schöpfung doch der Nichtigkeit unterworfen, nicht weil sie es wollte, sondern weil er, der sie unterworfen hat, es wollte – nicht ohne die Hoffnung aber, 21 dass auch die Schöpfung von der Knechtschaft der Vergänglichkeit befreit werde zur herrlichen Freiheit der Kinder Gottes. 22 Denn wir wissen, dass die ganze Schöpfung seufzt und in Wehen liegt, bis zum heutigen Tag.

23 Doch nicht nur dies; nein, auch wir selbst, die wir den Geist als Erstlingsgabe empfangen haben, auch wir seufzen miteinander und warten auf unsere Anerkennung als Söhne und Töchter, auf die Erlösung unseres Leibes. 24 Im Zeichen der Hoffnung wurden wir gerettet. Eine Hoffnung aber, die man sieht, ist keine Hoffnung. Wer hofft schon auf das, was er sieht? 25 Hoffen wir aber auf das, was wir nicht sehen, dann harren wir aus in Geduld.

26 In gleicher Weise aber nimmt sich der Geist unserer Schwachheit an; denn wir wissen nicht, was wir eigentlich beten sollen; der Geist selber jedoch tritt für uns ein mit wortlosen Seufzern. 27 Er aber, der die Herzen erforscht, er weiss, was das Sinnen des Geistes ist, weil er dem Willen Gottes gemäss für die Heiligen eintritt. 28 Wir wissen aber, dass denen, die Gott lieben, alles zum Guten dient, ihnen, die nach seiner freien Entscheidung berufen sind. 29 Die er aber zuvor erwählt hat, die hat er auch im Voraus dazu bestimmt, nach dem Bild seines

Sohnes gestaltet zu werden, damit dieser der Erstgeborene sei unter vielen Brüdern. 30 Die er im Voraus bestimmt hat, die hat er auch berufen. Und die er berufen hat, die hat er auch gerecht gesprochen. Die er aber gerecht gesprochen hat, denen hat er auch die Herrlichkeit verliehen.

|22: 2Kor 5,2.4 |24: Hebr 11,1 |27: Ps 139,1 |28: 1Kor 2,9 |29: Phil 3,21! · 1Kor 15,49! · Gen 1,27 |30: 1Kor 6,11

8,20: Andere Übersetzungsmöglichkeit:
«…, nicht aus freien Stücken, sondern um dessentwillen, der sie unterworfen hat – nicht ohne …»

Die Liebe Gottes

31 Was wollen wir dem noch hinzufügen? Wenn Gott für uns ist, wer kann wider uns sein? 32 Er, der seinen eigenen Sohn nicht verschont, sondern für uns alle dahingegeben hat, wie sollte er uns mit ihm nicht alles schenken? 33 Wer will gegen die Erwählten Gottes Anklage erheben? Gott ist es, der Recht spricht. 34 Wer will da verurteilen? Christus Jesus ist es, der gestorben, ja mehr noch, der auferweckt worden ist; er sitzt zur Rechten Gottes, er tritt für uns ein.

35 Wer will uns scheiden von der Liebe Christi? Bedrängnis, Not oder Verfolgung? Hunger oder Blösse? Gefahr oder Schwert? 36 Wie geschrieben steht:
Um deinetwillen sind wir dem Tod ausgesetzt den ganzen Tag,
zu den Schafen gerechnet, die man zur Schlachtbank führt.

37 Doch in all dem feiern wir den Sieg dank dem, der uns seine Liebe erwiesen hat. 38 Denn ich bin mir gewiss: Weder Tod noch Leben, weder Engel noch Mächte, weder Gegenwärtiges noch Zukünftiges noch Gewalten, 39 weder Hohes noch Tiefes noch irgendein anderes Geschöpf vermag uns zu scheiden von der Liebe Gottes, die in Christus Jesus ist, unserem Herrn.

|32: Gen 22,16 |34: Ps 110,1 · Röm 8,27; Hebr 7,25 |36: Ps 44,23 |38: 1Kor 3,22

unserer Verkündigung geglaubt? 17 Also kommt der Glaube aus der Verkündigung, die Verkündigung aber geschieht durch das Wort von Christus.

18 Aber, so frage ich: Haben sie etwa nichts zu hören bekommen? Im Gegenteil:

In die ganze Welt hinaus erging ihr Ruf,
> *und an die Enden der Erde drangen ihre Worte.*

19 Aber, so frage ich: Hat Israel etwa nicht verstanden? Schon Mose sagt:

Ich werde euch eifersüchtig machen auf ein Volk, das kein Volk ist,
> *auf ein unverständiges Volk werde ich euch zornig machen.*

20 Und Jesaja hat die Kühnheit zu sagen:

Ich wurde gefunden bei denen, die nicht nach mir suchten,
> *ich habe mich gezeigt denen, die nicht nach mir fragten.*

21 Zu Israel aber sagt er:

Den ganzen Tag habe ich meine Hände ausgestreckt
> *nach einem Volk, das ungehorsam und voller Widerspruch ist.*

| 15: Jes 52,7 | 16: Jes 53,1 | 18: Ps 19,5
| 19: Dtn 32,21 · 11,11.14 | 20: Jes 65,1 | 21: Jes 65,2

Der Rest aus Israel

11 1 Ich frage also: Hat Gott sein Volk etwa verstossen? Nein, gewiss nicht! Auch ich bin ja ein Israelit, ein Nachkomme Abrahams, aus dem Stamm Benjamin. 2 *Gott hat sein Volk, das er zuvor erwählt hat, nicht verstossen.* Wisst ihr denn nicht, was die Schrift im Abschnitt über Elija sagt, da jener sich bei Gott über Israel beklagt: 3 *Herr, deine Propheten haben sie getötet, deine Altäre haben sie niedergerissen, ich allein bin übrig geblieben, und jetzt trachten sie mir nach dem Leben?* 4 Was hält ihm da die göttliche Weisung entgegen? *Ich habe* mir *bewahrt siebentausend Mann, die ihre Knie nicht gebeugt haben vor dem Schandmal des Baal.* 5 So ist auch in der heutigen Zeit ein Rest geblieben, der erwählt ist durch Gnade. 6 Wenn aber

durch Gnade, dann nicht mehr aufgrund eigenen Tuns, da die Gnade sonst nicht mehr Gnade wäre.

7 Was heisst das nun? Israel hat, was es suchte, nicht erlangt. Die Schar der Auserwählten zwar hat es erlangt, die Übrigen dagegen wurden verstockt, 8 wie geschrieben steht:

Gott hat ihnen einen Geist der Betäubung gegeben,
Augen, dass sie nicht sehen, Ohren, dass sie nicht hören,
> *bis auf den heutigen Tag.*

9 Und David sagt:

Ihr Tisch soll ihnen zur Falle werden und zum Fangnetz,
> *zum Anstoss und zur Vergeltung.*

10 *Ihre Augen sollen finster werden, dass sie nicht sehen,*
> *und ihren Rücken mache krumm, für immer!*

| 1: 2Kor 11,22 · Phil 3,5 | 2: Ps 94,14
| 3: 1Kön 19,10.14 | 4: 1Kön 19,18 | 6: 3,20; Gal 2,16
| 8: Jes 29,10 · Dtn 29,3 | 9–10: Ps 69,23–24

Der Völkerapostel und Israel

11 Ich frage nun: Sind sie etwa gestrauchelt, damit sie zu Boden fallen? Im Gegenteil: Durch ihren Fehltritt kommt das Heil zu den Völkern – das sollte sie eifersüchtig machen. 12 Wenn aber schon ihr Fehltritt die Welt und ihr Versagen die Völker reich gemacht hat, welchen Reichtum wird dann erst ihre Vollendung bringen!

13 Euch aber, den Völkern, sage ich: Sofern ich nun ein Apostel für die Völker bin, preise ich meinen Dienst 14 in der Hoffnung, meine Volksgenossen eifersüchtig zu machen und einige von ihnen zu retten. 15 Denn wenn schon ihr Verlust zur Versöhnung der Welt führt, was wird erst ihre Wiederannahme bringen, wenn nicht Leben aus den Toten? 16 Ist aber die Erstlingsgabe vom Teig heilig, dann ist es auch der ganze Teig. Und ist die Wurzel heilig, dann sind es auch die Zweige.

| 11: 10,19! | 13: 1,5 | 14: 10,19! · 1Kor 9,22
| 16: Num 15,17–21

Die Völker und Israel

17 Wenn nun einige von den Zweigen herausgebrochen wurden und du als Trieb vom wilden Ölbaum dort eingepfropft wurdest und Anteil bekommen hast an der fettspendenden Wurzel des Ölbaums, 18 dann erhebe dich nicht über die anderen Zweige. Wenn du dich aber über sie erheben willst: Nicht du trägst die Wurzel, sondern die Wurzel trägt dich! 19 Du wirst vielleicht sagen: Es wurden doch Zweige herausgebrochen, damit ich eingepfropft würde. 20 Gut! Des Unglaubens wegen wurden sie herausgebrochen, du aber stehst aufgrund des Glaubens. Bilde dir nichts darauf ein, sondern fürchte dich! 21 Hat Gott die ursprünglichen Zweige nicht verschont, wird er gewiss auch dich nicht verschonen! 22 Bedenke doch die Güte und die Strenge Gottes: Gegenüber denen, die gefallen sind, die Strenge, dir gegenüber aber die Güte Gottes – sofern du der Güte treu bleibst, sonst wirst auch du abgehauen werden. 23 Jene aber werden, wenn sie nicht im Unglauben verharren, wieder eingepfropft werden. Gott hat ja die Macht, sie wieder einzupfropfen. 24 Denn wenn du aus dem wilden Ölbaum, dem du von Natur aus zugehörst, herausgeschnitten und gegen die Natur dem edlen Ölbaum eingepfropft wurdest, dann werden diese ursprünglichen Zweige dem eigenen Ölbaum erst recht wieder eingepfropft werden.

|21: Joh 15,2.4

11,24: Andere Übersetzungsmöglichkeit: «Denn wenn du aus dem von Natur aus wilden Ölbaum herausgeschnitten ...»

Die Rettung Israels

25 Liebe Brüder und Schwestern, ich will euch dieses Geheimnis nicht vorenthalten, damit ihr nicht auf eigene Einsicht baut: Verstocktheit hat sich auf einen Teil Israels gelegt – bis dass sich die Völker in voller Zahl eingefunden haben. 26 Und auf diese Weise wird

ganz Israel gerettet werden, wie geschrieben steht:

Kommen wird aus Zion der Retter,
     abwenden wird er von Jakob alle
     Gottlosigkeit.
27 *Und dies wird der Bund sein, den ich mit ihnen schliesse,*
     wenn ich ihre Sünden
     hinweggenommen habe.

28 Im Sinne des Evangeliums sind sie Feinde, um euretwillen, im Sinne der Erwählung aber Geliebte, um der Väter willen. 29 Denn unwiderrufbar sind die Gaben Gottes und die Berufung. 30 Wie ihr nämlich Gott einst ungehorsam wart, jetzt aber durch ihren Ungehorsam Barmherzigkeit erlangt habt, 31 so sind sie jetzt ungehorsam geworden durch die Barmherzigkeit, die euch widerfuhr – damit auch sie jetzt Barmherzigkeit finden. 32 Denn Gott hat alle in den Ungehorsam eingeschlossen, um allen seine Barmherzigkeit zu erweisen.

33 O Tiefe des Reichtums,
     der Weisheit und der Erkenntnis
     Gottes!
Wie unergründlich sind seine Entscheidungen
     und unerforschlich seine Wege!
34 *Denn wer hat den Sinn des Herrn erkannt,*
     oder wer ist sein Ratgeber gewesen?
35 *Wer hat ihm etwas geliehen,*
     und es müsste ihm von Gott
     zurückgegeben werden?
36 Denn aus ihm und durch ihn und auf ihn hin ist alles.

     Ihm sei Ehre in Ewigkeit, Amen.

|25: 12,16 · Mk 3,5 · 11,12 |26–27: Jes 59,20–21 · Jes 27,9 |30: 2,8 · 10,21 |32: Gal 3,22 |33: 1Kor 1,21 |34: Jes 40,13; 1Kor 2,16 |36: 1Kor 8,6 · 16,27!

Vernünftiger Gottesdienst

12 1 Ich bitte euch nun, liebe Brüder und Schwestern, bei der Barmherzigkeit Gottes: Bringt euren Leib dar als lebendiges, heiliges, Gott wohlgefälliges Opfer – dies sei euer vernünftiger Gottesdienst! 2 Fügt euch nicht ins Schema dieser Welt, sondern verwan delt euch durch die Erneuerung eures Sinnes, dass ihr zu prüfen vermögt, was der Wille Gottes ist: das Gute und Wohlgefällige und Vollkommene.

| 1: 2Kor 1,3 · 6,13.19

Ein Leib – viele Glieder

3 Denn ich sage einem jeden unter euch kraft der mir verliehenen Gnade: Sinnt nicht über das hinaus, was zu sinnen nottut! Seid vielmehr auf Besonnenheit bedacht, jeder, wie Gott ihm das Mass des Glaubens zugeteilt hat.
4 Denn wie wir an *einem* Leib viele Glieder haben, die Glieder aber nicht alle dieselbe Aufgabe erfüllen, 5 so sind wir, die vielen, in Christus *ein* Leib, im Verhältnis zueinander aber Glieder.
6 Wir haben verschiedene Gaben entsprechend der Gnade, die uns gegeben wurde: sei es die Gabe, prophetisch zu reden in Ausrichtung auf den Glauben, 7 sei es die Gabe zu dienen, wo es um Dienst geht, zu lehren, wo es um Lehre geht, 8 Trost zu spenden, wo es um Trost geht. Wer andern etwas gibt, tue es ohne Hintergedanken; wer eine Leitungsaufgabe versieht, tue es mit Hingabe; wer Barmherzigkeit übt, tue es heiter und fröhlich.

| 3: 15,15! | 4–5: 1Kor 12,12!–27 | 6–7: 1Kor 12,4!–11; 1Petr 4,10 | 8: 2Kor 9,7

Die Wirkungen der Liebe

9 Die Liebe sei ohne Heuchelei! Das Böse wollen wir verabscheuen, dem Guten hangen wir an. 10 In geschwisterlicher Liebe sind wir einander zugetan, in gegenseitiger Achtung kommen wir einander zuvor. 11 In der Hingabe zögern wir nicht, im Geist brennen wir, dem Herrn dienen wir. 12 In der Hoffnung freuen wir uns, in der Bedrängnis üben wir Geduld, am Gebet halten wir fest. 13 Um die Nöte der Heiligen kümmern wir uns, von der Gastfreundschaft lassen wir nicht ab.
14 Segnet, die euch verfolgen, segnet sie und verflucht sie nicht! 15 Freuen wollen wir uns mit den Fröhlichen und

weinen mit den Weinenden. 16 Seid allen gegenüber gleich gesinnt; richtet euren Sinn nicht auf Hohes, seid vielmehr den Geringen zugetan. Haltet euch nicht selbst für klug!

17 Vergeltet niemandem Böses mit Bösem, seid allen Menschen gegenüber auf Gutes bedacht! 18 Wenn möglich, soweit es in eurer Macht steht: Haltet Frieden mit allen Menschen! 19 Übt nicht selber Rache, meine Geliebten, sondern gebt dem Zorn Gottes Raum! Denn es steht geschrieben: *Mein ist die Rache, ich werde Vergeltung üben,* spricht der Herr. 20 Vielmehr: *Wenn dein Feind Hunger hat, gib ihm zu essen; wenn er Durst hat, gib ihm zu trinken. Denn wenn du dies tust, wirst du feurige Kohlen auf sein Haupt sammeln.* 21 Lass dich vom Bösen nicht besiegen, sondern besiege das Böse durch das Gute.

| 9: 1Kor 13,4–6 | 10: 1Thess 4,9! | 12: Kol 4,2 | 13: Phil 4,14 · Hebr 13,2 | 14: Lk 6,28 | 16: 15,5 · 11,25; Spr 3,7 | 17: 1Thess 5,15; 1Petr 3,9 · 2Kor 8,21 | 19: Dtn 32,35 | 20: Spr 25,21

12,16: Andere Übersetzungsmöglichkeit: «... dem Geringen zugetan. ...»

Das Verhalten dem Staat gegenüber

13 1 Jedermann ordne sich den staatlichen Behörden unter, die Macht über ihn haben. Denn es gibt keine staatliche Behörde, die nicht von Gott gegeben wäre; die jetzt bestehen, sind von Gott eingesetzt. 2 Also gilt: Wer sich gegen die Autorität des Staates auflehnt, der widersetzt sich der Anordnung Gottes; die sich aber widersetzen, werden ihr Urteil empfangen. 3 Denn nicht die gute Tat muss die Machthaber fürchten, sondern die böse. Willst du die Autorität des Staates nicht fürchten müssen? Dann tue das Gute, und du wirst bei ihr Anerkennung finden! 4 Denn Gottes Dienerin ist sie, zu deinem Besten. Tust du jedoch das Böse, dann fürchte dich! Denn nicht umsonst trägt sie das Schwert; im Dienst Gottes steht sie, beauftragt, den zu bestrafen, der das Böse tut. 5 Darum ist es notwendig, sich unterzuordnen, nicht bloss im Blick auf eine Bestrafung, sondern auch mit Rücksicht auf euer Gewissen; 6 deshalb zahlt ihr ja auch Steuern. Beamte Gottes sind es ja, die dazu bestellt sind, ihren Dienst zu verrichten. 7 Gebt allen, was ihr ihnen schuldig seid: Steuern, wem ihr Steuern schuldet, Zoll, wem ihr Zoll schuldet, Respekt, wem ihr Respekt schuldet, Ehre, wem ihr Ehre schuldet.

| 1–7: 1Petr 2,13–17 | 1: Tit 3,1 | 7: Lk 20,22–25

Die Erfüllung des Gesetzes

8 Bleibt niemandem etwas schuldig, ausser dass ihr einander liebt. Denn wer den andern liebt, hat das Gesetz erfüllt. 9 Das Gebot nämlich: *Du sollst nicht ehebrechen, du sollst nicht töten, du sollst nicht stehlen, du sollst nicht begehren,* und was es sonst noch an Geboten gibt, wird in dem einen Wort zusammengefasst: *Du sollst deinen Nächsten lieben wie dich selbst.* 10 Die Liebe fügt dem Nächsten nichts Böses zu. Des Gesetzes Erfüllung also ist die Liebe.

| 8–10: Mk 12,28–31! | 8: Gal 5,14 | 9: Ex 20,13–17; Dtn 5,17–21 · Lev 19,18 | 10: 1Kor 13,4

Das Ende der Nacht

11 Und dies tut im Wissen, dass die Stunde geschlagen hat: Es ist Zeit, aus dem Schlaf aufzuwachen. Denn jetzt ist unsere Rettung näher als zu der Zeit, da wir zum Glauben kamen. 12 Die Nacht ist vorgerückt, bald wird es Tag. Lasst uns also ablegen die Werke der Finsternis und anziehen die Waffen des Lichts! 13 Wir wollen unser Leben führen, wie es sich für den Tag geziemt, nicht mit Ess- und Trinkgelagen, nicht mit Orgien und Ausschweifungen, nicht mit Streit und Hader. 14 Zieht vielmehr den Herrn Jesus Christus an und tut nicht, was dem Fleisch genehm ist, damit ihr nicht seinem Begehren verfallt.

| 12: 6,13 | 13: 1Thess 4,12 | 14: Gal 3,27

Starke und Schwache in der Gemeinde

14 1 Den im Glauben Schwachen nehmt an und lasst es nicht zum Streit über verschiedene Auffassungen kommen!

2 Der eine glaubt, alles essen zu dürfen, der Schwache aber isst nur Pflanzliches. 3 Wer isst, soll den nicht verachten, der nicht isst; wer aber nicht isst, soll den nicht richten, der isst; denn Gott hat ihn angenommen. 4 Wer bist du, dass du eines andern Diener richtest? Seinem eigenen Herrn steht oder fällt er. Er wird aber stehen, denn der Herr vermag, ihm Stand zu geben.

5 Der eine macht einen Unterschied zwischen den Tagen, für den andern sind alle Tage gleich. Jeder aber bleibe seiner Überzeugung treu. 6 Wer einen bestimmten Tag beachtet, der tut es vor dem Herrn. Und wer isst, der isst vor dem Herrn, denn er dankt Gott dabei. Und wer nicht isst, der tut auch das vor dem Herrn und dankt Gott ebenfalls. 7 Keiner von uns lebt für sich selbst, und keiner stirbt für sich selbst. 8 Leben wir, so leben wir dem Herrn, sterben wir, so sterben wir dem Herrn. Ob wir nun leben oder sterben, wir gehören dem Herrn. 9 Denn dazu ist Christus gestorben und wieder lebendig geworden: dass er Herr sei über Tote und Lebende.

10 Du aber, was richtest du deinen Bruder? Und du, was verachtest du deinen Bruder? Wir werden alle vor den Richterstuhl Gottes treten müssen. 11 Denn es steht geschrieben: *So wahr ich lebe, spricht der Herr, mir wird sich beugen jedes Knie, und jede Zunge wird sich zu Gott bekennen.*

12 Es wird also jeder von uns für sich selbst Rechenschaft ablegen müssen vor Gott.

13 Wir wollen einander also nicht mehr richten! Achtet vielmehr darauf, dem Bruder keinen Anstoss zu geben und ihn nicht zu verführen. 14 Ich weiss und bin mir im Herrn Jesus gewiss, dass nichts an sich unrein ist, sondern nur

für den, der es für unrein hält; für den ist
es unrein. 15 Wenn dein Bruder nämlich wegen einer Speise in Bedrängnis
kommt, handelst du nicht mehr, wie es
der Liebe entspricht. Führe ihn mit deinem Essen nicht ins Verderben, auch für
ihn ist Christus gestorben! 16 Was für
euch gut ist, soll nicht schlechtgemacht
werden. 17 Denn das Reich Gottes ist
nicht Essen und Trinken, sondern Gerechtigkeit, Frieden und Freude im heiligen Geist. 18 Wer darin Christus dient,
findet Wohlgefallen bei Gott und Anerkennung bei den Menschen.

19 Wir wollen uns also einsetzen für
das, was dem Frieden und der gegensei-
tigen Erbauung dient! 20 Richte doch
nicht wegen einer Speise das Werk Gottes zugrunde! Alles ist zwar rein, schäd-
lich aber ist es, wenn ein Mensch durch
sein Essen etwas gegen sein Gewissen
tut. 21 Es ist gut, kein Fleisch zu essen
und keinen Wein zu trinken noch
irgendetwas zu tun, woran dein Bruder
Anstoss nimmt. 22 Behalte den Glauben, den du für dich selbst hast, vor Gott.
Selig, wer bei dem, was er zu prüfen hat,
nicht mit sich ins Gericht gehen muss!
23 Wer aber Bedenken hat, wenn er
etwas isst, der hat sich selber verurteilt,
weil es nicht aus der Überzeugung des
Glaubens geschieht. Alles, was nicht aus
Glauben geschieht, ist Sünde.

|1–4: 1Kor 8,7–13 |1: 15,1 · 15,7 |2: 1Kor 10,25–28
|3: 14,10 |4: 1Kor 10,12! |7: 2Kor 5,15 |8: 1Thess 5,10
|10: 2Kor 5,10 |11: Jes 45,23; Phil 2,10–11
|13: 1Kor 8,9.13; 10,32 |14–15: 1Kor 10,25–33
|15: 1Kor 8,1.11–13 |19: 15,2; 1Kor 10,23; 14,12!.26;
1Thess 5,11 |20–21: 1Kor 8,13

14,20: Andere Übersetzungsmöglichkeit:
«... durch sein Essen Anstoss erregt.»

Was in der Gemeinde zählt

15 1 Wir, die Starken, sind verpflichtet, die Schwächen der Schwachen
zu tragen und nicht uns selbst zu Gefallen zu leben. 2 Jeder von uns lebe dem
Nächsten zu Gefallen, ihm zum Wohl,
um ihn aufzubauen. 3 Christus hat ja
auch nicht sich selbst zu Gefallen gelebt,
sondern, wie geschrieben steht: *Die*

Schmähungen derer, die dich schmähten,
haben mich getroffen. 4 Ja, alles, was zuvor geschrieben wurde, ist uns zur Belehrung geschrieben, damit wir mit Beharrlichkeit und mit dem Trost der
Schriften an der Hoffnung festhalten.
5 Der Gott der Geduld und des Trostes
lasse euch untereinander eines Sinnes
sein, nach dem Vorbild des Christus
Jesus, 6 damit ihr den Gott und Vater
unseres Herrn Jesus Christus einmütig
und einstimmig lobt.

7 Darum nehmt einander an, wie
auch Christus euch angenommen hat,
zur Ehre Gottes. 8 Ich sage nämlich: Um
der Wahrhaftigkeit Gottes willen ist
Christus zum Diener der Beschnittenen
geworden, um die Verheissungen, die
an die Väter ergangen sind, zu bekräftigen. 9 Die Heiden aber sollen um der
Barmherzigkeit willen Gott preisen, wie
geschrieben steht:
Darum werde ich dich bekennen unter den
Heiden
und deinem Namen lobsingen.
10 Und an anderer Stelle heisst es:
Freut euch, ihr Völker, zusammen mit
seinem Volk.
11 Und an anderer Stelle:
Preiset, all ihr Völker, den Herrn,
loben sollen ihn all seine Völker.
12 Jesaja wiederum sagt:
Ausschlagen wird die Wurzel Isais,
und hervortreten wird, der sich erhebt,
um über die Völker zu herrschen;
auf ihn werden die Völker hoffen.

13 Der Gott der Hoffnung aber
erfülle euch mit aller Freude und allem
Frieden im Glauben, den er euch
schenkt, und ihr werdet im Überfluss
teilhaben an der Hoffnung durch die
Kraft des heiligen Geistes.

|1: 14,1 |2: 1Kor 10,24 · 14,19! |3: Ps 69,10
|4: 1Kor 9,10! |5: 2Kor 1,3 · 12,16; Phil 4,2! |7: 14,1
|9: Ps 18,50 |10: Dtn 32,43 |11: Ps 117,1 |12: Jes 11,10

Reisepläne

14 Meine lieben Brüder und Schwestern! Im Blick auf euch bin ich persönlich der festen Überzeugung, dass auch

ihr von guter Gesinnung durchdrungen seid, von aller Erkenntnis erfüllt und fähig, einander auch zurechtzuweisen.

15 Ich habe euch zum Teil recht kühn geschrieben, doch wollte ich euch nur an Bekanntes erinnern. Ich tue dies aufgrund der Gnade, die mir von Gott zuteil wurde, 16 der Gnade nämlich, ein Kultdiener zu sein des Christus Jesus für die Völker und als solcher das Evangelium Gottes als heilige Handlung zu vollziehen; so soll die Darbringung der Völker, geheiligt durch den heiligen Geist, Gottes Wohlgefallen finden. 17 Darauf bin ich stolz in Christus Jesus – wenn es um das geht, was vor Gott gilt. 18 Denn ich würde es nicht wagen, von Dingen zu reden, die Christus nicht durch mich gewirkt hat, um die Völker zum Gehorsam zu bringen, durch Wort und Tat, 19 durch die Macht von Zeichen und Wundern, in der Kraft des Geistes. So habe ich denn das Evangelium Christi verkündigt von Jerusalem und seiner Umgebung aus bis nach Illyrien 20 und dabei stets alles darangesetzt, das Evangelium nur dort zu verkündigen, wo Christus noch nicht bekannt war. Ich will ja nicht auf eines andern Fundament bauen, 21 sondern wie geschrieben steht:
Die keine Kunde von ihm hatten, die werden sehen,
und die nichts gehört haben, werden verstehen.

22 Das ist es, was mich immer wieder daran gehindert hat, zu euch zu kommen. 23 Jetzt aber ist mein Platz nicht mehr hier in diesem Gebiet, auch sehne ich mich seit Jahren danach, zu euch zu kommen, 24 wenn ich einmal nach Spanien reise. Ich hoffe nämlich, euch auf der Durchreise zu sehen und von euch für die Weiterreise ausgerüstet zu werden, nachdem ich eure Gegenwart eine Weile genossen habe. 25 Jetzt aber breche ich nach Jerusalem auf, um den Heiligen einen Dienst zu erweisen. 26 Makedonien und die Achaia haben nämlich beschlossen, eine Kollekte für die Armen unter den Heiligen in Jerusalem zu erheben. 27 So haben sie es beschlossen, sie stehen ja in ihrer Schuld. Denn wenn die Völker Anteil bekommen haben an ihren geistlichen Gaben, dann sind sie es ihnen auch schuldig, ihnen einmal mit materiellen Gaben einen Dienst zu erweisen. 28 Wenn ich dies zu Ende gebracht und ihnen den Betrag versiegelt übergeben habe, will ich bei euch vorbeikommen und dann nach Spanien weiterreisen. 29 Und ich weiss: Wenn ich zu euch komme, werde ich mit der Fülle des Segens Christi kommen.

30 Ich bitte euch aber, liebe Brüder und Schwestern, bei unserem Herrn Jesus Christus und bei der Liebe des Geistes: Steht mir bei in meinem Kampf, wenn ihr für mich zu Gott betet, 31 dass ich bewahrt werde vor den Ungehorsamen in Judäa und mein Dienst, den ich an Jerusalem tue, den Heiligen willkommen sei. 32 Dann mag ich, so Gott will, voll Freude zu euch kommen und bei euch eine Zeit lang Ruhe finden. 33 Der Gott des Friedens sei mit euch allen, Amen.

| 15: 12,3; 1Kor 3,10; Gal 2,9 | 16: 1,1; 1Thess 2,2 | 17: 1Kor 15,31 | 19: 2Kor 12,12; 1Thess 1,5 | 20: 1Kor 3,10 | 21: Jes 52,15 | 22: 1,13 | 26: 2Kor 8,1–4 | 33: 16,20; 1Kor 14,33; 2Kor 13,11; Phil 4,9; 1Thess 5,23; Hebr 13,20

15,16: Andere Übersetzungsmöglichkeit: «damit ich Kultdiener sei des Christus Jesus für die Völker ... Handlung vollziehe; ...»

15,19: Andere Textüberlieferung: «..., in der Kraft des Geistes Gottes. ...» oder «... in der Kraft des heiligen Geistes. ...»

15,28: Andere Übersetzungsmöglichkeit: «... und ihnen diesen Ertrag bescheinigt habe, ...»

Empfehlung der Phöbe

16

1 Ich empfehle euch unsere Schwester Phöbe, die Diakonin der Gemeinde von Kenchreä. 2 Nehmt sie auf im Herrn, wie es sich für die Heiligen geziemt, und steht ihr bei, wann immer sie eure Hilfe braucht. Denn sie hat sich ihrerseits für viele eingesetzt, auch für mich persönlich.

| 1: Apg 18,18

Grüsse

3 Grüsst Priska und Aquila, meine
Mitarbeiter in Christus Jesus, 4 die, um
mir das Leben zu retten, ihren Kopf hin-
gehalten haben; nicht nur ich bin ihnen
dankbar, sondern auch alle Gemeinden
unter den Völkern. 5 Mein Gruss gilt
auch der Gemeinde, die sich in ihrem
Haus trifft.

Grüsst meinen lieben Epainetos; er
ist der Erste aus der Asia, der sich für
Christus gewinnen liess. 6 Grüsst Maria, die viel für euch getan hat. 7 Grüsst
Andronikus und Junia, meine Landsleute, die meine Gefangenschaft geteilt
haben. Sie sind angesehen unter den
Aposteln und haben schon vor mir zu
Christus gehört. 8 Grüsst meinen im
Herrn geliebten Ampliatos. 9 Grüsst Ur-
banus, unseren Mitarbeiter in Christus,
und meinen lieben Stachys. 10 Grüsst
Apelles, der sich bewährt hat in Christus. Grüsst die aus dem Haus des Aristo-
bulos. 11 Grüsst Herodion, meinen
Landsmann. Grüsst die aus dem Haus
des Narzissus, die zum Herrn gehören.
12 Grüsst Tryphaina und Tryphosa, die
sich für den Herrn einsetzen. Grüsst die
liebe Persis; sie hat viel geleistet für den
Herrn. 13 Grüsst Rufus, der sich im
Dienst für den Herrn ausgezeichnet hat,
und seine Mutter, die auch mir eine
Mutter geworden ist. 14 Grüsst Asynkri-
tos, Phlegon, Hermes, Patrobas, Hermas
und die Brüder, die bei ihnen sind.
15 Grüsst Philologus und Julia, Nereus
und seine Schwester, Olympas und alle
Heiligen bei ihnen.

16 Grüsst einander mit dem heiligen
Kuss. Es grüssen euch alle Gemeinden
Christi.

| 3: 1Kor 16,19; Apg 18,2! | 16: 1Kor 16,20;
2Kor 13,12; 1Thess 5,26; 1Petr 5,14

16,7: In der Forschung besteht weitgehend Kon-
sens darüber, dass die Akkusativform ‹Iounian› vom
weiblichen Namen Iounia/Junia (und nicht von der
Kurzform des männlichen Namens Junianus) abzu-
leiten ist.

Warnung und Segenswunsch

17 Ich ermahne euch aber, liebe Brüder und Schwestern: Habt ein Auge auf
die, welche Anlass zu Spaltung und Ärgernis geben; sie widersprechen der
Lehre, die ihr gelernt habt. Geht ihnen
aus dem Weg! 18 Solche Leute dienen
nicht Christus, unserem Herrn, sondern
ihrem eigenen Bauch; mit wohlklingen-
den und schönen Worten täuschen sie
die Herzen der Arglosen. 19 Doch euer
Gehorsam ist bei allen bekannt geworden; an euch habe ich nun meine
Freude. Ich möchte, dass ihr weise seid,
dem Guten zugetan und dem Bösen
feind. 20 Der Gott des Friedens aber
wird den Satan in Kürze unter euren
Füssen zermalmen.

Die Gnade unseres Herrn Jesus sei
mit euch!

| 17: Gal 5,20 · 6,17 | 20: 15,33 · 1Thess 5,28

Grüsse der Mitarbeiter

21 Es grüssen euch Timotheus, mein
Mitarbeiter, und Lukios, Jason und Sosi-
patros, meine Landsleute. 22 Ich, Ter-
tius, der ich diesen Brief geschrieben
habe, grüsse euch im Herrn. 23 Es grüsst
euch Gaius, der mich und die ganze Gemeinde beherbergt. Es grüssen euch
Erastus, der städtische Verwaltungsbeamte, und unser Bruder Quartus.

| 21: Apg 16,1!–3

16,23: «der städtische Verwaltungsbeamte»: Der
griechische Begriff ‹oikonomos› bezeichnet hier
einen hohen Beamten der Stadt, möglicherweise gar
den höchsten Beamten der Finanzverwaltung.

16,23: Verschiedene Handschriften fügen hier
ein: 24 Die Gnade unseres Herrn Jesus Christus sei
mit euch allen, Amen.»

Lobpreis

25 Ehre aber sei ihm, der euch zu
stärken vermag im Sinne meines Evangeliums und der Botschaft von Jesus
Christus. So entspricht es der Offenbarung des Geheimnisses, das seit ewigen
Zeiten von Schweigen umhüllt war,
26 jetzt aber ans Licht gebracht und
durch prophetische Schriften auf Geheiss des ewigen Gottes allen Völkern

bekannt gemacht wurde, um Glaubensgehorsam zu schaffen. 27 Ihm, dem allein weisen Gott, sei durch Jesus Christus die Ehre in Ewigkeit, Amen.

|25: 2,16 |26: 1,2; 3,21 · 1,5 |27: 11,36; Gal 1,5;
Phil 4,20; 1Tim 1,17; 2Tim 4,18; Hebr 13,21

16,25: Die Schlussdoxologie (Lobpreis) V.25–27
ist uneinheitlich überliefert: Während gewichtige
Handschriften sie hier überliefern, führen einige sie
nach 14,23, eine nach 15,33, wieder andere doppelt
und einige überhaupt nicht an.

Der Erste Brief an die Korinther

Anschrift

1 1 Paulus, der durch den Willen Gottes zum Apostel Christi Jesu berufen
wurde, und Sosthenes, unser Bruder,
2 an die Gemeinde Gottes in Korinth, an
die in Christus Jesus Geheiligten, an die
zu Heiligen Berufenen – samt allen, die
den Namen unseres Herrn Jesus Christus anrufen an jeglichem Ort, dort wie
hier: 3 Gnade sei mit euch und Friede
von Gott, unserem Vater, und dem
Herrn Jesus Christus.

|1: Gal 1,1; Röm 1,1; 2Kor 1,1 |2: 2Kor 1,1 · 6,11 ·
Röm 10,12–13 |3: Röm 1,7!

Danksagung

4 Ich danke euretwegen meinem
Gott allezeit für die Gnade Gottes, die
euch in Christus Jesus gegeben worden
ist. 5 In ihm seid ihr reich geworden an
allem: reich an Wort und Erkenntnis aller Art. 6 Denn das Zeugnis von Christus
ist bei euch so fest verankert, 7 dass es
euch an keiner Gabe mangelt, solange
ihr auf die Offenbarung unseres Herrn
Jesus Christus wartet. 8 Er wird euch
auch Festigkeit geben bis zum Ende,
und kein Tadel wird euch treffen am
Tage unseres Herrn Jesus Christus.
9 Treu ist Gott, durch den ihr berufen
wurdet in die Gemeinschaft mit seinem
Sohn Jesus Christus, unserem Herrn.

|4: Phlm 4; Phil 1,3–4; Röm 1,8 · Röm 12,6
|5: 2Kor 8,9; 9,11 |7: Phil 3,20 |8: 2Kor 1,21 · 2Kor 1,14;
1Thess 5,2! |9: 10,13! · 10,16

1,5: Der griechische Begriff ‹logos› hat im Ersten
Brief an die Korinther einen weiten Bedeutungsum-
fang: Wort, verkündigtes Wort/Verkündigung, ver-
nünftiges Wort, Rede, Redekunst.

Die Grundlosigkeit der Streitigkeiten

10 Ich bitte euch aber, liebe Brüder
und Schwestern, beim Namen unseres
Herrn Jesus Christus: Sprecht alle mit
einer Stimme und lasst keine Spaltungen unter euch zu, seid vielmehr miteinander verbunden in derselben Gesinnung und Meinung! 11 Es wurde mir
nämlich über euch, meine Brüder und
Schwestern, von den Leuten der Chloe
berichtet, dass es Streitigkeiten unter
euch gibt. 12 Damit meine ich, dass jeder von euch Partei ergreift: Ich gehöre
zu Paulus – ich zu Apollos – ich zu Kefas –
ich zu Christus.

13 Ist der Christus zerteilt? Wurde
etwa Paulus für euch gekreuzigt? Wurdet ihr auf den Namen des Paulus getauft? 14 Ich danke Gott dafür, dass ich
niemanden von euch getauft habe ausser Krispus und Gaius – 15 so kann niemand sagen, ihr wärt auf meinen Namen getauft worden. 16 Das Haus des
Stephanas habe ich zwar auch noch getauft, im Übrigen aber wüsste ich nicht,
dass ich noch jemanden getauft hätte.

17 Denn Christus hat mich nicht gesandt zu taufen, sondern das Evangelium zu verkündigen – nicht mit bered-
ter Weisheit, damit das Kreuz Christi
nicht seines Sinnes entleert werde.

|10: 11,18 |11: 3,3 |12: 3,4–6.22; 4,6; 16,12;
Apg 18,24; 19,1 · 3,23; 9,5; 15,5; Gal 2,9! |16: 16,15.17
|17: Gal 1,15–16 · 2,1!

Das Wort vom Kreuz

18 Denn das Wort vom Kreuz ist Torheit für die, die verloren gehen, für die aber, die gerettet werden, für uns, ist es Gottes Kraft. 19 Es steht nämlich geschrieben:
Zunichte machen werde ich die Weisheit der Weisen,
und den Verstand der Verständigen werde ich verwerfen.
20 Wo bleibt da ein Weiser? Wo ein Schriftgelehrter? Wo ein Wortführer dieser Weltzeit? Hat Gott nicht die Weisheit der Welt zur Torheit gemacht? 21 Denn da die Welt, umgeben von Gottes Weisheit, auf dem Weg der Weisheit Gott nicht erkannte, gefiel es Gott, durch die Torheit der Verkündigung jene zu retten, die glauben. 22 Während die Juden Zeichen fordern und die Griechen Weisheit suchen, 23 verkündigen wir Christus den Gekreuzigten – für die Juden ein Ärgernis, für die Heiden eine Torheit, 24 für die aber, die berufen sind, Juden wie Griechen, Christus als Gottes Kraft und Gottes Weisheit. 25 Denn das Törichte Gottes ist weiser als die Menschen, und das Schwache Gottes ist stärker als die Menschen.

|18: Röm 1,16 |19: Jes 29,14 |20: 3,19 |21: Röm 11,33 |22: Mk 8,11 |23: 2,2 · Gal 5,11

Die Gestalt der Gemeinde

26 Schaut doch auf eure Berufung, liebe Brüder und Schwestern: Da sind in den Augen der Welt nicht viele Weise, nicht viele Mächtige, nicht viele Vornehme. 27 Im Gegenteil: Das Törichte dieser Welt hat Gott erwählt, um die Weisen zu beschämen, und das Schwache dieser Welt hat Gott erwählt, um das Starke zu beschämen, 28 und das Geringe dieser Welt und das Verachtete hat Gott erwählt, das, was nichts gilt, um zunichte zu machen, was etwas gilt, 29 damit kein Mensch sich rühme vor Gott. 30 Er hat es aber gefügt, dass ihr in Christus Jesus seid, der unsere Weisheit wurde, dank Gott, unsere Gerechtigkeit und Heiligung und Erlösung. 31 So soll gelten, wie geschrieben steht: *Wer sich rühmt, der rühme sich des Herrn.*

|29: Röm 3,27! |31: Jer 9,23; 2Kor 10,17; Röm 5,11

Das Auftreten des Paulus

2 1 Liebe Brüder und Schwestern, auch ich bin, als ich zu euch kam, nicht mit grossartigen Worten und abgründiger Weisheit dahergekommen, euch das Geheimnis Gottes zu verkündigen. 2 Denn ich hatte beschlossen, bei euch nichts anderes zu wissen ausser das eine: Jesus Christus, und zwar den Gekreuzigten.

3 Auch kam ich in Schwachheit und mit Furcht und Zittern zu euch, 4 und meine Rede und meine Verkündigung baute nicht auf kluge Überredungskunst, sondern auf den Erweis des Geistes und der Kraft, 5 damit euer Glaube nicht in der Weisheit der Menschen, sondern in der Kraft Gottes gründe.

|1: 2,13; 1,7 · 4,1 |2: 1,23 |3–4: 2Kor 10,10; 11,6.30; Gal 4,13 · 4,20; 1Thess 1,5 |5: 1,18!

Die Verkündigung der Weisheit Gottes

6 Von Weisheit aber reden wir im Kreis der Vollkommenen – jedoch nicht von der Weisheit dieser Weltzeit noch der Herrscher dieser Weltzeit, die zunichte werden. 7 Wir reden vielmehr von der Weisheit Gottes, der verborgenen, so wie man von einem Geheimnis redet; diese hat Gott vor aller Zeit zu unserer Verherrlichung bestimmt. 8 Sie hat keiner der Herrscher dieser Weltzeit

je erkannt, denn hätten sie sie erkannt, hätten sie den Herrn der Herrlichkeit nicht gekreuzigt. 9 Vielmehr verkündigen wir, wie geschrieben steht,

was kein Auge gesehen und kein Ohr gehört hat

> *und was in keines Menschen Herz aufgestiegen ist,*

was Gott denen bereitet hat, die ihn lieben.

10 Uns aber hat es Gott offenbart durch den Geist; der Geist nämlich ergründet alles, auch die Tiefen Gottes. 11 Denn wer unter den Menschen kennt das Wesen des Menschen, wenn nicht der Geist des Menschen, der in ihm ist? So hat auch das Wesen Gottes niemand erkannt ausser der Geist Gottes. 12 Wir aber haben nicht den Geist der Welt empfangen, sondern den Geist, der von Gott kommt, damit wir verstehen, was uns von Gott geschenkt worden ist.

13 Und davon reden wir, nicht mit Worten, wie menschliche Weisheit sie lehrt, sondern mit Worten, wie der Geist sie lehrt, indem wir für Geistliches geistliche Bilder brauchen. 14 Der natürliche Mensch aber erfasst nicht, was aus dem Geist Gottes kommt, denn für ihn ist es Torheit; und er kann es nicht erkennen, weil es nur geistlich zu beurteilen ist. 15 Wer aber aus dem Geist lebt, beurteilt alles, er selbst aber wird von niemandem beurteilt. 16 Denn *wer hätte die Gedanken des Herrn erkannt, dass er ihn unterwiese?* Wir aber haben die Gedanken Christi.

| 6: 3,18–19 · 15,24 | 8: 1,21 | 9: Jes 64,3 · Röm 8,28 | 14: 1,18 | 16: Jes 40,13; Röm 11,34

2,13: Andere Übersetzungsmöglichkeit: «..., indem wir denen aus dem Geist die Dinge des Geistes deuten.»

Die Unmündigkeit der Gemeinde

3 1 Doch ich, liebe Brüder und Schwestern, konnte nicht zu euch sprechen wie zu Menschen, die aus dem Geist leben, sondern musste zu euch sprechen wie zu solchen, die auf das Irdische beschränkt sind, mit in Christus noch unmündigen Kindern. 2 Milch gab ich

euch zu trinken, nicht feste Speise; denn die konntet ihr noch nicht vertragen. Ja, ihr könnt es noch immer nicht, 3 denn ihr lebt noch aus dem Irdischen. Sofern nämlich Eifersucht und Streit unter euch herrschen, lebt ihr da nicht aus dem Irdischen, und geht es da unter euch nicht sehr menschlich zu? 4 Denn wenn einer sagt: Ich gehöre zu Paulus, und ein anderer: Ich zu Apollos, seid ihr da nicht wie jedermann?

| 1: 13,11 | 3: 1,11 | 4: 1,12!

Die Apostel als Diener des Herrn

5 Was ist denn Apollos? Und was ist Paulus? Diener sind sie, durch die ihr zum Glauben gekommen seid, ein jeder, wie es der Herr ihm gab: 6 Ich habe gepflanzt, Apollos hat bewässert, Gott aber liess es wachsen. 7 Darum zählt weder der, der pflanzt, noch der, der bewässert, sondern Gott, der wachsen lässt. 8 Ob einer pflanzt oder ob er bewässert, gilt gleich viel; jeder wird seinen Lohn erhalten entsprechend der Arbeit, die er geleistet hat. 9 Denn wir sind Gottes Mitarbeiter; Gottes Ackerfeld und Gottes Bau seid ihr.

10 Gemäss der Gnade Gottes, die mir gegeben wurde, habe ich als kundiger Baumeister das Fundament gelegt, ein anderer baut darauf weiter. Jeder aber sehe zu, wie er darauf weiterbaut! 11 Denn ein anderes Fundament kann niemand legen als das, welches gelegt ist: Jesus Christus. 12 Ob nun einer mit Gold, Silber, Edelsteinen, Holz, Heu oder Stroh auf dem Fundament weiterbaut – 13 eines jeden Werk wird offenbar werden, denn der Tag des Gerichts wird es ans Licht bringen, weil er sich im Feuer offenbart: Wie eines jeden Werk beschaffen ist, das Feuer wird es prüfen. 14 Hat das Werk, das einer aufgebaut hat, Bestand, so wird er Lohn empfangen. 15 Verbrennt sein Werk, so wird er Schaden erleiden – er selbst aber wird gerettet werden, freilich wie durch Feuer hindurch.

16 Wisst ihr nicht, dass ihr Gottes

Tempel seid und dass Gottes Geist in euch wohnt? 17 Wer den Tempel Gottes zerstört, den wird Gott zerstören; denn der Tempel Gottes ist heilig – und das seid ihr.

| 6: 1,12! | 9: 2Kor 1,24 · 14,12! | 10: 1,4 · Röm 15,15! · Röm 15,20 | 11: Eph 2,20! | 13–15: 4,5 · Mal 3,19.2–3 | 16: 6,19; 2Kor 6,16 · Röm 8,9 | 17: Eph 2,21

3,13: Andere Übersetzungsmöglichkeit: «... wird es ans Licht bringen. Weil er sich im Feuer offenbart, wird auch eines jeden Werk, wie beschaffen es sei, das Feuer prüfen.»

Die Freiheit der Gemeinde

18 Niemand betrüge sich selbst! Meint einer unter euch, weise zu sein in dieser Weltzeit, so werde er töricht, um weise zu werden. 19 Denn die Weisheit dieser Welt ist Torheit vor Gott. Es steht nämlich geschrieben: *Er ist es, der die Weisen fängt in ihrer Verschlagenheit.* 20 Und wiederum: *Der Herr kennt die Gedanken der* Weisen, *und er weiss, dass sie nichtig sind.* 21 Darum gründe niemand seinen Ruhm auf Menschen! Denn alles ist euer,

22 sei es Paulus, Apollos oder Kefas,
sei es Welt, Leben oder Tod,
sei es Gegenwärtiges oder Zukünftiges:

Alles ist euer,
23 ihr aber gehört Christus, Christus aber Gott.

| 18: 1,20–25; Spr 3,7 | 19: Hiob 5,12–13 | 20: Ps 94,11 | 21: Röm 3,27! | 22: 1,12! · Röm 8,38 | 23: Gal 3,29

Der Apostel vor seinem Herrn

4 1 So soll man uns als Diener des Christus und als Verwalter der Geheimnisse Gottes betrachten. 2 Nun verlangt man ja von einem Verwalter nichts weiter, als dass er treu befunden werde. 3 Mir ist es aber völlig gleichgültig, ob ich von euch oder von einem menschlichen Gericht beurteilt werde; ich beurteile mich ja auch nicht, 4 denn ich bin mir keiner Schuld bewusst. Doch dadurch bin ich noch nicht gerecht gesprochen; der aber über mich

urteilt, ist der Herr. 5 Darum urteilt nicht vor der Zeit, nicht bevor der Herr kommt! Er wird auch, was im Dunkeln verborgen ist, ans Licht bringen und wird Sinnen und Trachten der Herzen offenbar machen. Und dann wird einem jeden sein Lob zuteil werden von Gott.

| 1: 2,1 | 5: Mt 7,1!; Röm 2,16 · 3,13

4,3: Andere Übersetzungsmöglichkeit: «Mir aber geht es überhaupt nicht darum, von euch ... beurteilt zu werden; ...»

Im Schatten des Kreuzes

6 Was ich aber dargestellt habe, liebe Brüder und Schwestern, hat sich auf mich und Apollos bezogen – um euretwillen. An uns sollt ihr lernen: Nicht über das hinaus, was geschrieben steht, damit keiner sich wichtig mache, indem er für den einen und gegen den andern Partei ergreift. 7 Denn wer gibt dir einen Vorzug? Was aber hast du, das du nicht empfangen hättest? Wenn du es aber empfangen hast, was rühmst du dich, als hättest du es nicht empfangen? 8 Ihr seid schon satt geworden, ihr seid schon reich geworden, ohne uns habt ihr die Herrschaft angetreten! Ja, hättet ihr sie doch angetreten, damit auch wir herrschen könnten mit euch!

9 Ich meine nämlich: Gott hat uns Apostel als die Letzten hingestellt, wie zum Tod Verurteilte; zu einem Schauspiel sind wir geworden für die Welt, für Engel und Menschen. 10 Wir sind töricht um Christi willen, ihr dagegen seid klug in Christus; wir sind schwach, ihr seid stark; ihr seid angesehen, wir sind verachtet. 11 Bis zur Stunde hungern und dürsten wir, sind wir nackt und werden geschlagen, sind wir ohne feste Bleibe 12 und mühen wir uns ab mit unserer Hände Arbeit. Werden wir geschmäht, segnen wir; werden wir verfolgt, ertragen wir's; 13 werden wir verleumdet, reden wir freundlich. Zum Abschaum der Welt sind wir geworden, zum Unrat für alle, bis auf den heutigen Tag.

| 10: 3,18 | 11–13: 2Kor 4,7–10; 6,4–10; 11,23–27 | 12: 1Thess 2,9

Aufruf zur Vernunft

14 Nicht um euch zu beschämen, schreibe ich dies, sondern um euch als meine geliebten Kinder zur Vernunft zu bringen. 15 Denn solltet ihr auch tausend Erzieher haben in Christus, so habt ihr doch nicht viele Väter; denn in Christus Jesus habe ich euch gezeugt durch das Evangelium.

16 Ich bitte euch nun: Folgt meinem Beispiel! 17 Darum habe ich euch Timotheus geschickt, mein geliebtes und treues Kind im Herrn; er wird euch erinnern an meine Wege, die ich in Christus Jesus gehe, daran, wie ich überall in jeder Gemeinde lehre.

18 Einige aber haben sich aufgespielt, als käme ich gar nicht zu euch. 19 Ich werde aber zu euch kommen, in Kürze, wenn der Herr es will, und in Erfahrung bringen, nicht was die Aufgeblasenen daherreden, sondern was sie zu tun vermögen. 20 Denn das Reich Gottes erweist sich nicht im Daherreden, sondern im tatkräftigen Tun. 21 Was wollt ihr? Soll ich mit dem Stock zu euch kommen oder in Liebe und im Geist der Sanftmut?

|14: Gal 4,19; 1Thess 2,11 |15: Gal 3,24–25; Phlm 10 |16: 11,1! |17: Phil 2,19–20; Apg 18,5! · 7,17; 14,33 |19: 16,5–7 |21: Gal 6,1

Eine empörende Ehe

5 1 Überhaupt: Von Unzucht hört man bei euch, und zwar von solcher Unzucht, wie sie nicht einmal bei den Heiden vorkommt: dass nämlich einer sich die Frau seines Vaters nimmt. 2 Und da habt ihr euch noch wichtig gemacht, statt zu trauern? Hättet ihr das getan, so wäre jener aus eurer Mitte verstossen worden, der diese Tat begangen hat! 3 Ich freilich – körperlich zwar abwesend, im Geist aber anwesend – habe über den, der diese Tat verübt hat, bereits das Urteil gefällt, als wäre ich anwesend: 4 Im Namen unseres Herrn Jesus: Ihr sollt euch versammeln, vereint mit meinem Geist und der Kraft unseres Herrn Jesus, 5 und dann sollt ihr

diesen Menschen dem Satan überlassen, zum Verderben des Fleisches, damit der Geist gerettet werde am Tage des Herrn.

6 Nicht gut ist, worauf ihr stolz seid. Wisst ihr nicht, dass ein wenig Sauerteig den ganzen Teig durchsäuert? 7 Schafft den alten Sauerteig weg, damit ihr ein neuer Teig seid; ihr seid doch Ungesäuerte! Denn als unser Passalamm ist Christus geopfert worden. 8 Deshalb wollen wir nicht mit altem Sauerteig feiern, auch nicht mit dem Sauerteig der Schlechtigkeit und der Bosheit, sondern mit den ungesäuerten Broten der Lauterkeit und der Wahrheit.

9 Ich habe euch in meinem Brief geschrieben, dass ihr keinen Umgang mit Unzüchtigen haben sollt; 10 gemeint waren nicht sämtliche Unzüchtige dieser Welt oder alle, die Besitz raffen, andere berauben oder die nichtigen Götter verehren – da müsstet ihr ja aus der Welt auswandern –, 11 vielmehr habe ich euch geschrieben: Ihr sollt keinen Umgang haben mit jemandem, der sich Bruder nennt und dabei Unzucht treibt oder Besitz rafft, die nichtigen Götter verehrt, andere beschimpft, trinkt oder andere beraubt; mit einem solchen sollt ihr auch keine Tischgemeinschaft haben. 12 Denn was habe ich die draussen zu richten? Richtet nicht auch ihr die drinnen? 13 Die draussen aber wird Gott richten. *Schafft den Bösen fort aus eurer Mitte!*

|1: 11,18 · Lev 18,8 |2: 5,13 |5: 1,8! |6: Gal 5,9! |7: Ex 12,15.19 · Ex 12,21 |9: 7,1 |11: 6,9–10 |13: Dtn 17,7!

5,9: Paulus bezieht sich hier auf einen früheren Brief an die korinthische Gemeinde, der nicht erhalten ist.

Rechtsstreitigkeiten in der Gemeinde

6 1 Da wagt es doch einer von euch, der mit einem anderen einen Rechtsstreit hat, sein Recht vor den Ungerechten zu suchen statt vor den Heiligen? 2 Wisst ihr nicht, dass die Heiligen die Welt richten werden? Und wenn sogar die Welt durch euch gerichtet wird, wie solltet ihr da nicht zuständig sein für die

geringfügigen Fälle? 3 Wisst ihr nicht, dass wir über Engel richten werden, und darum erst recht über Alltägliches? 4 Wenn ihr nun alltägliche Streitfälle habt, setzt ihr da ausgerechnet diejenigen als Richter ein, die in der Gemeinde nichts gelten? 5 Zu eurer Beschämung sage ich dies. Gibt es denn keinen Verständigen unter euch, der zwischen Bruder und Bruder Recht sprechen könnte? 6 Aber nein, da zieht ein Bruder den andern vor Gericht – und das vor Ungläubigen?

7 Es ist an sich schon ein schweres Versagen, dass ihr Prozesse miteinander führt. Weshalb lasst ihr euch nicht lieber Unrecht zufügen? Weshalb lasst ihr euch nicht lieber übervorteilen? 8 Stattdessen tut ihr Unrecht und übervorteilt andere – und das unter Brüdern!

9 Wisst ihr denn nicht, dass Ungerechte das Reich Gottes nicht erben werden? Täuscht euch nicht! Wer Unzucht treibt, die nichtigen Götter verehrt, die Ehe bricht, sich gehen lässt, mit Männern schläft, 10 stiehlt, rafft, auch wer trinkt, andere beschimpft oder beraubt, wird das Reich Gottes nicht erben. 11 Und das taten manche von euch. Dies alles aber ist von euch abgewaschen, ihr seid geheiligt worden, ihr seid gerecht gemacht worden durch den Namen des Herrn Jesus Christus und durch den Geist unseres Gottes.

| 1: 1,2; 14,33; 16,1.15 | 2: Dan 7,9–10.22 | 3: 2Petr 2,4 | 9–10: Gal 5,19–21! | 9: 15,50 | 11: 1,2 · Gal 2,16

6,1: Der Begriff ‹die Ungerechten› bezeichnet die Nichtchristen in einem beschreibenden Sinn: Sie sind diejenigen, die Gottes Gerechtigkeit (noch) nicht kennen gelernt haben.

Freiheit und Sexualität

12 Alles ist mir erlaubt, aber nicht alles ist zuträglich. Alles ist mir erlaubt, aber nichts soll Macht haben über mich. 13 Die Speisen sind für den Bauch da, und der Bauch für die Speisen; Gott wird beides zugrunde gehen lassen. Der Leib aber ist nicht für die Unzucht da, sondern für den Herrn, und der Herr für

den Leib. 14 Gott hat den Herrn auferweckt, und er wird auch uns auferwecken durch seine Kraft. 15 Wisst ihr nicht, dass eure Leiber Glieder des Christus sind? Soll ich nun die Glieder des Christus nehmen und sie zu Gliedern einer Dirne machen? Gewiss nicht! 16 Oder wisst ihr nicht, dass wer der Dirne anhängt, ein Leib mit ihr ist? Denn, so heisst es, *die zwei werden ein Fleisch sein.* 17 Wer aber dem Herrn anhängt, ist ein Geist mit ihm.

18 Meidet den Weg zur Dirne! Jeder Fehler, den ein Mensch begeht, betrifft nicht seinen Leib. Wer aber zur Dirne geht, vergeht sich am eigenen Leib. 19 Oder wisst ihr nicht, dass euer Leib ein Tempel des heiligen Geistes ist, der in euch wirkt und den ihr von Gott habt, und dass ihr nicht euch selbst gehört? 20 Ihr seid teuer erkauft. Verherrlicht also Gott mit eurem Leib!

| 12: 10,23 | 14: 15,15.20! ; Gal 1,1; 2Kor 4,14; Röm 8,11 | 15: 1Kor 12,12!.27 | 16: Gen 2,24; Mk 10,8; Mt 19,5 | 19: 3,16! · 1Thess 4,8 | 20: 7,23 · Gal 4,5! · Phil 1,20

Ehe und Ehelosigkeit

7 1 Nun zu der Ansicht, die ihr in eurem Brief vertretet, dass es für einen Mann gut sei, keine Frau zu berühren: 2 Wegen der Versuchungen zur Unzucht soll jeder Mann seine Frau und jede Frau ihren Mann haben. 3 Der Frau gegenüber erfülle der Mann seine Pflicht, ebenso die Frau dem Mann gegenüber. 4 Die Frau verfügt nicht über ihren Körper, sondern der Mann; ebenso verfügt auch der Mann nicht über seinen Körper, sondern die Frau. 5 Entzieht euch einander nicht, es sei denn in gegenseitigem Einverständnis für eine bestimmte Zeit, um euch dem Gebet zu widmen; dann sollt ihr wieder zusammenkommen, damit der Satan euch nicht versuche, weil ihr dem Begehren nicht widerstehen könnt.

6 Was ich hier sage, ist aber ein Zugeständnis, kein Befehl. 7 Ich wünschte freilich, alle Menschen wären wie ich.

Doch hat jeder von Gott seine besondere
Gabe, der eine so, der andere anders.

|1: 7,25; 8,1; 12,1; 16,1 · 7,26 |2: 6,13 |6: 2Kor 8,8
|7: 1Kor 12,4!

7,1: Andere Übersetzungsmöglichkeit: «Nun zu
dem, was ihr geschrieben habt: Es ist gut für den
Mann, keine Frau zu berühren.»

7,7: Die knappe Formulierung des ersten Satzes
lässt unterschiedliche Ergänzungen zu: unverheiratet wie ich, unabhängig wie ich, in ihrem Willen frei
wie ich.

Viele Lebenslagen – eine Ausrichtung

8 Ich sage aber den Unverheirateten
und den Witwen: Es ist gut für sie, wenn
sie so bleiben wie ich. 9 Wenn sie aber
nicht enthaltsam leben können, sollen
sie heiraten. Denn es ist besser zu heiraten, als vom Begehren verzehrt zu werden.

10 Den Verheirateten aber gebiete
ich – nicht ich, sondern der Herr: Eine
Frau soll sich von ihrem Mann nicht
scheiden lassen, 11 hat sie sich aber
scheiden lassen, soll sie unverheiratet
bleiben oder sich wieder versöhnen mit
ihrem Mann, und ein Mann soll seine
Frau nicht entlassen.

12 Den Übrigen aber sage ich, nicht
der Herr: Wenn ein Bruder eine ungläubige Frau hat und diese einverstanden
ist, mit ihm zusammenzuleben, so soll
er sie nicht entlassen. 13 Und wenn eine
Frau einen ungläubigen Mann hat und
dieser einverstanden ist, mit ihr zusammenzuleben, so soll sie den Mann nicht
entlassen. 14 Denn der ungläubige
Mann ist durch die Frau geheiligt, und
die ungläubige Frau ist durch den Bruder geheiligt. Sonst wären ja eure Kinder unrein, jetzt aber gilt: Sie sind heilig.
15 Wenn aber der ungläubige Ehepart-
ner die Scheidung will, so soll er sich
scheiden lassen. In solchen Fällen ist der
Bruder oder die Schwester nicht gebunden wie ein Sklave. In Frieden zu leben,
hat Gott euch berufen. 16 Denn was
weisst du, Frau, ob du den Mann nicht
doch retten wirst? Oder was weisst du,
Mann, ob du die Frau nicht doch retten
wirst?

|8: 7,40 · 1Tim 5,14 |10: 7,25; 9,14; 14,37 ·
Mk 10,11–12 |12: 7,10!

7,16: Andere Übersetzungsmöglichkeit: «Denn
was weisst du, Frau, ob du den Mann retten wirst?
Oder was weisst du, Mann, ob du die Frau retten
wirst?»

Bewährung am Ort der Berufung

17 Im Übrigen gilt: Ein jeder führe
sein Leben so, wie es der Herr ihm zugeteilt, wie Gott ihn berufen hat. So ordne
ich es in allen Gemeinden an.

18 Ist einer als Beschnittener berufen worden, mache er seine Beschneidung nicht rückgängig; ist einer als Unbeschnittener berufen worden, lasse er
sich nicht beschneiden. 19 Beschnittensein gilt nichts, und Unbeschnittensein
gilt nichts; allein die Beachtung der Gebote Gottes gilt. 20 Jeder aber bleibe an
seinem Ort, an den er berufen worden
ist.

21 Bist du als Sklave berufen worden,
soll es dich nicht kümmern; kannst du
aber frei werden, so nutze die Gelegenheit dazu erst recht. 22 Denn wer im
Herrn als Sklave berufen wurde, ist ein
Freigelassener des Herrn; ebenso ist,
wer im Stande der Freiheit berufen
wurde, ein Sklave Christi. 23 Ihr seid
teuer erkauft; werdet nicht Sklaven von
Menschen! 24 Jeder aber, liebe Brüder
und Schwestern, bleibe am Ort seiner
Berufung bei Gott.

|17: 4,17! |18: Gal 5,2 |19: Gal 5,6; 6,15
|22: Phlm 16 |23: 6,20

7,21: Andere Übersetzungsmöglichkeit: «...; auch
wenn du freikommen kannst, lebe lieber in deinem
Stand weiter.»

Leben in einer vergehenden Welt

25 Was aber die unverheirateten
jungen Frauen betrifft, so habe ich keine
Weisung des Herrn. Ich tue aber meine
Meinung kund als einer, der Vertrauen
verdient, weil ihm vom Herrn Barmherzigkeit widerfahren ist. 26 Ich meine
nun, dass dies angesichts der gegenwärtigen Not gut ist: Für einen Menschen
ist es gut, so zu bleiben, wie er ist. 27 Bist
du an eine Frau gebunden, suche keine

Trennung; bist du getrennt von deiner Frau, suche keine andere Frau! 28 Wenn du aber doch heiratest, sündigst du nicht, und wenn die unverheiratete junge Frau heiratet, sündigt sie nicht. Die es aber tun, werden Bedrängnis erfahren am eigenen Leib; das möchte ich euch ersparen.

29 Dies aber sage ich, liebe Brüder und Schwestern: Die Zeit drängt. Darum sollen künftig auch die, die eine Frau haben, sie haben, als hätten sie sie nicht, 30 die weinen, sollen weinen, als weinten sie nicht, die sich freuen, sollen sich freuen, als freuten sie sich nicht, die etwas kaufen, sollen kaufen, als behielten sie es nicht, 31 und die sich die Dinge dieser Welt zunutze machen, sollen sie sich zunutze machen, als nutzten sie sie nicht. Denn die Gestalt dieser Welt vergeht.

32 Ich möchte aber, dass ihr ohne Sorge seid. Der Unverheiratete kümmert sich um die Dinge des Herrn, er sorgt sich, wie er dem Herrn gefalle. 33 Der Verheiratete aber kümmert sich um die Dinge der Welt, er sorgt sich, wie er seiner Frau gefalle, 34 und so ist er gespalten. Und die unverheiratete Frau, ob alt oder jung, kümmert sich um die Dinge des Herrn, um heilig zu sein an Körper und Geist. Die verheiratete Frau aber kümmert sich um die Dinge der Welt, sie sorgt sich, wie sie ihrem Mann gefalle. 35 Das sage ich aber zu eurem Besten, nicht um euch eine Schlinge überzuwerfen, sondern damit ihr in Anstand und Würde lebt und euch an den Herrn haltet, ohne euch ablenken zu lassen.

36 Wenn aber einer meint, sich seiner Verlobten gegenüber ungehörig zu verhalten, wenn sie schon in der Zeit der Reife ist und geschehen soll, was geschehen muss, dann soll er es tun; er sündigt nicht, sie sollen heiraten. 37 Wer aber in seinem Herzen gefestigt ist und sich nicht in einer Zwangslage befindet, sondern Gewalt hat über seinen Willen und in seinem Herzen zum

Entschluss gekommen ist, seine Verlobte so zu bewahren, wie sie ist, der handelt gut. 38 So gilt: Wer seine Verlobte heiratet, handelt gut, und wer sie nicht heiratet, handelt besser.

39 Eine Frau ist gebunden, solange ihr Mann lebt; ist ihr Mann aber entschlafen, so ist sie frei, sich zu verheiraten, mit wem sie will – nur soll es im Herrn geschehen. 40 Seliger aber ist sie, wenn sie unverheiratet bleibt, jedenfalls nach meiner Meinung. Ich glaube aber, dass auch ich den Geist Gottes habe.

|25: 7,1! · 7,10! · 7,40; 2Kor 8,10 |26: 7,1
|32: Mt 6,25–33 |36: 13,5 |39: Röm 7,2 |40: 7,8 · 7,25;
2Kor 8,10

7,26: Andere Übersetzungsmöglichkeit: «...: Für einen Menschen ist es gut, unverheiratet zu bleiben.»

7,36: Andere Übersetzungsmöglichkeit: «..., wenn er von Verlangen erfüllt ist und geschehen muss, was er begehrt, ...»

Erkenntnis und Liebe

8 1 Nun zur Frage des Opferfleisches: Wir wissen ja, dass wir alle Erkenntnis besitzen. Die Erkenntnis bläht auf, die Liebe aber baut auf. 2 Wer meint, etwas erkannt zu haben, hat noch nicht erkannt, was Erkenntnis heisst. 3 Wer aber Gott liebt, der ist von ihm erkannt worden.

4 Nun zur Frage, ob man Opferfleisch essen darf: Wir wissen ja, dass es in der Welt keine fremden Götter gibt und dass kein anderer Gott ist ausser dem einen. 5 Auch wenn da vieles ist, was Gott genannt wird, sei es im Himmel, sei es auf der Erde, – es gibt ja viele Götter und viele Herren –,

6 so gibt es für uns doch nur *einen* Gott, den Vater,
  von dem her alles ist und wir auf ihn hin,
und *einen* Herrn, Jesus Christus,
  durch den alles ist und wir durch ihn.

|1: 7,1! · 13,2.4 · 10,23 |3: 13,12 |4: 10,19.25;
Apg 15,29 |6: Dtn 6,4; Eph 4,6 · Röm 11,36

Freiheit und Gebundenheit des Gewissens

7 Doch nicht in allen ist die Erkenntnis; einige sind bis jetzt noch so an ihre Götter gewöhnt, dass sie jenes Fleisch als Opferfleisch essen, und ihr Gewissen wird, weil es schwach ist, befleckt. 8 Speisen haben nichts damit zu tun, wie wir vor Gott dastehen; essen wir sie nicht, geht uns nichts ab, essen wir sie, gewinnen wir nichts.

9 Gebt aber acht, dass diese eure Freiheit den Schwachen nicht zum Anstoss werde! 10 Denn wenn einer dich mit deiner Erkenntnis in einem der vielen Tempel zu Tische liegen sieht, wird dann nicht sein Gewissen, wenn er schwach ist, ermuntert, vom Opferfleisch zu essen? 11 Ja, der Schwache wird durch deine Erkenntnis zugrunde gerichtet, der Bruder, um dessentwillen Christus gestorben ist. 12 Wenn ihr so an euren Brüdern schuldig werdet und ihr Gewissen, das doch schwach ist, belastet, macht ihr euch an Christus schuldig. 13 Darum werde ich, wenn eine Speise meinen Bruder zu Fall bringt, in alle Ewigkeit kein Fleisch essen, um meinen Bruder nicht zu Fall zu bringen.

|7–13: 8,4! · Röm 14,1–4 |9: Röm 14,13.20–21
|10: 8,4! |11: Röm 11,15 |13: Röm 14,13.20–21

Das Recht des Apostels

9 1 Bin ich nicht frei? Bin ich nicht ein Apostel? Habe ich nicht Jesus, unseren Herrn, gesehen? Seid nicht ihr mein Werk im Herrn? 2 Wenn ich für andere kein Apostel bin, so bin ich es doch immerhin für euch. Denn ihr seid das Siegel meines Apostelamtes im Herrn. 3 Dies sage ich zu meiner Verteidigung gegenüber denen, die über mich zu Gericht sitzen.

4 Haben wir etwa nicht das Recht, zu essen und zu trinken? 5 Haben wir etwa nicht das Recht, eine Schwester als Ehefrau bei uns zu haben, wie die übrigen Apostel und die Brüder des Herrn und Kefas? 6 Oder ist nur mir und Barnabas das Recht, nicht zu arbeiten, verwehrt?

7 Wer leistet schon Kriegsdienst und bezahlt den eigenen Sold? Wer pflanzt einen Weinberg und geniesst nicht seine Früchte, oder wer weidet eine Herde und nährt sich nicht von der Milch der Herde? 8 Rede ich etwa nach Menschenart, oder sagt dies nicht auch das Gesetz? 9 Im Gesetz des Mose nämlich steht geschrieben: *Du sollst dem Ochsen, der drischt, das Maul nicht zubinden!* Geht es Gott etwa um die Ochsen? 10 Oder spricht er nicht allenthalben um unsertwillen? Ja, um unsertwillen wurde geschrieben: *Auf Hoffnung hin soll pflügen, wer pflügt, und wer drischt, tue es in der Hoffnung, teilzuhaben am Ertrag.*

11 Wenn wir für euch das Geistliche gesät haben, ist es dann zu viel verlangt, wenn wir dafür von euch das Irdische ernten wollen? 12 Wenn andere dieses Recht bei euch haben, wieso dann wir nicht erst recht? Dennoch haben wir von diesem Recht keinen Gebrauch gemacht, sondern nehmen alles auf uns, um dem Evangelium von Christus ja keinen Stein in den Weg zu legen. 13 Wisst ihr nicht, dass die, die am Heiligtum Dienst tun, vom Heiligtum leben, und dass die, die am Altar beschäftigt sind, mit dem Altar die Gaben teilen? 14 So hat es auch der Herr angeordnet: Wer das Evangelium verkündigt, soll vom Evangelium leben.

|4: Lk 10,7 |5: 1,12! |6: Gal 2,9 |7: Dtn 20,6
|9: Dtn 25,4; 1Tim 5,18 |10: 10,11; Röm 4,23–24; 15,4
|12: 2Kor 11,7.9; 12,13 · 13,7 |13: Dtn 18,1–3 |14: 7,10! ·
Lk 10,7!

9,13: Andere Textüberlieferung: «…, vom Heiligen essen, …»

Der Rechtsverzicht des Apostels

15 Ich aber habe nichts von alledem in Anspruch genommen. Das schreibe ich nicht in der Erwartung, dass man es von jetzt an so mit mir halte. Denn lieber wollte ich sterben als … meinen Ruhm wird mir niemand zunichte machen! 16 Denn wenn ich das Evangelium verkündigte, habe ich ja davon noch keinen Ruhm; ein Zwang liegt

nämlich auf mir. Weh mir, wenn ich das Evangelium nicht verkündige! 17 Wenn ich dies freiwillig täte, stände mir Lohn zu; wenn ich es aber unfreiwillig tue, dann bin ich mit einem Verwalteramt betraut. 18 Was ist nun mein Lohn? Dass ich das Evangelium verkündige und es unentgeltlich anbiete und so mein im Evangelium begründetes Recht nicht ausschöpfe.

|15: 9,12 |17: 4,1–2 |18: 2Kor 11,7 · 9,12

Frei gegenüber allen – frei für alle
19 Denn weil ich frei bin gegenüber allen, habe ich mich zum Sklaven aller gemacht, um möglichst viele zu gewinnen. 20 Den Juden bin ich ein Jude geworden, um Juden zu gewinnen, denen unter dem Gesetz einer unter dem Gesetz – obwohl ich selbst nicht unter dem Gesetz bin –, um die unter dem Gesetz zu gewinnen. 21 Denen ohne Gesetz aber bin ich geworden wie einer ohne Gesetz – obwohl ich vor Gott nicht ohne Gesetz bin, vielmehr Christus für mich massgebend ist –, um die ohne Gesetz zu gewinnen. 22 Den Schwachen bin ich ein Schwacher geworden, um die Schwachen zu gewinnen; allen bin ich alles geworden, um in jedem Fall einige zu retten. 23 Alles aber tue ich um des Evangeliums willen, um Anteil zu bekommen an ihm.

|20: Gal 5,18! |21: Gal 6,2 |22: 8,9 · Röm 11,14

9,21: Andere Übersetzungsmöglichkeit: «…, vielmehr vor Christus mitten im Gesetz bin –, um …»

Der Kampf des Apostels mit sich selbst
24 Ihr wisst doch: Die Läufer im Stadion, sie laufen zwar alle, den Siegespreis aber erhält nur einer. Lauft so, dass ihr den Sieg davontragt! 25 Wettkämpfer aber verzichten auf alles, jene, um einen vergänglichen Kranz zu erlangen, wir dagegen einen unvergänglichen. 26 Ich laufe also, aber nicht wie einer, der ziellos läuft, ich boxe, aber nicht wie einer, der ins Leere schlägt; 27 vielmehr traktiere ich meinen Körper und mache ihn mir gefügig, denn ich will

nicht einer werden, der anderen predigt, sich selber aber nicht bewährt.

|24: Phil 3,14

Das Beispiel der Väter
10 1 Ihr sollt aber wissen, liebe Brüder und Schwestern, dass unsere Väter alle unter der Wolke waren, alle durch das Meer hindurchzogen 2 und alle in der Wolke und im Meer auf Mose getauft wurden. 3 Alle assen dieselbe geistliche Speise, 4 und alle tranken denselben geistlichen Trank; denn sie tranken aus einem geistlichen Felsen, der mit ihnen zog; der Fels aber war Christus. 5 Doch an den meisten von ihnen hatte Gott kein Wohlgefallen: Sie wurden in der Wüste niedergestreckt.

6 So sind sie für uns ein Mahnmal geworden, dass wir nicht das Böse begehren, wie jene es begehrt haben. 7 Werdet nicht zu Dienern der nichtigen Götter wie einige von ihnen, von denen es heisst: *Das Volk liess sich nieder zum Essen und Trinken, und sie erhoben sich zum Tanz.* 8 Lasst uns nicht Abgötterei treiben, wie manche von ihnen Abgötterei getrieben haben und dann umgekommen sind, dreiundzwanzigtausend an einem Tag. 9 Lasst uns Christus nicht versuchen, wie einige von ihnen es getan haben und dann von den Schlangen getötet wurden. 10 Und murrt nicht, wie einige von ihnen gemurrt haben und dann durch den Verderber umgebracht wurden.

11 Solches ist jenen auf beispielhafte Weise widerfahren; aufgeschrieben wurde es, um uns den Sinn zurechtzurücken, uns, auf die das Ende der Zeiten gekommen ist. 12 Darum: Wer zu stehen meint, sehe zu, dass er nicht falle! 13 Noch ist keine Versuchung über euch gekommen, die nicht menschlich wäre. Gott aber ist treu: Er wird nicht zulassen, dass ihr über eure Kräfte versucht werdet, sondern mit der Versuchung auch den Ausweg schaffen, dass ihr die Kraft habt, sie zu bestehen.

|1: Ex 13,21; 14,22 |3: Ex 16,4.35 |4: Ex 17,6
|5: Num 14,13–16.28–30 |6: Ex 32,6 |8: Num 25,1–3.9
|9: Dtn 6,16; Mt 4,7 · Num 21,5–9
|10: Num 14,2.36–37 |11: 9,10! |13: 1,9; 2Kor 1,18

10,2: Andere Textüberlieferung: «und alle sich in der Wolke und im Meer auf Mose taufen liessen.»

10,9: Andere Textüberlieferung: «Lasst uns den Herrn nicht versuchen, ...»

Die Ausrichtung auf das Abendmahl

14 Darum, meine Geliebten, flieht die Verehrung der nichtigen Götter! 15 Ich rede doch zu Verständigen. Beurteilt selber, was ich sage! 16 Der Kelch des Segens, über den wir den Lobpreis sprechen, ist er nicht Teilhabe am Blut Christi? Das Brot, das wir brechen, ist es nicht Teilhabe am Leib Christi? 17 Weil es *ein* Brot ist, sind wir, die vielen, *ein* Leib. Denn wir alle haben teil an dem einen Brot.

18 Schaut auf das irdische Israel: Haben die, welche von den Opfergaben essen, nicht teil am Altar? 19 Was will ich damit sagen? Dass das Opferfleisch etwas sei oder dass die fremden Götter etwas seien? 20 Nein, sondern dass, was sie opfern, den Dämonen geopfert wird und nicht Gott. Ich will aber nicht, dass ihr Gemeinschaft mit den Dämonen habt! 21 Ihr könnt nicht den Kelch des Herrn trinken und den Kelch der Dämonen; ihr könnt nicht teilhaben am Tisch des Herrn und am Tisch der Dämonen. 22 Oder wollen wir den Herrn herausfordern? Sind wir etwa stärker als er?

|16: 11,23–25; Lk 22,19–20 |17: 1Kor 12,12!
|18: 9,13! |19: 8,4! |20: Dtn 32,17

10,17: Andere Übersetzungsmöglichkeit: «Ein Brot ist es, ein Leib also sind wir, die vielen; denn wir alle haben ...»

Das Gewissen des anderen

23 Alles ist erlaubt, aber nicht alles ist zuträglich. Alles ist erlaubt, aber nicht alles baut auf. 24 Niemand suche das Seine, sondern jeder das des anderen!

25 Alles, was auf dem Markt verkauft wird, könnt ihr essen, ohne euch ein Gewissen zu machen. 26 Denn *des Herrn ist*

die Erde und alles, was sie erfüllt. 27 Wenn ein Ungläubiger euch einlädt und ihr hingehen wollt, so esst alles, was man euch vorsetzt, ohne euch ein Gewissen zu machen. 28 Falls aber jemand zu euch sagt: Das ist Opferfleisch!, so esst nicht davon aus Rücksicht auf den, der darauf aufmerksam gemacht hat, und aus Rücksicht auf das Gewissen – 29 das Gewissen des andern meine ich aber, nicht das eigene. Denn weshalb sollte meine Freiheit von einem fremden Gewissen beurteilt werden? 30 Wenn ich in Dankbarkeit am Mahl teilnehme, warum sollte da als Gotteslästerung gelten, wofür ich Dank sage?

31 Ob ihr nun esst oder trinkt oder sonst etwas tut: Tut alles zur Ehre Gottes! 32 Gebt niemandem Anstoss, weder Juden noch Griechen noch der Gemeinde Gottes, 33 wie auch ich in allen Dingen allen zu Gefallen bin und dabei nicht meinen Vorteil, sondern den Vorteil möglichst vieler suche, um sie zu retten.

11 1 Folgt meinem Beispiel, wie auch ich dem Beispiel Christi folge!

|23: 6,12 · 8,1; Röm 14,19! |24: 13,5; Phil 2,4;
Röm 15,2 |25–28: Röm 14,2–3.22 |26: Ps 24,1! |32: 8,9;
Röm 14,13 |33: 9,20–22 |1: 4,16; Phil 3,17; 1Thess 1,6

Die Haartracht der Frau im Gottesdienst

2 Ich lobe euch dafür, dass ihr in allem an mich denkt und festhaltet an den Überlieferungen, wie ich sie euch weitergegeben habe.

3 Ich will aber, dass ihr wisst: Das Haupt eines jeden Mannes ist Christus, das Haupt der Frau aber ist der Mann, das Haupt Christi aber ist Gott. 4 Jeder Mann, der betet oder prophetisch redet und das Haar lang trägt, bringt Schande über sein Haupt. 5 Jede Frau aber, die betet oder prophetisch redet und ihr Haar nicht aufgesteckt hat, bringt Schande über ihr Haupt. Denn so unterscheidet sie sich in nichts von der Kahlgeschorenen. 6 Wenn eine Frau nämlich ihr Haar nicht aufsteckt, dann kann sie es ja

gleich abschneiden lassen! Wenn es aber für eine Frau eine Schande ist, sich das Haar abschneiden oder sich kahl scheren zu lassen, dann soll sie es aufstecken.

7 Der Mann soll sich das Haar nicht kunstvoll zurechtmachen, da er Abbild und Abglanz Gottes ist; die Frau aber ist Abglanz des Mannes. 8 Denn der Mann stammt nicht von der Frau, sondern die Frau vom Mann. 9 Der Mann wurde ja auch nicht um der Frau willen geschaffen, sondern die Frau um des Mannes willen. 10 Darum, wegen der Engel, soll die Frau Macht über ihr Haupt haben. 11 Doch im Herrn ist weder die Frau etwas ohne den Mann noch ist der Mann etwas ohne die Frau. 12 Denn wie die Frau vom Mann stammt, so ist der Mann durch die Frau; alles aber kommt von Gott.

13 Urteilt selber: Gehört es sich für eine Frau, mit gelöstem Haar zu Gott zu beten? 14 Lehrt euch nicht die Natur selbst, dass es für den Mann eine Schande, 15 für die Frau aber eine Zierde ist, langes Haar zu haben? Denn ihr ist das Haar als Hülle gegeben.

16 Wenn aber jemand meint, darüber streiten zu müssen: Eine solche Sitte haben wir nicht, und auch die Gemeinden Gottes nicht.

|3: Eph 4,15 · Gen 3,16 |4: 14,1! |7: Gen 1,27! |8: Gen 2,23 |9: Gen 2,18 |12: 11,8!

11,4: «und das Haar lang trägt»: Der griechische Text formuliert ganz knapp: «(etwas) vom Haupt herab hat». Die Übersetzung richtet sich nach dem aus V. 14–15 zu erschliessenden Sachverhalt.

11,5: «ihr Haar nicht aufgesteckt hat»: Der griechische Ausdruck ‹mit unverhülltem Haupt› bezieht sich vermutlich weder auf ein Kopftuch noch auf einen Schleier, sondern auf die Art und Weise der Haartracht: Die Frauen sollen nicht mit gelöstem Haar am Gottesdienst teilnehmen (wie das in verschiedenen ekstatischen Kulten der Fall war).

Die Feier des Abendmahls

17 Wenn ich das Folgende anordne, so kann ich euch nicht loben, weil ihr nicht zur Förderung des Guten, sondern des Schlechten zusammenkommt. 18 Vor allem nämlich höre ich, es gebe,

wenn ihr als Gemeinde zusammenkommt, Spaltungen unter euch, und zum Teil glaube ich das auch. 19 Es muss ja auch Parteiungen geben unter euch, damit die Tüchtigen unter euch erkennbar werden. 20 So aber, wie ihr nun zusammenkommt, ist das Essen gar kein Mahl des Herrn. 21 Denn jeder nimmt beim Essen sein eigenes Mahl vorweg, und der eine hungert, und der andere ist schon betrunken. 22 Habt ihr denn keine Häuser, in denen ihr essen und trinken könnt? Oder missachtet ihr die Gemeinde Gottes und wollt die beschämen, die nichts haben? Was soll ich euch sagen? Soll ich euch loben? In diesem Fall kann ich euch nicht loben.

23 Ich habe nämlich vom Herrn empfangen, was ich auch an euch weitergegeben habe: Der Herr, Jesus, nahm in der Nacht, da er ausgeliefert wurde, Brot, 24 dankte, brach es und sprach: Dies ist mein Leib für euch. Das tut zu meinem Gedächtnis. 25 Ebenso nahm er nach dem Essen den Kelch und sprach: Dieser Kelch ist der neue Bund in meinem Blut. Das tut, sooft ihr daraus trinkt, zu meinem Gedächtnis. 26 Denn sooft ihr dieses Brot esst und den Kelch trinkt, verkündigt ihr den Tod des Herrn, bis dass er kommt.

27 Darum: Wer auf unwürdige Weise das Brot isst oder den Kelch des Herrn trinkt, macht sich schuldig am Leib und am Blut des Herrn. 28 Es prüfe sich jeder, und dann soll er vom Brot essen und aus dem Kelch trinken. 29 Wer nämlich isst und trinkt, ohne zu wissen, was der Leib bedeutet, der isst und trinkt sich zum Gericht. 30 Darum gibt es bei euch viele Kranke und Gebrechliche, darum auch sind einige schon entschlafen. 31 Gingen wir mit uns selbst ins Gericht, so kämen wir nicht ins Gericht. 32 Werden wir aber vom Herrn gerichtet, so werden wir zurechtgebracht, damit wir nicht zusammen mit der Welt verurteilt werden. 33 Darum, meine Brüder und Schwestern, wenn ihr zum Essen zusammenkommt, war-

tet aufeinander! 34 Wer Hunger hat,
soll zu Hause essen, damit ihr nicht zum
Gericht zusammenkommt. Das Weitere
aber werde ich regeln, sobald ich
komme.

|18: 5,1 · 1,10–11 |23–25: Lk 22,19–20 |23: 15,3;
Gal 1,12 |25: Jer 31,31 · Ex 24,8 |27: 10,16 |32: Spr 3,1
|34: 4,19!

Der Geist Gottes als Kriterium

12 1 Nun zur Frage der Geistesgaben:
Darüber will ich euch nicht im
Unklaren lassen, liebe Brüder und
Schwestern. 2 Ihr wisst ja, dass es euch,
als ihr noch Heiden wart, mit unwider-
stehlicher Gewalt zu den stummen Göttern zog. 3 Darum tue ich euch kund:
Keiner, der im Geist Gottes spricht, sagt:
Verflucht sei Jesus!, und keiner vermag
zu sagen: Herr ist Jesus!, es sei denn im
heiligen Geist.

|1: 7,1 · 14,1

Viele Gaben – ein Geist

4 Die uns zugeteilten Gaben sind
verschieden, der Geist jedoch ist derselbe. 5 Die Dienste sind verschieden,
der Herr aber ist derselbe. 6 Das Wirken
der Kräfte ist verschieden, Gott jedoch
ist derselbe, der alles in allen wirkt. 7 Jedem wird die Offenbarung des Geistes
so zuteil, dass es allen zugute kommt.
8 Dem einen nämlich wird durch
den Geist die Weisheitsrede gegeben,
dem anderen aber die Erkenntnisrede
gemäss demselben Geist; 9 einem wird
in demselben Geist Glaube gegeben,
einem anderen in dem einen Geist die
Gabe der Heilung, 10 einem anderen das
Wirken von Wunderkräften, wieder
einem anderen prophetische Rede und
noch einem anderen die Unterscheidung der Geister; dem einen werden
verschiedene Arten der Zungenrede gegeben, einem anderen aber die Übersetz-
zung der Zungenrede. 11 Dies alles aber
wirkt ein und derselbe Geist, der jedem
auf besondere Weise zuteilt, wie er es
will.

|4: 1,7; Röm 12,6 |5–6: 8,6 |7: 14,26 |9: 12,28.30
|10: 12,28; 14,2!

Viele Glieder – ein Leib

12 Denn wie der Leib *einer* ist und
doch viele Glieder hat, alle Glieder des
Leibes aber, obwohl es viele sind, *einen*
Leib bilden, so auch Christus. 13 Denn
durch *einen* Geist wurden wir ja alle in
einen Leib hineingetauft, ob Juden oder
Griechen, ob Sklaven oder Freie; und alle
wurden wir getränkt mit *einem* Geist.
14 Und der Leib besteht ja nicht aus
einem Glied, sondern aus vielen.
15 Wenn der Fuss sagt: Weil ich nicht
Hand bin, gehöre ich nicht zum Leib, gehört er nicht dennoch zum Leib? 16 Und
wenn das Ohr sagt: Weil ich nicht Auge
bin, gehöre ich nicht zum Leib, gehört es
nicht dennoch zum Leib? 17 Ist der
ganze Leib Auge, wo bleibt das Gehör?
Ist er aber ganz Gehör, wo bleibt dann
der Geruchssinn? 18 Nun aber hat Gott
alle Glieder an ihre Stelle gesetzt, ein jedes von ihnen an die Stelle des Leibes,
an der er es haben wollte.
19 Wäre aber alles *ein* Glied, wo
bliebe der Leib? 20 Nun aber gibt es
viele Glieder, aber nur *einen* Leib. 21 Das
Auge kann nicht zur Hand sagen: Ich
brauche dich nicht, auch nicht der Kopf
zu den Füssen: Ich brauche euch nicht.
22 Vielmehr sind eben jene Glieder des
Leibes, die als besonders schwach gelten, umso wichtiger, 23 und eben jenen,
die wir für weniger ehrenwert halten,
erweisen wir besondere Ehrerbietung;
so geniesst das Unansehnliche an uns
grosses Ansehen, 24 das Ansehnliche an
uns aber hat das nicht nötig. Gott jedoch
hat unseren Leib so zusammengefügt,
dass er dem, was benachteiligt ist, besondere Ehre zukommen liess, 25 damit
es im Leib nicht zu einem Zwiespalt
komme, sondern die Glieder in gleicher
Weise füreinander besorgt seien.
26 Leidet nun ein Glied, so leiden alle
Glieder mit, und wird ein Glied gewürdigt, so freuen sich alle Glieder mit.
27 Ihr seid der Leib des Christus, als
einzelne aber Glieder. 28 Und als solche
hat euch Gott in der Gemeinde zum einen als Apostel eingesetzt, zum andern

als Propheten, zum dritten als Lehrer. Dann kommen die Wunderkräfte, die Heilungsgaben, die Hilfeleistungen, die Leitungsaufgaben, verschiedene Arten von Zungenrede. 29 Sind etwa alle Apostel? Sind etwa alle Propheten? Sind etwa alle Lehrer? Haben etwa alle Wunderkräfte? 30 Haben etwa alle die Gabe zu heilen? Reden etwa alle in Zungen? Können etwa alle übersetzen?

31 Ihr eifert nach den grösseren Gaben? Dann will ich euch einen Weg zeigen, der weit besser ist.

| 12: 12,27; 6,15; 10,17; Röm 12,4–5 | 13: Gal 3,28! | 27: Röm 12,5 | 28: Eph 4,11–12 | 31: 14,12

Der Weg der Liebe

13 1 Wenn ich mit Menschen- und mit Engelszungen rede, aber keine Liebe habe, so bin ich ein tönendes Erz, eine lärmende Zimbel. 2 Und wenn ich die Gabe prophetischer Rede habe und alle Geheimnisse kenne und alle Erkenntnis besitze und wenn ich allen Glauben habe, Berge zu versetzen, aber keine Liebe habe, so bin ich nichts. 3 Und wenn ich all meine Habe verschenke und meinen Leib dahingebe, dass ich verbrannt werde, aber keine Liebe habe, so nützt es mir nichts.
4 Die Liebe hat den langen Atem, gütig ist die Liebe, sie eifert nicht.
Die Liebe prahlt nicht,
sie bläht sich nicht auf,
5 sie ist nicht taktlos,
sie sucht nicht das ihre,
sie lässt sich nicht zum Zorn reizen,
sie rechnet das Böse nicht an,
6 sie freut sich nicht über das Unrecht,
sie freut sich mit an der Wahrheit.
7 Sie trägt alles,
sie glaubt alles,
sie hofft alles,
sie erduldet alles.

8 Die Liebe kommt niemals zu Fall: Prophetische Gaben – sie werden zunichte werden; Zungenreden – sie werden aufhören; Erkenntnis – sie wird zunichte werden. 9 Denn Stückwerk ist unser Erkennen und Stückwerk unser

prophetisches Reden. 10 Wenn aber das Vollkommene kommt, dann wird zunichte werden, was Stückwerk ist. 11 Als ich ein Kind war, redete ich wie ein Kind, dachte wie ein Kind, überlegte wie ein Kind. Als ich aber erwachsen war, hatte ich das Wesen des Kindes abgelegt. 12 Denn jetzt sehen wir alles in einem Spiegel, in rätselhafter Gestalt, dann aber von Angesicht zu Angesicht. Jetzt ist mein Erkennen Stückwerk, dann aber werde ich ganz erkennen, wie ich auch ganz erkannt worden bin.

13 Nun aber bleiben Glaube, Hoffnung, Liebe, diese drei. Die grösste unter ihnen aber ist die Liebe.

| 1: 14,2 | 4: 8,1 | 5: 10,24! | 7: 9,12 | 8: 12,10 · 14,2!–– 22.39 · 12,8 | 11: 3,1 | 12: Dtn 34,10 · 8,3 | 13: 1Thess 1,3; Kol 1,4–5

13,3: Andere Textüberlieferung: «... und meinen Leib dahingebe, um mich zu rühmen, ...»
13,7: Andere Übersetzungsmöglichkeiten: «Sie erträgt alles, ...» oder: «Sie deckt alles, ...»

Zungenrede und prophetisches Reden

14 1 Bleibt auf dem Weg der Liebe! Strebt nach den Geistesgaben, vor allem aber danach, prophetisch zu reden. 2 Wer in Zungen redet, spricht nicht zu Menschen, sondern zu Gott. Denn niemand versteht ihn: Er redet im Geist von Geheimnissen. 3 Wer dagegen prophetisch redet, spricht zu Menschen: Er erbaut, ermutigt, tröstet.
4 Wer in Zungen redet, baut sich selbst auf; wer aber prophetisch redet, baut die Gemeinde auf. 5 Ich möchte, dass ihr alle in Zungen redet, vor allem aber möchte ich, dass ihr prophetisch redet. Wer prophetisch redet, ist grösser, als wer in Zungen redet, es sei denn, er übersetze es, damit der Gemeinde Erbauung zuteil werde.

6 Komme ich jetzt zu euch, liebe Brüder und Schwestern, und rede in Zungen, was nützt es euch, wenn ich nicht mit einer Offenbarung, einer Erkenntnis, einer Prophetie oder einer Lehre komme und zu euch rede?
7 Wenn die leblosen Instrumente, Flöte oder Leier, zwar Töne von sich geben,

Töne aber, die sich nicht unterscheiden lassen, wie soll dann erkannt werden, was auf der Flöte oder auf der Leier gespielt wird? 8 Und wenn die Posaune ein undeutliches Signal gibt, wer wird sich dann zum Kampf bereitmachen? 9 So ist es auch mit euch: Wenn ihr mit eurer Zunge kein deutliches Wort hervorbringt, wie soll man da verstehen, wovon die Rede ist? Ihr werdet in den Wind reden. 10 Es gibt wer weiss wie viele Arten von Sprachen in der Welt, nichts ist ohne Sprache. 11 Wenn ich aber die Bedeutung eines Lautes nicht erkenne, werde ich für den, der spricht, ein Fremder sein, und der, der spricht, ein Fremder für mich. 12 So auch ihr: Wenn ihr schon um die Geistkräfte wetteifert, dann trachtet nach dem, was der Erbauung der Gemeinde dient, damit ihr alles im Überfluss habt.

13 Darum bete, wer in Zungen redet, dass er es auch übersetzen kann.

14 Denn wenn ich in Zungen bete, so betet zwar mein Geist, mein Verstand aber bleibt ohne Frucht. 15 Was folgt daraus? Ich will im Geist beten, ich will aber auch mit dem Verstand beten; ich will im Geist lobsingen, ich will aber auch mit dem Verstand lobsingen. 16 Denn wenn du den Lobpreis sprichst im Geist, wie soll dann, wer als Fremder dazustösst, auf dein Dankgebet hin das Amen sprechen? Er versteht ja nicht, was du sagst. 17 Du magst zwar ein schönes Dankgebet sprechen, doch der andere wird nicht aufgebaut. 18 Ich danke Gott, dass ich mehr als ihr alle in Zungen rede; 19 aber in der Gemeinde will ich, um auch andere zu unterweisen, lieber fünf Worte mit meinem Verstand sagen als tausend Worte in Zungen.

20 Liebe Brüder und Schwestern, seid nicht Kinder, wo es um Einsicht geht. Seid unbedarft, wo es um Bosheit geht, in der Einsicht aber seid vollkommen! 21 Im Gesetz steht geschrieben: *Durch Leute fremder Zunge und mit den Lippen Fremder will ich zu diesem Volk reden,*

aber auch so *werden sie nicht* auf mich *hören,* spricht der Herr.

22 Das Zungenreden ist also nicht ein Zeichen für die Glaubenden, sondern für die Ungläubigen, die Prophetie dagegen ist nicht ein Zeichen für die Ungläubigen, sondern für die Glaubenden. 23 Wenn nun die ganze Gemeinde zusammenkommt und alle in Zungen reden, es kommen aber Aussenstehende oder Ungläubige herein, werden sie dann nicht sagen: Ihr seid von Sinnen? 24 Wenn aber alle prophetisch reden und es kommt ein Ungläubiger oder Aussenstehender herein, dann wird er von allen ins Verhör genommen, von allen geprüft; 25 das Verborgene seines Herzens wird offenbar, und so fällt er auf sein Angesicht, wird zu Gott beten und bekennen: *In der Tat, Gott ist in eurer Mitte.*

| 1: 12,1 · 14,39 | 2: 14,39.26; 12,10.28.30; 13,1.8 | 4: 12! | 6: 4,19 · 14,2! | 12: 14,1–5.26; Röm 14,19!; 2Kor 12,19; 13,10 | 13: 14,2! | 21: Jes 28,11–12 | 25: Jes 45,14

14,7: Andere Übersetzungsmöglichkeit: «Wie die leblosen Instrumente, sei es Flöte oder Leier: Wenn sie zwar Töne von sich geben, ...»

Der Gottesdienst der Gemeinde

26 Was heisst das nun, liebe Brüder und Schwestern? Wenn ihr zusammenkommt, hat jeder einen Psalm, eine Lehre, eine Offenbarung, eine Zungenrede, eine Auslegung. Alles geschehe zur Erbauung! 27 In Zungen reden sollen jeweils höchstens zwei oder drei, und zwar der Reihe nach. Und einer soll übersetzen. 28 Wenn aber niemand da ist, der übersetzen kann, sollen sie in der Gemeindeversammlung schweigen und nur für sich und für Gott reden. 29 Von den Propheten aber mögen zwei oder drei reden, die anderen sollen es prüfen. 30 Wenn aber ein anderer, der dasitzt, eine Offenbarung empfängt, soll der Erste schweigen. 31 Ihr könnt doch alle, einer nach dem andern, prophetisch reden, damit alle etwas lernen und alle Zuspruch erfahren. 32 Der Geist

der Propheten unterstellt sich den Propheten, 33 denn Gott ist nicht ein Gott der Unordnung, sondern des Friedens.

Wie in allen Gemeinden der Heiligen gilt: 34 In den Gemeindeversammlungen sollen die Frauen schweigen. Denn es ist ihnen nicht erlaubt zu reden, sie sollen sich vielmehr unterordnen, wie auch das Gesetz es sagt. 35 Wenn sie aber etwas lernen wollen, sollen sie zu Hause ihre Männer fragen. Denn für eine Frau ist es eine Schande, in der Gemeindeversammlung zu reden. 36 Ist das Wort Gottes denn von euch ausgegangen, ist es denn zu euch allein gekommen?

37 Wer meint, ein Prophet oder ein Geistbegabter zu sein, der erkenne, dass es des Herrn Gebot ist, was ich euch schreibe. 38 Wer nicht erkennt, wird nicht erkannt. 39 Darum, meine Brüder und Schwestern: Um prophetisches Reden sollt ihr wetteifern, das Reden in Zungen aber behindert nicht! 40 Alles aber geschehe würdig und geordnet.

|26: 11,18 · 12,7–10 · 14,2! · 14,12! |29: 12,28 |33: Röm 15,33! · 4,17! |34–35: 1Tim 2,11–12 |34: Gen 3,16 |37: 7,10! |39: 14,1 · 14,2!

14,28: Andere Übersetzungsmöglichkeit: «Wenn sie aber nicht übersetzen können, ...»
14,33: Der ursprüngliche Text bricht wahrscheinlich nach V. 33 ab; V. 34–35 sind aufgrund sprachlicher und inhaltlicher Merkmale als spätere Ergänzung nicht paulinischer Herkunft zu betrachten.

Das grundlegende Bekenntnis

15 1 Ich tue euch, liebe Brüder und Schwestern, das Evangelium kund, das ich euch verkündigt habe, das ihr auch angenommen habt, in dem ihr auch fest steht, 2 durch das ihr auch gerettet werdet, wenn ihr es genau so festhaltet, wie ich es euch verkündigt habe – wenn nicht, wärt ihr umsonst zum Glauben gekommen.

3 Denn ich habe euch vor allen Dingen weitergegeben, was auch ich empfangen habe:
dass Christus gestorben ist für unsere Sünden gemäss den Schriften,

4 dass er begraben wurde,
dass er am dritten Tage auferweckt worden ist gemäss den Schriften
5 und dass er Kefas erschien und dann den Zwölfen.

6 Danach erschien er mehr als fünfhundert Brüdern auf einmal, von denen die meisten noch leben, einige aber entschlafen sind. 7 Danach erschien er dem Jakobus, dann allen Aposteln. 8 Zuallerletzt aber ist er auch mir erschienen, mir, der Missgeburt.

9 Ich bin nämlich der geringste unter den Aposteln, der es nicht wert ist, Apostel genannt zu werden, weil ich die Gemeinde Gottes verfolgt habe. 10 Durch Gottes Gnade aber bin ich, was ich bin. Und seine Gnade an mir ist nicht ohne Wirkung geblieben; nein, mehr als sie alle habe ich gearbeitet, doch nicht ich, sondern die Gnade Gottes, die mit mir ist.

11 Ob nun ich oder jene: So verkündigen wir, und so seid ihr zum Glauben gekommen.

|1: Gal 1,11 |3: 11,23 |4: 15,14.17 |5: Lk 24,34.36 |7: Gal 1,19! |8: Gal 1,13–24; Apg 9,3–5 |9: Gal 1,13! |10: Gal 1,15

15,2: Andere Übersetzungsmöglichkeit:
«... gerettet werdet – wie ich es euch verkündet habe; wenn ihr es festhaltet, es sei denn, ihr wärt umsonst ...»

Die Bestreitung der Auferstehung

12 Wenn aber verkündigt wird, dass Christus von den Toten auferweckt worden ist, wie können dann einige unter euch sagen, es gebe keine Auferstehung der Toten?

13 Wenn es keine Auferstehung der Toten gibt, dann ist auch Christus nicht auferweckt worden. 14 Ist aber Christus nicht auferweckt worden, so ist unsere Verkündigung leer, leer auch euer Glaube. 15 Wir stehen dann auch als falsche Zeugen Gottes da, weil wir gegen Gott ausgesagt haben, er habe Christus auferweckt, den er gar nicht auferweckt hat, wenn doch Tote nicht auferweckt werden.

16 Wenn Tote nämlich nicht aufer-

weckt werden, dann ist auch Christus nicht auferweckt worden. 17 Ist aber Christus nicht auferweckt worden, dann ist euer Glaube nichtig, dann seid ihr noch in euren Sünden, 18 also sind auch die in Christus Entschlafenen verloren. 19 Wenn wir allein für dieses Leben unsere Hoffnung auf Christus gesetzt haben, dann sind wir erbärmlicher dran als alle anderen Menschen.

| 12: 15,20 | 13: 15,21.42; Röm 1,4; Mt 22,31–32; Apg 17,32! | 14: 15,4 | 15: 6,14! | 17: 15,4 | 18: 1Thess 4,14–15

15,12: Die (christlichen) Gegenspieler des Paulus in Korinth dürften eine Position vertreten haben, die derjenigen nahesteht, die in 2Tim 2,18 zitiert wird: «die Auferstehung sei schon geschehen», nämlich die geistliche Auferstehung des wahren Selbst.

Christus, der Erstling der Auferstandenen

20 Nun aber ist Christus von den Toten auferweckt worden, als Erstling derer, die entschlafen sind. 21 Da nämlich durch einen Menschen der Tod kam, kommt auch durch einen Menschen die Auferstehung der Toten. 22 Denn wie in Adam alle sterben, so werden in Christus auch alle zum Leben erweckt werden.

23 Jeder aber an dem ihm gebührenden Platz: als Erstling Christus, dann die, die zu Christus gehören, wenn er kommt. 24 Dann ist das Ende da, wenn er das Reich Gott, dem Vater, übergibt, wenn er alle Herrschaft, alle Gewalt und Macht zunichte gemacht hat. 25 Denn er soll herrschen, bis Gott ihm alle *Feinde unter* die *Füsse gelegt hat.* 26 Als letzter Feind wird der Tod vernichtet. 27 Denn *alles hat er ihm unterworfen, unter die Füsse gelegt.* Wenn es aber heisst: Alles ist ihm unterworfen, so ist klar: mit Ausnahme dessen, der ihm alles unterworfen hat. 28 Wenn ihm dann alles unterworfen ist, wird auch er, der Sohn, sich dem unterwerfen, der ihm alles unterworfen hat, damit Gott alles in allem sei.

| 20: 15,4 · 1Thess 4,13! | 21: Gen 3,17–19 · 15,45; Röm 5,12–14.18 · 15,13! | 22: 15,45 | 23: 1Thess 4,15–16 | 24: Mk 1,15 · Eph 1,21! | 25: Ps 110,1; Mt 22,44

| 26: Jes 25,8 | 27: Ps 8,7; Eph 1,22; Hebr 2,8 | 28: Eph 1,22–23

Im Vorschein der Auferstehung

29 Wenn es nicht so wäre, was würden dann die bewirken, die sich stellvertretend für Tote taufen lassen? Wenn Tote ja doch nicht auferweckt werden, was lassen sie sich dann für sie taufen? 30 Und wir, warum begeben wir uns stündlich in Gefahr? 31 Tag für Tag sterbe ich, so wahr ihr, liebe Brüder und Schwestern, in Christus Jesus, unserem Herrn, mein Ruhm seid! 32 Wenn ich bloss als sterblicher Mensch in Ephesus mit wilden Tieren gekämpft hätte, was hätte ich davon? Wenn Tote nicht auferweckt werden, dann *lasst uns essen und trinken, denn morgen sind wir tot.* 33 Täuscht euch nicht: Schlechter Umgang verdirbt gute Sitten. 34 Werdet doch nüchtern, wie es sich gebührt, und sündigt nicht! Denn manche verkennen Gott; euch zur Beschämung sage ich dies.

| 31: Röm 15,17 | 32: Jes 22,13

Die Auferweckung des Leibes

35 Aber – so wird einer fragen: Wie werden denn die Toten auferweckt? In was für einem Leib werden sie kommen? 36 Du Tor! Was du säst, wird nicht zum Leben erweckt, wenn es nicht stirbt. 37 Und was säst du? Nicht den zukünftigen Leib säst du, sondern ein nacktes Korn, ein Weizenkorn etwa oder ein anderes Korn. 38 Gott aber gibt ihm einen Leib, wie er es gewollt hat, jedem Samen seinen besonderen Leib.

39 Nicht alles Fleisch ist dasselbe Fleisch; anders ist das Fleisch der Menschen als das des Viehs, anders das Fleisch der Vögel als das der Fische. 40 Es gibt himmlische Körper, und es gibt irdische Körper. Doch anders ist der Glanz der himmlischen als der der irdischen. 41 Anders ist der Glanz der Sonne als der Glanz des Mondes, und wieder anders der Glanz der Sterne; denn ein Himmelskörper unterscheidet sich vom

anderen durch seinen Glanz. 42 So verhält es sich auch mit der Auferstehung
der Toten: Gesät wird in Vergänglichkeit, auferweckt wird in Unvergänglichkeit. 43 Gesät wird in Niedrigkeit, auferweckt wird in Herrlichkeit. Gesät wird
in Schwachheit, auferweckt wird in
Kraft. 44 Gesät wird ein natürlicher
Leib, auferweckt wird ein geistlicher
Leib.

Wenn es einen natürlichen Leib
gibt, dann gibt es auch einen geistlichen. 45 So steht es geschrieben: *Der*
erste Mensch, Adam, *wurde ein lebendi-*
ges Wesen, der letzte Adam wurde Leben
spendender Geist. 46 Doch das Geistliche ist nicht zuerst da, sondern das Natürliche, dann erst das Geistliche.
47 Der erste Mensch ist aus Erde, ein ir-
discher, der zweite Mensch ist vom
Himmel. 48 Wie der Irdische, so sind
auch die Irdischen, und wie der Himmlische, so sind auch die Himmlischen.
49 Und wie wir das Bild des Irdischen
getragen haben, so werden wir auch das
Bild des Himmlischen tragen.

|36–38: Joh 12,24 |38: Gen 1,11–12 |42: 15,13!
|45: Gen 2,7 |49: Gen 5,3 · 2Kor 3,18; Röm 8,29

Verwandlung und Vollendung

50 Das sage ich, liebe Brüder und
Schwestern: Fleisch und Blut können
das Reich Gottes nicht erben, noch erbt
das Vergängliche die Unvergänglichkeit. 51 Siehe, ich sage euch ein Geheimnis: Nicht alle werden wir entschlafen,
alle aber werden wir verwandelt werden, 52 im Nu, in einem Augenblick,
beim Ton der letzten Posaune; denn die
Posaune wird ertönen, und die Toten
werden auferweckt werden, unverwes-
lich, und wir werden verwandelt werden. 53 Denn was jetzt vergänglich ist,
muss mit Unvergänglichkeit bekleidet
werden, und was jetzt sterblich ist,
muss mit Unsterblichkeit bekleidet
werden. 54 Wenn aber mit Unvergänglichkeit bekleidet wird, was jetzt vergänglich ist, und mit Unsterblichkeit,

was jetzt sterblich ist, dann wird ge-
schehen, was geschrieben steht:
Verschlungen ist der Tod in den Sieg.
55 *Tod, wo ist dein Sieg?*
Tod, wo ist dein Stachel?
56 Der Stachel des Todes ist die
Sünde, die Kraft der Sünde ist das
Gesetz. 57 Gott aber sei Dank, der uns
den Sieg gibt durch unseren Herrn Jesus
Christus!

58 Darum, meine geliebten Brüder
und Schwestern, seid standhaft, lasst
euch nicht erschüttern, tut jederzeit das
Werk des Herrn in reichem Masse! Ihr
wisst ja: Im Herrn ist eure Arbeit nicht
umsonst.

|50: 6,9 |51–52: 1Thess 4,15–17 |54: Jes 25,8
|55: Hos 13,14 |58: 16,10

Die Sammlung für die Gemeinde in Jerusalem

16 1 Was aber die Sammlung für die
Heiligen betrifft, so haltet es
ebenso, wie ich es für die Gemeinden in
Galatien angeordnet habe: 2 An jedem
ersten Tag der Woche lege ein jeder von
euch zur Seite, was er erübrigen kann,
damit nicht erst dann, wenn ich
komme, gesammelt werden muss.
3 Nach meiner Ankunft werde ich die
Leute, die ihr für geeignet haltet, mit
Briefen nach Jerusalem schicken, eure
Spende zu überbringen. 4 Wenn es aber
angebracht erscheint, dass auch ich hingehe, können sie mit mir reisen.

|1: 7,1! · Gal 1,2 |2: Mk 16,2; Apg 20,7

Reisepläne

5 Ich werde zu euch kommen, auf
dem Weg über Makedonien. In Makedonien nämlich bin ich nur auf Durchreise, 6 bei euch aber werde ich, wenn es
sich gibt, länger bleiben oder gar den
Winter verbringen. Dann mögt ihr
mich für die Weiterreise ausrüsten, wohin ich auch gehe. 7 Ich möchte euch
jetzt nämlich nicht nur im Vorbeigehen
sehen, ich hoffe ja, wenn der Herr es zulässt, einige Zeit bei euch zu verbringen.
8 Bis Pfingsten aber werde ich in Ephe-

sus bleiben. 9 Denn eine Tür hat sich mir aufgetan, gross und verheissungsvoll – und viele Widersacher sind da.

10 Wenn aber Timotheus kommt, seht zu, dass er sich vor euch nicht fürchten muss; denn er wirkt wie ich am Werk des Herrn. 11 Niemand soll ihn also gering schätzen! Lasst ihn in Frieden ziehen, damit er wieder zu mir kommt. Ich erwarte ihn nämlich mit den Brüdern.

12 Was aber Apollos, unseren Bruder, betrifft, so habe ich ihn immer wieder gebeten, mit den Brüdern zu euch zu kommen; es sollte aber nicht sein, dass er jetzt kommt. Er wird aber kommen, sobald sich Gelegenheit bietet.

| 5: 4,19 · Apg 19,21; 2Kor 1,16 | 8: Apg 19,1 | 10: 4,17 · 15,58 | 12: 1,12!

16,12: Andere Übersetzungsmöglichkeit: «…; es war aber nicht sein Wille, jetzt zu kommen. Er …»

Bitten

13 Seid wachsam, steht fest im Glauben, seid tapfer und stark! 14 Alles, was ihr tut, geschehe in Liebe.

15 Ich bitte euch aber, liebe Brüder und Schwestern: Ihr kennt das Haus des Stephanas, es ist die Erstlingsfrucht der Achaia; sie haben sich für den Dienst an den Heiligen zur Verfügung gestellt.

16 Ordnet auch ihr euch solchen unter, jedem, der mitarbeitet und sich abmüht.

17 Ich freue mich über die Ankunft des Stephanas, des Fortunatus und des Achaikus; sie haben reichlich aufgewogen, was ihr mich vermissen liesset. 18 Denn sie haben meinen und euren Geist beruhigt. Solche sollt ihr anerkennen!

| 13: Phil 4,1; Gal 5,1; 1Thess 3,8 · Ps 31,25 | 15: 1,16 | 17: 16,15!

Briefschluss

19 Es grüssen euch die Gemeinden in der Asia. Es grüssen euch im Herrn ganz besonders Aquila und Priska und ihre Hausgemeinde. 20 Es grüssen euch alle Brüder und Schwestern. Grüsst einander mit dem heiligen Kuss!

21 Diesen Gruss schreibe ich, Paulus, euch mit eigener Hand. 22 Wer den Herrn nicht liebt, sei verflucht. Maranata! 23 Die Gnade des Herrn Jesus sei mit euch! 24 Meine Liebe ist bei euch allen, in Christus Jesus.

| 19: Apg 18,2! | 20: Röm 16,16! | 21: Ga. 6,11; Phlm 19; 2Thess 3,17; Kol 4,18 | 22: Gal 1,8–9; Röm 9,3 | 23: 1Thess 5,28

16,22: Der aus dem Aramäischen übernommene Gebetsruf ‹Maranata› bedeutet «Der Herr kommt.» oder «Komm, o Herr».

Der Zweite Brief an die Korinther

Anschrift

1 1 Paulus, Apostel des Christus Jesus durch den Willen Gottes, und Timotheus, unser Bruder, an die Gemeinde Gottes in Korinth und an alle Heiligen in der ganzen Achaia: 2 Gnade sei mit euch und Friede von Gott, unserem Vater, und dem Herrn Jesus Christus.

| 1: 1Kor 1,1; Kol 1,1 · Apg 16,1! · 11,10 | 2: Röm 1,7!

Der Gott des Erbarmens und des Trostes

3 Gepriesen sei der Gott und Vater unseres Herrn Jesus Christus, der Vater des Erbarmens und der Gott allen Trostes. 4 Er tröstet uns in all unserer Bedrängnis, so dass auch wir andere in all ihrer Bedrängnis zu trösten vermögen mit dem Trost, mit dem wir selbst von Gott getröstet werden. 5 Denn wie wir überschüttet werden mit dem Leiden Christi, so werden wir durch Christus

auch überschüttet mit Trost. 6 Werden wir aber bedrängt, so geschieht es zu *eurem* Trost und *eurer* Rettung; werden wir getröstet, so geschieht auch das zu *eurem* Trost, der wirksam wird, wenn ihr geduldig dieselben Leiden ertragt, die auch wir ertragen. 7 Und unsere Hoffnung für euch ist unerschütterlich, weil wir wissen, dass ihr in gleicher Weise wie an den Leiden so auch am Trost teilhabt.

8 Wir wollen euch nämlich, liebe Brüder und Schwestern, nicht in Unkenntnis lassen über die Bedrängnis, die in der Asia über uns gekommen ist: So schwer und unsere Kräfte weit übersteigend ist die Last, die uns auferlegt wurde, dass wir sogar am Leben verzweifelten. 9 Ja, was uns betrifft, so hatten wir das Todesurteil schon in den Händen; denn nicht auf uns selbst sollten wir vertrauen, sondern auf den Gott, der die Toten auferweckt. 10 Aus solch grosser Todesnot hat er uns errettet und wird er uns erretten; auf ihn haben wir unsere Hoffnung gesetzt, er wird uns auch in Zukunft retten. 11 Und auch ihr helft uns mit eurer Fürbitte; so wird aus vieler Mund und auf vielerlei Weise Dank gesagt für die Gnade, die uns zuteil wurde.

|3: Eph 1,3 · Röm 12,1 · Röm 15,5 |4: 2,7 · 4,8! |6: 6,4 |8: 4,8; 6,4! |9: 1Kor 15,20 |11: Phil 1,19

1,11: Andere Übersetzungsmöglichkeit: «...; so wird für die uns geschenkte Gnade von vielen Menschen und auf vielerlei Weise gedankt, uns zum Wohl.»

Die Lauterkeit des Apostels

12 Denn darauf sind wir stolz, und das bezeugt auch unser Gewissen: In Einfalt und Lauterkeit vor Gott, nicht in der Weisheit, die auf das Fleisch hört, sondern in der Gnade Gottes haben wir vor aller Welt unser Leben geführt, ganz besonders bei euch. 13 Denn wir schreiben euch nichts anderes, als was ihr hier lest und auch versteht – ich hoffe jedenfalls, dass ihr es vollkommen verstehen werdet, 14 so wie ihr es ja teilweise

schon verstanden habt: dass wir nämlich euer Stolz sind, gleich wie auch ihr unser Stolz seid am Tage unseres Herrn Jesus.

15 In dieser Zuversicht wollte ich zunächst zu euch kommen, damit ihr die Gnade ein zweites Mal empfangen könntet. 16 Von euch aus wollte ich weiter nach Makedonien reisen und von Makedonien dann wieder zu euch zurückkehren, um mich von euch für die Reise nach Judäa ausrüsten zu lassen. 17 War nun dieses Vorhaben etwa leichtsinnig? Oder plane ich, wie Menschen eben planen, so dass mein Ja zugleich auch ein Nein sein kann?

18 Bei der Treue Gottes, unser Wort an euch ist nicht Ja und Nein zugleich! 19 Der Sohn Gottes, Jesus Christus, der durch uns bei euch verkündigt worden ist – durch mich und Silvanus und Timotheus –, war nicht Ja *und* Nein, sondern in ihm ist das Ja Wirklichkeit geworden. 20 Denn was immer Gott verheissen hat – in ihm ist das Ja und so auch durch ihn das Amen, damit Gott verherrlicht werde durch uns. 21 Der Gott aber, der uns und euch Festigkeit gibt auf Christus hin und uns gesalbt hat, 22 er ist es auch, der uns sein Siegel aufgedrückt und uns den Geist als ersten Anteil in unsere Herzen gegeben hat.

|12: 1Kor 2,1–5 |14: 1Kor 1,8! |15: 1,23; 13,1! |16: 1Kor 16,5–6 |18: 1Kor 10,13!; Dtn 7,9 |19: 1Thess 1,1; Apg 16,1 |21: 1Kor 1,8 |22: Eph 1,13 · 5,5; Eph 1,14

1,20: Andere Textüberlieferung: «Denn zu allen Verheissungen Gottes ist in ihm das Ja und durch ihn das Amen, ...»
1,21: Andere Übersetzungsmöglichkeit: «..., der uns und euch in Christus festigt und uns gesalbt hat,»

Begründung des Verzichts auf einen Besuch

23 Ich rufe aber Gott zum Zeugen an, bei meinem Leben: Nur um euch zu schonen, bin ich nicht mehr nach Korinth gekommen. 24 Es ist ja nicht so, dass wir Herr sein wollen über euren Glauben, nein, Mitarbeiter an eurer

Freude sind wir; im Glauben steht ihr ja
fest.

2 1 Ich hatte also beschlossen, nicht
nochmals in Betrübnis zu euch zu
kommen. 2 Denn wenn ich euch be-
trübe, wer soll mich dann froh machen,
wenn nicht der, der durch mich betrübt
wird? 3 Und eben dies schreibe ich euch,
um bei meiner Ankunft nicht von denen
betrübt zu werden, die mir doch Freude
bereiten sollten; denn ich bin, wenn ich
an euch alle denke, voller Zuversicht,
dass meine Freude euer aller Freude ist.
4 Aus grosser Bedrängnis und mit
angstvollem Herzen schreibe ich euch,
unter vielen Tränen, nicht um euch zu
betrüben, sondern um euch die Liebe erkennen zu lassen, mit der ich euch über
alles liebe.

| 23: 1,15; 13,1!–2 | 24: 1Kor 3,9 | 3: 2,9 | 4: 7,8–9

2,4: Andere Übersetzungsmöglichkeit: «... habe
ich euch geschrieben, ...»

Zeit zum Verzeihen

5 Wenn mich aber jemand gekränkt
hat, dann hat er nicht mich gekränkt,
sondern in gewisser Weise – ich will
nicht übertreiben – euch alle. 6 Für den
Betreffenden genügt die Strafe, die ihm
von der Mehrheit auferlegt worden ist;
7 jetzt geht es also viel eher darum, zu
verzeihen und zu trösten, damit er nicht
in allzu grosse Trauer versinkt.

8 Deshalb bitte ich euch: Lasst ihm
gegenüber die Liebe walten! 9 Darum
schreibe ich euch ja, um zu erfahren, wie
ihr euch bewährt, ob ihr in allem gehorsam seid. 10 Wem ihr aber verzeiht,
dem verzeihe auch ich. Denn was ich
verziehen habe – falls ich etwas zu verzeihen hatte –, das habe ich um euretwillen verziehen im Angesicht Christi,
11 damit wir nicht vom Satan überlistet
werden; seine Absichten kennen wir ja
nur zu gut.

| 5: 7,12 | 9: 3 | 11: 11,14

Von Troas nach Makedonien

12 Als ich nach Troas kam, um das
Evangelium von Christus zu verkündi-

gen, stand mir zwar eine Tür offen im
Herrn, 13 mein Geist aber fand keine
Ruhe, weil ich meinen Bruder Titus
nicht antraf; so verabschiedete ich mich
von ihnen und zog weiter nach Makedonien.

| 13: 7,5 · 7,6; Gal 2,1.3

Die Befähigung zum apostolischen Dienst

14 Dank sei Gott, der uns allezeit im
Triumphzug Christi mitführt und durch
uns den Duft seiner Erkenntnis überall
verbreitet. 15 Denn Christi Wohlgeruch
sind wir für Gott unter denen, die gerettet werden, wie auch unter denen, die
verloren gehen: 16 den einen ein Geruch, der vom Tod kommt und zum Tod
führt, den anderen ein Geruch, der vom
Leben kommt und zum Leben führt.
Und wer ist dazu fähig? 17 Wir jedenfalls sind nicht wie die vielen, die das
Wort Gottes zu Markte tragen; lauter
und klar, aus Gott und vor Gott, reden
wir – in Christus.

3 1 Fangen wir nun schon wieder an,
uns selbst zu empfehlen? Oder brauchen wir etwa – wie gewisse Leute –
Empfehlungsbriefe an euch oder von
euch? 2 Unser Brief seid *ihr*, geschrieben
in unsere Herzen, verständlich und les-
bar für alle Menschen. 3 Ihr seid erkennbar als ein Brief Christi, von uns
verfasst, geschrieben nicht mit Tinte,
sondern mit dem Geist des lebendigen
Gottes, nicht auf Tafeln aus Stein, sondern auf andere Tafeln: in Herzen aus
Fleisch.

4 Solches Vertrauen haben wir
durch Christus zu Gott: 5 Nicht dass wir
von uns aus fähig wären, etwas gleichsam aus uns selbst heraus zu ersinnen,
nein, unsere Befähigung kommt von
Gott. 6 Er hat uns befähigt, Diener des
neuen Bundes zu sein, nicht des Buchstabens sondern des Geistes. Denn der
Buchstabe tötet, der Geist aber macht lebendig.

| 15: 1Kor 1,18 | 17: 12,19 | 1: 5,12 | 3: Ex 31,18 ·
Spr 7,3 | 6: 1Kor 11,25 · Röm 7,6

2,14: Andere Übersetzungsmöglichkeit: «..., der uns in Christus allezeit siegen lässt ...»

3,2: Andere Textüberlieferung: «... in eure Herzen, ...»

3,3: Andere Übersetzungsmöglichkeit: «... als ein Brief Christi, entstanden durch unseren Dienst, ...»

Alter Bund und neuer Bund

7 Wenn nun schon der Dienst am Tod mit seinen in Stein gemeisselten Buchstaben einen solchen Glanz ausstrahlte, dass die Israeliten Mose nicht ins Antlitz zu sehen vermochten, weil auf seinem Gesicht ein Glanz lag, der doch vergänglich war, 8 wie sollte da der Dienst am Geist nicht erst recht seinen Glanz haben? 9 Denn wenn schon der Dienst, der zur Verurteilung führt, seinen Glanz hat, dann strahlt der Dienst, der zur Gerechtigkeit führt, erst recht vor Herrlichkeit. 10 Eigentlich ist ja das, was dort als Herrlichkeit erschien, verglichen mit der alles übertreffenden Herrlichkeit noch gar keine Herrlichkeit. 11 Doch wenn schon, was vergeht, durch Herrlichkeit ausgezeichnet ist, dann erscheint, was bleibt, erst recht in Herrlichkeit.

12 Von solcher Hoffnung erfüllt, treten wir mit grossem Freimut auf, 13 nicht wie Mose, der sein Angesicht mit einer Decke verhüllen musste, damit die Israeliten nicht das Ende dessen sähen, was vergeht. 14 Aber auch ihr Sinn wurde verdunkelt. Denn bis zum heutigen Tag liegt dieselbe Decke auf dem alten Bund, wenn daraus vorgelesen wird, und sie wird nicht weggenommen, weil sie nur in Christus beseitigt wird. 15 Ja, bis heute liegt eine Decke auf ihrem Herzen, sooft aus Mose vorgelesen wird. 16 *Sobald sie sich aber dem Herrn zuwenden, wird die Decke hinweggenommen.* 17 Der Herr aber, das ist der Geist; und wo der Geist des Herrn ist, da ist Freiheit. 18 Wir alle aber schauen mit aufgedecktem Antlitz die Herrlichkeit des Herrn wie in einem Spiegel und werden so verwandelt in die Gestalt, die er schon hat, von Herrlichkeit zu Herr-

lichkeit, wie der Herr des Geistes es wirkt.

| 7: Ex 34,30 | 9: Gal 3,10 | 13: Ex 34,29–35 | 16: Ex 34,34 | 18: Phil 3,21

3,14: Andere Übersetzungsmöglichkeit: «..., weil jener (nämlich: der Bund) in Christus nichtig ist.»

Das Aufleuchten der Wahrheit

4 1 Eben darum, weil wir diesen Dienst aufgrund seiner Barmherzigkeit haben, verzagen wir nicht, 2 sondern wir haben uns losgesagt von allem, was den Tag scheut und Schande bringt. Wir sind nicht hinterhältig, noch verfälschen wir das Wort Gottes, sondern, indem wir die Wahrheit offenbar machen, empfehlen wir uns einem jeden menschlichen Gewissen vor Gott.

3 Sollte unser Evangelium aber dennoch verhüllt sein, so ist es doch nur verhüllt für die, die verloren gehen. 4 Ihnen, die nicht glauben, hat der Gott dieser Weltzeit die Gedanken verfinstert, dass sie das Licht nicht sehen, das aufleuchtet durch die Verkündigung des Evangeliums von der Herrlichkeit Christi, der Gottes Ebenbild ist. 5 Denn nicht uns selbst verkündigen wir, sondern Jesus Christus als den Herrn, uns selbst aber als eure Knechte, um Jesu willen. 6 Denn der Gott, der gesagt hat: Aus der Finsternis soll Licht aufstrahlen, er ist es, der es hat aufstrahlen lassen in unseren Herzen, so dass die Erkenntnis aufleuchtet, die Erkenntnis der Herrlichkeit Gottes auf dem Angesicht Jesu Christi.

| 3: 1Kor 1,18 | 6: Gen 1,3

4,6: Andere Übersetzungsmöglichkeit: «..., der aufgestrahlt ist in unseren Herzen, ...»

In irdenen Gefässen

7 Wir haben diesen Schatz aber in irdenen Gefässen, damit die Überfülle der Kraft Gott gehört und nicht von uns stammt. 8 In allem sind wir bedrängt, aber nicht in die Enge getrieben, ratlos, aber nicht verzweifelt, 9 verfolgt, aber nicht verlassen, zu Boden geworfen, aber nicht am Boden zerstört. 10 Allezeit

tragen wir das Sterben Jesu an unserem Leib, damit auch das Leben Jesu an unserem Leib offenbar werde. 11 Denn immerfort werden wir, die wir doch leben, um Jesu willen in den Tod gegeben, damit auch das Leben Jesu an unserem sterblichen Fleisch offenbar werde. 12 So wirkt an uns der Tod, an euch aber das Leben.

13 Wir haben aber denselben Geist des Glaubens, von dem geschrieben steht: *Ich glaube, darum rede ich.* So glauben auch wir, und darum reden wir. 14 Denn wir wissen, dass er, der Jesus, den Herrn, auferweckt hat, mit Jesus auch uns auferwecken und mit euch vor sich hinstellen wird. 15 Denn alles geschieht um euretwillen, damit die Gnade sich mehre durch die wachsende Zahl der Glaubenden und so der Dank reichlich ströme zur Verherrlichung Gottes.

|7–10: 1Kor 4,11–13! |8: 1,4.8 |10: Phil 3,10 |13: Ps 116,10 |14: 1Kor 6,14

Die Gegenwart im Licht der Zukunft

16 Darum verzagen wir nicht: Wenn auch unser äusserer Mensch verbraucht wird, so wird doch unser innerer Mensch Tag für Tag erneuert. 17 Denn die Last unserer jetzigen Bedrängnis wiegt leicht und bringt uns eine weit über jedes Mass hinausgehende, unendliche Fülle an Herrlichkeit, 18 wenn wir nicht auf das Sichtbare schauen, sondern auf das Unsichtbare. Denn das Sichtbare gehört dem Augenblick, das Unsichtbare aber ist ewig.

5 1 Denn wir wissen: Wenn unser irdisches Haus, das Zelt, abgebrochen wird, dann haben wir eine Wohnstatt von Gott, ein nicht von Menschenhand gemachtes, unvergängliches Haus im Himmel. 2 Und darum seufzen wir ja auch, weil wir uns danach sehnen, mit unserer himmlischen Behausung bekleidet zu werden, 3 so wahr wir nicht nackt dastehen werden, auch wenn wir unser jetziges Kleid ablegen. 4 Denn solange wir noch im Zelt sind, seufzen wir wie unter einer schweren Last, weil wir nicht entkleidet, sondern bekleidet werden möchten, damit das Sterbliche vom Leben verschlungen werde. 5 Der Gott aber, der uns eben dazu bereit gemacht hat, er hat uns auch als ersten Anteil den Geist gegeben.

6 So sind wir allezeit guten Mutes, auch wenn wir wissen, dass wir, solange wir im Leib zu Hause sind, fern vom Herrn, in der Fremde leben – 7 im Glauben gehen wir unseren Weg, nicht im Schauen –; 8 wir sind aber guten Mutes und wünschen noch viel mehr, unseren Leib zu verlassen und beim Herrn zu Hause zu sein. 9 Darum setzen wir auch alles daran, ob zu Hause oder in der Fremde, so zu leben, dass er Wohlgefallen an uns hat. 10 Denn wir alle müssen vor dem Richterstuhl Christi erscheinen, damit ein jeder empfange, was seinen Taten entspricht, die er zu Lebzeiten getan hat, seien sie gut oder böse.

|16–17: 6,4! |2: Röm 8,22–23 |4: 5,2! |5: 1,22! |8: Phil 1,23 |10: Röm 14,10

5,2: Die Komplexität des griechischen Ausdrucks lässt sich im Deutschen kaum wiedergeben: ‹be- und überkleidet› zu werden.
5,3: Andere Textüberlieferung: «..., auch wenn wir neu bekleidet werden.»
5,4: Siehe die Anm. zu V. 2.

Die neue Ausrichtung des Lebens

11 Im Bewusstsein, dass wir den Herrn zu fürchten haben, suchen wir Menschen zu überzeugen. Vor Gott aber liegt unser Wesen offen zutage – und ich hoffe, dass es auch vor eurem Gewissen offen zutage liegt. 12 Wir wollen uns selbst nicht noch einmal bei euch empfehlen, wir geben euch vielmehr Anlass, stolz zu sein auf uns, damit ihr denen etwas entgegenhalten könnt, die stolz sind auf das, was ins Auge fällt, nicht aber auf das, was im Herzen ist. 13 Waren wir nämlich in Ekstase, so war's für Gott; sind wir bei Sinnen, so ist's für euch. 14 Denn die Liebe Christi umgibt uns, und wir sind zu dem Urteil gelangt: Wenn einer für alle gestorben ist, dann

sind alle gestorben. 15 Und für alle ist er gestorben, damit die Lebenden nicht mehr sich selbst leben, sondern dem, der für sie gestorben und auferweckt worden ist.

|12: 3,1; 10,12.18 · 1Sam 16,7 |15: Röm 14,7

5,14: Andere Übersetzungsmöglichkeit: «Denn die Liebe Christi treibt uns voran, ...»

Anbruch der neuen Schöpfung

16 Darum kennen *wir* von jetzt an niemanden mehr nach dem Fleisch; auch Christus – sollten wir ihn auf diese Weise gekannt haben – kennen wir jetzt nicht mehr so. 17 Wenn also jemand in Christus ist, dann ist das neue Schöpfung; das Alte ist vergangen, siehe, Neues ist geworden. 18 Alles aber kommt von Gott, der uns durch Christus mit sich versöhnt und uns den Dienst der Versöhnung aufgetragen hat.

19 Denn ich bin gewiss: Gott war in Christus und versöhnte die Welt mit sich, indem er den Menschen ihre Verfehlungen nicht anrechnete und unter uns das Wort von der Versöhnung aufgerichtet hat.

20 So treten wir nun als Gesandte Christi auf, denn durch uns lässt Gott seine Einladung ergehen. Wir bitten an Christi Statt: Lasst euch versöhnen mit Gott! 21 Den, der von keiner Sünde wusste, hat er für uns zur Sünde gemacht, damit wir in ihm zur Gerechtigkeit Gottes würden.

6 1 Als Mitarbeiter aber ermahnen wir euch auch: Empfangt die Gnade Gottes nicht vergeblich! 2 Denn es heisst: *Zu willkommener Zeit habe ich dich erhört, und am Tage der Rettung habe ich dir geholfen.* Jetzt ist sie da, die ersehnte Zeit, jetzt ist er da, der Tag der Rettung.

|17: Gal 6,15 |18–19: Röm 5,10 |21: Röm 1,17! |2: Jes 49,8

Die Kraft Gottes

3 Mit nichts wollen wir Anstoss erregen, damit der Dienst nicht in Verruf komme; 4 vielmehr stellen wir uns ganz und gar als Gottes Diener zur Verfügung: mit grosser Ausdauer, in Bedrängnis, in Not und in Ängsten; 5 unter Schlägen, im Gefängnis, in unruhigen Zeiten, in Mühsal, in durchwachten Nächten und beim Fasten; 6 in Reinheit, in Erkenntnis, in Geduld, in Güte, im heiligen Geist, in ungeheuchelter Liebe, 7 im Wort der Wahrheit und in der Kraft Gottes; mit den Waffen der Gerechtigkeit in der Rechten und in der Linken, 8 ob wir anerkannt oder abgelehnt, verleumdet oder gelobt werden! Wie Verführer sind wir, und doch wahrhaftig, 9 wie Unbekannte, und doch wohlbekannt, wie Sterbende, und seht: wir leben, wie Gezüchtigte, und doch nicht dem Tod geweiht, 10 wie Trauernde, doch stets voller Freude, wie Bettler, die dennoch viele reich machen, wie Besitzlose, die alles besitzen.

|4–10: 1,6; 1Kor 4,10–13 |4: 1,4.8; 4,17; 7,4; 5,12!

Die Bitte um Vertrauen

11 Unser Mund hat sich aufgetan vor euch, ihr Leute aus Korinth, unser Herz ist weit geworden. 12 In die Enge getrieben werdet ihr nicht bei uns, in die Enge getrieben werdet ihr in eurem Inneren. 13 Gebt uns, was wir euch geben – wie zu Kindern rede ich –: Macht auch ihr eure Herzen weit!

14 Lasst euch nicht mit Ungläubigen zusammen unter ein fremdes Joch spannen! Denn was verbindet die Gerechtigkeit mit der Missachtung des Gesetzes, was hat das Licht mit der Finsternis zu tun? 15 Wie könnte Christus im Einklang sein mit Beliar, was hat der Gläubige mit dem Ungläubigen zu schaffen? 16 Wie verträgt sich der Tempel Gottes mit den nichtigen Göttern? Denn wir sind der Tempel des lebendigen Gottes, wie Gott gesagt hat: *Ich werde bei ihnen wohnen und unter ihnen wandeln, und ich werde ihr Gott sein, und sie werden mein Volk sein.*

17 Darum: *Zieht weg aus ihrer Mitte*
und sondert euch ab, spricht der Herr,
und *habt keine Berührung mit dem*
Unreinen;
so werde ich euch aufnehmen,
18 und *ich werde euch Vater sein,*
und ihr werdet mir Söhne und
Töchter sein,
spricht der Herr, der Herrscher über
das All.

7 1 Da wir nun diese Verheissungen
haben, meine Geliebten, wollen wir
uns reinigen von jeder Befleckung des
Fleisches und des Geistes und auf
unsere vollkommene Heiligkeit
hinwirken in der Furcht Gottes.
2 Gebt uns Raum in euren Herzen!
Wir haben niemandem Unrecht getan,
niemanden zugrunde gerichtet, niemanden übervorteilt. 3 Ich rede nicht,
um zu verurteilen, habe ich doch eben
gesagt, dass ihr einen so festen Platz in
unserem Herzen habt, dass wir miteinander verbunden sind, zum Sterben und
zum Leben. 4 Gross ist mein Freimut
euch gegenüber, gross ist mein Stolz auf
euch; ganz getröstet bin ich und voll
überschäumender Freude in all unserer
Bedrängnis.

| 16: 1Kor 3,16! · Lev 26,11–12; Ez 37,27
| 17: Jes 52,11 · Ez 20,41 | 18: 2Sam 7,14 | 3: 3,2; 6,11
| 4: 6,4!

6,14: Der Abschnitt 6,14–7,1 ist ein Textstück, das
mit grosser Wahrscheinlichkeit nicht von Paulus verfasst, sondern erst später in die Briefsammlung des
Zweiten Briefs an die Korinther eingefügt worden ist.

Die Versöhnung mit der Gemeinde

5 Denn auch als wir nach Makedonien kamen, fand unser ängstliches
Herz keine Ruhe, nur Bedrängnis von allen Seiten: von aussen Kämpfe, von innen Ängste. 6 Doch der die Geringen
tröstet, Gott, er hat uns durch die Ankunft des Titus getröstet, 7 und nicht
nur durch seine Ankunft, sondern auch
durch den Trost, den er bei euch erfahren hat, denn er hat uns von eurer Sehnsucht nach mir berichtet, von eurem
schmerzlichen Verlangen und eurem Eifer, und das hat mich erst recht gefreut.

8 Indes, auch wenn ich euch mit
meinem Brief betrübt habe, bedauere
ich es nicht. Auch wenn ich es bedauert
habe – ich sehe ja, dass jener Brief euch
betrübt hat, und sei es nur für eine kurze
Zeit –, 9 so freue ich mich doch jetzt,
nicht weil ihr betrübt wurdet, sondern
weil die Betrübnis euch zur Umkehr geführt hat. Denn es war Gottes Wille, dass
ihr betrübt wurdet, und so seid ihr
durch uns zu keinerlei Schaden gekommen. 10 Denn die Betrübnis, die nach
dem Willen Gottes ist, bewirkt eine Umkehr zum Heil, die niemand bereut. Die
Betrübnis der Welt aber führt zum Tod.
11 Denn seht, ihr seid nach dem Willen
Gottes betrübt worden: Wie viel Einsatz
hat dies doch bei euch ausgelöst, ja Bereitschaft zur Entschuldigung, Entrüs-
tung, Gottesfurcht, Sehnsucht, Eifer,
Willen zu gerechter Bestrafung. In allem habt ihr euch in der Sache als
schuldlos erwiesen. 12 Wenn ich euch
also geschrieben habe, so nicht um dessentwillen, der Unrecht getan, noch um
dessentwillen, der Unrecht erlitten hat,
sondern damit euer Einsatz für uns bei
euch vor Gottes Angesicht zutage trete.
13 Darum sind wir getröstet.

Mehr aber noch als über den erfahrenen Trost haben wir uns über die Freude
des Titus gefreut, dass sein Geist erquickt wurde von euch allen. 14 Denn
dass ich euch vor ihm gerühmt habe, hat
mir keine Schande gebracht, im Gegenteil: Wie wir euch in allem die Wahrheit
gesagt haben, so hat sich auch unser
Stolz auf euch vor Titus als berechtigt erwiesen. 15 Seine Zuneigung gilt euch
umso mehr, als er sich an euer aller Gehorsam erinnert, wie ihr ihn mit Furcht
und Zittern aufgenommen habt. 16 Ich
freue mich, dass ich mich in allem auf
euch verlassen kann.

| 5: 4,8 | 6: 2,13! | 8: 2,2–4 | 12: 7,8! | 13: 2,13!
| 15: Phil 2,12

Die Beteiligung an der Kollekte

8 1 Wir berichten euch aber, liebe Brüder und Schwestern, von der Gnade Gottes, die den Gemeinden in Makedonien zuteil geworden ist: 2 In mancherlei Bedrängnis haben sie sich bewährt, und so ist ihre überschwängliche Freude und ihre tiefe Armut übergeströmt in den Reichtum ihrer selbstlosen Gabe.

3 Denn sie haben – das bezeuge ich – nach Kräften, ja weit über ihre Kräfte hinaus gespendet, nachdem sie von sich aus 4 um diese Gunst gebeten, ja sich geradezu zur Beteiligung am Dienst für die Heiligen gedrängt hatten. 5 Und nicht nur gespendet haben sie, wie wir es erhofft hatten, nein, sie haben sich selbst gegeben, zuerst dem Herrn und dann uns, durch den Willen Gottes.

6 Darum haben wir Titus gebeten, dieses Werk der Gnade, so wie er es einst begonnen hatte, nun auch bei euch zu Ende zu führen.

7 Ihr seid doch über die Massen reich in jeder Beziehung: reich an Glauben, Begabung zur Rede, Erkenntnis, an jeglichem Bemühen und an der Liebe, die wir in euch gewirkt haben. So beteiligt euch doch auch an diesem Werk der Gnade in reichem Mass! 8 Ich sage das nicht als Befehl, sondern um durch die Spendefreudigkeit anderer die Echtheit auch eurer Liebe zu prüfen. 9 Ihr kennt ja die Gnade unseres Herrn Jesus Christus: Um euretwillen ist er, obwohl er reich war, arm geworden, damit ihr durch seine Armut reich werdet.

10 Ich sage in dieser Sache bloss meine Meinung; denn es ist nützlich für euch, die ihr im letzten Jahr nicht nur mit dem Tun, sondern auch mit dem Wollen begonnen habt. 11 Jetzt aber vollendet auch das Tun, damit zur Bereitschaft des Wollens auch das Vollbringen komme – entsprechend eurem Vermögen. 12 Denn wenn der gute Wille da ist, ist er willkommen entsprechend dem, was jemand hat, nicht entsprechend dem, was jemand nicht hat.

13 Es geht mir ja nicht darum, anderen Erleichterung zu verschaffen, euch aber in Bedrängnis zu stürzen, sondern alles soll auf Gleichheit beruhen. 14 Im jetzigen Zeitpunkt möge euer Überfluss ihren Mangel aufwiegen, damit auch ihr Überfluss euren Mangel aufwiege, so dass es zu einem Ausgleich kommt, 15 wie geschrieben steht: *Wer viel besass, hatte nicht mehr, und wer wenig besass, hatte nicht weniger.*

|1–4: Röm 15,26 |2: 9,11–13 |4: 9,1.12–13 |6: 8,16–17; 2,13! |8: 1Kor 7,6 |9: 1Kor 1,5 |10: 1Kor 7,25.40 |15: Ex 16,18

8,1: Andere Übersetzungsmöglichkeit: «..., vom Werk der Gnade Gottes, das in den Gemeinden von Makedonien zustande gekommen ist:»

Die Durchführung der Kollekte

16 Dank sei Gott, der dem Titus ebensolchen Eifer für euch ins Herz gelegt hat, 17 dass er unserer Bitte nachgekommen ist und sich sogar, eifrig wie er ist, von sich aus auf den Weg zu euch gemacht hat. 18 Zusammen mit ihm haben wir auch den Bruder geschickt, dessen Verdienste um das Evangelium in allen Gemeinden gelobt werden; 19 und nicht nur das: Er ist von den Gemeinden auch zu unserem Reisegefährten und Überbringer dieser Liebesgabe gewählt worden, die von uns gegeben wird zur Ehre des Herrn und zur Stärkung unserer eigenen Zuversicht. 20 Wir geben aber acht, dass uns kein Vorwurf trifft angesichts des grossen Betrags, der von uns verwaltet wird. 21 Wir sind darauf bedacht, dass alles seine Richtigkeit hat, nicht nur vor dem Herrn, sondern auch vor den Menschen. 22 Wir haben aber mit den beiden noch einen weiteren Bruder geschickt, dessen Eifer wir schon oft und in vielen Belangen erprobt haben und der sich jetzt noch eifriger zeigt, da er grosses Vertrauen zu euch hat.

23 Ob es sich nun um Titus handle, meinen Gefährten und Mitarbeiter bei euch, oder um unsere Brüder, die als Abgesandte der Gemeinden Spiegel des Glanzes Christi sind: 24 Erweist ihnen

eure Liebe vor den Augen der Gemeinden und beweist damit, dass unser Stolz auf euch berechtigt ist!

| 16–17: 8,6; 2,13! | 18: 8,22; 12,18 | 21: Röm 12,17 | 22: 8,18! | 23: 2,13!

Erinnerung an das Versprechen der Gemeinde

9 1 Was die Hilfe für die Heiligen betrifft – euch darüber zu schreiben, erübrigt sich eigentlich. 2 Denn ich kenne euren guten Willen, den ich vor den Makedoniern auch rühme: Die Achaia ist seit letztem Jahr gerüstet. Und euer Eifer hat die meisten angespornt. 3 Ich habe aber die Brüder geschickt, damit unser Stolz auf euch in dieser Sache nicht zunichte werde, damit ihr, wie gesagt, gerüstet seid. 4 Es soll nicht geschehen, dass wir – oder soll ich sagen: ihr – in solcher Zuversicht beschämt dastehen, wenn die Makedonier mit mir kommen und euch unvorbereitet finden. 5 Ich hielt es deshalb für angebracht, die Brüder zu bitten, mir vorauszureisen und die von euch versprochene Gabe im Voraus bereitzustellen, damit sie bereitliege als eine Gabe des Segens und nicht des Krämergeistes.

| 1: 9,12–13; 8,4

Empfangen und Geben

6 Dies aber bedenkt: Wer spärlich sät, wird auch spärlich ernten, und wer im Zeichen des Segens sät, wird auch im Zeichen des Segens ernten. 7 Jeder aber gebe, wie er es sich im Herzen vorgenommen hat, ohne Bedauern und ohne Zwang; denn *einen fröhlichen Geber* hat *Gott* lieb. 8 Gott aber lässt euch all seine Gnade reichlich zukommen, damit ihr allezeit mit allem reich versorgt seid und darüber hinaus noch Mittel habt zu jedem guten Werk, 9 wie geschrieben steht:

Er hat ausgestreut und hat den Armen gegeben,
seine Gerechtigkeit bleibt in Ewigkeit.

10 Der aber *dem Säenden Samen* gibt *und Brot zur Speise*, der wird auch euch das

Saatgut geben in reichem Masse und die Frucht eurer Gerechtigkeit wachsen lassen.

| 7: Dtn 15,10 | 9: Ps 112,9 | 10: Jes 55,10

Der Sinn der Kollekte

11 In allem seid ihr reich, und in allem zeigt sich ganz selbstverständlich eure Güte, die bewirkt, dass, durch unsere Vermittlung, Gott gedankt wird. 12 Denn die Ausübung dieses Dienstes gleicht nicht nur den Mangel der Heiligen aus, sie bewirkt auch, dass Gott über die Massen gedankt wird. 13 Weil ihr euch in diesem Dienst bewährt, preisen sie Gott für den Gehorsam, mit dem ihr euch zum Evangelium von Christus bekennt, und für die Selbstlosigkeit, mit der ihr an ihnen und an allen Anteil nehmt. 14 In ihrem Gebet für euch bezeugen sie ihre Sehnsucht nach euch angesichts der überfliessenden Gnade, die Gott euch zukommen liess. 15 Dank sei Gott für seine unbeschreiblich grosse Gabe.

| 11: 1Kor 1,5 · 8,2

Eine Kampfansage

10 1 Ich selbst aber, Paulus, ermahne euch bei der Sanftmut und Freundlichkeit Christi, ich, der ich, wenn ich vor euch stehe, demütig bin, wenn ich aber weg bin, euch die Stirn biete, 2 und ich bitte euch: Zwingt mich nicht, wenn ich da bin, so entschieden aufzutreten, wie ich gegen einige Leute vorzugehen gedenke, die meinen, wir führten unser Leben nach dem Fleisch. 3 Wir führen zwar unser Leben *im* Fleisch, unseren Kampf aber führen wir nicht *nach* dem Fleisch. 4 Denn die Waffen, die wir auf unserem Feldzug mitführen, sind nicht irdisch, sondern dienen Gott dazu, Bollwerke niederzureissen. Ja, grossartige Gedankengebäude reissen wir nieder, 5 alles Hochragende, das sich erhebt wider die Erkenntnis Gottes, und alles Denken führen wir dem Gehorsam Christi zu. 6 Wir sind bereit, jeden Ungehorsam zu bestrafen, wenn bloss euer Gehorsam vollkommen wird.

|1:10,10 |2: Röm 8,4

Umstrittene Vollmacht

7 Schaut auf das, was vor Augen liegt! Wenn jemand die Gewissheit hat, Christus anzugehören, dann möge er doch zugleich bedenken, dass, wie er, so auch wir Christus angehören. 8 Ja, auch wenn ich mich darüber hinaus noch der Vollmacht rühmen wollte, die uns der Herr gegeben hat – die Vollmacht, euch aufzurichten, nicht euch zu zerstören –, so würde ich mich gleichwohl nicht schämen müssen. 9 Ich möchte ja nicht den Anschein erwecken, als wollte ich euch mit meinen Briefen einschüchtern. 10 Gewiss – seine Briefe, heisst es, sind gewichtig und voller Kraft, sein persönliches Auftreten aber ist schwach, und seine Rede taugt nichts. 11 Wer das sagt, soll bedenken: Was wir durch das geschriebene Wort vermögen, wenn wir fern sind, das vermögen wir durch die Tat, wenn wir da sind.

|8: 11,16.18.30! · 13,10; 12,19! |10: 10,1 · 1Kor 2,3! ·
11,6 |11: 12,20; 13,2.10

10,7: Andere Übersetzungsmöglichkeit: «Ihr seht auf das, was vor Augen liegt? ...»

Das Mass des Rühmens

12 Wir nehmen uns allerdings nicht heraus, uns zu denen zu zählen oder uns mit denen zu vergleichen, die sich selbst anpreisen; nein, wir messen uns nur mit uns und vergleichen uns nur mit uns selbst. 13 Wir werden uns nicht masslos rühmen, sondern nach dem Mass des Wirkungsfeldes, das Gott uns als Mass zugewiesen hat: dass wir nämlich bis zu euch gelangt sind. 14 Wir überschätzen uns nicht – das täten wir, wenn wir nicht bis zu euch gelangt wären; wir sind aber auch bis zu euch vorgedrungen, mit dem Evangelium von Christus. 15 Nicht masslos rühmen wir uns, nicht für die Arbeit anderer; wir haben aber die Hoffnung, wenn euer Glaube wächst, bei euch dereinst im

Rahmen unseres Wirkungsfeldes über die Massen dafür gepriesen zu werden, 16 dass wir das Evangelium an noch ferneren Orten verkündigt haben, nicht uns zu rühmen, es im Wirkungsfeld anderer an schon bestellten Orten verkündigt zu haben. 17 *Wer sich rühmt, der rühme sich des Herrn.* 18 Nicht wer sich selbst empfiehlt, gilt als bewährt, sondern wen der Herr empfiehlt.

|12: 5,12! |13: 10,8! |15: 10,13! |17: 1Kor 1,31!;
Jer 9,23 |18: 5,12!

10,12–13: Andere Textüberlieferung: «..., die sich selbst anpreisen. Sie sind jedoch ganz unverständig, da sie sich nur mit sich selbst messen und mit sich selbst vergleichen. 13 Wir aber werden ...»
10,13: Andere Übersetzungsmöglichkeit: «..., sondern nach dem Mass des Massstabs, den Gott uns als Mass zugewiesen hat: ...»
10,15: Andere Übersetzungsmöglichkeit: «..., bei euch dereinst nach unserem Massstab ...»
10,16: Andere Übersetzungsmöglichkeit: «..., es nach einem fremden Massstab an schon ...»

Einstimmung auf die Narrenrede

11 1 Würdet ihr doch ein wenig Unverstand an mir ertragen! Aber das tut ihr ja. 2 Mit göttlichem Eifer werbe ich um euch. Denn mit einem einzigen Mann habe ich euch verlobt, um euch ihm, dem Christus, als reine Jungfrau zuzuführen. 3 Ich fürchte aber, eure Gedanken könnten abgelenkt werden von der ungeteilten Hinwendung zu Christus, so wie es der Schlange gelang, Eva mit ihrer List zu betrügen. 4 Denn wenn einer daherkommt und euch einen anderen Jesus verkündigt, als wir verkündigt haben, oder wenn ihr einen anderen Geist empfangt, als ihr empfangen habt, oder ein anderes Evangelium, als ihr angenommen habt, so nehmt ihr das ohne weiteres hin!

5 Ich meine doch, dass ich den ‹Überaposteln› in nichts nachstehe. 6 Bin ich auch in der Redekunst ein Laie, so doch nicht in der Erkenntnis; wir haben sie ja euch gegenüber allenthalben aufscheinen lassen.

7 Oder habe ich einen Fehler gemacht, als ich mich erniedrigte, damit ihr erhöht würdet, indem ich euch das

Evangelium Gottes verkündigte, ohne Entgelt zu fordern? 8 Andere Gemeinden habe ich geplündert; Geld habe ich von ihnen genommen, um euch dienen zu können. 9 Doch bei euch bin ich, auch wenn ich Mangel litt, niemandem zur Last gefallen. Für das, was ich zu wenig hatte, sind die Brüder, die von Makedonien kamen, aufgekommen; euch keinerlei Umstände zu machen, daran lag mir, und daran wird mir auch weiterhin liegen. 10 Bei der Wahrheit Christi, die in mir ist: Die Ausbreitung dieses Ruhmes wird in den Gebieten der Achaia niemand verhindern können. 11 Warum verhalte ich mich so? Etwa weil ich euch *nicht* liebe? Gott weiss es.

12 Was ich tue, das werde ich auch künftig tun, um denen keinen Anlass zur Kritik zu geben, die einen Anlass suchen. Worauf sie stolz sind, das soll sich bei ihnen finden lassen, so wie bei uns. 13 Denn Leute dieses Schlages sind falsche Apostel, hinterhältige Gesellen, die sich als Apostel Christi tarnen. 14 Doch das ist kein Wunder, tarnt sich ja der Satan selbst als Engel des Lichts. 15 Es ist also nichts Besonderes, wenn auch seine Diener sich tarnen, als wären sie Diener der Gerechtigkeit; ihr Ende wird ihren Taten entsprechen.

| 1: 11,17.21; 11.16! | 3: Gen 3,13 | 4: Gal 1,6–9 | 5: 12,11 | 6: 10,10; 1Kor 2,1–4 | 7: 1Kor 9,12.18 · 1Thess 2,2! | 9: 12,13; 1Kor 9,12–15 | 13: 11,5!; Gal 2,4; Mt 7,15! | 15: Röm 2,6!

11,3: Andere Textüberlieferung: «... von der ungeteilten Hinwendung zu Christus und der Heiligkeit in ihm, so wie ...»

11,11: Andere Übersetzungsmöglichkeit: «Weshalb habe ich solche Rücksicht auf euch genommen? ...»

Das Eigenlob des Apostels

16 Ich sage es noch einmal: Niemand soll mich für einen Narren halten! Wenn aber doch, dann nehmt mich an wie einen Narren, damit auch ich mich ein wenig rühmen kann. 17 Was ich jetzt sage, das sage ich nicht im Sinne des Herrn, sondern in der Rolle des Narren rede ich, bei diesem Unterfangen, da es ums Rühmen geht. 18 Weil so viele sich im Sinne der Welt rühmen, werde auch ich mich rühmen. 19 Ihr lasst euch ja die Narren gern gefallen, ihr klugen Leute. 20 Ihr nehmt es hin, wenn jemand euch knechtet, euch auffrisst, euch ausnützt, sich über euch erhebt, euch ins Gesicht schlägt. 21 Ja, zu meiner Schande sei's gesagt: Dazu waren wir zu schwach.

Worauf sich einer beruft – ich rede als Narr –, darauf kann auch ich mich berufen. 22 Hebräer sind sie? Ich auch. Israeliten sind sie? Ich auch. Nachkommen Abrahams sind sie? Ich auch. 23 Diener Christi sind sie? Bar jeglicher Vernunft sage ich: Ich bin's weit mehr! Mehr Mühsal, mehr Gefangenschaft, unzählige Schläge, oft in Todesgefahr! 24 Von den Juden erhielt ich fünfmal die ‹Vierzig-weniger-einen›. 25 Dreimal bekam ich die Prügelstrafe, einmal wurde ich gesteinigt, dreimal erlitt ich Schiffbruch, einen Tag und eine Nacht trieb ich auf offener See. 26 Oft war ich auf Reisen, oft war ich Gefahren ausgesetzt durch Flüsse, durch Wegelagerer, durch Volksgenossen und Fremde; in der Stadt, in der Einöde, auf dem Meer, durch falsche Brüder. 27 Es gab Mühsal und Plage, ich ertrug viele durchwachte Nächte, Hunger und Durst, häufiges Fasten, Kälte und Blösse.

28 Und abgesehen davon: der tägliche Andrang zu mir, die Sorge um alle Gemeinden. 29 Wer ist schwach, und ich bin es nicht auch? Wer kommt zu Fall, und ich bin nicht in heller Aufregung?

30 Wenn schon gerühmt werden muss, dann werde ich mich all dessen rühmen, was aus meiner Schwachheit kommt. 31 Gott, der Vater des Herrn Jesus, er weiss – gelobt sei er in Ewigkeit –, dass ich nicht lüge. 32 In Damaskus liess der Statthalter des Königs Aretas die Stadt der Damaskener bewachen, um meiner habhaft zu werden; 33 doch ich wurde durch ein Fenster in einem Korb

über die Mauer hinabgelassen und entkam so seinen Händen.

| 16: 11,19; 12,11.6; 11,1! · 11,30! | 18: Gal 6,13 · Phil 3,4 | 19: 11,16! | 21: 10,10!; 11,1! | 22: Phil 3,5 · Röm 11,1 | 23–27: 1Kor 4,11–13! | 23: 6,4 · 11,1! · 11,5! | 24: Dtn 25,3 | 25: Apg 16,22 · Apg 14,19 | 30: 11,16.18; 12,5–6.9 | 32–33: Apg 9,23–25

11,17: Andere Übersetzungsmöglichkeit: «… rede ich – das Rühmen soll jetzt verwirklicht werden!»
11,24: Der Ausdruck ‹Vierzig-weniger-einen› bezeichnet die im synagogalen Recht vorgesehene Geisselung mit 39 Schlägen.

Himmelsreisen und unsagbare Worte

12 1 Rühmen muss sein! Es nützt zwar nichts – trotzdem will ich auf Erscheinungen und Offenbarungen des Herrn zu sprechen kommen. 2 Ich weiss von einem Menschen in Christus, der wurde vor vierzehn Jahren – ob im Leib, weiss ich nicht, ob ausserhalb des Leibes, weiss ich nicht, Gott weiss es – bis in den dritten Himmel entrückt. 3 Und ich weiss von diesem Menschen, dass er – ob im Leib oder ausserhalb des Leibes, weiss ich nicht, Gott weiss es – 4 ins Paradies entrückt wurde und unsagbare Worte hörte, die kein Mensch aussprechen darf. 5 Für den will ich mich rühmen; was mich selbst betrifft, will ich mich nur meiner Schwachheit rühmen.

6 Wollte ich *mich* rühmen, würde ich damit nicht zum Narren, denn ich würde die Wahrheit sagen. Ich verzichte aber darauf, damit niemand mir mehr zuschreibt, als was er an mir sieht und hört – 7 die Offenbarungen mögen noch so überwältigend sein. Darum wurde mir, damit ich mich nicht überhebe, ein Stachel ins Fleisch gegeben, ein Satansengel, der mich schlagen soll, damit ich mich nicht überhebe. 8 Seinetwegen habe ich den Herrn dreimal gebeten, er möge von mir ablassen. 9 Und er hat mir gesagt: Du hast genug an meiner Gnade, denn die Kraft findet ihre Vollendung am Ort der Schwachheit. So rühme ich mich lieber meiner Schwachheit, damit die Kraft Christi bei mir Wohnung nehme. 10 Darum freue ich mich über alle Schwachheit, über Misshandlung,

Not, Verfolgung und Bedrängnis, um Christi willen. Denn wenn ich schwach bin, dann bin ich stark.

| 1: 10,17!; 11,30! | 4: Gen 2,8–15; 3,23–24; Ez 28,13; Lk 23,43 | 5: 12,9; 11,30! | 6: 11,16!.30! | 7: Gal 6,17; 4,14–15 | 9: 1Kor 2,3–4!.5! · 12,5! · 1Kor 2,3 · 1Kor 1,24–25 | 10: 11,23–27; 4,7–10; 6,4–10; 1Kor 4,11–13

Die Zeichen des Apostels

11 Jetzt bin ich ein Narr geworden, ihr habt mich dazu gezwungen. Ich müsste eigentlich von *euch* empfohlen werden. In nichts nämlich stand ich den ‹Überaposteln› nach, auch wenn ich nichts bin. 12 Was einen Apostel ausmacht, ist bei euch zur Wirkung gekommen, in aller Geduld, durch Zeichen und Wunder und machtvolle Taten. 13 Was ist es denn, worin ihr gegenüber den anderen Gemeinden zu kurz gekommen wärt, ausser dass ich selbst euch nicht zur Last gefallen bin? Verzeiht mir dieses Unrecht!

14 Seht, ein drittes Mal bin ich jetzt bereit, zu euch zu kommen, und ich werde euch nicht zur Last fallen. Denn ich suche nicht eure Habe, sondern euch selbst. Nicht die Kinder sind verpflichtet, für ihre Eltern etwas zur Seite zu legen, sondern umgekehrt die Eltern für die Kinder. 15 Ich aber werde gerne für euch ein Opfer bringen, ja mich selbst für euch aufopfern. Wenn ich euch doch über alles liebe, soll ich deswegen weniger Liebe empfangen?

16 Sei's drum, ich habe euch das Leben nicht schwer gemacht. Vielmehr habe ich, durchtrieben wie ich bin, euch mit List gefangen. 17 Habe ich euch etwa übervorteilt durch einen von denen, die ich zu euch gesandt habe? 18 Ich habe Titus zugeredet und den Bruder mit ihm gesandt; hat euch Titus etwa übervorteilt? Haben wir nicht im selben Geist unser Leben geführt? Nicht in denselben Fussstapfen?

| 11: 11,16! · 5,12! · 11,5.23 | 12: Röm 15,19 · 1Kor 12,10 | 13: 11,7–9! | 14: 13,1–2; 1Kor 16,5 · Phil 4,17 | 18: 7,2; 2,13! · 8,18!

Die anstehende Bewährung der Gemeinde
19 Schon lange meint ihr wohl, dass wir uns euch gegenüber verteidigen wollen. Doch wir stehen vor Gott und reden in Christus – dies alles aber, meine Geliebten, dient eurer Erbauung. 20 Ich fürchte nämlich, dass ich bei meinem Kommen euch nicht so vorfinde, wie ich es möchte, und ihr mich so vorfindet, wie ihr es nicht möchtet. Ich fürchte, Streit, Eifersucht, Zorn, Selbstsucht, Verleumdung, üble Nachrede, Hochmut und Aufruhr bei euch anzutreffen. 21 Ich möchte aber nicht, dass mein Gott mich, wenn ich wieder komme, vor euch demütigt und dass ich viele betrauern muss, die sich versündigt und die Sittenlosigkeit, die Unzucht und das ausschweifende Leben, das sie führten, nicht bereut haben.

13 1 Das ist jetzt das dritte Mal, dass ich zu euch komme. *Mit der Aussage von zwei oder drei Zeugen steht oder fällt jede Sache.* 2 Ich habe es schon angekündigt, als ich das zweite Mal bei euch war, und sage es nochmals im Voraus jetzt, da ich noch nicht bei euch bin, all denen, die zuvor gesündigt haben, und allen andern auch: Wenn ich noch einmal komme, werde ich euch nicht schonen. 3 Ihr verlangt ja einen Beweis dafür, dass Christus in mir spricht, der sich euch gegenüber nicht als schwach erweist, sondern stark ist unter euch. 4 Denn gekreuzigt wurde er in Schwachheit, aber er lebt aus der Kraft Gottes. Ja, auch wir sind schwach in ihm, aber wir werden leben zusammen mit ihm aus der Kraft Gottes, die für euch da ist.

5 Macht an euch selbst die Probe, ob ihr im Glauben seid, prüft euch selbst!

Erkennt ihr nicht an euch selbst, dass Jesus Christus in euch ist? Wenn es nicht so ist, taugt ihr nichts. 6 Hoffentlich aber erkennt ihr, dass *wir* nicht zu denen gehören, die nichts taugen. 7 Wir beten aber zu Gott, dass ihr nichts Böses tut, nicht damit *wir* als bewährt dastehen, sondern damit *ihr* das Gute tut, wir dagegen wie solche sind, die nichts taugen. 8 Denn nicht gegen die Wahrheit, nur für die Wahrheit vermögen wir etwas zu tun. 9 So freuen wir uns, wenn wir schwach sind, ihr aber stark seid. Und dafür beten wir, dass ihr vollkommen werdet. 10 Darum schreibe ich dies alles aus der Ferne, um nicht, wenn ich wieder bei euch bin, mit Strenge vorgehen zu müssen kraft der Vollmacht, die mir der Herr zur Erbauung und nicht zur Zerstörung gegeben hat.

| 19: 2,17 · 10,8; 13,10; 1Kor 14,12! | 20: 1Kor 1,11 | 21: 13,2 | 1: 12,14; 1,15.23 · Dtn 19,15 | 2: 12,21 | 4: 4,10; 1Kor 1,18 | 5: Gal 6,4 · Röm 8,10! | 10: 2,3 · 10,8; 12,19

13,3: Andere Übersetzungsmöglichkeit: «... stark ist in euch.»

Grüsse und Segenswunsch
11 Im Übrigen, liebe Brüder und Schwestern, freut euch, lasst euch zurechtbringen, lasst euch zureden, seid eines Sinnes, haltet Frieden – und der Gott der Liebe und des Friedens wird mit euch sein. 12 Grüsst einander mit dem heiligen Kuss. Es grüssen euch alle Heiligen.

13 Die Gnade des Herrn Jesus Christus und die Liebe Gottes und die Gemeinschaft des heiligen Geistes sei mit euch allen.

| 11: Phil 3,1 · Röm 15,5! · 1Thess 5,13 · Phil 4,9; Röm 15,33 | 12: 1Kor 16,20; Röm 16,16! | 13: 1Kor 16,23 · Phil 2,1

Der Brief an die Galater

Anschrift

1 1 Paulus, Apostel nicht im Auftrag von Menschen noch durch Vermittlung eines Menschen, sondern durch Jesus Christus und Gott, den Vater, der ihn von den Toten auferweckt hat, 2 und alle Brüder und Schwestern, die bei mir sind, an die Gemeinden in Galatien: 3 Gnade sei mit euch und Friede von Gott, unserem Vater, und dem Herrn Jesus Christus, 4 der sich hingegeben hat um unserer Sünden willen, um uns herauszureissen aus der gegenwärtigen bösen Weltzeit nach dem Willen Gottes, unseres Vaters. 5 Ihm sei Ehre in alle Ewigkeit. Amen.

| 1: 1Kor 1,1; Röm 1,1 · 1,11–12 | 2: 1Kor 16,1 | 3: Röm 1,7! | 5: Röm 16,27!

Kein anderes Evangelium

6 Ich wundere mich, dass ihr so rasch dem abspenstig werdet, der euch in der Gnade Christi berufen hat, und euch einem anderen Evangelium zuwendet, 7 das es gar nicht gibt. Was es hingegen gibt, sind einige, die euch verwirren und die das Evangelium Christi verdrehen wollen. 8 Jedoch, selbst wenn wir oder ein Engel vom Himmel euch etwas als Evangelium verkündigten, das dem widerspricht, was wir euch als Evangelium verkündigt haben: Verflucht sei er! 9 Wie wir schon früher gesagt haben, so sage ich jetzt aufs Neue: Wer euch etwas als Evangelium verkündigt, das dem, was ihr empfangen habt, widerspricht, sei verflucht!

| 6: 5,8 · 2Kor 11,4 | 8: 1Kor 16,22

Der Ursprung des Evangeliums

10 Will ich jetzt die Zustimmung von Menschen oder die Zustimmung Gottes gewinnen? Suche ich den Beifall von Menschen? Wenn ich jetzt noch den Beifall von Menschen fände, dann wäre ich kein Diener Christi. 11 Ich will euch nämlich, liebe Brüder und Schwestern, kundtun, dass das Evangelium, das von mir verkündigt wurde, sich nicht den Menschen anpasst. 12 Denn ich habe es ja auch nicht von einem Menschen empfangen, noch bin ich darin unterwiesen worden; ich habe es vielmehr durch eine Offenbarung Jesu Christi empfangen.

13 Ihr habt ja gehört, wie ich einst als Jude gelebt habe: Unerbittlich verfolgte ich die Gemeinde Gottes und suchte sie zu vernichten. 14 Und in meiner Treue zum Judentum war ich vielen Altersgenossen in meinem Volk weit voraus, habe ich mich doch mit ganz besonderem Eifer für die Überlieferungen meiner Väter eingesetzt.

15 Als es aber Gott, der mich vom Mutterleib an ausgesondert und durch seine Gnade berufen hatte, gefiel, 16 mir seinen Sohn zu offenbaren, dass ich ihn unter den Völkern verkündige, da beriet ich mich nicht mit Fleisch und Blut; 17 auch ging ich nicht nach Jerusalem hinauf zu denen, die schon vor mir Apostel geworden waren, sondern begab mich in die Arabia und kehrte dann nach Damaskus zurück.

18 Dann erst, drei Jahre später, ging ich nach Jerusalem hinauf, um Kefas kennen zu lernen, und blieb fünfzehn Tage bei ihm; 19 einen andern aber aus dem Kreis der Apostel habe ich nicht gesehen ausser Jakobus, den Bruder des Herrn. 20 Was ich euch hier schreibe – Gott weiss, dass ich nicht lüge!

21 Danach ging ich in die Gebiete von Syrien und Kilikien. 22 Ich war aber den christlichen Gemeinden in Judäa persönlich nicht bekannt. 23 Sie hatten nur gehört: Der uns einst verfolgte, verkündigt jetzt den Glauben, den er einst

ausrotten wollte. 24 Und sie priesen
Gott um meinetwillen.

|10: 1Thess 2,4 | 11: 1Kor 15,1 · 1,1; 1Thess 2,13
|12: 1Kor 11,23 · 1,16 | 13–24: Apg 9,1–30 | 13: 1,23;
1Kor 15,9; Phil 3,6; Apg 8,3! | 14: Apg 22,3 | 15: Röm 1,1
|17–18: Apg 9,26–27 · 2,9! | 19: Gal 2,9.12

1,11: Andere Übersetzungsmöglichkeit: «..., sich
nicht am Menschen misst.»
1,14: Andere Übersetzungsmöglichkeit: «Und in
meiner Lebensweise als Jude ...»

Die grundlegende Vereinbarung in Jerusalem

2 1 Dann, nach Ablauf von vierzehn
Jahren, zog ich erneut nach Jerusalem hinauf, zusammen mit Barnabas,
und nahm auch Titus mit. 2 Ich zog aber
hinauf aufgrund einer Offenbarung;
und ich legte ihnen das Evangelium vor,
das ich unter den Völkern verkündige,
den Angesehenen in gesonderter Unter-
redung; ich wollte sicher sein, dass ich
nicht ins Leere laufe oder gelaufen bin.
3 Doch nicht einmal Titus, mein Begleiter, der Grieche ist, wurde gezwungen,
sich beschneiden zu lassen.

4 Was aber die falschen Brüder und
Schwestern, die Eindringlinge, betrifft,
die sich eingeschlichen hatten, um unsere Freiheit, die wir in Christus Jesus
haben, auszukundschaften und uns so
zu Knechten zu machen – 5 ihnen haben wir uns auch nicht einen Augenblick lang gefügt noch unterworfen, damit die Wahrheit des Evangeliums für
euch erhalten bleibe.

6 Von Seiten der Angesehenen aber,
von denen, die etwas zu sein scheinen –
was sie einst waren, spielt für mich
keine Rolle, bei Gott gibt es kein Ansehen der Person ... Mir jedenfalls haben
die Angesehenen nichts auferlegt, 7 im
Gegenteil: Als sie sahen, dass mir das
Evangelium für die Unbeschnittenen
anvertraut ist so wie dem Petrus dasjenige für die Beschnittenen – 8 der nämlich, der an Petrus gewirkt hat, um ihn
zum Apostel der Beschnittenen zu machen, hat auch an mir gewirkt, um mich
zu den Heiden zu senden –, 9 und als sie
die Gnade erkannten, die mir geschenkt

war, da gaben Jakobus und Kefas und Johannes, die Angesehenen, die als ‹Säulen› gelten, mir und Barnabas die rechte
Hand zum Zeichen ihres Einverständ-
nisses: Wir sollten zu den Heiden, sie
aber zu den Beschnittenen gehen.
10 Einzig an die Armen sollten wir denken; eben das zu tun, habe ich mich auch
eifrig bemüht.

|1–10: Apg 15,1–33 | 1–2: Apg 15,1–2 · Phil 2,16
|4: 5,1.13 | 5: 2,14 | 6: Dtn 10,17; Röm 2,11! | 7: 1,15–16
|9: Röm 15,15! · 1,19! · 1,18; 2,11.14; 1Kor 1,12!; Joh 1,42
|10: Apg 11,29!

Der Zusammenstoss in Antiochia

11 Als Kefas aber nach Antiochia
kam, trat ich ihm persönlich entgegen,
weil er sich selber ins Unrecht versetzt
hatte. 12 Bevor nämlich einige Anhänger des Jakobus eintrafen, pflegte er zusammen mit den Heiden zu essen. Als
jene aber eingetroffen waren, zog er sich
zurück und sonderte sich ab – aus
Furcht vor den Beschnittenen. 13 An dieser Heuchelei beteiligten sich auch die
anderen Juden, so dass selbst Barnabas
sich von ihrer Heuchelei mitreissen
liess. 14 Jedoch – als ich sah, dass sie
nicht den auf die Wahrheit des Evangeliums ausgerichteten Weg gingen, sagte
ich zu Kefas vor allen Anwesenden:

Wenn du, der du ein Jude bist, wie
die Heiden und nicht wie ein Jude lebst,
wie kannst du dann die Heiden zwingen, wie die Juden zu leben? 15 Wir sind
von Geburt Juden und nicht sündige
Heiden. 16 Weil wir aber wissen, dass
ein Mensch nicht dadurch gerecht wird,
dass er tut, was im Gesetz geschrieben
steht, sondern durch den Glauben an Jesus Christus, sind auch wir zum Glauben an Christus Jesus gekommen, damit
wir aus dem Glauben an Christus gerecht würden und nicht dadurch, dass
wir tun, was im Gesetz geschrieben
steht; denn durch das Tun dessen, was
im Gesetz geschrieben steht, wird kein
Mensch gerecht werden. 17 Wenn wir
jedoch im Bestreben, durch Christus gerecht zu werden, nun selbst als Sünder
dastehen, ist dann Christus ein Diener

der Sünde? Gewiss nicht! 18 Schuldig mache ich mich dann, wenn ich wieder aufrichte, was ich abgerissen habe. 19 Denn dadurch, dass ich den Weg des Gesetzes zu Ende gegangen bin, bin ich für das Gesetz tot. So kann ich fortan für Gott leben. Ich bin mitgekreuzigt mit Christus: 20 Nicht mehr ich lebe, sondern Christus lebt in mir; sofern ich jetzt noch im Fleisch lebe, lebe ich im Glauben an den Sohn Gottes, der mich geliebt und sich für mich hingegeben hat. 21 Ich will die Gnade Gottes nicht ausser Kraft setzen. Denn wenn die Gerechtigkeit durch das Gesetz kommt, dann ist Christus umsonst gestorben.

| 11: 2,9! · Apg 11,26 | 12: 1,19! | 13: 2,1! | 14: 2,5 · 2,9! | 16: Röm 3,28 · 3.8.24; Röm 5,1 · Röm 3,20 | 19: Röm 6,6–10 | 20: Röm 14,8

Der Empfang des Geistes

3 1 Ihr unverständigen Leute von Galatien, wer hat euch behext? Ist euch Jesus Christus nicht vor Augen gestellt worden als Gekreuzigter? 2 Nur dies eine möchte ich von euch wissen: Habt ihr den Geist empfangen, weil ihr tut, was im Gesetz geschrieben steht, oder aus dem Glauben, der hört? 3 Seid ihr so unverständig, dass ihr, was ihr im Geist begonnen habt, nun im Fleisch vollenden wollt? 4 So vieles solltet ihr vergebens erfahren haben? Wenn es überhaupt vergebens gewesen ist! 5 Der euch nun den Geist gibt und Wunderkräfte unter euch wirkt – geschieht dies, weil ihr tut, was im Gesetz geschrieben steht, oder aus dem Glauben, der hört?

| 1: 1Kor 1,23; 2,2 | 2: 2,16!

3,4: Andere Übersetzungsmöglichkeit: «... erlitten haben? ...»
3,4: Andere Übersetzungsmöglichkeit: «... Wenn es doch bloss vergebens gewesen wäre!»

Der Segen Abrahams für die Völker

6 So war es doch mit Abraham: *Er glaubte Gott, und das wurde ihm als Gerechtigkeit angerechnet.* 7 Erkennt also: Die aus Glauben leben, das sind die Söhne und Töchter Abrahams. 8 Da nun die Schrift voraussah, dass Gott die Völker aus Glauben gerecht machen würde, hat sie dem Abraham das Evangelium im Voraus verkündigt: *In dir werden alle Völker gesegnet werden.* 9 Also werden die aus dem Glauben Lebenden gesegnet, zusammen mit dem glaubenden Abraham.

10 Denn alle, die aus dem Tun dessen leben, was im Gesetz geschrieben steht, stehen unter dem Fluch. Denn es steht geschrieben: *Verflucht ist jeder, der nicht bleibt bei allem, wovon im Buch des Gesetzes geschrieben steht, dass es zu tun sei.* 11 Dass aber durch das Gesetz bei Gott niemand gerecht wird, ist offensichtlich, denn: *Der Gerechte wird aus Glauben leben.* 12 Das Gesetz aber, das bedeutet nicht ‹aus Glauben›, sondern: *Wer dies alles tut, wird dadurch leben.* 13 Christus hat uns freigekauft vom Fluch des Gesetzes, indem er für uns zum Fluch geworden ist – es steht nämlich geschrieben: *Verflucht ist jeder, der am Holz hängt.* 14 So sollte der Segen Abrahams durch Christus Jesus zu den Völkern kommen, und so sollten wir durch den Glauben die Verheissung des Geistes empfangen.

| 6: Gen 15,6; Röm 4,3 | 8: Gen 12,3; 18,18; Apg 3,25 | 10: Dtn 27,26 | 11: Hab 2,4; Röm 1,17 | 12: Lev 18,5; Röm 10,5 | 13: 4,5! · Dtn 21,23

Die Verheissung an Abraham und das Gesetz

15 Liebe Brüder und Schwestern, ich will euch ein Beispiel aus dem menschlichen Leben geben: Ein rechtskräftig gewordenes Testament, wenn es sich auch nur um das eines Menschen handelt, setzt niemand ausser Kraft oder versieht es mit einem Zusatz. 16 Abraham nun und seinem Nachkommen wurden die Verheissungen zugesprochen. Es heisst nicht: und seinen Nachkommen, als handle es sich um viele, nein, es geht um einen einzigen: *und deinem Nachkommen* – das ist Christus. 17 Damit meine ich: Ein Testament, das von Gott bereits für gültig erklärt wor-

den ist, kann vom Gesetz, das vierhundertdreissig Jahre später entstand, nicht für ungültig erklärt werden, so dass die Verheissung aufgehoben wäre. 18 Denn hinge das Erbe am Gesetz, so hinge es nicht mehr an der Verheissung. Dem Abraham aber hat sich Gott durch die Verheissung als gnädig erwiesen.

19 Was ist nun mit dem Gesetz? Der Übertretungen wegen wurde es hinzugefügt, bis der Nachkomme käme, dem die Verheissung gilt; angeordnet wurde es mit Hilfe von Engeln, gelegt in die Hand eines Vermittlers. 20 Ein Vermittler vertritt nicht einen Einzigen; Gott aber ist ein Einziger. 21 Steht nun das Gesetz den Verheissungen Gottes entgegen? Gewiss nicht! Denn wäre ein Gesetz gegeben, das Leben schaffen könnte, dann käme in der Tat die Gerechtigkeit aus dem Gesetz. 22 Die Schrift jedoch hat alles unter die Sünde zusammengeschlossen, damit die Verheissung aufgrund des Glaubens an Jesus Christus den Glaubenden zuteil werde.

|15: Röm 3,5! |16: 3,8! · Gen 17,1–11; 22,18
|17: Ex 12,40 |19: Röm 4,15! |22: Röm 11,32

Die Unterscheidung der Zeiten

23 Bevor aber der Glaube kam, wurden wir alle gemeinsam im Gefängnis des Gesetzes in Gewahrsam gehalten – auf den Glauben hin, der sich in der Zukunft offenbaren sollte. 24 So ist das Gesetz zu unserem Aufpasser geworden, bis hin zu Christus, damit wir aus Glauben gerecht würden. 25 Da nun der Glaube gekommen ist, sind wir keinem Aufpasser mehr unterstellt. 26 Denn ihr seid alle Söhne und Töchter Gottes durch den Glauben in Christus Jesus. 27 Ihr alle nämlich, die ihr auf Christus getauft wurdet, habt Christus angezogen. 28 Da ist weder Jude noch Grieche, da ist weder Sklave noch Freier, da ist nicht Mann und Frau. Denn ihr seid alle eins in Christus Jesus. 29 Wenn ihr aber Christus gehört, dann seid ihr Nachkommen Abrahams und gemäss der Verheissung seine Erben.

|20: 4,4–5.21; 5,18 |24: 1Kor 4,15 · 4,2 · 2,16!
|26: 4,5 |27: Röm 6,3 |28: Röm 10,12; 1Kor 12,13
|29: 3,16 · 4,7!

3,23: Andere Übersetzungsmöglichkeit: «… gehalten, bis dass der künftige Glaube sich offenbaren würde.»

3,24: «Aufpasser»: Der griechische Ausdruck ‹paidagogos› bedeutet nicht dasselbe wie das entsprechende deutsche Fremdwort Pädagoge, sondern bezeichnet diejenige Person (meist einen Sklaven), die die grösseren Kinder zum Unterricht begleitet und den kleinen Kindern den Elementarunterricht (Lesen und Schreiben) erteilt.

Söhne und Töchter der Freiheit

4 1 Ich sage aber: Solange der Erbe unmündig ist, unterscheidet er sich in nichts von einem Sklaven, obwohl er Herr ist über alles, 2 im Gegenteil, er steht unter der Aufsicht von Vormündern und Verwaltern bis zum Zeitpunkt, den der Vater festgesetzt hat. 3 So war es auch mit uns, als wir noch unmündig waren: Unter die Elementarmächte der Welt waren wir versklavt. 4 Als sich aber die Zeit erfüllt hatte, sandte Gott seinen Sohn, zur Welt gebracht von einer Frau und dem Gesetz unterstellt, 5 um die unter dem Gesetz freizukaufen, damit wir als Söhne und Töchter angenommen würden. 6 Weil ihr aber Söhne und Töchter seid, hat Gott den Geist seines Sohnes in unsere Herzen gesandt, den Geist, der da ruft: Abba, Vater! 7 So bist du nun nicht mehr Sklave, sondern Sohn; bist du aber Sohn, dann auch Erbe – durch Gott.

|3: 4,9! |5: 3,13; 1Kor 6,20; 7,23 · 3,26
|6: Röm 8,15 |7: 3,29; Röm 8,16–17

Der unglaubliche Rückfall

8 Damals jedoch, als ihr Gott nicht kanntet, habt ihr den Göttern gedient, die ihrem Wesen nach gar keine Götter sind; 9 jetzt aber, da ihr Gott kennt, vielmehr von Gott erkannt worden seid, wie könnt ihr euch da wiederum den schwachen und armseligen Elementarmächten zuwenden, um ihnen von neuem als Sklaven zu dienen? 10 An Tage, Monate,

Festzeiten und Jahre haltet ihr euch!
11 Ich fürchte, meine Mühe um euch
war umsonst.

|8: 1Thess 4,5 |9: 4,3; Kol 2,20!

Die Ratlosigkeit des Paulus
12 Werdet wie ich, liebe Brüder und
Schwestern, ich bitte euch darum, denn
auch ich war ja wie ihr. Ihr habt mir
nichts zuleide getan: 13 Ihr wisst, dass
ich euch wegen einer Krankheit, die
mich niederwarf, zum ersten Mal das
Evangelium verkündigt habe. 14 Trotz
der Versuchung, die meine Erscheinung
für euch darstellte, habt ihr mich nicht
verachtet und nicht verabscheut, sondern aufgenommen wie einen Engel
Gottes, wie Christus Jesus. 15 Der
Grund, euch selig zu preisen, wo ist er
nun geblieben? Ich kann euch nämlich
bezeugen: Ihr hättet euch, wenn möglich, die Augen ausgerissen und sie mir
gegeben! 16 Also, was ist jetzt: Bin ich
euer Feind geworden, weil ich euch die
Wahrheit sage? 17 Es ist nicht gut, wie
sie um euch werben; sie wollen euch
doch nur ausschliessen, damit ihr dann
um sie werbt! 18 Es ist aber gut, wenn
ihr im Guten umworben werdet – und
zwar jederzeit, nicht nur, wenn ich bei
euch bin.
19 Meine Kinder, um die ich immer
wieder die Schmerzen einer Geburt er-
leide, bis Christus in euch Gestalt gewinnt: 20 Ich wollte, ich könnte jetzt bei
euch sein und in einem andern Ton zu
euch reden; denn, was euch betrifft, bin
ich ratlos.

|19: 1Kor 4,14!

4,12: Andere Übersetzungsmöglichkeit: «... auch
ich wurde ja wie ihr. ...»
4,20: Andere Übersetzungsmöglichkeit: «... sein,
um den richtigen Ton zu finden; ...»

Die beiden Bundesschlüsse
21 Sagt mir doch, ihr, die ihr euch
dem Gesetz unterstellen wollt: Habt ihr
das Gesetz nicht vernommen? 22 Es
steht doch geschrieben, dass Abraham
zwei Söhne hatte, einen von der Magd

und einen von der Freien. 23 Der von
der Magd aber ist auf natürliche Weise
gezeugt worden, der von der Freien aber
kraft der Verheissung. 24 Dies verweist
auf etwas anderes: Die beiden Frauen
bedeuten zwei Bundesschlüsse, die eine
den vom Berg Sinai, der Nachkommen
für die Sklaverei hervorbringt – das ist
Hagar. 25 Der Name Hagar bezeichnet
nämlich den Berg Sinai in der Arabia. Er
entspricht dem gegenwärtigen Jerusalem, der Stadt nämlich, die mit ihren
Kindern in der Sklaverei lebt. 26 Das
himmlische Jerusalem aber, das ist die
Freie, und sie ist unsere Mutter.
27 Denn es steht geschrieben:
*Freue dich, du Unfruchtbare, die du nicht
gebärst,*
      *brich in Jubel aus, jauchze, die du keine
      Geburtswehen kennst!*
*Denn viele Kinder wird die Vereinsamte
haben,*
      mehr als die, die einen Mann hat.
28 Ihr aber, liebe Brüder und
Schwestern, ihr seid gleich wie Isaak
Kinder der Verheissung. 29 Doch wie
damals der nach dem Fleisch Gezeugte
den nach dem Geist Gezeugten verfolgte, so ist es auch jetzt. 30 Aber was
sagt die Schrift? *Verstosse die Magd und
ihren Sohn! Denn der Sohn der Magd soll
nicht gleiches Recht auf das Erbe haben wie
der Sohn der Freien.* 31 Darum, liebe
Brüder und Schwestern, sind wir nicht
Kinder einer Magd, sondern Kinder der
Freien.

|21: 3,23! |22: Gen 16,15; 22,2–12 |23: Röm 9,7–9;
Gen 18,10.14 |27: Jes 54,1 |30: Gen 21,10

Die Befreiung in Christus
5 1 Zur Freiheit hat uns Christus befreit! Steht also fest und lasst euch
nicht wieder in das Joch der Knechtschaft einspannen. 2 Seht, ich, Paulus,
sage euch: Wenn ihr euch beschneiden
lasst, wird Christus euch nichts nützen.
3 Ich bezeuge nochmals jedem Menschen, der sich beschneiden lässt, dass
er verpflichtet ist, alles, was das Gesetz
verlangt, zu tun. 4 Ihr, die ihr im Gesetz

Gerechtigkeit finden wollt, habt euch von Christus losgesagt, aus der Gnade seid ihr herausgefallen! 5 Denn im Geist und aus Glauben warten wir auf die Erfüllung unserer Hoffnung: die Gerechtigkeit. 6 In Christus Jesus gilt ja weder Beschnittensein noch Unbeschnittensein, sondern allein der Glaube, der sich durch die Liebe als wirksam erweist.

7 Ihr seid doch gut gelaufen! Wer hat euch bloss daran gehindert, euch weiterhin von der Wahrheit bestimmen zu lassen? 8 Es ist nicht die Überredungskunst dessen, der euch beruft. 9 Schon ein wenig Sauerteig durchsäuert den ganzen Teig. 10 Ich habe im Herrn Vertrauen in euch, dass ihr nichts anderes im Sinn habt. Der euch aber durcheinander bringt, wird sein Urteil zu tragen haben, wer er auch sei. 11 Ich aber, liebe Brüder und Schwestern, falls ich weiterhin die Beschneidung verkündigen sollte, was werde ich dann noch verfolgt? Dann wäre ja das Ärgernis des Kreuzes beseitigt! 12 Sollen sie sich doch gleich kastrieren lassen, die euch aufhetzen!

| 1: 5,13; 2,4 · 1Kor 16,13! | 6: 6,15; 1Kor 7,19 | 8: 1,6 | 9: 1Kor 5,6; Mk 8,14!; Mt 13,33; Lk 13,21 | 11: 1Kor 1,23 | 12: Dtn 23,2

5,8: Andere Übersetzungsmöglichkeit: «Eure Überzeugung stammt nicht von dem, …»

Die Erfüllung des Gesetzes

13 Denn zur Freiheit seid ihr berufen worden, liebe Brüder und Schwestern. Auf eins jedoch gebt acht: dass die Freiheit nicht zu einem Vorwand für die Selbstsucht werde, sondern dient einander in der Liebe! 14 Denn das ganze Gesetz hat seine Erfüllung in dem einen Wort gefunden: *Liebe deinen Nächsten wie dich selbst!* 15 Wenn ihr einander aber beissen und fressen wollt, dann seht zu, dass ihr euch nicht gegenseitig verschlingt!

| 13: 5,1 | 14: Lev 19,18; Röm 13,8–10

Die Frucht des Geistes

16 Ich sage aber: Führt euer Leben im Geist, und ihr werdet dem Begehren des Fleisches nicht nachgeben! 17 Denn das Begehren des Fleisches richtet sich gegen den Geist, das Begehren des Geistes aber gegen das Fleisch. Die beiden liegen ja miteinander im Streit, so dass ihr nicht tut, was ihr tun wollt. 18 Wenn ihr euch aber vom Geist leiten lasst, untersteht ihr nicht dem Gesetz.

19 Es ist ja offensichtlich, was die Werke des Fleisches sind: Unzucht, Unreinheit, Ausschweifung, 20 Götzendienst, Zauberei, Feindschaft, Streit, Eifersucht, Zorn, Eigennutz, Zwietracht, Parteiung, 21 Missgunst, Trunkenheit, Übermut und dergleichen mehr – ich sage es euch voraus, wie ich es schon einmal gesagt habe: Die solches tun, werden das Reich Gottes nicht erben.

22 Die Frucht des Geistes aber ist Liebe, Freude, Frieden, Geduld, Güte, Rechtschaffenheit, Treue, 23 Sanftmut, Selbstbeherrschung. Gegen all dies kann kein Gesetz etwas haben. 24 Die aber zu Christus Jesus gehören, haben das Fleisch samt seinen Leidenschaften und Begierden gekreuzigt.

| 16: 5,25; Röm 8,4 · Eph 2,3; 1Petr 2,11; 2Petr 2,18; 1Joh 2,16 | 17: Röm 7,23 | 18: 5,16!; Röm 8,14 · 3,23!; Röm 6,14 | 21: 1Kor 6,9–10; Eph 5,5

Leben im Geist

25 Wenn wir im Geist leben, wollen wir uns auch am Geist ausrichten. 26 Lasst uns nicht eitlem Ruhm nachjagen, einander nicht reizen, einander nicht beneiden!

6 1 Liebe Brüder und Schwestern: Auch wenn jemand bei einem Fehltritt ertappt wird, so sollt ihr, die ihr vom Geist bestimmt seid, den Betreffenden im Geist der Sanftmut zurechtbringen – doch gib acht, dass nicht auch du in Versuchung gerätst! 2 Tragt einer des andern Last, so werdet ihr das Gesetz Christi erfüllen. 3 Denn wer meint, etwas zu sein, obwohl er nichts ist, betrügt sich. 4 Jeder aber prüfe sein eigenes Werk! Dann wird er nur im Blick auf sich selbst Grund haben, sich zu rühmen – und nicht im Blick auf den anderen, 5 denn jeder wird seine eigene Bürde zu tragen haben. 6 Wer aber im Wort unterrichtet wird, lasse den, der ihn unterrichtet, an allen Gütern teilhaben.

| 25: 5,16! | 1: 2Kor 13,11 · 1Kor 4,21 | 4: 2Kor 13,5

Säen und Ernten
7 Täuscht euch nicht: Gott lässt sich nicht verhöhnen! Denn was ein Mensch sät, das wird er auch ernten. 8 Wer auf sein Fleisch sät, wird vom Fleisch Verderben ernten, wer aber auf den Geist sät, wird vom Geist ewiges Leben ernten. 9 Im Tun des Guten wollen wir nicht müde werden, denn zu gegebener Zeit werden wir ernten, wenn wir nicht ermatten. 10 Darum lasst uns, solange wir noch Gelegenheit haben, allen Menschen Gutes tun, am meisten aber denen, die mit uns im Glauben verbunden sind.

| 7: Hiob 4,8; Spr 22,8 | 9: 2Thess 3,13

Briefschluss
11 Seht, mit welch grossen Buchstaben ich euch schreibe, mit eigener Hand! 12 Alle, die vor der Welt eine gute Figur machen wollen, nötigen euch zur Beschneidung – einzig um wegen des Kreuzes Christi keine Verfolgungen erleiden zu müssen. 13 Denn selbst die, die sich beschneiden lassen, halten sich nicht an das Gesetz, wollen aber, dass ihr euch beschneiden lasst, um den Ruhm einzuheimsen, den euer Leben im Fleisch einbringt. 14 Mir aber soll es nicht einfallen, auf irgendetwas anderes stolz zu sein als auf das Kreuz unseres Herrn Jesus Christus, durch das mir die Welt gekreuzigt ist und ich der Welt. 15 Denn weder Beschnittensein bedeutet etwas noch Unbeschnittensein – hier ist vielmehr neue Schöpfung. 16 Allen, die sich nach diesem Massstab richten werden: Friede über sie und Barmherzigkeit, auch über das Israel Gottes! 17 In Zukunft soll mir niemand Schwierigkeiten bereiten! Denn ich trage die Malzeichen Jesu an meinem Leib.

18 Die Gnade unseres Herrn Jesus Christus sei mit eurem Geist, liebe Brüder und Schwestern. Amen.

| 11: 1Kor 16,21! | 13: 2Kor 11,18! | 14: 1Kor 1,31!; Phil 3,3 | 15: 5,6; 1Kor 7,19 · 2Kor 5,17 | 16: Ps 125,5! | 18: Phil 4,23; Phlm 25

Der Brief an die Epheser

Anschrift
1 1 Paulus, Apostel Christi Jesu durch den Willen Gottes, an die Heiligen in Ephesus, die an Christus Jesus glauben: 2 Gnade sei mit euch und Friede von Gott, unserem Vater, und dem Herrn Jesus Christus.

| 1–2: Kol 1,1–2 | 1: 2Kor 1,1 | 2: 6,23; Röm 1,7!

1,1: Ein wichtiger Teil der Handschriften lässt erkennen, dass im ursprünglichen Brief wahrscheinlich keine Adressatengemeinde genannt war und es sich beim sogenannten Brief an die Epheser um ein Rundschreiben an die kleinasiatischen Gemeinden handelt.

Lobpreis
3 Gepriesen sei Gott, der Vater unseres Herrn Jesus Christus, der uns in den Himmeln gesegnet hat mit allem geistlichen Segen durch Christus. 4 Denn durch ihn hat er uns erwählt vor Grundlegung der Welt, dass wir heilig und makellos seien vor ihm, in Liebe. 5 Er hat uns schon seit langem dazu bestimmt, seine Söhne und Töchter zu werden durch Jesus Christus, nach seinem gnädigen Willen, 6 zum Lobpreis seiner

herrlichen Gnade, mit der er uns beschenkt hat in seinem geliebten Sohn. 7 In ihm haben wir die Erlösung durch sein Blut, die Vergebung der Verfehlungen. So reich ist seine Gnade, 8 mit der er uns überschüttet hat: Alle Weisheit und alle Einsicht liess er uns zuteil werden, 9 indem er uns das Geheimnis seines Willens kundgetan hat, das darin besteht, in ihm sein Wohlgefallen für alle sichtbar zu machen. 10 So wollte er die Fülle der Zeiten herbeiführen und in Christus alles zusammenfassen – alles im Himmel und alles auf Erden – in ihm.

11 In ihm sind wir auch sein Eigentum geworden, schon seit langem dazu bestimmt nach dem Vorsatz dessen, der alles ins Werk setzt nach der Festlegung seines Willens: 12 Dem Lob seiner Herrlichkeit sollten wir dienen, die wir schon lange unsere Hoffnung auf Christus gesetzt haben.

13 In ihm seid auch ihr, die ihr das Wort der Wahrheit, das Evangelium eurer Rettung, vernommen habt, in ihm seid ihr als Glaubende auch versiegelt worden durch den Geist der Verheissung, den heiligen Geist. 14 Er ist ein erster Anteil unseres Erbes, er wirkt auf unsere Erlösung hin zum Lob seiner Herrlichkeit.

| 3: 2Kor 1,3; 1Petr 1,3 · 2,6! | 4: 5,27; Kol 1,22 | 5: 1,11; Röm 8,29–30 · Röm 8,15.23; Gal 4,5 | 7: Röm 3,24–25; Kol 1,14 · 2,7 | 9: 6,19! | 10: Gal 4,4 · Kol 1,16.18.20 | 11: 1,5! | 13: Kol 1,5! · 4,30; 2Kor 1,22 | 14: 2Kor 1,22! · 4,30

Danksagung und Fürbitte

15 Also: Da auch ich von eurem Glauben im Herrn Jesus und von eurer Liebe zu allen Heiligen gehört habe, 16 höre ich nicht auf, für euch zu danken, wenn ich in meinen Gebeten an euch denke: 17 Der Gott unseres Herrn Jesus Christus, der Vater der Herrlichkeit, gebe euch den Geist der Weisheit und der Offenbarung, damit ihr ihn erkennt. 18 Er erleuchte die Augen eures Herzens, damit ihr wisst, zu welcher Hoffnung ihr durch ihn berufen seid,

welch reiches und herrliches Erbe er für die Heiligen bereithält 19 und wie überwältigend gross die Kraft ist, die sich als Wirkung seiner Macht und Stärke an uns, den Glaubenden, zeigt. 20 Diese Kraft hat er an Christus wirken lassen, als er ihn von den Toten auferweckte und in den Himmeln zu seiner Rechten setzte: 21 hoch über jedes Regiment, jede Macht, Gewalt und Herrschaft und über jeden Namen, der nicht allein in dieser, sondern auch in der kommenden Weltzeit genannt wird. 22 Und *alles hat er ihm unter die Füsse gelegt*, und ihn hat er als alles überragendes Haupt der Kirche gegeben; 23 sie ist sein Leib, die Fülle dessen, der alles in allem erfüllt.

| 15–17: Kol 1,9 | 15: Kol 1,4! | 16: Phlm 4; Kol 1,3 | 18: Kol 1,5! · 3,16! · Kol 1,12 | 19: 6,10 | 20: Kol 2,12! · Kol 3,1! · 2,6! | 21: 3,10; 6,12 · 1Kor 15,24; Phil 2,9; Kol 2,10.15; 1Petr 3,22 | 22: Ps 8,7; 1Kor 15 27–28 · 4,15; 5,23; Kol 1,18! | 23: 1Kor 12,27! · 3,19; 4,13; Kol 1,19!

Altes und neues Leben

2 1 Auch ihr wart tot durch eure Verfehlungen und Sünden, 2 in denen ihr einst gelebt habt, wie es eben dieser Weltzeit entspricht, wie es dem Fürsten der Lüfte, des Geistes, der jetzt noch wirksam ist in den Söhnen und Töchtern des Ungehorsams, entspricht – 3 unter diesen haben auch wir alle einst dahingelebt in den Begierden unseres Fleisches, indem wir taten, was das Fleisch wollte und wonach der Sinn uns stand, und waren unserem Wesen nach Kinder des Zorns wie die anderen auch ... 4 Gott aber, der reich ist an Erbarmen, hat uns in seiner grossen Liebe, die er uns entgegenbrachte, 5 mit Christus zusammen lebendig gemacht, obwohl wir tot waren in unseren Verfehlungen – durch Gnade seid ihr gerettet –, 6 und hat uns mit ihm zusammen auferweckt und uns einen Platz in den Himmeln gegeben, in Christus Jesus. 7 So wollte er in den kommenden Zeiten den überwältigenden Reichtum seiner Gnade zeigen durch die Güte, die er uns erweist in Christus Jesus.

8 Denn durch die Gnade seid ihr gerettet aufgrund des Glaubens, und zwar nicht aus euch selbst, nein, Gottes Gabe ist es: 9 nicht durch eigenes Tun, damit niemand sich rühmen kann. 10 Denn sein Gebilde sind wir, geschaffen in Christus Jesus zu einem Leben voller guter Taten, die Gott schon bereitgestellt hat.

| 1: Kol 2,13 | 2: Kol 3,7 · 5,6; 1Petr 1,14 | 3: 4,17–19; Tit 3,3 · Gal 5,16! | 4: Tit 3,4–5 | 5: Kol 2,13 · 2,8 | 6: Kol 2,12 · 1,3; 1,20; 3,10; 6,12 | 7: 1,7 | 8: Röm 3,24 | 9: Röm 3,27!; Gal 2,16 | 10: 2Kor 5,17 · Kol 1,10

2,1–7: Diese Verse bestehen im griechischen Text aus einem einzigen Satzgefüge, das am Ende von V. 3 zunächst abbricht und erst mit V. 4 zu einem durchgehenden Satz ansetzt.

Die Einheit der Kirche

11 Darum: Denkt daran, dass ihr einst als ‹Heiden im Fleisch› galtet, ‹Unbeschnittene› genannt wurdet von den sogenannt Beschnittenen, deren Beschneidung am Fleisch mit Händen gemacht wird, 12 dass ihr damals fern von Christus wart, ausgeschlossen vom Bürgerrecht Israels und Fremdlinge, nicht einbezogen in die Bundesschlüsse der Verheissung, ohne Hoffnung und ohne Gott in der Welt. 13 Jetzt aber, in Christus Jesus, seid ihr, die ihr einst weit weg wart, ganz nahe durch das Blut Christi.

14 Denn er ist unser Friede, er hat aus den beiden eins gemacht und die Wand der Feindschaft, die uns trennte, niedergerissen durch sein Leben und Sterben. 15 Das Gesetz mit seinen Geboten und Bestimmungen hat er aufgehoben, um die beiden in seiner Person zu einem einzigen, neuen Menschen zu erschaffen, Frieden zu stiften 16 und die beiden durch das Kreuz in einem Leib mit Gott zu versöhnen; zerstört hat er die Feindschaft durch seine eigene Person. 17 Und er kam und verkündigte Frieden euch, den Fernen – und Frieden den Nahen. 18 Denn durch ihn haben wir beide in einem Geist Zugang zum Vater.

19 Ihr seid also nicht mehr Fremde ohne Bürgerrecht, ihr seid vielmehr Mitbürger der Heiligen und Hausgenossen Gottes, 20 aufgebaut auf dem Fundament der Apostel und Propheten – der Schlussstein ist Christus Jesus selbst. 21 Durch ihn wird der ganze Bau zusammengehalten und wächst zu einem heiligen Tempel im Herrn, 22 durch ihn werdet auch ihr mit eingebaut in die Wohnung Gottes im Geist.

| 12: Kol 1,21 | 13–16: Kol 1,20 | 15: Kol 2,14 · 4,24 | 16: Kol 1,20–22! | 17–18: Röm 5,1–2 | 17: Jes 52,7 · Jes 57,19 | 18: 3,12 | 19: 3,6 | 20: 1Kor 3,9–11; Kol 2,7 · 4,11! · Jes 28,16; Röm 9,33; 1Petr 2,6 | 21: 1Kor 3,16–17 | 22: 4,12; 1Petr 2,5

2,21: Andere Übersetzungsmöglichkeit: «Durch ihn wird jeder Bau zusammengehalten …»

Der Auftrag des Paulus

3 1 Darum bitte ich, Paulus, der Gefangene Christi Jesu um euretwillen, die ihr aus den Heiden stammt, … 2 ihr habt ja gehört, worin die Gnade Gottes besteht, die mir für euch gegeben wurde: 3 Aufgrund einer Offenbarung wurde mir das Geheimnis kundgetan, wie ich es vorher kurz dargestellt habe. 4 Wenn ihr es lest, dann könnt ihr erkennen, dass ich mit dem Geheimnis Christi vertraut bin. 5 In früheren Generationen wurde es den Söhnen und Töchtern der Menschen nicht so kundgetan, wie es jetzt seinen heiligen Aposteln und Propheten durch den Geist offenbart worden ist: 6 Die Heiden sind Miterben, eingefügt in denselben Leib, Teilhaber an der Verheissung in Christus Jesus durch das Evangelium, 7 dessen Diener ich geworden bin durch das Geschenk der Gnade Gottes, die mir gegeben wurde durch das Wirken seiner Kraft.

8 Mir, dem allerletzten unter allen Heiligen, wurde die Gnade verliehen, den Völkern den unergründlichen Reichtum Christi zu verkündigen 9 und allen die Augen zu öffnen, dass sie erkennen, worin das Geheimnis besteht, das seit ewigen Zeiten bei Gott, der alles geschaffen hat, verborgen war. 10 So soll jetzt den Mächten und Gewalten in den Himmeln am Beispiel der Kirche die vielgestaltige Weisheit Gottes kundgetan werden – 11 wie es dem Zeitenplan

entspricht, den er in Christus Jesus, unserem Herrn, festgelegt hat. 12 In ihm haben wir Freiheit und Zugang zu Gott, im Vertrauen auf ihn, durch den Glauben an ihn. 13 Darum bitte ich euch: Lasst euch nicht entmutigen durch die Leiden, die ich um euretwillen erdulde – darin bestehe euer Ruhm!

|1: Phlm 1! |2: Gal 1,15–16 |3–5: 6,19!; Kol 1,26–27! |3: Gal 1,12 |5: 4,11! |6: 2,19 |7: Kol 1,25 · Kol 1,29 |8: 1Kor 15,9–10 |9: 6,19!; Kol 1,26–27! |10: 1,21! · 2,6! |12: 2,18; Röm 5,2

3,1: Der Satz, der im griechischen Text nicht einmal ein Verb enthält, bricht am Ende des Verses ab und wird erst in V. 13 resp. V. 16–17 aufgenommen und vollendet. In der vorliegenden Übersetzung ist sinngemäss bereits in V.1 das Verb ‹bitten› eingefügt.

3,10: Andere Übersetzungsmöglichkeit: «... in den Himmeln durch die Kirche die vielgestaltige Weisheit Gottes ...»

3,12: Andere Übersetzungsmöglichkeit: «..., im Vertrauen auf ihn, das wir seiner Treue verdanken.»

Fürbitte und Lobpreis

14 Darum beuge ich meine Knie vor dem Vater, 15 von dem jedes Geschlecht im Himmel und auf Erden seinen Namen empfängt, 16 und bitte ihn, euch nach dem Reichtum seiner Herrlichkeit durch seinen Geist zum Aufbau des inneren Menschen so mit Kraft zu stärken, 17 dass Christus durch den Glauben in euren Herzen Wohnung nimmt und ihr in der Liebe tief verwurzelt und fest gegründet seid. 18 So werdet ihr befähigt, mit allen Heiligen zusammen die Breite und Länge und Höhe und Tiefe zu ermessen 19 und die Liebe Christi zu erkennen, die alle Erkenntnis übersteigt, und so werdet ihr immer mehr erfüllt werden von der ganzen Fülle Gottes.

20 Ihm aber, der weit mehr zu tun vermag, als was wir erbitten oder ersinnen, weit über alles hinaus, wie es die Kraft erlaubt, die in uns wirkt, 21 ihm sei die Ehre in der Kirche und in Christus Jesus durch alle Generationen dieser Weltzeit hindurch bis in alle Ewigkeit, Amen.

|16: 1,18; Kol 1,27! · 2Kor 4,16 |17: 1Kor 3,9; Kol 2,7; 1,23 |19: 1,23! |20: Kol 1,29 |21: Röm 16,27!

Die Einheit in der Kirche

4 1 Als Gefangener im Herrn bitte ich euch nun: Führt euer Leben, wie es der Berufung, die an euch ergangen ist, angemessen ist, 2 in aller Demut und Sanftmut und in Geduld. Ertragt einander in Liebe, 3 bemüht euch, die Einheit des Geistes zu wahren durch das Band des Friedens! 4 Ein Leib und ein Geist ist es doch, weil ihr ja auch berufen wurdet zu einer Hoffnung, der Hoffnung, die ihr eurer Berufung verdankt:

5 Ein Herr, ein Glaube, eine Taufe,
6 ein Gott und Vater aller,
    der da ist über allen und durch alle
    und in allen.

7 Jedem Einzelnen von uns aber ist die Gnade gegeben nach dem Mass, mit dem Christus zu geben pflegt. 8 Deshalb heisst es:

In die Höhe hinaufgestiegen ist er, und Gefangene hat er in die Gefangenschaft geführt,
Geschenke hat er gegeben den Menschen.

9 Er ist hinaufgestiegen – was bedeutet das anderes, als dass er auch hinabgestiegen ist in die Niederungen der Erde? 10 Der aber hinabgestiegen ist, ist auch der, der hinaufgestiegen ist, hoch über alle Himmel, um alles zur Vollendung zu bringen.

11 Und er selbst hat die einen als Apostel eingesetzt, die anderen als Propheten, andere als Verkündiger des Evangeliums und wieder andere als Hirten und Lehrer, 12 um die Heiligen auszurüsten für die Ausübung ihres Dienstes. So wird der Leib Christi aufgebaut, 13 bis wir alle zur Einheit des Glaubens und der Erkenntnis des Sohnes Gottes gelangen und zum vollkommenen Menschen heranwachsen und die volle Reife in der Fülle Christi erlangen. 14 Denn wir sollen nicht mehr unmündige Kinder sein, von den Wellen bedrängt und von jedem Wind einer Lehrmeinung umhergetrieben, dem Würfelspiel der Menschen ausgeliefert, von ihrem Ränkespiel auf den trügerischen Weg des Irrtums geführt, 15 nein, wir

wollen aufrichtig sein in der Liebe und in allen Stücken hinanwachsen zu ihm, der das Haupt ist, Christus. 16 Von ihm aus wird der ganze Leib zusammengefügt und gehalten durch jedes Band, das ihn stützt mit der Kraft, die jedem einzelnen Teil zugemessen ist. So wird der Leib in seinem Wachstum gefördert, damit er aufgebaut werde in Liebe.

|1:3,1 · Kol 1,10! |2: Kol 3,12–14 |3: Kol 3,14–15 |4: 1Kor 12,13; Röm 12,5; Kol 3,15 · 1,18 |5–6: 1Kor 8,6! |7: 1Kor 12,11; Röm 12,3 |8: Ps 68,19 |9: Joh 3,13 |10: Phil 2,6–11 |11: 2,20; 3,5 · 1Kor 12,28 |12: 2,21–22 |13: 1,23! |15–16: Kol 2,19 |15: 1,22!

4,14: Andere Übersetzungsmöglichkeit: «..., von ihrem Ränkespiel verführt, andere zu verführen.»

Alter und neuer Mensch

17 Dies nun sage ich und bezeuge es vor dem Herrn: Führt euer Leben nicht mehr wie die Heiden, die in Torheit und Unverstand leben. 18 Verfinstert ist ihr Sinn, abgeschnitten haben sie sich vom Leben, das Gott gibt, denn Unwissenheit beherrscht sie, und verstockt ist ihr Herz. 19 Abgestumpft sind sie und einem ausschweifenden Leben hingegeben; alles tun sie, was sie unrein macht, und können davon nicht genug bekommen.

20 Ihr aber habt Christus nicht auf diese Weise kennen gelernt; 21 ihr habt doch von ihm gehört und seid in ihm so unterrichtet worden, wie es der Wahrheit in Jesus entspricht: 22 Dass ihr ablegen sollt, was euer früheres Leben geprägt hat, den alten Menschen, der zugrunde geht wie die trügerischen Begierden! 23 Lasst einen neuen Geist euer Denken bestimmen, 24 und zieht an den neuen Menschen, der nach dem Willen Gottes geschaffen ist: in Gerechtigkeit und wahrer Heiligkeit.

|17: 2,1–3 |18: Röm 1,21 · 1Petr 1,14 |19: Röm 1,24 |22: Kol 3,9! |24: 2,15; Kol 3,10!

4,24: Andere Übersetzungsmöglichkeit: «... den neuen Menschen, der nach dem Bild Gottes geschaffen ist: ...»

Das Leben der Getauften

25 Darum: Legt ab die Lüge! *Jeder von euch sage, wenn er mit seinem Nächsten spricht, die Wahrheit,* denn wir sind ja untereinander Glieder. 26 *Wenn ihr zürnt, versündigt euch nicht!* Die Sonne gehe nicht unter über eurem Zorn, 27 und dem Teufel gebt keinen Raum! 28 Wer stiehlt, stehle nicht mehr, sondern arbeite und tue etwas Rechtes mit seinen Händen, damit er etwas hat, das er dem Notleidenden geben kann. 29 Kein hässliches Wort komme über eure Lippen, sondern wenn ein Wort, dann ein gutes, das der Erbauung dient, wo es nottut, und denen, die es hören, Freude bereitet. 30 Betrübt nicht den heiligen Geist Gottes, mit dem ihr versiegelt worden seid auf den Tag der Erlösung hin! 31 Alle Bitterkeit und Wut, Zorn, Geschrei und Lästerrede sei verbannt aus eurer Mitte, samt allem, was böse ist!

32 Seid gütig zueinander, seid barmherzig und vergebt einander, wie auch Gott euch in Christus vergeben hat.

5 1 Folgt nun dem Beispiel Gottes als geliebte Kinder, 2 und führt euer Leben in der Liebe, wie auch Christus uns geliebt und sich für uns hingegeben hat als Gabe und Opfer für Gott, als ein lieblicher Wohlgeruch.

3 Unzucht aber und jede Art von Unreinheit oder Habgier soll bei euch nicht einmal erwähnt werden – so schickt es sich für die Heiligen –, 4 auch nichts Schändliches, kein törichtes Geschwätz und keine Possenreisserei, was sich alles nicht ziemt, hingegen und vor allem: Danksagung. 5 Denn dies sollt ihr erkennen und wissen: Keiner, der Unzucht treibt oder sich verunreinigt oder der Habsucht erliegt – das hiesse ja, ein Götzendiener sein –, hat Anteil am Erbe im Reich Christi und Gottes.

6 Niemand betrüge euch mit leeren Worten! Denn eben das ist es, was den Zorn Gottes über die Söhne und Töchter des Ungehorsams kommen lässt. 7 Habt also nichts zu schaffen mit ihnen!

8 Denn einst wart ihr Finsternis, jetzt aber seid ihr Licht im Herrn. Lebt als Kinder des Lichts 9 – das Licht bringt nichts als Güte, Gerechtigkeit und Wahrheit hervor –, 10 indem ihr prüft, was dem Herrn gefällt, 11 und beteiligt euch nicht an den fruchtlosen Werken der Finsternis, sondern deckt sie auf! 12 Denn was durch sie im Verborgenen geschieht, auch nur auszusprechen, ist schon eine Schande; 13 alles aber, was aufgedeckt wird, wird vom Licht durchleuchtet, 14 ja, alles, was durchleuchtet wird, ist Licht. Darum heisst es:
Wach auf, der du schläfst,
und steh auf von den Toten,
so wird Christus dein Licht sein.
15 Achtet nun sorgfältig darauf, wie ihr euer Leben führt: nicht als Toren, sondern als Weise! 16 Kauft die Zeit aus, denn die Tage sind böse. 17 Seid also nicht unverständig, sondern begreift, was der Wille des Herrn ist. 18 Und berauscht euch nicht mit Wein – das bringt nur Unheil –, sondern lasst euch erfüllen vom Geist: 19 Lasst in eurer Mitte Psalmen ertönen, Hymnen und geistliche Lieder, singt und musiziert dem Herrn aus vollem Herzen, 20 und dankt unserem Gott und Vater allezeit für alle Dinge im Namen unseres Herrn Jesus Christus.

|25: Kol 3,9 · Sach 8,16 · Röm 12,5 |26: Ps 4,5 · Dtn 24,15 |27: 6,11–13! |28: 1Thess 4,11 |29: Kol 4,6 |30: 1,13!–14 |31: Kol 3,8 |32: Kol 3,13 |1: 1Kor 11,1 |2: 5,25; Gal 2,20 · Ex 29,18 |3: Kol 3,5 |5: 1Kor 5,10–11; Kol 3,5 · Gal 5,21! |6: Kol 2,8 · Kol 3,6 · 2,2 |8: 1Thess 5,5 |10: Röm 12,2 |15–16: Kol 4,5 |17: Röm 12,2 |18: Spr 23,31 |19–20: Kol 3,16–17

Frauen und Männer
21 Wir wollen uns einander unterordnen, in der Ehrfurcht vor Christus: 22 Ihr Frauen, ordnet euch euren Männern unter wie unserem Herrn, 23 denn der Mann ist das Haupt der Frau, wie auch Christus das Haupt der Kirche ist, er, der Retter des Leibes. 24 Also: Wie die Kirche sich Christus unterordnet, so sollen sich die Frauen in allem den Männern unterordnen.

25 Ihr Männer, liebt eure Frauen, wie auch Christus die Kirche geliebt und sich für sie hingegeben hat, 26 um sie zu heiligen und rein zu machen durch das Bad im Wasser, durch das Wort. 27 So wollte er selbst die Kirche vor sich hinstellen: würdig, ohne Flecken und Falten oder dergleichen, denn heilig und makellos sollte sie sein. 28 So sollen auch die Männer ihre Frauen lieben wie den eigenen Leib. Wer seine Frau liebt, liebt sich selbst. 29 Denn noch nie hat jemand sein eigenes Fleisch gehasst, nein, jeder nährt und pflegt es, wie auch Christus die Kirche, 30 weil wir Glieder seines Leibes sind. 31 *Darum wird ein Mann Vater und Mutter verlassen und seiner Frau anhangen, und die zwei werden ein Fleisch sein.* 32 Dies ist ein grosses Geheimnis; ich spreche jetzt von Christus und der Kirche. 33 Doch das gilt auch für jeden Einzelnen von euch: Er liebe seine Frau so wie sich selbst, die Frau aber respektiere den Mann.

|22: Kol 3,18! |23: 1Kor 11,3 · 1,22! |24: Kol 3,18! |25: Kol 3,19 · 5,2! |26: Tit 3,5 |27: 1,4! |28: Kol 3,19 |30: Röm 12,5! |31: Gen 2,24 |32: 6,19! · Kol 2,2 |33: Kol 3,19

Kinder und Eltern
6 1 Ihr Kinder, gehorcht euren Eltern im Herrn; denn das ist recht und gut. 2 *Ehre deinen Vater und deine Mutter* – dies ist das erste Gebot, das eine Verheissung enthält –, 3 *damit es dir gut gehe und du lange lebest auf Erden.*
4 Und ihr Väter, reizt eure Kinder nicht zum Zorn, sondern lasst sie aufwachsen in der Erziehung und Zurechtweisung des Herrn.

|1: Kol 3,20 |2–3: Ex 20,12; Dtn 5,16 |4: Kol 3,21

Sklaven und Herren
5 Ihr Sklaven, gehorcht euren irdischen Herren mit Furcht und Zittern, mit ungeteiltem Herzen, als gehorchtet ihr Christus! 6 Dient ihnen nicht aus Liebedienerei, als wolltet ihr Menschen gefallen, sondern als Sklaven Christi, die den Willen Gottes von Herzen tun. 7 Seid ihnen wohlgesinnt und dient

ihnen, als dienet ihr dem Herrn und nicht einem Menschen. 8 Ihr wisst, dass jeder, der etwas Gutes tut, es vom Herrn zurückbekommen wird, sei er nun Sklave oder Freier.

9 Und ihr Herren, verhaltet euch euren Sklaven gegenüber ebenso: Lasst das Drohen, denn ihr wisst, dass euer und ihr Herr im Himmel ist und dass es bei ihm kein Ansehen der Person gibt.

|5: Kol 3,22; Tit 2,9–10; 1Petr 2,18 |6: Kol 3,22 |7: Kol 3,23 |8: Kol 3,24 |9: Kol 4,1 · Kol 3,25!

Die Waffenrüstung Gottes

10 Und schliesslich: Werdet stark im Herrn und in der Kraft, die von seiner Stärke ausgeht! 11 Zieht die Waffenrüstung Gottes an, damit ihr dem Teufel und seinen Machenschaften entgegentreten könnt! 12 Denn wir kämpfen nicht gegen Fleisch und Blut, sondern gegen die Mächte, die Gewalten, die Fürsten dieser Finsternis, gegen die Geister des Bösen in den Himmeln. 13 Greift darum zur Waffenrüstung Gottes, damit ihr widerstehen könnt am bösen Tag und, nachdem ihr alles zu Ende gebracht habt, bestehen bleibt. 14 Seid also standhaft: Gürtet eure Hüften mit Wahrheit, zieht an den Panzer der Gerechtigkeit, 15 tragt an euren Füssen als Schuhwerk die Bereitschaft für das Evangelium des Friedens 16 und, was auch kommen mag, ergreift den Schild des Glaubens, mit dem ihr alle brennenden Pfeile des Bösen abwehren könnt.

17 Empfangt den Helm des Heils und das Schwert des Geistes, der Gottes Wort ist. 18 Von Gebet und Fürbitte lasst nicht ab: Betet allezeit im Geist und dazu seid wach! Seid beharrlich in der Fürbitte für alle Heiligen, 19 auch für mich, dass mir, wenn ich den Mund auftue, das rechte Wort gegeben werde, um in aller Freiheit das Geheimnis des Evangeliums kundzutun. 20 Ihm diene ich als Gesandter in Fesseln, damit ich in ihm den Mut und die Freiheit gewinne, das Wort zu verkündigen – wie es meinem Auftrag entspricht.

|10: 1,19 |11–13: 4,27; 1Petr 5,8–9; Jak 4,7 |11: Röm 13,12; 2Kor 10,4 |12: 1,21! · 2,6! |14: Lk 12,35! · Jes 11,5 · Jes 59,17; 1Thess 5,8 |15: Jes 52,7 |17: Jes 59,17; 1Thess 5,8 · Hebr 4,12 |18–20: Kol 4,2–4 |19: 1,9; 3,3–4.9; 5,32; Kol 4,3

Briefschluss

21 Damit aber auch ihr wisst, wie es mir geht und was ich tue, wird Tychikus, mein geliebter Bruder und treuer Diener im Herrn, euch alles berichten. 22 Ihn schicke ich eben darum zu euch, damit ihr erfahrt, wie es um uns steht, und er eure Herzen tröste. 23 Frieden wünsche ich den Brüdern und Schwestern, Liebe und Glauben von Gott, dem Vater, und dem Herrn Jesus Christus. 24 Die Gnade sei mit allen, die unseren Herrn Jesus Christus lieben – sie wird nie vergehen.

|21: Kol 4,7! |22: Kol 4,8 |23: 1,2! · 1,15; 3,17

Der Brief an die Philipper

Anschrift

1 1 Paulus und Timotheus, Knechte Christi Jesu, an alle Heiligen in Christus Jesus, die in Philippi sind, und an ihre Bischöfe und Diakone: 2 Gnade sei mit euch und Friede von Gott, unserem Vater, und dem Herrn Jesus Christus.

| 1: 2,19; Apg 16,1! · Phlm 1; 1Thess 1,1 · Röm 1,1 · 1Kor 1,2 | 2: Röm 1,7!

Dank und Fürbitte

3 Ich danke meinem Gott, sooft ich an euch denke, 4 wenn immer ich für euch alle bitte und voll Freude für euch eintrete im Gebet: 5 Ich danke dafür, dass ihr am Evangelium teilhabt, vom ersten Tag an bis heute, 6 und ich bin dessen gewiss, dass er, der das gute Werk in euch angefangen hat, es bis zum Tag Christi Jesu auch vollendet haben wird.

7 Es ist auch nichts als recht, dass ich so von euch allen denke. Denn ihr wohnt in meinem Herzen, und an der Gnade, die ich im Gefängnis und vor Gericht bei der Verteidigung und Bekräftigung des Evangeliums erfahren habe, habt ihr alle teil. 8 Gott ist mein Zeuge: Ich sehne mich nach euch allen, so wie auch Christus Jesus herzlich nach euch verlangt. 9 Und ich bete dafür, dass eure Liebe reicher und reicher werde an Erkenntnis und zu umfassender Einsicht gelangt, 10 und dass ihr so zu prüfen vermögt, worauf es ankommt; dann werdet ihr rein sein und ohne Tadel am Tag Christi, 11 erfüllt von der Frucht der Gerechtigkeit, die Jesus Christus wirkt, zur Ehre und zum Lob Gottes.

| 4: 1Kor 1,4! · 1,18! | 6: 1,10; 2,16; 1Kor 1,8 | 7: 1,12–13.17; Phlm 13! · 1,16 · 4,14 | 10: 1,6!

Die Lage des Paulus

12 Ihr sollt aber wissen, liebe Brüder und Schwestern, dass alles, was mir widerfahren ist, nur der Förderung des Evangeliums dient. 13 So hat sich im ganzen Prätorium und weit darüber hinaus die Kunde verbreitet, dass ich um Christi willen in Fesseln liege, 14 und die Mehrzahl der Brüder und Schwestern ist durch meine Gefangenschaft in ihrem Vertrauen zum Herrn gestärkt worden und wagt nun immer entschiedener, das Wort ohne Furcht weiterzusagen. 15 Zwar verkündigen einige Christus bloss aus Neid und Streitlust, andere dagegen aus voller Überzeugung. 16 Die einen tun es aus Liebe, weil sie wissen, dass es meine Bestimmung ist, das Evangelium zu verteidigen, 17 die andern aber verkündigen Christus zum eigenen Vorteil, in unlauterer Gesinnung, in der Meinung, sie könnten mich, der ich in Fesseln liege, dadurch in Bedrängnis bringen.

18 Doch was soll's! Es geht doch einzig darum, dass so oder so, aus echten oder unechten Motiven, Christus verkündigt wird, und darüber freue ich mich. Und ich werde mich auch in Zukunft freuen, 19 denn ich weiss: Dies alles wird zu meiner Rettung führen, da ihr für mich bittet und der Geist Jesu Christi mir beisteht. 20 Ich warte sehnsüchtig auf das, was kommen wird, und bin guter Hoffnung, dass ich in keiner Hinsicht blossgestellt werde, dass vielmehr Christus in aller Freiheit, wie bisher so auch jetzt, durch meinen Leib verherrlicht wird, sei es durch mein Weiterleben, sei es durch meinen Tod.

21 Denn für mich gilt: Leben heisst Christus, und Sterben ist für mich Gewinn. 22 Wenn ich aber am Leben bleiben sollte, dann bedeutet das, dass meine Arbeit Frucht bringen wird, und

so weiss ich denn nicht, was ich wählen soll. 23 Nach zwei Seiten werde ich gezogen: Eigentlich hätte ich Lust, aufzubrechen und bei Christus zu sein; das wäre ja auch weit besser. 24 Am Leben zu bleiben, ist aber nötiger – um euretwillen. 25 Ich vertraue darauf und weiss, dass ich weiterleben und euch allen erhalten bleiben werde, euch zur Förderung und zur Freude im Glauben. 26 So wird euer Ruhm, den ihr in Christus Jesus habt, durch mich noch grösser werden, wenn ich wieder bei euch bin.

|13: 1,7! |16: 1,7 |17: 1,7! |18: 1,4; 2,2.17; 3,1!; 4,1 |19: 2Kor 1,11 |20: 1Kor 6,20 |23: 2Kor 5,8; 1Thess 4,17; Lk 23,43 |25: 3,1!

Gemeinsamer Kampf für das Evangelium

27 Eins ist wichtig: Ihr sollt als Bürger eurer Stadt leben, wie es dem Evangelium von Christus entspricht, damit ich, ob ich nun komme und euch sehe oder ob ich wegbleibe, von euch erfahre, dass ihr in *einem* Geist gefestigt seid und *eines* Sinnes den Kampf für den Glauben an das Evangelium fortführt. 28 Lasst euch in keiner Weise von euren Widersachern einschüchtern; das wird für sie ein Hinweis auf ihren Untergang und eure Rettung sein – und zwar von Gott her! 29 Ihr habt die Gnade empfangen, euch für Christus einzusetzen: nicht nur an ihn zu glauben, sondern auch für ihn zu leiden, 30 indem ihr denselben Kampf führt, den ihr an mir gesehen habt und von dem ihr jetzt hört.

Seid eines Sinnes

2 1 Wenn es denn in Christus Ermahnung gibt, Zuspruch der Liebe, Gemeinschaft mit dem Geist, Zuwendung und Erbarmen, 2 dann macht meine Freude dadurch vollkommen, dass ihr eines Sinnes seid, einander verbunden in ein und derselben Liebe, einmütig und auf das eine bedacht! 3 Tut nichts zum eigenen Vorteil, kümmert euch nicht um die Meinung der Leute. Haltet vielmehr in Demut einander in Ehren; einer achte den andern höher als sich

selbst! 4 Habt nicht das eigene Wohl im Auge, sondern jeder das des andern.

|2: 1,18! · 4,2! |4: 1Kor 10,24; 13,5

2,4: Andere Textüberlieferung: «Habt nicht nur das eigene Wohl im Auge, sondern jeder auch das des andern.»

Niedrigkeit und Erhöhung Christi

5 Seid so gesinnt, wie es eurem Stand in Christus Jesus entspricht:
6 Er, der doch von göttlichem Wesen war,
hielt nicht wie an einer Beute daran fest,
  Gott gleich zu sein,
7 sondern gab es preis
  und nahm auf sich das Dasein eines Sklaven,
wurde den Menschen ähnlich,
  in seiner Erscheinung wie ein Mensch.
8 Er erniedrigte sich
und wurde gehorsam bis zum Tod,
  bis zum Tod am Kreuz.
9 Deshalb hat Gott ihn auch über alles erhöht
und ihm den Namen verliehen,
  der über allen Namen ist,
10 damit im Namen Jesu
sich beuge jedes Knie,
  all derer, die im Himmel und auf Erden und unter der Erde sind,
11 und jede Zunge bekenne,
dass Jesus Christus der Herr ist,
  zur Ehre Gottes, des Vaters.

|6–11: Kol 1,15–20 |6–8: Röm 8,3 |10–11: Jes 45,23; Röm 14,11

Lichter der Welt

12 Darum, meine Geliebten – ihr wart ja schon immer gehorsam, nicht nur, als ich bei euch war, sondern jetzt erst recht, da ihr nicht bei euch bin –: Wirkt nun weiterhin mit Furcht und Zittern auf eure eigene Rettung hin! 13 Denn Gott ist es, der in euch das Wollen und das Vollbringen bewirkt, zu seinem eigenen Wohlgefallen. 14 Tut alles ohne Murren und Bedenken, 15 damit ihr untadelig und rein seid, Kinder Got-

tes ohne Makel, mitten unter einem verkehrten und verdrehten Geschlecht, unter dem ihr leuchtet als Lichter in der Welt. 16 Denn ihr haltet am Wort des Lebens fest – mir zum Ruhm am Tag Christi, weil ich dann nicht umsonst gelaufen bin und nicht umsonst gearbeitet habe. 17 Sollte ich aber mein Leben hingeben müssen beim Opferdienst für euren Glauben, so freue ich mich, und ich freue mich mit euch allen. 18 Ebenso sollt auch ihr euch freuen: Freut euch mit mir!

|12: 2Kor 7,15 |15: Dan 12,3 |16: Gal 2,2 |17: 1,18! |18: 3,1!

2,13: Andere Übersetzungsmöglichkeit: «..., aus seinem eigenen Entschluss heraus.»

Zukunftspläne und Empfehlungen

19 Ich hoffe aber im Herrn Jesus, Timotheus bald zu euch schicken zu können, damit auch ich neuen Mut schöpfe, wenn ich erfahre, wie es euch geht. 20 Ich habe sonst keinen Gleichgesinnten, der sich so ernsthaft um eure Angelegenheiten kümmern würde. 21 Alle andern sind ja nur mit ihren eigenen Dingen beschäftigt, nicht mit der Sache Jesu Christi. 22 Er aber hat sich bewährt, das wisst ihr: Wie ein Kind dem Vater, so hat er mit mir zusammen dem Evangelium gedient. 23 Ihn also hoffe ich zu schicken, sobald ich klarer sehe, wie es um meine Sache steht. 24 Ich habe aber die Zuversicht im Herrn, dass auch ich bald kommen werde.

25 Ich hielt es aber für notwendig, Epaphroditus, meinen Bruder, Mitarbeiter und Mitkämpfer, zu euch zu schicken – er ist euer Abgesandter und mein Helfer in der Not. 26 Denn er sehnte sich nach euch allen und war beunruhigt, weil euch zu Ohren gekommen war, er sei krank geworden. 27 Und er war krank, todkrank. Aber Gott hatte Erbarmen mit ihm, nicht nur mit ihm, sondern auch mit mir; ich sollte nicht Kummer über Kummer haben. 28 Umso mehr habe ich mich nun beeilt, ihn zu schicken, damit ihr euch, wenn ihr ihn seht, wieder freuen könnt,

und auch ich einen Kummer weniger habe. 29 Nehmt ihn also auf im Herrn voll Freude, und haltet Leute wie ihn in Ehren. 30 Denn um des Werkes Christi willen hat er sich in Todesgefahr begeben, indem er sein Leben aufs Spiel setzte, um zu ergänzen, was an eurer Unterstützung für mich noch fehlte.

|19: 1Kor 4,17; Apg 16,1! |22: 1Kor 4,17 |25: 4,18 |28: 3,1! |29: 1,25

Freut euch im Herrn

3 1 Zum Schluss, meine Brüder und Schwestern: Freut euch im Herrn! Euch stets dasselbe zu schreiben, zögere ich nicht, euch aber gebe es Sicherheit.

|1: 1,25; 2,18; 4,4; 1,18!; 2Kor 13,11; 1Thess 5,16

Der Tausch des Apostels

2 Hütet euch vor den Hunden, hütet euch vor den schlechten Erntearbeitern, hütet euch vor den Verschnittenen! 3 Denn die Beschnittenen, das sind wir, die wir im Geist Gottes dienen und unseren Stolz auf Christus Jesus gründen und unser Vertrauen nicht auf das Fleisch setzen – 4 dabei hätte ich Grund, auch auf das Fleisch zu vertrauen.

Wenn irgendein anderer sich berechtigt fühlen könnte, auf das Fleisch zu vertrauen, dann ich erst recht: 5 Ich wurde am achten Tag beschnitten, bin ein Angehöriger des Volkes Israel, aus dem Stamm Benjamin, ein Hebräer von Hebräern – was das Gesetz angeht: ein Pharisäer, 6 was den Eifer angeht: ein Verfolger der Gemeinde, was die Gerechtigkeit angeht, die im Gesetz gilt: einer ohne Fehl und Tadel. 7 Aber alles, was mir Gewinn war, habe ich dann um Christi willen als Verlust betrachtet. 8 Ja, in der Tat, ich halte das alles für wertlos im Vergleich mit der überragenden Erkenntnis Christi Jesu, meines Herrn, um dessentwillen mir alles wertlos wurde, und ich betrachte es als Dreck, wenn ich nur Christus gewinne 9 und in ihm meine Heimat finde. Ich habe nicht meine eigene Gerechtigkeit, die aus dem Gesetz kommt, sondern jene Gerechtigkeit durch den Glauben an Christus, die aus Gott kommt aufgrund des Glaubens. 10 Ihn will ich kennen und die Kraft seiner Auferstehung und die Teilhabe an seinen Leiden, wenn ich gleichgestaltet werde seinem Tod, 11 in der Hoffnung, zur Auferstehung von den Toten zu gelangen.

|3: Röm 2,28–29! · Röm 5,11; Gal 6,14; 1Kor 1,31! |4: 2Kor 11,18 |5: Röm 11,1 |6: Gal 1,13! |9: Röm 1,17! |10: Röm 1,4 · 2Kor 4,10; Röm 6,5

Unterwegs, nicht am Ziel

12 Nicht dass ich es schon erlangt hätte oder schon vollkommen wäre! Ich jage ihm aber nach, und vielleicht ergreife ich es, da auch ich von Christus Jesus ergriffen worden bin. 13 Liebe Brüder und Schwestern, ich bilde mir nicht ein, dass ich selbst es ergriffen hätte, eins aber tue ich: Was zurückliegt, vergesse ich und strecke mich aus nach dem, was vor mir liegt. 14 Ich richte meinen Lauf auf das Ziel aus, um den Siegespreis zu erringen, der unserer himmlischen Berufung durch Gott in Christus Jesus verheissen ist. 15 Wir alle, die wir nun vollkommen sein möchten, sollen dies bedenken! Falls ihr anderer Ansicht seid, so wird euch Gott auch darüber Klarheit verschaffen. 16 Doch: Was wir erreicht haben, an dem wollen wir uns auch ausrichten!

|14: 1Kor 9,24

3,12: Andere Übersetzungsmöglichkeit: «... es schon empfangen hätte ...»

3,15: Andere Übersetzungsmöglichkeit: «..., die wir nun vollkommen sind, ...»

Ausrichtung und Abgrenzung

17 Folgt meinem Beispiel, liebe Brüder und Schwestern, und richtet euren Blick auf die, welche ihr Leben auf diese Weise führen; ihr habt ja uns als Vorbild. 18 Denn es leben viele unter uns – ich habe schon oft von ihnen gesprochen und tue es jetzt wieder unter Tränen –, die Feinde des Kreuzes Christi sind. 19 Ihr Ende ist das Verderben, ihr Gott ist der Bauch, und ihr Ruhm besteht in ihrer Schande – sie alle sind auf das Irdische bedacht. 20 Denn unsere Heimat ist im Himmel; von dort erwarten wir auch als Retter den Herrn Jesus Christus, 21 der unseren armseligen Leib verwandeln wird in die Gestalt seines herrlichen Leibes aufgrund der Macht, mit der er sich auch das All zu unterwerfen vermag.

4 1 Darum, meine geliebten und schmerzlich vermissten Brüder und Schwestern, die ihr meine Freude und mein Siegeskranz seid: Steht fest im Herrn, meine Geliebten!

|17: 1Kor 1,11! · 1Thess 1,7 |19: Röm 16,18 |20: 1Kor 1,7 |21: 1Kor 15,35–44 · Röm 8,29; 2Kor 3,18 |1: 1,18!; 1Thess 2,19 · 1Kor 16,13!|

Persönliche Bitten

2 Euodia ermahne ich, und Syntyche ermahne ich: Seid eines Sinnes im Herrn! 3 Ja, ich bitte auch dich, mein treuer Gefährte: Nimm dich ihrer an! Sie haben mit mir gekämpft für das Evangelium, gemeinsam mit Klemens und meinen andern Mitarbeitern, deren Namen im Buch des Lebens stehen.

|2: 2,2; 2Kor 13,11; Röm 15,5! |3: Ps 69,29; Offb 20,15

Wünsche für die Gemeinde

4 Freut euch im Herrn allezeit! Nochmals will ich es sagen: Freut euch! 5 Lasst alle Menschen eure Freundlichkeit spüren. Der Herr ist nahe. 6 Sorgt euch um nichts, sondern lasst in allen Lagen eure Bitten durch Gebet und Fürbitte mit Danksagung vor Gott laut werden. 7 Und der Friede Gottes, der alles Verstehen übersteigt, wird eure Herzen und eure Gedanken bewahren in Christus Jesus.

8 Zum Schluss, liebe Brüder und Schwestern: Was wahr ist, was achtenswert, was gerecht, was lauter, was wohlgefällig, was angesehen, wenn immer etwas taugt und Lob verdient, das bedenkt! 9 Was ihr bei mir gelernt und empfangen, gehört und gesehen habt,

das tut! Und der Gott des Friedens wird mit euch sein.

|4: 3,1! |5: Lk 12,22–23 |9: Röm 15,33!

Dank für empfangene Hilfe

10 Ich habe mich im Herrn sehr gefreut, dass ihr eure Fürsorge für mich endlich wieder entfalten konntet; ihr habt ja stets daran gedacht, hattet aber keine Gelegenheit dazu. 11 Ich sage das nicht, weil mir etwas fehlt; ich habe nämlich gelernt, in allen Lagen unabhängig zu sein. 12 Ich kann bescheiden leben, ich kann aber auch im Überfluss leben; in alles und jedes bin ich eingeweiht: satt zu werden und Hunger zu leiden, Überfluss zu haben und Mangel zu leiden. 13 Alles vermag ich durch den, der mir die Kraft dazu gibt.

14 Doch ihr habt gut daran getan, meine Not zu teilen. 15 Ihr in Philippi wisst ja selbst, dass am Beginn der Ausbreitung des Evangeliums, als ich von Makedonien aufbrach, keine Gemeinde mit mir Gemeinschaft hatte im Geben und Nehmen ausser euch, 16 ja, dass ihr mich auch in Thessalonich das eine oder andere Mal unterstützt habt. 17 Nicht dass ich auf eure Gabe aus wäre, nein, ich suche den Ertrag, der euren Gewinn mehrt. 18 Ich habe alles erhalten und habe nun mehr als genug. Ich bin mit allem versorgt, da ich von Epaphroditus eure Gabe erhalten habe, einen lieblichen Duft, ein willkommenes, Gott wohlgefälliges Opfer. 19 Mein Gott aber wird all euren Mangel beheben nach seinem Reichtum, durch die Herrlichkeit in Christus Jesus. 20 Gott aber, unserem Vater, sei Ehre in alle Ewigkeit, Amen.

|10: 1,18! |14: 1,7; Röm 12,13 |17: 2Kor 12,14 |18: 2,25 |20: Röm 16,27!

Briefschluss

21 Grüsst alle Heiligen in Christus Jesus. Es grüssen euch die Brüder und Schwestern, die bei mir sind. 22 Es grüssen euch alle Heiligen, insbesondere die aus dem kaiserlichen Haus.

23 Die Gnade des Herrn Jesus Christus sei mit eurem Geist.

|22: 1,13 |23: Gal 6,18!

Der Brief an die Kolosser

Anschrift

1 1 Paulus, Apostel Christi Jesu durch den Willen Gottes, und Timotheus, unser Bruder, 2 an die Heiligen in Kolossä, die treuen Brüder und Schwestern in Christus: Gnade sei mit euch und Friede von Gott, unserem Vater.

|1–2: Eph 1,1–2 |1: 2Kor 1,1 · Apg 16,1! |2: Röm 1,7!

Dank

3 Wir danken Gott, dem Vater unseres Herrn Jesus Christus, jedes Mal, wenn wir für euch beten. 4 Wir haben nämlich von eurem Glauben in Christus Jesus gehört und von der Liebe, die ihr allen Heiligen gegenüber hegt, 5 um der Hoffnung willen, die im Himmel für euch bereitliegt. Von ihr habt ihr bereits gehört durch das Wort der Wahrheit, das Evangelium, 6 das zu euch gekommen ist. Wie in der ganzen Welt, so bringt es auch bei euch Frucht und breitet sich aus, seit dem Tag, an dem ihr von der Gnade Gottes gehört und sie in Wahrheit erkannt habt. 7 So habt ihr es von Epaphras gelernt, unserem lieben Mitknecht, der ein treuer Diener Christi ist – für euch. 8 Er ist es auch, der uns berichtet hat von eurer Liebe, die im Geist wirksam ist.

|3: 1Thess 1,2; Eph 1,16! |4–5: 1Kor 13,13!
|4: Phlm 5; Eph 1,15 |5: 2Kor 5,1; Eph 1,18; 1Petr 1,4 ·
2Kor 6,7; Eph 1,13 |7: 4,12!

1,7: Andere Textüberlieferung: «… ein treuer Diener Christi an unserer Stelle ist.»

Fürbitte

9 Darum lassen auch wir seit dem Tag, an dem wir davon gehört haben, nicht ab, für euch zu beten und darum zu bitten, dass ihr erfüllt werdet von der Erkenntnis seines Willens in aller Weisheit und geistgewirkten Einsicht. 10 Denn ihr sollt ein Leben führen, das des Herrn würdig ist und in allen Dingen sein Wohlgefallen findet: Ihr sollt Frucht bringen in jedem guten Werk und wachsen in der Erkenntnis Gottes, 11 versehen mit aller Kraft und getragen von der Macht seiner Herrlichkeit – so werdet ihr in allen Dingen zu Standhaftigkeit und Geduld finden.

|9: Eph 1,15–17 |10: 1Thess 2,12; Eph 4,1 ·
Eph 2,10

Das Geheimnis Gottes

Voll Freude 12 sagt Dank dem Vater, der euch fähig gemacht hat, Anteil zu haben am Los der Heiligen, die im Licht sind. 13 Er hat uns der Macht der Finsternis entrissen und uns versetzt ins Reich seines geliebten Sohnes, 14 in dem wir die Erlösung haben, die Vergebung der Sünden.
15 Er ist das Ebenbild des unsichtbaren Gottes,
der Erstgeborene vor aller Schöpfung.
16 Denn in ihm wurde alles geschaffen
im Himmel und auf Erden,
das Sichtbare und das Unsichtbare,
ob Throne oder Herrschaften,
ob Mächte oder Gewalten;
alles ist durch ihn und auf ihn hin geschaffen.
17 Und er ist vor allem,
und alles hat in ihm seinen Bestand.
18 Er ist das Haupt des Leibes, der Kirche.
Er ist der Ursprung, der Erstgeborene aus den Toten, damit er in allem der

Erste sei. 19 Denn es gefiel Gott, seine ganze Fülle in ihm wohnen zu lassen 20 und durch ihn das All zu versöhnen auf ihn hin, indem er Frieden schuf durch ihn, durch das Blut seines Kreuzes, für alle Wesen, ob auf Erden oder im Himmel.

21 Auch euch, die ihr einst Fremde wart und Feinde, deren Sinn auf böse Taten aus war, 22 euch hat er jetzt mit sich versöhnt in seinem sterblichen Leib durch seinen Tod, um euch heilig, makellos und unbescholten vor sich hinzustellen – 23 wenn ihr nur dem Glauben treu bleibt, festen Grund habt, standhaft bleibt und euch nicht abbringen lasst von der Hoffnung des Evangeliums, das ihr gehört habt. Überall auf der Welt, so weit der Himmel reicht, ist es verkündigt worden, und ich, Paulus, bin sein Diener.

|12: Eph 1,18 |13–14: Apg 26,18 |14: Eph 1,7!
|15: 2Kor 4,4; Hebr 1,3 |16: Joh 1,3!; Hebr 1,2 · 2,10.15
|18: 2,10.19; Eph 1,22! · 1Kor 15,20; Offb 1,5; Apg 26,23
|19: 2,9; Eph 1,23!; Joh 1,16 |20–22: Röm 5,9–11;
2Kor 5,18–19 |20: Eph 2,13–16 |21: Eph 2,12
|22: Eph 1,4! |23: Eph 3,17! · 1,25!

1,15: Andere Übersetzungsmöglichkeit: «…, der Erstgeborene der ganzen Schöpfung.»

Der Horizont des Evangeliums

24 Jetzt freue ich mich, wenn ich für euch leiden muss, denn damit bringe ich stellvertretend an meinem Fleisch zur Vollendung, was der Bedrängnis Christi noch fehlt – seinem Leib zugute: der Kirche. 25 Ihr Diener bin ich geworden aufgrund des Verwalteramtes, das Gott mir übergeben hat, um an euch das Wort Gottes zu erfüllen, 26 das Geheimnis, das seit Urzeiten und Menschengedenken verborgen war – jetzt aber ist es seinen Heiligen offenbart worden, 27 denen Gott kundtun wollte, wie reich unter den Völkern die Herrlichkeit dieses Geheimnisses ist: Christus in euch, die Hoffnung auf die Herrlichkeit. 28 Ihn verkündigen wir, indem wir jeden Menschen auf den rechten Weg weisen und jeden unterrichten in aller

Weisheit, um jeden Menschen als in Christus vollkommen hinzustellen. 29 Dafür setze ich mich ein und dafür kämpfe ich, nach Massgabe seiner Kraft, die in mir wirkt mit grosser Macht.

|25: 1,23; 1Kor 3,5 · Eph 3,7.2 |26–27: 4,3! · Röm 16,25–26; 1Kor 2,7.10; Eph 3,3–5.9 |27: Röm 9,23; Eph 3,16! · Röm 5,2 |28: 3,16 |29: Eph 3,7.20

Der Einsatz des Apostels

2 1 Ich will nämlich, dass ihr wisst, welch schweren Kampf ich führen muss für euch und die in Laodizea und alle, die mich nicht mit eigenen Augen gesehen haben, 2 damit ihre Herzen getröstet seien und in Liebe verbunden und es in allem zu umfassender Einsicht komme, zur Erkenntnis des Geheimnisses Gottes: Christus, 3 in dem alle Schätze der Weisheit und Erkenntnis verborgen sind.

4 Das sage ich, damit euch niemand mit klugen Worten zu täuschen vermag. 5 Denn auch wenn ich persönlich nicht da bin, so bin ich doch im Geist bei euch, und ich sehe mit Freude euer geordnetes Leben und die Festigkeit eures Glaubens an Christus.

|1: 4,13.16 |2: 4,3! |5: 1Kor 5,3

Die Auseinandersetzung mit den Gegnern

6 Wie ihr nun Christus Jesus, den Herrn, angenommen habt, so lebt nun auch in ihm: 7 verwurzelt in ihm und aufgebaut auf diesem Fundament, gefestigt im Glauben, so wie ihr unterrichtet worden seid, und voller Dankbarkeit.

8 Gebt acht, dass es niemandem gelingt, euch einzufangen durch Philosophie, durch leeren Betrug, der sich auf menschliche Überlieferung beruft, auf die kosmischen Elemente und nicht auf Christus. 9 Denn in ihm wohnt die ganze Fülle der Gottheit leibhaftig, 10 und in ihm, der das Haupt aller Macht und Gewalt ist, habt ihr teil an dieser Fülle. 11 In ihm habt ihr auch eine Beschneidung empfangen, die nicht durch Menschenhand vollzogen wird, sondern durch das Ablegen des vergäng-

lichen Leibes: die Beschneidung, die in Christus geschieht. 12 Mit ihm seid ihr begraben worden in der Taufe, und mit ihm seid ihr auch mitauferweckt worden durch den Glauben an die Kraft Gottes, der ihn von den Toten auferweckt hat. 13 Euch, die ihr tot wart in euren Verfehlungen, im unbeschnittenen Zustand eures Fleisches, euch hat er zusammen mit ihm lebendig gemacht, indem er uns alle Verfehlungen vergeben hat. 14 Zerrissen hat er den Schuldschein, der aufgrund der Vereinbarungen gegen uns sprach und uns belastete. Er hat ihn aus dem Weg geräumt, indem er ihn ans Kreuz heftete. 15 Die Mächte und Gewalten hat er ihrer Macht entkleidet und sie öffentlich zur Schau gestellt, ja im Triumphzug hat er sie mit sich geführt.

16 Darum soll niemand über euch zu Gericht sitzen in Sachen Speise und Trank, Fest, Neumond oder Sabbat; 17 das alles ist ja nur ein Schatten des Künftigen, das Wirkliche ist Christus. 18 Niemand soll euch den Siegespreis aberkennen, keiner, der sich gefällt in Demut und Engelverehrung und dem, was er als Eingeweihter geschaut hat. Ohne Grund bläht er sich auf in seinem auf das Irdische beschränkten Sinn 19 und hält sich nicht an das Haupt, von dem aus der ganze Leib, durch Sehnen und Bänder gestützt und zusammengehalten, in göttlichem Wachstum wächst.

20 Wenn ihr mit Christus gestorben und von den kosmischen Elementen befreit seid, was lasst ihr euch dann Bedingungen auferlegen, als lebtet ihr noch in der Welt? 21 ‹Das darfst du nicht anfassen, das nicht kosten, das nicht zu dir nehmen!› – 22 lauter Dinge, die doch dazu da sind, gebraucht und aufgebraucht zu werden. So lauten Gebote und Lehren, die von Menschen stammen. 23 Das sieht alles nach Weisheit aus und kommt fromm und demütig daher, um ja nicht den Leib zu schonen; sie wollen ihm nicht die Ehre erweisen und

nicht der Befriedigung des Fleisches dienen.

| 7: Eph 3,17! · Eph 2,20 | 8: Eph 5,6 · 2,20; Gal 4,3
| 9: 1,19! | 10: 1,18! · 1,16!; Eph 1,21! | 11: Röm 2,29
| 12: 3,3.1; Röm 6,4; Eph 2,5–6 · Eph 1,20 | 13: Eph 2,1.5
| 14: Eph 2,15 | 15: 1,16!; Eph 1,21! | 16: Röm 14,2–3.17
| 17: Hebr 10,1 | 19: 1,18!; Eph 4,15–16 | 20: 2,8; Gal 4,9
| 21–22: 1Tim 4,3

2,17: Andere Übersetzungsmöglichkeit: «... des
Künftigen, der Leib aber ist der Leib des Christus.»
2,23: Andere Übersetzungsmöglichkeit: «..., um
ja nicht den Leib zu schonen; es ist aber gar nichts
wert, es dient nur der Befriedigung des Fleisches.»

Die Ausrichtung des neuen Lebens

3 1 Seid ihr nun mit Christus auferweckt worden, so sucht nach dem,
was oben ist, dort, wo Christus ist, zur
Rechten Gottes sitzend. 2 Trachtet nach
dem, was oben ist, nicht nach dem, was
auf Erden ist. 3 Denn ihr seid gestorben,
und euer Leben ist mit Christus verborgen in Gott. 4 Wenn Christus, euer Leben, offenbar wird, dann werdet auch
ihr mit ihm offenbar werden in Herrlichkeit.

| 1: 2,12 · Ps 110,1!; Röm 8,34; Eph 1,20; 1Petr 3,22
| 3: Röm 6,3–11

Alter und neuer Mensch

5 So tötet nun, was in euren Gliedern
irdisch ist: Unzucht, Unreinheit, Leidenschaft, böse Begierde und die Habgier – sie ist Götzendienst! 6 Um solcher Dinge willen kommt der Zorn Gottes. 7 So habt auch ihr einst euer Leben
geführt, als ihr euch noch davon bestimmen liesset.

8 Jetzt aber legt auch ihr dies alles ab:
Zorn, Wut, Bosheit, Lästerrede und üble
Nachrede, die aus eurem Mund kommt!
9 Macht einander nichts vor! Ihr habt
doch den alten Menschen mit all seinem
Tun abgelegt 10 und den neuen Menschen angezogen, der zur Erkenntnis erneuert wird nach dem Bild seines
Schöpfers. 11 Da ist nun nicht Grieche
und Jude, nicht Beschneidung und Unbeschnittensein, nicht Barbar, Skythe,
Sklave, Freier, sondern Christus ist alles
und in allen.

| 5: Eph 5.3.5 | 6: Eph 5,6 | 7: Eph 2,2 | 8: Eph 4,31
| 9: Eph 4,25 · Röm 6,6; Eph 4,22 | 10: Röm 13,14!;
Eph 4,24 · Gen 1,27 | 11: Röm 10,12!

3,6: Andere Textüberlieferung: «... kommt der
Zorn Gottes auf die Söhne und Töchter des Ungehorsams.»

Leben als Gemeinde

12 So bekleidet euch nun als von Gott
auserwählte Heilige und Geliebte mit
innigem Erbarmen, Güte, Demut, Sanftmut und Geduld! 13 Ertragt euch gegenseitig und vergebt einander, wenn einer
dem andern etwas vorzuwerfen hat.
Wie der Herr euch vergeben hat, so sollt
auch ihr vergeben! 14 Über all dem aber
vergesst die Liebe nicht: Darin besteht
das Band der Vollkommenheit. 15 Und
der Friede Christi regiere in euren Herzen; zum Frieden seid ihr berufen als
Glieder des einen Leibes. Und dafür sollt
ihr dankbar sein.

16 Das Wort Christi wohne mit seinem ganzen Reichtum unter euch: Lehrt
und ermahnt einander in aller Weisheit,
singt Gott, von der Gnade erfüllt, in euren Herzen Psalmen, Hymnen und
geistliche Lieder! 17 Und alles, was ihr
tut, mit Worten oder Taten, das tut im
Namen des Herrn Jesus – und dankt dabei Gott, dem Vater, durch ihn.

| 12–15: Eph 4,2–4 | 13: Eph 4,32 | 15: Phil 4,7 ·
1Kor 12,12! | 16: 1,28 · Eph 5,19 | 17: Eph 5,20

Ehe, Familie, Arbeitswelt

18 Ihr Frauen, ordnet euch euren
Männern unter, wie es sich im Herrn
geziemt! 19 Ihr Männer, liebt eure
Frauen und lasst eure Bitterkeit nicht an
ihnen aus!

20 Ihr Kinder, gehorcht euren Eltern
in allen Dingen, denn das findet Gefallen beim Herrn. 21 Ihr Väter, reizt eure
Kinder nicht, damit sie den Mut nicht
verlieren.

22 Ihr Sklaven, gehorcht euren irdischen Herren in allen Dingen, nicht aus
Liebedienerei, als wolltet ihr Menschen
gefallen, sondern mit lauterem Herzen;
denn ihr fürchtet den Herrn. 23 Was ihr
auch tut, tut es mit Leib und Seele, so als

wäre es für den Herrn und nicht für Menschen, 24 im Wissen, dass ihr dafür vom Herrn das Erbe empfanget werdet. Dient Christus, dem Herrn! 25 Wer Unrecht tut, wird bekommen, was er an Unrecht getan hat, ohne Ansehen der Person.

4 1 Ihr Herren, gewährt euren Sklaven, was recht und billig ist. Denn ihr wisst: Auch ihr habt einen Herrn im Himmel.

| 18: Eph 5,22.24; 1Petr 3,1 | 19: Eph 5,25.28.33 | 20: Eph 6,1 | 21: Eph 6,4 | 22: Eph 6,5–6; 1Petr 2,18 | 23: Eph 6,7 | 24: Eph 6,8 | 25: Röm 2,11!; Eph 6,9 | 1: Eph 6,9

Ruf zur Fürbitte

2 Haltet fest am Gebet, wachen Sinnes und voller Dankbarkeit! 3 Betet zugleich auch für uns, dass Gott uns eine Tür für sein Wort öffne und wir das Geheimnis Christi verkündigen können, um dessentwillen ich in Fesseln liege, 4 damit ich es offenbar machen und davon reden kann, wie es meine Aufgabe ist. 5 Denen draussen begegnet mit Weisheit, kauft die Zeit aus! 6 Eure Rede soll stets Anklang finden und doch voller Würze sein; ihr sollt imstande sein, jedermann Rede und Antwort zu stehen.

| 2–4: Eph 6,18–20 | 2: Röm 12,12 | 3: 1,26–27; 2,2 | 5: Eph 5,15–16 | 6: Eph 4,29

Nachrichten und Grüsse

7 Über meine Lage wird euch Tychikus, mein lieber Bruder, treuer Diener und Mitknecht im Herrn, ausführlich berichten. 8 Dazu habe ich ihn ja zu euch geschickt, dass ihr erfahrt, wie es um uns steht, und er eure Herzen tröste. 9 In seiner Begleitung ist Onesimus, der treue und liebe Bruder, der ja euer Landsmann ist. Sie werden euch berichten, wie es hier steht.

10 Es grüssen euch Aristarchus, mein Mitgefangener, und Markus, der Neffe des Barnabas – was ihn betrifft, habt ihr ja bereits Anweisungen erhalten; wenn er zu euch kommt, nehmt ihn auf! –, 11 und Jesus mit dem Beinamen Justus. Sie gehören zu den Beschnittenen und sind unter ihnen die einzigen, die am Reich Gottes mitarbeiten. Mir sind sie ein Trost geworden. 12 Es grüsst euch Epaphras, euer Landsmann, ein Diener Christi Jesu, der allezeit in seinen Gebeten für euch kämpft, dass ihr als Vollkommene dasteht, erfüllt von allem, was Gottes Wille ist. 13 Ich kann es bezeugen, dass er mit grossem Einsatz für euch und für die in Laodizea und in Hierapolis kämpft. 14 Es grüssen euch Lukas, der geschätzte Arzt, und Demas.

15 Grüsst die Brüder und Schwestern in Laodizea, auch Nymphe und die ganze Gemeinde in ihrem Haus. 16 Wenn dieser Brief bei euch vorgelesen worden ist, sorgt dafür, dass er auch in der Gemeinde der Laodizeer vorgelesen wird und dass ihr euererseits den Brief aus Laodizea zu lesen bekommt. 17 Und dem Archippus richtet aus: Achte darauf, den Auftrag, den du im Herrn empfangen hast, zu erfüllen.

18 Diesen Gruss habe ich, Paulus, eigenhändig geschrieben. Denkt an meine Fesseln! Die Gnade sei mit euch.

| 7: Eph 6,21; 2Tim 4,12; Tit 3,12 | 8: Eph 6,22 | 9: Phlm 10–18 | 10: Phlm 24; 2Tim 4,11 | 12: 1,7; Phlm 23 | 13: 2,1 | 14: Phlm 24; 2Tim 4,10–11 | 17: Phlm 2 | 18: 1Kor 16,21! · Phil 1,7! · 1Tim 6,21; 2Tim 4,22

4,12: Andere Übersetzungsmöglichkeit: «... als Vollkommene dasteht, in völliger Gewissheit dessen, was der Wille Gottes ist.»

Der Erste Brief an die Thessalonicher

Anschrift

1 1 Paulus und Silvanus und Timotheus an die Gemeinde in Thessalonich, die in Gott, dem Vater, und im Herrn, Jesus Christus, lebt: Gnade sei mit euch und Friede.

| 1: Phil 1,1; Phlm 1 · Röm 1,7!

Dankbares Gedenken

2 Wir danken Gott allezeit für euch alle, wenn wir in Gedanken bei euch sind in unseren Gebeten. Unablässig 3 denken wir vor Gott, unserem Vater, an euch: an euer Werk im Glauben, eure Arbeit in der Liebe, eure Geduld in der Hoffnung auf unseren Herrn Jesus Christus. 4 Wir wissen, von Gott geliebte Brüder und Schwestern, um eure Erwählung; 5 denn unsere Verkündigung des Evangeliums bei euch geschah nicht allein im Wort, sondern auch in der Kraft, im heiligen Geist und mit grosser Wirkung; ihr wisst ja, wie wir bei euch aufgetreten sind zu eurem Besten.

6 Ihr seid unserem Beispiel gefolgt und dem des Herrn, da ihr in grosser Bedrängnis das Wort angenommen habt mit einer Freude, die aus dem heiligen Geist kommt. 7 So seid ihr in Makedonien und in der Achaia ein Vorbild für alle Glaubenden geworden. 8 Von euch ausgehend hat das Wort des Herrn Widerhall gefunden, nicht nur in Makedonien und in der Achaia, sondern überall hat sich die Kunde von eurem Glauben an Gott verbreitet – wir brauchen gar nicht mehr davon zu reden. 9 Überall nämlich wird berichtet, was für eine Aufnahme wir bei euch gefunden haben und wie ihr euch, von den nichtigen Göttern weg, Gott zugewandt habt, um dem lebendigen und wahren Gott zu dienen 10 und um zu warten auf seinen Sohn aus dem Himmel, den er von den Toten auferweckt hat, Jesus, der uns rettet vor dem kommenden Zorn.

| 2: 1Kor 1,4 · 5,17 | 3: 5,8; 1Kor 13,13! | 5: 1Kor 2,4 · Röm 15,19 | 6: 1Kor 11,1! | 7: Phil 3,17! | 10: Röm 10,9 · Röm 5,9

1,2–3: Andere Übersetzungsmöglichkeit: «für euch alle, da wir in Gedanken unablässig bei euch sind in unseren Gebeten. 3 Wir denken ...»
1,5: Andere Übersetzungsmöglichkeit: «..., im heiligen Geist und mit grosser Gewissheit; ihr ...»

Erinnerung an den Anfang

2 1 Ihr wisst es ja selbst, liebe Brüder und Schwestern, dass es nicht umsonst war, dass wir zu euch gekommen sind. 2 Im Gegenteil: Nachdem wir in Philippi viel gelitten haben und misshandelt wurden, wie ihr wisst, haben wir in unserem Gott die Freiheit wieder erlangt, euch das Evangelium Gottes zu verkündigen unter mancherlei Kämpfen. 3 Denn unser Zuspruch beruht nicht auf Täuschung, Unlauterkeit oder Arglist, 4 sondern Gott hat uns für tauglich erachtet, mit dem Evangelium betraut zu werden, und darum reden wir: nicht um Menschen zu gefallen, sondern um Gott zu gefallen, der unsere Herzen prüft.

5 Denn wir sind damals bei euch, wie ihr wisst, weder mit Schmeichelreden aufgetreten noch mit heimlicher Habgier – Gott ist mein Zeuge! –, 6 noch haben wir Ehre und Anerkennung von Menschen gesucht, sei es von euch oder von anderen, 7 obwohl wir uns als Apostel Christi auf unser Ansehen hätten berufen können, im Gegenteil: Wir konnten unter euch sein wie arglose Kinder. Und wie eine Amme ihre Kinder hegt, 8 so sehnen wir uns nach euch, und wir möchten euch teilhaben lassen, nicht nur am Evangelium Gottes, sondern auch an unserem eigenen Leben; denn ihr seid uns lieb geworden. 9 Ihr erinnert euch doch, liebe Brüder und

Schwestern, an unsere Mühe und Arbeit; Tag und Nacht haben wir gearbeitet, um niemandem von euch zur Last zu fallen; so haben wir euch das Evangelium Gottes verkündigt.

10 Ihr seid Zeugen, und auch Gott ist Zeuge, dass wir zu euch, den Glaubenden, lauter, gerecht und untadelig waren. 11 Ihr wisst doch, dass wir jedem Einzelnen von euch, wie ein Vater seinen Kindern, 12 zureden, Mut machen und ans Herz legen, sein Leben zu führen, wie es würdig ist vor Gott, der euch zu seiner Herrschaft und Herrlichkeit ruft.

| 2: Apg 16,20–24; 17,1–5 · 2,8.9; 2Kor 11,7;
Röm 15,16!; Mk 1,14; 1Petr 4,17 | 4: Gal 1,10 · Jer 11,20
| 7: 1Kor 9,1–5 | 8: 2,2! | 9: 1Kor 4,12 · 2,2!
| 11–12: 1Kor 4,14 | 12: 5,24

2,7: Andere Textüberlieferung: «…, im Gegenteil: Wir sind vielmehr euch zugewandt in eurer Mitte gewesen. …»

Annahme des Evangeliums in Bedrängnis

13 Deshalb danken auch wir Gott unablässig dafür, dass ihr das von uns verkündigte und von euch empfangene Wort Gottes nicht als Menschenwort aufgenommen habt, sondern als das, was es in Wahrheit ist: Gottes Wort, das in euch, den Glaubenden, wirksam ist. 14 Denn ihr, liebe Brüder und Schwestern, seid dem Beispiel der Gemeinden Gottes gefolgt – der christlichen Gemeinden in Judäa –, da ihr von euren Mitbürgern dasselbe erlitten habt wie sie von den Juden. 15 Diese haben den Herrn Jesus getötet und die Propheten, sie haben uns verfolgt, sie missfallen Gott und sind allen Menschen feind, 16 weil sie uns daran hindern, den Völkern das Wort zu verkündigen, das ihnen Rettung brächte; so machen sie unentwegt das Mass ihrer Sünden voll. Aber schon ist der Zorn über sie gekommen in seinem vollen Ausmass.

| 13: 1,2!; Gal 1,11 | 14: Apg 17,5–9 | 16: 1,10

Sehnsucht des Paulus nach seiner Gemeinde

17 Wir aber, liebe Brüder und Schwestern, sind wie verwaist, da wir für eine kurze Zeit von euch getrennt sind – äusserlich nur, nicht aber im Herzen. Umso mehr haben wir uns voller Sehnsucht bemüht, euch von Angesicht zu sehen. 18 Denn wir wollten zu euch kommen, ich, Paulus, mehr als einmal, doch der Satan hat es verhindert. 19 Denn wer ist unsere Hoffnung, unsere Freude, unser Ruhmeskranz vor unserem Herrn Jesus, wenn er kommen wird? Nicht etwa auch ihr? 20 Ja, ihr seid unser Glanz und unsere Freude.

| 19: Phil 4,1 · 3,13; 4,15; 5,23!; 2Thess 2,1!

Gute Nachrichten aus Thessalonich

3 1 Da wir es nicht länger aushielten, beschlossen wir, allein in Athen zurückzubleiben, 2 und sandten Timotheus zu euch, unseren Bruder und Mitarbeiter Gottes am Evangelium von Christus. Er sollte euch stärken und zum Glauben ermutigen, 3 damit niemand in dieser Zeit der Bedrängnis ins Wanken komme; denn ihr wisst selbst, dass uns dies alles auferlegt ist. 4 Als wir bei euch waren, haben wir euch ja vorausgesagt, dass wir in mancherlei Bedrängnis geraten würden; so ist es denn auch gekommen, und ihr wisst es. 5 Darum habe ich, da ich es nicht länger aushielt, zu euch gesandt, um zu erfahren, wie es um euren Glauben steht, ob der Versucher euch nicht etwa in Versuchung geführt habe und unsere Arbeit umsonst gewesen sei.

6 Doch eben ist Timotheus zu uns zurückgekehrt und hat uns gute Botschaft gebracht von eurem Glauben und eurer Liebe, dass ihr uns allezeit in guter Erinnerung habt und euch danach sehnt, uns zu sehen, so wie auch wir uns nach euch sehnen. 7 Darum sind wir getröstet worden, liebe Brüder und Schwestern, dank euch, in all unserer Not und Bedrängnis durch euren Glauben: 8 Jetzt können wir wieder leben,

wenn ihr fest gegründet seid im Herrn.

9 Ja, wie können wir Gott euretwegen Dank sagen für all die Freude, die wir durch euch erfahren vor unserem Gott? 10 Tag und Nacht bitten wir inständig darum, euch von Angesicht zu sehen und ergänzen zu können, was eurem Glauben noch fehlt.

11 Er selbst aber, unser Gott und Vater, und Jesus, unser Herr, möge unsere Schritte zu euch lenken. 12 Euch aber lasse der Herr wachsen und reicher werden in der Liebe zueinander und zu allen Menschen, wie auch wir sie zu euch haben. 13 So werden eure Herzen gestärkt, dass euch kein Tadel trifft und ihr heilig seid vor Gott, unserem Vater, bei der Ankunft unseres Herrn Jesus mit all seinen Heiligen, Amen.

| 1–2: Apg 17,14–15 · Apg 16,1! | 6: Apg 18,5 · 1,3 | 8: 1Kor 16,13! | 12: Phil 1,9 | 13: Jak 5,8 · 2,19!

Leben im Glauben

4 1 Im Übrigen, liebe Brüder und Schwestern, bitten und ermuntern wir euch im Herrn Jesus, dass ihr so, wie ihr von uns unterwiesen worden seid, euer Leben zu führen und Gott zu gefallen – das tut ihr ja auch –, dass ihr auf diesem Weg immer noch weiter geht. 2 Ihr wisst ja, welche Weisungen wir euch im Auftrag des Herrn Jesus gegeben haben.

3 Das nämlich ist der Wille Gottes, eure Heiligung: dass ihr euch fernhaltet von der Unzucht, 4 dass jeder von euch in Heiligung und Würde mit seinem Gefäss, dem Leib, umzugehen wisse 5 – nicht in begehrlicher Leidenschaft wie die Heiden, die Gott nicht kennen – 6 und dass keiner sich hinwegsetze über seinen Bruder und ihn bei Geschäften übervorteile; denn über dies alles hat der Herr seine Strafe verhängt, wie wir euch schon früher gesagt und bezeugt haben. 7 Denn Gott hat uns nicht zur Unlauterkeit berufen, sondern zu einem Leben in Heiligung. 8 Darum: Wer solches missachtet, der missachtet nicht einen Menschen, sondern Gott, der

doch seinen heiligen Geist in euch hineinlegt.

9 Über die Liebe unter Brüdern und Schwestern aber brauche ich euch nicht zu schreiben, seid ihr doch selbst von Gott gelehrt, einander zu lieben. 10 Und ihr tut es ja auch allen gegenüber, die zur Gemeinde gehören, in ganz Makedonien. Wir reden euch aber zu, liebe Brüder und Schwestern, darin noch verschwenderischer zu werden 11 und euer ganzes Streben darauf auszurichten, in Ruhe und Frieden zu leben, das Eure zu tun und mit den eigenen Händen zu arbeiten, wie wir es euch geboten haben. 12 Ihr sollt euch vorbildlich verhalten gegenüber denen, die nicht zur Gemeinde gehören, und auf niemanden angewiesen sein.

| 1: 2,13 | 3: 5,23 | 5: Gal 4,8 | 8: Ez 36,27; 37,14 · 1Kor 6,19 | 9: Röm 12,10; Hebr 13,1 | 10: 1,7 | 12: Röm 13,13

4,4: Der griechische Text lässt offen, wofür der Ausdruck ‹das Gefäss› steht; er lautet: «mit seinem Gefäss umzugehen wisse».

Die Toten in Christus

13 Wir wollen euch, liebe Brüder und Schwestern, nicht im Ungewissen lassen über das Schicksal der Verstorbenen; ihr sollt nicht betrübt sein wie die anderen, die keine Hoffnung haben.

14 Wenn wir nämlich glauben, dass Jesus gestorben und auferstanden ist, so wird Gott auch die Verstorbenen durch Jesus mit ihm zusammen heraufführen. 15 Denn dies sagen wir euch aufgrund eines Wortes des Herrn: Wir, die wir leben, die wir bis zum Kommen des Herrn am Leben bleiben, werden den Verstorbenen nichts voraushaben. 16 Denn der Herr selbst wird beim Erschallen des Befehlswortes, bei der Stimme des Erzengels und der Posaune Gottes vom Himmel herabsteigen. Und die, die in Christus gestorben sind, werden zuerst auferstehen, 17 danach werden wir, die wir noch am Leben sind, mit ihnen zusammen hinweggerissen und auf Wolken emporgetragen werden in die Höhe, zur

Begegnung mit dem Herrn. Und so werden wir allezeit beim Herrn sein.

18 So tröstet also einander mit diesen Worten.

|13: 1Kor 15,20 |14: 5,10 |15–17: 1Kor 15,51–52 |15: 2,19!; 1Kor 15,23 |16: Mt 24,30!-31 · 1Kor 1,24–25 |17: Phil 1,23!

Leben im Vorschein der Zukunft

5 1 Über Zeiten und Fristen aber, liebe Brüder und Schwestern, braucht euch niemand zu belehren. 2 Ihr wisst ja selber genau, dass der Tag des Herrn kommt wie ein Dieb in der Nacht.

3 Wenn die Leute sagen: Friede und Sicherheit, dann wird das Verderben so plötzlich über sie kommen wie die Wehen über die Schwangere, und es wird kein Entrinnen geben.

4 Ihr aber, liebe Brüder und Schwestern, lebt nicht in der Finsternis, so dass euch der Tag überraschen könnte wie ein Dieb. 5 Ihr seid ja alle ‹Söhne und Töchter des Lichts› und ‹Söhne und Töchter des Tages›; wir gehören nicht der Nacht noch der Finsternis. 6 Lasst uns also nicht schlafen wie die anderen, sondern wach und nüchtern sein! 7 Wer schläft, schläft des Nachts, und wer sich betrinkt, ist des Nachts betrunken, 8 wir aber, die wir dem Tag gehören, wollen nüchtern sein, angetan mit dem Panzer des Glaubens und der Liebe und mit dem Helm der Hoffnung auf Rettung. 9 Denn Gott hat uns nicht dazu bestimmt, dass wir dem Zorn verfallen, sondern dass wir die Rettung erlangen durch unseren Herrn Jesus Christus, 10 der für uns gestorben ist, damit wir alle miteinander, ob wir nun wachen oder schlafen, zusammen mit ihm leben werden.

11 Deshalb: Redet einander zu und richtet euch gegenseitig auf, wie ihr es ja tut.

|1: Mk 13,32 |2: 1Kor 1,8!; Mt 24,42–43; 2Petr 3,10! |8: Eph 6,14–17 · 1,3! |9: 1,10! |10: 4,14; Röm 14,8 · 4,17 |11: 4,18

5,9: Andere Übersetzungsmöglichkeit: «..., sondern dass wir das Heil bewahren ...»

Das Zusammenleben in der Gemeinde

12 Wir bitten euch aber, liebe Brüder und Schwestern, diejenigen zu achten, die sich besonders einsetzen unter euch, die sich im Herrn um euer Wohl kümmern und die euch zurechtweisen. 13 Schätzt sie um dieses Tuns willen über alles in Liebe! Und: Haltet Frieden untereinander.

14 Wir reden euch aber zu, liebe Brüder und Schwestern: Weist die zurecht, die sich an keine Ordnung halten, ermutigt die Verzagten, steht den Schwachen bei, habt Geduld mit allen! 15 Seht zu, dass keiner dem andern Böses mit Bösem vergelte. Jagt vielmehr allezeit dem Guten nach, füreinander und für alle.

16 Freut euch allezeit,

17 betet ohne Unterlass,

18 in allem sagt Dank; das ist der Wille Gottes, in Christus Jesus, für euch.

19 Den Geist bringt nicht zum Erlöschen!

20 Prophetische Rede verachtet nicht!

21 Prüft aber alles, das Gute behaltet!

22 Meidet das Böse in jeder Gestalt!

23 Er aber, der Gott des Friedens, heilige euch durch und durch; Geist, Seele und Leib mögen euch unversehrt und untadelig erhalten bleiben bis zur Ankunft unseres Herrn Jesus Christus. 24 Treu ist, der euch ruft: Er wird es auch tun.

|13: 2Kor 13,11 |15: Röm 12,17! |16: Phil 3,1 |17: 1,2 |20: Röm 12,6 |23: Röm 15,33! · 4,3 · 2,19! |24: 2,12

5,13: Andere Textüberlieferung: «... Und: Haltet Frieden mit ihnen.»

Briefschluss

25 Liebe Brüder und Schwestern, betet auch für uns. 26 Grüsst alle in der Gemeinde mit dem heiligen Kuss.

27 Ich beschwöre euch beim Herrn, diesen Brief allen in der Gemeinde vorzulesen.

28 Die Gnade unseres Herrn Jesus Christus sei mit euch.

|26: Röm 16,16! |28: 1Kor 16,23; Röm 16,20; 2Thess 3,18

Der Zweite Brief an die Thessalonicher

Anschrift

1 1 Paulus und Silvanus und Timotheus an die Gemeinde in Thessalonich, die in Gott, unserem Vater, und im Herrn Jesus Christus lebt: 2 Gnade sei mit euch und Friede von Gott, unserem Vater, und dem Herrn Jesus Christus.

|1–2: 1Thess 1,1 |2: Röm 1,7

Dank und Fürbitte für die Gemeinde

3 Wir sind es Gott schuldig, ihm allezeit für euch, liebe Brüder und Schwestern, zu danken, wie es sich geziemt, denn euer Glaube gedeiht und die Liebe zueinander wächst bei einem jeden von euch. 4 Darum sind wir stolz auf euch und rühmen in den Gemeinden Gottes eure Standhaftigkeit und eure Treue in aller Verfolgung und Bedrängnis, die ihr ertragt.

5 Ein Hinweis auf das gerechte Gericht Gottes ist dies alles, ein Zeichen, dass ihr für würdig erachtet werdet des Reiches Gottes, für das ihr auch leidet, 6 wenn es denn bei Gott als gerecht gilt, mit Drangsal zu vergelten denen, die euch bedrängen, 7 und Erleichterung zu verschaffen euch, den Bedrängten, und auch uns. Geschehen wird es, wenn Jesus, der Herr, vom Himmel her erscheint mit den Engeln seiner Macht, 8 in loderndem Feuer. Dann wird er Vergeltung üben an denen, die Gott nicht kennen und die dem Evangelium Jesu, unseres Herrn, nicht gehorchen. 9 Ewiges Verderben wird die Strafe sein, die sie treffen wird vom Angesicht des Herrn und von der Herrlichkeit seiner Macht, 10 wenn er kommt an jenem Tag, um verherrlicht zu werden inmitten seiner Heiligen und gefeiert zu werden von allen, die zum Glauben gekommen sind; denn bei euch hat unser Zeugnis Glauben gefunden.

11 Darum beten wir auch allezeit für euch, dass unser Gott euch der Berufung für würdig erachte und jeden Entschluss zum Guten und das Werk des Glaubens machtvoll vollende. 12 So soll der Name unseres Herrn Jesus verherrlicht werden unter euch und ihr in ihm, wie es der Gnade unseres Gottes und unseres Herrn Jesus Christus entspricht.

|3: 2,13; 1Thess 1,2! · 1Thess 1,3; 3,12
|4: 1Thess 2,19 · 1Thess 2,14 · 1Thess 3,3.7
|5: 1Thess 2,12! |6: 1,4! |7: 1Kor 1,7; 1Thess 3,13
|8: 1Kor 3,13 · Jes 66,15 · 1Thess 4,5 · Röm 10,16
|10: 1,7! |11: 1Thess 1,2 · 1Thess 1,3

Der Tag des Herrn

2 1 Was nun aber die Wiederkunft unseres Herrn Jesus Christus betrifft und unsere Zusammenführung mit ihm, so bitten wir euch, liebe Brüder und Schwestern: 2 Lasst euch nicht so schnell um den Verstand bringen und in Schrecken versetzen, wenn in einer Prophezeiung, einer Rede oder einem Brief – und wäre er auch von uns – angeblich gesagt wird, der Tag des Herrn sei schon da.

3 Niemand soll euch täuschen, auf keinerlei Weise! Denn zuerst muss der Widerruf kommen und der Feind des Gesetzes offenbar werden, der Sohn des Verderbens, 4 der Widersacher, der sich über alles erhebt, was Gott oder heilig genannt wird, und sich in den Tempel Gottes setzt und sich gebärdet, als wäre er Gott. 5 Erinnert ihr euch nicht, dass ich euch dies sagte, als ich noch bei euch war? 6 Jetzt wisst ihr auch, was ihn noch aufhält, so dass er erst zu der für ihn bestimmten Zeit offenbar wird. 7 Zwar ist das Geheimnis der Gesetzesfeindschaft schon am Werk; doch noch gibt es den, der es aufhält, bis er dann beseitigt wird. 8 Dann wird der Gesetzesfeind offen hervortreten, aber der Herr wird ihn durch den Hauch seines Mundes töten und durch die Erscheinung seiner Wie-

derkunft zunichte machen. 9 Jener aber, dessen Kommen das Werk des Satans ist, wird mit aller Macht auftreten, mit trügerischen Zeichen und Wundern, 10 und mit grosser List all jene zur Ungerechtigkeit verführen, die verloren gehen, weil sie die Liebe zur Wahrheit nicht in sich aufgenommen haben und sich nicht retten liessen. 11 Deshalb schickt ihnen Gott eine Kraft, die in die Irre führt, dass sie der Lüge glauben. 12 So sollen alle gerichtet werden, die der Wahrheit nicht geglaubt, sondern am Unrecht Gefallen gefunden haben.

13 Wir aber sind es Gott schuldig, ihm allezeit zu danken für euch, liebe Brüder und Schwestern, die ihr vom Herrn geliebt seid; denn euch hat Gott von Anfang an erwählt zur Rettung, die durch die Heiligung im Geist und durch den Glauben an die Wahrheit geschieht. 14 Dazu hat er euch auch berufen durch unser Evangelium: Ihr sollt die Herrlichkeit unseres Herrn Jesus Christus erlangen.

| 1–12: 1Thess 4,13–17; 5,1–10 | 1: 1,8; 1Thess 2,19!; Jak 5,7 · 1,10 | 2: 2,15; 3,17 · 1Thess 5,2 | 3: 1Tim 4,1; 2Tim 3,1–5 | 4: 2,8; Dan 8,10–11 | 5: 2,15 | 8: Jes 11,4 · 1Thess 2,19! | 13: 1,3!; 1Thess 2,13 · 1Thess 4,7 | 14: 1Thess 5,9

2,2: Andere Übersetzungsmöglichkeit: «... – und sei es auch von uns – ...»

2,8: Andere Textüberlieferung: «... offen hervortreten, aber Jesus, der Herr, wird ihn ...»

2,13: Andere Textüberlieferung: «...; denn euch hat Gott als Erstling erwählt ...»

Ermahnung und Anrufung des Herrn

15 Liebe Brüder und Schwestern, seid standhaft und haltet fest an den Überlieferungen, in denen ihr von uns unterwiesen worden seid, sei es mündlich oder schriftlich. 16 Er aber, unser Herr, Jesus Christus, und Gott, unser Vater, der uns liebt und uns durch seine Gnade ewigen Trost und gute Hoffnung gibt, 17 ermutige eure Herzen und stärke euch zu jedem guten Werk und Wort.

| 15: 1Kor 16,13 · 2,2.5 | 16: 1Thess 3,11 · 1Thess 3,2.13

Bitte um Bewahrung

3 1 Im Übrigen, liebe Brüder und Schwestern, betet für uns, dass das Wort des Herrn seinen Lauf nehme und überall in Ehren gehalten werde, wie auch bei euch, 2 und dass wir gerettet werden aus der Hand der verkehrten und bösen Menschen; denn der Glaube ist nicht jedermanns Sache.

3 Treu aber ist der Herr, der euch stärken und vor dem Bösen bewahren wird. 4 Im Herrn haben wir Vertrauen in euch, dass ihr, was wir anordnen, auch tut und tun werdet. 5 Der Herr aber richte eure Herzen aus auf die Liebe Gottes und die Geduld Christi.

| 1: 1Thess 5,25 | 2: 1Thess 5,24 | 4: 1Thess 4,2 | 5: 1Thess 3,11; 2Kor 13,13

Die sich an keine Ordnung halten

6 Wir fordern euch aber auf, liebe Brüder und Schwestern, im Namen unseres Herrn Jesus Christus, zu meiden alle in der Gemeinde, die ohne Ordnung leben und sich nicht an die Überlieferung halten, die sie von uns empfangen haben.

7 Ihr wisst ja selber, wie man unserem Beispiel folgen soll: Wir haben bei euch nicht so gelebt, als gäbe es keine Ordnung, 8 noch haben wir ohne Entgelt jemandes Brot gegessen; nein, wir haben dafür gearbeitet und uns geplagt, Tag und Nacht, um niemandem von euch zur Last zu fallen. 9 Nicht dass wir kein Recht dazu hätten, nein, wir wollen uns selbst hinstellen als ein Vorbild für euch, das ihr nachahmen sollt. 10 Wir haben ja auch, als wir bei euch waren, euch dies geboten: Wer nicht arbeiten will, soll auch nicht essen.

11 Wir hören nämlich von einigen unter euch, dass sie ohne Ordnung leben; sie arbeiten nicht, sondern treiben unnütze Dinge. 12 Solchen Leuten gebieten wir, wir ermahnen sie im Herrn Jesus Christus: Geht in Ruhe eurer Arbeit nach und esst euer eigenes Brot!

| 6: 1Thess 4,1 · 1Thess 5,14 · 2,15 | 7: 1Thess 1,6 · 1Thess 5,14 | 8: 1Thess 2,9! | 9: 1Kor 9,4.14 · 1Thess 1,6.7 | 10: 1Thess 3,4 · 2,15 | 11: 3,6; 1Thess 5,14

3,7: Andere Übersetzungsmöglichkeit: «... nicht so gelebt, als wollten wir uns vor der Arbeit drücken,»

Die Zurechtweisung des Bruders

13 Ihr aber, liebe Brüder und Schwestern, werdet nicht müde, Gutes zu tun! 14 Wenn aber einer dem nicht nachkommt, was in diesem Brief steht, so merkt ihn euch und meidet den Umgang mit ihm, damit er beschämt werde. 15 Aber haltet ihn nicht für einen Feind, sondern weist ihn als euren Bruder zurecht. 16 Er aber, der Herr des Friedens,

gebe euch den Frieden allezeit und auf alle Weise. Der Herr sei mit euch allen.

|13: Gal 6,9 |14: 1Kor 5,9 |15: 1Thess 5,12.14; Röm 15,14 |16: Röm 15,33!

Briefschluss

17 Dies ist mein, des Paulus, eigenhändig geschriebener Gruss, das Zeichen in jedem Brief: So schreibe ich. 18 Die Gnade unseres Herrn Jesus Christus sei mit euch allen.

|17: 1Kor 16,21 |18: 1Thess 5,28!

Der Erste Brief an Timotheus

Anschrift

1 1 Paulus, Apostel Christi Jesu im Auftrag Gottes, unseres Retters, und Christi Jesu, der unsere Hoffnung ist, 2 an Timotheus, sein rechtmässiges Kind im Glauben: Gnade, Barmherzigkeit und Frieden von Gott, dem Vater, und von Christus Jesus, unserem Herrn.

|1–2: 2Tim 1,1–2 |1: 2,3! |2: 1,18!; 1Kor 4,17! · Tit 1,4 · 2Joh 3

Erneuerung des Auftrags an Timotheus

3 Wie damals bei meiner Abreise nach Makedonien, als ich dich bat, in Ephesus zu bleiben, um gewissen Leuten zu verbieten, andere Lehren zu verbreiten 4 und sich mit Mythen und endlosen Geschlechterreihen zu befassen, die nur zu Streitereien führen und zur Haushaltung Gottes, die im Glauben wirksam wird, nichts beitragen, so gilt auch jetzt: 5 Das Ziel aller Weisung ist die Liebe, die aus reinem Herzen und gutem Gewissen und ungeheucheltem Glauben kommt. 6 Davon sind einige abgewichen und leerem Geschwätz verfallen; 7 sie wollen Lehrer des Gesetzes

sein und haben doch keine Ahnung, wovon sie reden und worüber sie so selbstgewiss urteilen. 8 Wir wissen aber: Das Gesetz ist gut, wenn man es in seinem Sinn anwendet, 9 das heisst, wenn man sich bewusst ist, dass das Gesetz nicht den Gerechten betrifft, sondern diejenigen, die das Gesetz noch nicht haben und sich nicht unterordnen: Gottlose und Sünder, Frevler und Ruchlose, Vater- und Muttermörder, Totschläger, 10 solche, die sich der Unzucht hingeben, die mit Männern schlafen, die Menschen rauben und verkaufen, die lügen und Meineide schwören und tun, was da sonst noch der gesunden Lehre entgegensteht, 11 wie sie dem Evangelium von der Herrlichkeit des seligen Gottes entspricht, mit dem ich betraut worden bin.

|3–7: 4,1–3.7; 6,3–5.20 |3: Apg 20,1 |4: 4,7! · 6,4; 2Tim 2,14.23; Tit 3,9 |5: Röm 13,10 · 1,19 |6: 6,20–21 |8: Röm 7,12 |10: 6,3; Tit 2,1! |11: 2Kor 4,3–4 · 6,15 · 1Thess 2,4; Tit 1,3

1,9: Andere Übersetzungsmöglichkeit: «..., sondern diejenigen, die gegen das Gesetz verstossen und sich ...»

Die Beauftragung des Paulus

12 Ich danke dem, der mich ermächtigt hat, Christus Jesus, unserem Herrn, dafür, dass er mir sein Vertrauen geschenkt und mich in seinen Dienst gestellt hat, 13 mich, der ich zuvor ein Gotteslästerer war und andere verfolgte und misshandelte. Doch ich habe Erbarmen gefunden, weil mir, da ich noch im Unglauben war, nicht bewusst war, was ich tat. 14 Überreich aber zeigte sich die Gnade unseres Herrn und mit ihr Glaube und Liebe in Christus Jesus. 15 Zuverlässig ist das Wort und würdig, vorbehaltlos angenommen zu werden: Christus Jesus ist in die Welt gekommen, um Sünder zu retten – unter ihnen bin ich der erste. 16 Doch eben darum habe ich Erbarmen gefunden: An mir als Erstem sollte Christus Jesus die ganze Fülle seiner Geduld zeigen, beispielhaft für alle, die künftig an ihn glauben und so ewiges Leben finden. 17 Ehre und Herrlichkeit sei dem König der Ewigkeit, dem unvergänglichen, unsichtbaren und einzigen Gott, in alle Ewigkeit, Amen.

| 13: Gal 1,13! | 14: Kol 1,4!; 2Tim 1,13 | 15: 4,9! ·
1Kor 15,9; Eph 3,8 | 17: 6,15–16 · Röm 1,23 · Röm 1,20;
Kol 1,15 · Röm 16,27; Jud 25

Die Verpflichtung des Timotheus

18 Diese Weisung lege ich in deine Hände, Timotheus, mein Kind, im Blick auf die prophetischen Worte, die früher an dich ergangen sind, damit du mit ihrer Hilfe den guten Kampf führst! 19 Behalte den Glauben und das gute Gewissen. Einige haben es über Bord geworfen und im Glauben Schiffbruch erlitten. 20 Zu ihnen gehören Hymenäus und Alexander, die ich dem Satan übergeben habe, dass sie in Zucht genommen werden und Gott nicht mehr lästern.

| 18: 1,2!; 6,20; Apg 16,1! | 19: 1,5–6; 3,9
| 20: 2Tim 2,17–18 · 2Tim 4,14 · 1Kor 5,5

Das Gebet für alle Menschen

2 1 Insbesondere bitte ich euch nun, vor Gott einzutreten für alle Menschen in Bitte, Gebet, Fürbitte und Danksagung, 2 für die Könige und alle Amtsträger, damit wir ein ruhiges und gelassenes Leben führen können, fromm und von allen geachtet. 3 Das ist schön und gefällt Gott, unserem Retter, 4 der will, dass alle Menschen gerettet werden und zur Erkenntnis der Wahrheit kommen.

5 *Einer* nämlich ist Gott,
einer auch ist Mittler zwischen Gott und Menschen,
der Mensch Christus Jesus,
6 der sich selbst gegeben hat als Lösegeld für alle –
das Zeugnis zur rechten Zeit.

7 Dafür bin ich eingesetzt worden als Herold und Apostel – ich sage die Wahrheit und lüge nicht –, als Lehrer der Völker, im Glauben und in der Wahrheit.

| 2: 4,8! | 3: 1,1; 4,10; Tit 1,3! | 4: 4,10; Tit 2,11 ·
2Tim 2,25; 3,7; Tit 1,1 | 5: 1Kor 8,6! · Hebr 8,6
| 6: Gal 1,4; Tit 2,14 · Mk 10,45! · 6,15; Tit 1,3
| 7: 2Tim 1,11

Männer und Frauen im Gottesdienst

8 Mein Wille ist nun, dass die Männer überall beim Gebet ihre Hände in Reinheit erheben, frei von Zorn und feindseligen Gedanken. 9 Ebenso will ich, dass die Frauen sich in Würde schmücken, mit Anstand und Besonnenheit, nicht mit kunstvoll geflochtenen Haaren oder Gold oder Perlen oder teuren Gewändern, 10 sondern, wie es sich schickt für Frauen, die Gottesfurcht geloben, mit guten Werken.

11 Die Frau soll durch stilles Zuhören lernen, in aller Unterordnung. 12 Zu lehren gestatte ich einer Frau nicht, ebenso wenig über einen Mann zu bestimmen. Sie soll sich still verhalten. 13 Denn Adam wurde zuerst geschaffen, danach erst Eva. 14 Und nicht Adam hat sich verführen lassen, sondern die Frau liess sich verführen und wurde so zur Übertreterin. 15 Sie wird aber dadurch geret-

tet werden, dass sie Kinder zur Welt
bringt – wenn sie mit Besonnenheit im
Glauben, in der Liebe und in der Heiligung bleibt.

|9: 1Petr 3,3–5 |10: 5,10 |11–12: 1Kor 14,34–35
|12: Gen 3,16 |13: Gen 1,27; 2,7.22 |14: Gen 3,6.13 ·
2Kor 11,3 |15: Gen 3,16

2,9: Andere Übersetzungsmöglichkeit:
«..., dass die Frauen sich mit ehrbarer Kleidung
schmücken, ...»

Bischöfe und Diakone

3 1 Zuverlässig ist das Wort: Wenn einer das Bischofsamt anstrebt, dann
begehrt er eine schöne Aufgabe. 2 Ein
Bischof muss ohne Tadel sein: der Mann
einer einzigen Frau, nüchtern, besonnen, massvoll, gastfreundlich, ein be-
gabter Lehrer, 3 weder trunksüchtig
noch gewalttätig, sondern unparteiisch,
nicht streitsüchtig, nicht geldgierig,
4 einer, der seinem eigenen Haus gut
vorzustehen weiss und seine Kinder zu
Gehorsam und Ehrfurcht erzieht –
5 denn wenn einer seinem eigenen
Haus nicht vorzustehen weiss, wie kann
er dann für die Gemeinde Gottes sorgen? 6 Zudem soll er nicht einer sein,
der gerade erst zum Glauben gekommen ist, damit er nicht hochmütig wird
und dem Gericht des Teufels verfällt.
7 Er muss aber auch bei denen, die
draussen sind, einen guten Ruf haben,
damit er nicht ins Gerede kommt und
dem Teufel in die Falle geht.

8 Ebenso sollen die Diakone geach-
tete Leute sein, nicht doppelzüngig,
nicht dem Wein ergeben, nicht auf Gewinn bedacht. 9 Sie sollen das Geheimnis des Glaubens mit reinem Gewissen
bewahren. 10 Auch sie soll man zuerst
prüfen; erst wenn sie sich als untadelig
erwiesen haben, sollen sie ihr Amt antreten. 11 Ebenso sollen die Frauen geachtet sein, nicht verleumderisch, nüchtern, treu in allen Dingen. 12 Diakone
sollen nur eine Frau haben und ihren
Kindern und dem eigenen Hausstand
gut vorstehen. 13 Denn die, welche ihr
Diakonenamt gut ausüben, erwerben

sich hohes Ansehen und haben grossen
Freimut im Glauben an Christus Jesus.

|1: 4,9! |2–7: Phil 1,1 · Tit 1,6–9; 2Tim 2,24–26
|8: Phil 1,1 |9: 3,16; Kol 1,26–27! · 1,19 |13: 2Kor 3,12

Das Geheimnis Gottes

14 Dies schreibe ich dir in der
Hoffnung, bald zu dir zu kommen.
15 Falls sich mein Kommen verzögert,
sollst du wissen, wie man sich zu verhalten hat im Hause Gottes; es ist ja die Gemeinde des lebendigen Gottes, Pfeiler
und Fundament der Wahrheit. 16 Und
anerkanntermassen gross ist das Geheimnis der Frömmigkeit:

er, der offenbart wurde im Fleisch,
gerecht gesprochen im Geist,
geschaut von den Engeln,
verkündigt unter den Völkern,
im Glauben erkannt in aller Welt,
aufgenommen in Herrlichkeit.

|16: 3,9! · 4,8! · Röm 1,3–4

Das Auftreten von Irrlehrern

4 1 Der Geist aber sagt ausdrücklich: In
den letzten Tagen werden manche
vom Glauben abfallen und sich an Irr-
geister und an die Lehren von Dämonen
halten, 2 an die Lehren von Leuten, die
sich verstellen und die Wahrheit verdrehen, die ein Brandmal im eigenen
Gewissen tragen. 3 Die werden das Heiraten untersagen, und die werden abra-
ten von bestimmten Speisen, die Gott
doch für die Glaubenden, die die Wahrheit erkannt haben, geschaffen hat, damit sie sie mit Danksagung geniessen.
4 Denn alles, was Gott geschaffen hat,
ist gut, und nichts ist verwerflich, wenn
es mit Danksagung empfangen wird.
5 Ja, es ist geheiligt durch Gottes Wort
und durch Gebet.

|1–3: 1,3–7! |1: 2Thess 2,3! |3: 1Kor 7,28 ·
Kol 2,21–22 |4: Gen 1,31; Apg 10,9–15 · Röm 14,6

4,1: Andere Übersetzungsmöglichkeit:
«... ausdrücklich: In späteren Zeiten werden manche ...»

Der Nutzen der Frömmigkeit

6 Wenn du dies den Brüdern und Schwestern darlegst, wirst du ein rechter Diener Christi Jesu sein, genährt von den Worten des Glaubens und der guten Lehre, der du gefolgt bist. 7 Die unsäglichen Altweibergeschichten aber weise zurück! Übe dich dagegen in der Frömmigkeit. 8 Denn die körperliche Ertüchtigung ist für weniges gut, die Frömmigkeit hingegen ist für alles gut: Sie trägt die Verheissung des Lebens in sich, des jetzigen und des künftigen. 9 Zuverlässig ist das Wort und würdig, vorbehaltlos angenommen zu werden: 10 Weil wir unsere Hoffnung auf den lebendigen Gott gesetzt haben, darum arbeiten wir so hart und kämpfen wir, denn er ist der Retter aller Menschen, ganz besonders derer, die glauben.

11 Dies sollst du anordnen und lehren.

| 6: 2Tim 3,10 | 7: 1,4; 2Tim 4,4; Tit 1,14 · 4,8! | 8: 2,2; 3,16; 4,7–8; 6,3.5–6.11 · 2Tim 1,1 | 9: 1,15; 3,1; 2Tim 2,11; Tit 3,8 | 10: 2,3! · 2,4!

Anweisungen an Timotheus

12 Niemand soll dich deiner Jugend wegen gering schätzen. Nein, sei vielmehr ein Vorbild für die Gläubigen in Wort und Lebensführung, in der Liebe, im Glauben und in der Lauterkeit! 13 Kümmere du dich um die Lesung, die Ermahnung und die Unterweisung, bis ich komme. 14 Vernachlässige nicht die dir eigene Gabe, die dir verliehen worden ist durch prophetischen Zuspruch und unter Handauflegung des Ältestenrates. 15 Das lass deine Sorge sein, das sei dein Anliegen; so werden deine Fortschritte für alle sichtbar werden. 16 Gib acht auf dich und auf die Lehre, bleib bei alledem! Denn wenn du dies tust, wirst du sowohl dich retten als auch die, die auf dich hören.

5 1 Einen älteren Mann sollst du nicht anfahren, sondern ihn ermahnen wie einen Vater, jüngeren Männern aber begegne wie Brüdern, 2 älteren

Frauen wie Müttern, jüngeren wie Schwestern, in aller Lauterkeit.

| 12: 1Kor 16,10–11; Tit 2,15 · Tit 2,7 | 14: 5,22; 2Tim 1,6; Apg 6,6!

Der Stand der Witwen

3 Unterstütze die Witwen, die alleinstehend sind. 4 Wenn eine Witwe aber Kinder oder Enkel hat, sollen diese zuerst lernen, für das eigene Haus gewissenhaft zu sorgen und der älteren Generation Empfangenes zu vergelten. So nämlich gefällt es Gott. 5 Die Witwe aber, die ganz allein dasteht und niemanden mehr hat, die hat ihre ganze Hoffnung auf Gott gesetzt und verharrt Tag und Nacht in Fürbitte und Gebet. 6 Die aber, die es sich gut gehen lässt, ist lebendig tot. 7 Das schärfe ihnen ein, damit sie unbescholten seien. 8 Wer aber nicht für die Seinen, ja nicht einmal für die eigenen Hausgenossen zu sorgen weiss, der hat den Glauben verleugnet und ist schlimmer als ein Ungläubiger.

9 Das Witwenamt sollst du nur einer Frau übertragen, die über sechzig Jahre alt ist, nur mit einem Mann verheiratet war 10 und sich durch gute Werke ausgezeichnet hat, sei es, dass sie Kinder aufgezogen, die Gastfreundschaft gepflegt, den Heiligen die Füsse gewaschen und sich um die Bedrängten gekümmert hat oder ganz allgemein guten Werken nachgegangen ist. 11 Jüngere Witwen aber weise weise ab! Wenn nämlich ihre Sinneslust sie Christus abspenstig macht, wollen sie heiraten 12 und ziehen sich so das Urteil zu, die erste Treue gebrochen zu haben. 13 Zugleich gewöhnen sie sich daran, müssig von Haus zu Haus zu ziehen – und nicht nur müssig sind sie, nein, auch geschwätzig und vorlaut und reden lauter unnützes Zeug. 14 Darum will ich, dass die jüngeren heiraten, Kinder gebären, ihren Haushalt führen und dem Widersacher keinen Anlass zu übler Nachrede geben. 15 Denn schon manche haben sich abgewandt und folgen nun dem Satan.

16 Wenn eine gläubige Frau Witwen in ihrer Familie hat, dann soll sie sich um sie kümmern; die Gemeinde soll nicht belastet werden, damit sie sich um die alleinstehenden Witwen kümmern kann.

| 5: Lk 2,37 | 10: 2,10 · Lk 7,44; Joh 13,14–15
| 14: 1Kor 7,8–9.39–40

5,3: Der griechische Text ist äusserst knapp formuliert: «Unterstütze die Witwen, die wirklich Witwen sind.» Die Übersetzung richtet sich, wie in V. 16, nach dem aus dem gesamten Abschnitt zu erschliessenden Sachverhalt.

Anweisungen für die Ältesten

17 Die Ältesten, die ihr Amt gut versehen, seien doppelter Anerkennung wert, besonders die, die in Verkündigung und Lehre ihr Bestes geben. 18 Denn die Schrift sagt: *Dem Ochsen, der da drischt, sollst du das Maul nicht zubinden* , und: *Der Arbeiter ist seines Lohnes wert.* 19 Nimm keine Klage gegen einen Ältesten entgegen, es sei denn, sie stütze sich *auf zwei oder drei Zeugen.* 20 Hat aber einer einen Fehler gemacht, dann weise ihn vor allen zurecht, damit auch die anderen sich fürchten.

21 Ich beschwöre dich bei Gott und Christus Jesus und den auserwählten Engeln: Halte dich an all das, ohne Vorurteil und ohne jemanden zu begünstigen. 22 Leg niemandem vorschnell die Hände auf! Lass dich nicht in anderer Leute Verfehlungen hineinziehen; achte darauf, lauter zu bleiben. 23 Trink nicht mehr bloss Wasser, sondern nimm ein wenig Wein zu dir wegen des Magens und wegen deiner häufigen Krankheiten. 24 Die Verfehlungen mancher Menschen sind ganz offenkundig; sie gehen ihnen voraus ins Gericht, anderen aber folgen sie nach. 25 So sind auch die guten Werke offenkundig, und auch die, mit denen es sich anders verhält, können nicht verborgen bleiben.

| 18: Dtn 25,4; 1Kor 9,9 · Lk 10,7 | 19: Dtn 19,15;
2Kor 13,1; Mt 18,16 | 21: 6,13; 2Tim 4,1 | 22: 4,14!

5,17: Andere Übersetzungsmöglichkeit:
«..., seien doppelter Entlöhnung wert, ...»

Anweisungen für die Sklaven

6 1 Wer immer als Sklave unter einem Joch ist, soll dem eigenen Herrn die Ehre geben, die ihm gebührt, damit der Name Gottes und die Lehre nicht gelästert werden. 2 Die aber gläubige Herren haben, sollen es ihnen gegenüber nicht an Respekt fehlen lassen, weil sie Brüder sind, sondern ihnen umso williger dienen, weil sie Gläubige und Geliebte sind, die es sich zur Aufgabe gemacht haben, Gutes zu tun.

Dies sollst du lehren und ihnen ans Herz legen!

| 1: Tit 2,9–10 | 2: Phlm 16

Warnung vor den Irrlehrern

3 Wer aber andere Lehren verbreitet und sich nicht an die gesunden Worte unseres Herrn Jesus Christus hält und an die Lehre, der Frömmigkeit entspricht, 4 ist ein Narr. Nichts hat er verstanden, sondern krank ist er vor lauter Streitereien und Wortgefechten, bei denen nichts anderes herauskommt als Neid, Streit, Lästerungen, üble Verdächtigungen 5 – ein fortwährendes Gezänk verwirrter Menschen, die sich um die Wahrheit gebracht haben, weil sie meinen, die Frömmigkeit sei ein einträgliches Geschäft.

6 Es ist ja in der Tat die Frömmigkeit eine Quelle grossen Reichtums – wenn sie mit Genügsamkeit verbunden ist. 7 Denn nichts haben wir in die Welt mitgebracht,
so können wir auch nichts aus ihr mitnehmen. 8 Haben wir aber Nahrung und Kleidung,
so soll uns das genügen. 9 Die aber reich werden wollen, geraten in Versuchung und in die Schlingen vieler törichter und schädlicher Begierden, die die Menschen ins Verderben und in den Untergang stürzen. 10 Denn die Wurzel aller Übel ist die Liebe zum Geld; von ihr getrieben, sind schon manche vom Glauben abgekom-

men und haben sich selbst viel Leid zugefügt.

|3–5: 1,3–7! |3: 1,10; 2Tim 1,13 · 4,8! |4: 1,4!
|5: 4,8! · Tit 1,11 |6: 4,8! |7: Ps 49,18 |8: Hebr 13,5

Jagen nach der Frömmigkeit

11 Du aber, Mann Gottes, fliehe davor!
Jage der Gerechtigkeit nach, der
Frömmigkeit, dem Glauben,
der Liebe, der Geduld, der Sanftmut.
12 Kämpfe den guten Kampf des
Glaubens!
Ergreife das ewige Leben, zu dem du
berufen bist,
der du dich zum guten Bekenntnis
bekannt hast
vor vielen Zeugen.

13 Ich fordere dich auf, im Angesicht
Gottes, der alles lebendig macht, und
Christi Jesu, der das gute Bekenntnis
abgelegt hat vor Pontius Pilatus:
14 Bewahre das Gebot unbefleckt und
untadelig, bis unser Herr Jesus Christus
erscheint, 15 zur rechten Zeit, da ihn
erscheinen lässt
der selige und alleinige Herrscher,
der König der Könige
und Herr der Herren,
16 der allein Unsterblichkeit hat,
der im unzugänglichen Licht wohnt,
den kein Mensch je gesehen hat noch zu
sehen vermag.
Ihm sei Ehre und ewige Macht, Amen.

|11: 2Tim 2,22 · 4,8! |12: 2Tim 4,7 |13: 5,21! ·
Mk 15,1–5 |14: 2Thess 2,8; 2Tim 4,1.8; Tit 2,13
|15: 2,6! · 1,11 · Offb 17,14! |16: Ps 104,2 Ex 33,20

Mahnung an die Reichen

17 Den Reichen in der gegenwärtigen Welt aber gebiete, nicht überheblich zu sein und ihre Hoffnung nicht auf
den flüchtigen Reichtum zu setzen, sondern auf Gott, der uns alles in reichem
Masse zukommen und es uns geniessen
lässt. 18 Sie sollen Gutes tun, reich werden an guten Werken, freigebig sein
und ihren Sinn auf das Gemeinwohl
richten. 19 So verschaffen sie sich eine
gute Grundlage für die Zukunft, die
dazu dient, das wahre Leben zu gewinnen.

|17: Ps 62,11! |18–19: Mt 6,19–20; Lk 16,9

Briefschluss

20 Lieber Timotheus, bewahre, was
dir anvertraut ist, und wende dich ab
vom heillosen und leeren Gerede, von
den Behauptungen der sogenannten Erkenntnis, 21 zu der sich manche bekennen; in Fragen des Glaubens sind sie
vom rechten Weg abgekommen.
Die Gnade sei mit euch.

|20: 1,18! · 2Tim 1,14 · 1,6; 2Tim 2,16 |21: 1,6;
2Tim 2,18 · Kol 4,18!

Der Zweite Brief an Timotheus

Anschrift

1 1 Paulus, Apostel Christi Jesu durch
den Willen Gottes gemäss der Verheissung des Lebens, das in Christus Jesus gegeben ist, 2 an Timotheus, sein geliebtes Kind: Gnade, Barmherzigkeit
und Frieden von Gott, dem Vater, und
Christus Jesus, unserem Herrn.

|1–2: 1Tim 1,1–2! |1: 2Kor 1,1; Kol 1,1; Eph 1,1 ·
1Tim 4,8 |2: 1Kor 4,17! · 2Joh 3

Danksagung

3 Ich danke Gott, dem ich wie schon
meine Vorfahren mit reinem Gewissen
diene, wie ich auch in meinen Gebeten
unablässig an dich denke, Tag und
Nacht. 4 Und ich sehne mich danach –
in Gedanken an deine Tränen –, dich zu
sehen, damit ich mit Freude erfüllt
werde 5 – in Gedanken an deinen Glauben, der frei ist von aller Heuchelei. Die-

ser Glaube war schon in deiner Gross-
mutter Lois und in deiner Mutter
Eunike lebendig, und ich bin überzeugt,
dass er es auch in dir ist.

|3: Apg 23,1 |4: 4,9.21 |5: Apg 16,1

Mut zum Bekenntnis

6 Aus diesem Grund rufe ich dir ins
Gedächtnis: Lass das Feuer der Gabe Gottes, die durch die Auflegung meiner
Hände doch in dir ist, wieder brennen.
7 Denn Gott hat uns nicht einen Geist
der Verzagtheit gegeben, sondern den
Geist der Kraft und der Liebe und der Besonnenheit. 8 Schäme dich nicht, Zeugnis abzulegen für unseren Herrn, auch
nicht dafür, dass ich für ihn im Gefängnis bin, sondern ertrage für das Evangelium Mühsal und Plage in der Kraft Gottes,
9 der uns errettet
    und uns berufen hat mit heiligem
    Ruf,
nicht aufgrund unseres Tuns,
    sondern aufgrund seiner freien
    Entscheidung und seiner Gnade,
die uns in Christus Jesus zugedacht
    wurde,
    vor aller Zeit,
10 jetzt aber sichtbar geworden ist
    im Erscheinen unseres Retters,
    Christus Jesus:
Er hat den Tod besiegt
    und hat aufleuchten lassen Leben
    und Unsterblichkeit, durch das
    Evangelium,
11 das als Apostel und Lehrer zu verkündigen ich beauftragt worden bin.
12 Das ist auch der Grund, warum mir
dies alles widerfährt. Aber ich schäme
mich nicht, denn ich weiss, auf wen ich
mein Vertrauen gesetzt habe, und bin
gewiss, dass er die Macht hat, das mir
anvertraute Gut zu bewahren auf jenen
Tag hin. 13 Nimm dir die gesunden
Worte, die du von mir gehört hast, zum
Vorbild im Glauben und in der Liebe, die
in Christus Jesus sind. 14 Bewahre das
kostbare, dir anvertraute Gut in der

Kraft des heiligen Geistes, der in uns
wohnt.

|6: 1Tim 4,14! |7: Röm 8,15 |8: 2,3! |9: Tit 3,5;
Eph 2,8–9 · Tit 1,2 |10: Röm 16,26 · Tit 2,11! · Tit 2,13!
|11: 1Tim 2,7 |13: 1Tim 6,3 · 2,2 · 1Tim 1,14! |14: 3,14;
1Tim 6,20 · Röm 8,11

Abfall und Bewährung in Kleinasien

15 Du weisst ja, dass sich in der Asia
alle von mir abgewandt haben; zu ihnen
gehören Phygelos und Hermogenes.
16 Der Herr erweise dem Haus des Onesiphoros seine Barmherzigkeit, denn er
hat mich oft erquickt und sich meiner
Fesseln nicht geschämt. 17 Im Gegenteil, als er nach Rom kam, hat er mich sogleich gesucht und auch gefunden.
18 Der Herr möge ihn Barmherzigkeit
finden lassen vor dem Herrn an jenem
Tag. Was er aber in Ephesus für andere
getan hat, weisst du selbst am besten.

|15: 4,16 |16: 4,19 |18: 4,8

In der Nachfolge Christi

2 1 Du nun, mein Kind, werde stark in
der Gnade, die in Christus Jesus ist!
2 Was du vor vielen Zeugen von mir gehört hast, das vertraue zuverlässigen
Menschen an, die dann fähig sein werden, wieder andere zu lehren. 3 Nimm
auch du Mühsal und Plage auf dich wie
ein guter Soldat Christi Jesu! 4 Keiner,
der in den Krieg zieht, hält sich mit All-
tagsgeschäften auf; denn er will den zufrieden stellen, der ihn angeworben hat.
5 Auch gewinnt keiner, der an einem
Wettkampf teilnimmt, einen Kranz,
wenn er nicht nach den Regeln kämpft.
6 Der Bauer, der sich abmüht, soll auch
als Erster von den Früchten kosten. 7 Bedenke, was ich sage! Der Herr wird dir in
allen Dingen die rechte Einsicht geben.

8 Halte dir stets Jesus Christus vor
Augen, der, aus der Nachkommenschaft
Davids stammend, auferweckt worden
ist von den Toten – das ist das Evangelium, das ich verkündige 9 und für das
ich all die Mühsal und Plage auf mich
nehme, sogar Gefangenschaft, als wäre
ich ein Verbrecher! Aber das Wort Gottes lässt sich nicht gefangen nehmen.

10 Darum ertrage ich alles um der Auserwählten willen, damit auch sie Anteil bekommen am Heil in Christus Jesus und an der ewigen Herrlichkeit. 11 Zuverlässig ist das Wort:
Sind wir mitgestorben, so werden wir auch mitleben.
12 Halten wir stand, so werden wir auch mitherrschen.
Verleugnen wir ihn, so wird auch er uns verleugnen.
13 Werden wir untreu, so bleibt er doch treu,
denn er kann sich selbst nicht verleugnen.

| 1: 1,2 | 2: 1,13 | 3–5: 4,7–8 | 3: 1,8; 2,9; 4,5 | 5: 1Kor 9,25 | 8: Röm 1,3–4 | 9: 2,3! · Phil 1,7! | 10: 1Petr 5,10 | 11: 1Tim 4,9! · Röm 6,8 | 12: Mk 13,13 · Mt 10,33! | 13: Röm 3,3

2,2: Andere Übersetzungsmöglichkeit: «Was du durch vieler Zeugen Mund von mir gehört hast, …»

Wortgefechte und Irrlehren

14 Dies rufe allen in Erinnerung und beschwöre sie vor Gott: Streitet nicht um Worte! Denn das ist zwecklos und führt, die es hören, nur ins Verderben. 15 Setze alles daran, vor Gott dazustehen als einer, der sich bewährt hat, als ein Arbeiter, der sich nicht zu schämen braucht, sondern das Wort der Wahrheit unbeirrt ausrichtet. 16 Dem gemeinen, leeren Geschwätz aber geh aus dem Weg! Denn damit werden sie weiter Fortschritte machen in der Gottlosigkeit, 17 und ihre Lehre wird sich ausbreiten wie ein Krebsgeschwür. Zu ihnen gehören Hymenäus und Philetus, 18 die von der Wahrheit abgewichen sind, da sie sagen, die Auferstehung sei schon geschehen; so zerstören sie bei manchen den Glauben.

19 Doch das Fundament Gottes wankt nicht, und es trägt das Siegel mit der Aufschrift: Der Herr kennt die Seinen, und: Unrecht meide jeder, der den Namen des Herrn ausspricht. 20 In einem grossen Haus aber gibt es nicht nur Gefässe aus Gold und Silber, sondern auch solche aus Holz und Ton, und die einen sind für Würdiges, die anderen für Unwürdiges bestimmt. 21 Wenn sich nun einer von all dem reinhält, wird er ein Gefäss sein, das für Würdiges bestimmt ist, geheiligt und brauchbar für seinen Besitzer, bereitgestellt für jedes gute Werk.

22 Die Leidenschaften der Jugend aber fliehe! Jage vielmehr der Gerechtigkeit, dem Glauben, der Liebe und dem Frieden nach, gemeinsam mit allen, die den Herrn aus reinem Herzen anrufen. 23 Die törichten und kindischen Auseinandersetzungen aber verbitte dir, du weisst ja, dass sie nur zu Streit führen. 24 Ein Knecht des Herrn aber soll sich nicht streiten, sondern zu allen freundlich sein, ein geschickter Lehrer, der das Böse erträgt 25 und in Sanftmut zurechtweist, die sich widersetzen. So führt Gott sie vielleicht noch zur Umkehr, dass sie zur Erkenntnis der Wahrheit kommen 26 und, nüchtern geworden, sich aus der Schlinge befreien, mit der der Teufel sie eingefangen hat, damit sie ihm zu Willen seien.

| 14: 1Tim 1,4! | 15: Kol 1,5! | 16: 1Tim 6,20! | 17: 1Tim 1,20 | 19: 1Kor 3,11 · Num 16,5 · Jes 26,13 | 21: 3,17 | 22: 1Tim 6,11 · Hebr 12,14! | 23: 1Tim 1,4! | 24–26: 1Tim 3,2–7 | 25: 1Tim 2,4!

Das Auftreten der Irrlehrer

3 1 Dies aber sollst du wissen: In den letzten Tagen werden schwere Zeiten anbrechen. 2 Denn die Menschen werden selbstsüchtig, geldgierig und hochmütig sein, sich wichtig machen, Lästerreden führen, den Eltern den Gehorsam verweigern, sie werden undankbar, gottlos, 3 herzlos und unversöhnlich sein, verleumderisch, masslos, roh und dem Guten feind; 4 sie werden einander verraten, leichtfertig sein, voller Dünkel und suchen, was ihnen Lust verschafft, nicht, was Gott gefällt. 5 ihr Auftreten scheint zwar fromm, doch die Kraft der Religion haben sie verleugnet. Von solchen Leuten wende dich ab!

6 Zu ihnen nämlich gehören jene, die sich in die Häuser einschleichen und auf junge Frauen aus sind, auf Frauen,

die sich mit Verfehlungen überhäuft haben und von allerlei Begierden getrieben werden, 7 die zwar ständig lernen und die doch nie zur Erkenntnis der Wahrheit gelangen können. 8 Wie sich Jannes und Jambres dem Mose widersetzt haben, so widersetzen sich auch diese Leute der Wahrheit; es sind Menschen, deren Sinn verdorben ist und die sich im Glauben nicht bewährt haben.

9 Sie werden aber damit nicht weit kommen, denn ihr Unverstand wird für alle sichtbar werden, so wie es auch damals bei jenen der Fall war.

|1: 4,3; 1Tim 4,1! |7: 1Tim 2,4! | 8: Ex 7,11.22; 8,3 | 9: Ex 7,12; 8,14

3,2: Andere Übersetzungsmöglichkeit: «..., den Eltern ungehorsam sein, keine Gnade kennen, ruchlos sein,»
3,5: Andere Übersetzungsmöglichkeit: «sie werden festhalten an gewissen Formen der Religion, deren Kraft aber haben sie verleugnet. ...»

Der leidende Apostel als Vorbild

10 Du aber bist mir gefolgt in Lehre und Lebensführung, in allem Streben, im Glauben, in der Geduld, in der Liebe und in der Standhaftigkeit, 11 in Verfolgung und Leiden, wie sie mir in Antiochien, Ikonium und Lystra widerfahren sind. Was für Verfolgungen habe ich nicht erlitten – und aus allen hat mich der Herr errettet! 12 Es ist wahr: Alle, die in Christus Jesus ein frommes Leben führen wollen, werden Verfolgungen erleiden, 13 böse Menschen aber und Scharlatane werden Fortschritte machen – zum Schlechteren hin; sie verführen und werden verführt.

|10: 1Tim 4,6 |11: Apg 13,14.50 · 14,1.5 · 14,6.19 · 4,18 |12: Apg 14,22

3,10: Andere Übersetzungsmöglichkeit: «Du aber bist mir gefolgt in Lehre und Unterricht, in ...»

Die Orientierung an der Schrift

14 Du aber bleibe bei dem, was du gelernt und voller Vertrauen angenommen hast. Du weisst ja, von wem du es gelernt hast 15 und dass du von frühester Jugend an die heiligen Schriften kennst, die dir Einsicht zu geben vermö-

gen in das, was dir Heil verschafft, durch den Glauben an Christus Jesus. 16 Jede von Gott eingegebene Schrift ist auch nützlich zur Belehrung, zur Zurechtweisung, zur Besserung und zur Erziehung in der Gerechtigkeit. 17 So wird der Mensch Gottes vollkommen sein, befähigt zu jedem guten Werk.

|14: 1,13–14 |17: 2,21

Das Testament des Apostels

4 1 Ich beschwöre dich vor Gott und vor Christus Jesus, der kommen wird, Lebende und Tote zu richten, bei seinem Erscheinen und seiner Herrschaft: 2 Verkündige das Wort, tritt dafür ein, zur Zeit oder Unzeit, widerlege, tadle, bitte, in aller Geduld, wo die Lehre es gebietet! 3 Denn es wird die Zeit kommen, da sie die gesunde Lehre nicht mehr ertragen, sondern nach eigenem Gutdünken und Verlangen von einem Lehrer zum andern laufen werden, um sich die Ohren kitzeln zu lassen. 4 Der Wahrheit werden sie ihr Ohr nicht mehr leihen und sich den Mythen zuwenden. 5 Du aber, bleibe nüchtern in allem, nimm Mühsal und Plage auf dich, mach dich an dein Werk als Verkündiger des Evangeliums, erfülle deinen Auftrag!

6 Ich nämlich werde bereits geopfert, und die Zeit meines Abschieds steht bevor. 7 Den guten Kampf habe ich gekämpft, den Lauf vollendet, den Glauben bewahrt. 8 Jetzt endlich winkt mir der Kranz der Gerechtigkeit, den mir der Herr, der gerechte Richter, an jenem Tag geben wird – und nicht nur mir, sondern allen, die sein Erscheinen lieb gewonnen haben.

|1: 1Tim 5,21! · Röm 14,9–10; 1Petr 4,5; Apg 10,42 · 1Tim 6,14! |3: 3,1 · Tit 2,1! |4: 1Tim 4,7! |5: 2,3! | 6: Phil 2,17 |7–8: 2,3–5; 1Kor 9,24–27 |7: 1Tim 6,12 · Apg 20,24 |8: 1Petr 5,4! · 1,18 · 1Tim 6,14!

Persönliche Mitteilungen

9 Beeile dich, bald zu mir zu kommen! 10 Demas hat mich nämlich im Stich gelassen, er hat die jetzige Welt lieb gewonnen und ist nach Thessalo-

nich gegangen, Cresces nach Galatien, Titus nach Dalmatien. 11 Einzig Lukas ist noch bei mir. Nimm Markus und bring ihn mit, denn ich kann ihn gut gebrauchen für meinen Auftrag. 12 Tychikus aber habe ich nach Ephesus geschickt. 13 Den Mantel, den ich in Troas bei Karpos liegen liess, bring mir mit, wenn du kommst, ebenso die Schriftrollen, vor allem die Pergamente. 14 Alexander, der Schmied, hat mir viel Böses angetan; der Herr wird ihm vergelten nach seinen Taten. 15 Hüte auch du dich vor ihm, denn er hat sich unseren Worten aufs Heftigste widersetzt.

16 Bei meiner ersten Verteidigung vor Gericht stand mir niemand zur Seite, sie haben mich alle im Stich gelassen. Möge es ihnen nicht angerechnet werden! 17 Der Herr aber ist mir beigestanden und hat mich gestärkt, damit die Verkündigung der Botschaft durch mich vollendet werde und alle Völker sie

hören: Ich bin errettet worden aus dem Rachen des Löwen. 18 Bewahren wird mich der Herr vor jedem bösen Anschlag, und retten wird er mich in sein himmlisches Reich. Ihm sei Ehre in alle Ewigkeit, Amen!

| 9: 4,21 | 10: Kol 4,14! · Tit 1,4! | 11: Kol 4,14! · Kol 4,10! | 12: Kol 4,7! | 14: 1Tim 1,20 · Röm 2,6; Ps 62,13! | 16: 1,15 | 17: Ps 22,22 | 18: 3,11 · Gal 1,5

Briefschluss

19 Grüsse Priska und Aquila und das Haus des Onesiphoros. 20 Erastus blieb in Korinth, Trophimus habe ich krank in Milet zurückgelassen. 21 Beeil dich und komm noch vor Wintereinbruch! Es grüssen dich Eubulos, Pudes, Linos, Claudia und alle Brüder und Schwestern.

22 Der Herr sei mit deinem Geist. Die Gnade sei mit euch.

| 19: Röm 16,3! · 1,16-18 | 21: 4,9 | 22: Gal 6,18! · Kol 4,18!

Der Brief an Titus

Anschrift

1 1 Paulus, Knecht Gottes und Apostel Jesu Christi in Übereinstimmung mit dem Glauben der von Gott Erwählten und der Erkenntnis der Wahrheit, die der Frömmigkeit entspricht, 2 in der Hoffnung auf ewiges Leben, das Gott, auf den Verlass ist, vor ewigen Zeiten verheissen hat – 3 jetzt aber hat er zur rechten Zeit sein Wort offenbart in der Verkündigung, mit der ich auf Gottes, unseres Retters Geheiss betraut worden bin –, 4 an Titus, sein rechtmässiges Kind im gemeinsamen Glauben: Gnade und Frieden von Gott, dem Vater, und Christus Jesus, unserem Retter.

| 1: Röm 1,1 · 1Tim 2,4! | 2: 3,7 · 2Tim 1,9 | 3: 1Tim 2,6! · 2,10; 3,4; 1Tim 2,3! · 1Tim 1,11 | 4: Gal 2,1.3; 2Kor 8,23 · 1Tim 1,2 · Röm 1,7! · 2,13!

Die Einsetzung von Bischöfen

5 Dazu habe ich dich auf Kreta zurückgelassen: dass du alles, was noch zu tun ist, zu einem guten Ende bringst und dass du Älteste einsetzt in den Städten, wie ich es dir aufgetragen habe – 6 ein solcher soll unbescholten sein, nur einmal heiraten und gläubige Kinder haben, denen man nicht vorwerfen kann, ein liederliches Leben zu führen und sich nicht unterordnen zu wollen. 7 Denn ein Bischof muss unbescholten sein, wie ein Haushalter Gottes: nicht selbstherrlich, nicht jähzornig, nicht dem Wein ergeben, nicht gewalttätig, keiner, der schändlichem Gewinn nachjagt. 8 Er soll vielmehr gastfreundlich sein, allem Guten zugetan, besonnen, gerecht, fromm, sich selbst beherrschen

können. 9 Er muss am Wort festhalten, das zuverlässig ist und der Lehre entspricht, damit er imstande ist, sowohl durch gesunde Unterweisung zu ermahnen als auch die Widerspruchsgeister zu überführen.

| 6–9: 1Tim 3,2–7! | 6: 1,10 | 7: 1,11 | 9: 2,1 · 1,13

1,6: Andere Übersetzungsmöglichkeit: «... und rechtschaffene Kinder haben, ...»

Widerlegung der Irrlehrer

10 Es gibt nämlich viele, die sich nicht unterordnen wollen, unnützes Zeug reden und die Leute betören; das tun besonders jene, die zu den Beschnittenen gehören. 11 Das Maul sollte man ihnen stopfen, denn sie bringen ganze Familien durcheinander mit ihren ungehörigen Lehren, die sie um des schnöden Gewinnes willen verbreiten. 12 Einer aus ihrem eigenen Kreis hat geradezu prophetisch gesagt: Kreter sind stets Lügner, wilde Tiere und faule Bäuche. 13 Dieses Zeugnis ist wahr. Eben deshalb sollst du sie auf der Stelle widerlegen, damit sie im Glauben gesunden 14 und sich nicht mehr kümmern um jüdische Mythen und Vorschriften von Leuten, die sich von der Wahrheit abwenden! 15 Den Reinen ist alles rein. Den Befleckten und Ungläubigen ist nichts rein; im Gegenteil, ihr Verstand wie auch ihr Gewissen sind befleckt. 16 Sie geben vor, Gott zu kennen, durch ihre Taten aber verleugnen sie ihn; ein Greuel sind solche Leute, ungehorsam und zu keinem guten Werk zu gebrauchen.

| 10: 1,6 | 11: 1,7; 1Tim 6,5 | 13: 1,9 | 14: 1Tim 4,7! | 15: Röm 14,14.20; Mk 7,15

Leben als Gemeinde Christi

2 1 Du aber rede, wie es der gesunden Lehre angemessen ist:

2 Ältere Männer sollen nüchtern sein, sich würdig benehmen, besonnen sein und gesund im Glauben, in der Liebe und in der Geduld. 3 Ebenso auch ältere Frauen: Sie sollen sich auszeich-

nen durch ein Leben in Heiligkeit, niemanden verleumden und nicht dem Wein verfallen, sondern als gute Lehrmeisterinnen 4 die jungen Frauen dazu anhalten, ihre Männer und ihre Kinder zu lieben, 5 besonnen, fromm, haushälterisch, tüchtig zu sein und sich ihren Männern unterzuordnen, damit das Wort Gottes nicht in Verruf kommt.

6 Die jüngeren Männer ermahne gleichfalls, besonnen zu sein 7 in allen Dingen. Sei du selbst ihnen ein Vorbild im Tun des Guten und, was die Lehre betrifft, ein Beispiel deines unbestechlichen Urteils, von allen geachtet 8 und untadelig in der Verkündigung des gesunden Wortes, so dass dein Gegenspieler beschämt wird und nichts Schlechtes mehr über uns zu sagen weiss.

9 Sklaven sollen ihren Herren in allem untertan sein, sie sollen ihnen in allem gefällig sein, nicht widersprechen 10 und nichts unterschlagen, sondern sich in allem treu bewähren, damit sie für die Lehre Gottes, unseres Retters, in allen Dingen eine Zierde sind.

11 Denn erschienen ist die Gnade Gottes, allen Menschen zum Heil. 12 Sie erzieht uns dazu, der Gottlosigkeit und den Begierden der Welt abzuschwören und besonnen, gerecht und fromm zu leben in dieser Weltzeit. 13 Wir warten aber auf das, was unsere wunderbare Hoffnung ist: auf das Erscheinen der Herrlichkeit des grossen Gottes und unseres Retters Jesus Christus, 14 der sich selbst für uns hingegeben hat, um uns zu erlösen von aller Ungerechtigkeit und sich als sein Eigentum ein reines Volk zu erschaffen, das nach guten Werken strebt.

15 So sollst du reden und ermahnen und zurechtweisen, mit allem Nachdruck; niemand soll dich gering achten.

| 1: 1,9; 1Tim 1,10; 2Tim 4,3 | 3: 1Tim 3,11 | 5: Kol 3,18! | 7: 1Tim 4,12 | 9: Eph 6,5! | 10: 1Tim 6,1 · 1,3! | 11: 3,4; 2Tim 1,10 · 1Tim 2,4! | 13: 1Tim 6,14! · Röm 5,2 · 1,4; 3,6; 2Tim 1,10; Phil 3,20 | 14: 1Tim 2,6! · Ex 19,5 · 3,8.14 | 15: 1Tim 4,12

2,10: Andere Übersetzungsmöglichkeit: «und sich nicht von ihnen abwenden, sondern ...»

Die Einstellung zur Welt

3 1 Erinnere sie daran, sich den Machthabern und Autoritäten unterzuordnen, ihnen zu gehorchen und zu jedem guten Werk bereit zu sein, 2 niemanden schlechtzumachen, keinen Streit zu suchen, freundlich zu sein und allen Menschen gegenüber Milde walten zu lassen. 3 Denn auch wir waren einst unverständig, ungehorsam, ohne Ziel und Halt, Begierden und allerlei Gelüsten ausgeliefert; wir lebten in Bosheit und Missgunst, waren verhasst und hassten einander.

4 Als aber die Güte und Menschenfreundlichkeit

Gottes, unseres Retters, erschien,

5 nicht aufgrund von gerechten Taten,
die wir getan hätten,

sondern weil er Erbarmen hatte mit uns,
da rettete er uns durch das Bad der
Wiedergeburt

und durch die Erneuerung im heiligen Geist,

6 den er in reichem Masse über uns
ausgegossen hat,

durch Jesus Christus, unseren Retter,

7 damit wir, durch seine Gnade
gerecht gemacht,

das ewige Leben erben, auf das wir
unsere Hoffnung gesetzt haben.

| 1: Röm 13,1; 1Petr 2,13 | 3: Eph 2,3 | 4: 1,3! · 2,11 | 5: 2Tim 1,9! · Eph 5,26 · Joh 3,5 | 6: Joel 3,1; Apg 2,15–18 · 2,13! | 7: Röm 3,24 · Röm 8,17! · 1,2

Umgang mit Irrlehren

8 Zuverlässig ist das Wort. Und ich möchte, dass du in diesen Dingen gefestigt bist, damit die, welche auf Gott vertrauen, darauf bedacht sind, sich mit guten Taten hervorzutun. Das ist gut und nützlich für die Menschen. 9 Törichten Auseinandersetzungen, Fragen zu Geschlechtsregistern, Zänkereien und Streitigkeiten um die Gesetzesauslegung geh aus dem Weg! Denn nutzlos sind sie und sinnlos. 10 Einen Menschen, der abweichende Auffassungen vertritt, sollst du ein erstes und ein zweites Mal zurechtweisen, dann aber schick ihn weg! 11 Du weisst ja, dass ein solcher verdreht ist und in der Sünde bleibt; er hat sich selbst das Urteil gesprochen.

| 8: 1Tim 4,9! · 2,14! | 9: 1Tim 1,4!

Persönliche Anweisungen

12 Wenn ich aber den Artemas oder den Tychikus zu dir geschickt habe, dann beeile dich, zu mir nach Nikopolis zu kommen; denn ich habe beschlossen, den Winter dort zu verbringen. 13 Zenas, den Gesetzeslehrer, und Apollos aber rüste mit allem, was dir zur Verfügung steht, für die Weiterreise aus; es soll ihnen an nichts fehlen. 14 Aber auch die Unsrigen sollen lernen, sich mit guten Taten hervorzutun, wo immer es nötig ist, damit sie nicht ohne Frucht bleiben.

| 12: Kol 4,7! | 14: 2,14!

Briefschluss

15 Es grüssen dich alle, die bei mir sind. Grüsse die, welche mit uns durch den Glauben innig verbunden sind. Die Gnade sei mit euch allen.

| 15: Hebr 13,25

Der Brief an Philemon

Anschrift
1 Paulus, Gefangener Christi Jesu,
und Timotheus, unser Bruder, an den
geliebten Philemon, unseren Mitarbeiter, 2 die Schwester Apphia, unseren
Mitstreiter Archippus und die Gemeinde in deinem Haus: 3 Gnade sei mit
euch und Friede von Gott, unserem
Vater, und dem Herrn Jesus Christus.

| 1: 9.10.13! · Phil 1,1; 1Thess 1,1 · Apg 16,1!
| 3: Röm 1,7

Danksagung
4 Ich danke meinem Gott jedes Mal,
wenn ich im Gebet an dich denke,
5 denn ich höre von deiner Liebe und
deinem Glauben, die du dem Herrn Jesus und allen Heiligen entgegenbringst.
6 Der Sinn für die Gemeinschaft, den
dein Glaube stiftet, werde wirksam in
der Erkenntnis alles Guten, das in uns
ist, ausgerichtet auf Christus. 7 Denn
viel Freude habe ich empfangen und Ermutigung dank deiner Liebe: Die Herzen der Heiligen wurden durch dich, lieber Bruder, erquickt.

| 4: 1Kor 1,4 · 1Thess 1,2 | 5: Kol 1,4 | 7: 20

Die Fürsprache für Onesimus
8 Darum: Obwohl ich in Christus
dazu berechtigt wäre, dir zu befehlen,
was zu tun ist, 9 will ich dich doch um
der Liebe willen bitten als der, der ich
bin: Paulus, der Gesandte und nun auch
der Gefangene Christi Jesu.
10 Ich bitte dich für mein Kind, das
ich in der Gefangenschaft gezeugt habe,
für Onesimus, 11 der dir einst keinen
Nutzen brachte, jetzt aber, sowohl dir
als auch mir, von grossem Nutzen ist.
12 Ich schicke ihn dir zurück und damit
mein eigenes Herz. 13 Gerne hätte ich
ihn bei mir behalten, damit er mir an
deiner Stelle diene, solange ich um des
Evangeliums willen in Fesseln liege;

14 ohne dein Einverständnis wollte ich
aber nichts unternehmen, damit das
Gute, das du tust, nicht aus Zwang geschehe, sondern freiwillig.
15 Vielleicht ist er ja dazu für kurze
Zeit von dir getrennt gewesen, dass du
ihn für alle Zeit zurückerhältst, 16 nicht
mehr als Sklaven, sondern als etwas, das
mehr ist als ein Sklave, als geliebten Bruder. Das ist er jedenfalls für mich, und
wie viel mehr erst für dich, sowohl vor
der Welt als auch vor dem Herrn.
17 Wenn du mich für deinen Gefährten
hältst, so nimm ihn auf, wie du mich
aufnehmen würdest. 18 Wenn er dir
Schaden zugefügt hat oder dir etwas
schuldig ist, so stelle es mir in Rechnung! 19 Ich, Paulus, schreibe dies mit
meiner eigenen Hand: Ich werde dafür
aufkommen – und lasse unerwähnt,
dass du mir eigentlich dich selbst schul-
dest. 20 Ja, mein Bruder, ich möchte
mich über dich freuen im Herrn. Lass
mein Herz Erquickung finden in Christus.

| 9: 1 | 10: 1Kor 4,14–15! · 13! | 13: 1!; Phil 1,7!
| 14: 2Kor 9,7 | 16: 1Kor 7,22 | 19: 1Kor 16,21! | 20: 7

Briefschluss
21 Im Vertrauen auf deinen Gehorsam schreibe ich dir, denn ich weiss,
dass du mehr tun wirst, als ich verlange.
22 Zugleich aber bereite mir eine Unterkunft; ich hoffe nämlich, dank eurer
Fürbitte euch wieder geschenkt zu werden.
23 Es grüsst dich Epaphras, mein
Mitgefangener in Christus Jesus; 24 es
grüssen dich Markus, Aristarchus, Demas und Lukas, meine Mitarbeiter.
25 Die Gnade des Herrn Jesus Christus sei mit eurem Geist.

| 25: Gal 6,18!

Der Brief an die Hebräer

Eröffnung: Gottes endgültige Rede durch den Sohn

1 1 Nachdem Gott vor Zeiten vielfach und auf vielerlei Weise zu den Vätern geredet hatte durch die Propheten, 2 hat er am Ende dieser Tage zu uns geredet durch den Sohn,
den er eingesetzt hat zum Erben aller Dinge
und durch den er die Welten geschaffen hat.
3 Er, der Abglanz seiner Herrlichkeit und Abbild seines Wesens ist,
der das All trägt mit dem Wort seiner Macht,
der Reinigung von den Sünden geschaffen hat,
er hat sich zur Rechten der Majestät in den Höhen gesetzt,
4 weit erhabener geworden als die Engel,
wie er auch einen Namen geerbt hat, der den ihrigen weit überragt.

| 2: Kol 1,16–17 | 3: Kol 1,15! · 2,8.10 · 2Petr 1,9; 1Joh 1,7 · 1,13! | 4: 3,3 · Eph 1,20–21; Phil 2,9

Der Sohn und die Engel
5 Zu welchem Engel hat er denn je gesagt:
Mein Sohn bist du,
heute habe ich dich gezeugt,
und an anderer Stelle:
Ich werde ihm Vater sein,
und er wird mir Sohn sein?
6 Und für die Zeit, da er den Erstgeborenen wieder in die Welt hineinführt, sagt er:
Und beugen sollen ihre Knie vor ihm alle Engel Gottes.
7 Von den Engeln heisst es:
Der seine Engel zu Winden macht
und seine Diener zu feuriger Flamme,
8 zum Sohn aber sagt er:
Dein Thron, o Gott, steht von Ewigkeit zu Ewigkeit,

und das Zepter des Rechts ist Zepter deines Reichs.
9 *Geliebt hast du Gerechtigkeit, und die Missachtung des Gesetzes hast du gehasst;*
darum, o Gott, hat dich dein Gott gesalbt mit dem Öl der Freude wie keinen deiner Gefährten.
10 Und:
Du, Herr, hast im Anfang die Erde gegründet,
und die Himmel sind das Werk deiner Hände.
11 *Sie werden alle vergehen, du aber bleibst,*
veralten werden sie wie ein Kleid,
12 *und wie einen Mantel wirst du sie zusammenrollen,*
wie ein Kleid werden sie gewechselt werden,
du aber bleibst derselbe, und deine Jahre nehmen kein Ende.
13 Zu welchem Engel hat er je gesagt:
Setz dich zu meiner Rechten,
bis ich hingelegt habe deine Feinde als Schemel für deine Füsse?
14 Sind sie nicht alle *dienende Geister*, ausgesandt zum Dienst um derer willen, die das Heil erben werden?

| 5: 5,5; Ps 2,7! · 2Sam 7,14 | 6: Ps 97,7 | 7: Ps 104,4 | 8–9: Ps 45,7–8 | 10–12: Ps 102,26–28 | 13: Ps 110,1! · 1,3; 8,1; 10,12; 12,2; Kol 3,1!; Mk 16,19 · 10,13

1,12: Andere Übersetzungsmöglichkeit: «zusammenrollen» wie ein Kleid,» *und sie werden verwandelt werden, du aber»* ...»

Ausrichtung auf das Gehörte

2 1 Darum sollen wir erst recht auf das Gehörte achten, damit wir nicht am Ziel vorbeitreiben. 2 Hat sich nun das durch Engel gesprochene Wort als gültig erwiesen und hat jede Übertretung und jeder Ungehorsam gerechten Lohn empfangen, 3 wie werden dann wir entrinnen, wenn wir so grosses Heil miss-

achten? Dieses nahm seinen Anfang mit der Verkündigung durch den Herrn und wurde uns von denen, die sie hörten, verlässlich weitergegeben 4 und zugleich von Gott bestätigt durch Zeichen und Wunder und vielerlei machtvolle Taten und Gaben, die der heilige Geist nach seinem Willen austeilt.

| 1: 12,1–2 | 2–3: 10,28–29; 12,25 | 2: Apg 7,53 | 4: 2Kor 12,12

Gottes Sohn und Gottes Söhne und Töchter

5 Denn nicht Engeln hat er die künftige Welt, von der wir reden, unterworfen, 6 vielmehr ist an einer Stelle bezeugt:
Was ist der Mensch, dass du seiner gedenkst,
  oder des Menschen Sohn, dass du seiner dich annimmst?
7 *Du hast ihn für kurze Zeit niedriger gestellt als die Engel,*
  mit Herrlichkeit und Ehre hast du ihn gekrönt,
8 *alles hast du ihm unter die Füsse gelegt.*
Denn als er ihm das All unterwarf, hat er ihm alles ohne Ausnahme unterworfen. Zwar sehen wir jetzt noch nicht, dass ihm das All unterworfen ist, 9 wohl aber sehen wir den, der für kurze Zeit unter die Engel erniedrigt war, Jesus, der, weil er den Tod erlitten hat, mit Herrlichkeit und Ehre gekrönt wurde, damit er durch Gottes Gnade für jeden den Tod geschmeckt habe.

10 Denn ihm, um dessentwillen das All ist und durch den das All besteht, entsprach es – wenn er viele Söhne und Töchter in die Herrlichkeit führen wollte –, den, der ihnen zum Heil vorangehen sollte, durch Leiden zur Vollendung zu bringen. 11 Denn er, der heiligt, und sie, die geheiligt werden, stammen alle von Einem ab. Aus diesem Grund scheut er sich nicht, sie Brüder und Schwestern zu nennen 12 und zu sagen:
Ich werde deinen Namen meinen Brüdern verkünden,

inmitten der Gemeinde werde ich dich loben,
13 und an anderer Stelle:
Ich will mein Vertrauen auf ihn setzen,
und an wieder anderer Stelle:
Siehe, ich und die Kinder, die Gott mir gegeben hat.

14 Da nun die Kinder allesamt Anteil haben an Fleisch und Blut, hat auch er in gleicher Weise daran teilgehabt, um so durch den Tod den zu entmachten, der die Macht hat über den Tod, nämlich den Teufel, 15 und alle zu befreien, die durch die Furcht vor dem Tod ein Leben lang in Knechtschaft gehalten waren. 16 Denn er nimmt sich doch nicht der Engel an, nein: der Nachkommen Abrahams nimmt er sich an. 17 Daher musste er in allem den Brüdern und Schwestern gleich werden, um ein barmherziger und treuer Hoher Priester vor Gott zu werden und so die Sünden des Volkes zu sühnen. 18 Denn dadurch, dass er gelitten hat und selber versucht worden ist, vermag er denen, die versucht werden, zu helfen.

| 5: 1,6 · 13,14! | 6–8: Ps 8,5–7 | 8: 1Kor 15,27! · 1,3! | 9: Phil 2,6–11 | 10: 1,3!; Röm 11,36 · 5,9; 7,28; 12,2 | 11: 10,10! | 12: Ps 22,23 | 13: Jes 8,17.18 | 17: 3,1; 4,14–15; 5,5–10!; 8,1–6; 9,11–28; 13,11–12 · 5,1 | 18: 4,15

2,8: Andere Übersetzungsmöglichkeit: «... Denn wenn es heisst: Alles hat er ihm unterworfen, so ist gemeint: Er hat ihm alles ohne Ausnahme unterworfen. ...»

Mose und Jesus

3 1 Darum, heilige Brüder und Schwestern, die ihr teilhabt an der himmlischen Berufung, schaut auf den Gesandten und Hohen Priester, von dem unser Bekenntnis spricht, Jesus, 2 der treu war dem, der ihn erschaffen hat, wie auch Mose treu war in Gottes Haus. 3 Denn er ist grösserer Herrlichkeit gewürdigt worden als Mose, wie denn auch dem Erbauer eines Hauses grössere Ehre zukommt als dem Haus. 4 Jedes Haus wird ja von jemandem erbaut; der aber alles erbaut hat, ist Gott. 5 *Mose war treu im ganzen Haus Gottes als Diener,* um zu bezeugen, was dereinst gesprochen werden sollte, 6 Christus dagegen war treu über das Haus Gottes als Sohn; sein Haus aber sind wir, wenn wir festhalten am Freimut und am Stolz, den die Hoffnung uns gewährt.

|1: 9,15 · 2,17! · 4,14! |3: 1,4 |5: Num 12,7 |6: 10,21; 1Tim 3,15 · 10,23! · 4,16!

Altes Heute – neues Heute

7 Darum gilt, was der heilige Geist spricht:
Heute, da ihr seine Stimme hört,
8 *verhärtet euer Herz nicht wie beim grossen Aufbegehren*
    am Tag der Versuchung in der Wüste,
9 *wo eure Väter mich versuchten, mich auf die Probe stellen wollten –*
    und sahen doch meine Werke 10 *vierzig Jahre lang!*
Darum zürnte ich diesem Geschlecht,
    und ich sprach: Immer wieder irren sie in ihrem Herzen,
meine Wege haben sie nicht erkannt.
11 *So habe ich geschworen in meinem Zorn:*
Sie werden nicht eingehen in meine Ruhe.

12 Gebt acht, liebe Brüder und Schwestern, dass in keinem von euch ein böses, ungläubiges Herz sei und niemand abfalle vom lebendigen Gott, 13 sondern redet einander zu Tag für Tag, solange dieses ‹Heute› gilt, damit sich niemand von euch, von der Sünde betrogen, verhärtet – 14 haben wir doch Anteil an Christus bekommen, sofern wir den Anfang der Grundlegung bis ans Ende fest bewahren –, 15 wenn es heisst:
Heute, da ihr seine Stimme hört,
verhärtet euer Herz nicht wie beim grossen Aufbegehren.
16 Wer waren denn die, die hörten und doch aufbegehrten? Waren es nicht alle, die unter Mose aus Ägypten ausgezogen waren? 17 Und wem zürnte er denn vierzig Jahre lang? Etwa nicht denen, welche sündigten und deren Leiber in der Wüste zerfielen? 18 Und wem schwor er, dass sie nicht eingehen würden in seine Ruhe, wenn nicht denen,

die ungehorsam waren? 19 Und so sehen wir, dass sie nicht in sie eingehen konnten wegen ihres Unglaubens.

4 1 Hüten wir uns also davor, solange die Verheissung, in seine Ruhe einzugehen, noch nicht erfüllt ist, zu meinen, jemand sei zu spät gekommen. 2 Denn wie jenen ist das Evangelium auch uns verkündigt. Doch jenen nützte das Wort, das sie zu hören bekamen, nichts, weil sie sich nicht im Glauben verbanden mit denen, die es hörten. 3 Denn als Glaubende gehen wir in die Ruhe ein. Er hat ja gesagt:
So habe ich in meinem Zorn geschworen: Nicht eingehen werden sie in meine Ruhe – obwohl *die Werke* seit der Grundlegung der Welt abgeschlossen sind. 4 Denn an einer anderen Stelle heisst es vom siebten Tag: *Und Gott ruhte am siebten Tag von all seinen Werken,* 5 an der erwähnten Stelle hingegen: *Nicht eingehen werden sie in meine Ruhe.* 6 Weil es also dabei bleibt, dass einige in sie eingehen werden, und weil die, denen das Evangelium zuerst verkündigt wurde, wegen ihres Ungehorsams nicht in sie eingegangen sind, 7 bestimmt er nun wiederum einen Tag, ein Heute, und spricht durch David – nach so langer Zeit –, wie oben gesagt ist:
Heute, da ihr seine Stimme hört,
verhärtet euer Herz nicht.
8 Hätte nämlich Josua sie in die Ruhe geführt, so spräche Gott nicht von einem anderen, späteren Tag. 9 Also steht dem Volk Gottes eine Sabbatruhe noch aus. 10 Denn wer in seine Ruhe eingegangen ist, hat auch selbst Ruhe von seinen Werken gefunden, wie Gott von den seinen. 11 Bemühen wir uns also, in jene Ruhe einzugehen, damit keiner zu Fall komme nach demselben Muster des Ungehorsams.
12 Denn lebendig ist das Wort Gottes, wirksam und schärfer als jedes zweischneidige Schwert; es dringt hindurch bis zur Scheidung von Seele und Geist, von Mark und Bein und urteilt

über Regungen und Gedanken des Herzens. 13 Und kein Geschöpf ist verborgen vor ihm, sondern alles ist nackt und bloss vor den Augen dessen, dem wir Rede und Antwort zu stehen haben.

|7–11: Ps 95,7–11 |7–8: 3,15; 4,7 |11: 4,3.5 |12: Jer 16,12 |13: 10,25 |14: 10,23! · 6,11 |15: 3,7–8!; Ps 95,7–8 |17–19: Num 14,22–23.28 |1: 3,17–19 |3: 3,11!; Ps 95,11 |4: Gen 2,2 |5: 3,11!; Ps 95,11 |6: 3,18–19 |7: 3,7–8!; Ps 95,7–8 |11: 3,18–19 |12: Eph 6,17

4,1: Andere Übersetzungsmöglichkeit: «..., noch nicht erfüllt ist, den Anschein zu erwecken, jemand sei zurückgeblieben.»
4,2: Andere Textüberlieferung: «..., weil es sich nicht durch den Glauben verband mit denen, ...»

Jesus, der grosse Hohe Priester

14 Da wir nun einen grossen Hohen Priester haben, der die Himmel durchschritten hat, Jesus, den Sohn Gottes, so lasst uns am Bekenntnis festhalten. 15 Denn wir haben nicht einen Hohen Priester, der nicht mit uns zu leiden vermöchte in unserer Schwachheit, sondern einen, der in allem auf gleiche Weise versucht worden ist, aber ohne Sünde. 16 Lasst uns also freimütig hintreten zum Thron der Gnade, damit wir Barmherzigkeit erlangen und Gnade finden und uns so geholfen werde zur rechten Zeit.

5 1 Jeder Hohe Priester, der aus dem Kreis der Menschen genommen ist, wird ja für die Menschen eingesetzt zum Dienst vor Gott, damit er Gaben und Opfer darbringe für die Sünden 2 als einer, der mitzufühlen vermag mit denen, die unwissend sind und in die Irre gehen, weil auch er mit Schwachheit behaftet ist. 3 Dieser Schwachheit wegen muss er – wie für das Volk, so auch für sich selbst – Sühnopfer darbringen. 4 Und niemand verschafft sich diese Würde selber, sondern er wird von Gott berufen, wie auch Aaron.

5 Ebenso hat auch Christus sich die Würde, Hoher Priester zu werden, nicht selber verliehen, verliehen hat sie ihm der, der zu ihm gesagt hat:
Mein Sohn bist du, heute habe ich dich gezeugt,

6 wie er auch an anderer Stelle sagt:
Du bist Priester in Ewigkeit nach der Weise Melchisedeks.

7 Er hat in den Tagen seines irdischen Lebens sein Bitten und Flehen mit lautem Schreien und unter Tränen vor den gebracht, der ihn vom Tod erretten konnte, und er ist erhört worden, weil er es aus Ehrfurcht vor Gott tat. 8 Obwohl er Sohn war, lernte er an dem, was er litt, den Gehorsam. 9 Dadurch wurde er zur Vollendung gebracht und ist zum Urheber ewigen Heils geworden für alle, die ihm gehorsam sind. 10 Und er wurde von Gott angesprochen als Hoher Priester nach der Weise Melchisedeks.

|14–15: 2,17! |14: 9,24! · 3,1; 10,23! |15: 5,1–3 · 2,18 · 1Petr 2,22! |16: 10,22 · 3,6; 10,19.35 |1–3: 7,28 |3: 7,27! |5: 2,17! · 1,5; Ps 2,7 |6: 7,17; Ps 110,4 |7: Mk 14,35 |8: Phil 2,8 |9: 2,10! · 9,12 |10: 2,17!; 6,20; 7,1–28

5,10: Andere Übersetzungsmöglichkeit: «Und er wurde von Gott ausgerufen zum Hohen Priester ...»

Herausforderung zur Mündigkeit

11 Dazu haben wir manches – allerdings schwer zu vermittelnde – Wort zu sagen, denn ihr seid schwerhörig geworden. 12 Obwohl ihr längst Lehrer sein müsstet, habt ihr wieder jemanden nötig, der euch die Anfangsgründe der Worte Gottes buchstabieren lehrt, und ihr seid wieder solche geworden, die Milch brauchen statt feste Nahrung. 13 Denn jeder, der noch mit Milch ernährt wird, ist unerfahren in der Lehre von der Gerechtigkeit, weil er unmündig ist. 14 Die feste Nahrung kommt Erwachsenen zu, denen also, die durch Übung ihre Sinne geschärft haben zur Unterscheidung von Gut und Böse.

6 1 Nun, den Anfang der Christuslehre wollen wir übergehen und auf die Vollkommenheit eingehen, ohne noch einmal den Grund zu legen mit der Umkehr von den toten Werken und mit dem Glauben an Gott, 2 mit der Lehre vom Taufen und mit dem Auflegen der Hände, mit der Auferstehung der Toten

und dem ewigen Gericht. 3 Ja, das wollen wir tun, sofern Gott es zulässt.

4 Denn unmöglich ist es, zur Umkehr zu bringen, die einmal erleuchtet worden sind, himmlische Gabe geschmeckt und Anteil bekommen haben am heiligen Geist, 5 die das gute Wort Gottes und die Kräfte der kommenden Welt geschmeckt haben 6 und dann abgefallen sind – unmöglich ist es, diese zu einer erneuten Umkehr zu bewegen: Sie kreuzigen sich den Sohn Gottes noch einmal und stellen ihn an den Pranger.

7 Denn die Erde, die den Regen trinkt, der immer wieder auf sie niederfällt, und nützliches Gewächs hervorbringt für die, um derentwillen sie bestellt wird, sie empfängt Segen von Gott. 8 Bringt sie aber Dornen und Disteln hervor, so taugt sie nichts; sie ist dem Fluch nahe und wird am Ende verbrannt.

9 Im Blick auf euch, meine Geliebten, sind wir, auch wenn wir so reden, vom Besseren überzeugt, von dem, was Rettung bringt. 10 Denn Gott ist nicht ungerecht: Er vergisst eure Taten nicht und nicht die Liebe, die ihr seinem Namen erwiesen habt, indem ihr die Heiligen unterstützt habt und immer noch unterstützt. 11 Wir wünschen aber sehnlichst, dass jeder von euch den gleichen Eifer für die Erfüllung der Hoffnung zeige, bis ans Ende, 12 und dass ihr nicht träge werdet, sondern in denen gleichtut, die durch Glauben und Geduld die Verheissungen erben.

|11: 6,12; 12,3.12 |12: 1Kor 3,1–3 |1: 9,14 · 1Kor 3,10 |2: Apg 6,6! |4–6: 10,26–27 |4: 10,32 |5: 13,14! |6: 10,29 |8: Gen 3,17–18 |11: 3,14 |12: 5,11! · 13,7; 1Kor 11,1 · 12,1! · 9,15; 10,36

6,2: Andere Übersetzungsmöglichkeiten: «mit der Lehre von den Taufpraktiken ...» oder: «mit der Lehre von den Waschungen ...»
6,11: Andere Übersetzungsmöglichkeit: «... Eifer für die volle Gewissheit der Hoffnung zeige, ...»

Die Unumstösslichkeit der Verheissung
13 Denn als Gott dem Abraham die Verheissung gab, schwor er – da er ja bei keinem Höheren schwören konnte – bei sich selbst:

14 *Ja, gewiss, segnend werde ich dich segnen und mehrend dich mehren.* 15 Und so erlangte Abraham, indem er geduldig ausharrte, die Verheissung. 16 Menschen schwören ja beim Höheren, und zur Bekräftigung dient ihnen der Eid, der jedem Einwand ein Ende setzt. 17 Darum hat Gott sich mit einem Eid verbürgt, um so den Erben der Verheissung noch deutlicher zu zeigen, dass sein Wille unabänderlich ist. 18 So haben wir durch zwei unumstössliche Tatsachen, mit denen Gott uns unmöglich belogen haben kann, einen kraftvollen Zuspruch, wir, die wir unsere Zuflucht darin gesucht haben, festzuhalten an der Hoffnung, die vor uns liegt. 19 Diese haben wir als einen sicheren und festen Anker der Seele, der hineinreicht ins Innerste, bis hinter den Vorhang, 20 dorthin, wo Jesus hineingegangen ist uns zugute als der, der uns vorausgeht, der Hoher Priester geworden ist nach der Weise Melchisedeks in Ewigkeit.

|13–17: 7,6; 11,9 |13: Gen 22,16 |14: Gen 22,17 |18: Dtn 19,15 · 10,23! |19–20: 10,20 |20: 5,10!

Der Priester nach der Weise Melchisedeks
7 1 Dieser Melchisedek nun, *König von Salem, Priester des höchsten Gottes, ging Abraham entgegen, als dieser von seinem Sieg über die Könige zurückkehrte, und segnete ihn,* 2 *und Abraham gab ihm den Zehnten von allem* als Anteil. Dieser heisst zum einen – denn so ist sein Name zu übersetzen – ‹König der Gerechtigkeit›, zum andern aber auch König von Salem, das bedeutet ‹König des Friedens›. 3 Er hat keinen Vater, keine Mutter, keinen Stammbaum, weder Lebensanfang noch Lebensende und ist dem Sohn Gottes gleichgestaltet; er bleibt Priester für immer.

4 Seht doch, welche Bedeutung ihm zukommt: *Ihm gab Abraham,* der Stammvater, *den Zehnten* der Beute. 5 Zwar hatten auch die Söhne Levis, wel-

che das Priesteramt empfangen haben, die Weisung, gemäss dem Gesetz den Zehnten zu nehmen vom Volk, das heisst von ihren Brüdern, obwohl auch diese aus der Lende Abrahams hervorgegangen sind. 6 Er aber, der nicht von ihnen abstammt, nahm den Zehnten von Abraham und segnete ihn, der im Besitz der Verheissungen war. 7 Es ist unbestritten, dass stets das Niedrigere vom Höheren gesegnet wird. 8 Und dort empfangen Menschen, die doch sterben, den Zehnten, hier aber einer, von dem bezeugt wird, dass er lebt. 9 Und mit Abraham wurde sozusagen auch von Levi, der sonst die Zehnten empfängt, der Zehnte eingefordert – 10 denn er war noch in der Lende des Vaters, als Melchisedek diesem entgegenging.

11 Wäre es nun durch das levitische Priestertum zur Vollendung gekommen – im Blick darauf hat das Volk ja das Gesetz erhalten –, wozu müsste dann noch ein anderer Priester, einer nach der Weise Melchisedeks, auftreten, der nicht als Priester nach der Weise Aarons bezeichnet wird? 12 Wenn nun aber ein anderes Priestertum gilt, dann gilt notwendigerweise auch ein anderes Gesetz. 13 Der nämlich, auf den hin das gesagt ist, gehörte einem anderen Stamm an, aus dem keiner je am Altar gedient hat. 14 Es ist ja bekannt, dass unser Herr aus Juda hervorgegangen ist, und von Priestern aus diesem Stamm hat Mose nichts gesagt. 15 Und noch viel offenkundiger ist das, wenn ein anderer Priester in gleicher Art wie Melchisedek auftritt, 16 einer, der nicht aufgrund der Bestimmung eines vergänglichen Gebots, sondern aufgrund der Kraft unzerstörbaren Lebens Priester geworden ist. 17 Denn es wird bezeugt:
Du bist Priester in Ewigkeit nach der Weise Melchisedeks.

18 Das früher ergangene Gebot wird nämlich aufgehoben, weil es schwach und nutzlos war – 19 das Gesetz hat ja nichts zur Vollendung gebracht –, und

eine bessere Hoffnung wird eingeführt, durch die wir Gott nahe kommen.

20 Und das ist nicht ohne Eid geschehen – die Leviten nämlich sind ohne Eid Priester geworden, 21 er aber mit einem Eid dessen, der zu ihm spricht:
Der Herr hat geschworen, und es wird ihn nicht gereuen:
    Du bist Priester in Ewigkeit.

22 So ist Jesus Bürge eines besseren Bundes geworden. 23 Die Leviten sind in grosser Zahl Priester geworden, weil der Tod sie daran hinderte zu bleiben, 24 er aber hat, weil er in Ewigkeit bleibt, ein unvergängliches Priesteramt inne. 25 Darum kann er auch für immer retten, die durch ihn zu Gott kommen, weil er ja allezeit lebt, um für sie einzutreten.

26 Ein solcher Hoher Priester war uns nämlich auch angemessen: Einer, der heilig ist, unschuldig und unbefleckt, geschieden von den Sündern und höher als die Himmel, 27 einer, der nicht wie die Hohen Priester Tag für Tag zuerst für die eigenen Sünden, dann für die des Volkes Opfer darbringen muss, denn das hat er ein für alle Mal getan, als er sich selbst darbrachte. 28 Das Gesetz nämlich setzt Menschen, die durch Schwachheit gezeichnet sind, zu Hohen Priestern ein, das Wort des Eides aber, das nach dem Gesetz gekommen ist, den in Ewigkeit vollendeten Sohn.

| 1: Gen 14,17–19 | 2: Gen 14,20 · Gen 14,18 | 3: 7,16.24–25 · 10,12.14 | 5: Num 18,21 | 6: 6,13–17 | 11: 7,18–19! · 8,6 | 14: Mi 5,1 | 16: 7,3! | 17: 5,6; Ps 110,4 | 18–19: 7,11; 9,9; 10,1 | 18: 10,9 | 21: Ps 110,4 | 22: 8,6! | 24–25: 7,3! | 25: 9,24; Röm 8,34 | 27: 10,11; Ex 29,38 · 5,3; 9,7; 10,10; Lev 9,7; 16,6 · 9,12.26–28; 10,2.10; 1Petr 3,18 | 28: 5,1–3 · 7,18–19 · 7,20–21 · 2,10!

7,12: Andere Übersetzungsmöglichkeit: «..., dann findet notwendigerweise auch eine Veränderung des Gesetzes statt.»
7,24: Andere Übersetzungsmöglichkeit: «..., ein unüberbietbares Priesteramt inne.»

Der alte und der neue Bund

8 1 Die Hauptsache bei dem Gesagten aber ist: Wir haben einen Hohen Priester, der sich zur Rechten des Thrones der Majestät in den Himmeln gesetzt hat 2 als ein Diener am Heiligtum und am wahren Zelt, das der Herr aufgeschlagen hat und nicht ein Mensch. 3 Jeder Hohe Priester wird ja dazu bestellt, Gaben und Opfer darzubringen; darum muss auch dieser Hohe Priester etwas haben, was er darbringen kann. 4 Wäre er nun auf Erden, so wäre er nicht einmal Priester, weil hier ja Priester vorhanden sind, die Gaben darbringen, wie das Gesetz es verlangt. 5 Sie dienen einem Abbild und Schatten der himmlischen Dinge. Als Mose sich daran machte, das Zelt herzustellen, erhielt er nämlich die Weisung: *Sieh zu,* heisst es da, *dass du alles nach dem Vorbild machst, das dir auf dem Berg gezeigt worden ist.* 6 Er dagegen wurde zu einem weit höheren Dienst bestellt, denn er ist der Mittler eines besseren Bundes, der auf bessere Verheissungen gegründet ist.

7 Wäre jener erste Bund ohne Fehl gewesen, hätte man keinen Ort für einen zweiten gesucht. 8 Denn er tadelt sie, wenn er sagt:
Siehe, es kommen Tage, spricht der Herr,
da werde ich für das Haus Israel
und für das Haus Juda einen neuen
Bund stiften,
9 *nicht einen Bund, wie ich ihn für ihre*
Väter machte
am Tage, da ich sie bei der Hand nahm,
sie aus dem Lande Ägypten
herauszuführen;
denn sie sind nicht in meinem Bund
geblieben,
und so habe auch ich nicht mehr auf sie
geachtet, spricht der Herr.
10 *Dies ist der Bund, spricht der Herr, den*
ich mit dem Haus Israel schliessen werde
nach jenen Tagen:
Ich werde meine Gesetze in ihren Sinn
legen
und sie ihnen ins Herz schreiben,
und ich werde ihr Gott sein,
und sie werden mein Volk sein.
11 *Und es wird keiner mehr seinen*
Mitbürger
und keiner seinen Bruder belehren mit
den Worten: Erkenne den Herrn!

Denn alle werden mich kennen,
vom Kleinsten bis zum Grössten.
12 *Denn ich will gnädig verfahren mit*
ihren ungerechten Taten
und nicht mehr gedenken ihrer
Sünden.
13 Indem er von einem neuen Bund spricht, hat er den ersten für veraltet erklärt. Was aber veraltet und überlebt ist, das ist dem Verschwinden nahe.

|1–2: 9,24! |1: 2,17! · 1,13! |3: 5,1! |5: 9,23; 10,1;
Kol 2,16–17 · Ex 25,40 |6: 7,11 · 7,22; 9,15; 12,24 ·
1Tim 2,5 |8–12: Jer 31,31–34 |10: 10,16 |12: 10,17
|13: 7,18

8,7: Andere Übersetzungsmöglichkeit: «Wäre jenes erste Zelt ... für ein zweites ...»

Das erste und das zweite Zelt

9 1 Nun hatte ja auch der erste Bund seine Satzungen für den Gottesdienst und sein irdisches Heiligtum. 2 Es wurde nämlich ein erstes Zelt eingerichtet, in dem sich der Leuchter und der Tisch mit den Schaubroten befanden; es wird das ‹Heilige› genannt. 3 Hinter dem zweiten Vorhang aber war das Zelt, welches das ‹Allerheiligste› genannt wird. 4 Es enthielt den goldenen Räucheraltar und die Bundeslade, die ganz mit Gold überzogen war. In ihr waren der goldene Krug, der das Manna enthielt, der Stab Aarons, der wieder ausgeschlagen hatte, und die Tafeln des Bundes, 5 und über ihr die Kerubim der Herrlichkeit, welche die Sühneplatte über der Bundeslade überschatteten. Doch davon soll jetzt nicht im Einzelnen die Rede sein.

6 Seit dies so eingerichtet ist, betreten die Priester immer wieder das erste Zelt, um Gottesdienst zu feiern. 7 Das zweite Zelt jedoch betritt allein der Hohe Priester, einmal im Jahr, nicht ohne das Blut, das er für sich selbst und für die aus Unkenntnis begangenen Sünden des Volkes darbringt. 8 Damit macht der heilige Geist deutlich, dass der Weg ins Heiligtum nicht offen steht, solange das erste Zelt noch Bestand hat. 9 Es ist ein Gleichnis für die gegenwär-

tige Zeit, das bedeutet: Es werden Gaben und Opfer dargebracht, welche den, der am Gottesdienst teilnimmt, in seinem Gewissen nicht vollkommen machen können. 10 Es geht dabei nur um Speisen, Getränke und verschiedene Waschungen; vorläufige Satzungen sind es, die gelten bis zur Zeit, da alles in Ordnung kommt.

| 2: Ex 25,23–27.30–31; 2Chr 13,11 | 3: Ex 26,31.33
| 4–5: Ex 25,10–22 | 4: Num 17,6–10 · Dtn 9,9
| 7: Ex 30,10 · 7,27! | 9: 7,18–19! | 10: 13,9! · Lev 11,1–47;
15,1–11; Num 19,1–22 · 7,18–19

9,5: Andere Übersetzungsmöglichkeit:
«..., welche den Sühneort überschatteten. ...»

Der Hohe Priester der wirklichen Güter und Mittler eines neuen Bundes

11 Christus aber, der als Hoher Priester der wirklichen Güter gekommen ist, ist durch das grössere und vollkommenere Zelt gegangen, das nicht von Menschenhand gemacht ist und also nicht zu dieser Schöpfung gehört. 12 Auch nicht mit dem Blut von Böcken und Kälbern, sondern mit seinem eigenen Blut ist er ein für alle Mal in das Heiligtum hineingegangen und hat ewige Erlösung erlangt. 13 Wenn nun schon das Blut von Böcken und Stieren und die Asche einer Kuh Verunreinigte, die damit besprengt werden, heiligt – zur Reinigung des Fleisches –, 14 um wie viel mehr wird dann das Blut Christi, der durch ewigen Geist sich selbst als makelloses Opfer Gott dargebracht hat, unser Gewissen von toten Werken reinigen und uns zum Dienst am lebendigen Gott bereitmachen! 15 Darum ist er Mittler eines neuen Bundes: Sein Tod sollte geschehen zur Befreiung von den Übertretungen aus der Zeit des ersten Bundes, damit die Berufenen die Verheissung des ewigen Erbes empfangen. 16 Wo es nämlich um ein Testament geht, muss der Tod dessen nachgewiesen werden, der es aufgesetzt hat. 17 Ein Testament wird erst im Todesfall wirksam; es tritt niemals in Kraft, solange der Verfasser noch lebt.

18 Darum ist auch der erste Bund nicht ohne Blut besiegelt worden. 19 Denn nachdem Mose jedes Gebot, wie es das Gesetz verlangt, dem ganzen Volk vorgelesen hatte, nahm er das Blut der Kälber und der Böcke, dazu Wasser, Purpurwolle und Ysop, besprengte damit das Buch, danach das ganze Volk 20 und sprach:

Dies ist das Blut des Bundes, den zu halten euch Gott aufgetragen hat.

21 Auch das Zelt und alle Geräte für den Gottesdienst besprengte er auf gleiche Weise mit dem Blut. 22 Durch Blut wird nach dem Gesetz beinahe alles gereinigt; und ohne Blutvergiessen gibt es keine Vergebung.

23 Die Abbilder dessen, was im Himmel ist, müssen darum auf die beschriebene Weise gereinigt werden, das Himmlische selbst jedoch verlangt nach besseren Opfern als diesen. 24 Denn Christus ist nicht in ein von Menschenhand errichtetes Heiligtum hineingegangen, in ein Abbild des echten, sondern in den Himmel selbst, um jetzt vor Gottes Angesicht für uns einzutreten. 25 Er ist auch nicht hineingegangen, um sich immer wieder darzubringen, so wie der Hohe Priester Jahr für Jahr mit fremdem Blut ins Heiligtum hineingeht; 26 sonst hätte er nämlich immer wieder leiden müssen seit Grundlegung der Welt. Jetzt aber ist er am Ende der Zeiten in einziges Mal erschienen, um durch sein Opfer die Sünde aufzuheben. 27 Und wie es den Menschen bestimmt ist, ein einziges Mal zu sterben, und dann kommt das Gericht, 28 so ist auch Christus ein einziges Mal geopfert worden, um die Sünden vieler auf sich zu nehmen. Ein zweites Mal erscheint er nicht der Sünde wegen, sondern zur Rettung derer, die ihn erwarten.

| 11–12: 9,24! | 11: 2,17! | 12: 7,27! · 5,9 | 13–14: 10,10!
| 13: Num 19,2–9 | 14: 1Petr 1,18–19 · 10,2.22 · 6,1
| 15: 8,6!; Gal 3,19 · 3,1 · 6,12! | 18: 9,7 | 19: Ex 24,3–8 ·
Lev 14,4–5; Num 19,6 | 20: Ex 24,8 · 10,29; 13,20
| 21: Lev 8,15.19 | 22: 1,3 · Lev 17,11 | 23: 8,5! | 24: 4,14;
8,1–2; 9,11–12 · 7,25 | 26: 7,27! · 1Joh 3,5 · 10,12
| 28: 7,27!; 10,14; Röm 6,10 · Jes 53,12

Das einmalige Opfer und die endgültige Vollendung

10 1 Weil das Gesetz nämlich nur einen Schatten der künftigen Güter enthält, nicht die eigentliche Gestalt der Dinge, kann es durch die Jahr für Jahr gleichen Opfer, die man endlos darbringt, diejenigen, die damit vor Gott treten, niemals vollkommen machen. 2 Denn hätte man sonst nicht aufgehört, sie darzubringen? Die am Gottesdienst teilnehmen, hätten ja kein von Sünden belastetes Gewissen mehr, wenn sie ein für alle Mal gereinigt worden wären. 3 Es ist aber nicht so, sondern Jahr für Jahr wird mit Opfern an die Sünden erinnert. 4 Denn es ist unmöglich, dass das Blut von Stieren und Böcken Sünden hinwegnimmt. 5 Darum sagt er bei seinem Kommen in die Welt:

Opfer und Gabe wolltest du nicht,
einen Leib aber hast du mir bereitet.
6 *An Brandopfern und Sühnopfern hattest du kein Gefallen.*

7 *Da sprach ich: Siehe, ich komme –*
in der Schriftrolle steht geschrieben, was für mich gilt –,
um deinen Willen, o Gott, zu tun.

8 Zuerst also hat er gesagt:
Opfer und Gaben und Brandopfer und Sühnopfer
wolltest du nicht und hattest kein Gefallen an ihnen,
und doch werden sie nach dem Gesetz dargebracht. 9 Und dann hat er gesagt: *Siehe, ich komme, um deinen Willen zu tun.* Das Erste hebt er auf, um das Zweite in Kraft zu setzen. 10 In diesem Willen sind wir ein für alle Mal geheiligt durch die Darbringung des Leibes Jesu Christi.

11 Jeder Priester steht Tag für Tag da, versieht seinen Dienst und bringt immer dieselben Opfer dar, die doch niemals Sünden beseitigen können. 12 Er aber hat ein einziges Opfer für die Sünden dargebracht und sich für immer zur Rechten Gottes gesetzt; 13 fortan wartet er, bis seine Feinde hingelegt werden als Schemel für seine Füsse.

14 Denn durch eine einzige Darbringung hat er diejenigen, die geheiligt werden, für immer zur Vollendung geführt. 15 Das bezeugt uns auch der heilige Geist, denn nachdem er gesagt hat: 16 *Dies ist der Bund, den ich*
mit ihnen schliessen werde
nach jenen Tagen, spricht der Herr:
Ich werde meine Gesetze in ihr Herz legen
und sie in ihren Sinn schreiben,
17 *und ihrer Sünden* und ihrer Missetaten
werde ich nicht mehr gedenken.
18 Wo aber diese vergeben sind, muss nichts mehr für die Sünde dargebracht werden.

|1: 8,5! · 7,18–19! |2: 9,14! · 7,27! |3: Lev 16,34 |5–7: Ps 40,7–9 |5: 10,37 |8: Ps 40,7 |9: Ps 40,8–9 · 7,18 |10: 7,27! · 2,11; 9,13–14; 10,14.29; 12,10.14; 13,12 |12: 9,26 · 7,3! · 1,13! |13: 1,13! |14: 9,28 · 1C,10! · 7,3! |16: 8,10; Jer 31,33 |17: 8,12; Jer 31,34

Ermahnung, am unverrückbaren Bekenntnis festzuhalten

19 So haben wir nun, liebe Brüder und Schwestern, durch das Blut Jesu die Freiheit, ins Heiligtum einzutreten. 20 Diesen Zutritt hat er uns verschafft als neuen und lebendigen Weg durch den Vorhang hindurch, das heisst durch sein Fleisch. 21 Auch haben wir nun einen grossen Priester über das Haus Gottes. 22 Lasst uns also hinzutreten mit aufrichtigem Herzen in der Fülle des Glaubens, das Herz gereinigt vom bösen Gewissen und den Leib gewaschen mit reinem Wasser. 23 Lasst uns festhalten am unverrückbaren Bekenntnis der Hoffnung, denn treu ist, der die Verheissung gab. 24 Und lasst uns darauf bedacht sein, dass wir einander ansporn en zur Liebe und zu guten Taten; 25 Wir wollen die Versammlung der Gemeinde nicht verlassen, wie es bei einigen üblich geworden ist, sondern einander mit Zuspruch beistehen, und dies umso mehr, als ihr den Tag nahen seht.

26 Denn wenn wir vorsätzlich sündigen, nachdem wir bereits die Erkenntnis der Wahrheit empfangen haben, gibt es kein Sühnopfer mehr, 27 son-

dern nur noch ein furchtbares Warten auf das Gericht, das als gieriges Feuer die Widersacher verzehren wird.

28 Wer das Gesetz des Mose missachtet, muss ohne Erbarmen *sterben auf die Aussage von zwei oder drei Zeugen hin.* 29 Wie viel härter, meint ihr, wird die Strafe sein für einen, der den Sohn Gottes mit Füssen getreten, das Blut des Bundes, durch das er geheiligt wurde, für unrein gehalten und den Geist der Gnade verachtet hat? 30 Denn wir kennen den, der gesagt hat: *Mein ist die Rache, ich werde Vergeltung üben,* und an anderer Stelle: *Der Herr wird sein Volk richten.* 31 Furchtbar ist es, in die Hände des lebendigen Gottes zu fallen.

32 Erinnert euch doch an die früheren Tage, da ihr nach eurer Erleuchtung einen harten Leidenskampf durchzustehen hattet: 33 Sei es, dass ihr beleidigt und bedrängt und damit öffentlich zur Schau gestellt wurdet, sei es, dass ihr Gefährten derer wurdet, denen es so erging. 34 Denn ihr habt mitgelitten mit den Gefangenen und den Raub von Hab und Gut mit Freuden hingenommen im Wissen, dass ihr selbst ein besseres und bleibendes Gut habt. 35 Werft also euren Freimut nicht weg; er wird reich belohnt werden. 36 Ausdauer braucht ihr nämlich, um den Willen Gottes zu tun und so die Verheissung zu erlangen.

37 Denn *eine kleine Weile* noch, *und der, der kommen soll, wird kommen und nicht ausbleiben:* 38 *Mein Gerechter aber wird aus Glauben leben,* und *wenn er zurückweicht, hat meine Seele kein Wohlgefallen an ihm.* 39 Wir aber gehören nicht zu denen, die zurückweichen und zugrunde gehen, sondern zu denen, die glauben und sich das Leben bewahren.

| 19: 4,16! | 20: 6,19–20 | 21: 3,6! | 22–24: 1Kor 13,13! | 22: 4,16 · 9,14! · Ex 29,4 | 23: 3,6.14; 4,14!; 6,18 | 25: 3,13 | 26–27: 6,4–6 | 27: 10,31; 12,29 | 28–29: 2,2–3! | 28: Dtn 17,6 | 29: 6,6 · 9,20! · 10,10! | 30: Dtn 32,35;

Röm 12,19 · Dtn 32,36; Ps 135,14 | 31: 10,27 | 32: 6,4 | 35: 4,16! · 11,6! | 36: 12,1! · 10,7; 13,21 · 6,12! | 37: Hab 2,3 | 38: Hab 2,4

Der Glaube der Alten

11 1 Der Glaube aber ist die Grundlegung dessen, was man erhofft, der Beweis für Dinge, die man nicht sieht. 2 In diesem Glauben ist den Alten ihr Zeugnis ausgestellt worden. 3 Durch Glauben erkennen wir, dass die Welt erschaffen ist durch Gottes Wort; so ist das Sichtbare nicht aus dem geworden, was in Erscheinung tritt.

4 Durch Glauben brachte Abel Gott ein besseres Opfer dar als Kain; durch Glauben wurde ihm das Zeugnis ausgestellt, gerecht zu sein, weil Gott über seinen Gaben Zeugnis ablegte, und durch Glauben redet er noch immer, obwohl er gestorben ist. 5 Durch Glauben wurde Henoch entrückt, so dass er den Tod nicht sah; und er wurde nicht mehr gefunden, da Gott ihn entrückt hatte. Vor der Entrückung wurde ihm das Zeugnis ausgestellt, Gefallen gefunden zu haben bei Gott. 6 Ohne Glauben aber ist es unmöglich, ihm zu gefallen. Denn wer vor Gott treten will, muss glauben, dass er ist und dass er die belohnt, die ihn suchen. 7 Durch Glauben baute Noah, als er einen Hinweis bekam auf das, was noch nicht sichtbar war, voller Ehrfurcht vor Gott eine Arche zur Rettung seines Hauses. Durch Glauben verurteilte er die Welt und wurde ein Erbe der Gerechtigkeit, die dem Glauben entspricht.

8 Durch Glauben gehorchte Abraham, als er berufen wurde, und brach auf an einen Ort, den er als Erbe empfangen sollte; er brach auf, ohne zu wissen, wohin er kommen würde. 9 Durch Glauben wanderte er aus ins Land der Verheissung, ein Land, das ihm fremd war, und wohnte in Zelten mit Isaak und Jakob, den Miterben derselben Verheissung. 10 Denn er wartete auf die Stadt mit den festen Fundamenten, deren Planer und Erbauer Gott ist. 11 Durch Glauben empfing auch Sara als Unfruchtbare

die Kraft, Nachkommenschaft zu begründen trotz ihrem hohen Alter, weil
sie den für treu erachtete, der die Verheissung gegeben hatte. 12 Darum sind
auch aus einem Einzigen und gar von
einem, der nicht mehr zeugungsfähig
war, Nachkommen hervorgegangen, so
zahlreich wie die Sterne am Himmel
und wie der Sand am Ufer des Meeres,
den niemand zählen kann.

13 Im Glauben sind diese alle gestorben, ohne die Verheissungen erlangt zu
haben. Nur von ferne haben sie sie gesehen, sie gegrüsst und bekannt, Gäste
und Fremdlinge auf Erden zu sein.
14 Die nämlich solches sagen, geben zu
erkennen, dass sie eine Heimat suchen.
15 Und wenn sie dabei an jene Heimat
dächten, aus der sie aufgebrochen sind,
hätten sie ja Gelegenheit zurückzukehren. 16 Nun aber strecken sie sich aus
nach einer besseren Heimat, nämlich
nach der himmlischen. Darum schämt
sich Gott ihrer nicht und lässt sich ihr
Gott nennen; er hat ihnen ja eine Stadt
bereitet.

17 Durch Glauben hat Abraham den
Isaak dargebracht, als er in Versuchung
geführt wurde; den einzigen Sohn
wollte er darbringen, er, der doch die
Verheissungen empfangen hatte 18 und
zu dem doch gesagt worden war:
*Nach Isaak soll deine Nachkommenschaft
genannt werden.*
19 Er rechnete damit, dass Gott auch
die Macht habe, von den Toten zu erwecken. Darum hat er ihn – als ein Gleichnis – auch zurückerhalten. 20 Durch
Glauben segnete Isaak den Jakob und
den Esau sogar im Blick auf Künftiges.
21 Durch Glauben segnete Jakob vor seinem Tod jeden der Söhne Josefs und
*beugte sich betend über die Spitze seines
Stabes.* 22 Durch Glauben dachte Josef,
als er im Sterben lag, an den Auszug der
Israeliten und ordnete an, was mit seinen Gebeinen zu geschehen habe.

23 Durch Glauben wurde Mose nach
der Geburt drei Monate lang von seinen
Eltern versteckt gehalten; denn sie sa-

hen, dass das Kind schön war, und
fürchteten sich nicht vor dem Befehl des
Königs. 24 Durch Glauben weigerte sich
Mose, als er herangewachsen war, als
Sohn einer Tochter des Pharao zu gelten.
25 Lieber wollte er zusammen mit dem
Volk Gottes misshandelt werden als einen flüchtigen Genuss der Sünde haben.
26 Für einen grösseren Reichtum als die
Schätze Ägyptens hielt er die Schmach
Christi, denn er richtete seinen Blick auf
die Belohnung. 27 Durch Glauben verliess er Ägypten, ohne den Zorn des Königs zu fürchten, denn er hielt sich an
den Unsichtbaren, als sähe er ihn.
28 Durch Glauben hat er das Passa und
die Besprengung mit Blut angeordnet,
damit der Würgeengel ihre Erstgeburt
nicht anrühre. 29 Durch Glauben zogen
sie durch das Rote Meer wie über trockenes Land; die Ägypter dagegen ertranken, als sie es versuchten.

30 Durch Glauben fielen die Mauern
von Jericho, nachdem sie sieben Tage
lang umkreist worden waren. 31 Durch
Glauben ist die Dirne Rachab nicht mit
den Ungehorsamen zusammen umgekommen, denn sie hatte die Kundschafter in Frieden bei sich aufgenommen.

32 Und was soll ich noch sagen? Mir
fehlt die Zeit, auch noch von Gideon,
Barak, Samson, Jephta, David und Samuel und von den Propheten zu erzählen. 33 Aufgrund des Glaubens haben sie
Königreiche bezwungen, Gerechtigkeit
geübt, Verheissungen erlangt, Löwen
den Rachen gestopft 34 und gewaltiges
Feuer gelöscht. Zweischneidigem
Schwert sind sie entronnen, und wo sie
schwach waren, haben sie Kraft empfangen. Stark sind sie geworden im Krieg,
haben Heere feindlicher Völker in die
Flucht geschlagen. 35 Frauen haben ihre
Toten wiederbekommen durch Auferstehung; andere aber haben sich foltern
lassen und ihre Freilassung nicht angenommen, um eine bessere Auferstehung zu erlangen. 36 Wieder andere
mussten Spott und Geisselung hinnehmen, auch Fesseln und Gefängnis. 37 Sie

sind gesteinigt, zersägt, mit dem Schwert erschlagen worden; sie sind in Fellen von Schafen und Ziegen umhergegangen, haben Mangel, Not und Qual erfahren, 38 sie, derer die Welt nicht würdig war, sind umhergeirrt in Wüsten und Gebirgen, in Höhlen und Klüften. 39 Und sie alle haben, auch wenn sie aufgrund des Glaubens Zeugen geworden sind, die Verheissung nicht erlangt. 40 Denn Gott hat für uns etwas Besseres vorgesehen: Sie sollten nicht ohne uns ans Ziel gebracht werden.

|1: Röm 8,24 |2: 11,39 |3: Ps 33,6 |4: Gen 4,3–5 |5: Gen 5,24 |6: 10,35; 11,26 |7: Gen 6,8–9; 6,13–7,1; 2Petr 2,5 |8: Gen 12,1–4 |9: 6,13–17; Röm 4,13 |10: 13,14! |11–12: Gen 17,17.19; 21,2 · Röm 4,19–20 |11: 10,23 |12: Gen 32,12 |13–16: 13,14! |13: 11,39 · Gen 23,4 |17: Gen 22,1–19; Jak 2,21 |18: Gen 21,12 |19: Röm 4,17 |21: Gen 48,8–16 |22: Gen 50,24–25 |23: Ex 2,2 · Ex 1,15–16 |24: Ex 2,11 |26: 13,13 · 11,6! |27: Ex 2,15 |28: Ex 12,21–23 |29: Ex 14,21–30 |30: Jos 6,1–16.20 |31: Jos 2,1–21; 6,17.22–25; Jak 2,25 |32: Ri 6,1–8,35 · Ri 4,1–16 · Ri 13,1–16,31 · Ri 10,6– 12,7 · 1Sam 7,15 |35: 1Kön 17,17–24; 2Kön 4,18–37 |36: Jer 20,1–3; 37,1–38,13 |37: 2Chr 24,20–21 |38: 1Kön 18,4 |39: 11,2 · 11,13 |40: 10,14

11,1: Der griechische Begriff ‹hypostasis› wird hier mit ‹Grundlegung› übersetzt, d.h. entsprechend der Tendenz seiner Bedeutung (Grundlage, Basis, Grundlegung) objektiv und nicht subjektiv (Festhalten, Vertrauen).

Die Ermahnung, nicht müde zu werden

12 1 Darum wollen denn auch wir, die wir von einer solchen Wolke von Zeugen umgeben sind, alle Last ablegen und die Sünde, die uns so leicht umgarnt. Wir wollen mit Ausdauer laufen in dem Wettlauf, der noch vor uns liegt, 2 und hinschauen auf den, der unserem Glauben vorangeht und ihn vollendet, auf Jesus, der im Blick auf die vor ihm liegende Freude das Kreuz erduldet, die Schande gering geachtet und sich zur Rechten des Thrones Gottes gesetzt hat. 3 Denkt doch an den, der von Seiten der Sünder solchen Widerspruch erduldet hat, damit ihr nicht müde und mutlos werdet.

4 Noch habt ihr nicht bis aufs Blut widerstanden im Kampf gegen die Sünde. 5 Und ihr habt den Zuspruch vergessen, der euch als Söhne anredet:

Mein Sohn, achte nicht gering die Erziehung des Herrn, und verliere den Mut nicht, wenn du von ihm gestraft wirst.
6 *Denn wen der Herr liebt, den züchtigt er, und er schlägt jeden Sohn, den er annimmt.*
7 Was ihr erduldet, dient eurer Erziehung; wie mit Söhnen geht Gott mit euch um. Denn wo ist ein Sohn, den sein Vater nicht züchtigt? 8 Wenn ihr aber ohne Erziehung seid – sie ist doch allen zuteil geworden –, dann seid ihr uneheliche, nicht legitime Söhne und Töchter. 9 Ferner: Wir hatten unsere leiblichen Väter als Erzieher und brachten ihnen Respekt entgegen; werden wir uns da nicht erst recht dem ‹Vater der Geister› unterordnen und so das Leben haben? 10 Denn jene haben uns eine kurze Zeit nach ihrem Gutdünken gezüchtigt, er aber tut es zu unserem Besten, damit wir Anteil bekommen an seiner Heiligkeit. 11 Für den Augenblick zwar erscheint uns jede Züchtigung nicht als Freude, sondern als Schmerz, später aber bringt sie denen, die an ihr gewachsen sind, die Frucht des Friedens und der Gerechtigkeit.

12 Darum strafft die erschlafften Hände und die erlahmten Knie 13 und zieht eine gerade Spur mit euren Füssen, damit was lahm ist, sich nicht auch noch verrenkt, sondern vielmehr geheilt wird. 14 Dem Frieden jagt nach mit allen und der Heiligung, ohne die niemand den Herrn schauen wird. 15 Gebt acht, dass niemand hinter der Gnade Gottes zurückbleibt, *dass nicht ein bitterer Schössling aufschiesst und eine Plage wird* und viele durch ihn angesteckt werden 16 und dass kein Unzüchtiger oder Gottloser unter euch sei, einer wie Esau, der für ein einziges Essen sein Erstgeburtsrecht hergab. 17 Ihr wisst ja, dass er verworfen wurde, als er hinterher den Segen erben wollte, denn er fand keine Gelegenheit mehr zur Umkehr, obwohl er sie unter Tränen suchte.

|1: 6,12; 10,36 · 1Kor 9,24–27 |2: 2,10! · 1,13! ·
Phil 2,8–9 |3: 5,11! |4: 10,32–36 |5–6: Spr 3,11–12
|10: 10,10! |11: Phil 1,11; Jak 3,18 |12: 5,11! · Jes 35,3
|13: Spr 4,26 |14: Ps 34,15; Röm 14,19; 2Tim 2,22;
1Petr 3,11 · 10,10! |15: Dtn 29,17 |16: Gen 25,29–34
|17: Gen 27,30–40

12,9: Der ganz ungewöhnliche Ausdruck ‹Vater
der Geister› verweist auf die Zugehörigkeit Gottes
zur Sphäre des Geistes, zu der dienende Geister (1,14)
und die Geister der vollendeten Gerechten (12,23) gehören.

Ermahnung, auf den zu hören, der sich vom Himmel her kundtut

18 Denn ihr seid nicht zu etwas hingetreten, was mit den Sinnen erfahrbar
ist, nicht zu brennendem Feuer, zu
Rauch und Finsternis und Sturm,
19 nicht zu Schall von Posaunen und
Dröhnen von Worten – die es hörten,
baten, es möge kein Wort mehr hinzugefügt werden, 20 denn sie ertrugen
nicht, was da befohlen wurde: Selbst
wenn ein Tier den Berg berührt, soll es
gesteinigt werden. 21 Ja, so furchtbar
war die Erscheinung, dass Mose sagte:
Ich bin voll Furcht und ich zittere.
22 Vielmehr seid ihr hingetreten zum
Berg Zion und zur Stadt des lebendigen
Gottes, dem himmlischen Jerusalem, zu
Tausenden von Engeln, zum Fest 23 und
zur Gemeinde der Erstgeborenen, deren
Namen aufgeschrieben sind im Himmel, zu Gott, dem Richter aller, zu den
Geistern der vollendeten Gerechten,
24 zu Jesus, dem Mittler des neuen Bundes, und zum Blut der Besprengung, das
machtvoller redet als das Blut Abels.
25 Gebt acht, dass ihr den nicht abweist,
der so redet! Wenn nämlich schon jene
nicht entronnen sind, die den abwiesen,
der auf Erden den Willen Gottes kund-
tat, wie viel weniger dann wir, wenn wir
uns abwenden von dem, der vom Himmel her spricht. 26 Einst hat seine
Stimme die Erde erschüttert, jetzt aber
hat er verheissen:
Noch einmal werde ich erbeben lassen
nicht allein *die Erde,* sondern *auch den
Himmel.*
27 Dieses *Noch einmal* zeigt: Was
erschüttert wird, weil es zum

Geschaffenen gehört, wird verändert,
damit bleibe, was nicht erschüttert
werden kann. 28 Darum wollen wir, die
wir ein unerschütterliches Reich empfangen, dankbar sein und Gott dienen,
wie es ihm gefällt, mit Scheu und Ehrfurcht. 29 Denn unser *Gott ist ein verzehrendes Feuer.*

|18: Dtn 4,11; 5,22 |19: Ex 19,16.19; 20,18; Dtn 4,12
|20: Ex 19,12–13 |21: Dtn 9,19 |22: 11,10; Offb 21,10! ·
Offb 5,11! |23: Lk 10,20 |24: 8,6! · 9,13–14 · Gen 4,10
|25: 2,2–3! |26: Hag 2,6 |28: Dan 7,18 · 13.21
|29: Dtn 4,24; 9,3 · 10,27

Ermahnungen für den Alltag

13 1 Die Liebe zu denen, die euch vertraut sind, bleibe! 2 Die Liebe zu
denen, die euch fremd sind, aber vergesst nicht – so haben manche, ohne es
zu wissen, Engel beherbergt. 3 Denkt an
die Gefangenen, weil auch ihr Gefangene seid; denkt an die Misshandelten,
weil auch ihr Verletzliche seid.
4 Die Ehe werde bei allen in Ehren
gehalten, und das Ehebett bleibe unbefleckt. Denn Unzüchtige und Ehebrecher wird Gott richten. 5 Führt ein Leben frei von Geldgier, begnügt euch mit
dem, was da ist. Denn Gott selbst hat gesagt: *Ich werde dich niemals preisgeben
und dich niemals verlassen.* 6 So können
wir getrost sagen:
*Der Herr ist mein Helfer, ich werde mich
nicht fürchten;*
was kann ein Mensch mir antun?
7 Behaltet diejenigen, die die Gemeinde geleitet und euch das Wort Gottes weitergesagt haben, im Gedächtnis;
achtet darauf, wie ihr Leben geendet hat,
und ahmt ihren Glauben nach. 8 Jesus
Christus ist derselbe gestern, heute und
in Ewigkeit. 9 Lasst euch nicht durch
schillernde und fremdartige Lehren verführen. Denn es ist gut, dass das Herz
gefestigt wird durch Gnade, nicht durch
Speisegebote; die sie befolgten, hatten
keinen Nutzen davon. 10 Wir haben einen Altar, von dem zu essen keine Vollmacht hat, wer dem Zelt dient. 11 Denn
die Leiber der Tiere, deren Blut der Hohe
Priester als Sühnopfer ins Heiligtum

hineinbringt, werden ausserhalb des Lagers verbrannt. 12 Darum hat auch Jesus, um durch sein eigenes Blut das Volk zu heiligen, ausserhalb des Tors gelitten. 13 Lasst uns also vor das Lager hinausziehen zu ihm und seine Schmach tragen, 14 denn wir haben hier keine bleibende Stadt, sondern die zukünftige suchen wir. 15 Durch ihn wollen wir Gott allezeit als Opfer ein Lob darbringen, das heisst die Frucht der Lippen, die seinen Namen bekennen. 16 Vergesst nicht, einander Gutes zu tun und an der Gemeinschaft festzuhalten, denn an solchen Opfern findet Gott Gefallen. 17 Gehorcht denen, die die Gemeinde leiten, denn sie wachen über eure Seelen und müssen Rechenschaft ablegen, und fügt euch ihnen, damit sie es mit Freuden tun und nicht mit Seufzen; das wäre für euch ja kein Gewinn.

|1: 1Thess 4,9! |2: Röm 12,13 · Gen 18,1–16; 19,1–29 |3: 10,34 |5: 1Tim 6,8–9 · Dtn 31,6; Jos 1,5; 1Chr 28,20; Gen 28,15 |6: Ps 118,6 |7: 13,17.24 · 6,12! |8: 1,12 |9: 9,10! |11–12: 2,17! |11: Lev 16,27 |12: 10,10! · Mk 15,20b–27 |13: 11,26 |14: 11,10.13–16 · 2,5; 6,5 |17: 13,7!

Bitten, Grüsse, Segenswunsch
18 Betet für uns! Denn wir sind überzeugt, ein gutes Gewissen zu haben, da

wir uns bemühen, in jeder Hinsicht ein gutes Leben zu führen. 19 Und ich ermahne euch besonders eindringlich, dies zu tun, damit ich euch umso schneller wiedergegeben werde.
20 Der Gott des Friedens aber, der den grossen Hirten der Schafe, Jesus, unseren Herrn, durch das Blut des ewigen Bundes heraufgeführt hat von den Toten, 21 er rüste euch aus mit allem Guten, dass ihr seinen Willen tut. Er wirke in uns, was vor ihm wohlgefällig ist, durch Jesus Christus, dem die Ehre gebührt von Ewigkeit zu Ewigkeit. Amen.
22 Ich rede euch aber zu, liebe Brüder und Schwestern, nehmt das Wort der Ermutigung an. Ich habe euch ja nur kurz geschrieben. 23 Ihr wisst, dass unser Bruder Timotheus abgereist ist; wenn er demnächst kommt, werde ich euch mit ihm zusammen besuchen.
24 Grüsst alle, die die Gemeinde leiten, und alle Heiligen. Es grüssen euch die Brüder und Schwestern, die in Italien sind.
25 Die Gnade sei mit euch allen.

|18: 1Thess 5,25 |20: Röm 15,33! · Joh 10,11! · 9,20! · Jes 55,3; 61,8; Jer 32,40; 50,5; Ez 37,26 |21: 10,36! · 12,28 · Röm 16,27! |24: 13,7! |25: Tit 3,15

Der Brief des Jakobus

Anschrift
1 1 Jakobus, Knecht Gottes und des Herrn Jesus Christus, an die zwölf Stämme in der Diaspora: Seid gegrüsst!

Die rechte Einstellung
2 Nehmt es für lauter Freude, meine lieben Brüder und Schwestern, wenn ihr mancherlei Prüfungen zu bestehen habt, 3 denn ihr wisst, dass die Erprobung eures Glaubens Ausdauer bewirkt. 4 Die Ausdauer aber werde begleitet

von einem vollkommenen Werk; so werdet ihr vollkommen und ganz, und es wird euch nichts fehlen.
5 Wem es unter euch aber an Weisheit fehlt, der erbitte sie von Gott, der allen vorbehaltlos gibt und niemandem etwas zum Vorwurf macht: Sie wird ihm zuteil werden. 6 Er bitte aber im Glauben, ohne zu zweifeln, denn wer zweifelt, gleicht den Wogen des Meeres, die vom Wind gepeitscht und dahin und dorthin geschlagen werden. 7 Ein sol-

cher Mensch bilde sich ja nicht ein, er
werde vom Herrn etwas empfangen!
8 Er ist ein Mann mit gespaltener Seele,
unstet und haltlos auf all seinen Wegen.
9 Der Bruder, der niedrigen Standes
ist, rühme sich seiner Erhöhung, 10 der
Reiche aber rühme sich seiner Erniedrigung, denn er wird vergehen wie die
Blume des Feldes: 11 Es kommt die
Sonne und mit ihr die Hitze und lässt
das Gras verdorren; die Blüte fällt ab und
ihre Pracht ist dahin. So wird auch der
Reiche dahinschwinden samt allem,
was er unternommen hat.

12 Selig der Mann, der die Prüfung
besteht, denn wenn er sich bewährt,
wird er die Krone des Lebens empfangen, die Gott denen verheissen hat, die
ihn lieben. 13 Niemand, der in Versuchung gerät, sage: Von Gott werde ich in
Versuchung geführt! Gott nämlich lässt
sich vom Bösen nicht versuchen, und er
führt niemanden in Versuchung. 14 Ein
jeder wird von seiner eigenen Begierde
in Versuchung geführt, wenn er sich
von ihr locken und ködern lässt.
15 Wenn dann die Begierde schwanger
geworden ist, bringt sie die Sünde zur
Welt. Die Sünde aber, wenn sie ausge-
reift ist, gebärt den Tod.

| 2: 1Petr 1,6; Mt 5,11–12 · 1,12 | 3: 1Petr 1,7 ·
Röm 5,3 | 4: 3,2; Mt 5,48 | 5: 3,13–17 · Mt 7,7 | 9: 2,5
| 10–11: Jes 40,6–8; 1Petr 1,24 | 12: 1,25; 5,11 · 1,2 ·
Offb 2,10; 1Petr 5,4! · 2,5 | 14–15: Röm 7,8.10
| 15: Röm 6,23

1,2: Das griechische Wort ‹peirasmos›, das hier
mit ‹Prüfung› übersetzt ist, umfasst im Brief des Jakobus (1,2; 1,12) sowohl den Aspekt der Prüfung als
auch der Versuchung und der Anfechtung (vgl. das entsprechende Verb in 1,13).
1,13: Andere Übersetzungsmöglichkeit: «... Gott
hat nämlich mit dem Bösen nichts zu tun, und ...»

Umgang mit dem Wort

16 Lasst euch nicht täuschen, meine
geliebten Brüder und Schwestern!
17 Jede gute Gabe und jedes vollkommene Geschenk kommt von oben, vom
Vater der Himmelslichter, bei dem es
keine Veränderung und nicht die Spur
eines Wandels gibt. 18 Aus freiem Willen hat er uns geboren durch das Wort

der Wahrheit, damit wir gleichsam die
Erstlinge seiner Geschöpfe seien.
19 Ihr wisst es doch, meine geliebten
Brüder und Schwestern: Jeder Mensch
soll schnell sein im Hinhören, langsam
aber im Reden und erst recht langsam,
wenn er zornig ist. 20 Denn der Zorn
eines Mannes schafft die Gerechtigkeit
nicht, die vor Gott gilt. 21 Lasst uns daher alles ablegen, was uns schmutzig
macht, was strotzt vor Bosheit, und in
Sanftmut das Wort annehmen, das in
euch eingepflanzt ist – es vermag eure
Seelen zu retten.

22 Seid aber Täter des Wortes, nicht
bloss Hörer, die sich selbst betrügen.
23 Denn wer das Wort bloss hört, nicht
aber danach handelt, gleicht einem
Mann, der sein Gesicht, das er von Geburt hat, im Spiegel betrachtet: 24 Er betrachtet sich selbst, geht weg und vergisst sogleich, wie er aussieht. 25 Wer
sich aber in das vollkommene Gesetz
vertieft, das Gesetz der Freiheit, und dabei bleibt, wer also nicht ein Hörer ist,
der alles wieder vergisst, sondern ein
Täter, der sein Werk tut, der wird selig
sein bei dem, was er tut!

26 Wer meint, fromm zu sein, seine
Zunge aber nicht im Zaum hält, sondern
sein Herz betrügt, dessen Frömmigkeit
ist leerer Wahn. 27 Reine und unbe-
fleckte Frömmigkeit vor Gott, unserem
Vater, ist dies: sich kümmern um Witwen und Waisen in ihrer Not und sich
vor der Beschmutzung durch die Welt
bewahren.

| 17: Mt 7,11 · 3,17 | 18: 1Petr 1,23 · Kol 1 5! ·
Lev 23,10; Offb 14,4 | 21: 1Petr 2,1! · 1Petr 1,9
| 22: Röm 2,13 · 2,14 | 23: Mt 7,26 | 25: 2,12 · 1,12
| 26: 3,2; 1Petr 3,10 | 27: Jes 1,17; 1Tim 5,3–16

Glaube und Liebe

2 1 Meine lieben Brüder und Schwestern: Euer Glaube an unseren Herrn
Jesus Christus, den Verherrlichten, gehe
nicht einher mit einem Verhalten, das
die Person ansieht. 2 Wenn nämlich in
eure Versammlung ein Mann kommt
mit goldenen Fingerringen und in
einem prächtigen Gewand, es kommt

aber auch ein Armer in einem schmutzigen Kleid 3 und ihr schaut auf den, der das prächtige Gewand trägt, und sagt zu ihm: Setz dich hierher auf den guten Platz!, und zu dem Armen: Stell dich dorthin oder setz dich da unten hin neben meinen Schemel!, 4 messt ihr dann nicht mit zwei verschiedenen Massstäben? Seid ihr dann nicht zu Richtern geworden, die sich von bösen Gedanken leiten lassen?

5 Hört, meine geliebten Brüder und Schwestern: Hat Gott nicht die erwählt, die in den Augen der Welt arm sind, und sie zu Reichen im Glauben und zu Erben des Reiches gemacht, das er denen verheissen hat, die ihn lieben? 6 Ihr aber habt den Armen verachtet. Setzen nicht die Reichen ihre Macht gegen euch ein, und schleppen nicht sie euch vor die Gerichte? 7 Sind nicht sie es, die den guten Namen, der über euch ausgerufen ist, lästern?

8 Wenn ihr nun das Gesetz vollständig erfüllt, das königliche, wie es in der Schrift steht: *Liebe deinen Nächsten wie dich selbst,* dann tut ihr recht. 9 Wenn ihr aber nach dem Ansehen der Person urteilt, dann begeht ihr eine Sünde und werdet überführt vom Gesetz als seine Übertreter. 10 Denn wer das ganze Gesetz hält, in einem einzigen Punkt aber versagt, der hat sich in allen Punkten schuldig gemacht. 11 Der nämlich gesagt hat: *Du sollst nicht ehebrechen,* hat auch gesagt: *Du sollst nicht töten.* Wenn du die Ehe nicht brichst, aber tötest – auch dann bist du ein Übertreter des Gesetzes.

12 So sollt ihr reden und handeln, die ihr durch das Gesetz der Freiheit gerichtet werden wollt. 13 Denn das Gericht kennt kein Erbarmen mit dem, der nicht Barmherzigkeit übt. Barmherzigkeit aber triumphiert über das Gericht.

| 1: 1Kor 2,8 · 1Petr 1,17! | 5: Lk 6,20; 1Kor 1,26–28 · 1,12 | 6: 5,1–6 | 8: Lev 19,18; Mt 22,36–40 | 9: Lev 19,15 | 11: Ex 20,13–14; Dtn 5,17–18 | 12: 1,25 | 13: Mt 5,7; 18,23–35

Der tätige Glaube

14 Was nützt es, meine Brüder und Schwestern, wenn einer sagt, er habe Glauben, aber keine Werke vorzuweisen hat? Vermag der Glaube ihn etwa zu retten? 15 Wenn ein Bruder oder eine Schwester keine Kleider hat und der täglichen Nahrung entbehrt 16 und jemand von euch sagt zu ihnen: Geht hin in Frieden, wärmt und sättigt euch!, ohne ihnen das Lebensnotwendige zu geben, was nützt das? 17 So ist es auch mit dem Glauben: Für sich allein, wenn er keine Werke vorzuweisen hat, ist er tot.

18 Sagt nun einer: Du hast Glauben, ich aber kann Werke vorweisen. – Zeige mir deinen Glauben ohne die Werke, und ich werde dir an meinen Werken den Glauben zeigen! 19 Du glaubst, dass es einen einzigen Gott gibt? Da tust du recht – auch die Dämonen glauben das und schaudern! 20 Bist du nun willens, du törichter Mensch, einzusehen, dass der Glaube ohne die Werke wirkungslos ist? 21 Wurde Abraham, unser Vater, nicht aus Werken gerecht, da er seinen Sohn Isaak auf den Altar legte? 22 Du siehst: Der Glaube wirkte mit seinen Werken zusammen, und aus den Werken wurde der Glaube vollkommen. 23 So hat die Schrift sich erfüllt, die sagt: *Abraham glaubte Gott, und das wurde ihm als Gerechtigkeit angerechnet,* und er wurde ‹Freund Gottes› genannt. 24 Ihr seht also, dass der Mensch aus Werken gerecht wird, nicht aus Glauben allein.

25 Wurde nicht ebenso auch die Dirne Rahab aus Werken gerecht, weil sie die Boten aufnahm und auf einem anderen Weg weiterschickte? 26 Denn wie der Leib ohne Geist tot ist, so ist auch der Glaube ohne Werke tot.

| 14: 1,22 · Gal 2,16!; Eph 2,8–9 | 15: Lk 3,11; Mt 25,35–36 | 17: 2,26 | 18: Gal 5,6 | 19: Dtn 6,4 | 21: Gen 22,2.9–12; Hebr 11,17 | 23: Gen 15,6; Röm 4,3 · 2Chr 20,7; Jes 41,8 | 25: Jos 2,1.15; Hebr 11,31 | 26: 2,17

2,18: V.18 ist insgesamt äusserst schwierig zu übersetzen und zu verstehen. Eine Möglichkeit der Auflösung ist die in der Übersetzung gewählte: Der Einspruch des in V.18a eingeführten Gesprächspartners endet mit V.18b; in V.18c spricht wieder der Briefschreiber.

Die gefährliche Zunge

3 1 Es sollen nicht viele von euch Lehrer werden, meine Brüder und Schwestern! Denn ihr wisst, dass wir als solche ein noch strengeres Urteil empfangen werden. 2 Wir alle versagen nämlich in mancher Hinsicht. Wer im Umgang mit dem Wort nicht versagt, der ist ein vollkommener Mann, fähig, auch den ganzen Körper im Zaum zu halten. 3 Wenn wir den Pferden den Zaum anlegen, um sie uns gefügig zu machen, dann können wir ihren ganzen Körper lenken. 4 So auch die Schiffe: Wie gross sie auch sein mögen und wie heftig die Winde, die sie treiben – vom kleinsten Steuerruder werden sie gelenkt, wohin immer der Steuermann sie führen will! 5 So ist auch die Zunge ein kleines Glied und brüstet sich doch mit grossen Dingen. Seht, wie klein ist das Feuer und wie gross der Wald, den es anzuzünden vermag! 6 Auch die Zunge ist ein Feuer – als die Welt des Unrechts erweist sich die Zunge unter unseren Gliedern: Sie macht den ganzen Leib schmutzig, sie steckt das Rad des Lebens in Brand und wird ihrerseits von der Hölle in Brand gesteckt. 7 Denn wilde Tiere und Vögel aller Art, Kriechtiere und Meerestiere aller Art werden vom Menschen gebändigt, ja sind von ihm gezähmt worden. 8 Die Zunge aber vermag kein Mensch zu zähmen, sie ist ein unberechenbares Übel, voll von tödlichem Gift. 9 Mit ihr preisen wir den Herrn, unseren Vater, und mit ihr verfluchen wir die Menschen, die in Gottähnlichkeit erschaffen sind. 10 Aus ein und demselben Mund geht hervor Lobpreis und Fluch. Meine Brüder und Schwestern: Das darf nicht sein! 11 Lässt denn die Quelle aus derselben Öffnung süsses und bitteres Wasser

hervorsprudeln? 12 Kann denn, meine Brüder und Schwestern, ein Feigenbaum Oliven tragen oder ein Weinstock Feigen? So kann das Salzwasser auch kein Süsswasser hervorbringen.

|2: 1,26 |6: Mt 15,11.18–19 |9: Gen 1,26–27 |12: Mt 7,16–17

3,6: Andere Übersetzungsmöglichkeit: «..., sie steckt den Kreislauf des Werdens in Brand und ...»

Die Ursache allen Streits

13 Wer ist weise und verständig unter euch? Er zeige durch seinen guten Lebenswandel seine Werke, in weiser Bescheidenheit! 14 Wenn aber heftige Eifersucht und Rechthaberei eure Herzen beherrschen, dann lasst das Prahlen und verleumdet dadurch nicht die Wahrheit! 15 Das ist nicht die Weisheit, die von oben kommt, sondern eine irdische, menschliche, dämonische. 16 Denn wo Eifersucht und Rechthaberei herrschen, da ist nichts als Unordnung und fauler Zauber. 17 Die Weisheit aber, die von oben kommt, ist zuerst einmal lauter, dann aber auch friedfertig, freundlich, wohlwollend, voller Barmherzigkeit und voll guter Früchte, unparteiisch, fern jeder Verstellung. 18 Die Frucht der Gerechtigkeit aber wird in Frieden gesät – für alle, die Frieden stiften.

|15: 1,5.17 |17: 1,5.17 |18: Hebr 12,11!

Hinwendung zu Gott

4 1 Woher kommen denn die heftigen Auseinandersetzungen unter euch, woher die Machtkämpfe? Doch von den Begierden, die in euren Gliedern zum Krieg rüsten! 2 Ihr begehrt und habt doch nicht, ihr geht über Leichen und giert und könnt doch nicht erlangen, ihr kämpft und führt heftige Auseinandersetzungen. Ihr habt nichts, weil ihr nicht bittet. 3 Bittet ihr aber, so empfangt ihr nichts, weil ihr verkehrt bittet: Ihr bittet, um euren Begierden Befriedigung zu verschaffen.

4 Ihr Treulosen, wisst ihr nicht, dass Freundschaft mit der Welt Feindschaft

gegen Gott ist? Wer der Welt Freund sein will, macht sich zum Feind Gottes. 5 Oder meint ihr, die Schrift mache leere Worte, wenn sie sagt: Beneidet werden will der Geist, den er in uns angesiedelt hat? 6 Doch in reichlicherem Mass teilt er seine Gnade aus. Deshalb heisst es:
Gott widersetzt sich den Hochmütigen, den Demütigen aber schenkt er seine Gnade.
7 Ordnet euch also Gott unter und widersteht dem Teufel, so wird er vor euch fliehen! 8 Naht euch Gott, und er wird sich euch nahen! Reinigt eure Hände, ihr Sünder, und läutert eure Herzen, ihr Zweifler! 9 Wehklagt nur und trauert und weint! Euer Lachen verwandle sich in Klage und eure Freude in Kummer! 10 Erniedrigt euch vor dem Herrn, und er wird euch erhöhen.
11 Macht einander nicht schlecht, liebe Brüder und Schwestern! Wer seinen Bruder schlechtmacht oder über seinen Bruder urteilt, der macht das Gesetz schlecht und urteilt über das Gesetz. Wenn du aber über das Gesetz urteilst, dann bist du nicht Täter, sondern Richter des Gesetzes. 12 Einer nur ist Gesetzgeber und Richter, der kann retten und vernichten. Du aber, wer bist du, dass du über deinen Nächsten urteilst?

| 1: 1Petr 2,11 | 3: 1,5; Mt 7,8! | 4: Röm 8,7 | 6: Spr 3,34; 1Petr 5,5 | 7: 1Petr 5,8–9 | 9: 5,1; Lk 6,25 | 10: 1Petr 5,6; Lk 14,11! | 11–12: 5,9; Röm 14,10

4,5: Andere Übersetzungsmöglichkeit: «...: Den Geist, ..., zieht es zum Neid?»

Verlockungen der Welt
13 Wohlan, die ihr sagt: Heute oder morgen werden wir in die und die Stadt aufbrechen, ein Jahr dort verbringen, gute Geschäfte machen und Gewinne erzielen! 14 Ihr wisst ja nicht, was morgen sein wird, wie es dann um euer Leben steht. Denn ein Rauch seid ihr, der eine Weile zu sehen ist und dann verschwindet. 15 Ihr solltet sagen: Wenn der Herr es will, werden wir leben und

dies oder jenes tun. 16 Stattdessen seid ihr noch stolz auf eure Prahlerei. Solcher Stolz ist aber stets von Übel. 17 Zu wissen nun, was es Gutes zu tun gäbe, und es doch nicht zu tun – das ist Sünde.
5 1 Wohlan, ihr Reichen, weint nur und jammert über das Elend, das über euch kommen wird! 2 Euer Reichtum ist verfault, und eure Gewänder sind von den Motten zerfressen. 3 Euer Gold und euer Silber ist verrostet, und ihr Rost wird ein Zeugnis sein gegen euch und euer Fleisch fressen wie Feuer. Schätze habt ihr gesammelt – noch am Ende der Tage! 4 Seht, der Lohn der Arbeiter, die eure Felder gemäht haben, der Lohn, den ihr ihnen vorenthalten habt, er schreit zum Himmel, und die Hilferufe der Erntearbeiter sind *dem Herrn Zebaoth zu Ohren* gekommen! 5 Gut habt ihr es euch gehen lassen auf Erden, und ein üppiges Leben habt ihr geführt, euer Herz habt ihr verwöhnt *am Schlachttag.* 6 Den Unschuldigen habt ihr verurteilt und getötet, und niemand gebietet euch Einhalt.

| 14: Ps 39,12! | 17: Lk 12,47 · Röm 14,23 | 1: 4,9; Lk 6,24 | 2: Lk 12,33 | 4: Dtn 24,14–15 · Jes 5,9 | 5: Jer 12,3

Sich Üben in Geduld
7 Übt euch also in Geduld, liebe Brüder und Schwestern, bis zum Kommen des Herrn! So wie der Bauer: Er wartet auf die kostbare Frucht der Erde und harrt geduldig auf sie, bis er sie empfängt als Frühernte und als Späternte. 8 So auch ihr: Übt euch in Geduld, stärkt eure Herzen, denn das Kommen des Herrn steht bevor. 9 Beklagt euch nicht übereinander, liebe Brüder und Schwestern, damit ihr nicht ins Gericht kommt! Seht, der Richter steht vor der Tür! 10 Liebe Brüder und Schwestern, nehmt euch ein Beispiel am Leiden und an der Geduld der Propheten, die im Namen des Herrn gesprochen haben. 11 Seht, wir preisen selig, die standhaft geblieben sind. Von der Standhaftigkeit Hiobs habt ihr gehört, und das gute

Ende, das ihm der Herr geschenkt hat, konntet ihr sehen: Voll Mitleid und Erbarmen ist der Herr.

|7: 1Thess 3,13 · Hos 6,3 |8: 1Thess 3,13
|9: 4,11–12 · Mk 13,29 |11: 1,12 · Hiob 42,10–17 ·
Ps 86,15!

5,11: Andere Übersetzungsmöglichkeit:
«... gehört, und das Ende des Herrn habt ihr selbst gesehen: ...»

Grundsätzliche Handlungsanweisungen

12 Vor allem aber, meine lieben Brüder und Schwestern, schwört nicht, weder beim Himmel noch bei der Erde, schwört überhaupt keinen Eid! Euer Ja sei ein Ja und euer Nein ein Nein, damit ihr nicht unter das Gericht fallt!

13 Geht es jemandem unter euch schlecht, so bete er; hat jemand Grund zur Freude, so singe er Gott ein Loblied! 14 Ist jemand unter euch krank, so rufe er die Ältesten der Gemeinde zu sich. Die sollen ihn im Namen des Herrn mit Öl salben und über ihm beten. 15 Und das Gebet des Glaubens wird den Ermatteten retten, und der Herr wird ihn aufrichten. Und wenn er Sünden begangen hat: Es wird ihm vergeben werden.

16 Bekennt einander also die Sünden und betet füreinander, damit ihr geheilt werdet!

Viel vermag die Fürbitte eines Gerechten, wenn sie inständig vorgebracht wird. 17 Elija war ein Mensch mit gleichen Empfindungen wie wir; in seinem Gebet bat er, es möge nicht mehr regnen. Und es regnete nicht auf der Erde drei Jahre und sechs Monate lang. 18 Und wiederum betete er, und der Himmel gab Regen, und die Erde liess ihre Frucht hervorspriessen.

|12: Mt 5,34–37 |14: Mk 6,13 |15: Mk 16,18
|17: 1Kön 17,1; 18,1; Lk 4,25 |18: 1Kön 18,42–45

5,16: Andere Übersetzungsmöglichkeit:
«..., wenn sie unermüdlich vorgebracht wird.»

Rettung vom Tod

19 Meine lieben Brüder und Schwestern: Wer einen unter euch, der von der Wahrheit abgeirrt ist, zur Umkehr bewegt, 20 darf wissen: Wer einen Sünder auf seinem Irrweg zur Umkehr bewegt, wird dessen Seele vom Tod erretten und *eine Menge Sünden zudecken.*

|20: Spr 10,12; 1Petr 4,8

Der Erste Brief des Petrus

Anschrift

1 1 Petrus, Apostel Jesu Christi, an die Auserwählten, die als Fremdlinge in der Diaspora leben, in Pontus, Galatien, Kappadokien, in der Provinz Asia und in Bithynien 2 – nach der Vorsehung Gottes, des Vaters, in der Heiligung durch den Geist, die zum Gehorsam und zur Besprengung mit dem Blut Jesu Christi führt: Gnade sei mit euch und Friede in Fülle.

|1–2: 2Petr 1,1–2 |1: 2,11 |2: 2Thess 2,13 · 1,22! ·
1,19; Hebr 12,24 · 2Petr 2,2!

Dank für die Hoffnung

3 Gepriesen sei der Gott und Vater unseres Herrn Jesus Christus, der uns in seiner grossen Barmherzigkeit neu geboren hat, so dass wir nun durch die Auferstehung Jesu Christi von den Toten eine lebendige Hoffnung 4 und Aussicht auf ein unzerstörbares, unbeflecktes und unverderbliches Erbe haben, das im Himmel aufbewahrt ist für euch. 5 Auf dieses Heil hin, das bereitliegt, um am Ende der Zeit offenbart zu werden, bewahrt euch Gottes Kraft durch den Glauben. 6 Darüber jubelt, auch wenn ihr jetzt noch kurze Zeit – wenn es denn

sein muss – von mancherlei Prüfung
heimgesucht werdet. 7 So soll die Echtheit eures Glaubens, die wertvoller ist
als Gold, das vergänglich ist, obwohl es
im Feuer geprüft wurde, zutage treten
und Lob, Preis und Ehre euch zukommen, wenn Jesus Christus sich offenbart. 8 Ihn liebt ihr, obwohl ihr ihn
nicht gesehen habt. An ihn glaubt ihr,
obwohl ihr ihn auch jetzt noch nicht
seht, und jubelt in unaussprechlicher
und ungetrübter Freude. 9 So erreicht
ihr das Ziel eures Glaubens: das Heil
eurer Seele.

|3: Eph 1,3! · 1,23! · 3,21; 1Kor 15,13! |4: Kol 1,5
|6: 4,12–13; Jak 1,2 · 5,10 |7: Jak 1,3 · 1,13! |8: Joh 20,29
|9: Jak 1,21

Die Einzigartigkeit des Heils

10 Nach diesem Heil haben die Propheten, die von der Gnade, die euch zuteil werden sollte, kündeten, gesucht
und geforscht. 11 Sie forschten nach der
Zeit – dem Zeitpunkt und den Umständen –, auf die der Geist Christi, der in ihnen wirksam war, hindeute, wenn er im
Voraus Zeugnis ablegte von den Leiden
Christi und den darauf folgenden Offenbarungen der Herrlichkeit. 12 Es wurde
ihnen aber offenbart, dass sie nicht sich,
sondern euch dienten mit der Botschaft,
die euch jetzt verkündigt wurde von denen, die euch das Evangelium gebracht
haben durch den heiligen Geist, der vom
Himmel herabgesandt wurde. Darauf
wenigstens einen Blick zu werfen, sehnen sich selbst die Engel.

|11: Lk 24,26–27 · 4,13; 5,1

Leben in der Heiligung

13 Darum umgürtet die Hüften eurer Vernunft, seid nüchtern und hofft
ganz und gar auf die Gnade, die auf euch
zukommt bei der Offenbarung Jesu
Christi! 14 Als Kinder des Gehorsams
lasst euch nicht von den Begierden leiten, die euch früher, als ihr noch unwissend wart, beherrscht haben, 15 sondern entsprecht dem Heiligen, der euch
berufen hat, und werdet selbst Heilige

in eurem ganzen Lebenswandel;
16 denn es steht geschrieben: Ihr sollt
heilig sein, denn ich bin heilig. 17 Und
wenn ihr den als Vater anruft, der ohne
Ansehen der Person einen jeden richtet
aufgrund seines Tuns, dann führt, solange ihr in der Fremde weilt, ein Leben
in Gottesfurcht.
18 Ihr wisst doch, dass ihr nicht mit
Vergänglichem, mit Gold oder Silber,
freigekauft wurdet
aus einem Leben ohne Inhalt, wie es
euch von den Vätern vorgelebt wurde,
19 sondern mit dem teuren Blut eines
makellosen, unbefleckten Lammes, mit
dem Blut Christi.
20 Ausersehen dazu war er vor
Grundlegung der Welt,
erschienen aber ist er am Ende der
Zeiten,
um euretwillen, 21 die ihr durch ihn an
Gott glaubt,
der ihn von den Toten auferweckt und
ihm die Herrlichkeit verliehen hat.
So können sich euer Glaube und eure
Hoffnung auf Gott richten.

|13: Lk 12,35! · 5,8! · 1,7; 4,13 |14: 1,22! · Eph 2,2–3 ·
Eph 4,18.22 |16: Lev 11,44–45; 19,2 |17: Röm 2,11;
Jak 2,1 · Röm 2,6! · 2,11! |19: Hebr 9,12.14; Offb 5,9
|20: 2Tim 1,9–10 |21: Röm 4,24

Die Wirkung des Wortes

22 Im Gehorsam gegenüber der
Wahrheit habt ihr eure Seelen rein gemacht, frei für die Liebe unter Brüdern
und Schwestern, die keine Verstellung
kennt; so liebt denn einander aus reinem Herzen, ohne nachzulassen!
23 Denn ihr seid neu geboren, nicht aus
vergänglichem, sondern aus unver-
gänglichem Samen, durch das Wort des
lebendigen, ewigen Gottes. 24 Denn
alles Fleisch ist wie das Gras,
   und all seine Pracht wie die Blume des
   Feldes.
Das Gras verdorrt und die Blüte fällt ab,
25 das Wort des Herrn aber bleibt in
Ewigkeit.
Das ist das Wort, das euch als
Evangelium verkündigt worden ist.

|22: 1,2.14 · 4,8; 2Petr 1,7; 1Thess 4,9 | |23: 1,3 ·
Jak 1,18.21 |24–25: Jes 40,6–8; Jak 1,10–11

1,23: Andere Übersetzungsmöglichkeit:
«…, durch das lebendige, bleibende Wort Gottes.»

Wahre Priesterschaft

2 1 Abgelegt habt ihr nun alle Bosheit,
alle Arglist, Heuchelei und Missgunst und alle üble Nachrede. 2 Verlangt jetzt wie neugeborene Kinder
nach der vernünftigen, unverfälschten
Milch, damit ihr durch sie heranwachst
zum Heil, 3 falls *ihr je geschmeckt habt,
wie gütig der Herr ist.*

4 Wenn ihr zu ihm hintretet, zum lebendigen Stein, der von den Menschen
zwar verworfen wurde, bei Gott aber
auserwählt und kostbar ist, 5 dann lasst
euch selbst aufbauen als lebendige
Steine zu einem geistlichen Haus, zu einer heiligen Priesterschaft, um geistliche Opfer darzubringen, die Gott *angenehm sind* durch Jesus Christus. 6 Denn
in der Schrift wird festgehalten:
*Siehe, ich setze auf Zion einen
auserwählten, einen kostbaren Eckstein;
wer auf ihn vertraut, wird nicht
blossgestellt werden.*

7 Für euch nun, die ihr glaubt, ist er
kostbar; für jene aber, die nicht glauben,
gilt: *Der Stein, den die Bauleute verworfen
haben, der ist ein Eckstein geworden,*
8 *ein Stein des Anstosses und ein Fels des
Ärgernisses.* Sie nehmen Anstoss, weil
sie nicht auf das Wort hören – doch eben
das ist es, wozu sie bestimmt sind.

9 Ihr aber seid ein auserwähltes Geschlecht, eine königliche Priesterschaft, ein heiliges Volk, das Volk, *das er
sich zu eigen machte,* damit ihr verkündet *die Wohltaten* dessen, der euch aus
der Finsternis in sein wunderbares
Licht gerufen hat. 10 Ihr seid die, die
einst *kein Volk* waren, jetzt aber das Volk
Gottes sind, die einst *keine Barmherzigkeit erlangten,* jetzt aber Barmherzigkeit
erlangt haben.

|1: Jak 1,21 |3: Ps 34,9 |4: 2,6–7 |5: Eph 2,20–22 ·
Röm 12,1; Phil 4,18; Hebr 13,15–16 |6: Jes 28,16;
Röm 9,33 |7: Ps 118,22; Mk 12,10 |8: Jes 8,14;
Röm 9,33 |9: Ex 19,5–6; Offb 1,6 · Jes 43,20–21
|10: Hos 2,25; Röm 9,25

2,1: Andere Übersetzungsmöglichkeit: «Legt also
ab alle …»
2,6: Andere Übersetzungsmöglichkeit: «…;» *wer
an ihn glaubt,* »…»
2,9: Andere Übersetzungsmöglichkeit: «… Geschlecht, ein Königshaus, eine Priesterschaft, ein …»

Im Angesicht der Völker

11 Meine Geliebten, ich ermahne
euch als Fremdlinge in fremdem Land:
Haltet euch fern von den sinnlichen Begierden, die gegen die Seele zum Kampf
rüsten! 12 Führt ein wohlgefälliges Leben unter den Völkern, damit sie, während sie euch als Übeltäter schmähen,
durch eure guten Taten zur Erkenntnis
kommen und Gott preisen *am Tag der
Heimsuchung.*

|11: 1,1; Gen 23,4 · Gal 5,16! · Jak 4,1 12: 2,15! ·
Jes 10,3

Leben als Bürger des Staates

13 Unterzieht euch um des Herrn
willen jeder menschlichen Ordnung, sei
es dem Kaiser als der obersten Autorität,
14 sei es den Statthaltern als den Autoritäten, die von ihm ermächtigt sind, die
Übeltäter zu bestrafen, die Wohltäter
aber zu belohnen. 15 Denn so ist es der
Wille Gottes, dass ihr durch eure guten
Taten die unverständigen Menschen in
ihrer Unwissenheit zum Schweigen
bringt, 16 als Freie – aber nicht als solche, die ihre Freiheit als Deckmantel für
die Bosheit benutzen, sondern als
Knechte Gottes. 17 Behandelt alle Menschen mit Respekt, liebt die Brüder und
Schwestern, fürchtet Gott und ehrt den
Kaiser!

|13–17: Röm 13,1–7 |13: Röm 13,1; Tit 3,1
|14: Röm 13,3–4 |15: 2,12; 3,16; Mt 5,16 |17: Röm 13,7;
Mk 12,17

Anweisungen für die Sklaven

18 Die Sklaven sollen sich voll Ehrfurcht ihren Herren unterordnen, nicht
nur den gütigen und freundlichen, sondern auch den unberechenbaren.
19 Denn das ist Gnade: wenn einer, weil
er sich in seinem Gewissen Gott verpflichtet weiss, Kränkungen erträgt und

zu Unrecht leidet. 20 Was ist das denn für ein Ruhm, wenn ihr ausharrt und dabei für Verfehlungen Züchtigungen hinnehmen müsst? Wenn ihr aber ausharrt und für gute Taten Leiden hinnehmt, so ist das Gnade bei Gott.

21 Denn dazu seid ihr berufen worden, weil auch Christus gelitten hat für euch und euch ein Vermächtnis hinterlassen hat,
damit ihr seinen Spuren folgt.
22 *Er tat nichts, was Sünde wäre, und in seinem Munde fand sich kein Falsch.*
23 Er schmähte nicht, wenn er geschmäht wurde,
er drohte nicht, wenn er leiden musste, sondern stellte es dem anheim, der gerecht richtet.
24 Er *selbst hat unsere Sünden getragen* am eigenen Leib ans Holz hinauf, damit wir den Sünden absterben und der Gerechtigkeit leben; *durch* seine *Striemen wurdet ihr geheilt.*
25 Denn *ihr irrtet umher wie Schafe,* doch jetzt seid ihr zurückgekehrt zum Hirten,
zum Beschützer eurer Seelen.

|18: Eph 6,5! |19: 3,14; 4,14 |20: 4,15–16 · 3,17! |21: 3,18 |22: Jes 53,9 · 2Kor 5,21; Hebr 4,15; 1Joh 3,5 |24: Jes 53,4.11–12 · Röm 6,11.18 · Jes 53,5 |25: Jes 53,6 · 5,4; Joh 10,11!

Anweisungen für Ehepartner

3 1 Ebenso sollen sich die Frauen ihren Männern unterordnen! So können einige unter ihnen, die nicht auf das Wort hören, durch den Lebenswandel ihrer Frauen, auch ohne Wort, gewonnen werden, 2 wenn sie euren reinen, von Ehrfurcht geprägten Lebenswandel wahrnehmen. 3 Euer Schmuck bestehe nicht in Äusserlichkeiten, nicht darin, dass ihr euch die Haare kunstvoll flechtet, Goldschmuck tragt und prächtige Kleider anzieht; 4 euer Schmuck sei vielmehr der verborgene Mensch des Herzens, der sich im unvergänglichen Wirken des sanftmütigen und stillen Geistes zeigt. Das ist kostbar vor Gott. 5 Denn so haben sich einst auch die hei-

ligen Frauen geschmückt, die auf Gott hofften: Sie ordneten sich ihren Männern unter, 6 wie Sara Abraham gehorchte und ihn ‹Herr› nannte. Ihre Kinder seid ihr geworden – tut also Gutes und lasst euch durch nichts und niemanden einschüchtern!

7 Ebenso sollen die Männer verständnisvoll sein im Umgang mit dem schwächeren Geschlecht, dem weiblichen, und die Frauen ehren, denn auch sie haben Anteil an der lebenspendenden Gnade; so wird eurem Gebet nichts im Weg stehen!

|1: Kol 3,18! |3–5: 1Tim 2,9–10 |6: Gen 18,12

3,1: Andere Übersetzungsmöglichkeit: «…, auch ohne das Wort, …»
3,4: Andere Übersetzungsmöglichkeit: «… sei vielmehr das im Herzen verborgene Selbst, das …»

Abwendung vom Bösen

8 Schliesslich: Seid alle eines Sinnes, voller Mitgefühl, liebt einander, übt Barmherzigkeit, seid demütig! 9 Vergeltet nicht Böses mit Bösem, nicht üble Nachrede mit übler Nachrede. Im Gegenteil: Segnet, denn ihr seid dazu berufen, Segen zu erben.
10 Denn *wer das Leben lieben will*
und gute Tage sehen möchte,
der halte seine Zunge im Zaum, fern vom Bösen,
und seine Lippen, dass sie nichts Heimtückisches sagen.
11 *Er gehe aber dem Bösen aus dem Weg und tue Gutes,*
er suche Frieden und jage ihm nach.
12 *Denn die Augen des Herrn sind gerichtet auf die Gerechten*
und seine Ohren ihrer Bitte zugewandt;
das Antlitz des Herrn aber steht gegen die, die Böses tun.

|9: Röm 12,17! · Lk 6,28! |10–12: Ps 34,13–17 |11: Hebr 12,14!

Leiden und Hoffnung

13 Und wer wird euch etwas antun, wenn sich euer Eifer auf das Gute richtet? 14 Doch auch wenn ihr um der Gerechtigkeit willen leiden müsst – selig

seid ihr. *Den Schrecken, den sie verbreiten, fürchtet nicht, und lasst euch nicht irremachen!* 15 Den Herrn aber, Christus, *haltet heilig* in euren Herzen. Seid stets bereit, Rede und Antwort zu stehen, wenn jemand von euch Rechenschaft fordert über die Hoffnung, die in euch ist. 16 Tut es jedoch mit Sanftmut und Ehrfurcht, mit einem guten Gewissen, damit die, die euren guten Lebenswandel in Christus schlechtmachen, beschämt werden, wenn sie euch in Verruf bringen. 17 Denn es ist besser, Gutes zu tun und – wenn es der Wille Gottes ist – zu leiden, als Schlechtes zu tun und zu leiden.

| 14: 4,14; Mt 5,10 · Jes 8,12 | 15: Jes 8,13 · 1,3 | 16: 2,15! | 17: 2,20; 4,19

Christus der Grund der Hoffnung

18 Denn auch Christus hat gelitten, ein für alle Mal um der Sünden willen, der Gerechte für die Ungerechten, damit er euch zu Gott führe; er wurde zwar getötet im Fleisch, lebendig gemacht aber im Geist. 19 So ist er auch zu den Geistern im Gefängnis hinabgefahren und hat ihnen die Botschaft verkündigt, 20 ihnen, die einst nicht hören wollten, als Gott in seiner Geduld zuwartete in den Tagen, da Noah die Arche baute; in ihr wurden ein paar wenige, nämlich acht Seelen, gerettet durch das Wasser hindurch. 21 Dieses rettet jetzt auch euch, im entsprechenden Bild der Taufe; sie dient nicht der Reinigung des Körpers von Schmutz, sondern ist die Zusage fester Bindung an Gott – dank der Auferstehung Jesu Christi, 22 der in den Himmel aufgefahren ist und jetzt zur Rechten Gottes sitzt, nachdem ihm die Engel, die Mächte und die Gewalten unterworfen worden sind.

| 18: 2,21–25; 4,1 · Röm 6,10; Hebr 7,27! | 19: 4,6
| 20: Gen 7,13.17.23; 2Petr 2,5 | 21: 1,3 | 22: Eph 1,20–22! · Ps 110,1; Kol 3,1!

3,21: Andere Übersetzungsmöglichkeit: «..., sondern ist eine an Gott gerichtete Bitte um ein gutes Gewissen – ...»

Christi Leiden und unser Leiden

4 1 Wenn also Christus im Fleisch gelitten hat, dann sollt auch ihr euch mit der gleichen Gesinnung wappnen; denn wer im Fleisch gelitten hat, der hat mit der Sünde abgeschlossen 2 und richtet sich in der ihm noch bleibenden Zeit seines irdischen Lebens nicht mehr nach den Begierden der Menschen, sondern nach dem Willen Gottes. 3 Denn lange genug habt ihr getan, wonach den Heiden der Sinn steht, als ihr ein ausschweifendes, gieriges Leben mit Trinkgelagen, Fressereien, Zechereien und frevelhaftem götzendienerischem Treiben führtet. 4 Das befremdet sie ja, dass ihr euch nicht mittreiben lasst im selben Strom eines zügellosen Lebens, und eben darum verwünschen sie euch. 5 Sie werden aber Rechenschaft ablegen müssen vor dem, der sich bereithält, die Lebenden und die Toten zu richten. 6 Denn dazu ist auch den Toten das Evangelium verkündigt worden, dass sie nach der Weise der Menschen gerichtet werden im Fleisch, nach der Weise Gottes aber das Leben haben im Geist.

| 1: 3,18! | 2: 1,14; 2,11 | 5: 2Tim 4,1! | 6: 3,19

Die Zeit ist nahe

7 Das Ende aller Dinge ist nahe. Seid besonnen und nüchtern, widmet euch dem Gebet! 8 Haltet vor allem an der Liebe zueinander fest, ohne nachzulassen! Denn *die Liebe deckt die Fülle der Sünden zu.* 9 Seid gastfreundlich, ohne zu murren. 10 Dient einander – ein jeder mit der Gabe, die er empfangen hat – als gute Haushalter der vielfältigen Gnade Gottes. 11 Wenn einer spricht, dann Worte Gottes; wenn einer dient, dann aus der Kraft, die Gott ihm schenkt, damit in allen Dingen Gott verherrlicht werde durch Jesus Christus; ihm sei die Herrlichkeit und die Herrschaft in alle Ewigkeit, Amen.

| 7: 5,8! | 8: 1,22 · Spr 10,12; Jak 5,20
| 10–11: Röm 12,6–8; 1Kor 12,4–11 | 11: 5,11; Offb 1,6

In der Nachfolge Christi

12 Meine Geliebten, wundert euch nicht über das Feuer, das bei euch ausgebrochen ist, um euch auf die Probe zu stellen, als widerfahre euch dadurch etwas Fremdes. 13 Im Gegenteil, freut euch, dass ihr damit an den Leiden Christi teilhabt; so werdet ihr auch bei der Offenbarung seiner Herrlichkeit euch freuen und jubeln können. 14 Selig seid ihr, wenn sie euch um des Namens Christi willen beschimpfen, denn der Geist der Herrlichkeit, *der Geist Gottes ruht* auf euch. 15 Niemand von euch soll als Mörder, als Dieb oder als Bösewicht leiden müssen oder weil er ein Auge hat auf das, was dem Nächsten gehört. 16 Wenn er aber als Christ leiden muss, dann schäme er sich dessen nicht, sondern preise Gott mit diesem Namen. 17 Denn die Zeit ist gekommen, da das Gericht beginnt, und zwar beim Haus Gottes; wenn aber zuerst bei uns, wie wird dann das Ende derer sein, die nicht auf das Evangelium Gottes hören? 18 Und *wenn der Gerechte kaum gerettet wird, wo wird sich dann der Gottlose und Sünder wiederfinden?* 19 So sollen auch die, welche nach dem Willen Gottes zu leiden haben, ihr Leben dem getreuen Schöpfer anvertrauen, indem sie Gutes tun.

| 12: 1,6!–7 | 13: 1,6; Mt 5,12 · 1,11; Röm 8,17–18 · 1,13! | 14: 3,14; Mt 5,11 · Jes 11,2 | 15: 2,19–20 | 17: 2,5 · 1Thess 2,2! | 18: Spr 11,31 | 19: 3,17!

4,14: Andere Übersetzungsmöglichkeit: «..., *der Geist Gottes lässt sich dann auf euch nieder.*»

Die Ordnung der Gemeinde

5 1 Die Ältesten unter euch ermahne ich, euer Mitältester und Zeuge der Leiden Christi, der ebenfalls teilhat an der Herrlichkeit, die sich künftig offenbaren wird: 2 Weidet die Herde Gottes, die euch anvertraut ist, und sorgt für sie, nicht unter Zwang, sondern aus freien Stücken, so wie es Gott gefällt! Seid nicht auf schnöden Gewinn aus, sondern tut es von Herzen, 3 seid nicht Herren über eure Schützlinge, sondern ein

Vorbild für eure Herde! 4 Dann werdet ihr, wenn der Hirt der Hirten erscheint, den unverwelklichen Kranz der Herrlichkeit davontragen. 5 Ebenso ihr Jüngeren: Ordnet euch den Ältesten unter! Macht euch im Umgang miteinander die Demut zu eigen, denn Gott *widersteht den Hochmütigen, den Demütigen aber schenkt er seine Gnade.* 6 Beugt euch also demütig unter die starke Hand Gottes, damit er euch zu seiner Zeit erhöhe. 7 All eure Sorge werft auf ihn, denn er kümmert sich um euch.

| 1: 1,11!; Röm 8,18 | 2: Apg 20,28 | 4: 2,25 · 1Kor 9,25; 2Tim 4,8!; Jak 1,12; Offb 2,10! | 5: Spr 3,34; Jak 4,6 | 6: Lk 14,11! | 7: Ps 55,23

Gefährdung und Zuversicht

8 Seid nüchtern, seid wachsam! Euer Widersacher, der Teufel, geht um *wie ein brüllender Löwe* und sucht, wen er verschlinge. 9 Widersteht ihm, die ihr fest seid im Glauben und wisst, dass eure Brüder und Schwestern überall auf der Welt dieselben Leiden ertragen müssen. 10 Der Gott aller Gnade aber, der euch berufen hat zu seiner ewigen Herrlichkeit in Christus Jesus, er wird euch nach einer kurzen Zeit des Leidens zurechtbringen, stärken, kräftigen und auf festen Grund stellen. 11 Ihm sei die Herrschaft in alle Ewigkeit, Amen.

| 8: 1,13; 4,7 · Ps 22,14 | 9: Eph 6,11–13; Jak 4,7 | 10: 2Tim 2,10 · 1Thess 2,12 · 1,6 | 11: 4,11!

Zweck des Schreibens und Grüsse

12 Durch die Übermittlung des Silvanus, des treuen Bruders, wie ich meine, habe ich euch einige Zeilen zukommen lassen, um euch zu ermahnen und zu bezeugen, dass das, was ich geschrieben habe, in Wahrheit die Gnade Gottes ist, in der ihr stehen sollt. 13 Es grüssen euch die Gemeinde in Babylon, die an der Erwählung teilhat, und mein Sohn Markus. 14 Grüsst einander mit dem Kuss der Liebe! Friede sei mit euch allen, die ihr in Christus seid.

| 14: Röm 16,16!

Der Zweite Brief des Petrus

Anschrift

1 1 Simon Petrus, Knecht und Apostel Jesu Christi, an die, die einen Glauben, der dem unsrigen gleichwertig ist, erlangt haben durch die Gerechtigkeit unseres Gottes und Retters Jesus Christus: 2 Gnade sei mit euch und Friede in Fülle durch die Erkenntnis Gottes und Jesu, unseres Herrn.

| 1–2: 1Petr 1,1–2 | 1: Röm 1,17! · 1,11! | 2: 1Petr 1,2; Jud 2 · 1,3!

Dank und Ermutigung

3 Alles, was für das Leben und die Frömmigkeit nötig ist, hat uns seine göttliche Kraft geschenkt durch die Erkenntnis dessen, der uns in seiner Herrlichkeit und Güte berufen hat. 4 Dadurch hat er uns auch die kostbaren und überaus grossen Verheissungen geschenkt, durch die ihr Anteil an der göttlichen Natur bekommen sollt, wenn ihr dem Verderben, das durch die Begierde in der Welt wirksam ist, entflohen seid.

5 Und eben darum sollt ihr euch eifrig bemühen, in eurem Glauben Tugend zu zeigen, in der Tugend Einsicht, 6 in der Einsicht Selbstbeherrschung, in der Selbstbeherrschung Beharrlichkeit, in der Beharrlichkeit Frömmigkeit, 7 in der Frömmigkeit Menschenfreundlichkeit, in der Menschenfreundlichkeit Liebe. 8 Denn das alles, was bei euch wirksam ist und sich mehrt, lässt euch weder untätig noch erfolglos sein, wenn es um die Erkenntnis unseres Herrn Jesus Christus geht. 9 Wem dies nicht gegeben ist, der ist blind, kurzsichtig, der hat vergessen, dass er gereinigt worden ist von den einst begangenen Sünden. 10 Darum, meine lieben Brüder und Schwestern, bemüht euch umso mehr, eure Berufung und Erwählung zu festigen; wenn ihr dies tut, werdet ihr niemals zu Fall kommen. 11 Denn so wird euch auf vielerlei Weise grossmütig Zugang gewährt werden zur ewigen Herrschaft unseres Herrn und Retters Jesus Christus.

12 Darum will ich euch dies stets von neuem in Erinnerung rufen, auch wenn ihr es schon wisst und in der Wahrheit, die nun gegenwärtig ist, gefestigt seid. 13 Ich halte es für recht und billig, euer Gedächtnis wachzurütteln, solange ich noch in diesem Zelt wohne. 14 Denn ich weiss, dass die Zeit nicht mehr fern ist, da ich mein Zelt abbrechen muss – so hat es mir unser Herr Jesus Christus kundgetan. 15 Ich will aber all meine Kraft dafür einsetzen, dass ihr auch nach meinem Tod jederzeit in der Lage seid, euch daran zu erinnern.

| 3: 1,6–7; 3,18; 1Tim 4,8! · 1,2.8; 2,20; 3,18 | 4: 3,13 · 2,18.20 | 6: 1,3! | 7: 1Petr 1,22! | 8: 1,3! | 9: Hebr 1,3! | 11: 1,1; 2,20; 3,2.18; Tit 2,13! | 13: 3,1 | 14: 2Kor 5,1

Der Grund des apostolischen Dienstes

16 Denn nicht weil wir klug ausgedachten Mythen gefolgt sind, haben wir euch die Macht und das Kommen unseres Herrn Jesus Christus kundgetan, sondern weil wir Augenzeugen seines majestätischen Wesens geworden sind. 17 Denn empfangen hat er von Gott, dem Vater, Ehre und Anerkennung, als eine Stimme von der erhabenen Herrlichkeit her erklang, die zu ihm sprach: Das ist mein Sohn, mein geliebter Sohn, an ihm habe ich Wohlgefallen. 18 Und diese Stimme, die vom Himmel kam, haben wir gehört, als wir mit ihm zusammen auf dem heiligen Berg waren.

19 Eine umso festere Grundlage haben wir darum im prophetischen Wort, und ihr tut gut daran, darauf zu achten, wie auf ein Licht, das an einem dunklen Ort scheint, bis der Tag anbricht und der Morgenstern aufgeht in euren Herzen. 20 Denn – das sollt ihr vor allem andern

wissen – keine Weissagung der Schrift verdankt sich menschlicher Anschauung. 21 Denn was an Weissagung einst ergangen ist, geht nicht auf den Willen eines Menschen zurück, vielmehr haben, getrieben vom heiligen Geist, Menschen im Auftrag Gottes gesprochen.

|16: 1Tim 4,7! · 3,4.12; 1Thess 2,19!
|17–18: Mk 9,2–9; Mt 17,1–9; Lk 9,28–37 |17: Mt 17,5; 3,17!

Der Untergang der falschen Lehrer

2 1 Es sind allerdings auch falsche Propheten aufgetreten im Volk, wie auch bei euch falsche Lehrer auftreten werden, die heimlich gefährliche Lehren einführen – ja, sie verleugnen sogar den Herrn, der sie freigekauft hat. Damit bereiten sie sich selber ein jähes Ende. 2 Und doch werden viele ihren masslosen Ausschweifungen folgen und dadurch den Weg der Wahrheit in Verruf bringen 3 und in ihrer Habgier euch mit schlauen Worten übervorteilen. Das längst über sie gesprochene Urteil vollzieht sich schon, und ihr Untergang lässt nicht auf sich warten.

4 Denn wenn Gott die Engel, die sich versündigten, nicht verschont, sondern den Höhlen der Finsternis im Tartarus übergeben hat, um sie auf das Gericht hin in Gewahrsam zu halten, 5 und wenn er die alte Welt nicht verschont, sondern mit Noah, dem Künder der Gerechtigkeit, nur acht Menschen bewahrt hat, als er die grosse Flut über die Welt der Gottlosen kommen liess, 6 und wenn er Sodom und Gomorra eingeäschert und zum Untergang verurteilt hat, um den Gottlosen eine Ahnung zu geben von dem, was kommen wird, 7 und nur den gerechten Lot, der unter dem zügellosen Treiben der Frevler zu leiden hatte, errettet hat – 8 denn sehen und hören musste der Gerechte, der unter ihnen wohnte, Tag für Tag all das gesetzeswidrige Treiben und seine gerechte Seele dieser Peinigung aussetzen –, 9 dann weiss der Herr, wie er die Frommen aus der Prüfung retten, die

Ungerechten aber auf den Tag des Gerichts hin in Gewahrsam halten wird, um sie dann zu züchtigen. 10 Am härtesten wird es jene treffen, die aus purer Lust, sich zu beflecken, dem Fleisch hinterherlaufen und die Macht des Herrn verachten. Vermessene Kerle sind sie, die nicht davor zurückschrecken, die Mächte im Himmel zu lästern, 11 während die Engel, die ihnen an Kraft und Stärke doch weit überlegen sind, diesen kein sie verwünschendes Urteil vom Herrn überbringen wollen.

12 Sie, die ich meine, sind wie vernunftlose Tiere, die von Natur aus dazu da sind, gefangen und vernichtet zu werden; sie lästern über Dinge, von denen sie nichts verstehen, und wie jene werden auch sie zugrunde gehen. 13 Sie schaden sich selbst mit dem Lohn für ihr ungerechtes Tun. Sie halten die Schwelgerei, die sie auch am heiterhellen Tag pflegen, für eine Wonne; Schmutzfinken und Schandflecken sind sie, schwelgen in ihren Betrügereien und schlagen sich gemeinsam mit euch den Bauch voll. 14 Sie haben nur Augen für die Ehebrecherin und schielen rastlos nach der Sünde; ungefestigte Seelen ködern sie, ihr Herz ist geübt in der Habgier – Kinder des Fluchs sind sie. 15 Den geraden Weg haben sie verlassen, in die Irre sind sie gegangen, da sie dem Weg Bileams, des Sohnes des Bosor, folgten, der auf ungerechten Gewinn aus war, 16 doch zurechtgewiesen wurde wegen seiner Freveltat. Ein stummes Zugtier sprach ihn mit menschlicher Stimme an und gebot dem Wahnsinn des Propheten Einhalt.

17 Sie, die ich meine, sind Quellen ohne Wasser, Nebelschwaden, die vom Sturmwind getrieben werden; die Schwärze der Finsternis wartet auf sie. 18 Grosse Töne geben sie von sich, lauter Torheit, mit den Verlockungen des Fleisches ködern sie hemmungslos, die eben erst den im Irrtum Befangenen entronnen sind, 19 und verheissen ihnen Freiheit, wo sie doch selbst Sklaven

des Verderbens sind. Denn wem man erlegen ist, dem hat man zu dienen.

20 Wenn sie nämlich dem Schmutz der Welt durch die Erkenntnis unseres Herrn und Retters Jesus Christus entkommen sind, sich aber wiederum verstricken lassen und ihrer Lust am Schmutz erliegen, dann ist es mit ihnen am Ende schlimmer als am Anfang.

21 Für sie wäre es besser, den Weg der Gerechtigkeit gar nie erkannt, als ihn erkannt und sich dann wieder abgewandt zu haben von dem heiligen Gebot, das ihnen überliefert worden ist. 22 Auf sie trifft zu, was das Sprichwort zu Recht sagt: Ein Hund kehrt zu seinem Auswurf zurück, und: Ein Schwein badet, um sich wieder im Dreck zu wälzen.

|1: Mt 7,15! · Jud 4 |2: 2,21 |3: 2,14–15
|4: Gen 6,1–2; Jud 6 |5: 3,6; Gen 7,13.17; 1Petr 3,20;
Hebr 11,7; Lk 17,27 · Gen 6,5–8 |6: Gen 19,24–25;
Jud 7 |7: Gen 19,16–17.29; Lk 17,29–30 |9: 3,7; Jud 6
|10: Jud 7–8 |11: Jud 9 |12: Jud 10 |13: Jud 12 |14: 2,3
|15: Num 22,5–7; Jud 11 |16: Num 22,28 |17: Jud 12–13
|18: Jud 16 · Gal 5,16! · 1,4! |20: 1,4! · 1,11! |21: 2,2 · 3,2
|22: Spr 26,11

2,4: Andere Textüberlieferung: «..., sondern mit Stricken der Finsternis in den Tartarus befördert hat, ...»

Die Spötter am Ende der Tage

3 1 Meine Geliebten, dies ist nun schon der zweite Brief, den ich euch schreibe, in dem ich euer Gedächtnis und damit eure lautere Gesinnung wach halten möchte. 2 Ihr sollt euch erinnern an die Worte, die die heiligen Propheten vor langer Zeit gesprochen haben, und an das von euren Aposteln überlieferte Gebot des Herrn und Retters. 3 Dies vor allem sollt ihr erkennen: Am Ende der Tage werden Spötter kommen, die ganz ihren eigenen Begierden leben und höhnisch 4 sagen werden: Was ist nun mit der Verheissung seines Kommens? Seit die Väter entschlafen sind, bleibt ja alles, wie es ist, von Anbeginn der Schöpfung.

5 Denen, die solches behaupten, ist nämlich verborgen, dass es schon längst einen Himmel gab und eine Erde, die

aus Wasser und durch Wasser bestand aufgrund des göttlichen Wortes, 6 und dass durch diese beiden die damalige Welt in den Wasserfluten untergegangen ist. 7 Der jetzige Himmel aber und die jetzige Erde sind durch dasselbe Wort bewahrt worden; für das Feuer werden sie aufbewahrt auf den Tag des Gerichts und des Verderbens, das die gottlosen Menschen treffen wird.

8 Dies eine aber soll euch nicht verborgen bleiben, meine Geliebten: Ein Tag ist beim Herrn wie tausend Jahre, und tausend Jahre sind wie ein Tag. 9 Der Herr zögert nicht, die Verheissung zu erfüllen, wie einige meinen, sondern ist geduldig mit euch; er will nicht, dass einige zugrunde gehen, sondern vielmehr, dass alle den Weg der Umkehr einschlagen. 10 Der Tag des Herrn aber wird kommen wie ein Dieb; dann wird der Himmel verschwinden mit grossem Getöse, die Elemente des Alls werden sich in der Hitze auflösen, und die Erde, die Werke, die auf ihr vollbracht wurden, werden zutage kommen.

11 Wenn sich nun dies alles derart auflöst, wie entschlossen müsst ihr dann euer Leben führen, heilig und fromm! 12 Wartet auf den Tag Gottes und beschleunigt seine Ankunft – seinetwegen wird der Himmel sich auflösen im Feuer, und die Elemente des Alls schmelzen in der Hitze. 13 Wir warten aber aufgrund seiner Verheissung auf *einen neuen Himmel und eine neue Erde*, in denen Gerechtigkeit wohnt.

|1: 1,13 |2: Jud 17 · 2,21 · 1,11! |3: Jud 18 |4: 1,16!
|5: Gen 1,1–2.6–7.9 |6: 2,5; Gen 7,4.17–21 |7: 2,9
|8: Ps 90,4 |9: 3,15 · 1Tim 2,4! |10: 1Thess 5,2;
Mt 24,43! · Offb 20,11!; Ps 102,27 |12: 1,16! ·
Offb 20,11! |13: 1,4 · Jes 65,17; 66,22; Offb 21,1!

3,4: Andere Übersetzungsmöglichkeit: «... Seit sie ergangen ist, sind die Väter ja entschlafen; alles bleibt, wie ...»
3,6: Gemeint ist: durch das Wasser und das Wort.

Im Angesicht des Tages des Herrn

14 Darum, meine Geliebten, setzt in solcher Erwartung alles daran, ohne

Fehl und Makel vor ihm zu erscheinen, so dass ihr nichts befürchten müsst! 15 Und seid euch bewusst, dass die Langmut unseres Herrn eure Rettung bedeutet; so hat es euch ja auch unser geliebter Bruder Paulus in der ihm geschenkten Weisheit geschrieben. 16 In all seinen Briefen spricht er ja davon, auch wenn manches darin schwer zu verstehen ist. Die Unwissenden und Ungefestigten verdrehen es, wie sie es

mit allen andern Schriften auch machen – zu ihrem eigenen Verderben! 17 Ihr, meine Geliebten, wisst dies alles nun im Voraus; gebt also acht, dass ihr vom Irrtum der Frevler nicht mitgerissen werdet und euren sicheren Halt verliert! 18 Wachst vielmehr in der Gnade und Erkenntnis unseres Herrn und Retters Jesus Christus. Ihm sei Ehre, jetzt und bis zum jüngsten Tag. Amen.

| 14: Jud 24 | 15: 3,9; 1Petr 3,20 · Röm 2,4 | 18: 1,3! · 1,11! · Jud 25

Der Erste Brief des Johannes

Das Wort des Lebens

1 1 Was von Anfang an war, was wir gehört haben, was wir mit unseren Augen gesehen haben, was wir geschaut und was unsere Hände berührt haben, das Wort des Lebens – 2 das Leben ist erschienen, und wir haben gesehen und bezeugen und verkündigen euch das ewige Leben, das beim Vater war und uns erschienen ist –, 3 was wir nun gesehen und gehört haben, das verkündigen wir euch, damit auch ihr Gemeinschaft habt mit uns. Die Gemeinschaft mit uns aber ist Gemeinschaft mit dem Vater und mit seinem Sohn Jesus Christus. 4 Und dies schreiben wir, damit unsere Freude vollkommen sei.

| 1: Joh 1,1 · Joh 1,14; 20,27 · Joh 1,1.4 | 2: 5,11!; Joh 6,40 | 3: 1,6–7 | 4: 5,13 · Joh 15,11; 2Joh 12

Das Leben im Licht

5 Das ist die Botschaft, die wir von ihm gehört haben und euch verkündigen: Gott ist Licht, und Finsternis ist keine in ihm. 6 Wenn wir sagen: Wir haben Gemeinschaft mit ihm, und gehen unseren Weg in der Finsternis, dann lügen wir und tun nicht, was der Wahrheit entspricht. 7 Wenn wir aber unseren Weg im Licht gehen, wie er

selbst im Licht ist, dann haben wir Gemeinschaft untereinander, und das Blut seines Sohnes Jesus reinigt uns von aller Sünde. 8 Wenn wir sagen: Wir haben keine Sünde, führen wir uns selbst in die Irre, und die Wahrheit ist nicht in uns. 9 Wenn wir aber unsere Sünden bekennen, ist er so treu und gerecht, dass er uns die Sünden vergibt und uns reinigt von aller Ungerechtigkeit. 10 Wenn wir sagen: Wir haben nicht gesündigt, machen wir ihn zum Lügner, und sein Wort ist nicht in uns.

| 5: 2,8; Joh 8,12! | 6: 4,20! · 2,11! | 7: 1,3 · Hebr 1,3! | 8: 4,20! | 9: Ps 32,5 · 2,12 · 5,17 | 10: 4,20!

Christus, unser Fürsprecher

2 1 Meine Kinder, das schreibe ich euch, damit ihr nicht sündigt. Und wenn einer doch sündigt, haben wir einen Fürsprecher beim Vater, Jesus Christus, den Gerechten. 2 Er ist die Sühne für unsere Sünden, aber nicht nur für unsere, sondern auch für die der ganzen Welt.

3 Dass wir ihn erkannt haben, erkennen wir daran, dass wir seine Gebote halten. 4 Wer sagt: Ich habe ihn erkannt, und hält seine Gebote nicht, ist

ein Lügner – in dem ist die Wahrheit nicht. 5 Wer aber sein Wort bewahrt, in dem ist die Liebe Gottes wirklich zur Vollendung gekommen. Daran erkennen wir, dass wir in ihm sind. 6 Wer sagt, er bleibe in ihm, ist verpflichtet, seinen Weg so zu gehen, wie auch er seinen Weg gegangen ist.

|1: Joh 14,16 |2: 4,10 · Joh 1,29 |3: 3,23 |4: 4,20! |5: 4,12.17–18 |6: 4,20! · 3,16; Joh 13,14–15

Das Gebot der Liebe

7 Ihr Lieben, nicht ein neues Gebot lege ich euch vor, sondern das alte Gebot, das ihr von Anfang an hattet. Das alte Gebot ist das Wort, das ihr gehört habt. 8 Und doch lege ich euch ein neues Gebot vor, etwas, das in ihm und unter euch gültig ist, denn die Finsternis weicht und das wahre Licht scheint schon. 9 Wer sagt, er sei im Licht, und hasst seinen Bruder, ist noch immer in der Finsternis. 10 Wer seinen Bruder liebt, bleibt im Licht, und in ihm ist nichts, was anstössig wäre. 11 Wer aber seinen Bruder hasst, ist in der Finsternis und geht seinen Weg in der Finsternis, und er weiss nicht, wohin er geht, denn die Finsternis hat seine Augen blind gemacht.

|7: Joh 13,34 · 3,11! |8: 1,5! |9: 4,20! |11: 1,6; Joh 12,35

Absage an die Welt

12 Ich schreibe euch, den Kindern: Euch sind die Sünden vergeben, um seines Namens willen.

13 Ich schreibe euch, den Vätern: Ihr habt den erkannt, der von Anfang an war.

Ich schreibe euch, den jungen Männern: Ihr habt den Bösen besiegt.

14 Ich habe euch geschrieben, den Kindern: Ihr habt den Vater erkannt.

Ich habe euch geschrieben, den Vätern: Ihr habt den erkannt, der von Anfang an ist.

Ich habe euch geschrieben, den jungen Männern: Ihr seid stark, und das

Wort Gottes bleibt in euch, und ihr habt den Bösen besiegt.

15 Liebt nicht die Welt noch was in der Welt ist. Wenn einer die Welt liebt, ist die Liebe zum Vater nicht in ihm. 16 Denn alles, was in der Welt ist – das Begehren des Fleisches und das Begehren der Augen und das Prahlen mit dem Besitz –, ist nicht vom Vater, sondern von der Welt. 17 Und die Welt vergeht, mit ihrem Begehren; wer aber den Willen Gottes tut, der bleibt in Ewigkeit.

|12: 1,9 |13: 1,1; Joh 1,1 |14: Joh 14,7 · 1,1; Joh 1,1 · Joh 8,31 |16: Gal 5,16!

2,15: Andere Übersetzungsmöglichkeit: «..., ist die Liebe des Vaters ...»

Das Auftreten von Antichristen

18 Kinder, die letzte Stunde ist da. Ihr habt ja gehört, dass ein Antichrist kommt. Jetzt aber sind viele Antichristen aufgetreten; daran erkennen wir, dass die letzte Stunde da ist. 19 Aus unserer Mitte sind sie hervorgegangen, aber sie gehörten nicht zu uns. Denn hätten sie zu uns gehört, so wären sie bei uns geblieben. Es sollte aber an ihnen offenbar werden, dass nicht alle zu uns gehören. 20 Ihr aber habt ein Salböl von dem, der heilig ist, und so seid ihr alle Wissende. 21 Ich habe euch nicht geschrieben, weil ihr die Wahrheit nicht kennt, sondern weil ihr sie kennt und wisst, dass keine Lüge aus der Wahrheit stammt.

22 Wer ist ein Lügner, wenn nicht der, der leugnet, dass Jesus der Christus ist? Das ist der Antichrist: wer den Vater und den Sohn verleugnet. 23 Jeder, der den Sohn verleugnet, hat auch den Vater nicht. Wer sich zum Sohn bekennt, hat auch den Vater. 24 Für euch gilt: Was ihr von Anfang an gehört habt, soll in euch bleiben. Wenn in euch bleibt, was ihr von Anfang an gehört habt, werdet auch ihr im Sohn und im Vater bleiben. 25 Und das ist die Verheissung, die er selbst uns gegeben hat: das ewige Leben. 26 Das habe ich euch geschrieben im Blick auf die, die euch in die Irre führen

wollen. 27 Für euch aber gilt: Das Salböl, das ihr von ihm empfangen habt, bleibt in euch, und ihr braucht euch von niemandem belehren zu lassen, vielmehr belehrt euch sein Salböl über alles; so ist es wahr und keine Lüge. Und wie ihr dadurch belehrt worden seid, so bleibt in ihm. 28 Und jetzt, Kinder, bleibt in ihm. So werden wir seinem Erscheinen mit Zuversicht entgegensehen und nicht beschämt werden, wenn er kommt. 29 Wenn ihr wisst, dass er gerecht ist, erkennt ihr auch, dass jeder, der tut, was der Gerechtigkeit entspricht, aus ihm gezeugt ist.

|18: 4,3! |20: 2,27 |22: 4,3! |23: 4,15; 2Joh 9 |24: 1,1; 2,7; 3,11 |25: 5,11! |27: 2,20 · Joh 14,26 |28: 4,17 |29: 3,7.10 · 4,7!

Geschenk und Bewährung der Kindschaft Gottes

3 1 Seht, welche Liebe uns der Vater gegeben hat, dass wir Kinder Gottes heissen, und wir sind es. Darum erkennt die Welt uns nicht, weil sie ihn nicht erkannt hat. 2 Ihr Lieben, jetzt sind wir Kinder Gottes, und es ist noch nicht zutage getreten, was wir sein werden. Wir wissen aber, dass wir, wenn es zutage tritt, ihm gleich sein werden, denn wir werden ihn sehen, wie er ist. 3 Und jeder, der solche Hoffnung auf ihn setzt, heiligt sich selbst, so wie jener heilig ist. 4 Jeder, der tut, was der Sünde entspricht, tut nicht, was dem Gesetz entspricht, und Sünde ist das, was dem Gesetz nicht entspricht. 5 Ihr wisst: Er ist erschienen, damit er die Sünden hinwegnehme; und Sünde ist nicht in ihm. 6 Jeder, der in ihm bleibt, sündigt nicht; jeder, der sündigt, hat ihn nicht gesehen und nicht erkannt. 7 Kinder, niemand soll euch in die Irre führen! Wer tut, was der Gerechtigkeit entspricht, ist gerecht, wie jener gerecht ist. 8 Wer tut, was Sünde ist, ist aus dem Teufel, denn der Teufel sündigt von Anfang an. Dazu ist der Sohn Gottes

erschienen, dass er die Werke des Teufels zerstöre. 9 Jeder, der aus Gott gezeugt ist, tut nicht, was Sünde ist, denn sein Same bleibt in ihm; und er kann nicht sündigen, weil er aus Gott gezeugt ist. 10 Daran sind die Kinder Gottes und die Kinder des Teufels zu erkennen: Jeder, der nicht tut, was der Gerechtigkeit entspricht, ist nicht aus Gott, und ebenso wer seinen Bruder nicht liebt. 11 Denn das ist die Botschaft, die ihr von Anfang an gehört habt: dass wir einander lieben 12 und nicht sein sollen wie Kain, der aus dem Bösen war und seinen Bruder erschlug. Und weshalb erschlug er ihn? Weil seine Werke böse waren, die seines Bruders aber gerecht. 13 Wundert euch nicht, liebe Brüder und Schwestern, wenn die Welt euch hasst. 14 Wir wissen, dass wir aus dem Tod ins Leben hinübergeschritten sind, denn wir lieben einander. Wer nicht liebt, bleibt im Tod. 15 Jeder, der seinen Bruder hasst, ist ein Mörder; und ihr wisst, dass in einem Mörder das ewige Leben nicht bleibt. 16 Daran haben wir die Liebe erkannt, dass er sein Leben für uns eingesetzt hat. Auch wir sind verpflichtet, das Leben einzusetzen für die Brüder. 17 Wer immer in der Welt sein Auskommen hat und seinen Bruder Not leiden sieht und sein Herz vor ihm verschliesst: Wie bleibt da die Liebe Gottes in ihm?

|1: Joh 1,12; Röm 8,16 |5: Joh 1,29 · 1Petr 2,22! |6: 5,18 · 3Joh 11 |7: 2,29! |9: 4,7! · 5,18 |10: 3,1! · 2,29! |11: 2,7–11; 3,23; Joh 13,34; 2Joh 5 |12: Gen 4,8 |13: Joh 15,18–19 |14: Joh 5,24 |16: Joh 15,13 · 2,6!

Die Zuversicht der Kinder Gottes

18 Kinder, lasst uns nicht mit Wort und Zunge lieben, sondern in Tat und Wahrheit! 19 Daran werden wir erkennen, dass wir aus der Wahrheit sind, und vor ihm werden wir unser Herz beruhigen. 20 Denn auch wenn das Herz uns verurteilt: Gott ist grösser als unser Herz und erkennt alles. 21 Ihr Lieben, wenn das Herz uns nicht verurteilt, sehen wir Gott mit Zuversicht entgegen, 22 und was immer wir erbitten, emp-

fangen wir von ihm, denn wir halten seine Gebote und tun, was vor ihm Gefallen findet. 23 Und das ist sein Gebot: Dass wir dem Namen seines Sohnes Jesus Christus vertrauen und einander lieben, wie es im Gebot heisst, das er uns gegeben hat. 24 Wer seine Gebote hält, bleibt in ihm und er in ihm; und daran erkennen wir, dass er in uns bleibt: aus dem Geist, den er uns gegeben hat.

|22: Joh 15,7; Mt 7,8! |23: 5,13 · 3,11! |24: 4,13 · Joh 15,10.4 · Röm 5,5

Der Geist der Wahrheit und der Geist des Irrtums

4 1 Ihr Lieben, schenkt nicht jedem Geist Glauben, sondern prüft die Geister, ob sie aus Gott sind. Denn viele falsche Propheten sind hinausgegangen in die Welt. 2 Daran erkennt ihr den Geist Gottes: Jeder Geist, der sich zu Jesus Christus bekennt, der im Fleisch gekommen ist, ist aus Gott; 3 und jeder Geist, der sich nicht zu Jesus bekennt, ist nicht aus Gott. Und das ist der Geist des Antichrists, von dem ihr gehört habt, dass er kommt. Der ist jetzt schon in der Welt.

4 Ihr seid aus Gott, Kinder, und ihr habt die Geister besiegt, denn der in euch ist grösser als der in der Welt. 5 Sie gehören zur Welt; deshalb reden sie, wie die Welt redet, und die Welt hört auf sie. 6 Wir sind aus Gott. Wer Gott erkennt, hört auf uns; wer nicht aus Gott ist, hört nicht auf uns. Daran erkennen wir den Geist der Wahrheit und den Geist des Irrtums.

|1: Mt 7,15! |2: Joh 1,14; 2Joh 7 |3: 2,18.22; 2Joh 7 |4: 5,4! |6: Joh 8,47 · Joh 14,17!

Die Vollendung des Glaubens in der Liebe

7 Ihr Lieben, lasst uns einander lieben! Denn die Liebe ist aus Gott; und jeder, der liebt, ist aus Gott gezeugt, und er erkennt Gott. 8 Wer nicht liebt, hat Gott nicht erkannt, denn Gott ist Liebe.

9 Darin ist die Liebe Gottes unter uns erschienen, dass Gott seinen einzigen Sohn in die Welt gesandt hat, damit wir durch ihn leben. 10 Darin besteht die Liebe: Nicht dass wir Gott geliebt hätten, sondern dass er uns geliebt und seinen Sohn gesandt hat als Sühne für unsere Sünden. 11 Ihr Lieben, wenn Gott uns so geliebt hat, sind auch wir verpflichtet, einander zu lieben. 12 Niemand hat Gott je geschaut. Wenn wir aber einander lieben, bleibt Gott in uns, und seine Liebe ist unter uns zur Vollendung gekommen. 13 Daran erkennen wir, dass wir in ihm bleiben und er in uns: Dass er uns von seinem Geist gegeben hat. 14 Und wir haben geschaut und bezeugen, dass der Vater den Sohn gesandt hat als Retter der Welt. 15 Wer bekennt, dass Jesus der Sohn Gottes ist, in dem bleibt Gott und er bleibt in Gott. 16 Und wir haben die Liebe, die Gott zu uns hat, erkannt und ihr geglaubt.

Gott ist Liebe, und wer in der Liebe bleibt, bleibt in Gott und Gott bleibt in ihm. 17 Darin ist die Liebe unter uns zur Vollendung gekommen: Dass wir dem Tag des Gerichts mit Zuversicht entgegensehen sollen, denn wie er, so sind auch wir in dieser Welt. Furcht ist nicht in der Liebe, 18 nein, die vollkommene Liebe treibt die Furcht aus, denn die Furcht rechnet mit Strafe; wer sich also fürchtet, ist in der Liebe nicht zur Vollendung gekommen. 19 Wir aber lieben, weil er uns zuerst geliebt hat. 20 Wenn jemand sagt: Ich liebe Gott, und er hasst seinen Bruder, ist er ein Lügner. Denn wer seinen Bruder, den er vor Augen hat, nicht liebt, kann nicht Gott lieben, den er nicht vor Augen hat. 21 Und dieses Gebot haben wir von ihm: dass, wer Gott liebt, auch seinen Bruder liebe.

|7: 3,11.23 · 2,29; 3,9; 5,1.4.18; Joh 1,12–13 |9: Joh 3,16–17 |10: 2,2 |11: 3,11.23 |12: Joh 1,18 · 2,5! |13: 3,24 |14: Joh 3,17; 4,42 |15: 5,1! · 2,23 |17: 2,5! · 2,28 |20: 1,6.8.10; 2,4.6.9 |21: Mt 22,37–39 · 5,2

4,7: Andere Übersetzungsmöglichkeit: «Ihr Lieben, wir lieben einander ja! …»

| 5: 5,4! · 5,1! | 6: Joh 1,31–33 · Joh 19,34–35 ·
Joh 15,26! | 9: Joh 5,32! | 11: 1,2; 2,25; 5,13.20; Joh 17,3
| 12: Joh 3,36

Der Glaube als Sieg über die Welt

5 1 Jeder, der glaubt, dass Jesus der
Christus ist, ist aus Gott gezeugt,
und wer den liebt, der ihn gezeugt hat,
liebt auch den, der aus ihm gezeugt ist.
2 Daran erkennen wir, dass wir die Kinder Gottes lieben: wenn wir Gott lieben
und tun, was er gebietet. 3 Denn darin
besteht die Liebe zu Gott: dass wir seine
Gebote halten; und seine Gebote sind
nicht schwer. 4 Denn alles, was aus Gott
gezeugt ist, besiegt die Welt. Und das ist
es, was uns die Welt besiegen lässt: unser Glaube.

| 1: 4,15; 5,5; Joh 20,31 · 4,7! | 2: 4,21 | 3: Joh 14,15 ·
3,23 | 4: 4,7! · 4,4; 5,5; Joh 16,33

Gottes Zeugnis über seinen Sohn

5 Wer aber ist es, der die Welt besiegt, wenn nicht der, der glaubt, dass
Jesus der Sohn Gottes ist? 6 Er ist es, der
durch Wasser und Blut gekommen ist,
Jesus Christus; nicht im Wasser allein,
sondern im Wasser und im Blut. Und
der Geist ist es, der es bezeugt, denn der
Geist ist die Wahrheit. 7 Drei sind es
nämlich, die Zeugnis ablegen: 8 der
Geist und das Wasser und das Blut, und
diese drei sind auf das Gleiche ausgerichtet. 9 Wenn wir schon das Zeugnis
von Menschen annehmen – das Zeugnis
Gottes gilt doch mehr. Denn darin besteht das Zeugnis Gottes, dass er Zeugnis abgelegt hat für seinen Sohn. 10 Wer
an den Sohn Gottes glaubt, hat das Zeugnis in sich. Wer Gott nicht glaubt, hat
ihn zum Lügner gemacht, weil er nicht
an das Zeugnis geglaubt hat, das Gott abgelegt hat für seinen Sohn. 11 Und darin
besteht das Zeugnis, dass Gott uns ewiges Leben gegeben hat, und dieses Leben ist in seinem Sohn. 12 Wer den
Sohn hat, hat das Leben; wer den Sohn
Gottes nicht hat, hat das Leben nicht.

Bitte und Fürbitte

13 Das habe ich euch geschrieben,
damit ihr wisst, dass ihr, die ihr an den
Namen des Sohnes Gottes glaubt, ewiges Leben habt. 14 Und darauf gründet
unsere Zuversicht: dass er uns erhört,
wenn wir etwas erbitten nach seinem
Willen.
15 Und wenn wir wissen, dass er uns
erhört, in allem, was wir erbitten, dann
wissen wir auch, dass wir erhalten,
worum wir ihn gebeten haben.
16 Wenn jemand sieht, dass sein
Bruder eine Sünde begeht, die nicht
zum Tod führt, soll er bitten, und er wird
ihm dadurch zum Leben verhelfen –
aber nur denen, deren Sünde nicht zum
Tod führt. Es gibt Sünde zum Tod; von
der rede ich nicht, wenn ich sage, er
solle bitten. 17 Jede Ungerechtigkeit ist
Sünde; doch gibt es auch Sünde, die
nicht zum Tod führt.

| 13: 1,4 · Joh 20,31 · 3,23 · 5,11! | 14–15: 3,21–22!
| 17: 1,9

Bewahrung in Christus

18 Wir wissen, dass jeder, der aus
Gott gezeugt ist, nicht sündigt. Vielmehr gilt: Wer aus Gott gezeugt ist, wird
bewahrt, und der Böse tastet ihn nicht
an. 19 Wir wissen, dass wir aus Gott gezeugt sind und dass die Welt als ganze
im Argen liegt. 20 Wir wissen aber: Der
Sohn Gottes ist gekommen, und er hat
uns Einsicht gegeben, damit wir den
Wahrhaftigen erkennen; und in ihm,
dem Wahrhaftigen, sind wir, in seinem
Sohn Jesus Christus.
Er ist der wahrhaftige Gott, ewiges
Leben ist er.
21 Kinder, hütet euch vor den Götzen.

| 18: 3,6.9 · 4,7! · Joh 17,15 | 20: 5,11!

5,18: Andere Übersetzungsmöglichkeit: «… : Wer
aus Gott gezeugt wurde, bewahrt sich, …»

Der Zweite Brief des Johannes

Anschrift

1 Der Älteste an die auserwählte Herrin und ihre Kinder, die ich in Wahrheit liebe – und nicht ich allein, sondern auch alle, die die Wahrheit erkannt haben – 2 um der Wahrheit willen, die in uns bleibt; und sie wird mit uns sein in Ewigkeit. 3 Es wird mit uns sein Gnade, Barmherzigkeit und Friede von Gott, dem Vater, und von Jesus Christus, dem Sohn des Vaters, in Wahrheit und Liebe.

| 1: 3Joh 1 · 13 | 3: 1Tim 1,2; 2Tim 1,2 · 4–6

Leben nach dem Gebot des Vaters

4 Ich habe mich sehr gefreut, unter deinen Kindern solche gefunden zu haben, die ihren Weg in der Wahrheit gehen, wie es im Gebot heisst, das wir vom Vater empfangen haben. 5 Und nun bitte ich dich, Herrin – nicht, als wollte ich dir ein neues Gebot vorlegen, sondern das, das wir von Anfang an hatten: dass wir einander lieben sollen. 6 Und das ist die Liebe, dass wir unser Leben führen nach seinen Geboten. Und das ist das Gebot, wie ihr es von Anfang an gehört habt: dass ihr euren Weg in der Liebe gehen sollt.

| 4: 3Joh 3–4 | 5: 1Joh 3,11!

Warnung vor Irrlehrern

7 Denn viele Verführer sind hinausgegangen in die Welt, die sich nicht zu dem im Fleisch kommenden Jesus

Christus bekennen; das ist der Verführer und der Antichrist. 8 Gebt acht auf euch, dass ihr nicht verliert, was wir erarbeitet haben, sondern den vollen Lohn erhaltet.

9 Jeder, der darüber hinausgeht und nicht in der Lehre Christi bleibt, hat Gott nicht; wer in der Lehre bleibt, der hat sowohl den Vater als auch den Sohn. 10 Wer zu euch kommt und nicht diese Lehre bringt, den nehmt nicht ins Haus auf und den Gruss entbietet ihm nicht. 11 Denn wer ihm den Gruss entbietet, hat schon teil an seinen bösen Werken.

| 7: 1Joh 4,1–3! | 9: 1Joh 2,23–24

1,7: Dieser Aussage liegt entweder die Idee eines ewig gegenwärtigen fleischgewordenen Christus oder die Vorstellung einer Wiederkunft Christi im Fleisch zugrunde.

Ankündigung des Besuchs. Grüsse

12 Vieles hätte ich euch noch zu sagen, doch ich wollte es nicht mit Papier und Tinte tun; vielmehr hoffe ich, zu euch zu kommen und von Angesicht zu Angesicht mit euch zu reden, damit unsere Freude vollkommen sei.

13 Es grüssen dich die Kinder deiner auserwählten Schwester.

| 12: 3Joh 13–14 · 1Joh 1,4! | 13: 1

Der Dritte Brief des Johannes

Anschrift und Gruss
1 Der Älteste an den geliebten Gaius, den ich in Wahrheit liebe. 2 Geliebter Freund, ich wünsche dir, dass es dir in jeder Hinsicht so gut gehen möge, wie es deiner Seele geht. 3 Ich habe mich nämlich sehr gefreut, als Brüder kamen und dir das Zeugnis ausstellten, dass du in der Wahrheit bist und deinen Weg in der Wahrheit gehst. 4 Grössere Freude darüber habe ich nicht als die, zu hören, dass meine Kinder ihren Weg in der Wahrheit gehen.

|1: 2Joh 1 |3–4: 2Joh 4

Unterstützung von Missionaren
5 Geliebter Freund, du handelst treu in dem, was du an den Brüdern tust, und noch dazu an fremden. 6 Sie haben für deine Liebe Zeugnis abgelegt vor versammelter Gemeinde; du wirst recht tun, wenn du sie für ihren Weg ausrüstest, wie es vor Gott würdig ist. 7 Denn für seinen Namen sind sie ausgezogen, ohne etwas von den Heiden anzunehmen. 8 Wir sind daher verpflichtet, solche Leute zu unterstützen und so zu Mitarbeitern an der Wahrheit zu werden.

|5: 10

Zurechtweisung des Diotrephes
9 Ich habe kurz an die Gemeinde geschrieben; aber Diotrephes, der unter ihnen gerne der Erste ist, erkennt uns nicht an. 10 Deshalb werde ich, wenn ich komme, seine Werke in Erinnerung rufen, die er tut. Mit bösen Worten verleumdet er uns und, damit nicht genug: Er nimmt auch die Brüder nicht auf und hindert auch die, die es tun möchten, und stösst sie aus der Gemeinde aus.

|10: 5

Empfehlung des Demetrius
11 Geliebter Freund, ahme nicht das Böse nach, sondern das Gute! Wer Gutes tut, ist aus Gott; wer Böses tut, hat Gott nicht gesehen. 12 Für Demetrius ist Zeugnis abgelegt worden von allen und von der Wahrheit selbst; aber auch wir legen Zeugnis ab, und du weisst, dass unser Zeugnis wahr ist.

|11: 1Joh 3,6

Schlussgrüsse
13 Vieles hätte ich dir noch zu sagen; aber ich will es nicht mit Tinte und Feder tun. 14 Ich hoffe aber, dich bald zu sehen, dann werden wir von Angesicht zu Angesicht reden. 15 Friede sei mit dir! Es grüssen dich die Freunde. Lass auch du die Freunde grüssen, jeden mit Namen!

|13–14: 2Joh 12

Der Brief des Judas

Anschrift

1 Judas, Knecht Jesu Christi und Bruder des Jakobus, an die Berufenen, die in Gott, dem Vater, geliebt und für Jesus Christus bewahrt sind: 2 Barmherzigkeit sei mit euch und Friede und Liebe in Fülle.

| 1: Jak 1,1 · Mk 6,3 | 2: 2Petr 1,2!

Der Zweck des Schreibens

3 Meine Geliebten! Es ist das Ziel all meiner Bemühungen, euch von dem Heil zu schreiben, das unser aller Heil ist; darum halte ich es für notwendig, euch mit diesem Brief zu ermahnen, für den Glauben zu kämpfen, der den Heiligen ein für alle Mal anvertraut worden ist. 4 Es haben sich nämlich gewisse Leute bei euch eingeschlichen, über die das Urteil in der Schrift schon lange voraus gefällt wurde: Gottlose sind sie, die die Gnade unseres Gottes ins Gegenteil verkehren, in bare Zügellosigkeit, und die den einzig wahren Herrscher, unseren Herrn Jesus Christus, verleugnen.

| 4: 2Petr 2,1–3

3: Andere Übersetzungsmöglichkeit: «...; gleichwohl halte ich es ...»

Das Gericht über die Irrlehrer

5 Ich will euch – obwohl ihr dies alles schon wisst – daran erinnern, dass der Herr das Volk zwar ein für alle Mal aus dem Land Ägypten gerettet, die aber, die ihm ein zweites Mal keinen Glauben schenkten, der Vernichtung preisgegeben hat. 6 Auch die Engel, die die Grenzen ihres Herrschaftsbereichs nicht eingehalten hatten, sondern ihre Wohnstätte verliessen, hält er mit ehernen Fesseln in der Unterwelt fest für den grossen Tag des Gerichts. 7 Ja, Sodom und Gomorra und die umliegenden Städte, die auf ähnliche Weise Unzucht getrieben haben und andersartigem Fleisch hinterhergelaufen sind, stehen als abschreckendes Beispiel vor aller Augen: Sie erleiden die Strafe ewigen Feuers.

8 Auf ähnliche Weise freilich beschmutzen auch diese Träumer das Fleisch, sie missachten die Autorität des Herrn und lästern die himmlischen Majestäten. 9 Als der Erzengel Michael mit dem Teufel rang und sich mit ihm um den Leichnam des Mose stritt, wagte er es nicht, ein ihn verwünschendes Urteil gegen ihn vorzubringen, sondern sagte: *Der Herr möge dich strafen.* 10 Diese dagegen verwünschen alles, was sie nicht kennen; das aber, worauf sie sich verstehen von Natur aus wie die vernunftlosen Tiere, wird sie zugrunde richten. 11 Wehe ihnen! Den Weg Kains sind sie gegangen, dem Wahn Bileams sind sie verfallen, nur um Gewinn zu erzielen, und an der Widerborstigkeit Koras sind sie zugrunde gegangen. 12 Das sind die Leute, die als gefährliche Klippen bei eurem Liebesmahl ungehemmt mitschmausen, Leute, deren Fürsorge nur ihnen selbst gilt; Wolken sind sie, die keinen Regen spenden und von den Winden weggeblasen werden, Bäume im Spätherbst ohne Früchte, zwiefach abgestorben und entwurzelt, 13 stürmische Meereswogen, die ihre Schandtaten wie Gischt emporschiessen lassen, verirrte Sterne, auf die für immer die dunkelste Finsternis wartet.

14 Auch für sie gilt, was Henoch, der Siebte in der Reihe nach Adam, geweissagt hat, als er sagte: Siehe, der Herr ist gekommen mit seinen heiligen Heerscharen, 15 Gericht zu halten über alle Menschen und jede Seele zu überführen all der gottlosen Taten, die sie in ihrer Gottlosigkeit begangen hat, und all der trotzigen Worte, die gottlose Sünder gegen ihn gesprochen haben. 16 Das sind

ewig Unzufriedene, die mit ihrem Schicksal hadern und sich dabei von ihren Begierden leiten lassen; ihr Mund spricht hochtrabende Worte, und sie schmeicheln anderen um eines Vorteils willen.

|5: Num 14,35; Hebr 3,16-19 |6: Gen 6,1-2; 2Petr 2,4 · 2Petr 2,9! |7: Gen 19,4-25; 2Petr 2,6-8 · 2Petr 2,10 |8: 2Petr 2,10 |9: 2Petr 2,11 · Sach 3,2 |10: 2Petr 2,12 |11: Gen 4,8 · Num 22,5-7; 2Petr 2,15 · Num 16,1-35 |12: 2Petr 2,13 · 2Petr 2,17 |13: 2Petr 2,17 |14: Gen 5,21-24 |16: 18 · 2Petr 2,18

12: Andere Übersetzungsmöglichkeit: «..., die als Schmutzfinken bei eurem Liebesmahl ...»

Die Stärkung der Glaubenden

17 Ihr aber, Geliebte, denkt an die Worte, die die Apostel unseres Herrn Jesus Christus einst gesprochen haben. 18 Sie haben euch ja gesagt, dass am Ende der Zeit Spötter auftreten werden, die sich von ihren eigenen, gottlosen Begierden leiten lassen. 19 Das sind die, die eine Trennung herbeiführen: Sie sind von sich selbst eingenommen und haben den Geist nicht. 20 Ihr aber, Geliebte, stützt euch auf

euren allerheiligsten Glauben, betet im heiligen Geist 21 und bewahrt euch so in der Liebe Gottes, in Erwartung des Erbarmens unseres Herrn Jesus Christus, das uns ins ewige Leben führt. 22 Erbarmt euch derer, die zweifeln! 23 Andere rettet, indem ihr sie aus dem Feuer reisst, wieder anderer erbarmt euch, doch seid dabei auf der Hut – selbst ihr vom Fleisch beschmutztes Untergewand soll euch noch widerwärtig sein!

|17: 2Petr 3,2 |18: 16 · 2Petr 3,3 |20: Eph 6,18

Abschliessender Hymnus

24 Ihr aber, der euch zu bewahren vermag, dass ihr nicht zu Fall kommt, der euch hinzustellen vermag vor seine Herrlichkeit als Makellose, vor Freude Jubelnde, 25 ihm, dem alleinigen Gott, der durch Jesus Christus, unseren Herrn, unser Retter ist, ihm sei Ehre, Hoheit, Gewalt und Macht vor aller Zeit, jetzt und in alle Ewigkeit. Amen.

|24: Kol 1,22!; 2Petr 3,14 |25: 2Petr 3,18

Die Offenbarung des Johannes

Offenbarung und Zeugnis

1 1 Dies ist die Offenbarung Jesu Christi, die Gott ihm gegeben hat, zu zeigen seinen Knechten, was in Kürze geschehen muss, und die er durch seinen Engel kundtun liess seinem Knecht Johannes, 2 der das Wort Gottes bezeugt hat und das Zeugnis Jesu Christi, alles, was er geschaut hat. 3 Selig, wer die Worte der Weissagung vorliest, und selig, die sie hören und die bewahren, was darin geschrieben steht. Denn die Zeit ist nahe.

|1: 22,6; Dan 2,28-29 · 22,8! |2: 1,9 |3: 14,13; 16,15; 19,9; 20,6; 22,7.14 · Lk 11,28 · 22,18-19 · 22,10

Gruss an die sieben Gemeinden

4 Johannes an die sieben Gemeinden in der Asia: Gnade sei mit euch und Friede von dem, der ist und der war und der kommt, von den sieben Geistwesen, die vor seinem Thron sind, 5 und von Jesus Christus, dem treuen Zeugen, dem Erstgeborenen aus den Toten, dem Herrscher über die Könige der Erde.

Ihm, der uns liebt und uns durch sein Blut von unseren Sünden erlöst hat, 6 der aus uns ein Königreich gemacht hat, eine Priesterschaft für Gott, seinen Vater, ihm sei die Herrlichkeit und die Herrschaft in alle Ewigkeit. Amen.

7 Siehe, er kommt mit den Wolken,
und sehen wird ihn jedes Auge,
auch die, welche ihn durchbohrt haben,
und wehklagen über ihn werden alle
Stämme der Erde.
Ja, so sei es, Amen!

8 Ich bin das A und das O, spricht
Gott, der Herr, der ist und der war und
der kommt, der Herrscher über das All.

| 4:22,8! · 1,11 · 1,8! · 4,5! | 5: Ps 89,38.28 ·
Kol 1,18 · 5,9; 7,14; Eph 1,7 | 6: 5,10; 20,6; 1Petr 2,9;
Ex 19,6 · 1Petr 4,11 | 7: Dan 7,13; Mt 24,30! ·
Sach 12,10; Joh 19,37 · Gen 12,3; 28,14 | 8: 22,13! · 1,4;
4,8; 11,17; 16,5; Ex 3,14

1,6: Andere Übersetzungsmöglichkeit: «... für
seinen Gott und Vater, ihm sei ...»

Die Beauftragung des Zeugen

9 Ich, Johannes, euer Bruder und Gefährte in der Bedrängnis, der mit euch
teilhat an der Herrschaft und mit euch
in Jesus ausharrt, ich bin auf die Insel
Patmos gekommen – um des Wortes
Gottes und des Zeugnisses Jesu willen.
10 Am Tag des Herrn wurde ich vom
Geist ergriffen und hörte in meinem Rücken eine mächtige Stimme wie von einer Posaune, 11 die sprach: Was du zu sehen bekommst, das schreibe in ein Buch
und schicke es den sieben Gemeinden:
nach Ephesus, nach Smyrna, nach Pergamon, nach Thyatira, nach Sardes, nach
Philadelphia und nach Laodizea.
12 Und ich wandte mich um, die
Stimme zu sehen, die zu mir sprach.
Und als ich mich umwandte, sah ich sieben goldene Leuchter, 13 und inmitten
der Leuchter eine Gestalt, einem Menschensohn gleich, gekleidet in ein Gewand, das bis zu den Füssen reichte, und
um die Brust gegürtet mit einem goldenen Gürtel. 14 Sein Haupt aber und sein
Haar waren weiss wie weisse Wolle, wie
Schnee, und seine Augen wie Feuerflammen, 15 seine Füsse gleich Golderz, wie
im Ofen geglüht, und seine Stimme wie
das Rauschen vieler Wasser. 16 Und in
seiner Rechten hielt er sieben Sterne,
und aus seinem Mund kam ein scharfes,
zweischneidiges Schwert, und sein Ant-

litz leuchtete, wie die Sonne strahlt in
ihrer Kraft.
17 Und als ich ihn sah, fiel ich wie tot
zu seinen Füssen, und er legte seine
Rechte auf mich und sprach: Fürchte
dich nicht! Ich bin der Erste und der
Letzte 18 und der Lebendige; ich war tot
und siehe, ich lebe in alle Ewigkeit, und
ich habe die Schlüssel zum Tod und zur
Unterwelt. 19 Schreibe auf, was du gesehen hast, was ist und was dann geschehen wird. 20 Mit dem Geheimnis der
sieben Sterne, die du in meiner Rechten
gesehen hast, und mit den sieben goldenen Leuchtern ist es so: Die sieben
Sterne sind die Engel der sieben Gemeinden, und die sieben Leuchter sind
die sieben Gemeinden.

| 9: 22,8! · 5,10 · 1,2 | 10: 4,1–2 | 11: 2,1.8.12.18;
3,1.7.14 | 12: Ex 25,31–40; Sach 4,2 · 1,20 | 13: 14,14;
Dan 7,13 · Dan 10,5 | 14: Dan 7,9 · 19,12; Dan 10,6 | 15:
Dan 10,6 · 14,2; 19,6; Ez 1,24 | 16: 1,20 · 19,15! ·
Dan 10,6; Mt 17,2 | 17: Dan 10,9–10.12 · 22,13! | 20: 1,11

1,9: Andere Übersetzungsmöglichkeit: «..., ich
war auf der Insel Patmos – ...»

Der Brief an die Gemeinde in Ephesus

2 1 Dem Engel der Gemeinde in Ephesus schreibe: So spricht, der die sieben Sterne in seiner Rechten hält, der
einhergeht inmitten der sieben goldenen Leuchter:
2 Ich kenne deine Werke und deinen
Einsatz und deine Beharrlichkeit, und
ich weiss, dass du die Bösen nicht ertragen kannst, dass du geprüft hast, die da
sagen, sie seien Apostel, und es nicht
sind, und dass du sie als Lügner entlarvt
hast. 3 Ausgeharrt hast du, und um meines Namens willen erträgst du dies alles
und bist nicht müde geworden. 4 Ich
habe dir aber vorzuwerfen, dass du
deine erste Liebe verlassen hast. 5 Bedenke, aus welcher Höhe du gefallen
bist, kehr um zu den Werken des Anfangs; wenn nicht, werde ich zu dir
kommen und deinen Leuchter von seinem Platz stossen, wenn du nicht umkehrst. 6 Aber dies halte ich dir zugute:

Du hasst die Werke der Nikolaiten, die auch ich hasse.

7 Wer Ohren hat, der höre, was der Geist den Gemeinden sagt. Wer den Sieg erringt, dem werde ich zu essen geben vom Baum des Lebens, der im Paradies Gottes steht.

| 1: 1,11 · 1,16 · 1,13 | 2: 1Thess 1,3 · 2Kor 11,13–15 | 6: 2,15 | 7: 2,11.17.29; 3,6.13.22; 13,9; Mt 13,9! · 21,7! · 22,2.14.19; Gen 2,9

Der Brief an die Gemeinde in Smyrna
8 Und dem Engel der Gemeinde in Smyrna schreibe: So spricht er, der Erste und der Letzte, der tot war und wieder lebendig wurde:

9 Ich kenne deine Not und deine Armut – und doch bist du reich –, und ich weiss, wie du verwünscht wirst von Seiten derer, die sagen, sie seien Juden, und es nicht sind, sondern eine Synagoge des Satans! 10 Fürchte dich nicht vor dem, was dir an Leiden noch bevorsteht. Siehe, der Teufel wird einige von euch ins Gefängnis werfen, um euch zu versuchen, und ihr werdet Not leiden, zehn Tage lang. Sei treu bis in den Tod, und ich werde dir die Krone des Lebens geben.

11 Wer Ohren hat, der höre, was der Geist den Gemeinden sagt: Wer den Sieg erringt, dem wird der zweite Tod nichts anhaben können.

| 8: 1,11 · 22,13! · 1,18 | 9: 2Kor 6,10 · 3,9 | 10: 3,11; Jak 1,12; 1Petr 5,4! | 11: 2,7! · 21,7! · 20,6!

Der Brief an die Gemeinde in Pergamon
12 Und dem Engel der Gemeinde in Pergamon schreibe: So spricht, der das zweischneidige Schwert führt, das scharfe:

13 Ich weiss, wo du wohnst: da, wo der Thron des Satans steht. Du hältst an meinem Namen fest und hast den Glauben an mich nicht verleugnet, auch nicht in den Tagen des Antipas, meines treuen Zeugen, der bei euch getötet worden ist, da, wo der Satan wohnt. 14 Weniges nur habe ich dir vorzuwerfen: Du duldest Leute bei dir, die sich an die

Lehre des Bileam halten; der lehrte den Balak, den Israeliten einen Stolperstein in den Weg zu legen: Fleisch sollten sie essen, das den Göttern geweiht war, und sich der Unzucht hingeben. 15 Ebenso duldest auch du Leute bei dir, die an der Lehre der Nikolaiten festhalten.

16 Kehre um! Sonst komme ich bald zu dir, und ich werde Krieg führen gegen sie mit dem Schwert meines Mundes.

17 Wer Ohren hat, der höre, was der Geist den Gemeinden sagt: Wer den Sieg erringt, dem werde ich von dem verborgenen Manna geben, und einen weissen Stein werde ich ihm geben, und auf dem Stein ist ein neuer Name geschrieben, den niemand kennt ausser dem, der ihn empfängt.

| 12: 1,11 · 19,15! | 14: Num 31,16; 25,1–2 · 2,20 | 15: 2,6 | 16: 19,15 | 17: 2,7! · 21,7! · Ex 16,31 · Jes 65,15

2,13: «des Antipas, meines treuen Zeugen»: Die besten griechischen Handschriften enthalten einen Text, der grammatikalisch nicht korrekt ist. Die Übersetzung folgt dem Sinn, den der Kontext nahelegt.

Der Brief an die Gemeinde in Thyatira
18 Und dem Engel der Gemeinde in Thyatira schreibe: So spricht der Sohn Gottes, der Augen hat wie Feuerflammen und dessen Füsse dem Golderz gleichen:

19 Ich kenne deine Werke – die Liebe, den Glauben, die Hilfsbereitschaft – und deine Beharrlichkeit, und ich weiss, dass deine letzten Werke zahlreicher sind als die ersten. 20 Aber ich habe dir vorzuwerfen, dass du die Isebel gewähren liessest, die sich Prophetin nennt und die als Lehrerin auftritt und meine Knechte dazu verführt, sich der Unzucht hinzugeben und Fleisch zu essen, das den Göttern geweiht ist. 21 Ich habe ihr Zeit gegeben umzukehren, doch sie will nicht umkehren und von ihrer Unzucht nicht lassen. 22 Siehe, ich werfe sie nieder auf ihr Bett und lasse eine grosse Not kommen über die, die mit ihr Ehebruch begehen, wenn sie nicht umkehren und von ihren Werken nicht lassen, 23 und ihre Kinder werde ich in den Tod schicken. Alle

Gemeinden werden dann erkennen, dass ich es bin, der Herz und Nieren erforscht; und ich werde euch vergelten, einem jeden nach seinen Taten. 24 Euch aber, die ihr in Thyatira übrig geblieben seid, die ihr diese Lehre nicht übernommen und die ‹Tiefen des Satans›, wie sie es nennen, nicht erkannt habt, euch sage ich: Ich lege euch keine weitere Last auf. 25 Doch was ihr habt, das haltet fest, bis ich komme!

26 Wer den Sieg erringt und meine Werke bis ans Ende bewahrt, dem werde ich Macht geben über die Völker 27 – er wird sie weiden mit eisernem Stab, wie Tongefässe werden sie zerschlagen –, 28 wie ich sie von meinem Vater empfangen habe, und ich werde ihm den Morgenstern geben. 29 Wer Ohren hat, der höre, was der Geist den Gemeinden sagt.

|18: 1,11 · 1,14–15 |20: 1Kön 16,31 · 2Kön 9,22 · 2,14 |23: Jer 17,10 · 20,13! |26: 21,7! |27: Ps 2,9! |28: 22,16 |29: 2,7!

Der Brief an die Gemeinde in Sardes

3 1 Und dem Engel der Gemeinde in Sardes schreibe: So spricht, der die sieben Geistwesen Gottes und die sieben Sterne hat:
Ich kenne deine Werke und weiss, dass es von dir heisst, du lebst, und bist doch tot. 2 Sei wachen Sinnes, und stärke den Rest, der schon im Sterben lag; denn deine Werke, die ich vorfand, waren nicht vollkommen vor meinem Gott. 3 Denk daran, wie du die Botschaft empfangen und gehört hast, bewahre sie und kehre um! Wenn du nicht wachsam bist, werde ich kommen wie ein Dieb, und du wirst nicht wissen, zu welcher Stunde ich über dich komme. 4 Du hast aber einige wenige in Sardes, die ihre Kleider nicht befleckt haben; sie werden mit mir einhergehen in weissen Gewändern, denn sie sind es wert. 5 So wird, wer den Sieg erringt, in weisse Gewänder gehüllt, und nie werde ich seinen Namen tilgen aus dem Buch des Lebens; ich werde mich zu sei-

nem Namen bekennen vor meinem Vater und vor seinen Engeln. 6 Wer Ohren hat, der höre, was der Geist den Gemeinden sagt.

|1: 1,11 · 4,5! · 1,16 |3: 16,15; Mt 24,43! |4–5: 3,18 |5: 21,7! · 21,27!; Ps 69,29 · Mt 10,32 |6: 2,7!

Der Brief an die Gemeinde in Philadelphia

7 Und dem Engel der Gemeinde in Philadelphia schreibe: So spricht der Heilige, der Wahrhaftige, der den Schlüssel Davids hat; der öffnet, und niemand wird schliessen; der schliesst, und niemand öffnet:
8 Ich kenne deine Werke. Siehe, ich habe vor dir eine Tür aufgetan, die keiner wieder schliessen kann. Du hast zwar nur wenig Kraft, aber du hast mein Wort bewahrt und meinen Namen nicht verleugnet. 9 Siehe, ich will dir einige aus der Synagoge des Satans geben, einige von denen, die sagen, sie seien Juden, und es nicht sind, sondern nur lügen. Siehe, ich werde sie dazu bringen, dass sie kommen und zu deinen Füssen beten, und sie sollen erkennen, dass ich dich geliebt habe. 10 Weil du mein Wort bewahrt hast, das dir die Kraft gibt, auszuharren, werde auch ich dich bewahren in der Stunde der Versuchung, die über den ganzen Erdkreis kommen wird, die Erdenbewohner zu versuchen. 11 Ich komme bald. Halte fest, was du hast, damit niemand dir die Krone wegnimmt.

12 Wer den Sieg erringt, den werde ich zu einer Säule im Tempel meines Gottes machen, und er wird nie mehr hinausgehen müssen. Auf ihn werde ich schreiben den Namen meines Gottes und den Namen der Stadt meines Gottes, des neuen Jerusalem, das vom Himmel von meinem Gott herabkommen wird, und meinen Namen, den neuen. 13 Wer Ohren hat, der höre, was der Geist den Gemeinden sagt.

|7: 1,11 · 6,10 · Jes 22,22 |9: 2,9 |11: 22,7.12.20 · 2,10! |12: 21,7! · 14,1! · 21,10! |13: 2,7!

Der Brief an die Gemeinde in Laodizea

14 Und dem Engel der Gemeinde in Laodizea schreibe: So spricht, der das Amen ist, der treue und wahrhaftige Zeuge, der Anfang der Schöpfung Gottes: 15 Ich kenne deine Werke und weiss, dass du weder kalt noch warm bist. Wärst du doch kalt oder warm! 16 Nun aber, da du lau bist, weder warm noch kalt, will ich dich ausspeien aus meinem Munde. 17 Du sagst: Ich bin reich, ich bin wohlhabend und habe nichts nötig, und merkst nicht, dass gerade du elend bist, erbärmlich, arm, blind und nackt.

18 Darum rate ich dir: Kauf Gold von mir, das im Feuer geläutert ist, dass du reich wirst, und weisse Gewänder, dass du sie anziehst und die Schande deiner Blösse nicht zum Vorschein kommt, und Salbe, dass du sie auf deine Augen streichst und wieder sehen kannst. 19 Die ich liebe, weise ich zurecht und erziehe sie. Empöre dich, kehre um! 20 Siehe, ich stehe vor der Tür und klopfe an. Wer immer auf meine Stimme hört und die Tür öffnet, bei dem werde ich einkehren und das Mahl halten, ich mit ihm und er mit mir.

21 Wer den Sieg erringt, soll mit mir auf meinem Thron sitzen, so wie ich, nachdem ich den Sieg errungen habe, mit meinem Vater auf seinem Thron sitze. 22 Wer Ohren hat, der höre, was der Geist den Gemeinden sagt.

|14: 1,11 · 1,5; 19,11 |18: 3,4–5 · 16,15 |19: Spr 3,12 |21: 21,7! · Mt 19,28! |22: 2,7!

Der Thron im Himmel

4 1 Danach schaute ich: Und siehe, eine Tür im Himmel stand offen, und die Stimme, die ich am Anfang gehört hatte – eine Stimme wie von einer Posaune, die mit mir sprach –, sie sagte: Komm hier herauf, und ich werde dir zeigen, was dann geschehen soll. 2 Sogleich wurde ich vom Geist ergriffen, und siehe, ein Thron stand im Himmel, und auf dem Thron sass einer, 3 und der da sass, hatte ein Gesicht, das

war wie Jaspis und Karneol, und den Thron umgab ein Regenbogen, der sah aus wie ein Smaragd. 4 Und rings um den Thron sah ich vierundzwanzig andere Throne, und auf den Thronen sassen vierundzwanzig Älteste, in weisse Gewänder gehüllt und mit goldenen Kronen auf dem Haupt. 5 Von dem Thron aber gehen Blitze aus, Stimmen und Donner, und sieben Fackeln brennen vor dem Thron, das sind die sieben Geistwesen Gottes. 6 Und vor dem Thron ist etwas wie ein gläsernes Meer, gleich einem Kristall.

Und mitten auf dem Thron und rings um den Thron herum sind vier Wesen, die mit Augen übersät sind, vorne und hinten. 7 Das erste Wesen gleicht einem Löwen, das zweite gleicht einem Stier, das dritte hat das Gesicht eines Menschen, das vierte gleicht einem Adler im Flug. 8 Und die vier Wesen haben, jedes einzelne, sechs Flügel, und aussen herum und innen sind sie mit Augen übersät, und sie rufen ohne Unterlass Tag und Nacht:
Heilig, heilig, heilig ist der Herr, Gott,
der Herrscher über das All,
   der war und der ist und der kommt.

9 Und wenn die Wesen Lobpreis, Ehre und Danksagung darbringen dem, der auf dem Thron sitzt und in alle Ewigkeit lebt, 10 werden die vierundzwanzig Ältesten niederfallen vor ihm, der auf dem Thron sitzt, und sie werden zu ihm beten, zu ihm, der in alle Ewigkeit lebt, und ihre Kronen werden sie niederlegen vor dem Thron und sagen:
11 *Würdig bist du, Herr, unser Gott,*
   zu empfangen den Lobpreis, die Ehre
   und die Macht,
denn du hast alles erschaffen,
   durch deinen Willen war es und ist
   es erschaffen worden.

|1: 1,10 · 11,12 |2: 20,11; Ez 1,26; Jes 6,1 |3: Ez 1,27–28 |4: Jes 24,23 |5: Ez 1,13; Ex 19,16 · 1,4; 3,1; 5,6; Jes 11,2 |6: Ez 1,22 · Ez 1,5 · Ez 1,18 |7: Ez 1,10 |8: Jes 6,2–3 · Am 3,13 · 1,8!

4,6: Andere Übersetzungsmöglichkeit: «… ist es
wie ein gläsernes Meer, …»

Das Lamm Gottes

5 1 Und ich sah in der Rechten dessen,
der auf dem Thron sass, eine Buchrolle, inwendig und auf der Rückseite
beschrieben, versiegelt mit sieben Sie-
geln. 2 Und ich sah einen starken Engel,
der mit lauter Stimme rief: Wer ist würdig, das Buch zu öffnen und seine Siegel
zu lösen? 3 Und niemand im Himmel
oder auf der Erde oder unter der Erde
vermochte das Buch zu öffnen und hineinzuschauen. 4 Und ich weinte sehr,
weil niemand zu finden war, der würdig
gewesen wäre, das Buch zu öffnen und
hineinzuschauen. 5 Und einer von den
Ältesten sagt zu mir: Weine nicht! Siehe,
den Sieg errungen hat der Löwe aus dem
Stamm Juda, der Spross Davids; er kann
das Buch und seine sieben Siegel öffnen.

6 Und ich sah zwischen dem Thron
und den vier Wesen, in der Mitte der Ältesten, ein Lamm stehen, das geschlachtet zu sein schien; es hatte sieben Hörner und sieben Augen – das sind die sieben Geistwesen Gottes, die in die ganze
Welt hinausgesandt sind. 7 Und es kam
und empfing das Buch aus der Rechten
dessen, der auf dem Thron sass.

8 Und als es das Buch empfangen
hatte, fielen die vier Wesen und die vierundzwanzig Ältesten vor dem Lamm
nieder. Und jeder von ihnen hatte eine
Harfe und goldene Schalen, voll Räucherwerk – das sind die Gebete der
Heiligen. 9 Und sie singen ein neues
Lied:
Würdig bist du, das Buch zu empfangen
und seine Siegel zu öffnen,
denn du bist geschlachtet worden
und hast erkauft mit deinem Blut für
Gott
   Menschen aus jedem Stamm und
   jeder Sprache, aus jedem Volk und
   jeder Nation.
10 Und du hast sie für unseren Gott
zu einem Königreich und zu einer
Priesterschaft gemacht,

und sie werden herrschen auf
Erden.
11 Und ich schaute und vernahm die
Stimme vieler Engel rings um den
Thron, die Wesen und die Ältesten, und
ihre Zahl war Myriaden über Myriaden
und tausend und abertausend, 12 und
sie verkündeten mit lauter Stimme:
Würdig ist das Lamm, das geschlachtet
ist, zu empfangen
   Macht und Reichtum und
   Weisheit
   und Kraft und Ehre und Preis und
   Lob.
13 Und jedes Geschöpf im Himmel und
auf der Erde und unter der Erde und auf
dem Meer, und alles, was darin ist, hörte
ich rufen:
Ihm, der auf dem Thron sitzt, und dem
Lamm
   seien Lob, Ehre und Preis und die
   Herrschaft,
   von Ewigkeit zu Ewigkeit.
14 Und die vier Wesen sprachen: Amen.
Und die Ältesten fielen nieder und beteten.

| 1: Ez 2,9–10 | 5: Gen 49,9 · 22,16! · 6,1.3.5.7.9.12;
8,1 | 6: Jes 53,7; Joh 1,29.36 · Sach 4,10 · 4,5! | 8: 8,3–4;
Ps 141,2 | 9: Ps 33,3! · 1,5!; 1Petr 1,18–19 · 7,9 | 10: 1,6! ·
22,5! | 11: Dan 7,10; Hebr 12,22 | 12: 5,6! | 14: 19,4
   5,6: Die schwebende Ausdrucksweise «das geschlachtet zu sein schien» verweist auf die subjektive
Seite der Wahrnehmung, nicht etwa auf eine Täuschung (vgl. V. 9 und V. 12).

Die ersten sechs Siegel

6 1 Und ich schaute: Als das Lamm das
erste der sieben Siegel öffnete, da
hörte ich das erste der vier Wesen wie
eine Donnerstimme sagen: Komm!
2 Und ich schaute: Und siehe, ein weisses Pferd, und der auf ihm sass, hielt einen Bogen, und es wurde ihm eine
Krone gegeben, und er zog als Sieger
aus, um zu siegen.

3 Und als es das zweite Siegel
öffnete, hörte ich das zweite Wesen sagen: Komm! 4 Und ein anderes Pferd
kam hervor, ein feuerrotes; und dem,
der auf ihm sass, wurde die Macht verliehen, den Frieden von der Erde zu nehmen, dass sie einander niedermetzel-

ten. Und ein grosses Schwert wurde ihm gegeben.

5 Und als es das dritte Siegel öffnete, hörte ich das dritte Wesen sagen: Komm! Und ich schaute: Und siehe, ein schwarzes Pferd, und der auf ihm sass, hielt eine Waage in seiner Hand. 6 Und ich hörte eine Stimme inmitten der vier Wesen sagen: Ein Mass Weizen für einen Denar! Und drei Mass Gerste für einen Denar! Doch dem Öl und dem Wein füge keinen Schaden zu!

7 Und als es das vierte Siegel öffnete, hörte ich die Stimme des vierten Wesens, das sprach: Komm! 8 Und ich schaute: Und siehe, ein fahles Pferd, und der Name dessen, der auf ihm sass, war ‹Tod›, und die Unterwelt zog mit ihm einher, und es wurde ihnen die Macht gegeben über den vierten Teil der Erde, zu töten mit Schwert, Hunger und Pest und durch die wilden Tiere der Erde.

9 Und als es das fünfte Siegel öffnete, sah ich am Fuss des Altars die Seelen derer, die hingeschlachtet worden waren um des Wortes Gottes und um des Zeugnisses willen, das sie abgelegt hatten. 10 Und sie schrien mit lauter Stimme: Wie lange noch, Herrscher, Heiliger und Wahrhaftiger, zögerst du, zu richten und unser Blut zu rächen an denen, die auf der Erde wohnen? 11 Und einem jeden von ihnen wurde ein weisses Gewand gegeben, und es wurde ihnen geboten, sich noch eine kurze Zeit zu gedulden, bis auch ihre Mitknechte und ihre Brüder, die wie sie getötet werden sollten, in die Vollendung aufgenommen würden.

12 Und ich schaute: Als es das sechste Siegel öffnete, da gab es ein starkes Erdbeben, und die Sonne wurde schwarz wie ein Trauergewand, und der ganze Mond wurde wie Blut, 13 und die Sterne des Himmels fielen auf die Erde wie die Winterfrüchte vom Feigenbaum, wenn er vom Sturmwind geschüttelt wird. 14 Und der Himmel verschwand wie eine Buchrolle, die man zusammenrollt, und jeder Berg und jede Insel wurde von

ihrem Platz gerückt. 15 Und die Könige der Erde, ihre Grossen und ihre Befehlshaber, die Reichen und die Mächtigen und jeder, Sklave wie Freier, verbargen sich in den Höhlen und in den Felsen der Berge, 16 *und sie sagen zu den Bergen und zu den Felsen: Fallt auf uns* und *deckt uns zu* vor dem Angesicht dessen, der auf dem Thron sitzt, und vor dem Zorn des Lammes! 17 Denn gekommen ist der grosse Tag ihres Zorns. Wer kann da bestehen?

|1: 5,1–5 · 4,6–7 |2: Sach 1,8; 6,1–8 |3: 4,6–7 |4: Sach 1,8; 6,1–8 |5: 4,6–7 · Sach 1,8; 6,1–8 |7: 4,6–7 |8: Sach 1,8; 6,1–8 · Ez 14,21 |9: 12,11; 20,4 |10: 3,7 · 19,2 |11: 7,9! |12: Mk 13,24! · Joel 3,4 |13: Mk 13,25 · Jes 34,4 |14: 20,11!; Jes 34,4 |15: Jes 2,10.19.21 |16: Hos 10,8; Lk 23,30 |17: Zef 1,14–15; Röm 2,5

6,6: Die angegebenen Preise entsprechen etwa einer zehn- bis zwölffachen Verteuerung.

6,9: Andere Übersetzungsmöglichkeit: «..., sah ich unter dem Altar die Seelen derer, ...»

Die Erwählten aus Israel

7 1 Danach sah ich vier Engel an den vier Ecken der Erde stehen, die hielten die vier Winde der Erde fest, damit kein Sturm über das Land hinwegfege noch über das Meer noch über irgendeinen Baum. 2 Und ich sah einen andern Engel vom Aufgang der Sonne her emporsteigen, der hatte das Siegel des lebendigen Gottes. Und er rief mit lauter Stimme den vier Engeln zu, denen aufgetragen war, Land und Meer zu zerstören, 3 und sprach: Fügt Land und Meer und Bäumen keinen Schaden zu, bis wir die Knechte unseres Gottes mit einem Siegel auf der Stirn bezeichnet haben. 4 Und ich vernahm die Zahl derer, die ein Siegel empfangen hatten, hundertvierundvierzigtausend waren es, die ein Siegel empfangen hatten, aus jedem Stamm der Söhne Israels: 5 aus dem Stamm Juda zwölftausend, die ein Siegel empfangen hatten, aus dem Stamm Ruben zwölftausend, aus dem Stamm Gad zwölftausend, 6 aus dem Stamm Asser zwölftausend, aus dem Stamm Naftali zwölftausend, aus dem Stamm Manasse zwölftausend, 7 aus dem Stamm Simeon zwölftausend, aus

dem Stamm Levi zwölftausend, aus dem
Stamm Issaschar zwölftausend, 8 aus
dem Stamm Sebulon zwölftausend, aus
dem Stamm Josef zwölftausend, aus
dem Stamm Benjamin zwölftausend,
die ein Siegel empfangen hatten.

| 1: Dan 7,2 | 3: 9,4; Ez 9,4 | 4: 14,1 | 5–8:
Gen 35,22–26

Die Vollendeten vor dem Thron Gottes

9 Danach schaute ich: Und siehe,
eine grosse Schar, die niemand zählen
konnte, aus jedem Volk, aus allen Stämmen, allen Nationen und Sprachen. Die
standen vor dem Thron und vor dem
Lamm, bekleidet mit weissen Gewändern und mit Palmzweigen in den Händen. 10 Und sie rufen mit lauter
Stimme:
Die Rettung steht bei unserem Gott,
der auf dem Thron sitzt, und bei dem
Lamm!

11 Und alle Engel standen im Kreis
um den Thron und um die Ältesten und
die vier Wesen, und sie fielen vor dem
Thron auf ihr Angesicht, beteten zu Gott
12 und sprachen:
Amen: Lob, Preis und Weisheit,
Dank und Ehre, Macht und Kraft
unserem Gott in Ewigkeit, Amen.

13 Und einer der Ältesten ergriff das
Wort und sagte zu mir: Die mit den
weissen Gewändern da, wer sind sie,
und woher sind sie gekommen? 14 Und
ich habe zu ihm gesagt: Mein Herr, *du*
weisst es. Und er sagte zu mir:
Das sind die, die aus der grossen
Bedrängnis kommen;
sie haben ihre Gewänder
gewaschen
und sie weiss gemacht im Blut
des Lammes.

15 Darum sind sie vor dem Thron
Gottes
und dienen ihm Tag und Nacht in
seinem Tempel,
und der auf dem Thron sitzt, wird
über ihnen ein Zelt aufschlagen.
16 *Sie werden nicht* mehr *hungern
und nicht* mehr *dürsten,*

und weder die Sonne noch irgendeine *Hitze wird auf ihnen lasten.*
17 Denn das Lamm in der Mitte des
Thrones wird sie weiden
und wird sie führen zu Quellen
lebendigen Wassers,
*und Gott wird abwischen jede Träne von
ihren Augen.*

| 9: 5,9 · 6,11; 7,13–14 | 10: 12,10; 19,1 | 13–14: 7,9!
| 13: 4,4 | 14: Dan 12,1; Mt 24,21 · 22,14 · 1,5! | 15: 21,3
| 16–17: Jes 49,10 | 17: 5,6 · 22,17! · 21,4; Jes 25,8

Die Öffnung des siebten Siegels

8 1 Und als es das siebte Siegel öffnete,
trat im Himmel eine grosse Stille
ein, etwa eine halbe Stunde lang.

| 1: 5,5

Die Ausrüstung der sieben Engel

2 Und ich sah die sieben Engel, die
vor Gott standen, und es wurden ihnen
sieben Posaunen gegeben.

3 Und ein anderer Engel kam und
trat an den Altar. Der hatte eine goldene
Räucherpfanne, und es wurde ihm viel
Räucherwerk gegeben, dass er es mit
den Gebeten aller Heiligen hinlege auf
den goldenen Altar, der vor dem Thron
stand. 4 Und der Rauch des Räucherwerks stieg mit den Gebeten der Heiligen aus der Hand des Engels empor vor
Gottes Angesicht. 5 Und der Engel nahm
die Räucherpfanne und füllte sie mit
dem Feuer vom Altar und warf es auf die
Erde. Da erhob sich ein Getöse, Blitz und
Donner, und die Erde bebte.

6 Und die sieben Engel, die mit den
sieben Posaunen, schickten sich an zu
blasen.

| 3–4: 5,8! · Ex 30,1.3 | 5: 4,5!; 11,19; 16,18
| 6: 8,7.8.10.12; 9,1.13; 11,15

Das Ertönen der ersten vier Posaunen

7 Und der Erste blies die Posaune: Da
gab es Hagel und Feuer, mit Blut vermischt, und es fiel auf die Erde nieder.
Und der dritte Teil der Erde verbrannte,
und ein Drittel der Bäume verbrannte,
und alles grüne Gras verbrannte.
8 Und der zweite Engel blies die Po-

saune: Da stürzte etwas wie ein grosser, feuriger Berg ins Meer, und der dritte Teil des Meeres wurde zu Blut. 9 Und es starb ein Drittel der Geschöpfe, die im Meer lebten, und ein Drittel der Schiffe wurde zerstört.

10 Und der dritte Engel blies die Posaune: Da fiel ein grosser Stern vom Himmel, brennend wie eine Fackel, und er fiel auf ein Drittel der Flüsse und auf die Wasserquellen. 11 Und der Name des Sterns lautet ‹Wermut›, und der dritte Teil des Wassers wurde zu Wermut. Und viele Menschen starben, weil das Wasser bitter geworden war.

12 Und der vierte Engel blies die Posaune: Da wurde der dritte Teil der Sonne weggeschlagen, und der dritte Teil des Mondes und ein Drittel der Sterne, so dass ein Drittel von ihnen finster wurde und der Tag zu einem Drittel sein Licht verlor, und so auch die Nacht.

13 Und ich schaute: Und ich hörte einen Adler, der hoch oben am Himmel flog, mit lauter Stimme rufen: Wehe, wehe, wehe denen, die die Erde bewohnen, wenn dann die Posaunen der drei Engel ertönen, die noch blasen werden!

|7: 8,2–6! · 16,2 · Ex 9,23–25 |8–9: 16,3 |8: Ex 7,20 |10–11: 16,4 |12: 16,8–9 · 6,12–13 |13: 9,12; 11,14; 12,12

Das Ertönen der fünften Posaune

9 1 Und der fünfte Engel blies die Posaune: Und ich sah einen Stern, der vom Himmel auf die Erde gefallen war, und ihm wurde der Schlüssel zur Pforte des Abgrunds gegeben. 2 Und er öffnete die Pforte des Abgrunds; da stieg Rauch empor aus dem Schacht, Rauch wie aus einem grossen Ofen, und finster wurde die Sonne vom Rauch aus dem Schacht, und schwarz wurde die Luft.

3 Und aus dem Rauch kamen Heuschrecken herab auf die Erde; und es wurde ihnen Macht gegeben, eine Macht, wie sie die Skorpione der Erde haben. 4 Und es wurde ihnen gesagt, sie sollten dem Gras der Erde keinen Schaden zufügen, keinem Grün und keinem

Baum, sondern nur den Menschen, die das Siegel Gottes nicht auf der Stirn tragen. 5 Es wurde ihnen befohlen, sie nicht zu töten, sondern sie zu peinigen, fünf Monate lang; und ihre Pein sollte sein wie die Pein eines Menschen, wenn ein Skorpion ihn sticht. 6 Und in jenen Tagen werden die Menschen den Tod suchen, doch sie werden ihn nicht finden; sie werden den Tod herbeisehnen, doch der Tod wird sie fliehen.

7 Und die heuschreckenartigen Wesen sahen aus wie Pferde, die zum Kampf gerüstet sind, und was sie auf dem Kopf trugen, sah aus wie eine goldene schimmernde Krone, und ihre Gesichter waren wie Menschengesichter, 8 und Haare hatten sie wie Frauenhaar, und ihre Zähne waren wie die von Löwen; 9 und einen Brustkorb hatten sie wie mit Eisen gepanzert, und das Schlagen ihrer Flügel war wie das Dröhnen von Streitwagen mit vielen Pferden, die sich in die Schlacht stürzen. 10 Und sie haben Schwänze gleich denen von Skorpionen und Stacheln; und in ihren Schwänzen liegt ihre Macht, den Menschen Schaden zuzufügen, fünf Monate lang. 11 Sie haben über sich einen König, den Engel des Abgrunds; sein Name lautet auf Hebräisch Abaddon, und im Griechischen hat er den Namen Apollyon.

12 Das erste Wehe ist vorüber; siehe, danach kommen noch zwei Wehe.

|1–11: 16,10–11 |1: 8,2–6! · 8,10; Jes 14,12–15 |2: 20,1–3! |3: Ex 10,12 |4: 7,3 |7: Joel 2,4–5 |8: Joel 1,6 |9: Joel 2,5 |10: 9,19 |12: 8,13!

9,10: Andere Übersetzungsmöglichkeit: «Und sie haben Schwänze, die Skorpionen gleichen, und Stacheln; …»

Das Ertönen der sechsten Posaune

13 Und der sechste Engel blies die Posaune: Da hörte ich eine Stimme von den vier Hörnern des goldenen Altars, der vor Gott steht, 14 die sagte zum sechsten Engel, der die Posaune hatte: Binde los die vier Engel, die am grossen Fluss Eufrat gefesselt sind. 15 Und die vier Engel, die auf Stunde und Tag, auf

Monat und Jahr bereitstehen, wurden losgebunden, ein Drittel der Menschen zu töten. 16 Und die Zahl der Reiterheere betrug zwanzigtausend mal zehntausend; dies war die Zahl, die ich hörte.

17 Und so sah ich in dieser Erscheinung die Pferde und die darauf sassen: Sie trugen Panzer, feuerrot und dunkelblau und schwefelgelb, und die Köpfe der Pferde waren wie Löwenköpfe, und aus ihren Mäulern tritt Feuer, Rauch und Schwefel. 18 Durch diese drei Plagen wurde ein Drittel der Menschen getötet, durch das Feuer, den Rauch und den Schwefel, der aus ihren Mäulern trat. 19 Denn die Macht der Pferde liegt in ihrem Maul und in ihren Schwänzen; ihre Schwänze sind Schlangen gleich und haben Köpfe, und mit denen stiften sie Unheil.

20 Und die andern Menschen, die bei diesen Plagen nicht ums Leben gekommen waren, auch sie kehrten nicht um und liessen nicht ab vom Werk ihrer Hände; sie hörten nicht auf, die Dämonen anzubeten und die Götterbilder aus Gold, Silber, Bronze, Stein und Holz, die ja weder sehen noch hören noch gehen können. 21 Und sie wandten sich nicht ab von ihrem Morden und ihrer Zauberei, von ihrer Unzucht und ihrer Dieberei.

| 13–21: 16,12–16 | 13: 8,2–6! · Ex 30,1–3 | 19: 9,10 | 20: Ps 115,4–7!; Dan 5,23

9,16: Andere Textüberlieferung: «... betrug zehntausend mal zehntausend; ...»

Erneute Beauftragung des Johannes

10 1 Und ich sah einen anderen starken Engel vom Himmel herabsteigen, bekleidet mit einer Wolke. Über seinem Haupt stand der Regenbogen, und sein Angesicht war wie die Sonne, und seine Füsse waren wie Feuersäulen. 2 In seiner Hand hielt er ein kleines Buch, das geöffnet war. Und er setzte den rechten Fuss auf das Meer, den linken aber auf das Land. 3 Und er rief mit lauter Stimme, so wie ein Löwe brüllt. Und als er rief, erhoben die sieben Don-

ner ihre Stimme. 4 Als die sieben Donner gesprochen hatten, wollte ich es aufschreiben. Doch ich hörte eine Stimme aus dem Himmel sagen: Versiegle, was die sieben Donner gesagt haben, und schreib es nicht auf!

5 Und der Engel, den ich auf dem Meer und auf dem Land stehen sah, hob seine rechte Hand zum Himmel empor 6 und schwor bei dem, der in alle Ewigkeit lebt, der den Himmel geschaffen hat und was unter ihm ist und die Erde und was auf ihr ist und das Meer und was in ihm ist: Es wird keine Zeit mehr geben, 7 vielmehr wird in den Tagen, da die Stimme des siebten Engels erklingt, wenn er die Posaune bläst, auch das Geheimnis Gottes vollendet sein, wie er es seine Knechte, die Propheten, hat verkündigen lassen.

8 Und die Stimme, die ich aus dem Himmel vernommen hatte, redete wiederum mit mir, und sie sprach: Geh, nimm das Buch, das geöffnet in der Hand des Engels liegt, der auf dem Meer und auf dem Land steht. 9 Und ich ging hin zu dem Engel und bat ihn, mir das Büchlein zu geben. Und er sagt zu mir: Nimm und iss es! Es wird deinen Magen bitter machen, aber in deinem Mund wird es süss sein wie Honig. 10 Und ich nahm das Büchlein aus der Hand des Engels und ass es. Und in meinem Mund war es wie süsser Honig; doch als ich es gegessen hatte, wurde es mir bitter im Magen. 11 Und mir wurde gesagt: Noch einmal sollst du weissagen über Völker und Nationen, über Sprachen und viele Könige.

| 3: Am 1,2; 3,8 | 4: 22,10; Dan 12;4.9 | 5–6: Dan 12,7 | 6: 14,7; Ex 20,11; Ps 146,6 | 7: 11,15 | 9–10: Ez 3,1–3

Die zwei Zeugen

11 1 Und es wurde mir ein Messrohr gegeben, einem Stab gleich, und jemand sagte zu mir: Steh auf und miss den Tempel Gottes und den Altar und die dort anbeten. 2 Den Vorhof des Tempels aber lass aus, miss ihn nicht! Denn er ist den Völkern übergeben, und sie werden die heilige Stadt mit Füssen treten, zweiundvierzig Monate lang. 3 Und ich werde meine zwei Zeugen beauftragen, und sie werden weissagen, in härene Kleider gehüllt, zwölfhundertsechzig Tage lang. 4 Dies sind die beiden Ölbäume und die beiden Leuchter, die vor dem Herrn der Erde stehen. 5 Wenn ihnen jemand Schaden zufügen will, fährt Feuer aus ihrem Mund und verzehrt ihre Feinde. Wer immer ihnen Schaden zufügen will, wird auf diese Weise umkommen! 6 Sie sind es, die die Macht haben, den Himmel zu verschliessen, dass kein Regen fällt in den Tagen, da sie weissagen, und sie haben Macht über die Wasser, sie in Blut zu verwandeln, und sie können die Erde schlagen mit jeglicher Plage, so oft sie wollen.

7 Und wenn sie ihren Auftrag als Zeugen erfüllt haben, wird das Tier, das aus dem Abgrund heraufsteigt, mit ihnen Krieg führen und sie besiegen und töten. 8 Und ihre Leichen werden liegen bleiben auf der Strasse der grossen Stadt, die geistlich verstanden ‹Sodom und Ägypten› heisst, da, wo auch ihr Herr gekreuzigt worden ist. 9 Und es sehen die Menschen aus den Völkern und Stämmen, aus den Sprachen und Nationen die Leichen dreieinhalb Tage lang; und sie lassen es nicht zu, dass die Leichen bestattet werden. 10 Und die auf der Erde wohnen, freuen sich darüber und feiern ein Fest, und sie werden einander Geschenke schicken, denn die beiden Propheten sind den Bewohnern der Erde zur Plage geworden. 11 Nach den dreieinhalb Tagen *kam von Gott her der Lebensgeist in sie, und sie stellten sich auf ihre Füsse,* und grosse Furcht kam über die, die es sahen. 12 Und sie hörten vom Himmel her eine laute Stimme zu ihnen sagen: Kommt herauf! Da fuhren sie in der Wolke in den Himmel empor, und ihre Feinde sahen es. 13 Und in jener Stunde gab es ein starkes Erdbeben; ein Zehntel der Stadt stürzte ein, und siebentausend Men-

schen kamen um bei dem Erdbeben. Und die Überlebenden wurden von Furcht ergriffen und gaben dem Gott des Himmels die Ehre. 14 Das zweite Wehe ist vorüber. Siehe, das dritte Wehe kommt bald.

|1: 21,15! |2: 13,5; 12,14!; Dan 8,10.13 |3: 12,6; 12,14! |4: Sach 4,3.11–14 |5: 2Kön 1,10 |6: 1Kön 17,1 · Ex 7,17.19–20 |7: 9,1–2 · 13,7; Dan 7,21 |8: Gen 18,20 |11: Ez 37,5.10 |12: 4,1 |13: 16,18–19 |14: 8,13!

Das Ertönen der siebten Posaune

15 Und der siebte Engel blies die Posaune: Da ertönten im Himmel laute Stimmen, die riefen:
Nun gehört die Herrschaft über die Welt unserem Herrn
und seinem Gesalbten,
und er wird herrschen von Ewigkeit zu Ewigkeit.
16 Und die vierundzwanzig Ältesten, die vor Gott auf ihren Thronen sitzen, fielen nieder auf ihr Angesicht und beteten zu Gott:
17 Wir danken dir, Herr, Gott, Herrscher über das All,
der da ist und der da war,
dass du deine grosse Macht ergriffen und die Herrschaft angetreten hast.
18 Die Völker sind zornig geworden,
doch da ist dein Zorn gekommen
und die Zeit, die Toten zu richten
und den Lohn zu geben deinen Knechten, den Propheten und Prophetinnen,
und den Heiligen und denen, die deinen Namen fürchten,
ob klein oder gross,
und zu vernichten, die die Erde zerstören.
19 Und es tat sich auf der Tempel Gottes, der im Himmel steht, und die Lade seines Bundes wurde sichtbar in seinem Tempel. Und es entstand ein Getöse, Blitz und Donner, Erdbeben und heftiger Hagel.

|15–19: 16,17–21 |15: 8,2–6! · 11,17; 12,10; 19,6; Dan 2,44 · Ps 2,2 |16: 4,4 |17: 1,8! · 11,15! |18: 20,12 |19: 15,5 · 8,5!

Die Frau und der Drache

12 1 Und es erschien ein gewaltiges Zeichen am Himmel: eine Frau, bekleidet mit der Sonne, und der Mond unter ihren Füssen, und auf ihrem Haupt ein Kranz von zwölf Sternen. 2 Sie ist schwanger, und sie schreit in den Wehen und Schmerzen der Geburt.

3 Und ein anderes Zeichen erschien am Himmel: Siehe, ein Drache, gross und feuerrot, mit sieben Köpfen und zehn Hörnern, und auf seinen Köpfen sieben Diademe. 4 Und sein Schwanz fegte ein Drittel der Sterne des Himmels hinweg, und er schleuderte sie auf die Erde. Und der Drache steht vor der Frau, die gebären soll, um ihr Kind zu verschlingen, sobald sie es geboren hätte. 5 Da gebar sie einen Sohn, einen Knaben, der alle Völker weiden wird mit eisernem Stab; und ihr Kind wurde zu Gott entrückt, zu seinem Thron. 6 Und die Frau floh in die Wüste, wo sie einen Ort hat, der ihr auf Gottes Geheiss bereitet worden ist; dort soll sie mit Nahrung versorgt werden, zwölfhundertsechzig Tage lang.

7 Und es brach ein Krieg aus im Himmel: Michael und seine Engel kämpften mit dem Drachen. Und der Drache und seine Engel nahmen den Kampf auf, 8 doch er vermochte sich nicht zu behaupten, und es gab für sie keinen Platz mehr im Himmel. 9 Und hinabgeworfen wurde der grosse Drache, die alte Schlange, die auch Teufel oder Satan heisst und den ganzen Erdkreis verführt. Und er wurde auf die Erde geworfen, und seine Engel wurden mit ihm hinabgeworfen. 10 Und ich hörte im Himmel eine mächtige Stimme rufen:

Jetzt ist erschienen das Heil und die Kraft
und die Königsherrschaft unseres Gottes
und die Vollmacht seines Gesalbten.
Denn hinabgeworfen ist der Ankläger unserer Brüder und Schwestern,
der sie Tag und Nacht verklagt hat vor unserem Gott.

11 Sie selbst haben ihn besiegt dank dem Blut des Lammes
und dank dem Wort ihres Zeugnisses;
und sie haben ihr Leben gering geschätzt bis hin zum Tod.
12 Darum freut euch, ihr Himmel, und ihr, die ihr darin wohnt!
Wehe aber der Erde und dem Meer, denn der Teufel ist zu euch herabgekommen;
er ist voller Zorn, weil er weiss, dass ihm wenig Zeit bleibt.

13 Als der Drache sah, dass er auf die Erde hinabgeworfen war, verfolgte er die Frau, die den Knaben geboren hatte. 14 Da wurden der Frau die beiden Flügel des grossen Adlers gegeben, dass sie in die Wüste fliege, an den Ort, wo sie mit Nahrung versorgt werden sollte, dreieinhalb Zeiten lang, geschützt vor dem Anblick der Schlange. 15 Und die Schlange spie aus ihrem Rachen Wasser wie einen Strom hinter der Frau her, dass sie von den Fluten mitgerissen werde. 16 Doch die Erde kam der Frau zu Hilfe; und die Erde öffnete ihren Schlund und verschlang den Wasserstrom, den der Drache aus seinem Rachen spie. 17 Da wurde der Drache zornig über die Frau und ging fort, Krieg zu führen mit dem Rest ihrer Nachkommenschaft, mit denen, die die Gebote Gottes beachten und am Zeugnis Jesu festhalten.

| 1–2: Jes 7,14 | 1: 12,3; 15,1 · Gen 37,9 | 3: 12,1! · 20,2! · 13,1; Dan 7,7.24 | 4: Dan 8,10 | 5: 19,15; Ps 2,9! | 6: 11,3; 12,14! | 7: Dan 10,13; 12,1 | 9: 20,2! | 10: 7,10! · 11,15! · Sach 3,1; Hiob 1,6–11; 2,1–5 | 11: 1,5! · 6,9! | 12: 18,20 · 8,13! | 14: 8,13 · 11,2.3; 12,6; 13,5; Dan 7,25; 12,7 | 17: Gen 3,15 · 14,12

Das Tier aus dem Meer

18 Und er trat an das Ufer des Meeres.

13 1 Und ich sah ein Tier aus dem Meer aufsteigen, das hatte zehn Hörner und sieben Köpfe. Auf seinen Hörnern trug es zehn Diademe und auf seinen Köpfen standen Lästernamen.

2 Und das Tier, das ich sah, glich einem Panther, und seine Füsse waren wie die eines Bären, und sein Maul war wie das Maul eines Löwen. Und der Drache übergab ihm seine Gewalt und seinen Thron und grosse Vollmacht. 3 Und einer seiner Köpfe sah aus wie hingeschlachtet zum Tode, doch seine Todeswunde wurde geheilt. Da geriet alle Welt in Staunen und lief dem Tier hinterher. 4 Und sie beugten ihre Knie vor dem Drachen, weil er dem Tier die Vollmacht gegeben hatte; und sie beugten ihre Knie vor dem Tier und sagten: Wer ist dem Tier gewachsen, und wer kann den Kampf mit ihm aufnehmen?

5 Und es wurde ihm ein Maul gegeben, das machte grosse Worte und hielt Lästerreden; und es wurde ihm Macht gegeben, dies zweiundvierzig Monate lang zu tun. 6 Und es tat sein Maul auf zu Lästerreden gegen Gott, zu lästern seinen Namen und seine Wohnung und alle, die im Himmel wohnen. 7 Und es wurde ihm gegeben, Krieg zu führen gegen die Heiligen und sie zu besiegen; und es wurde ihm Macht gegeben über jeden Stamm und jedes Volk, über jede Sprache und jede Nation. 8 Und anbeten werden es alle, die die Erde bewohnen, jeder, dessen Name nicht seit Anbeginn der Welt aufgeschrieben ist im Lebensbuch des Lammes, das geschlachtet ist.

9 Wer Ohren hat, merke auf:
10 Wer in Gefangenschaft gerät,
zieht fort in die Gefangenschaft.
Wer durch das Schwert fallen muss,
wird durch das Schwert fallen.
Hier ist von den Heiligen Standhaftigkeit und Glaube gefordert!

| 1: 16,13; 19,20; Dan 7,3 · 12,3; 17,7.9.12; Dan 7,7.24 | 2: Dan 7,4–6 | 3: 13,14 | 5: Dan 7,8.20.25 · 11,2; 12,14! | 7: 11,7! | 8: 21,27! · 5,6! | 9: 2,7! | 10: Jer 15,2; 43,11 · 14,12; Lk 21,19
13,1: Andere Textüberlieferung: «... stand ein Lästername.»

Das Tier vom Land

11 Und ich sah ein anderes Tier vom Land aufsteigen; das hatte zwei Hörner gleich einem Lamm, und es redete wie ein Drache. 12 Und die ganze Macht des ersten Tieres übt es aus vor dessen Augen. Und es bewirkt, dass die Erde und die sie bewohnen das erste Tier anbeten – das Tier, dessen Todeswunde geheilt worden ist. 13 Und es tut grosse Zeichen, sogar Feuer lässt es vor den Augen der Menschen vom Himmel auf die Erde fallen; 14 und es verführt die Bewohner der Erde kraft der Zeichen, die es auf Geheiss des Tieres vor dessen Augen tat. Und es befiehlt den Bewohnern der Erde, ein Bild zu machen für das Tier, das die Wunde des Schwertes hat und wieder lebendig geworden ist.

15 Und es wurde ihm Macht gegeben, dem Bild des Tieres Leben einzuhauchen, ja das Bild des Tieres begann sogar zu sprechen und bewirkte, dass alle getötet wurden, die ihre Knie nicht beugten vor dem Bild des Tieres. 16 Und es bringt alle, die Kleinen und die Grossen, die Reichen und die Armen, die Freien und die Sklaven, dazu, sich auf die rechte Hand oder auf die Stirn ein Zeichen machen zu lassen, 17 so dass niemand mehr etwas kaufen oder verkaufen kann, es sei denn, er habe das Zeichen: den Namen des Tieres oder die Zahl seines Namens. 18 Hier ist Weisheit gefordert! Wer Verstand hat, berechne die Zahl des Tieres, denn es ist die Zahl eines Menschen, und seine Zahl ist sechshundertsechsundsechzig.

| 11: 13,1! · Dan 8,3 · 16,13; 19,20; Mt 7,15! | 12: 13,4.8 · 13,3 | 18: 17,9

Das Lamm auf dem Zion

14 1 Und ich schaute: Und siehe, das Lamm stand auf dem Berg Zion und mit ihm hundertvierundvierzigtausend, die seinen Namen und den Namen seines Vaters auf ihrer Stirn geschrieben hatten. 2 Und ich hörte eine Stimme vom Himmel wie das Rauschen vieler Wasser und wie gewaltiges Don-

nergrollen, und die Stimme, die ich
hörte, klang wie Musik von Harfenspielern, die ihre Harfen schlagen. 3 Und sie
singen etwas, ein neues Lied vor dem
Thron und vor den vier Wesen und den
Ältesten. Und niemand konnte das Lied
lernen, allein die hundertvierundvierzigtausend, die von der Erde losgekauft
sind. 4 Es sind die, die sich nicht mit
Frauen befleckt haben; jungfräulich
sind sie geblieben. Es sind die, die
dem Lamm folgen, wohin es auch
geht. Sie wurden losgekauft aus der
Zahl der Menschen, als Erstlingsgabe für Gott und das Lamm. 5 *In ihrem Mund fand sich kein* Falsch, sie
sind ohne Makel.

| 1: 7,3–4 · 3,12; 22,4 | 2: 1,15! | 3: Ps 33,3! · 4,2–8
| 4: 5,9 · Lev 23,10; Jak 1,18 | 5: Zef 3,13; Jes 53,9

Ausblick auf das Gericht
6 Und ich sah einen anderen Engel
hoch oben am Himmel fliegen, der hatte
die ewige Heilsbotschaft bekommen,
um sie auszurufen über die, die auf der
Erde sitzen, über jedes Volk und jeden
Stamm, jede Sprache und jede Nation.
7 Und er rief mit lauter Stimme:
Fürchtet Gott und gebt ihm die Ehre,
denn gekommen ist die Stunde, da er
Gericht hält! Und beugt eure Knie
vor dem, der den Himmel gemacht
hat und die Erde und das Meer und
die Wasserquellen!
8 Und ein anderer Engel, ein zweiter, folgte und rief:
Gefallen, gefallen ist Babylon die
Grosse, die vom Wein des Zornes
über ihre Unzucht alle Völker hat
trinken lassen!
9 Und ein anderer Engel, ein dritter,
folgte ihnen und rief mit lauter Stimme:
Wer das Tier und sein Bild anbetet
und sich ein Zeichen machen lässt
auf die Stirn oder auf die Hand,
10 wird selbst auch trinken müssen
vom Zorneswein Gottes, der unver-
dünnt gemischt ist im Becher seines
Zornes, und wird gepeinigt werden

in Feuer und Schwefel, im Angesicht
der heiligen Engel und des Lammes.
11 Und der Rauch ihrer Pein steigt
empor in alle Ewigkeit, und keine
Ruhe haben sie, weder bei Tag noch
bei Nacht, die das Tier und sein Bild
anbeten – und wer sich das Zeichen
seines Namens machen lässt. 12 Hier
ist von den Heiligen Standhaftigkeit
gefordert, hier sind gefordert, die
festhalten an den Geboten Gottes
und am Glauben an Jesus!
13 Und ich hörte eine Stimme vom
Himmel rufen: Schreib:
Selig die Toten, die im Herrn sterben
von jetzt an! Ja, spricht der Geist, sie
sollen ausruhen von ihren Mühen,
denn ihre Werke begleiten sie.
14 Und ich schaute: Und siehe, eine
weisse Wolke, und auf der Wolke sass
einer, der sah aus wie ein Menschensohn, mit einer goldenen Krone auf dem
Haupt und einer scharfen Sichel in der
Hand. 15 Und ein anderer Engel trat aus
dem Tempel und rief mit lauter Stimme
dem auf der Wolke Sitzenden zu:
Schick deine Sichel und lass die
Ernte einbringen, denn gekommen
ist die Zeit der Ernte, da dürr zu werden droht, was auf Erden zu ernten
ist.
16 Da legte, der auf der Wolke sass, seine
Sichel an die Erde, und abgeerntet
wurde die Erde.
17 Und ein anderer Engel kam aus
dem Tempel im Himmel, und auch der
hatte eine scharfe Sichel. 18 Und wieder
ein anderer Engel kam vom Altar her,
der hatte Macht über das Feuer. Und er
rief dem mit der scharfen Sichel mit lauter Stimme zu: Schick deine scharfe Sichel und schneide die Trauben vom
Weinstock der Erde, denn seine Beeren
sind reif geworden. 19 Da liess der Engel
seine Sichel über die Erde sausen; und er
erntete vom Weinstock der Erde und
warf es in die Kelter des Zornes Gottes,
des grossen Zornes Gottes. 20 Und getreten wurde die Kelter vor den Toren
der Stadt, und Blut spritzte aus der Kel-

ter bis hinauf an die Zügel der Pferde, tausendsechshundert Stadien weit.

|7:10,6! |8:18,2; Jes 21,9; Jer 51,8 · 17,2; 18,3; Jer 51,7 |9:13,15–16 |10:16,19; Jer 25,15; Ps 75,9 · 21,8! |11:19,3; Jes 34,10 |12:13,10! · 12,17 |13:1,3! |14:1,13; Dan 7,13 |15:Joel 4,13; Mk 4,29 |18:Joel 4,13 |19–20:19,15 |20:19,13!

14,8: Der komplexe Ausdruck «vom Wein des Zornes über ihre Unzucht» spielt auf die Vorstellung an, dass Gott Babylon einen Becher reicht, der mit saurem Wein gefüllt ist, und bringt dadurch Gottes Zorn über die Unzucht Babylons zum Ausdruck.

Vorbereitung im Himmel

15 1 Und ich sah ein anderes Zeichen am Himmel, gross und wunderbar: Sieben Engel mit sieben Plagen, den letzten; denn mit ihnen kommt der Zorn Gottes an sein Ende.

2 Und ich sah etwas wie ein gläsernes Meer, mit Feuer vermischt; und auf dem gläsernen Meer standen, die gesiegt hatten über das Tier und sein Bild und die Zahl seines Namens, mit den Harfen Gottes in der Hand. 3 Und sie singen das Lied des Mose, des Knechtes Gottes, und das Lied des Lammes:
Gross und *wunderbar sind deine Werke,*

Herr, Gott, Herrscher über das All.
Gerecht und voller Wahrheit sind deine Wege,

o König der Völker.

4 *Wer wird nicht fürchten, Herr,*
nicht preisen deinen Namen? Denn du allein bist heilig,
ja, *alle Völker werden kommen*
und beugen ihre Knie vor dir,
denn offenbar geworden ist deine Rechtsordnung.

5 Und danach schaute ich: Und der Tempel, das Zelt des Zeugnisses im Himmel, öffnete sich. 6 Und aus dem Tempel traten die sieben Engel mit den sieben Plagen, gekleidet in reines, leuchtendes Leinen und gegürtet mit goldenen Gürteln um die Brust. 7 Und eines der vier Wesen gab den sieben Engeln sieben goldene Schalen, gefüllt mit dem Zorn des Gottes, der in alle Ewigkeit lebt. 8 Und der Tempel füllte sich mit dem Rauch von Gottes Herrlichkeit und

Macht, und niemand konnte in den Tempel hineingehen, bis die sieben Plagen der sieben Engel zu Ende waren.

|1:12,1! · Dtn 28,59 |2:4,6 · 13,14–18 |3:Ps 111,2; 139,14 · Am 3,13 · 16,7; 19,2; Dtn 32,4; Ps 145,17 · Jer 10,7 |4:Jer 10,7 · Ps 86,9 |5:11,19 |7:4,6–7 |8:Jes 6,4 · Ex 40,34–35; 1Kön 8,10–11; 2Chr 5,14; 7,2 15,4: Andere Übersetzungsmöglichkeit: «..., denn ergangen sind deine gerechten Urteilssprüche.»

Die sieben Schalen

16 1 Und ich hörte eine laute Stimme aus dem Tempel den sieben Engeln zurufen: Geht hin und giesst aus die sieben Schalen des Zornes Gottes über die Erde!

2 Und der erste ging und goss seine Schale aus über die Erde, und ein bösartiges und schmerzhaftes Geschwür befiel die Menschen, die das Zeichen des Tieres trugen und ihre Knie beugten vor seinem Bild.

3 Und der zweite goss seine Schale aus über das Meer, und es wurde zu Blut, wie das eines Toten, und alles, was im Meer lebte, starb, jedes lebendige Wesen.

4 Und der dritte goss seine Schale aus über die Flüsse und die Wasserquellen, und alles wurde zu Blut. 5 Und ich hörte den Engel, der über die Wasser gebietet, rufen:
Gerecht bist du, der da ist und der da war, du Heiliger,

denn so hast du das Urteil gesprochen:

6 Das Blut von Heiligen und von Propheten haben sie vergossen,
und Blut hast du ihnen zu trinken gegeben;
sie haben es verdient.

7 Und ich hörte den Altar sprechen:
Ja, Herr, Gott, Herrscher über das All,
voller Wahrheit und
Gerechtigkeit ist dein Urteil.

8 Und der vierte goss seine Schale aus über die Sonne, und es wurde ihr Macht gegeben, die Menschen zu peinigen mit ihrer Glut. 9 Und die Menschen wurden mit grosser Hitze geschlagen,

und sie verfluchten den Namen des Gottes, der Macht über diese Plagen hat; doch sie kehrten nicht um, ihm die Ehre zu geben.

10 Und der fünfte goss seine Schale aus über den Thron des Tieres, und Finsternis legte sich auf sein Reich. Und sie bissen sich vor Schmerz auf die Zunge. 11 Und sie lästerten den Gott des Himmels wegen ihrer Schmerzen und wegen ihrer Geschwüre. Doch sie liessen nicht ab von ihrem Tun.

12 Und der sechste goss seine Schale aus über den grossen Fluss Eufrat, und sein Wasser versiegte, so dass der Weg bereitet war für die Könige vom Aufgang der Sonne. 13 Und ich sah aus dem Schlund des Drachen und aus dem Maul des Tieres und aus dem Mund des falschen Propheten drei unreine Geister fahren – wie Frösche. 14 Geister von Dämonen sind es, und sie tun Zeichen und Wunder. Sie gehen aus zu den Königen des ganzen Erdkreises, um sie zu sammeln zum Kampf am grossen Tag Gottes, des Herrschers über das All. 15 Siehe, ich komme wie ein Dieb. Selig, wer wach ist und acht gibt auf seine Kleider, dass er nicht nackt daherkommen muss und man seine Blösse sieht. 16 Und der Engel versammelte sie an dem Ort, der auf Hebräisch Harmagedon heisst.

17 Und der siebte goss seine Schale aus über die Luft, und es ertönte aus dem Tempel vom Thron her eine laute Stimme, die rief: Es ist geschehen! 18 Und es erhob sich ein Getöse, Blitz und Donner, und die Erde bebte so stark, wie sie noch nie gebebt hatte, seit es Menschen gibt auf Erden, so gewaltig war dieses Beben. 19 Und die grosse Stadt zerbarst in drei Teile, und die Städte der Völker fielen in sich zusammen. Und Babylons der Grossen gedachte man vor Gott, ihr den Becher mit dem Wein seines grimmigen Zornes zu geben. 20 Und alle Inseln verschwanden, und die Berge waren nicht mehr zu finden. 21 Und gewaltiger Hagel, zent-

nerschwer, fiel vom Himmel auf die Menschen nieder. Und die Menschen lästerten Gott wegen der Hagelplage, denn die Plage war schrecklich.

|1: 15,1.7 |2: 8,7 · Ex 9,9–10 · 13,15–16 |3: 8,8–9 · Ex 7,17–21 |4: 8,10–11 · Ex 7,17–21 |5: 1,8! |6: 17,6; 18,24; 19,2 |7: 15,3! |8–9: 8,12 |10–11: 9,1–11 |10: 13,2 · Ex 10,21–22 |12–16: 9,13–21 |13: 20,2! · 13,1! · 13,11! · Ex 7,27; 8,3 |14: 13,13 · 19,19 |15: 3,3; 2 Petr 3,10! · 1,3! · 3,18 |17–21: 11,15–19 |18–19: 11,13 |18: 8,5! |19: 17,1.5 · 14,10! |20: 20,11! |21: Ex 9,18

16,7: Andere Übersetzungsmöglichkeit: «... ist dein Richten.» Im griechischen Text wurde ein Wort benutzt, das das richterliche Handeln Gottes zum Ausdruck bringt; dieses wurde aber in den Plural (deine Gerichte) gesetzt.

16,16: Der Name Harmagedon bedeutet ‹Berg von Megiddo› oder ‹Stadt Megiddo› und spielt auf wichtige Schlachten aus der Früh- und Königszeit Israels an (Ri 5,19; 2 Kön 23,29–30).

Die Hure Babylon und das Tier

17 1 Und es kam einer von den sieben Engeln mit den sieben Schalen, und er redete mit mir und sprach: Komm, ich will dir das Gericht über die grosse Hure zeigen, die an vielen Wassern sitzt. 2 Mit ihr haben die Könige der Erde Unzucht getrieben, und die Bewohner der Erde sind trunken geworden vom Wein ihrer Unzucht. 3 Und er führte mich durch den Geist in die Wüste.

Und ich sah eine Frau auf einem scharlachroten Tier sitzen, das war rundum bedeckt mit Lästernamen und hatte sieben Köpfe und zehn Hörner. 4 Und die Frau war gekleidet in Purpur und Scharlach und geschmückt mit Gold, Edelsteinen und Perlen, und in der Hand hielt sie einen goldenen Becher – der war voll von Abscheulichkeiten und dem Unrat ihrer Unzucht. 5 Und auf ihre Stirn war ein Name geschrieben, ein Geheimnis: Babylon die Grosse, Mutter der Huren und Greuel der Erde. 6 Und ich sah diese Frau, trunken vom Blut der Heiligen und vom Blut der Zeugen Jesu. Und bei ihrem Anblick geriet ich in grosses Staunen.

7 Und der Engel sagte zu mir: Warum staunst du? Ich will dir sagen, was das Geheimnis dieser Frau ist und

des Tieres, das sie trägt, das mit den sieben Köpfen und den zehn Hörnern: 8 Das Tier, das du gesehen hast, es war und es ist nicht und es wird aufsteigen aus dem Abgrund und ins Verderben gehen, und staunen werden die Erdenbewohner, deren Namen im Buch des Lebens nicht aufgeschrieben sind vom Anbeginn der Welt, wenn sie das Tier erblicken; denn es war und es ist nicht und es wird da sein. 9 Hier ist Verstand gefordert, der Weisheit hat! Die sieben Köpfe, das sind die sieben Hügel, auf denen die Frau sitzt. Und es sind sieben Könige: 10 Fünf sind schon gefallen, einer ist da, ein weiterer ist noch nicht gekommen, und wenn er dann kommt, darf er nur kurze Zeit bleiben. 11 Und das Tier, das war und nicht ist, ist selbst der achte; er kommt aus den sieben, und er geht ins Verderben.

12 Und die zehn Hörner, die du gesehen hast, das sind die zehn Könige, die die Herrschaft noch nicht übernommen haben; doch sie werden als Könige die Macht ergreifen für eine einzige Stunde, zusammen mit dem Tier. 13 Diese sind eines Sinnes, und ihre Macht und Gewalt übergeben sie dem Tier. 14 Sie werden Krieg führen gegen das Lamm, doch das Lamm wird sie besiegen, denn es ist der Herr der Herren und der König der Könige, und die mit ihm sind, sind Berufene und Auserwählte und Getreue.

15 Und er sagt zu mir: Die Wasser, die du gesehen hast, dort wo die Hure sitzt, das sind Völker und Scharen, Nationen und Sprachen. 16 Und die zehn Hörner, die du gesehen hast, und das Tier, sie werden die Hure hassen und sie einsam machen und nackt; sie werden ihr Fleisch fressen und sie im Feuer verbrennen. 17 Denn Gott hat ihnen ins Herz gegeben, eines Sinnes seinen Willen zu tun und ihre Herrschaft dem Tier zu übergeben, bis die Worte Gottes erfüllt sind. 18 Und die Frau, die du gesehen hast, das ist die grosse Stadt, die über die Könige der Erde regiert.

| 1: 15,1 · Jer 51,13 | 2: 14,8! | 3: 13,1! | 4: 18,16 ·
Jer 51,7 | 6: 16,6! | 8: 17,3 · 1,8 · 9,1–2; 19,20 · 21,27!
| 9: 13,18 | 11: 1,8 · 19,20 | 12: 17,3; Dan 7,24
| 14: 19,19–21 · 19,16; 1Tim 6,15; Dtn 10,17; Dan 2,47
| 16: 18,8

17,3: Die Wendung «rundum bedeckt mit Lästernamen» bezieht sich nach einigen Handschriften auf das Tier, nach anderen auf die Frau.

Der Fall Babylons

18 1 Danach sah ich einen anderen Engel vom Himmel herabsteigen, der hatte grosse Macht, und die Erde wurde erleuchtet von seinem Glanz. 2 Und er schrie mit gewaltiger Stimme: Gefallen, gefallen ist Babylon die Grosse! Zur Behausung von Dämonen ist sie geworden und zu einem Schlupfwinkel für jeden unreinen Geist, zu einem Schlupfwinkel für jeden unreinen Vogel, ja zu einem Schlupfwinkel für jedes unreine und verhasste Tier. 3 Denn vom Wein des Zornes über ihre Unzucht haben alle Völker getrunken. Die Könige der Erde haben Unzucht getrieben mit ihr, und die Kaufleute der Erde sind reich geworden durch ihren überbordenden Luxus.

4 Und ich hörte eine andere Stimme vom Himmel her sprechen: Geht fort aus ihr, mein Volk, damit ihr nicht teilhabt an ihren Sünden und nicht getroffen werdet von den Plagen, die über sie kommen! 5 Denn ihre Sünden haben sich aufgetürmt bis zum Himmel, und Gott hat ihrer Schandtaten gedacht. 6 Gebt ihr zurück, wie sie euch gegeben hat; zahlt ihr das Doppelte heim von dem, was sie getan hat! Schenkt ihr in den Becher, den sie euch gemischt hat, das Doppelte ein! 7 Was sie an Pracht und Luxus genossen hat, das gebt ihr nun an Qual und Trauer! Denn in ihrem Herzen sagt sie: Als Königin sitze ich auf dem Thron, und Witwe bin ich nicht, und Trauer werde ich nie sehen. 8 Darum werden die Plagen über sie kommen an einem einzigen Tag: Tod und

Trauer und Hunger, und im Feuer
wird man sie verbrennen, denn
mächtig ist Gott, der Herr, der sie
richtet.

9 Und die Könige der Erde, die mit
ihr Unzucht getrieben haben und an ihrem Luxus teilhatten, werden weinen
und wehklagen über sie, wenn sie den
Rauch von ihrer Brandstätte aufsteigen
sehen. 10 In der Ferne werden sie stehen
bleiben aus Furcht vor ihrer Qual und
sprechen:
Wehe, wehe der Stadt, der grossen,
    Babylon, der mächtigen Stadt:
In einer einzigen Stunde ist das
Gericht über dich gekommen.

11 Und die Kaufleute der Erde weinen und trauern um sie, weil niemand
mehr ihre Ware kauft: 12 Gold, Silber,
Edelsteine, Perlen, feines Leinen, Purpur, Seide und Scharlach und all das
Thujaholz und all das Gerät aus Elfenbein und all das Gerät aus teuerstem
Holz und Erz, aus Eisen und Marmor,
13 auch Zimt und Amomum, Räucherwerk und Salböl und Weihrauch, Wein
und Olivenöl, Weissmehl und Weizen,
Rinder und Schafe, die Fracht von Pferden und Wagen und Sklaven, und Menschenleben.

14 Und das Obst, an dem deine Seele
sich ergötzte, ist dahin,
und alles, was dein Leben angenehm
und prächtig gemacht hat, ist dir
verloren gegangen,
    und nie mehr wird es sich finden.

15 Die Kaufleute, die mit all dem
Handel trieben und sich an ihr berei-
chert haben, werden in der Ferne stehen
bleiben aus Furcht vor ihrer Qual; sie
werden weinen und klagen 16 und sagen:
Wehe, wehe der Stadt, der grossen,
    die gekleidet war in feines
    Leinen, in Purpur und Scharlach,
    die geschmückt war mit Gold,
    Edelsteinen und Perlen:
17 In einer einzigen Stunde ist
dieser grosse Reichtum vernichtet
worden!

Und jeder Kapitän und jeder Küsten-
schiffer, die Seeleute und alle, die zur
See fahren, blieben in der Ferne stehen,
18 sahen den Rauch der Feuersbrunst
und schrien laut: Wer ist jetzt mit der
grossen Stadt noch zu vergleichen?
19 Und sie streuten Staub auf ihr Haupt,
schrien, weinten und klagten und sagten:
Wehe, wehe der Stadt, der grossen,
    in der reich geworden sind durch
    ihren Wohlstand alle, die Schiffe
    auf dem Meer haben:
In einer einzigen Stunde ist sie
verwüstet worden!

20 Freue dich, Himmel, über sie,
    freut euch, ihr Heiligen, Apostel
    und Propheten!
Denn vollstreckt hat Gott das Urteil,
an ihr für euch.

21 Und ein starker Engel hob einen
Stein, gross wie ein Mühlstein, in die
Höhe und warf ihn ins Meer und sprach:
So, mit solcher Wucht, wird Babylon,
die grosse Stadt, weggeschleudert
werden,
    und sie wird nicht mehr zu
    finden sein.

22 Und keinen Klang von
Harfenspielern, von Sängern, von
Flöten- und Posaunenbläsern
    wird man hören,
und keinen Meister, der sich auf
irgendeine Kunst versteht,
    wird man mehr antreffen,
und kein Geräusch eines Mühlsteins
    wird man mehr hören.
23 Und kein Licht einer Lampe
    wird mehr scheinen,
und kein Lied von Bräutigam und
Braut
    wird man mehr hören.
Denn deine Kaufleute waren die
Grossen der Erde;
    durch deine Zauberkünste
    liessen sich verführen alle Völker.
24 Und in ihren Mauern fand man
das Blut der Propheten und Heiligen

und aller, die hingeschlachtet
wurden auf Erden.

| 2: 14,8! · Jes 13,21; 34,11–15 | 3: 14,8!
| 4: Jer 51,45.6; Jes 48,20 | 5: Jer 51,9 | 6: Jer 50,15.29
| 7: Jes 47,8 | 8: Jes 47,9 · 17,16 | 9: Ez 26,16–17
| 11: Ez 27,27–36 | 12–13: Ez 27,12–24 | 16: 17,4
| 19: Ez 27,30–34 | 20: 12,12 · Jer 51,48 | 21: Jer 51,63–64
| 22: Ez 26,13; Jes 24,8 | 23: Jer 25,10 | 24: 16,6!

18,2: Andere Textüberlieferung: «... für jeden unreinen Geist, zu einem Schlupfwinkel für jeden unreinen und verhassten Vogel.»
18,3: Siehe die Anm. zu 14,8.

Der himmlische Jubel

19 1 Danach hörte ich etwas, das
klang wie ein vielstimmiger Chor
im Himmel:
Halleluja!
Das Heil und die Herrlichkeit und
die Macht sind in der Hand unseres
Gottes.
2 Denn voller Wahrheit und Gerechtigkeit ist sein Urteil:
Er hat gerichtet die grosse Hure,
die die Erde verdarb mit ihrer
Unzucht,
und gerächt an ihr das Blut seiner
Knechte.
3 Und ein zweites Mal riefen sie:
Halleluja!
Und ihr Rauch steigt auf in alle
Ewigkeit.
4 Und die vierundzwanzig Ältesten
und die vier Wesen fielen nieder und
beugten ihre Knie vor Gott, der auf dem
Thron sitzt, und sprachen:
Amen. Halleluja!
5 Und eine Stimme kam vom Thron her
und sprach:
Lobsingt unserem Gott,
ihr alle, die ihr seine Knechte
seid,
und die ihn fürchten,
die Kleinen und die Grossen!
6 Da hörte ich etwas, das klang wie
ein vielstimmiger Chor und wie das
Rauschen vieler Wasser und wie das
Dröhnen eines gewaltigen Donner-
schlags:
Halleluja!
König geworden ist der Herr, unser
Gott, der Herrscher über das All.

7 Lasst uns fröhlich sein und
frohlocken und ihm die Ehre geben!
Denn gekommen ist die Hochzeit
des Lammes, und seine Braut hat
sich schön gemacht.
8 Und sie durfte sich kleiden in
leuchtend weisses, reines Leinen –
das Leinen, das sind die
gerechten Taten der Heiligen.
9 Und er sagt zu mir: Schreib! Selig,
die zum Hochzeitsmahl des Lammes geladen sind! Und er sagt zu mir: Diese
Worte sind die wahrhaftigen Worte
Gottes. 10 Und ich warf mich zu seinen
Füssen, ihn anzubeten. Er aber sagt zu
mir: Nicht doch! Dein Mitknecht bin ich
und der deiner Brüder, die Zeugnis ablegen für Jesus. Vor Gott beuge deine
Knie! Denn im Zeugnis für Jesus äussert
sich der Geist der Prophetie.

| 1: 7,10! | 2: 15,3! · 6,10 · 14,8 · 16,6!; Dtn 32,43
| 3: 14,11! | 4: 4,2–8; 5,14 | 5: Ps 134,1 · Ps 115,13
| 6: 1,15! · 11,15! | 7: Ps 118,24 · 21,2.9 | 9: 1,3! · Mt 22,2
| 10: 22,8–9

19,2: «sein Urteil»: Siehe die Anm. zu 16,7.
19,2: «gerächt an ihr»: Der griechische Text hat
die komplexere Wendung ‹gerächt an ihrer Hand›.
Der Begriff der Hand steht dabei für die Person, inso-
fern sie handelt. Möglicherweise ist auch ein Einfluss
gegeben durch die Wendung ‹gerettet aus ihrer
Hand›.
19,10: Der Schlusssatz von V. 10 ist im Griechischen sehr offen und vieldeutig formuliert: «Das
Zeugnis nämlich für Jesus ist der Geist der Prophetie.» Die im Text gewählte Übersetzung stützt sich
auf die gottesdienstlichen Anklänge und Bezüge der
Offenbarung, wie sie im Buchschluss 22,6–21 sichtbar werden (zum Gericht siehe insbesondere 22,17).

Der Sieg Christi

11 Und ich sah den Himmel offen stehen, und siehe: Ein weisses Pferd, und
der auf ihm sitzt, heisst ‹Treu› und
‹Wahrhaftig›, und er richtet und kämpft
in Gerechtigkeit. 12 Seine Augen sind
wie Feuerflammen, und auf seinem
Haupt trägt er viele Diademe; auf ihm
steht ein Name geschrieben, den niemand kennt als er allein. 13 Und bekleidet ist er mit einem Mantel, der in Blut
getaucht ist, und sein Name lautet
‹Wort Gottes›. 14 Und die himmlischen
Heere folgten ihm auf weissen Pferden,
in weisses, reines Leinen gehüllt.

15 Und aus seinem Mund kommt ein scharfes Schwert hervor, mit dem er die Völker schlagen soll; und er *wird sie weiden mit eisernem Stab.* Er selbst tritt die Kelter des Weines des grimmigen Zornes Gottes, des Herrschers über das All, 16 und auf seinem Mantel und seiner Hüfte steht der Name geschrieben: König der Könige und Herr der Herren.

17 Und ich sah einen Engel in der Sonne stehen, und der rief mit lauter Stimme allen Vögeln, die hoch oben am Himmel flogen, zu: Kommt, versammelt euch zum grossen Gastmahl Gottes! 18 Fresst das Fleisch von Königen, das Fleisch von Feldherren, das Fleisch von Starken und das Fleisch von Pferden und ihren Reitern, fresst das Fleisch von allen, von Freien und Sklaven, von Kleinen und Grossen!

19 Und ich sah das Tier und die Könige der Erde und ihre Heere versammelt, Krieg zu führen gegen den, der auf dem Pferd sitzt, und gegen sein Heer. 20 Und das Tier wurde überwältigt und mit ihm der falsche Prophet, der die Zeichen vor ihm getan und durch sie alle in die Irre geführt hatte, die das Mal des Tieres empfangen und ihre Knie gebeugt hatten vor seinem Bild. Bei lebendigem Leib wurden die beiden in den Feuersee geworfen, der im Schwefel brennt. 21 Die anderen wurden getötet durch das Schwert dessen, der auf dem Pferd sitzt, durch das Schwert, das aus seinem Mund hervorkommt; und alle Vögel frassen sich satt an ihrem Fleisch.

|11: 3,14 |12: 1,14! |13: 14,20; Jes 63,1–3 · Joh 1,1 |15: 1,16; 2,12; Jes 11,4 · 12,5; Ps 2,9! · 14,19–20 |16: 17,14! |17–18: Ez 39,17–20 |19: 16,14; 17,12–14 |20: 13,1! · 13,11!–17 · 21,8!
19,11: Andere Textüberlieferung: «..., und der auf ihm sitzt, ist treu und wahrhaftig, ...»

Das tausendjährige Reich

20 1 Und ich sah einen Engel aus dem Himmel herabsteigen, der hatte den Schlüssel zum Abgrund und eine grosse Kette in der Hand. 2 Und er packte den Drachen, die alte Schlange – das ist der Teufel oder der Satan –, und

legte ihn in Fesseln für tausend Jahre. 3 Und er warf ihn in den Abgrund, den er verschloss und versiegelte, damit er die Völker nicht mehr verführe, bis die tausend Jahre vollendet sind. Danach muss er für kurze Zeit wieder freigelassen werden.

4 Und ich sah Throne, und sie setzten sich darauf, und sie wurden beauftragt, Gericht zu halten. Und ich sah die Seelen derer, die enthauptet worden waren, weil sie am Zeugnis für Jesus und am Wort Gottes festgehalten hatten, und jener, die sich geweigert hatten, das Tier und sein Bild anzubeten und sich das Zeichen auf Stirn und Hand machen zu lassen. Sie wurden lebendig und herrschten mit Christus, tausend Jahre lang. 5 Die anderen Toten wurden nicht lebendig, bis die tausend Jahre vollendet waren. Dies ist die erste Auferstehung. 6 Selig und heilig, wer teilhat an der ersten Auferstehung! Über sie hat der zweite Tod keine Macht, sondern sie werden Priester und Priesterinnen Gottes und Christi sein und mit ihm herrschen, tausend Jahre lang.

7 Doch wenn die tausend Jahre vorüber sind, wird der Satan freigelassen werden aus seinem Gefängnis, 8 und er wird ausziehen, die Völker zu verführen, die an den vier Enden der Erde wohnen – den Gog und den Magog –, um sie zu sammeln zum Krieg, eine Schar, so zahlreich wie der Sand am Meer. 9 Und sie kamen heraufgezogen auf die Ebene der Erde und umstellten das Lager der Heiligen und die geliebte Stadt. *Da fiel Feuer vom Himmel und verzehrte sie.* 10 Und der Teufel, der sie verführte, wurde in den Feuer- und Schwefelsee geworfen, wo auch das Tier und der falsche Prophet sind. Und sie werden gepeinigt werden Tag und Nacht, in alle Ewigkeit.

|2: 12,3.9; 13,2; 16,13; Gen 3,1 |3: 9,2 |4: Dan 7,9.22.27 · 6,9! · 13,15–16 · 22,5! |5: 20,12–13 |6: 1,3! · 2,11; 20,14; 21,8 · 1,6!; 22,5!; Jes 61,6 |8: Ez 38,2.9.15 |9: 2Kön 1,10.12; Ez 38,22; 39,6 |10: Mt 25,41 · 21,8! · 19,20

20,4: Die Bezeichnung ‹Christus› hat in der Offenbarung ausserhalb des Gebrauchs in der Zusammensetzung ‹Jesus Christus› zumeist ihren titularen Charakter bewahrt (vgl. 11,15; 12,10: sein Gesalbter). Hier und in 20,6 liegt aber absoluter Gebrauch im Sinne eines Eigennamens (Christus) vor.

Das Weltgericht

11 Und ich sah einen grossen, weissen Thron und den, der darauf sass; vor dessen Angesicht flohen Erde und Himmel, und es fand sich kein Ort für sie. 12 Und ich sah die Toten, die Grossen und die Kleinen, vor dem Thron stehen. Da wurden Bücher aufgeschlagen, und noch ein Buch wurde aufgetan: das Buch des Lebens. Und die Toten wurden gerichtet aufgrund dessen, was in den Büchern geschrieben stand, nach ihren Taten. 13 Und das Meer gab seine Toten her, und der Tod und die Unterwelt gaben ihre Toten her, und sie wurden gerichtet, jeder nach seinen Taten. 14 Und der Tod und die Unterwelt wurden in den Feuersee geworfen. Das ist der zweite Tod: der Feuersee. 15 Und wer sich nicht aufgeschrieben fand im Buch des Lebens, der wurde in den Feuersee geworfen.

| 11: 4,2; Dan 7,9 · 6,14; 16,20; 2 Petr 3,10.12
| 12: Dan 7,10 · 21,27! | 13: Joh 5,28–29 · 2,23; 22,12; Röm 2,6! | 14: 1 Kor 15,26 · 21,8! · 20,6! | 15: 21,27!; Dan 12,1–2

Die neue Schöpfung

21 1 Und ich sah einen neuen Himmel und eine neue Erde. Denn der erste Himmel und die erste Erde sind vergangen, und das Meer ist nicht mehr. 2 Und die heilige Stadt, ein neues Jerusalem, sah ich vom Himmel herabkommen von Gott her, bereit wie eine Braut, die sich für ihren Mann geschmückt hat. 3 Und ich hörte eine laute Stimme vom Thron her rufen: Siehe, die Wohnung Gottes bei den Menschen! Er wird bei ihnen wohnen, und sie werden seine Völker sein, und Gott selbst wird mit ihnen sein, ihr Gott. 4 *Und abwischen wird er jede Träne von* ihren *Augen,* und der Tod wird nicht mehr sein, und kein Leid, kein Geschrei und keine

Mühsal wird mehr sein; denn was zuerst war, ist vergangen. 5 Und der auf dem Thron sass, sprach: Siehe, ich mache alles neu! Und er sagt: Schreib, denn diese Worte sind zuverlässig und wahr. 6 Und er sagte zu mir: Es ist geschehen. Ich bin das A und das O, der Anfang und das Ende. Ich werde dem Dürstenden von der Quelle des Lebenswassers zu trinken geben, umsonst. 7 Wer den Sieg erringt, wird dies alles erben, und *ich werde ihm Gott sein, und er wird mir Sohn sein.* 8 Den Feigen und Ungläubigen, den mit Greueltaten Befleckten und Mördern, den Unzüchtigen, Zauberern und Götzendienern und allen, die der Lüge dienen, wird ihr Teil beschieden sein im brennenden Feuer- und Schwefelsee; das ist der zweite Tod.

| 1: Ps 102,27! · 20,11 | 2: 21,10! | 3: Lev 26,11–12; Ez 37,27 | 4: 7,17; Jes 25,8 · Jes 65,19 | 5: Jes 43,19 · 22,6 | 6: 22,13! · 22,17! | 7: 2,7.11.17.26; 3,5.12.21 · 2 Sam 7,14; Ez 11,20 | 8: 14,10; 19,20; 20,10.14–15 · 20,6!

Das neue Jerusalem

9 Und es kam einer von den sieben Engeln, die die sieben Schalen mit den sieben letzten Plagen hatten, und redete mit mir und sprach: Komm, ich werde dir die Braut zeigen, die Frau des Lammes! 10 Und er führte mich durch den Geist auf einen grossen, hohen Berg und zeigte mir die heilige Stadt Jerusalem, wie sie vom Himmel herabkam, von Gott her, 11 angetan mit der Herrlichkeit Gottes. Ihr Lichtglanz war wie kostbarster Edelstein, wie kristallklarer Jaspis. 12 Sie hat eine grosse, hohe Mauer mit zwölf Toren, und auf den Toren zwölf Engel; darauf sind Namen geschrieben, die Namen der zwölf Stämme der Söhne Israels: 13 drei Tore nach Osten, drei Tore nach Norden, drei Tore nach Süden, drei Tore nach Westen. 14 Und die Mauer der Stadt hat zwölf Grundsteine, und darauf stehen die zwölf Namen der zwölf Apostel des Lammes.

15 Und der mit mir redete, hatte als Messstab ein goldenes Rohr, um die Stadt und ihre Tore und ihre Mauer zu vermessen. 16 Die Stadt ist angelegt als Viereck von gleicher Länge und Breite. Und er vermass die Stadt mit dem Rohr und kam auf zwölftausend Stadien; ihre Länge und Breite und Höhe sind gleich. 17 Und er mass ihre Mauer: Hundertvierundvierzig Ellen waren es nach Menschenmass, das auch das Engelsmass ist. 18 Und ihr Mauerwerk war aus Jaspis, und die Stadt war aus reinem Gold, das war wie reines Glas. 19 Die Grundsteine der Stadtmauer waren aus je einem Edelstein kunstvoll gefertigt: Der erste Grundstein war ein Jaspis, der zweite ein Saphir, der dritte ein Chalzedon, der vierte ein Smaragd, 20 der fünfte ein Sardonyx, der sechste ein Karneol, der siebte ein Chrysolith, der achte ein Beryll, der neunte ein Topas, der zehnte ein Chrysopras, der elfte ein Hyazinth, der zwölfte ein Amethyst. 21 Und die zwölf Tore waren zwölf Perlen; jedes der Tore bestand aus einer einzigen Perle. Und die Strasse der Stadt war reines Gold, wie durchsichtiges Glas.

22 Einen Tempel aber sah ich dort nicht, denn Gott, der Herr, der Herrscher über das All, ist ihr Tempel, er und das Lamm. 23 Und die Stadt bedarf nicht der Sonne noch des Mondes, dass sie ihr scheinen, denn die Herrlichkeit Gottes erleuchtete sie, und ihre Leuchte ist das Lamm. 24 Und die Völker werden ihren Weg gehen in ihrem Licht, und die Könige der Erde tragen ihre Pracht zu ihr hin. 25 Und ihre Tore werden niemals geschlossen, nicht bei Tag und – Nacht wird es dort keine mehr geben. 26 Und sie werden in sie hineintragen die Pracht und die Schätze der Völker. 27 Und nichts Gemeines wird in sie hineinkommen, keiner, der tut, was abscheulich ist, oder der Lüge dient, allein die eingetragen sind im Buch des Lebens, dem Buch des Lammes.

22 1 Und er zeigte mir den Fluss mit dem Lebenswasser, der klar ist wie Kristall, und er entspringt dem Thron Gottes und des Lammes. 2 In der Mitte zwischen der Strasse und dem Fluss, nach beiden Seiten hin, sind Bäume des Lebens, die zwölfmal Frucht tragen. Jeden Monat spenden sie ihre Früchte, und die Blätter der Bäume dienen zur Heilung der Völker. 3 Und nichts Verfluchtes wird mehr sein. Und der Thron Gottes und des Lammes wird dort sein, und seine Knechte werden ihm dienen. 4 Sie werden sein Angesicht schauen, und auf ihrer Stirn wird sein Name stehen. 5 Keine Nacht wird mehr sein, und sie brauchen weder das Licht einer Lampe noch das Licht der Sonne. Denn Gott, der Herr, wird über ihnen leuchten, und sie werden herrschen, von Ewigkeit zu Ewigkeit.

| 9: 15,1 | 10: Ez 40,1–2 · 21,2; Hebr 12,22 | 12–13: Ez 48,30–35 | 12: Ex 28,21 | 14: Eph 2,20 | 15: 11,1; Ez 40,3; Sach 2,1–2 | 16: Ez 48,16 | 19–20: Jes 54,11–12 · Ex 28,17–20 | 23: 22,5; Jes 60,19–20 | 24: Jes 60,3 | 25: Jes 60,11 | 26: Jes 60,5 | 27: Jes 52,1 · 3,5; 13,8; 17,8; 20,12.15; Ps 69,29! | 1: 22,17!; Ez 47,1; Sach 14,8 | 2: 2,7!; Ez 47,7.12 | 3: Sach 14,11 | 4: Ps 11,7 · 14,1! | 5: 21,23! · 5,10; 20,4.6; Dan 7,18.27

Buchschluss

6 Und er sagte zu mir: Diese Worte sind zuverlässig und wahr. Und der Herr, der Gott über den Geist der Propheten, hat seinen Engel gesandt, um seinen Knechten zu zeigen, was in Kürze geschehen muss. 7 Und siehe, ich komme bald. Selig, wer an den Worten der Weissagung festhält, die in diesem Buch aufgeschrieben sind!

8 Und ich, Johannes, ich habe dies gehört und geschaut. Und als ich es gehört und geschaut hatte, fiel ich nieder, um zu Füssen des Engels, der mir dies gezeigt hatte, zu beten. 9 Da sagt er zu mir: Nicht doch! Dein Mitknecht bin ich und der deiner Brüder, der Propheten, und derer, die an den Worten dieses Buches festhalten. Vor Gott sollst du deine Knie beugen!

10 Und er sagt zu mir: Die Worte der

Weissagung, die in diesem Buch stehen, sollst du nicht versiegeln! Denn die Zeit ist nahe. 11 Wer Unrecht tut, tue weiter Unrecht, wer unrein ist, mache sich weiter unrein, wer gerecht ist, tue weiter, was recht ist, wer heilig ist, suche weiter nach Heiligung.

12 Siehe, ich komme bald, und den Lohn bringe ich mit, um einem jeden zu geben, wie es seinem Werk entspricht. 13 Ich bin das A und das O, der Erste und der Letzte, der Anfang und das Ende.

14 Selig, die ihre Gewänder waschen; sie sollen ein Anrecht haben auf den Baum des Lebens und durch die Tore einziehen in die Stadt. 15 Draussen bleiben die Hunde, die Zauberer, die Unzüchtigen, die Mörder, die Götzendiener und jeder, der die Lüge liebt und lügt.

16 Ich, Jesus, habe meinen Engel gesandt, um euch dies über die Gemeinden zu bezeugen. Ich bin die Wurzel und der Spross Davids, der helle Morgenstern.

17 Und der Geist und die Braut sprechen: Komm! Und wer es hört, sage: Komm! Und wer dürstet, der komme, und wer will, der nehme vom Wasser des Lebens, umsonst.

18 Ich bezeuge es jedem, der die Worte der Weissagung, die in diesem Buch aufgeschrieben sind, hört: Wer ihnen etwas hinzufügt, dem wird Gott die Plagen zufügen, die in diesem Buch aufgeschrieben sind. 19 Und wer etwas wegnimmt von den Worten dieses Buches der Weissagung, dessen Anteil wird Gott wegnehmen vom Baum des Lebens und von der heiligen Stadt, von denen in diesem Buch geschrieben ist.

20 Es spricht, der dies bezeugt: Ja, ich komme bald. – Amen, komm, Herr Jesus!

21 Die Gnade des Herrn Jesus sei mit allen.

| 6: 21,5 · 1,1! |7: 3,11! · 1,3! |8–9: 19,10 |8: 1,1.4.9 |10: 10,4 · 1,3 |11: Dan 12,10 |12: 3,11! · 20,13! |13: 1,8; 21,6 · 1,17; 2,8; Jes 44,6; 48,12 |14: 1,3! · 7,13–14 · 2,7! · 21,12–14 |15: 21,27 |16: 1,1 · 5,5; Jes 11,1 |17: 7,17; 21,6; 22,1; Joh 7,37; Jes 55,1 |18–19: Dtn 4,2 · 1,3 |19: 2,7! · 21,10! |20: 3,11! |21: 2Thess 3,18

22,6: Der griechische Text benutzt hier eine im Deutschen nicht nachahmbare Formulierung, die die individuelle Zusprechung des Geistes stärker ausdrückt: ‹der Gott der Geister der Propheten›.

22,16: Andere Übersetzungsmöglichkeit: «… Ich bin die Wurzel und das Geschlecht Davids, der …»

Masse und Gewichte

Abkürzungen
kg = Kilogramm
g = Gramm
l = Liter
m = Meter
cm = Centimeter
ca. = circa (ungefähr)
hebr. = hebräisch
gr. = griechisch

Antike Behältnisse und Messgefässe zeigen, dass sich die Berechnungen der Masseinheiten im Lauf der Zeit verändert haben. Auch gab es Berechnungsunterschiede zwischen dem palästinischen und dem babylonischen Raum. Werden in der Rubrik ‹ungefährer Wert in heutiger Masseinheit› zwei Werte genannt, entspricht der erste der für die Zeit des AT gültigen Grösse. Mit ‹römisch› wird demgegenüber ein späterer Wert (aus römischer Zeit) angegeben, der in der Regel der Grösse entspricht, die in der Zeit des NT gültig war.

HOHLMASSE FÜR TROCKENE STOFFE BZW. NAHRUNGSMITTEL

Masseinheit	relativer Bezug	Erläuterung	ungefährer Wert in heutiger Masseinheit
Chomer		die Last, die ein Esel tragen kann (chamor ist hebr. für Esel)	220 l römisch: 260 l
Kor	entspricht Chomer		
Letech	1/2 Chomer / Kor		110 l römisch: 130 l
Efa	1/10 Chomer/Kor 10 Omer 3 Sea / Scheffel		22 l römisch: 26 l
Sea (AT) Scheffel (NT)	1/3 Efa		7,3 l römisch: 8,7 l
Omer	1/10 Efa		2,2 l römisch: 2,6 l
Kab	1/18 Efa		1,2 l römisch 1,44 l
Drittelmass		es handelt sich um ein Messinstrument	

Masse und Gewichte

Masseinheit	relativer Bezug	ungefährer Wert in heutiger Masseinheit
Bat	entspricht Efa	22 l römisch: 38,8 l
Hin	1/6 Bat	3,8 l römisch: 6,84 l
Log	1/72 Bat	0,31 l römisch: 0,54 l

Gewichte

Als Gewichtsmaterialien beim Wiegen wurden Steine, Glas und ab römischer Zeit Blei verwendet. Gewichte dienten zum Abwägen von rohen und bearbeiteten Metallen, jedoch nicht von Nahrungsmitteln (vgl. Hohlmasse für trockene Stoffe). Die Gewichte wurden durch königliche oder kultische Instanzen geeicht.

GEWICHTE

Masseinheit	relativer Bezug	ungefährer Wert in heutiger Masseinheit
Schekel	1/50 Mine	11,4 g römisch: 16,3 g
Kikkar (AT) Talent (NT)	palästinisch: 50 Minen oder 3000 Schekel babylonisch: 60 Minen oder 3600 Schekel römisch: 50 Minen oder 2500 Schekel	palästinisch: 34,2 kg römisch: 41 kg
Mine	50 Schekel	0,57kg römisch: 818,62g
Pim (‹philistäischer Schekel›)		7,89g
Peres	unklar: halber Schekel oder halbe Mine	
Kesita	unbekannt	
Pfund		320–330 g

LÄNGENMASSE

Masseinheit	relativer Bezug	Erläuterung	ungefährer Wert in heutiger Masseinheit
(königliche oder grosse) Elle	7 Handbreiten 28 Finger		52–53 cm
(gewöhnliche) Elle	2 Spannen 6 Handbreiten 24 Finger	gemessen von der Spitze des Ellbogens bis zur Spitze des Mittelfingers	44–45 cm
Gomed	wohl kürzer als eine Elle, vielleicht 2/3 einer (gewöhnlichen) Elle		
Spanne	1/2 Elle 3 Handbreiten 12 Finger	der Abstand von der Daumen- bis zur Spitze des kleinen Fingers der gespreizten Hand	22 cm
Handbreite	1/6 (gewöhnliche) Elle, 4 Finger	gemessen von der Fingerwurzel	7,5–7,6 cm 7,5 cm
Finger	1/4 Handbreite 1/24 (gewöhnliche) Elle	Daumenbreite	1,9 cm
Meile	8 Stadien		1480 m
Stadie		Länge des Stadions, der (griechischen) Rennbahn	185 m

FLÄCHENMASS

Masseinheit	ungefährer Wert in heutiger Masseinheit	Erläuterung
Zemed	ca. 2000 m²	Gespann / Joch; gemeint ist die Fläche, die ein Gespann Rinder an einem Tag pflügen kann

MESSINSTRUMENTE

Messinstrument	relativer Bezug	ungefährer Wert in heutiger Masseinheit
Schnur		
Messrohr	6 grosse Ellen	knapp 3,20m

Münzen und Geldwerte

Vor der eigentlichen Münzprägung in persischer Zeit wurden Geldwerte durch Wiegen von Edelmetallen bestimmt.

Erst ab der Perserzeit gab es im Nahen und Mittleren Osten vom Staat garantiertes Geld: Goldmünzen wurden vom Grosskönig, Silbermünzen von den Provinzen geprägt.

GELDWERTE IM AT

Werte	relativer Bezug	Erläuterung
Schekel	s. Gewichte	
Mine	100 Schekel	
Kesita	s. Gewichte	
Drachme		Persische Münze
Dareike		Persische Goldmünze
Kikkar / Kikkar Silber (AT) Talent / Silbertalent (NT)	60 Minen	
Kikkar Gold	10 Silbertalente	

NT GRIECHISCHE UND RÖMISCHE MÜNZEN

Werte	relativer Bezug	Erläuterung
Vierdrachmenstück	1 Schekel	
Doppeldrachme		
Drachme	3/4 Silber-Denar	30 Silberlinge = 1 Esel
Denar	16 As 1,3 Silberdrachme	1 Denar = Tageslohn eines ungelernten Arbeiters 4g Silber
As	4 Quadranten	
Lepton (gr.)	1 Quadrans resp. 1/2 Quadrans (Mk)	als Lepton wird auf Griechisch jeweils die kleinste Einheit eines Währungssystems bezeichnet
Talent (gr.)	6000 Drachmen	keine Münzen, sondern Geldbeträge vgl. oben ‹Gewichte›
Mine (gr.)	100 Drachmen	

Zeittafel zur Alt- und Neutestamentlichen Geschichte

Daten des Altertums können in der Regel nur annäherungsweise bestimmt werden. Zeitangaben in anderen Darstellungen können deshalb von den hier begegnenden abweichen. Die

Namen der Könige sind häufig in kürzeren und längeren Formen überliefert (z. B. Chiskija, Chiskijahu und Jechiskijahu); in der Tabelle werden die Kurzformen aufgeführt.

SPÄTBRONZEZEIT / EISENZEIT · 1550–1000

Vorgeschichte

EISENZEIT IIA · *ca.* 1000–926

Frühgeschichte (Saul–David–Salomo)

EISENZEIT IIB · 926–722

DIE REICHE ISRAEL UND JUDA BIS ZU DEN OMRIDEN

Juda	Israel
Rehabeam 926–910	Jerobeam I 927–907
Abijam 910–908	
Asa 908–868	
	Nadab 907–906
	Bascha 906–883
	Ela 883–882
	Simri 882

DIE ZEIT DER OMRI-DYNASTIE IN ISRAEL

Juda	Israel
	Omri 882–871
Jehoschafat 868–847	Achab 871–852
	Achasjahu 852–851
Jehoram 847–845	Jehoram 851–845
Achasjahu 845	
Atalja 845–840	

DIE ZEIT DER JEHU-DYNASTIE IN ISRAEL

Juda	Israel
	Jehu 845–818
Jehoasch 840–801	Jehoachas 818–802
Amazjahu 801–773	Jehoasch 802–787
Asarja (=Usija) 773–736	Jerobeam II 787–747
	Secharjahu 747

DIE LETZTE ZEIT BIS ZUM UNTERGANG ISRAELS

Juda	Israel
Jotam 756–741	
	Schallum 747
Achas 741–725	Menachem 747–738
	Pekachja 737–736
	Pekach 735–732
	Hoschea 731–723

733 Syrisch-efraimitischer Krieg
722 Eroberung Samarias,
Ende des Nordreichs Israel

Zeittafel zur alt- und neutestamentlichen Geschichte

EISENZEIT IIC		722–605

Juda	Assur	
Chiskija 725–697	Salmanassar V. 727–722	
	Sargon II. 722–705	
	Sanherib 705–681	701 Belagerung Jerusalems
Manasse 696–642	Assar-chaddon 681–669	durch Sanherib
Amon 641–640	Assurbanipal 669–ca. 630	
	Aschschur-etel-ilani ca. 630–612	
Joschijahu 639–609	Aschschur-uballit 612–605	
	Sin-schar(ra)-ischkun ca. 630–612	
	Ägypten	
	Necho II. 610–594	

BABYLONISCH		626–539

Juda	Neubabylonisches Reich	
	Nabopolassar 625–605	
	Meder	622 ‹Kultreform› Joschijahus
	Kyaxares II. 625–585	612 Fall von Ninive (Hauptstadt Assurs)
		Ende des Assyrischen Reiches
Jehoachas 609	Nebukadnezzar II. 605–562	605 Schlacht bei Karkemisch
Jehojakim 608–598		
Jehojachin 598/7	Meder	598 (oder 597) Erste Eroberung
	Astyages von Medien 585–550	Jerusalems durch die Babylonier
Zidkijahu 598/7–587/6		587 (oder 586) Zweite Eroberung
		Jerusalems, Ende des Südreichs Juda
	Ewil-Merodach 561–560	
	Neriglissar 560–556	
	Nabonid 556–539	539 Eroberung Babels durch Kyros II.,
		Ende des Babylonischen Reichs

PERSISCH		539–333

Juda	Persisches Reich	
	Kyros II. 559–530	539 Erlass des Kyros
	Kambyses 530–522	525 Ägyptenfeldzug des Kambyses
Serubbabel Statthalter	Darius I. 522–486	520–515 Wiederaufbau und Einweihung
von Juda ca. 520	Xerxes I. 486–465	des Tempels
Nehemia Statthalter	Artaxerxes I. 465–424	
von Juda ca. 445–433	Xerxes II. 424	
	Darius II. 424–404	
	Artaxerxes II. 404–358	
	Artaxerxes III. 358–338	
	Darius III. 335–331	
	Makedonier	
	Alexander der Grosse	333 Schlacht bei Issos, Ende des
	(336–323)	persischen Reichs
		Aufteilung des Reichs Alexanders
		des Grossen
		verschiedene Nachfolger (Diadochenzeit)

Zeittafel zur alt- und neutestamentlichen Geschichte

PTOLEMÄERZEIT (301–ca. 200): PALÄSTINA UNTER ÄGYPTISCHER HERRSCHAFT

Palästina	Seleukiden in Syrien	Ptolemäer in Ägypten
Onias I.	Seleukos I. 312–281	Ptolemäus I. 305–285/283
Simon I.	Antiochus I. 281–261	Ptolemäus II. 285–246
Elasar I.	Antiochus II. 261–246	
Manasse	Seleukos II. 246–225	Ptolemäus III. 246–221
	Seleukos III. 225–223	
Onias II.		Ptolemäus IV. 221–204

SELEUKIDENZEIT (ab ca. 200): PALÄSTINA UNTER SYRISCHER HERRSCHAFT

Palästina	Seleukiden in Syrien	
Simon II.	Antiochus III. 223–187	
Onias III.	Seleukos IV. 187–175	
Jason	Antiochus IV. 175–164	168 Religionsedikt des Antiochus IV.

MAKKABÄER / HASMONÄER (163–63)

Palästina	Seleukiden in Syrien	
Judas Makkabäus 166–160	Antiochus V. 164–162	167–164 Makkabäeraufstand
Jonatan 160–143	Demetrius I. 162–150	166 Tod des Mattatias
	Alexander Balas 150–145	164 Tempelweihe
Simon 143–134	Demetrius II. 145–139 (und 129–125)	
	Antiochus VI. 145–142/1	
	Tryphon 142/1–138	
Johannes Hyrkan I. 134–104	Antiochus VII. 139/8–129	
	Demetrius II. 129–125	
Aristobul I. 104–103	Antiochus VIII. 125–96	
Alexander Jannäus 103–76	Demetrius III. 95–88	
Salome Alexandra 76–67		
Aristobul II. 67–63	Antiochus XIII. 69–64	63 Eroberung Palästinas durch Pompeius
		64/3 Ende des Seleukidenstaates, Syrien wird römische Provinz

Zeittafel zur Alt- und Neutestamentlichen Geschichte

RÖMISCHE ZEIT (ab 63 v.Chr.): PALÄSTINA UNTER RÖMISCHER HERRSCHAFT

Palästina	Rom	
Palästina	Rom	*Johannes Hyrkan II. Hoher Priester 63–40*
Herodes der Grosse,	Augustus 27 v.Chr.–14 n.Chr.	
König 40/37–4 v.Chr.		
Judäa, Idumäa, Samaria		
Archelaus, Ethnarch 4 v.–6 n.Chr.		
Galiläa, Peräa		
Herodes Antipas, Tetrarch 4 v.–39 n.Chr.		*Hannas Hoher Priester 6–15 n.Chr.*
nördliches Ostjordanland		*Josef Kajafas Hoher Priester 18–37*
Philippus, Tetrarch 4 v.–34 n.Chr.		
Pontius Pilatus, Statthalter 26–36	Tiberius 14–37	*um 30 Kreuzigung Jesu*
		um 34 Berufung des Paulus
	Caligula 37–41	
Herodes Agrippa I., König 41–44	Claudius 41–54	
Cuspius Fadus, Prokurator 44–46		
Tiberius Alexander, Prokurator 46–48		*48/49 Apostelkonvent in Jerusalem*
Ventidius Cumanus, Prokurator 48–52		*49 Edikt des Claudius: Vertreibung*
		der Juden aus Rom
Antonius Felix, Prokurator 52–ca.60	Nero 54–68	
Porcius Festus, Prokurator ca.60–62		
Lucceius Albinus, Prokurator 62–64		*um 62 Tod des Paulus in Rom*
Gessius Florus, Prokurator 64–66		*64 Brand Roms, Christenverfolgung*
	Vespasian 69–79	*66–73 Jüdischer Krieg*
		70 Eroberung und Zerstörung Jerusalems
		durch Titus
		73 Eroberung der Festung Masada
	Titus 79–81	
	Domitian 81–96	*Christenverfolgungen*
	Nerva 96–98	
	Trajan 98–117	
	Hadrian 117–138	*132–135 Bar-Kochba-Aufstand*

Zum Gebrauch dieser Bibelausgabe

Zu den Textgrundlagen dieser Übersetzung
Grundlage der vorliegenden Übersetzung ist für das Alte Testament der hebräisch-aramäische und für das Neue Testament der griechische Grundtext gemäss den neuesten wissenschaftlichen Ausgaben.

Als massgebliche Textausgaben dienten für das Alte Testament die Biblia Hebraica Stuttgartensia (5. Auflage 1997) sowie die ersten Teilausgaben der Biblia Hebraica Quinta (2004, 2006). Diesen Textausgaben liegt die älteste vollständige Handschrift des Alten Testaments zugrunde, der sogenannte Codex Leningradensis/Petropolitanus (wohl 1008 n.Chr.). Diesen Text bezeichnet man vereinfacht als Massoretischen Text, weil er zu den Texten gehört, die von den Massoreten (das heisst: den ‹Überlieferern›) überliefert wurden, einer jüdischen Gelehrtengruppe, die mit der Pflege des alttestamentlichen Bibeltexts betraut war (vor allem zwischen dem 6. und dem 11. Jahrhundert n.Chr.).

Weicht die Übersetzung in besonderen, begründeten Fällen wie z.B. wegen Textverderbnis vom Massoretischen Text ab, wird dies in der Regel in einer Anmerkung dokumentiert. In solchen Fällen können antike Übersetzungen gelegentlich hilfreich sein; anders als in der Zürcher Bibel von 1931 wird auf diese Textzeugen aber nur in Ausnahmefällen zurückgegriffen.

Der Übersetzung des Neuen Testaments liegt der griechische Text von Nestle-Aland zugrunde, wie ihn die 27. Auflage des Novum Testamentum Graece bietet. Dieser Text wurde von einem internationalen und interkonfessionellen Team von Fachleuten aus den vorhandenen Handschriften erarbeitet und 1979 veröffentlicht. Weicht die Übersetzung von diesem Konsens-Text in besonderen, begründeten Fällen ab, wird dies in einer Anmerkung dokumentiert.

Zur Wiedergabe des Tetragramms im Alten Testament
Im Alten Testament begegnet häufig der Gottesname JHWH (das sogenannte Tetragramm, das heisst: ‹vier Buchstaben›), der urspünglich wohl ‹Jahwe› auszusprechen war. Aus Hochachtung wurde dieser Name im Judentum aber schon früh nicht mehr ausgesprochen. Es entwickelten sich Ersatznamen wie hebräisch ‹adonai› (das heisst: ‹Herr›), was sich auch auf die alttestamentlichen Bibeltexte auswirkte: In den von den Massoreten überlieferten Handschriften wurden die Konsonanten JHWH mit den Vokalen des Worts ‹adonai› versehen, so dass jeder wusste, dass an dieser Stelle ‹adonai› zu sprechen war. In den christlichen griechischen Übersetzungen und Rezeptionen der hebräischen Texte wurde für den Gottesnamen JHWH schon früh ‹kyrios› (das heisst: ‹Herr›) verwendet.

Das Ersatzwort HERR für das Tetragramm JHWH wird in besonderer Schriftart gedruckt, d.h. durch Kapitälchen typographisch ausgezeichnet. Dadurch soll es unterscheidbar bleiben vom Wort ‹Herr› im Sinne der männlichen Anredeform.

Zur Schreibung der Namen im Alten und im Neuen Testament
Die Schreibung der Namen im Alten Testament orientiert sich stärker als in bisherigen Ausgaben der Zürcher Bibel an den hebräischen und aramäischen Namensformen im Grundtext. Allerdings hat unsere Sprache nicht für alle im Grundtext begegnenden Laute Buchstaben. Die Schreibung wurde etwas vereinfacht und der Aussprache angepasst. ‹ch› ist in diesem Zusammenhang immer als Kehllaut auszusprechen (wie in ‹Nacht›); aufeinanderfolgende Vokale wie ‹ei›, ‹ai› oder ‹oe› sind immer als

zwei Laute auszusprechen, die durch einen Stimmansatz getrennt sind (der Personenname Doeg ist also ‹Do-eg› auszusprechen).

Häufig finden sich nun ‹sch›, wo früher ‹s› geschrieben wurde (Joschija statt Josia), oder ‹ch›, wo früher ‹h› geschrieben wurde (Achas statt Ahas).

Es kommt vor, dass ein Name – selbst innerhalb des gleichen Textzusammenhangs – in unterschiedlicher Form begegnet, z. B. Chiskija (früher: Hiskia), Chiskijahu und Jechiskijahu. Die Übersetzung gibt solche Unterschiede innerhalb des Grundtextes wieder. Namen, die in einer bestimmten Form ins allgemeine Bildungsgut eingegangen sind, wurden in der Regel in dieser Form belassen.

Die Schreibweise der Namen im Neuen Testament richtet sich nach den entsprechenden Eigenheiten der Sprachen, aus denen die jeweiligen Namen stammen. So heisst es nun Kafarnaum (hebräischer Hintergrund) statt Kapharnaum oder Kapernaum, Stephanus (griechischer Hintergrund) statt Stefanus, Cäsarea (lateinischer Hintergrund) statt Kaisareia. Namen, die in einer bestimmten Form ins allgemeine Bildungsgut eingegangen sind, wurden in der Regel in dieser Form belassen.

Zur Gestaltung des Textes

Die typographisch hervorgehobenen Titel und Überschriften gehören genau so wenig zum ursprünglichen Text wie die Einteilung in Kapitel, Abschnitte und Verse sowie die Hervorhebungen und Zitatauszeichnungen.

Poetische Texte werden typographisch hervorgehoben. Die spezielle, zumeist zweiteilige, Struktur poetischer hebräischer Texte wird durch Einrückung des jeweils zweiten Verses bzw. des zweiten Teils einer Sinneinheit sichtbar gemacht.

Die *Zitate* im Neuen Testament werden durch Kursivsetzung gekennzeichnet. Über die Herkunft der Zitate aus dem Alten Testament gibt in der Regel eine Verweisstelle Auskunft. Die wenigen ausserbiblischen Zitate werden nicht nachgewiesen. Da das Neue Testament in vielen Fällen aus der griechischen Übersetzung des Alten Testaments (der Septuaginta) zitiert, stimmen die Stellen mit dem Wortlaut des aus dem Hebräischen übersetzten Alten Testaments vielfach nicht überein.

Zu den Anmerkungen im Text

Anmerkungen sind sparsam gesetzt und streben in der Klärung textlicher oder inhaltlicher Probleme keine Vollständigkeit an. Die vorliegenden Anmerkungen dienen vor allem vier Zwecken: (a) Sie kennzeichnen textkritische Probleme, d. h. wesentliche Abweichungen vom Massoretischen Text bzw. von Nestle-Aland (s. o. bei Textgrundlage); (b) sie erläutern Aussagen, die aufgrund des hebräischen bzw. griechischen Texthintergrunds nur schwer verständlich sind; (c) sie kennzeichnen mehrdeutige Stellen, die auch eine alternative Übersetzung mit einem anderen Sinn zulassen; (d) sie geben an, wo die Übersetzung um der besseren Verständlichkeit willen freier ist als an anderen Stellen.

Zu den Verweisstellen

Die Verweisstellen (Parallelstellen) zeigen theologische Linien innerhalb eines Buchs und zwischen den Büchern der Bibel auf.

Neben Verweisen, die sich auf einzelne Verse beziehen, finden sich auch solche, die sich auf ganze Versgruppen beziehen. Im Neuen Testament sind Parallelen zu ganzen Perikopen (das heisst: durch Überschriften zusammengefasste Sinneinheiten) nicht durch Versangaben, sondern durch ein vorangestelltes ‹P:› gekennzeichnet. Zahlen mit folgendem Doppelpunkt zeigen an, auf welchen Vers oder welche Versgruppe sich der jeweils folgende Verweis bezieht.

Findet sich vor einer Verweisstelle keine Buchangabe, so handelt es sich um eine Verweisstelle im gleichen Buch, in dem auch der Bezugsvers steht. Verweisstellen, die mit einem ‹!› versehen sind, bieten weitere Parallelstellen zu einem bestimmten Thema. Mit hochgestelltem Punkt ‹·› wird angezeigt, dass die Verweisstellen rechts und die Verweisstellen links dieses Zeichens sich auf unterschiedliche Teile im selben Bezugsvers beziehen.

Dazu ein Beispiel: Jesaja 42,5 lautet: «So spricht der Gott, der HERR, der den Himmel geschaffen hat und ihn ausspannt, der die Erde ausbreitet und was auf ihr wächst, der den Menschen auf ihr Atem gibt und Odem denen, die auf ihr gehen». Dazu findet sich als Verweisstellenangabe ‹5: Ps 96,5 · 40,22!›. Mit ‹5:›

ist der Vers bezeichnet, auf den sich die beiden folgenden Verweisstellen beziehen. Da die beiden Stellen durch ‹·› voneinander getrennt sind, beziehen sie sich auf unterschiedliche Teile dieses Verses. Psalm 96,5 bezieht sich auf die Aussage, dass der HERR den Himmel geschaffen hat. Da ‹40,22!› keine Buchangabe vorausgeht, handelt es sich um dasselbe Buch, in dem auch der Bezugsvers steht, in diesem Fall also um das Buch Jesaja. Der Verweis Jesaja 40,22 bezieht sich auf die Aussage, dass Gott den Himmel ausspannt. Da ein ‹!› folgt, finden sich dort weitere Verweisstellen zu dieser Aussage.

Karten

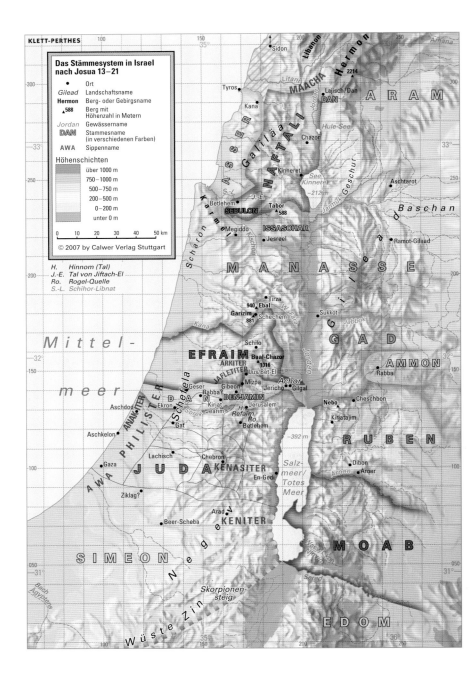

KLETT-PERTHES

Das Stämmesystem in Israel nach Josua 13–21

- **•**   Ort
- *Gilead*   Landschaftsname
- **Hermon**   Berg- oder Gebirgsname
- ▲588   Berg mit Höhenzahl in Metern
- *Jordan*   Gewässername
- **DAN**   Stammesname (in verschiedenen Farben)
- AWA   Sippenname

Höhenschichten
- über 1000 m
- 750–1000 m
- 500–750 m
- 200–500 m
- 0–200 m
- unter 0 m

0   10   20   30   40   50 km

© 2007 by Calwer Verlag Stuttgart

H.   Hinnom (Tal)
J.-E.   Tal von Jiftach-El
Ro.   Rogel-Quelle
S.-L.   Schihor-Libnat

Sidon
Tyros
Kana
Litani
Libanon
Hermon
2214
MAACHA
Lajisch/Dan
DAN
ARAM
Hule-See
Chazor
Geschur
Aschtarot
NAFTALI
Kinneret
See Kinneret
-212 m
Jarmuk
Baschan
Betlehem
SEBULON
Tabor
▲588
J.-E.
S.-L.
Karmel
Galiläa
Megiddo
Kischon
ISSASCHAR
Jesreel
Ramot-Gilead
Gilboa
Scharon
MANASSE
Tirza
940 Ebal
Garizim 881
Schechem
W. Fara
Sukkot
Jabbok
GAD
Kana
Schilo
EFRAIM
Baal-Chazor
1016
ARKITER
JAFLETITER
Lus/Bet-El
AMMON
Rabba
Mittel-
meer
Geser
Rabba?
Gibeon
Mizpa
Jericho
Achor
Gilgal
BENJAMIN
N.
Ekron
DAN
Kirjat-Jearim
Jerusalem
Nebo
Cheschbon
Aschdod
PHILISTER
Schefela
Sorek
H.
Refaim
Ro.
Betlehem
Kirjatajim
ANAKITER
Gat
-392 m
RUBEN
Aschkelon
Lachisch
Chebron
En-Gedi
Salz-meer/Totes Meer
Dibon
Aroer
Arnon
AWA
Gaza
JUDA
KENASITER
Ziklag?
Arad
KENITER
Beer-Scheba
Negev
SIMEON
MOAB
Arnon
Nimrim
050
-31°
Skorpionen-steig
Sered
Bach Ägyptens
Wüste Zin
EDOM

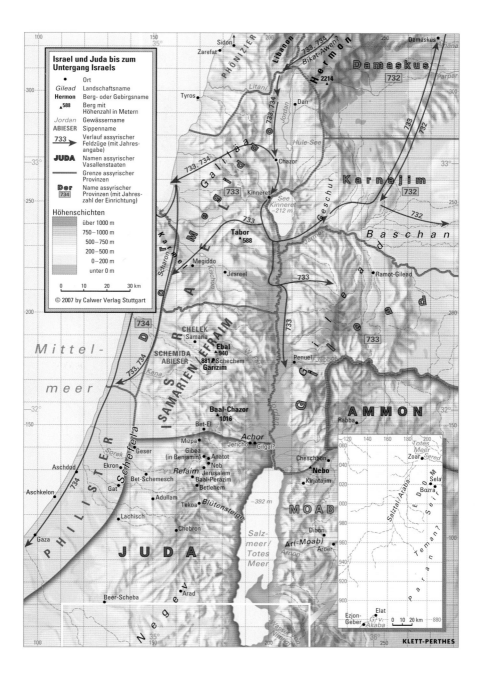

Israel und Juda bis zum Untergang Israels

●	Ort
Gilead	Landschaftsname
Hermon	Berg- oder Gebirgsname
▲588	Berg mit Höhenzahl in Metern
Jordan	Gewässername
ABIESER	Sippenname
733➝	Verlauf assyrischer Feldzüge (mit Jahresangabe)
JUDA	Namen assyrischer Vasallenstaaten
—	Grenze assyrischer Provinzen
Dor 734	Name assyrischer Provinzen (mit Jahreszahl der Einrichtung)

Höhenschichten

über 1000 m
750 – 1000 m
500 – 750 m
200 – 500 m
0 – 200 m
unter 0 m

0   10   20   30 km

© 2007 by Calwer Verlag Stuttgart

KLETT-PERTHES

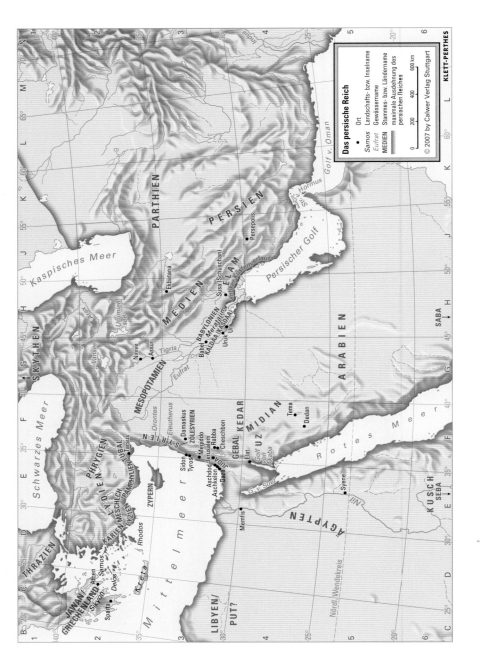

Das persische Reich

- Ort
- *Samos* Landschafts- bzw. Inselname
- *Eufrat* Gewässername
- **MEDIEN** Stammes- bzw. Ländername
- maximale Ausdehnung des persischen Reiches

© 2007 by Calwer Verlag Stuttgart

0   200   400   600 km

KLETT-PERTHES

SKYTHEN

Kaspisches Meer

PARTHIEN

PERSIEN

Persepolis

Ekbatana

MEDIEN

Susa (Schuschan)

ELAM

Golf v. Oman

Str. v. Hormus

Persischer Golf

alter Küstenverlauf

Uruk Ur

Meragarim

KALDÄA KASDÄA

Babel BABYLONIEN

Ninive   Assur

MESOPOTAMIEN

Tigris

Eufrat

Urmiehsee

Vansee

ARABIEN

SABA

Schwarzes Meer

THRAZIEN

PHRYGIEN

LYDIEN

KARIEN

MESCHECH

PAMPHYLIEN

TUBAL

Tarsus

LYZIEN

ZYPERN

Rhodos

K r e t a

Orontes

SYRIEN

Eleutherus

Damaskus

ZÖLESYRIEN

Sidon

Tyros

Megiddo

Rabba

Jerusalem

Aschdod

Aschkelon

Gaza

GEBAL KEDAR

Cheschbon

MIDIAN

UZ

Tema

Dedan

Elat

Golf von Akaba

Rotes   Meer

JAWAN/
GRIECHENLAND

Athen

Sikyon

Samos

Delos

Sparta

M i t t e l m e e r

LIBYEN/
PUT ?

ÄGYPTEN

Nil

Memfis

G. v. Suez

Nördl. Wendekreis

Syene

KUSCH

SEBA

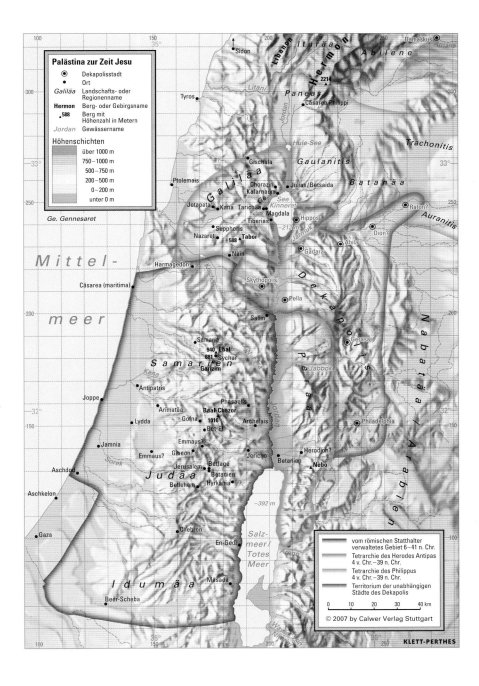

Palästina zur Zeit Jesu

⊙ Dekapolisstadt
● Ort
Galiläa Landschafts- oder Regionenname
Hermon Berg- oder Gebirgsname
▲588 Berg mit Höhenzahl in Metern
Jordan Gewässername

Höhenschichten
über 1000 m
750–1000 m
500–750 m
200–500 m
0–200 m
unter 0 m

vom römischen Statthalter verwaltetes Gebiet 6–41 n. Chr.
Tetrarchie des Herodes Antipas 4 v. Chr.–39 n. Chr.
Tetrarchie des Philippus 4 v. Chr.–39 n. Chr.
Territorium der unabhängigen Städte des Dekapolis

0   10   20   30   40 km

© 2007 by Calwer Verlag Stuttgart

KLETT-PERTHES

Damaskus
Libanon
Ituräa
Abilene
Sidon
Amana
Litani
Paneas
▲2214
Cäsarea Philippi
Hermon
Tyros
Hule-See
Trachonitis
Gischala
Gaulanitis
Ptolemais
Chorazin
Julias/Betsaida
Batanäa
Galiläa
Jotapata
Kafarnaum
See
Kinneret
Rafon?
Kana
Tarichäa
Magdala
Auranitis
Ge. Gennesaret
Sepphoris
Tiberias
Hippos
–212 m
Jarmuk
Dion?
Nazaret
▲588 Tabor
Abila
Mittel-
Nain
Gadara
Harmagedon
Kischon
Skythopolis
Dekapolis
Cäsarea (maritima)
Pella
meer
Salim
Nabatäa / Arabien
Gerasa
Samaria
Pella
940 ▲Ebal
881 ▲ Sychar
Garizim
Jabbok
Samarien
Kana
Antipatris
Joppe
Phasaelis
Arimatäa
Baal-Chazor
Gofna ▲1016
Archelais
Philadelphia
Lydda
Bet-El
Emmaus?
Jamnia
Emmaus?
Gibeon
Herodion?
Aschdod
Jerusalem
Betfage
Jericho
Betanien
Nebo
Sorek
Betlehem
Betanien
Judäa
Hyrkania
Aschkelon
–392 m
Gaza
Hebron
Salz-
En-Gedi
meer/
Totes
Meer
Idumäa
Masada
Beer-Scheba
Arnon
Wasser...

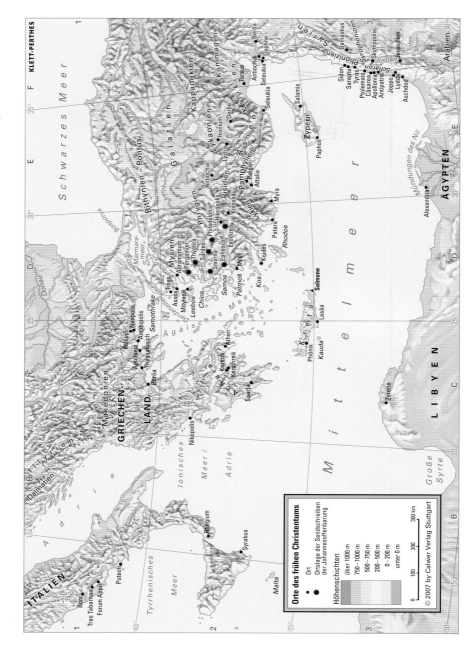

Orte des frühen Christentums

Ort
Ortslage der Sendschreiben
der Johannesoffenbarung

Höhenschichten

über 1000 m
750–1000 m
500–750 m
200–500 m
0–200 m
unter 0 m

0   100   200   300 km

© 2007 by Calwer Verlag Stuttgart

KLETT-PERTHES

ITALIEN
Rom
Tres Tabernae
Forum Appii
Puteoli
Rhegium
Syrakus
Malta

Tiber

Tyrrhenisches Meer

Dalmatien
Illyrien

Donau

Makedonien
GRIECHEN-
LAND

Philippi
Neapolis
Amphipolis
Apollonia
Thessalonich
Beröa
Nikopolis
Korinth
Kenchreä
Athen
Sparta

Samothrake
Dardanellen

Ionisches Meer

Meer /
Adria

Achaia

Schwarzes Meer

Bosporus
Bithynien – Pontus

Marmara-
meer

Galatien

Kappadokien

Kommagene 2

Troas
Assos
Mytilene
Lesbos
Mysien
Adramyttium
Pergamon
Thyatira
Sardes
Smyrna
Philadelphia
Ephesus
Hierapolis
Laodizea
Kolossä
Milet
Samos
Chios

Phrygien

Antiochia
Pisidien
Lystra
Derbe
Ikonium
Lykaonien

Kilikien
Tarsus

Pamphylien
Attalia
Perge
Lykien
Myra
Patara

Ägäisches Meer

Patmos
Kos
Knidos
Rhodos

Kreta
Phönix
Kauda
Lasäa
Salmone

Zypern
Salamis
Paphos

Mittelmeer

Antiochia
Seleukia
Daphne
Beröa
Damaskus
Syrien

Orontes

Phönizien

Sidon
Sarepta
Tyros
Ptolemais
Cäsarea
Apollonia
Antipatris
Joppe
Lydda
Aschdod

Sharon

Syrophönizien
Jordan
Jerusalem
Totes Meer

Arabien

Mündungen des Nil

ÄGYPTEN
Alexandria

LIBYEN
Zyrene

Große
Syrte

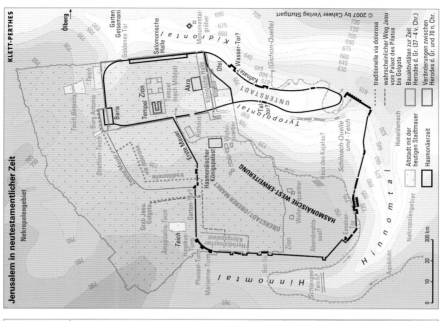

Jerusalem in alttestamentlicher Zeit

KLETT-PERTHES

© 2007 by Calwer Verlag Stuttgart

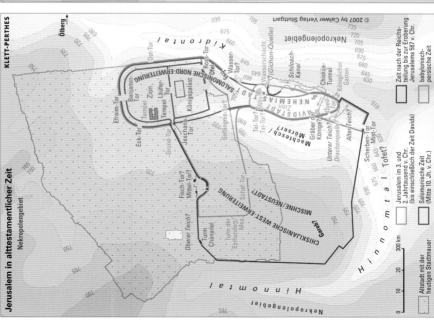

Jerusalem in neutestamentlicher Zeit

KLETT-PERTHES

© 2007 by Calwer Verlag Stuttgart